◆ 希汉对照 ◆

柏拉图全集

VIII. 2

理想国（政制）

上册

溥林 译

商务印书馆
创于1897 The Commercial Press

Platon

RESPVBLICA

(ΠΟΛΙΤΕΙΑ)

本书依据牛津古典文本（Oxford Classical Texts）中

由约翰·伯内特（John Burnet）所编辑和校勘的

《柏拉图全集》（*Platonis Opera*）第Ⅳ卷译出

前　言

商务印书馆120余年来一直致力于移译世界各国学术名著，除了皇皇的“汉译世界学术名著丛书”之外，更是组织翻译了不少伟大思想家的全集。柏拉图是严格意义上的西方哲学的奠基人，其思想不仅在西方哲学的整个历史中起着继往开来的作用，也远远超出了哲学领域而在文学、教育学、政治学等领域产生着巨大的影响。从19世纪开始，德语世界、英语世界、法语世界等着手系统整理柏拉图的古希腊文原文，并将之译为相应的现代语言，出版了大量的单行本和全集本，至今不衰；鉴于柏拉图著作的经典地位和历史地位，也出版了古希腊文-拉丁文、古希腊文-德文、古希腊文-英文、古希腊文-法文等对照本。

商务印书馆既是汉语世界柏拉图著作翻译出版的奠基者，也一直有心系统组织翻译柏拉图的全部作品。近20年来，汉语学界对柏拉图的研究兴趣和热情有增无减，除了商务印书馆之外，国内其他出版社也出版了一系列柏拉图著作的翻译和研究著作；无论是从语文学上，还是从思想理解上，都取得了长足的进步。有鉴于此，我们希望在汲取西方世界和汉语世界既有成就的基础上，从古希腊文完整地翻译出柏拉图的全部著作，并以古希腊文-汉文对照的形式出版。现就与翻译相关的问题做以下说明。

1. 翻译所依据的古希腊文本是牛津古典文本（Oxford Classical Texts）中由约翰·伯内特（John Burnet）所编辑和校勘的《柏拉图全集》（*Platonis Opera*）；同时参照法国布德本（Budé）希腊文《柏拉图全集》（*Platon: Œuvres complètes*），以及牛津古典文本中1995年出版的第 I 卷最新校勘本等。

2. 公元前后，亚历山大的忒拉叙洛斯（Θράσυλλος, Thrasyllus）按照古希腊悲剧“四联剧”（τετραλογία, Tetralogia）的演出方式编订柏拉图的全部著作，每卷四部，共九卷，一共 36 部作品（13 封书信整体被视为一部作品）；伯内特编辑的《柏拉图全集》所遵循的就是这种编订方式，但除了 36 部作品之外，外加 7 篇“伪作”。中文翻译严格按照该全集所编订的顺序进行。

3. 希腊文正文前面的 SIGLA 中的内容，乃是编辑校勘者所依据的各种抄本的缩写。希腊文正文下面的校勘文字，原样保留，但不做翻译。译文中〈 〉所标示的，乃是为了意思通顺和完整，由译者加上的补足语。翻译中的注释以古希腊文法和文史方面的知识为主，至于义理方面的，交给读者和研究者本人。

4. 除了“苏格拉底”“高尔吉亚”等这些少数约定俗成的译名之外，希腊文专名（人名、地名等）后面的“斯”一般都译出。

译者给自己确定的翻译原则是在坚持“信”的基础上再兼及“达”和“雅”。在翻译时，译者在自己能力所及的范围内，对拉丁文、德文、英文以及中文的重要译本（包括注释、评注等）均认真研读，一一看过，但它们都仅服务于译者对希腊原文的理解。

译者的古希腊文启蒙老师是北京大学哲学系的靳希平教授，谨将此译作献给他，以示感激和敬意。

鉴于译者学养和能力有限，译文中必定有不少疏漏和错讹，敬请读者不吝批评指正。

溥林

2018 年 10 月 22 日于成都

SIGLA

B	= cod. Bodleianus, MS. E. D. Clarke 39	= Bekkeri 𝔄
T	= cod. Venetus Append. Class. 4, cod. 1	= Bekkeri 𝔱
W	= cod. Vindobonensis 54, suppl. phil. Gr. 7	= Stallbaumii Vind. 1
C	= cod. Crusianus sive Tubingensis	= Stallbaumii 𝔗
D	= cod. Venetus 185	= Bekkeri Π
G	= cod. Venetus Append. Class. 4, cod. 54	= Bekkeri Λ
V	= cod. Vindobonensis 109	= Bekkeri Φ
Arm.	= Versio Armeniaca	
Ars.	= Papyrus Arsinoitica a Flinders Petrie reperta	
Berol.	= Papyrus Berolinensis 9782 (ed. Diels et Schubart 1905)	

Recentiores manus librorum B T W litteris b t w significantur

Codicis W lectiones cum T consentientes commemoravi, lectiones cum B consentientes silentio fere praeterii

目　　录

（上册）

理想国[1]

（政制）

1　忒拉叙洛斯（Θράσυλλος, Thrasyllus）给该对话加的副标题是“或论正义的事情”（ἢ περὶ δικαίου）。按照希腊化时期人们对柏拉图对话风格的分类，《理想国》（《政制》）属于“政治性的”（πολιτικός）。πολιτεία 的本义是“政制”“城邦体制”，鉴于在汉语中将之译为“理想国”，流传甚广，故保留该译名。ἢ περὶ δικαίου［或论正义的事情］，之所以这样翻译，而不译为“或论正义”，是因为在该书中柏拉图严格区分了抽象的 ἡ δικαιοσύνη［正义］和各种具体的 τὸ δίκαιον［正义的事情］。

ΠΟΛΙΤΕΙΑ

Α I.

St. II

ΣΩΚΡΑΤΗΣ

p. 327

Κατέβην χθὲς εἰς Πειραιᾶ μετὰ Γλαύκωνος τοῦ Ἀρίστωνος a
προσευξόμενός τε τῇ θεῷ καὶ ἅμα τὴν ἑορτὴν βουλόμενος θεάσασθαι τίνα τρόπον ποιήσουσιν ἅτε νῦν πρῶτον ἄγοντες. καλὴ μὲν οὖν μοι καὶ ἡ τῶν ἐπιχωρίων πομπὴ ἔδοξεν εἶναι, οὐ μέντοι ἧττον ἐφαίνετο πρέπειν ἣν οἱ Θρᾷκες ἔπεμπον.
προσευξάμενοι δὲ καὶ θεωρήσαντες ἀπῇμεν πρὸς τὸ ἄστυ. b
κατιδὼν οὖν πόρρωθεν ἡμᾶς οἴκαδε ὡρμημένους Πολέμαρχος ὁ Κεφάλου ἐκέλευσε δραμόντα τὸν παῖδα περιμεῖναί ἑ κελεῦσαι. καί μου ὄπισθεν ὁ παῖς λαβόμενος τοῦ ἱματίου, Κελεύει ὑμᾶς, ἔφη, Πολέμαρχος περιμεῖναι. Καὶ ἐγὼ μετεστράφην τε καὶ ἠρόμην ὅπου αὐτὸς εἴη. Οὗτος, ἔφη, ὄπισθεν προσέρχεται· ἀλλὰ περιμένετε. Ἀλλὰ περιμενοῦμεν, ἦ δ᾽ ὃς ὁ Γλαύκων.

Καὶ ὀλίγῳ ὕστερον ὅ τε Πολέμαρχος ἧκε καὶ Ἀδείμαντος c
ὁ τοῦ Γλαύκωνος ἀδελφὸς καὶ Νικήρατος ὁ Νικίου καὶ ἄλλοι τινὲς ὡς ἀπὸ τῆς πομπῆς.

Ὁ οὖν Πολέμαρχος ἔφη· Ὦ Σώκρατες, δοκεῖτέ μοι πρὸς ἄστυ ὡρμῆσθαι ὡς ἀπιόντες.

Οὐ γὰρ κακῶς δοξάζεις, ἦν δ᾽ ἐγώ.

Ὁρᾷς οὖν ἡμᾶς, ἔφη, ὅσοι ἐσμέν;

ΠΟΛΙΤΕΙΑ Aristoteles : Πολιτεία ἢ περὶ δικαίου Thrasyllus : ΠΟΛΙΤΕΙΑΣ πρῶτον F : ΠΟΛΙΤΕΙΑΙ ἢ περὶ δικαίου A D : ΠΟΛΙΤΕΙΑΙ M
c 3 ἄλλοι A D M : ἄλλοι πολλοί F   ὡς A F M : om. D

理想国

（政制）

卷一

苏格拉底

昨日，我同阿里斯通的儿子格劳孔[1]一起下到了珀赖欧斯[2]，既为 327a1
了朝拜那位女神[3]，同时也[4]想观看他们在以何种方式[5]进行节日庆典，
鉴于他们现在首次举办它。因此，在我看来，虽然当地人的游行队伍
也是漂亮的，然而，那些色雷斯人[6]所组织的游行队伍显得一点也不 327a5
逊色[7]。而当我们朝拜完〈那位女神〉和观看完〈游行〉之后，我们就 327b1
〈准备〉离开，返回到城里。然后，当克法洛斯的儿子波勒马尔科斯[8]
从远处注意到我们正急急忙忙回家时，他就吩咐他的一个童仆跑来要求
我们等等他[9]。并且当这个童仆在我的后面抓住我的外衣后[10]，他就说 327b5
道，波勒马尔科斯要求你们等一等。于是我转过身，并且询问那个人本
人在哪里。这个人，他说道，在后面走得很近了[11]，只不过请你们等一
下〈他〉。那是当然，我们将等〈他〉[12]，格劳孔说道[13]。

而过了不大一会儿[14]，波勒马尔科斯就到了，而且还有格劳孔的哥 327c1
哥阿德曼托斯和尼基阿斯的儿子尼刻剌托斯[15]，以及其他一些人，他们
似乎都从游行队伍而来。

于是波勒马尔科斯说道：苏格拉底啊，你们对我显得是要赶回城里 327c5
才离开。

你猜得不错，我说道。

那么，你看见，他说，我们是多少人吗[16]？

Πῶς γὰρ οὔ;

Ἢ τοίνυν τούτων, ἔφη, κρείττους γένεσθε ἢ μένετ' αὐτοῦ.

Οὐκοῦν, ἦν δ' ἐγώ, ἔτι ἓν λείπεται, τὸ ἢν πείσωμεν ὑμᾶς ὡς χρὴ ἡμᾶς ἀφεῖναι;

Ἦ καὶ δύναισθ' ἄν, ἦ δ' ὅς, πεῖσαι μὴ ἀκούοντας;

Οὐδαμῶς, ἔφη ὁ Γλαύκων.

Ὡς τοίνυν μὴ ἀκουσομένων, οὕτω διανοεῖσθε.

328 Καὶ ὁ Ἀδείμαντος, Ἆρά γε, ἦ δ' ὅς, οὐδ' ἴστε ὅτι λαμπὰς ἔσται πρὸς ἑσπέραν ἀφ' ἵππων τῇ θεῷ;

Ἀφ' ἵππων; ἦν δ' ἐγώ· καινόν γε τοῦτο. λαμπάδια ἔχοντες διαδώσουσιν ἀλλήλοις ἁμιλλώμενοι τοῖς ἵπποις; ἢ πῶς λέγεις;

Οὕτως, ἔφη ὁ Πολέμαρχος. καὶ πρός γε παννυχίδα ποιήσουσιν, ἣν ἄξιον θεάσασθαι· ἐξαναστησόμεθα γὰρ μετὰ τὸ δεῖπνον καὶ τὴν παννυχίδα θεασόμεθα. καὶ συνεσόμεθά τε πολλοῖς τῶν νέων αὐτόθι καὶ διαλεξόμεθα. ἀλλὰ μένετε
b καὶ μὴ ἄλλως ποιεῖτε.

Καὶ ὁ Γλαύκων, Ἔοικεν, ἔφη, μενετέον εἶναι.

Ἀλλ' εἰ δοκεῖ, ἦν δ' ἐγώ, οὕτω χρὴ ποιεῖν.

Ἤιμεν οὖν οἴκαδε εἰς τοῦ Πολεμάρχου, καὶ Λυσίαν τε αὐτόθι κατελάβομεν καὶ Εὐθύδημον, τοὺς τοῦ Πολεμάρχου ἀδελφούς, καὶ δὴ καὶ Θρασύμαχον τὸν Καλχηδόνιον καὶ Χαρμαντίδην τὸν Παιανιᾶ καὶ Κλειτοφῶντα τὸν Ἀριστωνύμου· ἦν δ' ἔνδον καὶ ὁ πατὴρ ὁ τοῦ Πολεμάρχου Κέφαλος. καὶ μάλα πρεσβύτης μοι ἔδοξεν εἶναι· διὰ χρόνου γὰρ καὶ
c ἑωράκη αὐτόν. καθῆστο δὲ ἐστεφανωμένος ἐπί τινος προσκεφαλαίου τε καὶ δίφρου· τεθυκὼς γὰρ ἐτύγχανεν ἐν τῇ αὐλῇ. ἐκαθεζόμεθα οὖν παρ' αὐτόν· ἔκειντο γὰρ δίφροι τινὲς αὐτόθι κύκλῳ.

Εὐθὺς οὖν με ἰδὼν ὁ Κέφαλος ἠσπάζετό τε καὶ εἶπεν· Ὦ Σώκρατες, οὐ δὲ θαμίζεις ἡμῖν καταβαίνων εἰς τὸν

c 10 γρ. ἓν λείπεται in marg. A et corr. m : ἐλλείπεται A F D M
b 6 καλχηδόνιον A : χαλκηδόνιον D : καρχηδόνιον F M c 6 οὐ δὲ ci. Nitzsch : οὐδὲ A F D M : οὔτι Ast : fort. σὺ δὲ οὐ Bywater

为何没有呢[17]？

那好，他说，你们要么必须变得比〈我们〉这些人更强，要么就得留在这里[18]。

那么，我说道，岂不还有下面这点被遗漏了，那就是，如果我们说 327c10
服了你们[19]，那你们就应当让我们走[20]？

你们也真的能够，他回应道，说服〈我们〉吗，如果我们不听的话？

绝不可能，格劳孔说。

那好，我们肯定将不会听[21]，你们要作如是想[22]！

于是阿德曼托斯说道，难道你俩真不知道快到晚上的时候[23]将有一 328a1
场为女神举办的骑马火炬接力赛吗？

骑在马上的？我说道，这倒的确是一件新鲜的事。他们将通过手持
一些小火炬，用马进行比赛，来互相传递它们？或者，你怎么说？ 328a5

就是这样，波勒马尔科斯说道。除此之外[24]，他们还将举行一场通
宵达旦的节日庆祝，它也值得一看；其实饭后我们就将动身，并且将观
看这场通宵达旦的节日庆祝。而且在那里我们也将同许多的年轻人在一
起，并将与他们进行交谈。因此，请你们留下来吧，并且也请你们不要 328b1
拒绝[25]！

而格劳孔说道，看来〈我俩〉必须得留下来了。

当然，如果看起来合适[26]，我回应道，那就必须得这样做。

于是，我们就动身前往波勒马尔科斯的家里，并且在那里碰到了吕
西阿斯和欧悌德谟斯，他俩是波勒马尔科斯的兄弟，尤其[27]还有卡尔刻 328b5
东人[28]特剌绪马科斯[29]、派阿尼阿人[30]卡尔曼提德斯[31]以及阿里斯托倪
摩斯的儿子克利托丰[32]；而在屋内的还有波勒马尔科斯的父亲克法洛
斯。他对我显得是非常地老了[33]；因为，确确实实[34]已经过去了很长一
段时间[35]，〈自从上次〉我见到他。而这个人头戴花冠[36]，坐在某个既是 328c1
枕垫又是座位的东西上；因为他刚好在庭院献过祭[37]。于是，我们就在
他旁边坐下，因为在那里一些座位被摆成了一圈[38]。

然后，当克法洛斯一看到我，他就立即向我问好，并且说道：苏 328c5
格拉底啊，你没有经常下到珀赖欧斯来看我们[39]；然而你的确应当那

Πειραιᾶ. χρῆν μέντοι. εἰ μὲν γὰρ ἐγὼ ἔτι ἐν δυνάμει ἦ
τοῦ ῥᾳδίως πορεύεσθαι πρὸς τὸ ἄστυ, οὐδὲν ἂν σὲ ἔδει δεῦρο
ἰέναι, ἀλλ' ἡμεῖς ἂν παρὰ σὲ ᾖμεν· νῦν δέ σε χρὴ πυκνό- d
τερον δεῦρο ἰέναι. ὡς εὖ ἴσθι ὅτι ἔμοιγε ὅσον αἱ ἄλλαι αἱ
κατὰ τὸ σῶμα ἡδοναὶ ἀπομαραίνονται, τοσοῦτον αὔξονται αἱ
περὶ τοὺς λόγους ἐπιθυμίαι τε καὶ ἡδοναί. μὴ οὖν ἄλλως
ποίει, ἀλλὰ τοῖσδέ τε τοῖς νεανίσκοις σύνισθι καὶ δεῦρο παρ'
ἡμᾶς φοίτα ὡς παρὰ φίλους τε καὶ πάνυ οἰκείους.

Καὶ μήν, ἦν δ' ἐγώ, ὦ Κέφαλε, χαίρω γε διαλεγόμενος
τοῖς σφόδρα πρεσβύταις· δοκεῖ γάρ μοι χρῆναι παρ' αὐτῶν e
πυνθάνεσθαι, ὥσπερ τινὰ ὁδὸν προεληλυθότων ἣν καὶ ἡμᾶς
ἴσως δεήσει πορεύεσθαι, ποία τίς ἐστιν, τραχεῖα καὶ χαλεπή,
ἢ ῥᾳδία καὶ εὔπορος. καὶ δὴ καὶ σοῦ ἡδέως ἂν πυθοίμην
ὅτι σοι φαίνεται τοῦτο, ἐπειδὴ ἐνταῦθα ἤδη εἶ τῆς ἡλικίας
ὃ δὴ "ἐπὶ γήραος οὐδῷ" φασιν εἶναι οἱ ποιηταί, πότερον
χαλεπὸν τοῦ βίου, ἢ πῶς σὺ αὐτὸ ἐξαγγέλλεις.

Ἐγώ σοι, ἔφη, νὴ τὸν Δία ἐρῶ, ὦ Σώκρατες, οἷόν γέ μοι 329
φαίνεται. πολλάκις γὰρ συνερχόμεθά τινες εἰς ταὐτὸν παρα-
πλησίαν ἡλικίαν ἔχοντες, διασῴζοντες τὴν παλαιὰν παροι-
μίαν· οἱ οὖν πλεῖστοι ἡμῶν ὀλοφύρονται συνιόντες, τὰς
ἐν τῇ νεότητι ἡδονὰς ποθοῦντες καὶ ἀναμιμνῃσκόμενοι περί
τε τἀφροδίσια καὶ περὶ πότους τε καὶ εὐωχίας καὶ ἄλλ' ἄττα
ἃ τῶν τοιούτων ἔχεται, καὶ ἀγανακτοῦσιν ὡς μεγάλων τινῶν
ἀπεστερημένοι καὶ τότε μὲν εὖ ζῶντες, νῦν δὲ οὐδὲ ζῶντες.
ἔνιοι δὲ καὶ τὰς τῶν οἰκείων προπηλακίσεις τοῦ γήρως b
ὀδύρονται, καὶ ἐπὶ τούτῳ δὴ τὸ γῆρας ὑμνοῦσιν ὅσων κακῶν
σφίσιν αἴτιον. ἐμοὶ δὲ δοκοῦσιν, ὦ Σώκρατες, οὗτοι οὐ τὸ
αἴτιον αἰτιᾶσθαι. εἰ γὰρ ἦν τοῦτ' αἴτιον, κἂν ἐγὼ τὰ αὐτὰ

d 1 ἀλλ'... d 2 ἰέναι A F M : om. D d 5 νεανίσκοις F D Stobaeus : νεανίαις A M d 6 ὡς παρὰ φίλους τε F D M Stobaeus et in marg. A : om. A d 7 γε D Stobaeus : τε F : om. A M e 3 ποία] ὁποία Stobaeus e 7 αὐτὸ] αὐτὸς A^2 a 4 ξυνιόντες A F D M Stobaeus : ξυνόντες ci. Buttmann a 6 πότους τε καὶ F D Stobaeus : πότους καὶ A M

样做[40]。其实，如果我还有能力轻易地前往城里[41]，那么，你就根本不
必来这里，相反，我们会到你那儿去；但现在你应当更加经常来这儿。328d1
因为你得清楚[42]，至少对我来说，其他那些在身体方面的快乐消减多
少，对言谈的欲望和快乐也就增加多少[43]。因此，请你不要拒绝，而是 328d5
要同这里的这些年轻人[44]交往，并且要经常到我们这儿来，就像到朋友
和完完全全的自家人[45]这儿来一样。

事实上[46]，我说道，克法洛斯啊，我无论如何[47]都乐于同那些非常
年老的人交谈。因为在我看来，〈我们〉应当从他们那里进行学习，就 328e1
像〈向他们打听〉一条路，他们已经先行走过，而我们很可能同样[48]将
必须得走，它是一条什么样的路，是崎岖和艰难的，还是容易和顺畅
的。而且我尤其会乐于从你那里了解，这事[49]对你显得如何，既然你现 328e5
在正好是处在了年龄的这个地方[50]，即诗人们确实将之称作是“在老年
的门槛”[51]的那个地方，它是生活的一个艰难时刻呢[52]，或者，你如何
宣称它。

我将对你，他说道，以宙斯的名义，说一说，苏格拉底啊，至少它 329a1
对我显得怎样。其实我们这些有着近乎同样年龄的一些人经常聚在一
起[53]，因为我们守着那句古老的谚语[54]。然后，当聚在一起时，我们中
的大多数人就唉声叹气，因为他们渴望在年轻时的各种欢乐，回想起关 329a5
乎属于阿佛洛狄忒的那些事情[55]，关于各种觥筹交错和各种饕餮盛宴[56]，
以及其他那些属于诸如此类的东西的事情[57]；并且他们也感到气恼，好
像他们已经被夺走了某些重要的东西似的[58]，仿佛他们从前[59]活得有滋
有味，而现在根本就不算活着似的。甚至一些人抱怨因〈他们的〉年老 329b1
而来的家人们的各种侮慢[60]，并且竟然为此[61]而喋喋不休地说[62]，对他
们而言，老年是所有那些不幸的原因[63]。但在我看来，苏格拉底啊，这
些人并没有说出真正的原因[64]。因为，如果这向来就是原因[65]，那么，

ταῦτα ἐπεπόνθη, ἕνεκά γε γήρως, καὶ οἱ ἄλλοι πάντες ὅσοι ἐνταῦθα ἦλθον ἡλικίας. νῦν δ᾽ ἔγωγε ἤδη ἐντετύχηκα οὐχ οὕτως ἔχουσιν καὶ ἄλλοις, καὶ δὴ καὶ Σοφοκλεῖ ποτε τῷ ποιητῇ παρεγενόμην ἐρωτωμένῳ ὑπό τινος· "Πῶς," ἔφη, c "ὦ Σοφόκλεις, ἔχεις πρὸς τἀφροδίσια; ἔτι οἷός τε εἶ γυναικὶ συγγίγνεσθαι"; καὶ ὅς, "Εὐφήμει," ἔφη, "ὦ ἄνθρωπε· ἁσμενέστατα μέντοι αὐτὸ ἀπέφυγον, ὥσπερ λυττῶντά τινα καὶ ἄγριον δεσπότην ἀποδράς." εὖ οὖν μοι καὶ τότε ἔδοξεν ἐκεῖνος εἰπεῖν, καὶ νῦν οὐχ ἧττον. παντάπασι γὰρ τῶν γε τοιούτων ἐν τῷ γήρᾳ πολλὴ εἰρήνη γίγνεται καὶ ἐλευθερία· ἐπειδὰν αἱ ἐπιθυμίαι παύσωνται κατατείνουσαι καὶ χαλάσωσιν, παντάπασιν τὸ τοῦ Σοφοκλέους γίγνεται, d δεσποτῶν πάνυ πολλῶν ἔστι καὶ μαινομένων ἀπηλλάχθαι. ἀλλὰ καὶ τούτων πέρι καὶ τῶν γε πρὸς τοὺς οἰκείους μία τις αἰτία ἐστίν, οὐ τὸ γῆρας, ὦ Σώκρατες, ἀλλ᾽ ὁ τρόπος τῶν ἀνθρώπων. ἂν μὲν γὰρ κόσμιοι καὶ εὔκολοι ὦσιν, καὶ τὸ γῆρας μετρίως ἐστὶν ἐπίπονον· εἰ δὲ μή, καὶ γῆρας, ὦ Σώκρατες, καὶ νεότης χαλεπὴ τῷ τοιούτῳ συμβαίνει.

Καὶ ἐγὼ ἀγασθεὶς αὐτοῦ εἰπόντος ταῦτα, βουλόμενος ἔτι e λέγειν αὐτὸν ἐκίνουν καὶ εἶπον· Ὦ Κέφαλε, οἶμαί σου τοὺς πολλούς, ὅταν ταῦτα λέγῃς, οὐκ ἀποδέχεσθαι ἀλλ᾽ ἡγεῖσθαί σε ῥᾳδίως τὸ γῆρας φέρειν οὐ διὰ τὸν τρόπον ἀλλὰ διὰ τὸ πολλὴν οὐσίαν κεκτῆσθαι· τοῖς γὰρ πλουσίοις πολλὰ παραμύθιά φασιν εἶναι.

Ἀληθῆ, ἔφη, λέγεις· οὐ γὰρ ἀποδέχονται. καὶ λέγουσι μέν τι, οὐ μέντοι γε ὅσον οἴονται· ἀλλὰ τὸ τοῦ Θεμιστοκλέους εὖ ἔχει, ὃς τῷ Σεριφίῳ λοιδορουμένῳ καὶ λέγοντι

b 6 ἔγωγε] ἐγὼ Stobaeus b 8 ἐρωτωμένῳ A F M Stobaeus: ἐρωτώμενος D c 2 γυναικὶ] γυναιξὶ Theo Stobaeus ὦ om. Clemens c 3 ἁσμενέστατα A F M Olympiodorus Theo Clemens Stobaeus: ἁσμεναίτατα D Eustathius Et. Mag. αὐτὸ] αὐτὰ Theo c 4 ἀποδράς Theo: ἀποφυγών A F D M Clemens Stobaeus c 5 ἔδοξεν ἐκεῖνος] ἐκεῖνος ἔδοξεν Stobaeus c 7 ἐπειδὰν A F D: ἐπειδὰν γὰρ M f d Stobaeus d 1 ἔστι secl. ci. Stallbaum e 1 σου] σε rec. a e 7 γε ὅσον] ὅσον γε ci. Cobet

我就会已经遭受了同样这些事情，至少由于老年的缘故，并且其他所有 329b5
那些来到了年龄的这个点上的人也会同样如此。而事实上[66]，我的确已
经遇到过一些并不是这个样子的人[67]，除了其他一些人，尤其还有[68]诗
人索福克勒斯[69]，当时我就在旁边，他被一个人问道：“你是如何，”他
说，“索福克勒斯啊，看待属于阿佛洛狄忒的那些事情的？你还能够同 329c1
一个女人交欢吗[70]？”于是他，“请你说点吉利的话吧[71]，”说道，“哦，
你这家伙！真的，我非常高兴已经摆脱了它[72]，就好像逃脱了某位在发
疯的和野蛮的主人一样。”因此，其实当时在我看来那人就说得很好， 329c5
甚至现在〈看来依然说得〉一点也不差。因为毫无疑问[73]，〈由于摆脱
了〉诸如此类的事情，在老年时无论如何都会产生出一种巨大的平和与
自由[74]；每当各种各样的欲望停止绷得紧并且松弛下来[75]后，索福克勒
斯所说的，那时就一定会产生出来，即有可能摆脱了非常多的并且在发 329d1
疯的主人[76]。然而，无论是关于这些事情，还是关于涉及家人们的那些
事情，都的确有着某种单一的原因，但不是老年，苏格拉底啊，而是人
的性格[77]。因为，一方面，如果[78]他们是守秩序的和容易满足的[79]，那
么，甚至老年也只是适度辛苦的；另一方面，如果不，那么，无论是老
年，苏格拉底啊，还是青年[80]，对这样一种人来说[81]，它都会变得是艰 329d5
难的。

而我呢，由于钦佩他说这些话，希望他本人继续说下去，于是就 329e1
〈有意〉刺激他[82]，并且说道：克法洛斯啊，我相信许多人都不会认可
你，当你说这些话时，而是认为，你〈之所以能够〉轻易地忍受老年，
并不是由于性格，而是因为拥有巨大的产业；因为他们说，对于那些富
人而言，有着许多的安慰。 329e5

你说得对，他说道，他们确实不会认可。只不过他们虽然说出了一
些东西[83]，但肯定并非如他们所认为的那么多；相反，忒米斯托克勒斯[84]

ὅτι οὐ δι' αὐτὸν ἀλλὰ διὰ τὴν πόλιν εὐδοκιμοῖ, ἀπεκρίνατο 330 ὅτι οὔτ' ἂν αὐτὸς Σερίφιος ὢν ὀνομαστὸς ἐγένετο οὔτ' ἐκεῖνος Ἀθηναῖος. καὶ τοῖς δὴ μὴ πλουσίοις, χαλεπῶς δὲ τὸ γῆρας φέρουσιν, εὖ ἔχει ὁ αὐτὸς λόγος, ὅτι οὔτ' ἂν ὁ ἐπιεικὴς πάνυ τι ῥᾳδίως γῆρας μετὰ πενίας ἐνέγκοι οὔθ' ὁ μὴ ἐπιεικὴς πλουτήσας εὔκολός ποτ' ἂν ἑαυτῷ γένοιτο.

Πότερον δέ, ἦν δ' ἐγώ, ὦ Κέφαλε, ὧν κέκτησαι τὰ πλείω παρέλαβες ἢ ἐπεκτήσω;

Ποῖ' ἐπεκτησάμην, ἔφη, ὦ Σώκρατες; μέσος τις γέγονα b χρηματιστὴς τοῦ τε πάππου καὶ τοῦ πατρός. ὁ μὲν γὰρ πάππος τε καὶ ὁμώνυμος ἐμοὶ σχεδόν τι ὅσην ἐγὼ νῦν οὐσίαν κέκτημαι παραλαβὼν πολλάκις τοσαύτην ἐποίησεν, Λυσανίας δὲ ὁ πατὴρ ἔτι ἐλάττω αὐτὴν ἐποίησε τῆς νῦν οὔσης· ἐγὼ δὲ ἀγαπῶ ἐὰν μὴ ἐλάττω καταλίπω τούτοισιν, ἀλλὰ βραχεῖ γέ τινι πλείω ἢ παρέλαβον.

Οὗ τοι ἕνεκα ἠρόμην, ἦν δ' ἐγώ, ὅτι μοι ἔδοξας οὐ σφόδρα ἀγαπᾶν τὰ χρήματα, τοῦτο δὲ ποιοῦσιν ὡς τὸ πολὺ οἳ ἂν c μὴ αὐτοὶ κτήσωνται· οἱ δὲ κτησάμενοι διπλῇ ἢ οἱ ἄλλοι ἀσπάζονται αὐτά. ὥσπερ γὰρ οἱ ποιηταὶ τὰ αὑτῶν ποιήματα καὶ οἱ πατέρες τοὺς παῖδας ἀγαπῶσιν, ταύτῃ τε δὴ καὶ οἱ χρηματισάμενοι περὶ τὰ χρήματα σπουδάζουσιν ὡς ἔργον ἑαυτῶν, καὶ κατὰ τὴν χρείαν ᾗπερ οἱ ἄλλοι. χαλεποὶ οὖν καὶ συγγενέσθαι εἰσίν, οὐδὲν ἐθέλοντες ἐπαινεῖν ἀλλ' ἢ τὸν πλοῦτον.

Ἀληθῆ, ἔφη, λέγεις.

Πάνυ μὲν οὖν, ἦν δ' ἐγώ. ἀλλά μοι ἔτι τοσόνδε εἰπέ· d τί μέγιστον οἴει ἀγαθὸν ἀπολελαυκέναι τοῦ πολλὴν οὐσίαν κεκτῆσθαι;

a 5 πάνυ τι . . . a 6 ἐπιεικὴς A F M : om. D   b 1 ποῖ' F M d : ποῖ A D   b 5 Λυσανίας] Λυσίας ci. Hemsterhuis   αὐτὴν] αὖ ταύτην ci. Hartman   b 6 τουτοισί Bekker   b 8 οὗ τοι scr. Laur. lxxxv. 6 : οὗτοι (sic) D : οὗτοι A M : τούτου F Stobaeus   c 2 ἢ οἱ A F Stobaeus : ἢ D   c 5 περὶ A D M : om. F Stobaeus   c 6 κατὰ A D M Stobaeus : οὐ κατὰ F   ηπερ F D M Stobaeus : ἥπερ A   c 7 ἀλλ'] ἄλλο Stobaeus

的话才是正确的[85]，当那个塞里福斯人[86]出言不逊并且说，并非由于他 330a1
本人，而是由于〈他的〉城邦他才声名显赫，他回答那人说，如果他本
人是一个塞里福斯人，那他也不会已经变得有名声，而那个人即使是一
个雅典人，也不会。事实上[87]对于那些不富有而艰难地忍受老年的人来
说，同样的这番话也是正确的，因为一个正直的人，〈如果他〉带着贫 330a5
穷，那他也根本[88]不曾能够轻易地忍受老年，而一个不正直的人，即使
他变得富有，他也从不曾能够对他自己变得心平气和[89]。

但是，我说道，克法洛斯啊，你已经拥有的那些，其中的绝大部分，你是通过继承获得的呢，还是你自己进一步挣得的？

〈你在问〉我进一步挣得了哪些东西吗，他说道，苏格拉底啊？作 330b1
为一个商人，我大略处在了我祖父和我父亲的中间[90]。因为，一方面，
我祖父，并且与我同名[91]，当他通过继承获得了差不多[92]我现在已经拥
有的这么多的产业之后，他还把如此多的产业翻了数倍；另一方面，吕 330b5
萨尼阿斯，我的父亲，则使得它比它现在所是的要少得多[93]。而我会感
到心满意足，假如我留给这〈三个儿子〉的不少于我通过继承所获得
的，而是比之稍微[94]多一点的话。

真的[95]，由于下面这点我才那么问，我说道，那就是：你对我显得
并不十分热爱钱财，而在大多数情况下[96]，那些并不曾亲自赚取钱财的 330c1
人，都这样做；但那些亲自赚取钱财的人则比其他人两倍地爱恋它们[97]。
其实就像诗人们珍爱他们的作品，父亲们珍爱其孩子那样，那些亲自赚 330c5
取钱财的人，他们不仅恰恰以这种方式[98]认真地对待钱财，仿佛〈它
们是〉他们自己的作品似的[99]，而且就〈它们的〉用处来说，也恰如其
他人〈认真对待它们〉那样，以同样的方式[100]〈认真对待它们〉[101]。所
以，他们甚至也是难以打交道的，因为他们不愿意赞美任何别的，除了
财富。

你说得对，他说道。

完全如此[102]，我回应道。然而，你还得进一步告诉我下面这点，那 330d1
就是：〈你〉已经拥有了巨大的产业，你认为从这件事中〈你〉已经享
有的最大好处是什么？

῞Ο, ἦ δ' ὅς, ἴσως οὐκ ἂν πολλοὺς πείσαιμι λέγων. εὖ γὰρ ἴσθι, ἔφη, ὦ Σώκρατες, ὅτι, ἐπειδάν τις ἐγγὺς ᾖ τοῦ οἴεσθαι τελευτήσειν, εἰσέρχεται αὐτῷ δέος καὶ φροντὶς περὶ ὧν ἔμπροσθεν οὐκ εἰσῄει. οἵ τε γὰρ λεγόμενοι μῦθοι περὶ τῶν ἐν Ἅιδου, ὡς τὸν ἐνθάδε ἀδικήσαντα δεῖ ἐκεῖ διδόναι e δίκην, καταγελώμενοι τέως, τότε δὴ στρέφουσιν αὐτοῦ τὴν ψυχὴν μὴ ἀληθεῖς ὦσιν· καὶ αὐτός—ἤτοι ὑπὸ τῆς τοῦ γήρως ἀσθενείας ἢ καὶ ὥσπερ ἤδη ἐγγυτέρω ὢν τῶν ἐκεῖ μᾶλλόν τι καθορᾷ αὐτά—ὑποψίας δ' οὖν καὶ δείματος μεστὸς γίγνεται καὶ ἀναλογίζεται ἤδη καὶ σκοπεῖ εἴ τινά τι ἠδίκησεν. ὁ μὲν οὖν εὑρίσκων ἑαυτοῦ ἐν τῷ βίῳ πολλὰ ἀδικήματα καὶ ἐκ τῶν ὕπνων, ὥσπερ οἱ παῖδες, θαμὰ ἐγειρόμενος δειμαίνει 331 καὶ ζῇ μετὰ κακῆς ἐλπίδος· τῷ δὲ μηδὲν ἑαυτῷ ἄδικον συνειδότι ἡδεῖα ἐλπὶς ἀεὶ πάρεστι καὶ ἀγαθὴ γηροτρόφος, ὡς καὶ Πίνδαρος λέγει. χαριέντως γάρ τοι, ὦ Σώκρατες, τοῦτ' ἐκεῖνος εἶπεν, ὅτι ὃς ἂν δικαίως καὶ ὁσίως τὸν βίον διαγάγῃ,

γλυκεῖά οἱ καρδίαν
ἀτάλλοισα γηροτρόφος συναορεῖ
ἐλπὶς ἃ μάλιστα θνατῶν πολύστροφον
γνώμαν κυβερνᾷ.

εὖ οὖν λέγει θαυμαστῶς ὡς σφόδρα. πρὸς δὴ τοῦτ' ἔγωγε τίθημι τὴν τῶν χρημάτων κτῆσιν πλείστου ἀξίαν εἶναι, οὔ b τι παντὶ ἀνδρὶ ἀλλὰ τῷ ἐπιεικεῖ καὶ κοσμίῳ. τὸ γὰρ μηδὲ ἄκοντά τινα ἐξαπατῆσαι ἢ ψεύσασθαι, μηδ' αὖ ὀφείλοντα ἢ θεῷ θυσίας τινὰς ἢ ἀνθρώπῳ χρήματα ἔπειτα ἐκεῖσε ἀπιέναι δεδιότα, μέγα μέρος εἰς τοῦτο ἡ τῶν χρημάτων κτῆσις συμ-

d 4 πολλοὺς] ἄλλους καὶ πολλοὺς Stobaeus d 7 ἔμπροσθεν A D M : ἐν τῷ πρόσθεν F Iustinus Stobaeus e 4 δ' οὖν A D M : γοῦν Iustinus : οὖν F Stobaeus e 5 ἠδίκησεν A² D Iustinus : ἠδίκηκεν A F M Stobaeus e 7 δειμαίνει A D M Iustinus Stobaeus : ἀεὶ δειμαίνει F a 1 ἑαυτῷ A F M Iustinus Stobaeus : ἐν αὐτῷ D a 3 ὡς A D M : ὥσπερ F Iustinus Stobaeus a 9 κυβερνᾷ] κυβερνᾶν D a 11 οὔ τι] οὔτι που Stobaeus b 1 καὶ κοσμίῳ Stobaei cod. *A*: om. A F D M Stobaei codd. *SM* b 3 θεῷ A F M Stobaeus : θεῶν D

〈当然有着〉某种〈最大的好处〉，他回答道，或许我不会说服许
多人，如果我说出它的话。其实你得清楚下面这点，他说道，苏格拉底 330d5
啊，那就是，每当一个人临近想到他自己将终了时[103]，一种对以前并未
涌上过心头的那些事情的恐惧和操心[104]就会向他袭来[105]。因为，一方
面，那些流传的关于冥府[106]的各种事情的故事——如那在这里[107]曾行
过不义的人，必定要在那边受惩罚[108]——，尽管迄今都在被〈他〉嘲 330e1
笑，但那时它们却折磨着他的灵魂[109]，生怕它们会是真的[110]；另一方
面，他自己——其实无论是由于老年的虚弱，还是[111]好像由于已经更
为接近那边的那些事情而约莫更加看清了它们——则无论如何[112]都充
满了疑虑和恐惧，从此开始合计和思考他是否已经对任何人行过了任何 330e5
的不义[113]。因此，一个人，一方面，当他发现在他自己的一生中的许多
不义之事，甚至从睡梦中，就像一些孩子一样[114]，经常惊醒时，他就
感到害怕，并且带着不祥的预感活着；另一方面，如果他没有意识到任 331a1
何的不义[115]，那么，一种快乐和美好的希望就总是伴随着他，〈成为对
他的〉老年的照料，就像品达[116]也说过的那样。事实上，苏格拉底啊，
那人优雅地这样说道，那公正且虔敬地度过一生的人， 331a5

> 甜蜜的希望滋养着他的内心[117]，
> 作为对老年的照料陪伴他，
> 它尤其为有死者们那变化不定的
> 意见领航。

因此，他说得何等令人惊异地好啊[118]。正是为此我才无论如何都提出， 331a10
对财产的拥有是所值最多的[119]，当然不是对每个人而言，而是对一个正 331b1
直的和守秩序的人而言。因为〈他〉既不曾欺骗过任何一个人或对之说
过假话——即使是不情愿地——，〈他〉也不会由于有所亏欠，或者亏
欠一位神某些祭品，或者亏欠某个人一些钱财[120]，然后满怀恐惧地动身

βάλλεται. ἔχει δὲ καὶ ἄλλας χρείας πολλάς· ἀλλὰ ἕν γε ἀνθ' ἑνὸς οὐκ ἐλάχιστον ἔγωγε θείην ἂν εἰς τοῦτο ἀνδρὶ νοῦν ἔχοντι, ὦ Σώκρατες, πλοῦτον χρησιμώτατον εἶναι.

Παγκάλως, ἦν δ' ἐγώ, λέγεις, ὦ Κέφαλε. τοῦτο δ' αὐτό, c
τὴν δικαιοσύνην, πότερα τὴν ἀλήθειαν αὐτὸ φήσομεν εἶναι ἁπλῶς οὕτως καὶ τὸ ἀποδιδόναι ἄν τίς τι παρά του λάβῃ, ἢ καὶ αὐτὰ ταῦτα ἔστιν ἐνίοτε μὲν δικαίως, ἐνίοτε δὲ ἀδίκως ποιεῖν; οἷον τοιόνδε λέγω· πᾶς ἄν που εἴποι, εἴ τις λάβοι παρὰ φίλου ἀνδρὸς σωφρονοῦντος ὅπλα, εἰ μανεὶς ἀπαιτοῖ, ὅτι οὔτε χρὴ τὰ τοιαῦτα ἀποδιδόναι, οὔτε δίκαιος ἂν εἴη ὁ ἀποδιδούς, οὐδ' αὖ πρὸς τὸν οὕτως ἔχοντα πάντα ἐθέλων τἀληθῆ λέγειν.

Ὀρθῶς, ἔφη, λέγεις. d

Οὐκ ἄρα οὗτος ὅρος ἐστὶν δικαιοσύνης, ἀληθῆ τε λέγειν καὶ ἃ ἂν λάβῃ τις ἀποδιδόναι.

Πάνυ μὲν οὖν, ἔφη, ὦ Σώκρατες, ὑπολαβὼν ὁ Πολέμαρχος, εἴπερ γέ τι χρὴ Σιμωνίδῃ πείθεσθαι.

Καὶ μέντοι, ἔφη ὁ Κέφαλος, καὶ παραδίδωμι ὑμῖν τὸν λόγον· δεῖ γάρ με ἤδη τῶν ἱερῶν ἐπιμεληθῆναι.

Οὐκοῦν, ἔφη, ἐγώ, ὁ Πολέμαρχος, τῶν γε σῶν κληρονόμος;

Πάνυ γε, ἦ δ' ὃς γελάσας, καὶ ἅμα ᾔει πρὸς τὰ ἱερά.

Λέγε δή, εἶπον ἐγώ, σὺ ὁ τοῦ λόγου κληρονόμος, τί φῂς e
τὸν Σιμωνίδην λέγοντα ὀρθῶς λέγειν περὶ δικαιοσύνης;

Ὅτι, ἦ δ' ὅς, τὸ τὰ ὀφειλόμενα ἑκάστῳ ἀποδιδόναι δίκαιόν ἐστι· τοῦτο λέγων δοκεῖ ἔμοιγε καλῶς λέγειν.

Ἀλλὰ μέντοι, ἦν δ' ἐγώ, Σιμωνίδῃ γε οὐ ῥᾴδιον ἀπιστεῖν—σοφὸς γὰρ καὶ θεῖος ἀνήρ—τοῦτο μέντοι ὅτι ποτὲ λέγει, σὺ μέν, ὦ Πολέμαρχε, ἴσως γιγνώσκεις, ἐγὼ δὲ ἀγνοῶ· δῆλον γὰρ ὅτι οὐ τοῦτο λέγει, ὅπερ ἄρτι ἐλέγομεν,

b 5 ἕν γε Stobaeus : γε ἓν A F D M : γε secl. Stallbaum   c 5 οἷον τοιόνδε A F M : οἷον δὲ D   που A F M : ποι D   d 8 ἔφη ἐγώ A D M : ἐγὼ ἔφη F : ἔφην ἐγώ scr. Ven. 184   e 4 ἔμοιγε A M : μοί γε F : ἐμοὶ D   e 6 γὰρ A F M : om. D   ἀνήρ A F D M : ὁ ἀνήρ f : ἁνήρ Bekker   e 8 ὅτι A F M : om. D

去那边[121]，对钱财的拥有对此有着很大的贡献[122]。而它无疑还有着其 331b5
他许多的用处；但通过一个一个地进行比较[123]，我依然不会把这件事视为是微不足道的，就它而言，对于一个有理智的人来说[124]，苏格拉底啊，财富是最有用的。

你说得非常好，我说道，克法洛斯啊。但恰恰这种东西[125]，即正 331c1
义，我们将径直这样[126]宣称吗，那就是，它是真实[127]和偿还——如果[128]一个人从任何人那里拿走了任何东西的话——，还是说，恰恰做
这些事情，它有时是正义的，有时则是不正义的？例如，我像下面这样 331c5
讲：每个人无论如何都会说——如果一个人从一位头脑保持清醒的朋友那里拿走了一样武器，如果那人在发疯时进行索回——，既不应当偿还诸如此类的东西，一个〈像下面这样做〉的人也不会是正义的，即无论他进行偿还，还是对那处在如此状态的人他愿意完完全全[129]说真话。

你说得正确，他说道。 331d1

因此，这不是关于正义的定义[130]，即说真话和偿还一个人〈从他人那里〉所拿走的东西。

完全如此，波勒马尔科斯接过话题[131]说道，苏格拉底啊，如果真 331d5
的至少在某种程度上应当相信西蒙尼德斯[132]的话。

那好，克法洛斯说，我就把谈话交给你们[133]，因为我现在必须得去操心一些祭品。

那我岂不，波勒马尔科斯说道，就是你的那些东西的继承人[134]？

当然，他笑着说道，与此同时他走向了那些祭品[135]。

那就请你来讲一讲，我说道，你，这位谈话的继承人！西蒙尼德斯 331e1
究竟说了什么，既然你宣称他关于正义说得正确？

那就是，他回答道，把所亏欠的东西偿还给每个人，这是正义的。至少在我看来，当他这样说时，他说得正确[136]。

诚然，我说道，不相信西蒙尼德斯，这无论如何都是不容易的—— 331e5
因为他是一个智慧的且从神那里得到灵感的人[137]——，然而，由此他究竟在说什么，你，波勒马尔科斯啊，或许了解，但我不知道；因为，显然他并没有在说我们刚才曾说的那种东西，那就是，当一个人托付了

τό τινος παρακαταθεμένου τι ὁτῳοῦν μὴ σωφρόνως ἀπαι-
332 τοῦντι ἀποδιδόναι. καίτοι γε ὀφειλόμενόν πού ἐστιν τοῦτο ὃ παρακατέθετο· ἦ γάρ;

Ναί.

Ἀποδοτέον δέ γε οὐδ' ὁπωστιοῦν τότε ὁπότε τις μὴ σωφρόνως ἀπαιτοῖ;

Ἀληθῆ, ἦ δ' ὅς.

Ἄλλο δή τι ἢ τὸ τοιοῦτον, ὡς ἔοικεν, λέγει Σιμωνίδης τὸ τὰ ὀφειλόμενα δίκαιον εἶναι ἀποδιδόναι.

Ἄλλο μέντοι νὴ Δί', ἔφη· τοῖς γὰρ φίλοις οἴεται ὀφείλειν τοὺς φίλους ἀγαθὸν μέν τι δρᾶν, κακὸν δὲ μηδέν.

Μανθάνω, ἦν δ' ἐγώ—ὅτι οὐ τὰ ὀφειλόμενα ἀποδίδωσιν ὃς ἄν τῳ χρυσίον ἀποδῷ παρακαταθεμένῳ, ἐάνπερ ἡ ἀπό-
b δοσις καὶ ἡ λῆψις βλαβερὰ γίγνηται, φίλοι δὲ ὦσιν ὅ τε ἀπολαμβάνων καὶ ὁ ἀποδιδούς—οὐχ οὕτω λέγειν φῂς τὸν Σιμωνίδην;

Πάνυ μὲν οὖν.

Τί δέ; τοῖς ἐχθροῖς ἀποδοτέον ὅτι ἂν τύχῃ ὀφειλόμενον;

Παντάπασι μὲν οὖν, ἔφη, ὅ γε ὀφείλεται αὐτοῖς, ὀφείλεται δέ γε οἶμαι παρά γε τοῦ ἐχθροῦ τῷ ἐχθρῷ ὅπερ καὶ προσήκει, κακόν τι.

Ἠινίξατο ἄρα, ἦν δ' ἐγώ, ὡς ἔοικεν, ὁ Σιμωνίδης ποιη-
c τικῶς τὸ δίκαιον ὃ εἴη. διενοεῖτο μὲν γάρ, ὡς φαίνεται, ὅτι τοῦτ' εἴη δίκαιον, τὸ προσῆκον ἑκάστῳ ἀποδιδόναι, τοῦτο δὲ ὠνόμασεν ὀφειλόμενον.

Ἀλλὰ τί οἴει; ἔφη.

Ὦ πρὸς Διός, ἦν δ' ἐγώ, εἰ οὖν τις αὐτὸν ἤρετο· "Ὦ Σιμωνίδη, ἡ τίσιν οὖν τί ἀποδιδοῦσα ὀφειλόμενον καὶ προσῆκον τέχνη ἰατρικὴ καλεῖται;" τί ἂν οἴει ἡμῖν αὐτὸν ἀποκρίνασθαι;

a 1 γε ὀφειλόμενόν] ὀφειλόμενόν γε ci. Hartman a 5 ἀπαιτοῖ] ἀπαιτεῖ ci. Madvig a 12 χρυσίον A F M : χρυσίῳ D c 4 οἴει; ἔφη : ὦ πρὸς A F : οἴει ἔφη πρὸς D M : οἴει; Ἔφη. Ὦ πρὸς Madvig

某种东西后[138]，要把该东西偿还给那人，无论他是谁，即使他并非头脑清醒地进行索回。当然，他所托付的那种东西肯定也就是亏欠〈他〉的 332a1 东西。是这样吗？

是。

但在那个时候无论如何都不应当偿还，当一个人并非头脑清醒地进 332a5 行索回时？

正确，他说道。

因此，那是不同于这类事情的某种东西，如看起来的那样，当西蒙尼德斯说，偿还所亏欠的东西，这是正义的。

当然不同，宙斯在上，他说道；因为他认为，朋友亏欠朋友[139]的，是做某种好事，而不做任何坏事。 332a10

我明白了，我说道——也即是说，一个人其实并非在偿还所亏欠的东西，如果他把金子偿还给那位将之托付给他的人，假如这种偿还和接 332b1 受竟然变成了有害的，而那进行接受的人和那进行偿还的人又还是朋友的话——，你岂不在宣称，西蒙尼德斯就是这样在说？

完全如此。

然后呢？必须还给敌人们吗，把碰巧欠他们的东西？ 332b5

那是当然，他说道，肯定要把欠他们的东西〈还给他们〉；不过我认为，从敌人那儿欠敌人的，其实正是那〈与之〉相合适的，即某种坏的东西。

那么他就在说谜语[140]，我说道，如看起来的那样，即西蒙尼德斯在诗意地说正义的事情会是什么。因为，他虽然想的是，如显得的那样， 332c1 这会是正义的，那就是把与之相称的一种东西还给每个人，但他却把这称为被亏欠的东西[141]。

你还能认为别的什么吗[142]？他说道。

以宙斯的名义[143]！我回应道，那么，如果有人真的问他："西蒙尼 332c5 德斯啊，那种技艺，它究竟由于对何种东西归给了何种亏欠以及与之合适的东西，由此才被称作医术呢？"你认为，他会如何回答？

Δῆλον ὅτι, ἔφη, ἡ σώμασιν φάρμακά τε καὶ σιτία καὶ ποτά.

Ἡ δὲ τίσιν τί ἀποδιδοῦσα ὀφειλόμενον καὶ προσῆκον τέχνη μαγειρικὴ καλεῖται;

Ἡ τοῖς ὄψοις τὰ ἡδύσματα. d

Εἶεν· ἡ οὖν δὴ τίσιν τί ἀποδιδοῦσα τέχνη δικαιοσύνη ἂν καλοῖτο;

Εἰ μέν τι, ἔφη, δεῖ ἀκολουθεῖν, ὦ Σώκρατες, τοῖς ἔμπροσθεν εἰρημένοις, ἡ τοῖς φίλοις τε καὶ ἐχθροῖς ὠφελίας τε καὶ βλάβας ἀποδιδοῦσα.

Τὸ τοὺς φίλους ἄρα εὖ ποιεῖν καὶ τοὺς ἐχθροὺς κακῶς δικαιοσύνην λέγει;

Δοκεῖ μοι.

Τίς οὖν δυνατώτατος κάμνοντας φίλους εὖ ποιεῖν καὶ ἐχθροὺς κακῶς πρὸς νόσον καὶ ὑγίειαν;

Ἰατρός.

Τίς δὲ πλέοντας πρὸς τὸν τῆς θαλάττης κίνδυνον; e

Κυβερνήτης.

Τί δὲ ὁ δίκαιος; ἐν τίνι πράξει καὶ πρὸς τί ἔργον δυνατώτατος φίλους ὠφελεῖν καὶ ἐχθροὺς βλάπτειν;

Ἐν τῷ προσπολεμεῖν καὶ ἐν τῷ συμμαχεῖν, ἔμοιγε δοκεῖ.

Εἶεν· μὴ κάμνουσί γε μήν, ὦ φίλε Πολέμαρχε, ἰατρὸς ἄχρηστος.

Ἀληθῆ.

Καὶ μὴ πλέουσι δὴ κυβερνήτης.

Ναί.

Ἆρα καὶ τοῖς μὴ πολεμοῦσιν ὁ δίκαιος ἄχρηστος;

Οὐ πάνυ μοι δοκεῖ τοῦτο.

Χρήσιμον ἄρα καὶ ἐν εἰρήνῃ δικαιοσύνη;

Χρήσιμον. 333

Καὶ γὰρ γεωργία· ἢ οὔ;

d 2 ἡ A F M : εἰ D e 5 προσπολεμεῖν A D M : προπολεμεῖν F
καὶ ἐν τῷ A F D : καὶ M δοκεῖ A D M : δοκεῖν F

显然〈那人会回答说〉，他说道，它对身体归给了药品和食物，以及饮料。 332c10

而那种技艺，它又由于对何种东西归给了何种亏欠和与之合适的东西而被称作烹饪术呢？

它对菜肴归给了调味品。 332d1

好的[144]！那么，那种技艺，它究竟由于对何种东西归给了什么，而会被称作正义[145]呢？

如果确实，他说道，苏格拉底啊，必须依循前面所说的那些〈来进行回答〉，那么，它把各种益处归给朋友，并且把各种坏处归给敌人。 332d5

因此，那人其实是在这样说吗：善待朋友和伤害敌人，这就是正义？

在我看来是这样。

那么，当人们患病时，谁最有能力善待朋友并伤害敌人，就疾病和健康来说？ 332d10

一位医生。

而当人们航行时面对大海的危险，又是谁呢？ 332e1

一位舵手。

正义的人又如何呢？在何种行动中，以及为了何种事情[146]，他最有能力有益于朋友和伤害敌人？

在开战和结盟时，至少在我看来。 332e5

好的！然而，对于那些没有患病的人来说，亲爱的波勒马尔科斯啊，一位医生肯定是无用的。

正确。

并且对于那些不航行的人来说，一位舵手也同样如此。

是的。 332e10

那么，对于那些不打仗的人来说，正义的人也是无用的？

我肯定不会这么认为。

那么，甚至在和平时正义也是有用的？

有用的。 333a1

进而耕作也是这样，抑或不？

Ναί.

Πρός γε καρποῦ κτῆσιν;

Ναί.

Καὶ μὴν καὶ σκυτοτομική;

Ναί.

Πρός γε ὑποδημάτων ἂν οἶμαι φαίης κτῆσιν;

Πάνυ γε.

Τί δὲ δή; τὴν δικαιοσύνην πρὸς τίνος χρείαν ἢ κτῆσιν ἐν εἰρήνῃ φαίης ἂν χρήσιμον εἶναι;

Πρὸς τὰ συμβόλαια, ὦ Σώκρατες.

Συμβόλαια δὲ λέγεις κοινωνήματα ἤ τι ἄλλο;

Κοινωνήματα δῆτα.

b Ἆρ' οὖν ὁ δίκαιος ἀγαθὸς καὶ χρήσιμος κοινωνὸς εἰς πεττῶν θέσιν, ἢ ὁ πεττευτικός;

Ὁ πεττευτικός.

Ἀλλ' εἰς πλίνθων καὶ λίθων θέσιν ὁ δίκαιος χρησιμώτερός τε καὶ ἀμείνων κοινωνὸς τοῦ οἰκοδομικοῦ;

Οὐδαμῶς.

Ἀλλ' εἰς τίνα δὴ κοινωνίαν ὁ δίκαιος ἀμείνων κοινωνὸς τοῦ οἰκοδομικοῦ τε καὶ κιθαριστικοῦ, ὥσπερ ὁ κιθαριστικὸς τοῦ δικαίου εἰς κρουμάτων;

Εἰς ἀργυρίου, ἔμοιγε δοκεῖ.

Πλήν γ' ἴσως, ὦ Πολέμαρχε, πρὸς τὸ χρῆσθαι ἀργυρίῳ, ὅταν δέῃ ἀργυρίου κοινῇ πρίασθαι ἢ ἀποδόσθαι ἵππον· τότε
c δέ, ὡς ἐγὼ οἶμαι, ὁ ἱππικός. ἦ γάρ;

Φαίνεται.

Καὶ μὴν ὅταν γε πλοῖον, ὁ ναυπηγὸς ἢ ὁ κυβερνήτης;

Ἔοικεν.

Ὅταν οὖν τί δέῃ ἀργυρίῳ ἢ χρυσίῳ κοινῇ χρῆσθαι, ὁ δίκαιος χρησιμώτερος τῶν ἄλλων;

Ὅταν παρακαταθέσθαι καὶ σῶν εἶναι, ὦ Σώκρατες.

b 7 τίνα] τίνος ci. H. Richards b 8 οἰκοδομικοῦ τε καὶ D : om. A F M

是这样。

就农作物的收获来说，也肯定如此？

是的。

而且还有制鞋术？

是的。

我认为你肯定会说，那是为了鞋子的获得？

当然。

那么，然后呢？在和平时针对何种东西的用处或者获得，你会宣称正义是有用的？

针对一些合约[147]，苏格拉底啊。

而一些合约，你是在说一些合作关系吗，还是别的什么？

当然是一些合作关系。

那么，就下跳棋来说[148]，正义的人是一个优秀的和有用的伙伴呢，还是那精通棋艺的人？

精通棋艺的人。

但就砖块和石头的安排来说，正义的人比建筑师是更有用的和更优秀的伙伴吗？

绝对不。

那么，究竟就什么样的合作关系来说，正义的人会比精通弹琴的人[149]是更优秀的伙伴呢，就像在弹奏方面，精通弹琴的人强过正义的人一样？

就银钱方面的〈合作关系〉来说，至少我认为。

或许下面这点至少得除外，波勒马尔科斯啊，那就是为了使用银钱[150]，每当需要用银钱共同去购买或出售一匹马时；而那时，如我所认为的那样，精通马的人[151]〈是一位更优秀的伙伴〉。是这样吗？

显然。

而且每当涉及一艘船时，则是造船师，或者舵手？

看起来是这样。

那么，究竟为了什么，每当需要共同使用银子或金子时，正义的人比其他人是更有用的？

每当〈它需要〉被托付和是安全的时，苏格拉底啊。

Οὐκοῦν λέγεις ὅταν μηδὲν δέῃ αὐτῷ χρῆσθαι ἀλλὰ κεῖσθαι;

Πάνυ γε.

Ὅταν ἄρα ἄχρηστον ᾖ ἀργύριον, τότε χρήσιμος ἐπ' αὐτῷ ἡ δικαιοσύνη; d

Κινδυνεύει.

Καὶ ὅταν δὴ δρέπανον δέῃ φυλάττειν, ἡ δικαιοσύνη χρήσιμος καὶ κοινῇ καὶ ἰδίᾳ· ὅταν δὲ χρῆσθαι, ἡ ἀμπελουργική;

Φαίνεται.

Φήσεις δὲ καὶ ἀσπίδα καὶ λύραν ὅταν δέῃ φυλάττειν καὶ μηδὲν χρῆσθαι, χρήσιμον εἶναι τὴν δικαιοσύνην, ὅταν δὲ χρῆσθαι, τὴν ὁπλιτικὴν καὶ τὴν μουσικήν;

Ἀνάγκη.

Καὶ περὶ τἆλλα δὴ πάντα ἡ δικαιοσύνη ἑκάστου ἐν μὲν χρήσει ἄχρηστος, ἐν δὲ ἀχρηστίᾳ χρήσιμος;

Κινδυνεύει.

Οὐκ ἂν οὖν, ὦ φίλε, πάνυ γέ τι σπουδαῖον εἴη ἡ δικαιοσύνη, εἰ πρὸς τὰ ἄχρηστα χρήσιμον ὂν τυγχάνει. τόδε δὲ σκεψώμεθα. ἆρ' οὐχ ὁ πατάξαι δεινότατος ἐν μάχῃ εἴτε πυκτικῇ εἴτε τινὶ καὶ ἄλλῃ, οὗτος καὶ φυλάξασθαι; e

Πάνυ γε.

Ἆρ' οὖν καὶ νόσον ὅστις δεινὸς φυλάξασθαι, καὶ λαθεῖν οὗτος δεινότατος ἐμποιήσας;

Ἔμοιγε δοκεῖ.

Ἀλλὰ μὴν στρατοπέδου γε ὁ αὐτὸς φύλαξ ἀγαθός, ὅσπερ 334
καὶ τὰ τῶν πολεμίων κλέψαι καὶ βουλεύματα καὶ τὰς ἄλλας πράξεις;

Πάνυ γε.

Ὅτου τις ἄρα δεινὸς φύλαξ, τούτου καὶ φὼρ δεινός.

Ἔοικεν.

d 3 δέῃ F M : δέοι A D   d 7 μηδὲν A f d : μὴ F D M   e 1 οὐκ ἂν οὖν in marg. A : οὐκοῦν A F D M   e 6 φυλάξασθαι, καὶ λαθεῖν . . . e 7 ἐμποιήσας ci. Schneider : φυλάξασθαι καὶ λαθεῖν . . . ἐμποιῆσαι A F D M : φυλάξασθαι καὶ μὴ παθεῖν . . . ἐμποιῆσαι scr. Mon.

那么，你岂不在说，每当不需要使用它，而是将之搁置在一边时[152]？

的确如此。 333c10

因此，每当银子是无用的时候，那时对它来说，正义就是有用的？ 333d1

有可能[153]。

并且每当一把修枝刀的确需要被保管起来时，正义就是有用的，无论是对合作的双方来说，还是对个人来说[154]；而每当它需要被使用时，〈有用的〉则是葡萄种植术吗？

显然。 333d5

而你还将说，就盾牌和七弦琴，每当需要保管它们并且不使用它们时，正义就是有用的，而每当〈需要〉使用〈它们〉时，〈有用的〉则是重甲兵的技艺和音乐技艺？

必然。

进而关于其他所有东西，正义在其每个的使用中肯定都是无用的， 333d10
而在不使用中则是有用的？

也许是。

那么，朋友啊，正义根本就不会是某种值得非常认真对待的东西， 333e1
如果它实际上仅仅对于那些不被使用的东西才是有用的话。但让我们这样来进行考察。在战斗——无论是拳击性的，还是其他什么样的——中那最擅长攻击的，这人岂不也最擅长防御[155]？

当然。 333e5

因此，任何擅长防御疾病的，此人也最擅长不被察觉吗，当他引起它时？

至少在我看来是这样。

当然[156]，就一座军营来说，它的一位优秀的哨兵，这同一个人，他 334a1
肯定也善于偷取[157]敌人的各种东西，无论是其各种计划，还是其他一些〈要采取的〉行动？

完全如此。

那么，就任何东西来说，一个是其高明的守卫者的人，他也是其高 334a5
明的窃贼。

似乎是这样。

Εἰ ἄρα ὁ δίκαιος ἀργύριον δεινὸς φυλάττειν, καὶ κλέπτειν δεινός.

Ὡς γοῦν ὁ λόγος, ἔφη, σημαίνει.

Κλέπτης ἄρα τις ὁ δίκαιος, ὡς ἔοικεν, ἀναπέφανται, καὶ
κινδυνεύεις παρ' Ὁμήρου μεμαθηκέναι αὐτό· καὶ γὰρ ἐκεῖνος
b τὸν τοῦ Ὀδυσσέως πρὸς μητρὸς πάππον Αὐτόλυκον ἀγαπᾷ
τε καί φησιν αὐτὸν πάντας ἀνθρώπους κεκάσθαι κλεπτοσύνῃ θ' ὅρκῳ τε. ἔοικεν οὖν ἡ δικαιοσύνη καὶ κατὰ σὲ καὶ καθ' Ὅμηρον καὶ κατὰ Σιμωνίδην κλεπτική τις εἶναι, ἐπ' ὠφελίᾳ μέντοι τῶν φίλων καὶ ἐπὶ βλάβῃ τῶν ἐχθρῶν. οὐχ οὕτως ἔλεγες;

Οὐ μὰ τὸν Δί', ἔφη, ἀλλ' οὐκέτι οἶδα ἔγωγε ὅτι ἔλεγον· τοῦτο μέντοι ἔμοιγε δοκεῖ ἔτι, ὠφελεῖν μὲν τοὺς φίλους ἡ δικαιοσύνη, βλάπτειν δὲ τοὺς ἐχθρούς.

c Φίλους δὲ λέγεις εἶναι πότερον τοὺς δοκοῦντας ἑκάστῳ χρηστοὺς εἶναι, ἢ τοὺς ὄντας, κἂν μὴ δοκῶσι, καὶ ἐχθροὺς ὡσαύτως;

Εἰκὸς μέν, ἔφη, οὓς ἄν τις ἡγῆται χρηστοὺς φιλεῖν, οὓς δ' ἂν πονηροὺς μισεῖν.

Ἆρ' οὖν οὐχ ἁμαρτάνουσιν οἱ ἄνθρωποι περὶ τοῦτο, ὥστε δοκεῖν αὐτοῖς πολλοὺς μὲν χρηστοὺς εἶναι μὴ ὄντας, πολλοὺς δὲ τοὐναντίον;

Ἁμαρτάνουσιν.

Τούτοις ἄρα οἱ μὲν ἀγαθοὶ ἐχθροί, οἱ δὲ κακοὶ φίλοι;

Πάνυ γε.

Ἀλλ' ὅμως δίκαιον τότε τούτοις τοὺς μὲν πονηροὺς
d ὠφελεῖν, τοὺς δὲ ἀγαθοὺς βλάπτειν;

Φαίνεται.

Ἀλλὰ μὴν οἵ γε ἀγαθοὶ δίκαιοί τε καὶ οἷοι μὴ ἀδικεῖν;

Ἀληθῆ.

Κατὰ δὴ τὸν σὸν λόγον τοὺς μηδὲν ἀδικοῦντας δίκαιον κακῶς ποιεῖν.

b 8 ὠφελεῖν . . . b 9 βλάπτειν A F M: ὠφελεῖ . . . βλάπτει D c 2 καὶ A F M: om. D

因此，如果正义的人擅长守护银子，那他也擅长盗取它。

至少，他说道，道理[158]在如此显明。

那么，正义的人，如看起来的那样，就显得是某种窃贼，并且你有 334a10
可能已经从荷马那里了解到了这点；甚至因为那人喜欢奥德修斯在母亲 334b1
一方的祖父[159]奥托吕科斯[160]，并且说他无论在偷窃方面还是在起〈伪〉
誓方面都胜过了所有的人[161]。因此，似乎正义，无论是根据你，还是根
据荷马，还是根据西蒙尼德斯[162]，它都是某种盗窃术，尽管是为了有益 334b5
于朋友，以及为了伤害敌人[163]。难道你不是在这样说吗？

当然不是，宙斯在上！他说道，但我也的确不再知道我究竟在说什么[164]。然而，这至少对我显得仍然是合理的[165]，那就是：正义，它一方面有益于朋友们，另一方面伤害敌人。

至于朋友，你说他们是：对每个人看起来是良善的[166]呢，抑或 334c1
是〈良善的〉，即使他们看起来不是，至于敌人，也以同样的方式来
说他们？

合理的是，一方面，他说道，一个人将之视为〈是〉良善的那些
人，他爱他们；另一方面，那些邪恶的人，他则恨他们。 334c5

那么，关于这点一些人在犯错误吗[167]，以至于，一方面，许多人对他们看起来是良善的，尽管他们不是〈良善的〉，另一方面，许多人则正好相反？

他们在犯错误。

因此，对于这样一些〈对此犯错误的〉人来说，一则一些好人是敌 334c10
人，一则一些坏人是朋友？

的确如此。

在那种情况下[168]，对于这样一些人来说这岂不仍旧[169]是正义的，
即一方面有益于一些邪恶的人，一方面伤害一些良善的人？ 334d1

显得是这样。

无疑良善的人肯定是正义的，并且是不行不义的这样一些人？

正确。

那么，根据你的说法，那些不行任何不义的人，有害地对待他们是 334d5
正义的？

Μηδαμῶς, ἔφη, ὦ Σώκρατες· πονηρὸς γὰρ ἔοικεν εἶναι ὁ λόγος.

Τοὺς ἀδίκους ἄρα, ἦν δ' ἐγώ, δίκαιον βλάπτειν, τοὺς δὲ δικαίους ὠφελεῖν;

Οὗτος ἐκείνου καλλίων φαίνεται.

Πολλοῖς ἄρα, ὦ Πολέμαρχε, συμβήσεται, ὅσοι διημαρτήκασιν τῶν ἀνθρώπων, δίκαιον εἶναι τοὺς μὲν φίλους βλά- e
πτειν—πονηροὶ γὰρ αὐτοῖς εἰσιν—τοὺς δ' ἐχθροὺς ὠφελεῖν —ἀγαθοὶ γάρ· καὶ οὕτως ἐροῦμεν αὐτὸ τοὐναντίον ἢ τὸν Σιμωνίδην ἔφαμεν λέγειν.

Καὶ μάλα, ἔφη, οὕτω συμβαίνει. ἀλλὰ μεταθώμεθα· κινδυνεύομεν γὰρ οὐκ ὀρθῶς τὸν φίλον καὶ ἐχθρὸν θέσθαι.

Πῶς θέμενοι, ὦ Πολέμαρχε;

Τὸν δοκοῦντα χρηστόν, τοῦτον φίλον εἶναι.

Νῦν δὲ πῶς, ἦν δ' ἐγώ, μεταθώμεθα;

Τὸν δοκοῦντά τε, ἦ δ' ὅς, καὶ τὸν ὄντα χρηστὸν φίλον· τὸν δὲ δοκοῦντα μέν, ὄντα δὲ μή, δοκεῖν ἀλλὰ μὴ εἶναι 335
φίλον. καὶ περὶ τοῦ ἐχθροῦ δὲ ἡ αὐτὴ θέσις.

Φίλος μὲν δή, ὡς ἔοικε, τούτῳ τῷ λόγῳ ὁ ἀγαθὸς ἔσται, ἐχθρὸς δὲ ὁ πονηρός.

Ναί.

Κελεύεις δὴ ἡμᾶς προσθεῖναι τῷ δικαίῳ ἢ ὡς τὸ πρῶτον ἐλέγομεν, λέγοντες δίκαιον εἶναι τὸν μὲν φίλον εὖ ποιεῖν, τὸν δ' ἐχθρὸν κακῶς· νῦν πρὸς τούτῳ ὧδε λέγειν, ὅτι ἔστιν δίκαιον τὸν μὲν φίλον ἀγαθὸν ὄντα εὖ ποιεῖν, τὸν δ' ἐχθρὸν κακὸν ὄντα βλάπτειν;

Πάνυ μὲν οὖν, ἔφη, οὕτως ἄν μοι δοκεῖ καλῶς λέγεσθαι. b

Ἔστιν ἄρα, ἦν δ' ἐγώ, δικαίου ἀνδρὸς βλάπτειν καὶ ὁντινοῦν ἀνθρώπων;

Καὶ πάνυ γε, ἔφη· τούς γε πονηρούς τε καὶ ἐχθροὺς δεῖ βλάπτειν.

d 9 ἀδίκους A M : ἀδικοῦντας F D   e 2 αὐτοῖς A F M : αὐτοί D
e 6 ἐχθρὸν A D M : τὸν ἐχθρὸν F   e 10 τὸν ὄντα] ὄντα Bremi
a 6 ἢ ὡς] ὡς ci. Faesi   a 7 φίλον A F M : φίλον εἶναι D

绝对不可能，他说道，苏格拉底啊，因为该说法看起来是邪恶的。

因此，那些不义的人，我回应道，伤害他们是正义的，但那些正义
的人，有益于他们〈则是正义的〉？ 334d10

这种说法显得比那种说法更好。

因此对于许多人来说，波勒马尔科斯啊，即对于众人中所有那些已
经完全出错[170]的人来说，就会出现：下面这样是正义的，那就是，一方 334e1
面伤害一些朋友——因为在他们眼里那些人是邪恶的——，另一方面有
益于一些敌人——因为〈在他们眼里〉那些人是良善的——[171]。并且由
此一来我们将说出同我们宣称西蒙尼德斯所说的正相反对[172]的东西来。

完完全全，他说道，会出现这样的结果。不过让我们修正一下；因 334e5
为我们有可能未曾正确地规定朋友和敌人。

我们〈恰好是〉如何规定的呢，波勒马尔科斯啊？

那看起来是良善的，〈我们说〉这人是朋友。

而现在，我说道，我们该如何进行修正？

那既看起来是，他说道，又是良善的人，是朋友。而那虽然看起 334e10
来是，但不是〈良善的〉人，他看起来是，但不是朋友。而关于敌人也 335a1
〈持〉同样的立场。

那么，如看起来的那样，根据这种说法，朋友将是良善的人，而敌
人将是邪恶的人。

是的。 335a5

因此，你要求我们对于正义的事情还要有所补充吗，除了我们最初
所说的之外[173]，那时我们说，这样是正义的，即一则善待朋友，一则
有害地对待敌人；现在，除此之外还要这样说，那就是：这样才是正义
的，即一方面善待朋友，如果他是良善的话，另一方面伤害敌人，如果 335a10
他是邪恶的话？

完全如此，他说道，在我看来这样或许才说得正确。 335b1

那么，〈这样做〉是属于一个正义的人吗，甚至伤害世界上的任何
一个人，无论他是谁[174]？

至少这点是无疑的，他说道，那些邪恶的人和敌人，无论如何都应 335b5
当伤害他们。

Βλαπτόμενοι δ' ἵπποι βελτίους ἢ χείρους γίγνονται;

Χείρους.

Ἆρα εἰς τὴν τῶν κυνῶν ἀρετήν, ἢ εἰς τὴν τῶν ἵππων;

Εἰς τὴν τῶν ἵππων.

Ἆρ' οὖν καὶ κύνες βλαπτόμενοι χείρους γίγνονται εἰς τὴν τῶν κυνῶν ἀλλ' οὐκ εἰς τὴν τῶν ἵππων ἀρετήν;

Ἀνάγκη.

c Ἀνθρώπους δέ, ὦ ἑταῖρε, μὴ οὕτω φῶμεν, βλαπτομένους εἰς τὴν ἀνθρωπείαν ἀρετὴν χείρους γίγνεσθαι;

Πάνυ μὲν οὖν.

Ἀλλ' ἡ δικαιοσύνη οὐκ ἀνθρωπεία ἀρετή;

Καὶ τοῦτ' ἀνάγκη.

Καὶ τοὺς βλαπτομένους ἄρα, ὦ φίλε, τῶν ἀνθρώπων ἀνάγκη ἀδικωτέρους γίγνεσθαι.

Ἔοικεν.

Ἆρ' οὖν τῇ μουσικῇ οἱ μουσικοὶ ἀμούσους δύνανται ποιεῖν;

Ἀδύνατον.

Ἀλλὰ τῇ ἱππικῇ οἱ ἱππικοὶ ἀφίππους;

Οὐκ ἔστιν.

Ἀλλὰ τῇ δικαιοσύνῃ δὴ οἱ δίκαιοι ἀδίκους; ἢ καὶ
d συλλήβδην ἀρετῇ οἱ ἀγαθοὶ κακούς;

Ἀλλὰ ἀδύνατον.

Οὐ γὰρ θερμότητος οἶμαι ἔργον ψύχειν ἀλλὰ τοῦ ἐναντίου.

Ναί.

Οὐδὲ ξηρότητος ὑγραίνειν ἀλλὰ τοῦ ἐναντίου.

Πάνυ γε.

Οὐδὲ δὴ τοῦ ἀγαθοῦ βλάπτειν ἀλλὰ τοῦ ἐναντίου.

Φαίνεται.

Ὁ δέ γε δίκαιος ἀγαθός;

b 9 εἰς τὴν . . . b 11 ἵππων A F M d: ἀλλ' οὐ ἢ εἰς τὴν τῶν ἵππων D   c 9 ἀμούσους . . . c 12 ἱππικῇ A F M d: om. D   d 3 ἔργον om. Porphyrius   d 6 πάνυ . . . d 7 ἐναντίου A F M et in marg. d: om. D

然而，当马儿们被伤害后，它们是变得更好了呢，还是更坏了？

更坏了。

是就狗的德性而言[175]，还是就马的德性而言？

就马的德性而言。

那么，当狗儿们被伤害后，它们变得更坏了，那也是就狗的德性而 335b10
言，而非就马的德性而言？

必然。

至于人，朋友啊，我们岂不也应这样主张，那就是，当他们被伤害 335c1
后，他们就人的德性而言变得更坏了？

完全如此。

而正义岂不是人的一种德性？

这也是一种必然。 335c5

并且当他们被伤害后，朋友啊，他们必然在人们中间变得更不正义了吗？

有可能。

那么，那些精通文艺的人，他们能够用文艺[176]使得一些人成为无 335c10
文艺修养的吗？

不能够。

而那些精通骑术的人能用骑术造成一些不擅长骑马的人？

不可能。

那么，那些正义的人竟然能够用正义造成一些不正义的人？抑或简 335d1
而言之，那些好人甚至能够用德性造成一些坏人？

当然不能够。

因为热之作用[177]我认为不是进行冷却，那是其相反者的〈作用〉。

是的。

干之作用不是进行湿润，那是其相反者的〈作用〉。 335d5

当然。

好之作用其实也不是进行伤害，那是其相反者的〈作用〉。

显然。

而正义的人无论如何都是好的吗？

Πάνυ γε.

Οὐκ ἄρα τοῦ δικαίου βλάπτειν ἔργον, ὦ Πολέμαρχε, οὔτε φίλον οὔτ' ἄλλον οὐδένα, ἀλλὰ τοῦ ἐναντίου, τοῦ ἀδίκου.

Παντάπασί μοι δοκεῖς ἀληθῆ λέγειν, ἔφη, ὦ Σώκρατες.

Εἰ ἄρα τὰ ὀφειλόμενα ἑκάστῳ ἀποδιδόναι φησίν τις δίκαιον e
εἶναι, τοῦτο δὲ δὴ νοεῖ αὐτῷ τοῖς μὲν ἐχθροῖς βλάβην ὀφείλεσθαι παρὰ τοῦ δικαίου ἀνδρός, τοῖς δὲ φίλοις ὠφελίαν, οὐκ ἦν σοφὸς ὁ ταῦτα εἰπών. οὐ γὰρ ἀληθῆ ἔλεγεν· οὐδαμοῦ γὰρ δίκαιον οὐδένα ἡμῖν ἐφάνη ὂν βλάπτειν.

Συγχωρῶ, ἦ δ' ὅς.

Μαχούμεθα ἄρα, ἦν δ' ἐγώ, κοινῇ ἐγώ τε καὶ σύ, ἐάν τις αὐτὸ φῇ ἢ Σιμωνίδην ἢ Βίαντα ἢ Πιττακὸν εἰρηκέναι ἤ τιν' ἄλλον τῶν σοφῶν τε καὶ μακαρίων ἀνδρῶν.

Ἐγὼ γοῦν, ἔφη, ἕτοιμός εἰμι κοινωνεῖν τῆς μάχης.

Ἀλλ' οἶσθα, ἦν δ' ἐγώ, οὗ μοι δοκεῖ εἶναι τὸ ῥῆμα, τὸ 336
φάναι δίκαιον εἶναι τοὺς μὲν φίλους ὠφελεῖν, τοὺς δ' ἐχθροὺς βλάπτειν;

Τίνος; ἔφη.

Οἶμαι αὐτὸ Περιάνδρου εἶναι ἢ Περδίκκου ἢ Ξέρξου ἢ Ἰσμηνίου τοῦ Θηβαίου ἤ τινος ἄλλου μέγα οἰομένου δύνασθαι πλουσίου ἀνδρός.

Ἀληθέστατα, ἔφη, λέγεις.

Εἶεν, ἦν δ' ἐγώ· ἐπειδὴ δὲ οὐδὲ τοῦτο ἐφάνη ἡ δικαιοσύνη ὂν οὐδὲ τὸ δίκαιον, τί ἂν ἄλλο τις αὐτὸ φαίη εἶναι;

Καὶ ὁ Θρασύμαχος πολλάκις μὲν καὶ διαλεγομένων ἡμῶν b
μεταξὺ ὥρμα ἀντιλαμβάνεσθαι τοῦ λόγου, ἔπειτα ὑπὸ τῶν παρακαθημένων διεκωλύετο βουλομένων διακοῦσαι τὸν λόγον· ὡς δὲ διεπαυσάμεθα καὶ ἐγὼ ταῦτ' εἶπον, οὐκέτι ἡσυχίαν ἦγεν, ἀλλὰ συστρέψας ἑαυτὸν ὥσπερ θηρίον ἧκεν ἐφ' ἡμᾶς ὡς διαρπασόμενος.

d 11 ἔργον A F D : om. M a 9 οὐδὲ A M : οὐ F : om. D a 10 ἂν A F M : om. D b 4 διεπαυσάμεθα] δὴ ἐπαυσάμεθα ci. Cobet b 5 ἧκεν] ᾖττεν ci. Hartman b 6 διαρπασόμενος] διασπασόμενος ci. Cobet

肯定。335d10

因此，正义者的作用就不是进行伤害，波勒马尔科斯啊，既不会伤
害一位朋友，也不会伤害其他任何人；相反，那是其相反者的，即不正
义者的〈作用〉。

在我看来你说得完全正确，他说道，苏格拉底啊。

因此，如果有人宣称，把所亏欠的东西还给每个人，这是正义的，335e1
而这对他来说其实意味着[178]，在正义的人那儿，一方面欠敌人的是伤
害，另一方面欠朋友的是助益，那么，说这些话的人就向来不是智慧
的。因为他向来就说得不正确；既然在任何情形下伤害任何人，这对我 335e5
们向来都显得不是正义的[179]。

我同意，他说道。

那么，我说道，我和你将共同战斗，如果有人宣称，或者西蒙尼德
斯，或者比阿斯，或者庇塔科斯[180]，或者那些既智慧又幸福的人中的其
他任何一位，已经说过它的话。

我无论如何都，他说道，准备参与战斗[181]。335e10

但你〈真的〉知道，我回应说，在我看来这话是属于谁的吗，那就 336a1
是宣称这样做是正义的，即一方面有益于朋友，另一方面伤害敌人？

属于谁？他回应道。

我认为它属于珀里安德洛斯[182]，或者属于珀耳狄卡斯[183]，或者属 336a5
于克塞尔克塞斯[184]，或者属于忒拜人伊斯墨尼阿斯[185]，或者属于其他
某位自以为有着巨大能力的富人。

你说得非常正确，他说道。

好吧！我说道。然而，既然已经显明这既不是正义，也不是正义的 336a10
事情[186]，那么，一个人还能够宣称它是别的什么吗？

而特剌绪马科斯，甚至在我们谈话的中间，他就诚然多次急于打断 336b1
谈话[187]，但随后都被那些坐在旁边的人阻止住了，因为他们想把谈话
听到底。但是，当我们暂停下来，并且我说了这些之后，他就再也不能 336b5
够保持安静了[188]，而是通过把自己蜷缩成一团[189]，就像一只野兽那样，
猛地扑向我们[190]，仿佛要把我们撕成碎片似的。

Καὶ ἐγώ τε καὶ ὁ Πολέμαρχος δείσαντες διεπτοήθημεν·
ὁ δ' εἰς τὸ μέσον φθεγξάμενος, Τίς, ἔφη, ὑμᾶς πάλαι φλυαρία
c ἔχει, ὦ Σώκρατες; καὶ τί εὐηθίζεσθε πρὸς ἀλλήλους ὑπο-
κατακλινόμενοι ὑμῖν αὐτοῖς; ἀλλ' εἴπερ ὡς ἀληθῶς βούλει
εἰδέναι τὸ δίκαιον ὅτι ἔστι, μὴ μόνον ἐρώτα μηδὲ φιλοτιμοῦ
ἐλέγχων ἐπειδάν τίς τι ἀποκρίνηται, ἐγνωκὼς τοῦτο, ὅτι
ῥᾷον ἐρωτᾶν ἢ ἀποκρίνεσθαι, ἀλλὰ καὶ αὐτὸς ἀπόκριναι καὶ
εἰπὲ τί φῂς εἶναι τὸ δίκαιον. καὶ ὅπως μοι μὴ ἐρεῖς ὅτι τὸ
d δέον ἐστὶν μηδ' ὅτι τὸ ὠφέλιμον μηδ' ὅτι τὸ λυσιτελοῦν μηδ'
ὅτι τὸ κερδαλέον μηδ' ὅτι τὸ συμφέρον, ἀλλὰ σαφῶς μοι
καὶ ἀκριβῶς λέγε ὅτι ἂν λέγῃς· ὡς ἐγὼ οὐκ ἀποδέξομαι
ἐὰν ὕθλους τοιούτους λέγῃς.

Καὶ ἐγὼ ἀκούσας ἐξεπλάγην καὶ προσβλέπων αὐτὸν
ἐφοβούμην, καί μοι δοκῶ, εἰ μὴ πρότερος ἑωράκη αὐτὸν ἢ
ἐκεῖνος ἐμέ, ἄφωνος ἂν γενέσθαι. νῦν δὲ ἡνίκα ὑπὸ τοῦ
λόγου ἤρχετο ἐξαγριαίνεσθαι, προσέβλεψα αὐτὸν πρότερος,
e ὥστε αὐτῷ οἷός τ' ἐγενόμην ἀποκρίνασθαι, καὶ εἶπον ὑπο-
τρέμων· Ὦ Θρασύμαχε, μὴ χαλεπὸς ἡμῖν ἴσθι· εἰ γάρ τι
ἐξαμαρτάνομεν ἐν τῇ τῶν λόγων σκέψει ἐγώ τε καὶ ὅδε, εὖ
ἴσθι ὅτι ἄκοντες ἁμαρτάνομεν. μὴ γὰρ δὴ οἴου, εἰ μὲν
χρυσίον ἐζητοῦμεν, οὐκ ἄν ποτε ἡμᾶς ἑκόντας εἶναι ὑπο-
κατακλίνεσθαι ἀλλήλοις ἐν τῇ ζητήσει καὶ διαφθείρειν τὴν
εὕρεσιν αὐτοῦ, δικαιοσύνην δὲ ζητοῦντας, πρᾶγμα πολλῶν
χρυσίων τιμιώτερον, ἔπειθ' οὕτως ἀνοήτως ὑπείκειν ἀλλήλοις
καὶ οὐ σπουδάζειν ὅτι μάλιστα φανῆναι αὐτό. οἴου γε σύ,
ὦ φίλε. ἀλλ' οἶμαι οὐ δυνάμεθα· ἐλεεῖσθαι οὖν ἡμᾶς πολὺ
337 μᾶλλον εἰκός ἐστίν που ὑπὸ ὑμῶν τῶν δεινῶν ἢ χαλεπαί-
νεσθαι.

Καὶ ὃς ἀκούσας ἀνεκάγχασέ τε μάλα σαρδάνιον καὶ εἶπεν·
Ὦ Ἡράκλεις, ἔφη, αὕτη 'κείνη ἡ εἰωθυῖα εἰρωνεία Σωκρά-

d 1 δέον A F M Origenes: δίκαιον D d 7 ὑπὸ τοῦ λόγου om. Priscianus e 2 τι F D: om. A M e 9 οἴου γε Bekker: οἴου τε A F D M a 3 σαρδάνιον A D M: σαρδόνιον F: σαρδώνιον f Timaeus

于是，我和波勒马尔科斯因害怕而感到极度惊慌[191]。而他叫喊着走到中间，什么样的蠢话，他说道，刚才控制住了你们[192]，苏格拉底啊？ 336c1
并且为什么你们要通过彼此讨好[193]而互相装疯卖傻呢[194]？但是，假如你的的确确[195]想知道正义的事情是什么，那么，你就既不要仅仅进行提问，也不要〈仅仅〉热衷于进行反驳[196]，每当有人有所回答时——
因为你〈肯定〉已经知道下面这点，那就是，提问要比回答更为容易 336c5
些[197]——，而且[198]你自己要进行回答，并且告诉〈我们〉，你主张正
义的事情是什么。并且无论怎样你都不要对我说下面这些，那就是，它 336d1
是应当做的事情，或者它是益处，或者它是有利可图的东西，或者它是有用的东西，或者它是利益[199]，而是请你清楚和准确地说出你要说出的东西来[200]。因为我是不会接受的，如果你说出这样一些陈词滥调的话[201]。

而我呢，当听到〈他说完这些话〉之后，就感到惊慌失措，而且望 336d5
向他时，也心生恐惧；并且我认为[202]，如果我不是在他看我之前已经先看了他一眼，我肯定会变得发不出声来[203]。而事实上就在他因〈前
面的〉讨论而开始变得狂野起来的时候，我提前望向了他，因此我还能 336e1
够回答他；于是我战战兢兢地说道："特刺绪马科斯啊，请你不要对我们〈那么〉严苛；因为，如果我和这里的这位〈波勒马尔科斯〉在对各种言论的考察中出了错，那你也得清楚[204]，我们是在无意地犯错。显
然[205]，请你不要相信这点，那就是：一方面，如果我们寻找金子，我们 336e5
在寻找中总是会[206]有意地互相讨好，并且〈会有意地〉毁掉对它的发现；另一方面，当我们寻找正义时，虽然它是一件比大量的金子都还要贵重的事情，然而[207]我们却如此无理智地互相让步，并且不竭尽所能
地[208]去认认真真揭示它。请你一定要相信〈这点〉[209]，朋友啊；当然， 336e10
我认为我们没有能力〈揭示它〉。因此，〈下面这样做〉无论如何都是更
加[210]合情合理的，那就是：我们被你们这些很厉害的人所同情[211]，而 337a1
不是被你们严苛地对待[212]。"

而听了〈我说的这些话〉之后，他非常轻蔑地哈哈大笑起来，并且说道：啊，赫拉克勒斯[213]！他说，这就是苏格拉底的那种惯常的假装

τους, καὶ ταῦτ' ἐγὼ ἤδη τε καὶ τούτοις προὔλεγον, ὅτι σὺ ἀποκρίνασθαι μὲν οὐκ ἐθελήσοις, εἰρωνεύσοιο δὲ καὶ πάντα μᾶλλον ποιήσοις ἢ ἀποκρινοῖο, εἴ τίς τί σε ἐρωτᾷ.

Σοφὸς γὰρ εἶ, ἦν δ' ἐγώ, ὦ Θρασύμαχε· εὖ οὖν ᾔδησθα ὅτι εἴ τινα ἔροιο ὁπόσα ἐστὶν τὰ δώδεκα, καὶ ἐρόμενος προείποις αὐτῷ—"Ὅπως μοι, ὦ ἄνθρωπε, μὴ ἐρεῖς ὅτι ἔστιν τὰ b δώδεκα δὶς ἓξ μηδ' ὅτι τρὶς τέτταρα μηδ' ὅτι ἑξάκις δύο μηδ' ὅτι τετράκις τρία· ὡς οὐκ ἀποδέξομαί σου ἐὰν τοιαῦτα φλυαρῇς"—δῆλον οἶμαί σοι ἦν ὅτι οὐδεὶς ἀποκρινοῖτο τῷ οὕτως πυνθανομένῳ. ἀλλ' εἴ σοι εἶπεν· "Ὦ Θρασύμαχε, πῶς λέγεις; μὴ ἀποκρίνωμαι ὧν προεῖπες μηδέν; πότερον, ὦ θαυμάσιε, μηδ' εἰ τούτων τι τυγχάνει ὄν, ἀλλ' ἕτερον εἴπω τι τοῦ ἀληθοῦς; ἢ πῶς λέγεις;" τί ἂν αὐτῷ εἶπες πρὸς ταῦτα; c

Εἶεν, ἔφη· ὡς δὴ ὅμοιον τοῦτο ἐκείνῳ.

Οὐδέν γε κωλύει, ἦν δ' ἐγώ· εἰ δ' οὖν καὶ μὴ ἔστιν ὅμοιον, φαίνεται δὲ τῷ ἐρωτηθέντι τοιοῦτον, ἧττόν τι αὐτὸν οἴει ἀποκρινεῖσθαι τὸ φαινόμενον ἑαυτῷ, ἐάντε ἡμεῖς ἀπαγορεύωμεν ἐάντε μή;

Ἄλλο τι οὖν, ἔφη, καὶ σὺ οὕτω ποιήσεις· ὧν ἐγὼ ἀπεῖπον, τούτων τι ἀποκρινῇ;

Οὐκ ἂν θαυμάσαιμι, ἦν δ' ἐγώ· εἴ μοι σκεψαμένῳ οὕτω δόξειεν.

Τί οὖν, ἔφη, ἂν ἐγὼ δείξω ἑτέραν ἀπόκρισιν παρὰ πάσας d ταύτας περὶ δικαιοσύνης, βελτίω τούτων; τί ἀξιοῖς παθεῖν;

Τί ἄλλο, ἦν δ' ἐγώ, ἢ ὅπερ προσήκει πάσχειν τῷ μὴ εἰδότι; προσήκει δέ που μαθεῖν παρὰ τοῦ εἰδότος· καὶ ἐγὼ οὖν τοῦτο ἀξιῶ παθεῖν.

Ἡδὺς γὰρ εἶ, ἔφη· ἀλλὰ πρὸς τῷ μαθεῖν καὶ ἀπότεισον ἀργύριον.

a 7 ποιήσοις secl. ci. Cobet ἀποκρινοῖο scr. Mon.: ἀποκρίνοιο A F M: ἀποκρίναιο D ἐρωτᾷ] ἔροιτο scr. recc.: ἐρωτῷ ci. Goodwin b 4 ἀποκρινοῖτο scr. Mon.: ἀποκρίνοιτο A F D M τῷ A D M: om. F c 4 τι A F M: ὅτι D c 5 ἀποκρινεῖσθαι D: ἀποκρίνεσθαι A F M d 3 τί A D M: τί δ' F

无知[214]，而我既知道它，也向〈这里的〉这些人预言，那就是，一方 337a5
面，你将不会愿意回答，另一方面，你将会假装无知，并且将会宁愿做
〈其他〉任何事情，除了将进行回答之外，如果有人问你某件事的话[215]。

那是因为你是一个智慧的人[216]，我回应道，特剌绪马科斯啊；因
此，你清楚地知道：如果你询问某人十二是多大，并且在询问时预先
告知他——“这位[217]，无论怎样你都不要对我说下面这些[218]，那就是， 337b1
十二是两倍的六，或者三倍的四，或者六倍的二，或者四倍的三；因为
我不会同意你，如果你闲扯一些诸如此类的东西的话。”——那么，我
认为下面这点对你来说是显而易见的，那就是没有任何人能够回答那
以这种方式来进行打听的人。然而，如果他对你说：“特剌绪马科斯啊， 337b5
你为何那么说呢？我就不能用你预先告知的那些东西中的任何一样来进
行回答吗？令人钦佩的人啊，如果〈答案〉恰好就是其中的某个，那我
也得说出另外某个异于真相的东西吗？或者，你怎么说？”就这些你会 337c1
对他说什么呢？

好吧，他说道，这件事与那件事竟然是何等地相似[219]！

肯定没有什么能阻止〈它与那件事是相似的〉，我回应道。但话说
回来，即使它〈与之〉不是相似的，但如果它对那被问的人来说就显明
为如此这般的东西[220]，那么你认为他将较少地[221]回答那对他所显明出 337c5
来的事情吗，无论我俩阻止他，还是不？

那么，是不是[222]，他说道，你甚至将这样做，那就是，我所禁止的
那些，你将以其中的某个作答？

我不会感到惊讶，我回应道，如果当我考察后，它对我显得就是如 337c10
此的话。

那会怎样呢，他说道，如果关于正义我在所有这些〈答案〉之外指 337d1
出另外某种答案，它比这些〈答案〉都更好的话？你认为〈你〉适合遭
受什么〈惩罚〉[223]？

还有别的什么吗，我回应道，除了〈遭受〉无知者适合遭受的那种
〈惩罚〉之外[224]？只不过适合于他的，无论如何都是向有知者学习。我 337d5
认为我也适合遭受这种〈惩罚〉。

你真是天真幼稚啊[225]，他说道；然而，除了学习之外，你还得付银子。

Οὐκοῦν ἐπειδάν μοι γένηται, εἶπον.

Ἀλλ' ἔστιν, ἔφη ὁ Γλαύκων. ἀλλ' ἕνεκα ἀργυρίου, ὦ Θρασύμαχε, λέγε· πάντες γὰρ ἡμεῖς Σωκράτει εἰσοίσομεν.

e Πάνυ γε οἶμαι, ἦ δ' ὅς· ἵνα Σωκράτης τὸ εἰωθὸς διαπράξηται· αὐτὸς μὲν μὴ ἀποκρίνηται, ἄλλου δ' ἀποκρινομένου λαμβάνῃ λόγον καὶ ἐλέγχῃ.

Πῶς γὰρ ἄν, ἔφην ἐγώ, ὦ βέλτιστε, τὶς ἀποκρίναιτο πρῶτον μὲν μὴ εἰδὼς μηδὲ φάσκων εἰδέναι, ἔπειτα, εἴ τι καὶ οἴεται, περὶ τούτων ἀπειρημένον αὐτῷ εἴη ὅπως μηδὲν ἐρεῖ ὧν ἡγεῖται ὑπ' ἀνδρὸς οὐ φαύλου; ἀλλὰ σὲ δὴ μᾶλλον

338 εἰκὸς λέγειν· σὺ γὰρ δὴ φῄς εἰδέναι καὶ ἔχειν εἰπεῖν. μὴ οὖν ἄλλως ποίει, ἀλλὰ ἐμοί τε χαρίζου ἀποκρινόμενος καὶ μὴ φθονήσῃς καὶ Γλαύκωνα τόνδε διδάξαι καὶ τοὺς ἄλλους.

Εἰπόντος δέ μου ταῦτα, ὅ τε Γλαύκων καὶ οἱ ἄλλοι ἐδέοντο αὐτοῦ μὴ ἄλλως ποιεῖν. καὶ ὁ Θρασύμαχος φανερὸς μὲν ἦν ἐπιθυμῶν εἰπεῖν ἵν' εὐδοκιμήσειεν, ἡγούμενος ἔχειν ἀπόκρισιν παγκάλην· προσεποιεῖτο δὲ φιλονικεῖν πρὸς τὸ ἐμὲ εἶναι τὸν ἀποκρινόμενον. τελευτῶν δὲ συνεχώρησεν,

b κἄπειτα, Αὕτη δή, ἔφη, ἡ Σωκράτους σοφία· αὐτὸν μὲν μὴ ἐθέλειν διδάσκειν, παρὰ δὲ τῶν ἄλλων περιιόντα μανθάνειν καὶ τούτων μηδὲ χάριν ἀποδιδόναι.

Ὅτι μέν, ἦν δ' ἐγώ, μανθάνω παρὰ τῶν ἄλλων, ἀληθῆ εἶπες, ὦ Θρασύμαχε, ὅτι δὲ οὔ με φῄς χάριν ἐκτίνειν, ψεύδῃ· ἐκτίνω γὰρ ὅσην δύναμαι. δύναμαι δὲ ἐπαινεῖν μόνον· χρήματα γὰρ οὐκ ἔχω. ὡς δὲ προθύμως τοῦτο δρῶ, ἐάν τίς μοι δοκῇ εὖ λέγειν, εὖ εἴσῃ αὐτίκα δὴ μάλα, ἐπειδὰν ἀποκρίνῃ· οἶμαι γάρ σε εὖ ἐρεῖν.

c Ἄκουε δή, ἦ δ' ὅς. φημὶ γὰρ ἐγὼ εἶναι τὸ δίκαιον οὐκ ἄλλο τι ἢ τὸ τοῦ κρείττονος συμφέρον. ἀλλὰ τί οὐκ ἐπαινεῖς; ἀλλ' οὐκ ἐθελήσεις.

e 4 ἀποκρίναιτο A sed ναι in ras. e 6 εἴη A F D M Thomas Magister: secl. ci. Bremi μηδὲν] μηδὲν τούτων Thomas Magister a 3 καὶ γλαύκωνα A M : γλαύκωνα F D a 4 δέ μου A F M : δ' ἐμοῦ D b 9 εὖ ἐρεῖν A F M : εὑρεῖν D

好吧，当我有它的时候[226]，我说道。

〈你〉当然有，格劳孔说。若只是为了银子，特刺绪马科斯啊，那就请你说下去；因为我们所有人都将为苏格拉底付钱[227]。 337d10

337e1 我当然相信〈你们会那么做〉，他说道，为了苏格拉底能够完成他已经习惯的事情，那就是：一方面他自己不会回答，另一方面，当其他人回答后，他就会抓住其说法并进行质问。

337e5 一个人究竟如何能够，我回应道，最优秀的人啊，进行回答呢，首先，如果他确实既不知道，也没有宣称知道，其次，即使他关于这些事情有某种看法，他却已经被禁止[228]说出他所认为的那些东西中的任何一样，而且是被一位不平凡的人[229]〈所禁止〉？ 338a1 而你来说一说，则肯定要合适得多；因为，你的确宣称，你知道并且有能力讲[230]。因此，你不要拒绝[231]，而是请你通过回答来使我感到满意[232]，并且不要吝惜教导这里的这位格劳孔和其他人。

而当我说了这些之后，格劳孔以及其他一些人也都恳求他[233]不要拒绝。338a5 至于特刺绪马科斯，一方面，他显然渴望来讲一讲，以便他能够受到重视，因为他认为他有一个极好的答案；另一方面，他又佯装渴望我应该是那进行回答的人[234]。但最终[235]他同意了，并且随即说道：338b1 这确实就是苏格拉底的智慧[236]；一方面，他自己不愿意教，另一方面，又通过四处转悠从其他人那里进行学习，并且对此还无任何的感激之情[237]。

338b5 至于这点，我回应道，即我从其他人那里进行学习，你说得对，特刺绪马科斯啊，但你宣称我不回报以感激，那你是在撒谎；因为我回报以我能够〈回报〉的那么多。但我只能够进行赞美，因为我没有钱财。而我是多么渴望这样做啊，如果有人在我看来说得很好的话，例如现在[238]你就将清楚地知道，当你回答之后；因为我相信你会说得很好。

338c1 那么，就请你听听吧，他说道。我其实主张，正义的事情不是任何别的，而就是更强者的利益。那你为何不赞美呢？难道你不愿意？

Ἐὰν μάθω γε πρῶτον, ἔφην, τί λέγεις· νῦν γὰρ οὔπω οἶδα. τὸ τοῦ κρείττονος φῂς συμφέρον δίκαιον εἶναι. καὶ τοῦτο, ὦ Θρασύμαχε, τί ποτε λέγεις; οὐ γάρ που τό γε τοιόνδε φῄς· εἰ Πουλυδάμας ἡμῶν κρείττων ὁ παγκρατιαστὴς καὶ αὐτῷ συμφέρει τὰ βόεια κρέα πρὸς τὸ σῶμα, τοῦτο τὸ σιτίον εἶναι καὶ ἡμῖν τοῖς ἥττοσιν ἐκείνου συμφέρον ἅμα d καὶ δίκαιον.

Βδελυρὸς γὰρ εἶ, ἔφη, ὦ Σώκρατες, καὶ ταύτῃ ὑπολαμβάνεις ᾗ ἂν κακουργήσαις μάλιστα τὸν λόγον.

Οὐδαμῶς, ὦ ἄριστε, ἦν δ' ἐγώ· ἀλλὰ σαφέστερον εἰπὲ τί λέγεις.

Εἶτ' οὐκ οἶσθ', ἔφη, ὅτι τῶν πόλεων αἱ μὲν τυραννοῦνται, αἱ δὲ δημοκρατοῦνται, αἱ δὲ ἀριστοκρατοῦνται;

Πῶς γὰρ οὔ;

Οὐκοῦν τοῦτο κρατεῖ ἐν ἑκάστῃ πόλει, τὸ ἄρχον;

Πάνυ γε.

Τίθεται δέ γε τοὺς νόμους ἑκάστη ἡ ἀρχὴ πρὸς τὸ αὑτῇ e συμφέρον, δημοκρατία μὲν δημοκρατικούς, τυραννὶς δὲ τυραννικούς, καὶ αἱ ἄλλαι οὕτως· θέμεναι δὲ ἀπέφηναν τοῦτο δίκαιον τοῖς ἀρχομένοις εἶναι, τὸ σφίσι συμφέρον, καὶ τὸν τούτου ἐκβαίνοντα κολάζουσιν ὡς παρανομοῦντά τε καὶ ἀδικοῦντα. τοῦτ' οὖν ἐστιν, ὦ βέλτιστε, ὃ λέγω ἐν ἁπάσαις ταῖς πόλεσιν ταὐτὸν εἶναι δίκαιον, τὸ τῆς καθεστηκυίας ἀρχῆς 339 συμφέρον· αὕτη δέ που κρατεῖ, ὥστε συμβαίνει τῷ ὀρθῶς λογιζομένῳ πανταχοῦ εἶναι τὸ αὐτὸ δίκαιον, τὸ τοῦ κρείττονος συμφέρον.

Νῦν, ἦν δ' ἐγώ, ἔμαθον ὃ λέγεις· εἰ δὲ ἀληθὲς ἢ μή, πειράσομαι μαθεῖν. τὸ συμφέρον μὲν οὖν, ὦ Θρασύμαχε, καὶ σὺ ἀπεκρίνω δίκαιον εἶναι—καίτοι ἔμοιγε ἀπηγόρευες ὅπως μὴ τοῦτο ἀποκριναίμην—πρόσεστιν δὲ δὴ αὐτόθι τὸ "τοῦ κρείττονος."

e 1 ἑκάστῃ F D M : ἑκάστη A   e 3 αἱ A F M : om. D   a 1 καθεστηκυίας A F M : οἰκείας pr. D   a 8 δὲ δὴ A F M : δὲ D

肯定〈会愿意〉，如果让我首先弄明白，我说道，你究竟在说什么的话；因为我现在尚不清楚。你宣称更强者的利益是正义的。就这，特 338c5
刺绪马科斯啊，你究竟在说什么呢？因为，无论如何你都定然不在说诸如下面这样的事情，那就是：如果浦吕达马斯[239]，这位格斗士[240]，他
比我们是更强的，并且于他而言牛肉对身体是有益的，那么，这种食物 338d1
对我们这些比他较弱的人来说，既是有益的，同时也是正义的。

你的确是令人讨厌的，他说道，苏格拉底啊，并且你以这种方式接过〈我的〉说法，由之你就能够最严重地糟践它。

绝非如此，最优秀的人啊，我回应道。不过请你更加清楚地告诉 338d5
〈我〉你在说什么。

那么，难道你不知道，在诸城邦中，一些实行僭主政制，一些实行民主政制，一些则实行贵族政制[241]？

怎么会不〈知道〉？

在每个城邦中岂不是这一方在占上风[242]，即进行统治的一方？ 338d10

当然。

但每一种统治无论如何都为了它自身的利益而制定了各种各样的法 338e1
律，民主政制〈制定〉各种属于民主政制的法律，僭主政制则〈制定〉各种属于僭主政制的法律，并且其他的亦然。而当它们被制定出来后，他们就宣称这，即他们的利益[243]，对于那些被统治者来说是正义的，并
且那违背这点的人，他们就将之作为违法的人和行不义的人进行惩罚。338e5
因此，这就是，最优秀的人啊，我说在所有的城邦中都是同样正义的那 339a1
种东西，即已经建立起来的统治之利益。而这〈已经建立起来的统治〉肯定占上风，因此，〈任何〉正确地进行思考的人都会得出，在所有的地方，同样的事情是正义的，那就是更强者的利益。

现在，我说道，我已经弄明白了你所说的。但它是否是真的，我将 339a5
尝试把它弄明白。利益，无疑，特刺绪马科斯啊，你也回答说它是正义的——尽管你禁止我可以这样进行回答[244]——，但的确在这里对之加上了“更强者的”〈这个词〉。

b Σμικρά γε ἴσως, ἔφη, προσθήκη.

Οὔπω δῆλον οὐδ᾽ εἰ μεγάλη· ἀλλ᾽ ὅτι μὲν τοῦτο σκεπτέον εἰ ἀληθῆ λέγεις, δῆλον. ἐπειδὴ γὰρ συμφέρον γέ τι εἶναι καὶ ἐγὼ ὁμολογῶ τὸ δίκαιον, σὺ δὲ προστιθεῖς καὶ αὐτὸ φῂς εἶναι τὸ τοῦ κρείττονος, ἐγὼ δὲ ἀγνοῶ, σκεπτέον δή.

Σκόπει, ἔφη.

Ταῦτ᾽ ἔσται, ἦν δ᾽ ἐγώ. καί μοι εἰπέ· οὐ καὶ πείθεσθαι μέντοι τοῖς ἄρχουσιν δίκαιον φῂς εἶναι;

Ἔγωγε.

c Πότερον δὲ ἀναμάρτητοί εἰσιν οἱ ἄρχοντες ἐν ταῖς πόλεσιν ἑκάσταις ἤ οἷοί τι καὶ ἁμαρτεῖν;

Πάντως που, ἔφη, οἷοί τι καὶ ἁμαρτεῖν.

Οὐκοῦν ἐπιχειροῦντες νόμους τιθέναι τοὺς μὲν ὀρθῶς τιθέασιν, τοὺς δέ τινας οὐκ ὀρθῶς;

Οἶμαι ἔγωγε.

Τὸ δὲ ὀρθῶς ἆρα τὸ τὰ συμφέροντά ἐστι τίθεσθαι ἑαυτοῖς, τὸ δὲ μὴ ὀρθῶς ἀσύμφορα; ἢ πῶς λέγεις;

Οὕτως.

Ἃ δ᾽ ἂν θῶνται ποιητέον τοῖς ἀρχομένοις, καὶ τοῦτό ἐστι τὸ δίκαιον;

Πῶς γὰρ οὔ;

d Οὐ μόνον ἄρα δίκαιόν ἐστιν κατὰ τὸν σὸν λόγον τὸ τοῦ κρείττονος συμφέρον ποιεῖν ἀλλὰ καὶ τοὐναντίον, τὸ μὴ συμφέρον.

Τί λέγεις σύ; ἔφη.

Ἃ σὺ λέγεις, ἔμοιγε δοκῶ· σκοπῶμεν δὲ βέλτιον. οὐχ ὡμολόγηται τοὺς ἄρχοντας τοῖς ἀρχομένοις προστάττοντας ποιεῖν ἄττα ἐνίοτε διαμαρτάνειν τοῦ ἑαυτοῖς βελτίστου, ἃ δ᾽ ἂν προστάττωσιν οἱ ἄρχοντες δίκαιον εἶναι τοῖς ἀρχομένοις ποιεῖν; ταῦτ᾽ οὐχ ὡμολόγηται;

Οἶμαι ἔγωγε, ἔφη.

b 3 γέ τι] ἕν γέ τι ci. Cobet   b 4 αὐτὸ A² F D M : αὐτὸς A
b 8 δίκαιον F D M : καὶ δίκαιον A   d 5 δὲ F M : δὴ A D

也许，他回应道，只不过是一个微不足道的增添。 339b1

还不清楚它是否不是一个重大的〈增添〉呢。然而，至少必须考察
这点，即你是否说得正确，这是一清二楚的。因为，既然正义的事情无
论如何都是某种利益，这点我也同意，而你还有所增添，并且说它是更 339b5
强者的利益，但我并不知道〈是否就是这样〉，因此必须进行考察。

请你考察吧，他说道。

好的[245]！我说道。那就请你告诉我：你岂不也肯定会宣称，服从那些进行统治的人，这是正义的？

我当然会。

但是，那些统治者在〈他们〉各自的城邦中[246]是一些不会犯错的 339c1
人呢，抑或他们甚至也是一些可能犯下某种错误的人？

无疑，他说道，他们甚至也是一些可能犯下某种错误的人。

那么，当他们着手制定各种法律时，他们岂不正确地制定了一些，
但也不正确地制定了另外一些？ 339c5

我肯定这么认为。

因此，正确地〈制定〉就是制定出对他们自己有利的法律，而不正确地〈制定〉则是制定出对他们自己不利的法律？或者你怎么说？

就这样说。

但他们制定出来的任何东西，那些被统治者都必须去做，并且这是 339c10
正义的事情？

为何不呢？

因此，根据你的说法，不仅做有利于更强者的事情，这是正义的， 339d1
而且做与之相反的事情，即做不利于更强者的事情，这也是正义的。

你在说什么呢？他说道。

〈说〉你所说的，至少我认为；不过让我们更好地考察一下。岂不 339d5
已经同意过：统治者们，当他们命令那些被统治者做一些事情时，他们
有时会对此完全弄错，即何者对他们自己来说是最好的；但是，统治者
们命令的任何事情，对那些被统治者来说正义的是去做它们？难道这些
未被同意过吗？

我肯定认为〈被同意过〉，他说道。 339d10

Οἵου τοίνυν, ἦν δ' ἐγώ, καὶ τὸ ἀσύμφορα ποιεῖν τοῖς e
ἄρχουσί τε καὶ κρείττοσι δίκαιον εἶναι ὡμολογῆσθαί σοι, ὅταν οἱ μὲν ἄρχοντες ἄκοντες κακὰ αὑτοῖς προστάττωσιν, τοῖς δὲ δίκαιον εἶναι φῇς ταῦτα ποιεῖν ἃ ἐκεῖνοι προσέταξαν —ἆρα τότε, ὦ σοφώτατε Θρασύμαχε, οὐκ ἀναγκαῖον συμβαίνειν αὐτὸ οὑτωσί, δίκαιον εἶναι ποιεῖν τοὐναντίον ἢ ὃ σὺ λέγεις; τὸ γὰρ τοῦ κρείττονος ἀσύμφορον δήπου προστάττεται τοῖς ἥττοσιν ποιεῖν.

Ναὶ μὰ Δί', ἔφη, ὦ Σώκρατες, ὁ Πολέμαρχος, σαφέ- 340
στατά γε.

Ἐὰν σύ γ', ἔφη, αὐτῷ μαρτυρήσῃς, ὁ Κλειτοφῶν ὑπολαβών.

Καὶ τί, ἔφη, δεῖται μάρτυρος; αὐτὸς γὰρ Θρασύμαχος ὁμολογεῖ τοὺς μὲν ἄρχοντας ἐνίοτε ἑαυτοῖς κακὰ προστάττειν, τοῖς δὲ δίκαιον εἶναι ταῦτα ποιεῖν.

Τὸ γὰρ τὰ κελευόμενα ποιεῖν, ὦ Πολέμαρχε, ὑπὸ τῶν ἀρχόντων δίκαιον εἶναι ἔθετο Θρασύμαχος.

Καὶ γὰρ τὸ τοῦ κρείττονος, ὦ Κλειτοφῶν, συμφέρον
δίκαιον εἶναι ἔθετο. ταῦτα δὲ ἀμφότερα θέμενος ὡμολό- b
γησεν αὖ ἐνίοτε τοὺς κρείττους τὰ αὑτοῖς ἀσύμφορα κελεύειν τοὺς ἥττους τε καὶ ἀρχομένους ποιεῖν. ἐκ δὲ τούτων τῶν ὁμολογιῶν οὐδὲν μᾶλλον τὸ τοῦ κρείττονος συμφέρον δίκαιον ἂν εἴη ἢ τὸ μὴ συμφέρον.

Ἀλλ', ἔφη ὁ Κλειτοφῶν, τὸ τοῦ κρείττονος συμφέρον ἔλεγεν ὃ ἡγοῖτο ὁ κρείττων αὑτῷ συμφέρειν· τοῦτο ποιητέον εἶναι τῷ ἥττονι, καὶ τὸ δίκαιον τοῦτο ἐτίθετο.

Ἀλλ' οὐχ οὕτως, ἦ δ' ὃς ὁ Πολέμαρχος, ἐλέγετο.

Οὐδέν, ἦν δ' ἐγώ, ὦ Πολέμαρχε, διαφέρει, ἀλλ' εἰ νῦν c
οὕτω λέγει Θρασύμαχος, οὕτως αὐτοῦ ἀποδεχώμεθα. Καί μοι εἰπέ, ὦ Θρασύμαχε· τοῦτο ἦν ὃ ἐβούλου λέγειν τὸ δίκαιον, τὸ τοῦ κρείττονος συμφέρον δοκοῦν εἶναι τῷ κρείττονι, ἐάντε συμφέρῃ ἐάντε μή; οὕτω σε φῶμεν λέγειν;

e 2 ὡμολογῆσθαι A D M : ὁμολογεῖσθαι F a 4 γὰρ A F D : om. M a 6 τοῖς δὲ F D : τοῖς δὲ ἀρχομένοις A M c 4 συμφέρον] ξυμφέρον τὸ ξυμφέρον ci. Bonitz

而且你也必须认为[247]，我回应道，做于统治者们以及更强者们而言不利的那些事情，是正义的，这已经被你同意了，每当统治者们虽然无意地命令了对他们自己来说是坏的一些事情时，而你却宣称对那些〈被统治者〉来说做统治者命令的那些事情是正义的。因此，在那种情况下，最智慧的特剌绪马科斯啊，以这种方式岂不恰恰必然会得出下面这点，那就是，做同你所说的事情相反的事情是正义的？因为，对更强者不利的事情，它无疑被命令给了那些更弱者去做？

是的，宙斯在上，波勒马尔科斯〈插话〉说道，苏格拉底啊，无论如何这都是非常清楚的。

当然，如果你，克利托丰接过话头说道，能为他做证的话。

还需要什么样的，波勒马尔科斯回应道，一位证人呢？因为特剌绪马科斯本人同意：统治者们虽然有时会命令对他们自己来说是坏的一些事情，但对那些〈被统治者〉来说，正义的就是做这些事情。

那是因为，做统治者们所吩咐的各种事情，〈克利托丰说道，〉波勒马尔科斯啊，特剌绪马科斯将之确定为了是正义的。

其实还因为，更强者的利益，〈波勒马尔科斯继续说道，〉克利托丰啊，他也将之确定为了是正义的。而当他确立了这两者之后，他进而同意，有时候较强者会〈无意地〉吩咐那些较弱者和被统治者去做一些对较强者自己不利的事情。但基于这些同意，那对更强者来说有利的事情，同那〈对他们来说〉不利的事情相比，就不会是更为正义的了。

然而，克利托丰说道，更强者的利益，他将之称作更强者认为对他自己有利的那种事情；这种事情必须被更弱者做，并且他将这确定为是正义的事情。

但他不是这样说的[248]，波勒马尔科斯说道。

不要紧[249]，我说道，波勒马尔科斯啊；但是，如果特剌绪马科斯现在这样说，那就让我们这样理解他[250]。并且请告诉我，特剌绪马科斯啊：这就是你想就正义的事情所说的吗[251]，即〈所谓〉对更强者有利的事情，指它对更强者显得是〈有利的〉，无论它〈实际上〉是有利的还是不？我们能宣称你在这样说吗[252]？

Ἥκιστά γε, ἔφη· ἀλλὰ κρείττω με οἴει καλεῖν τὸν ἐξαμαρτάνοντα ὅταν ἐξαμαρτάνῃ;

Ἔγωγε, εἶπον, ᾤμην σε τοῦτο λέγειν ὅτε τοὺς ἄρχοντας ὡμολόγεις οὐκ ἀναμαρτήτους εἶναι ἀλλά τι καὶ ἐξαμαρτάνειν.

d Συκοφάντης γὰρ εἶ, ἔφη, ὦ Σώκρατες, ἐν τοῖς λόγοις·
ἐπεὶ αὐτίκα ἰατρὸν καλεῖς σὺ τὸν ἐξαμαρτάνοντα περὶ τοὺς
κάμνοντας κατ' αὐτὸ τοῦτο ὃ ἐξαμαρτάνει; ἢ λογιστικόν, ὃς
ἂν ἐν λογισμῷ ἁμαρτάνῃ, τότε ὅταν ἁμαρτάνῃ, κατὰ ταύτην
τὴν ἁμαρτίαν; ἀλλ' οἶμαι λέγομεν τῷ ῥήματι οὕτως, ὅτι ὁ
ἰατρὸς ἐξήμαρτεν καὶ ὁ λογιστὴς ἐξήμαρτεν καὶ ὁ γραμ-
ματιστής· τὸ δ' οἶμαι ἕκαστος τούτων, καθ' ὅσον τοῦτ' ἔστιν
e ὃ προσαγορεύομεν αὐτόν, οὐδέποτε ἁμαρτάνει· ὥστε κατὰ
τὸν ἀκριβῆ λόγον, ἐπειδὴ καὶ σὺ ἀκριβολογῇ, οὐδεὶς τῶν
δημιουργῶν ἁμαρτάνει. ἐπιλειπούσης γὰρ ἐπιστήμης ὁ ἁμαρ-
τάνων ἁμαρτάνει, ἐν ᾧ οὐκ ἔστι δημιουργός· ὥστε δημιουργὸς
ἢ σοφὸς ἢ ἄρχων οὐδεὶς ἁμαρτάνει τότε ὅταν ἄρχων ᾖ, ἀλλὰ
πᾶς γ' ἂν εἴποι ὅτι ὁ ἰατρὸς ἥμαρτεν καὶ ὁ ἄρχων ἥμαρτεν.
τοιοῦτον οὖν δή σοι καὶ ἐμὲ ὑπόλαβε νυνδὴ ἀποκρίνεσθαι·
τὸ δὲ ἀκριβέστατον ἐκεῖνο τυγχάνει ὄν, τὸν ἄρχοντα, καθ'
341 ὅσον ἄρχων ἐστίν, μὴ ἁμαρτάνειν, μὴ ἁμαρτάνοντα δὲ τὸ
αὐτῷ βέλτιστον τίθεσθαι, τοῦτο δὲ τῷ ἀρχομένῳ ποιητέον.
ὥστε ὅπερ ἐξ ἀρχῆς ἔλεγον δίκαιον λέγω, τὸ τοῦ κρείττονος
ποιεῖν συμφέρον.

Εἶεν, ἦν δ' ἐγώ, ὦ Θρασύμαχε· δοκῶ σοι συκοφαντεῖν;

Πάνυ μὲν οὖν, ἔφη.

Οἴει γάρ με ἐξ ἐπιβουλῆς ἐν τοῖς λόγοις κακουργοῦντά σε ἐρέσθαι ὡς ἠρόμην;

Εὖ μὲν οὖν οἶδα, ἔφη. καὶ οὐδέν γέ σοι πλέον ἔσται·
b οὔτε γὰρ ἄν με λάθοις κακουργῶν, οὔτε μὴ λαθὼν βιάσασθαι
τῷ λόγῳ δύναιο.

d 5 ὁ ἰατρὸς A F M : ἰατρὸς D   e 3 ἐπιλειπούσης A² F M: ἐπιλιπούσης A D Stobaeus   e 4 οὐκ om. Stobaeus   e 6 καὶ . . . ἥμαρτεν A F M : om. D   e 7 νῦν δὴ A D M : νῦν F   ἀποκρίνεσθαι] ἀποκρίνασθαι scr. recc. (*respondisse* Ficinus)

肯定不[253]，他回应道。难道你认为我会把那在犯错误的人称作是一个更强的人吗，当他在犯错误时？

我的确，我说道，曾认为你在这样说，当你同意那些统治者并不是一些不会犯错的人，相反，他们也会有所犯错时。

你确确实实就是一个，他回应道，苏格拉底啊，在各种讨论中歪曲 340d1
事实的人[254]；因为，例如，一个人，当他对那些患病的人犯下错误时，你会恰恰根据他在犯错这件事情而把他称作医生吗？或者，那在计算中出错的人，就在当他出错的那个时候，〈你〉根据这种错误〈而将之
称作〉一个精通计算的人？相反，我认为我们只是在言辞上[255]这样说， 340d5
即医生出了错，算术老师出了错，以及文法教师〈出了错〉；但我认为，
这些人中的每一个，就他〈真正〉是我们称他所是的那种东西而言[256]， 340e1
则从不会犯错。因此，依照严格的表达，既然你在语言〈的使用〉上也是严格的，各种匠人中[257]没有任何一位会出错。因为，只有当知识短缺的时候[258]，那犯错的人才会犯错，而在那个时候[259]他并不是一位匠
人。所以，既没有任何匠人，也没有任何智慧的人会犯错，任何一位统 340e5
治者也不会——当他是一位统治者的时候——；然而，每个人的确会说，医生出了错和统治者出了错。因此，也请你接受我刚才回答你的那
种〈说法〉[260]。但最严格的〈说法〉其实是这样，那就是：进行统治的 341a1
人，就他是一位进行统治的人来说，他不会犯错，而既然他不会犯错，那他就会把最好的东西确立给他自己，而这种东西必须被那被统治的人所做。因此，我说，我起初[261]所说的那种东西就是正义的，即做那对更强者来说有利的事情。

好吧，我说道，特刺绪马科斯啊；你认为我在歪曲事实？ 341a5

完全如此，他回应道。

就因为你认为，为了图谋[262]在讨论中伤害你，我才像刚才问的那样来问你？

对此我其实很清楚，他说道。而它肯定对你将没有任何用处[263]。因 341b1
为你不可能逃脱我的注意，如果你在伤害〈我〉的话，而既然无法逃脱〈我的〉注意，那你就不可能在讨论中用强力制服〈我〉。

Οὐδέ γ' ἂν ἐπιχειρήσαιμι, ἦν δ' ἐγώ, ὦ μακάριε. ἀλλ' ἵνα μὴ αὖθις ἡμῖν τοιοῦτον ἐγγένηται, διόρισαι ποτέρως λέγεις τὸν ἄρχοντά τε καὶ τὸν κρείττονα, τὸν ὡς ἔπος εἰπεῖν ἢ τὸν ἀκριβεῖ λόγῳ, ὃ νυνδὴ ἔλεγες, οὗ τὸ συμφέρον κρείττονος ὄντος δίκαιον ἔσται τῷ ἥττονι ποιεῖν.

Τὸν τῷ ἀκριβεστάτῳ, ἔφη, λόγῳ ἄρχοντα ὄντα. πρὸς ταῦτα κακούργει καὶ συκοφάντει, εἴ τι δύνασαι—οὐδέν σου παρίεμαι—ἀλλ' οὐ μὴ οἷός τ' ᾖς.

c Οἴει γὰρ ἄν με, εἶπον, οὕτω μανῆναι ὥστε ξυρεῖν ἐπιχειρεῖν λέοντα καὶ συκοφαντεῖν Θρασύμαχον;

Νῦν γοῦν, ἔφη, ἐπεχείρησας, οὐδὲν ὢν καὶ ταῦτα.

Ἅδην, ἦν δ' ἐγώ, τῶν τοιούτων. ἀλλ' εἰπέ μοι· ὁ τῷ ἀκριβεῖ λόγῳ ἰατρός, ὃν ἄρτι ἔλεγες, πότερον χρηματιστής ἐστιν ἢ τῶν καμνόντων θεραπευτής; καὶ λέγε τὸν τῷ ὄντι ἰατρὸν ὄντα.

Τῶν καμνόντων, ἔφη, θεραπευτής.

Τί δὲ κυβερνήτης; ὁ ὀρθῶς κυβερνήτης ναυτῶν ἄρχων ἐστὶν ἢ ναύτης;

Ναυτῶν ἄρχων.

d Οὐδὲν οἶμαι τοῦτο ὑπολογιστέον, ὅτι πλεῖ ἐν τῇ νηί, οὐδ' ἐστὶν κλητέος ναύτης· οὐ γὰρ κατὰ τὸ πλεῖν κυβερνήτης καλεῖται, ἀλλὰ κατὰ τὴν τέχνην καὶ τὴν τῶν ναυτῶν ἀρχήν.

Ἀληθῆ, ἔφη.

Οὐκοῦν ἑκάστῳ τούτων ἔστιν τι συμφέρον;

Πάνυ γε.

Οὐ καὶ ἡ τέχνη, ἦν δ' ἐγώ, ἐπὶ τούτῳ πέφυκεν, ἐπὶ τῷ τὸ συμφέρον ἑκάστῳ ζητεῖν τε καὶ ἐκπορίζειν;

Ἐπὶ τούτῳ, ἔφη.

Ἆρ' οὖν καὶ ἑκάστῃ τῶν τεχνῶν ἔστιν τι συμφέρον ἄλλο ἢ ὅτι μάλιστα τελέαν εἶναι;

e Πῶς τοῦτο ἐρωτᾷς;

b 6 τὸν] τὸν τῷ corr. Mon. ὃ A (in ras.) F D M : ὃν ci. Benedictus c 2 καὶ . . . Θρασύμαχον secl. Hirschig (sed legit Aristides) c 2 ἔφη A F M : om. D

我无论如何都不会尝试〈那样做〉，我回应道，有福的人啊。然而，为了诸如此类的事情不会再对我们发生出来，请你界定一下，你在 341b5
用下面两种方式中的哪一种说统治者和更强者，是在通常的意义上[264]〈说〉他呢，还是在你刚才讲的严格的意义上〈说〉他，既然他是更强者，做对他有利的事情对较弱者来说就将是正义的[265]。

他是在最严格的意义上的统治者，他说道。就此请你进行伤害和歪曲事实吧，如果你能够的话——我绝不求你放我一马[266]——，不过你 341b10
并没有能力。

你真的认为，我说道，我会如此地发疯，以至于尝试给一头狮子剃 341c1
毛，并且在特刺绪马科斯面前歪曲事实[267]？

至少刚才，他说道，你就尝试过，即使你什么也不是[268]。

说这些已经够了[269]，我回应道。不过请你告诉我：你刚才所说的那 341c5
种严格意义上的医生，他是一个赚钱的商人呢，还是那些在患病的人的一位护理者？并且你要说的是这样一个人，他在是的方式上是一位医生[270]。

那些在患病的人的，他说道，一位护理者。

舵手又如何呢？在正确意义上的舵手，他是一位领导水手们的人呢，还是一位水手？ 341c10

一位领导水手们的人。

我认为根本无需考虑下面这点，那就是，即使他在随船航行，他也 341d1
不应当被称作一位水手。因为，他被称作一位舵手，不是根据〈他〉在航行，而是根据〈他拥有的〉技艺和对水手们的领导。

正确，他说道。

这些人中的每个[271]，岂不都有着某种对之有利的东西？ 341d5

当然。

并且技艺，我说道，岂不生来就致力于这点，即致力于探寻和提供对每个人有利的东西？

致力于这点，他说道。

那么，甚至对每一门技艺而言，除了是尽可能地完满之外，也有着 341d10
其他某种〈于之〉有利的东西吗？

你为何这样问呢？ 341e1

Ὥσπερ, ἔφην ἐγώ, εἴ με ἔροιο εἰ ἐξαρκεῖ σώματι εἶναι σώματι ἢ προσδεῖταί τινος, εἴποιμ' ἂν ὅτι "Παντάπασι μὲν οὖν προσδεῖται. διὰ ταῦτα καὶ ἡ τέχνη ἐστὶν ἡ ἰατρικὴ νῦν ηὑρημένη, ὅτι σῶμά ἐστιν πονηρὸν καὶ οὐκ ἐξαρκεῖ αὐτῷ τοιούτῳ εἶναι. τούτῳ οὖν ὅπως ἐκπορίζῃ τὰ συμφέροντα, ἐπὶ τούτῳ παρεσκευάσθη ἡ τέχνη." ἦ ὀρθῶς σοι δοκῶ, ἔφην, ἂν εἰπεῖν οὕτω λέγων, ἢ οὔ;

Ὀρθῶς, ἔφη.

342 Τί δὲ δή; αὐτὴ ἡ ἰατρική ἐστιν πονηρά, ἢ ἄλλη τις τέχνη ἔσθ' ὅτι προσδεῖταί τινος ἀρετῆς—ὥσπερ ὀφθαλμοὶ ὄψεως καὶ ὦτα ἀκοῆς καὶ διὰ ταῦτα ἐπ' αὐτοῖς δεῖ τινος τέχνης τῆς τὸ συμφέρον εἰς αὐτὰ ταῦτα σκεψομένης τε καὶ ἐκποριούσης—ἆρα καὶ ἐν αὐτῇ τῇ τέχνῃ ἔνι τις πονηρία, καὶ δεῖ ἑκάστῃ τέχνῃ ἄλλης τέχνης ἥτις αὑτῇ τὸ συμφέρον σκέψεται, καὶ τῇ σκοπουμένῃ ἑτέρας αὖ τοιαύτης, καὶ τοῦτ' ἔστιν ἀπέραντον;
b ἢ αὐτὴ αὑτῇ τὸ συμφέρον σκέψεται; ἢ οὔτε αὑτῆς οὔτε ἄλλης προσδεῖται ἐπὶ τὴν αὑτῆς πονηρίαν τὸ συμφέρον σκοπεῖν· οὔτε γὰρ πονηρία οὔτε ἁμαρτία οὐδεμία οὐδεμιᾷ τέχνῃ πάρεστιν, οὐδὲ προσήκει τέχνῃ ἄλλῳ τὸ συμφέρον ζητεῖν ἢ ἐκείνῳ οὗ τέχνη ἐστίν, αὐτὴ δὲ ἀβλαβὴς καὶ ἀκέραιός ἐστιν ὀρθὴ οὖσα, ἕωσπερ ἂν ᾖ ἑκάστη ἀκριβὴς ὅλη ἥπερ ἐστίν; καὶ σκόπει ἐκείνῳ τῷ ἀκριβεῖ λόγῳ· οὕτως ἢ ἄλλως ἔχει;

Οὕτως, ἔφη, φαίνεται.

c Οὐκ ἄρα, ἦν δ' ἐγώ, ἰατρικὴ ἰατρικῇ τὸ συμφέρον σκοπεῖ ἀλλὰ σώματι.

Ναί, ἔφη.

Οὐδὲ ἱππικὴ ἱππικῇ ἀλλ' ἵπποις· οὐδὲ ἄλλη τέχνη οὐδεμία ἑαυτῇ—οὐδὲ γὰρ προσδεῖται—ἀλλ' ἐκείνῳ οὗ τέχνη ἐστίν

e 4 ἡ ἰατρικὴ A D : ἰατρικὴ F e 8 λέγων A F M : λόγω D a 1 τί δὲ A F M d : τόδε D αὐτὴ a : αὐ** A a 4 αὐτὰ ταῦτα F D : ταῦτα A M ἐκποριούσης scr. Mon. : ἐκποριζούσης A F D M a 5 δεῖ F D M : δεῖ αἰεὶ A b 1 ἢ οὔτε αὑτῆς A F M : om. D b 2 αὑτῆς A F M : αὐτὴν D b 5 αὐτὴ recc. : αὕτη A F D M

正如，我说道，如果你问我，对一副身体来说是否这就足够了，即
是一副身体，或者，是否它还需要别的东西，那么，我会回答说：“它
无疑[272]还需要〈别的东西〉。也正由于此，医术这种技艺现在才已经
被发明了出来[273]，因为身体是有缺陷的[274]，并且对它来说，仅仅是身 341e5
体[275]，这是不够的。因此，正是为了这点[276]，〈医术这门〉技艺才被准
备了出来，那就是为了[277]向它提供于它有利的各种东西。”在你看来，
我说道，当我这样说时我说得正确呢，抑或不？

正确，他说道。

那么，然后呢？医术自身是有缺陷的吗，或者其他任何技艺都是还 342a1
需要某种德性[278]的东西——就像眼睛需要视觉和耳朵需要听觉，而由
此一来在它们那里[279]就需要某种技艺，它将考察和提供对这些事情[280]
有利的东西——，甚至在技艺自身中就有着某种缺陷吗[281]，并且每门技 342a5
艺都需要另外一门考察于之有利的东西的技艺，而那进行考察的技艺[282]
复又需要另外一种这样的技艺，而这是没有止境的？或者，每门技艺自 342b1
身将考察对它自身有利的东西？或者，它既不还需要它自身，也不还需
要某一其他的技艺来考察针对其缺陷而来的有利的东西；因为，既没有
任何的缺陷或任何的错误在场于任何一门技艺那里[283]，下面这样也同技
艺是不相称的，那就是为别的事物，而不是为它是其技艺的那种事物，
寻找于之有利的东西；相反，技艺自身是完好无损的和纯粹的[284]，因为 342b5
它是正确的，只要每门技艺严格完整地向来就是其所是的话？也请你在
那种严格的意义上进行考察：它是这样呢，还是别的样子？

它显得就是这样，他说道。

因此，我回应道，医术就不会考察于医术有利的东西，而是考察于 342c1
身体有利的东西。

是的，他说道。

马术也不考察于马术有利的东西，而是考察于马有利的东西；其他
任何技艺也不考察于它自身有利的东西——因为它没有其他需要——，
而是考察对它是其技艺的那种事物有利的东西。 342c5

Φαίνεται, ἔφη, οὕτως.

Ἀλλὰ μήν, ὦ Θρασύμαχε, ἄρχουσί γε αἱ τέχναι καὶ κρατοῦσιν ἐκείνου οὗπέρ εἰσιν τέχναι.

Συνεχώρησεν ἐνταῦθα καὶ μάλα μόγις.

Οὐκ ἄρα ἐπιστήμη γε οὐδεμία τὸ τοῦ κρείττονος συμφέρον σκοπεῖ οὐδ' ἐπιτάττει, ἀλλὰ τὸ τοῦ ἥττονός τε καὶ ἀρχομένου ὑπὸ ἑαυτῆς. d

Συνωμολόγησε μὲν καὶ ταῦτα τελευτῶν, ἐπεχείρει δὲ περὶ αὐτὰ μάχεσθαι· ἐπειδὴ δὲ ὡμολόγησεν, Ἄλλο τι οὖν, ἦν δ' ἐγώ, οὐδὲ ἰατρὸς οὐδείς, καθ' ὅσον ἰατρός, τὸ τῷ ἰατρῷ συμφέρον σκοπεῖ οὐδ' ἐπιτάττει, ἀλλὰ τὸ τῷ κάμνοντι; ὡμολόγηται γὰρ ὁ ἀκριβὴς ἰατρὸς σωμάτων εἶναι ἄρχων ἀλλ' οὐ χρηματιστής. ἢ οὐχ ὡμολόγηται;

Συνέφη.

Οὐκοῦν καὶ ὁ κυβερνήτης ὁ ἀκριβὴς ναυτῶν εἶναι ἄρχων ἀλλ' οὐ ναύτης;

Ὡμολόγηται. e

Οὐκ ἄρα ὅ γε τοιοῦτος κυβερνήτης τε καὶ ἄρχων τὸ τῷ κυβερνήτῃ συμφέρον σκέψεταί τε καὶ προστάξει, ἀλλὰ τὸ τῷ ναύτῃ τε καὶ ἀρχομένῳ.

Συνέφησε μόγις.

Οὐκοῦν, ἦν δ' ἐγώ, ὦ Θρασύμαχε, οὐδὲ ἄλλος οὐδεὶς ἐν οὐδεμιᾷ ἀρχῇ, καθ' ὅσον ἄρχων ἐστίν, τὸ αὑτῷ συμφέρον σκοπεῖ οὐδ' ἐπιτάττει, ἀλλὰ τὸ τῷ ἀρχομένῳ καὶ ᾧ ἂν αὐτὸς δημιουργῇ, καὶ πρὸς ἐκεῖνο βλέπων καὶ τὸ ἐκείνῳ συμφέρον καὶ πρέπον, καὶ λέγει ἃ λέγει καὶ ποιεῖ ἃ ποιεῖ ἅπαντα.

Ἐπειδὴ οὖν ἐνταῦθα ἦμεν τοῦ λόγου καὶ πᾶσι καταφανὲς 343
ἦν ὅτι ὁ τοῦ δικαίου λόγος εἰς τοὐναντίον περιειστήκει, ὁ Θρασύμαχος ἀντὶ τοῦ ἀποκρίνεσθαι, Εἰπέ μοι, ἔφη, ὦ Σώκρατες, τίτθη σοι ἔστιν;

d 3 οὖν A D M: οὖν δὴ F   d 4 οὐδὲ A F M: ὁ δὲ D   e 3 τε A F M: om. D   e 9 ἐκεῖνο] ἐκεῖνον scr. recc.

显得是这样，他说道。

无疑，特剌绪马科斯啊，各种技艺肯定统治和掌控着它们是其技艺的那种东西[285]。

在这点上，他也同意了，只不过非常勉强。 342c10

因此，无论如何都没有任何一门知识在考察或者命令更强者的利益，相反，〈它考察或者命令〉较弱者以及被它所统治的一方的利益。 342d1

他最终也同意了这点，尽管他试图就此进行一番争论。而当他已经同意后，我就说道：那么，是不是没有任何医生，在他是一个医生的范围内，考察或者命令对医生来说有利的事情，而是〈考察或者命令〉对 342d5
那在患病的人有利的事情？因为下面这点已经被同意过了，那就是，严格意义上的医生是身体的一位统治者，而不是一位赚钱的商人。或者没有被同意过？

他承认〈被同意过了〉。

那么，〈岂不也同意过〉严格意义上的舵手是水手们的一位统治者，而不是一位水手？ 342d10

同意过。 342e1

那么，这样一种舵手和统治者，他无论如何都将不考察和安排对舵手有利的事情，而是〈将考察或者安排〉对水手以及被〈他〉所统治的人有利的事情。

他勉强承认了。 342e5

因此，我说道，特剌绪马科斯啊，任何其他处在某一统治地位的人，在他是一个进行统治的人的范围内，他都不会考察或者命令对他自己有利的事情，而是〈考察或者命令〉对那被统治的一方[286]以及他自己会为之做工的[287]一方有利的事情，并且通过看向那方以及看向对那方有利和恰当的事情，他说他所说的一切，以及做他所做的一切。 342e10

于是，当我们处在讨论的这个地方，并且下面这点对每个人都是显 343a1
而易见的，那就是关于正义的事情之说法已经绕着反面打转时[288]，特剌绪马科斯，他不是进行回答，而是说道，请你告诉我，苏格拉底啊，你有一位保姆吗？

Τί δέ; ἦν δ' ἐγώ· οὐκ ἀποκρίνεσθαι χρῆν μᾶλλον ἢ τοιαῦτα ἐρωτᾶν;

Ὅτι τοί σε, ἔφη, κορυζῶντα περιορᾷ καὶ οὐκ ἀπομύττει δεόμενον, ὅς γε αὐτῇ οὐδὲ πρόβατα οὐδὲ ποιμένα γιγνώσκεις.

Ὅτι δὴ τί μάλιστα; ἦν δ' ἐγώ.

b Ὅτι οἴει τοὺς ποιμένας ἢ τοὺς βουκόλους τὸ τῶν προβάτων ἢ τὸ τῶν βοῶν ἀγαθὸν σκοπεῖν καὶ παχύνειν αὐτοὺς καὶ θεραπεύειν πρὸς ἄλλο τι βλέποντας ἢ τὸ τῶν δεσποτῶν ἀγαθὸν καὶ τὸ αὑτῶν, καὶ δὴ καὶ τοὺς ἐν ταῖς πόλεσιν ἄρχοντας, οἳ ὡς ἀληθῶς ἄρχουσιν, ἄλλως πως ἡγῇ διανοεῖσθαι πρὸς τοὺς ἀρχομένους ἢ ὥσπερ ἄν τις πρὸς πρόβατα διατεθείη, καὶ ἄλλο τι σκοπεῖν αὐτοὺς διὰ νυκτὸς καὶ ἡμέρας ἢ τοῦτο, c ὅθεν αὐτοὶ ὠφελήσονται. καὶ οὕτω πόρρω εἶ περί τε τοῦ δικαίου καὶ δικαιοσύνης καὶ ἀδίκου τε καὶ ἀδικίας, ὥστε ἀγνοεῖς ὅτι ἡ μὲν δικαιοσύνη καὶ τὸ δίκαιον ἀλλότριον ἀγαθὸν τῷ ὄντι, τοῦ κρείττονός τε καὶ ἄρχοντος συμφέρον, οἰκεία δὲ τοῦ πειθομένου τε καὶ ὑπηρετοῦντος βλάβη, ἡ δὲ ἀδικία τοὐναντίον, καὶ ἄρχει τῶν ὡς ἀληθῶς εὐηθικῶν τε καὶ δικαίων, οἱ δ' ἀρχόμενοι ποιοῦσιν τὸ ἐκείνου συμφέρον κρείττονος ὄντος, καὶ εὐδαίμονα ἐκεῖνον ποιοῦσιν ὑπηρε- d τοῦντες αὐτῷ, ἑαυτοὺς δὲ οὐδ' ὁπωστιοῦν. σκοπεῖσθαι δέ, ὦ εὐηθέστατε Σώκρατες, οὑτωσὶ χρή, ὅτι δίκαιος ἀνὴρ ἀδίκου πανταχοῦ ἔλαττον ἔχει. πρῶτον μὲν ἐν τοῖς πρὸς ἀλλήλους συμβολαίοις, ὅπου ἂν ὁ τοιοῦτος τῷ τοιούτῳ κοινωνήσῃ, οὐδαμοῦ ἂν εὕροις ἐν τῇ διαλύσει τῆς κοινωνίας πλέον ἔχοντα τὸν δίκαιον τοῦ ἀδίκου ἀλλ' ἔλαττον· ἔπειτα ἐν τοῖς πρὸς τὴν πόλιν, ὅταν τέ τινες εἰσφοραὶ ὦσιν, ὁ μὲν δίκαιος ἀπὸ τῶν ἴσων πλέον εἰσφέρει, ὁ δ' ἔλαττον, ὅταν τε λήψεις, e ὁ μὲν οὐδέν, ὁ δὲ πολλὰ κερδαίνει. καὶ γὰρ ὅταν ἀρχήν

a 5 χρῆν A F M : χρὴ D a 6 τοιαῦτα A D M : τὰ τοιαῦτα F b 5 οἳ A F M : ἢ D ἡγεῖσθαι διανοῇ γρ. d διανοεῖσθαι] διακεῖσθαι ci. Faesi b 7 ἡμέρας A D M : δι' ἡμέρας F c 1 ὠφελήσονται A F D : ὠφεληθήσονται M c 8 ποιοῦσιν A F M : ποιοῦντες D d 2 σώκρατες A F M d : om. D

怎么回事？我回应道，难道你不应该进行回答吗，而非问一些这样 343a5
的事情？

因为，他说道，她的确没有注意到你在流鼻涕[289]，并且她也没有替你擦鼻涕，当你需要〈她那样做〉时，而肯定是由于她，你才既不认识羊，也不认识牧羊人[290]。

那是究竟为什么呢[291]？我回应道。 343a10

因为你竟然认为，那些牧羊人或者那些牧牛人在考虑羊或牛的好 343b1
处，养肥它们并且照料它们，乃是着眼于其他某种好处，而不是其主人
们的好处以及他们自己的好处；尤其是那些在诸城邦中进行统治的人，
也就是那些真正在进行统治的人，你竟然相信他们在以某种其他的方 343b5
式[292]看待那些被统治的人，〈而这种方式〉异于一个人会对羊所采取的
那种方式，并且他们夜以继日地都在考虑其他某种东西，而不是下面这
件事，那就是，从何处他们自己将使他们自己获益。而且关于正义的事 343c1
情和正义、不正义的事情和不正义，你〈离它们〉是如此地遥远[293]，以
至于你根本不知道下面这些，那就是：一方面，正义和正义的事情[294]，
它们虽然在是的方式上是他人的一种好处，即是那更强的人和进行统
治的人的利益，但却是那进行服从的人和从事侍奉的人自己的损害[295]； 343c5
另一方面，不正义则正好相反[296]，它其实统治着那些真正有好习惯的
人[297]和那些正义的人，而他们，作为被统治的人[298]，则做对那是更强
者的人有利的事情，并且通过侍奉那个人来使之幸福，但无论如何都 343d1
从不〈使〉他们自己〈幸福〉。其实你应该以下面这种方式来进行考
察，最质朴的苏格拉底啊，那就是：一个正义的人同一个不正义的人相
比，他在方方面面都拥有得较少。首先，在彼此的各种合同那里，凡是
在〈正义的〉这种人同不〈正义的〉这种人合作的地方，你都会发现， 343d5
在合同解除时，正义的人同不正义的人相比，他不是拥有得更多，而是
更少。其次，在涉及城邦的各种事务那里，每当有某些捐款[299]时，正
义的人基于相同数量的财产出钱较多，而不正义的人则较少；但每当有
某些进款时，前者一无所得，而后者却获利很多。还有，每当他们各自 343e1

τινα ἄρχῃ ἑκάτερος, τῷ μὲν δικαίῳ ὑπάρχει, καὶ εἰ μηδεμία
ἄλλη ζημία, τά γε οἰκεῖα δι' ἀμέλειαν μοχθηροτέρως ἔχειν,
ἐκ δὲ τοῦ δημοσίου μηδὲν ὠφελεῖσθαι διὰ τὸ δίκαιον εἶναι,
πρὸς δὲ τούτοις ἀπεχθέσθαι τοῖς τε οἰκείοις καὶ τοῖς γνωρί-
μοις, ὅταν μηδὲν ἐθέλῃ αὐτοῖς ὑπηρετεῖν παρὰ τὸ δίκαιον·
τῷ δὲ ἀδίκῳ πάντα τούτων τἀναντία ὑπάρχει. λέγω γὰρ
ὅνπερ νυνδὴ ἔλεγον, τὸν μεγάλα δυνάμενον πλεονεκτεῖν· 344
τοῦτον οὖν σκόπει, εἴπερ βούλει κρίνειν ὅσῳ μᾶλλον
συμφέρει ἰδίᾳ αὐτῷ ἄδικον εἶναι ἢ τὸ δίκαιον. πάντων
δὲ ῥᾷστα μαθήσῃ, ἐὰν ἐπὶ τὴν τελεωτάτην ἀδικίαν ἔλθῃς, ἣ
τὸν μὲν ἀδικήσαντα εὐδαιμονέστατον ποιεῖ, τοὺς δὲ ἀδικη-
θέντας καὶ ἀδικῆσαι οὐκ ἂν ἐθέλοντας ἀθλιωτάτους. ἔστιν δὲ
τοῦτο τυραννίς, ἣ οὐ κατὰ σμικρὸν τἀλλότρια καὶ λάθρᾳ καὶ
βίᾳ ἀφαιρεῖται, καὶ ἱερὰ καὶ ὅσια καὶ ἴδια καὶ δημόσια, ἀλλὰ
συλλήβδην· ὧν ἐφ' ἑκάστῳ μέρει ὅταν τις ἀδικήσας μὴ b
λάθῃ, ζημιοῦταί τε καὶ ὀνείδη ἔχει τὰ μέγιστα—καὶ γὰρ
ἱερόσυλοι καὶ ἀνδραποδισταὶ καὶ τοιχωρύχοι καὶ ἀποστερηταὶ
καὶ κλέπται οἱ κατὰ μέρη ἀδικοῦντες τῶν τοιούτων κακουρ-
γημάτων καλοῦνται—ἐπειδὰν δέ τις πρὸς τοῖς τῶν πολιτῶν
χρήμασιν καὶ αὐτοὺς ἀνδραποδισάμενος δουλώσηται, ἀντὶ
τούτων τῶν αἰσχρῶν ὀνομάτων εὐδαίμονες καὶ μακάριοι
κέκληνται, οὐ μόνον ὑπὸ τῶν πολιτῶν ἀλλὰ καὶ ὑπὸ τῶν c
ἄλλων ὅσοι ἂν πύθωνται αὐτὸν τὴν ὅλην ἀδικίαν ἠδικηκότα·
οὐ γὰρ τὸ ποιεῖν τὰ ἄδικα ἀλλὰ τὸ πάσχειν φοβούμενοι
ὀνειδίζουσιν οἱ ὀνειδίζοντες τὴν ἀδικίαν. οὕτως, ὦ Σώκρατες,
καὶ ἰσχυρότερον καὶ ἐλευθεριώτερον καὶ δεσποτικώτερον ἀδι-
κία δικαιοσύνης ἐστὶν ἱκανῶς γιγνομένη, καὶ ὅπερ ἐξ ἀρχῆς
ἔλεγον, τὸ μὲν τοῦ κρείττονος συμφέρον τὸ δίκαιον τυγχάνει
ὄν, τὸ δ' ἄδικον ἑαυτῷ λυσιτελοῦν τε καὶ συμφέρον.

Ταῦτα εἰπὼν ὁ Θρασύμαχος ἐν νῷ εἶχεν ἀπιέναι, ὥσπερ d

e 5 ἀπέχθεσθαι (sic) A M : ἀπέχεσθαι F D a 1 ὅνπερ] ὅπερ scr. recc. (*quod* Ficinus) a 2 ὅσῳ A D M : ὅσον F a 3 ἄδικον . . . ἢ τὸ δίκαιον A D M : τῶν ἀδίκων . . . ἢ τῶν δικαίων F b 8 καὶ ὑπὸ A D M : καὶ F

担任某种公职[300]时，一方面，对正义的人来说有可能，即使没有任何
其他的损失[301]，至少他自家的各种事情由于疏忽而处于糟糕的境地[302]，
他由于是正义的[303]而没有从公家那里为自己谋取任何利益，除了这些 343e5
之外[304]，他还被亲戚们和一些熟人所仇恨，每当他根本不愿意违背正义
的事情来服务于他们的时候[305]；另一方面，对于不正义的人来说则有
可能每件事都与这些相反。我其实就在说我刚才曾说过的那种人，他有 344a1
能力获得巨大的利益。因此，请你考察一下这种人，假如你真想判断，
他私下为他自己谋取的利益要多多少，〈当他〉是不正义的时比〈当他〉
是正义的时[306]。而在所有事情中你将最容易弄明白这点，如果你前往那
最极端的不正义的话，它一方面使得那行不义的人最为幸福，另一方面 344a5
则使得那些被行不义的人以及那些不愿意行不义的人最为悲惨。而这就
是僭主统治，他不是一点一点地通过偷窃和暴力取走不属于他的各种东
西，无论那些东西是神圣的还是世俗的[307]，是私人的还是公共的，而是 344b1
突然全部〈将之取走〉。在这些事情中的任何方面[308]，每当有人因行不
义而被察觉了[309]，他就会被惩罚和遭受最大的谴责——因为盗窃圣物的
人、奴隶贩子[310]、挖墙的窃贼、抢劫犯和小偷，他们就因为各自在诸如
此类的恶劣行径的某一方面行不义而被〈这样〉称呼——，但是，每当 344b5
某人，除了同邦人的钱财之外[311]，他还通过使他们为奴来奴役他们，替
代这些可耻的名字，他们被称为了是快乐的和有福的[312]，不仅被那些同 344c1
邦人，而且被其他所有那些可能已经打听到他已经不义地行了整个不义
的人。因为，不是由于害怕做那些不正义的事情，而是由于害怕遭受它
们，那些谴责不义的人才进行谴责。因此，苏格拉底啊，不正义比正义 344c5
是更强有力的、更像自由人那样行动的，以及更适合进行统治的[313]，只
要它变得足够〈大〉；并且就像我一开始所说的那样，一方面，正义的
事情恰好是更强者的利益，另一方面，不正义的事情则〈恰好是〉对
〈每〉一个人自己有好处的和有利的事情[314]。

当说完了这些话之后，特剌绪马科斯就打算离开[315]，他就像一位澡 344d1

βαλανεὺς ἡμῶν καταντλήσας κατὰ τῶν ὤτων ἀθρόον καὶ
πολὺν τὸν λόγον· οὐ μὴν εἴασάν γε αὐτὸν οἱ παρόντες,
ἀλλ' ἠνάγκασαν ὑπομεῖναί τε καὶ παρασχεῖν τῶν εἰρημένων
λόγον. καὶ δὴ ἔγωγε καὶ αὐτὸς πάνυ ἐδεόμην τε καὶ εἶπον·
Ὦ δαιμόνιε Θρασύμαχε, οἷον ἐμβαλὼν λόγον ἐν νῷ ἔχεις
ἀπιέναι πρὶν διδάξαι ἱκανῶς ἢ μαθεῖν εἴτε οὕτως εἴτε ἄλλως
e ἔχει; ἢ σμικρὸν οἴει ἐπιχειρεῖν πρᾶγμα διορίζεσθαι ὅλου
βίου διαγωγήν, ᾗ ἂν διαγόμενος ἕκαστος ἡμῶν λυσιτελε-
στάτην ζωὴν ζῴη;

Ἐγὼ γὰρ οἶμαι, ἔφη ὁ Θρασύμαχος, τουτὶ ἄλλως ἔχειν;
Ἔοικας, ἦν δ' ἐγώ—ἤτοι ἡμῶν γε οὐδὲν κήδεσθαι, οὐδέ
τι φροντίζειν εἴτε χεῖρον εἴτε βέλτιον βιωσόμεθα ἀγνοοῦντες
ὃ σὺ φῂς εἰδέναι. ἀλλ', ὠγαθέ, προθυμοῦ καὶ ἡμῖν ἐνδεί-
345 ξασθαι—οὔτοι κακῶς σοι κείσεται ὅτι ἂν ἡμᾶς τοσούσδε
ὄντας εὐεργετήσῃς—ἐγὼ γὰρ δή σοι λέγω τό γ' ἐμόν, ὅτι
οὐ πείθομαι οὐδ' οἶμαι ἀδικίαν δικαιοσύνης κερδαλεώτερον
εἶναι, οὐδ' ἐὰν ἐᾷ τις αὐτὴν καὶ μὴ διακωλύῃ πράττειν ἃ
βούλεται. ἀλλ', ὠγαθέ, ἔστω μὲν ἄδικος, δυνάσθω δὲ
ἀδικεῖν ἢ τῷ λανθάνειν ἢ τῷ διαμάχεσθαι, ὅμως ἐμέ γε οὐ
πείθει ὡς ἔστι τῆς δικαιοσύνης κερδαλεώτερον. ταῦτ' οὖν
b καὶ ἕτερος ἴσως τις ἡμῶν πέπονθεν, οὐ μόνος ἐγώ· πεῖσον
οὖν, ὦ μακάριε, ἱκανῶς ἡμᾶς ὅτι οὐκ ὀρθῶς βουλευόμεθα
δικαιοσύνην ἀδικίας περὶ πλείονος ποιούμενοι.

Καὶ πῶς, ἔφη, σὲ πείσω; εἰ γὰρ οἷς νυνδὴ ἔλεγον μὴ
πέπεισαι, τί σοι ἔτι ποιήσω; ἢ εἰς τὴν ψυχὴν φέρων ἐνθῶ
τὸν λόγον;

Μὰ Δί', ἦν δ' ἐγώ, μὴ σύ γε· ἀλλὰ πρῶτον μέν, ἃ ἂν
εἴπῃς, ἔμμενε τούτοις, ἢ ἐὰν μετατιθῇ, φανερῶς μετατίθεσο
καὶ ἡμᾶς μὴ ἐξαπάτα. νῦν δὲ ὁρᾷς, ὦ Θρασύμαχε—ἔτι
c γὰρ τὰ ἔμπροσθεν ἐπισκεψώμεθα—ὅτι τὸν ὡς ἀληθῶς ἰατρὸν
τὸ πρῶτον ὁριζόμενος τὸν ὡς ἀληθῶς ποιμένα οὐκέτι ᾤου

e 1 ὅλου F: ἀλλ' οὐ A D M e 3 ζῴη] ζων pr. A sed corr. A
e 6 τι A F: om. pr. D M a 7 πείθει] πείθεις al. Ficinus (*suades*)

堂的堂倌似的，对我们倾吐出滔滔不绝的大量言辞，灌满〈我们的〉耳朵[316]。然而，那些在场的人却无论如何都不肯让他走，而是强迫他留下来，并且要求他提供关于他所讲的那些话的一种论证[317]。而我自己也尤 344d5
其恳求了他，并且说道：非凡的[318]特剌绪马科斯啊，你抛出如此一番话后就打算离开吗，在充分地教导〈我们〉之前，或者在弄清楚它是这种情形呢，还是别的情形之前？或者，你认为你在尝试规定一件微不足 344e1
道的事情吗，而不是一种生活方式[319]——如果根据它来度日[320]，那么，我们每个人都将过着一种最有益的生活——？

难道我会认为，特剌绪马科斯回应道，它竟然不是这样[321]？

你看起来〈或者就是认为它不是这样〉，我说道——或者其实根本 344e5
就不在意我们[322]，一点也不关心我们将生活得更差呢，还是将生活得更好，如果我们不知道你宣称你知道的那种东西的话——。然而，好人啊！也请你满怀热情地向我们指出〈它〉——的确对你来说这将不是一 345a1
笔坏的投资[323]，那就是你对这儿如此多的我们施恩惠——，至少就我这方来说[324]，我显然要告诉你，我既没有被说服，也不认为，不正义比正义是更有利可图的，即使有人放任它并且不阻止它做它想做的任何事情，也不会。但是，好人啊，就让〈一个人〉是不正义的，就让他能够 345a5
行不义，无论他是通过不被察觉，还是通过公开横行[325]，那也依然肯定无法说服我，这比正义是更有利可图的。因此，或许在我们中间还有其 345b1
他某个人也已经感受到了这些，不只是我；所以，有福的人啊，请你充分地说服我们，我们没有正确地进行建议，因为我们把正义凌驾于不正义之上[326]。

而我，他回应道，将如何说服你呢？如果你都没有被我刚才所说的那些话所说服，那我又还将为你做什么呢？或者，我能够拿着论证把它 345b5
放进〈你的〉灵魂里？

宙斯在上，我说道，你肯定不能那样做。不过，首先，你曾讲过的，你得坚持那些说法[327]，或者，如果你要修改，那也请你公开地进行修改，而不要欺骗我们。而现在的情况是你看到，特剌绪马科斯啊——
让我们仍然考察先前的那些事情——，在你首先界定了真正的医生之 345c1
后，就真正的牧羊人，你后来却不再认为有必要严格地盯住他，而是认

δεῖν ὕστερον ἀκριβῶς φυλάξαι, ἀλλὰ πιαίνειν οἴει αὐτὸν τὰ
πρόβατα, καθ' ὅσον ποιμήν ἐστιν, οὐ πρὸς τὸ τῶν προ-
βάτων βέλτιστον βλέποντα ἀλλ', ὥσπερ δαιτυμόνα τινὰ καὶ
μέλλοντα ἑστιάσεσθαι, πρὸς τὴν εὐωχίαν, ἢ αὖ πρὸς τὸ
ἀποδόσθαι, ὥσπερ χρηματιστὴν ἀλλ' οὐ ποιμένα. τῇ δὲ d
ποιμενικῇ οὐ δήπου ἄλλου του μέλει ἢ ἐφ' ᾧ τέτακται, ὅπως
τούτῳ τὸ βέλτιστον ἐκποριεῖ—ἐπεὶ τά γε αὑτῆς ὥστ' εἶναι
βελτίστη ἱκανῶς δήπου ἐκπεπόρισται, ἕως γ' ἂν μηδὲν
ἐνδέῃ τοῦ ποιμενικὴ εἶναι—οὕτω δὲ ᾤμην ἔγωγε νυνδὴ
ἀναγκαῖον εἶναι ἡμῖν ὁμολογεῖν πᾶσαν ἀρχήν, καθ' ὅσον
ἀρχή, μηδενὶ ἄλλῳ τὸ βέλτιστον σκοπεῖσθαι ἢ ἐκείνῳ, τῷ
ἀρχομένῳ τε καὶ θεραπευομένῳ, ἔν τε πολιτικῇ καὶ ἰδιωτικῇ e
ἀρχῇ. σὺ δὲ τοὺς ἄρχοντας ἐν ταῖς πόλεσιν, τοὺς ὡς ἀληθῶς
ἄρχοντας, ἑκόντας οἴει ἄρχειν;

Μὰ Δί' οὔκ, ἔφη, ἀλλ' εὖ οἶδα.

Τί δέ, ἦν δ' ἐγώ, ὦ Θρασύμαχε; τὰς ἄλλας ἀρχὰς οὐκ
ἐννοεῖς ὅτι οὐδεὶς ἐθέλει ἄρχειν ἑκών, ἀλλὰ μισθὸν αἰτοῦσιν,
ὡς οὐχὶ αὐτοῖσιν ὠφελίαν ἐσομένην ἐκ τοῦ ἄρχειν ἀλλὰ
τοῖς ἀρχομένοις; ἐπεὶ τοσόνδε εἰπέ· οὐχὶ ἑκάστην μέντοι 346
φαμὲν ἑκάστοτε τῶν τεχνῶν τούτῳ ἑτέραν εἶναι, τῷ ἑτέραν
τὴν δύναμιν ἔχειν; καί, ὦ μακάριε, μὴ παρὰ δόξαν ἀποκρίνου,
ἵνα τι καὶ περαίνωμεν.

Ἀλλὰ τούτῳ, ἔφη, ἑτέρα.

Οὐκοῦν καὶ ὠφελίαν ἑκάστη τούτων ἰδίαν τινὰ ἡμῖν παρέχεται ἀλλ' οὐ κοινήν, οἷον ἰατρικὴ μὲν ὑγίειαν, κυβερνητικὴ
δὲ σωτηρίαν ἐν τῷ πλεῖν, καὶ αἱ ἄλλαι οὕτω;

Πάνυ γε.

Οὐκοῦν καὶ μισθωτικὴ μισθόν; αὕτη γὰρ αὐτῆς ἡ δύναμις· b
ἢ τὴν ἰατρικὴν σὺ καὶ τὴν κυβερνητικὴν τὴν αὐτὴν καλεῖς;

c 3 πιαίνειν A Eusebius : παχύνειν F : ποιμαίνειν D M f et in marg. γρ. A d 2 μέλει] μέλλει pr. A d 5 δὲ A D M : δὴ F Eusebius ἔγωγε A D M Eusebius : ἐγὼ F e 2 ὡς F Eusebius : om. A D M e 4 οὐκ A D M : οὐκ ἔγωγ' F a 5 ἑτέρα] ἑτέραν scr. recc. a 6 τούτων D : om. A F M a 7 οἷον A² F D M : οἷοι A

为他养肥[328]那些羊——在他是一个牧羊人的范围内——，不是着眼于〈他的〉那些羊的最大的好处，而是像一位应邀赴宴的宾客和一位打算 345c5
设宴的人那样，着眼于一场盛宴；或者复又着眼于出售，好像〈他是〉 345d1
一位赚钱的商人，而不是一位牧羊人似的。然而，除了下面这点，牧养术无疑不关心其他任何事情[329]，那就是，就它已经被指派〈去关心〉的那种东西，它如何为之提供最大的好处——既然属于它自己的那些事情肯定都已经被充分地提供了出来，因而〈它〉就是最好的，只要它在这 345d5
方面一无所缺，即是*牧养术*——，而正因为如此，我刚才[330]才认为下面这点对我们来说是必然的，那就是同意：每一种统治，在它是一种统治的范围内，它不为任何其他的东西考虑最大的好处，除了为被〈它〉 345e1
所统治和照料的那种东西，无论是在城邦的统治中还是在私人的统治中。而你会认为，在各种城邦中进行统治的那些人，即那些真正进行统治的人，他们在心甘情愿地进行统治？

〈我〉不〈认为〉，宙斯在上，他说道，我当然很清楚这点。

然后呢，我说道，特刺绪马科斯啊？就其他那些统治来说，难道你 345e5
没有注意到下面这点，那就是无人心甘情愿地愿意去统治，相反，他们索取酬金，因为从统治那里来的一种益处将不是他们的，而是被统治者 346a1
的？因为你得告诉〈我〉下面这些：我们岂不每次都肯定会说，在诸技艺中，每门技艺都由于下面这点而〈彼此〉是不同的，即〈各自〉具有不同的能力？并且，有福的人啊，请不要违背〈你自己的〉想法来进行回答，以便我们甚至能够有所结论。

当然由于这点，他回应道，它们是不同的。 346a5

因此，这些技艺中的每一门岂不为我们提供一种独特的益处，而不是某种共同的益处，例如，医术提供健康，掌舵术则提供在航行中的安全，并且其他的技艺也如此？

当然。

那么，雇佣术岂不也提供佣金？因为这是它的能力。或者，你把 346b1
医术和掌舵术称作同一门技艺吗？或者，如果你确确实实打算严格地进

ἢ ἐάνπερ βούλῃ ἀκριβῶς διορίζειν, ὥσπερ ὑπέθου, οὐδέν τι μᾶλλον, ἐάν τις κυβερνῶν ὑγιὴς γίγνηται διὰ τὸ συμφέρον αὐτῷ πλεῖν ἐν τῇ θαλάττῃ, ἕνεκα τούτου καλεῖς μᾶλλον αὐτὴν ἰατρικήν;

Οὐ δῆτα, ἔφη.

Οὐδέ γ', οἶμαι, τὴν μισθωτικήν, ἐὰν ὑγιαίνῃ τις μισθαρνῶν.

Οὐ δῆτα.

Τί δέ; τὴν ἰατρικὴν μισθαρνητικήν, ἐὰν ἰώμενός τις μισθαρνῇ;

c Οὐκ ἔφη.

Οὐκοῦν τήν γε ὠφελίαν ἑκάστης τῆς τέχνης ἰδίαν ὡμολογήσαμεν εἶναι;

Ἔστω, ἔφη.

Ἥντινα ἄρα ὠφελίαν κοινῇ ὠφελοῦνται πάντες οἱ δημιουργοί, δῆλον ὅτι κοινῇ τινι τῷ αὐτῷ προσχρώμενοι ἀπ' ἐκείνου ὠφελοῦνται.

Ἔοικεν, ἔφη.

Φαμὲν δέ γε τὸ μισθὸν ἀρνυμένους ὠφελεῖσθαι τοὺς δημιουργοὺς ἀπὸ τοῦ προσχρῆσθαι τῇ μισθωτικῇ τέχνῃ γίγνεσθαι αὐτοῖς.

Συνέφη μόγις.

d Οὐκ ἄρα ἀπὸ τῆς αὑτοῦ τέχνης ἑκάστῳ αὕτη ἡ ὠφελία ἐστίν, ἡ τοῦ μισθοῦ λῆψις, ἀλλ', εἰ δεῖ ἀκριβῶς σκοπεῖσθαι, ἡ μὲν ἰατρικὴ ὑγίειαν ποιεῖ, ἡ δὲ μισθαρνητικὴ μισθόν, καὶ ἡ μὲν οἰκοδομικὴ οἰκίαν, ἡ δὲ μισθαρνητικὴ αὐτῇ ἑπομένη μισθόν, καὶ αἱ ἄλλαι πᾶσαι οὕτως τὸ αὑτῆς ἑκάστη ἔργον ἐργάζεται καὶ ὠφελεῖ ἐκεῖνο ἐφ' ᾧ τέτακται. ἐὰν δὲ μὴ μισθὸς αὐτῇ προσγίγνηται, ἔσθ' ὅτι ὠφελεῖται ὁ δημιουργὸς ἀπὸ τῆς τέχνης;

b 4 ξυμφέρον A D M f : ξυμφέρειν F b 10 μισθαρνητικήν A F D : μισθαρνικήν M c 9 δέ γε A F M : δὲ D τὸ A M : τὸν F D d 1 αὕτη F : αὐτὴ A D M d 2 ἡ τοῦ μισθοῦ λῆψις A F D (sed λῆψις punctis notatum in A) : om. M (sed add. in marg.) d 3 μισθαρνητικὴ (bis) A F D : μισθαρνικὴ (bis) M d 5 ἑκάστη A (sed η in ras.)

行界定的话——就像你刚才曾提出过的那样——，那么，你丝毫也不会[331]，即使一个人由于进行掌舵而变得健康了，因为在海上航行这件事 346b5
有益于他[332]，为此你就宁愿把他的那门技艺[333]称作医术？

当然不，他说道。

也肯定不会，我认为，把雇佣术〈称作医术〉，即使有人由于受雇劳动而变得健康了。

当然不。

然后呢？〈你会把〉医术〈称作〉收取酬金的技艺吗，即使一个人 346b10
由于进行医治而会取得酬金？

不会，他说道。 346c1

那么，我们岂不同意，每门技艺的益处无论如何都是一种独特的益处？

姑且同意[334]，他说道。

因此，如果有着所有的匠人共同赢取的任何一种益处，那么，显然 346c5
是因为他们由于共同另外使用了某种同样的东西[335]而从那种东西那里获益。

似乎是这样，他说道。

而我们肯定会说，匠人们通过取得酬金获益，这件事是由于他们 346c10
〈在他们自己的技艺之外〉另外使用了雇佣的技艺才对他们发生出来。

他勉强同意了。

因此，对每个匠人来说，这种益处，即报酬的取得，都不是出于他 346d1
自己的技艺，而是，如果必须严格地进行考察的话，一方面，医术带来健康，另一方面，收取酬金的技艺则提供报酬；虽然建筑术造就房屋，
但与之相伴随的收取酬金的技艺则带来报酬；并且其他所有的技艺也都 346d5
是下面这样：每门技艺都做它自己的工作，并且为它已经被指派〈去关心〉的那种东西带来益处。但如果没有任何报酬增加给它，那么，会有这回事吗，那就是匠人从〈他自己的〉技艺中受益？

Οὐ φαίνεται, ἔφη.

Ἀρ' οὖν οὐδ' ὠφελεῖ τότε, ὅταν προῖκα ἐργάζηται; e

Οἶμαι ἔγωγε.

Οὐκοῦν, ὦ Θρασύμαχε, τοῦτο ἤδη δῆλον, ὅτι οὐδεμία τέχνη οὐδὲ ἀρχὴ τὸ αὑτῇ ὠφέλιμον παρασκευάζει, ἀλλ', ὅπερ πάλαι ἐλέγομεν, τὸ τῷ ἀρχομένῳ καὶ παρασκευάζει καὶ ἐπιτάττει, τὸ ἐκείνου συμφέρον ἥττονος ὄντος σκοποῦσα, ἀλλ' οὐ τὸ τοῦ κρείττονος. διὰ δὴ ταῦτα ἔγωγε, ὦ φίλε Θρασύμαχε, καὶ ἄρτι ἔλεγον μηδένα ἐθέλειν ἑκόντα ἄρχειν καὶ τὰ ἀλλότρια κακὰ μεταχειρίζεσθαι ἀνορθοῦντα, ἀλλὰ μισθὸν αἰτεῖν, ὅτι ὁ μέλλων καλῶς τῇ τέχνῃ πρά- 347 ξειν οὐδέποτε αὑτῷ τὸ βέλτιστον πράττει οὐδ' ἐπιτάττει κατὰ τὴν τέχνην ἐπιτάττων, ἀλλὰ τῷ ἀρχομένῳ· ὧν δὴ ἕνεκα, ὡς ἔοικε, μισθὸν δεῖν ὑπάρχειν τοῖς μέλλουσιν ἐθελήσειν ἄρχειν, ἢ ἀργύριον ἢ τιμήν, ἢ ζημίαν ἐὰν μὴ ἄρχῃ.

Πῶς τοῦτο λέγεις, ὦ Σώκρατες; ἔφη ὁ Γλαύκων· τοὺς μὲν γὰρ δύο μισθοὺς γιγνώσκω, τὴν δὲ ζημίαν ἥντινα λέγεις καὶ ὡς ἐν μισθοῦ μέρει εἴρηκας, οὐ συνῆκα.

Τὸν τῶν βελτίστων ἄρα μισθόν, ἔφην, οὐ συνιεῖς, δι' ὃν ἄρχουσιν οἱ ἐπιεικέστατοι, ὅταν ἐθέλωσιν ἄρχειν. ἢ οὐκ b οἶσθα ὅτι τὸ φιλότιμόν τε καὶ φιλάργυρον εἶναι ὄνειδος λέγεταί τε καὶ ἔστιν;

Ἔγωγε, ἔφη.

Διὰ ταῦτα τοίνυν, ἦν δ' ἐγώ, οὔτε χρημάτων ἕνεκα ἐθέλουσιν ἄρχειν οἱ ἀγαθοὶ οὔτε τιμῆς· οὔτε γὰρ φανερῶς πραττόμενοι τῆς ἀρχῆς ἕνεκα μισθὸν μισθωτοὶ βούλονται κεκλῆσθαι, οὔτε λάθρᾳ αὐτοὶ ἐκ τῆς ἀρχῆς λαμβάνοντες κλέπται. οὐδ' αὖ τιμῆς ἕνεκα· οὐ γάρ εἰσι φιλότιμοι. δεῖ δὴ

e 4 ἀλλ' . . . e 5 παρασκευάζει A F M Eusebius : om. D e 9 ἀνορθοῦντα] ἐπανορθοῦντα Eusebius a 2 οὐδ' ἐπιτάττει om. pr. F a 3 ὧν F M Eusebius : ὧι A : οὗ D a 4 δεῖν A D M : δεῖ F Eusebius b 2 ὅτι φιλάργυρόν τε καὶ φιλότιμον εἶναι Stobaeus b 9 δὴ F D M : δὲ A

显然不会，他说道。

那么，那时他也不会带来益处吗，当他无偿地进行工作时？ 346e1

我肯定认为〈那时他会带来益处〉。

那么，特剌绪马科斯啊，这岂不就已经是一清二楚的了，那就是：既没有任何一种技艺，也没有任何一种统治，在提供对它自身有益的东西，相反，就像不久前讲过的那样，它提供并且安排对被统治者〈有益 346e5 的〉东西，通过考虑这种人的利益——而这种人是较弱者——，而不是更强者的利益。正因为这些，亲爱的特剌绪马科斯啊，我刚才[336]才说，无人心甘情愿地愿意进行统治和致力于改善他人的各种糟糕处境，而是 347a1 要索取报酬；因为那打算用〈他自己的〉技艺来正确地行事的人，他从不为他自己谋取最大的好处[337]，当他依照〈他自己的〉技艺来进行安排时，也不会那样进行安排，而是为了被统治者〈才那样做和安排〉。正是为了这些，如看起来的那样，对那些将愿意进行统治的人才必须有着一种报酬，要么是银钱，要么是荣誉，要么就是一种惩罚，如果他不进 347a5 行统治的话[338]。

你为何这样讲呢，苏格拉底啊，格劳孔说道；因为〈前〉两种报酬，我当然识得，但你在说何种惩罚，以及你为何说〈能够把它〉归入报酬一类[339]，我不明白。

那么，那些最优秀的人的报酬，我说道，你还不明白，由于它，那 347a10 些最合适〈进行统治〉的人才去进行统治，每当他们愿意进行统治时。347b1 或者你不知道，热爱荣誉和热爱钱财被称作是一种耻辱，并且是一种耻辱吗？

我肯定知道，他回应道。

因此，正由于这些，我说道，既不是为了钱财，那些优秀的人才 347b5 愿意进行统治，也不是为了荣誉；因为他们不愿意由于公开为了统治为自己索取酬金[340]而被称作了被雇佣的人，也不〈愿意〉自己因偷偷地从统治中取得〈它而被称作〉窃贼。他们也不为了荣誉〈才愿意进行统治〉，因为他们不是一些热爱荣誉的人。因此，对他们来说必定有着一

c αὐτοῖς ἀνάγκην προσεῖναι καὶ ζημίαν, εἰ μέλλουσιν ἐθέλειν ἄρχειν—ὅθεν κινδυνεύει τὸ ἑκόντα ἐπὶ τὸ ἄρχειν ἰέναι ἀλλὰ μὴ ἀνάγκην περιμένειν αἰσχρὸν νενομίσθαι—τῆς δὲ ζημίας μεγίστη τὸ ὑπὸ πονηροτέρου ἄρχεσθαι, ἐὰν μὴ αὐτὸς ἐθέλῃ ἄρχειν· ἣν δείσαντές μοι φαίνονται ἄρχειν, ὅταν ἄρχωσιν, οἱ ἐπιεικεῖς, καὶ τότε ἔρχονται ἐπὶ τὸ ἄρχειν οὐχ ὡς ἐπ' ἀγαθόν τι ἰόντες οὐδ' ὡς εὐπαθήσοντες ἐν αὐτῷ, ἀλλ'
d ὡς ἐπ' ἀναγκαῖον καὶ οὐκ ἔχοντες ἑαυτῶν βελτίοσιν ἐπιτρέψαι οὐδὲ ὁμοίοις. ἐπεὶ κινδυνεύει πόλις ἀνδρῶν ἀγαθῶν εἰ γένοιτο, περιμάχητον ἂν εἶναι τὸ μὴ ἄρχειν ὥσπερ νυνὶ τὸ ἄρχειν, καὶ ἐνταῦθ' ἂν καταφανὲς γενέσθαι ὅτι τῷ ὄντι ἀληθινὸς ἄρχων οὐ πέφυκε τὸ αὑτῷ συμφέρον σκοπεῖσθαι ἀλλὰ τὸ τῷ ἀρχομένῳ· ὥστε πᾶς ἂν ὁ γιγνώσκων τὸ ὠφελεῖσθαι μᾶλλον ἕλοιτο ὑπ' ἄλλου ἢ ἄλλον ὠφελῶν πράγματα ἔχειν. τοῦτο μὲν οὖν ἔγωγε οὐδαμῇ συγχωρῶ
e Θρασυμάχῳ, ὡς τὸ δίκαιόν ἐστιν τὸ τοῦ κρείττονος συμφέρον. ἀλλὰ τοῦτο μὲν δὴ καὶ εἰς αὖθις σκεψόμεθα· πολὺ δέ μοι δοκεῖ μεῖζον εἶναι ὃ νῦν λέγει Θρασύμαχος, τὸν τοῦ ἀδίκου βίον φάσκων εἶναι κρείττω ἢ τὸν τοῦ δικαίου. σὺ οὖν ποτέρως, ἦν δ' ἐγώ, ὦ Γλαύκων, αἱρῇ; καὶ πότερον ἀληθεστέρως δοκεῖ σοι λέγεσθαι;

Τὸν τοῦ δικαίου ἔγωγε λυσιτελέστερον βίον εἶναι.

348 Ἤκουσας, ἦν δ' ἐγώ, ὅσα ἄρτι Θρασύμαχος ἀγαθὰ διῆλθεν τῷ τοῦ ἀδίκου;

Ἤκουσα, ἔφη, ἀλλ' οὐ πείθομαι.

Βούλει οὖν αὐτὸν πείθωμεν, ἂν δυνώμεθά πῃ ἐξευρεῖν, ὡς οὐκ ἀληθῆ λέγει;

Πῶς γὰρ οὐ βούλομαι; ἦ δ' ὅς.

Ἂν μὲν τοίνυν, ἦν δ' ἐγώ, ἀντικατατείναντες λέγωμεν

d 4 νυνὶ A : νῦν F D   e 2 σκεψόμεθα A D M : σκεψώμεθα F d
e 5 ποτέρως] πότερον ci. Ast   πότερον F M : πότερον ὡς A D : ποτέρως ci. Ast   e 7 ἔγωγε F : ἔγωγ' ἔφη A : ἔγωγ' ἔφη D M
a 4 πείθωμεν A² F D M : πείθοιμεν A

种强迫和一种惩罚摆在了那里[341]，如果他们将愿意进行统治的话——原 347c1
因在于，心甘情愿地前去进行统治，而不是等待一种强迫，这有可能已经被视为了是可耻的——，而最大的一种惩罚[342]则是被一个〈比自己〉较差的人所统治，如果一个人自己不愿意进行统治的话。由于害怕这种 347c5
惩罚，那些合适的人才对我显得〈要出来〉进行统治，每当他们进行统治时；并且在那时，他们前去统治，既不是因为走向某种好的东西，也不是因为将在其中逍遥快活，而是因为走向一种必然的东西，以及因为 347d1
他们没有任何比他们自己更优秀甚或与他们相似的人可托付[343]。因为有可能，如果一个由一些优秀的人而来的城邦出现了，那么，为之战斗的就会是不去进行统治，就像今天〈为之战斗的是〉去进行统治那样；并且在那里下面这点会变得显而易见，那就是：一个人，如果他*在是的方式上*是一位真正的统治者，那么，他生来就不会考虑对他自己有利的事情，而是考虑对被统治的人有利的事情。由此一来，任何具有辨识能力的人都会宁愿选择从他人那里获益，而不是费力地去有益于他人[344]。因 347d5
此，就这点来说，我肯定不会赞同特刺绪马科斯，即正义的事情是更强 347e1
者的利益。不过这点我们以后[345]肯定将进行考察；而特刺绪马科斯现在所说的，在我看来则是重大得多的，因为他声称不正义的人的生活强过正义的人的生活[346]。那么，你会选择这两种方式中的哪一种呢，我说 347e5
道，格劳孔啊？并且在你看来，哪一种被说得更为正确呢？

正义的人的生活，我肯定〈选择它〉是一种更有益的生活。

即使你听到了，我说道，特刺绪马科斯刚才就不正义的人的生活所 348a1
细说过的所有那些好处[347]？

我听到了，他回应道，但我没有被说服。

那么，你希望我们说服他吗，如果我们能够在某种方式上发现，他 348a5
说得不正确？

我为何不愿意呢？他说道。

那好，我说道，如果我们通过两相对立针对〈他的〉说法对他说

αὐτῷ λόγον παρὰ λόγον, ὅσα αὖ ἀγαθὰ ἔχει τὸ δίκαιον εἶναι, καὶ αὖθις οὗτος, καὶ ἄλλον ἡμεῖς, ἀριθμεῖν δεήσει τἀγαθὰ καὶ μετρεῖν ὅσα ἑκάτεροι ἐν ἑκατέρῳ λέγομεν, καὶ b ἤδη δικαστῶν τινων τῶν διακρινούντων δεησόμεθα· ἂν δὲ ὥσπερ ἄρτι ἀνομολογούμενοι πρὸς ἀλλήλους σκοπῶμεν, ἅμα αὐτοί τε δικασταὶ καὶ ῥήτορες ἐσόμεθα.

Πάνυ μὲν οὖν, ἔφη.

Ὁποτέρως οὖν σοι, ἦν δ' ἐγώ, ἀρέσκει.

Οὕτως, ἔφη.

Ἴθι δή, ἦν δ' ἐγώ, ὦ Θρασύμαχε, ἀπόκριναι ἡμῖν ἐξ ἀρχῆς. τὴν τελέαν ἀδικίαν τελέας οὔσης δικαιοσύνης λυσιτελεστέραν φῂς εἶναι;

Πάνυ μὲν οὖν καὶ φημί, ἔφη, καὶ δι' ἅ, εἴρηκα. c

Φέρε δή, τὸ τοιόνδε περὶ αὐτῶν πῶς λέγεις; τὸ μέν που ἀρετὴν αὐτοῖν καλεῖς, τὸ δὲ κακίαν;

Πῶς γὰρ οὔ;

Οὐκοῦν τὴν μὲν δικαιοσύνην ἀρετήν, τὴν δὲ ἀδικίαν κακίαν;

Εἰκός γ', ἔφη, ὦ ἥδιστε, ἐπειδή γε καὶ λέγω ἀδικίαν μὲν λυσιτελεῖν, δικαιοσύνην δ' οὔ.

Ἀλλὰ τί μήν;

Τοὐναντίον, ἦ δ' ὅς.

Ἦ τὴν δικαιοσύνην κακίαν;

Οὔκ, ἀλλὰ πάνυ γενναίαν εὐήθειαν.

Τὴν ἀδικίαν ἄρα κακοήθειαν καλεῖς; d

Οὔκ, ἀλλ' εὐβουλίαν, ἔφη.

Ἦ καὶ φρόνιμοί σοι, ὦ Θρασύμαχε, δοκοῦσιν εἶναι καὶ ἀγαθοὶ οἱ ἄδικοι;

Οἵ γε τελέως, ἔφη, οἷοί τε ἀδικεῖν, πόλεις τε καὶ ἔθνη δυνάμενοι ἀνθρώπων ὑφ' ἑαυτοὺς ποιεῖσθαι· σὺ δὲ οἴει με

a 8 αὖ ex ἂν fecit A b 4 τε δικασταὶ A D M : δικασταί τε F b 6 ὁποτέρως A D M f : ποτέρως F b 9 τὴν A F M : om. D c 7 ἐπειδή γε F : ἐπειδὴ A D M d 6 σὺ δὲ . . . d 7 λέγειν Socrati tribuit A

出〈另外一种〉说法，即反过来，是正义具有多少好处，然后又轮到他〈说一种说法〉，再轮到我们〈说〉另一种说法，那么，就将必须计算和测量一下那些好处，〈看看〉在〈是正义和是不正义〉这两者各自中[348] 348b1
我们双方各自说出了多少；然后我们也将需要一些进行裁断的法官。但如果就像刚才我们通过彼此同意来进行考察那样，那么，我们自己就将同时是法官和演说家[349]。

完全如此，他说道。 348b5

那么，用两种方式中的哪一种[350]，我说道，会让你满意呢？

〈后面〉这种方式，他说道。

那就来吧[351]！我说道，特剌绪马科斯啊，请你从头开始回答我。
你主张极致的不正义比正义——即使它也是极致的——，是更有益的吗？ 348b10

我当然如此主张，他说道，并且为何如此，我也说过了。 348c1

好吧[352]！就下面这点，关于它们你如何说呢？你肯定会把它们两者中的一个称作德性，另一个称作邪恶吗？

那还用说？

那么，一方面，你把正义称作德性，另一方面，把不正义称作邪恶？ 348c5

的确有可能，他回应道，最甜言蜜语的家伙啊[353]！既然我事实上说，不正义是有益的，而正义则不是。

还能是〈别的〉什么吗？

〈恰恰〉相反，他说道。 348c10

难道正义是一种邪恶？

不，而是非常高贵的好习惯[354]。

那么你把不正义称作坏习惯[355]？ 348d1

不，而是深思熟虑[356]，他回应道。

难道竟然在你看来，特剌绪马科斯啊，那些不正义的人既是明智的，也是优秀的？

至少那些能够把不义做到极致的人，他说道，即那些有能力把一些 348d5
城邦和一些部族的人置于他们自己的权力之下[357]的人〈是那样〉；不

ἴσως τοὺς τὰ βαλλάντια ἀποτέμνοντας λέγειν. λυσιτελεῖ μὲν οὖν, ἦ δ᾽ ὅς, καὶ τὰ τοιαῦτα, ἐάνπερ λανθάνῃ· ἔστι δὲ οὐκ ἄξια λόγου, ἀλλ᾽ ἃ νυνδὴ ἔλεγον.

e Τοῦτο μέν, ἔφην, οὐκ ἀγνοῶ ὃ βούλει λέγειν, ἀλλὰ τόδε ἐθαύμασα, εἰ ἐν ἀρετῆς καὶ σοφίας τιθεῖς μέρει τὴν ἀδικίαν, τὴν δὲ δικαιοσύνην ἐν τοῖς ἐναντίοις.

Ἀλλὰ πάνυ οὕτω τίθημι.

Τοῦτο, ἦν δ᾽ ἐγώ, ἤδη στερεώτερον, ὦ ἑταῖρε, καὶ οὐκέτι ῥᾴδιον ἔχειν ὅτι τις εἴπῃ. εἰ γὰρ λυσιτελεῖν μὲν τὴν ἀδικίαν ἐτίθεσο, κακίαν μέντοι ἢ αἰσχρὸν αὐτὸ ὡμολόγεις εἶναι ὥσπερ ἄλλοι τινές, εἴχομεν ἄν τι λέγειν κατὰ τὰ νομιζόμενα λέγοντες· νῦν δὲ δῆλος εἶ ὅτι φήσεις αὐτὸ καὶ καλὸν καὶ ἰσχυρὸν εἶναι καὶ τἆλλα αὐτῷ πάντα προσθήσεις
349 ἃ ἡμεῖς τῷ δικαίῳ προσετίθεμεν, ἐπειδή γε καὶ ἐν ἀρετῇ αὐτὸ καὶ σοφίᾳ ἐτόλμησας θεῖναι.

Ἀληθέστατα, ἔφη, μαντεύῃ.

Ἀλλ᾽ οὐ μέντοι, ἦν δ᾽ ἐγώ, ἀποκνητέον γε τῷ λόγῳ ἐπεξελθεῖν σκοπούμενον, ἕως ἄν σε ὑπολαμβάνω λέγειν ἅπερ διανοῇ. ἐμοὶ γὰρ δοκεῖς σύ, ὦ Θρασύμαχε, ἀτεχνῶς νῦν οὐ σκώπτειν, ἀλλὰ τὰ δοκοῦντα περὶ τῆς ἀληθείας λέγειν.

Τί δέ σοι, ἔφη, τοῦτο διαφέρει, εἴτε μοι δοκεῖ εἴτε μή, ἀλλ᾽ οὐ τὸν λόγον ἐλέγχεις;

b Οὐδέν, ἦν δ᾽ ἐγώ. ἀλλὰ τόδε μοι πειρῶ ἔτι πρὸς τούτοις ἀποκρίνασθαι· ὁ δίκαιος τοῦ δικαίου δοκεῖ τί σοι ἂν ἐθέλειν πλέον ἔχειν;

Οὐδαμῶς, ἔφη· οὐ γὰρ ἂν ἦν ἀστεῖος, ὥσπερ νῦν, καὶ εὐήθης.

Τί δέ; τῆς δικαίας πράξεως;

Οὐδὲ τῆς δικαίας, ἔφη.

e 1 μέν F D: μέντοι A M ὃ F D: ὅτι A M e 4 πάνυ A D M: πάνυ ἔφη F e 6 ῥᾴδιον F Stobaeus: ῥᾶιον A D M a 1 γε A D M Stobaeus: τε F a 7 ἀληθείας] ἀδικίας ci. H. Wolf b 7 τῆς ⟨πράξεως τῆς⟩ δικαίας Adam vetante etiam Stobaeus

过，或许你认为我在说那些切割钱包的人。其实诸如此类的事情也是有益的，他说道，只要不被注意到。但它们都是不值得一说的，而我刚才所说的那些，才〈值得一说〉。

就这点，我回应道，我并没有不知道你想说什么，但我很吃惊下面 348e1
这件事，那就是，如果你把不正义归入德性和智慧的一类，而把正义归入〈其〉相反的一类[358]。

我当然这样进行归类。

这，我说道，已然是一种更加难以〈消化〉的说法[359]，朋友啊，并 348e5
且不再容易知道一个人该说什么[360]。因为，如果你虽然把不正义确定为能带来益处，然而你仍然赞同它是一种邪恶或一种可耻的东西，就像其他一些人〈所做的〉那样，那么，我们还能够说点什么，通过按照习
惯来说[361]。但现在的情况是，你显然将说：它是一种既美好又有力的东 348e10
西，并且你将把其他所有那些〈品质〉——我们曾把它们归给正义的事 349a1
情——，归给它，既然你甚至敢于把它置于德性和智慧之中。

你预料得非常正确，他回应道。

然而，尽管如此，我说道，〈但我〉无论如何都不应在下面这点上
退缩，那就是通过考察来继续进行一番讨论[362]，只要我还认为你就在说 349a5
你所想的。因为在我看来，你，特剌绪马科斯啊，现在完完全全[363]没有在开玩笑，而是在关于真[364]说出那些〈在你〉看来如此的东西。

但对你而言，他回应道，这有什么区别吗，它在我看来是这样，或
者不是这样，你为何不反驳〈我的〉说法？ 349a10

没有任何区别，我说道。然而，除了这些之外，请你试着进一步回 349b1
答我下面这点：一个正义的人之于另一个正义的人，在你看来他会想要占某种上风吗[365]？

绝对不会，他回应道，否则他就不会是文雅的[366]，就像现在这样，
和心地单纯的。 349b5

然后呢？之于正义的行为〈他会那样想吗〉？

对此他也不会[367]，他说道。

Τοῦ δὲ ἀδίκου πότερον ἀξιοῖ ἂν πλεονεκτεῖν καὶ ἡγοῖτο δίκαιον εἶναι, ἢ οὐκ ἂν ἡγοῖτο;

Ἡγοῖτ' ἄν, ἦ δ' ὅς, καὶ ἀξιοῖ, ἀλλ' οὐκ ἂν δύναιτο.

Ἀλλ' οὐ τοῦτο, ἦν δ' ἐγώ, ἐρωτῶ, ἀλλ' εἰ τοῦ μὲν δικαίου μὴ ἀξιοῖ πλέον ἔχειν μηδὲ βούλεται ὁ δίκαιος, τοῦ c
δὲ ἀδίκου;

Ἀλλ' οὕτως, ἔφη, ἔχει.

Τί δὲ δὴ ὁ ἄδικος; ἆρα ἀξιοῖ τοῦ δικαίου πλεονεκτεῖν καὶ τῆς δικαίας πράξεως;

Πῶς γὰρ οὔκ; ἔφη, ὅς γε πάντων πλέον ἔχειν ἀξιοῖ;

Οὐκοῦν καὶ ἀδίκου γε ἀνθρώπου τε καὶ πράξεως ὁ ἄδικος πλεονεκτήσει καὶ ἁμιλλήσεται ὡς ἁπάντων πλεῖστον αὐτὸς λάβῃ;

Ἔστι ταῦτα.

Ὧδε δὴ λέγωμεν, ἔφην· ὁ δίκαιος τοῦ μὲν ὁμοίου οὐ πλεονεκτεῖ, τοῦ δὲ ἀνομοίου, ὁ δὲ ἄδικος τοῦ τε ὁμοίου καὶ
τοῦ ἀνομοίου; d

Ἄριστα, ἔφη, εἴρηκας.

Ἔστιν δέ γε, ἔφην, φρόνιμός τε καὶ ἀγαθὸς ὁ ἄδικος, ὁ δὲ δίκαιος οὐδέτερα;

Καὶ τοῦτ', ἔφη, εὖ.

Οὐκοῦν, ἦν δ' ἐγώ, καὶ ἔοικε τῷ φρονίμῳ καὶ τῷ ἀγαθῷ ὁ ἄδικος, ὁ δὲ δίκαιος οὐκ ἔοικεν;

Πῶς γὰρ οὐ μέλλει, ἔφη, ὁ τοιοῦτος ὢν καὶ ἐοικέναι τοῖς τοιούτοις, ὁ δὲ μὴ ἐοικέναι;

Καλῶς. τοιοῦτος ἄρα ἐστὶν ἑκάτερος αὐτῶν οἷσπερ ἔοικεν;

b 9 ἡγοῖτο F Stobaeus : ἡγοῖτο δίκαιον A D c 4 ὁ A F M Stobaeus : om. D c 6 πλέον ἔχειν A F M Stobaeus : ἔχειν πλέον D c 7 γε Stobaeus : om. A F D M c 8 πλεῖστον αὐτὸς A D M : αὐτὸς πλεῖστον F c 11 λέγωμεν A D : λέγω μὲν Stobaeus : λέγομεν F d 6 τῷ ἀγαθῷ A F D M : ἀγαθῷ Stobaeus d 8 ὁ τοιοῦτος A F D M : τοιοῦτος Stobaeus d 9 ὁ δὲ, μὴ A : ὁ δὲ μὴ F D M Stobaeus : ὁ δὲ μὴ μὴ scr. recc. d 10 οἷσπερ A F D M Stobaeus : οἵοισπερ ci Madvig

但他会指望胜过不正义的人[368]，并且认为这是正义的，抑或他不会这么认为？

他会认为，他说道，也会指望，但不会有能力〈做到〉。 349b10

但我并没有问这点，我回应道，而是问：是否之于另一个正义的人，一个正义的人虽然既不指望也不想占上风，但之于一个不正义的人 349c1
则会。

当然是这个样子，他说道。

那么，不正义的人又如何？他指望胜过正义的人，以及正义的行 349c5
为吗？

那还用说？他回应道，他甚至指望对于一切都应占上风吧？

那么，之于〈另一个〉不正义的人以及一件不正义的行为，不正义的人岂不既〈指望〉将得胜，他也将竭尽所能，以便自己能够从一切中取得最多？

是这样。 349c10

因此，我们应该这样说吗，我说道，那就是：正义的人虽然并不胜过与之相似的人，但胜过与之不相似的人；而不正义的人则既胜过与之相似的人，也胜过与之不相似的人？ 349d1

你已经说得非常好，他说道。

而不正义的人肯定是明智的和优秀的吗，我说道，正义的人则两者都不是？

这也〈说得〉好，他回应道。 349d5

因此，我说道，不正义的人岂不相似于明智的人和优秀的人，而正义的人则不与之相似？

他如何不注定要，他说道，与这样一些人相似呢——既然他是这样一种人——，而那〈不是这样一种人的〉人，则〈注定要〉与之不相似？

很好。那么，他们中的每一个人都是如他与之相似的那些人那样的 349d10
那种人吗？

Ἀλλὰ τί μέλλει; ἔφη.

Εἶεν, ὦ Θρασύμαχε· μουσικὸν δέ τινα λέγεις, ἕτερον δὲ
e ἄμουσον;

Ἔγωγε.

Πότερον φρόνιμον καὶ πότερον ἄφρονα;

Τὸν μὲν μουσικὸν δήπου φρόνιμον, τὸν δὲ ἄμουσον ἄφρονα.

Οὐκοῦν καὶ ἅπερ φρόνιμον, ἀγαθόν, ἃ δὲ ἄφρονα, κακόν;

Ναί.

Τί δὲ ἰατρικόν; οὐχ οὕτως;

Οὕτως.

Δοκεῖ ἂν οὖν τίς σοι, ὦ ἄριστε, μουσικὸς ἀνὴρ ἁρμοττόμενος λύραν ἐθέλειν μουσικοῦ ἀνδρὸς ἐν τῇ ἐπιτάσει καὶ ἀνέσει τῶν χορδῶν πλεονεκτεῖν ἢ ἀξιοῦν πλέον ἔχειν;

Οὐκ ἔμοιγε.

Τί δέ; ἀμούσου;

Ἀνάγκη, ἔφη.

350 Τί δὲ ἰατρικός; ἐν τῇ ἐδωδῇ ἢ πόσει ἐθέλειν ἄν τι ἰατρικοῦ πλεονεκτεῖν ἢ ἀνδρὸς ἢ πράγματος;

Οὐ δῆτα.

Μὴ ἰατρικοῦ δέ;

Ναί.

Περὶ πάσης δὴ ὅρα ἐπιστήμης τε καὶ ἀνεπιστημοσύνης εἴ τίς σοι δοκεῖ ἐπιστήμων ὁστισοῦν πλείω ἂν ἐθέλειν αἱρεῖσθαι ἢ ὅσα ἄλλος ἐπιστήμων ἢ πράττειν ἢ λέγειν, καὶ οὐ ταὐτὰ τῷ ὁμοίῳ ἑαυτῷ εἰς τὴν αὐτὴν πρᾶξιν.

Ἀλλ' ἴσως, ἔφη, ἀνάγκη τοῦτό γε οὕτως ἔχειν.

Τί δὲ ὁ ἀνεπιστήμων; οὐχὶ ὁμοίως μὲν ἐπιστήμονος
b πλεονεκτήσειεν ἄν, ὁμοίως δὲ ἀνεπιστήμονος;

e 6 καὶ A : om. F D Stobaeus e 10 ἆρ' οὖν τίς σοι, ὦ ἄριστε, δοκεῖ μουσικὸς ἀνὴρ Stobaeus a 1 ἰατρικός A M D : ἰατρός F a 6 δὴ F Stobaeus : δὲ A D M a 9 αὐτὴν] αὐτὴν ὁμοίαν Stobaeus a 10 γε A D M Stobaeus : om. F a 11 οὐχὶ] οὐχ Stobaeus

你还能期待别的什么吗[369]？他说道。

好吧！特刺绪马科斯啊。你会把一个人称作是精通音乐的，而把另 349e1
外一个人称作是无音乐修养的吗？

我当然会。

其中哪一个〈在音乐方面〉是有头脑的，哪一个则是无头脑的？

〈在音乐方面〉那精通音乐的人无疑是有头脑的，而那无音乐修养 349e5
的人则是无头脑的。

那么，〈你岂不会说〉他于何处是有头脑的，也就于何处是优秀的，而于何处是无头脑的，也就于何处是拙劣的[370]？

是的。

一个精通医术的人又如何呢？岂不也是这样？

是这样。

那么，你认为，最优秀的人啊，任何一位精通音乐的人，当他在调 349e10
谐一把七弦琴时，他会想要在〈七根〉琴弦的绷紧和放松方面胜过另外一个精通音乐的人，或者会认为理应对之占上风吗？

我肯定不这么认为。

然后呢，〈想要胜过〉一个无音乐修养的人？ 349e15

必然，他说道。

一位精通医术的人又如何呢？在食物和饮料〈的处方〉方面他会想 350a1
要有所取胜吗，或者胜过另一个精通医术的人，或者胜过其行为？

肯定不会。

而是胜过一个不精通医术的人？

是的。 350a5

那么，关于每一门知识以及每一种欠缺知识[371]，请你看看，是否你认为任何一个有知识的人都会想要选择比另一个有知识的人〈所能够做或者说的〉做得或者说得更多，并且不〈选择〉如那与他自己相似的人一样就同样的行为〈做〉一些同样的事情。

当然有可能[372]，他回应道，这必然就是如此。 350a10

而无知识的人又如何呢？他岂不会同等地既〈想要〉胜过一个有知
识的人，也胜过另一个无知识的人[373]？ 350b1

Ἴσως.

Ὁ δὲ ἐπιστήμων σοφός;

Φημί.

Ὁ δὲ σοφὸς ἀγαθός;

Φημί.

Ὁ ἄρα ἀγαθός τε καὶ σοφὸς τοῦ μὲν ὁμοίου οὐκ ἐθελήσει πλεονεκτεῖν, τοῦ δὲ ἀνομοίου τε καὶ ἐναντίου.

Ἔοικεν, ἔφη.

Ὁ δὲ κακός τε καὶ ἀμαθὴς τοῦ τε ὁμοίου καὶ τοῦ ἐναντίου.

Φαίνεται.

Οὐκοῦν, ὦ Θρασύμαχε, ἦν δ' ἐγώ, ὁ ἄδικος ἡμῖν τοῦ ἀνομοίου τε καὶ ὁμοίου πλεονεκτεῖ; ἢ οὐχ οὕτως ἔλεγες;

Ἔγωγε, ἔφη.

Ὁ δέ γε δίκαιος τοῦ μὲν ὁμοίου οὐ πλεονεκτήσει, τοῦ δὲ c
ἀνομοίου;

Ναί.

Ἔοικεν ἄρα, ἦν δ' ἐγώ, ὁ μὲν δίκαιος τῷ σοφῷ καὶ ἀγαθῷ, ὁ δὲ ἄδικος τῷ κακῷ καὶ ἀμαθεῖ.

Κινδυνεύει.

Ἀλλὰ μὴν ὡμολογοῦμεν, ᾧ γε ὅμοιος ἑκάτερος εἴη, τοιοῦτον καὶ ἑκάτερον εἶναι.

Ὡμολογοῦμεν γάρ.

Ὁ μὲν ἄρα δίκαιος ἡμῖν ἀναπέφανται ὢν ἀγαθός τε καὶ σοφός, ὁ δὲ ἄδικος ἀμαθής τε καὶ κακός.

Ὁ δὴ Θρασύμαχος ὡμολόγησε μὲν πάντα ταῦτα, οὐχ
ὡς ἐγὼ νῦν ῥᾳδίως λέγω, ἀλλ' ἑλκόμενος καὶ μόγις, μετὰ d
ἱδρῶτος θαυμαστοῦ ὅσου, ἅτε καὶ θέρους ὄντος—τότε καὶ εἶδον ἐγώ, πρότερον δὲ οὔπω, Θρασύμαχον ἐρυθριῶντα—

b 4 *φημί*] *ναί* Stobaeus b 10 *κακός* A F M Stobaeus : *ἄκακος* D *τε ὁμοίου* A M Stobaeus : *γε ὁμοίου* F : *ἀνομοίου* D c 4 *καὶ* . . . c 5 *καὶ*] *τε καὶ* . . . *τε καὶ* Stobaeus c 7 *ὡμολογοῦμεν* A D M : *ὁμολογοῦμεν* F Stobaeus c 12 *δὴ* F D : *δὲ* A M *πάντα ταῦτα* A D M : *ταῦτα πάντα* F d 2 ante *τότε* dist. F D : post *τότε* dist. A M

或许吧。

但有知识的人是智慧的吗?

我同意[374],〈他说道〉。

而智慧的人是优秀的吗? 350b5

我同意,〈他说道〉。

那么,优秀且智慧的人,他不想胜过与之相似的人,而〈只想胜过〉与之不相似和相反的人。

看起来是这样,他说道。

而拙劣且无知的人,他既想胜过与之相似的人,也想胜过与之相反 350b10
的人。

显然。

因此,特刺绪马科斯啊,我说道,不正义的人在我们眼里岂不〈想要〉胜过与之不相似的以及与之相似的人?或者你不曾这样说?

我肯定这样说过,他说道。 350b15

但正义的人肯定不〈想〉胜过与之相似的人,而〈只想胜过〉与之 350c1
不相似的人?

是的。

因此,我说道,正义的人同智慧的人和优秀的人相像,而不正义的 350c5
人则同拙劣的人和无知的人相像。

有可能。

无疑我们曾同意过[375],两者中的每一个与谁是相似的,各自也就肯定是〈他与之相似的〉这样一种人。

我们确实同意过。

因此,正义的人已经对我们显明为是优秀且智慧的人,而不正义的 350c10
人则是无知且拙劣的人。

于是,特刺绪马科斯虽然同意了所有这些,但并不像我现在说
〈它〉那样轻松,而是被生拉硬拽和非常勉强[376],他一身是汗,多得令 350d1
人惊讶,当然也鉴于刚好是夏天——那时我甚至看到了我以前还从未看到过的,那就是特刺绪马科斯居然脸红了——;但无论如何,当我们

ἐπειδὴ δὲ οὖν διωμολογησάμεθα τὴν δικαιοσύνην ἀρετὴν εἶναι καὶ σοφίαν, τὴν δὲ ἀδικίαν κακίαν τε καὶ ἀμαθίαν, Εἶεν, ἦν δ' ἐγώ, τοῦτο μὲν ἡμῖν οὕτω κείσθω, ἔφαμεν δὲ δὴ καὶ ἰσχυρὸν εἶναι τὴν ἀδικίαν. ἢ οὐ μέμνησαι, ὦ Θρασύμαχε;

Μέμνημαι, ἔφη· ἀλλ' ἔμοιγε οὐδὲ ἃ νῦν λέγεις ἀρέσκει, καὶ ἔχω περὶ αὐτῶν λέγειν. εἰ οὖν λέγοιμι, εὖ οἶδ' ὅτι
e δημηγορεῖν ἄν με φαίης. ἢ οὖν ἔα με εἰπεῖν ὅσα βούλομαι, ἤ, εἰ βούλει ἐρωτᾶν, ἐρώτα· ἐγὼ δέ σοι, ὥσπερ ταῖς γραυσὶν ταῖς τοὺς μύθους λεγούσαις, "εἶεν" ἐρῶ καὶ κατανεύσομαι καὶ ἀνανεύσομαι.

Μηδαμῶς, ἦν δ' ἐγώ, παρά γε τὴν σαυτοῦ δόξαν.

Ὥστε σοί, ἔφη, ἀρέσκειν, ἐπειδήπερ οὐκ ἐᾷς λέγειν. καίτοι τί ἄλλο βούλει;

Οὐδὲν μὰ Δία, ἦν δ' ἐγώ, ἀλλ' εἴπερ τοῦτο ποιήσεις, ποίει· ἐγὼ δὲ ἐρωτήσω.

Ἐρώτα δή.

Τοῦτο τοίνυν ἐρωτῶ, ὅπερ ἄρτι, ἵνα καὶ ἑξῆς διασκεψώ-
351 μεθα τὸν λόγον, ὁποῖόν τι τυγχάνει ὂν δικαιοσύνη πρὸς ἀδικίαν. ἐλέχθη γάρ που ὅτι καὶ δυνατώτερον καὶ ἰσχυρότερον εἴη ἀδικία δικαιοσύνης· νῦν δέ γ', ἔφην, εἴπερ σοφία τε καὶ ἀρετή ἐστιν δικαιοσύνη, ῥᾳδίως οἶμαι φανήσεται καὶ ἰσχυρότερον ἀδικίας, ἐπειδήπερ ἐστὶν ἀμαθία ἡ ἀδικία—οὐδεὶς ἂν ἔτι τοῦτο ἀγνοήσειεν—ἀλλ' οὔ τι οὕτως ἁπλῶς, ὦ Θρασύμαχε, ἔγωγε ἐπιθυμῶ, ἀλλὰ τῇδέ πῃ σκέψασθαι·
b πόλιν φαίης ἂν ἄδικον εἶναι καὶ ἄλλας πόλεις ἐπιχειρεῖν δουλοῦσθαι ἀδίκως καὶ καταδεδουλῶσθαι, πολλὰς δὲ καὶ ὑφ' ἑαυτῇ ἔχειν δουλωσαμένην;

d6 ἡμῖν οὕτω κείσθω A F M Stobaeus: οὕτω κείσθω ἡμῖν D d7 ἰσχυρὸν] ἰσχυρότερον Stobaeus e6 ἐᾷς F D M: ἐᾷσ** A a2 ἐλέχθη A D M f: ἐδείχθη F ὅτι καὶ A D: καὶ ὅτι F a3 ἔφην F: ἔφη A D M a4 τε A F M: om. D a5 ἡ A D M: καὶ ἡ F a7 τῇδέ πῃ σκέψασθαι A M Stobaei S M: τί δ' ἐπισκέψασθαι F: τῇδ' ἐπισκέψασθαι D Stobaei A b2 καὶ καταδεδουλῶσθαι secl. Cobet b3 ἑαυτῇ A D M: ἑαυτὴν F

已经赞同了下面这点之后，那就是，正义既是一种德性，也是一种智
慧，而不正义则既是一种邪恶，也是一种无知，那好，我说道，一方 350d5
面，让我们把这点就这样确定下来，另一方面，我们事实上也曾宣称不
正义是强有力的[377]。或者你已经不记得了，特剌绪马科斯啊？

我记得，他说道；但我无论如何都对你现在所说的那些不感到满
意[378]，并且关于它们我还能够说一说[379]。但如果我真来说一说，那么 350d10
我又很清楚，你会宣称我在向民众发表演说[380]。因此，要么你让我说我 350e1
想说的那么多，要么，如果你想提问，那就请你问吧；而我对你，就像
对那些讲故事的老太婆一样[381]，将说“好吧”，并且我将点头同意，以
及把头往后一仰以示拒绝[382]。

无论如何，我说道，都绝不要违背你自己的想法。 350e5

只是为了让你，他回应道，感到满意〈我才会回答〉，既然你的确不让〈我自己〉说。而你真还在想别的什么吗？

没有，宙斯在上，我说道；但如果你将这样做，那就请你做吧，而我将提问。

那就请你问吧！ 350e10

那好，我其实要问的，也就是刚才〈问过〉的那个问题，以便我们
甚至能够循序仔细考察该说法，那就是正义之于不正义恰好是一种什么 351a1
样的东西[383]。因为下面这点无论如何都曾被说过，那就是，不正义既比
正义是更有能力的，也是更强大的。而现在的情形肯定是，我说，假如
正义真的既是一种智慧，也是一种德性，那么，我认为，它就将很容易 351a5
显得比不正义是更强有力的，既然不正义确实是一种无知——无人会不
再识得这点——，但我决不[384]愿意以如此简单的方式，特剌绪马科斯
啊，而是约莫以下面这种方式来考察〈它〉：你会这样说一个城邦吗， 351b1
那就是，它是不正义的，它试图不正义地奴役其他一些城邦，也已经奴
役了它们，而且通过进行奴役而使〈它们中的〉许多臣服于它自己[385]？

Πῶς γὰρ οὔκ; ἔφη. καὶ τοῦτό γε ἡ ἀρίστη μάλιστα ποιήσει καὶ τελεώτατα οὖσα ἄδικος.

Μανθάνω, ἔφην, ὅτι σὸς οὗτος ἦν ὁ λόγος. ἀλλὰ τόδε περὶ αὐτοῦ σκοπῶ· πότερον ἡ κρείττων γιγνομένη πόλις πόλεως ἄνευ δικαιοσύνης τὴν δύναμιν ταύτην ἕξει, ἢ ἀνάγκη αὐτῇ μετὰ δικαιοσύνης;

c Εἰ μέν, ἔφη, ὡς σὺ ἄρτι ἔλεγες ἔχει—ἡ δικαιοσύνη σοφία—μετὰ δικαιοσύνης· εἰ δ' ὡς ἐγὼ ἔλεγον, μετὰ ἀδικίας.

Πάνυ ἄγαμαι, ἦν δ' ἐγώ, ὦ Θρασύμαχε, ὅτι οὐκ ἐπινεύεις μόνον καὶ ἀνανεύεις, ἀλλὰ καὶ ἀποκρίνῃ πάνυ καλῶς.

Σοὶ γάρ, ἔφη, χαρίζομαι.

Εὖ γε σὺ ποιῶν· ἀλλὰ δὴ καὶ τόδε μοι χάρισαι καὶ λέγε· δοκεῖς ἂν ἢ πόλιν ἢ στρατόπεδον ἢ λῃστὰς ἢ κλέπτας ἢ ἄλλο τι ἔθνος, ὅσα κοινῇ ἐπί τι ἔρχεται ἀδίκως, πρᾶξαι ἄν τι δύνασθαι, εἰ ἀδικοῖεν ἀλλήλους;

d Οὐ δῆτα, ἦ δ' ὅς.

Τί δ' εἰ μὴ ἀδικοῖεν; οὐ μᾶλλον;

Πάνυ γε.

Στάσεις γάρ που, ὦ Θρασύμαχε, ἥ γε ἀδικία καὶ μίση καὶ μάχας ἐν ἀλλήλοις παρέχει, ἡ δὲ δικαιοσύνη ὁμόνοιαν καὶ φιλίαν· ἦ γάρ;

Ἔστω, ἦ δ' ὅς, ἵνα σοι μὴ διαφέρωμαι.

Ἀλλ' εὖ γε σὺ ποιῶν, ὦ ἄριστε. τόδε δέ μοι λέγε· ἆρα εἰ τοῦτο ἔργον ἀδικίας, μῖσος ἐμποιεῖν ὅπου ἂν ἐνῇ, οὐ καὶ ἐν ἐλευθέροις τε καὶ δούλοις ἐγγιγνομένη μισεῖν ποιήσει ἀλλήλους καὶ στασιάζειν καὶ ἀδυνάτους εἶναι κοινῇ μετ' ἀλλήλων πράττειν; e

Πάνυ γε.

b 9 αὐτῇ A D M : αὐτὴν F Stobaeus c 1 ἔχει A F D M Stobaeus : ἔχει ⟨εἰ⟩ ci. Baiter : ἔστιν scr. Ven. 184 c 1 ἡ . . . c 2 σοφία secl. ci. Hartman c 2 σοφία A F D M : σοφίαν Stobaeus : secl. Tucker c 4 πάνυ] πάνυ γε Stobaeus c 7 σὺ F D et in marg. γρ. A : σοι A M d 4 στάσεις A F M : στάσις D Stobaeus d 7 διαφέρωμαι F D : διαφέρωμεν A M d 10 ἐν A F M : om. D

为何不呢？他回应道。其实最优秀的城邦才尤其将这样做，因为它 351b5
最极端地是不正义的[386]。

我明白，我说道，这向来就是你的说法。但关于它我在考察下面这点，那就是：一个城邦，当它变得比另一个城邦更强时，它是无需正义就将拥有这种能力呢，还是说，它必须借助正义〈才拥有这种能力〉？

一方面，如果，他回应道，是如你刚才所说的那样[387]——正义是 351c1
一种智慧——，那么它就得借助正义；另一方面，如果是如我所说的那样[388]，则要借助不正义。

我非常钦佩，我说道，特剌绪马科斯啊，你不仅仅点头表示同意和
把头往后一仰以示拒绝，而且还回答得非常好。 351c5

那是因为，他回应道，我在使你感到满意。

你做得真好[389]！或者干脆[390]也请你在下面这点上使我感到满意，并且请你告诉〈我〉：你认为，或者一个城邦，或者一支军队，或者一帮海盗，或者一伙窃贼，或者其他任何一群共同不正义地追逐某事的
人，他们能够做成某事吗，如果彼此行不义的话？ 351c10

肯定不，他说道。 351d1

如果他们不〈彼此〉行不义的话又如何呢？岂不更〈能够一点〉？

肯定。

因为，特剌绪马科斯啊，不正义无论如何都会在彼此之间引起各种
内讧、各种仇恨，以及各种斗争，而正义则引起一条心和友爱[391]。是这 351d5
样吗？

姑且同意，他说道，为了我不会同你发生分歧。

你也依然做得真好！最好的人啊。然而，请你告诉我下面这点：如
果不正义的这种作用，无论它植根于何处，它都会引起仇恨，那么，无 351d10
论当它出现在那些自由人中间，还是出现在奴隶们中间时[392]，它岂不也
将使他们互相仇恨和内讧，并且不能够彼此共同去行动？ 351e1

当然。

Τί δὲ ἂν ἐν δυοῖν ἐγγένηται; οὐ διοίσονται καὶ μισήσουσιν καὶ ἐχθροὶ ἔσονται ἀλλήλοις τε καὶ τοῖς δικαίοις;

Ἔσονται, ἔφη.

Ἐὰν δὲ δή, ὦ θαυμάσιε, ἐν ἑνὶ ἐγγένηται ἀδικία, μῶν μὴ ἀπολεῖ τὴν αὑτῆς δύναμιν, ἢ οὐδὲν ἧττον ἕξει;

Μηδὲν ἧττον ἐχέτω, ἔφη.

Οὐκοῦν τοιάνδε τινὰ φαίνεται ἔχουσα τὴν δύναμιν, οἵαν, ᾧ ἂν ἐγγένηται, εἴτε πόλει τινὶ εἴτε γένει εἴτε στρατοπέδῳ εἴτε
352 ἄλλῳ ὁτῳοῦν, πρῶτον μὲν ἀδύνατον αὐτὸ ποιεῖν πράττειν μεθ' αὑτοῦ διὰ τὸ στασιάζειν καὶ διαφέρεσθαι, ἔτι δ' ἐχθρὸν εἶναι ἑαυτῷ τε καὶ τῷ ἐναντίῳ παντὶ καὶ τῷ δικαίῳ; οὐχ οὕτως;

Πάνυ γε.

Καὶ ἐν ἑνὶ δὴ οἶμαι ἐνοῦσα ταὐτὰ ταῦτα ποιήσει ἅπερ πέφυκεν ἐργάζεσθαι· πρῶτον μὲν ἀδύνατον αὐτὸν πράττειν ποιήσει στασιάζοντα καὶ οὐχ ὁμονοοῦντα αὐτὸν ἑαυτῷ, ἔπειτα ἐχθρὸν καὶ ἑαυτῷ καὶ τοῖς δικαίοις· ἦ γάρ;

Ναί.

Δίκαιοι δέ γ' εἰσίν, ὦ φίλε, καὶ οἱ θεοί;

Ἔστω, ἔφη.

b Καὶ θεοῖς ἄρα ἐχθρὸς ἔσται ὁ ἄδικος, ὦ Θρασύμαχε, ὁ δὲ δίκαιος φίλος.

Εὐωχοῦ τοῦ λόγου, ἔφη, θαρρῶν· οὐ γὰρ ἔγωγέ σοι ἐναντιώσομαι, ἵνα μὴ τοῖσδε ἀπέχθωμαι.

Ἴθι δή, ἦν δ' ἐγώ, καὶ τὰ λοιπά μοι τῆς ἑστιάσεως ἀποπλήρωσον ἀποκρινόμενος ὥσπερ καὶ νῦν. ὅτι μὲν γὰρ καὶ σοφώτεροι καὶ ἀμείνους καὶ δυνατώτεροι πράττειν οἱ δίκαιοι φαίνονται, οἱ δὲ ἄδικοι οὐδὲ πράττειν μετ' ἀλλήλων οἷοί

e 6 δὲ δή A F M : δέ D e 7 ἧττον F D M et in marg. A : om. A ἕξει A F M : om. D e 9 οἵαν secl. Tucker e 10 ἐγγένηται A D M : ἐγγίγνηται F a 1 ποιεῖν D : ποιεῖ A F M a 5 ταὐτὰ ταῦτα F : ταῦτα πάντα A D M : ταῦτα Stobaeus a 10 δέ γ' A Stobaeus : γ' F D a 11 ἔστω scripsi (cf. 354 a, 5) : ἔστων Hartman : ἔστωσαν A F D M Stobaeus b 1 ὦ Θρασύμαχε, ὁ ἄδικος Stobaeus b 3 ἔγωγε A F M Stobaeus : ἐγώ D b 8 οὐδὲ M : οὐδὲν A F D Stobaeus

如果它出现在两个人那里又如何呢？他们岂不将争吵[393]和〈互相〉仇恨，并且不仅将彼此是敌人，而且对那些正义者来说也是？

他们将是，他说道。 351e5

那么，令人钦佩的人啊，如果不正义出现在一个人那里，它肯定不会丧失它自己的能力吧[394]，或者将丝毫不少地拥有〈该能力〉[395]？

就让它丝毫不少地拥有〈该能力〉，他回应道。

因此，它岂不显得具有这样一种能力：无论它出现在哪里，或者 351e10
在一个城邦那里，或者在一个家族那里，或者在一支军队那里，或者在 352a1
其他任何东西那里，它都首先使得它[396]由于内讧和争吵而不能够自我协调一致地[397]去行事，进而使得它既对它自己，也对所有与之相反的，〈因而〉也对正义者来说都是敌人？难道不是这样吗？

完全如此。

甚至当它是在一个人身上时，我认为它也将做出它生来就会促成的 352a1
同样这些事情来：首先，它将使得他不能够采取行动，因为他在内讧，并且自己同自己不一条心；然后，他既对他自己，也对那些正义者，是敌人。是这样吗？

是。

但无论如何，朋友啊，诸神也是正义的吗？ 352a10

姑且同意，他说道。

那么，甚至对于诸神，不正义的人也将是敌人，特剌绪马科斯啊， 352b1
而正义的人则将是朋友。

请你纵情享受这种说法吧[398]，他说道，尽管放心！因为我肯定不会反驳你，免得我会被这里的这些人所仇恨。

那就来吧！我说道，也请你通过回答而为我上完宴会上剩下的〈美 352b5
味佳肴〉[399]，就像甚至现在[400]〈你就在做的那样〉！〈事情肯定是这样〉，那就是，那些正义的人的确显得是更智慧的和更优秀的[401]，并且是更有能力〈互相一起〉做事的，而那些不正义的人则不能够互相一起做任何

τε—ἀλλὰ δὴ καὶ οὓς φαμεν ἐρρωμένως πώποτέ τι μετ' c
ἀλλήλων κοινῇ πρᾶξαι ἀδίκους ὄντας, τοῦτο οὐ παντάπασιν
ἀληθὲς λέγομεν· οὐ γὰρ ἂν ἀπείχοντο ἀλλήλων κομιδῇ
ὄντες ἄδικοι, ἀλλὰ δῆλον ὅτι ἐνῆν τις αὐτοῖς δικαιοσύνη,
ἣ αὐτοὺς ἐποίει μήτοι καὶ ἀλλήλους γε καὶ ἐφ' οὓς ᾖσαν
ἅμα ἀδικεῖν, δι' ἣν ἔπραξαν ἃ ἔπραξαν, ὥρμησαν δὲ ἐπὶ
τὰ ἄδικα ἀδικίᾳ ἡμιμόχθηροι ὄντες, ἐπεὶ οἵ γε παμπόνηροι
καὶ τελέως ἄδικοι τελέως εἰσὶ καὶ πράττειν ἀδύνατοι—ταῦτα
μὲν οὖν ὅτι οὕτως ἔχει μανθάνω, ἀλλ' οὐχ ὡς σὺ τὸ πρῶτον d
ἐτίθεσο· εἰ δὲ καὶ ἄμεινον ζῶσιν οἱ δίκαιοι τῶν ἀδίκων καὶ
εὐδαιμονέστεροί εἰσιν, ὅπερ τὸ ὕστερον προυθέμεθα σκέψασθαι, σκεπτέον. φαίνονται μὲν οὖν καὶ νῦν, ὥς γέ μοι δοκεῖ, ἐξ ὧν εἰρήκαμεν· ὅμως δ' ἔτι βέλτιον σκεπτέον. οὐ γὰρ περὶ τοῦ ἐπιτυχόντος ὁ λόγος, ἀλλὰ περὶ τοῦ ὅντινα τρόπον χρὴ ζῆν.

Σκόπει δή, ἔφη.

Σκοπῶ, ἦν δ' ἐγώ. καί μοι λέγε· δοκεῖ τί σοι εἶναι ἵππου ἔργον;

Ἔμοιγε. e

Ἆρ' οὖν τοῦτο ἂν θείης καί ἵππου καὶ ἄλλου ὁτουοῦν ἔργον, ὃ ἂν ἢ μόνῳ ἐκείνῳ ποιῇ τις ἢ ἄριστα;

Οὐ μανθάνω, ἔφη.

Ἀλλ' ὧδε· ἔσθ' ὅτῳ ἂν ἄλλῳ ἴδοις ἢ ὀφθαλμοῖς;

Οὐ δῆτα.

Τί δέ; ἀκούσαις ἄλλῳ ἢ ὠσίν;

Οὐδαμῶς.

Οὐκοῦν δικαίως [ἂν] ταῦτα τούτων φαμὲν ἔργα εἶναι;

Πάνυ γε.

Τί δέ; μαχαίρᾳ ἂν ἀμπέλου κλῆμα ἀποτέμοις καὶ σμίλῃ 353
καὶ ἄλλοις πολλοῖς;

c 1 δὴ καὶ οὓς A^2 F M : δικαίους A : καὶ οὓς D Stobaeus c 3 λέγομεν A F M Stobaeus: ἐλέγομεν D ἂν A F M Stobaeus: om. D c 6 ἅμα ἀδικεῖν] ἀδικεῖν ἅμα Stobaeus d 1 ὅτι A F M Stobaeus : om. D d 4 ὥς γέ μοι A^2 D M : ὥστέμοι A : ὥστε μοι F d 5 δὲ ἔτι F δέ τι A D M e 4 ἔφη] om. Stobaeus e 9 ἂν secl. Adam ⟨olim⟩ φαμὲν A F D M Stobaeus: φαῖμεν Stephanus a 1 ἂν F Stobaeus: om. A D M

事[402]——但的确有一些人，我们甚至声称他们也曾有力地互相一起共 352c1
同做了某件事，即使他们是不正义的，对此我们说得并不完全正确；因为他们不可能彼此对自己有所克制，如果他们全然是不正义的话，而
显然在他们身上有着某种正义，〈一则〉它至少使得他们绝不会同时既 352c5
互相行不义，又对他们前去〈攻击〉的那些人[403]行不义，〈一则〉正由于它他们才做了他们所做的那些事情；而他们急于去做那些不正义的事情，只是由于他们因不正义而是半邪恶的，既然那些完全邪恶的人和极
端不正义的人甚至是一些极端没有能力做事的人——，事情肯定就是这 352d1
样，这我明白，而不是如你起初所确定的那样。但那些正义的人是否比那些不正义的人生活得更好以及是更为幸福的，这恰恰就是我们曾提出以后进行考察的那件事[404]，〈现在〉必须加以考察。甚至现在，他们无
疑就显得〈是那样〉[405]，至少在我看来，基于已经说过的那些。然而， 352d5
这仍然必须得更好地加以考察。因为该说法所关乎的不是任何随随便便的事情[406]，而是关乎〈一个人〉究竟应当以何种方式进行生活[407]。

那就请你进行考察吧，他说道。

我会考察，我说道。也请你告诉我：你认为有某种功能是属于马的吗？

我肯定认为有。 352e1

那么，你会把马的这种功能或其他任何东西的功能设定为这样一种东西吗，即一个人只能用它来做事或最好地做事？

我没懂，他回应道。

那么这样：除了双眼之外，有着任何其他你能用之来看的东西吗？ 352e5

肯定没有。

然后呢？除了双耳之外，你能用任何其他东西来听吗？

绝不。

那么，我们岂不正当地说[408]这些就是这些东西的功能？

当然。 352e10

然后呢？你能用一把大刀切葡萄的枝条吗，或者用一把刻刀，甚或 353a1
用其他许多的东西？

Πῶς γὰρ οὔ;

Ἀλλ' οὐδενί γ' ἂν οἶμαι οὕτω καλῶς ὡς δρεπάνῳ τῷ ἐπὶ τούτῳ ἐργασθέντι.

Ἀληθῆ.

Ἆρ' οὖν οὐ τοῦτο τούτου ἔργον θήσομεν;

Θήσομεν μὲν οὖν.

Νῦν δὴ οἶμαι ἄμεινον ἂν μάθοις ὃ ἄρτι ἠρώτων, πυνθανόμενος εἰ οὐ τοῦτο ἑκάστου εἴη ἔργον ὃ ἂν ἢ μόνον τι ἢ κάλλιστα τῶν ἄλλων ἀπεργάζηται.

Ἀλλά, ἔφη, μανθάνω τε καί μοι δοκεῖ τοῦτο ἑκάστου
b πράγματος ἔργον εἶναι.

Εἶεν, ἦν δ' ἐγώ. οὐκοῦν καὶ ἀρετὴ δοκεῖ σοι εἶναι ἑκάστῳ ᾧπερ καὶ ἔργον τι προστέτακται; ἴωμεν δὲ ἐπὶ τὰ αὐτὰ πάλιν· ὀφθαλμῶν, φαμέν, ἔστι τι ἔργον;

Ἔστιν.

Ἆρ' οὖν καὶ ἀρετὴ ὀφθαλμῶν ἔστιν;

Καὶ ἀρετή.

Τί δέ; ὤτων ἦν τι ἔργον;

Ναί.

Οὐκοῦν καὶ ἀρετή;

Καὶ ἀρετή.

Τί δὲ πάντων πέρι τῶν ἄλλων; οὐχ οὕτω;

Οὕτω.

Ἔχε δή· ἆρ' ἄν ποτε ὄμματα τὸ αὑτῶν ἔργον καλῶς
c ἀπεργάσαιντο μὴ ἔχοντα τὴν αὑτῶν οἰκείαν ἀρετήν, ἀλλ' ἀντὶ τῆς ἀρετῆς κακίαν;

Καὶ πῶς ἄν; ἔφη· τυφλότητα γὰρ ἴσως λέγεις ἀντὶ τῆς ὄψεως.

Ἥτις, ἦν δ' ἐγώ, αὐτῶν ἡ ἀρετή· οὐ γάρ πω τοῦτο

a 5 τούτῳ F Stobaeus : τοῦτο A D M a 8 μὲν A F M : om. D a 9 ὃ A F M : ὅτι D b 4 φαμέν] μέν Stobaeus ἔστι τι F Stobaeus : ἔστιν A D M b 5 ἔστιν . . . b 8 ἔργον A F M Stobaeus : om. D c 1 ἀπεργάσαιντο A F D M Stobaeus : ἀπεργάσαιτο ci. Heindorf

为何不呢?

但至少我认为，用任何其他的东西都不如用一把修枝刀好，它就是 353a5
为此而被制作出来的?

正确。

那么，我们将把这确定为这种东西的一种功能吗?

我们肯定将确定。

因此，我现在认为你会更好地理解我刚才所问的，当我想了解，是 353a10
否这就是每个事物的功能，那就是，唯有它[409]能够做成或者同其他事物相比最好地做成〈相关事情〉?

当然，他回应道，我不仅理解了，而且我认为这就是每个事物的 353b1
功能。

那好，我说道。那么，你也认为，对每个事物而言，某种功能被指派给了它，它也就有了一种〈相应的〉德性?但让我们再次回到那些同样的事情[410]：眼睛，我们说某种功能是属于它们的吗?

是。 353b5

那么，一种德性也是属于眼睛的?

一种德性也是。

然后呢?一种功能向来是属于耳朵的吗?

是的。

岂不一种德性〈也是属于耳朵的〉? 353b10

一种德性也是。

关于其他所有事物又如何呢?岂不也如此?

如此。

现在请停一下[411]！眼睛曾能够漂亮地履行它们自己的功能吗，如 353c1
果它们不具有它们自己固有的德性，而是用一种恶劣取代德性的话?

那怎么会可能呢?他回应道；其实你或许在说，用瞎盲取代了视力。

无论，我说道，它们的德性是什么；因为我尚未询问这点，而是 353c5

ἐρωτῶ, ἀλλ' εἰ τῇ οἰκείᾳ μὲν ἀρετῇ τὸ αὑτῶν ἔργον εὖ ἐργάσεται τὰ ἐργαζόμενα, κακίᾳ δὲ κακῶς.

'Αληθές, ἔφη, τοῦτό γε λέγεις.

Οὐκοῦν καὶ ὦτα στερόμενα τῆς αὑτῶν ἀρετῆς κακῶς τὸ αὑτῶν ἔργον ἀπεργάσεται;

Πάνυ γε.

Τίθεμεν οὖν καὶ τἆλλα πάντα εἰς τὸν αὐτὸν λόγον; d

Ἔμοιγε δοκεῖ.

Ἴθι δή, μετὰ ταῦτα τόδε σκέψαι. ψυχῆς ἔστιν τι ἔργον ὃ ἄλλῳ τῶν ὄντων οὐδ' ἂν ἑνὶ πράξαις, οἷον τὸ τοιόνδε· τὸ ἐπιμελεῖσθαι καὶ ἄρχειν καὶ βουλεύεσθαι καὶ τὰ τοιαῦτα πάντα, ἔσθ' ὅτῳ ἄλλῳ ἢ ψυχῇ δικαίως ἂν αὐτὰ ἀποδοῖμεν καὶ φαῖμεν ἴδια ἐκείνης εἶναι;

Οὐδενὶ ἄλλῳ.

Τί δ' αὖ τὸ ζῆν; οὐ ψυχῆς φήσομεν ἔργον εἶναι;

Μάλιστά γ', ἔφη.

Οὐκοῦν καὶ ἀρετήν φαμέν τινα ψυχῆς εἶναι;

Φαμέν.

Ἆρ' οὖν ποτε, ὦ Θρασύμαχε, ψυχὴ τὰ αὑτῆς ἔργα εὖ e ἀπεργάσεται στερομένη τῆς οἰκείας ἀρετῆς, ἢ ἀδύνατον;

'Αδύνατον.

'Ανάγκη ἄρα κακῇ ψυχῇ κακῶς ἄρχειν καὶ ἐπιμελεῖσθαι, τῇ δὲ ἀγαθῇ πάντα ταῦτα εὖ πράττειν.

'Ανάγκη.

Οὐκοῦν ἀρετήν γε συνεχωρήσαμεν ψυχῆς εἶναι δικαιοσύνην, κακίαν δὲ ἀδικίαν;

Συνεχωρήσαμεν γάρ.

Ἡ μὲν ἄρα δικαία ψυχὴ καὶ ὁ δίκαιος ἀνὴρ εὖ βιώσεται, κακῶς δὲ ὁ ἄδικος.

c 6 μὲν om. Stobaeus   c 8 γε A D M : om. F Stobaeus   d 1 αὐτὸν A D M : αὐτὸν τοῦτον F Stobaeus   d 4 πράξαις] πράξαιο A[2]   d 5 βουλεύεσθαι] τὸ βουλεύεσθαι Stobaeus   d 7 φαῖμεν A D M : φαμὲν F Stobaeus   ἐκείνης A F D M Stobaeus : ἐκείνου al. : secl. Madvig   d 9 οὐ F Stobaeus : om. A D M   φήσομεν ἔργον A D M : ἔργον φήσομεν F Stobaeus   e 7 γε A D M : τε F : μὲν Stobaeus

〈在问〉，是否凭借其固有的德性，它们的功能将很好地做成那些被〈它们〉做的事情，而凭借恶劣，则做得很坏。

肯定正确，他说道，你这样说。

那么，双耳，当它们丧失了它们自己的德性[412]，它们岂不将很坏地 353c10
履行它们自己的功能？

肯定。

那我们也把其他所有事物指派给这同样的说法吗[413]？ 353d1

至少在我看来可以。

那就来吧！此后让我们考察下面这点。某种功能是属于灵魂的吗，你不可能用诸是者中的其他任何一个来达成它，诸如下面这样的功能：
关心[414]、统治和出谋划策[415]，以及诸如此类的所有事情；还有任何其 353d5
他〈可托付的〉事物吗，还是说我们〈只〉能够正当地把它们托付给灵魂，并且宣称它们是其固有的东西[416]？

没有任何其他事物。

此外，活着又如何呢？我们岂不将说它也是灵魂的一种功能？

尤其如此，他说道。 353d10

那么，我们岂不宣称某种德性是属于灵魂的？

我们宣称。

因此，特剌绪马科斯啊，一个灵魂竟然将很好地履行它自己的各种 353e1
功能吗，如果它丧失了其固有的德性的话，抑或不可能？

不可能。

那么，一个坏的灵魂必然很坏地进行统治和关心，而好的灵魂则必 353e5
然很好地做所有这些事情。

必然。

我们岂不已经同意过[417]，正义是灵魂的一种德性，而不正义则是它的一种邪恶？

我们确实同意过。

因此，正义的灵魂和正义的人将活得好，而不正义的人则将活得坏。 353e10

Φαίνεται, ἔφη, κατὰ τὸν σὸν λόγον.

354 Ἀλλὰ μὴν ὅ γε εὖ ζῶν μακάριός τε καὶ εὐδαίμων, ὁ δὲ μὴ τἀναντία.

Πῶς γὰρ οὔ;

Ὁ μὲν δίκαιος ἄρα εὐδαίμων, ὁ δ' ἄδικος ἄθλιος.

Ἔστω, ἔφη.

Ἀλλὰ μὴν ἄθλιόν γε εἶναι οὐ λυσιτελεῖ, εὐδαίμονα δέ.

Πῶς γὰρ οὔ;

Οὐδέποτ' ἄρα, ὦ μακάριε Θρασύμαχε, λυσιτελέστερον ἀδικία δικαιοσύνης.

Ταῦτα δή σοι, ἔφη, ὦ Σώκρατες, εἱστιάσθω ἐν τοῖς Βενδιδίοις.

Ὑπὸ σοῦ γε, ἦν δ' ἐγώ, ὦ Θρασύμαχε, ἐπειδή μοι πρᾶος ἐγένου καὶ χαλεπαίνων ἐπαύσω. οὐ μέντοι καλῶς γε
b εἱστίαμαι, δι' ἐμαυτὸν ἀλλ' οὐ διὰ σέ· ἀλλ' ὥσπερ οἱ λίχνοι τοῦ ἀεὶ παραφερομένου ἀπογεύονται ἁρπάζοντες, πρὶν τοῦ προτέρου μετρίως ἀπολαῦσαι, καὶ ἐγώ μοι δοκῶ οὕτω, πρὶν ὃ τὸ πρῶτον ἐσκοποῦμεν εὑρεῖν, τὸ δίκαιον ὅτι ποτ' ἐστίν, ἀφέμενος ἐκείνου ὁρμῆσαι ἐπὶ τὸ σκέψασθαι περὶ αὐτοῦ εἴτε κακία ἐστὶν καὶ ἀμαθία, εἴτε σοφία καὶ ἀρετή, καὶ ἐμπεσόντος αὖ ὕστερον λόγου, ὅτι λυσιτελέστερον ἡ ἀδικία τῆς δικαιοσύνης, οὐκ ἀπεσχόμην τὸ μὴ οὐκ ἐπὶ τοῦτο ἐλθεῖν ἀπ' ἐκείνου, ὥστε μοι νυνὶ γέγονεν ἐκ τοῦ διαλόγου μηδὲν
c εἰδέναι· ὁπότε γὰρ τὸ δίκαιον μὴ οἶδα ὅ ἐστιν, σχολῇ εἴσομαι εἴτε ἀρετή τις οὖσα τυγχάνει εἴτε καὶ οὔ, καὶ πότερον ὁ ἔχων αὐτὸ οὐκ εὐδαίμων ἐστὶν ἢ εὐδαίμων.

a 4 ἄδικος om. Stobaeus a 5 ἔστω Stobaeus: ἔστων Hartman: ἔστωσαν A F D M a 6 οὐ λυσιτελεῖ εἶναι Stobaeus a 8 ἄρα A F M Stobaeus: om. D a 11 βενδιδίοις A D Proclus: βενδικίοις F (suprascr. δεί): βενδιδείοις vulg. a 13 καλῶς] ἱκανῶς ci. Stallbaum b 3 ἐγώ μοι Θ: ἐγωι*** pr. F: ἐγῶμαι A D M

显然，他回应道，按照你的说法。

而活得美好的人无疑是受祝福的和幸福的，而活得不美好的人则 354a1
相反[418]。

为何不呢？

因此，正义的人是幸福的，而不正义的人则是可怜的。

姑且同意，他说道。 354a5

而是可怜的，这肯定是无益的；但是幸福的，这则〈是有益的〉。

那还用说？

所以，有福的特剌绪马科斯啊，不正义肯定从不会比正义是更有益的。

那么，就让这些对你，他说道，苏格拉底啊，成为在本狄丝节上[419] 354a10
的盛宴吧[420]。

肯定是由于你〈我才得以享用这些〉，我说道，特剌绪马科斯啊，
既然你已经对我变得温柔和不再那么严苛[421]。然而，我其实并没有很好
地享用，但那是由于我自己的缘故，而不是由于你的缘故。而就像那些 354b1
贪吃的人，任何时候什么被端上桌[422]，他们就急不可耐地进行品尝[423]，
在充分地[424]享用前面〈被端上桌的那道菜〉之前，我认为我其实也就
是那样；在发现我们首先考察的那种东西之前，即正义的事情究竟是什
么，我就放弃那种〈考察〉[425]而急于前去围绕它考虑，它是一种邪恶和 354b5
无知呢，还是一种智慧和德性，并且后来一场讨论复又撞了进来，那就
是不正义〈是否〉比正义是更有益的，而我没有克制住自己，〈于是又〉
从那个〈话题〉离开而前往了这个〈话题〉[426]，以至于此时此刻对我来
说出现的结果是，从讨论中一无所知。因为，当我尚不知道正义的事情 354c1
是什么时，我也就将几乎无法[427]知道[428]它恰好是一种德性呢，或者事
实上不是，以及那拥有它的人是不幸福的呢，抑或是幸福[429]。

B II.

St. p

Ἐγὼ μὲν οὖν ταῦτα εἰπὼν ᾤμην λόγου ἀπηλλάχθαι· τὸ 357 a
δ' ἦν ἄρα, ὡς ἔοικε, προοίμιον. ὁ γὰρ Γλαύκων ἀεί τε δὴ ἀνδρειότατος ὢν τυγχάνει πρὸς ἅπαντα, καὶ δὴ καὶ τότε τοῦ Θρασυμάχου τὴν ἀπόρρησιν οὐκ ἀπεδέξατο, ἀλλ' ἔφη· Ὦ Σώκρατες, πότερον ἡμᾶς βούλει δοκεῖν πεπεικέναι ἢ ὡς
ἀληθῶς πεῖσαι ὅτι παντὶ τρόπῳ ἄμεινόν ἐστιν δίκαιον εἶναι b
ἢ ἄδικον;

Ὡς ἀληθῶς, εἶπον, ἔγωγ' ἂν ἑλοίμην, εἰ ἐπ' ἐμοὶ εἴη.

Οὐ τοίνυν, ἔφη, ποιεῖς ὃ βούλει. λέγε γάρ μοι· ἆρά σοι δοκεῖ τοιόνδε τι εἶναι ἀγαθόν, ὃ δεξαίμεθ' ἂν ἔχειν οὐ τῶν ἀποβαινόντων ἐφιέμενοι, ἀλλ' αὐτὸ αὑτοῦ ἕνεκα ἀσπαζόμενοι, οἷον τὸ χαίρειν καὶ αἱ ἡδοναὶ ὅσαι ἀβλαβεῖς καὶ μηδὲν εἰς τὸν ἔπειτα χρόνον διὰ ταύτας γίγνεται ἄλλο ἢ χαίρειν ἔχοντα;

Ἔμοιγε, ἦν δ' ἐγώ, δοκεῖ τι εἶναι τοιοῦτον.

Τί δέ; ὃ αὐτό τε αὑτοῦ χάριν ἀγαπῶμεν καὶ τῶν ἀπ' c
αὐτοῦ γιγνομένων, οἷον αὖ τὸ φρονεῖν καὶ τὸ ὁρᾶν καὶ τὸ ὑγιαίνειν; τὰ γὰρ τοιαῦτά που δι' ἀμφότερα ἀσπαζόμεθα.

Ναί, εἶπον.

Τρίτον δὲ ὁρᾷς τι, ἔφη, εἶδος ἀγαθοῦ, ἐν ᾧ τὸ γυμνάζεσθαι καὶ τὸ κάμνοντα ἰατρεύεσθαι καὶ ἰάτρευσίς τε καὶ ὁ ἄλλος χρηματισμός; ταῦτα γὰρ ἐπίπονα φαῖμεν ἄν, ὠφελεῖν δὲ ἡμᾶς, καὶ αὐτὰ μὲν ἑαυτῶν ἕνεκα οὐκ ἂν δεξαίμεθα ἔχειν,
τῶν δὲ μισθῶν τε χάριν καὶ τῶν ἄλλων ὅσα γίγνεται ἀπ' d
αὐτῶν.

a 2 τε δὴ F : τε A D M   b 7 καὶ μηδὲν A D M : εἰ καὶ μηδὲν F
b 8 διὰ ταύτας A D : δι' αὐτὰς F   γίγνεται ἄλλο A D M : ἄλλο γίγνεται F
b 9 τι A D M : om. F   c 4 εἶπον A D M (sed ο in ras. A) : εἶπε F
c 7 φαῖμεν A D (sed ι ex μ A) : φαμὲν F   d 1 τε A D M : om. F

卷二

因此，当我说了这些之后，虽然我以为我已经从一场讨论中摆脱了 357a1
出来，但事实上，如看起来的那样，那〈仅仅〉是一个开场白而已。因为，格劳孔确实在任何时候、在每一事情上都恰好是最为勇敢的，当然
在那时，他也就不会接受特剌绪马科斯的打退堂鼓[430]，而是说道：苏格 357a5
拉底啊，〈就下面这点〉你只是想看起来已经说服了我们呢，还是想真
正说服我们，那就是：在所有的方式上，是正义的，都比是不正义的， 357b1
是更好的？

我说道，我肯定会选择真正〈说服你们〉，如果于我是可能的话[431]。

那么，他说道，你其实并没有做你所想的。因为，请你告诉我：在
你看来，有着这样一种善的东西吗[432]，我们选择拥有它，不是因为我们 357b5
以它所导致的各种结果为目的[433]，而是为了它自身的缘故我们才拥抱它，例如，感到高兴，以及所有那些无害的快乐——甚至在往后的时日也没有任何东西由于它们而产生出来，除了因拥有〈它们〉而感到高兴之外——？

至少在我看来，我说道，有着这样一种东西。

然后呢？〈有着这样一种善的〉东西吗，我们既为了它自身的缘 357c1
故[434]，也为了从它那里产生的各种结果而珍爱它，复又例如，具有明智[435]，看[436]，以及是健康的？因为我们肯定基于两方面的理由而拥抱诸如此类的东西。

是的，我说道。

而你也看到了善的东西的某一第三种形式吗[437]，于其中有进行体育 357c5
锻炼、患病了接受治疗，行医以及其他的赚钱营生？因为这些事情，我们会说它们都是辛苦的，只不过对我们有益；并且，一方面，我们不会
为了它们自身的缘故而选择拥有它们，另一方面，则会为了各种酬报以 357d1
及其他所有那些从它们那里产生的东西的缘故而〈选择拥有它们〉。

Ἔστιν γὰρ οὖν, ἔφην, καὶ τοῦτο τρίτον. ἀλλὰ τί δή;

Ἐν ποίῳ, ἔφη, τούτων τὴν δικαιοσύνην τιθεῖς;

358 Ἐγὼ μὲν οἶμαι, ἦν δ' ἐγώ, ἐν τῷ καλλίστῳ, ὃ καὶ δι' αὑτὸ καὶ διὰ τὰ γιγνόμενα ἀπ' αὐτοῦ ἀγαπητέον τῷ μέλλοντι μακαρίῳ ἔσεσθαι.

Οὐ τοίνυν δοκεῖ, ἔφη, τοῖς πολλοῖς, ἀλλὰ τοῦ ἐπιπόνου εἴδους, ὃ μισθῶν θ' ἕνεκα καὶ εὐδοκιμήσεων διὰ δόξαν ἐπιτηδευτέον, αὐτὸ δὲ δι' αὑτὸ φευκτέον ὡς ὂν χαλεπόν.

Οἶδα, ἦν δ' ἐγώ, ὅτι δοκεῖ οὕτω καὶ πάλαι ὑπὸ Θρασυμάχου ὡς τοιοῦτον ὂν ψέγεται, ἀδικία δ' ἐπαινεῖται· ἀλλ' ἐγώ τις, ὡς ἔοικε, δυσμαθής.

b Ἴθι δή, ἔφη, ἄκουσον καὶ ἐμοῦ, ἐάν σοι ἔτι ταὐτὰ δοκῇ. Θρασύμαχος γάρ μοι φαίνεται πρῳαίτερον τοῦ δέοντος ὑπὸ σοῦ ὥσπερ ὄφις κηληθῆναι, ἐμοὶ δὲ οὔπω κατὰ νοῦν ἡ ἀπόδειξις γέγονεν περὶ ἑκατέρου· ἐπιθυμῶ γὰρ ἀκοῦσαι τί τ' ἔστιν ἑκάτερον καὶ τίνα ἔχει δύναμιν αὐτὸ καθ' αὑτὸ ἐνὸν ἐν τῇ ψυχῇ, τοὺς δὲ μισθοὺς καὶ τὰ γιγνόμενα ἀπ' αὐτῶν ἐᾶσαι χαίρειν. οὑτωσὶ οὖν ποιήσω, ἐὰν καὶ σοὶ δοκῇ· ἐπανανεώ-
c σομαι τὸν Θρασυμάχου λόγον, καὶ πρῶτον μὲν ἐρῶ δικαιοσύνην οἷον εἶναί φασιν καὶ ὅθεν γεγονέναι, δεύτερον δὲ ὅτι πάντες αὐτὸ οἱ ἐπιτηδεύοντες ἄκοντες ἐπιτηδεύουσιν ὡς ἀναγκαῖον ἀλλ' οὐχ ὡς ἀγαθόν, τρίτον δὲ ὅτι εἰκότως αὐτὸ δρῶσι· πολὺ γὰρ ἀμείνων ἄρα ὁ τοῦ ἀδίκου ἢ ὁ τοῦ δικαίου βίος, ὡς λέγουσιν. ἐπεὶ ἔμοιγε, ὦ Σώκρατες, οὔ τι δοκεῖ οὕτως· ἀπορῶ μέντοι διατεθρυλημένος τὰ ὦτα ἀκούων Θρασυμάχου καὶ μυρίων ἄλλων, τὸν δὲ ὑπὲρ τῆς δικαιοσύνης λόγον, ὡς
d ἄμεινον ἀδικίας, οὐδενός πω ἀκήκοα ὡς βούλομαι—βούλομαι δὲ αὐτὸ καθ' αὑτὸ ἐγκωμιαζόμενον ἀκοῦσαι—μάλιστα δ' οἶμαι ἂν σοῦ πυθέσθαι. διὸ κατατείνας ἐρῶ τὸν ἄδικον βίον ἐπαινῶν, εἰπὼν δὲ ἐνδείξομαί σοι ὃν τρόπον αὖ βούλομαι

a 4 δοκεῖ ἔφη A D M : ἔφη δοκεῖ F a 5 θ' A D M : τε F
a 8 ἀδικία δ' ἐπαινεῖται F D M : om. A a 9 ὡς A D M : om. F
b 1 ἔτι F : om. A D M ταὐτὰ δοκῇ A : ταῦτα δοκῇ D : δοκῇ ταὐτά F

是的，无疑[438]也有，我回应道，这第三种形式。但接下来又如何呢？

你把正义，他说道，置于这〈三种〉形式的哪一个中呢？

我肯定认为，我回应道，在最美好的〈那种形式〉中，它既由于它 358a1
自身，也由于从它那里产生的各种结果而必定被一个人所珍爱，如果他
打算将是幸福的话。

许多人[439]无疑认为不是这样，他说道，而〈认为正义〉属于那种
辛苦的形式，它是为了酬报以及好名声的缘故由于〈大众的〉意见才必 358a5
须被汲汲从事[440]，而就它自身来说，则应当被逃避，因为它是艰难的。

我知道，我回应说，〈在许多人〉看来就是这样，并且刚才〈正义〉
就由于是如此这般的东西而被特刺绪马科斯指责过，而不正义则被他称
赞。而我约莫[441]，如看起来的那样，是一个不敏于学的人[442]。

那就来吧！他说道，也请你听我〈来讲一讲〉，〈看看〉是否你仍 358b1
然持有〈和我〉一样的看法。因为，特剌绪马科斯，就像一条蛇似的，
对我显得比应然更早地[443]被你迷惑住了；而关于〈正义和不正义〉这
两方中的每一方的证明，尚未变得合我心意[444]。因为，我渴望听听它
们各自究竟是什么，以及各自独自在其自身地[445]具有何种能力——当 358b5
它们内在于灵魂中时——，而不理会[446]〈它们的〉各种酬报和从它们
那里产生出来的各种结果。因此，我将像下面这样做，如果在你看来
也合适的话，那就是：我将重演特剌绪马科斯的说法，并且首先我将说 358c1
说，人们宣称正义是一种什么样的东西，以及它从何处产生出来了；其
次，〈我将说〉所有那些汲汲从事它的人，全都是心不甘情不愿地在汲
汲从事它，将之作为一种必然的东西，而不是作为一种善的东西；第
三，〈我将说〉他们在合情合理地做这件事，因为不正义的人的生活毕 358c5
竟比正义的人的生活要好得多，就像他们所说的那样。由于至少在我看
来，苏格拉底啊，绝非如此，因而我的确感到走投无路[447]，一方面，的
确由于听特剌绪马科斯以及成千上万的其他人〈所说的〉而使得双耳已
经被说得变聋了[448]，另一方面，代表正义的那种说法[449]，即它比不正 358d1
义是更好的，我尚未如我所希望的那样从任何人那里听说过——我希望
听到它独自在其自身地被颂扬——，而我认为我最有可能从你这里了解
到这点。因此，我将竭尽全力地来说一说[450]不正义的生活，通过赞美

καὶ σοῦ ἀκούειν ἀδικίαν μὲν ψέγοντος, δικαιοσύνην δὲ ἐπαι-
νοῦντος. ἀλλ' ὅρα εἴ σοι βουλομένῳ ἃ λέγω.

Πάντων μάλιστα, ἦν δ' ἐγώ· περὶ γὰρ τίνος ἂν μᾶλλον
πολλάκις τις νοῦν ἔχων χαίροι λέγων καὶ ἀκούων;

Κάλλιστα, ἔφη, λέγεις· καὶ ὃ πρῶτον ἔφην ἐρεῖν, περὶ e
τούτου ἄκουε, τί ὄν τε καὶ ὅθεν γέγονε δικαιοσύνη.

Πεφυκέναι γὰρ δή φασιν τὸ μὲν ἀδικεῖν ἀγαθόν, τὸ δὲ
ἀδικεῖσθαι κακόν, πλέονι δὲ κακῷ ὑπερβάλλειν τὸ ἀδικεῖσθαι
ἢ ἀγαθῷ τὸ ἀδικεῖν, ὥστ' ἐπειδὰν ἀλλήλους ἀδικῶσί τε καὶ
ἀδικῶνται καὶ ἀμφοτέρων γεύωνται, τοῖς μὴ δυναμένοις τὸ
μὲν ἐκφεύγειν τὸ δὲ αἱρεῖν δοκεῖ λυσιτελεῖν συνθέσθαι 359
ἀλλήλοις μήτ' ἀδικεῖν μήτ' ἀδικεῖσθαι· καὶ ἐντεῦθεν δὴ
ἄρξασθαι νόμους τίθεσθαι καὶ συνθήκας αὑτῶν, καὶ ὀνομάσαι
τὸ ὑπὸ τοῦ νόμου ἐπίταγμα νόμιμόν τε καὶ δίκαιον· καὶ εἶναι
δὴ ταύτην γένεσίν τε καὶ οὐσίαν δικαιοσύνης, μεταξὺ οὖσαν
τοῦ μὲν ἀρίστου ὄντος, ἐὰν ἀδικῶν μὴ διδῷ δίκην, τοῦ δὲ
κακίστου, ἐὰν ἀδικούμενος τιμωρεῖσθαι ἀδύνατος ᾖ· τὸ δὲ
δίκαιον ἐν μέσῳ ὂν τούτων ἀμφοτέρων ἀγαπᾶσθαι οὐχ ὡς
ἀγαθόν, ἀλλ' ὡς ἀρρωστίᾳ τοῦ ἀδικεῖν τιμώμενον· ἐπεὶ τὸν b
δυνάμενον αὐτὸ ποιεῖν καὶ ὡς ἀληθῶς ἄνδρα οὐδ' ἂν ἑνί ποτε
συνθέσθαι τὸ μήτε ἀδικεῖν μήτε ἀδικεῖσθαι· μαίνεσθαι γὰρ
ἄν. ἡ μὲν οὖν δὴ φύσις δικαιοσύνης, ὦ Σώκρατες, αὕτη τε
καὶ τοιαύτη, καὶ ἐξ ὧν πέφυκε τοιαῦτα, ὡς ὁ λόγος.

Ὡς δὲ καὶ οἱ ἐπιτηδεύοντες ἀδυναμίᾳ τοῦ ἀδικεῖν ἄκοντες
αὐτὸ ἐπιτηδεύουσι, μάλιστ' ἂν αἰσθοίμεθα, εἰ τοιόνδε ποιή-
σαιμεν τῇ διανοίᾳ· δόντες ἐξουσίαν ἑκατέρῳ ποιεῖν ὅτι ἂν c
βούληται, τῷ τε δικαίῳ καὶ τῷ ἀδίκῳ, εἶτ' ἐπακολουθήσαιμεν
θεώμενοι ποῖ ἡ ἐπιθυμία ἑκάτερον ἄξει. ἐπ' αὐτοφώρῳ οὖν
λάβοιμεν ἂν τὸν δίκαιον τῷ ἀδίκῳ εἰς ταὐτὸν ἰόντα διὰ τὴν
πλεονεξίαν, ὃ πᾶσα φύσις διώκειν πέφυκεν ὡς ἀγαθόν, νόμῳ

d 5 ἀκούειν A D M : ἀκοῦσαι F e 2 τί ὄν τε A M : οἷόν τε F : τί οἷόν τε D : τί οἴονται scr. Mon. : οἷόν τέ τι ci. Adam e 4 πλέονι A F : πλέον D M a 1 ξυνθέσθαι A D : τὸ συντίθεσθαι F a 3 νόμους A D M : νόμους τε F c 3 ποῖ A D M : ὅποι F c 4 διὰ A D M : ἐπὶ F c 5 ἀγαθόν A D M : ἀγαθὸν ὄν F νόμῳ A D M : νόμου F

它，而在说的时候，我将向你指出我如何[451]复又希望听到你谴责不正义，而赞美正义。但请你看看，我所说的是否是你所希望的。 358d5

毫无疑问[452]，我回应道；因为，还有其他任何东西吗，关于它，一个有理智的人竟然会更为经常乐意去说和听？

你说得非常好，他说道。而我〈刚才〉说我首先将说的那点，对之请 358e1
你听听，即正义有可能是一种什么样的东西，以及它从何处产生出来了[453]。

人们说，一方面，行不义显然生来就是好的，另一方面，被行不义[454]
则是坏的，但是，被行不义所带来的坏，远远超过了行不义所带来的 358e5
好，因此，当人们既互相行不义，又互相被行不义，并且品尝了两者的
滋味之后[455]，那些没有能力躲开〈被行不义〉而选择〈行不义〉的人， 359a1
就认为下面这样〈对他们〉是有利的，那就是，彼此同意既不互相行不义，也不互相被行不义。而从此以后[456]，他们才既开始制定各种法律和彼此之间的各种协约[457]，又把被法律〈所确立起来的〉规定称作是合法
的和正义的。而这其实才是正义的起源和所是；它处在〈下面两种极端 359a5
情况的〉中间，一种情况是最好的，那就是，一个人即使行了不义他也不受惩罚，另一种情况则是最坏的，那就是，一个人即使被行了不义他也没有能力进行报复。而正义的事情，由于处在这两种〈极端〉情况的
中间，它被珍爱，并非因为它是一种好的东西，而是因为它是一种由于 359b1
无力行不义[458]而被推崇的东西；既然那有能力做它的人，以及一位真正的男子汉，他从不会同任何人达成一种协议，那就是，既不行不义，也不被行不义。因为〈那样的话〉他会在发疯。因此，正义之本性，苏
格拉底啊，其实就是这和这样的，并且它生来就源自于这样一些事情， 359b5
就像该说法〈所说的〉那样[459]。

其实那些致力于〈它〉的人，乃是由于没有能力行不义才心不甘情不愿地致力于它[460]，我们尤其能够注意到这点，如果我们有意如下面这
样做的话，那就是：赋予两者中的每一个——既赋予正义的人，也赋予 359c1
不正义的人——，做他想做的任何事情的一种权力，然后我们就能够进行追踪，以便看看欲望将把他们各自带往何处。于是，我们会当场[461]逮住那个正义的人，〈发现〉他和那个不正义的人走上了同样的路，由
于想占得更多[462]，任何一种本性生来就把它作为一种好的东西进行追 359c5

δὲ βίᾳ παράγεται ἐπὶ τὴν τοῦ ἴσου τιμήν. εἴη δ' ἂν ἡ
ἐξουσία ἣν λέγω τοιάδε μάλιστα, εἰ αὐτοῖς γένοιτο οἵαν
d ποτέ φασιν δύναμιν τῷ [Γύγου] τοῦ Λυδοῦ προγόνῳ γενέσθαι.
εἶναι μὲν γὰρ αὐτὸν ποιμένα θητεύοντα παρὰ τῷ τότε Λυδίας
ἄρχοντι, ὄμβρου δὲ πολλοῦ γενομένου καὶ σεισμοῦ ῥαγῆναί
τι τῆς γῆς καὶ γενέσθαι χάσμα κατὰ τὸν τόπον ᾗ ἔνεμεν.
ἰδόντα δὲ καὶ θαυμάσαντα καταβῆναι καὶ ἰδεῖν ἄλλα τε δὴ
ἃ μυθολογοῦσιν θαυμαστὰ καὶ ἵππον χαλκοῦν, κοῖλον, θυρίδας
ἔχοντα, καθ' ἃς ἐγκύψαντα ἰδεῖν ἐνόντα νεκρόν, ὡς φαίνεσθαι
μείζω ἢ κατ' ἄνθρωπον, τοῦτον δὲ ἄλλο μὲν οὐδέν, περὶ δὲ
e τῇ χειρὶ χρυσοῦν δακτύλιον ὄν⟨τα⟩ περιελόμενον ἐκβῆναι.
συλλόγου δὲ γενομένου τοῖς ποιμέσιν εἰωθότος, ἵν' ἐξαγ-
γέλλοιεν κατὰ μῆνα τῷ βασιλεῖ τὰ περὶ τὰ ποίμνια, ἀφικέσθαι
καὶ ἐκεῖνον ἔχοντα τὸν δακτύλιον· καθήμενον οὖν μετὰ τῶν
ἄλλων τυχεῖν τὴν σφενδόνην τοῦ δακτυλίου περιαγαγόντα
πρὸς ἑαυτὸν εἰς τὸ εἴσω τῆς χειρός, τούτου δὲ γενομένου
360 ἀφανῆ αὐτὸν γενέσθαι τοῖς παρακαθημένοις, καὶ διαλέγεσθαι
ὡς περὶ οἰχομένου. καὶ τὸν θαυμάζειν τε καὶ πάλιν ἐπιψη-
λαφῶντα τὸν δακτύλιον στρέψαι ἔξω τὴν σφενδόνην, καὶ
στρέψαντα φανερὸν γενέσθαι. καὶ τοῦτο ἐννοήσαντα ἀπο-
πειρᾶσθαι τοῦ δακτυλίου εἰ ταύτην ἔχοι τὴν δύναμιν, καὶ αὐτῷ
οὕτω συμβαίνειν, στρέφοντι μὲν εἴσω τὴν σφενδόνην ἀδήλῳ
γίγνεσθαι, ἔξω δὲ δήλῳ· αἰσθόμενον δὲ εὐθὺς διαπράξασθαι
τῶν ἀγγέλων γενέσθαι τῶν παρὰ τὸν βασιλέα, ἐλθόντα
b δὲ καὶ τὴν γυναῖκα αὐτοῦ μοιχεύσαντα, μετ' ἐκείνης ἐπιθέ-
μενον τῷ βασιλεῖ ἀποκτεῖναι καὶ τὴν ἀρχὴν οὕτω κατασχεῖν.
εἰ οὖν δύο τοιούτω δακτυλίω γενοίσθην, καὶ τὸν μὲν ὁ δίκαιος

c 6 βίᾳ A F: καὶ βίᾳ D M d 1 Γύγου secl. Wiegand (Γύγου πρόγονον habet iam Proclus in Remp. ii. p. 111 Kroll): Γύγῃ recc. d 4 ἔνεμεν A D M: ἐκεῖνος ἔνεμεν F d 6 ἃ F D M: om. A d 8 τοῦτον] τούτου ci. Jackson οὐδέν A: ἔχειν οὐδέν F D M e 1 δακτύλιον] δακτύλιον φέρειν Ven. 184 vulg. ὄντα ci. Bywater: ὂν A F D M: secl. Jackson e 2 εἰωθότος A M: εἰωθότως F D a 1 καὶ A F M: om. D a 2 πάλιν A D M: πως πάλιν F a 5 καὶ αὐτῷ οὕτω A F M: καὶ αὐτῷ οὕτω καὶ οὕτω D a 8 τῶν (τὸν D) . . . βασιλέα F D M et in marg. A: om. A b 2 οὕτω F: om. A D M

求[463]，只不过它被法律用强力引向了一边而前往对平等的尊崇[464]。而我所说的那种权力有可能最为是像下面这样，那就是，如果它就像人 359d1
们说曾经出现在吕底亚人古革斯的祖先[465]身上的那种能力那样出现在他们身上。〈据说〉他其实是一位牧羊人，在当时统治着吕底亚的那位〈国王〉那里当雇工[466]；而当一场巨大的暴雨和地震发生后，有的地方地裂了，并且在他于之放牧的地方出现了一个巨大的陷窟。他看见了 359d5
它，并且由于感到好奇，他就走了下去；当然，〈除了〉看到人们讲神话故事时〈惯常所提到〉的其他一些令人称奇的东西之外，而且尤其还看到了一匹青铜制的马[467]，它是空心的，带有一些窗口，他沿着这些窗口俯身往里窥视，看到里面有一具尸体，他显得要比人〈的身形〉更为高大[468]，而这具尸体虽然没有穿戴任何其他东西[469]，但在手指上有一 359e1
枚黄金做的戒指，于是他取下它，然后离开了[470]。而当一场集会依惯例在牧人们那里举行时——以便他们能够每月一次[471]向国王汇报有关畜群的各种情况——，他也到了，并且戴着那枚戒指。于是，当他和其他人坐在一起时，他偶然把戒指的宝石座[472]转向了他自己，朝向了手的 359e5
里面；而当这发生后，他对那些坐在旁边的人变得不可见了，并且他们 360a1
谈论他，就像在谈论一个离开了的人似的[473]。他对之感到惊讶，于是再次通过用手触摸戒指的表面[474]而把其宝石座转向外面，而当他这样将之反转后，他又变得可见了。并且当他注意到这点之后，他就〈开始〉测试戒指[475]，〈看〉它是否拥有这种能力，而结果对他来说也都〈始终〉 360a5
是如此，那就是，当他把宝石座转向里面，他就变得不可见了，而将之转向外面，则〈又重新〉变得可见。当他完全弄清楚这点之后，他立即为他自己达成了〈下面这一〉目的[476]，那就是：成为前往国王那里的信使〈之一〉，而前往〈国王那里〉后，他就同国王的妻子通奸，并且 360b1
在她的帮助下通过攻击国王[477]而杀死了他，从而以这种方式取得了统

περιθεῖτο, τὸν δὲ ὁ ἄδικος, οὐδεὶς ἂν γένοιτο, ὡς δόξειεν,
οὕτως ἀδαμάντινος, ὃς ἂν μείνειεν ἐν τῇ δικαιοσύνῃ καὶ
τολμήσειεν ἀπέχεσθαι τῶν ἀλλοτρίων καὶ μὴ ἅπτεσθαι, ἐξὸν
αὐτῷ καὶ ἐκ τῆς ἀγορᾶς ἀδεῶς ὅτι βούλοιτο λαμβάνειν,
καὶ εἰσιόντι εἰς τὰς οἰκίας συγγίγνεσθαι ὅτῳ βούλοιτο, καὶ c
ἀποκτεινύναι καὶ ἐκ δεσμῶν λύειν οὕστινας βούλοιτο, καὶ
τἆλλα πράττειν ἐν τοῖς ἀνθρώποις ἰσόθεον ὄντα. οὕτω δὲ
δρῶν οὐδὲν ἂν διάφορον τοῦ ἑτέρου ποιοῖ, ἀλλ' ἐπὶ ταὔτ' ἂν
ἴοιεν ἀμφότεροι. καίτοι μέγα τοῦτο τεκμήριον ἂν φαίη τις
ὅτι οὐδεὶς ἑκὼν δίκαιος ἀλλ' ἀναγκαζόμενος, ὡς οὐκ ἀγαθοῦ
ἰδίᾳ ὄντος, ἐπεὶ ὅπου γ' ἂν οἴηται ἕκαστος οἷός τε ἔσεσθαι
ἀδικεῖν, ἀδικεῖν. λυσιτελεῖν γὰρ δὴ οἴεται πᾶς ἀνὴρ πολὺ
μᾶλλον ἰδίᾳ τὴν ἀδικίαν τῆς δικαιοσύνης, ἀληθῆ οἰόμενος, d
ὡς φήσει ὁ περὶ τοῦ τοιούτου λόγου λέγων· ἐπεὶ εἴ τις
τοιαύτης ἐξουσίας ἐπιλαβόμενος μηδέν ποτε ἐθέλοι ἀδικῆσαι
μηδὲ ἅψαιτο τῶν ἀλλοτρίων, ἀθλιώτατος μὲν ἂν δόξειεν
εἶναι τοῖς αἰσθανομένοις καὶ ἀνοητότατος, ἐπαινοῖεν δ' ἂν
αὐτὸν ἀλλήλων ἐναντίον ἐξαπατῶντες ἀλλήλους διὰ τὸν τοῦ
ἀδικεῖσθαι φόβον. ταῦτα μὲν οὖν δὴ οὕτω.

Τὴν δὲ κρίσιν αὐτὴν τοῦ βίου πέρι ὧν λέγομεν, ἐὰν e
διαστησώμεθα τόν τε δικαιότατον καὶ τὸν ἀδικώτατον, οἷοί τ'
ἐσόμεθα κρῖναι ὀρθῶς· εἰ δὲ μή, οὔ. τίς οὖν δὴ ἡ διάστασις;
ἥδε· μηδὲν ἀφαιρῶμεν μήτε τοῦ ἀδίκου ἀπὸ τῆς ἀδικίας, μήτε
τοῦ δικαίου ἀπὸ τῆς δικαιοσύνης, ἀλλὰ τέλεον ἑκάτερον εἰς
τὸ ἑαυτοῦ ἐπιτήδευμα τιθῶμεν. πρῶτον μὲν οὖν ὁ ἄδικος
ὥσπερ οἱ δεινοὶ δημιουργοὶ ποιείτω—οἷον κυβερνήτης ἄκρος
ἢ ἰατρὸς τά τε ἀδύνατα ἐν τῇ τέχνῃ καὶ τὰ δυνατὰ διαισθά-
νεται, καὶ τοῖς μὲν ἐπιχειρεῖ, τὰ δὲ ἐᾷ· ἔτι δὲ ἐὰν ἄρα πῃ 361

c 4 διάφορον A M : διαφέρον F D   ταὔτ' ἂν F : ταῦτ' ἂν D : ταὐτὸν A M   c 5 καίτοι] και το pr. A   c 8 ἀδικεῖν ἀδικεῖν A D M : ἀδικεῖν ἀδικεῖ F d   d 2 φήσει A F D : φησὶν M   e 1 αὐτὴν] αὖ τὴν Adam ⟨olim⟩   e 3 τίς F D M : τί A   e 6 ἑαυτοῦ D M : αὐτοῦ F : ἑαυτῷ A   e 8 ἀδύνατα . . . δυνατὰ A D M : δυνατὰ . . . ἀδύνατα F

治。因此，如果这样的戒指变成了两个，并且正义的人戴一个，而不正义的人戴另一个，那么，无人会变得，如有可能看起来的那样，像金刚 360b5
石那样坚硬，以至于他能够坚守在正义中，并且远离和不触碰那些属于别人的东西[478]，即使他既能够毫无任何担心地[479]从市场上拿走他想拿走的任何东西，也能够通过进入到〈其他人〉家里同他想〈交欢〉的任 360c1
何人交欢，甚至能够杀死〈他想杀死的任何人〉和从囚禁中释放他想释放的任何人，以及做其他各种事情，因为在世人中他是像神一样的。而当这样做时，两者中一个就不会做得不同于另一个，相反，双方会走在同一条路上。真的，一个人也能够把这说成是下面这点的一个强有力的 360c5
证据，那就是，无人心甘情愿地是正义的，而只是被迫[480]；因为对每个人自己来说，〈是正义的〉这并不是一件好事[481]，既然，无论在哪里，每个人都认为，只要他将能够行不义，他就将行不义。显然，每个人都认为，对每个人自己来说，不正义远远要比正义更为有利，他也认为得 360d1
正确，就像那为诸如此类的说法发声的人将宣称的那样；因为，如果一个人，他虽然获得了这样一种权力[482]，但他既从不愿意行不义，也从不触碰那些属于别人的东西，那么，一方面，有可能在那些注意到〈这点〉的人看来，他是最可怜的和最无理智的，另一方面，他们当着彼此 360d5
的面[483]则会称赞他，因为他们互相进行欺骗，基于对被行不义的恐惧。好吧，对此就说这么多[484]。

至于判断本身，即对我们正在谈及的〈这两种〉人的生活做出判 360e1
断，如果我们把最正义的人和最不正义的人进行对照[485]，那么，我们就将能够正确地进行判断；如果不，则不能。那么，该对照究竟是什么呢？是下面这样：我们既不从不正义者的不正义那里拿走任何东西，也 360e5
不从正义者的正义那里拿走任何东西，相反，让我们把两者中的每一个在他自己一生所从事的事情上都设定为是极致的。于是，首先，不正义者，让他像那些高明的匠人一样行事——例如，一位顶尖的舵手或医生能够清楚地觉察到在〈其〉技艺中的各种不可能的事情和各种可能的事情，并且一方面尝试做那些可能的事情[486]，另一方面把那些不可能的 361a1

σφαλῇ, ἱκανὸς ἐπανορθοῦσθαι—οὕτω καὶ ὁ ἄδικος ἐπιχειρῶν
ὀρθῶς τοῖς ἀδικήμασιν λανθανέτω, εἰ μέλλει σφόδρα ἄδικος
εἶναι. τὸν ἁλισκόμενον δὲ φαῦλον ἡγητέον· ἐσχάτη γὰρ
ἀδικία δοκεῖν δίκαιον εἶναι μὴ ὄντα. δοτέον οὖν τῷ τελέως
ἀδίκῳ τὴν τελεωτάτην ἀδικίαν, καὶ οὐκ ἀφαιρετέον ἀλλ'
ἐατέον τὰ μέγιστα ἀδικοῦντα τὴν μεγίστην δόξαν αὑτῷ
b παρεσκευακέναι εἰς δικαιοσύνην, καὶ ἐὰν ἄρα σφάλληταί
τι, ἐπανορθοῦσθαι δυνατῷ εἶναι, λέγειν τε ἱκανῷ ὄντι πρὸς
τὸ πείθειν, ἐάν τι μηνύηται τῶν ἀδικημάτων, καὶ βιάσασθαι
ὅσα ἂν βίας δέηται, διά τε ἀνδρείαν καὶ ῥώμην καὶ διὰ
παρασκευὴν φίλων καὶ οὐσίας. τοῦτον δὲ τοιοῦτον θέντες
τὸν δίκαιον αὖ παρ' αὐτὸν ἱστῶμεν τῷ λόγῳ, ἄνδρα ἁπλοῦν
καὶ γενναῖον, κατ' Αἰσχύλον οὐ δοκεῖν ἀλλ' εἶναι ἀγαθὸν
ἐθέλοντα. ἀφαιρετέον δὴ τὸ δοκεῖν. εἰ γὰρ δόξει δίκαιος
c εἶναι, ἔσονται αὐτῷ τιμαὶ καὶ δωρεαὶ δοκοῦντι τοιούτῳ εἶναι·
ἄδηλον οὖν εἴτε τοῦ δικαίου εἴτε τῶν δωρεῶν τε καὶ τιμῶν
ἕνεκα τοιοῦτος εἴη. γυμνωτέος δὴ πάντων πλὴν δικαιοσύνης
καὶ ποιητέος ἐναντίως διακείμενος τῷ προτέρῳ· μηδὲν γὰρ
ἀδικῶν δόξαν ἐχέτω τὴν μεγίστην ἀδικίας, ἵνα ᾖ βεβασανι-
σμένος εἰς δικαιοσύνην τῷ μὴ τέγγεσθαι ὑπὸ κακοδοξίας καὶ
τῶν ὑπ' αὐτῆς γιγνομένων, ἀλλὰ ἴτω ἀμετάστατος μέχρι
d θανάτου, δοκῶν μὲν εἶναι ἄδικος διὰ βίου, ὢν δὲ δίκαιος,
ἵνα ἀμφότεροι εἰς τὸ ἔσχατον ἐληλυθότες, ὁ μὲν δικαιοσύνης,
ὁ δὲ ἀδικίας, κρίνωνται ὁπότερος αὐτοῖν εὐδαιμονέστερος.

Βαβαῖ, ἦν δ' ἐγώ, ὦ φίλε Γλαύκων, ὡς ἐρρωμένως
ἑκάτερον ὥσπερ ἀνδριάντα εἰς τὴν κρίσιν ἐκκαθαίρεις τοῖν
ἀνδροῖν.

Ὡς μάλιστ', ἔφη, δύναμαι. ὄντοιν δὲ τοιούτοιν, οὐδὲν

a 2 ἱκανὸς A F d : ἱκανῶς D   a 4 ἐσχάτη . . . a 5 ἀδικία A F D M Stobaeus : ἐσχάτης . . . ἀδικίας Plutarchus (ter)   b 1 παρεσκευακέναι A F : παρεσκευασμέναι D   b 5 τοῦτον δὲ] τὸν δ' οὖν Eusebius : τὸν γὰρ Theodoretus   b 6 αὖ Eusebius Theodoretus : om. A F D M   c 5 τὴν μεγίστην] τῆς μεγίστης Eusebius   c 7 ὑπ'] ἀπ' Eusebius Theodoretus   ἴτω pr. A : ἤτω M et corr. A : ἡτῶ D : ἔστω Eusebius Theodoretus : ἔσται F

事情放到一边；而如果他终究依然在某种方式上栽了跟斗，那么他也有能力纠正他自己——，以这种方式，甚至不正义者，也让他尝试正确地做那些不正义的事情而不被察觉，假如他打算是极其不正义的话。而那被逮住的人，则必定被认为是平庸之辈；因为极端的不正义在于：一个 361a5
人看起来是正义的，尽管他不是[487]。因此，必须把最极端的不正义赋予极端不正义的人，并且一定不能从中拿走任何东西，而是必须允许，他虽然在行各种最大的不义，却已经为他自己密谋到了在正义方面的最高 361b1
名声，并且如果他终究栽了某种跟头，那他也能够纠正他自己，既有能力通过言说而说服〈他人〉，假如〈他的〉那些不正义的事情中的某件事情遭到揭露的话，也有能力使用强力到一种强力被需要的份上，既凭借〈他的〉勇气和力量，也依靠〈其〉朋友们和财富的支持。其次，当 361b5
我们把这种人确定为这个样子之后，让我们在讨论中于他旁边树立正义的人，即一个质朴和高贵的人，根据埃斯库罗斯[488]，他希望并非看起来是良善的，而是〈良善的〉[489]。因此，这种看起来必须被拿走。因为，如果他看起来是正义的，那么，对他来说就将有各式各样的荣誉和各种 361c1
各样的礼物，由于他看起来是如此这般的；于是就不清楚，他是为了正义的事情呢，还是为了各种各样的礼物和各式各样的荣誉，而是这样一种人。所以，他必须被剥去〈其他〉所有的东西，除了正义，并且必须使他被置于同前面那种人相反的境况中；他虽然没有行任何的不义，但 361c5
让他拥有最大的不正义之名声——以便他能够就正义在下面这点上得到检验[490]，那就是，他没有因恶名以及由它而来的各种后果而变得软弱——，而且让他不可改变地往前走[491]，直至死亡，而终生都看起来是 361d1
不正义的，尽管他是正义的，以至于双方都由于前往了极端——一个是正义之极端，一个则是不正义之极端——，而能够被判断他俩中的哪一个是更为幸福的。

我的天[492]，我说道，亲爱的格劳孔啊，你何等有力地，就像〈清刷两尊〉雕像那样，为了〈做出〉判断而〈彻彻底底地〉清刷了这两人中 361d5
的每一个！

我只是尽我所能而已[493]，他回应道。不过，既然双方是如此这般

ἔτι, ὡς ἐγῷμαι, χαλεπὸν ἐπεξελθεῖν τῷ λόγῳ οἷος ἑκάτερον
βίος ἐπιμένει. λεκτέον οὖν· καὶ δὴ κἂν ἀγροικοτέρως e
λέγηται, μὴ ἐμὲ οἴου λέγειν, ὦ Σώκρατες, ἀλλὰ τοὺς ἐπαι-
νοῦντας πρὸ δικαιοσύνης ἀδικίαν. ἐροῦσι δὲ τάδε, ὅτι οὕτω
διακείμενος ὁ δίκαιος μαστιγώσεται, στρεβλώσεται, δεδή-
σεται, ἐκκαυθήσεται τὠφθαλμώ, τελευτῶν πάντα κακὰ παθὼν 362
ἀνασχινδυλευθήσεται καὶ γνώσεται ὅτι οὐκ εἶναι δίκαιον
ἀλλὰ δοκεῖν δεῖ ἐθέλειν. τὸ δὲ τοῦ Αἰσχύλου πολὺ ἦν
ἄρα ὀρθότερον λέγειν κατὰ τοῦ ἀδίκου. τῷ ὄντι γὰρ φή-
σουσι τὸν ἄδικον, ἅτε ἐπιτηδεύοντα πρᾶγμα ἀληθείας ἐχό-
μενον καὶ οὐ πρὸς δόξαν ζῶντα, οὐ δοκεῖν ἄδικον ἀλλ' εἶναι
ἐθέλειν,

> βαθεῖαν ἄλοκα διὰ φρενὸς καρπούμενον,
> ἐξ ἧς τὰ κεδνὰ βλαστάνει βουλεύματα, b

πρῶτον μὲν ἄρχειν ἐν τῇ πόλει δοκοῦντι δικαίῳ εἶναι, ἔπειτα
γαμεῖν ὁπόθεν ἂν βούληται, ἐκδιδόναι εἰς οὓς ἂν βούληται,
συμβάλλειν, κοινωνεῖν οἷς ἂν ἐθέλῃ, καὶ παρὰ ταῦτα πάντα
ὠφελεῖσθαι κερδαίνοντα τῷ μὴ δυσχεραίνειν τὸ ἀδικεῖν· εἰς
ἀγῶνας τοίνυν ἰόντα καὶ ἰδίᾳ καὶ δημοσίᾳ περιγίγνεσθαι καὶ
πλεονεκτεῖν τῶν ἐχθρῶν, πλεονεκτοῦντα δὲ πλουτεῖν καὶ
τούς τε φίλους εὖ ποιεῖν καὶ τοὺς ἐχθροὺς βλάπτειν, καὶ c
θεοῖς θυσίας καὶ ἀναθήματα ἱκανῶς καὶ μεγαλοπρεπῶς θύειν
τε καὶ ἀνατιθέναι, καὶ θεραπεύειν τοῦ δικαίου πολὺ ἄμεινον
τοὺς θεοὺς καὶ τῶν ἀνθρώπων οὓς ἂν βούληται, ὥστε καὶ
θεοφιλέστερον αὐτὸν εἶναι μᾶλλον προσήκειν ἐκ τῶν εἰκότων
ἢ τὸν δίκαιον. οὕτω φασίν, ὦ Σώκρατες, παρὰ θεῶν καὶ
παρ' ἀνθρώπων τῷ ἀδίκῳ παρεσκευάσθαι τὸν βίον ἄμεινον
ἢ τῷ δικαίῳ.

Ταῦτ' εἰπόντος τοῦ Γλαύκωνος ἐγὼ μὲν αὖ ἐν νῷ εἶχόν τι d

a 1 ἐκκαυθήσεται A F D : ἐκκοφθήσεται M : ἐκκοπήσεται Clemens Eusebius Theodoretus : ἐκκαυθήσεται καὶ ἐκκοπήσεται Ast : καυθήσεται ἐκκοπήσεται Herwerden (*effodiantur oculi, vinciatur, uratur* Cicero) b 4 συμβάλλειν F : ξυμβάλλειν A M : ξυμβάλλει D d 1 αὖ F : om. A D M

的，那么，如我所认为的那样，就不再难以继续进行一番讨论[494]，〈看看〉何种生活在等待他们两人中的每一个。因此，它必须被说。当然， 361e1
如果说得有些粗俗[495]，那么，请你不要认为是我在说，苏格拉底啊，而是那些赞美不正义胜过正义的人在说。而他们将说下面这些，那就是：正义的人被置于了如此的境地，他将被鞭笞，将被用绞盘扯拉四肢，将被戴上脚镣手铐，将被烧灼双眼，最后，在遭受了所有这些坏事之后， 362a1
他将受尖桩刑，并且将认识到，他不应该希望是正义的，而〈应该希望〉看起来是〈正义的〉。而埃斯库罗斯的话，它针对不正义的人在说，这其实向来是要更为正确得多。因为，人们将在是的方式上宣称，不正义的人，鉴于他在汲汲从事一件与真相关的事情[496]，并且不会按照〈人 362a5
的〉一种意见来过活，所以，他不愿意看起来是不正义的，而〈愿意〉是〈不正义的〉，

> 他在穿过内心的深深的犁沟那里收割庄稼，
> 从那里生长出各种深思熟虑的意图[497]， 362b1

首先，他在城邦里进行统治，因为他看起来是正义的；然后，他想从谁家娶妻就从谁家娶妻，想把女儿嫁给谁就嫁给谁[498]，他愿意同谁〈签订合约、进行合作〉，就同谁签订合约、进行合作[499]；并且除了所有这些之外，他还通过牟利来为自己取得好处，因为他从不对行不义感到有 362b5
任何的不安。此外，当他前去〈进行〉各种竞争时——无论是在私人方面，还是在公共方面[500]——，他都占据上风和胜过〈他的〉那些敌人，而通过得胜，他变得富有起来，从而他既〈能够〉善待〈他的〉朋友 362c1
们，又〈能够〉伤害〈他的〉那些敌人；至于诸神，无论是那些牺牲，还是各种供品，他也都〈能够〉充足地和慷慨地向他们进献和奉上，并且在侍奉诸神以及侍奉他想〈侍奉〉的人方面[501]，他也比正义的人做得好得多，以至于从各种可能性来看，他甚至也比正义的人更加适合是为 362c5
神所喜爱的。正因为如此，人们才宣称，苏格拉底啊，无论是从诸神那里，还是从世人那里，一种更好的生活都已经准备给了不正义的人，而不是准备给了正义的人。

当格劳孔说了这些之后，我虽然也打算就它们说点什么，但他的哥 362d1

λέγειν πρὸς ταῦτα, ὁ δὲ ἀδελφὸς αὐτοῦ Ἀδείμαντος, Οὔ τί που οἴει, ἔφη, ὦ Σώκρατες, ἱκανῶς εἰρῆσθαι περὶ τοῦ λόγου;

Ἀλλὰ τί μήν; εἶπον.

Αὐτό, ἦ δ' ὅς, οὐκ εἴρηται ὃ μάλιστα ἔδει ῥηθῆναι.

Οὐκοῦν, ἦν δ' ἐγώ, τὸ λεγόμενον, ἀδελφὸς ἀνδρὶ παρείη· ὥστε καὶ σύ, εἴ τι ὅδε ἐλλείπει, ἐπάμυνε. καίτοι ἐμέ γε ἱκανὰ καὶ τὰ ὑπὸ τούτου ῥηθέντα καταπαλαῖσαι καὶ ἀδύνατον ποιῆσαι βοηθεῖν δικαιοσύνῃ.

e Καὶ ὅς, Οὐδέν, ἔφη, λέγεις· ἀλλ' ἔτι καὶ τάδε ἄκουε. δεῖ γὰρ διελθεῖν ἡμᾶς καὶ τοὺς ἐναντίους λόγους ὧν ὅδε εἶπεν, οἳ δικαιοσύνην μὲν ἐπαινοῦσιν, ἀδικίαν δὲ ψέγουσιν, ἵν' ᾖ σαφέστερον ὅ μοι δοκεῖ βούλεσθαι Γλαύκων. λέγουσι δέ που καὶ παρακελεύονται πατέρες τε ὑέσιν, καὶ πάντες οἱ
363 τινῶν κηδόμενοι, ὡς χρὴ δίκαιον εἶναι, οὐκ αὐτὸ δικαιοσύνην ἐπαινοῦντες ἀλλὰ τὰς ἀπ' αὐτῆς εὐδοκιμήσεις, ἵνα δοκοῦντι δικαίῳ εἶναι γίγνηται ἀπὸ τῆς δόξης ἀρχαί τε καὶ γάμοι καὶ ὅσαπερ Γλαύκων διῆλθεν ἄρτι, ἀπὸ τοῦ εὐδοκιμεῖν ὄντα τῷ δικαίῳ. ἐπὶ πλέον δὲ οὗτοι τὰ τῶν δοξῶν λέγουσιν. τὰς γὰρ παρὰ θεῶν εὐδοκιμήσεις ἐμβάλλοντες ἄφθονα ἔχουσι λέγειν ἀγαθά, τοῖς ὁσίοις ἅ φασι θεοὺς διδόναι· ὥσπερ ὁ γενναῖος Ἡσίοδός τε καὶ Ὅμηρός φασιν, ὁ μὲν τὰς δρῦς
b τοῖς δικαίοις τοὺς θεοὺς ποιεῖν ἄκρας μέν τε φέρειν βαλάνους, μέσσας δὲ μελίσσας· εἰροπόκοι δ' ὄιες, φησίν, μαλλοῖς καταβεβρίθασι, καὶ ἄλλα δὴ πολλὰ ἀγαθὰ τούτων ἐχόμενα. παραπλήσια δὲ καὶ ὁ ἕτερος· ὥς τέ τευ γάρ φησιν

ἦ βασιλῆος ἀμύμονος ὅς τε θεουδὴς
εὐδικίας ἀνέχῃσι, φέρῃσι δὲ γαῖα μέλαινα
c πυροὺς καὶ κριθάς, βρίθῃσι δὲ δένδρεα καρπῷ,
τίκτῃ δ' ἔμπεδα μῆλα, θάλασσα δὲ παρέχῃ ἰχθῦς.

d 3 ἔφη F D: om. A M ἱκανῶς A D M: ἤδη ἱκανῶς F a 2 ἐπαινοῦντες A F M: καὶ ἐπαινοῦντες D ἀπ'] ὑπ' pr. A a 5 τῷ δικαίῳ secl. ci. Ast: τῷ ἀδίκῳ scr. recc. τὰ A F M: τὰς D

哥阿德曼托斯〈却插话进来〉，你无论如何都肯定不会认为，他说道，关于该说法，已经说得充分了吧？

难道还有别的什么吗？我回应道。

恰恰这点，他说道，即那最为应当被说的，尚未被说。 362d5

那好，我说道，如常言所说[502]，兄弟应当在兄弟旁边[503]。因此，你呢，如果这里的这个人[504]漏掉了什么，那么，请你上前帮助。然而，被这个人所说出的那些，它们其实足以把我摔翻在地，并且使得我没有能力去声援正义。

于是他说道，你只不过是在说空话而已；不过，还是请你也听听 362e1
下面这些吧。因为，我们其实也应当细说一下与这里的这个人所说的那些说法相反的说法——它们一方面赞美正义，另一方面则谴责不正义——，以便在我看来格劳孔想〈说〉的那种事情能够是更为清楚的。
但不管怎样，无论是父亲们之于〈他们的〉儿子，还是所有那些对任何 362e5
其他人有所关心的人〈之于他们所关心的人〉，他们都说和劝诫，一个 363a1
人必须是正义的；但他们不是通过赞美事情本身，即赞美正义[505]，而是赞美那些从它而来的各种好名声，以便那个看起来是正义的人，他能够从该名声中得到各种各样的统治权和婚姻，以及得到格劳孔刚才细说的
所有那些东西[506]，因为它们都是基于有好名声才归给正义的人的。而这 363a5
些人还进一步[507]说到了由各种名声而来的那些东西；因为他们通过引进来自诸神的各种赞许[508]，他们就能够说出大量的好处来[509]，他们声称诸神把它们赐给了那些虔敬的人。就像高贵的赫西俄德和荷马所声称
的那样，一个说，对于那些正义的人，诸神使得橡树在〈枝〉头上接满 363b1
了橡子，蜜蜂则盘旋在〈树〉腰；而那些毛茸茸的绵羊，他说，它们已经快被羊毛压垮[510]，以及其他许许多多与这些东西相关的好处。而另一
个甚至也说了一些几乎一样的事情；就像一个人，因为他说道， 363b5

> 或者一位无可指责的国王，他敬畏神
> 主持正义，而黑色的土地奉上
> 小麦和大麦，树被果实压弯了腰， 363c1
> 羊群不断地生产，大海则献出鱼儿[511]。

Μουσαῖος δὲ τούτων νεανικώτερα τἀγαθὰ καὶ ὁ ὑὸς αὐτοῦ
παρὰ θεῶν διδόασιν τοῖς δικαίοις· εἰς Ἅιδου γὰρ ἀγαγόντες
τῷ λόγῳ καὶ κατακλίναντες καὶ συμπόσιον τῶν ὁσίων κατα-
σκευάσαντες ἐστεφανωμένους ποιοῦσιν τὸν ἅπαντα χρόνον
ἤδη διάγειν μεθύοντας, ἡγησάμενοι κάλλιστον ἀρετῆς μισθὸν d
μέθην αἰώνιον. οἱ δ᾽ ἔτι τούτων μακροτέρους ἀποτείνουσιν
μισθοὺς παρὰ θεῶν· παῖδας γὰρ παίδων φασὶ καὶ γένος
κατόπισθεν λείπεσθαι τοῦ ὁσίου καὶ εὐόρκου. ταῦτα δὴ
καὶ ἄλλα τοιαῦτα ἐγκωμιάζουσιν δικαιοσύνην· τοὺς δὲ
ἀνοσίους αὖ καὶ ἀδίκους εἰς πηλόν τινα κατορύττουσιν ἐν
Ἅιδου καὶ κοσκίνῳ ὕδωρ ἀναγκάζουσι φέρειν, ἔτι τε ζῶντας
εἰς κακὰς δόξας ἄγοντες, ἅπερ Γλαύκων περὶ τῶν δικαίων e
δοξαζομένων δὲ ἀδίκων διῆλθε τιμωρήματα, ταῦτα περὶ τῶν
ἀδίκων λέγουσιν, ἄλλα δὲ οὐκ ἔχουσιν. ὁ μὲν οὖν ἔπαινος
καὶ ὁ ψόγος οὗτος ἑκατέρων.

Πρὸς δὲ τούτοις σκέψαι, ὦ Σώκρατες, ἄλλο αὖ εἶδος
λόγων περὶ δικαιοσύνης τε καὶ ἀδικίας ἰδίᾳ τε λεγόμενον
καὶ ὑπὸ ποιητῶν. πάντες γὰρ ἐξ ἑνὸς στόματος ὑμνοῦσιν 364
ὡς καλὸν μὲν ἡ σωφροσύνη τε καὶ δικαιοσύνη, χαλεπὸν
μέντοι καὶ ἐπίπονον, ἀκολασία δὲ καὶ ἀδικία ἡδὺ μὲν καὶ
εὐπετὲς κτήσασθαι, δόξῃ δὲ μόνον καὶ νόμῳ αἰσχρόν·
λυσιτελέστερα δὲ τῶν δικαίων τὰ ἄδικα ὡς ἐπὶ τὸ πλῆθος
λέγουσι, καὶ πονηροὺς πλουσίους καὶ ἄλλας δυνάμεις ἔχοντας
εὐδαιμονίζειν καὶ τιμᾶν εὐχερῶς ἐθέλουσιν δημοσίᾳ τε καὶ
ἰδίᾳ, τοὺς δὲ ἀτιμάζειν καὶ ὑπερορᾶν, οἳ ἄν πῃ ἀσθενεῖς τε
καὶ πένητες ὦσιν, ὁμολογοῦντες αὐτοὺς ἀμείνους εἶναι τῶν b
ἑτέρων. τούτων δὲ πάντων οἱ περὶ θεῶν τε λόγοι καὶ
ἀρετῆς θαυμασιώτατοι λέγονται, ὡς ἄρα καὶ θεοὶ πολλοῖς
μὲν ἀγαθοῖς δυστυχίας τε καὶ βίον κακὸν ἔνειμαν, τοῖς δ᾽
ἐναντίοις ἐναντίαν μοῖραν. ἀγύρται δὲ καὶ μάντεις ἐπὶ
πλουσίων θύρας ἰόντες πείθουσιν ὡς ἔστι παρὰ σφίσι
δύναμις ἐκ θεῶν ποριζομένη θυσίαις τε καὶ ἐπῳδαῖς, εἴτε τι

d 1 μεθύοντας secl. Cobet a 2 τε καὶ δικαιοσύνη F D M : om. A

而同这些相比，穆塞俄斯[512]和他的儿子则把从诸神那儿来的一些更加
华丽的好处[513]赐予了那些正义的人；因为，按照〈他们的〉说法，当
他们把那些人引领到哈德斯的家里之后，他们让他们〈在那里舒服地〉 363c5
靠在榻上，〈为他们准备〉一场虔敬者的宴饮，而当他们被戴上了花冠
之后，他们使他们在畅饮酣醉中度过接下来的所有时光[514]，因为他们认 363d1
为对德性的一种最美的酬报是永远的沉醉。而同这些相比，〈另外〉一
些人还把从诸神那儿来的那些酬报延伸得更长；因为他们宣称，虔敬的
和信守誓言的人的子子孙孙以及〈整个〉家族，从此以后世代相传[515]。
他们的确就是用这些事情以及其他诸如此类的事情来颂扬正义；至于那 363d5
些不虔敬的人和不正义的人，他们复又把他们埋进在哈德斯家里的某
种烂泥中[516]，并且强迫他们用筛子打水[517]，甚至当他们还活着的时候，
他们就把他们带往各种邪恶的名声中，格劳孔针对那些虽然正义但却被 363e1
视为不正义的人细说过的所有那些惩罚，他们把它们全都说给了那些不
正义的人，至于其他的一些〈惩罚〉，他们就不知道了[518]。因此，这就
是对〈正义的人和不正义的人〉两者各自的赞扬和谴责。

而除了这些之外，另一方面，请你还得考虑一下，苏格拉底啊，关 363e5
于正义和不正义的那些说法中的另外一种形式，它既在普通的谈话中[519]
被说到，也被诗人们提及。因为所有人都异口同声地[520]反反复复讲〈同 364a1
样的话〉，那就是：一方面，自制和正义虽然是美好的，但的确也是困
难的和辛苦的，另一方面，放纵和不正义确实既是令人快乐的，也是容
易习得的，只不过仅仅由于意见和礼法[521]才是让人感到可耻的。而相 364a5
较于各种正义的事情，他们说，那些不正义的事情在很大程度上[522]是
更有利可图的，并且那些卑劣的人，如果他们是富有的或者拥有其他
一些能力，那他们都轻轻松松地乐于[523]既称他们是幸福的，也推崇他
们——无论是在公开的场合，还是在私下的场合——，而鄙视和瞧不起
那些在某种方式上有可能是虚弱的和贫穷的人，尽管他们承认那些人比 364b1
其他人是更为良善的。而在所有这些〈说法〉中，关于诸神和德性的那
些说法被说得是最令人惊异的，那就是，其实诸神也把一些厄运和一种
糟糕的生活分配给了许多良善的人，而把一种相反的定命[524]分配给了 364b5
一些与之相反的人。而一些化缘祭司和预言家们[525]来到那些富人的门

c ἀδίκημά του γέγονεν αὐτοῦ ἢ προγόνων, ἀκεῖσθαι μεθ' ἡδονῶν τε καὶ ἑορτῶν, ἐάν τέ τινα ἐχθρὸν πημῆναι ἐθέλῃ, μετὰ σμικρῶν δαπανῶν ὁμοίως δίκαιον ἀδίκῳ βλάψει ἐπαγωγαῖς τισιν καὶ καταδέσμοις, τοὺς θεούς, ὥς φασιν, πείθοντές σφισιν ὑπηρετεῖν. τούτοις δὲ πᾶσιν τοῖς λόγοις μάρτυρας ποιητὰς ἐπάγονται οἱ μὲν κακίας πέρι, εὐπετείας διδόντες, ὡς

τὴν μὲν κακότητα καὶ ἰλαδὸν ἔστιν ἑλέσθαι
d ῥηϊδίως· λείη μὲν ὁδός, μάλα δ' ἐγγύθι ναίει·
τῆς δ' ἀρετῆς ἱδρῶτα θεοὶ προπάροιθεν ἔθηκαν

καί τινα ὁδὸν μακράν τε καὶ τραχεῖαν καὶ ἀνάντη· οἱ δὲ τῆς τῶν θεῶν ὑπ' ἀνθρώπων παραγωγῆς τὸν Ὅμηρον μαρτύρονται, ὅτι καὶ ἐκεῖνος εἶπεν—

λιστοὶ δέ τε καὶ θεοὶ αὐτοί,
καὶ τοὺς μὲν θυσίαισι καὶ εὐχωλαῖς ἀγαναῖσιν
e λοιβῇ τε κνίσῃ τε παρατρωπῶσ' ἄνθρωποι
λισσόμενοι, ὅτε κέν τις ὑπερβήῃ καὶ ἁμάρτῃ.

βίβλων δὲ ὅμαδον παρέχονται Μουσαίου καὶ Ὀρφέως, Σελήνης τε καὶ Μουσῶν ἐκγόνων, ὥς φασι, καθ' ἃς θυηπολοῦσιν, πείθοντες οὐ μόνον ἰδιώτας ἀλλὰ καὶ πόλεις, ὡς ἄρα λύσεις τε καὶ καθαρμοὶ ἀδικημάτων διὰ θυσιῶν καὶ
365 παιδιᾶς ἡδονῶν εἰσι μὲν ἔτι ζῶσιν, εἰσὶ δὲ καὶ τελευτήσασιν, ἃς δὴ τελετὰς καλοῦσιν, αἳ τῶν ἐκεῖ κακῶν ἀπολύουσιν ἡμᾶς, μὴ θύσαντας δὲ δεινὰ περιμένει.

Ταῦτα πάντα, ἔφη, ὦ φίλε Σώκρατες, τοιαῦτα καὶ τοσαῦτα λεγόμενα ἀρετῆς πέρι καὶ κακίας, ὡς ἄνθρωποι καὶ θεοὶ περὶ αὐτὰ ἔχουσι τιμῆς, τί οἰόμεθα ἀκουούσας νέων ψυχὰς

c 3 βλάψει ADM : βλάψῃ F : βλάψειν scr. Mon. : βλάψαι ci. Muretus c 6 διδόντες] ᾄδοντες ci. Muretus d 1 λείη AD : om. F : ὀλίγη Hesiodi codices d 2 ἔθηκαν AFM : om. D d 3 καὶ τραχεῖαν F : om. ADM (sed καὶ τραχεῖαν in marg. A) d 6 λιστοὶ δέ τε] λιστοὶ δὲ στρεπτοί τε A : λιστοὶ δὲ στρεπτοὶ δέ τε A[2] : στρεπτοὶ δέ τε FDM Homeri codices d 7 θυσίαισι] θυέεσσι Homerus e 4 ἐγγόνων AFDM e 6 διὰ AM : μετὰ F : καὶ D a 3 περιμένει A : περιμένεῖ F : περιμενεῖ D : περιμένειν ci. Cobet

前，使那些人信服：在他们身上有着一种能力，它通过一些献祭和一些
咒语而被〈他们〉从诸神那里取得，如果一种不正义的事情出现在一个
人那里，无论是出现在他本人那里，还是出现在他的祖先们那里，那 364c1
么，他们都能够借助一些欢庆和节日来进行补救[526]；如果一个人希望
使〈他的〉某个敌人受到伤害，那么，他花少许的费用就将通过使用一
些符咒和施法术[527]同等地伤害一个正义的人和一个不正义的人[528]，就 364c5
像他们所宣称的那样，他们通过〈用它们〉说服诸神而让诸神服务于他
们。而对于所有这些说法，他们把一些诗人引来作为证人，一方面，关
于邪恶，〈他们中〉一些人承认〈它的〉容易，因为〈有诗人说〉

> 恶很容易就能够成群结队地被弄到手，
> 一则〈通向它的〉道路是平坦的，一则它也住得非常近。 364d1
> 但是，诸神在德性前面放置了汗水[529]

以及一条漫长的、崎岖和陡峭的路；另一方面，一些人则把荷马引来作为
下面这点的证人，那就是诸神也会被人劝服[530]，因为那人甚至说道—— 364d5

> 甚至诸神自己也会被恳求所打动[531]，
> 用各种牺牲和温柔的许愿
> 奠酒和烧烤牺牲的香气，人们就能改变他们的心意 364e1
> 通过祈祷，当一个人逾越和犯错时[532]。

他们提供了乌七八糟的一大堆[533]穆塞俄斯和俄耳甫斯[534]的作品，他俩
是塞勒涅[535]和缪斯们[536]的后裔[537]，据他们说，他们按照这些作品〈所
记载的〉来进行献祭，不仅说服了个人[538]，而且也说服了城邦，说对于 364e5
那些还活着的人来说事实上有着一些解脱和洁净〈之道〉，即借助一些
献祭和由娱乐消遣而来的各种欢庆[539]而从那些不正义的事情中〈得到
解脱和洁净〉，甚至对于死人亦然，他们将它们称作各种入教秘仪[540]， 365a1
而这些入教秘仪把我们从那边的那些坏事[541]中解放出来，至于那些不
献祭的人，各种可怕的事情在等着他们。

所有这些，他说道，亲爱的苏格拉底啊，如此这般的和如此多的
关于德性和邪恶所说的，世人和诸神对它们都进行了评价[542]，我们认 365a5

ποιεῖν, ὅσοι εὐφυεῖς καὶ ἱκανοὶ ἐπὶ πάντα τὰ λεγόμενα
ὥσπερ ἐπιπτόμενοι συλλογίσασθαι ἐξ αὐτῶν ποῖός τις ἂν
ὢν καὶ πῇ πορευθεὶς τὸν βίον ὡς ἄριστα διέλθοι; λέγοι γὰρ b
ἂν ἐκ τῶν εἰκότων πρὸς αὑτὸν κατὰ Πίνδαρον ἐκεῖνο τὸ
Πότερον δίκᾳ τεῖχος ὕψιον ἢ σκολιαῖς ἀπάταις
ἀναβὰς καὶ ἐμαυτὸν οὕτω περιφράξας διαβιῶ; τὰ μὲν γὰρ
λεγόμενα δικαίῳ μὲν ὄντι μοι, ἐὰν μὴ καὶ δοκῶ ὄφελος
οὐδέν φασιν εἶναι, πόνους δὲ καὶ ζημίας φανεράς· ἀδίκῳ δὲ
δόξαν δικαιοσύνης παρεσκευασμένῳ θεσπέσιος βίος λέγεται.
οὐκοῦν, ἐπειδὴ τὸ δοκεῖν, ὡς δηλοῦσί μοι οἱ σοφοί, καὶ c
τὰν ἀλάθειαν βιᾶται καὶ κύριον εὐδαιμονίας, ἐπὶ τοῦτο
δὴ τρεπτέον ὅλως· πρόθυρα μὲν καὶ σχῆμα κύκλῳ περὶ
ἐμαυτὸν σκιαγραφίαν ἀρετῆς περιγραπτέον, τὴν δὲ τοῦ
σοφωτάτου Ἀρχιλόχου ἀλώπεκα ἑλκτέον ἐξόπισθεν κερδα-
λέαν καὶ ποικίλην. "Ἀλλὰ γάρ, φησί τις, οὐ ῥᾴδιον ἀεὶ
λανθάνειν κακὸν ὄντα." Οὐδὲ γὰρ ἄλλο οὐδὲν εὐπετές,
φήσομεν, τῶν μεγάλων· ἀλλ' ὅμως, εἰ μέλλομεν εὐδαι- d
μονήσειν, ταύτῃ ἰτέον, ὡς τὰ ἴχνη τῶν λόγων φέρει. ἐπὶ
γὰρ τὸ λανθάνειν συνωμοσίας τε καὶ ἑταιρίας συνάξομεν,
εἰσίν τε πειθοῦς διδάσκαλοι σοφίαν δημηγορικήν τε καὶ
δικανικὴν διδόντες, ἐξ ὧν τὰ μὲν πείσομεν, τὰ δὲ βιασόμεθα,
ὡς πλεονεκτοῦντες δίκην μὴ διδόναι. "Ἀλλὰ δὴ θεοὺς οὔτε
λανθάνειν οὔτε βιάσασθαι δυνατόν." Οὐκοῦν, εἰ μὲν μὴ
εἰσὶν ἢ μηδὲν αὐτοῖς τῶν ἀνθρωπίνων μέλει, τί καὶ ἡμῖν
μελητέον τοῦ λανθάνειν; εἰ δὲ εἰσί τε καὶ ἐπιμελοῦνται, e
οὐκ ἄλλοθέν τοι αὐτοὺς ἴσμεν ἢ ἀκηκόαμεν ἢ ἔκ τε τῶν
νόμων καὶ τῶν γενεαλογησάντων ποιητῶν, οἱ δὲ αὐτοὶ οὗτοι
λέγουσιν ὡς εἰσὶν οἷοι θυσίαις τε καὶ εὐχωλαῖς ἀγανῇσιν

b 5 ἐὰν μὴ καὶ F : ἐὰν καὶ μὴ A D M b 7 παρεσκευασμένῳ M : παρασκευασαμένῳ A F D c 2 τὰν ἀλάθειαν A F M : τὰν ἀλήθειαν D c 6 φησί A M : φήσει F D d 3 τὸ A D : τῷ al. d 4 διδάσκαλοι A D M : διδάσκαλοι χρημάτων F d 8 τί καὶ ἡμῖν μελητέον F : καὶ ἡμῖν μελητέον A D M Cyrillus : οὐδ' ἡμῖν μελητέον scr. Mon. : καὶ ἡμῖν ἀμελητέον ci. Baiter e 3 νόμων F : λόγων A D M

为，当年轻人听到它们，它们会对他们的灵魂产生何种影响呢——〈我说的是〉所有这样的年轻人，他们天生机灵[543]并且具有能力，像〈蜜蜂〉一样在所有这些被说的事情上飞来飞去[544]，以便〈将之汇聚起来〉从它们中推断[545]一个人应该是一个什么样的人，以及以何种方式前行 365b1
才会尽可能好地[546]过完一生[547]——？其实从各种可能性来看，他都会如品达那样，对他自己说出那句〈众所周知的〉话[548]：我将凭借正义，还是用各种弯弯曲曲的诡计攀上那更高的城墙[549]，并由此把自己用篱笆围起来度过一生？被〈人们〉说出来的情况其实是这样：如果我是正 365b5
义的，他们说，那么对我而言就没有任何益处——除非我也看起来是正义的[550]——，而有的只是各种艰辛和显而易见的损害；而如果我虽然是不正义的，却为自己准备了[551]一种正义的名声，则被许诺了一种神一样的生活[552]。因此，既然这种看起来，就像那些智慧的人向我显明的 365c1
那样，甚至操纵着真[553]和主宰着幸福[554]，那么，一个人就肯定必须整个地转向它；一方面，我必须围绕我自己[555]画一幅德性的虚影画[556]作为门廊和外表[557]，另一方面，则必须在后面拖着最智慧的人阿耳喀罗科 365c5
斯[558]的那只灵巧的和诡计多端的狐狸[559]。“当然，有人会反驳说，是一个坏人却总是不被察觉，这并不容易。”其实没有其他任何一件事是一帆风顺的，我们将回应道，就那些重大的事情而言。然而，如果我们想 365d1
要是幸福的，那么，就必须如讨论的足迹所指引的那样往前走。因为，为了不被察觉，我们将组织帮派和结成朋党，此外还有为了钱财〈教授〉各种劝说办法的教师[560]，他们既传授对群众演说的智慧[561]，也传 365d5
授关乎审判的智慧，基于以上这些，在一些方面我们会进行劝说，在一些方面则将使用强力[562]，以至于我们虽然占尽便宜却不受惩罚。“但肯定既不可能逃脱诸神的注意，也不可能对他们使用强力。”那好，如果根本就没有诸神，或者如果他们根本就不关心那些属人的事情，那么， 365e1
我们为何又必须要操心不被〈他们〉注意到呢[563]？而如果有诸神，并且他们也关心〈那些属人的事情〉，那么，我们也肯定不是从别处知道了他们或者已经听说过他们，除了从一些法律习俗[564]以及从那些追溯家世的诗人那里，但正是这些人宣称，诸神能够通过一些牺牲和一些温

καὶ ἀναθήμασιν παράγεσθαι ἀναπειθόμενοι, οἷς ἢ ἀμφότερα ἢ οὐδέτερα πειστέον. εἰ δ' οὖν πειστέον, ἀδικητέον καὶ θυτέον
366 ἀπὸ τῶν ἀδικημάτων. δίκαιοι μὲν γὰρ ὄντες ἀζήμιοι μόνον ὑπὸ θεῶν ἐσόμεθα, τὰ δ' ἐξ ἀδικίας κέρδη ἀπωσόμεθα· ἄδικοι δὲ κερδανοῦμέν τε καὶ λισσόμενοι ὑπερβαίνοντες καὶ ἁμαρτάνοντες, πείθοντες αὐτοὺς ἀζήμιοι ἀπαλλάξομεν. "'Αλλὰ γὰρ ἐν Ἅιδου δίκην δώσομεν ὧν ἂν ἐνθάδε ἀδικήσωμεν, ἢ αὐτοὶ ἢ παῖδες παίδων." 'Αλλ', ὦ φίλε, φήσει λογιζόμενος, αἱ τελεταὶ αὖ μέγα δύνανται καὶ οἱ λύσιοι θεοί, ὡς αἱ
b μέγισται πόλεις λέγουσι καὶ οἱ θεῶν παῖδες ποιηταὶ καὶ προφῆται τῶν θεῶν γενόμενοι, οἳ ταῦτα οὕτως ἔχειν μηνύουσιν.

Κατὰ τίνα οὖν ἔτι λόγον δικαιοσύνην ἂν πρὸ μεγίστης ἀδικίας αἱροίμεθ' ἄν, ἣν ἐὰν μετ' εὐσχημοσύνης κιβδήλου κτησώμεθα, καὶ παρὰ θεοῖς καὶ παρ' ἀνθρώποις πράξομεν κατὰ νοῦν ζῶντές τε καὶ τελευτήσαντες, ὡς ὁ τῶν πολλῶν τε καὶ ἄκρων λεγόμενος λόγος; ἐκ δὴ πάντων τῶν εἰρη-
c μένων τίς μηχανή, ὦ Σώκρατες, δικαιοσύνην τιμᾶν ἐθέλειν ᾧ τις δύναμις ὑπάρχει ψυχῆς ἢ χρημάτων ἢ σώματος ἢ γένους, ἀλλὰ μὴ γελᾶν ἐπαινουμένης ἀκούοντα; ὡς δή τοι εἴ τις ἔχει ψευδῆ μὲν ἀποφῆναι ἃ εἰρήκαμεν, ἱκανῶς δὲ ἔγνωκεν ὅτι ἄριστον δικαιοσύνη, πολλήν που συγγνώμην ἔχει καὶ οὐκ ὀργίζεται τοῖς ἀδίκοις, ἀλλ' οἶδεν ὅτι πλὴν εἴ τις θείᾳ φύσει δυσχεραίνων τὸ ἀδικεῖν ἢ ἐπιστήμην λαβὼν
d ἀπέχεται αὐτοῦ, τῶν γε ἄλλων οὐδεὶς ἑκὼν δίκαιος, ἀλλ' ὑπὸ ἀνανδρίας ἢ γήρως ἤ τινος ἄλλης ἀσθενείας ψέγει τὸ ἀδικεῖν, ἀδυνατῶν αὐτὸ δρᾶν. ὡς δέ, δῆλον· ὁ γὰρ πρῶτος τῶν τοιούτων εἰς δύναμιν ἐλθὼν πρῶτος ἀδικεῖ, καθ' ὅσον ἂν οἷός τ' ᾖ. καὶ τούτων ἁπάντων οὐδὲν ἄλλο αἴτιον ἢ

a 1 μόνον F D M : om. A : μὲν ci. Muretus a 6 fort. παῖδες ⟨ἢ παῖδες⟩ Baiter ὦ φίλε, φήσει λογιζόμενος, αἱ] ὠφελήσουσιν ἁγνιζομένους αἱ Hermann : ὠφελήσουσιν αἱ νομιζόμεναι ci. Vermehren a 7 αὖ μέγα δύνανται F D : om. A M Hermann Vermehren b 2 οἳ secl. Madvig c 2 ψυχῆς A F D : τύχης M d et in marg. τυ A c 4 εἰρήκαμεν A F M : εἴρηκεν D c 6 ἔχει A F M : μὴ ἔχει D d 3 ὡς δὲ A² D M : ὧδε A F d 5 ᾖ A F : ἦν D

柔的许愿[565]，以及一些供品被说服而受到影响；要么必须在两方面[566] 365e5
都相信他们，要么必须在两方面都不相信他们。但无论如何，如果一个
人必须得相信〈他们〉，那么，他也应当行不义，并且必须从那些行不 366a1
义所得的东西中〈拿出一些东西〉来献祭[567]。因为，如果我们是正义
的，那么，我们将仅仅免于从诸神那里受到惩罚，但我们将拒绝[568]那
些基于不义而来的好处；但〈如果我们是〉不正义的，那么，我们将获
利，即使我们逾越和犯错，也可通过祈祷来劝说他们而将不受惩罚地安
然逃脱[569]。“的确在哈德斯的家里，我们将因我们在这里所行的那些不 366a5
义而受惩罚，或者是我们自己，或者是子孙后代。”然而，朋友啊，那
进行盘算的人将说，各种入教秘仪复又是非常有力的[570]，赦免罪行的诸
神[571]亦然，就像那些最伟大的城邦所宣称的那样，并且诸神的一些孩 366b1
子[572]——他们已经成为了诸神的诗人和代言人[573]——也这么说，他们
透露事情就是如此。

那么，根据何种进一步的说法我们会宁可选择正义，而不是最大
的不正义呢[574]——如果我们带着一种虚假的体面拥有后者，那么，不 366b5
管在诸神面前，还是在世人那里，我们都将如愿以偿地行事，生前死
后均如此，就像大众的说法以及那些顶尖人物的说法都那么说的那
样[575]——？基于已经说出的所有这些，究竟还有何种办法[576]，苏格拉 366c1
底啊，使得任何一位具有某种能力——或者在灵魂方面，或者在身体
方面，或者在财富方面，或者在家族方面[577]——的人，愿意尊崇正义，
当听到〈对它的〉赞美而不发笑呢？因为事实上[578]，即使有人能够显明
我们已经说过的这些都是假的，即使他已经充分地认识到正义是一件最 366c5
好的东西，那他无论如何也会对那些不正义的人怀有许多的体谅，并且
不会对他们动怒，相反，他知道：除非[579]有一个人，他〈或者〉因神
一般的本性而厌恶行不义，或者因取得了一种知识而摒弃它[580]，其余的 366d1
人中肯定没有一个心甘情愿地是正义的，而是〈或者〉由于懦弱，或者
由于年老，或者由于某种其他的虚弱无力，他才谴责行不义，因为他没
有能力做它。就是如此，这是显而易见的；因为在这样一些人中[581]，那
第一个取得了能力〈去行不义〉的人，他第一个行不义，而且会竭尽所 366d5
能。并且要为所有这些负责的，别无其他，除了那点，正是基于它这整

ἐκεῖνο, ὅθενπερ ἅπας ὁ λόγος οὗτος ὥρμησεν καὶ τῷδε καὶ ἐμοὶ
πρὸς σέ, ὦ Σώκρατες, εἰπεῖν, ὅτι "Ὦ θαυμάσιε, πάντων
ὑμῶν, ὅσοι ἐπαινέται φατὲ δικαιοσύνης εἶναι, ἀπὸ τῶν ἐξ e
ἀρχῆς ἡρώων ἀρξάμενοι, ὅσων λόγοι λελειμμένοι, μέχρι τῶν
νῦν ἀνθρώπων οὐδεὶς πώποτε ἔψεξεν ἀδικίαν οὐδ' ἐπῄνεσεν
δικαιοσύνην ἄλλως ἢ δόξας τε καὶ τιμὰς καὶ δωρεὰς τὰς
ἀπ' αὐτῶν γιγνομένας· αὐτὸ δ' ἑκάτερον τῇ αὑτοῦ δυνάμει
τί δρᾷ, τῇ τοῦ ἔχοντος ψυχῇ ἐνόν, καὶ λανθάνον θεούς τε
καὶ ἀνθρώπους, οὐδεὶς πώποτε οὔτ' ἐν ποιήσει οὔτ' ἐν ἰδίοις
λόγοις ἐπεξῆλθεν ἱκανῶς τῷ λόγῳ ὡς τὸ μὲν μέγιστον κακῶν
ὅσα ἴσχει ψυχὴ ἐν αὑτῇ, δικαιοσύνη δὲ μέγιστον ἀγαθόν.
εἰ γὰρ οὕτως ἐλέγετο ἐξ ἀρχῆς ὑπὸ πάντων ὑμῶν καὶ ἐκ 367
νέων ἡμᾶς ἐπείθετε, οὐκ ἂν ἀλλήλους ἐφυλάττομεν μὴ
ἀδικεῖν, ἀλλ' αὐτὸς αὑτοῦ ἦν ἕκαστος ἄριστος φύλαξ, δεδιὼς
μὴ ἀδικῶν τῷ μεγίστῳ κακῷ σύνοικος ᾖ."

Ταῦτα, ὦ Σώκρατες, ἴσως δὲ καὶ ἔτι τούτων πλείω
Θρασύμαχός τε καὶ ἄλλος πού τις ὑπὲρ δικαιοσύνης τε
καὶ ἀδικίας λέγοιεν ἄν, μεταστρέφοντες αὐτοῖν τὴν δύναμιν
φορτικῶς, ὥς γέ μοι δοκεῖ. ἀλλ' ἐγώ, οὐδὲν γάρ σε
δέομαι ἀποκρύπτεσθαι, σοῦ ἐπιθυμῶν ἀκοῦσαι τἀναντία, ὡς b
δύναμαι μάλιστα κατατείνας λέγω. μὴ οὖν ἡμῖν μόνον
ἐνδείξῃ τῷ λόγῳ ὅτι δικαιοσύνη ἀδικίας κρεῖττον, ἀλλὰ
τί ποιοῦσα ἑκατέρα τὸν ἔχοντα αὐτὴ δι' αὑτὴν ἡ μὲν
κακόν, ἡ δὲ ἀγαθόν ἐστιν· τὰς δὲ δόξας ἀφαίρει, ὥσπερ
Γλαύκων διεκελεύσατο. εἰ γὰρ μὴ ἀφαιρήσεις ἑκατέρωθεν
τὰς ἀληθεῖς, τὰς δὲ ψευδεῖς προσθήσεις, οὐ τὸ δίκαιον
φήσομεν ἐπαινεῖν σε ἀλλὰ τὸ δοκεῖν, οὐδὲ τὸ ἄδικον εἶναι
ψέγειν ἀλλὰ τὸ δοκεῖν, καὶ παρακελεύεσθαι ἄδικον ὄντα c
λανθάνειν, καὶ ὁμολογεῖν Θρασυμάχῳ ὅτι τὸ μὲν δίκαιον
ἀλλότριον ἀγαθόν, συμφέρον τοῦ κρείττονος, τὸ δὲ ἄδικον

d 7 εἶπεν pr. A e 1 ὑμῶν . . . φατὲ A F M : ἡμῶν . . . φαμεν τὲ D εἶναι F D : om. A M e 6 τί δρᾷ F : ἐν A D M a 3 ἕκαστος ἄριστος D : ἄριστος ἕκαστος F : ἕκαστος A M a 4 ξύνοικος ᾖ A M : ξυνοικήσῃ F : ξυνοικοίη D b 2, 3 ἐνδείξῃ μόνον F b 8 ἀλλὰ τὸ δοκεῖν F D M et in marg. A : om. A οὐδὲ . . . c 1 δοκεῖν A D M : om. F

个谈话才激发这里的这个人[582]和我自己对你，苏格拉底啊，说道："令
人钦佩的人啊，你们所有这些宣称自己是正义的赞美者的人，从关于其 366e1
各种传说被保留下来的所有那些最初的英雄[583]开始，直至现在的这些
人，其中还没有一位曾谴责过不正义，或者赞美过正义，只不过[584]〈在
赞美或谴责〉从它们那儿而来的名声、尊荣和礼物罢了[585]；至于两者 366e5
中的每一个自身〈能够〉凭借其自身的能力做什么——当它寓居在那
拥有〈它〉的人的灵魂中并且不被诸神和世人注意到时——，无论是在
诗歌中，还是在各种普通的谈话中，都无人曾对下面这点充分地继续进
行过一番讨论[586]，那就是，一个[587]是灵魂在它自身那儿所具有的所有
那些恶中最大的，而正义则是最大的善。因为，如果这从一开始就这样 367a1
被你们所有人讲，并且你们从〈我们〉年轻时就一直这样劝说我们，那
么，我们就不会一向彼此防范〈互相〉行不义[588]，相反，每个人自己向
来就是自己最好的保卫者，因为他害怕，当他行不义之后，他有可能同
那最大的恶住在了一起。"

这些，苏格拉底啊，或者甚至比这些还要更多，就是特剌绪马科 367a5
斯，或许还有其他某个人关于正义以及不正义会说的，通过庸俗地[589]
颠倒这两者的能力，至少在我看来是这样。然而我——因为我无需对你
隐藏任何东西——由于渴望从你那里听到〈与之〉相反的东西，所以 367b1
我才尽我所能[590]，竭尽全力地说出〈上面这些话〉[591]。因此，你不仅要
用〈你的〉说法对我们指出正义比不正义是更强的，而且〈还要对我们
指出〉它们两者中的每一个对那拥有它的人做了什么，〈以至于〉一个
独自在其自身地是一种恶的东西，另一个则〈独自在其自身地〉是一种 367b5
善的东西[592]；而〈它俩的〉那些〈好或坏的〉名声，请你都将之放到
一边，就像格劳孔已经要求的那样[593]。因为，如果你不从两方中的任何
一方那里取走那些真的名声，而是添加上一些假的名声，那么，我们将
说你既没有赞美正义的事情，而是在赞美〈它〉看起来〈是正义的〉[594]，
也没有谴责是不正义的〈这件事〉[595]，而是在谴责看起来〈是不正义 367c1
的〉，并且你在鼓励，一个人虽然是不正义的，但要不被注意到，并在
下面这点上同意特剌绪马科斯，那就是：一方面，正义的事情乃他人
的一种好处，即那更强的人的利益[596]；另一方面，不正义的事情虽然

αὐτῷ μὲν συμφέρον καὶ λυσιτελοῦν, τῷ δὲ ἥττονι ἀσύμ-
φορον. ἐπειδὴ οὖν ὡμολόγησας τῶν μεγίστων ἀγαθῶν
εἶναι δικαιοσύνην, ἃ τῶν τε ἀποβαινόντων ἀπ᾽ αὐτῶν ἕνεκα
ἄξια κεκτῆσθαι, πολὺ δὲ μᾶλλον αὐτὰ αὑτῶν, οἷον ὁρᾶν,
d ἀκούειν, φρονεῖν, καὶ ὑγιαίνειν δή, καὶ ὅσ᾽ ἄλλα ἀγαθὰ
γόνιμα τῇ αὑτῶν φύσει ἀλλ᾽ οὐ δόξῃ ἐστίν, τοῦτ᾽ οὖν αὐτὸ
ἐπαίνεσον δικαιοσύνης, ὃ αὐτὴ δι᾽ αὑτὴν τὸν ἔχοντα ὀνίνησιν
καὶ ἀδικία βλάπτει, μισθοὺς δὲ καὶ δόξας πάρες ἄλλοις
ἐπαινεῖν· ὡς ἐγὼ τῶν μὲν ἄλλων ἀποδεχοίμην ἂν οὕτως
ἐπαινούντων δικαιοσύνην καὶ ψεγόντων ἀδικίαν, δόξας τε
περὶ αὐτῶν καὶ μισθοὺς ἐγκωμιαζόντων καὶ λοιδορούντων,
σοῦ δὲ οὐκ ἄν, εἰ μὴ σὺ κελεύοις, διότι πάντα τὸν βίον
e οὐδὲν ἄλλο σκοπῶν διελήλυθας ἢ τοῦτο. μὴ οὖν ἡμῖν
ἐνδείξῃ μόνον τῷ λόγῳ ὅτι δικαιοσύνη ἀδικίας κρεῖττον,
ἀλλὰ καὶ τί ποιοῦσα ἑκατέρα τὸν ἔχοντα αὐτὴ δι᾽ αὑτήν,
ἐάντε λανθάνῃ ἐάντε μὴ θεούς τε καὶ ἀνθρώπους, ἡ μὲν
ἀγαθόν, ἡ δὲ κακόν ἐστι.

Καὶ ἐγὼ ἀκούσας, ἀεὶ μὲν δὴ τὴν φύσιν τοῦ τε Γλαύκωνος
καὶ τοῦ Ἀδειμάντου ἠγάμην, ἀτὰρ οὖν καὶ τότε πάνυ γε
368 ἥσθην καὶ εἶπον· Οὐ κακῶς εἰς ὑμᾶς, ὦ παῖδες ἐκείνου τοῦ
ἀνδρός, τὴν ἀρχὴν τῶν ἐλεγείων ἐποίησεν ὁ Γλαύκωνος
ἐραστής, εὐδοκιμήσαντας περὶ τὴν Μεγαροῖ μάχην, εἰπών—

παῖδες Ἀρίστωνος, κλεινοῦ θεῖον γένος ἀνδρός·

τοῦτό μοι, ὦ φίλοι, εὖ δοκεῖ ἔχειν· πάνυ γὰρ θεῖον πεπόν-
θατε, εἰ μὴ πέπεισθε ἀδικίαν δικαιοσύνης ἄμεινον εἶναι,
οὕτω δυνάμενοι εἰπεῖν ὑπὲρ αὐτοῦ. δοκεῖτε δή μοι ὡς
b ἀληθῶς οὐ πεπεῖσθαι—τεκμαίρομαι δὲ ἐκ τοῦ ἄλλου τοῦ
ὑμετέρου τρόπου, ἐπεὶ κατά γε αὐτοὺς τοὺς λόγους ἠπίστουν

c 4 μὲν F D M et suprascr. A² : om. A c 6 τε A F M : τότε D d 1 φρονεῖν . . . d 2 γόνιμα τῇ A F M : om. D d 5 ἀποδεχοίμην F D et γρ. A M : ἀποσχοίμην A M : ἀνασχοίμην scr. recc. d 8 κελεύοις A (sed ι in ras.) F D M : κελεύεις al. e 3 καὶ F D : om. A αὐτὴ F M : αὐτὴν A D a 1 ἥσθην] ἠγάσθην ci. Heusde a 5 θεῖόν ⟨τι⟩ ci. Herwerden

对一个人自己来说是有利的和有好处的，但对更弱的人来说则是不利
的[597]。因此，既然你已经同意正义是属于那些最大的善的——它们既 367c5
为了由它们而来的那些东西而值得被拥有，但更多地是它们自身为了
它们自身〈而值得被拥有〉，诸如看、听、具有明智，和尤其[598]是健康 367d1
的[599]，以及其他所有下面这样的东西，它们凭借它们自己的本性而不
是凭借其名声而是真正善的[600]——，所以，请你恰恰对正义的这个方
面进行赞扬，即它自身通过它自身而有益于那拥有它的人，而不正义
则〈自身通过它自身〉伤害〈那拥有它的人〉，至于〈它们的〉酬报和
名声，则请你把它们让给其他人去赞美[601]。因为，我会容忍其他人以下 367d5
面这种方式来赞美正义和谴责不正义，即关于它们，他们〈着眼于其〉
名声和酬报来进行颂扬和指责；至于你，则不会，除非你要求〈我那么
做〉，因为你已经度过了你的整个一生，不是在考察任何别的什么，除 367e1
了这。因此，你不仅要用〈你的〉说法对我们指出正义比不正义是更强
的，而且〈还要对我们指出〉它们两者中的每一个对那拥有它的人做了
什么——无论是不被，还是被诸神和世人注意到——，〈以至于〉一个
独自在其自身地是一种恶的东西，而另一个则〈独自在其自身地〉是一 367e5
种善的东西。

而当我听到〈这番话〉之后，虽然我的确一向都钦佩格劳孔和阿德
曼托斯〈这两兄弟〉的天性，然而，尤其在那时[602]我感到非常地高兴，
并且说道：关于你们俩，那人的孩子们啊[603]，格劳孔的那位爱慕者[604] 368a1
并没有糟糕地创作了其挽歌的开篇，当你们俩在墨伽拉的战役中[605]赢
得了好名声之后，因为他说道——

阿里斯通的孩子们[606]，源于一位著名人物的神圣家族[607]！

这话在我看来，朋友们啊，是正确的[608]；因为你们无疑已经遭受了某 368a5
种神圣的东西，如果你们没有〈在下面这件事上〉被说服，即不正义
比正义是更好的，尽管你们有能力替它这样说。当然，你们也真的对我
显得没有被说服——而我是基于你们在其他方面的性情而推断出这点 368b1
的，既然单单根据〈你们的〉那些言论我肯定还不会相信你们——，但
我有多相信〈这件事〉，也就有多[609]困惑我该怎么办[610]。一方面，我的

ἂν ὑμῖν—ὅσῳ δὲ μᾶλλον πιστεύω, τοσούτῳ μᾶλλον ἀπορῶ ὅτι χρήσωμαι. οὔτε γὰρ ὅπως βοηθῶ ἔχω· δοκῶ γάρ μοι ἀδύνατος εἶναι—σημεῖον δέ μοι, ὅτι ἃ πρὸς Θρασύμαχον λέγων ᾤμην ἀποφαίνειν ὡς ἄμεινον δικαιοσύνη ἀδικίας, οὐκ ἀπεδέξασθέ μου—οὔτ' αὖ ὅπως μὴ βοηθήσω ἔχω· δέδοικα γὰρ μὴ οὐδ' ὅσιον ᾖ παραγενόμενον δικαιοσύνῃ κακηγορουμένῃ ἀπαγορεύειν καὶ μὴ βοηθεῖν ἔτι ἐμπνέοντα καὶ δυνάμενον **c** φθέγγεσθαι. κράτιστον οὖν οὕτως ὅπως δύναμαι ἐπικουρεῖν αὐτῇ.

Ὅ τε οὖν Γλαύκων καὶ οἱ ἄλλοι ἐδέοντο παντὶ τρόπῳ βοηθῆσαι καὶ μὴ ἀνεῖναι τὸν λόγον, ἀλλὰ διερευνήσασθαι τί τέ ἐστιν ἑκάτερον καὶ περὶ τῆς ὠφελίας αὐτοῖν τἀληθὲς ποτέρως ἔχει. εἶπον οὖν ὅπερ ἐμοὶ ἔδοξεν, ὅτι Τὸ ζήτημα ᾧ ἐπιχειροῦμεν οὐ φαῦλον ἀλλ' ὀξὺ βλέποντος, ὡς ἐμοὶ φαίνεται. ἐπειδὴ οὖν ἡμεῖς οὐ δεινοί, δοκῶ μοι, ἦν δ' **d** ἐγώ, τοιαύτην ποιήσασθαι ζήτησιν αὐτοῦ, οἵανπερ ἂν εἰ προσέταξέ τις γράμματα σμικρὰ πόρρωθεν ἀναγνῶναι μὴ πάνυ ὀξὺ βλέπουσιν, ἔπειτά τις ἐνενόησεν, ὅτι τὰ αὐτὰ γράμματα ἔστι που καὶ ἄλλοθι μείζω τε καὶ ἐν μείζονι, ἕρμαιον ἂν ἐφάνη οἶμαι ἐκεῖνα πρῶτον ἀναγνόντας οὕτως ἐπισκοπεῖν τὰ ἐλάττω, εἰ τὰ αὐτὰ ὄντα τυγχάνει.

Πάνυ μὲν οὖν, ἔφη ὁ Ἀδείμαντος· ἀλλὰ τί τοιοῦτον, ὦ Σώκρατες, ἐν τῇ περὶ τὸ δίκαιον ζητήσει καθορᾷς; **e**

Ἐγώ σοι, ἔφην, ἐρῶ. δικαιοσύνη, φαμέν, ἔστι μὲν ἀνδρὸς ἑνός, ἔστι δέ που καὶ ὅλης πόλεως;

Πάνυ γε, ἦ δ' ὅς.

Οὐκοῦν μεῖζον πόλις ἑνὸς ἀνδρός;

Μεῖζον, ἔφη.

Ἴσως τοίνυν πλείων ἂν δικαιοσύνη ἐν τῷ μείζονι ἐνείη καὶ ῥᾴων καταμαθεῖν. εἰ οὖν βούλεσθε, πρῶτον ἐν ταῖς

b 4 χρήσωμαι] χρήσομαι A² b 6 λέγων A F M : λέγω D d 1 οὐ A F M : οἱ D δοκῶ Galenus : δοκεῖ A F D M d 2 ποιήσασθαι] ποιήσεσθαι ci. Hartman e 2 ἀνδρὸς ἑνός] ἑνὸς ἀνδρός Galenus e 3 καὶ] πάλιν τῆς Galenus e 5 μεῖζον A F D M (et mox): μείζων A² Proclus Galenus (et mox) e 7 ἐνείη] ἂν εἴη Galenus

确不知道我该以何种方式帮助〈正义〉，因为我认为我自己是没有能力
的——而对我而言，〈对此的〉一个证据就是，当我对特剌绪马科斯说 368b5
了那些话之后，我以为由此也就显明了正义比不正义是更好的，然而你
们却不同意我〈所说的〉——；另一方面，我也不知道我如何将不帮
助〈正义〉，因为我害怕下面这样是不虔敬的，那就是：在我在场的情
况下，当正义被诋毁时，我却把它放弃而不予以帮助，尽管我还在呼吸 368c1
并且还能够发出声音。因此，最好的做法应是这样，那就是尽我所能地
去帮助它。

于是，格劳孔和其他一些人请求我用一切方式来进行帮助，并且不 368c5
要放弃讨论，而是要仔细检查〈正义和不正义〉这两者各自是什么，以
及关于两者的利益之真相在两者各自那里是如何[611]。因此，我就说了我
所认为的，即我们现在正着手进行探究的事情可不是一件小事情[612]，相
反，它属于一个〈能够〉敏锐地进行观察的人，正如对我显得的那样。
因此，既然我们都不是非常有能力的[613]，那么，在我看来[614]，我说道， 368d1
〈我们就应〉对它做这样一种探究，例如[615]，如果一个人要求一些完全
不能敏锐地进行观察的人从远处识别一些细小的字母[616]，然后有人想起
了下面这点，那就是，或许同样这些字母其实也是在其他某个地方，不 368d5
仅它们自己更大，而且处在更大的地方，那么，我认为这会显得像一个
意外之喜似的[617]，即他们首先识别那些较大的〈字母〉，由此再检查那
些较小的〈字母〉，〈看看〉是否它们恰好是相同的[618]。

完全如此，阿德曼托斯说道；然而，苏格拉底啊，在关于正义之事 368e1
的探究中你看到了诸如此类的什么东西呢[619]？

我将告诉你，我回应道。就正义而言，我们说，一方面它是属于某
一单个人的，另一方面它也肯定是属于某一整个城邦的吗？

当然，他回答道。

那么，一个城邦岂不比任何单个人都更大？ 368e5

更大，他说道。

那好，或许正义会在更大的规模上内在于更大的东西那里，并且更

369 πόλεσι ζητήσωμεν ποῖόν τί ἐστιν· ἔπειτα οὕτως ἐπισκεψώμεθα καὶ ἐν ἑνὶ ἑκάστῳ, τὴν τοῦ μείζονος ὁμοιότητα ἐν τῇ τοῦ ἐλάττονος ἰδέᾳ ἐπισκοποῦντες.

Ἀλλά μοι δοκεῖς, ἔφη, καλῶς λέγειν.

Ἆρ' οὖν, ἦν δ' ἐγώ, εἰ γιγνομένην πόλιν θεασαίμεθα λόγῳ, καὶ τὴν δικαιοσύνην αὐτῆς ἴδοιμεν ἂν γιγνομένην καὶ τὴν ἀδικίαν;

Τάχ' ἄν, ἦ δ' ὅς.

Οὐκοῦν γενομένου αὐτοῦ ἐλπὶς εὐπετέστερον ἰδεῖν ὃ ζητοῦμεν;

b Πολύ γε.

Δοκεῖ οὖν χρῆναι ἐπιχειρῆσαι περαίνειν; οἶμαι μὲν γὰρ οὐκ ὀλίγον ἔργον αὐτὸ εἶναι· σκοπεῖτε οὖν.

Ἔσκεπται, ἔφη ὁ Ἀδείμαντος· ἀλλὰ μὴ ἄλλως ποίει.

Γίγνεται τοίνυν, ἦν δ' ἐγώ, πόλις, ὡς ἐγᾦμαι, ἐπειδὴ τυγχάνει ἡμῶν ἕκαστος οὐκ αὐτάρκης, ἀλλὰ πολλῶν ⟨ὢν⟩ ἐνδεής· ἢ τίν' οἴει ἀρχὴν ἄλλην πόλιν οἰκίζειν;

Οὐδεμίαν, ἦ δ' ὅς.

c Οὕτω δὴ ἄρα παραλαμβάνων ἄλλος ἄλλον, ἐπ' ἄλλου, τὸν δ' ἐπ' ἄλλου χρείᾳ, πολλῶν δεόμενοι, πολλοὺς εἰς μίαν οἴκησιν ἀγείραντες κοινωνούς τε καὶ βοηθούς, ταύτῃ τῇ συνοικίᾳ ἐθέμεθα πόλιν ὄνομα· ἦ γάρ;

Πάνυ μὲν οὖν.

Μεταδίδωσι δὴ ἄλλος ἄλλῳ, εἴ τι μεταδίδωσιν, ἢ μεταλαμβάνει, οἰόμενος αὑτῷ ἄμεινον εἶναι;

Πάνυ γε.

Ἴθι δή, ἦν δ' ἐγώ, τῷ λόγῳ ἐξ ἀρχῆς ποιῶμεν πόλιν· ποιήσει δὲ αὐτήν, ὡς ἔοικεν, ἡ ἡμετέρα χρεία.

Πῶς δ' οὔ;

d Ἀλλὰ μὴν πρώτη γε καὶ μεγίστη τῶν χρειῶν ἡ τῆς τροφῆς παρασκευὴ τοῦ εἶναί τε καὶ ζῆν ἕνεκα.

a 2 ἐν ἑνὶ A F M : ἑνὶ D   b 6 ὢν post ἡμῶν add. ci. Porson : post πολλῶν Hartman

容易被观察清楚。因此，如果你愿意，首先，让我们探究在各种城邦那 369a1
里它是何种东西；然后，由此再让我们也在每一单个人那里通过下面这
样来考察它，那就是在较小的东西之形相中[620]考察较大的东西的相似性。

当然在我看来，他说道，你说得很好。

那么，我说道，如果我们通过讨论看清了一个城邦〈是如何〉产生出 369a5
来的，那我们也就能够看到它的正义以及不正义〈是如何〉产生出来的吗？

有可能[621]，他回应道。

那么，当这发生后，岂不就有希望更容易看见我们所探寻的那种 369a10
东西？

肯定〈容易〉多了。 369b1

那么，在你看来我们必须试着完成这件事吗？因为我肯定认为这不是一件小事情。因此，请你们考虑一下。

已经被考虑过了，阿德曼托斯说道；请你一定不要拒绝[622]！

那好！我说道，城邦之所以产生出来，如我所认为的那样，那是 369b5
因为我们每个人事实上都不是自给自足的[623]，而是需要许多的东西[624]；
或者你认为某种其他的开端引发了一个城邦的建立[625]？

绝对没有，他回答道。

于是，当一个人为了某一需要而引来某一他人，而为了另一需要又 369c1
引来另外一个人——因为许多的东西都被需要——，许多的人就作为同伴和帮助者聚集到了一个定居点，我们为这种一起生活的地方[626]设定了一个名字，即城邦；是这样吗？

完全如此。 369c5

因此，他们彼此之间进行交换[627]，无论是给出某种东西，还是得到某种东西，每个人都认为这对他自己来说是更好的。

当然。

那就来吧！我说道，让我们在讨论中从头开始创立一个城邦；但将 369c10
创立它的，如看起来的那样，是我们的需要。

为何不是呢？

无疑，在各种需要中，首要的和最大的，乃为了是着和活着而来的 369d1
对食物的准备。

Παντάπασί γε.

Δευτέρα δὴ οἰκήσεως, τρίτη δὲ ἐσθῆτος καὶ τῶν τοιούτων.

Ἔστι ταῦτα.

Φέρε δή, ἦν δ᾽ ἐγώ, πῶς ἡ πόλις ἀρκέσει ἐπὶ τοσαύτην παρασκευήν; ἄλλο τι γεωργὸς μὲν εἷς, ὁ δὲ οἰκοδόμος, ἄλλος δέ τις ὑφάντης; ἦ καὶ σκυτοτόμον αὐτόσε προσθήσομεν ἤ τιν᾽ ἄλλον τῶν περὶ τὸ σῶμα θεραπευτήν;

Πάνυ γε.

Εἴη δ᾽ ἂν ἥ γε ἀναγκαιοτάτη πόλις ἐκ τεττάρων ἢ πέντε ἀνδρῶν.

Φαίνεται. e

Τί δὴ οὖν; ἕνα ἕκαστον τούτων δεῖ τὸ αὑτοῦ ἔργον ἅπασι κοινὸν κατατιθέναι, οἷον τὸν γεωργὸν ἕνα ὄντα παρασκευάζειν σιτία τέτταρσιν καὶ τετραπλάσιον χρόνον τε καὶ πόνον ἀναλίσκειν ἐπὶ σίτου παρασκευῇ καὶ ἄλλοις κοινωνεῖν, ἢ ἀμελήσαντα ἑαυτῷ μόνον τέταρτον μέρος ποιεῖν τούτου τοῦ σίτου ἐν τετάρτῳ μέρει τοῦ χρόνου, τὰ δὲ τρία, τὸ μὲν ἐπὶ 370 τῇ τῆς οἰκίας παρασκευῇ διατρίβειν, τὸ δὲ ἱματίου, τὸ δὲ ὑποδημάτων, καὶ μὴ ἄλλοις κοινωνοῦντα πράγματα ἔχειν, ἀλλ᾽ αὐτὸν δι᾽ αὑτὸν τὰ αὑτοῦ πράττειν;

Καὶ ὁ Ἀδείμαντος ἔφη· Ἀλλ᾽ ἴσως, ὦ Σώκρατες, οὕτω ῥᾷον ἢ ᾽κείνως.

Οὐδέν, ἦν δ᾽ ἐγώ, μὰ Δία ἄτοπον. ἐννοῶ γὰρ καὶ αὐτὸς εἰπόντος σοῦ, ὅτι πρῶτον μὲν ἡμῶν φύεται ἕκαστος οὐ πάνυ ὅμοιος ἑκάστῳ, ἀλλὰ διαφέρων τὴν φύσιν, ἄλλος ἐπ᾽ ἄλλου b ἔργου πράξει. ἢ οὐ δοκεῖ σοι;

Ἔμοιγε.

Τί δέ; πότερον κάλλιον πράττοι ἄν τις εἷς ὢν πολλὰς τέχνας ἐργαζόμενος, ἢ ὅταν μίαν εἷς;

Ὅταν, ἦ δ᾽ ὅς, εἷς μίαν.

d 6 ἀρκέσει A M : ἀρέσκει D : ἀρκεῖ F   d 8 σκυτοτόμον A D M : ἔτι σκυτοτόμον τινὰ F   αὐτόσε A F M : αὐτός σε D   e 2 ἕνα A D M : οὐχ ἕνα F   a 1 σίτου A F : σιτίου A² D M   a 4 αὐτὸν A D M : αὑτοῦ F   a 6 ῥᾷον scr. Mon. : ῥᾴδιον A F D M   a 8 ἡμῶν F D : om. A M   b 2 πράξει M : πρᾶξιν A F D

完全如此。

其次肯定是房屋的〈需要〉，第三则是衣服以及诸如此类的东西。

是这样。 369d5

来吧！我说道，一个城邦以何种方式足以提供出如此这般多的准备呢？是不是[628]，一个人得是农夫，另一个人得是建筑师，此外还得有另外一个人，即纺织工？或者，我们将把一位鞋匠增添到那儿[629]，抑或那些照料身体的人中的另外某个人？

当然。 369d10

因此，一个最低限度的城邦，它无论如何都得由四个人或五个人构成[630]。

显然。 369e1

那么，然后呢？这几个人中的每一单个的人都必须把他自己的劳动产品共同地提供给所有人呢——例如，农夫，既然他是某一单个的人，那他就必须得为〈所有〉四个人准备粮食，并且他必须得花费四倍的时
间和四倍的辛劳来准备粮食，并且与其他人共享——，还是说，他不关 369e5
心〈其他人〉，仅仅为他自己用四分之一的时间生产出该粮食的四分之
一，而另外四分之三的时间，他把其中的一份消磨在房屋的准备上，把 370a1
另一份消磨在衣服的准备上，而把剩下的一份消磨在鞋子的准备上，并且一定不费力地去与其他人合作[631]，而是自己通过自己来做自己的事情[632]。

于是阿德曼托斯说道：然而，苏格拉底啊，或许〈前面〉那种方式 370a5
比〈后面〉这种方式要更容易些[633]。

宙斯在上，我回应道，这一点也不让人奇怪。当你在说的时候我其实自己也在思考下面这点，那就是：首先，我们每个人同每个人生得完
全不一样，相反，彼此在天性上并不相同[634]，不同的人〈适合〉做不同 370b1
的事[635]。或者，在你看来不是这样？

在我看来肯定是这样。

然后呢？作为单个人，一个人会把事情做得更好，是当他从事许多 370b5
的技艺时呢，还是当他作为单个人仅仅从事一件技艺时[636]？

当他作为单个人，他说道，仅仅从事一件技艺时。

Ἀλλὰ μὴν οἶμαι καὶ τόδε δῆλον, ὡς, ἐάν τίς τινος παρῇ ἔργου καιρόν, διόλλυται.

Δῆλον γάρ.

Οὐ γὰρ οἶμαι ἐθέλει τὸ πραττόμενον τὴν τοῦ πράττοντος σχολὴν περιμένειν, ἀλλ' ἀνάγκη τὸν πράττοντα τῷ πρατ-
c τομένῳ ἐπακολουθεῖν μὴ ἐν παρέργου μέρει.

Ἀνάγκη.

Ἐκ δὴ τούτων πλείω τε ἕκαστα γίγνεται καὶ κάλλιον καὶ ῥᾷον, ὅταν εἷς ἓν κατὰ φύσιν καὶ ἐν καιρῷ, σχολὴν τῶν ἄλλων ἄγων, πράττῃ.

Παντάπασι μὲν οὖν.

Πλειόνων δή, ὦ Ἀδείμαντε, δεῖ πολιτῶν ἢ τεττάρων ἐπὶ τὰς παρασκευὰς ὧν ἐλέγομεν. ὁ γὰρ γεωργός, ὡς ἔοικεν, οὐκ αὐτὸς ποιήσεται ἑαυτῷ τὸ ἄροτρον, εἰ μέλλει καλὸν εἶναι,
d οὐδὲ σμινύην, οὐδὲ τἆλλα ὄργανα ὅσα περὶ γεωργίαν. οὐδ' αὖ ὁ οἰκοδόμος· πολλῶν δὲ καὶ τούτῳ δεῖ. ὡσαύτως δ' ὁ ὑφάντης τε καὶ ὁ σκυτοτόμος· ἢ οὔ;

Ἀληθῆ.

Τέκτονες δὴ καὶ χαλκῆς καὶ τοιοῦτοί τινες πολλοὶ δημιουργοί, κοινωνοὶ ἡμῖν τοῦ πολιχνίου γιγνόμενοι, συχνὸν αὐτὸ ποιοῦσιν.

Πάνυ μὲν οὖν.

Ἀλλ' οὐκ ἄν πω πάνυ γε μέγα τι εἴη, εἰ αὐτοῖς βουκόλους τε καὶ ποιμένας τούς τε ἄλλους νομέας προσθεῖμεν, ἵνα οἵ τε
e γεωργοὶ ἐπὶ τὸ ἀροῦν ἔχοιεν βοῦς, οἵ τε οἰκοδόμοι πρὸς τὰς ἀγωγὰς μετὰ τῶν γεωργῶν χρῆσθαι ὑποζυγίοις, ὑφάνται δὲ καὶ σκυτοτόμοι δέρμασίν τε καὶ ἐρίοις.

Οὐδέ γε, ἦ δ' ὅς, σμικρὰ πόλις ἂν εἴη ἔχουσα πάντα ταῦτα.

Ἀλλὰ μήν, ἦν δ' ἐγώ, κατοικίσαι γε αὐτὴν τὴν πόλιν εἰς

c 3 κάλλιον καὶ ῥᾷον] ῥᾷον καὶ κάλλιον Stobaeus c 4 ὅταν A F M : ὄντα D εἷς A^2 D M : εἰς A F d 3 ἢ οὔ D et int. vers. F : om. A M d 9 εἰ A D M : εἰ μὴ F : ⟨οὐδ'⟩ εἰ ci. Hermann e 4 σμικρὰ A D M : ἔτι σμικρὰ F ἔχουσα A D M : σχοῦσα F e 5 κατοικίσαι A D M : κατοικῆσαι F d

无疑我也认为下面这点是显而易见的，那就是，如果一个人放过〈做〉一件事情的时机[637]，那么事情就会被完全毁掉。

的确是显而易见的。

因为我认为，被做的事情不会愿意等待做它的人的空闲，相反，做 370b10
事情的人必须紧跟被做的事情的步伐[638]，而不是将之作为一份附带的 370c1
工作。

必须。

因此，基于这些，每样东西就会更多、更好和更容易地产生出来，每当一个人根据其天性并且适逢其时地[639]，从其他事情中〈摆脱出来〉
悠闲地[640]，只做一件事时。 370c5

完全如此。

所以，阿德曼托斯啊，那就需要更多的同邦人，而不只是四个，来致力于我们刚才说过的那些供应。因为，农夫，如看起来的那样，他自己将不会为他自己生产犁，如果它要是一张好的犁的话，他也不会〈为
自己生产〉一把双头镐，也不会〈为自己生产〉同耕作相关的所有其他 370d1
工具。此外，建筑师也不会，因为这人也肯定需要许多〈的工具〉。而纺织工和鞋匠也同样如此[641]。

正确。

因此，一些木工和一些铜匠，以及诸如此类的许多匠人，当他们在 370d5
我们的这个小小的城邦里成为我们的伙伴之后[642]，他们就使得它变得人口众多了[643]。

的确是这样。

然而，它无论如何都仍然还不会是一个非常大的东西，即使我们再
为这些人增添一些牧牛人和一些牧羊人，以及一些其他方面的牧人，以 370d10
便农夫们能够有牛去犁地，建筑师们为了搬运，和农夫们一道，能够使 370e1
用各种轭下的驮畜，而纺织工们和鞋匠们能够使用牛皮和羊毛[644]。

它也肯定不会，他回应道，是一个小城邦，如果它有所有这些的话。

然而，我说道，至少把城邦自身建立在一个如此这般的地方，也 370e5

τοιοῦτον τόπον οὗ ἐπεισαγωγίμων μὴ δεήσεται, σχεδόν τι ἀδύνατον.

Ἀδύνατον γάρ.

Προσδεήσει ἄρα ἔτι καὶ ἄλλων, οἳ ἐξ ἄλλης πόλεως αὐτῇ κομιοῦσιν ὧν δεῖται.

Δεήσει.

Καὶ μὴν κενὸς ἂν ἴῃ ὁ διάκονος, μηδὲν ἄγων ὧν ἐκεῖνοι δέονται παρ' ὧν ἂν κομίζωνται ὧν ἂν αὐτοῖς χρεία, κενὸς 371 *ἄπεισιν. ἦ γάρ;*

Δοκεῖ μοι.

Δεῖ δὴ τὰ οἴκοι μὴ μόνον ἑαυτοῖς ποιεῖν ἱκανά, ἀλλὰ καὶ οἷα καὶ ὅσα ἐκείνοις ὧν ἂν δέωνται.

Δεῖ γάρ.

Πλειόνων δὴ γεωργῶν τε καὶ τῶν ἄλλων δημιουργῶν δεῖ ἡμῖν τῇ πόλει.

Πλειόνων γάρ.

Καὶ δὴ καὶ τῶν ἄλλων διακόνων που τῶν τε εἰσαξόντων καὶ ἐξαξόντων ἕκαστα. οὗτοι δέ εἰσιν ἔμποροι· ἦ γάρ;

Ναί.

Καὶ ἐμπόρων δὴ δεησόμεθα.

Πάνυ γε.

Καὶ ἐὰν μέν γε κατὰ θάλατταν ἡ ἐμπορία γίγνηται, συχνῶν καὶ ἄλλων προσδεήσεται τῶν ἐπιστημόνων τῆς περὶ τὴν b *θάλατταν ἐργασίας.*

Συχνῶν μέντοι.

Τί δὲ δή; ἐν αὐτῇ τῇ πόλει πῶς ἀλλήλοις μεταδώσουσιν ὧν ἂν ἕκαστοι ἐργάζωνται; ὧν δὴ ἕνεκα καὶ κοινωνίαν ποιησάμενοι πόλιν ᾠκίσαμεν.

Δῆλον δή, ἦ δ' ὅς, ὅτι πωλοῦντες καὶ ὠνούμενοι.

e 10 *κομιοῦσιν* F : *κομισοῦσιν* D : *κομίσουσιν* A M   e 12 *κ*ε*νὸς* A *ἴῃ* scr. Mon. : *εἴη* A F D M   a 4 *οἴκοι*] *οἰκεῖα* ci. Ast   a 11 *δέ εἰσιν* A M : *δ' εἰσὶν* F : *δέησιν* D   b 5 *ἐργάζωνται* A : *ἐργάσωνται* F : *ἐργάζονται* D

即是说，在那儿它将不需要各种各样进口的货物，这无疑几乎是不可能的。

的确不可能。

那么，此外它甚至还将需要一些其他的人，即那些从其他城邦为它 370e10
带来它所需要的各种东西的人。

它将需要。

而且从事这方面服务的人[645]，如果他两手空空地出去，不带着那里的那些人——从他们那里〈那些派他出去的人〉能够进口他们自己所需要的东西——所需要的东西，那他就会两手空空地回来。是这样吗？ 371a1

在我看来是。

因此，人们必须不仅要为自己生产出足够的本地产品[646]，而且要为 371a5
那些他们会对之有需要的人[647]生产出如此的品种和如此多的产品。

当然必须。

于是，我们的城邦就既需要更多的农夫，也需要更多其他的各种匠人。

的确需要更多的。

而且，无论如何都尤其[648]还需要一些从事下面这种服务的人，那 371a10
就是他们将把所有这些东西运出去和运进来。而这些人是商人[649]。是这样吗？

是。

因此，我们也将需要商人。

当然。 371a15

并且，如果贸易其实是通过海上来进行的，那么，还将进一步需要 371b1
许多其他的人，即那些精通海上事务的人。

的确需要许多〈这样的人〉。

那然后呢？在城邦自身里面，人们彼此之间将如何分享他们各自会
生产出来的东西呢[650]？事实上也正是为了它们，我们才通过创设一个 371b5
共同体而建立起城邦。

显然，他说道，人们通过卖和买。

Ἀγορὰ δὴ ἡμῖν καὶ νόμισμα σύμβολον τῆς ἀλλαγῆς ἕνεκα γενήσεται ἐκ τούτου.

Πάνυ μὲν οὖν.

c Ἂν οὖν κομίσας ὁ γεωργὸς εἰς τὴν ἀγοράν τι ὧν ποιεῖ, ἤ τις ἄλλος τῶν δημιουργῶν, μὴ εἰς τὸν αὐτὸν χρόνον ἥκῃ τοῖς δεομένοις τὰ παρ᾽ αὐτοῦ ἀλλάξασθαι, ἀργήσει τῆς αὐτοῦ δημιουργίας καθήμενος ἐν ἀγορᾷ;

Οὐδαμῶς, ἦ δ᾽ ὅς, ἀλλὰ εἰσὶν οἳ τοῦτο ὁρῶντες ἑαυτοὺς ἐπὶ τὴν διακονίαν τάττουσιν ταύτην, ἐν μὲν ταῖς ὀρθῶς οἰκουμέναις πόλεσι σχεδόν τι οἱ ἀσθενέστατοι τὰ σώματα καὶ ἀχρεῖοί τι ἄλλο ἔργον πράττειν. αὐτοῦ γὰρ δεῖ μένοντας d αὐτοὺς περὶ τὴν ἀγορὰν τὰ μὲν ἀντ᾽ ἀργυρίου ἀλλάξασθαι τοῖς τι δεομένοις ἀποδόσθαι, τοῖς δὲ ἀντὶ αὖ ἀργυρίου διαλλάττειν ὅσοι τι δέονται πρίασθαι.

Αὕτη ἄρα, ἦν δ᾽ ἐγώ, ἡ χρεία καπήλων ἡμῖν γένεσιν ἐμποιεῖ τῇ πόλει. ἢ οὐ καπήλους καλοῦμεν τοὺς πρὸς ὠνήν τε καὶ πρᾶσιν διακονοῦντας ἱδρυμένους ἐν ἀγορᾷ, τοὺς δὲ πλανήτας ἐπὶ τὰς πόλεις ἐμπόρους;

Πάνυ μὲν οὖν.

e Ἔτι δή τινες, ὡς ἐγᾦμαι, εἰσὶ καὶ ἄλλοι διάκονοι, οἳ ἂν τὰ μὲν τῆς διανοίας μὴ πάνυ ἀξιοκοινώνητοι ὦσιν, τὴν δὲ τοῦ σώματος ἰσχὺν ἱκανὴν ἐπὶ τοὺς πόνους ἔχωσιν· οἳ δὴ πωλοῦντες τὴν τῆς ἰσχύος χρείαν, τὴν τιμὴν ταύτην μισθὸν καλοῦντες, κέκληνται, ὡς ἐγᾦμαι, μισθωτοί· ἦ γάρ;

Πάνυ μὲν οὖν.

Πλήρωμα δὴ πόλεώς εἰσιν, ὡς ἔοικε, καὶ μισθωτοί.

Δοκεῖ μοι.

Ἆρ᾽ οὖν, ὦ Ἀδείμαντε, ἤδη ἡμῖν ηὔξηται ἡ πόλις, ὥστ᾽ εἶναι τελέα;

Ἴσως.

b 8 ἕνεκα secl. ci. Hartman   d 2 αὖ A M : om. F D   d 6 διακονοῦντας A F M : διακονουμένους D   d 7 πλανήτας F D M : πλάνητας A   e 3 ἔχωσιν A F M : ἔχουσιν D   e 9 ἡ πόλις F D M : πόλις A (sed add. ἡ supra versum)

因此，市场和钱币[651]——为了交易而来的一种符号[652]——，将由此对我们产生出来。

完全如此。 371b10

那么，如果农夫带着他生产出来的那些东西中的任何一样来到市 371c1
场——或者那些匠人中的其他任何一位——，但没有同那些需要在他那里交换东西的人在同一时间到达，那么，他将无所事事地把他自己的工作扔到一边而坐在市场上吗？

绝对不会，他说道，相反，有一些人，当他们看到这种情况之后， 371c5
他们就安排他们自己来从事这项服务，其实在那些被正确地加以管理的城邦那里，他们差不多都是一些在身体方面最孱弱的人，以及一些不适合做其他任何工作的人[653]。因为，他们自己必须得留在那里，即留在
市场的周围[654]，一方面，从那些需要出售某种东西的人那里用钱买进 371d1
一些东西，另一方面，从所有那些需要购买某种东西人那里复又将之换成钱。

因此，我说道，这种需要在我们城邦中导致了各种小商贩的产生。
或者，那些通过在市场上摆摊设点来从事买卖服务的人[655]，我们岂不 371d5
把他们称为坐商，而那些通过在各个城邦之间旅行〈来从事买卖服务的人，我们则把他们称为〉贸易商[656]？

完全如此。

肯定还有一些，如我所认为的那样，其他的从事服务的人，就心智 371e1
方面的各种事情而言，他们都是一些完全配不上这一共同体的人，但他们有足够的体力去从事各种繁重的工作；这些人，由于他们出卖力气方
面的服务，并且他们把这种酬报称作佣金，所以他们已经被称为，如我 371e5
所认为的那样，雇佣工。是这样吗？

是[657]。

因此，城邦公民的总数[658]，如看起来的那样，也包括那些雇佣工。

在我看来是这样。

那么，阿德曼托斯啊，我们的城邦已经扩展〈到如此地步〉，以至 371e10
于它是完满的了吗？

或许吧。

Ποῦ οὖν ἄν ποτε ἐν αὐτῇ εἴη ἥ τε δικαιοσύνη καὶ ἡ ἀδικία; καὶ τίνι ἅμα ἐγγενομένη ὧν ἐσκέμμεθα;

Ἐγὼ μέν, ἔφη, οὐκ ἐννοῶ, ὦ Σώκρατες, εἰ μή που ἐν 372
αὐτῶν τούτων χρείᾳ τινὶ τῇ πρὸς ἀλλήλους.

Ἀλλ' ἴσως, ἦν δ' ἐγώ, καλῶς λέγεις· καὶ σκεπτέον γε καὶ οὐκ ἀποκνητέον.

Πρῶτον οὖν σκεψώμεθα τίνα τρόπον διαιτήσονται οἱ οὕτω παρεσκευασμένοι. ἄλλο τι ἢ σῖτόν τε ποιοῦντες καὶ οἶνον καὶ ἱμάτια καὶ ὑποδήματα; καὶ οἰκοδομησάμενοι οἰκίας, θέρους μὲν τὰ πολλὰ γυμνοί τε καὶ ἀνυπόδητοι ἐργάσονται, τοῦ δὲ
χειμῶνος ἠμφιεσμένοι τε καὶ ὑποδεδεμένοι ἱκανῶς· θρέ- b
ψονται δὲ ἐκ μὲν τῶν κριθῶν ἄλφιτα σκευαζόμενοι, ἐκ δὲ τῶν πυρῶν ἄλευρα, τὰ μὲν πέψαντες, τὰ δὲ μάξαντες, μάζας γενναίας καὶ ἄρτους ἐπὶ κάλαμόν τινα παραβαλλόμενοι ἢ φύλλα καθαρά, κατακλινέντες ἐπὶ στιβάδων ἐστρωμένων μίλακί τε καὶ μυρρίναις, εὐωχήσονται αὐτοί τε καὶ τὰ παιδία, ἐπιπίνοντες τοῦ οἴνου, ἐστεφανωμένοι καὶ ὑμνοῦντες τοὺς θεούς, ἡδέως συνόντες ἀλλήλοις, οὐχ ὑπὲρ τὴν οὐσίαν ποιού-
μενοι τοὺς παῖδας, εὐλαβούμενοι πενίαν ἢ πόλεμον. c

Καὶ ὁ Γλαύκων ὑπολαβών, Ἄνευ ὄψου, ἔφη, ὡς ἔοικας, ποιεῖς τοὺς ἄνδρας ἑστιωμένους.

Ἀληθῆ, ἦν δ' ἐγώ, λέγεις. ἐπελαθόμην ὅτι καὶ ὄψον ἕξουσιν, ἅλας τε δῆλον ὅτι καὶ ἐλάας καὶ τυρόν, καὶ βολβοὺς καὶ λάχανά γε, οἷα δὴ ἐν ἀγροῖς ἑψήματα, ἑψήσονται. καὶ τραγήματά που παραθήσομεν αὐτοῖς τῶν τε σύκων καὶ ἐρεβίνθων καὶ κυάμων, καὶ μύρτα καὶ φηγοὺς σποδιοῦσιν
πρὸς τὸ πῦρ, μετρίως ὑποπίνοντες· καὶ οὕτω διάγοντες τὸν d
βίον ἐν εἰρήνῃ μετὰ ὑγιείας, ὡς εἰκός, γηραιοὶ τελευτῶντες ἄλλον τοιοῦτον βίον τοῖς ἐκγόνοις παραδώσουσιν.

a 5 διαιτήσονται A^2 F D M : διαιτήσωνται A   b 3 ⟨καὶ⟩ μάζας ci. Stephanus : μάζας ⟨τε⟩ ci. Hartman   c 6 γε F Athenaeus : om. A D M   ἑψήματα A D M : ἑψήματά τε F Athenaeus   c 7 σύκων A M : συκῶν F D Athenaeus   c 8 σποδιοῦσι(ν) A F M : σπουδίουσι D   d 2 εἰκός A D M : τὸ εἰκός F   d 3 ἐγγόνοις F

那么，正义以及不正义会是在它那里的何处呢？并且就我们已经考察过的那些成员，它又同其中哪个一道产生出来？

我其实，他说道，想不到〈别的〉，苏格拉底啊，除了有可能是在 372a1
这些成员自身彼此间的某种交道中[659]。

不过或许，我回应道，你说得正确；无论如何都必须进行考察，并且不可打退堂鼓。

那么，首先让我们来考察一下，已经以这种方式被组织起来的这些 372a5
人，他们将以何种方式来过活。他们是不是[660]要生产粮食、酿造葡萄酒、制作衣物和鞋子呢？此外他们还要建造房屋，一方面，在夏季的时候，他们在大多数情况下[661]都将光着上身和赤脚进行劳动，另一方面，
到了冬季，他们则将穿上足够多的衣服和穿上鞋子〈来进行劳动〉。而 372b1
且他们将这样来养育他们自己：一则从大麦中为自己准备大麦片，一则从小麦中为自己准备小麦粉；他们要么对之进行烘烤，要么对之进行揉捏[662]；当他们把一些精美可口的大麦饼和一些小麦面包放在芦苇做的
某种垫子[663]上或者一些干净的树叶上，而自己斜躺在用紫杉和香桃木 372b5
叶平铺成的小床上之后，他们自己和孩子们将一起享用美食，餐后再喝点葡萄酒；他们头戴花冠，颂扬诸神；〈男人和女人〉彼此愉快地生活
在一起[664]，但他们不会超出自己所拥有的能力[665]去生孩子，因为他们 372c1
要防范贫穷或者战争[666]。

而格劳孔接过了话头，在没有任何菜肴的情况下，他说道，你似乎让那些人吃得津津有味。

你说得对，我回应道。我竟然忘了他们其实将有菜肴[667]，盐，那是 372c5
显而易见的，此外，他们肯定还有橄榄和奶酪，至于洋葱头，以及各种各样的蔬菜——诸如那些在农村凡是能够被用来煮的东西——，他们也将煮它们。无疑我们还将给他们上一些甜点，如一些无花果、鹰嘴豆和
菜豆；并且他们将在火前烘烤香桃木果和橡子，适量地喝一点点酒[668]。 372d1
而当他们以这种方式在伴随着健康的和平中度过一生之后，如看起来的那样，到他们年老终了时，他们将把诸如此类的另外一种生活传给后代们。

Καὶ ὅς, Εἰ δὲ ὑῶν πόλιν, ὦ Σώκρατες, ἔφη, κατεσκεύαζες, τί ἂν αὐτὰς ἄλλο ἢ ταῦτα ἐχόρταζες;

Ἀλλὰ πῶς χρή, ἦν δ' ἐγώ, ὦ Γλαύκων;

Ἅπερ νομίζεται, ἔφη· ἐπί τε κλινῶν κατακεῖσθαι οἶμαι τοὺς μέλλοντας μὴ ταλαιπωρεῖσθαι, καὶ ἀπὸ τραπεζῶν
e δειπνεῖν, καὶ ὄψα ἅπερ καὶ οἱ νῦν ἔχουσι καὶ τραγήματα.

Εἶεν, ἦν δ' ἐγώ· μανθάνω. οὐ πόλιν, ὡς ἔοικε, σκοποῦμεν μόνον ὅπως γίγνεται, ἀλλὰ καὶ τρυφῶσαν πόλιν. ἴσως οὖν οὐδὲ κακῶς ἔχει· σκοποῦντες γὰρ καὶ τοιαύτην τάχ' ἂν κατίδοιμεν τήν τε δικαιοσύνην καὶ ἀδικίαν ὅπῃ ποτὲ ταῖς πόλεσιν ἐμφύονται. ἡ μὲν οὖν ἀληθινὴ πόλις δοκεῖ μοι εἶναι ἣν διεληλύθαμεν, ὥσπερ ὑγιής τις· εἰ δ' αὖ βούλεσθε, καὶ φλεγμαίνουσαν πόλιν θεωρήσωμεν· οὐδὲν ἀποκωλύει.
373 ταῦτα γὰρ δή τισιν, ὡς δοκεῖ, οὐκ ἐξαρκέσει, οὐδὲ αὕτη ἡ δίαιτα, ἀλλὰ κλῖναί τε προσέσονται καὶ τράπεζαι καὶ τἆλλα σκεύη, καὶ ὄψα δὴ καὶ μύρα καὶ θυμιάματα καὶ ἑταῖραι καὶ πέμματα, καὶ ἕκαστα τούτων παντοδαπά. καὶ δὴ καὶ ἃ τὸ πρῶτον ἐλέγομεν οὐκέτι τἀναγκαῖα θετέον, οἰκίας τε καὶ ἱμάτια καὶ ὑποδήματα, ἀλλὰ τήν τε ζωγραφίαν κινητέον καὶ τὴν ποικιλίαν, καὶ χρυσὸν καὶ ἐλέφαντα καὶ πάντα τὰ τοιαῦτα κτητέον. ἦ γάρ;

b Ναί, ἔφη.

Οὐκοῦν μείζονά τε αὖ τὴν πόλιν δεῖ ποιεῖν· ἐκείνη γὰρ ἡ ὑγιεινὴ οὐκέτι ἱκανή, ἀλλ' ἤδη ὄγκου ἐμπληστέα καὶ πλήθους, ἃ οὐκέτι τοῦ ἀναγκαίου ἕνεκά ἐστιν ἐν ταῖς πόλεσιν, οἷον οἵ τε θηρευταὶ πάντες οἵ τε μιμηταί, πολλοὶ μὲν οἱ περὶ τὰ σχήματά τε καὶ χρώματα, πολλοὶ δὲ οἱ περὶ μουσικήν, ποιηταί τε καὶ τούτων ὑπηρέται, ῥαψῳδοί, ὑποκριταί, χορευταί, ἐργολάβοι, σκευῶν τε παντοδαπῶν δημιουργοί, τῶν τε ἄλλων

e 3 γίγνεται ADM: γίγνηται F e 6 ἐμφύονται ADM: ἐμποιοῦνται F e 7 post βούλεσθε dist. A (sed punctum del. A²) a 1 αὕτη scr. Laur. lxxxv. 6: αὐτὴ AFDM a 4 καὶ ἕκαστα FD: ἕκαστα AM a 7 καὶ τὴν ποικιλίαν FD: om. AM b 2 αὖ τὴν DM: αὐτὴν AF b 6 οἱ ADM: om. F

于是他说道，如果你正在建立一个猪的城邦，苏格拉底啊，那么， 372d5
除了这些，你还有任何别的什么来喂肥它们吗？

但该如何做呢，我回应道，格劳孔啊？

恰如习惯那样[669]，他说道。我认为他们将斜躺在床榻上，如果他们想要不感到辛苦的话，并且从桌子上拿东西吃，而且还恰如现今的人 372e1
〈就餐时〉所有的那样，有各种菜肴和甜点。

好吧，我回应道，我明白了。正如看起来的那样，我们不仅仅在考察一个城邦是如何产生的，而且还在考察一个过着奢侈生活的城邦〈是如何产生的〉。那么，或许这并不是一件坏事[670]；因为，其实通过考察这样一种城邦，我们就有可能发现正义以及不正义究竟以何种方式在各 372e5
个城邦里面生长出来。无疑，真正的城邦在我看来是我们已经细说过的那种城邦，它就像是一个健康的城邦似的；但此外如果你们也还愿意，那么，也就让我们看看一个在因发炎而肿胀的城邦[671]，因为，没有什么在阻止〈我们这么做〉。无论如何这些东西，如显得的那样，是无法满 373a1
足一些人的，这种生活方式也无法〈满足他们〉，相反，还得加上各种床榻、各种桌子以及其他一些器具，肯定还有各式各样的菜肴、香膏和熏香，以及女伴[672]，还有各种糕点，并且这些中的每一样都还得是五花八门的。尤其是，必须被提出来的，不再是我们最初所提到的那些必需 373a5
品，诸如房屋、衣服和鞋子，相反，一个人必须得让绘画和五彩缤纷的编织物[673]发挥作用[674]，此外，一个人还必须取得黄金、象牙以及所有诸如此类的东西。是这样吗？

是的，他说道。 373b1

因此，岂不必须再次使得城邦变得更大；因为，那个健康的城邦不再是充分的了，相反，从此它必须充满了一大堆事和一大群人，他们都已经不再是为了〈生活之〉必需而出现在各个城邦中，例如，所有的猎 373b5
人，以及所有的模仿者[675]，其中许多人是在各种形状和各种颜色方面的模仿者，而另外许多人则是在文艺方面的模仿者，诸如诗人和他们的助手，史诗朗诵者[676]，演员，歌舞队的舞蹈者，〈演出〉承包者，〈制造〉

καὶ τῶν περὶ τὸν γυναικεῖον κόσμον. καὶ δὴ καὶ διακόνων c πλειόνων δεησόμεθα· ἢ οὐ δοκεῖ δεήσειν παιδαγωγῶν, τιτθῶν, τροφῶν, κομμωτριῶν, κουρέων, καὶ αὖ ὀψοποιῶν τε καὶ μαγείρων; ἔτι δὲ καὶ συβωτῶν προσδεησόμεθα· τοῦτο γὰρ ἡμῖν ἐν τῇ προτέρᾳ πόλει οὐκ ἐνῆν—ἔδει γὰρ οὐδέν—ἐν δὲ ταύτῃ καὶ τούτου προσδεήσει. δεήσει δὲ καὶ τῶν ἄλλων βοσκημάτων παμπόλλων, εἴ τις αὐτὰ ἔδεται· ἢ γάρ;

Πῶς γὰρ οὔ;

Οὐκοῦν καὶ ἰατρῶν ἐν χρείαις ἐσόμεθα πολὺ μᾶλλον οὕτω d διαιτώμενοι ἢ ὡς τὸ πρότερον;

Πολύ γε.

Καὶ ἡ χώρα γέ που, ἡ τότε ἱκανὴ τρέφειν τοὺς τότε, σμικρὰ δὴ ἐξ ἱκανῆς ἔσται. ἢ πῶς λέγομεν;

Οὕτως, ἔφη.

Οὐκοῦν τῆς τῶν πλησίον χώρας ἡμῖν ἀποτμητέον, εἰ μέλλομεν ἱκανὴν ἕξειν νέμειν τε καὶ ἀροῦν, καὶ ἐκείνοις αὖ τῆς ἡμετέρας, ἐὰν καὶ ἐκεῖνοι ἀφῶσιν αὑτοὺς ἐπὶ χρημάτων κτῆσιν ἄπειρον, ὑπερβάντες τὸν τῶν ἀναγκαίων ὅρον;

Πολλὴ ἀνάγκη, ἔφη, ὦ Σώκρατες. e

Πολεμήσομεν δὴ τὸ μετὰ τοῦτο, ὦ Γλαύκων; ἢ πῶς ἔσται;

Οὕτως, ἔφη.

Καὶ μηδέν γέ πω λέγωμεν, ἦν δ' ἐγώ, μήτ' εἴ τι κακὸν μήτ' εἰ ἀγαθὸν ὁ πόλεμος ἐργάζεται, ἀλλὰ τοσοῦτον μόνον, ὅτι πολέμου αὖ γένεσιν ηὑρήκαμεν, ἐξ ὧν μάλιστα ταῖς πόλεσιν καὶ ἰδίᾳ καὶ δημοσίᾳ κακὰ γίγνεται, ὅταν γίγνηται.

Πάνυ μὲν οὖν.

Ἔτι δή, ὦ φίλε, μείζονος τῆς πόλεως δεῖ οὔ τι σμικρῷ, ἀλλ' ὅλῳ στρατοπέδῳ, ὃ ἐξελθὸν ὑπὲρ τῆς οὐσίας ἁπάσης 374 καὶ ὑπὲρ ὧν νυνδὴ ἐλέγομεν διαμαχεῖται τοῖς ἐπιοῦσιν.

c 6 τούτου A F M: τοῦτο D   d 1 χρείαις A D M : χρείᾳ F   d 4 γε F : om. A D M   d 5 λέγομεν A² F D M : λέγωμεν A   d 8 ἐκείνοις A² D M : ἐκείνης A F   e 2 δὴ F : om. A D M   e 4 μήτ' εἴ τι κακὸν ἀπεργάζεται ὁ πόλεμος μήτε εἴ τι ἀγαθόν F   e 7 καὶ ἰδίᾳ καὶ δημοσίᾳ F D M et in marg. A : om. A

形形色色的器具的匠人——既有其他方面的各种器具，也有同妇女的装 373c1
饰物相关的那些器具——。我们尤其将需要更多的一些提供服务的人；或者，看起来岂不将需要一些接送学童的人，奶妈，保姆，侍女，理发师，此外还将需要一些厨子和屠户？而除此之外，进而我们还将需要一
些猪倌；因为这种〈动物〉[677]对我们来说并不在最初的那种城邦里—— 373c5
因为那时根本就不需要它——，但在〈现在的〉这种城邦里，则将进一步需要这种〈动物〉。此外，也将需要其他非常众多的牲畜，如果有人要吃它们的话[678]。是这样吗？

那还用说？

于是，我们岂不也将需要多得多的医生[679]，如果我们要以这种方式 373d1
生活，而不是如先前那样〈生活〉的话？

肯定要多得多。

而至于土地[680]，它曾经足以养活当初的那些人，而〈现在〉无论如 373d5
何都将从足够变成是少的。或者我们该如何说？

就这样说，他回应道。

那么，我们岂不必须去分割〈周围〉邻居们的土地，如果我们打算有足够的〈土地〉去进行放牧和耕种的话，而那些人复又对我们的土地〈做同样的事情〉，假如他们也让自己沉湎于对钱财无止境的获取[681]，
从而逾越各种必需品的界限的话？ 373d10

完全不可避免，他说道，苏格拉底啊。 373e1

那么，此后我们将进行战争吗，格劳孔啊？或者将怎样？

就这样，他回应道。

让我们暂时还不用去谈，我说道，战争在导致某种坏事呢，还是在 373e5
导致某种好事，而仅仅说下面这么多，那就是我们复又已经〈从同样那些事情中〉发现了战争的起源，由于它们[682]，各种各样的坏事才最为出现在城邦那里，无论是在私人方面，还是在公共方面，每当它们出现时[683]。

完全如此。

因此，朋友啊，还需要一个更大的城邦，不是通过〈增添〉一小点
东西，而是通过〈增添〉一整支军队，它将前去为了所有的财富和为了 374a1
我们刚才说过的那些东西而同入侵者们战斗到底。

Τί δέ; ἦ δ' ὅς· αὐτοὶ οὐχ ἱκανοί;

Οὔκ, εἰ σύ γε, ἦν δ' ἐγώ, καὶ ἡμεῖς ἅπαντες ὡμολογήσαμεν καλῶς, ἡνίκα ἐπλάττομεν τὴν πόλιν· ὡμολογοῦμεν δέ που, εἰ μέμνησαι, ἀδύνατον ἕνα πολλὰς καλῶς ἐργάζεσθαι τέχνας.

Ἀληθῆ λέγεις, ἔφη.

b Τί οὖν; ἦν δ' ἐγώ· ἡ περὶ τὸν πόλεμον ἀγωνία οὐ τεχνικὴ δοκεῖ εἶναι;

Καὶ μάλα, ἔφη.

Ἦ οὖν τι σκυτικῆς δεῖ μᾶλλον κήδεσθαι ἢ πολεμικῆς;

Οὐδαμῶς.

Ἀλλ' ἄρα τὸν μὲν σκυτοτόμον διεκωλύομεν μήτε γεωργὸν ἐπιχειρεῖν εἶναι ἅμα μήτε ὑφάντην μήτε οἰκοδόμον ἀλλὰ σκυτοτόμον, ἵνα δὴ ἡμῖν τὸ τῆς σκυτικῆς ἔργον καλῶς γίγνοιτο, καὶ τῶν ἄλλων ἑνὶ ἑκάστῳ ὡσαύτως ἓν ἀπεδίδομεν, πρὸς ὃ ἐπεφύκει ἕκαστος καὶ ἐφ' ᾧ ἔμελλε τῶν ἄλλων
c σχολὴν ἄγων διὰ βίου αὐτὸ ἐργαζόμενος οὐ παριεὶς τοὺς καιροὺς καλῶς ἀπεργάσεσθαι· τὰ δὲ δὴ περὶ τὸν πόλεμον πότερον οὐ περὶ πλείστου ἐστὶν εὖ ἀπεργασθέντα; ἢ οὕτω ῥᾴδιον, ὥστε καὶ γεωργῶν τις ἅμα πολεμικὸς ἔσται καὶ σκυτοτομῶν καὶ ἄλλην τέχνην ἡντινοῦν ἐργαζόμενος, πεττευτικὸς δὲ ἢ κυβευτικὸς ἱκανῶς οὐδ' ἂν εἷς γένοιτο μὴ αὐτὸ τοῦτο ἐκ παιδὸς ἐπιτηδεύων, ἀλλὰ παρέργῳ χρώμενος;
d καὶ ἀσπίδα μὲν λαβὼν ἤ τι ἄλλο τῶν πολεμικῶν ὅπλων τε καὶ ὀργάνων αὐθημερὸν ὁπλιτικῆς ἤ τινος ἄλλης μάχης τῶν κατὰ πόλεμον ἱκανὸς ἔσται ἀγωνιστής, τῶν δὲ ἄλλων ὀργάνων οὐδὲν οὐδένα δημιουργὸν οὐδὲ ἀθλητὴν ληφθὲν ποιήσει, οὐδ' ἔσται χρήσιμον τῷ μήτε τὴν ἐπιστήμην ἑκάστου λαβόντι μήτε τὴν μελέτην ἱκανὴν παρασχομένῳ;

Πολλοῦ γὰρ ἄν, ἦ δ' ὅς, τὰ ὄργανα ἦν ἄξια.

a 3 ἱκανοί A F M : ἱκανοὶ διαμάχεσθαι D a 5 δέ A F M : δή D a 6 ἀδύνατον A D M : ἀδύνατον εἶναι F καλῶς A F D : om. M b 7 ἀλλὰ σκυτοτόμον D : post b 9 γίγνοιτο transp. M : om. A F b 10 ἐπεφύκει F : πεφύκει A D c 2 ἀπεργάσεσθαι F D : ἀπεργάζεσθαι A M c 4 ῥᾴδιον A D M : ῥᾴδια F c 5 σκυτοτομῶν F D M : σκυτοτόμων A d 3 ἱκανὸς] ἱκανῶς D d 7 ἦν] εἴη F

怎么回事？他说道，〈城邦居民们〉自己不能胜任吗？

不能，如果你，我回应道，和我们所有人确实正确地达成过一致意
见的话，当我们塑造城邦时。而我们肯定同意过，如果你还记得，单一 374a5
的个人不能很好地从事许多的技艺[684]。

你说得对，他说道。

那么，然后呢？我说道，在战争方面的争夺[685]，它看起来不是技艺 374b1
性的吗？

当然是，他说道。

那么，难道应当更加关心制鞋术，而不是战争术？

绝不。 374b5

然而，我们毕竟[686]曾阻止一位鞋匠尝试同时是一个农夫，或者是
一位纺织工，或者是一个建筑师，相反，〈我们只让他〉是一位鞋匠，
以便制鞋术的工作确实能够对我们很好地产生出来；并且我们以同样的
方式把〈其他的〉每一件事都指派给其他人中的每一位，而每个人生来 374b10
就〈适合做那被指派给他的〉事情，并且对于该事情，他将终生都从其 374c1
他事情中〈摆脱出来〉从容地[687]做它，不会放过各种时机[688]，因而他
将〈把它〉完成得很好。而关于战争的各种事情，难道它们不是最重要
的[689]而〈理当〉被很好地完成？抑或，它们是如此的容易，以至于甚
至某个农夫将同时是一个精通战争的人，并且某个鞋匠以及某个从事其 374c5
他任何一种技艺的人亦然——尽管一个人不可能充分地成为一个精通下
跳棋的人，或者成为一个精通掷骰子游戏的人，如果他不是从孩童时起
就恰恰一心从事〈下跳棋或掷骰子〉这件事，而只是将之作为一件附带
的事情来进行对待的话——？并且当一个人拿起盾牌或者同战争相关的 374d1
那些武器和工具中的其他任何一件，难道他在当天就将足以是一位重甲
步兵战斗的战士，或者是一位同战争相关的其他任何一种战斗的战士，
而其他工具中的任何一样，如果它被某人拿起，它既不将使得那人就是
一位匠人，或者是一位运动员，它对任何人也将是无用的，假如那人既 374d5
没有取得关于它的知识，也没有为自己提供足够的训练的话？

真是那样的话，他说道，那些工具也就肯定会所值甚多了[690]！

Οὐκοῦν, ἦν δ' ἐγώ, ὅσῳ μέγιστον τὸ τῶν φυλάκων ἔργον,
τοσούτῳ σχολῆς τε τῶν ἄλλων πλείστης ἂν εἴη καὶ αὖ e
τέχνης τε καὶ ἐπιμελείας μεγίστης δεόμενον.

Οἶμαι ἔγωγε, ἦ δ' ὅς.

Ἆρ' οὖν οὐ καὶ φύσεως ἐπιτηδείας εἰς αὐτὸ τὸ ἐπιτήδευμα;

Πῶς δ' οὔ;

Ἡμέτερον δὴ ἔργον ἂν εἴη, ὡς ἔοικεν, εἴπερ οἷοί τ' ἐσμέν, ἐκλέξασθαι τίνες τε καὶ ποῖαι φύσεις ἐπιτήδειαι εἰς πόλεως φυλακήν.

Ἡμέτερον μέντοι.

Μὰ Δία, ἦν δ' ἐγώ, οὐκ ἄρα φαῦλον πρᾶγμα ἠράμεθα· ὅμως δὲ οὐκ ἀποδειλιατέον, ὅσον γ' ἂν δύναμις παρείκῃ.

Οὐ γὰρ οὖν, ἔφη. 375

Οἴει οὖν τι, ἦν δ' ἐγώ, διαφέρειν φύσιν γενναίου σκύλακος εἰς φυλακὴν νεανίσκου εὐγενοῦς;

Τὸ ποῖον λέγεις;

Οἷον ὀξύν τέ που δεῖ αὐτοῖν ἑκάτερον εἶναι πρὸς αἴσθησιν καὶ ἐλαφρὸν πρὸς τὸ αἰσθανόμενον διωκάθειν, καὶ ἰσχυρὸν αὖ, ἐὰν δέῃ ἑλόντα διαμάχεσθαι.

Δεῖ γὰρ οὖν, ἔφη, πάντων τούτων.

Καὶ μὴν ἀνδρεῖόν γε, εἴπερ εὖ μαχεῖται.

Πῶς δ' οὔ;

Ἀνδρεῖος δὲ εἶναι ἆρα ἐθελήσει ὁ μὴ θυμοειδὴς εἴτε
ἵππος εἴτε κύων ἢ ἄλλο ὁτιοῦν ζῷον; ἢ οὐκ ἐννενόηκας ὡς
ἄμαχόν τε καὶ ἀνίκητον θυμός, οὗ παρόντος ψυχὴ πᾶσα b
πρὸς πάντα ἄφοβός τέ ἐστι καὶ ἀήττητος;

Ἐννενόηκα.

Τὰ μὲν τοίνυν τοῦ σώματος οἷον δεῖ τὸν φύλακα εἶναι, δῆλα.

e 6 δ' ἂν εἴη ἔργον Stobaeus e 11 ὅσον A D M: εἰς ὅσον F Stobaeus γ' ἂν . . . παρείκῃ A D M: δὴ . . . παρήκει F Stobaeus a 2 φύσιν] τὴν φύσιν Stobaeus a 11 ἆρα ἐθελήσει A D M: ἆρ' ἂν ἐθέλοι F Stobaeus a 12 ἢ ἄλλο A D M: εἴτε ἄλλο F Stobaeus b 2 ἐστι A F M: om. D Stobaeus b 4 εἶναι] εἶναι τῆς πόλεως Stobaeus

因此，我说道，在多大程度上卫士们的工作是最重要的，那么同其 374e1
他〈事业〉相比，它也就在多大程度上要求最多的闲暇，以及要求最重要的技艺和最多的心无旁骛。

我肯定认为是这样，他说道。

那么，岂不也需要一种天性，它恰恰适合于这一事业？

为何不呢？ 374e5

那么，我们的任务就肯定会是，如看起来的那样——如果我们真将是有能力的话——，挑选出哪些天性以及什么样的天性是适合于去做一个城邦的护卫。

这的确是我们的任务。

宙斯在上，我说道，我们所承担的肯定不是一件小事[691]；然而， 374e10
一定不可以退缩，只要在能力所允许的范围内。

肯定不可以，他回应道。 375a1

那么，你认为，我说道，就护卫来说，一只年轻的良种狗之天性同一位出生好的年轻人之天性有什么不同吗？

你在说何种东西？

例如，两者中的每一个无论如何都必须在感觉上是敏锐的，并且能 375a5
够迅捷地追捕那被觉察到的东西，此外，还必须是强壮有力的，如果需要同被抓住的东西进行战斗的话。

的确需要所有这些，他说道。

而且肯定还得是勇敢的，如果要战斗得好的话。

那还用说？ 375a10

然而，无论是一匹马，还是一只狗，还是任何其他的动物，如果它不是气宇轩昂的，那它竟然将愿意是勇敢的吗[692]？或者你未曾注意到
气魄[693]是一种多么不可征服和不可战胜的东西，由于它的在场，每个 375b1
灵魂在任何东西面前都是无所畏惧的和不被打败的？

我注意到了。

那好，就身体方面的东西而言卫士应当是怎样的，那些东西就是显 375b5
而易见的了。

Ναί.

Καὶ μὴν καὶ τὰ τῆς ψυχῆς, ὅτι γε θυμοειδῆ.

Καὶ τοῦτο.

Πῶς οὖν, ἦν δ' ἐγώ, ὦ Γλαύκων, οὐκ ἄγριοι ἀλλήλοις τε ἔσονται καὶ τοῖς ἄλλοις πολίταις, ὄντες τοιοῦτοι τὰς φύσεις;

Μὰ Δία, ἦ δ' ὅς, οὐ ῥᾳδίως.

c 'Αλλὰ μέντοι δεῖ γε πρὸς μὲν τοὺς οἰκείους πρᾴους αὐτοὺς εἶναι, πρὸς δὲ τοὺς πολεμίους χαλεπούς· εἰ δὲ μή, οὐ περιμενοῦσιν ἄλλους σφᾶς διολέσαι, ἀλλ' αὐτοὶ φθήσονται αὐτὸ δράσαντες.

'Αληθῆ, ἔφη.

Τί οὖν, ἦν δ' ἐγώ, ποιήσομεν; πόθεν ἅμα πρᾷον καὶ μεγαλόθυμον ἦθος εὑρήσομεν; ἐναντία γάρ που θυμοειδεῖ πρᾳεῖα φύσις.

Φαίνεται.

'Αλλὰ μέντοι τούτων γε ὁποτέρου ἂν στέρηται, φύλαξ ἀγαθὸς οὐ μὴ γένηται· ταῦτα δὲ ἀδυνάτοις ἔοικεν, καὶ οὕτω
d δὴ συμβαίνει ἀγαθὸν φύλακα ἀδύνατον γενέσθαι.

Κινδυνεύει, ἔφη.

Καὶ ἐγὼ ἀπορήσας τε καὶ ἐπισκεψάμενος τὰ ἔμπροσθεν, Δικαίως γε, ἦν δ' ἐγώ, ὦ φίλε, ἀποροῦμεν· ἧς γὰρ προυθέμεθα εἰκόνος ἀπελείφθημεν.

Πῶς λέγεις;

Οὐκ ἐννενοήκαμεν ὅτι εἰσὶν ἄρα φύσεις οἵας ἡμεῖς οὐκ ᾠήθημεν, ἔχουσαι τἀναντία ταῦτα.

Ποῦ δή;

῎Ιδοι μὲν ἂν τις καὶ ἐν ἄλλοις ζῴοις, οὐ μεντἂν ἥκιστα
e ἐν ᾧ ἡμεῖς παρεβάλλομεν τῷ φύλακι. οἶσθα γάρ που τῶν

b 9 τε F Stobaeus: om. A D M b 10 ἄλλοις F: ἀλλοτρίοις A D M Stobaeus c 3 περιμενοῦσιν] μενοῦσιν Stobaeus c 6 ἅμα πρᾷον A: ἄρα πρᾶον D: ἅμα πρᾶόν τε F: πρᾶόν τε ἅμα Stobaeus c 10 γε F Stobaeus: om. A D d 3 τὰ A F M Stobaeus: om. D ἔμπροσθεν] ἔμπροσθεν εἶπον Stobaeus d 7 ἐννενοήκαμεν F: ἐνενοήσαμεν Stobaeus: ἐνοήσαμεν A D M εἰσὶν ἄρα A D M: ἆρα τοιαῦταί εἰσι F Stobaeus d 10 ἄλλοις] ἄλλοις πολλοῖς Stobaeus

是的。

尤其就灵魂方面的东西而言，无论如何，〈他也必须是〉气宇轩昂的。

也当如此。

那么，我说道，格劳孔啊，无论是彼此之间，还是对待其他的同邦
人，他们将如何不是粗野的呢，当他们在天性方面是这样一些人时？ 375b10

宙斯在上，他回应道，不大容易。

然而，他们无论如何都应当对自己的人是温柔的，对敌人则是严 375c1
酷的；否则，他们将不等其他人来消灭他们，而他们自己就抢先做了这
件事。

正确，他说道。 375c5

那么，我说道，我们将做什么呢？我们将从何处发现一种同时既温柔又豪迈的品质呢？因为，一种温文尔雅的天性无论如何都同一种气宇轩昂的天性是相反的。

显然。

然而，如果一个人缺乏这〈两种品质〉中的任何一种，那么，他肯 375c10
定就不能成为一个优秀的卫士；但〈把两者结合在一起〉这似乎是不可
能的[694]，而由此就肯定会得出一个优秀的卫士是不可能的。 375d1

或许吧，他回应道。

于是，我感到走投无路，并且检查了一下前面〈已经说过的〉那
些；这的确理所应当，我说道，朋友啊，我们感到走投无路；因为我们
曾提出过的那个比喻，我们放弃了它[695]。 375d5

你为何这么说呢？

我们未曾注意到下面这点，那就是事实上有着我们认为不可能的那样一些天性，它们具有这些相反的〈品质〉。

那么在哪儿？

其实一个人甚至在一些其他动物身上也能够看到，但尤其[696]能够 375d10
在我们将之比作卫士的那种动物身上看到。因为你肯定知道，就那些优 375e1

γενναίων κυνῶν, ὅτι τοῦτο φύσει αὐτῶν τὸ ἦθος, πρὸς μὲν τοὺς συνήθεις τε καὶ γνωρίμους ὡς οἷόν τε πρᾳοτάτους εἶναι, πρὸς δὲ τοὺς ἀγνῶτας τοὐναντίον.

Οἶδα μέντοι.

Τοῦτο μὲν ἄρα, ἦν δ' ἐγώ, δυνατόν, καὶ οὐ παρὰ φύσιν ζητοῦμεν τοιοῦτον εἶναι τὸν φύλακα.

Οὐκ ἔοικεν.

Ἆρ' οὖν σοι δοκεῖ ἔτι τοῦδε προσδεῖσθαι ὁ φυλακικὸς ἐσόμενος, πρὸς τῷ θυμοειδεῖ ἔτι προσγενέσθαι φιλόσοφος τὴν φύσιν;

Πῶς δή; ἔφη· οὐ γὰρ ἐννοῶ. 376

Καὶ τοῦτο, ἦν δ' ἐγώ, ἐν τοῖς κυσὶν κατόψει, ὃ καὶ ἄξιον θαυμάσαι τοῦ θηρίου.

Τὸ ποῖον;

Ὅτι ὃν μὲν ἂν ἴδῃ ἀγνῶτα, χαλεπαίνει, οὐδὲ ἓν κακὸν προπεπονθώς· ὃν δ' ἂν γνώριμον, ἀσπάζεται, κἂν μηδὲν πώποτε ὑπ' αὐτοῦ ἀγαθὸν πεπόνθῃ. ἢ οὔπω τοῦτο ἐθαύμασας;

Οὐ πάνυ, ἔφη, μέχρι τούτου προσέσχον τὸν νοῦν· ὅτι δέ που δρᾷ ταῦτα, δῆλον.

Ἀλλὰ μὴν κομψόν γε φαίνεται τὸ πάθος αὐτοῦ τῆς φύσεως καὶ ὡς ἀληθῶς φιλόσοφον. b

Πῇ δή;

Ἧι, ἦν δ' ἐγώ, ὄψιν οὐδενὶ ἄλλῳ φίλην καὶ ἐχθρὰν διακρίνει ἢ τῷ τὴν μὲν καταμαθεῖν, τὴν δὲ ἀγνοῆσαι. καίτοι πῶς οὐκ ἂν φιλομαθὲς εἴη συνέσει τε καὶ ἀγνοίᾳ ὁριζόμενον τό τε οἰκεῖον καὶ τὸ ἀλλότριον;

Οὐδαμῶς, ἦ δ' ὅς, ὅπως οὔ.

e 2 φύσει αὐτῶν A D : αὐτῶν φύσει F Stobaeus e 4 τοὐναντίον A D M : τἀναντία F e 10 φιλόσοφος] φιλόσοφον Adam ⟨olim⟩ a 5 ὅτι ὃν F D Stobaeus : ὃν A M χαλεπαίνει A D M : μισεῖ καὶ χαλεπαίνει F Stobaeus οὐδὲ ἓν Cobet : οὐδὲν Stobaeus : οὐδὲν δὲ A D M : οὐδὲ F a 6 προπεπονθώς F D M : προ*πεπονθὼς A : προ*πεπονβὸς A²: πεπονθώς Stobaeus μηδὲν A² F D : μηδὲ A M : μηδὲ ἓν ci. Hartman a 7 ἀγαθὸν πεπόνθῃ A D : ἀγαθὸν πεπόνθοι F m : ἀγαθὸν πεπόνθει M : πεπόνθῃ ἀγαθόν Stobaeus a 11 μὴν A D M : μήν που F

良的狗来说，在它们的天性中就有着这种品质，那就是：一方面，对待那些住在一起的人和熟识的人，它是尽可能温柔的[697]；另一方面，对待那些不认识的人则相反。

我当然知道。

因此，〈把两者结合在一起〉这其实是可能的，我说道，并且我们并没有违反自然地[698]要求[699]卫士是如此这样的一个人。

似乎没有。

那么，在你看来，那将适合是卫士的人，他还进一步需要下面这种品质吗，那就是：除了是一个气宇轩昂的人之外，在天性上还得进一步成为一位热爱智慧的人[700]？

究竟怎么回事？他说道，因为我没有理解。

其实这种情况，我说道，在一些狗的身上你就已经看到了，它甚至在畜生身上也是值得让人惊异的。

哪种情况？

那就是：当它看到一个不认识的人，他就变得愤怒，即使它并未曾事先〈从那人那里〉遭受过任何一件坏事；而当它看到一个熟识的人，它就摇尾欢迎[701]，即使它也从未曾从他那里经历到过任何一件好事。难道对此你未曾感到过惊异？

我的确，他说道，到此刻为止[702]都没有注意到过[703]；但它的确在这样做，这是显而易见的。

而事实上这的确显现出了其天性的一种精妙的情状[704]，以及它是真正热爱智慧的。

究竟为什么？

因为[705]，我回答道，它区分一个友好的样子[706]和一个敌对的样子不是依靠任何别的，除了依靠它认识一个，而不认识另一个。然而，它如何会不是热爱学问的呢，既然它是依靠认识和不认识[707]来区分它自家的东西和异己的东西？

它绝不会，他说道，不是那样的。

Ἀλλὰ μέντοι, εἶπον ἐγώ, τό γε φιλομαθὲς καὶ φιλόσοφον ταὐτόν;

Ταὐτὸν γάρ, ἔφη.

Οὐκοῦν θαρροῦντες τιθῶμεν καὶ ἐν ἀνθρώπῳ, εἰ μέλλει
c πρὸς τοὺς οἰκείους καὶ γνωρίμους πρᾷός τις ἔσεσθαι, φύσει φιλόσοφον καὶ φιλομαθῆ αὐτὸν δεῖν εἶναι;

Τιθῶμεν, ἔφη.

Φιλόσοφος δὴ καὶ θυμοειδὴς καὶ ταχὺς καὶ ἰσχυρὸς ἡμῖν τὴν φύσιν ἔσται ὁ μέλλων καλὸς κἀγαθὸς ἔσεσθαι φύλαξ πόλεως.

Παντάπασι μὲν οὖν, ἔφη.

Οὗτος μὲν δὴ ἂν οὕτως ὑπάρχοι. θρέψονται δὲ δὴ ἡμῖν οὗτοι καὶ παιδευθήσονται τίνα τρόπον; καὶ ἆρά τι προὔργου ἡμῖν ἐστιν αὐτὸ σκοποῦσι πρὸς τὸ κατιδεῖν οὗπερ ἕνεκα
d πάντα σκοποῦμεν, δικαιοσύνην τε καὶ ἀδικίαν τίνα τρόπον ἐν πόλει γίγνεται; ἵνα μὴ ἐῶμεν ἱκανὸν λόγον ἢ συχνὸν διεξίωμεν.

Καὶ ὁ τοῦ Γλαύκωνος ἀδελφός, Πάνυ μὲν οὖν, ἔφη, ἔγωγε προσδοκῶ προὔργου εἶναι εἰς τοῦτο ταύτην τὴν σκέψιν.

Μὰ Δία, ἦν δ' ἐγώ, ὦ φίλε Ἀδείμαντε, οὐκ ἄρα ἀφετέον, οὐδ' εἰ μακροτέρα τυγχάνει οὖσα.

Οὐ γὰρ οὖν.

Ἴθι οὖν, ὥσπερ ἐν μύθῳ μυθολογοῦντές τε καὶ σχολὴν ἄγοντες λόγῳ παιδεύωμεν τοὺς ἄνδρας.

e Ἀλλὰ χρή.

Τίς οὖν ἡ παιδεία; ἢ χαλεπὸν εὑρεῖν βελτίω τῆς ὑπὸ τοῦ πολλοῦ χρόνου ηὑρημένης; ἔστιν δέ που ἡ μὲν ἐπὶ σώμασι γυμναστική, ἡ δ' ἐπὶ ψυχῇ μουσική.

b 8 ἐγώ om. Stobaeus γε A F Stobaeus: τε D καὶ A D Stobaeus: καὶ τὸ F b 9 ταὐτόν] ταὐτόν ἐστι Stobaeus b 11 ἀνθρώπῳ] τῷ ἀνθρώπῳ Stobaeus c 1 οἰκείους] οἰκείους γε Stobaeus c 2 φιλόσοφον A² D M f: om. A F: καὶ φιλόσοφον Stobaeus δεῖν A D: δεῖ F c 4 ἰσχυρὸς καὶ ταχὺς Stobaeus (bis) c 5 φύλαξ ἔσεσθαι Stobaeus (bis) d 2 ἵνα . . . d 3 διεξίωμεν in marg. A: om. A ἱκανὸν λόγον ἢ συχνὸν A D M: συχνὸν λόγον ἢ ἱκανὸν F d 5 τοῦτο A M: ταὐτὸ D: om. F d 9 οὖν A D M: δή F τε A D M: τε ἅμα F

但下面这点是肯定的吗，我说道，即热爱学问和热爱智慧是同一回事？

肯定是同一回事，他说道。 376b10

因此，我们岂不有信心〈这么做〉，那就是让我们在人那里也这样
设定；如果一个人打算对那些自家的人和熟识的人是温柔的话，那么， 376c1
他就必须在天性上是热爱智慧的和热爱学问的？

让我们这样设定，他说道。

那么，那将是一个既美又好的城邦之卫士的人，对我们来说在天性
上就肯定将是热爱智慧的、气宇轩昂的、敏捷的和强有力的。 376c5

完全如此，他说道。

这种人肯定会预先就是这个样子的。但是，这些人将被我们以何种
方式抚养长大和教育呢？并且当我们考察它，这对我们达成下面这点究
竟有什么用处，即看清恰恰为之我们才考察所有事情的那种东西，那就 376d1
是，正义以及不正义以何种方式在城邦中产生出来？因为〈下面两种情
况都是〉不可以的，或者我们放弃一场充分的讨论，或者我们细说得过
于冗长[708]。

于是格劳孔的哥哥〈接过话头〉，无论如何，他说道，我肯定期待 376d5
这种考察对此是有用的。

宙斯在上，我说道，亲爱的阿德曼托斯啊，那么一定不可以放弃，即使它事实上是比较长的。

当然不可以。

那就来吧！就像人们用故事——当他们讲故事和有闲暇时[709]——
〈来教育人〉那样，让我们也用言说来教育人[710]。 376d10

当然必须〈这么做〉。 376e1

那好，是一种什么样的教育呢？抑或，难以发现一种比长久以来已经被发现的那种教育还要更好的教育？而那肯定是这样一种教育：一则是针对身体的体育，一则是针对灵魂的文艺[711]。

Ἔστιν γάρ.

Ἆρ' οὖν οὐ μουσικῇ πρότερον ἀρξόμεθα παιδεύοντες ἢ γυμναστικῇ;

Πῶς δ' οὔ;

Μουσικῆς δ', εἶπον, τιθεῖς λόγους, ἢ οὔ;

Ἔγωγε.

Λόγων δὲ διττὸν εἶδος, τὸ μὲν ἀληθές, ψεῦδος δ' ἕτερον;

Ναί.

Παιδευτέον δ' ἐν ἀμφοτέροις, πρότερον δ' ἐν τοῖς ψευ- 377 δέσιν;

Οὐ μανθάνω, ἔφη, πῶς λέγεις.

Οὐ μανθάνεις, ἦν δ' ἐγώ, ὅτι πρῶτον τοῖς παιδίοις μύθους λέγομεν; τοῦτο δέ που ὡς τὸ ὅλον εἰπεῖν ψεῦδος, ἔνι δὲ καὶ ἀληθῆ. πρότερον δὲ μύθοις πρὸς τὰ παιδία ἢ γυμνασίοις χρώμεθα.

Ἔστι ταῦτα.

Τοῦτο δὴ ἔλεγον, ὅτι μουσικῆς πρότερον ἁπτέον ἢ γυμναστικῆς.

Ὀρθῶς, ἔφη.

Οὐκοῦν οἶσθ' ὅτι ἀρχὴ παντὸς ἔργου μέγιστον, ἄλλως τε δὴ καὶ νέῳ καὶ ἁπαλῷ ὁτῳοῦν; μάλιστα γὰρ δὴ τότε b πλάττεται, καὶ ἐνδύεται τύπος ὃν ἄν τις βούληται ἐνσημήνασθαι ἑκάστῳ.

Κομιδῇ μὲν οὖν.

Ἆρ' οὖν ῥᾳδίως οὕτω παρήσομεν τοὺς ἐπιτυχόντας ὑπὸ τῶν ἐπιτυχόντων μύθους πλασθέντας ἀκούειν τοὺς παῖδας καὶ λαμβάνειν ἐν ταῖς ψυχαῖς ὡς ἐπὶ τὸ πολὺ ἐναντίας δόξας ἐκείναις ἅς, ἐπειδὰν τελεωθῶσιν, ἔχειν οἰησόμεθα δεῖν αὐτούς;

e 6 ἀρξόμεθα] ἀρχόμεθα Stobaeus e 9 εἶπον F Eusebius Stobaeus: εἰπὼν A D M τιθεἰς (sic) Stobaeus: τίθης A D e 11 δ' ἕτερον A D M: θάτερον F: δὲ θάτερον Stobaeus a 1 ψευδέσιν] ψεύδεσιν D a 6 ἀληθῆ] ἀληθές Stobaeus b 1 τε δὴ F Eusebius Stobaeus (bis): τε A D M b 2 τύπος] τύπον ci. H. Richards

的确是这样。 376e5

那么，我们岂不在文艺方面开始教育〈孩子们〉，要早于在体育方面教育〈他们〉？

为何不呢？

而就文艺来说，我说道，你会提出它包含言说吗，抑或不？

我肯定会。 376e10

而言说岂不有两种形式，一种是真的，而另一种则是假的？

是。

但必须在〈真的和假的〉这两种言说中都得到教育吗，而且更早在 377a1
那些假的言说中？

我不明白，他说道，你为何这么说。

难道你也不明白下面这点吗，我回应道，那就是我们首先给孩子
们讲故事？而故事整体说来无论如何都是假的，尽管在它里面也有真 377a5
的。而对于孩子们，我们更早采用的是各种故事，而不是采用各种体育锻炼。

是这样。

因此，这就是我所说的，那就是一个人在致力于体育之前，他必须 377a10
先致力于文艺。

正确，他说道。

那么，难道你不知道下面这点吗，即每样工作的开端是最重要的[712]，
尤其是[713]对任何年轻的和柔弱的东西来说？因为那时它肯定最为〈容 377b1
易〉被塑造，并且〈最为容易〉接纳一个人想对它们每个印上的那种印迹[714]。

完全如此[715]。

那么，难道我们会如此轻易地〈像下面这样做吗，那就是〉我们将 377b5
允许孩子们听被随便碰到的一些人所编造的随便碰到的那些故事，并且〈将允许他们〉在他们的灵魂中接受各种各样的意见——而这些意见多半[716]与当他们长大成人后，我们会认为他们自己应当具有的那些意见是相反的——？

Οὐδ᾽ ὁπωστιοῦν παρήσομεν.

Πρῶτον δὴ ἡμῖν, ὡς ἔοικεν, ἐπιστατητέον τοῖς μυθοποιοῖς,
c καὶ ὃν μὲν ἂν καλὸν [μῦθον] ποιήσωσιν, ἐγκριτέον, ὃν δ᾽ ἂν μή, ἀποκριτέον. τοὺς δ᾽ ἐγκριθέντας πείσομεν τὰς τροφούς τε καὶ μητέρας λέγειν τοῖς παισίν, καὶ πλάττειν τὰς ψυχὰς αὐτῶν τοῖς μύθοις πολὺ μᾶλλον ἢ τὰ σώματα ταῖς χερσίν· ὧν δὲ νῦν λέγουσι τοὺς πολλοὺς ἐκβλητέον.

Ποίους δή; ἔφη.

Ἐν τοῖς μείζοσιν, ἦν δ᾽ ἐγώ, μύθοις ὀψόμεθα καὶ τοὺς ἐλάττους. δεῖ γὰρ δὴ τὸν αὐτὸν τύπον εἶναι καὶ ταὐτὸν
d δύνασθαι τούς τε μείζους καὶ τοὺς ἐλάττους. ἢ οὐκ οἴει;

Ἔγωγ᾽, ἔφη· ἀλλ᾽ οὐκ ἐννοῶ οὐδὲ τοὺς μείζους τίνας λέγεις.

Οὓς Ἡσίοδός τε, εἶπον, καὶ Ὅμηρος ἡμῖν ἐλεγέτην καὶ οἱ ἄλλοι ποιηταί. οὗτοι γάρ που μύθους τοῖς ἀνθρώποις ψευδεῖς συντιθέντες ἔλεγόν τε καὶ λέγουσι.

Ποίους δή, ἦ δ᾽ ὅς, καὶ τί αὐτῶν μεμφόμενος λέγεις;

Ὅπερ, ἦν δ᾽ ἐγώ, χρὴ καὶ πρῶτον καὶ μάλιστα μέμφεσθαι, ἄλλως τε καὶ ἐάν τις μὴ καλῶς ψεύδηται.

Τί τοῦτο;

e Ὅταν εἰκάζῃ τις κακῶς [οὐσίαν] τῷ λόγῳ, περὶ θεῶν τε καὶ ἡρώων οἷοί εἰσιν, ὥσπερ γραφεὺς μηδὲν ἐοικότα γράφων οἷς ἂν ὅμοια βουληθῇ γράψαι.

Καὶ γάρ, ἔφη, ὀρθῶς ἔχει τά γε τοιαῦτα μέμφεσθαι. ἀλλὰ πῶς δὴ λέγομεν καὶ ποῖα;

Πρῶτον μέν, ἦν δ᾽ ἐγώ, τὸ μέγιστον καὶ περὶ τῶν μεγίστων ψεῦδος ὁ εἰπὼν οὐ καλῶς ἐψεύσατο ὡς Οὐρανός τε ἠργάσατο ἅ φησι δρᾶσαι αὐτὸν Ἡσίοδος, ὅ τε αὖ Κρόνος
378 ὡς ἐτιμωρήσατο αὐτόν. τὰ δὲ δὴ τοῦ Κρόνου ἔργα καὶ

b 11 δὴ A D: μὲν δὴ F Eusebius ἐπιστατέον Eusebius
c 1 μῦθον F D Stobaeus: om. A M c 4 πολὺ A F M: om. D
d 2 ἔγωγ᾽] ἐγὼ pr. D d 8 καὶ πρῶτον] πρῶτόν τε F Eusebius
e 1 κακῶς οὐσίαν D Eusebius (P. E. p. 376): οὐσίαν κακῶς F: κακῶς A M Eusebius (P. E. p. 405) e 7 ὁ A D M: om. F: ὃ recc.
a 1 τοῦ A D M: om. F Eusebius

我们无论如何都将不允许。 377b10

那么，我们首先，如看起来的那样，必须审查那些创作故事的人，
并且如果他们把一个故事创作得好[717]，那么就必须接受它，但如果它 377c1
不是一个好故事，那么就必须加以拒绝。而当一些故事被认可后，我们将劝说那些保姆和母亲对孩子们讲它们，并且用那些故事来塑造他们的灵魂，远不是用双手来塑造他们的身体；只不过她们现在所讲的那些故
事，其中大多必须被扔掉。 377c5

究竟哪些故事，他说道。

在那些较大的故事中，我回应道，我们甚至也将看到那些较小的故事。因为，那些较大的故事和较小的故事必须是〈出于〉同样的印模和
〈具有〉同样的能力。抑或，你不这么认为？ 377d1

我肯定这么认为，他说道；但我不理解，那些较大的故事，你在说哪些。

赫西俄德，我回应道，和荷马这两人[718]曾经对我们讲过的那些故
事，以及其他一些诗人。因为这些人肯定编造了一些假的故事给人，不 377d5
仅曾经讲给人们听，而且现在还在对他们讲。

你究竟在说哪些故事呢，他说道，并且你谴责它们中的什么？

就是那些，我回应道，必须首先并且最要加以谴责的故事，尤其是如果一个人甚至连谎都撒得不好的话。

那是什么呢？ 377d10

当一个人用言说拙劣地进行描绘[719]，关于诸神和英雄们是什么样子 377e1
时，就像一个画家画了一些同他希望画来与之相似的那些东西根本不相似的东西。

确实，他说道，谴责诸如此类的事情，这无论如何都是正确的[720]。
然而，我们究竟如何说呢，并且它们是一些什么样的事情？ 377e5

首先，我说道，关于那些最重大的事情的最大谎言，那在说它的人，谎撒得并不好，即乌拉诺斯如何做了赫西俄德声称他做过的那些事
情[721]，而克洛诺斯复又如何报复了他[722]。至于克洛诺斯所干的那些事 378a1

πάθη ὑπὸ τοῦ ὑέος, οὐδ' ἂν εἰ ἦν ἀληθῆ ᾤμην δεῖν ῥᾳδίως
οὕτως λέγεσθαι πρὸς ἄφρονάς τε καὶ νέους, ἀλλὰ μάλιστα
μὲν σιγᾶσθαι, εἰ δὲ ἀνάγκη τις ἦν λέγειν, δι' ἀπορρήτων
ἀκούειν ὡς ὀλιγίστους, θυσαμένους οὐ χοῖρον ἀλλά τι μέγα
καὶ ἄπορον θῦμα, ὅπως ὅτι ἐλαχίστοις συνέβη ἀκοῦσαι.

Καὶ γάρ, ἦ δ' ὅς, οὗτοί γε οἱ λόγοι χαλεποί.

Καὶ οὐ λεκτέοι γ', ἔφην, ὦ Ἀδείμαντε, ἐν τῇ ἡμετέρᾳ b
πόλει. οὐδὲ λεκτέον νέῳ ἀκούοντι ὡς ἀδικῶν τὰ ἔσχατα
οὐδὲν ἂν θαυμαστὸν ποιοῖ, οὐδ' αὖ ἀδικοῦντα πατέρα κολάζων
παντὶ τρόπῳ, ἀλλὰ δρῴη ἂν ὅπερ θεῶν οἱ πρῶτοί τε καὶ
μέγιστοι.

Οὐ μὰ τὸν Δία, ἦ δ' ὅς, οὐδὲ αὐτῷ μοι δοκεῖ ἐπιτήδεια
εἶναι λέγειν.

Οὐδέ γε, ἦν δ' ἐγώ, τὸ παράπαν ὡς θεοὶ θεοῖς πολεμοῦσί
τε καὶ ἐπιβουλεύουσι καὶ μάχονται—οὐδὲ γὰρ ἀληθῆ—εἴ c
γε δεῖ ἡμῖν τοὺς μέλλοντας τὴν πόλιν φυλάξειν αἴσχιστον
νομίζειν τὸ ῥᾳδίως ἀλλήλοις ἀπεχθάνεσθαι—πολλοῦ δεῖ
γιγαντομαχίας τε μυθολογητέον αὐτοῖς καὶ ποικιλτέον, καὶ
ἄλλας ἔχθρας πολλὰς καὶ παντοδαπὰς θεῶν τε καὶ ἡρώων
πρὸς συγγενεῖς τε καὶ οἰκείους αὐτῶν—ἀλλ' εἴ πως μέλ-
λομεν πείσειν ὡς οὐδεὶς πώποτε πολίτης ἕτερος ἑτέρῳ
ἀπήχθετο οὐδ' ἔστιν τοῦτο ὅσιον, τοιαῦτα λεκτέα μᾶλλον πρὸς
τὰ παιδία εὐθὺς καὶ γέρουσι καὶ γραυσί, καὶ πρεσβυτέροις d
γιγνομένοις καὶ τοὺς ποιητὰς ἐγγὺς τούτων ἀναγκαστέον
λογοποιεῖν. Ἥρας δὲ δεσμοὺς ὑπὸ ὑέος καὶ Ἡφαίστου
ῥίψεις ὑπὸ πατρός, μέλλοντος τῇ μητρὶ τυπτομένῃ ἀμυνεῖν,
καὶ θεομαχίας ὅσας Ὅμηρος πεποίηκεν οὐ παραδεκτέον εἰς

b 1 λεκτέοι A F M : λεκτέον D : δεκτέοι Theodoretus   b 6 δοκεῖ F Eusebius Theodoretus : δοκῶ A D M   c 1 οὔτε γὰρ ἀληθῆ οὔτε σύμφορα Theodoretus   c 2 φυλάττειν F Eusebius Theodoretus   c 3 πολλοῦ] πολλοῦ γε Theodoretus   c 4 καὶ ποικιλτέον] καὶ ὑφαντέον Theodoretus   c 5 ἔχθρας πολλὰς] ἐπιβουλὰς Theodoretus   c 8 λεκτέα μᾶλλον D M Stobaeus : μᾶλλον λεκτέα F Eusebius : μᾶλλον A   d 1 εὐθὺς A D : εὐθὺς ἃ Stobaeus   d 2 καὶ secl. Madvig   ποιητὰς A D M : ποιητάς τε F Stobaeus   ἐγγύς ⟨τι⟩ ci. Stallbaum   d 3 υἱέος A F D M Photius Suidas : διὸς Eusebius

情以及从〈他的那位〉儿子那里所遭受的事情，即使它们是真的，我也认为它们不应当如此轻易地就被说给那些还没有头脑和年纪尚轻的人听；相反，一方面，〈一个人〉最好是对之保持沉默，另一方面，如果的确有某种必要将之说出来，那么，〈也应当只有〉尽可能少的人将之作为秘密悄悄地听[723]，因为他们拿来进行献祭的，不是一只小猪，而是 378a5
某种既大又稀有的供品[724]，以便出现的情况是〈只有〉极少的人〈有机会〉听。

确实，他说道，这些说法无论如何都是令人厌恶的。

并且它们无论如何都不可以，我说道，阿德曼托斯啊，在我们的城 378b1
邦里被说出来。一定不可以对一个在听的年轻人说，即使一个人在行各种极端的不义，甚或一个人以任何方式惩罚他那在行不义的父亲，那他也没有在做任何让人惊讶的事情，而只是在做诸神中那些最早和最大的 378b5
神所做过的事情[725]。

不可以，以宙斯的名义！他说道，我本人其实也认为它们是不适合说出来的。

下面这些也肯定完全不〈适合说出来〉，那就是一些神对一些神发动战争、耍阴谋诡计和进行战斗——因为那根本就不是真的——，如果 378c1
那些将要为我们护卫城邦的人，他们无论如何都应当把彼此之间轻易地生起仇恨这件事视为是最可耻的话；一个人远不[726]需要把诸神与巨人之间的战争[727]作为故事告诉给他们，也不需要将之绣在锦袍上[728]，此 378c5
外还有其他许许多多的和五花八门的关于诸神和英雄们同他们的亲戚和自家人的仇恨。相反，如果我们打算以某种方式说服〈他们〉，说一个城邦公民从不应该对另一个城邦公民怀有仇恨，并且这也是不虔敬的，那么，诸如此类的事情毋宁必须〈从一开始就〉径直被老头子们和老妇人们说给孩子们听[729]，并且当〈孩子们自己〉成为老人后，也必须迫使 378d1
诗人们为他们创作近乎这些的诗篇。至于由儿子而来的赫拉的捆绑，和由父亲而来的赫淮斯托斯的坠落[730]——因为他想帮助挨打的母亲——，以及荷马已经创作出来的所有那些诸神之间的战争[731]，它们都一定不可 378d5

τὴν πόλιν, οὔτ' ἐν ὑπονοίαις πεποιημένας οὔτε ἄνευ ὑπονοιῶν. ὁ γὰρ νέος οὐχ οἷός τε κρίνειν ὅτι τε ὑπόνοια καὶ ὃ μή, ἀλλ' ἃ ἂν τηλικοῦτος ὢν λάβῃ ἐν ταῖς δόξαις δυσέκ-
e νιπτά τε καὶ ἀμετάστατα φιλεῖ γίγνεσθαι· ὧν δὴ ἴσως ἕνεκα περὶ παντὸς ποιητέον ἃ πρῶτα ἀκούουσιν ὅτι κάλλιστα μεμυθολογημένα πρὸς ἀρετὴν ἀκούειν.

Ἔχει γάρ, ἔφη, λόγον. ἀλλ' εἴ τις αὖ καὶ ταῦτα ἐρωτῴη ἡμᾶς, ταῦτα ἅττα τ' ἐστὶν καὶ τίνες οἱ μῦθοι, τίνας ἂν φαῖμεν;

Καὶ ἐγὼ εἶπον· Ὦ Ἀδείμαντε, οὐκ ἐσμὲν ποιηταὶ ἐγώ τε
379 καὶ σὺ ἐν τῷ παρόντι, ἀλλ' οἰκισταὶ πόλεως· οἰκισταῖς δὲ τοὺς μὲν τύπους προσήκει εἰδέναι ἐν οἷς δεῖ μυθολογεῖν τοὺς ποιητάς, παρ' οὓς ἐὰν ποιῶσιν οὐκ ἐπιτρεπτέον, οὐ μὴν αὐτοῖς γε ποιητέον μύθους.

Ὀρθῶς, ἔφη· ἀλλ' αὐτὸ δὴ τοῦτο, οἱ τύποι περὶ θεολογίας τίνες ἂν εἶεν;

Τοιοίδε πού τινες, ἦν δ' ἐγώ· οἷος τυγχάνει ὁ θεὸς ὤν, ἀεὶ δήπου ἀποδοτέον, ἐάντε τις αὐτὸν ἐν ἔπεσιν ποιῇ ἐάντε ἐν μέλεσιν ἐάντε ἐν τραγῳδίᾳ.

Δεῖ γάρ.

b Οὐκοῦν ἀγαθὸς ὅ γε θεὸς τῷ ὄντι τε καὶ λεκτέον οὕτω;

Τί μήν;

Ἀλλὰ μὴν οὐδέν γε τῶν ἀγαθῶν βλαβερόν· ἦ γάρ;

Οὔ μοι δοκεῖ.

Ἆρ' οὖν ὃ μὴ βλαβερὸν βλάπτει;

Οὐδαμῶς.

Ὃ δὲ μὴ βλάπτει κακόν τι ποιεῖ;

Οὐδὲ τοῦτο.

d 8 ὃ μή] ὅτι μή Eusebius ἃ] ὅσ' Proclus **e** 2 πρῶτα A F D M Proclus: πρῶτον Stobaeus **e** 5 ταῦτα A M: αὐτὰ D: om. F Eusebius τ' F: om. A D M **a** 5 θεολογίας] θεολογίαν ci. Hartman **a** 7 ὁ θεὸς ὢν A D M: ὢν ὁ θεός F Eusebius **a** 8, 9 ἐάντε ἐν μέλεσιν F D Eusebius: om. A M **b** 1 γε A F M: om. D Eusebius Theodoretus **b** 5 ὃ] τὸ Eusebius Theodoretus **b** 7 μὴ βλάπτει . . . **b** 9 δέ γε in marg. A: om. A

以在城邦中被接受，无论它们是以寓意的方式[732]被创作出来了，还是
没有以寓意的方式被创作出来了。因为，一个年轻人不可能判断什么是
寓意和什么不是寓意，相反，他在如此这般的年龄基于各种意见所接受
的那些东西，它们通常会变得既难以清除，又不可改变[733]。因此，也 378e1
许正由于这些，他们首先听到的那些故事最为必须如下面这样被创作出
来，那就是：他们听到的是那些着眼于德性而被尽可能优美地说出来的
故事。

这确实是合理的[734]，他说道。然而，如果有人进而复又就下面这点
来问我们，那就是，它们是一些什么样的事情，那些故事是哪些，那我 378e5
们会说一些什么呢？

于是我说道：阿德曼托斯啊，我们目前[735]都不是诗人，无论是我，
还是你，而是城邦的缔造者。而适合城邦的那些缔造者的，乃是知道诗 379a1
人们应当按照它们来讲故事的那些模式，如果他们违背它们来进行创
作，那么就一定不被允许；而〈城邦的缔造者们〉自己肯定不必去创作
那些故事。

正确，他回应道。但是，〈问题〉恰恰在于这点，那就是，同关于 379a5
神的言说[736]相关的那些模式，它们会是哪些呢？

无论如何都是下面这样一些，我说道，那就是：神实际上是什么样的，那他无疑就总是必须被描绘成什么样的，无论一个人就他是用史诗[737]进行创作，还是用抒情诗[738]，还是用悲剧。

必须这样。 379a10

神岂不肯定在是的方式上[739]是好的，并且必须被这样说？ 379b1

那还用说？

而在各种好的东西中，无疑没有任何一个是有害的；是这样吗？

在我看来不是〈有害的〉。

那么，那没有害处的东西会产生危害吗？ 379b5

绝不会。

而没有任何危害的东西会做出任何一件坏事吗？

这也不会。

Ὁ δέ γε μηδὲν κακὸν ποιεῖ οὐδ' ἄν τινος εἴη κακοῦ αἴτιον;

Πῶς γάρ;

Τί δέ; ὠφέλιμον τὸ ἀγαθόν;

Ναί.

Αἴτιον ἄρα εὐπραγίας;

Ναί.

Οὐκ ἄρα πάντων γε αἴτιον τὸ ἀγαθόν, ἀλλὰ τῶν μὲν εὖ ἐχόντων αἴτιον, τῶν δὲ κακῶν ἀναίτιον.

Παντελῶς γ', ἔφη. c

Οὐδ' ἄρα, ἦν δ' ἐγώ, ὁ θεός, ἐπειδὴ ἀγαθός, πάντων ἂν εἴη αἴτιος, ὡς οἱ πολλοὶ λέγουσιν, ἀλλὰ ὀλίγων μὲν τοῖς ἀνθρώποις αἴτιος, πολλῶν δὲ ἀναίτιος· πολὺ γὰρ ἐλάττω τἀγαθὰ τῶν κακῶν ἡμῖν, καὶ τῶν μὲν ἀγαθῶν οὐδένα ἄλλον αἰτιατέον, τῶν δὲ κακῶν ἄλλ' ἄττα δεῖ ζητεῖν τὰ αἴτια, ἀλλ' οὐ τὸν θεόν.

Ἀληθέστατα, ἔφη, δοκεῖς μοι λέγειν.

Οὐκ ἄρα, ἦν δ' ἐγώ, ἀποδεκτέον οὔτε Ὁμήρου οὔτ' ἄλλου ποιητοῦ ταύτην τὴν ἁμαρτίαν περὶ τοὺς θεοὺς ἀνοήτως d ἁμαρτάνοντος καὶ λέγοντος—

ὡς δοιοί τε πίθοι κατακείαται ἐν Διὸς οὔδει
κηρῶν ἔμπλειοι, ὁ μὲν ἐσθλῶν, αὐτὰρ ὃ δειλῶν·

καὶ ᾧ μὲν ἂν μείξας ὁ Ζεὺς δῷ ἀμφοτέρων,

ἄλλοτε μέν τε κακῷ ὅ γε κύρεται, ἄλλοτε δ' ἐσθλῷ·

ᾧ δ' ἂν μή, ἀλλ' ἄκρατα τὰ ἕτερα,

τὸν δὲ κακὴ βούβρωστις ἐπὶ χθόνα δῖαν ἐλαύνει·

οὐδ' ὡς ταμίας ἡμῖν Ζεὺς— e

ἀγαθῶν τε κακῶν τε τέτυκται.

τὴν δὲ τῶν ὅρκων καὶ σπονδῶν σύγχυσιν, ἣν ὁ Πάν-

c 1 γ' A F D Eusebius Theodoretus : γὰρ M d d 3 τε F : om. A D M d 5 ἂν μίξας A F D M Eusebius : ἀμμίξας al. : καμμίξας vulg. δῷ ἀμφοτέρων A D M : ἀμφοτέρων δῷ F Eusebius d 6 κύρεται A D M : τείρεται F e 1 ἡμῖν ζεὺς A D M : ζεὺς F : ζεὺς ἡμῖν Eusebius

那根本不做任何坏事的东西，它就不会为任何一件坏事负责吧？

那怎么可能？ 379b10

然后呢？好的东西是有益的吗？

是。

那它是幸福安好的原因吗？

是。

因此，好的东西就肯定不是所有事情的原因，而只是那些处于好的 379b15
状态的东西的原因，但对那些坏事来说它是无责任的。

完全如此，他说道。 379c1

因此，神，我说道，既然他是好的，那他就不会如大多数人所说的
那样为所有事情负责，相反，对于世人来说，他只为少量的事情负责，
而对于多数事情来说他是无责任的；因为对我们而言，好的事情远远少 379c5
于坏的事情，并且一个人不可以把其他任何东西宣称为各种好的事情的
原因，至于那些坏的事情，必须为它们寻找另外一些原因，但神不是
〈其原因〉。

在我看来，他说道，你说得非常正确。

因此，一定不可以，我回应道，无论是从荷马那里，还是从其他任何
一位诗人那里，接受他关于神无理智地[740]犯下的这种错误，当他说—— 379d1

> 两只大瓮摆放在宙斯〈殿前〉的地面上
> 装满了定命[741]，一只装幸福的，一只装悲惨的。

并且宙斯会把两者混合起来给予一个人， 379d5

> 有时他碰到厄运，有时则遇见好运。

而一个人，如果没有〈被给予混合的定命〉，那就只能是那些不混合的，

> 不幸的饥荒驱赶他在神圣的大地上〈流浪〉[742]。

对我们来说，宙斯也不作为分配者—— 379e1

> 好事和坏事都〈由他〉安排[743]。

至于潘达洛斯[744]所犯下的对誓言和合约的违背，如果有人宣称那是由

δαρος συνέχεεν, ἐάν τις φῇ δι' Ἀθηνᾶς τε καὶ Διὸς
γεγονέναι, οὐκ ἐπαινεσόμεθα, οὐδὲ θεῶν ἔριν τε καὶ κρίσιν
380 διὰ Θέμιτός τε καὶ Διός, οὐδ' αὖ, ὡς Αἰσχύλος λέγει,
ἐατέον ἀκούειν τοὺς νέους, ὅτι—

θεὸς μὲν αἰτίαν φύει βροτοῖς,
ὅταν κακῶσαι δῶμα παμπήδην θέλῃ.

ἀλλ' ἐάν τις ποιῇ ἐν οἷς ταῦτα τὰ ἰαμβεῖα ἔνεστιν, τὰ τῆς
Νιόβης πάθη, ἢ τὰ Πελοπιδῶν ἢ τὰ Τρωικὰ ἤ τι ἄλλο τῶν
τοιούτων, ἢ οὐ θεοῦ ἔργα ἐατέον αὐτὰ λέγειν, ἢ εἰ θεοῦ,
ἐξευρετέον αὐτοῖς σχεδὸν ὃν νῦν ἡμεῖς λόγον ζητοῦμεν, καὶ
b λεκτέον ὡς ὁ μὲν θεὸς δίκαιά τε καὶ ἀγαθὰ ηἰργάζετο, οἱ δὲ
ὠνίναντο κολαζόμενοι· ὡς δὲ ἄθλιοι μὲν οἱ δίκην διδόντες,
ἦν δὲ δὴ ὁ δρῶν ταῦτα θεός, οὐκ ἐατέον λέγειν τὸν ποι-
ητήν. ἀλλ' εἰ μὲν ὅτι ἐδεήθησαν κολάσεως λέγοιεν ὡς
ἄθλιοι οἱ κακοί, διδόντες δὲ δίκην ὠφελοῦντο ὑπὸ τοῦ θεοῦ,
ἐατέον· κακῶν δὲ αἴτιον φάναι θεόν τινι γίγνεσθαι ἀγαθὸν
ὄντα, διαμαχετέον παντὶ τρόπῳ μήτε τινὰ λέγειν ταῦτα ἐν
τῇ αὑτοῦ πόλει, εἰ μέλλει εὐνομήσεσθαι, μήτε τινὰ ἀκούειν,
c μήτε νεώτερον μήτε πρεσβύτερον, μήτ' ἐν μέτρῳ μήτε ἄνευ
μέτρου μυθολογοῦντα, ὡς οὔτε ὅσια ἂν λεγόμενα εἰ λέγοιτο,
οὔτε σύμφορα ἡμῖν οὔτε σύμφωνα αὐτὰ αὑτοῖς.

Σύμψηφός σοί εἰμι, ἔφη, τούτου τοῦ νόμου, καί μοι
ἀρέσκει.

Οὗτος μὲν τοίνυν, ἦν δ' ἐγώ, εἷς ἂν εἴη τῶν περὶ θεοὺς
νόμων τε καὶ τύπων, ἐν ᾧ δεήσει τούς τε λέγοντας λέγειν
καὶ τοὺς ποιοῦντας ποιεῖν, μὴ πάντων αἴτιον τὸν θεὸν ἀλλὰ
τῶν ἀγαθῶν.

Καὶ μάλ', ἔφη, ἀπόχρη.

d Τί δὲ δὴ ὁ δεύτερος ὅδε; ἆρα γόητα τὸν θεὸν οἴει εἶναι
καὶ οἷον ἐξ ἐπιβουλῆς φαντάζεσθαι ἄλλοτε ἐν ἄλλαις ἰδέαις

a 5 ἰαμβεῖα A M : ἰάμβεια F : ἰαμβία D b 8 εὐνομήσεσθαι A F M : εὐνομήσασθαι D c 1 μήτ' ἐν F : μήτε ἐν D : μὴ ἐν A M c 7 τούς τε F Eusebius Theodoretus : τοὺς A D M d 2 φαντάζεσθαι A D M : om. F post ἰδέαις dist. vulg.

于宙斯和雅典娜才发生的，那么，我们将不会赞同；而诸〈女〉神之间 379e5
的争吵和裁断[745]，〈如果有人宣称它是〉因忒弥斯[746]和宙斯而引起的，380a1
或者复又如埃斯库罗斯所说的那样，那么，也都一定不可以让年轻人
听，因为那人说道——

> 神在有死者身上种下了罪因，
> 每当他想要彻底毁灭某个家庭时[747]。

而如果有人创作其中含有这些抑扬格诗句〈的诗篇〉，〈或者〉关于尼俄 380a5
柏[748]的遭遇，或者关于珀罗普斯[749]一家的，或者关于特洛伊人的，或者
关于其他任何一种诸如此类的，那么，要么必须不允许他说它们是某位
神〈所导致的〉结果，要么如果是某位神〈所导致〉的结果，那他们[750]
就必须找到一种差不多就像我们现在所寻找的那种说法，并且还必须说
神做成了一些正义的事情和一些好的事情，而那些人由于被惩罚而得到 380b1
了帮助。至于那些遭到惩罚的人是悲惨的，而〈对他们〉做这些事的竟
然是一位神，一定不可以允许诗人这么说。相反，如果他们说那些坏人
因需要惩罚而是悲惨的，但通过遭受惩罚而从神那里获益，这是必须允 380b5
许的。声称一位神，他虽然是好的，却对任何一个人都成为了各种坏事
的原因，必须用所有的方式与这种说法战斗到底，既不允许任何人在他
自己的城邦中说这些，如果它想被治理得好的话，也不允许任何人听这
些，无论他是较年轻的人，还是较年老的人，也无论是以韵律的方式[751]讲 380c1
故事，还是用无韵律的方式讲故事，因为如果它们被说出来，那些被说
出来的东西对我们来说既不虔敬，也无益处，彼此也不协调[752]。

我同你一起投票，他说道，支持这条法律[753]，并且它令我感到 380c5
满意。

那好，下面这点会是，我回应道，关于诸神的那些法律和各种〈创
作〉模式中的一项，那些讲〈故事〉的人将必须按照它来讲，那些创
作〈诗歌〉的人将必须按照它来创作，那就是：神并不是所有事情的原
因[754]，而只是各种好的事情的原因。

其实已经完全，他说道，足够了[755]。 380c10

那么，这里的这第二点又是什么呢？难道你认为神是一个术士吗，380d1
并且能够有预谋地时而以这种形相，时而又以那种形相把他自己显露出

τοτὲ μὲν αὐτὸν γιγνόμενον, [καὶ] ἀλλάττοντα τὸ αὑτοῦ εἶδος εἰς πολλὰς μορφάς, τοτὲ δὲ ἡμᾶς ἀπατῶντα καὶ ποιοῦντα περὶ αὑτοῦ τοιαῦτα δοκεῖν, ἢ ἁπλοῦν τε εἶναι καὶ πάντων ἥκιστα τῆς ἑαυτοῦ ἰδέας ἐκβαίνειν;

Οὐκ ἔχω, ἔφη, νῦν γε οὕτως εἰπεῖν.

Τί δὲ τόδε; οὐκ ἀνάγκη, εἴπερ τι ἐξίσταιτο τῆς αὑτοῦ ἰδέας, ἢ αὐτὸ ὑφ' ἑαυτοῦ μεθίστασθαι ἢ ὑπ' ἄλλου; e

'Ανάγκη.

Οὐκοῦν ὑπὸ μὲν ἄλλου τὰ ἄριστα ἔχοντα ἥκιστα ἀλλοιοῦταί τε καὶ κινεῖται; οἷον σῶμα ὑπὸ σιτίων τε καὶ ποτῶν καὶ πόνων, καὶ πᾶν φυτὸν ὑπὸ εἱλήσεών τε καὶ ἀνέμων καὶ τῶν τοιούτων παθημάτων, οὐ τὸ ὑγιέστατον καὶ ἰσχυρότατον ἥκιστα ἀλλοιοῦται; 381

Πῶς δ' οὔ;

Ψυχὴν δὲ οὐ τὴν ἀνδρειοτάτην καὶ φρονιμωτάτην ἥκιστ' ἄν τι ἔξωθεν πάθος ταράξειέν τε καὶ ἀλλοιώσειεν;

Ναί.

Καὶ μήν που καὶ τά γε σύνθετα πάντα σκεύη τε καὶ οἰκοδομήματα καὶ ἀμφιέσματα κατὰ τὸν αὐτὸν λόγον τὰ εὖ εἰργασμένα καὶ εὖ ἔχοντα ὑπὸ χρόνου τε καὶ τῶν ἄλλων παθημάτων ἥκιστα ἀλλοιοῦται.

῎Εστι δὴ ταῦτα.

Πᾶν δὴ τὸ καλῶς ἔχον ἢ φύσει ἢ τέχνῃ ἢ ἀμφοτέροις b ἐλαχίστην μεταβολὴν ὑπ' ἄλλου ἐνδέχεται.

῎Εοικεν.

'Αλλὰ μὴν ὁ θεός γε καὶ τὰ τοῦ θεοῦ πάντῃ ἄριστα ἔχει.

Πῶς δ' οὔ;

Ταύτῃ μὲν δὴ ἥκιστα ἂν πολλὰς μορφὰς ἴσχοι ὁ θεός.

῞Ηκιστα δῆτα.

d 3 καὶ seclusi: καὶ ἀλλάττοντα A D M: τοτὲ δὲ ἐναλλάττοντα F d 8 ἐξίσταιτο A D M: ἐξίστατο F e 4 καὶ κινεῖται . . . σιτίων τε in marg. A: om. A e 6 οὐ F D: οὗ A M a 3 οὐ τὴν A F M: αὐτὴν D καὶ A D M: τε καὶ F Eusebius a 7 καὶ ἀμφιεσματα F D: om. A M a 10 δὴ A D M: om. F Eusebius b 4 γε D Eusebius: τε A F M

来[756]，因为，一方面，有的时候实际上是他自己在变化[757]，把他自己的样子变成了许多的形象[758]，另一方面，有的时候他是在欺骗我们，使 380d5
得我们认为如此这般的事情会出现在他身上；或者〈你认为〉他是单纯的[759]，并且最不[760]离开他自己的形相[761]？

我现在肯定不能够，他回应道，立马就说出来[762]。

这点又如何呢？这岂不是必然的，如果某个东西离开了它自己的形相，那么，它要么被它自己所改变，要么被别的东西所改变？ 380e1

必然。

那么，那些处于最好状态的东西，它们岂非最不〈容易〉被任何他物所改变和移动[763]？例如，一副身体，它被各种食物、各种饮料和各种辛苦〈所改变〉，并且所有的植物，它们被日晒和风吹，以及被诸如 380e5
此类的遭受〈所改变〉；而那最健康的和最强有力的东西，它最不〈容 381a1
易〉被改变[764]？

为何不呢？

至于灵魂，它岂不是最勇敢的和最明智的，任何从外面来的遭受最不容易扰乱它和改变它？

是的。 381a5

事实上，所有那些组合而成的东西[765]，〈如〉各种各样的器具、各种各样的房屋和各种各样的衣物，依照同样的说法，那些被完成得好的和处于好的状态下的，它们无论如何都最不〈容易〉被时间以及其他各种各样的遭受所改变。

的确是这样。 381a10

因此，所有处于美好状态的东西，无论是在本性上，还是通过技 381b1
艺，或者通过两者，都最不接受由他者而来的改变。

似乎是这样。

无疑神以及属于神的那些东西在方方面面都是最好的。

那还用说？ 381b5

因此，在这种方式上神最不会具有许多的形象。

显然最不会。

Ἀλλ' ἆρα αὐτὸς αὑτὸν μεταβάλλοι ἂν καὶ ἀλλοιοῖ;

Δῆλον, ἔφη, ὅτι, εἴπερ ἀλλοιοῦται.

Πότερον οὖν ἐπὶ τὸ βέλτιόν τε καὶ κάλλιον μεταβάλλει ἑαυτὸν ἢ ἐπὶ τὸ χεῖρον καὶ τὸ αἴσχιον ἑαυτοῦ;

c Ἀνάγκη, ἔφη, ἐπὶ τὸ χεῖρον, εἴπερ ἀλλοιοῦται· οὐ γάρ που ἐνδεᾶ γε φήσομεν τὸν θεὸν κάλλους ἢ ἀρετῆς εἶναι.

Ὀρθότατα, ἦν δ' ἐγώ, λέγεις. καὶ οὕτως ἔχοντος δοκεῖ ἄν τίς σοι, ὦ Ἀδείμαντε, ἑκὼν αὑτὸν χείρω ποιεῖν ὁπῃοῦν ἢ θεῶν ἢ ἀνθρώπων;

Ἀδύνατον, ἔφη.

Ἀδύνατον ἄρα, ἔφην, καὶ θεῷ ἐθέλειν αὑτὸν ἀλλοιοῦν, ἀλλ' ὡς ἔοικε, κάλλιστος καὶ ἄριστος ὢν εἰς τὸ δυνατὸν ἕκαστος αὐτῶν μένει ἀεὶ ἁπλῶς ἐν τῇ αὑτοῦ μορφῇ.

Ἅπασα, ἔφη, ἀνάγκη ἔμοιγε δοκεῖ.

d Μηδεὶς ἄρα, ἦν δ' ἐγώ, ὦ ἄριστε, λεγέτω ἡμῖν τῶν ποιητῶν, ὡς—

θεοὶ ξείνοισιν ἐοικότες ἀλλοδαποῖσι,
παντοῖοι τελέθοντες, ἐπιστρωφῶσι πόληας·

μηδὲ Πρωτέως καὶ Θέτιδος καταψευδέσθω μηδείς, μηδ' ἐν τραγῳδίαις μηδ' ἐν τοῖς ἄλλοις ποιήμασιν εἰσαγέτω Ἥραν ἠλλοιωμένην, ὡς ἱέρειαν ἀγείρουσαν—

Ἰνάχου Ἀργείου ποταμοῦ παισὶν βιοδώροις·

e καὶ ἄλλα τοιαῦτα πολλὰ μὴ ἡμῖν ψευδέσθων. μηδ' αὖ ὑπὸ τούτων ἀναπειθόμεναι αἱ μητέρες τὰ παιδία ἐκδειματούντων, λέγουσαι τοὺς μύθους κακῶς, ὡς ἄρα θεοί τινες περιέρχονται νύκτωρ πολλοῖς ξένοις καὶ παντοδαποῖς ἰνδαλλόμενοι, ἵνα μὴ ἅμα μὲν εἰς θεοὺς βλασφημῶσιν, ἅμα δὲ τοὺς παῖδας ἀπεργάζωνται δειλοτέρους.

Μὴ γάρ, ἔφη.

b 9 δῆλον ἔφη ὅτι A D M : δῆλον ὅτι ἔφη F Eusebius c 7 θεῷ A D M : θεὸν F Eusebius c 10 ἅπασα A D M : πᾶσα F Eusebius d 5 καὶ A D M : τε καὶ F Eusebius e 1 ψευδέσθων Cobet : ψευδέσθωσαν A F D M e 4 ἰνδαλλόμενοι] εἰδαλλόμενοι F pr. D

但他自己会改变他自己和变化吗？

显然，他说道，如果他确实会变化的话。

那么，他是把他自己向着更好和更美的东西改变呢，还是向着比他 381b10
自己更差和更丑的东西改变？

必然是，他回应道，向着更差的东西，如果他确实会变化的话。因 381c1
为，我们无论如何都不会说神是欠缺美或德性的。

你说得非常正确，我说道。并且既然〈事情〉是这样，那在你看来，谁，阿德曼托斯啊，会心甘情愿地使自己变得更差呢——不管在哪
个方面——，无论是就诸神来说，还是就世人来说？ 381c5

不可能，他回应道。

因此，这也是不可能的，我说道，那就是某个神〈竟然〉愿意改变他自己；相反，如看起来的那样，既然他们中的每个都尽可能地是美的和好的[766]，因而每个也总是单纯地持留在他自己的形象中。

至少在我看来，他回应道，这是完全必然的。 381c10

因此，我说道，最优秀的人啊，不要让诗人中任何一位对我们说—— 381d1

> 诸神有可能像一些异乡的客人，
> 变成各种样子，出没于各个城邦[767]。

也不要让〈他们中的〉任何一位就普洛透斯[768]和忒提丝[769]〈对我们〉 381d5
撒谎，无论是在各种悲剧中，还是在其他诗作中，都不要让他引入假扮为了一个女祭司的赫拉，她在募捐[770]——

> 为阿耳戈斯[771]的伊那科斯[772]河的那些给予生命的孩子们[773]。

也不要让他们对我们就其他诸如此类的许多事情撒谎。此外，即使母亲 381e1
们被这些〈故事〉所影响[774]，那也一定要不让她们通过糟糕地讲一些故事来吓唬〈她们的〉孩子们——诸如说有些神在晚上四处游荡，而他
们显得就像许许多多和各种各样的异乡人似的——，以便她们既不会对 381e5
诸神说一些亵渎性的话，也不会同时使得〈她们的〉孩子们变得比较怯懦。

当然不，他回应道。

'Αλλ' ἆρα, ἦν δ' ἐγώ, αὐτοὶ μὲν οἱ θεοί εἰσιν οἷοι μὴ μεταβάλλειν, ἡμῖν δὲ ποιοῦσιν δοκεῖν σφᾶς παντοδαποὺς φαίνεσθαι, ἐξαπατῶντες καὶ γοητεύοντες;

Ἴσως, ἔφη.

Τί δέ; ἦν δ' ἐγώ· ψεύδεσθαι θεὸς ἐθέλοι ἂν ἢ λόγῳ ἢ 382
ἔργῳ φάντασμα προτείνων;

Οὐκ οἶδα, ἦ δ' ὅς.

Οὐκ οἶσθα, ἦν δ' ἐγώ, ὅτι τό γε ὡς ἀληθῶς ψεῦδος, εἰ οἷόν τε τοῦτο εἰπεῖν, πάντες θεοί τε καὶ ἄνθρωποι μισοῦσιν;

Πῶς, ἔφη, λέγεις;

Οὕτως, ἦν δ' ἐγώ, ὅτι τῷ κυριωτάτῳ που ἑαυτῶν ψεύδεσθαι καὶ περὶ τὰ κυριώτατα οὐδεὶς ἑκὼν ἐθέλει, ἀλλὰ πάντων μάλιστα φοβεῖται ἐκεῖ αὐτὸ κεκτῆσθαι.

Οὐδὲ νῦν πω, ἦ δ' ὅς, μανθάνω.

Οἴει γάρ τί με, ἔφην, σεμνὸν λέγειν· ἐγὼ δὲ λέγω ὅτι b
τῇ ψυχῇ περὶ τὰ ὄντα ψεύδεσθαί τε καὶ ἐψεῦσθαι καὶ ἀμαθῆ εἶναι καὶ ἐνταῦθα ἔχειν τε καὶ κεκτῆσθαι τὸ ψεῦδος πάντες ἥκιστα ἂν δέξαιντο, καὶ μισοῦσι μάλιστα αὐτὸ ἐν τῷ τοιούτῳ.

Πολύ γε, ἔφη.

'Αλλὰ μὴν ὀρθότατά γ' ἄν, ὃ νυνδὴ ἔλεγον, τοῦτο ὡς ἀληθῶς ψεῦδος καλοῖτο, ἡ ἐν τῇ ψυχῇ ἄγνοια ἡ τοῦ ἐψευσμένου· ἐπεὶ τό γε ἐν τοῖς λόγοις μίμημά τι τοῦ ἐν τῇ ψυχῇ ἐστὶν παθήματος καὶ ὕστερον γεγονὸς εἴδωλον, οὐ πάνυ
ἄκρατον ψεῦδος. ἢ οὐχ οὕτω; c

Πάνυ μὲν οὖν.

Τὸ μὲν δὴ τῷ ὄντι ψεῦδος οὐ μόνον ὑπὸ θεῶν ἀλλὰ καὶ ὑπ' ἀνθρώπων μισεῖται.

Δοκεῖ μοι.

Τί δὲ δὴ τὸ ἐν τοῖς λόγοις [ψεῦδος]; πότε καὶ τῷ χρή-

e 9 ἡμῖν A D M : ἡμᾶς F Eusebius a 2 φάντασμα A D M : φαντάσματα F Eusebius b 8 ἄγνοια ἡ τοῦ ἐψευσμένου A D M : τοῦ ἐψευσμένου ἄγνοια F Eusebius b 10 ἐστὶ(ν) A F M : om. D c 6 ψεῦδος A D M : om. F τῷ A D M : τῷ τινὶ F : τί recc. vulg.

那么会是这样吗，我说道，那就是，尽管诸神自己是不可能变化
的，但他们会使得我们相信他们以各种各样的形象显现出来，欺骗和迷 381e10
惑〈我们〉？

也许吧，他回应道。

然后呢？我说道。一位神会愿意进行欺哄吗，或者在言辞上，或者 382a1
在行为上，通过提供一种显象？

我不知道，他回应说。

难道你不知道，我说道，真的假[775]——如果能够这样说的话——，
所有的神和所有的人都肯定憎恶它？ 382a5

你为何这么说呢？他回应道。

这样，我说道，那就是：对自己身上那最具决定性的东西[776]，以及关于那些最具决定性的事情，肯定无人心甘情愿地希望进行欺哄，相反，在所有事情中他最为害怕在那儿[777]遇到它[778]。

我现在还是，他回应道，不明白。 382a10

因为你以为，我说道，我在说某种浮夸的东西[779]；但我其实在说 382b1
这点，那就是：对于灵魂，关于诸是者[780]，进行欺哄和已经被欺哄了，
并且是无知的，以及在〈灵魂〉那里具有和已经遇到了虚假[781]，这些
是每个人最不能接受的，并且每个人在如此这般的情形那里都最为憎 382b5
恶它。

肯定，他说道。

无疑我刚才所说的那种东西，它能够最为正确地被称作一种真的
假，即在那已经被欺哄了的人的灵魂中的无知[782]。因为，各种言辞中
的假，它无论如何都只是灵魂中的遭受的某种模仿品，并且是后来才产 382b10
生出来的〈它的〉一种图像，因而并不完全是一种纯粹的假。难道不是 382c1
这样？

完全如此。

因此，那在是的方式上是着的假，不仅被诸神所憎恶，而且也被世人所憎恶。

在我看来是这样。 382c5

那么，在各种各样的言辞中的虚假[783]究竟又如何呢？它在什么时

σιμον, ὥστε μὴ ἄξιον εἶναι μίσους; ἆρ᾽ οὐ πρός τε τοὺς πολεμίους καὶ τῶν καλουμένων φίλων, ὅταν διὰ μανίαν ἤ τινα ἄνοιαν κακόν τι ἐπιχειρῶσιν πράττειν, τότε ἀποτροπῆς ἕνεκα ὡς φάρμακον χρήσιμον γίγνεται; καὶ ἐν αἷς νυνδὴ d ἐλέγομεν ταῖς μυθολογίαις, διὰ τὸ μὴ εἰδέναι ὅπῃ τἀληθὲς ἔχει περὶ τῶν παλαιῶν, ἀφομοιοῦντες τῷ ἀληθεῖ τὸ ψεῦδος ὅτι μάλιστα, οὕτω χρήσιμον ποιοῦμεν;

Καὶ μάλα, ἦ δ᾽ ὅς, οὕτως ἔχει.

Κατὰ τί δὴ οὖν τούτων τῷ θεῷ τὸ ψεῦδος χρήσιμον; πότερον διὰ τὸ μὴ εἰδέναι τὰ παλαιὰ ἀφομοιῶν ἂν ψεύδοιτο;

Γελοῖον μεντἂν εἴη, ἔφη.

Ποιητὴς μὲν ἄρα ψευδὴς ἐν θεῷ οὐκ ἔνι.

Οὔ μοι δοκεῖ.

Ἀλλὰ δεδιὼς τοὺς ἐχθροὺς ψεύδοιτο;

e Πολλοῦ γε δεῖ.

Ἀλλὰ δι᾽ οἰκείων ἄνοιαν ἢ μανίαν;

Ἀλλ᾽ οὐδείς, ἔφη, τῶν ἀνοήτων καὶ μαινομένων θεοφιλής.

Οὐκ ἄρα ἔστιν οὗ ἕνεκα ἂν θεὸς ψεύδοιτο.

Οὐκ ἔστιν.

Πάντῃ ἄρα ἀψευδὲς τὸ δαιμόνιόν τε καὶ τὸ θεῖον.

Παντάπασι μὲν οὖν, ἔφη.

Κομιδῇ ἄρα ὁ θεὸς ἁπλοῦν καὶ ἀληθὲς ἔν τε ἔργῳ καὶ λόγῳ, καὶ οὔτε αὐτὸς μεθίσταται οὔτε ἄλλους ἐξαπατᾷ, οὔτε κατὰ φαντασίας οὔτε κατὰ λόγους οὔτε κατὰ σημείων πομπάς, οὔθ᾽ ὕπαρ οὐδ᾽ ὄναρ.

383 Οὕτως, ἔφη, ἔμοιγε καὶ αὐτῷ φαίνεται σοῦ λέγοντος.

Συγχωρεῖς ἄρα, ἔφην, τοῦτον δεύτερον τύπον εἶναι ἐν ᾧ δεῖ περὶ θεῶν καὶ λέγειν καὶ ποιεῖν, ὡς μήτε αὐτοὺς γόητας

c 7 τε A D M : γε F   c 8 ὅταν] οἳ ἂν ci. Hermann   d 9 ψευδὴς ἐν θεῷ A D M : ἐν θεῷ ψευδὴς F Eusebius   d 11 ψεύδοιτο A D M : ἂν ψεύδοιτο F Eusebius   e 8 καὶ λόγῳ F D Eusebius : καὶ ἐν λόγῳ A M   e 9 οὔτε κατὰ φαντασίας F D Eusebius : om. A M   e 11 οὔθ᾽ A² F D M : om. A   οὐδ᾽] οὔτ᾽ scr. Mon.   a 2 τύπον A F M Eusebius : τόπον D   a 3 ποιεῖν A M Eusebius : ἀκούειν F D

候以及对谁来说是有用的呢，以至于它是不值得憎恶的？岂不是针对敌
人们〈它变得是有用的〉，以及为了那些被称作朋友的人——每当他们
由于发狂或者由于某种欠缺理智[784]而尝试做某件坏事时，那时为了劝 382c10
阻的缘故它就像一种药物似的——，它变得是有用的？还有一种情况就
是，在我们刚才所说的那些讲故事中，由于不知道关于古代的各种事情 382d1
的真相是在哪儿，于是我们尽可能地使虚假同真相相似[785]，以至于我们
使得它是有用的？

完完全全，他说道，就是这样。

那么，究竟在这些情形中的哪一个那里，虚假对于神来说是有用 382d5
的？是由于不知道古代的各种事情，于是他使之〈与真相〉相似而进行
欺哄吗？

那肯定会是可笑的，他说道。

因此，在神那里肯定没有任何一位假诗人[786]。

在我看来没有。 382d10

难道他由于害怕敌人而会进行欺哄？

远不会。 382e1

但会由于家里人的欠缺理智或者发狂[787]？

欠缺理智的人和发狂的人，他说道，其中没有一个是为神所喜爱的。

那就没有一位神为之而会进行欺哄的东西了。

没有。 382e5

因此，在方方面面，精灵性的东西以及神性的东西[788]都是无欺的。

完全如此，他回应道。

因此，神完完全全就是单纯的，并且无论在行为上，还是在言辞
上，他都是真实的，而且他自己既不变化，也不欺骗他人——无论是凭 382e10
借各种显象，还是用各种言辞，还是通过各种信号的发出——，不管那
些人是醒着时，还是在睡梦中[789]。

至少对我本人显得就是这样，他说道，当你如此说时。 383a1

那么，你会同意，我说道，下面这点就是于其中一个人关于诸神应
当说和创作的第二种模式吗，那就是：他们自己既不是一些术士——通

ὄντας τῷ μεταβάλλειν ἑαυτοὺς μήτε ἡμᾶς ψεύδεσι παράγειν ἐν λόγῳ ἢ ἐν ἔργῳ;

Συγχωρῶ.

Πολλὰ ἄρα Ὁμήρου ἐπαινοῦντες, ἀλλὰ τοῦτο οὐκ ἐπαινεσόμεθα, τὴν τοῦ ἐνυπνίου πομπὴν ὑπὸ Διὸς τῷ Ἀγαμέμνονι· οὐδὲ Αἰσχύλου, ὅταν φῇ ἡ Θέτις τὸν Ἀπόλλω ἐν τοῖς αὑτῆς γάμοις ᾄδοντα ἐνδατεῖσθαι τὰς ἑὰς εὐπαιδίας— b

νόσων τ' ἀπείρους καὶ μακραίωνας βίους,
ξύμπαντά τ' εἰπὼν θεοφιλεῖς ἐμὰς τύχας
παιᾶν' ἐπηυφήμησεν, εὐθυμῶν ἐμέ.
κἀγὼ τὸ Φοίβου θεῖον ἀψευδὲς στόμα
ἤλπιζον εἶναι, μαντικῇ βρύον τέχνῃ·
ὁ δ', αὐτὸς ὑμνῶν, αὐτὸς ἐν θοίνῃ παρών,
αὐτὸς τάδ' εἰπών, αὐτός ἐστιν ὁ κτανὼν
τὸν παῖδα τὸν ἐμόν—

ὅταν τις τοιαῦτα λέγῃ περὶ θεῶν, χαλεπανοῦμέν τε καὶ c χορὸν οὐ δώσομεν, οὐδὲ τοὺς διδασκάλους ἐάσομεν ἐπὶ παιδείᾳ χρῆσθαι τῶν νέων, εἰ μέλλουσιν ἡμῖν οἱ φύλακες θεοσεβεῖς τε καὶ θεῖοι γίγνεσθαι, καθ' ὅσον ἀνθρώπῳ ἐπὶ πλεῖστον οἷόν τε.

Παντάπασιν, ἔφη, ἔγωγε τοὺς τύπους τούτους συγχωρῶ, καὶ ὡς νόμοις ἂν χρῴμην.

a 4 ὄντας A F D M Eusebius : om. vulg. παράγειν] παράγοντας ci. H. Richards a 7 ἀλλα F : ἄλλα A D M a 9 αὑτῆς A^2 F D M Eusebius : αὐτοῖς A b 1 ἐνδατεῖσθαι A^2 F D : ἐνδυτεῖσθαι A M d b 2 μακραίωνος βίου Eusebius : μακραίωνας βίου ci. Stephanus b 4 παιᾶνα F : παιων' A M schol. : παιὼν D Eusebius c 3 παιδείᾳ A F M : παιδιᾷ D c 6 τύπους A D M : τύπους τε F c 7 χρῴμην A D M : αὐτοῖς χρῴμην F Eusebius

过改变他们自己——，他们也不用各种虚假来误导我们，无论是在言辞 383a5
上，还是在行为上？

我同意。

因此，虽然我们赞美从荷马那儿来的许多其他的事情，但我们不会赞美下面这件事[790]，即宙斯送了一个梦给阿伽门农[791]；我们也不会赞美从埃斯库罗斯那里来的那件事，那就是，当忒提丝说阿波罗在她的婚
礼上唱歌，祝福她多子多女[792]—— 383b1

> 他们不会经历各种疾病，并且享有长久的生命，
> 当他说了所有这些之后，他为我那为神所喜爱的命运
> 吟唱了一首颂歌[793]，让我感到欢欣鼓舞。
> 而我对福玻斯[794]的那张神圣的嘴是无欺的 383b5
> 也满怀希望，因为它充满着预言的技艺。
> 但他，正是这位唱歌的，正是这位莅临筵席的，
> 正是这位说了这些的，正是他，杀死了
> 我那孩子[795]——

每当有人关于诸神说一些诸如此类的事情，那么，我们将〈对之〉感到 383c1
愤怒，并且将不〈给他〉提供一支歌舞队，我们也将不容许教师们为了年轻人的教育而使用〈它们〉，如果我们的那些卫士们想要成为一些敬
畏神的人和具有神性的人的话[796]——在一个人力所能及的最大的程度 383c5
上[797]——。

我肯定完完全全，他说道，同意这〈两种〉模式，并且我也会将之作为法则来加以使用。

St. II
p. 386

Γ

a Τὰ μὲν δὴ περὶ θεούς, ἦν δ' ἐγώ, τοιαῦτ' ἄττα, ὡς ἔοικεν, ἀκουστέον τε καὶ οὐκ ἀκουστέον εὐθὺς ἐκ παίδων τοῖς θεούς τε τιμήσουσιν καὶ γονέας τήν τε ἀλλήλων φιλίαν μὴ περὶ σμικροῦ ποιησομένοις.

Καὶ οἶμαί γ', ἔφη, ὀρθῶς ἡμῖν φαίνεσθαι.

Τί δὲ δὴ εἰ μέλλουσιν εἶναι ἀνδρεῖοι; ἆρα οὐ ταῦτά τε λεκτέον καὶ οἷα αὐτοὺς ποιῆσαι ἥκιστα τὸν θάνατον δεδιέναι;
b ἢ ἡγῇ τινά ποτ' ἂν γενέσθαι ἀνδρεῖον ἔχοντα ἐν αὐτῷ τοῦτο τὸ δεῖμα;

Μὰ Δία, ἦ δ' ὅς, οὐκ ἔγωγε.

Τί δέ; τἀν Ἅιδου ἡγούμενον εἶναί τε καὶ δεινὰ εἶναι οἴει τινὰ θανάτου ἀδεῆ ἔσεσθαι καὶ ἐν ταῖς μάχαις αἱρήσεσθαι πρὸ ἥττης τε καὶ δουλείας θάνατον;

Οὐδαμῶς.

Δεῖ δή, ὡς ἔοικεν, ἡμᾶς ἐπιστατεῖν καὶ περὶ τούτων τῶν μύθων τοῖς ἐπιχειροῦσιν λέγειν, καὶ δεῖσθαι μὴ λοιδορεῖν ἁπλῶς οὕτως τὰ ἐν Ἅιδου ἀλλὰ μᾶλλον ἐπαινεῖν, ὡς οὔτε ἀληθῆ
c ἂν λέγοντας οὔτε ὠφέλιμα τοῖς μέλλουσιν μαχίμοις ἔσεσθαι.

Δεῖ μέντοι, ἔφη.

Ἐξαλείψομεν ἄρα, ἦν δ' ἐγώ, ἀπὸ τοῦδε τοῦ ἔπους ἀρξάμενοι πάντα τὰ τοιαῦτα—

βουλοίμην κ' ἐπάρουρος ἐὼν θητευέμεν ἄλλῳ
ἀνδρὶ παρ' ἀκλήρῳ, ᾧ μὴ βίοτος πολὺς εἴη
ἢ πᾶσιν νεκύεσσι καταφθιμένοισιν ἀνάσσειν

a 3 ἀλλήλων A F M : ἄλλην D et in marg. γρ. F b 5 ἀδεᾶ scr. Mon. c 1 ἂν F : om. A D M ἔσεσθαι A D M : γενέσθαι pr. F c 3 ἐξαλείψομεν A D M Eusebius : ἐξαλείψωμεν F c 6 ᾧ μὴ βίοτος πολὺς εἴη F D : om. A M

卷三

因此，关于诸神，我说道，也都是一些诸如此类的事情，如看起来 386a1
的那样，它们对〈那些卫士〉来说，必须直接从孩童时起就被听和不被听，如果他们将尊崇诸神和父母，并且将不把他们彼此间的友谊当作一件微不足道的事的话。

我也肯定认为，他回应道，这对我们显得是正确的。 386a5

那么，然后呢，如果他们打算是勇敢的话？诸如那些将使得他们丝
毫不恐惧死亡的事情，它们难道不应当被说〈给他们听〉吗[798]？抑或， 386b1
你认为一个人竟然会变得是勇敢的，如果他在他自己那里有着这种恐惧的话？

宙斯在上，他说道，我肯定不这么认为。

然后呢？如果一个人相信有着哈德斯那里的那些事情，并且认为它
们是可怕的，你认为他将是不惧怕死亡的吗，并且在各种战斗中将宁愿 386b5
选择死亡，而不是失败和奴役[799]？

绝不会。

因此，如看起来的那样，关于这些故事，我们必须审查那些试图讲述它们的人，并且必须要求〈他们〉不要如此简单地谩骂在哈德斯那
里的各种事情，毋宁要赞美它们，既然他们既没有在说真相，〈所说的〉 386b10
对于那些打算要能征善战的人来说也将是无益的。 386c1

当然必须，他回应道。

那么，我们将抹去，我说道，就从这里的这首诗开始，所有诸如此类的事情——

> 我甚至宁愿作为一个种地人为另一个 386c5
> 穷苦的、生计潦倒的人当雇工，
> 也不愿意在那些朽败的死人中间做主人[800]。

καὶ τὸ—

οἰκία δὲ θνητοῖσι καὶ ἀθανάτοισι φανείη d
σμερδαλέ', εὐρώεντα, τά τε στυγέουσι θεοί περ

καὶ—

ὢ πόποι, ἦ ῥά τις ἔστι καὶ εἰν Ἀΐδαο δόμοισιν
ψυχὴ καὶ εἴδωλον, ἀτὰρ φρένες οὐκ ἔνι πάμπαν

καὶ τὸ—

οἴῳ πεπνῦσθαι, ταὶ δὲ σκιαὶ ἀΐσσουσι

καὶ—

ψυχὴ δ' ἐκ ῥεθέων πταμένη Ἄϊδόσδε βεβήκει,
ὃν πότμον γοόωσα, λιποῦσ' ἀνδροτῆτα καὶ ἥβην

καὶ τὸ— 387

ψυχὴ δὲ κατὰ χθονός, ἠΰτε καπνός,
ᾤχετο τετριγυῖα

καὶ—

ὡς δ' ὅτε νυκτερίδες μυχῷ ἄντρου θεσπεσίοιο
τρίζουσαι ποτέονται, ἐπεί κέ τις ἀποπέσῃσιν
ὁρμαθοῦ ἐκ πέτρης, ἀνά τ' ἀλλήλῃσιν ἔχονται,
ὣς αἳ τετριγυῖαι ἅμ' ᾔεσαν.

ταῦτα καὶ τὰ τοιαῦτα πάντα παραιτησόμεθα Ὅμηρόν τε καὶ b
τοὺς ἄλλους ποιητὰς μὴ χαλεπαίνειν ἂν διαγράφωμεν, οὐχ ὡς οὐ ποιητικὰ καὶ ἡδέα τοῖς πολλοῖς ἀκούειν, ἀλλ' ὅσῳ ποιητικώτερα, τοσούτῳ ἧττον ἀκουστέον παισὶ καὶ ἀνδράσιν οὓς δεῖ ἐλευθέρους εἶναι, δουλείαν θανάτου μᾶλλον πεφοβημένους.

Παντάπασι μὲν οὖν.

Οὐκοῦν ἔτι καὶ τὰ περὶ ταῦτα ὀνόματα πάντα τὰ δεινά τε καὶ φοβερὰ ἀποβλητέα, Κωκυτούς τε καὶ Στύγας καὶ
ἐνέρους καὶ ἀλίβαντας, καὶ ἄλλα ὅσα τούτου τοῦ τύπου c

d 7 ταὶ δὲ] τοὶ δὲ F (sed in marg. γρ. ταὶ δὲ) c 1 ἀλίβαντας] ἀλείβαντας D

还有——

〈免得〉屋子暴露在那些有死者和不朽者面前， 386d1
它们令人可怕，闻起来发霉，甚至连诸神都感到厌恶[801]。

还有——

哎呀，因此，在哈德斯的屋子里也真的有着某种
灵魂和虚影，然而在里面却心神全无[802]。 386d5

还有——

唯独他有气息，而其他的如影子掠过[803]。

还有——

而当灵魂从肢体那里飞走，就前往了哈德斯那里，
悲叹那落到头上的命运[804]，抛下了年华[805]和青春[806]。 386d10

还有 387a1

而灵魂，就像一缕青烟，
吱吱唧唧地前往了地下[807]。

还有——

就像，当蝙蝠们在神秘洞穴的最深处[808] 387a5
吱吱唧唧地到处飞时，当一串中的一只从
岩石上坠落，其他的向上相互紧紧地抱在一起，
就像这样，这些〈灵魂〉吱吱唧唧地跟着〈赫尔墨斯〉往前走[809]。

以上这些以及诸如此类的所有的〈诗句〉，我们将恳求荷马以及其他那 387b1
些诗人都不要〈对我们〉动怒，如果我们将它们抹去的话；不是因为它们不富有诗意以及对许多人来说听起来不令人愉快，相反，它们有多么的富有诗意，也就有多么的不应该被孩童们听，以及被那些成年人听——〈因为〉他们都应当是一些自由的人，是一些恐惧奴役远胜于恐 387b5
惧死亡的人——。

完全如此。

因此，进而关于这些事情的所有那些可怕的和令人生畏的语词，它们岂不都必须被抛到一边，无论是科库托斯，还是斯堤克斯[810]，也无论 387c1

ὀνομαζόμενα φρίττειν δὴ ποιεῖ ὡς οἴεται† πάντας τοὺς ἀκούοντας. καὶ ἴσως εὖ ἔχει πρὸς ἄλλο τι· ἡμεῖς δὲ ὑπὲρ τῶν φυλάκων φοβούμεθα μὴ ἐκ τῆς τοιαύτης φρίκης θερμότεροι καὶ μαλακώτεροι τοῦ δέοντος γένωνται ἡμῖν.

Καὶ ὀρθῶς γ', ἔφη, φοβούμεθα.

Ἀφαιρετέα ἄρα;

Ναί.

Τὸν δὲ ἐναντίον τύπον τούτοις λεκτέον τε καὶ ποιητέον;

Δῆλα δή.

d Καὶ τοὺς ὀδυρμοὺς ἄρα ἐξαιρήσομεν καὶ τοὺς οἴκτους τοὺς τῶν ἐλλογίμων ἀνδρῶν;

Ἀνάγκη, ἔφη, εἴπερ καὶ τὰ πρότερα.

Σκόπει δή, ἦν δ' ἐγώ, εἰ ὀρθῶς ἐξαιρήσομεν ἢ οὔ. φαμὲν δὲ δὴ ὅτι ὁ ἐπιεικὴς ἀνὴρ τῷ ἐπιεικεῖ, οὗπερ καὶ ἑταῖρός ἐστιν, τὸ τεθνάναι οὐ δεινὸν ἡγήσεται.

Φαμὲν γάρ.

Οὐκ ἄρα ὑπέρ γ' ἐκείνου ὡς δεινόν τι πεπονθότος ὀδύροιτ' ἄν.

Οὐ δῆτα.

Ἀλλὰ μὴν καὶ τόδε λέγομεν, ὡς ὁ τοιοῦτος μάλιστα αὐτὸς αὑτῷ αὐτάρκης πρὸς τὸ εὖ ζῆν καὶ διαφερόντως τῶν

e ἄλλων ἥκιστα ἑτέρου προσδεῖται.

Ἀληθῆ, ἔφη.

Ἥκιστα ἄρ' αὐτῷ δεινὸν στερηθῆναι ὑέος ἢ ἀδελφοῦ ἢ χρημάτων ἢ ἄλλου του τῶν τοιούτων.

Ἥκιστα μέντοι.

Ἥκιστ' ἄρα καὶ ὀδύρεσθαι, φέρειν δὲ ὡς πρᾳότατα, ὅταν τις αὐτὸν τοιαύτη συμφορὰ καταλάβῃ.

Πολύ γε.

c 2 ὡς οἴεται A F D M : ὡς οἷόν τε scr. Mon. : secl. Hertz c 3 ὑπὲρ F D M : ὑπὸ A c 4 φοβούμεθα] δεόμεθα Proclus (αἰδούμεθα ci. Radermacher) d 6 τὸ A F M Stobaeus : om. D e 6 ὀδύρεσθαι, φέρειν A F D M Stobaeus : ὀδύρεται, φέρει ci. Stallbaum ὀδύρεσθαι ⟨ἔοικε⟩ ci. H. Richards : ⟨δεῖ⟩ ὀδύρεσθαι ci. Hartman

是下界的幽魂，还是干尸，以及其他所有那些基于这种模式而被命名的东西——就像被认为的那样[811]，它们一定使得所有那些听到它们的人都感到战栗——。也许它们对于其他的某种〈目的〉来说是恰当的，但我们为卫士们感到担心，那就是：从这样一种战栗中，他们对我们变得比 387c5
应然的要容易激动和缺乏男子气概[812]。

我们也确实担心得正确，他回应道。

因此，它们必须被清除掉？

是的。

而必须用与这些相反的模式进行讲述和创作？

显然如此。 387c10

因此，我们也将清除那些著名人物〈所发出的〉各种悲叹和哭泣吗？ 387d1

必然，他说道，如果前面〈所说的〉那些也如此的话。

那么就请你考察一下，我说道，我们将清除得正确，还是不正确。而我们肯定会宣称：一个得体的人对于一个得体的人[813]——此人也正 387d5
是他的朋友[814]——，将不会把死亡视为是一件可怕的事情。

我们当然会宣称。

因此，他无论如何都不会为那人而悲叹，仿佛那人已经遭受了某种可怕的事情似的。

无疑不会。 387d10

当然，我们也会这样说，那就是：如此这般的一个人，就活得美好来说[815]，他自己对他自己是最为独立自主的，并且不同于其他那些人， 387e1
他最为不另外需要其他某个人。

正确，他回应道。

那么，对他来说下面这些就根本不可怕，无论是失去一个儿子，还是一位兄弟，还是钱财，还是诸如此类的东西中的其他任何一样。

的确根本不。 387e5

因此，〈我们说〉他甚至一点也不悲叹，而是尽可能心平气和地进行忍受，每当某一诸如此类的不幸攫住了他时。

肯定。

Ὀρθῶς ἄρ' ἂν ἐξαιροῖμεν τοὺς θρήνους τῶν ὀνομαστῶν ἀνδρῶν, γυναιξὶ δὲ ἀποδιδοῖμεν, καὶ οὐδὲ ταύταις σπου-
388 δαίαις, καὶ ὅσοι κακοὶ τῶν ἀνδρῶν, ἵνα ἡμῖν δυσχεραίνωσιν ὅμοια τούτοις ποιεῖν οὓς δή φαμεν ἐπὶ φυλακῇ τῆς χώρας τρέφειν.

Ὀρθῶς, ἔφη.

Πάλιν δὴ Ὁμήρου τε δεησόμεθα καὶ τῶν ἄλλων ποιητῶν μὴ ποιεῖν Ἀχιλλέα θεᾶς παῖδα—

ἄλλοτ' ἐπὶ πλευρᾶς κατακείμενον, ἄλλοτε δ' αὖτε
ὕπτιον, ἄλλοτε δὲ πρηνῆ,

τοτὲ δ' ὀρθὸν ἀναστάντα †πλωΐζοντ'† ἀλύοντ' ἐπὶ
b θῖν' ἁλὸς ἀτρυγέτοιο, μηδὲ ἀμφοτέραισιν χερσὶν ἑλόντα κόνιν αἰθαλόεσσαν χευάμενον κὰκ κεφαλῆς, μηδὲ ἄλλα κλαίοντά τε καὶ ὀδυρόμενον ὅσα καὶ οἷα ἐκεῖνος ἐποίησε, μηδὲ Πρίαμον ἐγγὺς θεῶν γεγονότα λιτανεύοντά τε καί—

κυλινδόμενον κατὰ κόπρον,
ἐξονομακλήδην ὀνομάζοντ' ἄνδρα ἕκαστον.

πολὺ δ' ἔτι τούτων μᾶλλον δεησόμεθα μήτοι θεούς γε ποιεῖν ὀδυρομένους καὶ λέγοντας—

c ὤμοι ἐγὼ δειλή, ὤμοι δυσαριστοτόκεια·

εἰ δ' οὖν θεούς, μήτοι τόν γε μέγιστον τῶν θεῶν τολμῆσαι οὕτως ἀνομοίως μιμήσασθαι, ὥστε

ὢ πόποι, φάναι, ἦ φίλον ἄνδρα διωκόμενον περὶ ἄστυ
ὀφθαλμοῖσιν ὁρῶμαι, ἐμὸν δ' ὀλοφύρεται ἦτορ·

καί—

αἲ αἲ ἐγών, ὅ τέ μοι Σαρπηδόνα φίλτατον ἀνδρῶν
d μοῖρ' ὑπὸ Πατρόκλοιο Μενοιτιάδαο δαμῆναι.

e 9 ἄρ' ἂν D M : ἄρα A : ἄρ' F Stobaeus a 5 τε om. Eusebius a 7 πλευρᾶς] πλευρὰς Eusebius a 9 πλωΐζοντ' A : πλώζοντ' D : πλώζοντα M : πλάζοντ' F : πρωΐζοντ' ci. Heyne : ἀφλοίζοντ' ci. Adam ἐπὶ] παρὰ Homerus b 1 ἀμφοτέραισι pr. A F : ἀμφοτέρῃσι A[2]

所以，我们会正确地清除掉那些著名人物的各种哀叹，相反，我们 387e10
会把它们交给妇人们[816]——诚然，那些杰出的女性除外[817]——，以及 388a1
男人中所有那些低劣的人，以便那些我们宣称为了疆土之守卫而进行培养的人，他们会厌恶做出一些与这些人〈所做的〉相似的事情来。

正确，他说道。

那么，我们将再次要求荷马以及其他诗人不要这样塑造阿喀琉斯， 388a5
一位女神的孩子——

他时而侧卧，时而又
仰面朝天，时而则俯身朝下[818]，

然后他站直了起来，游弋[819]和彷徨于荒芜的大海[820]的岸边[821]，不要〈说〉 388b1
他用双手捧起黑色的土灰，将之撒在头顶上[822]，不要〈讲述〉那人[823]曾描述过他的其他所有那些诸如此类的事情，如他在痛哭和哀嚎，也不要〈讲
述〉普里阿摩斯[824]——诸神的一位近亲[825]——，一边恳求，一边—— 388b5

他在污泥中翻滚，
按名字呼喊着每个人[826]。

而与这些相比，我们更是愈发地[827]将要求〈他们〉一定不要把诸神塑造成在悲叹，并且说——

哎呀，我这不幸的女人！哎呀，高贵的儿子那不幸的母亲[828]！ 388c1

即使〈他们把〉诸神〈塑造为在悲叹〉，那至少也一定不要让他们胆敢以如此〈与之〉不相像的方式[829]描绘诸神中那最伟大的，以至于

哎呀！他说，在那儿〈我所〉喜欢的人正被绕着城[830]追击
我亲眼看到了，而我的心在悲伤[831]。 388c5

还有——

哎哟，我，哎哟[832]！萨尔珀冬[833]，最受我喜欢的这个人
命定要被墨诺提俄斯[834]的儿子帕特洛克罗斯杀死[835]。 388d1

εἰ γάρ, ὦ φίλε Ἀδείμαντε, τὰ τοιαῦτα ἡμῖν οἱ νέοι σπουδῇ ἀκούοιεν καὶ μὴ καταγελῷεν ὡς ἀναξίως λεγομένων, σχολῇ ἂν ἑαυτόν γέ τις ἄνθρωπον ὄντα ἀνάξιον ἡγήσαιτο τούτων καὶ ἐπιπλήξειεν, εἰ καὶ ἐπίοι αὐτῷ τι τοιοῦτον ἢ λέγειν ἢ ποιεῖν, ἀλλ' οὐδὲν αἰσχυνόμενος οὐδὲ καρτερῶν πολλοὺς ἐπὶ σμικροῖσιν παθήμασιν θρήνους ἂν ᾄδοι καὶ ὀδυρμούς.

e Ἀληθέστατα, ἔφη, λέγεις.

Δεῖ δέ γε οὔχ, ὡς ἄρτι ἡμῖν ὁ λόγος ἐσήμαινεν· ᾧ πειστέον, ἕως ἄν τις ἡμᾶς ἄλλῳ καλλίονι πείσῃ.

Οὐ γὰρ οὖν δεῖ.

Ἀλλὰ μὴν οὐδὲ φιλογέλωτάς γε δεῖ εἶναι. σχεδὸν γὰρ ὅταν τις ἐφιῇ ἰσχυρῷ γέλωτι, ἰσχυρὰν καὶ μεταβολὴν ζητεῖ τὸ τοιοῦτον.

Δοκεῖ μοι, ἔφη.

Οὔτε ἄρα ἀνθρώπους ἀξίους λόγου κρατουμένους ὑπὸ
389 γέλωτος ἄν τις ποιῇ, ἀποδεκτέον, πολὺ δὲ ἧττον, ἐὰν θεούς.

Πολὺ μέντοι, ἦ δ' ὅς.

Οὐκοῦν Ὁμήρου οὐδὲ τὰ τοιαῦτα ἀποδεξόμεθα περὶ θεῶν—

ἄσβεστος δ' ἄρ' ἐνῶρτο γέλως μακάρεσσι θεοῖσιν,
ὡς ἴδον Ἥφαιστον διὰ δώματα ποιπνύοντα·

οὐκ ἀποδεκτέον κατὰ τὸν σὸν λόγον.

Εἰ σύ, ἔφη, βούλει ἐμὸν τιθέναι· οὐ γὰρ οὖν δὴ
b ἀποδεκτέον.

Ἀλλὰ μὴν καὶ ἀλήθειάν γε περὶ πολλοῦ ποιητέον. εἰ γὰρ ὀρθῶς ἐλέγομεν ἄρτι, καὶ τῷ ὄντι θεοῖσι μὲν ἄχρηστον ψεῦδος, ἀνθρώποις δὲ χρήσιμον ὡς ἐν φαρμάκου εἴδει, δῆλον ὅτι τό γε τοιοῦτον ἰατροῖς δοτέον, ἰδιώταις δὲ οὐχ ἁπτέον.

d 5 αὐτῷ τι F: αὐτῷ A M: τι D e 5 φιλογέλωτάς γε] φιλογέλωτα (sic) Stobaeus e 6 ἐφιῇ Bekker: ἐφίῃ F Stobaeus: ἔφην A (post ἰσχυρῷ add. in marg. κατέχοιτο rec. a) M (post γέλωτι add. ἀλῷ m): ἔφη D e 9 οὔτε ἄρα] οὔτἆρα ci. Cobet a 3 ἀποδεξόμεθα περὶ θεῶν secl. Hermann b 3 θεοῖσι A D M Stobaeus. θεοῖς F

因为，亲爱的阿德曼托斯啊，如果我们中的那些年轻人认真地听了诸
如此类的一些事情，并且没有把它们讥讽为一些不值得被说的东西，那
么，〈他们中〉的任何一位——既然他是人——，都几乎不会认为他自
己不值得〈做〉这些事情，并且谴责他自己，如果在他自己那里也发生 388d5
了说或者做诸如此类的某件事的话；相反，他既不会感到羞耻，也不会
忍耐，他会在一些微不足道的遭遇上大唱许多的哀歌和悲叹。

你说得非常正确，他说道。 388e1

一定不应当这样，就像刚才〈我们的〉说法向我们显明的那样[836]，必须听从它，直至某人用其他某个更美的说法说服我们为止。

确实不应当这样。

当然，他们无论如何也不应当是喜欢笑的。因为，几乎可以说，每 388e5
当一个人纵情大笑时[837]，如此这般的行为也都在要求一种剧烈的变化[838]。

在我看来是这样，他说道。

因此，那些著名的人物[839]，如果有人把他们塑造为一些受制于纵情
大笑的人，那一定不可以接受，如果是一些神，那就更不能了。 389a1

的确更不能，他回应道。

因此，从荷马那里而来的关于众神的诸如此类的一些说法，我们将不会接受——

> 在有福的诸神中间爆发出一阵难以抑制的笑声， 389a5
> 当他们看到赫淮斯托斯屋前屋后忙个不停时[840]。

按照你的说法这一定不可以接受。

如果你，他回应道，愿意把它当作我的〈说法〉的话[841]；因为，
事实上这的确不可以接受。 389b1

而且无论如何都必须把真当作一件紧要的事情[842]。因为，如果我们
刚才说得正确[843]，并且一方面在是的方式上虚假对诸神来说是无用的，
另一方面它在药物的一种形式上对世人来说则是有用的，那么，显然诸 389b5
如此类的东西就必须被交给医生，而普通人绝不可以触碰它[844]。

Δῆλον, ἔφη.

Τοῖς ἄρχουσιν δὴ τῆς πόλεως, εἴπερ τισὶν ἄλλοις, προσήκει ψεύδεσθαι ἢ πολεμίων ἢ πολιτῶν ἕνεκα ἐπ' ὠφελίᾳ τῆς πόλεως, τοῖς δὲ ἄλλοις πᾶσιν οὐχ ἁπτέον τοῦ τοιούτου·
ἀλλὰ πρός γε δὴ τοὺς τοιούτους ἄρχοντας ἰδιώτῃ ψεύσασθαι c
ταὐτὸν καὶ μεῖζον ἁμάρτημα φήσομεν ἢ κάμνοντι πρὸς ἰατρὸν ἢ ἀσκοῦντι πρὸς παιδοτρίβην περὶ τῶν τοῦ αὑτοῦ σώματος παθημάτων μὴ τἀληθῆ λέγειν, ἢ πρὸς κυβερνήτην περὶ τῆς νεώς τε καὶ τῶν ναυτῶν μὴ τὰ ὄντα λέγοντι ὅπως ἢ αὐτὸς ἤ τις τῶν συνναυτῶν πράξεως ἔχει.

Ἀληθέστατα, ἔφη.

Ἂν ἄρ' ἄλλον τινὰ λαμβάνῃ ψευδόμενον ἐν τῇ πόλει— d

τῶν οἳ δημιοεργοὶ ἔασι,
μάντιν ἢ ἰητῆρα κακῶν ἢ τέκτονα δούρων,

κολάσει ὡς ἐπιτήδευμα εἰσάγοντα πόλεως ὥσπερ νεὼς ἀνατρεπτικόν τε καὶ ὀλέθριον.

Ἐάνπερ, ἦ δ' ὅς, ἐπί γε λόγῳ ἔργα τελῆται.

Τί δέ; σωφροσύνης ἆρα οὐ δεήσει ἡμῖν τοῖς νεανίαις;

Πῶς δ' οὔ;

Σωφροσύνης δὲ ὡς πλήθει οὐ τὰ τοιάδε μέγιστα, ἀρχόν-
των μὲν ὑπηκόους εἶναι, αὐτοὺς δὲ ἄρχοντας τῶν περὶ πότους e
καὶ ἀφροδίσια καὶ περὶ ἐδωδὰς ἡδονῶν;

Ἔμοιγε δοκεῖ.

Τὰ δὴ τοιάδε φήσομεν οἶμαι καλῶς λέγεσθαι, οἷα καὶ Ὁμήρῳ Διομήδης λέγει—

τέττα, σιωπῇ ἧσο, ἐμῷ δ' ἐπιπείθεο μύθῳ,

καὶ τὰ τούτων ἐχόμενα, τὰ—

c 1 τοιούτους D M et in marg. A int. vers. F: om. A F Stobaeus ἰδιώτῃ] τῷ ἰδιώτῃ Stobaeus c 5 λέγοντι secl. Madvig (et supra ἢ ⟨πλέοντι⟩ πρὸς) τῶν om. Stobaeus c 6 τις A^2 F D M Stobaeus: τῆς A d 2 δημιοεργοὶ] δημιουργοὶ A F D M Stobaeus d 4 κολάσει ὡς F D Stobaeus: κολάσεως A: κολάσαι ὡς M d 6 ἐάνπερ Stobaeus: ἄνπερ F: ἐάν γε A D M ἐπί γε] ἐπὶ Stobaeus d 7 τοῖς νεανίαις] αὐτοῖς Stobaeus d 9 τοιάδε A F M Stobaeus: τοιαῦτα δὲ D e 5 ὁμήρῳ A D M: παρ' ὁμήρῳ F

显然，他说道。

因此，〈唯有〉城邦的统治者们，如果毕竟还有某些其他的人可以的话，适合——或者针对敌人，或者为了同邦人的缘故——为了城邦的利益而进行欺哄，而其他所有人都一定不可以触碰诸如此类的事情。但 389c1
是，对于一个普通人来说，他对这样一些〈真正的〉统治者说假话，我们将说这〈同下面这些情况〉是一种同样的，甚至是比之更大的错误，那就是：一个在患病的人对医生，或者一个在进行训练的人对体育教练，关于其身体方面的各种情状没有说真话；或者对舵手，一个人关 389c5
于船以及关于水手们没有说出各种实情[845]——无论是就他自己的情况，还是就同船的人中的任何一位的情况，究竟是怎样的——。

非常正确，他回应道。

那么，如果〈统治者〉抓到某个在城邦中进行欺哄的人—— 389d1

> 无论他是匠人们中的一位，
> 还是预言师，还是各种疾病的救治者，还是〈精通〉木料的木匠[846]，

他都将惩罚他，因为他把一种生活习惯[847]引了进来，而它对于城邦恰如对于一艘船那样，是颠覆性的和致命的。 389d5

假如真的，他说道，在言辞之后行动肯定要被履行的话。

然后呢？我们的那些年轻人岂不将需要自制[848]？

为何不呢？

至于自制，对于大众来说[849]下面这些岂不是其最重要的：一则服 389e1
从那些进行统治的人，一则在各种快乐——它们关乎饮酒、关乎属于阿佛洛狄忒的那些事情以及关乎食物——方面是自己的主人[850]。

至少在我看来是这样。

那么，我认为我们将宣称下面这些就说得很好，例如在荷马那里狄 389e5
俄墨得斯[851]就说道——

> 老兄，请你安静地坐下，而要听从我的话[852]，

还有与这些相关的，它们是——

ἴσαν μένεα πνείοντες Ἀχαιοί,
σιγῇ δειδιότες σημάντορας,

καὶ ὅσα ἄλλα τοιαῦτα.

Καλῶς.

Τί δέ; τὰ τοιάδε—

οἰνοβαρές, κυνὸς ὄμματ' ἔχων, κραδίην δ' ἐλάφοιο

390 καὶ τὰ τούτων ἑξῆς ἆρα καλῶς, καὶ ὅσα ἄλλα τις ἐν λόγῳ ἢ ἐν ποιήσει εἴρηκε νεανιεύματα ἰδιωτῶν εἰς ἄρχοντας;

Οὐ καλῶς.

Οὐ γὰρ οἶμαι εἴς γε σωφροσύνην νέοις ἐπιτήδεια ἀκούειν· εἰ δέ τινα ἄλλην ἡδονὴν παρέχεται, θαυμαστὸν οὐδέν. ἢ πῶς σοι φαίνεται;

Οὕτως, ἔφη.

Τί δέ; ποιεῖν ἄνδρα τὸν σοφώτατον λέγοντα ὡς δοκεῖ αὐτῷ κάλλιστον εἶναι πάντων, ὅταν—

παρὰ πλεῖαι ὦσι τράπεζαι
b σίτου καὶ κρειῶν, μέθυ δ' ἐκ κρητῆρος ἀφύσσων
οἰνοχόος φορέῃσι καὶ ἐγχείῃ δεπάεσσι,

δοκεῖ σοι ἐπιτήδειον εἶναι πρὸς ἐγκράτειαν ἑαυτοῦ ἀκούειν νέῳ; ἢ τὸ—

λιμῷ δ' οἴκτιστον θανέειν καὶ πότμον ἐπισπεῖν;

ἢ Δία, καθευδόντων τῶν ἄλλων θεῶν τε καὶ ἀνθρώπων ὡς, μόνος ἐγρηγορὼς ἃ ἐβουλεύσατο, τούτων πάντων ῥᾳδίως c ἐπιλανθανόμενον διὰ τὴν τῶν ἀφροδισίων ἐπιθυμίαν, καὶ οὕτως ἐκπλαγέντα ἰδόντα τὴν Ἥραν, ὥστε μηδ' εἰς τὸ δωμάτιον ἐθέλειν ἐλθεῖν, ἀλλ' αὐτοῦ βουλόμενον χαμαὶ συγγίγνεσθαι, λέγοντα ὡς οὕτως ὑπὸ ἐπιθυμίας ἔχεται,

a 1 ἄλλα A D M : ἄλλα τοιαῦτα F a 2 νεανιεύματα F : νεανικεύματα A : νεανισκεύματα D M a 10 παραπλεῖαι A F D M : παρὰ πλέαι Adam b 6 δία A F D Eusebius : βία M c 1 ἐπιλανθανόμενον A D M : ἐπιλαθόμενον Eusebius : ἐπιλαθόμενος F c 3 βουλόμενον secl. Hartman c 4 post συγγίγνεσθαι add. κορύδου δίκην Eusebius λέγοντα F : καὶ λέγοντα A D M

> 阿开亚人精神抖擞地〈默默〉往前走[853]，
> 他们保持安静，因为惧怕指挥官[854]，

还有其他所有诸如此类的。 389e10

说得很好。

然后呢？这些话——

> 你醉醺醺的，有着一双狗的眼，一颗鹿的心[855]。

以及接着这些的那些话〈说得〉好吗，还有在谈话或者在诗作中平民[856] 390a1
中的任何一位已经对统治者们说过的其他所有那些侮慢的话[857]？

说得不好。

因为我不认为，至少就自制来说，它们适合那些年轻人听。但如 390a5
果它们在其他方面提供出了某种快乐[858]，这一点也不令人感到吃惊[859]。或者，对你显得如何？

就是这样，他说道。

那么然后呢？使得那最智慧的人[860]说，在他看来这是一切中最好的，当——

> 面前的桌子上满是 390a10
> 食物和肉类，斟酒人正把酒从调酒缸舀出 390b1
> 忙进忙出，将之倒入杯中[861]，

在你看来，为了〈实现〉自我克制，这适合一个年轻人听吗？或者下面这句话——

> 因饥饿而死，这是最悲惨地遭遇落到头上的命运[862]？ 390b5

或者把宙斯〈塑造成下面这样会适合一个年轻人听吗〉，那就是：当其他的诸神和世人都睡着之后，那时唯有他醒着，他曾计划过的所有那些事
情，他轻易地就将它们统统忘掉，因为〈他内心充满了〉关于那些属于 390c1
阿佛洛狄忒式的事情的欲望[863]，并且他如此忘乎所以地看着赫拉，以至于他甚至不情愿进到房里，而是打算就在那儿于地上〈同她〉进行交欢，说

ὡς οὐδ' ὅτε τὸ πρῶτον ἐφοίτων πρὸς ἀλλήλους φίλους λήθοντε τοκῆας· οὐδὲ Ἄρεώς τε καὶ Ἀφροδίτης ὑπὸ Ἡφαίστου δεσμὸν δι' ἕτερα τοιαῦτα.

Οὐ μὰ τὸν Δία, ἦ δ' ὅς, οὔ μοι φαίνεται ἐπιτήδειον.

Ἀλλ' εἴ πού τινες, ἦν δ' ἐγώ, καρτερίαι πρὸς ἅπαντα d
καὶ λέγονται καὶ πράττονται ὑπὸ ἐλλογίμων ἀνδρῶν, θεατέον τε καὶ ἀκουστέον, οἷον καὶ τὸ—

στῆθος δὲ πλήξας κραδίην ἠνίπαπε μύθῳ·
τέτλαθι δή, κραδίη· καὶ κύντερον ἄλλο ποτ' ἔτλης.

Παντάπασι μὲν οὖν, ἔφη.

Οὐ μὲν δὴ δωροδόκους γε ἐατέον εἶναι τοὺς ἄνδρας οὐδὲ φιλοχρημάτους.

Οὐδαμῶς. e

Οὐδ' ᾀστέον αὐτοῖς ὅτι—

δῶρα θεοὺς πείθει, δῶρ' αἰδοίους βασιλῆας·

οὐδὲ τὸν τοῦ Ἀχιλλέως παιδαγωγὸν Φοίνικα ἐπαινετέον ὡς μετρίως ἔλεγε συμβουλεύων αὐτῷ δῶρα μὲν λαβόντι ἐπαμύνειν τοῖς Ἀχαιοῖς, ἄνευ δὲ δώρων μὴ ἀπαλλάττεσθαι τῆς μήνιος. οὐδ' αὐτὸν τὸν Ἀχιλλέα ἀξιώσομεν οὐδ' ὁμολογήσομεν οὕτω φιλοχρήματον εἶναι, ὥστε παρὰ τοῦ Ἀγαμέμνονος δῶρα λαβεῖν, καὶ τιμὴν αὖ λαβόντα νεκροῦ
ἀπολύειν, ἄλλως δὲ μὴ 'θέλειν. 391

Οὔκουν δίκαιόν γε, ἔφη, ἐπαινεῖν τὰ τοιαῦτα.

Ὀκνῶ δέ γε, ἦν δ' ἐγώ, δι' Ὅμηρον λέγειν ὅτι οὐδ' ὅσιον ταῦτά γε κατὰ Ἀχιλλέως φάναι καὶ ἄλλων λεγόντων πείθεσθαι, καὶ αὖ ὡς πρὸς τὸν Ἀπόλλω εἶπεν—

ἔβλαψάς μ' ἑκάεργε, θεῶν ὀλοώτατε πάντων·
ἦ σ' ἂν τισαίμην, εἴ μοι δύναμίς γε παρείη·

καὶ ὡς πρὸς τὸν ποταμόν, θεὸν ὄντα, ἀπειθῶς εἶχεν καὶ b
μάχεσθαι ἕτοιμος ἦν, καὶ αὖ τὰς τοῦ ἑτέρου ποταμοῦ Σπερ-

c 5 πρὸς] παρ' ci. Herwerden c 7 δι' A D M : ἢ F d 7 δὴ A F M : om. D γε A D M : τε F e 7 οὐδ' ὁμολογήσομεν secl. Hartman a 1 θέλειν A D M : ἐθέλειν F a 3 δι' F D : δὴ A M

他从未被一种欲望如此〈强烈〉地攫住过，即使当他俩瞒着亲爱的父母[864] 390c5
初次互相往来时。至于因其他诸如此类的〈原因〉[865]阿瑞斯和阿佛洛狄忒被赫淮斯托斯所绑缚[866]，这也肯定不〈适合说给一个年轻人听〉。

宙斯在上，他说道，它们都对我显得不适合。

然而，如果有着一些，我说道，面对一切事情的坚忍不拔，它们被 390d1
一些著名的人物说和做，那么，它们无论如何都必须被〈人〉看和听，例如——

他捶打着自己的胸口，用言辞斥责自己的心：
忍耐吧，心啊！你也曾忍耐过其他更无耻的[867]。 390d5

完全如此，他回应道。

因此，无论如何都不会允许〈我们的〉这些人是接收礼物的[868]，也不会允许他们是热爱钱财的。

绝不。 390e1

一定不可以对他们唱到——

礼物〈能〉说服诸神，礼物〈能〉说服令人生畏的国王[869]。

也一定不可以就下面这点而赞美阿喀琉斯的导师福尼克斯[870]，那就是 390e5
〈以为〉他曾说得恰当，当他建议阿喀琉斯，一方面，如果他得到礼物，那他就去救助那些阿开亚人，另一方面，如果没有礼物，则不要停止〈自己的〉愤怒。我们既不要认为〈那样做〉配得上阿喀琉斯本人，也不会同意他是一个如此热爱钱财的人，以至于他从阿伽门农那里收受了
礼物[871]，并且在另外的场合，他要取得赎金之后才肯归还尸体，否则就 391a1
不愿意[872]。

无论如何都是不正当的，他说道，赞美诸如此类的事情。

出于〈对〉荷马〈的尊敬〉，我回应道，我才犹豫说〈这样做〉是不虔敬的，那就是：针对阿喀琉斯竟然说出这些事情，并且当其他人讲
述〈它们〉时深信不疑，此外还〈相信〉他曾对阿波罗说—— 391a5

你伤害了我，远射的神[873]！所有神中最具毁灭性的[874]。
我肯定会报复你，如果我真有能力的话[875]。

以及〈说〉面对那条河[876]——尽管它是一位神——，他拒不顺从，甚 391b1
至准备与之战斗；并且在另外的场合，就敬献给另外一条河，即敬献给

χειοῦ ἱερὰς τρίχας Πατρόκλῳ ἥρωϊ, ἔφη, κόμην ὀπάσαιμι φέρεσθαι, νεκρῷ ὄντι, καὶ ὡς ἔδρασεν τοῦτο, οὐ πειστέον· τάς τε αὖ Ἕκτορος ἕλξεις περὶ τὸ σῆμα τὸ Πατρόκλου καὶ τὰς τῶν ζωγρηθέντων σφαγὰς εἰς τὴν πυράν, σύμπαντα ταῦτα οὐ φήσομεν ἀληθῆ εἰρῆσθαι, οὐδ’ ἐάσομεν c πείθεσθαι τοὺς ἡμετέρους ὡς Ἀχιλλεύς, θεᾶς ὢν παῖς καὶ Πηλέως, σωφρονεστάτου τε καὶ τρίτου ἀπὸ Διός, καὶ ὑπὸ τῷ σοφωτάτῳ Χείρωνι τεθραμμένος, τοσαύτης ἦν ταραχῆς πλέως, ὥστ’ ἔχειν ἐν αὑτῷ νοσήματε δύο ἐναντίω ἀλλήλοιν, ἀνελευθερίαν μετὰ φιλοχρηματίας καὶ αὖ ὑπερηφανίαν θεῶν τε καὶ ἀνθρώπων.

Ὀρθῶς, ἔφη, λέγεις.

Μὴ τοίνυν, ἦν δ’ ἐγώ, μηδὲ τάδε πειθώμεθα μηδ’ ἐῶμεν λέγειν, ὡς Θησεὺς Ποσειδῶνος ὑὸς Πειρίθους τε Διὸς d ὥρμησαν οὕτως ἐπὶ δεινὰς ἁρπαγάς, μηδέ τιν’ ἄλλον θεοῦ παῖδά τε καὶ ἥρω τολμῆσαι ἂν δεινὰ καὶ ἀσεβῆ ἐργάσασθαι, οἷα νῦν καταψεύδονται αὐτῶν· ἀλλὰ προσαναγκάζωμεν τοὺς ποιητὰς ἢ μὴ τούτων αὐτὰ ἔργα φάναι ἢ τούτους μὴ εἶναι θεῶν παῖδας, ἀμφότερα δὲ μὴ λέγειν, μηδὲ ἡμῖν ἐπιχειρεῖν πείθειν τοὺς νέους ὡς οἱ θεοὶ κακὰ γεννῶσιν, καὶ ἥρωες ἀνθρώπων οὐδὲν βελτίους· ὅπερ γὰρ ἐν τοῖς πρόσθεν ἐλέ- e γομεν, οὔθ’ ὅσια ταῦτα οὔτε ἀληθῆ· ἐπεδείξαμεν γάρ που ὅτι ἐκ θεῶν κακὰ γίγνεσθαι ἀδύνατον.

Πῶς γὰρ οὔ;

Καὶ μὴν τοῖς γε ἀκούουσιν βλαβερά· πᾶς γὰρ ἑαυτῷ συγγνώμην ἕξει κακῷ ὄντι, πεισθεὶς ὡς ἄρα τοιαῦτα πράττουσίν τε καὶ ἔπραττον καὶ—

οἱ θεῶν ἀγχίσποροι,
⟨οἱ⟩ Ζηνὸς ἐγγύς, ὧν κατ’ Ἰδαῖον πάγον
Διὸς πατρῴου βωμός ἐστ’ ἐν αἰθέρι,

b 4 ὄντι A F M : ἰόντι D c 4 νοσήματε A D M : νοσήματά τε F c 8 μηδὲ . . . μηδ’] μήτε . . . μήτ’ Bekker d 1 ὥρμησαν A F M : ὥρμησεν D ἄλλον F D : ἄλλου A M e 1 ἐπεδείξαμεν A D M : ἀπεδείξαμεν F e 8 οἱ add. Bekker ὧν F D M : ὤν A : οἷς Strabo

斯珀耳刻俄斯[877]的那一绺头发，他竟然宣称，我将把〈我的〉这一绺
头发送给英雄帕特洛克罗斯，让他带走，虽然那人已经是一具尸体，而
〈说〉他做了这件事，一定不要相信。还有，至于绕着帕特洛克罗斯的 391b5
坟墓拖拽赫克托尔〈的尸体〉[878]，以及在焚尸堆前面屠杀那些被生俘的
〈特洛伊人〉[879]，所有这些，我们将宣称，它们全都被说得不真实，我 391c1
们也将不容许我们的人相信下面这点，那就是，阿喀琉斯，他作为一位
女神和珀琉斯的孩子——而珀琉斯是一个最自制的人，并且还是由宙斯
而来的第三代[880]——，并且被最智慧的刻戎所培养[881]，他竟然充满了
如此大的混乱，以至于在他身上有着两种互相对立的疾病：一方面，是 391c5
伴随着热爱钱财而来的不自由[882]，另一方面，则是藐视诸神和世人的一
种高傲。

你说得正确，他说道。

因此，我说道，那就让我们既不要相信，也不要容许〈任何人〉说下
面这些，那就是：波塞冬的儿子忒修斯，以及宙斯的儿子珀里托俄斯[883]，
他俩急于要去做那〈两件〉如此可怕的淫掠之事[884]，或者一位神的其他 391d1
某个儿子和英雄会胆敢做出诸如现在捏造给他们的那些耸人听闻的事情
和不敬神的事情。相反，我们应当强迫那些诗人宣称，要么〈诸如此类
的〉那些事情并不属于这些人，要么这些人并不是诸神的孩子，但〈无 391d5
论如何都〉不可以〈同时〉主张两者，也不要试图使我们的那些年轻人
相信下面这些，那就是诸神产生出各种邪恶，并且那些英雄也并不比世
人更好。因为，正如我们在前面曾说过的那样[885]，这些事情既不虔敬， 391e1
也不真实。我们其实已经显明，从诸神那里不可能产生出各种邪恶。

那还用说？

事实上，对那些听的人来说它们无论如何都是有害的。因为，每 391e5
个人都将原谅他自己[886]——当他是一个坏人时——，如果他真的相信
〈下面〉那些人也在做和曾做过诸如此类的事情——

他们是诸神的近亲，
宙斯的亲戚，在伊达山上
他们父系一边的祖先宙斯的祭坛矗立在云间，

καὶ—

οὔ πώ σφιν ἐξίτηλον αἷμα δαιμόνων.

ὧν ἕνεκα παυστέον τοὺς τοιούτους μύθους, μὴ ἡμῖν πολλὴν
εὐχέρειαν ἐντίκτωσι τοῖς νέοις πονηρίας. 392

Κομιδῇ μὲν οὖν, ἔφη.

Τί οὖν, ἦν δ' ἐγώ, ἡμῖν ἔτι λοιπὸν εἶδος λόγων πέρι ὁριζομένοις οἵους τε λεκτέον καὶ μή; περὶ γὰρ θεῶν ὡς δεῖ λέγεσθαι εἴρηται, καὶ περὶ δαιμόνων τε καὶ ἡρώων καὶ τῶν ἐν Ἅιδου.

Πάνυ μὲν οὖν.

Οὐκοῦν καὶ περὶ ἀνθρώπων τὸ λοιπὸν εἴη ἄν;

Δῆλα δή.

Ἀδύνατον δή, ὦ φίλε, ἡμῖν τοῦτό γε ἐν τῷ παρόντι τάξαι.

Πῶς;

Ὅτι οἶμαι ἡμᾶς ἐρεῖν ὡς ἄρα καὶ ποιηταὶ καὶ λογοποιοὶ
κακῶς λέγουσιν περὶ ἀνθρώπων τὰ μέγιστα, ὅτι εἰσὶν ἄδικοι b
μὲν εὐδαίμονες πολλοί, δίκαιοι δὲ ἄθλιοι, καὶ ὡς λυσιτελεῖ τὸ ἀδικεῖν, ἐὰν λανθάνῃ, ἡ δὲ δικαιοσύνη ἀλλότριον μὲν ἀγαθόν, οἰκεία δὲ ζημία· καὶ τὰ μὲν τοιαῦτα ἀπερεῖν λέγειν, τὰ δ' ἐναντία τούτων προστάξειν ᾄδειν τε καὶ μυθολογεῖν. ἢ οὐκ οἴει;

Εὖ μὲν οὖν, ἔφη, οἶδα.

Οὐκοῦν ἐὰν ὁμολογῇς ὀρθῶς με λέγειν, φήσω σε ὡμολογηκέναι ἃ πάλαι ζητοῦμεν;

Ὀρθῶς, ἔφη, ὑπέλαβες.

Οὐκοῦν περί γε ἀνθρώπων ὅτι τοιούτους δεῖ λόγους c
λέγεσθαι, τότε διομολογησόμεθα, ὅταν εὕρωμεν οἷόν ἐστιν

e 10 καὶ οὐ] κοὐ Bekker a 3 ἡμῖν F D : om. A : post οὖν M πέρι ὁριζομένοις D : περιορίζομεν οἷς A : πέρι ὁριζομένοις οἷς M : περιοριζομένοις F μή A D M : οὓς μή F a 4 γὰρ A D : μὲν γὰρ F a 5 καὶ περὶ A D M : καὶ δὴ καὶ περὶ F a 10 δή] δέ Ast b 2 πολλοί F : δὲ πολλοί A D M b 9 ζητοῦμεν ci. Stallbaum : ἐζητοῦμεν A F D M c 1 γε F : om. A D M c 2 λέγεσθαι A F M : ἑλέσθαι D

还有—— 391e10

在他们身上，精灵们的血液还没有断绝[887]。

为此，诸如此类的这些故事都必须被终止，免得它们使得我们的年轻人 392a1
对邪恶根本不在乎[888]。

正是，他回应道。

那么，我说道，关于言说，还有何种形式留给了我们呢[889]，既然我
们在规定哪些必须被说和哪些一定不可以说？因为关于诸神应当如何被
说，这已经讲过了，〈讲过的〉还有关于那些精灵和英雄们，以及关于 392a5
在哈德斯家里的那些事情〈应当如何被说〉。

完全如此。

因此，剩下的岂不是关于人〈应当如何被说〉？

显然。

事实上，朋友啊，我们在目前无论如何都还不可能确定这件事。 392a10

为何？

因为我认为，我们肯定将说，无论是那些诗人，还是散文家们，关 392b1
于人，在那些最重大的事情方面他们都说得很糟糕，因为他们说：一方
面，许多不正义的人是幸福的，另一方面，许多正义的人则是不幸的；
还有，行不义是有益的，只要不被发现，而正义一则是他人的好处，一
则是自己的损失[890]。〈我认为〉我们将禁止他们说诸如此类的事情，而 392b5
要求他们歌唱与这些相反的东西，并且把它们作为故事来讲述。或者你
不这么认为？

我当然清楚地知道这点，他说道。

因此，如果你承认我说得正确，那么，我岂不可以宣称，你已经承认了我们刚才一直所寻找的[891]？

你假设得正确，他回应道。 392b10

因此，关于人，诸如此类的一些话必须被说，这无论如何岂不都 392c1
只有到了那时我们才会达成一致，那就是，当我们发现了正义是何种东

δικαιοσύνη καὶ ὡς φύσει λυσιτελοῦν τῷ ἔχοντι, ἐάντε δοκῇ ἐάντε μὴ τοιοῦτος εἶναι;

Ἀληθέστατα, ἔφη.

Τὰ μὲν δὴ λόγων πέρι ἐχέτω τέλος· τὸ δὲ λέξεως, ὡς ἐγὼ οἶμαι, μετὰ τοῦτο σκεπτέον, καὶ ἡμῖν ἅ τε λεκτέον καὶ ὡς λεκτέον παντελῶς ἐσκέψεται.

Καὶ ὁ Ἀδείμαντος, Τοῦτο, ἦ δ' ὅς, οὐ μανθάνω ὅτι λέγεις.

d Ἀλλὰ μέντοι, ἦν δ' ἐγώ, δεῖ γε· ἴσως οὖν τῇδε μᾶλλον εἴσῃ. ἆρ' οὐ πάντα ὅσα ὑπὸ μυθολόγων ἢ ποιητῶν λέγεται διήγησις οὖσα τυγχάνει ἢ γεγονότων ἢ ὄντων ἢ μελλόντων;

Τί γάρ, ἔφη, ἄλλο;

Ἆρ' οὖν οὐχὶ ἤτοι ἁπλῇ διηγήσει ἢ διὰ μιμήσεως γιγνομένῃ ἢ δι' ἀμφοτέρων περαίνουσιν;

Καὶ τοῦτο, ἦ δ' ὅς, ἔτι δέομαι σαφέστερον μαθεῖν.

Γελοῖος, ἦν δ' ἐγώ, ἔοικα διδάσκαλος εἶναι καὶ ἀσαφής· ὥσπερ οὖν οἱ ἀδύνατοι λέγειν, οὐ κατὰ ὅλον ἀλλ' ἀπολαβὼν
e μέρος τι πειράσομαί σοι ἐν τούτῳ δηλῶσαι ὃ βούλομαι. καί μοι εἰπέ· ἐπίστασαι τῆς Ἰλιάδος τὰ πρῶτα, ἐν οἷς ὁ ποιητής φησι τὸν μὲν Χρύσην δεῖσθαι τοῦ Ἀγαμέμνονος ἀπολῦσαι τὴν θυγατέρα, τὸν δὲ χαλεπαίνειν, τὸν δέ, ἐπειδὴ
393 οὐκ ἐτύγχανεν, κατεύχεσθαι τῶν Ἀχαιῶν πρὸς τὸν θεόν;

Ἔγωγε.

Οἶσθ' οὖν ὅτι μέχρι μὲν τούτων τῶν ἐπῶν—

καὶ ἐλίσσετο πάντας Ἀχαιούς,
Ἀτρεΐδα δὲ μάλιστα δύω, κοσμήτορε λαῶν

λέγει τε αὐτὸς ὁ ποιητὴς καὶ οὐδὲ ἐπιχειρεῖ ἡμῶν τὴν διάνοιαν ἄλλοσε τρέπειν ὡς ἄλλος τις ὁ λέγων ἢ αὐτός· τὰ δὲ μετὰ ταῦτα ὥσπερ αὐτὸς ὢν ὁ Χρύσης λέγει καὶ πειρᾶται
b ἡμᾶς ὅτι μάλιστα ποιῆσαι μὴ Ὅμηρον δοκεῖν εἶναι τὸν λέγοντα ἀλλὰ τὸν ἱερέα, πρεσβύτην ὄντα. καὶ τὴν ἄλλην

c 6 τὸ] τὰ Ammonius c 8 ἐσκέψεται] ἐσκεμμένον ἔσται Ammonius

西，以及它如何在本性上对那拥有〈它的〉人来说是有益的——无论他看起来是，抑或不是这样一种人——？

非常正确，他说道。 392c5

那好，一方面，关于言说的〈内容〉，就让它们就此结束吧[892]！另一方面，至于说话方式[893]，如我认为的那样，此后必须加以考察；由此我们将完整地考察了什么必须被说以及必须如何被说。

于是，阿德曼托斯说道，关于这点，我没有弄明白你究竟在说什么。 392c10

但〈你〉肯定必须得〈弄明白〉，我说道。或许这样你将看得更 392d1
〈清楚些〉。被那些讲故事的人或者被诗人们所讲的每件事，岂不都恰好是一种要么关于过去、要么关于现在、要么关于将来的叙述[894]？

难道还有别的什么吗？他回应道。

那么，他们岂不真的或者通过单纯的叙述，或者通过由模仿而来的 392d5
〈叙述〉，或者借助两者，来进行〈这件事〉？

至于这点，他说道，我仍然需要理解得更清楚些。

我看起来，我说道，就像是一个可笑的和不清楚的教师似的。因此，就像那些不擅长说话的人一样，我将不是整体地[895]，而是通过拿出一个
部分，来尝试在这个部分那里[896]向你揭示我所想的。那么请你告诉我： 392e1
你知道《伊利亚特》中最初的那些事情吗——在那里诗人宣称，尽管克律塞斯恳求阿伽门农释放〈他的〉女儿[897]，但那人大怒，而克律塞斯，
当他没有成功后，他就在〈他的〉神[898]面前诅咒那些阿开亚人[899]——？ 393a1

我肯定知道。

那么你知道下面这点吗，那就是直到下面这两句诗为止——

他又恳求了所有的阿开亚人，
尤其是阿特柔斯的那两个儿子，士兵的两位统帅[900] 393a5

都是诗人自己在说话，并且他也并没有尝试把我们的思想转向其他任何地方，〈以至于使得我们认为〉仿佛那在说话的是另外某个人似的，而不是他本人。但此后的情况则是：他说话，仿佛他自己就是克律塞斯似的，并
且他竭尽所能地尝试使我们相信，在说话的人，不是荷马，而是那位祭 393b1
司——他〈已经〉是一位垂暮之年的老人。并且以这种方式，他差不多已

δὴ πᾶσαν σχεδόν τι οὕτω πεποίηται διήγησιν περί τε τῶν ἐν Ἰλίῳ καὶ περὶ τῶν ἐν Ἰθάκῃ καὶ ὅλῃ Ὀδυσσείᾳ παθημάτων.

Πάνυ μὲν οὖν, ἔφη.

Οὐκοῦν διήγησις μέν ἐστιν καὶ ὅταν τὰς ῥήσεις ἑκάστοτε λέγῃ καὶ ὅταν τὰ μεταξὺ τῶν ῥήσεων;

Πῶς γὰρ οὔ;

Ἀλλ' ὅταν γέ τινα λέγῃ ῥῆσιν ὥς τις ἄλλος ὤν, ἆρ' οὐ c
τότε ὁμοιοῦν αὐτὸν φήσομεν ὅτι μάλιστα τὴν αὑτοῦ λέξιν ἑκάστῳ ὃν ἂν προείπῃ ὡς ἐροῦντα;

Φήσομεν· τί γάρ;

Οὐκοῦν τό γε ὁμοιοῦν ἑαυτὸν ἄλλῳ ἢ κατὰ φωνὴν ἢ κατὰ σχῆμα μιμεῖσθαί ἐστιν ἐκεῖνον ᾧ ἄν τις ὁμοιοῖ;

Τί μήν;

Ἐν δὴ τῷ τοιούτῳ, ὡς ἔοικεν, οὗτός τε καὶ οἱ ἄλλοι ποιηταὶ διὰ μιμήσεως τὴν διήγησιν ποιοῦνται.

Πάνυ μὲν οὖν.

Εἰ δέ γε μηδαμοῦ ἑαυτὸν ἀποκρύπτοιτο ὁ ποιητής, πᾶσα
ἂν αὐτῷ ἄνευ μιμήσεως ἡ ποίησίς τε καὶ διήγησις γεγονυῖα d
εἴη. ἵνα δὲ μὴ εἴπῃς ὅτι οὐκ αὖ μανθάνεις, ὅπως ἂν τοῦτο γένοιτο ἐγὼ φράσω. εἰ γὰρ Ὅμηρος εἰπὼν ὅτι ἦλθεν ὁ Χρύσης τῆς τε θυγατρὸς λύτρα φέρων καὶ ἱκέτης τῶν Ἀχαιῶν, μάλιστα δὲ τῶν βασιλέων, μετὰ τοῦτο μὴ ὡς Χρύσης γενόμενος ἔλεγεν ἀλλ' ἔτι ὡς Ὅμηρος, οἶσθ' ὅτι οὐκ ἂν μίμησις ἦν ἀλλὰ ἁπλῆ διήγησις. εἶχε δ' ἂν ὧδε πως—φράσω δὲ ἄνευ μέτρου· οὐ γάρ εἰμι ποιητικός—Ἐλθὼν
ὁ ἱερεὺς ηὔχετο ἐκείνοις μὲν τοὺς θεοὺς δοῦναι ἑλόντας τὴν e
Τροίαν αὐτοὺς σωθῆναι, τὴν δὲ θυγατέρα οἱ λῦσαι δεξαμένους ἄποινα καὶ τὸν θεὸν αἰδεσθέντας. ταῦτα δὲ εἰπόντος αὐτοῦ οἱ μὲν ἄλλοι ἐσέβοντο καὶ συνῄνουν, ὁ δὲ Ἀγαμέμνων ἠγρίαινεν ἐντελλόμενος νῦν τε ἀπιέναι καὶ αὖθις μὴ ἐλθεῖν,

b 4 καὶ] κἂν ci. H. Richards d 1 διήγησις A F D : ἡ διήγησις M e 2 αὐτοὺς A F M : αὐτοὺς δὲ D f

经创作了其他所有的叙述，无论是关于那些在伊利翁城[901]所发生的事情，还是关于那些在伊塔刻[902]以及在整个《奥德修斯》中所发生的事情。 393b5

完全如此，他说道。

那么，这〈两者〉岂不都是一种叙述，无论每回当他说出一番谈话时，还是当他说出在谈话之间〈发生〉的一些事情时？

为何不呢？

但是，每当他说出一番谈话，仿佛他是另外某个人似的，我们岂不 393c1
将宣称，那时他在竭尽所能地使他自己的说话方式相似于他会将之预先提出来作为要讲话的人的每个人〈的说话方式〉？

我们将宣称，为什么不呢？

那么，使自己同其他人相似，无论是在语音方面，还是在形态上， 393c5
这岂不就是在模仿一个人想使〈自己〉与之相似的那个人？

为什么不是？

因此，在这种情形下，如看起来的那样，这位诗人以及其他一些诗人就是在通过模仿来进行叙述。

完全如此。 393c10

但是，如果诗人的的确确在任何地方都没有隐藏他自己，那么，他 393d1
的整个诗作和整个叙述就会是在没有任何模仿的情况下进行的。只不过为了免得你说你现在又没有弄明白，所以我将解释一下[903]这会以何种方式发生。事实上，如果荷马，当他说完克律塞斯为了〈他的〉女
儿带着赎金前来，并且是一个向那些阿开亚人乞求帮助的人，但尤其是 393d5
向那几位国王乞求帮助的人之后，随之他并没有就好像已经变成了克律塞斯在说话似的，而是仍然作为荷马在说话，那么，你就知道那不会是一种模仿，而是一种单纯的叙述。而它约莫会是下面这样——不过我将用不带韵律的方式来进行说明，因为我毕竟不是一个精通诗的人——：
当那位祭司来后，他进行了〈如下〉许愿，一方面，〈希望〉诸神准允 393e1
那些人，当他们攻陷特洛伊之后，自己能够得到保全；另一方面，〈希望〉那些人释放〈他的〉女儿，当他们接受赎金之后以及基于对〈那位〉神的敬畏。而当他说了这些话之后，其他那些〈阿开亚人〉都〈对
他〉表达了尊敬，并且表示同意，而阿伽门农则心生恼怒，命令他此刻 393e5

μὴ αὐτῷ τό τε σκῆπτρον καὶ τὰ τοῦ θεοῦ στέμματα οὐκ ἐπαρκέσοι· πρὶν δὲ λυθῆναι αὐτοῦ τὴν θυγατέρα, ἐν Ἄργει ἔφη γηράσειν μετὰ οὗ· ἀπιέναι δ' ἐκέλευεν καὶ μὴ ἐρεθίζειν,
394 *ἵνα σῶς οἴκαδε ἔλθοι. ὁ δὲ πρεσβύτης ἀκούσας ἔδεισέν τε καὶ ἀπῄει σιγῇ, ἀποχωρήσας δὲ ἐκ τοῦ στρατοπέδου πολλὰ τῷ Ἀπόλλωνι ηὔχετο, τάς τε ἐπωνυμίας τοῦ θεοῦ ἀνακαλῶν καὶ ὑπομιμνῄσκων καὶ ἀπαιτῶν, εἴ τι πώποτε ἢ ἐν ναῶν οἰκοδομήσεσιν ἢ ἐν ἱερῶν θυσίαις κεχαρισμένον δωρήσαιτο· ὧν δὴ χάριν κατηύχετο τεῖσαι τοὺς Ἀχαιοὺς τὰ ἃ δάκρυα τοῖς ἐκείνου βέλεσιν. οὕτως, ἦν δ' ἐγώ, ὦ ἑταῖρε, ἄνευ*
b *μιμήσεως ἁπλῆ διήγησις γίγνεται.*

Μανθάνω, ἔφη.

Μάνθανε τοίνυν, ἦν δ' ἐγώ, ὅτι ταύτης αὖ ἐναντία γίγνεται, ὅταν τις τὰ τοῦ ποιητοῦ τὰ μεταξὺ τῶν ῥήσεων ἐξαιρῶν τὰ ἀμοιβαῖα καταλείπῃ.

Καὶ τοῦτο, ἔφη, μανθάνω, ὅτι ἔστιν τὸ περὶ τὰς τραγῳδίας τοιοῦτον.

Ὀρθότατα, ἔφην, ὑπέλαβες, καὶ οἶμαί σοι ἤδη δηλοῦν ὃ ἔμπροσθεν οὐχ οἷός τ' ἦ, ὅτι τῆς ποιήσεώς τε καὶ μυθο-
c λογίας ἡ μὲν διὰ μιμήσεως ὅλη ἐστίν, ὥσπερ σὺ λέγεις, τραγῳδία τε καὶ κωμῳδία, ἡ δὲ δι' ἀπαγγελίας αὐτοῦ τοῦ ποιητοῦ—εὕροις δ' ἂν αὐτὴν μάλιστά που ἐν διθυράμβοις—ἡ δ' αὖ δι' ἀμφοτέρων ἔν τε τῇ τῶν ἐπῶν ποιήσει, πολλαχοῦ δὲ καὶ ἄλλοθι, εἴ μοι μανθάνεις.

Ἀλλὰ συνίημι, ἔφη, ὃ τότε ἐβούλου λέγειν.

Καὶ τὸ πρὸ τούτου δὴ ἀναμνήσθητι, ὅτι ἔφαμεν ἃ μὲν λεκτέον ἤδη εἰρῆσθαι, ὡς δὲ λεκτέον ἔτι σκεπτέον εἶναι.

Ἀλλὰ μέμνημαι.

d Τοῦτο τοίνυν αὐτὸ ἦν ὃ ἔλεγον, ὅτι χρείη διομολογήσασθαι πότερον ἐάσομεν τοὺς ποιητὰς μιμουμένους ἡμῖν

e 7 *ἐπαρκέσοι* A D M : *ἐπαρέσκει σοι* F e 8 ⟨*ἐ*⟩ *ἐρεθίζειν* ci. Valckenaer a 5 *οἰκοδομήσεσιν*] *κοσμήσεσιν* ci. Ast b 6 *τραγῳδίας* ⟨*τε καὶ κωμῳδίας*⟩ ci. Herwerden c 1 *ὅλη* A F M : *ὃ δὴ* D c 5 *μοι*] *μου* ci. Heindorf c 8 *ἔτι σκεπτέον*] *ἐπισκεπτέον* Priscianus

就离开，并且不要再回来，否则无论是〈他的〉权杖，还是〈那位〉神的花冠[904]，都无法保护他；而在他的女儿被释放之前，他说她将和他一起[905]在阿耳戈斯变老；他命令〈那老人〉离开，并且不要挑衅〈他〉， 394a1
由此他才能安全地回家。而那老人听到这些之后，感到恐惧，并且默默地离开了；但当他一离开军营，他就向阿波罗做出了许多的许愿，通过呼喊那位神的各种别号，并且提醒他和向他索要回报，〈说〉如果他曾献上过已经让他满意的某种东西的话——无论是在各种庙宇的建筑方面， 394a5
还是在各种牺牲的献祭方面——。因此，为了这些，他诚挚地〈向那位神〉祈祷，借助他的那些箭用那些阿开亚人来偿还他的眼泪[906]。就以这种方式，我说道，朋友啊，一种不带有模仿的单纯叙述产生了出来。 394b1

我明白了，他回应道。

那好，你还得弄明白下面这点，我说道，那就是：一种与这相反的〈叙述〉[907]复又会产生，每当一个人拿走在谈话中间〈所穿插的〉诗人的那些话，只留下〈纯粹的〉对话时[908]。 394b5

而这，他回应道，我也弄明白了，因为那在各种悲剧中出现的，就是这样的东西。

你把握得非常正确，我说道；并且我认为我现在能向你揭示早前[909]我不能〈向你揭示〉的那种东西，那就是：在诗歌和讲故事中，一种是 394c1
完全通过模仿而来的〈叙述〉，就像你所说的，即悲剧和喜剧；一种则是通过诗人自己的报告而来的〈叙述〉——你会发现它尤其可能出现在那些酒神颂[910]中——，还有一种〈叙述〉，它〈同时〉通过这两种〈叙述形式〉来进行，它既体现在关于史诗的创作中，甚至也出现在许许多多的其他地方，如果你真理解我〈在说什么〉的话。 394c5

我现在当然明白，他回应道，你那时想说什么。

那也请你回想一下在这之前我们曾说过的[911]，那就是：虽然什么必须被说，这已经讲过了，但必须如何被说，这还必须加以考察。

我当然记得。

那好，这恰恰就是我刚才〈想〉说的，即我们必须就下面这些达成 394d1
一致，那就是：我们将允许诗人们通过模仿来为我们进行叙述呢；还是

τὰς διηγήσεις ποιεῖσθαι ἢ τὰ μὲν μιμουμένους, τὰ δὲ μή, καὶ ὁποῖα ἑκάτερα, ἢ οὐδὲ μιμεῖσθαι.

Μαντεύομαι, ἔφη, σκοπεῖσθαί σε εἴτε παραδεξόμεθα τραγῳδίαν τε καὶ κωμῳδίαν εἰς τὴν πόλιν, εἴτε καὶ οὔ.

Ἴσως, ἦν δ' ἐγώ, ἴσως δὲ καὶ πλείω ἔτι τούτων· οὐ γὰρ δὴ ἔγωγέ πω οἶδα, ἀλλ' ὅπῃ ἂν ὁ λόγος ὥσπερ πνεῦμα φέρῃ, ταύτῃ ἰτέον.

Καὶ καλῶς γ', ἔφη, λέγεις.

Τόδε τοίνυν, ὦ Ἀδείμαντε, ἄθρει, πότερον μιμητικοὺς e
ἡμῖν δεῖ εἶναι τοὺς φύλακας ἢ οὔ· ἢ καὶ τοῦτο τοῖς ἔμπροσθεν ἕπεται, ὅτι εἷς ἕκαστος ἓν μὲν ἂν ἐπιτήδευμα καλῶς ἐπιτηδεύοι, πολλὰ δ' οὔ, ἀλλ' εἰ τοῦτο ἐπιχειροῖ, πολλῶν ἐφαπτόμενος πάντων ἀποτυγχάνοι ἄν, ὥστ' εἶναί που ἐλλόγιμος;

Τί δ' οὐ μέλλει;

Οὐκοῦν καὶ περὶ μιμήσεως ὁ αὐτὸς λόγος, ὅτι πολλὰ ὁ αὐτὸς μιμεῖσθαι εὖ ὥσπερ ἓν οὐ δυνατός;

Οὐ γὰρ οὖν.

Σχολῇ ἄρα ἐπιτηδεύσει γέ τι ἅμα τῶν ἀξίων λόγου 395
ἐπιτηδευμάτων καὶ πολλὰ μιμήσεται καὶ ἔσται μιμητικός, ἐπεί που οὐδὲ τὰ δοκοῦντα ἐγγὺς ἀλλήλων εἶναι δύο μιμήματα δύνανται οἱ αὐτοὶ ἅμα εὖ μιμεῖσθαι, οἷον κωμῳδίαν καὶ τραγῳδίαν ποιοῦντες. ἢ οὐ μιμήματε ἄρτι τούτω ἐκάλεις;

Ἔγωγε· καὶ ἀληθῆ γε λέγεις, ὅτι οὐ δύνανται οἱ αὐτοί.

Οὐδὲ μὴν ῥαψῳδοί γε καὶ ὑποκριταὶ ἅμα.

Ἀληθῆ.

Ἀλλ' οὐδέ τοι ὑποκριταὶ κωμῳδοῖς τε καὶ τραγῳδοῖς οἱ αὐτοί· πάντα δὲ ταῦτα μιμήματα. ἢ οὔ; b

d 7 ἴσως ἦν δ' ἐγώ A F D : om. pr. M ἐγώ . . . d 8 δὴ A F et (om. ἐγώ) M : om. D e 2 ἢ οὔ A D M : ποῦ F e 5 πάντων] πάντως Ast e 9 εὖ om. Stobaeus a 5 μιμήματε F : μιμήματα M : μιμήματά τε A (sed τά in ras.) D ἄρτι τούτω A D M : τοῦτο ἄρτι F a 7 γε A : om. F D

说，有些东西他们可以进行模仿，有些东西则不可以，以及它们各自是哪样一些东西；还是说，根本不〈允许他们〉进行模仿。

我预感，他说道，你在考虑我们将同意悲剧以及喜剧进入到城邦中 394d5
呢，还是不。

也许吧，我回应道，但也许甚至还远不止这些。因为，我事实上还并不知道，只不过〈我们的〉讨论就像风一样，它把我们带到哪里，〈我们〉就必须前往哪里[912]。

你其实说得很好，他说道。 394d10

那好，阿德曼托斯啊，请你盯紧下面这点，即我们的那些卫士，他 394e1
们应当是一些能够进行模仿的人呢，抑或不是；或者，这也得依循早前〈说过的〉那些〈来决定〉吗，那就是：每一位个人都应当好好地致力
于一项事业，而不是许多项；相反，如果他尝试〈后面〉这种，那么， 394e5
他由于涉及诸多的领域而在每件事情上都没有切中目标，从而在任何方面都未能做到是杰出的[913]？

他怎么不将〈在任何事情上都未能做到是杰出的〉呢[914]？

那么，同样的说法岂不也适用于模仿，那就是，同一个人不可能模仿许多的东西如他模仿一件东西那样好？

肯定不可能。 394e10

因此，至于那些重要的事业[915]，〈同一个人〉无论如何都将几乎无法 395a1
致力于其中的任何一项，〈如果〉他同时既将模仿许多东西，又将是一个精通模仿的人，既然，即使当两种模仿看起来彼此是很接近的[916]，同一些人也不可能同时很好地模仿它们两者，就像他们〈不可能同时很好地〉
创作喜剧和悲剧那样[917]。或者，你刚才并没有把这两者称作模仿？ 395a5

我当然〈那样称过〉；并且你也确实说得对，同一些人不可能〈同时做那两者〉。

他们也肯定不可能同时既是史诗朗诵者[918]，又是演员。

正确。

其实就演员来说，同一些人也不可能既是喜剧演员，又是悲剧演 395a10
员[919]；但这两者全都是模仿。抑或不是？ 395b1

Μιμήματα.

Καὶ ἔτι γε τούτων, ὦ Ἀδείμαντε, φαίνεταί μοι εἰς σμικρότερα κατακεκερματίσθαι ἡ τοῦ ἀνθρώπου φύσις, ὥστε ἀδύνατος εἶναι πολλὰ καλῶς μιμεῖσθαι ἢ αὐτὰ ἐκεῖνα πράττειν ὧν δὴ καὶ τὰ μιμήματά ἐστιν ἀφομοιώματα.

Ἀληθέστατα, ἦ δ᾽ ὅς.

Εἰ ἄρα τὸν πρῶτον λόγον διασώσομεν, τοὺς φύλακας ἡμῖν τῶν ἄλλων πασῶν δημιουργιῶν ἀφειμένους δεῖν εἶναι c δημιουργοὺς ἐλευθερίας τῆς πόλεως πάνυ ἀκριβεῖς καὶ μηδὲν ἄλλο ἐπιτηδεύειν ὅτι μὴ εἰς τοῦτο φέρει, οὐδὲν δὴ δέοι ἂν αὐτοὺς ἄλλο πράττειν οὐδὲ μιμεῖσθαι· ἐὰν δὲ μιμῶνται, μιμεῖσθαι τὰ τούτοις προσήκοντα εὐθὺς ἐκ παίδων, ἀνδρείους, σώφρονας, ὁσίους, ἐλευθέρους, καὶ τὰ τοιαῦτα πάντα, τὰ δὲ ἀνελεύθερα μήτε ποιεῖν μήτε δεινοὺς εἶναι μιμήσασθαι, μηδὲ ἄλλο μηδὲν τῶν αἰσχρῶν, ἵνα μὴ ἐκ τῆς μιμήσεως τοῦ εἶναι d ἀπολαύσωσιν. ἢ οὐκ ᾔσθησαι ὅτι αἱ μιμήσεις, ἐὰν ἐκ νέων πόρρω διατελέσωσιν, εἰς ἔθη τε καὶ φύσιν καθίστανται καὶ κατὰ σῶμα καὶ φωνὰς καὶ κατὰ τὴν διάνοιαν;

Καὶ μάλα, ἦ δ᾽ ὅς.

Οὐ δὴ ἐπιτρέψομεν, ἦν δ᾽ ἐγώ, ὧν φαμὲν κήδεσθαι καὶ δεῖν αὐτοὺς ἄνδρας ἀγαθοὺς γενέσθαι, γυναῖκα μιμεῖσθαι ἄνδρας ὄντας, ἢ νέαν ἢ πρεσβυτέραν, ἢ ἀνδρὶ λοιδορουμένην ἢ πρὸς θεοὺς ἐρίζουσάν τε καὶ μεγαλαυχουμένην, οἰομένην e εὐδαίμονα εἶναι, ἢ ἐν συμφοραῖς τε καὶ πένθεσιν καὶ θρήνοις ἐχομένην· κάμνουσαν δὲ ἢ ἐρῶσαν ἢ ὠδίνουσαν, πολλοῦ καὶ δεήσομεν.

Παντάπασι μὲν οὖν, ἦ δ᾽ ὅς.

Οὐδέ γε δούλας τε καὶ δούλους πράττοντας ὅσα δούλων.

Οὐδὲ τοῦτο.

Οὐδέ γε ἄνδρας κακούς, ὡς ἔοικεν, δειλούς τε καὶ τὰ

b 6 ὧν A F M : ἃ D   καὶ τὰ A F M : κατὰ D   c 7 μὴ F D M Stobaeus : om. A   τοῦ A F D M Stobaeus : τὸ Ast   d 2 ἔθη] ἤθη Stobaeus (bis)   d 3 κατὰ σῶμα A F M Stobaeus : σῶμα D : κατὰ σχῆμα ci. Stallbaum   φωνὰς A D M Stobaeus : κατὰ φωνὰς F   e 2 καὶ] γε καὶ recc.   e 4 οὖν A F M : om. D

都是模仿。

而且与这些相比，阿德曼托斯啊，人的天性甚至对我显得已经被剁
碎得还要更加细小一些[920]，以至于它既不可能漂亮地模仿许多的事情，395b5
也不可能〈漂亮地〉做〈它的〉各种模仿事实上只是其摹本的那些事情
本身。

非常正确，他回应道。

因此，如果我们将捍卫〈我们〉最初的说法[921]，即我们的那些卫
士，他们放弃其他所有的手艺，必须是为了城邦的自由〈而产生出来 395c1
的〉极其严格的为众人做工的人[922]，并且不致力于其他任何并不导致这
点的事情，那么，他们就的确既不应当做其他任何事情，也不应当模仿
其他任何事情。但如果他们真要进行模仿，那他们也应当直接从孩童时
起就模仿与这些人相称的那些东西[923]，〈例如模仿〉那些勇敢的人，那 395c5
些自制的人，那些虔敬的人，那些自由的人，以及诸如此类的所有东
西；而各种不自由的事情[924]，他们既不应当做它们，也不应当擅长模仿
它们，其他任何可耻的事情亦然，免得他们由于模仿而竟然享受是〈那
个样子〉[925]。或者，你没有注意到下面这点，那就是各种模仿，如果它 395d1
们从〈人们〉孩童时起就被坚持，那么它们就会成为〈人们的〉各种习
惯和天性，无论是身体和声音方面的，还是思想方面的？

完全是这样，他回应道。

因此，我们将不允许，我说道，我们宣称关心他们并且他们自己必 395d5
须成为优秀者的那些人，去模仿一个女人——既然他们是男人——，无
论她是一个年轻的女人，还是一个较年老的女人，也无论她是一个数落
丈夫的女人[926]，还是一个同诸神争吵并且自夸的女人——因为她自以为
是幸福的[927]——，还是一个处在不幸、悲伤和哀恸中的女人；至于一 395e1
个在患病的，或者在爱恋的，或者在分娩的女人，我们更是将远不〈允
许他们去模仿她〉[928]。

完全如此，他回应道。

他们也一定不能〈如〉女奴和男奴那样做奴隶们的所有事情。 395e5

这也不可以。

他们也一定不可以〈模仿〉那些糟糕的人，如看起来的那样，〈诸

ἐναντία πράττοντας ὧν νυνδὴ εἴπομεν, κακηγοροῦντάς τε καὶ
κωμῳδοῦντας ἀλλήλους καὶ αἰσχρολογοῦντας, μεθύοντας ἢ
καὶ νήφοντας, ἢ καὶ ἄλλα ὅσα οἱ τοιοῦτοι καὶ ἐν λόγοις καὶ 396
ἐν ἔργοις ἁμαρτάνουσιν εἰς αὑτούς τε καὶ εἰς ἄλλους, οἶμαι
δὲ οὐδὲ μαινομένοις ἐθιστέον ἀφομοιοῦν αὑτοὺς ἐν λόγοις
οὐδὲ ἐν ἔργοις· γνωστέον μὲν γὰρ καὶ μαινομένους καὶ
πονηροὺς ἄνδρας τε καὶ γυναῖκας, ποιητέον δὲ οὐδὲν τούτων
οὐδὲ μιμητέον.

Ἀληθέστατα, ἔφη.

Τί δέ; ἦν δ' ἐγώ· χαλκεύοντας ἤ τι ἄλλο δημιουργοῦντας,
ἢ ἐλαύνοντας τριήρεις ἢ κελεύοντας τούτοις, ἤ τι ἄλλο τῶν b
περὶ ταῦτα μιμητέον;

Καὶ πῶς; ἔφη, οἷς γε οὐδὲ προσέχειν τὸν νοῦν τούτων
οὐδενὶ ἐξέσται;

Τί δέ; ἵππους χρεμετίζοντας καὶ ταύρους μυκωμένους καὶ
ποταμοὺς ψοφοῦντας καὶ θάλατταν κτυποῦσαν καὶ βροντὰς
καὶ πάντα αὖ τὰ τοιαῦτα ἦ μιμήσονται;

Ἀλλ' ἀπείρηται αὐτοῖς, ἔφη, μήτε μαίνεσθαι μήτε μαινο-
μένοις ἀφομοιοῦσθαι.

Εἰ ἄρα, ἦν δ' ἐγώ, μανθάνω ἃ σὺ λέγεις, ἔστιν τι εἶδος
λέξεώς τε καὶ διηγήσεως ἐν ᾧ ἂν διηγοῖτο ὁ τῷ ὄντι καλὸς
κἀγαθός, ὁπότε τι δέοι αὐτὸν λέγειν, καὶ ἕτερον αὖ ἀνόμοιον c
τούτῳ εἶδος, οὗ ἂν ἔχοιτο ἀεὶ καὶ ἐν ᾧ διηγοῖτο ὁ ἐναντίως
ἐκείνῳ φύς τε καὶ τραφείς.

Ποῖα δή, ἔφη, ταῦτα;

Ὁ μέν μοι δοκεῖ, ἦν δ' ἐγώ, μέτριος ἀνήρ, ἐπειδὰν
ἀφίκηται ἐν τῇ διηγήσει ἐπὶ λέξιν τινὰ ἢ πρᾶξιν ἀνδρὸς
ἀγαθοῦ, ἐθελήσειν ὡς αὐτὸς ὢν ἐκεῖνος ἀπαγγέλλειν καὶ οὐκ
αἰσχυνεῖσθαι ἐπὶ τῇ τοιαύτῃ μιμήσει, μάλιστα μὲν μιμούμενος
τὸν ἀγαθὸν ἀσφαλῶς τε καὶ ἐμφρόνως πράττοντα, ἐλάττω δὲ d

a 1 ἢ καὶ] καὶ ci. Hartman a 2 ἄλλους A D M : ἀλλήλους F
c 2 τούτῳ A F M : τούτων D εἶδος secl. Hartman ὁ A D M :
om. F d 1 τε A D M : om. F ἐλάττω] ἔλαττον Salvini

如〉那些懦弱的人和做与我们刚才所说的那些东西相反的事情的人，那
些彼此诋毁和互相讽刺的人，以及那些满口脏话的人——无论是当他们
喝醉时，还是甚至当他们清醒时——，或者还有诸如此类的人无论是在 396a1
言语上还是在各种行为中既对他们自己也对其他人犯下的其他所有的错
误；而我也不认为他们应当习惯于使他们自己相似于那些在发疯的人，
不管是在言语上，还是在各种行为上。因为，尽管他们必须了解那些
在发疯的人和那些邪恶的男男女女，但他们自己既不应当做那些人〈所 396a5
做〉的任何事情，也不应当模仿。

非常正确，他说道。

然后呢？我说道。那些锻造金属的人，或者那些从事其他任何手艺
的人，或者那些划三列桨战船的人，或者给这些人喊号子的人，或者与 396b1
这些相关的那些事情中的其他任何一样，他们应当模仿他们吗？

那怎么可能，他回应道，既然他们甚至都不被允许留意一下这些事
情中的任何一件？

然后呢？那些在嘶鸣的马，吼叫的公牛，哗哗作响的河水，咆哮的 396b5
大海，〈隆隆的〉雷声，以及此外所有诸如此类的，难道他们将模仿它
们吗？

但是，他们已经被禁止，他说道，既不可以自己发疯，也不可以让
自己同那些发疯者相似。

因此，如果，我说道，我理解了你所说的，那么，〈就意味着〉： 396b10
有着一种说话方式和叙述形式，那在是的方式上是美好和优秀的人会用
它来进行叙述，每当他必须说某种东西时；此外复又有着另外一种与这 396c1
不一样的形式，而以与那人相反的方式出生和被抚养的人，会总是坚持
它[929]并且会用它来进行叙述。

它们究竟是，他回应道，何种形式呢？

在我看来，我说道：一方面，那有分寸的人，每当他在叙述中来到 396c5
了一个优秀的人的某种言论或行为那里时，他就将愿意——仿佛他自己
就是那个人似的——报告它，并且也将对这样一种模仿不感到羞耻，尤 396d1
其是如果他在模仿优秀的人既稳妥地又头脑清醒地做事的话；但他将在

καὶ ἧττον ἢ ὑπὸ νόσων ἢ ὑπὸ ἐρώτων ἐσφαλμένον ἢ καὶ ὑπὸ μέθης ἤ τινος ἄλλης συμφορᾶς· ὅταν δὲ γίγνηται κατά τινα ἑαυτοῦ ἀνάξιον, οὐκ ἐθελήσειν σπουδῇ ἀπεικάζειν ἑαυτὸν τῷ χείρονι, εἰ μὴ ἄρα κατὰ βραχύ, ὅταν τι χρηστὸν ποιῇ, ἀλλ' αἰσχυνεῖσθαι, ἅμα μὲν ἀγύμναστος ὢν τοῦ μιμεῖσθαι τοὺς τοιούτους, ἅμα δὲ καὶ δυσχεραίνων αὐτὸν ἐκμάττειν τε καὶ
e ἐνιστάναι εἰς τοὺς τῶν κακιόνων τύπους, ἀτιμάζων τῇ διανοίᾳ, ὅτι μὴ παιδιᾶς χάριν.

Εἰκός, ἔφη.

Οὐκοῦν διηγήσει χρήσεται οἵᾳ ἡμεῖς ὀλίγον πρότερον διήλθομεν περὶ τὰ τοῦ Ὁμήρου ἔπη, καὶ ἔσται αὐτοῦ ἡ λέξις μετέχουσα μὲν ἀμφοτέρων, μιμήσεώς τε καὶ τῆς ἄλλης διηγήσεως, σμικρὸν δέ τι μέρος ἐν πολλῷ λόγῳ τῆς μιμήσεως; ἢ οὐδὲν λέγω;

Καὶ μάλα, ἔφη, οἷόν γε ἀνάγκη τὸν τύπον εἶναι τοῦ τοιούτου ῥήτορος.

397 Οὐκοῦν, ἦν δ' ἐγώ, ὁ μὴ τοιοῦτος αὖ, ὅσῳ ἂν φαυλότερος ᾖ, πάντα τε μᾶλλον διηγήσεται καὶ οὐδὲν ἑαυτοῦ ἀνάξιον οἰήσεται εἶναι, ὥστε πάντα ἐπιχειρήσει μιμεῖσθαι σπουδῇ τε καὶ ἐναντίον πολλῶν, καὶ ἃ νυνδὴ ἐλέγομεν, βροντάς τε καὶ ψόφους ἀνέμων τε καὶ χαλαζῶν καὶ ἀξόνων τε καὶ τροχιλιῶν, καὶ σαλπίγγων καὶ αὐλῶν καὶ συρίγγων καὶ πάντων ὀργάνων φωνάς, καὶ ἔτι κυνῶν καὶ προβάτων καὶ ὀρνέων φθόγγους·
b καὶ ἔσται δὴ ἡ τούτου λέξις ἅπασα διὰ μιμήσεως φωναῖς τε καὶ σχήμασιν, ἢ σμικρόν τι διηγήσεως ἔχουσα;

Ἀνάγκη, ἔφη, καὶ τοῦτο.

Ταῦτα τοίνυν, ἦν δ' ἐγώ, ἔλεγον τὰ δύο εἴδη τῆς λέξεως.

Καὶ γὰρ ἔστιν, ἔφη.

Οὐκοῦν αὐτοῖν τὸ μὲν σμικρὰς τὰς μεταβολὰς ἔχει, καὶ

d 4 ἑαυτὸν F D M : ἑαυτοῦ A   d 5 ἄρα A F M : ἄρα μὴ D   e 6 ἄλλης] ἁπλῆς Adam   a 2 διηγήσεται A F D M : μιμήσεται scr. Mon.: μιμήσεται ἢ διηγήσεται ci. Madvig   a 4 νῦν δὴ ἐλέγομεν F D M : νῦν διελέγομεν A   βροντάς τε F D M : βροντάς γε A   a 5 ἀξόνων τε F : ἀξόνων A D M   τροχιλιῶν A F M : τροχίλων D

较少的方面和较低的程度上〈愿意模仿他〉，如果那人因某些疾病，或者因一些爱欲而已经栽了跟斗的话，甚或因醉酒或者因其他某种不幸〈而已经栽了跟斗的话〉。另一方面，每当他〈在叙述中〉遇到了某个与他自己不相称的人，那他将不愿意认真地使他自己仿效那个〈比他自己〉较差的人——除非在很短暂的时间内，那就是当那人在做某件有益 396d5
的事情时——，而是将感到羞耻，既因为他对模仿诸如此类的人是缺乏经验的[930]，也同时因为他厌恶〈按照那些低劣的人的模子〉塑造他自己和使他自己适应于那些低劣的人的模子，既然他打心底里就轻视它，除 396e1
非只是为了开玩笑。

有可能是这样，他说道。

因此，他岂不将使用一种叙述，而该叙述就是我们不久前关于荷马史诗所详细说过的那样一种叙述，并且他的说话方式岂不也将分有两种〈形式〉，那就是既分有模仿，也分有另外那种叙述[931]，只不过在一个篇幅很 396e5
长的讲述那里，它只略微小部分地分有模仿？或者，我在胡说八道？

完全如此，他回应道，这样一种说话者的〈说话〉模式，它必然是 396e10
恰如这个样子。

因此，我说道，那并不是如此这样的一个人，他岂不有多么的平 397a1
庸，他也就将有多么地〈愿意去〉叙述[932]每一件事，并且认为没有任何事情是与他自己不相称的，以至于他将尝试去认真地模仿每一样东西，并且是当着许多人的面[933]——其实就包括我们刚才提及过的那些东西，诸如〈隆隆的〉雷声、〈呼呼的〉风声、〈噼里啪啦的〉冰雹声、 397a5
〈吱吱作响的〉车轴声、〈嘎嘎的〉滑轮声，还有号声、笛声、箫声以及〈其他〉所有乐器的声音，进而还有狗、羊和鸟〈所发出的〉各种声音——，并且这种人的整个说话方式都将基于对各种声音和形态的模 397b1
仿[934]，或者略微少量地包含〈单纯的〉叙述？

这也是必然的，他回应道。

那好，我说道，这就是我曾说过的说话方式的两种形式。

的确是这样，他回应道。 397b5

那么，说话方式的两种形式，一种形式岂不具有很小的变化，并且

ἐάν τις ἀποδιδῷ πρέπουσαν ἁρμονίαν καὶ ῥυθμὸν τῇ λέξει, ὀλίγου πρὸς τὴν αὐτὴν γίγνεται λέγειν τῷ ὀρθῶς λέγοντι καὶ ἐν μιᾷ ἁρμονίᾳ—σμικραὶ γὰρ αἱ μεταβολαί—καὶ δὴ καὶ ἐν ῥυθμῷ ὡσαύτως παραπλησίῳ τινί; c

Κομιδῇ μὲν οὖν, ἔφη, οὕτως ἔχει.

Τί δὲ τὸ τοῦ ἑτέρου εἶδος; οὐ τῶν ἐναντίων δεῖται, πασῶν μὲν ἁρμονιῶν, πάντων δὲ ῥυθμῶν, εἰ μέλλει αὖ οἰκείως λέγεσθαι, διὰ τὸ παντοδαπὰς μορφὰς τῶν μεταβολῶν ἔχειν;

Καὶ σφόδρα γε οὕτως ἔχει.

Ἆρ' οὖν πάντες οἱ ποιηταὶ καὶ οἵ τι λέγοντες ἢ τῷ ἑτέρῳ τούτων ἐπιτυγχάνουσιν τύπῳ τῆς λέξεως ἢ τῷ ἑτέρῳ ἢ ἐξ ἀμφοτέρων τινὶ συγκεραννύντες;

Ἀνάγκη, ἔφη.

Τί οὖν ποιήσομεν; ἦν δ' ἐγώ· πότερον εἰς τὴν πόλιν d πάντας τούτους παραδεξόμεθα ἢ τῶν ἀκράτων τὸν ἕτερον ἢ τὸν κεκραμένον;

Ἐὰν ἡ ἐμή, ἔφη, νικᾷ, τὸν τοῦ ἐπιεικοῦς μιμητὴν ἄκρατον.

Ἀλλὰ μήν, ὦ Ἀδείμαντε, ἡδύς γε καὶ ὁ κεκραμένος, πολὺ δὲ ἥδιστος παισί τε καὶ παιδαγωγοῖς ὁ ἐναντίος οὗ σὺ αἱρῇ καὶ τῷ πλείστῳ ὄχλῳ.

Ἥδιστος γάρ.

Ἀλλ' ἴσως, ἦν δ' ἐγώ, οὐκ ἂν αὐτὸν ἁρμόττειν φαίης τῇ ἡμετέρᾳ πολιτείᾳ, ὅτι οὐκ ἔστιν διπλοῦς ἀνὴρ παρ' ἡμῖν οὐδὲ e πολλαπλοῦς, ἐπειδὴ ἕκαστος ἓν πράττει.

Οὐ γὰρ οὖν ἁρμόττει.

Οὐκοῦν διὰ ταῦτα ἐν μόνῃ τῇ τοιαύτῃ πόλει τόν τε σκυτοτόμον σκυτοτόμον εὑρήσομεν καὶ οὐ κυβερνήτην πρὸς

b 9 σμικραὶ A² F D M : σμικρὰ A   καὶ δὴ καὶ F : καὶ δὴ A D M   c 5 τῶν] ἐκ τῶν ci. H. Richards   d 2 παραδεξόμεθα A F M : δεξόμεθα D   ἀκράτων A M : ἀκρατῶν F : ἀκροατῶν D   d 5 ἄκρατον A F M : τὸν ἄκρατον D   d 7 δὲ A F M : γε D   παισί A F M : καὶ παισί D

如果一个人给出一种与该说话方式相适合的调式和节奏[935]，那么就会出现，那在正确地讲话的人，他差不多[936]以同一种〈调式〉，甚至就是用一种调式来说话——因为变化是很小的——，而且同样地，是用某种近 397c1
乎一样的节奏？

的的确确，他回应道，就是这样。

另一种说话方式之形式又如何呢？它岂不需要一些相反的东西，不仅需要所有的调式，而且需要所有的节奏，如果它复又将以适合于它自己的方式被说出来的话——由于在变化方面它包含了各种各样的形态？ 397c5

的确，完完全全就是这样。

那么，所有的诗人，以及〈所有〉那些讲述某件事情的人，就这两种说话方式之模式而言，他们岂不要么碰到其中一种，要么碰到其中另一种，要么碰到由它们两者混合而成的某种模式？ 397c10

必然，他回应道。

那我们将如何做呢？我说道。我们将把所有这〈三种模式〉都接纳 397d1
进城邦中呢，还是只把那〈两种〉没有混合的模式中的一种或另一种接纳进城邦中，还是把那〈由两者〉混合而成的模式接纳进城邦中？

如果我的〈提议〉[937]，他回应道，得胜的话，那么〈接纳进城邦的〉 397d5
就是〈只模仿〉得体的人的那种没有〈采用〉混合〈模式〉的模仿者。

无疑，阿德曼托斯啊，那种〈采用〉混合〈模式〉的人[938]也肯定是令人愉快的，而且与你所选择的那种人相反的人，他对于儿童以及对于那些接送儿童的人来说远远是最令人愉快的，对于绝大多数群众来说亦然。

他当然是最令人愉快的。

然而也许你会宣称，我说道，他同我们的城邦体制不适合，因为在 397d10
我们当中没有双重〈身份〉的人，也没有多重〈身份〉的人，既然每个 397e1
人只从事一件事。

他的确不适合。

那么，岂不正是由于这点，仅仅在这样一种城邦中我们将发现：一 397e5
个鞋匠就是一个鞋匠，而不是在制鞋之外还是一位舵手；一位农夫就是

τῇ σκυτοτομίᾳ, καὶ τὸν γεωργὸν γεωργὸν καὶ οὐ δικαστὴν πρὸς τῇ γεωργίᾳ, καὶ τὸν πολεμικὸν πολεμικὸν καὶ οὐ χρηματιστὴν πρὸς τῇ πολεμικῇ, καὶ πάντας οὕτω;

Ἀληθῆ, ἔφη.

398 Ἄνδρα δή, ὡς ἔοικε, δυνάμενον ὑπὸ σοφίας παντοδαπὸν γίγνεσθαι καὶ μιμεῖσθαι πάντα χρήματα, εἰ ἡμῖν ἀφίκοιτο εἰς τὴν πόλιν αὐτός τε καὶ τὰ ποιήματα βουλόμενος ἐπιδείξασθαι, προσκυνοῖμεν ἂν αὐτὸν ὡς ἱερὸν καὶ θαυμαστὸν καὶ ἡδύν, εἴποιμεν δ' ἂν ὅτι οὐκ ἔστιν τοιοῦτος ἀνὴρ ἐν τῇ πόλει παρ' ἡμῖν οὔτε θέμις ἐγγενέσθαι, ἀποπέμποιμέν τε εἰς ἄλλην πόλιν μύρον κατὰ τῆς κεφαλῆς καταχέαντες καὶ ἐρίῳ στέψαντες, αὐτοὶ δ' ἂν τῷ αὐστηροτέρῳ καὶ ἀηδεστέρῳ ποιητῇ
b χρῴμεθα καὶ μυθολόγῳ ὠφελίας ἕνεκα, ὃς ἡμῖν τὴν τοῦ ἐπιεικοῦς λέξιν μιμοῖτο καὶ τὰ λεγόμενα λέγοι ἐν ἐκείνοις τοῖς τύποις οἷς κατ' ἀρχὰς ἐνομοθετησάμεθα, ὅτε τοὺς στρατιώτας ἐπεχειροῦμεν παιδεύειν.

Καὶ μάλ', ἔφη, οὕτως ἂν ποιοῖμεν, εἰ ἐφ' ἡμῖν εἴη.

Νῦν δή, εἶπον ἐγώ, ὦ φίλε, κινδυνεύει ἡμῖν τῆς μουσικῆς τὸ περὶ λόγους τε καὶ μύθους παντελῶς διαπεπεράνθαι· ἅ τε γὰρ λεκτέον καὶ ὡς λεκτέον εἴρηται.

Καὶ αὐτῷ μοι δοκεῖ, ἔφη.

c Οὐκοῦν μετὰ τοῦτο, ἦν δ' ἐγώ, τὸ περὶ ᾠδῆς τρόπου καὶ μελῶν λοιπόν;

Δῆλα δή.

Ἆρ' οὖν οὐ πᾶς ἤδη ἂν εὕροι ἃ ἡμῖν λεκτέον περὶ αὐτῶν οἷα δεῖ εἶναι, εἴπερ μέλλομεν τοῖς προειρημένοις συμφωνήσειν;

Καὶ ὁ Γλαύκων ἐπιγελάσας, Ἐγὼ τοίνυν, ἔφη, ὦ Σώκρατες, κινδυνεύω ἐκτὸς τῶν πάντων εἶναι· οὔκουν ἱκανῶς

a 2 εἰ A M : om. F D a 4 προσκυνοῖμεν] e προσκυνοῖ μὲν fecit f a 5 οὐκ] οὔτ' Adam a 6 οὔτε] οὐδὲ Bekker τε εἰς A : τ' ἂν εἰς F D M b 1 ὠφελίας A F M : ἀφελείας D c 1 τρόπου] τρόπον ci. Hartman c 4 εὕροι A F M : εὕροιτο D

一位农夫，而不是在耕作之外还是一个法官；一位士兵就是一位士兵，而不是在作战之外还是一个商人；并且所有〈其他诸如此类的〉人也都是这样？

正确，他回应道。

那么，一个人，如看起来的那样，他由于凭借某种智慧而能够 398a1
成为各种各样的人，并且能够模仿所有的必需之物，如果他自己带着〈他的〉那些诗作来到我们的城邦——因为他想〈向我们〉展示它们[939]——，那么，我们就会拜倒在他面前，将之视作一位属于神的、
令人惊异的和让人感到愉快的人[940]，但我们会说，在〈我们的〉城邦这 398a5
里，于我们当中没有这样一种人，也不应该出现这种人[941]，我们会通过下面这样做而打发他去另外一个城邦，那就是把香脂洒在〈他的〉头上，并且用羊毛〈为他〉戴上冠冕；而我们自己则会使用那比较严厉的
和比较不令人愉快的诗人以及讲故事的人——为了〈我们自己的〉利 398b1
益——，他会为我们模仿得体之人的那种说话方式，并且会以我们从一开始[942]就将之确立为法律的那些模式来说那些被〈他〉说的事情——当我们试图教育那些战士时。

的确，他回应道，我们会这样做，如果这取决于我们的话。 398b5

那么现在，我说道，朋友啊，就文艺来说，我们有可能已经完整地详细叙述了其中关乎言说和故事的〈那个部分〉[943]；究竟什么必须被说以及如何被说，这已经说过了。

在我本人看来也如此，他回应道。

那么在此之后，我说道，关乎歌唱的风格和歌曲的风格〈的那个部 398c1
分〉岂不是剩下来〈要讲的〉[944]？

显然。

那么，难道不是所有人都已经发现了这点吗，那就是关于它们应该
是什么样子，哪些东西必须被我们说，如果我们打算同前面已经说过的 398c5
那些相一致的话？

于是格劳孔笑了，那么我，他说道，苏格拉底啊，我就有可能是在〈你所说的这〉所有人之外。因为，至少在目前我尚不能够充分地对下

γε ἔχω ἐν τῷ παρόντι συμβαλέσθαι ποῖα ἄττα δεῖ ἡμᾶς λέγειν· ὑποπτεύω μέντοι.

Πάντως δήπου, ἦν δ' ἐγώ, πρῶτον μὲν τόδε ἱκανῶς ἔχεις λέγειν, ὅτι τὸ μέλος ἐκ τριῶν ἐστιν συγκείμενον, λόγου τε καὶ d
ἁρμονίας καὶ ῥυθμοῦ.

Ναί, ἔφη, τοῦτό γε.

Οὐκοῦν ὅσον γε αὐτοῦ λόγος ἐστίν, οὐδὲν δήπου διαφέρει τοῦ μὴ ᾀδομένου λόγου πρὸς τὸ ἐν τοῖς αὐτοῖς δεῖν τύποις λέγεσθαι οἷς ἄρτι προείπομεν καὶ ὡσαύτως;

'Αληθῆ, ἔφη.

Καὶ μὴν τήν γε ἁρμονίαν καὶ ῥυθμὸν ἀκολουθεῖν δεῖ τῷ λόγῳ.

Πῶς δ' οὔ;

'Αλλὰ μέντοι θρήνων γε καὶ ὀδυρμῶν ἔφαμεν ἐν λόγοις οὐδὲν προσδεῖσθαι.

Οὐ γὰρ οὖν.

Τίνες οὖν θρηνώδεις ἁρμονίαι; λέγε μοι· σὺ γὰρ μουσικός. e

Μειξολυδιστί, ἔφη, καὶ συντονολυδιστὶ καὶ τοιαῦταί τινες.

Οὐκοῦν αὗται, ἦν δ' ἐγώ, ἀφαιρετέαι; ἄχρηστοι γὰρ καὶ γυναιξὶν ἃς δεῖ ἐπιεικεῖς εἶναι, μὴ ὅτι ἀνδράσι.

Πάνυ γε.

'Αλλὰ μὴν μέθη γε φύλαξιν ἀπρεπέστατον καὶ μαλακία καὶ ἀργία.

Πῶς γὰρ οὔ;

Τίνες οὖν μαλακαί τε καὶ συμποτικαὶ τῶν ἁρμονιῶν;

'Ιαστί, ἦ δ' ὅς, καὶ λυδιστὶ αὖ τινες χαλαραὶ καλοῦνται.

Ταύταις οὖν, ὦ φίλε, ἐπὶ πολεμικῶν ἀνδρῶν ἔσθ' ὅτι 399
χρήσῃ;

Οὐδαμῶς, ἔφη· ἀλλὰ κινδυνεύει σοι δωριστὶ λείπεσθαι καὶ φρυγιστί.

c 9 ξυμβαλέσθαι A M : ξυμβάλλεσθαι F D δεῖ A F D : δοκεῖ M d 5 ᾀδομένου A M : διδομένου F D d 11 γε F : τε A D M e 2 συντονολυδιστὶ A M : σύντονοι λυδιστὶ A² F D e 10 λυδιστὶ A M : λυδιαστὶ D f : λυδιαστὴ F αὖ τινὲς D : αἵτινες ex αυτινες fecit A (sed add. αὖ in marg. A²) : αἵτινες F M : καὶ τοιαῦταί τινες f d

面这点发表意见，那就是，究竟哪样一些东西我们必须将之说出来，尽 398c10
管我的确有那么一点猜测。

可以确定的是[945]，我说道，首先，你无论如何都能够充分地说出下
面这点，那就是：歌曲由三种东西构成[946]，即由言说、调式和节奏[947] 398d1
构成。

是的，他回应道，肯定是这样。

那么，至少就其中的言说所涉及的东西来说，岂不肯定在下面这点
上同那不被吟唱的言说并无区别，那就是，它必须用我们刚才在前面所 398d5
说的那些模式以及以同样的〈说话〉方式被说[948]？

正确，他说道。

而且调式和节奏，它们无论如何都必须同言说相适合[949]。

为何不呢？ 398d10

然而，就各种哀嚎和悲叹，我们肯定已经说过[950]，我们在言说中不再需要它们。

当然不。

那么，哪些是适合于哀歌的调式呢？请你告诉我；因为你是文艺家[951]。 398e1

混合吕底亚调式[952]，他回应道，以及高吕底亚调式[953]，和诸如此类的〈其他〉调式。

那么，这些调式，我说道，难道不应当被摒弃吗？因为他们甚至对于那些应当是得体的妇女来说都是无用的[954]，就更别提[955]对男人们了。

完全如此。 398e5

而且醉酒肯定对于卫士们来说是最不得体的，此外还有柔弱和懒散。

那还用说？

那么，在诸调式中，哪些是柔弱的以及是适合于饮酒歌的[956]？

伊奥尼亚调式[957]〈中的〉，他说道，还有吕底亚调式〈中的〉某些 398e10
被称作软绵绵的〈调式〉。

那么，朋友啊，有可能你将为那些服务于战争的人使用这些调式吗？ 399a1

绝不可能，他回应道。但似乎多立斯调式[958]以及弗里基亚调式[959]被你留下了[960]。

Οὐκ οἶδα, ἔφην ἐγώ, τὰς ἁρμονίας, ἀλλὰ κατάλειπε ἐκείνην τὴν ἁρμονίαν, ἣ ἔν τε πολεμικῇ πράξει ὄντος ἀνδρείου καὶ ἐν πάσῃ βιαίῳ ἐργασίᾳ πρεπόντως ἂν μιμήσαιτο φθόγγους τε καὶ προσῳδίας, καὶ ἀποτυχόντος ἢ εἰς τραύματα ἢ εἰς
b θανάτους ἰόντος ἢ εἴς τινα ἄλλην συμφορὰν πεσόντος, ἐν πᾶσι τούτοις παρατεταγμένως καὶ καρτερούντως ἀμυνομένου τὴν τύχην· καὶ ἄλλην αὖ ἐν εἰρηνικῇ τε καὶ μὴ βιαίῳ ἀλλ' ἐν ἑκουσίᾳ πράξει ὄντος, ἢ τινά τι πείθοντός τε καὶ δεομένου, ἢ εὐχῇ θεὸν ἢ διδαχῇ καὶ νουθετήσει ἄνθρωπον, ἢ τοὐναντίον ἄλλῳ δεομένῳ ἢ διδάσκοντι ἢ μεταπείθοντι ἑαυτὸν ἐπέχοντα, καὶ ἐκ τούτων πράξαντα κατὰ νοῦν, καὶ μὴ ὑπερηφάνως ἔχοντα, ἀλλὰ σωφρόνως τε καὶ μετρίως ἐν πᾶσι τούτοις
c πράττοντά τε καὶ τὰ ἀποβαίνοντα ἀγαπῶντα. ταύτας δύο ἁρμονίας, βίαιον, ἑκούσιον, δυστυχούντων, εὐτυχούντων, σωφρόνων, ἀνδρείων [ἁρμονίας] αἵτινες φθόγγους μιμήσονται κάλλιστα, ταύτας λεῖπε.

Ἀλλ', ἦ δ' ὅς, οὐκ ἄλλας αἰτεῖς λείπειν ἢ ἃς νυνδὴ ἐγὼ ἔλεγον.

Οὐκ ἄρα, ἦν δ' ἐγώ, πολυχορδίας γε οὐδὲ παναρμονίου ἡμῖν δεήσει ἐν ταῖς ᾠδαῖς τε καὶ μέλεσιν.

Οὔ μοι, ἔφη, φαίνεται.

Τριγώνων ἄρα καὶ πηκτίδων καὶ πάντων ὀργάνων ὅσα
d πολύχορδα καὶ πολυαρμόνια, δημιουργοὺς οὐ θρέψομεν.

Οὐ φαινόμεθα.

Τί δέ; αὐλοποιοὺς ἢ αὐλητὰς παραδέξῃ εἰς τὴν πόλιν; ἢ οὐ τοῦτο πολυχορδότατον, καὶ αὐτὰ τὰ παναρμόνια αὐλοῦ τυγχάνει ὄντα μίμημα;

Δῆλα δή, ἦ δ' ὅς.

Λύρα δή σοι, ἦν δ' ἐγώ, καὶ κιθάρα λείπεται [καὶ] κατὰ

b 2 παρατεταγμένως] παρατεταμένως Ast b 6 ἐπέχοντα A F D M : ὑπέχοντα scr. Ven. 184 : παρέχοντα scr. Mon. c 1 τὰ F D M : om. A c 2 ἁρμονίας om. Mon. βιαίου, ἑκουσίου Ast : βιαίων ἑκουσίων ci. Hartman c 3 ἁρμονίας om. Ven. 184 c 4 λεῖπε A M : λίπε F D c 5 νῦν δὴ A M : νῦν ἂν F D d 5 μίμημα A D M : μιμήματα F Proclus d 7 καὶ non legit Demetrius

我不懂，我说道，这〈两种〉调式，但请你〈为我〉留下那种调 399a5
式[961]，那就是当一个人是下面这个样子时，它会恰当地模仿他的声音
和语调：无论是在战争行动中，还是在每一种暴力性的事情上，他都是
勇敢的；即使当他遭遇厄运，或者面临各种负伤，或者走向死亡，或者 399b1
陷入任何一种其他的不幸中时，面对所有这些，他都沉着冷静地和不屈
不挠地[962]同命运作斗争。此外，〈也请你留下会模仿下面这种人的〉另
一种〈调式〉[963]：他是在一种和平的，不是暴力性的，而是一种心甘情
愿的行动中[964]，或者他是就某件事劝说某位并对之做出恳求——无论是 399b5
通过祈祷向一位神，还是通过教诲和劝告向一个人——，或者反过来，
当另外某个人恳求〈他〉，或者教导〈他〉，或者劝〈他〉改变看法时，
他就把自己交给那个人；并且基于以上这些，他虽然按照〈他自己的〉
意愿在采取行动，但并不是傲慢自大的样子，而是在所有这些事情上都
做得有节制和有分寸，并且对各种结果都欣然接受。这两种调式——一 399c1
种是暴力性的，一种是心甘情愿的——，无论是面对那些在倒霉的人，
还是面对那些在走运的人，还是面对那些自制的人，还是面对那些勇敢
的人[965]，它都将最美地模仿他们的声音——请你〈只〉把这〈两种〉调
式留下！

那么，他回应道，你要求〈我〉留下的，无非就是我刚才〈最后〉 399c5
提及的〈多立斯调式以及弗里基亚调式〉。

因此，我说道，在我们的那些歌唱和歌曲中，无论如何都将既不需要多弦的使用，也不需要一种包含所有调式的〈乐器〉[966]。

对我显得不需要，他回应道。

那么，就那些三角琴[967]和吕底亚竖琴[968]，以及其他所有那些有着 399c10
多弦和能奏出许多调式的乐器，我们都将不培养其匠人。 399d1

我们显然不。

然后呢？〈你将把〉那些制作笛子的人或者吹奏笛子的人〈接纳进〉
城邦吗？或者，这[969]岂不是最多音的[970]，并且那些包含所有调式的〈乐 399d5
器〉自身岂不恰恰是笛子的模仿品？

它们显然是，他回应道。

那么，里拉琴，我说道，以及西塔拉琴[971]，它们被留给你了，并

πόλιν χρήσιμα· καὶ αὖ κατ' ἀγροὺς τοῖς νομεῦσι σύριγξ ἄν τις εἴη.

Ὡς γοῦν, ἔφη, ὁ λόγος ἡμῖν σημαίνει.

Οὐδέν γε, ἦν δ' ἐγώ, καινὸν ποιοῦμεν, ὦ φίλε, κρίνοντες e
τὸν Ἀπόλλω καὶ τὰ τοῦ Ἀπόλλωνος ὄργανα πρὸ Μαρσύου τε καὶ τῶν ἐκείνου ὀργάνων.

Μὰ Δία, ἦ δ' ὅς, οὔ μοι φαινόμεθα.

Καὶ νὴ τὸν κύνα, εἶπον, λελήθαμέν γε διακαθαίροντες πάλιν ἣν ἄρτι τρυφᾶν ἔφαμεν πόλιν.

Σωφρονοῦντές γε ἡμεῖς, ἦ δ' ὅς.

Ἴθι δή, ἔφην, καὶ τὰ λοιπὰ καθαίρωμεν. ἑπόμενον γὰρ δὴ ταῖς ἁρμονίαις ἂν ἡμῖν εἴη τὸ περὶ ῥυθμούς, μὴ ποικίλους αὐτοὺς διώκειν μηδὲ παντοδαπὰς βάσεις, ἀλλὰ βίου ῥυθμοὺς ἰδεῖν κοσμίου τε καὶ ἀνδρείου τίνες εἰσίν· οὓς ἰδόντα τὸν
πόδα τῷ τοῦ τοιούτου λόγῳ ἀναγκάζειν ἕπεσθαι καὶ τὸ μέλος, 400
ἀλλὰ μὴ λόγον ποδί τε καὶ μέλει. οἵτινες δ' ἂν εἶεν οὗτοι οἱ ῥυθμοί, σὸν ἔργον, ὥσπερ τὰς ἁρμονίας, φράσαι.

Ἀλλὰ μὰ Δί', ἔφη, οὐκ ἔχω λέγειν. ὅτι μὲν γὰρ τρί' ἄττα ἐστὶν εἴδη ἐξ ὧν αἱ βάσεις πλέκονται, ὥσπερ ἐν τοῖς φθόγγοις τέτταρα, ὅθεν αἱ πᾶσαι ἁρμονίαι, τεθεαμένος ἂν εἴποιμι· ποῖα δὲ ὁποίου βίου μιμήματα, λέγειν οὐκ ἔχω.

Ἀλλὰ ταῦτα μέν, ἦν δ' ἐγώ, καὶ μετὰ Δάμωνος βου- b
λευσόμεθα, τίνες τε ἀνελευθερίας καὶ ὕβρεως ἢ μανίας καὶ ἄλλης κακίας πρέπουσαι βάσεις, καὶ τίνας τοῖς ἐναντίοις λειπτέον ῥυθμούς· οἶμαι δέ με ἀκηκοέναι οὐ σαφῶς ἐνόπλιόν τέ τινα ὀνομάζοντος αὐτοῦ σύνθετον καὶ δάκτυλον καὶ ἡρῷόν γε, οὐκ οἶδα ὅπως διακοσμοῦντος καὶ ἴσον ἄνω καὶ κάτω τιθέντος, εἰς βραχύ τε καὶ μακρὸν γιγνόμενον, καί, ὡς ἐγὼ οἶμαι, ἴαμβον καί τιν' ἄλλον τροχαῖον ὠνόμαζε, μήκη δὲ καὶ

a 1 τοῦ τοιούτου F : τοιούτου A M : τοῦτοι D   a 7 εἴποιμι ποία δέον ποίου βίου μιμήματα F : ἐπίοιμι· ποῖα δ' ὁποίου βίου μιμήματα D : εἴποιμι· ποῖα δὲ ποίου βίου μιμήματα M : εἴποι μιμήματα A   b 4 δέ με A F D M : δέ γε f   b 5 σύνθετον καὶ δάκτυλον secl. Hartman (sed legit Proclus)   b 8 τιν' A M : τινα F : τι D   ἄλλον . . . c 1 βραχύτητας A F M : om. D

且[972]它们在城邦中也是有用的；此外，在乡村，对牧人们来说也会有着某种排箫。

无疑，他回应道，我们的讨论显明了这点。 399d10

无论如何，我说道，我们都没有在做任何新奇的事情，朋友啊，当 399e1
我们宁愿选择阿波罗以及阿波罗的那些乐器[973]，而非马耳绪阿斯和他的那些乐器时[974]。

宙斯在上，他说道，至少对我显得我们没有。

并且以狗起誓[975]，我说道，我们已经不知不觉地重新彻底净化了我 399e5
们刚才声称过着奢侈生活的那种城邦[976]。

无疑因为我们是自制的〈我们才这样做〉[977]，他回应道。

那就来吧！我说道，也让我们净化其余的。因为紧跟那些调式的，对我们来说会是关于各种节奏的事情；〈一个人〉[978]既不〈应当〉追求
它们是多变化的，也不〈应当追求〉那些五花八门有韵律的步调[979]，相 399e10
反，一种守秩序的和勇敢的生活的各种节奏，他〈应当〉看清它们是哪
些。而当他看到它们之后，他就〈应当〉迫使音步[980]和曲调跟随这样 400a1
一种生活的语言，而不是让〈这样一种生活的〉语言跟随音步和曲调。但这些节奏会是哪些，就像那些调式一样，你的工作是对之做出解释。

但宙斯在上，他说道，我没有能力讲[981]。无疑〈节奏〉有三种形 400a5
式，〈其他〉有韵律的步调都由它们交织而成[982]，就像在声音中有着从中〈产生出〉所有调式的四种〈形式〉[983]一样，由于我已经观察到了这点，我能够说一说；至于哪些〈形式〉是哪种生活的模仿，我则没有能力讲。

当然，关于这些，我说道，一则我们也将向达蒙[984]请教，即哪些 400b1
有韵律的步调同不自由和放纵相适合，或者同疯狂和其他的某种邪恶相适合，以及哪些节奏必须留给那些相反的情形；一则我记得我已经听到
过[985]，他既命名了，尽管并非清楚地，一种行军节奏，即某种组合在 400b5
一起的音步[986]，也命名了一种长短短的音步[987]，以及一种英雄式的音步[988]，但我不知道他如何进行安排，以及如何向上和向下相等地进行设置，以便它既成为一种短的，也成为一种长的[989]，此外，我也记得，他还命名了一种短长的音步[990]，和另外一种长短的音步[991]，并且把一些

c βραχύτητας προσῆπτε. καὶ τούτων τισὶν οἶμαι τὰς ἀγωγὰς τοῦ ποδὸς αὐτὸν οὐχ ἧττον ψέγειν τε καὶ ἐπαινεῖν ἢ τοὺς ῥυθμοὺς αὐτούς—ἤτοι συναμφότερόν τι· οὐ γὰρ ἔχω λέγειν—ἀλλὰ ταῦτα μέν, ὥσπερ εἶπον, εἰς Δάμωνα ἀναβεβλήσθω· διελέσθαι γὰρ οὐ σμικροῦ λόγου. ἢ σὺ οἴει;

Μὰ Δί', οὐκ ἔγωγε.

'Αλλὰ τόδε γε, ὅτι τὸ τῆς εὐσχημοσύνης τε καὶ ἀσχημοσύνης τῷ εὐρύθμῳ τε καὶ ἀρρύθμῳ ἀκολουθεῖ, δύνασαι διελέσθαι;

Πῶς δ' οὔ;

d 'Αλλὰ μὴν τὸ εὔρυθμόν γε καὶ τὸ ἄρρυθμον τὸ μὲν τῇ καλῇ λέξει ἕπεται ὁμοιούμενον, τὸ δὲ τῇ ἐναντίᾳ, καὶ τὸ εὐάρμοστον καὶ ἀνάρμοστον ὡσαύτως, εἴπερ ῥυθμός γε καὶ ἁρμονία λόγῳ, ὥσπερ ἄρτι ἐλέγετο, ἀλλὰ μὴ λόγος τούτοις.

'Αλλὰ μήν, ἦ δ' ὅς, ταῦτά γε λόγῳ ἀκολουθητέον.

Τί δ' ὁ τρόπος τῆς λέξεως, ἦν δ' ἐγώ, καὶ ὁ λόγος; οὐ τῷ τῆς ψυχῆς ἤθει ἕπεται;

Πῶς γὰρ οὔ;

Τῇ δὲ λέξει τὰ ἄλλα;

Ναί.

Εὐλογία ἄρα καὶ εὐαρμοστία καὶ εὐσχημοσύνη καὶ εὐρυθ-
e μία εὐηθείᾳ ἀκολουθεῖ, οὐχ ἣν ἄνοιαν οὖσαν ὑποκοριζόμενοι καλοῦμεν [ὡς εὐήθειαν], ἀλλὰ τὴν ὡς ἀληθῶς εὖ τε καὶ καλῶς τὸ ἦθος κατεσκευασμένην διάνοιαν.

Παντάπασι μὲν οὖν, ἔφη.

Ἆρ' οὖν οὐ πανταχοῦ ταῦτα διωκτέα τοῖς νέοις, εἰ μέλλουσι τὸ αὑτῶν πράττειν;

Διωκτέα μὲν οὖν.

401 Ἔστιν δέ γέ που πλήρης μὲν γραφικὴ αὐτῶν καὶ πᾶσα

c 3 αὐτοὺς A F M : αὐτοῦ D ἔχω A F D M : ἔγωγε ἔχω m c 7 καὶ ἀσχημοσύνης A F M : om. D c 8 δύνασαι A F M : δύνασθαι D d 1 γε A D M : τε F d 3 καὶ ἀνάρμοστον F D : καὶ τὸ ἀνάρμοστον M : om. A γε A D M : τε F e 2 ὡς] νῦν ci. Cobet : secl. Baiter ὡς εὐήθειαν secl. Herwerden τε A D M : γε F e 5 πανταχοῦ A D M : πανταχῇ F

长音和一些短音增加〈给它们〉。而就这些中的某些，我也记得他责备 400c1
和表扬〈其〉音步的速度[992]，丝毫不少于〈责备和表扬〉那些节奏自
身——甚或〈责备和表扬〉两者合在一起的某种东西，只不过我确实没
有能力讲——。那好，就让这些事情，正如我刚才说的，扔回给达蒙
吧！因为对之做出剖判不是三言两语的事情。或者你认为是？ 400c5

宙斯在上，我肯定不认为是。

但是，无论如何下面这点，那就是优雅之姿态和不优雅之姿态〈总是分别〉同优美的节奏和不成节奏相一致，这你总该能够对之做出剖判吧？

为何不呢？ 400c10

无疑优美的节奏和不成节奏，无论如何前者都跟随着优美的说话方 400d1
式，因为它与之相似，而后者则跟随着相反的说话方式；并且优美的调式和欠缺调式同样如此，只要节奏和调式无论如何都跟随着言说，就像刚才所说的那样，而不是言说跟随着这两者。

当然，他回应道，这两者肯定必须得同言说相一致。 400d5

说话方式之风格又如何呢，我说道，还有言说？它们岂不跟随着灵魂的品质[993]？

那还用说？

而其他的则跟随着说话方式？

是的。 400d10

因此，得体的言说、和谐的调式、优雅的姿态以及美妙的节奏，它 400e1
们都同好习惯相一致，而〈这种好习惯〉不是无理解力——只不过我们通过掩饰将之称作一种好习惯而已[994]——，相反，它是真正在习惯上被高贵和美好地建立了起来的有理解力[995]。

完全如此，他回应道。

那么，这些东西岂不必须到处被年轻人所追求，如果他们打算做那 400e5
属于他们自己的事情的话[996]？

它们当然必须被追求。

而绘画的技艺以及所有诸如此类的手艺无论如何也都肯定充满了它 401a1

ἡ τοιαύτη δημιουργία, πλήρης δὲ ὑφαντικὴ καὶ ποικιλία καὶ οἰκοδομία καὶ πᾶσα αὖ ἡ τῶν ἄλλων σκευῶν ἐργασία, ἔτι δὲ ἡ τῶν σωμάτων φύσις καὶ ἡ τῶν ἄλλων φυτῶν· ἐν πᾶσι γὰρ τούτοις ἔνεστιν εὐσχημοσύνη ἢ ἀσχημοσύνη. καὶ ἡ μὲν ἀσχημοσύνη καὶ ἀρρυθμία καὶ ἀναρμοστία κακολογίας καὶ κακοηθείας ἀδελφά, τὰ δ' ἐναντία τοῦ ἐναντίου, σώφρονός τε καὶ ἀγαθοῦ ἤθους, ἀδελφά τε καὶ μιμήματα.

Παντελῶς μὲν οὖν, ἔφη.

Ἆρ' οὖν τοῖς ποιηταῖς ἡμῖν μόνον ἐπιστατητέον καὶ b
προσαναγκαστέον τὴν τοῦ ἀγαθοῦ εἰκόνα ἤθους ἐμποιεῖν τοῖς ποιήμασιν ἢ μὴ παρ' ἡμῖν ποιεῖν, ἢ καὶ τοῖς ἄλλοις δημιουργοῖς ἐπιστατητέον καὶ διακωλυτέον τὸ κακόηθες τοῦτο καὶ ἀκόλαστον καὶ ἀνελεύθερον καὶ ἄσχημον μήτε ἐν εἰκόσι ζῴων μήτε ἐν οἰκοδομήμασι μήτε ἐν ἄλλῳ μηδενὶ δημιουργουμένῳ ἐμποιεῖν, ἢ ὁ μὴ οἷός τε ὢν οὐκ ἐατέος παρ' ἡμῖν δημιουργεῖν, ἵνα μὴ ἐν κακίας εἰκόσι τρεφόμενοι ἡμῖν οἱ φύλακες ὥσπερ ἐν κακῇ βοτάνῃ, πολλὰ ἑκάστης ἡμέρας c
κατὰ σμικρὸν ἀπὸ πολλῶν δρεπόμενοί τε καὶ νεμόμενοι, ἕν τι συνιστάντες λανθάνωσιν κακὸν μέγα ἐν τῇ αὐτῶν ψυχῇ, ἀλλ' ἐκείνους ζητητέον τοὺς δημιουργοὺς τοὺς εὐφυῶς δυναμένους ἰχνεύειν τὴν τοῦ καλοῦ τε καὶ εὐσχήμονος φύσιν, ἵνα ὥσπερ ἐν ὑγιεινῷ τόπῳ οἰκοῦντες οἱ νέοι ἀπὸ παντὸς ὠφελῶνται, ὁπόθεν ἂν αὐτοῖς ἀπὸ τῶν καλῶν ἔργων ἢ πρὸς ὄψιν ἢ πρὸς ἀκοήν τι προσβάλῃ, ὥσπερ αὔρα φέρουσα ἀπὸ χρηστῶν τόπων ὑγίειαν, καὶ εὐθὺς ἐκ παίδων λανθάνῃ εἰς d
ὁμοιότητά τε καὶ φιλίαν καὶ συμφωνίαν τῷ καλῷ λόγῳ ἄγουσα;

Πολὺ γὰρ ἄν, ἔφη, κάλλιστα οὕτω τραφεῖεν.

Ἆρ' οὖν, ἦν δ' ἐγώ, ὦ Γλαύκων, τούτων ἕνεκα κυριωτάτη ἐν μουσικῇ τροφή, ὅτι μάλιστα καταδύεται εἰς τὸ ἐντὸς τῆς

a 3 αὖ A F M : ἡ τοιαύτη δημιουργία καὶ D a 5 ἢ A D M : καὶ F a 6 ἀρρυθμία A² F : ἀρυθμία A M : ἀραθυμία D a 7 κακοηθείας A M : κακονοίας F D b 8 ἡμῖν A D M : om. F c 2 νεμόμενοι F D M : ἀνεμόμενοι A : ἀνιμώμενοι in marg. rec. a c 8 τι] τις Adam αὔρα A M : λύρα F D d 5 κυριωτάτη ⟨ἡ⟩ ci. Rückert

们，充满〈它们的甚至还有〉纺织技艺、刺绣〈技艺〉和建筑〈技艺〉，此外还有关乎其他各种器皿的每一种做工，进而还有各种身体的本性以及其他那些生长出来的东西的本性[997]；因为，在所有这些东西中都内 401a5
在地有着优雅或者不优雅。并且，一方面，不优雅、不成节奏和缺乏调式，它们都是粗鄙的言说以及坏习惯的姊妹；另一方面，那些与它们相反的，则是相反者——即一种自制的和优良的习惯——的姊妹和模仿品。

绝对如此，他回应道。

那么，难道我们仅仅必须监管那些诗人吗，并且必须强迫他们在 401b1
〈他们的〉那些诗作中创作出优良的习惯之形象，否则就绝不〈允许他们〉在我们这里创作〈诗歌〉，还是说，也必须监管其他那些为众人做工的人，并且必须阻止他们创作这种由坏习惯养成的东西，以及创作一 401b5
种放纵的东西、一种不自由的东西和一种形态丑陋的东西——无论是在各种动物之形象中，还是在各种建筑物中，还是在其他任何一种用手工制成的东西中——？或者，那不能够〈做到这点〉的人，就一定不会允许他在我们这里为众人做工，免得我们的那些卫士，他们虽然在恶之各种形象中被抚养长大——就像在一种有害的牧场上被抚养长大似 401c1
的——，他们虽然每天一点一点地[998]从许多地方为自己采摘和吃下大量有害的东西，但他们却没有觉察到他们正在把一种巨大的恶聚集在他们自己的灵魂中？相反，〈我们〉必须寻找下面这些为众人做工的人吗，那就是，他们能够聪明地[999]追踪那既美好又优雅的东西之本性，以便 401c5
那些年轻人，他们仿佛因生活在一种健康的地方而从每一样事物那里得到益处，从那里，那从各种美好的作品中〈生起〉的某种东西，它或者会对他们的视觉，或者会对他们的听觉施加影响——就像从一些有益的地方带来健康的一阵微风似的——，并且直接从〈他们的〉孩童 401d1
时起，它就不知不觉地把他们引向了同那种美好的言说的相似、友谊和协调中[1000]？

完全如此，他回应道，以这种方式他们会被最美好地抚养长大。

那么，我说道，格劳孔啊，岂不由于这些，在文艺方面的培养才是 401d5
最具决定性的，因为节奏和调式尤其〈能够不知不觉地〉潜入到灵魂的

ψυχῆς ὅ τε ῥυθμὸς καὶ ἁρμονία, καὶ ἐρρωμενέστατα ἅπτεται αὐτῆς φέροντα τὴν εὐσχημοσύνην, καὶ ποιεῖ εὐσχήμονα,
e ἐάν τις ὀρθῶς τραφῇ, εἰ δὲ μή, τοὐναντίον; καὶ ὅτι αὖ τῶν παραλειπομένων καὶ μὴ καλῶς δημιουργηθέντων ἢ μὴ καλῶς φύντων ὀξύτατ' ἂν αἰσθάνοιτο ὁ ἐκεῖ τραφεὶς ὡς ἔδει, καὶ ὀρθῶς δὴ δυσχεραίνων τὰ μὲν καλὰ ἐπαινοῖ καὶ χαίρων καὶ καταδεχόμενος εἰς τὴν ψυχὴν τρέφοιτ' ἂν ἀπ' αὐτῶν καὶ
402 γίγνοιτο καλός τε κἀγαθός, τὰ δ' αἰσχρὰ ψέγοι τ' ἂν ὀρθῶς καὶ μισοῖ ἔτι νέος ὤν, πρὶν λόγον δυνατὸς εἶναι λαβεῖν, ἐλθόντος δὲ τοῦ λόγου ἀσπάζοιτ' ἂν αὐτὸν γνωρίζων δι' οἰκειότητα μάλιστα ὁ οὕτω τραφείς;

Ἐμοὶ γοῦν δοκεῖ, ἔφη, τῶν τοιούτων ἕνεκα ἐν μουσικῇ εἶναι ἡ τροφή.

Ὥσπερ ἄρα, ἦν δ' ἐγώ, γραμμάτων πέρι τότε ἱκανῶς εἴχομεν, ὅτε τὰ στοιχεῖα μὴ λανθάνοι ἡμᾶς ὀλίγα ὄντα ἐν ἅπασιν οἷς ἔστιν περιφερόμενα, καὶ οὔτ' ἐν σμικρῷ οὔτ' ἐν
b μεγάλῳ ἠτιμάζομεν αὐτά, ὡς οὐ δέοι αἰσθάνεσθαι, ἀλλὰ πανταχοῦ προυθυμούμεθα διαγιγνώσκειν, ὡς οὐ πρότερον ἐσόμενοι γραμματικοὶ πρὶν οὕτως ἔχοιμεν—

Ἀληθῆ.

Οὐκοῦν καὶ εἰκόνας γραμμάτων, εἴ που ἢ ἐν ὕδασιν ἢ ἐν κατόπτροις ἐμφαίνοιντο, οὐ πρότερον γνωσόμεθα, πρὶν ἂν αὐτὰ γνῶμεν, ἀλλ' ἔστιν τῆς αὐτῆς τέχνης τε καὶ μελέτης;

Παντάπασι μὲν οὖν.

Ἆρ' οὖν, ὃ λέγω, πρὸς θεῶν, οὕτως οὐδὲ μουσικοὶ πρό-
c τερον ἐσόμεθα, οὔτε αὐτοὶ οὔτε οὓς φαμεν ἡμῖν παιδευτέον εἶναι τοὺς φύλακας, πρὶν ἂν τὰ τῆς σωφροσύνης εἴδη καὶ ἀνδρείας καὶ ἐλευθεριότητος καὶ μεγαλοπρεπείας καὶ ὅσα τούτων ἀδελφὰ καὶ τὰ τούτων αὖ ἐναντία πανταχοῦ περιφερόμενα γνωρίζωμεν καὶ ἐνόντα ἐν οἷς ἔνεστιν αἰσθανώμεθα

d 7 ὅ τε A F M : ὅτι D e 4 χαίρων καὶ om. Mon. : χαίρων [καὶ] al. Stallbaum : ante δυσχεραίνων transp. ci. Vermehren a 2 πρὶν A D M : πρὶν καὶ F λόγον A F M : λόγου D a 6 ἡ A M : ἣ F : om. D b 2 προὐθυμούμεθα A : προθυμούμεθα F D b 5 καὶ F M : καὶ εἰ A D

内里，并且最强有力地触动它，因为它们携带着优雅，而且它们还使得
一个人变得优雅，如果他被正确地加以培养的话，但如果没有，则适得 401e1
其反？此外，〈在文艺方面的培养是最具决定性的，岂不〉还因为，就
各种缺陷[1001]和那些没有被美好地为众人做工出来的东西，或者没有美
好地生成出来的东西来说，那在〈文艺〉那里如应然的那样被培养的人
能够最敏锐地觉察到它们，并且由于他正确地对之感到厌恶，一方面，
他会赞美和欢迎那些美好的东西，并且通过把它们接纳进灵魂中，他能 401e5
够从它们那里吸取营养并变得美好和良善[1002]，另一方面，他会正确地 402a1
谴责和仇恨那些可耻的东西，即使他还年轻，尚没有能力把握道理[1003]，
但一旦道理到来，那被如此培养起来的人就会拥抱它，因为他凭借〈同
它的〉亲属关系而最为〈清楚地〉认出了它[1004]？

无论如何在我看来，他说道，在文艺方面的培养正是为了诸如此类 402a5
的事情。

因此，就像关于文字，我说道，只有到了那时我们才算充分地把握
了〈它们〉，那就是，诸字母——尽管它们为数并不多[1005]——在它们
于之转来转去的所有地方[1006]都没有逃脱我们的注意，并且无论是在一
个小字那里还是在一个大字那里，我们都不会轻视它们，仿佛它们不需 402b1
要被注意似的，相反，在每个地方，我们都一心要分辨它们，因为在我
们是这个样子之前，我们将不会是精通文法的人[1007]。

正确。

那么，文字的各种图像，如果它们被反映在某个地方[1008]——或者 402b5
在水中，或者在镜里——，我们岂不将不会认识它们，在我们认识〈文
字〉本身之前，但这肯定属于同一门技艺和训练？

完全如此。

那么，我在说的，诸神在上，我岂不可以用这种方式〈来说〉：在做
到下面这些之前，我们都将不是精通文艺的人，无论是我们自己，还是那 402c1
些我们声称我们必须将之教育成〈城邦之〉卫士的人，那就是，我们认识
自制、勇敢、慷慨[1009]和崇高之形式，也认识这些东西的所有姊妹，此外
还认识那些到处转来转去而与这些东西相反的东西，并且我们也觉察到它 402c5
们内在于它们所内在于的那些东西中——无论是它们自己，还是它们的图

καὶ αὐτὰ καὶ εἰκόνας αὐτῶν, καὶ μήτε ἐν σμικροῖς μήτε ἐν μεγάλοις ἀτιμάζωμεν, ἀλλὰ τῆς αὐτῆς οἰώμεθα τέχνης εἶναι καὶ μελέτης;

Πολλὴ ἀνάγκη, ἔφη.

Οὐκοῦν, ἦν δ' ἐγώ, ὅτου ἂν συμπίπτῃ ἔν τε τῇ ψυχῇ d καλὰ ἤθη ἐνόντα καὶ ἐν τῷ εἴδει ὁμολογοῦντα ἐκείνοις καὶ συμφωνοῦντα, τοῦ αὐτοῦ μετέχοντα τύπου, τοῦτ' ἂν εἴη κάλλιστον θέαμα τῷ δυναμένῳ θεᾶσθαι;

Πολύ γε.

Καὶ μὴν τό γε κάλλιστον ἐρασμιώτατον;

Πῶς δ' οὔ;

Τῶν δὴ ὅτι μάλιστα τοιούτων ἀνθρώπων ὅ γε μουσικὸς ἐρῴη ἄν· εἰ δὲ ἀσύμφωνος εἴη, οὐκ ἂν ἐρῴη.

Οὐκ ἄν, εἴ γέ τι, ἔφη, κατὰ τὴν ψυχὴν ἐλλείποι· εἰ μέντοι τι κατὰ τὸ σῶμα, ὑπομείνειεν ἂν ὥστε ἐθέλειν ἀσπάζεσθαι. e

Μανθάνω, ἦν δ' ἐγώ· ὅτι ἔστιν σοι ἢ γέγονεν παιδικὰ τοιαῦτα, καὶ συγχωρῶ. ἀλλὰ τόδε μοι εἰπέ· σωφροσύνῃ καὶ ἡδονῇ ὑπερβαλλούσῃ ἔστι τις κοινωνία;

Καὶ πῶς; ἔφη, ἥ γε ἔκφρονα ποιεῖ οὐχ ἧττον ἢ λύπη;

Ἀλλὰ τῇ ἄλλῃ ἀρετῇ;

Οὐδαμῶς. 403

Τί δέ; ὕβρει τε καὶ ἀκολασίᾳ;

Πάντων μάλιστα.

Μείζω δέ τινα καὶ ὀξυτέραν ἔχεις εἰπεῖν ἡδονὴν τῆς περὶ τὰ ἀφροδίσια;

Οὐκ ἔχω, ἦ δ' ὅς, οὐδέ γε μανικωτέραν.

Ὁ δὲ ὀρθὸς ἔρως πέφυκε κοσμίου τε καὶ καλοῦ σωφρόνως τε καὶ μουσικῶς ἐρᾶν;

Καὶ μάλα, ἦ δ' ὅς.

c 7 οἰώμεθα F D : οἰόμεθα A M d 4 θεᾶσθαι A D M : θεάσασθαι F d 5 πολύ] πάνυ Stobaeus d 8 δὴ ὅτι F D M Stobaeus : διότι A d 10 ἐλλείποι] ἐλλίποι Stobaeus d 11 τι A D M : om. F Stobaeus e 5 ἥ γε A D M : εἴ γε F Stobaeus a 2 ὕβρει A F D : ὕβρις M Stobaei A

像——，而且无论是在各种小的事情中，还是在那些大的事情中，我们也都不轻视它们，相反，我们认为它们属于同一门技艺和训练？

那是极其必然的，他回应道。

那么，我说道，如果内在于灵魂中的各种美好的品质和内在于模样 402d1
中的各种美好的品质——它们与〈灵魂中的〉那些〈美好的品质〉相一致和发出同样的声音，因为两者分有同样的模式——同时出现在任何一个人身上，这对于那能够观望的人来说岂不是最美的景象？

的确。 402d5

而且最美的肯定是最可爱的吗？

为何不呢？

那么，那些尽可能是这个样子的人，真正精通文艺的人肯定会爱恋他们[1010]；但如果一个人〈灵魂和身体〉是不和谐的，他就不会爱恋他。

不会，至少如果在灵魂方面有着某种欠缺的话；然而，如果〈只 402d10
是〉在身体方面有着某种欠缺，那他有可能会容忍[1011]，从而愿意拥抱 402e1
〈他〉[1012]。

我懂了，我说道，〈你之所以这样说〉那是因为你有或者曾经有一个如此这般的心爱的少年[1013]，并且我也赞同〈你所说的〉。但请你告诉我下面这点，那就是：对于自制和过度的快乐来说，有着某种共同之处吗？

怎么会呢[1014]？他说道，既然这种快乐肯定比痛苦丝毫不少地使人 402e5
丧失心智[1015]？

那它同其他德性〈有着某种共同之处吗〉？

绝对没有。 403a1

然后呢？它同侮慢和放纵〈有着某种共同之处吗〉？

毫无疑问。

但你能够说出一种快乐吗，它比关乎属于阿佛洛狄忒的那些事情的 403a5
快乐更大和更刺激？

我不能，他回应道，肯定也没有比之更疯狂的。

而正确的爱，它生来就既以自制的方式也以文艺的方式爱那有秩序的且美好的东西吗？

当然，他说道。

Οὐδὲν ἄρα προσοιστέον μανικὸν οὐδὲ συγγενὲς ἀκολασίας τῷ ὀρθῷ ἔρωτι;

Οὐ προσοιστέον.

b Οὐ προσοιστέον ἄρα αὕτη ἡ ἡδονή, οὐδὲ κοινωνητέον αὐτῆς ἐραστῇ τε καὶ παιδικοῖς ὀρθῶς ἐρῶσί τε καὶ ἐρωμένοις;

Οὐ μέντοι μὰ Δί', ἔφη, ὦ Σώκρατες, προσοιστέον.

Οὕτω δή, ὡς ἔοικε, νομοθετήσεις ἐν τῇ οἰκιζομένῃ πόλει φιλεῖν μὲν καὶ συνεῖναι καὶ ἅπτεσθαι ὥσπερ ὑέος παιδικῶν ἐραστήν, τῶν καλῶν χάριν, ἐὰν πείθῃ, τὰ δ' ἄλλα οὕτως ὁμιλεῖν πρὸς ὅν τις σπουδάζοι, ὅπως μηδέποτε δόξει μα-
c κρότερα τούτων συγγίγνεσθαι· εἰ δὲ μή, ψόγον ἀμουσίας καὶ ἀπειροκαλίας ὑφέξοντα.

Οὕτως, ἔφη.

Ἆρ' οὖν, ἦν δ' ἐγώ, καὶ σοὶ φαίνεται τέλος ἡμῖν ἔχειν ὁ περὶ μουσικῆς λόγος; οἷ γοῦν δεῖ τελευτᾶν, τετελεύτηκεν· δεῖ δέ που τελευτᾶν τὰ μουσικὰ εἰς τὰ τοῦ καλοῦ ἐρωτικά.

Σύμφημι, ἦ δ' ὅς.

Μετὰ δὴ μουσικὴν γυμναστικῇ θρεπτέοι οἱ νεανίαι.

Τί μήν;

Δεῖ μὲν δὴ καὶ ταύτῃ ἀκριβῶς τρέφεσθαι ἐκ παίδων διὰ
d βίου. ἔχει δέ πως, ὡς ἐγῷμαι, ὧδε· σκόπει δὲ καὶ σύ. ἐμοὶ μὲν γὰρ οὐ φαίνεται, ὃ ἂν χρηστὸν ᾖ σῶμα, τοῦτο τῇ αὑτοῦ ἀρετῇ ψυχὴν ἀγαθὴν ποιεῖν, ἀλλὰ τοὐναντίον ψυχὴ ἀγαθὴ τῇ αὑτῆς ἀρετῇ σῶμα παρέχειν ὡς οἷόν τε βέλτιστον· σοὶ δὲ πῶς φαίνεται;

Καὶ ἐμοί, ἔφη, οὕτως.

Οὐκοῦν εἰ τὴν διάνοιαν ἱκανῶς θεραπεύσαντες παραδοῖμεν αὐτῇ τὰ περὶ τὸ σῶμα ἀκριβολογεῖσθαι, ἡμεῖς δὲ ὅσον τοὺς

a 11 ὀρθῷ ἔρωτι] ὀρθῶς ἐρῶντι Stobaeus (ut videtur) b 1 αὕτη ἡ A : αὐτὴ ἡ F : αὐτῇ D : αὐτὴν M b 4 ἔοικε A : ἔοικεν ὁ A² νομοθετήσεις F D M : νομοθετὴς εἶς A b 7 δόξει A M : δόξῃ F D d 2 τοῦτο A D M : om. F Stobaeus d 3 ποιεῖν] ἐμποιεῖν Stobaeus d 6 ἔφη οὕτως] οὕτως ἔφη Stobaeus

那么，一定不可以把任何疯狂的东西或任何与放纵同类的东西加给 403a10
正确的爱吗[1016]？

一定不可以加给它。

因此，就一定不可以加上这种快乐[1017]，爱慕者和〈他〉心爱的少 403b1
年也一定不可以参与它，只要他们在以正确的方式进行爱和被爱？

当然一定不可以，宙斯在上，他说道，苏格拉底啊，加上它。

因此，如看起来的那样，你将在被新拓居的城邦中确立起一条法
律：一个爱慕者可以像对待儿子那样，为了各种美好的东西而亲吻[1018] 403b5
〈他〉心爱的少年，与之共处，甚至抚摸他[1019]——如果他能够征得他的
同意的话[1020]——；但在其他方面，一个人只能以下面这种方式同他会
殷切关心的人打交道，那就是他从不会被认为比上面这些还更进一步地 403c1
在〈与之〉交往，否则，他就将遭受一种指责，即粗鲁和庸俗[1021]。

就是这样，他回应道。

那么，我说道，我们关于文艺的讨论，它岂不也对你显得已经抵达
了终点吗[1022]？至少它已经结束在了它应当于之结束的地方[1023]。而那些 403c5
同文艺相关的东西，它们无论如何都应当结束在对美的事物的各种爱恋
中[1024]。

我同意，他回应道。

而在文艺之后，年轻人肯定还必须通过体育来进行培养[1025]。

为何不呢？ 403c10

事实上在这方面，他们也应当从孩童时起就终身被严格地加以培
养。但如我所认为的那样，它无论如何都是下面这样，不过你也得来考 403d1
察一下。因为对我显得不是这样，那就是，一副身体，即使它向来就是
有用的，它就能凭借它自己的德性而使得灵魂变好；而是恰恰相反，一
个好的灵魂，它凭借它自己的德性使得身体变得尽可能地好[1026]。但对 403d5
你显得又如何呢？

对我来说，他回应道，也是这样。

因此，如果我们在充分地照料思想之后，我们再委托它去准确地

τύπους ὑφηγησαίμεθα, ἵνα μὴ μακρολογῶμεν, ὀρθῶς ἂν e
ποιοῖμεν;

Πάνυ μὲν οὖν.

Μέθης μὲν δὴ εἴπομεν ὅτι ἀφεκτέον αὐτοῖς· παντὶ γάρ που μᾶλλον ἐγχωρεῖ ἢ φύλακι μεθυσθέντι μὴ εἰδέναι ὅπου γῆς ἐστιν.

Γελοῖον γάρ, ἦ δ' ὅς, τόν γε φύλακα φύλακος δεῖσθαι.

Τί δὲ δὴ σίτων πέρι; ἀθληταὶ μὲν γὰρ οἱ ἄνδρες τοῦ μεγίστου ἀγῶνος. ἢ οὐχί;

Ναί.

Ἆρ' οὖν ἡ τῶνδε τῶν ἀσκητῶν ἕξις προσήκουσ' ἂν εἴη 404
τούτοις;

Ἴσως.

Ἀλλ', ἦν δ' ἐγώ, ὑπνώδης αὕτη γέ τις καὶ σφαλερὰ πρὸς ὑγίειαν. ἢ οὐχ ὁρᾷς ὅτι καθεύδουσί τε τὸν βίον καί, ἐὰν σμικρὰ ἐκβῶσιν τῆς τεταγμένης διαίτης, μεγάλα καὶ σφόδρα νοσοῦσιν οὗτοι οἱ ἀσκηταί;

Ὁρῶ.

Κομψοτέρας δή τινος, ἦν δ' ἐγώ, ἀσκήσεως δεῖ τοῖς πολεμικοῖς ἀθληταῖς, οὕς γε ὥσπερ κύνας ἀγρύπνους τε ἀνάγκη εἶναι καὶ ὅτι μάλιστα ὀξὺ ὁρᾶν καὶ ἀκούειν καὶ πολλὰς μεταβολὰς ἐν ταῖς στρατείαις μεταβάλλοντας ὑδάτων
τε καὶ τῶν ἄλλων σίτων καὶ εἱλήσεων καὶ χειμώνων μὴ b
ἀκροσφαλεῖς εἶναι πρὸς ὑγίειαν.

Φαίνεταί μοι.

Ἆρ' οὖν ἡ βελτίστη γυμναστικὴ ἀδελφή τις ἂν εἴη τῆς ἁπλῆς μουσικῆς ἣν ὀλίγον πρότερον διῇμεν;

Πῶς λέγεις;

Ἁπλῆ που καὶ ἐπιεικὴς γυμναστική, καὶ μάλιστα ἡ τῶν περὶ τὸν πόλεμον.

a 5 σφόδρα F D: σφοδρὰ A M a 9 τε F D M: τε καὶ A a 10 καὶ ἀκούειν A F M: ἀκούειν D a 11 στρατείαις A F: στρατίαις D b 1 χειμώνων A D M: τῶν χειμώνων F b 5 ἁπλῆς F D: om. A M b 7 που καὶ] που ἡ ci. Hartman: που καὶ ἡ Adam

衡量关乎身体的那些事情，而我们〈自己则只做〉下面这么多，那就是 403e1
〈仅仅〉把一些概要显示出来[1027]，免得我们在长篇大论，那我们岂不做得正确？

完全如此。

那好，醉酒，我们肯定说过，这对他们来说是必须禁绝的[1028]；因
为对〈其他〉每个人来说，这无疑尚是可容许的，除了一个卫士，因喝 403e5
醉而不知道他是在地上的何处。

这的确可笑，他回应道，那就是一个卫士竟然还需要卫士。

那就食物来说又如何呢？因为这些男子肯定是最大竞赛的参赛者[1029]。抑或不是？

是。 403e10

那么，这里的这些〈普通的〉参赛者的身体状态会适合这些人吗？ 404a1

也许。

然而，我说道，这肯定是一种嗜睡的〈身体状态〉，并且在健康方
面也是不稳定的。或者，你没有看到这些〈普通的〉参赛者用睡觉消磨 404a5
了一生[1030]，并且，如果他们稍微背离了那被规定好的生活方式，那么，他们就会生极其严重的疾病？

我看到了。

事实上，一种更加精妙的锻炼〈方法〉，我说道，要被那些从事
战争的竞技者所需要，因为他们无论如何都既必须像狗一样是警醒的， 404a10
也要尽可能敏锐地看和听[1031]，并且当他们在远征中遭受许多的变化
时——无论是来自水方面的，还是来自其他食物方面的，也无论是来自 404b1
日晒方面的，还是来自严寒方面的——，他们在健康方面都一定不会是岌岌可危的。

对我显得是这样。

那么，最好的体育，它岂不会是一小会儿前[1032]我们细说过的那种 404b5
单纯的文艺的某个姊妹？

你为何这样说呢？

〈最好的体育〉无疑会是一种单纯和适当的体育，并且那〈致力于〉同战争相关的那些事情的体育尤其会是。

Πῇ δή;

Καὶ παρ' Ὁμήρου, ἦν δ' ἐγώ, τά γε τοιαῦτα μάθοι ἄν τις. οἶσθα γὰρ ὅτι ἐπὶ στρατιᾶς ἐν ταῖς τῶν ἡρώων ἑστιάσεσιν οὔτε ἰχθύσιν αὐτοὺς ἑστιᾷ, καὶ ταῦτα ἐπὶ
c θαλάττῃ ἐν Ἑλλησπόντῳ ὄντας, οὔτε ἑφθοῖς κρέασιν ἀλλὰ μόνον ὀπτοῖς, ἃ δὴ μάλιστ' ἂν εἴη στρατιώταις εὔπορα· πανταχοῦ γὰρ ὡς ἔπος εἰπεῖν αὐτῷ τῷ πυρὶ χρῆσθαι εὐπορώτερον ἢ ἀγγεῖα συμπεριφέρειν.

Καὶ μάλα.

Οὐδὲ μὴν ἡδυσμάτων, ὡς ἐγᾦμαι, Ὅμηρος πώποτε ἐμνήσθη. ἢ τοῦτο μὲν καὶ οἱ ἄλλοι ἀσκηταὶ ἴσασιν, ὅτι τῷ μέλλοντι σώματι εὖ ἕξειν ἀφεκτέον τῶν τοιούτων ἁπάντων;

Καὶ ὀρθῶς γε, ἔφη, ἴσασί τε καὶ ἀπέχονται.

d Συρακοσίαν δέ, ὦ φίλε, τράπεζαν καὶ Σικελικὴν ποικιλίαν ὄψου, ὡς ἔοικας, οὐκ αἰνεῖς, εἴπερ σοι ταῦτα δοκεῖ ὀρθῶς ἔχειν.

Οὔ μοι δοκῶ.

Ψέγεις ἄρα καὶ Κορινθίαν κόρην φίλην εἶναι ἀνδράσιν μέλλουσιν εὖ σώματος ἕξειν.

Παντάπασι μὲν οὖν.

Οὐκοῦν καὶ Ἀττικῶν πεμμάτων τὰς δοκούσας εἶναι εὐπαθείας;

Ἀνάγκη.

Ὅλην γὰρ οἶμαι τὴν τοιαύτην σίτησιν καὶ δίαιταν τῇ μελοποιίᾳ τε καὶ ᾠδῇ τῇ ἐν τῷ παναρμονίῳ καὶ ἐν πᾶσι
e ῥυθμοῖς πεποιημένῃ ἀπεικάζοντες ὀρθῶς ἂν ἀπεικάζοιμεν.

Πῶς γὰρ οὔ;

Οὐκοῦν ἐκεῖ μὲν ἀκολασίαν ἡ ποικιλία ἐνέτικτεν, ἐνταῦθα δὲ νόσον, ἡ δὲ ἁπλότης κατὰ μὲν μουσικὴν ἐν ψυχαῖς σωφροσύνην, κατὰ δὲ γυμναστικὴν ἐν σώμασιν ὑγίειαν;

b 11 στρατιᾶς A f : στρατίαις F : στρατείας D c 1 ἐν Ἑλλησπόντῳ secl. Cobet c 8 σώματι] σώματος ci. Cobet εὖ ἕξειν A F M : εὐεξεῖν D d 1 δέ] δὴ ci. Schneider (*itaque* Ficinus) d 2 ὄψου] ὄψων vulg. d 12 τῷ A M : τῇ F D

究竟以何种方式？

甚至从荷马那里，我说道，一个人也肯定会学到诸如此类的这些东 404b10
西。因为你知道，在远征期间[1033]，于英雄们的筵席上，他既没有用鱼
款待他们——即使这些人那时就在赫勒海的海边[1034]——，也没有用煮 404c1
过的肉〈款待他们〉，而只是用烤过的肉〈来款待他们〉——事实上对
于战士们来说，它们无疑会是最为容易办到的——。因为在任何地方都
几乎可以说，直接使用火[1035]，这比随身带着各种器皿，要容易得多。

的确。 404c5

至于各种调味品，如我所认为的那样，荷马无疑也从未提及过。甚
或其他那些竞技者也知道下面这点吗，那就是：如果身体想要处在好的
状态，那它就必须禁绝诸如此类的所有东西？

他们也肯定正确地，他回应道，知道这点，并且禁绝它们。

而叙拉古人的筵席，朋友啊，以及西西里人那花样繁多的菜肴[1036]， 404d1
如看起来的那样，你是不会加以赞许的，假如你认为这些是正确的话。

我认为我不会。

那么，你甚至也会指责一位科林托斯的女孩是那些男子的女伴吗[1037]， 404d5
如果他们想在身体方面保持好的状态的话[1038]？

完全会。

那么，就阿提卡的那些看起来都是一些美味的各种糕点来说，岂不
也如此？

必然。 404d10

因为我认为，如果我们把整个诸如此类的食物和生活方式同用包含
着所有调式的〈那种风格〉以及用所有节奏创作出来的乐曲和歌唱进行
比照，那么，我们会在正确地进行比照。 404e1

那还用说？

因此，岂不，一方面，纷纭复杂在那里[1039]造成了放纵，在这里则
引起了疾病，另一方面，于文艺那里的简单朴素在灵魂中引起了自制，
而于体育那里的〈简单朴素〉则在身体中产生了健康？ 404e5

Ἀληθέστατα, ἔφη.

Ἀκολασίας δὲ καὶ νόσων πληθυουσῶν ἐν πόλει ἆρ' οὐ 405 δικαστήριά τε καὶ ἰατρεῖα πολλὰ ἀνοίγεται, καὶ δικανική τε καὶ ἰατρικὴ σεμνύνονται, ὅταν δὴ καὶ ἐλεύθεροι πολλοὶ καὶ σφόδρα περὶ αὐτὰ σπουδάζωσιν;

Τί γὰρ οὐ μέλλει;

Τῆς δὲ κακῆς τε καὶ αἰσχρᾶς παιδείας ἐν πόλει ἆρα μή τι μεῖζον ἕξεις λαβεῖν τεκμήριον ἢ τὸ δεῖσθαι ἰατρῶν καὶ δικαστῶν ἄκρων μὴ μόνον τοὺς φαύλους τε καὶ χειροτέχνας, ἀλλὰ καὶ τοὺς ἐν ἐλευθέρῳ σχήματι προσποιουμένους τεθράφθαι; ἢ οὐκ αἰσχρὸν δοκεῖ καὶ ἀπαιδευσίας μέγα b τεκμήριον τὸ ἐπακτῷ παρ' ἄλλων, ὡς δεσποτῶν τε καὶ κριτῶν, τῷ δικαίῳ ἀναγκάζεσθαι χρῆσθαι, καὶ ἀπορίᾳ οἰκείων;

Πάντων μὲν οὖν, ἔφη, αἴσχιστον.

Ἦ δοκεῖ σοι, ἦν δ' ἐγώ, τούτου αἴσχιον εἶναι τοῦτο, ὅταν δή τις μὴ μόνον τὸ πολὺ τοῦ βίου ἐν δικαστηρίοις φεύγων τε καὶ διώκων κατατρίβηται, ἀλλὰ καὶ ὑπὸ ἀπειροκαλίας ἐπ' αὐτῷ δὴ τούτῳ πεισθῇ καλλωπίζεσθαι, ὡς δεινὸς ὢν περὶ τὸ ἀδικεῖν καὶ ἱκανὸς πάσας μὲν στροφὰς στρέ- c φεσθαι, πάσας δὲ διεξόδους διεξελθὼν ἀποστραφῆναι λυγιζόμενος, ὥστε μὴ παρασχεῖν δίκην, καὶ ταῦτα σμικρῶν τε καὶ οὐδενὸς ἀξίων ἕνεκα, ἀγνοῶν ὅσῳ κάλλιον καὶ ἄμεινον τὸ παρασκευάζειν τὸν βίον αὑτῷ μηδὲν δεῖσθαι νυστάζοντος δικαστοῦ;

Οὔκ, ἀλλὰ τοῦτ', ἔφη, ἐκείνου ἔτι αἴσχιον.

Τὸ δὲ ἰατρικῆς, ἦν δ' ἐγώ, δεῖσθαι ὅτι μὴ τραυμάτων ἕνεκα ἤ τινων ἐπετείων νοσημάτων ἐπιπεσόντων, ἀλλὰ δι'

a 9 τεθράφθαι A F : τετράφθαι D b 3 καὶ A D M : ὡς F : secl. Ast : δικαίων ci. Madvig b 4 οἰκείου scr. Mon. b 7 δή τις F Stobaeus : τις A D M b 9 πεισθῇ A F M Stobaeus : πεισθῆναι D c 2 λυγιζόμενος A M schol. (Boethus) : αὖ λογιζόμενος F : λογιζόμενος D Stobaeus c 3 παρασχεῖν A D M Stobaeus : παρέχειν F Suidas δίκην A F D M Stobaeus : δίκας d ταῦτα A F M : ταύτας D

非常正确，他说道。

而当各种放纵和各种疾病在一个城邦中泛滥时，许多的法庭和诊所 405a1
岂不就打开了〈它们的大门〉，并且精通法庭演说的〈技艺〉[1040]和精通医术的〈技艺〉装出一副庄重严肃的样子[1041]，每当甚至连许多的自由人也都非常热衷于它们时？

怎么将不是这样呢？ 405a5

就在一个城邦中的那种低劣的和可耻的教育而言，你真能够为它找到比下面这点都还要更大的某种证据吗，那就是：需要各种顶尖的医生和一些顶尖的陪审员，不仅仅是那些普通庸常的人和手艺人〈需要〉，而且那些佯装自己已经以一种自由人的方式被培养长大的人〈也
需要〉？或者，下面这样看起来竟然不是可耻的，以及不是缺乏教育的 405b1
一个重大的证据吗，那就是：被迫使用一种从另外一些人——仿佛他们是主人和裁断者似的——那里所引进的正义的东西，就因为缺乏自己〈本该有〉的那些东西[1042]？

肯定在一切中，他回应道，这是最可耻的。 405b5

莫非在你看来，我说道，下面这样比这还要是更加可耻的吗，那就是：每当一个人不仅在各种法庭上——或者作为被告，或者作为原告[1043]——消磨其生命中的大部分〈时间〉[1044]，而且竟然被庸俗所说
服[1045]而恰恰为这种事情感到自豪[1046]，因为他对行不义是擅长的，并 405c1
且，一方面，他有能力像那些摔跤手那样闪避其对手[1047]，另一方面，他通过动用所有的逃避手段[1048]，有能力像柔软易弯的枝条一样扭来扭去而转身逃走[1049]，从而不让自己屈从于任何惩罚，而这些其实都只是为了一些微不足道的事情和一些没有任何价值的东西，因为他不知道下
面这样会是多么的美和多么的好啊，那就是〈一个人能够〉安排他自己 405c5
的生活，从而不需要一个昏昏欲睡的陪审员？

是的，这当然，他回应道，比那还要更加可耻。

而对医术的需要，我说道，这并不是因为下面这点，那就是为了

d ἀργίαν τε καὶ δίαιταν οἵαν διήλθομεν, ῥευμάτων τε καὶ πνευμάτων ὥσπερ λίμνας ἐμπιμπλαμένους φύσας τε καὶ κατάρρους νοσήμασιν ὀνόματα τίθεσθαι ἀναγκάζειν τοὺς κομψοὺς Ἀσκληπιάδας, οὐκ αἰσχρὸν δοκεῖ;

Καὶ μάλ', ἔφη· ὡς ἀληθῶς καινὰ ταῦτα καὶ ἄτοπα νοσημάτων ὀνόματα.

Οἷα, ἦν δ' ἐγώ, ὡς οἶμαι, οὐκ ἦν ἐπ' Ἀσκληπιοῦ. e τεκμαίρομαι δέ, ὅτι αὐτοῦ οἱ ὑεῖς ἐν Τροίᾳ Εὐρυπύλῳ τετρωμένῳ ἐπ' οἶνον Πράμνειον ἄλφιτα πολλὰ ἐπιπασθέντα 406 καὶ τυρὸν ἐπιξυσθέντα, ἃ δὴ δοκεῖ φλεγματώδη εἶναι, οὐκ ἐμέμψαντο τῇ δούσῃ πιεῖν, οὐδὲ Πατρόκλῳ τῷ ἰωμένῳ ἐπετίμησαν.

Καὶ μὲν δή, ἔφη, ἄτοπόν γε τὸ πῶμα οὕτως ἔχοντι.

Οὔκ, εἴ γ' ἐννοεῖς, εἶπον, ὅτι τῇ παιδαγωγικῇ τῶν νοσημάτων ταύτῃ τῇ νῦν ἰατρικῇ πρὸ τοῦ Ἀσκληπιάδαι οὐκ ἐχρῶντο, ὥς φασι, πρὶν Ἡρόδικον γενέσθαι· Ἡρόδικος δὲ παιδοτρίβης ὢν καὶ νοσώδης γενόμενος, μείξας γυμναστικὴν b ἰατρικῇ, ἀπέκναισε πρῶτον μὲν καὶ μάλιστα ἑαυτόν, ἔπειτ' ἄλλους ὕστερον πολλούς.

Πῇ δή; ἔφη.

Μακρόν, ἦν δ' ἐγώ, τὸν θάνατον αὑτῷ ποιήσας. παρακολουθῶν γὰρ τῷ νοσήματι θανασίμῳ ὄντι οὔτε ἰάσασθαι οἶμαι οἷός τ' ἦν ἑαυτόν, ἐν ἀσχολίᾳ τε πάντων ἰατρευόμενος διὰ βίου ἔζη, ἀποκναιόμενος εἴ τι τῆς εἰωθυίας διαίτης ἐκβαίη, δυσθανατῶν δὲ ὑπὸ σοφίας εἰς γῆρας ἀφίκετο.

Καλὸν ἄρα τὸ γέρας, ἔφη, τῆς τέχνης ἠνέγκατο.

c Οἷον εἰκός, ἦν δ' ἐγώ, τὸν μὴ εἰδότα ὅτι Ἀσκληπιὸς οὐκ ἀγνοίᾳ οὐδὲ ἀπειρίᾳ τούτου τοῦ εἴδους τῆς ἰατρικῆς τοῖς ἐκγόνοις οὐ κατέδειξεν αὐτό, ἀλλ' εἰδὼς ὅτι πᾶσι τοῖς εὐνομουμένοις ἔργον τι ἑκάστῳ ἐν τῇ πόλει προστέτακται, ὃ ἀναγκαῖον ἐργάζεσθαι, καὶ οὐδενὶ σχολὴ διὰ βίου κάμνειν ἰατρευομένῳ. ὃ ἡμεῖς γελοίως ἐπὶ μὲν τῶν δημιουργῶν αἰσθανόμεθα, ἐπὶ

d 7 ὡς οἶμαι A F M : om. D   c 3 ἐγγόνοις F

各种创伤，或者为了某些一年一度降临的疾病，而是由于懒散以及诸如 405d1
我们刚才详述过的那样一种生活方式，因为〈他们的身体〉就像那些湖泊一样充满着体液和空气——以至于迫使阿斯克勒庇俄斯的那些聪明的后裔[1050]为这些疾病提出了胃胀气和黏膜炎[1051]这样〈两个〉名字——，这在你看来不可耻吗?

当然，他说道，这也的的确确是一些新颖的和奇怪的疾病之名字。 405d5

诸如此类的，我说道，如我所认为的那样，它们在阿斯克勒庇俄
斯的那个时候是没有的。而我〈是基于下面这点才这样进行〉推断，那 405e1
就是：他的〈那两位〉儿子[1052]在特洛伊——当欧律皮罗斯[1053]受伤后，
在普剌谟涅酒[1054]上被撒了许多的大麦片，并往里面刮了点乳酪，而它 406a1
们看起来肯定是令人发炎的——，既没有对那位给〈他〉喝的妇女感到不满[1055]，也没有责备那在医治〈他〉的帕特洛克罗斯[1056]。

诚然，他说道，这剂药对处于那种状态的人来说肯定是奇怪的。

〈一点也〉不〈奇怪〉，只要你注意到下面这点，我说道，那就是： 406a5
伺候各种疾病的看护术，即现在的这种医术[1057]，以前并未被阿斯克勒庇俄斯的后裔所使用，就像人们所说的那样，直到赫洛狄科斯[1058]出现为止；而赫洛狄科斯，由于他既是一个体育教练，并且又成为了一个多
病的人，于是他就把体育和医术混合在一起，由此一来他首先并且尤其 406b1
折磨[1059]了他自己，然后又折磨了其他后来的许多人。

究竟以何种方式？他回应道。

通过使他自己的死亡，我说道，变得漫长。因为，尽管他每时每刻 406b5
都关注着[1060]〈他自己的〉疾病，但由于它是致命的，我认为他没有能力治愈他自己，〈因而〉在无瑕〈从事其他〉任何事情的情况下，通过〈不断地〉医治自己而活过了一生；他会变得痛苦不堪，只要稍微偏离已经习惯的生活方式，但他凭借智慧通过同死亡作斗争[1061]而抵达了老年。

他的确为〈其〉技艺，他回应道，赢得了漂亮的奖品[1062]。

有可能[1063]，我说道，对那不知道下面这点的人来说〈就是这样〉，那 406c1
就是：阿斯克勒庇俄斯既不是由于对这种形式的医术无知，也不是由于对之无经验才不发明并把它传授[1064]给〈他的〉那些后裔，相反，那是因为他知道，对于所有那些〈生活在〉好法律下的人来说[1065]，某种工作已经被
指派给了在城邦中的每个人，而他必须从事它，并且无人有闲暇[1066]终身 406c5

δὲ τῶν πλουσίων τε καὶ εὐδαιμόνων δοκούντων εἶναι οὐκ αἰσθανόμεθα.

Πῶς; ἔφη.

Τέκτων μέν, ἦν δ' ἐγώ, κάμνων ἀξιοῖ παρὰ τοῦ ἰατροῦ d
φάρμακον πιὼν ἐξεμέσαι τὸ νόσημα, ἢ κάτω καθαρθεὶς ἢ καύσει ἢ τομῇ χρησάμενος ἀπηλλάχθαι· ἐὰν δέ τις αὐτῷ μακρὰν δίαιταν προστάττῃ, πιλίδιά τε περὶ τὴν κεφαλὴν περιτιθεὶς καὶ τὰ τούτοις ἑπόμενα, ταχὺ εἶπεν ὅτι οὐ σχολὴ κάμνειν οὐδὲ λυσιτελεῖ οὕτω ζῆν, νοσήματι τὸν νοῦν προσέχοντα, τῆς δὲ προκειμένης ἐργασίας ἀμελοῦντα. καὶ μετὰ ταῦτα χαίρειν εἰπὼν τῷ τοιούτῳ ἰατρῷ, εἰς τὴν εἰωθυῖαν δίαιταν ἐμβάς, e
ὑγιὴς γενόμενος ζῇ τὰ ἑαυτοῦ πράττων· ἐὰν δὲ μὴ ἱκανὸν ᾖ τὸ σῶμα ὑπενεγκεῖν, τελευτήσας πραγμάτων ἀπηλλάγη.

Καὶ τῷ τοιούτῳ μέν γ', ἔφη, δοκεῖ πρέπειν οὕτω ἰατρικῇ χρῆσθαι.

Ἆρα, ἦν δ' ἐγώ, ὅτι ἦν τι αὐτῷ ἔργον, ὃ εἰ μὴ πράττοι, 407
οὐκ ἐλυσιτέλει ζῆν;

Δῆλον, ἔφη.

Ὁ δὲ δὴ πλούσιος, ὥς φαμεν, οὐδὲν ἔχει τοιοῦτον ἔργον προκείμενον, οὗ ἀναγκαζομένῳ ἀπέχεσθαι ἀβίωτον.

Οὔκουν δὴ λέγεταί γε.

Φωκυλίδου γάρ, ἦν δ' ἐγώ, οὐκ ἀκούεις πῶς φησι δεῖν, ὅταν τῳ ἤδη βίος ᾖ, ἀρετὴν ἀσκεῖν.

Οἶμαι δέ γε, ἔφη, καὶ πρότερον.

Μηδέν, εἶπον, περὶ τούτου αὐτῷ μαχώμεθα, ἀλλ' ἡμᾶς αὐτοὺς διδάξωμεν πότερον μελετητέον τοῦτο τῷ πλουσίῳ καὶ ἀβίωτον τῷ μὴ μελετῶντι, ἢ νοσοτροφία τεκτονικῇ b
μὲν καὶ ταῖς ἄλλαις τέχναις ἐμπόδιον τῇ προσέξει τοῦ νοῦ, τὸ δὲ Φωκυλίδου παρακέλευμα οὐδὲν ἐμποδίζει.

Ναὶ μὰ τὸν Δία, ἦ δ' ὅς. σχεδόν γέ τι πάντων μάλιστα

d 1 μὲν A M: om. F D d 3 μακρὰν M: μικρὰν A F D a 4 φαμεν A F M: ἔφαμεν D a 11 πότερον A F M: πρότερον D b 1 ἢ F D: ἡ A b 2 μὲν A F M: μὲν γὰρ D b 4 γέ τι A D M: τί γε F Galenus

患病并接受医治。对我们来说可笑的是，在那些匠人那里我们注意到了这点，但在那些富人以及那些看起来是幸福的人那里，我们却没有注意到。

那是为何？他回应道。

一个木匠，我说道，如果他患病了，那么他会指望通过从医生那里 406d1
喝某种药来吐出疾病，或者通过从下面进行清洗，或者通过使用烧灼或切割，来去除它。但是，如果有人要为他安排一种长期的治疗方案——
如把小毡帽戴在〈他的〉头上，以及一些诸如此类的事情[1067]——，那 406d5
么，他会迅速说：他既没有闲暇来患病，以这种方式活着〈对他来说〉也没有好处，假如他要把注意力集中到一种疾病上，而忽视那摆在面前
的工作的话。而在此之后，他会对这样一种医生说再见，进入到已经 406e1
习惯的那种生活方式中，如果变得健康了，那他就活着，做他自己的事情；但如果〈他的〉身体不足以承受，那他就通过终了而从各种麻烦事中解脱出来[1068]。

无论如何对这样一种人来说，他回应道，以这种方式来使用医术，
这看起来是合适的。 406e5

那是因为，我说道，对他来说向来有着某种工作吗，如果他不做 407a1
它，那么活着〈对他〉也没有好处？

显然，他回应道。

而富人，就像我们所宣称的那样，无疑没有这样一种摆在面前的工
作，如果他被迫放弃它，那么生活是难以忍受的。 407a5

的确没有〈这样一种工作〉，至少据说是这样。

那是因为你没有听到福库利得斯[1069]如何主张的，我说道，那就是，当一个人已经有了一种生活之后[1070]，他必须操练德性[1071]。

但我肯定认为，他回应道，甚至在那之前〈就必须〉。

关于这点[1072]，我说道，让我们不要同他争论，而是让我们教导一 407a10
下我们自己，〈看看〉这件事是富人必须从事，并且〈对他来说〉生活 407b1
是难以忍受的，如果他不从事它的话，还是说，疾病护理，它虽然对木工技艺以及对其他技艺来说是一种绊脚石[1073]，〈从而影响〉把注意力集中〈到它们身上〉[1074]，但它并不妨碍福库利得斯的箴言[1075]。

是的，宙斯在上，他回应道。无论如何，它差不多在所有事情中最

ἥ γε περαιτέρω γυμναστικῆς ἡ περιττὴ αὕτη ἐπιμέλεια τοῦ σώματος· καὶ γὰρ πρὸς οἰκονομίας καὶ πρὸς στρατείας καὶ πρὸς ἑδραίους ἐν πόλει ἀρχὰς δύσκολος.

Τὸ δὲ δὴ μέγιστον, ὅτι καὶ πρὸς μαθήσεις ἁστινασοῦν καὶ
c ἐννοήσεις τε καὶ μελέτας πρὸς ἑαυτὸν χαλεπή, κεφαλῆς τινας ἀεὶ διατάσεις καὶ ἰλίγγους ὑποπτεύουσα καὶ αἰτιωμένη ἐκ φιλοσοφίας ἐγγίγνεσθαι, ὥστε, ὅπῃ ταύτῃ ἀρετὴ ἀσκεῖται καὶ δοκιμάζεται, πάντῃ ἐμπόδιος· κάμνειν γὰρ οἴεσθαι ποιεῖ ἀεὶ καὶ ὠδίνοντα μήποτε λήγειν περὶ τοῦ σώματος.

Εἰκός γε, ἔφη.

Οὐκοῦν ταῦτα γιγνώσκοντα φῶμεν καὶ Ἀσκληπιὸν τοὺς μὲν φύσει τε καὶ διαίτῃ ὑγιεινῶς ἔχοντας τὰ σώματα,
d νόσημα δέ τι ἀποκεκριμένον ἴσχοντας ἐν αὐτοῖς, τούτοις μὲν καὶ ταύτῃ τῇ ἕξει καταδεῖξαι ἰατρικήν, φαρμάκοις τε καὶ τομαῖς τὰ νοσήματα ἐκβάλλοντα αὐτῶν τὴν εἰωθυῖαν προστάττειν δίαιταν, ἵνα μὴ τὰ πολιτικὰ βλάπτοι, τὰ δ' εἴσω διὰ παντὸς νενοσηκότα σώματα οὐκ ἐπιχειρεῖν διαίταις κατὰ σμικρὸν ἀπαντλοῦντα καὶ ἐπιχέοντα μακρὸν καὶ κακὸν βίον ἀνθρώπῳ ποιεῖν, καὶ ἔκγονα αὐτῶν, ὡς τὸ εἰκός, ἕτερα τοιαῦτα φυτεύειν, ἀλλὰ τὸν μὴ δυνάμενον ἐν τῇ καθεστηκυίᾳ
e περιόδῳ ζῆν μὴ οἴεσθαι δεῖν θεραπεύειν, ὡς οὔτε αὐτῷ οὔτε πόλει λυσιτελῆ;

Πολιτικόν, ἔφη, λέγεις Ἀσκληπιόν.

Δῆλον, ἦν δ' ἐγώ· καὶ οἱ παῖδες αὐτοῦ, ὅτι τοιοῦτος ἦν,
408 οὐχ ὁρᾷς ὡς καὶ ἐν Τροίᾳ ἀγαθοὶ πρὸς τὸν πόλεμον ἐφάνησαν, καὶ τῇ ἰατρικῇ, ὡς ἐγὼ λέγω, ἐχρῶντο; ἢ οὐ μέμνησαι ὅτι καὶ τῷ Μενέλεῳ ἐκ τοῦ τραύματος οὗ ὁ Πάνδαρος ἔβαλεν—

αἷμ' ἐκμυζήσαντες ἐπ' ἤπια φάρμακ' ἔπασσον,

b 5 γυμναστικῆς] γυμναστικὴ ἧς Adam c 1 τε A D M : om. F τινας scr. recc. : τινος A F D M c 2 διατάσεις ex em. F Galenus : διαστάσεις A D M c 3 ἀρετὴ M : ἀρετῇ A F D c 6 εἰκός γε ἔφη A M : om. F D : εἰκός γε, ἔφην Adam d 4 προστάττειν A F M : πράττειν D a 5 ἐκμυζήσαντες F : ἐκμυζήσαντ' A D M : ἐκμύζησάν τ' Adam ἐπ' ci. Bywater : ἐπί τ' A F D M

为〈是一种绊脚石〉，这种超出体育〈锻炼〉的对身体的过分关心。因 407b5
为，事实上无论是对各种家庭管理来说，还是对各种远征和对在城邦中
〈需要〉坐下来〈履行〉的各种公职来说[1076]，它都是令人讨厌的。

但最严重的无疑是[1077]：无论是对于任何一种学习活动来说，还是 407c1
对于对自己的考虑和关心来说，它都是令人厌恶的，因为它总是猜疑脑
袋的各种发胀和晕眩，并且以责备的方式断言那是由于热爱智慧而出现
的[1078]，以至于，无论在哪里只要德性以这种方式[1079]被从事和认可[1080]，
它都在那里是起绊脚石作用的[1081]。因为他总是使得〈一个人〉认为〈自
己〉在患病，并且使得〈他〉从不停止对身体感到紧张不安[1082]。 407c5

的确有可能，他回应道。

那么，我们岂不会宣称：阿斯克勒庇俄斯其实也认识到了这些事
情，因此，一方面，一些人，他们生来以及在生活方式上于身体方面都
是健康的，只不过他们在自己身上又有着某种特殊的疾病[1083]，他无疑 407d1
为这些人以及为这样一种状况发明并传授了医术[1084]，通过用各种药剂
和各种切割来赶走他们的那些疾病，嘱托〈他们继续依循〉那已经习惯
的生活方式，免得损害城邦的各种事务；另一方面，就那些在里面整个 407d5
地就已经生病了的身体，他并不尝试用一些养生之道[1085]，通过使之一
点一点地排出〈点什么〉和灌入〈点什么〉来为一个人达成一种漫长而
糟糕的生活，也不会尝试使他们生出他们的后裔——这是有可能的[1086]，
那些后裔是一些其他类似的人——，相反，那没有能力按常规进行生
活[1087]的人，他认为不应当照料他，因为无论是对他本人来说，还是对 407e1
一个城邦来说，他都是无益的[1088]？

一个精通城邦事务的人，他回应道，你把阿斯克勒庇俄斯说成。

显然，我说道。并且他的〈那两个〉孩子也如此——由于他就是像
那个样子的人[1089]——，难道你没有看到，在特洛伊，他们不仅在战斗 408a1
中显得是优秀的，而且如我所说的那样使用了医术？或者，你已经不记
得下面这件事，那就是：甚至对墨涅拉俄斯[1090]，从潘达洛斯带给他的
那个伤口中——

当他们把血吮吸出来后，撒上了缓和疼痛的药粉[1091]， 408a5

ὅτι δ' ἐχρῆν μετὰ τοῦτο ἢ πιεῖν ἢ φαγεῖν οὐδὲν μᾶλλον ἢ τῷ Εὐρυπύλῳ προσέταττον, ὡς ἱκανῶν ὄντων τῶν φαρμάκων ἰάσασθαι ἄνδρας πρὸ τῶν τραυμάτων ὑγιεινούς τε καὶ κοσμίους ἐν διαίτῃ, κἂν εἰ τύχοιεν ἐν τῷ παραχρῆμα κυκεῶνα b πιόντες, νοσώδη δὲ φύσει τε καὶ ἀκόλαστον οὔτε αὑτοῖς οὔτε τοῖς ἄλλοις ᾤοντο λυσιτελεῖν ζῆν, οὐδ' ἐπὶ τούτοις τὴν τέχνην δεῖν εἶναι, οὐδὲ θεραπευτέον αὐτούς, οὐδ' εἰ Μίδου πλουσιώτεροι εἶεν.

Πάνυ κομψούς, ἔφη, λέγεις Ἀσκληπιοῦ παῖδας.

Πρέπει, ἦν δ' ἐγώ, καίτοι ἀπειθοῦντές γε ἡμῖν οἱ τραγῳδοποιοί τε καὶ Πίνδαρος Ἀπόλλωνος μέν φασιν Ἀσκληπιὸν εἶναι, ὑπὸ δὲ χρυσοῦ πεισθῆναι πλούσιον ἄνδρα θανάσιμον ἤδη ὄντα ἰάσασθαι, ὅθεν δὴ καὶ κεραυνωθῆναι αὐτόν. ἡμεῖς c δὲ κατὰ τὰ προειρημένα οὐ πεισόμεθα αὐτοῖς ἀμφότερα, ἀλλ' εἰ μὲν θεοῦ ἦν, οὐκ ἦν, φήσομεν, αἰσχροκερδής· εἰ δ' αἰσχροκερδής, οὐκ ἦν θεοῦ.

Ὀρθότατα, ἦ δ' ὅς, ταῦτά γε. ἀλλὰ περὶ τοῦδε τί λέγεις, ὦ Σώκρατες; ἆρ' οὐκ ἀγαθοὺς δεῖ ἐν τῇ πόλει κεκτῆσθαι ἰατρούς; εἶεν δ' ἂν που μάλιστα τοιοῦτοι ὅσοι πλείστους μὲν ὑγιεινούς, πλείστους δὲ νοσώδεις μετεχειρί- d σαντο, καὶ δικασταὶ αὖ ὡσαύτως οἱ παντοδαπαῖς φύσεσιν ὡμιληκότες.

Καὶ μάλα, εἶπον, ἀγαθοὺς λέγω. ἀλλ' οἶσθα οὓς ἡγοῦμαι τοιούτους;

Ἂν εἴπῃς, ἔφη.

Ἀλλὰ πειράσομαι, ἦν δ' ἐγώ· σὺ μέντοι οὐχ ὅμοιον πρᾶγμα τῷ αὐτῷ λόγῳ ἤρου.

Πῶς; ἔφη.

Ἰατροὶ μέν, εἶπον, δεινότατοι ἂν γένοιντο, εἰ ἐκ παίδων ἀρξάμενοι πρὸς τῷ μανθάνειν τὴν τέχνην ὡς πλείστοις τε

a 6 δ' ἐχρῆν A F M : δὲ χρῆν D a 7 τῶν A F M : om. D a 8 ἰάσασθαι A D M : ἰᾶσθαι F c 2 πεισόμεθα F : πειθόμεθα A D M c 5 ὀρθότατα A F M : ὀρθότατά γε D d 4 μάλα A F M Stobaeus : μάλιστα D d 7 ὅμοιον A M Stobaeus : ὁμοιοῦν pr. F D d 11 τῷ A D M : τὸ F Stobaeus

但此后那个人必须喝什么，或者吃什么，同对待欧律皮罗斯一样，他们没有更多地嘱咐任何事情，因为〈他们认为他们所提供的〉那些药物是足够的了，〈足以用它们〉治疗那些在受伤之前〈身体〉是健康的并且在生活方式上是有条理的人，即使他们碰巧眼下[1092]〈仅仅〉喝了 408b1
一些牛乳酒，至于那生来就多病以及〈在生活方式上〉放纵的人，无论是对于那些人自己来说，还是对于其他人来说，他们认为活着都是无益的[1093]，〈他们的〉技艺既不应当是针对这些人的，也不必照料他们，即 408b5
使他们比弥达斯[1094]都还要是更富有的。

你把阿斯克勒庇俄斯的〈那两个〉孩子，他回应道，说得非常聪明。

那是恰当的，我说道；然而，一些悲剧作家以及品达却肯定不听从我们，一方面，他们宣称阿斯克勒庇俄斯是阿波罗的儿子，另一方面，〈他们又说〉他为了黄金而被说服医治了一个富人——尽管那人已经是一个垂死的人[1095]——，并且由此他甚至也遭到了雷击。但是，依照先 408c1
前所说的[1096]，我们将不会〈同时〉在两方面相信他们，相反，我们将说：如果他是一位神的儿子，那他就不会是贪婪无耻的，但如果他是贪婪无耻的，那他就不会是一位神的儿子。

这肯定是非常正确的，他回应道。然而，关于下面这点你会说点 408c5
什么呢，苏格拉底啊？在城邦中岂不需要得到一些优秀的医生？而这样一些人无论如何全都尤其会是下面这些人，那就是，他们一方面治疗过 408d1
数量最多的健康的人，一方面又治疗过数量最多的多病的人，并且那些〈优秀的〉陪审员复又在同样的方式上是那些已经同各种各样的天性打过交道的人。

当然，我说道，我在说一些优秀的〈医生〉。但你知道我把哪些人 408d5
视为这样一些人吗？

如果你告诉〈我，我就会知道〉，他回应道。

那好，我将试试，我说道。然而，你在同一番话中问了〈两件〉并不相同的事情。

为何？他回应道。

一方面，医生，我说道，他们会变得极其高明，如果他们从孩童 408d10
时开始，在学习这门技艺之外[1097]，还同尽可能多的和尽可能糟糕的身

καὶ πονηροτάτοις σώμασιν ὁμιλήσειαν καὶ αὐτοὶ πάσας
e νόσους κάμοιεν καὶ εἶεν μὴ πάνυ ὑγιεινοὶ φύσει. οὐ γὰρ οἶμαι σώματι σῶμα θεραπεύουσιν—οὐ γὰρ ἂν αὐτὰ ἐνεχώρει κακὰ εἶναί ποτε καὶ γενέσθαι—ἀλλὰ ψυχῇ σῶμα, ᾗ οὐκ ἐγχωρεῖ κακὴν γενομένην τε καὶ οὖσαν εὖ τι θεραπεύειν.

Ὀρθῶς, ἔφη.

409 Δικαστὴς δέ γε, ὦ φίλε, ψυχῇ ψυχῆς ἄρχει, ᾗ οὐκ ἐγχωρεῖ ἐκ νέας ἐν πονηραῖς ψυχαῖς τεθράφθαι τε καὶ ὡμιληκέναι καὶ πάντα ἀδικήματα αὐτὴν ἠδικηκυῖαν διεξεληλυθέναι, ὥστε ὀξέως ἀφ' αὑτῆς τεκμαίρεσθαι τὰ τῶν ἄλλων ἀδικήματα οἷον κατὰ σῶμα νόσους· ἀλλ' ἄπειρον αὐτὴν καὶ ἀκέραιον δεῖ κακῶν ἠθῶν νέαν οὖσαν γεγονέναι, εἰ μέλλει καλὴ κἀγαθὴ οὖσα κρινεῖν ὑγιῶς τὰ δίκαια. διὸ δὴ καὶ εὐήθεις νέοι ὄντες οἱ ἐπιεικεῖς φαίνονται καὶ εὐεξαπάτητοι
b ὑπὸ τῶν ἀδίκων, ἅτε οὐκ ἔχοντες ἐν ἑαυτοῖς παραδείγματα ὁμοιοπαθῆ τοῖς πονηροῖς.

Καὶ μὲν δή, ἔφη, σφόδρα γε αὐτὸ πάσχουσι.

Τῷ τοι, ἦν δ' ἐγώ, οὐ νέον ἀλλὰ γέροντα δεῖ τὸν ἀγαθὸν δικαστὴν εἶναι, ὀψιμαθῆ γεγονότα τῆς ἀδικίας οἷόν ἐστιν, οὐκ οἰκείαν ἐν τῇ αὑτοῦ ψυχῇ ἐνοῦσαν ᾐσθημένον, ἀλλ' ἀλλοτρίαν ἐν ἀλλοτρίαις μεμελετηκότα ἐν πολλῷ χρόνῳ διαισθάνεσθαι οἷον πέφυκε κακόν, ἐπιστήμῃ, οὐκ
c ἐμπειρίᾳ οἰκείᾳ κεχρημένον.

Γενναιότατος γοῦν, ἔφη, ἔοικεν εἶναι ὁ τοιοῦτος δικαστής.

Καὶ ἀγαθός γε, ἦν δ' ἐγώ, ὃ σὺ ἠρώτας· ὁ γὰρ ἔχων ψυχὴν ἀγαθὴν ἀγαθός. ὁ δὲ δεινὸς ἐκεῖνος καὶ καχύποπτος, ὁ πολλὰ αὐτὸς ἠδικηκὼς καὶ πανοῦργός τε καὶ σοφὸς οἰόμενος εἶναι, ὅταν μὲν ὁμοίοις ὁμιλῇ, δεινὸς φαίνεται ἐξευλαβούμενος, πρὸς τὰ ἐν αὑτῷ παραδείγματα ἀποσκοπῶν·

e 4 ᾗ D Stobaeus : ἡ A : ἣ pr. F rec. a a 1 ψυχῇ A M Stobaeus : om. F D ᾗ D Stobaeus : ηι A (sed corr. ἧ A) : ἣ pr. F a 7 κρινεῖν F D : κρίνειν A M Stobaeus b 4 τῷ τοι F D Stobaeus : τοιγάρτοι A M c 3 ἠρώτας] ἐρωτᾷς Stobaeus

体打过交道，而他们自己也曾患上过每一种疾病，并且生来就不曾是完 408e1
全健康的。因为，我认为，他们不是用一副身体去照料一副身体——因为那样一来，他们自己的身体[1098]就根本不会容许是和曾经变得是糟糕的——，相反，他们是用一个灵魂去照料一副身体，而对一个灵魂来说，
如果它曾经变得和是糟糕的，那它就不会被容许很好地照料任何东西。 408e5

正确，他回应道。

另一方面，一个陪审员，朋友啊，他肯定是在用一个灵魂统治一个 409a1
灵魂，而对于它，从年轻时起就已经不容许在一些邪恶的灵魂中被培养和同它们打交道，以及它自己通过行不义而经历了每一种不义之事，以
至于它能够敏锐地从它自己那里推断其他人的各种不义之举，就像〈它 409a5
对待〉在身体那里的各种疾病那样；相反，它自己，甚至当它还是年轻的时候，就必须已经变得对各种糟糕的习性是无经验的，并且是未曾与它们厮混过的，如果它打算作为一个既美又好的〈灵魂〉而健康地裁断各种正义的东西的话。也正由于此，那些得体的人在年轻的时候显得心
地单纯和容易被那些不正义的人欺骗，因为他们在他们自己那里没有与 409b1
那些邪恶之人同感的范例[1099]。

诚然，他回应道，这完完全全就是他们所遭遇的。

因此，真的[1100]，我说道，优秀的陪审员不应该是一个年轻人，而
应该是一个老年人，因为，关于不正义是一种什么样的东西，他〈其 409b5
实〉成为了一个晚学的人[1101]，他不是由于它[1102]内在于他自己的灵魂中而觉察到了自己的不正义，而是通过很长时间[1103]在其他人的灵魂中钻研别人的不正义才洞察到它生来就是一种什么样的恶，而且是通过运用
了一种知识，而不是运用了自己的经验。 409c1

这样一种陪审员，他回应道，看起来无疑是最高贵的。

也肯定是一位优秀的〈陪审员〉，我说道，这其实也是你曾问过的[1104]；因为，拥有一个优秀的灵魂的人是优秀的。而那种精明且多疑的人，由
于他本人已经行过许多的不义，并且以为自己是狡诈的和智慧的，于 409c5
是，一方面，每当他同类似的人打交道时，他都因非常警惕而显得是可怕的，因为他〈不断地〉凝视在他自己那里的各种范例；另一方面，每

ὅταν δὲ ἀγαθοῖς καὶ πρεσβυτέροις ἤδη πλησιάσῃ, ἀβέλτερος
αὖ φαίνεται, ἀπιστῶν παρὰ καιρὸν καὶ ἀγνοῶν ὑγιὲς ἦθος, d
ἅτε οὐκ ἔχων παράδειγμα τοῦ τοιούτου. πλεονάκις δὲ πονηροῖς ἢ χρηστοῖς ἐντυγχάνων σοφώτερος ἢ ἀμαθέστερος δοκεῖ εἶναι αὑτῷ τε καὶ ἄλλοις.

Παντάπασι μὲν οὖν, ἔφη, ἀληθῆ.

Οὐ τοίνυν, ἦν δ' ἐγώ, τοιοῦτον χρὴ τὸν δικαστὴν ζητεῖν τὸν ἀγαθόν τε καὶ σοφόν, ἀλλὰ τὸν πρότερον· πονηρία μὲν γὰρ ἀρετήν τε καὶ αὑτὴν οὔποτ' ἂν γνοίη, ἀρετὴ δὲ φύσεως παιδευομένης χρόνῳ ἅμα αὑτῆς τε καὶ πονηρίας ἐπιστήμην
λήψεται. σοφὸς οὖν οὗτος, ὥς μοι δοκεῖ, ἀλλ' οὐχ ὁ κακὸς e
γίγνεται.

Καὶ ἐμοί, ἔφη, συνδοκεῖ.

Οὐκοῦν καὶ ἰατρικήν, οἵαν εἴπομεν, μετὰ τῆς τοιαύτης δικαστικῆς κατὰ πόλιν νομοθετήσεις, αἳ τῶν πολιτῶν σοι
τοὺς μὲν εὐφυεῖς τὰ σώματα καὶ τὰς ψυχὰς θεραπεύσουσι, 410
τοὺς δὲ μή, ὅσοι μὲν κατὰ σῶμα τοιοῦτοι, ἀποθνῄσκειν ἐάσουσιν, τοὺς δὲ κατὰ τὴν ψυχὴν κακοφυεῖς καὶ ἀνιάτους αὐτοὶ ἀποκτενοῦσιν;

Τὸ γοῦν ἄριστον, ἔφη, αὐτοῖς τε τοῖς πάσχουσιν καὶ τῇ πόλει οὕτω πέφανται.

Οἱ δὲ δὴ νέοι, ἦν δ' ἐγώ, δῆλον ὅτι εὐλαβήσονταί σοι δικαστικῆς εἰς χρείαν ἰέναι, τῇ ἁπλῇ ἐκείνῃ μουσικῇ χρώμενοι ἣν δὴ ἔφαμεν σωφροσύνην ἐντίκτειν.

Τί μήν; ἔφη.

Ἆρ' οὖν οὐ κατὰ ταὐτὰ ἴχνη ταῦτα ὁ μουσικὸς γυμναστι- b
κὴν διώκων, ἐὰν ἐθέλῃ, αἱρήσει, ὥστε μηδὲν ἰατρικῆς δεῖσθαι ὅτι μὴ ἀνάγκη;

Ἔμοιγε δοκεῖ.

d 4 ἄλλοις A F D Stobaeus : τοῖς ἄλλοις M d 6 ἦν A F M : om. D d 9 παιδευομένης] παιδευομένη H. Richards e 1 μοι A D M : ἐμοὶ F Stobaeus a 1 θεραπεύσουσι] θεραπεύουσι Stobaeus a 2 σῶμα] τὸ σῶμα Stobaeus a 3 καὶ] τε καὶ Stobaeus

当他已经〈开始〉靠近那些优秀的和更年长的人时，他复又显得是愚蠢
的，因为他在不合时宜地[1105]猜疑以及不知道一种健康的习性——鉴于 409d1
他〈在他自己那里〉没有这样一种东西的范例。然而，由于他时常遇见
一些邪恶的人，而不是一些正直的人，因此，无论是在他自己看来，还
是在其他人看来，他都是比较智慧的，而不是比较无知的。

完完全全，他回应道，〈说得〉正确。 409d5

那么，我说道，就一定不应该把这样一种人寻求为优秀的和智慧的
陪审员，而是要把前面那种人。因为，一方面，邪恶，它从来就既不可
能认识德性，也不可能认识它自己；另一方面，德性——如果〈一个人
的〉本性得到了教育——，随着时间的推移[1106]，它将同时把握到关于
它自己的和关于邪恶的知识。因此，是这种人，如我所认为的那样，而 409e1
不是卑劣的人，成为了智慧的。

这我也同意，他回应道。

因此，就我所说的那样一种医术，连同这样一种审判术，你岂不将 409e5
为它们在城邦中立法：在你的那些同邦人中，一方面，就那些在身体以 410a1
及灵魂方面生得好的人，它们[1107]将照料他们，另一方面，就那些没有
〈生得好的〉，〈其中〉所有那些〈只是〉在身体方面是这个样子的，他
们将听任他们死去，而所有那些在灵魂方面生得不好和不可救药的，他
们自己[1108]就将杀死他们？

这样一来无论如何都已经显得是最好的，他回应道，无论是对于那 410a5
些在遭受〈它们〉的人自身来说，还是对于城邦来说。

那么，那些年轻人事实上，我说道，显然将警惕下面这点，那就是
陷入对审判术的需要中，既然他们使用我们曾宣称定然会引起自制的那
种单纯的文艺[1109]。

为何不呢？他回应道。 410a10

那么，那致力于文艺的人，如果他沿着同样的这些足迹去追求体 410b1
育，只要他愿意，那么，他岂不也将〈这么〉选择，以至于他不需要医
术，除非迫不得已？

至少在我看来是这样。

Αὐτά γε μὴν τὰ γυμνάσια καὶ τοὺς πόνους πρὸς τὸ θυμοειδὲς τῆς φύσεως βλέπων κἀκεῖνο ἐγείρων πονήσει μᾶλλον ἢ πρὸς ἰσχύν, οὐχ ὥσπερ οἱ ἄλλοι ἀθληταὶ ῥώμης ἕνεκα σιτία καὶ πόνους μεταχειριεῖται.

Ὀρθότατα, ἦ δ᾽ ὅς.

Ἆρ᾽ οὖν, ἦν δ᾽ ἐγώ, ὦ Γλαύκων, καὶ οἱ καθιστάντες
c μουσικῇ καὶ γυμναστικῇ παιδεύειν οὐχ οὗ ἕνεκά τινες οἴονται
καθιστᾶσιν, ἵνα τῇ μὲν τὸ σῶμα θεραπεύοιντο, τῇ δὲ τὴν
ψυχήν;

Ἀλλὰ τί μήν; ἔφη.

Κινδυνεύουσιν, ἦν δ᾽ ἐγώ, ἀμφότερα τῆς ψυχῆς ἕνεκα τὸ μέγιστον καθιστάναι.

Πῶς δή;

Οὐκ ἐννοεῖς, εἶπον, ὡς διατίθενται αὐτὴν τὴν διάνοιαν οἳ ἂν γυμναστικῇ μὲν διὰ βίου ὁμιλήσωσιν, μουσικῆς δὲ μὴ ἅψωνται; ἢ αὖ ὅσοι ἂν τοὐναντίον διατεθῶσιν;

Τίνος δέ, ἦ δ᾽ ὅς, πέρι λέγεις;

d Ἀγριότητός τε καὶ σκληρότητος, καὶ αὖ μαλακίας τε καὶ ἡμερότητος, ἦν δ᾽ ἐγώ—

Ἔγωγε, ἔφη· ὅτι οἱ μὲν γυμναστικῇ ἀκράτῳ χρησάμενοι ἀγριώτεροι τοῦ δέοντος ἀποβαίνουσιν, οἱ δὲ μουσικῇ μαλακώτεροι αὖ γίγνονται ἢ ὡς κάλλιον αὐτοῖς.

Καὶ μήν, ἦν δ᾽ ἐγώ, τό γε ἄγριον τὸ θυμοειδὲς ἂν τῆς φύσεως παρέχοιτο, καὶ ὀρθῶς μὲν τραφὲν ἀνδρεῖον ἂν εἴη, μᾶλλον δ᾽ ἐπιταθὲν τοῦ δέοντος σκληρόν τε καὶ χαλεπὸν γίγνοιτ᾽ ἄν, ὡς τὸ εἰκός.

Δοκεῖ μοι, ἔφη.

e Τί δέ; τὸ ἥμερον οὐχ ἡ φιλόσοφος ἂν ἔχοι φύσις, καὶ μᾶλλον μὲν ἀνεθέντος αὐτοῦ μαλακώτερον εἴη τοῦ δέοντος, καλῶς δὲ τραφέντος ἥμερόν τε καὶ κόσμιον;

b 5 γε μὴν Galenus : μὴν A F D M b 6 κἀκεῖνο ἐγείρων] κἀκεῖν᾽ ἐπεγείρων Galenus b 8 μεταχειριεῖται] μεταχειρίζονται Galenus c 2 καθιστᾶσιν] καθίστασαν Madvig c 10 αὖ F D : om. A M ὅσοι . . . d 1 αὖ A F M : om. D d 6 γε A D : τε F d 8 σκληρόν A F D : σκληρότερον M e 2 εἴη A M : ἂν εἴη F D

而且他之所以将辛苦地从事各种体育锻炼本身以及忍受各种各样的 410b5
艰辛，更多地是着眼于〈他自己〉天性中那气宇轩昂的东西，以及唤醒那种东西，而不是〈单纯〉着眼于身体的强壮，不像一些其他的竞赛者那样〈单纯〉为了〈肌肉的〉力量而管理膳食和从事一些辛苦的事情。

非常正确，他回应道。

因此，我说道，格劳孔啊，那些规定用文艺和体育来进行教育的 410b10
人，他们岂不是为了一些人所认为的那种东西才那样进行规定，那就是 410c1
为了，一方面，通过后者身体得到照料，另一方面，通过前者灵魂得到照料？

那么还为了别的什么吗？他回应道。

他们有可能，我说道，最主要地是为了灵魂的缘故才安排这两者。 410c5

究竟是怎么回事？

难道你没有注意到，我说道，那些虽然终生都会同体育打交道，但
不会触碰文艺的人，他们究竟在如何对待〈自己的〉思想吗？或者，所 410c10
有那些反过来行事的人，他们复又会如何对待？

但针对哪方面，他回应道，你〈这样〉说？

一方面，针对粗野和坚硬，另一方面，针对柔软和温顺，我说道—— 410d1

我肯定〈注意到了〉下面这点，他回应道，那就是：一则那些单纯从事体育的人[1110]，他们的结果是比应然的要过于粗野；一则那些单纯
从事文艺的人，复又变得过于柔软，同对他们来说是更美的相比[1111]。 410d5

事实上，我说道，无论如何，天性中那气宇轩昂的东西会导致粗野，并且，一方面，如果它被正确地加以培养，它就会是勇敢的，另一方面，如果它被比应然的要绷得更紧，那它就会变得是坚硬的和严苛的，如看起来的那样。

我也这么认为，他回应道。 410d10

然后呢？热爱智慧的天性岂不包含着温顺，并且，如果它变得太过 410e1
松弛[1112]，那么，同应然的相比它就会是过于柔软的，但如果它被正确地加以了培养，那么，它就会是温顺的和守秩序的？

Ἔστι ταῦτα.

Δεῖν δέ γέ φαμεν τοὺς φύλακας ἀμφοτέρα ἔχειν τούτω τὼ φύσει.

Δεῖ γάρ.

Οὐκοῦν ἡρμόσθαι δεῖ αὐτὰς πρὸς ἀλλήλας;

Πῶς δ' οὔ;

Καὶ τοῦ μὲν ἡρμοσμένου σώφρων τε καὶ ἀνδρεία ἡ ψυχή; 411

Πάνυ γε.

Τοῦ δὲ ἀναρμόστου δειλὴ καὶ ἄγροικος;

Καὶ μάλα.

Οὐκοῦν ὅταν μέν τις μουσικῇ παρέχῃ καταυλεῖν καὶ καταχεῖν τῆς ψυχῆς διὰ τῶν ὤτων ὥσπερ διὰ χώνης ἃς νυνδὴ ἡμεῖς ἐλέγομεν τὰς γλυκείας τε καὶ μαλακὰς καὶ θρηνώδεις ἁρμονίας, καὶ μινυρίζων τε καὶ γεγανωμένος ὑπὸ τῆς ᾠδῆς διατελῇ τὸν βίον ὅλον, οὗτος τὸ μὲν πρῶτον, εἴ τι θυμοειδὲς εἶχεν, ὥσπερ σίδηρον ἐμάλαξεν καὶ χρήσιμον ἐξ ἀχρήστου καὶ σκληροῦ ἐποίησεν· ὅταν δ' ἐπέχων μὴ b
ἀνιῇ ἀλλὰ κηλῇ, τὸ δὴ μετὰ τοῦτο ἤδη τήκει καὶ λείβει, ἕως ἂν ἐκτήξῃ τὸν θυμὸν καὶ ἐκτέμῃ ὥσπερ νεῦρα ἐκ τῆς ψυχῆς καὶ ποιήσῃ "μαλθακὸν αἰχμητήν."

Πάνυ μὲν οὖν, ἔφη.

Καὶ ἐὰν μέν γε, ἦν δ' ἐγώ, ἐξ ἀρχῆς φύσει ἄθυμον λάβῃ, ταχὺ τοῦτο διεπράξατο· ἐὰν δὲ θυμοειδῆ, ἀσθενῆ ποιήσας τὸν θυμὸν ὀξύρροπον ἀπηργάσατο, ἀπὸ σμικρῶν ταχὺ ἐρεθιζόμενόν τε καὶ κατασβεννύμενον. ἀκράχολοι οὖν καὶ ὀργίλοι c
ἀντὶ θυμοειδοῦς γεγένηνται, δυσκολίας ἔμπλεῳ.

Κομιδῇ μὲν οὖν.

e 5 ἀμφοτέρα Schneider : ἀμφότερα A F D M   τούτω τὼ A F D : ταῦτα τῇ M   e 6 φύσει F D M : φύση A   a 5 καταυλεῖν] καταντλεῖν ci. Heusde   a 7 ἡμεῖς non legit Demetrius   b 1 ἐπέχων] ἐπιχέων Morgenstern : καταχέων Demetrius   b 2 δὴ F Demetrius : om. A D M   τήκει ἤδη F   καὶ λείβει secl. Bywater   b 8 ἐρεθιζόμενον] ῥιπιζόμενον ci. Herwerden   c 1 ἀκράχολοι D : ἀκρόχολοι A F M   c 2 γεγένηνται A² F M d : γεγένηται A D   c 3 ***κομιδῇ A

是这样。

而我们肯定会宣称,〈城邦的〉那些卫士应当具有这样两种天性[1113]。 410e5

当然应当。

那么,它们应当互相是和谐的吗?

那还用说?

而当一个人已经〈如此〉和谐起来,那〈他的〉灵魂就既是明智 410e10
的,又是勇敢的? 411a1

肯定。

而当他不是和谐的,那〈他的灵魂〉就会是懦弱的,或粗俗的[1114]?

的确。

那么可以肯定的是[1115],每当一个人把自己交给文艺,允许用笛声 411a5
迷惑[1116]〈他自己〉,并且让我们刚才说过的那些甜蜜的、软绵绵的和悲
哀的调式[1117]像通过一只漏斗一样通过耳朵灌入〈他的〉灵魂中,然后
一边低声哼着曲子,一边被歌声所感染而度过整个的一生,那么,这个
人首先,如果他具有某种气宇轩昂的东西的话,他就会像〈对待〉一块 411a10
铁一样使它变得柔软起来,并且使它从一种无用的和坚硬的东西变成一 411b1
种有用的东西;但每当他不停止〈在文艺方面的〉泛滥[1118],而是沉迷
其中,那么,此后的事情就会是,他已经〈开始〉熔化和消融〈他那气
宇轩昂的东西〉,直至他〈完全〉熔化掉〈他的〉气魄为止,并且仿佛
从〈他的〉灵魂中割掉肌腱一样,而使它成为"一个虚弱的战士[1119]"。

完全如此,他回应道。 411b5

并且,如果他的确,我说道,从一开始生来就拥有了一种无气魄的
东西,那么,这点很快就会实现;但如果〈他拥有〉一种气宇轩昂的东
西,那么,他因使〈他的〉气魄变得虚弱而导致它变得不稳定[1120],由
于一些小事,他迅速会被激怒和平息。因此,〈这样一些人〉已经变得 411c1
是易动感情的和易怒的,而不是气宇轩昂的,由于充满了不满[1121]。

的确如此。

Τί δὲ ἂν αὖ γυμναστικῇ πολλὰ πονῇ καὶ εὐωχῆται εὖ μάλα, μουσικῆς δὲ καὶ φιλοσοφίας μὴ ἅπτηται; οὐ πρῶτον μὲν εὖ ἴσχων τὸ σῶμα φρονήματός τε καὶ θυμοῦ ἐμπίμπλαται καὶ ἀνδρειότερος γίγνεται αὐτὸς αὑτοῦ;

Καὶ μάλα γε.

Τί δὲ ἐπειδὰν ἄλλο μηδὲν πράττῃ μηδὲ κοινωνῇ Μούσης
d μηδαμῇ; οὐκ εἴ τι καὶ ἐνῆν αὐτοῦ φιλομαθὲς ἐν τῇ ψυχῇ, ἅτε οὔτε μαθήματος γευόμενον οὐδενὸς οὔτε ζητήματος, οὔτε λόγου μετίσχον οὔτε τῆς ἄλλης μουσικῆς, ἀσθενές τε καὶ κωφὸν καὶ τυφλὸν γίγνεται, ἅτε οὐκ ἐγειρόμενον οὐδὲ τρεφόμενον οὐδὲ διακαθαιρομένων τῶν αἰσθήσεων αὐτοῦ;

Οὕτως, ἔφη.

Μισόλογος δὴ οἶμαι ὁ τοιοῦτος γίγνεται καὶ ἄμουσος, καὶ πειθοῖ μὲν διὰ λόγων οὐδὲν ἔτι χρῆται, βίᾳ δὲ καὶ
e ἀγριότητι ὥσπερ θηρίον πρὸς πάντα διαπράττεται, καὶ ἐν ἀμαθίᾳ καὶ σκαιότητι μετὰ ἀρρυθμίας τε καὶ ἀχαριστίας ζῇ.

Παντάπασιν, ἦ δ' ὅς, οὕτως ἔχει.

Ἐπὶ δὴ δύ' ὄντε τούτω, ὡς ἔοικε, δύο τέχνα θεὸν ἔγωγ' ἄν τινα φαίην δεδωκέναι τοῖς ἀνθρώποις, μουσικήν τε καὶ γυμναστικὴν ἐπὶ τὸ θυμοειδὲς καὶ τὸ φιλόσοφον, οὐκ ἐπὶ ψυχὴν καὶ σῶμα, εἰ μὴ εἰ πάρεργον, ἀλλ' ἐπ' ἐκείνω, ὅπως
412 ἂν ἀλλήλοιν συναρμοσθῆτον ἐπιτεινομένω καὶ ἀνιεμένω μέχρι τοῦ προσήκοντος.

Καὶ γὰρ ἔοικεν, ἔφη.

Τὸν κάλλιστ' ἄρα μουσικῇ γυμναστικὴν κεραννύντα καὶ μετριώτατα τῇ ψυχῇ προσφέροντα, τοῦτον ὀρθότατ' ἂν φαῖμεν εἶναι τελέως μουσικώτατον καὶ εὐαρμοστότατον, πολὺ μᾶλλον ἢ τὸν τὰς χορδὰς ἀλλήλαις συνιστάντα.

c 4 γυμναστικῇ] γυμναστικὸς A² c 9 μούσης A F M : μούσῃ D d 2 γευόμενον scr. recc. : γευομένου F D : γενομένου A M d 5 διακαθαιρομένων A F M : διακαθαιρόμενον D e 1 θηρίον πρὸς ⟨θηρίον⟩ Adam πρὸς secl. Bywater διαπράττεται secl. Hermann e 2 ἀχαριστίας] ἀχαρισίας A² e 4 ἐπὶ δὴ scr. recc.: ἐπειδὴ A F D M e 7 εἰ πάρεργον D : εἶπερ εργον A : ἢ πάρεργον A² M : πάρεργον supr. εἴη F

而这复又如何呢，那就是，一个人在体育方面付出了许多的辛苦，并且也确确实实在膳食方面很讲究[1122]，但从不致力于文艺和热爱 411c5
智慧[1123]？他岂不首先会因在身体方面处于好的状态[1124]而充满了骄傲自负和气魄，并且他变得比他自己〈向来所是的那个样子〉要更加有男子气概。

完全如此。

但这又如何呢，那就是：每当他既不从事其他任何事情，也绝不同〈任何〉一位缪斯往来？即使某种热爱学问的东西内在于他的灵魂 411d1
中——鉴于这种东西既不品尝任何一种学问，也不品尝任何一种探究，既不参与任何的讨论，也不参与其他任何一种文艺[1125]——，那它也岂不变得虚弱无力，并且又聋又盲，因为它既没有被唤醒，也没有得到培 411d5
养，它的诸感官也没有被彻底地洁净？

是这样，他回应道。

这样一种人，我认为，他肯定变成了一个憎恶讨论的人[1126]和无文艺修养的人，并且他不再通过言辞运用劝说〈来说服人〉，而是凭借强力和粗野——就像一头野兽那样——来在每一件事情上实现〈他自己的 411e1
目的〉，以及生活在一种无知和粗鲁中[1127]，既不成节奏，也不优雅。

完完全全，他回应道，就是这个样子。

事实上，针对这两种是着的东西[1128]，如看起来的那样，即针对〈灵魂中〉那气宇轩昂的东西以及那热爱智慧的东西，我无论如何都会宣称，一位神已经赋予了人们两种技艺，那就是文艺和体育，它们并不 411e5
针对灵魂和身体——除非或许是附带性的[1129]——，而是针对〈灵魂中的〉那两种东西，以便它俩能够被结合在一起，通过两者〈各自〉被绷 412a1
紧和被放松[1130]，直到恰当的程度为止。

的确看起来是这样，他回应道。

因此，那把体育同文艺以最美的方式混合在一起，并且以最合尺度 412a5
的方式把它们献给灵魂的人，我们会最正确地宣称，这种人是在完满的意义上最精通文艺的以及最和谐的，远远超过了那〈只懂得〉把几根琴弦互相组合在一起的人。

Εἰκότως γ', ἔφη, ὦ Σώκρατες.

Οὐκοῦν καὶ ἐν τῇ πόλει ἡμῖν, ὦ Γλαύκων, δεήσει τοῦ τοιούτου τινὸς ἀεὶ ἐπιστάτου, εἰ μέλλει ἡ πολιτεία σῴζεσθαι;

Δεήσει μέντοι ὡς οἷόν τέ γε μάλιστα. b

Οἱ μὲν δὴ τύποι τῆς παιδείας τε καὶ τροφῆς οὗτοι ἂν εἶεν. χορείας γὰρ τί ἄν τις διεξίοι τῶν τοιούτων καὶ θήρας τε καὶ κυνηγέσια καὶ γυμνικοὺς ἀγῶνας καὶ ἱππικούς; σχεδὸν γάρ τι δῆλα δὴ ὅτι τούτοις ἑπόμενα δεῖ αὐτὰ εἶναι, καὶ οὐκέτι χαλεπὰ εὑρεῖν.

Ἴσως, ἦ δ' ὅς, οὐ χαλεπά.

Εἶεν, ἦν δ' ἐγώ· τὸ δὴ μετὰ τοῦτο τί ἂν ἡμῖν διαιρετέον εἴη; ἆρ' οὐκ αὐτῶν τούτων οἵτινες ἄρξουσί τε καὶ ἄρξονται;

Τί μήν; c

Οὐκοῦν ὅτι μὲν πρεσβυτέρους τοὺς ἄρχοντας δεῖ εἶναι, νεωτέρους δὲ τοὺς ἀρχομένους, δῆλον;

Δῆλον.

Καὶ ὅτι γε τοὺς ἀρίστους αὐτῶν;

Καὶ τοῦτο.

Οἱ δὲ γεωργῶν ἄριστοι ἆρ' οὐ γεωργικώτατοι γίγνονται;

Ναί.

Νῦν δ', ἐπειδὴ φυλάκων αὐτοὺς ἀρίστους δεῖ εἶναι, ἆρ' οὐ φυλακικωτάτους πόλεως;

Ναί.

Οὐκοῦν φρονίμους τε εἰς τοῦτο δεῖ ὑπάρχειν καὶ δυνατοὺς καὶ ἔτι κηδεμόνας τῆς πόλεως;

Ἔστι ταῦτα. d

Κήδοιτο δέ γ' ἄν τις μάλιστα τούτου ὃ τυγχάνοι φιλῶν.

Ἀνάγκη.

Καὶ μὴν τοῦτό γ' ἂν μάλιστα φιλοῖ, ᾧ συμφέρειν ἡγοῖτο

b 5 τούτοις A F M : τοιούτοις D c 2 οὐκοῦν ὅτι F Stobaeus : ὅτι A D c 4 δῆλον A D M : om. F Stobaeus c 5 αὐτῶν] αὐτῶν τούτων Stobaeus c 9 νῦν δ' om. Stobaeus c 10 φυλακικωτέρους Stobaeus d 2 δέ γ' ἄν] δ' ἄν Stobaeus τις A F M Stobaeus : τι D τυγχάνοι A D M : τυγχάνει F Stobaeus

肯定合理，他回应道，苏格拉底啊。

因此，在我们的城邦中，格劳孔啊，岂不也将总是需要像这样一种人的某位监管者，如果〈城邦的〉政制要得到保全的话？ 412a10

的确，将尽可能地[1131]需要。 412b1

因此，教育以及培养的诸模式，它们肯定就会是这些。因为，至于这些人的各种舞蹈，一个人为何还要去详细叙述它们呢，还有他们的各种狩猎和用狗追捕猎物，以及各种体育竞赛和骑术比赛？事实上下面这 412b5
点差不多是显而易见的，那就是：它们都必须跟随这些模式，并且它们从此不再是难以发现的。

或许吧，他回应道，它们不难以〈发现〉。

那好！我说道。那么，在此之后，对我们来说什么会是必须区分的？岂不是恰恰在这些人中，哪些将进行统治，哪些将被统治？

为何不呢？ 412c1

那么，那些进行统治的，应该是一些较年老的人，而那些被统治的，则是一些较年轻的人，这岂不是显而易见的？

显然。

并且〈那些进行统治的〉也肯定是他们中最优秀的吗？ 412c5

也如此。

而在耕作的人中那些最优秀的，他们岂不成为最善于耕作的？

是的。

而现在，既然在卫士中〈那些进行统治的〉应该是最优秀的，那么，他们岂不是最擅长保卫城邦的人[1132]？ 412c10

是。

那么，为此他们岂不应当首先是一些明智的人和有能力的人，此外[1133]，还必须是一些关心城邦的人？

是这样。 412d1

而一个人肯定会最为关心他恰好在爱的那种东西[1134]。

必然。

而且，他肯定会最为爱这种东西，那就是，他相信一些同样的事情

τὰ αὐτὰ καὶ ἑαυτῷ καὶ [ὅταν μάλιστα] ἐκείνου μὲν εὖ πράττοντος οἴοιτο συμβαίνειν καὶ ἑαυτῷ εὖ πράττειν, μὴ δέ, τοὐναντίον.

Οὕτως, ἔφη.

Ἐκλεκτέον ἄρ' ἐκ τῶν ἄλλων φυλάκων τοιούτους ἄνδρας, οἳ ἂν σκοποῦσιν ἡμῖν μάλιστα φαίνωνται παρὰ πάντα τὸν
e βίον, ὃ μὲν ἂν τῇ πόλει ἡγήσωνται συμφέρειν, πάσῃ προθυμίᾳ ποιεῖν, ὃ δ' ἂν μή, μηδενὶ τρόπῳ πρᾶξαι ἂν ἐθέλειν.

Ἐπιτήδειοι γάρ, ἔφη.

Δοκεῖ δή μοι τηρητέον αὐτοὺς εἶναι ἐν ἁπάσαις ταῖς ἡλικίαις, εἰ φυλακικοί εἰσι τούτου τοῦ δόγματος καὶ μήτε γοητευόμενοι μήτε βιαζόμενοι ἐκβάλλουσιν ἐπιλανθανόμενοι δόξαν τὴν τοῦ ποιεῖν δεῖν ἃ τῇ πόλει βέλτιστα.

Τίνα, ἔφη, λέγεις τὴν ἐκβολήν;

Ἐγώ σοι, ἔφην, ἐρῶ. φαίνεταί μοι δόξα ἐξιέναι ἐκ διανοίας ἢ ἑκουσίως ἢ ἀκουσίως, ἑκουσίως μὲν ἡ ψευδὴς
413 τοῦ μεταμανθάνοντος, ἀκουσίως δὲ πᾶσα ἡ ἀληθής.

Τὸ μὲν τῆς ἑκουσίου, ἔφη, μανθάνω, τὸ δὲ τῆς ἀκουσίου δέομαι μαθεῖν.

Τί δέ; οὐ καὶ σὺ ἡγῇ, ἔφην ἐγώ, τῶν μὲν ἀγαθῶν ἀκουσίως στέρεσθαι τοὺς ἀνθρώπους, τῶν δὲ κακῶν ἑκουσίως; ἢ οὐ τὸ μὲν ἐψεῦσθαι τῆς ἀληθείας κακόν, τὸ δὲ ἀληθεύειν ἀγαθόν; ἢ οὐ τὸ τὰ ὄντα δοξάζειν ἀληθεύειν δοκεῖ σοι εἶναι;

Ἀλλ', ἦ δ' ὅς, ὀρθῶς λέγεις, καί μοι δοκοῦσιν ἄκοντες ἀληθοῦς δόξης στερίσκεσθαι.

b Οὐκοῦν κλαπέντες ἢ γοητευθέντες ἢ βιασθέντες τοῦτο πάσχουσιν;

d 5 ὅταν μάλιστα secl. Hermann : ὅτι μάλιστα Stobaeus d 6 οἴοιτο A M Stobaeus : οἴοιτο ἃ F : οἷον τὸ D μὴ δὲ A D Stobaeus : εἰ μὴ δὲ M : μηδὲν F : εἰ δὲ μὴ m d 9 ἐκλεκτέον] λεκτέον Stobaeus e 7 ἐκβάλλουσιν] οἳ ἐκβάλλοιεν Stobaeus (an οἷοι ἐκβάλλειν) ἐπιλανθανόμενοι secl. Cobet a 7 ἢ οὐ . . . ἀληθεύειν secl. Ast

对它和对他自己都有好处[1135]；并且，一方面，如果那种东西走运[1136]， 412d5
那么他就会认为，结果就是他自己也会走运，另一方面，如果那种东西不，那他也相反。

是这样。他回应道。

因此，必须从其余的卫士中挑选出这样一些人来，当我们进行考察 412d10
后，他们对我们最为显得在每件事情上一生都是下面这样，那就是：一 412e1
方面，他们认为那会对城邦有益的任何事情，他们就带着所有的热情去做；另一方面，那对之不会有益的任何事情，他们不愿意以任何方式去从事它。

他们无疑是合适的〈人选〉，他回应道。

因此，在我看来，〈我们〉必须在其所有的年龄〈阶段〉上都观察 412e5
他们，〈看看〉他们是否是擅长保卫这种信念的，并且既不由于被蛊惑，也不由于被强迫，就因忘记而抛弃这种意见[1137]，即应当做那些对城邦来说是最好的事情。

何种抛弃，他回应道，你在说？

我将对你，我说道，说说。对我显得，一种意见离开〈我们的〉思 412e10
想，要么自愿，要么不自愿；假的〈意见〉自愿〈离开〉，当一个人改
变了看法[1138]，而每一种真的〈意见〉都不自愿地〈离开〉。 413a1

一方面，就自愿〈离开的意见〉，他回应道，我懂了，另一方面[1139]，就不自愿〈离开的意见〉，我还需要〈进一步〉了解。

怎么回事？难道你甚至不相信，我说道，各种好的东西，人们都是 413a5
不自愿地丧失它们，而各种坏的东西，则自愿地丧失它们？或者，〈你甚至不相信〉被欺骗〈而错失〉真，这是一件坏事，而把握到真，则是一件好事？或者你不认为，对各种是着的东西[1140]持有意见，它就是把握到真？

无疑，他回应道，你说得正确；并且我也认为，人们不情愿一种真 413a10
意见被剥夺。

那么，他们岂不是由于被偷盗[1141]，或者被蛊惑，或者被强迫，而 413b1
遭受这点的？

Οὐδὲ νῦν, ἔφη, μανθάνω.

Τραγικῶς, ἦν δ' ἐγώ, κινδυνεύω λέγειν. κλαπέντας μὲν γὰρ τοὺς μεταπεισθέντας λέγω καὶ τοὺς ἐπιλανθανομένους, ὅτι τῶν μὲν χρόνος, τῶν δὲ λόγος ἐξαιρούμενος λανθάνει· νῦν γάρ που μανθάνεις;

Ναί.

Τοὺς τοίνυν βιασθέντας λέγω οὓς ἂν ὀδύνη τις ἢ ἀλγηδὼν μεταδοξάσαι ποιήσῃ.

Καὶ τοῦτ', ἔφη, ἔμαθον, καὶ ὀρθῶς λέγεις.

Τοὺς μὴν γοητευθέντας, ὡς ἐγῷμαι, κἂν σὺ φαίης εἶναι c οἳ ἂν μεταδοξάσωσιν ἢ ὑφ' ἡδονῆς κηληθέντες ἢ ὑπὸ φόβου τι δείσαντες.

Ἔοικε γάρ, ἦ δ' ὅς, γοητεύειν πάντα ὅσα ἀπατᾷ.

Ὃ τοίνυν ἄρτι ἔλεγον, ζητητέον τίνες ἄριστοι φύλακες τοῦ παρ' αὐτοῖς δόγματος, τοῦτο ὡς ποιητέον ὃ ἂν τῇ πόλει ἀεὶ δοκῶσι βέλτιστον εἶναι [αὐτοῖς ποιεῖν]. τηρητέον δὴ εὐθὺς ἐκ παίδων προθεμένοις ἔργα ἐν οἷς ἄν τις τὸ τοιοῦτον μάλιστα ἐπιλανθάνοιτο καὶ ἐξαπατῷτο, καὶ τὸν μὲν μνήμονα καὶ δυσεξαπάτητον ἐγκριτέον, τὸν δὲ μὴ ἀποκριτέον. d ἦ γάρ;

Ναί.

Καὶ πόνους γε αὖ καὶ ἀλγηδόνας καὶ ἀγῶνας αὐτοῖς θετέον, ἐν οἷς ταὐτὰ ταῦτα τηρητέον.

Ὀρθῶς, ἔφη.

Οὐκοῦν, ἦν δ' ἐγώ, καὶ τρίτου εἴδους τούτοις γοητείας ἅμιλλαν ποιητέον, καὶ θεατέον—ὥσπερ τοὺς πώλους ἐπὶ τοὺς ψόφους τε καὶ θορύβους ἄγοντες σκοποῦσιν εἰ φοβεροί, οὕτω νέους ὄντας εἰς δείματ' ἄττα κομιστέον καὶ εἰς ἡδονὰς

b 4 τραγικῶς ADM : τραγικῶς γὰρ F : τραγικῶς ἄρα Stobaeus μὲν] om. Stobaeus c 1 μὴν ADM : μὲν F c 6 τοῦτο . . . c 7 εἶναι secl. Gaisford c 7 ἀεὶ AM : ἃ FD αὐτοῖς ποιεῖν om. Ven. 184 : αὐτοὺς ποιεῖν ci. Hermann d 4 πόνους . . . ἀλγηδόνας] πόνων . . . ἀλγηδόνων Stobaeus d 7 τούτοις AFM : τούτους D : τοῦ τῆς Stobaeus d 8 θεατέον secl. Herwerden d 9 σκοποῦσιν] σκοποῦμεν Stobaeus d 10 δείματ' ἄττα] δείματα Stobaeus

现在我又，他回应道，不明白了。

我有可能在以悲剧的风格[1142]，我说道，讲话。那些被偷盗的人，我其实是在说那些被说服而改变〈了意见〉的人，以及那些在遗忘的人，因为，对于后面那些人是时间，对于前面那些人则是言辞，不知不 413b5
觉地从他们那里取走了〈他们的意见〉。现在你肯定明白了吧？

是的。

此外，至于那些被强迫的人，我说的是某种忧虑或痛苦会导致他们 413b10
改变意见的人。

这点，他回应道，我也明白了，并且你说得正确。

无疑，至于那些被蛊惑的人，如我所认为的那样，你也会说，他们 413c1
是那些改变意见的人，或者由于被一种快乐所引诱，或者因一种恐惧而有所害怕。

的确，他回应道，似乎所有进行欺骗的东西都在进行蛊惑。

所以，〈就像〉我刚才所说的，〈我们〉必须寻找一些〈能够保卫〉 413c5
在他们自己身上有着下面这种信念的最优秀的卫士，那就是必须做在任何时候他们认为对他们的城邦来说会是最好的而要做的那种事情[1143]。因此，〈我们〉必须直接从〈他们〉孩童时起就进行观察，通过把这样一些任务摆在他们面前：在它们那里，一个人尤其会遗忘诸如此类的东西，并且完全被欺骗，而那记得的人和难以被欺骗的人，必须被接纳， 413d1
而不是这样的人，则必须被拒绝[1144]。是这样吗？

是。

此外，还必须为他们安排一些艰辛、痛苦和竞争，必须在其中观察 413d5
同样这些事情。

正确，他回应道。

因此，我说道，就第三种形式，即蛊惑这种形式，也必须〈为他们〉安排一场比赛[1145]，并且它还必须被观看——就像人们通过把一些马驹引到各种噪音和喧闹那里来考察它们是否是害怕的，同样，这些 413d10

e αὖ μεταβλητέον, βασανίζοντας πολὺ μᾶλλον ἢ χρυσὸν ἐν πυρί—εἰ δυσγοήτευτος καὶ εὐσχήμων ἐν πᾶσι φαίνεται, φύλαξ αὑτοῦ ὢν ἀγαθὸς καὶ μουσικῆς ἧς ἐμάνθανεν, εὔρυθμόν τε καὶ εὐάρμοστον ἑαυτὸν ἐν πᾶσι τούτοις παρέχων, οἷος δὴ ἂν ὢν καὶ ἑαυτῷ καὶ πόλει χρησιμώτατος εἴη. καὶ τὸν ἀεὶ ἔν τε παισὶ καὶ νεανίσκοις καὶ ἐν ἀνδράσι βασανι-
414 ζόμενον καὶ ἀκήρατον ἐκβαίνοντα καταστατέον ἄρχοντα τῆς πόλεως καὶ φύλακα, καὶ τιμὰς δοτέον καὶ ζῶντι καὶ τελευτήσαντι, τάφων τε καὶ τῶν ἄλλων μνημείων μέγιστα γέρα λαγχάνοντα· τὸν δὲ μὴ τοιοῦτον ἀποκριτέον. τοιαύτη τις, ἦν δ' ἐγώ, δοκεῖ μοι, ὦ Γλαύκων, ἡ ἐκλογὴ εἶναι καὶ κατάστασις τῶν ἀρχόντων τε καὶ φυλάκων, ὡς ἐν τύπῳ, μὴ δι' ἀκριβείας, εἰρῆσθαι.

Καὶ ἐμοί, ἦ δ' ὅς, οὕτως πῃ φαίνεται.

b Ἆρ' οὖν ὡς ἀληθῶς ὀρθότατον καλεῖν τούτους μὲν φύλακας παντελεῖς τῶν τε ἔξωθεν πολεμίων τῶν τε ἐντὸς φιλίων, ὅπως οἱ μὲν μὴ βουλήσονται, οἱ δὲ μὴ δυνήσονται κακουργεῖν, τοὺς δὲ νέους, οὓς δὴ νῦν φύλακας ἐκαλοῦμεν, ἐπικούρους τε καὶ βοηθοὺς τοῖς τῶν ἀρχόντων δόγμασιν;

Ἔμοιγε δοκεῖ, ἔφη.

Τίς ἂν οὖν ἡμῖν, ἦν δ' ἐγώ, μηχανὴ γένοιτο τῶν ψευδῶν τῶν ἐν δέοντι γιγνομένων, ὧν δὴ νῦν ἐλέγομεν, γενναῖόν
c τι ἓν ψευδομένους πεῖσαι μάλιστα μὲν καὶ αὐτοὺς τοὺς ἄρχοντας, εἰ δὲ μή, τὴν ἄλλην πόλιν;

Ποῖόν τι; ἔφη.

Μηδὲν καινόν, ἦν δ' ἐγώ, ἀλλὰ Φοινικικόν τι, πρότερον μὲν ἤδη πολλαχοῦ γεγονός, ὥς φασιν οἱ ποιηταὶ καὶ πε-

e 2 καὶ A F M Stobaeus: om. D πᾶσι A D M: ἅπασι F Stobaeus e 3 μουσικῆς] τῆς μουσικῆς Stobaeus e 4 παρέχων] παρασχὼν Stobaeus e 5 δὴ ἂν] δὴ Hirschig (et mox ἂν εἴη cum F) a 4 λαγχάνοντι ci. Benedictus: secl. Hartman a 5 ὦ Γλαύκων, δοκεῖ μοι Stobaeus a 6 τύπῳ] τύποις Stobaeus b 3 φιλίων] φίλων Stobaeus οἱ μὲν om. Stobaeus b 4 δὴ νῦν A M: νῦν δὴ F D

人，当他们还是年轻人时，就必须把他们带往某些恐惧那里，然后复又 413e1
把他们转移到某些快乐那里，检验他们远胜于用火来检验金子——，如果一个人在每件事情上都显得是难以蛊惑的和举止得体的，既是他自己的，也是他学习过的那种文艺的一位优秀的卫士，在所有这些情形中都
让他自己显得是节奏分明的以及和谐的，那么，由于他是如此这般的一 413e5
个人，那他对他自己以及对一个城邦来说都肯定会是最有用的。而且一个人，无论是在孩童们那里，还是在年轻人那里，还是在成年人那里，
如果他被检验并且总是作为一个纯粹的人而得到应验，那么，他就必 414a1
须被任命为城邦的统治者和卫士，并且必须赋予他各种尊荣——无论是他活着时，还是已经终了[1146]——，在坟墓以及其他纪念物方面，他都
从中得到最高的礼遇；而那不是这个样子的人，则必须被拒绝。在我看 414a5
来，我说道，格劳孔啊，对统治者们以及卫士们的选择和任命约莫就是这个样子，只不过以概括性的方式[1147]，而不是精确地，被加以了叙述。

其实对我，他回应道，也约莫显得是这样。

因此，下面这样岂不就的的确确是最正确的，那就是：一方面，把 414b1
这些人称作十足的卫士——无论是针对那些从外面来的敌人，还是针对那些在里面的朋友——，以至于后面那些人将不愿意为非作歹，而前面那些人则没有能力为非作歹；另一方面，我们至今将之称作卫士的那些
年轻人，〈仅仅〉把他们称作为了统治者们的各种决议[1148]〈得以被贯彻 414b5
而设立的〉助手和帮手？

我肯定会这么认为，他回应道。

那么，何种巧计[1149]能够对我们产生出来呢，我说道，以便在那些
出于必须而发生的欺哄中——事实上我们刚才说到过它们[1150]——，我 414c1
们通过虚构某一高贵的事情[1151]来主要说服那些统治者本人，但如果不成，则说服其他的城邦〈公民〉？

何种事情呢？他回应道。

肯定不是什么新奇的，我说道，而是腓尼基人[1152]式的某种事情，
它虽然以前其实在许多地方都已经出现过，就像诗人们宣称并已经使人 414c5

πείκασιν, ἐφ' ἡμῶν δὲ οὐ γεγονὸς οὐδ' οἶδα εἰ γενόμενον ἄν, πεῖσαι δὲ συχνῆς πειθοῦς.

Ὡς ἔοικας, ἔφη, ὀκνοῦντι λέγειν.

Δόξω δέ σοι, ἦν δ' ἐγώ, καὶ μάλ' εἰκότως ὀκνεῖν, ἐπειδὰν εἴπω.

Λέγ', ἔφη, καὶ μὴ φοβοῦ.

Λέγω δή—καίτοι οὐκ οἶδα ὁποίᾳ τόλμῃ ἢ ποίοις λόγοις d
χρώμενος ἐρῶ—καὶ ἐπιχειρήσω πρῶτον μὲν αὐτοὺς τοὺς
ἄρχοντας πείθειν καὶ τοὺς στρατιώτας, ἔπειτα δὲ καὶ τὴν
ἄλλην πόλιν, ὡς ἄρ' ἃ ἡμεῖς αὐτοὺς ἐτρέφομέν τε καὶ
ἐπαιδεύομεν, ὥσπερ ὀνείρατα ἐδόκουν ταῦτα πάντα πάσχειν
τε καὶ γίγνεσθαι περὶ αὐτούς, ἦσαν δὲ τότε τῇ ἀληθείᾳ ὑπὸ
γῆς ἐντὸς πλαττόμενοι καὶ τρεφόμενοι καὶ αὐτοὶ καὶ τὰ
ὅπλα αὐτῶν καὶ ἡ ἄλλη σκευὴ δημιουργουμένη, ἐπειδὴ δὲ e
παντελῶς ἐξειργασμένοι ἦσαν, καὶ ἡ γῆ αὐτοὺς μήτηρ οὖσα
ἀνῆκεν, καὶ νῦν δεῖ ὡς περὶ μητρὸς καὶ τροφοῦ τῆς χώρας
ἐν ᾗ εἰσι βουλεύεσθαί τε καὶ ἀμύνειν αὐτούς, ἐάν τις ἐπ'
αὐτὴν ἴῃ, καὶ ὑπὲρ τῶν ἄλλων πολιτῶν ὡς ἀδελφῶν ὄντων
καὶ γηγενῶν διανοεῖσθαι.

Οὐκ ἐτός, ἔφη, πάλαι ᾐσχύνου τὸ ψεῦδος λέγειν.

Πάνυ, ἦν δ' ἐγώ, εἰκότως· ἀλλ' ὅμως ἄκουε καὶ τὸ 415
λοιπὸν τοῦ μύθου. ἐστὲ μὲν γὰρ δὴ πάντες οἱ ἐν τῇ πόλει
ἀδελφοί, ὡς φήσομεν πρὸς αὐτοὺς μυθολογοῦντες, ἀλλ'
ὁ θεὸς πλάττων, ὅσοι μὲν ὑμῶν ἱκανοὶ ἄρχειν, χρυσὸν ἐν
τῇ γενέσει συνέμειξεν αὐτοῖς, διὸ τιμιώτατοί εἰσιν· ὅσοι
δ' ἐπίκουροι, ἄργυρον· σίδηρον δὲ καὶ χαλκὸν τοῖς τε
γεωργοῖς καὶ τοῖς ἄλλοις δημιουργοῖς. ἅτε οὖν συγγενεῖς
ὄντες πάντες τὸ μὲν πολὺ ὁμοίους ἂν ὑμῖν αὐτοῖς γεννῷτε,
ἔστι δ' ὅτε ἐκ χρυσοῦ γεννηθείη ἂν ἀργυροῦν καὶ ἐξ b

c 6 οἶδα] οἶδ' ἂν ci. Herwerden (secl. mox ἄν) c 8 ὀκνοῦντι A M : ὤκνουν τι F D e 1 δημιουργουμένη A F M : δημιουργουμένου D e 2 καὶ secl. Ast : ὡς ci. Hermann e 3 δεῖ ex em. F : δὴ A D M e 7 ἐτός] ἐτῶς fecit a a 3 ὡς secl. Hartman a 6 τε om. Clemens Eusebius

相信的那样，但在我们的时代并未出现过，我也不知道它是否会出现，而且使人相信需要很多的说服方法[1153]。

你看起来多么像，他说道，一个犹豫〈把它〉说出来的人啊！

不过你将认为，我说道，我也非常有理由犹豫，当我〈真把它〉说 414c10
出来的话。

你说吧，他回应道，并且不要害怕！

那我就来说一说——尽管我不知道我将通过运用何种胆量，或者通 414d1
过使用哪样一些言辞来说——，并且我将首先尝试说服那些统治者本人以及〈他们的〉士兵，然后也将尝试说服其他的城邦〈公民〉，事情其
实是这样：我们用来培养和教育他们的那些事情，它们其实就像一些梦 414d5
似的，只不过他们以为他们自己在遭受以及在他们身上发生着所有这些事情，但事实上[1154]，当他们从前还是在地底下[1155]时，在里面[1156]他们
就被塑造和被培养，既包括他们自己，也包括他们的各种武器以及其他 414e1
被制作出来的装备；而当他们被完完全全地成就出来之后，实际上是大地[1157]，由于它是〈他们的〉母亲，把他们送到了〈地面〉上，甚至现在，他们也的的确确[1158]像对待一位母亲和一位抚养者那样，对待他们身处其上的土地，不仅为它提出建议，而且保卫它——如果有人进攻它
的话——，并且对待其他的同邦公民，他们也像对待兄弟以及也是从地 414e5
里生出来的人一样，为他们着想。

并非毫无理由，他说道，你刚才羞于说出这个谎言。

当然，我说道，是有理由的；然而，即使这样，也还是请你听听 415a1
该故事余下的部分。在城邦中的你们所有这些人，虽然确确实实都是兄弟——我们作为讲故事的人将这样对他们说——：但是，神，当他在
进行塑造时，你们中所有那些有能力进行统治的，他在〈他们的〉降生 415a5
中，把黄金与他们混合在一起，因而他们也是最尊贵的；而所有那些助手，则混之以白银；至于农民和其他那些匠人，则混之以铁和铜。因此，鉴于你们全都是同家族的，所以，一方面，在多数情况下你们都会
生出一些与你们自己相似的〈孩子〉，另一方面，有时候也可能是，从 415b1
一位金质的〈父亲〉那里生出一个银质的后代，或者从一位银质的〈父

ἀργύρου χρυσοῦν ἔκγονον καὶ τἆλλα πάντα οὕτως ἐξ ἀλλή-
λων. τοῖς οὖν ἄρχουσι καὶ πρῶτον καὶ μάλιστα παραγ-
γέλλει ὁ θεός, ὅπως μηδενὸς οὕτω φύλακες ἀγαθοὶ ἔσονται
μηδ' οὕτω σφόδρα φυλάξουσι μηδὲν ὡς τοὺς ἐκγόνους, ὅτι
αὐτοῖς τούτων ἐν ταῖς ψυχαῖς παραμέμεικται, καὶ ἐάν τε
σφέτερος ἔκγονος ὑπόχαλκος ἢ ὑποσίδηρος γένηται, μηδενὶ
c τρόπῳ κατελεήσουσιν, ἀλλὰ τὴν τῇ φύσει προσήκουσαν
τιμὴν ἀποδόντες ὤσουσιν εἰς δημιουργοὺς ἢ εἰς γεωργούς,
καὶ ἂν αὖ ἐκ τούτων τις ὑπόχρυσος ἢ ὑπάργυρος φυῇ, τιμή-
σαντες ἀνάξουσι τοὺς μὲν εἰς φυλακήν, τοὺς δὲ εἰς ἐπι-
κουρίαν, ὡς χρησμοῦ ὄντος τότε τὴν πόλιν διαφθαρῆναι,
ὅταν αὐτὴν ὁ σιδηροῦς φύλαξ ἢ ὁ χαλκοῦς φυλάξῃ. τοῦτον
οὖν τὸν μῦθον ὅπως ἂν πεισθεῖεν, ἔχεις τινὰ μηχανήν;
d Οὐδαμῶς, ἔφη, ὅπως γ' ἂν αὐτοὶ οὗτοι· ὅπως μεντἂν οἱ
τούτων ὑεῖς καὶ οἱ ἔπειτα οἵ τ' ἄλλοι ἄνθρωποι οἱ ὕστερον.
'Αλλὰ καὶ τοῦτο, ἦν δ' ἐγώ, εὖ ἂν ἔχοι πρὸς τὸ μᾶλλον
αὐτοὺς τῆς πόλεώς τε καὶ ἀλλήλων κήδεσθαι· σχεδὸν γάρ
τι μανθάνω ὃ λέγεις.
Καὶ τοῦτο μὲν δὴ ἕξει ὅπῃ ἂν αὐτὸ ἡ φήμη ἀγάγῃ·
ἡμεῖς δὲ τούτους τοὺς γηγενεῖς ὁπλίσαντες προάγωμεν
ἡγουμένων τῶν ἀρχόντων. ἐλθόντες δὲ θεασάσθων τῆς
πόλεως ὅπου κάλλιστον στρατοπεδεύσασθαι, ὅθεν τούς τε
e ἔνδον μάλιστ' ἂν κατέχοιεν, εἴ τις μὴ ἐθέλοι τοῖς νόμοις
πείθεσθαι, τούς τε ἔξωθεν ἀπαμύνοιεν, εἰ πολέμιος ὥσπερ
λύκος ἐπὶ ποίμνην τις ἴοι· στρατοπεδευσάμενοι δέ, θύσαντες
οἷς χρή, εὐνὰς ποιησάσθων. ἢ πῶς;
Οὕτως, ἔφη.
Οὐκοῦν τοιαύτας, οἵας χειμῶνός τε στέγειν καὶ θέρους
ἱκανὰς εἶναι;
Πῶς γὰρ οὐχί; οἰκήσεις γάρ, ἔφη, δοκεῖς μοι λέγειν.

c 6 σιδηροῦς A² F M Eusebius : σίδηρος A D φύλαξ A F D M Eusebius : om. vulg. ἢ F D M Eusebius et in ras. A² : (·) A χαλκοῦς A F D M Eusebius : χαλκὸς vulg. φυλάξῃ] διαφυλάξῃ Eusebius d 6 ἕξει] ἥξει ci. Ast e 8 δοκεῖς A F M : δοκεῖ D

亲〉那里生出一个金质的后代，以及其他所有这样互相生的。所以，那些进行统治的人，神首先并且尤其对他们下了这样的命令，即对于其他任何事情，他们都将不是其如此优秀的卫士，他们也将不会如警惕〈他 415b5
们自己的〉那些后代那样如此急切地警惕其他任何事情，那就是要〈看清〉：这些〈金属〉中的何种东西混杂在了那些后代的灵魂中，并且，如果他们的某一后代生来就是含铜的或者含铁的，那么，他们将绝不以任何方式怜悯他，而是通过赋予同其天性相适合的职位[1159]而把他推入 415c1
到那些匠人中，或者推入到农民中；但反过来，从〈匠人或农民〉这些人中，如果任何一位后代生来就是含金的或者含银的，那么，由于珍视他们，他们将把一些提升到卫士的位置，把另一些则提升到助手的位置，因为有着一个神谕，那就是，那时城邦将被毁灭，当一个铁质的人 415c5
或者一个铜质的人竟然作为卫士来保卫它的话。那么，为了他们能够相信这个故事，你有什么巧计吗？

绝对没有，他回应道，至少这些人本人〈不会相信〉；然而，这些 415d1
人的儿子们和后裔，以及后来的其他一些人，的确有可能〈相信〉。

但即使这样，我说道，就下面这点来说也会是件好事，那就是使得他们既更加关心城邦，也更加互相关心；因为我差不多理解你在说 415d5
什么[1160]。

当然，这件事其实将停留在〈民众的〉声音会将之带往的那里[1161]。但是，当我们把这些从地里出生的人武装起来之后，让我们把他们引到那些进行领导的统治者面前。而一旦他们来到了〈那些人那里〉，他们就必须观察城邦中的何处是最适合安营扎寨的，从那里，他们既能够最 415e1
容易控制〈城邦〉里面的那些人，如果有任何人不愿意服从法律的话，也能够最有利地抵御从外面来的那些人，如果一位敌人像一只狼攻击一只羊那样〈攻击城邦〉的话。而当安营扎寨，向那些必须献祭的献祭之后，他们就必须为自己安顿睡觉的地方。或者怎样呢？

就这样，他回应道。 415e5

那么，岂不是这样一些睡觉的地方，无论是严寒，还是酷暑，它们都是足以进行抵御的？

为何不是呢？因为，他说道，你似乎在对我说住处。

Ναί, ἦν δ' ἐγώ, στρατιωτικάς γε, ἀλλ' οὐ χρηματιστικάς.

Πῶς, ἔφη, αὖ τοῦτο λέγεις διαφέρειν ἐκείνου; 416

Ἐγώ σοι, ἦν δ' ἐγώ, πειράσομαι εἰπεῖν. δεινότατον
γάρ που πάντων καὶ αἴσχιστον ποιμέσι τοιούτους γε καὶ
οὕτω τρέφειν κύνας ἐπικούρους ποιμνίων, ὥστε ὑπὸ ἀκο-
λασίας ἢ λιμοῦ ἤ τινος ἄλλου κακοῦ ἔθους αὐτοὺς τοὺς
κύνας ἐπιχειρῆσαι τοῖς προβάτοις κακουργεῖν καὶ ἀντὶ
κυνῶν λύκοις ὁμοιωθῆναι.

Δεινόν, ἦ δ' ὅς· πῶς δ' οὔ;

Οὐκοῦν φυλακτέον παντὶ τρόπῳ μὴ τοιοῦτον ἡμῖν οἱ ἐπίκου- b
ροι ποιήσωσι πρὸς τοὺς πολίτας, ἐπειδὴ αὐτῶν κρείττους εἰσίν,
ἀντὶ συμμάχων εὐμενῶν δεσπόταις ἀγρίοις ἀφομοιωθῶσιν;

Φυλακτέον, ἔφη.

Οὐκοῦν τὴν μεγίστην τῆς εὐλαβείας παρεσκευασμένοι ἂν
εἶεν, εἰ τῷ ὄντι καλῶς πεπαιδευμένοι εἰσίν;

Ἀλλὰ μὴν εἰσίν γ', ἔφη.

Καὶ ἐγὼ εἶπον· Τοῦτο μὲν οὐκ ἄξιον διισχυρίζεσθαι,
ὦ φίλε Γλαύκων· ὃ μέντοι ἄρτι ἐλέγομεν, ἄξιον, ὅτι δεῖ
αὐτοὺς τῆς ὀρθῆς τυχεῖν παιδείας, ἥτις ποτέ ἐστιν, εἰ μέλ- c
λουσι τὸ μέγιστον ἔχειν πρὸς τὸ ἥμεροι εἶναι αὑτοῖς τε καὶ
τοῖς φυλαττομένοις ὑπ' αὐτῶν.

Καὶ ὀρθῶς γε, ἦ δ' ὅς.

Πρὸς τοίνυν τῇ παιδείᾳ ταύτῃ φαίη ἄν τις νοῦν ἔχων δεῖν
καὶ τὰς οἰκήσεις καὶ τὴν ἄλλην οὐσίαν τοιαύτην αὐτοῖς παρε-
σκευάσθαι, ἥτις μήτε τοῦ φύλακας ὡς ἀρίστους εἶναι παύσει
αὐτούς, κακουργεῖν τε μὴ ἐπαρεῖ περὶ τοὺς ἄλλους πολίτας. d

Καὶ ἀληθῶς γε φήσει.

e 9 ναί, ἦν A F M : νῦν D   a 3 αἴσχιστον F M : αἴσχιστόν που A : αἴσχιόν που D   a 6 κακουργεῖν secl. Madvig   b 6 εἶεν] εἶμεν Ast   b 8 ἐγὼ F : ἔγωγ' A D M   c 1 εἰ A F D Stobaeus : μὴ M   c 2 ἔχειν] ἕξειν Stobaeus   c 6 παρεσκευάσθαι F D Stobaeus : παρασκευάσασθαι A M   c 7 τοῦ ci. Cobet : τοὺς A F D M Stobaeus   εἶναι παύσει F : εἶναι παύσοι A D M : ἀναγκάσει Stobaeus   d 1 τε μὴ] μήτε Stobaeus   ἐπαρεῖ ci. Cobet : ἐπάρῃ A M : ἔπαροι D : ἐπάροι F : ἐπαροῖ Θ : ἐπαίρει Stobaeus

是的，我说道，肯定是适合于士兵，而不是适合于商人的住处[1162]。

你又如何说，他回应道，后者不同于前者？ 416a1

我将试着，我说道，来对你说一说。因为，对于那些牧羊人来说，在所有事情中最可怕以及最羞耻的，无论如何都莫过于把这样一些狗以及用这样一种方式培养为了〈帮助他牧养〉羊群的助手，以至于，或者由于放纵，或者由于饥饿，或者由于某种其他的坏习惯，这些狗自己竟 416a5 然试图对羊儿们为非作歹，它们甚至都不是狗，而是变得像一些狼。

〈的确〉可怕，他回应道。怎么会不〈可怕呢〉？

因此，岂不必须用一切方式来防范我们的助手们对同邦公民做诸如 416b1 此类的事情——既然同他们相比，他们是更强大的——，免得他们不是友好的一起战斗的人，而变得像一些粗野的主人？

必须防范，他回应道。

那么，最大的防备岂不已经被提供给了他们，如果他们在是的方式 416b5 上已经被很好地进行了教育的话？

他们无疑已经〈被很好地进行了教育〉，他说道。

于是我说道：信心满满地主张这点肯定不合适，亲爱的格劳孔啊；无疑我刚才说过的，才值得〈信心满满地主张〉，那就是：他们必须遇 416c1 到正确的教育——无论它究竟是何种教育——，如果他们想要取得那最重要的东西，以便无论是彼此之间，还是对那些被他们所保护的人，他们都会是温柔的。

的确也说得正确，他回应道。

而且除了这种教育之外，任何人，只要他具有理智，他都会主张， 416c5 房屋以及另外一份这样的产业必须被提供给他们，不管这份产业是什么，它都将既不会妨碍他们是尽可能优秀的卫士，也不会诱使他们对其 416d1 他的城邦公民为非作歹。

他也的确将说得正确。

Ὅρα δή, εἶπον ἐγώ, εἰ τοιόνδε τινὰ τρόπον δεῖ αὐτοὺς ζῆν τε καὶ οἰκεῖν, εἰ μέλλουσι τοιοῦτοι ἔσεσθαι· πρῶτον μὲν οὐσίαν κεκτημένον μηδεμίαν μηδένα ἰδίαν, ἂν μὴ πᾶσα ἀνάγκη· ἔπειτα οἴκησιν καὶ ταμιεῖον μηδενὶ εἶναι μηδὲν τοιοῦτον, εἰς ὃ οὐ πᾶς ὁ βουλόμενος εἴσεισι· τὰ δ' ἐπιτήδεια, ὅσων δέονται ἄνδρες ἀθληταὶ πολέμου σώφρονές τε καὶ
e ἀνδρεῖοι, ταξαμένους παρὰ τῶν ἄλλων πολιτῶν δέχεσθαι μισθὸν τῆς φυλακῆς τοσοῦτον ὅσον μήτε περιεῖναι αὐτοῖς εἰς τὸν ἐνιαυτὸν μήτε ἐνδεῖν· φοιτῶντας δὲ εἰς συσσίτια ὥσπερ ἐστρατοπεδευμένους κοινῇ ζῆν· χρυσίον δὲ καὶ ἀργύριον εἰπεῖν αὐτοῖς ὅτι θεῖον παρὰ θεῶν ἀεὶ ἐν τῇ ψυχῇ ἔχουσι καὶ οὐδὲν προσδέονται τοῦ ἀνθρωπείου, οὐδὲ ὅσια τὴν ἐκείνου κτῆσιν τῇ τοῦ θνητοῦ χρυσοῦ κτήσει συμμειγνύντας μιαίνειν, διότι πολλὰ καὶ ἀνόσια περὶ τὸ τῶν
417 πολλῶν νόμισμα γέγονεν, τὸ παρ' ἐκείνοις δὲ ἀκήρατον· ἀλλὰ μόνοις αὐτοῖς τῶν ἐν τῇ πόλει μεταχειρίζεσθαι καὶ ἅπτεσθαι χρυσοῦ καὶ ἀργύρου οὐ θέμις, οὐδ' ὑπὸ τὸν αὐτὸν ὄροφον ἰέναι οὐδὲ περιάψασθαι οὐδὲ πίνειν ἐξ ἀργύρου ἢ χρυσοῦ. καὶ οὕτω μὲν σῴζοιντό τ' ἂν καὶ σῴζοιεν τὴν πόλιν· ὁπότε δ' αὐτοὶ γῆν τε ἰδίαν καὶ οἰκίας καὶ νομίσματα κτήσονται, οἰκονόμοι μὲν καὶ γεωργοὶ ἀντὶ φυλάκων ἔσονται,
b δεσπόται δ' ἐχθροὶ ἀντὶ συμμάχων τῶν ἄλλων πολιτῶν γενήσονται, μισοῦντες δὲ δὴ καὶ μισούμενοι καὶ ἐπιβουλεύοντες καὶ ἐπιβουλευόμενοι διάξουσι πάντα τὸν βίον, πολὺ πλείω καὶ μᾶλλον δεδιότες τοὺς ἔνδον ἢ τοὺς ἔξωθεν πολεμίους, θέοντες ἤδη τότε ἐγγύτατα ὀλέθρου αὐτοί τε καὶ ἡ ἄλλη πόλις. τούτων οὖν πάντων ἕνεκα, ἦν δ' ἐγώ, φῶμεν οὕτω δεῖν κατεσκευάσθαι τοὺς φύλακας οἰκήσεώς τε πέρι καὶ τῶν ἄλλων, καὶ ταῦτα νομοθετήσωμεν, ἢ μή;

Πάνυ γε, ἦ δ' ὃς ὁ Γλαύκων.

e 6 *ὅσια* A D M Stobaeus: *ὅσιον* ante em. F: *ὁσία* ci. Krüger e 8 *τὸ* A F M Stobaeus : om. D a 3 *ἀργύρου* A F M Stobaeus: *ἀργυρίου* D a 4 *ἰέναι*] *προσιέναι* ci. O. Apelt (*recipere* Ficinus) b 1 *ἐχθροὶ*] *καὶ ἐχθροὶ* Stobaeus b 2 *δὴ* om. Stobaeus b 4 *πλείω* A D M : *πλεῖον* F Stobaeus

那么，请你看看，我说道，他们是否必须以下面这样一种方式来
生活和居住，如果他们打算将是这样一些人的话，那就是：首先，他们 416d5
中的任何一个人都肯定不会已经拥有了任何一种不是绝对必需的私人产
业[1163]；其次，任何一个人都没有任何一间如此这般的房屋和仓库，那
就是每个想进去的人不能进去。至于各种生活必需品，〈分给他们的〉
只有一些男子汉，即那些为了战争〈而被训练出来〉的参赛者[1164]——
他们既是自制的，也是勇敢的——所需要的那么多，他们按照达成的 416e1
约定[1165]，从其他的同邦公民那里接受它们——将之作为卫士职位的答
谢[1166]——到下面这么多，那就是，对他们来说，一年下来既无剩余，
也无短缺；而且他们按时前去共餐，就像处在军营中那样共同生活[1167]。
至于金子和银子，则〈必须〉告诉他们，他们在灵魂中永远有着从诸神 416e5
那里来的神圣的〈金子或银子〉，〈因而〉他们不再另外需要属人的〈金
子或银子〉，他们通过把对那种〈神圣的金子〉的拥有同对终有一死的
金子[1168]的拥有混合在一起而玷污了后者，这根本就不是虔敬的[1169]，因
为许许多多不虔敬的事情已经围绕着众人的钱币而发生了，而在他们那 417a1
里的钱币，则是未被污染的。当然，在城邦里的那些人中，唯有对于他
们来说，经营以及接触金子和银子是不合法的，既不可以〈与它们〉在
同一屋顶下行走[1170]，也不可以穿戴[1171]〈它们〉，也不可以从黄金或白
银〈做成的器皿〉那里喝东西。并且由此一来，他们不仅会保全他们自 417a5
己，而且会拯救城邦；而一旦他们拥有了私人的土地、房屋和钱币，那
么，一方面，他们将是一家之主[1172]和农民，而不是卫士，另一方面， 417b1
他们将成为其他那些同邦公民的可恶的主人，而不是一同战斗的人，
他们将在既仇恨〈他人〉，也被〈他人〉仇恨，既密谋〈他人〉，也被
〈他人〉密谋中度过整个的一生，他们害怕〈城邦〉里面的那些人远远
多于和甚于害怕那些从外面来的敌人，到那时，无论是他们自己，还是 417b5
其他的城邦〈公民〉，都已经跑到了最接近毁灭的边缘。因此，正是为
了所有这些，我说道，我们才将主张，卫士们必须被以这种方式安排，
无论是在住房方面，还是在其他方面，并且我们将把这些确定为法律，
抑或不？

完全如此，格劳孔说道。

Δ

IV.

Καὶ ὁ Ἀδείμαντος ὑπολαβών, Τί οὖν, ἔφη, ὦ Σώκρατες, a
ἀπολογήσῃ, ἐάν τίς σε φῇ μὴ πάνυ τι εὐδαίμονας ποιεῖν τούτους τοὺς ἄνδρας, καὶ ταῦτα δι' ἑαυτούς, ὧν ἔστι μὲν ἡ πόλις τῇ ἀληθείᾳ, οἱ δὲ μηδὲν ἀπολαύουσιν ἀγαθὸν τῆς πόλεως, οἷον ἄλλοι ἀγρούς τε κεκτημένοι καὶ οἰκίας οἰκοδομούμενοι καλὰς καὶ μεγάλας, καὶ ταύταις πρέπουσαν κατασκευὴν κτώμενοι, καὶ θυσίας θεοῖς ἰδίας θύοντες, καὶ ξενοδοκοῦντες, καὶ δὴ καὶ ἃ νυνδὴ σὺ ἔλεγες, χρυσόν τε καὶ ἄργυρον κεκτημένοι καὶ πάντα ὅσα νομίζεται τοῖς μέλλουσιν μακαρίοις εἶναι; ἀλλ' ἀτεχνῶς, φαίη ἄν, ὥσπερ ἐπίκουροι μισθωτοὶ ἐν τῇ πόλει φαίνονται καθῆσθαι οὐδὲν ἄλλο ἢ φρουροῦντες. 420

Ναί, ἦν δ' ἐγώ, καὶ ταῦτά γε ἐπισίτιοι καὶ οὐδὲ μισθὸν πρὸς τοῖς σιτίοις λαμβάνοντες ὥσπερ οἱ ἄλλοι, ὥστε οὐδ' ἂν ἀποδημῆσαι βούλωνται ἰδίᾳ, ἔξεσται αὐτοῖς, οὐδ' ἑταίραις διδόναι, οὐδ' ἀναλίσκειν ἄν ποι βούλωνται ἄλλοσε, οἷα δὴ οἱ εὐδαίμονες δοκοῦντες εἶναι ἀναλίσκουσι. ταῦτα καὶ ἄλλα τοιαῦτα συχνὰ τῆς κατηγορίας ἀπολείπεις.

Ἀλλ', ἦ δ' ὅς, ἔστω καὶ ταῦτα κατηγορημένα.

Τί οὖν δὴ ἀπολογησόμεθα, φῄς; b

Ναί.

Τὸν αὐτὸν οἶμον, ἦν δ' ἐγώ, πορευόμενοι εὑρήσομεν, ὡς ἐγᾦμαι, ἃ λεκτέα. ἐροῦμεν γὰρ ὅτι θαυμαστὸν μὲν ἂν οὐδὲν εἴη εἰ καὶ οὗτοι οὕτως εὐδαιμονέστατοί εἰσιν, οὐ μὴν πρὸς τοῦτο βλέποντες τὴν πόλιν οἰκίζομεν, ὅπως ἕν

420 a 2 ἐπισίτιοι A F D M Athenaeus: ἐπίσιτοι ci. Cobet a 3 λαμβάνοντες ὥσπερ οἱ ἄλλοι A D M : ὥσπερ οἱ ἄλλοι λαμβάνοντες F : ὥσπερ οἱ ἄλλοι λαβόντες Athenaeus

卷四

而〈此时〉阿德曼托斯接过了话题，那么，他说道，苏格拉底啊， 419a1
你将如何为自己进行辩护呢，如果有人宣称，你根本就没有[1173]使得
这些人是幸福的，尤其还是由于他们自己〈要成为那个样子〉，因为，
虽然城邦事实上是属于他们的，但他们自己却没有〈通过做下面这些
事情而〉从城邦那里得到任何的好处，如像〈其他城邦中的〉那些其 419a5
他的〈统治者〉那样，那就是，已经拥有了田地和建造富丽堂皇的住
宅[1174]——并且为它们取得一种与之相配的布置——，还有向诸神献上
自己的祭品，以及款待客人，尤其是你刚才说过的那些，即拥有了金子
和银子，以及〈其他〉所有那些被视为对于那些应当是有福的人来说[1175]
〈必不可少〉的东西？相反，他们完完全全，他会说，显得像一些被雇 419a10
佣的帮手似的，在城邦里坐着，除了进行守卫，其他什么都不干。 420a1

是的，我说道，何况他们还无论如何都是一些〈没有薪金〉仅仅为
食物而工作的人[1176]，并且除了食物之外，他们不像其他人那样还收取
薪金，以至于如果他们想私下离家远行，这对他们来说也是不可能的，
他们既不能够为女友赠送任何东西，也不能够把钱花在他想将之花在的 420a5
某个其他的地方，就像那些被认为是幸福的人所进行的那类花费那样。
这些事情以及其他诸如此类的很多事情，你都将之从指责中漏掉了[1177]。

那好，他回应道，就让这些也成为被指责的事情。

因此，我们究竟将如何为自己进行辩护，你在说这点吗[1178]？ 420b1

是的。

如果我们沿着这同一条道路往前走，我说道，那么，我们就将发
现——如我所认为的那样——那些必须被说的事情。因为我们将说：这
其实并不会是一件令人奇怪的事情，即使这些人以这种方式〈生活〉， 420b5
那他们也〈如其他的城邦公民一样〉是最幸福的，虽然我们并非着眼
于下面这点来建立城邦，那就是为了我们中间任何单一的一群人[1179]将

τι ἡμῖν ἔθνος ἔσται διαφερόντως εὔδαιμον, ἀλλ' ὅπως ὅτι μάλιστα ὅλη ἡ πόλις. ᾠήθημεν γὰρ ἐν τῇ τοιαύτῃ μάλιστα ἂν εὑρεῖν δικαιοσύνην καὶ αὖ ἐν τῇ κάκιστα οἰκουμένῃ
c ἀδικίαν, κατιδόντες δὲ κρῖναι ἂν ὃ πάλαι ζητοῦμεν. νῦν μὲν οὖν, ὡς οἰόμεθα, τὴν εὐδαίμονα πλάττομεν οὐκ ἀπολαβόντες ὀλίγους ἐν αὐτῇ τοιούτους τινὰς τιθέντες, ἀλλ' ὅλην· αὐτίκα δὲ τὴν ἐναντίαν σκεψόμεθα. ὥσπερ οὖν ἂν εἰ ἡμᾶς ἀνδριάντα γράφοντας προσελθών τις ἔψεγε λέγων ὅτι οὐ τοῖς καλλίστοις τοῦ ζῴου τὰ κάλλιστα φάρμακα προστίθεμεν—οἱ γὰρ ὀφθαλμοὶ κάλλιστον ὂν οὐκ ὀστρείῳ ἐναληλιμμένοι εἶεν ἀλλὰ μέλανι—μετρίως ἂν ἐδο-
d κοῦμεν πρὸς αὐτὸν ἀπολογεῖσθαι λέγοντες· "Ὦ θαυμάσιε, μὴ οἴου δεῖν ἡμᾶς οὕτω καλοὺς ὀφθαλμοὺς γράφειν, ὥστε μηδὲ ὀφθαλμοὺς φαίνεσθαι, μηδ' αὖ τἆλλα μέρη, ἀλλ' ἄθρει εἰ τὰ προσήκοντα ἑκάστοις ἀποδιδόντες τὸ ὅλον καλὸν ποιοῦμεν· καὶ δὴ καὶ νῦν μὴ ἀνάγκαζε ἡμᾶς τοιαύτην εὐδαιμονίαν τοῖς φύλαξι προσάπτειν, ἣ ἐκείνους πᾶν μᾶλλον
e ἀπεργάσεται ἢ φύλακας. ἐπιστάμεθα γὰρ καὶ τοὺς γεωργοὺς ξυστίδας ἀμφιέσαντες καὶ χρυσὸν περιθέντες πρὸς ἡδονὴν ἐργάζεσθαι κελεύειν τὴν γῆν, καὶ τοὺς κεραμέας κατακλίναντες ἐπὶ δεξιὰ πρὸς τὸ πῦρ διαπίνοντάς τε καὶ εὐωχουμένους, τὸν τροχὸν παραθεμένους, ὅσον ἂν ἐπιθυμῶσι κεραμεύειν, καὶ τοὺς ἄλλους πάντας τοιούτῳ τρόπῳ μακαρίους ποιεῖν, ἵνα δὴ ὅλη ἡ πόλις εὐδαιμονῇ. ἀλλ' ἡμᾶς μὴ οὕτω νουθέτει· ὡς, ἄν σοι πειθώμεθα, οὔτε ὁ γεωργὸς γεωργὸς
421 ἔσται οὔτε ὁ κεραμεὺς κεραμεὺς οὔτε ἄλλος οὐδεὶς οὐδὲν ἔχων σχῆμα ἐξ ὧν πόλις γίγνεται. ἀλλὰ τῶν μὲν ἄλλων ἐλάττων λόγος· νευρορράφοι γὰρ φαῦλοι γενόμενοι καὶ διαφθαρέντες καὶ προσποιησάμενοι εἶναι μὴ ὄντες πόλει

c 3 τιθέντες A F M : θέντες D c 4 σκεψόμεθα A D M : σκεψώμεθα F c 5 ἀνδριάντα F et Lex. Rhet. Bekk. 210. 15, 211. 14 : ἀνδριάντας A D M τις A D : ἄν τις F e 4 κατακλίναντες A F D : ἐπικλίναντες M ἐπὶ δεξιὰ F M : ἐπιδέξια A : ἐπὶ δεξιᾶ D e 7 εὐδαιμονῇ A D M et suprascr. F : εὐδαίμων ᾖ F

格外地是幸福的，而是为了整个城邦尽可能地是幸福的。因为我们曾认
为[1180]，在这样一种城邦中，我们最有可能发现正义，并且复又在那被最
坏地治理着的城邦中发现不正义，而当我们仔细进行观察之后，我们就 420c1
能对我们长久以来所寻找的东西做出剖判。所以，现在，如我们所认为
的那样，一方面，我们在塑造一个幸福的城邦，不是通过取出在它那里
的少数人而使某些人成为这样一些人[1181]，而是要使整个城邦〈成为那个
样子〉；另一方面，随即我们将考察〈与之〉相反的城邦。因此，就像，
当我们为一尊人像上色之后[1182]，如果有人前来指责我们，说我们没有 420c5
把那些最美的颜料添加给肖像[1183]中的那些最美丽的部分[1184]——因为
眼睛，它们虽然是最美丽的，却没有被用紫色，而是用黑色进行了涂
抹——，那么，我们看起来会恰当地针对他这样来为我们自己进行辩 420d1
护，我们说："令人钦佩的人啊，请你不要指望，我们必须把眼睛涂抹
得如此美丽，以至于它们显得根本就不是眼睛，对其他的部分也不〈应
当那样做〉，相反，请你盯住下面这点，那就是，我们是否通过把合适
的东西赋予每个部分而使得整体变得美丽[1185]。现在，你也尤其不可以 420d5
迫使我们把下面这样一种幸福归给那些卫士们，那就是它将导致那些人
成为〈其他〉所有的，除了成为卫士之外。事实上，我们甚至知道，如 420e1
何让农民们穿上拖到脚面的细软长袍和戴着金饰，吩咐他们随〈他们〉
高兴的那样去耕作土地[1186]，也〈知道如何〉让陶匠们在火前于〈宴会
主持人的〉右手边斜躺着〈围着一圈〉来比赛饮酒[1187]和享受美食，让 420e5
他们把〈他们制作陶器的〉旋盘放在旁边，〈吩咐他们〉随他们愿意的
那样去制作陶器，以及〈知道如何〉用这种方式去使得其他所有的人
都是有福的，由此一来无疑整个城邦就会是幸福的[1188]。然而，请你不
要用这种方式来建议我们[1189]；因为，如果我们听从你，那么，农民将
不再是农民，陶匠也将不再是陶匠，在那些由之构成了一个城邦的人 421a1
中[1190]，其他任何人也都将不再拥有一种〈他自己独特的〉职能[1191]。当
然，对其他那些人来说，〈这种〉说法无疑并不那么重要。因为，那些
补鞋匠，即使他们变得低劣和败坏了，假装是却不是〈他们所是的〉，

οὐδὲν δεινόν, φύλακες δὲ νόμων τε καὶ πόλεως μὴ ὄντες ἀλλὰ δοκοῦντες ὁρᾷς δὴ ὅτι πᾶσαν ἄρδην πόλιν ἀπολλύασιν, καὶ αὖ τοῦ εὖ οἰκεῖν καὶ εὐδαιμονεῖν μόνοι τὸν καιρὸν ἔχουσιν." εἰ μὲν οὖν ἡμεῖς μὲν φύλακας ὡς ἀληθῶς ποιοῦμεν ἥκιστα κακούργους τῆς πόλεως, ὁ δ' ἐκεῖνο λέγων **b** γεωργούς τινας καὶ ὥσπερ ἐν πανηγύρει ἀλλ' οὐκ ἐν πόλει ἑστιάτορας εὐδαίμονας, ἄλλο ἄν τι ἢ πόλιν λέγοι. σκεπτέον οὖν πότερον πρὸς τοῦτο βλέποντες τοὺς φύλακας καθιστῶμεν, ὅπως ὅτι πλείστη αὐτοῖς εὐδαιμονία ἐγγενήσεται, ἢ τοῦτο μὲν εἰς τὴν πόλιν ὅλην βλέποντας θεατέον εἰ ἐκείνῃ ἐγγίγνεται, τοὺς δ' ἐπικούρους τούτους καὶ τοὺς φύλακας ἐκεῖνο ἀναγκαστέον ποιεῖν καὶ πειστέον, ὅπως ὅτι **c** ἄριστοι δημιουργοὶ τοῦ ἑαυτῶν ἔργου ἔσονται, καὶ τοὺς ἄλλους ἅπαντας ὡσαύτως, καὶ οὕτω συμπάσης τῆς πόλεως αὐξανομένης καὶ καλῶς οἰκιζομένης ἐατέον ὅπως ἑκάστοις τοῖς ἔθνεσιν ἡ φύσις ἀποδίδωσι τοῦ μεταλαμβάνειν εὐδαιμονίας.

'Αλλ', ἦ δ' ὅς, καλῶς μοι δοκεῖς λέγειν.

Ἆρ' οὖν, ἦν δ' ἐγώ, καὶ τὸ τούτου ἀδελφὸν δόξω σοι μετρίως λέγειν;

Τί μάλιστα;

Τοὺς ἄλλους αὖ δημιουργοὺς σκόπει εἰ τάδε διαφθείρει, **d** ὥστε καὶ κακοὺς γίγνεσθαι.

Τὰ ποῖα δὴ ταῦτα;

Πλοῦτος, ἦν δ' ἐγώ, καὶ πενία.

Πῶς δή;

Ὧδε. πλουτήσας χυτρεὺς δοκεῖ σοι ἔτ' ἐθελήσειν ἐπιμελεῖσθαι τῆς τέχνης;

Οὐδαμῶς, ἔφη.

a 7 αὖ . . . a 8 ἔχουσιν A F M : ἂν . . . ἔχωσιν D b 2 γεωργούς] ἀργούς ci. H. Richards b 3 εὐδαίμονας A D : καὶ εὐδαίμονας F λέγοι A D M : λέγοις F d 1 διαφθείρει F D M Stobaeus : διαφέρει A d 2 ὥστε A D M Stobaeus : ὡς F d 6 δοκεῖ σοι ἔτ' ἐθελήσειν Hartman : δοκεῖ σοι ἔτι θελήσειν A D M Stobaeus : ἔτι δοκεῖ σοι θελήσειν F

这对一个城邦来说还并不可怕；然而，各种法律和城邦的卫士们，如果 421a5
他们不是而〈仅仅〉看起来是〈它们的卫士〉，那你肯定会看到他们在
从根上毁掉整个城邦，而在另一方面，很好地管理它并且使它幸福之时
机，唯独掌握在他们手上。”因此，如果，一方面，我们在塑造一些真
正意义上的卫士，他们最为不是一些伤害城邦的人，另一方面，那位在 421b1
说那种话的人，〈如果他在把他们塑造为〉某些农民——他们是幸福的，
并且仿佛在一个泛希腊的节庆上[1192]〈过节〉似的，而不是一些在城邦
中宴客的主人[1193]——，那么，除了城邦之外，他会在谈其他任何东西。
因此，必须考察，我们是着眼于下面这点才设立一些卫士呢，那就是为 421b5
了一种最大的幸福将发生在他们身上，还是说，一方面，着眼于整个城
邦而必须看清这[1194]是否会发生在它身上，另一方面，就这些助手和卫
士们，则必须强迫他们以及必须说服他们做下面这件事，那就是，他 421c1
们无论怎样都将是他们自己的工作的尽可能优秀的为众人做工的人[1195]，
并且所有其他的人也都将同样如此，而当整个城邦以这种方式壮大并且
被正确地建立起来之后，就必须让每一群人按照〈其〉天性所允许的那 421c5
种方式去分享幸福[1196]。

无论如何，他说道，我都认为你说得正确。

那么，我说道，〈当我说出〉与这有着亲缘关系的某种东西时，你也将认为我说得合适吗？

究竟怎么回事呢？ 421c10

就其他那些为众人做工的人，复又请你考虑一下，是否下面这些会 421d1
败坏他们，以至于他们甚至变成了一些糟糕的人。

这些究竟是何种东西？

富有，我说道，以及贫穷。

究竟怎么回事？ 421d5

像这样。当一位陶工变得富有了，你认为他还将愿意关心〈他的〉那门技艺吗[1197]？

绝不会，他说道。

Ἀργὸς δὲ καὶ ἀμελὴς γενήσεται μᾶλλον αὐτὸς αὑτοῦ;

Πολύ γε.

Οὐκοῦν κακίων χυτρεὺς γίγνεται;

Καὶ τοῦτο, ἔφη, πολύ.

Καὶ μὴν καὶ ὄργανά γε μὴ ἔχων παρέχεσθαι ὑπὸ πενίας ἤ τι ἄλλο τῶν εἰς τὴν τέχνην τά τε ἔργα πονηρότερα
e ἐργάσεται καὶ τοὺς ὑεῖς ἢ ἄλλους οὓς ἂν διδάσκῃ χείρους δημιουργοὺς διδάξεται.

Πῶς δ' οὔ;

Ὑπ' ἀμφοτέρων δή, πενίας τε καὶ πλούτου, χείρω μὲν τὰ τῶν τεχνῶν ἔργα, χείρους δὲ αὐτοί.

Φαίνεται.

Ἕτερα δή, ὡς ἔοικε, τοῖς φύλαξιν ηὑρήκαμεν, ἃ παντὶ τρόπῳ φυλακτέον ὅπως μήποτε αὐτοὺς λήσει εἰς τὴν πόλιν παραδύντα.

Τὰ ποῖα ταῦτα;

422 Πλοῦτός τε, ἦν δ' ἐγώ, καὶ πενία· ὡς τοῦ μὲν τρυφὴν καὶ ἀργίαν καὶ νεωτερισμὸν ἐμποιοῦντος, τῆς δὲ ἀνελευθερίαν καὶ κακοεργίαν πρὸς τῷ νεωτερισμῷ.

Πάνυ μὲν οὖν, ἔφη. τόδε μέντοι, ὦ Σώκρατες, σκόπει, πῶς ἡμῖν ἡ πόλις οἵα τ' ἔσται πολεμεῖν, ἐπειδὰν χρήματα μὴ κεκτημένη ᾖ, ἄλλως τε κἂν πρὸς μεγάλην τε καὶ πλουσίαν ἀναγκασθῇ πολεμεῖν.

Δῆλον, ἦν δ' ἐγώ, ὅτι πρὸς μὲν μίαν χαλεπώτερον,
b πρὸς δὲ δύο τοιαύτας ῥᾷον.

Πῶς εἶπες; ἦ δ' ὅς.

Πρῶτον μέν που, εἶπον, ἐὰν δέῃ μάχεσθαι, ἆρα οὐ πλουσίοις ἀνδράσι μαχοῦνται αὐτοὶ ὄντες πολέμου ἀθληταί;

d 13 παρέχεσθαι secl. Cobet: πορίζεσθαι ci. Herwerden d 14 τά τε A F M: τότε D e 2 διδάξεται] διδάξει ci. Cobet e 6 φαίνεται] φαίνονται Stobaeus e 8 λήσει A D: λήσῃ F Eusebius Stobaeus e 9 τὰ ποῖα F Eusebius Stobaeus: ποῖα A D a 1 τε om. Stobaeus τρυφὴν A D Eusebius: τρυφήν τε F Stobaeus a 2 ἐμποιοῦντος F Eusebius Stobaeus: ποιοῦντος A D M τῆς δὲ F Eusebius: τοῦ δὲ A D Stobaeus a 3 κακοεργίαν A D Eusebius: κακουργίαν F Stobaeus πρὸς τῷ νεωτερισμῷ A F M: καὶ νεωτερισμὸν ποιοῦντος D

他甚至将变得比他曾是的更懒散和更无所用心？

肯定。 421d10

那他岂不变成了一位比较糟糕的陶工？

也如此，他回应道，非常〈糟糕〉。

当然，如果他由于贫穷甚至不能够为他自己提供各种工具，或者与〈他的〉那门技艺相关的那些东西中的其他任何一样，那么，他也将制造出一些比较低劣的产品，并且将把〈他的〉儿子们或者其他那些他会 421e1
教导的人教导成一些比较差的匠人。

为何不呢？

由于这两者，即由于贫穷和富有，不仅诸技艺之产品变得较差，而 421e5
且〈那些有技艺的人〉自己也变得较差。

显然。

因此，我们似乎已经为卫士们发现了另外一些必须用所有方式来防范的东西，以便它们从不会逃脱他们的注意而偷偷进入到城邦里。

这些是何种东西呢？

富有，我说道，以及贫穷。因为，一方面，前者导致奢靡、懒散和 422a1
革命[1198]，另一方面，除了导致革命之外，后者还导致不自由和恶劣的工艺[1199]。

完完全全就是这样，他回应道。然而下面这点，苏格拉底啊，请你考虑一下，那就是，我们的城邦将如何有能力进行一场战争呢，每当它 422a5
未曾取得〈足够的〉钱财，尤其是每当它被迫要同一个庞大且富有的城邦开战时。

显然，我说道，同一个〈这样的〉城邦作战比较困难，但同两个这 422b1
样的城邦作战则比较容易。

你为何这么说呢？他回应道。

首先，无论如何，我说道，如果必须进行作战，那么，他们[1200]作为为了战争〈而被训练出来〉的参赛者[1201]岂不要同一些富有的人作战？

Ναὶ τοῦτό γε, ἔφη.

Τί οὖν, ἦν δ' ἐγώ, ὦ Ἀδείμαντε; εἷς πύκτης ὡς οἷόν τε κάλλιστα ἐπὶ τοῦτο παρεσκευασμένος δυοῖν μὴ πύκταιν, πλουσίοιν δὲ καὶ πιόνοιν, οὐκ ἂν δοκεῖ σοι ῥᾳδίως μάχεσθαι;

Οὐκ ἂν ἴσως, ἔφη, ἅμα γε.

Οὐδ' εἰ ἐξείη, ἦν δ' ἐγώ, ὑποφεύγοντι τὸν πρότερον ἀεὶ προσφερόμενον ἀναστρέφοντα κρούειν, καὶ τοῦτο ποιοῖ πολ- c λάκις ἐν ἡλίῳ τε καὶ πνίγει; ἆρά γε οὐ καὶ πλείους χειρῶσαιτ' ἂν τοιούτους ὁ τοιοῦτος;

Ἀμέλει, ἔφη, οὐδὲν ἂν γένοιτο θαυμαστόν.

Ἀλλ' οὐκ οἴει πυκτικῆς πλέον μετέχειν τοὺς πλουσίους ἐπιστήμῃ τε καὶ ἐμπειρίᾳ ἢ πολεμικῆς;

Ἔγωγ', ἔφη.

Ῥᾳδίως ἄρα ἡμῖν οἱ ἀθληταὶ ἐκ τῶν εἰκότων διπλασίοις τε καὶ τριπλασίοις αὑτῶν μαχοῦνται.

Συγχωρήσομαί σοι, ἔφη· δοκεῖς γάρ μοι ὀρθῶς λέγειν.

Τί δ' ἂν πρεσβείαν πέμψαντες εἰς τὴν ἑτέραν πόλιν d τἀληθῆ εἴπωσιν, ὅτι "Ἡμεῖς μὲν οὐδὲν χρυσίῳ οὐδ' ἀργυρίῳ χρώμεθα, οὐδ' ἡμῖν θέμις, ὑμῖν δέ· συμπολεμήσαντες οὖν μεθ' ἡμῶν ἔχετε τὰ τῶν ἑτέρων;" οἴει τινὰς ἀκούσαντας ταῦτα αἱρήσεσθαι κυσὶ πολεμεῖν στερεοῖς τε καὶ ἰσχνοῖς μᾶλλον ἢ μετὰ κυνῶν προβάτοις πίοσί τε καὶ ἁπαλοῖς;

Οὔ μοι δοκεῖ. ἀλλ' ἐὰν εἰς μίαν, ἔφη, πόλιν συναθροισθῇ τὰ τῶν ἄλλων χρήματα, ὅρα μὴ κίνδυνον φέρῃ e τῇ μὴ πλουτούσῃ.

Εὐδαίμων εἶ, ἦν δ' ἐγώ, ὅτι οἴει ἄξιον εἶναι ἄλλην τινὰ προσειπεῖν πόλιν ἢ τὴν τοιαύτην οἵαν ἡμεῖς κατεσκευάζομεν.

Ἀλλὰ τί μήν; ἔφη.

Μειζόνως, ἦν δ' ἐγώ, χρὴ προσαγορεύειν τὰς ἄλλας·

b 7 τοῦτο A F D : τούτῳ f d   c 1 ποιοῖ A D : ποιεῖ F (ποιεῖν f)
d 3 ἀργυρίῳ A F : ἀργύρῳ D   d 5 τε A D M : om. F   e 4 κατεσκευάζομεν A D : κατασκευάζομεν F

的确是这样，他回应道。 422b5

然后呢，我说道，阿德曼托斯啊？一个拳击手，如果他尽可能充分
地为此让自己做好了准备[1202]，那么，面对两个既富有又肥胖但不是拳
击手的人，你岂不会认为他能轻易地与之作战？

或许，他回应道，同时〈与两人作战〉至少不〈容易〉。

甚至这样也不行吗，我说道，那就是，如果他能够〈先〉稍稍往后 422b10
退，〈然后〉转身击打那个每次都首先攻击〈他〉的人[1203]，并且在烈日 422c1
和闷热下反复做这件事？这样一个人岂不能够制服甚至更多的如此这般
的人？

无疑，他回应道，这一点也不会变得让人感到奇怪。

难道你不认为，富人们凭借知识以及经验在拳击术方面有份儿，多 422c5
于在战争术方面[1204]？

我肯定这么认为，他回应道。

那么，我们的那些〈为了战争而被训练出来〉的参赛者就有可能[1205]
轻易地同那些两倍，甚至三倍于他们的人作战。

我也将赞同你，他回应道，因为在我看来你说得正确。 422c10

而这又会如何呢？那就是，如果他们通过派遣一个使团到另一个 422d1
城邦而说出真相，说："我们既不会使用黄金，也不会使用白银，对我
们来说那甚至是不合法的，但对你们来说则是合乎情理的；因此，请你
们通过同我们一起战斗来取得那些属于他人的东西。"你〈真会〉认为，
有一些人，当他们听到这番话之后，他们将宁愿选择同那些既结实又瘦 422d5
削的狗开战，而不是选择与狗儿们一道同那些既肥胖又娇嫩的羊开战？

我不会这么认为。但是，如果，他说道，那些属于别的城邦的钱财 422e1
被聚集到了一个城邦那里，那么，请你看看，这〈是否〉没有把一种危
险带给那并不富有的城邦。

你真是一个幸福的人啊[1206]！我说道，因为你竟然会认为，除了我
们正在筹建的这样一种〈城邦〉之外，其他任何的〈城邦〉也配得上叫 422e5
城邦。

那么，〈还能叫〉别的什么吗？他回应道。

必须用一种更大的方式，我说道，来称呼其他的城邦。因为，它

ἑκάστη γὰρ αὐτῶν πόλεις εἰσὶ πάμπολλαι ἀλλ' οὐ πόλις, τὸ τῶν παιζόντων. δύο μέν, κἂν ὁτιοῦν ᾖ, πολεμία ἀλλή-
423 λαις, ἡ μὲν πενήτων, ἡ δὲ πλουσίων· τούτων δ' ἐν ἑκατέρᾳ πάνυ πολλαί, αἷς ἐὰν μὲν ὡς μιᾷ προσφέρῃ, παντὸς ἂν ἁμάρτοις, ἐὰν δὲ ὡς πολλαῖς, διδοὺς τὰ τῶν ἑτέρων τοῖς ἑτέροις χρήματά τε καὶ δυνάμεις ἢ καὶ αὐτούς, συμμάχοις μὲν ἀεὶ πολλοῖς χρήσῃ, πολεμίοις δ' ὀλίγοις. καὶ ἕως ἂν ἡ πόλις σοι οἰκῇ σωφρόνως ὡς ἄρτι ἐτάχθη, μεγίστη ἔσται, οὐ τῷ εὐδοκιμεῖν λέγω, ἀλλ' ὡς ἀληθῶς μεγίστη, καὶ ἐὰν μόνον ᾖ χιλίων τῶν προπολεμούντων· οὕτω γὰρ μεγάλην πόλιν μίαν οὐ ῥᾳδίως οὔτε ἐν Ἕλλησιν οὔτε ἐν βαρβάροις
b εὑρήσεις, δοκούσας δὲ πολλὰς καὶ πολλαπλασίας τῆς τηλικαύτης. ἢ ἄλλως οἴει;

Οὐ μὰ τὸν Δί', ἔφη.

Οὐκοῦν, ἦν δ' ἐγώ, οὗτος ἂν εἴη καὶ κάλλιστος ὅρος τοῖς ἡμετέροις ἄρχουσιν, ὅσην δεῖ τὸ μέγεθος τὴν πόλιν ποιεῖσθαι καὶ ἡλίκῃ οὔσῃ ὅσην χώραν ἀφορισαμένους τὴν ἄλλην χαίρειν ἐᾶν.

Τίς, ἔφη, ὅρος;

Οἶμαι μέν, ἦν δ' ἐγώ, τόνδε· μέχρι οὗ ἂν ἐθέλῃ αὐξομένη εἶναι μία, μέχρι τούτου αὔξειν, πέρα δὲ μή.

c Καὶ καλῶς γ', ἔφη.

Οὐκοῦν καὶ τοῦτο αὖ ἄλλο πρόσταγμα τοῖς φύλαξι προστάξομεν, φυλάττειν παντὶ τρόπῳ ὅπως μήτε σμικρὰ ἡ πόλις ἔσται μήτε μεγάλη δοκοῦσα, ἀλλά τις ἱκανὴ καὶ μία.

Καὶ φαῦλόν γ', ἔφη, ἴσως αὐτοῖς προστάξομεν.

Καὶ τούτου γε, ἦν δ' ἐγώ, ἔτι φαυλότερον τόδε, οὗ καὶ ἐν τῷ πρόσθεν ἐπεμνήσθημεν λέγοντες ὡς δέοι, ἐάντε τῶν φυλάκων τις φαῦλος ἔκγονος γένηται, εἰς τοὺς ἄλλους
d αὐτὸν ἀποπέμπεσθαι, ἐάντ' ἐκ τῶν ἄλλων σπουδαῖος, εἰς

e 8 ἀλλ' οὐ πόλις secl. Herwerden e 9 μὲν A M: μὲν γὰρ F D ᾖ A F M: ἢ D πολεμία D: πολέμια A: πολεμίαι M: πολέμιαι F a 5 ἕως F: ὡς A D M a 8 μόνον A D: μόνων F b 9 αὐξομένη A M: αὐξανομένη F D

们中的每一个都是非常多的城邦，而不是一个城邦，就像那些玩〈城
邦〉游戏的人所说的那样[1207]。至少有两个，在任何情形下[1208]，互相敌
对的城邦，一个是穷人们的，一个则是富人们的；而在这〈两种城邦〉 423a1
的每一个那里，又有着非常多的城邦，如果你把它们作为一来与之打交
道[1209]，那你就在各方面都没有中的[1210]，但如果你把它们作为多，把一
方中的那些人的钱财、能力，甚或他们自己，交给另一方中的那些人，
那么，你就总是会有许许多多的盟友可用，敌人则很少。并且只要你的 423a5
这个城邦以刚才所安排的那种方式被明智地治理，那它就将是一个最
伟大的城邦，我不是在有好名声这个意义上说，而是在真正意义上说一
个最伟大的城邦，即使它仅仅由一千位城邦的保卫者构成[1211]。事实上，
如此大的一个城邦——它作为一——，无论是在希腊人那里，还是在非
希腊人那里[1212]，你都不容易找到，虽然许多〈的城邦〉甚至看起来是 423b1
许多倍于这样大的〈城邦〉[1213]。或者你有不同的看法？

没有，宙斯在上，他回应道。

因此，我说道，对我们的那些统治者来说，这岂不甚至也会是最美
的边界〈规定〉，那就是，他们应该使得城邦在大小方面有多大，并且 423b5
城邦是多大，就根据它划分出多大的疆域，然后把其他的〈土地〉放到
一边。

何种，他回应道，边界〈规定〉呢？

我其实认为，我说道，是这种：在它扩大的过程中有一个它愿意
〈继续〉是一的点，让它扩大到这个点为止；超出，则不可以。 423b10

确实也正确，他说道。 423c1

那么，我们甚至复又将把这另外一项命令指派给卫士们，即用所有
的方式来保卫下面这点，那就是：城邦将既不是一个小的，也不是一个
〈仅仅〉看起来大的，而是某个〈大小〉适中且作为一的〈城邦〉。

无疑一件容易的事情[1214]，他说道，我们或许将把它指派给他们。 423c5

甚至肯定还有比这，我说道，更加容易的呢，那就是我们其实在
前面曾提到过的那件事情[1215]，当我们说：在那些卫士中，如果生出了
某个低劣的后代，那么，就必须把他遣送到其他人当中去；如果从其他
人中产生出某一杰出的后代，则必须将之送到卫士们那里。而这样做是 423d1

τοὺς φύλακας. τοῦτο δ' ἐβούλετο δηλοῦν ὅτι καὶ τοὺς ἄλλους πολίτας, πρὸς ὅ τις πέφυκεν, πρὸς τοῦτο ἕνα πρὸς ἓν ἕκαστον ἔργον δεῖ κομίζειν, ὅπως ἂν ἓν τὸ αὑτοῦ ἐπιτηδεύων ἕκαστος μὴ πολλοὶ ἀλλ' εἷς γίγνηται, καὶ οὕτω δὴ σύμπασα ἡ πόλις μία φύηται ἀλλὰ μὴ πολλαί.

Ἔστι γάρ, ἔφη, τοῦτο ἐκείνου σμικρότερον.

Οὔτοι, ἦν δ' ἐγώ, ὦ ἀγαθὲ Ἀδείμαντε, ὡς δόξειεν ἄν τις, ταῦτα πολλὰ καὶ μεγάλα αὐτοῖς προστάττομεν ἀλλὰ πάντα φαῦλα, ἐὰν τὸ λεγόμενον ἓν μέγα φυλάττωσι, e
μᾶλλον δ' ἀντὶ μεγάλου ἱκανόν.

Τί τοῦτο; ἔφη.

Τὴν παιδείαν, ἦν δ' ἐγώ, καὶ τροφήν· ἐὰν γὰρ εὖ παιδευόμενοι μέτριοι ἄνδρες γίγνωνται, πάντα ταῦτα ῥᾳδίως διόψονται, καὶ ἄλλα γε ὅσα νῦν ἡμεῖς παραλείπομεν, τήν τε τῶν γυναικῶν κτῆσιν καὶ γάμων καὶ παιδοποιίας, ὅτι δεῖ ταῦτα κατὰ τὴν παροιμίαν πάντα ὅτι μάλιστα κοινὰ τὰ 424
φίλων ποιεῖσθαι.

Ὀρθότατα γάρ, ἔφη, γίγνοιτ' ἄν.

Καὶ μήν, εἶπον, πολιτεία ἐάνπερ ἅπαξ ὁρμήσῃ εὖ, ἔρχεται ὥσπερ κύκλος αὐξανομένη· τροφὴ γὰρ καὶ παίδευσις χρηστὴ σῳζομένη φύσεις ἀγαθὰς ἐμποιεῖ, καὶ αὖ φύσεις χρησταὶ τοιαύτης παιδείας ἀντιλαμβανόμεναι ἔτι βελτίους τῶν προτέρων φύονται, εἴς τε τἆλλα καὶ εἰς τὸ γεννᾶν, ὥσπερ καὶ ἐν τοῖς ἄλλοις ζῴοις. b

Εἰκός γ', ἔφη.

Ὡς τοίνυν διὰ βραχέων εἰπεῖν, τούτου ἀνθεκτέον τοῖς ἐπιμεληταῖς τῆς πόλεως, ὅπως ἂν αὐτοὺς μὴ λάθῃ διαφθαρὲν ἀλλὰ παρὰ πάντα αὐτὸ φυλάττωσι, τὸ μὴ νεωτερίζειν περὶ γυμναστικήν τε καὶ μουσικὴν παρὰ τὴν τάξιν, ἀλλ' ὡς

d 2 δ' ἐβούλετο A M : δὲ βούλεται F D   d 3 ἕνα aut ἕκαστον secl. Hartman   d 4 prius ἓν A D M : om. F   e 4 τροφήν A D Stobaeus : τὴν τροφήν F   e 7 καὶ γάμων secl. Hartman   γάμων] γάμον Vat. 1029 : γάμους ci. H. Richards   a 1 τὰ] τῶν al. : τὰ τῶν vulg.   τὰ φίλων secl. Hartman   a 8 καὶ εἰς A D M Stobaeus : καὶ F   b 5 παρὰ πάντα A Stobaeus : παρ' ἅπαντα F D

希望表明，甚至就其他那些同邦公民而言，一个人生来〈适合做〉什么事情，也就必须把他引向这件事情，即把每一单个的人[1216]引向一件单独的工作[1217]，以至于每个人通过致力于他自己的那一件工作，他不是变成了多，而是变成了一；并且由此一来，整个城邦肯定也会生成为了 423d5
一，而不是多。

这件事的确，他回应道，比那件事是更微不足道的[1218]。

的确，我说道，我的好朋友啊，阿德曼托斯[1219]！我们根本没有——如有人会认为的那样——把这些事情作为许多并且重大的事情指派给他们，相反，它们全都是一些容易的事情，只要他们，如常言所 423e1
说，盯住一件大事不放[1220]，或者，不是大事，毋宁是适中的事。

这件事是什么呢？他回应道。

教育，我说道，以及培养[1221]。因为，如果他们通过被很好地教育而成为了一些有分寸的人，那么，所有这些事情都将容易被〈他们〉看 423e5
清楚，而且肯定还有其他所有那些我们现在将之放在一边的事情，〈诸如〉对女人的拥有和对婚姻的拥有，以及生育孩子，因为所有这些事情 424a1
都必须尽可能按照谚语所说的那样被做，那就是：朋友间的事情是共同的[1222]。

的确非常正确，他回应道，如果变成那样的话。

而且，我说道，一种城邦体制，一旦它有了一个正确的开端[1223]，那它就会像一个盘旋的东西那样往前走，〈不断地〉增长。因为，一种 424a5
有益的培养和教化，当它们被保全，那它们就会造就出一些优秀的品质，另一方面，那些有益的品质，当它们抓住这样一种教育，那它们就会成长得比以前的它们更优秀，既在其他的事情上，也在繁衍后代上，正如在其他那些活物那里〈所表现出来的那样〉。 424b1

的确有可能，他说道。

那好，简要地说[1224]，那些照料城邦的人[1225]，他们必须坚持这点，以免它在他们不知不觉之间被完全毁掉，相反，他们应当彻彻底底 424b5
地[1226]〈这样来〉守护它，那就是：关于体育和文艺，不能背离〈立法

οἷόν τε μάλιστα φυλάττειν, φοβουμένους ὅταν τις λέγῃ ὡς τὴν

ἀοιδὴν μᾶλλον ἐπιφρονέουσ᾽ ἄνθρωποι,
ἥτις ἀειδόντεσσι νεωτάτη ἀμφιπέληται,

c μὴ πολλάκις τὸν ποιητήν τις οἴηται λέγειν οὐκ ᾄσματα νέα ἀλλὰ τρόπον ᾠδῆς νέον, καὶ τοῦτο ἐπαινῇ. δεῖ δ᾽ οὔτ᾽ ἐπαινεῖν τὸ τοιοῦτον οὔτε ὑπολαμβάνειν. εἶδος γὰρ καινὸν μουσικῆς μεταβάλλειν εὐλαβητέον ὡς ἐν ὅλῳ κινδυνεύοντα· οὐδαμοῦ γὰρ κινοῦνται μουσικῆς τρόποι ἄνευ πολιτικῶν νόμων τῶν μεγίστων, ὥς φησί τε Δάμων καὶ ἐγὼ πείθομαι.

Καὶ ἐμὲ τοίνυν, ἔφη ὁ Ἀδείμαντος, θὲς τῶν πεπεισμένων.

d Τὸ δὴ φυλακτήριον, ἦν δ᾽ ἐγώ, ὡς ἔοικεν, ἐνταῦθά που οἰκοδομητέον τοῖς φύλαξιν, ἐν μουσικῇ.

Ἡ γοῦν παρανομία, ἔφη, ῥᾳδίως αὕτη λανθάνει παραδυομένη.

Ναί, ἔφην, ὡς ἐν παιδιᾶς γε μέρει καὶ ὡς κακὸν οὐδὲν ἐργαζομένη.

Οὐδὲ γὰρ ἐργάζεται, ἔφη, ἄλλο γε ἢ κατὰ σμικρὸν εἰσοικισαμένη ἠρέμα ὑπορρεῖ πρὸς τὰ ἤθη τε καὶ τὰ ἐπιτηδεύματα· ἐκ δὲ τούτων εἰς τὰ πρὸς ἀλλήλους συμβόλαια μείζων ἐκβαίνει, ἐκ δὲ δὴ τῶν συμβολαίων ἔρχεται ἐπὶ

e τοὺς νόμους καὶ πολιτείας σὺν πολλῇ, ὦ Σώκρατες, ἀσελγείᾳ, ἕως ἂν τελευτῶσα πάντα ἰδίᾳ καὶ δημοσίᾳ ἀνατρέψῃ.

Εἶεν, ἦν δ᾽ ἐγώ· οὕτω τοῦτ᾽ ἔχει;

Δοκεῖ μοι, ἔφη.

Οὐκοῦν, ὃ ἐξ ἀρχῆς ἐλέγομεν, τοῖς ἡμετέροις παισὶν ἐννομωτέρου εὐθὺς παιδιᾶς μεθεκτέον, ὡς παρανόμου γιγνομένης αὐτῆς καὶ παίδων τοιούτων ἐννόμους τε καὶ σπουδαίους

425 ἐξ αὐτῶν ἄνδρας αὐξάνεσθαι ἀδύνατον ὄν;

b 9 ἐπιφρονέουσ᾽ A² F M Stobaeus : ἐπιφρονέουσιν A D : ἐπικλείουσ᾽ Homerus b 10 ἀειδόντεσσι] ἀκουόντεσσι Homerus d 3 αὕτη F D Stobaeus : αὐτὴ A M : ταύτῃ ci. Madvig d 5 παιδιᾶς A f : παιδίας D : παιδειᾶς (sic) F : παιδείας Stobaeus d 8 εἰσοικισαμένη] εἰσοικησαμένη Stobaeus e 1 πολιτείας] πολιτείαν ci. Hartman e 6 παιδιᾶς A D f : παιδειᾶς (sic) F : παιδείας vulg.

者的〉安排[1227]而进行〈所谓的〉革新，而是必须尽可能地守护它，要心生警惕，每当有人说，任何这样的

> 歌曲，人们更为注意到它，
> 它作为最新的在那些歌唱者〈嘴边〉缭绕[1228]， 424b10

免得或许[1229]有人会认为，诗人不是在说一些新的歌曲，而是在说一种 424c1
新的歌唱风格，并且在赞扬这种风格。然而，既不应当赞扬诸如此类的事情，也不应当如此这般地去把握〈诗人的意思〉。因为，把文艺之形式变成一种新的，这必须被作为在整体上有危险的事情[1230]加以提防；
因为，在任何地方文艺的各种风格都不会改变，除非城邦的一些最重大 424c5
的礼法〈改变了〉，就像达蒙宣称并且我也被说服的那样。

而且也请你把我，阿德曼托斯说道，列入那些已经被说服的人中。

因此，堡垒，我说道，如看起来的那样，卫士们无论如何都必须将 424d1
之建立在这里，即建立在文艺中。

至少，这种〈在文艺方面的〉背离礼法，他说道，不知不觉就轻易地偷偷进入到〈城邦里〉。

是的，我说道，因为它肯定会被归入消遣一类[1231]，并且因为它也 424d5
不造成任何的危害。

它确实没有造成〈任何的危害〉，他说道，除了下面这点，那就是：当它一点一点地让自己定居下来之后，它慢慢地悄悄溜进[1232]〈人们的〉各种习惯和生活方式中；而当它从这些中变得更加强大后，它就
进入到〈人们〉彼此间的各种合约那里，进而从这些合约出发，苏格拉 424d10
底啊，它肆无忌惮地[1233]前往各种礼法和城邦体制那里，直到它最终会 424e1
颠覆一切，无论是在私人方面，还是在公共方面。

好吧，我说道。〈不过〉这些真是这样吗？

在我看来是，他回应道。

因此，正如我们起初说过的那样，我们的孩子们必须径直参与到 424e5
一种更加合乎礼法的消遣中，因为，如果这种消遣自身成为了背离礼法的，并且孩子们也是如此这般的[1234]，那么，从他们那里成长出一些既
合乎礼法又杰出的人，这岂不是不可能的？ 425a1

Πῶς δ' οὐχί; ἔφη.

Ὅταν δὴ ἄρα καλῶς ἀρξάμενοι παῖδες παίζειν εὐνομίαν διὰ τῆς μουσικῆς εἰσδέξωνται, πάλιν τοὐναντίον ἢ 'κείνοις εἰς πάντα συνέπεταί τε καὶ αὔξει, ἐπανορθοῦσα εἴ τι καὶ πρότερον τῆς πόλεως ἔκειτο.

Ἀληθῆ μέντοι, ἔφη.

Καὶ τὰ σμικρὰ ἄρα, εἶπον, δοκοῦντα εἶναι νόμιμα ἐξευρίσκουσιν οὗτοι, ἃ οἱ πρότερον ἀπώλλυσαν πάντα.

⟨Τὰ⟩ ποῖα;

Τὰ τοιάδε· σιγάς τε τῶν νεωτέρων παρὰ πρεσβυτέροις b ἃς πρέπει, καὶ κατακλίσεις καὶ ὑπαναστάσεις καὶ γονέων θεραπείας, καὶ κουράς γε καὶ ἀμπεχόνας καὶ ὑποδέσεις καὶ ὅλον τὸν τοῦ σώματος σχηματισμὸν καὶ τἆλλα ὅσα τοιαῦτα. ἢ οὐκ οἴει;

Ἔγωγε.

Νομοθετεῖν δ' αὐτὰ οἶμαι εὔηθες· οὔτε γάρ που γίγνεται οὔτ' ἂν μείνειεν λόγῳ τε καὶ γράμμασιν νομοθετηθέντα.

Πῶς γάρ;

Κινδυνεύει γοῦν, ἦν δ' ἐγώ, ὦ Ἀδείμαντε, ἐκ τῆς παιδείας ὅποι ἄν τις ὁρμήσῃ, τοιαῦτα καὶ τὰ ἑπόμενα εἶναι. c ἢ οὐκ ἀεὶ τὸ ὅμοιον ὂν ὅμοιον παρακαλεῖ;

Τί μήν;

Καὶ τελευτῶν δὴ οἶμαι φαῖμεν ἂν εἰς ἕν τι τέλεον καὶ νεανικὸν ἀποβαίνειν αὐτὸ ἢ ἀγαθὸν ἢ καὶ τοὐναντίον.

Τί γὰρ οὔκ; ἦ δ' ὅς.

Ἐγὼ μὲν τοίνυν, εἶπον, διὰ ταῦτα οὐκ ἂν ἔτι τὰ τοιαῦτα ἐπιχειρήσαιμι νομοθετεῖν.

Εἰκότως γ', ἔφη.

Τί δέ, ὦ πρὸς θεῶν, ἔφην, τάδε τὰ ἀγοραῖα, συμβολαίων

a 10 τὰ add. Hartman b 2 ἃς A M Stobaeus : ὡς F D : οἷς ci. H. Richards b 3 γε] τε Stobaeus b 10 παιδείας A : παιδειᾶς (sic) F : παιδιᾶς D c 1 ὅποι A F D Stobaeus : ὅπῃ al. : ὁποίας ci. Dobree c 2 ὂν A D et ex emend. F : om. M Stobaeus c 10 τάδε F D : om. A M ἀγοραῖα secl. Herwerden (post τάδε distinguens)

怎么可能不是这样呢？他回应道。

事实上，每当孩子们通过以正确的方式开始嬉戏玩耍，借助文艺而接受对礼法的尊重，那时它[1235]复又——与前面那些孩子相反[1236]——，在方方面面[1237]伴随着他们，并且使他们成长，如果以前在城邦中有什 425a5
么东西被〈错误地〉弃置了，它也将之恢复起来。

确实说得正确，他回应道。

甚至那些看起来是微不足道的合乎礼法的事情，我说道，这些人也将〈重新〉发现它们，因为以前的那些人已经完全毁掉了它们。

哪些事情[1238]？ 425a10

下面这些：年轻人在长者们面前〈要保持〉得体的安静，既要〈帮 425b5
助老年人〉斜躺进餐，也要〈帮助他们〉从座位上起身[1239]，侍奉父母，甚至发型、衣服和鞋子〈的样式〉，以及身体的整个仪态〈都要得体〉，
还有其他所有诸如此类的。或者你不这么认为？ 425b1

我肯定这么认为。

但把它们确定为法律，我认为这是头脑简单的；因为，无论如何这都既不可能发生，也不可能保持，无论当它们在口头上还是在文字上被确定为了法律[1240]。

怎么可能呢？

至少下面这点是有可能的，我说道，阿德曼托斯啊，那就是：一个 425b10
人基于〈他的〉教育动身前往哪里，那些跟随的事情也就是哪个样子。425c1
相似的东西[1241]岂不总是召唤一种相似的东西？

为何不呢？

并且最终，我认为我们事实上会宣称，它[1242]成为了某一完整并且
壮观的东西[1243]，无论是好的，还是甚至与之相反的。 425c5

怎么可能不是这样呢？他回应道。

其实正是由于这些，我说道，我才不再试图把诸如此类的事情确定为法律。

肯定合理，他说道。

诸神在上啊，我说道，这里的这些关乎市场业务方面的事情又如何 425c10

τε πέρι κατ' ἀγορὰν ἕκαστοι ἃ πρὸς ἀλλήλους συμβάλ-
d λουσιν, εἰ δὲ βούλει, καὶ χειροτεχνικῶν περὶ συμβολαίων καὶ λοιδοριῶν καὶ αἰκίας καὶ δικῶν λήξεως καὶ δικαστῶν καταστάσεως, καὶ εἴ που τελῶν τινες ἢ πράξεις ἢ θέσεις ἀναγκαῖοί εἰσιν ἢ κατ' ἀγορὰς ἢ λιμένας, ἢ καὶ τὸ παράπαν ἀγορανομικὰ ἄττα ἢ ἀστυνομικὰ ἢ ἐλλιμενικὰ ἢ ὅσα ἄλλα τοιαῦτα, τούτων τολμήσομέν τι νομοθετεῖν;

Ἀλλ' οὐκ ἄξιον, ἔφη, ἀνδράσι καλοῖς κἀγαθοῖς ἐπιτάττειν·
e τὰ πολλὰ γὰρ αὐτῶν, ὅσα δεῖ νομοθετήσασθαι, ῥᾳδίως που εὑρήσουσιν.

Ναί, ὦ φίλε, εἶπον, ἐάν γε θεὸς αὐτοῖς διδῷ σωτηρίαν τῶν νόμων ὧν ἔμπροσθεν διήλθομεν.

Εἰ δὲ μή γε, ἦ δ' ὅς, πολλὰ τοιαῦτα τιθέμενοι ἀεὶ καὶ ἐπανορθούμενοι τὸν βίον διατελοῦσιν, οἰόμενοι ἐπιλήψεσθαι τοῦ βελτίστου.

Λέγεις, ἔφην ἐγώ, βιώσεσθαι τοὺς τοιούτους ὥσπερ τοὺς κάμνοντάς τε καὶ οὐκ ἐθέλοντας ὑπὸ ἀκολασίας ἐκβῆναι πονηρᾶς διαίτης.

Πάνυ μὲν οὖν.

426 Καὶ μὴν οὗτοί γε χαριέντως διατελοῦσιν· ἰατρευόμενοι γὰρ οὐδὲν περαίνουσιν, πλήν γε ποικιλώτερα καὶ μείζω ποιοῦσι τὰ νοσήματα, καὶ ἀεὶ ἐλπίζοντες, ἐάν τις φάρμακον συμβουλεύσῃ, ὑπὸ τούτου ἔσεσθαι ὑγιεῖς.

Πάνυ γάρ, ἔφη, τῶν οὕτω καμνόντων τὰ τοιαῦτα πάθη.

Τί δέ; ἦν δ' ἐγώ· τόδε αὐτῶν οὐ χαρίεν, τὸ πάντων ἔχθιστον ἡγεῖσθαι τὸν τἀληθῆ λέγοντα, ὅτι πρὶν ἂν μεθύων καὶ ἐμπιμπλάμενος καὶ ἀφροδισιάζων καὶ ἀργῶν παύσηται,
b οὔτε φάρμακα οὔτε καύσεις οὔτε τομαὶ οὐδ' αὖ ἐπῳδαὶ αὐτὸν οὐδὲ περίαπτα οὐδὲ ἄλλο τῶν τοιούτων οὐδὲν ὀνήσει;

d 1 περὶ ξυμβολαίων A F D : περὶξ συμβολαίων M d 2 λήξεως M : λήξεις A F D d 4 παράπαν M : πάμπαν A F D e 4 διήλθομεν A F M : ἤλθομεν D e 6 διατελοῦσιν Cobet : διατελέσουσιν A F D M a 3 ποιοῦσι] ποιοῦντες Adam a 4 ὑγιεῖς recc. : ὑγιῆς F : ὑγιής A D b 1 αὐτὸν] αὐτῶν A²

呢，它们涉及个人彼此之间在市场上签订的那些合约，而如果你愿意的 425d1
话，还有涉及手艺人之间的各种合约，以及各种诽谤、人身攻击、起诉书的提交[1244]和陪审员的任命，当然也涉及各种税捐[1245]，如果其中一些——或者是各种征收，或者是各种缴纳[1246]——是必要的话，无论是
在市场上，还是在港口边，甚或一般地[1247]，那些属于市场管理人的费 425d5
用，或者属于城市管理者的费用，或者港务费，或者所有其他诸如此类的费用，关于这些中的任何一样，我们将胆敢为之立法吗？

当然不值得，他说道，〈把这些〉规定给那些既美又好的人；因为， 425e1
必须被立法的所有那些事情，其中的绝大多数，他们无疑轻易地就将〈为自己〉发现它们。

是的，朋友啊，我说道，只要一位神认可他们对我们前面曾详述过的那些礼法的保全的话。

否则的话，他回应道，他们肯定将通过不断地制定许许多多诸如此 425e5
类的法律并不断地进行纠正来度过一生，因为他们以为他们将获得那最好的。

你在说，我说道，这样一些人将像下面那些人一样过活，那就是，
一方面，他们在患病，另一方面，又由于放纵而不愿意远离一种糟糕的 425e10
生活方式。

完全如此。

而且这些人无疑还活得雅致[1248]；因为，他们虽然被医治，却没有 426a1
达成任何效果，除了使得〈他们的〉那些疾病变得更加的花样繁多和更加严重之外，并且他们还总是对下面这点抱有希望，那就是，只要有人推荐某种药物，他们由此就将是健康的。

的确，他说道，在那些如此患病的人身上有这样一些情况。 426a5

然后呢？我说道。在他们那里下面这样岂不也是优雅的，那就是，他们认为一切中最可恨的是那在说真话的人，当他说：在一个人停止醉
酒、暴食、〈沉湎于〉做属于阿佛洛狄忒的事情[1249]和懒散之前，无论是 426b1
药物，还是〈各种各样的〉烧灼或切割，甚或〈五花八门的〉咒语或护身符，以及诸如此类的东西中的其他任何一样，都将没有任何用处？

Οὐ πάνυ χαρίεν, ἔφη· τὸ γὰρ τῷ εὖ λέγοντι χαλεπαίνειν οὐκ ἔχει χάριν.

Οὐκ ἐπαινέτης εἶ, ἔφην ἐγώ, ὡς ἔοικας, τῶν τοιούτων ἀνδρῶν.

Οὐ μέντοι μὰ Δία.

Οὐδ' ἂν ἡ πόλις ἄρα, ὅπερ ἄρτι ἐλέγομεν, ὅλη τοιοῦτον
ποιῇ, οὐκ ἐπαινέσῃ. ἢ οὐ φαίνονταί σοι ταὐτὸν ἐργάζεσθαι
τούτοις τῶν πόλεων ὅσαι κακῶς πολιτευόμεναι προαγορεύ-
ουσι τοῖς πολίταις τὴν μὲν κατάστασιν τῆς πόλεως ὅλην c
μὴ κινεῖν, ὡς ἀποθανουμένους, ὃς ἂν τοῦτο δρᾷ· ὃς δ' ἂν
σφᾶς οὕτω πολιτευομένους ἥδιστα θεραπεύῃ καὶ χαρίζηται
ὑποτρέχων καὶ προγιγνώσκων τὰς σφετέρας βουλήσεις καὶ
ταύτας δεινὸς ᾖ ἀποπληροῦν, οὗτος ἄρα ἀγαθός τε ἔσται
ἀνὴρ καὶ σοφὸς τὰ μεγάλα καὶ τιμήσεται ὑπὸ σφῶν;

Ταὐτὸν μὲν οὖν, ἔφη, ἔμοιγε δοκοῦσι δρᾶν, καὶ οὐδ' ὁπωστιοῦν ἐπαινῶ.

Τί δ' αὖ τοὺς ἐθέλοντας θεραπεύειν τὰς τοιαύτας πόλεις d
καὶ προθυμουμένους; οὐκ ἄγασαι τῆς ἀνδρείας τε καὶ εὐ-
χερείας;

Ἔγωγ', ἔφη, πλήν γ' ὅσοι ἐξηπάτηνται ὑπ' αὐτῶν καὶ οἴονται τῇ ἀληθείᾳ πολιτικοὶ εἶναι, ὅτι ἐπαινοῦνται ὑπὸ τῶν πολλῶν.

Πῶς λέγεις; οὐ συγγιγνώσκεις, ἦν δ' ἐγώ, τοῖς ἀνδράσιν;
ἢ οἴει οἷόν τ' εἶναι ἀνδρὶ μὴ ἐπισταμένῳ μετρεῖν, ἑτέρων
τοιούτων πολλῶν λεγόντων ὅτι τετράπηχύς ἐστιν, αὐτὸν e
ταῦτα μὴ ἡγεῖσθαι περὶ αὑτοῦ;

Οὐκ αὖ, ἔφη, τοῦτό γε.

Μὴ τοίνυν χαλέπαινε· καὶ γάρ πού εἰσι πάντων χαριέστατοι οἱ τοιοῦτοι, νομοθετοῦντές τε οἷα ἄρτι διήλθομεν καὶ ἐπανορθοῦντες, ἀεὶ οἰόμενοί τι πέρας εὑρήσειν περὶ τὰ ἐν

b 8 τοιοῦτον] τοιοῦτόν τι scr. Mon. c 2 ἀποθανουμένους] ἀποθανουμένου scr. Mon. d 1 ἐθέλοντας F: θέλοντας A D M e 3 οὐκ αὖ A F D M: οὐκ ἂν d: οὔκουν ci. Hartman e 6 τι A D: τε F: an τέ τι

肯定不是优雅的，他回应道。因为对那说得正确的人动怒，这并不优雅。

那么你就不是，我说道，如看起来的那样，这样一些人的赞美者。 426b5

当然不是，宙斯在上！

那么，如果城邦，就像刚才说过的那样，它作为一个整体做诸如
此类的事情，那么，你也将不会赞美。或者，所有下面这样的城邦对你
显得并不像这些人那样在做同一件事：虽然它们采用了一种坏的城邦体 426b10
制[1250]，但它们预先警告城邦公民不要〈试图〉改变城邦的整个状 426c1
况[1251]，因为他们将被处死，无论谁做这件事；而当他们被置于了这样
一种城邦体制之下后[1252]，任何人，只要他以最愉快的方式侍奉它们，
通过谄媚和预先知道它们的各种欲求而取悦它们，并且精于满足这些欲 426c5
求，那么，这个人〈在它们看来〉就肯定将是一个优秀的人以及在各种
重大事情上智慧的人，并且将被它们所尊崇？

我肯定认为，他说道，它们在做同一件事，并且我也在任何方式上都不会赞美。

但在另一方面，那些愿意侍奉这样一些城邦并且一心一意〈要这样 426d1
做〉的人，他们又如何呢？难道你不因〈他们的〉勇敢以及不屈不挠而
钦佩他们[1253]？

我肯定〈钦佩他们〉，他回应道，只不过所有那些被他们[1254]欺骗
并且以为自己真正是一些精通城邦事务的人除外，因为他们被许多人所 426d5
赞美。

你为何这么说呢？难道你不体谅，我说道，这些人吗？或者你认
为对一个人来说下面这样是可能的，那就是：由于他不知道如何进行测
量，当许多其他〈如他〉一样的人说他是四肘尺高[1255]时，他竟然能够 426e1
不相信这个关于他自己的说法？

不，他回应道，我也肯定不再这么认为。

因此，请你不要〈对他们〉动怒[1256]；因为这样一些人其实肯定是
所有人中最优雅的，既然他们为我们刚才细说过的那类事情制定法律并 426e5
且〈不断地〉进行纠正，由于他们总以为他们将为那些在各种合约中的

τοῖς συμβολαίοις κακουργήματα καὶ περὶ ἃ νυνδὴ ἐγὼ ἔλεγον, ἀγνοοῦντες ὅτι τῷ ὄντι ὥσπερ Ὕδραν τέμνουσιν.

427 Καὶ μήν, ἔφη, οὐκ ἄλλο γέ τι ποιοῦσιν.

Ἐγὼ μὲν τοίνυν, ἦν δ' ἐγώ, τὸ τοιοῦτον εἶδος νόμων πέρι καὶ πολιτείας οὔτ' ἐν κακῶς οὔτ' ἐν εὖ πολιτευομένῃ πόλει ᾤμην ἂν δεῖν τὸν ἀληθινὸν νομοθέτην πραγματεύεσθαι, ἐν τῇ μὲν ὅτι ἀνωφελῆ καὶ πλέον οὐδέν, ἐν δὲ τῇ ὅτι τὰ μὲν αὐτῶν κἂν ὁστισοῦν εὕροι, τὰ δὲ ὅτι αὐτόματα ἔπεισιν ἐκ τῶν ἔμπροσθεν ἐπιτηδευμάτων.

b Τί οὖν, ἔφη, ἔτι ἂν ἡμῖν λοιπὸν τῆς νομοθεσίας εἴη;

Καὶ ἐγὼ εἶπον ὅτι Ἡμῖν μὲν οὐδέν, τῷ μέντοι Ἀπόλλωνι τῷ ἐν Δελφοῖς τά γε μέγιστα καὶ κάλλιστα καὶ πρῶτα τῶν νομοθετημάτων.

Τὰ ποῖα; ἦ δ' ὅς.

Ἱερῶν τε ἱδρύσεις καὶ θυσίαι καὶ ἄλλαι θεῶν τε καὶ δαιμόνων καὶ ἡρώων θεραπεῖαι· τελευτησάντων ⟨τε⟩ αὖ θῆκαι καὶ ὅσα τοῖς ἐκεῖ δεῖ ὑπηρετοῦντας ἵλεως αὐτοὺς ἔχειν. τὰ γὰρ δὴ τοιαῦτα οὔτ' ἐπιστάμεθα ἡμεῖς οἰκίζοντές τε πόλιν
c οὐδενὶ ἄλλῳ πεισόμεθα, ἐὰν νοῦν ἔχωμεν, οὐδὲ χρησόμεθα ἐξηγητῇ ἀλλ' ἢ τῷ πατρίῳ· οὗτος γὰρ δήπου ὁ θεὸς περὶ τὰ τοιαῦτα πᾶσιν ἀνθρώποις πάτριος ἐξηγητὴς [ἐν μέσῳ] τῆς γῆς ἐπὶ τοῦ ὀμφαλοῦ καθήμενος ἐξηγεῖται.

Καὶ καλῶς γ', ἔφη, λέγεις· καὶ ποιητέον οὕτω.

Ὠικισμένη μὲν τοίνυν, ἦν δ' ἐγώ, ἤδη ἄν σοι εἴη, ὦ παῖ
d Ἀρίστωνος, ἡ πόλις· τὸ δὲ δὴ μετὰ τοῦτο σκόπει ἐν αὐτῇ, φῶς ποθὲν πορισάμενος ἱκανόν, αὐτός τε καὶ τὸν ἀδελφὸν παρακάλει καὶ Πολέμαρχον καὶ τοὺς ἄλλους, ἐάν πως ἴδωμεν ποῦ ποτ' ἂν εἴη ἡ δικαιοσύνη καὶ ποῦ ἡ ἀδικία, καὶ τί ἀλλήλοιν διαφέρετον, καὶ πότερον δεῖ κεκτῆσθαι τὸν μέλλοντα

a 1 γέ τι F: τί γε A D a 6 ὅτι secl. ci. Stallbaum b 3 γε ci. Hartman: τε A F D M b 6 καὶ ⟨αἱ⟩ ci. Hartman b 7 τε add. Ven. 184: om. A F D M b 9 ⟨τὴν⟩ πόλιν ci. Hartman c 2 πατρίῳ A F D M Eusebius: πατρῴῳ γρ. D c 3 ἐν μέσῳ secl. Herwerden: ἐν μέσῳ τῆς A D M: τῆς ἐν μέσῳ τῆς F

丑恶行径以及我们刚才曾说过的那些事情找到某一终点，他们不知道事实上他们只是像在斩许德剌那样[1257]。

诚然，他说道，他们的确没有做其他任何事情[1258]。 427a1

那好，于我而言，我说道，关乎法律和城邦体制的这样一种形式，无论是在采用了一种坏的城邦体制的城邦那里，还是在采用了一种好的城邦体制的城邦那里，我真该认为[1259]真正的立法者都不应当为之费尽心力；一方面，在前者那里，因为它是无用的并且也不会起更多的作 427a5
用，另一方面，在后者那里，因为甚至任何人都能够发现它们中的一些，而另一些则自动继前面所致力于的那些事情而来[1260]。

那么，他说道，就立法而言，对我们还剩下什么呢？ 427b1

于是我回应道，对我们来说，一无所剩；然而，对于德尔斐的阿波罗来说，在法律中无论如何都还剩下一些最重大的和最美好的，并且也是首要的。

哪样一些？他说道。 427b5

各种神庙的建立和各种献祭，以及对诸神、各种各样的精灵和英雄们的其他侍奉；此外，还有终了者们的各种安葬方式[1261]以及所有那些为了那边的那些人吉祥顺利而必须侍候他们的事情[1262]。因为事实上诸如此类的这些事情，我们既对之没有知识，当我们建立一个城邦时，我 427c1
们也不会听从其他任何人——如果我们有理智的话——，我们不会采纳任何解释者〈的建议〉[1263]，除了那位自父辈以来的〈解释者〉之外[1264]。因为，这位神，关于诸如此类的这些事情，他无疑对所有人来说是自父辈以来的解释者，他坐在大地的中央于〈其〉肚脐上进行着解释[1265]。

你也的确说得正确，他说道，并且也必须这样做。 427c5

因此，一方面，我说道，对你而言，阿里斯通的儿子啊，城邦似乎已经建立起来了；另一方面，此后的事情是请你在它那里进行一番考 427d1
察——通过从某个地方取得足够的光——，既有你自己，也请你把〈你的〉弟弟[1266]和波勒马尔科斯，以及其他一些人叫过来，那就是〈看看〉：我们是否能够在某种方式上看清正义究竟会是在何处，以及不正义又会是在何处，以及两者彼此之间有何不同，还有，一个人必须拥有 427d5

εὐδαίμονα εἶναι, ἐάντε λανθάνῃ ἐάντε μὴ πάντας θεούς τε καὶ ἀνθρώπους.

Οὐδὲν λέγεις, ἔφη ὁ Γλαύκων· σὺ γὰρ ὑπέσχου ζητήσειν,
ὡς οὐχ ὅσιόν σοι ὂν μὴ οὐ βοηθεῖν δικαιοσύνῃ εἰς δύναμιν e
παντὶ τρόπῳ.

Ἀληθῆ, ἔφην ἐγώ, ὑπομιμνῄσκεις, καὶ ποιητέον μέν γε οὕτως, χρὴ δὲ καὶ ὑμᾶς συλλαμβάνειν.

Ἀλλ', ἔφη, ποιήσομεν οὕτω.

Ἐλπίζω τοίνυν, ἦν δ' ἐγώ, εὑρήσειν αὐτὸ ὧδε. οἶμαι ἡμῖν τὴν πόλιν, εἴπερ ὀρθῶς γε ᾤκισται, τελέως ἀγαθὴν εἶναι.

Ἀνάγκη γ', ἔφη.

Δῆλον δὴ ὅτι σοφή τ' ἐστὶ καὶ ἀνδρεία καὶ σώφρων καὶ δικαία.

Δῆλον.

Οὐκοῦν ὅτι ἂν αὐτῶν εὕρωμεν ἐν αὐτῇ, τὸ ὑπόλοιπον ἔσται τὸ οὐχ ηὑρημένον;

Τί μήν; 428

Ὥσπερ τοίνυν ἄλλων τινῶν τεττάρων, εἰ ἕν τι ἐζητοῦμεν αὐτῶν ἐν ὁτῳοῦν, ὁπότε πρῶτον ἐκεῖνο ἔγνωμεν, ἱκανῶς ἂν εἶχεν ἡμῖν, εἰ δὲ τὰ τρία πρότερον ἐγνωρίσαμεν, αὐτῷ ἂν τούτῳ ἐγνώριστο τὸ ζητούμενον· δῆλον γὰρ ὅτι οὐκ ἄλλο ἔτι ἦν ἢ τὸ ὑπολειφθέν.

Ὀρθῶς, ἔφη, λέγεις.

Οὐκοῦν καὶ περὶ τούτων, ἐπειδὴ τέτταρα ὄντα τυγχάνει, ὡσαύτως ζητητέον;

Δῆλα δή.

Καὶ μὲν δὴ πρῶτόν γέ μοι δοκεῖ ἐν αὐτῷ κατάδηλον εἶναι
ἡ σοφία· καί τι ἄτοπον περὶ αὐτὴν φαίνεται. b

Τί; ἦ δ' ὅς.

e 1 μὴ οὐ A F M : μὴ D e 5 ποιήσομεν A D M : ποιήσωμεν F e 9 γ' F : om. A D M a 4 τὰ A : om. F D a 6 ὑπολειφθέν A² D M : ὑποληφθέν A F a 11 αὐτῷ] αὐτοῖς ci. Hartman κατάδηλος ci. Hartman

了两者中的哪一个，他才将是幸福的，无论是不被，还是被所有的神以及世人注意到[1267]。

你在说空话，格劳孔说道。因为你自己曾许诺将进行探寻，说这对你 427e1
来说是不虔敬的，那就是不力所能及地[1268]用所有的方式去帮助正义[1269]。

你提醒得正确，我说道，并且虽然〈我〉肯定必须得这样做，但你们也应当帮忙。

当然，他回应道，我们将这样做。 427e5

那好，我希望，我说道，将以下面这种方式来发现它。我认为，我们的城邦，假如它的确已经被正确地建立起来了，那么，它就会彻彻底底是好的。

必然，他说道。

那么，显而易见，它是智慧的，勇敢的，自制的，以及正义的。 427e10

显然。

那么，岂不会这样，那就是，如果我们在它那里发现它们中的任何一个，剩下的就将是未曾被发现的？

为何不呢？ 428a1

那好，就像有另外某四种东西，如果我们在任何东西那里寻找它们中的某一个，一旦我们首先〈恰好〉就认识到了它，那么，对我们来说就已经是足够的了；但如果我们先行认识到了〈其中的另外〉三个，那
么，恰恰凭借这点，被寻找的那个也已经被认识到了，因为，显然它不 428a5
再会是任何别的，除了是剩下的那个之外[1270]。

你说得正确，他说道。

因此，关于这些，既然它们恰好是四个，岂不也必须以同样的方式进行寻找？

显然。 428a10

而事实上，首先，无论如何我都认为在〈我们所寻找的〉那种东西
那里[1271]一清二楚的是智慧；并且关于它显得还有某种奇怪的事情。 428b1

什么事情？他说道。

Σοφὴ μὲν τῷ ὄντι δοκεῖ μοι ἡ πόλις εἶναι ἣν διήλθομεν· εὔβουλος γάρ, οὐχί;

Ναί.

Καὶ μὴν τοῦτό γε αὐτό, ἡ εὐβουλία, δῆλον ὅτι ἐπιστήμη τίς ἐστιν· οὐ γάρ που ἀμαθίᾳ γε ἀλλ' ἐπιστήμῃ εὖ βουλεύονται.

Δῆλον.

Πολλαὶ δέ γε καὶ παντοδαπαὶ ἐπιστῆμαι ἐν τῇ πόλει εἰσίν.

Πῶς γὰρ οὔ;

Ἆρ' οὖν διὰ τὴν τῶν τεκτόνων ἐπιστήμην σοφὴ καὶ εὔβουλος ἡ πόλις προσρητέα;

c Οὐδαμῶς, ἔφη, διά γε ταύτην, ἀλλὰ τεκτονική.

Οὐκ ἄρα διὰ τὴν ὑπὲρ τῶν ξυλίνων σκευῶν ἐπιστήμην, βουλευομένη ὡς ἂν ἔχοι βέλτιστα, σοφὴ κλητέα πόλις.

Οὐ μέντοι.

Τί δέ; τὴν ὑπὲρ τῶν ἐκ τοῦ χαλκοῦ ἤ τινα ἄλλην τῶν τοιούτων;

Οὐδ' ἡντινοῦν, ἔφη.

Οὐδὲ τὴν ὑπὲρ τοῦ καρποῦ τῆς γενέσεως ἐκ τῆς γῆς, ἀλλὰ γεωργική.

Δοκεῖ μοι.

Τί δ'; ἦν δ' ἐγώ· ἔστι τις ἐπιστήμη ἐν τῇ ἄρτι ὑφ' ἡμῶν οἰκισθείσῃ παρά τισι τῶν πολιτῶν, ᾗ οὐχ ὑπὲρ τῶν
d ἐν τῇ πόλει τινὸς βουλεύεται, ἀλλ' ὑπὲρ αὑτῆς ὅλης, ὅντινα τρόπον αὐτή τε πρὸς αὑτὴν καὶ πρὸς τὰς ἄλλας πόλεις ἄριστα ὁμιλοῖ;

Ἔστι μέντοι.

Τίς, ἔφην ἐγώ, καὶ ἐν τίσιν;

Αὕτη, ἦ δ' ὅς, ἡ φυλακική, καὶ ἐν τούτοις τοῖς ἄρχουσιν οὓς νυνδὴ τελέους φύλακας ὠνομάζομεν.

b 9 δῆλον A F: δηλονότι D c 3 βουλευομένην ci. Heindorf c 12 ᾗ M: ἣ A F D: ἡ vulg. d 1 αὐτῆς (sic) A F D: ἑαυτῆς M ὅντιν' ἂν ci. Ast d 3 ἄριστ' ἂν scr. Laur. lxxxv. 14 d 7 ὠνομάζομεν A D: ὀνομάζομεν F

在我看来，我们细说过的那种城邦的确在是的方式上是智慧的，因为它是有能力给出好的建议的[1272]，难道不是〈这样吗〉？

是。 428b5

而且这种东西自身[1273]，即好的建议，它无疑显然是某种知识；因为，无论如何都不是凭借无知，而肯定是凭借知识，人们才会很好地进行建议。

显然。

然而，在城邦中肯定有着许许多多且各种各样的知识。 428b10

为何不呢？

那么，难道是由于木匠们的知识，城邦才必须被称作是智慧的和有能力给出好的建议的？

绝对不是，他回应道，由于这种知识，那它肯定〈会被称作是〉精 428c1
通木工的。

那么，也不是通过关乎各种木制器皿的知识，因建议〈木制器皿〉如何能够是最好的[1274]，一个城邦才必须被称作是智慧的。

当然不是。

然后呢？难道是通过关乎各种铜制器皿的知识，或者通过关乎诸如 428c5
此类的东西的其他某种知识？

当然不是通过任何一种这样的知识，他回应道。

也不是通过关乎从地里来的作物之生长的知识，〈因为那样一来〉它只不过是精通耕作的。

在我看来是这样。 428c10

然后呢？在刚才被我们所建立的那种城邦中，在〈其〉城邦公民的某些人那里有着某种〈这样的〉知识吗，在那里[1275]，它不是对城邦里
的那些事情中的某一种进行建议，而是对作为整体的城邦进行建议，即 428d1
建议它以什么样的方式才能够最好地同它自己打交道，以及同其他那些城邦打交道[1276]？

当然有。

它是什么，我说道，以及在哪些人那里？ 428d5

这种〈知识〉，他回应道，就是那关乎保卫〈城邦〉的知识，并且在我们刚才把他们称之为十足的卫士的那些统治者们那里[1277]。

Διὰ ταύτην οὖν τὴν ἐπιστήμην τί τὴν πόλιν προσαγορεύεις;

Εὔβουλον, ἔφη, καὶ τῷ ὄντι σοφήν.

Πότερον οὖν, ἦν δ' ἐγώ, ἐν τῇ πόλει οἴει ἡμῖν χαλκέας πλείους ἐνέσεσθαι ἢ τοὺς ἀληθινοὺς φύλακας τούτους; e

Πολύ, ἔφη, χαλκέας.

Οὐκοῦν, ἔφην, καὶ τῶν ἄλλων ὅσοι ἐπιστήμας ἔχοντες ὀνομάζονταί τινες εἶναι, πάντων τούτων οὗτοι ἂν εἶεν ὀλίγιστοι;

Πολύ γε.

Τῷ σμικροτάτῳ ἄρα ἔθνει καὶ μέρει ἑαυτῆς καὶ τῇ ἐν τούτῳ ἐπιστήμῃ, τῷ προεστῶτι καὶ ἄρχοντι, ὅλη σοφὴ ἂν εἴη κατὰ φύσιν οἰκισθεῖσα πόλις· καὶ τοῦτο, ὡς ἔοικε, φύσει ὀλίγιστον γίγνεται γένος, ᾧ προσήκει ταύτης τῆς ἐπιστήμης 429 μεταλαγχάνειν ἣν μόνην δεῖ τῶν ἄλλων ἐπιστημῶν σοφίαν καλεῖσθαι.

Ἀληθέστατα, ἔφη, λέγεις.

Τοῦτο μὲν δὴ ἓν τῶν τεττάρων οὐκ οἶδα ὅντινα τρόπον ηὑρήκαμεν, αὐτό τε καὶ ὅπου τῆς πόλεως ἵδρυται.

Ἐμοὶ γοῦν δοκεῖ, ἔφη, ἀποχρώντως ηὑρῆσθαι.

Ἀλλὰ μὴν ἀνδρεία γε αὐτή τε καὶ ἐν ᾧ κεῖται τῆς πόλεως, δι' ὃ τοιαύτη κλητέα ἡ πόλις, οὐ πάνυ χαλεπὸν ἰδεῖν.

Πῶς δή;

Τίς ἄν, ἦν δ' ἐγώ, εἰς ἄλλο τι ἀποβλέψας ἢ δειλὴν ἢ b ἀνδρείαν πόλιν εἴποι ἀλλ' ἢ εἰς τοῦτο τὸ μέρος ὃ προπολεμεῖ τε καὶ στρατεύεται ὑπὲρ αὐτῆς;

Οὐδ' ἂν εἷς, ἔφη, εἰς ἄλλο τι.

Οὐ γὰρ οἶμαι, εἶπον, οἵ γε ἄλλοι ἐν αὐτῇ ἢ δειλοὶ ἢ ἀνδρεῖοι ὄντες κύριοι ἂν εἶεν ἢ τοίαν αὐτὴν εἶναι ἢ τοίαν.

Οὐ γάρ.

d 11 οὖν F M: om. A D a 7 ἐμοὶ γοῦν] ἔμοιγ' οὖν A εὑρῆσθαι A M: εἰρῆσθαι F D

那么，由于这种知识，你如何称呼该城邦呢？

有能力给出好的建议的，他回应道，并且在是的方式上是智慧的。 428d10

那么，我说道，在我们的城邦里面，你认为人数更多的，将是那些 428e1
锻工呢，还是这些真正的卫士？

锻工们，他回应道，远远要多得多。

那么，我说道，甚至就其他所有那些因拥有某种〈特定的〉知识而
获得了某种〈特定的〉名字的人而言，在所有这些人当中，这些〈真正 428e5
的卫士〉岂不会是人数最少的？

肯定远远是。

因此，凭借它自己的这最小的一群人和部分[1278]，以及在这个部分
中的那种知识，也即是说由于这个部分立于前面和进行着统治，一个城
邦，如果它依照本性被建立起来，那么它才会作为整体是智慧的；并且
这个部分，如看起来的那样，在本性上就成为了最小的族类，而这个族 429a1
类适合通过抽签分得下面这种知识，那就是同其他知识相较，唯有它应
当被称作智慧。

非常正确，他说道，你说得。

因此，这肯定是那四者中的一个，我不知道我们究竟以何种方式发 429a5
现了它，不仅发现了它自身，而且发现了它寓于城邦的何处。

至少在我看来，他说道，它已经被充分地发现了。

当然，就勇敢来说，事实上无论是它自身，还是它位于城邦的何
处，正由于它城邦才被称作是如此这般的[1279]，这无论如何都不难以 429a10
看清。

究竟为何呢？

有谁，我说道，会盯住其他任何事情而宣称一个城邦是懦弱的或者 429b1
勇敢的，除了盯住下面这个部分之外，那就是，它为了城邦而进行战斗
和从军？

不会有任何人，他回应道，盯住其他任何事情。

因为我认为，我说道，在城邦中的其他人，无论他们是懦弱的还是 429b5
勇敢的，他们对它是这个样子还是那个样子都不是决定性的。

肯定不是。

Καὶ ἀνδρεία ἄρα πόλις μέρει τινὶ ἑαυτῆς ἐστι, διὰ τὸ ἐν ἐκείνῳ ἔχειν δύναμιν τοιαύτην ἣ διὰ παντὸς σώσει τὴν περὶ
c τῶν δεινῶν δόξαν, ταῦτά τε αὐτὰ εἶναι καὶ τοιαῦτα, ἅ τε καὶ οἷα ὁ νομοθέτης παρήγγελλεν ἐν τῇ παιδείᾳ. ἢ οὐ τοῦτο ἀνδρείαν καλεῖς;

Οὐ πάνυ, ἔφη, ἔμαθον ὃ εἶπες, ἀλλ' αὖθις εἰπέ.

Σωτηρίαν ἔγωγ', εἶπον, λέγω τινὰ εἶναι τὴν ἀνδρείαν.

Ποίαν δὴ σωτηρίαν;

Τὴν τῆς δόξης τῆς ὑπὸ νόμου διὰ τῆς παιδείας γεγονυίας περὶ τῶν δεινῶν ἅ τέ ἐστι καὶ οἷα· διὰ παντὸς δὲ ἔλεγον αὐτῆς σωτηρίαν τὸ ἔν τε λύπαις ὄντα διασῴζεσθαι αὐτὴν καὶ ἐν
d ἡδοναῖς καὶ ἐν ἐπιθυμίαις καὶ ἐν φόβοις καὶ μὴ ἐκβάλλειν. ᾧ δέ μοι δοκεῖ ὅμοιον εἶναι ἐθέλω ἀπεικάσαι, εἰ βούλει.

Ἀλλὰ βούλομαι.

Οὐκοῦν οἶσθα, ἦν δ' ἐγώ, ὅτι οἱ βαφῆς, ἐπειδὰν βουληθῶσι βάψαι ἔρια ὥστ' εἶναι ἁλουργά, πρῶτον μὲν ἐκλέγονται ἐκ τοσούτων χρωμάτων μίαν φύσιν τὴν τῶν λευκῶν, ἔπειτα προπαρασκευάζουσιν, οὐκ ὀλίγῃ παρασκευῇ θεραπεύσαντες ὅπως δέξεται ὅτι μάλιστα τὸ ἄνθος, καὶ οὕτω δὴ βάπτουσι.
e καὶ ὃ μὲν ἂν τούτῳ τῷ τρόπῳ βαφῇ, δευσοποιὸν γίγνεται τὸ βαφέν, καὶ ἡ πλύσις οὔτ' ἄνευ ῥυμμάτων οὔτε μετὰ ῥυμμάτων δύναται αὐτῶν τὸ ἄνθος ἀφαιρεῖσθαι· ἃ δ' ἂν μή οἶσθα οἷα δὴ γίγνεται, ἐάντέ τις ἄλλα χρώματα βάπτῃ ἐάντε καὶ ταῦτα μὴ προθεραπεύσας.

Οἶδα, ἔφη, ὅτι καὶ ἔκπλυτα καὶ γελοῖα.

Τοιοῦτον τοίνυν, ἦν δ' ἐγώ, ὑπόλαβε κατὰ δύναμιν ἐργάζεσθαι καὶ ἡμᾶς, ὅτε ἐξελεγόμεθα τοὺς στρατιώτας καὶ
430 ἐπαιδεύομεν μουσικῇ καὶ γυμναστικῇ· μηδὲν οἴου ἄλλο μηχα-

c 1 τοιαῦτα A D : τὰ τοιαῦτα F   c 2 παρήγγελλεν A² F D : παρήγγειλλεν (sic) A : παρήγγειλεν M   οὐ A F M : om. D   c 7 γεγονυίας scr. recc. : γεγονυῖαν A F D M Stobaeus   c 8 αὐτῆς Adam : αὐτὴν A F D M Stobaeus : αὖ τὴν ci. Jackson   c 9 τὸ A F D M Stobaeus : τῷ scr. recc.   d 6 τὴν τῶν λευκῶν] τῶν λευκῶν Stobaeus   e 6 ὅτι καὶ F Stobaeus : ὅτι A D M   a 1 μουσικῇ] ἐν μουσικῇ Stobaeus   μηδὲν A D : καὶ μηδὲν F M Stobaeus

其实一个城邦也是凭借它自己的某个部分才是勇敢的，正是通过那个部分它拥有下面这样一种力量，那就是它在任何情形下[1280]都将保持关于那些可怕的事情的信念——而这些〈可怕的〉事情，它们同立 429c1
法者在教育中所宣布的那些以及那样一些事情，是同样的和如此那般的——。或者，你不把这称作勇敢？

我没有完全，他说道，明白你所说的，因而请你再说一遍。

我肯定会说，我回应道，勇敢是某种保持。 429c5

究竟是何种保持？

对那种通过教育被法律产生出来的关于那些可怕的事情的信念的保持——它们是什么以及是怎样——。而我〈之所以〉把它称作在任何情形下的保持[1281]，〈因为〉要彻底保持这种信念[1282]，无论一个人是在痛苦中，还是在快乐中，无论是在欲望中，还是在恐惧中，并且〈永不〉 429d1
抛弃[1283]。至于我认为它相似于什么，我愿意做个比照，如果你希望的话。

我当然希望。

那好，你肯定知道下面这点，我说道，那就是：那些染色工，每当他们打算要染羊毛，以便它是紫色的时，首先，他们从如此多颜色〈的 429d5
羊毛〉中[1284]选出唯一的一种白色[1285]〈的羊毛〉；然后，他们预先进行准备，通过不少的准备来料理〈它们〉，以便它们将尽可能地取得色泽[1286]，并且只有到了那个时候他们才〈对它们〉进行染色。而且一方 429e1
面，那以这种方式被染色的东西，它变得不褪色[1287]，甚至洗涤——无论是不带有碱液的，还是带有碱液的——也不能够夺走它们的色泽；另一方面，那些不以这种方式被染色的东西，你知道它们肯定会变成什么样子，无论一个人是把其他颜色〈的羊毛〉染成〈紫色〉[1288]，还是在没 429e5
有预先准备的情况下把这些〈白色的羊毛〉染成〈紫色〉。

我知道，他回应道，它们会被洗得褪色，并且〈显得〉可笑。

因此，类似这样的事情，我说道，请你接受我们也在力所能及地[1289]从事它，当我们选择士兵，并且用文艺和体育来教育他们时。请你不要 430a1

νᾶσθαι ἢ ὅπως ἡμῖν ὅτι κάλλιστα τοὺς νόμους πεισθέντες
δέξοιντο ὥσπερ βαφήν, ἵνα δευσοποιὸς αὐτῶν ἡ δόξα γίγνοιτο
καὶ περὶ δεινῶν καὶ περὶ τῶν ἄλλων διὰ τὸ τήν τε φύσιν
καὶ τὴν τροφὴν ἐπιτηδείαν ἐσχηκέναι, καὶ μὴ αὐτῶν ἐκπλύ-
ναι τὴν βαφὴν τὰ ῥύμματα ταῦτα, δεινὰ ὄντα ἐκκλύζειν, ἥ
τε ἡδονή, παντὸς χαλεστραίου δεινοτέρα οὖσα τοῦτο δρᾶν
καὶ κονίας, λύπη τε καὶ φόβος καὶ ἐπιθυμία, παντὸς ἄλλου b
ῥύμματος. τὴν δὴ τοιαύτην δύναμιν καὶ σωτηρίαν διὰ
παντὸς δόξης ὀρθῆς τε καὶ νομίμου δεινῶν τε πέρι καὶ μὴ
ἀνδρείαν ἔγωγε καλῶ καὶ τίθεμαι, εἰ μή τι σὺ ἄλλο
λέγεις.

Ἀλλ' οὐδέν, ἦ δ' ὅς, λέγω· δοκεῖς γάρ μοι τὴν ὀρθὴν δόξαν περὶ τῶν αὐτῶν τούτων ἄνευ παιδείας γεγονυῖαν, τήν τε θηριώδη καὶ ἀνδραποδώδη, οὔτε πάνυ νόμιμον ἡγεῖσθαι, ἄλλο τέ τι ἢ ἀνδρείαν καλεῖν.

Ἀληθέστατα, ἦν δ' ἐγώ, λέγεις. c

Ἀποδέχομαι τοίνυν τοῦτο ἀνδρείαν εἶναι.

Καὶ γὰρ ἀποδέχου, ἦν δ' ἐγώ, πολιτικήν γε, καὶ ὀρθῶς ἀποδέξῃ· αὖθις δὲ περὶ αὐτοῦ, ἐὰν βούλῃ, ἔτι κάλλιον δίιμεν. νῦν γὰρ οὐ τοῦτο ἐζητοῦμεν, ἀλλὰ δικαιοσύνην· πρὸς οὖν τὴν ἐκείνου ζήτησιν, ὡς ἐγᾦμαι, ἱκανῶς ἔχει.

Ἀλλὰ καλῶς, ἔφη, λέγεις.

Δύο μήν, ἦν δ' ἐγώ, ἔτι λοιπὰ ἃ δεῖ κατιδεῖν ἐν τῇ
πόλει, ἥ τε σωφροσύνη καὶ οὗ δὴ ἕνεκα πάντα ζητοῦμεν, d
δικαιοσύνη.

Πάνυ μὲν οὖν.

Πῶς οὖν ἂν τὴν δικαιοσύνην εὕροιμεν, ἵνα μηκέτι πραγματευώμεθα περὶ σωφροσύνης;

Ἐγὼ μὲν τοίνυν, ἔφη, οὔτε οἶδα οὔτ' ἂν βουλοίμην αὐτὸ πρότερον φανῆναι, εἴπερ μηκέτι ἐπισκεψόμεθα σωφροσύνην·

a 7 χαλεστραίου A F D: χαλαστραίου M Stobaeus Timaeus
b 3 νομίμου] μονίμου Stobaeus τε πέρι Stobaeus: πέρι A F D M
b 8 νόμιμον] μόνιμον Stobaeus c 5 ἐζητοῦμεν A D M: ζητοῦμεν F

以为，我们是为了别的什么，而不是仅仅为了下面这点才想方设法〈做这件事情〉，那就是：通过被我们说服，他们能够以尽可能美的方式接受各种礼法——就像〈预先准备好的那些白色的羊毛接受〉一种染料那样——，以便他们的信念〈永不〉褪色，无论是关于那些可怕的事情，还是关于其他的事情，因为他们已经获得了一种适宜的天性和培养；甚 430a5
至〈下面〉这些碱液也不可能洗掉他们的染色，尽管它们在洗涤方面是厉害的，无论是快乐——它在做这件事情上比任何一种来自卡拉斯忒刺的碱面[1290]和皂粉都是更厉害的——，还是痛苦、恐惧和欲望——它们 430b1
则远超任何一种其他的碱液。因此，这样一种能力和保持——即关于那些可怕的以及不可怕的事情，在任何情形下对它们都保持着一种正确的以及合法的信念——，我将之称作并且我也将之规定为勇敢，除非你有 430b5
其他什么要说。

我别无其他任何东西可说，他说道。其实在我看来，关于同样这些事情的正确信念——如果它在缺乏教育的情况下就已经产生出来了，即动物性的信念和带有奴性的信念[1291]——，你不仅根本不把它视为合法的[1292]，而且把它称作异于勇敢的某种东西[1293]。

非常正确，我说道，你说得。 430c1

那好，我接受这就是勇敢。

你只管接受，我说道，至少将之作为城邦公民的〈勇敢〉[1294]，并且你也将接受得正确。但关于它，如果你愿意，我们以后还可以再次更好地进行详细讨论。因为现在我们不是在寻找这种东西，而是在寻找正 430c5
义。因此，就对它的探寻来说，如我所认为的那样，是足够的了。

当然，他回应道，你说得正确。

无疑还剩下两种，我说道，在城邦中必须看清的东西，那就是自制， 430d1
以及为了它的缘故我们才探寻〈其他〉所有东西的那种东西[1295]，即正义。

完全如此。

那么，我们能够以何种方式发现正义，以便关于自制我们能够不再 430d5
费力淘神？

那好，我肯定，他回应道，既不知道〈如何能够这样来发现正义〉，我也不会愿意它先行被揭示出来，假如我们真的不再考察自制的

ἀλλ' εἰ ἔμοιγε βούλει χαρίζεσθαι, σκόπει πρότερον τοῦτο ἐκείνου.

e 'Αλλὰ μέντοι, ἦν δ' ἐγώ, βούλομαί γε, εἰ μὴ ἀδικῶ.

Σκόπει δή, ἔφη.

Σκεπτέον, εἶπον· καὶ ὥς γε ἐντεῦθεν ἰδεῖν, συμφωνίᾳ τινὶ καὶ ἁρμονίᾳ προσέοικεν μᾶλλον ἢ τὰ πρότερον.

Πῶς;

Κόσμος πού τις, ἦν δ' ἐγώ, ἡ σωφροσύνη ἐστὶν καὶ ἡδονῶν τινων καὶ ἐπιθυμιῶν ἐγκράτεια, ὥς φασι κρείττω δὴ αὑτοῦ ἀποφαίνοντες οὐκ οἶδ' ὅντινα τρόπον, καὶ ἄλλα ἄττα τοιαῦτα ὥσπερ ἴχνη αὐτῆς λέγεται. ἦ γάρ;

Πάντων μάλιστα, ἔφη.

Οὐκοῦν τὸ μὲν κρείττω αὑτοῦ γελοῖον; ὁ γὰρ ἑαυτοῦ κρείττων καὶ ἥττων δήπου ἂν αὑτοῦ εἴη καὶ ὁ ἥττων κρείττων·
431 ὁ αὐτὸς γὰρ ἐν ἅπασιν τούτοις προσαγορεύεται.

Τί δ' οὔ;

'Αλλ', ἦν δ' ἐγώ, φαίνεταί μοι βούλεσθαι λέγειν οὗτος ὁ λόγος ὥς τι ἐν αὐτῷ τῷ ἀνθρώπῳ περὶ τὴν ψυχὴν τὸ μὲν βέλτιον ἔνι, τὸ δὲ χεῖρον, καὶ ὅταν μὲν τὸ βέλτιον φύσει τοῦ χείρονος ἐγκρατὲς ᾖ, τοῦτο λέγειν τὸ κρείττω αὑτοῦ —ἐπαινεῖ γοῦν—ὅταν δὲ ὑπὸ τροφῆς κακῆς ἤ τινος ὁμιλίας κρατηθῇ ὑπὸ πλήθους τοῦ χείρονος σμικρότερον τὸ βέλτιον
b ὄν, τοῦτο δὲ ὡς ἐν ὀνείδει ψέγειν τε καὶ καλεῖν ἥττω ἑαυτοῦ καὶ ἀκόλαστον τὸν οὕτω διακείμενον.

Καὶ γὰρ ἔοικεν, ἔφη.

'Απόβλεπε τοίνυν, ἦν δ' ἐγώ, πρὸς τὴν νέαν ἡμῖν πόλιν, καὶ εὑρήσεις ἐν αὐτῇ τὸ ἕτερον τούτων ἐνόν· κρείττω γὰρ αὐτὴν αὑτῆς δικαίως φήσεις προσαγορεύεσθαι, εἴπερ οὗ τὸ ἄμεινον τοῦ χείρονος ἄρχει σῶφρον κλητέον καὶ κρεῖττον αὑτοῦ.

e 6 κόσμος A Stobaeus: ὁ κόσμος F D e 8 ἀποφαίνοντες H. Richards (ἀποφαίνονται Cornarius): φαίνονται A D: λέγοντες F M et in marg. γρ. A Stobaeus a 6 ἐγκρατὲς] ἐγκρατέστερον Stobaeus τὸ F D M Stobaeus: τὸν A b 6 προσαγορεύεσθαι] προσαγορεύειν Stobaeus οὗ scr. recc.: οὖν A F D M Stobaeus

话。相反，如果你的的确确愿意让我感到满意，那么，就请你在那种东西之前考察这种东西。

然而，我说道，我肯定愿意，否则我就在行不义。 430e1

那就请你考察吧，他说道。

必须考察，我说道；并且至少从〈现在〉这里〈的立场〉来看[1296]，它比前面那〈两种东西〉显得更像某种一致以及和谐[1297]。

为何？ 430e5

自制，我说道，它无论如何都是某种秩序以及对各种快乐和各种欲望的一种控制，就像人们所说的那样，因为他们确实宣称一个人要比他自己更强[1298]——尽管我们不知道究竟在何种方式上——，并且其他一些诸如此类的事情也被说成像它的足迹似的。是这样吗？

毫无疑问，他回应道。 430e10

比自己更强，这岂不是可笑的？因为那比他自己更强的人无疑也会
是比他自己更弱的，并且那〈比他自己〉更弱的人也是〈比他自己〉更
强的。因为在所有这些〈表达〉中被谈及的是同一个人。 431a1

为何不呢？

然而，我说道，这句话对我显得其实是想说：在同一个人那里，同
灵魂相关的，有〈两个部分〉内在于它的里面[1299]，一个是较好的，另 431a5
一个则是较差的；并且一方面，每当那在天性上较好的部分控制着那
个较差的部分时，比他自己更强这句话就在说这件事——这无论如何都
是在进行表扬——，另一方面，每当由于一种糟糕的培养或者由于某种
〈坏的〉交往[1300]，那个较好的部分，它〈恰好〉是较小的，被较差的那
个部分的乌合之众所控制时，则是在责备的意义[1301]上谴责这件事，并 431b1
且把处于这种情形中的人称作比他自己更弱和放纵的。

的确看起来是这样，他说道。

那好，请你看看，我说道，我们的这个新城邦，并且你将发现这两 431b5
者中的每一个都内在于它的里面。因为，你将宣称它正当地被称作是强于它自己的，只要其中[1302]那个较好的部分统治着那个较差的部分，它就必须被称作是自制的和强于它自己的。

Ἀλλ' ἀποβλέπω, ἔφη, καὶ ἀληθῆ λέγεις.

Καὶ μὴν καὶ τάς γε πολλὰς καὶ παντοδαπὰς ἐπιθυμίας καὶ
ἡδονάς τε καὶ λύπας ἐν παισὶ μάλιστα ἄν τις εὕροι καὶ c
γυναιξὶ καὶ οἰκέταις καὶ τῶν ἐλευθέρων λεγομένων ἐν τοῖς πολλοῖς τε καὶ φαύλοις.

Πάνυ μὲν οὖν.

Τὰς δέ γε ἁπλᾶς τε καὶ μετρίας, αἳ δὴ μετὰ νοῦ τε καὶ δόξης ὀρθῆς λογισμῷ ἄγονται, ἐν ὀλίγοις τε ἐπιτεύξῃ καὶ τοῖς βέλτιστα μὲν φῦσιν, βέλτιστα δὲ παιδευθεῖσιν.

Ἀληθῆ, ἔφη.

Οὐκοῦν καὶ ταῦτα ὁρᾷς ἐνόντα σοι ἐν τῇ πόλει καὶ
κρατουμένας αὐτόθι τὰς ἐπιθυμίας τὰς ἐν τοῖς πολλοῖς τε
καὶ φαύλοις ὑπό τε τῶν ἐπιθυμιῶν καὶ τῆς φρονήσεως τῆς d
ἐν τοῖς ἐλάττοσί τε καὶ ἐπιεικεστέροις;

Ἔγωγ', ἔφη.

Εἰ ἄρα δεῖ τινα πόλιν προσαγορεύειν κρείττω ἡδονῶν τε καὶ ἐπιθυμιῶν καὶ αὐτὴν αὑτῆς, καὶ ταύτην προσρητέον.

Παντάπασιν μὲν οὖν, ἔφη.

Ἆρ' οὖν οὐ καὶ σώφρονα κατὰ πάντα ταῦτα;

Καὶ μάλα, ἔφη.

Καὶ μὴν εἴπερ αὖ ἐν ἄλλῃ πόλει ἡ αὐτὴ δόξα ἔνεστι τοῖς
τε ἄρχουσι καὶ ἀρχομένοις περὶ τοῦ οὕστινας δεῖ ἄρχειν, καὶ e
ἐν ταύτῃ ἂν εἴη τοῦτο ἐνόν. ἢ οὐ δοκεῖ;

Καὶ μάλα, ἔφη, σφόδρα.

Ἐν ποτέροις οὖν φήσεις τῶν πολιτῶν τὸ σωφρονεῖν ἐνεῖναι ὅταν οὕτως ἔχωσιν; ἐν τοῖς ἄρχουσιν ἢ ἐν τοῖς ἀρχομένοις;

Ἐν ἀμφοτέροις που, ἔφη.

Ὁρᾷς οὖν, ἦν δ' ἐγώ, ὅτι ἐπιεικῶς ἐμαντευόμεθα ἄρτι ὡς ἁρμονίᾳ τινὶ ἡ σωφροσύνη ὡμοίωται;

b 9 γε] τε Stobaeus c 1 παισὶ ci. H. Wolf: πᾶσι A F D M Stobaeus c 7 φῦσι(ν) A D M: φύσιν F: τραφεῖσι Stobaeus d 5 καὶ ταύτην] ταύτην Stobaeus d 9 εἴπερ αὖ] αὖ εἴπερ Stobaeus e 1 ἀρχομένοις] τοῖς ἀρχομένοις Stobaeus e 7 ἄρτι ὡς A D M: ἀρτίως F Stobaeus

我当然在看，他说道，并且你也说得正确。

而且许许多多和五花八门的欲望、快乐和痛苦，一个人无疑尤其会 431c1
在孩子们身上发现它们，以及在妇女和家奴们身上发现它们，甚至在被称作自由人的那些人中间，于那些虽然人数众多但低劣的人身上也会发现它们。

完全如此。

但是，那些单纯并且适度的〈欲望、快乐和痛苦〉，它们肯定伴随 431c5
着理智和正确的信念而被计算[1303]所引导，你只将在少数人身上遇见它们，即在那些既生得最好，也被教育得最好的人身上遇见它们。

正确，他说道。

那么，你岂不看到这些也内在于你的这个城邦中，并且在那儿，在 431c10
那些虽然人数众多但低劣的人身上的各种欲望，它们被在下面这些人身 431d1
上的各种欲望和明智所控制，这些人虽然人数较少，但〈言行举止〉更加得体？

我的确看到了，他回应道。

因此，如果有人应当称一个城邦比〈它的〉各种快乐和欲望更强，
甚至称它比它自己更强，那么，这个城邦也必须被这么称呼。 431d5

完全如此，他说道。

那么，它岂不在所有这些方面都是自制的？

当然，他回应道。

而且如果复又在其他的城邦那里，关于下面这点的同一种信念内在
于那些进行统治的人和那些被统治的人那里，即究竟哪些人应当进行统 431e1
治，那么，这也会是内在于这个城邦中的。或者你不这么认为？

当然，他回应道，我完全这么认为。

那么，你将宣称自制内在于城邦公民的哪些人中呢[1304]，当他们是 431e5
这个样子的话[1305]？在进行统治的人中，还是在被统治的人中？

肯定在两者中，他回应道。

因此，你看到了这点吗，我说道，那就是，我们刚才恰当地预示自制类似于某种和谐？

Τί δή;

Ὅτι οὐχ ὥσπερ ἡ ἀνδρεία καὶ ἡ σοφία ἐν μέρει τινὶ
432 ἑκατέρα ἐνοῦσα ἡ μὲν σοφήν, ἡ δὲ ἀνδρείαν τὴν πόλιν παρείχετο, οὐχ οὕτω ποιεῖ αὕτη, ἀλλὰ δι' ὅλης ἀτεχνῶς τέταται διὰ πασῶν παρεχομένη συνᾴδοντας τούς τε ἀσθενεστάτους ταὐτὸν καὶ τοὺς ἰσχυροτάτους καὶ τοὺς μέσους, εἰ μὲν βούλει, φρονήσει, εἰ δὲ βούλει, ἰσχύι, εἰ δέ, καὶ πλήθει ἢ χρήμασιν ἢ ἄλλῳ ὁτῳοῦν τῶν τοιούτων· ὥστε ὀρθότατ' ἂν φαῖμεν ταύτην τὴν ὁμόνοιαν σωφροσύνην εἶναι, χείρονός τε καὶ ἀμείνονος κατὰ φύσιν συμφωνίαν ὁπότερον δεῖ ἄρχειν καὶ ἐν πόλει καὶ ἐν ἑνὶ ἑκάστῳ.

b Πάνυ μοι, ἔφη, συνδοκεῖ.

Εἶεν, ἦν δ' ἐγώ· τὰ μὲν τρία ἡμῖν ἐν τῇ πόλει κατῶπται, ὥς γε οὑτωσὶ δόξαι· τὸ δὲ δὴ λοιπὸν εἶδος, δι' ὃ ἂν ἔτι ἀρετῆς μετέχοι πόλις, τί ποτ' ἂν εἴη; δῆλον γὰρ ὅτι τοῦτ' ἐστὶν ἡ δικαιοσύνη.

Δῆλον.

Οὐκοῦν, ὦ Γλαύκων, νῦν δὴ ἡμᾶς δεῖ ὥσπερ κυνηγέτας τινὰς θάμνον κύκλῳ περιίστασθαι προσέχοντας τὸν νοῦν, μή πῃ διαφύγῃ ἡ δικαιοσύνη καὶ ἀφανισθεῖσα ἄδηλος γένηται.
c φανερὸν γὰρ δὴ ὅτι ταύτῃ πῃ ἔστιν· ὅρα οὖν καὶ προθυμοῦ κατιδεῖν, ἐάν πως πρότερος ἐμοῦ ἴδῃς καὶ ἐμοὶ φράσῃς.

Εἰ γὰρ ὤφελον, ἔφη. ἀλλὰ μᾶλλον, ἐάν μοι ἑπομένῳ χρῇ καὶ τὰ δεικνύμενα δυναμένῳ καθορᾶν, πάνυ μοι μετρίως χρήσῃ.

Ἕπου, ἦν δ' ἐγώ, εὐξάμενος μετ' ἐμοῦ.

Ποιήσω ταῦτα, ἀλλὰ μόνον, ἦ δ' ὅς, ἡγοῦ.

Καὶ μήν, εἶπον ἐγώ, δύσβατός γέ τις ὁ τόπος φαίνεται καὶ ἐπίσκιος· ἔστι γοῦν σκοτεινὸς καὶ δυσδιερεύνητος. ἀλλὰ γὰρ ὅμως ἰτέον.

a 1 ἐνοῦσα] οὖσα Stobaeus a 2 παρείχετο A^2 F D M Stobaeus : παρέσχετο A οὕτω A M : ὅτι D : οὕτω τὴν πόλιν F Stobaeus a 5 βούλει post δὲ secl. Cobet a 9 πόλει] τῇ πόλει Stobaeus b 8 θάμνον F D : θάμνων A M c 2 φράσῃς F D M : φράσεις A c 3 ὄφελον A c 4 μοι A F M : om. D μετρίως] μετρίῳ ci. H. Richards c 5 ἕπου ⟨οὖν⟩ ci. H. Richards

究竟为什么呢？

因为不像勇敢和智慧，两者各自仅仅内在于〈城邦的〉某个部分 431e10
中，一个使得城邦是智慧的，另一个则使得城邦是勇敢的，而〈自制〉 432a1
这种东西并不以这种方式行事；相反，它已经彻底地延伸到了整个〈城
邦〉，因为它完完全全[1306]使得那些最弱者、最强者以及居间者——如
果你愿意，可以根据明智来说，如果你愿意，也可以根据力量来说[1307]，
如果你愿意，甚至可以根据人数多少，或者根据钱财，或者根据诸如此 432a5
类的东西中的其他任何一种来说[1308]——一起唱同一个调子。由此我们
能够最正确地宣称，这种一条心就是自制，即那在天性上较差的和较
好的，它们之间就下面这点所达成的一致，那就是究竟何者应当进行统
治，无论是在城邦那里，还是在每一位个人那里。

我也完全同意，他说道。 432b1

好吧，我说道。一方面，城邦中三种〈形式的德性〉已经被我们看
到了，至少看起来是这样[1309]；另一方面，剩下的那种形式——通过它，
一个城邦能够更进一步地分有德性——，它究竟会是什么呢？其实显然 432b5
这种形式〈的德性〉就是正义。

显然。

因此，格劳孔啊，我们现在无疑必须像某些猎人[1310]那样围着灌木
丛站成一圈，集中注意力，免得正义竟然以某种方式逃跑了，并且因消
失而变得不可见[1311]。因为，显然事实上它就是在这里的某个地方。所 432c1
以，请你来看看并且要努力看清，〈看看〉是否[1312]你能够在某种方式上
先于我看到点什么，并且向我指出来。

但愿我能够[1313]！他说道。但毋宁是，如果你把我作为一个跟随和只能够看清被指出来的事情的人来使用，那么你无疑将恰当地使用了我。

那就请你跟随吧，我说道，请你同我一道祈祷！ 432c5

我将这样做，他说道，而你只管引路！

无疑，我说道，它的确对我显得是某个难以通过的和昏暗的地方；它至少是黑暗的和难以彻底搜寻的。然而，尽管这样，〈我们还是〉必须向前走。

Ἰτέον γάρ, ἔφη. d

Καὶ ἐγὼ κατιδών, Ἰοὺ ἰού, εἶπον, ὦ Γλαύκων· κινδυνεύομέν τι ἔχειν ἴχνος, καί μοι δοκεῖ οὐ πάνυ τι ἐκφευξεῖσθαι ἡμᾶς.

Εὖ ἀγγέλλεις, ἦ δ' ὅς.

Ἦ μήν, ἦν δ' ἐγώ, βλακικόν γε ἡμῶν τὸ πάθος.

Τὸ ποῖον;

Πάλαι, ὦ μακάριε, φαίνεται πρὸ ποδῶν ἡμῖν ἐξ ἀρχῆς κυλινδεῖσθαι, καὶ οὐχ ἑωρῶμεν ἄρ' αὐτό, ἀλλ' ἦμεν καταγελαστότατοι· ὥσπερ οἱ ἐν ταῖς χερσὶν ἔχοντες ζητοῦσιν ἐνίοτε ὃ ἔχουσιν, καὶ ἡμεῖς εἰς αὐτὸ μὲν οὐκ ἀπεβλέπομεν, e πόρρω δέ ποι ἀπεσκοποῦμεν, ᾗ δὴ καὶ ἐλάνθανεν ἴσως ἡμᾶς.

Πῶς, ἔφη, λέγεις;

Οὕτως, εἶπον, ὡς δοκοῦμέν μοι καὶ λέγοντες αὐτὸ καὶ ἀκούοντες πάλαι οὐ μανθάνειν ἡμῶν αὐτῶν, ὅτι ἐλέγομεν τρόπον τινὰ αὐτό.

Μακρόν, ἔφη, τὸ προοίμιον τῷ ἐπιθυμοῦντι ἀκοῦσαι.

Ἀλλ', ἦν δ' ἐγώ, ἄκουε εἴ τι ἄρα λέγω. ὃ γὰρ ἐξ ἀρχῆς 433 ἐθέμεθα δεῖν ποιεῖν διὰ παντός, ὅτε τὴν πόλιν κατῳκίζομεν, τοῦτό ἐστιν, ὡς ἐμοὶ δοκεῖ, ἤτοι τούτου τι εἶδος ἡ δικαιοσύνη. ἐθέμεθα δὲ δήπου καὶ πολλάκις ἐλέγομεν, εἰ μέμνησαι, ὅτι ἕνα ἕκαστον ἓν δέοι ἐπιτηδεύειν τῶν περὶ τὴν πόλιν, εἰς ὃ αὐτοῦ ἡ φύσις ἐπιτηδειοτάτη πεφυκυῖα εἴη.

Ἐλέγομεν γάρ.

Καὶ μὴν ὅτι γε τὸ τὰ αὑτοῦ πράττειν καὶ μὴ πολυπραγμονεῖν δικαιοσύνη ἐστί, καὶ τοῦτο ἄλλων τε πολλῶν ἀκηκόαμεν καὶ αὐτοὶ πολλάκις εἰρήκαμεν. b

Εἰρήκαμεν γάρ.

Τοῦτο τοίνυν, ἦν δ' ἐγώ, ὦ φίλε, κινδυνεύει τρόπον τινὰ γιγνόμενον ἡ δικαιοσύνη εἶναι, τὸ τὰ αὑτοῦ πράττειν. οἶσθα ὅθεν τεκμαίρομαι;

Οὔκ, ἀλλὰ λέγ', ἔφη.

d 3 πάνυ τι ADM : πάνυ F

当然必须向前走，他说道。 432d1

而我由于注意到了点什么，哎哟，哎哟，我叫喊道，格劳孔啊！我们或许有了〈它的〉某种踪迹，并且我认为它肯定无法从我们这儿逃走。

你带来了好消息，他说道。

真的，我说道，我们的遭遇也的确是够愚蠢的。 432d5

何种遭遇？

它早已，有福的人啊，显得从一开始就在我们的脚前打转，而我们却竟然没有看到它；而且我们也真是极其令人可笑的，就像一些人，他们在手里拿着〈某种东西〉，有时却寻找他们正拿着的那种东西，而我 432e1
们也没有看向它，而是远远地盯着〈其他〉某个地方，或许也正由于此，它才逃脱了我们的注意。

你为何，他说道，这么说呢？

是这样，我说道，在我看来，尽管我们早已在说到它和听到它，但 432e5
我们却没有从我们自己那里理解到下面这点，那就是，我们已经以某种方式说到了它。

真是一个长的开场白，他说道，对那渴望听的人来说。

不过，我说道，你还得听一听，〈看看〉我是否确实说得在理[1314]。 433a1
其实从一开始我们就已经确立了在任何情形下都必须做的那件事，当我们筹建城邦时；这件事，如我所认为的那样，甚或这件事的某种形式[1315]，就是正义。我们无疑已经确立并且经常说到下面这点，如果你还记得的话，那就是，每一位个人，就关乎城邦的那些事情来说，他应 433a5
当只做其中一件，即他的天性生来就与之最适合的那件事。

我们确实说过。

而且无论如何下面这点，即做自己的事情[1316]并且不爱管闲事[1317]，
这就是正义，我们不仅已经听到其他许多人〈说到过〉这点，而且我们 433b1
自己也经常谈及它。

我们的确谈及过。

那好，这，我说道，朋友啊，当它以某种方式出现时，它有可能就是
正义，即做自己的事情。你知道我是从哪儿推断出〈这一结论的〉吗？ 433b5

不知道，那就请你说说吧，他说道。

Δοκεῖ μοι, ἦν δ' ἐγώ, τὸ ὑπόλοιπον ἐν τῇ πόλει ὧν ἐσκέμμεθα, σωφροσύνης καὶ ἀνδρείας καὶ φρονήσεως, τοῦτο εἶναι, ὃ πᾶσιν ἐκείνοις τὴν δύναμιν παρέσχεν ὥστε ἐγγενέσθαι, καὶ ἐγγενομένοις γε σωτηρίαν παρέχειν, ἕωσπερ ἂν
c ἐνῇ. καίτοι ἔφαμεν δικαιοσύνην ἔσεσθαι τὸ ὑπολειφθὲν ἐκείνων, εἰ τὰ τρία εὕροιμεν.

Καὶ γὰρ ἀνάγκη, ἔφη.

Ἀλλὰ μέντοι, ἦν δ' ἐγώ, εἰ δέοι γε κρῖναι τί τὴν πόλιν ἡμῖν τούτων μάλιστα ἀγαθὴν ἀπεργάσεται ἐγγενόμενον, δύσκριτον ἂν εἴη πότερον ἡ ὁμοδοξία τῶν ἀρχόντων τε καὶ ἀρχομένων, ἢ ἡ περὶ δεινῶν τε καὶ μή, ἅττα ἐστί, δόξης ἐννόμου σωτηρία ἐν τοῖς στρατιώταις ἐγγενομένη, ἢ ἡ ἐν
d τοῖς ἄρχουσι φρόνησίς τε καὶ φυλακὴ ἐνοῦσα, ἢ τοῦτο μάλιστα ἀγαθὴν αὐτὴν ποιεῖ ἐνὸν καὶ ἐν παιδὶ καὶ ἐν γυναικὶ καὶ δούλῳ καὶ ἐλευθέρῳ καὶ δημιουργῷ καὶ ἄρχοντι καὶ ἀρχομένῳ, ὅτι τὸ αὑτοῦ ἕκαστος εἷς ὢν ἔπραττε καὶ οὐκ ἐπολυπραγμόνει.

Δύσκριτον, ἔφη· πῶς δ' οὔ;

Ἐνάμιλλον ἄρα, ὡς ἔοικε, πρὸς ἀρετὴν πόλεως τῇ τε σοφίᾳ αὐτῆς καὶ τῇ σωφροσύνῃ καὶ τῇ ἀνδρείᾳ ἡ τοῦ ἕκαστον ἐν αὐτῇ τὰ αὑτοῦ πράττειν δύναμις.

Καὶ μάλα, ἔφη.

Οὐκοῦν δικαιοσύνην τό γε τούτοις ἐνάμιλλον ἂν εἰς ἀρετὴν
e πόλεως θείης;

Παντάπασι μὲν οὖν.

Σκόπει δὴ καὶ τῇδε εἰ οὕτω δόξει· ἆρα τοῖς ἄρχουσιν ἐν τῇ πόλει τὰς δίκας προστάξεις δικάζειν;

Τί μήν;

b 7 ὧν A D M: τῶν F Stobaeus b 9 ὃ . . . παρέσχεν] τὸ . . . παρέχον Stobaeus c 1 ἐνῇ] ᾖ Stobaeus ὑπολειφθὲν F D M Stobaeus: ὑποληφθὲν (ut videtur) pr. A c 4 γε om. Stobaeus c 5 ἀπεργάσεται] ἀπείργασται Stobaei A c 8 ἡ M: om. A F D d 3 ⟨γεωργῷ καὶ⟩ δημιουργῷ ci. H. Richards d 4 ὢν] ὢν ἐν Stobaeus e 3 εἰ οὕτω A F D M Stobaeus: γρ. εἰ σαυτῷ in marg. A

在我看来，我说道，除了我们已经考察过的那些东西[1318]，即自制、勇敢和明智[1319]之外，在城邦中剩下的是下面这种东西，它为所有那些
提供力量，以便它们能够产生出来，并且当它们产生出来之后，它也肯 433b10
定为它们提供一种保全，只要它还内在于〈城邦〉中。然而，我们也肯 433c1
定宣称过，正义将是它们之外剩下的那个，如果我们找到了〈另外〉那三个的话。

的确必然是这样，他说道。

然而，当然，我说道，如果一个人无论如何都必须对下面这点做出
判断，即这些中的哪一个通过它的出现而尤其将使得我们的城邦变好，433c5
那么，会难以判断，究竟是那些进行统治的人和被统治的人之间的信念一致[1320]呢，还是在那些战士中生起的对关于那些可怕的事情以及不可
怕的事情——它们究竟是一些什么——的合法信念的保持，还是内在于 433d1
那些进行统治的人身上的明智和警惕，还是下面这种通过内在于〈城邦中〉而尤其使得城邦变好的东西——它既出现在孩子们身上，也出现在妇女身上，还出现在奴隶、自由人、匠人、进行统治的人和被统治的人身上——，那就是：每个人，他作为单一的个人，向来只做他自己的事
情，并且不爱管闲事。 433d5

难以判断，他说道，为何不是呢？

那么，如看起来的那样，就城邦的德性来说，同它的智慧、自制和勇敢进行势均力敌的竞争的[1321]，是这样一种能力，那就是每个人在城邦中只做他自己的事情。

当然，他说道。 433d10

那么，难道你竟然不把正义确定为能够同这些——在城邦的德性方
面——进行势均力敌的竞争的东西吗？ 433e1

绝对会。

那么也请你以下面这种方式来进行考察，〈看看〉你是否也这么认为：你将把对各种诉讼的判定指派给城邦中那些进行统治的人吗？

为何不呢？ 433e5

῾Η ἄλλου οὑτινοσοῦν μᾶλλον ἐφιέμενοι δικάσουσιν ἢ τούτου, ὅπως ἂν ἕκαστοι μήτ᾽ ἔχωσι τἀλλότρια μήτε τῶν αὑτῶν στέρωνται;

Οὔκ, ἀλλὰ τούτου.

῾Ως δικαίου ὄντος;

Ναί.

Καὶ ταύτῃ ἄρα πῃ ἡ τοῦ οἰκείου τε καὶ ἑαυτοῦ ἕξις τε καὶ
πρᾶξις δικαιοσύνη ἂν ὁμολογοῖτο. 434

῎Εστι ταῦτα.

᾽Ιδὲ δὴ ἐὰν σοὶ ὅπερ ἐμοὶ συνδοκῇ. τέκτων σκυτοτόμου ἐπιχειρῶν ἔργα ἐργάζεσθαι ἢ σκυτοτόμος τέκτονος, ἢ τὰ ὄργανα μεταλαμβάνοντες τἀλλήλων ἢ τιμάς, ἢ καὶ ὁ αὐτὸς ἐπιχειρῶν ἀμφότερα πράττειν, πάντα τἆλλα μεταλλαττόμενα, ἆρά σοι ἄν τι δοκεῖ μέγα βλάψαι πόλιν;

Οὐ πάνυ, ἔφη.

᾽Αλλ᾽ ὅταν γε οἶμαι δημιουργὸς ὢν ἤ τις ἄλλος χρηματιστὴς
φύσει, ἔπειτα ἐπαιρόμενος ἢ πλούτῳ ἢ πλήθει ἢ ἰσχύι ἢ b
ἄλλῳ τῳ τοιούτῳ εἰς τὸ τοῦ πολεμικοῦ εἶδος ἐπιχειρῇ ἰέναι, ἢ τῶν πολεμικῶν τις εἰς τὸ τοῦ βουλευτικοῦ καὶ φύλακος ἀνάξιος ὤν, καὶ τὰ ἀλλήλων οὗτοι ὄργανα μεταλαμβάνωσι καὶ τὰς τιμάς, ἢ ὅταν ὁ αὐτὸς πάντα ταῦτα ἅμα ἐπιχειρῇ πράττειν, τότε οἶμαι καὶ σοὶ δοκεῖν ταύτην τὴν τούτων μεταβολὴν καὶ πολυπραγμοσύνην ὄλεθρον εἶναι τῇ πόλει.

Παντάπασι μὲν οὖν.

῾Η τριῶν ἄρα ὄντων γενῶν πολυπραγμοσύνη καὶ μεταβολὴ
εἰς ἄλληλα μεγίστη τε βλάβη τῇ πόλει καὶ ὀρθότατ᾽ ἂν c
προσαγορεύοιτο μάλιστα κακουργία.

Κομιδῇ μὲν οὖν.

Κακουργίαν δὲ τὴν μεγίστην τῆς ἑαυτοῦ πόλεως οὐκ ἀδικίαν φήσεις εἶναι;

Πῶς δ᾽ οὔ;

e 6 οὑτινοσοῦν F Stobaeus: τινὸς οὖν A D M e 7 τούτου F D M Stobaeus: τοῦτο A a 1 δικαιοσύνη A F M: καὶ δικαιοσύνη D a 6 τἆλλα] ταῦτα ci. Madvig a 7 δοκεῖ A: δοκῇ F D M

那么，难道他们竟然以其他某种东西为目的[1322]来进行判定，而不是下面这件事，那就是：每个人既不能够拥有属于其他的人的那些东西，也不能被剥夺他自己的东西？

不会，而是以这件事为目的。

因为它是正义的？ 433e10

是的。

因此，甚至在这种方式上，拥有自家的东西和从事自己的事情，也 434a1
会被承认为正义。

是这样。

那好，请你看看，就下面这点你是否也同意我。当一个木匠尝试
去做一位鞋匠的工作，或者一位鞋匠尝试去做一个木匠的工作，或者他 434a5
们互相交换他们的工具或名声，甚或同一个人尝试去做两方面的工作，〈此后除了下面那件事之外〉所有其他的事情也都被交换了，那么，你会认为这将对一个城邦构成某种巨大的伤害吗？

肯定不会，他回应道。

然而，我无论如何都认为，每当一个人，他生来是一个匠人，或
者另外某个生来〈就擅长〉赚钱的人，后来或者因财富，或者因〈支持 434b1
者的〉众多，或者因力量，或者因诸如此类的其他事情而自以为是[1323]，于是他试图进入到战士的阶层，或者那些战士中的某位试图进入到能提建议的人的阶层和卫士的阶层[1324]——虽然他是不配的——，并且每当
这些人彼此交换他们的工具和他们的名声，或者每当同一个人试图同时 434b5
做所有这些事情，我想，那时你也会认为在这些人中间的这种变换和爱管闲事，它们对城邦来说是一种毁灭。

完全如此。

因此，既然阶层是三个[1325]，在它们中的这种爱管闲事和互相变换，
对城邦来说是一种最大的伤害，并且能够最正确地被称作一种最高程度 434c1
上的邪恶。

正是。

而自己城邦中的这种最大的邪恶，你会宣称它是一种不正义吗？ 434c5

为何不呢？

Τοῦτο μὲν ἄρα ἀδικία. πάλιν δὲ ὧδε λέγωμεν· χρηματιστικοῦ, ἐπικουρικοῦ, φυλακικοῦ γένους οἰκειοπραγία, ἑκάστου τούτων τὸ αὑτοῦ πράττοντος ἐν πόλει, τοὐναντίον ἐκείνου δικαιοσύνη τ' ἂν εἴη καὶ τὴν πόλιν δικαίαν παρέχοι;

d Οὐκ ἄλλῃ ἔμοιγε δοκεῖ, ἦ δ' ὅς, ἔχειν ἢ ταύτῃ.

Μηδέν, ἦν δ' ἐγώ, πω πάνυ παγίως αὐτὸ λέγωμεν, ἀλλ' ἐὰν μὲν ἡμῖν καὶ εἰς ἕνα ἕκαστον τῶν ἀνθρώπων ἰὸν τὸ εἶδος τοῦτο ὁμολογῆται καὶ ἐκεῖ δικαιοσύνη εἶναι, συγχωρησόμεθα ἤδη—τί γὰρ καὶ ἐροῦμεν;—εἰ δὲ μή, τότε ἄλλο τι σκεψόμεθα. νῦν δ' ἐκτελέσωμεν τὴν σκέψιν ἣν ᾠήθημεν, εἰ ἐν μείζονί τινι τῶν ἐχόντων δικαιοσύνην πρότερον ⟨ἢ⟩ ἐκεῖ ἐπιχειρήσαιμεν θεάσασθαι, ῥᾷον ἂν ἐν ἑνὶ ἀνθρώπῳ κατιδεῖν οἷόν ἐστιν. καὶ e ἔδοξε δὴ ἡμῖν τοῦτο εἶναι πόλις, καὶ οὕτω ᾠκίζομεν ὡς ἐδυνάμεθα ἀρίστην, εὖ εἰδότες ὅτι ἔν γε τῇ ἀγαθῇ ἂν εἴη. ὃ οὖν ἡμῖν ἐκεῖ ἐφάνη, ἐπαναφέρωμεν εἰς τὸν ἕνα, κἂν μὲν ὁμολογῆται, καλῶς ἕξει· ἐὰν δέ τι ἄλλο ἐν τῷ ἑνὶ ἐμφαίνηται, πάλιν ἐπανιόντες ἐπὶ τὴν πόλιν βασανιοῦμεν, καὶ 435 τάχ' ἂν παρ' ἄλληλα σκοποῦντες καὶ τρίβοντες, ὥσπερ ἐκ πυρείων ἐκλάμψαι ποιήσαιμεν τὴν δικαιοσύνην· καὶ φανερὰν γενομένην βεβαιωσόμεθα αὐτὴν παρ' ἡμῖν αὐτοῖς.

Ἀλλ', ἔφη, καθ' ὁδόν τε λέγεις καὶ ποιεῖν χρὴ οὕτως.

Ἆρ' οὖν, ἦν δ' ἐγώ, ὅ γε ταὐτὸν ἄν τις προσείποι μεῖζόν τε καὶ ἔλαττον, ἀνόμοιον τυγχάνει ὂν ταύτῃ ᾗ ταὐτὸν προσαγορεύεται, ἢ ὅμοιον;

Ὅμοιον, ἔφη.

b Καὶ δίκαιος ἄρα ἀνὴρ δικαίας πόλεως κατ' αὐτὸ τὸ τῆς δικαιοσύνης εἶδος οὐδὲν διοίσει, ἀλλ' ὅμοιος ἔσται.

Ὅμοιος, ἔφη.

Ἀλλὰ μέντοι πόλις γε ἔδοξεν εἶναι δικαία ὅτε ἐν αὐτῇ

c 7 λέγωμεν A: λέγομεν FDM d 6 ἐκτελέσωμεν AFM: ἐκτελέσομεν D d 7 ἢ addidi ἐκεῖ AFDM: ἐκεῖνο scr. recc. a 3 βεβαιωσόμεθα A²D: βεβαιωσώμεθ' ἂν AF: βεβαιωσαίμεθ' ἂν M b 4 ὅτε AM: ὅτι FD αὐτῇ FDM: ἑαυτῇ A

因此，这就是不正义。不过让我们反过来[1326]以下面这种方式说：赚取钱财的阶层、助手阶层、卫士阶层〈各自〉的尽忠职守[1327]——如果这些阶层中的每一个在城邦中只做它自己的事情——，它同前面那种 434c10
〈爱管闲事〉相反而会是正义并且会使得城邦是正义的吗？

至少在我看来不是别的，他回应道，除了是这样。 434d1

让我们还不要，我说道，完全肯定地[1328]说它，相反，如果这种形式[1329]甚至因前往人们中的每一位个体那里[1330]而被我们承认在那里[1331]
也是正义，那么，到那时我们才将那样同意它——因为那时我们还将有 434d5
别的什么可说呢？——但如果没有，那么，那时我们将从其他某个方面进行考察。但现在让我们把我们曾以为的那种考察进行到底，〈因为我们曾以为〉在那些具有正义的东西中，如果我们事先尝试在某个较大的东西那里观看它[1332]，那么，就会比较容易在一位个人那里看清它是何
种东西[1333]。并且那时在我们看来一个城邦恰好就是这种〈较大的〉东 434e1
西，由此我们也尽我们所能去建立一个最好的城邦，因为我们很清楚它肯定会是在好的城邦中。因此，在〈城邦〉那里被我们揭示出来的，让我们把它带回到一位个人那里[1334]，如果它被承认，那么将一切顺
利[1335]；但如果某种另外的东西在一位个人那里显露出来，那我们将通 434e5
过重新返回到城邦那里来检查它，或许通过把它们并排放在一起考察和 435a1
揉搓，就像从钻木取火用的〈两段〉木头那里那样我们将使得正义发出光来。而一旦它变得明显了，我们将在我们自己身上确定它。

那好，他说道，你说得有条不紊[1336]，并且必须这样做。

那么，我说道，一个人会用同〈一个名字〉来称呼的那种东西—— 435a5
无论它是〈在〉较大的东西〈中〉，还是〈在〉较小的东西〈中〉，就它被用同〈一个名字〉称呼这点来说，它实际上是不相同的，还是相同的[1337]？

相同的，他回应道。

因此，一个正义的人同一个正义的城邦就正义之形式本身而言将并 435b1
无不同，相反，它们将是相同的。

相同的，他说道。

然而，一个城邦无疑只有在那时才显得是正义的，那就是，当生

τριττὰ γένη φύσεων ἐνόντα τὸ αὑτῶν ἕκαστον ἔπραττεν, σώφρων δὲ αὖ καὶ ἀνδρεία καὶ σοφὴ διὰ τῶν αὐτῶν τούτων γενῶν ἄλλ' ἄττα πάθη τε καὶ ἕξεις.

Ἀληθῆ, ἔφη.

Καὶ τὸν ἕνα ἄρα, ὦ φίλε, οὕτως ἀξιώσομεν, τὰ αὐτὰ ταῦτα εἴδη ἐν τῇ αὑτοῦ ψυχῇ ἔχοντα, διὰ τὰ αὐτὰ πάθη ἐκείνοις c τῶν αὐτῶν ὀνομάτων ὀρθῶς ἀξιοῦσθαι τῇ πόλει.

Πᾶσα ἀνάγκη, ἔφη.

Εἰς φαῦλόν γε αὖ, ἦν δ' ἐγώ, ὦ θαυμάσιε, σκέμμα ἐμπεπτώκαμεν περὶ ψυχῆς, εἴτε ἔχει τὰ τρία εἴδη ταῦτα ἐν αὑτῇ εἴτε μή.

Οὐ πάνυ μοι δοκοῦμεν, ἔφη, εἰς φαῦλον· ἴσως γάρ, ὦ Σώκρατες, τὸ λεγόμενον ἀληθές, ὅτι χαλεπὰ τὰ καλά.

Φαίνεται, ἦν δ' ἐγώ. καὶ εὖ γ' ἴσθι, ὦ Γλαύκων, ὡς ἡ ἐμὴ δόξα, ἀκριβῶς μὲν τοῦτο ἐκ τοιούτων μεθόδων, οἵαις d νῦν ἐν τοῖς λόγοις χρώμεθα, οὐ μή ποτε λάβωμεν—ἄλλη γὰρ μακροτέρα καὶ πλείων ὁδὸς ἡ ἐπὶ τοῦτο ἄγουσα—ἴσως μέντοι τῶν γε προειρημένων τε καὶ προεσκεμμένων ἀξίως.

Οὐκοῦν ἀγαπητόν; ἔφη· ἐμοὶ μὲν γὰρ ἔν γε τῷ παρόντι ἱκανῶς ἂν ἔχοι.

Ἀλλὰ μέντοι, εἶπον, ἔμοιγε καὶ πάνυ ἐξαρκέσει.

Μὴ τοίνυν ἀποκάμῃς, ἔφη, ἀλλὰ σκόπει.

Ἆρ' οὖν ἡμῖν, ἦν δ' ἐγώ, πολλὴ ἀνάγκη ὁμολογεῖν ὅτι γε e τὰ αὐτὰ ἐν ἑκάστῳ ἔνεστιν ἡμῶν εἴδη τε καὶ ἤθη ἅπερ ἐν τῇ πόλει; οὐ γάρ που ἄλλοθεν ἐκεῖσε ἀφῖκται. γελοῖον γὰρ ἂν εἴη εἴ τις οἰηθείη τὸ θυμοειδὲς μὴ ἐκ τῶν ἰδιωτῶν ἐν ταῖς πόλεσιν ἐγγεγονέναι, οἳ δὴ καὶ ἔχουσι ταύτην τὴν αἰτίαν, οἷον οἱ κατὰ τὴν Θρᾴκην τε καὶ Σκυθικὴν καὶ σχεδόν τι κατὰ τὸν ἄνω τόπον, ἢ τὸ φιλομαθές, ὃ δὴ τὸν παρ' ἡμῖν

c 9 γ' om. Galenus d 1 οἵαις] αἷς δὴ Galenus d 3 ἄλλη Galenus (cf. 504 b, 2): ἀλλὰ A F D M e 5 ἐγγεγονέναι A M: ἐκγεγονέναι Stobaeus: γεγονέναι F D e 7 τὸν Stobaeus: περὶ τὸν A F D M

来的三个阶层内在于它里面，而各个阶层都只做它自己的事情，而它之 435b5
所以复又显得是自制的、勇敢的和智慧的，那是因为同样这些阶层〈各自〉的一些其他的情况和习性[1338]。

正确，他说道。

那么，甚至对于一位个人，朋友啊，我们也将这样来指望，即他在 435c1
他自己的灵魂中有着同样这些阶层，由于它们与〈城邦中的〉那些阶层有着相同的情况[1339]，他被正确地指望同城邦有着同样那些名字[1340]。

完全必然，他说道。

我们无疑已经再次，我说道，令人钦佩的人啊，关于灵魂撞上了一个容易思考的问题[1341]，那就是它在它自己那里有着这三个阶层呢，还 435c5
是没有。

在我看来，他说道，我们根本没有撞上一个容易〈思考的问题〉，因为有可能，苏格拉底啊，那句俗话是真的，即美的事物都是艰难的[1342]。

显而易见，我说道。并且你无论如何都得清楚，格劳孔啊，我的看法是，基于我们现在于各种各样的讨论中所使用的这样一些方法，我 435d1
们有可能永远都无法准确地把握住这件事——因为通往这件事的是另外一条更长的和更大的路[1343]——；当然，或许〈我们也能够把握住这件事〉，以一种配得上已经被预先说过和已经被提前考察过的那些事情的 435d5
方式。

难道这还不令人感到满意吗？他说道；因为对我来说，至少在目前这其实是足够的了。

当然，我说道，其实对我来说这也将完全够了。

那好，你就不该气馁，他说道，而是要〈继续〉考察。

那么，我说道，我们是不是非常有必要同意下面这点呢，那就是： 435e1
同样的〈这三个〉阶层以及〈三种〉品质也肯定内在于我们每个人身上，恰如它们内在于城邦中一样？因为，它们无论如何都不可能已经从其他任何地方来到了〈城邦〉那里。因为那会是可笑的，如果有人竟然认为，气宇轩昂〈这种品质〉不是由于那些恰好也有这种名声的 435e5
个人[1344]才在城邦中产生了出来——就像在色雷斯和西徐亚那里的那些

436 μάλιστ' ἄν τις αἰτιάσαιτο τόπον, ἢ τὸ φιλοχρήματον τὸ περὶ τούς τε Φοίνικας εἶναι καὶ τοὺς κατὰ Αἴγυπτον φαίη τις ἂν οὐχ ἥκιστα.

Καὶ μάλα, ἔφη.

Τοῦτο μὲν δὴ οὕτως ἔχει, ἦν δ' ἐγώ, καὶ οὐδὲν χαλεπὸν γνῶναι.

Οὐ δῆτα.

Τόδε δὲ ἤδη χαλεπόν, εἰ τῷ αὐτῷ τούτῳ ἕκαστα πράττομεν ἢ τρισὶν οὖσιν ἄλλο ἄλλῳ· μανθάνομεν μὲν ἑτέρῳ, θυμούμεθα δὲ ἄλλῳ τῶν ἐν ἡμῖν, ἐπιθυμοῦμεν δ' αὖ τρίτῳ τινὶ τῶν περὶ τὴν τροφήν τε καὶ γέννησιν ἡδονῶν καὶ ὅσα τούτων
b ἀδελφά, ἢ ὅλῃ τῇ ψυχῇ καθ' ἕκαστον αὐτῶν πράττομεν, ὅταν ὁρμήσωμεν. ταῦτ' ἔσται τὰ χαλεπὰ διορίσασθαι ἀξίως λόγου.

Καὶ ἐμοὶ δοκεῖ, ἔφη.

Ὧδε τοίνυν ἐπιχειρῶμεν αὐτὰ ὁρίζεσθαι, εἴτε τὰ αὐτὰ ἀλλήλοις εἴτε ἕτερά ἐστι.

Πῶς;

Δῆλον ὅτι ταὐτὸν τἀναντία ποιεῖν ἢ πάσχειν κατὰ ταὐτόν γε καὶ πρὸς ταὐτὸν οὐκ ἐθελήσει ἅμα, ὥστε ἄν που εὑρίσκωμεν ἐν αὐτοῖς ταῦτα γιγνόμενα, εἰσόμεθα ὅτι οὐ ταὐτὸν
c ἦν ἀλλὰ πλείω.

Εἶεν.

Σκόπει δὴ ὃ λέγω.

Λέγε, ἔφη.

Ἑστάναι, εἶπον, καὶ κινεῖσθαι τὸ αὐτὸ ἅμα κατὰ τὸ αὐτὸ ἆρα δυνατόν;

Οὐδαμῶς.

Ἔτι τοίνυν ἀκριβέστερον ὁμολογησώμεθα, μή πῃ προϊόντες ἀμφισβητήσωμεν. εἰ γάρ τις λέγοι ἄνθρωπον ἑστηκότα,

a 1 τὸ περὶ A F D M Stobaeus : ὃ περὶ scr. recc. a 9 μὲν A F M Stobaeus : om. D a 11 γέννησιν A F D: γένεσιν recc. b 2 τὰ A F M Stobaeus : om. D b 9 γε] τε Galenus c 8 ὁμολογησώμεθα] διομολογησώμεθα Galenus

人[1345]，以及差不多在北方地区[1346]的那些人那样——，或者热爱学问〈这种品质〉，事实上有人特别会把它归给在我们这儿的这个地区，或者热爱钱财〈这种品质〉[1347]，有人则有可能声称它尤其[1348]会出现在那些腓尼基人以及在埃及的那些人身上。 436a1

的确，他说道。

事实上这就是如此，我说道，并且也不难认识到这点。 436a5

无疑不难。

而此后下面这点才是困难的，那就是，我们是用这同一种〈能力〉做每件事呢，还是说，由于它们是三〈种能力〉，因而用不同的〈能力〉做不同的事：我们凭借一种〈能力〉学习，而凭借另一种〈能力〉愤 436a10
怒，复又凭借某一第三种〈能力〉欲求各种快乐[1349]——它们同食物、生殖以及同所有与这些东西有着亲缘关系的东西相关——，或者，在其 436b1
中的每一种情形那里我们都在用整个灵魂采取行动，每当我们将采取行动时。这些事情都将是一些难以用靠得住的方式[1350]进行决定的事情。

在我看来也是这样，他说道。

那好，让我们尝试以下面这种方式来规定它们，即它们彼此是相同 436b5
的呢，还是相异的。

为何？

下面这点是显而易见的：同一个东西不愿意同时实施或遭受相反的事情，无论是在〈它自己的〉同一个方面，还是关乎同一个东西[1351]，
因此，一旦我们在某个地方发现在这些事情上出现了这些，我们就将知 436b10
道，〈它们〉向来就不是同一的，而是复多的。 436c1

好吧！

那么，请你考察一下我要说的。

你说吧，他说道。

同一个东西，我说道，它能够同时在〈它自己的〉同一方面既静止 436c5
又运动吗？

绝不可能。

那么，让我们还要更加准确地达成一致，以便当我们往前走时，我们无论如何都不会产生争议。因为，如果有人谈及一个虽然站着不动，

κινοῦντα δὲ τὰς χεῖράς τε καὶ τὴν κεφαλήν, ὅτι ὁ αὐτὸς
ἕστηκέ τε καὶ κινεῖται ἅμα, οὐκ ἂν οἶμαι ἀξιοῖμεν οὕτω
λέγειν δεῖν, ἀλλ' ὅτι τὸ μέν τι αὐτοῦ ἕστηκε, τὸ δὲ κινεῖται. d
οὐχ οὕτω;

Οὕτω.

Οὐκοῦν καὶ εἰ ἔτι μᾶλλον χαριεντίζοιτο ὁ ταῦτα λέγων,
κομψευόμενος ὡς οἵ γε στρόβιλοι ὅλοι ἑστᾶσί τε ἅμα καὶ
κινοῦνται, ὅταν ἐν τῷ αὐτῷ πήξαντες τὸ κέντρον περι-
φέρωνται, ἢ καὶ ἄλλο τι κύκλῳ περιιὸν ἐν τῇ αὐτῇ ἕδρᾳ
τοῦτο δρᾷ, οὐκ ἂν ἀποδεχοίμεθα, ὡς οὐ κατὰ ταὐτὰ ἑαυτῶν
τὰ τοιαῦτα τότε μενόντων τε καὶ φερομένων, ἀλλὰ φαῖμεν e
ἂν ἔχειν αὐτὰ εὐθύ τε καὶ περιφερὲς ἐν αὐτοῖς, καὶ κατὰ μὲν
τὸ εὐθὺ ἑστάναι—οὐδαμῇ γὰρ ἀποκλίνειν—κατὰ δὲ τὸ περι-
φερὲς κύκλῳ κινεῖσθαι, καὶ ὅταν δὲ τὴν εὐθυωρίαν ἢ εἰς
δεξιὰν ἢ εἰς ἀριστερὰν ἢ εἰς τὸ πρόσθεν ἢ εἰς τὸ ὄπισθεν
ἐγκλίνῃ ἅμα περιφερόμενον, τότε οὐδαμῇ [ἔστιν] ἑστάναι.

Καὶ ὀρθῶς γε, ἔφη.

Οὐδὲν ἄρα ἡμᾶς τῶν τοιούτων λεγόμενον ἐκπλήξει, οὐδὲ
μᾶλλόν τι πείσει ὥς ποτέ τι ἂν τὸ αὐτὸ ὂν ἅμα κατὰ
τὸ αὐτὸ πρὸς τὸ αὐτὸ τἀναντία πάθοι ἢ καὶ εἴη ἢ καὶ 437
ποιήσειεν.

Οὔκουν ἐμέ γε, ἔφη.

Ἀλλ' ὅμως, ἦν δ' ἐγώ, ἵνα μὴ ἀναγκαζώμεθα πάσας τὰς τοιαύτας ἀμφισβητήσεις ἐπεξιόντες καὶ βεβαιούμενοι ὡς οὐκ ἀληθεῖς οὔσας μηκύνειν, ὑποθέμενοι ὡς τούτου οὕτως ἔχοντος εἰς τὸ πρόσθεν προΐωμεν, ὁμολογήσαντες, ἐάν ποτε ἄλλῃ φανῇ ταῦτα ἢ ταύτῃ, πάντα ἡμῖν τὰ ἀπὸ τούτου συμβαίνοντα λελυμένα ἔσεσθαι.

Ἀλλὰ χρή, ἔφη, ταῦτα ποιεῖν.

c 10 ὁ A F M Galenus : om. D d 5 στρόβιλοι] στρόμβοι Galenus d 8 ἀποδεχοίμεθα Galenus : ἀποδεχώμεθα A F D M e 1 τὰ τοιαῦτα secl. Ast : τῶν τοιούτων ci. H. Richards e 3 οὐδαμῇ] οὐδαμοῖ ci. Bekker e 4 καὶ Galenus : om. A F D M ἢ F D : ἢ καὶ A M e 6 ἔστιν om. Galenus a 1 εἴη ἢ καὶ A F D M Galenus : om. recc. a 7 εἰς A F M : ὡς D

但又在运动〈自己的〉双手和头的人，说同一个人同时既静止又运动，436c10
那么，我认为我们不会指望他应当像这样说，而是〈指望他应当说〉，436d1
那个人的某个部分虽然站立不动，但另一个部分在运动。难道不是这样吗？

是这样。

因此，如果说这些的那个人愈发[1352]要插科打诨，通过精心构思[1353]，436d5
说各种陀螺，它们作为整体无论如何都同时既静止又运动，每当它们通过把其尖端[1354]固定在同一个地方而旋转时——甚或其他任何东西，只要它在同一个位置进行旋转运动，那它也能够做这件事——，那么，我
们也不会接受，因为诸如此类的这些东西，它们那时并非就它们自己的 436e1
同一个部分来说既静止又运动，相反，我们会说，它们在它们自己那里既有垂直的中轴也有外围[1355]，一方面，就垂直的中轴来说，它们站立不动——因为它们不会向任何一边倾斜——，另一方面，就外围来说它们则在旋转运动，然而，每当〈任何这样的东西〉，其垂直的轴线向右
边，或者向左边，或者朝前，或者向后倾斜，同时它又在旋转时，那时 436e5
它就绝没有站着不动[1356]。

〈我们〉也无疑〈说得〉正确，他说道。

因此，关于诸如此类的事情的说法，它将既不会让我们感到惊慌失措，也更不会说服我们：某个东西——它是同一的——，它竟然会同时
在〈它自己的〉同一个方面关乎同一个东西遭受，或者是，或者实施相 437a1
反的事情。

无论如何也不会对我〈产生这种影响〉，他说道。

然而，尽管如此，我说道，为了我们不至于被迫是拖沓乏味的[1357]——
由于详述所有诸如此类的争论，并且〈反过来又〉确保它们不是真 437a5
的——，让我们通过假设下面这点来继续往前走[1358]，那就是这件事就是如此，而且通过同意，一旦这些事情竟然显得是另外的样子，而不是这个样子，那么，我们从这件事所得出的所有结论，它们都将是一些已经被毁掉的东西[1359]。

当然必须，他说道，这样做。437a10

b ῏Αρ' ⟨ἂν⟩ οὖν, ἦν δ' ἐγώ, τὸ ἐπινεύειν τῷ ἀνανεύειν καὶ τὸ ἐφίεσθαί τινος λαβεῖν τῷ ἀπαρνεῖσθαι καὶ τὸ προσάγεσθαι τῷ ἀπωθεῖσθαι, πάντα τὰ τοιαῦτα τῶν ἐναντίων ἀλλήλοις θείης εἴτε ποιημάτων εἴτε παθημάτων; οὐδὲν γὰρ ταύτῃ διοίσει.

᾽Αλλ', ἦ δ' ὅς, τῶν ἐναντίων.

Τί οὖν; ἦν δ' ἐγώ· διψῆν καὶ πεινῆν καὶ ὅλως τὰς ἐπιθυμίας, καὶ αὖ τὸ ἐθέλειν καὶ τὸ βούλεσθαι, οὐ πάντα ταῦτα
c εἰς ἐκεῖνά ποι ἂν θείης τὰ εἴδη τὰ νυνδὴ λεχθέντα; οἷον ἀεὶ τὴν τοῦ ἐπιθυμοῦντος ψυχὴν οὐχὶ ἤτοι ἐφίεσθαι φήσεις ἐκείνου οὗ ἂν ἐπιθυμῇ, ἢ προσάγεσθαι τοῦτο ὃ ἂν βούληταί οἱ γενέσθαι, ἢ αὖ, καθ' ὅσον ἐθέλει τί οἱ πορισθῆναι, ἐπινεύειν τοῦτο πρὸς αὑτὴν ὥσπερ τινὸς ἐρωτῶντος, ἐπορεγομένην αὐτοῦ τῆς γενέσεως;

῎Εγωγε.

Τί δέ; τὸ ἀβουλεῖν καὶ μὴ ἐθέλειν μηδ' ἐπιθυμεῖν οὐκ εἰς τὸ ἀπωθεῖν καὶ ἀπελαύνειν ἀπ' αὑτῆς καὶ εἰς ἅπαντα τἀναντία ἐκείνοις θήσομεν;

d Πῶς γὰρ οὔ;

Τούτων δὴ οὕτως ἐχόντων ἐπιθυμιῶν τι φήσομεν εἶναι εἶδος, καὶ ἐναργεστάτας αὐτῶν τούτων ἥν τε δίψαν καλοῦμεν καὶ ἣν πεῖναν;

Φήσομεν, ἦ δ' ὅς.

Οὐκοῦν τὴν μὲν ποτοῦ, τὴν δ' ἐδωδῆς;

Ναί.

῏Αρ' οὖν, καθ' ὅσον δίψα ἐστί, πλέονος ἄν τινος ἢ οὗ λέγομεν ἐπιθυμία ἐν τῇ ψυχῇ εἴη, οἷον δίψα ἐστὶ δίψα ἆρά γε θερμοῦ ποτοῦ ἢ ψυχροῦ, ἢ πολλοῦ ἢ ὀλίγου, ἢ καὶ ἑνὶ λόγῳ ποιοῦ τινος πώματος; ἢ ἐὰν μέν τις θερμότης τῷ

b 1 ἂν addidi: post b 3 ἐναντίων add. Baiter b 2 τινος λαβεῖν secl. ci. Baiter c 5 ἐρωτῶντος A F D: ἐρῶντος M et ex ἐρωτῶντος fecit A² d 8 ἢ οὗ (sic) M: ἢ οὗ A (sed ἢ ο in ras.: που fuit): που F D (ποτοῦ fecit f) in marg. γρ. A (sed π in ras.: η ου fuit) d 9 δίψα ἐστὶ secl. Stallbaum (sed legit Athenaeus) d 11 ἑνὶ λόγῳ ci. Cornarius: ἐν ὀλίγῳ A F D M Athenaeus

那么[1360]，我说道，点头表示同意之于把头往后一仰以示拒绝，渴 437b1
望接纳某个东西之于坚决拒绝它，拥抱[1361]之于推开，所有诸如此类的
这些事情，你会把它们算在那些彼此相反的东西之内吗[1362]，无论〈这
些彼此相反的东西〉是〈主动的〉行为，还是〈被动的〉遭受？因为在 437b5
这方面[1363]并不将导致任何的不同。

当然，他说道，算在相反的东西之内。

那么，然后呢？口渴和饥饿，以及普泛各种各样的欲望[1364]，此外
还有愿意和希望，所有这些东西，难道你不会把它们都在某个地方放到 437c1
刚才被说过的那些形式中去？例如，难道你不将总是宣称，那有所欲求
的人的灵魂，它确确实实或者渴望它所欲求的那种东西，或者拥抱这种
东西——那就是它希望它自己成为一种属于灵魂的东西[1365]——，或者
另一方面，只要灵魂愿意某种东西被提供给它[1366]，那它就会对它自己
点头同意这种东西——就好像某个人在问〈它某个问题〉似的——，因 437c5
为它渴求[1367]它的出现？

我肯定〈将这么宣称〉。

然后呢？不希望和不愿意，还有不欲求，我们将把它们看作是〈灵
魂把它们〉从它自己那里推开和赶走，并且把它们看作是同〈前面〉那 437c10
些相反的所有东西？

为何不呢？ 437d1

因此，如果这些事情是这个样子，那么，我们就将宣称，在诸欲望
中有着某种形式[1368]，并且在这些欲望自身中那最显而易见的，我们将
一个称作口渴，一个称作饥饿？

我们将这样宣称，他回应道。 437d5

那么，岂不一个是对饮料的欲望，另一个则是对食物的欲望？

是的。

那么，在它是口渴这个范围内，它会是灵魂中的一种对某种更多的
东西——即比我们说它是其欲望的那种东西更多——的欲望吗，例如，
口渴难道会是对热的或者冷的饮料的口渴，或者是对更多的或更少的饮 437d10
料，甚或一句话[1369]，是对某种特定饮料的口渴？或者，如果某种热被

δίψει προσῇ, τὴν τοῦ ψυχροῦ ἐπιθυμίαν προσπαρέχοιτ' ἄν, e
ἐὰν δὲ ψυχρότης, τὴν τοῦ θερμοῦ; ἐὰν δὲ διὰ πλήθους παρουσίαν πολλὴ ἡ δίψα ᾖ, τὴν τοῦ πολλοῦ παρέξεται, ἐὰν δὲ ὀλίγη, τὴν τοῦ ὀλίγου; αὐτὸ δὲ τὸ διψῆν οὐ μή ποτε ἄλλου γένηται ἐπιθυμία ἢ οὗπερ πέφυκεν, αὐτοῦ πώματος, καὶ αὖ τὸ πεινῆν βρώματος;

Οὕτως, ἔφη, αὐτή γε ἡ ἐπιθυμία ἑκάστη αὐτοῦ μόνον ἑκάστου οὗ πέφυκεν, τοῦ δὲ τοίου ἢ τοίου τὰ προσγιγνόμενα.

Μήτοι τις, ἦν δ' ἐγώ, ἀσκέπτους ἡμᾶς ὄντας θορυβήσῃ, 438
ὡς οὐδεὶς ποτοῦ ἐπιθυμεῖ ἀλλὰ χρηστοῦ ποτοῦ, καὶ οὐ σίτου ἀλλὰ χρηστοῦ σίτου. πάντες γὰρ ἄρα τῶν ἀγαθῶν ἐπιθυμοῦσιν· εἰ οὖν ἡ δίψα ἐπιθυμία ἐστί, χρηστοῦ ἂν εἴη εἴτε πώματος εἴτε ἄλλου ὅτου ἐστὶν ἐπιθυμία, καὶ αἱ ἄλλαι οὕτω.

Ἴσως γὰρ ἄν, ἔφη, δοκοῖ τι λέγειν ὁ ταῦτα λέγων.

Ἀλλὰ μέντοι, ἦν δ' ἐγώ, ὅσα γ' ἐστὶ τοιαῦτα οἷα εἶναί
του, τὰ μὲν ποιὰ ἄττα ποιοῦ τινός ἐστιν, ὡς ἐμοὶ δοκεῖ, b
τὰ δ' αὐτὰ ἕκαστα αὐτοῦ ἑκάστου μόνου.

Οὐκ ἔμαθον, ἔφη.

Οὐκ ἔμαθες, ἔφην, ὅτι τὸ μεῖζον τοιοῦτόν ἐστιν οἷον τινὸς εἶναι μεῖζον;

Πάνυ γε.

Οὐκοῦν τοῦ ἐλάττονος;

Ναί.

Τὸ δέ γε πολὺ μεῖζον πολὺ ἐλάττονος. ἦ γάρ;

Ναί.

Ἆρ' οὖν καὶ τὸ ποτὲ μεῖζον ποτὲ ἐλάττονος, καὶ τὸ ἐσόμενον μεῖζον ἐσομένου ἐλάττονος;

Ἀλλὰ τί μήν; ἦ δ' ὅς.

Καὶ τὰ πλείω δὴ πρὸς τὰ ἐλάττω καὶ τὰ διπλάσια πρὸς τὰ c
ἡμίσεα καὶ πάντα τὰ τοιαῦτα, καὶ αὖ βαρύτερα πρὸς κουφότερα καὶ θάττω πρὸς τὰ βραδύτερα, καὶ ἔτι γε τὰ θερμὰ πρὸς τὰ ψυχρὰ καὶ πάντα τὰ τούτοις ὅμοια ἆρ' οὐχ οὕτως ἔχει;

c 1 τὰ διπλάσια A D M : διπλάσια F

增添给了口渴，那么它就会另外提供出对冷的〈饮料的〉渴望；但如果 437e1
是冷〈被增添了〉，那么则是对热的〈饮料的〉渴望[1370]？如果由于多
的在场而口渴是多的，那么它就将提供出对多的渴望[1371]；但如果〈由
于少的在场而口渴是〉少的，那么则是对少的渴望？但口渴自身从不会
变成对其他任何东西的一种欲望，除了恰好是它生来就是其欲望的那种 437e5
东西，即饮料自身的欲望之外，饥饿则复又是对食物的欲望？

是这样，他说道，每一种欲望自身仅仅是对它生来是其欲望的那种特定东西自身的欲望，而被增添的那些东西才关乎这样那样的性质。

不可以让任何人，我说道，由于我们是没有考虑周全的，而扰乱 438a1
我们，说无人会欲求饮料，而是欲求有益健康的饮料，也无人会欲求
食物，而是欲求有益健康的食物。因为每个人毕竟都欲求好的东西；因
此，如果口渴是一种欲望，那么它就会是对有益健康的东西——无论是
饮料，还是其他任何东西——的一种欲望，其他的欲望亦然。 438a5

或许，他说道，说这些话的人其实有可能看起来说得在理。

然而，我说道，所有那些同某种东西相关而是如此这般的，〈其中〉 438b1
一些是某种性质的东西同某种性质的东西相关，如我所认为的那样，而
每个是其自身的东西仅仅同每个是其自身的东西相关[1372]。

我不懂，他说道。

难道你不懂下面这点吗，我说道，那就是：更大的东西是这样一种
东西，即它是比某种东西更大的？ 438b5

当然。

岂不是比更小的东西？

是的。

而大得多的东西肯定是相较于小得多的东西。是这样吗[1373]？

是。 438b10

那么，那曾经更大的东西岂不是相较于曾经更小的东西，而将是更大的东西是相较于将是更小的东西？

还会是别的什么吗？他回应道。

事实上，更多的东西是相较于更少的东西，两倍的东西是相较于一 438c1
半的东西，以及所有诸如此类的，此外，更重的东西是相较于更轻的东
西，更快的东西是相较于更慢的东西，进而肯定还有更热的东西是相较
于更冷的东西，以及所有诸如此类的，它们岂不都是这样？

Πάνυ μὲν οὖν.

Τί δὲ τὰ περὶ τὰς ἐπιστήμας; οὐχ ὁ αὐτὸς τρόπος; ἐπιστήμη μὲν αὐτὴ μαθήματος αὐτοῦ ἐπιστήμη ἐστὶν ἢ ὅτου δὴ δεῖ θεῖναι τὴν ἐπιστήμην, ἐπιστήμη δέ τις καὶ ποιά τις
d ποιοῦ τινος καὶ τινός. λέγω δὲ τὸ τοιόνδε· οὐκ ἐπειδὴ οἰκίας ἐργασίας ἐπιστήμη ἐγένετο, διήνεγκε τῶν ἄλλων ἐπιστημῶν, ὥστε οἰκοδομικὴ κληθῆναι;

Τί μήν;

Ἆρ' οὐ τῷ ποιά τις εἶναι, οἵα ἑτέρα οὐδεμία τῶν ἄλλων;

Ναί.

Οὐκοῦν ἐπειδὴ ποιοῦ τινος, καὶ αὐτὴ ποιά τις ἐγένετο; καὶ αἱ ἄλλαι οὕτω τέχναι τε καὶ ἐπιστῆμαι;

Ἔστιν οὕτω.

Τοῦτο τοίνυν, ἦν δ' ἐγώ, φάθι με τότε βούλεσθαι λέγειν, εἰ ἄρα νῦν ἔμαθες, ὅτι ὅσα ἐστὶν οἷα εἶναί του, αὐτὰ μὲν μόνα αὑτῶν μόνων ἐστίν, τῶν δὲ ποιῶν τινων ποιὰ ἄττα.
e καὶ οὔ τι λέγω, ὡς, οἵων ἂν ᾖ, τοιαῦτα καὶ ἔστιν, ὡς ἄρα καὶ τῶν ὑγιεινῶν καὶ νοσωδῶν ἡ ἐπιστήμη ὑγιεινὴ καὶ νοσώδης καὶ τῶν κακῶν καὶ τῶν ἀγαθῶν κακὴ καὶ ἀγαθή· ἀλλ' ἐπειδὴ οὐκ αὐτοῦ οὗπερ ἐπιστήμη ἐστὶν ἐγένετο ἐπιστήμη, ἀλλὰ ποιοῦ τινος, τοῦτο δ' ἦν ὑγιεινὸν καὶ νοσῶδες, ποιὰ δή τις συνέβη καὶ αὐτὴ γενέσθαι, καὶ τοῦτο αὐτὴν ἐποίησεν μηκέτι ἐπιστήμην ἁπλῶς καλεῖσθαι, ἀλλὰ τοῦ ποιοῦ τινος προσγενομένου ἰατρικήν.

Ἔμαθον, ἔφη, καί μοι δοκεῖ οὕτως ἔχειν.

439 Τὸ δὲ δὴ δίψος, ἦν δ' ἐγώ, οὐ τούτων θήσεις τῶν τινὸς εἶναι τοῦτο ὅπερ ἐστίν; ἔστι δὲ δήπου δίψος—

Ἔγωγε, ἦ δ' ὅς· πώματός γε.

Οὐκοῦν ποιοῦ μέν τινος πώματος ποιόν τι καὶ δίψος, δίψος δ' οὖν αὐτὸ οὔτε πολλοῦ οὔτε ὀλίγου, οὔτε ἀγαθοῦ

c 8 δὴ δεῖ A M : δεῖ D : δὴ F d 2 οἰκίας M : οἰκείας A F : οὐκείας D a 1 τινὸς] οἵων τινὸς ci. Madvig : τινός, καὶ τινὸς Adam a 2 δήπου] δή του ci. Benedictus

完全如此。 438c5

而关于各种各样的知识又如何呢？同样的方式岂不〈也适用于它们〉？一方面，知识自身是可学的东西自身之知识，或者无论如何都必须关乎某种东西——无论它是什么——〈一个人〉才将之确定为知识；另一方面，某一特定的和特定性质的知识是关乎某一特定性质的和特定
东西的〈知识〉。我这样来说吧：当关乎房子的做工的知识[1374]产生出 438d1
来，它岂不已经不同于其他的知识，以至于被称作为了*建筑术*？

那还用说？

难道不正是由于这点吗，即它是某一特定性质的、同其他那些〈知 438d5
识〉中的任何一种都不一样的〈知识〉？

是的。

那么，既然它是关乎某一特定性质的，它自身岂不也成为了某一特定性质的〈知识〉？并且其他的技艺和知识也同样如此？

是这样。 438d10

那好，我说道，请你同意[1375]这就是我刚才想说的[1376]，如果你现在
真懂了的话，那就是：所有那些同某种东西相关而是如此这般的，〈其
中〉一些仅仅是其本身的东西同仅仅是其本身的东西相关，而一些是某
种性质的东西同是某种性质的东西相关。并且我无论如何都没有说：它 438e1
们同什么样的东西相关，它们也就是什么样的，由此一来关乎那些健康
的东西或有病的东西的那种知识〈自身〉就是健康的或有病的，关乎各
种坏的事情或好的事情的知识〈自身〉就是坏的或好的。相反，〈我在
说〉当一种知识变成了不是它恰恰是其知识的那种〈可学的〉东西自身
的知识，而是关乎某一特定性质的知识时，而这种性质是健康的或有病 438e5
的，结果它自身也就变成了某一特定性质的知识；这也使得它不再被单
纯地称作*知识*，而是被称作关乎被增添的某种性质的*医学知识*。

我懂了，他说道，并且我也认为就是这样。

至于口渴，我说道，难道你竟然不把它算在这些关乎某种东西的东 439a1
西之内，它也因关乎某种东西才是其所是？而口渴无疑是——

我肯定会，他回应道，它无疑关乎饮料。

那么，岂不，一方面，同特定性质的饮料相关的，也就是特定性质
的口渴，但无论如何口渴自身既不关乎*多*的饮料，也不关乎*少*的饮料， 439a5

οὔτε κακοῦ, οὐδ' ἑνὶ λόγῳ ποιοῦ τινος, ἀλλ' αὐτοῦ πώματος μόνον αὐτὸ δίψος πέφυκεν;

Παντάπασι μὲν οὖν.

Τοῦ διψῶντος ἄρα ἡ ψυχή, καθ' ὅσον διψῇ, οὐκ ἄλλο τι βούλεται ἢ πιεῖν, καὶ τούτου ὀρέγεται καὶ ἐπὶ τοῦτο ὁρμᾷ. b

Δῆλον δή.

Οὐκοῦν εἴ ποτέ τι αὐτὴν ἀνθέλκει διψῶσαν, ἕτερον ἄν τι ἐν αὐτῇ εἴη αὐτοῦ τοῦ διψῶντος καὶ ἄγοντος ὥσπερ θηρίον ἐπὶ τὸ πιεῖν; οὐ γὰρ δή, φαμέν, τό γε αὐτὸ τῷ αὐτῷ ἑαυτοῦ περὶ τὸ αὐτὸ ἅμ' ἃ⟨ν⟩ τἀναντία πράττοι.

Οὐ γὰρ οὖν.

Ὥσπερ γε οἶμαι τοῦ τοξότου οὐ καλῶς ἔχει λέγειν ὅτι αὐτοῦ ἅμα αἱ χεῖρες τὸ τόξον ἀπωθοῦνταί τε καὶ προσέλκονται, ἀλλ' ὅτι ἄλλη μὲν ἡ ἀπωθοῦσα χείρ, ἑτέρα δὲ ἡ προσαγομένη.

Παντάπασι μὲν οὖν, ἔφη. c

Πότερον δὴ φῶμέν τινας ἔστιν ὅτε διψῶντας οὐκ ἐθέλειν πιεῖν;

Καὶ μάλα γ', ἔφη, πολλοὺς καὶ πολλάκις.

Τί οὖν, ἔφην ἐγώ, φαίη τις ἂν τούτων πέρι; οὐκ ἐνεῖναι μὲν ἐν τῇ ψυχῇ αὐτῶν τὸ κελεῦον, ἐνεῖναι δὲ τὸ κωλῦον πιεῖν, ἄλλο ὂν καὶ κρατοῦν τοῦ κελεύοντος;

Ἔμοιγε, ἔφη, δοκεῖ.

Ἆρ' οὖν οὐ τὸ μὲν κωλῦον τὰ τοιαῦτα ἐγγίγνεται, ὅταν ἐγγένηται, ἐκ λογισμοῦ, τὰ δὲ ἄγοντα καὶ ἕλκοντα διὰ d παθημάτων τε καὶ νοσημάτων παραγίγνεται;

Φαίνεται.

a 6 *οὐδὲ ἑνὶ* F : *οὐδενὶ* A D a 9 *οὐ βούλεται ἄλλο τι* Stobaeus b 3 *ἀνθέλκει* A F M Galenus Stobaeus : *καθέλκει* D *ἄν τι*] *τι ἂν* Stobaeus b 4 *θηρίον* Galenus Stobaeus : *θηρίου* A F D M b 5 *δή*] *ἂν* ci. Schanz *τό γε αὐτὸ τῷ αὐτῷ*] *τῷ γε αὐτῷ τὸ αὐτὸ τῷ* Galenus b 6 *ἅμ' ἂν* ci Campbell : *ἅμα* A F D M Galenus Stobaeus *πράττοι*] *πράττειν* Galenus : *πράττει* Ast c 4 *μάλα γ'* A M : *μάλ'* F D c 8 *ἔφη δοκεῖ* A F D M Galenus : *δοκεῖ ἔφη* Stobaeus d 1 *ἐγγένηται* A F D M Stobaeus : *ἐγγίγνηται* ci. Schneider

既不关乎好的饮料，也不关乎坏的饮料；一言以蔽之，它不关乎任何特定的性质，相反，口渴自身生来就仅仅关乎饮料自身？

完全如此。

因此，口渴者的灵魂，在它感到口渴这个范围内，它不希望任何别的，除了喝，它渴望这件事[1377]，并且冲向这件事。 439b1

显然。

那么，如果某个东西竟然在灵魂口渴时拽住它[1378]，那它岂不会是在灵魂中异于那个在感到口渴的东西自身，并且那个东西就像一头野兽似的，引灵魂前去喝[1379]？因为我们肯定会说，同一个东西无论如何都 439b5
不可能在它自己的同一个方面对同一个东西同时实施相反的事情[1380]。

确实不可能。

恰如就弓箭手，我无论如何都认为，不可能正确地说下面这件事，那就是他的双手同时既向外推，又往内拉[1381]弓；相反，〈能够正确地 439b10
说他的〉一只手是在向外推〈它〉的手，另一只手则是在往内拉〈它〉的手。

完全如此，他说道。 439c1

那么，我们是否可以声称，有一些人，他们有时虽然口渴，却不愿意喝东西？

当然，他回应道，许多人都这样，并且经常如此。

那么，我说道，关于这些人一个人又该怎么说呢？在他们的灵魂 439c5
里面岂不有一个东西在敦促〈他们去〉喝，而另外某个东西在里面阻止〈他们去〉喝，而它是一种不同的东西并且控制着那在进行敦促的？

至少在我看来，他回应道，是这样。

那么，一方面，那阻止诸如此类的事情的，每当它出现时，它岂不 439d1
基于计算而出现[1382]；另一方面，那些进行引领和拖拽的，则由于一些遭受和疾病而在场[1383]？

显然。

Οὐ δὴ ἀλόγως, ἦν δ' ἐγώ, ἀξιώσομεν αὐτὰ διττά τε καὶ ἕτερα ἀλλήλων εἶναι, τὸ μὲν ᾧ λογίζεται λογιστικὸν προσαγορεύοντες τῆς ψυχῆς, τὸ δὲ ᾧ ἐρᾷ τε καὶ πεινῇ καὶ διψῇ καὶ περὶ τὰς ἄλλας ἐπιθυμίας ἐπτόηται ἀλόγιστόν τε καὶ ἐπιθυμητικόν, πληρώσεών τινων καὶ ἡδονῶν ἑταῖρον.

e Οὔκ, ἀλλ' εἰκότως, ἔφη, ἡγοίμεθ' ἂν οὕτως.

Ταῦτα μὲν τοίνυν, ἦν δ' ἐγώ, δύο ἡμῖν ὡρίσθω εἴδη ἐν ψυχῇ ἐνόντα· τὸ δὲ δὴ τοῦ θυμοῦ καὶ ᾧ θυμούμεθα πότερον τρίτον, ἢ τούτων ποτέρῳ ἂν εἴη ὁμοφυές;

Ἴσως, ἔφη, τῷ ἑτέρῳ, τῷ ἐπιθυμητικῷ.

Ἀλλ', ἦν δ' ἐγώ, ποτὲ ἀκούσας τι† πιστεύω τούτῳ· ὡς ἄρα Λεόντιος ὁ Ἀγλαΐωνος ἀνιὼν ἐκ Πειραιῶς ὑπὸ τὸ βόρειον τεῖχος ἐκτός, αἰσθόμενος νεκροὺς παρὰ τῷ δημίῳ κειμένους, ἅμα μὲν ἰδεῖν ἐπιθυμοῖ, ἅμα δὲ αὖ δυσχεραίνοι καὶ ἀποτρέποι ἑαυτόν, καὶ τέως μὲν μάχοιτό τε καὶ 440 παρακαλύπτοιτο, κρατούμενος δ' οὖν ὑπὸ τῆς ἐπιθυμίας, διελκύσας τοὺς ὀφθαλμούς, προσδραμὼν πρὸς τοὺς νεκρούς, "Ἰδοὺ ὑμῖν," ἔφη, "ὦ κακοδαίμονες, ἐμπλήσθητε τοῦ καλοῦ θεάματος."

Ἤκουσα, ἔφη, καὶ αὐτός.

Οὗτος μέντοι, ἔφην, ὁ λόγος σημαίνει τὴν ὀργὴν πολεμεῖν ἐνίοτε ταῖς ἐπιθυμίαις ὡς ἄλλο ὂν ἄλλῳ.

Σημαίνει γάρ, ἔφη.

Οὐκοῦν καὶ ἄλλοθι, ἔφην, πολλαχοῦ αἰσθανόμεθα, ὅταν b βιάζωνταί τινα παρὰ τὸν λογισμὸν ἐπιθυμίαι, λοιδοροῦντά τε αὑτὸν καὶ θυμούμενον τῷ βιαζομένῳ ἐν αὑτῷ, καὶ ὥσπερ δυοῖν στασιαζόντοιν σύμμαχον τῷ λόγῳ γιγνόμενον τὸν θυμὸν τοῦ τοιούτου; ταῖς δ' ἐπιθυμίαις αὐτὸν κοινωνήσαντα, αἱροῦντος λόγου μὴ δεῖν ἀντιπράττειν, οἶμαί σε οὐκ ἂν

d 8 ἑταῖρον F D M Galenus: ἕτερον A Stobaeus e 4 τρίτον om. Stobaeus ἂν εἴη A D M Stobaeus: εἴη ἂν F Galenus e 6 τι ⟨οὐ⟩ ci. anon. τούτῳ A F D: τοῦτο M Galenus Stobaeus e 9 αὖ A F M: om. D Galenus Stobaeus e 10 μὲν F Galenus Stobaeus: om. A D τε om. Stobaeus a 3 ὦ A F M: om. D a 5 πολεμεῖν] χαλεπαίνειν καὶ πολεμεῖν Galenus a 8 πολλαχοῦ] πολλάκις Galenus

因此，我们岂不并非没有道理地，我说道，将指望它们是两种东
西，并且彼此是不同的；一方面，我们把灵魂用来进行计算的那种东 439d5
西称作它的计算性的能力，另一方面，它用来进行爱恋、感到饥饿和口渴，以及由之对于一些其他的欲望感到慌乱[1384]的那种东西，则是它的非计算性的和欲望性的能力，而这种东西伴随着某些满足和快乐[1385]。

不是〈没有道理〉，而是恰当地，他说道，我们会这样认为。 439e1

那好，一方面，这两种形式，让我们把它们确定为内在于灵魂中；另一方面，那同气魄相关并且由之我们才气宇轩昂的那种东西[1386]，它是第三种形式呢，还是会与这两者中的一个是有着同样本性的[1387]？

也许与其中一个，他回应道，即与欲望性的能力〈有着同样的本性〉。 439e5

但是，我说道，我曾听说过某件事，并且相信，这件事就是[1388]：当阿格拉伊翁的儿子勒翁提俄斯[1389]从珀赖欧斯沿着北墙外侧下面的那条路[1390]往上前往〈城里〉时，他注意到了在刽子手的附近[1391]躺着一
些尸体，于是，他一方面渴望看，另一方面又感到厌恶[1392]，并且转过 439e10
身子，他自我斗争了好长一段时间，而且把脸蒙了起来[1393]；但他无论 440a1
如何〈最后〉还是被那种欲望所征服，他睁开眼睛，跑到那些尸体面前，"你们亲眼看看吧"，他喊道，"你们这些被恶灵附体的人啊[1394]，你们亦然在饱享这美丽的景象。"

我自己也听说过，他说道。

然而，这个故事，我说道，无疑表明愤怒有时候在同一些欲望作斗 440a5
争，好像一个是不同于另一个似的。

的确表明了这点，他说道。

那么，甚至在别处，我说道，于许多地方我们岂不也注意到了下面
这点，那就是：每当一些欲望强迫某个人背离计算时，他不仅责备他自 440b1
己，而且对在他身上的那种强迫〈他〉的东西感到愤怒，甚至就像处在进行内讧的两派中间似的，这个人身上的气魄成为了同理性进行共同战
斗的东西[1395]？但是，它[1396]通过同那些欲望联合起来——当理性〈已 440b5
然〉证明不应当〈做某事〉时[1397]——寻求抵制〈理性〉[1398]，我认为你

φάναι γενομένου ποτὲ ἐν σαυτῷ τοῦ τοιούτου αἰσθέσθαι, οἶμαι δ' οὐδ' ἐν ἄλλῳ.

Οὐ μὰ τὸν Δία, ἔφη.

Τί δέ, ἦν δ' ἐγώ, ὅταν τις οἴηται ἀδικεῖν; οὐχ ὅσῳ ἂν c
γενναιότερος ᾖ, τοσούτῳ ἧττον δύναται ὀργίζεσθαι καὶ πεινῶν καὶ ῥιγῶν καὶ ἄλλο ὁτιοῦν τῶν τοιούτων πάσχων ὑπ' ἐκείνου ὃν ἂν οἴηται δικαίως ταῦτα δρᾶν, καί, ὃ λέγω, οὐκ ἐθέλει πρὸς τοῦτον αὐτοῦ ἐγείρεσθαι ὁ θυμός;

Ἀληθῆ, ἔφη.

Τί δὲ ὅταν ἀδικεῖσθαί τις ἡγῆται; οὐκ ἐν τούτῳ ζεῖ τε καὶ χαλεπαίνει καὶ συμμαχεῖ τῷ δοκοῦντι δικαίῳ καί, διὰ τὸ πεινῆν καὶ διὰ τὸ ῥιγοῦν καὶ πάντα τὰ τοιαῦτα πάσχειν, ὑπομένων καὶ νικᾷ καὶ οὐ λήγει τῶν γενναίων, πρὶν ἂν ἢ d
διαπράξηται ἢ τελευτήσῃ ἢ ὥσπερ κύων ὑπὸ νομέως ὑπὸ τοῦ λόγου τοῦ παρ' αὐτῷ ἀνακληθεὶς πραϋνθῇ;

Πάνυ μὲν οὖν, ἔφη, ἔοικε τούτῳ ᾧ λέγεις· καίτοι γ' ἐν τῇ ἡμετέρᾳ πόλει τοὺς ἐπικούρους ὥσπερ κύνας ἐθέμεθα ὑπηκόους τῶν ἀρχόντων ὥσπερ ποιμένων πόλεως.

Καλῶς γάρ, ἦν δ' ἐγώ, νοεῖς ὃ βούλομαι λέγειν. ἀλλ' ἦ πρὸς τούτῳ καὶ τόδε ἐνθυμῇ;

Τὸ ποῖον; e

Ὅτι τοὐναντίον ἢ ἀρτίως ἡμῖν φαίνεται περὶ τοῦ θυμοειδοῦς. τότε μὲν γὰρ ἐπιθυμητικόν τι αὐτὸ ᾠόμεθα εἶναι, νῦν δὲ πολλοῦ δεῖν φαμεν, ἀλλὰ πολὺ μᾶλλον αὐτὸ ἐν τῇ τῆς ψυχῆς στάσει τίθεσθαι τὰ ὅπλα πρὸς τὸ λογιστικόν.

Παντάπασιν, ἔφη.

Ἆρ' οὖν ἕτερον ὂν καὶ τούτου, ἢ λογιστικοῦ τι εἶδος,

b 6 *σαυτῷ* A M : *ἑαυτῷ* A² F D   c 7 *ζεῖ τε* scr. recc. et legit Galenus : *ζητεῖ τε* A F D M : *ζητεῖται* Galeni codd.   c 8 *διὰ τὸ* (bis) A F D M Galenus : *διὰ τοῦ* (bis) scr. Mon. : *δι' αὐτὸ* (bis) ci. Madvig   d 1 *νικᾶν . . . λήγειν* Galenus   d 8 *ἢ* Ast : *εἰ* A F D M   e 3 *αὐτὸ* F M : *αὐτῷ* A D   e 5 *τὸ λογιστικόν*] *τοῦ λογιστικοῦ* scr. Ven. 184   e 8 *τούτου* F : *τοῦτο* A D M Stobaeus   *λογιστικοῦ* A F D M : *λογιστικόν* Stobaeus   *τι* F D M Stobaeus : om. A

会宣称，你从不曾觉察到诸如此类的事情发生在你自己身上过，而我也认为从不曾发生在其他任何一个人身上过。

从不，以宙斯的名义！他说道。

然后呢，我说道，每当一个人认为是自己在〈对别人〉行不义时？ 440c1
他岂不越是一个高贵的人，也就越是不可能变得愤怒——即使他在挨饿、受冻，以及从那个他会认为在正当地〈对他〉做这些事情的人那里
遭受诸如此类的事情中的其他任何一样——，并且，如我所说，他的气 440c5
魄不愿意针对这个人而让自己被激发起来？

正确，他回应道。

然后呢，每当一个人认为自己在被〈别人〉行不义时？在那种情形下[1399]〈气魄〉岂不沸腾起来，它变得愤怒，并且同那〈在它〉看来是正义的东西共同战斗，并且，即使由于挨饿、由于受冻，以及由于遭受
所有诸如此类的事情，它也通过坚持来取得胜利，并且在达成下面这些 440d1
之前不停止各种高贵的〈努力〉[1400]，那就是，要么取得成功，要么最终死亡，要么像狗被一位牧人所召唤那样，被它旁边的理性所召唤而冷静下来[1401]？

完全看起来，他回应道，是你所说的这样；而且事实上在我们的
城邦中，我们也把那些助手像狗一样确定为是服从那些进行统治的人 440d5
的——而他们仿佛是城邦中的牧人[1402]。

你的确很好地，我说道，理解了我想说的。但除此之外，你是否也留意到了下面这点呢[1403]？

哪点？ 440e1

那就是，关于气宇轩昂的东西的〈这种说法〉，对我们显得与刚才〈所说的完全〉相反。因为，那时我们曾认为它是某种欲望性的东
西[1404]，而现在我们则远不会那么说，而是更宁愿得多〈地说〉，在灵魂 440e5
〈里面的那些东西〉的拉帮结派中[1405]，它携带着各种武器去支持那计算性的能力[1406]。

完全如此。

那么，它也是不同于这种能力的吗，还是说它是计算性的能力的

ὥστε μὴ τρία ἀλλὰ δύο εἴδη εἶναι ἐν ψυχῇ, λογιστικὸν καὶ ἐπιθυμητικόν; ἢ καθάπερ ἐν τῇ πόλει συνεῖχεν αὐτὴν τρία
441 ὄντα γένη, χρηματιστικόν, ἐπικουρητικόν, βουλευτικόν, οὕτως καὶ ἐν ψυχῇ τρίτον τοῦτό ἐστι τὸ θυμοειδές, ἐπίκουρον ὂν τῷ λογιστικῷ φύσει, ἐὰν μὴ ὑπὸ κακῆς τροφῆς διαφθαρῇ;

Ἀνάγκη, ἔφη, τρίτον.

Ναί, ἦν δ' ἐγώ, ἄν γε τοῦ λογιστικοῦ ἄλλο τι φανῇ, ὥσπερ τοῦ ἐπιθυμητικοῦ ἐφάνη ἕτερον ὄν.

Ἀλλ' οὐ χαλεπόν, ἔφη, φανῆναι· καὶ γὰρ ἐν τοῖς παιδίοις τοῦτό γ' ἄν τις ἴδοι, ὅτι θυμοῦ μὲν εὐθὺς γενόμενα μεστά ἐστι, λογισμοῦ δ' ἔνιοι μὲν ἔμοιγε δοκοῦσιν οὐδέποτε μετα-
b λαμβάνειν, οἱ δὲ πολλοὶ ὀψέ ποτε.

Ναὶ μὰ Δί', ἦν δ' ἐγώ, καλῶς γε εἶπες. ἔτι δὲ ἐν τοῖς θηρίοις ἄν τις ἴδοι ὃ λέγεις, ὅτι οὕτως ἔχει. πρὸς δὲ τούτοις καὶ ὃ ἄνω που [ἐκεῖ] εἴπομεν, τὸ τοῦ Ὁμήρου μαρτυρήσει, τὸ—

στῆθος δὲ πλήξας κραδίην ἠνίπαπε μύθῳ·

ἐνταῦθα γὰρ δὴ σαφῶς ὡς ἕτερον ἑτέρῳ ἐπιπλῆττον πε-
c ποίηκεν Ὅμηρος τὸ ἀναλογισάμενον περὶ τοῦ βελτίονός τε καὶ χείρονος τῷ ἀλογίστως θυμουμένῳ.

Κομιδῇ, ἔφη, ὀρθῶς λέγεις.

Ταῦτα μὲν ἄρα, ἦν δ' ἐγώ, μόγις διανενεύκαμεν, καὶ ἡμῖν ἐπιεικῶς ὡμολόγηται τὰ αὐτὰ μὲν ἐν πόλει, τὰ αὐτὰ δ' ἐν ἑνὸς ἑκάστου τῇ ψυχῇ γένη ἐνεῖναι καὶ ἴσα τὸν ἀριθμόν.

Ἔστι ταῦτα.

Οὐκοῦν ἐκεῖνό γε ἤδη ἀναγκαῖον, ὡς πόλις ἦν σοφὴ καὶ ᾧ, οὕτω καὶ τὸν ἰδιώτην καὶ τούτῳ σοφὸν εἶναι;

a 1 ἐπικουρητικόν A M Galenus Stobaeus: ἐπικουρικόν F D a 5 φανῇ om. Stobaeus a 8 τοῦτό γ'] τοῦτο οὐ Stobaeus a 9 οὐδέποτε] οὐδέποτέ γε Stobaeus b 4 ὃ] ἃ Stobaeus ἐκεῖ om. Galenus τοῦ A D M : om. F c 5 ὡμολόγηται Stobaeus: ὁμολογεῖται A F D M c 6 ἑνὸς M : ἑνὶ A F D Stobaeus τῇ A F M Stobaeus: om. D γένη ex em. F d Stobaeus : γένει A F D M

某种形式，以至于在灵魂中没有三种，而只有两种形式的〈能力〉，即计算性的能力和欲望性的能力？还是说，正如在城邦中，把它连在一起的阶层是三个，即赚取钱财的阶层、助手的阶层和能提建议的阶层，同样，在灵魂中这种气宇轩昂的东西也是第三种能力，它生来就是计算性的能力的助手，只要它未曾被一种坏的培养所败坏的话？

必然，他回应道，这是第三种能力。

是的，我说道，只要它显得是不同于计算性的能力的某种东西的话，就像它已经显得是异于欲望性的能力那样。

但并不困难，他说道，要显明这点。其实在孩子们身上一个人也肯定能够看到这点，因为，虽然他们一生下来就立即充满了气魄，但〈其中〉某些孩子至少在我看来从来都对计算没有份儿[1407]，而大多数孩子毕竟很晚才取得它。

是的，以宙斯之名，我说道，你的确说得很好。而且在一些野兽身上一个人也能够看到你所说的，那就是，事情就是这样。而除了这些之外，我们在前面某个地方那里[1408]曾提到过的，即荷马的话也将为之做证，那句话就是——

他捶打着自己的胸口，用言辞斥责自己的心[1409]。

因为在这里，荷马无疑已经清楚地在让一个斥责另一个，即让对〈何者是〉更好的以及〈何者是〉更坏的进行计算的那种东西，斥责那个非计算性地进行发怒的东西[1410]。

的确，他说道，你说得正确。

好吧，我说道，我们其实已经艰难地游过了这些东西[1411]，并且我们也恰当地同意[1412]〈下面这点〉：一方面，一些阶层内在于城邦中，另一方面，同样这些阶层也内在于每一单个人的灵魂中，并且它们在数量上是相等的。

是这样。

那么，下面这点从此岂不就是必然的，那就是：一个城邦如何以及凭借何种东西是智慧的，一位个人也就如何和凭借何种东西是智慧的。

Τί μήν;

Καὶ ᾧ δὴ ἀνδρεῖος ἰδιώτης καὶ ὥς, τούτῳ καὶ πόλιν d
ἀνδρείαν καὶ οὕτως, καὶ τἆλλα πάντα πρὸς ἀρετὴν ὡσαύτως ἀμφότερα ἔχειν;

Ἀνάγκη.

Καὶ δίκαιον δή, ὦ Γλαύκων, οἶμαι φήσομεν ἄνδρα εἶναι τῷ αὐτῷ τρόπῳ ᾧπερ καὶ πόλις ἦν δικαία.

Καὶ τοῦτο πᾶσα ἀνάγκη.

Ἀλλ' οὔ πῃ μὴν τοῦτό γε ἐπιλελήσμεθα, ὅτι ἐκείνη γε τῷ τὸ ἑαυτοῦ ἕκαστον ἐν αὐτῇ πράττειν τριῶν ὄντων γενῶν δικαία ἦν.

Οὔ μοι δοκοῦμεν, ἔφη, ἐπιλελῆσθαι.

Μνημονευτέον ἄρα ἡμῖν ὅτι καὶ ἡμῶν ἕκαστος, ὅτου ἂν
τὰ αὑτοῦ ἕκαστον τῶν ἐν αὐτῷ πράττῃ, οὗτος δίκαιός τε e
ἔσται καὶ τὰ αὑτοῦ πράττων.

Καὶ μάλα, ἦ δ' ὅς, μνημονευτέον.

Οὐκοῦν τῷ μὲν λογιστικῷ ἄρχειν προσήκει, σοφῷ ὄντι καὶ ἔχοντι τὴν ὑπὲρ ἁπάσης τῆς ψυχῆς προμήθειαν, τῷ δὲ θυμοειδεῖ ὑπηκόῳ εἶναι καὶ συμμάχῳ τούτου;

Πάνυ γε.

Ἆρ' οὖν οὐχ, ὥσπερ ἐλέγομεν, μουσικῆς καὶ γυμναστικῆς
κρᾶσις σύμφωνα αὐτὰ ποιήσει, τὸ μὲν ἐπιτείνουσα καὶ
τρέφουσα λόγοις τε καλοῖς καὶ μαθήμασιν, τὸ δὲ ἀνιεῖσα 442
παραμυθουμένη, ἡμεροῦσα ἁρμονίᾳ τε καὶ ῥυθμῷ;

Κομιδῇ γε, ἦ δ' ὅς.

Καὶ τούτω δὴ οὕτω τραφέντε καὶ ὡς ἀληθῶς τὰ αὑτῶν μαθόντε καὶ παιδευθέντε προστήσεσθον τοῦ ἐπιθυμητικοῦ—ὃ

d 2 ἀνδρείαν F Stobaeus : καὶ ἀνδρείαν A D M d 5 δή] δὴ ἔφη Stobaeus d 6 ᾧπερ A D M : ὥσπερ F Stobaeus d 8 οὔ πῃ A F (ut videtur) D M : οὔπω f Stobaeus τοῦτό γε F Stobaeus : τοῦτο A D M e 1 οὗτος] οὕτω Stobaeus δίκαιός] δικαιότερός Stobaeus e 4 προσήκει] προσῆκον Stobaeus e 5 τῆς om. Stobaeus e 6 εἶναι καὶ] εἶναι Stobaeus a 2 παραμυθουμένη A D M : καὶ παραμυθουμένη F Stobaeus a 5 προστήσεσθον ci. Schneider : προσθήσετον M : προστήσετον A F D Stobaeus : προστατήσετον Bekker

那还用说？

那么，一位个人凭借何种东西以及如何是勇敢的，一个城邦也就 441d1
凭借何种东西以及如何是勇敢的，并且在与德性相关的其他所有东西那
里，两者都处于同样的情形中吗[1413]？

必然。

那么，一个正义的人，格劳孔啊，我认为我们将宣称，他以一个城 441d5
邦恰恰也由之是正义的那种同样的方式是正义的。

这也是完全必然的。

而且我们无论如何都未曾忘记这件事，那就是：那个城邦正是凭借
这点方才是正义的，即在它里面的三个阶层，它们各自只做它们自己的 441d10
事情。

在我看来，他说道，我们未曾忘记。

那么，我们就必须记住，其实我们中的每个人，无论他是谁，如果 441e1
在他那里于他身上的那些〈能力〉中的每个都只做它自己的事情，这个
人就将是一个正义的人，并且是一个在做他自己的事情的人。

确实，他说道，必须记住。

那么，适合于计算性的〈能力〉的，岂不是进行统治，因为它是
智慧的，并且为了整个灵魂而具有一种先见[1414]，而适合于气宇轩昂的 441e5
〈能力〉的，则是顺从这种能力，以及同它一起战斗？

完全如此。

那么，正如我们曾说过的[1415]，文艺和体育的结合，它岂不将使得
它们变得协调起来，一方面，它用各种美好的言辞以及各种美好的学问
来绷紧和培养前者，另一方面，它用和谐和节奏来放松后者，抚慰它， 442a1
驯服它？

诚然，他回应道。

并且一旦这两者的的确确以这种方式被培养长大，并且它俩真正
地理解了属于它们自己的那些事情，以及被教育了，那时，它俩就将站 442a5

δὴ πλεῖστον τῆς ψυχῆς ἐν ἑκάστῳ ἐστὶ καὶ χρημάτων φύσει ἀπληστότατον—ὃ τηρήσετον μὴ τῷ πίμπλασθαι τῶν περὶ τὸ σῶμα καλουμένων ἡδονῶν πολὺ καὶ ἰσχυρὸν γενόμενον
b οὐκ αὖ τὰ αὑτοῦ πράττῃ, ἀλλὰ καταδουλώσασθαι καὶ ἄρχειν ἐπιχειρήσῃ ὧν οὐ προσῆκον αὐτῷ γένει, καὶ σύμπαντα τὸν βίον πάντων ἀνατρέψῃ.

Πάνυ μὲν οὖν, ἔφη.

Ἆρ' οὖν, ἦν δ' ἐγώ, καὶ τοὺς ἔξωθεν πολεμίους τούτω ἂν κάλλιστα φυλαττοίτην ὑπὲρ ἁπάσης τῆς ψυχῆς τε καὶ τοῦ σώματος, τὸ μὲν βουλευόμενον, τὸ δὲ προπολεμοῦν, ἑπόμενον [δὲ] τῷ ἄρχοντι καὶ τῇ ἀνδρείᾳ ἐπιτελοῦν τὰ βουλευθέντα;

Ἔστι ταῦτα.

Καὶ ἀνδρεῖον δὴ οἶμαι τούτῳ τῷ μέρει καλοῦμεν ἕνα
c ἕκαστον, ὅταν αὐτοῦ τὸ θυμοειδὲς διασῴζῃ διά τε λυπῶν καὶ ἡδονῶν τὸ ὑπὸ τῶν λόγων παραγγελθὲν δεινόν τε καὶ μή.

Ὀρθῶς γ', ἔφη.

Σοφὸν δέ γε ἐκείνῳ τῷ σμικρῷ μέρει, τῷ ὃ ἦρχέν τ' ἐν αὐτῷ καὶ ταῦτα παρήγγελλεν, ἔχον αὖ κἀκεῖνο ἐπιστήμην ἐν αὐτῷ τὴν τοῦ συμφέροντος ἑκάστῳ τε καὶ ὅλῳ τῷ κοινῷ σφῶν αὐτῶν τριῶν ὄντων.

Πάνυ μὲν οὖν.

Τί δέ; σώφρονα οὐ τῇ φιλίᾳ καὶ συμφωνίᾳ τῇ αὐτῶν τούτων, ὅταν τό τε ἄρχον καὶ τὼ ἀρχομένω τὸ λογιστικὸν
d ὁμοδοξῶσι δεῖν ἄρχειν καὶ μὴ στασιάζωσιν αὐτῷ;

Σωφροσύνη γοῦν, ἦ δ' ὅς, οὐκ ἄλλο τί ἐστιν ἢ τοῦτο, πόλεώς τε καὶ ἰδιώτου.

a 7 ὃ F Stobaeus : ᾧ A : ὧ D : ὦ M b 1 ἀλλὰ om. Stobaeus b 2 ἐπιχειρήσῃ] ἐθέλῃ Stobaeus προσῆκον] προσῆκεν Stobaeus αὐτῷ] αὐτοῦ ci. Apelt γένει A F D M Stobaeus : γενῶν scr. Mon. b 5 τούτω* A b 6 φυλαττοίτην scr. recc. : φυλάττοι τὴν A F D M Stobaeus b 8 δὲ om. Stobaeus c 2 τῶν λόγων A F D M : τὸν λόγον Stobaeus : τοῦ λόγου scr. recc. c 5 δέ γε A² F D M Stobaeus : δ' A c 10 καὶ] καὶ τῇ Stobaeus d 2 τί om. Stobaeus

在欲望性的〈能力〉的前面[1416]——它无疑在每个人那里都是其灵魂中
最大的那个〈部分〉，并且它也生来就对钱财是最不知足的——，它俩
将警惕它，以免它因充满了关于身体的那些所谓的快乐[1417]而变得巨大
和强壮起来，以至于不再从事属于它自己的那些事情，而是会试图奴役 442b1
和统治不适合它自己这个阶层〈进行统治〉的另外那〈两个〉阶层，并
〈由此〉可能颠覆每个阶层的整个生活。

的确如此，他说道。

那么，我说道，这两个〈阶层〉是不是甚至也会为了整个灵魂以及 442b5
身体而最好地抵御那些外来的敌人呢，前者通过提出建议，而后者则通
过为保卫〈它们〉而战斗——而且它跟随那进行统治的〈阶层〉[1418]，并
且凭借勇敢去完成那些已经被〈统治阶层所〉建议的事情——？

是这样。 442b10

并且我也肯定认为，我们正是由于这个部分才称每一单个的人是勇
敢的，那就是：每当他那气宇轩昂的部分历经各种痛苦和快乐都始终保 442c1
持着被各种言辞[1419]所宣布出来的〈关于〉可怕的东西和不可怕的东西
〈的那种信念〉时[1420]。

的确说得正确，他说道。

而〈称每一单个的人是〉智慧的，则是由于那个小的部分，即在他 442c5
身上已经在进行统治并且宣布了这些东西[1421]的那个部分，因为它复又
在它自己那里具有关于这点的知识[1422]，那就是，什么对于每个部分以
及对于由它们这三个部分〈所构成的〉整个共同体来说是有益的。

完全如此。

然后呢？〈称每一单个的人是〉自制的，岂不是由于同样这些部分 442c10
之间的友爱和一致[1423]，每当那进行统治的部分和那两个被统治的部分
一致认为计算性的部分应当统治，并且它们不同它争吵时？ 442d1

自制，他回应道，无论如何都不是任何其他的，除了是这种东西之
外，无论是在一个城邦中，还是在一位个人那里。

Ἀλλὰ μὲν δὴ δίκαιός γε, ᾧ πολλάκις λέγομεν, τούτῳ καὶ οὕτως ἔσται.

Πολλὴ ἀνάγκη.

Τί οὖν; εἶπον ἐγώ· μή πῃ ἡμῖν ἀπαμβλύνεται ἄλλο τι δικαιοσύνη δοκεῖν εἶναι ἢ ὅπερ ἐν τῇ πόλει ἐφάνη;

Οὐκ ἔμοιγε, ἔφη, δοκεῖ.

Ὧδε γάρ, ἦν δ' ἐγώ, παντάπασιν ἂν βεβαιωσαίμεθα
εἴ τι ἡμῶν ἔτι ἐν τῇ ψυχῇ ἀμφισβητεῖ, τὰ φορτικὰ αὐτῷ e
προσφέροντες.

Ποῖα δή;

Οἷον εἰ δέοι ἡμᾶς ἀνομολογεῖσθαι περί τε ἐκείνης τῆς πόλεως καὶ τοῦ ἐκείνῃ ὁμοίως πεφυκότος τε καὶ τεθραμμένου ἀνδρός, εἰ δοκεῖ ἂν παρακαταθήκην χρυσίου ἢ ἀργυρίου δεξάμενος ὁ τοιοῦτος ἀποστερῆσαι, τίν' ἂν οἴει οἰηθῆναι
τοῦτον αὐτὸ δρᾶσαι μᾶλλον ἢ ὅσοι μὴ τοιοῦτοι; 443

Οὐδέν' ἄν, ἔφη.

Οὐκοῦν καὶ ἱεροσυλιῶν καὶ κλοπῶν καὶ προδοσιῶν, ἢ ἰδίᾳ ἑταίρων ἢ δημοσίᾳ πόλεων, ἐκτὸς ἂν οὗτος εἴη;

Ἐκτός.

Καὶ μὴν οὐδ' ὁπωστιοῦν γ' ἂν ἄπιστος ἢ κατὰ ὅρκους ἢ κατὰ τὰς ἄλλας ὁμολογίας.

Πῶς γὰρ ἄν;

Μοιχεῖαί γε μὴν καὶ γονέων ἀμέλειαι καὶ θεῶν ἀθεραπευσίαι παντὶ ἄλλῳ μᾶλλον ἢ τῷ τοιούτῳ προσήκουσι.

Παντὶ μέντοι, ἔφη.

Οὐκοῦν τούτων πάντων αἴτιον ὅτι αὐτοῦ τῶν ἐν αὐτῷ b
ἕκαστον τὰ αὑτοῦ πράττει ἀρχῆς τε πέρι καὶ τοῦ ἄρχεσθαι;

Τοῦτο μὲν οὖν, καὶ οὐδὲν ἄλλο.

a 1 τοῦτον αὐτὸ ci. Schneider : τοῦτον αὐτὸν A F D M : τοῦτο αὐτὸν recc. Stobaeus a 2 οὐδέν' D M : οὐδὲν A F : οὐδένα Stobaeus a 4 ἂν A[2] F D M Stobaeus : ὧν A a 6 ὁπωστιοῦν γ' ἂν scripsi : ὁπωστιοῦν A D M : ὅπως τί γε οὖν F : ὁπωστισγεοῦν Stobaeus : ὁπωστιοῦν ἂν ci. Hartman prius ἢ M Stobaeus : ᾗ A D : ἧ F a 9 γε μὴν Stobaeus : μὴν F D M : μὲν A b 3, 4 ἄλλο ἔτι : τί A F D M : ἄλλο. ἔτι Stobaeus

而〈每一单个的人是〉正义的，无疑是由于我们多次所说的那件事[1424]，正是由于这件事以及以这种方式他才将是〈正义的〉。 442d5

极其必然。

然后呢？我说道。难道只是在某种方式上〈个人的〉正义被我们模糊地看到了[1425]，它看起来是不同于它恰好在城邦中所显现的某种东西？

至少对我，他回应道，看起来不是这样。

其实，我说道，我们能够以下面这种方式来完完全全地为我们自己 442d10
确定〈它〉——如果在我们的灵魂中还有某种东西在表达异议的话——， 442e1
那就是对它[1426]举一些俗气的例子[1427]。

究竟是哪些？

例如，如果我们必须关于那个城邦和生来就与那个城邦相似并如它
那样被培养长大的人就下面这点达成一致意见，那就是，是否这样一个 442e5
人，当他接受一笔金子或银子的存款之后，他看起来会骗取了该存款，
那么，你认为有谁会相信，他更有可能做了这件事[1428]，而不是所有那 443a1
些不是〈他〉那个样子的人？

无人会相信，他回应道。

甚至就盗窃圣物、小偷小摸和各种背叛来说——或者在私人方面之于朋友，或者在公共方面之于城邦——，这个人岂不也会远离它们？

远离。

而且他无论如何[1429]都不会是一个无信义的人，无论是在各种誓言 443a5
方面，还是在其他的各种约定方面。

那怎么会？

进而，通奸、不关心父母以及怠慢诸神，这些无疑更属于所有其他 443a10
的人，而不属于这样一个人。

肯定属于所有〈其他的人〉，他说道。

那么，所有这些的原因[1430]岂不是：他那在其身上的诸部分中的每 443b1
个部分都只做它自己的事情，无论是关于统治还是被统治来说？

就是这，并且别无其他。

Ἔτι τι οὖν ἕτερον ζητεῖς δικαιοσύνην εἶναι ἢ ταύτην τὴν δύναμιν ἣ τοὺς τοιούτους ἄνδρας τε παρέχεται καὶ πόλεις;

Μὰ Δία, ἦ δ' ὅς, οὐκ ἔγωγε.

Τέλεον ἄρα ἡμῖν τὸ ἐνύπνιον ἀποτετέλεσται, ὃ ἔφαμεν ὑποπτεῦσαι ὡς εὐθὺς ἀρχόμενοι τῆς πόλεως οἰκίζειν κατὰ
c θεόν τινα εἰς ἀρχήν τε καὶ τύπον τινὰ τῆς δικαιοσύνης κινδυνεύομεν ἐμβεβηκέναι.

Παντάπασιν μὲν οὖν.

Τὸ δέ γε ἦν ἄρα, ὦ Γλαύκων—δι' ὃ καὶ ὠφελεῖ—εἴδωλόν τι τῆς δικαιοσύνης, τὸ τὸν μὲν σκυτοτομικὸν φύσει ὀρθῶς ἔχειν σκυτοτομεῖν καὶ ἄλλο μηδὲν πράττειν, τὸν δὲ τεκτονικὸν τεκταίνεσθαι, καὶ τἆλλα δὴ οὕτως.

Φαίνεται.

Τὸ δέ γε ἀληθές, τοιοῦτόν τι ἦν, ὡς ἔοικεν, ἡ δικαιοσύνη ἀλλ' οὐ περὶ τὴν ἔξω πρᾶξιν τῶν αὑτοῦ, ἀλλὰ περὶ τὴν
d ἐντός, ὡς ἀληθῶς περὶ ἑαυτὸν καὶ τὰ ἑαυτοῦ, μὴ ἐάσαντα τἀλλότρια πράττειν ἕκαστον ἐν αὑτῷ μηδὲ πολυπραγμονεῖν πρὸς ἄλληλα τὰ ἐν τῇ ψυχῇ γένη, ἀλλὰ τῷ ὄντι τὰ οἰκεῖα εὖ θέμενον καὶ ἄρξαντα αὐτὸν αὑτοῦ καὶ κοσμήσαντα καὶ φίλον γενόμενον ἑαυτῷ καὶ συναρμόσαντα τρία ὄντα, ὥσπερ ὅρους τρεῖς ἁρμονίας ἀτεχνῶς, νεάτης τε καὶ ὑπάτης καὶ μέσης, καὶ εἰ ἄλλα ἄττα μεταξὺ τυγχάνει ὄντα, πάντα ταῦτα
e συνδήσαντα καὶ παντάπασιν ἕνα γενόμενον ἐκ πολλῶν, σώφρονα καὶ ἡρμοσμένον, οὕτω δὴ πράττειν ἤδη, ἐάν τι πράττῃ ἢ περὶ χρημάτων κτῆσιν ἢ περὶ σώματος θεραπείαν ἢ καὶ πολιτικόν τι ἢ περὶ τὰ ἴδια συμβόλαια, ἐν πᾶσι τούτοις ἡγούμενον καὶ ὀνομάζοντα δικαίαν μὲν καὶ καλὴν πρᾶξιν ἣ ἂν ταύτην τὴν ἕξιν σῴζῃ τε καὶ συναπεργάζηται, σοφίαν

b 7 τέλεον F D m Stobaeus et in marg. γρ. A: τελευταῖον A M c 1 τε A M Stobaeus: om. F D c 4 ὠφέλει ci. Ast c 9 τοιοῦτόν τι Stobaeus: τοιοῦτο μέν τι A F D M d 1 ἑαυτὸν F D M: ἑαυτῶν A d 4 αὐτὸν . . . d 5 ἑαυτῷ F D M Stobaeus: om. A d 5 τρία ὄντα om. Stobaeus d 6 νεάτην . . . ὑπάτην . . . d 7 μέσην ci. Hartman d 7 καὶ εἰ F D Stobaeus: εἰ καὶ A M (sed add. signa transpositionis M) e 6 σῴζῃ τε A D M: σώζηται F Stobaeus

那么，你还在寻找正义是某种另外的能力吗，而不是造就[1431]这样 443b5
一些人和这样一些城邦的这种力量？

宙斯在上，他回应道，我肯定没有。

因此，对我们来说梦想已经完满地实现了[1432]；就像我们曾宣称过
的那样[1433]，对之我们做过这样的猜测，那就是：当我们立即开始建立
城邦时，凭借某种神意[1434]，我们有可能已经撞见了正义的一种开端和 443c1
某种模式[1435]。

完完全全就是这样。

而这事实上仅仅是，格劳孔啊——它也正由此才是有用的——正义 443c5
的某种图像而已[1436]，也即是说，这样才是正确的：一方面，生来的鞋
匠〈只管〉做鞋，并且不做任何其他的，另一方面，木匠〈只管〉做木
工，并且其他的也都同样如此。

显然。

而真相无论如何都是，如看起来的那样，正义虽然是某种这样的
东西[1437]，但它肯定不是某种关乎一个人自己的各种事业中那外在的事 443c10
业的东西[1438]，而是关乎内在的事业，即真正地关乎他自己以及那些属 443d1
于他自己的东西[1439]，因为：一个人既不允许[1440]在他身上的每个〈部
分〉去做那些属于他者的事情，也不允许在〈其〉灵魂中的那〈三〉个
阶层互相爱管闲事，相反，他在是的方式上把自己的各种事情布置好，
自己统治自己和安排自己，自己成为自己的朋友，并且使那三者和谐一 443d5
致——它们完全就像一个和声中的那三个〈在音阶中限制着音程的〉音
符[1441]似的，即最下面那根弦、最上面那根弦和中间那根弦〈所发出的
音符〉[1442]——，甚至如果在它们中间实际上还有一些其他〈阶层〉的
话[1443]；他把所有这些结合在一起，他完完全全从多成为了一，他既成 443e1
为了自制的，也已经变得和谐一致起来；只有在这种情况下[1444]他此后
才采取行动，如果他要做某件事的话，无论是关乎钱财的取得，还是关
乎对身体的照料，甚或关乎某种城邦事务，或者关乎个人的各种合约；
在所有这些情形中，他把保持和帮助实现这种情状的那种行动视为并 443e5
且命名为一种正义的和美好的行动，把对这种行动进行主管的知识视为

δὲ τὴν ἐπιστατοῦσαν ταύτῃ τῇ πράξει ἐπιστήμην, ἄδικον δὲ πρᾶξιν ἣ ἂν ἀεὶ ταύτην λύῃ, ἀμαθίαν δὲ τὴν ταύτῃ αὖ 444
ἐπιστατοῦσαν δόξαν.

Παντάπασιν, ἦ δ' ὅς, ὦ Σώκρατες, ἀληθῆ λέγεις.

Εἶεν, ἦν δ' ἐγώ· τὸν μὲν δίκαιον καὶ ἄνδρα καὶ πόλιν καὶ δικαιοσύνην, ὃ τυγχάνει ἐν αὐτοῖς ὄν, εἰ φαῖμεν ηὑρηκέναι, οὐκ ἂν πάνυ τι οἶμαι δόξαιμεν ψεύδεσθαι.

Μὰ Δία οὐ μέντοι, ἔφη.

Φῶμεν ἄρα;

Φῶμεν.

Ἔστω δή, ἦν δ' ἐγώ· μετὰ γὰρ τοῦτο σκεπτέον οἶμαι ἀδικίαν.

Δῆλον.

Οὐκοῦν στάσιν τινὰ αὖ τριῶν ὄντων τούτων δεῖ αὐτὴν b
εἶναι καὶ πολυπραγμοσύνην καὶ ἀλλοτριοπραγμοσύνην καὶ ἐπανάστασιν μέρους τινὸς τῷ ὅλῳ τῆς ψυχῆς, ἵν' ἄρχῃ ἐν αὐτῇ οὐ προσῆκον, ἀλλὰ τοιούτου ὄντος φύσει οἵου πρέπειν αὐτῷ δουλεύειν, τῷ δ' οὐ δουλεύειν ἀρχικοῦ γένους ὄντι; τοιαῦτ' ἄττα οἶμαι φήσομεν καὶ τὴν τούτων ταραχὴν καὶ πλάνην εἶναι τήν τε ἀδικίαν καὶ ἀκολασίαν καὶ δειλίαν καὶ ἀμαθίαν καὶ συλλήβδην πᾶσαν κακίαν.

Αὐτὰ μὲν οὖν ταῦτα, ἔφη.

Οὐκοῦν, ἦν δ' ἐγώ, καὶ τὸ ἄδικα πράττειν καὶ τὸ ἀδικεῖν c
καὶ αὖ τὸ δίκαια ποιεῖν, ταῦτα πάντα τυγχάνει ὄντα κατάδηλα ἤδη σαφῶς, εἴπερ καὶ ἡ ἀδικία τε καὶ δικαιοσύνη;

Πῶς δή;

Ὅτι, ἦν δ' ἐγώ, τυγχάνει οὐδὲν διαφέροντα τῶν ὑγιεινῶν τε καὶ νοσωδῶν, ὡς ἐκεῖνα ἐν σώματι, ταῦτα ἐν ψυχῇ.

e 7 ταύτῃ A F M Stobaeus: ταύτην D a 12 δῆλον A F M Stobaeus: δῆλον ὅτι D b 5 τῷ δ' οὐ δουλεύειν scripsi: τοῦ δ' αὖ δουλεύειν A F D M Stobaeus: τῷ τοῦ Θ b 9 αὐτὰ Stobaeus: ταὐτὰ A D M: ταῦτα F c 2 τὸ δίκαια F Stobaeus: τὰ δίκαια A D M ταῦτα πάντα] πάντα ταῦτα Stobaeus c 3 εἴπερ] ἤπερ Stobaeus τε om. Stobaeus δικαιοσύνη A D Stobaeus: ἡ δικαιοσύνη F c 5 ὅτι A D M Stobaeus: ὅτι δὴ F

智慧，而把总是破坏这种情状的行动〈视为和命名为〉一种不正义的行 444a1
动，复又把对这种行动进行主管的意见〈视为和命名为〉无知。

你完完全全，他回应道，苏格拉底啊，说得正确。

那好，我说道。无论是正义的人，还是正义的城邦，以及正义—— 444a5
它在它们身上恰好是什么[1445]——，如果我们宣称已经发现了这些，我
想，我们无论如何看起来都没有在说假话。

宙斯在上，肯定没有，他说道。

那让我们〈就这样〉宣称吗？

让我们〈就这样〉宣称。

那就姑且同意[1446]！我说道。其实在此之后，我认为还必须考察不 444a10
正义。

显然。

那么，它岂不必定复又是这三种是着的东西[1447]之间的某种内 444b1
讧[1448]、某种爱管闲事和某种越俎代庖，以及灵魂的某个部分对整个灵
魂的某种造反——为了它能够在灵魂中进行统治，尽管它并不适合；相
反，它生来就是如此这般的一种东西，与之相适合的是进行臣服，而适 444b5
合于另一个部分的则不是进行臣服，相反，它属于那适合进行统治的阶
层[1449]——？诸如此类的一些事情，我认为，以及这〈三个阶层〉之间
的混乱、误入歧途[1450]，我们将宣称它们就是不正义、放纵、懦弱和无
知，简而言之，是一种完完全全的恶。

它们肯定就是这个样子[1451]，他说道。

因此，我说道，一方面从事各种不正义的事情和行不义，另一方 444c1
面做各种正义的事情，所有这些岂不恰好已经一清二楚地是显而易见的
了，如果不正义和正义果真如此的话？

究竟为何呢？

因为，我说道，它们其实同那些健康的东西和那些引起疾病的东西 444c5
并无不同，只不过后面这些位于身体中，前面那些则在灵魂中。

Πῇ; ἔφη.

Τὰ μέν που ὑγιεινὰ ὑγίειαν ἐμποιεῖ, τὰ δὲ νοσώδη νόσον.

Ναί.

Οὐκοῦν καὶ τὸ μὲν δίκαια πράττειν δικαιοσύνην ἐμποιεῖ,
d τὸ δ' ἄδικα ἀδικίαν;

Ἀνάγκη.

Ἔστι δὲ τὸ μὲν ὑγίειαν ποιεῖν τὰ ἐν τῷ σώματι κατὰ φύσιν καθιστάναι κρατεῖν τε καὶ κρατεῖσθαι ὑπ' ἀλλήλων, τὸ δὲ νόσον παρὰ φύσιν ἄρχειν τε καὶ ἄρχεσθαι ἄλλο ὑπ' ἄλλου.

Ἔστι γάρ.

Οὐκοῦν αὖ, ἔφην, τὸ δικαιοσύνην ἐμποιεῖν τὰ ἐν τῇ ψυχῇ κατὰ φύσιν καθιστάναι κρατεῖν τε καὶ κρατεῖσθαι ὑπ' ἀλλήλων, τὸ δὲ ἀδικίαν παρὰ φύσιν ἄρχειν τε καὶ ἄρχεσθαι ἄλλο ὑπ' ἄλλου;

Κομιδῇ, ἔφη.

Ἀρετὴ μὲν ἄρα, ὡς ἔοικεν, ὑγίειά τέ τις ἂν εἴη καὶ
e κάλλος καὶ εὐεξία ψυχῆς, κακία δὲ νόσος τε καὶ αἶσχος καὶ ἀσθένεια.

Ἔστιν οὕτω.

Ἆρ' οὖν οὐ καὶ τὰ μὲν καλὰ ἐπιτηδεύματα εἰς ἀρετῆς κτῆσιν φέρει, τὰ δ' αἰσχρὰ εἰς κακίας;

Ἀνάγκη.

Τὸ δὴ λοιπὸν ἤδη, ὡς ἔοικεν, ἡμῖν ἐστι σκέψασθαι
445 πότερον αὖ λυσιτελεῖ δίκαιά τε πράττειν καὶ καλὰ ἐπιτηδεύειν καὶ εἶναι δίκαιον, ἐάντε λανθάνῃ ἐάντε μὴ τοιοῦτος ὤν, ἢ ἀδικεῖν τε καὶ ἄδικον εἶναι, ἐάνπερ μὴ διδῷ δίκην μηδὲ βελτίων γίγνηται κολαζόμενος.

Ἀλλ', ἔφη, ὦ Σώκρατες, γελοῖον ἔμοιγε φαίνεται τὸ σκέμμα γίγνεσθαι ἤδη, εἰ τοῦ μὲν σώματος τῆς φύσεως διαφθειρομένης δοκεῖ οὐ βιωτὸν εἶναι οὐδὲ μετὰ πάντων

d 1 ἄδικα A D M Stobaeus: ἄδικα πράττειν F d 3 ποιεῖν A F D: ἐμποιεῖν al. Stobaeus d 9 τε καὶ] καὶ Stobaeus e 7 τὸ δὴ] τόδε vel τόδε δὴ ci. Herwerden

为什么？他说道。

各种健康的东西引起健康，而各种引起疾病的东西导致疾病。

是的。

那么，从事各种正义的事情岂不引起正义，而从事各种不正义的事 444c10
情则导致不正义？ 444d1

必然。

一方面，引起健康，这是依照〈各自的〉本性来安排身体里的各个部分，使它们彼此进行控制和被控制；另一方面，导致疾病，则是违背 444d5
〈各自的〉本性来〈安排身体里的各个部分〉，使一个进行统治，或者被另一个所统治。

确实是这样。

再者，我说道，引起正义，这岂不是依照〈各自的〉本性来安排灵魂里的各个部分，使它们彼此进行控制和被控制；而导致不正义，岂不 444d10
是违背〈各自的〉本性来〈安排灵魂里的各个部分〉，使一个进行统治，或者被另一个所统治？

的确，他回应道。

那么，一方面，德性，如看起来的那样，它会是灵魂的某种健康、美丽和良好的情状；另一方面，邪恶则是它的一种疾病、丑陋和虚弱[1452]。 444e1

是这样。

那么，各种美好的追求岂不也引向对德性的取得，而各种可耻的追 444e5
求则引向对邪恶的拥有？

必然。

那么，此后剩下的，如看起来的那样，对我们来说无疑就是接下来[1453]考察下面这点，那就是：〈对我们〉有益的，是从事各种正义的事 445a1
情、追求各种美好的东西以及是正义的——无论一个人没有被，还是被注意到了是这种人——，还是说，是行不义和是不正义的，只要一个人并未受惩罚，或者没有由于被惩罚而变得更好[1454]。

但是，他说道，苏格拉底啊，到此为止，思考的问题至少对我显 445a5
得变得可笑了，如果〈是下面这样的话，那就是〉：一方面，当身体的本性被败坏之后，〈生活对一个人来说〉看起来都是不值得活的，即使

σιτίων τε καὶ ποτῶν καὶ παντὸς πλούτου καὶ πάσης ἀρχῆς,
τῆς δὲ αὐτοῦ τούτου ᾧ ζῶμεν φύσεως ταραττομένης καὶ
διαφθειρομένης βιωτὸν ἄρα ἔσται, ἐάνπερ τις ποιῇ ὃ ἂν b
βουληθῇ ἄλλο πλὴν τοῦτο ὁπόθεν κακίας μὲν καὶ ἀδικίας
ἀπαλλαγήσεται, δικαιοσύνην δὲ καὶ ἀρετὴν κτήσεται, ἐπει-
δήπερ ἐφάνη γε ὄντα ἑκάτερα οἷα ἡμεῖς διεληλύθαμεν.

Γελοῖον γάρ, ἦν δ' ἐγώ· ἀλλ' ὅμως ἐπείπερ ἐνταῦθα ἐλη-
λύθαμεν, ὅσον οἷόν τε σαφέστατα κατιδεῖν ὅτι ταῦτα οὕτως
ἔχει οὐ χρὴ ἀποκάμνειν.

Ἥκιστα, νὴ τὸν Δία, ἔφη, πάντων ἀποκμητέον.

Δεῦρό νυν, ἦν δ' ἐγώ, ἵνα καὶ ἴδῃς ὅσα καὶ εἴδη ἔχει ἡ c
κακία, ὡς ἐμοὶ δοκεῖ, ἅ γε δὴ καὶ ἄξια θέας.

Ἕπομαι, ἔφη· μόνον λέγε.

Καὶ μήν, ἦν δ' ἐγώ, ὥσπερ ἀπὸ σκοπιᾶς μοι φαίνεται,
ἐπειδὴ ἐνταῦθα ἀναβεβήκαμεν τοῦ λόγου, ἓν μὲν εἶναι εἶδος
τῆς ἀρετῆς, ἄπειρα δὲ τῆς κακίας, τέτταρα δ' ἐν αὐτοῖς ἅττα
ὧν καὶ ἄξιον ἐπιμνησθῆναι.

Πῶς λέγεις; ἔφη.

Ὅσοι, ἦν δ' ἐγώ, πολιτειῶν τρόποι εἰσὶν εἴδη ἔχοντες,
τοσοῦτοι κινδυνεύουσι καὶ ψυχῆς τρόποι εἶναι.

Πόσοι δή;

Πέντε μέν, ἦν δ' ἐγώ, πολιτειῶν, πέντε δὲ ψυχῆς. d

Λέγε, ἔφη, τίνες.

Λέγω, εἶπον, ὅτι εἷς μὲν οὗτος ὃν ἡμεῖς διεληλύθαμεν
πολιτείας εἴη ἂν τρόπος, ἐπονομασθείη δ' ἂν καὶ διχῇ·
ἐγγενομένου μὲν γὰρ ἀνδρὸς ἑνὸς ἐν τοῖς ἄρχουσι διαφέ-
ροντος βασιλεία ἂν κληθείη, πλειόνων δὲ ἀριστοκρατία.

Ἀληθῆ, ἔφη.

Τοῦτο μὲν τοίνυν, ἦν δ' ἐγώ, ἓν εἶδος λέγω· οὔτε γὰρ ἂν

a 9 αὐτοῦ τούτου] αὖ τούτου vel αὐτοῦ τοῦ Stobaeus καὶ] τε καὶ Stobaeus b 3 δὲ A D M: τε F ἐπειδήπερ] ἐπειδή γε Stobaeus b 8 ἀποκμητέον Bekker: ἀποκνητέον A F D M Stobaeus c 1 ἴδῃς] εἰδῇς Stobaeus ὅσα καὶ A F D: ὅσα M Stobaeus c 6 αὐτοῖς ἅττα] αὐτῇ ὄντα Stobaeus

带着所有的食物和饮料，以及带着所有的财富和全部的统治权；另一方
面，当恰恰这种东西[1455]——正是凭借它我们才可能活着——的本性被
扰乱和被败坏之后，〈生活对一个人来说〉竟然将是值得活的[1456]，即使 445b1
一个人能够做他想做的任何事情，除了这件事之外，即由之他一则将摆
脱邪恶和不正义，一则将获得正义和德性，既然这两方面各自都的确显
得是如我们已经详述过的那样。

的确可笑，我说道。然而，尽管如此，既然我们已经走到了这里， 445b5
那我们就要尽可能清楚地[1457]看清这些东西实际上就是这样，一定不可
以气馁。

最不[1458]，以宙斯的名义，他说道，应当气馁。

那就来吧，我说道，以便你也能够看看邪恶究竟有多少种形式，如 445c1
我所认为的那样，至少是那些值得一看的形式[1459]。

我跟得上，他说道，你只管说！

其实，我说道，就像从一座瞭望塔那里〈眺望〉一样，对我显
得——既然我们已经登上了讨论的这个地方——：虽然德性的形式是 445c5
一，但邪恶的形式则是无限的[1460]，而在它们中肯定有四种形式是值得
被提及的。

你为何这么说呢？他说道。

城邦体制的类型——如果这些类型都具有〈自己独特的〉形式的
话——是多少，我说道，灵魂的类型也就有可能是多少。 445c10

究竟是多少？

就城邦体制来说是五种，我说道，而就灵魂来说也是五种。 445d1

请你说说，他说道，它们是什么。

我说，我回应道，我们已经详述过的这种类型会是一种城邦体制的
类型，而它也能够以两种方式被命名。因为，如果在那些进行统治的人 445d5
中出现了一位出类拔萃的人，它就会被称作王制[1461]；如果产生的是多
个人，则会被称作贵族政制[1462]。

正确，他说道。

那好，我说道，我肯定把这说成是一种形式。因为，〈在那些进行

e πλείους οὔτε εἷς ἐγγενόμενοι κινήσειεν ἂν τῶν ἀξίων λόγου νόμων τῆς πόλεως, τροφῇ τε καὶ παιδείᾳ χρησάμενος ᾗ διήλθομεν.

Οὐ γὰρ εἰκός, ἔφη.

e 1 ἐγγενόμενοι A F D M Stobaeus: ἐγγενόμενος scr. recc. e 3 διήλθομεν] διεληλύθαμεν Stobaeus

统治的人中〉无论出现的是多个〈出类拔萃的〉人，还是一个〈出类拔 445e1
萃的〉人，城邦中那些重要的礼法[1463]，他都不能动摇其中的〈任何一样〉，只要他在使用我们详述过的那种培养和教育。

的确不可能，他说道。

E

V. St. I p. 4

Ἀγαθὴν μὲν τοίνυν τὴν τοιαύτην πόλιν τε καὶ πολιτείαν **a** καὶ ὀρθὴν καλῶ, καὶ ἄνδρα τὸν τοιοῦτον· κακὰς δὲ τὰς ἄλλας καὶ ἡμαρτημένας, εἴπερ αὕτη ὀρθή, περί τε πόλεων διοικήσεις καὶ περὶ ἰδιωτῶν ψυχῆς τρόπου κατασκευήν, ἐν τέτταρσι πονηρίας εἴδεσιν οὔσας.

Ποίας δὴ ταύτας; ἔφη.

Καὶ ἐγὼ μὲν ᾖα τὰς ἐφεξῆς ἐρῶν, ὥς μοι ἐφαίνοντο ἕκασται ἐξ ἀλλήλων μεταβαίνειν· ὁ δὲ Πολέμαρχος— **b** σμικρὸν γὰρ ἀπωτέρω τοῦ Ἀδειμάντου καθῆστο—ἐκτείνας τὴν χεῖρα καὶ λαβόμενος τοῦ ἱματίου ἄνωθεν αὐτοῦ παρὰ τὸν ὦμον, ἐκεῖνόν τε προσηγάγετο καὶ προτείνας ἑαυτὸν ἔλεγεν ἄττα προσκεκυφώς, ὧν ἄλλο μὲν οὐδὲν κατηκούσαμεν, τόδε δέ· Ἀφήσομεν οὖν, ἔφη, ἢ τί δράσομεν;

Ἥκιστά γε, ἔφη ὁ Ἀδείμαντος μέγα ἤδη λέγων.

Καὶ ἐγώ, Τί μάλιστα, ἔφην, ὑμεῖς οὐκ ἀφίετε;

Σέ, ἦ δ' ὅς.

Ὅτι, ἐγὼ εἶπον, τί μάλιστα; **c**

Ἀπορρᾳθυμεῖν ἡμῖν δοκεῖς, ἔφη, καὶ εἶδος ὅλον οὐ τὸ ἐλάχιστον ἐκκλέπτειν τοῦ λόγου ἵνα μὴ διέλθῃς, καὶ λήσειν οἰηθῆναι εἰπὼν αὐτὸ φαύλως, ὡς ἄρα περὶ γυναικῶν τε καὶ παίδων παντὶ δῆλον ὅτι κοινὰ τὰ φίλων ἔσται.

Οὐκοῦν ὀρθῶς, ἔφην, ὦ Ἀδείμαντε;

Ναί, ἦ δ' ὅς. ἀλλὰ τὸ ὀρθῶς τοῦτο, ὥσπερ τἆλλα, λόγου δεῖται τίς ὁ τρόπος τῆς κοινωνίας· πολλοὶ γὰρ ἂν γένοιντο. μὴ οὖν παρῇς ὅντινα σὺ λέγεις· ὡς ἡμεῖς πάλαι περιμένομεν **d**

a 2 τὸν A: om. F D   a 6 ἔφη F D M: om. A   c 1 ὅτι scr. recc.: ἔτι A F D: ἔτι (sic) M

卷五

那好，我把这样一种城邦以及城邦体制称作是好的和正确的，并且把〈这样一种〉人也称作是如此这般的[1464]；而把其余那些〈城邦以及城邦体制〉称作是坏的和错失了目标的——如果这种〈城邦和城邦体制〉的确是正确的话——，既针对那些城邦的治理来说，也针对那些个人的灵魂之生活方式的准备来说，而它们位于与恶相关的四种形式中[1465]。 449a1 449a5

这些〈城邦以及城邦体制〉[1466]究竟是哪样一些呢，他说道。

于是，我正要按次序去说它们时[1467]，那就是它们每个如何对我显得一个从另一个演变而来[1468]，而波勒马尔科斯——由于他坐得离阿德曼托斯稍微有点远——伸出一只手，并且从上面抓住那个人肩膀上的外衣[1469]，他一边把那个人拉向他自己[1470]，一边探身过去[1471]，俯身〈在那人的耳边〉说了一些事情，就那些事情，我虽然没有听清其他什么，但听到了下面这点，那就是：我们将〈就这样〉放过吗，他说道，还是说，我们将做点什么？ 449b1 449b5

肯定不〈就这样放过〉，阿德曼托斯回应道，这时他已经说得很大声。

于是我说道，你们究竟不放过什么呢？

〈不放过〉你，他回应道。

那是因为，我说道，究竟怎么回事呢？ 449c1

你对我们显得由于胆怯或懒惰而在忽略某事[1472]，他说道，并且从讨论中偷偷拿走一整块[1473]并非最无关紧要的东西，以便你能够不详述它；你还〈显得〉以为通过临时[1474]说一下它就将逃避被注意到，即关于女人和孩子，对每个人来说这都是显而易见的，即朋友间的事情将是共同的[1475]。 449c5

难道〈我说得〉不正确吗，我说道，阿德曼托斯啊？

是的，〈你说得正确〉，他说道。但是，这种〈说得〉正确，如其他的一样，需要一种讨论，就它是何种方式的共同来说；因为方式可能会变得许许多多。因此，你不可以忽略你所说的那种方式[1476]；因为 449d1

οἰόμενοί σέ που μνησθήσεσθαι παιδοποιίας τε πέρι, πῶς παιδοποιήσονται, καὶ γενομένους πῶς θρέψουσιν, καὶ ὅλην ταύτην ἣν λέγεις κοινωνίαν γυναικῶν τε καὶ παίδων· μέγα γάρ τι οἰόμεθα φέρειν καὶ ὅλον εἰς πολιτείαν ὀρθῶς ἢ μὴ ὀρθῶς γιγνόμενον. νῦν οὖν, ἐπειδὴ ἄλλης ἐπιλαμβάνῃ πολιτείας πρὶν ταῦτα ἱκανῶς διελέσθαι, δέδοκται ἡμῖν τοῦτο
450 ὃ σὺ ἤκουσας, τὸ σὲ μὴ μεθιέναι πρὶν ἂν ταῦτα πάντα ὥσπερ τἆλλα διέλθῃς.

Καὶ ἐμὲ τοίνυν, ὁ Γλαύκων ἔφη, κοινωνὸν τῆς ψήφου ταύτης τίθετε.

Ἀμέλει, ἔφη ὁ Θρασύμαχος, πᾶσι ταῦτα δεδογμένα ἡμῖν νόμιζε, ὦ Σώκρατες.

Οἷον, ἦν δ' ἐγώ, εἰργάσασθε ἐπιλαβόμενοί μου. ὅσον λόγον πάλιν, ὥσπερ ἐξ ἀρχῆς, κινεῖτε περὶ τῆς πολιτείας· ἣν ὡς ἤδη διεληλυθὼς ἔγωγε ἔχαιρον, ἀγαπῶν εἴ τις ἐάσοι ταῦτα ἀποδεξάμενος ὡς τότε ἐρρήθη. ἃ νῦν ὑμεῖς παρα-
b καλοῦντες οὐκ ἴστε ὅσον ἑσμὸν λόγων ἐπεγείρετε· ὃν ὁρῶν ἐγὼ παρῆκα τότε, μὴ παράσχοι πολὺν ὄχλον.

Τί δέ; ἦ δ' ὃς ὁ Θρασύμαχος· χρυσοχοήσοντας οἴει τούσδε νῦν ἐνθάδε ἀφῖχθαι, ἀλλ' οὐ λόγων ἀκουσομένους;

Ναί, εἶπον, μετρίων γε.

Μέτρον δέ γ', ἔφη, ὦ Σώκρατες, ὁ Γλαύκων, τοιούτων λόγων ἀκούειν ὅλος ὁ βίος νοῦν ἔχουσιν. ἀλλὰ τὸ μὲν ἡμέτερον ἔα· σὺ δὲ περὶ ὧν ἐρωτῶμεν μηδαμῶς ἀποκάμῃς ᾗ
c σοι δοκεῖ διεξιών, τίς ἡ κοινωνία τοῖς φύλαξιν ἡμῖν παίδων τε πέρι καὶ γυναικῶν ἔσται καὶ τροφῆς νέων ἔτι ὄντων, τῆς ἐν τῷ μεταξὺ χρόνῳ γιγνομένης γενέσεώς τε καὶ παιδείας, ἣ δὴ ἐπιπονωτάτη δοκεῖ εἶναι. πειρῶ οὖν εἰπεῖν τίνα τρόπον δεῖ γίγνεσθαι αὐτήν.

αι
d 2 μνησθήσεσθαι A F M: μνησθῆνσεσθαι D: μνησθῆναι al. τε A D M: om. F a 1 πάντα ὥσπερ A F M: ὥσπερ πάντα D a 5 ταῦτα F D M: ταυτὰ A b 3 χρυσοχοήσοντας A F M: χρυσοχοήσαντας D b 8 ᾗ A D: ἡ F: εἰ M c 4 οὖν F D M: ἂν A: δὴ Baiter

我们已经期待很久了，以为你将在某个地方提到关于生育孩子〈这件
事〉——即他们将如何生孩子，并且当孩子生出来后，他们将如何抚
养[1477]他们——，以及你所说的〈他们〉关于女人们和孩子们的这种整
个的共有。因为我认为，对于一种城邦体制是正确地被产生出来，还是 449d5
不正确地被产生出来，这会带来某种巨大的，甚至是整体性的影响。而
现在，既然在充分地详述这些之前你就〈开始〉涉及一种其他的城邦体
制[1478]，所以我们才决定了[1479]你所听到的这件事，那就是不放过你，在 450a1
你像详述其他那些事情那样详述所有这些之前。

那好，格劳孔说道，就这一票来说[1480]，请你们〈俩〉把我也确定
为一位同伴[1481]。

无疑，特刺绪马科斯说道，你就把这些决定视为我们所有人的吧， 450a5
苏格拉底啊。

你们做了何种事情，我说道，来伏击我[1482]！关于城邦体制，就像
从头开始似的，你们再次引发了多少的讨论啊；而我事实上因已经详述
了它而正感到高兴，我也会感到满意，如果有人通过如刚才所说的那样 450a10
接受这些而将之放到一边的话。当你们现在唤来这些问题之后，你们并 450b1
不知道你们正在激起多大一堆的讨论；而我那时因看到了它才将之放到
了一边，免得它引起许许多多的麻烦。

然后呢？特刺绪马科斯说道。你以为这些人是为了将从矿石中提炼
出黄金[1483]现在才来到这里，而不是为了聆听一些讨论？

是〈为了聆听讨论〉，我说道，但肯定得是一些适度的。 450b5

只不过〈这样才是〉适度，格劳孔说道，苏格拉底啊，那就是，对
于那些有理智的人来说，〈他们的〉整个一生都在聆听诸如此类的讨论。
至于我们的情况，请你听之任之[1484]；而关于我们所问的这些事情，你
绝对不可以感到气馁，即〈对我们〉详述你〈对下面这点〉是如何认为 450c1
的，那就是：对我们的卫士们来说关于孩子们以及女人们的共有将是何
种共有，以及关于〈孩子们的〉抚养——当他们还是年幼时——，即在
出生和〈接受真正的〉教育之间的这段时间所发生的抚养[1485]，它肯定
看起来是最辛苦的。因此，请你试着说说，它应当以何种方式来进行。 450c5

Οὐ ῥᾴδιον, ὦ εὔδαιμον, ἦν δ' ἐγώ, διελθεῖν· πολλὰς γὰρ ἀπιστίας ἔχει ἔτι μᾶλλον τῶν ἔμπροσθεν ὧν διήλθομεν. καὶ γὰρ ὡς δυνατὰ λέγεται, ἀπιστοῖτ' ἄν, καὶ εἰ ὅτι μάλιστα γένοιτο, ὡς ἄριστ' ἂν εἴη ταῦτα, καὶ ταύτῃ ἀπιστήσεται.
διὸ δὴ καὶ ὄκνος τις αὐτῶν ἅπτεσθαι, μὴ εὐχὴ δοκῇ εἶναι ὁ d
λόγος, ὦ φίλε ἑταῖρε.

Μηδέν, ἦ δ' ὅς, ὄκνει· οὔτε γὰρ ἀγνώμονες οὔτε ἄπιστοι οὔτε δύσνοι οἱ ἀκουσόμενοι.

Καὶ ἐγὼ εἶπον· Ὦ ἄριστε, ἦ που βουλόμενός με παραθαρρύνειν λέγεις;

Ἔγωγ', ἔφη.

Πᾶν τοίνυν, ἦν δ' ἐγώ, τοὐναντίον ποιεῖς. πιστεύοντος μὲν γὰρ ἐμοῦ ἐμοὶ εἰδέναι ἃ λέγω, καλῶς εἶχεν ἡ παραμυθία· ἐν γὰρ φρονίμοις τε καὶ φίλοις περὶ τῶν μεγίστων τε καὶ
φίλων τἀληθῆ εἰδότα λέγειν ἀσφαλὲς καὶ θαρραλέον, ἀπι- e
στοῦντα δὲ καὶ ζητοῦντα ἅμα τοὺς λόγους ποιεῖσθαι, ὃ δὴ
ἐγὼ δρῶ, φοβερόν τε καὶ σφαλερόν, οὔ τι γέλωτα ὀφλεῖν— 451
παιδικὸν γὰρ τοῦτό γε—ἀλλὰ μὴ σφαλεὶς τῆς ἀληθείας οὐ μόνον αὐτὸς ἀλλὰ καὶ τοὺς φίλους συνεπισπασάμενος κείσομαι περὶ ἃ ἥκιστα δεῖ σφάλλεσθαι. προσκυνῶ δὲ Ἀδράστειαν, ὦ Γλαύκων, χάριν οὗ μέλλω λέγειν· ἐλπίζω γὰρ οὖν ἔλαττον ἁμάρτημα ἀκουσίως τινὸς φονέα γενέσθαι ἢ ἀπατεῶνα καλῶν τε καὶ ἀγαθῶν καὶ δικαίων νομίμων πέρι. τοῦτο οὖν τὸ κινδύνευμα κινδυνεύειν ἐν ἐχθροῖς κρεῖττον ἢ
φίλοις, ὥστε εὖ με παραμυθῇ. b

Καὶ ὁ Γλαύκων γελάσας, Ἀλλ', ὦ Σώκρατες, ἔφη, ἐάν τι πάθωμεν πλημμελὲς ὑπὸ τοῦ λόγου, ἀφίεμέν σε ὥσπερ φόνου καὶ καθαρὸν εἶναι καὶ μὴ ἀπατεῶνα ἡμῶν. ἀλλὰ θαρρήσας λέγε.

c 6 εὔδαιμον A M : εὐδαῖμον F : εὐδαίμων D d 1 δοκῇ A² M : δοκεῖ A F D d 10 τε καὶ φίλων om. Stobaeus a 4 δὲ] δὴ Herwerden a 7 δικαίων addub. Schneider : δικαίων ⟨καὶ⟩ scr. Ven. 184 b 1 εὖ] οὐκ εὖ scr. Mon. : οὔ ci. Hermann b 4 καὶ καθαρὸν A M : καθαρὸν F D

那是不容易的，幸福的人啊[1486]，我说道，〈对之〉进行详述；因
为〈这些事情〉有着许多的疑问，甚至远胜于我们在前面已经细说过的
那些。并且因为，即使这些事情被说成是可能的，那它们也还是能够被
怀疑，甚至它们尽可能地发生了，那它们是否就会是最好的，在这点上
也将被怀疑。也正因为如此，〈我〉才有某种犹豫，即是否要触碰它们， 450d1
免得讨论看起来只是在建空中楼阁而已[1487]，亲爱的朋友啊。

请你不要有丝毫犹豫，他说道；因为，将要听的这些人，既不是无知的，也不是多疑的，也不是怀有敌意的。

于是我说道：最好的人啊，毫无疑问[1488]，你〈只是〉想鼓励我[1489] 450d5
才〈这样〉说吧？

我的确是，他回应道。

好吧，我说道，你其实在做完全相反的事情。如果我确实相信我自
己知道我所说的，那么，该鼓励就会是好的；因为，在一些明智的人和 450d10
友好的人中，就那些最重大的事情和各种切己的事情[1490]，一个人因知 450e1
道关于它们的真相而将之说出来，这肯定是安全的和令人有信心的；但
如果一个人尚在怀疑并且同时在寻求进行一番讨论[1491]，就像我现在所
做的那样，则是可怕的和危险的，这倒不是〈因为我害怕〉会招致某种 451a5
嘲笑[1492]——因为这肯定是幼稚的——，而是〈害怕〉由于在真面前栽
跟斗[1493]，不仅我自己，而且拉着朋友们一道，将在那最不应该栽跟头
的地方被打翻在地[1494]。而我该拜倒在阿德剌斯忒亚[1495]的面前，格劳孔 451a1
啊，为了我打算说的那番话的缘故；因为，我其实在设想，非有意地成
为了〈杀害〉某人的凶手，这同下面这点相比是一种较小的罪过，那就
是，在各种正义的事情和各种礼法方面成为了〈欺骗〉那些既美又好的
人的一位骗子[1496]。因此，在敌人中间去冒这种风险[1497]，要好于在朋友
中间，因而你真是在好好地鼓励我啊[1498]！ 451b1

于是格劳孔笑了，但是，苏格拉底啊，他说道，如果我们因讨论而
遭受了某种不着调的东西[1499]，那我们会放过你的，〈你〉甚至就像是一
个未染杀人血污的人似的，并且也不是〈杀害〉我们的凶手。因此，请 451b5
你满怀信心地说吧！

Ἀλλὰ μέντοι, εἶπον, καθαρός γε καὶ ἐκεῖ ὁ ἀφεθείς, ὡς ὁ νόμος λέγει· εἰκὸς δέ γε, εἴπερ ἐκεῖ, κἀνθάδε.

Λέγε τοίνυν, ἔφη, τούτου γ' ἕνεκα.

Λέγειν δή, ἔφην ἐγώ, χρὴ ἀνάπαλιν αὖ νῦν, ἃ τότε ἴσως
c ἔδει ἐφεξῆς λέγειν· τάχα δὲ οὕτως ἂν ὀρθῶς ἔχοι, μετὰ ἀνδρεῖον δρᾶμα παντελῶς διαπερανθὲν τὸ γυναικεῖον αὖ περαίνειν, ἄλλως τε καὶ ἐπειδὴ σὺ οὕτω προκαλῇ.

Ἀνθρώποις γὰρ φῦσι καὶ παιδευθεῖσιν ὡς ἡμεῖς διήλθομεν, κατ' ἐμὴν δόξαν οὐκ ἔστ' ἄλλη ὀρθὴ παίδων τε καὶ γυναικῶν κτῆσίς τε καὶ χρεία ἢ κατ' ἐκείνην τὴν ὁρμὴν ἰοῦσιν, ἥνπερ τὸ πρῶτον ὡρμήσαμεν· ἐπεχειρήσαμεν δέ που ὡς ἀγέλης φύλακας τοὺς ἄνδρας καθιστάναι τῷ λόγῳ.

Ναί.

d Ἀκολουθῶμεν τοίνυν καὶ τὴν γένεσιν καὶ τροφὴν παραπλησίαν ἀποδιδόντες, καὶ σκοπῶμεν εἰ ἡμῖν πρέπει ἢ οὔ.

Πῶς; ἔφη.

Ὧδε. τὰς θηλείας τῶν φυλάκων κυνῶν πότερα συμφυλάττειν οἰόμεθα δεῖν ἅπερ ἂν οἱ ἄρρενες φυλάττωσι καὶ συνθηρεύειν καὶ τἆλλα κοινῇ πράττειν, ἢ τὰς μὲν οἰκουρεῖν ἔνδον ὡς ἀδυνάτους διὰ τὸν τῶν σκυλάκων τόκον τε καὶ τροφήν, τοὺς δὲ πονεῖν τε καὶ πᾶσαν ἐπιμέλειαν ἔχειν περὶ τὰ ποίμνια;

e Κοινῇ, ἔφη, πάντα· πλὴν ὡς ἀσθενεστέραις χρώμεθα, τοῖς δὲ ὡς ἰσχυροτέροις.

Οἷόν τ' οὖν, ἔφην ἐγώ, ἐπὶ τὰ αὐτὰ χρῆσθαί τινι ζῴῳ, ἂν μὴ τὴν αὐτὴν τροφήν τε καὶ παιδείαν ἀποδιδῷς;

Οὐχ οἷόν τε.

Εἰ ἄρα ταῖς γυναιξὶν ἐπὶ ταὐτὰ χρησόμεθα καὶ τοῖς ἀνδράσι, ταὐτὰ καὶ διδακτέον αὐτάς.

452a Ναί.

b 6 ἐκεῖ ὁ A D M : ὁ ἐκεῖ F b 9 δή F D M : δέ A ἃ τότε scr. recc. : ἅ ποτε A F D M c 1 μετὰ ἀνδρεῖον] μετὰ τἀνδρεῖον ci. Cobet c 5 ἔστ' A F M : ἔσται D e 1 ὡς] ταῖς μὲν ὡς Galenus e 7 ταὐτὰ καὶ A^2 F D M : ταὐτὰ A

诚然，我说道，在那里[1500]被放过的人肯定是未染血污的，如法律所承认的那样；而无论如何都有可能，恰如在那里一样，在这里[1501]也如此。

那好，请你说吧，他说道，至少由于这个缘故。

那么，我说道，我现在必须回去重新说或许当时就应当按次序说的那些事情。然而，有可能用这种方式是正确的，那就是在详细叙述完了 451c1
男人的任务之后，再来从头至尾详述女人的任务[1502]，尤其是，既然你如此地在进行请求。

其实对那些男人来说——当他们如我们已经详述过的那样出生和被教育了之后——，根据我的意见，他们别无其他任何正确的对女人们和孩 451c5
子们的拥有以及利用，除了根据我们前面正是由之动身的那个出发点来往前走之外；而在讨论中，我们曾尝试把那些男人安排为牧群的卫士[1503]。

是的。

那好，让我们通过赋予〈女人们〉几乎同样的出生和培养来继续往 451d1
前走，并且让我们考察一下，这适合于我们，还是不[1504]。

究竟如何？他说道。

像下面这样。警犬中的那些雌性的，我们认为它们恰恰应当〈同那 451d5
些雄性警犬〉一起守卫雄性警犬所守卫的那些东西，同他们一起狩猎，以及共同做其他的事情呢，还是说，一方面，那些雌性警犬应当在家里看家，好像它们由于对幼犬们的生育和抚养而是没有能力〈做那些事情〉似的，另一方面，那些雄性警犬则应当辛苦工作和担负着对畜群的所有关心？

共同，他回应道，〈做〉所有事情，除了我们把〈那些雌性警犬〉 451e1
作为较弱的来使用[1505]，而把那些雄性警犬作为较强的来使用之外。

那么，这是可能的吗，我说道，那就是，为了一些同样的事情而使用某一动物，如果你没有把同样的培养和教育给予它的话？

不可能。 451e5

那么，如果我们把那些女人和那些男人用在一些同样的事情上，那也就必须教她们同样的东西。

是的。 452a1

Μουσικὴ μὴν ἐκείνοις γε καὶ γυμναστικὴ ἐδόθη.

Ναί.

Καὶ ταῖς γυναιξὶν ἄρα τούτω τὼ τέχνα καὶ τὰ περὶ τὸν πόλεμον ἀποδοτέον καὶ χρηστέον κατὰ ταὐτά.

Εἰκὸς ἐξ ὧν λέγεις, ἔφη.

Ἴσως δή, εἶπον, παρὰ τὸ ἔθος γελοῖα ἂν φαίνοιτο πολλὰ περὶ τὰ νῦν λεγόμενα, εἰ πράξεται ᾗ λέγεται.

Καὶ μάλα, ἔφη.

Τί, ἦν δ' ἐγώ, γελοιότατον αὐτῶν ὁρᾷς; ἢ δῆλα δὴ ὅτι γυμνὰς τὰς γυναῖκας ἐν ταῖς παλαίστραις γυμναζομένας μετὰ
τῶν ἀνδρῶν, οὐ μόνον τὰς νέας, ἀλλὰ καὶ ἤδη τὰς πρεσβυ- b
τέρας, ὥσπερ τοὺς γέροντας ἐν τοῖς γυμνασίοις, ὅταν ῥυσοὶ καὶ μὴ ἡδεῖς τὴν ὄψιν ὅμως φιλογυμναστῶσιν;

Νὴ τὸν Δία, ἔφη· γελοῖον γὰρ ἄν, ὥς γε ἐν τῷ παρεστῶτι, φανείη.

Οὐκοῦν, ἦν δ' ἐγώ, ἐπείπερ ὡρμήσαμεν λέγειν, οὐ φοβητέον τὰ τῶν χαριέντων σκώμματα, ὅσα καὶ οἷα ἂν εἴποιεν εἰς τὴν τοιαύτην μεταβολὴν γενομένην καὶ περὶ τὰ γυμνάσια
καὶ περὶ μουσικὴν καὶ οὐκ ἐλάχιστα περὶ τὴν τῶν ὅπλων c
σχέσιν καὶ ἵππων ὀχήσεις.

Ὀρθῶς, ἔφη, λέγεις.

Ἀλλ' ἐπείπερ λέγειν ἠρξάμεθα, πορευτέον πρὸς τὸ τραχὺ τοῦ νόμου, δεηθεῖσίν τε τούτων μὴ τὰ αὑτῶν πράττειν ἀλλὰ σπουδάζειν, καὶ ὑπομνήσασιν ὅτι οὐ πολὺς χρόνος ἐξ οὗ τοῖς Ἕλλησιν ἐδόκει αἰσχρὰ εἶναι καὶ γελοῖα ἅπερ νῦν τοῖς πολλοῖς τῶν βαρβάρων, γυμνοὺς ἄνδρας ὁρᾶσθαι, καὶ ὅτε ἤρχοντο τῶν γυμνασίων πρῶτοι μὲν Κρῆτες, ἔπειτα Λακεδαιμόνιοι,
ἐξῆν τοῖς τότε ἀστείοις πάντα ταῦτα κωμῳδεῖν. ἢ οὐκ οἴει; d

a 2 μὴν ci. H. Richards: μὲν A F D M γε ci. H. Richards: τε A F D: om. al. Galenus a 5 καὶ] τε καὶ Galenus a 7 ἔθος] εἰωθὸς Eusebius a 8 νῦν] νῦν δὴ Eusebius πράξεται] πεπράξεται scr. Mon. a 10 τί] τί δ' Eusebius b 1 καὶ ἤδη τὰς] ἤδη καὶ Eusebius: καὶ τὰς ἤδη ci. Herwerden d 1 πάντα ταῦτα A F M: ταῦτα πάντα D

而文艺和体育无疑被给予了那些男人。

是的。

那么，这两门技艺，以及同战争相关的那些事情，它们也必须被授予那些女人，并且必须按照同样的方式来使用她们。 452a5

基于你所说的，这是合情合理的，他说道。

或许，我说道，就现在所说的那些，其中许多事情无疑都因违背习俗而会显得是可笑的，如果它们如所说的那样被付诸实践的话[1506]。

的确，他说道。

你看见，我说道，其中什么是最可笑的呢？或者下面这点是显而易 452a10
见的，那就是：一些赤身裸体的女人在摔跤学校同男人们一起训练，不 452b1
只是那些年轻的女人，而且甚至包括那些已经年老的女人，就像在体育学校[1507]中的那些年老的男人们一样，他们虽然已经是皱皱巴巴的，并且在外表上也是不让人愉快的[1508]，但仍然热爱体育锻炼[1509]？

是的，宙斯在上，他回应道，这无疑显得是可笑的，至少在目前这 452b5
种情况下[1510]。

那么，我说道，既然我们已经开始说了，那么，就无需害怕那些说风趣话的人的各种各样的嘲讽[1511]，无论他们可能就发生的诸如此类的改变说出多少和说出哪样一些来，〈而这种改变〉既涉及各种各样的体
育锻炼，也涉及文艺，甚至丝毫不少地涉及对各种各样的武器的持有以 452c1
及骑马。

正确，他说道，你说得。

而既然我们已经着手说了，那我们就必须前往礼法中那崎岖艰难
的部分，要求这些人不要做他们自己的那些事情[1512]，而是要严肃对待 452c5
〈这件事〉，并且提醒他们：离开下面那个时候的时间并不长，那就是，在希腊人看来，恰如目前在非希腊人中的许多人看来〈仍然〉是丢脸的和可笑的那些事情一样，男人们被看到是赤身裸体〈这也是丢脸的和可笑的〉；并且，当克里特人首先开始裸体锻炼时，然后是拉栖岱蒙人[1513]，
当时那些风趣的人[1514]也可能在讽刺所有这些。或者你不这么认为？ 452d1

Ἔγωγε.

Ἀλλ' ἐπειδὴ οἶμαι χρωμένοις ἄμεινον τὸ ἀποδύεσθαι τοῦ συγκαλύπτειν πάντα τὰ τοιαῦτα ἐφάνη, καὶ τὸ ἐν τοῖς ὀφθαλμοῖς δὴ γελοῖον ἐξερρύη ὑπὸ τοῦ ἐν τοῖς λόγοις μηνυθέντος ἀρίστου· καὶ τοῦτο ἐνεδείξατο, ὅτι μάταιος ὃς γελοῖον ἄλλο τι ἡγεῖται ἢ τὸ κακόν, καὶ ὁ γελωτοποιεῖν ἐπιχειρῶν πρὸς ἄλλην τινὰ ὄψιν ἀποβλέπων ὡς γελοίου ἢ τὴν τοῦ ἄφρονός
e τε καὶ κακοῦ, καὶ καλοῦ αὖ σπουδάζει πρὸς ἄλλον τινὰ σκοπὸν στησάμενος ἢ τὸν τοῦ ἀγαθοῦ.

Παντάπασι μὲν οὖν, ἔφη.

Ἆρ' οὖν οὐ πρῶτον μὲν τοῦτο περὶ αὐτῶν ἀνομολογητέον, εἰ δυνατὰ ἢ οὔ, καὶ δοτέον ἀμφισβήτησιν εἴτε τις φιλοπαίσμων εἴτε σπουδαστικὸς ἐθέλει ἀμφισβητῆσαι, πότερον
453 δυνατὴ φύσις ἡ ἀνθρωπίνη ἡ θήλεια τῇ τοῦ ἄρρενος γένους κοινωνῆσαι εἰς ἅπαντα τὰ ἔργα ἢ οὐδ' εἰς ἕν, ἢ εἰς τὰ μὲν οἷά τε, εἰς δὲ τὰ οὔ, καὶ τοῦτο δὴ τὸ περὶ τὸν πόλεμον ποτέρων ἐστίν; ἆρ' οὐχ οὕτως ἂν κάλλιστά τις ἀρχόμενος ὡς τὸ εἰκὸς καὶ κάλλιστα τελευτήσειεν;

Πολύ γε, ἔφη.

Βούλει οὖν, ἦν δ' ἐγώ, ἡμεῖς πρὸς ἡμᾶς αὐτοὺς ὑπὲρ τῶν ἄλλων ἀμφισβητήσωμεν, ἵνα μὴ ἔρημα τὰ τοῦ ἑτέρου λόγου πολιορκῆται;

b Οὐδέν, ἔφη, κωλύει.

Λέγωμεν δὴ ὑπὲρ αὐτῶν ὅτι "Ὦ Σώκρατές τε καὶ Γλαύκων, οὐδὲν δεῖ ὑμῖν ἄλλους ἀμφισβητεῖν· αὐτοὶ γὰρ ἐν ἀρχῇ τῆς κατοικίσεως, ἣν ᾠκίζετε πόλιν, ὡμολογεῖτε δεῖν κατὰ φύσιν ἕκαστον ἕνα ἓν τὸ αὑτοῦ πράττειν."

Ὡμολογήσαμεν οἶμαι· πῶς γὰρ οὔ;

d 6 ὃς γελοῖον . . . d 7 καὶ secl. Cobet d 7 πρὸς] εἰς Stobaeus d 8 ὡς γελοίου secl. Cobet e 1 καὶ καλοῦ αὖ A F D M Stobaeus: om. Θ πρὸς A F D M: εἰς Stobaeus: secl. Thompson Cobet (qui mox προστησάμενος) e 2 ἢ om. Stobaeus e 4 αὐτῶν int. vers. F αὐτὸν A F D a 1 δυνατὴ ⟨ἡ⟩ Cobet (secl. mox ἡ ἀνθρωπίνη) b 2 λέγωμεν A D M: λέγομεν F Galenus b 4 κατοικίσεως A D: κατοικήσεως F Galenus

我肯定这么认为。

然而，我认为，当对于那些从事〈体育锻炼的人〉来说，在〈与体
育锻炼相关的〉所有诸如此类的事情上[1515]，裸露都显得比遮盖是更好
的之后，于是那在眼睛那里显得可笑的事情也就消失不见了，因为它在 452d5
讨论中被揭示为了最好的[1516]；并且这表明，这种人是愚蠢的[1517]：他
把其他任何事情都视为可笑的，除了坏事；还有，他虽然〈总是〉试
图进行取笑，因为他看到其他的任何模样都将之作为可笑的事情之模
样——除了不明智的和坏的事情之模样外——，但当他复又严肃认真起 452e1
来时，关于美，他还是为他自己确立起其他某种目标，除了善这种目标
之外[1518]。

完全如此，他说道。

那么，关于这些事情，这岂不肯定是必须首先达成一致的，那就
是：它们是可能的呢，还是不可能的；并且必须允许〈对下面这点进 452e5
行〉一种争论——无论一个人是爱开玩笑的，还是严肃认真的，只要他
愿意进行争论的话——，即人类女性的天性是能够同男性族类的天性一 453a1
道参与所有的事务呢，还是在任何一件事务上都不能，还是在一些事务
上能，在一些事务上则不能，并且同战争相关的这种事务究竟是属于其
中的哪一种？一个人，如果他能够以这种方式最好地开始，那他岂不也 453a5
有可能最好地结束？

肯定，他回应道。

那么，你愿意，我说道，我们能够代表一些其他的人来同我们自己进行争论吗，免得那些属于不同论点的东西在无人为之辩护的情况下被围攻[1519]？

没有什么，他回应道，在阻止〈我们这样做〉。 453b1

那么，让我们代表他们说：“苏格拉底和格劳孔啊，其他人其实根
本就没有必要同你们进行争论；因为，你们自己在你们建立城邦的那种
〈城邦之〉建立的开始，你们就已经同意，每一位个人应当根据其天性 453b5
做一件属于他自己的事情[1520]。”

我认为我们同意了，为何不〈同意〉呢？

"Ἔστιν οὖν ὅπως οὐ πάμπολυ διαφέρει γυνὴ ἀνδρὸς τὴν φύσιν;"

Πῶς δ' οὐ διαφέρει;

"Οὐκοῦν ἄλλο καὶ ἔργον ἑκατέρῳ προσήκει προστάττειν
τὸ κατὰ τὴν αὑτοῦ φύσιν;" c

Τί μήν;

"Πῶς οὖν οὐχ ἁμαρτάνετε νυνὶ καὶ τἀναντία ὑμῖν αὐτοῖς λέγετε φάσκοντες αὖ τοὺς ἄνδρας καὶ τὰς γυναῖκας δεῖν τὰ αὐτὰ πράττειν, πλεῖστον κεχωρισμένην φύσιν ἔχοντας;" ἕξεις τι, ὦ θαυμάσιε, πρὸς ταῦτ' ἀπολογεῖσθαι;

Ὡς μὲν ἐξαίφνης, ἔφη, οὐ πάνυ ῥᾴδιον· ἀλλὰ σοῦ δεήσομαί τε καὶ δέομαι καὶ τὸν ὑπὲρ ἡμῶν λόγον, ὅστις ποτ' ἐστίν, ἑρμηνεῦσαι.

Ταῦτ' ἐστίν, ἦν δ' ἐγώ, ὦ Γλαύκων, καὶ ἄλλα πολλὰ
τοιαῦτα, ἃ ἐγὼ πάλαι προορῶν ἐφοβούμην τε καὶ ὤκνουν d
ἅπτεσθαι τοῦ νόμου τοῦ περὶ τὴν τῶν γυναικῶν καὶ παίδων κτῆσιν καὶ τροφήν.

Οὐ μὰ τὸν Δία, ἔφη· οὐ γὰρ εὐκόλῳ ἔοικεν.

Οὐ γάρ, εἶπον. ἀλλὰ δὴ ὧδ' ἔχει· ἄντε τις εἰς κολυμβήθραν μικρὰν ἐμπέσῃ ἄντε εἰς τὸ μέγιστον πέλαγος μέσον, ὅμως γε νεῖ οὐδὲν ἧττον.

Πάνυ μὲν οὖν.

Οὐκοῦν καὶ ἡμῖν νευστέον καὶ πειρατέον σῴζεσθαι ἐκ τοῦ λόγου, ἤτοι δελφῖνά τινα ἐλπίζοντας ἡμᾶς ὑπολαβεῖν ἂν ἤ τινα ἄλλην ἄπορον σωτηρίαν.

Ἔοικεν, ἔφη. e

Φέρε δή, ἦν δ' ἐγώ, ἐάν πῃ εὕρωμεν τὴν ἔξοδον. ὁμολογοῦμεν γὰρ δὴ ἄλλην φύσιν ἄλλο δεῖν ἐπιτηδεύειν, γυναικὸς δὲ καὶ ἀνδρὸς ἄλλην εἶναι· τὰς δὲ ἄλλας φύσεις τὰ αὐτά φαμεν νῦν δεῖν ἐπιτηδεῦσαι. ταῦτα ἡμῶν κατηγορεῖται;

b 9 δ' om. Galenus c 3 νυνὶ Galenus: νῦν A F D M d 11 ἄπορον] ἄτοπον ci. Herwerden e 2 ὁμολογοῦμεν A F D: ὡμολογοῦμεν M d e 5 κατηγορεῖται F: κατηγορεῖτε A D M

"那么，不可能是这样吗，那就是，一个女人在天性方面极大地不同于一个男人？"

她怎么可能不是不同的[1521]？

"那么，这岂不也才是合适的，那就是，根据其天性把不同的工作 453b10
指派给两者中的每一个？" 453c1

难道还有别的？

"因此，你们现在怎么可能没有在犯错呢，并且你们怎么可能没有说得自相矛盾呢，当你们复又声称，男人们和女人们应当做同样的事
情，尽管他们有着非常不一样的天性？"令人钦佩的人啊，对此你将能 453c5
够如何为自己进行辩护呢？

如此突然地[1522]，他回应道，变得非常地不容易；然而，我将恳求你，甚至现在就恳求，你也代表我们解释一下〈我们对此的〉说法，无论它究竟是什么。

这，我说道，格劳孔啊，以及其他许许多多诸如此类的事情，它们 453c10
其实都是我早已预见到的，〈也正因为如此〉我才对下面这点感到害怕 453d1
和犹豫，那就是去触碰关于对女人和孩子们的拥有和培养的那种礼法。

不〈容易〉，宙斯在上，他说道，的确看起来不是一件容易的事情[1523]。

确实不〈容易〉，我说道。然而，肯定得是下面这样：一个人，无 453d5
论他是落入了一个小小的游泳池，还是掉进了浩瀚的大海中间，他无论如何都得同样地游泳[1524]。

完全如此。

那么，难道我们不也必须游泳，并且必须尝试从讨论中拯救我们自
己吗，通过希望，或者真的某条海豚从下面把我们举起来，或者某种其 453d10
他难得的拯救。

看起来是这样，他说道。 453e1

那就来吧！我说道，让我们〈看看〉我们是否能够在某个地方找到出路。因为，我们确实同意，不同的天性应当从事不同的事情，而一个女人和一个男人在天性上是不同的；但现在我们却宣称，不同的天性应
当从事相同的事情。我们被指控这些[1525]？ 453e5

Κομιδῇ γε.

454 Ἦ γενναία, ἦν δ' ἐγώ, ὦ Γλαύκων, ἡ δύναμις τῆς ἀντιλογικῆς τέχνης.

Τί δή;

Ὅτι, εἶπον, δοκοῦσί μοι εἰς αὐτὴν καὶ ἄκοντες πολλοὶ ἐμπίπτειν καὶ οἴεσθαι οὐκ ἐρίζειν ἀλλὰ διαλέγεσθαι, διὰ τὸ μὴ δύνασθαι κατ' εἴδη διαιρούμενοι τὸ λεγόμενον ἐπισκοπεῖν, ἀλλὰ κατ' αὐτὸ τὸ ὄνομα διώκειν τοῦ λεχθέντος τὴν ἐναντίωσιν, ἔριδι, οὐ διαλέκτῳ πρὸς ἀλλήλους χρώμενοι.

Ἔστι γὰρ δή, ἔφη, περὶ πολλοὺς τοῦτο τὸ πάθος· ἀλλὰ μῶν καὶ πρὸς ἡμᾶς τοῦτο τείνει ἐν τῷ παρόντι;

b Παντάπασι μὲν οὖν, ἦν δ' ἐγώ· κινδυνεύομεν γοῦν ἄκοντες ἀντιλογίας ἅπτεσθαι.

Πῶς;

Τὸ ⟨μὴ⟩ τὴν αὐτὴν φύσιν ὅτι οὐ τῶν αὐτῶν δεῖ ἐπιτηδευμάτων τυγχάνειν πάνυ ἀνδρείως τε καὶ ἐριστικῶς κατὰ τὸ ὄνομα διώκομεν, ἐπεσκεψάμεθα δὲ οὐδ' ὁπῃοῦν τί εἶδος τὸ τῆς ἑτέρας τε καὶ τῆς αὐτῆς φύσεως καὶ πρὸς τί τεῖνον ὡριζόμεθα τότε, ὅτε τὰ ἐπιτηδεύματα ἄλλῃ φύσει ἄλλα, τῇ δὲ αὐτῇ τὰ αὐτὰ ἀπεδίδομεν.

Οὐ γὰρ οὖν, ἔφη, ἐπεσκεψάμεθα.

c Τοιγάρτοι, εἶπον, ἔξεστιν ἡμῖν, ὡς ἔοικεν, ἀνερωτᾶν ἡμᾶς αὐτοὺς εἰ ἡ αὐτὴ φύσις φαλακρῶν καὶ κομητῶν καὶ οὐχ ἡ ἐναντία, καὶ ἐπειδὰν ὁμολογῶμεν ἐναντίαν εἶναι, ἐὰν φαλακροὶ σκυτοτομῶσιν, μὴ ἐᾶν κομήτας, ἐὰν δ' αὖ κομῆται, μὴ τοὺς ἑτέρους.

Γελοῖον μεντἂν εἴη, ἔφη.

Ἆρα κατ' ἄλλο τι, εἶπον ἐγώ, γελοῖον, ἢ ὅτι τότε οὐ πάντως τὴν αὐτὴν καὶ τὴν ἑτέραν φύσιν ἐτιθέμεθα, ἀλλ' ἐκεῖνο τὸ εἶδος τῆς ἀλλοιώσεώς τε καὶ ὁμοιώσεως μόνον

b 4 μὴ add. Ven. 184 : om. A F M D Galenus   c 8 καὶ τὴν F D M et in marg. A : om. A   c 9 μόνον A D M : ἐὰν μόνον F (et mox ἐφυλάττωμεν)   ὃν post μόνον add. A²

诚然。

确实是一种高贵的〈能力〉，我说道，格劳孔啊，辩驳的技艺之能 454a1
力[1526]！

究竟怎么回事？

因为，我说道，在我看来，许多人甚至是不情愿地陷入到了它[1527]
的里面，并且以为他们不是正在进行争吵，而是在进行讨论，因为他们 454a5
没有能力通过根据各种形式做出划分来考察那正在被说的东西[1528]，而是根据单纯的字面意思[1529]来追踪那已经被说出来的东西中的矛盾，他们彼此使用的是争吵，而不是对话。

的确，在许多人那里都有着这种遭遇[1530]；但是，难道在眼下这件 454a10
事也同我们有关系吗？

完全如此，我回应道；因为，我们至少正在冒不情愿地执着于一种 454b1
辩驳的风险[1531]。

为何？

因为，〈说〉相同的天性不应当得到相同的职业，我们只是根据字 454b5
面意思非常勇敢地并且好争吵地追求这点[1532]；但是，我们当时却未曾考虑过下面这点，那就是，不同的天性和相同的天性究竟在何种方式上是何种形式〈的不同和相同〉，以及因为针对什么我们才进行了〈这样的〉区分，当我们把不同的职业分派给不同的天性，而把相同的职业分派给相同的天性时。

我们确实没有，他说道，考虑过。 454b10

正因为如此，我说道，我们就能够，如看起来的那样，询问我们自 454c1
己：是否相同的天性属于那些秃顶的人和那些蓄长发的人，并且不是相反的天性〈属于他们〉；还有，一旦我们同意是一种相反的天性，那么，如果那些秃顶的人是鞋匠，那就不允许那些蓄长发的人是，而反过来如
果那些蓄长发的人〈是鞋匠〉，则不允许另外那些人是。 454c5

这肯定会是可笑的，他说道。

难道是由于其他某种原因，我说道，而不是因为下面这点，它才是可笑的吗，那就是：那时我们并没有全面地确定相同的天性和不同的天性，相反，我们仅仅在警惕那种形式——它涉及各种各样的职业本

ἐφυλάττομεν τὸ πρὸς αὐτὰ τεῖνον τὰ ἐπιτηδεύματα; οἷον d
ἰατρικὸν μὲν καὶ ἰατρικὴν τὴν ψυχὴν [ὄντα] τὴν αὐτὴν φύσιν
ἔχειν ἐλέγομεν· ἢ οὐκ οἴει;

Ἔγωγε.

Ἰατρικὸν δέ γε καὶ τεκτονικὸν ἄλλην;

Πάντως που.

Οὐκοῦν, ἦν δ' ἐγώ, καὶ τὸ τῶν ἀνδρῶν καὶ τὸ τῶν γυναικῶν
γένος, ἐὰν μὲν πρὸς τέχνην τινὰ ἢ ἄλλο ἐπιτήδευμα διαφέρον
φαίνηται, τοῦτο δὴ φήσομεν ἑκατέρῳ δεῖν ἀποδιδόναι· ἐὰν
δ' αὐτῷ τούτῳ φαίνηται διαφέρειν, τῷ τὸ μὲν θῆλυ τίκτειν,
τὸ δὲ ἄρρεν ὀχεύειν, οὐδέν τί πω φήσομεν μᾶλλον ἀποδε- e
δεῖχθαι ὡς πρὸς ὃ ἡμεῖς λέγομεν διαφέρει γυνὴ ἀνδρός, ἀλλ'
ἔτι οἰησόμεθα δεῖν τὰ αὐτὰ ἐπιτηδεύειν τούς τε φύλακας ἡμῖν
καὶ τὰς γυναῖκας αὐτῶν.

Καὶ ὀρθῶς γ', ἔφη.

Οὐκοῦν μετὰ τοῦτο κελεύομεν τὸν τὰ ἐναντία λέγοντα
τοῦτο αὐτὸ διδάσκειν ἡμᾶς, πρὸς τίνα τέχνην ἢ τί ἐπιτήδευμα 455
τῶν περὶ πόλεως κατασκευὴν οὐχ ἡ αὐτὴ ἀλλὰ ἑτέρα φύσις
γυναικός τε καὶ ἀνδρός;

Δίκαιον γοῦν.

Τάχα τοίνυν ἄν, ὅπερ σὺ ὀλίγον πρότερον ἔλεγες, εἴποι
ἂν καὶ ἄλλος, ὅτι ἐν μὲν τῷ παραχρῆμα ἱκανῶς εἰπεῖν οὐ
ῥᾴδιον, ἐπισκεψαμένῳ δὲ οὐδὲν χαλεπόν.

Εἴποι γὰρ ἄν.

Βούλει οὖν δεώμεθα τοῦ τὰ τοιαῦτα ἀντιλέγοντος ἀκολου-
θῆσαι ἡμῖν, ἐάν πως ἡμεῖς ἐκείνῳ ἐνδειξώμεθα ὅτι οὐδέν ἐστιν b
ἐπιτήδευμα ἴδιον γυναικὶ πρὸς διοίκησιν πόλεως;

Πάνυ γε.

Ἴθι δή, φήσομεν πρὸς αὐτόν, ἀποκρίνου· ἆρα οὕτως

d 1 τὸ . . . τεῖνον τὰ Galenus : τὰ τείνοντα A F D M   αὐτὰ A D M : αὐτὸ F   d 2 ἰατρικὸν . . . ἰατρικὴν A² F D M : ἰατρικῶν . . . ἰατρικὴν pr. A : ἰατρικὸν . . . ἰατρικὸν scr. Mon.   ὄντα seclusi : ἔχοντα Θ Galenus   d 5 δέ γε F Galenus : δὲ A D M   d 8 μὲν A D M : om. F   e 5 γ' F Galenus : om. A D   a 5 ὀλίγον] ὀλίγῳ Galenus

身[1533]——的不同以及相同？例如，就一位男医生和一个具有一种擅长 454d1
医术的灵魂的男人，我们说他们拥有同样的天性[1534]；或者，你不这么
认为？

我肯定这么认为。

而一位男医生和一位男木匠则肯定〈拥有〉一种不同的天性？ 454d5

无论如何都完全不同。

因此，我说道，无论是男人的族类，还是女人的族类，如果它在
某种技艺或任何其他的事务方面显得胜出[1535]，那么，我们肯定将宣称，
必须把这种〈技艺或事务〉分派给这两者中〈胜出〉的那一个；但是，
如果它们显得仅仅在这方面不同，那就是女性的族类〈负责〉生育，而 454d10
男性的族类〈负责〉交配[1536]，那么，我们将宣称，到此为止关于下面 454e1
这点还没有什么被更多地证明了，那就是，在我们所说的那件事上[1537]，
一个女人不同于一个男人，相反，我们仍然将认为，我们的卫士们以及
他们的女人应当从事同样的事情。

这也肯定说得正确，他说道。 454e5

那么，此后我们岂不要求那说相反事情的人恰恰就下面这点来教我
们，那就是：在与一个城邦的构建相关的那些事情中，就何种技艺或者 455a1
就什么事务来说，一个女人的天性和一个男人的天性不是相同的，而是
相异的？

〈这么要求〉无论如何都是正当的。

那好，或许正如一小会儿前你说过的那样[1538]，另外那个人也会说： 455a5
立即就充分地〈将之〉说出来，这不容易；但当一个人进行考虑后，对
他来说则不困难。

他确实会这么说。

那么，你愿意我们要求那反驳诸如此类的事情的人跟随我们吗，
〈看看〉我们是否能够对他指出，就一个城邦的治理来说，没有任何事 455b1
务是唯独属于一个女人的？

当然。

那就来吧！我们将对他说，请你回答：你在这样说吗，那就是，

ἔλεγες τὸν μὲν εὐφυῆ πρός τι εἶναι, τὸν δὲ ἀφυῆ, ἐν ᾧ ὁ μὲν ῥᾳδίως τι μανθάνοι, ὁ δὲ χαλεπῶς; καὶ ὁ μὲν ἀπὸ βραχείας μαθήσεως ἐπὶ πολὺ εὑρετικὸς εἴη οὗ ἔμαθεν, ὁ δὲ πολλῆς μαθήσεως τυχὼν καὶ μελέτης μηδ' ἃ ἔμαθε σῴζοιτο; καὶ τῷ μὲν τὰ τοῦ σώματος ἱκανῶς ὑπηρετοῖ τῇ διανοίᾳ, τῷ
c δὲ ἐναντιοῖτο; ἆρ' ἄλλα ἄττα ἐστὶν ἢ ταῦτα, οἷς τὸν εὐφυῆ πρὸς ἕκαστα καὶ τὸν μὴ ὡρίζου;

Οὐδείς, ἦ δ' ὅς, ἄλλα φήσει.

Οἶσθά τι οὖν ὑπὸ ἀνθρώπων μελετώμενον, ἐν ᾧ οὐ πάντα ταῦτα τὸ τῶν ἀνδρῶν γένος διαφερόντως ἔχει ἢ τὸ τῶν γυναικῶν; ἦ μακρολογῶμεν τήν τε ὑφαντικὴν λέγοντες καὶ τὴν τῶν ποπάνων τε καὶ ἑψημάτων θεραπείαν, ἐν οἷς δή τι δοκεῖ τὸ γυναικεῖον γένος εἶναι, οὗ καὶ καταγελαστότατόν
d ἐστι πάντων ἡττώμενον;

Ἀληθῆ, ἔφη, λέγεις, ὅτι πολὺ κρατεῖται ἐν ἅπασιν ὡς ἔπος εἰπεῖν τὸ γένος τοῦ γένους. γυναῖκες μέντοι πολλαὶ πολλῶν ἀνδρῶν βελτίους εἰς πολλά· τὸ δὲ ὅλον ἔχει ὡς σὺ λέγεις.

Οὐδὲν ἄρα ἐστίν, ὦ φίλε, ἐπιτήδευμα τῶν πόλιν διοικούντων γυναικὸς διότι γυνή, οὐδ' ἀνδρὸς διότι ἀνήρ, ἀλλ' ὁμοίως διεσπαρμέναι αἱ φύσεις ἐν ἀμφοῖν τοῖν ζῴοιν, καὶ πάντων μὲν μετέχει γυνὴ ἐπιτηδευμάτων κατὰ
e φύσιν, πάντων δὲ ἀνήρ, ἐπὶ πᾶσι δὲ ἀσθενέστερον γυνὴ ἀνδρός.

Πάνυ γε.

Ἦ οὖν ἀνδράσι πάντα προστάξομεν, γυναικὶ δ' οὐδέν;

Καὶ πῶς;

Ἀλλ' ἔστι γὰρ οἶμαι, ὡς φήσομεν, καὶ γυνὴ ἰατρική, ἡ δ' οὔ, καὶ μουσική, ἡ δ' ἄμουσος φύσει.

Τί μήν;

b 5 τὸν μὲν A^2 F D M Stobaeus: τὸ μὲν A c 5 ἢ τὸ] τοῦ Galenus d 1 πάντων A F D M: πάμπολυ Galenus Eusebius e 1 ἐπὶ πᾶσι] ἐν πᾶσι ci. Herwerden e 4 ἦ] τί Galenus

一个人就某件事来说是有天分的，而另一个人则是无天分的，在那件 455b5
事上一个人容易地学习某种东西，而另一个人则困难地？并且一个人基
于短期的学习就在很大程度上[1539]能够从他已经学习的东西那里做出各
种发现[1540]，而另一个人即使得到许多的学习和训练也无法保全他所学
的？还有，对一个人来说，身体的诸〈情状〉足以伺候思想，而对另一 455c1
个人来说，它们则进行阻碍[1541]？除了这些难道还有一些其他的事情，
凭借它们你在每件事情上区分出一个人是有天分的，另一个人则不？

无人将宣称，他回应道，还有其他事情。

那么，就被世人所从事的事情，你看到过某种这样的事情吗，那就
是，于其中，在所有这些方面男人的族类同女人的族类相比都不是占有 455c5
优势的？或者，让我们长篇大论一番吗，通过谈谈纺织术，以及谈谈对
各种烘烤出来的东西[1542]和能够被用来煮的东西的照料——在这些事情
上，事实上女性的族类倒是名声在外[1543]，并且在那里，一切中最可笑 455d1
的莫过于屈居人下——？

正确，他回应道，你说得，那就是，几乎可以说，在所有领域，〈女人〉那个族类都远远被〈男人〉这个族类所压倒。虽然许多的女人在许多的事情上无疑比许多的男人是更优秀的，但作为一个整体[1544]，
情况恰如你所说的那样。 455d5

因此，朋友啊，在治理一个城邦的那些人中，没有任何的事务是〈专属于〉一个女人的，就因为她是一个女人，也没有任何的事务是〈专属于〉一个男人的，就因为他是一个男人；相反，各种天性同等地分散在两个活物身上[1545]，并且一个女人根据其天性参与所有的事务，
而一个男人〈也根据其天性〉参与所有的事务，只不过在所有方面一个 455e1
女人〈在身体上〉比一个男人较弱而已。

的确如此。

那么，我们还将把一切都指派给男人们，而对女人什么也不指派？

那怎么可能？ 455e5

而实际上我认为，如我们将说的那样，甚至女人，在天性上一位是擅长医术的，一位则不[1546]；一位是擅长文艺的，一位则是不擅长文艺的。

那还用说？

[Καὶ] γυμναστικὴ δ' ἄρα οὔ, οὐδὲ πολεμική, ἡ δὲ ἀπόλεμος καὶ οὐ φιλογυμναστική; 456

Οἶμαι ἔγωγε.

Τί δέ; φιλόσοφός τε καὶ μισόσοφος; καὶ θυμοειδής, ἡ δ' ἄθυμός ἐστι;

Καὶ ταῦτα.

Ἔστιν ἄρα καὶ φυλακικὴ γυνή, ἡ δ' οὔ. ἢ οὐ τοιαύτην καὶ τῶν ἀνδρῶν τῶν φυλακικῶν φύσιν ἐξελεξάμεθα;

Τοιαύτην μὲν οὖν.

Καὶ γυναικὸς ἄρα καὶ ἀνδρὸς ἡ αὐτὴ φύσις εἰς φυλακὴν πόλεως, πλὴν ὅσα ἀσθενεστέρα, ἡ δὲ ἰσχυροτέρα ἐστίν.

Φαίνεται.

Καὶ γυναῖκες ἄρα αἱ τοιαῦται τοῖς τοιούτοις ἀνδράσιν b
ἐκλεκτέαι συνοικεῖν τε καὶ συμφυλάττειν, ἐπείπερ εἰσὶν ἱκαναὶ καὶ συγγενεῖς αὐτοῖς τὴν φύσιν.

Πάνυ γε.

Τὰ δ' ἐπιτηδεύματα οὐ τὰ αὐτὰ ἀποδοτέα ταῖς αὐταῖς φύσεσιν;

Τὰ αὐτά.

Ἥκομεν ἄρα εἰς τὰ πρότερα περιφερόμενοι, καὶ ὁμολογοῦμεν μὴ παρὰ φύσιν εἶναι ταῖς τῶν φυλάκων γυναιξὶ μουσικήν τε καὶ γυμναστικὴν ἀποδιδόναι.

Παντάπασιν μὲν οὖν.

Οὐκ ἄρα ἀδύνατά γε οὐδὲ εὐχαῖς ὅμοια ἐνομοθετοῦμεν, ἐπείπερ κατὰ φύσιν ἐτίθεμεν τὸν νόμον· ἀλλὰ τὰ νῦν παρὰ c
ταῦτα γιγνόμενα παρὰ φύσιν μᾶλλον, ὡς ἔοικε, γίγνεται.

Ἔοικεν.

a 1 καὶ D: om. A F M Galenus Eusebius δ' ἄρα] δὲ ἄρ' ἡ Galenus οὔ om. Eusebius οὐδὲ A F D M Eusebius: καὶ Galenus a 2 καὶ οὐ A D M Galenus Eusebius: καὶ F a 5 ἐστι F Eusebius: ἔστι A D M alteri tribuentes a 11 ὅσα] ὅσα ἡ μὲν Galenus: ὅσῳ Eusebius ἀσθενεστέρα, ἡ δὲ ἰσχυροτέρα Eusebius: ἀσθενεστέρα ἢ ἰσχυροτέρα F D M: ἀσθενεστέρα ἰσχυροτέρα (ἰσχυροτέρας A²) A: ἀσθενεστέρα ὁ δ' ἰσχυρότερος Galenus b 1 αἱ om. Galenus b 2 συμφυλάττειν] φυλάττειν Galenus b 5 ἀποδοτέα A M: ἀποδιδοτέα F: ἀποδοτέον D

岂不一位是喜欢体育锻炼的和好战的[1547]，另一位则是不好战的和 456a1
不热爱体育锻炼的？

我肯定这么认为。

然后呢？既有热爱智慧的，也有厌恶智慧的？以及一位是气宇轩昂
的，另一位则是无气魄的？ 456a5

也如此。

因此，一位女人甚至是适合做卫士的，另一位则不；或者，我们不正是着眼于这样一种天性才挑选出那些适合做卫士的男人[1548]？

肯定是这样一种天性。

因此，就城邦之守卫来说同样的天性是属于一个男人和一个女人 456a10
的，除了在程度上之外，即它〈或者〉是较弱的，或者是较强的[1549]。

显然。

因此，这样一些女人就必须被挑选出来同这样一些男人生活在一 456b1
起，并且同他们一道守卫〈城邦〉，既然她们是〈同他们一样〉有能力的，以及在天性上与他们是同家族的。

的确。

然而，对于相同的天性来说，岂不必须把相同的事务分派给它们？ 456b5

相同的事务。

我们竟然转来转去又回到了前面〈说过的〉那些事情那里，并且我
们同意这并不是违反自然的，那就是，把文艺和体育赋予那些卫士中的 456b10
女人们。

完全如此。

我们到底既没有把一些不可能的事情，也没有把一些单纯的热
望[1550]确定为法律，既然我们是合乎自然地在立法；而现今[1551]与这相 456c1
反所发生的那些事情，如看起来的那样，毋宁成为了违反自然的。

看起来是这样。

Οὐκοῦν ἡ ἐπίσκεψις ἡμῖν ἦν εἰ δυνατά γε καὶ βέλτιστα λέγοιμεν;

Ἦν γάρ.

Καὶ ὅτι μὲν δὴ δυνατά, διωμολόγηται;

Ναί.

Ὅτι δὲ δὴ βέλτιστα, τὸ μετὰ τοῦτο δεῖ διομολογηθῆναι;

Δῆλον.

Οὐκοῦν πρός γε τὸ φυλακικὴν γυναῖκα γενέσθαι, οὐκ ἄλλη μὲν ἡμῖν ἄνδρας ποιήσει παιδεία, ἄλλη δὲ γυναῖκας, ἄλλως
d τε καὶ τὴν αὐτὴν φύσιν παραλαβοῦσα;

Οὐκ ἄλλη.

Πῶς οὖν ἔχεις δόξης τοῦ τοιοῦδε πέρι;

Τίνος δή;

Τοῦ ὑπολαμβάνειν παρὰ σεαυτῷ τὸν μὲν ἀμείνω ἄνδρα, τὸν δὲ χείρω· ἢ πάντας ὁμοίους ἡγῇ;

Οὐδαμῶς.

Ἐν οὖν τῇ πόλει ἣν ᾠκίζομεν, πότερον οἴει ἡμῖν ἀμείνους ἄνδρας ἐξειργάσθαι τοὺς φύλακας, τυχόντας ἧς διήλθομεν παιδείας, ἢ τοὺς σκυτοτόμους, τῇ σκυτικῇ παιδευθέντας;

Γελοῖον, ἔφη, ἐρωτᾷς.

Μανθάνω, ἔφην. τί δέ; τῶν ἄλλων πολιτῶν οὐχ οὗτοι
e ἄριστοι;

Πολύ γε.

Τί δέ; αἱ γυναῖκες τῶν γυναικῶν οὐχ αὗται ἔσονται βέλτισται;

Καὶ τοῦτο, ἔφη, πολύ.

Ἔστι δέ τι πόλει ἄμεινον ἢ γυναῖκάς τε καὶ ἄνδρας ὡς ἀρίστους ἐγγίγνεσθαι;

Οὐκ ἔστιν.

Τοῦτο δὲ μουσική τε καὶ γυμναστικὴ παραγιγνόμεναι, ὡς
457 ἡμεῖς διήλθομεν, ἀπεργάσονται;

Πῶς δ' οὔ;

c 4 γε] τε scr. Laur. lxxx. 7 d 6 πάντας] πάντως F

而我们的探究岂不是[1552]：我们是否在说一些可能的事情，以及一 456c5
些最好的事情？

肯定是。

的确是一些可能的事情，这已经被承认了吗？

是的。

而事实上也是一些最好的事情，此后也须就此达成一致吗？

显然。 456c10

那么，一位女人要成为擅长守卫〈城邦〉的，针对这件事，难道对我们来说，一种教育使男人们〈成为那个样子〉，另一种教育则使女人们〈成为那个样子〉吗——尤其是当它和同样的天性打交道时[1553]？ 456d1

不会是另一种教育。

那么，关于下面这件事你持有何种看法呢[1554]？

究竟关于什么事？

关于这点：在你自己那里，〈你是否〉接受有的男人是比较优秀的， 456d5
而有的男人则是比较低劣的；还是说，你认为他们完全相同？

绝不会〈完全相同〉。

那么，在我们所建立的那个城邦中，你认为对我们来说，那些被成就为了优秀男人的，是那些卫士呢，因为他们获得了我们详述过的那种教育，还是那些鞋匠，由于他们被制鞋术所教育？ 456d10

一件可笑的事，他回应道，你在问。

我懂了，我说道。然后呢？同其他那些同邦公民相比，这些人岂不 456e1
是最优秀的？

肯定。

然后呢？在女人中间，这些〈作为卫士的〉女人，她们岂不将是最优秀的？

也如此，他回应道，远远〈是最优秀的〉。 456e5

而对于一个城邦来说，还有某件事是比下面这点更好的吗，那就是产生出一些尽可能优秀的女人和男人？

没有。

而文艺和体育，当它们出场[1555]，如我们详述过的那样，它们将实 457a1
现这件事吗？

为何不呢？

Οὐ μόνον ἄρα δυνατὸν ἀλλὰ καὶ ἄριστον πόλει νόμιμον ἐτίθεμεν.

Οὕτως.

Ἀποδυτέον δὴ ταῖς τῶν φυλάκων γυναιξίν, ἐπείπερ ἀρετὴν ἀντὶ ἱματίων ἀμφιέσονται, καὶ κοινωνητέον πολέμου τε καὶ τῆς ἄλλης φυλακῆς τῆς περὶ τὴν πόλιν, καὶ οὐκ ἄλλα πρακτέον· τούτων δ' αὐτῶν τὰ ἐλαφρότερα ταῖς γυναιξὶν ἢ τοῖς ἀνδράσι δοτέον διὰ τὴν τοῦ γένους ἀσθένειαν. ὁ δὲ γελῶν ἀνὴρ ἐπὶ γυμναῖς γυναιξί, τοῦ βελτίστου ἕνεκα b
γυμναζομέναις, ἀτελῆ τοῦ γελοίου σοφίας δρέπων καρπόν, οὐδὲν οἶδεν, ὡς ἔοικεν, ἐφ' ᾧ γελᾷ οὐδ' ὅτι πράττει· κάλλιστα γὰρ δὴ τοῦτο καὶ λέγεται καὶ λελέξεται, ὅτι τὸ μὲν ὠφέλιμον καλόν, τὸ δὲ βλαβερὸν αἰσχρόν.

Παντάπασι μὲν οὖν.

Τοῦτο μὲν τοίνυν ἓν ὥσπερ κῦμα φῶμεν διαφεύγειν τοῦ γυναικείου πέρι νόμου λέγοντες, ὥστε μὴ παντάπασι κατακλυσθῆναι τιθέντας ὡς δεῖ κοινῇ πάντα ἐπιτηδεύειν τούς τε φύλακας ἡμῖν καὶ τὰς φυλακίδας, ἀλλά πῃ τὸν λόγον αὐτὸν c
αὐτῷ ὁμολογεῖσθαι ὡς δυνατά τε καὶ ὠφέλιμα λέγει;

Καὶ μάλα, ἔφη, οὐ σμικρὸν κῦμα διαφεύγεις.

Φήσεις γε, ἦν δ' ἐγώ, οὐ μέγα αὐτὸ εἶναι, ὅταν τὸ μετὰ τοῦτο ἴδῃς.

Λέγε δή, ἴδω, ἔφη.

Τούτῳ, ἦν δ' ἐγώ, ἕπεται νόμος καὶ τοῖς ἔμπροσθεν τοῖς ἄλλοις, ὡς ἐγᾦμαι, ὅδε.

Τίς;

Τὰς γυναῖκας ταύτας τῶν ἀνδρῶν τούτων πάντων πάσας

a 8 ἄλλα] ἄλλο Stobaeus a 10 δοτέον] ἀποδοτέον Stobaeus b 1 γυναιξί A F D Stobaeus : ταῖς γυναιξί M Eusebius Theodoretus b 2 γυμναζομέναις F D M Stobaeus : γυναζομέναις A ἀτελῆ] γρ. ἅτε δὴ in marg. A et sic Eusebius Theodoretus b 3 γελᾷ A F M Stobaeus : γελῷ D οὐδ' ὅτι] οὐδὲ τί Stobaeus b 4 λελέξεται A D M : λέξεται F c 2 ὁμολογεῖσθαι A F M : ὡμολογῆσθαι A² D c 4 γε A D M : δὲ F : δέ γε Stallbaum c 6 λέγε] φέρε ci. Cobet : ἄγε ci. H. Richards

因此，对于一个城邦来说，不仅是一种可能的东西，而且是一种最好的东西，我们将之确立为了法律。

是这样。 457a5

那么，卫士们中的那些女人必须脱去衣服〈进行体育锻炼〉，既然她们将给自己穿上德性，而不是衣裳，而且她们必须参与战争和参与关乎城邦的其他守卫，并且不应当做其他的事情；但是，这些事情中的那些比较轻松的，必须被分派给女人们，而不是那些男人，因为〈女人〉 457a10
这个族类〈在身体上〉的柔软。而一个男人，当他嘲笑那些裸体的、为 457b1
了最好的东西而〈赤身〉进行体育锻炼的女人时，由于他在从〈他的〉嘲笑中采摘那未成熟的智慧之果[1556]，因而他并不知道，如看起来的那样，他〈究竟〉在嘲笑什么，或者在做什么。因为，事实上下面这句话不仅说得最漂亮，而且将永远说得最漂亮，那就是：有益的东西是美丽 457b5
的，而有害的东西则是丑陋的。

完全如此。

那好，这其实就像一波浪潮似的[1557]，在围绕同女性相关的法律进行讨论的我们可以宣称我们正在逃脱它吗[1558]，以至于我们没有被〈它〉完全淹没，当我们确定我们的那些男卫士和女卫士应当共同地从事所有的事情时，而且在某种方式上，讨论自身同它自身相一致，当它说这些 457c1
既是可能的，也是有益的时？

的确，他回应道，你正在逃脱一波不小的浪潮。

你肯定将声称，我说道，它不是一波大的浪潮，当你看到在这之后 457c5
的那波浪潮时。

那就请你说吧！让我看看，他说道[1559]。

跟在这之后的，我说道，以及跟在前面其他那些之后的，如我所认为的那样，是这里的这条法律。

哪条？

那就是：所有这些女人是共同地属于所有这些男人的，没有任何一 457c10

d εἶναι κοινάς, ἰδίᾳ δὲ μηδενὶ μηδεμίαν συνοικεῖν· καὶ τοὺς παῖδας αὖ κοινούς, καὶ μήτε γονέα ἔκγονον εἰδέναι τὸν αὑτοῦ μήτε παῖδα γονέα.

Πολύ, ἔφη, τοῦτο ἐκείνου μεῖζον πρὸς ἀπιστίαν καὶ τοῦ δυνατοῦ πέρι καὶ τοῦ ὠφελίμου.

Οὐκ οἶμαι, ἦν δ' ἐγώ, περί γε τοῦ ὠφελίμου ἀμφισβητεῖσθαι ἄν, ὡς οὐ μέγιστον ἀγαθὸν κοινὰς μὲν τὰς γυναῖκας εἶναι, κοινοὺς δὲ τοὺς παῖδας, εἴπερ οἷόν τε· ἀλλ' οἶμαι περὶ τοῦ εἰ δυνατὸν ἢ μὴ πλείστην ἂν ἀμφισβήτησιν γενέσθαι.

e Περὶ ἀμφοτέρων, ἦ δ' ὅς, εὖ μάλ' ἂν ἀμφισβητηθείη.

Λέγεις, ἦν δ' ἐγώ, λόγων σύστασιν· ἐγὼ δ' ᾤμην ἔκ γε τοῦ ἑτέρου ἀποδράσεσθαι, εἴ σοι δόξειεν ὠφέλιμον εἶναι, λοιπὸν δὲ δή μοι ἔσεσθαι περὶ τοῦ δυνατοῦ καὶ μή.

Ἀλλ' οὐκ ἔλαθες, ἦ δ' ὅς, ἀποδιδράσκων, ἀλλ' ἀμφοτέρων πέρι δίδου λόγον.

Ὑφεκτέον, ἦν δ' ἐγώ, δίκην. τοσόνδε μέντοι χάρισαί
458 μοι· ἔασόν με ἑορτάσαι, ὥσπερ οἱ ἀργοὶ τὴν διάνοιαν εἰώθασιν ἑστιᾶσθαι ὑφ' ἑαυτῶν, ὅταν μόνοι πορεύωνται. καὶ γὰρ οἱ τοιοῦτοί που, πρὶν ἐξευρεῖν τίνα τρόπον ἔσται τι ὧν ἐπιθυμοῦσι, τοῦτο παρέντες, ἵνα μὴ κάμνωσι βουλευόμενοι περὶ τοῦ δυνατοῦ καὶ μή, θέντες ὡς ὑπάρχον εἶναι ὃ βούλονται, ἤδη τὰ λοιπὰ διατάττουσιν καὶ χαίρουσιν διεξιόντες οἷα δράσουσι γενομένου, ἀργὸν καὶ ἄλλως ψυχὴν ἔτι
b ἀργοτέραν ποιοῦντες. ἤδη οὖν καὶ αὐτὸς μαλθακίζομαι, καὶ ἐκεῖνα μὲν ἐπιθυμῶ ἀναβαλέσθαι καὶ ὕστερον ἐπισκέψασθαι, ᾗ δυνατά, νῦν δὲ ὡς δυνατῶν ὄντων θεὶς σκέψομαι, ἄν μοι παριῇς, πῶς διατάξουσιν αὐτὰ οἱ ἄρχοντες γιγνόμενα, καὶ ὅτι πάντων συμφορώτατ' ἂν εἴη πραχθέντα τῇ τε πόλει καὶ τοῖς φύλαξιν. ταῦτα πειράσομαί σοι πρότερα συνδιασκοπεῖσθαι, ὕστερα δ' ἐκεῖνα, εἴπερ παριεῖς.

d 2 εἰδέναι ἔκγονον Stobaeus d 3 γονέα A D M Stobaeus Theodoretus: γονέας F d 5 τοῦ ὠφελίμου] ὠφελίμου Stobaeus d 9 ἂν F: om. A D M e 7 δίκην secl. Herwerden b 5 τε F D: om. A

个女人私下里同任何一个男人生活在一起；此外，孩子们也是共同的，457d1
甚至既没有任何父母知道自己的后代，也没有任何一个孩子知道〈自己的〉父母。

就疑问来说，这条〈法律〉可比那条〈法律〉大多了，他说道，无 457d5
论是在可能性方面，还是在益处方面。

我不认为，我说道，关于〈下面这点的〉益处会有任何争论，那就是：一方面，女人是共同的，另一方面，孩子们也是共同的，这不是一件最大的好事，假如真的可能的话。但我认为，关于这是可能的呢，还是不可能的，这会成为一种最大的争论[1560]。

〈其实〉关于这两方面，他说道，确确实实[1561]都能够争论一番。457e1

你在说，我说道，〈这两个〉讨论之间的一种息息相通[1562]；而我曾以为我至少将偷偷避开其中的一个：如果在你看来它是有益的，那么，剩给我的事实上将只是围绕可能，还是不可能〈进行讨论〉。

但你却没有逃脱〈我的〉注意，他说道，你〈想〉偷偷避开；不 457e5
过，关于这两方面，都请你给出一番讨论吧！

〈我〉必须〈为此〉受到，我说道，惩罚[1563]。然而，确实得请你如
下面这样对我法外开恩：请你允许我过一个节[1564]，就像那些在思想上懒 458a1
惰的人习惯于被他们自己所宴请那样，每当他们独自前行时[1565]。事实上这样一些人约莫是这样，那就是：在发现他们所渴望的那些东西中的任何一样将以何种方式是着[1566]之前，他们就将这放到一边，以便他们无需
花力气去认真思考〈它〉可能，还是不可能；他们把那被〈他们所〉希 458a5
望的东西确定为理所当然地已经是〈在那儿〉[1567]，此后他们〈只需〉安排剩下的事情，并且乐于详述他们将做何种事情，当它出现了的话[1568]，
由此他们无论如何[1569]都使得一个懒惰的灵魂变得更加的懒惰。到如今我 458b1
自己也已经在变得松懈，既渴望推迟〈讨论〉那些事情，也渴望以后再来考察在何种方式上它们是可能的；而现在的情形[1570]是我通过把它们确定为是可能的来考察——如果你允许我的话——那些进行统治的人将如
何安排它们，当它们出现时，并且〈指出〉一旦它们被做成，那它们就 458b5
会是一切中最有益的，无论是对城邦来说，还是对那些卫士来说。我将试着同你一道首先检查这些，然后再检查那些，如果你允许的话。

Ἀλλὰ παρίημι, ἔφη, καὶ σκόπει.

Οἶμαι τοίνυν, ἦν δ' ἐγώ, εἴπερ ἔσονται οἱ ἄρχοντες ἄξιοι τούτου τοῦ ὀνόματος, οἵ τε τούτοις ἐπίκουροι κατὰ ταὐτά, c τοὺς μὲν ἐθελήσειν ποιεῖν τὰ ἐπιταττόμενα, τοὺς δὲ ἐπιτάξειν, τὰ μὲν αὐτοὺς πειθομένους τοῖς νόμοις, τὰ δὲ καὶ μιμουμένους, ὅσα ἂν ἐκείνοις ἐπιτρέψωμεν.

Εἰκός, ἔφη.

Σὺ μὲν τοίνυν, ἦν δ' ἐγώ, ὁ νομοθέτης αὐτοῖς, ὥσπερ τοὺς ἄνδρας ἐξέλεξας, οὕτω καὶ τὰς γυναῖκας ἐκλέξας παραδώσεις καθ' ὅσον οἷόν τε ὁμοφυεῖς· οἱ δέ, ἅτε οἰκίας τε καὶ συσσίτια κοινὰ ἔχοντες, ἰδίᾳ δὲ οὐδενὸς οὐδὲν τοιοῦτον κεκτημένου, ὁμοῦ δὴ ἔσονται, ὁμοῦ δὲ ἀναμεμειγμένων καὶ ἐν d γυμνασίοις καὶ ἐν τῇ ἄλλῃ τροφῇ ὑπ' ἀνάγκης οἶμαι τῆς ἐμφύτου ἄξονται πρὸς τὴν ἀλλήλων μεῖξιν. ἢ οὐκ ἀναγκαῖά σοι δοκῶ λέγειν;

Οὐ γεωμετρικαῖς γε, ἦ δ' ὅς, ἀλλ' ἐρωτικαῖς ἀνάγκαις, αἳ κινδυνεύουσιν ἐκείνων δριμύτεραι εἶναι πρὸς τὸ πείθειν τε καὶ ἕλκειν τὸν πολὺν λεών.

Καὶ μάλα, εἶπον. ἀλλὰ μετὰ δὴ ταῦτα, ὦ Γλαύκων, ἀτάκτως μὲν μείγνυσθαι ἀλλήλοις ἢ ἄλλο ὁτιοῦν ποιεῖν οὔτε ὅσιον ἐν εὐδαιμόνων πόλει οὔτ' ἐάσουσιν οἱ ἄρχοντες. e

Οὐ γὰρ δίκαιον, ἔφη.

Δῆλον δὴ ὅτι γάμους τὸ μετὰ τοῦτο ποιήσομεν ἱεροὺς εἰς δύναμιν ὅτι μάλιστα· εἶεν δ' ἂν ἱεροὶ οἱ ὠφελιμώτατοι.

Παντάπασι μὲν οὖν.

Πῶς οὖν δὴ ὠφελιμώτατοι ἔσονται; τόδε μοι λέγε, ὦ 459 Γλαύκων· ὁρῶ γάρ σου ἐν τῇ οἰκίᾳ καὶ κύνας θηρευτικοὺς καὶ τῶν γενναίων ὀρνίθων μάλα συχνούς· ἆρ' οὖν, ὦ πρὸς Διός, προσέσχηκάς τι τοῖς τούτων γάμοις τε καὶ παιδοποιίᾳ;

Τὸ ποῖον; ἔφη.

c 8 ἅτε] ἅτε δὴ Theodoretus d 9 μίγνυσθαι F D et in marg. M : γυμνοῦσθαι A M a 4 τι A D M : om. F παιδοποιίᾳ A D : παιδοποιία F M : παιδοποιίαις vulg.

我当然允许，他说道，并且请你考察吧！

那好，我认为，我说道，假如那些进行统治的人真的将是配得上这个名字，而这些人的那些助手也同样如此的话，那么，后者将愿意做那 458c1
些被命令的事情，而前者将通过下面这样而愿意进行命令，那就是：在有的事情上，他们自己服从各种礼法[1571]；在有的事情上，即在所有那些我们会委托给他们的那些事情上，则模仿〈那些礼法〉[1572]。

有可能，他说道。 458c5

那好，一方面，你，我说道，作为他们的立法者[1573]，恰如你曾挑选那些男人那样，你也肯定将以同样的方式通过尽可能按照〈与他们〉相同的天性挑选一些女人而把她们交给他们；另一方面，这些人，鉴于他们共同地拥有居处和饮食，而没有任何人私底下拥有过任何诸如此类的东西，因而他们肯定将是在一起的，而当他们无论是在那些体育学 458d1
校，还是在其他的培养中被混杂在一起后，我认为，他们将被一种生来的必然性引向彼此间带有性爱的交往。或者，在你看来，我没有在说一些必然的事情？

无论如何都不是由于一些几何学上的必然性，他回应道，而是由 458d5
于一些爱欲上的必然性——它们能够比〈前面〉那些必然性是更为锐利的，无论是在劝说，还是在吸引人众方面[1574]——。

诚然，我说道。然而，在此之后，格劳孔啊，彼此间混乱地交媾，或者做其他任何〈诸如此类〉的事情，这在一个由一些幸福的人所组成 458e1
的城邦中肯定不是虔敬的，那些进行统治的人也不允许。

其实也是不正当的，他说道。

那么，显然在此之后我们将使得婚姻在最大可能的程度上[1575]变得神圣；而那些神圣的婚姻会是最有益的。

完全如此。 458e5

那么，它们究竟将如何才是最有益的呢？请你告诉我下面这点，格 459a1
劳孔啊：因为我的的确确在〈你的〉家里看到了一些擅长狩猎的狗，以及很大一群〈品种〉优良的鸟儿；那么，以宙斯的名义，是不是在这些 459a5
〈狗儿和鸟儿〉的婚配以及生孩子那里[1576]，你已经注意到了某种东西呢？

何种东西？他回应道。

Πρῶτον μὲν αὐτῶν τούτων, καίπερ ὄντων γενναίων, ἆρ' οὐκ εἰσί τινες καὶ γίγνονται ἄριστοι;

Εἰσίν.

Πότερον οὖν ἐξ ἁπάντων ὁμοίως γεννᾷς, ἢ προθυμῇ ὅτι μάλιστα ἐκ τῶν ἀρίστων;

Ἐκ τῶν ἀρίστων.

b Τί δ'; ἐκ τῶν νεωτάτων ἢ ἐκ τῶν γεραιτάτων ἢ ἐξ ἀκμαζόντων ὅτι μάλιστα;

Ἐξ ἀκμαζόντων.

Καὶ ἂν μὴ οὕτω γεννᾶται, πολύ σοι ἡγῇ χεῖρον ἔσεσθαι τό τε τῶν ὀρνίθων καὶ τὸ τῶν κυνῶν γένος;

Ἔγωγ', ἔφη.

Τί δὲ ἵππων οἴει, ἦν δ' ἐγώ, καὶ τῶν ἄλλων ζῴων; ἦ ἄλλῃ πῃ ἔχειν;

Ἄτοπον μεντἄν, ἦ δ' ὅς, εἴη.

Βαβαῖ, ἦν δ' ἐγώ, ὦ φίλε ἑταῖρε, ὡς ἄρα σφόδρα ἡμῖν δεῖ ἄκρων εἶναι τῶν ἀρχόντων, εἴπερ καὶ περὶ τὸ τῶν ἀνθρώπων γένος ὡσαύτως ἔχει.

c Ἀλλὰ μὲν δὴ ἔχει, ἔφη· ἀλλὰ τί δή;

Ὅτι ἀνάγκη αὐτοῖς, ἦν δ' ἐγώ, φαρμάκοις πολλοῖς χρῆσθαι. ἰατρὸν δέ που μὴ δεομένοις μὲν σώμασι φαρμάκων, ἀλλὰ διαίτῃ ἐθελόντων ὑπακούειν, καὶ φαυλότερον ἐξαρκεῖν ἡγούμεθα εἶναι· ὅταν δὲ δὴ καὶ φαρμακεύειν δέῃ, ἴσμεν ὅτι ἀνδρειοτέρου δεῖ τοῦ ἰατροῦ.

Ἀληθῆ· ἀλλὰ πρὸς τί λέγεις;

Πρὸς τόδε, ἦν δ' ἐγώ· συχνῷ τῷ ψεύδει καὶ τῇ ἀπάτῃ κινδυνεύει ἡμῖν δεήσειν χρῆσθαι τοὺς ἄρχοντας ἐπ' ὠφελίᾳ
d τῶν ἀρχομένων. ἔφαμεν δέ που ἐν φαρμάκου εἴδει πάντα τὰ τοιαῦτα χρήσιμα εἶναι.

Καὶ ὀρθῶς γε, ἔφη.

Ἐν τοῖς γάμοις τοίνυν καὶ παιδοποιίαις ἔοικε τὸ ὀρθὸν τοῦτο γίγνεσθαι οὐκ ἐλάχιστον.

b 7 ἦ DM: ἦ A: ἢ F c 3 δέ που] δή που ci. Hartman
c 5 εἶναι secl. ci. Stephanus, post c 6 δεῖ transp. Adam

首先，恰恰在这些〈猎犬和鸟儿〉中，尽管它们〈全都〉是〈品种〉优良的，难道不是一些是并且成为了最优秀的？

一些是〈最优秀的〉。

那么，从所有〈这些猎犬和鸟儿〉中，你是同等地进行育种呢，还 459a10
是说，你情愿尽可能从那些最优秀的〈猎犬和鸟儿〉中进行育种？

从那些最优秀的。

然后呢？是尽可能从那些比较年轻的，还是从那些比较年老的，还 459b1
是从那些正当盛年的？

从那些正当盛年的。

并且如果它们不以这种方式被育种，你会认为鸟儿的品种以及狗儿 459b5
的品种将是越来越差的吗？

我肯定会认为，他回应道。

关于马儿们，你又如何认为呢，还有其他那些动物？难道在某种方式上是不一样吗？

那样肯定会是奇怪的，他回应道。

我的天，我说道，亲爱的朋友啊，那么，我们何等迫切地需要一些 459b10
顶尖的进行统治的人，这是〈何等地迫切〉[1577]，假如甚至关于人的品种也是同样如此的话。

当然是同样如此，他说道。但这究竟〈意味着〉什么呢？ 459c1

因为他们必然，我说道，要使用许多的药物。而或许就医生来说，一方面，对于一些身体，如果它们不需要各种药物，而是愿意顺应一种生活
方式[1578]，那我们认为，甚至一位比较普通的医生就是足够的了；另一方 459c5
面，每当确实需要施药时，那我们就知道需要一位更加有勇气的医生。

正确；但你针对什么这样说？

针对下面这点，我说道，那就是：有可能对我们来说，那些进行统治
的人为了那些被统治的人的益处而将不得不使用许多的谎言和欺骗。而我 459d1
们大约曾说过，在药物的形式上[1579]，所有诸如此类的事情都是有用的[1580]。

我们也确实〈说得〉正确，他说道。

那好，在〈卫士们〉的婚配和生孩子〈这件事〉上，〈你说的〉这 459d5
种正确[1581]看起来丝毫不少地[1582]发生了。

Πῶς δή;

Δεῖ μέν, εἶπον, ἐκ τῶν ὡμολογημένων τοὺς ἀρίστους ταῖς ἀρίσταις συγγίγνεσθαι ὡς πλειστάκις, τοὺς δὲ φαυλοτάτους ταῖς φαυλοτάταις τοὐναντίον, καὶ τῶν μὲν τὰ ἔκγονα τρέφειν,
τῶν δὲ μή, εἰ μέλλει τὸ ποίμνιον ὅτι ἀκρότατον εἶναι, καὶ e
ταῦτα πάντα γιγνόμενα λανθάνειν πλὴν αὐτοὺς τοὺς ἄρχοντας, εἰ αὖ ἡ ἀγέλη τῶν φυλάκων ὅτι μάλιστα ἀστασίαστος ἔσται.

Ὀρθότατα, ἔφη.

Οὐκοῦν δὴ ἑορταί τινες νομοθετητέαι ἐν αἷς συνάξομεν τάς τε νύμφας καὶ τοὺς νυμφίους καὶ θυσίαι, καὶ ὕμνοι
ποιητέοι τοῖς ἡμετέροις ποιηταῖς πρέποντες τοῖς γιγνομένοις 460
γάμοις· τὸ δὲ πλῆθος τῶν γάμων ἐπὶ τοῖς ἄρχουσι ποιήσομεν, ἵν' ὡς μάλιστα διασῴζωσι τὸν αὐτὸν ἀριθμὸν τῶν ἀνδρῶν, πρὸς πολέμους τε καὶ νόσους καὶ πάντα τὰ τοιαῦτα ἀποσκοποῦντες, καὶ μήτε μεγάλη ἡμῖν ἡ πόλις κατὰ τὸ δυνατὸν μήτε σμικρὰ γίγνηται.

Ὀρθῶς, ἔφη.

Κλῆροι δή τινες οἶμαι ποιητέοι κομψοί, ὥστε τὸν φαῦλον ἐκεῖνον αἰτιᾶσθαι ἐφ' ἑκάστης συνέρξεως τύχην ἀλλὰ μὴ τοὺς ἄρχοντας.

Καὶ μάλα, ἔφη.

Καὶ τοῖς ἀγαθοῖς γέ που τῶν νέων ἐν πολέμῳ ἢ ἄλλοθί b
που γέρα δοτέον καὶ ἆθλα ἄλλα τε καὶ ἀφθονεστέρα ἡ ἐξουσία τῆς τῶν γυναικῶν συγκοιμήσεως, ἵνα καὶ ἅμα μετὰ προφάσεως ὡς πλεῖστοι τῶν παίδων ἐκ τῶν τοιούτων σπείρωνται.

Ὀρθῶς.

Οὐκοῦν καὶ τὰ ἀεὶ γιγνόμενα ἔκγονα παραλαμβάνουσαι αἱ ἐπὶ τούτων ἐφεστηκυῖαι ἀρχαὶ εἴτε ἀνδρῶν εἴτε γυναικῶν εἴτε ἀμφότερα—κοιναὶ μὲν γάρ που καὶ ἀρχαὶ γυναιξί τε καὶ ἀνδράσιν—

d 9 ἔκγονα A (sed κγ in ras.) M : ἔγγονα F D e 5 νομοθετητέαι A F D M : νομοθετητέαι ἔσονται vulg. a 4 τε καὶ A F M : καὶ D b 9 μὲν γάρ A M : γάρ F D

究竟为何？

一方面，我说道，基于已经被同意过的那些，那些最优秀的男人应当尽可能经常地同那些最优秀的女人交媾，另一方面，那些最平庸的男人同那些最平庸的女人则正好相反；并且前者的后代必须加以抚养，而 459e1
后者的后代则不，如果〈卫士这个〉畜群将要是尽可能拔尖的话；并且所有这些，除了那些进行统治的人自己之外，必须秘密地发生[1583]，如果卫士这个牧群复又将尽可能是不起内讧的话[1584]。

非常正确，他说道。

因此，某些节日肯定得必须通过法律被确定下来——在那些节日里 459e5
我们将把新娘们和新郎们引到一起——，此外，一些祭祀〈也必须通过法律被确定下来〉；还有，一些同那些正在进行的婚配相适合的颂歌，460a1
它们也必须被我们的那些诗人创作出来。至于婚配的数量，我们将把它置于那些进行统治的人〈的判断〉之下，以便他们能够尽可能地保持住相同数量的男人们——通过考虑到各种战争、各种疾病，以及所有诸如此类的事情——，并且〈由此一来〉，我们的城邦尽可能地既不变得大，460a5
也不变得小。

正确，他说道。

事实上一些签，我认为它们必须被做得是巧妙的，以至于那个平庸的男人在每次的婚配面前[1585]都〈只能〉责怪运气，而不会去责怪那些 460a10
进行统治的人。

诚然，他说道。

并且对于年轻人中那些无论如何[1586]都〈表现〉优秀的——无论是在 460b1
战争中，还是在其他地方——，或许必须得给予他们另外一些礼物和奖品，尤其〈必须给予他们〉更多的同女人一起睡觉的许可[1587]，以便同时也借助这个借口，尽可能多的孩子从这样一些男人那里被播种生出来[1588]。 460b5

正确。

并且当那些后代每次一被生出来，为此而被设置出来的官员们就〈立即〉接管了他们，而这些官员既〈可能〉出自男人，也〈可能〉出自女人，也〈可能〉两者都有[1589]——因为各种官职无论如何对于女人 460b10
和男人来说都是共有的——

Ναί.

c Τὰ μὲν δὴ τῶν ἀγαθῶν, δοκῶ, λαβοῦσαι εἰς τὸν σηκὸν οἴσουσιν παρά τινας τροφοὺς χωρὶς οἰκούσας ἔν τινι μέρει τῆς πόλεως· τὰ δὲ τῶν χειρόνων, καὶ ἐάν τι τῶν ἑτέρων ἀνάπηρον γίγνηται, ἐν ἀπορρήτῳ τε καὶ ἀδήλῳ κατακρύψουσιν ὡς πρέπει.

Εἴπερ μέλλει, ἔφη, καθαρὸν τὸ γένος τῶν φυλάκων ἔσεσθαι.

Οὐκοῦν καὶ τροφῆς οὗτοι ἐπιμελήσονται τάς τε μητέρας ἐπὶ τὸν σηκὸν ἄγοντες ὅταν σπαργῶσι, πᾶσαν μηχανὴν
d μηχανώμενοι ὅπως μηδεμία τὸ αὑτῆς αἰσθήσεται, καὶ ἄλλας γάλα ἐχούσας ἐκπορίζοντες, ἐὰν μὴ αὐταὶ ἱκαναὶ ὦσι, καὶ αὐτῶν τούτων ἐπιμελήσονται ὅπως μέτριον χρόνον θηλάσονται, ἀγρυπνίας δὲ καὶ τὸν ἄλλον πόνον τίτθαις τε καὶ τροφοῖς παραδώσουσιν;

Πολλὴν ῥᾳστώνην, ἔφη, λέγεις τῆς παιδοποιίας ταῖς τῶν φυλάκων γυναιξίν.

Πρέπει γάρ, ἦν δ' ἐγώ. τὸ δ' ἐφεξῆς διέλθωμεν ὃ προυθέμεθα. ἔφαμεν γὰρ δὴ ἐξ ἀκμαζόντων δεῖν τὰ ἔκγονα γίγνεσθαι.

'Αληθῆ.

e Ἆρ' οὖν σοι συνδοκεῖ μέτριος χρόνος ἀκμῆς τὰ εἴκοσι ἔτη γυναικί, ἀνδρὶ δὲ τὰ τριάκοντα;

Τὰ ποῖα αὐτῶν; ἔφη.

Γυναικὶ μέν, ἦν δ' ἐγώ, ἀρξαμένῃ ἀπὸ εἰκοσιέτιδος μέχρι τετταρακονταέτιδος τίκτειν τῇ πόλει· ἀνδρὶ δέ, ἐπειδὰν τὴν ὀξυτάτην δρόμου ἀκμὴν παρῇ, τὸ ἀπὸ τούτου γεννᾶν τῇ πόλει μέχρι πεντεκαιπεντηκονταέτους.

461 'Αμφοτέρων γοῦν, ἔφη, αὕτη ἀκμὴ σώματός τε καὶ φρονήσεως.

Οὐκοῦν ἐάντε πρεσβύτερος τούτων ἐάντε νεώτερος τῶν

c 6 μέλλει scr. recc. : μέλλοι A F D M d 2 γάλα A F M : om. D
d 3 θηλάσονται Θ : θηλάσωνται A F D M d 4 τε A D M : γε F
d 9 προὐθέμεθα F Stobaeus : προθυμούμεθα A M : προμηθούμεθα D

是的。

一方面，那些优秀者的后代，官员们抱起他们将之带往育儿所[1590]，交给一些抚养者——她们〈与其他人〉相分开而居住在城邦的某个特定的区域——；另一方面，那些低劣者的后代，以及其他〈优秀者的后代中〉任何碰巧生得残疾的，他们将把他们隐藏在一个秘密的和不被人看见的地方，如恰当的那样。 460c1 460c5

如果当真，他回应道，卫士这个阶层[1591]打算[1592]将〈始终保持〉是纯洁的话。

这些官员岂不也通过下面这样来监管〈对后代的〉抚养，那就是：把母亲们领到育儿所——每当她们胀满奶水时——，〈但会〉想尽一切办法来避免任何一位母亲觉察到她自己的孩子，并且提供其他那些有奶水的女人，如果母亲们自己〈的奶水〉是不够的话；此外，他们还将监管这些母亲本人，以便她们将〈只能〉在合适的时间限度内进行喂奶，至于不睡觉〈照顾孩子们〉以及其他的辛劳，他们将把它们交给一些保姆以及一些女的保育员〈去做〉。 460d1 460d5

对于卫士们中的那些女人来说，他回应道，你把生育孩子这件事说得很轻松。

因为这才是合适的，我说道。不过，让我们详述我们所提出来的接下来的事情，因为我们肯定曾声称，后代们其实应当产生自那些正当盛年的人[1593]。 460d10

正确。

那么，你也同意，一个相当平均的成熟期[1594]，对一个女人来说是二十年，对一个男人来说则是三十年？ 460e1

就这些〈年岁〉来说，〈各自〉究竟是哪些年呢？

一方面，对一个女人而言，我回应道，她从二十岁开始，直到四十岁，为城邦进行生育；另一方面，对一个男人来说，当他经过了〈其一生中〉奔跑的最敏捷的盛年期之后，从那时起，他为城邦生育一直到五十五岁。 460e5

无论如何对于他们两者来说，他说道，这既是其身体方面的盛年期，也是其明智方面的盛年期。 461a1

如果一个比这些人更年老或者更年轻的人去从事为这个共同体〈而

εἰς τὸ κοινὸν γεννήσεων ἅψηται, οὔτε ὅσιον οὔτε δίκαιον
φήσομεν τὸ ἁμάρτημα, ὡς παῖδα φιτύοντος τῇ πόλει, ὅς, ἂν
λάθῃ, γεννήσεται οὐχ ὑπὸ θυσιῶν οὐδ᾽ ὑπὸ εὐχῶν φύς, ἃς
ἐφ᾽ ἑκάστοις τοῖς γάμοις εὔξονται καὶ ἱέρειαι καὶ ἱερεῖς καὶ
σύμπασα ἡ πόλις ἐξ ἀγαθῶν ἀμείνους καὶ ἐξ ὠφελίμων
ὠφελιμωτέρους ἀεὶ τοὺς ἐκγόνους γίγνεσθαι, ἀλλ᾽ ὑπὸ b
σκότου μετὰ δεινῆς ἀκρατείας γεγονώς.

Ὀρθῶς, ἔφη.

Ὁ αὐτὸς δέ γ᾽, εἶπον, νόμος, ἐάν τις τῶν ἔτι γεννώντων
μὴ συνέρξαντος ἄρχοντος ἅπτηται τῶν ἐν ἡλικίᾳ γυναικῶν·
νόθον γὰρ καὶ ἀνέγγυον καὶ ἀνίερον φήσομεν αὐτὸν παῖδα
τῇ πόλει καθιστάναι.

Ὀρθότατα, ἔφη.

Ὅταν δὲ δὴ οἶμαι αἵ τε γυναῖκες καὶ οἱ ἄνδρες τοῦ γεννᾶν
ἐκβῶσι τὴν ἡλικίαν, ἀφήσομέν που ἐλευθέρους αὐτοὺς συγ-
γίγνεσθαι ᾧ ἂν ἐθέλωσι, πλὴν θυγατρὶ καὶ μητρὶ καὶ ταῖς c
τῶν θυγατέρων παισὶ καὶ ταῖς ἄνω μητρός, καὶ γυναῖκας αὖ
πλὴν ὑεῖ καὶ πατρὶ καὶ τοῖς τούτων εἰς τὸ κάτω καὶ ἐπὶ τὸ
ἄνω, καὶ ταῦτά γ᾽ ἤδη πάντα διακελευσάμενοι προθυμεῖσθαι
μάλιστα μὲν μηδ᾽ εἰς φῶς ἐκφέρειν κύημα μηδέ γ᾽ ἕν, ἐὰν
γένηται, ἐὰν δέ τι βιάσηται, οὕτω τιθέναι, ὡς οὐκ οὔσης
τροφῆς τῷ τοιούτῳ.

Καὶ ταῦτα μέν γ᾽, ἔφη, μετρίως λέγεται· πατέρας δὲ καὶ
θυγατέρας καὶ ἃ νυνδὴ ἔλεγες πῶς διαγνώσονται ἀλλήλων; d

Οὐδαμῶς, ἦν δ᾽ ἐγώ· ἀλλ᾽ ἀφ᾽ ἧς ἂν ἡμέρας τις αὐτῶν
νυμφίος γένηται, μετ᾽ ἐκείνην δεκάτῳ μηνὶ καὶ ἑβδόμῳ δὴ ἃ
ἂν γένηται ἔκγονα, ταῦτα πάντα προσερεῖ τὰ μὲν ἄρρενα

a 6 φὺς ἃς scr. recc.: φύσας ἃς A: φύσας F D: θύσας ἃς M a 7 ἐφ᾽ F D et γρ. ἐφ᾽ ἑ in marg. A: om. A M b 6 φήσομεν A M: θήσομεν F D m b 10 ἀφήσομεν Eusebius Theodoretus: φήσομεν A F D M c 2 γυναῖκας A D M: τὰς γυναῖκας F αὖ A D M: om. F c 3 τούτων A F M: τῶν τοιούτων D c 5 μηδ᾽ εἰς A D M: μηδεὶς F: μὴ εἰς Eusebius Theodoretus μηδέ γ᾽ ἕν A (sed έ γ punctis notata) M: μηδὲν F D Eusebius Theodoretus: μηδὲ ἓν ci. Cobet c 6 τιθέναι] ἐκτιθέναι Eusebius

进行〉的那些生育活动[1595]，那么，我们将宣称〈他所犯的〉错误既是
不虔敬的，也是不正当的；因为他在〈这样〉为城邦生一个孩子：这个 461a5
孩子，如果他偷偷地降生[1596]，那他将在既无献祭也无祈祷的情况下来
到这个世上[1597]——而这些祈祷，在每一次婚配上，女祭司、男祭司以
及整个城邦都将送上它们，以便总是从优秀的父母中生出更优秀的，以 461b1
及从有用的父母中生出更有用的后代来[1598]——，而是在黑暗中伴随着
可怕的无节制〈偷偷地〉生了出来。

说得正确，他说道。

而同样的法律，我说道，肯定〈将起作用〉，如果那些仍然〈处 461b5
在〉生育〈年龄〉的男人中的任何一位在没有一位统治者进行撮合的情
况下就触碰那些在那个年龄的女人的话。因为我们将宣称，他正在〈试
图〉把一个私生的、不合法的[1599]和不圣洁的孩子带给城邦。

非常正确，他说道。

而我肯定认为，当那些女人和那些男人迈过了〈所规定的〉进行生
育的年龄之后，我们就将差不多允许他们同他们会愿意的任何人交欢， 461b10
〈对男人们来说〉女儿、母亲、女儿们的女儿们[1600]以及母亲向上的那 461c1
些女性直系亲属[1601]除外，而对女人们来说复又如此，儿子、父亲以及
这些人向上和向下的那些男性直系亲属[1602]除外；而且所有这些只有当
我们告诫他们要特别当心下面这些后〈方才允许他们那样做〉，那就是： 461c5
一方面，即使只是一个胎儿，也不要让它见光[1603]，如果它已经被生成
了；另一方面，如果某种东西迫使〈它见光了〉，那么也当如此处理，
那就是没有任何的抚养是针对这样〈生出来的孩子的〉。

这些无论如何都，他回应道，说得恰当；但是，他们将以何种方式
辨认彼此的父亲、女儿，以及你刚才提及的〈其他〉那些呢？ 461d1

不能以任何方式〈进行辨认〉，我说道。但是，从他们中的任何人
成为一位新郎那天开始，于那天后在第十个月，甚至在第七个月里[1604]
出生的那些后代，对所有这些后代，他将称〈其中〉那些男性的为儿

ὑεῖς, τὰ δὲ θήλεα θυγατέρας, καὶ ἐκεῖνα ἐκεῖνον πατέρα, καὶ οὕτω δὴ τὰ τούτων ἔκγονα παίδων παῖδας, καὶ ἐκεῖν' αὖ ἐκείνους πάππους τε καὶ τηθάς, τὰ δ' ἐν ἐκείνῳ τῷ χρόνῳ γεγονότα, ἐν ᾧ αἱ μητέρες καὶ οἱ πατέρες αὐτῶν ἐγέννων,
e ἀδελφάς τε καὶ ἀδελφούς, ὥστε, ὃ νυνδὴ ἐλέγομεν, ἀλλήλων μὴ ἅπτεσθαι. ἀδελφοὺς δὲ καὶ ἀδελφὰς δώσει ὁ νόμος συνοικεῖν, ἐὰν ὁ κλῆρος ταύτῃ συμπίπτῃ καὶ ἡ Πυθία προσαναιρῇ.

Ὀρθότατα, ἦ δ' ὅς.

Ἡ μὲν δὴ κοινωνία, ὦ Γλαύκων, αὕτη τε καὶ τοιαύτη γυναικῶν τε καὶ παίδων τοῖς φύλαξί σοι τῆς πόλεως· ὡς δὲ ἑπομένη τε τῇ ἄλλῃ πολιτείᾳ καὶ μακρῷ βελτίστη, δεῖ δὴ τὸ μετὰ τοῦτο βεβαιώσασθαι παρὰ τοῦ λόγου. ἢ πῶς ποιῶμεν;

462 Οὕτω νὴ Δία, ἦ δ' ὅς.

Ἆρ' οὖν οὐχ ἥδε ἀρχὴ τῆς ὁμολογίας, ἐρέσθαι ἡμᾶς αὐτοὺς τί ποτε τὸ μέγιστον ἀγαθὸν ἔχομεν εἰπεῖν εἰς πόλεως κατασκευήν, οὗ δεῖ στοχαζόμενον τὸν νομοθέτην τιθέναι τοὺς νόμους, καὶ τί μέγιστον κακόν, εἶτα ἐπισκέψασθαι ἆρα ἃ νυνδὴ διήλθομεν εἰς μὲν τὸ τοῦ ἀγαθοῦ ἴχνος ἡμῖν ἁρμόττει, τῷ δὲ τοῦ κακοῦ ἀναρμοστεῖ;

Πάντων μάλιστα, ἔφη.

Ἔχομεν οὖν τι μεῖζον κακὸν πόλει ἢ ἐκεῖνο ὃ ἂν αὐτὴν
b διασπᾷ καὶ ποιῇ πολλὰς ἀντὶ μιᾶς; ἢ μεῖζον ἀγαθὸν τοῦ ὃ ἂν συνδῇ τε καὶ ποιῇ μίαν;

Οὐκ ἔχομεν.

Οὐκοῦν ἡ μὲν ἡδονῆς τε καὶ λύπης κοινωνία συνδεῖ, ὅταν ὅτι μάλιστα πάντες οἱ πολῖται τῶν αὐτῶν γιγνομένων τε καὶ ἀπολλυμένων παραπλησίως χαίρωσι καὶ λυπῶνται;

Παντάπασι μὲν οὖν, ἔφη.

d 6 δὴ A D M : om. F   ἐκεῖνα αὖ scr. recc. : ἐκείνου αὖ A F D M   e 6 ὡς δὲ M et ex ὧδε fecit A : ὧδε F D Stobaeus   e 7 ἑπομένη] ἑπομένῃ A   βελτίστη] βελτίστῃ A   e 9 ποιῶμεν A D M : ποιοῦμεν F   b 1 ποιῇ A M : ποιεῖ F D   ὃ ἂν ξυνδῇ M : ὁ ἂν ξυδῇ F : ὃ ἂν ξυνδεῖ A D : ὃ δὴ ξυνδεῖ Stobaeus   b 2 ποιῇ A M : ποιεῖ F D Stobaeus

子，称那些女性的为女儿，并且那些后代将称他为父亲；而且以同样的方式，他将称这些〈后代〉的后代为子女的子女[1605]，而那些子女复又称他们为祖父或祖母；而在他们的那些母亲和那些父亲于其中进行生育的那个时间段内出生的孩子们，都是兄弟和姐妹；由此一来，正如我们刚才说过的那样，〈以上这些人〉彼此之间是不能有〈性方面的〉接触的。然而，就兄弟和姐妹来说，法律〈还是〉将允许他们生活在一起，如果〈所抽的〉签以这种方式落下，并且皮提亚女祭司又还给出了神谕[1606]的话。 461d5 461e1

非常正确，他说道。

因此，格劳孔啊，对于你的城邦中的那些卫士来说，对女人以及子女的共有事实上就是这和这个样子；至于它〈是否〉适合于其他的城邦体制，以及〈是否〉是迄今为止最好的[1607]，这肯定需要此后从讨论那里获得确认。或者，我们该如何做？ 461e5

就这样做，宙斯在上，他回应道。 462a1

那么，这里的这点岂不是达成一致〈看法〉的开端，那就是，我们询问我们自己，对于一个城邦的筹建而言，我们能够说，立法者必须以之为目标来制定各种各样的法律的那种最大的善究竟是什么呢，以及一种最大的恶又是什么呢；然后，我们再考察，对我们来说，我们刚才详述过的那些事情是不是同善之足迹步调一致，而同恶之足迹步调不一致？ 462a5

毫无疑问，他回应道。

那么，对于一个城邦来说，我们有比会撕裂它，并且使它成为多而不是一的那种东西更大的某种恶吗？或者有比会把城邦捆绑在一起并且使之成为一的那种东西更大的一种善吗？ 462b1

我们没有。

那么，对快乐以及痛苦的共有岂不在起捆绑的作用，每当所有的同邦公民尽可能地对那些相同事情的生成以及毁灭以近乎相同的方式感到喜悦和感到痛苦时？ 462b5

完全如此，他说道。

Ἡ δέ γε τῶν τοιούτων ἰδίωσις διαλύει, ὅταν οἱ μὲν περιαλγεῖς, οἱ δὲ περιχαρεῖς γίγνωνται ἐπὶ τοῖς αὐτοῖς παθήμασι τῆς πόλεώς τε καὶ τῶν ἐν τῇ πόλει; c

Τί δ' οὔ;

Ἆρ' οὖν ἐκ τοῦδε τὸ τοιόνδε γίγνεται, ὅταν μὴ ἅμα φθέγγωνται ἐν τῇ πόλει τὰ τοιάδε ῥήματα, τό τε ἐμὸν καὶ τὸ οὐκ ἐμόν; καὶ περὶ τοῦ ἀλλοτρίου κατὰ ταὐτά;

Κομιδῇ μὲν οὖν.

Ἐν ᾗτινι δὴ πόλει πλεῖστοι ἐπὶ τὸ αὐτὸ κατὰ ταὐτὰ τοῦτο λέγουσι τὸ ἐμὸν καὶ τὸ οὐκ ἐμόν, αὕτη ἄριστα διοικεῖται;

Πολύ γε.

Καὶ ἥτις δὴ ἐγγύτατα ἑνὸς ἀνθρώπου ἔχει; οἷον ὅταν που ἡμῶν δάκτυλός του πληγῇ, πᾶσα ἡ κοινωνία ἡ κατὰ τὸ σῶμα πρὸς τὴν ψυχὴν τεταμένη εἰς μίαν σύνταξιν τὴν τοῦ ἄρχοντος ἐν αὐτῇ ᾔσθετό τε καὶ πᾶσα ἅμα συνήλγησεν μέρους d
πονήσαντος ὅλη, καὶ οὕτω δὴ λέγομεν ὅτι ὁ ἄνθρωπος τὸν δάκτυλον ἀλγεῖ· καὶ περὶ ἄλλου ὁτουοῦν τῶν τοῦ ἀνθρώπου ὁ αὐτὸς λόγος, περί τε λύπης πονοῦντος μέρους καὶ περὶ ἡδονῆς ῥαΐζοντος;

Ὁ αὐτὸς γάρ, ἔφη· καὶ τοῦτο ὃ ἐρωτᾷς, τοῦ τοιούτου ἐγγύτατα ἡ ἄριστα πολιτευομένη πόλις οἰκεῖ.

Ἑνὸς δὴ οἶμαι πάσχοντος τῶν πολιτῶν ὁτιοῦν ἢ ἀγαθὸν ἢ κακὸν ἡ τοιαύτη πόλις μάλιστά τε φήσει ἑαυτῆς εἶναι τὸ e
πάσχον, καὶ ἢ συνησθήσεται ἅπασα ἢ συλλυπήσεται.

Ἀνάγκη, ἔφη, τήν γε εὔνομον.

Ὥρα ἂν εἴη, ἦν δ' ἐγώ, ἐπανιέναι ἡμῖν ἐπὶ τὴν ἡμετέραν πόλιν, καὶ τὰ τοῦ λόγου ὁμολογήματα σκοπεῖν ἐν αὐτῇ, εἰ αὐτὴ μάλιστ' ἔχει εἴτε καὶ ἄλλη τις μᾶλλον.

Οὐκοῦν χρή, ἔφη.

c 1 τῇ A F D Stobaeus: om. M c 6 κομιδῇ . . . c 7 ταὐτὰ A F M Stobaeus: om. D c 7 πόλει A F: om. pr. M ἐπὶ] σοι Stobaeus τὸ αὐτὸ] τῷ αὐτῷ ci. H. Richards: τοῦ αὐτοῦ Adam c 8 οὐκ A F M Stobaeus: om. D c 10 ἐγγύτατα] ἐγγυτάτω Iamblichus d 1 ἅμα A F M: ἅμα καὶ D

而对诸如此类的感受的疏离肯定会起解散的作用，每当面对城邦以及在城邦中的那些人的那些同样的遭遇，一些人变得极度痛苦，一些人则变得极度喜悦时？

为何不呢？

那么，这样的情况是不是出自于下面这点呢，那就是：每当在城邦中这样的话——如这是我的，以及这不是我的——没有被同时表达出来时？以及在这是他人的〈这样的话〉那里同样如此？

的确如此。

因此，在任何一个城邦中最多的人关于同样的事情以同样的方式说出这点，即这是我的以及这不是我的，这个城邦被治理得最好？

肯定。

那么，这个城邦的情况事实上也是同单一的个人的情况最接近的吗？例如，也许每当我们中任何一个人的一根手指被打伤了，那时整个共同体——它通过身体延伸到了灵魂那里[1608]而成为单一的组织，而在其中那进行统治的〈部分统治着〉该组织——随即就感觉到了这点，并且整个共同体同时作为一个整体一同感受到了痛苦，当一个部分在遭受痛苦时，也正由于此我们才说这个人感到手指在痛；而同样的说法岂不也适合于人身上的其他任何一个部分，关于痛苦如此，当一个部分在遭受痛苦时，关于快乐也如此，当它康复时？

确实是同样的，他回应道；并且这也就是你所问的，即采取了最好的城邦体制的那种城邦，它治理得最接近这样一个人。

那么我认为，当城邦公民中的一位遭遇了任何事情，无论是好的，还是坏的，这样一个城邦尤其将说该遭遇是属于它自己的，并且它整个将与之一同快乐或与之一同悲伤。

必然，他说道，只要它是一个有着好法律的城邦的话。

我们是时候，我说道，回到我们的那个城邦那里了[1609]，并且在它那里考察在讨论中所达成一致的那些事情，〈看看〉是它最为拥有它们呢，还是说其他某个城邦更为拥有它们。

肯定必须〈这样做〉，他说道。

463 Τί οὖν; ἔστι μέν που καὶ ἐν ταῖς ἄλλαις πόλεσιν ἄρχοντές τε καὶ δῆμος, ἔστι δὲ καὶ ἐν ταύτῃ;

Ἔστι.

Πολίτας μὲν δὴ πάντες οὗτοι ἀλλήλους προσεροῦσι;

Πῶς δ' οὔ;

Ἀλλὰ πρὸς τῷ πολίτας τί ὁ ἐν ταῖς ἄλλαις δῆμος τοὺς ἄρχοντας προσαγορεύει;

Ἐν μὲν ταῖς πολλαῖς δεσπότας, ἐν δὲ ταῖς δημοκρατουμέναις αὐτὸ τοὔνομα τοῦτο, ἄρχοντας.

Τί δ' ὁ ἐν τῇ ἡμετέρᾳ δῆμος; πρὸς τῷ πολίτας τί τοὺς ἄρχοντάς φησιν εἶναι;

b Σωτῆράς τε καὶ ἐπικούρους, ἔφη.

Τί δ' οὗτοι τὸν δῆμον;

Μισθοδότας τε καὶ τροφέας.

Οἱ δ' ἐν ταῖς ἄλλαις ἄρχοντες τοὺς δήμους;

Δούλους, ἔφη.

Τί δ' οἱ ἄρχοντες ἀλλήλους;

Συνάρχοντας, ἔφη.

Τί δ' οἱ ἡμέτεροι;

Συμφύλακας.

Ἔχεις οὖν εἰπεῖν τῶν ἀρχόντων τῶν ἐν ταῖς ἄλλαις πόλεσιν, εἴ τίς τινα ἔχει προσειπεῖν τῶν συναρχόντων τὸν μὲν ὡς οἰκεῖον, τὸν δ' ὡς ἀλλότριον;

Καὶ πολλούς γε.

Οὐκοῦν τὸν μὲν οἰκεῖον ὡς ἑαυτοῦ νομίζει τε καὶ λέγει,
c τὸν δ' ἀλλότριον ὡς οὐχ ἑαυτοῦ;

Οὕτω.

Τί δὲ οἱ παρὰ σοὶ φύλακες; ἔσθ' ὅστις αὐτῶν ἔχοι ἂν τῶν συμφυλάκων νομίσαι τινὰ ἢ προσειπεῖν ὡς ἀλλότριον;

a 1 πόλεσιν A F M: πόλεσί τε D   a 2 ταύτῃ F Stobaeus: αὐτῇ A D M   a 6 τί] τί καὶ Stobaeus   a 9 αὐτὸ τοῦτο τοὔνομα Stobaeus   τοὔνομα fort. secludendum   b 4 οἱ δ' A M: οἱ δὲ F Stobaeus: om. D   b 10 τῶν ἐν F M: ***** ἐν A: ἐν D Stobaeus

然后呢？一方面，在其他那些城邦中肯定既有一些进行统治的人，也有人民[1610]，另一方面，在〈我们的〉这个城邦中也如此？

是的。

那么，所有这些人肯定都将互相称对方为同邦公民吗？

为何不呢？

而除了〈称他们为〉同邦公民之外[1611]，在其他那些城邦中的人民还如何称呼那些进行统治的人呢？

在多数城邦中，称之为主人，而在那些实行民主政制的城邦中，恰恰将之称作这[1612]，即执政官[1613]。

而在我们的这个城邦中人民又如何〈称呼他们〉呢？除了〈是〉同邦公民之外[1614]，他们还将说那些进行统治的人是什么？

拯救者和帮助者，他回应道。

那这些人又如何称呼人民呢？

付酬者[1615]和抚养者。

而在其他的那些城邦中，统治者们又如何称呼〈他们的〉人民呢？

奴隶，他回应道。

那统治者们又如何互相称呼呢？

统治者同僚[1616]，他回应道。

而我们的那些统治者又如何〈互相称呼〉呢？

一同守卫的伙伴[1617]。

那么，你能够说，就在其他那些城邦里进行统治的人来说，是否其中有人有可能把〈他的〉那些统治者同僚中的一个称作自己人，而把另一个称作外人？

其实许多人都〈在这么做〉。

那他岂不一则把那位自己人视为并说成是属于他自己的，一则把那个外人视为并说成是不属于他自己的？

是这样。

在你那里的那些卫士又如何呢？他们中有任何人有可能把〈他的〉那些一同守卫的伙伴中的某位视为或者称作是一个外人吗？

Οὐδαμῶς, ἔφη· παντὶ γὰρ ᾧ ἂν ἐντυγχάνῃ, ἢ ὡς ἀδελφῷ ἢ ὡς ἀδελφῇ ἢ ὡς πατρὶ ἢ ὡς μητρὶ ἢ ὑεῖ ἢ θυγατρὶ ἢ τούτων ἐκγόνοις ἢ προγόνοις νομιεῖ ἐντυγχάνειν.

Κάλλιστα, ἦν δ' ἐγώ, λέγεις, ἀλλ' ἔτι καὶ τόδε εἰπέ· πότερον αὐτοῖς τὰ ὀνόματα μόνον οἰκεῖα νομοθετήσεις, ἢ καὶ τὰς πράξεις πάσας κατὰ τὰ ὀνόματα πράττειν, περί τε d τοὺς πατέρας, ὅσα νόμος περὶ πατέρας αἰδοῦς τε πέρι καὶ κηδεμονίας καὶ τοῦ ὑπήκοον δεῖν εἶναι τῶν γονέων, ἢ μήτε πρὸς θεῶν μήτε πρὸς ἀνθρώπων αὐτῷ ἄμεινον ἔσεσθαι, ὡς οὔτε ὅσια οὔτε δίκαια πράττοντος ἄν, εἰ ἄλλα πράττοι ἢ ταῦτα; αὗταί σοι ἢ ἄλλαι φῆμαι ἐξ ἁπάντων τῶν πολιτῶν ὑμνήσουσιν εὐθὺς περὶ τὰ τῶν παίδων ὦτα καὶ περὶ πατέρων, οὓς ἂν αὐτοῖς τις ἀποφήνῃ, καὶ περὶ τῶν ἄλλων συγγενῶν;

Αὗται, ἔφη· γελοῖον γὰρ ἂν εἴη εἰ ἄνευ ἔργων οἰκεῖα e ὀνόματα διὰ τῶν στομάτων μόνον φθέγγοιντο.

Πασῶν ἄρα πόλεων μάλιστα ἐν αὐτῇ συμφωνήσουσιν ἑνός τινος ἢ εὖ ἢ κακῶς πράττοντος ὃ νυνδὴ ἐλέγομεν τὸ ῥῆμα, τὸ ὅτι τὸ ἐμὸν εὖ πράττει ἢ ὅτι τὸ ἐμὸν κακῶς.

Ἀληθέστατα αὖ, ἦ δ' ὅς.

Οὐκοῦν μετὰ τούτου τοῦ δόγματός τε καὶ ῥήματος ἔφαμεν 464 συνακολουθεῖν τάς τε ἡδονὰς καὶ τὰς λύπας κοινῇ;

Καὶ ὀρθῶς γε ἔφαμεν.

Οὐκοῦν μάλιστα τοῦ αὐτοῦ κοινωνήσουσιν ἡμῖν οἱ πολῖται, ὃ δὴ ἐμὸν ὀνομάσουσιν; τούτου δὲ κοινωνοῦντες οὕτω δὴ λύπης τε καὶ ἡδονῆς μάλιστα κοινωνίαν ἕξουσιν;

Πολύ γε.

Ἆρ' οὖν τούτων αἰτία πρὸς τῇ ἄλλῃ καταστάσει ἡ τῶν γυναικῶν τε καὶ παίδων κοινωνία τοῖς φύλαξιν;

c 5 ἐντυγχάνῃ F Stobaeus: ἐντυγχάνῃ τις A D M c 6 ὡς μητρὶ A M: μητρὶ F D c 8 κάλλιστα A F M: μάλιστα D d 2 νόμος A D M: ὁ νόμος F d 8 αὐτοῖς τις] αὐτοῖς Stobaeus e 1 οἰκεῖα ὀνόματα A D M: ὀνόματα οἰκεῖα Stobaeus: ὀνόματα οἰκεῖν F e 6 αὖ Stobaeus: ἂν F: om. A D M a 4 ἡμῖν οἱ πολῖται A D M: οἱ πολῖται ἡμῖν F Stobaeus a 5 ὀνομάσουσιν] ὀνομάζουσι Stobaeus

绝不可能，他回应道。因为他会遇到的每一个人，他都将认为他或 463c5
者遇到了一位兄弟，或者一位姐妹，或者父亲，或者母亲，或者一个儿
子，或者一位女儿，或者这些人的后代，或者这些人的祖辈。

非常好，我说道，你说得；只不过还得请你说说下面这点，那就
是：对他们，你只是通过法律规定了自己人的这些名字呢，还是说，也 463d1
〈通过法律规定了他们必须〉做与那些名称相应的所有行为——如关于
〈他们的〉父亲们，〈他们必须做〉法律关于父亲们所规定的所有事情，
既涉及敬意和关心，也涉及必须对父母是顺从的，否则〈你会说〉一个
人无论是在诸神面前，还是在世人面前，都将不是一个较好的人，既然 463d5
他既没有在做虔敬的事情，也没有在做正当的事情，如果他做其他的
事情而不是这些事情的话——？对你来说，是这些声音，还是其他的声
音，在从所有同邦公民〈的嘴里〉发出而直接在孩子们的耳边回响[1618]，
无论是关于有人向他们指出的那些父亲们，还是关于其他的那些亲属？

是这些声音，他回应道。因为那肯定会是可笑的，如果他们没有 463e1
〈与之相应的〉各种行为而只是用嘴表达出那些自己人的名字的话。

因此，在所有的城邦中，在这个城邦中〈的同邦公民们〉将最为异
口同声地说出——当〈其中〉任何一位个人做得好或者做得坏时——
我们刚才所说的话，那就是：我的事情做得好，或者我的事情做得坏。 463e5

非常正确，他说道[1619]。

那么，同这种见解和说法[1620]相伴随的，我们岂不说过[1621]，是共同 464a1
地〈具有〉各种快乐和痛苦？

并且我们也肯定说得正确。

那么，我们的同邦公民岂不最为共同地具有相同的事情，我们事实 464a5
上将把该事情称为我的？而由于共同地具有这种事情，因此他们肯定将
最为拥有对痛苦和快乐的一种共感？

的确。

那么，〈所有〉这些的原因，除了其他的安排之外，是不是在卫士
们那里对女人和孩子的共有？

Πολὺ μὲν οὖν μάλιστα, ἔφη.

b Ἀλλὰ μὴν μέγιστόν γε πόλει αὐτὸ ὡμολογήσαμεν ἀγαθόν,
ἀπεικάζοντες εὖ οἰκουμένην πόλιν σώματι πρὸς μέρος αὐτοῦ λύπης τε πέρι καὶ ἡδονῆς ὡς ἔχει.

Καὶ ὀρθῶς γ', ἔφη, ὡμολογήσαμεν.

Τοῦ μεγίστου ἄρα ἀγαθοῦ τῇ πόλει αἰτία ἡμῖν πέφανται ἡ κοινωνία τοῖς ἐπικούροις τῶν τε παίδων καὶ τῶν γυναικῶν.

Καὶ μάλ', ἔφη.

Καὶ μὲν δὴ καὶ τοῖς πρόσθεν γε ὁμολογοῦμεν· ἔφαμεν γάρ που οὔτε οἰκίας τούτοις ἰδίας δεῖν εἶναι οὔτε γῆν οὔτε
c τι κτῆμα, ἀλλὰ παρὰ τῶν ἄλλων τροφὴν λαμβάνοντας, μισθὸν τῆς φυλακῆς, κοινῇ πάντας ἀναλίσκειν, εἰ μέλλοιεν ὄντως φύλακες εἶναι.

Ὀρθῶς, ἔφη.

Ἆρ' οὖν οὐχ, ὅπερ λέγω, τά τε πρόσθεν εἰρημένα καὶ τὰ νῦν λεγόμενα ἔτι μᾶλλον ἀπεργάζεται αὐτοὺς ἀληθινοὺς φύλακας, καὶ ποιεῖ μὴ διασπᾶν τὴν πόλιν τὸ ἐμὸν ὀνομάζοντας μὴ τὸ αὐτὸ ἀλλ' ἄλλον ἄλλο, τὸν μὲν εἰς τὴν ἑαυτοῦ οἰκίαν ἕλκοντα ὅτι ἂν δύνηται χωρὶς τῶν ἄλλων κτήσασθαι,
d τὸν δὲ εἰς τὴν ἑαυτοῦ ἑτέραν οὖσαν, καὶ γυναῖκά τε καὶ παῖδας ἑτέρους, ἡδονάς τε καὶ ἀλγηδόνας ἐμποιοῦντας ἰδίων ὄντων ἰδίας, ἀλλ' ἑνὶ δόγματι τοῦ οἰκείου πέρι ἐπὶ τὸ αὐτὸ τείνοντας πάντας εἰς τὸ δυνατὸν ὁμοπαθεῖς λύπης τε καὶ ἡδονῆς εἶναι;

Κομιδῇ μὲν οὖν, ἔφη.

Τί δέ; δίκαι τε καὶ ἐγκλήματα πρὸς ἀλλήλους οὐκ οἰχήσεται ἐξ αὐτῶν ὡς ἔπος εἰπεῖν διὰ τὸ μηδὲν ἴδιον ἐκτῆσθαι πλὴν τὸ σῶμα, τὰ δ' ἄλλα κοινά; ὅθεν δὴ ὑπάρχει
e τούτοις ἀστασιάστοις εἶναι, ὅσα γε διὰ χρημάτων ἢ παίδων καὶ συγγενῶν κτῆσιν ἄνθρωποι στασιάζουσιν;

a 10 πολὺ] πάνυ Stobaeus b 1 γε A F M Stobaeus: τε D b 8 μὲν] μὴν Stobaeus ὁμολογοῦμεν F Stobaeus: ὡμολογοῦμεν A D M b 9 οὔτε τι A D M: οὔτε F Stobaeus c 8 τὸν μὲν A F M: τὸ μὲν D e 1 ὅσα γε A D M: ὅσα γε δὴ F e 2 καὶ A F M: ἢ D Stobaeus

肯定尤其如此，他回应道。 464a10

而且我们肯定还同意过[1622]，对一个城邦来说这恰恰是最大的善， 464b1
通过把一个被治理得好的城邦同身体相比拟，即恰如身体在痛苦和快乐
方面之于它的一个部分的情况那样。

我们也肯定同意得正确，他说道。

因此，对城邦来说最大的善之原因，已经被我们揭示为了在助手们 464b5
那里对孩子和女人的共有。

的确如此，他说道。

而事实上[1623]，我们也肯定同前面〈所说的〉那些相一致。因为我
们曾宣称[1624]，对这些人来说，无论如何都既不应当有私人的房屋，也
不应当有土地或任何的财产，相反，他们应当通过从其他人那里获得维 464c1
持生活的手段[1625]，将之作为卫士职位的酬谢，所有人一起共同地进行
花费，如果他们打算*在是的方式上*是卫士的话。

正确，他说道。

因此，恰如我说的那样，前面说过的那些以及现在所说的这些岂 464c5
不愈发把他们成就为一些真正的卫士，并且使得他们不会通过下面这样
而撕裂城邦——那就是：不把同样的事情称作是*我的*，而是把这件事
情称作是这个人的，那件事情是那个人的[1626]；一个人把他能够单独从
其他人那里取得的任何东西都拖往他自己的家里，而另一个人〈也同样 464d1
将之〉拖往他自己的家里，而这个家是不一样的家；各自〈把一个不同
的〉女人和〈不同的〉孩子们〈称作是*我的*〉，既然〈女人和孩子们〉
是私人的，于是他们也使得关于他们的各种快乐和痛苦成为私人的——，
而是使得他们通过凭借关于自己的东西的一种见解尽可能地[1627]向着相同
的事情全力以赴[1628]，而在痛苦和快乐上是有着共同感受的[1629]？ 464d5

的确是这样，他回应道。

然后呢？各种各样的官司和各种相互间的控告，岂不几乎可以说它
们将从他们那里消失——因为除了身体之外他们并不拥有了任何私人的
东西，而其他〈所有的〉东西都是共同的——？由此事实上对这些人来 464e1
说就有可能是不起内讧的[1630]，至少在人们由于对钱财，或者对子女以
及各种亲属的拥有而引发内讧的这个范围内。

Πολλὴ ἀνάγκη, ἔφη, ἀπηλλάχθαι.

Καὶ μὴν οὐδὲ βιαίων γε οὐδ' αἰκίας δίκαι δικαίως ἂν εἶεν ἐν αὐτοῖς· ἥλιξι μὲν γὰρ ἥλικας ἀμύνεσθαι καλὸν καὶ δίκαιόν που φήσομεν, ἀνάγκην σωμάτων ἐπιμελείᾳ τιθέντες.

Ὀρθῶς, ἔφη.

Καὶ γὰρ τόδε ὀρθὸν ἔχει, ἦν δ' ἐγώ, οὗτος ὁ νόμος· εἴ 465
πού τίς τῳ θυμοῖτο, ἐν τῷ τοιούτῳ πληρῶν τὸν θυμὸν ἧττον ἐπὶ μείζους ἂν ἴοι στάσεις.

Πάνυ μὲν οὖν.

Πρεσβυτέρῳ μὴν νεωτέρων πάντων ἄρχειν τε καὶ κολάζειν προστετάξεται.

Δῆλον.

Καὶ μὴν ὅτι γε νεώτερος πρεσβύτερον, ἂν μὴ ἄρχοντες προστάττωσιν, οὔτε ἄλλο βιάζεσθαι ἐπιχειρήσει ποτὲ οὔτε τύπτειν, ὡς τὸ εἰκός. οἶμαι δ' οὐδὲ ἄλλως ἀτιμάσει· ἱκανὼ γὰρ τὼ φύλακε κωλύοντε, δέος τε καὶ αἰδώς, αἰδὼς μὲν ὡς
γονέων μὴ ἅπτεσθαι εἴργουσα, δέος δὲ τὸ τῷ πάσχοντι τοὺς b
ἄλλους βοηθεῖν, τοὺς μὲν ὡς ὑεῖς, τοὺς δὲ ὡς ἀδελφούς, τοὺς δὲ ὡς πατέρας.

Συμβαίνει γὰρ οὕτως, ἔφη.

Πανταχῇ δὴ ἐκ τῶν νόμων εἰρήνην πρὸς ἀλλήλους οἱ ἄνδρες ἄξουσι;

Πολλήν γε.

Τούτων μὴν ἐν ἑαυτοῖς μὴ στασιαζόντων οὐδὲν δεινὸν μή ποτε ἡ ἄλλη πόλις πρὸς τούτους ἢ πρὸς ἀλλήλους διχοστατήσῃ.

Οὐ γὰρ οὖν.

Τά γε μὴν σμικρότατα τῶν κακῶν δι' ἀπρέπειαν ὀκνῶ

e 3 ἀνάγκη ἔφη A D M : ἔφη ἀνάγκη F Stobaeus e 6 φήσομεν] θήσομεν Stobaeus ἀνάγκην A F M Stobaeus : ἀνάγκῃ D : ἐν ἀνάγκῃ Adam ἐπιμελείᾳ A F D M : ἐπιμελείας Stobaeus recc. a 1 γὰρ] γὰρ καὶ Stobaeus a 5 πάντων A F D M : πάντῃ A² Stobaeus a 9 ἄλλο] ἄλλως Stobaeus recc. a 10 ἄλλως F Stobaeus : ἄλλος A D M b 1 τὸ A F D M Stobaeus : τοῦ ci. Madvig b 6 ἄξουσι A D M : ἕξουσι F : αὔξουσι vel ἄρξουσι Stobaeus

完全必然，他说道，他们已经摆脱了〈这些〉。

而且在他们中间无论如何也不会正当地有着针对各种暴力或者人身攻击的那些官司；因为同龄人面对同龄人进行自卫[1631]，我们肯定将宣 464e5
称这是一件既美又正当的事情，由此我们才迫使他们要关心身体[1632]。

正确，他说道。

真的，就下面这点来说，我说道，这条法律也是正确的，那就是： 465a1
如果一个人对另一个人生起愤怒之情，那么，他或许由于以这样一种方式[1633]使〈他的〉愤怒得到满足而会比较小的走向更大的纷争。

完全如此。

对所有年轻人的统治以及惩罚，这无疑将被托付给了一位年老的人。 465a5

显然。

而且，一个年轻人，除非那些进行统治的人下了命令，他无论如
何都将从不试图去对一个年老的人施暴，或者打他，这是有可能的[1634]。 465a10
而我认为，他也不会以其他任何方式不尊敬他。因为，两个能干的卫士〈足以〉阻止〈他那么做〉，那就是恐惧和敬意[1635]；敬意阻拦他攻击那
〈有可能〉作为父母的人，至于恐惧，则是〈恐惧〉其他人帮助那遭受 465b1
〈他攻击的〉人，一些人〈有可能〉作为儿子，一些人〈有可能〉作为兄弟，一些人则〈有可能〉作为父亲。

结果的确如此，他说道。

因此，基于这些礼法，那些〈作为卫士的〉男人们在方方面面彼此 465b5
都将保持和睦吗[1636]？

肯定是很多的和睦。

当这些〈卫士们〉在他们自己中间确实没有纷争，那时就无需担
心[1637]下面这点，那就是其他的城邦〈公民〉竟然同这些人，或者彼此 465b10
之间陷入四分五裂中。

确实无需担心。

至于他们也会从中摆脱出来的诸恶中那些最小的，由于不得体，我

c καὶ λέγειν, ὧν ἀπηλλαγμένοι ἂν εἶεν, κολακείας τε πλουσίων
πένητες ἀπορίας τε καὶ ἀλγηδόνας ὅσας ἐν παιδοτροφίᾳ
καὶ χρηματισμοῖς διὰ τροφὴν οἰκετῶν ἀναγκαίαν ἴσχουσι,
τὰ μὲν δανειζόμενοι, τὰ δ' ἐξαρνούμενοι, τὰ δὲ πάντως
πορισάμενοι θέμενοι παρὰ γυναῖκάς τε καὶ οἰκέτας, ταμιεύειν
παραδόντες, ὅσα τε, ὦ φίλε, περὶ αὐτὰ καὶ οἷα πάσχουσι,
δῆλά τε δὴ καὶ ἀγεννῆ καὶ οὐκ ἄξια λέγειν.

d Δῆλα γάρ, ἔφη, καὶ τυφλῷ.

Πάντων τε δὴ τούτων ἀπαλλάξονται, ζήσουσί τε τοῦ
μακαριστοῦ βίου ὃν οἱ ὀλυμπιονῖκαι ζῶσι μακαριώτερον.

Πῇ;

Διὰ σμικρόν που μέρος εὐδαιμονίζονται ἐκεῖνοι ὧν τούτοις
ὑπάρχει. ἥ τε γὰρ τῶνδε νίκη καλλίων, ἥ τ' ἐκ τοῦ δη-
μοσίου τροφὴ τελεωτέρα. νίκην τε γὰρ νικῶσι συμπάσης
τῆς πόλεως σωτηρίαν, τροφῇ τε καὶ τοῖς ἄλλοις πᾶσιν ὅσων
βίος δεῖται αὐτοί τε καὶ παῖδες ἀναδοῦνται, καὶ γέρα δέχονται
e παρὰ τῆς αὑτῶν πόλεως ζῶντές τε καὶ τελευτήσαντες ταφῆς
ἀξίας μετέχουσιν.

Καὶ μάλα, ἔφη, καλά.

Μέμνησαι οὖν, ἦν δ' ἐγώ, ὅτι ἐν τοῖς πρόσθεν οὐκ οἶδα
ὅτου λόγος ἡμῖν ἐπέπληξεν ὅτι τοὺς φύλακας οὐκ εὐδαί-
466 μονας ποιοῖμεν, οἷς ἐξὸν πάντα ἔχειν τὰ τῶν πολιτῶν οὐδὲν
ἔχοιεν; ἡμεῖς δέ που εἴπομεν ὅτι τοῦτο μέν, εἴ που παρα-
πίπτοι, εἰς αὖθις σκεψοίμεθα, νῦν δὲ τοὺς μὲν φύλακας
φύλακας ποιοῖμεν, τὴν δὲ πόλιν ὡς οἷοί τ' εἶμεν εὐδαι-
μονεστάτην, ἀλλ' οὐκ εἰς ἓν ἔθνος ἀποβλέποντες ἐν αὐτῇ
τοῦτο εὔδαιμον πλάττοιμεν;

c 2 πένητες secl. ci. Ast παιδοτροφίᾳ A F M : παιδοτρόφω D
c 7 δὴ A M : om. F D Stobaeus d 1 ἔφη A D M : δὴ F
d 2 ἀπαλλάξονται] ἀπηλλάξονται ci. Cobet d 5 διὰ σμικρόν A D M :
δι' ἃς μικρότερον F e 1 τε om. Θ Stobaeus e 2 ἀξίας A M : ἀξία*
F : ἀξία D a 1 ποιοῖμεν F D : ποιοῦμεν A : ποιοῦ(οῖ suprascr.)μεν
M a 3 σκεψοίμεθα F : σκεψόμεθα A D a 4 ποιοῖμεν F D M :
ποιοῦμεν A εἶμεν A D M : εἰ μὲν A² F : ἐσμὲν Θ a 6 εὔδαιμον
A F D : om. M

甚至都犹豫〈要不要〉把它们说出来——诸如由于贫穷，人们对富人 465c1
们的各种谄媚，他们由于对家庭的一种必要的维持[1638]而在养育孩子和赚钱方面所具有的所有那些走投无路和痛苦[1639]，因为他们〈不得不〉时
而借钱，时而又完全否认〈借过钱〉[1640]，时而又想尽办法为自己弄到 465c5
钱[1641]，然后将之存放在女人和〈其他的〉家庭成员那儿[1642]，交给他们去分配[1643]——，所有这些，朋友啊，关于它们以及关于诸如此类的，他们都得遭受，而它们都是显而易见的、不光彩的和不值一提的。

的确是显而易见的，他说道，甚至对于一个瞎子来说[1644]。 465d1

因此，他们既将已经摆脱了所有这些[1645]，也将更有福地生活着，超过了那些奥林匹亚运动会上的获胜者所过的那种被认为有福的生活[1646]。

为何？

那些人[1647]无论如何都由于〈拥有了〉属于这些人的那些东西的一 465d5
小部分而被称作是幸福的。因为，这里的这些人的胜利不仅是更漂亮的，而且从公共开支那里而来的〈对他们的〉供养[1648]也是更完满的。因为，他们所赢得的胜利是整个城邦的拯救，而他们自己以及〈他们的〉孩子们〈都被城邦提供的〉食物以及生活必需的其他所有东西很好
地供养[1649]；并且当他们活着时，他们从他们自己的城邦那里受到礼遇， 465e1
而当他们终了时，他们分享一种配得上〈他们〉的葬礼[1650]。

也的确是一些，他说道，美好的事情。

那么，你还记得下面这件事吗，我说道，那就是：在前面的那些
讨论中，我不知道究竟是谁的话，它斥责我们，说我们没有使得那些卫 465e5
士是幸福的，因为，他们虽然能够拥有同邦公民所拥有的一切，但他们 466a1
〈实际上〉却一无所有[1651]？而我们约莫说过，我们以后[1652]会考察这件事，如果它在某个地方被遇到的话[1653]；只不过现在，一方面，我们在使卫士们成为卫士，另一方面，我们在尽我们所能地使城邦成为最幸福
的，而不是着眼于在它里面的任何单一的一群人而把这群人塑造为是幸 466a5
福的？

Μέμνημαι, ἔφη.

Τί οὖν; νῦν ἡμῖν ὁ τῶν ἐπικούρων βίος, εἴπερ τοῦ γε τῶν ὀλυμπιονικῶν πολύ τε καλλίων καὶ ἀμείνων φαίνεται, μή πῃ κατὰ τὸν τῶν σκυτοτόμων φαίνεται βίον ἤ τινων **b** ἄλλων δημιουργῶν ἢ τὸν τῶν γεωργῶν;

Οὔ μοι δοκεῖ, ἔφη.

Ἀλλὰ μέντοι, ὅ γε καὶ ἐκεῖ ἔλεγον, δίκαιον καὶ ἐνταῦθα εἰπεῖν, ὅτι εἰ οὕτως ὁ φύλαξ ἐπιχειρήσει εὐδαίμων γίγνεσθαι, ὥστε μηδὲ φύλαξ εἶναι, μηδ' ἀρκέσει αὐτῷ βίος οὕτω μέτριος καὶ βέβαιος καὶ ὡς ἡμεῖς φαμεν ἄριστος, ἀλλ' ἀνόητός τε καὶ μειρακιώδης δόξα ἐμπεσοῦσα εὐδαιμονίας πέρι ὁρμήσει αὐτὸν διὰ δύναμιν ἐπὶ τὸ ἅπαντα τὰ ἐν τῇ πόλει οἰκειοῦσθαι, **c** γνώσεται τὸν Ἡσίοδον ὅτι τῷ ὄντι ἦν σοφὸς λέγων πλέον εἶναί πως ἥμισυ παντός.

Ἐμοὶ μέν, ἔφη, συμβούλῳ χρώμενος μενεῖ ἐπὶ τούτῳ τῷ βίῳ.

Συγχωρεῖς ἄρα, ἦν δ' ἐγώ, τὴν τῶν γυναικῶν κοινωνίαν τοῖς ἀνδράσιν, ἣν διεληλύθαμεν, παιδείας τε πέρι καὶ παίδων καὶ φυλακῆς τῶν ἄλλων πολιτῶν, κατά τε πόλιν μενούσας εἰς πόλεμόν τε ἰούσας καὶ συμφυλάττειν δεῖν καὶ συνθηρεύειν ὥσπερ κύνας, καὶ πάντα πάντῃ κατὰ τὸ δυνατὸν **d** κοινωνεῖν, καὶ ταῦτα πραττούσας τά τε βέλτιστα πράξειν καὶ οὐ παρὰ φύσιν τὴν τοῦ θήλεος πρὸς τὸ ἄρρεν, ᾗ πεφύκατον πρὸς ἀλλήλω κοινωνεῖν;

Συγχωρῶ, ἔφη.

Οὐκοῦν, ἦν δ' ἐγώ, ἐκεῖνο λοιπὸν διελέσθαι, εἰ ἄρα καὶ ἐν ἀνθρώποις δυνατόν, ὥσπερ ἐν ἄλλοις ζῴοις, ταύτην τὴν κοινωνίαν ἐγγενέσθαι, καὶ ὅπῃ δυνατόν;

Ἔφθης, ἔφη, εἰπὼν ᾗ ἔμελλον ὑπολήψεσθαι.

Περὶ μὲν γὰρ τῶν ἐν τῷ πολέμῳ οἶμαι, ἔφην, δῆλον ὃν **e** τρόπον πολεμήσουσιν.

a 8 εἴπερ A F M : ὅπερ D a 9 τε A D M : γε F καὶ ἀμείνων A F D : om. M b 4 ἔλεγον A D M : ἐλέγομεν F b 7 φαμὲν A F M : ἔφαμεν D d 7 ὥσπερ A F D M : ὥσπερ καὶ Θ m

我记得，他回应道。

然后呢？现在，那些助手的生活，如果它真的对我们显得远比那些
奥林匹亚运动会上的获胜者的生活更美和更好，那么，它岂不在任何方 466b1
式上都显得同那些鞋匠的生活不一样[1654]，或者同某些其他的匠人的生
活，或者同农民们的生活不一样？

在我看来它〈的确〉不一样，他回应道。

然而，我在〈前面〉那儿曾说过的事情[1655]，无疑也理应在〈现在〉
这儿说一说，那就是：如果一个卫士将尝试以这样一种方式变得幸福， 466b5
以至于他既不再是一个卫士，而这样一种生活——它是适度的和稳固
的，并且如我们所宣称的那样，也是最好的——也不再使他感到满足，
相反，一种无理智的和幼稚的关于幸福的意见，当它涌上〈他的〉心头 466c1
之后，它将激发他凭借能力[1656]前去把城邦中的所有东西都占为己有，
那么，他〈最终〉将认识到，赫西俄德在是的方式上是智慧的，因为那
人说，在某种方式上，一半多于全部[1657]。

如果他真的用我做一位顾问的话，他说道，那么，他将坚持这种 466c5
生活。

那么，你也赞同，我说道，女人们同男人们的那样一种我们已经
详述过的共享吗，无论是在〈她们自己的〉教育方面，还是在〈对〉孩
子们〈的养育〉方面，还是在对其他同邦公民的守卫方面；〈赞同〉她
们不管是待在城邦中，还是前去战斗，她们都应当像那些〈雌〉狗一样
〈同男人们〉一起守卫和一同狩猎，在方方面面也都尽其所能地〈同男 466d1
人们〉共享一切事情；并且〈赞同〉当她们做这些事情时，她们不仅将
做出一些最好的事情来，而且将做得并不违背女性之于男性的那种自然
〈关系〉[1658]——在该自然〈关系〉中两者生来就互相共享〈一切事情〉？

我赞同，他回应道。 466d5

那么，我说道，那剩下来要加以确定的，岂不是下面这点，那就
是：是否这种共享能够发生在人们这里，就像发生在其他动物那里那
样[1659]，以及在何种方式上是可能的？

你抢先，他回应道，说了[1660]，在我正打算要插话的当口。

我认为其实关于战争中的那些事情，我说道，他们将以何种方式进 466e1
行战斗，这是一清二楚的。

Πῶς; ἦ δ' ὅς.

Ὅτι κοινῇ στρατεύσονται, καὶ πρός γε ἄξουσι τῶν παίδων εἰς τὸν πόλεμον ὅσοι ἁδροί, ἵν' ὥσπερ οἱ τῶν ἄλλων δημιουργῶν θεῶνται ταῦτα ἃ τελεωθέντας δεήσει δημιουργεῖν·
467 πρὸς δὲ τῇ θέᾳ διακονεῖν καὶ ὑπηρετεῖν πάντα τὰ περὶ τὸν πόλεμον, καὶ θεραπεύειν πατέρας τε καὶ μητέρας. ἢ οὐκ ᾔσθησαι τὰ περὶ τὰς τέχνας, οἷον τοὺς τῶν κεραμέων παῖδας, ὡς πολὺν χρόνον διακονοῦντες θεωροῦσι πρὶν ἅπτεσθαι τοῦ κεραμεύειν;

Καὶ μάλα.

Ἦ οὖν ἐκείνοις ἐπιμελέστερον παιδευτέον ἢ τοῖς φύλαξι τοὺς αὑτῶν ἐμπειρίᾳ τε καὶ θέᾳ τῶν προσηκόντων;

Καταγέλαστον μεντἄν, ἔφη, εἴη.

Ἀλλὰ μὴν καὶ μαχεῖταί γε πᾶν ζῷον διαφερόντως
b παρόντων ὧν ἂν τέκῃ.

Ἔστιν οὕτω. κίνδυνος δέ, ὦ Σώκρατες, οὐ σμικρὸς σφαλεῖσιν, οἷα δὴ ἐν πολέμῳ φιλεῖ, πρὸς ἑαυτοῖς παῖδας ἀπολέσαντας ποιῆσαι καὶ τὴν ἄλλην πόλιν ἀδύνατον ἀναλαβεῖν.

Ἀληθῆ, ἦν δ' ἐγώ, λέγεις. ἀλλὰ σὺ πρῶτον μὲν ἡγῇ παρασκευαστέον τὸ μή ποτε κινδυνεῦσαι;

Οὐδαμῶς.

Τί δ'; εἴ που κινδυνευτέον, οὐκ ἐν ᾧ βελτίους ἔσονται κατορθοῦντες;

Δῆλον δή.

c Ἀλλὰ σμικρὸν οἴει διαφέρειν καὶ οὐκ ἄξιον κινδύνου θεωρεῖν ἢ μὴ τὰ περὶ τὸν πόλεμον παῖδας τοὺς ἄνδρας πολεμικοὺς ἐσομένους;

Οὔκ, ἀλλὰ διαφέρει πρὸς ὃ λέγεις.

Τοῦτο μὲν ἄρα ὑπαρκτέον, θεωροὺς πολέμου τοὺς παῖδας ποιεῖν, προσμηχανᾶσθαι δ' αὐτοῖς ἀσφάλειαν, καὶ καλῶς ἕξει· ἦ γάρ;

e 5 οἱ ADM: om. F a 9 καταγέλαστον AFM: καταγέλαστος D a 10 μαχεῖται ADM: μάχεται F c 1 καὶ AFM: om. D

以何种方式？他说道。

这种方式：他们将共同出征，除此之外[1661]，他们还将带上孩子中所 466e5
有那些〈足够〉强壮的上战场，以便他们能够像其他那些为众人做工的人的孩子们那样，观看当他们长大成熟后他们将必须为众人做工的那些事情；而除了观看之外，他们〈将必须〉在同战争相关的所有事情上进 467a1
行辅助和服务，以及照护父亲们和母亲们。或者，你没有注意到在〈其他〉那些技艺那里的那些事情，例如，陶匠们的孩子，他们作为一些进行辅助的人〈在一旁〉观看了多么长的时间，在他们自己动手做陶器之前？ 467a5

的确如此。

难道对那些人来说，他们比卫士们更关心必须通过对那些属于他们的事情的经验以及观察来教育他们的孩子？

那无疑会是可笑的，他回应道。

而且每个动物也都肯定异乎寻常地进行战斗，当它生的那些后代在 467a10
场的话。 467b1

是这样。但是，苏格拉底啊，危险也不小，对于那些失误的人来说；就像事实上在战斗中惯常〈发生〉的那类事情[1662]，除了他们自己之外，他们还将失去孩子们，从而将使得残余的城邦不可能恢复[1663]。

正确，我说道，你说得。但你会认为，人们必须首先准备从不冒任 467b5
何危险吗？

决不。

然后呢？如果人们无论如何都必须冒险，那么，在冒险中他们岂不将〈比以前〉是更优秀的，当他们取得成功的话[1664]？

显然。 467b10

那么，你认为下面这点〈只是会〉导致一种微小的差别，并且不 467c1
值得冒险吗，那就是：那些男孩子们——他们将是一些精通战争的男人——，观看，还是不管看，同战争相关的各种事情？

不！相反，针对你正说的，它导致了一种差别。

因此，一方面，必须这样开始[1665]，那就是使得男孩子们成为战争 467c5
的目睹者，另一方面，设法〈保证〉他们的安全；于是〈所有的〉事情都将是完美的。是这样吗？

Ναί.

Οὐκοῦν, ἦν δ' ἐγώ, πρῶτον μὲν αὐτῶν οἱ πατέρες, ὅσα ἄνθρωποι, οὐκ ἀμαθεῖς ἔσονται ἀλλὰ γνωμονικοὶ τῶν στρατειῶν ὅσαι τε καὶ μὴ ἐπικίνδυνοι; d

Εἰκός, ἔφη.

Εἰς μὲν ἄρα τὰς ἄξουσιν, εἰς δὲ τὰς εὐλαβήσονται.

Ὀρθῶς.

Καὶ ἄρχοντάς γέ που, ἦν δ' ἐγώ, οὐ τοὺς φαυλοτάτους αὐτοῖς ἐπιστήσουσιν ἀλλὰ τοὺς ἐμπειρίᾳ τε καὶ ἡλικίᾳ ἱκανοὺς ἡγεμόνας τε καὶ παιδαγωγοὺς εἶναι.

Πρέπει γάρ.

Ἀλλὰ γάρ, φήσομεν, καὶ παρὰ δόξαν πολλὰ πολλοῖς δὴ ἐγένετο.

Καὶ μάλα.

Πρὸς τοίνυν τὰ τοιαῦτα, ὦ φίλε, πτεροῦν χρὴ παιδία ὄντα εὐθύς, ἵν', ἄν τι δέῃ, πετόμενοι ἀποφεύγωσιν.

Πῶς λέγεις; ἔφη. e

Ἐπὶ τοὺς ἵππους, ἦν δ' ἐγώ, ἀναβιβαστέον ὡς νεωτάτους, καὶ διδαξαμένους ἱππεύειν ἐφ' ἵππων ἀκτέον ἐπὶ τὴν θέαν, μὴ θυμοειδῶν μηδὲ μαχητικῶν, ἀλλ' ὅτι ποδωκεστάτων καὶ εὐηνιωτάτων. οὕτω γὰρ κάλλιστά τε θεάσονται τὸ αὑτῶν ἔργον, καὶ ἀσφαλέστατα, ἄν τι δέῃ, σωθήσονται μετὰ πρεσβυτέρων ἡγεμόνων ἑπόμενοι.

Ὀρθῶς, ἔφη, μοι δοκεῖς λέγειν.

Τί δὲ δή, εἶπον, τὰ περὶ τὸν πόλεμον; πῶς ἑκτέον σοι 468
τοὺς στρατιώτας πρὸς αὑτούς τε καὶ τοὺς πολεμίους; ἆρ' ὀρθῶς μοι καταφαίνεται ἢ οὔ;

Λέγ', ἔφη, ποῖ' αὖ.

Αὐτῶν μέν, εἶπον, τὸν λιπόντα τάξιν ἢ ὅπλα ἀποβαλόντα

d 9 παρὰ δόξαν A F M : παραδόξων D e 3 διδαξαμένους corr. Mon.: διδαξομένους A F D M : διδαχθέντας d et in marg. M : δεδιδαξομένους ci. Schneider a 4 ποῖ' αὖ scripsi : ποῖ ἄν A M : ποῖαν F : ποίαν D : ποῖα δὴ ci. H. Richards a 5 αὑτῶν A D M : αὐτὸν F

是。

那么，我说道，首先，他们的父亲们——在人的能力范围内[1666]——， 467c10
都将不是一些无知的人，相反，他们对所有那些危险的以及不危险的行 467d1
军打仗都将是具有判断力的。

有可能，他说道。

因此，他们将带他们前往一些行军打仗，至于另一些则将谨慎从事。

正确。

并且作为〈孩子们的〉监管者，我说道，他们大概将不会把孩子 467d5
们交给那些最平庸的人〈去监管〉，而是把他们交给这些人〈去监管〉，
他们在经验上以及在年龄上都足以是〈孩子们的〉带路人和保傅。

那肯定是恰当的。

当然[1667]，我们会承认，对许多人来说，许多事情事实上也违背预 467d10
期地[1668]发生了。

的确。

因此，面对诸如此类的事情，朋友啊，必须立即给他们加上羽毛[1669]，
当他们还是小孩时，以便，如果有任何必要，他们能够通过飞而逃走。

你为何这么说呢，他说道。 467e1

必须在他们尽可能年幼[1670]时就让他们骑上马背，我说道，并且当
他们学会了骑马后[1671]，就必须领他们在马背上去观看〈战斗〉，当然，
既不是那些气宇轩昂的马，也不是那些好战的马，而是那些腿脚最为轻
快和最容易驾驭的马。由此一来，他们既将最好地观看那〈以后将〉属 467e5
于他们自己的事业，也将最安全地，如果有任何必要的话，被拯救，通
过跟随那些年老的带路人。

正确，他说道，在我看来你说得。

那么，我说道，关乎战争的那些事情又如何呢？你的这些战士，无 468a1
论是他们彼此之间[1672]，还是对待敌人，必须如何表现呢[1673]？我显得
〈说得〉正确呢，还是不正确？

请你说说，他回应道，〈究竟是〉哪样一些〈表现〉[1674]？

一方面，他们中，我说道，如果有人擅离职守[1675]，或者丢弃武器， 468a5

ἤ τι τῶν τοιούτων ποιήσαντα διὰ κάκην ἆρα οὐ δημιουργόν τινα δεῖ καθιστάναι ἢ γεωργόν;

Πάνυ μὲν οὖν.

Τὸν δὲ ζῶντα εἰς τοὺς πολεμίους ἁλόντα ἆρ' οὐ δωρεὰν διδόναι τοῖς ἑλοῦσι χρῆσθαι τῇ ἄγρᾳ ὅτι ἂν βούλωνται;

b Κομιδῇ γε.

Τὸν δὲ ἀριστεύσαντά τε καὶ εὐδοκιμήσαντα οὐ πρῶτον μὲν ἐπὶ στρατιᾶς ὑπὸ τῶν συστρατευομένων μειρακίων τε καὶ παίδων ἐν μέρει ὑπὸ ἑκάστου δοκεῖ σοι χρῆναι στεφανωθῆναι; ἢ οὔ;

Ἔμοιγε.

Τί δέ; δεξιωθῆναι;

Καὶ τοῦτο.

Ἀλλὰ τόδ' οἶμαι, ἦν δ' ἐγώ, οὐκέτι σοι δοκεῖ.

Τὸ ποῖον;

Τὸ φιλῆσαί τε καὶ φιληθῆναι ὑπὸ ἑκάστου.

Πάντων, ἔφη, μάλιστα· καὶ προστίθημί γε τῷ νόμῳ, c ἕως ἂν ἐπὶ ταύτης ὦσι τῆς στρατιᾶς, καὶ μηδενὶ ἐξεῖναι ἀπαρνηθῆναι ὃν ἂν βούληται φιλεῖν, ἵνα καί, ἐάν τίς του τύχῃ ἐρῶν ἢ ἄρρενος ἢ θηλείας, προθυμότερος ᾖ πρὸς τὸ τἀριστεῖα φέρειν.

Καλῶς, ἦν δ' ἐγώ. ὅτι μὲν γὰρ ἀγαθῷ ὄντι γάμοι τε ἕτοιμοι πλείους ἢ τοῖς ἄλλοις καὶ αἱρέσεις τῶν τοιούτων πολλάκις παρὰ τοὺς ἄλλους ἔσονται, ἵν' ὅτι πλεῖστοι ἐκ τοῦ τοιούτου γίγνωνται, εἴρηται ἤδη.

Εἴπομεν γάρ, ἔφη.

Ἀλλὰ μὴν καὶ καθ' Ὅμηρον τοῖς τοιοῖσδε δίκαιον τιμᾶν d τῶν νέων ὅσοι ἀγαθοί. καὶ γὰρ Ὅμηρος τὸν εὐδοκιμήσαντα ἐν τῷ πολέμῳ νώτοισιν Αἴαντα ἔφη διηνεκέεσσι γεραίρεσθαι, ὡς ταύτην οἰκείαν οὖσαν τιμὴν τῷ ἡβῶντί

a 10 ἑλοῦσι ci. van Leeuwen : θέλουσι A F D M b 3 στρατιᾶς] στρατείας A F D M b 4 χρῆναι A F D : om. M b 7 τί δαὶ δέξιω(α suprascr.)θῆναι A (αὶ δ in ras.) : γρ. τί δὲ ἐξιαθῆναι in marg. A : τί δὲ δεξιαθῆναι F D c 1 στρατιᾶς A D M : στρατείας F καὶ F D : om. A M

或者由于怯懦[1676]做了诸如此类的事情中的任何一样，那么，岂不必须把他降为某种匠人，或者一个农民？

完全如此。

另一方面，如果有人活着落到了敌人的手里[1677]，那么，岂不必须把他作为一样礼物交给那些俘获他的人，随他们所愿地处置猎物？ 468a10

诚然。 468b1

而一个人，当他表现得最优秀以及赢得了一种好名声时，你岂不会认为，他必定首先在出征期间被那些〈与之〉一同出征的人——无论是一些年青人[1678]，还是男孩子们——，依次[1679]被他们中的每个，戴上花冠？或者你不这么认为？ 468b5

我肯定这么认为。

然后呢？伸出右手表示欢迎？

也如此。

而我认为，下面这点，我说道，你不再会同意了[1680]。

哪点？ 468b10

那就是他亲吻每个人，以及被每个人亲吻。

毫无疑问〈我会同意〉，他说道；并且我肯定还要把下面这点增补到法律上，那就是：只要他们还处在这次的出征中[1681]，那么，〈那表现 468c1
得最优秀以及赢得了一种好名声的人〉希望亲吻的任何人都不被允许拒绝[1682]，而由此一来，如果一个人恰好爱上了某个人——无论是男的，还是女的——，他都会更加渴望去赢得那因英勇作战而得到的奖赏[1683]。

〈说得〉很好，我说道。因为，一个人，如果他是优秀的，那么， 468c5
同其他人相比，婚配会更多地准备给他，并且对这样一些人的选择[1684]也将是〈更为〉频繁的，超过其他〈所有〉人[1685]，以便从这种人那里生出尽可能多的后代来，以上这些都已经被说过了[1686]。

我们的确说过，他说道。

而且甚至根据荷马，也理应用下面这样一些方式来对年轻人中的所 468c10
有那些优秀的人表示敬意。因为，荷马其实也曾说过，当埃阿斯[1687]在 468d1
战斗中取得了一种好名声之后，他被〈阿伽门农〉奖赏了一整条里脊肉[1688]，仿佛这对一个正值青春盛年并且勇敢的年轻人来说是一种恰当的奖

τε καὶ ἀνδρείῳ, ἐξ ἧς ἅμα τῷ τιμᾶσθαι καὶ τὴν ἰσχὺν αὐξήσει.

Ὀρθότατα, ἔφη.

Πεισόμεθα ἄρα, ἦν δ' ἐγώ, ταῦτά γε Ὁμήρῳ. καὶ γὰρ ἡμεῖς ἔν τε θυσίαις καὶ τοῖς τοιούτοις πᾶσι τοὺς ἀγαθούς, καθ' ὅσον ἂν ἀγαθοὶ φαίνωνται, καὶ ὕμνοις καὶ οἷς νυνδὴ ἐλέγομεν τιμήσομεν, πρὸς δὲ τούτοις ἕδραις τε καὶ κρέασιν ἰδὲ πλείοις δεπάεσσιν, ἵνα ἅμα τῷ τιμᾶν ἀσκῶμεν e
τοὺς ἀγαθοὺς ἄνδρας τε καὶ γυναῖκας.

Κάλλιστα, ἔφη, λέγεις.

Εἶεν· τῶν δὲ δὴ ἀποθανόντων ἐπὶ στρατιᾶς ὃς ἂν εὐδοκιμήσας τελευτήσῃ ἆρ' οὐ πρῶτον μὲν φήσομεν τοῦ χρυσοῦ γένους εἶναι;

Πάντων γε μάλιστα.

Ἀλλ' οὐ πεισόμεθα Ἡσιόδῳ, ἐπειδάν τινες τοῦ τοιούτου γένους τελευτήσωσιν, ὡς ἄρα—

οἱ μὲν δαίμονες ἁγνοὶ ἐπιχθόνιοι τελέθουσιν, 469
ἐσθλοί, ἀλεξίκακοι, φύλακες μερόπων ἀνθρώπων;

Πεισόμεθα μὲν οὖν.

Διαπυθόμενοι ἄρα τοῦ θεοῦ πῶς χρὴ τοὺς δαιμονίους τε καὶ θείους τιθέναι καὶ τίνι διαφόρῳ, οὕτω καὶ ταύτῃ θήσομεν ᾗ ἂν ἐξηγῆται;

Τί δ' οὐ μέλλομεν;

Καὶ τὸν λοιπὸν δὴ χρόνον ὡς δαιμόνων, οὕτω θεραπεύσομέν τε καὶ προσκυνήσομεν αὐτῶν τὰς θήκας; ταὐτὰ δὲ b
ταῦτα νομιοῦμεν ὅταν τις γήρᾳ ἤ τινι ἄλλῳ τρόπῳ τελευτήσῃ τῶν ὅσοι ἂν διαφερόντως ἐν τῷ βίῳ ἀγαθοὶ κριθῶσιν;

Δίκαιον γοῦν, ἔφη.

Τί δέ; πρὸς τοὺς πολεμίους πῶς ποιήσουσιν ἡμῖν οἱ στρατιῶται;

e 4 στρατιᾶς A F : στρατείας D e 8 τοῦ om. Hermogenes a 1 τελέθουσιν] καλέονται Hermogenes (cf. Crat. 398 a 1) a 2 μερόπων] θνητῶν Hermogenes (cf. Crat. loc. cit.) ἀνθρώπων . . . a 4 πῶς A F M : ἂν πῶς D a 8 θεραπεύσομεν F D M : θεραπεύσωμεν A

励似的[1689]，通过这种奖励，他不仅受到了尊敬[1690]，而且还将增强体力。 468d5

非常正确，他说道。

因此，我们至少将在这些事情上，我说道，听从荷马。并且无论是在各种献祭方面，还是在所有诸如此类的事情上，我们肯定都将对那些优秀的人——在他们会显得是优秀的那个范围内——，用各种颂歌，以 468d10
及用我们刚才所说的那些东西表达敬意；而除了这些之外，还要用上 468e1
座[1691]和肉食，以及用充满〈酒〉的杯子[1692]〈向他们表达敬意〉，以便除了尊敬之外，我们还会锻炼那些优秀的男人和女人。

非常好，他说道，你说得。

那好！那么，至于那些在出征中[1693]已经死去的人，其中那在取得
了一种好名声的情况下终了的，我们岂不肯定将首先宣称，他是出于黄 468e5
金家族的[1694]？

毫无疑问。

而我们将不听从赫西俄德吗，每当这样一种家族的一些人终了时，那就是——

> 他们成为了一些在地上的圣洁的精灵， 469a1
> 一些高贵的、避免了邪恶的人，被赋予说话能力的人的卫士[1695]？

我们肯定将听从。

因此，当我们从那位神那里[1696]询问到应当以何种方式以及有何与
众不同地安葬这些精灵般的人和神一样的人之后，我们就将以他会解释 469a5
的这样那样的方式来安葬他们吗？

我们为何将不呢？

并且在余下的时光里[1697]，就像对待精灵们的〈墓地〉一样，我们事实 469b1
上也将以同样的方式照护以及敬拜他们的墓地吗？而我们也将对之持有同样这些〈礼遇〉吗，每当任何人——〈只要〉他属于所有那些在生活中会被判定为格外优秀的人中的一位——由于年老或以其他某种方式终了时？

无论如何都理应那样，他回应道。

然后呢？面对各种敌人，我们的那些战士又将以何种方式对待他 469b5
们呢？

Τὸ ποῖον δή;

Πρῶτον μὲν ἀνδραποδισμοῦ πέρι, δοκεῖ δίκαιον Ἕλληνας Ἑλληνίδας πόλεις ἀνδραποδίζεσθαι, ἢ μηδ' ἄλλῃ ἐπιτρέπειν κατὰ τὸ δυνατὸν καὶ τοῦτο ἐθίζειν, τοῦ Ἑλληνικοῦ
c γένους φείδεσθαι, εὐλαβουμένους τὴν ὑπὸ τῶν βαρβάρων δουλείαν;

Ὅλῳ καὶ παντί, ἔφη, διαφέρει τὸ φείδεσθαι.

Μηδὲ Ἕλληνα ἄρα δοῦλον ἐκτῆσθαι μήτε αὐτούς, τοῖς τε ἄλλοις Ἕλλησιν οὕτω συμβουλεύειν;

Πάνυ μὲν οὖν, ἔφη· μᾶλλόν γ' ἂν οὖν οὕτω πρὸς τοὺς βαρβάρους τρέποιντο, ἑαυτῶν δ' ἀπέχοιντο.

Τί δέ; σκυλεύειν, ἦν δ' ἐγώ, τοὺς τελευτήσαντας πλὴν ὅπλων, ἐπειδὰν νικήσωσιν, ἦ καλῶς ἔχει; ἢ οὐ πρόφασιν
d μὲν τοῖς δειλοῖς ἔχει μὴ πρὸς τὸν μαχόμενον ἰέναι, ὥς τι τῶν δεόντων δρῶντας ὅταν περὶ τὸν τεθνεῶτα κυπτάζωσι, πολλὰ δὲ ἤδη στρατόπεδα διὰ τὴν τοιαύτην ἁρπαγὴν ἀπώλετο;

Καὶ μάλα.

Ἀνελεύθερον δὲ οὐ δοκεῖ καὶ φιλοχρήματον νεκρὸν συλᾶν, καὶ γυναικείας τε καὶ σμικρᾶς διανοίας τὸ πολέμιον νομίζειν τὸ σῶμα τοῦ τεθνεῶτος ἀποπταμένου τοῦ ἐχθροῦ, λελοιπότος δὲ ᾧ ἐπολέμει; ἢ οἴει τι διάφορον δρᾶν τοὺς τοῦτο
e ποιοῦντας τῶν κυνῶν, αἳ τοῖς λίθοις οἷς ἂν βληθῶσι χαλεπαίνουσι, τοῦ βάλλοντος οὐχ ἁπτόμεναι;

Οὐδὲ σμικρόν, ἔφη.

Ἐατέον ἄρα τὰς νεκροσυλίας καὶ τὰς τῶν ἀναιρέσεων διακωλύσεις;

Ἐατέον μέντοι, ἔφη, νὴ Δία.

Οὐδὲ μήν που πρὸς τὰ ἱερὰ τὰ ὅπλα οἴσομεν ὡς ἀναθήσοντες, ἄλλως τε καὶ τὰ τῶν Ἑλλήνων, ἐάν τι ἡμῖν μέλῃ
470 τῆς πρὸς τοὺς ἄλλους Ἕλληνας εὐνοίας· μᾶλλον δὲ καὶ

b 9 μηδ' ἄλλῃ] μηδαμῇ ci. Hartman   e 2 βάλλοντος F D M Stobaeus: βαλόντος A   e 5 διακωλύσεις A F D M Stobaeus: διασκυλεύσεις m

那么究竟该以何种方式？

首先无疑是关于奴隶贩卖，这看起来是正当的吗，那就是希腊的诸城邦把那些〈被征服的〉希腊人贩卖为奴，还是说，它们应当竭尽所能 469b10
地不允许其他任何的〈城邦这样做〉[1698]，并且使得〈希腊人把〉这当成习惯，那就是宽宥希腊人的部族[1699]，以便警惕受到那些非希腊人的奴役？ 469c1

在方方面面[1700]，他回应道，进行宽宥都是更好的[1701]。

因此，希腊人自己不会把任何一位希腊人作为奴隶进行拥有，而且 469c5
他们也这样建议其他那些希腊人吗？

完全如此，他回应道。至少这样一来[1702]，他们更能够转而反对那些非希腊人，而彼此放过。

然后呢？每当他们得胜之后，对于那些已经〈战〉死的人，我说道，除了〈他们的〉武器之外，还剥夺〈他们身上的所有其他东西〉，难道这样做很好吗？还是说：一方面，这岂不为那些怯懦的人不前去面 469d1
对那正在战斗的〈敌〉人[1703]提供了一个借口，仿佛他们在做某件应当〈做〉的事情似的[1704]，当他们围着死尸磨磨蹭蹭时[1705]；另一方面，许多的军队已经由于这样一种劫掠而毁灭了？

确实如此。 469d5

而对一具尸体进行抢掠，这岂不显得是非自由人的[1706]和热爱钱财的〈做法〉，并且是基于一种妇人的和小心眼的想法而把那已经死去的人的身体当作敌人——尽管〈真正的〉仇敌[1707]已经飞走了，而留下的只是他曾用来战斗的东西——？或者，你认为，那些从事这种事情的人做得与狗儿们有所不同吗，它们对那些被扔向它们的石头感到愤怒，但 469e1
不会去碰那〈向它们〉扔〈石头的〉人[1708]？

没有丝毫的区别，他回应道。

那么，是不是就必须放弃对尸体的抢掠，以及对〈敌方〉运走〈尸 469e5
体〉的各种阻挠？

当然必须放弃，他回应道，以宙斯的名义。

而且我们无论如何都将不会把〈抢来的〉那些武器带入神庙，把它们作为我们将奉献〈给神的东西〉，尤其是希腊人的那些武器，如果我们毕竟对下面这点还有所关心的话[1709]，那就是〈要培养〉对其他希腊 470a1

φοβησόμεθα μή τι μίασμα ᾖ πρὸς ἱερὸν τὰ τοιαῦτα ἀπὸ τῶν οἰκείων φέρειν, ἐὰν μή τι δὴ ὁ θεὸς ἄλλο λέγῃ.

Ὀρθότατα, ἔφη.

Τί δὲ γῆς τε τμήσεως τῆς Ἑλληνικῆς καὶ οἰκιῶν ἐμπρήσεως; ποῖόν τί σοι δράσουσιν οἱ στρατιῶται πρὸς τοὺς πολεμίους;

Σοῦ, ἔφη, δόξαν ἀποφαινομένου ἡδέως ἂν ἀκούσαιμι.

Ἐμοὶ μὲν τοίνυν, ἦν δ' ἐγώ, δοκεῖ τούτων μηδέτερα ποιεῖν, ἀλλὰ τὸν ἐπέτειον καρπὸν ἀφαιρεῖσθαι. καὶ ὧν ἕνεκα, βούλει **b**
σοι λέγω;

Πάνυ γε.

Φαίνεταί μοι, ὥσπερ καὶ ὀνομάζεται δύο ταῦτα ὀνόματα, πόλεμός τε καὶ στάσις, οὕτω καὶ εἶναι δύο, ὄντα ἐπὶ δυοῖν τινοιν διαφοραῖν. λέγω δὲ τὰ δύο τὸ μὲν οἰκεῖον καὶ συγγενές, τὸ δὲ ἀλλότριον καὶ ὀθνεῖον. ἐπὶ μὲν οὖν τῇ τοῦ οἰκείου ἔχθρᾳ στάσις κέκληται, ἐπὶ δὲ τῇ τοῦ ἀλλοτρίου πόλεμος.

Καὶ οὐδέν γε, ἔφη, ἀπὸ τρόπου λέγεις.

Ὅρα δὴ καὶ εἰ τόδε πρὸς τρόπου λέγω. φημὶ γὰρ τὸ **c**
μὲν Ἑλληνικὸν γένος αὐτὸ αὑτῷ οἰκεῖον εἶναι καὶ συγγενές, τῷ δὲ βαρβαρικῷ ὀθνεῖόν τε καὶ ἀλλότριον.

Καλῶς γε, ἔφη.

Ἕλληνας μὲν ἄρα βαρβάροις καὶ βαρβάρους Ἕλλησι πολεμεῖν μαχομένους τε φήσομεν καὶ πολεμίους φύσει εἶναι, καὶ πόλεμον τὴν ἔχθραν ταύτην κλητέον· Ἕλληνας δὲ Ἕλλησιν, ὅταν τι τοιοῦτον δρῶσιν, φύσει μὲν φίλους εἶναι, νοσεῖν δ' ἐν τῷ τοιούτῳ τὴν Ἑλλάδα καὶ στασιάζειν, καὶ στάσιν τὴν τοιαύτην ἔχθραν κλητέον. **d**

Ἐγὼ μέν, ἔφη, συγχωρῶ οὕτω νομίζειν.

Σκόπει δή, εἶπον, ὅτι ἐν τῇ νῦν ὁμολογουμένῃ στάσει, ὅπου ἄν τι τοιοῦτον γένηται καὶ διαστῇ πόλις, ἐὰν ἑκάτεροι

a 2 φοβησόμεθα A M : φοβηθησόμεθα F D   b 4 ταῦτα A F D : ταῦτα τὰ A^2 M   c 6 πολεμεῖν μαχομένους A D M : μαχομένους πολεμεῖν F

人的善意；相反，我们毋宁将害怕，把从自家人那里而来的诸如此类的东西带入神庙，这向来就是一种污秽，除非那位神有别的什么要说。

非常正确，他说道。

而就毁坏希腊人的土地[1710]并且焚毁〈他们的〉房屋来说，这又会如 470a5
何呢？在你看来，你的那些战士面对敌人，他们又将做什么样的事情呢？

如果你显明你的看法，他回应道，我会乐意听。

那好！无疑在我看来，我说道，这两件事情中的任何一样他们都不
可以做，但他们可以拿走当年的收成。至于为何如此，你愿意听我讲一 470b1
讲吗？

肯定愿意。

对我显得，战争和内讧，正如它们被用这两个〈不同的〉名字来称
呼一样，因此它们也是两件〈不同的〉事情，因为它们是在两种〈不同 470b5
的〉事情上针对两种不和[1711]。而两件〈不同的〉事情，我说，一方面，是自家的事情和同种族的事情；另一方面，则是他人的事情和外族的事情。于是乎，涉及对自家人的敌意来说的，被称作内讧，而涉及对他人的敌意来说的，则被称作战争。

你说得，他说道，绝对不是不合理的[1712]。 470b10

那么请你看看，我这样说是否也是合理的[1713]。因为我宣称：一方 470c1
面，希腊人的种族，它自身之于它自身是自家的和同种族的，而它之于非希腊人的种族则是外族的和他人的。

肯定说得正确，他说道。

因此，一方面，希腊人同那些非希腊人，以及那些非希腊人同希腊 470c5
人，当他们打仗时，我们将宣称他们既在进行战争，也生来就是敌人，
并且这种敌意必须被称作战争[1714]；另一方面，希腊人同希腊人，每当
他们在做诸如此类的某件事时，〈我们则将宣称〉他们虽然生来就是朋
友，但在这种情况下希腊在生病和发生内讧，并且这样一种敌意必须被 470d1
称作内讧。

我肯定同意，他说道，这么认为。

那么，请你考虑下面这点，我说道，那就是：就现在所达成一致的这种内讧来说，无论在哪里[1715]某种诸如此类的事情发生了，并且一

ἑκατέρων τέμνωσιν ἀγροὺς καὶ οἰκίας ἐμπιμπρῶσιν, ὡς ἀλιτηριώδης τε δοκεῖ ἡ στάσις εἶναι καὶ οὐδέτεροι αὐτῶν φιλοπόλιδες—οὐ γὰρ ἄν ποτε ἐτόλμων τὴν τροφόν τε καὶ μητέρα κείρειν—ἀλλὰ μέτριον εἶναι τοὺς καρποὺς ἀφαι-
e ρεῖσθαι τοῖς κρατοῦσι τῶν κρατουμένων, καὶ διανοεῖσθαι ὡς διαλλαγησομένων καὶ οὐκ ἀεὶ πολεμησόντων.

Πολὺ γάρ, ἔφη, ἡμερωτέρων αὕτη ἡ διάνοια ἐκείνης.

Τί δὲ δή; ἔφην· ἣν σὺ πόλιν οἰκίζεις, οὐχ Ἑλληνὶς ἔσται;

Δεῖ γ' αὐτήν, ἔφη.

Οὐκοῦν καὶ ἀγαθοί τε καὶ ἥμεροι ἔσονται;

Σφόδρα γε.

Ἀλλ' οὐ φιλέλληνες; οὐδὲ οἰκείαν τὴν Ἑλλάδα ἡγήσονται, οὐδὲ κοινωνήσουσιν ὧνπερ οἱ ἄλλοι ἱερῶν;

Καὶ σφόδρα γε.

471 Οὐκοῦν τὴν πρὸς τοὺς Ἕλληνας διαφοράν, ὡς οἰκείους, στάσιν ἡγήσονται καὶ οὐδὲ ὀνομάσουσιν πόλεμον;

Οὐ γάρ.

Καὶ ὡς διαλλαγησόμενοι ἄρα διοίσονται;

Πάνυ μὲν οὖν.

Εὐμενῶς δὴ σωφρονιοῦσιν, οὐκ ἐπὶ δουλείᾳ κολάζοντες οὐδ' ἐπ' ὀλέθρῳ, σωφρονισταὶ ὄντες, οὐ πολέμιοι.

Οὕτως, ἔφη.

Οὐδ' ἄρα τὴν Ἑλλάδα Ἕλληνες ὄντες κεροῦσιν, οὐδὲ οἰκήσεις ἐμπρήσουσιν, οὐδὲ ὁμολογήσουσιν ἐν ἑκάστῃ πόλει πάντας ἐχθροὺς αὐτοῖς εἶναι, καὶ ἄνδρας καὶ γυναῖκας καὶ παῖδας, ἀλλ' ὀλίγους ἀεὶ ἐχθροὺς τοὺς αἰτίους τῆς διαφορᾶς.
b καὶ διὰ ταῦτα πάντα οὔτε τὴν γῆν ἐθελήσουσιν κείρειν αὐτῶν, ὡς φίλων τῶν πολλῶν, οὔτε οἰκίας ἀνατρέπειν, ἀλλὰ μέχρι τούτου ποιήσονται τὴν διαφοράν, μέχρι οὗ ἂν

e 10 οἱ A (sed int. vers.) M : om. F D (fort. ἄλλοι fuit) e 11 καὶ A F D : om. M a 6 δουλείᾳ A D M : δουλείαν F a 7 οὐ A F D : ὡς οὐ M et add. ὡς in marg. A a 11 αὐτοῖς (sic) A F M : αὐτοὺς D a 12 ἀεὶ A F M : om. D

个城邦陷入了分裂中，如果两方中的每一方的成员都蹂躏另一方成员的 470d5
田地，点燃其房屋，那么，内讧就显得是多么令人憎恶的，并且〈事实
上〉两方中没有任何一方的成员是热爱城邦的人——因为，否则他们从
不敢去蹂躏他们的抚养者和母亲[1716]——；但是，下面这样〈显得〉是
合适的，那就是，征服者拿走被征服者〈当年的〉收成，并且还要想到 470e1
这点，即他们终将和解，而不将总是进行交战。

这种想法比那种〈想法〉，他说道，更为属于那些比较文明的人[1717]。

那么，然后呢？我说道。你在建立的这个城邦，岂不将是一个希腊 470e5
人的城邦？

它无疑应该是，他回应道。

〈它的那些公民〉岂不将是优秀的和文明的？

完全如此。

难道他们不是一些热爱希腊的人？他们既将不会把希腊视为他们自
己的〈希腊〉，也将不会参与其他希腊人〈所参与的〉那些献祭？ 470e10

肯定会。

所以，他们岂不把同希腊人的不和，即同自家人的〈不和〉，视为 471a1
内讧，并且不将之称作战争？

肯定不。

并且他们毕竟将像一些终将和解的人那样在彼此不和？

完全如此。 471a5

因此，他们将善意地惩戒〈对方〉[1718]，既不用奴役，也不用毁灭来惩罚〈对方〉，因为他们是惩戒者，而不是敌人。

是这样，他说道。

因此，由于他们都是希腊人，所以，他们无论如何都将不会蹂躏
希腊，他们也将不会焚毁〈对方的〉房屋，也将不会同意在〈其他〉每 471a10
个城邦中的所有人对他们自己来说都是一些敌人——无论是男人，还是
女人和孩子——，相反，敌人总是少数，他们才是那些要为不和承担罪
责的人。也正由于所有这些，他们将不愿意蹂躏他们的土地，既然〈他 471b1
们中的〉大多数人都是朋友，也〈将不愿意〉毁坏〈他们的〉房屋，相
反，他们将把不和保持到下面这个点上为止，那就是，直到那些〈要

οἱ αἴτιοι ἀναγκασθῶσιν ὑπὸ τῶν ἀναιτίων ἀλγούντων δοῦναι δίκην.

Ἐγὼ μέν, ἔφη, ὁμολογῶ οὕτω δεῖν πρὸς τοὺς ἐναντίους τοὺς ἡμετέρους πολίτας προσφέρεσθαι· πρὸς δὲ τοὺς βαρβάρους, ὡς νῦν οἱ Ἕλληνες πρὸς ἀλλήλους.

Τιθῶμεν δὴ καὶ τοῦτον τὸν νόμον τοῖς φύλαξι, μήτε γῆν
τέμνειν μήτε οἰκίας ἐμπιμπράναι; c

Θῶμεν, ἔφη, καὶ ἔχειν γε καλῶς ταῦτά τε καὶ τὰ πρόσθεν.

Ἀλλὰ γάρ μοι δοκεῖς, ὦ Σώκρατες, ἐάν τίς σοι τὰ
τοιαῦτα ἐπιτρέπῃ λέγειν, οὐδέποτε μνησθήσεσθαι ὃ ἐν τῷ
πρόσθεν παρωσάμενος πάντα ταῦτα εἴρηκας, τὸ ὡς δυνατὴ
αὕτη ἡ πολιτεία γενέσθαι καὶ τίνα τρόπον ποτὲ δυνατή·
ἐπεὶ ὅτι γε, εἰ γένοιτο, πάντ' ἂν εἴη ἀγαθὰ πόλει ᾗ γένοιτο,
καὶ ἃ σὺ παραλείπεις ἐγὼ λέγω, ὅτι καὶ τοῖς πολεμίοις
ἄριστ' ἂν μάχοιντο τῷ ἥκιστα ἀπολείπειν ἀλλήλους, γιγνώ- d
σκοντές τε καὶ ἀνακαλοῦντες ταῦτα τὰ ὀνόματα ἑαυτούς,
ἀδελφούς, πατέρας, ὑεῖς· εἰ δὲ καὶ τὸ θῆλυ συστρατεύοιτο,
εἴτε καὶ ἐν τῇ αὐτῇ τάξει εἴτε καὶ ὄπισθεν ἐπιτεταγμένον,
φόβων τε ἕνεκα τοῖς ἐχθροῖς καὶ εἴ ποτέ τις ἀνάγκη βοη-
θείας γένοιτο, οἶδ' ὅτι ταύτῃ πάντῃ ἄμαχοι ἂν εἶεν· καὶ
οἴκοι γε ἃ παραλείπεται ἀγαθά, ὅσα ἂν εἴη αὐτοῖς, ὁρῶ.
ἀλλ' ὡς ἐμοῦ ὁμολογοῦντος πάντα ταῦτα ὅτι εἴη ἂν καὶ e
ἄλλα γε μυρία, εἰ γένοιτο ἡ πολιτεία αὕτη, μηκέτι πλείω
περὶ αὐτῆς λέγε, ἀλλὰ τοῦτο αὐτὸ ἤδη πειρώμεθα ἡμᾶς
αὐτοὺς πείθειν, ὡς δυνατὸν καὶ ᾗ δυνατόν, τὰ δ' ἄλλα
χαίρειν ἐῶμεν.

Ἐξαίφνης γε σύ, ἦν δ' ἐγώ, ὥσπερ καταδρομὴν ἐποιήσω 472
ἐπὶ τὸν λόγον μου, καὶ οὐ συγγιγνώσκεις στραγγευομένῳ.

b 6 μὲν A D M : μὲν οὖν F c 5 ἐπιτρέπῃ A (sed ῃ in ras.) F M : ἐπιτρέπειν D μνησθήσεσθαι] μνήσεσθαι Stobaei A c 6 ταῦτα A F M : τὰ τοιαῦτα D c 7 αὕτη F D M Stobaeus et in marg. A : om. A d 2 ἑαυτούς A M : ἑαυτοῖς F D d 7 γε A^2 M : τε A F D a 2 στραγγευομένῳ ex em. F : στρατευομένῳ A D M

为不和〉承担罪责的人，他们被那些无辜遭受〈不和〉的人所迫而受到 471b5
惩罚。

我，他说道，无疑同意我们的那些城邦公民应当以这种方式对待
〈他们的那些希腊〉对手；至于对待那些非希腊人，则恰如现在希腊人
彼此之间所做的那样[1719]。

那么，我们甚至应当把这条法律制定给卫士们吗，那就是，既不得
毁坏土地，也不得焚烧房屋？ 471c1

我们应当制定，他回应道，这〈两条法律〉以及前面〈制定的〉那
些〈法律〉，无疑都是正确的[1720]。

然而，事实上你对我显得〈是下面这样，那就是〉，苏格拉底啊，
如果有人允许你〈继续〉说诸如此类的事情，那么，你就将从不记得你 471c5
在前面推迟〈说〉的那件事[1721]——为了你〈能够先〉说所有这些——，
那就是：这种城邦体制是否变得可能，以及究竟在何种方式上变得可
能。因为无论如何可以肯定的是，如果它变得〈可能〉了，那么，对它
在那儿变得〈可能〉的那个城邦来说，一切都会是美好的，并且你搁下
未说的那些，我来说，那就是：他们也会由于根本不会互相背弃而最出 471d1
色地同敌人战斗，因为他们把彼此认作兄弟、父亲和儿子，并且用这些
名字来互相称呼；而且如果女性也一起出征，无论是被〈直接〉安排
在队列自身的里面，还是被安排在〈队列的〉后方——为了对敌人进 471d5
行恐吓，以及〈能够提供〉帮助，如果在任何时候出现了某种必要的
话——，那么，我知道，随着所有这些，他们会是难以匹敌的；并且被
你搁下未表的所有那些对他们来说在家里的好处，我也看到了。但是， 471e1
既然我同意会有着所有这些情况，以及其他成千上万的情况——如果这
种城邦体制变得〈可能〉的话——，那么，关于它就请你不要再说更多
的话了，而是让我们从现在起试着恰恰就下面这点来说服我们自己[1722]，
那就是，它是可能的，以及如何是可能的，至于〈所有〉其他的那些，
让我们将之放到一边[1723]。 471e5

突然间，你，我说道，仿佛对我的说法发动了一场袭击，并且当我 472a1
犹豫不决时，你也不同情我。因为有可能你并不知道，当我勉勉强强躲

ἴσως γὰρ οὐκ οἶσθα ὅτι μόγις μοι τὼ δύο κύματε ἐκφυγόντι νῦν τὸ μέγιστον καὶ χαλεπώτατον τῆς τρικυμίας ἐπάγεις, ὃ ἐπειδὰν ἴδῃς τε καὶ ἀκούσῃς, πάνυ συγγνώμην ἕξεις, ὅτι εἰκότως ἄρα ὤκνουν τε καὶ ἐδεδοίκη οὕτω παράδοξον λόγον λέγειν τε καὶ ἐπιχειρεῖν διασκοπεῖν.

Ὅσῳ ἄν, ἔφη, τοιαῦτα πλείω λέγῃς, ἧττον ἀφεθήσῃ
b ὑφ' ἡμῶν πρὸς τὸ μὴ εἰπεῖν πῇ δυνατὴ γίγνεσθαι αὕτη ἡ πολιτεία. ἀλλὰ λέγε καὶ μὴ διάτριβε.

Οὐκοῦν, ἦν δ' ἐγώ, πρῶτον μὲν τόδε χρὴ ἀναμνησθῆναι, ὅτι ἡμεῖς ζητοῦντες δικαιοσύνην οἷόν ἐστι καὶ ἀδικίαν δεῦρο ἥκομεν.

Χρή· ἀλλὰ τί τοῦτο; ἔφη.

Οὐδέν· ἀλλ' ἐὰν εὕρωμεν οἷόν ἐστι δικαιοσύνη, ἆρα καὶ ἄνδρα τὸν δίκαιον ἀξιώσομεν μηδὲν δεῖν αὐτῆς ἐκείνης διαφέρειν, ἀλλὰ πανταχῇ τοιοῦτον εἶναι οἷον δικαιοσύνη
c ἐστίν; ἢ ἀγαπήσομεν ἐὰν ὅτι ἐγγύτατα αὐτῆς ᾖ καὶ πλεῖστα τῶν ἄλλων ἐκείνης μετέχῃ;

Οὕτως, ἔφη· ἀγαπήσομεν.

Παραδείγματος ἄρα ἕνεκα, ἦν δ' ἐγώ, ἐζητοῦμεν αὐτό τε δικαιοσύνην οἷόν ἐστι, καὶ ἄνδρα τὸν τελέως δίκαιον εἰ γένοιτο, καὶ οἷος ἂν εἴη γενόμενος, καὶ ἀδικίαν αὖ καὶ τὸν ἀδικώτατον, ἵνα εἰς ἐκείνους ἀποβλέποντες, οἷοι ἂν ἡμῖν φαίνωνται εὐδαιμονίας τε πέρι καὶ τοῦ ἐναντίου, ἀναγκαζώμεθα καὶ περὶ ἡμῶν αὐτῶν ὁμολογεῖν, ὃς ἂν ἐκείνοις ὅτι
d ὁμοιότατος ᾖ, τὴν ἐκείνης μοῖραν ὁμοιοτάτην ἕξειν, ἀλλ' οὐ τούτου ἕνεκα, ἵν' ἀποδείξωμεν ὡς δυνατὰ ταῦτα γίγνεσθαι.

Τοῦτο μέν, ἔφη, ἀληθὲς λέγεις.

Οἴει ἂν οὖν ἧττόν τι ἀγαθὸν ζωγράφον εἶναι ὃς ἂν γράψας παράδειγμα οἷον ἂν εἴη ὁ κάλλιστος ἄνθρωπος καὶ

a 6 λόγον λέγειν F M : λέγειν λόγον A D   a 8 λέγῃς A² D : λέγεις A F M   b 3 τόδε χρὴ A M : χρὴ τόδε F D   b 4 ἀδικίαν A F M : ἀδικία D   b 6 τοῦτο A F D M : τοῦτό γ' A²   c 4 ἐζητοῦμεν A M : ζητοῦμεν F D   c 5 τελέως A F M : om. D   εἰ] ᾖ Bekker (καὶ secl. ci. Madvig)   d 1 ἐκείνης A F D M : ἐκείνοις m   ἂν post μοῖραν pr. A   d 4 prius ἂν] δὴ ci. H. Richards

过了那两波浪潮之后[1724]，你现在却引来了那个最大的和最危险的〈浪
潮〉，即第三波浪潮[1725]，而当你看见它〈的汹涌〉和听到它〈的咆哮〉 472a5
之后，你完完全全将〈对我〉满怀同情，因为我毕竟是合情合理地在对
下面这点感到迟疑和害怕，那就是说出并且尝试仔细考察如此难以置信
的一种说法。

诸如此类的事情，他说道，你说得越多，你将越是不会被我们放
过，即放过你无需告诉〈我们〉这种城邦体制在何种方式上变得可能。 472b1
因此，请你说吧，不要磨蹭！

那好，我说道，无疑首先应当回想起下面这点，那就是：我们是
为了寻求正义是何种东西，以及不正义〈是何种东西〉，我们才来到了 472b5
这里。

应当。但这有什么关系呢[1726]？他说道。

没什么关系。然而，如果我们发现了正义是何种东西，那么，是不
是我们也就将指望这点，那就是，正义的人必定同那种东西自身没有任
何的区别，而是在方方面面就是正义所是的那样一种东西？还是说，我 472c1
们将满足了，只要那人尽可能近地〈接近〉它，并且远远比其他人更多
地分有它？

〈像后面〉这样，他回应道，我们就将满足了。

因此，正是为了〈有〉一个范例，我说道，我们才寻找事情本
身，即寻找正义是何种东西[1727]，并且〈寻找〉完全正义的人——如果 472c5
他会出现的话——，以及如果他〈真的〉出现了的话，那他会是何种
人，此外〈我们还寻找〉不正义以及那最不正义的人；这样一来，〈是
为了〉通过着眼于那些人[1728]〈来看看〉就幸福及其反面来说他们会对
我们显得是怎样的，我们也将被迫关于我们自己达成一致意见，那就
是，那尽可能同那些人相似的人，他将具有同〈他们的〉那种〈命运〉 472d1
最相似的命运[1729]，而不是为了这点，即为了我们能证明这些事情变得
可能。

就此而言，他说道，无疑你说得正确。

那么，你认为[1730]，如果一个画家是下面那个样子，那他就是一个
不那么优秀的画家吗，那就是，当他画了一个范例——最美的人有可能 472d5

πάντα εἰς τὸ γράμμα ἱκανῶς ἀποδοὺς μὴ ἔχῃ ἀποδεῖξαι ὡς καὶ δυνατὸν γενέσθαι τοιοῦτον ἄνδρα;

Μὰ Δί' οὐκ ἔγωγ', ἔφη.

Τί οὖν; οὐ καὶ ἡμεῖς, φαμέν, παράδειγμα ἐποιοῦμεν λόγῳ ἀγαθῆς πόλεως; e

Πάνυ γε.

Ἧττόν τι οὖν οἴει ἡμᾶς εὖ λέγειν τούτου ἕνεκα, ἐὰν μὴ ἔχωμεν ἀποδεῖξαι ὡς δυνατὸν οὕτω πόλιν οἰκῆσαι ὡς ἐλέγετο;

Οὐ δῆτα, ἔφη.

Τὸ μὲν τοίνυν ἀληθές, ἦν δ' ἐγώ, οὕτω· εἰ δὲ δὴ καὶ τοῦτο προθυμηθῆναι δεῖ σὴν χάριν, ἀποδεῖξαι πῇ μάλιστα καὶ κατὰ τί δυνατώτατ' ἂν εἴη, πάλιν μοι πρὸς τὴν τοιαύτην ἀπόδειξιν τὰ αὐτὰ διομολόγησαι.

Τὰ ποῖα;

Ἆρ' οἷόν τέ τι πραχθῆναι ὡς λέγεται, ἢ φύσιν ἔχει 473 πρᾶξιν λέξεως ἧττον ἀληθείας ἐφάπτεσθαι, κἂν εἰ μή τῳ δοκεῖ; ἀλλὰ σὺ πότερον ὁμολογεῖς οὕτως ἢ οὔ;

Ὁμολογῶ, ἔφη.

Τοῦτο μὲν δὴ μὴ ἀνάγκαζέ με, οἷα τῷ λόγῳ διήλθομεν, τοιαῦτα παντάπασι καὶ τῷ ἔργῳ δεῖν γιγνόμενα ⟨ἂν⟩ ἀποφαίνειν· ἀλλ', ἐὰν οἷοί τε γενώμεθα εὑρεῖν ὡς ἂν ἐγγύτατα τῶν εἰρημένων πόλις οἰκήσειεν, φάναι ἡμᾶς ἐξηυρηκέναι ὡς δυνατὰ ταῦτα γίγνεσθαι ἃ σὺ ἐπιτάττεις. ἢ b οὐκ ἀγαπήσεις τούτων τυγχάνων; ἐγὼ μὲν γὰρ ἂν ἀγαπῴην.

Καὶ γὰρ ἐγώ, ἔφη.

Τὸ δὲ δὴ μετὰ τοῦτο, ὡς ἔοικε, πειρώμεθα ζητεῖν τε καὶ ἀποδεικνύναι τί ποτε νῦν κακῶς ἐν ταῖς πόλεσι πράττεται δι' ὃ οὐχ οὕτως οἰκοῦνται, καὶ τίνος ἂν σμικροτάτου μεταβαλόντος ἔλθοι εἰς τοῦτον τὸν τρόπον τῆς πολιτείας πόλις,

d 6 εἰς τὸ γράμμα ἱκανῶς A F D : ἱκανῶς εἰς τὸ γράμμα M ἀποδεῖξαι A M : ἐπιδεῖξαι F D e 7 δεῖ] χρὴ Stobaeus a 3 πότερον A F M : πρότερον D a 5 τοῦτο] τούτῳ Stobaeus a 6 δεῖν A F M : δεῖ D : δὴ Stobaeus ἂν add. Bywater b 2 ἂν om. M Stobaeus b 3 ἐγώ] ἔγωγε Stobaeus b 7 ἔλθοι A F M : ἔλθῃ D

就是那个样子——，并且充分地把每样〈合适的〉东西都赋予〈他的〉那幅画之后，他却不能够显示[1731]这样一个人也能够出现？

宙斯在上，我肯定不这么认为，他回应道。

然后呢？我们岂不宣称，我们也已经在讨论中塑造了一个优秀的城 472e1
邦之范例[1732]？

完全如此。

那么，你认为我们由于下面这个缘故就说得不那么好吗，那就是，如果我们不能够证明能够如所说的那样建立一个城邦的话？

肯定不会，他回应道。 472e5

那好，真相，我说道，无疑就是这样。但是，如果为了你的缘故[1733]无论如何都必须努力〈证明〉这点，即证明尤其在何种方式上以及为了什么目的[1734]它是最有可能的，那么，为了这样一种证明，请你再次在同样一些事情上同意我。

哪些事情？ 472e10

是不是任何事情都能够如它被说的那样被做，还是说，下面这点是 473a1
自然而然的[1735]，那就是行动〈总是〉比言辞更少地把握住真，即使在有人看来不是这样？不过你同意，还是不同意是这样？

我同意，他回应道

那就请你一定不要强迫我这点，那就是，我们在讨论中描述了哪样 473a5
一些事情，我就〈被迫要〉显明这样一些事情甚至必须完完全全地在行动中[1736]出现[1737]；相反，如果我们能够发现一个城邦会尽可能地接近
已经被说的那些事情而被治理，那么，就请你宣称[1738]，我们已经发现 473b1
了你所要求的那些事情如何能够出现。或者，你仍将感到不满意，即使你取得了这些[1739]？我〈本人〉无疑会感到满意。

当然我也会，他说道。

而此后的事情无疑是，如看起来的那样，我们应当尝试寻找并且证
明，如今在各个城邦中究竟什么被做得很坏，由于什么它们没有被用这 473b5
种方式加以治理，以及通过什么最微小的事情发生改变，一个城邦就能够进入到这种方式的城邦体制中——最好是通过一件事情〈的改变〉，

μάλιστα μὲν ἑνός, εἰ δὲ μή, δυοῖν, εἰ δὲ μή, ὅτι ὀλιγίστων
τὸν ἀριθμὸν καὶ σμικροτάτων τὴν δύναμιν.
c Παντάπασι μὲν οὖν, ἔφη.
Ἑνὸς μὲν τοίνυν, ἦν δ' ἐγώ, μεταβαλόντος δοκοῦμέν μοι
ἔχειν δεῖξαι ὅτι μεταπέσοι ἄν, οὐ μέντοι σμικροῦ γε οὐδὲ
ῥᾳδίου, δυνατοῦ δέ.
Τίνος; ἔφη.
Ἐπ' αὐτῷ δή, ἦν δ' ἐγώ, εἰμὶ ὃ τῷ μεγίστῳ προσῃκάζομεν
κύματι. εἰρήσεται δ' οὖν, εἰ καὶ μέλλει γέλωτί τε ἀτεχνῶς
ὥσπερ κῦμα ἐκγελῶν καὶ ἀδοξίᾳ κατακλύσειν. σκόπει δὲ
ὃ μέλλω λέγειν.
Λέγε, ἔφη.
Ἐὰν μή, ἦν δ' ἐγώ, ἢ οἱ φιλόσοφοι βασιλεύσωσιν ἐν
d ταῖς πόλεσιν ἢ οἱ βασιλῆς τε νῦν λεγόμενοι καὶ δυνάσται
φιλοσοφήσωσι γνησίως τε καὶ ἱκανῶς, καὶ τοῦτο εἰς ταὐτὸν
συμπέσῃ, δύναμίς τε πολιτικὴ καὶ φιλοσοφία, τῶν δὲ
νῦν πορευομένων χωρὶς ἐφ' ἑκάτερον αἱ πολλαὶ φύσεις ἐξ
ἀνάγκης ἀποκλεισθῶσιν, οὐκ ἔστι κακῶν παῦλα, ὦ φίλε
Γλαύκων, ταῖς πόλεσι, δοκῶ δ' οὐδὲ τῷ ἀνθρωπίνῳ γένει,
e οὐδὲ αὕτη ἡ πολιτεία μή ποτε πρότερον φυῇ τε εἰς τὸ
δυνατὸν καὶ φῶς ἡλίου ἴδῃ, ἣν νῦν λόγῳ διεληλύθαμεν.
ἀλλὰ τοῦτό ἐστιν ὃ ἐμοὶ πάλαι ὄκνον ἐντίθησι λέγειν,
ὁρῶντι ὡς πολὺ παρὰ δόξαν ῥηθήσεται· χαλεπὸν γὰρ ἰδεῖν
ὅτι οὐκ ἂν ἄλλη τις εὐδαιμονήσειεν οὔτε ἰδίᾳ οὔτε δημοσίᾳ.
Καὶ ὅς, Ὦ Σώκρατες, ἔφη, τοιοῦτον ἐκβέβληκας ῥῆμά
τε καὶ λόγον, ὃν εἰπὼν ἡγοῦ ἐπὶ σὲ πάνυ πολλούς τε καὶ
474 οὐ φαύλους νῦν οὕτως, οἷον ῥίψαντας τὰ ἱμάτια, γυμνοὺς

b 8 ὀλιγοστῶν pr. D c 2 μεταβαλόντος A F M : μεταβάλλοντος D c 6 αὐτῷ F : αὐτὸ A D M εἰμι F : εἶμι A D M προσῃκάζομεν F Stobaeus : προ*εικάζομεν A : προεικάζομεν D M c 8 ἀδοξίᾳ κατακλύσειν] ἀταξίαν καταλύσειν Stobaeus c 11 ἐὰν A M : ἐὰν δὲ F D d 4 πολλαὶ] πολιτικαὶ ci. Apelt ἐξ ἀνάγκης om. Stobaeus d 5 ἀποκλεισθῶσιν] ἀποκαθιστῶσι Stobaeus e 3 πάλαι A F M : πάλιν D λέγειν A F D Stobaeus : om. M e 5 ἄλλῃ scr. Mon. εὐδαιμονήσειν A F D γρ. M Stobaeus : εὐδοκιμήσειν M

如果不行，那就通过两件事，如果还是不行，那就通过在数量上尽可能少以及在力量上尽可能小的那些事情。

完全如此，他说道。 473c1

那好，无疑通过一件事情，我说道，发生改变，在我看来我们就能够揭示〈一个城邦〉会发生变迁，当然，它既不是一件小事，也肯定不是一件容易的事，但的确是一件可能的事。

什么事情呢？他说道。 473c5

我实际上是正在面临它[1740]，我说道，那就是面临我们曾将之比拟为最大的浪潮的那种东西[1741]。但它无论如何还是将被说出来，即使它完全就像浪潮在哄笑那样[1742]将用笑声和坏名声淹没〈我〉。不过，请你考察一下我打算说的。

请你说吧，他说道。 473c10

除非，我说道，要么那些热爱智慧的人[1743]将在各个城邦中做国王，要么现今被称作国王和掌权者的那些人将真正地并且充分地热爱智慧， 473d1
并且这〈两者〉——即〈统治〉城邦的力量和对智慧的热爱——向着同一件事同时发生，而现今那些分离地追求这两者中的这个或那个的人，〈他们所具有〉的许多天性都必须[1744]将被排除在外，〈否则〉就将没有 473d5
诸恶的终止[1745]，亲爱的格劳孔啊，对城邦来说如此，而我认为对人类来说也如此，我们现在通过讨论已经详述过的这种城邦体制，它在这之 473e1
前从不会尽可能地产生出来，并且看到太阳的光芒[1746]。而这就是那很久以来使我犹豫将之说出来的那种东西，因为我看到，〈一旦〉它被说出来，那将何等远地与〈大众的〉意见相左；因为看到下面这点是一件不容易的事[1747]，那就是：没有任何其他〈类型的城邦〉能够是幸福的， 473e5
无论是在私人方面，还是在公共方面。

于是他说道，苏格拉底啊，你〈竟然〉抛出了这样一番言辞以及论点，当你把它说出来后，那你就得相信，非常多的一些人，并且还都不是一些平庸的人，他们现在就这样[1748]——仿佛他们扔掉外衣，裸着身 474a1

λαβόντας ὅτι ἑκάστῳ παρέτυχεν ὅπλον, θεῖν διατεταμένους ὡς θαυμάσια ἐργασομένους· οὓς εἰ μὴ ἀμυνῇ τῷ λόγῳ καὶ ἐκφεύξῃ, τῷ ὄντι τωθαζόμενος δώσεις δίκην.

Οὐκοῦν σύ μοι, ἦν δ' ἐγώ, τούτων αἴτιος;

Καλῶς γ', ἔφη, ἐγὼ ποιῶν. ἀλλά τοί σε οὐ προδώσω, ἀλλ' ἀμυνῶ οἷς δύναμαι· δύναμαι δὲ εὐνοίᾳ τε καὶ τῷ παρακελεύεσθαι, καὶ ἴσως ἂν ἄλλου του ἐμμελέστερόν σοι ἀποκρινοίμην. ἀλλ' ὡς ἔχων τοιοῦτον βοηθὸν πειρῶ τοῖς b ἀπιστοῦσιν ἐνδείξασθαι ὅτι ἔχει ᾗ σὺ λέγεις.

Πειρατέον, ἦν δ' ἐγώ, ἐπειδὴ καὶ σὺ οὕτω μεγάλην συμμαχίαν παρέχῃ. ἀναγκαῖον οὖν μοι δοκεῖ, εἰ μέλλομέν πῃ ἐκφεύξεσθαι οὓς λέγεις, διορίσασθαι πρὸς αὐτοὺς τοὺς φιλοσόφους τίνας λέγοντες τολμῶμεν φάναι δεῖν ἄρχειν, ἵνα διαδήλων γενομένων δύνηταί τις ἀμύνεσθαι, ἐνδεικνύμενος ὅτι τοῖς μὲν προσήκει φύσει ἅπτεσθαί τε φιλοσοφίας c ἡγεμονεύειν τ' ἐν πόλει, τοῖς δ' ἄλλοις μήτε ἅπτεσθαι ἀκολουθεῖν τε τῷ ἡγουμένῳ.

Ὥρα ἂν εἴη, ἔφη, ὁρίζεσθαι.

Ἴθι δή, ἀκολούθησόν μοι τῇδε, ἐὰν αὐτὸ ἁμῇ γέ πῃ ἱκανῶς ἐξηγησώμεθα.

Ἄγε, ἔφη.

Ἀναμιμνῄσκειν οὖν σε, ἦν δ' ἐγώ, δεήσει, ἢ μέμνησαι ὅτι ὃν ἂν φῶμεν φιλεῖν τι, δεῖ φανῆναι αὐτόν, ἐὰν ὀρθῶς λέγηται, οὐ τὸ μὲν φιλοῦντα ἐκείνου, τὸ δὲ μή, ἀλλὰ πᾶν στέργοντα;

Ἀναμιμνῄσκειν, ἔφη, ὡς ἔοικεν, δεῖ· οὐ γὰρ πάνυ γε d ἐννοῶ.

Ἄλλῳ, εἶπον, ἔπρεπεν, ὦ Γλαύκων, λέγειν ἃ λέγεις· ἀνδρὶ δ' ἐρωτικῷ οὐ πρέπει ἀμνημονεῖν ὅτι πάντες οἱ ἐν ὥρᾳ τὸν φιλόπαιδα καὶ ἐρωτικὸν ἁμῇ γέ πῃ δάκνουσί τε καὶ κινοῦσι, δοκοῦντες ἄξιοι εἶναι ἐπιμελείας τε καὶ τοῦ

a 3 ἐργασομένους A F M (sed ο in ras. A) : ἐργασαμένους D   c 7 ἄγε A D : ἄγ' F : ἄγε δὴ M   c 10 πᾶν A D M : πάντα F

子拿起碰巧出现在每个人身边的任何武器——全速[1749]冲向你，〈准备〉做出一些令人称奇的事情来。如果你不用讨论来保卫你自己并且避开他们，那你事实上将受到被嘲讽的惩罚。

岂不正是你，我说道，要为这些负责？ 474a5

但我肯定，他回应道，做得正确。而且我真的将不会背弃你，相反，我将通过我所能够〈做的〉来捍卫你。而我既能够用善意和进行鼓励〈来捍卫你〉，也将或许会比其他任何人都更着调地[1750]回答你。因 474b1
此，既然你有着一位如此这般的帮手，那就请你尝试向那些不相信的人显示，事情就是如你所说的那样。

〈我〉必须得尝试，我说道，尤其是当你提供了一个如此巨大的战斗联盟之后。事实上在我看来〈下面这点〉是必须的，那就是，如果我 474b5
们打算以某种方式躲避你所说的那些人，那就〈必须〉对他们界定我们把那些热爱智慧的人称作什么，既然我们胆敢宣称那些人应当进行统治，以便一个人因为他们已经变得非常清楚而能够通过显示下面这点来保卫他自己，那就是：一方面，一些人生来就适合去致力于热爱智慧， 474c1
以及在一个城邦中走在前面领路；另一方面，其他人则不〈适合去〉致力于〈热爱智慧〉，并且〈只能〉跟随那领路的人。

的确是时候，他说道，〈对之〉进行界定了。

那就来吧！请你随我到这儿来，〈看看〉我们是否能够想方设法[1751] 474c5
充分地解释它。

请你带路吧，他说道。

那么，你将需要被提醒吗，我说道，还是说，你已经记得下面这点，那就是：当我们说一个人爱上了某种东西，那么，就应当显得——如果这话说得正确——，他不是在爱那个东西的这方面，而不爱那方 474c10
面，相反，他在爱整个的它[1752]？

你必须提醒〈我〉，他回应道，如看起来的那样；因为我并不完全 474d1
想得起来。

你所说的，我说道，格劳孔啊，适合去对其他人说。而对于一个充满爱欲的人来说，不记得下面这点则是不合适的，那就是：所有那些正当年的少年[1753]，他们都以这样那样的方式在叮咬和激动那爱少年的 474d5
人，因为他们全都看起来是值得〈他〉注意的和爱慕的[1754]。或者，你

ἀσπάζεσθαι. ἢ οὐχ οὕτω ποιεῖτε πρὸς τοὺς καλούς; ὁ μέν, ὅτι σιμός, ἐπίχαρις κληθεὶς ἐπαινεθήσεται ὑφ' ὑμῶν, τοῦ δὲ τὸ γρυπὸν βασιλικόν φατε εἶναι, τὸν δὲ δὴ διὰ
e μέσου τούτων ἐμμετρώτατα ἔχειν, μέλανας δὲ ἀνδρικοὺς ἰδεῖν, λευκοὺς δὲ θεῶν παῖδας εἶναι· μελιχλώρους δὲ καὶ τοὔνομα οἴει τινὸς ἄλλου ποίημα εἶναι ἢ ἐραστοῦ ὑποκοριζομένου τε καὶ εὐχερῶς φέροντος τὴν ὠχρότητα, ἐὰν ἐπὶ ὥρᾳ ᾖ; καὶ ἑνὶ λόγῳ πάσας προφάσεις προφασίζεσθέ τε
475 καὶ πάσας φωνὰς ἀφίετε, ὥστε μηδένα ἀποβάλλειν τῶν ἀνθούντων ἐν ὥρᾳ.

Εἰ βούλει, ἔφη, ἐπ' ἐμοῦ λέγειν περὶ τῶν ἐρωτικῶν ὅτι οὕτω ποιοῦσι, συγχωρῶ τοῦ λόγου χάριν.

Τί δέ; ἦν δ' ἐγώ· τοὺς φιλοίνους οὐ τὰ αὐτὰ ταῦτα ποιοῦντας ὁρᾷς; πάντα οἶνον ἐπὶ πάσης προφάσεως ἀσπαζομένους;

Καὶ μάλα.

Καὶ μὴν φιλοτίμους γε, ὡς ἐγᾦμαι, καθορᾷς ὅτι, ἂν μὴ στρατηγῆσαι δύνωνται, τριττυαρχοῦσιν, κἂν μὴ ὑπὸ μειζόνων
b καὶ σεμνοτέρων τιμᾶσθαι, ὑπὸ σμικροτέρων καὶ φαυλοτέρων τιμώμενοι ἀγαπῶσιν, ὡς ὅλως τιμῆς ἐπιθυμηταὶ ὄντες.

Κομιδῇ μὲν οὖν.

Τοῦτο δὴ φάθι ἢ μή· ἆρα ὃν ἄν τινος ἐπιθυμητικὸν λέγωμεν, παντὸς τοῦ εἴδους τούτου φήσομεν ἐπιθυμεῖν, ἢ τοῦ μέν, τοῦ δὲ οὔ;

Παντός, ἔφη.

Οὐκοῦν καὶ τὸν φιλόσοφον σοφίας φήσομεν ἐπιθυμητὴν εἶναι, οὐ τῆς μέν, τῆς δ' οὔ, ἀλλὰ πάσης;

Ἀληθῆ.

Τὸν ἄρα περὶ τὰ μαθήματα δυσχεραίνοντα, ἄλλως τε
c καὶ νέον ὄντα καὶ μήπω λόγον ἔχοντα τί τε χρηστὸν καὶ μή, οὐ φήσομεν φιλομαθῆ οὐδὲ φιλόσοφον εἶναι, ὥσπερ

d 8 ἐπαινεθήσεται A F D: ἐπαινεῖται A² M   e 2 γρ. μελιχλώρους in marg. A: μελαγχλώρους A F D M   b 1 τιμᾶσθαι A F D: τιμῶνται M   b 5 τούτου A F D: om. M

们〈这些爱少年的人〉在那些俊美的少年面前你们不这样做？一位，因为有扁平的鼻子[1755]，于是他被称作是可爱的而将被你们所赞许，而另一位的鹰钩鼻[1756]，你们则宣称，它是王者气派的，至于〈鼻子〉处在 474e1
这〈两者〉中间的那位[1757]，〈你们说他〉事实上是最为恰到好处的；那些皮肤黝黑的，看起来有男子气概，而那些皮肤白净的，则是诸神的孩子。至于那些皮肤是蜜黄色的以及〈蜜黄色〉这个名称，你竟然认为它们是其他某个人的，而不是一个爱慕者的发明，他要用好听的名字称呼不好的东西[1758]，并且掩饰苍白这种肤色[1759]，只要它是在正当年〈的少
年〉身上？其实一言以蔽之，你们提出了各种各样的借口，并且用尽各 474e5
种各样的表达，为的就是不拒绝那些正当青春年华的少年中的任何一位。 475a1

如果你希望，他说道，借我来谈论那些充满爱欲的人，说他们在这样做，那么，为了讨论的缘故我会同意。

然后呢？我说道。难道你没有看到那些热爱酒的人也在做同样这些事 475a5
情？对于各种各样的酒，他们会用各种各样的借口来表达对它们的钟爱？

的确。

而且就那些热爱荣誉的人[1760]，如我所认为的那样，你也肯定注意
到：如果不能当将军，那就当部落分遣队的小头目[1761]；如果不能够被 475a10
那些更大的和更威严的人物所敬重，那么即使被较低的和较平庸的人所 475b1
敬重也会感到满足，因为他们都是一些在整体上渴望荣誉的人。

完全如此。

那么就下面这点，请你说是，还是否，那就是：一个人，如果我
们说他渴望某种东西，那么，我们将宣称他在渴望整个这种形式的东西 475b5
呢，还是说，他只是渴望〈它的〉这个部分，而不渴望那个部分？

整个，他回应道。

我们岂不也将宣称热爱智慧的人是智慧的一位渴望者，但肯定不是〈在渴望它的〉这个部分，而不〈渴望〉那个部分，而是〈在渴望〉整个智慧？

正确。 475b10

那么，那对各种学问挑剔的人，尤其是当他还是一个年轻人，并 475c1
且尚不能判断什么是有用的，和什么是无用的时[1762]，我们将不会宣称他是一个热爱学问的人，或者一个热爱智慧的人，正如那对食物挑剔的

τὸν περὶ τὰ σιτία δυσχερῆ οὔτε πεινῆν φαμεν οὔτ' ἐπιθυμεῖν σιτίων, οὐδὲ φιλόσιτον ἀλλὰ κακόσιτον εἶναι.

Καὶ ὀρθῶς γε φήσομεν.

Τὸν δὲ δὴ εὐχερῶς ἐθέλοντα παντὸς μαθήματος γεύεσθαι καὶ ἀσμένως ἐπὶ τὸ μανθάνειν ἰόντα καὶ ἀπλήστως ἔχοντα, τοῦτον δ' ἐν δίκῃ φήσομεν φιλόσοφον· ἦ γάρ;

Καὶ ὁ Γλαύκων ἔφη· Πολλοὶ ἄρα καὶ ἄτοποι ἔσονταί σοι d
τοιοῦτοι. οἵ τε γὰρ φιλοθεάμονες πάντες ἔμοιγε δοκοῦσι τῷ
καταμανθάνειν χαίροντες τοιοῦτοι εἶναι, οἵ τε φιλήκοοι ἀτοπώ-
τατοί τινές εἰσιν ὥς γ' ἐν φιλοσόφοις τιθέναι, οἳ πρὸς μὲν λόγους
καὶ τοιαύτην διατριβὴν ἑκόντες οὐκ ἂν ἐθέλοιεν ἐλθεῖν, ὥσπερ
δὲ ἀπομεμισθωκότες τὰ ὦτα ἐπακοῦσαι πάντων χορῶν περιθέ-
ουσι τοῖς Διονυσίοις οὔτε τῶν κατὰ πόλεις οὔτε τῶν κατὰ κώμας
ἀπολειπόμενοι. τούτους οὖν πάντας καὶ ἄλλους τοιούτων τινῶν
μαθητικοὺς καὶ τοὺς τῶν τεχνυδρίων φιλοσόφους φήσομεν; e

Οὐδαμῶς, εἶπον, ἀλλ' ὁμοίους μὲν φιλοσόφοις.

Τοὺς δὲ ἀληθινούς, ἔφη, τίνας λέγεις;

Τοὺς τῆς ἀληθείας, ἦν δ' ἐγώ, φιλοθεάμονας.

Καὶ τοῦτο μέν γ', ἔφη, ὀρθῶς· ἀλλὰ πῶς αὐτὸ λέγεις;

Οὐδαμῶς, ἦν δ' ἐγώ, ῥᾳδίως πρός γε ἄλλον· σὲ δὲ οἶμαι ὁμολογήσειν μοι τὸ τοιόνδε.

Τὸ ποῖον;

Ἐπειδή ἐστιν ἐναντίον καλὸν αἰσχρῷ, δύο αὐτὼ εἶναι.

Πῶς δ' οὔ; 476

Οὐκοῦν ἐπειδὴ δύο, καὶ ἓν ἑκάτερον;

Καὶ τοῦτο.

Καὶ περὶ δὴ δικαίου καὶ ἀδίκου καὶ ἀγαθοῦ καὶ κακοῦ καὶ πάντων τῶν εἰδῶν πέρι ὁ αὐτὸς λόγος, αὐτὸ μὲν ἓν ἕκαστον εἶναι, τῇ δὲ τῶν πράξεων καὶ σωμάτων καὶ ἀλλήλων κοινωνίᾳ πανταχοῦ φανταζόμενα πολλὰ φαίνεσθαι ἕκαστον.

c 8 φήσομεν A D M : θήσομεν F e 1 μαθητικοὺς A : μαθηματικοὺς A² F D M Clemens Cyrillus Theodoretus φήσομεν A D M : θήσομεν F Clemens Theodoretus a 4 δὴ F D : om. A M a 6 ἀλλήλων] ἄλλῃ ἄλλων ci. Badham : ἀλλ' ἄλλων ci. Bywater

人，我们不会说他在挨饿，或者在渴望食物，也不会说他是一个热爱食物的人，而会说他是一个没有食欲的人。

我们将肯定说得正确。 475c5

而那不顾一切地[1763]愿意去品尝每种学问，并且快乐地前去学习和永不饱足的人，我们将正当地[1764]把这种人宣称为一个热爱智慧的人。是这样吗？

而格劳孔说道：于是，许多奇特的人对你来说都将是这样一些人。 475d1
因为，所有那些喜欢看的人，至少在我看来，他们因享受观看而是这样一些人；而那些喜欢听的人也会是一些非常奇特的人，只要把他们置于
那些热爱智慧的人当中——一方面，他们无疑不会愿意为了讨论以及 475d5
为了诸如此类的消磨时间而心甘情愿地前来，另一方面，他们就像那些为了听而出租了耳朵的人似的，他们在狄俄尼索斯节上绕着所有的歌队奔跑，无论是在城里还是在乡间他们都不会错过〈任何一场演出〉——。那么，所有这些人，以及其他那些热衷于学习诸如此类的某些东西和
种小技艺的人，我们将宣称他们是热爱智慧的人吗？ 475e1

绝对不会，我说道，而只是一些类似于热爱智慧的人。

而那些真正的热爱智慧的人，他说道，你说他们是哪些人呢？

那些对真，我说道，热爱看的人。

这无疑，他说道，你也说得正确；但你如何说它呢？ 475e5

绝对不容易，我说道，对其他人〈说这件事〉；但我认为，你会同意我下面这点。

哪点？

既然美与丑相对立，因而它们是二。

为何不呢？ 476a1

既然它们是二，那它们中的每个岂不是一？

也如此。

这同一说法肯定也适用于正义和不正义、善和恶，以及适用于所有 476a5
的形式：一方面，它们每个自身都是一；另一方面，它们由于通过同各种各样的行为和各种各样的形体的结合[1765]，以及通过彼此之间的结合而到处显现，于是它们每个都显现为多。

Ὀρθῶς, ἔφη, λέγεις.

Ταύτῃ τοίνυν, ἦν δ' ἐγώ, διαιρῶ, χωρὶς μὲν οὓς νυνδὴ ἔλεγες φιλοθεάμονάς τε καὶ φιλοτέχνους καὶ πρακτικούς,
b καὶ χωρὶς αὖ περὶ ὧν ὁ λόγος, οὓς μόνους ἄν τις ὀρθῶς προσείποι φιλοσόφους.

Πῶς, ἔφη, λέγεις;

Οἱ μέν που, ἦν δ' ἐγώ, φιλήκοοι καὶ φιλοθεάμονες τάς τε καλὰς φωνὰς ἀσπάζονται καὶ χρόας καὶ σχήματα καὶ πάντα τὰ ἐκ τῶν τοιούτων δημιουργούμενα, αὐτοῦ δὲ τοῦ καλοῦ ἀδύνατος αὐτῶν ἡ διάνοια τὴν φύσιν ἰδεῖν τε καὶ ἀσπάσασθαι.

Ἔχει γὰρ οὖν δή, ἔφη, οὕτως.

Οἱ δὲ δὴ ἐπ' αὐτὸ τὸ καλὸν δυνατοὶ ἰέναι τε καὶ ὁρᾶν καθ' αὑτὸ ἆρα οὐ σπάνιοι ἂν εἶεν;

c Καὶ μάλα.

Ὁ οὖν καλὰ μὲν πράγματα νομίζων, αὐτὸ δὲ κάλλος μήτε νομίζων μήτε, ἄν τις ἡγῆται ἐπὶ τὴν γνῶσιν αὐτοῦ, δυνάμενος ἕπεσθαι, ὄναρ ἢ ὕπαρ δοκεῖ σοι ζῆν; σκόπει δέ. τὸ ὀνειρώττειν ἆρα οὐ τόδε ἐστίν, ἐάντε ἐν ὕπνῳ τις ἐάντ ἐγρηγορὼς τὸ ὅμοιόν τῳ μὴ ὅμοιον ἀλλ' αὐτὸ ἡγῆται εἶναι ᾧ ἔοικεν;

Ἐγὼ γοῦν ἄν, ἦ δ' ὅς, φαίην ὀνειρώττειν τὸν τοιοῦτον.

Τί δέ; ὁ τἀναντία τούτων ἡγούμενός τέ τι αὐτὸ καλὸν
d καὶ δυνάμενος καθορᾶν καὶ αὐτὸ καὶ τὰ ἐκείνου μετέχοντα, καὶ οὔτε τὰ μετέχοντα αὐτὸ οὔτε αὐτὸ τὰ μετέχοντα ἡγούμενος, ὕπαρ ἢ ὄναρ αὖ καὶ οὗτος δοκεῖ σοι ζῆν;

Καὶ μάλα, ἔφη, ὕπαρ.

Οὐκοῦν τούτου μὲν τὴν διάνοιαν ὡς γιγνώσκοντος γνώμην ἂν ὀρθῶς φαῖμεν εἶναι, τοῦ δὲ δόξαν ὡς δοξάζοντος;

Πάνυ μὲν οὖν.

Τί οὖν ἐὰν ἡμῖν χαλεπαίνῃ οὗτος, ὅν φαμεν δοξάζειν ἀλλ' οὐ γιγνώσκειν, καὶ ἀμφισβητῇ ὡς οὐκ ἀληθῆ λέγομεν;

b 4 που FDM : ποι A   b 7 τὴν φύσιν AFDM : τὸν νοῦν d Θ

正确，他说道，你说得。

那好，正是由于这，我说道，我才进行了区分，一方是你刚才所说的
那些人，即热爱看的人、热爱技艺的人和适合行动的人，另一方则是讨论 476a10
所涉及的那些人，唯有他们，一个人能够正确地将之称作热爱智慧的人。 476b1

你为何，他说道，这么说呢？

一方面，我说道，那些热爱听的人以及那些热爱看的人，他们虽 476b5
然无论如何都汲汲追求各种各样动听的声音、各种各样〈漂亮的〉颜色和各种各样〈美丽的〉形象，以及所有那些从诸如此类的东西中为众人所做工出来的事物，但就美自身之本性，他们的思想却既没有能力看见它，也没有能力汲汲追求它。

无论如何都确实，他说道，是这样。

另一方面，那些有能力前往美自身那里，并且就其自身看它的人， 476b10
他们岂不是稀少的？

的确。 476c1

那么，一个人，如果他虽然承认各种各样美的事物，却不承认美
自身，当有人把他引向关于它的认识那里时，他也不能够进行追随，那
么，在你看来，他是在睡着还是醒着度过一生[1766]？请你考虑一下吧！
下面这样岂不都是在做梦，如果一个人——无论他是在睡眠中，还是已 476c5
经醒来——认为那与某种东西相似的东西不是一个相似的东西，而认为
它就是它与之相似的那个东西自身？

至少我会宣称，他回应道，这样一个人在做梦。

然后呢？与这些相反，一个人，如果他既认为〈有着〉某种美自身，
也能够看清它自身和〈所有〉那些分有它的，并且既不认为〈所有〉那些 476d1
分有〈它〉的就是它自身，也不认为它自身就是〈所有〉那些分有〈它〉
的，那么，在你看来，这个人复又是在醒着还是睡着度过一生[1767]？

当然，他回应道，醒着。

那么，我们岂不可以正确地把这个人作为认识者而将其思想说成是 476d5
认识，而把另一个人作为意见者而将其思想说成是意见[1768]？

完全如此。

那么，我们声称〈只是在对一个东西〉持有意见，而〈对之〉并不认识的这个人，如果他对我们动怒，并且驳斥说我们说得不正确[1769]，

ἕξομέν τι παραμυθεῖσθαι αὐτὸν καὶ πείθειν ἠρέμα, ἐπικρυ- e
πτόμενοι ὅτι οὐχ ὑγιαίνει;

Δεῖ γέ τοι δή, ἔφη.

Ἴθι δή, σκόπει τί ἐροῦμεν πρὸς αὐτόν. ἢ βούλει ὧδε πυνθανώμεθα παρ' αὐτοῦ, λέγοντες ὡς εἴ τι οἶδεν οὐδεὶς αὐτῷ φθόνος, ἀλλ' ἄσμενοι ἂν ἴδοιμεν εἰδότα τι. ἀλλ' ἡμῖν εἰπὲ τόδε· ὁ γιγνώσκων γιγνώσκει τὶ ἢ οὐδέν; σὺ οὖν μοι ὑπὲρ ἐκείνου ἀποκρίνου.

Ἀποκρινοῦμαι, ἔφη, ὅτι γιγνώσκει τί.

Πότερον ὂν ἢ οὐκ ὄν;

Ὄν· πῶς γὰρ ἂν μὴ ὄν γέ τι γνωσθείη; 477

Ἱκανῶς οὖν τοῦτο ἔχομεν, κἂν εἰ πλεοναχῇ σκοποῖμεν, ὅτι τὸ μὲν παντελῶς ὂν παντελῶς γνωστόν, μὴ ὂν δὲ μηδαμῇ πάντῃ ἄγνωστον;

Ἱκανώτατα.

Εἶεν· εἰ δὲ δή τι οὕτως ἔχει ὡς εἶναί τε καὶ μὴ εἶναι, οὐ μεταξὺ ἂν κέοιτο τοῦ εἰλικρινῶς ὄντος καὶ τοῦ αὖ μηδαμῇ ὄντος;

Μεταξύ.

Οὐκοῦν ἐπὶ μὲν τῷ ὄντι γνῶσις ἦν, ἀγνωσία δ' ἐξ ἀνάγκης ἐπὶ μὴ ὄντι, ἐπὶ δὲ τῷ μεταξὺ τούτῳ μεταξύ τι καὶ ζητητέον ἀγνοίας τε καὶ ἐπιστήμης, εἴ τι τυγχάνει ὂν τοιοῦτον; b

Πάνυ μὲν οὖν.

Ἆρ' οὖν λέγομέν τι δόξαν εἶναι;

Πῶς γὰρ οὔ;

Πότερον ἄλλην δύναμιν ἐπιστήμης ἢ τὴν αὐτήν;

Ἄλλην.

Ἐπ' ἄλλῳ ἄρα τέτακται δόξα καὶ ἐπ' ἄλλῳ ἐπιστήμη, κατὰ τὴν δύναμιν ἑκατέρα τὴν αὑτῆς.

Οὕτω.

e 4 σκόπει A F M : σκοποῦμεν D e 7 ὁ γιγνώσκων A F M : οὐ γιγνώσκων (ει suprascr.) D a 9 ἐπὶ] εἰ ἐπὶ scr. Mon. : ἐπεὶ ἐπὶ Hermann a 10 ἐπὶ δὲ τῷ] ἐπὶ τῷ A F D M (sed add. δὲ a pr. m. F) τούτῳ A D M : τούτων F b 8 κατὰ τὴν δύναμιν F : κατὰ τὴν αὐτὴν δύναμιν A : κατὰ τὴν αὐτὴν δύναμιν ἢ κατὰ τὴν αὐτὴν δύναμιν D M

那又如何？我们将能够〈在下面这样做的同时〉用某种方式抚慰他并且 476e1
温柔地说服他吗，那就是〈为他〉掩饰他〈头脑〉并不健康？

肯定应该用某种方式，他回应道。

那就来吧！请你考虑一下我们将对他说点什么。或者你愿意我们以
下面这种方式来盘问他，通过〈对他〉说，如果他知道某种东西，那么 476e5
也无人会嫉妒他，相反，我们会乐于看到他知道某种东西。因而请你告诉我们下面这点：那在进行认识的人，他是在认识某种东西呢，还是在什么都不认识？请你代表那人回答我。

我将回答，他说道，他在认识某种东西。

是某种是着的东西呢，还是某种不是着的东西？ 476e10

某种是着的东西。因为任何不是着的东西如何能够被认识？ 477a1

因此，我们充分地把握了下面这点吗，即使我们从很多方面进行考察，那就是：一方面，完全是着的东西是完全可认识的，另一方面，绝对不是着的东西是绝对不可认识的？

极其充分地。 477a5

那好！如果某种东西事实上是这样，那就是它既是又不是，那它岂不会躺在那绝对是着的东西[1770]和绝对不是着的东西之间？

在它们之间。

那么，既然认识向来关乎是者，而不认识必然关乎不是者，那么 477a10
为了这种居间的东西，岂不也必须寻找居于不认识和知识之间的某种东
西[1771]，如果某种东西恰好是这样一种东西的话？ 477b1

完全如此。

那么，我们说，意见是某种东西吗？

为何不呢？

那它是不同于知识的一种能力呢，还是一种相同的能力？ 477b5

一种不同的能力。

因此，意见被指派给了一种东西，而知识被指派给了另一种东西，各自根据它自己的能力。

是这样。

Οὐκοῦν ἐπιστήμη μὲν ἐπὶ τῷ ὄντι πέφυκε, γνῶναι ὡς ἔστι τὸ ὄν;—μᾶλλον δὲ ὧδέ μοι δοκεῖ πρότερον ἀναγκαῖον εἶναι διελέσθαι.

Πῶς;

c Φήσομεν δυνάμεις εἶναι γένος τι τῶν ὄντων, αἷς δὴ καὶ ἡμεῖς δυνάμεθα ἃ δυνάμεθα καὶ ἄλλο πᾶν ὅτι περ ἂν δύνηται, οἷον λέγω ὄψιν καὶ ἀκοὴν τῶν δυνάμεων εἶναι, εἰ ἄρα μανθάνεις ὃ βούλομαι λέγειν τὸ εἶδος.

Ἀλλὰ μανθάνω, ἔφη.

Ἄκουσον δὴ ὅ μοι φαίνεται περὶ αὐτῶν. δυνάμεως γὰρ ἐγὼ οὔτε τινὰ χρόαν ὁρῶ οὔτε σχῆμα οὔτε τι τῶν τοιούτων οἷον καὶ ἄλλων πολλῶν, πρὸς ἃ ἀποβλέπων ἔνια διορίζομαι παρ' ἐμαυτῷ τὰ μὲν ἄλλα εἶναι, τὰ δὲ ἄλλα· δυνάμεως
d δ' εἰς ἐκεῖνο μόνον βλέπω ἐφ' ᾧ τε ἔστι καὶ ὃ ἀπεργάζεται, καὶ ταύτῃ ἑκάστην αὐτῶν δύναμιν ἐκάλεσα, καὶ τὴν μὲν ἐπὶ τῷ αὐτῷ τεταγμένην καὶ τὸ αὐτὸ ἀπεργαζομένην τὴν αὐτὴν καλῶ, τὴν δὲ ἐπὶ ἑτέρῳ καὶ ἕτερον ἀπεργαζομένην ἄλλην. τί δὲ σύ; πῶς ποιεῖς;

Οὕτως, ἔφη.

Δεῦρο δὴ πάλιν, ἦν δ' ἐγώ, ὦ ἄριστε. ἐπιστήμην πότερον δύναμίν τινα φῂς εἶναι αὐτήν, ἢ εἰς τί γένος τιθεῖς;

Εἰς τοῦτο, ἔφη, πασῶν γε δυνάμεων ἐρρωμενεστάτην.

e Τί δέ, δόξαν εἰς δύναμιν ἢ εἰς ἄλλο εἶδος οἴσομεν;

Οὐδαμῶς, ἔφη· ᾧ γὰρ δοξάζειν δυνάμεθα, οὐκ ἄλλο τι ἢ δόξα ἐστίν.

Ἀλλὰ μὲν δὴ ὀλίγον γε πρότερον ὡμολόγεις μὴ τὸ αὐτὸ εἶναι ἐπιστήμην τε καὶ δόξαν.

Πῶς γὰρ ἄν, ἔφη, τό γε ἀναμάρτητον τῷ μὴ ἀναμαρτήτῳ ταὐτόν τις νοῦν ἔχων τιθείη;

Καλῶς, ἦν δ' ἐγώ, καὶ δῆλον ὅτι ἕτερον ἐπιστήμης δόξα
478 ὁμολογεῖται ἡμῖν.

c 2 ἃ δυνάμεθα A M: om. F D c 3 οἷον A F M: οἵων D d 3 τῷ αὐτῷ A D M: τὸ αὐτὸ F d 4 ἀπεργαζομένην A D M: ἀπεργασομένην F

那么，知识岂不生来就〈被指派给了〉是者，以便认识是者是〈什 477b10
么和怎样〉？——然而，在我看来，首先还必须得以这种方式进一步做出区分。

何种方式？

我们将声称，诸能力是是者的某个种类，正是凭借它们，不仅我们 477c1
能够〈做〉我们所能够〈做〉的，而且所有其他的也能够〈做〉它们恰好所能够〈做〉的；例如，我说视觉和听觉是归属在能力之下的，如果你真的明白我想把种类说成什么的话[1772]。

我当然明白，他说道。 477c5

那就请你听听关于它们对我显得如何。在一种能力那里，我其实既看不到任何一种颜色，也看不到任何形象，也看不到如在其他许多东西那里〈所看到的〉诸如此类的东西中的任何一样——例如，当我看向那些东西，我就在我自己那里区分出〈其中〉一些是这样，一些则是那
样——。而在一种能力那里，我只看到这点，即它是在关乎什么以及它 477d1
在达成什么，并且以这种方式我把它们中的每个都称为一种能力；那被指派给了相同东西并且达成了相同结果的能力，我称它是相同的能力，而那被指派给了不同东西并且达成了不同结果的能力，我称它是不同的
能力。而你又如何呢？你怎么做？ 477d5

就这样，他回应道。

那就再来一次！我说道，最优秀的人啊。知识，你说它是某种能力呢，或者你把它置于〈是者的〉哪个种类中？

置于〈能力〉这个种类中，他回应道，而且是诸能力中最强的。

然后呢，我们将把意见指向能力，还是指向其他种类[1773]？ 477e1

绝不会〈指向其他种类〉，他回应道。因为由之我们能够形成意见[1774]的那种〈能力〉，不是任何别的，除了是意见。

然而至少在一小会儿前，你无疑曾同意，知识和意见不是同一个东西。 477e5

这怎么可能呢，他说道，那就是，一个有理智的人竟然把那不会出错的东西同那并非不会出错的东西当成同一种东西？

说得正确，我说道，并且显而易见的是，意见被我们承认为是异于 478a1
知识的。

Ἕτερον.

Ἐφ' ἑτέρῳ ἄρα ἕτερόν τι δυναμένη ἑκατέρα αὐτῶν πέφυκεν;

Ἀνάγκη.

Ἐπιστήμη μέν γέ που ἐπὶ τῷ ὄντι, τὸ ὂν γνῶναι ὡς ἔχει;

Ναί.

Δόξα δέ, φαμέν, δοξάζειν;

Ναί.

Ἦ ταὐτὸν ὅπερ ἐπιστήμη γιγνώσκει; καὶ ἔσται γνωστόν τε καὶ δοξαστὸν τὸ αὐτό; ἢ ἀδύνατον;

Ἀδύνατον, ἔφη, ἐκ τῶν ὡμολογημένων· εἴπερ ἐπ' ἄλλῳ ἄλλη δύναμις πέφυκεν, δυνάμεις δὲ ἀμφότεραί ἐστον, δόξα τε καὶ ἐπιστήμη, ἄλλη δὲ ἑκατέρα, ὥς φαμεν, ἐκ τούτων δὴ οὐκ b
ἐγχωρεῖ γνωστὸν καὶ δοξαστὸν ταὐτὸν εἶναι.

Οὐκοῦν εἰ τὸ ὂν γνωστόν, ἄλλο τι ἂν δοξαστὸν ἢ τὸ ὂν εἴη;

Ἄλλο.

Ἆρ' οὖν τὸ μὴ ὂν δοξάζει; ἢ ἀδύνατον καὶ δοξάσαι τό γε μὴ ὄν; ἐννόει δέ. οὐχ ὁ δοξάζων ἐπὶ τὶ φέρει τὴν δόξαν; ἢ οἷόν τε αὖ δοξάζειν μέν, δοξάζειν δὲ μηδέν;

Ἀδύνατον.

Ἀλλ' ἕν γέ τι δοξάζει ὁ δοξάζων;

Ναί.

Ἀλλὰ μὴν μὴ ὄν γε οὐχ ἕν τι ἀλλὰ μηδὲν ὀρθότατ' ἂν
προσαγορεύοιτο; c

Πάνυ γε.

Μὴ ὄντι μὴν ἄγνοιαν ἐξ ἀνάγκης ἀπέδομεν, ὄντι δὲ γνῶσιν;

Ὀρθῶς, ἔφη.

Οὐκ ἄρα ὂν οὐδὲ μὴ ὂν δοξάζει;

Οὐ γάρ.

Οὔτε ἄρα ἄγνοια οὔτε γνῶσις δόξα ἂν εἴη;

b 1 φαμέν A M : ἔφαμεν F D   b 6 τό γε A² M : τὸ A F D

异于。

那么，它们〈两者〉中的每一个，既然各自能够〈做〉某种不同的事情，因而各自也就生来针对不同的东西。

必然。 478a5

知识无论如何〈生来〉就针对是者吗，为了认识是者是怎样？

是的。

而意见，我们说，则〈生来〉是为了形成意见？

是的。

难道它恰好与知识所认识的东西是同一种东西[1775]？甚至可认识的 478a10
东西和可形成意见的东西将是同一个东西？或者不可能？

不可能，他回应道，基于已经被同意的那些。如果不同的能力真的
生来就针对不同的东西，而它俩——意见和知识——是两种能力，而且 478b1
各自是一种不同的能力，如我们所宣称的那样，那么，基于这些就不会承认，可认识的东西和可形成意见的东西是同一种东西。

因此，如果是者是可认识的，那么，岂不某种不同于是者的东西才会是可形成意见的？

某种不同的东西。 478b5

那么，一个人会对不是者形成意见？或者甚至对不是者形成意见这也是不可能的？不过请你考虑一下吧！那在形成意见的人岂不把意见指向某种东西？或者他虽然能够形成意见，却不对任何东西形成意见？

不可能。

那么，那在形成意见的人至少是在对某一东西形成意见？ 478b10

是的。

而且那不是着的东西甚至不能够被称作某一东西，相反，在最正确 478c1
的意义上会被称作无？

当然。

对于不是者，我们无疑必定把不识指派给它，而对于是者，则把认识指派给它？

正确，他回应道。 478c5

因此，无论对是者还是对不是者，一个人都不会形成意见？

肯定不。

因此，意见就既不会是不识，也不会是认识？

Οὐκ ἔοικεν.

Ἆρ᾽ οὖν ἐκτὸς τούτων ἐστίν, ὑπερβαίνουσα ἢ γνῶσιν σαφηνείᾳ ἢ ἄγνοιαν ἀσαφείᾳ;

Οὐδέτερα.

Ἀλλ᾽ ἆρα, ἦν δ᾽ ἐγώ, γνώσεως μέν σοι φαίνεται δόξα σκοτωδέστερον, ἀγνοίας δὲ φανότερον;

Καὶ πολύ γε, ἔφη.

d Ἐντὸς δ᾽ ἀμφοῖν κεῖται;

Ναί.

Μεταξὺ ἄρα ἂν εἴη τούτοιν δόξα.

Κομιδῇ μὲν οὖν.

Οὐκοῦν ἔφαμεν ἐν τοῖς πρόσθεν, εἴ τι φανείη οἷον ἅμα ὄν τε καὶ μὴ ὄν, τὸ τοιοῦτον μεταξὺ κεῖσθαι τοῦ εἰλικρινῶς ὄντος τε καὶ τοῦ πάντως μὴ ὄντος, καὶ οὔτε ἐπιστήμην οὔτε ἄγνοιαν ἐπ᾽ αὐτῷ ἔσεσθαι, ἀλλὰ τὸ μεταξὺ αὖ φανὲν ἀγνοίας καὶ ἐπιστήμης;

Ὀρθῶς.

Νῦν δέ γε πέφανται μεταξὺ τούτοιν ὃ δὴ καλοῦμεν δόξαν;

Πέφανται.

e Ἐκεῖνο δὴ λείποιτ᾽ ἂν ἡμῖν εὑρεῖν, ὡς ἔοικε, τὸ ἀμφοτέρων μετέχον, τοῦ εἶναί τε καὶ μὴ εἶναι, καὶ οὐδέτερον εἰλικρινὲς ὀρθῶς ἂν προσαγορευόμενον, ἵνα, ἐὰν φανῇ, δοξαστὸν αὐτὸ εἶναι ἐν δίκῃ προσαγορεύωμεν, τοῖς μὲν ἄκροις τὰ ἄκρα, τοῖς δὲ μεταξὺ τὰ μεταξὺ ἀποδιδόντες. ἢ οὐχ οὕτως;

Οὕτω.

Τούτων δὴ ὑποκειμένων λεγέτω μοι, φήσω, καὶ ἀπο-
479 κρινέσθω ὁ χρηστὸς ὃς αὐτὸ μὲν καλὸν καὶ ἰδέαν τινὰ αὐτοῦ κάλλους μηδεμίαν ἡγεῖται ἀεὶ μὲν κατὰ ταὐτὰ ὡσαύτως ἔχουσαν, πολλὰ δὲ τὰ καλὰ νομίζει, ἐκεῖνος ὁ φιλοθεάμων καὶ οὐδαμῇ ἀνεχόμενος ἄν τις ἓν τὸ καλὸν φῇ εἶναι καὶ δίκαιον καὶ τἆλλα οὕτω. "Τούτων γὰρ δή, ὦ ἄριστε, φή-

c 14 φανότερον A M : φανερώτερον F D d 1 ἐντὸς A M : ἑνὸς F D a 2 ἡγεῖται A² M : ἡγῆται A F D μὲν A M : om. F D a 4 οὐδαμῇ A F D : οὐδαμοῦ M

看起来不。

那么，它是在这两者的外面吗，或者在明晰方面超过认识，或者在 478c10
不明晰方面超过不识？

两方面都不是。

那么，我说道，难道意见对你显得，一方面同认识相比是比较黑暗的，另一方面同不识相比，则是比较明亮的[1776]？

完全如此，他回应道。 478c15

那它就躺在这两者的里面？ 478d1

是的。

因此，意见有可能是在这两者之间。

诚然。

那么，我们在前面的那些〈讨论〉中岂不曾说过[1777]，如果某种东 478d5
西显得是这样，即它同时既是着又不是着，那么，这样一种东西就躺在那绝对是着的东西和完全不是着的东西之间；并且既不是知识，也不是不识，将针对它，而〈将针对它的〉复又是某种显得是在不识和知识之间的某种东西？

正确。 478d10

而我们称之为意见的那种东西现在无疑已经显得是在这两者之间？

已经显得是。

因此，留给我们的，如看起来的那样，就是去发现分有这两者—— 478e1
即分有是和不是——的那种东西，并且它不能正确地被称作绝对地是这两者中的任何一个，由此一来，如果这种东西显露出来了，那我们就可以正当地把它称作是可形成意见的东西[1778]，通过把两端的东西指派给
两端的，把居间的东西指派给居间的。抑或不是这样？ 478e5

是这样。

那么，当这些作为假设被假定后[1779]，我将说，那就请这位有本事
的人[1780]来告诉我，并且请他回答，〈因为〉他虽然不相信〈有〉一种在 479a1
其自身美的东西以及美自身的某种理念，而该理念无疑总是以同样的方式保持着同一[1781]，但承认〈有〉许许多多美的事物，〈他作为〉那个热
爱看的人也决不能忍受这点，如果有人宣称美是一和正义是一，以及其 479a5

σομεν, τῶν πολλῶν καλῶν μῶν τι ἔστιν ὃ οὐκ αἰσχρὸν φανήσεται; καὶ τῶν δικαίων, ὃ οὐκ ἄδικον; καὶ τῶν ὁσίων, ὃ οὐκ ἀνόσιον;"

Οὔκ, ἀλλ' ἀνάγκη, ἔφη, καὶ καλά πως αὐτὰ καὶ αἰσχρὰ **b** φανῆναι, καὶ ὅσα ἄλλα ἐρωτᾷς.

Τί δὲ τὰ πολλὰ διπλάσια; ἧττόν τι ἡμίσεα ἢ διπλάσια φαίνεται;

Οὐδέν.

Καὶ μεγάλα δὴ καὶ σμικρὰ καὶ κοῦφα καὶ βαρέα μή τι μᾶλλον ἃ ἂν φήσωμεν, ταῦτα προσρηθήσεται ἢ τἀναντία;

Οὔκ, ἀλλ' ἀεί, ἔφη, ἕκαστον ἀμφοτέρων ἕξεται.

Πότερον οὖν ἔστι μᾶλλον ἢ οὐκ ἔστιν ἕκαστον τῶν πολλῶν τοῦτο ὃ ἄν τις φῇ αὐτὸ εἶναι;

Τοῖς ἐν ταῖς ἑστιάσεσιν, ἔφη, ἐπαμφοτερίζουσιν ἔοικεν, καὶ τῷ τῶν παίδων αἰνίγματι τῷ περὶ τοῦ εὐνούχου, τῆς **c** βολῆς πέρι τῆς νυκτερίδος, ᾧ καὶ ἐφ' οὗ αὐτὸν αὐτὴν αἰνίττονται βαλεῖν· καὶ γὰρ ταῦτα ἐπαμφοτερίζειν, καὶ οὔτ' εἶναι οὔτε μὴ εἶναι οὐδὲν αὐτῶν δυνατὸν παγίως νοῆσαι, οὔτε ἀμφότερα οὔτε οὐδέτερον.

Ἔχεις οὖν αὐτοῖς, ἦν δ' ἐγώ, ὅτι χρήσῃ, ἢ ὅποι θήσεις καλλίω θέσιν τῆς μεταξὺ οὐσίας τε καὶ τοῦ μὴ εἶναι; οὔτε γάρ που σκοτωδέστερα μὴ ὄντος πρὸς τὸ μᾶλλον μὴ εἶναι φανήσεται, οὔτε φανότερα ὄντος πρὸς τὸ μᾶλλον εἶναι. **d**

Ἀληθέστατα, ἔφη.

Ηὑρήκαμεν ἄρα, ὡς ἔοικεν, ὅτι τὰ τῶν πολλῶν πολλὰ νόμιμα καλοῦ τε πέρι καὶ τῶν ἄλλων μεταξύ που κυλινδεῖται τοῦ τε μὴ ὄντος καὶ τοῦ ὄντος εἰλικρινῶς.

Ηὑρήκαμεν.

Προωμολογήσαμεν δέ γε, εἴ τι τοιοῦτον φανείη, δοξαστὸν

a 7 καὶ . . . ἄδικον A F D: om. pr. M b 8 ἕξεται A D M: ἔχεται F c 2 ᾧ A F Athenaeus: ὧ M: ω pr. D: ὡς d vulg. ἐφ' οὗ A F D M: ἀφ' οὗ Athenaeus c 8 μὴ εἶναι . . . d 1 μᾶλλον A F M: om. D d 1 φανότερα A M: φανερώτερα F d 7 τοιοῦτον A F M Simplicius: τοῦτον D

他的也如此的话。“那么，最优秀的人啊，我们将说，在这些许许多多美的事物中，肯定没有某种将不会显得是丑的东西吗？并且在许许多多正义的事情中，也没有某种将不会显得是不正义的东西吗？以及在许许多多虔敬的东西中，也没有某种将不会显得是不虔敬的东西吗？”

不会，相反，下面这点是必然的，他回应道，那就是在某种方式上它们显得既是美的又是丑的[1782]；并且你问的其他所有那些，亦然。

而许许多多双倍的东西又如何呢？它们较少地显得是一半吗，同显得是双倍相比[1783]？

不会。

还有，我们会把一些东西称作是大的和小的、轻的和重的，难道它们仅仅将被这些〈名称〉所称呼，而不被其相反的〈名称所称呼吗〉[1784]？

不会，相反，他回应道，每个都将总是与两方面相联系[1785]。

那么，〈这些〉许许多多的东西中的每个，它更为是，或者不是一个人会宣称它所是的那种东西呢？

这看起来就像在宴会上的那些模棱两可的话似的，他回应道，以及像孩子们关于阉人的那个谜语似的——关于〈他拿东西〉扔蝙蝠，他们编了一个谜语，说他在用什么扔那〈坐〉在什么上的蝙蝠[1786]——。其实这些〈许许多多的东西看起来〉也都是模棱两可的，就它们中的任何一个，既不可能可靠地思考它是，或者不是，〈也不可能可靠地把〉两者都〈归于它〉，或者〈把〉两者中的任何一个都不〈归于它〉。

那么，你知道[1787]，我说道，你将如何处理它们吗，或者，你将把它们置于比所是和不是之间的那个位置还要更好的某个位置那里？我想[1788]，它们既不会将显得比那不是着的东西更黑暗以至于更不是，也不会将显得比那是着的东西更明亮以至于更是。

非常正确，他说道。

那么，我们已经发现了，如看起来的那样，许多人关于美的事物以及其他事物的许多惯常看法，它们无论如何都在绝对不是着的东西和绝对是着的东西之间打转。

我们已经发现了。

而我们肯定曾同意过，如果诸如此类的某种东西显露出来了，那

αὐτὸ ἀλλ᾽ οὐ γνωστὸν δεῖν λέγεσθαι, τῇ μεταξὺ δυνάμει τὸ μεταξὺ πλανητὸν ἁλισκόμενον.

Ὡμολογήκαμεν.

e Τοὺς ἄρα πολλὰ καλὰ θεωμένους, αὐτὸ δὲ τὸ καλὸν μὴ ὁρῶντας μηδ᾽ ἄλλῳ ἐπ᾽ αὐτὸ ἄγοντι δυναμένους ἕπεσθαι, καὶ πολλὰ δίκαια, αὐτὸ δὲ τὸ δίκαιον μή, καὶ πάντα οὕτω, δοξάζειν φήσομεν ἅπαντα, γιγνώσκειν δὲ ὧν δοξάζουσιν οὐδέν.

Ἀνάγκη, ἔφη.

Τί δὲ αὖ τοὺς αὐτὰ ἕκαστα θεωμένους καὶ ἀεὶ κατὰ ταὐτὰ ὡσαύτως ὄντα; ἆρ᾽ οὐ γιγνώσκειν ἀλλ᾽ οὐ δοξάζειν;

Ἀνάγκη καὶ ταῦτα.

Οὐκοῦν καὶ ἀσπάζεσθαί τε καὶ φιλεῖν τούτους μὲν ταῦτα

480 φήσομεν ἐφ᾽ οἷς γνῶσίς ἐστιν, ἐκείνους δὲ ἐφ᾽ οἷς δόξα; ἢ οὐ μνημονεύομεν ὅτι φωνάς τε καὶ χρόας καλὰς καὶ τὰ τοιαῦτ᾽ ἔφαμεν τούτους φιλεῖν τε καὶ θεᾶσθαι, αὐτὸ δὲ τὸ καλὸν οὐδ᾽ ἀνέχεσθαι ὥς τι ὄν;

Μεμνήμεθα.

Μὴ οὖν τι πλημμελήσομεν φιλοδόξους καλοῦντες αὐτοὺς μᾶλλον ἢ φιλοσόφους; καὶ ἆρα ἡμῖν σφόδρα χαλεπανοῦσιν ἂν οὕτω λέγωμεν;

Οὔκ, ἄν γέ μοι πείθωνται, ἔφη· τῷ γὰρ ἀληθεῖ χαλεπαίνειν οὐ θέμις.

Τοὺς αὐτὸ ἄρα ἕκαστον τὸ ὂν ἀσπαζομένους φιλοσόφους ἀλλ᾽ οὐ φιλοδόξους κλητέον;

Παντάπασι μὲν οὖν.

d 10 ὡμολογήσαμεν scr. Ven. 184 e 8 ἀλλ᾽ οὐ A F D : ἀλλὰ M a 2 καλὰς A F D : τινὰς M a 6 πλημμελήσομεν A² F D : πλημμελήσωμεν A M a 11 ὂν A F D : ἓν M

么，它应当被称作可形成意见的，而不是可认识的，因为在〈两端〉之间漫游的东西被〈两端〉之间的能力攫住[1789]。

我们同意过。 479d10

因此，一些人，如果他们观看许多美的事物，却看不见美自身，当 479e1
其他某个人把他们引向它，他们也没有能力跟随他，他们也观看许多正
义的事情，却看不见正义自身，并且在〈其他〉所有事情上也如此，那
么我们将宣称，他们在对所有这些东西形成意见，但并不认识它们对之 479e5
形成意见的那些东西中的任何一个。

必然，他说道。

而那些观看每一事物本身，即观看那些总是以同一和同样的方式是着的东西的人复又怎样呢？他们岂不在进行认识，而不是在形成意见？

这也是必然的。

那么，我们岂不将声称，一方面，这些人在汲汲追求和热爱认识所 479e10
针对的那些东西，另一方面，那些人则在汲汲追求和热爱意见所针对的 480a1
那些东西？或者，我们不记得了下面这点，那就是：我们说〈后面〉这
些人热爱和观看各种各样动听的声音和美丽的颜色，以及诸如此类的，
却不能忍受美自身作为某种是着的东西[1790]？

我们记得。 480a5

那么，我们将不会有点弹错调子吧[1791]，当我们宁可把他们称作热爱意见的人，而不是热爱智慧的人？并且他们会不会将对我们很愤怒，如果我们这样说的话？

不会，如果他们确实听从我的话，他回应道；因为，不应当对真相 480a10
感到愤怒。

因此，那些汲汲追求每一是着的东西本身的人，必须被称作热爱智慧的人，而不是热爱意见的人？

完全如此。

St. II p.484

ς VI.

Οἱ μὲν δὴ φιλόσοφοι, ἦν δ' ἐγώ, ὦ Γλαύκων, καὶ οἱ μὴ a διὰ μακροῦ τινος διεξελθόντες λόγου μόγις πως ἀνεφάνησαν οἵ εἰσιν ἑκάτεροι.

Ἴσως γάρ, ἔφη, διὰ βραχέος οὐ ῥᾴδιον.

Οὐ φαίνεται, εἶπον· ἐμοὶ γοῦν ἔτι δοκεῖ ἂν βελτιόνως φανῆναι εἰ περὶ τούτου μόνου ἔδει ῥηθῆναι, καὶ μὴ πολλὰ τὰ λοιπὰ διελθεῖν μέλλοντι κατόψεσθαι τί διαφέρει βίος δίκαιος ἀδίκου. b

Τί οὖν, ἔφη, τὸ μετὰ τοῦτο ἡμῖν;

Τί δ' ἄλλο, ἦν δ' ἐγώ, ἢ τὸ ἑξῆς; ἐπειδὴ φιλόσοφοι μὲν οἱ τοῦ ἀεὶ κατὰ ταὐτὰ ὡσαύτως ἔχοντος δυνάμενοι ἐφάπτεσθαι, οἱ δὲ μὴ ἀλλ' ἐν πολλοῖς καὶ παντοίως ἴσχουσιν πλανώμενοι οὐ φιλόσοφοι, ποτέρους δὴ δεῖ πόλεως ἡγεμόνας εἶναι;

Πῶς οὖν λέγοντες ἂν αὐτό, ἔφη, μετρίως λέγοιμεν;

Ὁπότεροι ἄν, ἦν δ' ἐγώ, δυνατοὶ φαίνωνται φυλάξαι νόμους τε καὶ ἐπιτηδεύματα πόλεων, τούτους καθιστάναι φύλακας. c

Ὀρθῶς, ἔφη.

Τόδε δέ, ἦν δ' ἐγώ, ἆρα δῆλον, εἴτε τυφλὸν εἴτε ὀξὺ ὁρῶντα χρὴ φύλακα τηρεῖν ὁτιοῦν;

Καὶ πῶς, ἔφη, οὐ δῆλον;

Ἦ οὖν δοκοῦσί τι τυφλῶν διαφέρειν οἱ τῷ ὄντι τοῦ ὄντος

a 2 διεξελθόντες F : διεξελθόντος A D M **a 3** οἵ A D M : οἷοι F d **a 5** βελτιόνως A M : βέλτιον ὡς F D **a 6** τούτου μόνου A D M : μόνου τούτου F **b 3** ἑξῆς] ἐξ ἀρχῆς in marg. A **b 5** παντοίως F (ut videtur) : γρ. παντοίως in marg. D : πάντως A (sed in marg. τοίως A) D M **c 2** ὀρθῶς A D M : δῆλον F **c 6** τι A F : om. D : σοι vulg.

卷六

那么，无疑那些热爱智慧的人，我说道，格劳孔啊，以及那些不热 484a1
爱智慧的人，当我们通过一场有点漫长的讨论进行详述之后[1792]，他们两者勉强在某种方式上[1793]已经被显明为了他们各自所是的。

因为有可能，他说道，通过一场简短的讨论〈他们〉不容易〈被显明〉。

明显不〈容易〉，我说道。至少在我看来，〈事情〉还能够被更好 484a5
地显示出来，假如必须被说的仅仅是关于这件事的话，并且对一个人来
说无需详述许多剩下的事情，如果他〈只是〉想要看清，一种正义的生 484b1
活如何不同于一种不正义的生活时。

那么，他说道，对我们来说此后〈要讨论〉什么呢？

难道还有别的什么吗，我说道，除了紧跟着的〈那个问题〉？既然，那些热爱智慧的人，一方面，他们有能力把握那总是以同样的方式保持
着同一的东西[1794]，另一方面，一些人由于不〈能这样做〉，而是在许许 484b5
多多的并且是各种各样的事物中游走，他们不是热爱智慧的人，那么，这两种人中究竟哪种人应当是一个城邦的领路人呢？

那么，我们该如何说它，他回应道，我们才会说得恰当？

两者中哪种人会，我说道，显得有能力保卫城邦的各种礼法以及各 484b10
种生活方式，〈那我们就说应当〉把这种人任命为〈城邦的〉卫士。 484c1

正确，他说道。

而下面这点，我说道，难道不是显而易见的吗，那就是，应该让一个瞎子，还是让一个目光敏锐的人作为卫士去看护任何东西？

怎么可能，他回应道，不是显而易见的？ 484c5

那么，下面这些人看起来同那些瞎子有什么不同吗，那就是：他们

ἑκάστου ἐστερημένοι τῆς γνώσεως, καὶ μηδὲν ἐναργὲς ἐν τῇ ψυχῇ ἔχοντες παράδειγμα, μηδὲ δυνάμενοι ὥσπερ γραφῆς εἰς τὸ ἀληθέστατον ἀποβλέποντες κἀκεῖσε ἀεὶ ἀναφέροντές τε
d καὶ θεώμενοι ὡς οἷόν τε ἀκριβέστατα, οὕτω δὴ καὶ τὰ ἐνθάδε νόμιμα καλῶν τε πέρι καὶ δικαίων καὶ ἀγαθῶν τίθεσθαί τε, ἐὰν δέῃ τίθεσθαι, καὶ τὰ κείμενα φυλάττοντες σῴζειν;

Οὐ μὰ τὸν Δία, ἦ δ' ὅς, οὐ πολύ τι διαφέρει.

Τούτους οὖν μᾶλλον φύλακας στησόμεθα ἢ τοὺς ἐγνωκότας μὲν ἕκαστον τὸ ὄν, ἐμπειρίᾳ δὲ μηδὲν ἐκείνων ἐλλείποντας μηδ' ἐν ἄλλῳ μηδενὶ μέρει ἀρετῆς ὑστεροῦντας;

Ἄτοπον μεντἄν, ἔφη, εἴη ἄλλους αἱρεῖσθαι, εἴ γε τἆλλα μὴ ἐλλείποιντο· τούτῳ γὰρ αὐτῷ σχεδόν τι τῷ μεγίστῳ ἂν προέχοιεν.

485 Οὐκοῦν τοῦτο δὴ λέγωμεν, τίνα τρόπον οἷοί τ' ἔσονται οἱ αὐτοὶ κἀκεῖνα καὶ ταῦτα ἔχειν;

Πάνυ μὲν οὖν.

Ὃ τοίνυν ἀρχόμενοι τούτου τοῦ λόγου ἐλέγομεν, τὴν φύσιν αὐτῶν πρῶτον δεῖ καταμαθεῖν· καὶ οἶμαι, ἐὰν ἐκείνην ἱκανῶς ὁμολογήσωμεν, ὁμολογήσειν καὶ ὅτι οἷοί τε ταῦτα ἔχειν οἱ αὐτοί, ὅτι τε οὐκ ἄλλους πόλεων ἡγεμόνας δεῖ εἶναι ἢ τούτους.

Πῶς;

Τοῦτο μὲν δὴ τῶν φιλοσόφων φύσεων πέρι ὡμολογήσθω
b ἡμῖν ὅτι μαθήματός γε ἀεὶ ἐρῶσιν ὃ ἂν αὐτοῖς δηλοῖ ἐκείνης τῆς οὐσίας τῆς ἀεὶ οὔσης καὶ μὴ πλανωμένης ὑπὸ γενέσεως καὶ φθορᾶς.

Ὡμολογήσθω.

Καὶ μήν, ἦν δ' ἐγώ, καὶ ὅτι πάσης αὐτῆς, καὶ οὔτε σμικροῦ οὔτε μείζονος οὔτε τιμιωτέρου οὔτε ἀτιμοτέρου μέρους ἑκόντες ἀφίενται, ὥσπερ ἐν τοῖς πρόσθεν περί τε τῶν φιλοτίμων καὶ ἐρωτικῶν διήλθομεν.

d 10 προέχοιεν A F M : προσέχοιεν D   a 5 δεῖ F : δεῖν A D M
b 1 ὃ ἂν A F D Themistius : ὅσ' ἂν M : ὅσα ἂν d vulg.   ἐκείνην δηλοῖ τὴν οὐσίαν Themistius

已经丧失了关于每一在是的方式上是着的东西的认识[1795]，既在灵魂中没有任何清晰的范例，也没有能力如那些画家那样，在看向那最真的东西之后，既总是以〈最真实的东西〉那边为参照[1796]，又尽可能准确地观望〈它〉，以便以这种方式也在这边制定出关于各种美的东西、各种 484d1
正义的东西以及各种善的东西的各种礼法来——如果它们需要被制定的话——，并且作为卫士去保全那些已经被建立起来的东西？

没有，宙斯在上，他回应道，根本没有什么不同。

那么，我们将宁愿把这些人任命[1797]为卫士，而不是把下面这些人： 484d5
一方面，他们认识每一是着的东西，另一方面，不仅在经验上不比那些人逊色，而且在德性的其他任何方面也不落在那些人的后面？

那无疑会是奇怪的，他回应道，选择其他人，如果这些人确实在其他方面都不逊色的话；因为，恰恰在差不多最重要的这件事情上[1798]，
他们胜过了〈其他人〉。 484d10

因此，我们岂不应当说说这点，那就是同样这些人究竟在何种方式 485a1
上将能够拥有那些和这些〈品质〉[1799]？

肯定。

那好，正如当我们开始这场讨论时我们曾说过的那样[1800]，首先， 485a5
必须仔细地检查[1801]他们的天性；并且我也认为，如果我们充分地关于那件事达成了一致意见，那么，我们也就既将同意，同样这些人能够拥有这〈两方面〉的品质，也将同意，城邦中的其他人都不应当是领路人，除了这些人之外。

但该如何〈做呢〉[1802]？

那么，关于那些热爱智慧的人的天性，让我们无论如何就这点达成 485a10
一致意见，那就是：他们无疑总是在爱恋一种学问，而这种学问就那种 485b1
所是会向他们显明，它始终是着，并且不通过生成和毁灭而游走[1803]。

让我们达成一致意见。

而且，我说道，〈他们爱恋〉整个所是，他们不愿意放弃它的任何 485b5
方面——无论它是小的，还是大的，也无论它是更值得重视的，还是不那么值得重视的——，就像在前面的那些讨论中关于那些热爱荣誉的人和那些充满爱欲的人我们详述过的那样[1804]。

Ὀρθῶς, ἔφη, λέγεις.

Τόδε τοίνυν μετὰ τοῦτο σκόπει εἰ ἀνάγκη ἔχειν πρὸς τούτῳ ἐν τῇ φύσει οἳ ἂν μέλλωσιν ἔσεσθαι οἵους ἐλέγομεν. c

Τὸ ποῖον;

Τὴν ἀψεύδειαν καὶ τὸ ἑκόντας εἶναι μηδαμῇ προσδέχεσθαι τὸ ψεῦδος ἀλλὰ μισεῖν, τὴν δ' ἀλήθειαν στέργειν.

Εἰκός γ', ἔφη.

Οὐ μόνον γε, ὦ φίλε, εἰκός, ἀλλὰ καὶ πᾶσα ἀνάγκη τὸν ἐρωτικῶς του φύσει ἔχοντα πᾶν τὸ συγγενές τε καὶ οἰκεῖον τῶν παιδικῶν ἀγαπᾶν.

Ὀρθῶς, ἔφη.

Ἦ οὖν οἰκειότερον σοφίᾳ τι ἀληθείας ἂν εὕροις;

Καὶ πῶς; ἦ δ' ὅς.

Ἦ οὖν δυνατὸν εἶναι τὴν αὐτὴν φύσιν φιλόσοφόν τε καὶ φιλοψευδῆ; d

Οὐδαμῶς γε.

Τὸν ἄρα τῷ ὄντι φιλομαθῆ πάσης ἀληθείας δεῖ εὐθὺς ἐκ νέου ὅτι μάλιστα ὀρέγεσθαι.

Παντελῶς γε.

Ἀλλὰ μὴν ὅτῳ γε εἰς ἕν τι αἱ ἐπιθυμίαι σφόδρα ῥέπουσιν, ἴσμεν που ὅτι εἰς τἆλλα τούτῳ ἀσθενέστεραι, ὥσπερ ῥεῦμα ἐκεῖσε ἀπωχετευμένον.

Τί μήν;

Ὧι δὴ πρὸς τὰ μαθήματα καὶ πᾶν τὸ τοιοῦτον ἐρρυήκασιν, περὶ τὴν τῆς ψυχῆς οἶμαι ἡδονὴν αὐτῆς καθ' αὑτὴν εἶεν ἄν, τὰς δὲ διὰ τοῦ σώματος ἐκλείποιεν, εἰ μὴ πεπλασμένως ἀλλ' ἀληθῶς φιλόσοφός τις εἴη. e

Μεγάλη ἀνάγκη.

Σώφρων μὴν ὅ γε τοιοῦτος καὶ οὐδαμῇ φιλοχρήματος· ὧν γὰρ ἕνεκα χρήματα μετὰ πολλῆς δαπάνης σπουδάζεται, ἄλλῳ τινὶ μᾶλλον ἢ τούτῳ προσήκει σπουδάζειν.

c 1 ἐλέγομεν A D : λέγομεν F c 10 ἀληθείας ἂν A D : ἂν ἀληθείας F d 8 ἀπωχετευμένον A D : ἀποχετευόμεναι F

正确，他说道，你说得。

那好，此后再请你考虑一下，除这之外，那些想要是我们所说的那 485b10
种人的人，他们是否必须在其天性中拥有下面这种〈品质〉。 485c1

哪种？

那就是：真实无欺，以及绝不故意地承认虚假[1805]，而是仇恨它，但热爱真。

有可能是这样，他说道。 485c5

而这肯定不只是，朋友啊，有可能，而且是完全必然的，那就是，那在天性上就对某种东西怀有爱欲的人，他爱同他那心爱的宝贝相亲近和属于它的所有东西[1806]。

正确，他说道。

那么，难道你会发现某种东西，它比真更属于智慧？ 485c10

那怎么会？他回应道。

那么，同一种天性，难道它能够既是一位智慧的热爱者，又是一位 485d1
虚假的热爱者[1807]？

绝不可能。

因此，那在是的方式上热爱学问的人，他应当直接从年轻时起就尽可能地努力追求每一种真。

完全如此。 485d5

无疑对任何一个人来说，当他的那些欲望强烈地倾向于某件单一的事情时，那我们无论如何都知道，与这件事相比，它们就比较弱地倾向于其他事情，就像河流向着那里被用水道引走了似的。

为何不呢？

因此，对一个人来说，〈当他的那些欲望〉已经流向了各种学问以 485d10
及诸如此类的所有事情，那我就认为，它们会在灵魂自身那里同灵魂自身的快乐相关，而放弃那些通过身体而来的快乐，如果他并非假装是，
而真正是一个热爱智慧的人的话。 485e1

非常必然。

而且这样一种人无论如何都是一个自制的人，并且绝不是一个热爱钱财的人；因为，为之钱财因许多的花费[1808]才被汲汲追求的那些东西，
它们更适合于其他某种人，而不是这种人去汲汲追求。 485e5

Οὕτω.

486 Καὶ μήν που καὶ τόδε δεῖ σκοπεῖν, ὅταν κρίνειν μέλλῃς φύσιν φιλόσοφόν τε καὶ μή.

Τὸ ποῖον;

Μή σε λάθῃ μετέχουσα ἀνελευθερίας· ἐναντιώτατον γάρ που σμικρολογία ψυχῇ μελλούσῃ τοῦ ὅλου καὶ παντὸς ἀεὶ ἐπορέξεσθαι θείου τε καὶ ἀνθρωπίνου.

Ἀληθέστατα, ἔφη.

Ἧι οὖν ὑπάρχει διανοίᾳ μεγαλοπρέπεια καὶ θεωρία παντὸς μὲν χρόνου, πάσης δὲ οὐσίας, οἷόν τε οἴει τούτῳ μέγα τι δοκεῖν εἶναι τὸν ἀνθρώπινον βίον;

Ἀδύνατον, ἦ δ' ὅς.

b Οὐκοῦν καὶ θάνατον οὐ δεινόν τι ἡγήσεται ὁ τοιοῦτος;

Ἥκιστά γε.

Δειλῇ δὴ καὶ ἀνελευθέρῳ φύσει φιλοσοφίας ἀληθινῆς, ὡς ἔοικεν, οὐκ ἂν μετείη.

Οὔ μοι δοκεῖ.

Τί οὖν; ὁ κόσμιος καὶ μὴ φιλοχρήματος μηδ' ἀνελεύθερος μηδ' ἀλαζὼν μηδὲ δειλὸς ἔσθ' ὅπῃ ἂν δυσσύμβολος ἢ ἄδικος γένοιτο;

Οὐκ ἔστιν.

Καὶ τοῦτο δὴ ψυχὴν σκοπῶν φιλόσοφον καὶ μὴ εὐθὺς νέου ὄντος ἐπισκέψῃ, εἰ ἄρα δικαία τε καὶ ἥμερος ἢ δυσκοινώνητος καὶ ἀγρία.

Πάνυ μὲν οὖν.

c Οὐ μὴν οὐδὲ τόδε παραλείψεις, ὡς ἐγᾦμαι.

Τὸ ποῖον;

Εὐμαθὴς ἢ δυσμαθής. ἢ προσδοκᾷς ποτέ τινά τι ἱκανῶς ἂν στέρξαι, ὃ πράττων ἂν ἀλγῶν τε πράττοι καὶ μόγις σμικρὸν ἀνύτων;

a 4 μή A D : μή γε F a 8 ᾗ . . . διανοίᾳ μεγαλοπρέπεια] ᾧ . . . διάνοια μεγαλοπρεπὴς Antoninus : ᾧ . . . διανοίας μεγαλοπρέπεια scr. recc. (*cui cogitationis adest magnificentia* Ficinus) b 3 δὴ A M : δὲ F D c 3 τι A F M : om. D

是这样。

还有，无疑〈你〉也必须考虑下面这点，每当你想要判断一种天性是热爱智慧的，还是不是。

哪点？

你不能不注意到它〈是否〉同不自由有份儿[1809]。因为，斤斤计较[1810]无论如何都同〈下面这样一种〉灵魂是最相反对的，那就是，这种灵魂总是想努力朝向整体和每一事物[1811]，无论它是神圣的还是属人的。

非常正确，他说道。

因此，当一种崇高以及一种静观——一则〈静观〉整个时间，一则〈静观〉所有的所是——属于〈一个人的〉思想时[1812]，你认为，对这种人来说，属人的生活还能够看起来是某种重要的事情吗[1813]？

不能够，他回应道。

那么，这样一种人岂不也将不把死亡视为一件可怕的事情？

一点也不。

因此，一种懦弱和不自由的天性，如看起来的那样，它也会在真正的热爱智慧上没有份儿[1814]。

在我看来没有。

然后呢？一个人，如果他是守秩序的，既不是热爱钱财的，也不是不自由的，既不是自夸的，也不是懦弱的，那他会在某种方式上[1815]变成一个难以打交道的人[1816]或者一个不正义的人吗？

不会在任何方式上。

其实还有这点，那就是：当你考察〈一个人的〉灵魂是否是热爱智慧的时，你应当径直从他还是一个年轻人时就观察，它是正义的和温驯的，还是不合群的和粗野的。

完全如此。

你也将不会把这点放到一边，如我所认为的那样。

哪点？

它是敏于学习的还是不敏于学习的[1817]。或者，你会期待，一个人竟然能够充分地喜爱某种东西，当他做它时，他虽然做得很辛苦，却只勉勉强强完成了很少的事情？

Οὐκ ἂν γένοιτο.

Τί δ' εἰ μηδὲν ὧν μάθοι σῴζειν δύναιτο, λήθης ὢν πλέως; ἆρ' ἂν οἷός τ' εἴη ἐπιστήμης μὴ κενὸς εἶναι;

Καὶ πῶς;

'Ανόνητα δὴ πονῶν οὐκ οἴει ἀναγκασθήσεται τελευτῶν αὑτόν τε μισεῖν καὶ τὴν τοιαύτην πρᾶξιν;

Πῶς δ' οὔ;

'Επιλήσμονα ἄρα ψυχὴν ἐν ταῖς ἱκανῶς φιλοσόφοις μή d
ποτε ἐγκρίνωμεν, ἀλλὰ μνημονικὴν αὐτὴν ζητῶμεν δεῖν εἶναι.

Παντάπασι μὲν οὖν.

'Αλλ' οὐ μὴν τό γε τῆς ἀμούσου τε καὶ ἀσχήμονος φύσεως ἄλλοσέ ποι ἂν φαῖμεν ἕλκειν ἢ εἰς ἀμετρίαν.

Τί μήν;

'Αλήθειαν δ' ἀμετρίᾳ ἡγῇ συγγενῆ εἶναι ἢ ἐμμετρίᾳ;

'Εμμετρίᾳ.

῎Εμμετρον ἄρα καὶ εὔχαριν ζητῶμεν πρὸς τοῖς ἄλλοις διάνοιαν φύσει, ἣν ἐπὶ τὴν τοῦ ὄντος ἰδέαν ἑκάστου τὸ αὐτοφυὲς εὐάγωγον παρέξει.

Πῶς δ' οὔ;

Τί οὖν; μή πῃ δοκοῦμέν σοι οὐκ ἀναγκαῖα ἕκαστα διεληλυ- e
θέναι καὶ ἑπόμενα ἀλλήλοις τῇ μελλούσῃ τοῦ ὄντος ἱκανῶς τε καὶ τελέως ψυχῇ μεταλήψεσθαι;

'Αναγκαιότατα μὲν οὖν, ἔφη. 487

῎Εστιν οὖν ὅπῃ μέμψῃ τοιοῦτον ἐπιτήδευμα, ὃ μή ποτ' ἄν τις οἷός τε γένοιτο ἱκανῶς ἐπιτηδεῦσαι, εἰ μὴ φύσει εἴη μνήμων, εὐμαθής, μεγαλοπρεπής, εὔχαρις, φίλος τε καὶ συγγενὴς ἀληθείας, δικαιοσύνης, ἀνδρείας, σωφροσύνης;

Οὐδ' ἂν ὁ Μῶμος, ἔφη, τό γε τοιοῦτον μέμψαιτο.

'Αλλ', ἦν δ' ἐγώ, τελειωθεῖσι τοῖς τοιούτοις παιδείᾳ τε καὶ ἡλικίᾳ ἆρα οὐ μόνοις ἂν τὴν πόλιν ἐπιτρέποις;

c 7 πλέως A D M: ἀνάπλεως F   c 10 ἀνόνητα F M d et in marg. γρ. A: ἀνόητα A D   δὴ A F M: δὲ D   a 4 τε A D M: δὲ F

不可能变得〈充分地喜爱某种东西〉。

而这又如何，如果他不能够保存他所学的那些东西中的任何一样，因为他满是遗忘？难道他不可能在知识上是空空如也吗[1818]？

又如何〈不可能呢〉？

那么，如果他徒劳地[1819]辛苦，难道你不认为，最终他将被迫既憎 486c10
恨他自己，也憎恨这样一种行为？

为何不呢？

因此，一个健忘的灵魂，让我们从不把它接纳进那些充分地热爱智 486d1
慧的灵魂中，相反，让我们要求它必须是一个记性好的。

完全如此。

而我们无疑会宣称，那由一种无文艺修养的和丑陋的天性而来的牵
引[1820]，它不会前往其他任何地方，除了前往欠缺尺度。 486d5

难道还有别的？

而真，你认为它与欠缺尺度是同家族的，还是与合尺度？

与合尺度。

因此，除了其他那些〈品质〉之外，让我们还要求〈一个人的〉思
想在天性上是合尺度的和可爱的，而〈这种思想〉那固有的天性[1821]将 486d10
使得它容易被引向每一是着的东西的理念。

为何不呢？

然后呢？在你看来，我们没有在某种方式上已经对灵魂详述了每一 486e1
必然的并且彼此互相伴随的〈品质〉吗，如果它想要充分并且完满地把握住那是着的东西的话？

无疑都是一些最必然的〈品质〉，他回应道。 487a1

因此，还有何种方式，你将用它来谴责这样一种生活方式呢[1822]，
而这种生活方式一个人从不可能充分地追求它，除非他在天性上是有好
记忆力的，敏于学习的，崇高的，可爱的，热爱并且亲近真、正义、勇 487a5
敢以及自制的？

甚至连摩摩斯[1823]，他回应道，也肯定不会谴责如此这般的它。

那么，我说道，唯有这样一些人，当他们在教育上臻于完满并且在年龄上达到成熟后[1824]，你才会把城邦托付给他们吗？

b Καὶ ὁ Ἀδείμαντος, Ὦ Σώκρατες, ἔφη, πρὸς μὲν ταῦτά σοι οὐδεὶς ἂν οἷός τ' εἴη ἀντειπεῖν. ἀλλὰ γὰρ τοιόνδε τι πάσχουσιν οἱ ἀκούοντες ἑκάστοτε ἃ νῦν λέγεις· ἡγοῦνται δι' ἀπειρίαν τοῦ ἐρωτᾶν καὶ ἀποκρίνεσθαι ὑπὸ τοῦ λόγου παρ' ἕκαστον τὸ ἐρώτημα σμικρὸν παραγόμενοι, ἁθροισθέντων τῶν σμικρῶν ἐπὶ τελευτῆς τῶν λόγων μέγα τὸ σφάλμα καὶ ἐναντίον τοῖς πρώτοις ἀναφαίνεσθαι, καὶ ὥσπερ ὑπὸ τῶν πεττεύειν δεινῶν οἱ μὴ τελευτῶντες ἀποκλείονται καὶ οὐκ ἔχουσιν ὅτι
c φέρωσιν, οὕτω καὶ σφεῖς τελευτῶντες ἀποκλείεσθαι καὶ οὐκ ἔχειν ὅτι λέγωσιν ὑπὸ πεττείας αὖ ταύτης τινὸς ἑτέρας, οὐκ ἐν ψήφοις ἀλλ' ἐν λόγοις· ἐπεὶ τό γε ἀληθὲς οὐδέν τι μᾶλλον ταύτῃ ἔχειν. λέγω δ' εἰς τὸ παρὸν ἀποβλέψας. νῦν γὰρ φαίη ἄν τίς σοι λόγῳ μὲν οὐκ ἔχειν καθ' ἕκαστον τὸ ἐρωτώμενον ἐναντιοῦσθαι, ἔργῳ δὲ ὁρᾶν, ὅσοι ἂν ἐπὶ φιλοσοφίαν ὁρμήσαντες μὴ τοῦ πεπαιδεῦσθαι ἕνεκα ἁψάμενοι νέοι ὄντες
d ἀπαλλάττωνται, ἀλλὰ μακρότερον ἐνδιατρίψωσιν, τοὺς μὲν πλείστους καὶ πάνυ ἀλλοκότους γιγνομένους, ἵνα μὴ παμπονήρους εἴπωμεν, τοὺς δ' ἐπιεικεστάτους δοκοῦντας ὅμως τοῦτό γε ὑπὸ τοῦ ἐπιτηδεύματος οὗ σὺ ἐπαινεῖς πάσχοντας, ἀχρήστους ταῖς πόλεσι γιγνομένους.

Καὶ ἐγὼ ἀκούσας, Οἴει οὖν, εἶπον, τοὺς ταῦτα λέγοντας ψεύδεσθαι;

Οὐκ οἶδα, ἦ δ' ὅς, ἀλλὰ τὸ σοὶ δοκοῦν ἡδέως ἂν ἀκούοιμι.

Ἀκούοις ἂν ὅτι ἔμοιγε φαίνονται τἀληθῆ λέγειν.

e Πῶς οὖν, ἔφη, εὖ ἔχει λέγειν ὅτι οὐ πρότερον κακῶν παύσονται αἱ πόλεις, πρὶν ἂν ἐν αὐταῖς οἱ φιλόσοφοι ἄρξωσιν, οὓς ἀχρήστους ὁμολογοῦμεν αὐταῖς εἶναι;

Ἐρωτᾷς, ἦν δ' ἐγώ, ἐρώτημα δεόμενον ἀποκρίσεως δι' εἰκόνος λεγομένης.

b 5 παραγόμενοι D M : παραγενόμενοι A (sed in marg. παραγό A) F b 6 μέγα F D : μετὰ A b 7 ὥσπερ A F M : ὡς pr. D c 1 φέρωσιν scr. Vind. E : φέρουσιν A F D M c 4 ταύτῃ F D : ταύτην A M d 3 δὲ post ὅμως F d 4 ὑπὸ A F M : ἐπὶ D

于是阿德曼托斯〈插话进来〉，苏格拉底啊，他说道，对于以上这 487b1
些，肯定没有任何人能够反驳你。然而，当人们每次听到你现在所说的
这些，他们其实都遭受了某种下面这样的事情，那就是：他们认为，由
于对提问和回答都没有经验，因此他们在每一个问题那里都被讨论一点 487b5
点地带偏，而当这些一点点〈的偏离〉被聚集起来后，在讨论的结尾，
差错不仅显得是巨大的，而且同最初所说的那些完全相反[1825]；并且就
像那些不〈擅长下跳棋的〉人——这些人最终既被那些擅长下跳棋的人
堵住[1826]，也不知道自己该如何移动〈棋子〉——那样，他们也复又同 487c1
样地既最终被〈你〉堵住，也不知道自己该说什么，〈只不过是〉在这
另外某种棋盘游戏那里，用的不是棋子，而是言辞，即使真相无论如何
都根本不是〈你所说的〉这个样子。而我乃是针对目前的情况[1827]才这
样说。因为，现在有人就可能会宣称，虽然在言辞上他不能够在每一被 487c5
〈你所〉问的事情上反对你，但事实上他能够看到下面这些，那就是：
所有那些人，虽然他们急于前去热爱智慧，但如果他们并非趁自己是年
轻人时为了被〈完整地〉教育过而投身于它，然后就会抽身离开，而是 487d1
太长时间地盘桓其中，那么，一方面，〈这些人中的〉绝大多数甚至都
变成了一些非常古怪的人[1828]——〈这样说是〉为了让我们不至于说他
们是一些完全邪恶的人——，另一方面，那些看起来是最能干的人，由
于他们无论如何都仍然被你所赞许的这种生活方式所影响，因而他们都 487d5
成为了一些对诸城邦来说无用的人[1829]。

而当我听了〈他所说的这些〉之后，那么，你认为，我说道，说这些话的那些人在撒谎吗？

我不知道，他回应道，然而，我倒会乐意听听在你看来〈他们说得如何〉。

你会听到，他们至少对我显得在说真话。 487d10

那么，他说道，一个人又如何能够正确地宣称，在下面这样之前， 487e1
各个城邦都将不会从各种恶中摆脱出来，那就是，我们同意对它们来说
是无用的那些热爱智慧的人能够在它们中进行统治？

你在问，我说道，一个问题，而它需要通过说出由一个比喻而来的 487e5
回答。

Σὺ δέ γε, ἔφη, οἶμαι οὐκ εἴωθας δι' εἰκόνων λέγειν.

Εἶεν, εἶπον· σκώπτεις ἐμβεβληκώς με εἰς λόγον οὕτω
δυσαπόδεικτον; ἄκουε δ' οὖν τῆς εἰκόνος, ἵν' ἔτι μᾶλλον 488
ἴδῃς ὡς γλίσχρως εἰκάζω. οὕτω γὰρ χαλεπὸν τὸ πάθος
τῶν ἐπιεικεστάτων, ὃ πρὸς τὰς πόλεις πεπόνθασιν, ὥστε
οὐδ' ἔστιν ἓν οὐδὲν ἄλλο τοιοῦτον πεπονθός, ἀλλὰ δεῖ
ἐκ πολλῶν αὐτὸ συναγαγεῖν εἰκάζοντα καὶ ἀπολογούμενον
ὑπὲρ αὐτῶν, οἷον οἱ γραφῆς τραγελάφους καὶ τὰ τοιαῦτα
μειγνύντες γράφουσιν. νόησον γὰρ τοιουτονὶ γενόμενον εἴτε
πολλῶν νεῶν πέρι εἴτε μιᾶς· ναύκληρον μεγέθει μὲν καὶ
ῥώμῃ ὑπὲρ τοὺς ἐν τῇ νηὶ πάντας, ὑπόκωφον δὲ καὶ ὁρῶντα b
ὡσαύτως βραχύ τι καὶ γιγνώσκοντα περὶ ναυτικῶν ἕτερα
τοιαῦτα, τοὺς δὲ ναύτας στασιάζοντας πρὸς ἀλλήλους περὶ
τῆς κυβερνήσεως, ἕκαστον οἰόμενον δεῖν κυβερνᾶν, μήτε
μαθόντα πώποτε τὴν τέχνην μήτε ἔχοντα ἀποδεῖξαι διδά-
σκαλον ἑαυτοῦ μηδὲ χρόνον ἐν ᾧ ἐμάνθανεν, πρὸς δὲ τούτοις
φάσκοντας μηδὲ διδακτὸν εἶναι, ἀλλὰ καὶ τὸν λέγοντα ὡς
διδακτὸν ἑτοίμους κατατέμνειν, αὐτοὺς δὲ αὐτῷ ἀεὶ τῷ
ναυκλήρῳ περικεχύσθαι δεομένους καὶ πάντα ποιοῦντας ὅπως c
ἂν σφίσι τὸ πηδάλιον ἐπιτρέψῃ, ἐνίοτε δ' ἂν μὴ πείθωσιν
ἀλλὰ ἄλλοι μᾶλλον, τοὺς μὲν ἄλλους ἢ ἀποκτεινύντας ἢ
ἐκβάλλοντας ἐκ τῆς νεώς, τὸν δὲ γενναῖον ναύκληρον μαν-
δραγόρᾳ ἢ μέθῃ ἤ τινι ἄλλῳ συμποδίσαντας τῆς νεὼς ἄρχειν
χρωμένους τοῖς ἐνοῦσι, καὶ πίνοντάς τε καὶ εὐωχουμένους
πλεῖν ὡς τὸ εἰκὸς τοὺς τοιούτους, πρὸς δὲ τούτοις ἐπαι-
νοῦντας ναυτικὸν μὲν καλοῦντας καὶ κυβερνητικὸν καὶ ἐπι- d
στάμενον τὰ κατὰ ναῦν, ὃς ἂν συλλαμβάνειν δεινὸς ᾖ ὅπως
ἄρξουσιν ἢ πείθοντες ἢ βιαζόμενοι τὸν ναύκληρον, τὸν δὲ
μὴ τοιοῦτον ψέγοντας ὡς ἄχρηστον, τοῦ δὲ ἀληθινοῦ κυ-

e 6 δέ γε] λέγε F e 7 σκώπτεις A F M : σκώπτει D a 2 τὸ F D : om. A M πάθος] γρ. πλῆθος in marg. A (cui τὸ add. rec. a) a 4 ἓν οὐδὲν ἄλλο] ἐν οὐδενὶ ἄλλῳ f d a 5 ἀπολογούμενον] ὑπεραπολογούμενον F a 7 τοιουτονὶ A D M : τοιοῦτον F c 7 πλεῖν ὡς A : πλεῖν εἰς F : πλεῖον ὡς D πλεῖν . . . τοιούτους om. pr. M

而你，他说道，我认为肯定不习惯通过各种比喻来说话。

好吧，我说道；难道你还要讽刺我吗，当你已经把我陷入一个如此难以证明的话题之后？但无论如何都还是请你听听下面这个比喻吧，由 488a1
此你就会愈发看到我在多么贴切地做一个比喻[1830]。因为，那些最能干的人在他们的城邦面前已经遭受的那种遭受是如此的艰难，以至于没有出现过其他任何一种这样的遭受，相反，一个人必须从许多东西那里合 488a5
成出它，以便他能够进行比喻以及替他们做出辩护，就像一些画家所做的那样，他们通过〈把不同的动物〉进行混合而画出羊鹿[1831]以及各种诸如此类的东西。其实请你设想一下，出现了像下面这样的〈一位船主〉[1832]——无论是在许多艘船那儿，还是在一艘船那儿：一方面，一位船主，他无论是在身高上，还是在体力上，都胜过了在船上的〈其他〉 488b1
所有人，但他有点耳聋和同样地有点近视，并且对同航海相关的各种事情的认识也是如〈耳聋和近视〉这两者那般。另一方面，船员们则围绕着掌舵这件事互相争吵，因为他们每个人都认为自己应当掌舵，尽管他 488b5
从未学习过这门技艺，他既不能够指出他自己的老师，也不能够指出他于其中进行学习的那段时间[1833]；而除了这些之外，他们不仅声称〈掌舵这件事〉根本就是不可教的，而且如果有人说它是可教的，那他们就准备把那人给剁掉；他们总是团团围住了那位船主本人[1834]，恳求〈他〉并 488c1
且无所不用其极，为了他能够把船舵托付给他们；而在有的时候，如果他们没能够说服〈他〉，而是其他的一些人更为做成了这件事，那么，他们要么就杀死其他的那些人，要么就把他们从船上扔下去；至于那位高贵的船主[1835]，他们用曼德拉草[1836]，或者用醉酒，或者用其他某种东西， 488c5
把他纠缠住[1837]，由此他们就能够控制住船，从而享用在里面的各种东西，并且在纵情饮酒或者大摆宴席之后，如此这般的他们甚至有可能驾船航行[1838]；而除了这些之外，他们还通过赞美〈一个人〉而把他称作是一 488d1
位精通航海的，一位精通掌舵的人，以及一位知道那些与船相关的各种事情的人，只要那人对下面这点是擅长的，那就是，为了他们能够进行统治，他把他们集合起来，或者说服，或者强迫船主〈同意这件事〉，而任何不是这个样子的人，他们则把他斥责为一个无用的人；至于真正的

βερνήτου πέρι μηδ' ἐπαΐοντες, ὅτι ἀνάγκη αὐτῷ τὴν ἐπιμέλειαν ποιεῖσθαι ἐνιαυτοῦ καὶ ὡρῶν καὶ οὐρανοῦ καὶ ἄστρων καὶ πνευμάτων καὶ πάντων τῶν τῇ τέχνῃ προσηκόντων, εἰ μέλλει τῷ ὄντι νεὼς ἀρχικὸς ἔσεσθαι, ὅπως δὲ κυβερνήσει
e ἐάντε τινες βούλωνται ἐάντε μή, μήτε τέχνην τούτου μήτε μελέτην οἰόμενοι δυνατὸν εἶναι λαβεῖν ἅμα καὶ τὴν κυβερνητικήν. τοιούτων δὴ περὶ τὰς ναῦς γιγνομένων τὸν ὡς ἀληθῶς κυβερνητικὸν οὐχ ἡγῇ ἂν τῷ ὄντι μετεωροσκόπον
489 τε καὶ ἀδολέσχην καὶ ἄχρηστόν σφισι καλεῖσθαι ὑπὸ τῶν ἐν ταῖς οὕτω κατεσκευασμέναις ναυσὶ πλωτήρων;

Καὶ μάλα, ἔφη ὁ Ἀδείμαντος.

Οὐ δή, ἦν δ' ἐγώ, οἶμαι δεῖσθαί σε ἐξεταζομένην τὴν εἰκόνα ἰδεῖν, ὅτι ταῖς πόλεσι πρὸς τοὺς ἀληθινοὺς φιλοσόφους τὴν διάθεσιν ἔοικεν, ἀλλὰ μανθάνειν ὃ λέγω.

Καὶ μάλ', ἔφη.

Πρῶτον μὲν τοίνυν ἐκεῖνον τὸν θαυμάζοντα ὅτι οἱ φιλόσοφοι οὐ τιμῶνται ἐν ταῖς πόλεσι δίδασκέ τε τὴν εἰκόνα καὶ πειρῶ πείθειν ὅτι πολὺ ἂν θαυμαστότερον ἦν
b εἰ ἐτιμῶντο.

Ἀλλὰ διδάξω, ἔφη.

Καὶ ὅτι τοίνυν τἀληθῆ λέγεις, ὡς ἄχρηστοι τοῖς πολλοῖς οἱ ἐπιεικέστατοι τῶν ἐν φιλοσοφίᾳ· τῆς μέντοι ἀχρηστίας τοὺς μὴ χρωμένους κέλευε αἰτιᾶσθαι, ἀλλὰ μὴ τοὺς ἐπιεικεῖς. οὐ γὰρ ἔχει φύσιν κυβερνήτην ναυτῶν δεῖσθαι ἄρχεσθαι ὑφ' αὑτοῦ οὐδὲ τοὺς σοφοὺς ἐπὶ τὰς τῶν πλουσίων θύρας ἰέναι, ἀλλ' ὁ τοῦτο κομψευσάμενος ἐψεύσατο, τὸ δὲ ἀληθὲς πέφυκεν, ἐάντε πλούσιος ἐάντε πένης κάμνῃ, ἀναγκαῖον
c εἶναι ἐπὶ ἰατρῶν θύρας ἰέναι καὶ πάντα τὸν ἄρχεσθαι δεόμενον ἐπὶ τὰς τοῦ ἄρχειν δυναμένου, οὐ τὸν ἄρχοντα δεῖσθαι τῶν ἀρχομένων ἄρχεσθαι, οὗ ἂν τῇ ἀληθείᾳ τι ὄφελος ᾖ. ἀλλὰ τοὺς νῦν πολιτικοὺς ἄρχοντας ἀπεικάζων οἷς ἄρτι

d 5 ἐπαΐοντες A F D M : ἐπαΐοντας f scr. recc. d 7 τῇ om. F
e 2 οἰόμενοι A F D M : οἰομένους scr. recc. : οἰομένῳ ci. H. Sidgwick
a 4 σε] σοι F b 3 λέγεις A F D M : λέγει scr. Par. 1810

舵手，对之他们根本就不懂得下面这些，那就是，这个人必须留意年岁、488d5
季节、天空、星辰、风向，以及〈其他〉所有那些属于〈他的〉这门技
艺的东西，如果他打算将在是的方式上是一位适合对一艘船进行统治的
人的话；而一个人将以何种方式掌舵——不管一些人愿意〈他掌舵〉，还 488e1
是不〈愿意他掌舵〉——，无论是关于这件事的技艺，还是关于它的训
练，他们都认为获得它是不可能的，同时也就〈意味着〉不可能获得掌
舵的技艺[1839]。因此，就围绕着船所发生的那些诸如此类的事情来说，那
真正精通掌舵的人，难道你不认为，他有可能在是的方式上被在已经以
这种方式所管理的那些船上的船员们这样宣称吗，那就是，对他们来说，489a1
他是一位观察天上事情的人和一位闲谈的人[1840]，以及一个无用的人？

的确如此，阿德曼托斯回应道。

因此，我说道，我认为你无需通过仔细审视这个比喻来看清下面
这点，那就是它所比喻的乃是诸城邦对待那些真正热爱智慧的人的态 489a5
度[1841]；相反，你理解我所说的。

当然，他说道。

那好，首先，就那位对那些热爱智慧的人在〈他们自己的〉城邦中
不会被敬重这件事感到吃惊的人，请你把这个比喻教给他，并且请你试 489a10
着说服〈他相信下面这点〉，那就是：那反倒会是更令人吃惊的，如果 489b1
他们被敬重的话。

我当然将〈把它〉教〈给他〉，他说道。

而且当你说出下面这点时，你无疑也在说真话[1842]，那就是，那些在
〈致力于〉热爱智慧的人，其中那些最能干的，他们对许多人来说都是
一些无用的人；只不过请你敦促〈那人〉要把这种无用归咎于那些不使 489b5
用〈他们〉的人，而不是归咎于那些能干的人〈自己〉。因为那是不自然
的[1843]，一位舵手恳求那些水手被他统治，或者那些智慧的人走到富人们
的门前；相反，那精心构思了这句话的人在撒谎[1844]，而真相生来就是：
如果一个人在生病——无论他是一位富人，还是一位穷人——，那他就 489c1
必须得走到医生们的门前，并且每个需要被统治的人也都必须得走到那
有能力进行统治的人的门前，而不是那进行统治的人——如果他真的具
有某种用处的话[1845]——〈必须得〉恳求那些被统治的人被〈他〉统治[1846]。
然而，如果你进行下面这样的两相比拟，那么，你将并没有不中的，那

ἐλέγομεν ναύταις οὐχ ἁμαρτήσῃ, καὶ τοὺς ὑπὸ τούτων ἀχρήστους λεγομένους καὶ μετεωρολέσχας τοῖς ὡς ἀληθῶς κυβερνήταις.

Ὀρθότατα, ἔφη.

Ἔκ τε τοίνυν τούτων καὶ ἐν τούτοις οὐ ῥᾴδιον εὐδοκιμεῖν τὸ βέλτιστον ἐπιτήδευμα ὑπὸ τῶν τἀναντία ἐπιτηδευόντων· πολὺ δὲ μεγίστη καὶ ἰσχυροτάτη διαβολὴ γίγνεται φιλοσοφίᾳ d διὰ τοὺς τὰ τοιαῦτα φάσκοντας ἐπιτηδεύειν, οὓς δὴ σὺ φῄς τὸν ἐγκαλοῦντα τῇ φιλοσοφίᾳ λέγειν ὡς παμπόνηροι οἱ πλεῖστοι τῶν ἰόντων ἐπ' αὐτήν, οἱ δὲ ἐπιεικέστατοι ἄχρηστοι, καὶ ἐγὼ συνεχώρησα ἀληθῆ σε λέγειν. ἦ γάρ;

Ναί.

Οὐκοῦν τῆς μὲν τῶν ἐπιεικῶν ἀχρηστίας τὴν αἰτίαν διεληλύθαμεν;

Καὶ μάλα.

Τῆς δὲ τῶν πολλῶν πονηρίας τὴν ἀνάγκην βούλει τὸ μετὰ τοῦτο διέλθωμεν, καὶ ὅτι οὐδὲ τούτου φιλοσοφία αἰτία, ἂν δυνώμεθα, πειραθῶμεν δεῖξαι; e

Πάνυ μὲν οὖν.

Ἀκούωμεν δὴ καὶ λέγωμεν ἐκεῖθεν ἀναμνησθέντες, ὅθεν διῇμεν τὴν φύσιν οἷον ἀνάγκη φῦναι τὸν καλόν τε κἀγαθὸν ἐσόμενον. ἡγεῖτο δ' αὐτῷ, εἰ νῷ ἔχεις, πρῶτον μὲν ἀλήθεια, 490 ἣν διώκειν αὐτὸν πάντως καὶ πάντῃ ἔδει ἢ ἀλαζόνι ὄντι μηδαμῇ μετεῖναι φιλοσοφίας ἀληθινῆς.

Ἦν γὰρ οὕτω λεγόμενον.

Οὐκοῦν ἓν μὲν τοῦτο σφόδρα οὕτω παρὰ δόξαν τοῖς νῦν δοκουμένοις περὶ αὐτοῦ;

Καὶ μάλα, ἔφη.

Ἆρ' οὖν δὴ οὐ μετρίως ἀπολογησόμεθα ὅτι πρὸς τὸ ὂν πεφυκὼς εἴη ἁμιλλᾶσθαι ὅ γε ὄντως φιλομαθής, καὶ οὐκ

c 6 ὡς om. F d 5 ἀληθῆ A M : ἀληθές F D σε A M : τε F D a 1 αὐτῷ A D M : αὐτῶν F νῷ A D M : ἐν νῷ F a 8 ἀπολογησόμεθα A F D M : ἀπελογησάμεθα ci. Ast : ἀπελογισάμεθα ci. Madvig

就是：不仅把当今那些精通城邦事务而进行统治的人比作我们刚才谈论 489c5
过的那些水手，而且把被这些人称作是无用的和谈论天上事情的那些人
比作那些真正的舵手。

非常正确，他说道。

那么，无疑正是基于以上这些以及在这些情况下，那种最好的生活 489c10
方式不容易被那些汲汲追求与之相反的各种东西的人所重视；而关于热 489d1
爱智慧远为最大以及最厉害的那种坏名声，其实恰好来自那些声称汲汲
追求〈与热爱智慧相关的〉这样一些事情的人，关于他们，你说那位对
热爱智慧进行谴责的人宣称，追求它的那些人[1847]中的绝大多数都是一
些完全邪恶的人，而其中那些最能干的则是一些无用的人，而我也已经 489d5
同意你在说真话[1848]。是这样吗？

是。

因此，一方面，那些能干的人的无用之原因，我们岂不肯定已经详
述过了？

当然。

另一方面，许多人的邪恶之必然，你愿意我们此后对之进行详述 489d10
吗，并且热爱智慧也不当为此负责[1849]，如果我们能够的话，你也愿意 489e1
我们试着将这点显明出来吗？

完全如此。

那么，让我们听一听和让我们说一说，通过从那个地方进行回顾，
在那里，我们详述了那将是既美又好的人必须生来就具有的那类天性。
而在他那里进行引领的，如果你还记得的话[1850]，首先无疑是真，他必 490a1
须彻头彻尾地以及在每一种方式上[1851]都追求它，否则他就由于是一个
自夸的人而在真正的热爱智慧上一点也没有份儿。

它确实是这样被说的。

那么，这一点岂不如此完全地同现在的一些人对他[1852]所持有的那 490a5
种看法相左？

的确，他回应道。

那么，我们岂不可以〈通过说下面这些而〉恰当地〈为之〉进行辩
护，那就是：那以是的方式是热爱学问的人，他生来就奋力朝向那是着

b ἐπιμένοι ἐπὶ τοῖς δοξαζομένοις εἶναι πολλοῖς ἑκάστοις, ἀλλ’ ἴοι καὶ οὐκ ἀμβλύνοιτο οὐδ’ ἀπολήγοι τοῦ ἔρωτος, πρὶν αὐτοῦ ὃ ἔστιν ἑκάστου τῆς φύσεως ἅψασθαι ᾧ προσήκει ψυχῆς ἐφάπτεσθαι τοῦ τοιούτου—προσήκει δὲ συγγενεῖ—ᾧ πλησιάσας καὶ μιγεὶς τῷ ὄντι ὄντως, γεννήσας νοῦν καὶ ἀλήθειαν, γνοίη τε καὶ ἀληθῶς ζῴη καὶ τρέφοιτο καὶ οὕτω λήγοι ὠδῖνος, πρὶν δ’ οὔ;

Ὡς οἷόν τ’, ἔφη, μετριώτατα.

Τί οὖν; τούτῳ τι μετέσται ψεῦδος ἀγαπᾶν ἢ πᾶν τοὐναντίον μισεῖν;

c Μισεῖν, ἔφη.

Ἡγουμένης δὴ ἀληθείας οὐκ ἄν ποτε οἶμαι φαμὲν αὐτῇ χορὸν κακῶν ἀκολουθῆσαι.

Πῶς γάρ;

Ἀλλ’ ὑγιές τε καὶ δίκαιον ἦθος, ᾧ καὶ σωφροσύνην ἕπεσθαι.

Ὀρθῶς, ἔφη.

Καὶ δὴ τὸν ἄλλον τῆς φιλοσόφου φύσεως χορὸν τί δεῖ πάλιν ἐξ ἀρχῆς ἀναγκάζοντα τάττειν; μέμνησαι γάρ που ὅτι συνέβη προσῆκον τούτοις ἀνδρεία, μεγαλοπρέπεια, εὐμάθεια, μνήμη· καὶ σοῦ ἐπιλαβομένου ὅτι πᾶς μὲν ἀναγκ-
d ασθήσεται ὁμολογεῖν οἷς λέγομεν, ἐάσας δὲ τοὺς λόγους, εἰς αὐτοὺς ἀποβλέψας περὶ ὧν ὁ λόγος, φαίη ὁρᾶν αὐτῶν τοὺς μὲν ἀχρήστους, τοὺς δὲ πολλοὺς κακοὺς πᾶσαν κακίαν, τῆς διαβολῆς τὴν αἰτίαν ἐπισκοποῦντες ἐπὶ τούτῳ νῦν γεγόναμεν, τί ποθ’ οἱ πολλοὶ κακοί, καὶ τούτου δὴ ἕνεκα πάλιν ἀνειλήφαμεν τὴν τῶν ἀληθῶς φιλοσόφων φύσιν καὶ ἐξ ἀνάγκης ὡρισάμεθα.

e Ἔστιν, ἔφη, ταῦτα.

b 6 ζῴη] ζῴη τε F   οὕτω A D M : οὕτω δὴ F   b 9 τούτῳ τι A D M : τι τούτῳ F   c 2 φαμὲν F Stobaeus : φαῖμεν A D M   c 9 ἀναγκάζοντα] ἀναλαμβάνοντα scr. Ven. 184 : ἀναβιβάζοντα ci. Madvig   d 3 μὲν F D : om. A M   d 4 διαβολῆς A F M : ἤδη διαβολῆς D : δὴ διαβολῆς ci. Stephanus

的东西，并且不逗留在看起来是的许许多多的个别东西那里，而是勇往 490b1
直前，既不丧失〈追求它的〉锐气，也不停止〈对它的〉爱恋，直到他
〈用下面这种东西〉把握到了每一是着的东西自身的本性为止，即用灵
魂中那适合去抵达这样一种东西的那个〈部分〉——只不过用那〈与之〉
同类的〈部分〉[1853]才适合——，当他用它靠近那以是的方式是着的东 490b5
西并且同它结合在一起，产生出理智和真之后，他就会在认识，在真正
地活着，以及在〈真正地〉被养育[1854]，并由此会停止分娩的阵痛[1855]，
但不是在这之前？

那已然是尽可能地，他说道，恰当！

然后呢？这种人将对下面这件事有任何份儿吗，那就是热爱虚假，
还是说，完全与之相反，他憎恨它？ 490b10

他憎恨它，他回应道。 490c1

如果是真在进行引领，那么，我肯定就不会认为，我们竟然可能宣称诸恶之歌舞队在跟随它。

那还用说？

相反，〈我们宣称跟随它的是〉一种健康的和正义的习性，还有伴 490c5
随这种习性的自制。

正确，他说道。

那么，属于热爱智慧的天性的另外那个歌舞队，为何〈我们〉还必
须再次从头开始迫使它被安排呢？因为无疑你已经记得，〈前面的讨论〉
所得出的结果是[1856]，这种天性与下面这些相称，那就是：勇敢、崇高、 490c10
敏于学习，以及〈好〉记忆。而你却表示反对[1857]，〈说〉一方面，每个 490d1
人都将被迫同意我们所说的那些〈品质〉，另一方面，如果一个人把言
辞放到一边，看向〈我们的〉讨论所涉及的那些人本人，那么，他会宣
称他看到的情况是，他们中的一些人是无用的，而多数人则在所有恶的
方面都是恶的；当我们检查这种坏名声的原因时，我们现在已经来到了 490d5
这个地方，〈以至于我们问〉究竟为什么〈他们中的〉多数人都是恶的，
并且正是为了这点，我们才再次拾起了那些真正热爱智慧的人的天性，
并且从必然性上对它进行界定。

是这样，他说道。 490e1

Ταύτης δή, ἦν δ' ἐγώ, τῆς φύσεως δεῖ θεάσασθαι τὰς φθοράς, ὡς διόλλυται ἐν πολλοῖς, σμικρὸν δέ τι ἐκφεύγει, οὓς δὴ καὶ οὐ πονηρούς, ἀχρήστους δὲ καλοῦσι· καὶ μετὰ τοῦτο αὖ τὰς μιμουμένας ταύτην καὶ εἰς τὸ ἐπιτήδευμα 491
καθισταμένας αὐτῆς, οἷαι οὖσαι φύσεις ψυχῶν εἰς ἀνάξιον καὶ μεῖζον ἑαυτῶν ἀφικνούμεναι ἐπιτήδευμα, πολλαχῇ πλημμελοῦσαι, πανταχῇ καὶ ἐπὶ πάντας δόξαν οἵαν λέγεις φιλοσοφίᾳ προσῆψαν.

Τίνας δέ, ἔφη, τὰς διαφθορὰς λέγεις;

Ἐγώ σοι, εἶπον, ἂν οἷός τε γένωμαι, πειράσομαι διελθεῖν. τόδε μὲν οὖν οἶμαι πᾶς ἡμῖν ὁμολογήσει, τοιαύτην φύσιν καὶ πάντα ἔχουσαν ὅσα προσετάξαμεν νυνδή, εἰ τελέως μέλλοι φιλόσοφος γενέσθαι, ὀλιγάκις ἐν ἀνθρώποις φύεσθαι b
καὶ ὀλίγας. ἢ οὐκ οἴει;

Σφόδρα γε.

Τούτων δὴ τῶν ὀλίγων σκόπει ὡς πολλοὶ ὄλεθροι καὶ μεγάλοι.

Τίνες δή;

Ὃ μὲν πάντων θαυμαστότατον ἀκοῦσαι, ὅτι ἓν ἕκαστον ὧν ἐπῃνέσαμεν τῆς φύσεως ἀπόλλυσι τὴν ἔχουσαν ψυχὴν καὶ ἀποσπᾷ φιλοσοφίας. λέγω δὲ ἀνδρείαν, σωφροσύνην καὶ πάντα ἃ διήλθομεν.

Ἄτοπον, ἔφη, ἀκοῦσαι.

Ἔτι τοίνυν, ἦν δ' ἐγώ, πρὸς τούτοις τὰ λεγόμενα ἀγαθὰ c
πάντα φθείρει καὶ ἀποσπᾷ, κάλλος καὶ πλοῦτος καὶ ἰσχὺς σώματος καὶ συγγένεια ἐρρωμένη ἐν πόλει καὶ πάντα τὰ τούτων οἰκεῖα· ἔχεις γὰρ τὸν τύπον ὧν λέγω.

Ἔχω, ἔφη· καὶ ἡδέως γ' ἂν ἀκριβέστερον ἃ λέγεις πυθοίμην.

Λαβοῦ τοίνυν, ἦν δ' ἐγώ, ὅλου αὐτοῦ ὀρθῶς, καί σοι εὔδηλόν τε φανεῖται καὶ οὐκ ἄτοπα δόξει τὰ προειρημένα περὶ αὐτῶν.

a 9 εἰ . . . b 1 γενέσθαι secl. Cobet   c 9 αὐτῶν A M · αὐτοῦ F D

因此，我说道，〈我们〉必须看看这种天性的各种败坏，看看它如
何在〈他们中的〉多数人那里毁掉了，而少数人[1858]则得以幸免——人
们甚至也不把他们称作是邪恶的，而把他们称作是无用的——。并且在
此之后，复又必须看看〈另外一些〉灵魂的天性，它们在模仿这种天性 491a1
并且向着它的生活方式来安排自己，〈看看〉它们是何种天性要前往一
种〈它们〉不配并且高于它们自己的生活方式，以至于，由于它们在许
多地方都不着调，从而在各方面，并且在所有人那里，把你所说的那样 491a5
一种名声加给了热爱智慧。

那你究竟在说，他说道，哪些败坏呢？

我将试着对你，我说道，如果我能够的话，详述〈它们〉。不过关
于下面这点，我认为我们每个人无疑都将同意，那就是：这样一种天
性，由于它拥有我们刚才所摆出来的所有那些品质，如果一个人想成为 491b1
一个完美的热爱智慧的人，那么，它在世人那里不常产生出来，并且
〈产生出来的〉也很少。或者你不这么认为？

非常肯定地这么认为。

那么，就这些少数人来说，请你考虑一下，毁坏是何等的多以及何 491b5
等的大。

究竟是哪些？

一切中听起来最令人吃惊的，无疑是下面这点，那就是：我们就天性
所赞许的那些品质中的每一个都在毁灭那拥有它的灵魂，并且把它从热爱智
慧那里拖走。而我说的是勇敢、自制，以及我们已经详述过的所有那些。 491b10

听起来是一件奇怪的事，他说道。

再者[1859]，我说道，除了这些之外，所谓的所有那些好的东西，它 491c1
们也都在败坏和拖走它，诸如美丽、富有、身体的强壮、在一个城邦中
一种有势力的亲属关系，以及所有那些与这些相近似的东西；由此你就
有了我所说的这些事情之轮廓[1860]。

我有了，他说道；并且我还是会乐意更加准确地了解你所说的。 491c5

那好，请你正确地把它作为一个整体[1861]来进行把握，由此对你而
言，不仅它将显得一清二楚，而且前面关于它们[1862]所说的那些事情也
将看起来不是奇怪的。

Πῶς οὖν, ἔφη, κελεύεις;

d Παντός, ἦν δ' ἐγώ, σπέρματος πέρι ἢ φυτοῦ, εἴτε ἐγγείων εἴτε τῶν ζῴων, ἴσμεν ὅτι τὸ μὴ τυχὸν τροφῆς ἧς προσήκει ἑκάστῳ μηδ' ὥρας μηδὲ τόπου, ὅσῳ ἂν ἐρρωμενέστερον ᾖ, τοσούτῳ πλειόνων ἐνδεῖ τῶν πρεπόντων· ἀγαθῷ γάρ που κακὸν ἐναντιώτερον ἢ τῷ μὴ ἀγαθῷ.

Πῶς δ' οὔ;

Ἔχει δὴ οἶμαι λόγον τὴν ἀρίστην φύσιν ἐν ἀλλοτριωτέρᾳ οὖσαν τροφῇ κάκιον ἀπαλλάττειν τῆς φαύλης.

Ἔχει.

e Οὐκοῦν, ἦν δ' ἐγώ, ὦ Ἀδείμαντε, καὶ τὰς ψυχὰς οὕτω φῶμεν τὰς εὐφυεστάτας κακῆς παιδαγωγίας τυχούσας διαφερόντως κακὰς γίγνεσθαι; ἢ οἴει τὰ μεγάλα ἀδικήματα καὶ τὴν ἄκρατον πονηρίαν ἐκ φαύλης ἀλλ' οὐκ ἐκ νεανικῆς φύσεως τροφῇ διολομένης γίγνεσθαι, ἀσθενῆ δὲ φύσιν μεγάλων οὔτε ἀγαθῶν οὔτε κακῶν αἰτίαν ποτὲ ἔσεσθαι;

Οὔκ, ἀλλά, ᾗ δ' ὅς, οὕτως.

492 Ἣν τοίνυν ἔθεμεν τοῦ φιλοσόφου φύσιν, ἂν μὲν οἶμαι μαθήσεως προσηκούσης τύχῃ, εἰς πᾶσαν ἀρετὴν ἀνάγκη αὐξανομένην ἀφικνεῖσθαι, ἐὰν δὲ μὴ ἐν προσηκούσῃ σπαρεῖσά τε καὶ φυτευθεῖσα τρέφηται, εἰς πάντα τἀναντία αὖ, ἐὰν μή τις αὐτῇ βοηθήσας θεῶν τύχῃ. ἢ καὶ σὺ ἡγῇ, ὥσπερ οἱ πολλοί, διαφθειρομένους τινὰς εἶναι ὑπὸ σοφιστῶν νέους, διαφθείροντας δέ τινας σοφιστὰς ἰδιωτικούς, ὅτι καὶ ἄξιον λόγου, ἀλλ' οὐκ αὐτοὺς τοὺς ταῦτα λέγοντας μεγίστους b μὲν εἶναι σοφιστάς, παιδεύειν δὲ τελεώτατα καὶ ἀπεργάζεσθαι οἵους βούλονται εἶναι καὶ νέους καὶ πρεσβυτέρους καὶ ἄνδρας καὶ γυναῖκας;

Πότε δή; ᾗ δ' ὅς.

d 1 παντός F D M Stobaeus: πάντως A d 3 ἑκάστῳ om. Stobaeus d 7 ἀλλοτριωτέρᾳ οὖσαν A F (οὖσα) D Stobaeus: ἀλλοτρίῳ τραφεῖσαν ci. Heusde d 8 κάκιον A F D M: κακιῶν Stobaeus: κακίον' ci. Boeckh e 1 οὕτω φῶμεν] φῶμεν οὕτω Stobaeus e 5 διολομένης A F D M Stobaeus: διολλυμένης vulg. e 6 αἰτίαν ποτὲ] ποτὲ αἰτίαν Stobaeus b 1 δὲ A D M: τε F

那么，他说道，你要求〈我〉如何〈把握它〉呢？ 491c10

关于所有的种子，我说道，或者关于所有的生物——无论是就各种 491d1
植物来说[1863]，还是就各种动物来说——，我们都知道，那没有取得与之相适合的食物、气候或者地点的，每个越是强有力，也就越是更多地欠缺那些〈与之〉相适合的东西；因为，无疑坏同好是更相反的，而不 491d5
是同某种不好的东西。

那还用说？

因此，我认为这是合理的，那就是，最好的天性，当它处在一种比较异己的培养中时，它表现得比平庸的天性更坏[1864]。

是〈合理的〉。

那么，我说道，阿德曼托斯啊，就那些生得最好的灵魂来说，我们 491e1
岂不也可以这样宣称，那就是，如果它们接受了一种坏的教导，那它们就会变得格外地坏？或者你认为，各种巨大的不义之事以及那种纯粹的邪恶，它们来自一种平庸的天性，而不是来自一种充满活力却被培养所 491e5
败坏了的天性，而一种虚弱的天性将从不会为那些重大的事情负责，无论那些事情是好的，还是坏的？

不会〈来自一种平庸的天性〉，他回应道，而是后面这样[1865]。

那好，至于我们将之确定为是热爱智慧的人的天性的那种天性，我 492a1
认为，一方面，如果它接受了一种与之相称的学习，那么，它必然将随着它自己成长而来到每一种德性那里；另一方面，如果它没有通过在一种与之相称的〈土壤〉中被播种和栽植而被培养，那么，它复又〈必然将来到与德性〉相反的所有东西那里，除非诸神中的某位恰好救助了 492a5
它。或者甚至连你也相信，就像许多人〈相信的〉那样，有着一些被智者们所败坏的年轻人，而在进行败坏的是某些作为私人的智者——〈他们把年轻人败坏到了〉某种甚至值得一说的地步——，而不是在说这些话的那些人自己，一则他们才是一些最大的智者[1866]，一则他们在以最彻 492b1
底的方式教育和塑造年轻人和老人、男人和女人，让他们成为他们自己希望他们是的那种人？

那〈他们〉究竟在什么时候〈那样做〉呢？他回应道。

Ὅταν, εἶπον, συγκαθεζόμενοι ἀθρόοι πολλοὶ εἰς ἐκκλησίας ἢ εἰς δικαστήρια ἢ θέατρα ἢ στρατόπεδα ἤ τινα ἄλλον κοινὸν πλήθους σύλλογον σὺν πολλῷ θορύβῳ τὰ μὲν ψέγωσι τῶν λεγομένων ἢ πραττομένων, τὰ δὲ ἐπαινῶσιν, ὑπερβαλλόντως ἑκάτερα, καὶ ἐκβοῶντες καὶ κροτοῦντες, πρὸς δ' αὐτοῖς αἵ τε πέτραι καὶ ὁ τόπος ἐν ᾧ ἂν ὦσιν ἐπηχοῦντες c
διπλάσιον θόρυβον παρέχωσι τοῦ ψόγου καὶ ἐπαίνου. ἐν δὴ τῷ τοιούτῳ τὸν νέον, τὸ λεγόμενον, τίνα οἴει καρδίαν ἴσχειν; ἢ ποίαν [ἂν] αὐτῷ παιδείαν ἰδιωτικὴν ἀνθέξειν, ἣν οὐ κατακλυσθεῖσαν ὑπὸ τοῦ τοιούτου ψόγου ἢ ἐπαίνου οἰχήσεσθαι φερομένην κατὰ ῥοῦν ᾗ ἂν οὗτος φέρῃ, καὶ φήσειν τε τὰ αὐτὰ τούτοις καλὰ καὶ αἰσχρὰ εἶναι, καὶ ἐπιτηδεύσειν ἅπερ ἂν οὗτοι, καὶ ἔσεσθαι τοιοῦτον;

Πολλή, ἦ δ' ὅς, ὦ Σώκρατες, ἀνάγκη. d

Καὶ μήν, ἦν δ' ἐγώ, οὔπω τὴν μεγίστην ἀνάγκην εἰρήκαμεν.

Ποίαν; ἔφη.

Ἣν ἔργῳ προστιθέασι λόγῳ μὴ πείθοντες οὗτοι οἱ παιδευταί τε καὶ σοφισταί. ἢ οὐκ οἶσθα ὅτι τὸν μὴ πειθόμενον ἀτιμίαις τε καὶ χρήμασι καὶ θανάτοις κολάζουσι;

Καὶ μάλα, ἔφη, σφόδρα.

Τίνα οὖν ἄλλον σοφιστὴν οἴει ἢ ποίους ἰδιωτικοὺς λόγους ἐναντία τούτοις τείνοντας κρατήσειν;

Οἶμαι μὲν οὐδένα, ἦ δ' ὅς. e

Οὐ γάρ, ἦν δ' ἐγώ, ἀλλὰ καὶ τὸ ἐπιχειρεῖν πολλὴ ἄνοια. οὔτε γὰρ γίγνεται οὔτε γέγονεν οὐδὲ οὖν μὴ γένηται ἀλλοῖον ἦθος πρὸς ἀρετὴν παρὰ τὴν τούτων παιδείαν πεπαιδευμένον, ἀνθρώπειον, ὦ ἑταῖρε—θεῖον μέντοι κατὰ τὴν παροιμίαν ἐξαιρῶμεν λόγου· εὖ γὰρ χρὴ εἰδέναι, ὅτιπερ ἂν σωθῇ τε

b 5 πολλοὶ] οἱ πολλοὶ ci. Hermann : secl. Cobet c 2 καὶ A D M : τε καὶ F c 3 δὴ A D M : δὲ F c 4 ἂν secl. Cobet ἰδιωτικὴν A D M : ἰδιώτην F c 7 φήσειν A² F D M : φησιν A d 6 τὸν F D : τὸ A M e 2 ἦν δ' ἐγώ A F M : om. D e 6 ἐξαιρῶμεν M : ἐξαίρωμεν A D : ἐξαίρομεν F

每当，我说道，聚集在一起的许多人[1867]坐在一起，无论是在公民 492b5
大会上[1868]，还是在法庭上，还是在剧场里，还是在军营中，还是在一
群人的任何其他的公共集会那里，伴随着许多的喧嚣，他们责备一些被
说出来的话，或者一些被做出来的事，而赞许另外一些〈话或事〉，只
不过在这两方面他们都做得过头，并且是通过叫喊和鼓掌，而除了他们
自己之外，岩石和他们身处其间的场地则通过发出回声而会导致双倍的 492c1
喧嚣，无论是在责备方面，还是在赞许方面。那么，在这样一种情形
下，一个年轻人，如常言所说[1869]，你认为他会有一颗什么样的心呢？
或者，什么样的私下教育将为他顶住〈这些〉[1870]，而这种私下教育不被 492c5
这样一种责骂或赞许所淹没而上路，不沿着这种〈责备或赞许〉所携带
的水流把它带往哪里，它就前往哪里，以至于他将如这样一些人〈所宣
称的那样〉宣称同样一些事情是美的，或者是丑的，并且恰恰追求这些
人会追求的那些事情，以及将是〈他们所是的〉那样一种人？

这是极其，他回应道，苏格拉底啊，必然的。 492d1

事实上，我说道，我们还尚未说到那种最大的必然。

哪种？他说道。

这些教育者和智者在行动上所增添的那种必然，当他们在言辞上没 492d5
能劝说成功时。或者你不知道，对于那没有被〈他们〉说服的人，他们
用各种不光彩和罚金，甚至死亡来加以惩罚？

当然，他回应道，〈他们会〉极其严厉地〈进行惩罚〉。

那么，你认为还有另外哪个智者，或者哪些私下的言论，通过奋力 492d10
反对这些人而将取胜呢[1871]？

我认为肯定没有，他回应道。 492e1

确实没有，我说道，相反，甚至进行尝试，这已然是一种很大的愚
蠢。因为，现在没有出现，过去没有出现过，〈将来〉也不可能出现以
不同于这些人〈所提供〉的那种教育[1872]向着德性而被教育出来的另外
一种习性，〈当然只是指〉一种属人的习性，朋友啊——至于一种神圣 492e5
的习性，无疑根据谚语，让我们将之排除在外[1873]——。因为你必须得

493 καὶ γένηται οἷον δεῖ ἐν τοιαύτῃ καταστάσει πολιτειῶν, θεοῦ μοῖραν αὐτὸ σῶσαι λέγων οὐ κακῶς ἐρεῖς.

Οὐδ' ἐμοὶ ἄλλως, ἔφη, δοκεῖ.

Ἔτι τοίνυν σοι, ἦν δ' ἐγώ, πρὸς τούτοις καὶ τόδε δοξάτω.

Τὸ ποῖον;

Ἕκαστος τῶν μισθαρνούντων ἰδιωτῶν, οὓς δὴ οὗτοι σοφιστὰς καλοῦσι καὶ ἀντιτέχνους ἡγοῦνται, μὴ ἄλλα παιδεύειν ἢ ταῦτα τὰ τῶν πολλῶν δόγματα, ἃ δοξάζουσιν ὅταν ἀθροισθῶσιν, καὶ σοφίαν ταύτην καλεῖν· οἷόνπερ ἂν εἰ θρέμματος μεγάλου καὶ ἰσχυροῦ τρεφομένου τὰς ὀργάς τις καὶ
b ἐπιθυμίας κατεμάνθανεν, ὅπῃ τε προσελθεῖν χρὴ καὶ ὅπῃ ἅψασθαι αὐτοῦ, καὶ ὁπότε χαλεπώτατον ἢ πρᾳότατον καὶ ἐκ τίνων γίγνεται, καὶ φωνὰς δὴ ἐφ' οἷς ἑκάστας εἴωθεν φθέγγεσθαι, καὶ οἵας αὖ ἄλλου φθεγγομένου ἡμεροῦταί τε καὶ ἀγριαίνει, καταμαθὼν δὲ ταῦτα πάντα συνουσίᾳ τε καὶ χρόνου τριβῇ σοφίαν τε καλέσειεν καὶ ὡς τέχνην συστησάμενος ἐπὶ διδασκαλίαν τρέποιτο, μηδὲν εἰδὼς τῇ ἀληθείᾳ τούτων τῶν δογμάτων τε καὶ ἐπιθυμιῶν ὅτι καλὸν ἢ αἰσχρὸν
c ἢ ἀγαθὸν ἢ κακὸν ἢ δίκαιον ἢ ἄδικον, ὀνομάζοι δὲ πάντα ταῦτα ἐπὶ ταῖς τοῦ μεγάλου ζῴου δόξαις, οἷς μὲν χαίροι ἐκεῖνο ἀγαθὰ καλῶν, οἷς δὲ ἄχθοιτο κακά, ἄλλον δὲ μηδένα ἔχοι λόγον περὶ αὐτῶν, ἀλλὰ τἀναγκαῖα δίκαια καλοῖ καὶ καλά, τὴν δὲ τοῦ ἀναγκαίου καὶ ἀγαθοῦ φύσιν, ὅσον διαφέρει τῷ ὄντι, μήτε ἑωρακὼς εἴη μήτε ἄλλῳ δυνατὸς δεῖξαι. τοιοῦτος δὴ ὢν πρὸς Διὸς οὐκ ἄτοπος ἄν σοι δοκεῖ εἶναι παιδευτής;

Ἔμοιγ', ἔφη.

Ἦ οὖν τι τούτου δοκεῖ διαφέρειν ὁ τὴν τῶν πολλῶν καὶ
d παντοδαπῶν συνιόντων ὀργὴν καὶ ἡδονὰς κατανενοηκέναι

a 8 ταῦτα A F D: om. M δόγματα A D M: om. F b 3 ἐφ' οἷς ἑκάστας ci. G. van Prinsterer: ἐφ' οἷς ἕκαστος A F D M: ἐφ' οἷς ἑκάστοτε et ἃς ἐφ' ἑκάστοις scr. recc. c 1 πάντα ταῦτα A D: ταῦτα πάντα F c 2 χαίροι A: χαίρει F D c 3 ἀγαθὰ] ἀγαθὸν F c 7 δοκεῖ A F M: δοκῇ D c 10 τούτου A D M: τοῦτο F

知道，在诸城邦体制的这样一种状况那里，如果任何东西被拯救并且成 493a1
为了它应该是的那个样子，你说是神的安排拯救了它，那么你说得不坏。

在我看来，他说道，不是别的。

那好，我说道，除了这些，还要让下面这点也对你显得如此。

哪点？ 493a5

这点：那些挣佣金的个人——这些人事实上把他们称作智者，并
且将之视为一些〈与之〉比技艺的人[1874]——中的每一位，他并没有教
授任何别的什么，除了教授每当众人聚集在一起时他们所持有的那些见
解，并且他把〈他所教的〉这种〈所谓的知识〉称作智慧[1875]；恰如下
面这样，一个人，有一头被他喂养的巨大并且强壮的牲畜，如果他要仔 493a10
细了解这头牲畜的各种情绪和各种欲望，〈了解〉应当以何种方式靠近 493b1
它和以何种方式触碰它，〈了解〉在什么时候它变得最难〈对付〉或者
变得最为温顺，以及由于哪些事情而变成了那样，〈了解〉在这两种情
形中的每一种那儿它习惯发出的那些声音，以及反过来，另外的东西所
发出的哪样一些声音使它变得温顺，或者使它变得凶野，那么，当他通 493b5
过与之交往和一段时间的厮磨[1876]而仔细了解了所有这些之后，他把这
称作智慧，并且通过如一门技艺那样将之聚集在一起而转身去从事教
学，尽管他并不真正知道在这些见解和欲望中，究竟何者是美的，或者
是丑的，或者是好的，或者是坏的，或者是正义的，或者是不正义的， 493c1
而是〈单单〉凭借那头巨大的动物的各种意见来使用所有这些术语——
把那头动物会对之感到愉快的那些东西，称作是好的，而它会对之生气
的那些东西，则称作是坏的——，而没有关于它们的其他任何说明，相
反，他会把〈那头动物〉各种必然的〈见解和欲望〉称作是正义的和美
好的，而必然的事情和好的东西之本性，它在是的方式上有多么的不 493c5
同，他既未曾看见过，也没有能力向其他任何人进行展示。那么，由于
他是这样一种人，以宙斯的名义，难道你不认为他会是一位奇怪的教育
者吗？

我肯定认为，他回应道。

那么，你认为下面这种人与这个人有什么不同吗，那就是：他把 493c10
了解那些聚集在一起的许许多多并且形形色色的人的愤怒和快乐视为智 493d1

σοφίαν ἡγούμενος, εἴτ' ἐν γραφικῇ εἴτ' ἐν μουσικῇ εἴτε δὴ ἐν πολιτικῇ; ὅτι μὲν γὰρ ἄν τις τούτοις ὁμιλῇ ἐπιδεικνύμενος, ἢ ποίησιν ἤ τινα ἄλλην δημιουργίαν ἢ πόλει διακονίαν, κυρίους αὑτοῦ ποιῶν τοὺς πολλούς, πέρα τῶν ἀναγκαίων, ἡ Διομηδεία λεγομένη ἀνάγκη ποιεῖν αὐτῷ ταῦτα ἃ ἂν οὗτοι ἐπαινῶσιν· ὡς δὲ καὶ ἀγαθὰ καὶ καλὰ ταῦτα τῇ ἀληθείᾳ, ἤδη πώποτέ του ἤκουσας αὐτῶν λόγον διδόντος οὐ καταγέλαστον;

Οἶμαι δέ γε, ἦ δ' ὅς, οὐδ' ἀκούσομαι. e

Ταῦτα τοίνυν πάντα ἐννοήσας ἐκεῖνο ἀναμνήσθητι· αὐτὸ
τὸ καλὸν ἀλλὰ μὴ τὰ πολλὰ καλά, ἢ αὐτό τι ἕκαστον καὶ
μὴ τὰ πολλὰ ἕκαστα, ἔσθ' ὅπως πλῆθος ἀνέξεται ἢ ἡγήσεται 494
εἶναι;

Ἥκιστά γ', ἔφη.

Φιλόσοφον μὲν ἄρα, ἦν δ' ἐγώ, πλῆθος ἀδύνατον εἶναι.

Ἀδύνατον.

Καὶ τοὺς φιλοσοφοῦντας ἄρα ἀνάγκη ψέγεσθαι ὑπ' αὐτῶν.

Ἀνάγκη.

Καὶ ὑπὸ τούτων δὴ τῶν ἰδιωτῶν, ὅσοι προσομιλοῦντες ὄχλῳ ἀρέσκειν αὐτῷ ἐπιθυμοῦσι.

Δῆλον.

Ἐκ δὴ τούτων τίνα ὁρᾷς σωτηρίαν φιλοσόφῳ φύσει, ὥστ'
ἐν τῷ ἐπιτηδεύματι μείνασαν πρὸς τέλος ἐλθεῖν; ἐννόει δ'
ἐκ τῶν ἔμπροσθεν. ὡμολόγηται γὰρ δὴ ἡμῖν εὐμάθεια καὶ b
μνήμη καὶ ἀνδρεία καὶ μεγαλοπρέπεια ταύτης εἶναι τῆς
φύσεως.

Ναί.

Οὐκοῦν εὐθὺς ἐν παισὶν ὁ τοιοῦτος πρῶτος ἔσται ἐν ἅπασιν, ἄλλως τε καὶ ἐὰν τὸ σῶμα φυῇ προσφερὴς τῇ ψυχῇ;

d 2 εἴτε δὴ . . . d 3 ὁμιλῇ F D M et in marg. A : om. A   d 3 ἄν Adam : ἐάν A F D M   d 6 διομήδειος schol.   ἀνάγκη A M : ἡ ἀνάγκη D : * ἀνάγκη F   d 7 δὲ καὶ] δὲ F   ἀγαθὰ καὶ καλὰ] καλὰ καὶ ἀγαθὰ F   e 2 πάντα τοίνυν ταῦτα F   a 6 ἀνάγκη ἄρα F   b 5 παισὶν ci. de Geer : πᾶσιν A F D M

慧，无论是在绘画技艺方面，还是在文艺方面，甚或在政治技艺方面？因为，一方面，如果一个人为了向这些人进行展示而同他们厮混在一起，或者〈展示〉一篇诗作，或者〈展示〉任何其他的手艺，或者〈展
示〉对城邦的某种服务，使大众成为他自己的主人[1877]——超出了他们 493d5
所必须的范围——，那么，所谓狄俄墨得斯的必须[1878]就会迫使他去创制这些人会赞许的那些东西；另一方面，至于那些真正既好又美的事情，到目前为止，关于它们你曾听到过他们中有任何一位提出过一种说法，而该说法竟然不是荒谬可笑的？

我认为我肯定〈没有听到过〉，他回应道，我也将不会听到。 493e1

那好，在思考了所有这些之后，请你回想一下〈前面说过的〉那点[1879]，那就是：美本身是〈着〉，而非许许多多美的事物，甚或每一东
西本身是〈着〉，而非许许多多的个别东西，大众将接受或者相信这点， 494a1
这在何种方式上是可能的[1880]？

根本不可能，他回应道。

那么，我说道，大众就不可能是热爱智慧的。

不可能。 494a5

并且那些热爱智慧的人，终究必然被他们所斥责。

必然。

而且事实上也被这些〈挣佣金的〉个人〈所斥责〉，他们全都通过同大众交往而渴望取悦它。

显然。 494a10

那么，基于这些，你看到了对热爱智慧的天性的何种拯救呢，以至于它〈能够〉坚持在这种生活方式中而抵达终点？不过请你根据前面
所说的那些东西进行思考。因为下面这点无疑已经被我们同意过了，那 494b1
就是：敏于学习、〈好的〉记忆和勇敢，以及崇高，它们是属于这种天性的。

是的。

那么，这样一个人岂不在孩提时就将立即在所有事情上是第一，尤 494b5
其是如果〈他的〉身体也生得与灵魂相似的话？

Τί δ' οὐ μέλλει; ἔφη.

Βουλήσονται δὴ οἶμαι αὐτῷ χρῆσθαι, ἐπειδὰν πρεσβύτερος γίγνηται, ἐπὶ τὰ αὐτῶν πράγματα οἵ τε οἰκεῖοι καὶ οἱ πολῖται.

Πῶς δ' οὔ;

c Ὑποκείσονται ἄρα δεόμενοι καὶ τιμῶντες, προκαταλαμβάνοντες καὶ προκολακεύοντες τὴν μέλλουσαν αὐτοῦ δύναμιν.

Φιλεῖ γοῦν, ἔφη, οὕτω γίγνεσθαι.

Τί οὖν οἴει, ἦν δ' ἐγώ, τὸν τοιοῦτον ἐν τοῖς τοιούτοις ποιήσειν, ἄλλως τε καὶ ἐὰν τύχῃ μεγάλης πόλεως ὢν καὶ ἐν ταύτῃ πλούσιός τε καὶ γενναῖος, καὶ ἔτι εὐειδὴς καὶ μέγας; ἆρ' οὐ πληρωθήσεσθαι ἀμηχάνου ἐλπίδος, ἡγούμενον καὶ τὰ τῶν Ἑλλήνων καὶ τὰ τῶν βαρβάρων ἱκανὸν ἔσεσθαι
d πράττειν, καὶ ἐπὶ τούτοις ὑψηλὸν ἐξαρεῖν αὐτόν, σχηματισμοῦ καὶ φρονήματος κενοῦ ἄνευ νοῦ ἐμπιμπλάμενον;

Καὶ μάλ', ἔφη.

Τῷ δὴ οὕτω διατιθεμένῳ ἐάν τις ἠρέμα προσελθὼν τἀληθῆ λέγῃ, ὅτι νοῦς οὐκ ἔνεστιν αὐτῷ, δεῖται δέ, τὸ δὲ οὐ κτητὸν μὴ δουλεύσαντι τῇ κτήσει αὐτοῦ, ἆρ' εὐπετὲς οἴει εἶναι εἰσακοῦσαι διὰ τοσούτων κακῶν;

Πολλοῦ γε δεῖ, ἦ δ' ὅς.

Ἐὰν δ' οὖν, ἦν δ' ἐγώ, διὰ τὸ εὖ πεφυκέναι καὶ τὸ συγγενὲς
e τῶν λόγων εἰσαισθάνηταί τέ πῃ καὶ κάμπτηται καὶ ἕλκηται πρὸς φιλοσοφίαν, τί οἰόμεθα δράσειν ἐκείνους τοὺς ἡγουμένους ἀπολλύναι αὐτοῦ τὴν χρείαν τε καὶ ἑταιρίαν; οὐ πᾶν μὲν ἔργον, πᾶν δ' ἔπος λέγοντάς τε καὶ πράττοντας καὶ περὶ αὐτόν, ὅπως ἂν μὴ πεισθῇ, καὶ περὶ τὸν πείθοντα, ὅπως ἂν μὴ οἷός τ' ᾖ, καὶ ἰδίᾳ ἐπιβουλεύοντας καὶ δημοσίᾳ εἰς ἀγῶνας καθιστάντας;

c 4 ἦν A F M: om. D d 1 ἐξαρεῖν A² M : ἐξάρειν F : ἐξαιρεῖν A : ἐξαίρειν D d 2 ἄνευ νοῦ secl. G. van Prinsterer (sed legerunt Damascius Themistius) d 6 δουλεύσαντι A D M : δουλεύσαντα F κτήσει A² D M : κτίσει A F e 1 εἰσαισθάνηται F : εἶς αἰσθάνηται A D M τε A D : om. F M e 4 δ' ἔπος A F M : δὲ πρὸς D

他怎么将不是这样呢？他回应道。

因此，我认为，当他长大以后，人们事实上都将希望为了他们自
己的各种事情而使用他，不仅是他的那些家人，而且还有那些同邦的 494b10
公民。

为何不呢？

于是，他们将拜倒〈在他的脚下〉，恳求并且崇敬他，提前取得和 494c1
预先奉承他的那种将有的能力。

无论如何，他说道，经常这样发生[1881]。

那么，你认为，我说道，如此这般的一个人在这样一些情形下又将
做什么呢，尤其是，如果他恰好来自一个大的城邦，并且在这个城邦中 494c5
又是富有的和出身高贵的，此外还是模样好的和身材高大的话[1882]？难
道他不将充满一种不切实际的希望吗，因为他相信，无论是希腊人的各
种事情，还是非希腊人的各种事情，他都将能够充分地进行从事，并且 494d1
在这些事情上他把自己抬高到一个高傲的地步，以至于缺乏理智地满是
花架子和一种空洞的自负？

的确如此，他回应道。

那么，当他处在如此的情形下，如果一个人温柔地走向他，告诉他
真相，〈说〉理智并没有内在于他身上，虽然他需要它，但它是不可获 494d5
得的，除非为了获得它一个人成为进行侍奉的奴隶[1883]，那么，你认为
对他来说这是容易的吗，那就是穿过如此多的障碍[1884]而听进去？

远不可能，他回应道。

但话说回来[1885]，如果，我说道，由于生得好[1886]以及与说到的那些
〈同其天性相关的优秀品质〉的亲缘性，他在某种方式上有所领悟[1887]， 494e1
并且委身于和被拽向热爱智慧，那么，我们会认为那些相信自己会完全
丧失对他的使用和友好关系的人将做什么呢？难道他们不会一方面做出
〈他们能做出的〉所有事情，一方面说出〈他们能说出的〉所有言辞，
既针对他，以便他不会被〈那人〉说服，也针对那位在劝说〈他〉的 494e5
人，以便他不能够〈进行劝说〉——无论是通过私下〈对他〉耍阴谋，
还是公开〈把他〉置于各种各样的官司中[1888]——？

Πολλή, ἦ δ' ὅς, ἀνάγκη. 495

Ἔστιν οὖν ὅπως ὁ τοιοῦτος φιλοσοφήσει;

Οὐ πάνυ.

Ὁρᾷς οὖν, ἦν δ' ἐγώ, ὅτι οὐ κακῶς ἐλέγομεν ὡς ἄρα καὶ αὐτὰ τὰ τῆς φιλοσόφου φύσεως μέρη, ὅταν ἐν κακῇ τροφῇ γένηται, αἴτια τρόπον τινὰ τοῦ ἐκπεσεῖν ἐκ τοῦ ἐπιτηδεύματος, καὶ τὰ λεγόμενα ἀγαθά, πλοῦτοί τε καὶ πᾶσα ἡ τοιαύτη παρασκευή;

Οὐ γάρ, ἀλλ' ὀρθῶς, ἔφη, ἐλέχθη.

Οὗτος δή, εἶπον, ὦ θαυμάσιε, ὄλεθρός τε καὶ διαφθορὰ τοσαύτη τε καὶ τοιαύτη τῆς βελτίστης φύσεως εἰς τὸ ἄριστον b ἐπιτήδευμα, ὀλίγης καὶ ἄλλως γιγνομένης, ὡς ἡμεῖς φαμεν. καὶ ἐκ τούτων δὴ τῶν ἀνδρῶν καὶ οἱ τὰ μέγιστα κακὰ ἐργαζόμενοι τὰς πόλεις γίγνονται καὶ τοὺς ἰδιώτας, καὶ οἱ τἀγαθά, οἳ ἂν ταύτῃ τύχωσι ῥυέντες· σμικρὰ δὲ φύσις οὐδὲν μέγα οὐδέποτε οὐδένα οὔτε ἰδιώτην οὔτε πόλιν δρᾷ.

Ἀληθέστατα, ἦ δ' ὅς.

Οὗτοι μὲν δὴ οὕτως ἐκπίπτοντες, οἷς μάλιστα προσήκει, ἔρημον καὶ ἀτελῆ φιλοσοφίαν λείποντες αὐτοί τε βίον οὐ c προσήκοντα οὐδ' ἀληθῆ ζῶσιν, τὴν δέ, ὥσπερ ὀρφανὴν συγγενῶν, ἄλλοι ἐπεισελθόντες ἀνάξιοι ᾔσχυνάν τε καὶ ὀνείδη περιῆψαν, οἷα καὶ σὺ φῂς ὀνειδίζειν τοὺς ὀνειδίζοντας, ὡς οἱ συνόντες αὐτῇ οἱ μὲν οὐδενός, οἱ δὲ πολλοὶ πολλῶν κακῶν ἄξιοί εἰσιν.

Καὶ γὰρ οὖν, ἔφη, τά γε λεγόμενα ταῦτα.

Εἰκότως γε, ἦν δ' ἐγώ, λεγόμενα. καθορῶντες γὰρ ἄλλοι ἀνθρωπίσκοι κενὴν τὴν χώραν ταύτην γιγνομένην, καλῶν δὲ ὀνομάτων καὶ προσχημάτων μεστήν, ὥσπερ οἱ ἐκ τῶν d εἱργμῶν εἰς τὰ ἱερὰ ἀποδιδράσκοντες, ἄσμενοι καὶ οὗτοι ἐκ τῶν τεχνῶν ἐκπηδῶσιν εἰς τὴν φιλοσοφίαν, οἳ ἂν

a 4 ὁρᾷς F D M Stobaeus : ἄρα A   ὡς . . . a 5 ὅταν om. F a 5 ὅταν A D Stobaeus : ὅς ἄν M   b 4 ἰδιώτας A F M : ἱδρῶτας D b 8 μὲν A F M : om. D   c 1 λείποντες A F M : λειπόντες D : λιπόντες vulg.   c 8 ἄλλοι A D M : οἱ ἄλλοι F

极其必然，他回应道。 495a1

那么，这样一个人还能够热爱智慧吗？

完全不可能。

因此，你看见，我说道，我们曾说得并不坏[1889]，那就是：甚至恰 495a5
恰属于热爱智慧的天性的那些〈构成〉部分[1890]，每当它们出现在一种
坏的培养中时，那它们就会在某种方式上要为从这种生活方式那里离开
负责，并且所谓的那些各种各样的好东西——无论是财富，还是所有诸
如此类的资源——，也同样如此。

当然说得不〈坏〉，他说道，而是说得正确。

因此，我说道，令人钦佩的人啊，这就是最优秀的天性在最好的生 495a10
活方式方面的毁灭和败坏，它是如此的大和如此的这般，〈只不过最好 495b1
的天性〉无论如何也出现得很少，正如我们曾说过的那样[1891]。并且正
是从这些人当中，既产生出了一些对各个城邦以及个人做出各种各样最
大坏事的人，也产生出了一些〈做出各种各样最大〉好事的人，如果他 495b5
们碰巧在这个方向上向前奔流的话[1892]；而一种猥琐渺小的天性无论是
对一位个人还是对一个城邦都从不会做出任何大事来[1893]。

非常正确，他说道。

于是，一方面，最适合她的这些人[1894]就以这种方式离开了，当他 495c1
们把孤苦伶仃和孑然一身的对智慧的热爱抛下后[1895]，他们自己就过着
一种生活，而这种生活既不〈与他们自己〉相称，也不是真的；另一方
面，她，就像一位失去了各位亲人的孤儿[1896]，另外一些不配她的人跟
着进入她的家门而玷污了她，并且把你说那些谴责者所谴责她的那样一
些责骂加给她，那就是，与她在一起的那些人，其中一些什么都不配， 495c5
大多数则同许多的坏事相配。

的确，他说道，这些正是〈那些谴责者〉所说的。

至少也说得合情合理，我说道。因为，当另外一些微不足道的小人
物[1897]注意到这个地方已经变得空空如也后——尽管它充满着各种各样 495d1
漂亮的名字和形形色色的装饰物——，就像那些从牢房里逃跑出来冲向
神庙〈求庇护〉的人一样，这些人也是兴高采烈的，他们〈从他们自己

κομψότατοι ὄντες τυγχάνωσι περὶ τὸ αὑτῶν τεχνίον. ὅμως γὰρ δὴ πρός γε τὰς ἄλλας τέχνας καίπερ οὕτω πραττούσης φιλοσοφίας τὸ ἀξίωμα μεγαλοπρεπέστερον λείπεται, οὗ δὴ ἐφιέμενοι πολλοὶ ἀτελεῖς μὲν τὰς φύσεις, ὑπὸ δὲ τῶν τεχνῶν τε καὶ δημιουργιῶν ὥσπερ τὰ σώματα λελώβηνται, οὕτω
e καὶ τὰς ψυχὰς συγκεκλασμένοι τε καὶ ἀποτεθρυμμένοι διὰ τὰς βαναυσίας τυγχάνουσιν—ἢ οὐκ ἀνάγκη;

Καὶ μάλα, ἔφη.

Δοκεῖς οὖν τι, ἦν δ' ἐγώ, διαφέρειν αὐτοὺς ἰδεῖν ἀργύριον κτησαμένου χαλκέως φαλακροῦ καὶ σμικροῦ, νεωστὶ μὲν ἐκ δεσμῶν λελυμένου, ἐν βαλανείῳ δὲ λελουμένου, νεουργὸν ἱμάτιον ἔχοντος, ὡς νυμφίου παρεσκευασμένου, διὰ πενίαν καὶ ἐρημίαν τοῦ δεσπότου τὴν θυγατέρα μέλλοντος γαμεῖν;

496 Οὐ πάνυ, ἔφη, διαφέρει.

Ποῖ' ἄττα οὖν εἰκὸς γεννᾶν τοὺς τοιούτους; οὐ νόθα καὶ φαῦλα;

Πολλὴ ἀνάγκη.

Τί δέ; τοὺς ἀναξίους παιδεύσεως, ὅταν αὐτῇ πλησιάζοντες ὁμιλῶσι μὴ κατ' ἀξίαν, ποῖ' ἄττα φῶμεν γεννᾶν διανοήματά τε καὶ δόξας; ἆρ' οὐχ ὡς ἀληθῶς προσήκοντα ἀκοῦσαι σοφίσματα, καὶ οὐδὲν γνήσιον οὐδὲ φρονήσεως [ἄξιον] ἀληθινῆς ἐχόμενον;

Παντελῶς μὲν οὖν, ἔφη.

Πάνσμικρον δή τι, ἔφην ἐγώ, ὦ Ἀδείμαντε, λείπεται τῶν
b κατ' ἀξίαν ὁμιλούντων φιλοσοφίᾳ, ἤ που ὑπὸ φυγῆς καταληφθὲν γενναῖον καὶ εὖ τεθραμμένον ἦθος, ἀπορίᾳ τῶν διαφθερούντων κατὰ φύσιν μεῖναν ἐπ' αὐτῇ, ἢ ἐν σμικρᾷ πόλει ὅταν μεγάλη ψυχὴ φυῇ καὶ ἀτιμάσασα τὰ τῆς πόλεως ὑπερίδῃ· βραχὺ δέ πού τι καὶ ἀπ' ἄλλης τέχνης δικαίως

d 4 τυγχάνωσι A M : τυγχάνουσι F : περιτυγχάνωσι D αὑτῶν A M : αὐτῶν F : αὐτὸ D e 1 ἀποτεθρυμμένοι] ἀποτεθρυωμένοι Timaeus a 8 ἄξιον secl. ci. Ast : ἄξιον ἀληθινῆς A M : ἄξιον ὡς ἀληθινῆς D : ἀληθινῆς ὡς ἄξιον F : ἀξίως ci. Campbell a 11 πάνσμικρον A : πᾶν σμικρὸν F D : πάνυ σμικρὸν M ἔφην ἐγώ F D : ἔφη ἦν δ' ἐγώ A b 1 καταληφθὲν A D : καταλειφθὲν F

的〉各种技艺那里跳出来而冲向对智慧的热爱那里，而且他们还有可能
恰好在他们自己的那种小技艺那里是最为精明的。因为，无论如何同其 495d5
他各种各样的技艺相比，即使对智慧的热爱处在现在这个样子[1898]，但
她的名声依然保持着一种更为崇高的地位，也正由于此，一方面，许多
在天性上并不完美的人都在渴望她的这种名声，另一方面，恰如在身体
方面他们已经被〈他们自己的〉那些技艺和手艺所摧残了一样，甚至在 495e1
灵魂方面他们事实上也由于〈他们自己的〉那些低贱的工作[1899]而同样
已经发育不良并且丧失了活力[1900]——或者，这并不是必然的？

完全是〈必然的〉，他回应道。

那么，你认为看到他们，我说道，和看到下面这个人，有什么不
同吗，那就是：一个秃头并且身材短小的铜匠，一方面，他得到了一点 495e5
银子，并且刚刚从一些桎梏中解放出来，另一方面，他在澡堂里洗了个
澡，穿上一件新做的外衣，把自己打扮得像一个新郎官似的，打算娶主
人的女儿，因为〈她陷入了〉贫穷和孤苦中？

根本没有，他回应道，任何的不同。 496a1

那么，这样一些人有可能生出一些什么样的后代呢？难道不是一些
私生的和平庸的[1901]？

非常必然。

然后呢？那些不配接受教育的人，每当他们通过靠近〈对智慧的热 496a5
爱〉而不恰当地[1902]与她交往，那我们会声称他们将生出一些什么样的
思想以及一些什么样的意见来呢？它们岂不真正地适合被称作各种各样
的诡辩[1903]，因为它们既不包含任何真正的东西，也同真实的明智没有
任何关系[1904]？

完全如此，他回应道。 496a10

因此，只有很小的一部分人剩下来了，我说道，阿德曼托斯啊，他 496b1
们属于那些在恰当地同对智慧的热爱〈这样〉相交往的人：或许一个
出身高贵并且被正确地培养了的品质，它虽然被流放所阻止〈而无法
去热爱智慧〉，但因远离那些将败坏[1905]〈它的人〉而合乎天性地坚守
在她那里[1906]；或者，当一个伟大的灵魂产生在一个小城邦中，它因
不看重城邦中的那些事务而藐视它们[1907]。而且很少的几个人甚或是这 496b5

ἀτιμάσαν εὐφυὲς ἐπ' αὐτὴν ἂν ἔλθοι. εἴη δ' ἂν καὶ ὁ τοῦ
ἡμετέρου ἑταίρου Θεάγους χαλινὸς οἷος κατασχεῖν· καὶ γὰρ
Θεάγει τὰ μὲν ἄλλα πάντα παρεσκεύασται πρὸς τὸ ἐκπεσεῖν c
φιλοσοφίας, ἡ δὲ τοῦ σώματος νοσοτροφία ἀπείργουσα αὐτὸν
τῶν πολιτικῶν κατέχει. τὸ δ' ἡμέτερον οὐκ ἄξιον λέγειν,
τὸ δαιμόνιον σημεῖον· ἢ γάρ πού τινι ἄλλῳ ἢ οὐδενὶ τῶν
ἔμπροσθεν γέγονεν. καὶ τούτων δὴ τῶν ὀλίγων οἱ γενόμενοι
καὶ γευσάμενοι ὡς ἡδὺ καὶ μακάριον τὸ κτῆμα, καὶ τῶν
πολλῶν αὖ ἱκανῶς ἰδόντες τὴν μανίαν, καὶ ὅτι οὐδεὶς οὐδὲν
ὑγιὲς ὡς ἔπος εἰπεῖν περὶ τὰ τῶν πόλεων πράττει οὐδ' ἔστι
σύμμαχος μεθ' ὅτου τις ἰὼν ἐπὶ τὴν τῷ δικαίῳ βοήθειαν d
σῴζοιτ' ἄν, ἀλλ' ὥσπερ εἰς θηρία ἄνθρωπος ἐμπεσών, οὔτε
συναδικεῖν ἐθέλων οὔτε ἱκανὸς ὢν εἷς πᾶσιν ἀγρίοις ἀντ-
έχειν, πρίν τι τὴν πόλιν ἢ φίλους ὀνῆσαι προαπολόμενος
ἀνωφελὴς αὑτῷ τε καὶ τοῖς ἄλλοις ἂν γένοιτο—ταῦτα πάντα
λογισμῷ λαβών, ἡσυχίαν ἔχων καὶ τὰ αὑτοῦ πράττων, οἷον
ἐν χειμῶνι κονιορτοῦ καὶ ζάλης ὑπὸ πνεύματος φερομένου
ὑπὸ τειχίον ἀποστάς, ὁρῶν τοὺς ἄλλους καταπιμπλαμένους
ἀνομίας, ἀγαπᾷ εἴ πῃ αὐτὸς καθαρὸς ἀδικίας τε καὶ ἀνοσίων
ἔργων τόν τε ἐνθάδε βίον βιώσεται καὶ τὴν ἀπαλλαγὴν αὐτοῦ e
μετὰ καλῆς ἐλπίδος ἵλεώς τε καὶ εὐμενὴς ἀπαλλάξεται.

Ἀλλά τοι, ἦ δ' ὅς, οὐ τὰ ἐλάχιστα ἂν διαπραξάμενος 497
ἀπαλλάττοιτο.

Οὐδέ γε, εἶπον, τὰ μέγιστα, μὴ τυχὼν πολιτείας προσηκούσης· ἐν γὰρ προσηκούσῃ αὐτός τε μᾶλλον αὐξήσεται καὶ μετὰ τῶν ἰδίων τὰ κοινὰ σώσει.

Τὸ μὲν οὖν τῆς φιλοσοφίας ὧν ἕνεκα διαβολὴν εἴληφεν καὶ ὅτι οὐ δικαίως, ἐμοὶ μὲν δοκεῖ μετρίως εἰρῆσθαι, εἰ μὴ ἔτ' ἄλλο λέγεις τι σύ.

b 6 ἂν ἔλθοι D: ἀνέλθοι A F M c 3 οὐκ A D M: οὐδ' F
c 4 ἄλλῳ secl. Cobet c 6 γενόμενοι A F D: γευόμενοι M
c 8 τὰ A F D: om. M d 1 τῷ δικαίῳ A F: τῶν δικαίων D M
d 4 προσαπολόμενος F d 8 ἀποστάς A F Basilius: ὑποστάς D M

样，即〈他们〉那好的天赋由于正当地不看重任何其他的技艺而离开它前往她那里。而我们的朋友忒阿格斯[1908]〈所戴的那副〉嚼子甚至也能够阻止〈一个人从对智慧的热爱那里离开〉；因为在忒阿格斯那里，一 496c1
方面，就从对智慧的热爱那里离开来说，其他所有的一切都已经准备好了，另一方面，对身体的疾病护理却通过妨碍他从事各种城邦事务而阻止〈他离开她〉。至于我们自己的情况[1909]，则不值得一说，那是精灵的指示[1910]；因为在这之前的那些人中，它有可能只对另外某个人发生过， 496c5
甚或就未曾对任何人发生过。而事实上这些少数人中的一些，他们长大并且品尝到了所获得的东西是多么令人愉快的和有福的，此外还充分地既看到了大众的疯狂，又看到了，一言以蔽之，关于诸城邦中的那些事情，既没有任何人在做任何一件健康的事情，也没有一起战斗的人，一 496d1
个人能够同他一起通过前去帮助正义的事情而拯救它，相反，就像一个人遇到了一些野兽，他既不愿意一起去行不义，作为一个人也没有能力去阻挡所有这些凶野的动物，由于在对城邦或者朋友们进行某种帮助之前自己就先毁灭掉了，以至于无论是对自己还是对其他人都变得是无益 496d5
的——当一个人通过计算把握到了所有这些之后，他保持安静并且做他自己的事情，就像在一场暴风雨中[1911]，当尘埃和暴雨被风卷扬起来时，他在一堵小墙的下面站在旁边，看着其他人充满了无法无天，但他自己却感到心满意足，只要他自己能够在某种方式上从不正义以及各种不虔敬的事情中洁净出来而在这里度过一生，然后在死亡时[1912]，将带着一 496e1
种美好的希望，愉快地和心平气和地从它那里离开——。

然而，他说道，他所实现的那些事情无疑不是最小的，如果他这样 497a1
离开的话。

但它们肯定也不是，我说道，最大的，只要他没有碰上一个合适的城邦体制。因为，在一个合适的城邦体制中，不仅他自己将成长得更大，而且随着他自己的那些事情〈被拯救〉他将拯救各种公共的事情。 497a5

那好，关于对智慧的热爱这方面的事情，即它为何获得了一种坏名声，而且是不公正地获得，无疑在我看来已经被恰当地说了，除非你还有其他什么要说[1913]。

Ἀλλ' οὐδέν, ἦ δ' ὅς, ἔτι λέγω περὶ τούτου· ἀλλὰ τὴν προσήκουσαν αὐτῇ τίνα τῶν νῦν λέγεις πολιτειῶν;

b Οὐδ' ἡντινοῦν, εἶπον, ἀλλὰ τοῦτο καὶ ἐπαιτιῶμαι, μηδεμίαν ἀξίαν εἶναι τῶν νῦν κατάστασιν πόλεως φιλοσόφου φύσεως· διὸ καὶ στρέφεσθαί τε καὶ ἀλλοιοῦσθαι αὐτήν, ὥσπερ ξενικὸν σπέρμα ἐν γῇ ἄλλῃ σπειρόμενον ἐξίτηλον εἰς τὸ ἐπιχώριον φιλεῖ κρατούμενον ἰέναι, οὕτω καὶ τοῦτο τὸ γένος νῦν μὲν οὐκ ἴσχειν τὴν αὑτοῦ δύναμιν, ἀλλ' εἰς ἀλλότριον ἦθος ἐκπίπτειν· εἰ δὲ λήψεται τὴν ἀρίστην πολιτείαν, ὥσπερ c καὶ αὐτὸ ἄριστόν ἐστιν, τότε δηλώσει ὅτι τοῦτο μὲν τῷ ὄντι θεῖον ἦν, τὰ δὲ ἄλλα ἀνθρώπινα, τά τε τῶν φύσεων καὶ τῶν ἐπιτηδευμάτων. δῆλος δὴ οὖν εἶ ὅτι μετὰ τοῦτο ἐρήσῃ τίς αὕτη ἡ πολιτεία.

Οὐκ ἔγνως, ἔφη· οὐ γὰρ τοῦτο ἔμελλον, ἀλλ' εἰ αὐτὴ ἣν ἡμεῖς διεληλύθαμεν οἰκίζοντες τὴν πόλιν ἢ ἄλλη.

Τὰ μὲν ἄλλα, ἦν δ' ἐγώ, αὕτη· τοῦτο δὲ αὐτὸ ἐρρήθη μὲν καὶ τότε, ὅτι δεήσοι τι ἀεὶ ἐνεῖναι ἐν τῇ πόλει λόγον d ἔχον τῆς πολιτείας τὸν αὐτὸν ὅνπερ καὶ σὺ ὁ νομοθέτης ἔχων τοὺς νόμους ἐτίθεις.

Ἐρρήθη γάρ, ἔφη.

Ἀλλ' οὐχ ἱκανῶς, εἶπον, ἐδηλώθη, φόβῳ ὧν ὑμεῖς ἀντιλαμβανόμενοι δεδηλώκατε μακρὰν καὶ χαλεπὴν αὐτοῦ τὴν ἀπόδειξιν· ἐπεὶ καὶ τὸ λοιπὸν οὐ πάντων ῥᾷστον διελθεῖν.

Τὸ ποῖον;

Τίνα τρόπον μεταχειριζομένη πόλις φιλοσοφίαν οὐ διολεῖται. τὰ γὰρ δὴ μεγάλα πάντα ἐπισφαλῆ, καὶ τὸ λεγόμενον τὰ καλὰ τῷ ὄντι χαλεπά.

e Ἀλλ' ὅμως, ἔφη, λαβέτω τέλος ἡ ἀπόδειξις τούτου φανεροῦ γενομένου.

Οὐ τὸ μὴ βούλεσθαι, ἦν δ' ἐγώ, ἀλλ' εἴπερ, τὸ μὴ

a 10 αὐτῇ A F D: αὐτοῖς M b 6 ἦθος A F D M Stobaei A: εἶδος scr. recc. b 7 ἐκπίπτειν A F Stobaeus: ἐκπίπτει D M c 2 καὶ A D M Stobaeus: καὶ τὰ F c 5 αὐτὴ D: αὕτη A M: αὑτὴ F c 8 ἐνεῖναι M: ἐν εἶναι D: ἓν εἶναι A F d 1 ὅνπερ A D M: ὥσπερ F d 6 πάντων ci. Bekker: πάντως A F D M

关于这件事，他说道，我确实没有任何东西还要说了；但是，在现今的这些城邦体制中，你说与它相适合的城邦体制是哪种呢？ 497a10

任何一种都不，我说道，而这正是我要责怪的，那就是，在现今 497b1
的这些〈城邦〉中，没有任何一种城邦制度[1914]是配得上一种热爱智慧的天性的。也正由于此，它[1915]不仅被扭曲，甚至变成了一种另外的东西，就像一粒外来的种子，当它被播种在异乡的土地上后，它〈有可能
会变得〉失效[1916]，由于被压制而常常退变为当地的品种[1917]；同样，〈热 497b5
爱智慧的天性〉这个品种，现在无疑也没有保持住它自己的能力，而是退变为了一种另外的品质。但是，如果将来它遇到了一种最好的城邦体
制，恰如它自身是最好的那样，那时它就将显明：〈唯有〉它[1918]在是的 497c1
方式上向来是属神的，而〈所有〉其他的都是属人的——无论它们在天性方面，还是在生活方式方面——。于是，下面这点肯定就是显而易见的了，那就是，此后你将询问这种城邦体制是什么？

你错了[1919]，他回应道。因为我想问的不是这，而是：这种城邦[1920]， 497c5
还是别的，是当我们建立城邦时我们已经详述过的那种城邦。

在其他〈所有〉方面，我说道，无疑就是这种城邦；而且恰恰就那时曾被说过的那点来说也如此[1921]，那就是：某种东西将必须总是内在
于城邦中，它持有对城邦体制的一种理解[1922]，而你，作为立法者，正 497d1
是通过持有这同一种理解而制定了各种法律。

的确被说过，他说道。

只不过它并没有被充分地，我说道，加以显明，基于对一些事情的
惧怕，而你们通过攻击那些事情[1923]而已经显明对它的展示是又长又困 497d5
难的；既然甚至连剩下的那点也不是一切中最容易说明的[1924]。

哪点？

这点：一个城邦以何种方式致力于对智慧的热爱才将不毁灭。因
为，所有伟大的事物都肯定是危险的[1925]，并且确实如常言所说，〈一 497d10
切〉美的事物都是艰难的[1926]。

然而，他说道，还是得通过让这点变得一清二楚而使得对它的展示 497e1
得以完成[1927]。

并非不愿意，我说道，而是——如果真有某种东西的话——，没有

δύνασθαι διακωλύσει· παρὼν δὲ τήν γ' ἐμὴν προθυμίαν εἴσῃ. σκόπει δὲ καὶ νῦν ὡς προθύμως καὶ παρακινδυνευτικῶς μέλλω λέγειν, ὅτι τοὐναντίον ἢ νῦν δεῖ τοῦ ἐπιτηδεύματος τούτου πόλιν ἅπτεσθαι.

Πῶς;

Νῦν μέν, ἦν δ' ἐγώ, οἱ καὶ ἁπτόμενοι μειράκια ὄντα ἄρτι
ἐκ παίδων τὸ μεταξὺ οἰκονομίας καὶ χρηματισμοῦ πλησιά- 498
σαντες αὐτοῦ τῷ χαλεπωτάτῳ ἀπαλλάττονται, οἱ φιλοσοφώ-
τατοι ποιούμενοι—λέγω δὲ χαλεπώτατον τὸ περὶ τοὺς λόγους
—ἐν δὲ τῷ ἔπειτα, ἐὰν καὶ ἄλλων τοῦτο πραττόντων παρα-
καλούμενοι ἐθέλωσιν ἀκροαταὶ γίγνεσθαι, μεγάλα ἡγοῦνται,
πάρεργον οἰόμενοι αὐτὸ δεῖν πράττειν· πρὸς δὲ τὸ γῆρας
ἐκτὸς δή τινων ὀλίγων ἀποσβέννυνται πολὺ μᾶλλον τοῦ
Ἡρακλειτείου ἡλίου, ὅσον αὖθις οὐκ ἐξάπτονται. b

Δεῖ δὲ πῶς; ἔφη.

Πᾶν τοὐναντίον· μειράκια μὲν ὄντα καὶ παῖδας μειρακιώδη
παιδείαν καὶ φιλοσοφίαν μεταχειρίζεσθαι, τῶν τε σωμάτων,
ἐν ᾧ βλαστάνει τε καὶ ἀνδροῦται, εὖ μάλα ἐπιμελεῖσθαι,
ὑπηρεσίαν φιλοσοφίᾳ κτωμένους· προϊούσης δὲ τῆς ἡλικίας,
ἐν ᾗ ἡ ψυχὴ τελεοῦσθαι ἄρχεται, ἐπιτείνειν τὰ ἐκείνης
γυμνάσια· ὅταν δὲ λήγῃ μὲν ἡ ῥώμη, πολιτικῶν δὲ καὶ
στρατειῶν ἐκτὸς γίγνηται, τότε ἤδη ἀφέτους νέμεσθαι καὶ c
μηδὲν ἄλλο πράττειν, ὅτι μὴ πάρεργον, τοὺς μέλλοντας
εὐδαιμόνως βιώσεσθαι καὶ τελευτήσαντας τῷ βίῳ τῷ βεβιω-
μένῳ τὴν ἐκεῖ μοῖραν ἐπιστήσειν πρέπουσαν.

Ὡς ἀληθῶς μοι δοκεῖς, ἔφη, λέγειν γε προθύμως, ὦ Σώκρατες· οἶμαι μέντοι τοὺς πολλοὺς τῶν ἀκουόντων προθυμότερον ἔτι ἀντιτείνειν οὐδ' ὁπωστιοῦν πεισομένους, ἀπὸ Θρασυμάχου ἀρξαμένους.

e 6 δεῖ A²F D M : δὴ A b 4 φιλοσοφίαν A D M : σοφίαν F τε A D M : δὲ F b 5 ἀνδροῦται] ἀδροῦται vulg. b 6 φιλοσοφίᾳ A F Basilius : φιλοσοφίαν D M c 1 στρατειῶν] στρατιῶν A F M c 5 γε A D : τε F c 7 ἀντιτείνειν] ἂν ἀντιτείνειν corr. Mon. : ἀντιτενεῖν ci. Stephanus (*repugnaturos* Ficinus)

能力，将进行阻止；但既然你现在就在场，因而你无论如何都将看到我
的热忱[1928]。不过甚至现在就请你看看，我将多么热忱和多么鲁莽地说 497e5
出下面这点，那就是：一个城邦应当以同现在〈惯常出现的那种方式〉
相反的方式来致力于这种事业[1929]。

为何？

一方面，我说道，现今那些致力于〈热爱智慧〉的人其实都还是一
些年青人，他们刚刚脱离孩童时代，在〈开始〉理家和赚钱的中间这段 498a1
时间，当他们靠近它的最难的那部分时，他们就离开了，因为他们自诩
已经在热爱智慧上登峰造极[1930]——而所谓最困难的部分，我指的是关
于那些〈以问答的方式进行〉讨论的那个部分[1931]——，而在以后的日 498a5
子里，当其他人在从事这件事，并且他们受到邀请，如果他们只是愿意
成为听众，那他们认为已然是件大事，因为他们认为只需将之作为一项
副业来从事即可。至于到了老年，无疑除了少数几个人，他们熄灭得远
甚于赫拉克利特的太阳[1932]，就他们不会被重新点燃而言[1933]。 498b1

那应当怎么〈做〉呢？他说道。

〈应当〉以完全相反的方式〈去做〉：一方面，当他们是年青人和
孩童时，他们〈应当〉致力于〈适合〉年青人的教育和对智慧的热爱，
并且在他们已经发芽吐蕊和长大成人的那个时候，他们〈应当〉很好地 498b5
照料〈他们自己的〉身体，以便为对智慧的热爱取得一种侍奉。另一方
面，当年龄继续往前，于其中〈他们的〉灵魂开始臻于成熟时，〈他们
就应当〉增强对它的各种训练；而当〈他们的〉体力开始衰退，并且被
免除各种城邦事务和出征之后[1934]，从那时起他们就〈像一些准备供献 498c1
祭用而不做工的牲畜那样〉自由地在牧场上吃草[1935]，并且不做其他任
何事情，除了将之作为副业之外，他们将幸福地生活，并且当他们终了
时，他们将把〈另外〉那个地方的一份合适的份额加在已经被度过的这
一生上[1936]。

真的，在我看来，他说道，你确确实实在热忱地说，苏格拉底啊。 498c5
然而，我也肯定认为，在听的这些人中的许多人还会更加热忱地进行反
对，因为无论通过哪种方式他们都将不被说服，从特剌绪马科斯开始。

Μὴ διάβαλλε, ἦν δ' ἐγώ, ἐμὲ καὶ Θρασύμαχον ἄρτι
d φίλους γεγονότας, οὐδὲ πρὸ τοῦ ἐχθροὺς ὄντας. πείρας γὰρ οὐδὲν ἀνήσομεν, ἕως ἂν ἢ πείσωμεν καὶ τοῦτον καὶ τοὺς ἄλλους, ἢ προὔργου τι ποιήσωμεν εἰς ἐκεῖνον τὸν βίον, ὅταν αὖθις γενόμενοι τοῖς τοιούτοις ἐντύχωσι λόγοις.

Εἰς μικρόν γ', ἔφη, χρόνον εἴρηκας.

Εἰς οὐδὲν μὲν οὖν, ἔφην, ὥς γε πρὸς τὸν ἅπαντα. τὸ μέντοι μὴ πείθεσθαι τοῖς λεγομένοις τοὺς πολλοὺς θαῦμα οὐδέν· οὐ γὰρ πώποτε εἶδον γενόμενον τὸ νῦν λεγόμενον,
e ἀλλὰ πολὺ μᾶλλον τοιαῦτ' ἄττα ῥήματα ἐξεπίτηδες ἀλλήλοις ὡμοιωμένα, ἀλλ' οὐκ ἀπὸ τοῦ αὐτομάτου ὥσπερ νῦν συμπεσόντα. ἄνδρα δὲ ἀρετῇ παρισωμένον καὶ ὡμοιωμένον μέχρι τοῦ δυνατοῦ τελέως ἔργῳ τε καὶ λόγῳ, δυναστεύοντα
499 ἐν πόλει ἑτέρᾳ τοιαύτῃ, οὐ πώποτε ἑωράκασιν, οὔτε ἕνα οὔτε πλείους. ἢ οἴει;

Οὐδαμῶς γε.

Οὐδέ γε αὖ λόγων, ὦ μακάριε, καλῶν τε καὶ ἐλευθέρων ἱκανῶς ἐπήκοοι γεγόνασιν, οἵων ζητεῖν μὲν τὸ ἀληθὲς συντεταμένως ἐκ παντὸς τρόπου τοῦ γνῶναι χάριν, τὰ δὲ κομψά τε καὶ ἐριστικὰ καὶ μηδαμόσε ἄλλοσε τείνοντα ἢ πρὸς δόξαν καὶ ἔριν καὶ ἐν δίκαις καὶ ἐν ἰδίαις συνουσίαις πόρρωθεν ἀσπαζομένων.

Οὐδὲ τούτων, ἔφη.

Τούτων τοι χάριν, ἦν δ' ἐγώ, καὶ ταῦτα προορώμενοι
b ἡμεῖς τότε καὶ δεδιότες ὅμως ἐλέγομεν, ὑπὸ τἀληθοῦς ἠναγκασμένοι, ὅτι οὔτε πόλις οὔτε πολιτεία οὐδέ γ' ἀνὴρ ὁμοίως μή ποτε γένηται τέλεος, πρὶν ἂν τοῖς φιλοσόφοις τούτοις τοῖς ὀλίγοις καὶ οὐ πονηροῖς, ἀχρήστοις δὲ νῦν κεκλημένοις, ἀνάγκη τις ἐκ τύχης περιβάλῃ, εἴτε βούλονται εἴτε μή,

c 9 θρασύμαχον A F M : θρασύμαχον ἀρξαμένους D e 1 πολὺ A F D : πολλοὶ A² M τοιαῦτ' ἄττα ῥήματα] γρ. τοιαυτὶ ῥήματα in marg. A a 5 οἵων A M : οἷον A² F D συντεταμένως F : ξυντεταμένως A² D M : ξυντεταγμένως A a 6 τρόπου F D M et in marg. γρ. A : προσώπου A b 5 ἀνάγκη] fort. ἀνάγκην Adam περιβάλῃ A F D M : παραβάλῃ m

请你不要挑拨离间[1937]，我说道，因为我和特刺绪马科斯刚刚成为
了朋友，虽然以前我们也不是敌人。我们肯定将不会放弃〈我们的〉尝 498d1
试，直到我们要么能够既说服这个人，也说服其他人，要么能够为〈他
们以后的〉那种生活提供某种有用的东西，那就是，当他们重生后，如
果他们〈再次〉遇到这样一些讨论的话。

你只不过〈为他们〉操心了，他说道，很短的时间而已[1938]。 498d5

根本就没有〈为他们操心一丁点时间〉，我说道，假如将之同整个
〈时间〉相比的话。然而，许多人不被这些讨论所说服，这根本就不是
一件奇怪的事情；因为，他们从未看到现在所说的发生过，而更多〈看 498e1
到的是〉这样一些语词被故意弄得彼此相似，而不是像现在这样，它们
是一些自然而然地[1939]一起出现〈在这儿〉的东西。至于一个人，他已
经让自己同德性相等以及相似到了力所能及的完满程度——无论是在行
为上，还是在言辞上——，从而在一个〈与他是同样〉这个样子的城
邦中[1940]掌权，他们从未看到过，无论是一个〈这样〉的人，还是更多 499a1
〈这样〉的人。或者你认为〈他们看到过〉？

绝对没有〈看到过〉。

此外，有福的人啊，他们也肯定从未充分地聆听过诸如下面这样一
些美好的和自由的讨论，那就是：一方面，它们为了认识的缘故而用尽 499a5
一切方式去努力地探寻真相；另一方面，对于那些巧妙的和引起争吵的
东西——这些东西不会努力前往任何地方，除了前往一种意见和一种较
量那里，无论是在各种各样的官司中，还是在私人交往中——，它们都
敬而远之[1941]。

〈他们〉没有〈聆听过〉这些，他说道。 499a10

那好，正由于以上这些事情的缘故，我说道，并且尽管那时我们也
预见到了这些事情而有所顾虑[1942]，但为真相所迫，我们仍然要说，无 499b1
论是一个城邦，还是一种城邦体制，甚或是任何一个人，在下面这样
之前，都同样地从不可能变得是完满的：〈或者〉这些少数热爱智慧的
人——他们现在虽然不被称作是一些邪恶的人，但还是被称作是一些无
用的人——，某种必然性碰巧[1943]把下面这件事披在了他们身上[1944]，无 499b5

πόλεως ἐπιμεληθῆναι, καὶ τῇ πόλει κατηκόῳ γενέσθαι, ἢ τῶν νῦν ἐν δυναστείαις ἢ βασιλείαις ὄντων ὑέσιν ἢ αὐτοῖς ἔκ τινος θείας ἐπιπνοίας ἀληθινῆς φιλοσοφίας ἀληθινὸς c ἔρως ἐμπέσῃ. τούτων δὲ πότερα γενέσθαι ἢ ἀμφότερα ὡς ἄρα ἐστὶν ἀδύνατον, ἐγὼ μὲν οὐδένα φημὶ ἔχειν λόγον. οὕτω γὰρ ἂν ἡμεῖς δικαίως καταγελῴμεθα, ὡς ἄλλως εὐχαῖς ὅμοια λέγοντες. ἢ οὐχ οὕτως;

Οὕτως.

Εἰ τοίνυν ἄκροις εἰς φιλοσοφίαν πόλεώς τις ἀνάγκη ἐπιμεληθῆναι ἢ γέγονεν ἐν τῷ ἀπείρῳ τῷ παρεληλυθότι χρόνῳ ἢ καὶ νῦν ἔστιν ἔν τινι βαρβαρικῷ τόπῳ, πόρρω που ἐκτὸς ὄντι τῆς ἡμετέρας ἐπόψεως, ἢ καὶ ἔπειτα γενήσεται, d περὶ τούτου ἕτοιμοι τῷ λόγῳ διαμάχεσθαι, ὡς γέγονεν ἡ εἰρημένη πολιτεία καὶ ἔστιν καὶ γενήσεταί γε, ὅταν αὕτη ἡ Μοῦσα πόλεως ἐγκρατὴς γένηται. οὐ γὰρ ἀδύνατος γενέσθαι, οὐδ' ἡμεῖς ἀδύνατα λέγομεν· χαλεπὰ δὲ καὶ παρ' ἡμῶν ὁμολογεῖται.

Καὶ ἐμοί, ἔφη, οὕτω δοκεῖ.

Τοῖς δὲ πολλοῖς, ἦν δ' ἐγώ, ὅτι οὐκ αὖ δοκεῖ, ἐρεῖς;

Ἴσως, ἔφη.

Ὦ μακάριε, ἦν δ' ἐγώ, μὴ πάνυ οὕτω τῶν πολλῶν κατηγόρει. ἀλλοίαν τοι δόξαν ἕξουσιν, ἐὰν αὐτοῖς μὴ φιλονικῶν e ἀλλὰ παραμυθούμενος καὶ ἀπολυόμενος τὴν τῆς φιλομαθείας διαβολὴν ἐνδεικνύῃ οὓς λέγεις τοὺς φιλοσόφους, καὶ διορίζῃ ὥσπερ ἄρτι τήν τε φύσιν αὐτῶν καὶ τὴν ἐπιτήδευσιν, ἵνα 500 μὴ ἡγῶνταί σε λέγειν οὓς αὐτοὶ οἴονται. [ἢ καὶ ἐὰν οὕτω θεῶνται, ἀλλοίαν τοι φήσεις αὐτοὺς δόξαν λήψεσθαι καὶ ἄλλα ἀποκρινεῖσθαι.] ἢ οἴει τινὰ χαλεπαίνειν τῷ μὴ χαλεπῷ

b 6 κατηκόῳ ci. Schleiermacher : κατήκοοι A F M (ἀντὶ τοῦ κατακουόμενοι schol.) : κατήκοι D d 3 αὕτη F D : αὐτὴ A M e 1 ἀλλοίαν A D : ἀλλ' οἷαν F : ἀλλ' οἵαν M ἐὰν A M schol. : ἐ*ν D : ἐν F a 2 ἢ καὶ . . . a 4 ἀποκρινεῖσθαι seclusi a 2 ἢ καὶ A D M : καὶ F οὕτω A D M : αὐτῷ F a 4 ἀποκρινεῖσθαι F D M (ut videtur) : ἀποκρίνεσθαι A m

论他们愿意，还是不愿意，〈那就是他们必须得〉关心城邦，并且倾听城邦〈的声音〉[1945]；或者，在现今处于权位或王位上的那些人中，他们的儿子们，或者他们本人，基于某种神圣的灵感[1946]，关于真正的对 499c1
智慧的热爱的真正的爱欲[1947]降临到了他们身上。而〈认为〉这两种情形中的一种，或者这两种情形，都肯定不可能发生，我无疑会宣称这是没有任何理由的[1948]。因为，如果真是这样，那么，我们理当被嘲笑，因为我们徒劳地在建空中楼阁而已[1949]。或者不是这样？ 499c5

是这样。

因此，那些在热爱智慧方面的顶尖人物[1950]，如果某种必然性〈迫使〉他们关心城邦——〈这件事〉或者在已经逝去的无尽的时间中已经发生过，甚或现在就是在某个非希腊人的地方，而这个地方远远是在我 499d1
们视线所及的范围之外[1951]，甚或以后将会发生——，那么，我们就将准备通过讨论而坚决主张[1952]下面这点，那就是：已经说过的那种城邦体制无论如何都已经出现过，〈现在正〉是着，并且将来还会出现，每当这位缪斯[1953]成为了一个城邦的掌权者时。因为，〈这种城邦体制〉并非不可能出现[1954]，我们也没有在说一些不可能的事情；至于说它是艰 499d5
难的，这也会被我们所同意。

在我看来，他说道，也是如此。

而在多数人看来，我说道，则不是这样，你复又会这么说吗？

也许吧，他回应道。

有福的人啊，我说道，请你不要如此厉害地谴责多数人！他们其实 499d10
也将有另外一种看法，如果你像下面这样做的话，那就是：你不是通过 499e1
热衷于同他们争胜，而是通过劝慰他们以及通过消除对热爱学问的那种诽谤来指出你将之称作在热爱智慧的那些人，并且你如刚才那样〈向他 500a1
们〉宣布[1955]那些人的天性以及对所从事的事业的热忱，由此他们就不会认为你在说他们所以为的那些人。于是，如果他们以这种方式来看待〈那些热爱智慧的人〉，那么，你肯定会宣称他们将持有另外一种看法，并且做出不同的回答[1956]。或者，你认为一个人竟然会严苛地对待那不

ἢ φθονεῖν τῷ μὴ φθονερῷ ἄφθονόν τε καὶ πρᾷον ὄντα; ἐγὼ μὲν γάρ σε προφθάσας λέγω ὅτι ἐν ὀλίγοις τισὶν ἡγοῦμαι, ἀλλ' οὐκ ἐν τῷ πλήθει, χαλεπὴν οὕτω φύσιν γίγνεσθαι.

Καὶ ἐγὼ ἀμέλει, ἔφη, συνοίομαι.

b Οὐκοῦν καὶ αὐτὸ τοῦτο συνοίει, τοῦ χαλεπῶς πρὸς φιλοσοφίαν τοὺς πολλοὺς διακεῖσθαι ἐκείνους αἰτίους εἶναι τοὺς ἔξωθεν οὐ προσῆκον ἐπεισκεκωμακότας, λοιδορουμένους τε αὑτοῖς καὶ φιλαπεχθημόνως ἔχοντας καὶ ἀεὶ περὶ ἀνθρώπων τοὺς λόγους ποιουμένους, ἥκιστα φιλοσοφίᾳ πρέπον ποιοῦντας;

Πολύ γ', ἔφη.

Οὐδὲ γάρ που, ὦ 'Αδείμαντε, σχολὴ τῷ γε ὡς ἀληθῶς πρὸς τοῖς οὖσι τὴν διάνοιαν ἔχοντι κάτω βλέπειν εἰς ἀνθρώ- c πων πραγματείας, καὶ μαχόμενον αὐτοῖς φθόνου τε καὶ δυσμενείας ἐμπίμπλασθαι, ἀλλ' εἰς τεταγμένα ἄττα καὶ κατὰ ταὐτὰ ἀεὶ ἔχοντα ὁρῶντας καὶ θεωμένους οὔτ' ἀδικοῦντα οὔτ' ἀδικούμενα ὑπ' ἀλλήλων, κόσμῳ δὲ πάντα καὶ κατὰ λόγον ἔχοντα, ταῦτα μιμεῖσθαί τε καὶ ὅτι μάλιστα ἀφομοιοῦσθαι. ἢ οἴει τινὰ μηχανὴν εἶναι, ὅτῳ τις ὁμιλεῖ ἀγάμενος, μὴ μιμεῖσθαι ἐκεῖνο;

'Αδύνατον, ἔφη.

Θείῳ δὴ καὶ κοσμίῳ ὅ γε φιλόσοφος ὁμιλῶν κόσμιός τε d καὶ θεῖος εἰς τὸ δυνατὸν ἀνθρώπῳ γίγνεται· διαβολὴ δ' ἐν πᾶσι πολλή.

Παντάπασι μὲν οὖν.

Ἂν οὖν τις, εἶπον, αὐτῷ ἀνάγκη γένηται ἃ ἐκεῖ ὁρᾷ μελετῆσαι εἰς ἀνθρώπων ἤθη καὶ ἰδίᾳ καὶ δημοσίᾳ τιθέναι καὶ μὴ μόνον ἑαυτὸν πλάττειν, ἆρα κακὸν δημιουργὸν αὐτὸν οἴει γενήσεσθαι σωφροσύνης τε καὶ δικαιοσύνης καὶ συμπάσης τῆς δημοτικῆς ἀρετῆς;

Ἥκιστά γε, ἦ δ' ὅς.

c 4 ἀδικούμενα F: ἀδικούμενον A M et ex ἀδικούμενος fecit D
c 6 ἀγάμενος A F D M : ἀγόμενος A² μὴ A D : om. F M

严苛的人，或者嫉妒那不嫉妒的人，如果他自己是一个不嫉妒的和温和 500a5
的人的话？我肯定会抢在你之前说：我认为，只会在少数几个人那里，
而非在多数人那里，出现一种如此严苛的天性。

我也无疑，他说道，赞同〈你的看法〉。

那么，恰恰在下面这件事上，难道你竟然不会赞同〈我的看法〉吗， 500b1
那就是：许多的人对热爱智慧感到愤怒[1957]，〈我认为〉下面那些人要对此
负责，他们就像无法无天的饮酒作乐者[1958]那样从外面冲到不属于他们的那
个地方，互相辱骂，他们都是一些爱争吵的人[1959]，并且总是〈只〉针对世 500b5
人发表各种各样的言论[1960]，做出一些根本与对智慧的热爱不相称的事情？

完全如此，他回应道。

其实无论如何，阿德曼托斯啊，一个人，如果他真的把〈他的〉思
想对准那些是着的东西，那么，对他来说，就没有闲暇去俯视世人的各
种事务，并且充满着嫉妒和敌意地去同他们进行斗争；相反，由于他们 500c1
看向和观望[1961]那些被安排〈得井井有条〉的东西以及那些始终保持着
同一的东西——〈看到〉它们既不互相行不义，也不彼此被行不义，而
是全都合乎道理地[1962]处在秩序当中——，他们不仅〈应当〉模仿这些 500c5
东西，而且〈应当〉尽可能地使自己与它们相似[1963]。或者，你认为，
有着某种办法，〈它有可能使得〉一个人满怀着钦赞之情去与之打交道
的那种东西，他〈能够〉不去模仿它？

不可能，他回应道。

因此，热爱智慧的人，当他同一种神圣的和有秩序的东西进行交
往，那他也就肯定会在一个人力所能及的范围内变得是有秩序的和神圣 500d1
的，尽管到处[1964]仍然〈充斥着对他的〉许多诽谤。

完全如此。

那么，如果某种必然性，我说道，对他产生出来，〈迫使〉他致力
于把他在〈另外〉那个地方[1965]所看到的那些东西安放到人们的习性
中——无论是在私人方面，还是在公共方面——，而不是仅仅塑造他自 500d5
己，那么，你会认为他将变成一个拙劣的匠人吗，在〈打造〉自制、正
义以及〈其他〉所有的平民德性方面[1966]？

绝对不会，他回应道。

Ἀλλ᾽ ἐὰν δὴ αἴσθωνται οἱ πολλοὶ ὅτι ἀληθῆ περὶ αὐτοῦ λέγομεν, χαλεπανοῦσι δὴ τοῖς φιλοσόφοις καὶ ἀπιστήσουσιν e ἡμῖν λέγουσιν ὡς οὐκ ἄν ποτε ἄλλως εὐδαιμονήσειε πόλις, εἰ μὴ αὐτὴν διαγράψειαν οἱ τῷ θείῳ παραδείγματι χρώμενοι ζωγράφοι;

Οὐ χαλεπανοῦσιν, ἦ δ᾽ ὅς, ἐάνπερ αἴσθωνται. ἀλλὰ δὴ τίνα λέγεις τρόπον τῆς διαγραφῆς; 501

Λαβόντες, ἦν δ᾽ ἐγώ, ὥσπερ πίνακα πόλιν τε καὶ ἤθη ἀνθρώπων, πρῶτον μὲν καθαρὰν ποιήσειαν ἄν, ὃ οὐ πάνυ ῥᾴδιον· ἀλλ᾽ οὖν οἶσθ᾽ ὅτι τούτῳ ἂν εὐθὺς τῶν ἄλλων διενέγκοιεν, τῷ μήτε ἰδιώτου μήτε πόλεως ἐθελῆσαι ἂν ἅψασθαι μηδὲ γράφειν νόμους, πρὶν ἢ παραλαβεῖν καθαρὰν ἢ αὐτοὶ ποιῆσαι.

Καὶ ὀρθῶς γ᾽, ἔφη.

Οὐκοῦν μετὰ ταῦτα οἴει ὑπογράψασθαι ἂν τὸ σχῆμα τῆς πολιτείας;

Τί μήν;

Ἔπειτα οἶμαι ἀπεργαζόμενοι πυκνὰ ἂν ἑκατέρωσ᾽ ἀπο- b βλέποιεν, πρός τε τὸ φύσει δίκαιον καὶ καλὸν καὶ σῶφρον καὶ πάντα τὰ τοιαῦτα, καὶ πρὸς ἐκεῖν᾽ αὖ τὸ ἐν τοῖς ἀνθρώποις ἐμποιοῖεν, συμμειγνύντες τε καὶ κεραννύντες ἐκ τῶν ἐπιτηδευμάτων τὸ ἀνδρείκελον, ἀπ᾽ ἐκείνου τεκμαιρόμενοι, ὃ δὴ καὶ Ὅμηρος ἐκάλεσεν ἐν τοῖς ἀνθρώποις ἐγγιγνόμενον θεοειδές τε καὶ θεοείκελον.

Ὀρθῶς, ἔφη.

Καὶ τὸ μὲν ἂν οἶμαι ἐξαλείφοιεν, τὸ δὲ πάλιν ἐγγράφοιεν, ἕως ὅτι μάλιστα ἀνθρώπεια ἤθη εἰς ὅσον ἐνδέχεται θεοφιλῆ c ποιήσειαν.

e 1 χαλεπανοῦσι] χαλεπαίνουσι pr. A (et mox e 5) e 2 ἄν ποτε A F M : ἀπόντε D a 5 διενέγκοιεν scr. Mon. : διενέγκαιεν Eusebius : διενεγκεῖν A F D M a 6 μηδὲ γράφειν] μηδ᾽ ἐγγράφειν ci. Cobet b 1 ἑκατέρωσε F Eusebius Hierocles : ἑκατέρως A D M b 3 ἐκεῖν᾽ scripsi : ἐκεῖνο A F D M αὖ τὸ A F D Eusebius Hierocles : αὐτὸ M : αὖ ὃ vulg. c 1 μάλιστα A D M : μάλιστα τὰ F Eusebius Hierocles ἀνθρώπεια A D Eusebius · ἀνθρώπινα Hierocles θεοφιλῆ] θεοειδῆ ci. Badham

然而，如果大众确实注意到了我们关于这个人所说的那些都是真 500d10
的[1967]，那么，他们竟然还将会对那些热爱智慧的人动怒吗，并且他 500e1
们仍然将不会相信我们吗，当我们说：一个城邦从不可能以任何其他的方式变得幸福昌盛，除非画家们通过使用某种神圣的范例来为它画出轮廓？

他们将不会动怒，他回应道，如果他们真的注意到了的话。但是， 500e5
你究竟在说何种方式的画轮廓呢？ 501a1

当他们就像拿起一块画板那样，我说道，拿起一个城邦以及拿起人们的习性之后，他们肯定首先会使之变得干净，而这无疑是非常不容易
的。然而，你无论如何都知道，恰恰在这点上他们不同于其他人，在下 501a5
面这样之前，他们既不愿意接触任何一位个人，也不愿意接触任何一个城邦，也不愿意谱写法律，那就是:〈或者〉他们得到了一个干净的城邦，或者他们自己已经使之变得干净。

肯定也做得正确，他说道。

那么，在这些之后，难道你不认为他们就会勾画出一种城邦体制的 501a10
轮廓？

为何不呢？

然后，我认为，当他们进行工作时，他们会不停地向两边张望， 501b1
〈时而〉看向那在本性上正义的东西、美的东西、自制的东西，以及所有诸如此类的，〈时而〉复又看向他们会在人们身上将之塑造出来的那种东西[1968]，因为他们从〈人们的〉各种各样的生活方式中混合和调配
出肉色的颜料[1969]，基于事实上荷马也曾称呼过的那种东西来做出推断， 501b5
而那种东西就是：当它出现在人们身上时，它是有着神一样形相的以及像神一样的[1970]。

正确，他说道。

并且我也认为，一方面，他们会〈在那个画板上〉擦掉某种东西，
另一方面，复又会画上某种东西，直到他们尽可能把属人的各种习性塑 501c1
造为尽可能地是为神所喜爱的[1971]。

Καλλίστη γοῦν ἄν, ἔφη, ἡ γραφὴ γένοιτο.

Ἆρ' οὖν, ἦν δ' ἐγώ, πείθομέν πῃ ἐκείνους, οὓς διατεταμένους ἐφ' ἡμᾶς ἔφησθα ἰέναι, ὡς τοιοῦτός ἐστι πολιτειῶν ζωγράφος ὃν τότ' ἐπῃνοῦμεν πρὸς αὐτούς, δι' ὃν ἐκεῖνοι ἐχαλέπαινον ὅτι τὰς πόλεις αὐτῷ παρεδίδομεν, καί τι μᾶλλον αὐτὸ νῦν ἀκούοντες πραΰνονται;

Καὶ πολύ γε, ἦ δ' ὅς, εἰ σωφρονοῦσιν.

d Πῇ γὰρ δὴ ἕξουσιν ἀμφισβητῆσαι; πότερον μὴ τοῦ ὄντος τε καὶ ἀληθείας ἐραστὰς εἶναι τοὺς φιλοσόφους;

Ἄτοπον μεντἄν, ἔφη, εἴη.

Ἀλλὰ μὴ τὴν φύσιν αὐτῶν οἰκείαν εἶναι τοῦ ἀρίστου, ἣν ἡμεῖς διήλθομεν;

Οὐδὲ τοῦτο.

Τί δέ; τὴν τοιαύτην τυχοῦσαν τῶν προσηκόντων ἐπιτηδευμάτων οὐκ ἀγαθὴν τελέως ἔσεσθαι καὶ φιλόσοφον, εἴπερ τινὰ ἄλλην; ἢ ἐκείνους φήσει μᾶλλον, οὓς ἡμεῖς ἀφωρίσαμεν;

e Οὐ δήπου.

Ἔτι οὖν ἀγριανοῦσι λεγόντων ἡμῶν ὅτι πρὶν ἂν πόλεως τὸ φιλόσοφον γένος ἐγκρατὲς γένηται, οὔτε πόλει οὔτε πολίταις κακῶν παῦλα ἔσται, οὐδὲ ἡ πολιτεία ἣν μυθολογοῦμεν λόγῳ ἔργῳ τέλος λήψεται;

Ἴσως, ἔφη, ἧττον.

Βούλει οὖν, ἦν δ' ἐγώ, μὴ ἧττον φῶμεν αὐτοὺς ἀλλὰ
502 παντάπασι πρᾴους γεγονέναι καὶ πεπεῖσθαι, ἵνα, εἰ μή τι, ἀλλὰ αἰσχυνθέντες ὁμολογήσωσιν;

Πάνυ μὲν οὖν, ἔφη.

Οὗτοι μὲν τοίνυν, ἦν δ' ἐγώ, τοῦτο πεπεισμένοι ἔστων· τοῦδε δὲ πέρι τις ἀμφισβητήσει, ὡς οὐκ ἂν τύχοιεν γενόμενοι βασιλέων ἔκγονοι ἢ δυναστῶν τὰς φύσεις φιλόσοφοι;

Οὐδ' ἂν εἷς, ἔφη.

c 7 τί A: ἔτι F D: om. M   d 9 φήσει Adam: φύσει F: φήσειν A D M   e 7 μὴ A F M: om. D   a 2 ἀλλὰ ci. Ast: ἄλλο A F D M   a 5 τις D: τίς A M: τῆς F (qui mox ἀμφισβητήσεως)   a 6 ἔγγονοι F

这幅画，他说道，无论如何都会变得是非常美的。

那么，我说道，我们在某种方式上说服了你曾宣称全速冲向我们的那些人吗[1972]，因为〈我们说〉这样一种人就是各种城邦体制的绘制者，501c1 他就是我们那时曾对他们表扬过的那种人，那些人由于他而曾对下面这点感到愤怒，那就是我们把诸城邦托付给了他，而当他们现在听了它之后[1973]，他们约莫变得温和了些？

肯定温和多了，他回应道，如果他们清醒过来了的话。

其实他们究竟在哪方面能够持有异议呢？难道〈他们会宣称〉那些 501d1 热爱智慧的人不是是〈者〉和真的爱恋者？

那无疑会是荒谬的，他回应道。

那么，〈他们会宣称〉他们的天性不是与那最好的东西有亲缘关系的，而那种天性我们已经详述过了[1974]？ 501d5

这也不会。

然后呢？这样一种天性，既然它恰好适合于各种各样的生活方式，难道它将不完满地是好的和热爱智慧的，就像其他某种天性那样？还是说，〈你认为他们〉将宣称[1975]，我们曾将之排除在外的那些人[1976]，他 501d10 们倒更是那样？

肯定不会。 501e1

那么，他们还将生气吗，当我们说：在热爱智慧的这个家族成为城邦的统治者之前，不仅无论是对一个城邦来说，还是对城邦公民们来说，都将没有诸恶的终止，而且我们在言辞中将之作为故事而谈到的那种城邦体制，它也将不会在行动上[1977]得到实现？ 501e5

也许，他回应道，〈他们将〉不那么〈生气〉了

因此，你愿意我们这样说吗，我说道，那就是：他们不是不那么〈生气〉了，而是完完全全已经变得温和以及已经被说服了，以至于，502a1 即使不出于任何别的原因，只是由于感到羞愧，那他们也会同意？

完全〈愿意〉，他回应道。

那好，这些人，我说道，就让他们在这点上已经被说服了。但关于 502a5 下面这点还会有人将进行争辩吗[1978]，说国王们的后代，或者那些掌权者的后代，他们恰好在本性上就不可能成为热爱智慧的人？

不会有任何一个人〈将那么做〉，他回应道。

Τοιούτους δὲ γενομένους ὡς πολλὴ ἀνάγκη διαφθαρῆναι,
ἔχει τις λέγειν; ὡς μὲν γὰρ χαλεπὸν σωθῆναι, καὶ ἡμεῖς
συγχωροῦμεν· ὡς δὲ ἐν παντὶ τῷ χρόνῳ τῶν πάντων οὐδέποτε b
οὐδ᾽ ἂν εἷς σωθείη, ἔσθ᾽ ὅστις ἀμφισβητήσειε;

Καὶ πῶς;

Ἀλλὰ μήν, ἦν δ᾽ ἐγώ, εἷς ἱκανὸς γενόμενος, πόλιν ἔχων
πειθομένην, πάντ᾽ ἐπιτελέσαι τὰ νῦν ἀπιστούμενα. 5

Ἱκανὸς γάρ, ἔφη.

Ἄρχοντος γάρ που, ἦν δ᾽ ἐγώ, τιθέντος τοὺς νόμους καὶ
τὰ ἐπιτηδεύματα ἃ διεληλύθαμεν, οὐ δήπου ἀδύνατον ἐθέλειν
ποιεῖν τοὺς πολίτας.

Οὐδ᾽ ὁπωστιοῦν. 10

Ἀλλὰ δή, ἅπερ ἡμῖν δοκεῖ, δόξαι καὶ ἄλλοις θαυμαστόν
τι καὶ ἀδύνατον;

Οὐκ οἶμαι ἔγωγε, ἦ δ᾽ ὅς. c

Καὶ μὴν ὅτι γε βέλτιστα, εἴπερ δυνατά, ἱκανῶς ἐν τοῖς
ἔμπροσθεν, ὡς ἐγᾦμαι, διήλθομεν.

Ἱκανῶς γάρ.

Νῦν δή, ὡς ἔοικεν, συμβαίνει ἡμῖν περὶ τῆς νομοθεσίας 5
ἄριστα μὲν εἶναι ἃ λέγομεν, εἰ γένοιτο, χαλεπὰ δὲ γενέσθαι,
οὐ μέντοι ἀδύνατά γε.

Συμβαίνει γάρ, ἔφη.

Οὐκοῦν ἐπειδὴ τοῦτο μόγις τέλος ἔσχεν, τὰ ἐπίλοιπα δὴ
μετὰ τοῦτο λεκτέον, τίνα τρόπον ἡμῖν καὶ ἐκ τίνων μαθη- 10
μάτων τε καὶ ἐπιτηδευμάτων οἱ σωτῆρες ἐνέσονται τῆς πολι- d
τείας, καὶ κατὰ ποίας ἡλικίας ἕκαστοι ἑκάστων ἁπτόμενοι;

Λεκτέον μέντοι, ἔφη.

Οὐδέν, ἦν δ᾽ ἐγώ, τὸ σοφόν μοι ἐγένετο τήν τε τῶν
γυναικῶν τῆς κτήσεως δυσχέρειαν ἐν τῷ πρόσθεν παραλι- 5
πόντι καὶ παιδογονίαν καὶ τὴν τῶν ἀρχόντων κατάστασιν,
εἰδότι ὡς ἐπίφθονός τε καὶ χαλεπὴ γίγνεσθαι ἡ παντελῶς

a 9 γὰρ ADM: om. F   b 2 ὅστις AF: ὅτις DM   ἀμφισβη-
τήσειε AFM: ἀμφισβητήσεως D   c 10 τίνα ADM: ὄντινα F
d 4 σοφόν AFM: σῶφρον D   d 7 τε ADM: om. F   ἡ M: ἢ AFD

然而，这样一些人[1979]，即使他们〈那样〉出现了，那他们也极其必然地会被败坏，一个人能够这样说吗？因为他们肯定难以被保全，并且我们也承认这点；然而，在整个的时间〈长河〉中，他们所有人中竟然就从未有任何一位被保全过吗，有任何一个人会就此进行质疑？

那怎么会？

真的，我说道，哪怕只是出现一个〈那样的人〉，只要他有着一个听从〈他〉的城邦，他就足以实现所有那些现在不被相信的事情。

确实足以，他说道。

因为，既然是他在进行统治，我说道，当他把我们已经详述过的那些确定为各种法律和生活方式之后，下面这件事就肯定不是不可能的，那就是城邦公民们愿意把它们实行出来。

无论如何都不是〈不可能的〉。

而且，在我们看来〈是正确的〉所有事情[1980]，其他人也这么看，这会是一件令人奇怪的和不可能的事情吗？

我肯定不会这么认为，他回应道。

并且它们无疑是最好的，如果它们真的可能的话，在前面的那些讨论中，如我所认为的那样，这点我们已经充分地详述过了。

的确充分地〈详述过了〉。

那么，现在，如看起来的那样，一方面，对我们来说结论就是，我们关于立法所说的那些事情是最好的，如果它们能够实现的话；另一方面，它们实现起来虽然困难，但肯定不是不可能的。

结论确实如此，他说道。

那么，既然这一〈讨论〉已经勉勉强强地到达了终点，此后岂不肯定必须得说说剩下的那些，那就是：对我们来说，城邦体制的那些拯救者，他们以何种方式以及基于哪些学问和追求而将是在〈城邦〉中，以及在什么样的年龄各自致力于其中的每一件事情？

无疑必须得说说，他回应道。

我的那点小聪明[1981]，我说道，对我根本就没有任何用处，那就是，在前面，我曾把对女人的拥有这一棘手的问题[1982]放到一边，并且把生孩子和对统治者们的任命〈这些事情也放到一边〉[1983]——因为我知道，〈关于这些事情的〉那种完全真的〈安排〉既会变得令人憎恶，也会变

ἀληθής· νῦν γὰρ οὐδὲν ἧττον ἦλθεν τὸ δεῖν αὐτὰ διελθεῖν.
e καὶ τὰ μὲν δὴ τῶν γυναικῶν τε καὶ παίδων πεπέρανται, τὸ δὲ τῶν ἀρχόντων ὥσπερ ἐξ ἀρχῆς μετελθεῖν δεῖ. ἐλέγομεν
503 δ', εἰ μνημονεύεις, δεῖν αὐτοὺς φιλοπόλιδάς τε φαίνεσθαι, βασανιζομένους ἐν ἡδοναῖς τε καὶ λύπαις, καὶ τὸ δόγμα τοῦτο μήτ' ἐν πόνοις μήτ' ἐν φόβοις μήτ' ἐν ἄλλῃ μηδεμιᾷ μεταβολῇ φαίνεσθαι ἐκβάλλοντας, ἢ τὸν ἀδυνατοῦντα ἀποκριτέον, τὸν δὲ πανταχοῦ ἀκήρατον ἐκβαίνοντα ὥσπερ χρυσὸν ἐν πυρὶ βασανιζόμενον, στατέον ἄρχοντα καὶ γέρα δοτέον καὶ ζῶντι καὶ τελευτήσαντι καὶ ἆθλα. τοιαῦτ' ἄττα ἦν τὰ λεγόμενα παρεξιόντος καὶ παρακαλυπτομένου τοῦ
b λόγου, πεφοβημένου κινεῖν τὸ νῦν παρόν.

Ἀληθέστατα, ἔφη, λέγεις· μέμνημαι γάρ.

Ὄκνος γάρ, ἔφην, ὦ φίλε, ἐγώ, εἰπεῖν τὰ νῦν ἀποτετολμημένα· νῦν δὲ τοῦτο μὲν τετολμήσθω εἰπεῖν, ὅτι τοὺς ἀκριβεστάτους φύλακας φιλοσόφους δεῖ καθιστάναι.

Εἰρήσθω γάρ, ἔφη.

Νόησον δὴ ὡς εἰκότως ὀλίγοι ἔσονταί σοι· ἣν γὰρ διήλθομεν φύσιν δεῖν ὑπάρχειν αὐτοῖς, εἰς ταὐτὸν συμφύεσθαι αὐτῆς τὰ μέρη ὀλιγάκις ἐθέλει, τὰ πολλὰ δὲ διεσπασμένη φύεται.

c Πῶς, ἔφη, λέγεις;

Εὐμαθεῖς καὶ μνήμονες καὶ ἀγχίνοι καὶ ὀξεῖς καὶ ὅσα ἄλλα τούτοις ἕπεται οἶσθ' ὅτι οὐκ ἐθέλουσιν ἅμα φύεσθαι καὶ νεανικοί τε καὶ μεγαλοπρεπεῖς τὰς διανοίας οἷοι κοσμίως μετὰ ἡσυχίας καὶ βεβαιότητος ἐθέλειν ζῆν, ἀλλ' οἱ τοιοῦτοι ὑπὸ ὀξύτητος φέρονται ὅπῃ ἂν τύχωσιν, καὶ τὸ βέβαιον ἅπαν αὐτῶν ἐξοίχεται.

Ἀληθῆ, ἔφη, λέγεις.

Οὐκοῦν τὰ βέβαια αὖ ταῦτα ἤθη καὶ οὐκ εὐμετάβολα, οἷς

d 8 αὐτὰ A D M: αὐτὴν F e 1 τε A F M: om. D b 3 ἔφην ὦ φίλε A D M: ὦ φίλε ἔφην F b 4 μὲν A D M: μὲν δὴ F b 9 διεσπασμένη] διεσπασμένα scr. recc. c 5 βεβαιότητος A F D M: γρ. ἡμερότητος in marg. M

得难以〈实现〉——；其实这件事现在就丝毫不少地走上了前来，即必须详述它们。一方面，有关女人和孩子的那些事情事实上已经被处理 502e1
完毕[1984]；另一方面，关于统治者们的事情，则必须继续往前探究，而且仿佛是从头开始似的。而我们曾说过[1985]——如果你还记得的话——： 503a1
他们必须表现为是一些热爱城邦的人，在各种各样的快乐和各种各样的痛苦中接受检验，表现为绝不会抛弃这种信念，无论是在各种各样的困苦中，还是在各种各样的恐惧中，还是在其他任何的兴衰变迁中；否则那没有能力〈这样做的〉人必须被拒绝，而那在方方面面都表现得纯 503a5
粹的人，就像金子在火中受到检验那样，则必须被任命为统治者，并且必须被给予各种礼物——无论他是活着，还是已经终了——以及各种奖品。这样一些事情就是曾被说过的，虽然讨论转过身去并且把自己的脸遮住[1986]，因为那时它害怕激起现在处在〈我们〉面前的事情。 503b1

你说得非常正确，他说道，我的确记得。

我〈那时〉确实犹豫，我说道，朋友啊，说出现在胆敢冒险〈说出来〉的这些话；而现在，就让下面这点被冒险说出来，那就是：那些热 503b5
爱智慧的人必须被确立为最严格意义上的卫士。

就让它这样被说，他说道。

那么，你只需看清，下面这点是多么地合情合理啊[1987]，那就是，对你来说他们将是少数人！因为我们已经详述过的那种天性必须属于他们，而它的各个部分很少愿意一起出现在同一个人身上[1988]，相反，它 503b10
通常在被打碎的情况下出现[1989]。

你为何，他说道，这么说呢？ 503c1

那些敏于学习的人、有好记忆力的人、机灵的人和敏锐的人，以及〈具有〉与这些〈品质〉相伴随的所有其他那些〈品质的人〉，诸如那些在思想上充满活力的人和宏大开阔的人，你知道他们都不愿意同时长成下面这个样子，那就是他们愿意循规蹈矩地同安静和稳定生活在一起； 503c5
相反，这样一些人被〈他们身上的那种〉敏锐迅疾带往他们碰巧会〈被带往的〉那个地方，并且任何稳定的东西都已经从他们那里离开了。

正确，他说道，你说得。

那么，另一方面，就那些稳固的品质以及那些不容易改变的品质来

ἄν τις μᾶλλον ὡς πιστοῖς χρήσαιτο, καὶ ἐν τῷ πολέμῳ πρὸς d
τοὺς φόβους δυσκίνητα ὄντα, πρὸς τὰς μαθήσεις αὖ ποιεῖ ταὐτόν· δυσκινήτως ἔχει καὶ δυσμαθῶς ὥσπερ ἀπονεναρκωμένα, καὶ ὕπνου τε καὶ χάσμης ἐμπίμπλανται, ὅταν τι δέῃ τοιοῦτον διαπονεῖν.

Ἔστι ταῦτα, ἔφη.

Ἡμεῖς δέ γέ φαμεν ἀμφοτέρων δεῖν εὖ τε καὶ καλῶς μετέχειν, ἢ μήτε παιδείας τῆς ἀκριβεστάτης δεῖν αὐτῷ μεταδιδόναι μήτε τιμῆς μήτε ἀρχῆς.

Ὀρθῶς, ἦ δ' ὅς.

Οὐκοῦν σπάνιον αὐτὸ οἴει ἔσεσθαι;

Πῶς δ' οὔ;

Βασανιστέον δὴ ἔν τε οἷς τότε ἐλέγομεν πόνοις τε καὶ e
φόβοις καὶ ἡδοναῖς, καὶ ἔτι δὴ ὃ τότε παρεῖμεν νῦν λέγομεν, ὅτι καὶ ἐν μαθήμασι πολλοῖς γυμνάζειν δεῖ, σκοποῦντας εἰ καὶ τὰ μέγιστα μαθήματα δυνατὴ ἔσται ἐνεγκεῖν εἴτε καὶ ἀποδειλιάσει, ὥσπερ οἱ ἐν τοῖς ἄλλοις ἀποδειλιῶντες. 504

Πρέπει γέ τοι δή, ἔφη, οὕτω σκοπεῖν. ἀλλὰ ποῖα δὴ λέγεις μαθήματα μέγιστα;

Μνημονεύεις μέν που, ἦν δ' ἐγώ, ὅτι τριττὰ εἴδη ψυχῆς διαστησάμενοι συνεβιβάζομεν δικαιοσύνης τε πέρι καὶ σωφροσύνης καὶ ἀνδρείας καὶ σοφίας ὃ ἕκαστον εἴη.

Μὴ γὰρ μνημονεύων, ἔφη, τὰ λοιπὰ ἂν εἴην δίκαιος μὴ ἀκούειν.

Ἦ καὶ τὸ προρρηθὲν αὐτῶν;

Τὸ ποῖον δή;

Ἐλέγομέν που ὅτι ὡς μὲν δυνατὸν ἦν κάλλιστα αὐτὰ b
κατιδεῖν ἄλλη μακροτέρα εἴη περίοδος, ἣν περιελθόντι καταφανῆ γίγνοιτο, τῶν μέντοι ἔμπροσθεν προειρημένων ἑπομένας ἀποδείξεις οἷόν τ' εἴη προσάψαι. καὶ ὑμεῖς ἐξαρκεῖν ἔφατε,

d 3 ἀπονεναρκωμένα A F M : νεναρκωμένα D d 7 γε φαμὲν F : γ' ἔφαμεν A D M e 4 δυνατὴ A F D M (sed os suprascr. D) a 1 ἄλλοις] ἄθλοις ci. Orelli a 7 εἴην A M : εἴη F D b 2 ἄλλη A F M : ἀλλ' ἢ D b 3 ἑπομένας] ἐχομένας ci. Bywater

说——一个人会将它们作为更加值得信赖的东西来进行使用，并且在 503d1
战争中面对各种恐惧它们也是坚定不移的——，它们其实面对学习也在做同样的事情：它们是步履维艰的和学习吃力的，仿佛它们完全被麻痹了似的，它们充满了昏昏欲睡和哈欠连天，每当它们必须苦心经营任何 503d5
这样的事情时[1990]。

是这样，他说道。

而我们肯定曾经说过[1991]，一个人必须既好又美地分有这两方面的品质，否则就不应当把那种最严格的教育分配给他，也不应当把〈最高的〉尊荣或者统治权分配给他。

正确，他说道。 503d10

那么，难道你不认为它[1992]将是稀罕的？

为何不呢？

那么，〈我们〉不仅必须要在我们刚才说过的那些困苦、恐惧和快 503e1
乐中检验它[1993]，而且还有我们那时将之放过、现在才将之说出来的那件事，那就是，也应当在许许多多的学问上锻炼它，以便考察它是将能够胜任那些最大的学问呢，还是将在它们面前畏缩，就像一些人在其他 504a1
的事情上[1994]畏缩那样。

当然，以这种方式进行考察，他说道，这肯定是合适的。然而，你所说的那些最大的学问，它们究竟是哪些呢？

你无论如何都记得下面这点，我说道，那就是：当我们区分出灵魂中的三个阶层之后[1995]，关于正义、自制、勇敢和智慧，我们检查了[1996] 504a5
它们每个是什么。

如果我真不记得的话，他说道，那么，我就根本无权再听剩下的那些事情了。

在它们之前〈所说的你也记得〉吗？

究竟是什么？ 504a10

我们约莫曾说过[1997]：为了能够尽可能美好地看清它们，得有另外 504b1
一条更长的绕行的路——如果一个人行走在它的上面，那么，它们就会对他变得一清二楚——；当然，〈只是〉增添一些与前面被预先说过的那些东西相适合的证明来，这也会是可能的[1998]。而你们那时却宣称后

καὶ οὕτω δὴ ἐρρήθη τὰ τότε τῆς μὲν ἀκριβείας, ὡς ἐμοὶ ἐφαίνετο, ἐλλιπῆ, εἰ δὲ ὑμῖν ἀρεσκόντως, ὑμεῖς ἂν τοῦτο εἴποιτε.

Ἀλλ' ἔμοιγε, ἔφη, μετρίως· ἐφαίνετο μὴν καὶ τοῖς ἄλλοις.

c Ἀλλ', ὦ φίλε, ἦν δ' ἐγώ, μέτρον τῶν τοιούτων ἀπολεῖπον καὶ ὁτιοῦν τοῦ ὄντος οὐ πάνυ μετρίως γίγνεται· ἀτελὲς γὰρ οὐδὲν οὐδενὸς μέτρον. δοκεῖ δ' ἐνίοτέ τισιν ἱκανῶς ἤδη ἔχειν καὶ οὐδὲν δεῖν περαιτέρω ζητεῖν.

Καὶ μάλ', ἔφη, συχνοὶ πάσχουσιν αὐτὸ διὰ ῥᾳθυμίαν.

Τούτου δέ γε, ἦν δ' ἐγώ, τοῦ παθήματος ἥκιστα προσδεῖ φύλακι πόλεώς τε καὶ νόμων.

Εἰκός, ἦ δ' ὅς.

Τὴν μακροτέραν τοίνυν, ὦ ἑταῖρε, ἔφην, περιιτέον τῷ
d τοιούτῳ, καὶ οὐχ ἧττον μανθάνοντι πονητέον ἢ γυμναζομένῳ· ἤ, ὃ νυνδὴ ἐλέγομεν, τοῦ μεγίστου τε καὶ μάλιστα προσήκοντος μαθήματος ἐπὶ τέλος οὔποτε ἥξει.

Οὐ γὰρ ταῦτα, ἔφη, μέγιστα, ἀλλ' ἔτι τι μεῖζον δικαιοσύνης τε καὶ ὧν διήλθομεν;

Καὶ μεῖζον, ἦν δ' ἐγώ, καὶ αὐτῶν τούτων οὐχ ὑπογραφὴν δεῖ ὥσπερ νῦν θεάσασθαι, ἀλλὰ τὴν τελεωτάτην ἀπεργασίαν μὴ παριέναι. ἢ οὐ γελοῖον ἐπὶ μὲν ἄλλοις σμικροῦ ἀξίοις
e πᾶν ποιεῖν συντεινομένους ὅπως ὅτι ἀκριβέστατα καὶ καθαρώτατα ἕξει, τῶν δὲ μεγίστων μὴ μεγίστας ἀξιοῦν εἶναι καὶ τὰς ἀκριβείας;

Καὶ μάλα, ἔφη, [ἄξιον τὸ διανόημα]· ὃ μέντοι μέγιστον μάθημα καὶ περὶ ὅτι αὐτὸ λέγεις, οἴει τιν' ἄν σε, ἔφη, ἀφεῖναι μὴ ἐρωτήσαντα τί ἐστιν;

Οὐ πάνυ, ἦν δ' ἐγώ, ἀλλὰ καὶ σὺ ἐρώτα. πάντως αὐτὸ οὐκ ὀλιγάκις ἀκήκοας, νῦν δὲ ἢ οὐκ ἐννοεῖς ἢ αὖ διανοῇ

b 6 ἐφαίνετο A D M : φαίνεται F c 1 ἀπολεῖπον κ.τ.λ.] γρ. ἀπολεῖπον καὶ ὅτι οὖν τοιοῦτος (sic) οὐ πάνυ μέτριον in marg. A ἀπολεῖπον F et γρ. A : ἀπολείπων A M : ἀπολειπὼν D c 4 δεῖν M : δεῖ A F D c 6 προσδεῖ D : προσδεῖται A F M d 1 ἢ γυμναζομένῳ . . . d 2 μεγίστου τε F D M : om. A e 1 καθαρώτατα καὶ ἀκριβέστατα F e 4 ἄξιον τὸ διανόημα secl. ci. Schleiermacher

者已经足够了，并且由此一来，那时〈所说的〉那些东西，如对我显得 504b5
的那样，它们在准确性方面无疑被说得是有欠缺的；但是否已经说得让你们感到满意，这事得由你们自己来说。

至少对我来说，他说道，〈说得〉合适，对其他人无疑也显得如此。

然而，朋友啊，我说道，在如此这般〈重大〉的那些事情那里，任 504c1
何一种尺度，哪怕它只是稍稍对是着的东西有所欠缺，那它就会完全变得不合适；因为，任何不完满的东西都不会是任何东西的尺度。但有时候在一些人看来已经是足够了，并且无需进一步进行探寻。

的确，他说道，许多人由于懒散而正在遭受这事。 504c5

然而，这种遭受，我说道，无论如何都最不允许出现在一个城邦及其各种法律的任何一个卫士那里[1999]。

当然，他说道。

那么，那条更长的路，朋友啊，我说道，这样一种人必须绕行它，
并且当他进行学习时，他必须苦干，丝毫不亚于他在进行体育锻炼时那 504d1
样；否则，就像我们刚才所说的那样，他将永不可能抵达那门最大的和最〈与之〉相称的学问的终点。

难道这些东西不是最大的，他说道，而是还有某种比正义和我们已 504d5
经详述过的那些东西更大的东西？

不仅有某种更大的东西，我说道，而且就这些东西自身，也不应当如现在那样仅仅观看它们的一种轮廓[2000]，而是绝不应当放弃它们的完满实现。或者，下面这样竟然不是可笑的，那就是：一方面，在其他那
些有着微小价值的东西上全力以赴而无所不用其极，以便它们将是尽可 504e1
能严格的和纯粹的；另一方面，就那些有着最大价值的东西，却不指望它们的准确性是最大的？

并且是一个，他说道，非常有价值的想法[2001]。然而，你把最大的
学问称作什么，以及你说它是在关乎什么，你认为，他说道，有人会放 504e5
过你吗，在不问〈它们究竟〉是怎么回事的情况下？

肯定不会，我说道，而且你只管问！无论如何你也都不是很少几

ἐμοὶ πράγματα παρέχειν ἀντιλαμβανόμενος. οἶμαι δὲ τοῦτο 505
μᾶλλον· ἐπεὶ ὅτι γε ἡ τοῦ ἀγαθοῦ ἰδέα μέγιστον μάθημα, πολλάκις ἀκήκοας, ᾗ δὴ καὶ δίκαια καὶ τἆλλα προσχρησάμενα χρήσιμα καὶ ὠφέλιμα γίγνεται. καὶ νῦν σχεδὸν οἶσθ' ὅτι μέλλω τοῦτο λέγειν, καὶ πρὸς τούτῳ ὅτι αὐτὴν οὐχ ἱκανῶς ἴσμεν· εἰ δὲ μὴ ἴσμεν, ἄνευ δὲ ταύτης εἰ ὅτι μάλιστα τἆλλα ἐπισταίμεθα, οἶσθ' ὅτι οὐδὲν ἡμῖν ὄφελος, ὥσπερ οὐδ' εἰ
κεκτῄμεθά τι ἄνευ τοῦ ἀγαθοῦ. ἢ οἴει τι πλέον εἶναι πᾶσαν b
κτῆσιν ἐκτῆσθαι, μὴ μέντοι ἀγαθήν; ἢ πάντα τἆλλα φρονεῖν ἄνευ τοῦ ἀγαθοῦ, καλὸν δὲ καὶ ἀγαθὸν μηδὲν φρονεῖν;

Μὰ Δί' οὐκ ἔγωγ', ἔφη.

Ἀλλὰ μὴν καὶ τόδε γε οἶσθα, ὅτι τοῖς μὲν πολλοῖς ἡδονὴ δοκεῖ εἶναι τὸ ἀγαθόν, τοῖς δὲ κομψοτέροις φρόνησις.

Πῶς δ' οὔ;

Καὶ ὅτι γε, ὦ φίλε, οἱ τοῦτο ἡγούμενοι οὐκ ἔχουσι δεῖξαι ἥτις φρόνησις, ἀλλ' ἀναγκάζονται τελευτῶντες τὴν τοῦ ἀγαθοῦ φάναι.

Καὶ μάλα, ἔφη, γελοίως.

Πῶς γὰρ οὐχί, ἦν δ' ἐγώ, εἰ ὀνειδίζοντές γε ὅτι οὐκ ἴσμεν c
τὸ ἀγαθὸν λέγουσι πάλιν ὡς εἰδόσιν; φρόνησιν γὰρ αὐτό φασιν εἶναι ἀγαθοῦ, ὡς αὖ συνιέντων ἡμῶν ὅτι λέγουσιν, ἐπειδὰν τὸ τοῦ ἀγαθοῦ φθέγξωνται ὄνομα.

Ἀληθέστατα, ἔφη.

Τί δὲ οἱ τὴν ἡδονὴν ἀγαθὸν ὁριζόμενοι; μῶν μή τι ἐλάττονος πλάνης ἔμπλεῳ τῶν ἑτέρων; ἢ οὐ καὶ οὗτοι ἀναγκάζονται ὁμολογεῖν ἡδονὰς εἶναι κακάς;

Σφόδρα γε.

Συμβαίνει δὴ αὐτοῖς οἶμαι ὁμολογεῖν ἀγαθὰ εἶναι καὶ κακὰ ταὐτά. ἢ γάρ;

Τί μήν; d

a 3 καὶ δίκαια F D : δίκαια A M : καὶ τὰ δίκαια Proclus b 1 κεκτῄμεθα Bekker : κεκτήμεθα A F D M εἶναι A² F M : εἰδέναι A D b 5 γε A F M : om. D c 7 ἔμπλεῳ vel ἔμπλεοι A D M : ἔκπλεοι F

次听到过它，而现在，你要么是没有想起来，要么是有意再次通过阻拦[2002]来给我制造麻烦[2003]。而我认为更应是〈后面〉这种情形，既然你肯定已经多次听到过下面这点，那就是：善之理念是最大的学问〈之对象〉，各种各样正义的事情以及其他〈所有的〉东西都无疑通过另外使用了它[2004]才变得是有用的和有益的。并且现在你差不多已经清楚，这就是我将要说的；而除此之外，〈我还要说〉我们并没有已经充分地知道了它。但如果我们不曾知道它，那么，没有它，即使我们尽可能地知道〈所有〉其他的，你清楚，那对我们也没有任何益处，恰如没有〈任何益处〉，即使我们已经拥有了任何东西，除了善之外。或者，你认为这更是某种〈益处〉，那就是除了善之外拥有了一切可拥有的？或者，除了善之外理解所有其他的，却不理解美和善？

宙斯在上，我肯定不〈那么认为〉，他回应道。

而且你也肯定清楚下面这点，那就是：在多数人看来，善就是快乐；而在那些较为优雅的人看来[2005]，则是明智[2006]。

为何不呢？

并且事实上，朋友啊，那些持有〈后面〉这种主张的人，他们其实并不能够指出明智究竟是什么，而是到最后被迫宣称，它是同善相关的。

〈他们说得〉非常，他说道，可笑。

为何不呢，我说道，如果，当他们指责我们无论如何都不知道善后，他们复又〈对我们〉说到〈它〉，仿佛我们已经知道〈它〉似的？因为他们声称它[2007]是关于善的明智，好像我们明白他们在说什么似的，当他们吐出善这个语词时。

非常正确，他说道。

而那些把善界定为快乐的人，他们又如何呢？难道他们大约比另外那些人充满了较少的误入歧途[2008]？或者，这些人岂不也被迫同意，一些快乐是恶的？

完全如此。

那么，对他们来说就会出现下面这样的结果，我认为，那就是，同意同一些东西既是善的，又是恶的。是这样吗？

难道还有别的？

Οὐκοῦν ὅτι μὲν μεγάλαι καὶ πολλαὶ ἀμφισβητήσεις περὶ αὐτοῦ, φανερόν;

Πῶς γὰρ οὔ;

Τί δέ; τόδε οὐ φανερόν, ὡς δίκαια μὲν καὶ καλὰ πολλοὶ ἂν ἕλοιντο τὰ δοκοῦντα, κἂν ⟨εἰ⟩ μὴ εἴη, ὅμως ταῦτα πράττειν καὶ κεκτῆσθαι καὶ δοκεῖν, ἀγαθὰ δὲ οὐδενὶ ἔτι ἀρκεῖ τὰ δοκοῦντα κτᾶσθαι, ἀλλὰ τὰ ὄντα ζητοῦσιν, τὴν δὲ δόξαν ἐνταῦθα ἤδη πᾶς ἀτιμάζει;

Καὶ μάλα, ἔφη.

Ὃ δὴ διώκει μὲν ἅπασα ψυχὴ καὶ τούτου ἕνεκα πάντα
e πράττει, ἀπομαντευομένη τι εἶναι, ἀποροῦσα δὲ καὶ οὐκ ἔχουσα λαβεῖν ἱκανῶς τί ποτ' ἐστὶν οὐδὲ πίστει χρήσασθαι μονίμῳ οἵᾳ καὶ περὶ τἆλλα, διὰ τοῦτο δὲ ἀποτυγχάνει καὶ τῶν ἄλλων εἴ τι ὄφελος ἦν, περὶ δὴ τὸ τοιοῦτον καὶ τοσοῦ-
506 τον οὕτω φῶμεν δεῖν ἐσκοτῶσθαι καὶ ἐκείνους τοὺς βελτίστους ἐν τῇ πόλει, οἷς πάντα ἐγχειριοῦμεν;

Ἥκιστά γ', ἔφη.

Οἶμαι γοῦν, εἶπον, δίκαιά τε καὶ καλὰ ἀγνοούμενα ὅπῃ ποτὲ ἀγαθά ἐστιν, οὐ πολλοῦ τινος ἄξιον φύλακα κεκτῆσθαι ἂν ἑαυτῶν τὸν τοῦτο ἀγνοοῦντα· μαντεύομαι δὲ μηδένα αὐτὰ πρότερον γνώσεσθαι ἱκανῶς.

Καλῶς γάρ, ἔφη, μαντεύῃ.

Οὐκοῦν ἡμῖν ἡ πολιτεία τελέως κεκοσμήσεται, ἐὰν ὁ
b τοιοῦτος αὐτὴν ἐπισκοπῇ φύλαξ, ὁ τούτων ἐπιστήμων;

Ἀνάγκη, ἔφη. ἀλλὰ σὺ δή, ὦ Σώκρατες, πότερον ἐπιστήμην τὸ ἀγαθὸν φῂς εἶναι ἢ ἡδονήν, ἢ ἄλλο τι παρὰ ταῦτα;

Οὗτος, ἦν δ' ἐγώ, ἀνήρ, καλῶς ἦσθα καὶ πάλαι καταφανὴς ὅτι σοι οὐκ ἀποχρήσοι τὸ τοῖς ἄλλοις δοκοῦν περὶ αὐτῶν.

Οὐδὲ γὰρ δίκαιόν μοι, ἔφη, ὦ Σώκρατες, φαίνεται τὰ τῶν

d 6 εἰ add. Ast   εἴη A F D M : ᾖ al.   a 6 δὲ A D M : δὴ F   μηδένα A D M : μὴ F   a 9 τελέως A M : παντελῶς F D   b 5 καλῶς A F D M : καλὸς A²

因此，关于它的分歧无疑是巨大的和许许多多的，这点岂不是显而易见的？

为何不呢？

然后呢？下面这点岂不也是显而易见的，那就是：就各种正义的事情和美的东西，许多人都会选择那些显得〈如此的〉，即使它们并不是〈如此〉[2009]，他们仍然会从事和拥有它们，认为它们〈如此〉；但就各种善的东西，任何人都不再满足于拥有那些显得〈如此的〉，而是寻求那些是〈如此的〉，每个人都立即在这里轻视〈关于它们的单纯〉意见[2010]？ 505d5

的确如此，他回应道。 505d10

因此，事实上每一个灵魂都在追求它[2011]，并且为了这种东西而做所有的事情，它虽然预感到了它是件大事[2012]，但仍然困惑并且不能够充分地把握住它究竟是什么，也不能够对之怀有一种稳固的信心，就像对其他东西所怀有的那样，而正由于此，它甚至从其他东西那里错失了有可能〈属于它们〉的某种益处；那么，对于如此这般和如此重大的东西，我们会声称，在城邦中的那些最优秀的人——我们把一切都托付给了他们——，甚至连他们都必须以这种方式身处黑暗中吗？ 505e1 506a1

绝对不，他回应道。

无论如何我都认为，我说道，各种正义的事情和美的东西，如果它们不被〈我们〉知道它们究竟在何种方式上是善的，那么，它们也就不可能在某个人那里为它们自己取得一位非常值得的卫士[2013]——只要那人对这点也不知道。而我预料无人将在这之前充分地认识它们。 506a5

你预料得确实正确，他说道。

因此，对我们来说，城邦体制岂不将已经被完满地安排，如果这样一位卫士，即对这些事情有知识的人，能够看护它的话？ 506b1

必然〈是这样〉，他回应道。然而，你事实上会声称，苏格拉底啊，善究竟是知识呢，还是快乐，还是说，它是在这两者之外的另外某种东西？

你啊，我说道，你这家伙[2014]！其实很久以前你就已经对下面这点是完完全全清楚的[2015]，那就是：其他人关于它们的看法将不会让你感到满足。 506b5

因为下面这样对我显得不是正当的，他说道，苏格拉底啊，那就

ἄλλων μὲν ἔχειν εἰπεῖν δόγματα, τὸ δ' αὑτοῦ μή, τοσοῦτον χρόνον περὶ ταῦτα πραγματευόμενον. c

Τί δέ; ἦν δ' ἐγώ· δοκεῖ σοι δίκαιον εἶναι περὶ ὧν τις μὴ οἶδεν λέγειν ὡς εἰδότα;

Οὐδαμῶς γ', ἔφη, ὡς εἰδότα, ὡς μέντοι οἰόμενον ταῦθ' ἃ οἴεται ἐθέλειν λέγειν.

Τί δέ; εἶπον· οὐκ ᾔσθησαι τὰς ἄνευ ἐπιστήμης δόξας, ὡς πᾶσαι αἰσχραί; ὧν αἱ βέλτισται τυφλαί—ἢ δοκοῦσί τί σοι τυφλῶν διαφέρειν ὁδὸν ὀρθῶς πορευομένων οἱ ἄνευ νοῦ ἀληθές τι δοξάζοντες;

Οὐδέν, ἔφη.

Βούλει οὖν αἰσχρὰ θεάσασθαι, τυφλά τε καὶ σκολιά, ἐξὸν παρ' ἄλλων ἀκούειν φανά τε καὶ καλά; d

Μὴ πρὸς Διός, ἦ δ' ὅς, ὦ Σώκρατες, ὁ Γλαύκων, ὥσπερ ἐπὶ τέλει ὢν ἀποστῇς. ἀρκέσει γὰρ ἡμῖν, κἂν ὥσπερ δικαιοσύνης πέρι καὶ σωφροσύνης καὶ τῶν ἄλλων διῆλθες, οὕτω καὶ περὶ τοῦ ἀγαθοῦ διέλθῃς.

Καὶ γὰρ ἐμοί, ἦν δ' ἐγώ, ὦ ἑταῖρε, καὶ μάλα ἀρκέσει· ἀλλ' ὅπως μὴ οὐχ οἷός τ' ἔσομαι, προθυμούμενος δὲ ἀσχημονῶν γέλωτα ὀφλήσω. ἀλλ', ὦ μακάριοι, αὐτὸ μὲν τί ποτ' ἐστὶ τἀγαθὸν ἐάσωμεν τὸ νῦν εἶναι—πλέον γάρ μοι φαίνεται e ἢ κατὰ τὴν παροῦσαν ὁρμὴν ἐφικέσθαι τοῦ γε δοκοῦντος ἐμοὶ τὰ νῦν—ὃς δὲ ἔκγονός τε τοῦ ἀγαθοῦ φαίνεται καὶ ὁμοιότατος ἐκείνῳ, λέγειν ἐθέλω, εἰ καὶ ὑμῖν φίλον, εἰ δὲ μή, ἐᾶν.

'Αλλ', ἔφη, λέγε· εἰς αὖθις γὰρ τοῦ πατρὸς ἀποτείσεις τὴν διήγησιν.

Βουλοίμην ἄν, εἶπον, ἐμέ τε δύνασθαι αὐτὴν ἀποδοῦναι 507 καὶ ὑμᾶς κομίσασθαι, ἀλλὰ μὴ ὥσπερ νῦν τοὺς τόκους μόνον. τοῦτον δὲ δὴ οὖν τὸν τόκον τε καὶ ἔκγονον αὐτοῦ τοῦ ἀγαθοῦ

b 9 *τοσοῦτον χρόνον* A D M : *χρόνον τοσοῦτον* F   c 7 *ἅπασαι* Stobaeus   *σοι* om. Stobaeus   d 1 *φανά* A D *γρ.* M : *φάννά* F : *φανερά* M   a 3 *τοῦτον* A F M : *τοῦτο* D   *οὖν* om. F

是，能够说出其他人的各种看法，却不能说出自己的看法，当一个人如 506c1
此长时间地致力于这些事情之后。

然后呢？我说道。在你看来这是正当的吗，那就是，一个人谈论他并不知道的事情，仿佛他知道似的？

当然绝不可以，他回应道，仿佛他知道似的；然而，他〈理当〉愿 506c5
意如他所认为的那样说出他所认为的那些东西。

然后呢？我说道。难道你没有注意到，缺乏知识的各种意见，它们全都是丑陋的？其中最好的意见也都是瞎盲的——或者，在你看来，那些缺乏理智而表达了某种真意见的人，他们同那些走对了路的瞎子竟然有着某种不同[2016]？

没有任何不同，他回应道。 506c10

那么，你还愿意观看那些丑陋的东西、盲目的东西和歪斜的东西
吗，当你能够从其他人那里听到那些光明的和美丽的东西时？ 506d1

不会，以宙斯的名义，苏格拉底啊，格劳孔说道；既然你已经仿佛
是在终点处了，所以你不应当放弃。因为对我们来说，下面这样就将足
够了，那就是，如果像你详述正义、自制和〈所有〉其他品质那样，你 506d5
也以同样的方式详述一下善。

其实对我来说，我说道，朋友啊，这确实也将是足够的了。但是，
我又担心[2017]我将没有能力〈做这件事〉，以至于当我满怀热忱地去做
这件事后，我将因丢脸而招致嘲笑。不过，有福的人啊，一方面，善自
身究竟是什么，让我们现在[2018]暂且将之放到一边——因为它对我显得 506e1
远远超出了根据〈我们〉目前的起点所抵达的我现在〈对之〉持有的那
种看法——，另一方面，显得是善的一位后代并且与之最为相似的那
种东西，我倒是愿意说一说，如果你们也乐意的话，如果不乐意，那就 506e5
算了[2019]。

那好，他回应道，你就只管说吧！以后你再来补上对这位父亲的叙述。

我真希望，我说道，不仅我有能力支付它，而且你们也有能力收到 507a1
它，而不是像现在这样，只是一些利息而已[2020]。不过，善自身的这份
利息以及这位后代，无论如何都还是请你们收下它们。然而，请你们一

κομίσασθε. εὐλαβεῖσθε μέντοι μή πῃ ἐξαπατήσω ὑμᾶς ἄκων, κίβδηλον ἀποδιδοὺς τὸν λόγον τοῦ τόκου.

Εὐλαβησόμεθα, ἔφη, κατὰ δύναμιν· ἀλλὰ μόνον λέγε.

Διομολογησάμενός γ', ἔφην ἐγώ, καὶ ἀναμνήσας ὑμᾶς τά τ' ἐν τοῖς ἔμπροσθεν ῥηθέντα καὶ ἄλλοτε ἤδη πολλάκις εἰρημένα.

b Τὰ ποῖα; ἦ δ' ὅς.

Πολλὰ καλά, ἦν δ' ἐγώ, καὶ πολλὰ ἀγαθὰ καὶ ἕκαστα οὕτως εἶναί φαμέν τε καὶ διορίζομεν τῷ λόγῳ.

Φαμὲν γάρ.

Καὶ αὐτὸ δὴ καλὸν καὶ αὐτὸ ἀγαθόν, καὶ οὕτω περὶ πάντων ἃ τότε ὡς πολλὰ ἐτίθεμεν, πάλιν αὖ κατ' ἰδέαν μίαν ἑκάστου ὡς μιᾶς οὔσης τιθέντες, "ὃ ἔστιν" ἕκαστον προσαγορεύομεν.

Ἔστι ταῦτα.

Καὶ τὰ μὲν δὴ ὁρᾶσθαί φαμεν, νοεῖσθαι δ' οὔ, τὰς δ' αὖ ἰδέας νοεῖσθαι μέν, ὁρᾶσθαι δ' οὔ.

Παντάπασι μὲν οὖν.

c Τῷ οὖν ὁρῶμεν ἡμῶν αὐτῶν τὰ ὁρώμενα;

Τῇ ὄψει, ἔφη.

Οὐκοῦν, ἦν δ' ἐγώ, καὶ ἀκοῇ τὰ ἀκουόμενα, καὶ ταῖς ἄλλαις αἰσθήσεσι πάντα τὰ αἰσθητά;

Τί μήν;

Ἆρ' οὖν, ἦν δ' ἐγώ, ἐννενόηκας τὸν τῶν αἰσθήσεων δημιουργὸν ὅσῳ πολυτελεστάτην τὴν τοῦ ὁρᾶν τε καὶ ὁρᾶσθαι δύναμιν ἐδημιούργησεν;

Οὐ πάνυ, ἔφη.

Ἀλλ' ὧδε σκόπει. ἔστιν ὅτι προσδεῖ ἀκοῇ καὶ φωνῇ γένους ἄλλου εἰς τὸ τὴν μὲν ἀκούειν, τὴν δὲ ἀκούεσθαι, ὃ

d ἐὰν μὴ παραγένηται τρίτον, ἡ μὲν οὐκ ἀκούσεται, ἡ δὲ οὐκ ἀκουσθήσεται;

Οὐδενός, ἔφη.

a 4 κομίσασθε A² D : κομίσασθαι A F M b 5 αὐτοδηκαλὸν A b 6 ἑκάστου] ἕκαστον Adam b 8 ἔστι ταῦτα A F M : om. D b 9 δὴ om. Proclus c 6 τὸν A M : τὸ F D

定要警惕下面这点，那就是：我有可能会无意之间在某种方式上欺骗你们，通过提供关于利息的一份虚假的结算。 507a5

我们会警惕的，他说道，尽我们所能；但你只管说吧！

但无论如何都得在下面这样之后〈我才会说〉，我说道，那就是，我被〈你们〉同意，并且使你们想起了在前面的那些讨论中被说过[2021]以及在别的时候已经被多次说过的那些东西。

哪些东西？他说道。 507b1

我们不仅宣称许多东西是美的，我说道，和许多东西是善的，以及任何〈别的〉东西也都是如此[2022]，而且我们也在讨论中进行了区分。

我们的确说过。

并且〈宣称〉美本身和善本身〈是着〉，以及对于我们曾将之设立为多的所有东西来说也如此；我们再度反过来根据每个东西的单一理念，仿佛它是一，来设立每个东西，即根据"它是什么"来称呼它们[2023]。 507b5

是这样。

无疑前者，我们宣称它们〈能够〉被看见，但不〈能够〉被思想；而反过来，那些理念虽然〈能够〉被思想，却不〈能够〉被看见。 507b10

完全如此。

那么我们用我们自己的何种〈官能〉看那些被看的东西呢？ 507c1

用视觉[2024]，他回应道。

那么，我说道，我们岂不用听觉听那些被听的东西，并且用其他的感官[2025]感觉〈其他〉所有可感觉的东西？

为何不呢？ 507c5

那么，我说道，你已经注意到了下面这点吗，那就是：各种感官的创造者，他要付出多少的代价才已经把看和被看之能力[2026]创造得这么最为珍贵？

完全没有，他回应道。

那好，请你以下面这种方式来考虑一下。是这样吗：对于听觉和声音来说，还需要另外某种东西吗，以便前者能够进行听，而后者能够被听；如果这第三种东西不在场，那么，前者就将不能够进行听，而后者就将不能够被听？ 507c10 507d1

不需要其他任何东西，他回应道。

Οἶμαι δέ γε, ἦν δ' ἐγώ, οὐδ' ἄλλαις πολλαῖς, ἵνα μὴ εἴπω ὅτι οὐδεμιᾷ, τοιούτου προσδεῖ οὐδενός. ἢ σύ τινα ἔχεις εἰπεῖν;

Οὐκ ἔγωγε, ἦ δ' ὅς.

Τὴν δὲ τῆς ὄψεως καὶ τοῦ ὁρατοῦ οὐκ ἐννοεῖς ὅτι προσδεῖται;

Πῶς;

Ἐνούσης που ἐν ὄμμασιν ὄψεως καὶ ἐπιχειροῦντος τοῦ ἔχοντος χρῆσθαι αὐτῇ, παρούσης δὲ χρόας ἐν αὐτοῖς, ἐὰν μὴ παραγένηται γένος τρίτον ἰδίᾳ ἐπ' αὐτὸ τοῦτο πεφυκός, οἶσθα e ὅτι ἥ τε ὄψις οὐδὲν ὄψεται, τά τε χρώματα ἔσται ἀόρατα.

Τίνος δὴ λέγεις, ἔφη, τούτου;

Ὃ δὴ σὺ καλεῖς, ἦν δ' ἐγώ, φῶς.

Ἀληθῆ, ἔφη, λέγεις.

Οὐ σμικρᾷ ἄρα ἰδέᾳ ἡ τοῦ ὁρᾶν αἴσθησις καὶ ἡ τοῦ ὁρᾶσθαι δύναμις τῶν ἄλλων συζεύξεων τιμιωτέρῳ ζυγῷ ἐζύγησαν, 508 εἴπερ μὴ ἄτιμον τὸ φῶς.

Ἀλλὰ μήν, ἔφη, πολλοῦ γε δεῖ ἄτιμον εἶναι.

Τίνα οὖν ἔχεις αἰτιάσασθαι τῶν ἐν οὐρανῷ θεῶν τούτου κύριον, οὗ ἡμῖν τὸ φῶς ὄψιν τε ποιεῖ ὁρᾶν ὅτι κάλλιστα καὶ τὰ ὁρώμενα ὁρᾶσθαι;

Ὅνπερ καὶ σύ, ἔφη, καὶ οἱ ἄλλοι· τὸν ἥλιον γὰρ δῆλον ὅτι ἐρωτᾷς.

Ἆρ' οὖν ὧδε πέφυκεν ὄψις πρὸς τοῦτον τὸν θεόν;

Πῶς;

Οὐκ ἔστιν ἥλιος ἡ ὄψις οὔτε αὐτὴ οὔτ' ἐν ᾧ ἐγγίγνεται, ὃ δὴ καλοῦμεν ὄμμα. b

Οὐ γὰρ οὖν.

Ἀλλ' ἡλιοειδέστατόν γε οἶμαι τῶν περὶ τὰς αἰσθήσεις ὀργάνων.

d 12 ἔχοντος A F M : ἔχον D e 4 σὺ καλεῖς . . . 515 d 7 ὁρώμενα excisis duobus foliis desunt in D in cuius locum succedunt apographa *D* e 6 σμικρᾷ ἰδέᾳ A : σμικρὰ ἰδέα F *D* a 5 ὅτι om. F a 11 ἥλιος om. F

而我也的确认为，我说道，对大多数其他的〈能力〉来说——免得我说对任何一种〈能力〉来说——，都不另外需要任何诸如此类的东西。或者你能够说出某种〈能力〉来？

我肯定不能，他回应道。

但视觉和可见的东西之能力，难道你没有注意到它另外需要〈诸如此类的某种东西〉吗？

为何？

无论如何，虽然在眼睛中内在着视力，并且那拥有它的人〈总是〉试图使用它，而颜色则在场于那些可见的东西中，但如果第三种东西不在旁边——它生来就是专门为此的——，那么你知道，视力将不可能看到任何东西，而颜色则将是不可见的[2027]。

关于这种东西，他说道，你究竟把它说成什么？

你其实把它称作，我回应道，光。

正确，他说道，你说得。

那么，肯定不是通过一种微不足道的形式[2028]，进行看的感官和被看的能力〈被绑在了一起〉，它们是通过比其他〈所有的〉纽带都要更尊贵的轭而被绑在了一起，假如光真的不是不尊贵的话。

无疑，他说道，它无论如何都远不是不尊贵的。

那么，在天上的诸神中，你能够把其中哪一位声称是有权力为此负责的，他的光使得我们尽可能美地进行看，使得那些被看的〈尽可能美地〉被看？

无非就是你，他回应道，以及其他人所声称的；因为太阳，它显然就是你在问的。

那么，视觉生来就以下面这种方式而与这位神相关吗？

何种方式？

无论是视觉自身，还是它出现在其中的那种东西，也就是我们将之称作眼睛的那种东西，都不是太阳。

肯定不是。

但是，我无论如何都认为，在同诸感觉相关的各种器官中，它是最像太阳的。

Πολύ γε.

Οὐκοῦν καὶ τὴν δύναμιν ἣν ἔχει ἐκ τούτου ταμιευομένην ὥσπερ ἐπίρρυτον κέκτηται;

Πάνυ μὲν οὖν.

Ἆρ᾽ οὖν οὐ καὶ ὁ ἥλιος ὄψις μὲν οὐκ ἔστιν, αἴτιος δ᾽ ὢν αὐτῆς ὁρᾶται ὑπ᾽ αὐτῆς ταύτης;

Οὕτως, ἦ δ᾽ ὅς.

Τοῦτον τοίνυν, ἦν δ᾽ ἐγώ, φάναι με λέγειν τὸν τοῦ ἀγαθοῦ ἔκγονον, ὃν τἀγαθὸν ἐγέννησεν ἀνάλογον ἑαυτῷ, ὅτιπερ αὐτὸ
c ἐν τῷ νοητῷ τόπῳ πρός τε νοῦν καὶ τὰ νοούμενα, τοῦτο τοῦτον ἐν τῷ ὁρατῷ πρός τε ὄψιν καὶ τὰ ὁρώμενα.

Πῶς; ἔφη· ἔτι δίελθέ μοι.

Ὀφθαλμοί, ἦν δ᾽ ἐγώ, οἶσθ᾽ ὅτι, ὅταν μηκέτι ἐπ᾽ ἐκεῖνά τις αὐτοὺς τρέπῃ ὧν ἂν τὰς χρόας τὸ ἡμερινὸν φῶς ἐπέχῃ, ἀλλὰ ὧν νυκτερινὰ φέγγη, ἀμβλυώττουσί τε καὶ ἐγγὺς φαίνονται τυφλῶν, ὥσπερ οὐκ ἐνούσης καθαρᾶς ὄψεως;

Καὶ μάλα, ἔφη.

d Ὅταν δέ γ᾽ οἶμαι ὧν ὁ ἥλιος καταλάμπει, σαφῶς ὁρῶσι, καὶ τοῖς αὐτοῖς τούτοις ὄμμασιν ἐνοῦσα φαίνεται.

Τί μήν;

Οὕτω τοίνυν καὶ τὸ τῆς ψυχῆς ὧδε νόει· ὅταν μὲν οὗ καταλάμπει ἀλήθειά τε καὶ τὸ ὄν, εἰς τοῦτο ἀπερείσηται, ἐνόησέν τε καὶ ἔγνω αὐτὸ καὶ νοῦν ἔχειν φαίνεται· ὅταν δὲ εἰς τὸ τῷ σκότῳ κεκραμένον, τὸ γιγνόμενόν τε καὶ ἀπολλύμενον, δοξάζει τε καὶ ἀμβλυώττει ἄνω καὶ κάτω τὰς δόξας μεταβάλλον, καὶ ἔοικεν αὖ νοῦν οὐκ ἔχοντι.

Ἔοικε γάρ.

e Τοῦτο τοίνυν τὸ τὴν ἀλήθειαν παρέχον τοῖς γιγνωσκο-

b 9 οὖν οὐ] οὐρανοῦ F c 1 τοῦτο A *D* M: om. F Eusebius c 3 ἔτι δίελθέ A *D* M: ἐπιδίελθέ F c 4 ἐπ᾽ ἐκεῖνα *D* M: ἐπέκεινα A F c 6 ὧν A F M: ὡς *D* ἀμβλυώττουσί A *D* M: ἀμβλυωποῦσι F d 1 καταλάμπει F *D* Proclus: καταλάμπῃ A M d 4 καὶ τὸ ὄμμα τῆς ψυχῆς ᾧ δὴ νοεῖ Proclus d 8 μεταβάλλον A M: μεταβαλλον F: μεταβαλὸν *D* e 1 γιγνωσκομένοις A F *D* Eusebius: γιγνομένοις M

肯定最像。 508b5

那么，它岂不也已经从太阳那里获得了被分配〈给它〉的它所具有的那种能力，而该能力就像〈从太阳那里〉流溢出来似的[2029]？

完全如此。

因此，虽然太阳不是视觉，但由于它是为视觉负责任的东西[2030]，
它岂不被视觉本身所看见？ 508b10

是这样，他回应道。

那好，太阳[2031]，我说道，你只管宣称[2032]，我说它是善的后裔，是
善将之作为与它自己相类比的一种东西而生出来的〈后裔〉；善[2033]在 508c1
可思的领域[2034]之于理智和那些被理智到的东西是怎么回事，太阳在可见的领域之于视觉和那些被看到的东西就是怎么回事。

为何？他说道。请你再对我详述一下。

一双眼睛，我说道，你很清楚：每当一个人不再把它们转向白天的
〈日〉光遍布其颜色上的那些东西，而是把它们转向夜晚的〈月〉光[2035] 508c5
遍布其颜色上的那些东西，那时它们就有着微弱的视力，并且显得近乎瞎盲，仿佛纯粹的视力没有内在于它们里面似的。

的确，他说道。

而我肯定认为，每当〈把它们转向〉太阳所照耀的那些东西身上， 508d1
它们就看得清楚，并且〈纯粹的视力〉就显得内在于这同一双眼睛里。

为何不呢？

那好，请你也像前面那样以下面这种方式来看看灵魂的这种官
能[2036]：一方面，就真和是所照耀的那种东西，每当它被牢牢地固定在 508d5
它上面时[2037]，它就会洞察和认识它，并且它也显得具有理智；另一方面，每当〈它被牢牢地固定〉在那同黑暗交织在一起的东西上面，即〈被固定在〉既生成又毁灭的东西上面，那时它就只是在发表意见，以及因来来回回地改变意见[2038]而有着微弱的视力，并且它复又看起来不具有理智。

的确看起来是这样。 508d10

那好，这种东西，由于它把真提供给那些被认识的东西，并且赋 508e1

μένοις καὶ τῷ γιγνώσκοντι τὴν δύναμιν ἀποδιδὸν τὴν τοῦ
ἀγαθοῦ ἰδέαν φάθι εἶναι· αἰτίαν δ' ἐπιστήμης οὖσαν καὶ
ἀληθείας, ὡς γιγνωσκομένης μὲν διανοοῦ, οὕτω δὲ καλῶν
ἀμφοτέρων ὄντων, γνώσεώς τε καὶ ἀληθείας, ἄλλο καὶ
κάλλιον ἔτι τούτων ἡγούμενος αὐτὸ ὀρθῶς ἡγήσῃ· ἐπιστήμην
δὲ καὶ ἀλήθειαν, ὥσπερ ἐκεῖ φῶς τε καὶ ὄψιν ἡλιοειδῆ μὲν 509
νομίζειν ὀρθόν, ἥλιον δ' ἡγεῖσθαι οὐκ ὀρθῶς ἔχει, οὕτω καὶ
ἐνταῦθα ἀγαθοειδῆ μὲν νομίζειν ταῦτ' ἀμφότερα ὀρθόν, ἀγαθὸν
δὲ ἡγεῖσθαι ὁπότερον αὐτῶν οὐκ ὀρθόν, ἀλλ' ἔτι μειζόνως
τιμητέον τὴν τοῦ ἀγαθοῦ ἕξιν.

Ἀμήχανον κάλλος, ἔφη, λέγεις, εἰ ἐπιστήμην μὲν καὶ
ἀλήθειαν παρέχει, αὐτὸ δ' ὑπὲρ ταῦτα κάλλει ἐστίν· οὐ γὰρ
δήπου σύ γε ἡδονὴν αὐτὸ λέγεις.

Εὐφήμει, ἦν δ' ἐγώ· ἀλλ' ὧδε μᾶλλον τὴν εἰκόνα αὐτοῦ
ἔτι ἐπισκόπει.

Πῶς; b

Τὸν ἥλιον τοῖς ὁρωμένοις οὐ μόνον οἶμαι τὴν τοῦ ὁρᾶσθαι
δύναμιν παρέχειν φήσεις, ἀλλὰ καὶ τὴν γένεσιν καὶ αὔξην
καὶ τροφήν, οὐ γένεσιν αὐτὸν ὄντα.

Πῶς γάρ;

Καὶ τοῖς γιγνωσκομένοις τοίνυν μὴ μόνον τὸ γιγνώσκεσθαι
φάναι ὑπὸ τοῦ ἀγαθοῦ παρεῖναι, ἀλλὰ καὶ τὸ εἶναί τε καὶ τὴν
οὐσίαν ὑπ' ἐκείνου αὐτοῖς προσεῖναι, οὐκ οὐσίας ὄντος τοῦ
ἀγαθοῦ, ἀλλ' ἔτι ἐπέκεινα τῆς οὐσίας πρεσβείᾳ καὶ δυνάμει
ὑπερέχοντος.

Καὶ ὁ Γλαύκων μάλα γελοίως, Ἄπολλον, ἔφη, δαιμονίας c
ὑπερβολῆς.

Σὺ γάρ, ἦν δ' ἐγώ, αἴτιος, ἀναγκάζων τὰ ἐμοὶ δοκοῦντα
περὶ αὐτοῦ λέγειν.

e 3 *αἰτίαν* . . . e 4 *διανοοῦ* secl. ci. Ast e 4 *διανοοῦ* A F M : *διὰ νόου* *D*: *διὰ νοῦ* vulg. e 6 *ἐπιστήμην* A *D* M : *καὶ ἐπιστήμην* F
b 3 *αὔξην* A *D* M : *αὔξησιν* F b 9 *ἔτι* om. Eusebius *τῆς* om. Eusebius

予那进行认识的东西以〈进行认识的〉能力，因此，请你宣称它就是善之理念；而既然它是知识之原因和真之原因，所以，一方面，请你无论如何都要把它思考为〈能够〉被认识，另一方面，既然这两者都是如此 508e5
美好的东西——即认识和真——，那么，如果你相信它甚至是比这两者都还要更为美好的另外某种东西，那么，你将相信得正确。至于知识和真——正如在〈前面〉那里，光和视力被认作像太阳一样的东西，这 509a1
无疑是正确的，但〈直接〉被当作太阳，则不是正确的——，同样，在〈现在〉这里，这两者被认作像善一样的东西，这也无疑是正确的，但它们中的任何一个〈直接〉被当作善，则是不正确的，相反，善之情状 509a5
必须还要更大地被加以敬重。

一种不同寻常的美，他说道，你在说，如果，一方面，它提供出知识和真，另一方面，它自身就美来说又是凌驾于这两者之上的话；因为你肯定不会把它说成是快乐。

请你说点吉利的话吧！我说道；不过，请你用下面这种方式进一步 509a10
考察它的形象。

何种方式？ 509b1

太阳，我认为，你将宣称，它不仅把被看的能力提供给了那些〈能够〉被看的东西，而且还把生成、生长和营养提供给了它们，尽管它自身不是一种生成〈之物〉

那怎么可能呢？ 509b5

因此，并且对于那些〈能够〉被认识的东西来说，你也只管宣称，不仅由于善，它们方才能够被认识，而且由于那种东西，是以及所是也才被添加到了它们身上，尽管善〈自身〉不是所是，相反，它远远超越了所是[2039]，无论是就等级来说，还是就能力来说[2040]，它都凌驾于它 509b10
之上。

于是，格老孔以一种非常逗趣的方式说道：阿波罗[2041]，它是多么 509c1
令人惊异的超越啊[2042]！

其实你，我说道，要为此负责，因为是你强迫我说出关于它我所持有的那些看法。

Καὶ μηδαμῶς γ', ἔφη, παύσῃ, εἰ μή τι, ἀλλὰ τὴν περὶ τὸν ἥλιον ὁμοιότητα αὖ διεξιών, εἴ πῃ ἀπολείπεις.

Ἀλλὰ μήν, εἶπον, συχνά γε ἀπολείπω.

Μηδὲ σμικρὸν τοίνυν, ἔφη, παραλίπῃς.

Οἶμαι μέν, ἦν δ' ἐγώ, καὶ πολύ· ὅμως δέ, ὅσα γ' ἐν τῷ παρόντι δυνατόν, ἑκὼν οὐκ ἀπολείψω.

Μὴ γάρ, ἔφη.

d Νόησον τοίνυν, ἦν δ' ἐγώ, ὥσπερ λέγομεν, δύο αὐτὼ εἶναι, καὶ βασιλεύειν τὸ μὲν νοητοῦ γένους τε καὶ τόπου, τὸ δ' αὖ ὁρατοῦ, ἵνα μὴ οὐρανοῦ εἰπὼν δόξω σοι σοφίζεσθαι περὶ τὸ ὄνομα. ἀλλ' οὖν ἔχεις ταῦτα διττὰ εἴδη, ὁρατόν, νοητόν;

Ἔχω.

Ὥσπερ τοίνυν γραμμὴν δίχα τετμημένην λαβὼν ἄνισα τμήματα, πάλιν τέμνε ἑκάτερον τὸ τμῆμα ἀνὰ τὸν αὐτὸν λόγον, τό τε τοῦ ὁρωμένου γένους καὶ τὸ τοῦ νοουμένου, καί σοι ἔσται σαφηνείᾳ καὶ ἀσαφείᾳ πρὸς ἄλληλα ἐν μὲν τῷ ὁρωμένῳ
e τὸ μὲν ἕτερον τμῆμα εἰκόνες—λέγω δὲ τὰς εἰκόνας πρῶτον
510 μὲν τὰς σκιάς, ἔπειτα τὰ ἐν τοῖς ὕδασι φαντάσματα καὶ ἐν τοῖς ὅσα πυκνά τε καὶ λεῖα καὶ φανὰ συνέστηκεν, καὶ πᾶν τὸ τοιοῦτον, εἰ κατανοεῖς.

Ἀλλὰ κατανοῶ.

Τὸ τοίνυν ἕτερον τίθει ᾧ τοῦτο ἔοικεν, τά τε περὶ ἡμᾶς ζῷα καὶ πᾶν τὸ φυτευτὸν καὶ τὸ σκευαστὸν ὅλον γένος.

Τίθημι, ἔφη.

Ἦ καὶ ἐθέλοις ἂν αὐτὸ φάναι, ἦν δ' ἐγώ, διῃρῆσθαι ἀληθείᾳ τε καὶ μή, ὡς τὸ δοξαστὸν πρὸς τὸ γνωστόν, οὕτω τὸ ὁμοιωθὲν πρὸς τὸ ᾧ ὡμοιώθη;

b Ἔγωγ', ἔφη, καὶ μάλα.

Σκόπει δὴ αὖ καὶ τὴν τοῦ νοητοῦ τομὴν ᾗ τμητέον.

c 5 ἀλλὰ *D* M : ἄλλα A F   d 3 οὐρανοῦ F *D* : οὐρανὸν A M   d 6 ἄνισα A *D* M Proclus : ἄν, ἴσα F : ἴσα Ast : ἀν' ἴσα Stallbaum   d 7 τὸ τμῆμα F m : τμῆμα A : om. M   d 9 σαφηνείᾳ καὶ ἀσαφείᾳ A : σαφήνεια καὶ ἀσάφεια F *D* M   a 6 πᾶν om. Proclus   καὶ τὸ A F M : καὶ *D*

你绝不应，他说道，停下来，即使不出于任何〈别的〉原因，只是 509c5
为了进一步详述关于〈它同〉太阳的相似性，如果你还有所遗漏的话。

当然，我说道，我肯定留下了许多东西〈没有说〉。

那么，哪怕是一丁点儿，他说道，你都不应将之放过。

我认为，我说道，我无疑会遗漏许多；但尽管这样，至少在目前我
力所能及的范围内，我将不会有意遗漏任何东西。 509c10

确实不，他说道。

那么，就请你看看，我说道，就像我们所说的那样，它们是两种东 509d1
西，一个无疑在可思的家族和领域为王，而另一个复又在可见的〈家族和领域为王〉——我不说在天上〈为王〉[2043]，免得你认为我在玩文字游戏。因此，你把握了这两种形式吗，可见的和可思的？

我把握了。 509d5

那么，就像拿起一段线，当它已经被分割成了不相等的两段之后——其中一段代表〈能够〉被看见的家族，另一段则代表〈能够〉被理智到的家族——，再次按照同样的比例[2044]分割两段线中的每一段线；于是对你来说，根据彼此间相对的明晰和模糊，在〈代表能够〉被看见的〈家族〉的那段线中将有着〈其中被再次分割的〉两段线中的一段，
它代表着各种图像——而那些图像，我首先说的是各种阴影，然后是在 509e1
水面上的和在所有那些密致的、光滑的、明亮的东西上的各种显影，以 510a1
及所有诸如此类的东西，如果你明白的话——。

我当然明白。

因此，另一段线，请你把它设定为这类东西是其图像的那种东西[2045]， 510a5
即我们周围的各种动物、所有的植物[2046]以及人造物这整个族类。

我就这样设定，他说道。

并且就那能够被看见的家族而言[2047]，你也会愿意宣称，我说道，
根据真和不真，正如可形成意见的东西区别于可认识的东西，同样，模 510a10
仿者区别于它所模仿的那种东西？

我无论如何都，他回应道，非常愿意。 510b1

那么，请你复又考虑代表可思的家族的那段线必须如何分割？

Πῇ;

Ἧι τὸ μὲν αὐτοῦ τοῖς τότε μιμηθεῖσιν ὡς εἰκόσιν χρωμένη
ψυχὴ ζητεῖν ἀναγκάζεται ἐξ ὑποθέσεων, οὐκ ἐπ' ἀρχὴν
πορευομένη ἀλλ' ἐπὶ τελευτήν, τὸ δ' αὖ ἕτερον—τὸ ἐπ'
ἀρχὴν ἀνυπόθετον—ἐξ ὑποθέσεως ἰοῦσα καὶ ἄνευ τῶν περὶ
ἐκεῖνο εἰκόνων, αὐτοῖς εἴδεσι δι' αὐτῶν τὴν μέθοδον ποιου-
μένη.

Ταῦτ', ἔφη, ἃ λέγεις, οὐχ ἱκανῶς ἔμαθον.

Ἀλλ' αὖθις, ἦν δ' ἐγώ· ῥᾷον γὰρ τούτων προειρημένων c
μαθήσῃ. οἶμαι γάρ σε εἰδέναι ὅτι οἱ περὶ τὰς γεωμετρίας
τε καὶ λογισμοὺς καὶ τὰ τοιαῦτα πραγματευόμενοι, ὑποθέμενοι
τό τε περιττὸν καὶ τὸ ἄρτιον καὶ τὰ σχήματα καὶ γωνιῶν
τριττὰ εἴδη καὶ ἄλλα τούτων ἀδελφὰ καθ' ἑκάστην μέθοδον,
ταῦτα μὲν ὡς εἰδότες, ποιησάμενοι ὑποθέσεις αὐτά, οὐδένα
λόγον οὔτε αὑτοῖς οὔτε ἄλλοις ἔτι ἀξιοῦσι περὶ αὐτῶν διδόναι
ὡς παντὶ φανερῶν, ἐκ τούτων δ' ἀρχόμενοι τὰ λοιπὰ ἤδη d
διεξιόντες τελευτῶσιν ὁμολογουμένως ἐπὶ τοῦτο οὗ ἂν ἐπὶ
σκέψιν ὁρμήσωσι.

Πάνυ μὲν οὖν, ἔφη, τοῦτό γε οἶδα.

Οὐκοῦν καὶ ὅτι τοῖς ὁρωμένοις εἴδεσι προσχρῶνται καὶ τοὺς
λόγους περὶ αὐτῶν ποιοῦνται, οὐ περὶ τούτων διανοούμενοι,
ἀλλ' ἐκείνων πέρι οἷς ταῦτα ἔοικε, τοῦ τετραγώνου αὐτοῦ
ἕνεκα τοὺς λόγους ποιούμενοι καὶ διαμέτρου αὐτῆς, ἀλλ' οὐ
ταύτης ἣν γράφουσιν, καὶ τἆλλα οὕτως, αὐτὰ μὲν ταῦτα ἃ e
πλάττουσίν τε καὶ γράφουσιν, ὧν καὶ σκιαὶ καὶ ἐν ὕδασιν
εἰκόνες εἰσίν, τούτοις μὲν ὡς εἰκόσιν αὖ χρώμενοι, ζητοῦντες
δὲ αὐτὰ ἐκεῖνα ἰδεῖν ἃ οὐκ ἂν ἄλλως ἴδοι τις ἢ τῇ διανοίᾳ. 511

Ἀληθῆ, ἔφη, λέγεις.

b 4 *μιμηθεῖσιν* A Proclus : *τιμηθεῖσιν* F : *τμηθεῖσιν* *D* M b 6 *τὸ* ante *ἐπ'* secl. Ast b 7 *τῶν περὶ* ex em. F (*ὧν περὶ* pr.) : *ὧνπερ* A M c 1 *γὰρ* A F *D* : om. M d 1 *φανερῶν* A *D* : *φανερὸν* F M d 5 *ὁρωμένοις* A F *D* : *εἰρημένοις* M e 1 *ταῦτα* . . . 516 d 3 *τιμωμένους τε* desunt in M in cuius locum succedunt apographa *M* e 3 *αὖ* om. F a 1 *δὲ* F : *τε* A *D* *M*

如何？

这样：一方面，就它的一个部分来说，灵魂，当它把刚才被模仿
的那些东西作为图像来进行使用时，它被迫从一些前提出发[2048]来进行 510b5
寻求，不是前往某一本源那里[2049]，而是前往某一结论；另一方面，就〈它那两个部分中的〉另一个部分来说，它从某一前提出发前往某一无前提的本源那里[2050]，并且无需在前面那个部分那里被使用的那些图像，而是借助诸形式本身，通过它们来进行探究[2051]。

你说的这些，他说道，我没有充分地理解。 510b10

那就〈让我们〉重新来过吧，我说道[2052]。其实，如果下面这些已 510c1
经预先被说出来了的话，那么，你就会轻易地理解〈它们〉。因为，我认为你知道下面这点，那就是：一些人，当他们在从事各种几何学研究[2053]、算术研究和诸如此类的研究时，他们依照〈每一项研究〉各自
的研究方法而假设奇数和偶数、各种各样的形状、三种形式的角[2054]以 510c5
及与这些相类似的其他东西；一方面，他们把这些东西当作已知的，把它们确立为假设，认为无论是对于他们自己，还是对于其他〈所有〉
人，都不再值得给出关于它们的任何说明，仿佛它们对于每个人来说都 510d1
是显而易见似的；另一方面，他们从这些东西出发，经过一些剩余的〈步骤〉，最终前后一致地抵达他们在研究中动身前往的那种东西。

完全如此，他说道，我肯定知道这点。

那么，〈你也肯定知道〉下面这点：他们还另外使用一些可见的形 510d5
相[2055]，并且围绕它们进行各种讨论，尽管他们并不围绕它们进行思想，而是围绕这些东西与之相像的那些东西进行思想，因为他们为了正方形
本身，以及为了对角线本身，而不是为了他们所画出来的那条对角线， 510e1
进行各种讨论，其他的也同样如此；一方面，他们塑造和画出的这些东西自身——一些阴影和在水中的图像是属于它们的——，他们无疑复又
把它们作为图像来使用，另一方面，他们寻求看见一个人除了用思想不 511a1
可能用任何其他方式看见的那些东西本身。

正确，他说道，你说得。

Τοῦτο τοίνυν νοητὸν μὲν τὸ εἶδος ἔλεγον, ὑποθέσεσι δ' ἀναγκαζομένην ψυχὴν χρῆσθαι περὶ τὴν ζήτησιν αὐτοῦ, οὐκ ἐπ' ἀρχὴν ἰοῦσαν, ὡς οὐ δυναμένην τῶν ὑποθέσεων ἀνωτέρω ἐκβαίνειν, εἰκόσι δὲ χρωμένην αὐτοῖς τοῖς ὑπὸ τῶν κάτω ἀπεικασθεῖσιν καὶ ἐκείνοις πρὸς ἐκεῖνα ὡς ἐναργέσι δεδοξασμένοις τε καὶ τετιμημένοις.

b Μανθάνω, ἔφη, ὅτι τὸ ὑπὸ ταῖς γεωμετρίαις τε καὶ ταῖς ταύτης ἀδελφαῖς τέχναις λέγεις.

Τὸ τοίνυν ἕτερον μάνθανε τμῆμα τοῦ νοητοῦ λέγοντά με τοῦτο οὗ αὐτὸς ὁ λόγος ἅπτεται τῇ τοῦ διαλέγεσθαι δυνάμει, τὰς ὑποθέσεις ποιούμενος οὐκ ἀρχὰς ἀλλὰ τῷ ὄντι ὑποθέσεις, οἷον ἐπιβάσεις τε καὶ ὁρμάς, ἵνα μέχρι τοῦ ἀνυποθέτου ἐπὶ τὴν τοῦ παντὸς ἀρχὴν ἰών, ἁψάμενος αὐτῆς, πάλιν αὖ ἐχόμενος τῶν ἐκείνης ἐχομένων, οὕτως ἐπὶ τελευτὴν καταβαίνῃ,
c αἰσθητῷ παντάπασιν οὐδενὶ προσχρώμενος, ἀλλ' εἴδεσιν αὐτοῖς δι' αὐτῶν εἰς αὐτά, καὶ τελευτᾷ εἰς εἴδη.

Μανθάνω, ἔφη, ἱκανῶς μὲν οὔ—δοκεῖς γάρ μοι συχνὸν ἔργον λέγειν—ὅτι μέντοι βούλει διορίζειν σαφέστερον εἶναι τὸ ὑπὸ τῆς τοῦ διαλέγεσθαι ἐπιστήμης τοῦ ὄντος τε καὶ νοητοῦ θεωρούμενον ἢ τὸ ὑπὸ τῶν τεχνῶν καλουμένων, αἷς αἱ ὑποθέσεις ἀρχαὶ καὶ διανοίᾳ μὲν ἀναγκάζονται ἀλλὰ μὴ αἰσθήσεσιν αὐτὰ θεᾶσθαι οἱ θεώμενοι, διὰ δὲ τὸ μὴ ἐπ' ἀρχὴν
d ἀνελθόντες σκοπεῖν ἀλλ' ἐξ ὑποθέσεων, νοῦν οὐκ ἴσχειν περὶ αὐτὰ δοκοῦσί σοι, καίτοι νοητῶν ὄντων μετὰ ἀρχῆς. διάνοιαν δὲ καλεῖν μοι δοκεῖς τὴν τῶν γεωμετρικῶν τε καὶ τὴν τῶν τοιούτων ἕξιν ἀλλ' οὐ νοῦν, ὡς μεταξύ τι δόξης τε καὶ νοῦ τὴν διάνοιαν οὖσαν.

Ἱκανώτατα, ἦν δ' ἐγώ, ἀπεδέξω. καί μοι ἐπὶ τοῖς τέτταρσι τμήμασι τέτταρα ταῦτα παθήματα ἐν τῇ ψυχῇ

a 3 νοητὸν A F *M*: νοητοῦ *D*: νοητοῦ ἓν ci. Ast a 5 οὐκ A F *D*: οὐκ ἂν *M* a 7 καὶ ἐκείνοις secl. ci. Ast a 8 τετιμημένοις A² F *M*: τετμημένοις A *D* b 1 γεωμετρικαῖς F b 3 με A *D M*: μετὰ F b 7 αὖ A *D M*: om. F c 2 εἰς αὐτά om. Adam c 3 οὗ scr. recc.: οὖν A F *D M*

因此，虽然这种形式的东西我曾将之说成是可思的[2056]，但是，灵魂不仅在对它的探究中被迫使用一些假设，不能够前往本源那里——因 511a5
为它不可能向上摆脱那些假设——，而且它还把下面这些东西自身当作图像来使用，那就是：由于它们被〈在它们〉下面的那些〈更低的〉东西所模仿，因而它们同那些〈模仿它们的〉东西相比，它们不仅已经被颂扬为是清晰的[2057]，而且还受到了敬重。

我明白，他说道，你在说各种几何学研究以及与几何学相类似的那 511b1
些技艺〈的行事方法〉。

所以，你要明白，〈代表〉可思的〈家族的那段线〉的另一个部分，我说的是言说本身[2058]凭借对话的力量[2059]而抵达的那个部分；〈在那儿〉 511b5
它不把那些前提当作本源，而是在是的方式上[2060]将之当作前提，仿佛把它们当作是一些向上的阶梯和动身之处似的，以便它一直走向那无前提的东西而抵达所有一切之本源；当它触碰到了这个本源之后，它复又反过来把握那些同该本源有关的东西，就这样一直向下走到终点，绝不 511c1
另外使用任何可感觉的东西，而是仅仅使用诸形式本身，通过它们走向它们，并且结束于诸形式那里[2061]。

我明白了，他说道，虽然尚不充分——因为在我看来，你其实在说一项艰巨的工作——，〈我明白〉你无疑打算进行这样一种区分，那就是：被关于是者和可思者的对话之知识所观望到的，要比被那些所谓的 511c5
技艺所观望到的，是更为明晰的[2062]；因为对于各种技艺来说，那些前提就是本源，尽管那些进行观望的人无疑被迫用思想，而不是用各种感觉来观望那些技艺所观望到的东西[2063]，但由于不是通过向上前往某一本源那里来进行考察，而是从各种前提出发来进行考察，因此，你会认 511d1
为他们并不具有对它们的一种洞察，即使它们是可思的，只要它们带有一种本源[2064]。然而，在我看来，几何学家们的情况以及〈其他〉诸如此类的人的情况，你会把它称为思想，而不是理智，因为思想是位于意 511d5
见和理智之间的某种东西。

你理解得非常地充分[2065]，我说道。并且同我一起，除了〈那条线段中的〉那四个部分之外，请你拾起出现在灵魂中的这样四种情状，那

γιγνόμενα λαβέ, νόησιν μὲν ἐπὶ τῷ ἀνωτάτω, διάνοιαν
δὲ ἐπὶ τῷ δευτέρῳ, τῷ τρίτῳ δὲ πίστιν ἀπόδος καὶ τῷ e
τελευταίῳ εἰκασίαν, καὶ τάξον αὐτὰ ἀνὰ λόγον, ὥσπερ ἐφ' οἷς
ἐστιν ἀληθείας μετέχει, οὕτω ταῦτα σαφηνείας ἡγησάμενος
μετέχειν.

Μανθάνω, ἔφη, καὶ συγχωρῶ καὶ τάττω ὡς λέγεις.

e 3 μετέχει corr. Mon. : μετέχειν A F *D* M

就是：一方面，处在最高处的无疑是理智直观[2066]，另一方面，处在第二位的则是思想，请你把相信赋予第三个，以及把猜度赋予第四个；并 511e1
且还要请你通过下面这样来根据一种比例安排它们，那就是，这些情状〈各自〉所关涉的那些东西，恰如它们分有了多少真，你认为这些情状〈自己各自〉也就分有了多少明晰。

我懂了，他说道，我不仅同意，而且如你说的那样来进行安排。 511e5

St. II
p. 514

Z

a Μετὰ ταῦτα δή, εἶπον, ἀπείκασον τοιούτῳ πάθει τὴν
ἡμετέραν φύσιν παιδείας τε πέρι καὶ ἀπαιδευσίας. ἰδὲ γὰρ
ἀνθρώπους οἷον ἐν καταγείῳ οἰκήσει σπηλαιώδει, ἀναπεπτα-
μένην πρὸς τὸ φῶς τὴν εἴσοδον ἐχούσῃ μακρὰν παρὰ πᾶν
τὸ σπήλαιον, ἐν ταύτῃ ἐκ παίδων ὄντας ἐν δεσμοῖς καὶ τὰ
σκέλη καὶ τοὺς αὐχένας, ὥστε μένειν τε αὐτοὺς εἴς τε τὸ
b πρόσθεν μόνον ὁρᾶν, κύκλῳ δὲ τὰς κεφαλὰς ὑπὸ τοῦ δεσμοῦ
ἀδυνάτους περιάγειν, φῶς δὲ αὐτοῖς πυρὸς ἄνωθεν καὶ πόρ-
ρωθεν καόμενον ὄπισθεν αὐτῶν, μεταξὺ δὲ τοῦ πυρὸς καὶ
τῶν δεσμωτῶν ἐπάνω ὁδόν, παρ' ἣν ἰδὲ τειχίον παρῳκο-
δομημένον, ὥσπερ τοῖς θαυματοποιοῖς πρὸ τῶν ἀνθρώπων
πρόκειται τὰ παραφράγματα, ὑπὲρ ὧν τὰ θαύματα δεικνύασιν.

Ὁρῶ, ἔφη.

Ὅρα τοίνυν παρὰ τοῦτο τὸ τειχίον φέροντας ἀνθρώπους
c σκεύη τε παντοδαπὰ ὑπερέχοντα τοῦ τειχίου καὶ ἀνδριάντας
515 καὶ ἄλλα ζῷα λίθινά τε καὶ ξύλινα καὶ παντοῖα εἰργασμένα,
οἷον εἰκὸς τοὺς μὲν φθεγγομένους, τοὺς δὲ σιγῶντας τῶν
παραφερόντων.

Ἄτοπον, ἔφη, λέγεις εἰκόνα καὶ δεσμώτας ἀτόπους.

Ὁμοίους ἡμῖν, ἦν δ' ἐγώ· τοὺς γὰρ τοιούτους πρῶτον μὲν
ἑαυτῶν τε καὶ ἀλλήλων οἴει ἄν τι ἑωρακέναι ἄλλο πλὴν

a 2 ἰδὲ A[2]: ἴδε A vulg. **a** 3 ἀναπεπταμένην A F D: ἀναπεπταμένη *M* **a** 4 παρὰ πᾶν Iamblichus: παράπαν F: παρ' ἅπαν A *D M* **a** 6 αὐτοὺς A F *D M* Iamblichus: αὐτοῦ ci. Hirschig εἴς τε A F *M* Iamblichus: καὶ εἰς *D* **b** 3 κα(ι)όμενον A F *D M* Iamblichus: καομένου ci. Hirschig **b** 4 ἣν ἰδὲ A[2]: ἣν ἴδε A: ἥνιδε F: ἣν ἰδεῖν *D*: ἣν εἶναι Iamblichus παρῳκοδομημένον] ᾠκοδομημένον Iamblichus **b** 6 δεικνύασιν A: δείκνυσιν F *D*: δεικνύουσιν Iamblichus **a** 5 μὲν A F *M* Iamblichus: om. *D*

卷七

那么，在这些之后，我说道，请你把我们的本性在教育和缺乏教 514a1
育方面同下面这样一种遭遇[2067]进行一番比较。也即是说，你瞧：有一
群人，他们仿佛住在一个像洞穴一样的地下的居所里，这个居所有着一
条长长的朝向〈外面的太阳〉光敞开的出口[2068]，而这个出口同整个洞
穴一样的宽[2069]；这些人从孩提时起就生活在这个居所里，不仅他们的 514a5
双脚被捆绑着，而且他们的颈子也被捆绑着，以至于他们既〈始终都只
能〉待在同一个位置上[2070]，也只能向着前面看——因为他们由于捆绑 514b1
而不能够把他们的头转来转去——；对他们来说，光来自在他们后面
既高且远的地方燃烧着的一堆火那里；而在那堆火和那些囚徒之间，有
着一条〈横亘在囚徒〉上方的路[2071]，沿着它，你瞧，在旁边修建了一
堵矮墙，就像对那些玩木偶戏的人来说，在这些人的前面摆着一道屏 514b5
障[2072]，他们在它上面展示他们的木偶戏[2073]。

我看到了，他说道。

因此，那就请你再看看吧：沿着这堵矮墙，一些人在搬运五花八
门的器具，而这些器具都高出了那堵矮墙，其中既有一些人像，也有一 514c1
些其他的肖像[2074]，它们要么是石头制的，要么是木头制的，要么是由 515a1
〈其他〉各种各样的材料做工而成的；很可能[2075]，在那些进行搬运的人
中，一些在发出声音，一些则沉默不语。

你在说一幅奇怪的图像，他说道，以及一些奇怪的囚徒。

他们〈其实〉同我们〈完全〉一样！我说道。因为，首先你认为， 515a5
这样一些人，他们竟然有可能已经看到过他们自己的以及彼此的其他任

τὰς σκιὰς τὰς ὑπὸ τοῦ πυρὸς εἰς τὸ καταντικρὺ αὐτῶν τοῦ σπηλαίου προσπιπτούσας;

Πῶς γάρ, ἔφη, εἰ ἀκινήτους γε τὰς κεφαλὰς ἔχειν ἠναγκασμένοι εἶεν διὰ βίου; b

Τί δὲ τῶν παραφερομένων; οὐ ταὐτὸν τοῦτο;

Τί μήν;

Εἰ οὖν διαλέγεσθαι οἷοί τ' εἶεν πρὸς ἀλλήλους, οὐ ταῦτα ἡγῇ ἂν τὰ ὄντα αὐτοὺς νομίζειν ἅπερ ὁρῷεν;

'Ανάγκη.

Τί δ' εἰ καὶ ἠχὼ τὸ δεσμωτήριον ἐκ τοῦ καταντικρὺ ἔχοι; ὁπότε τις τῶν παριόντων φθέγξαιτο, οἴει ἂν ἄλλο τι αὐτοὺς ἡγεῖσθαι τὸ φθεγγόμενον ἢ τὴν παριοῦσαν σκιάν;

Μὰ Δί' οὐκ ἔγωγ', ἔφη.

Παντάπασι δή, ἦν δ' ἐγώ, οἱ τοιοῦτοι οὐκ ἂν ἄλλο τι c
νομίζοιεν τὸ ἀληθὲς ἢ τὰς τῶν σκευαστῶν σκιάς.

Πολλὴ ἀνάγκη, ἔφη.

Σκόπει δή, ἦν δ' ἐγώ, αὐτῶν λύσιν τε καὶ ἴασιν τῶν τε δεσμῶν καὶ τῆς ἀφροσύνης, οἵα τις ἂν εἴη, εἰ φύσει τοιάδε συμβαίνοι αὐτοῖς· ὁπότε τις λυθείη καὶ ἀναγκάζοιτο ἐξαίφνης ἀνίστασθαί τε καὶ περιάγειν τὸν αὐχένα καὶ βαδίζειν καὶ πρὸς τὸ φῶς ἀναβλέπειν, πάντα δὲ ταῦτα ποιῶν ἀλγοῖ τε καὶ διὰ τὰς μαρμαρυγὰς ἀδυνατοῖ καθορᾶν ἐκεῖνα ὧν
τότε τὰς σκιὰς ἑώρα, τί ἂν οἴει αὐτὸν εἰπεῖν, εἴ τις d
αὐτῷ λέγοι ὅτι τότε μὲν ἑώρα φλυαρίας, νῦν δὲ μᾶλλόν τι ἐγγυτέρω τοῦ ὄντος καὶ πρὸς μᾶλλον ὄντα τετραμμένος ὀρθότερον βλέποι, καὶ δὴ καὶ ἕκαστον τῶν παριόντων δεικνὺς αὐτῷ ἀναγκάζοι ἐρωτῶν ἀποκρίνεσθαι ὅτι ἔστιν; οὐκ οἴει

b 4 οὐ ταῦτα *D* Iamblichus : οὐ ταὐτὰ A F *M* : οὐκ αὐτὰ ci. Vermehren b 5 ὄντα Iamblichus et legit Proclus ut videtur : παρόντα A F *D M* : παριόντα scr. rec. νομίζειν F Proclus ut videtur : ὀνομάζειν Iamblichus : νομίζειν ὀνομάζειν A *D M* c 1 δὴ A *D M* Iamblichus : δὲ F c 4 τῶν τε F *D* Iamblichus : τῶν A *M* c 5 εἰ A F *M* : om. *D* : ἡ Iamblichus d 2 αὐτῷ] αὐτὸ Iamblichus d 3 τι A² F *M* Iamblichus : om. A *D* ἐγγυτέρω ⟨ὢν⟩ ci. H. Richards d 4 παριόντων A *D M* Iamblichus : παρόντων F

何东西吗，除了一些影子之外——由于那堆火，它们映射到了在他们正前方的洞壁上——？

那怎么可能呢，他回应道，如果他们确实终其一生都被迫保持头不 515b1
能动的话？

就〈后面〉那些被搬过来搬过去的东西，又如何呢？这岂不是同样的？

那还用说？

因此，如果他们能够彼此对话，那么，你岂不会认为，他们恰恰把 515b5
他们所看到的那些东西称为是着的东西[2076]？

必然。

然后呢，如果〈他们的〉那所监狱从正前方〈的洞壁〉那里有一个回声的话？每当那些经过〈后面那堵矮墙〉的人中的某位发出声音时，你认为他们会相信是别的什么在发出声音吗，而不是那在经过的影子？

宙斯在上，我肯定不会那么认为，他回应道。 515b10

因此，完完全全，我说道，这样一些人不会把其他任何东西视为真 515c1
的东西，除了把那些人造物的影子[2077]。

极其必然，他说道。

那么，请你考虑一下，我说道，他们的解脱以及治愈——那就
是，他们不仅从那些捆绑中解脱了出来，而且还从无头脑[2078]中被治愈 515c5
了——，会是一种什么样的情形，如果下面这种情况实际地[2079]降临到了他们身上的话，那就是：当其中一个人被解开束缚，并且忽然[2080]被迫站起身来，扭转颈子，开始走动，往上看向那火光时，他不仅会因做所有这些事情而感到痛苦，而且由于火光的耀眼而不能够看清他从前看
到过其影子的那些东西；你认为他会说什么呢，如果有谁人告诉他[2081]， 515d1
一方面，从前，他只是看到了一些虚妄的东西[2082]而已，另一方面，现在，由于稍稍更为靠近了那是着的东西，并且转向了一些更为是着的东西，因此他会看得更为正确，尤其是当那人通过向他展示经过〈那堵矮
墙〉的那些东西中的每一样之后，通过进行盘问而强迫他回答它们是什 515d5

αὐτὸν ἀπορεῖν τε ἂν καὶ ἡγεῖσθαι τὰ τότε ὁρώμενα ἀληθέστερα ἢ τὰ νῦν δεικνύμενα;

Πολύ γ', ἔφη.

e Οὐκοῦν κἂν εἰ πρὸς αὐτὸ τὸ φῶς ἀναγκάζοι αὐτὸν βλέπειν, ἀλγεῖν τε ἂν τὰ ὄμματα καὶ φεύγειν ἀποστρεφόμενον πρὸς ἐκεῖνα ἃ δύναται καθορᾶν, καὶ νομίζειν ταῦτα τῷ ὄντι σαφέστερα τῶν δεικνυμένων;

Οὕτως, ἔφη.

Εἰ δέ, ἦν δ' ἐγώ, ἐντεῦθεν ἕλκοι τις αὐτὸν βίᾳ διὰ τραχείας τῆς ἀναβάσεως καὶ ἀνάντους, καὶ μὴ ἀνείη πρὶν ἐξελκύσειεν εἰς τὸ τοῦ ἡλίου φῶς, ἆρα οὐχὶ ὀδυνᾶσθαί τε
516 ἂν καὶ ἀγανακτεῖν ἑλκόμενον, καὶ ἐπειδὴ πρὸς τὸ φῶς ἔλθοι, αὐγῆς ἂν ἔχοντα τὰ ὄμματα μεστὰ ὁρᾶν οὐδ' ἂν ἓν δύνασθαι τῶν νῦν λεγομένων ἀληθῶν;

Οὐ γὰρ ἄν, ἔφη, ἐξαίφνης γε.

Συνηθείας δὴ οἶμαι δέοιτ' ἄν, εἰ μέλλοι τὰ ἄνω ὄψεσθαι. καὶ πρῶτον μὲν τὰς σκιὰς ἂν ῥᾷστα καθορῷ, καὶ μετὰ τοῦτο ἐν τοῖς ὕδασι τά τε τῶν ἀνθρώπων καὶ τὰ τῶν ἄλλων εἴδωλα, ὕστερον δὲ αὐτά· ἐκ δὲ τούτων τὰ ἐν τῷ οὐρανῷ καὶ αὐτὸν τὸν οὐρανὸν νύκτωρ ἂν ῥᾷον θεάσαιτο, προσβλέπων τὸ τῶν
b ἄστρων τε καὶ σελήνης φῶς, ἢ μεθ' ἡμέραν τὸν ἥλιόν τε καὶ τὸ τοῦ ἡλίου.

Πῶς δ' οὔ;

Τελευταῖον δὴ οἶμαι τὸν ἥλιον, οὐκ ἐν ὕδασιν οὐδ' ἐν ἀλλοτρίᾳ ἕδρᾳ φαντάσματα αὐτοῦ, ἀλλ' αὐτὸν καθ' αὑτὸν ἐν τῇ αὑτοῦ χώρᾳ δύναιτ' ἂν κατιδεῖν καὶ θεάσασθαι οἷός ἐστιν.

Ἀναγκαῖον, ἔφη.

Καὶ μετὰ ταῦτ' ἂν ἤδη συλλογίζοιτο περὶ αὐτοῦ ὅτι οὗτος

d 6 τὰ τότε] τά τε Iamblichus ἀληθέστερα] in hac voce redit D d 8 πολύ γ' ἔφη] πάντως δήπου Iamblichus e 3 δύναται A F D: δύνανται *M* e 7 ἀνείη A: ἂν εἴη Iamblichus: ἀνίη A² F D a 3 νῦν om. Iamblichus b 1 σελήνης] σεληνῶν Iamblichus b 6 οἷος] οἷός τε Iamblichus b 9 οὗτος F D Iamblichus: αὐτὸς A *M*

么？难道你不认为，他既会感到不知所措，也会相信从前被他所看到的那些东西要比现在被展示给他的这些东西更真[2083]？

完全如此，他回应道。

因此，如果有人甚至强迫他去凝望那火光本身，那么，他的双眼岂 515e1
不也会感到痛苦，并且他通过转向他有能力看清的那些东西而〈在它面前〉落荒而逃，而且还会认为，〈他有能力看清的〉这些东西在是的方式上要比被展示给他的那些东西更清楚？

是这样，他回应道。 515e5

但是，我说道，如果有人用强力沿着一条崎岖且陡峭的向上的路[2084]把他从那儿向外拖拽，并且不会放手，直到把他拖拽出来而抵达
太阳的光亮那里为止，那么，〈难道你认为〉他不会感到痛苦吗，并且 516a1
不会恼怒自己被〈如此地〉拖拽吗，而且当他来到了阳光那里之后，他岂不有着充满了太阳的光芒的双眼，以至于那些现在所谓的真的东西，他甚至都不能够看见其中的任何一件[2085]？

的确不能，他回应道，至少不能够立即。

因此，我认为，他事实上会需要一个逐渐习惯的过程，如果他打算 516a5
观看在上面的那些东西的话。并且，首先他会最容易看清各种各样的影子，而在这之后，则是人在水面上的图像，以及其他各种各样的事物在水面上的图像，然后才是各种各样的事物本身；而从这些东西出发，他能够〈开始〉观看天上的各种东西以及天本身，诚然在夜晚观看会比较
容易——那就是通过凝望各种星星的光和月光——，比在白天[2086]凝望 516b1
太阳和太阳的光。

为何不呢？

那么最后，我认为他就会有能力注视和观看太阳了，而且不是〈注
视和观看〉它在水面上，或者在其他任何地方的各种显影，而是〈注视 516b5
和观看〉独自在其自身地[2087]在它自己的位置上的它，以及〈注视和观看〉它是一种什么样的东西。

必然，他说道。

而在这些之后，关于它，他就已经会推断出下面这些了，那就是：

ὁ τάς τε ὥρας παρέχων καὶ ἐνιαυτοὺς καὶ πάντα ἐπιτροπεύων τὰ ἐν τῷ ὁρωμένῳ τόπῳ, καὶ ἐκείνων ὧν σφεῖς ἑώρων c τρόπον τινὰ πάντων αἴτιος.

Δῆλον, ἔφη, ὅτι ἐπὶ ταῦτα ἂν μετ' ἐκεῖνα ἔλθοι.

Τί οὖν; ἀναμιμνῃσκόμενον αὐτὸν τῆς πρώτης οἰκήσεως καὶ τῆς ἐκεῖ σοφίας καὶ τῶν τότε συνδεσμωτῶν οὐκ ἂν οἴει αὐτὸν μὲν εὐδαιμονίζειν τῆς μεταβολῆς, τοὺς δὲ ἐλεεῖν;

Καὶ μάλα.

Τιμαὶ δὲ καὶ ἔπαινοι εἴ τινες αὐτοῖς ἦσαν τότε παρ' ἀλλήλων καὶ γέρα τῷ ὀξύτατα καθορῶντι τὰ παριόντα, καὶ μνημονεύοντι μάλιστα ὅσα τε πρότερα αὐτῶν καὶ ὕστερα εἰώθει καὶ ἅμα πορεύεσθαι, καὶ ἐκ τούτων δὴ δυνατώτατα d ἀπομαντευομένῳ τὸ μέλλον ἥξειν, δοκεῖς ἂν αὐτὸν ἐπιθυμητικῶς αὐτῶν ἔχειν καὶ ζηλοῦν τοὺς παρ' ἐκείνοις τιμωμένους τε καὶ ἐνδυναστεύοντας, ἢ τὸ τοῦ Ὁμήρου ἂν πεπονθέναι καὶ σφόδρα βούλεσθαι "ἐπάρουρον ἐόντα θητευέμεν ἄλλῳ ἀνδρὶ παρ' ἀκλήρῳ" καὶ ὁτιοῦν ἂν πεπονθέναι μᾶλλον ἢ 'κεῖνά τε δοξάζειν καὶ ἐκείνως ζῆν;

Οὕτως, ἔφη, ἔγωγε οἶμαι, πᾶν μᾶλλον πεπονθέναι ἂν e δέξασθαι ἢ ζῆν ἐκείνως.

Καὶ τόδε δὴ ἐννόησον, ἦν δ' ἐγώ. εἰ πάλιν ὁ τοιοῦτος καταβὰς εἰς τὸν αὐτὸν θᾶκον καθίζοιτο, ἆρ' οὐ σκότους ⟨ἂν⟩ ἀνάπλεως σχοίη τοὺς ὀφθαλμούς, ἐξαίφνης ἥκων ἐκ τοῦ ἡλίου;

Καὶ μάλα γ', ἔφη.

Τὰς δὲ δὴ σκιὰς ἐκείνας πάλιν εἰ δέοι αὐτὸν γνωματεύοντα διαμιλλᾶσθαι τοῖς ἀεὶ δεσμώταις ἐκείνοις, ἐν ᾧ ἀμβλυώττει,

c 8 αὐτοῖς ἦσαν] ἦσαν αὐτοῖς Iamblichus   παρ'] περὶ Iamblichus   d 1 εἰώθει] εἴωθε Iamblichus   d 4 καὶ in hac voce redit M   d 5 βούλεσθαι A F M Iamblichus : βουλεύεσθαι D   e 3 ὁ τοιοῦτος F D M Iamblichus : ὅτι οὗτος A   e 4 θᾶκον F D Iamblichus : θῶκον M : θάκον A   ἂν add. Baiter : om. A F D M Iamblichus   e 7 καὶ A D M : om. F Iamblichus   e 8 γνωματεύοντα A F D M Iamblichus : γνωμονεύοντα Timaeus   e 9 ἀμβλυώττει] ἀμβλυωπεῖ Iamblichus

正是这种东西，它提供出了四季和年岁，并且监管着在被看见的领域中 516b10
的所有一切[2088]，而且它在某种方式上为他们[2089]曾看见过的〈所有〉那 516c1
些东西负责。

显然，他说道，在那些之后他会前往这些〈结论〉。

然后呢？当他回想起他那最初的居所和在那儿的那种智慧，以及那 516c5
时的那些狱友们时，难道你不认为，一方面，他会因这种转变而暗自庆
幸，另一方面，他会怜悯那些人。

完全如此。

而如果他们那时在彼此之间曾有着一些尊敬和一些赞许，而且对
于下面这种人还有着一些礼遇——那就是，他最敏锐地观察到那些〈在
他们前面的洞壁上〉经过的东西，并且尤其〈能够〉记得它们中间所有 516c10
那些惯常先走出来的东西和那些后走出来的东西，以及那些同时走出来 516d1
的东西，而基于这些他也确实最有能力预言那即将来到的事情——，那
么，在你看来他会渴望它们吗，并且嫉妒在〈他的〉那些〈狱友〉那里
被尊敬以及在他们当中有权势的那些人吗，还是说，他有可能已经感受
到了荷马所说的，并且强烈地愿意“作为一个种地人为另一个穷苦的人 516d5
当雇工”[2090]，并且宁愿已经遭受了任何的事情[2091]，而不是对〈洞穴里
面的〉那些事情持有意见，以及以〈洞穴里面的〉那样一种方式活着。

我肯定这样认为，他说道，他会接受宁愿已经遭遇了所有一切，而 516e1
不是以〈洞穴里面的〉那样一种方式活着。

那么，事实上也请你思考一下下面这样一种情况，我说道。如果这
样一个人，当他重新下到〈那个洞穴里〉而坐到那同一个座位上后，那
么，他岂不会有着一双充满了黑暗的眼睛[2092]，由于他突然从日光中走 516e5
了出来[2093]？

完全如此，他回应道。

但就〈在他们前面洞壁上的〉那些影子，如果他事实上必须再次
同那些始终被捆绑着的人[2094]进行激烈的斗争来辨别它们——在那个时

517 πρὶν καταστῆναι τὰ ὄμματα, οὗτος δ' ὁ χρόνος μὴ πάνυ ὀλίγος εἴη τῆς συνηθείας, ἆρ' οὐ γέλωτ' ἂν παράσχοι, καὶ λέγοιτο ἂν περὶ αὐτοῦ ὡς ἀναβὰς ἄνω διεφθαρμένος ἥκει τὰ ὄμματα, καὶ ὅτι οὐκ ἄξιον οὐδὲ πειρᾶσθαι ἄνω ἰέναι; καὶ τὸν ἐπιχειροῦντα λύειν τε καὶ ἀνάγειν, εἴ πως ἐν ταῖς χερσὶ δύναιντο λαβεῖν καὶ ἀποκτείνειν, ἀποκτεινύναι ἄν;

Σφόδρα γ', ἔφη.

Ταύτην τοίνυν, ἦν δ' ἐγώ, τὴν εἰκόνα, ὦ φίλε Γλαύκων,
b προσαπτέον ἅπασαν τοῖς ἔμπροσθεν λεγομένοις, τὴν μὲν δι' ὄψεως φαινομένην ἕδραν τῇ τοῦ δεσμωτηρίου οἰκήσει ἀφομοιοῦντα, τὸ δὲ τοῦ πυρὸς ἐν αὐτῇ φῶς τῇ τοῦ ἡλίου δυνάμει· τὴν δὲ ἄνω ἀνάβασιν καὶ θέαν τῶν ἄνω τὴν εἰς τὸν νοητὸν τόπον τῆς ψυχῆς ἄνοδον τιθεὶς οὐχ ἁμαρτήσῃ τῆς γ' ἐμῆς ἐλπίδος, ἐπειδὴ ταύτης ἐπιθυμεῖς ἀκούειν. θεὸς δέ που οἶδεν εἰ ἀληθὴς οὖσα τυγχάνει. τὰ δ' οὖν ἐμοὶ φαινόμενα οὕτω φαίνεται, ἐν τῷ γνωστῷ τελευταία ἡ τοῦ
c ἀγαθοῦ ἰδέα καὶ μόγις ὁρᾶσθαι, ὀφθεῖσα δὲ συλλογιστέα εἶναι ὡς ἄρα πᾶσι πάντων αὕτη ὀρθῶν τε καὶ καλῶν αἰτία, ἔν τε ὁρατῷ φῶς καὶ τὸν τούτου κύριον τεκοῦσα, ἔν τε νοητῷ αὐτὴ κυρία ἀλήθειαν καὶ νοῦν παρασχομένη, καὶ ὅτι δεῖ ταύτην ἰδεῖν τὸν μέλλοντα ἐμφρόνως πράξειν ἢ ἰδίᾳ ἢ δημοσίᾳ.

Συνοίομαι, ἔφη, καὶ ἐγώ, ὅν γε δὴ τρόπον δύναμαι.

Ἴθι τοίνυν, ἦν δ' ἐγώ, καὶ τόδε συνοιήθητι καὶ μὴ θαυμάσῃς ὅτι οἱ ἐνταῦθα ἐλθόντες οὐκ ἐθέλουσιν τὰ τῶν ἀνθρώπων πράττειν, ἀλλ' ἄνω ἀεὶ ἐπείγονται αὐτῶν αἱ ψυχαὶ διατρίβειν·
d εἰκὸς γάρ που οὕτως, εἴπερ αὖ κατὰ τὴν προειρημένην εἰκόνα τοῦτ' ἔχει.

a 1 τὰ ὄμματα A F D Iamblichus : τὸ ὄμμα M   a 2 παράσχοι] παρέχοι Iamblichus   a 4 ἄνω ἰέναι] ἀνιέναι Iamblichus   a 6 ἀποκτείνειν, ἀποκτεινῦναι ἄν F : ἀποκτείνειν, ἀποκτιννύναι ἄν A D Iamblichus : ἀποκτενεῖν, ἀποκτιννύναι αὖ M : ἀποκτείνειαν ἄν ci. Baiter   b 1 τοῖς ἔμπροσθεν] ὡς ἀληθῶς τοῖς Iamblichus   b 3 ἀφομοιοῦντα A F D M Iamblichus : ἀφομοιοῦντας Porphyrius   c 2 αὕτη A D M Iamblichus : αὐτὴ F   c 4 αὐτὴ F Iamblichus : αὕτη A M : αὐτῇ D   παρασχομένη] παρεχομένη Iamblichus   c 7 τοίνυν A D M : δὴ τοίνυν F   ἦν δ' ἐγώ post τόδε F   c 8 οἱ om. F   d 2 τοῦτ' A F M : ταῦτ' D

候[2095]他仍然视力模糊，在他的双眼恢复〈以前的视力〉之前，而〈恢 517a1
复到以往的〉那种习惯的这段时间有可能根本就不会短——，那么，他岂不会把自己提供为笑料，并且关于他，岂不会被说成下面这个样子，那就是：他走到上面去损毁了他的双眼后回来了，并且根本就不值得尝
试往上走？而那试图解放〈他们〉并且把〈他们〉带到上面去的人， 517a5
如果他们能够以某种方式把他弄到手并且杀死他，那么，他们就会杀死他？

的确是这样，他回应道。

那好，这整个比喻，我说道，亲爱的格劳孔啊，一个人必须把它 517b1
同前面所说的那些事情联系起来[2096]，那就是，一方面，通过视觉而显现出来的那个地方，他把它同囚室里的居所相对比，另一方面，在该居所中的那堆火的光芒，他把它同太阳的能力相对比。至于向上的攀升和
对上面那些事物的观看，如果你将之确立为灵魂的上升——即上升到 517b5
可思的领域那里——，那么，你将没有弄错我无论如何都怀有的那种希望[2097]，既然你渴望听到这种希望。只不过，肯定只有一位神知道，是否这种希望恰好是真的。而对我所显现出来的那些东西，它们事实上显
得是这样，那就是：在可认识的领域，善之理念是最后的，并且它也 517c1
是难以被看到的，但它一旦被看到，那就必然会得出，对于所有事物来说，它的的确确是所有正确的东西和美好的东西的原因；由于在可见的领域，它生出了光以及这种东西的主宰者[2098]，在可思的领域，它自身
作为主宰者则提供出了真和理智，于是乎，那打算明智地行事的人—— 517c5
无论是在私人方面，还是在公共方面——，他必须看见它。

我也持有相同的想法，他说道，至少在我所能够的方式上。

那就来吧！我说道，也请你对下面这点持有相同的想法，并且不应当对之感到惊讶，那就是：那些已经来到了那里的人，他们不再愿意从事人的各种事情，相反，他们的灵魂总是渴望[2099]在上面消磨时间。事
实上，这个样子无论如何也都是合情合理的，假如这也同前面所说的那 517d1
个比喻相一致的话。

Εἰκὸς μέντοι, ἔφη.

Τί δέ; τόδε οἴει τι θαυμαστόν, εἰ ἀπὸ θείων, ἦν δ' ἐγώ,
θεωριῶν ἐπὶ τὰ ἀνθρώπειά τις ἐλθὼν κακὰ ἀσχημονεῖ τε
καὶ φαίνεται σφόδρα γελοῖος ἔτι ἀμβλυώττων καὶ πρὶν
ἱκανῶς συνήθης γενέσθαι τῷ παρόντι σκότῳ ἀναγκαζόμενος
ἐν δικαστηρίοις ἢ ἄλλοθί που ἀγωνίζεσθαι περὶ τῶν τοῦ
δικαίου σκιῶν ἢ ἀγαλμάτων ὧν αἱ σκιαί, καὶ διαμιλλᾶσθαι
περὶ τούτου, ὅπῃ ποτὲ ὑπολαμβάνεται ταῦτα ὑπὸ τῶν αὐτὴν e
δικαιοσύνην μὴ πώποτε ἰδόντων;

Οὐδ' ὁπωστιοῦν θαυμαστόν, ἔφη.

Ἀλλ' εἰ νοῦν γε ἔχοι τις, ἦν δ' ἐγώ, μεμνῇτ' ἂν ὅτι 518
διτταὶ καὶ ἀπὸ διττῶν γίγνονται ἐπιταράξεις ὄμμασιν, ἔκ τε
φωτὸς εἰς σκότος μεθισταμένων καὶ ἐκ σκότους εἰς φῶς.
ταὐτὰ δὲ ταῦτα νομίσας γίγνεσθαι καὶ περὶ ψυχήν, ὁπότε
ἴδοι θορυβουμένην τινὰ καὶ ἀδυνατοῦσάν τι καθορᾶν, οὐκ
ἂν ἀλογίστως γελῷ, ἀλλ' ἐπισκοποῖ ἂν πότερον ἐκ φανοτέρου βίου ἥκουσα ὑπὸ ἀηθείας ἐσκότωται, ἢ ἐξ ἀμαθίας
πλείονος εἰς φανότερον ἰοῦσα ὑπὸ λαμπροτέρου μαρμαρυγῆς
ἐμπέπλησται, καὶ οὕτω δὴ τὴν μὲν εὐδαιμονίσειεν ἂν τοῦ b
πάθους τε καὶ βίου, τὴν δὲ ἐλεήσειεν, καὶ εἰ γελᾶν ἐπ' αὐτῇ
βούλοιτο, ἧττον ἂν καταγέλαστος ὁ γέλως αὐτῷ εἴη ἢ ὁ
ἐπὶ τῇ ἄνωθεν ἐκ φωτὸς ἡκούσῃ.

Καὶ μάλα, ἔφη, μετρίως λέγεις.

Δεῖ δή, εἶπον, ἡμᾶς τοιόνδε νομίσαι περὶ αὐτῶν, εἰ ταῦτ'
ἀληθῆ· τὴν παιδείαν οὐχ οἵαν τινὲς ἐπαγγελλόμενοί φασιν
εἶναι τοιαύτην καὶ εἶναι. φασὶ δέ που οὐκ ἐνούσης ἐν τῇ
ψυχῇ ἐπιστήμης σφεῖς ἐντιθέναι, οἷον τυφλοῖς ὀφθαλμοῖς c
ὄψιν ἐντιθέντες.

Φασὶ γὰρ οὖν, ἔφη.

e 3 θαυμαστὸν ἔφη A D M : ἔφη θαυμαστόν F a 2 ἀπὸ A D M : ὑπὸ F a 7 ἀηθείας A F M d : ἀληθείας D a 8 φανότερον A D M : φανερώτερον F b 1 εὐδαιμονίσειεν scr. recc. : εὐδαιμονήσειεν A F D M b 6 νομίσαι] νοῆσαι Iamblichus b 7 οἵαν] οἷον Iamblichus c 1 σφεῖς om. Iamblichus

当然是合情合理的，他说道。

然后呢？下面这种情况，你认为它会是某件令人吃惊的事情吗，我说道，那就是：如果一个人，当他离开那些神圣的观照而前往属人的 517d5
各种坏事那里之后，他不仅举止不得体，而且显得非常可笑，因为他仍然视力模糊，并且在他变得足够习惯于目前的那种黑暗之前，他就被迫在法庭上，或者在其他某个地方[2100]，要么关于正义的事情的各种影子，要么关于它们是其影子的那些图像，〈同其他人〉进行竞争，以及关于
下面这点〈同其他人〉进行激烈的斗争，即究竟在何种方式上这些事情 517e1
会被那些从未看到过正义本身的人所接受[2101]？

无论如何都不是一件令人吃惊的事情，他回应道。

但是，如果一个人无论如何都还具有一点理智的话，我说道，那 518a1
么，他就会记得下面这点，那就是，对于眼睛来说，由于双重的〈原因〉甚至会产生出双重的扰乱——当它们从光亮转移到黑暗中时，以及从黑暗转移到光亮中时——。但是，如果他相信同样这些事情也会发生
在某一灵魂身上，每当他看到某一灵魂被扰乱并且不能够看清任何东西 518a5
时，那么，他就不会不加考虑地进行嘲笑[2102]，而是会考察：它究竟是因从更加光明的生活中来，由于不习惯而已经变得眼前一片漆黑了呢，还是说，因从一种很大的无知来到了一种很光辉灿烂的东西那里，由于
一种很明亮的东西的闪烁而已经被弄得眼花缭乱了[2103]；并且仅仅在这 518b1
种情况下他才会称前一种灵魂由于其遭遇和生活而是幸福的，而怜悯后一种灵魂，即使他想取笑这后一种灵魂，那么，他的取笑同取笑那已经从上面的光那里走出来的灵魂相比，也就不那么可笑了。

非常恰当，他说道，你说得。 518b5

那么，我说道，关于这些事情我们就应当相信下面这点，如果它们是真的话，那就是：教育根本就不是某些宣称〈自己精通它的〉人[2104]声称它是的那样一种东西；而他们无论如何都声称，虽然知识〈原本〉
并不内在于灵魂中，但他们〈能够〉将之放入其中，好像他们〈能够〉 518c1
把视力放入一双瞎盲的眼睛中似的。

他们确实在这样声称，他说道。

Ὁ δέ γε νῦν λόγος, ἦν δ' ἐγώ, σημαίνει ταύτην τὴν ἐνοῦσαν ἑκάστου δύναμιν ἐν τῇ ψυχῇ καὶ τὸ ὄργανον ᾧ καταμανθάνει ἕκαστος, οἷον εἰ ὄμμα μὴ δυνατὸν ἦν ἄλλως ἢ σὺν ὅλῳ τῷ σώματι στρέφειν πρὸς τὸ φανὸν ἐκ τοῦ σκοτώδους, οὕτω σὺν ὅλῃ τῇ ψυχῇ ἐκ τοῦ γιγνομένου περιακτέον εἶναι, ἕως ἂν εἰς τὸ ὂν καὶ τοῦ ὄντος τὸ φανότατον δυνατὴ γένηται ἀνασχέσθαι θεωμένη· τοῦτο δ' εἶναί φαμεν
d τἀγαθόν. ἦ γάρ;

Ναί.

Τούτου τοίνυν, ἦν δ' ἐγώ, αὐτοῦ τέχνη ἂν εἴη, τῆς περιαγωγῆς, τίνα τρόπον ὡς ῥᾷστά τε καὶ ἀνυσιμώτατα μεταστραφήσεται, οὐ τοῦ ἐμποιῆσαι αὐτῷ τὸ ὁρᾶν, ἀλλ' ὡς ἔχοντι μὲν αὐτό, οὐκ ὀρθῶς δὲ τετραμμένῳ οὐδὲ βλέποντι οἷ ἔδει, τοῦτο διαμηχανήσασθαι.

Ἔοικεν γάρ, ἔφη.

Αἱ μὲν τοίνυν ἄλλαι ἀρεταὶ καλούμεναι ψυχῆς κινδυνεύουσιν ἐγγύς τι εἶναι τῶν τοῦ σώματος—τῷ ὄντι γὰρ
e οὐκ ἐνοῦσαι πρότερον ὕστερον ἐμποιεῖσθαι ἔθεσι καὶ ἀσκήσεσιν—ἡ δὲ τοῦ φρονῆσαι παντὸς μᾶλλον θειοτέρου τινὸς τυγχάνει, ὡς ἔοικεν, οὖσα, ὃ τὴν μὲν δύναμιν οὐδέποτε ἀπόλλυσιν, ὑπὸ δὲ τῆς περιαγωγῆς χρήσιμόν τε καὶ ὠφέλιμον
519 καὶ ἄχρηστον αὖ καὶ βλαβερὸν γίγνεται. ἢ οὔπω ἐννενόηκας, τῶν λεγομένων πονηρῶν μέν, σοφῶν δέ, ὡς δριμὺ μὲν βλέπει τὸ ψυχάριον καὶ ὀξέως διορᾷ ταῦτα ἐφ' ἃ τέτραπται, ὡς οὐ φαύλην ἔχον τὴν ὄψιν, κακίᾳ δ' ἠναγκασμένον ὑπηρετεῖν, ὥστε ὅσῳ ἂν ὀξύτερον βλέπῃ, τοσούτῳ πλείω κακὰ ἐργαζόμενον;

Πάνυ μὲν οὖν, ἔφη.

Τοῦτο μέντοι, ἦν δ' ἐγώ, τὸ τῆς τοιαύτης φύσεως εἰ ἐκ παιδὸς εὐθὺς κοπτόμενον περιεκόπη τὰς τῆς γενέσεως

c 5 ἑκάστου] ἑκάστῳ Iamblichus d 5 τὸ om. Iamblichus d 7 διαμηχανήσασθαι F D M : δεῖ μηχανήσασθαι A Iamblichus d 10 εἶναι A F D M Iamblichus : τείνειν ci. Campbell a 2 μὲν ante πονηρῶν Iamblichus a 9 τὰς A F d Iamblichus : τὰ D M

然而，无论如何〈我们〉现在的讨论，我说道，却显明了下面这
些，那就是：〈知识〉这种能力是内在于〈我们〉每个人的灵魂中的，
并且〈我们〉每个人用来进行学习的那种器官——它就像一只眼睛似 518c5
的，眼睛向来就不可能以任何其他的方式〈从黑暗转向光明〉，除了同
整个身体一起从黑暗转向光明——，同样地，这种器官必须同整个灵魂
一起从生成着的东西那儿转身，直至它变得能够忍受观望那是着的东
西，以及观望是着的东西中那最明亮的；而我们声称这种〈最明亮的〉 518c10
东西就是善。是这样吗？ 518d1

是。

因此，恰恰就这件事，我说道，一门技艺有可能是属于它的，即有着
一门关于转向的技艺，也即是说，那种器官将以何种方式尽可能容易地和
尽可能卓有成效地转身，这门技艺并非把看〈这种能力〉赋予该器官，相 518d5
反，该器官自身就具有看〈这种能力〉，只不过它既没有正确地转向，也
没有看向它应当看向的地方，而这门技艺则想方设法使它做到这点[2105]。

确实有可能是这样，他说道。

因此，一方面，灵魂的其他那些所谓的德性，它们有可能在某种 518d10
程度上近乎身体的各种德性[2106]——因为它们在是的方式上并不事先就
内在于〈灵魂中〉，而是后来通过各种各样的习惯以及各种各样的训练 518e1
才被塑造出来——；另一方面，〈灵魂的〉这种德性，即进行思想[2107]，
它实际上比一切都更同某种比较神圣的东西相关[2108]，如看起来的那样，
它虽然从不会丧失其能力，但根据它的转向，它既会变得是有用的和有
益的，也复又会变得是无用的和有害的。或者，你竟然从未注意到过 519a1
下面这点吗，那就是：一些人，他们虽然被称作是邪恶的，但又是智慧
的，他们的小灵魂其实在何等狡黠地进行观望[2109]，并且在多么敏锐地
分辨它所转向的那些事情，〈这表明〉它并不拥有一种微弱的视力，只
不过被迫去伺候恶而已，以至于，它越是能够敏锐地进行观望，它也就 519a5
越是做出更多的坏事来？

完全如此，他回应道。

然而，我说道，这样一种天性的这种器官[2110]，如果它直接从孩童
时起就通过被修剪，就像切除一些铅锤一样在四周被切除掉各种各样与

b συγγενεῖς ὥσπερ μολυβδίδας, αἳ δὴ ἐδωδαῖς τε καὶ τοιούτων ἡδοναῖς τε καὶ λιχνείαις προσφυεῖς γιγνόμεναι [περὶ] κάτω στρέφουσι τὴν τῆς ψυχῆς ὄψιν· ὧν εἰ ἀπαλλαγὲν περιεστρέφετο εἰς τὰ ἀληθῆ, καὶ ἐκεῖνα ἂν τὸ αὐτὸ τοῦτο τῶν αὐτῶν ἀνθρώπων ὀξύτατα ἑώρα, ὥσπερ καὶ ἐφ' ἃ νῦν τέτραπται.

Εἰκός γε, ἔφη.

Τί δέ; τόδε οὐκ εἰκός, ἦν δ' ἐγώ, καὶ ἀνάγκη ἐκ τῶν προειρημένων, μήτε τοὺς ἀπαιδεύτους καὶ ἀληθείας ἀπείρους ἱκανῶς ἄν ποτε πόλιν ἐπιτροπεῦσαι, μήτε τοὺς ἐν παιδείᾳ *c* ἐωμένους διατρίβειν διὰ τέλους, τοὺς μὲν ὅτι σκοπὸν ἐν τῷ βίῳ οὐκ ἔχουσιν ἕνα, οὗ στοχαζομένους δεῖ ἅπαντα πράττειν ἃ ἂν πράττωσιν ἰδίᾳ τε καὶ δημοσίᾳ, τοὺς δὲ ὅτι ἑκόντες εἶναι οὐ πράξουσιν, ἡγούμενοι ἐν μακάρων νήσοις ζῶντες ἔτι ἀπῳκίσθαι;

Ἀληθῆ, ἔφη.

Ἡμέτερον δὴ ἔργον, ἦν δ' ἐγώ, τῶν οἰκιστῶν τάς τε βελτίστας φύσεις ἀναγκάσαι ἀφικέσθαι πρὸς τὸ μάθημα ὃ ἐν τῷ πρόσθεν ἔφαμεν εἶναι μέγιστον, ἰδεῖν τε τὸ ἀγαθὸν καὶ ἀναβῆναι ἐκείνην τὴν ἀνάβασιν, καὶ ἐπειδὰν ἀναβάντες *d* ἱκανῶς ἴδωσι, μὴ ἐπιτρέπειν αὐτοῖς ὃ νῦν ἐπιτρέπεται.

Τὸ ποῖον δή;

Τὸ αὐτοῦ, ἦν δ' ἐγώ, καταμένειν καὶ μὴ ἐθέλειν πάλιν καταβαίνειν παρ' ἐκείνους τοὺς δεσμώτας μηδὲ μετέχειν τῶν παρ' ἐκείνοις πόνων τε καὶ τιμῶν, εἴτε φαυλότεραι εἴτε σπουδαιότεραι.

Ἔπειτ', ἔφη, ἀδικήσομεν αὐτούς, καὶ ποιήσομεν χεῖρον ζῆν, δυνατὸν αὐτοῖς ὂν ἄμεινον;

Ἐπελάθου, ἦν δ' ἐγώ, πάλιν, ὦ φίλε, ὅτι νόμῳ οὐ τοῦτο *e* μέλει, ὅπως ἕν τι γένος ἐν πόλει διαφερόντως εὖ πράξει, ἀλλ' ἐν ὅλῃ τῇ πόλει τοῦτο μηχανᾶται ἐγγενέσθαι, συναρ-

b 1 τοιούτων A D M Iamblichus : τῶν τοιούτων F b 2 περὶ secl. Hermann : περὶ τὰ al. Iamblichus d 9 αὐτοῖς . . . e 2 μέλει om. pr. D e 1 νόμῳ A F M : νομοθέτῃ vulg. e 3 ξυναρμόττων A F M : ξυναρμόττον D

生成同家族的东西——它们事实上由于变得热衷于各种食物，以及热衷 519b1
于同诸如此类的东西相关的各种快乐和各种贪婪[2111]，于是把灵魂的视
力颠倒地转到一边[2112]——，如果它通过摆脱它们而向上转向那些真的
东西，那么，同样这些人的同样的这种器官就会最敏锐地看到那些真的
东西，恰如〈它看〉它现在所朝向的那些东西那样[2113]。 519b5

的确有可能，他说道。

然后呢？下面这点岂不是可能的，我说道，甚至是必然的——基于
前面已经说过的那些——，那就是：那些没有受过教育的人，以及那些
对真没有经验的人[2114]，他们从不能够胜任监管一个城邦，而那些彻头 519c1
彻尾地[2115]听任自己在教育中消磨时间的人也不行；因为，一方面，前
面那些人在生活中没有任何单一的目标——他们必须通过瞄准它而做他
们在私人领域以及在公共领域所做的每一件事情——，另一方面，后面 519c5
那些人则根本不情愿去采取行动[2116]，因为他们以为他们还在活着的时
候就会定居在那些幸福岛上似的？

正确，他回应道。

那么，我们的工作，我说道，即〈城邦的〉创建者们的工作，就
是迫使那些最好的天性前往我们在前面曾将之宣称为是最大的那种学
问[2117]，也即是说，〈迫使他们前去〉观看善，并且攀登那条〈通往它 519c10
的〉上升的路，而当他们通过攀登〈到那里〉而充分地看清楚〈它〉之 519d1
后，我们将不允许他们〈做〉他们现在被允许〈做〉的那件事。

究竟是何种事？

这件事就是，我说道，就停留在〈上面〉那儿，并且既不愿意重新
下到那些囚徒中间，也不愿意在那些囚徒那里分享〈他们的〉各种辛苦 519d5
和各种荣誉——无论它们是一些比较低劣的荣誉，还是一些比较值得认
真关注的荣誉。

那我们岂不，他说道，实际上将在对他们行不义，并且将使他们生
活得比较低劣，当他们是能够生活得更好时？

你又忘记了，我说道，朋友啊，下面这点：法律根本就不关心这件 519e1
事，即一个城邦中的任何单一的阶层将格外地走运[2118]，相反，它想方
设法通过下面这样来让这样的事情[2119]出现在整个城邦中——那就是，

μόττων τοὺς πολίτας πειθοῖ τε καὶ ἀνάγκῃ, ποιῶν μεταδιδόναι
520 ἀλλήλοις τῆς ὠφελίας ἣν ἂν ἕκαστοι τὸ κοινὸν δυνατοὶ
ὦσιν ὠφελεῖν καὶ αὐτὸς ἐμποιῶν τοιούτους ἄνδρας ἐν τῇ
πόλει, οὐχ ἵνα ἀφιῇ τρέπεσθαι ὅπῃ ἕκαστος βούλεται, ἀλλ'
ἵνα καταχρῆται αὐτὸς αὐτοῖς ἐπὶ τὸν σύνδεσμον τῆς πόλεως.

'Αληθῆ, ἔφη· ἐπελαθόμην γάρ.

Σκέψαι τοίνυν, εἶπον, ὦ Γλαύκων, ὅτι οὐδ' ἀδικήσομεν
τοὺς παρ' ἡμῖν φιλοσόφους γιγνομένους, ἀλλὰ δίκαια πρὸς
αὐτοὺς ἐροῦμεν, προσαναγκάζοντες τῶν ἄλλων ἐπιμελεῖσθαί
τε καὶ φυλάττειν. ἐροῦμεν γὰρ ὅτι οἱ μὲν ἐν ταῖς ἄλλαις
b πόλεσι τοιοῦτοι γιγνόμενοι εἰκότως οὐ μετέχουσι τῶν ἐν
αὐταῖς πόνων· αὐτόματοι γὰρ ἐμφύονται ἀκούσης τῆς ἐν
ἑκάστῃ πολιτείας, δίκην δ' ἔχει τό γε αὐτοφυὲς μηδενὶ
τροφὴν ὀφεῖλον μηδ' ἐκτίνειν τῳ προθυμεῖσθαι τὰ τροφεῖα·
ὑμᾶς δ' ἡμεῖς ὑμῖν τε αὐτοῖς τῇ τε ἄλλῃ πόλει ὥσπερ ἐν
σμήνεσιν ἡγεμόνας τε καὶ βασιλέας ἐγεννήσαμεν, ἄμεινόν
τε καὶ τελεώτερον ἐκείνων πεπαιδευμένους καὶ μᾶλλον δυ-
c νατοὺς ἀμφοτέρων μετέχειν. καταβατέον οὖν ἐν μέρει
ἑκάστῳ εἰς τὴν τῶν ἄλλων συνοίκησιν καὶ συνεθιστέον
τὰ σκοτεινὰ θεάσασθαι· συνεθιζόμενοι γὰρ μυρίῳ βέλτιον
ὄψεσθε τῶν ἐκεῖ καὶ γνώσεσθε ἕκαστα τὰ εἴδωλα ἅττα
ἐστὶ καὶ ὧν, διὰ τὸ τἀληθῆ ἑωρακέναι καλῶν τε καὶ δικαίων
καὶ ἀγαθῶν πέρι. καὶ οὕτω ὕπαρ ἡμῖν καὶ ὑμῖν ἡ πόλις
οἰκήσεται ἀλλ' οὐκ ὄναρ, ὡς νῦν αἱ πολλαὶ ὑπὸ σκιαμα-
χούντων τε πρὸς ἀλλήλους καὶ στασιαζόντων περὶ τοῦ ἄρχειν
d οἰκοῦνται, ὡς μεγάλου τινὸς ἀγαθοῦ ὄντος. τὸ δέ που
ἀληθὲς ὧδ' ἔχει· ἐν πόλει ᾗ ἥκιστα πρόθυμοι ἄρχειν οἱ μέλ-
λοντες ἄρξειν, ταύτην ἄριστα καὶ ἀστασιαστότατα ἀνάγκη
οἰκεῖσθαι, τὴν δ' ἐναντίους ἄρχοντας σχοῦσαν ἐναντίως.

Πάνυ μὲν οὖν, ἔφη.

'Απειθήσουσιν οὖν ἡμῖν οἴει οἱ τρόφιμοι ταῦτ' ἀκούοντες,

c 2 ἑκάστῳ A D M : ἕκαστον F c 3 βέλτιον A D M : βέλτιον τε F c 6 ὑμῖν καὶ ἡμῖν F

它不仅用劝说，而且还用强迫来使得城邦公民们结合在一起，并且它使 520a1
他们彼此分享每个人能够贡献给〈城邦〉共同体[2120]的那种益处——；
并且法律自身，它之所以在城邦中产生出这样一些人来，并不是为了听
任他们转向各自想转向的任何方向，而是为了它自身能够充分地利用他
们来达成城邦的捆绑在一起[2121]。

正确，他说道，我确实忘记了。 520a5

那就请你进一步考虑一下下面这点，我说道，格劳孔啊，那就是：
我们其实将没有对在我们当中产生出来的那些热爱智慧的人行任何的不
义，相反，我们将对他们说的，都是一些正义的事情[2122]，当我们此外还
强迫他们既要关心其他人，也要守卫其他人时。因为，我们将说：一方
面，在一些其他的城邦中产生出来的这样一些人，他们合情合理地不分担 520b1
在那些城邦中的各种辛苦，因为他们都是在违背各自的城邦体制的意愿下
自发地产生出来的，而自生的东西，既然它在养育方面不亏欠任何人，所
以它无论如何都有权不必费心去偿还任何人养育费；另一方面，至于你 520b5
们，我们——既为了你们自己，也为了其他的城邦——就像在蜂群里生育
出一些领袖和国王一样生育你们[2123]，以至于同那些〈在其他的城邦中产
生出来的热爱智慧的〉人相比，你们已经被教育得更好和更完满了，并 520c1
且更有能力参与〈城邦统治和热爱智慧〉这两种形式〈的生活〉。因此，
〈你们中的〉每个人必须轮流走到下面去与其他人同住，并且必须习惯观
看〈那里的〉那些处在黑暗中的东西。因为，一旦你们变得习惯了，你
们就将比那儿的那些人无限地更善于观看[2124]，并且知道每个影像是什么，
以及是何者的影像，由于你们已经看到过关于各种各样美的东西、各种各 520c5
样正义的东西和各种各样善的东西的真。并且这样一来，城邦将被我们和
你们在清醒的状态下所治理，而不是在睡梦中——就像现在许多的城邦被
那些彼此为影子而战斗[2125]并且为了进行统治而内讧的人所治理那样，仿 520d1
佛进行统治是某种巨大的好事似的——。而真相无论如何都是下面这样，
那就是：在一个城邦中，〈如果〉那些将要去进行统治的人在那儿最不热
衷于统治，〈那么〉这个城邦必然以最好的方式和最不起内讧的方式被治
理，而那具有与之相反的统治者的城邦则以相反的方式被治理。

完全如此，他说道。 520d5

那么，你认为我们精心养育出来的这些人将不听从我们吗，当他们

καὶ οὐκ ἐθελήσουσιν συμπονεῖν ἐν τῇ πόλει ἕκαστοι ἐν μέρει,
τὸν δὲ πολὺν χρόνον μετ' ἀλλήλων οἰκεῖν ἐν τῷ καθαρῷ;
'Αδύνατον, ἔφη· δίκαια γὰρ δὴ δικαίοις ἐπιτάξομεν. e
παντὸς μὴν μᾶλλον ὡς ἐπ' ἀναγκαῖον αὐτῶν ἕκαστος εἶσι
τὸ ἄρχειν, τοὐναντίον τῶν νῦν ἐν ἑκάστῃ πόλει ἀρχόντων.
Οὕτω γὰρ ἔχει, ἦν δ' ἐγώ, ὦ ἑταῖρε· εἰ μὲν βίον ἐξευρήσεις
ἀμείνω τοῦ ἄρχειν τοῖς μέλλουσιν ἄρξειν, ἔστι σοι δυνατὴ 521
γενέσθαι πόλις εὖ οἰκουμένη· ἐν μόνῃ γὰρ αὐτῇ ἄρξουσιν
οἱ τῷ ὄντι πλούσιοι, οὐ χρυσίου ἀλλ' οὗ δεῖ τὸν εὐδαίμονα
πλουτεῖν, ζωῆς ἀγαθῆς τε καὶ ἔμφρονος. εἰ δὲ πτωχοὶ καὶ
πεινῶντες ἀγαθῶν ἰδίων ἐπὶ τὰ δημόσια ἴασιν, ἐντεῦθεν
οἰόμενοι τἀγαθὸν δεῖν ἁρπάζειν, οὐκ ἔστι· περιμάχητον
γὰρ τὸ ἄρχειν γιγνόμενον, οἰκεῖος ὢν καὶ ἔνδον ὁ τοιοῦτος
πόλεμος αὐτούς τε ἀπόλλυσι καὶ τὴν ἄλλην πόλιν.
'Αληθέστατα, ἔφη.
Ἔχεις οὖν, ἦν δ' ἐγώ, βίον ἄλλον τινὰ πολιτικῶν ἀρχῶν b
καταφρονοῦντα ἢ τὸν τῆς ἀληθινῆς φιλοσοφίας;
Οὐ μὰ τὸν Δία, ἦ δ' ὅς.
'Αλλὰ μέντοι δεῖ γε μὴ ἐραστὰς τοῦ ἄρχειν ἰέναι ἐπ'
αὐτό· εἰ δὲ μή, οἵ γε ἀντερασταὶ μαχοῦνται.
Πῶς δ' οὔ;
Τίνας οὖν ἄλλους ἀναγκάσεις ἰέναι ἐπὶ φυλακὴν τῆς
πόλεως ἢ οἳ περὶ τούτων τε φρονιμώτατοι δι' ὧν ἄριστα
πόλις οἰκεῖται, ἔχουσί τε τιμὰς ἄλλας καὶ βίον ἀμείνω τοῦ
πολιτικοῦ;
Οὐδένας ἄλλους, ἔφη.
Βούλει οὖν τοῦτ' ἤδη σκοπῶμεν, τίνα τρόπον οἱ τοιοῦτοι c
ἐγγενήσονται, καὶ πῶς τις ἀνάξει αὐτοὺς εἰς φῶς, ὥσπερ
ἐξ Ἅιδου λέγονται δή τινες εἰς θεοὺς ἀνελθεῖν;
Πῶς γὰρ οὐ βούλομαι; ἔφη.
Τοῦτο δή, ὡς ἔοικεν, οὐκ ὀστράκου ἂν εἴη περιστροφή,

d 7 ἐν A D M : om. F a 3 οὐ A M Stobaeus : om. F D οὗ A D M Stobaeus : οὐ F b 8 οἳ περὶ F D M : οἱ περὶ A τε A D M : om. F c 1 τοῦτ' ἤδη A D M : τουτὶ δὴ F

听到这些之后，并且每个人将不愿意轮流在城邦中〈同其他人〉一起吃苦受累，而是愿意大部分时间他们自己彼此居住在那个纯洁的地方[2126]？

不可能，他回应道，因为我们事实上将对那些正义的人命令一些正 520e1
义的事情。当然，他们每个人都必定将之当作一件不得不做的事情才前去进行统治，这同现今在每个城邦中那些进行统治的人完全相反。

确实是这样，我说道，朋友啊。如果你将为那些打算进行统治的人找
到比进行统治还要更好的一种生活，那么，一个被治理得好的城邦就有可 521a1
能对你产生出来。因为唯有在它那里，那些在是的方式上富有的人[2127]将进行统治，不是在金钱上富有，而是在幸福的人必须于其上变得富有的那
种东西上富有，即在一种良善且明智的生活上富有。但是，如果一些乞丐 521a5
以及一些渴望各种私人好处的人前往那些公共事务，由于他们认为必须从那里攫取好处，那么就不可能〈产生出一个被治理得好的城邦〉；因为，当进行统治变成了一种为之而战的事情，这样一种战争——由于它是自己人的和内部的——既在毁灭他们自己，也在毁灭其他的城邦〈公民〉。

非常正确，他说道。

因此，我说道，你还知道[2128]另外某种藐视各种城邦公职的生活吗， 521b1
除了真正的热爱智慧这种生活之外？

没有，以宙斯的名义，他回应道。

然而，那些并非对进行统治有所爱慕的人才无论如何都必须前往它
那里[2129]，否则，那些竞争对手肯定会开战[2130]。 521b5

为何不呢？

那么，除了下面这些人之外，你还将强迫其他哪些人前往对城邦的守卫那里呢，那就是：他们对一个城邦由之才最好地被治理的那些事情
是最明智的，并且他们知道一些其他的荣誉，以及比城邦的生活更好的 521b10
一种生活？

没有其他人，他回应道。

那么，你愿意此后让我们考察一下这点吗，那就是：用什么样的方 521c1
式这样一些人才将产生出来，以及一个人如何将把他们向上引往光那里，就像一些人确实被说成从哈德斯那里向上走到了诸神那里一样[2131]？

我怎么可能不愿意呢？他回应道。

其实这件事，如看起来的那样，它不会是一种陶片的翻转[2132]，而 521c5

ἀλλὰ ψυχῆς περιαγωγὴ ἐκ νυκτερινῆς τινος ἡμέρας εἰς ἀληθινήν, τοῦ ὄντος οὖσαν ἐπάνοδον, ἣν δὴ φιλοσοφίαν ἀληθῆ φήσομεν εἶναι.

Πάνυ μὲν οὖν.

Οὐκοῦν δεῖ σκοπεῖσθαι τί τῶν μαθημάτων ἔχει τοιαύτην
d δύναμιν;

Πῶς γὰρ οὔ;

Τί ἂν οὖν εἴη, ὦ Γλαύκων, μάθημα ψυχῆς ὁλκὸν ἀπὸ τοῦ γιγνομένου ἐπὶ τὸ ὄν; τόδε δ' ἐννοῶ λέγων ἅμα· οὐκ ἀθλητὰς μέντοι πολέμου ἔφαμεν τούτους ἀναγκαῖον εἶναι νέους ὄντας;

Ἔφαμεν γάρ.

Δεῖ ἄρα καὶ τοῦτο προσέχειν τὸ μάθημα ὃ ζητοῦμεν πρὸς ἐκείνῳ.

Τὸ ποῖον;

Μὴ ἄχρηστον πολεμικοῖς ἀνδράσιν εἶναι.

Δεῖ μέντοι, ἔφη, εἴπερ οἷόν τε.

Γυμναστικῇ μὴν καὶ μουσικῇ ἔν γε τῷ πρόσθεν ἐπαι-
e δεύοντο ἡμῖν.

Ἦν ταῦτα, ἔφη.

Καὶ γυμναστικὴ μέν που περὶ γιγνόμενον καὶ ἀπολλύμενον τετεύτακεν· σώματος γὰρ αὔξης καὶ φθίσεως ἐπιστατεῖ.

Φαίνεται.

Τοῦτο μὲν δὴ οὐκ ἂν εἴη ὃ ζητοῦμεν μάθημα.

522 Οὐ γάρ.

Ἀλλ' ἆρα μουσικὴ ὅσην τὸ πρότερον διήλθομεν;

c 6 ψυχῆς om. F c 7 οὖσαν ἐπάνοδον A F D M Iamblichus Clemens et legit Alcinous: οὐσίαν ἐπάνοδος ci. Cobet: ἰούσης ἐπάνοδον scr. recc. φιλοσοφίαν] φιλομάθειαν Iamblichus c 8 ἀληθῆ] ἀληθινὴν Iamblichus d 3 ἂν οὖν A D M: οὖν ἂν F d 8 ὃ A F M: om. D d 13 γυμναστικῇ . . . μουσικῇ D M: γυμναστικὴ . . . μουσικὴ A F e 3 prius καὶ F Eusebius: om. A D M e 4 τετεύτακε(ν) A D M Eusebius: τεύτακε F: τέτευχε d vulg. a 2 ὅσην A D M Eusebius: ἣν F τὸ A D M Eusebius: om. F

是灵魂的一种转向，即从某种黑夜般的白天转向一种真正的白天，它是一条关于是着的东西的向上的路[2133]，我们事实上将宣称这条向上的路是一种真正的热爱智慧。

完全如此。

因此，岂不必须考虑下面这点，那就是，诸学问中何种学问具有这 521c10
样一种能力？ 521d1

为何不呢？

那么，这究竟会是一种什么样的学问呢，格劳孔啊，它能把灵魂从生成着的东西拖向是着的东西？而我在说这话的同时想起了下面这点，
那就是：我们岂不宣称过[2134]，这些人无疑必须是战争的参赛者，当他 521d5
们是一些年轻人时？

我们确实宣称过。

因此，我们所探寻的那种学问，除了〈前面〉那点之外，它也必须提供出〈下面〉这点？

哪点？ 521d10

它对于那些从事战争的人来说必定不是无用的。

当然必定〈不是无用的〉，他说道，假如可能的话。

至少在前面，无疑既在体育方面，也在文艺方面，他们已经被我们 521e1
所教育。

是这样，他说道。

而体育，它事实上无论如何都在同生成的东西以及毁灭的东西打交
道[2135]；因为它管理身体的生长和衰退。 521e5

显然。

那么，这种东西肯定就不会是我们所探寻的那种学问。

的确不是。 522a1

那它会是我们在前面细说过的那种意义上的文艺吗？

Ἀλλ' ἦν ἐκείνη γ', ἔφη, ἀντίστροφος τῆς γυμναστικῆς, εἰ μέμνησαι, ἔθεσι παιδεύουσα τοὺς φύλακας, κατά τε ἁρμονίαν εὐαρμοστίαν τινά, οὐκ ἐπιστήμην, παραδιδοῦσα, καὶ κατὰ ῥυθμὸν εὐρυθμίαν, ἔν τε τοῖς λόγοις ἕτερα τούτων ἀδελφὰ ἔθη ἄττα ἔχουσα, καὶ ὅσοι μυθώδεις τῶν λόγων καὶ ὅσοι ἀληθινώτεροι ἦσαν· μάθημα δὲ πρὸς τοιοῦτόν τι
ἄγον, οἷον σὺ νῦν ζητεῖς, οὐδὲν ἦν ἐν αὐτῇ. b

Ἀκριβέστατα, ἦν δ' ἐγώ, ἀναμιμνῄσκεις με· τῷ γὰρ ὄντι τοιοῦτον οὐδὲν εἶχεν. ἀλλ', ὦ δαιμόνιε Γλαύκων, τί ἂν εἴη τοιοῦτον; αἵ τε γὰρ τέχναι βάναυσοί που ἅπασαι ἔδοξαν εἶναι—

Πῶς δ' οὔ; καὶ μὴν τί ἔτ' ἄλλο λείπεται μάθημα, μουσικῆς καὶ γυμναστικῆς καὶ τῶν τεχνῶν κεχωρισμένον;

Φέρε, ἦν δ' ἐγώ, εἰ μηδὲν ἔτι ἐκτὸς τούτων ἔχομεν λαβεῖν, τῶν ἐπὶ πάντα τεινόντων τι λάβωμεν.

Τὸ ποῖον;

Οἷον τοῦτο τὸ κοινόν, ᾧ πᾶσαι προσχρῶνται τέχναι τε c
καὶ διάνοιαι καὶ ἐπιστῆμαι—ὃ καὶ παντὶ ἐν πρώτοις ἀνάγκη μανθάνειν.

Τὸ ποῖον; ἔφη.

Τὸ φαῦλον τοῦτο, ἦν δ' ἐγώ, τὸ ἕν τε καὶ τὰ δύο καὶ τὰ τρία διαγιγνώσκειν· λέγω δὲ αὐτὸ ἐν κεφαλαίῳ ἀριθμόν τε καὶ λογισμόν. ἢ οὐχ οὕτω περὶ τούτων ἔχει, ὡς πᾶσα τέχνη τε καὶ ἐπιστήμη ἀναγκάζεται αὐτῶν μέτοχος γίγνεσθαι;

Καὶ μάλα, ἔφη.

Οὐκοῦν, ἦν δ' ἐγώ, καὶ ἡ πολεμική;

Πολλή, ἔφη, ἀνάγκη.

Παγγέλοιον γοῦν, ἔφην, στρατηγὸν Ἀγαμέμνονα ἐν d
ταῖς τραγῳδίαις Παλαμήδης ἑκάστοτε ἀποφαίνει. ἢ οὐκ ἐννενόηκας ὅτι φησὶν ἀριθμὸν εὑρὼν τάς τε τάξεις τῷ

a 7 ἔθη F Eusebius : ἔφη A D M   a 8 δὲ A F M : om. D
b 1 ἄγον Eusebius et γρ. D : αγ (sic) F : ἀγαθὸν A D M   b 7 κεχωρισμένον A[2] F D M : κεχωρισμένων A   c 4 τὸ F D : om. A M

但那种〈技艺〉，他回应道，无论如何都只是体育的一种配对物而已[2136]，如果你还记得的话，因为它用各种各样的习惯来教育那些卫士，也即是说，它既依照和声来赋予〈他们〉某种和谐的调式，而非某种知 522a5
识，也依照节奏〈来赋予他们〉一种优美的节奏，并且在〈它的〉各种各样的言说中它也有着与这些相类似的其他一些习惯——无论是所有那些虚构性的言说，还是所有那些近乎真实的言说——。至于一种〈把他们〉引向你现在正寻找的这样一种东西的学问，在它那里则没有。 522b1

你在非常准确地，我说道，提醒我；因为，它在是的方式上根本就不具有这样一种学问。然而，非凡的格劳孔啊，这样一种学问到底会是什么呢？因为，所有的技艺，它们其实无论如何都〈对我们〉显得是匠 522b5
人气的[2137]——

为何不呢？确实，还有其他何种学问剩下来了呢，当文艺、体育以及〈其他〉各种技艺都被排除出去之后？

来吧！我说道，如果在这些之外我们不可能再取得〈其他〉任何东西，那就让我们去取得贯穿〈它们〉每个的那些东西中的某个吧。

何种东西？ 522b10

诸如下面这种共同的东西[2138]，那就是，每一门技艺、〈所有的〉思 522c1
想和〈所有的〉知识都要进一步使用它——并且每个人在那些最初的东西中都必须学习它。

哪一种东西？他说道。

这种东西〈其实是〉微不足道的，我说道，那就是〈能够正确地〉 522c5
识别一、二、三等；总而言之[2139]，我说它就是数字以及计算。或者说，关于这些东西不是下面这样，那就是：每一门技艺和每一种知识都被迫变得要分享它们[2140]？

的确是这样，他回应道。

那么，我说道，战争术岂不也如此？ 522c10

极其必然，他回应道。

无论如何，在一些悲剧中，我说道，帕拉墨得斯[2141]每次都使得阿 522d1
伽门农显得像一位非常可笑的统帅似的。或者，你已经不记得下面这件事了，那就是：帕拉墨得斯声称，当他发现了数字之后，他为在伊利翁

στρατοπέδῳ καταστῆσαι ἐν Ἰλίῳ καὶ ἐξαριθμῆσαι ναῦς τε καὶ τἆλλα πάντα, ὡς πρὸ τοῦ ἀναριθμήτων ὄντων καὶ τοῦ Ἀγαμέμνονος, ὡς ἔοικεν, οὐδ' ὅσους πόδας εἶχεν εἰδότος, εἴπερ ἀριθμεῖν μὴ ἠπίστατο; καίτοι ποῖόν τιν' αὐτὸν οἴει στρατηγὸν εἶναι;

Ἄτοπόν τιν', ἔφη, ἔγωγε, εἰ ἦν τοῦτ' ἀληθές.

e Ἄλλο τι οὖν, ἦν δ' ἐγώ, μάθημα ἀναγκαῖον πολεμικῷ ἀνδρὶ θήσομεν λογίζεσθαί τε καὶ ἀριθμεῖν δύνασθαι;

Πάντων γ', ἔφη, μάλιστα, εἰ καὶ ὁτιοῦν μέλλει τάξεων ἐπαΐειν, μᾶλλον δ' εἰ καὶ ἄνθρωπος ἔσεσθαι.

Ἐννοεῖς οὖν, εἶπον, περὶ τοῦτο τὸ μάθημα ὅπερ ἐγώ;

Τὸ ποῖον;

523 Κινδυνεύει τῶν πρὸς τὴν νόησιν ἀγόντων φύσει εἶναι ὧν ζητοῦμεν, χρῆσθαι δ' οὐδεὶς αὐτῷ ὀρθῶς, ἑλκτικῷ ὄντι παντάπασι πρὸς οὐσίαν.

Πῶς, ἔφη, λέγεις;

Ἐγὼ πειράσομαι, ἦν δ' ἐγώ, τό γ' ἐμοὶ δοκοῦν δηλῶσαι. ἃ γὰρ διαιροῦμαι παρ' ἐμαυτῷ ἀγωγά τε εἶναι οἷ λέγομεν καὶ μή, συνθεατὴς γενόμενος σύμφαθι ἢ ἄπειπε, ἵνα καὶ τοῦτο σαφέστερον ἴδωμεν εἰ ἔστιν οἷον μαντεύομαι.

Δείκνυ', ἔφη.

Δείκνυμι δή, εἶπον, εἰ καθορᾷς, τὰ μὲν ἐν ταῖς αἰσθή-
b σεσιν οὐ παρακαλοῦντα τὴν νόησιν εἰς ἐπίσκεψιν, ὡς ἱκανῶς ὑπὸ τῆς αἰσθήσεως κρινόμενα, τὰ δὲ παντάπασι διακελευόμενα ἐκείνην ἐπισκέψασθαι, ὡς τῆς αἰσθήσεως οὐδὲν ὑγιὲς ποιούσης.

Τὰ πόρρωθεν, ἔφη, φαινόμενα δῆλον ὅτι λέγεις καὶ τὰ ἐσκιαγραφημένα.

Οὐ πάνυ, ἦν δ' ἐγώ, ἔτυχες οὗ λέγω.

Ποῖα μήν, ἔφη, λέγεις;

e 2 λογίζεσθαι F D: καὶ λογίζεσθαι A M   e 5 εἶπον A F M: om. D   a 2 ὧν A F M d: ὂν D   a 6 οἷ A: οι F: οἷα D   a 9 δείκνυ(ε) A D M: δεικνὺς F   b 4 ποιούσης A F D M Iamblichus: νοούσης ci. Ast

城前的军队布下了各种各样的阵形，并且清点了船只的数目和其他所有东西的数目，仿佛在这之前它们都是没有被数过似的，而阿伽门农，如 522d5
看起来的那样，甚至都不知道他自己究竟有多少只脚——假如他真的不知道如何进行数数的话——？〈如果这是〉真的，〈那么〉你认为他会是一位什么样的统帅呢？

我肯定会说他是一位荒唐的统帅，他回应道，如果这是真的话。

那么，是不是[2142]，我说道，对于一位从事战争的人来说，我们将 522e1
为他安排一门必须的学问，以便他能够进行计算和数数[2143]？

毫无疑问[2144]，他回应道，如果他想要精通各种排兵布阵，甚至如果他只是想将是一个人的话。

那么，关于这门学问，我说道，你注意到了我所注意到的吗？ 522e5

何种东西？

它有可能属于我们正在探寻的那些东西，而它们在本性上就把我们 523a1
引向理智直观，只不过有可能无人在正确地使用它，而它完完全全是适合于〈把一个人〉拽向所是的。

你为何，他说道，这么说呢？

我将尝试，我说道，至少把我自己所持有的看法显明出来。我其实在 523a5
我自己这里区分了〈两种〉东西，一些是〈把我们〉引向我们所说的那个地方的，一些则不是，请你通过成为〈与我〉一同观看的人来表示同意或拒绝，以便我们能够更加清楚地看到是否这就是如我所预言的那样。

那就请你进行揭示吧，他说道。

我肯定在进行揭示，我说道，如果你看清了下面这点的话，那就 523a10
是：在诸感觉那里〈被感觉到的那些东西〉，一些并不为了〈得到〉考 523b1
察而召唤理智直观，仿佛它们能够充分地被感觉所决定似的；一些则在方方面面都要求那种东西[2145]去进行考察，因为感觉并没有产生出任何稳当的东西[2146]。

显然，你在说那些从远处显现的东西，以及那些被用阴影手法画出 523b5
来的东西。

你完全没有，我说道，切中我所说的。

究竟是何种东西，他说道，你在说？

Τὰ μὲν οὐ παρακαλοῦντα, ἦν δ' ἐγώ, ὅσα μὴ ἐκβαίνει
εἰς ἐναντίαν αἴσθησιν ἅμα· τὰ δ' ἐκβαίνοντα ὡς παρα- c
καλοῦντα τίθημι, ἐπειδὰν ἡ αἴσθησις μηδὲν μᾶλλον τοῦτο
ἢ τὸ ἐναντίον δηλοῖ, εἴτ' ἐγγύθεν προσπίπτουσα εἴτε πόρ-
ρωθεν. ὧδε δὲ ἃ λέγω σαφέστερον εἴσῃ. οὗτοί φαμεν
τρεῖς ἂν εἶεν δάκτυλοι, ὅ τε σμικρότατος καὶ ὁ δεύτερος καὶ
ὁ μέσος.

Πάνυ γ', ἔφη.

Ὡς ἐγγύθεν τοίνυν ὁρωμένους λέγοντός μου διανοοῦ. ἀλλά μοι περὶ αὐτῶν τόδε σκόπει.

Τὸ ποῖον;

Δάκτυλος μέν που αὐτῶν φαίνεται ὁμοίως ἕκαστος, καὶ
ταύτῃ γε οὐδὲν διαφέρει, ἐάντε ἐν μέσῳ ὁρᾶται ἐάντ' ἐπ' d
ἐσχάτῳ, ἐάντε λευκὸς ἐάντε μέλας, ἐάντε παχὺς ἐάντε λεπτός,
καὶ πᾶν ὅτι τοιοῦτον. ἐν πᾶσι γὰρ τούτοις οὐκ ἀναγκάζεται
τῶν πολλῶν ἡ ψυχὴ τὴν νόησιν ἐπερέσθαι τί ποτ' ἐστὶ
δάκτυλος· οὐδαμοῦ γὰρ ἡ ὄψις αὐτῇ ἅμα ἐσήμηνεν τὸν
δάκτυλον τοὐναντίον ἢ δάκτυλον εἶναι.

Οὐ γὰρ οὖν, ἔφη.

Οὐκοῦν, ἦν δ' ἐγώ, εἰκότως τό γε τοιοῦτον νοήσεως οὐκ
ἂν παρακλητικὸν οὐδ' ἐγερτικὸν εἴη. e

Εἰκότως.

Τί δὲ δή; τὸ μέγεθος αὐτῶν καὶ τὴν σμικρότητα ἡ ὄψις
ἆρα ἱκανῶς ὁρᾷ, καὶ οὐδὲν αὐτῇ διαφέρει ἐν μέσῳ τινὰ
αὐτῶν κεῖσθαι ἢ ἐπ' ἐσχάτῳ; καὶ ὡσαύτως πάχος καὶ
λεπτότητα ἢ μαλακότητα καὶ σκληρότητα ἡ ἁφή; καὶ αἱ
ἄλλαι αἰσθήσεις ἆρ' οὐκ ἐνδεῶς τὰ τοιαῦτα δηλοῦσιν; ἢ
ὧδε ποιεῖ ἑκάστη αὐτῶν· πρῶτον μὲν ἡ ἐπὶ τῷ σκληρῷ 524

c 5 ἂν εἶεν A D M Iamblichus : εἶεν ἂν F c 11 που F D Iamblichus : om. A d 1 ἐπ' Iamblichus : ἐν A F D d 2 μέλας A F : μέγας D d 5 αὐτῇ A : αὐτῇ F *M* Iamblichus : αὕτη D ἅμα A F *M* Iamblichus : om. D d 8 γε A D Iamblichus : om. F e 1 οὐδ' ἐγερτικὸν om. Iamblichus e 4 τινὰ αὐτῶν A F D *M* : αὐτῶν τινα Iamblichus e 6 ἢ μαλακότητα om. Iamblichus e 7 δηλώσουσιν Iamblichus

那些不召唤〈理智直观〉的东西，我说道，就是所有那些不同时走
向一种相反的感觉的东西；而那些〈同时走向一种相反的感觉的〉，我 523c1
把它们确立为召唤〈理智直观〉的——每当感觉无法显明一个东西更是
这样，而不是其反面时，无论这种感觉从近处，还是从远处遭遇〈到
它〉——。而用下面这种方式，你将更加清楚地看到我所说的，那就是：
这些，我们说，它们是三根手指，即小指、无名指[2147]和中指。 523c5

完全如此，他说道。

那好，请你这样想，那就是，当我说它们时，我把它们当作从近处被看到的东西。不过，关于它们，请你同我一起考察下面这点。

哪点？ 523c10

无论如何，它们中的每个都肯定同样地显现为是一根手指，并且在
这方面它们也肯定没有任何的不同——无论是〈其中〉位于中间的那根 523d1
被看，还是处在一端的被看，无论它是白的，还是黑的，无论它是粗壮
的，还是纤细的，以及诸如此类的〈其他〉所有情形——。因为，在所
有这些情形中，大多数人的灵魂都不会被迫还要另外去问理智直观，一
根手指到底是什么；因为，视觉没有在任何地方向它[2148]显明过，手指 523d5
同时是与一根手指相反的东西。

的确没有，他说道。

因此，我说道，下面这点无论如何都合情合理，那就是，这样一种 523e1
东西既不会激发，也不会唤醒理智直观。

合情合理。

那么，然后呢？就那三根手指的大和小[2149]来说，难道视觉就足以
将之看清吗，并且对它来说，它们中的任何一根，无论是位于中间的，
还是处在一端的，都没有任何的不同吗[2150]？以及就〈它们的〉粗壮和 523e5
纤细来说，或者就柔软和坚硬来说，对触觉来说也同样如此？还有，就
〈所有〉其他的感觉来说，难道它们也在没有任何缺陷地揭示着一些诸
如此类的东西？还是说，它们中的每个都在以下面这种方式采取行动， 524a1

τεταγμένη αἴσθησις ἠνάγκασται καὶ ἐπὶ τῷ μαλακῷ τετάχθαι, καὶ παραγγέλλει τῇ ψυχῇ ὡς ταὐτὸν σκληρόν τε καὶ μαλακὸν αἰσθανομένη;

Οὕτως, ἔφη.

Οὐκοῦν, ἦν δ' ἐγώ, ἀναγκαῖον ἔν γε τοῖς τοιούτοις αὖ τὴν ψυχὴν ἀπορεῖν τί ποτε σημαίνει αὕτη ἡ αἴσθησις τὸ σκληρόν, εἴπερ τὸ αὐτὸ καὶ μαλακὸν λέγει, καὶ ἡ τοῦ κούφου καὶ ἡ τοῦ βαρέος, τί τὸ κοῦφον καὶ βαρύ, εἰ τό τε βαρὺ κοῦφον καὶ τὸ κοῦφον βαρὺ σημαίνει;

b Καὶ γάρ, ἔφη, αὗταί γε ἄτοποι τῇ ψυχῇ αἱ ἑρμηνεῖαι καὶ ἐπισκέψεως δεόμεναι.

Εἰκότως ἄρα, ἦν δ' ἐγώ, ἐν τοῖς τοιούτοις πρῶτον μὲν πειρᾶται λογισμόν τε καὶ νόησιν ψυχὴ παρακαλοῦσα ἐπισκοπεῖν εἴτε ἓν εἴτε δύο ἐστὶν ἕκαστα τῶν εἰσαγγελλομένων.

Πῶς δ' οὔ;

Οὐκοῦν ἐὰν δύο φαίνηται, ἕτερόν τε καὶ ἓν ἑκάτερον φαίνεται;

Ναί.

Εἰ ἄρα ἓν ἑκάτερον, ἀμφότερα δὲ δύο, τά γε δύο κεχω-
c ρισμένα νοήσει· οὐ γὰρ ἂν ἀχώριστά γε δύο ἐνόει, ἀλλ' ἕν.

Ὀρθῶς.

Μέγα μὴν καὶ ὄψις καὶ σμικρὸν ἑώρα, φαμέν, ἀλλ' οὐ κεχωρισμένον ἀλλὰ συγκεχυμένον τι. ἦ γάρ;

Ναί.

Διὰ δὲ τὴν τούτου σαφήνειαν μέγα αὖ καὶ σμικρὸν ἡ νόησις ἠναγκάσθη ἰδεῖν, οὐ συγκεχυμένα ἀλλὰ διωρισμένα, τοὐναντίον ἢ 'κείνη.

Ἀληθῆ.

Οὐκοῦν ἐντεῦθέν ποθεν πρῶτον ἐπέρχεται ἐρέσθαι ἡμῖν τί οὖν ποτ' ἐστὶ τὸ μέγα αὖ καὶ τὸ σμικρόν;

a 6 γε F: om. A D *M* Iamblichus a 7 αὕτη A F *M*: αὐτὴ Iamblichus: αὐτῇ D a 9 τό τε A D *M* Iamblichus: τε τὸ F c 1 ἀχώριστα] χωριστὰ Iamblichus c 3 ὄψις A D *M*: ἡ ὄψις F Iamblichus c 10 πρῶτον A D Iamblichus: πρῶτον μὲν F c 11 ἐστὶ] ἔσται Iamblichus

那就是：首先，已经被指派给硬度的那种感觉[2151]，它无疑也已经被迫被指派给了软度，并且它还向灵魂通报，同样的东西既是硬的，又是软的，当它对之进行感觉时[2152]？

是这样，他回应道。 524a5

那么，我说道，无论如何在这样一些情况下，灵魂岂不复又必然对下面这些感到困惑，那就是：这种感觉究竟把坚硬的东西表明为什么，假如它真的又把同一种东西说成是柔软的话，以及关于轻的东西的感觉和关于重的东西的感觉，它们各自又把轻的东西和重的东西说成什么呢，如果它们各自表明重的东西是轻的，以及轻的东西是重的的话[2153]？ 524a10

的确，他说道，这些对灵魂来说都肯定是一些奇怪的报告[2154]，并 524b1
且需要一种考察。

那么，这就是合情合理的，我说道，那就是：在这样一些情况下，
一个灵魂无疑将首先试着召唤计算以及理智直观去进行考察，即考察被 524b5
报告〈给它〉的那些东西中的每个，它是一呢，还是二？

为何不呢？

因此，如果它显得是二，那么，二中的每个岂不显得是不一样的，并且各自是一[2155]？

是的。

如果每个各自是一，而两者一起是二，那么灵魂将把二看作[2156]被 524b10
分开了的；因为不可分开的东西，它不会将之看作二，而是一。 524c1

正确。

但视觉，我们确实会声称它也看见大和小，但不是将之看作分开的，而是将之看作混合在一起的某种东西。是这样吗？

是。 524c5

但为了让这种〈混合在一起的某种东西〉变得清楚，理智直观复又被迫去看大和小，但不是将它们看作混合在一起的东西，而是将它们看作分开来的东西，〈它所做的〉恰好与视觉〈所做的〉相反。

正确。

因此，岂不正是从这里开始，对我们来说才首次出现了追问究竟什 524c10
么是大，以及复又究竟什么是小？

Παντάπασι μὲν οὖν.

Καὶ οὕτω δὴ τὸ μὲν νοητόν, τὸ δ' ὁρατὸν ἐκαλέσαμεν.

Ὀρθότατ', ἔφη. d

Ταῦτα τοίνυν καὶ ἄρτι ἐπεχείρουν λέγειν, ὡς τὰ μὲν παρακλητικὰ τῆς διανοίας ἐστί, τὰ δ' οὔ, ἃ μὲν εἰς τὴν αἴσθησιν ἅμα τοῖς ἐναντίοις ἑαυτοῖς ἐμπίπτει, παρακλητικὰ ὁριζόμενος, ὅσα δὲ μή, οὐκ ἐγερτικὰ τῆς νοήσεως.

Μανθάνω τοίνυν ἤδη, ἔφη, καὶ δοκεῖ μοι οὕτω.

Τί οὖν; ἀριθμός τε καὶ τὸ ἓν ποτέρων δοκεῖ εἶναι;

Οὐ συννοῶ, ἔφη.

Ἀλλ' ἐκ τῶν προειρημένων, ἔφην, ἀναλογίζου. εἰ μὲν γὰρ ἱκανῶς αὐτὸ καθ' αὐτὸ ὁρᾶται ἢ ἄλλῃ τινὶ αἰσθήσει λαμβάνεται τὸ ἕν, οὐκ ἂν ὁλκὸν εἴη ἐπὶ τὴν οὐσίαν, ὥσπερ e ἐπὶ τοῦ δακτύλου ἐλέγομεν· εἰ δ' ἀεί τι αὐτῷ ἅμα ὁρᾶται ἐναντίωμα, ὥστε μηδὲν μᾶλλον ἓν ἢ καὶ τοὐναντίον φαίνεσθαι, τοῦ ἐπικρινοῦντος δὴ δέοι ἂν ἤδη καὶ ἀναγκάζοιτ' ἂν ἐν αὐτῷ ψυχὴ ἀπορεῖν καὶ ζητεῖν, κινοῦσα ἐν ἑαυτῇ τὴν ἔννοιαν, καὶ ἀνερωτᾶν τί ποτέ ἐστιν αὐτὸ τὸ ἕν, καὶ οὕτω τῶν ἀγωγῶν ἂν εἴη καὶ μεταστρεπτικῶν ἐπὶ τὴν τοῦ ὄντος θέαν 525 ἡ περὶ τὸ ἓν μάθησις.

Ἀλλὰ μέντοι, ἔφη, τοῦτό γ' ἔχει οὐχ ἥκιστα ἡ περὶ αὐτὸ ὄψις· ἅμα γὰρ ταὐτὸν ὡς ἕν τε ὁρῶμεν καὶ ὡς ἄπειρα τὸ πλῆθος.

Οὐκοῦν εἴπερ τὸ ἕν, ἦν δ' ἐγώ, καὶ σύμπας ἀριθμὸς ταὐτὸν πέπονθε τοῦτο;

Πῶς δ' οὔ;

Ἀλλὰ μὴν λογιστική τε καὶ ἀριθμητικὴ περὶ ἀριθμὸν πᾶσα.

Καὶ μάλα.

d 5 ὁριζόμενος] ἐργαζόμενος F   d 7 ποτέρων A² F D Iamblichus: πότερον A   a 1 μεταστρεπτικῶν A D Iamblichus: μετατρεπτικῶν F   a 4 αὐτὸ F Iamblichus: τὸ αὐτὸ A D   ταὐτὸν A D Iamblichus: τε αὐτὸν F   a 7 τοῦτο F D *M*: τούτῳ A Iamblichus   a 9 τε] fort. γε

完全如此。

也正由于此，我们才把一方称作是可思的，把另一方称作是可见的。

非常正确，他说道。 524d1

那好，这些其实也就是我刚才尝试说的，那就是：一些东西是把思想激发出来的，一些则不；一方面，那些与其相反的东西同时一起降临到感觉上的，我将之规定为是激发〈理智直观〉的，另一方面，所有那 524d5
些不〈那么做的〉，则是不唤醒理智直观的。

好吧，我已经懂了，他说道，并且在我看来也是这样。

然后呢？数以及一，看起来属于这两者中的哪一个？

我不理解，他回应道。

那么，就请你基于前面所说的那些，我说道，来进行推论。因为，一方面，如果一独自在其自身地就充分地被看到，或者被其他某种感觉 524d10
所把握到，那么，它就不会是一种〈把灵魂〉往所是那儿拽的东西，就 524e1
像我们关于手指说过的那样；另一方面，如果某种东西总是同时被看到与它不相容[2157]，以至于它并不更多地显现为一，而不是显现为与之相反的那种东西，那么，它事实上立即就会需要那进行决定的东西，而在这种情况下[2158]，一个灵魂会被迫感到困惑，并且进行一种探究——通 524e5
过在它自己内里推动思想——，以及追问，一自身究竟是什么；而这样一来，就对是着的东西的观望来说，在那些引向它并且适合于转向它的 525a1
事情中，就会有着关于一的学习活动[2159]。

诚然，他说道，关于同一个东西的视觉[2160]无论如何都尤其[2161]具有这种〈特点〉；因为，关于同一事物，我们同时会既将之看作一，也 525a5
会将之看作无限的多。

那么，假如就一来说果真如此，我说道，那么，所有的数岂不也已经遭受了同样这件事？

为何不呢？

而且无论是关于计算的技艺，还是关于数的知识[2162]，它们都完全 525a10
同数相关。

诚然。

b Ταῦτα δέ γε φαίνεται ἀγωγὰ πρὸς ἀλήθειαν.

Ὑπερφυῶς μὲν οὖν.

Ὧν ζητοῦμεν ἄρα, ὡς ἔοικε, μαθημάτων ἂν εἴη· πολεμικῷ μὲν γὰρ διὰ τὰς τάξεις ἀναγκαῖον μαθεῖν ταῦτα, φιλοσόφῳ δὲ διὰ τὸ τῆς οὐσίας ἁπτέον εἶναι γενέσεως ἐξαναδύντι, ἢ μηδέποτε λογιστικῷ γενέσθαι.

Ἔστι ταῦτ', ἔφη.

Ὁ δέ γε ἡμέτερος φύλαξ πολεμικός τε καὶ φιλόσοφος τυγχάνει ὤν.

Τί μήν;

Προσῆκον δὴ τὸ μάθημα ἂν εἴη, ὦ Γλαύκων, νομοθετῆσαι καὶ πείθειν τοὺς μέλλοντας ἐν τῇ πόλει τῶν μεγίστων
c μεθέξειν ἐπὶ λογιστικὴν ἰέναι καὶ ἀνθάπτεσθαι αὐτῆς μὴ ἰδιωτικῶς, ἀλλ' ἕως ἂν ἐπὶ θέαν τῆς τῶν ἀριθμῶν φύσεως ἀφίκωνται τῇ νοήσει αὐτῇ, οὐκ ὠνῆς οὐδὲ πράσεως χάριν ὡς ἐμπόρους ἢ καπήλους μελετῶντας, ἀλλ' ἕνεκα πολέμου τε καὶ αὐτῆς τῆς ψυχῆς ῥᾳστώνης μεταστροφῆς ἀπὸ γενέσεως ἐπ' ἀλήθειάν τε καὶ οὐσίαν.

Κάλλιστ', ἔφη, λέγεις.

Καὶ μήν, ἦν δ' ἐγώ, νῦν καὶ ἐννοῶ, ῥηθέντος τοῦ περὶ
d τοὺς λογισμοὺς μαθήματος, ὡς κομψόν ἐστι καὶ πολλαχῇ χρήσιμον ἡμῖν πρὸς ὃ βουλόμεθα, ἐὰν τοῦ γνωρίζειν ἕνεκά τις αὐτὸ ἐπιτηδεύῃ ἀλλὰ μὴ τοῦ καπηλεύειν.

Πῇ δή; ἔφη.

Τοῦτό γε, ὃ νυνδὴ ἐλέγομεν, ὡς σφόδρα ἄνω ποι ἄγει τὴν ψυχὴν καὶ περὶ αὐτῶν τῶν ἀριθμῶν ἀναγκάζει διαλέγεσθαι, οὐδαμῇ ἀποδεχόμενον ἐάν τις αὐτῇ ὁρατὰ ἢ ἁπτὰ σώματα ἔχοντας ἀριθμοὺς προτεινόμενος διαλέγηται. οἶσθα γάρ που τοὺς περὶ ταῦτα δεινοὺς αὖ ὡς, ἐάν τις αὐτὸ τὸ
e ἓν ἐπιχειρῇ τῷ λόγῳ τέμνειν, καταγελῶσί τε καὶ οὐκ ἀποδέχονται, ἀλλ' ἐὰν σὺ κερματίζῃς αὐτό, ἐκεῖνοι πολλα-

c 1 μεθέξειν A F M: μέθεξιν D   c 5 ῥᾳστώνης F D et sic legit Iamblichus: ῥᾳστώνης τε A: ῥᾳστώνης καὶ al.   c 8 καὶ post νῦν om. F   d 9 αὖ scripsi: δύο A D: punctis notavit A²: om. F

而这些无论如何都显得是在〈把灵魂〉向着真进行引领的东西。 525b1

肯定在异乎寻常地[2163]〈进行引领〉。

因此，它们会属于，如看起来的那样，我们正在寻找的那些学问。
因为，必须学习这些东西，对于一个从事战争的人来说，那是为了排兵
布阵；而对于一个热爱智慧的人来说，则是由于当他从生成那里上浮出 525b5
来之后还必须触及所是[2164]，否则他就从不会成为一个精通计算的人。

是这样，他说道。

而我们的卫士无论如何都恰恰既是一个精通战争的人，也是一个热
爱智慧的人。

那还用说？ 525b10

因此，就这门学问来说，下面这样做就会是合适的，格劳孔啊，那
就是：把它以立法的方式确定下来，并且劝说那些打算在城邦中参与各
种最重大的事情的人前去〈学习〉关于计算的技艺，并且〈劝说他们〉 525c1
不要以一种业余的方式去从事它；相反，〈他们一直从事它〉直到他们
能够仅仅凭借理智直观自身而抵达了对各种数的本性的观望为止，因为
他们既不是为了买的缘故，也不是为了卖的缘故，像那些商人或各种小
商贩那样钻研〈它〉，而是为了战争，以及为了灵魂自身的转向的容易， 525c5
即从生成那里转向真和所是[2165]。

非常漂亮，他说道，你说得。

事实上，我说道，我现在也意识到——当关于计算的那门学问被说
出来了之后——，它是何等的精妙啊，以及对我们所想要的那种东西来 525d1
说，它在方方面面于我们又是何等的有用啊，如果一个人只是为了进行
认识，而不是为了做小商贩而致力于它的话。

究竟在哪方面？他说道。

至少在我们刚才曾说过的那件事上，那就是：它把灵魂强有力地 525d5
向上引向某个地方，并且迫使它〈在那儿仅仅〉讨论各种数字自身，因
为，如果一个人像下面这样做，那么，它绝不会接受，也即是说，他通
过向灵魂递交出一些带有可见的或者可触摸的有形物的数来进行讨论。
因为，你无论如何都知道，〈面对下面这种情形〉那些在这方面聪明的
人会是什么样子[2166]：如果有人试图在讨论中分割一自身[2167]，那么，他 525e1
们就会嘲笑他，并且拒不接受这件事；但如果你要去切碎它，那么，那

πλασιοῦσιν, εὐλαβούμενοι μή ποτε φανῇ τὸ ἓν μὴ ἓν ἀλλὰ πολλὰ μόρια.

Ἀληθέστατα, ἔφη, λέγεις.

Τί οὖν οἴει, ὦ Γλαύκων, εἴ τις ἔροιτο αὐτούς· "Ὦ θαυ- 526
μάσιοι, περὶ ποίων ἀριθμῶν διαλέγεσθε, ἐν οἷς τὸ ἓν οἷον
ὑμεῖς ἀξιοῦτέ ἐστιν, ἴσον τε ἕκαστον πᾶν παντὶ καὶ οὐδὲ
σμικρὸν διαφέρον, μόριόν τε ἔχον ἐν ἑαυτῷ οὐδέν;" τί ἂν
οἴει αὐτοὺς ἀποκρίνασθαι;

Τοῦτο ἔγωγε, ὅτι περὶ τούτων λέγουσιν ὧν διανοηθῆναι μόνον ἐγχωρεῖ, ἄλλως δ' οὐδαμῶς μεταχειρίζεσθαι δυνατόν.

Ὁρᾷς οὖν, ἦν δ' ἐγώ, ὦ φίλε, ὅτι τῷ ὄντι ἀναγκαῖον
ἡμῖν κινδυνεύει εἶναι τὸ μάθημα, ἐπειδὴ φαίνεταί γε προσ- b
αναγκάζον αὐτῇ τῇ νοήσει χρῆσθαι τὴν ψυχὴν ἐπ' αὐτὴν
τὴν ἀλήθειαν;

Καὶ μὲν δή, ἔφη, σφόδρα γε ποιεῖ αὐτό.

Τί δέ; τόδε ἤδη ἐπεσκέψω, ὡς οἵ τε φύσει λογιστικοὶ εἰς πάντα τὰ μαθήματα ὡς ἔπος εἰπεῖν ὀξεῖς φύονται, οἵ τε βραδεῖς, ἂν ἐν τούτῳ παιδευθῶσιν καὶ γυμνάσωνται, κἂν μηδὲν ἄλλο ὠφεληθῶσιν, ὅμως εἴς γε τὸ ὀξύτεροι αὐτοὶ αὑτῶν γίγνεσθαι πάντες ἐπιδιδόασιν;

Ἔστιν, ἔφη, οὕτω.

Καὶ μήν, ὡς ἐγῷμαι, ἅ γε μείζω πόνον παρέχει μανθά- c
νοντι καὶ μελετῶντι, οὐκ ἂν ῥᾳδίως οὐδὲ πολλὰ ἂν εὕροις
ὡς τοῦτο.

Οὐ γὰρ οὖν.

Πάντων δὴ ἕνεκα τούτων οὐκ ἀφετέον τὸ μάθημα, ἀλλ' οἱ ἄριστοι τὰς φύσεις παιδευτέοι ἐν αὐτῷ.

Σύμφημι, ἦ δ' ὅς.

Τοῦτο μὲν τοίνυν, εἶπον, ἓν ἡμῖν κείσθω· δεύτερον δὲ τὸ ἐχόμενον τούτου σκεψώμεθα ἆρά τι προσήκει ἡμῖν.

Τὸ ποῖον; ἢ γεωμετρίαν, ἔφη, λέγεις;

a 3 ἀξιοῦτε A F: ἀξιοῦν τε D a 7 μεταχειρίσασθαι Iamblichus b 2 τῇ F D: om. A c 2 ἂν εὕροις F D: ἀνεύροις A c 8 ἓν scr. recc.: ἐν A F D

些人就会倍增它，因为他们警惕下面这点，那就是，一竟然会显得不是一，而会显得是许多的小碎片。

非常正确，他说道，你说得。 525e5

那么，你认为，格劳孔啊，如果有人问他们下面这点，那又会如 526a1
何：“〈你们这些〉令人钦佩的人啊，你们在谈论一些什么样的数呢，在它们那儿，一恰如你们指望它是的那种东西，那就是，每个一都同其他的每个一完全相同，〈彼此之间〉没有丝毫的不同，并且每个在它自身
那儿都没有部分？”你认为他们将如何回答呢？ 526a5

我肯定认为〈他们会〉这样〈回答〉，那就是：他们在谈论这些数，关于它们，只允许被思想，而不可能以任何其他的方式被把握。

那么，你也看到了下面这点吗，我说道，朋友啊，那就是：这门学
问，它有可能在是的方式上对我们来说是一门必要的学问，既然它无论 526b1
如何都显得在做这件事，也即是说，它迫使灵魂为了真本身而使用理智直观本身？

的确如此，他回应道，它肯定在强有力地做这件事。

然后呢？你也已经注意到了下面这点吗，那就是：不仅那些在天性 526b5
上精通计算的人，他们在通常的意义上[2168]生来就敏于每一门学问，而且那些〈在天性上〉迟钝的人，如果他们能够在这门学问上被教育和被锻炼，那么，即使他们没有在任何别的方面受益，但他们所有人仍然至少由于变得比他们自己〈惯常所表现出来的〉更为敏锐而取得了进步[2169]？

是这样，他回应道。 526b10

事实上，如我所认为的那样，无论如何，那些把一种更大的艰辛带 526c1
给一个进行学习和进行钻研的人的学问，你既不会容易发现，即使你发现了，它们也并不多[2170]，与这门学问所做的相比。

的确不。

因此，为了所有这些，就一定不可以放弃这门学问，相反，那些在 526c5
天性上最优秀的人必须在它那里被教育。

我同意，他说道。

那好，就让我们，我说道，把这门学问确定为〈其中〉的一门学问；至于与这门学问相关的第二门学问[2171]，让我们考察它是否也适合于我们。

何种学问？或者，他说道，你在说几何学？ 526c10

Αὐτὸ τοῦτο, ἦν δ' ἐγώ.

d Ὅσον μέν, ἔφη, πρὸς τὰ πολεμικὰ αὐτοῦ τείνει, δῆλον ὅτι προσήκει· πρὸς γὰρ τὰς στρατοπεδεύσεις καὶ καταλήψεις χωρίων καὶ συναγωγὰς καὶ ἐκτάσεις στρατιᾶς καὶ ὅσα δὴ ἄλλα σχηματίζουσι τὰ στρατόπεδα ἐν αὐταῖς τε ταῖς μάχαις καὶ πορείαις διαφέροι ἂν αὐτὸς αὑτοῦ γεωμετρικός τε καὶ μὴ ὤν.

Ἀλλ' οὖν δή, εἶπον, πρὸς μὲν τὰ τοιαῦτα καὶ βραχύ τι ἂν ἐξαρκοῖ γεωμετρίας τε καὶ λογισμῶν μόριον· τὸ δὲ πολὺ αὐτῆς καὶ πορρωτέρω προϊὸν σκοπεῖσθαι δεῖ εἴ τι πρὸς ἐκεῖνο
e τείνει, πρὸς τὸ ποιεῖν κατιδεῖν ῥᾷον τὴν τοῦ ἀγαθοῦ ἰδέαν. τείνει δέ, φαμέν, πάντα αὐτόσε, ὅσα ἀναγκάζει ψυχὴν εἰς ἐκεῖνον τὸν τόπον μεταστρέφεσθαι ἐν ᾧ ἐστι τὸ εὐδαιμονέστατον τοῦ ὄντος, ὃ δεῖ αὐτὴν παντὶ τρόπῳ ἰδεῖν.

Ὀρθῶς, ἔφη, λέγεις.

Οὐκοῦν εἰ μὲν οὐσίαν ἀναγκάζει θεάσασθαι, προσήκει, εἰ δὲ γένεσιν, οὐ προσήκει.

Φαμέν γε δή.

527 Οὐ τοίνυν τοῦτό γε, ἦν δ' ἐγώ, ἀμφισβητήσουσιν ἡμῖν ὅσοι καὶ σμικρὰ γεωμετρίας ἔμπειροι, ὅτι αὕτη ἡ ἐπιστήμη πᾶν τοὐναντίον ἔχει τοῖς ἐν αὐτῇ λόγοις λεγομένοις ὑπὸ τῶν μεταχειριζομένων.

Πῶς; ἔφη.

Λέγουσι μέν που μάλα γελοίως τε καὶ ἀναγκαίως· ὡς γὰρ πράττοντές τε καὶ πράξεως ἕνεκα πάντας τοὺς λόγους ποιούμενοι λέγουσιν τετραγωνίζειν τε καὶ παρατείνειν καὶ προστιθέναι καὶ πάντα οὕτω φθεγγόμενοι, τὸ δ' ἔστι που
b πᾶν τὸ μάθημα γνώσεως ἕνεκα ἐπιτηδευόμενον.

Παντάπασι μὲν οὖν, ἔφη.

d 3 ἐκτάσεις A D : ἐκτὸς F : ἐξετάσεις Theo d 5 τε F d : om. A D d 7 καὶ F : om. A D d 8 λογισμῶν A : λογισμὸν D : λογισμοῦ F d 9 προϊὸν D : προσιὸν A : προϊὼν F e 4 ὃ F D : οὐ A : οὗ A² e 5 λέγεις A F d : om. D a 1 γε A D : om. F

正是这门学问，我说道。

无疑就它同各种各样的战争事务相关而言，他说道，显然它适合〈于我们〉。因为，对于各种安营扎寨和占据地盘来说，对于军队的集合和排开来说，以及对于所有其他那些使得军队处于某种姿态的东西来说——无论是在各种战斗本身中，还是在各种各样的行军中——，一个人自己之于他自己都会因下面这点而不同，那就是，他是一个精通几何学的人，还是不是。 526d1 526d5

然而，我说道，一方面，事实上对于这样一些事情来说，甚至几何学以及计算的一小部分就会足够了[2172]；另一方面，它那更大的部分以及往前走得更远的部分，则必须进行考察，〈看看〉它是否瞄准了那点，即瞄准了下面这件事情，那就是使得〈灵魂能够〉更容易看清善之理念。而所有一切，我们宣称，都瞄准了那个地方，只要它们在迫使灵魂转向那个领域——在那里有着〈所有〉是着的东西中那最幸福的——，而它是灵魂必须动用所有的方式去看的东西。 526e1

正确，他说道，你说得。 526e5

因此，如果几何学迫使〈灵魂〉去观看所是，那它就是合适的；但〈如果它迫使灵魂去观看〉生成，那它就是不合适的。

我们确实这样宣称。

因此，我说道，甚至所有那些在几何学方面有着很少的经验的人，他们无论如何都不会同我们就下面这点进行争论，那就是：这门知识处在完全相反的状态中[2173]——相较于在它那里被各种各样〈实际地〉从事它的人所说的那些说法。 527a1

为何？他说道。 527a5

他们无疑在以一种非常可笑的方式以及在一种狭义的意义上说话[2174]。因为，他们像一些在采取行动的人以及为了一种行动而做出所有的说明的人那样在讲话，当他们大声说出下面这些时：使成为正方形、延长〈一条直线〉、增加〈大小〉，以及〈其他〉所有诸如此类的；而事实上，整个这门学问都肯定只是为了认识才被汲汲从事。 527b1

完全如此，他说道。

Οὐκοῦν τοῦτο ἔτι διομολογητέον;

Τὸ ποῖον;

Ὡς τοῦ ἀεὶ ὄντος γνώσεως, ἀλλὰ οὐ τοῦ ποτέ τι γιγνομένου καὶ ἀπολλυμένου.

Εὐομολόγητον, ἔφη· τοῦ γὰρ ἀεὶ ὄντος ἡ γεωμετρικὴ γνῶσίς ἐστιν.

Ὁλκὸν ἄρα, ὦ γενναῖε, ψυχῆς πρὸς ἀλήθειαν εἴη ἂν καὶ ἀπεργαστικὸν φιλοσόφου διανοίας πρὸς τὸ ἄνω σχεῖν ἃ νῦν κάτω οὐ δέον ἔχομεν.

Ὡς οἷόν τε μάλιστα, ἔφη.

Ὡς οἷόν τ' ἄρα, ἦν δ' ἐγώ, μάλιστα προστακτέον ὅπως οἱ c
ἐν τῇ καλλιπόλει σοι μηδενὶ τρόπῳ γεωμετρίας ἀφέξονται. καὶ γὰρ τὰ πάρεργα αὐτοῦ οὐ σμικρά.

Ποῖα; ἦ δ' ὅς.

Ἅ τε δὴ σὺ εἶπες, ἦν δ' ἐγώ, τὰ περὶ τὸν πόλεμον, καὶ δὴ καὶ πρὸς πάσας μαθήσεις, ὥστε κάλλιον ἀποδέχεσθαι, ἴσμεν που ὅτι τῷ ὅλῳ καὶ παντὶ διοίσει ἡμμένος τε γεωμετρίας καὶ μή.

Τῷ παντὶ μέντοι νὴ Δί', ἔφη.

Δεύτερον δὴ τοῦτο τιθῶμεν μάθημα τοῖς νέοις;

Τιθῶμεν, ἔφη.

Τί δέ; τρίτον θῶμεν ἀστρονομίαν; ἢ οὐ δοκεῖ; d

Ἐμοὶ γοῦν, ἔφη· τὸ γὰρ περὶ ὥρας εὐαισθητοτέρως ἔχειν καὶ μηνῶν καὶ ἐνιαυτῶν οὐ μόνον γεωργίᾳ οὐδὲ ναυτιλίᾳ προσήκει, ἀλλὰ καὶ στρατηγίᾳ οὐχ ἧττον.

Ἡδὺς εἶ, ἦν δ' ἐγώ, ὅτι ἔοικας δεδιότι τοὺς πολλούς, μὴ δοκῇς ἄχρηστα μαθήματα προστάττειν. τὸ δ' ἔστιν οὐ πάνυ φαῦλον ἀλλὰ χαλεπὸν πιστεῦσαι ὅτι ἐν τούτοις τοῖς μαθήμασιν ἑκάστου ὄργανόν τι ψυχῆς ἐκκαθαίρεταί τε καὶ

b 5 τι A D : om. F b 7 εὐομολόγητον F D et in marg. γρ. A : εὖ διομολογητέον A : fort. εὐδιομολόγητον Schneider b 9 ὁλκὸν . . . ψυχῆς A D : ὀρκὸν . . . ψυχῆς F : ἕλκον . . . ψυχὴν al. c 2 καλλιπόλει A F D Themistius : καλῇ πόλει d σοι A D : σου F ἀφέξονται Θ : ἀφέξωνται A F D c 6 καὶ πρὸς A F : πρὸς D c 7 τε A F : τε καὶ D

那么，下面这点岂不还必须得同意？

哪点？

那就是：它是关于那始终是着的东西的认识，而不是关于这种东西 527b5
〈的认识〉：它时而生成为某种东西[2175]，时而又毁灭。

这容易取得一致，他说道。因为，几何学的确是关于那始终是着的东西的认识。

因此，高贵的人啊，它会是某种拖拽的东西，即把灵魂拖拽向真，
并且适合于成就出一种热爱智慧的思想[2176]，为了向上去拥有我们现在 527b10
以一种不应当的方式[2177]向下所拥有的那些东西。

〈它〉尽可能地〈这样做〉[2178]，他说道。

那么，〈人们也〉必须尽可能地，我说道，命令下面这点，那就是： 527c1
在你那美丽城邦中的那些人，他们将不以任何方式放弃几何学。甚至这门学问的那些附带物也不是微不足道的。

哪些？他说道。

事实上就是你曾说过的那些，我回应道，它们同战争相关；当 527c5
然[2179]，就所有的学习来说，为了〈能够〉以一种更好的方式接受〈它们〉，我们无论如何都已经知道，一个人，他已经接触过它，还是没有，这在方方面面[2180]都将不同。

宙斯在上，的确在方方面面〈都不同〉，他说道。

因此，让我们把这确定为对年轻人来说的第二门学问吗？ 527c10

就让我们这样确定。

然后呢？我们将把天文学确定为第三门学问吗？或者你不这么认为？ 527d1

我无论如何都这么认为，他回应道。因为，它关于季节、月份和年岁有着比较敏锐的感觉，这不仅对于耕作、对于航行来说是合适的，而且对于领兵来说也同样如此[2181]。

你真是一个有趣的人，我说道，因为你看起来就像是一个害怕大众 527d5
的人似的，〈害怕他们认为〉你显得在指定一些无用的学问。而事实上，使人相信下面这点，这无疑不是一件稀松平常的事情，而是一件非常艰难的事情，那就是：在这些学问中，每个人的灵魂中的某种官能被纯

e ἀναζωπυρεῖται ἀπολλύμενον καὶ τυφλούμενον ὑπὸ τῶν ἄλλων ἐπιτηδευμάτων, κρεῖττον ὂν σωθῆναι μυρίων ὀμμάτων· μόνῳ γὰρ αὐτῷ ἀλήθεια ὁρᾶται. οἷς μὲν οὖν ταῦτα συνδοκεῖ ἀμηχάνως ὡς εὖ δόξεις λέγειν, ὅσοι δὲ τούτου μηδαμῇ ᾐσθημένοι εἰσὶν εἰκότως ἡγήσονταί σε λέγειν οὐδέν· ἄλλην γὰρ ἀπ' αὐτῶν οὐχ ὁρῶσιν ἀξίαν λόγου ὠφελίαν. σκόπει
528 οὖν αὐτόθεν πρὸς ποτέρους διαλέγῃ· ἢ οὐδὲ πρὸς ἑτέρους, ἀλλὰ σαυτοῦ ἕνεκα τὸ μέγιστον ποιῇ τοὺς λόγους, φθονοῖς μὴν οὐδ' ἂν ἄλλῳ, εἴ τίς τι δύναιτο ἀπ' αὐτῶν ὄνασθαι.

Οὕτως, ἔφη, αἱροῦμαι, ἐμαυτοῦ ἕνεκα τὸ πλεῖστον λέγειν τε καὶ ἐρωτᾶν καὶ ἀποκρίνεσθαι.

Ἄναγε τοίνυν, ἦν δ' ἐγώ, εἰς τοὐπίσω· νυνδὴ γὰρ οὐκ ὀρθῶς τὸ ἑξῆς ἐλάβομεν τῇ γεωμετρίᾳ.

Πῶς λαβόντες; ἔφη.

Μετὰ ἐπίπεδον, ἦν δ' ἐγώ, ἐν περιφορᾷ ὂν ἤδη στερεὸν
b λαβόντες, πρὶν αὐτὸ καθ' αὑτὸ λαβεῖν· ὀρθῶς δὲ ἔχει ἑξῆς μετὰ δευτέραν αὔξην τρίτην λαμβάνειν. ἔστι δέ που τοῦτο περὶ τὴν τῶν κύβων αὔξην καὶ τὸ βάθους μετέχον.

Ἔστι γάρ, ἔφη· ἀλλὰ ταῦτά γε, ὦ Σώκρατες, δοκεῖ οὔπω ηὑρῆσθαι.

Διττὰ γάρ, ἦν δ' ἐγώ, τὰ αἴτια· ὅτι τε οὐδεμία πόλις ἐντίμως αὐτὰ ἔχει, ἀσθενῶς ζητεῖται χαλεπὰ ὄντα, ἐπιστάτου τε δέονται οἱ ζητοῦντες, ἄνευ οὗ οὐκ ἂν εὕροιεν, ὃν πρῶτον μὲν γενέσθαι χαλεπόν, ἔπειτα καὶ γενομένου, ὡς νῦν ἔχει,
c οὐκ ἂν πείθοιντο οἱ περὶ ταῦτα ζητητικοὶ μεγαλοφρονούμενοι. εἰ δὲ πόλις ὅλη συνεπιστατοῖ ἐντίμως ἄγουσα αὐτά, οὗτοί τε ἂν πείθοιντο καὶ συνεχῶς τε ἂν καὶ ἐντόνως ζητούμενα ἐκφανῆ γένοιτο ὅπῃ ἔχει· ἐπεὶ καὶ νῦν ὑπὸ τῶν πολλῶν

e 5 εἰσὶν om. Iamblichus e 7 οὐδὲ πρὸς ἑτέρους ci. Cobet: οὐ πρὸς οὐδετέρους A D: πρὸς οὐδετέρους F a 4 οὕτως A D: οὕτω γ' F b 2 τοῦτο A D: om. F b 4 δοκεῖ οὔπω A D: οὔπω δοκεῖ F b 8 τε A^2 F D: om. A ἄνευ οὗ A D: οὗ ἄνευ F c 1 οὐκ ἂν . . . μεγαλοφρονούμενοι in marg. A: om. A μεγαλοφρονούμενοι] μεγαλαυχούμενοι ci. Cobet c 3 ἐντόνως A D: εὐτόνως F c 4 ὑπὸ A D: ὑπὸ μὲν F

洁，并且被重新点燃——当它被其他各种各样的事务给毁坏和弄瞎了之 527e1
后——，因为它比千万双眼睛都是更值得被拯救的[2182]，既然只有凭借它真才会被看见。因此，一方面，对于那些也同意这些事情的人来说，你将看起来说得无与伦比地好[2183]；另一方面，所有那些对此全然无感的
人，他们有可能将认为你在胡说八道，因为他们没有从它们那里看到其 527e5
他任何值得一提的好处。所以，请你现在立即就考虑一下，你会同这两 528a1
种人中的哪种人进行讨论；或者，你不会同两种人中的任何一种人〈进行讨论〉[2184]，相反，最主要地是为了你自己才进行讨论[2185]，当然你也肯定不会嫉妒其他任何人，如果有人能够从它们那里得到某种益处的话。

我选择像下面这样做，他说道，那就是，最主要地为了我自己而说
和问，以及回答。 528a5

那好，我说道，请你往后退一步[2186]！因为，我们现在[2187]其实没有正确地把握住那紧接着几何学而来的〈学问〉[2188]。

那我们是如何进行把握的呢？他说道。

在平面之后，我说道，我们就去把握那已经是在旋转中的立体
物——在独自在其自身地把握立体物之前——。而这样才是正确的，那 528b1
就是，在第二维之后紧接着把握第三维[2189]。而这〈第三维〉肯定是同属于立方数的那一维[2190]相关的，并且是同那分有着高度的东西相关的。

确实是这样，他说道。然而，这些事情，苏格拉底啊，似乎无论如 528b5
何都还没有被发现过。

因为有两方面的原因，我说道，那就是：一是没有任何一个城邦重视它们[2191]，〈以至于〉它们被用一种孱弱的方式加以探究，由于它们是困难的；二是那些进行探究的人需要一位指导者，没有他，他们不会发现〈任何新的东西〉，而这样一个人，首先就难以产生出来，其次，即
使他产生出来了，在现在这种情况下，那些在这方面有能力进行探究的 528c1
人也不会听从他，因为他们自视甚高[2192]。但如果整个城邦由于重视它们而〈同那人〉一起进行指导，那么，这些人就会听从，并且当它们被持续地和强有力地探究之后，它们就会显露出它们是什么样子。即使是

ἀτιμαζόμενα καὶ κολουόμενα, ὑπὸ δὲ τῶν ζητούντων λόγον οὐκ ἐχόντων καθ' ὅτι χρήσιμα, ὅμως πρὸς ἅπαντα ταῦτα βίᾳ ὑπὸ χάριτος αὐξάνεται, καὶ οὐδὲν θαυμαστὸν αὐτὰ φανῆναι.

Καὶ μὲν δή, ἔφη, τό γε ἐπίχαρι καὶ διαφερόντως ἔχει. d
ἀλλά μοι σαφέστερον εἰπὲ ἃ νυνδὴ ἔλεγες. τὴν μὲν γάρ που τοῦ ἐπιπέδου πραγματείαν γεωμετρίαν ἐτίθεις.

Ναί, ἦν δ' ἐγώ.

Εἶτά γ', ἔφη, τὸ μὲν πρῶτον ἀστρονομίαν μετὰ ταύτην, ὕστερον δ' ἀνεχώρησας.

Σπεύδων γάρ, ἔφην, ταχὺ πάντα διεξελθεῖν μᾶλλον βραδύνω· ἑξῆς γὰρ οὖσαν τὴν βάθους αὔξης μέθοδον, ὅτι τῇ ζητήσει γελοίως ἔχει, ὑπερβὰς αὐτὴν μετὰ γεωμετρίαν ἀστρονομίαν ἔλεγον, φορὰν οὖσαν βάθους. e

Ὀρθῶς, ἔφη, λέγεις.

Τέταρτον τοίνυν, ἦν δ' ἐγώ, τιθῶμεν μάθημα ἀστρονομίαν, ὡς ὑπαρχούσης τῆς νῦν παραλειπομένης, ἐὰν αὐτὴν πόλις μετίῃ.

Εἰκός, ἦ δ' ὅς. καὶ ὅ γε νυνδή μοι, ὦ Σώκρατες, ἐπέπληξας περὶ ἀστρονομίας ὡς φορτικῶς ἐπαινοῦντι, νῦν ᾗ σὺ μετέρχῃ ἐπαινῶ· παντὶ γάρ μοι δοκεῖ δῆλον ὅτι αὕτη γε ἀναγκάζει 529
ψυχὴν εἰς τὸ ἄνω ὁρᾶν καὶ ἀπὸ τῶν ἐνθένδε ἐκεῖσε ἄγει.

Ἴσως, ἦν δ' ἐγώ, παντὶ δῆλον πλὴν ἐμοί· ἐμοὶ γὰρ οὐ δοκεῖ οὕτως.

Ἀλλὰ πῶς; ἔφη.

Ὡς μὲν νῦν αὐτὴν μεταχειρίζονται οἱ εἰς φιλοσοφίαν ἀνάγοντες, πάνυ ποιεῖν κάτω βλέπειν.

Πῶς, ἔφη, λέγεις;

Οὐκ ἀγεννῶς μοι δοκεῖς, ἦν δ' ἐγώ, τὴν περὶ τὰ ἄνω μάθησιν λαμβάνειν παρὰ σαυτῷ ἥ ἐστι· κινδυνεύεις γὰρ καὶ εἴ τις ἐν ὀροφῇ ποικίλματα θεώμενος ἀνακύπτων κατα- b

c 5 κολουόμενα A D : κωλυόμενα F δὲ secl. Madvig d 5 μετὰ ταύτην A : μετ' αὐτήν D : μετὰ ταῦτα τὴν F a 10 ᾗ F : η A : ᾗ A² D

现在，尽管它们既被大多数人所轻视和压制，也被那些探究〈它们的人 528c5
所轻视和压制〉——当他们无法说明它们在哪方面是有用的时[2193]——，然而，面对所有这些，它们仍然依靠〈它们自身的〉魅力的力量而发展壮大，并且这也不是一件令人奇怪的事情，如果它们被揭示出来了的话。

的确如此，他说道，事实上，它们甚至格外地富有魅力。只不过， 528d1
请你更加清楚地对我说一说你刚才曾说过的那些。无论如何，对平面的处理[2194]，你无疑把它确定为了几何学。

是的，我说道。

随即，他说道，你首先把天文学置于这门学问之后，但后来你又退 528d5
了回来。

事实上，我说道，由于我急于迅速地穿过所有一切，结果我反倒是变得更慢[2195]。因为，尽管对高度这一维的研究[2196]是紧接着〈要做的〉，但由于就〈对它〉的探究来说〈显得〉是可笑的，所以我在几何学之后越
过了它而说到了天文学，而它是关乎那具有〈长宽〉高的东西的移动[2197]。 528e1

正确，他说道，你说得。

那好，我说道，就让我们把天文学确定为第四门学问，仿佛〈那第
三门学问〉[2198]，它虽然现在被放在了一边，但会开始存在的，只要一个 528e5
城邦前去致力于它。

有可能，他说道。至于你刚才责备我的那件事，苏格拉底啊，即责备我对天文学进行了庸俗的赞美，我现在以你所采取的那种方式[2199]来
赞美它。因为在我看来，下面这点对每个人来说都是显而易见的：它无 529a1
论如何都迫使灵魂向上看[2200]，并且把它从这里的这些事物那里引向那边。

也许，我说道，对〈其他〉每个人来说都是显而易见的，除了对我。因为，对我来说它看起来不是这样。

那么，是哪样呢？他说道。 529a5

无疑如那些〈把我们〉向上引往对智慧的热爱那里的人现在对待它的那样，它〈看起来〉完全在使灵魂向下望。

你为何这么说呢？他说道。

在我看来，你并不低劣地[2201]在你自己那里把握，我说道，同上面
的那些事物相关的那种学习，它是什么。因为，你有可能〈会像下面这 529a10
样做，那就是〉，即使一个人通过把头往后仰[2202]，以便观看在天花板上 529b1

μανθάνοι τι, ἡγεῖσθαι ἂν αὐτὸν νοήσει ἀλλ' οὐκ ὄμμασι θεωρεῖν. ἴσως οὖν καλῶς ἡγῇ, ἐγὼ δ' εὐηθικῶς. ἐγὼ γὰρ αὖ οὐ δύναμαι ἄλλο τι νομίσαι ἄνω ποιοῦν ψυχὴν βλέπειν μάθημα ἢ ἐκεῖνο ὃ ἂν περὶ τὸ ὄν τε ᾖ καὶ τὸ ἀόρατον, ἐάν τέ τις ἄνω κεχηνὼς ἢ κάτω συμμεμυκὼς τῶν αἰσθητῶν τι ἐπιχειρῇ μανθάνειν, οὔτε μαθεῖν ἄν ποτέ φημι αὐτόν—ἐπι-
c στήμην γὰρ οὐδὲν ἔχειν τῶν τοιούτων—οὔτε ἄνω ἀλλὰ κάτω αὐτοῦ βλέπειν τὴν ψυχήν, κἂν ἐξ ὑπτίας νέων ἐν γῇ ἢ ἐν θαλάττῃ μανθάνῃ.

Δίκην, ἔφη, ἔχω· ὀρθῶς γάρ μοι ἐπέπληξας. ἀλλὰ πῶς δὴ ἔλεγες δεῖν ἀστρονομίαν μανθάνειν παρὰ ἃ νῦν μανθάνουσιν, εἰ μέλλοιεν ὠφελίμως πρὸς ἃ λέγομεν μαθήσεσθαι;

Ὧδε, ἦν δ' ἐγώ. ταῦτα μὲν τὰ ἐν τῷ οὐρανῷ ποικίλματα, ἐπείπερ ἐν ὁρατῷ πεποίκιλται, κάλλιστα μὲν ἡγεῖσθαι καὶ
d ἀκριβέστατα τῶν τοιούτων ἔχειν, τῶν δὲ ἀληθινῶν πολὺ ἐνδεῖν, ἃς τὸ ὂν τάχος καὶ ἡ οὖσα βραδυτὴς ἐν τῷ ἀληθινῷ ἀριθμῷ καὶ πᾶσι τοῖς ἀληθέσι σχήμασι φοράς τε πρὸς ἄλληλα φέρεται καὶ τὰ ἐνόντα φέρει, ἃ δὴ λόγῳ μὲν καὶ διανοίᾳ ληπτά, ὄψει δ' οὔ· ἢ σὺ οἴει;

Οὐδαμῶς γε, ἔφη.

Οὐκοῦν, εἶπον, τῇ περὶ τὸν οὐρανὸν ποικιλίᾳ παραδείγμασι χρηστέον τῆς πρὸς ἐκεῖνα μαθήσεως ἕνεκα, ὁμοίως ὥσπερ ἂν
e εἴ τις ἐντύχοι ὑπὸ Δαιδάλου ἤ τινος ἄλλου δημιουργοῦ ἢ γραφέως διαφερόντως γεγραμμένοις καὶ ἐκπεπονημένοις διαγράμμασιν. ἡγήσαιτο γὰρ ἄν πού τις ἔμπειρος γεωμετρίας, ἰδὼν τὰ τοιαῦτα, κάλλιστα μὲν ἔχειν ἀπεργασίᾳ, γελοῖον μὴν ἐπισκοπεῖν αὐτὰ σπουδῇ ὡς τὴν ἀλήθειαν ἐν αὐτοῖς ληψόμενον
530 ἴσων ἢ διπλασίων ἢ ἄλλης τινὸς συμμετρίας.

b 2 *νοήσει* F D: *νοήσειν* A b 4 *ποιοῦν*] *ποιεῖν* ci. Heindorf b 5 *ἐάν τέ* A D: *ἐὰν δέ* F b 6 *ἢ* F D: *ᾖ* A *τι* A F: om. D b 7 *ποτε* A D: om. F c 1 *ἔχειν* A D: *ἔχει* F *ἀλλὰ* A D: *οὔτε* F c 2 *νέων* F D (*νεῖν δ' ἐξ ὑπτίας . . . Ἀριστοφάνης εἶπε καὶ Πλάτων* Pollux): *μέν* A *M* c 6 *λέγομεν* A D: *λέγοιμεν* F d 6 *γε* F: om. A D d 8 *πρὸς*] fort. *περὶ* e 2 *διαφερόντως* A² F D: *διαφέροντος* A e 4 *ἀπεργασίᾳ* A D: *ἀπεργασίαν* F e 5 *αὐτὰ* F D: *ταῦτα* A *ὡς* A F: *πρὸς* D

的那些五彩缤纷〈的纹饰〉来学习某种东西，你也会相信他在用理智直
观进行观望，而不是在用眼睛进行观望。因此，或许你相信得正确，而
我则头脑简单地〈在认为〉。因为，就我这一方来说，我不可能认为还
有其他的任何学问在使得一个灵魂向上看，除了那关乎是着的东西和不 529b5
可见的东西的学问外；如果一个人，无论他是通过张开嘴唇向上〈看〉，
还是闭上嘴唇向下〈看〉[2203]，试着去学习那些可感的东西中的任何一
个，那么，我就会声称，他既从未进行过学习——因为没有任何一门知 529c1
识同诸如此类的东西相关——，他的灵魂也不是在向上看，而是在向下
看，即使他仰面躺在地上或者浮在海面上进行学习[2204]。

我接受惩罚，他说道；因为你正确地责备了我。然而，你究竟为 529c5
何要说人们必须以不同于他们现在所学习的那些东西的方式来学习天文
学，如果它将以一种对我们所说的那些东西是有益的方式被学习的话？

由于下面这点，我说道。在天上的这些五彩缤纷的华饰，既然它们
被装饰在一种可见的东西之上，那么，虽然可以把它们视为是诸如此类
的东西中[2205]最美丽的和最精确的，但它们远不如那些真正的华饰，〈也 529d1
即是说，远不如那些真正的〉移动，而这些移动是：在真正的数和在所
有真的形态中是着的快和是着的慢[2206]既彼此互相推动，又推动那些在
它们中是着的东西——当然，这些东西都只能够通过讨论和思想，而不 529d5
能够通过视觉被把握——。或者，你有别的看法？

无论如何都绝对没有，他回应道。

因此，我说道，围绕着天宇的装饰，一个人必须将之当作为了学习
〈另外〉那些东西[2207]的各种例子来使用，这与下面这种方式是一样的：
如果一个人碰巧遇到了已经被代达罗斯[2208]，或者被其他某个匠人或画 529e1
家，以出类拔萃的方式画出来的和努力完成的那些图形〈，那么，他会
把它们当作例子来使用〉。因为，一个对几何学有经验的人，当他看到
这样一些东西时，他虽然肯定会把它们视为在工艺上是最美的，但仍然 529e5
肯定会把下面这点视为是可笑的，那就是，严肃认真地思考它们，仿佛 530a1
关于相等、两倍或者其他任何比例的真将在它们那里被把握到似的。

Τί δ' οὐ μέλλει γελοῖον εἶναι; ἔφη.

Τῷ ὄντι δὴ ἀστρονομικόν, ἦν δ' ἐγώ, ὄντα οὐκ οἴει ταὐτὸν πείσεσθαι εἰς τὰς τῶν ἄστρων φορὰς ἀποβλέποντα; νομιεῖν μὲν ὡς οἷόν τε κάλλιστα τὰ τοιαῦτα ἔργα συστήσασθαι, οὕτω συνεστάναι τῷ τοῦ οὐρανοῦ δημιουργῷ αὐτόν τε καὶ τὰ ἐν αὐτῷ· τὴν δὲ νυκτὸς πρὸς ἡμέραν συμμετρίαν καὶ τούτων πρὸς μῆνα καὶ μηνὸς πρὸς ἐνιαυτὸν καὶ τῶν ἄλλων ἄστρων πρός τε ταῦτα καὶ πρὸς ἄλληλα, οὐκ ἄτοπον, οἴει, ἡγήσεται b
τὸν νομίζοντα γίγνεσθαί τε ταῦτα ἀεὶ ὡσαύτως καὶ οὐδαμῇ οὐδὲν παραλλάττειν, σῶμά τε ἔχοντα καὶ ὁρώμενα, καὶ ζητεῖν παντὶ τρόπῳ τὴν ἀλήθειαν αὐτῶν λαβεῖν;

Ἐμοὶ γοῦν δοκεῖ, ἔφη, σοῦ νῦν ἀκούοντι.

Προβλήμασιν ἄρα, ἦν δ' ἐγώ, χρώμενοι ὥσπερ γεωμετρίαν οὕτω καὶ ἀστρονομίαν μέτιμεν, τὰ δ' ἐν τῷ οὐρανῷ ἐάσομεν, εἰ μέλλομεν ὄντως ἀστρονομίας μεταλαμβάνοντες χρήσιμον τὸ φύσει φρόνιμον ἐν τῇ ψυχῇ ἐξ ἀχρήστου ποιήσειν. c

Ἦ πολλαπλάσιον, ἔφη, τὸ ἔργον ἢ ὡς νῦν ἀστρονομεῖται προστάττεις.

Οἶμαι δέ γε, εἶπον, καὶ τἆλλα κατὰ τὸν αὐτὸν τρόπον προστάξειν ἡμᾶς, ἐάν τι ἡμῶν ὡς νομοθετῶν ὄφελος ᾖ. ἀλλὰ γάρ τι ἔχεις ὑπομνῆσαι τῶν προσηκόντων μαθημάτων;

Οὐκ ἔχω, ἔφη, νῦν γ' οὑτωσί.

Οὐ μὴν ἕν, ἀλλὰ πλείω, ἦν δ' ἐγώ, εἴδη παρέχεται ἡ φορά, ὡς ἐγᾦμαι. τὰ μὲν οὖν πάντα ἴσως ὅστις σοφὸς ἕξει εἰπεῖν· d
ἃ δὲ καὶ ἡμῖν προφανῆ, δύο.

Ποῖα δή;

Πρὸς τούτῳ, ἦν δ' ἐγώ, ἀντίστροφον αὐτοῦ.

Τὸ ποῖον;

Κινδυνεύει, ἔφην, ὡς πρὸς ἀστρονομίαν ὄμματα πέπηγεν, ὣς πρὸς ἐναρμόνιον φορὰν ὦτα παγῆναι, καὶ αὗται ἀλλήλων ἀδελφαί τινες αἱ ἐπιστῆμαι εἶναι, ὡς οἵ τε Πυθαγόρειοί

a 6 τε A D : om. F   b 3 σῶμα A D : τὰ σώματα F   c 1 ἐξ ἀχρήστου A² D : πρὸς ἀχρήστου F : ἐξ ἀρχῆς του A   c 6 γάρ τι F : γάρ τί A D   d 7 ὣς A D : οὕτως F

如何将不是可笑的呢？他说道。

那么，一个*在是的方式上*是精通天文学的人，我说道，难道你不认为
他将遭遇同样的事情吗，当他凝望诸星辰的那些移动时？一方面，他会认
为，这样一些〈可见的〉作品被尽可能美地组织起来了，就像天宇自身以 530a5
及在它那里的〈所有〉那些东西已经被天宇的创造者[2209]组织起来了一样；
另一方面，至于黑夜之于白天的恰当比例，这两者之于一个月的恰当比
例，一个月之于一年的恰当比例，以及其他的星辰之于〈月亮和太阳〉这两
者的恰当比例和那些星辰彼此之间的恰当比例，你认为，他将不会把下面这 530b1
种人视为一个荒唐的人吗：由于此人认为这些东西总是以相同的方式出现，
并且绝不会发生任何的偏离——即使它们带有形体并且是可见的[2210]——，
于是乎他〈认为他必须〉寻求用所有的方式去把握关于它们的真？

我肯定也这么认为，他回应道，当我现在听你说了之后。 530b5

因此，我说道，就像我们通过运用诸疑难[2211]去探究几何学那样，
我们用同样的方式去探究天文学；但是，天上的那些〈可见的东西〉，
我们将不理会它们[2212]，如果我们想通过*以是的方式*参与天文学，从而 530c1
将使得在灵魂中那天生具有明智的东西从无用变得有用的话。

毫无疑问，你安排了许多倍的任务，他说道，同现在人们如何从事天文学相比。

而我无论如何都认为，我说道，并且其他的那些学问，我们也将以
同样的方式安排它们，如果某种用处毕竟来自作为立法者的我们的话[2213]。 530c5
然而，在诸合适的学问中，你还能想起〈其他〉某种学问吗[2214]？

我不能，他回应道，至少现在是这样。

无疑，移动并不呈现为一种形式，我说道，而是呈现为多种形式，
如我所认为的那样。当然，或许任何一位智慧的人都将能够说出它们全 530d1
部；不过，至少两种对我们来说是显而易见的。

究竟哪两种？

除了〈天文学中的〉这种形式之外，我说道，与它相对应的那种。

哪种？ 530d5

有可能〈是下面这样〉，我说道，那就是，正如眼睛已经〈把其注意力〉固定在天文学上，同样，为了旋律方面的移动，耳朵才被建造了出来；并且这〈两种〉知识，彼此就像是一对姊妹似的，如同毕达哥拉

φασι καὶ ἡμεῖς, ὦ Γλαύκων, συγχωροῦμεν. ἢ πῶς ποιοῦμεν;

Οὕτως, ἔφη.

e Οὐκοῦν, ἦν δ' ἐγώ, ἐπειδὴ πολὺ τὸ ἔργον, ἐκείνων πευσόμεθα πῶς λέγουσι περὶ αὐτῶν καὶ εἴ τι ἄλλο πρὸς τούτοις· ἡμεῖς δὲ παρὰ πάντα ταῦτα φυλάξομεν τὸ ἡμέτερον.

Ποῖον;

Μή ποτ' αὐτῶν τι ἀτελὲς ἐπιχειρῶσιν ἡμῖν μανθάνειν οὓς θρέψομεν, καὶ οὐκ ἐξῆκον ἐκεῖσε ἀεί, οἷ πάντα δεῖ ἀφήκειν, οἷον ἄρτι περὶ τῆς ἀστρονομίας ἐλέγομεν. ἢ οὐκ οἶσθ' ὅτι
531 καὶ περὶ ἁρμονίας ἕτερον τοιοῦτον ποιοῦσι; τὰς γὰρ ἀκουομένας αὖ συμφωνίας καὶ φθόγγους ἀλλήλοις ἀναμετροῦντες ἀνήνυτα, ὥσπερ οἱ ἀστρονόμοι, πονοῦσιν.

Νὴ τοὺς θεούς, ἔφη, καὶ γελοίως γε, πυκνώματ' ἄττα ὀνομάζοντες καὶ παραβάλλοντες τὰ ὦτα, οἷον ἐκ γειτόνων φωνὴν θηρευόμενοι, οἱ μέν φασιν ἔτι κατακούειν ἐν μέσῳ τινὰ ἠχὴν καὶ σμικρότατον εἶναι τοῦτο διάστημα, ᾧ μετρητέον. οἱ δὲ ἀμφισβητοῦντες ὡς ὅμοιον ἤδη φθεγγομένων, ἀμφότεροι
b ὦτα τοῦ νοῦ προστησάμενοι.

Σὺ μέν, ἦν δ' ἐγώ, τοὺς χρηστοὺς λέγεις τοὺς ταῖς χορδαῖς πράγματα παρέχοντας καὶ βασανίζοντας, ἐπὶ τῶν κολλόπων στρεβλοῦντας· ἵνα δὲ μὴ μακροτέρα ἡ εἰκὼν γίγνηται πλήκτρῳ τε πληγῶν γιγνομένων καὶ κατηγορίας πέρι καὶ ἐξαρνήσεως καὶ ἀλαζονείας χορδῶν, παύομαι τῆς εἰκόνος καὶ οὔ φημι τούτους λέγειν, ἀλλ' ἐκείνους οὓς ἔφαμεν νυνδὴ περὶ ἁρμονίας ἐρήσεσθαι. ταὐτὸν γὰρ ποιοῦσι τοῖς ἐν τῇ
c ἀστρονομίᾳ· τοὺς γὰρ ἐν ταύταις ταῖς συμφωνίαις ταῖς

d 9 ποιοῦμεν A D: ποιῶμεν F e 3 πάντα ταῦτα A F: ταῦτα πάντα D e 6 πάντα δεῖ ἀφήκειν A F D: πάντας δεῖ ἀνήκειν Eusebius a 3 ἀνήνυτα A D Theo Eusebius: ἀνόνητα F πονοῦσι A F D Theo: ποιοῦσι Eusebius a 6 ἔτι A D: om. F a 8 ἀμφισβητοῦντες] ἀμφισβητοῦσιν Theo φθεγγομένων A F D: φθεγγόμενον A² *M* ἀμφότερα Eusebius b 3 κολλόπων A F D schol. Eusebius: κολλάβων Theo Timaeus b 4 καὶ στρεβλοῦντας Eusebius b 7 ἔφαμεν A D: φαμὲν F b 8 ἐρήσεσθαι] εἰρῆσθαι Eusebius

斯学派的那些人所声称的那样，而我们，格劳孔啊，也会同意。或者，我们要如何做？ 530d10

就这样，他回应道。

因此，我说道，既然它是一项大的工作，那么我们将向那些人打 530e1 听，他们如何谈论它们，以及除了这些之外，是否还有别的什么。然而，在所有这些方面，我们都将捍卫我们自己的事情。

何种事情？

我们将培养的那些人，对我们来说他们从不应该尝试学习它们中 530e5 任何不完满的东西[2215]，以及那总是没有到达所有东西都应当抵达的那个地方的东西，就像我们刚才关于天文学所说的那样。或者，你不知道下面这点，那就是，关于和声他们其实也在做另外一件这样的事情？因 531a1 为，就那些被听到的各种协调和声音，由于他们再次通过对比来仔细测量它们，因此，他们如天文学家们一样辛苦地做着永无止境的事情。

是的，以诸神的名义，他说道，并且他们无论如何也都做得可笑，当他们把某些音命名为密实音[2216]并且进行侧耳倾听时——仿佛他们在 531a5 捕捉来自邻人〈家里〉的某种声音似的——。〈其中〉一些人声称，他们还能清楚地听到中间的某种声音，并且这种声音是最小的、人们必须用它来测量〈其他音程〉的音程；一些人则持有异议，说它与〈各根琴弦〉已经发出来的那些声音是同样的。其实两者都把耳朵置于了理智的 531b1 前面。

你无疑在说，我说道，一些有用的家伙，他们通过下面这样来带给琴弦各种各样的麻烦，并且折磨它们，那就是把它们拧紧在那些弦柱上。但是，为了这个比喻不至于由于下面这样而变得过于冗长——〈如 531b5 紧接着〉出现的关于〈它们被那些演奏者〉通过琴拔而来的各种各样的击打和各种各样的指控，以及关于从琴弦〈自身〉而来的〈简单的〉拒不承认和滔滔不绝〈的反驳〉——，我〈现在就〉结束这个比喻，并且我宣称，我没有在说这些人，而是在说我们刚才声称关于和声将要询问他们的那些人。因为，他们在做相同的事情，就像在天文学那里的那些人所做的那样；也即是说，他们寻找在这些被听到的各种各样的协调中 531c1

ἀκουομέναις ἀριθμοὺς ζητοῦσιν, ἀλλ' οὐκ εἰς προβλήματα ἀνίασιν, ἐπισκοπεῖν τίνες σύμφωνοι ἀριθμοὶ καὶ τίνες οὔ, καὶ διὰ τί ἑκάτεροι.

Δαιμόνιον γάρ, ἔφη, πρᾶγμα λέγεις.

Χρήσιμον μὲν οὖν, ἦν δ' ἐγώ, πρὸς τὴν τοῦ καλοῦ τε καὶ ἀγαθοῦ ζήτησιν, ἄλλως δὲ μεταδιωκόμενον ἄχρηστον.

Εἰκός γ', ἔφη.

Οἶμαι δέ γε, ἦν δ' ἐγώ, καὶ ἡ τούτων πάντων ὧν διεληλύ-
θαμεν μέθοδος ἐὰν μὲν ἐπὶ τὴν ἀλλήλων κοινωνίαν ἀφίκηται d
καὶ συγγένειαν, καὶ συλλογισθῇ ταῦτα ᾗ ἐστὶν ἀλλήλοις οἰκεῖα, φέρειν τι αὐτῶν εἰς ἃ βουλόμεθα τὴν πραγματείαν καὶ οὐκ ἀνόνητα πονεῖσθαι, εἰ δὲ μή, ἀνόνητα.

Καὶ ἐγώ, ἔφη, οὕτω μαντεύομαι. ἀλλὰ πάμπολυ ἔργον λέγεις, ὦ Σώκρατες.

Τοῦ προοιμίου, ἦν δ' ἐγώ, ἢ τίνος λέγεις; ἢ οὐκ ἴσμεν ὅτι πάντα ταῦτα προοίμιά ἐστιν αὐτοῦ τοῦ νόμου ὃν δεῖ μαθεῖν; οὐ γάρ που δοκοῦσί γέ σοι οἱ ταῦτα δεινοὶ διαλεκτικοὶ
εἶναι. e

Οὐ μὰ τὸν Δί', ἔφη, εἰ μὴ μάλα γέ τινες ὀλίγοι ὧν ἐγὼ ἐντετύχηκα.

Ἀλλὰ δή, εἶπον, μὴ δυνατοὶ οἵτινες δοῦναί τε καὶ ἀποδέξασθαι λόγον εἴσεσθαί ποτέ τι ὧν φαμεν δεῖν εἰδέναι;

Οὐδ' αὖ, ἔφη, τοῦτό γε.

Οὐκοῦν, εἶπον, ὦ Γλαύκων, οὗτος ἤδη αὐτός ἐστιν ὁ νόμος 532
ὃν τὸ διαλέγεσθαι περαίνει; ὃν καὶ ὄντα νοητὸν μιμοῖτ' ἂν ἡ τῆς ὄψεως δύναμις, ἣν ἐλέγομεν πρὸς αὐτὰ ἤδη τὰ ζῷα ἐπιχειρεῖν ἀποβλέπειν καὶ πρὸς αὐτὰ ⟨τὰ⟩ ἄστρα τε καὶ τελευταῖον δὴ πρὸς αὐτὸν τὸν ἥλιον. οὕτω καὶ ὅταν τις τῷ διαλέγεσθαι ἐπιχειρῇ ἄνευ πασῶν τῶν αἰσθήσεων διὰ τοῦ

c 3 ἀνίασιν A[2] F D: ἀνιᾶσιν A Eusebius d 9 που A F D: πω M e 4 ἀλλὰ δὴ F: ἀλλὰ ἤδη A D M μὴ δυνατοὶ οἵτινες scripsi: οἱ μὴ δυνατοί τινες ὄντες A: μὴ δυνατοί τινες ὄντες A[2] F D M a 2 περαίνει F: παραινεῖ A D M a 4 τὰ add. Baiter

的那些数，但他们没有上升到各种疑难那里，以便考察哪些数是协调的，哪些数则不是协调的，以及为何两者各自是那样。

你其实在说，他说道，一件非凡的事情。 531c5

它的确是有用的，我说道，为了追寻美的东西和善的东西；但如果〈它们〉被以其他的方式加以追求，那么，它就是无用的。

的确有可能，他说道。

而我无论如何都认为，我说道，对我们已经细说过的所有那些东西的追寻，如果它能够抵达它们彼此之间的共通性和亲缘性那里，并且能 531d1
够推断出这些东西为何彼此是有内在联系的，那么，〈我们对〉它们的那种努力经营就会对我们所希望的那些事情贡献出某种东西，并且它也没有徒劳无功地辛苦一番，否则，就是徒劳无功的。

而我也，他说道，这样预料。然而，你在说一件十分巨大的工作， 531d5
苏格拉底啊。

你说的是序曲〈这种工作〉[2217]，我说道，抑或别的什么？或者，我们不知道，所有这些都只是我们必须学习的那首曲子本身[2218]的一些序
曲而已？因为，你无论如何都不至于认为那些精通这些事情的人，他们 531e1
都是一些擅长对话的人[2219]。

不，以宙斯的名义，他说道，除了在我已经遇到过的那些人中的很少几个之外。

然而[2220]，我说道，那些既不能给出也不能接受一种谈话[2221]的人，
他们竟然将知道我们宣称他们必须知道的那些事情中的任何一样？ 531e5

这肯定也不可能，他回应道。

因此，我说道，格劳孔啊，这岂不正好就是对话要表演的那首曲 532a1
子[2222]？该曲子虽然是一种可思的东西，但视觉的能力能够对之进行模仿——而我们曾说过[2223]，视觉从此尝试去凝望各种各样的活物本身，
以及凝望各种各样的星辰本身[2224]，甚至最后去凝望太阳本身——。而 532a5
每当一个人也试着以同样的方式〈仅仅〉诉诸对话，他不借助任何一

λόγου ἐπ᾽ αὐτὸ ὃ ἔστιν ἕκαστον ὁρμᾶν, καὶ μὴ ἀποστῇ πρὶν
b ἂν αὐτὸ ὃ ἔστιν ἀγαθὸν αὐτῇ νοήσει λάβῃ, ἐπ᾽ αὐτῷ γίγνεται τῷ τοῦ νοητοῦ τέλει, ὥσπερ ἐκεῖνος τότε ἐπὶ τῷ τοῦ ὁρατοῦ.

Παντάπασι μὲν οὖν, ἔφη.

Τί οὖν; οὐ διαλεκτικὴν ταύτην τὴν πορείαν καλεῖς;

Τί μήν;

Ἡ δέ γε, ἦν δ᾽ ἐγώ, λύσις τε ἀπὸ τῶν δεσμῶν καὶ μεταστροφὴ ἀπὸ τῶν σκιῶν ἐπὶ τὰ εἴδωλα καὶ τὸ φῶς καὶ ἐκ τοῦ καταγείου εἰς τὸν ἥλιον ἐπάνοδος, καὶ ἐκεῖ πρὸς μὲν τὰ ζῷά τε καὶ φυτὰ καὶ τὸ τοῦ ἡλίου φῶς ἔτι ἀδυναμία
c βλέπειν, πρὸς δὲ τὰ ἐν ὕδασι φαντάσματα θεῖα καὶ σκιὰς τῶν ὄντων, ἀλλ᾽ οὐκ εἰδώλων σκιὰς δι᾽ ἑτέρου τοιούτου φωτὸς ὡς πρὸς ἥλιον κρίνειν ἀποσκιαζομένας—πᾶσα αὕτη ἡ πραγματεία τῶν τεχνῶν ἃς διήλθομεν ταύτην ἔχει τὴν δύναμιν καὶ ἐπαναγωγὴν τοῦ βελτίστου ἐν ψυχῇ πρὸς τὴν τοῦ ἀρίστου ἐν τοῖς οὖσι θέαν, ὥσπερ τότε τοῦ σαφεστάτου ἐν σώματι πρὸς τὴν τοῦ φανοτάτου ἐν τῷ σωματοειδεῖ τε καὶ
d ὁρατῷ τόπῳ.

Ἐγὼ μέν, ἔφη, ἀποδέχομαι οὕτω. καίτοι παντάπασί γέ μοι δοκεῖ χαλεπὰ μὲν ἀποδέχεσθαι εἶναι, ἄλλον δ᾽ αὖ τρόπον χαλεπὰ μὴ ἀποδέχεσθαι. ὅμως δέ—οὐ γὰρ ἐν τῷ νῦν παρόντι μόνον ἀκουστέα, ἀλλὰ καὶ αὖθις πολλάκις ἐπανιτέον—ταῦτα θέντες ἔχειν ὡς νῦν λέγεται, ἐπ᾽ αὐτὸν δὴ τὸν νόμον ἴωμεν, καὶ διέλθωμεν οὕτως ὥσπερ τὸ προοίμιον διήλθομεν. λέγε οὖν τίς ὁ τρόπος τῆς τοῦ διαλέγεσθαι δυνάμεως, καὶ
e κατὰ ποῖα δὴ εἴδη διέστηκεν, καὶ τίνες αὖ ὁδοί· αὗται γὰρ ἂν ἤδη, ὡς ἔοικεν, αἱ πρὸς αὐτὸ ἄγουσαι εἶεν, οἷ ἀφικομένῳ ὥσπερ ὁδοῦ ἀνάπαυλα ἂν εἴη καὶ τέλος τῆς πορείας.

a 7 ἕκαστον F D: om. A M ὁρμᾶν Clemens: ὁρμᾷ A F D M b 1 λάβῃ A D M: λάβῃ τότε δὴ F b 2 posterius τοῦ A² F D M: om. A b 9 ἔτι ἀδυναμία Iamblichus: ἐπ᾽ ἀδυναμίᾳ A D M: ἀδυναμία F c 6 τότε] τὸ Iamblichus c 7 σώματι A D: σώμασι F d 1 ὁρατῷ] ἀοράτῳ Iamblichus d 7 διέλθωμεν F M: ἔλθωμεν A D οὕτως A D M: om. F e 1 δὴ εἴδη A D M: εἴδη δὴ F αὖ A F D M: αἱ al.

种感觉，而是〈仅仅〉通过谈话动身前往[2225]每一是着的东西本身那里，
并且他不会放弃，直到他能够〈仅仅〉凭借理智直观本身把握到善自身 532b1
是什么为止，那时，他就来到了可思的东西之终点自身那里，就像〈其他〉那些人当时[2226]曾来到可见的东西之终点那里一样。

完全如此，他说道。

然后呢？这趟旅程，你把它称作对话的〈旅程〉吗？

难道还有别的？ 532b5

而这无论如何，我说道，既是从各种捆绑中的解脱，也是从各种各样的影子向着〈把它们投射出来的〉那些图像和光的转向，以及是从地底下向着太阳〈攀升〉的一条向上的路；并且在那里，虽然依旧还有着一种无能，即没有能力去观看各种各样的动物和植物，以及观看太阳
的光芒，但〈有能力去〉观看那些在水面上的神圣的显影[2227]，以及各 532c1
种各样是着的东西的那些影子，只不过不再是各种各样的图像的那些影子——这些影子通过其他诸如此类的某种光[2228]，如果相较于太阳而对之进行判断的话，而被投影出来——；在我们详述过的那些技艺中的整个的这种努力[2229]，它拥有这种〈进行解脱的〉能力和〈把灵魂〉向
上引〈的能力〉，即把灵魂中那最好的东西往上引向对那些是着的东西 532c5
中最好的〈是者〉的观望，就像当时身体中那最清澈明亮的东西，它被 532d1
往上引向对有形的并且可见的领域中那最光辉灿烂的东西的观望一样。

我无疑，他说道，也这样接受。虽然对我来说，一方面，这些事情无论如何都看起来是完全难以接受的，另一方面，它们又在其他任何方式上都很难不被接受。尽管如此——既然它们不仅在眼下[2230]必须被听，
而且一个人必须经常反复地返回〈到它们那里〉——，在我们把这些确 532d5
定为就是现在所说的那个样子之后，让我们前往那首曲子本身那里，并且让我们以同样的方式详述它，就像我们曾详述过〈它的〉序曲那样。
因此，请你说一说，对话的能力之方式[2231]是什么，以及它究竟已经根 532e1
据哪样一些形式而被划分开了，还有，〈它所走的〉道路又是哪些。因为，这些事情已经，如看起来的那样，是〈把灵魂〉引向那个地方[2232]的道路，对于一个到达了那里的人来说，它就像是道路中的休息之处和旅程的终点似的。

Οὐκέτ', ἦν δ' ἐγώ, ὦ φίλε Γλαύκων, οἷός τ' ἔσῃ ἀκολου- 533 θεῖν—ἐπεὶ τό γ' ἐμὸν οὐδὲν ἂν προθυμίας ἀπολίποι—οὐδ' εἰκόνα ἂν ἔτι οὗ λέγομεν ἴδοις, ἀλλ' αὐτὸ τὸ ἀληθές, ὅ γε δή μοι φαίνεται—εἰ δ' ὄντως ἢ μή, οὐκέτ' ἄξιον τοῦτο διισχυρίζεσθαι· ἀλλ' ὅτι μὲν δὴ τοιοῦτόν τι ἰδεῖν, ἰσχυριστέον. ἦ γάρ;

Τί μήν;

Οὐκοῦν καὶ ὅτι ἡ τοῦ διαλέγεσθαι δύναμις μόνη ἂν φήνειεν ἐμπείρῳ ὄντι ὧν νυνδὴ διήλθομεν, ἄλλῃ δὲ οὐδαμῇ δυνατόν;

Καὶ τοῦτ', ἔφη, ἄξιον διισχυρίζεσθαι.

Τόδε γοῦν, ἦν δ' ἐγώ, οὐδεὶς ἡμῖν ἀμφισβητήσει λέγουσιν, b ὡς αὐτοῦ γε ἑκάστου πέρι ὃ ἔστιν ἕκαστον ἄλλη τις ἐπιχειρεῖ μέθοδος ὁδῷ περὶ παντὸς λαμβάνειν. ἀλλ' αἱ μὲν ἄλλαι πᾶσαι τέχναι ἢ πρὸς δόξας ἀνθρώπων καὶ ἐπιθυμίας εἰσὶν ἢ πρὸς γενέσεις τε καὶ συνθέσεις, ἢ πρὸς θεραπείαν τῶν φυομένων τε καὶ συντιθεμένων ἅπασαι τετράφαται· αἱ δὲ λοιπαί, ἃς τοῦ ὄντος τι ἔφαμεν ἐπιλαμβάνεσθαι, γεωμετρίας τε καὶ τὰς ταύτῃ ἑπομένας, ὁρῶμεν ὡς ὀνειρώττουσι μὲν περὶ τὸ ὄν, ὕπαρ δὲ ἀδύνατον αὐταῖς ἰδεῖν, ἕως ἂν ὑποθέσεσι c χρώμεναι ταύτας ἀκινήτους ἐῶσι, μὴ δυνάμεναι λόγον διδόναι αὐτῶν. ᾧ γὰρ ἀρχὴ μὲν ὃ μὴ οἶδε, τελευτὴ δὲ καὶ τὰ μεταξὺ ἐξ οὗ μὴ οἶδεν συμπέπλεκται, τίς μηχανὴ τὴν τοιαύτην ὁμολογίαν ποτὲ ἐπιστήμην γενέσθαι;

Οὐδεμία, ἦ δ' ὅς.

Οὐκοῦν, ἦν δ' ἐγώ, ἡ διαλεκτικὴ μέθοδος μόνη ταύτῃ πορεύεται, τὰς ὑποθέσεις ἀναιροῦσα, ἐπ' αὐτὴν τὴν ἀρχὴν ἵνα βεβαιώσηται, καὶ τῷ ὄντι ἐν βορβόρῳ βαρβαρικῷ τινι d

a 1 ἔσῃ] εἶ F a 2 ἀπολίποι A D : ἀπολείποι A² F a 4 μοι A M : ἐμοὶ F D εἰ δ' ὄντως] ἰδόντος pr. D a 5 μὲν δὴ A F D M : δεῖ μὲν scr. recc. ἰδεῖν A F M d : om. D a 9 νῦν δὴ A F M : νῦν D b 5 συνθέσεις ἢ A M : συνθέσεις ἢ καὶ F D b 6 ἅπασαι] ἅπασα A b 7 γεωμετρίας A D M : γεωμετρίαν F c 8 ἀναιροῦσα A F D M Stobaeus : ἀνάγουσα Stobaei P² d 1 καὶ om. Stobaeus

你既将不再能够，我说道，亲爱的格劳孔啊，跟随〈我〉了——尽 533a1
管就我的情况来说，无论如何都不会缺少热情——，你也不会再只是在
看我们所谈论的那种东西的一种比喻[2233]，而是在看至少对我显得是那
样的那种真相本身——至于它是否在是的方式上是〈那样〉[2234]，这不再
值得坚决主张——；相反，无疑〈必须〉看诸如此类的某种东西，这
才是必须极力坚持的。难道不是这样吗？ 533a5

为何不是呢？

因此，下面这点岂不也如此，那就是：对话的能力仅仅会显露给对
我们刚才详述过的那些事情是有经验的人，而以其他任何的方式都是不 533a10
可能的？

也值得，他回应道，坚决主张这点。

那么，至少就下面这点而言，我说道，无人将同我们进行争辩，当 533b1
我们说出它时，那就是：关于每一事物自身，就它们各自是什么，另
外某种研究[2235]尝试在方法上[2236]对它们每个进行把握。但是，一方面，
其他所有的技艺，它们全都要么在针对人们的各种各样的意见和各种
各样的欲望，要么在针对各种各样的生成以及各种各样的组合，要么在 533b5
针对关于那些生长出来的东西和那些被安放在一起的东西的照料；另
一方面，剩下的那些技艺——我们曾宣称它们约莫触及了那是着的东
西——，如几何学以及那些与之相伴随的，我们看到，关于那是着的东
西，它们一则在做梦，一则当它们醒着时，它们却没有能力看到它，只 533c1
要它们由于使用各种前提而让这些前提不被触动——因为它们没有能力
给出关于这些前提的一种说明。因为，在那儿，如果本源不为人知，而
结论和各种中间的〈步骤〉基于这种不为人知的东西而被拧在一起，那
么，究竟何种办法能够使得〈以这种方式达成的〉这样一种同意成为一 533c5
种知识呢？

没有任何办法，他回应道。

因此，我说道，唯有对话的方法以下面这种方式前进，那就是，
它〈不断地〉扬弃各种前提[2237]，走向本源本身，以便本源能够变得稳
固[2238]；并且当灵魂之眼已经在是的方式上被埋葬在某种非希腊的烂泥 533d1

τὸ τῆς ψυχῆς ὄμμα κατορωρυγμένον ἠρέμα ἕλκει καὶ ἀνάγει ἄνω, συνερίθοις καὶ συμπεριαγωγοῖς χρωμένη αἷς διήλθομεν τέχναις· ἃς ἐπιστήμας μὲν πολλάκις προσείπομεν διὰ τὸ ἔθος, δέονται δὲ ὀνόματος ἄλλου, ἐναργεστέρου μὲν ἢ δόξης, ἀμυδροτέρου δὲ ἢ ἐπιστήμης—διάνοιαν δὲ αὐτὴν ἔν γε τῷ πρόσθεν που ὡρισάμεθα—ἔστι δ', ὡς ἐμοὶ δοκεῖ, οὐ περὶ
e ὀνόματος ἀμφισβήτησις, οἷς τοσούτων πέρι σκέψις ὅσων ἡμῖν πρόκειται.

Οὐ γὰρ οὖν, ἔφη.

Ἀλλ' ὃ ἂν μόνον δηλοῖ πως τὴν ἕξιν σαφηνείᾳ λέγειν ἐν ψυχῇ ⟨ἀρκέσει;

Ναί.⟩

Ἀρκέσει οὖν, ἦν δ' ἐγώ, ὥσπερ τὸ πρότερον, τὴν μὲν πρώτην μοῖραν ἐπιστήμην καλεῖν, δευτέραν δὲ διάνοιαν, τρί-
534 την δὲ πίστιν καὶ εἰκασίαν τετάρτην· καὶ συναμφότερα μὲν ταῦτα δόξαν, συναμφότερα δ' ἐκεῖνα νόησιν· καὶ δόξαν μὲν περὶ γένεσιν, νόησιν δὲ περὶ οὐσίαν· καὶ ὅτι οὐσία πρὸς γένεσιν, νόησιν πρὸς δόξαν, καὶ ὅτι νόησις πρὸς δόξαν, ἐπιστήμην πρὸς πίστιν καὶ διάνοιαν πρὸς εἰκασίαν· τὴν δ' ἐφ' οἷς ταῦτα ἀναλογίαν καὶ διαίρεσιν διχῇ ἑκατέρου, δοξαστοῦ τε καὶ νοητοῦ, ἐῶμεν, ὦ Γλαύκων, ἵνα μὴ ἡμᾶς πολλαπλασίων λόγων ἐμπλήσῃ ἢ ὅσων οἱ παρεληλυθότες.

b Ἀλλὰ μὴν ἔμοιγ', ἔφη, τά γε ἄλλα, καθ' ὅσον δύναμαι ἕπεσθαι, συνδοκεῖ.

Ἦ καὶ διαλεκτικὸν καλεῖς τὸν λόγον ἑκάστου λαμβάνοντα

d 3 συνερίθοις A F M Stobaeus: συνεριθμοῖς D d 5 ἐνεργεστέρου Stobaeus e 1 ἀμφισβήτησις A D M: ἡ ἀμφισβήτησις F τοσούτων A F M: τοσοῦτον D ὅσων A F M: ὅσον D e 4 ἀλλ' ὃ A M: ἄλλο F D πως τὴν ἕξιν σαφηνείᾳ scripsi: πρὸς τὴν ἕξιν σάφηνείᾳ A F D M: τὴν ἕξιν πῶς ἔχει σαφηνείας ci. Bywater (et mox λέγεις cum A²) λέγειν F M: λέγει A D: λέγεις A²: ὃ λέγοι scr. Mon. e 5 ἀρκέσει; Ναί addidi e 7 ἀρκέσει scripsi: ἀρέσκει A F D M οὖν F D: γοῦν A M a 1 μὲν . . . a 2 ξυναμφότερα A F M: om. D a 3 οὐσία A D M: οὐσίαν F a 4 ἐπιστήμην A D: καὶ ἐπιστήμην F: ἐπιστήμη A² M a 8 ὅσων F: ὅσον A D M: ὅσοι ci. Madvig b 1 ἄλλα A F M: ἀλλὰ D b 3 καὶ A D M: om. F

中时[2239]，它温柔地拖拽它，并且把它向上引领——通过使用我们已经细说过的那些辅助性的和帮助他人进行转向的技艺——；而这些技艺，我们虽然由于习惯而多次将它们称为各种各样的知识，但它们其实需要 533d5
一个另外的名称，一方面，它比意见要更加清晰，另一方面，它又比知识要较为模糊——事实上，在前面的某个地方我们曾把它界定为思想[2240]——，然而，如我所认为的那样，对下面这些人来说不〈应该〉 533e1
围绕着某一名称而有着一种争执，那就是，他们恰如我们一样，一种围绕着如此重大的一些事情的考察摆在了他们面前。

的确不应该有，他说道。

然而，只要〈名称〉能够揭示如何清楚地说出在灵魂中的情状，它 533e5
就将令人满意了吗?

是的[2241]。

那么，那就将是令人满意的，我说道，就像在前面〈所做的〉那样，那就是：把第一个部分称作知识，把第二个部分称作思想，把第三个部分称作相信，把第四个部分称作猜度；并且，一方面，把〈后面〉 534a1
这两者合在一起称作意见，另一方面，把〈前面〉那两者合在一起称作理智直观；于是乎，意见关乎生成，而理智直观则关乎所是。并且，所是之于生成是怎么样的，理智直观之于意见也就是怎么样的；而理智直观之于意见是怎么样的，知识之于相信以及思想之于猜度也就是怎么样 534a5
的。至于这些所针对的那些事物之间的比例关系，以及两者——即可形成意见的东西和可思的东西——各自复又被分成两个部分，让我们将之放到一边，格劳孔啊，免得让我们充满了比已经进行过的那些讨论多许多倍的讨论[2242]。

无疑，他说道，就其他那些事情而言，至少在我所能够跟随的范围 534b1
内，我肯定也同意〈你的看法〉。

一个人，如果他把握到了每一事物的所是之理据，那么你也就把

τῆς οὐσίας; καὶ τὸν μὴ ἔχοντα, καθ' ὅσον ἂν μὴ ἔχῃ λόγον
αὑτῷ τε καὶ ἄλλῳ διδόναι, κατὰ τοσοῦτον νοῦν περὶ τούτου
οὐ φήσεις ἔχειν;

Πῶς γὰρ ἄν, ἦ δ' ὅς, φαίην;

Οὐκοῦν καὶ περὶ τοῦ ἀγαθοῦ ὡσαύτως· ὃς ἂν μὴ ἔχῃ
διορίσασθαι τῷ λόγῳ ἀπὸ τῶν ἄλλων πάντων ἀφελὼν τὴν
τοῦ ἀγαθοῦ ἰδέαν, καὶ ὥσπερ ἐν μάχῃ διὰ πάντων ἐλέγχων c
διεξιών, μὴ κατὰ δόξαν ἀλλὰ κατ' οὐσίαν προθυμούμενος
ἐλέγχειν, ἐν πᾶσι τούτοις ἀπτῶτι τῷ λόγῳ διαπορεύηται,
οὔτε αὐτὸ τὸ ἀγαθὸν φήσεις εἰδέναι τὸν οὕτως ἔχοντα οὔτε
ἄλλο ἀγαθὸν οὐδέν, ἀλλ' εἴ πῃ εἰδώλου τινὸς ἐφάπτεται,
δόξῃ, οὐκ ἐπιστήμῃ ἐφάπτεσθαι, καὶ τὸν νῦν βίον ὀνειρο-
πολοῦντα καὶ ὑπνώττοντα, πρὶν ἐνθάδ' ἐξεγρέσθαι, εἰς Ἅιδου
πρότερον ἀφικόμενον τελέως ἐπικαταδαρθεῖν; d

Νὴ τὸν Δία, ἦ δ' ὅς, σφόδρα γε πάντα ταῦτα φήσω.

Ἀλλὰ μὴν τούς γε σαυτοῦ παῖδας, οὓς τῷ λόγῳ τρέφεις
τε καὶ παιδεύεις, εἴ ποτε ἔργῳ τρέφοις, οὐκ ἂν ἐάσαις, ὡς
ἐγᾦμαι, ἀλόγους ὄντας ὥσπερ γραμμάς, ἄρχοντας ἐν τῇ
πόλει κυρίους τῶν μεγίστων εἶναι.

Οὐ γὰρ οὖν, ἔφη.

Νομοθετήσεις δὴ αὐτοῖς ταύτης μάλιστα τῆς παιδείας
ἀντιλαμβάνεσθαι, ἐξ ἧς ἐρωτᾶν τε καὶ ἀποκρίνεσθαι ἐπι-
στημονέστατα οἷοί τ' ἔσονται;

Νομοθετήσω, ἔφη, μετά γε σοῦ. e

Ἆρ' οὖν δοκεῖ σοι, ἔφην ἐγώ, ὥσπερ θριγκὸς τοῖς μαθή-
μασιν ἡ διαλεκτικὴ ἡμῖν ἐπάνω κεῖσθαι, καὶ οὐκέτ' ἄλλο
τούτου μάθημα ἀνωτέρω ὀρθῶς ἂν ἐπιτίθεσθαι, ἀλλ' ἔχειν
ἤδη τέλος τὰ τῶν μαθημάτων; 535

b 4 ἔχῃ A F M : ἔχει D   b 9 πάντων A D M : ἁπάντων Stobaeus : om. F   c 4 αὐτὸ A D M Stobaeus : om. F   φήσεις A F D M : φησὶ vel φήσει Stobaeus   c 5 εἰδώλου] αὐτοῦ εἰδώλου Stobaeus   d 1 ἐπικαταδαρθεῖν Stobaeus : ἐπικαταδαρθανεῖν pr. A : ἐπικαταδαρθάνειν A² F D M   d 2 πάντα ταῦτα A F : ταῦτα πάντα D M   d 8 ταύτης A D M om. F   e 2 θριγκὸς A M : θρίγκος D : θρίγγος F : τριγχὸς Simplicius   e 4 ἀνωτέρω μάθημα Stobaeus

他称为一个擅长对话的人吗？而那不能够〈那样做的〉人，他在多大程度上不能够〈对之〉给出一种理据——无论是对他自己，还是对其他 534b5
人——，你岂不将宣称他也就在多大程度上对之没有理智？

那我还会，他回应道，如何宣称呢？

那么，关于善岂不也同样如此，那就是：一个人，如果他不能够凭借讨论通过将善之理念从其他所有东西那里分离出来而规定它——并且 534c1
就像在一场战斗中那样，历经所有的盘问，不是根据意见，而是根据所是来努力进行盘问[2243]，而在所有这些〈盘问〉中，他也都能够凭借不可动摇的讨论[2244]而〈安然无恙地〉越过〈它们〉——，那么，你将宣称，当他处在这样一种情形中时[2245]，那他就既不知道善本身，也不知 534c5
道任何其他善的东西，相反，即使他在某种方式上触及了〈它的〉某种图像，那他也是凭借意见，而不是凭借知识触及的，并且他在目前的一生中都在做梦和昏昏欲睡，在他于这儿醒来之前，他就由于事先到达了 534d1
哈德斯的家里而彻彻底底地在那儿睡下去？

是的，宙斯在上，他回应道，我肯定将强烈地宣称所有这些。

当然，至于你自己的那些孩子——你在言辞上抚养和教育他们——，如果你终究要在行动上抚养他们，那么，你不会听之任之，如我所认为的那样，当他们还像一些〈无理的〉线[2246]那样是无理的时候， 534d5
就让他们在城邦中是那些最重大的事情的掌权者。

肯定不会，他说道。

因此，你将为他们立法吗，要求他们尤其要参与〈下面〉这种教育[2247]，那就是，基于它，他们将能够以最具知识性的方式来进行提问 534d10
以及进行回答？

我肯定将立法，他回应道，与你一道。 534e1

那么，在你看来，我说道，是不是对我们来说对话的技艺就像一块拱顶石一样[2248]位于〈其他所有的〉学问之上，并且不再有任何其他的学问能够被正确地置于这门学问之上，相反，对各种学问的〈考察〉已 535a1
经〈在此〉有其终点？

Ἔμοιγ', ἔφη.

Διανομὴ τοίνυν, ἦν δ' ἐγώ, τὸ λοιπόν σοι, τίσιν ταῦτα τὰ μαθήματα δώσομεν καὶ τίνα τρόπον.

Δῆλον, ἔφη.

Μέμνησαι οὖν τὴν προτέραν ἐκλογὴν τῶν ἀρχόντων, οἵους ἐξελέξαμεν;

Πῶς γάρ, ἦ δ' ὅς, οὔ;

Τὰ μὲν ἄλλα τοίνυν, ἦν δ' ἐγώ, ἐκείνας τὰς φύσεις οἴου δεῖν ἐκλεκτέας εἶναι· τούς τε γὰρ βεβαιοτάτους καὶ τοὺς ἀνδρειοτάτους προαιρετέον, καὶ κατὰ δύναμιν τοὺς εὐειδεστά- b τους· πρὸς δὲ τούτοις ζητητέον μὴ μόνον γενναίους τε καὶ βλοσυροὺς τὰ ἤθη, ἀλλὰ καὶ ἃ τῇδε τῇ παιδείᾳ τῆς φύσεως πρόσφορα ἑκτέον αὐτοῖς.

Ποῖα δὴ διαστέλλῃ;

Δριμύτητα, ὦ μακάριε, ἔφην, δεῖ αὐτοῖς πρὸς τὰ μαθήματα ὑπάρχειν, καὶ μὴ χαλεπῶς μανθάνειν. πολὺ γάρ τοι μᾶλλον ἀποδειλιῶσι ψυχαὶ ἐν ἰσχυροῖς μαθήμασιν ἢ ἐν γυμνασίοις· οἰκειότερος γὰρ αὐταῖς ὁ πόνος, ἴδιος ἀλλ' οὐ κοινὸς ὢν μετὰ τοῦ σώματος.

Ἀληθῆ, ἔφη.

c Καὶ μνήμονα δὴ καὶ ἄρρατον καὶ πάντῃ φιλόπονον ζητητέον. ἢ τίνι τρόπῳ οἴει τά τε τοῦ σώματος ἐθελήσειν τινὰ διαπονεῖν καὶ τοσαύτην μάθησίν τε καὶ μελέτην ἐπιτελεῖν;

Οὐδένα, ἦ δ' ὅς, ἐὰν μὴ παντάπασί γ' ᾖ εὐφυής.

Τὸ γοῦν νῦν ἁμάρτημα, ἦν δ' ἐγώ, καὶ ἡ ἀτιμία φιλοσοφίᾳ διὰ ταῦτα προσπέπτωκεν, ὃ καὶ πρότερον εἴπομεν, ὅτι οὐ κατ' ἀξίαν αὐτῆς ἅπτονται· οὐ γὰρ νόθους ἔδει ἅπτεσθαι, ἀλλὰ γνησίους.

Πῶς; ἔφη.

d Πρῶτον μέν, εἶπον, φιλοπονίᾳ οὐ χωλὸν δεῖ εἶναι τὸν

a 10 καὶ τοὺς ἀνδρειοτάτους A M : καὶ ἀνδρειοτάτους F : om. D b 3 ἑκτέον A D M : ἑκτέα (sic) F b 4 διαστέλλει A D M : om. F b 7 αἱ ψυχαὶ Stobaeus b 8 ὁ πόνος αὐταῖς Stobaeus b 9 τοῦ A D M Stobaeus : om. F c 1 δὴ A F M : δὲ D c 6 εἴπομεν F D : εἶπον A M d 1 φιλοπονίᾳ A F D Stobaeus : φιλοπονίας M d

我肯定这么认为，他回应道。

那好，我说道，留给你的，还有分配〈这件事〉，那就是，我们将把这些学问指派给哪些人呢，以及以何种方式进行指派。

显然，他说道。 535a5

那么，你记得先前对那些进行统治的人的选择吗[2249]，即我们曾选择了哪样一些人？

怎么可能，他回应道，不记得？

那好，一则在其他方面[2250]，我说道，〈下面〉那些天性，你得认为
它们是必须被选择的[2251]，那就是：那些最坚定的人和最勇敢的人必须 535a10
被选择，并且还必须尽可能地选择那些相貌最标致的人；一则除了这些 535b1
之外，那些必须被寻找的人，他们不仅要在各种习性上是高贵的和刚健的[2252]，而且他们还必须在其天性中拥有同〈现在所讨论的〉这种教育相适合的〈各种品质〉。

那么你究竟在确切地规定哪样一些品质呢[2253]？

对于各种各样的学问，有福的人啊，我说道，他们必须具有雄心壮 535b5
志[2254]，并且〈能够〉不困难地进行学习。因为，真的，诸灵魂在各种艰巨的学问那里要比在各种体育锻炼那里更加地容易当懦夫[2255]；因为，对诸灵魂来说，这种辛苦更为是它们自家的，由于它是〈灵魂所〉独有的，而并不是同身体一道共有的。

正确，他说道。 535b10

而且还必须寻找那具有好的记忆力、百折不挠，以及在方方面面都 535c1
热爱劳作的人。否则你如何[2256]设想一个人，他既愿意苦心经营身体方面的各种事情，又愿意完成如此多的学习和练习？

无人会那样，他回应道，除非他在所有方面都是很有天赋的。

因此，无论如何现在的那种不中的，我说道，以及在热爱智慧方 535c5
面的那种不光彩，其实都是由于我们在前面曾说过的那些事情而降临的[2257]，那就是：一些人不恰当地触碰她[2258]；因为，应当去触碰她的，不是一些〈伪劣的〉私生子，而是那些〈合法的〉婚生子。

为何？他说道。

首先，我说道，那将要触碰〈她〉的人不应当在热爱劳作方面是 535d1

ἁψόμενον, τὰ μὲν ἡμίσεα φιλόπονον ὄντα, τὰ δ' ἡμίσεα ἄπονον. ἔστι δὲ τοῦτο, ὅταν τις φιλογυμναστὴς μὲν καὶ φιλόθηρος ᾖ καὶ πάντα τὰ διὰ τοῦ σώματος φιλοπονῇ, φιλομαθὴς δὲ μή, μηδὲ φιλήκοος μηδὲ ζητητικός, ἀλλ' ἐν πᾶσι τούτοις μισοπονῇ· χωλὸς δὲ καὶ ὁ τἀναντία τούτου μεταβεβληκὼς τὴν φιλοπονίαν.

Ἀληθέστατα, ἔφη, λέγεις.

Οὐκοῦν καὶ πρὸς ἀλήθειαν, ἦν δ' ἐγώ, ταὐτὸν τοῦτο ἀνάπηρον ψυχὴν θήσομεν, ἣ ἂν τὸ μὲν ἑκούσιον ψεῦδος μισῇ e
καὶ χαλεπῶς φέρῃ αὐτή τε καὶ ἑτέρων ψευδομένων ὑπεραγανακτῇ, τὸ δ' ἀκούσιον εὐκόλως προσδέχηται καὶ ἀμαθαίνουσά που ἁλισκομένη μὴ ἀγανακτῇ, ἀλλ' εὐχερῶς ὥσπερ θηρίον ὕειον ἐν ἀμαθίᾳ μολύνηται;

Παντάπασι μὲν οὖν, ἔφη. 536

Καὶ πρὸς σωφροσύνην, ἦν δ' ἐγώ, καὶ ἀνδρείαν καὶ μεγαλοπρέπειαν καὶ πάντα τὰ τῆς ἀρετῆς μέρη οὐχ ἥκιστα δεῖ φυλάττειν τὸν νόθον τε καὶ τὸν γνήσιον. ὅταν γάρ τις μὴ ἐπίστηται πάντῃ τὰ τοιαῦτα σκοπεῖν καὶ ἰδιώτης καὶ πόλις, λανθάνουσι χωλοῖς τε καὶ νόθοις χρώμενοι πρὸς ὅτι ἂν τύχωσι τούτων, οἱ μὲν φίλοις, οἱ δὲ ἄρχουσι.

Καὶ μάλα, ἔφη, οὕτως ἔχει.

Ἡμῖν δή, ἦν δ' ἐγώ, πάντα τὰ τοιαῦτα διευλαβητέον·
ὡς ἐὰν μὲν ἀρτιμελεῖς τε καὶ ἀρτίφρονας ἐπὶ τοσαύτην b
μάθησιν καὶ τοσαύτην ἄσκησιν κομίσαντες παιδεύωμεν, ἥ τε δίκη ἡμῖν οὐ μέμψεται αὐτή, τήν τε πόλιν καὶ πολιτείαν σώσομεν, ἀλλοίους δὲ ἄγοντες ἐπὶ ταῦτα τἀναντία πάντα καὶ πράξομεν καὶ φιλοσοφίας ἔτι πλείω γέλωτα καταντλήσομεν.

Αἰσχρὸν μεντἂν εἴη, ἦ δ' ὅς.

d 2 ἁψόμενον A D M : ἁψάμενον F Stobaeus ὄντα F : om. A D M Stobaeus d 4 φιλομόχθηρος Stobaeus ᾖ post d 3 μὲν Stobaeus φιλοπονῇ] διαπονῇ Stobaeus a 5 πάντῃ F D : om. A M a 8 ἔφη A F M : om. D b 4 ἀλλοίους A M Iamblichus : ἀλλοΐους F : ἀλλοίως D b 5 καὶ ante πράξομεν A D M : om. F Iamblichus φιλοσοφίας] φιλομαθείας Iamblichus (cf. 521 c, 7)

一个跛子，即在一半的事情上他是热爱劳作的，在一半的事情上则是不〈热爱〉劳作的。而〈下面这样〉就是这种情况，那就是：每当一个人，他虽然是热爱体育的和热爱狩猎的，并且他在由身体而来的所有事情上也都热爱劳作，但他不是热爱学问的，既不是热爱倾听的，也不是热衷 535d5
于探寻的，相反，在所有这些事情上他都憎恶劳作；而那在热爱劳作方面转向与此相反的事情的人，也同样是一个跛子。

非常正确，他说道，你说得。

那么，就真而言，我说道，我们岂不以同样的这种方式将把一个灵魂视为是残废的，如果，一方面，就那有意的谎言，它对之感到憎恶，535e1
它不仅难以忍受〈有意的〉谎言自身，而且当其他人〈有意地〉进行撒谎时，它也会感到非常愤怒，另一方面，就那无意的撒谎，它却会轻轻松松地加以接受，并且当它由于无知而在某个地方被逮住，那它也不会感到恼怒，而是无忧无虑地像一头如猪一样的牲畜那样在无知中打滚？ 535e5

完全如此，他回应道。 536a1

并且就自制，我说道，以及就勇敢、崇高和德性的所有〈其他的〉那些部分而言，尤其必须警惕〈谁是伪劣的〉私生子和〈谁是合法的〉婚生子。因为，无论谁——不管是一位个人，还是一个城邦——，每当他不知道如何彻头彻尾地检查诸如此类的东西，那么，他们就会不知不 536a5
觉地使用一些跛子和一些〈伪劣的〉私生子——为了他们碰巧〈需要的下面〉这些〈用处〉中的某个——，即将一些用作朋友，将一些则用作统治者。

的确，他说道，是这样。

因此，对我们来说，我说道，诸如此类的所有事情都必须加以警惕。因为，一方面，如果我们通过把那些肢体健全和头脑健康的人带往 536b1
一种如此重要的学习那里和一种如此重要的〈身体〉训练那里来教育他们，那么，正义自身将不会谴责我们，而我们也将既拯救了城邦，也拯救了城邦体制；另一方面，当我们把另外一些人引向这些事情那里，那我们不仅将在做一些完全相反的事情，而且我们还将把更多的嘲笑泼洒 536b5
在对智慧的热爱身上。

无疑那会是一件可耻的事情，他说道。

Πάνυ μὲν οὖν, εἶπον· γελοῖον δ' ἔγωγε καὶ ἐν τῷ παρόντι ⟨τι⟩ ἔοικα παθεῖν.

Τὸ ποῖον; ἔφη.

c Ἐπελαθόμην, ἦν δ' ἐγώ, ὅτι ἐπαίζομεν, καὶ μᾶλλον
ἐντεινάμενος εἶπον. λέγων γὰρ ἅμα ἔβλεψα πρὸς φιλοσοφίαν, καὶ ἰδὼν προπεπηλακισμένην ἀναξίως ἀγανακτήσας μοι δοκῶ καὶ ὥσπερ θυμωθεὶς τοῖς αἰτίοις σπουδαιότερον εἰπεῖν ἃ εἶπον.

Οὐ μὰ τὸν Δί', ἔφη, οὔκουν ὥς γ' ἐμοὶ ἀκροατῇ.

Ἀλλ' ὡς ἐμοί, ἦν δ' ἐγώ, ῥήτορι. τόδε δὲ μὴ ἐπιλανθανώμεθα, ὅτι ἐν μὲν τῇ προτέρᾳ ἐκλογῇ πρεσβύτας ἐξελέ-
d γομεν, ἐν δὲ ταύτῃ οὐκ ἐγχωρήσει· Σόλωνι γὰρ οὐ πειστέον
ὡς γηράσκων τις πολλὰ δυνατὸς μανθάνειν, ἀλλ' ἧττον ἢ τρέχειν, νέων δὲ πάντες οἱ μεγάλοι καὶ οἱ πολλοὶ πόνοι.

Ἀνάγκη, ἔφη.

Τὰ μὲν τοίνυν λογισμῶν τε καὶ γεωμετριῶν καὶ πάσης τῆς προπαιδείας, ἣν τῆς διαλεκτικῆς δεῖ προπαιδευθῆναι, παισὶν οὖσι χρὴ προβάλλειν, οὐχ ὡς ἐπάναγκες μαθεῖν τὸ σχῆμα τῆς διδαχῆς ποιουμένους.

Τί δή;

e Ὅτι, ἦν δ' ἐγώ, οὐδὲν μάθημα μετὰ δουλείας τὸν ἐλεύ-
θερον χρὴ μανθάνειν. οἱ μὲν γὰρ τοῦ σώματος πόνοι βίᾳ πονούμενοι χεῖρον οὐδὲν τὸ σῶμα ἀπεργάζονται, ψυχῇ δὲ βίαιον οὐδὲν ἔμμονον μάθημα.

Ἀληθῆ, ἔφη.

Μὴ τοίνυν βίᾳ, εἶπον, ὦ ἄριστε, τοὺς παῖδας ἐν τοῖς
537 μαθήμασιν ἀλλὰ παίζοντας τρέφε, ἵνα καὶ μᾶλλον οἷός τ'
ἦς καθορᾶν ἐφ' ὃ ἕκαστος πέφυκεν.

Ἔχει ὃ λέγεις, ἔφη, λόγον.

Οὐκοῦν μνημονεύεις, ἦν δ' ἐγώ, ὅτι καὶ εἰς τὸν πόλεμον ἔφαμεν τοὺς παῖδας εἶναι ἀκτέον ἐπὶ τῶν ἵππων θεωρούς, καὶ

b 9 τι addidi   c 6 γ' A D M : om. F   a 2 ἐφ' ὃ A F D M : ἐφ' ᾧ A² Stobaeus

的确如此，我说道。不过，我其实目前就已经显得在遭受一种可笑的事情[2259]。

何种？他说道。 536b10

我忘记了下面这件事，我说道，那就是：我们〈本来只是在〉玩游 536c1
戏，而我却过于紧张地在说话。因为，当我说话时，我同时看向对智慧的热爱那里[2260]，而当我看到她已经被侮辱得一文不值时[2261]，我看起来感到非常愤怒，并且由于仿佛在对那些要为此负责的人感到愤怒，于是 536c5
我过于认真地说了我所说的那些。

不，宙斯在上，他说道，至少作为一位听众，对我显得不是这样。

然而作为一个说话人，我说道，对我〈显得则是这样〉。但让我们不
要忘记这点：虽然在前面的选择中我们选择了老年人[2262]，但在这一选择中 536d1
将不容许〈那样做〉。因为，一定不可以相信梭伦，因为〈他说〉当一个人变老之后，他能够学习许多的东西[2263]；但〈事实上他能够那样做〉还不如〈他能够勉强〉跑，而所有重要的和许许多多的劳作其实都属于年轻人[2264]。

必然，他说道。

因此，那些有关各种计算和几何，以及有关整个预备教育——它应 536d5
当为了对话的技艺而被提前教育——的东西，必须当他们是孩子时就要把它们提交给他们，因为〈我们一定〉不可以把教导的形式弄成一种在以强迫的方式进行学习[2265]。

究竟为何？

因为，我说道，对于任何一门学位学问，自由人都不应当以奴性的 536e1
方式[2266]学习它。因为，一方面，身体上的那些劳役，即使它们出于强迫而被辛苦地做出来，那它们也不会导致身体变得更差；另一方面，对灵魂来说，任何通过强迫〈学习而取得〉的学问都不会是持久的。

正确，他说道。 536e5

因此，不可以通过强迫，我说道，最优秀的人啊，来在各种学问中
培养孩子们，而是让他们在玩耍中〈接受培养〉，由此你也更能够看清 537a1
每个人生来就倾向于什么。

你所说的，他说道，是合理的[2267]。

那么，难道你不记得下面这点了吗，我说道，那就是：孩子们甚至
必须被带上战场，我们曾声称[2268]，让他们骑在马上作为旁观者，并且， 537a5

ἐάν που ἀσφαλὲς ᾖ, προσακτέον ἐγγὺς καὶ γευστέον αἵματος, ὥσπερ τοὺς σκύλακας;

Μέμνημαι, ἔφη.

Ἐν πᾶσι δὴ τούτοις, ἦν δ' ἐγώ, τοῖς τε πόνοις καὶ μαθήμασι καὶ φόβοις ὃς ἂν ἐντρεχέστατος ἀεὶ φαίνηται, εἰς ἀριθμόν τινα ἐγκριτέον.

Ἐν τίνι, ἔφη, ἡλικίᾳ; b

Ἡνίκα, ἦν δ' ἐγώ, τῶν ἀναγκαιων γυμνασίων μεθίενται· οὗτος γὰρ ὁ χρόνος, ἐάντε δύο ἐάντε τρία ἔτη γίγνηται, ἀδύνατός τι ἄλλο πρᾶξαι· κόποι γὰρ καὶ ὕπνοι μαθήμασι πολέμιοι. καὶ ἅμα μία καὶ αὕτη τῶν βασάνων οὐκ ἐλαχίστη, τίς ἕκαστος ἐν τοῖς γυμνασίοις φανεῖται.

Πῶς γὰρ οὔκ; ἔφη.

Μετὰ δὴ τοῦτον τὸν χρόνον, ἦν δ' ἐγώ, ἐκ τῶν εἰκοσιετῶν οἱ προκριθέντες τιμάς τε μείζους τῶν ἄλλων οἴσονται, τά τε χύδην μαθήματα παισὶν ἐν τῇ παιδείᾳ γενόμενα τούτοις c συνακτέον εἰς σύνοψιν οἰκειότητός τε ἀλλήλων τῶν μαθημάτων καὶ τῆς τοῦ ὄντος φύσεως.

Μόνη γοῦν, εἶπεν, ἡ τοιαύτη μάθησις βέβαιος, ἐν οἷς ἂν ἐγγένηται.

Καὶ μεγίστη γε, ἦν δ' ἐγώ, πεῖρα διαλεκτικῆς φύσεως καὶ μή· ὁ μὲν γὰρ συνοπτικὸς διαλεκτικός, ὁ δὲ μὴ οὔ.

Συνοίομαι, ἦ δ' ὅς.

Ταῦτα τοίνυν, ἦν δ' ἐγώ, δεήσει σε ἐπισκοποῦντα οἳ ἂν μάλιστα τοιοῦτοι ἐν αὐτοῖς ὦσι καὶ μόνιμοι μὲν ἐν μαθή- d μασι, μόνιμοι δ' ἐν πολέμῳ καὶ τοῖς ἄλλοις νομίμοις, τούτους αὖ, ἐπειδὰν τὰ τριάκοντα ἔτη ἐκβαίνωσιν, ἐκ τῶν προκρίτων προκρινάμενον εἰς μείζους τε τιμὰς καθιστάναι καὶ σκοπεῖν, τῇ τοῦ διαλέγεσθαι δυνάμει βασανίζοντα τίς ὀμμάτων καὶ

b 6 ἕκαστος A D M : om. F b 8 εἰκοσιετῶν (sic) F D εἴκοσιν ἐτῶν A c 1 παισὶν A D M : παισὶ F : πᾶσιν Theo : om. Iamblichus Stobaeus ἐν A D M Stobaeus : om. F παιδειᾷ A : παιδιᾷ A[2] c 2 τε F Iamblichus Theo Stobaeus : om. A D M d 2 καὶ τοῖς A M : καὶ ἐν τοῖς F D τούτους F : τούτοις A D M d 5 καὶ A D M Iamblichus : τε καὶ F

只要哪个地方是安全的，那他们就必须被带到近处，以及必须尝一尝血的味道，就像那些小狗一样？

我记得，他回应道。

那么，在所有这些事情上，我说道，无论是在各种劳作中，还是在各种学问中，以及在各种恐惧中，那总是会显得最为做好了准备的 537a10
人[2269]，他必须在某种地位上被承认[2270]。

在什么，他说道，年龄上呢？ 537b1

当他们，我说道，从那些必不可少的体育锻炼中摆脱出来之后。因为，这段时间——不管它持续两年，还是三年——，不可能从事其他的任何事情，既然对于各种各样的学问来说，疲劳和困倦都是其敌人。而 537b5
与此同时，作为〈对他们的〉各种检测中的一项，这也不是最微不足道的，那就是每个人将在各种体育锻炼中表现得如何。

那还用说？他说道。

那么，在这段时间之后，我说道，从二十岁的那些人中被拣选出来的人，一方面，他们将比其他人获得更大的尊荣，另一方面，这些 537c1
人[2271]，当他们还是儿童时，在教育中被他们以散乱的方式所取得的那些学问，必须被统一到对诸学问彼此之间的内在联系[2272]的一种综观中，以及它们同是者之本性的内在联系〈的一种综观中〉。

无论如何，他说道，唯有这样一种学习是牢固的，如果它能够出现 537c5
在一些人身上的话[2273]。

而这肯定是一种最大的检验，我说道，〈即检验一个人〉是否具有一种擅长对话的天性；因为那能够进行综观的人是擅长对话的[2274]，否则就不是。

我同意，他说道。

那好，〈下面〉这些，我说道，你将需要进行仔细考察，那就是：在他们中间，哪些人可能最为是这样一些人，他们不仅在各种各样的学问上 537d1
是坚定不移的，而且在战斗中以及在其他〈所有〉法定的〈义务〉中也是坚定不移的，此外，对于这些人，每当他们超过了三十岁之后，你将〈需要〉通过从那些〈已经〉被选取出来的人中〈再次〉进行选取而将他们置于各种各样更大的尊荣中，并且〈必须对之〉进行考察，即用对话之能力 537d5

τῆς ἄλλης αἰσθήσεως δυνατὸς μεθιέμενος ἐπ' αὐτὸ τὸ ὂν μετ' ἀληθείας ἰέναι. καὶ ἐνταῦθα δὴ πολλῆς φυλακῆς ἔργον, ὦ ἑταῖρε.

Τί μάλιστα; ἦ δ' ὅς.

e Οὐκ ἐννοεῖς, ἦν δ' ἐγώ, τὸ νῦν περὶ τὸ διαλέγεσθαι κακὸν γιγνόμενον ὅσον γίγνεται;

Τὸ ποῖον; ἔφη.

Παρανομίας που, ἔφην ἐγώ, ἐμπίμπλανται.

Καὶ μάλα, ἔφη.

Θαυμαστὸν οὖν τι οἴει, εἶπον, πάσχειν αὐτούς, καὶ οὐ συγγιγνώσκεις;

Πῇ μάλιστα; ἔφη.

Οἷον, ἦν δ' ἐγώ, εἴ τις ὑποβολιμαῖος τραφείη ἐν πολλοῖς
538 μὲν χρήμασι, πολλῷ δὲ καὶ μεγάλῳ γένει καὶ κόλαξι πολλοῖς, ἀνὴρ δὲ γενόμενος αἴσθοιτο ὅτι οὐ τούτων ἐστὶ τῶν φασκόντων γονέων, τοὺς δὲ τῷ ὄντι γεννήσαντας μὴ εὕροι, τοῦτον ἔχεις μαντεύσασθαι πῶς ἂν διατεθείη πρός τε τοὺς κόλακας καὶ πρὸς τοὺς ὑποβαλομένους ἐν ἐκείνῳ τε τῷ χρόνῳ ᾧ οὐκ ᾔδει τὰ περὶ τῆς ὑποβολῆς, καὶ ἐν ᾧ αὖ ᾔδει; ἢ βούλει ἐμοῦ μαντευομένου ἀκοῦσαι;

Βούλομαι, ἔφη.

Μαντεύομαι τοίνυν, εἶπον, μᾶλλον αὐτὸν τιμᾶν ἂν τὸν
b πατέρα καὶ τὴν μητέρα καὶ τοὺς ἄλλους οἰκείους δοκοῦντας ἢ τοὺς κολακεύοντας, καὶ ἧττον μὲν ἂν περιιδεῖν ἐνδεεῖς τινος, ἧττον δὲ παράνομόν τι δρᾶσαι ἢ εἰπεῖν εἰς αὐτούς, ἧττον δὲ ἀπειθεῖν τὰ μεγάλα ἐκείνοις ἢ τοῖς κόλαξιν, ἐν ᾧ χρόνῳ τὸ ἀληθὲς μὴ εἰδείη.

Εἰκός, ἔφη.

Αἰσθόμενον τοίνυν τὸ ὂν μαντεύομαι αὖ περὶ μὲν τούτους ἀνεῖναι ἂν τὸ τιμᾶν τε καὶ σπουδάζειν, περὶ δὲ τοὺς κόλακας

e 2 κακὸν F D M : καλὸν A   e 4 ἐμπί(μ)πλανται A^{2} M : ἐμπίπλαται A F D   a 2 δὲ A F M : om. D   a 5 ὑποβαλομένους A M : ὑποβαλλομένους F D   a 6 χρόνῳ ᾧ A^{2} F D M : χρόνῳ A   b 5 μὴ A M : om. F D   b 7 αἰσθόμενον A^{2} : αἰσθόμενος A F D

来检测〈他们〉,〈看看他们中〉谁能够通过从双眼和其他的感官中摆脱出来而走向那与真相伴随的是着的东西本身[2275]。事实上恰恰在这里，需要许多的警惕[2276]，朋友啊。

究竟为什么呢？他说道。

难道你没有意识到，我说道，现今在对话的周围所产生的那种恶， 537e1
它〈已经〉变得多大了吗？

何种〈恶〉？他说道。

〈现今那些从事对话的人〉无疑充满了，我说道，无法无天[2277]。

的确，他说道。 537e5

那么，你认为，我说道，他们在经历某件令人吃惊的事吗，并且你也同情〈他们〉？

〈我〉究竟为何〈要那样做〉？他说道。

像这样，我说道，如果一位被偷换来的孩子[2278]，一方面，他不仅
在许多的财富中，而且在一个人数众多并且显赫的家族中，以及在许多 538a1
的阿谀奉承者中被抚养，另一方面，当他长大成人后，他觉察到他并不是那〈两个〉声称〈是其〉父母的人〈的孩子〉，然而他又不能够找到那〈两个〉真正生育〈他〉的人，那么，你能够预料这个人会如何对待
那些阿谀奉承者，以及如何对待那〈两位〉进行偷换的人吗[2279]，既包 538a5
括在他并不知道关于偷换的那些事情的那个时候，也包括在他后来知道那些事情的那个时候？或者，你愿意听听我是如何进行预料的？

我愿意，他回应道。

那好，我预料，我说道，他会更为尊敬〈他的〉父亲和母亲，以及 538b1
尊敬其他那些看起来是家里人的人，远远超过了尊敬那些阿谀奉承者，并且，一方面，他会很少忽视他们，如果他们对任何东西有所需要的话[2280]，另一方面，他不仅会很少对他们做或者说任何不合规矩的事情，而且在各种重大的事情上，他也很少不顺从他们，同对那些阿谀奉承者
的顺从相比，在他还不知道真相的那个时候。 538b5

有可能，他说道。

那么，当他觉察到[2281]实际的情况是〈如何〉之后，我复又预料，一方面，对于这些人，他会〈逐渐〉丧失对他们的尊敬和热情，另一方

ἐπιτεῖναι, καὶ πείθεσθαί τε αὐτοῖς διαφερόντως ἢ πρότερον
καὶ ζῆν ἂν ἤδη κατ' ἐκείνους, συνόντα αὐτοῖς ἀπαρακαλύπτως, c
πατρὸς δὲ ἐκείνου καὶ τῶν ἄλλων ποιουμένων οἰκείων, εἰ μὴ
πάνυ εἴη φύσει ἐπιεικής, μέλειν τὸ μηδέν.

Πάντ', ἔφη, λέγεις οἷά περ ἂν γένοιτο. ἀλλὰ πῇ πρὸς
τοὺς ἁπτομένους τῶν λόγων αὕτη φέρει ἡ εἰκών;

Τῇδε. ἔστι που ἡμῖν δόγματα ἐκ παίδων περὶ δικαίων
καὶ καλῶν, ἐν οἷς ἐκτεθράμμεθα ὥσπερ ὑπὸ γονεῦσι, πειθ-
αρχοῦντές τε καὶ τιμῶντες αὐτά.

Ἔστι γάρ.

Οὐκοῦν καὶ ἄλλα ἐναντία τούτων ἐπιτηδεύματα ἡδονὰς d
ἔχοντα, ἃ κολακεύει μὲν ἡμῶν τὴν ψυχὴν καὶ ἕλκει ἐφ'
αὑτά, πείθει δ' οὒ τοὺς καὶ ὁπῃοῦν μετρίους· ἀλλ' ἐκεῖνα
τιμῶσι τὰ πάτρια καὶ ἐκείνοις πειθαρχοῦσιν.

Ἔστι ταῦτα.

Τί οὖν; ἦν δ' ἐγώ· ὅταν τὸν οὕτως ἔχοντα ἐλθὸν ἐρώ-
τημα ἔρηται· Τί ἐστι τὸ καλόν, καὶ ἀποκριναμένου ὃ τοῦ
νομοθέτου ἤκουεν ἐξελέγχῃ ὁ λόγος, καὶ πολλάκις καὶ πολ-
λαχῇ ἐλέγχων εἰς δόξαν καταβάλῃ ὡς τοῦτο οὐδὲν μᾶλλον
καλὸν ἢ αἰσχρόν, καὶ περὶ δικαίου ὡσαύτως καὶ ἀγαθοῦ καὶ e
ἃ μάλιστα ἦγεν ἐν τιμῇ, μετὰ τοῦτο τί οἴει ποιήσειν αὐτὸν
πρὸς αὐτὰ τιμῆς τε πέρι καὶ πειθαρχίας;

Ἀνάγκη, ἔφη, μήτε τιμᾶν ἔτι ὁμοίως μήτε πείθεσθαι.

Ὅταν οὖν, ἦν δ' ἐγώ, μήτε ταῦτα ἡγῆται τίμια καὶ οἰκεῖα
ὥσπερ πρὸ τοῦ, τά τε ἀληθῆ μὴ εὑρίσκῃ, ἔστι πρὸς ὁποῖον
βίον ἄλλον ἢ τὸν κολακεύοντα εἰκότως προσχωρήσεται; 539

Οὐκ ἔστιν, ἔφη.

Παράνομος δὴ οἶμαι δόξει γεγονέναι ἐκ νομίμου.

Ἀνάγκη.

c 2 ποιουμένων] προσποιουμένων ci. Cobet c 4 πρὸς τοὺς ἁπτομένους A F M : προσαπτομένους D d 2 ἡμῶν A D M : ἡμῖν F d 8 ἤκουεν A F D M : ἤκουσεν A^2 ἐξελέγχῃ A F D : ἐξελέγξῃ A^2 d 9 καταβάλῃ F m : καταβάλλῃ D : καταλάβῃ A M a 3 νομίμου A F M : νομικοῦ D

面，对于那些阿谀奉承者，他不仅会〈在尊敬和热情方面日益〉增加，
而且会比以前格外地听从他们[2282]，并且从此以后都会按照那些人〈的 538c1
生活方式〉进行生活，不加掩饰地与他们打交道，至于那位〈名义上
的〉父亲和其他那些伪称自己是家里人的人[2283]，除非他在天性上是完
全正直的，他根本就不会关心。

你所说的每件事，他说道，无论如何都是有可能发生的那类事情。
但是，这个比喻如何适用于那些在触碰各种讨论的人呢？ 538c5

像这样。无疑从孩童时起，我们关于各种正义的事情和各种美好的东西就有着各种各样的看法，我们在它们中被抚养长大，就像被父母〈抚养长大〉一样，因而我们既将之作为当权者进行服从，又敬重它们。

的确是这样。

那么，岂不也有着与这些相反的一些携带着各种各样快乐的追求， 538d1
它们虽然阿谀奉承我们的灵魂，并且把它拽向它们自己那里，但它们却
不能说服那些哪怕只是稍许有分寸的人，他们毋宁会敬重父辈们的那些
〈看法〉，并且将它们当作权威进行服从。

是这样。 538d5

然后呢？我说道。每当一个问题通过走向是这个样子的一个人而被
问道[2284]：美的东西是什么，并且当他回答了他向来从立法者那里所听
到的〈答案〉之后，讨论就〈立即对之〉进行了驳斥，而当它在许多场
合多次反驳〈他〉之后，它就把他投进一种意见中，〈使得他以为〉这
种东西并不更为是美的，同它是丑的相比，关于正义的东西、善的东西 538e1
以及〈所有其他〉那些他向来最为敬重的东西[2285]也同样如此，在此之
后，你认为就尊敬和服从命令来说他将如何对待它们呢[2286]？

必然，他回应道，既不再以同样的方式敬重，也不会服从。

那么，我说道，当他既不能够像早先[2287]那样把这些视为是值得敬 538e5
重的和属于自己的，又不能够发现那些真的东西时，还能指望他将走向
某种其他的生活吗，除了走向阿谀奉承者的那种生活之外[2288]？ 539a1

不能指望，他回应道。

于是，我认为他将显得已经从一个守法的人变成了一个违法的人。

必然。

Οὐκοῦν, ἔφην, εἰκὸς τὸ πάθος τῶν οὕτω λόγων ἁπτομένων καί, ὃ ἄρτι ἔλεγον, πολλῆς συγγνώμης ἄξιον;

Καὶ ἐλέου γ', ἔφη.

Οὐκοῦν ἵνα μὴ γίγνηται ὁ ἔλεος οὗτος περὶ τοὺς τριακοντούτας σοι, εὐλαβουμένῳ παντὶ τρόπῳ τῶν λόγων ἁπτέον;

Καὶ μάλ', ἦ δ' ὅς.

b Ἆρ' οὖν οὐ μία μὲν εὐλάβεια αὕτη συχνή, τὸ μὴ νέους ὄντας αὐτῶν γεύεσθαι; οἶμαι γάρ σε οὐ λεληθέναι ὅτι οἱ μειρακίσκοι, ὅταν τὸ πρῶτον λόγων γεύωνται, ὡς παιδιᾷ αὐτοῖς καταχρῶνται, ἀεὶ εἰς ἀντιλογίαν χρώμενοι, καὶ μιμούμενοι τοὺς ἐξελέγχοντας αὐτοὶ ἄλλους ἐλέγχουσι, χαίροντες ὥσπερ σκυλάκια τῷ ἕλκειν τε καὶ σπαράττειν τῷ λόγῳ τοὺς πλησίον ἀεί.

Ὑπερφυῶς μὲν οὖν, ἔφη.

Οὐκοῦν ὅταν δὴ πολλοὺς μὲν αὐτοὶ ἐλέγξωσιν, ὑπὸ πολ-
c λῶν δὲ ἐλεγχθῶσι, σφόδρα καὶ ταχὺ ἐμπίπτουσιν εἰς τὸ μηδὲν ἡγεῖσθαι ὧνπερ πρότερον· καὶ ἐκ τούτων δὴ αὐτοί τε καὶ τὸ ὅλον φιλοσοφίας πέρι εἰς τοὺς ἄλλους διαβέβληνται.

Ἀληθέστατα, ἔφη.

Ὁ δὲ δὴ πρεσβύτερος, ἦν δ' ἐγώ, τῆς μὲν τοιαύτης μανίας οὐκ ἂν ἐθέλοι μετέχειν, τὸν δὲ διαλέγεσθαι ἐθέλοντα καὶ σκοπεῖν τἀληθὲς μᾶλλον μιμήσεται ἢ τὸν παιδιᾶς χάριν παίζοντα καὶ ἀντιλέγοντα, καὶ αὐτός τε μετριώτερος ἔσται
d καὶ τὸ ἐπιτήδευμα τιμιώτερον ἀντὶ ἀτιμοτέρου ποιήσει.

Ὀρθῶς, ἔφη.

Οὐκοῦν καὶ τὰ προειρημένα τούτου ἐπ' εὐλαβείᾳ πάντα προείρηται, τὸ τὰς φύσεις κοσμίους εἶναι καὶ στασίμους οἷς τις μεταδώσει τῶν λόγων, καὶ μὴ ὡς νῦν ὁ τυχὼν καὶ οὐδὲν προσήκων ἔρχεται ἐπ' αὐτό;

Πάνυ μὲν οὖν, ἔφη.

a 9 εὐλαβουμένῳ] εὐλαβουμένοις ci. Baiter b 3 παιδιᾷ A M : παιδεία F : παιδία D b 9 ἐλέγξωσιν A D M : ἐξελέγξωσιν F c 1 ἐλεγχθῶσι A M : ἐξελεγχθῶσι F D c 4 ἔφη A F M : ἔφης D c 7 μιμήσεται A F D M : γρ. μεμνήσεται in marg. A

因此，我说道，以这种方式接触对话的那些人的遭遇[2289]，岂不有 539a5
可能，如我刚才说过的那样[2290]，也值得许多的同情？

甚至还有怜悯，他回应道。

那么，为了避免这种怜悯降临在你的那些三十岁的人身上，你岂不要用所有的办法来进行警惕，当〈他们〉必须接触对话时？

的确，他回应道。 539a10

那么，这岂不肯定是一项重要的防范措施[2291]，那就是，当他们还 539b1
是年轻人时，不要让他们品尝到它？因为，我认为你并非没有注意到，那些年青人，每当他们首次品尝到对话之后，他们就像对待一种儿戏一样滥用它，总是为了一种辩驳而使用它，并且通过模仿那些反驳〈他
们〉的人，他们自己也去反驳其他的人，他们就像一些小狗似的，总是 539b5
对下面这样做感到兴高采烈，那就是，用言辞拖拽并且攻击那些〈恰好出现在他们〉附近的人[2292]。

确实异常地〈感到兴高采烈〉，他说道。

因此，当他们自己一方面反驳了许多人，另一方面又被许多人反
驳之后，他们就极其强烈地和迅速地陷入不再相信他们以前曾相信的那 539c1
些事情；并且事实上也正由于此，他们自己以及同热爱智慧相关的整个〈事业〉[2293]都在其他人那里得到了坏的名声。

非常正确，他说道。

而那年龄较老的人，我说道，一方面，他无疑不会愿意参与到这种 539c5
疯狂中，另一方面，他毋宁将模仿那愿意进行对话并且考察真相的人，而不是模仿那为了玩耍的缘故而进行儿戏和辩驳的人，并且〈由此一
来〉不仅他自己将是更有分寸的，而且他将使得〈他的整个〉追求变得 539d1
更受人尊重，而不是更不受人尊重[2294]。

正确，他说道。

因此，在这之前预先被说出来的每件事情，岂不都是为了一种警惕而被预先说出来了，也即是说，人们让其参与对话的那些人，他们的天
性〈应当〉是守秩序的和稳定的，而不是如现在那样，随便哪个人[2295] 539d5
以及根本不合适的人也前往它那里？

完全如此，他回应道。

Ἀρκεῖ δὴ ἐπὶ λόγων μεταλήψει μεῖναι ἐνδελεχῶς καὶ συντόνως μηδὲν ἄλλο πράττοντι, ἀλλ' ἀντιστρόφως γυμναζομένῳ τοῖς περὶ τὸ σῶμα γυμνασίοις, ἔτη διπλάσια ἢ τότε;

Ἕξ, ἔφη, ἢ τέτταρα λέγεις; e

Ἀμέλει, εἶπον, πέντε θές. μετὰ γὰρ τοῦτο καταβιβαστέοι
ἔσονταί σοι εἰς τὸ σπήλαιον πάλιν ἐκεῖνο, καὶ ἀναγκαστέοι
ἄρχειν τά τε περὶ τὸν πόλεμον καὶ ὅσαι νέων ἀρχαί, ἵνα
μηδ' ἐμπειρίᾳ ὑστερῶσι τῶν ἄλλων· καὶ ἔτι καὶ ἐν τούτοις
βασανιστέοι εἰ ἐμμενοῦσιν ἑλκόμενοι πανταχόσε ἤ τι καὶ 540
παρακινήσουσι.

Χρόνον δέ, ἦ δ' ὅς, πόσον τοῦτον τιθεῖς;

Πεντεκαίδεκα ἔτη, ἦν δ' ἐγώ. γενομένων δὲ πεντηκοντουτῶν τοὺς διασωθέντας καὶ ἀριστεύσαντας πάντα πάντῃ ἐν ἔργοις τε καὶ ἐπιστήμαις πρὸς τέλος ἤδη ἀκτέον, καὶ ἀναγκαστέον ἀνακλίναντας τὴν τῆς ψυχῆς αὐγὴν εἰς αὐτὸ ἀποβλέψαι τὸ πᾶσι φῶς παρέχον, καὶ ἰδόντας τὸ ἀγαθὸν αὐτό, παραδείγματι χρωμένους ἐκείνῳ, καὶ πόλιν καὶ ἰδιώτας
καὶ ἑαυτοὺς κοσμεῖν τὸν ἐπίλοιπον βίον ἐν μέρει ἑκάστους, b
τὸ μὲν πολὺ πρὸς φιλοσοφίᾳ διατρίβοντας, ὅταν δὲ τὸ μέρος ἥκῃ, πρὸς πολιτικοῖς ἐπιταλαιπωροῦντας καὶ ἄρχοντας ἑκάστους τῆς πόλεως ἕνεκα, οὐχ ὡς καλόν τι ἀλλ' ὡς ἀναγκαῖον πράττοντας, καὶ οὕτως ἄλλους ἀεὶ παιδεύσαντας τοιούτους, ἀντικαταλιπόντας τῆς πόλεως φύλακας, εἰς μακάρων νήσους ἀπιόντας οἰκεῖν· μνημεῖα δ' αὐτοῖς καὶ θυσίας
τὴν πόλιν δημοσίᾳ ποιεῖν, ἐὰν καὶ ἡ Πυθία συναναιρῇ, ὡς c
δαίμοσιν, εἰ δὲ μή, ὡς εὐδαίμοσί τε καὶ θείοις.

Παγκάλους, ἔφη, τοὺς ἄρχοντας, ὦ Σώκρατες, ὥσπερ ἀνδριαντοποιὸς ἀπείργασαι.

Καὶ τὰς ἀρχούσας γε, ἦν δ' ἐγώ, ὦ Γλαύκων· μηδὲν

d 10 ἔτη A M : τῇ F : ἔτι D a 4 ἔτη A F (post ἦν δ' ἐγώ) M : ἔτι D δὲ A D M : om. F a 7 αὐγὴν A D M Proclus Damascius : om. F : ἀκτῖνα vulg. b 1 κοσμεῖν A F M : κατακοσμεῖν D b 2 φιλοσοφίᾳ A²: φιλοσοφίαν A F D M c 1 ξυναναιρῇ Aristides : ξυναιρῇ A M : ξυναίρῃ F D c 4 ἀνδριαντοποιὸς A F M : τοποιὸς D ἀπείργασαι A² F D M : ἀπείγασαι A

那么，这对一个人来说是足够的了吗：他持续不断地和紧张地持留在参与对话那儿，不从事其他任何事情，而是以一种同在身体方面的各种体育锻炼相应的方式[2296]来锻炼自己，但在年头上两倍于那时[2297]？ 539d10

你在说六年，他说道，或者四年？ 539e1

那倒无所谓，我说道，请你将之确定为五年吧！事实上在这之后，你将不得不迫使他们重新下降到那个洞穴里面去，并且他们将被迫统治在战争方面的各种事情，以及承担属于年轻人的〈其他〉所有公职，以 539e5
便他们在经验上不落后于其他人。此外，他们也必须在这些事情上被检验，〈看看〉当他们在所有方向上被拖拽时，他们是坚忍不拔呢，还是 540a1
说，在某方面改变了立场[2298]。

而你将这段时间，他说道，确定为多久呢？

十五年，我说道。而当他们到了五十岁之后，那些在所有事情上于 540a5
方方面面都安全通过了〈检验〉[2299]并且成为了最优秀的人——不仅在各种各样的事务上，而且在各种各样的知识上——，他们此后就必须被引向终点，并且必须迫使他们通过抬起灵魂的眼睛[2300]去凝望那给予所有一切以光亮的东西，而一旦他们看见了善本身，也必须迫使他们通过将那种东西用作一种范型[2301]，每个人轮流在其余生中既安顿城邦和个人，也安顿他们自己；一方面，在大多数情况下，他们都把时间消磨在 540b1
热爱智慧上，另一方面，每当轮值来了，他们每个人就〈必须〉为了各种各样的城邦事务而遭受辛苦，并且为了城邦的缘故而进行统治，而他们〈这样〉做，不是将之作为某种美差，而是将之作为一件不得不做的 540b5
事情；并且他们总是以这种方式来教育其他那些〈像他们〉这样的人，当他们将之作为城邦的卫士而留在他们自己的那个位置上之后，他们就将通过动身前往那些幸福岛而居住在那里。而城邦将以公共开支[2302]为他们设立各种各样的纪念物，以及进行祭奠，如果连皮提亚女祭司也给 540c1
出了同样的答案[2303]，那就将之奉为精灵，如果没有，则将之奉为一些幸福的[2304]和像神一样的人。

你就像一位雕刻匠似的[2305]，他说道，苏格拉底啊，造就出了一些极好的进行统治的人。

其实还有一些进行统治的女人，我说道，格劳孔啊。因为请你不要 540c5

γάρ τι οἴου με περὶ ἀνδρῶν εἰρηκέναι μᾶλλον ἃ εἴρηκα ἢ περὶ γυναικῶν, ὅσαι ἂν αὐτῶν ἱκαναὶ τὰς φύσεις ἐγγίγνωνται.

Ὀρθῶς, ἔφη, εἴπερ ἴσα γε πάντα τοῖς ἀνδράσι κοινωνήσουσιν, ὡς διήλθομεν.

d Τί οὖν; ἔφην· συγχωρεῖτε περὶ τῆς πόλεώς τε καὶ πολιτείας μὴ παντάπασιν ἡμᾶς εὐχὰς εἰρηκέναι, ἀλλὰ χαλεπὰ μέν, δυνατὰ δέ πῃ, καὶ οὐκ ἄλλῃ ἢ εἴρηται, ὅταν οἱ ὡς ἀληθῶς φιλόσοφοι δυνάσται, ἢ πλείους ἢ εἷς, ἐν πόλει γενόμενοι τῶν μὲν νῦν τιμῶν καταφρονήσωσιν, ἡγησάμενοι ἀνελευθέρους εἶναι καὶ οὐδενὸς ἀξίας, τὸ δὲ ὀρθὸν περὶ e πλείστου ποιησάμενοι καὶ τὰς ἀπὸ τούτου τιμάς, μέγιστον δὲ καὶ ἀναγκαιότατον τὸ δίκαιον, καὶ τούτῳ δὴ ὑπηρετοῦντές τε καὶ αὔξοντες αὐτὸ διασκευωρήσωνται τὴν ἑαυτῶν πόλιν;

Πῶς; ἔφη.

Ὅσοι μὲν ἄν, ἦν δ' ἐγώ, πρεσβύτεροι τυγχάνωσι δεκετῶν 541 ἐν τῇ πόλει, πάντας ἐκπέμψωσιν εἰς τοὺς ἀγρούς, τοὺς δὲ παῖδας αὐτῶν παραλαβόντες ἐκτὸς τῶν νῦν ἠθῶν, ἃ καὶ οἱ γονῆς ἔχουσι, θρέψωνται ἐν τοῖς σφετέροις τρόποισι καὶ νόμοις, οὖσιν οἵοις διεληλύθαμεν τότε· καὶ οὕτω τάχιστά τε καὶ ῥᾷστα πόλιν τε καὶ πολιτείαν, ἣν ἐλέγομεν, καταστᾶσαν αὐτήν τε εὐδαιμονήσειν καὶ τὸ ἔθνος ἐν ᾧ ἂν ἐγγένηται πλεῖστα ὀνήσειν;

Πολύ γ', ἔφη· καὶ ὡς ἂν γένοιτο, εἴπερ ποτὲ γίγνοιτο, b δοκεῖς μοι, ὦ Σώκρατες, εὖ εἰρηκέναι.

Οὐκοῦν ἅδην ἤδη, εἶπον ἐγώ, ἔχουσιν ἡμῖν οἱ λόγοι περί τε τῆς πόλεως ταύτης καὶ τοῦ ὁμοίου ταύτῃ ἀνδρός; δῆλος γάρ που καὶ οὗτος οἷον φήσομεν δεῖν αὐτὸν εἶναι.

Δῆλος, ἔφη· καὶ ὅπερ ἐρωτᾷς, δοκεῖ μοι τέλος ἔχειν.

d 1 ξυγχωρεῖτε A² F M : ξυγχωρεῖν τε A D   d 3 ᾗ A D M : πῃ Stobaeus : om. F   ὡς A D M : om. F Stobaeus   e 3 διασκευωρήσωνται A F M Stobaeus : διασκευωρίσωνται D   e 5 δεκετῶν D : δέκ' ἐτῶν A M : δὲ καὶ τῶν F : δέκα Stobaeus   a 2 νῦν ἠθῶν] συνήθων Stobaeus   a 3 τρόποισι F : τρόποις A D M Stobaeus   a 4 οἵοις] οὓς Stobaeus   b 2 οἱ λόγοι A F M : ὀλίγοι D

以为，我更多是在针对男人们说了我所说的那些事情，而没有也在针对女人们[2306]，即她们中所有那些在天性上生得足以〈进行统治〉的。

正确，他说道，只要她们同男人们同等地参与所有的事情，就像我们曾说过的那样[2307]。

然后呢？我说道。你们同意下面这点吗，关于城邦以及城邦体制， 540d1
我们并没有完全只是在建空中楼阁[2308]，相反，它们虽然是困难的，但在某种方式上又是可能的，并且别无其他任何方式，除了被说过的那种方式之外[2309]，那就是：当那些真正热爱智慧的人，或者是多个人，或
者是一个人[2310]，在一个城邦中成为了掌权者，一方面，他们会藐视目 540d5
前的那些尊荣，因为他们将它们视作是不自由的[2311]和没有任何价值的；
另一方面，他们最为看重[2312]正确的事情以及从这种事情那里而来的各 540e1
种尊荣，而他们把正义的事情视作是最重大的和最必需的，并且他们事实上通过侍奉它，以及通过使它〈日益〉增长来整顿他们自己的城邦？

如何〈进行整顿呢〉？他回应道。

一方面，我说道，在城邦中所有恰好在年龄上超过十岁的，他们会 540e5
把这些人全都送到乡村去；另一方面，〈当这些人长大后〉他们的孩子 541a1
们[2313]，他们通过接管他们——让他们远离现在的那些习惯，而这些习惯也是他们的父母们所具有的——，而会用他们自己的那些生活方式和各种各样的礼法来培养他们，它们也就是我们前面曾详述过的那样一些
东西。并且一旦我们曾说过的那种城邦以及城邦体制以这种方式最快速 541a5
和最容易地建立起来，〈你们同意〉不仅它自己将繁荣昌盛，而且它也将最有益于出生在它里面的人民吗[2314]？

的确如此，他回应道；并且它如何才会产生出来，假如它毕竟会产
生出来的话，在我看来，苏格拉底啊，你已经说得很好了。 541b1

那么，我说道，关于这种城邦以及与这种城邦相似的人，我们的讨论岂不已经是足够的了？因为，这种人无论如何也都显然是我们将声称他应当是的那样一种人。

显然，他说道；并且你所问的，在我看来它也已经抵达其终点。 541b5

St. II

Η VIII. p. 543

Εἶεν· ταῦτα μὲν δὴ ὡμολόγηται, ὦ Γλαύκων, τῇ μελ- a
λούσῃ ἄκρως οἰκεῖν πόλει κοινὰς μὲν γυναῖκας, κοινοὺς δὲ παῖδας εἶναι καὶ πᾶσαν παιδείαν, ὡσαύτως δὲ τὰ ἐπιτηδεύματα κοινὰ ἐν πολέμῳ τε καὶ εἰρήνῃ, βασιλέας δὲ αὐτῶν εἶναι τοὺς ἐν φιλοσοφίᾳ τε καὶ πρὸς τὸν πόλεμον γεγονότας ἀρίστους.

Ὡμολόγηται, ἔφη.

Καὶ μὴν καὶ τάδε συνεχωρήσαμεν, ὡς, ὅταν δὴ καταστῶσιν b
οἱ ἄρχοντες, ἄγοντες τοὺς στρατιώτας κατοικιοῦσιν εἰς οἰκήσεις οἵας προείπομεν, ἴδιον μὲν οὐδὲν οὐδενὶ ἐχούσας, κοινὰς δὲ πᾶσι· πρὸς δὲ ταῖς τοιαύταις οἰκήσεσι, καὶ τὰς κτήσεις, εἰ μνημονεύεις, διωμολογησάμεθά που οἷαι ἔσονται αὐτοῖς.

Ἀλλὰ μνημονεύω, ἔφη, ὅτι γε οὐδὲν οὐδένα ᾤόμεθα δεῖν κεκτῆσθαι ὧν νῦν οἱ ἄλλοι, ὥσπερ δὲ ἀθλητάς τε πολέμου
καὶ φύλακας, μισθὸν τῆς φυλακῆς δεχομένους εἰς ἐνιαυτὸν c
τὴν εἰς ταῦτα τροφὴν παρὰ τῶν ἄλλων, αὑτῶν τε δεῖν καὶ τῆς ἄλλης πόλεως ἐπιμελεῖσθαι.

Ὀρθῶς, ἔφην, λέγεις. ἀλλ' ἄγ', ἐπειδὴ τοῦτ' ἀπετελέσαμεν, ἀναμνησθῶμεν πόθεν δεῦρο ἐξετραπόμεθα, ἵνα πάλιν τὴν αὐτὴν ἴωμεν.

Οὐ χαλεπόν, ἔφη. σχεδὸν γάρ, καθάπερ νῦν, ὡς διεληλυθὼς περὶ τῆς πόλεως τοὺς λόγους ἐποιοῦ, λέγων ὡς ἀγαθὴν μὲν τὴν τοιαύτην, οἵαν τότε διῆλθες, τιθείης πόλιν,

a 4 εἰρήνῃ A D M : ἐν εἰρήνῃ F Stobaeus b 8 ὧν A F M : ὡς D c 1 εἰς A² F D M : om. A c 4 ἀλλ' ἄγε D Thomas Magister : ἀλλά γ' A F M c 7 διεληλυθὼς A F M Stobaeus : διελήλυθας D c 8 ὡς A D M : om. F

卷八

好吧！那么，下面这些无论如何都已经被同意了，格劳孔啊，那就 543a1
是：对于那将被完美地管理的城邦来说[2315]，一方面，女人们是共同的，另一方面，孩子们以及〈他们的〉整个教育也是共同的，同样地，各种各样的事务也是共同的——无论是在战争中，还是在和平时期——，而
国王们，则是他们中在热爱智慧上以及在战争方面都已经变得是最优秀 543a5
的那些人[2316]。

已经被同意了，他说道。

而且下面这点我们也接受了[2317]，那就是：事实上，每当那些进行 543b1
统治的人被确定下来之后，他们就带领战士们迁居到我们先前说过的那些住处那里，而那些住处对任何人来说都不含有任何私人的东西，相反，对所有人来说〈一切都是〉共有的；而除了这样一些住处之外，就
各种财产来说，如果你还记得的话，我们无疑也已经达成过一致意见，543b5
即对他们来说它们将是哪样一些东西。

我当然记得，他说道，那就是：我们认为，任何人无论如何都不应当拥有了现今其他人所拥有的那些东西中的任何一样，但像战争中的那
些参赛者和卫士们一样，他们将之作为卫士职位的酬谢[2318]每年从其他的 543c1
〈同邦公民〉那里接受维持〈同卫士职位相关的〉各种事情的生活必需品[2319]，因为他们既必须关心他们自己，也必须关心城邦中的其他〈人〉。

正确，我说道，你说得。那就来吧！既然我们已经完成了这件事，
那就让我们回想一下，我们从哪个地方那儿转了弯，以便我们能够重新 543c5
走那同一条路[2320]。

这并不困难，他说道。因为差不多，就像现在这样[2321]，那时你进行了各种各样的讨论，仿佛你已经完成了对城邦的详细描述似的，于是你说[2322]，你无疑会把你那时所详细描述过的那样一种城邦确定为是一

d καὶ ἄνδρα τὸν ἐκείνῃ ὅμοιον, καὶ ταῦτα, ὡς ἔοικας, καλλίω
544 ἔτι ἔχων εἰπεῖν πόλιν τε καὶ ἄνδρα. ἀλλ' οὖν δὴ τὰς ἄλλας ἡμαρτημένας ἔλεγες, εἰ αὕτη ὀρθή. τῶν δὲ λοιπῶν πολιτειῶν ἔφησθα, ὡς μνημονεύω, τέτταρα εἴδη εἶναι, ὧν καὶ πέρι λόγον ἄξιον εἴη ἔχειν καὶ ἰδεῖν αὐτῶν τὰ ἁμαρτήματα καὶ τοὺς ἐκείναις αὖ ὁμοίους, ἵνα πάντας αὐτοὺς ἰδόντες, καὶ ὁμολογησάμενοι τὸν ἄριστον καὶ τὸν κάκιστον ἄνδρα, ἐπισκεψαίμεθα εἰ ὁ ἄριστος εὐδαιμονέστατος καὶ ὁ κάκιστος ἀθλιώτατος, ἢ ἄλλως ἔχοι· καὶ ἐμοῦ ἐρομένου τίνας λέγοις
b τὰς τέτταρας πολιτείας, ἐν τούτῳ ὑπέλαβε Πολέμαρχός τε καὶ Ἀδείμαντος, καὶ οὕτω δὴ σὺ ἀναλαβὼν τὸν λόγον δεῦρ' ἀφῖξαι.

Ὀρθότατα, εἶπον, ἐμνημόνευσας.

Πάλιν τοίνυν, ὥσπερ παλαιστής, τὴν αὐτὴν λαβὴν πάρεχε, καὶ τὸ αὐτὸ ἐμοῦ ἐρομένου πειρῶ εἰπεῖν ἅπερ τότε ἔμελλες λέγειν.

Ἐάνπερ, ἦν δ' ἐγώ, δύνωμαι.

Καὶ μήν, ἦ δ' ὅς, ἐπιθυμῶ γε καὶ αὐτὸς ἀκοῦσαι τίνας ἔλεγες τὰς τέτταρας πολιτείας.

c Οὐ χαλεπῶς, ἦν δ' ἐγώ, ἀκούσῃ. εἰσὶ γὰρ ἃς λέγω, αἵπερ καὶ ὀνόματα ἔχουσιν, ἥ τε ὑπὸ τῶν πολλῶν ἐπαινουμένη, ἡ Κρητική τε καὶ Λακωνικὴ αὕτη· καὶ δευτέρα καὶ δευτέρως ἐπαινουμένη, καλουμένη δ' ὀλιγαρχία, συχνῶν γέμουσα κακῶν πολιτεία· ἥ τε ταύτῃ διάφορος καὶ ἐφεξῆς γιγνομένη δημοκρατία, καὶ ἡ γενναία δὴ τυραννὶς καὶ πασῶν τούτων διαφέρουσα, τέταρτόν τε καὶ ἔσχατον πόλεως νόσημα. ἤ τινα ἄλλην ἔχεις ἰδέαν πολιτείας, ἥτις καὶ ἐν εἴδει δια-

d 1 τὸν ἐκείνῃ . . . a 1 ἄνδρα bis scripsit D a 5 αὖ ὁμοίους A M : ἀνομοίους F D a 6 ὁμολογησάμενοι A D M : ἀνομολογησάμενοι F b 2 σὺ ἀναλαβὼν A F M : συναναλαβὼν D b 9 γε F Stobaeus : om. A D M b 10 ἔλεγες] λέγεις Stobaeus c 3 καὶ δευτέρως] ἡ δευτέρως ci. Hermann c 5 ταύτῃ] ταύτης ci. Ast c 6 πασῶν F D Stobaeus : ἡ πασῶν A M c 7 διαφέρουσα recc. Stobaeus : διαφεύγουσα A F D M τέταρτόν τε om. Stobaeus c 8 ἥτις A F M Stobaeus : εἴ τις D

个好的城邦，并且一个与那种城邦相似的人亦然，即使[2323]——如看起 543d1
来的那样——你还能够说出一种更好的城邦和一种更好的人来。无论如 544a1
何[2324]，事实上其他的那些城邦，你说它们都是错失了目标的，如果这种城邦是正确的话。而其余的那些城邦体制，你宣称，如我所记得的那样，其中有四种形式，至少对于它们值得像下面这样做，那就是，不仅
要给出一种说明，而且既要看清它们的各种各样的错误，也要看清与它 544a5
们相似的那些人，由此一来，当我们看清了他们全部[2325]之后，以及就那最优秀的人和最低劣的人取得了一致意见之后[2326]，我们就能够考察，最优秀的人是最幸福的人，并且最低劣的人是最不幸的人呢，还是说，
会是别的情形。而正当我要问，你会说出哪样四种城邦体制，就在这时 544b1
波勒马尔科斯和阿德曼托斯插话了进来[2327]，而这样一来，其实是你接过了那个话题，并且一直走到了现在这儿。

非常正确，我说道，你记得。

那好，就像一位摔跤手那样，请你再次摆出同样的姿势[2328]，并且 544b5
当我询问同样的事情时，请你尝试告诉〈我们〉，那时你究竟打算说些什么。

只要，我说道，我有能力。

真的[2329]，他说道，至少我本人确实愿意听听，你把那四种城邦体 544b10
制说成什么。

你将不难，我说道，听到〈它们〉。因为我说到的〈那四种城邦体 544c1
制〉，它们也都恰恰是一些具有名称的：被许多人所称赞的城邦体制，就是克里特人以及拉孔人那众所周知的城邦体制[2330]；而那处在第二位并且在第二等的意义上被称赞的城邦体制，它被称作寡头政制，一种充
满了许许多多的恶的城邦体制；与这〈第二〉种城邦体制正相反对并且 544c5
紧接着它而出现的那种城邦体制，是民主政制；而〈所谓〉高贵的僭主政制，它凌驾于所有这些城邦体制之上[2331]，它其实既是一个城邦的第四种疾病，也是其最极端的疾病。或者，你还知道一种城邦体制的某种

φανεῖ τινι κεῖται; δυναστεῖαι γὰρ καὶ ὠνηταὶ βασιλεῖαι d
καὶ τοιαῦταί τινες πολιτεῖαι μεταξύ τι τούτων πού εἰσιν, εὕροι δ' ἂν τις αὐτὰς οὐκ ἐλάττους περὶ τοὺς βαρβάρους ἢ τοὺς Ἕλληνας.

Πολλαὶ γοῦν καὶ ἄτοποι, ἔφη, λέγονται.

Οἶσθ' οὖν, ἦν δ' ἐγώ, ὅτι καὶ ἀνθρώπων εἴδη τοσαῦτα ἀνάγκη τρόπων εἶναι, ὅσαπερ καὶ πολιτειῶν; ἢ οἴει ἐκ δρυός ποθεν ἢ ἐκ πέτρας τὰς πολιτείας γίγνεσθαι, ἀλλ'
οὐχὶ ἐκ τῶν ἠθῶν τῶν ἐν ταῖς πόλεσιν, ἃ ἂν ὥσπερ ῥέψαντα e
τἆλλα ἐφελκύσηται;

Οὐδαμῶς ἔγωγ', ἔφη, ἄλλοθεν ἢ ἐντεῦθεν.

Οὐκοῦν εἰ τὰ τῶν πόλεων πέντε, καὶ αἱ τῶν ἰδιωτῶν κατασκευαὶ τῆς ψυχῆς πέντε ἂν εἶεν.

Τί μήν;

Τὸν μὲν δὴ τῇ ἀριστοκρατίᾳ ὅμοιον διεληλύθαμεν ἤδη, ὃν ἀγαθόν τε καὶ δίκαιον ὀρθῶς φαμεν εἶναι.

Διεληλύθαμεν. 545

Ἆρ' οὖν τὸ μετὰ τοῦτο διιτέον τοὺς χείρους, τὸν φιλόνικόν τε καὶ φιλότιμον, κατὰ τὴν Λακωνικὴν ἑστῶτα πολιτείαν, καὶ ὀλιγαρχικὸν αὖ καὶ δημοκρατικὸν καὶ τὸν τυραννικόν, ἵνα τὸν ἀδικώτατον ἰδόντες ἀντιθῶμεν τῷ δικαιοτάτῳ καὶ ἡμῖν τελέα ἡ σκέψις ᾖ, πῶς ποτε ἡ ἄκρατος δικαιοσύνη πρὸς ἀδικίαν τὴν ἄκρατον ἔχει εὐδαιμονίας τε πέρι τοῦ ἔχοντος καὶ ἀθλιότητος, ἵνα ἢ Θρασυμάχῳ πειθόμενοι
διώκωμεν ἀδικίαν ἢ τῷ νῦν προφαινομένῳ λόγῳ δικαιοσύνην; b

Παντάπασι μὲν οὖν, ἔφη, οὕτω ποιητέον.

Ἆρ' οὖν, ὥσπερ ἠρξάμεθα ἐν ταῖς πολιτείαις πρότερον σκοπεῖν τὰ ἤθη ἢ ἐν τοῖς ἰδιώταις, ὡς ἐναργέστερον ὄν, καὶ νῦν οὕτω πρῶτον μὲν τὴν φιλότιμον σκεπτέον πολιτείαν —ὄνομα γὰρ οὐκ ἔχω λεγόμενον ἄλλο· ἢ τιμοκρατίαν ἢ

d 2 τι A F Stobaeus : om. D   d 7 τρόπων A F M Stobaeus ? : τρόπον D   e 1 τῶν ἐν A² F D M Stobaeus : ἐν A   e 7 ἤδη A² F D M : δὴ A   e 8 φαμὲν A D M : ἔφαμεν F   a 4 τὸν τυραννικόν A D M : τυραννικὸν F   a 6 ἄκρατος A F M : ἀκρατῶς D   b 6 ἄλλο] ἄλλο· ⟨ἀλλ'⟩ ci. Thompson

其他理念，而它竟然处在某种明显不一样的形式中[2332]？因为，无疑在 544d1
上述这些城邦体制之间，还有着各种各样的权阀政制[2333]和一些能够被购买的国王政制，以及诸如此类的〈其他〉某些城邦体制，一个人会在那些非希腊人那里发现它们，不少于在希腊人那里发现它们。

确实许多奇怪的城邦体制，他说道，被提到了。 544d5

那么，你知道下面这点吗，我说道，那就是：城邦体制的类型是多少，人的类型的形式就必然是多少[2334]？还是说，你认为各种各样的城
邦体制竟然从树木或者从石头那里产生出来[2335]，而不是从城邦公民中 544e1
的各种各样的习性那里产生出来，仿佛一旦它们占了上风[2336]，它们就会把其他的东西拖在身后似的？

我肯定认为，他回应道，绝不会来自其他地方，除了来自那里。

因此，如果城邦的基本情状是五种，那么，个人灵魂的基本情状其 544e5
实也会是五种[2337]。

为何不呢？

事实上，我们已经详述过的那种类似于贵族政制的人[2338]，我们无疑正确地声称他既是优秀的，也是正义的。

我们已经详述过了。 545a1

那么，此后我们必须详述那些比较差的人吗，〈首先〉是那既热爱胜利也热爱荣誉的人[2339]，这种人已经置身于拉孔人的城邦体制那儿[2340]；其次是倾向于寡头政制的人，然后是喜欢民主政制的人，最后是支持僭
主政制的人，由此一来不仅当我们看到那最不正义的人之后，我们就能 545a5
够把他同那最正义的人相比较[2341]，而且我们的考察也能够完满结束，即〈看到〉纯粹的正义同纯粹的不正义[2342]就那拥有〈它们〉的人的幸福和不幸而言究竟是一种什么样的关系，从而让我们或者通过听从特剌绪马
科斯而去追求不正义，或者通过听从现在所显明的道理去追求正义[2343]？ 545b1

完全如此，他回应道，必须这样做。

那么，是不是就像我们曾首先在各种各样的城邦体制中而不是在
那些个人那里开始考察诸习性那样，因为那会是更加清楚明显的，我们 545b5
现在也用同样的方式，首先，一方面，必须考察那种热爱荣誉的城邦体制——因为我不知道还有其他什么名字可被说出来，所以，必须要么将

τιμαρχίαν αὐτὴν κλητέον—πρὸς δὲ ταύτην τὸν τοιοῦτον
c ἄνδρα σκεψόμεθα, ἔπειτα ὀλιγαρχίαν καὶ ἄνδρα ὀλιγαρχικόν,
αὖθις δὲ εἰς δημοκρατίαν ἀποβλέψαντες θεασόμεθα ἄνδρα
δημοκρατικόν, τὸ δὲ τέταρτον εἰς τυραννουμένην πόλιν
ἐλθόντες καὶ ἰδόντες, πάλιν εἰς τυραννικὴν ψυχὴν βλέποντες,
πειρασόμεθα περὶ ὧν προυθέμεθα ἱκανοὶ κριταὶ γενέσθαι;

Κατὰ λόγον γέ τοι ἄν, ἔφη, οὕτω γίγνοιτο ἥ τε θέα καὶ
ἡ κρίσις.

Φέρε τοίνυν, ἦν δ' ἐγώ, πειρώμεθα λέγειν τίνα τρόπον
τιμοκρατία γένοιτ' ἂν ἐξ ἀριστοκρατίας. ἢ τόδε μὲν ἁπλοῦν,
d ὅτι πᾶσα πολιτεία μεταβάλλει ἐξ αὐτοῦ τοῦ ἔχοντος τὰς
ἀρχάς, ὅταν ἐν αὐτῷ τούτῳ στάσις ἐγγένηται· ὁμονοοῦντος
δέ, κἂν πάνυ ὀλίγον ᾖ, ἀδύνατον κινηθῆναι;

Ἔστι γὰρ οὕτω.

Πῶς οὖν δή, εἶπον, ὦ Γλαύκων, ἡ πόλις ἡμῖν κινηθή-
σεται, καὶ πῇ στασιάσουσιν οἱ ἐπίκουροι καὶ οἱ ἄρχοντες
πρὸς ἀλλήλους τε καὶ πρὸς ἑαυτούς; ἢ βούλει, ὥσπερ
Ὅμηρος, εὐχώμεθα ταῖς Μούσαις εἰπεῖν ἡμῖν ὅπως δὴ
e πρῶτον στάσις ἔμπεσε, καὶ φῶμεν αὐτὰς τραγικῶς ὡς
πρὸς παῖδας ἡμᾶς παιζούσας καὶ ἐρεσχηλούσας, ὡς δὴ
σπουδῇ λεγούσας, ὑψηλολογουμένας λέγειν;

Πῶς;

546 Ὧδέ πως. χαλεπὸν μὲν κινηθῆναι πόλιν οὕτω συστᾶσαν·
ἀλλ' ἐπεὶ γενομένῳ παντὶ φθορά ἐστιν, οὐδ' ἡ τοιαύτη
σύστασις τὸν ἅπαντα μενεῖ χρόνον, ἀλλὰ λυθήσεται. λύσις
δὲ ἥδε· οὐ μόνον φυτοῖς ἐγγείοις, ἀλλὰ καὶ ἐν ἐπιγείοις
ζῴοις φορὰ καὶ ἀφορία ψυχῆς τε καὶ σωμάτων γίγνονται,
ὅταν περιτροπαὶ ἑκάστοις κύκλων περιφορὰς συνάπτωσι,
βραχυβίοις μὲν βραχυπόρους, ἐναντίοις δὲ ἐναντίας. γένους
δὲ ὑμετέρου εὐγονίας τε καὶ ἀφορίας, καίπερ ὄντες σοφοί,
b οὓς ἡγεμόνας πόλεως ἐπαιδεύσασθε, οὐδὲν μᾶλλον λογισμῷ

b 7 ταύτην A F D : ταύτῃ A² M   c 1 σκεψόμεθα A D M : σκεψώμεθα F   c 2 θεασόμεθα A M : θεασώμεθα F D   d 6 καὶ οἱ A D M : καὶ F

它称作荣誉政制，要么将它称作荣誉统治——，另一方面，我们将仔细检查与这种城邦体制相关的那样一种人；其次，是寡头政制和倾向于寡 545c1
头政制的人；再次，当我们打量了民主政制之后，我们将观望那喜欢民主政制的人；至于第四，当我们前往那处于僭主统治下的城邦并且看清它之后，重新通过凝望那支持僭主政制的灵魂，我们将试着在我们为自 545c5
己所提出来的那些事情上成为有能力的裁断者？

这样一来无论如何都会变得是合乎道理的，他回应道，无论是就观看来说，还是就裁断而言。

那好，来吧！我说道，让我们试着说说，以何种方式一种荣誉政制会从一种贵族政制中产生出来。或者，下面这点无疑是简单明了的，那 545d1
就是：每一种城邦体制都由于掌握着各种统治权的〈那个阶层〉自身而发生变化，每当在这个阶层自身那里出现一种内讧时。但当它是一条心时，即使它是非常小的，那也不可能被改变？

的确是这样。

那么，我说道，格劳孔啊，我们的城邦究竟如何将被改变呢，以 545d5
及那些助手和那些进行统治的人究竟在何种方式上将起内讧，无论是在他们彼此之间，还是在他们自身之间？或者，你希望，就像荷马〈所做的〉那样，让我们祈求缪斯们告诉我们，内讧究竟如何首先降临[2344] 545e1
〈在了他们身上〉，并且让我们宣称：她们以一种悲剧的风格——其实她们就像在对待孩子们那样在戏谑和取笑我们——，她们竟然何等严肃地在说话啊[2345]，通过高傲地讲话[2346]而进行了回答？

〈她们是〉如何〈说的呢〉？

差不多像这样。无疑以这种方式组织起来的一个城邦难以被改变； 546a1
但是，既然对于所有生成出来的东西来说都有毁灭[2347]，那么，即使是这样一种组织也不会在整个时间中持留，而是终将解体。但解体是这
样：不仅对于地里的植物来说，而且对于地上的动物来说，都会出现 546a5
灵魂以及身体的多产和枯竭[2348]，每当它们各自循环的〈生命〉周期进行循环时[2349]，那些生命短促的有短的运行轨道，而那些与之相反的则有相反的运行轨道[2350]。至于你们〈作为人〉这个族类的丰硕以及枯竭[2351]，你们将之教育为一个城邦的领导者的那些人，尽管他们是智慧
的，但由于使用一种与感觉结合在一起的计算[2352]，他们将仍然[2353]没 546b1

μετ' αἰσθήσεως τεύξονται, ἀλλὰ πάρεισιν αὐτοὺς καὶ γεν-
νήσουσι παῖδάς ποτε οὐ δέον. ἔστι δὲ θείῳ μὲν γεννητῷ
περίοδος ἣν ἀριθμὸς περιλαμβάνει τέλειος, ἀνθρωπείῳ δὲ
ἐν ᾧ πρώτῳ αὐξήσεις δυνάμεναί τε καὶ δυναστευόμεναι, τρεῖς
ἀποστάσεις, τέτταρας δὲ ὅρους λαβοῦσαι ὁμοιούντων τε καὶ
ἀνομοιούντων καὶ αὐξόντων καὶ φθινόντων, πάντα προσήγορα
καὶ ῥητὰ πρὸς ἄλληλα ἀπέφηναν· ὧν ἐπίτριτος πυθμὴν c
πεμπάδι συζυγεὶς δύο ἁρμονίας παρέχεται τρὶς αὐξηθείς,
τὴν μὲν ἴσην ἰσάκις, ἑκατὸν τοσαυτάκις, τὴν δὲ ἰσομήκη
μὲν τῇ, προμήκη δέ, ἑκατὸν μὲν ἀριθμῶν ἀπὸ διαμέτρων
ῥητῶν πεμπάδος, δεομένων ἑνὸς ἑκάστων, ἀρρήτων δὲ δυοῖν,
ἑκατὸν δὲ κύβων τριάδος. σύμπας δὲ οὗτος ἀριθμὸς γεω-
μετρικός, τοιούτου κύριος, ἀμεινόνων τε καὶ χειρόνων γε-
νέσεων, ἃς ὅταν ἀγνοήσαντες ὑμῖν οἱ φύλακες συνοικίζωσιν d
νύμφας νυμφίοις παρὰ καιρόν, οὐκ εὐφυεῖς οὐδ' εὐτυχεῖς
παῖδες ἔσονται· ὧν καταστήσουσι μὲν τοὺς ἀρίστους οἱ
πρότεροι, ὅμως δὲ ὄντες ἀνάξιοι, εἰς τὰς τῶν πατέρων αὖ
δυνάμεις ἐλθόντες, ἡμῶν πρῶτον ἄρξονται ἀμελεῖν φύλακες
ὄντες, παρ' ἔλαττον τοῦ δέοντος ἡγησάμενοι τὰ μουσικῆς,
δεύτερον δὲ τὰ γυμναστικῆς, ὅθεν ἀμουσότεροι γενήσονται
ὑμῖν οἱ νέοι. ἐκ δὲ τούτων ἄρχοντες οὐ πάνυ φυλακικοὶ
καταστήσονται πρὸς τὸ δοκιμάζειν τὰ Ἡσιόδου τε καὶ τὰ παρ' e
ὑμῖν γένη, χρυσοῦν τε καὶ ἀργυροῦν καὶ χαλκοῦν καὶ σιδηροῦν· 547
ὁμοῦ δὲ μιγέντος σιδηροῦ ἀργυρῷ καὶ χαλκοῦ χρυσῷ ἀνο-
μοιότης ἐγγενήσεται καὶ ἀνωμαλία ἀνάρμοστος, ἃ γενόμενα,
οὗ ἂν ἐγγένηται, ἀεὶ τίκτει πόλεμον καὶ ἔχθραν. ταύτης τοι
γενεῆς χρὴ φάναι εἶναι στάσιν, ὅπου ἂν γίγνηται ἀεί.

b 3 θείῳ μὲν οὖν γεννητῷ (sic constanter) περίοδός ἐστιν Proclus c 3 ἑκατὸν A² M Proclus : ἕκαστον A F D c 4 τῇ, προμήκη A F D : τῇ προμήκει M ἑκατὸν A² F D M : ἕκαστον A c 5 πεμπάδος A F M : πεμπάδων D d 1 ὑμῖν A D M : ἡμῖν F d 3 κατα-στήσουσι F : καταστήσονται A D M d 7 δεύτερον δὲ τὰ] δεύτερά τε ci. Madvig d 8 ὑμῖν F D M : ἡμῖν A a 2 σιδηροῦ ἀργυρῷ A M : σιδήρου ἀργύρῳ D : σιδήρου ἀργύρου F a 5 γενεῆς Proclus : γενεᾶς A F D M ἀεί om. Proclus

有切中它们[2354]，相反，它们与他们失之交臂，并且他们也将在某个时
候生出一些不应当生出的孩子来。不过，虽然对于神圣的被生出来的
东西来说[2355]，有着一种被一个完满的数所包围的周期[2356]，但对于属
人的〈被生出来的东西〉而言，〈那包围着其周期的数〉则是这样：在 546b5
它那里，首先有在根上以及在幂上的增长[2357]，而这些增长包含着三个
间距[2358]，四个极点[2359]，由于它们既导致相同也导致不相同，既引起
增长也引起衰减，从而它们让所有一切都显得彼此是达成一致的和有 546c1
理的[2360]。在它们中，数字三同四同五相结合[2361]，〈然后〉进行三次增
长[2362]，就给出了两种和谐[2363]：一种和谐是同数相乘，而且是一百的
如此多倍[2364]；另一种和谐，它虽然同前者有共同的因素，却是长方
形[2365]，也即是说，它的一个边长是一百个边长为五的正方形的对角线
所构成的正方形的数，如果对角线〈最接近〉有理数，则各自减一，是 546c5
无理数[2366]，则各自减二[2367]，而另一个边长则是一百个三的立方[2368]。
这整个几何数[2369]，决定着这样一种事情，即决定着更好的生育以及更
劣的生育，每当你们的那些卫士由于对它们[2370]无知而违反时机地[2371] 546d1
让新娘同新郎生活在一起时，〈他们生出来的〉孩子们就将既不是生得
好的，也不是一帆风顺的。他们中那些最优秀的，虽然前辈们会将之任
命为〈他们的继承者〉，但由于他们是不配的，一旦轮到他们登上了其
父辈们的权位，他们就将开始忽略我们，即使他们是〈我们的〉卫士， 546d5
因为他们对下面这些事情考虑得比应然的要少[2372]，首先是文艺方面的
各种事情，其次是体育方面的各种事情，由此一来，你们的那些年轻
人[2373]就都将成为一些〈比他们应然的〉更无文艺修养的人。而从这些
人而来的那些进行统治的人，他们将完全无法被任命为卫士去检验赫 546e1
西俄德〈所说〉的那些种族以及在你们自己那里的种族[2374]，即黄金的、 547a1
白银的、青铜的以及黑铁的种族。但是，当黑铁族与白银族、青铜族与
黄金族完全混合在一起之后，就将出现不相同以及不和谐的不规则，而
一旦这些事情产生出来——不管它们出现在哪里——，总是会生起战争
和仇恨。确实这个家系[2375]，必须宣称内讧始终是它的，无论内讧产生 547a5
在何处。

Καὶ ὀρθῶς γ', ἔφη, αὐτὰς ἀποκρίνεσθαι φήσομεν.

Καὶ γάρ, ἦν δ' ἐγώ, ἀνάγκη Μούσας γε οὔσας.

b Τί οὖν, ἦ δ' ὅς, τὸ μετὰ τοῦτο λέγουσιν αἱ Μοῦσαι;

Στάσεως, ἦν δ' ἐγώ, γενομένης εἱλκέτην ἄρα ἑκατέρω
τὼ γένει, τὸ μὲν σιδηροῦν καὶ χαλκοῦν ἐπὶ χρηματισμὸν
καὶ γῆς κτῆσιν καὶ οἰκίας χρυσίου τε καὶ ἀργύρου, τὼ δ' αὖ,
τὸ χρυσοῦν τε καὶ ἀργυροῦν, ἅτε οὐ πενομένω ἀλλὰ φύσει
ὄντε πλουσίω, τὰς ψυχὰς ἐπὶ τὴν ἀρετὴν καὶ τὴν ἀρχαίαν
κατάστασιν ἠγέτην· βιαζομένων δὲ καὶ ἀντιτεινόντων ἀλ-
λήλοις, εἰς μέσον ὡμολόγησαν γῆν μὲν καὶ οἰκίας κατα-
c νειμαμένους ἰδιώσασθαι, τοὺς δὲ πρὶν φυλαττομένους ὑπ'
αὐτῶν ὡς ἐλευθέρους φίλους τε καὶ τροφέας, δουλωσάμενοι
τότε περιοίκους τε καὶ οἰκέτας ἔχοντες, αὐτοὶ πολέμου τε
καὶ φυλακῆς αὐτῶν ἐπιμελεῖσθαι.

Δοκεῖ μοι, ἔφη, αὕτη ἡ μετάβασις ἐντεῦθεν γίγνεσθαι.

Οὐκοῦν, ἦν δ' ἐγώ, ἐν μέσῳ τις ἂν εἴη ἀριστοκρατίας τε καὶ ὀλιγαρχίας αὕτη ἡ πολιτεία;

Πάνυ μὲν οὖν.

Μεταβήσεται μὲν δὴ οὕτω· μεταβᾶσα δὲ πῶς οἰκήσει; ἢ
d φανερὸν ὅτι τὰ μὲν μιμήσεται τὴν προτέραν πολιτείαν, τὰ δὲ
τὴν ὀλιγαρχίαν, ἅτ' ἐν μέσῳ οὖσα, τὸ δέ τι καὶ αὑτῆς ἕξει ἴδιον;

Οὕτως, ἔφη.

Οὐκοῦν τῷ μὲν τιμᾶν τοὺς ἄρχοντας καὶ γεωργιῶν ἀπέχεσθαι τὸ προπολεμοῦν αὐτῆς καὶ χειροτεχνιῶν καὶ τοῦ ἄλλου χρηματισμοῦ, συσσίτια δὲ κατεσκευάσθαι καὶ γυμναστικῆς τε καὶ τῆς τοῦ πολέμου ἀγωνίας ἐπιμελεῖσθαι, πᾶσι τοῖς τοιούτοις τὴν προτέραν μιμήσεται;

a 6 ἀποκρίνεσθαι A F M: ἀποκρίνασθαι D φήσομεν F D M: φήσωμεν A b 2 εἱλκέτην A M: εἷλκε τὴν F: εἵλκεται D b 3 τὼ γένει F D: τῷ γένει A: τὼ γένεε A^2 M b 4 χρυσίου A F D: χρύσου A^2 M τὼ δ' αὖ, τὸ Schneider: τὸ δ' αὐτὸ A F M: τὸ δ' αὖ τὸ D: τὸ δ' αὖ m b 5 ἀργύρεον A: ἀργυροῦν ὂν A^2 M: ἀργύριον D: ἀργυρέων F πενομένω . . . b 6 πλουσίω A^2 F D M: πενομένων . . . πλουσίων A b 8 καταναιμαμένους ἰδιώσασθαι] καταναιμάμενο ἐξιδιώσασθαι ci. Madvig c 9 μεταβήσεται A M: μεταβηθήσετα. D: μεταθήσεται F d 4 τῷ A: τὸ F D

而且我们还将宣称，他说道，她们肯定回答得正确。

必然如此，我说道，因为她们毕竟是缪斯。

那么，他说道，此后缪斯们又说了什么呢？ 547b1

当内讧，我说道，出现以后，于是，一方面，这两个种族，即黑铁种族和青铜种族[2376]，每个都把〈城邦体制〉向着赚钱以及向着对土地和房屋的拥有、对金子和银子的拥有进行拖拽；另一方面，另外那两个种族，即黄金种族以及白银种族——鉴于它俩并不是贫穷的，相反，它 547b5
俩生来就在灵魂方面是富有的[2377]——，每个都把〈城邦体制〉向着德性和古代的状态进行引领[2378]。而双方通过使用强力和互相抵制，他们以一种折中的方式就下面这点达成了一致意见，那就是：一方面，他们通过进行分配，〈他们自己〉把土地和房屋据为己有；另一方面，先前 547c1
作为〈他们的〉自由的朋友以及〈他们的〉抚养者而被他们自己所守护的那些人，那时他们却奴役他们，把他们当作依附者[2379]以及家奴，而他们自己则致力于战争以及对那些人的防范。

在我看来，他说道，这种改变就是从这里产生的。 547c5

那么，我说道，这种城邦体制岂不会是某种处在贵族政制和寡头政制中间的城邦体制？

完全如此。

因此，确实将这样发生改变；但在改变之后它将如何被治理呢？或 547d1
者清楚的是：一则它将模仿以前那种城邦体制[2380]，一则将模仿寡头政制，既然它处在它们中间，不过它也将具有它自己独有的某种品质？

是这样，他回应道。

那么，一方面，尊敬那些进行统治的人，并且禁止它的那个为保 547d5
卫〈它〉而战斗的阶层从事各种各样的耕作、各种各样的手艺以及其他〈任何一种〉赚钱活动，而是为它建立共餐，并且让它致力于体育以及在战争方面为了取胜而进行的搏斗，在所有诸如此类的事情上，它岂不将模仿以前那种城邦体制？

Ναί.

Τῷ δέ γε φοβεῖσθαι τοὺς σοφοὺς ἐπὶ τὰς ἀρχὰς ἄγειν, e
ἅτε οὐκέτι κεκτημένην ἁπλοῦς τε καὶ ἀτενεῖς τοὺς τοιούτους ἄνδρας ἀλλὰ μεικτούς, ἐπὶ δὲ θυμοειδεῖς τε καὶ ἁπλουστέρους ἀποκλίνειν, τοὺς πρὸς πόλεμον μᾶλλον πεφυκότας ἢ πρὸς εἰρήνην, καὶ τοὺς περὶ ταῦτα δόλους τε καὶ μηχανὰς ἐντίμως 548
ἔχειν, καὶ πολεμοῦσα τὸν ἀεὶ χρόνον διάγειν, αὐτὴ ἑαυτῆς αὖ τὰ πολλὰ τῶν τοιούτων ἴδια ἕξει;

Ναί.

Ἐπιθυμηταὶ δέ γε, ἦν δ' ἐγώ, χρημάτων οἱ τοιοῦτοι ἔσονται, ὥσπερ οἱ ἐν ταῖς ὀλιγαρχίαις, καὶ τιμῶντες ἀγρίως ὑπὸ σκότου χρυσόν τε καὶ ἄργυρον, ἅτε κεκτημένοι ταμιεῖα καὶ οἰκείους θησαυρούς, οἷ θέμενοι ἂν αὐτὰ κρύψειαν, καὶ αὖ περιβόλους οἰκήσεων, ἀτεχνῶς νεοττιὰς ἰδίας, ἐν αἷς ἀναλίσκοντες γυναιξί τε καὶ οἷς ἐθέλοιεν ἄλλοις πολλὰ ἂν b
δαπανῷντο.

Ἀληθέστατα, ἔφη.

Οὐκοῦν καὶ φειδωλοὶ χρημάτων, ἅτε τιμῶντες καὶ οὐ φανερῶς κτώμενοι, φιλαναλωταὶ δὲ ἀλλοτρίων δι' ἐπιθυμίαν, καὶ λάθρᾳ τὰς ἡδονὰς καρπούμενοι, ὥσπερ παῖδες πατέρα τὸν νόμον ἀποδιδράσκοντες, οὐχ ὑπὸ πειθοῦς ἀλλ' ὑπὸ βίας πεπαιδευμένοι διὰ τὸ τῆς ἀληθινῆς Μούσης τῆς μετὰ λόγων τε καὶ φιλοσοφίας ἠμεληκέναι καὶ πρεσβυτέρως γυμναστικὴν c
μουσικῆς τετιμηκέναι.

Παντάπασιν, ἔφη, λέγεις μεμειγμένην πολιτείαν ἐκ κακοῦ τε καὶ ἀγαθοῦ.

Μέμεικται γάρ, ἦν δ' ἐγώ· διαφανέστατον δ' ἐν αὐτῇ ἐστὶν ἕν τι μόνον ὑπὸ τοῦ θυμοειδοῦς κρατοῦντος, φιλονικίαι καὶ φιλοτιμίαι.

e 2 *κεκτημένην* A F D M : *κεκτημένη* Bekker e 3 *θυμοειδεῖς* A M : *τοὺς θυμοειδεῖς* F D a 3 *αὖ τὰ* A F M : *αὐτὰ* D a 5 *ἐγὼ* A F M : om. D *οἱ τοιοῦτοι* A^2 F D M : *οἱ οὗτοι* A b 4 *οὐ* A F D : om. A^2 M c 6 *φιλονεικίαι καὶ φιλοτιμίαι* A D M : *φιλονεικία καὶ φιλοτιμία* F

是的。

另一方面，它无论如何都害怕把那些智慧的人引向统治地位—— 547e1
因为〈这种城邦体制〉已经不再拥有单纯的以及诚挚的这样一些人[2381]，而是拥有一些混合的人——；相反，它倾向于一些气宇轩昂的人和比较头脑简单的人，因为这些人生来就更适合于战争，而不适合于和平；
它既重视[2382]在战争方面[2383]的各种各样的策略和各种各样的计谋，又 548a1
把〈它的〉整个时间都消磨在开战上；就许许多多诸如此类的事情而言，它岂不复又将具有它自己的一些独有的品质？

是的。

但事实上，我说道，这样一些人都将是钱财的渴望者，恰如那些处 548a5
在各种各样的寡头政制中的人一样，他们在夜幕的掩护下肆无忌惮地看重金子以及银子，因为他们已经拥有了各种各样的仓库和自家的各种各样的储藏室，他们能够通过将之放在那里来隐藏它们；并且〈他们〉复又〈建起〉围绕着房屋的高墙，〈那可〉真正是一些私人的巢穴[2384]，在
里面他们穷奢极欲，能够为〈他们的〉女人以及他们所乐意的其他人花 548b1
费大量的钱财。

非常正确，他说道。

因此，他们对钱财其实又是吝啬的，因为，他们一方面看重它们，
另一方面又不能公开地获取它们，但他们由于欲望而热爱挥霍他人的钱 548b5
财，并且他们偷偷地享受各种各样的快乐[2385]，就像孩子们逃避父亲那样，逃避法律，因为他们由于下面这点不是被劝说，而是被暴力所教育了，那就是：他们已经忽略了同各种各样的谈话以及对智慧的热爱相伴随的
那种真正的缪斯[2386]，并且对体育的看重，远远高于[2387]对文艺的看重。 548c1

你完完全全，他说道，在说一种已经由坏和好所混合而成的城邦体制了。

它确实已经被混合了，我说道。但是，在它那里某种独一无二的东 548c5
西是最显著的——由于气宇轩昂的东西在〈它那里〉做主宰[2388]——，那就是：热爱胜利和热爱荣誉。

Σφόδρα γε, ἦ δ' ὅς.

Οὐκοῦν, ἦν δ' ἐγώ, αὕτη μὲν ἡ πολιτεία οὕτω γεγονυῖα καὶ τοιαύτη ἄν τις εἴη, ὡς λόγῳ σχῆμα πολιτείας ὑπογρά-
d ψαντα μὴ ἀκριβῶς ἀπεργάσασθαι διὰ τὸ ἐξαρκεῖν μὲν ἰδεῖν καὶ ἐκ τῆς ὑπογραφῆς τόν τε δικαιότατον καὶ τὸν ἀδικώτατον, ἀμήχανον δὲ μήκει ἔργον εἶναι πάσας μὲν πολιτείας, πάντα δὲ ἤθη μηδὲν παραλιπόντα διελθεῖν.

Καὶ ὀρθῶς, ἔφη.

Τίς οὖν ὁ κατὰ ταύτην τὴν πολιτείαν ἀνήρ; πῶς τε γενόμενος ποῖός τέ τις ὤν;

Οἶμαι μέν, ἔφη ὁ Ἀδείμαντος, ἐγγύς τι αὐτὸν Γλαύκωνος τουτουὶ τείνειν ἕνεκά γε φιλονικίας.

e Ἴσως, ἦν δ' ἐγώ, τοῦτό γε· ἀλλά μοι δοκεῖ τάδε οὐ κατὰ τοῦτον πεφυκέναι.

Τὰ ποῖα;

Αὐθαδέστερόν τε δεῖ αὐτόν, ἦν δ' ἐγώ, εἶναι καὶ ὑποαμουσότερον, φιλόμουσον δέ, καὶ φιλήκοον μέν, ῥητορικὸν δ'
549 οὐδαμῶς. καὶ δούλοις μέν τις ἂν ἄγριος εἴη ὁ τοιοῦτος, οὐ καταφρονῶν δούλων, ὥσπερ ὁ ἱκανῶς πεπαιδευμένος, ἐλευθέροις δὲ ἥμερος, ἀρχόντων δὲ σφόδρα ὑπήκοος, φίλαρχος δὲ καὶ φιλότιμος, οὐκ ἀπὸ τοῦ λέγειν ἀξιῶν ἄρχειν οὐδ' ἀπὸ τοιούτου οὐδενός, ἀλλ' ἀπὸ ἔργων τῶν τε πολεμικῶν καὶ τῶν περὶ τὰ πολεμικά, φιλογυμναστής τέ τις ὢν καὶ φιλόθηρος.

Ἔστι γάρ, ἔφη, τοῦτο τὸ ἦθος ἐκείνης τῆς πολιτείας.

Οὐκοῦν καὶ χρημάτων, ἦν δ' ἐγώ, ὁ τοιοῦτος νέος μὲν ὢν
b καταφρονοῖ ἄν, ὅσῳ δὲ πρεσβύτερος γίγνοιτο, μᾶλλον ἀεὶ ἀσπάζοιτο ἂν τῷ τε μετέχειν τῆς τοῦ φιλοχρημάτου φύσεως καὶ μὴ εἶναι εἰλικρινὴς πρὸς ἀρετὴν διὰ τὸ ἀπολειφθῆναι τοῦ ἀρίστου φύλακος;

Τίνος; ἦ δ' ὃς ὁ Ἀδείμαντος.

d 8 οἶμαι μὲν A² F D M: οἶμεν A a 1 μέν τις ἂν scr. recc.: μάντις ἂν F: μέν τισ** A: μέν τισιν D: μέν τις A² M a 5 ἀλλ' ἀπὸ A M: ἀλλὰ πρὸ F D

的确如此，他说道。

那么，我说道，一方面，这种城邦体制就以这种方式产生出来了，并且它也会是这样一种样子，只要一个人只是〈打算〉在讨论中勾勒 548c10
出一个城邦体制的轮廓，而并不〈想〉在一幅完成的图画中精确地表现 548d1
它[2389]，因为甚至基于一种轮廓就足以看清最正义的人和最不正义的人；另一方面，这根本就是一项冗长得不可实行的任务，如果一个人不放过任何东西，不仅详述所有的城邦体制，而且详述〈其〉所有的习性。

也〈说得〉正确，他说道。 548d5

那么，那与这种城邦体制相应的男子又是谁呢？他如何产生出来，并且是一种什么样的人？

我肯定认为，阿德曼托斯说道，他在某种程度上接近格劳孔这个人[2390]，至少就热爱胜利来说。

或许，我说道，确实在这方面是这样；但在我看来，就下面这些事 548e1
情而言他生来就同〈格劳孔〉这个人不一样。

哪样一些事情？

他应该是更为倔强的，我说道，并且是同文艺有点更为疏远的[2391]，
尽管他是一个热爱文艺的人，而且他虽然是喜欢听人谈话的[2392]，但自 548e5
己却根本不是擅长演说的。并且一方面，对于奴隶，任何像这样一种人 549a1
的人都会是粗野的[2393]，而不是只是轻视奴隶，就像已经被充分教育过的人所做的那样；另一方面，对于自由人，他则是温柔的，对待那些进行统治的人尤其是服从的，因为他自己就是一个热爱权力和热爱荣誉的
人，他认为他自己适合进行统治，既不是基于言说，也不是基于任何诸 549a5
如此类的东西，而是基于他在战争方面的各种业绩和同战争相关的各种事情，既然他自己是一个热爱体育的人和一个热爱狩猎的人。

确实，他说道，这种习性是属于那种城邦体制的。

那么，至于各种各样的钱财，我说道，这样一种人岂不也会轻视它
们，当他还是一个年轻人时，但他变得越老，他也就越是会因下面这点而 549b1
钟爱它们[2394]，那就是：一方面，他分有热爱钱财的人的天性，另一方面，就对待德性来说他不是纯粹的，由于那最优秀的卫士被他扔在了一边？

何种卫士？阿德曼托斯说道。 549b5

Λόγου, ἦν δ' ἐγώ, μουσικῇ κεκραμένου· ὃς μόνος ἐγγενόμενος σωτὴρ ἀρετῆς διὰ βίου ἐνοικεῖ τῷ ἔχοντι.

Καλῶς, ἔφη, λέγεις.

Καὶ ἔστι μέν γ', ἦν δ' ἐγώ, τοιοῦτος ὁ τιμοκρατικὸς νεανίας, τῇ τοιαύτῃ πόλει ἐοικώς.

Πάνυ μὲν οὖν. c

Γίγνεται δέ γ', εἶπον, οὗτος ὧδέ πως· ἐνίοτε πατρὸς ἀγαθοῦ ὢν νέος ὑὸς ἐν πόλει οἰκοῦντος οὐκ εὖ πολιτευομένῃ, φεύγοντος τάς τε τιμὰς καὶ ἀρχὰς καὶ δίκας καὶ τὴν τοιαύτην πᾶσαν φιλοπραγμοσύνην καὶ ἐθέλοντος ἐλαττοῦσθαι ὥστε πράγματα μὴ ἔχειν —

Πῇ δή, ἔφη, γίγνεται;

Ὅταν, ἦν δ' ἐγώ, πρῶτον μὲν τῆς μητρὸς ἀκούῃ ἀχθομένης ὅτι οὐ τῶν ἀρχόντων αὐτῇ ὁ ἀνήρ ἐστιν, καὶ ἐλαττουμένης διὰ ταῦτα ἐν ταῖς ἄλλαις γυναιξίν, ἔπειτα ὁρώσης μὴ σφόδρα d
περὶ χρήματα σπουδάζοντα μηδὲ μαχόμενον καὶ λοιδορούμενον ἰδίᾳ τε ἐν δικαστηρίοις καὶ δημοσίᾳ, ἀλλὰ ῥᾳθύμως πάντα τὰ τοιαῦτα φέροντα, καὶ ἑαυτῷ μὲν τὸν νοῦν προσέχοντα ἀεὶ αἰσθάνηται, ἑαυτὴν δὲ μήτε πάνυ τιμῶντα μήτε ἀτιμάζοντα, ἐξ ἁπάντων τούτων ἀχθομένης τε καὶ λεγούσης ὡς ἄνανδρός τε αὐτῷ ὁ πατὴρ καὶ λίαν ἀνειμένος, καὶ ἄλλα δὴ ὅσα καὶ οἷα φιλοῦσιν αἱ γυναῖκες περὶ τῶν τοιούτων ὑμνεῖν. e

Καὶ μάλ', ἔφη ὁ Ἀδείμαντος, πολλά τε καὶ ὅμοια ἑαυταῖς.

Οἶσθα οὖν, ἦν δ' ἐγώ, ὅτι καὶ οἱ οἰκέται τῶν τοιούτων ἐνίοτε λάθρᾳ πρὸς τοὺς ὑεῖς τοιαῦτα λέγουσιν, οἱ δοκοῦντες εὖνοι εἶναι, καὶ ἐάν τινα ἴδωσιν ἢ ὀφείλοντα χρήματα, ᾧ μὴ ἐπεξέρχεται ὁ πατήρ, ἤ τι ἄλλο ἀδικοῦντα, διακελεύονται ὅπως, ἐπειδὰν ἀνὴρ γένηται, τιμωρήσεται πάντας τοὺς τοιούτους καὶ ἀνὴρ μᾶλλον ἔσται τοῦ πατρός. καὶ ἐξιὼν ἕτερα 550
τοιαῦτα ἀκούει καὶ ὁρᾷ, τοὺς μὲν τὰ αὑτῶν πράττοντας ἐν τῇ πόλει ἠλιθίους τε καλουμένους καὶ ἐν σμικρῷ λόγῳ ὄντας,

b 9 ἔστι μέν A F M: ἔστιν ἔν D d 3 ἐν δικαστηρίοις secl. Vermehren d 5 αἰσθάνηται secl. ci. H. Richards: post d 6 τε transp. Adam a 2 ἀκύει F M: ἀκούῃ A D

同文艺结合在一起的谈话[2395]，我回应道。因为，唯有它通过成为德性的拯救者而终身栖居在那拥有它的人身上。

正确，他说道，你说得。

并且无论如何，我说道，这样一种热衷于荣誉政制的年轻人，他类 549b10
似于这样一种城邦。

完全如此。 549c1

而这样一种人，我说道，约莫以下面这种方式产生出来，那就是：有时候，一位优秀的父亲有一个年轻的儿子，而这位父亲由于生活在一个没有被很好地治理的城邦中，因而他逃避各种荣誉、各种公职[2396]、
各种诉讼，以及诸如此类的所有繁忙[2397]，并且情愿少取应得的[2398]，以 549c5
便不招致麻烦[2399]——

〈这个儿子〉究竟，他说道，如何变成〈那个样子的〉？

每当，我说道，他无疑首先从母亲那里听到她在〈如何因下面这些〉而感到不快，那就是：她的男人不属于那些进行统治的人，并且由
此一来，她也就在其他那些妇女中间低人一等；然后她又看到，他既完 549d1
全不热衷于钱财，也不〈与人〉战斗和辱骂〈他人〉[2400]，无论是就私人的事情在各种法庭上，还是在公共〈集会〉上，相反，他安之若素地对待所有诸如此类的事情；而且她还注意到，一方面，他总是专注于他
自己[2401]，另一方面，对于她本人，他既不十分看重，也不十分不看重； 549d5
基于所有这些，她感到不快，并且〈对他〉说，他的父亲是没有男子气
概的，并且过于无拘无束[2402]，以及妇女们就诸如此类的情况[2403]喜欢喋 549e1
喋不休地说[2404]的其他所有这样一些事情。

确实，阿德曼托斯说道，还有许多与她们相符合的事情[2405]。

你其实也清楚，我说道，甚至这样一些人的那些家奴，他们有时候也偷偷地对〈这样一些人的〉儿子们说诸如此类的一些话，尽管他们
看起来是好心的；并且如果他们看见，或者某个人欠了〈一个人的父亲 549e5
的〉钱——而这位父亲却不追究他——，或者对之行了其他某种不义，于是他们就怂恿〈他的儿子〉要如此行事，那就是一旦他长大成人，他
就要报复所有这样一些人，并且要比他的父亲更加地是一个男子汉。并 550a1
且如果他走到外面去，那他会听到和看见一些其他诸如此类的情况[2406]：一方面，在城邦中那些〈一心一意〉做自己的事情的人，被称作傻子，

τοὺς δὲ μὴ τὰ αὑτῶν τιμωμένους τε καὶ ἐπαινουμένους. τότε δὴ ὁ νέος πάντα τὰ τοιαῦτα ἀκούων τε καὶ ὁρῶν, καὶ αὖ τοὺς τοῦ πατρὸς λόγους ἀκούων τε καὶ ὁρῶν τὰ ἐπιτηδεύματα αὐτοῦ ἐγγύθεν παρὰ τὰ τῶν ἄλλων, ἑλκόμενος ὑπ' ἀμφοτέρων
b τούτων, τοῦ μὲν πατρὸς αὐτοῦ τὸ λογιστικὸν ἐν τῇ ψυχῇ ἄρδοντός τε καὶ αὔξοντος, τῶν δὲ ἄλλων τό τε ἐπιθυμητικὸν καὶ τὸ θυμοειδές, διὰ τὸ μὴ κακοῦ ἀνδρὸς εἶναι τὴν φύσιν, ὁμιλίαις δὲ ταῖς τῶν ἄλλων κακαῖς κεχρῆσθαι, εἰς τὸ μέσον ἑλκόμενος ὑπ' ἀμφοτέρων τούτων ἦλθε, καὶ τὴν ἐν ἑαυτῷ ἀρχὴν παρέδωκε τῷ μέσῳ τε καὶ φιλονίκῳ καὶ θυμοειδεῖ, καὶ ἐγένετο ὑψηλόφρων τε καὶ φιλότιμος ἀνήρ.

Κομιδῇ μοι, ἔφη, δοκεῖς τὴν τούτου γένεσιν διεληλυθέναι.

c Ἔχομεν ἄρα, ἦν δ' ἐγώ, τήν τε δευτέραν πολιτείαν καὶ τὸν δεύτερον ἄνδρα.

Ἔχομεν, ἔφη.

Οὐκοῦν μετὰ τοῦτο, τὸ τοῦ Αἰσχύλου, λέγωμεν, "ἄλλον ἄλλῃ πρὸς πόλει τεταγμένον," μᾶλλον δὲ κατὰ τὴν ὑπόθεσιν προτέραν τὴν πόλιν;

Πάνυ μὲν οὖν, ἔφη.

Εἴη δέ γ' ἄν, ὡς ἐγᾦμαι, ὀλιγαρχία ἡ μετὰ τὴν τοιαύτην πολιτείαν.

Λέγεις δέ, ἦ δ' ὅς, τὴν ποίαν κατάστασιν ὀλιγαρχίαν;

Τὴν ἀπὸ τιμημάτων, ἦν δ' ἐγώ, πολιτείαν, ἐν ᾗ οἱ μὲν
d πλούσιοι ἄρχουσιν, πένητι δὲ οὐ μέτεστιν ἀρχῆς.

Μανθάνω, ἦ δ' ὅς.

Οὐκοῦν ὡς μεταβαίνει πρῶτον ἐκ τῆς τιμαρχίας εἰς τὴν ὀλιγαρχίαν, ῥητέον;

Ναί.

Καὶ μήν, ἦν δ' ἐγώ, καὶ τυφλῷ γε δῆλον ὡς μεταβαίνει.

Πῶς;

a 5 αὖ τοὺς F D M : αὐτοὺς A : αὐτοὺς τοὺς A² b 3 καὶ τὸ A F M : καὶ D b 8 διεληλυθέναι A M : εἰσεληλυθέναι F D c 8 τοιαύτην A² F D M : om. A

并且不那么受重视[2407]；另一方面，那些不做自己的事情的人，则受到
尊重和得到表扬。在那种情况下，事实上一个年轻人，当他听到和看见 550a5
所有这样一些事情，另外又听到他父亲的各种各样的言辞，以及在近旁
看见他的各种各样的所作所为时——它们与其他人的那些所作所为是相
反的[2408]——，他就被这两方所拖拽，一方面，他的父亲浇灌灵魂中那 550b1
进行计算的部分，并使之茁壮成长，另一方面，其他人则〈浇灌和壮大
灵魂中〉那个欲望性的部分以及那个气宇轩昂的部分；由于他在本性上
并不是一个坏人，只不过同一些其他的人进行了各种各样坏的交往，因 550b5
而他被这两方所拖拽而走向了中间，于是他把在他自己身上的那种统治
权交给了中间的那个部分，即交给了既热爱胜利又气宇轩昂的那个部
分，由此一来他变成了一个高傲的且热爱荣誉的人。

在我看来，他说道，你确实已经详述了这种人的起源。

由此一来，我们就有了，我说道，第二种城邦体制，以及第二种人。 550c1

我们有了，他说道。

那么，在此之后，我们是应该如埃斯库罗斯所说的那样来说呢，即 550c5
“不同的人已经被安排给了不同的城邦[2409]”，还是说毋宁按照〈我们所
提出的〉建议[2410]先说城邦？

当然是后者，他回应道。

但无论如何，如我所认为的那样，在这样一种城邦体制后面的会是一种寡头政制。

不过，他说道，你把什么样的体制称作寡头政制呢？ 550c10

依照财产来选择官吏的城邦体制[2411]，我回应道，在它那里，那些
富裕的人进行统治，而贫穷的人则不参与统治。 550d1

我懂了，他说道。

那么，如何从荣誉政制转变为了寡头政制，这岂不必须得首先说一说？

是的。 550d5

事实上，我说道，甚至对于一个瞎子来说，如何转变也肯定是显而易见的[2412]。

为何？

Τὸ ταμιεῖον, ἦν δ' ἐγώ, ἐκεῖνο ἑκάστῳ χρυσίου πληρούμενον ἀπόλλυσι τὴν τοιαύτην πολιτείαν. πρῶτον μὲν γὰρ δαπάνας αὑτοῖς ἐξευρίσκουσιν, καὶ τοὺς νόμους ἐπὶ τοῦτο παράγουσιν, ἀπειθοῦντες αὐτοί τε καὶ γυναῖκες αὐτῶν.

Εἰκός, ἔφη.

e Ἔπειτά γε οἶμαι ἄλλος ἄλλον ὁρῶν καὶ εἰς ζῆλον ἰὼν τὸ πλῆθος τοιοῦτον αὑτῶν ἀπηργάσαντο.

Εἰκός.

Τοὐντεῦθεν τοίνυν, εἶπον, προϊόντες εἰς τὸ πρόσθεν τοῦ χρηματίζεσθαι, ὅσῳ ἂν τοῦτο τιμιώτερον ἡγῶνται, τοσούτῳ ἀρετὴν ἀτιμοτέραν. ἢ οὐχ οὕτω πλούτου ἀρετὴ διέστηκεν, ὥσπερ ἐν πλάστιγγι ζυγοῦ κειμένου ἑκατέρου, ἀεὶ τοὐναντίον ῥέποντε;

Καὶ μάλ', ἔφη.

551 Τιμωμένου δὴ πλούτου ἐν πόλει καὶ τῶν πλουσίων ἀτιμοτέρα ἀρετή τε καὶ οἱ ἀγαθοί.

Δῆλον.

Ἀσκεῖται δὴ τὸ ἀεὶ τιμώμενον, ἀμελεῖται δὲ τὸ ἀτιμαζόμενον.

Οὕτω.

Ἀντὶ δὴ φιλονίκων καὶ φιλοτίμων ἀνδρῶν φιλοχρηματισταὶ καὶ φιλοχρήματοι τελευτῶντες ἐγένοντο, καὶ τὸν μὲν πλούσιον ἐπαινοῦσίν τε καὶ θαυμάζουσι καὶ εἰς τὰς ἀρχὰς ἄγουσι, τὸν δὲ πένητα ἀτιμάζουσι.

Πάνυ γε.

Οὐκοῦν τότε δὴ νόμον τίθενται ὅρον πολιτείας ὀλιγαρχικῆς ταξάμενοι πλῆθος χρημάτων, οὗ μὲν μᾶλλον ὀλιγαρχία, b πλέον, οὗ δ' ἧττον, ἔλαττον, προειπόντες ἀρχῶν μὴ μετέχειν ᾧ ἂν μὴ ᾖ οὐσία εἰς τὸ ταχθὲν τίμημα, ταῦτα δὲ ἢ βίᾳ

d 12 αὐτῶν F D : αὐτῷ A M e 6 ἀρετὴν] τὴν ἀρετὴν Stobaeus πλούτου] πλούτῳ Stobaeus e 7 κειμένου ἑκατέρου A F D M Stobaeus : κείμενον ἑκάτερον ci. Madvig e 8 ῥέποντε] ῥέποντος Stobaeus a 1 δὴ] δὲ Stobaeus b 3 ᾧ A F M : ὧν D ᾖ F D : ἡ A M

那就是每个人的那个堆满了金子的仓库，我说道，它在毁灭这样一种城邦体制。因为，首先，他们为他们自己发明出各种各样的花销名目，并且为此而歪曲各种礼法[2413]，因为他们自己以及他们的女人们都不〈再〉服从它们。 550d10

有可能，他说道。

然后，我认为，由于一个人〈总是〉盯着另一个人，并且前去〈与之〉竞争，由之他们造就出了大量像他们自己那样的人。 550e1

有可能。

于是，他们从这里，我说道，继续往前走，即走向了赚钱那里[2414]，他们把〈赚钱〉这件事看得有多么的重，也就把德性看得有多么的轻。 550e5
难道德性同财富不是以这种方式〈各自〉站在一边吗，仿佛它们两个各自躺在一架天平的秤盘上[2415]，总是当一头沉下去时，另一头就会向上抬起来[2416]？

的确如此，他回应道。

因此，在一个城邦中，当财富和富人们被重视，德性以及那些优秀的人就会被轻视。 551a1

显然。

事实上，那总是被重视的东西才会被践行，而那不被重视的东西则遭到忽视。 551a5

是这样。

最终，他们肯定不再是一些热爱胜利的人和热爱荣誉的人，而是变成了一些热爱赚钱的人和热爱钱财的人；一方面，他们赞美富人，并且对之啧啧称奇，而且还将之引向统治地位，另一方面，对穷人他们则不 551a10
加尊重。

的确如此。

因此，那时他们肯定会制定出一条法律，即通过规定一定数量的钱财而将之作为一种寡头的城邦体制的标准[2417]——在寡头政制程度越高的地方，数量越多；而程度越低的地方，数量越少——，他们公开宣布，任何人，如果财产没有达到被规定的数额，就不能参与〈相应的〉 551b1

μεθ' ὅπλων διαπράττονται, ἢ καὶ πρὸ τούτου φοβήσαντες κατεστήσαντο τὴν τοιαύτην πολιτείαν. ἢ οὐχ οὕτως;

Οὕτω μὲν οὖν.

Ἡ μὲν δὴ κατάστασις ὡς ἔπος εἰπεῖν αὕτη.

Ναί, ἔφη· ἀλλὰ τίς δὴ ὁ τρόπος τῆς πολιτείας; καὶ ποῖά
c ἐστιν ἃ ἔφαμεν αὐτὴν ἁμαρτήματα ἔχειν;

Πρῶτον μέν, ἔφην, τοῦτο αὐτό, ὅρος αὐτῆς οἷός ἐστιν. ἄθρει γάρ, εἰ νεῶν οὕτω τις ποιοῖτο κυβερνήτας, ἀπὸ τιμημάτων, τῷ δὲ πένητι, εἰ καὶ κυβερνητικώτερος εἴη, μὴ ἐπιτρέποι—

Πονηράν, ἦ δ' ὅς, τὴν ναυτιλίαν αὐτοὺς ναυτίλλεσθαι.

Οὐκοῦν καὶ περὶ ἄλλου οὕτως ὁτουοῦν [ἤ τινος] ἀρχῆς;

Οἶμαι ἔγωγε.

Πλὴν πόλεως; ἦν δ' ἐγώ· ἢ καὶ πόλεως πέρι;

Πολύ γ', ἔφη, μάλιστα, ὅσῳ χαλεπωτάτη καὶ μεγίστη ἡ ἀρχή.

d Ἓν μὲν δὴ τοῦτο τοσοῦτον ὀλιγαρχία ἂν ἔχοι ἁμάρτημα.

Φαίνεται.

Τί δέ; τόδε ἆρά τι τούτου ἔλαττον;

Τὸ ποῖον;

Τὸ μὴ μίαν ἀλλὰ δύο ἀνάγκῃ εἶναι τὴν τοιαύτην πόλιν, τὴν μὲν πενήτων, τὴν δὲ πλουσίων, οἰκοῦντας ἐν τῷ αὐτῷ, ἀεὶ ἐπιβουλεύοντας ἀλλήλοις.

Οὐδὲν μὰ Δί', ἔφη, ἔλαττον.

Ἀλλὰ μὴν οὐδὲ τόδε καλόν, τὸ ἀδυνάτους εἶναι ἴσως πόλεμόν τινα πολεμεῖν διὰ τὸ ἀναγκάζεσθαι ἢ χρωμένους
e τῷ πλήθει ὡπλισμένῳ δεδιέναι μᾶλλον ἢ τοὺς πολεμίους, ἢ μὴ χρωμένους ὡς ἀληθῶς ὀλιγαρχικοὺς φανῆναι ἐν αὐτῷ τῷ μάχεσθαι, καὶ ἅμα χρήματα μὴ ἐθέλειν εἰσφέρειν, ἅτε φιλοχρηματούς.

c 6 ἦ δ' ὅς] εἰκὸς ci. Ast   c 7 ἤ τινος secl. Stallbaum: ἧστινος ci Ast   d 5 ἀνάγκῃ F: ἀνάγκη A D M: ἀνάγκην Stephanus   d 9 ἀλλὰ A: καὶ rec. a   οὐδὲ τόδε F D M rec. a: οὐδὲ A   ἴσως A et in ras. M: om. F D: ἰσχυρῶς ci. H. Richards

各种公职，而他们或者通过带有武器的暴力来完成这些，甚或在这之前
通过进行恐吓就建立起了这样一种城邦体制。抑或不是这样？ 551b5

肯定是这样。

那么，几乎可以说[2418]，这无疑就是〈这种城邦体制的〉建立。

是的，他说道。然而，这种城邦体制的性格[2419]究竟是什么呢？并 551c1
且我们曾声称[2420]它所具有的那些错误又是哪样一些？

首先，我说道，无疑恰恰在于这件事，即这个标准所是的那个样子。因为，请你瞧瞧：如果有人以这种方式为一些舰船产生出一批舵手，即基于对其财产的估价，而对于穷人，即使他是一位更加精通掌舵
的人，却不容许〈他做这件事〉—— 551c5

他们会使得，他说道，这次航行成为一次糟糕的航行。

那么，关于对其他任何一种东西的统治，岂不也同样如此[2421]？

至少我会这么认为。

除了城邦之外？我说道，还是说也涉及城邦？

肯定，他回应道，就下面这点来说尤其〈涉及城邦〉，那就是， 551c10
〈对它的〉统治是最困难的和最重要的[2422]。

因此，寡头政制会具有如此大的这一错误。 551d1

显然。

然后呢？难道下面这种〈错误〉会比这小点？

何种〈错误〉？

那就是，这样一种城邦不是一，而必然是二，也即是说，一方面 551d5
是穷人们的城邦，另一方面是富人们的城邦，他们虽然居住在同一个地方，但总是彼此耍阴谋。

宙斯在上，他说道，一点也不更小。

而且下面这点无疑也不是一件好事，那就是，他们是没有能力进
行任何一场战争的[2423]，因为他们被迫要么使用民众，而一旦民众被武 551d10
装起来了之后，他们又害怕民众远胜于害怕那些敌人，要么不使用民 551e1
众，这样一来甚至在战斗中[2424]他们也真正显得是一些热衷于寡头政制的[2425]，此外[2426]，还因为他们不愿意贡献钱财，鉴于他们都是一些热爱钱财的人。

Οὐ καλόν.

Τί δέ; ὃ πάλαι ἐλοιδοροῦμεν, τὸ πολυπραγμονεῖν γεωργοῦντας καὶ χρηματιζομένους καὶ πολεμοῦντας ἅμα τοὺς 552
αὐτοὺς ἐν τῇ τοιαύτῃ πολιτείᾳ, ἦ δοκεῖ ὀρθῶς ἔχειν;

Οὐδ' ὁπωστιοῦν.

Ὅρα δή, τούτων πάντων τῶν κακῶν εἰ τόδε μέγιστον αὕτη πρώτη παραδέχεται.

Τὸ ποῖον;

Τὸ ἐξεῖναι πάντα τὰ αὑτοῦ ἀποδόσθαι, καὶ ἄλλῳ κτήσασθαι τὰ τούτου, καὶ ἀποδόμενον οἰκεῖν ἐν τῇ πόλει μηδὲν ὄντα τῶν τῆς πόλεως μερῶν, μήτε χρηματιστὴν μήτε δημιουργὸν μήτε ἱππέα μήτε ὁπλίτην, ἀλλὰ πένητα καὶ ἄπορον κεκλημένον.

Πρώτη, ἔφη. b

Οὔκουν διακωλύεταί γε ἐν ταῖς ὀλιγαρχουμέναις τὸ τοιοῦτον· οὐ γὰρ ἂν οἱ μὲν ὑπέρπλουτοι ἦσαν, οἱ δὲ παντάπασι πένητες.

Ὀρθῶς.

Τόδε δὲ ἄθρει· ἆρα ὅτε πλούσιος ὢν ἀνήλισκεν ὁ τοιοῦτος, μᾶλλόν τι τότ' ἦν ὄφελος τῇ πόλει εἰς ἃ νυνδὴ ἐλέγομεν; ἢ ἐδόκει μὲν τῶν ἀρχόντων εἶναι, τῇ δὲ ἀληθείᾳ οὔτε ἄρχων οὔτε ὑπηρέτης ἦν αὐτῆς, ἀλλὰ τῶν ἑτοίμων ἀναλωτής;

Οὕτως, ἔφη· ἐδόκει, ἦν δὲ οὐδὲν ἄλλο ἢ ἀναλωτής. c

Βούλει οὖν, ἦν δ' ἐγώ, φῶμεν αὐτόν, ὡς ἐν κηρίῳ κηφὴν ἐγγίγνεται, σμήνους νόσημα, οὕτω καὶ τὸν τοιοῦτον ἐν οἰκίᾳ κηφῆνα ἐγγίγνεσθαι, νόσημα πόλεως;

Πάνυ μὲν οὖν, ἔφη, ὦ Σώκρατες.

Οὐκοῦν, ὦ Ἀδείμαντε, τοὺς μὲν πτηνοὺς κηφῆνας πάντας ἀκέντρους ὁ θεὸς πεποίηκεν, τοὺς δὲ πεζοὺς τούτους ἐνίους μὲν αὐτῶν ἀκέντρους, ἐνίους δὲ δεινὰ κέντρα ἔχοντας; καὶ ἐκ μὲν τῶν ἀκέντρων πτωχοὶ πρὸς τὸ γῆρας τελευτῶσιν, ἐκ δὲ τῶν κεκεντρωμένων πάντες ὅσοι κέκληνται κακοῦργοι; d

b 9 ἦν αὐτῆς A F M : ἢ ναύτης D c 1 ἐδόκει A M : om. F D
c 2 ἐν A D M : om. F

不是一件好事。 551e5

然后呢？我们早已斥责过的那件事，即忙于许多事[2427]——也即是 552a1
说，在这样一种城邦体制中，同一些人既是从事耕作的，也是进行赚钱
的，同时还是进行战斗的——，难道在你看来它是正确的？

无论如何都不是正确的。

那么请你〈再〉看看，在所有这些坏处中，是否这种城邦体制第一 552a5
个通过下面这样而为一种最大的坏处大开方便之门[2428]。

哪样？

那就是允许一个人出让他自己的一切，而另一个人则占有这个人的
一切，并且当这人出让完之后还允许他〈继续〉生活在城邦中，尽管他
已经不属于城邦的任何一个部分，他既不是商人，也不是匠人，既不是
骑兵，也不是重甲步兵，而是被称作为了一位穷人和走投无路的人。 552a10

第一个，他说道。 552b1

因此，至少在那些被寡头所统治的城邦中[2429]，这样一种事情不会
被阻止；因为，否则就不会一些人是过于富有的，而另一些人则完完全
全是赤贫的。

正确。 552b5

再瞧瞧下面这点：这样一种人，当他是一个富人时，他大肆挥霍，难
道他那时在我们刚才说过的那些方面[2430]对于城邦来说更是某种益处？或
者，他虽然看起来是属于那些进行统治的人，但其实他既不是〈城邦的〉
一个统治者，也不是它的一位助手，而只是一个手边财物的挥霍者？

是这样，他回应道。他看起来是〈一个统治者〉，但无非是一个挥霍者。 552c1

那么，你愿意，我说道，我们这样说他吗，那就是：就像在〈蜂窝的〉
一个巢室里产生了一只雄蜂，它是〈整个〉蜂窝的一种祸害，同样，这样
一种人，如同一只雄蜂，产生在家里，他是〈整个〉城邦的一种祸害？

完全就是这样，他回应道，苏格拉底啊。 552c5

那么，阿德曼托斯啊，一方面，那些能飞的雄蜂，神岂不已经使得
它们全都是无螯针的[2431]，另一方面，就这些陆行的雄蜂而言[2432]，其中
一些是无螯针的，一些则有着可怕的螯针？并且那些到了年老时有可能
作为乞丐而终了的，来自那些无螯针的，而所有那些已经被称作了为非 552d1
作歹者的，则来自那些带有螯针的？

Ἀληθέστατα, ἔφη.

Δῆλον ἄρα, ἦν δ' ἐγώ, ἐν πόλει οὗ ἂν ἴδῃς πτωχούς, ὅτι εἰσί που ἐν τούτῳ τῷ τόπῳ ἀποκεκρυμμένοι κλέπται τε καὶ βαλλαντιατόμοι καὶ ἱερόσυλοι καὶ πάντων τῶν τοιούτων κακῶν δημιουργοί.

Δῆλον, ἔφη.

Τί οὖν; ἐν ταῖς ὀλιγαρχουμέναις πόλεσι πτωχοὺς οὐχ ὁρᾷς ἐνόντας;

Ὀλίγου γ', ἔφη, πάντας τοὺς ἐκτὸς τῶν ἀρχόντων.

e Μὴ οὖν οἰόμεθα, ἔφην ἐγώ, καὶ κακούργους πολλοὺς ἐν αὐταῖς εἶναι κέντρα ἔχοντας, οὓς ἐπιμελείᾳ βίᾳ κατέχουσιν αἱ ἀρχαί;

Οἰόμεθα μὲν οὖν, ἔφη.

Ἆρ' οὖν οὐ δι' ἀπαιδευσίαν καὶ κακὴν τροφὴν καὶ κατάστασιν τῆς πολιτείας φήσομεν τοὺς τοιούτους αὐτόθι ἐγγίγνεσθαι;

Φήσομεν.

Ἀλλ' οὖν δὴ τοιαύτη γέ τις ἂν εἴη ἡ ὀλιγαρχουμένη πόλις καὶ τοσαῦτα κακὰ ἔχουσα, ἴσως δὲ καὶ πλείω.

Σχεδόν τι, ἔφη.

553 Ἀπειργάσθω δὴ ἡμῖν καὶ αὕτη, ἦν δ' ἐγώ, ἡ πολιτεία, ἣν ὀλιγαρχίαν καλοῦσιν, ἐκ τιμημάτων ἔχουσα τοὺς ἄρχοντας· τὸν δὲ ταύτῃ ὅμοιον μετὰ ταῦτα σκοπῶμεν, ὥς τε γίγνεται οἷός τε γενόμενός ἐστιν.

Πάνυ μὲν οὖν, ἔφη.

Ἆρ' οὖν ὧδε μάλιστα εἰς ὀλιγαρχικὸν ἐκ τοῦ τιμοκρατικοῦ ἐκείνου μεταβάλλει;

Πῶς;

Ὅταν αὐτοῦ παῖς γενόμενος τὸ μὲν πρῶτον ζηλοῖ τε τὸν πατέρα καὶ τὰ ἐκείνου ἴχνη διώκῃ, ἔπειτα αὐτὸν ἴδῃ ἐξαίφνης

d 5 βαλαντιατόμοι A F : βαλλαντιοτόμοι A² D : βαλαντιοτόμοι M d 7 δῆλον, ἔφη F D M : om. A e 1 οἰόμεθα] οἰώμεθα A² e 4 οἰόμεθα] οἰώμεθα A² e 9 τοιαύτη A F M : τοιαύτης D a 1 αὕτη A D M : ταύτη F a 2 ἔχουσα A F M : ἔχουσαν D

非常正确，他回应道。

因此，下面这点就是显而易见的，我说道，那就是：在一个城邦中，你会在哪里看到一些乞丐，在哪里，也即是说，就在那个地方，隐藏着一些窃贼、割别人钱袋的人[2433]和盗窃圣物的人，以及一些〈擅长〉 552d5 所有诸如此类的坏事的匠人。

显然，他说道。

然后呢？在那些被寡头所统治的城邦中，你没有看到一些乞丐内在其中吗？

其实几乎[2434]所有人都是〈乞丐〉，他回应道，除了统治者们。 552d10

那么，我们岂不可以认为，我说道，在他们中有着许许多多的为非 552e1 作歹的人，由于他们都带有螫针，各个主管机关[2435]只好费尽心力地用强力来制约他们？

我们肯定这么认为，他回应道。

因此，缺乏教育和糟糕的培养，以及城邦体制的一种糟糕的状况， 552e5 我们岂不将宣称，正是由于这些，如此这般的一些人才在那里产生了出来？

我们将宣称。

那么，处于一种寡头政制下的城邦无论如何都会是这个样子，并且 552e10 它具有如此多的坏处，或许甚至还要更多。

差不多就是这样，他说道。

因此，我说道，也就让我们〈对〉这种城邦体制〈的讨论〉就此打 553a1 住吧，人们将之称作寡头政制，它基于对财产的估价来得到它的那些进行统治的人。而在此之后，让我们考察那与之相似的人，〈看看〉他是如何产生的，以及当他产生出来之后，他又是一个什么样的人。

确实该这样，他说道。 553a5

那么，一个人不是尤其以这种方式从那种热衷于荣誉政制的人转变成一个倾向于寡头政制的人？

何种方式？

当他的一个孩子出生后，首先，这孩子无疑会效仿〈他的〉父亲[2436]，并且会追随他的足迹；然后，他可能会看到他的父亲忽然就像触礁一样 553a10

πταίσαντα ὥσπερ πρὸς ἕρματι πρὸς τῇ πόλει, καὶ ἐκχέαντα b
τά τε αὑτοῦ καὶ ἑαυτόν, ἢ στρατηγήσαντα ἤ τιν' ἄλλην
μεγάλην ἀρχὴν ἄρξαντα, εἶτα εἰς δικαστήριον ἐμπεσόντα
[βλαπτόμενον] ὑπὸ συκοφαντῶν ἢ ἀποθανόντα ἢ ἐκπεσόντα
ἢ ἀτιμωθέντα καὶ τὴν οὐσίαν ἅπασαν ἀποβαλόντα.

Εἰκός γ', ἔφη.

Ἰδὼν δέ γε, ὦ φίλε, ταῦτα καὶ παθὼν καὶ ἀπολέσας τὰ
ὄντα, δείσας οἶμαι εὐθὺς ἐπὶ κεφαλὴν ὠθεῖ ἐκ τοῦ θρόνου
τοῦ ἐν τῇ ἑαυτοῦ ψυχῇ φιλοτιμίαν τε καὶ τὸ θυμοειδὲς c
ἐκεῖνο, καὶ ταπεινωθεὶς ὑπὸ πενίας πρὸς χρηματισμὸν τραπόμενος γλίσχρως καὶ κατὰ σμικρὸν φειδόμενος καὶ ἐργαζόμενος χρήματα συλλέγεται. ἆρ' οὐκ οἴει τὸν τοιοῦτον τότε εἰς μὲν τὸν θρόνον ἐκεῖνον τὸ ἐπιθυμητικόν τε καὶ φιλοχρήματον ἐγκαθίζειν καὶ μέγαν βασιλέα ποιεῖν ἐν ἑαυτῷ, τιάρας τε καὶ στρεπτοὺς καὶ ἀκινάκας παραζωννύντα;

Ἔγωγ', ἔφη.

Τὸ δέ γε οἶμαι λογιστικόν τε καὶ θυμοειδὲς χαμαὶ ἔνθεν d
καὶ ἔνθεν παρακαθίσας ὑπ' ἐκείνῳ καὶ καταδουλωσάμενος, τὸ μὲν οὐδὲν ἄλλο ἐᾷ λογίζεσθαι οὐδὲ σκοπεῖν ἀλλ' ἢ ὁπόθεν ἐξ ἐλαττόνων χρημάτων πλείω ἔσται, τὸ δὲ αὖ θαυμάζειν καὶ τιμᾶν μηδὲν ἄλλο ἢ πλοῦτόν τε καὶ πλουσίους, καὶ φιλοτιμεῖσθαι μηδ' ἐφ' ἑνὶ ἄλλῳ ἢ ἐπὶ χρημάτων κτήσει καὶ ἐάν τι ἄλλο εἰς τοῦτο φέρῃ.

Οὐκ ἔστ' ἄλλη, ἔφη, μεταβολὴ οὕτω ταχεῖά τε καὶ ἰσχυρὰ ἐκ φιλοτίμου νέου εἰς φιλοχρήματον.

Ἆρ' οὖν οὗτος, ἦν δ' ἐγώ, ὀλιγαρχικός ἐστιν; e

Ἡ γοῦν μεταβολὴ αὐτοῦ ἐξ ὁμοίου ἀνδρός ἐστι τῇ πολιτείᾳ, ἐξ ἧς ἡ ὀλιγαρχία μετέστη.

Σκοπῶμεν δὴ εἰ ὅμοιος ἂν εἴη.

b 1 πρὸς alterum secl. Cobet b 2 ἤ τιν (suprascr. α) M: ἢ τὴν A F D b 4 βλαπτόμενον secl. Badham b 5 ἀτιμωθέντα A D M: ἀτιμασθέντα F c 4 ξυλλέγεται scr. recc.: ξυλλέγηται A F D M c 5 τὸ corr. Par. 1810: τὸν A F D M d 3 ὁπόθεν A D M: πόθεν F

同城邦相撞，并且不仅把属于他自己的各种东西，而且把他本人，都如 553b1
流水般倾泻掉[2437]，虽然〈起初他〉或者曾是一位将军，或者曾担任过
某种其他重要的公职，但随后由于被一些歪曲事实的人所诬害而陷入法
庭〈诉讼〉中[2438]，或者死掉，或者被流放，或者被剥夺公民权并丧失 553b5
所有的财产[2439]。

的确有可能是这样，他说道。

而无论如何，当〈那位儿子〉看到，朋友啊，并且遭受了这些事
情，以及失去了财产[2440]之后，由于害怕，我认为，他就立即从在他自
己灵魂中的那个宝座那里，把对荣誉的热爱以及那种气宇轩昂的东西头 553c1
朝下地扔下去[2441]，并且如果由于贫穷而被人轻视[2442]，他就会让他自己
转而去赚钱，通过吝啬地以及一点一点地勤俭节约[2443]以及〈拼命〉工
作来聚集钱财。难道你不认为这样一个人，他在那个时候无疑会让〈灵 553c5
魂中〉那进行欲望的和热爱钱财的部分坐到那个宝座上去，并使它在他
自己那里成为一位大王[2444]，为它戴上波斯人的头饰和〈黄金〉丝织的
项圈，并在腰上挂上短而直的佩剑？

我肯定这么认为，他回应道。

至于进行计算的那个部分，我认为，以及气宇轩昂的那个部分，他 553d1
肯定会让它们坐在那个〈宝座〉下面的地上，一个在这边，一个在那
边[2445]，并且使它们成为奴隶。一方面，他不会允许前者计算或者考虑
其他任何事情，除了从哪个地方，从较少的钱财中将生出更多的钱财
来；另一方面，他不容许后者赞羡和尊崇其他任何东西，除了财富以及 553d5
那些富人，也不容许它对其他任何一件事情感到荣耀，除了对钱财的拥
有，以及其他某种，如果它能够把他引向这点的话。

没有任何其他的转变，他说道，是如此的迅速和有力，即从一个热
爱荣誉的年轻人转变为一个热爱钱财的年轻人。

那么，这个人，我说道，是一个倾向于寡头政制的人吗？ 553e1

至少他的转变是出于同下面这种城邦体制相似的一个人，那就是，
从它那里寡头政制因一种转变而生起[2446]。

那就让我们考察一下，是否他〈同寡头政制〉是相似的。

554 Σκοπῶμεν.

Οὐκοῦν πρῶτον μὲν τῷ χρήματα περὶ πλείστου ποιεῖσθαι ὅμοιος ἂν εἴη;

Πῶς δ' οὔ;

Καὶ μὴν τῷ γε φειδωλὸς εἶναι καὶ ἐργάτης, τὰς ἀναγκαίους ἐπιθυμίας μόνον τῶν παρ' αὑτῷ ἀποπιμπλάς, τὰ δὲ ἄλλα ἀναλώματα μὴ παρεχόμενος, ἀλλὰ δουλούμενος τὰς ἄλλας ἐπιθυμίας ὡς ματαίους.

Πάνυ μὲν οὖν.

Αὐχμηρός γέ τις, ἦν δ' ἐγώ, ὢν καὶ ἀπὸ παντὸς περιουσίαν ποιούμενος, θησαυροποιὸς ἀνήρ—οὓς δὴ καὶ ἐπαινεῖ τὸ πλῆθος
b —ἢ οὐχ οὗτος ἂν εἴη ὁ τῇ τοιαύτῃ πολιτείᾳ ὅμοιος;

Ἐμοὶ γοῦν, ἔφη, δοκεῖ· χρήματα γοῦν μάλιστα ἔντιμα τῇ τε πόλει καὶ παρὰ τῷ τοιούτῳ.

Οὐ γὰρ οἶμαι, ἦν δ' ἐγώ, παιδείᾳ ὁ τοιοῦτος προσέσχηκεν.

Οὐ δοκῶ, ἔφη· οὐ γὰρ ἂν τυφλὸν ἡγεμόνα τοῦ χοροῦ ἐστήσατο καὶ ἐτί⟨μα⟩ μάλιστα.

Εὖ, ἦν δ' ἐγώ. τόδε δὲ σκόπει· κηφηνώδεις ἐπιθυμίας ἐν αὐτῷ διὰ τὴν ἀπαιδευσίαν μὴ φῶμεν ἐγγίγνεσθαι, τὰς μὲν
c πτωχικάς, τὰς δὲ κακούργους, κατεχομένας βίᾳ ὑπὸ τῆς ἄλλης ἐπιμελείας;

Καὶ μάλ', ἔφη.

Οἶσθ' οὖν, εἶπον, οἷ ἀποβλέψας κατόψει αὐτῶν τὰς κακουργίας;

Ποῖ; ἔφη.

Εἰς τὰς τῶν ὀρφανῶν ἐπιτροπεύσεις, καὶ εἴ πού τι αὐτοῖς τοιοῦτον συμβαίνει, ὥστε πολλῆς ἐξουσίας λαβέσθαι τοῦ ἀδικεῖν.

Ἀληθῆ.

a 5 ἐργάτης A M : ἐργαστὴς F D a 6 τῶν A F M : τῷ D
a 7 παρεχόμενος A D M : παραδεχόμενος F a 10 γέ A D M : τέ F
b 4 ὁ τοιοῦτος A F M : ὅτι οὗτος D b 5 χοροῦ A M : χρόνου F D
b 6 ἐστήσατο καὶ ἐτίμα μάλιστα. Εὖ Schneider : ἐστήσατο: καὶ ἔτι μάλιστα εὖ A F D M

让我们考察。 554a1

首先，把钱财当作头等大事[2447]，就这点来说，他岂不肯定会〈同寡头政制〉是相似的？

那还用说？

进而就下面这点而言也肯定如此，那就是，他又是一个吝啬的和艰 554a5
苦的人[2448]，因为在他自己那里的各种欲望中，他仅仅使那些必要的欲望得到满足，而不会允许自己进行其他的消费，相反，他把其他的各种欲望作为无谓的进行抑制。

完全如此。

他肯定还有点龌龊[2449]，我说道，因为他也是一个从每件事情那里 554a10
谋取利润[2450]、积聚财宝的人——〈诸如此类的〉这些人，大众恰恰予
以赞美[2451]——，难道此人不是与这样一种城邦体制相似的人？ 554b1

至少在我看来是，他回应道；因为钱财无论如何都是最受重视的，无论是对于那种城邦来说，还是在〈与之相似的〉这样一个人那里。

其实我不认为，我说道，这样一个人已经致力于过教育[2452]。

在我看来也没有，他说道；否则他就不会把一个瞎子立为〈他的〉 554b5
歌舞队的领队，并且特别尊崇他[2453]。

〈说得〉好，我说道。不过，下面这点还得请你考虑一下，那就是：我们岂不可以宣称，正是由于缺乏教育，那些雄蜂式的欲望才出现在他
身上，而一些欲望是乞丐式的，一些欲望则是歹徒式的，只不过它们被 554c1
〈他〉在其他方面的小心谨慎[2454]用强力给抑制住了而已？

诚然，他回应道。

那么，你知道，我说道，通过看向哪里你才将看清他们的各种为非 554c5
作歹呢？

〈究竟看〉向哪里呢？他回应道。

看向〈他们〉对孤儿们的各种监护，以及看向任何下面这样的地方，那就是，如果诸如此类的事情落到他们身上，那么他们就得到很大的自由去行不义[2455]。

正确。 554c10

Ἆρ᾽ οὖν οὐ τούτῳ δῆλον ὅτι ἐν τοῖς ἄλλοις συμβολαίοις ὁ τοιοῦτος, ἐν οἷς εὐδοκιμεῖ δοκῶν δίκαιος εἶναι, ἐπιεικεῖ τινὶ ἑαυτοῦ βίᾳ κατέχει ἄλλας κακὰς ἐπιθυμίας ἐνούσας, d οὐ πείθων ὅτι οὐκ ἄμεινον, οὐδ᾽ ἡμερῶν λόγῳ, ἀλλ᾽ ἀνάγκῃ καὶ φόβῳ, περὶ τῆς ἄλλης οὐσίας τρέμων;

Καὶ πάνυ γ᾽, ἔφη.

Καὶ νὴ Δία, ἦν δ᾽ ἐγώ, ὦ φίλε, τοῖς πολλοῖς γε αὐτῶν 5 ἐνευρήσεις, ὅταν δέῃ τἀλλότρια ἀναλίσκειν, τὰς τοῦ κηφῆνος συγγενεῖς ἐνούσας ἐπιθυμίας.

Καὶ μάλα, ἦ δ᾽ ὅς, σφόδρα.

Οὐκ ἄρ᾽ ἂν εἴη ἀστασίαστος ὁ τοιοῦτος ἐν ἑαυτῷ, οὐδὲ εἷς ἀλλὰ διπλοῦς τις, ἐπιθυμίας δὲ ἐπιθυμιῶν ὡς τὸ πολὺ 10 κρατούσας ἂν ἔχοι βελτίους χειρόνων. e

Ἔστιν οὕτω.

Διὰ ταῦτα δὴ οἶμαι εὐσχημονέστερος ἂν πολλῶν ὁ τοιοῦτος εἴη· ὁμονοητικῆς δὲ καὶ ἡρμοσμένης τῆς ψυχῆς ἀληθὴς ἀρετὴ πόρρω ποι ἐκφεύγοι ἂν αὐτόν. 5

Δοκεῖ μοι.

Καὶ μὴν ἀνταγωνιστής γε ἰδίᾳ ἐν πόλει ὁ φειδωλὸς φαῦλος ἤ τινος νίκης ἢ ἄλλης φιλοτιμίας τῶν καλῶν, χρή- 555 ματά τε οὐκ ἐθέλων εὐδοξίας ἕνεκα καὶ τῶν τοιούτων ἀγώνων ἀναλίσκειν, δεδιὼς τὰς ἐπιθυμίας τὰς ἀναλωτικὰς ἐγείρειν καὶ συμπαρακαλεῖν ἐπὶ συμμαχίαν τε καὶ φιλονικίαν, ὀλίγοις τισὶν ἑαυτοῦ πολεμῶν ὀλιγαρχικῶς τὰ πολλὰ ἡττᾶται καὶ 5 πλουτεῖ.

Καὶ μάλα, ἔφη.

Ἔτι οὖν, ἦν δ᾽ ἐγώ, ἀπιστοῦμεν μὴ κατὰ τὴν ὀλιγαρχουμένην πόλιν ὁμοιότητι τὸν φειδωλόν τε καὶ χρηματιστὴν τετάχθαι; b

c 11 τούτῳ ADM : τοῦτο F   d 1 βίᾳ AFM : βίῳ D   d 2 ἡμερῶν AFM : ἡμέρων D   d 6 ἐνευρήσεις A² M : ἐν εὑρήσεις D : εὑρήσεις AF   d 7 ἐπιθυμίας ... d 10 τις AFM : om. D   e 7 μὴν AM : νῦν F : μοι D   a 8 μὴ A² FDM : om. A   a 9 ὁμοιότητι secl. Cobet

那么，由此下面这点岂不就是显而易见的：在一些其他的合约方
面，这样一个人，于其中他由于看起来是正义的而有好名声，他用某种 554d1
得体的自我约束[2456]抑制住其他恶的欲望，虽然它们内在于他里面，既
不是通过劝说它们，说最好别那样，也不是通过用言辞来驯服它们，而
是出于一种被迫和恐惧，因为他对他其他的产业感到提心吊胆[2457]？

也确实如此，他回应道。

是的，宙斯在上，我说道，朋友啊，至少在他们中的许多人那里你 554d5
都将发现[2458]，每当他们需要花费其他人的钱财时，类似于雄蜂的那些
欲望就内在于其身上。

完完全全，他说道，就是这样。

因此，这样一个人在他自己那里就不会是不起内讧的，他并不是单 554d10
一的人，相反，在某种意义上是双重的人，只不过在大多数情况下[2459]，
他的那些较好的欲望能够控制住那些较坏的欲望。 554e1

是这样。

那么，正由于这些，我认为这样一个人〈表面上〉会比许多人是更
受人尊敬的[2460]；但是，在一条心的以及和谐的灵魂那里的那种真正的
德性，它会在某个地方躲得他远远的。 554e5

在我看来是这样。

而且这个吝啬的人私下里在一个城邦中无论如何都是一个低劣的竞争
者，无论是为了〈夺取〉任何一种胜利，还是在其他某种关于那些美好事物 555a1
的对荣誉的热爱方面，因为他既不愿意为了一种好名声以及为了诸如此类的
竞争而耗费钱财，也害怕把那些花钱的欲望唤醒以及把它们一起召唤起来去
共同战斗和热爱胜利，他只使用他自己的少量钱财而以一种寡头政制的方 555a5
式进行战斗[2461]，〈虽然〉他通常[2462]被打败，但〈仍然保持〉是富有的。

的确如此，他说道。

那么，我们还怀疑下面这点吗[2463]，我说道，那就是：与被寡头政
制所统治的城邦相应的，就相似性来说，已经被确定为是那个既吝啬又 555b1
〈热衷于〉赚钱的人？

Οὐδαμῶς, ἔφη.

Δημοκρατίαν δή, ὡς ἔοικε, μετὰ τοῦτο σκεπτέον, τίνα τε γίγνεται τρόπον, γενομένη τε ποῖόν τινα ἔχει, ἵν' αὖ τὸν τοῦ τοιούτου ἀνδρὸς τρόπον γνόντες παραστησώμεθ' αὐτὸν εἰς κρίσιν.

Ὁμοίως γοῦν ἄν, ἔφη, ἡμῖν αὐτοῖς πορευοίμεθα.

Οὐκοῦν, ἦν δ' ἐγώ, μεταβάλλει μὲν τρόπον τινὰ τοιόνδε ἐξ ὀλιγαρχίας εἰς δημοκρατίαν, δι' ἀπληστίαν τοῦ προκειμένου ἀγαθοῦ, τοῦ ὡς πλουσιώτατον δεῖν γίγνεσθαι;

Πῶς δή;

c Ἅτε οἶμαι ἄρχοντες ἐν αὐτῇ οἱ ἄρχοντες διὰ τὸ πολλὰ κεκτῆσθαι, οὐκ ἐθέλουσιν εἴργειν νόμῳ τῶν νέων ὅσοι ἂν ἀκόλαστοι γίγνωνται, μὴ ἐξεῖναι αὐτοῖς ἀναλίσκειν τε καὶ ἀπολλύναι τὰ αὑτῶν, ἵνα ὠνούμενοι τὰ τῶν τοιούτων καὶ εἰσδανείζοντες ἔτι πλουσιώτεροι καὶ ἐντιμότεροι γίγνωνται.

Παντός γε μᾶλλον.

Οὐκοῦν δῆλον ἤδη τοῦτο ἐν πόλει, ὅτι πλοῦτον τιμᾶν καὶ σωφροσύνην ἅμα ἱκανῶς κτᾶσθαι ἐν τοῖς πολίταις d ἀδύνατον, ἀλλ' ἀνάγκη ἢ τοῦ ἑτέρου ἀμελεῖν ἢ τοῦ ἑτέρου;

Ἐπιεικῶς, ἔφη, δῆλον.

Παραμελοῦντες δὴ ἐν ταῖς ὀλιγαρχίαις καὶ ἐφιέντες ἀκολασταίνειν οὐκ ἀγεννεῖς ἐνίοτε ἀνθρώπους πένητας ἠνάγκασαν γενέσθαι.

Μάλα γε.

Κάθηνται δὴ οἶμαι οὗτοι ἐν τῇ πόλει κεκεντρωμένοι τε καὶ ἐξωπλισμένοι, οἱ μὲν ὀφείλοντες χρέα, οἱ δὲ ἄτιμοι γεγονότες, οἱ δὲ ἀμφότερα, μισοῦντές τε καὶ ἐπιβουλεύοντες τοῖς κτησαμένοις τὰ αὑτῶν καὶ τοῖς ἄλλοις, νεωτερισμοῦ e ἐρῶντες.

Ἔστι ταῦτα.

Οἱ δὲ δὴ χρηματισταὶ ἐγκύψαντες, οὐδὲ δοκοῦντες τούτους ὁρᾶν, τῶν λοιπῶν τὸν ἀεὶ ὑπείκοντα ἐνιέντες ἀργύριον

c 5 εἰσδανείζοντες F D M : * * δανείζοντες A

绝不，他回应道。

那么，民主政制，如看起来的那样，接下来必须被考察，也即是
说，它以何种方式产生出来，一旦产生后，它又具有什么样的性格，由
此一来，当我们复又认识到〈与之相似的〉这样一个人的性格后，我们 555b5
就能够对他做出一种判决[2464]。

那我们至少会，他说道，在以同我们自己相一致的方式往前走[2465]。

那么，我说道，岂不以下面这样一种方式从一种寡头政制向着一
种民主政制转变，那就是由于不知足地渴望它为它自己所设立的那种好
处，即必须变得尽可能地富有？ 555b10

究竟怎么回事？

我认为那是因为：既然那些进行统治的人是由于拥有了许多的财产 555c1
才在它那里进行统治，因而他们不愿意用一条法律来约束所有那些可能
会变得放纵的年轻人，即不允许他们〈大肆〉消费和毁掉属于他们自己
的财产，由此一来，他们就能够通过购买这样一些人的财产，以及通过 555c5
发放有息贷款而甚至会变得更加的富有和更受人尊重[2466]。

无论如何都必定是这样[2467]。

因此，下面这件事在一个城邦中岂不立即就是显而易见的，那就
是：既重视财富，同时又足够地保持自制，这在城邦公民那里是不可能
的，相反，〈他们〉必然〈只能〉要么忽视这方面，要么忽视那方面？ 555d1

理所当然地，他回应道，显而易见。

事实上，在那些寡头政制中，面对放纵，由于〈那些进行统治的
人〉对之漠不关心和听之任之，有时候一些并不卑微的人，他们也迫使 555d5
他们变得贫穷。

的确如此。

于是乎，我认为，这些人无所事事地坐在城邦中[2468]，不过他们已
经拥有了螫针以及全副武装了起来；一方面，〈他们中〉一些人欠着债
务，另一些人则被剥夺了公民权[2469]，还有一些人更是两者兼而有之，
他们〈全都〉在仇恨并且密谋那些拥有了他们自己的财产的人以及其他 555d10
一些人，渴望着一场革命。 555e1

是这样。

另一方面，那些赚钱的人事实上〈只知道〉俯身看地[2470]，从而仿佛根

τιτρώσκοντες, καὶ τοῦ πατρὸς ἐκγόνους τόκους πολλαπλασίους κομιζόμενοι, πολὺν τὸν κηφῆνα καὶ πτωχὸν ἐμποιοῦσι 556 τῇ πόλει.

Πῶς γάρ, ἔφη, οὐ πολύν;

Καὶ οὔτε γ' ἐκείνῃ, ἦν δ' ἐγώ, τὸ τοιοῦτον κακὸν ἐκκαόμενον ἐθέλουσιν ἀποσβεννύναι, εἴργοντες τὰ αὑτοῦ ὅπῃ τις βούλεται τρέπειν, οὔτε τῇδε, ᾗ αὖ κατὰ ἕτερον νόμον τὰ τοιαῦτα λύεται.

Κατὰ δὴ τίνα;

Ὃς μετ' ἐκεῖνόν ἐστι δεύτερος καὶ ἀναγκάζων ἀρετῆς ἐπιμελεῖσθαι τοὺς πολίτας. ἐὰν γὰρ ἐπὶ τῷ αὑτοῦ κινδύνῳ τὰ πολλά τις τῶν ἑκουσίων συμβολαίων προστάττῃ συμ- b βάλλειν, χρηματίζοιντο μὲν ἂν ἧττον ἀναιδῶς ἐν τῇ πόλει, ἐλάττω δ' ἐν αὐτῇ φύοιτο τῶν τοιούτων κακῶν οἵων νυνδὴ εἴπομεν·

Καὶ πολύ γε, ἦ δ' ὅς.

Νῦν δέ γ', ἔφην ἐγώ, διὰ πάντα τὰ τοιαῦτα τοὺς μὲν δὴ ἀρχομένους οὕτω διατιθέασιν ἐν τῇ πόλει οἱ ἄρχοντες· σφᾶς δὲ αὐτοὺς καὶ τοὺς αὑτῶν—ἆρ' οὐ τρυφῶντας μὲν τοὺς νέους καὶ ἀπόνους καὶ πρὸς τὰ τοῦ σώματος καὶ πρὸς τὰ τῆς ψυχῆς, μαλακοὺς δὲ καρτερεῖν πρὸς ἡδονάς τε καὶ c λύπας καὶ ἀργούς;

Τί μήν;

Αὐτοὺς δὲ πλὴν χρηματισμοῦ τῶν ἄλλων ἠμεληκότας, καὶ οὐδὲν πλείω ἐπιμέλειαν πεποιημένους ἀρετῆς ἢ τοὺς πένητας;

Οὐ γὰρ οὖν.

Οὕτω δὴ παρεσκευασμένοι ὅταν παραβάλλωσιν ἀλλήλοις οἵ τε ἄρχοντες καὶ οἱ ἀρχόμενοι ἢ ἐν ὁδῶν πορείαις ἢ ἐν ἄλλαις τισὶ κοινωνίαις, ἢ κατὰ θεωρίας ἢ κατὰ στρατείας, ἢ σύμπλοι γιγνόμενοι ἢ συστρατιῶται, ἢ καὶ ἐν αὐτοῖς τοῖς

e 5 ἐγγόνους F a 4 καὶ οὔτε F D: οὔτε A M γ' A D M: om. F b 6 πάντα A F M: πάντων D δὴ A D M: om. F

本就没有看见这些人似的；至于其余人中〈任何向他们〉屈服的，他总是通
过对之注射〈毒液般的〉银钱[2471]来伤害他，并且从本金那里收回孳生出来 555e5
的许许多多倍的利息[2472]，以至于他们在城邦中导致了大量的雄蜂和乞丐。 556a1

的确，他说道，怎么可能不是大量的呢？

甚至在那个地方[2473]，我说道，当这样一种恶被点燃之后，他们不 556a5
愿意扑灭它，〈既不愿意〉通过约束任何一个人完全随他所愿地使他自己的财产变样[2474]，也不〈愿意〉通过下面这种方式，那就是，在那里[2475]，复又依照另一条法律来消除这样一些情况。

究竟依照何种法律？

它是在〈前面〉那条法律之后的一条次好的法律[2476]，并且它会迫 556a10
使那些城邦公民去关心德性[2477]。因为，如果有人规定，那些自愿〈签 556b1
订〉的合约中的绝大多数都〈必须〉同〈签约者〉自己的风险连在一起，那么，一方面，人们在城邦中就会不那么没有廉耻地进行敛财，另一方面，就我们刚才说过的诸如此类的那样一些坏事而言，比较少的坏事会在它那里产生出来。

是的，肯定非常少，他说道。 556b5

那么，事实上正由于所有这样一些原因，我说道，那些进行统治的人无疑在城邦中以这种方式对待那些被统治的人；至于他们自己以及他们自己的那些家人——〈他们的〉那些年轻人，岂不由于骄奢放荡[2478]
而一则是不努力的，无论是在身体方面的各种事情上，还是在灵魂方面
的各种事情上，一则既是脆弱的，〈以至于不能〉顶住各种快乐以及痛 556c1
苦[2479]，也是懒惰的？

难道还有别的？

至于他们自己，他们是不是除了赚钱之外不关心其他任何事情，并且 556c5
同那些穷人〈所做的〉相比，他们也不曾更多地致力于对德性的关心？

的确没有。

那么，虽然那些进行统治的人和那些被统治的人处于这样一种状
态，但每当他们彼此见面时[2480]——或者是在路上的旅行中[2481]，或者是
在一些其他的公共场合里，或者是在觐神的时候[2482]，或者是在出征的 556c10
时候，或者是成为了同船的人，或者是成为了战友，甚或是当他们彼此

d κινδύνοις ἀλλήλους θεώμενοι μηδαμῇ ταύτῃ καταφρονῶνται οἱ πένητες ὑπὸ τῶν πλουσίων, ἀλλὰ πολλάκις ἰσχνὸς ἀνὴρ πένης, ἡλιωμένος, παραταχθεὶς ἐν μάχῃ πλουσίῳ ἐσκιατροφηκότι, πολλὰς ἔχοντι σάρκας ἀλλοτρίας, ἴδῃ ἄσθματός τε καὶ ἀπορίας μεστόν, ἆρ' οἴει αὐτὸν οὐχ ἡγεῖσθαι κακίᾳ τῇ σφετέρᾳ πλουτεῖν τοὺς τοιούτους, καὶ ἄλλον ἄλλῳ παραγγέλλειν, ὅταν ἰδίᾳ συγγίγνωνται, ὅτι "Ἅνδρες ἡμέτεροι· e εἰσὶ γὰρ οὐδέν;"

Εὖ οἶδα μὲν οὖν, ἔφη, ἔγωγε, ὅτι οὕτω ποιοῦσιν.

Οὐκοῦν ὥσπερ σῶμα νοσῶδες μικρᾶς ῥοπῆς ἔξωθεν δεῖται προσλαβέσθαι πρὸς τὸ κάμνειν, ἐνίοτε δὲ καὶ ἄνευ τῶν ἔξω στασιάζει αὐτὸ αὑτῷ, οὕτω δὴ καὶ ἡ κατὰ ταὐτὰ ἐκείνῳ διακειμένη πόλις ἀπὸ σμικρᾶς προφάσεως, ἔξωθεν ἐπαγομένων ἢ τῶν ἑτέρων ἐξ ὀλιγαρχουμένης πόλεως συμμαχίαν ἢ τῶν ἑτέρων ἐκ δημοκρατουμένης, νοσεῖ τε καὶ αὐτὴ αὑτῇ μάχεται, ἐνίοτε δὲ καὶ ἄνευ τῶν ἔξω στασιάζει;

557 Καὶ σφόδρα γε.

Δημοκρατία δὴ οἶμαι γίγνεται ὅταν οἱ πένητες νικήσαντες τοὺς μὲν ἀποκτείνωσι τῶν ἑτέρων, τοὺς δὲ ἐκβάλωσι, τοῖς δὲ λοιποῖς ἐξ ἴσου μεταδῶσι πολιτείας τε καὶ ἀρχῶν, καὶ ὡς τὸ πολὺ ἀπὸ κλήρων αἱ ἀρχαὶ ἐν αὐτῇ γίγνονται.

Ἔστι γάρ, ἔφη, αὕτη ἡ κατάστασις δημοκρατίας, ἐάντε καὶ δι' ὅπλων γένηται ἐάντε καὶ διὰ φόβον ὑπεξελθόντων τῶν ἑτέρων.

Τίνα δὴ οὖν, ἦν δ' ἐγώ, οὗτοι τρόπον οἰκοῦσι; καὶ ποία b τις ἡ τοιαύτη αὖ πολιτεία; δῆλον γὰρ ὅτι ὁ τοιοῦτος ἀνὴρ δημοκρατικός τις ἀναφανήσεται.

Δῆλον, ἔφη.

d 4 ἔχοντι A F M : ἔχοντα D ἴδῃ A D M : ἤδη F d 7 ἄνδρες Adam : ἄνδρες A F D M e 1 γὰρ οὐδέν A F D M : οὐδέν vulg. : παρ' οὐδέν ci. Baiter e 3 ἔξωθεν in ras. A e 6 ἐπαγομένων . . . e 7 συμμαχίαν F D M et in marg. A : om. A (sed ἔξωθεν in rasura) a 2 γίγνεται A F M : om. D a 3 ἐκβάλωσι A F M : ἐκβάλλωσι D a 5 γίγνονται F : γίγνωνται A D M a 7 φόβον A² M : φόβων A F D

看到对方处在危险中的时候——，此时[2483]穷人们就绝不可能被那些富 556d1
人所轻视，反倒是经常一位干瘦的穷人——他生活在太阳下而已经被晒得黝黑[2484]，他在一场战斗中被安排站在了一个于阴凉处被抚养长大的富人的旁边，而这个富人有着许多的多余的肥肉[2485]——，可能看到一 556d5
个气喘吁吁的和充满了不知所措的人，难道你不相信，他会认为正是由于他们〈这些穷人〉自己的怯懦才使得这样一些人变得富有，并且一个穷人会向另一个穷人通报〈这种想法〉，每当他们私底下在一起时，说“这些人受我们摆布[2486]，因为他们什么都不是”？ 556e1

我无疑很清楚，他回应道，他们在这样做。

因此，正如一副体弱多病的身体只需从外面来的一点点加码就会导致生病，而有时甚至没有那些外界的影响它也会自己起内讧[2487]，与那 556e5
种〈体弱多病的〉身体处于同样状态的城邦岂不也同样如此，那就是：由于一点点〈外〉因[2488]，当人们从外面引入某种战斗联盟时——或者其中一些人从一个被寡头所统治的城邦中引入，或者一些人从一个实行民主政制的城邦中引入——，它就会生病并且进行内战[2489]，有时甚至没有那些外界的影响它也会自己起内讧[2490]？

完完全全就是这样。 557a1

因此，一种民主政制就产生出来了，我认为，每当穷人们取得胜利之后，就另一方的那些人，他们一方面会杀死其中一些，一方面会流放一些，至于剩下的那些人，他们会平等地[2491]与之分享政权和各种公职，而且在大多数情况下，在它那里的各种公职都通过抽签取得。 557a5

的确，这就是，他说道，民主政制的建立，无论它是通过武力产生出来，还是通过下面这样产生出来，那就是，另一方的那些人由于害怕而偷偷地离开了[2492]。

那么，我说道，这些人在以何种方式生活呢？并且这样一种城邦体制复又是一种什么样的城邦体制呢？因为，显而易见的是，这样一个人 557b1
将显得是一个喜欢民主政制的人。

显而易见，他说道。

Οὐκοῦν πρῶτον μὲν δὴ ἐλεύθεροι, καὶ ἐλευθερίας ἡ πόλις μεστὴ καὶ παρρησίας γίγνεται, καὶ ἐξουσία ἐν αὐτῇ ποιεῖν ὅτι τις βούλεται;

Λέγεταί γε δή, ἔφη.

Ὅπου δέ γε ἐξουσία, δῆλον ὅτι ἰδίαν ἕκαστος ἂν κατασκευὴν τοῦ αὑτοῦ βίου κατασκευάζοιτο ἐν αὐτῇ, ἥτις ἕκαστον ἀρέσκοι.

Δῆλον.

Παντοδαποὶ δὴ ἂν οἶμαι ἐν ταύτῃ τῇ πολιτείᾳ μάλιστ' c ἐγγίγνοιντο ἄνθρωποι.

Πῶς γὰρ οὔ;

Κινδυνεύει, ἦν δ' ἐγώ, καλλίστη αὕτη τῶν πολιτειῶν εἶναι· ὥσπερ ἱμάτιον ποικίλον πᾶσιν ἄνθεσι πεποικιλμένον, οὕτω καὶ αὕτη πᾶσιν ἤθεσιν πεποικιλμένη καλλίστη ἂν φαίνοιτο. καὶ ἴσως μέν, ἦν δ' ἐγώ, καὶ ταύτην, ὥσπερ οἱ παῖδές τε καὶ αἱ γυναῖκες τὰ ποικίλα θεώμενοι, καλλίστην ἂν πολλοὶ κρίνειαν.

Καὶ μάλ', ἔφη.

Καὶ ἔστιν γε, ὦ μακάριε, ἦν δ' ἐγώ, ἐπιτήδειον ζητεῖν ἐν d αὐτῇ πολιτείαν.

Τί δή;

Ὅτι πάντα γένη πολιτειῶν ἔχει διὰ τὴν ἐξουσίαν, καὶ κινδυνεύει τῷ βουλομένῳ πόλιν κατασκευάζειν, ὃ νυνδὴ ἡμεῖς ἐποιοῦμεν, ἀναγκαῖον εἶναι εἰς δημοκρατουμένην ἐλθόντι πόλιν, ὃς ἂν αὐτὸν ἀρέσκῃ τρόπος, τοῦτον ἐκλέξασθαι, ὥσπερ εἰς παντοπώλιον ἀφικομένῳ πολιτειῶν, καὶ ἐκλεξαμένῳ οὕτω κατοικίζειν.

Ἴσως γοῦν, ἔφη, οὐκ ἂν ἀποροῖ παραδειγμάτων. e

Τὸ δὲ μηδεμίαν ἀνάγκην, εἶπον, εἶναι ἄρχειν ἐν ταύτῃ τῇ πόλει, μηδ' ἂν ᾖς ἱκανὸς ἄρχειν, μηδὲ αὖ ἄρχεσθαι, ἐὰν μὴ βούλῃ, μηδὲ πολεμεῖν πολεμούντων, μηδὲ εἰρήνην ἄγειν

c 8 αἱ ADM: om. F d 8 ἐκλεξαμένῳ AMd: ἐκλεξαμένων FD

事实上，首要的是，他们岂不肯定都是自由的，并且城邦也变得充
满了自由，尤其是言论自由[2493]，以及任何人在它那里都有权做他想做 557b5
的任何事情[2494]？

至少据说就是这样，他回应道。

而在有着〈这样一种〉许可的地方，下面这点无疑就是显而易见
的，那就是：每个人都能够在它那里对他自己的生活做出任何一种个人
的安排，只要该安排令他感到满意。 557b10

显而易见。

那么，我认为，在这种城邦体制那里，尤其会产生出五花八门的 557c1
人来。

那还用说？

有可能，我说道，在各种各样的城邦体制中，这种城邦体制是最美
丽的；就像一件五彩斑斓的外衣，它已经被用所有的花色绣成，同样，由 557c5
于这种城邦体制也已经被用所有的习性绣成，因而它会显得是最美丽的。
并且也许这种城邦体制，我说道，就像孩子们以及女人们看那些五彩斑斓
的东西一样，许多人甚至也会将它判定为是一种最美丽的城邦体制。

诚然，他说道。 557c10

而且这肯定是，有福的人啊，我说道，合适的，那就是在它那里去 557d1
寻找一种城邦体制。

究竟为什么？

因为它由于〈它的〉那种许可[2495]而包含着城邦体制的所有类型，
并且有可能对于希望组建一个城邦的人来说，就像我们刚才所做的那 557d5
样，下面这样做是必然的，那就是：通过前往一个实行民主政制的城邦
那里，何种性格〈的城邦体制〉会令他感到满意，他就选择何种性格
〈的城邦体制〉，他就像来到了〈贩卖〉各种城邦体制的旧货市场似的，
而一旦他做出了挑选，他也就由此来建立〈他的城邦〉。

那样一来，也许他至少不会，他说道，缺少各种范例[2496]。 557e1

而在这种城邦中，我说道，进行统治是没有任何一种强迫性的，即
使你是有能力进行统治的，被统治复又同样如此，如果你不希望〈被统
治〉的话；〈你不必〉去作战，当〈其他人都〉在作战时；〈你也不必〉

τῶν ἄλλων ἀγόντων, ἐὰν μὴ ἐπιθυμῇς εἰρήνης, μηδὲ αὖ, ἐάν τις ἄρχειν νόμος σε διακωλύῃ ἢ δικάζειν, μηδὲν ἧττον καὶ
558 ἄρχειν καὶ δικάζειν, ἐὰν αὐτῷ σοι ἐπίῃ, ἆρ' οὐ θεσπεσία καὶ ἡδεῖα ἡ τοιαύτη διαγωγὴ ἐν τῷ παραυτίκα;

Ἴσως, ἔφη, ἔν γε τούτῳ.

Τί δέ; ἡ πρᾳότης ἐνίων τῶν δικασθέντων οὐ κομψή; ἢ οὔπω εἶδες, ἐν τοιαύτῃ πολιτείᾳ [ἀνθρώπων] καταψηφισθέντων θανάτου ἢ φυγῆς, οὐδὲν ἧττον αὐτῶν μενόντων τε καὶ ἀναστρεφομένων ἐν μέσῳ, [καὶ] ὡς οὔτε φροντίζοντος οὔτε ὁρῶντος οὐδενὸς περινοστεῖ ὥσπερ ἥρως;

Καὶ πολλούς γ', ἔφη.

b Ἡ δὲ συγγνώμη καὶ οὐδ' ὁπωστιοῦν σμικρολογία αὐτῆς, ἀλλὰ καταφρόνησις ὧν ἡμεῖς ἐλέγομεν σεμνύνοντες, ὅτε τὴν πόλιν ᾠκίζομεν, ὡς εἰ μή τις ὑπερβεβλημένην φύσιν ἔχοι, οὔποτ' ἂν γένοιτο ἀνὴρ ἀγαθός, εἰ μὴ παῖς ὢν εὐθὺς παίζοι ἐν καλοῖς καὶ ἐπιτηδεύοι τὰ τοιαῦτα πάντα, ὡς μεγαλοπρεπῶς καταπατήσασ' ἅπαντ' αὐτὰ οὐδὲν φροντίζει ἐξ ὁποίων ἄν τις ἐπιτηδευμάτων ἐπὶ τὰ πολιτικὰ ἰὼν πράττῃ, ἀλλὰ τιμᾷ,
c ἐὰν φῇ μόνον εὔνους εἶναι τῷ πλήθει;

Πάνυ γ', ἔφη, γενναία.

Ταῦτά τε δή, ἔφην, ἔχοι ἂν καὶ τούτων ἄλλα ἀδελφὰ δημοκρατία, καὶ εἴη, ὡς ἔοικεν, ἡδεῖα πολιτεία καὶ ἄναρχος καὶ ποικίλη, ἰσότητά τινα ὁμοίως ἴσοις τε καὶ ἀνίσοις διανέμουσα.

Καὶ μάλ', ἔφη, γνώριμα λέγεις.

Ἄθρει δή, ἦν δ' ἐγώ, τίς ὁ τοιοῦτος ἰδίᾳ. ἢ πρῶτον σκεπτέον, ὥσπερ τὴν πολιτείαν ἐσκεψάμεθα, τίνα τρόπον γίγνεται;

e 5 ἐπιθυμῇς F : ἐπιθυμῇ A D M e 6 ἄρχειν scr. recc. : ἀρχῆς A F : ἄρχῃς A² M : ἀρχὴς ex ἀρχῆς D δικάζειν scr. recc. : δικάζῃς A F M d : δικάζεις D a 2 τοιαύτῃ F D : αὐτῇ A M a 4 ἐνίων] κατ' ἐνίων ci. Stephanus a 5 ἀνθρώπων seclusi καταψηφισθέντος ci. Madvig a 6 θάνατον ἢ φυγὴν Adam a 7 καὶ secl. Weil a 9 πολλούς A F M : πολύς D b 6 καταπατήσασ' corr. Mon. : καταπατήσας A F D M ἅπαντ' αὐτὰ A : ἅπαντα ταῦτα D M : ταῦτα πάντα F c 2 γενναία M : γενναῖα A F D c 3 ταῦτά τε F D : ταὐτατά τε A : ταῦτα M

去保持和平[2497]，当其他人都在保持和平时，只要你不渴望和平的话；557e5
此外，即使有一条法律阻止你去进行统治或从事审判，那你依然[2498]能够去进行统治和从事审判，只要该事降临到你自己头上[2499]；这样一种 558a1
生活方式[2500]岂不立即[2501]就是神一样的和快乐的吗？

也许吧，他回应道，至少在那种情形下[2502]。

然后呢？当一些人被定罪之后，他们的那种心平气和难道不是令人
愉快的[2503]？抑或你从未看到过，在这样一种城邦体制中，一些人虽然 558a5
被投票判了死刑或者放逐[2504]，但他们依然继续留在〈城邦〉中，并且公开地四处走动[2505]，仿佛既无人关心，也无人看见似的[2506]，就像一位〈死去的〉英雄〈的魂魄〉那样四处溜达？

其实〈我看到过〉许多这样的人，他回应道。

而这种城邦体制所怀有的那种体谅和在任何事情上的不斤斤计 558b1
较[2507]，而且藐视当我们筹建城邦时我们曾以严肃的方式说过的那些事情——那就是，如果一个人不具有一种卓越的天性，那他就从不会成为一个优秀的人，除非当他还是一个孩子时，他就径直在各种各样美好的
事情中玩耍，并追求所有诸如此类的东西——，由于它何等目空一切地 558b5
把所有这些都踩在脚下[2508]，因而它根本就不关心一个人可能从一些什么样的行业那里通过前往那些城邦事务而从事它们，相反，它重视〈那
个人〉，只要他宣称他对民众是好心的，是这样吗？ 558c1

它倒确实是，他回应道，一种高贵的〈城邦体制〉[2509]。

因而一种民主政制，我说道，肯定会具有这些性格，以及与这些性格有亲缘关系的一些其他的品质，并且如看起来的那样，它也会是一种
愉快的、无统治者的[2510]和色彩斑斓的城邦体制，因为它把某种平等同 558c5
等地分给那些平等的人以及不平等的人。

诚然，他说道，你在说一些众所周知的事情。

那么请你再看看，我说道，〈与之相应的〉这样一种个人又如何。或者必须首先考察，如我们考察城邦体制那样，他以何种方式产生出来？

Ναί, ἔφη.

Ἆρ᾽ οὖν οὐχ ὧδε; τοῦ φειδωλοῦ ἐκείνου καὶ ὀλιγαρχικοῦ
γένοιτ᾽ ἂν οἶμαι ὑὸς ὑπὸ τῷ πατρὶ τεθραμμένος ἐν τοῖς d
ἐκείνου ἤθεσι;

Τί γὰρ οὔ;

Βίᾳ δὴ καὶ οὗτος ἄρχων τῶν ἐν αὑτῷ ἡδονῶν, ὅσαι
ἀναλωτικαὶ μέν, χρηματιστικαὶ δὲ μή· αἳ δὴ οὐκ ἀναγκαῖαι
κέκληνται—

Δῆλον, ἔφη.

Βούλει οὖν, ἦν δ᾽ ἐγώ, ἵνα μὴ σκοτεινῶς διαλεγώμεθα,
πρῶτον ὁρισώμεθα τάς τε ἀναγκαίους ἐπιθυμίας καὶ τὰς μή;

Βούλομαι, ἦ δ᾽ ὅς.

Οὐκοῦν ἅς τε οὐκ ἂν οἷοί τ᾽ εἶμεν ἀποτρέψαι, δικαίως
ἂν ἀναγκαῖαι καλοῖντο, καὶ ὅσαι ἀποτελούμεναι ὠφελοῦσιν e
ἡμᾶς; τούτων γὰρ ἀμφοτέρων ἐφίεσθαι ἡμῶν τῇ φύσει
ἀνάγκη. ἢ οὔ;

Καὶ μάλα.

Δικαίως δὴ τοῦτο ἐπ᾽ αὐταῖς ἐροῦμεν, τὸ ἀναγκαῖον. 559

Δικαίως.

Τί δέ; ἅς γέ τις ἀπαλλάξειεν ἄν, εἰ μελετῷ ἐκ νέου, καὶ
πρὸς οὐδὲν ἀγαθὸν ἐνοῦσαι δρῶσιν, αἱ δὲ καὶ τοὐναντίον,
πάσας ταύτας εἰ μὴ ἀναγκαίους φαῖμεν εἶναι, ἆρ᾽ οὐ καλῶς
ἂν λέγοιμεν;

Καλῶς μὲν οὖν.

Προελώμεθα δή τι παράδειγμα ἑκατέρων αἵ εἰσιν, ἵνα
τύπῳ λάβωμεν αὐτάς;

Οὐκοῦν χρή.

Ἆρ᾽ οὖν οὐχ ἡ τοῦ φαγεῖν μέχρι ὑγιείας τε καὶ εὐεξίας
καὶ αὐτοῦ σίτου τε καὶ ὄψου ἀναγκαῖος ἂν εἴη; b

Οἶμαι.

d 11 ἀποτρέψαι A M : ἀποστρέψαι F D   e 1 ἂν M : om. A F D
a 1 δικαίως A M : καὶ δικαίως F D   a 4 πρὸς] ⟨οὐδὲν⟩ πρὸς Adam
οὐδὲν] οὐδέν᾽ ci. Ast   δὲ καὶ A F M : δέκα D   b 1 αὐτοῦ A D M :
αὖ τοῦ F   ἀναγκαῖος A F M : ἀναγκαίως D

是的，他回应道。558c10

难道不是以下面这种方式？从那位吝啬的和倾向于寡头政制的人那
里，我认为，有可能生出一个儿子，而他已经被他的父亲用他的那些习 558d1
性抚养长大了？

为何不呢？

于是乎这个人也用强力来统治在他身上的所有下面这样的快乐，即 558d5
所有那些只能让人花钱而不能让人挣钱的快乐；事实上它们都被称作了
一些非必要的〈欲望〉——

显然，他说道。

那么，你愿意，我说道，为了我们不至于在黑暗中进行讨论，让我们首先界定那些必要的欲望和非必要的欲望吗？

我愿意，他回应道。558d10

那么，我们不可能会避开的那些欲望，它们岂不会正当地被称作
是必要的，并且所有那些当它们被达成后〈能够〉有益于我们的那些欲 558e1
望，它们也同样如此？因为我们在本性上就必然渴望这两者[2511]。难道
不是这样吗？

诚然。

那么，我们将对于它们正当地说出这点，即必要。559a1

正当地。

然后呢？一个人无论如何都能够摆脱的那些欲望，如果他从年轻时
就进行练习的话，除此之外[2512]，那些虽然内在于〈其身上〉但不会做
出任何好的事情，而是只会起相反作用的欲望，如果我们宣称所有这些 559a5
欲望都是非必要的，那么，我们岂不会说得正确？

当然正确。

那么，我们应当从两者各自所是的那些欲望中各选出一个例子，以便我们能够一般性地[2513]把握它们吗？

当然必须这样。559a10

那么，吃的欲望——到〈维持〉健康和身体情况的良好这个程度为
止——，即对于食物自身以及菜肴的欲望[2514]，会是必要的吗？559b1

我认为是。

Ἡ μέν γέ που τοῦ σίτου κατ' ἀμφότερα ἀναγκαία, ᾗ τε ὠφέλιμος ᾗ τε ⟨μὴ⟩ παῦσαι ζῶντα δυνατή.

Ναί.

Ἡ δὲ ὄψου, εἴ πῄ τινα ὠφελίαν πρὸς εὐεξίαν παρέχεται.

Πάνυ μὲν οὖν.

Τί δὲ ἡ πέρα τούτων καὶ ἀλλοίων ἐδεσμάτων ἢ τοιούτων ἐπιθυμία, δυνατὴ δὲ κολαζομένη ἐκ νέων καὶ παιδευομένη ἐκ τῶν πολλῶν ἀπαλλάττεσθαι, καὶ βλαβερὰ μὲν σώματι, βλαβερὰ δὲ ψυχῇ πρός τε φρόνησιν καὶ τὸ σωφρονεῖν; ἆρά
c γε ὀρθῶς οὐκ ἀναγκαία ἂν καλοῖτο;

Ὀρθότατα μὲν οὖν.

Οὐκοῦν καὶ ἀναλωτικὰς φῶμεν εἶναι ταύτας, ἐκείνας δὲ χρηματιστικὰς διὰ τὸ χρησίμους πρὸς τὰ ἔργα εἶναι;

Τί μήν;

Οὕτω δὴ καὶ περὶ ἀφροδισίων καὶ τῶν ἄλλων φήσομεν;

Οὕτω.

Ἆρ' οὖν καὶ ὃν νυνδὴ κηφῆνα ὠνομάζομεν, τοῦτον ἐλέγομεν τὸν τῶν τοιούτων ἡδονῶν καὶ ἐπιθυμιῶν γέμοντα καὶ
d ἀρχόμενον ὑπὸ τῶν μὴ ἀναγκαίων, τὸν δὲ ὑπὸ τῶν ἀναγκαίων φειδωλόν τε καὶ ὀλιγαρχικόν;

Ἀλλὰ τί μήν;

Πάλιν τοίνυν, ἦν δ' ἐγώ, λέγωμεν ὡς ἐξ ὀλιγαρχικοῦ δημοκρατικὸς γίγνεται. φαίνεται δέ μοι τά γε πολλὰ ὧδε γίγνεσθαι.

Πῶς;

Ὅταν νέος, τεθραμμένος ὡς νυνδὴ ἐλέγομεν, ἀπαιδεύτως τε καὶ φειδωλῶς, γεύσηται κηφήνων μέλιτος, καὶ συγγένηται αἴθωσι θηρσὶ καὶ δεινοῖς, παντοδαπὰς ἡδονὰς καὶ ποικίλας καὶ παντοίως ἐχούσας δυναμένοις σκευάζειν, ἐνταῦθά που
e οἴου εἶναι ἀρχὴν αὐτῷ μεταβολῆς . . . ὀλιγαρχικῆς τῆς ἐν ἑαυτῷ εἰς δημοκρατικήν.

b 4 μὴ παῦσαι ζῶντα Mon.: παῦσαι ζῶντα A F D M: παῦσαι πεινῶντας Athenaeus b 8 ἢ D M: ἡ A F c 9 τῶν A F M: om. D d 10 που οἴου A F M: πουσίου D e 1 post μεταβολῆς aliquid excidisse videtur (ὀλιγαρχικοῦ τοῦ . . . δημοκρατικόν Adam)

至少对食物的欲望，它或许在两个方面都是必要的，一方面它是有益的，另一方面〈如果它没有得到满足〉它能够让〈一个人〉停止活着[2515]。

是的。 559b5

对菜肴的欲望也如此，如果它毕竟为身体情况的良好提供了某种益处的话。

的确是这样。

而超出这些并且对不同于〈我们所说的〉这样一些情形的各种各样可吃的东西的欲望[2516]，它又如何呢——事实上如果这种欲望从〈人们〉年轻时就被纠正和教育，它就能够被许多人所摆脱，并且它不仅对 559b10
身体来说是有害的，而且在保持明智和自制方面对灵魂来说也是有害的——？它肯定会被正确地称作是非必要的吗？ 559c1

当然非常正确。

因此，我们岂不也可以宣称这些〈非必要的〉欲望都是挥霍性的，而那些〈必要的〉欲望由于对各种工作有利而是盈利性的[2517]？

为何不呢？ 559c5

那么，关于情欲方面的事情以及其他一些事情，我们也将这样说吗？

也这样。

那么，我们刚才曾将之称作一只雄蜂的那种人，我们是不是也说他充满了诸如此类的一些快乐和欲望，并且被各种各样非必要的〈快乐和欲望〉所统治，而那被各种各样必要的〈快乐和欲望〉所统治的人，则 559d1
是吝啬的和倾向于寡头政制的？

难道还能是别的？

那好，我说道，让我们回头说，一个人如何从倾向于寡头政制变成了喜欢民主政制。至少对我显得多半是像下面这样发生的。 559d5

怎样？

每当一个年轻人——他如我们刚才所说的那样，以一种既缺乏教育又吝啬的方式被抚养长大——，〈就像〉是一只雄蜂〈那样〉品尝到了蜂蜜[2518]，而且同这些凶猛且精明的小怪物[2519]厮混在一起，因为它们能够〈为他〉提供出各种各样且色彩斑斓的，并且体现在方方面面[2520]的 559d10
快乐，那时在那里[2521]你自然就会认为，他开始了从在他自己那里的寡 559e1
头统治的城邦体制向民主统治的城邦体制的一种转变[2522]。

Πολλὴ ἀνάγκη, ἔφη.

Ἆρ᾽ οὖν, ὥσπερ ἡ πόλις μετέβαλλε βοηθησάσης τῷ ἑτέρῳ μέρει συμμαχίας ἔξωθεν, ὁμοίας ὁμοίῳ, οὕτω καὶ ὁ νεανίας μεταβάλλει βοηθοῦντος αὖ εἴδους ἐπιθυμιῶν ἔξωθεν τῷ ἑτέρῳ τῶν παρ᾽ ἐκείνῳ, συγγενοῦς τε καὶ ὁμοίου;

Παντάπασιν μὲν οὖν.

Καὶ ἐὰν μέν γε οἶμαι ἀντιβοηθήσῃ τις τῷ ἐν ἑαυτῷ
ὀλιγαρχικῷ συμμαχία, ἤ ποθεν παρὰ τοῦ πατρὸς ἢ καὶ τῶν
ἄλλων οἰκείων νουθετούντων τε καὶ κακιζόντων, στάσις δὴ 560
καὶ ἀντίστασις καὶ μάχη ἐν αὐτῷ πρὸς αὑτὸν τότε γίγνεται.

Τί μήν;

Καὶ ποτὲ μὲν οἶμαι τὸ δημοκρατικὸν ὑπεχώρησε τῷ ὀλιγαρχικῷ, καί τινες τῶν ἐπιθυμιῶν αἱ μὲν διεφθάρησαν, αἱ δὲ καὶ ἐξέπεσον, αἰδοῦς τινος ἐγγενομένης ἐν τῇ τοῦ νέου ψυχῇ, καὶ κατεκοσμήθη πάλιν.

Γίγνεται γὰρ ἐνίοτε, ἔφη.

Αὖθις δὲ οἶμαι τῶν ἐκπεσουσῶν ἐπιθυμιῶν ἄλλαι ὑπο-
τρεφόμεναι συγγενεῖς δι᾽ ἀνεπιστημοσύνην τροφῆς πατρὸς b
πολλαί τε καὶ ἰσχυραὶ ἐγένοντο.

Φιλεῖ γοῦν, ἔφη, οὕτω γίγνεσθαι.

Οὐκοῦν εἵλκυσάν τε πρὸς τὰς αὐτὰς ὁμιλίας, καὶ λάθρᾳ συγγιγνόμεναι πλῆθος ἐνέτεκον.

Τί μήν;

Τελευτῶσαι δὴ οἶμαι κατέλαβον τὴν τοῦ νέου τῆς ψυχῆς ἀκρόπολιν, αἰσθόμεναι κενὴν μαθημάτων τε καὶ ἐπιτηδευμάτων καλῶν καὶ λόγων ἀληθῶν, οἳ δὴ ἄριστοι φρουροί τε καὶ φύλακες ἐν ἀνδρῶν θεοφιλῶν εἰσι διανοίαις.

Καὶ πολύ γ᾽, ἔφη. c

Ψευδεῖς δὴ καὶ ἀλαζόνες οἶμαι λόγοι τε καὶ δόξαι ἀντ᾽ ἐκείνων ἀναδραμόντες κατέσχον τὸν αὐτὸν τόπον τοῦ τοιούτου.

e 3 ἔφη F D M et in marg. A : om. A e 4 μετέβαλλε A F D M : μεταβάλλει A² e 9 μέν γε F D : μὲν A M a 2 καὶ ἀντίστασις A F M : om. D a 9 ὑποτρεφόμεναι A F M : ὑποστρεφόμεναι D b 4 αὐτὰς] αὐταῖς ci. Ast b 10 θεοφιλῶν A M : om. F D

非常必然，他说道。

那么，是不是就像城邦发生改变那样——当一种从外面来的战斗联
盟帮助两方中的一方时，即相似的一方帮助相似的一方——，年轻人其 559e5
实也以同样的方式发生改变，当从外面来的一种形式的欲望，即同类的
以及相似的欲望，帮助在他身上的那两种欲望中的一方时？

完全如此。

并且我肯定会认为，如果某种战斗联盟从它那一方来帮助在一个人
自己身上倾向于寡头政制的那一方，它或者来自他的父亲，甚或来自对 559e10
他进行警告以及斥责的其他家庭成员，那么，那时在他自己身上就会产 560a1
生出针对他自己的一次内讧、一个反对派以及一场战斗。

为何不呢？

而有的时候[2523]，我认为，喜欢民主政制的部分会给倾向于寡头政
制的部分让路[2524]，并且就〈喜欢民主政制的〉那些欲望而言，一些被 560a5
完全毁灭了，一些则遭到了驱逐，由于某种羞耻感在年轻人的灵魂中生
起，于是他重新被置于了某种秩序中。

的确有时候会变成这样，他说道。

而再次，我认为，其他一些相继长大[2525]而与那些遭到了驱逐的欲
望同类的，由于〈年轻人的〉父亲在抚养方面的无知，它们〈复又慢 560b1
慢〉变得多起来并且是强有力的。

无论如何，他说道，经常出现这样的情况[2526]。

于是，它们又把〈年轻人〉拖向那些同样的交往中[2527]，并且通过 560b5
偷偷地〈与那些被驱逐在外的欲望〉相处而生出了一大堆〈后代〉来。

为何不呢？

因此，最终，我认为，它们通过下面这样而占据了年轻人灵魂中的
那座卫城，那就是它们注意到它其实空空如也，既无任何的学问，也无
任何美好的追求和真实的言辞，而事实上，这些才是在那些被神所喜爱 560b10
的人的思想中的最优秀的看守者和卫士。

的确如此，他说道。 560c1

于是乎，我认为，一些虚假的和浮夸的[2528]言辞以及意见就取代它们
跳起来往上跑[2529]，从而占据了这样一个人身上的那个同样的位置[2530]。

Σφόδρα γ', ἔφη.

Ἆρ' οὖν οὐ πάλιν τε εἰς ἐκείνους τοὺς Λωτοφάγους ἐλθὼν φανερῶς κατοικεῖ, καὶ ἐὰν παρ' οἰκείων τις βοήθεια τῷ φειδωλῷ αὐτοῦ τῆς ψυχῆς ἀφικνῆται, κλῄσαντες οἱ ἀλαζόνες λόγοι ἐκεῖνοι τὰς τοῦ βασιλικοῦ τείχους ἐν αὐτῷ πύλας οὔτε αὐτὴν τὴν συμμαχίαν παριᾶσιν, οὔτε πρέσβεις πρεσβυτέρων
d λόγους ἰδιωτῶν εἰσδέχονται, αὐτοί τε κρατοῦσι μαχόμενοι, καὶ τὴν μὲν αἰδῶ ἠλιθιότητα ὀνομάζοντες ὠθοῦσιν ἔξω ἀτίμως φυγάδα, σωφροσύνην δὲ ἀνανδρίαν καλοῦντές τε καὶ προπηλακίζοντες ἐκβάλλουσι, μετριότητα δὲ καὶ κοσμίαν δαπάνην ὡς ἀγροικίαν καὶ ἀνελευθερίαν οὖσαν πείθοντες ὑπερορίζουσι μετὰ πολλῶν καὶ ἀνωφελῶν ἐπιθυμιῶν;

Σφόδρα γε.

Τούτων δέ γέ που κενώσαντες καὶ καθήραντες τὴν τοῦ
e κατεχομένου τε ὑπ' αὐτῶν καὶ τελουμένου ψυχὴν μεγάλοισι τέλεσι, τὸ μετὰ τοῦτο ἤδη ὕβριν καὶ ἀναρχίαν καὶ ἀσωτίαν καὶ ἀναίδειαν λαμπρὰς μετὰ πολλοῦ χοροῦ κατάγουσιν ἐστεφανωμένας, ἐγκωμιάζοντες καὶ ὑποκοριζόμενοι, ὕβριν μὲν εὐπαιδευσίαν καλοῦντες, ἀναρχίαν δὲ ἐλευθερίαν, ἀσωτίαν
561 δὲ μεγαλοπρέπειαν, ἀναίδειαν δὲ ἀνδρείαν. ἆρ' οὐχ οὕτω πως, ἦν δ' ἐγώ, νέος ὢν μεταβάλλει ἐκ τοῦ ἐν ἀναγκαίοις ἐπιθυμίαις τρεφομένου τὴν τῶν μὴ ἀναγκαίων καὶ ἀνωφελῶν ἡδονῶν ἐλευθέρωσίν τε καὶ ἄνεσιν;

Καὶ μάλα γ', ἦ δ' ὅς, ἐναργῶς.

Ζῇ δὴ οἶμαι μετὰ ταῦτα ὁ τοιοῦτος οὐδὲν μᾶλλον εἰς ἀναγκαίους ἢ μὴ ἀναγκαίους ἡδονὰς ἀναλίσκων καὶ χρήματα καὶ πόνους καὶ διατριβάς· ἀλλ' ἐὰν εὐτυχὴς ᾖ καὶ μὴ πέρα ἐκβακχευθῇ, ἀλλά τι καὶ πρεσβύτερος γενόμενος τοῦ πολλοῦ
b θορύβου παρελθόντος μέρη τε καταδέξηται τῶν ἐκπεσόντων καὶ τοῖς ἐπεισελθοῦσι μὴ ὅλον ἑαυτὸν ἐνδῷ, εἰς ἴσον δή τι

d 1 ἰδιωτῶν] δι' ὤτων ci. Badham e 1 μεγάλοισι ADM: μεγάλοις F e 5 εὐπαιδευσίαν AFM: ἀπαιδευσίαν D a 3 τὴν AM: εἰς τὴν FD a 5 μάλα AM: μάλιστα FD a 8 εὐτυχὴς ᾖ AFM: εὐτυχὴς D: εὐτυχήσῃ ci. Madvig b 2 ἑαυτὸν DM: ἑαυτῷ AF δή AFDM: om. d

正是这样，他说道。

那么，他岂不又回到了那些吃洛托斯果子的人[2531]那里，并公开地[2532]与他们生活在一起，并且如果从家里人那里来的任何一种帮助前往他灵魂中的那个吝啬的部分那里，那么，那些浮夸的言辞就会关上在他那里的那道王家的城墙[2533]的〈所有〉大门，它们既不让该援助自身通过，也不把那些以私人身份〈前来〉的比较年老的长者的各种建议作为使节来进行接待[2534]，一旦它们通过〈与那个吝啬的部分〉进行战斗而取得了控制权，那它们无疑就会通过把羞耻称作一种愚蠢而以剥夺公民权的方式将之赶到外面去，使它作为一个流亡者，通过把自制称为一种懦弱并且抹黑[2535]它来将之扔到外面去，至于适度和有分寸的消费，它们通过使〈他〉相信那无非是一种乡土气和不自由而在许许多多并且是无益的欲望的帮助下将之驱逐出境？ 560c5 560d1 560d5

的确如此。

而事实上，当它们以这样那样的方式清空这些品质[2536]，并且洁净[2537]被它们附体[2538]并参加一些重大的秘仪的那个人的灵魂之后[2539]，接下来它们立即就用庞大的歌舞队在熊熊火炬〈那耀眼的光芒〉中把〈那被放逐了的〉侮慢放肆、无法无天、挥霍放荡、恬不知耻迎了回来，〈这些恶劣的品质都〉被戴上了冠冕，它们颂扬它们并且用好听的名字称呼它们，它们把侮慢放肆称作有教养，把无法无天称作自由，把挥霍放荡称作慷慨大方，把恬不知耻称作英勇豪迈。岂不正是用这样一种方式，我说道，一个人，当他还是一个年轻人时，他从在各种各样必要的欲望中被抚养长大的一个人，转变成了对各种各样非必要的并且是无益的快乐的恣意放纵和沉湎迷恋[2540]？ 560e1 560e5 561a1

无论如何都非常，他回应道，明显。 561a5

那么，我认为此后这样一个人会如此活着，那就是，他在各种各样必要的和非必要的快乐上所耗费的一样多[2541]，无论是在钱财方面，还是在辛苦和度日方面。不过，如果他是走运的并且没有超出发酒神信徒的癫狂[2542]，相反，如果随着他变得年老一点，巨大的骚动〈逐渐〉平复[2543]，他〈重新〉接纳一部分曾遭驱逐的〈欲望〉，并且不会完全把自己交给那些〈从外面前来援助而〉进来的欲望[2544]，那么，他事实上会 561b1

καταστήσας τὰς ἡδονὰς διάγει, τῇ παραπιπτούσῃ ἀεὶ ὥσπερ λαχούσῃ τὴν ἑαυτοῦ ἀρχὴν παραδιδοὺς ἕως ἂν πληρωθῇ, καὶ αὖθις ἄλλῃ, οὐδεμίαν ἀτιμάζων ἀλλ' ἐξ ἴσου τρέφων.

Πάνυ μὲν οὖν.

Καὶ λόγον γε, ἦν δ' ἐγώ, ἀληθῆ οὐ προσδεχόμενος οὐδὲ παριεὶς εἰς τὸ φρούριον, ἐάν τις λέγῃ ὡς αἱ μέν εἰσι τῶν καλῶν τε καὶ ἀγαθῶν ἐπιθυμιῶν ἡδοναί, αἱ δὲ τῶν πονηρῶν, c καὶ τὰς μὲν χρὴ ἐπιτηδεύειν καὶ τιμᾶν, τὰς δὲ κολάζειν τε καὶ δουλοῦσθαι· ἀλλ' ἐν πᾶσι τούτοις ἀνανεύει τε καὶ ὁμοίας φησὶν ἁπάσας εἶναι καὶ τιμητέας ἐξ ἴσου.

Σφόδρα γάρ, ἔφη, οὕτω διακείμενος τοῦτο δρᾷ.

Οὐκοῦν, ἦν δ' ἐγώ, καὶ διαζῇ τὸ καθ' ἡμέραν οὕτω χαριζόμενος τῇ προσπιπτούσῃ ἐπιθυμίᾳ, τοτὲ μὲν μεθύων καὶ καταυλούμενος, αὖθις δὲ ὑδροποτῶν καὶ κατισχναινόμενος, τοτὲ δ' αὖ γυμναζόμενος, ἔστιν δ' ὅτε ἀργῶν καὶ πάντων d ἀμελῶν, τοτὲ δ' ὡς ἐν φιλοσοφίᾳ διατρίβων. πολλάκις δὲ πολιτεύεται, καὶ ἀναπηδῶν ὅτι ἂν τύχῃ λέγει τε καὶ πράττει· κἄν ποτέ τινας πολεμικοὺς ζηλώσῃ, ταύτῃ φέρεται, ἢ χρηματιστικούς, ἐπὶ τοῦτ' αὖ. καὶ οὔτε τις τάξις οὔτε ἀνάγκη ἔπεστιν αὐτοῦ τῷ βίῳ, ἀλλ' ἡδύν τε δὴ καὶ ἐλευθέριον καὶ μακάριον καλῶν τὸν βίον τοῦτον χρῆται αὐτῷ διὰ παντός.

Παντάπασιν, ἦ δ' ὅς, διελήλυθας βίον ἰσονομικοῦ τινος e ἀνδρός.

Οἶμαι δέ γε, ἦν δ' ἐγώ, καὶ παντοδαπόν τε καὶ πλείστων ἠθῶν μεστόν, καὶ τὸν καλόν τε καὶ ποικίλον, ὥσπερ ἐκείνην τὴν πόλιν, τοῦτον τὸν ἄνδρα εἶναι· ὃν πολλοὶ ἂν καὶ πολλαὶ ζηλώσειαν τοῦ βίου, παραδείγματα πολιτειῶν τε καὶ τρόπων πλεῖστα ἐν αὐτῷ ἔχοντα.

Οὗτος γάρ, ἔφη, ἔστιν.

Τί οὖν; τετάχθω ἡμῖν κατὰ δημοκρατίαν ὁ τοιοῦτος ἀνήρ, 562 ὡς δημοκρατικὸς ὀρθῶς ἂν προσαγορευόμενος;

c 7 τότε F D M : τὸ A   d 1 ἀργῶν ******** καὶ A   e 8 οὗτος A² F D : οὕτω A : οὕτως M

通过把各种各样的快乐置于某种平衡中来度日，因为他总是把对他自己的统治交给那偶然遇到的、就像是凭抽签获得的〈欲望〉，直到他感到满足，然后再交给另外一种，他不会轻视任何一种，而是平等地怀有它们。561b5

的确如此。

至于一种真实的言辞，我说道，他根本就不会接受，也不会允许它进入到堡垒中[2545]，如果有人说出下面这番话的话，那就是：一方面，一些快乐来自各种各样既美又好的欲望，另一方面，一些快乐则来自一 561c1
些坏的欲望，并且人们一则必须汲汲追求和重视前者，一则必须斥责和压制后者。相反，在所有这些话那里，他都把头往后一仰以示拒绝，并且声称所有的欲望都既是相同的，也是同等值得重视的。

的确如此，他说道，处于这样一种状态的人会这样做。561c5

因此，我说道，他每天[2546]也都通过下面这样而以这样一种方式来过活，那就是沉湎于那种恰好出现〈在他那里〉的欲望：有时候他伴随着笛子的旋律而喝得酩酊大醉[2547]，然后复又只喝清水并且让自己变得消瘦；有时候他又进行体育锻炼，但偶尔又是懒惰的，并且对任何事 561d1
情都漠不关心；有时候则仿佛在对智慧的热爱中消磨时间。他经常干预城邦事务[2548]，并且一跃而起，说和做他碰巧会〈说和做的〉任何事情；如果那时他羡慕某些擅长作战的人，那么他〈立即〉就会转向那里，或者〈如果他羡慕〉某些赚钱的人，那他复又会转向这个地方。既无任何 561d5
的秩序，也无任何的必然，出现在他的生活中，但他却竟然把这种生活称作是快乐的、自由的和幸福的，终其一生都享受它。

你已经完完全全地，他说道，详述了某种追求法律上平等的人的 561e1
生活[2549]。

而我无论如何都会认为，我说道，这种人既是多方面的，也充满了最多的习性，他既是优美的，又是色彩斑斓的，就像〈他与之相应的〉那个城邦那样[2550]；许许多多的男人和许许多多的女人也都会为了这种生活而羡慕 561e5
他[2551]，因为在它那里有着各种城邦体制以及各种生活方式之最多的范例。

他确实是，他说道，这种人。

然后呢？这样一种人应当被我们根据民主政制来确定吗，因为我们 562a1
可以正确地将之称作是喜欢民主政制的？

Τετάχθω, ἔφη.

Ἡ καλλίστη δή, ἦν δ' ἐγώ, πολιτεία τε καὶ ὁ κάλλιστος ἀνὴρ λοιπὰ ἂν ἡμῖν εἴη διελθεῖν, τυραννίς τε καὶ τύραννος.

Κομιδῇ γ', ἔφη.

Φέρε δή, τίς τρόπος τυραννίδος, ὦ φίλε ἑταῖρε, γίγνεται; ὅτι μὲν γὰρ ἐκ δημοκρατίας μεταβάλλει σχεδὸν δῆλον.

Δῆλον.

Ἆρ' οὖν τρόπον τινὰ τὸν αὐτὸν ἔκ τε ὀλιγαρχίας δημο-
b κρατία γίγνεται καὶ ἐκ δημοκρατίας τυραννίς;

Πῶς;

Ὃ προύθεντο, ἦν δ' ἐγώ, ἀγαθόν, καὶ δι' ὃ ἡ ὀλιγαρχία καθίστατο—τοῦτο δ' ἦν [ὑπερ]πλοῦτος· ἦ γάρ;—

Ναί.

Ἡ πλούτου τοίνυν ἀπληστία καὶ ἡ τῶν ἄλλων ἀμέλεια διὰ χρηματισμὸν αὐτὴν ἀπώλλυ.

Ἀληθῆ, ἔφη.

Ἆρ' οὖν καὶ ὃ δημοκρατία ὁρίζεται ἀγαθόν, ἡ τούτου ἀπληστία καὶ ταύτην καταλύει;

Λέγεις δ' αὐτὴν τί ὁρίζεσθαι;

Τὴν ἐλευθερίαν, εἶπον. τοῦτο γάρ που ἐν δημοκρατουμένῃ
c πόλει ἀκούσαις ἂν ὡς ἔχει τε κάλλιστον καὶ διὰ ταῦτα ἐν μόνῃ ταύτῃ ἄξιον οἰκεῖν ὅστις φύσει ἐλεύθερος.

Λέγεται γὰρ δή, ἔφη, καὶ πολὺ τοῦτο τὸ ῥῆμα.

Ἆρ' οὖν, ἦν δ' ἐγώ, ὅπερ ᾖα νυνδὴ ἐρῶν, ἡ τοῦ τοιούτου ἀπληστία καὶ ἡ τῶν ἄλλων ἀμέλεια καὶ ταύτην τὴν πολιτείαν μεθίστησίν τε καὶ παρασκευάζει τυραννίδος δεηθῆναι;

Πῶς; ἔφη.

Ὅταν οἶμαι δημοκρατουμένη πόλις ἐλευθερίας διψήσασα
d κακῶν οἰνοχόων προστατούντων τύχῃ, καὶ πορρωτέρω τοῦ δέοντος ἀκράτου αὐτῆς μεθυσθῇ, τοὺς ἄρχοντας δή, ἂν μὴ

b 3 προὔθεντο A F M : προύθετο D   ὃ ἡ Adam : οὗ A M : οὗ ἡ F D   b 4 ὑπέρπλουτος A D M : πλοῦτος F : που πλοῦτος ci. Campbell   b 7 ἀπώλλυ A M : ἀπόλλυ F D   c 8 δημοκρατουμένην πόλιν D   d 2 αὐτῆς A F M : αὐτοῦ D

让他这样被确定了，他回应道。

那么，最美丽的城邦体制，我说道，以及最美丽的人[2552]，会是 562a5
〈最后〉留给我们来进行详述的，即僭主政制和僭主。

诚然，他说道。

那就来吧！何种方式，亲爱的朋友啊，成为了僭主政制的〈产生方式〉呢？它其实从民主政制转变而来，这差不多是显而易见的。

显而易见。

那么，是不是在某种程度上以同样的方式，从寡头政制中产生出了 562a10
民主政制，从民主政制中产生出了僭主政制？ 562b1

为何？

人们将之作为善摆在自己面前，我说道，以及由之[2553]寡头政制才得以被建立起来的那种东西，是财富[2554]。是这样吗？

是。 562b5

那好，对财富的贪得无厌以及由于〈只热衷于〉赚钱而对其他事情的漠不关心，则毁灭了它。

正确，他说道。

那么，民主政制将之界定为善的那种东西，是不是对它的贪得无厌 562b10
也消解了这种城邦体制？

你说它将之界定为什么？

自由，我说道。因为，在一个实行民主政制的城邦中你无疑会听到
下面这些，那就是:〈实行民主政制的城邦〉是最美的[2555]，并且正由于 562c1
此，它是任何生而自由的人[2556]唯一值得生活其间的那种城邦体制。

的确，事实上这番话，他说道，经常[2557]被说。

那么，我说道，正如我刚才正要去说的那样[2558]，是不是对这样一
种东西的贪得无厌以及对其他事情的漠不关心，既改变了这种城邦体 562c5
制，也准备了对一种僭主政制的需要？

为何？他回应道。

我认为，每当一个实行民主政制的城邦，它虽然渴望自由，但恰好 562d1
遇到了一些低劣的当领导的斟酒人，并且面对绝对的〈自由这缸酒〉[2559]它比它应然的喝得多得多，那时那些进行统治的人，如果他们并不是完

πάνυ πρᾷοι ὦσι καὶ πολλὴν παρέχωσι τὴν ἐλευθερίαν, κολάζει αἰτιωμένη ὡς μιαρούς τε καὶ ὀλιγαρχικούς.

Δρῶσιν γάρ, ἔφη, τοῦτο.

Τοὺς δέ γε, εἶπον, τῶν ἀρχόντων κατηκόους προπηλακίζει ὡς ἐθελοδούλους τε καὶ οὐδὲν ὄντας, τοὺς δὲ ἄρχοντας μὲν ἀρχομένοις, ἀρχομένους δὲ ἄρχουσιν ὁμοίους ἰδίᾳ τε καὶ δημοσίᾳ ἐπαινεῖ τε καὶ τιμᾷ. ἆρ᾽ οὐκ ἀνάγκη ἐν τοιαύτῃ πόλει ἐπὶ πᾶν τὸ τῆς ἐλευθερίας ἰέναι; e

Πῶς γὰρ οὔ;

Καὶ καταδύεσθαί γε, ἦν δ᾽ ἐγώ, ὦ φίλε, εἴς τε τὰς ἰδίας οἰκίας καὶ τελευτᾶν μέχρι τῶν θηρίων τὴν ἀναρχίαν ἐμφυομένην.

Πῶς, ἦ δ᾽ ὅς, τὸ τοιοῦτον λέγομεν;

Οἷον, ἔφην, πατέρα μὲν ἐθίζεσθαι παιδὶ ὅμοιον γίγνεσθαι καὶ φοβεῖσθαι τοὺς ὑεῖς, ὑὸν δὲ πατρί, καὶ μήτε αἰσχύνεσθαι μήτε δεδιέναι τοὺς γονέας, ἵνα δὴ ἐλεύθερος ᾖ· μέτοικον δὲ ἀστῷ καὶ ἀστὸν μετοίκῳ ἐξισοῦσθαι, καὶ ξένον ὡσαύτως. 563

Γίγνεται γὰρ οὕτως, ἔφη.

Ταῦτά τε, ἦν δ᾽ ἐγώ, καὶ σμικρὰ τοιάδε ἄλλα γίγνεται· διδάσκαλός τε ἐν τῷ τοιούτῳ φοιτητὰς φοβεῖται καὶ θωπεύει, φοιτηταί τε διδασκάλων ὀλιγωροῦσιν, οὕτω δὲ καὶ παιδαγωγῶν· καὶ ὅλως οἱ μὲν νέοι πρεσβυτέροις ἀπεικάζονται καὶ διαμιλλῶνται καὶ ἐν λόγοις καὶ ἐν ἔργοις, οἱ δὲ γέροντες συγκαθιέντες τοῖς νέοις εὐτραπελίας τε καὶ χαριεντισμοῦ ἐμπίμπλανται, μιμούμενοι τοὺς νέους, ἵνα δὴ μὴ δοκῶσιν b
ἀηδεῖς εἶναι μηδὲ δεσποτικοί.

Πάνυ μὲν οὖν, ἔφη.

Τὸ δέ γε, ἦν δ᾽ ἐγώ, ἔσχατον, ὦ φίλε, τῆς ἐλευθερίας τοῦ πλήθους, ὅσον γίγνεται ἐν τῇ τοιαύτῃ πόλει, ὅταν δὴ οἱ ἐωνημένοι καὶ αἱ ἐωνημέναι μηδὲν ἧττον ἐλεύθεροι ὦσι τῶν πριαμένων. ἐν γυναιξὶ δὲ πρὸς ἄνδρας καὶ ἀνδράσι πρὸς

d 9 ἆρ᾽ οὐκ A M : ἄρ᾽ οὐκ F : οὐκ ἄρ᾽ οὐκ D   e 4 ἐμφυομένην A F M : εὐφυομένην D   a 4 φοιτητὰς A M : φοιτήσας F D   θωπεύει A D M : θεραπεύει F

全温和顺从的，并且〈对它〉提供出了大量的自由，那么它就会惩罚他们，责怪他们是一些粗鄙的人和倾向于寡头政制的人。

他们确实会做，他说道，这件事。 562d5

至于那些服从统治者的，我说道，它肯定会把他们抹黑为一些自愿受奴役的人，并且什么都不是；而对于那些像被统治者一样〈行事〉的统治者，以及像统治者一样〈行事〉的被统治者，无论是在私下，还是在公开场合，它都加以赞美和敬重。在这样一个城邦中下面这点岂不是必然的，那就是，对自由的向往遍及一切？ 562e1

那还用说？

于是，〈对自由的向往〉肯定还〈能够不知不觉地〉潜入到，我说道，朋友啊，私人的家里，直到以下面这样而告终，那就是，甚至把这 562e5
种无政府状态植根到牲畜身上。

你为何，他说道，这样说呢？

例如，我说道，一位父亲习惯变得像一个孩子，并且害怕〈他的〉儿子们，而一个儿子则〈习惯变得像〉一位父亲，并且在父母面前既不感到羞耻，也不敬畏[2560]，就为了是一个自由的人；而一个侨民被等同于一位公民，一位公民被等同于一个侨民，甚至一个异邦人也同样如此。 563a1

的确变成了这个样子，他说道。

不仅这些，我说道，而且其他像下面这样的一些小事〈也会以同样的方式〉发生，那就是：在这样一种情形下[2561]，一位老师害怕并且讨好学生们[2562]，而学生们则不仅轻视老师，而且以同样的方式轻视那些接送他们的 563a5
人。而总体说来，一方面，年轻人都〈争相〉模仿那些年老的人，并且与之进行激烈的竞争，无论是在言辞方面，还是在行为上；另一方面，老年人则通过让自己与那些年轻人相适应[2563]而充满了诙谐和风趣，因为他们 563b1
要模仿年轻人，以便他们看起来既不是令人生厌的，也不是主人派头的。

的确是这样，他说道。

而事实上，如此大量的自由[2564]出现在这样一种城邦中，我说道，朋友啊，每当发生下面这种情形时，它就抵达了其极致，那就是：那些 563b5
被买来的男人以及那些被买来的女人，相较于那些买他们的人，他们竟然会丝毫不少地是自由的[2565]。至于女人之于男人，以及男人之于女人，

γυναῖκας ὅση ἡ ἰσονομία καὶ ἐλευθερία γίγνεται, ὀλίγου ἐπελαθόμεθ᾽ εἰπεῖν.

c Οὐκοῦν κατ᾽ Αἰσχύλον", ἔφη, "ἐροῦμεν ὅτι νῦν ἦλθ᾽ ἐπὶ στόμα;"

Πάνυ γε, εἶπον· καὶ ἔγωγε οὕτω λέγω· τὸ μὲν γὰρ τῶν θηρίων τῶν ὑπὸ τοῖς ἀνθρώποις ὅσῳ ἐλευθερώτερά ἐστιν ἐνταῦθα ἢ ἐν ἄλλῃ, οὐκ ἄν τις πείθοιτο ἄπειρος. ἀτεχνῶς γὰρ αἵ τε κύνες κατὰ τὴν παροιμίαν οἷαίπερ αἱ δέσποιναι γίγνονταί τε δὴ καὶ ἵπποι καὶ ὄνοι, πάνυ ἐλευθέρως καὶ σεμνῶς εἰθισμένοι πορεύεσθαι, κατὰ τὰς ὁδοὺς ἐμβάλλοντες τῷ ἀεὶ ἀπαντῶντι, ἐὰν μὴ ἐξίστηται, καὶ τἆλλα πάντα οὕτω
d μεστὰ ἐλευθερίας γίγνεται.

Τὸ ἐμόν γ᾽, ἔφη, ἐμοὶ λέγεις ὄναρ· αὐτὸς γὰρ εἰς ἀγρὸν πορευόμενος θαμὰ αὐτὸ πάσχω.

Τὸ δὲ δὴ κεφάλαιον, ἦν δ᾽ ἐγώ, πάντων τούτων συνηθροισμένων, ἐννοεῖς ὡς ἁπαλὴν τὴν ψυχὴν τῶν πολιτῶν ποιεῖ, ὥστε κἂν ὁτιοῦν δουλείας τις προσφέρηται, ἀγανακτεῖν καὶ μὴ ἀνέχεσθαι; τελευτῶντες γάρ που οἶσθ᾽ ὅτι οὐδὲ τῶν νόμων φροντίζουσιν γεγραμμένων ἢ ἀγράφων, ἵνα δὴ μηδαμῇ
e μηδεὶς αὐτοῖς ᾖ δεσπότης.

Καὶ μάλ᾽, ἔφη, οἶδα.

Αὕτη μὲν τοίνυν, ἦν δ᾽ ἐγώ, ὦ φίλε, ἡ ἀρχὴ οὑτωσὶ καλὴ καὶ νεανική, ὅθεν τυραννὶς φύεται, ὡς ἐμοὶ δοκεῖ.

Νεανικὴ δῆτα, ἔφη· ἀλλὰ τί τὸ μετὰ τοῦτο;

Ταὐτόν, ἦν δ᾽ ἐγώ, ὅπερ ἐν τῇ ὀλιγαρχίᾳ νόσημα ἐγγενόμενον ἀπώλεσεν αὐτήν, τοῦτο καὶ ἐν ταύτῃ πλέον τε καὶ ἰσχυρότερον ἐκ τῆς ἐξουσίας ἐγγενόμενον καταδουλοῦται δημοκρατίαν. καὶ τῷ ὄντι τὸ ἄγαν τι ποιεῖν μεγάλην φιλεῖ εἰς τοὐναντίον μεταβολὴν ἀνταποδιδόναι, ἐν ὥραις τε καὶ ἐν
564 φυτοῖς καὶ ἐν σώμασιν, καὶ δὴ καὶ ἐν πολιτείαις οὐχ ἥκιστα.

c 3 λέγω A F M: λέγων D   c 7 γίγνονταί τε δὴ A D M: γίγνονται F: γίγνονται, καὶ δὴ ci. Stephanus   d 6 τις] τισὶ Adam   προσφέρηται] προσφέρῃ ci. Thompson   e 4 ὅθεν . . . e 5 νεανικὴ A F M: om. D   a 1 καὶ δὴ F D: om. A M

在他们那里权利上的平等[2566]和自由达到了何种程度，我们还几乎忘了说呢。

岂不〈应〉遵照埃斯库罗斯，他说道，既然话现在已经到了嘴边，563c1
那我们就应该把它说出来[2567]？

当然，我说道。并且我也肯定会这样来说：事实上，就被人们〈所饲养〉的那些牲畜而言，它们在〈这样一种城邦〉这里比在其他任何的
城邦那里都是更加自由的，这到了何种程度，任何没有经历过的人都 563c5
不会相信。因为，狗儿们完完全全，恰如那句谚语所说，变得就像〈它们的〉女主人那样[2568]，而事实上还有马儿们和驴子们，它们也已经习惯非常自由自在地并且趾高气扬地走在路上，它们沿路碰巧遇见的任何
人[2569]，它们都冲向他，如果那人不闪到一边的话；而别的所有事情也 563d1
都同样地充满了自由。

我的一个梦，他说道，你其实在对我说；因为当我去乡间的时候，我自己就经常遭遇到这种事情。

而事实上，总的来讲[2570]，我说道，当我们把所有这些聚集在一起，
你是不是会注意到下面这点呢：它们使得城邦公民的灵魂变得何等的纤 563d5
细，以至于，如果一个人带给〈他们〉任何一点点的约束[2571]，那他们就会感到愤怒和不能忍受？因为他们最终，你无疑知道，不再把任何法
律放在心上，无论它们是成文的，还是不成文的，就为了在任何地方没 563e1
有任何人能是他们的主人。

诚然，他说道，我知道。

因此，这无疑就是，我说道，朋友啊，僭主政制由之产生出来的那个如此美丽且生气勃勃的起源，如我所认为的那样。

的确是生气勃勃的，他说道；不过此后又如何呢？ 563e5

那同一种弊病，我说道，即在寡头政制中产生出来而毁灭了它的那种弊病，也出现在了〈民主政制〉这种城邦体制中，当它由于自由放任而变得越来越多和越来越强之后，它〈最终〉使得民主政制成为它自己
的奴隶。而事实上，任何事情做得过头，经常在相反的方向上相应地引 563e10
起一种巨大的变化，无论是在四季那里，还是在植物那里和身体那里，
当然[2572]，尤其是[2573]在各种城邦体制那里。 564a1

Εἰκός, ἔφη.

Ἡ γὰρ ἄγαν ἐλευθερία ἔοικεν οὐκ εἰς ἄλλο τι ἢ εἰς ἄγαν δουλείαν μεταβάλλειν καὶ ἰδιώτῃ καὶ πόλει.

Εἰκὸς γάρ.

Εἰκότως τοίνυν, εἶπον, οὐκ ἐξ ἄλλης πολιτείας τυραννὶς καθίσταται ἢ ἐκ δημοκρατίας, ἐξ οἶμαι τῆς ἀκροτάτης ἐλευθερίας δουλεία πλείστη τε καὶ ἀγριωτάτη.

Ἔχει γάρ, ἔφη, λόγον.

Ἀλλ' οὐ τοῦτ' οἶμαι, ἦν δ' ἐγώ, ἠρώτας, ἀλλὰ ποῖον νόσημα ἐν ὀλιγαρχίᾳ τε φυόμενον ταὐτὸν καὶ ἐν δημοκρατίᾳ b
δουλοῦται αὐτήν.

Ἀληθῆ, ἔφη, λέγεις.

Ἐκεῖνο τοίνυν, ἔφην, ἔλεγον τὸ τῶν ἀργῶν τε καὶ δαπανηρῶν ἀνδρῶν γένος, τὸ μὲν ἀνδρειότατον ἡγούμενον αὐτῶν, τὸ δ' ἀνανδρότερον ἑπόμενον· οὓς δὴ ἀφομοιοῦμεν κηφῆσι, τοὺς μὲν κέντρα ἔχουσι, τοὺς δὲ ἀκέντροις.

Καὶ ὀρθῶς γ', ἔφη.

Τούτω τοίνυν, ἦν δ' ἐγώ, ταράττετον ἐν πάσῃ πολιτείᾳ ἐγγιγνομένω, οἷον περὶ σῶμα φλέγμα τε καὶ χολή· ὣ δὴ καὶ δεῖ τὸν ἀγαθὸν ἰατρόν τε καὶ νομοθέτην πόλεως μὴ ἧττον c
ἢ σοφὸν μελιττουργὸν πόρρωθεν εὐλαβεῖσθαι, μάλιστα μὲν ὅπως μὴ ἐγγενήσεσθον, ἂν δὲ ἐγγένησθον, ὅπως ὅτι τάχιστα σὺν αὐτοῖσι τοῖς κηρίοις ἐκτετμήσεσθον.

Ναὶ μὰ Δία, ἦ δ' ὅς, παντάπασί γε.

Ὧδε τοίνυν, ἦν δ' ἐγώ, λάβωμεν, ἵν' εὐκρινέστερον ἴδωμεν ὃ βουλόμεθα.

Πῶς;

Τριχῇ διαστησώμεθα τῷ λόγῳ δημοκρατουμένην πόλιν, ὥσπερ οὖν καὶ ἔχει. ἓν μὲν γάρ που τὸ τοιοῦτον γένος ἐν αὐτῇ d
ἐμφύεται δι' ἐξουσίαν οὐκ ἔλαττον ἢ ἐν τῇ ὀλιγαρχουμένῃ.

b 5 ἡγούμενον αὐτῶν A F M : αὐτῶν ἡγούμενον D c 2 μελιττουργὸν A² F D M : μελιτουργὸν A c 3 ἂν δὲ ἐγγένησθον A M : ἂν δὲ ἐγγενήσεσθον F : om. D c 4 ξὺν A F D M : secl. ci. Thompson αὐτοῖσι A D M : αὐτοῖς F ἐκτετμήσεσθον A M : ἐκτετμῆσθον F D

有可能，他说道。

其实过度的自由似乎不会变成任何别的，除了变成一种过度的奴役，无论是在一位个人那里，还是在一个城邦那里。

的确有可能。 564a5

那好，下面这样就是合情合理的，我说道，那就是：僭主政制不是从其他任何一种城邦体制中被建立了起来，而是从民主政制中；从最极端的自由那里，我认为，生起最大和最野蛮的奴役。

这肯定是，他说道，合理的[2574]。

但是，我认为你并不是在问这点[2575]，我说道，而是在问，在寡头 564a10
政制中产生出来，并且也在民主政制中产生出来而奴役它的那同一种弊 564b1
病，它是何种弊病。

正确，他说道，你说得。

那好，我说道，我曾谈到过那种类型的人，他们都是一些懒散的和挥霍的人，他们中那最勇敢的进行领导，而那比较懦弱的则进行跟随。 564b5
事实上我们把他们比作雄蜂，〈他们中〉一些是带有螯针的，一些则是无螯针的[2576]。

也肯定正确，他说道。

那么，这两种人，我说道，在任何一种城邦体制那里，一旦他们出现，他们就引起骚乱，就像在一副身体那里粘液和胆汁〈所引起的〉那 564b10
样[2577]；就这两者，无论是优秀的医生，还是一个城邦的立法者，都必 564c1
须丝毫不差地如一位智慧的养蜂人那样，远远地就加以警惕；一方面，最好是这两者根本就不出现，另一方面，一旦出现了，那就要尽可能迅速地将之连同巢室自身一起切除掉。

是的，宙斯在上，他说道，完完全全就是这样。 564c5

好吧，那么让我们以下面这种方式，我说道，来进行把握，以便我们能够更加清楚地[2578]看到我们想〈看到〉的。

如何？

让我们在讨论中把实行民主政制的城邦一分为三[2579]，仿佛它也就 564d1
是那样似的。而无疑〈其中的〉一个族类，即〈雄蜂〉这样一个族类，它由于自由放任而在它那里生长得并不比在被寡头所统治的城邦中差。

Ἔστιν οὕτω.

Πολὺ δέ γε δριμύτερον ἐν ταύτῃ ἢ ἐν ἐκείνῃ.

Πῶς;

Ἐκεῖ μὲν διὰ τὸ μὴ ἔντιμον εἶναι, ἀλλ' ἀπελαύνεσθαι τῶν ἀρχῶν, ἀγύμναστον καὶ οὐκ ἐρρωμένον γίγνεται· ἐν δημοκρατίᾳ δὲ τοῦτό που τὸ προεστὸς αὐτῆς, ἐκτὸς ὀλίγων, καὶ τὸ μὲν δριμύτατον αὐτοῦ λέγει τε καὶ πράττει, τὸ δ' ἄλλο περὶ τὰ βήματα προσίζον βομβεῖ τε καὶ οὐκ ἀνέχεται τοῦ
e ἄλλα λέγοντος, ὥστε πάντα ὑπὸ τοῦ τοιούτου διοικεῖται ἐν τῇ τοιαύτῃ πολιτείᾳ χωρίς τινων ὀλίγων.

Μάλα γε, ἦ δ' ὅς.

Ἄλλο τοίνυν τοιόνδε ἀεὶ ἀποκρίνεται ἐκ τοῦ πλήθους.

Τὸ ποῖον;

Χρηματιζομένων που πάντων, οἱ κοσμιώτατοι φύσει ὡς τὸ πολὺ πλουσιώτατοι γίγνονται.

Εἰκός.

Πλεῖστον δὴ οἶμαι τοῖς κηφῆσι μέλι καὶ εὐπορώτατον ἐντεῦθεν βλίττει.

Πῶς γὰρ ἄν, ἔφη, παρά γε τῶν σμικρὰ ἐχόντων τις βλίσειεν;

Πλούσιοι δὴ οἶμαι οἱ τοιοῦτοι καλοῦνται κηφήνων βοτάνη.

Σχεδόν τι, ἔφη.

565 Δῆμος δ' ἂν εἴη τρίτον γένος, ὅσοι αὐτουργοί τε καὶ ἀπράγμονες, οὐ πάνυ πολλὰ κεκτημένοι· ὃ δὴ πλεῖστόν τε καὶ κυριώτατον ἐν δημοκρατίᾳ ὅτανπερ ἁθροισθῇ.

Ἔστιν γάρ, ἔφη· ἀλλ' οὐ θαμὰ ἐθέλει ποιεῖν τοῦτο, ἐὰν μὴ μέλιτός τι μεταλαμβάνῃ.

Οὐκοῦν μεταλαμβάνει, ἦν δ' ἐγώ, ἀεί, καθ' ὅσον δύνανται οἱ προεστῶτες, τοὺς ἔχοντας τὴν οὐσίαν ἀφαιρούμενοι, διανέμοντες τῷ δήμῳ, τὸ πλεῖστον αὐτοὶ ἔχειν.

d 10 τοῦ] του Ast (*si quis alia dixerit* Ficinus) e 10 βλίττει A F D M : βλίττεται ci. Ruhnken e schol. : βλίττειν Adam e 11 σμικρὰ A M : σμικρὸν F D e 12 βλίσειε M : βλίσσειεν A : βλίσσειε F : βλίσσειν D : βλύσσειεν d

是这样。

但它在这种城邦体制中肯定又远比在那种城邦体制中更为凶猛。

为何？ 564d5

在〈寡头政制〉那儿，由于它是不受重视的，而且被排斥在各种公职之外，因而它变得既是缺乏训练的，又不是强有力的；而在民主政制这里，这个族类无疑是在它那里起主导作用的族类[2580]，〈其中的〉少数人除外，并且一方面，其中最凶猛的那一部分〈的人〉既说又做，另一方面，其余部分〈的人〉则坐在讲坛的周围〈像蜜蜂一样〉嗡嗡作响， 564d10
并且不能忍受一个人发表其他的看法，以至于在这样一种城邦体制中， 564e1
每件事都被这样一个族类所管理，除了某些少数事情。

的确如此，他说道。

因此，下面这样一个族类，它作为另一个族类[2581]就总是有别于大众。

什么样的族类？ 564e5

假设所有人都真的去赚钱，那么，那些在天性上最井井有条的人在大多数情况下都会成为一些最富有的人。

有可能。

那么，我认为，对雄蜂们来说就有着最多的蜂蜜，并且它们也最容 564e10
易被从那个地方采取[2582]。

的确，他说道，因为一个人又如何能够从那些有着很少〈蜂蜜〉的地方采蜜呢？

因此，我认为这样一些富人被称作雄蜂们的觅食场[2583]。

差不多，他说道。

而人民[2584]则会是第三个族类，他们全都是一些用自己的双手工作 565a1
的人以及远离公共事务的人[2585]，也不拥有很多的钱财；但事实上这个族类在民主政制中又是最大和最起决定作用的，一旦它被聚集起来。

确实是这样，他说道；不过它通常不愿意这么做，除非它也能够分 565a5
享到一点蜂蜜。

因此，它总是在下面这个范围内，我说道，有所分享，那就是：那些被选为〈其〉带头人的，他们能够通过盘剥那些有钱财的人，分给人民〈一点〉，而自己占有〈其中〉的大部分。

Μεταλαμβάνει γὰρ οὖν, ἦ δ’ ὅς, οὕτως. b

Ἀναγκάζονται δὴ οἶμαι ἀμύνεσθαι, λέγοντές τε ἐν τῷ δήμῳ καὶ πράττοντες ὅπῃ δύνανται, οὗτοι ὧν ἀφαιροῦνται.

Πῶς γὰρ οὔ;

Αἰτίαν δὴ ἔσχον ὑπὸ τῶν ἑτέρων, κἂν μὴ ἐπιθυμῶσι νεωτερίζειν, ὡς ἐπιβουλεύουσι τῷ δήμῳ καί εἰσιν ὀλιγαρχικοί.

Τί μήν;

Οὐκοῦν καὶ τελευτῶντες, ἐπειδὰν ὁρῶσι τὸν δῆμον, οὐχ ἑκόντα ἀλλ’ ἀγνοήσαντά τε καὶ ἐξαπατηθέντα ὑπὸ τῶν διαβαλλόντων, ἐπιχειροῦντα σφᾶς ἀδικεῖν, τότ’ ἤδη, εἴτε c βούλονται εἴτε μή, ὡς ἀληθῶς ὀλιγαρχικοὶ γίγνονται, οὐχ ἑκόντες, ἀλλὰ καὶ τοῦτο τὸ κακὸν ἐκεῖνος ὁ κηφὴν ἐντίκτει κεντῶν αὐτούς.

Κομιδῇ μὲν οὖν.

Εἰσαγγελίαι δὴ καὶ κρίσεις καὶ ἀγῶνες περὶ ἀλλήλων γίγνονται.

Καὶ μάλα.

Οὐκοῦν ἕνα τινὰ ἀεὶ δῆμος εἴωθεν διαφερόντως προΐστασθαι ἑαυτοῦ, καὶ τοῦτον τρέφειν τε καὶ αὔξειν μέγαν;

Εἴωθε γάρ.

Τοῦτο μὲν ἄρα, ἦν δ’ ἐγώ, δῆλον, ὅτι, ὅτανπερ φύηται d τύραννος, ἐκ προστατικῆς ῥίζης καὶ οὐκ ἄλλοθεν ἐκβλαστάνει.

Καὶ μάλα δῆλον.

Τίς ἀρχὴ οὖν μεταβολῆς ἐκ προστάτου ἐπὶ τύραννον; ἢ δῆλον ὅτι ἐπειδὰν ταὐτὸν ἄρξηται δρᾶν ὁ προστάτης τῷ ἐν τῷ μύθῳ ὃς περὶ τὸ ἐν Ἀρκαδίᾳ τὸ τοῦ Διὸς τοῦ Λυκαίου ἱερὸν λέγεται;

Τίς; ἔφη.

Ὡς ἄρα ὁ γευσάμενος τοῦ ἀνθρωπίνου σπλάγχνου, ἐν ἄλλοις ἄλλων ἱερείων ἑνὸς ἐγκατατετμημένου, ἀνάγκη δὴ τούτῳ λύκῳ γενέσθαι. ἢ οὐκ ἀκήκοας τὸν λόγον; e

c 9 ἕνα τινά A² F D M : ἕνα ***α A : ἕνα γέ τινα ci. Cobet

它的确就是，他说道，以这种方式来进行分享的。 565b1

那么，这些〈富〉人肯定被迫通过下面这样来保卫自己，我认为，即以他们所能的任何方式在人民中讲话和采取行动，因为他们遭到了盘剥。

那还用说？

那他们肯定就会被另外那帮〈雄蜂一样的〉人所责备[2586]——即使 565b5
他们并不渴望进行革命——，即责备他们在密谋反对人民，并且是一些倾向于寡头政制的人。

难道还有别的？

那么，他们甚至最终以下面这样而告终，那就是：每当他们看到
人民——虽然他们[2587]并不是自觉自愿的，而是由于无知，以及被那些 565b10
进行诽谤的人彻彻底底地欺骗了——试图对他们行不义，只有到了那 565c1
时[2588]，无论他们想那样，还是不想那样，他们就真正地成为了一些倾向于寡头政制的人；即使他们自己心不甘情不愿，但那只雄蜂也会通过螫他们而导致这种恶果。

诚然。 565c5

于是，就肯定会产生出各种各样的检举和判决，以及在他们相互之间的各种官司。

的确如此。

那么，人民岂不总是已经习惯了把某一个人格外地选择为他们自己
的领袖[2589]，不仅培养这个人，而且使他成长为一个大人物？ 565c10

的确已经习惯了。

那么这无疑，我说道，就是显而易见的：每当产生出一位僭主，他 565d1
都从〈人民选择出来的〉领袖这个根上萌发，而不从其他任何地方。

确实非常显而易见。

那么，从一位领袖向着一个僭主进行转变的那个开端是什么呢？或者下 565d5
面这点是明显的，那就是：每当领袖开始做在神话故事中的那同一件事情时，而该神话故事据传同在阿耳卡狄亚[2590]地区的吕开亚[2591]的宙斯神庙相关？

什么神话故事？他回应道。

其实就是：一个人，当他品尝了人的内脏，哪怕只是在其他牺牲的 565d10
各种其他〈内脏中混入了〉被切下来的一片，那么，这人就必然会变成
一头狼。或者你没有听到过这种说法？ 565e1

Ἔγωγε.

Ἆρ' οὖν οὕτω καὶ ὃς ἂν δήμου προεστώς, λαβὼν σφόδρα
E πειθόμενον ὄχλον, μὴ ἀπόσχηται ἐμφυλίου αἵματος, ἀλλ' ἀδίκως ἐπαιτιώμενος, οἷα δὴ φιλοῦσιν, εἰς δικαστήρια ἄγων μιαιφονῇ, βίον ἀνδρὸς ἀφανίζων, γλώττῃ τε καὶ στόματι ἀνοσίῳ γευόμενος φόνου συγγενοῦς, καὶ ἀνδρηλατῇ καὶ
566 ἀποκτεινύῃ καὶ ὑποσημαίνῃ χρεῶν τε ἀποκοπὰς καὶ γῆς ἀναδασμόν, ἆρα τῷ τοιούτῳ ἀνάγκη δὴ τὸ μετὰ τοῦτο
E καὶ εἵμαρται ἢ ἀπολωλέναι ὑπὸ τῶν ἐχθρῶν ἢ τυραννεῖν καὶ λύκῳ ἐξ ἀνθρώπου γενέσθαι;

Πολλὴ ἀνάγκη, ἔφη.

Οὗτος δή, ἔφην, ὁ στασιάζων γίγνεται πρὸς τοὺς ἔχοντας τὰς οὐσίας.

Οὗτος.

Ἆρ' οὖν ἐκπεσὼν μὲν καὶ κατελθὼν βίᾳ τῶν ἐχθρῶν τύραννος ἀπειργασμένος κατέρχεται;

Δῆλον.

b Ἐὰν δὲ ἀδύνατοι ἐκβάλλειν αὐτὸν ὦσιν ἢ ἀποκτεῖναι διαβάλλοντες τῇ πόλει, βιαίῳ δὴ θανάτῳ ἐπιβουλεύουσιν ἀποκτεινύναι λάθρᾳ.

Φιλεῖ γοῦν, ἦ δ' ὅς, οὕτω γίγνεσθαι.

Τὸ δὴ τυραννικὸν αἴτημα τὸ πολυθρύλητον ἐπὶ τούτῳ πάντες οἱ εἰς τοῦτο προβεβηκότες ἐξευρίσκουσιν, αἰτεῖν τὸν δῆμον φύλακάς τινας τοῦ σώματος, ἵνα σῶς αὐτοῖς ᾖ ὁ τοῦ δήμου βοηθός.

Καὶ μάλ', ἔφη.

Διδόασι δὴ οἶμαι δείσαντες μὲν ὑπὲρ ἐκείνου, θαρρήσαντες δὲ ὑπὲρ ἑαυτῶν.

c Καὶ μάλα.

Οὐκοῦν τοῦτο ὅταν ἴδῃ ἀνὴρ χρήματα ἔχων καὶ μετὰ τῶν χρημάτων αἰτίαν μισόδημος εἶναι, τότε δὴ οὗτος, ὦ ἑταῖρε, κατὰ τὸν Κροίσῳ γενόμενον χρησμὸν—

e 3 προεστὼς F M : προσεστὼς A D a 5 ἀνάγκη A F M : om. D
c 2 ἔχων F D M : ἔχων ** A (an ἔχων τε? Campbell)

我肯定听到过。

那么，那个被选择作为人民的领袖的人，〈当他如下面这样做时〉是不是也同样如此呢，那就是，一旦他拥有了一群极其顺从的乌合之众，那他就不再戒避〈他的任何〉一位同族人的鲜血，相反，他通过不 565e5
公正地对之进行指控——正如经常发生的那样——，将之带到法庭上而杀死他，〈随意地〉抹去一个人的生命，用不虔敬的舌头和嘴巴品尝从被杀害的同族人那里流出的血[2592]；他也进行驱逐和杀戮，并且暗示各 566a1
种债务会一笔勾销，土地将重新分配；是不是这样一个人事实上此后也必然已经命中注定[2593]，要么被〈他的〉一些仇敌所消灭，要么是一个僭主，并且从一个人变成了一头狼？

非常必然，他回应道。 566a5

因此，这个人，我说道，结果就是那个引起内讧来反对那些拥有财富的人。

这个人是。

那么，一方面，如果他遭到放逐，又违背〈他的〉那些仇敌的意愿[2594]回来了，那他是不是作为一个已经得到了实现的僭主而回来了？ 566a10

显然。

另一方面，如果〈他的那些仇敌〉没有能力驱逐他，或者通过在城 566b1
邦那里挑拨离间[2595]来杀死他，那么，他们肯定就会用一种暴力的死法来密谋偷偷地杀死他。

无论如何，他说道，经常这样发生。

于是，那个臭名昭著的[2596]、适合于一个僭主的需要，在这种情形下， 566b5
所有那些已经走到了这个地步的人都会把它发现出来，那就是：向人民要求一些贴身卫士，以便为了他们[2597]，人民的帮助者能够是安然无恙的。

的确，他说道。

那么，我认为他们会给的，因为，一方面，他们为那个人担心，另 566b10
一方面，他们对他们自己有信心。

诚然。 566c1

于是，当一个人看到这点，而他既有钱财，也因钱财而招致责备[2598]，即责备他是仇恨人民的，那时这个人就肯定会，朋友啊，遵循出现在克洛伊索斯[2599]身上的那个神谕——

πολυψήφιδα παρ' Ἕρμον
φεύγει, οὐδὲ μένει, οὐδ' αἰδεῖται κακὸς εἶναι.

Οὐ γὰρ ἄν, ἔφη, δεύτερον αὖθις αἰδεσθείη.

Ὁ δέ γε οἶμαι, ἦν δ' ἐγώ, καταληφθεὶς θανάτῳ δίδοται.

Ἀνάγκη.

Ὁ δὲ δὴ προστάτης ἐκεῖνος αὐτὸς δῆλον δὴ ὅτι μέγας
μεγαλωστὶ οὐ κεῖται, ἀλλὰ καταβαλὼν ἄλλους πολλοὺς d
ἕστηκεν ἐν τῷ δίφρῳ τῆς πόλεως, τύραννος ἀντὶ προστάτου ἀποτετελεσμένος.

Τί δ' οὐ μέλλει; ἔφη.

Διέλθωμεν δὴ τὴν εὐδαιμονίαν, ἦν δ' ἐγώ, τοῦ τε ἀνδρὸς καὶ τῆς πόλεως, ἐν ᾗ ἂν ὁ τοιοῦτος βροτὸς ἐγγένηται;

Πάνυ μὲν οὖν, ἔφη, διέλθωμεν.

Ἆρ' οὖν, εἶπον, οὐ ταῖς μὲν πρώταις ἡμέραις τε καὶ χρόνῳ
προσγελᾷ τε καὶ ἀσπάζεται πάντας, ᾧ ἂν περιτυγχάνῃ, καὶ
οὔτε τύραννός φησιν εἶναι ὑπισχνεῖταί τε πολλὰ καὶ ἰδίᾳ e
καὶ δημοσίᾳ, χρεῶν τε ἠλευθέρωσε καὶ γῆν διένειμε δήμῳ τε καὶ τοῖς περὶ ἑαυτὸν καὶ πᾶσιν ἵλεώς τε καὶ πρᾶος εἶναι προσποιεῖται;

Ἀνάγκη, ἔφη.

Ὅταν δέ γε οἶμαι πρὸς τοὺς ἔξω ἐχθροὺς τοῖς μὲν καταλλαγῇ, τοὺς δὲ καὶ διαφθείρῃ, καὶ ἡσυχία ἐκείνων γένηται, πρῶτον μὲν πολέμους τινὰς ἀεὶ κινεῖ, ἵν' ἐν χρείᾳ ἡγεμόνος ὁ δῆμος ᾖ.

Εἰκός γε.

Οὐκοῦν καὶ ἵνα χρήματα εἰσφέροντες πένητες γιγνόμενοι 567
πρὸς τῷ καθ' ἡμέραν ἀναγκάζωνται εἶναι καὶ ἧττον αὐτῷ ἐπιβουλεύωσι;

Δῆλον.

Καὶ ἄν γέ τινας οἶμαι ὑποπτεύῃ ἐλεύθερα φρονήματα ἔχοντας μὴ ἐπιτρέψειν αὐτῷ ἄρχειν, ὅπως ἂν τούτους μετὰ

d 3 ἀποτετελεσμένος A F M : ἀντιτετελεσμένος D   e 1 καὶ ἰδίᾳ A F M : ἰδίᾳ D   a 2 τῷ M : τὸ A F D : τὼ A^2

他沿着赫尔摩斯那多石子的河岸 566c5
逃走，既没有停留，也没有羞愧是一个懦夫。

因为他不会再有第二次〈机会〉，他说道，感到羞愧。

的确，我认为他，我说道，一旦被抓住，就会被交给死亡。

必然。

而那位领袖本人，下面这点〈对他来说〉肯定是显而易见的，那就 566c10
是：他不会像偌大的身躯躺在偌大的地面上[2600]那样躺下，相反，当他 566d1
把其他许多人都打翻在地后，他站在了城邦这架战车上，他最终成了一个僭主，而不再是一位领袖。

怎么将不是这样呢[2601]？他说道。

那么，我们该详述一下，我说道，这个人的，以及于其中竟然产生 566d5
出这样一个有死者的那个城邦的幸福吗？

完全如此，他回应道，让我们详述一下。

那么，我说道，是不是在最初的那些日子以及时间里，他对他有可能会遇见的每个人都满脸堆笑，并且彬彬有礼，既声称他根本就不是一个僭
主，也许诺了许多的事情——无论是在私下里，还是在公开的场合——，他 566e1
不仅会解除各种债务，而且会把土地分配给人民，以及分配给在他自己周围的那些人，并且对于所有人，他都装得是和蔼可亲的以及温柔体贴的？

必然是这样，他回应道。 566e5

而当他，我肯定会认为，就〈流放〉在外的那些敌人，一方面与〈其中的〉一些达成了和解，另一方面，消灭掉〈其中的〉另外一些，并由之生起同那些人的某种和平安宁之后，他总是会首先发动一场战争，由此一来人民就〈必定〉需要一位领袖[2602]。

的确有可能。 566e10

岂不也是为了下面这点，那就是：当他们由于缴纳财产税[2603]而变 567a1
得贫穷之后，他们就会被迫去忙于日常的生计[2604]，从而不大可能〈有时间〉去密谋反对他？

显然。

而我也肯定认为，如果他怀疑某些人由于有自由的精神而不把统治 567a5
托付给他，由此一来他岂不就可以找一个借口来消灭这些人，通过把他

προφάσεως ἀπολλύῃ ἐνδοὺς τοῖς πολεμίοις; τούτων πάντων ἕνεκα τυράννῳ ἀεὶ ἀνάγκη πόλεμον ταράττειν;

Ἀνάγκη.

Ταῦτα δὴ ποιοῦντα ἕτοιμον μᾶλλον ἀπεχθάνεσθαι τοῖς
b πολίταις;

Πῶς γὰρ οὔ;

Οὐκοῦν καί τινας τῶν συγκαταστησάντων καὶ ἐν δυνάμει ὄντων παρρησιάζεσθαι καὶ πρὸς αὐτὸν καὶ πρὸς ἀλλήλους, ἐπιπλήττοντας τοῖς γιγνομένοις, οἳ ἂν τυγχάνωσιν ἀνδρικώτατοι ὄντες;

Εἰκός γε.

Ὑπεξαιρεῖν δὴ τούτους πάντας δεῖ τὸν τύραννον, εἰ μέλλει ἄρξειν, ἕως ἂν μήτε φίλων μήτ' ἐχθρῶν λίπῃ μηδένα ὅτου τι ὄφελος.

Δῆλον.

Ὀξέως ἄρα δεῖ ὁρᾶν αὐτὸν τίς ἀνδρεῖος, τίς μεγαλόφρων,
c τίς φρόνιμος, τίς πλούσιος· καὶ οὕτως εὐδαίμων ἐστίν, ὥστε τούτοις ἅπασιν ἀνάγκη αὐτῷ, εἴτε βούλεται εἴτε μή, πολεμίῳ εἶναι καὶ ἐπιβουλεύειν, ἕως ἂν καθήρῃ τὴν πόλιν.

Καλόν γε, ἔφη, καθαρμόν.

Ναί, ἦν δ' ἐγώ, τὸν ἐναντίον ἢ οἱ ἰατροὶ τὰ σώματα· οἱ μὲν γὰρ τὸ χείριστον ἀφαιροῦντες λείπουσι τὸ βέλτιστον, ὁ δὲ τοὐναντίον.

Ὡς ἔοικε γάρ, αὐτῷ, ἔφη, ἀνάγκη, εἴπερ ἄρξει.

d Ἐν μακαρίᾳ ἄρα, εἶπον ἐγώ, ἀνάγκῃ δέδεται, ἣ προστάττει αὐτῷ ἢ μετὰ φαύλων τῶν πολλῶν οἰκεῖν, καὶ ὑπὸ τούτων μισούμενον, ἢ μὴ ζῆν.

Ἐν τοιαύτῃ, ἦ δ' ὅς.

Ἆρ' οὖν οὐχὶ ὅσῳ ἂν μᾶλλον τοῖς πολίταις ἀπεχθάνηται ταῦτα δρῶν, τοσούτῳ πλειόνων καὶ πιστοτέρων δορυφόρων δεήσεται;

b 8 ὑπεξαιρεῖν FDM: ὑπεξαίρειν A   d 1 ἀνάγκῃ A²FDM: ἀνάγκη A

们交给〈战争中的〉那些敌人？为了所有这些，对于一个僭主来说，岂不必然总是要煽动战争？

必然。

那么，当他如此行事时，他就更容易招致同邦公民们的仇恨，是这 567a10 567b1
样吗？

为何不呢？

而就那些帮助拥立〈他为僭主〉并且自己也是有影响力的人而言，岂不其中有些人也〈准备〉直言不讳——无论是对他，还是在他们彼此
之间——，斥责所发生的那些事情，至少〈他们中〉那些最勇敢的人会 567b5
〈这样做〉？

的确有可能。

那么，所有这些人，僭主都会秘密地把他们清除掉，如果他想要进
行统治的话，直到无论是朋友，还是敌人，他不留下其中任何一位在某 567b10
方面还有那么点用处的人为止。

显然。

因此，他必须敏锐地看到谁是勇敢的，谁是高尚的，谁是明智的，
谁又是富有的；于是他是如此的幸福[2605]，以至于对于所有这些人来说， 567c1
他都必定——无论他愿意，还是不愿意——，是一个敌人，并且他〈不断地对他们〉要阴谋诡计，直至把〈整个〉城邦都清洗一遍为止。

的确是一番漂亮的，他说道，清洗。

是的，我说道，只不过这种清洗与医生们对身体所做的相反；因为， 567c5
医生们通过清除掉那最有害的来留下那最好的，而这个人则正好与之相反。

其实似乎对他来说，他说道，这是必然的，假如他将进行统治的话。

因此，他已经被束缚在了，我说道，下面这样一种有福的必然性 567d1
中[2606]：它安排他或者同许多卑劣的人生活在一起，而且还被这些人所憎恨，或者根本就不活着。

确实在这样一种必然性中，他说道。

那么，他岂不在何等程度上由于做出这些事情而多么地被同邦公民 567d5
们所仇恨，他也就在何等程度上将需要更多的和更值得信赖的持矛的禁卫军？

Πῶς γὰρ οὔ;

Τίνες οὖν οἱ πιστοί; καὶ πόθεν αὐτοὺς μεταπέμψεται;

Αὐτόματοι, ἔφη, πολλοὶ ἥξουσι πετόμενοι, ἐὰν τὸν μισθὸν διδῷ.

Κηφῆνας, ἦν δ' ἐγώ, νὴ τὸν κύνα, δοκεῖς αὖ τινάς μοι λέγειν ξενικούς τε καὶ παντοδαπούς. e

'Αληθῆ γάρ, ἔφη, δοκῶ σοι.

Τίς δὲ αὐτόθεν; ἆρ' οὐκ ἂν ἐθελήσειεν—

Πῶς;

Τοὺς δούλους ἀφελόμενος τοὺς πολίτας, ἐλευθερώσας, τῶν περὶ ἑαυτὸν δορυφόρων ποιήσασθαι.

Σφόδρα γ', ἔφη· ἐπεί τοι καὶ πιστότατοι αὐτῷ οὗτοί εἰσιν.

Ἦ μακάριον, ἦν δ' ἐγώ, λέγεις τυράννου χρῆμα, εἰ τοιούτοις φίλοις τε καὶ πιστοῖς ἀνδράσι χρῆται, τοὺς προτέρους 568 ἐκείνους ἀπολέσας.

'Αλλὰ μήν, ἔφη, τοιούτοις γε χρῆται.

Καὶ θαυμάζουσι δή, εἶπον, οὗτοι οἱ ἑταῖροι αὐτὸν καὶ σύνεισιν οἱ νέοι πολῖται, οἱ δ' ἐπιεικεῖς μισοῦσί τε καὶ φεύγουσι;

Τί δ' οὐ μέλλουσιν;

Οὐκ ἐτός, ἦν δ' ἐγώ, ἥ τε τραγῳδία ὅλως σοφὸν δοκεῖ εἶναι καὶ ὁ Εὐριπίδης διαφέρων ἐν αὐτῇ.

Τί δή;

Ὅτι καὶ τοῦτο πυκνῆς διανοίας ἐχόμενον ἐφθέγξατο, ὡς ἄρα "σοφοὶ τύραννοί" εἰσι "τῶν σοφῶν συνουσίᾳ." καὶ b ἔλεγε δῆλον ὅτι τούτους εἶναι τοὺς σοφοὺς οἷς σύνεστιν.

Καὶ ὡς ἰσόθεόν γ', ἔφη, τὴν τυραννίδα ἐγκωμιάζει, καὶ ἕτερα πολλά, καὶ οὗτος καὶ οἱ ἄλλοι ποιηταί.

Τοιγάρτοι, ἔφην, ἅτε σοφοὶ ὄντες οἱ τῆς τραγῳδίας ποιηταὶ συγγιγνώσκουσιν ἡμῖν τε καὶ ἐκείνοις ὅσοι ἡμῶν ἐγγὺς πολιτεύονται, ὅτι αὐτοὺς εἰς τὴν πολιτείαν οὐ παραδεξόμεθα ἅτε τυραννίδος ὑμνητάς.

e 3 τίς δὲ A F D M : τί δὲ scr. Mon. : τοὺς δὲ Stephanus

那还用说?

那么，哪些人是值得信赖的呢?并且他又将从何处招募他们?

自觉自愿的，他说道，许许多多的人，他们都将扇着翅膀蜂拥而 567d10
至，如果他付佣金的话。

一群雄蜂，我说道，以狗起誓，在我看来你又在说，它们来自异
邦，并且五花八门。 567e1

你其实说得正确，我说道，在我看来。

而从当地〈招募的人〉又如何?难道他竟然会不愿意以某种方式夺
走同邦公民们的那些奴隶，通过给他们以自由而使得他们成为围绕着他 567e5
自己的那些持矛的禁卫军中的一员[2607]?

肯定会愿意，他回应道;既然对他来说这些人甚至是最值得信赖的。

你真的把一位僭主说成了，我说道，一个有福的生物[2608]，如果他 568a1
把这样一些人用作朋友以及值得信赖的人的话，当他把以前的那些人都
消灭掉之后。

无疑，他说道，他其实也只能使用这样一些人。

并且不仅〈他的〉这些朋友肯定会，我说道，崇拜他，而且那些新
的同邦公民也〈乐于〉与之交往，而那些正直的人则憎恨他，并且〈纷 568a5
纷从他那里〉逃走[2609]。

他们怎么将不这样呢?

难怪[2610]，我说道，悲剧总体上被认为是一种智慧之物，并且在它
那里，欧里庇得斯是出类拔萃的。

究竟为什么? 568a10

因为，他甚至在进行一番深思熟虑之后[2611]，说出了下面这点，那
就是:“僭主们通过同那些智慧的人交往而是智慧的。”[2612]并且他也显 568b1
然在说，〈一位僭主〉与之交往的这些人都是一些智慧的人。

他其实还把僭主政制，他说道，颂扬为某种神一样的东西[2613]，还
有其他许许多多的事情，不单是这个人，其他一些诗人〈也这么说〉。

正因为如此，我说道，既然那些悲剧诗人都是智慧的，因而他们会 568b5
原谅我们，以及所有那些采取同我们的〈城邦体制〉相近的城邦体制的
人[2614]，因为我们将不会把他们接纳入〈我们的〉城邦体制中，鉴于他
们是一些为僭主政制唱赞歌的人。

Οἶμαι ἔγωγ᾽, ἔφη, συγγιγνώσκουσιν ὅσοιπέρ γε αὐτῶν
c κομψοί.

Εἰς δέ γε οἶμαι τὰς ἄλλας περιιόντες πόλεις, συλλέγοντες τοὺς ὄχλους, καλὰς φωνὰς καὶ μεγάλας καὶ πιθανὰς μισθωσάμενοι, εἰς τυραννίδας τε καὶ δημοκρατίας ἕλκουσι τὰς πολιτείας.

Μάλα γε.

Οὐκοῦν καὶ προσέτι τούτων μισθοὺς λαμβάνουσι καὶ τιμῶνται, μάλιστα μέν, ὥσπερ τὸ εἰκός, ὑπὸ τυράννων, δεύτερον δὲ ὑπὸ δημοκρατίας· ὅσῳ δ᾽ ἂν ἀνωτέρω ἴωσιν πρὸς
d τὸ ἄναντες τῶν πολιτειῶν, μᾶλλον ἀπαγορεύει αὐτῶν ἡ τιμή, ὥσπερ ὑπὸ ἄσθματος ἀδυνατοῦσα πορεύεσθαι.

Πάνυ μὲν οὖν.

Ἀλλὰ δή, εἶπον, ἐνταῦθα μὲν ἐξέβημεν· λέγωμεν δὲ πάλιν ἐκεῖνο τὸ τοῦ τυράννου στρατόπεδον, τὸ καλόν τε καὶ πολὺ καὶ ποικίλον καὶ οὐδέποτε ταὐτόν, πόθεν θρέψεται.

Δῆλον, ἔφη, ὅτι, ἐάν τε ἱερὰ χρήματα ᾖ ἐν τῇ πόλει, ταῦτα ἀναλώσει, ὅποι ποτὲ ἂν ἀεὶ ἐξαρκῇ τὰ τῶν ἀποδομένων, ἐλάττους εἰσφορὰς ἀναγκάζων τὸν δῆμον εἰσφέρειν.

e Τί δ᾽ ὅταν δὴ ταῦτα ἐπιλίπῃ;

Δῆλον, ἔφη, ὅτι ἐκ τῶν πατρῴων θρέψεται αὐτός τε καὶ οἱ συμπόται τε καὶ ἑταῖροι καὶ ἑταῖραι.

Μανθάνω, ἦν δ᾽ ἐγώ· ὅτι ὁ δῆμος ὁ γεννήσας τὸν τύραννον θρέψει αὐτόν τε καὶ ἑταίρους.

Πολλὴ αὐτῷ, ἔφη, ἀνάγκη.

Πῶς [δὲ] λέγεις; εἶπον· ἐὰν δὲ ἀγανακτῇ τε καὶ λέγῃ ὁ δῆμος ὅτι οὔτε δίκαιον τρέφεσθαι ὑπὸ πατρὸς ὑὸν ἡβῶντα, ἀλλὰ τοὐναντίον ὑπὸ ὑέος πατέρα, οὔτε τούτου αὐτὸν ἕνεκα
569 ἐγέννησέν τε καὶ κατέστησεν, ἵνα, ἐπειδὴ μέγας γένοιτο, τότε

d 1 τιμή F D : τιμὴ ἡ A M d 8 τὰ] καὶ τὰ Baiter ἀποδομένων A F D M : ἀπολομένων A² : πωλουμένων ci. Campbell e 1 ἐπιλίπῃ F M : ἐπιλείπῃ A D e 3 συμπόται F D : συμπο(suprascr. λῖ)ται A : συμπο**ταί M e 4 ἦν δ᾽ A² M : ἔφην A F D e 5 ἑταίρους F D M : ἑτέρους A e 6 αὐτῷ ἔφη A M : ἔφη αὐτῷ F : αὐτῶν ἔφη D e 7 δὲ om. Ven. 184 ἐὰν δὲ M : ἐάν τε A F D e 9 αὐτὸν A F M : αὐτοῦ D

我肯定认为，他说道，他们会原谅的，至少他们中所有那些优雅的人会[2615]。 568c1

而我认为，他们无论如何都会四处转悠前往一些其他的城邦，他们通过把群众聚集起来，雇佣〈演员们〉那优美的、洪亮的并且打动人心的声音[2616]，把〈那些人的〉城邦体制向着一种僭主政制以及一种民主 568c5
政制进行拖拽。

的确如此。

因此，除此之外，他们肯定还会为这些而取得酬金和受到重视，无疑尤其会，如可以想到的那样[2617]，被僭主们所重视，不过，接下来也会被民主政制所重视；然而，他们沿着城邦体制那陡峭的〈阶梯〉往上走得越高，他们的尊荣也就越是往下降，仿佛他们由于气短而没有能力 568d1
〈继续〉往前走似的。

的确如此。

然而，我说道，我们无疑在这里已经有点离题[2618]；让我们重新谈谈僭主的那只军队，即那只英姿勃发、人数众多、五彩斑斓并且从不保 568d5
持同一的军队，它究竟将从何处得到供养。

显然，他说道，如果在城邦里有一些献给神的财物[2619]，那么，他就将把这些财物消耗到下面这个地步，那就是当它们被变卖后，其收益总是还足够〈他用〉[2620]，由此一来他就能够强迫人民缴纳较少的税款。

但当这些财物耗尽了又如何呢？ 568e1

显然，他说道，将靠从父亲那里所继承的钱财来维持生活，无论是他自己，还是他的那些酒友，以及男女伙伴。

我明白了，我说道；因为，人民，虽然是他们生养了僭主，〈现在〉 568e5
却将供养他以及他的那些伙伴。

这极其，他说道，必然。

〈对于下面这点〉你又如何说呢[2621]？我说道。如果人民感到强烈的愤怒，并且说道：一个儿子，当他长大成人后还要被父亲供养，这不是正当的，而是应该反过来，父亲要被儿子供养；他们也肯定不是为了下面这件事而把他生养出来，并且扶持他，那就是，等到他变得强大起来 569a1
之后，那时他们就让自己成为他们自己的那些奴隶的奴隶来供养那个人

αὐτὸς δουλεύων τοῖς αὐτοῦ δούλοις τρέφοι ἐκεῖνόν τε καὶ τοὺς δούλους μετὰ συγκλύδων ἄλλων, ἀλλ' ἵνα ἀπὸ τῶν πλουσίων τε καὶ καλῶν κἀγαθῶν λεγομένων ἐν τῇ πόλει ἐλευθερωθείη ἐκείνου προστάντος, καὶ νῦν κελεύει ἀπιέναι ἐκ τῆς πόλεως αὐτόν τε καὶ τοὺς ἑταίρους, ὥσπερ πατὴρ ὑὸν ἐξ οἰκίας μετὰ ὀχληρῶν συμποτῶν ἐξελαύνων;

Γνώσεταί γε, νὴ Δία, ἦ δ' ὅς, τότ' ἤδη ὁ δῆμος οἷος οἷον
θρέμμα γεννῶν ἠσπάζετό τε καὶ ηὖξεν, καὶ ὅτι ἀσθενέστερος b
ὢν ἰσχυροτέρους ἐξελαύνει.

Πῶς, ἦν δ' ἐγώ, λέγεις; τολμήσει τὸν πατέρα βιάζεσθαι, κἂν μὴ πείθηται, τύπτειν ὁ τύραννος;

Ναί, ἔφη, ἀφελόμενός γε τὰ ὅπλα.

Πατραλοίαν, ἦν δ' ἐγώ, λέγεις τύραννον καὶ χαλεπὸν γηροτρόφον, καὶ ὡς ἔοικε τοῦτο δὴ ὁμολογουμένη ἂν ἤδη τυραννὶς εἴη, καί, τὸ λεγόμενον, ὁ δῆμος φεύγων ἂν καπνὸν
δουλείας ἐλευθέρων εἰς πῦρ δούλων δεσποτείας ἂν ἐμπεπτω- c
κὼς εἴη, ἀντὶ τῆς πολλῆς ἐκείνης καὶ ἀκαίρου ἐλευθερίας τὴν χαλεπωτάτην τε καὶ πικροτάτην δούλων δουλείαν μεταμπισχόμενος.

Καὶ μάλα, ἔφη, ταῦτα οὕτω γίγνεται.

Τί οὖν; εἶπον· οὐκ ἐμμελῶς ἡμῖν εἰρήσεται, ἐὰν φῶμεν ἱκανῶς διεληλυθέναι ὡς μεταβαίνει τυραννὶς ἐκ δημοκρατίας, γενομένη τε οἵα ἐστίν;

Πάνυ μὲν οὖν ἱκανῶς, ἔφη.

a 2 αὐτὸς A F M : αὐτοὺς D   a 3 ἀπὸ scr. Mon. : ὑπὸ A F D M
a 5 κελεύει] κελεύῃ ci. Baiter   c 1 ἐλευθέρων A F M : ἐλευθέραν D
δούλων A F M : δοῦλον D   c 8 τε A F M : τε καὶ D

以及奴隶们，连同一些其他的社会垃圾[2622]，而是为了，他们能够被从城邦中的那些富人那里以及所谓的那些既美又好的人那里解放出来——通过把那个人选择为领袖——，并且现在他们命令他以及他的那些狐朋 569a5 狗友们离开城邦，岂不就像一位父亲把一个儿子连同他的那些令人生厌的酒友从家里赶出去一样？

无论如何，宙斯在上，他说道，只有到了那时，人民才将认识到，他们生养了一头什么样的牲畜，不仅爱护它，而且使它茁壮成长，并且 569b1 他们现在作为一些比较虚弱的人在驱赶那些比较强壮的人。

你为何，我说道，这样说呢？僭主将敢于对〈他自己的〉父亲使用暴力吗，并且如果父亲不服从，他就敢打他？

是的，他回应道，只要他已经缴了他的械。 569b5

一个弑父者[2623]，我说道，你把一位僭主说成，以及一个恶劣的照料老人的人，并且如看起来的那样，无疑正是由于这点，〈一种城邦体制〉虽然被承认了，但它从此会是一种僭主政制；而且，如常言所说，人民虽然有可能逃离了在自由人中间受奴役之烟雾，〈但转眼之间〉又 569c1 可能坠入了在奴隶们中间被统治之火坑，他们虽然脱下了许许多多并且不合时宜的自由那件衣服[2624]，却换上了在奴隶们中间受奴役[2625]这件最恶劣的以及最苦涩的新装[2626]。

的确，他说道，这些就是这样发生的。 569c5

那么，然后呢？我说道。我们岂不将说得在调子上[2627]，如果我们宣称，我们已经充分地详述了一种僭主政制如何从一种民主政制转变而来，并且当它产生之后，它又是怎么样的？

确实已经充分地详述了，他回应道。

St. II
p. 571

Θ

a Αὐτὸς δὴ λοιπός, ἦν δ' ἐγώ, ὁ τυραννικὸς ἀνὴρ σκέψασθαι, πῶς τε μεθίσταται ἐκ δημοκρατικοῦ, γενόμενός τε ποῖός τίς ἐστιν καὶ τίνα τρόπον ζῇ, ἄθλιον ἢ μακάριον.

Λοιπὸς γὰρ οὖν ἔτι οὗτος, ἔφη.

Οἶσθ' οὖν, ἦν δ' ἐγώ, ὃ ποθῶ ἔτι;

Τὸ ποῖον;

Τὸ τῶν ἐπιθυμιῶν, οἷαί τε καὶ ὅσαι εἰσίν, οὔ μοι δοκοῦμεν ἱκανῶς διῃρῆσθαι. τούτου δὴ ἐνδεῶς ἔχοντος, ἀσαφεστέρα
b ἔσται ἡ ζήτησις οὗ ζητοῦμεν.

Οὐκοῦν, ἦ δ' ὅς, ἔτ' ἐν καλῷ;

Πάνυ μὲν οὖν· καὶ σκόπει γε ὃ ἐν αὐταῖς βούλομαι ἰδεῖν. ἔστιν δὲ τόδε. τῶν μὴ ἀναγκαίων ἡδονῶν τε καὶ ἐπιθυμιῶν δοκοῦσί τινές μοι εἶναι παράνομοι, αἳ κινδυνεύουσι μὲν ἐγγίγνεσθαι παντί, κολαζόμεναι δὲ ὑπό τε τῶν νόμων καὶ τῶν βελτιόνων ἐπιθυμιῶν μετὰ λόγου ἐνίων μὲν ἀνθρώπων ἢ παντάπασιν ἀπαλλάττεσθαι ἢ ὀλίγαι λείπεσθαι καὶ ἀσθενεῖς,
c τῶν δὲ ἰσχυρότεραι καὶ πλείους.

Λέγεις δὲ καὶ τίνας, ἔφη, ταύτας;

Τὰς περὶ τὸν ὕπνον, ἦν δ' ἐγώ, ἐγειρομένας, ὅταν τὸ μὲν ἄλλο τῆς ψυχῆς εὕδῃ, ὅσον λογιστικὸν καὶ ἥμερον καὶ ἄρχον ἐκείνου, τὸ δὲ θηριῶδές τε καὶ ἄγριον, ἢ σίτων ἢ μέθης πλησθέν, σκιρτᾷ τε καὶ ἀπωσάμενον τὸν ὕπνον ζητῇ ἰέναι καὶ ἀποπιμπλάναι τὰ αὑτοῦ ἤθη· οἶσθ' ὅτι πάντα ἐν τῷ τοιούτῳ τολμᾷ ποιεῖν, ὡς ἀπὸ πάσης λελυμένον τε καὶ

a 1 λοιπὸς A D : λοιπὸν F   b 2 ἐν καλῷ M : ἐγκαλῶ A F D   b 5 μοι] ἐμοὶ Stobaeus   b 6 τε τῶν νόμων καὶ τῶν] τῶν τυγχανόντων Stobaeus   c 2 δὲ καὶ A M : δὲ F D : δὴ Stobaeus   c 5 σίτων] σίτου Stobaeus

卷九

因此，剩下的，我说道，是那倾向于僭主政制的人自身要被考察， 571a1
他如何从一个支持民主政制的人改变而来，一旦他产生了，他又是一个什么样的人并且以何种方式生活，他是不幸的，还是有福的。

的确只还剩下他〈要被考察〉，他说道。

那么，你知道，我说道，我还渴望〈考察〉什么呢？ 571a5

何种东西？

同各种欲望相关的事情，即它们是怎样的以及是多少，在我看来我们还没有对之进行充分的剖判[2628]。事实上，只要这点还有所阙如[2629]，那么，对我们所探寻的那种东西的探寻就将是不那么清楚的。 571b1

那么，他说道，还有机会〈做这件事〉吗[2630]？

肯定有。并且请你无论如何都检查一下，我希望在它们那里看到什么。而它是下面这样。就各种各样非必要的快乐和欲望来说，在我看来其中一些是违背礼法的，它们虽然有可能生来就出现在每个人身上[2631]， 571b5
但当它们被一些礼法以及一些更好的欲望——在理性的帮助下[2632]——所抑制，在一些人那里，它们有可能或者完完全全被消除掉，或者少量的留了下来，并且都是微弱的，而在另一些人那里，它们则是比较强烈 571c1
的且数量很多。

不过你所说的这些，他说道，究竟是哪些呢[2633]？

在睡梦中，我说道，被唤醒的那些欲望，每当：一方面，灵魂中的另外那个部分——即整个进行计算的[2634]、温驯的并且统治着那个〈欲望性的部分〉[2635]的部分——沉睡了；另一方面，那个兽性的和凶野的 571c5
部分，在或者饭饱，或者酒足之后，它就会活蹦乱跳起来[2636]，而且在摆脱睡眠之后[2637]，它就寻求外出以及满足它自己的各种习性[2638]。你知道，在这样一种情形下它敢于做任何事情，仿佛它已经从所有的羞耻和明智那里解放出来，并摆脱了它们似的。因为它甚至不忌惮试着去同母

ἀπηλλαγμένον αἰσχύνης καὶ φρονήσεως. μητρί τε γὰρ ἐπι-
χειρεῖν μείγνυσθαι, ὡς οἴεται, οὐδὲν ὀκνεῖ, ἄλλῳ τε ὁτῳοῦν d
ἀνθρώπων καὶ θεῶν καὶ θηρίων, μιαιφονεῖν τε ὁτιοῦν, βρώ-
ματός τε ἀπέχεσθαι μηδενός· καὶ ἑνὶ λόγῳ οὔτε ἀνοίας
οὐδὲν ἐλλείπει οὔτ' ἀναισχυντίας.

Ἀληθέστατα, ἔφη, λέγεις.

Ὅταν δέ γε οἶμαι ὑγιεινῶς τις ἔχῃ αὐτὸς αὑτοῦ καὶ
σωφρόνως, καὶ εἰς τὸν ὕπνον ἴῃ τὸ λογιστικὸν μὲν ἐγείρας
ἑαυτοῦ καὶ ἑστιάσας λόγων καλῶν καὶ σκέψεων, εἰς σύννοιαν
αὐτὸς αὑτῷ ἀφικόμενος, τὸ ἐπιθυμητικὸν δὲ μήτε ἐνδείᾳ δοὺς e
μήτε πλησμονῇ, ὅπως ἂν κοιμηθῇ καὶ μὴ παρέχῃ θόρυβον
τῷ βελτίστῳ χαῖρον ἢ λυπούμενον, ἀλλ' ἐᾷ αὐτὸ καθ' αὑτὸ 572
μόνον καθαρὸν σκοπεῖν καὶ ὀρέγεσθαί του αἰσθάνεσθαι ὃ μὴ
οἶδεν, ἤ τι τῶν γεγονότων ἢ ὄντων ἢ καὶ μελλόντων, ὡσαύ-
τως δὲ καὶ τὸ θυμοειδὲς πραΰνας καὶ μή τισιν εἰς ὀργὰς
ἐλθὼν κεκινημένῳ τῷ θυμῷ καθεύδῃ, ἀλλ' ἡσυχάσας μὲν τὼ
δύο εἴδη, τὸ τρίτον δὲ κινήσας ἐν ᾧ τὸ φρονεῖν ἐγγίγνεται,
οὕτως ἀναπαύηται, οἶσθ' ὅτι τῆς τ' ἀληθείας ἐν τῷ τοιούτῳ
μάλιστα ἅπτεται καὶ ἥκιστα παράνομοι τότε αἱ ὄψεις
φαντάζονται τῶν ἐνυπνίων. b

Παντελῶς μὲν οὖν, ἔφη, οἶμαι οὕτως.

Ταῦτα μὲν τοίνυν ἐπὶ πλέον ἐξήχθημεν εἰπεῖν· ὃ δὲ βουλόμεθα γνῶναι τόδ' ἐστίν, ὡς ἄρα δεινόν τι καὶ ἄγριον καὶ ἄνομον ἐπιθυμιῶν εἶδος ἑκάστῳ ἔνεστι, καὶ πάνυ δοκοῦσιν ἡμῶν ἐνίοις μετρίοις εἶναι· τοῦτο δὲ ἄρα ἐν τοῖς ὕπνοις γίγνεται ἔνδηλον. εἰ οὖν τι δοκῶ λέγειν καὶ συγχωρεῖς, ἄθρει.

Ἀλλὰ συγχωρῶ.

Τὸν τοίνυν δημοτικὸν ἀναμνήσθητι οἷον ἔφαμεν εἶναι.

c 9 ἐπιχειρεῖν] ἐπιθυμεῖν Stobaeus d 3 ἑνὶ λόγῳ A² F D M Stobaeus: ἐν ὀλίγῳ A a 1 ἐᾷ αὐτὸ A F M: ἐὰν αὐτὸ D: ἑαυτῷ Stobaeus a 2 τοῦ F D m Stobaeus: καὶ A M (sed κα in ras. et του καὶ fecit A²): του (secl. αἰσθάνεσθαι) ci. Campbell a 4 ὀργὰς] ὀργὴν Stobaeus a 5 ἐλθὼν F D Stobaeus: ἐλθὸν A M b 3 τοίνυν] τοι Stobaeus δὲ βουλόμεθα] δ' ἐβουλόμεθα ci. Thompson

亲交媾[2639]，如它所臆想的那样，或者同其他的任何一位，无论对方是 571d1
属于人，还是属于神，还是属于动物；它也不忌惮对任何人犯下谋杀的
罪行，也没有任何一种食物是它要禁绝的。其实一言以蔽之，无论是愚
昧无知，还是寡廉鲜耻，它都一点也不欠缺。

非常正确，他说道，你说得。 571d5

而每当，我认为：一个人自身处于健康和自制的状态中[2640]，以及
在他入睡之前，一方面，他唤醒他自身中的那个进行计算的部分，并用
各种美好的言辞和思考款待它，自身对自身抵达一种反思；另一方面，
那个欲望性的部分，他既不把它交给匮乏，也不把它交给餍足[2641]，以 571e1
便它能够安然入睡，并且不会在那个最好的部分那里因它感到欢喜或者
感到痛苦而引起任何一种骚动，相反，他让它独自在其自身单单纯粹地 572a1
进行考察，并渴求洞察到它所不知道的东西，而无论这种东西是属于那
些已经产生的，还是属于那些正是着的，甚或是属于那些将要是着的；
而且他也以同样的方式安抚〈灵魂中〉气宇轩昂的那个部分，并且不会 572a5
因陷入对一些人的愤怒中[2642]而带着那被激发起来的气魄躺下睡觉，而
是通过一则让这两种形式[2643]安静下来，一则把具有明智〈这件事〉出
现在其中的那第三种形式激发起来；当他以这种方式安息下来之后，你
知道，不仅他在这样一种情形下最多地触碰到真，而且在那时，那些违 572b1
背礼法的景象在梦里也浮现得最少。

完全如此，他说道，我认为就是这样。

好吧，不过说这些，我们无疑已经〈显得〉相当地离题[2644]；而我
们希望认识的，事实上是下面这点，那就是：在各种各样的欲望中，某
种可怕的、粗野的并且违背礼法的形式，其实内在于每个人身上，它甚 572b5
至也内在于我们中一些看起来是非常合乎尺度的人身上；而且这在睡梦
中肯定变得尤其明显。因此，我是否看起来说得在理[2645]，以及你是否
同意，请你看一下吧。

我当然同意。

那好，站在民主政制一边的人，请你回忆一下，我们曾说他是一种 572b10

c ἣν δέ που γεγονὼς ἐκ νέου ὑπὸ φειδωλῷ πατρὶ τεθραμμένος, τὰς χρηματιστικὰς ἐπιθυμίας τιμῶντι μόνας, τὰς δὲ μὴ ἀναγκαίους ἀλλὰ παιδιᾶς τε καὶ καλλωπισμοῦ ἕνεκα γιγνομένας ἀτιμάζοντι. ἦ γάρ;

Ναί.

Συγγενόμενος δὲ κομψοτέροις ἀνδράσι καὶ μεστοῖς ὧν ἄρτι διήλθομεν ἐπιθυμιῶν, ὁρμήσας εἰς ὕβριν τε πᾶσαν καὶ τὸ ἐκείνων εἶδος μίσει τῆς τοῦ πατρὸς φειδωλίας, φύσιν δὲ τῶν διαφθειρόντων βελτίω ἔχων, ἀγόμενος ἀμφοτέρωσε
d κατέστη εἰς μέσον ἀμφοῖν τοῖν τρόποιν, καὶ μετρίως δή, ὡς ᾤετο, ἑκάστων ἀπολαύων οὔτε ἀνελεύθερον οὔτε παράνομον βίον ζῇ, δημοτικὸς ἐξ ὀλιγαρχικοῦ γεγονώς.

Ἦν γάρ, ἔφη, καὶ ἔστιν αὕτη ἡ δόξα περὶ τὸν τοιοῦτον.

Θὲς τοίνυν, ἦν δ' ἐγώ, πάλιν τοῦ τοιούτου ἤδη πρεσβυτέρου γεγονότος νέον ὑὸν ἐν τοῖς τούτου αὖ ἤθεσιν τεθραμμένον.

Τίθημι.

Τίθει τοίνυν καὶ τὰ αὐτὰ ἐκεῖνα περὶ αὐτὸν γιγνόμενα ἅπερ καὶ περὶ τὸν πατέρα αὐτοῦ, ἀγόμενόν τε εἰς πᾶσαν
e παρανομίαν, ὀνομαζομένην δ' ὑπὸ τῶν ἀγόντων ἐλευθερίαν ἅπασαν, βοηθοῦντά τε ταῖς ἐν μέσῳ ταύταις ἐπιθυμίαις πατέρα τε καὶ τοὺς ἄλλους οἰκείους, τοὺς δ' αὖ παραβοηθοῦντας· ὅταν δ' ἐλπίσωσιν οἱ δεινοὶ μάγοι τε καὶ τυραννοποιοὶ οὗτοι μὴ ἄλλως τὸν νέον καθέξειν, ἔρωτά τινα αὐτῷ μηχανωμένους ἐμποιῆσαι προστάτην τῶν ἀργῶν καὶ τὰ
573 ἕτοιμα διανεμομένων ἐπιθυμιῶν, ὑπόπτερον καὶ μέγαν κηφῆνά τινα—ἢ τί ἄλλο οἴει εἶναι τὸν τῶν τοιούτων ἔρωτα;—

Οὐδὲν ἔγωγε, ἦ δ' ὅς, ἀλλ' ἢ τοῦτο.

Οὐκοῦν ὅταν δὴ περὶ αὐτὸν βομβοῦσαι αἱ ἄλλαι ἐπιθυμίαι, θυμιαμάτων τε γέμουσαι καὶ μύρων καὶ στεφάνων καὶ οἴνων

c 1 τεθραμμένος A F M : τεθραμμένας D c 2 χρηματιστικὰς A F M : χρηματικὰς D c 8 εἶδος] ἦθος fort. Ficinus (*mores*) φύσιν A F M : φύσει D d 2 ἑκάστων A F D : ἕκαστον A^2 M ἀπολαύων F D : ἀπολαβὼν A M d 3 ἐξολιγάρχου F d 8 περὶ A D : τὰ περὶ F a 2 ἢ τί] ἤ τι A a 4 ὅταν δὴ F D : ὅταν A M αἱ A M : καὶ F D a 5 τε A D : om. F M

什么样的人[2646]。他约莫是这样产生出来的，那就是：他从年轻时起就 572c1
被一位吝啬的父亲抚养长大，而这位父亲仅仅重视那些同挣钱相关的欲望，至于那些非必要的，而是为了玩耍和打扮自己[2647]而生起的欲望，他则不看重。是这样吗？

是。 572c5

然而，当他同一些比较讲究且充满了我们刚才已经详述过的那些欲望的人交往之后，他就开始走向每一种放纵并成为那些人的那个样子——出于对其父亲的那种吝啬的憎恶——；但由于他拥有一种比他的那些腐蚀者更好的天性，当他被向着两边拖拽时，他让自己处在了这两种生活方式的中间，并且由于他竟然在适当的范围内，如他所以为的， 572d1
享用着两边，于是他既非不自由地，也非违背礼法地，过完他的一生，他也已经从一个倾向寡头政制的人变成了一个站在民主政制一边的人。

的确，他说道，这曾经是，并且现在也是关于这样一种人的看法。

那好，请你再设想一下，我说道，当这样一个人变得较老之后，他 572d5
的一位复又在这个人的那些习性中被抚养长大的年轻的儿子。

我在设想。

也请你进而设想，同样的那些事情也发生在他身上，就像它们曾发生在他的父亲身上一样：他被向着所有的对礼法的违背进行拖拽，而对 572e1
礼法的违背却被那些拖拽他的人称为一种彻彻底底的自由；一则他的父亲以及一些其他的家人帮助处在中间状态的这些欲望[2648]，一则他的那些腐蚀者则反过来在另外一边帮助〈其他的各种欲望〉[2649]。而这些可怕的巫师以及僭主的缔造者们，每当他们预料到将无法以其他的任何方式控制住这位年轻人时，他们就想方设法在他身上培植出某种爱欲，使它 572e5
成为那些懒散的以及挥霍手边财物[2650]的欲望的一位领袖，也即是某种 573a1
长有翅膀的[2651]且体型巨大的雄蜂——或者，你认为这样一些人的那种爱欲竟然是某种别的东西吗？——

不，我肯定认为，他回应道，它不是任何别的，而就是这种东西。

那么，每当其他的一些欲望围绕着它嗡嗡作响[2652]——它们充满了 573a5

καὶ τῶν ἐν ταῖς τοιαύταις συνουσίαις ἡδονῶν ἀνειμένων, ἐπὶ τὸ ἔσχατον αὔξουσαί τε καὶ τρέφουσαι πόθου κέντρον ἐμποιήσωσι τῷ κηφῆνι, τότε δὴ δορυφορεῖταί τε ὑπὸ μανίας καὶ οἰστρᾷ οὗτος ὁ προστάτης τῆς ψυχῆς, καὶ ἐάν τινας ἐν αὑτῷ b δόξας ἢ ἐπιθυμίας λάβῃ ποιουμένας χρηστὰς καὶ ἔτι ἐπαισχυνομένας, ἀποκτείνει τε καὶ ἔξω ὠθεῖ παρ' αὑτοῦ, ἕως ἂν καθήρῃ σωφροσύνης, μανίας δὲ πληρώσῃ ἐπακτοῦ.

Παντελῶς, ἔφη, τυραννικοῦ ἀνδρὸς λέγεις γένεσιν.

Ἆρ' οὖν, ἦν δ' ἐγώ, καὶ τὸ πάλαι διὰ τὸ τοιοῦτον τύραννος ὁ Ἔρως λέγεται;

Κινδυνεύει, ἔφη.

Οὐκοῦν, ὦ φίλε, εἶπον, καὶ μεθυσθεὶς ἀνὴρ τυραννικόν τι φρόνημα ἴσχει; c

Ἴσχει γάρ.

Καὶ μὴν ὅ γε μαινόμενος καὶ ὑποκεκινηκὼς οὐ μόνον ἀνθρώπων ἀλλὰ καὶ θεῶν ἐπιχειρεῖ τε καὶ ἐλπίζει δυνατὸς εἶναι ἄρχειν.

Καὶ μάλ', ἔφη.

Τυραννικὸς δέ, ἦν δ' ἐγώ, ὦ δαιμόνιε, ἀνὴρ ἀκριβῶς γίγνεται, ὅταν ἢ φύσει ἢ ἐπιτηδεύμασιν ἢ ἀμφοτέροις μεθυστικός τε καὶ ἐρωτικὸς καὶ μελαγχολικὸς γένηται.

Παντελῶς μὲν οὖν.

Γίγνεται μέν, ὡς ἔοικεν, οὕτω καὶ τοιοῦτος ἀνήρ· ζῇ δὲ δὴ πῶς;

Τὸ τῶν παιζόντων, ἔφη, τοῦτο σὺ καὶ ἐμοὶ ἐρεῖς. d

Λέγω δή, ἔφην. οἶμαι γὰρ τὸ μετὰ τοῦτο ἑορταὶ γίγνονται παρ' αὐτοῖς καὶ κῶμοι καὶ θάλειαι καὶ ἑταῖραι καὶ τὰ τοιαῦτα πάντα, ὧν ἂν Ἔρως τύραννος ἔνδον οἰκῶν διακυβερνᾷ τὰ τῆς ψυχῆς ἅπαντα.

Ἀνάγκη, ἔφη.

a 6 συνουσίαις A F M : συνουσίας D b 2 ἐπαισχυνομένας F D : ἐπαισχυνόμενος A M b 4 μανίας F D : καὶ μανίας A M c 11 ἀνήρ Campbell : ἀνὴρ A F D M d 4 διακυβερνᾷ A F M : διακυβερνῶ D

各种各样的熏香、香膏、花冠和美酒，以及出现在诸如此类的聚会中的那些放荡的快乐[2653]——，它们通过喂养它并使它长大到无以复加的地步之后，它们就把欲求之螯针植入到这只雄蜂身上[2654]，到了那个时候，灵魂的这位领袖〈作为雄蜂〉竟然把疯狂当作它自己的卫队[2655]，并且 573b1
被刺得发狂[2656]；而如果〈作为雄蜂的灵魂的这位领袖〉在这个人身上发现了某些被当作是有益的并且仍然表现出了某种羞耻感的意见和欲望，那么，它就会杀死它们，并且把它们从它自己那里驱逐出去，直到它把〈这个人身上的〉自制清除掉，而用从外面来的疯狂充满〈他〉为止。

你完满地，他说道，在说一个倾向于僭主政制的人的产生。 573b5

那么，是不是，我说道，正是由于这样一种情况，厄洛斯[2657]很早以前就被称作为了一位僭主？

有可能，他回应道。

因此，朋友啊，我说道，一位喝醉酒的人，他岂不也具有某种僭主 573c1
式的心态？

肯定具有。

而且那正在发疯和已经精神错乱的人[2658]，事实上，他不仅试图去统治世人，而且还试图要去统治诸神，并且他也以为他是有能力那么做的。 573c5

的确如此，他说道。

而一个人，我说道，你这位非凡的人啊，在一种准确的意义上成为了倾向僭主政制的人，每当他或者由于一种天性，或者由于各种生活方式，或者两者兼有，变成了一个醉汉[2659]、一个纵欲者和一个易怒的人[2660]。

完完全全就是这样。 573c10

无疑，如看起来的那样，这样一种人也就这样产生出来了[2661]；但他究竟如何生活呢？

如那些打趣的人所说的那样，他说道，你也会告诉我的[2662]。 573d1

我当然会说，我说道。我其实认为，在此之后，在他们那里就会出现各种各样的节日、狂欢、宴饮[2663]和女伴，以及诸如此类的所有东西，〈因为〉在他们那里，一旦厄洛斯作为一位僭主寓居在里面，那他就会 573d5
彻底地掌控其灵魂中的所有一切。

必然，他说道。

Ἆρ᾽ οὖν οὐ πολλαὶ καὶ δειναὶ παραβλαστάνουσιν ἐπιθυμίαι ἡμέρας τε καὶ νυκτὸς ἑκάστης, πολλῶν δεόμεναι;

Πολλαὶ μέντοι.

Ταχὺ ἄρα ἀναλίσκονται ἐάν τινες ὦσι πρόσοδοι.

Πῶς δ᾽ οὔ;

e Καὶ μετὰ τοῦτο δὴ δανεισμοὶ καὶ τῆς οὐσίας παραιρέσεις.

Τί μήν;

Ὅταν δὲ δὴ πάντ᾽ ἐπιλείπῃ, ἆρα οὐκ ἀνάγκη μὲν τὰς ἐπιθυμίας βοᾶν πυκνάς τε καὶ σφοδρὰς ἐννενεοττευμένας, τοὺς δ᾽ ὥσπερ ὑπὸ κέντρων ἐλαυνομένους τῶν τε ἄλλων ἐπιθυμιῶν καὶ διαφερόντως ὑπ᾽ αὐτοῦ τοῦ Ἔρωτος, πάσαις ταῖς ἄλλαις ὥσπερ δορυφόροις ἡγουμένου, οἰστρᾶν καὶ σκοπεῖν τίς τι ἔχει, ὃν δυνατὸν ἀφελέσθαι ἀπατήσαντα ἢ
574 βιασάμενον;

Σφόδρα γ᾽, ἔφη.

Ἀναγκαῖον δὴ πανταχόθεν φέρειν, ἢ μεγάλαις ὠδῖσί τε καὶ ὀδύναις συνέχεσθαι.

Ἀναγκαῖον.

Ἆρ᾽ οὖν, ὥσπερ αἱ ἐν αὐτῷ ἡδοναὶ ἐπιγιγνόμεναι τῶν ἀρχαίων πλέον εἶχον καὶ τὰ ἐκείνων ἀφῃροῦντο, οὕτω καὶ αὐτὸς ἀξιώσει νεώτερος ὢν πατρός τε καὶ μητρὸς πλέον ἔχειν, καὶ ἀφαιρεῖσθαι, ἐὰν τὸ αὑτοῦ μέρος ἀναλώσῃ, ἀπονειμάμενος τῶν πατρῴων;

Ἀλλὰ τί μήν; ἔφη.

b Ἂν δὲ δὴ αὐτῷ μὴ ἐπιτρέπωσιν, ἆρ᾽ οὐ τὸ μὲν πρῶτον ἐπιχειροῖ ἂν κλέπτειν καὶ ἀπατᾶν τοὺς γονέας;

Πάντως.

Ὁπότε δὲ μὴ δύναιτο, ἁρπάζοι ἂν καὶ βιάζοιτο μετὰ τοῦτο;

Οἶμαι, ἔφη.

Ἀντεχομένων δὴ καὶ μαχομένων, ὦ θαυμάσιε, γέροντός

e 1 παραιρέσεις A M : παραινέσεις F D e 3 ἐπιλείπῃ A² F : ἐπιλίπῃ A D M

那么，是不是许许多多并且可怕的欲望又每日每夜地在旁边萌发，而它们也所需甚多？

的确有许许多多的欲望。

因此，即使有一些收入[2664]，那也很快会被耗尽。 573d10

那还用说？

接下来肯定就是借钱以及财产的被侵占。

难道还有别的？ 573e1

而当一切都枯竭之后，那时，下面这样岂不就是必然的了，那就是：一方面，各种欲望嗷嗷直叫，它们数量众多且极其强烈[2665]，仿佛已经在巢中被孵化出来了似的；另一方面，这些人[2666]，由于他们仿 573e5
佛被一些其他的欲望之刺棒所驱赶，并且尤其被厄洛斯本人所驱赶似的——因为他就像引领那些卫兵一样引领着所有其他的欲望——，他们被刺得发狂并且四处观察，看谁还拥有他们能够通过欺骗或者使用暴力 574a1
而将之拿走的某种东西？

极其〈必然〉，他回应道。

因此，必然〈要么〉从一切方面进行敛财，要么同各种巨大的阵痛和苦恼连在一起。

必然。 574a5

那么，是不是，正如在他身上后来产生的各种快乐对早前的那些快乐占有上风[2667]并夺走属于它们的各种东西那样，同样地，他既然是一个更年轻的人，那他也认为自己理应对父亲以及母亲占有上风，并且通过下面这样来盘剥他们，那就是，如果他挥霍掉了他自己的那一份，那么，他就任意取用那些属于父辈的东西[2668]？ 574a10

当然，难道还有别的？他回应道。

因此，如果他们不容许他〈那样做〉，那么，他岂不会首先尝试偷 574b1
窃和欺骗父母？

完全如此。

而当他没能做到这点时，在此之后，他就会进行抢夺，以及使用暴 574b5
力吗？

我认为〈是这样〉，他回应道。

如果〈他的〉老父亲和老母亲竟然进行抵抗[2669]并〈与之〉进行战

τε καὶ γραός, ἆρ' εὐλαβηθείη ἂν καὶ φείσαιτο μή τι δρᾶσαι τῶν τυραννικῶν;

Οὐ πάνυ, ἦ δ' ὅς, ἔγωγε θαρρῶ περὶ τῶν γονέων τοῦ τοιούτου.

Ἀλλ', ὦ Ἀδείμαντε, πρὸς Διός, ἕνεκα νεωστὶ φίλης καὶ οὐκ ἀναγκαίας ἑταίρας γεγονυίας τὴν πάλαι φίλην καὶ ἀναγκαίαν μητέρα, ἢ ἕνεκα ὡραίου νεωστὶ φίλου γεγονότος οὐκ c ἀναγκαίου τὸν ἄωρόν τε καὶ ἀναγκαῖον πρεσβύτην πατέρα καὶ τῶν φίλων ἀρχαιότατον δοκεῖ ἄν σοι ὁ τοιοῦτος πληγαῖς τε δοῦναι καὶ καταδουλώσασθαι ἂν αὐτοὺς ὑπ' ἐκείνοις, εἰ εἰς τὴν αὐτὴν οἰκίαν ἀγάγοιτο;

Ναὶ μὰ Δία, ἦ δ' ὅς.

Σφόδρα γε μακάριον, ἦν δ' ἐγώ, ἔοικεν εἶναι τὸ τυραννικὸν ὑὸν τεκεῖν.

Πάνυ γ', ἔφη.

Τί δ', ὅταν δὴ τὰ πατρὸς καὶ μητρὸς ἐπιλείπῃ τὸν τοιοῦ- d τον, πολὺ δὲ ἤδη συνειλεγμένον ἐν αὐτῷ ᾖ τὸ τῶν ἡδονῶν σμῆνος, οὐ πρῶτον μὲν οἰκίας τινὸς ἐφάψεται τοίχου ἤ τινος ὀψὲ νύκτωρ ἰόντος τοῦ ἱματίου, μετὰ δὲ ταῦτα ἱερόν τι νεωκορήσει; καὶ ἐν τούτοις δὴ πᾶσιν, ἃς πάλαι εἶχεν δόξας ἐκ παιδὸς περὶ καλῶν τε καὶ αἰσχρῶν, τὰς δικαίας ποιουμένας, αἱ νεωστὶ ἐκ δουλείας λελυμέναι, δορυφοροῦσαι τὸν Ἔρωτα, κρατήσουσι μετ' ἐκείνου, αἳ πρότερον μὲν ὄναρ ἐλύοντο ἐν ὕπνῳ, ὅτε ἦν αὐτὸς ἔτι ὑπὸ νόμοις τε καὶ πατρὶ e δημοκρατούμενος ἐν ἑαυτῷ· τυραννευθεὶς δὲ ὑπὸ Ἔρωτος, οἷος ὀλιγάκις ἐγίγνετο ὄναρ, ὕπαρ τοιοῦτος ἀεὶ γενόμενος, οὔτε τινὸς φόνου δεινοῦ ἀφέξεται οὔτε βρώματος οὔτ' ἔργου, ἀλλὰ τυραννικῶς ἐν αὐτῷ ὁ Ἔρως ἐν πάσῃ ἀναρχίᾳ καὶ 575 ἀνομίᾳ ζῶν, ἅτε αὐτὸς ὢν μόναρχος, τὸν ἔχοντά τε αὐτὸν ὥσπερ πόλιν ἄξει ἐπὶ πᾶσαν τόλμαν, ὅθεν αὐτόν τε καὶ τὸν

b 9 τῶν τυραννικῶν A F M : τὸ τυραννικόν D   c 9 πάνυ A M : οὐ πάνυ F D   d 1 ἐπιλείπῃ A F : ἐπιλείπει D : ἐπιλίπῃ M   d 2 ἐν αὐτῷ A D M : ἑαυτῷ F   d 6 δικαίας A : δίκας F D M   a 1 τυραννικῶς A F M : τυραννικὸς D

斗，令人钦佩的人啊，那么，他会有所畏惧，并且会克制自己不去做任何僭主式的事情吗？

我其实对于这样一个人的父母，他说道，完完全全就没有信心[2670]。 574b10

但是，阿德曼托斯啊，以宙斯的名义，为了新近出现的一位心爱的并且没有被一种必然的纽带所联系的女伴[2671]而殴打一直以来就心爱的
并且被一种必然的纽带所联系的母亲，或者，为了新近出现的一位风华 574c1
正茂却没有被一种必然的纽带所联系的朋友而对风烛残年并且被一种必然的纽带所联系的老父亲，并且〈他还是其〉朋友中最老的一位，拳脚相加[2672]，在你看来，这样一个人会这样做吗，并且他会把他们置于那
些人的奴役之下吗，如果他把那些人引入到同一个家里的话？ 574c5

是的，宙斯在上，他回应道。

看起来这可真是一件极其有福的事情，我说道，即生出一个僭主式的儿子。

的确如此，他说道。

然后呢：每当属于其父亲和母亲的财产在这样一种人身上耗尽，而 574d1
一群快乐却已经在他身上汇聚得很大之后，那时他岂不首先将去挖某个屋子的墙[2673]，或者当某人很晚于夜间行走时，他去抢人家的衣服，而在这些之后，他〈进一步〉将去洗劫某座神庙？并且事实上，在所有这
些所作所为那里，他早前从孩童时起就拥有的关于各种各样美好的东西 574d5
以及各种各样丑陋的东西的那些意见[2674]，即被〈他〉当作正当的那些意见，新近从一种束缚中被解放出来的那些意见——它们现在充当厄洛斯的护卫——，将同那位〈厄洛斯〉一起掌控它们；而这些〈新近的意
见〉先前无疑只是在〈他〉睡眠时才于梦里[2675]被解放出来，当他还受 574e1
制于各种礼法以及父亲而在他自己身上实行着一种民主政制时。但现在由于他处在厄洛斯这位僭主的掌控下[2676]，他在梦里只是偶尔成为的那个样子，他如今在醒着时就总是变成那般，因而他将不会禁绝任何东
西，无论是可怕的杀戮，还是食物，还是行动；相反，厄洛斯如僭主般 575a1
地以一种完全无法无天的方式[2677]活在他里面，鉴于厄洛斯自己是一位唯一的统治者[2678]，他〈不仅〉将把那怀有他的人[2679]，而此人就像一个城邦似的，引向各种各样的胆大妄为，〈而且〉由此来维持他自己和围

περὶ αὐτὸν θόρυβον θρέψει, τὸν μὲν ἔξωθεν εἰσεληλυθότα ἀπὸ κακῆς ὁμιλίας, τὸν δ' ἔνδοθεν ὑπὸ τῶν αὐτῶν τρόπων καὶ ἑαυτοῦ ἀνεθέντα καὶ ἐλευθερωθέντα· ἢ οὐχ οὗτος ὁ βίος τοῦ τοιούτου;

Οὗτος μὲν οὖν, ἔφη.

Καὶ ἂν μέν γε, ἦν δ' ἐγώ, ὀλίγοι οἱ τοιοῦτοι ἐν πόλει
b ὦσι καὶ τὸ ἄλλο πλῆθος σωφρονῇ, ἐξελθόντες ἄλλον τινὰ δορυφοροῦσι τύραννον ἢ μισθοῦ ἐπικουροῦσιν, ἐάν που πόλεμος ᾖ· ἐὰν δ' ἐν εἰρήνῃ τε καὶ ἡσυχίᾳ γένωνται, αὐτοῦ δὴ ἐν τῇ πόλει κακὰ δρῶσι σμικρὰ πολλά.

Τὰ ποῖα δὴ λέγεις;

Οἷα κλέπτουσι, τοιχωρυχοῦσι, βαλλαντιοτομοῦσι, λωποδυτοῦσιν, ἱεροσυλοῦσιν, ἀνδραποδίζονται· ἔστι δ' ὅτε συκοφαντοῦσιν, ἐὰν δυνατοὶ ὦσι λέγειν, καὶ ψευδομαρτυροῦσι καὶ δωροδοκοῦσιν.

c Σμικρά γ', ἔφη, κακὰ λέγεις, ἐὰν ὀλίγοι ὦσιν οἱ τοιοῦτοι.

Τὰ γὰρ σμικρά, ἦν δ' ἐγώ, πρὸς τὰ μεγάλα σμικρά ἐστιν, καὶ ταῦτα δὴ πάντα πρὸς τύραννον πονηρίᾳ τε καὶ ἀθλιότητι πόλεως, τὸ λεγόμενον, οὐδ' ἵκταρ βάλλει. ὅταν γὰρ δὴ πολλοὶ ἐν πόλει γένωνται οἱ τοιοῦτοι καὶ ἄλλοι οἱ συνεπόμενοι αὐτοῖς, καὶ αἴσθωνται ἑαυτῶν τὸ πλῆθος, τότε οὗτοί εἰσιν οἱ τὸν τύραννον γεννῶντες μετὰ δήμου ἀνοίας ἐκεῖνον, ὃς ἂν αὐτῶν μάλιστα αὐτὸς ἐν αὑτῷ μέγιστον καὶ πλεῖστον
d ἐν τῇ ψυχῇ τύραννον ἔχῃ.

Εἰκότως γ', ἔφη· τυραννικώτατος γὰρ ἂν εἴη.

Οὐκοῦν ἐὰν μὲν ἑκόντες ὑπείκωσιν· ἐὰν δὲ μὴ ἐπιτρέπῃ ἡ πόλις, ὥσπερ τότε μητέρα καὶ πατέρα ἐκόλαζεν, οὕτω πάλιν τὴν πατρίδα, ἐὰν οἷός τ' ᾖ, κολάσεται ἐπεισαγόμενος νέους ἑταίρους, καὶ ὑπὸ τούτοις δὴ δουλεύουσαν τὴν πάλαι φίλην μητρίδα τε, Κρῆτές φασι, καὶ πατρίδα ἕξει τε καὶ θρέψει. καὶ τοῦτο δὴ τὸ τέλος ἂν εἴη τῆς ἐπιθυμίας τοῦ τοιούτου ἀνδρός.

c 4 ἵκταρ A Eustathius : ἴκταρ F D   d 5 ἐπεισαγόμενος A F M : ἐπεισαγαγόμενος D

绕着他的那群乌合之众——其中一部分是由于一种坏的交往而从外面进来的，而另一部分则是从内里被那些同样〈坏〉的生活方式以及被他自己所释放和解救出来的——。这难道不是这样一种人的生活吗？ 575a5

这肯定是，他回应道。

并且无论如何，我说道，如果这样一些人在一个城邦中是少量的，而其他大多数人保持着自制，那么，这少数人就会通过走出去而充当其他某个僭主的护卫，或者当雇佣兵[2680]——如果在某个地方有一场战争的话——。但如果他们出现在一个和平和安宁的时期，那么，他们无疑就会在城邦那里[2681]做出许许多多小的坏事来。 575b1

你究竟在说哪样一些事情？ 575b5

诸如下面这些：他们会进行偷盗，挖墙行窃，割别人的钱袋，偷人家的衣服，盗窃〈神庙里的〉圣物，贩卖他人为奴。而有些时候[2682]，他们甚至还会诬陷他人——如果他们有能力进行说的话——，以及做伪证和接受贿赂。

你的确在说一些小的坏事，他说道，如果这种人是少量的话。 575c1

是的，不过那些小的坏事，我说道，乃是相较于各种各样大的坏事才是小的；并且事实上，就一个城邦中的邪恶以及不幸来说，所有这些同一位僭主相比，如常言所说，根本就不能望其项背[2683]。因为，其实每当许许多多的这样一些人和其他一些追随他们的人在一个城邦中出现，并且他们觉察到他们自己那巨大的人数，那时，这些人就是借用人民的无知而产生出僭主的那些人，而且还是下面那种僭主，那就是：在他们当中，他本人尤其会在他自己的灵魂中有着一位最大的和最强有力的僭主[2684]。 575c5 575d1

肯定合情合理，他说道；因为他有可能是最适合当僭主的。

但前提是，如果他们心甘情愿地屈服的话。然而，如果城邦并不〈把自己〉交给〈他〉[2685]，那么，恰如从前他曾惩罚其母亲和父亲那样，他现在复又将以同样的方式，如果他能够的话，惩罚其祖国[2686]，通过引入一些新的伙伴；并且当他从前那个亲爱的母邦——〈就像〉克里特人所称呼的那样——处在这些人的奴役之下后[2687]，他将拥有和维持〈处于那种情形下的〉它，以及〈我们所说的〉祖国。并且事实上，这有可能就是这样一种人的欲望之终点。 575d5

Τοῦτο, ἦ δ' ὅς, παντάπασί γε. e

Οὐκοῦν, ἦν δ' ἐγώ, οὗτοί γε τοιοίδε γίγνονται ἰδίᾳ καὶ πρὶν ἄρχειν· πρῶτον μὲν οἷς ἂν συνῶσιν, ἢ κόλαξιν ἑαυτῶν συνόντες καὶ πᾶν ἑτοίμοις ὑπηρετεῖν, ἢ ἐάν τού τι δέωνται,
αὐτοὶ ὑποπεσόντες, πάντα σχήματα τολμῶντες ποιεῖν ὡς 576
οἰκεῖοι, διαπραξάμενοι δὲ ἀλλότριοι;

Καὶ σφόδρα γε.

Ἐν παντὶ ἄρα τῷ βίῳ ζῶσι φίλοι μὲν οὐδέποτε οὐδενί, ἀεὶ δέ του δεσπόζοντες ἢ δουλεύοντες ἄλλῳ, ἐλευθερίας δὲ καὶ φιλίας ἀληθοῦς τυραννικὴ φύσις ἀεὶ ἄγευστος.

Πάνυ μὲν οὖν.

Ἆρ' οὖν οὐκ ὀρθῶς ἂν τοὺς τοιούτους ἀπίστους καλοῖμεν;

Πῶς δ' οὔ;

Καὶ μὴν ἀδίκους γε ὡς οἷόν τε μάλιστα, εἴπερ ὀρθῶς
ἐν τοῖς πρόσθεν ὡμολογήσαμεν περὶ δικαιοσύνης οἷόν b
ἐστιν.

Ἀλλὰ μήν, ἦ δ' ὅς, ὀρθῶς γε.

Κεφαλαιωσώμεθα τοίνυν, ἦν δ' ἐγώ, τὸν κάκιστον. ἔστιν δέ που, οἷον ὄναρ διήλθομεν, ὃς ἂν ὕπαρ τοιοῦτος ᾖ.

Πάνυ μὲν οὖν.

Οὐκοῦν οὗτος γίγνεται ὃς ἂν τυραννικώτατος φύσει ὢν μοναρχήσῃ, καὶ ὅσῳ ἂν πλείω χρόνον ἐν τυραννίδι βιῷ, τοσούτῳ μᾶλλον τοιοῦτος.

Ἀνάγκη, ἔφη διαδεξάμενος τὸν λόγον ὁ Γλαύκων.

Ἆρ' οὖν, ἦν δ' ἐγώ, ὃς ἂν φαίνηται πονηρότατος, καὶ
ἀθλιώτατος φανήσεται; καὶ ὃς ἂν πλεῖστον χρόνον καὶ c
μάλιστα τυραννεύσῃ, μάλιστά τε καὶ πλεῖστον χρόνον τοιοῦτος γεγονὼς τῇ ἀληθείᾳ; τοῖς δὲ πολλοῖς πολλὰ καὶ δοκεῖ.

Ἀνάγκη, ἔφη, ταῦτα γοῦν οὕτως ἔχειν.

Ἄλλο τι οὖν, ἦν δ' ἐγώ, ὅ γε τυραννικὸς κατὰ τὴν

e 4 τού τι M : τοῦτι F : τουτὶ A D   a 1 πάντα A F M : πάντα τὰ D   b 10 διαδεξάμενος A M : δεξάμενος F D   c 3 τοῖς . . . c 4 δοκεῖ om. F

这，他说道，完完全全就是。 575e1

那么，我说道，这些人在私底下以及在进行统治之前，岂不肯定表现得是下面这样：首先，就他们所交往的那些人来说，或者，他们同他们自己的奉承者以及准备在方方面面伺候他们的人交往，或者，如果他们对某人有所求，那他们自己就会卑躬屈膝，胆敢充当任何一种角色， 576a1
仿佛他们〈与之〉是自家人似的，而一旦达成目的就变成了外人？

的的确确是这样。

因此，在整个的一生中，他们活得从不是任何一个人的朋友，而始终要么是他人的主人，要么是他人的奴隶，而一种僭主式的天性永远无 576a5
法品尝到真正的自由和友谊。

完全如此。

那么，我们岂不可以正确地把这样一些人称为是不值得信任的人？

那还用说？

而且他们还肯定在最高的方式上[2688]是不正义的人，假如我们在前 576a10
面真的关于下面这点正确地达成了一致意见的话，那就是：正义是一种 576b1
什么样的东西。

当然，他说道，我们肯定正确地〈达成了一致意见〉。

那好，让我们总结一下，我说道，这个最坏的人。他无疑在醒着时 576b5
就会是我们曾详述[2689]一个人在梦中才会是的那样一种人。

的确是这样。

因此，谁由于在天性上是最倾向于僭主政制的而可能实行一人统治，谁就会成为这个人，并且他在僭主政制中活得有多久，他也就有多是这个样子的人。

必然，格劳孔接过话头说道。 576b10

因此，是不是，我说道，那显得是最邪恶的人，他其实也将显得是最可怜的？并且，那最长时间地和最彻底地是一个僭主的人，他也已 576c1
经最彻底地和最长时间地在真正的意义上成为了这样一个〈最可怜的〉人？即使众人〈对此〉持有众多的看法[2690]。

必然，他说道，无论如何〈你所说的〉这些都是这样[2691]。 576c5

那么，是不是[2692]，我说道，就相似性来说，倾向于僭主政制的人

τυραννουμένην πόλιν ἂν εἴη ὁμοιότητι, δημοτικὸς δὲ κατὰ
δημοκρατουμένην, καὶ οἱ ἄλλοι οὕτω;
Τί μήν;
Οὐκοῦν, ὅτι πόλις πρὸς πόλιν ἀρετῇ καὶ εὐδαιμονίᾳ,
τοῦτο καὶ ἀνὴρ πρὸς ἄνδρα;
d Πῶς γὰρ οὔ;
Τί οὖν ἀρετῇ τυραννουμένη πόλις πρὸς βασιλευομένην
οἵαν τὸ πρῶτον διήλθομεν;
Πᾶν τοὐναντίον, ἔφη· ἡ μὲν γὰρ ἀρίστη, ἡ δὲ κα-
κίστη.
Οὐκ ἐρήσομαι, εἶπον, ὁποτέραν λέγεις· δῆλον γάρ. ἀλλ'
εὐδαιμονίας τε αὖ καὶ ἀθλιότητος ὡσαύτως ἢ ἄλλως κρίνεις;
καὶ μὴ ἐκπληττώμεθα πρὸς τὸν τύραννον ἕνα ὄντα βλέπον-
τες, μηδ' εἴ τινες ὀλίγοι περὶ ἐκεῖνον, ἀλλ' ὡς χρὴ ὅλην
e τὴν πόλιν εἰσελθόντας θεάσασθαι, καταδύντες εἰς ἅπασαν
καὶ ἰδόντες, οὕτω δόξαν ἀποφαινώμεθα.
Ἀλλ' ὀρθῶς, ἔφη, προκαλῇ· καὶ δῆλον παντὶ ὅτι τυραν-
νουμένης μὲν οὐκ ἔστιν ἀθλιωτέρα, βασιλευομένης δὲ οὐκ
εὐδαιμονεστέρα.
Ἆρ' οὖν, ἦν δ' ἐγώ, καὶ περὶ τῶν ἀνδρῶν τὰ αὐτὰ ταῦτα
577 προκαλούμενος ὀρθῶς ἂν προκαλοίμην, ἀξιῶν κρίνειν περὶ
αὐτῶν ἐκεῖνον, ὃς δύναται τῇ διανοίᾳ εἰς ἀνδρὸς ἦθος ἐνδὺς
διιδεῖν καὶ μὴ καθάπερ παῖς ἔξωθεν ὁρῶν ἐκπλήττεται ὑπὸ
τῆς τῶν τυραννικῶν προστάσεως ἣν πρὸς τοὺς ἔξω σχηματί-
ζονται, ἀλλ' ἱκανῶς διορᾷ; εἰ οὖν οἰοίμην δεῖν ἐκείνου
πάντας ἡμᾶς ἀκούειν, τοῦ δυνατοῦ μὲν κρῖναι, συνῳκηκότος
δὲ ἐν τῷ αὐτῷ καὶ παραγεγονότος ἔν τε ταῖς κατ' οἰκίαν
πράξεσιν, ὡς πρὸς ἑκάστους τοὺς οἰκείους ἔχει, ἐν οἷς
b μάλιστα γυμνὸς ἂν ὀφθείη τῆς τραγικῆς σκευῆς, καὶ ἐν αὖ
τοῖς δημοσίοις κινδύνοις, καὶ ταῦτα πάντα ἰδόντα κελεύοιμεν

c 7 ὁμοιότητι secl. ci. Ast   c 11 καὶ A F M : om. D   d 2 γρ. ἀρετῇ in marg. A : ἆρα ἡ A : ἄρα ἡ F D M   a 4 σχηματίζονται A F M : σχηματίζεται D   b 1 ἂν ὀφθείη] ἀνοφθείη A   ἐν αὖ τοῖς A D M : ἐν αὐτοῖς F

肯定会是相应于被僭主所统治的城邦的，而站在民主政制一边的人则是相应于实行民主政制的城邦的，其他的人也同样如此？

难道还有别的？

因此，就德性和幸福来说，一个城邦之于另一个城邦如何，一个人 576c10
之于另一个人岂不也就如何？

那还用说？ 576d1

那么，就德性来说，一个被僭主所统治的城邦之于我们最初详述过的那个被一位国王所统治的城邦如何呢？

完完全全相反，他说道。因为，一个是最好的，而另一个则是最坏的。 576d5

我将不会问，我说道，你在说两者中哪个〈最好〉哪个〈最坏〉，因为这是显而易见的。不过复又就幸福和不幸来说，你是做出同样的判断呢，还是不一样的？并且不要让我们因瞥见到僭主就变得眼花缭乱，既然他只是一个人而已，即使〈看到〉一些少数人在围绕着他〈也不应
如此〉；相反，由于我们必须通过走进去观望整个城邦，因此，在沉潜 576e1
到整个城邦中并进行观看之后，让我们才发表一种意见。

当然，他说道，你提议得正确；并且对每个人来说下面这点也都是显而易见的，那就是：没有哪个城邦比一个被僭主所统治的城邦是更不
幸的，也没有哪个城邦比一个被国王所统治的城邦是更幸福的[2693]。 576e5

那么，我说道，如果关于〈与这两种城邦相应的〉那些人我也提议
同样这些事情[2694]，那我会提议得正确吗，那就是，我认为〈只有〉下 577a1
面那个人才适合关于他们做出判断：他能够通过凭借思想潜入到一个人的习性中来看穿它，而不是像一个孩子那样，〈仅仅〉从外面观看就被那些僭主式的人物的外在威仪[2695]——它〈只不过是〉他们对外人装出
来的——弄得目瞪口呆，相反，他能够充分地看穿它？那么，如果我 577a5
〈这样〉认为又如何呢，那就是，我们所有人都必须听从那个人：一方面，因为他有能力进行判断；另一方面，由于他已经〈与这样一个人〉一起生活在同一个地方，并且已经在场于其在家中的各种所作所为那
里，〈看到这样一个人〉如何对待每一位家庭成员——在他们那里，他 577b1
尤其能够被剥去用来演悲剧的行头[2696]而被看清——，以及复又在各种各样的公共危险中表现如何，当他看清所有这些之后，我们吩咐他报

ἐξαγγέλλειν πῶς ἔχει εὐδαιμονίας καὶ ἀθλιότητος ὁ τύραννος πρὸς τοὺς ἄλλους;

Ὀρθότατ' ἄν, ἔφη, καὶ ταῦτα προκαλοῖο.

Βούλει οὖν, ἦν δ' ἐγώ, προσποιησώμεθα ἡμεῖς εἶναι τῶν δυνατῶν ἂν κρῖναι καὶ ἤδη ἐντυχόντων τοιούτοις, ἵνα ἔχωμεν ὅστις ἀποκρινεῖται ἃ ἐρωτῶμεν;

Πάνυ γε.

Ἴθι δή μοι, ἔφην, ὧδε σκόπει. τὴν ὁμοιότητα ἀναμιμνῃ- c
σκόμενος τῆς τε πόλεως καὶ τοῦ ἀνδρός, οὕτω καθ' ἕκαστον ἐν μέρει ἀθρῶν, τὰ παθήματα ἑκατέρου λέγε.

Τὰ ποῖα; ἔφη.

Πρῶτον μέν, ἦν δ' ἐγώ, ὡς πόλιν εἰπεῖν, ἐλευθέραν ἢ δούλην τὴν τυραννουμένην ἐρεῖς;

Ὡς οἷόν τ', ἔφη, μάλιστα δούλην.

Καὶ μὴν ὁρᾷς γε ἐν αὐτῇ δεσπότας καὶ ἐλευθέρους.

Ὁρῶ, ἔφη, σμικρόν γέ τι τοῦτο· τὸ δὲ ὅλον, ὡς ἔπος εἰπεῖν, ἐν αὐτῇ καὶ τὸ ἐπιεικέστατον ἀτίμως τε καὶ ἀθλίως δοῦλον.

Εἰ οὖν, εἶπον, ὅμοιος ἀνὴρ τῇ πόλει, οὐ καὶ ἐν ἐκείνῳ d
ἀνάγκη τὴν αὐτὴν τάξιν ἐνεῖναι, καὶ πολλῆς μὲν δουλείας τε καὶ ἀνελευθερίας γέμειν τὴν ψυχὴν αὐτοῦ, καὶ ταῦτα αὐτῆς τὰ μέρη δουλεύειν, ἅπερ ἦν ἐπιεικέστατα, μικρὸν δὲ καὶ τὸ μοχθηρότατον καὶ μανικώτατον δεσπόζειν;

Ἀνάγκη, ἔφη.

Τί οὖν; δούλην ἢ ἐλευθέραν τὴν τοιαύτην φήσεις εἶναι ψυχήν;

Δούλην δήπου ἔγωγε.

Οὐκοῦν ἥ γε αὖ δούλη καὶ τυραννουμένη πόλις ἥκιστα ποιεῖ ἃ βούλεται;

Πολύ γε.

Καὶ ἡ τυραννουμένη ἄρα ψυχὴ ἥκιστα ποιήσει ἃ ἂν e
βουληθῇ, ὡς περὶ ὅλης εἰπεῖν ψυχῆς· ὑπὸ δὲ οἴστρου ἀεὶ ἑλκομένη βίᾳ ταραχῆς καὶ μεταμελείας μεστὴ ἔσται.

d 3 ἀνελευθερίας A F M : ἐλευθερίας D

告，就幸福和不幸来说，僭主相较于其他人处于何种情形？

就这些事情你也会提议得，他回应道，非常正确。 577b5

那么，你愿意，我说道，让我们假装属于下面这些人吗，那就是，他们会有能力进行判断并且已经遇到过〈僭主式的〉这样一些人，以便我们能够有某个人来回答我们所问的？

当然。

那就来吧！我说道，请你以下面这种方式来为我考察一番。请你 577c1
在回想起城邦和人之间的相似性，由此就两者中的每个轮流进行打量之后，说一说两者各自的情状。

哪样一些情状？他说道。

首先，我说道，就城邦来说一说；你将说它是自由的呢，还是受奴 577c5
役的，当它被一个僭主所统治时？

在最高的程度上是，他回应道，受奴役的。

但无论如何，你肯定也在它里面看到一些主人和一些自由人。

我确实看到了，他说道，极少数这样的人；而整体，几乎可以说，以及其中那最正直的部分，毫无尊严和悲惨地受着奴役。 577c10

那么，如果，我说道，一个人同这种城邦相类似，那么，下面这些 577d1
岂不都是必然的了，那就是：一方面，同样的安排内在于那个人身上，并且他的灵魂也充满了许许多多的奴役和不自由，进而灵魂中的那些恰恰是最正直的部分成为了奴隶；另一方面，那最糟糕和最疯狂的一小部 577d5
分却是主人？

必然，他回应道。

那么，然后呢？这样一种灵魂，你将宣称它是受奴役的，还是自由的？

我肯定宣称它是受奴役的。

那么，那受奴役的和被一个僭主所统治的城邦，它岂不无论如何都 577d10
复又最不能做它想做的事情？

肯定。

因此，那被一个僭主所统治的灵魂，它其实也将最不能做它可能想 577e1
做的事情——这是把灵魂作为一个整体来说——；相反，它由于总是被强烈的欲望用强力所拖拽[2697]而充满了混乱和后悔。

Πῶς γὰρ οὔ;

Πλουσίαν δὲ ἢ πενομένην ἀνάγκη τὴν τυραννουμένην πόλιν εἶναι;

Πενομένην.

578 Καὶ ψυχὴν ἄρα τυραννικὴν πενιχρὰν καὶ ἄπληστον ἀνάγκη ἀεὶ εἶναι.

Οὕτως, ἦ δ' ὅς.

Τί δέ; φόβου γέμειν ἆρ' οὐκ ἀνάγκη τήν τε τοιαύτην πόλιν τόν τε τοιοῦτον ἄνδρα;

Πολλή γε.

Ὀδυρμούς τε καὶ στεναγμοὺς καὶ θρήνους καὶ ἀλγηδόνας οἴει ἔν τινι ἄλλῃ πλείους εὑρήσειν;

Οὐδαμῶς.

Ἐν ἀνδρὶ δὲ ἡγῇ τὰ τοιαῦτα ἐν ἄλλῳ τινὶ πλείω εἶναι ἢ ἐν τῷ μαινομένῳ ὑπὸ ἐπιθυμιῶν τε καὶ ἐρώτων τούτῳ τῷ τυραννικῷ;

Πῶς γὰρ ἄν; ἔφη.

b Εἰς πάντα δὴ οἶμαι ταῦτά τε καὶ ἄλλα τοιαῦτα ἀποβλέψας τήν τε πόλιν τῶν πόλεων ἀθλιωτάτην ἔκρινας—

Οὐκοῦν ὀρθῶς; ἔφη.

Καὶ μάλα, ἦν δ' ἐγώ. ἀλλὰ περὶ τοῦ ἀνδρὸς αὖ τοῦ τυραννικοῦ τί λέγεις εἰς ταὐτὰ ταῦτα ἀποβλέπων;

Μακρῷ, ἔφη, ἀθλιώτατον εἶναι τῶν ἄλλων ἁπάντων.

Τοῦτο, ἦν δ' ἐγώ, οὐκέτ' ὀρθῶς λέγεις.

Πῶς; ἦ δ' ὅς.

Οὔπω, ἔφην, οἶμαι, οὗτός ἐστιν ὁ τοιοῦτος μάλιστα.

Ἀλλὰ τίς μήν;

Ὅδε ἴσως σοι ἔτι δόξει εἶναι τούτου ἀθλιώτερος.

Ποῖος;

c Ὃς ἄν, ἦν δ' ἐγώ, τυραννικὸς ὢν μὴ ἰδιώτην βίον κατα-

a 4 τε M: γε A F D a 5 τε A D M: γε F a 7 τε A D M: γε F: δὲ scr. Laur. xxxix b 2 τε A D: γε F M b 5 ταὐτὰ ταῦτα A M: ταῦτα ταῦτα D: αὐτὰ ταῦτα F b 8 πῶς; ἦ δ' ὅς A F M: om. D

为何不呢？

而那被一个僭主所统治的城邦，它必然是富足的呢，还是变得贫穷？ 577e5

变得贫穷。

因此，一个被僭主所统治的灵魂，它其实也必然总是贫穷的和永不知足的[2698]。 578a1

是这样，他说道。

然后呢？这样一种城邦以及这样一种人，岂不都必然充满了恐惧？ 578a5

肯定非常必然。

你认为在其他任何的〈城邦〉中将发现〈比这样一种城邦〉更多的哀叹、呻吟、悲鸣和痛苦吗？

绝不。

而在一个人那里，你会相信，诸如此类的事情在其他任何人那里是更多的吗，同在这个因各种各样的欲望和爱欲而变得疯狂的僭主式的人那里相比？ 578a10

怎么会呢？他回应道。

因此，我认为，正是由于注意到了所有这些以及其他诸如此类的事情，你才判断这种城邦肯定是诸城邦中最不幸的[2699]—— 578b1

难道〈我判断得〉不正确？他说道。

其实非常〈正确〉，我说道。然而，关于僭主式的人你复又如何说呢，当你注意到同样这些事情之后？ 578b5

他是迄今为止最不幸的[2700]，他说道，同其他所有人相比。

这，我说道，你就不再说得正确了。

为何？他说道。

我认为，这种人，我说道，尚不是这样一种最〈不幸的〉人。

那么究竟谁是呢？ 578b10

下面这种人，或许你会认为他甚至比此人是更不幸的。

哪种人？

这种人，我说道：他虽然是一个僭主式的人，却没有以一种普通人 578c1

βιῷ, ἀλλὰ δυστυχὴς ᾖ καὶ αὐτῷ ὑπό τινος συμφορᾶς ἐκπορισθῇ ὥστε τυράννῳ γενέσθαι.

Τεκμαίρομαί σε, ἔφη, ἐκ τῶν προειρημένων ἀληθῆ λέγειν.

Ναί, ἦν δ' ἐγώ, ἀλλ' οὐκ οἴεσθαι χρὴ τὰ τοιαῦτα, ἀλλ' εὖ μάλα τῷ τοιούτῳ λόγῳ σκοπεῖν· περὶ γάρ τοι τοῦ μεγίστου ἡ σκέψις, ἀγαθοῦ τε βίου καὶ κακοῦ.

Ὀρθότατα, ἦ δ' ὅς.

Σκόπει δὴ εἰ ἄρα τι λέγω. δοκεῖ γάρ μοι δεῖν ἐννοῆσαι ἐκ τῶνδε περὶ αὐτοῦ σκοποῦντας. d

Ἐκ τίνων;

Ἐξ ἑνὸς ἑκάστου τῶν ἰδιωτῶν, ὅσοι πλούσιοι ἐν πόλεσιν ἀνδράποδα πολλὰ κέκτηνται. οὗτοι γὰρ τοῦτό γε προσόμοιον ἔχουσιν τοῖς τυράννοις, τὸ πολλῶν ἄρχειν· διαφέρει δὲ τὸ ἐκείνου πλῆθος.

Διαφέρει γάρ.

Οἶσθ' οὖν ὅτι οὗτοι ἀδεῶς ἔχουσιν καὶ οὐ φοβοῦνται τοὺς οἰκέτας;

Τί γὰρ ἂν φοβοῖντο;

Οὐδέν, εἶπον· ἀλλὰ τὸ αἴτιον ἐννοεῖς;

Ναί, ὅτι γε πᾶσα ἡ πόλις ἑνὶ ἑκάστῳ βοηθεῖ τῶν ἰδιωτῶν.

Καλῶς, ἦν δ' ἐγώ, λέγεις. τί δέ; εἴ τις θεῶν ἄνδρα e ἕνα, ὅτῳ ἔστιν ἀνδράποδα πεντήκοντα ἢ καὶ πλείω, ἄρας ἐκ τῆς πόλεως αὐτόν τε καὶ γυναῖκα καὶ παῖδας θείη εἰς ἐρημίαν μετὰ τῆς ἄλλης οὐσίας τε καὶ τῶν οἰκετῶν, ὅπου αὐτῷ μηδεὶς τῶν ἐλευθέρων μέλλοι βοηθήσειν, ἐν ποίῳ ἄν τινι καὶ ὁπόσῳ φόβῳ οἴει γενέσθαι αὐτὸν περί τε αὑτοῦ καὶ παίδων καὶ γυναικός, μὴ ἀπόλοιντο ὑπὸ τῶν οἰκετῶν;

Ἐν παντί, ἦ δ' ὅς, ἔγωγε.

Οὐκοῦν ἀναγκάζοιτο ἄν τινας ἤδη θωπεύειν αὐτῶν τῶν 579 δούλων καὶ ὑπισχνεῖσθαι πολλὰ καὶ ἐλευθεροῦν οὐδὲν δεόμενος, καὶ κόλαξ αὐτὸς ἂν θεραπόντων ἀναφανείη;

c 2 δυστυχὴς ᾖ A² F D M : δυστυχήσῃ A e 2 ἢ καὶ F D : ἢ A M
e 5 ἂν A D M : om. F e 6 οἴει A D M : οἴει ἂν F

的身份[2701]度过一生，相反，他是倒霉的，即[2702]由于某种厄运而促成他〈现实地〉成为了一位僭主。

我推测，你，他说道，基于前面所说的那些，说得对。

是的，我说道，然而，对于诸如此类的事情，一定不可以〈只是〉 578c5
猜想，而是必须实实在在地[2703]通过下面这样的讨论进行考察；因为，该考察毕竟关乎最重大的事情，即关乎一种好的生活和一种坏的生活。

非常正确，他说道。

那么，就请你考察一下，我是否确实说得在理。其实在我看来，
〈我们〉必须基于下面这些来进行思考，如果我们要考察他的话。 578d1

基于哪些？

基于在各个城邦中富有并拥有了许多奴隶[2704]的所有那些普通人中的每一位。因为这些人就下面这点来说无论如何都同那些僭主有着一种
非常相似的地方，那就是都统治着许许多多的人；只不过僭主〈所统 578d5
治〉的人数胜出而已[2705]。

确实胜出。

那么，你知道这点吗，那就是，这些人都是没有恐惧的[2706]，并且都不害怕那些家奴？

那他们会害怕什么呢？ 578d10

什么都不害怕，我说道；但你想过原因没有？

是的，那是因为整个城邦在为这些普通人中的每一位提供帮助。

正确，我说道，你说得。然后呢？如果诸神中的某位，当他把任何有 578e1
着五十个甚或更多的奴隶的一个人单独从城邦中移除出去之后，他把这个人本人以及他的妻子和孩子们，连同他的其他财产以及家奴们，一起安放到一个荒野中——在那里，那些自由人中没有一位有可能将帮助他——，
那么，你认为他会处在一种什么样的和多大的恐惧中呢，无论是关于他自 578e5
己，还是关于他的孩子们和妻子，即恐惧他们会被那些家奴杀掉？

处在极度的〈恐惧〉中，他回应道，我肯定认为。

那么，他岂不会从此被迫讨好他自己的那些奴隶中的一些人，并且 579a1
做出许许多多的许诺，以及解放他们，即使他不需要那么做，由此他自己倒会显得是那些仆从的谄媚者？

Πολλὴ ἀνάγκη, ἔφη, αὐτῷ, ἢ ἀπολωλέναι.

Τί δ', εἰ καὶ ἄλλους, ἦν δ' ἐγώ, ὁ θεὸς κύκλῳ κατοικίσειεν γείτονας πολλοὺς αὐτῷ, οἳ μὴ ἀνέχοιντο εἴ τις ἄλλος ἄλλου δεσπόζειν ἀξιοῖ, ἀλλ' εἴ πού τινα τοιοῦτον λαμβάνοιεν, ταῖς ἐσχάταις τιμωροῖντο τιμωρίαις;

b Ἔτι ἄν, ἔφη, οἶμαι, μᾶλλον ἐν παντὶ κακοῦ εἴη, κύκλῳ φρουρούμενος ὑπὸ πάντων πολεμίων.

Ἆρ' οὖν οὐκ ἐν τοιούτῳ μὲν δεσμωτηρίῳ δέδεται ὁ τύραννος, φύσει ὢν οἷον διεληλύθαμεν, πολλῶν καὶ παντοδαπῶν φόβων καὶ ἐρώτων μεστός· λίχνῳ δὲ ὄντι αὐτῷ τὴν ψυχὴν μόνῳ τῶν ἐν τῇ πόλει οὔτε ἀποδημῆσαι ἔξεστιν οὐδαμόσε, οὔτε θεωρῆσαι ὅσων δὴ καὶ οἱ ἄλλοι ἐλεύθεροι ἐπιθυμηταί εἰσιν, καταδεδυκὼς δὲ ἐν τῇ οἰκίᾳ τὰ πολλὰ ὡς γυνὴ ζῇ,
c φθονῶν καὶ τοῖς ἄλλοις πολίταις, ἐάν τις ἔξω ἀποδημῇ καί τι ἀγαθὸν ὁρᾷ;

Παντάπασιν μὲν οὖν, ἔφη.

Οὐκοῦν τοῖς τοιούτοις κακοῖς πλείω καρποῦται ἀνὴρ ὃς ἂν κακῶς ἐν ἑαυτῷ πολιτευόμενος, ὃν νυνδὴ σὺ ἀθλιώτατον ἔκρινας, τὸν τυραννικόν, ὡς μὴ ἰδιώτης καταβιῷ, ἀλλὰ ἀναγκασθῇ ὑπό τινος τύχης τυραννεῦσαι καὶ ἑαυτοῦ ὢν ἀκράτωρ ἄλλων ἐπιχειρήσῃ ἄρχειν, ὥσπερ εἴ τις κάμνοντι σώματι καὶ ἀκράτορι ἑαυτοῦ μὴ ἰδιωτεύων ἀλλ' ἀγωνιζόμενος
d πρὸς ἄλλα σώματα καὶ μαχόμενος ἀναγκάζοιτο διάγειν τὸν βίον.

Παντάπασιν, ἔφη, ὁμοιότατά τε καὶ ἀληθέστατα λέγεις, ὦ Σώκρατες.

Οὐκοῦν, ἦν δ' ἐγώ, ὦ φίλε Γλαύκων, παντελῶς τὸ πάθος ἄθλιον, καὶ τοῦ ὑπὸ σοῦ κριθέντος χαλεπώτατα ζῆν χαλεπώτερον ἔτι ζῇ ὁ τυραννῶν;

a 5 κατοικίσειεν scr. recc. : κατοικήσειεν A D M : κατοικῆε F b 1 κακοῦ secl. Ast εἴη A² F M : εἰ εἴη A D b 8 ὡς] ὥσπερ Stobaeus ζῇ A F M Stobaeus : ζῆν D c 4 ἀνὴρ A F M Stobaeus : ὁ ἀνὴρ D c 5 ἑαυτῷ A² D M Stobaeus : αὐτῷ F : ταυτῷ A c 6 ὡς μὴ A F D M : μὴ ὡς Θ Stobaeus

极其必然，他回应道，对他来说，否则〈他早已〉被杀掉了。

然后呢，如果，我说道，那位神进而在他周围移居了许许多多的邻 579a5
居，而这些邻居绝不会容忍，如果任何一个人认为自己有权是他人的主人的话，相反，如果他们在任何地方抓住了某个这样的人，那他们就会用各种极端的惩罚来进行报复？

那他甚至会处在一种更加极度糟糕的境地，他回应道，因为他四周 579b1
都被人看守着，而他们全都是敌人[2707]。

因此，僭主岂不事实上已经被束缚在这样一种监狱中了，由于他在天性上就是我们已经详述过的那样一种人，他充满了许许多多和形形色
色的恐惧和爱欲；即使他的灵魂是贪得无厌的，但在城邦里的〈所有〉 579b5
那些人中，唯有他，既不可能离家外出前往〈其他〉任何一个地方，也不可能观看其他那些自由人其实也作为渴望者〈而渴望观看〉的所有东西，相反，在大多数情况下[2708]他都只能溜到家里躲藏起来[2709]，像一个
女人那样过活，并且他还嫉妒其他的同邦公民，如果其中有人离家外出 579c1
并看到任何美好的东西的话？

完全如此，他回应道。

因此，一个人肯定会由于这样一些恶而为自己收获更多的恶果，如
果他在他自己内里糟糕地采用一种城邦体制[2710]，而你刚才曾判断这种 579c5
人是一个最不幸的人[2711]，即僭主式的人物，由于他并未作为一个普通人来度过一生，而是由于某种命运[2712]而被迫〈现实地〉成为了一个僭主，由此一来，虽然他是没有能力掌控他自己的，但他却试图去统治其他的一些人，就像，如果一个人，〈明明〉在身体上患病并且也没有能
力掌控他自己〈的身体〉，却不过普通人的生活，而是被迫同一些其他 579d1
的身体进行竞争和战斗来度过一生。

完完全全就是这样，他说道，你说得既极其惟妙惟肖，又极其真实无疑[2713]，苏格拉底啊。

那么，我说道，亲爱的格劳孔啊，这种遭遇岂不彻彻底底地是不幸 579d5
的，并且同被你判断为最痛苦地活着的那个人相比，那成为了一个僭主的人[2714]甚至还要活得更加痛苦？

Κομιδῇ γ', ἔφη.

Ἔστιν ἄρα τῇ ἀληθείᾳ, κἂν εἰ μή τῳ δοκεῖ, ὁ τῷ ὄντι
τύραννος τῷ ὄντι δοῦλος τὰς μεγίστας θωπείας καὶ δουλείας
καὶ κόλαξ τῶν πονηροτάτων, καὶ τὰς ἐπιθυμίας οὐδ' ὁπωσ- e
τιοῦν ἀποπιμπλάς, ἀλλὰ πλείστων ἐπιδεέστατος καὶ πένης
τῇ ἀληθείᾳ φαίνεται, ἐάν τις ὅλην ψυχὴν ἐπίστηται θεάσασθαι, καὶ φόβου γέμων διὰ παντὸς τοῦ βίου, σφαδᾳσμῶν τε καὶ ὀδυνῶν πλήρης, εἴπερ τῇ τῆς πόλεως διαθέσει ἧς ἄρχει ἔοικεν. ἔοικεν δέ· ἦ γάρ;

Καὶ μάλα, ἔφη.

Οὐκοῦν καὶ πρὸς τούτοις ἔτι ἀποδώσομεν τῷ ἀνδρὶ καὶ 580
ἃ τὸ πρότερον εἴπομεν, ὅτι ἀνάγκη καὶ εἶναι καὶ ἔτι μᾶλλον γίγνεσθαι αὐτῷ ἢ πρότερον διὰ τὴν ἀρχὴν φθονερῷ, ἀπίστῳ, ἀδίκῳ, ἀφίλῳ, ἀνοσίῳ καὶ πάσης κακίας πανδοκεῖ τε καὶ τροφεῖ, καὶ ἐξ ἁπάντων τούτων μάλιστα μὲν αὐτῷ δυστυχεῖ εἶναι, ἔπειτα δὲ καὶ τοὺς πλησίον αὐτῷ τοιούτους ἀπεργάζεσθαι.

Οὐδείς σοι, ἔφη, τῶν νοῦν ἐχόντων ἀντερεῖ.

Ἴθι δή μοι, ἔφην ἐγώ, νῦν ἤδη ὥσπερ ὁ διὰ πάντων
κριτὴς ἀποφαίνεται, καὶ σὺ οὕτω, τίς πρῶτος κατὰ τὴν σὴν b
δόξαν εὐδαιμονίᾳ καὶ τίς δεύτερος, καὶ τοὺς ἄλλους ἑξῆς πέντε ὄντας κρῖνε, βασιλικόν, τιμοκρατικόν, ὀλιγαρχικόν, δημοκρατικόν, τυραννικόν.

Ἀλλὰ ῥᾳδία, ἔφη, ἡ κρίσις. καθάπερ γὰρ εἰσῆλθον ἔγωγε ὥσπερ χοροὺς κρίνω ἀρετῇ καὶ κακίᾳ καὶ εὐδαιμονίᾳ καὶ τῷ ἐναντίῳ.

Μισθωσώμεθα οὖν κήρυκα, ἦν δ' ἐγώ, ἢ αὐτὸς ἀνείπω
ὅτι ὁ Ἀρίστωνος ὑὸς τὸν ἄριστόν τε καὶ δικαιότατον εὐδαι-
μονέστατον ἔκρινε, τοῦτον δ' εἶναι τὸν βασιλικώτατον καὶ c

d 9 δοκεῖ scr. Lobcov. : δοκῇ A F D M Stobaeus   e 1 καὶ κόλαξ post d 10 δοῦλος transp. Adam   ἐπιθυμίας A F M Stobaeus : ἐπιθυμίας καὶ δουλείας D   b 2 καὶ τίς A F M Stobaeus : τίς D   b 3 κρῖνε A M Stobaeus : κρίναι F : κρῖναι D   b 8 ἀνείπω A M : ἂν εἴπω F D Stobaeus

的确如此，他回应道。

因此，真正说来，即使某个人不那么认为，那在是的方式上是着
的僭主，他在是的方式上是一个奴隶[2715]——就各种各样极端的阿谀奉 579d10
承和奴颜婢膝来说——，以及那些最无价值的人的谄媚者；并且，由于 579e1
在各种欲望方面他无论如何都永不满足，而是最为需要最多的东西，从
而他真正显得像一个穷人似的，如果有人知道如何观看其整个的灵魂的
话[2716]；进而，他终其一生都充满着恐惧，充满了各种各样的惊悸和痛
苦，假如他真的与他所统治的那个城邦之状态相似的话。不过他确实与 579e5
之相似；是这样吗？

确实是，他回应道。

那么，甚至除了上面这些之外，我们还将把我们先前说过的那些事 580a1
情归给这个人，那就是：他不仅必然是好嫉妒的，而且还由于统治而变
得比从前更加地是好嫉妒的，他是一个不值得信赖的人，不正义的人，
不友好的人，不虔敬的人，并且在所有的邪恶方面，他既是一位旅馆老
板，也是一位抚养者；并且由于所有这些，一方面，他自己是最为不幸 580a5
的，另一方面，随后他又导致那些与他接近的人成为了这样一些人。

在那些有理智的人中，他说道，没有任何一位将反驳你。

那就来吧，我说道，此时此地[2717]，就像一位最终的裁判做出决定
那样[2718]，请你也以同样的方式为我做出判定：根据你的意见，在幸福 580b1
方面，谁是第一名和谁是第二名，以及依次其他的，它们〈一共〉是五
位，那就是：致力于国王政制的人，热衷于荣誉政制的人，倾向于寡头
政制的人，喜欢民主政制的人，支持僭主政制的人。

评判无疑是容易的，他说道。因为恰如他们在上场式的[2719]，我就 580b5
像评判歌舞队演员那样，就德性和邪恶，幸福及其反面而言，对他们做
出评判。

那么，是让我们雇佣一个传令官呢，我说道，还是让我自己来宣布
下面这件事，那就是：阿里斯通的儿子[2720]已经判定那最优秀的和最正
义的人是最幸福的，而这种人是最致力于国王政制的人，并且是他自己 580c1

βασιλεύοντα αὑτοῦ, τὸν δὲ κάκιστόν τε καὶ ἀδικώτατον ἀθλιώτατον, τοῦτον δὲ αὖ τυγχάνειν ὄντα ὃς ἂν τυραννικώτατος ὢν ἑαυτοῦ τε ὅτι μάλιστα τυραννῇ καὶ τῆς πόλεως;

Ἀνειρήσθω σοι, ἔφη.

Ἦ οὖν προσαναγορεύω, εἶπον, ἐάντε λανθάνωσιν τοιοῦτοι ὄντες ἐάντε μὴ πάντας ἀνθρώπους τε καὶ θεούς;

Προσαναγόρευε, ἔφη.

Εἶεν δή, εἶπον· αὕτη μὲν ἡμῖν ἡ ἀπόδειξις μία ἂν εἴη,
d δευτέραν δὲ ἰδὲ τήνδε, ἐάν τι δόξῃ εἶναι.

Τίς αὕτη;

Ἐπειδή, ὥσπερ πόλις, ἦν δ' ἐγώ, διῄρηται κατὰ τρία εἴδη, οὕτω καὶ ψυχὴ ἑνὸς ἑκάστου τριχῇ, [λογιστικὸν] δέξεται, ὡς ἐμοὶ δοκεῖ, καὶ ἑτέραν ἀπόδειξιν.

Τίνα ταύτην;

Τήνδε. τριῶν ὄντων τριτταὶ καὶ ἡδοναί μοι φαίνονται, ἑνὸς ἑκάστου μία ἰδία· ἐπιθυμίαι τε ὡσαύτως καὶ ἀρχαί.

Πῶς λέγεις; ἔφη.

Τὸ μέν, φαμέν, ἦν ᾧ μανθάνει ἄνθρωπος, τὸ δὲ ᾧ θυμοῦται, τὸ δὲ τρίτον διὰ πολυειδίαν ἑνὶ οὐκ ἔσχομεν ὀνόματι προσ-
e ειπεῖν ἰδίῳ αὐτοῦ, ἀλλὰ ὃ μέγιστον καὶ ἰσχυρότατον εἶχεν ἐν αὑτῷ, τούτῳ ἐπωνομάσαμεν· ἐπιθυμητικὸν γὰρ αὐτὸ κεκλήκαμεν διὰ σφοδρότητα τῶν τε περὶ τὴν ἐδωδὴν ἐπιθυμιῶν καὶ πόσιν καὶ ἀφροδίσια καὶ ὅσα ἄλλα τούτοις ἀκόλουθα, καὶ φιλοχρήματον δή, ὅτι διὰ χρημάτων μάλιστα ἀποτελοῦνται
581 αἱ τοιαῦται ἐπιθυμίαι.

Καὶ ὀρθῶς γ', ἔφη.

Ἆρ' οὖν καὶ τὴν ἡδονὴν αὐτοῦ καὶ φιλίαν εἰ φαῖμεν εἶναι τοῦ κέρδους, μάλιστ' ἂν εἰς ἓν κεφάλαιον ἀπερειδοίμεθα τῷ λόγῳ, ὥστε τι ἡμῖν αὐτοῖς δηλοῦν, ὁπότε τοῦτο τῆς ψυχῆς

c 6 προσαναγορεύω A F M : προσαγορεύω D   d 1 δὲ ἰδὲ Adam : δεῖ δὲ A F D M : δὲ δεῖ m. recc.   d 4 λογιστικὸν A^2 F D M : τὸ λογιστικὸν A : λογιστικὸν ἐπιθυμητικὸν θυμικὸν Par. 1642 : om. recc.   d 8 ἰδία D M : ἰδίᾳ A : om. F   e 2 τούτῳ] τοῦτο F   e 3 τε F D : om. A M   a 3 φαῖμεν A^2 M : φαμεν A F D

的国王；但那最坏的和最不正义的人是最不幸的，而这种人复又恰好是这个样子，那就是，由于他是最倾向于僭主政制的，因而他最可能既是他自己的僭主，也是城邦的僭主？

就让他被你这样宣布吧，他回应道。 580c5

那么，是不是让我进一步宣布，我说道，他们就是这个样子，无论所有的人以及神没有注意到他们，还是注意到了？

请你进一步宣布吧，他回应道。

好吧！我说道。对我们来说这算是一个证据，至于第二个证据，请 580d1
你看看下面这个，如果它毕竟看起来是的话[2721]。

这个证据是什么？

既然，就像一个城邦，我说道，按照三个族类而被划分那样，同样
地，每一单个人的灵魂也被分成三个部分，这也将容许[2722]，如我所认
为的那样，另一个证据。 580d5

这个证据是什么呢？

下面这个。既然是三个部分，那么对我显得快乐也是三重的，对每一单个的部分来说有着一种独特的快乐；欲望和统治也同样如此。

你为何这么说呢？他说道。

一个，我们说，它向来是一个人借以进行学习的部分，另一个，则 580d10
是一个人借以变得气宇轩昂[2723]的部分，而第三个部分，由于形式多样
我们不能够用单一的、独属于它的名字来进行称呼，而是它在它自己那 580e1
里把什么作为最大和最强的进行拥有，我们就用这种东西来进行命名；
其实我们已经基于一些欲望之猛烈而将它称为了欲望性的部分，而这些
欲望同食物、饮料、属于阿佛洛狄忒的事情以及其他所有那些与这些相
伴随的东西相关，事实上也将之称为了热爱钱财的部分，因为最主要是 580e5
通过钱财，诸如此类的欲望才被达成。 581a1

〈说得〉也肯定正确，他说道。

因此，至于它的快乐和热爱，如果我们说它们都是同赢利相关的，
那么，是不是我们在讨论中完全让自己〈可靠地〉停留在了单一的要旨
之上，以至于某个东西对我们显得是一清二楚的，当我们谈论灵魂的这 581a5

τὸ μέρος λέγοιμεν, καὶ καλοῦντες αὐτὸ φιλοχρήματον καὶ φιλοκερδὲς ὀρθῶς ἂν καλοῖμεν;

Ἐμοὶ γοῦν δοκεῖ, ἔφη.

Τί δέ; τὸ θυμοειδὲς οὐ πρὸς τὸ κρατεῖν μέντοι φαμὲν καὶ νικᾶν καὶ εὐδοκιμεῖν ἀεὶ ὅλον ὡρμῆσθαι;

Καὶ μάλα. b

Εἰ οὖν φιλόνικον αὐτὸ καὶ φιλότιμον προσαγορεύοιμεν, ἦ ἐμμελῶς ἂν ἔχοι;

Ἐμμελέστατα μὲν οὖν.

Ἀλλὰ μὴν ᾧ γε μανθάνομεν, παντὶ δῆλον ὅτι πρὸς τὸ εἰδέναι τὴν ἀλήθειαν ὅπῃ ἔχει πᾶν ἀεὶ τέταται, καὶ χρημάτων τε καὶ δόξης ἥκιστα τούτων τούτῳ μέλει.

Πολύ γε.

Φιλομαθὲς δὴ καὶ φιλόσοφον καλοῦντες αὐτὸ κατὰ τρόπον ἂν καλοῖμεν;

Πῶς γὰρ οὔ;

Οὐκοῦν, ἦν δ' ἐγώ, καὶ ἄρχει ἐν ταῖς ψυχαῖς τῶν μὲν τοῦτο, τῶν δὲ τὸ ἕτερον ἐκείνων, ὁπότερον ἂν τύχῃ; c

Οὕτως, ἔφη.

Διὰ ταῦτα δὴ καὶ ἀνθρώπων λέγομεν τὰ πρῶτα τριττὰ γένη εἶναι, φιλόσοφον, φιλόνικον, φιλοκερδές;

Κομιδῇ γε.

Καὶ ἡδονῶν δὴ τρία εἴδη, ὑποκείμενον ἐν ἑκάστῳ τούτων;

Πάνυ γε.

Οἶσθ' οὖν, ἦν δ' ἐγώ, ὅτι εἰ 'θέλοις τρεῖς τοιούτους ἀνθρώπους ἐν μέρει ἕκαστον ἀνερωτᾶν τίς τούτων τῶν βίων ἥδιστος, τὸν ἑαυτοῦ ἕκαστος μάλιστα ἐγκωμιάσεται; ὅ τε χρηματιστικὸς πρὸς τὸ κερδαίνειν τὴν τοῦ τιμᾶσθαι ἡδονὴν d
ἢ τὴν τοῦ μανθάνειν οὐδενὸς ἀξίαν φήσει εἶναι, εἰ μὴ εἴ τι αὐτῶν ἀργύριον ποιεῖ;

a 10 ἀεὶ A M: δεῖ F D b 6 τέταται A D: τέτακται F M b 7 τούτων secl. Baiter: πάντων ci. Thompson c 3 λέγομεν F M: λέγωμεν A D c 6 δὴ A D M: γε F ὑποκείμενον A F D: ὑποκείμενα A² M

个部分时，并且，如果我们将它称作是热爱钱财的和热爱赢利的，那我们也称呼得正确？

至少对我看起来是这样，他回应道。

然后呢？气宇轩昂的部分，我们岂不肯定宣称，它总是完全汲汲追
求进行统治、取得胜利和获取好名声？ 581a10

当然。 581b1

因此，如果我们把它称作是热爱胜利的和热爱荣誉的，这会不会是恰当的呢？

肯定非常恰当。

至于我们借以进行学习的那个部分，下面这点无疑对每个人来说都 581b5
是显而易见的，那就是：它总是完全致力于在其所是的那个样子上知道真[2724]，并且在〈灵魂的〉这〈三个〉部分中它最不关心钱财和名声[2725]。

肯定是这样。

那么，如果我们将之称作是热爱学问的和热爱智慧的，那么，我们 581b10
也恰当地[2726]称呼了它？

那还用说？

那么，我说道，在一些人的灵魂中进行统治的正是这个部分，而在 581c1
另一些人那里则是另外那两个部分中的一个，无论它恰好是哪个？

是这样。

而正由于这些，在人那里，我们也才说有着三个首要的族类吗，即热爱智慧的，热爱胜利的，热爱赢利的？

诚然。 581c5

快乐无疑也有三种形式，这些族类的每个都有一种〈快乐〉属于它？

肯定。

因此，你对下面这点很清楚吗，我说道，那就是：如果你打算询问诸如此类的三种人，轮流〈问他们中的〉每个，在这样的〈三种〉生活
中，究竟哪种生活是最快乐的，那么，他们每个人都会最为赞美他自己 581c10
的那种生活？首先，赚钱的人将宣称，相较于获利而言，被人尊敬之快 581d1
乐，或者学习之快乐，都是一文不值的，除非它们中的某种东西能够带来银子？

Ἀληθῆ, ἔφη.

Τί δὲ ὁ φιλότιμος; ἦν δ' ἐγώ· οὐ τὴν μὲν ἀπὸ τῶν χρημάτων ἡδονὴν φορτικήν τινα ἡγεῖται, καὶ αὖ τὴν ἀπὸ τοῦ μανθάνειν, ὅτι μὴ μάθημα τιμὴν φέρει, καπνὸν καὶ φλυαρίαν;

Οὕτως, ἔφη, ἔχει.

Τὸν δὲ φιλόσοφον, ἦν δ' ἐγώ, τί οἰώμεθα τὰς ἄλλας
e ἡδονὰς νομίζειν πρὸς τὴν τοῦ εἰδέναι τἀληθὲς ὅπῃ ἔχει καὶ ἐν τοιούτῳ τινὶ ἀεὶ εἶναι μανθάνοντα; [τῆς ἡδονῆς] οὐ πάνυ πόρρω; καὶ καλεῖν τῷ ὄντι ἀναγκαίας, ὡς οὐδὲν τῶν ἄλλων δεόμενον, εἰ μὴ ἀνάγκη ἦν;

Εὖ, ἔφη, δεῖ εἰδέναι;

Ὅτε δὴ οὖν, εἶπον, ἀμφισβητοῦνται ἑκάστου τοῦ εἴδους αἱ ἡδοναὶ καὶ αὐτὸς ὁ βίος, μὴ ὅτι πρὸς τὸ κάλλιον καὶ αἶσχιον ζῆν μηδὲ τὸ χεῖρον καὶ ἄμεινον, ἀλλὰ πρὸς αὐτὸ τὸ
582 ἥδιον καὶ ἀλυπότερον, πῶς ἂν εἰδεῖμεν τίς αὐτῶν ἀληθέστατα λέγει;

Οὐ πάνυ, ἔφη, ἔγωγε ἔχω εἰπεῖν.

Ἀλλ' ὧδε σκόπει· τίνι χρὴ κρίνεσθαι τὰ μέλλοντα καλῶς κριθήσεσθαι; ἆρ' οὐκ ἐμπειρίᾳ τε καὶ φρονήσει καὶ λόγῳ; ἢ τούτων ἔχοι ἄν τις βέλτιον κριτήριον;

Καὶ πῶς ἄν; ἔφη.

Σκόπει δή· τριῶν ὄντων τῶν ἀνδρῶν τίς ἐμπειρότατος πασῶν ὧν εἴπομεν ἡδονῶν; πότερον ὁ φιλοκερδής, μανθάνων αὐτὴν τὴν ἀλήθειαν οἷόν ἐστιν, ἐμπειρότερος δοκεῖ σοι εἶναι τῆς
b ἀπὸ τοῦ εἰδέναι ἡδονῆς, ἢ ὁ φιλόσοφος τῆς ἀπὸ τοῦ κερδαίνειν;

Πολύ, ἔφη, διαφέρει. τῷ μὲν γὰρ ἀνάγκη γεύεσθαι τῶν ἑτέρων ἐκ παιδὸς ἀρξαμένῳ· τῷ δὲ φιλοκερδεῖ, ὅπῃ πέφυκε τὰ ὄντα μανθάνοντι, τῆς ἡδονῆς ταύτης, ὡς γλυκειά ἐστιν,

d 5 τῶν A D M : om. F d 10 τί οἰώμεθα ci. Graser : ποιώμεθα A F D M e 1 ἔχει A F M : ἴσχει D e 2 τῆς ἡδονῆς punctis notata in A : secl. Baiter : an τῆς ἀληθινῆς ? Campbell e 6 ὅτε] ὅτι Galenus τοῦ om. Galenus e 7 ὅτι A D M : om. F b 4 ὄντα A F M : ὄντι D

正确，他回应道。

其次，那热爱荣誉的人又如何呢？我说道；一方面，他岂不会把从 581d5
钱财而来的快乐视为一种庸俗的快乐，另一方面，那种由学习而来的快乐，如果一门学问不能带来任何一种荣誉，那它只是一阵烟雾和胡说八道而已？

是这样，他回应道。

再次，那热爱智慧的人，我说道，让我们设想一下，他会把其他那 581d10
些快乐认作什么呢，相较于由下面这样而来的快乐，即在其所是的那个 581e1
样子上知道真相，并且总是处在这样一种〈快乐的〉状态中，当他学习时？他岂不会认为它们远远在后[2727]？并且他在是的方式上把它们称为必要的，既然他不需要其他的快乐，如果没有任何必要的话[2728]？

〈我们〉应当，他回应道，很清楚这点。 581e5

那么，事实上，我说道，鉴于在每一种形式的人那里，那些快乐以及生活本身成为了争论的主题[2729]——〈而争论〉既不是关于生活得更高贵或更羞耻，也不是关于生活得更低劣或更美好，而是关于生活得更
快乐和更不痛苦——，那么，我们如何可能知道，他们中究竟谁说得最 582a1
正确呢？

我肯定完全，他回应道，不能够回答。

那就请你这样来进行考察：〈各种事情〉必须用什么而被判断呢，如果它们将被正确地判断的话？岂不是用经验、明智和讨论[2730]？或者，
某人竟然可能有比这些更好的判断标准？ 582a5

怎么可能有？他回应道。

那么，就请你看看：就这三种人来说，其中谁对于我们所说的所有
那些快乐是最有经验的？热爱赢利的人，当他学习如其所是的真本身之 582a10
后，是否在你看来，他对那由知道而来的快乐，就要比热爱智慧的人对 582b1
那由赢利而来的快乐是更有经验的？

区别很大，他回应道。因为，对于后者来说，他必然从孩童时起就品尝着另外那两种快乐；而对于热爱赢利的人来说，虽然他〈现在〉在学习诸是者在本性上是怎样的[2731]，但这种快乐，〈以及〉它是何等的甜

οὐκ ἀνάγκη γεύεσθαι οὐδ' ἐμπείρῳ γίγνεσθαι, μᾶλλον δὲ καὶ προθυμουμένῳ οὐ ῥᾴδιον.

Πολὺ ἄρα, ἦν δ' ἐγώ, διαφέρει τοῦ γε φιλοκερδοῦς ὁ φιλόσοφος ἐμπειρίᾳ ἀμφοτέρων τῶν ἡδονῶν.

Πολὺ μέντοι. c

Τί δὲ τοῦ φιλοτίμου; ἆρα μᾶλλον ἄπειρός ἐστι τῆς ἀπὸ τοῦ τιμᾶσθαι ἡδονῆς ἢ ἐκεῖνος τῆς ἀπὸ τοῦ φρονεῖν;

'Αλλὰ τιμὴ μέν, ἔφη, ἐάνπερ ἐξεργάζωνται ἐπὶ ὃ ἕκαστος ὥρμηκε, πᾶσιν αὐτοῖς ἕπεται—καὶ γὰρ ὁ πλούσιος ὑπὸ πολλῶν τιμᾶται καὶ ὁ ἀνδρεῖος καὶ σοφός—ὥστε ἀπό γε τοῦ τιμᾶσθαι, οἷόν ἐστιν, πάντες τῆς ἡδονῆς ἔμπειροι· τῆς δὲ τοῦ ὄντος θέας, οἵαν ἡδονὴν ἔχει, ἀδύνατον ἄλλῳ γεγεῦσθαι πλὴν τῷ φιλοσόφῳ.

'Εμπειρίας μὲν ἄρα, εἶπον, ἕνεκα κάλλιστα τῶν ἀνδρῶν d
κρίνει οὗτος.

Πολύ γε.

Καὶ μὴν μετά γε φρονήσεως μόνος ἔμπειρος γεγονὼς ἔσται.

Τί μήν;

'Αλλὰ μὴν καὶ δι' οὗ γε δεῖ ὀργάνου κρίνεσθαι, οὐ τοῦ φιλοκερδοῦς τοῦτο ὄργανον οὐδὲ τοῦ φιλοτίμου, ἀλλὰ τοῦ φιλοσόφου.

Τὸ ποῖον;

Διὰ λόγων που ἔφαμεν δεῖν κρίνεσθαι. ἢ γάρ;

Ναί.

Λόγοι δὲ τούτου μάλιστα ὄργανον.

Πῶς δ' οὔ;

Οὐκοῦν εἰ μὲν πλούτῳ καὶ κέρδει ἄριστα ἐκρίνετο τὰ
κρινόμενα, ἃ ἐπῄνει ὁ φιλοκερδὴς καὶ ἔψεγεν, ἀνάγκη ἂν e
ἦν ταῦτα ἀληθέστατα εἶναι.

c 4 τιμὴ μέν scr. recc. : τιμὴν μέν F : τί μὴν A D M c 6 σοφὸς A F D : ὁ σοφός A² M d 2 κρίνει] κρινεῖ ci. Bekker οὗτος F D M : οὕτως A d 4 φρονήσεως A F M : σωφρονήσεως D d 8 τοῦτο A M : τοῦτο τὸ F D

蜜，他既不必然品尝到它，也不必然变得对之是有经验的，而毋宁说， 582b5
即使他非常渴望，那对他来说也不容易。

因此，我说道，同热爱赢利的人相比，热爱智慧的人在对两种快乐的经验方面肯定胜出很多。

的确很多。 582c1

相较于那热爱荣誉的人又如何呢？难道他对由受人尊敬而来的快乐要比那个人对由具有明智[2732]而来的快乐是更没有经验的吗？

但是，荣誉，他回应道，假如每个人都真的实现了他所汲汲追求
的事情，那么，它无疑会伴随着他们每个人——因为富人也会被许多人 582c5
尊敬，勇敢的人和智慧的人亦然——，因此，受人尊敬，它是什么样子[2733]，所有人都肯定对由之而来的快乐是有经验的。至于对是者的观望，〈以及〉它具有什么样的快乐，其他任何人都不可能品尝到过，除了那热爱智慧的人。

因此，即使是由于经验的缘故[2734]，我说道，在〈三种〉人中，这 582d1
种人无疑也判断得最为正确。

诚然。

而且，唯有他将成为了这样一种有经验的人，那就是，〈他的经验〉 582d5
同明智结合在一起[2735]。

为何不呢？

无疑，〈事情〉必须由之而被判断的那种〈工具〉，它也既不是热爱赢利的人〈所采用〉的工具，也不是热爱荣誉的人〈所采用〉的工具，而是热爱智慧的人〈所采用〉的工具。

何种工具？ 582d10

我们约莫曾说过，〈事情〉必须通过各种讨论而被判断。是这样吗？

是。

而各种讨论，尤其是〈热爱智慧〉这种人的工具。

那还用说？

那么，一方面，如果那些被判断的事情通过财富和赢利而被判断得 582d15
最好，那么，这就会是必然的，即热爱赢利的人所赞美或谴责的那些事 582e1
情，它们都是最真的。

Πολλή γε.

Εἰ δὲ τιμῇ τε καὶ νίκῃ καὶ ἀνδρείᾳ, ἆρ' οὐχ ἃ ὁ φιλότιμός τε καὶ φιλόνικος;

Δῆλον.

Ἐπειδὴ δ' ἐμπειρίᾳ καὶ φρονήσει καὶ λόγῳ;

Ἀνάγκη, ἔφη, ἃ ὁ φιλόσοφός τε καὶ ὁ φιλόλογος ἐπαινεῖ, ἀληθέστατα εἶναι.

583 Τριῶν ἄρ' οὐσῶν τῶν ἡδονῶν ἡ τούτου τοῦ μέρους τῆς ψυχῆς ᾧ μανθάνομεν ἡδίστη ἂν εἴη, καὶ ἐν ᾧ ἡμῶν τοῦτο ἄρχει, ὁ τούτου βίος ἥδιστος;

Πῶς δ' οὐ μέλλει; ἔφη· κύριος γοῦν ἐπαινέτης ὢν ἐπαινεῖ τὸν ἑαυτοῦ βίον ὁ φρόνιμος.

Τίνα δὲ δεύτερον, εἶπον, βίον καὶ τίνα δευτέραν ἡδονήν φησιν ὁ κριτὴς εἶναι;

Δῆλον ὅτι τὴν τοῦ πολεμικοῦ τε καὶ φιλοτίμου· ἐγγυτέρω γὰρ αὐτοῦ ἐστιν ἢ ἡ τοῦ χρηματιστοῦ.

Ὑστάτην δὴ τὴν τοῦ φιλοκερδοῦς, ὡς ἔοικεν.

Τί μήν; ἦ δ' ὅς.

b Ταῦτα μὲν τοίνυν οὕτω δύ' ἐφεξῆς ἂν εἴη καὶ δὶς νενικηκὼς ὁ δίκαιος τὸν ἄδικον· τὸ δὲ τρίτον ὀλυμπικῶς τῷ σωτῆρί τε καὶ τῷ Ὀλυμπίῳ Διί, ἄθρει ὅτι οὐδὲ παναληθής ἐστιν ἡ τῶν ἄλλων ἡδονὴ πλὴν τῆς τοῦ φρονίμου οὐδὲ καθαρά, ἀλλ' ἐσκιαγραφημένη τις, ὡς ἐγὼ δοκῶ μοι τῶν σοφῶν τινος ἀκηκοέναι. καίτοι τοῦτ' ἂν εἴη μέγιστόν τε καὶ κυριώτατον τῶν πτωμάτων.

Πολύ γε· ἀλλὰ πῶς λέγεις;

c Ὧδ', εἶπον, ἐξευρήσω, σοῦ ἀποκρινομένου ζητῶν ἅμα.

Ἐρώτα δή, ἔφη.

Λέγε δή, ἦν δ' ἐγώ· οὐκ ἐναντίον φαμὲν λύπην ἡδονῇ;

Καὶ μάλα.

Οὐκοῦν καὶ τὸ μήτε χαίρειν μήτε λυπεῖσθαι εἶναί τι;

e 5 φιλόνικος (sic) F : ὁ φιλόνεικος (sic) A D a 4 ὢν F D M : ὧν A (et mox βίον punctis notatum) a 9 ἐστιν A D M : om. F c 3 λύπην A² : πην A

极其必然。

另一方面，如果通过荣誉、胜利和勇敢，那么，热爱荣誉的人和热爱胜利的人〈所赞美或谴责的〉那些事情，岂不同样如此？ 582e5

显然。

但既然通过经验、明智和讨论〈那些被判断的事情才被判断〉？

必然，他回应道，热爱智慧的人以及热爱讨论的人所赞美的那些事情，是最真的。

因此，就这三种快乐来说，是不是属于灵魂中我们借以进行学习的 583a1
那个部分的快乐，它会是最快乐的，并且在我们当中，这个部分于其身上进行统治的那种人，他的生活是最快乐的？

怎么将不是这样呢？他回应道。因为明智的人是一位权威性的赞美者，至少当他赞美他自己的生活时。 583a5

而什么是第二等的生活，我说道，以及什么是第二等的快乐，这位裁判[2736]宣称？

显然是属于好战的以及热爱荣誉的人的那种快乐；因为它更为接近他本人〈的那种快乐〉，同属于赚钱的人的快乐相比。

那么，热爱赢利的人的快乐就排在最后了，如看起来的那样。 583a10

为何不呢？他回应道。

那好，由此这些会是前后相继的两个〈论证〉，并且正义的人已经 583b1
两次击败了不正义的人；至于第三个〈论证〉，它以奥林匹亚的方式献给拯救者和住在奥林匹斯的宙斯[2737]，请你看看下面这点，那就是：除了明智的人的快乐之外，其他的人的快乐既不是绝对真实的，也不是纯
洁的，而是某种被用阴影手法画出来的快乐[2738]，就像我似乎从那些智 583b5
慧者中的某位那里已经听说的那样。而在〈不正义的人〉的那些跌跟头中，这也肯定会是最大的和最具决定性的。

肯定如此；但你为何这么说呢？

我将这样，我说道，来找出它，而你通过回答来一起寻找。 583c1

那就请你问吧，他说道。

那么，我说道，请你告诉〈我〉：我们岂不说痛苦是快乐的反面？

当然。

那么，岂不也有一种既不感到快乐也不感到痛苦的状态[2739]？ 583c5

Εἶναι μέντοι.

Μεταξὺ τούτοιν ἀμφοῖν ἐν μέσῳ ὂν ἡσυχίαν τινὰ περὶ ταῦτα τῆς ψυχῆς; ἢ οὐχ οὕτως αὐτὸ λέγεις;

Οὕτως, ἦ δ' ὅς.

Ἆρ' οὖν μνημονεύεις, ἦν δ' ἐγώ, τοὺς τῶν καμνόντων λόγους, οὓς λέγουσιν ὅταν κάμνωσιν;

Ποίους;

Ὡς οὐδὲν ἄρα ἐστὶν ἥδιον τοῦ ὑγιαίνειν, ἀλλὰ σφᾶς
ἐλελήθει, πρὶν κάμνειν, ἥδιστον ὄν. d

Μέμνημαι, ἔφη.

Οὐκοῦν καὶ τῶν περιωδυνίᾳ τινὶ ἐχομένων ἀκούεις λεγόντων ὡς οὐδὲν ἥδιον τοῦ παύσασθαι ὀδυνώμενον;

Ἀκούω.

Καὶ ἐν ἄλλοις γε οἶμαι πολλοῖς τοιούτοις αἰσθάνῃ γιγνομένους τοὺς ἀνθρώπους, ἐν οἷς, ὅταν λυπῶνται, τὸ μὴ λυπεῖσθαι καὶ τὴν ἡσυχίαν τοῦ τοιούτου ἐγκωμιάζουσιν ὡς ἥδιστον, οὐ τὸ χαίρειν.

Τοῦτο γάρ, ἔφη, τότε ἡδὺ ἴσως καὶ ἀγαπητὸν γίγνεται, ἡσυχία.

Καὶ ὅταν παύσηται ἄρα, εἶπον, χαίρων τις, ἡ τῆς ἡδονῆς e
ἡσυχία λυπηρὸν ἔσται.

Ἴσως, ἔφη.

Ὃ μεταξὺ ἄρα νυνδὴ ἀμφοτέρων ἔφαμεν εἶναι, τὴν ἡσυχίαν, τοῦτό ποτε ἀμφότερα ἔσται, λύπη τε καὶ ἡδονή.

Ἔοικεν.

Ἦ καὶ δυνατὸν τὸ μηδέτερα ὂν ἀμφότερα γίγνεσθαι;

Οὔ μοι δοκεῖ.

Καὶ μὴν τό γε ἡδὺ ἐν ψυχῇ γιγνόμενον καὶ τὸ λυπηρὸν κίνησίς τις ἀμφοτέρω ἐστόν· ἢ οὔ;

Ναί.

Τὸ δὲ μήτε λυπηρὸν μήτε ἡδὺ οὐχὶ ἡσυχία μέντοι καὶ 584
ἐν μέσῳ τούτοιν ἐφάνη ἄρτι;

c 10 οὖν F: οὐ ADM d 7 τὸ μὴ A²FDM: μὴ A d 10 καὶ ... e 3 ἴσως AFM: om. D

肯定有。

在这两者之间的〈这种状态〉，由于它是在中间[2740]，那它是在这〈两方面〉的某种安宁吗？或者，你不这样说它？

就这样，他回应道。

那么，你还记得[2741]，我说道，那些患病的人的那些话吗，每当他 583c10
们患病时他们所说的？

什么样的话？

那就是：真的没有什么是比健康更令人感到快乐的了；然而，他们
不曾注意到，在患病之前，这是最令人感到快乐的。 583d1

我记得，他说道。

那么，当一些人处在某种极度的痛苦中时，你也听见他们说：没有什么比终止感到〈这种〉痛苦更令人快乐的了？

我听见了。 583d5

并且甚至在其他许多诸如此类的情形中，我认为你也会注意到人们变得〈如此〉，那就是，在它们那里，每当人们感到痛苦，那时他们就把不感到痛苦和从这样一种〈痛苦中摆脱出来的〉安宁，而不是把〈实际地〉感到快乐，赞美为一种最快乐的事情。

因为这，他说道，或许在那时〈恰恰对他们〉成为了一种让人感到 583d10
快乐和令人向往的事情，即安宁。

并且每当一个人，我说道，停止〈实际地〉感到快乐，从快乐中 583e1
〈摆脱出来的〉安宁就将是一件令人痛苦的事情。

有可能，他说道。

因此，我们刚才所说的在这两者之间的那种东西，即安宁，它有时
将是这两者，那就是，既是一种痛苦，又是一种快乐。 583e5

看起来是。

而这竟然是可能的吗，即两者都不是的东西变成了两者都是[2742]？

在我看来不可能。

而事实上，让人感到快乐的东西和令人感到痛苦的东西，当它们在
灵魂中生起时，两者都是一种运动；难道不是吗？ 583e10

是。

而那既不令人感到痛苦也不让人感到快乐的状态，刚才岂不肯定被 584a1
显明为了一种安宁，并且处在这两者的中间？

Ἐφάνη γάρ.

Πῶς οὖν ὀρθῶς ἔστι τὸ μὴ ἀλγεῖν ἡδὺ ἡγεῖσθαι ἢ τὸ μὴ χαίρειν ἀνιαρόν;

Οὐδαμῶς.

Οὐκ ἔστιν ἄρα τοῦτο, ἀλλὰ φαίνεται, ἦν δ' ἐγώ, παρὰ τὸ ἀλγεινὸν ἡδὺ καὶ παρὰ τὸ ἡδὺ ἀλγεινὸν τότε ἡ ἡσυχία, καὶ οὐδὲν ὑγιὲς τούτων τῶν φαντασμάτων πρὸς ἡδονῆς ἀλήθειαν, ἀλλὰ γοητεία τις.

Ὡς γοῦν ὁ λόγος, ἔφη, σημαίνει.

b Ἰδὲ τοίνυν, ἔφην ἐγώ, ἡδονάς, αἳ οὐκ ἐκ λυπῶν εἰσίν, ἵνα μὴ πολλάκις οἰηθῇς ἐν τῷ παρόντι οὕτω τοῦτο πεφυκέναι, ἡδονὴν μὲν παῦλαν λύπης εἶναι, λύπην δὲ ἡδονῆς.

Ποῦ δή, ἔφη, καὶ ποίας λέγεις;

Πολλαὶ μέν, εἶπον, καὶ ἄλλαι, μάλιστα δ' εἰ 'θέλεις ἐννοῆσαι τὰς περὶ τὰς ὀσμὰς ἡδονάς. αὗται γὰρ οὐ προλυπηθέντι ἐξαίφνης ἀμήχανοι τὸ μέγεθος γίγνονται, παυσάμεναί τε λύπην οὐδεμίαν καταλείπουσιν.

Ἀληθέστατα, ἔφη.

c Μὴ ἄρα πειθώμεθα καθαρὰν ἡδονὴν εἶναι τὴν λύπης ἀπαλλαγήν, μηδὲ λύπην τὴν ἡδονῆς.

Μὴ γάρ.

Ἀλλὰ μέντοι, εἶπον, αἵ γε διὰ τοῦ σώματος ἐπὶ τὴν ψυχὴν τείνουσαι καὶ λεγόμεναι ἡδοναί, σχεδὸν αἱ πλεῖσταί τε καὶ μέγισται, τούτου τοῦ εἴδους εἰσί, λυπῶν τινες ἀπαλλαγαί.

Εἰσὶ γάρ.

Οὐκοῦν καὶ αἱ πρὸ μελλόντων τούτων ἐκ προσδοκίας γιγνόμεναι προησθήσεις τε καὶ προλυπήσεις κατὰ ταὐτὰ ἔχουσιν;

Κατὰ ταὐτά.

d Οἶσθ' οὖν, ἦν δ' ἐγώ, οἷαί εἰσιν καὶ ᾧ μάλιστα ἐοίκασιν;

b 1 ἔφην A² F M : ἔφην δ' A D b 2 τοῦτο A F M : τούτῳ D c 5 πλεῖσταί τε A M : πλεῖσται F D c 6 μέγισται A M : μέγισταί τε F D

确实被显明了。

那么，这如何可能呢，即把不感到痛苦正确地视为是快乐的，或者，把没有〈实际地〉感到快乐视为是痛苦的？ 584a5

绝不可能。

因此，这并非是，而是显得〈那样〉，我说道，那就是，安宁每次在令人感到痛苦的东西旁边就是让人感到快乐的，在让人感到快乐的东西旁边则是令人感到痛苦的，并且在这些显象中，就同快乐相关的真而言，没有任何稳当的东西，而只是某种把戏而已[2743]。 584a10

至少讨论，他说道，揭示了这点。

那好，请你看看，我说道，那些并不是由于摆脱了各种痛苦而来的 584b1
快乐，免得或许[2744]你目前[2745]仍认为下面这点生来就是如此，那就是，一则快乐是痛苦的停止，一则痛苦是快乐的停止。

究竟〈看向〉哪儿，他说道，并且你在说什么样的一些〈快乐〉？

虽然有许许多多，我说道，其他的〈这样一些快乐〉，但如果你愿 584b5
意，尤其考虑那些同各种气味相关的快乐。因为，它们在没有预先感到痛苦的情况下，忽然变得异常的大，并且当它们停止之后，也没有把任何的痛苦留在后面[2746]。

非常正确，他说道。

因此，让我们不要被说服，从痛苦中的摆脱是一种纯粹的快乐，离 584c1
开快乐也不是一种〈纯粹的〉痛苦。

确实不。

然而，事实上，我说道，无论如何通过身体而延伸到灵魂那里并且
也被〈人们〉称作〈快乐〉的那些快乐[2747]，差不多〈它们中的〉绝大 584c5
多数以及那些最强烈的，都是属于这种形式的，因为它们都是从各种各样的痛苦中的摆脱。

的确是。

那么，在这些将要〈发生的快乐和痛苦〉之前，出于对它们的期待
而生起的那些提前的快乐以及提前的痛苦，它们岂不也恰好处于同样的 584c10
情形[2748]？

同样的情形[2749]。

那么，你清楚，我说道，它们是什么样的和同什么最相似吗？ 584d1

Τῷ; ἔφη.

Νομίζεις τι, εἶπον, ἐν τῇ φύσει εἶναι τὸ μὲν ἄνω, τὸ δὲ κάτω, τὸ δὲ μέσον;

Ἔγωγε.

Οἴει οὖν ἄν τινα ἐκ τοῦ κάτω φερόμενον πρὸς μέσον ἄλλο τι οἴεσθαι ἢ ἄνω φέρεσθαι; καὶ ἐν μέσῳ στάντα, ἀφορῶντα ὅθεν ἐνήνεκται, ἄλλοθί που ἂν ἡγεῖσθαι εἶναι ἢ ἐν τῷ ἄνω, μὴ ἑωρακότα τὸ ἀληθῶς ἄνω;

Μὰ Δί', οὐκ ἔγωγε, ἔφη, ἄλλως οἶμαι οἰηθῆναι ἂν τὸν τοιοῦτον.

Ἀλλ' εἰ πάλιν γ', ἔφην, φέροιτο, κάτω τ' ἂν οἴοιτο e
φέρεσθαι καὶ ἀληθῆ οἴοιτο;

Πῶς γὰρ οὔ;

Οὐκοῦν ταῦτα πάσχοι ἂν πάντα διὰ τὸ μὴ ἔμπειρος εἶναι τοῦ ἀληθινῶς ἄνω τε ὄντος καὶ ἐν μέσῳ καὶ κάτω;

Δῆλον δή.

Θαυμάζοις ἂν οὖν εἰ καὶ οἱ ἄπειροι ἀληθείας περὶ πολλῶν τε ἄλλων μὴ ὑγιεῖς δόξας ἔχουσιν, πρός τε ἡδονὴν καὶ λύπην καὶ τὸ μεταξὺ τούτων οὕτω διάκεινται, ὥστε, ὅταν μὲν ἐπὶ τὸ λυπηρὸν φέρωνται, ἀληθῆ τε οἴονται καὶ τῷ ὄντι λυποῦνται, 585
ὅταν δὲ ἀπὸ λύπης ἐπὶ τὸ μεταξύ, σφόδρα μὲν οἴονται πρὸς πληρώσει τε καὶ ἡδονῇ γίγνεσθαι, ὥσπερ πρὸς μέλαν φαιὸν ἀποσκοποῦντες ἀπειρίᾳ λευκοῦ, καὶ πρὸς τὸ ἄλυπον οὕτω λύπην ἀφορῶντες ἀπειρίᾳ ἡδονῆς ἀπατῶνται;

Μὰ Δία, ἦ δ' ὅς, οὐκ ἂν θαυμάσαιμι, ἀλλὰ πολὺ μᾶλλον, εἰ μὴ οὕτως ἔχει.

Ὧδέ γ' οὖν, εἶπον, ἐννόει· οὐχὶ πεῖνα καὶ δίψα καὶ τὰ
τοιαῦτα κενώσεις τινές εἰσιν τῆς περὶ τὸ σῶμα ἕξεως; b

Τί μήν;

d 10 ἄλλως D M : ἀλλ' ὡς A F e 5 κάτω A² F D M : κάτα A e 7 οἱ F : om. A D M a 3 ὥσπερ A F D M : ὥσπερ δὲ scr. Mon. μέλαν φαιὸν transponenda significat Mon. a 4 τὸ ἄλυπον et λύπην transp. ci. Schleiermacher a 8 πεῖνα F D M : πείνη A b 2 τί μήν . . . b 4 ἕξεως om. F

同什么？他回应道。

你会承认，我说道，在自然中有的东西是在上面，有的则是在下面，而有的是在中间吗？

我肯定〈承认〉 584d5

那么，你认为，如果一个人从下面运动到了中间[2750]，那么，他会这样认为吗，那就是，别无其他，除了他运动到了上面之外？并且当他站在中间，回看他已经从何处运动而来，那时他会相信他是在其他某个地方，而不是在上面吗——既然他并未看到过真正的上面？

宙斯在上，我肯定不会认为，他回应道，这样一个人有可能认为 584d10
别的。

但是，如果他又往回，我说道，运动，那么，他会认为他在往下运 584e1
动，并且他会认为得正确吗？

为何不呢？

那么，他之所以遭遇所有这些，岂不由于他对下面这些是没有经验
的，那就是：什么真正地是在上面、在中间和在下面？ 584e5

显然。

那么，如果一些人是下面这样，你会感到吃惊吗，那就是：由于对真没有经验，因而他们也对许多其他的东西持有一些不稳当的意见，对于快乐和痛苦，以及在这两者之间的东西，他们也处于这样的状态，以
至于，每当他们向着那令人痛苦的东西运动时，他们既真的认为，也在 585a1
是的方式上感到了痛苦，而每当从痛苦向着中间状态运动时，他们无疑强烈地认为他们在前往充盈和快乐，然而，就像他们由于对白色没有经验而在黑色的旁边只看到灰色那样[2751]，他们也同样由于对快乐没有经
验而在痛苦的旁边只看到无痛苦的东西[2752]，从而被欺骗？ 585a5

宙斯在上，他说道，我不会感到惊异，我反倒会非常惊异，如果不是这样的话。

无论如何，我说道，请你这样来思考[2753]：饥饿、口渴，以及诸如
此类的事情，它们是在身体那里的状态的一些空乏吗[2754]？ 585b1

难道还是别的？

Ἄγνοια δὲ καὶ ἀφροσύνη ἆρ' οὐ κενότης ἐστὶ τῆς περὶ ψυχὴν αὖ ἕξεως;

Μάλα γε.

Οὐκοῦν πληροῖτ' ἂν ὅ τε τροφῆς μεταλαμβάνων καὶ ὁ νοῦν ἴσχων;

Πῶς δ' οὔ;

Πλήρωσις δὲ ἀληθεστέρα τοῦ ἧττον ἢ τοῦ μᾶλλον ὄντος;

Δῆλον ὅτι τοῦ μᾶλλον.

Πότερα οὖν ἡγῇ τὰ γένη μᾶλλον καθαρᾶς οὐσίας μετέχειν, τὰ οἷον σίτου τε καὶ ποτοῦ καὶ ὄψου καὶ συμπάσης τροφῆς, ἢ τὸ δόξης τε ἀληθοῦς εἶδος καὶ ἐπιστήμης καὶ νοῦ καὶ
c συλλήβδην αὖ πάσης ἀρετῆς; ὧδε δὲ κρῖνε· τὸ τοῦ ἀεὶ ὁμοίου ἐχόμενον καὶ ἀθανάτου καὶ ἀληθείας, καὶ αὐτὸ τοιοῦτον ὂν καὶ ἐν τοιούτῳ γιγνόμενον, μᾶλλον εἶναί σοι δοκεῖ, ἢ τὸ μηδέποτε ὁμοίου καὶ θνητοῦ, καὶ αὐτὸ τοιοῦτον καὶ ἐν τοιούτῳ γιγνόμενον;

Πολύ, ἔφη, διαφέρει τὸ τοῦ ἀεὶ ὁμοίου.

Ἡ οὖν ἀεὶ ὁμοίου οὐσία οὐσίας τι μᾶλλον ἢ ἐπιστήμης μετέχει;

Οὐδαμῶς.

Τί δ'; ἀληθείας;

Οὐδὲ τοῦτο.

Εἰ δὲ ἀληθείας ἧττον, οὐ καὶ οὐσίας;

Ἀνάγκη.

d Οὐκοῦν ὅλως τὰ περὶ τὴν τοῦ σώματος θεραπείαν γένη τῶν γενῶν αὖ τῶν περὶ τὴν τῆς ψυχῆς θεραπείαν ἧττον ἀληθείας τε καὶ οὐσίας μετέχει;

b 4 αὖ A D M: om. Stobaeus b 13 τὰ A² F D M: om. A οἷον A (sed suprascr. α) c 1 κρῖνε A M: κρίνε F: κρῖναι D c 2 καὶ ἀληθείας secl. ci. Madvig: an καὶ ἀληθοῦς Campbell αὐτὸ D M: αὖ τὸ A F c 3 τὸ] τὸ τοῦ Ast c 4 αὐτὸ D M: αὖ τὸ A F τοιοῦτον F D: τοιοῦτο A M c 7 ἀεὶ] τοῦ ἀεὶ ci. Madvig ὁμοίου A F D M: ἀνομοίου Adam ἢ] ἢ ἡ Adam c 12 οὐ A D M: om. F d 2 αὖ τῶν A M: αὐτῶν F D

而无知以及没有头脑，它们岂不复又是在灵魂那里的状态的一种空乏？

诚然。

那么，一个人岂不会变得充实了，无论他是取得了食物，还是拥有了理智？

为何不呢？

但何种充实是更真的呢，是那充满了某种较少地是着的东西的，还是那充满了某种更多地是着的东西的？

显然是那〈充满了〉某种更多地〈是着的东西的〉。

那么，你认为〈在下面这两类事物中〉哪类事物更多地分有了纯粹的所是，是这类事物吗，即食物、饮料、菜肴以及所有的营养物，还是这个族类[2755]，即真判断[2756]、知识和理智，并且简而言之，复又〈包括〉所有的德性[2757]？不过，请你以下面这种方式来进行评判：一种东西，它与始终同一的东西[2758]、不朽的东西和真相关，并且它自身就是这样一种东西和在这样一种东西中产生出来，在你看来，它更为是〈着〉呢，还是说，下面这种东西〈更为是着〉：它与从不同一的和有死的东西相关，并且它自身就是这样一种东西和在这样一种东西中产生出来？

那和始终同一的东西相关的，他回应道，远远胜出。

那么，那始终〈保持〉同一的东西之所是[2759]，它会更多地分有所是吗，同〈分有〉知识相比？

绝不会。

然后呢？同〈分有〉真相比？

这也不会。

而如果较少地〈分有〉真，岂不也〈较少地分有〉所是？

必然。

那么，岂不总的来说会是这样，那就是：同身体之照料相关的那些族类，与复又同灵魂之照料相关的那些族类相比，它们更少地分有真以及所是？

Πολύ γε.

Σῶμα δὲ αὐτὸ ψυχῆς οὐκ οἴει οὕτως;

Ἔγωγε.

Οὐκοῦν τὸ τῶν μᾶλλον ὄντων πληρούμενον καὶ αὐτὸ μᾶλλον ὂν ὄντως μᾶλλον πληροῦται ἢ τὸ τῶν ἧττον ὄντων καὶ αὐτὸ ἧττον ὄν;

Πῶς γὰρ οὔ;

Εἰ ἄρα τὸ πληροῦσθαι τῶν φύσει προσηκόντων ἡδύ ἐστι,
τὸ τῷ ὄντι καὶ τῶν ὄντων πληρούμενον μᾶλλον μᾶλλον
ὄντως τε καὶ ἀληθεστέρως χαίρειν ἂν ποιοῖ ἡδονῇ ἀληθεῖ, e
τὸ δὲ τῶν ἧττον ὄντων μεταλαμβάνον ἧττόν τε ἂν ἀληθῶς
καὶ βεβαίως πληροῖτο καὶ ἀπιστοτέρας ἂν ἡδονῆς καὶ ἧττον
ἀληθοῦς μεταλαμβάνοι.

Ἀναγκαιότατα, ἔφη.

Οἱ ἄρα φρονήσεως καὶ ἀρετῆς ἄπειροι, εὐωχίαις δὲ καὶ 586
τοῖς τοιούτοις ἀεὶ συνόντες, κάτω, ὡς ἔοικεν, καὶ μέχρι πάλιν
πρὸς τὸ μεταξὺ φέρονταί τε καὶ ταύτῃ πλανῶνται διὰ βίου,
ὑπερβάντες δὲ τοῦτο πρὸς τὸ ἀληθῶς ἄνω οὔτε ἀνέβλεψαν
πώποτε οὔτε ἠνέχθησαν, οὐδὲ τοῦ ὄντος τῷ ὄντι ἐπληρώ-
θησαν, οὐδὲ βεβαίου τε καὶ καθαρᾶς ἡδονῆς ἐγεύσαντο, ἀλλὰ
βοσκημάτων δίκην κάτω ἀεὶ βλέποντες καὶ κεκυφότες εἰς
γῆν καὶ εἰς τραπέζας βόσκονται χορταζόμενοι καὶ ὀχεύοντες,
καὶ ἕνεκα τῆς τούτων πλεονεξίας λακτίζοντες καὶ κυρίττοντες b
ἀλλήλους σιδηροῖς κέρασί τε καὶ ὁπλαῖς ἀποκτεινύασι δι' ἀπληστίαν, ἅτε οὐχὶ τοῖς οὖσιν οὐδὲ τὸ ὂν οὐδὲ τὸ στέγον ἑαυτῶν πιμπλάντες.

Παντελῶς, ἔφη ὁ Γλαύκων, τὸν τῶν πολλῶν, ὦ Σώκρατες, χρησμῳδεῖς βίον.

Ἆρ' οὖν οὐκ ἀνάγκη καὶ ἡδοναῖς συνεῖναι μεμειγμέναις
λύπαις, εἰδώλοις τῆς ἀληθοῦς ἡδονῆς καὶ ἐσκιαγραφημέναις,
ὑπὸ τῆς παρ' ἀλλήλας θέσεως ἀποχραινομέναις, ὥστε σφο- c

d 5 ψυχῆς F D M: τῆς ψυχῆς A (sed τῆς punctis notatum)
e 3 ἀπιστοτέρας A F M: ἀπυστοτέρας D a 5 ἠνέχθησαν] ἀνηνέχθησαν Longinus b 3 ὂν οὐδὲ A F M: ὂν οὔτε D

肯定要少得多。

而身体自身之于灵魂[2760]，难道你不认为也同样如此吗？ 585d5

我当然认为。

那么，一个东西，如果它充满了那些更多地是着的东西，并且它自身也更多地是着，那么，它岂不比下面这种东西在是的方式上被更多地充满了：它充满了一些较少地是着的东西，并且自身也较少地是着？

为何不呢？ 585d10

因此，如果充满那些在本性上就〈与自身〉相适合的东西，这是快乐的，那么：一个东西，当它更多地在是的方式上充满了那些更多地是
着的东西[2761]，它就会通过一种真的快乐而使得〈一个人〉更多地在是 585e1
的方式上以及更真的方式上感到快乐；而一个东西，当它取得了那些较少地是着的东西，它就会较少地在真的方式上和可靠的方式上被充满，以及取得了一种较少值得信赖的和较少真的快乐[2762]。

极其必然，他说道。 585e5

那么，一些人，由于他们对明智和德性是没有经验的，而总是流连于 586a1
各种吃喝和诸如此类的事情，因而他们往下运动，如看起来的那样，然后又往回运动到中间为止，并且终其一生都以这种方式游荡；然而，既然他们没有越过这点，所以对于那个真正在上面的地方，他们既从未仰视过，
也没有朝向它运动过，他们既没有在是的方式上充满过是着的东西，也 586a5
没有品尝过一种可靠的和纯粹的快乐[2763]，而是像那些牲畜一样[2764]，总是往下看，俯身朝向地面和餐桌来取食，从而长得膘肥体壮和交配繁殖；此
外，为了在这些方面〈取得比别人的〉优势，他们通过用脚踢对方和用犄 586b1
角顶撞对方——〈只不过〉用的是铁制的犄角以及蹄子——，因为一种永不知足的欲望而互相杀戮，鉴于他们不可能用那些并不〈真正〉是着的东西来充满他们自己身上的那个也不〈真正〉是着的进行容纳的盛器。

你彻彻底底地，格劳孔说道，把大多数人的那种生活，苏格拉底 586b5
啊，进行了预言。

那么，是不是下面这点〈对这样一些人来说〉是必然的呢：他们流连于那些与各种痛苦混合在一起的快乐，而它们只是真的快乐之图像和
被用阴影手法画出来的快乐而已，通过彼此间的位置摆放[2765]而取得了 586c1

δροὺς ἑκατέρας φαίνεσθαι, καὶ ἔρωτας ἑαυτῶν λυττῶντας τοῖς ἄφροσιν ἐντίκτειν καὶ περιμαχήτους εἶναι, ὥσπερ τὸ τῆς Ἑλένης εἴδωλον ὑπὸ τῶν ἐν Τροίᾳ Στησίχορός φησι γενέσθαι περιμάχητον ἀγνοίᾳ τοῦ ἀληθοῦς;

Πολλὴ ἀνάγκη, ἔφη, τοιοῦτόν τι αὐτὸ εἶναι.

Τί δέ; περὶ τὸ θυμοειδὲς οὐχ ἕτερα τοιαῦτα ἀνάγκη γίγνεσθαι, ὃς ἂν αὐτὸ τοῦτο διαπράττηται ἢ φθόνῳ διὰ φιλοτιμίαν ἢ βίᾳ διὰ φιλονικίαν ἢ θυμῷ διὰ δυσκολίαν,
d πλησμονὴν τιμῆς τε καὶ νίκης καὶ θυμοῦ διώκων ἄνευ λογισμοῦ τε καὶ νοῦ;

Τοιαῦτα, ἦ δ' ὅς, ἀνάγκη καὶ περὶ τοῦτο εἶναι.

Τί οὖν, ἦν δ' ἐγώ· θαρροῦντες λέγωμεν ὅτι καὶ περὶ τὸ φιλοκερδὲς καὶ τὸ φιλόνικον ὅσαι ἐπιθυμίαι εἰσίν, αἳ μὲν ἂν τῇ ἐπιστήμῃ καὶ λόγῳ ἑπόμεναι καὶ μετὰ τούτων τὰς ἡδονὰς διώκουσαι, ἃς ἂν τὸ φρόνιμον ἐξηγῆται, λαμβάνωσι, τὰς ἀληθεστάτας τε λήψονται, ὡς οἷόν τε αὐταῖς ἀληθεῖς
e λαβεῖν, ἅτε ἀληθείᾳ ἑπομένων, καὶ τὰς ἑαυτῶν οἰκείας, εἴπερ τὸ βέλτιστον ἑκάστῳ, τοῦτο καὶ οἰκειότατον;

Ἀλλὰ μήν, ἔφη, οἰκειότατόν γε.

Τῷ φιλοσόφῳ ἄρα ἑπομένης ἁπάσης τῆς ψυχῆς καὶ μὴ στασιαζούσης ἑκάστῳ τῷ μέρει ὑπάρχει εἴς τε τἆλλα τὰ ἑαυτοῦ πράττειν καὶ δικαίῳ εἶναι, καὶ δὴ καὶ τὰς ἡδονὰς τὰς ἑαυτοῦ ἕκαστον καὶ τὰς βελτίστας καὶ εἰς τὸ δυνατὸν τὰς
587 ἀληθεστάτας καρποῦσθαι.

Κομιδῇ μὲν οὖν.

Ὅταν δὲ ἄρα τῶν ἑτέρων τι κρατήσῃ, ὑπάρχει αὐτῷ μήτε τὴν ἑαυτοῦ ἡδονὴν ἐξευρίσκειν, τά τε ἄλλ' ἀναγκάζειν ἀλλοτρίαν καὶ μὴ ἀληθῆ ἡδονὴν διώκειν.

Οὕτως, ἔφη.

Οὐκοῦν ἃ πλεῖστον φιλοσοφίας τε καὶ λόγου ἀφέστηκεν, μάλιστ' ἂν τοιαῦτα ἐξεργάζοιτο;

c 6 αὐτὸ A D M : om. F   c 8 ἂν A^2 F D M : om. A   d 7 ἐξηγῆται A^2 D M : ἐξηγεῖται A F   a 8 ἐξεργάζοιτο A^2 F D M : ἐξεργάζοι A

一种颜色，因而〈快乐和痛苦〉两者中的每个都显得非常强烈，并在那些无头脑的人那里生出令人疯狂的对那些〈快乐〉自身的爱欲，以及是〈他们〉为之而战的，就像斯忒西科洛斯[2766]说的那样，海伦的图像〈竟然〉成为了被在特洛伊的那些人为之而战的，由于〈他们〉对真相的无知？ 586c5

非常必然，他回应道，它就是这个样子的某种东西。

然后呢？关于气宇轩昂的那个部分，另外一些诸如此类的事情岂不也必然产生出来，如果一个人通过下面这样而在这个部分自身那里取得成功的话：或者由于热爱荣誉而借助嫉妒，或者由于热爱胜利而使用暴力，或者由于不满而凭借愤怒，因为他在缺乏计算和理智的情况下追逐 586d1
荣誉、胜利和愤怒的满足[2767]？

关于这个部分，他回应道，诸如此类的事情也是必然的。

那么，这又如何呢，我说道：我们可以信心满满地这样说吗，那就是，所有那些同热爱赢利的部分和热爱胜利的部分相关的欲望，如果它 586d5
们追随知识和讨论，并且在这两者的帮助下去追逐明智的部分所引领的那些快乐，〈用这样的方式〉来取得〈它们〉，那么，它们就将得到各种各样最真的快乐——在它们能够得到一些真的快乐的范围内——，因为它们跟随真，并且那些快乐也是属于它们自己家里的，假如对每件事来 586e1
说是最好的那种东西，它也是最属于其自己家里的话？

无疑，他回应道，确实是最属于它自己家里的。

因此，当整个灵魂跟随热爱智慧的那个部分，并且不发生内讧，那么，对〈其中的〉每个部分来说，不仅在其他方面，它们能够[2768]〈只〉 586e5
从事那些属于它自己的事情，并且〈由此一来〉是正义的[2769]，而且就快乐来说[2770]，它们各自都能够收获属于它们自己的那些快乐，而这些快乐既是最好的，也尽可能地是最真的[2771]。 587a1

诚然。

那么，而每当其他那些部分中的某个掌了权，那时它就不仅不能够找到属于它自己的那种快乐，而且还会迫使其他的部分去追逐一种属于 587a5
他者的[2772]和不真的快乐。

是这样，他说道。

那么，那些站得离热爱智慧以及〈理性的〉讨论[2773]最远的，它们岂不尤其会达成一些诸如此类的事情？

Πολύ γε.

Πλεῖστον δὲ λόγου ἀφίσταται οὐχ ὅπερ νόμου τε καὶ τάξεως;

Δῆλον δή.

Ἐφάνησαν δὲ πλεῖστον ἀφεστῶσαι οὐχ αἱ ἐρωτικαί τε καὶ τυραννικαὶ ἐπιθυμίαι; b

Πολύ γε.

Ἐλάχιστον δὲ αἱ βασιλικαί τε καὶ κόσμιαι;

Ναί.

Πλεῖστον δὴ οἶμαι ἀληθοῦς ἡδονῆς καὶ οἰκείας ὁ τύραννος ἀφεστήξει, ὁ δὲ ὀλίγιστον.

Ἀνάγκη.

Καὶ ἀηδέστατα ἄρα, εἶπον, ὁ τύραννος βιώσεται, ὁ δὲ βασιλεὺς ἥδιστα.

Πολλὴ ἀνάγκη.

Οἶσθ' οὖν, ἦν δ' ἐγώ, ὅσῳ ἀηδέστερον ζῇ τύραννος βασιλέως;

Ἂν εἴπῃς, ἔφη.

Τριῶν ἡδονῶν, ὡς ἔοικεν, οὐσῶν, μιᾶς μὲν γνησίας, δυοῖν δὲ νόθαιν, τῶν νόθων εἰς τὸ ἐπέκεινα ὑπερβὰς ὁ τύραννος, c φυγὼν νόμον τε καὶ λόγον, δούλαις τισὶ δορυφόροις ἡδοναῖς συνοικεῖ, καὶ ὁπόσῳ ἐλαττοῦται οὐδὲ πάνυ ῥᾴδιον εἰπεῖν, πλὴν ἴσως ὧδε.

Πῶς; ἔφη.

Ἀπὸ τοῦ ὀλιγαρχικοῦ τρίτος που ὁ τύραννος ἀφειστήκει· ἐν μέσῳ γὰρ αὐτῶν ὁ δημοτικὸς ἦν.

Ναί.

Οὐκοῦν καὶ ἡδονῆς τρίτῳ εἰδώλῳ πρὸς ἀλήθειαν ἀπ' ἐκείνου συνοικοῖ ἄν, εἰ τὰ πρόσθεν ἀληθῆ;

Οὕτω.

a 12 δῆλον δή ADM : δηλαδή F   b 6 ὀλίγιστον AM : ὀλιγοστόν FD   c 1 νόθαιν FD : νόθων A : νόθοιν A² M   c 3 ὁπόσῳ AFM : ὁπόσα D   c 7 δημοτικὸς AFD : δημοκρατικὸς A² M d   c 10 ξυνοικοῖ A² DM : ξυνοικεῖ AF

肯定。

而那站得离礼法以及秩序最远的，它岂不恰恰站得离〈理性的〉讨 587a10
论最远？

的确显而易见。

而各种各样爱欲性的以及僭主式的欲望，它们岂不显得是站得最远？ 587b1

当然。

而那些国王式的以及守秩序的欲望，则站得最近？

是的。

那么，我认为，僭主将站得离一种真的和属于他自己的快乐最远，587b5
而另一种人[2774]则站得最近。

必然。

并且由此一来，我说道，僭主将生活得最不快乐，而国王则将生活得最快乐。

极其必然。 587b10

那么，你清楚，我说道，在多大的程度上更不快乐，一个僭主会比一个国王活得？

如果你告诉〈我〉的话，他回应道，〈我就将知道〉。

有三种快乐，如看起来的那样，其中一种是〈合法〉亲生的，而另
外两种则是〈非法〉私生的[2775]；僭主逾越得〈甚至〉超出了那两种私 587c1
生的快乐，当他逃离了礼法以及〈理性的〉讨论之后，他同一些奴性十足、喽啰一样的快乐[2776]生活在一起，并且他究竟有多么低劣，很不容易将之说出来，除了或许以下面这种方式。

何种方式？他说道。 587c5

从倾向于寡头政制的人那里〈往下数〉，僭主约莫站在第三个位置；因为在他们中间还有那站在民主政制一边的人。

是的。

那么，从那个人〈往下数〉[2777]，就真来说，他岂不会同快乐的第
三个图像生活在一起，如果前面〈所说的〉是正确的话？ 587c10

是这样。

Ὁ δέ γε ὀλιγαρχικὸς ἀπὸ τοῦ βασιλικοῦ αὖ τρίτος, ἐὰν d εἰς ταὐτὸν ἀριστοκρατικὸν καὶ βασιλικὸν τιθῶμεν.

Τρίτος γάρ.

Τριπλασίου ἄρα, ἦν δ' ἐγώ, τριπλάσιον ἀριθμῷ ἀληθοῦς ἡδονῆς ἀφέστηκεν τύραννος.

Φαίνεται.

Ἐπίπεδον ἄρ', ἔφην, ὡς ἔοικεν, τὸ εἴδωλον κατὰ τὸν τοῦ μήκους ἀριθμὸν ἡδονῆς τυραννικῆς ἂν εἴη.

Κομιδῇ γε.

Κατὰ δὲ δύναμιν καὶ τρίτην αὔξην δῆλον δὴ ἀπόστασιν ὅσην ἀφεστηκὼς γίγνεται.

Δῆλον, ἔφη, τῷ γε λογιστικῷ.

Οὐκοῦν ἐάν τις μεταστρέψας ἀληθείᾳ ἡδονῆς τὸν βασιλέα e τοῦ τυράννου ἀφεστηκότα λέγῃ ὅσον ἀφέστηκεν, ἐννεακαιεικοσικαιεπτακοσιοπλασιάκις ἥδιον αὐτὸν ζῶντα εὑρήσει τελειωθείσῃ τῇ πολλαπλασιώσει, τὸν δὲ τύραννον ἀνιαρότερον τῇ αὐτῇ ταύτῃ ἀποστάσει.

Ἀμήχανον, ἔφη, λογισμὸν καταπεφόρηκας τῆς διαφορό- 588 τητος τοῖν ἀνδροῖν, τοῦ τε δικαίου καὶ τοῦ ἀδίκου, πρὸς ἡδονήν τε καὶ λύπην.

Καὶ μέντοι καὶ ἀληθῆ καὶ προσήκοντά γε, ἦν δ' ἐγώ, βίοις ἀριθμόν, εἴπερ αὐτοῖς προσήκουσιν ἡμέραι καὶ νύκτες καὶ μῆνες καὶ ἐνιαυτοί.

Ἀλλὰ μήν, ἔφη, προσήκουσιν.

Οὐκοῦν εἰ τοσοῦτον ἡδονῇ νικᾷ ὁ ἀγαθός τε καὶ δίκαιος τὸν κακόν τε καὶ ἄδικον, ἀμηχάνῳ δὴ ὅσῳ πλείονι νικήσει εὐσχημοσύνῃ τε βίου καὶ κάλλει καὶ ἀρετῇ;

Ἀμηχάνῳ μέντοι νὴ Δία, ἔφη.

b Εἶεν δή, εἶπον· ἐπειδὴ ἐνταῦθα λόγου γεγόναμεν, ἀναλάβωμεν τὰ πρῶτα λεχθέντα, δι' ἃ δεῦρ' ἥκομεν. ἦν δέ που

d 9 τρίτην A M : τὴν τρίτην F D e 2 ἥδιον A M : ἥδιστον F D e 5 καταπεφόρηκας] καταπεφώρακας scr. recc. a 7 εἰ A F M : εἰς D a 9 πλείονι A F : πλεῖον A² D M

而从致力于王制的人往下，倾向于寡头政制的人复又是第三个，如果我们把追求贵族政制和致力于王制的人当作同一回事的话[2778]。

的确是第三个。

因此，我说道，就数字来说，一位僭主站得离一种真的快乐有三倍的三倍〈那么远〉。

显得是这样。

那么，我说道，如看起来的那样，一种僭主式的快乐之图像，就其长度的数字来看，会是一个正方形数[2779]。

诚然。

而根据平方上的和立方上的增加[2780]，〈两者之间〉在距离上已经离得有多远，事实上变得一清二楚。

一清二楚，他说道，至少对于那精通计算的人来说。

那么，如果一个人，他以相反的方式[2781]来说，就快乐之真而言，当国王站到旁边时，他已经站得离僭主〈究竟〉有多远了，那么，他将发现，那人要比〈僭主〉活得七百二十九倍地更加快乐——当他已经做完了这个乘法之后——，至于僭主嘛，他则在这同样的距离上活得更加地痛苦。

一种不同寻常的计算，他说道，你已经将之如流水般倾泻而下[2782]，〈那就是计算出〉这两种人之间的差别，即正义的人和不正义的人在快乐以及痛苦方面〈的差别有多大〉。

然而，这无论如何都既是一个真的数字，我说道，也是一个同〈他们的〉生活相适合的数字，假如白天与黑夜、月份和年头，确实与之相适合的话[2783]。

无疑，他说道，它们〈与之〉相适合。

那么，如果在快乐方面，良善和正义的人如此大地胜过了邪恶和不正义的人，那么，前者事实上岂不将在一种不同寻常地大得多的程度上胜过了后者，无论是在生活之得体方面，还是在生活之美好以及德性方面？

无疑在一种不同寻常的程度上，以宙斯的名义，他回应道。

好吧，我说道。既然就讨论来说我们已经处在了这里，那就让我们〈重新〉拾起最初所说的那些事情[2784]，正是由于它们我们才走到了这

λεγόμενον λυσιτελεῖν ἀδικεῖν τῷ τελέως μὲν ἀδίκῳ, δοξαζομένῳ δὲ δικαίῳ· ἢ οὐχ οὕτως ἐλέχθη;

Οὕτω μὲν οὖν.

Νῦν δή, ἔφην, αὐτῷ διαλεγώμεθα, ἐπειδὴ διωμολογησάμεθα τό τε ἀδικεῖν καὶ τὸ δίκαια πράττειν ἣν ἑκάτερον ἔχει δύναμιν.

Πῶς; ἔφη.

Εἰκόνα πλάσαντες τῆς ψυχῆς λόγῳ, ἵνα εἰδῇ ὁ ἐκεῖνα λέγων οἷα ἔλεγεν.

Ποίαν τινά; ἦ δ᾽ ὅς. c

Τῶν τοιούτων τινά, ἦν δ᾽ ἐγώ, οἷαι μυθολογοῦνται παλαιαὶ γενέσθαι φύσεις, ἥ τε Χιμαίρας καὶ ἡ Σκύλλης καὶ Κερβέρου, καὶ ἄλλαι τινὲς συχναὶ λέγονται συμπεφυκυῖαι ἰδέαι πολλαὶ εἰς ἓν γενέσθαι.

Λέγονται γάρ, ἔφη.

Πλάττε τοίνυν μίαν μὲν ἰδέαν θηρίου ποικίλου καὶ πολυκεφάλου, ἡμέρων δὲ θηρίων ἔχοντος κεφαλὰς κύκλῳ καὶ ἀγρίων, καὶ δυνατοῦ μεταβάλλειν καὶ φύειν ἐξ αὑτοῦ πάντα ταῦτα.

Δεινοῦ πλάστου, ἔφη, τὸ ἔργον· ὅμως δέ, ἐπειδὴ εὐπλα- d
στότερον κηροῦ καὶ τῶν τοιούτων λόγος, πεπλάσθω.

Μίαν δὴ τοίνυν ἄλλην ἰδέαν λέοντος, μίαν δὲ ἀνθρώπου· πολὺ δὲ μέγιστον ἔστω τὸ πρῶτον καὶ δεύτερον τὸ δεύτερον.

Ταῦτα, ἔφη, ῥᾴω, καὶ πέπλασται.

Σύναπτε τοίνυν αὐτὰ εἰς ἓν τρία ὄντα, ὥστε πῃ συμπεφυκέναι ἀλλήλοις.

Συνῆπται, ἔφη.

Περίπλασον δὴ αὐτοῖς ἔξωθεν ἑνὸς εἰκόνα, τὴν τοῦ

b 6 αὐτῷ A F D M Eusebius Stobaeus : αὖ οὕτω ci. C. Schmidt b 10 εἰδῇ A D M Stobaeus : ἴδῃ F c 4 λέγονται . . . c 5 γενέσθαι A F M : om. D c 8 δὲ] τε ci. Madvig c 9 πάντα ταῦτα A F D Stobaeus : ταῦτα πάντα M Eusebius d 1 δέ om. Eusebius d 2 λόγος A F D M Stobaeus : ὁ λόγος Eusebius d 3 δὴ A D M Stobaeus : δὲ F d 10 δὴ A F D M Stobaeus : δὲ Eusebius

里。而据说约莫是这样，行不义对这种人来说是有利的，那就是，他虽然完全不正义，却被认为是正义的[2785]。难道不是这样被说的？

肯定是这样。 588b5

那么现在，我说道，让我们与〈说那些话的〉那个人进行一番对话[2786]，既然我们就下面这点已经达成了一致意见，那就是，行不义和做各种正义的事情，两者各自具有何种能力。

如何〈讨论〉呢？他说道。

我们通过在讨论中塑造出灵魂的一种形象[2787]，由此一来，说那些 588b10
话的那个人就能够看到他所说的那样一些情况。

什么样的形象？他说道。 588c1

诸如这样一些〈生物〉的一种形象，我说道：一些生物据传在古代曾出现过[2788]，如喀迈拉[2789]的形象，以及斯库拉[2790]和刻耳柏诺斯[2791]
的形象，并且其他大量这样的生物[2792]被说成，〈它们身上的〉许许多多 588c5
的形相[2793]因一起生长而成为了单一的个体。

它们的确就是这样被说的，他说道。

那好，就请你塑造一只五彩斑斓并且多头的野兽的单一形相，而这只野兽有着一圈头，其中一些是那些温顺的野兽的，一些则是那些凶野
的野兽的，并且它既有能力改变它们，也有能力从它自己那里使它们全 588c10
部长出来。

这是一位很厉害的塑造者的[2794]，他说道，工作。但尽管如此，既然 588d1
言辞要比蜡，以及比诸如此类的东西更容易塑形，就让它如此被塑造吧。

那好，〈就请你再塑造〉另外〈两个〉单一的形相，一个是一头狮子的，一个则是一位人的；不过要让第一个〈在体型上〉是远为最大
的，而让第二个是第二大的[2795]。 588d5

这，他说道，比较容易，并且已经被塑造出来了。

那好，现在请你把它们捆在一起成为一，既然它们是三，以便它们在某种方式上彼此一起生长。

已经被捆在一起了，他说道。

那么，请你〈再〉塑造某个单一的东西之形象，即人的形象，从外 588d10

ἀνθρώπου, ὥστε τῷ μὴ δυναμένῳ τὰ ἐντὸς ὁρᾶν, ἀλλὰ τὸ
e ἔξω μόνον ἔλυτρον ὁρῶντι, ἓν ζῷον φαίνεσθαι, ἄνθρωπον.

Περιπέπλασται, ἔφη.

Λέγωμεν δὴ τῷ λέγοντι ὡς λυσιτελεῖ τούτῳ ἀδικεῖν τῷ ἀνθρώπῳ, δίκαια δὲ πράττειν οὐ συμφέρει, ὅτι οὐδὲν ἄλλο φησὶν ἢ λυσιτελεῖν αὐτῷ τὸ παντοδαπὸν θηρίον εὐωχοῦντι ποιεῖν ἰσχυρὸν καὶ τὸν λέοντα καὶ τὰ περὶ τὸν λέοντα, τὸν
589 δὲ ἄνθρωπον λιμοκτονεῖν καὶ ποιεῖν ἀσθενῆ, ὥστε ἕλκεσθαι ὅπῃ ἂν ἐκείνων ὁπότερον ἄγῃ, καὶ μηδὲν ἕτερον ἑτέρῳ συνεθίζειν μηδὲ φίλον ποιεῖν, ἀλλ' ἐᾶν αὐτὰ ἐν αὑτοῖς δάκνεσθαί τε καὶ μαχόμενα ἐσθίειν ἄλληλα.

Παντάπασι γάρ, ἔφη, ταῦτ' ἂν λέγοι ὁ τὸ ἀδικεῖν ἐπαινῶν.

Οὐκοῦν αὖ ὁ τὰ δίκαια λέγων λυσιτελεῖν φαίη ἂν δεῖν ταῦτα πράττειν καὶ ταῦτα λέγειν, ὅθεν τοῦ ἀνθρώπου ὁ ἐντὸς
b ἄνθρωπος ἔσται ἐγκρατέστατος, καὶ τοῦ πολυκεφάλου θρέμματος ἐπιμελήσεται ὥσπερ γεωργός, τὰ μὲν ἥμερα τρέφων καὶ τιθασεύων, τὰ δὲ ἄγρια ἀποκωλύων φύεσθαι, σύμμαχον ποιησάμενος τὴν τοῦ λέοντος φύσιν, καὶ κοινῇ πάντων κηδόμενος, φίλα ποιησάμενος ἀλλήλοις τε καὶ αὑτῷ, οὕτω θρέψει;

Κομιδῇ γὰρ αὖ λέγει ταῦτα ὁ τὸ δίκαιον ἐπαινῶν.

Κατὰ πάντα τρόπον δὴ ὁ μὲν τὰ δίκαια ἐγκωμιάζων ἀληθῆ
c ἂν λέγοι, ὁ δὲ τὰ ἄδικα ψεύδοιτο. πρός τε γὰρ ἡδονὴν καὶ πρὸς εὐδοξίαν καὶ ὠφελίαν σκοπουμένῳ ὁ μὲν ἐπαινέτης τοῦ δικαίου ἀληθεύει, ὁ δὲ ψέκτης οὐδὲν ὑγιὲς οὐδ' εἰδὼς ψέγει ὅτι ψέγει.

Οὔ μοι δοκεῖ, ἦ δ' ὅς, οὐδαμῇ γε.

Πείθωμεν τοίνυν αὐτὸν πρᾴως—οὐ γὰρ ἑκὼν ἁμαρτάνει—ἐρωτῶντες· Ὦ μακάριε, οὐ καὶ τὰ καλὰ καὶ αἰσχρὰ νόμιμα διὰ τὰ τοιαῦτ' ἂν φαῖμεν γεγονέναι· τὰ μὲν καλὰ τὰ ὑπὸ
d τῷ ἀνθρώπῳ, μᾶλλον δὲ ἴσως τὰ ὑπὸ τῷ θείῳ τὰ θηριώδη

e 5 φησὶν] φήσει Eusebius   e 6 prius καὶ om. Eusebius
a 2 ἐκείνων A^{2}: ἐκείνω A   b 8 τρόπον δὴ] δὴ τρόπον Stobaeus ἀληθῆ ἂν F D Stobaeus: ἀλήθειαν A M   c 1 τε om. Stobaeus

面把它覆盖在它们身上，从而对那不能看到里面的那些东西，而是只能看到外面的壳的人来说，它显得是单一的动物，即一个人。

已经覆盖上了，他说道。

因此，让我们对那声称行不义对这个人来说有利，而做各种正义的事情则对他没有任何好处的人说，除了下面这点之外，他没有说出其他任何事情，那就是：当这个人这样做时，对他来说有利，即通过把〈他里面的〉那头变化多端的野兽喂好来使得它变得强壮，对那只狮子以及与狮子相关的，也同样如此；至于〈他里面的〉那个人，则使他忍饥挨饿和变得虚弱，以至于那两者中的任何一个往哪里引领[2796]，他就能够被拖向哪里，并且它既不能够让那两者彼此习惯，也不能够使它们成为朋友，而是听任它们彼此[2797]撕咬，以及用战斗来互相吞食[2798]。

完全如此，他说道，那赞美行不义的人其实就在说这些。

另一方面，那说各种各样正义的事情才是有利的人，他岂不会在声称，必须做下面那些事情和说下面那些话，即通过它们，在人那里其里面的那个人将是最掌权的[2799]，并且〈里面的那个人〉将通过下面这样来照管〈里面〉那个多头的生物，就像一个农夫那样[2800]，那就是：一方面，抚养和驯化那些温顺的〈头〉，另一方面，阻止那些凶野的〈头〉生长出来；使狮子的天性成为一起战斗的盟友[2801]；并且共同地关心它们全部，不仅使得它们彼此之间成为朋友，也使得它们同他自己成为朋友，而他就将以这种方式来抚养它们？

诚然，那赞美正义的事情的人复又在说这些。

因此，在所有的方式上，那赞美各种各样正义的事情的人会在说真话，而那赞美各种各样不正义的事情的人则会在说假话。因为，一个人，无论他所考虑的是快乐，还是好名声和益处，对他来说，正义的事情的赞美者在说真话，至于它的指责者，既没有给出任何健康的指责[2802]，也不知道他〈究竟〉在指责什么。

的确没有，在我看来，他根本就不知道。

那好，让我们温柔地规劝他——因为他并非心甘情愿地犯错[2803]——，通过这样进行询问：有福的人啊，各种美好的习惯和丑陋的习惯[2804]，我们岂不会宣称它们由于下面这样一些情况而产生了出来，那就是，各种美好的习惯使得〈我们〉本性中的那些兽性的东西处在〈里面的〉那

ποιοῦντα τῆς φύσεως, αἰσχρὰ δὲ τὰ ὑπὸ τῷ ἀγρίῳ τὸ ἥμερον δουλούμενα; συμφήσει· ἢ πῶς;

Ἐάν μοι, ἔφη, πείθηται.

Ἔστιν οὖν, εἶπον, ὅτῳ λυσιτελεῖ ἐκ τούτου τοῦ λόγου χρυσίον λαμβάνειν ἀδίκως, εἴπερ τοιόνδε τι γίγνεται, λαμβάνων τὸ χρυσίον ἅμα καταδουλοῦται τὸ βέλτιστον ἑαυτοῦ
τῷ μοχθηροτάτῳ; ἢ εἰ μὲν λαβὼν χρυσίον ὑὸν ἢ θυγατέρα e
ἐδουλοῦτο, καὶ ταῦτ' εἰς ἀγρίων τε καὶ κακῶν ἀνδρῶν, οὐκ ἂν αὐτῷ ἐλυσιτέλει οὐδ' ἂν πάμπολυ ἐπὶ τούτῳ λαμβάνειν, εἰ δὲ τὸ ἑαυτοῦ θειότατον ὑπὸ τῷ ἀθεωτάτῳ τε καὶ μιαρωτάτῳ δουλοῦται καὶ μηδὲν ἐλεεῖ, οὐκ ἄρα ἄθλιός ἐστι καὶ πολὺ
ἐπὶ δεινοτέρῳ ὀλέθρῳ χρυσὸν δωροδοκεῖ ἢ Ἐριφύλη ἐπὶ τῇ 590
τοῦ ἀνδρὸς ψυχῇ τὸν ὅρμον δεξαμένη;

Πολὺ μέντοι, ἦ δ' ὃς ὁ Γλαύκων· ἐγὼ γάρ σοι ὑπὲρ ἐκείνου ἀποκρινοῦμαι.

Οὐκοῦν καὶ τὸ ἀκολασταίνειν οἴει διὰ τοιαῦτα πάλαι ψέγεσθαι, ὅτι ἀνίεται ἐν τῷ τοιούτῳ τὸ δεινόν, τὸ μέγα ἐκεῖνο καὶ πολυειδὲς θρέμμα, πέρα τοῦ δέοντος;

Δῆλον, ἔφη.

Ἡ δ' αὐθάδεια καὶ δυσκολία ψέγεται οὐχ ὅταν τὸ λεοντῶ-
δές τε καὶ ὀφεῶδες αὔξηται καὶ συντείνηται ἀναρμόστως; b

Πάνυ μὲν οὖν.

Τρυφὴ δὲ καὶ μαλθακία οὐκ ἐπὶ τῇ αὐτοῦ τούτου χαλάσει τε καὶ ἀνέσει ψέγεται, ὅταν ἐν αὐτῷ δειλίαν ἐμποιῇ;

Τί μήν;

Κολακεία δὲ καὶ ἀνελευθερία οὐχ ὅταν τις τὸ αὐτὸ τοῦτο, τὸ θυμοειδές, ὑπὸ τῷ ὀχλώδει θηρίῳ ποιῇ καὶ ἕνεκα χρημάτων καὶ τῆς ἐκείνου ἀπληστίας προπηλακιζόμενον ἐθίζῃ ἐκ νέου ἀντὶ λέοντος πίθηκον γίγνεσθαι;

d 2 τὰ om. Stobaeus d 4 μοι] ἐμοὶ Stobaeus πίθηται Stobaeus e 4 ἑαυτοῦ A F D M : αὐτοῦ Stobaeus : ἑαυτῷ Iamblichus : fort. ἐν αὐτῷ Pistelli a 5 τοιαῦτα] τὰ τοιαῦτα Stobaeus πάλαι A F M Iamblichus : πάλιν D a 7 post θρέμμα add. εἰς ἐλευθερίαν Iamblichus Stobaeus b 7 τὸ A D M Stobaeus : om. F

个人之下，或许毋宁说处在神性的东西之下，而各种丑陋的习惯则把温顺的东西置于凶野的东西的奴役之下？或者怎样？

就这样，如果他，他回应道，听从我的话。

那么这可能吗，我说道，对任何一个人来说，基于这一讨论，不 589d5
正义地获得黄金于之是有利的，假如下面这样的某种事情真的发生的话，即他在获得黄金的同时，却让他自己身上那最美好的东西遭受最邪
恶的东西的奴役？或者，如果他虽然获得了黄金却让儿子或女儿为奴， 589e1
尤其是[2805]成为那些凶野并且邪恶的人的〈奴隶〉，那么，这也不会对他是有利的，即使他为此得到了巨额的〈黄金〉，但如果他不仅把他自己身上那最神圣的东西置于那最不神圣的并且最令人憎恶的东西的奴
役之下，而且还没有丝毫的怜悯，那么，他岂不是一个悲惨的人，并且 589e5
以一种远远更加可怕的毁灭为代价把黄金作为礼物接受，超过了厄里费 590a1
勒[2806]，虽然她以丈夫的灵魂为代价接受了那串项链[2807]？

无疑远远〈是一种更加可怕的毁灭〉，格劳孔回应道；因为我能够代替那人来回答你。

那么，难道你不认为，放纵自古以来就因诸如此类的事情而被谴 590a5
责，那就是：在这样一种行为那里，那头可怕的，即巨大且多样形相的生物被纵容了，超过了它应然的？

显然，他回应道。

而自以为是和脾气不好岂不也被谴责，每当那像狮子一样以及像蛇 590b1
一样的部分[2808]以不恰当的方式壮大和奋起时？

完全如此。

至于奢靡和软弱，它们岂不由于这同一部分的懈怠以及松弛而被谴责，每当它们在它那里引起怯懦时？

难道还有别的？ 590b5

而谄媚和奴性岂不〈也会被谴责〉，每当有人使这同一部分，即气宇轩昂的部分，受制于那头骚动不安的野兽，以及为了钱财和那头野兽的不知满足的欲望而让它备受侮辱，从而使它从年轻时起就习惯于不是成为一头狮子，而是一只猴子？

c Καὶ μάλα, ἔφη.

Βαναυσία δὲ καὶ χειροτεχνία διὰ τί οἴει ὄνειδος φέρει; ἢ δι' ἄλλο τι φήσομεν ἢ ὅταν τις ἀσθενὲς φύσει ἔχῃ τὸ τοῦ βελτίστου εἶδος, ὥστε μὴ ἂν δύνασθαι ἄρχειν τῶν ἐν αὑτῷ θρεμμάτων, ἀλλὰ θεραπεύειν ἐκεῖνα, καὶ τὰ θωπεύματα αὐτῶν μόνον δύνηται μανθάνειν;

Ἔοικεν, ἔφη.

Οὐκοῦν ἵνα καὶ ὁ τοιοῦτος ὑπὸ ὁμοίου ἄρχηται οἵουπερ ὁ βέλτιστος, δοῦλον αὐτόν φαμεν δεῖν εἶναι ἐκείνου τοῦ βελ-
d τίστου καὶ ἔχοντος ἐν αὑτῷ τὸ θεῖον ἄρχον, οὐκ ἐπὶ βλάβῃ τῇ τοῦ δούλου οἰόμενοι δεῖν ἄρχεσθαι αὐτόν, ὥσπερ Θρασύμαχος ᾤετο τοὺς ἀρχομένους, ἀλλ' ὡς ἄμεινον ὂν παντὶ ὑπὸ θείου καὶ φρονίμου ἄρχεσθαι, μάλιστα μὲν οἰκεῖον ἔχοντος ἐν αὑτῷ, εἰ δὲ μή, ἔξωθεν ἐφεστῶτος, ἵνα εἰς δύναμιν πάντες ὅμοιοι ὦμεν καὶ φίλοι, τῷ αὐτῷ κυβερνώμενοι;

Καὶ ὀρθῶς γ', ἔφη.

e Δηλοῖ δέ γε, ἦν δ' ἐγώ, καὶ ὁ νόμος ὅτι τοιοῦτον βούλεται, πᾶσι τοῖς ἐν τῇ πόλει σύμμαχος ὤν· καὶ ἡ τῶν παίδων ἀρχή, τὸ μὴ ἐᾶν ἐλευθέρους εἶναι, ἕως ἂν ἐν αὐτοῖς ὥσπερ ἐν πόλει πολιτείαν καταστήσωμεν, καὶ τὸ βέλτιστον
591 θεραπεύσαντες τῷ παρ' ἡμῖν τοιούτῳ ἀντικαταστήσωμεν φύλακα ὅμοιον καὶ ἄρχοντα ἐν αὐτῷ, καὶ τότε δὴ ἐλεύθερον ἀφίεμεν.

Δηλοῖ γάρ, ἦ δ' ὅς.

Πῇ δὴ οὖν φήσομεν, ὦ Γλαύκων, καὶ κατὰ τίνα λόγον λυσιτελεῖν ἀδικεῖν, ἢ ἀκολασταίνειν ἤ τι αἰσχρὸν ποιεῖν, ἐξ ὧν πονηρότερος μὲν ἔσται, πλείω δὲ χρήματα ἢ ἄλλην τινὰ δύναμιν κεκτήσεται;

c 2 φέρει A D Stobaeus : φέρειν F   c 5 αὐτῶν A F M Stobaeus : αὐτὸν D   c 6 δύνηται secl. ci. Stephanus   c 9 εἶναι A M Stobaeus : εἶναι καὶ F D   d 1 καὶ ἔχοντος F D Stobaeus : ἔχοντος A M   d 4 οἰκεῖον ἔχοντος A F D M Iamblichus Stobaeus : οἰκείου ἐνόντος ci. Madvig   d 5 αὐτῷ A D : αὑτῷ F   e 1 βούλεται F (?) Iamblichus Stobaeus : βουλεύεται A D M   a 1 τῷ] τῶν Iamblichus   τοιούτῳ] τούτῳ Iamblichus

的确如此，他回应道。 590c1

至于低贱的工作[2809]和手艺，为何你认为它们也会带来一种指责呢？或者我们将声称，不是由于任何别的，而是由于下面这点，那就是，每当一个人生来就〈如此〉虚弱地有着〈灵魂中〉那最优秀的部分之形式[2810]，以至于他没有能力去统治在他自己身上的那〈两头〉生物，而是只能伺候它们，并且只能学习那些讨好它们的事情？ 590c5

似乎是这样，他回应道。

那么，甚至为了这样一种人[2811]也能够恰如最优秀的人一样被同样的东西所统治，我们说他必须是最优秀的人的奴隶，鉴于那种人在他自 590d1
己身上有着神圣的东西在进行统治[2812]；因为我们认为，并不是为了奴隶的损害奴隶才必须被统治，就像特剌绪马科斯就那些被统治的人曾认为的那样[2813]，而是因为对每个人来说，被一种神圣的和明智的东西所统治，这是更好的，尤其是当他在他自己身上把它作为一种自家的东西拥有的话，否则[2814]，他就从外面把它确立起来，由此我们所有人会尽 590d5
可能地是相似的和友好的，因为我们被同一个东西所引领？

也确实说得正确，他回应道。

而礼法无疑显示出，我说道，它其实也在希望诸如此类的事情，既 590e1
然对于在城邦中的每个人来说它都是一起战斗的盟友。而对孩子们的统治也同样如此，那就是：〈我们〉不容许他们是自由的，直到我们能够在他们身上就像在一个城邦中那样建立起一种城邦体制为止，以及通过照料其最优秀的部分，我们能够在他身上建立起一位相似的卫士和统治 591a1
者来作为我们身上诸如此类的部分的对应物[2815]，并且只有到那时，我们才容许他是自由的。

它的确在显示这点，他说道。

那么，究竟在何种方式上，格劳孔啊，以及根据什么样的理由，我 591a5
们将宣称这是有利的，即行不义，或者恣意放纵，或者做某件可耻的事情，而由于它们，一个人将是比较邪恶的，尽管他将取得了更多的钱财或其他某种能力？

Οὐδαμῇ, ἦ δ' ὅς.

Πῇ δ' ἀδικοῦντα λανθάνειν καὶ μὴ διδόναι δίκην λυσιτελεῖν; ἢ οὐχὶ ὁ μὲν λανθάνων ἔτι πονηρότερος γίγνεται, τοῦ b δὲ μὴ λανθάνοντος καὶ κολαζομένου τὸ μὲν θηριῶδες κοιμίζεται καὶ ἡμεροῦται, τὸ δὲ ἥμερον ἐλευθεροῦται, καὶ ὅλη ἡ ψυχὴ εἰς τὴν βελτίστην φύσιν καθισταμένη τιμιωτέραν ἕξιν λαμβάνει, σωφροσύνην τε καὶ δικαιοσύνην μετὰ φρονήσεως κτωμένη, ἢ σῶμα ἰσχύν τε καὶ κάλλος μετὰ ὑγιείας λαμβάνον, τοσούτῳ ὅσῳπερ ψυχὴ σώματος τιμιωτέρα;

Παντάπασιν μὲν οὖν, ἔφη.

Οὐκοῦν ὅ γε νοῦν ἔχων πάντα τὰ αὑτοῦ εἰς τοῦτο συντείνας βιώσεται, c πρῶτον μὲν τὰ μαθήματα τιμῶν, ἃ τοιαύτην αὐτοῦ τὴν ψυχὴν ἀπεργάσεται, τὰ δὲ ἄλλα ἀτιμάζων;

Δῆλον, ἔφη.

Ἔπειτά γ', εἶπον, τὴν τοῦ σώματος ἕξιν καὶ τροφὴν οὐχ ὅπως τῇ θηριώδει καὶ ἀλόγῳ ἡδονῇ ἐπιτρέψας ἐνταῦθα τετραμμένος ζήσει, ἀλλ' οὐδὲ πρὸς ὑγίειαν βλέπων, οὐδὲ τοῦτο πρεσβεύων, ὅπως ἰσχυρὸς ἢ ὑγιὴς ἢ καλὸς ἔσται, ἐὰν μὴ καὶ σωφρονήσειν μέλλῃ ἀπ' αὐτῶν, ἀλλ' ἀεὶ τὴν ἐν τῷ d σώματι ἁρμονίαν τῆς ἐν τῇ ψυχῇ ἕνεκα συμφωνίας ἁρμοττόμενος φανεῖται.

Παντάπασι μὲν οὖν, ἔφη, ἐάνπερ μέλλῃ τῇ ἀληθείᾳ μουσικὸς εἶναι.

Οὐκοῦν, εἶπον, καὶ τὴν ἐν τῇ τῶν χρημάτων κτήσει σύνταξίν τε καὶ συμφωνίαν; καὶ τὸν ὄγκον τοῦ πλήθους οὐκ ἐκπληττόμενος ὑπὸ τοῦ τῶν πολλῶν μακαρισμοῦ ἄπειρον αὐξήσει, ἀπέραντα κακὰ ἔχων;

Οὐκ οἴομαι, ἔφη.

a 10 λυσιτελεῖν A M : λυτελεῖν F : λυσιτελεῖ D b 1 ἔτι πονηρότερος A² M : ἔπι πονηρότερος A : ἐπιπονηρότερος D f : ἐπιπονώτερος F c 2 τὰ om. Iamblichus c 3 ἀπεργάσεται F D : ἀπεργάζεται A M c 6 τετραμμένος A D M : τεθραμμένος F c 7 ζήσει M Iamblichus : ζώσει A : ζῴη A² : ζῶ F : ζώση D d 3 φανεῖται Iamblichus : φαίνηται A D M : φαίνεται pr. F d 8 ἄπειρον] εἰς ἄπειρον Iamblichus

绝不可能〈这么宣称〉，他回应道。

而在何种方式上，〈我们将宣称〉行不义却不被察觉[2816]和不受惩罚[2817]，这是有利的呢？或者，岂不会这样：一方面，那未被察觉的人甚至变得是更加邪恶的；另一方面，就那没有逃脱注意并遭到惩罚的人而言，一则其兽性的部分平息下来并被驯化，一则其温顺的部分则获得了解放，而由此一来其整个的灵魂，当它被带往其最好的天性那里之后，它取得了一种更加尊贵的状态——因为它拥有了同明智相伴随的自制以及正义——，同一副取得了与健康相伴随的力量以及美丽的身体相比，其程度恰如灵魂比身体更加尊贵那么大[2818]？

完全如此，他回应道。

因此，那拥有理智的人，他岂不肯定将通过让他自己〈所拥有〉的一切都向着这个〈目标〉全力以赴来度过一生，首先，尊重将使得他的灵魂成为如此这般的那些学问，而轻视其他的？

显然，他回应道。

其次，我说道，就身体的状态和〈对它的〉维持[2819]而言，他不仅无论如何都将不会通过把它们托付给那兽性的和无理性的快乐而转向了那里来进行生活，而且他甚至既不着眼于〈身体的〉健康，也不会把这件事排在第一位[2820]，以便他将是强有力的，或者健康的，或者美丽的——除非他将通过它们而变得是自制的——；相反，他总是将显得〈着眼于下面这点来生活〉，那就是，他为了在其灵魂中的那种和谐来调配在其身体中的和音[2821]。

完完全全就是这样，他说道，假如他真的将是一位精通文艺的人的话[2822]。

那么，我说道，他岂不也〈为了在其灵魂中的那种和谐来调配他〉在钱财的获得方面的安排以及和谐？并且，他也不会由于大众的祝福而被弄得云里雾里，从而去无限地增加〈他的钱财〉数量的堆积，由此一来而招致无穷无尽的坏事？

我认为他不会，他回应道。

e Ἀλλ᾽ ἀποβλέπων γε, εἶπον, πρὸς τὴν ἐν αὑτῷ πολιτείαν, καὶ φυλάττων μή τι παρακινῇ αὐτοῦ τῶν ἐκεῖ διὰ πλῆθος οὐσίας ἢ δι᾽ ὀλιγότητα, οὕτως κυβερνῶν προσθήσει καὶ ἀναλώσει τῆς οὐσίας καθ᾽ ὅσον ἂν οἷός τ᾽ ᾖ.

Κομιδῇ μὲν οὖν, ἔφη.

592a Ἀλλὰ μὴν καὶ τιμάς γε, εἰς ταὐτὸν ἀποβλέπων, τῶν μὲν μεθέξει καὶ γεύσεται ἑκών, ἃς ἂν ἡγῆται ἀμείνω αὑτὸν ποιήσειν, ἃς δ᾽ ἂν λύσειν τὴν ὑπάρχουσαν ἕξιν, φεύξεται ἰδίᾳ καὶ δημοσίᾳ.

Οὐκ ἄρα, ἔφη, τά γε πολιτικὰ ἐθελήσει πράττειν, ἐάνπερ τούτου κήδηται.

Νὴ τὸν κύνα, ἦν δ᾽ ἐγώ, ἔν γε τῇ ἑαυτοῦ πόλει καὶ μάλα, οὐ μέντοι ἴσως ἔν γε τῇ πατρίδι, ἐὰν μὴ θεία τις συμβῇ τύχη.

Μανθάνω, ἔφη· ἐν ᾗ νῦν διήλθομεν οἰκίζοντες πόλει λέγεις, τῇ ἐν λόγοις κειμένῃ, ἐπεὶ γῆς γε οὐδαμοῦ οἶμαι
b αὐτὴν εἶναι.

Ἀλλ᾽, ἦν δ᾽ ἐγώ, ἐν οὐρανῷ ἴσως παράδειγμα ἀνάκειται τῷ βουλομένῳ ὁρᾶν καὶ ὁρῶντι ἑαυτὸν κατοικίζειν. διαφέρει δὲ οὐδὲν εἴτε που ἔστιν εἴτε ἔσται· τὰ γὰρ ταύτης μόνης ἂν πράξειεν, ἄλλης δὲ οὐδεμιᾶς.

Εἰκός γ᾽, ἔφη.

e 2 πλῆθος A² M Iamblichus: πλήθους A F D a 7 κύνα A M: δία F D a 10 νῦν] νῦν δὴ recc.

但是，他肯定会盯住，我说道，在他里面的那种城邦体制，并且警 591e1
惕引起他在那里[2823]的那些东西中的任何一个发生骚乱——由于财产的过多，或者由于过少——，他将通过以这种方式进行掌舵来在他力所能及的范围内增添和消耗财产。

确确实实就是这样，他说道。 591e5

当然，就荣誉来说也肯定如此，他将通过盯住那同样的东西，心 592a1
甘情愿地分有和品尝那些他认为将使得他变得更好的，至于那些〈他认为〉将瓦解他〈的灵魂〉那已经存在着的状态的，他将逃避，无论是在私人方面，还是在公共方面。

那么，他说道，他肯定将不愿意从事与城邦相关的各种事务，假如 592a5
这真的就是他所操心的话。

以狗起誓，我说道，至少在他自己的那个城邦那里他极其愿意，虽然或许在他〈出生〉的那个祖国那里他确实不愿意，除非某种神圣的天命出现〈在了他身上〉[2824]。

我明白了，他说道。你说的是在我们现在已经详述过的那种我们所 592a10
建立的城邦中，而它〈目前仅仅〉位于〈我们的〉讨论那里，既然我认 592b1
为它无论如何都不是在地上的任何地方。

然而，我说道，或许在天上一个范型被树立在了那里，对那既愿意看，并且当他看见后又愿意让自己迁居〈到那里的〉人来说。而这根本没有任何的不同，无论它是还是将是在某个地方；因为，他所做的那些
事情，仅仅属于这个城邦，而不属于其他任何的城邦[2825]。 592b5

的确有可能，他说道。

St. II p. 595

Καὶ μήν, ἦν δ' ἐγώ, πολλὰ μὲν καὶ ἄλλα περὶ αὐτῆς a
ἐννοῶ, ὡς παντὸς ἄρα μᾶλλον ὀρθῶς ᾠκίζομεν τὴν πόλιν,
οὐχ ἥκιστα δὲ ἐνθυμηθεὶς περὶ ποιήσεως λέγω.

Τὸ ποῖον; ἔφη.

Τὸ μηδαμῇ παραδέχεσθαι αὐτῆς ὅση μιμητική· παντὸς
γὰρ μᾶλλον οὐ παραδεκτέα νῦν καὶ ἐναργέστερον, ὡς ἐμοὶ
δοκεῖ, φαίνεται, ἐπειδὴ χωρὶς ἕκαστα διῄρηται τὰ τῆς ψυχῆς
εἴδη. b

Πῶς λέγεις;

Ὡς μὲν πρὸς ὑμᾶς εἰρῆσθαι—οὐ γάρ μου κατερεῖτε πρὸς τοὺς τῆς τραγῳδίας ποιητὰς καὶ τοὺς ἄλλους ἅπαντας τοὺς μιμητικούς—λώβη ἔοικεν εἶναι πάντα τὰ τοιαῦτα τῆς τῶν ἀκουόντων διανοίας, ὅσοι μὴ ἔχουσι φάρμακον τὸ εἰδέναι αὐτὰ οἷα τυγχάνει ὄντα.

Πῇ δή, ἔφη, διανοούμενος λέγεις;

Ῥητέον, ἦν δ' ἐγώ· καίτοι φιλία γέ τίς με καὶ αἰδὼς ἐκ
παιδὸς ἔχουσα περὶ Ὁμήρου ἀποκωλύει λέγειν. ἔοικε μὲν
γὰρ τῶν καλῶν ἁπάντων τούτων τῶν τραγικῶν πρῶτος διδά- c
σκαλός τε καὶ ἡγεμὼν γενέσθαι. ἀλλ' οὐ γὰρ πρό γε τῆς
ἀληθείας τιμητέος ἀνήρ, ἀλλ', ὃ λέγω, ῥητέον.

Πάνυ μὲν οὖν, ἔφη.

Ἄκουε δή, μᾶλλον δὲ ἀποκρίνου.

Ἐρώτα.

a 6 παραδεκτέα A F D : παραδεκτέον A² M Proclus b 3 εἰρῆσθαι] εἰρήσθω Eusebius κατερεῖτε A F M : καρτερεῖτε D b 6 τὸ A D M : τοῦ F

卷十

其实，我说道，关于城邦我无疑想起了许许多多其他的事情，就 595a1
我们如何毕竟比一切都更为正确地把它建立了起来而言，但我要说，尤其[2826]关于诗我想到得更多[2827]。

〈那你对之想到了〉何种事情呢？他说道。

那就是绝不接受其中所有模仿性的诗；因为，它一定不可以被接 595a5
受，这件事在现在甚至比一切都更为清楚地，如我所认为的那样，显现
了出来，当灵魂中的那〈三个〉部分[2828]，它们每个都已经被分离开来 595b1
了之后。

你为何这么说呢？

无疑〈只能〉对你们来说一说——因为你们肯定不会在那些悲剧诗人面前，以及在其他所有那些擅长模仿的人面前告发我[2829]——，那就
是，所有诸如此类的东西看起来都是对所有那些听到〈它们的〉人的思 595b5
想的一种戕害，〈如果〉他们没有一剂药的话，而这剂药知道诸如此类的东西自身恰好是什么样的[2830]。

究竟怀有何种想法，他说道，你才这样说呢？

必须得说一说，我回应道，尽管对荷马的某种热爱和敬畏——由
于它们从孩童时起就抓住了我[2831]——的确在阻止我把它说出来。因 595b10
为，他无疑看起来成为了所有这些杰出的悲剧家的第一位教师以及引路
人[2832]。然而，任何一个人无论如何都不可以比真还要更值得尊敬[2833]， 595c1
相反，如我所说的那样，必须得说一说。

完全如此，他说道。

那就请你听听，但毋宁说，请你回答！ 595c5

你只管问！

Μίμησιν ὅλως ἔχοις ἄν μοι εἰπεῖν ὅτι ποτ᾽ ἐστίν; οὐδὲ γάρ τοι αὐτὸς πάνυ τι συννοῶ τί βούλεται εἶναι.

Ἦ που ἄρ᾽, ἔφη, ἐγὼ συννοήσω.

Οὐδέν γε, ἦν δ᾽ ἐγώ, ἄτοπον, ἐπεὶ πολλά τοι ὀξύτερον
596 βλεπόντων ἀμβλύτερον ὁρῶντες πρότεροι εἶδον.

Ἔστιν, ἔφη, οὕτως· ἀλλὰ σοῦ παρόντος οὐδ᾽ ἂν προθυμηθῆναι οἷός τε εἴην εἰπεῖν, εἴ τί μοι καταφαίνεται, ἀλλ᾽ αὐτὸς ὅρα.

Βούλει οὖν ἐνθένδε ἀρξώμεθα ἐπισκοποῦντες, ἐκ τῆς εἰωθυίας μεθόδου; εἶδος γάρ πού τι ἓν ἕκαστον εἰώθαμεν τίθεσθαι περὶ ἕκαστα τὰ πολλά, οἷς ταὐτὸν ὄνομα ἐπιφέρομεν. ἢ οὐ μανθάνεις;

Μανθάνω.

Θῶμεν δὴ καὶ νῦν ὅτι βούλει τῶν πολλῶν. οἷον, εἰ
b ᾽θέλεις, πολλαί πού εἰσι κλῖναι καὶ τράπεζαι.

Πῶς δ᾽ οὔ;

Ἀλλὰ ἰδέαι γέ που περὶ ταῦτα τὰ σκεύη δύο, μία μὲν κλίνης, μία δὲ τραπέζης.

Ναί.

Οὐκοῦν καὶ εἰώθαμεν λέγειν ὅτι ὁ δημιουργὸς ἑκατέρου τοῦ σκεύους πρὸς τὴν ἰδέαν βλέπων οὕτω ποιεῖ ὁ μὲν τὰς κλίνας, ὁ δὲ τὰς τραπέζας, αἷς ἡμεῖς χρώμεθα, καὶ τἆλλα κατὰ ταὐτά; οὐ γάρ που τήν γε ἰδέαν αὐτὴν δημιουργεῖ οὐδεὶς τῶν δημιουργῶν· πῶς γάρ;

Οὐδαμῶς.

Ἀλλ᾽ ὅρα δὴ καὶ τόνδε τίνα καλεῖς τὸν δημιουργόν.

c Τὸν ποῖον;

Ὃς πάντα ποιεῖ, ὅσαπερ εἷς ἕκαστος τῶν χειροτεχνῶν.

Δεινόν τινα λέγεις καὶ θαυμαστὸν ἄνδρα.

Οὔπω γε, ἀλλὰ τάχα μᾶλλον φήσεις. ὁ αὐτὸς γὰρ οὗτος χειροτέχνης οὐ μόνον πάντα οἷός τε σκεύη ποιῆσαι, ἀλλὰ

b 1 κλῖναι D M : κλιναι A : κλίναι A² F   b 6 καὶ om. F
b 12 τῶν δημιουργῶν ci. Vermehren   c 4 τάχα A M (sed άχ in ras. A) : ταῦτα F D

模仿，你能够整体性地告诉我，它究竟是什么吗[2834]？因为，真的，我自己根本[2835]无法理解它想是什么。

那倒毫无疑问[2836]，他说道，我将理解。

其实也不奇怪，我说道，既然许多的事情，一些目光比较迟钝的人 595c10
在看时，真的会先于一些目光比较敏锐的人看到它们[2837]。 596a1

是这样，他说道。但是，既然你就在场，那我就不可能急于要说出点什么来，即使某种东西对我来说是一清二楚的，相反，请你自己去看看吧！

那么，你愿意让我们在这儿这样来开始进行考察吗，即从已经习惯 596a5
了的那种方法出发〈来进行考察〉？因为我们约莫在每一种情形下[2838]都已经习惯了为我们对之给予同一个名称的各种多设立出某种单一的形式[2839]。或者，你没有理解？

我理解。

那么，现在也让我们随你想的那样从各种多那里进行这样的设立， 596a10
例如，如果你愿意，无疑有许多的床和许多的桌子[2840]。 596b1

那还用说？

但是，关于这些家具的理念，无论如何都只有两种，一种是属于床的，一种则是属于桌子的。

是的。 596b5

那么，我们岂不也习惯说，两种家具各自的匠人，通过观望理念，一个创造我们所使用的各种各样的床，一个则创造我们所使用的各种各样的桌子，并且〈我们所使用的〉其他那些东西也以同样的方式〈被创造出来〉？因为无论如何，那些匠人中没有一个为众人把理念本身做工
出来[2841]；这怎么可能呢[2842]？ 596b10

绝不可能[2843]。

那么，请你看看，你究竟把何种名字用在这里的这位匠人身上。

哪样一种匠人？ 596c1

这种：每一位手艺人分别创造出来的每一样东西，他全都创造。

你在说某位很厉害的[2844]和令人称奇的人。

还根本就没有〈说〉完呢[2845]，而且你很快就将更为这样进行宣称。
因为，这同一位手艺人，他不仅能够创造出所有的家什，而且他还创造 596c5

καὶ τὰ ἐκ τῆς γῆς φυόμενα ἅπαντα ποιεῖ καὶ ζῷα πάντα ἐργάζεται, τά τε ἄλλα καὶ ἑαυτόν, καὶ πρὸς τούτοις γῆν καὶ οὐρανὸν καὶ θεοὺς καὶ πάντα τὰ ἐν οὐρανῷ καὶ τὰ ἐν Ἅιδου ὑπὸ γῆς ἅπαντα ἐργάζεται.

Πάνυ θαυμαστόν, ἔφη, λέγεις σοφιστήν. d

Ἀπιστεῖς; ἦν δ' ἐγώ. καί μοι εἰπέ, τὸ παράπαν οὐκ ἄν σοι δοκεῖ εἶναι τοιοῦτος δημιουργός, ἢ τινὶ μὲν τρόπῳ γενέσθαι ἂν τούτων ἁπάντων ποιητής, τινὶ δὲ οὐκ ἄν; ἢ οὐκ αἰσθάνῃ ὅτι κἂν αὐτὸς οἷός τ' εἴης πάντα ταῦτα ποιῆσαι τρόπῳ γέ τινι;

Καὶ τίς, ἔφη, ὁ τρόπος οὗτος;

Οὐ χαλεπός, ἦν δ' ἐγώ, ἀλλὰ πολλαχῇ καὶ ταχὺ δημιουργούμενος, τάχιστα δέ που, εἰ 'θέλεις λαβὼν κάτοπτρον
περιφέρειν πανταχῇ· ταχὺ μὲν ἥλιον ποιήσεις καὶ τὰ ἐν τῷ e
οὐρανῷ, ταχὺ δὲ γῆν, ταχὺ δὲ σαυτόν τε καὶ τἆλλα ζῷα καὶ σκεύη καὶ φυτὰ καὶ πάντα ὅσα νυνδὴ ἐλέγετο.

Ναί, ἔφη, φαινόμενα, οὐ μέντοι ὄντα γέ που τῇ ἀληθείᾳ.

Καλῶς, ἦν δ' ἐγώ, καὶ εἰς δέον ἔρχῃ τῷ λόγῳ. τῶν τοιούτων γὰρ οἶμαι δημιουργῶν καὶ ὁ ζωγράφος ἐστίν. ἦ γάρ;

Πῶς γὰρ οὔ;

Ἀλλὰ φήσεις οὐκ ἀληθῆ οἶμαι αὐτὸν ποιεῖν ἃ ποιεῖ. καίτοι τρόπῳ γέ τινι καὶ ὁ ζωγράφος κλίνην ποιεῖ· ἢ οὔ;

Ναί, ἔφη, φαινομένην γε καὶ οὗτος.

Τί δὲ ὁ κλινοποιός; οὐκ ἄρτι μέντοι ἔλεγες ὅτι οὐ τὸ 597
εἶδος ποιεῖ, ὃ δή φαμεν εἶναι ὃ ἔστι κλίνη, ἀλλὰ κλίνην τινά;

Ἔλεγον γάρ.

Οὐκοῦν εἰ μὴ ὃ ἔστιν ποιεῖ, οὐκ ἂν τὸ ὂν ποιοῖ, ἀλλά τι τοιοῦτον οἷον τὸ ὄν, ὂν δὲ οὔ· τελέως δὲ εἶναι ὂν τὸ τοῦ κλινουργοῦ ἔργον ἢ ἄλλου τινὸς χειροτέχνου εἴ τις φαίη, κινδυνεύει οὐκ ἂν ἀληθῆ λέγειν;

c 8 πάντα punctis notavit A[2] d 9 θέλεις A F M : θέλοις D e 11 γε add. A[2] F D M : om. A a 1 οὐ A D M : οὐδὲ F a 3 ἔλεγον A F M : ἐλέγομεν D a 6 κλινουργοῦ A M : δημιουργοῦ F D

出从大地生长出来的所有东西，以及产生出所有的动物——无论是其他所有的，还是他自己本人——，并且除了这些之外，大地和天宇，诸神，以及所有那些在天宇中的东西和所有那些于地下在哈德斯家里[2846]的东西[2847]，他都一一将之产生出来。

你在说极其令人称奇的，他说道，一位智者。 596d1

难道你不相信么？我说道。那就请你告诉我，在你看来，完全[2848]就不可能有这样一种匠人，还是说，一方面，在某种方式上他能够成为所有这些的创造者，另一方面，在某种方式上则不能？或者，你竟然没能觉察到下面这点，那就是：事实上，甚至你自己也能够在某种方式上 596d5
创造出所有这些？

那么，这种方式，他回应道，是什么呢？

并不是一种困难的方式，我说道，而是一种多方面的以及迅速的制造方式[2849]，而且〈它们〉无疑会最迅速地〈被制造出来〉，如果你愿意拿出一面镜子带着它四处走来走去的话。你肯定将迅速创造出一个太阳 596e1
和在天宇中的各种东西，迅速地创造出大地，迅速地创造出你自己本人和其他的动物，以及家什、植物和刚才被说到的所有那些东西。

是的，他说道，〈不过〉它们显得是，然而肯定不真正地是〈那些东西〉。

〈你说得〉正确，我说道，并且对于讨论来说，你来到了它所需要 596e5
的地方[2850]。因为，我认为，其实画家也就属于诸如此类的那些匠人。是这样吗？

为何不呢？

但我认为，你将声称他并没有把他所创造的那些东西创造为真的。然而，画家也肯定在某种方式上创造出了一张床。抑或没有？ 596e10

是的，他回应道，他的确也创造了一张显得是〈床的床〉。

造床的人又如何呢？而你刚才岂不确实说过，他并不创造我们恰恰 597a1
说它是一张床是其所是的那种形式[2851]，而是在创造某一张床？

我的确说过。

那么，如果他没有创造〈一张床〉所是的那种东西，那么，他岂不就没有创造是者，而是在创造某种这样的东西，它像该是者，但并不是 597a5
〈该是者〉；而如果有人宣称，造床的人或者其他任何手艺人的一件作品完满地是一种是者，那他就有可能没有说得正确[2852]？

Οὔκουν, ἔφη, ὥς γ' ἂν δόξειεν τοῖς περὶ τοὺς τοιούσδε λόγους διατρίβουσιν.

Μηδὲν ἄρα θαυμάζωμεν εἰ καὶ τοῦτο ἀμυδρόν τι τυγχάνει ὂν πρὸς ἀλήθειαν.

b Μὴ γάρ.

Βούλει οὖν, ἔφην, ἐπ' αὐτῶν τούτων ζητήσωμεν τὸν μιμητὴν τοῦτον, τίς ποτ' ἐστίν;

Εἰ βούλει, ἔφη.

Οὐκοῦν τριτταί τινες κλῖναι αὗται γίγνονται· μία μὲν ἡ ἐν τῇ φύσει οὖσα, ἣν φαῖμεν ἄν, ὡς ἐγῷμαι, θεὸν ἐργάσασθαι. ἢ τίν' ἄλλον;

Οὐδένα, οἶμαι.

Μία δέ γε ἣν ὁ τέκτων.

Ναί, ἔφη.

Μία δὲ ἣν ὁ ζωγράφος. ἢ γάρ;

Ἔστω.

Ζωγράφος δή, κλινοποιός, θεός, τρεῖς οὗτοι ἐπιστάται τρισὶν εἴδεσι κλινῶν.

Ναὶ τρεῖς.

c Ὁ μὲν δὴ θεός, εἴτε οὐκ ἐβούλετο, εἴτε τις ἀνάγκη ἐπῆν μὴ πλέον ἢ μίαν ἐν τῇ φύσει ἀπεργάσασθαι αὐτὸν κλίνην, οὕτως ἐποίησεν μίαν μόνον αὐτὴν ἐκείνην ὃ ἔστιν κλίνη· δύο δὲ τοιαῦται ἢ πλείους οὔτε ἐφυτεύθησαν ὑπὸ τοῦ θεοῦ οὔτε μὴ φυῶσιν.

Πῶς δή; ἔφη.

Ὅτι, ἦν δ' ἐγώ, εἰ δύο μόνας ποιήσειεν, πάλιν ἂν μία ἀναφανείη ἧς ἐκεῖναι ἂν αὖ ἀμφότεραι τὸ εἶδος ἔχοιεν, καὶ εἴη ἂν ὃ ἔστιν κλίνη ἐκείνη ἀλλ' οὐχ αἱ δύο.

Ὀρθῶς, ἔφη.

d Ταῦτα δὴ οἶμαι εἰδὼς ὁ θεός, βουλόμενος εἶναι ὄντως κλίνης ποιητὴς ὄντως οὔσης, ἀλλὰ μὴ κλίνης τινὸς μηδὲ κλινοποιός τις, μίαν φύσει αὐτὴν ἔφυσεν.

b 3 τοῦτον A D M : τούτων F : τούτου vulg. b 6 ἐν F D : om. A M c 6 δή A F M : δ' D

当然没有，他回应道，至少对于那些致力于这里的这样一些讨论的人[2853]来说，他会看起来如此。

因此，让我们不用吃惊，如果〈造床的人的〉这件作品相较于真也 597a10
恰恰只不过是某种模糊的东西的话。

的确不用。 597b1

那么，你愿意，我说道，让我们恰恰借这些事情来探究一下这位模仿者吗，即他究竟是谁？

如果你愿意的话，他回应道。

因此，就出现了下面这样三种床，那就是：一种乃在本性上是着的 597b5
床[2854]，我们会宣称，如我所认为的那样，一位神把它制作了出来。抑或是其他某位？

没有其他哪位，我认为。

而另一种无疑是木匠〈所制作〉的。

是的，他说道。 597b10

还有一种则是画家〈所画〉的。是这样吗？

就让它是吧。

因此，一位画家，一位造床的人，一位神，这三位是这三种形式的床的负责人。

是的，这三位。 597b15

那么，神事实上，一方面，无论是因为他不愿意，还是由于某种 597c1
必然性是在〈他身上〉，他都没有在本性上制作出比那作为一的床更多
的床来，由此一来，他仅仅创造了一张床是其所是的那张作为一的床本
身；而两张这样的或更多这样的床，它们既不曾被神产生出来过，也将 597c5
永不会被〈他〉产生出来。

究竟为什么呢？他说道。

因为，我说道，哪怕他只是应当创造出两张床，那么，就再次会有〈另〉一〈第三〉张床显露出来，从它那里，那两张床才复又会拥有其形式，并且一张床是其所是的，会是那〈第三张〉床，而不是那两张床。

正确，他说道。 597c10

而这些情况，我认为神无疑都知道，并且由于他希望在是的方式上 597d1
是一位在是的方式上是着的床的创造者，而不是某一张床的某个制作床的人，因而他在本性上把它作为一产生出来[2855]。

Ἔοικεν.

Βούλει οὖν τοῦτον μὲν φυτουργὸν τούτου προσαγορεύωμεν, ἤ τι τοιοῦτον;

Δίκαιον γοῦν, ἔφη, ἐπειδήπερ φύσει γε καὶ τοῦτο καὶ τἆλλα πάντα πεποίηκεν.

Τί δὲ τὸν τέκτονα; ἆρ᾽ οὐ δημιουργὸν κλίνης;

Ναί.

Ἦ καὶ τὸν ζωγράφον δημιουργὸν καὶ ποιητὴν τοῦ τοιούτου;

Οὐδαμῶς.

Ἀλλὰ τί αὐτὸν κλίνης φήσεις εἶναι;

Τοῦτο, ἦ δ᾽ ὅς, ἔμοιγε δοκεῖ μετριώτατ᾽ ἂν προσαγορεύ- e
εσθαι, μιμητὴς οὗ ἐκεῖνοι δημιουργοί.

Εἶεν, ἦν δ᾽ ἐγώ· τὸν τοῦ τρίτου ἄρα γεννήματος ἀπὸ τῆς φύσεως μιμητὴν καλεῖς;

Πάνυ μὲν οὖν, ἔφη.

Τοῦτ᾽ ἄρα ἔσται καὶ ὁ τραγῳδοποιός, εἴπερ μιμητής ἐστι, τρίτος τις ἀπὸ βασιλέως καὶ τῆς ἀληθείας πεφυκώς, καὶ πάντες οἱ ἄλλοι μιμηταί.

Κινδυνεύει.

Τὸν μὲν δὴ μιμητὴν ὡμολογήκαμεν. εἰπὲ δέ μοι περὶ
τοῦ ζωγράφου τόδε· πότερα ἐκεῖνο αὐτὸ τὸ ἐν τῇ φύσει 598
ἕκαστον δοκεῖ σοι ἐπιχειρεῖν μιμεῖσθαι ἢ τὰ τῶν δημιουργῶν
ἔργα;

Τὰ τῶν δημιουργῶν, ἔφη.

Ἆρα οἷα ἔστιν ἢ οἷα φαίνεται; τοῦτο γὰρ ἔτι διόρισον.

Πῶς λέγεις; ἔφη.

Ὧδε· κλίνη, ἐάντε ἐκ πλαγίου αὐτὴν θεᾷ ἐάντε καταντικρὺ ἢ ὁπῃοῦν, μή τι διαφέρει αὐτὴ ἑαυτῆς, ἢ διαφέρει μὲν οὐδέν, φαίνεται δὲ ἀλλοία; καὶ τἆλλα ὡσαύτως;

Οὕτως, ἔφη· φαίνεται, διαφέρει δ᾽ οὐδέν.

Τοῦτο δὴ αὐτὸ σκόπει· πρὸς πότερον ἡ γραφικὴ πεποίηται b
περὶ ἕκαστον; πότερα πρὸς τὸ ὄν, ὡς ἔχει, μιμήσασθαι, ἢ

b 1 πότερον A F M: πρότερον D

似乎是这样。

那么，你愿意让我们用这种东西的创造者[2856]来称呼这位神吗，或 597d5
者用诸如此类的某种名字？

无论如何都是正当的，他回应道，既然他的的确确已经在本性上创造出了这种东西以及其他一切东西。

就木匠来说又如何呢？他岂不是一张床的一位匠人？

是的。 597d10

而画家也是诸如此类的东西的一位匠人和创造者吗？

绝不是。

但是，之于一张床，你将说他是什么？

这，他回应道，至少在我看来显得是最合适的，那就是，他能够被 597e1
称为〈前面〉那两位[2857]是其匠人的那种东西的一位模仿者。

好吧，我说道。那么，从本性〈往下〉，你把同〈排在〉第三位的产物相关的人称为一位模仿者吗[2858]？

完全如此，他回应道。 597e5

那么，如此一来悲剧诗人也将是这样，假如他事实上也不过是一种模仿者的话，他生来就是一种从一位国王，即从真[2859]〈往下排〉在第三位的人，并且其他所有的模仿者也如此。

有可能。

因此，关于模仿者我们无疑已经达成了一致意见。但请你关于这里 597e10
的这位画家也来对我说一说，那就是：在你看来，他每次都试图模仿在 598a1
本性上〈是着〉的那种东西本身呢[2860]，还是说，他模仿那些匠人们的各种作品？

那些匠人们的各种作品，他回应道。

它们是如此呢，还是显得如此？请你还要对此做出区分。 598a5

你为何这么说呢？他说道。

是因为这样：一张床，如果你从侧面看它，或者从正面看它，或者从其他任何方向看它，它会同它自身有着某种不同呢，还是说，它没有任何的不同，而只是显得不同？并且其他的东西也都同样如此？

是这样，他回应道；它显得不同，但其实没有任何的不同。 598a10

那么，恰恰就下面这点，请你再进行一下考虑：绘画在每一种情形 598b1
那里通常针对的是两者中的哪一个[2861]？是针对如其是那样的是者[2862]，

πρὸς τὸ φαινόμενον, ὡς φαίνεται, φαντάσματος ἢ ἀληθείας
οὖσα μίμησις;

Φαντάσματος, ἔφη.

Πόρρω ἄρα που τοῦ ἀληθοῦς ἡ μιμητική ἐστιν καί, ὡς
ἔοικεν, διὰ τοῦτο πάντα ἀπεργάζεται, ὅτι σμικρόν τι ἑκάστου
ἐφάπτεται, καὶ τοῦτο εἴδωλον. οἷον ὁ ζωγράφος, φαμέν,
ζωγραφήσει ἡμῖν σκυτοτόμον, τέκτονα, τοὺς ἄλλους δημιουρ-
c γούς, περὶ οὐδενὸς τούτων ἐπαΐων τῶν τεχνῶν· ἀλλ' ὅμως
παῖδάς γε καὶ ἄφρονας ἀνθρώπους, εἰ ἀγαθὸς εἴη ζωγράφος,
γράψας ἂν τέκτονα καὶ πόρρωθεν ἐπιδεικνὺς ἐξαπατῴ ἂν τῷ
δοκεῖν ὡς ἀληθῶς τέκτονα εἶναι.

Τί δ' οὔ;

Ἀλλὰ γὰρ οἶμαι ὦ φίλε, τόδε δεῖ περὶ πάντων τῶν τοι-
ούτων διανοεῖσθαι· ἐπειδάν τις ἡμῖν ἀπαγγέλλῃ περί του,
ὡς ἐνέτυχεν ἀνθρώπῳ πάσας ἐπισταμένῳ τὰς δημιουργίας
καὶ τἆλλα πάντα ὅσα εἷς ἕκαστος οἶδεν, οὐδὲν ὅτι οὐχὶ
d ἀκριβέστερον ὁτουοῦν ἐπισταμένῳ, ὑπολαμβάνειν δεῖ τῷ
τοιούτῳ ὅτι εὐήθης τις ἄνθρωπος, καί, ὡς ἔοικεν, ἐντυχὼν
γόητί τινι καὶ μιμητῇ ἐξηπατήθη, ὥστε ἔδοξεν αὐτῷ πάσ-
σοφος εἶναι, διὰ τὸ αὐτὸς μὴ οἷός τ' εἶναι ἐπιστήμην καὶ
ἀνεπιστημοσύνην καὶ μίμησιν ἐξετάσαι.

Ἀληθέστατα, ἔφη.

Οὐκοῦν, ἦν δ' ἐγώ, μετὰ τοῦτο ἐπισκεπτέον τήν τε
τραγῳδίαν καὶ τὸν ἡγεμόνα αὐτῆς Ὅμηρον, ἐπειδή τινων
e ἀκούομεν ὅτι οὗτοι πάσας μὲν τέχνας ἐπίστανται, πάντα δὲ
τὰ ἀνθρώπεια τὰ πρὸς ἀρετὴν καὶ κακίαν, καὶ τά γε θεῖα·
ἀνάγκη γὰρ τὸν ἀγαθὸν ποιητήν, εἰ μέλλει περὶ ὧν ἂν ποιῇ
καλῶς ποιήσειν, εἰδότα ἄρα ποιεῖν, ἢ μὴ οἷόν τε εἶναι
ποιεῖν. δεῖ δὴ ἐπισκέψασθαι πότερον μιμηταῖς τούτοις
οὗτοι ἐντυχόντες ἐξηπάτηνται καὶ τὰ ἔργα αὐτῶν ὁρῶντες

b 6 ἄρα που A F M: που ἄρα που D c 1 τεχνῶν] τεχνιτῶν Adam c 2 γε D: τε A F M d 3 πάσσοφος A: πᾶς σοφὸς F D: πᾶν σοφὸς M e 4 εἰδότα A M: εἰδότ' F: εἰ δ' ὅτε D

来进行模仿呢，还是针对如其显现那样的现象，即它是对一种显象的模仿呢，还是对真的模仿？

对显象的〈模仿〉，他回应道。 598b5

因此，模仿术无疑远离了真的东西，并且，如看起来的那样，正由于这点它才〈能够〉产生出一切东西，因为，它〈只是〉把握住了每样东西的某一小小的部分，而这小小的部分〈自身也只是〉作为一个图像而已。例如，画家，我们说，他将为我们画出一个鞋匠，一位木匠，以及其他一些匠人，尽管关于这些人中的任何一位的技艺他都一窍不 598c1
通[2863]；然而，即使这样，至少就孩子们和一些无头脑的人，如果他是一位优秀的画家的话，他也能够通过画出一位木匠并从远处进行展示来欺骗他们，让他们以为那真正地是一位木匠[2864]。

为何不呢？ 598c5

但无论如何，我认为，朋友啊，关于诸如此类的所有事情，下面这点都必须被牢记在心，那就是：每当有人关于任何一个人向我们通报，说他曾遇见了一个人，而那个人不仅知道所有的手艺，而且知道每一个别的人所知道的其他每一件事情，没有任何一件事情是他不比其他任何一个人都知道得更准确的，那么，那时就必须反驳这样一个人，说他 598d1
〈其实是〉一个头脑简单的人，并且，如看起来的那样，他由于遇见了某个骗子[2865]和模仿者而已经被欺骗了，以至于在他看来那人是一个最智慧的人似的，由于他本人没有能力对知识和缺乏知识，以及模仿进行 598d5
仔细的检查。

非常正确，他说道。

那么，我说道，在此之后就必须考察悲剧以及它的领袖，荷马，既然我们从一些人那里听到了下面这些：这些人[2866]不仅知道所有的技艺，而且知道同德性以及邪恶相关的所有那些属人的事情，甚至还知道那些 598e1
属神的事情；因为，对于优秀的诗人来说，如果他打算把关于他会创作的那些事情创作得很好的话，那他肯定就必须得在已经知道了〈它们〉的情况下进行创作，否则他就不可能进行创作。因此，必须考察：这些 598e5
人，当他们遇到了这样一些模仿者后[2867]，他们是否已经被欺骗了，并

οὐκ αἰσθάνονται τριττὰ ἀπέχοντα τοῦ ὄντος καὶ ῥᾴδια ποιεῖν 599 μὴ εἰδότι τὴν ἀλήθειαν—φαντάσματα γὰρ ἀλλ' οὐκ ὄντα ποιοῦσιν—ἤ τι καὶ λέγουσιν καὶ τῷ ὄντι οἱ ἀγαθοὶ ποιηταὶ ἴσασιν περὶ ὧν δοκοῦσιν τοῖς πολλοῖς εὖ λέγειν.

Πάνυ μὲν οὖν, ἔφη, ἐξεταστέον.

Οἴει οὖν, εἴ τις ἀμφότερα δύναιτο ποιεῖν, τό τε μιμηθησόμενον καὶ τὸ εἴδωλον, ἐπὶ τῇ τῶν εἰδώλων δημιουργίᾳ ἑαυτὸν ἀφεῖναι ἂν σπουδάζειν καὶ τοῦτο προστήσασθαι τοῦ ἑαυτοῦ βίου ὡς βέλτιστον ἔχοντα; b

Οὐκ ἔγωγε.

'Αλλ' εἴπερ γε οἶμαι ἐπιστήμων εἴη τῇ ἀληθείᾳ τούτων πέρι ἅπερ καὶ μιμεῖται, πολὺ πρότερον ἐν τοῖς ἔργοις ἂν σπουδάσειεν ἢ ἐπὶ τοῖς μιμήμασι, καὶ πειρῷτο ἂν πολλὰ καὶ καλὰ ἔργα ἑαυτοῦ καταλιπεῖν μνημεῖα, καὶ εἶναι προθυμοῖτ' ἂν μᾶλλον ὁ ἐγκωμιαζόμενος ἢ ὁ ἐγκωμιάζων.

Οἶμαι, ἔφη· οὐ γὰρ ἐξ ἴσου ἥ τε τιμὴ καὶ ἡ ὠφελία.

Τῶν μὲν τοίνυν ἄλλων πέρι μὴ ἀπαιτῶμεν λόγον Ὅμηρον ἢ ἄλλον ὁντινοῦν τῶν ποιητῶν, ἐρωτῶντες εἰ ἰατρικὸς c ἦν τις αὐτῶν ἀλλὰ μὴ μιμητὴς μόνον ἰατρικῶν λόγων, τίνας ὑγιεῖς ποιητής τις τῶν παλαιῶν ἢ τῶν νέων λέγεται πεποιηκέναι, ὥσπερ 'Ασκληπιός, ἢ τίνας μαθητὰς ἰατρικῆς κατελίπετο, ὥσπερ ἐκεῖνος τοὺς ἐκγόνους, μηδ' αὖ περὶ τὰς ἄλλας τέχνας αὐτοὺς ἐρωτῶμεν, ἀλλ' ἐῶμεν· περὶ δὲ ὧν μεγίστων τε καὶ καλλίστων ἐπιχειρεῖ λέγειν Ὅμηρος, πολέμων τε πέρι καὶ στρατηγιῶν καὶ διοικήσεων πόλεων, καὶ παιδείας πέρι ἀνθρώπου, δίκαιόν που ἐρωτᾶν αὐτὸν πυνθανομένους· d Ὦ φίλε Ὅμηρε, εἴπερ μὴ τρίτος ἀπὸ τῆς ἀληθείας εἶ ἀρετῆς πέρι, εἰδώλου δημιουργός, ὃν δὴ μιμητὴν ὡρισάμεθα, ἀλλὰ καὶ δεύτερος, καὶ οἷός τε ἦσθα γιγνώσκειν ποῖα ἐπιτηδεύματα βελτίους ἢ χείρους ἀνθρώπους ποιεῖ ἰδίᾳ καὶ

a 1 τριττὰ] τρίτα ci. Herwerden a 6 μιμηθήσομεν A² F D M : μηθησόμενον A a 8 ἀφεῖναι] ἐφεῖναι Themistius τοῦτο A M Themistius : τούτου F D b 5 πειρῷτο A F M : πρῶτον D c 1 ἰατρικὸς] ἰατρὸς Eusebius c 2 μὴ om. F c 4 κατελείπετο F c 5 ἐγγόνους F Eusebius d 1 ἀνθρώπων Eusebius

且当他们看到那些人的作品后，他们并未觉察到它们远离〈在本性上〉是着的东西而排在第三位[2868]，并且都是一些容易创作的东西，即使对那不知道真的人来说——因为那些人在创造各种显象，而不是在创造那些是着的东西——，或者他们是否其实说得在理，并且那些优秀的诗人也在是的方式上知道在大众看来他们说得好的那些事情。 599a1

完全如此，他说道，必须仔细考察。 599a5

因此，你认为，如果一个人有能力创造这两者，即那将被模仿的事物以及〈它的〉图像，那么，他会容许他自己汲汲致力于同那些图像相关的手艺，并且把这作为他所拥有的一种最好的东西而置于他自己的生 599b1
活的最前面？

我肯定不。

相反，如果他的的确确，我认为，关于他所模仿的那些事情真的是有知识的，那么，他就会远远优先地汲汲致力于各种各样的〈实际的〉业绩，而不是〈它们的〉那些模仿品，并且会努力把许许多多并且美好 599b5
的业绩留在身后，将之作为他自己的纪念物，他也会更为渴望是那被颂扬的人，而不是进行颂扬的人。

我也这样认为，他说道；因为尊荣和益处都是无与伦比的[2869]。

那好，关于其他的事情，让我们不要通过下面这样来从荷马那里，
或者从那些诗人中的其他任何一位那里要求一种说法，那就是询问他们： 599c1
如果他们中曾有任何一位是精通医术的，而不仅仅是那些医学语言的一位模仿者，那么，古代或者新近的那些诗人，其中有任何一位诗人被说成已经使得哪些人变得健康了，就像阿斯克勒庇俄斯那样，或者留下了
医术方面的哪些学生，就像那人留下了一些后代那样；关于其他的技艺 599c5
也让我们不要去询问他们，而是让我们将之放到一边。但是，关于荷马试图说的那些最重大和最美好的事情，即关于各种各样的战争、各种各样对军队的统领以及对各个城邦的各种各样的治理，还有关于人的教育，
我们无论如何都理当通过这样打听来询问他，那就是：亲爱的荷马啊， 599d1
假如在德性方面你其实不是从真往下排在第三位的，即一种图像的一位匠人，而我们恰恰已经将之界定为一位模仿者，而是排在第二位的，并且你
有能力认识到什么样的一些事业使得人们变得更好或变得更坏——无论是 599d5

δημοσίᾳ, λέγε ἡμῖν τίς τῶν πόλεων διὰ σὲ βέλτιον ᾤκησεν, ὥσπερ διὰ Λυκοῦργον Λακεδαίμων καὶ δι' ἄλλους πολλοὺς
e πολλαὶ μεγάλαι τε καὶ σμικραί; σὲ δὲ τίς αἰτιᾶται πόλις νομοθέτην ἀγαθὸν γεγονέναι καὶ σφᾶς ὠφεληκέναι; Χαρώνδαν μὲν γὰρ Ἰταλία καὶ Σικελία, καὶ ἡμεῖς Σόλωνα· σὲ δὲ τίς; ἕξει τινὰ εἰπεῖν;

Οὐκ οἶμαι, ἔφη ὁ Γλαύκων· οὔκουν λέγεταί γε οὐδ' ὑπ' αὐτῶν Ὁμηριδῶν.

600 Ἀλλὰ δή τις πόλεμος ἐπὶ Ὁμήρου ὑπ' ἐκείνου ἄρχοντος ἢ συμβουλεύοντος εὖ πολεμηθεὶς μνημονεύεται;

Οὐδείς.

Ἀλλ' οἷα δὴ εἰς τὰ ἔργα σοφοῦ ἀνδρὸς πολλαὶ ἐπίνοιαι καὶ εὐμήχανοι εἰς τέχνας ἤ τινας ἄλλας πράξεις λέγονται, ὥσπερ αὖ Θάλεώ τε πέρι τοῦ Μιλησίου καὶ Ἀναχάρσιος τοῦ Σκύθου;

Οὐδαμῶς τοιοῦτον οὐδέν.

Ἀλλὰ δὴ εἰ μὴ δημοσίᾳ, ἰδίᾳ τισὶν ἡγεμὼν παιδείας αὐτὸς ζῶν λέγεται Ὅμηρος γενέσθαι, οἳ ἐκεῖνον ἠγάπων ἐπὶ
b συνουσίᾳ καὶ τοῖς ὑστέροις ὁδόν τινα παρέδοσαν βίου Ὁμηρικήν, ὥσπερ Πυθαγόρας αὐτός τε διαφερόντως ἐπὶ τούτῳ ἠγαπήθη, καὶ οἱ ὕστεροι ἔτι καὶ νῦν Πυθαγόρειον τρόπον ἐπονομάζοντες τοῦ βίου διαφανεῖς πῃ δοκοῦσιν εἶναι ἐν τοῖς ἄλλοις;

Οὐδ' αὖ, ἔφη, τοιοῦτον οὐδὲν λέγεται. ὁ γὰρ Κρεώφυλος, ὦ Σώκρατες, ἴσως, ὁ τοῦ Ὁμήρου ἑταῖρος, τοῦ ὀνόματος ἂν γελοιότερος ἔτι πρὸς παιδείαν φανείη, εἰ τὰ λεγόμενα περὶ Ὁμήρου ἀληθῆ. λέγεται γὰρ ὡς πολλή τις ἀμέλεια περὶ
c αὐτὸν ἦν ἐπ' αὐτοῦ ἐκείνου, ὅτε ἔζη.

Λέγεται γὰρ οὖν, ἦν δ' ἐγώ. ἀλλ' οἴει, ὦ Γλαύκων, εἰ

e 1 αἰτιάσεται Aristides e 2 χαρώνδαν A D : χαίρων δ' ἂν F : χαρωνίδην M e 3 γὰρ A D M : om. F Aristides e 5 γε post οἶμαι add Aristides γλαύκων] λάκων Aristides a 4 εἰς A² F D M : om. A b 2 διαφερόντως] ὑπερβαλλόντως Aristides b 3 ὕστεροι A F M : ὕστερον D c 1 ἐπ'] ὑπ' Adam

在私人方面，还是在公共方面——，那么，就请你告诉我们，诸城邦中哪个城邦是由于你而已经被治理得更好了，就像由于吕寇耳戈斯[2870]拉栖岱蒙[2871]〈被治理得更好了〉，以及由于其他许多人，许许多多无论是大的还是小的城邦〈被治理得更好了〉那样？而哪个城邦把下面这点归功 599e1
于你呢[2872]，即出现了一位优秀的立法者并且已经使之受益？因为，意大利和西西里会归功于卡戎达斯[2873]，我们则归功于梭伦，而哪个城邦会归功于你呢？他将能够说出某个城邦来吗？

我认为不能，格劳孔回应道。至少没有任何城邦能被那些荷马的模 599e5
仿者或崇拜者本人说出来[2874]。

那么，在荷马的时代[2875]究竟哪一场战争是由于在他的统帅或出谋 600a1
划策下打了胜仗而被记住了呢？

一场也没有。

但竟然会如同针对一个智慧的人的各种各样的业绩那样，许许多多
的发明[2876]和精巧的设计——无论是同各种技艺相关的，还是同一些其 600a5
他的实践活动相关的——被说成〈属于他〉吗，正如复又在米利都人泰勒斯和西徐亚人阿那卡尔西斯[2877]身上〈所发生的〉？

绝对没有诸如此类的情况。

那好，如果在公共方面没有这样的情况，那么，在私人方面，当荷
马本人还活着时，对一些人来说，他被称作成为了教育方面的一位领袖 600a10
吗，而那些人为了〈与之〉交往[2878]而爱戴他，并且他们为后来的人们 600b1
提供了一条荷马式的生活道路，就像毕达哥拉斯本人就为此而格外地被爱戴那样，并且〈他的〉那些后继者，由于他们甚至现在都仍然把〈他
们的〉生活方式称为毕达哥拉斯式的方式，所以他们在某种方式上于其 600b5
他人中间看起来是引人注目的？

也没有，他回应道，任何一件诸如此类的事情被说过。因为，克瑞俄孚罗斯，苏格拉底啊，荷马的朋友，他有可能在其名字方面显得比〈他受过的〉一种教育还要更为可笑[2879]，如果关于荷马所说的那些事情是真的的话。因为，据说对他的某种巨大的忽视甚至就出现在他自己的
那个时代[2880]，当他还活着时。 600c1

的的确确这样被说过，我说道。但你认为，格劳孔啊，如果荷马

τῷ ὄντι οἷός τ' ἦν παιδεύειν ἀνθρώπους καὶ βελτίους ἀπ-
εργάζεσθαι Ὅμηρος, ἅτε περὶ τούτων οὐ μιμεῖσθαι ἀλλὰ
γιγνώσκειν δυνάμενος, οὐκ ἄρ' ἂν πολλοὺς ἑταίρους ἐποιή-
σατο καὶ ἐτιμᾶτο καὶ ἠγαπᾶτο ὑπ' αὐτῶν, ἀλλὰ Πρωταγόρας
μὲν ἄρα ὁ Ἀβδηρίτης καὶ Πρόδικος ὁ Κεῖος καὶ ἄλλοι πάμ-
πολλοι δύνανται τοῖς ἐφ' ἑαυτῶν παριστάναι ἰδίᾳ συγγιγνό-
μενοι ὡς οὔτε οἰκίαν οὔτε πόλιν τὴν αὐτῶν διοικεῖν οἷοί τ' d
ἔσονται, ἐὰν μὴ σφεῖς αὐτῶν ἐπιστατήσωσιν τῆς παιδείας,
καὶ ἐπὶ ταύτῃ τῇ σοφίᾳ οὕτω σφόδρα φιλοῦνται, ὥστε μόνον
οὐκ ἐπὶ ταῖς κεφαλαῖς περιφέρουσιν αὐτοὺς οἱ ἑταῖροι·
Ὅμηρον δ' ἄρα οἱ ἐπ' ἐκείνου, εἴπερ οἷός τ' ἦν πρὸς ἀρετὴν
ὀνῆσαι ἀνθρώπους, ἢ Ἡσίοδον ῥαψῳδεῖν ἂν περιιόντας εἴων,
καὶ οὐχὶ μᾶλλον ἂν αὐτῶν ἀντείχοντο ἢ τοῦ χρυσοῦ καὶ
ἠνάγκαζον παρὰ σφίσιν οἴκοι εἶναι, ἢ εἰ μὴ ἔπειθον, αὐτοὶ ἂν e
ἐπαιδαγώγουν ὅπῃ ἦσαν, ἕως ἱκανῶς παιδείας μεταλάβοιεν;

Παντάπασιν, ἔφη, δοκεῖς μοι, ὦ Σώκρατες, ἀληθῆ λέγειν.

Οὐκοῦν τιθῶμεν ἀπὸ Ὁμήρου ἀρξαμένους πάντας τοὺς
ποιητικοὺς μιμητὰς εἰδώλων ἀρετῆς εἶναι καὶ τῶν ἄλλων
περὶ ὧν ποιοῦσιν, τῆς δὲ ἀληθείας οὐχ ἅπτεσθαι, ἀλλ' ὥσπερ
νυνδὴ ἐλέγομεν, ὁ ζωγράφος σκυτοτόμον ποιήσει δοκοῦντα
εἶναι, αὐτός τε οὐκ ἐπαΐων περὶ σκυτοτομίας καὶ τοῖς μὴ 601
ἐπαΐουσιν, ἐκ τῶν χρωμάτων δὲ καὶ σχημάτων θεωροῦσιν;

Πάνυ μὲν οὖν.

Οὕτω δὴ οἶμαι καὶ τὸν ποιητικὸν φήσομεν χρώματα ἄττα
ἑκάστων τῶν τεχνῶν τοῖς ὀνόμασι καὶ ῥήμασιν ἐπιχρωματί-
ζειν αὐτὸν οὐκ ἐπαΐοντα ἀλλ' ἢ μιμεῖσθαι, ὥστε ἑτέροις
τοιούτοις ἐκ τῶν λόγων θεωροῦσι δοκεῖν, ἐάντε περὶ σκυτο-
τομίας τις λέγῃ ἐν μέτρῳ καὶ ῥυθμῷ καὶ ἁρμονίᾳ, πάνυ εὖ

d 2 ἐπιστατήσωσι τῆς παιδείας A M : τῆς παιδείας ἐπιστατήσωσι F D Eusebius   d 6 ὀνῆσαι Aristidis codex unus: ὀνεῖναι A D f: ὂν εἶναι F : ὀνίναι A^{2} M : ὀνινάναι ci. Matthiae   e 4 ἀρξαμένους A F D M : ἀρξάμενοι Aristides Eusebius   a 6 αὐτὸν . . . ἑτέροις F D M et in marg. A : om. A   ἀλλ' ἢ F D : ἀλλὰ A M   ἑτέροις F D : ἐν τοῖς A M   a 8 ἐν μέτρῳ . . . a 9 λέγεσθαι F D M et in marg. A : om. A

在是的方式上能够教育人们，并且能够把他们成就为一些更加优秀的人——因为关于这些事情，他不只是能够模仿它们，而且能够认识它们——，那么，他岂不肯定会使得许多人成为朋友，并且被他们所尊敬 600c5
和爱戴；而阿布得剌人[2881]普罗塔戈拉和刻俄斯人普洛狄科斯[2882]，以及其他非常多的人，他们事实上都确实能够把下面这些放进在他们自己的那个时代的那些人的脑袋里[2883]——通过私下与他们进行交往——，那就是：那些人将既不能够治理好他们自己的家庭，也不能够治理好他们 600d1
自己的城邦，除非他们能够监管那些人的教育[2884]，并且为了这种智慧他们如此强烈地被热爱，以至于〈他们的〉那些朋友几乎[2885]把他们扛在肩上[2886]到处转来转去。至于荷马，在他那个时代的那些人，如果他 600d5
真的能够在德性方面有益于人们的话——或者还有赫西俄德——，那么，那些人竟然会一直听任他们〈四处云游〉朗诵诗歌，而不是粘着他们甚于对金钱〈的执着〉，并且迫使这些人与他们自己一起留在家里，或者，如果他们没有说服〈这些人〉，那么，这些人前往哪里，他们自 600e1
己就会跟随他们到哪里[2887]，直到他们充分地接受了一种教育为止？

你完完全全，他回应道，在我看来，苏格拉底啊，说得正确。

那么，我们岂不应该把从荷马开始的所有那些擅长诗艺的人都确定为是德性之图像的模仿者，以及是他们所创作的其他那些事情的模仿 600e5
者，但他们并没有触及真，而是如我们刚才所说的那样，画家将创作出一个看起来是一位鞋匠的东西，尽管他自己对制鞋是不精通的，并且 601a1
〈他为他们创作出那个东西〉的那些人〈对之〉也是不精通，因为他们只是从各种颜色和形态上进行观看而已？

完全如此。

那么，同样地，我认为，我们将宣称，那擅长诗艺的人也用各种各样的语词和各种各样的辞令[2888]来为〈他们所模仿的〉每一门技艺抹上某些颜色，虽然他自己〈对那些技艺〉一窍不通，除了[2889]〈对之〉进 601a5
行模仿之外，以至于在另外一些如〈他们〉那样基于各种各样的话语来进行观望的人看来：关于制鞋，如果有人以韵律的方式[2890]，以及用一

δοκεῖν λέγεσθαι, ἐάντε περὶ στρατηγίας ἐάντε περὶ ἄλλου
b ὁτουοῦν· οὕτω φύσει αὐτὰ ταῦτα μεγάλην τινὰ κήλησιν ἔχειν. ἐπεὶ γυμνωθέντα γε τῶν τῆς μουσικῆς χρωμάτων τὰ τῶν ποιητῶν, αὐτὰ ἐφ' αὑτῶν λεγόμενα, οἶμαί σε εἰδέναι οἷα φαίνεται. τεθέασαι γάρ που.

Ἔγωγ', ἔφη.

Οὐκοῦν, ἦν δ' ἐγώ, ἔοικεν τοῖς τῶν ὡραίων προσώποις, καλῶν δὲ μή, οἷα γίγνεται ἰδεῖν ὅταν αὐτὰ τὸ ἄνθος προλίπῃ;

Παντάπασιν, ἦ δ' ὅς.

Ἴθι δή, τόδε ἄθρει· ὁ τοῦ εἰδώλου ποιητής, ὁ μιμητής, φαμέν, τοῦ μὲν ὄντος οὐδὲν ἐπαΐει, τοῦ δὲ φαινομένου· οὐχ
c οὕτως;

Ναί.

Μὴ τοίνυν ἡμίσεως αὐτὸ καταλίπωμεν ῥηθέν, ἀλλ' ἱκανῶς ἴδωμεν.

Λέγε, ἔφη.

Ζωγράφος, φαμέν, ἡνίας τε γράψει καὶ χαλινόν;

Ναί.

Ποιήσει δέ γε σκυτοτόμος καὶ χαλκεύς;

Πάνυ γε.

Ἆρ' οὖν ἐπαΐει οἵας δεῖ τὰς ἡνίας εἶναι καὶ τὸν χαλινὸν ὁ γραφεύς; ἢ οὐδ' ὁ ποιήσας, ὅ τε χαλκεὺς καὶ ὁ σκυτεύς, ἀλλ' ἐκεῖνος ὅσπερ τούτοις ἐπίσταται χρῆσθαι, μόνος ὁ ἱππικός;

Ἀληθέστατα.

Ἆρ' οὖν οὐ περὶ πάντα οὕτω φήσομεν ἔχειν;

Πῶς;

d Περὶ ἕκαστον ταύτας τινὰς τρεῖς τέχνας εἶναι, χρησομένην, ποιήσουσαν, μιμησομένην;

Ναί.

b 3 λεγόμενα A F D M : γενόμενα A² b 4 που] ἢ οὔ Eusebius c 3 ἡμίσεως A D M : ἡμίσεος A² F : ἐφ' ἡμίσεως scr. Mon. : ἐξ ἡμίσεως vel ἡμισέως ci. Stephanus αὐτὸ A M : αὐτὸν F : αὐτῷ D c 11 ὅ A F M : οὔτε D

种节奏和一种调式[2891]来说它，那么，他就会看起来说得非常好，即使
是关于领兵，还是关于任何别的事情〈也同样如此〉；因为这些〈表达 601b1
方式〉自身[2892]在本性上就具有如此巨大的某种魅力。既然，当诗人们
〈所说〉的那些事情被剥去了在文艺方面的各种颜色[2893]，它们自身就其
自身被说时，我认为你知道它们会显得是什么样子。因为你肯定见到过。

我当然〈见到过〉，他说道。 601b5

它们岂不，我说道，就像那些风华正茂但并不漂亮的人的脸蛋[2894]，每当青春之花抛弃它们时，它们变得看起来的那样？

完全如此，他回应道。

那就来吧！请你再看看下面这点：图像的创造者，即模仿者，我们宣 601b10
称，关于是者，他无疑一窍不通，而只是对现象有所精通。难道不是这样？ 601c1

是。

那好，让我们不要让它被说了一半就将之抛下[2895]，而是让我们充分地看一看。

你只管说，他说道。 601c5

一位画家，我们声称，他将画缰绳以及一副嚼铁吗？

是的。

但将制造〈它们〉的，肯定是一位皮匠和一位铁匠？

当然。

那么，是不是画家就懂得缰绳以及嚼铁必须是什么样子的呢？还 601c10
是说，甚至连那制造〈它们〉的人——即铁匠以及皮匠——，其实也不懂得，而恰恰只有那个知道如何使用这些东西的人，即精通马的人[2896]，才懂得？

非常正确。

那么，关于所有一切，我们岂不将宣称都是这样？ 601c15

为何？

因为就每一样东西来说，是不是都有着这样三种技艺，即进行使用 601d1
的技艺，进行创制的技艺，进行模仿的技艺？

是。

Οὐκοῦν ἀρετὴ καὶ κάλλος καὶ ὀρθότης ἑκάστου σκεύους καὶ ζῴου καὶ πράξεως οὐ πρὸς ἄλλο τι ἢ τὴν χρείαν ἐστίν, πρὸς ἣν ἂν ἕκαστον ᾖ πεποιημένον ἢ πεφυκός;

Οὕτως.

Πολλὴ ἄρα ἀνάγκη τὸν χρώμενον ἑκάστῳ ἐμπειρότατόν τε εἶναι καὶ ἄγγελον γίγνεσθαι τῷ ποιητῇ οἷα ἀγαθὰ ἢ κακὰ ποιεῖ ἐν τῇ χρείᾳ ᾧ χρῆται· οἷον αὐλητής που αὐλοποιῷ
ἐξαγγέλλει περὶ τῶν αὐλῶν, οἳ ἂν ὑπηρετῶσιν ἐν τῷ αὐλεῖν, e
καὶ ἐπιτάξει οἵους δεῖ ποιεῖν, ὁ δ' ὑπηρετήσει.

Πῶς δ' οὔ;

Οὐκοῦν ὁ μὲν εἰδὼς ἐξαγγέλλει περὶ χρηστῶν καὶ πονηρῶν αὐλῶν, ὁ δὲ πιστεύων ποιήσει;

Ναί.

Τοῦ αὐτοῦ ἄρα σκεύους ὁ μὲν ποιητὴς πίστιν ὀρθὴν ἕξει περὶ κάλλους τε καὶ πονηρίας, συνὼν τῷ εἰδότι καὶ ἀναγκα-
ζόμενος ἀκούειν παρὰ τοῦ εἰδότος, ὁ δὲ χρώμενος ἐπιστήμην. 602 a

Πάνυ γε.

Ὁ δὲ μιμητὴς πότερον ἐκ τοῦ χρῆσθαι ἐπιστήμην ἕξει περὶ ὧν ἂν γράφῃ, εἴτε καλὰ καὶ ὀρθὰ εἴτε μή, ἢ δόξαν ὀρθὴν διὰ τὸ ἐξ ἀνάγκης συνεῖναι τῷ εἰδότι καὶ ἐπιτάττεσθαι οἷα χρὴ γράφειν;

Οὐδέτερα.

Οὔτε ἄρα εἴσεται οὔτε ὀρθὰ δοξάσει ὁ μιμητὴς περὶ ὧν ἂν μιμῆται πρὸς κάλλος ἢ πονηρίαν.

Οὐκ ἔοικεν.

Χαρίεις ἂν εἴη ὁ ἐν τῇ ποιήσει μιμητικὸς πρὸς σοφίαν περὶ ὧν ἂν ποιῇ.

Οὐ πάνυ.

Ἀλλ' οὖν δὴ ὅμως γε μιμήσεται, οὐκ εἰδὼς περὶ ἑκάστου b
ὅπῃ πονηρὸν ἢ χρηστόν· ἀλλ', ὡς ἔοικεν, οἷον φαίνεται

d 6 πρὸς F D M : om. A e 1 οἳ A M : οἷα F D ὑπηρετῶσιν] an ὑπερέχωσιν ? Adam e 2 ὑπηρετήσει A F M : ὑπηρέτης εἶ D a 2 πάνυ . . . a 3 ἐπιστήμην A F M : om. D (in marg. ναί, ἔφη· ὁ δὲ γράφων ἐπιστήμην d) a 4 περὶ F D : om. A M

那么，每一种器具、活物以及行动之德性、美丽和正确，它们岂不都不与其他任何东西相关，而是同使用相关[2897]，正是为了它，每样东西才已经被创制出来了，或者〈自然地〉生成出来了？ 601d5

是这样。

因此，下面这点就是极其必然的：那使用着每样东西的人既是最有经验的，也成为一个报告者，即向创制者报告，他所使用的东西在使用中如何运行得好，或者运行得坏；例如，一位吹笛手肯定会向制笛人汇报在吹笛中可能服务〈于他〉的那些笛子，并且将吩咐〈那人〉应当〈为他〉创制出一些什么样的笛子，而制笛人则将服务〈于他〉。 601d10 601e1

为何不呢？

因此，岂不是知道者对那些好的以及坏的笛子进行报告，而相信〈他〉的人则将创制出〈它们〉？ 601e5

是的。

那么，就同一件器具来说，一方面，创制者将在优劣方面对之拥有一种正确的信念，因为他同知道者交往，并且被迫听从知道者，另一方面，使用者则将对之拥有一种知识。 602a1

当然。

至于模仿者，他将从使用中对他可能描绘的那些东西拥有一种知识呢，即〈知道它们是〉美的和正确的，抑或不，还是说，将通过下面这样而拥有一种正确的意见，那就是，被迫同知道者进行交往并且〈从那人那里〉接受命令，即他必须描绘出一些什么样的东西来？ 602a5

两者都不。

因此，就优或者劣来说，模仿者关于他可能模仿的那些东西将既不知道，也不持有正确的意见。

似乎不。 602a10

那在诗歌方面擅长模仿的人，他关于他可能创作的那些东西就智慧来说会是一个优雅的人[2898]。

不完全是。

然而，即使是这样，他无疑仍将进行模仿，尽管关于每一样东西它究竟在哪方面是坏的或好的，他都一无所知；但是，如看起来的那样， 602b1

καλὸν εἶναι τοῖς πολλοῖς τε καὶ μηδὲν εἰδόσιν, τοῦτο μιμήσεται.

Τί γὰρ ἄλλο;

Ταῦτα μὲν δή, ὥς γε φαίνεται, ἐπιεικῶς ἡμῖν διωμολόγηται, τόν τε μιμητικὸν μηδὲν εἰδέναι ἄξιον λόγου περὶ ὧν μιμεῖται, ἀλλ' εἶναι παιδιάν τινα καὶ οὐ σπουδὴν τὴν μίμησιν, τούς τε τῆς τραγικῆς ποιήσεως ἁπτομένους ἐν ἰαμβείοις καὶ ἐν ἔπεσι πάντας εἶναι μιμητικοὺς ὡς οἷόν τε μάλιστα.

Πάνυ μὲν οὖν.

c Πρὸς Διός, ἦν δ' ἐγώ, τὸ δὲ δὴ μιμεῖσθαι τοῦτο οὐ περὶ τρίτον μέν τί ἐστιν ἀπὸ τῆς ἀληθείας; ἢ γάρ;

Ναί.

Πρὸς δὲ δὴ ποῖόν τί ἐστιν τῶν τοῦ ἀνθρώπου ἔχον τὴν δύναμιν ἣν ἔχει;

Τοῦ ποίου τινὸς πέρι λέγεις;

Τοῦ τοιοῦδε· ταὐτόν που ἡμῖν μέγεθος ἐγγύθεν τε καὶ πόρρωθεν διὰ τῆς ὄψεως οὐκ ἴσον φαίνεται.

Οὐ γάρ.

Καὶ ταὐτὰ καμπύλα τε καὶ εὐθέα ἐν ὕδατί τε θεωμένοις καὶ ἔξω, καὶ κοῖλά τε δὴ καὶ ἐξέχοντα διὰ τὴν περὶ τὰ χρώματα αὖ πλάνην τῆς ὄψεως, καὶ πᾶσά τις ταραχὴ δήλη
d ἡμῖν ἐνοῦσα αὕτη ἐν τῇ ψυχῇ· ᾧ δὴ ἡμῶν τῷ παθήματι τῆς φύσεως ἡ σκιαγραφία ἐπιθεμένη γοητείας οὐδὲν ἀπολείπει, καὶ ἡ θαυματοποιία καὶ αἱ ἄλλαι πολλαὶ τοιαῦται μηχαναί.

'Αληθῆ.

Ἆρ' οὖν οὐ τὸ μετρεῖν καὶ ἀριθμεῖν καὶ ἱστάναι βοήθειαι χαριέσταται πρὸς αὐτὰ ἐφάνησαν, ὥστε μὴ ἄρχειν ἐν ἡμῖν τὸ φαινόμενον μεῖζον ἢ ἔλαττον ἢ πλέον ἢ βαρύτερον, ἀλλὰ τὸ λογισάμενον καὶ μετρῆσαν ἢ καὶ στῆσαν;

Πῶς γὰρ οὔ;

b 8 οὐ om. F   c 1 δὴ A F: om. D M   c 4 τῶν A D: τῷ F: τὸ A[2] M   d 1 αὕτη D: αὐτὴ A F M   d 3 αἱ A M: om. F D   d 7 ὥστε A M: ὥς γε F D

哪种东西对大众——他们其实也一无所知——显得是美的，他就将模仿哪种东西。

难道还能是别的？ 602b5

那么，就这些事情，无论如何都如显得的那样，我们已经相当地达成了一致[2899]，那就是：擅长模仿的人，他关于他所模仿的那些事情并不知道任何值得一提的东西[2900]，而模仿只是某种游戏和不严肃的事情而已，所有那些致力于悲剧诗的人，无论是用抑扬格的方式，还是用史诗[2901]的方式，他们都在最高的方式上[2902]是一些擅长模仿的人。 602b10

完全如此。

宙斯在上！我说道，那么，这种模仿活动，一方面，它是关乎从真 602c1
往下排在第三位的东西[2903]。是这样吗？

是。

另一方面，就人身上的各个部分来说，它究竟针对其中的哪一个部 602c5
分而具有它所具有的能力呢？

你是在说哪一个部分吗？

下面这样一个部分：同一大小的东西，通过视觉从近处看和从远处看，它无疑对我们显得并不相等。

的确不。

并且同一些东西，它们〈对我们显得〉既是弯曲的，又是笔直的—— 602c10
当我们在水里面和水外面看它们时——，而且也肯定〈对我们显得〉既是凹陷的，又是凸出的——复又由于〈我们的〉视觉在颜色方面的错乱——，
并且每一种这样的混乱都明显内在于我们的灵魂中。而事实上，虚影画 602d1
就是通过致力于我们本性中的这种情状[2904]，它才一点也不缺少欺骗，而且无论是变戏法，还是其他许许多多诸如此类的把戏[2905]，也都同样如此。

正确。 602d5

那么，测量、计算和称重[2906]，面对这些事情，它们岂不显得是一些最可贵的帮助吗，以至于在我们身上进行统治的，不是那显得是更大的东西，或者更小的东西，或者更多的东西，或者更重的东西，而是那进行计算的东西、进行测量的东西，甚或进行称重的东西[2907]？

那还用说？ 602d10

Ἀλλὰ μὴν τοῦτό γε τοῦ λογιστικοῦ ἂν εἴη τοῦ ἐν ψυχῇ e
ἔργον.

Τούτου γὰρ οὖν.

Τούτῳ δὲ πολλάκις μετρήσαντι καὶ σημαίνοντι μείζω ἄττα εἶναι ἢ ἐλάττω ἕτερα ἑτέρων ἢ ἴσα τἀναντία φαίνεται ἅμα περὶ ταὐτά.

Ναί.

Οὐκοῦν ἔφαμεν τῷ αὐτῷ ἅμα περὶ ταὐτὰ ἐναντία δοξάζειν ἀδύνατον εἶναι;

Καὶ ὀρθῶς γ' ἔφαμεν.

Τὸ παρὰ τὰ μέτρα ἄρα δοξάζον τῆς ψυχῆς τῷ κατὰ τὰ 603
μέτρα οὐκ ἂν εἴη ταὐτόν.

Οὐ γὰρ οὖν.

Ἀλλὰ μὴν τὸ μέτρῳ γε καὶ λογισμῷ πιστεῦον βέλτιστον ἂν εἴη τῆς ψυχῆς.

Τί μήν;

Τὸ ἄρα τούτῳ ἐναντιούμενον τῶν φαύλων ἄν τι εἴη ἐν ἡμῖν.

Ἀνάγκη.

Τοῦτο τοίνυν διομολογήσασθαι βουλόμενος ἔλεγον ὅτι ἡ γραφικὴ καὶ ὅλως ἡ μιμητικὴ πόρρω μὲν τῆς ἀληθείας ὂν τὸ αὑτῆς ἔργον ἀπεργάζεται, πόρρω δ' αὖ φρονήσεως ὄντι τῷ
ἐν ἡμῖν προσομιλεῖ τε καὶ ἑταίρα καὶ φίλη ἐστὶν ἐπ' οὐδενὶ b
ὑγιεῖ οὐδ' ἀληθεῖ.

Παντάπασιν, ἦ δ' ὅς.

Φαύλη ἄρα φαύλῳ συγγιγνομένη φαῦλα γεννᾷ ἡ μιμητική.

Ἔοικεν.

Πότερον, ἦν δ' ἐγώ, ἡ κατὰ τὴν ὄψιν μόνον, ἢ καὶ κατὰ τὴν ἀκοήν, ἣν δὴ ποίησιν ὀνομάζομεν;

Εἰκός γ', ἔφη, καὶ ταύτην.

e 1 εἴη A F M: ᾖ D   e 4 τούτῳ] τῷ ci. Schleiermacher
e 6 ἅμα περὶ ταὐτά om. Adam   b 6 καὶ A²F D M: om. A
ἡ ante κατὰ add. Mon.

当然，这无论如何都会属于在灵魂中的那个计算性的部分的一种工作。 602e1

的确属于那个部分。

而对于这个部分，即使当它进行测量并且显示出一些东西比另一些东西是更大的，或者是更小的，或者是相等的之后，关于同样这些东西，一些相反的情况〈仍然〉经常同时对〈一个人〉显现出来。 602e5

是的。

我们岂不说过，同一种东西同时关于同样的事情持有相反的意见，这是不可能的[2908]？

我们也肯定说得正确。 602e10

因此，灵魂中那违背各种尺度而形成意见的部分，同那依照各种尺度〈而形成意见〉的部分[2909]，不会是同一个部分。 603a1

肯定不。

当然，那信赖尺度和计算的部分，它无论如何都会是灵魂中的最好的部分。 603a5

为何不呢？

那么，与之正相反对的那个部分，就会是我们身上那些低劣的部分中的一个。

必然。

那好，正因为我希望这点〈能够〉被达成一致，所以我才说了下面这些，那就是：绘画术，并且一般说来，模仿术，一方面，它产生出它的作品，而该作品是远离真的，另一方面，它又同在我们身上那远离明智的部分进行交往，并且它既不着眼于任何健康的东西，也不着眼于任何真的东西而是〈其〉伴侣和朋友。 603a10 603b1

完全如此。

因此模仿术，一种低劣的东西，它同低劣者交往而生出一些低劣者。

似乎是这样。 603b5

只是有，我说道，同视觉相关的模仿术呢，还是说也有同听觉相关的，而我们事实上将之命名为诗歌？

完全有可能，他回应道，也有这种模仿术。

Μὴ τοίνυν, ἦν δ' ἐγώ, τῷ εἰκότι μόνον πιστεύσωμεν ἐκ τῆς γραφικῆς, ἀλλὰ καὶ ἐπ' αὐτὸ αὖ ἔλθωμεν τῆς διανοίας c τοῦτο ᾧ προσομιλεῖ ἡ τῆς ποιήσεως μιμητική, καὶ ἴδωμεν φαῦλον ἢ σπουδαῖόν ἐστιν.

Ἀλλὰ χρή.

Ὧδε δὴ προθώμεθα· πράττοντας, φαμέν, ἀνθρώπους μιμεῖται ἡ μιμητικὴ βιαίους ἢ ἑκουσίας πράξεις, καὶ ἐκ τοῦ πράττειν ἢ εὖ οἰομένους ἢ κακῶς πεπραγέναι, καὶ ἐν τούτοις δὴ πᾶσιν ἢ λυπουμένους ἢ χαίροντας. μή τι ἄλλο ἦν παρὰ ταῦτα;

Οὐδέν.

Ἆρ' οὖν ἐν ἅπασι τούτοις ὁμονοητικῶς ἄνθρωπος διάκει-d ται; ἢ ὥσπερ κατὰ τὴν ὄψιν ἐστασίαζεν καὶ ἐναντίας εἶχεν ἐν ἑαυτῷ δόξας ἅμα περὶ τῶν αὐτῶν, οὕτω καὶ ἐν ταῖς πράξεσι στασιάζει τε καὶ μάχεται αὐτὸς αὑτῷ; ἀναμιμνῄσκομαι δὲ ὅτι τοῦτό γε νῦν οὐδὲν δεῖ ἡμᾶς διομολογεῖσθαι· ἐν γὰρ τοῖς ἄνω λόγοις ἱκανῶς πάντα ταῦτα διωμολογησάμεθα, ὅτι μυρίων τοιούτων ἐναντιωμάτων ἅμα γιγνομένων ἡ ψυχὴ γέμει ἡμῶν.

Ὀρθῶς, ἔφη.

Ὀρθῶς γάρ, ἦν δ' ἐγώ· ἀλλ' ὃ τότε ἀπελίπομεν, νῦν μοι e δοκεῖ ἀναγκαῖον εἶναι διεξελθεῖν.

Τὸ ποῖον; ἔφη.

Ἀνήρ, ἦν δ' ἐγώ, ἐπιεικὴς τοιᾶσδε τύχης μετασχών, ὑὸν ἀπολέσας ἤ τι ἄλλο ὧν περὶ πλείστου ποιεῖται, ἐλέγομέν που καὶ τότε ὅτι ῥᾷστα οἴσει τῶν ἄλλων.

Πάνυ γε.

Νῦν δέ γε τόδ' ἐπισκεψώμεθα, πότερον οὐδὲν ἀχθέσεται, ἢ τοῦτο μὲν ἀδύνατον, μετριάσει δέ πως πρὸς λύπην.

Οὕτω μᾶλλον, ἔφη, τό γε ἀληθές.

b 9 πιστεύσωμεν A D M : πιστεύομεν F : πιστεύωμεν recc. c 7 πᾶσιν ἢ F D M : πᾶσιν A : πᾶσι A² ἦν Ast : ᾖ A M : ᾗ F D d 5 πάντα ταῦτα A F : ταῦτα πάντα D d 9 ἀπελίπομεν] ἀπελείπομεν F e 3 τύχης F D Stobaeus : ψυχῆς A M

那好，就不要让我们，我说道，仅仅基于绘画术来相信这种可能
性，而是还要让我们复又前往思想中的这个部分那里——即诗歌这种模 603b10
仿术恰恰与之进行交往的那个部分——，并且让我们看看它是低劣的 603c1
呢，还是卓越的。

当然必须。

那就让我们以下面这种方式来进行展示。当人们采取行动时，我们 603c5
说，模仿术模仿〈他们的〉那些被迫的或者自愿的行为[2910]，并且人们事实上是基于行动来设想或者已经行动得好，或者已经行动得坏，以及在所有这些情形下或者感到痛苦，或者感到喜悦。除了这些之外，难道还有别的什么事情吗？

没有。

那么，是不是在所有这些情形下，一个人都处于一条心的状态中 603c10
呢[2911]？还是说，就像在视觉那里他〈经常〉发生内讧，并且在他自己 603d1
身上关于同一些事情同时具有一些相反的意见那样，同样地，在各种行为那里他也发生内讧，并且自己同自己进行战斗？然而，我想起了下面这点，那就是：关于这件事，我们无论如何现在都无需还要对之达成一
致；因为，在前面的那些讨论中[2912]，我们已经充分地对所有这些都达 603d5
成了一致，〈说〉我们的灵魂充满了成千上万诸如此类同时生起的不相容的东西。

正确，他说道。

确实正确，我说道；只不过那时我们所遗留的那件事，目前在我看 603e1
来必须得详述一下。

何种事情？他说道。

一个得体的人，我说道，即使他遇到了如此大的一种不幸，如失去一位儿子，或者他最为看重[2913]的那些东西中的其他某种东西[2914]，我们
那时也肯定说过，他将远比其他人更容易忍受它。 603e5

的确。

但现在让我们考虑一下下面这点，那就是，他根本就不感到痛苦呢，还是说，这虽然是不可能的，但他在痛苦面前无论如何都有所节制。

后面这样肯定，他说道，更为真实。

Τόδε νῦν μοι περὶ αὐτοῦ εἰπέ· πότερον μᾶλλον αὐτὸν 604 οἴει τῇ λύπῃ μαχεῖσθαί τε καὶ ἀντιτείνειν, ὅταν ὁρᾶται ὑπὸ τῶν ὁμοίων, ἢ ὅταν ἐν ἐρημίᾳ μόνος αὐτὸς καθ' αὑτὸν γίγνηται;

Πολύ που, ἔφη, διοίσει, ὅταν ὁρᾶται.

Μονωθεὶς δέ γε οἶμαι πολλὰ μὲν τολμήσει φθέγξασθαι, ἃ εἴ τις αὐτοῦ ἀκούοι αἰσχύνοιτ' ἄν, πολλὰ δὲ ποιήσει, ἃ οὐκ ἂν δέξαιτό τινα ἰδεῖν δρῶντα.

Οὕτως ἔχει, ἔφη.

Οὐκοῦν τὸ μὲν ἀντιτείνειν διακελευόμενον λόγος καὶ νόμος ἐστίν, τὸ δὲ ἕλκον ἐπὶ τὰς λύπας αὐτὸ τὸ πάθος; b

Ἀληθῆ.

Ἐναντίας δὲ ἀγωγῆς γιγνομένης ἐν τῷ ἀνθρώπῳ περὶ τὸ αὐτὸ ἅμα, δύο φαμὲν αὐτῷ ἀναγκαῖον εἶναι.

Πῶς δ' οὔ;

Οὐκοῦν τὸ μὲν ἕτερον τῷ νόμῳ ἕτοιμον πείθεσθαι, ᾗ ὁ νόμος ἐξηγεῖται;

Πῶς;

Λέγει που ὁ νόμος ὅτι κάλλιστον ὅτι μάλιστα ἡσυχίαν ἄγειν ἐν ταῖς συμφοραῖς καὶ μὴ ἀγανακτεῖν, ὡς οὔτε δήλου ὄντος τοῦ ἀγαθοῦ τε καὶ κακοῦ τῶν τοιούτων, οὔτε εἰς τὸ πρόσθεν οὐδὲν προβαῖνον τῷ χαλεπῶς φέροντι, οὔτε τι τῶν ἀνθρωπίνων ἄξιον ὂν μεγάλης σπουδῆς, ὅ τε δεῖ ἐν αὐτοῖς c ὅτι τάχιστα παραγίγνεσθαι ἡμῖν, τούτῳ ἐμποδὼν γιγνόμενον τὸ λυπεῖσθαι.

Τίνι, ἦ δ' ὅς, λέγεις;

Τῷ βουλεύεσθαι, ἦν δ' ἐγώ, περὶ τὸ γεγονὸς καὶ ὥσπερ ἐν πτώσει κύβων πρὸς τὰ πεπτωκότα τίθεσθαι τὰ αὑτοῦ

a 1 τόδε F: τὸ δὲ A D M a 2 μαχεῖσθαι] μάχεσθαι Stobaeus ἀντιτείνειν] ἀντιτενεῖν scr. Mon. b 3 δὲ] δὲ δὴ Stobaeus b 4 δύο A F D M Stobaeus: δύο τινὲ scr. Mon. φαμὲν] ἔφαμεν Stobaeus: ἔφαμεν ἐν scr. Mon. αὐτῷ Morgenstern: αὐτὸ F: αὑτῷ A D M: δὴ Stobaeus b 6 ᾗ A M: ἡ F D c 1 ὅ τε A F D M: ὅτι A²

关于他，现在请你告诉我下面这点，那就是：你认为，他将更加 604a1
〈努力地〉与痛苦作斗争并且抵御它，是每当他被那些〈与他处于〉同
等地位的人[2915]所看到的时候呢，还是说，每当他自己独自在其自身地
处于孤独中的时候？

他无疑将远为，他回应道，表现得不同[2916]，当他被人看见时。 604a5

而当他孤零零地一个人时，我认为，他不仅将敢于说出许许多多的话，而那些话他会羞于将之说出来，如果有人听到他〈说的〉话，而且将做出许许多多他不会容许[2917]任何人看见他做的事情来[2918]。

是这样，他说道。

那么，鼓励他抵御〈痛苦〉的，岂不是理性和礼法，而把他拖拽向 604a10
痛苦的，则是遭遇本身[2919]？ 604b1

正确。

然而，既然在人身上关于同样的事情同时出现了相反的牵引，那么，我们宣称，对他来说必然是两种〈不同的牵引〉[2920]。

为何不呢？ 604b5

那么，两者中的一个岂不肯定〈总是〉准备听从礼法，无论礼法〈把它〉引领向哪里？

以何种方式？

礼法无论如何都会说，下面这样才是最高贵的，那就是在各种各
样的不幸那里，尽可能地保持平静[2921]并且不感到恼怒；因为：诸如此 604b10
类的那些事情的好处以及坏处都是不清楚的[2922]；一个人，即使他怒气
冲冲地进行忍受，这也无助于他继续往前走；属人的那些事情，其中也
没有任何一件是值得非常认真地加以追求的，而在各种各样的不幸那 604c1
里[2923]应当尽可能快地〈前来〉支持我们的那种东西[2924]，感到悲痛〈事实上〉对它来说成为了一个绊脚石。

何种〈支持〉，他说道，你在说？

那就是进行深思熟虑，我说道，对已经发生的事情，并且就像在骰 604c5
子[2925]的下落那里一样，面对已经落地的骰子，〈一个人应当〉以理性

πράγματα, ὅπῃ ὁ λόγος αἱρεῖ βέλτιστ' ἂν ἔχειν, ἀλλὰ μὴ
προσπταίσαντας καθάπερ παῖδας ἐχομένους τοῦ πληγέντος
ἐν τῷ βοᾶν διατρίβειν, ἀλλ' ἀεὶ ἐθίζειν τὴν ψυχὴν ὅτι
d τάχιστα γίγνεσθαι πρὸς τὸ ἰᾶσθαί τε καὶ ἐπανορθοῦν τὸ
πεσόν τε καὶ νοσῆσαν, ἰατρικῇ θρηνῳδίαν ἀφανίζοντα.

Ὀρθότατα γοῦν ἄν τις, ἔφη, πρὸς τὰς τύχας οὕτω προσφέροιτο.

Οὐκοῦν, φαμέν, τὸ μὲν βέλτιστον τούτῳ τῷ λογισμῷ ἐθέλει ἕπεσθαι.

Δῆλον δή.

Τὸ δὲ πρὸς τὰς ἀναμνήσεις τε τοῦ πάθους καὶ πρὸς τοὺς ὀδυρμοὺς ἄγον καὶ ἀπλήστως ἔχον αὐτῶν ἆρ' οὐκ ἀλόγιστόν τε φήσομεν εἶναι καὶ ἀργὸν καὶ δειλίας φίλον;

Φήσομεν μὲν οὖν.

e Οὐκοῦν τὸ μὲν πολλὴν μίμησιν καὶ ποικίλην ἔχει, τὸ
ἀγανακτητικόν, τὸ δὲ φρόνιμόν τε καὶ ἡσύχιον ἦθος, παραπλήσιον ὂν ἀεὶ αὐτὸ αὐτῷ, οὔτε ῥᾴδιον μιμήσασθαι οὔτε μιμουμένου εὐπετὲς καταμαθεῖν, ἄλλως τε καὶ πανηγύρει καὶ παντοδαποῖς ἀνθρώποις εἰς θέατρα συλλεγομένοις· ἀλλοτρίου γάρ που πάθους ἡ μίμησις αὐτοῖς γίγνεται.

605 Παντάπασι μὲν οὖν.

Ὁ δὴ μιμητικὸς ποιητὴς δῆλον ὅτι οὐ πρὸς τὸ τοιοῦτον τῆς ψυχῆς πέφυκέ τε καὶ ἡ σοφία αὐτοῦ τούτῳ ἀρέσκειν πέπηγεν, εἰ μέλλει εὐδοκιμήσειν ἐν τοῖς πολλοῖς, ἀλλὰ

c 7 αἱρεῖ int. vers. F Plutarchus Stobaeus: ἐρεῖ A M: ἔρρει pr. F D c 8 προσπταίσαντας A D M Plutarchus: προσπαίσαντας F Stobaeus πληγέντος F D Plutarchus Stobaeus: πλήττοντος A M d 1 τὸ A F D M Stobaeus: τῷ scr. Mon. τε καὶ A D M: καὶ F d 2 ἰατρικῇ Plutarchus Stobaeus: ἰατρικὴν A M: ἰατρικὴν καὶ F D et fort. pr. A d 3 γ' ἂν οὖν Stobaeus d 5 τούτῳ A F D M Stobaeus: που τούτῳ A² vulg. d 8 τὰς A D M: om. F τοὺς int. vers. F e 2 ἀγανακτητικόν A M: ἀγανακτικόν F D Proclus Stobaeus (et mox a 5) e 3 αὐτὸ A² M Stobaeus: om. A F D e 4 μιμουμένου F D: μιμούμενον A M: μιμουμένους Stobaeus a 3 πέφυκέ et a 4 πέπηγεν transp. ci. Valckenaer: πέφυκε tanquam ad πέπηγεν adscriptum secluserim, sed legit iam Proclus τε pr. A: ^τγε A (sed γ in ras.): γε F D

证明[2926]会是最好的那种方式来安排他自己的各种事情，而不是像孩子们那样，当他们绊倒之后，他们就捂住被撞伤的地方在嚎啕大哭中消磨时间；相反，〈一个人应当〉总是让〈他自己的〉灵魂尽可能快地习惯〈如下面这样做〉，那就是：致力于[2927]医治并且恢复那已经受伤[2928]和 604d1
在生病的部分，从而用一种医术来抹平悲痛。

无论如何都非常正确，如果一个人，他说道，以这种方式来对待各种不幸的话[2929]。

那么，我们岂不会宣称，一方面，〈灵魂中〉那最好的部分愿意听 604d5
从这种计算。

的确显而易见。

另一方面，把〈一个人〉引向对〈他自己的〉遭受的各种各样的回忆以及引向各种各样的悲叹，并且对它们不感到满足的那个部分，我们岂不将宣称，它是缺乏计算的和懒惰的，并且是懦弱的一位朋友？ 604d10

我们肯定将这样宣称。

于是，那个易恼怒的部分[2930]，它无疑接受许许多多并且色彩斑斓 604e1
的模仿，而明智和安静的性格，由于它同它自己始终是差不多同样的，因而既不容易模仿〈它〉，即使〈有人〉模仿了〈它〉，那也不容易〈对之〉进行理解，尤其是[2931]在一个泛希腊的节庆上[2932]对聚集到一个剧场里的那些五花八门的人来说，因为对他们而言，出现的无论如何都 604e5
是对一种异己的遭受的模仿。

完全如此。 605a1

因此，下面这点就是显而易见的，那就是：那擅长模仿的诗人，他生来就并不朝向灵魂中的这样一个部分，并且他的智慧也并不一心要取悦这个部分[2933]——如果他打算将在众人那里博取一种好名声的话——，

πρὸς τὸ ἀγανακτητικόν τε καὶ ποικίλον ἦθος διὰ τὸ εὐμίμητον εἶναι.

Δῆλον.

Οὐκοῦν δικαίως ἂν αὐτοῦ ἤδη ἐπιλαμβανοίμεθα, καὶ τιθεῖμεν ἀντίστροφον αὐτὸν τῷ ζωγράφῳ· καὶ γὰρ τῷ φαῦλα ποιεῖν πρὸς ἀλήθειαν ἔοικεν αὐτῷ, καὶ τῷ πρὸς ἕτερον τοι-
οῦτον ὁμιλεῖν τῆς ψυχῆς ἀλλὰ μὴ πρὸς τὸ βέλτιστον, καὶ b
ταύτῃ ὡμοίωται. καὶ οὕτως ἤδη ἂν ἐν δίκῃ οὐ παραδεχοίμεθα εἰς μέλλουσαν εὐνομεῖσθαι πόλιν, ὅτι τοῦτο ἐγείρει τῆς ψυχῆς καὶ τρέφει καὶ ἰσχυρὸν ποιῶν ἀπόλλυσι τὸ λογιστικόν, ὥσπερ ἐν πόλει ὅταν τις μοχθηροὺς ἐγκρατεῖς ποιῶν παραδιδῷ τὴν πόλιν, τοὺς δὲ χαριεστέρους φθείρῃ· ταὐτὸν καὶ τὸν μιμητικὸν ποιητὴν φήσομεν κακὴν πολιτείαν ἰδίᾳ ἑκάστου τῇ ψυχῇ ἐμποιεῖν, τῷ ἀνοήτῳ αὐτῆς
χαριζόμενον καὶ οὔτε τὰ μείζω οὔτε τὰ ἐλάττω διαγιγνώ- c
σκοντι, ἀλλὰ τὰ αὐτὰ τοτὲ μὲν μεγάλα ἡγουμένῳ, τοτὲ δὲ σμικρά, εἴδωλα εἰδωλοποιοῦντα, τοῦ δὲ ἀληθοῦς πόρρω πάνυ ἀφεστῶτα.

Πάνυ μὲν οὖν.

Οὐ μέντοι πω τό γε μέγιστον κατηγορήκαμεν αὐτῆς. τὸ γὰρ καὶ τοὺς ἐπιεικεῖς ἱκανὴν εἶναι λωβᾶσθαι, ἐκτὸς πάνυ τινῶν ὀλίγων, πάνδεινόν που.

Τί δ' οὐ μέλλει, εἴπερ γε δρᾷ αὐτό;

Ἀκούων σκόπει. οἱ γάρ που βέλτιστοι ἡμῶν ἀκροώμενοι Ὁμήρου ἢ ἄλλου τινὸς τῶν τραγῳδοποιῶν μιμουμένου
τινὰ τῶν ἡρώων ἐν πένθει ὄντα καὶ μακρὰν ῥῆσιν ἀποτεί- d
νοντα ἐν τοῖς ὀδυρμοῖς ἢ καὶ ᾄδοντάς τε καὶ κοπτομένους, οἶσθ' ὅτι χαιρομέν τε καὶ ἐνδόντες ἡμᾶς αὐτοὺς ἑπόμεθα συμπάσχοντες καὶ σπουδάζοντες ἐπαινοῦμεν ὡς ἀγαθὸν ποιητήν, ὃς ἂν ἡμᾶς ὅτι μάλιστα οὕτω διαθῇ.

a 5 ἦθος A F M: ἔθος D b 6 φθείρῃ A M: φθείρει F D c 3 εἰδωλοποιοῦντα pr. F (ut videtur): εἰδωλοποιοῦντι A D M f c 4 ἀφεστῶτα] ἀφεστῶτι scr. recc. c 9 δρᾷ αὐτό: ἀκούων A F M: δρᾷ: αὐτοῦ ἀκούων D d 2 ἢ καὶ ᾄδοντας A D M: καὶ ᾄδοντας F: ἢ κλάοντας ci. Ast

而毋宁是朝向那个易恼怒的并且色彩斑斓的性格，因为〈这种性格〉是 605a5
容易模仿的。

显然。

因此，我们现在就可以正当地攻击他了[2934]，并且我们会把他确定
为画家的一种配对物[2935]；因为不仅在下面这点上他同后者相似，那
就是相较于真创作出一些低劣的东西，而且就同灵魂中的另外的这样 605a10
一个部分[2936]进行交往，而不同那最好的部分进行交往来说，在这方面 605b1
他也已经与之一模一样。并且正由于这点，我们现在可以公正地[2937]不
把〈那擅长模仿的诗人〉接纳进一个想被治理得好的城邦中[2938]，因为
他〈还进一步〉唤醒灵魂中的这个部分并养育它，并且通过使之变得强
壮来毁灭那个计算性的部分，就像在一个城邦那里〈所发生〉的那样，
每当一个人〈不仅〉通过让一些邪恶的人成为掌权者而把城邦交到〈他 605b5
们〉手上，而且还毁掉那些比较杰出的人。以同样的方式，我们也将
宣称，那擅长模仿的诗人也在私人方面通过下面这样而在每一个人的灵
魂中产生出一种坏的城邦体制，那就是：使灵魂的无理智的部分感到高 605c1
兴，而这个部分既不能够分辨各种较大的东西，也不能够分辨各种较
小的东西，而是相信同样的东西时而是大的，时而是小的，因为他〈只
是〉在制作出一些图像，而已经非常远地离开了真的东西。

完全如此。 605c5

然而，我们其实还没有在最大的方面指控诗歌[2939]。因为下面
这点——那就是，它甚至能够摧残那些得体的人，极少的一些人除
外——，无论如何都是非常可怕的。

它怎么不将〈是非常可怕的〉呢，假如它真的做那件事的话？

那就请你通过听〈下面这些〉来进行考虑。我想[2940]，甚至我们中 605c10
那些最优秀的人，当他们听见荷马或者悲剧诗人中的其他任何一位模仿
英雄中的某个人〈如何〉是在痛苦中，以及〈如何〉在〈他的〉那些悲 605d1
痛中铺陈开一番长长的言辞，甚或〈一些英雄如何〉哀号[2941]以及捶打
胸膛[2942]，你知道，那时我们既感到高兴，也通过把我们自己交出去而
进行跟随，因为我们有着同样的感受[2943]，并且我们严肃地把一个人称
赞为一位优秀的诗人，只要他能够尽可能地把我们置于这样一种境地。 605d5

Οἶδα· πῶς δ' οὔ;

Ὅταν δὲ οἰκεῖόν τινι ἡμῶν κῆδος γένηται, ἐννοεῖς αὖ ὅτι ἐπὶ τῷ ἐναντίῳ καλλωπιζόμεθα, ἂν δυνώμεθα ἡσυχίαν ἄγειν
e καὶ καρτερεῖν, ὡς τοῦτο μὲν ἀνδρὸς ὄν, ἐκεῖνο δὲ γυναικός, ὃ τότε ἐπῃνοῦμεν.

Ἐννοῶ, ἔφη.

Ἦ καλῶς οὖν, ἦν δ' ἐγώ, οὗτος ὁ ἔπαινος ἔχει, τὸ ὁρῶντα τοιοῦτον ἄνδρα, οἷον ἑαυτόν τις μὴ ἀξιοῖ εἶναι ἀλλ' αἰσχύνοιτο ἄν, μὴ βδελύττεσθαι ἀλλὰ χαίρειν τε καὶ ἐπαινεῖν;

Οὐ μὰ τὸν Δί', ἔφη, οὐκ εὐλόγῳ ἔοικεν.

606 Ναί, ἦν δ' ἐγώ, εἰ ἐκείνῃ γ' αὐτὸ σκοποίης.

Πῇ;

Εἰ ἐνθυμοῖο ὅτι τὸ βίᾳ κατεχόμενον τότε ἐν ταῖς οἰκείαις συμφοραῖς καὶ πεπεινηκὸς τοῦ δακρῦσαί τε καὶ ἀποδύρασθαι ἱκανῶς καὶ ἀποπλησθῆναι, φύσει ὂν τοιοῦτον οἷον τούτων ἐπιθυμεῖν, τότ' ἐστὶν τοῦτο τὸ ὑπὸ τῶν ποιητῶν πιμπλάμενον καὶ χαῖρον· τὸ δὲ φύσει βέλτιστον ἡμῶν, ἅτε οὐχ ἱκανῶς πεπαιδευμένον λόγῳ οὐδὲ ἔθει, ἀνίησιν τὴν φυλακὴν τοῦ
b θρηνώδους τούτου, ἅτε ἀλλότρια πάθη θεωροῦν καὶ ἑαυτῷ οὐδὲν αἰσχρὸν ὂν εἰ ἄλλος ἀνὴρ ἀγαθὸς φάσκων εἶναι ἀκαίρως πενθεῖ, τοῦτον ἐπαινεῖν καὶ ἐλεεῖν, ἀλλ' ἐκεῖνο κερδαίνειν ἡγεῖται, τὴν ἡδονήν, καὶ οὐκ ἂν δέξαιτο αὐτῆς στερηθῆναι καταφρονήσας ὅλου τοῦ ποιήματος. λογίζεσθαι γὰρ οἶμαι ὀλίγοις τισὶν μέτεστιν ὅτι ἀπολαύειν ἀνάγκη ἀπὸ τῶν ἀλλοτρίων εἰς τὰ οἰκεῖα· θρέψαντα γὰρ ἐν ἐκείνοις ἰσχυρὸν τὸ ἐλεινὸν οὐ ῥᾴδιον ἐν τοῖς αὑτοῦ πάθεσι κατέχειν.

c Ἀληθέστατα, ἔφη.

Ἆρ' οὖν οὐχ ὁ αὐτὸς λόγος καὶ περὶ τοῦ γελοίου; ὅτι, ἂν αὐτὸς αἰσχύνοιο γελωτοποιῶν, ἐν μιμήσει δὲ κωμῳδικῇ ἢ

a 1 εἰ ἐκείνῃ A M : εἰεκείν F : ἐκείνῃ D a 6 τότ' ἐστὶν τοῦτο] τοῦτό ἐστι scr. Mon. b 6 ἀπολαύειν A F D M : ἀπολλύειν A^2 : ἀπολαβεῖν Ast c 2 οὖν οὐχ F D : οὐχ A M ὅτι, ἂν Schneider : ὅτι ἂν A F D M : ὅταν ἃ ci. Madvig c 3 αἰσχύνοιο A F M : αἰσχύνοις D δὲ] δὴ ci. Madvig κωμῳδικῇ ἢ καὶ A M : κωμῳδικὴν καὶ F : κωμῳδικῇ καὶ D

我知道，为何不呢？

而每当一种属于一个人自己的痛苦发生在我们中的任何一个人身上，那时你复又会注意到：我们恰恰为相反的情形感到自豪[2944]，如果我们能够保持平静和忍耐的话，因为这才是属于一个男子的〈品格〉，605e1 而我们从前曾赞美过的那种〈品格〉则是属于一个女人的。

我注意到了，他说道。

那么，我说道，难道这种赞美是正确的吗，也就是说，当一个人看见这样一种人，他认为他自己不值得是那个样子，而是会对之感到羞 605e5 耻，难道〈他〉不会〈对之〉感到厌恶，而是兴高采烈并且大加赞许？

不会，宙斯在上！他回应道，那看起来不是合情合理的。

是的，我说道，尤其是如果你以那种方式来看它的话。606a1

哪种方式？

如果你进行如此考虑的话，那就是：从前在属于自己的那些不幸中被用强力抑制住、渴望流泪和酣畅淋漓地痛哭一场并得到满足的那个部分——因为它生来就是这样一个欲求这些东西[2945]的部分——，这 606a5 个部分那时就是被诗人们所满足和感到高兴的那个部分；而我们中生来最好的那个部分，由于它既没有被讨论[2946]也没有被习惯所充分地教育过，它放松了对这个易悲戚的部分的看守，因为它是在观看属于别人的那些遭受，并且对〈一个人〉自己来说没有什么是可羞愧的[2947]，如果 606b1 其他某个人，他虽然声称自己是一个高贵的人，却不合时宜地嚎啕痛哭的话，那么，他会称赞和怜悯这个人，而且把那视作是在享受[2948]，即快乐，并且不会通过鄙视整个的诗作而容许自己被剥夺掉它。因为，我 606b5 认为，计算到下面这点，〈只有〉少量的一些人才对之有份儿[2949]，那就是：从他人的那些遭受中感到享受[2950]，这必然会〈传递〉到属于自己的那些遭受上；因为，生起怜悯之情的那个部分[2951]，当它在〈其他人的〉那些遭受中被养育得强壮之后，就不容易在他自己的那些遭受中被抑制住了。

非常正确，他说道。606c1

那么，同样的讨论[2952]岂不也适用于那个喜欢笑的部分？因为，会不会这样，那就是，你自己会羞于开玩笑的那些事情[2953]，但在一种喜

καὶ ἰδίᾳ ἀκούων σφόδρα χαρῇς καὶ μὴ μισῇς ὡς πονηρά, ταὐτὸν ποιεῖς ὅπερ ἐν τοῖς ἐλέοις; ὃ γὰρ τῷ λόγῳ αὖ κατεῖχες ἐν σαυτῷ βουλόμενον γελωτοποιεῖν, φοβούμενος δόξαν βωμολοχίας, τότ' αὖ ἀνιεῖς, καὶ ἐκεῖ νεανικὸν ποιήσας ἔλαθες πολλάκις ἐν τοῖς οἰκείοις ἐξενεχθεὶς ὥστε κωμῳδοποιὸς γενέσθαι.

Καὶ μάλα, ἔφη.

Καὶ περὶ ἀφροδισίων δὴ καὶ θυμοῦ καὶ περὶ πάντων τῶν d ἐπιθυμητικῶν τε καὶ λυπηρῶν καὶ ἡδέων ἐν τῇ ψυχῇ, ἃ δή φαμεν πάσῃ πράξει ἡμῖν ἕπεσθαι, ὅτι τοιαῦτα ἡμᾶς ἡ ποιητικὴ μίμησις ἐργάζεται· τρέφει γὰρ ταῦτα ἄρδουσα, δέον αὐχμεῖν, καὶ ἄρχοντα ἡμῖν καθίστησιν, δέον ἄρχεσθαι αὐτὰ ἵνα βελτίους τε καὶ εὐδαιμονέστεροι ἀντὶ χειρόνων καὶ ἀθλιωτέρων γιγνώμεθα.

Οὐκ ἔχω ἄλλως φάναι, ἦ δ' ὅς.

Οὐκοῦν, εἶπον, ὦ Γλαύκων, ὅταν Ὁμήρου ἐπαινέταις e ἐντύχῃς λέγουσιν ὡς τὴν Ἑλλάδα πεπαίδευκεν οὗτος ὁ ποιητὴς καὶ πρὸς διοίκησίν τε καὶ παιδείαν τῶν ἀνθρωπίνων πραγμάτων ἄξιος ἀναλαβόντι μανθάνειν τε καὶ κατὰ τοῦτον τὸν ποιητὴν πάντα τὸν αὑτοῦ βίον κατασκευασάμενον ζῆν, φιλεῖν μὲν χρὴ καὶ ἀσπάζεσθαι ὡς ὄντας βελτίστους εἰς 607 ὅσον δύνανται, καὶ συγχωρεῖν Ὅμηρον ποιητικώτατον εἶναι καὶ πρῶτον τῶν τραγῳδοποιῶν, εἰδέναι δὲ ὅτι ὅσον μόνον ὕμνους θεοῖς καὶ ἐγκώμια τοῖς ἀγαθοῖς ποιήσεως παραδεκτέον εἰς πόλιν· εἰ δὲ τὴν ἡδυσμένην Μοῦσαν παραδέξῃ ἐν μέλεσιν ἢ ἔπεσιν, ἡδονή σοι καὶ λύπη ἐν τῇ πόλει βασιλεύσετον ἀντὶ νόμου τε καὶ τοῦ κοινῇ ἀεὶ δόξαντος εἶναι βελτίστου λόγου.

Ἀληθέστατα, ἔφη.

Ταῦτα δή, ἔφην, ἀπολελογήσθω ἡμῖν ἀναμνησθεῖσιν περὶ b

c 4 μὴ μισῇς A (sed ὴ in ras. μιμήσῃς fuit): μιμήσῃς F D: μιμήσῃ M c 5 αὖ] ἂν ci. Madvig c 7 ἀνιεῖς] ἂν εἴης A F M: ἀνείης D: ἀνίης recc. a 4 ὕμνους . . . παραδεκτέον A F M: ὑκτέον D: ἐκτέον scr. *D*: οὐχ ἐκτέον scr. Mon. b 1 ἀπολελογήσθω M: ἀπολελογείσθω F: ἀπολελογείσθω A D

剧性的模仿那里[2954]，甚或私底下，你却非常乐于听到它们，并且也不会把它们作为一些下流的东西进行憎恶，就像你在各种怜悯中做同样的 606c5
事情那样？因为，当你复又想讲笑话时，你凭借理性而将之在你自己身上抑制住的那种东西，因为你害怕一种滑稽之名声，那时你再度听之任之，并且一旦你已经在那里[2955]使之变得活跃了，那你就经常不知不觉地在属于自己的那些事情上被带偏[2956]，以至于成为了一位喜剧诗人。

的确如此，他说道。 606c10

事实上，还有关于属于阿佛洛狄忒的那些事情和愤怒，以及关于 606d1
在灵魂中所有欲望性的东西、令人感到痛苦的东西和让人感到快乐的东西——我们肯定会说，它们同我们所有的行动相伴随——，诗艺性的模仿在我们身上也同样达成了诸如此类的后果。因为，它通过浇灌来养育这些东西，尽管它们本应干枯，并且把它们确立为在我们身上进行统 606d5
治的东西，虽然它们本应被统治——为了我们能够成为更优秀和更幸福的，而不是成为更糟糕和更不幸的——。

我不可能说别的什么，他说道。

因此，我说道，格劳孔啊，每当你遇见了荷马的一些赞美者[2957]—— 606e1
他们说，这位诗人已经教育了希腊，并且属于人的各种各样的事情，无论是就其治理而言，还是就其教育来说，都值得一个人〈把他的那些诗作〉拿起来进行学习[2958]，以及通过根据这位诗人来进行安排而过完一 606e5
个人自己的整个一生[2959]——，那时，一方面，你必须热爱和尊敬〈这些人〉，因为，就他们所能够的而言，他们都是一些最优秀的人，并且 607a1
同意在那些悲剧诗人中，荷马既是最擅长诗艺的，也是第一人；另一方面，你则必须知道下面这些，那就是：就诗歌来说，恰恰只有[2960]那些对诸神的颂歌和对各种各样优秀的人的赞歌，它们才应当被接纳进一个城邦中[2961]，而如果你容许那令人感到快乐的缪斯进入——无论是用抒 607a5
情诗[2962]，还是用史诗——，那么，对你来说在城邦中将做国王的〈那两种东西〉[2963]，是快乐和痛苦，而不是礼法以及在任何情形下[2964]都始终看起来是最好的理性。

非常正确，他说道。

那么，我说道，当我们对诗歌进行了回顾之后，就让这些成为我 607b1

ποιήσεως, ὅτι εἰκότως ἄρα τότε αὐτὴν ἐκ τῆς πόλεως ἀπεστέλλομεν τοιαύτην οὖσαν· ὁ γὰρ λόγος ἡμᾶς ᾕρει. προσείπωμεν δὲ αὐτῇ, μὴ καί τινα σκληρότητα ἡμῶν καὶ ἀγροικίαν καταγνῷ, ὅτι παλαιὰ μέν τις διαφορὰ φιλοσοφίᾳ τε καὶ ποιητικῇ· καὶ γὰρ ἡ "λακέρυζα πρὸς δεσπόταν κύων" ἐκείνη "κραυγάζουσα" καὶ "μέγας ἐν ἀφρόνων κενε-
c αγορίαισι" καὶ ὁ "τῶν διασόφων ὄχλος κρατῶν" καὶ οἱ "λεπτῶς μεριμνῶντες," ὅτι ἄρα "πένονται," καὶ ἄλλα μυρία σημεῖα παλαιᾶς ἐναντιώσεως τούτων. ὅμως δὲ εἰρήσθω ὅτι ἡμεῖς γε, εἴ τινα ἔχοι λόγον εἰπεῖν ἡ πρὸς ἡδονὴν ποιητικὴ καὶ ἡ μίμησις, ὡς χρὴ αὐτὴν εἶναι ἐν πόλει εὐνομουμένῃ, ἄσμενοι ἂν καταδεχοίμεθα, ὡς σύνισμέν γε ἡμῖν αὐτοῖς κηλουμένοις ὑπ' αὐτῆς· ἀλλὰ γὰρ τὸ δοκοῦν ἀληθὲς οὐχ ὅσιον προδιδόναι. ἦ γάρ, ὦ φίλε, οὐ κηλῇ ὑπ' αὐτῆς
d καὶ σύ, καὶ μάλιστα ὅταν δι' Ὁμήρου θεωρῇς αὐτήν;

Πολύ γε.

Οὐκοῦν δικαία ἐστὶν οὕτω κατιέναι, ἀπολογησαμένη ἐν μέλει ἤ τινι ἄλλῳ μέτρῳ;

Πάνυ μὲν οὖν.

Δοῖμεν δέ γέ που ἂν καὶ τοῖς προστάταις αὐτῆς, ὅσοι μὴ ποιητικοί, φιλοποιηταὶ δέ, ἄνευ μέτρου λόγον ὑπὲρ αὐτῆς εἰπεῖν, ὡς οὐ μόνον ἡδεῖα ἀλλὰ καὶ ὠφελίμη πρὸς τὰς πολιτείας καὶ τὸν βίον τὸν ἀνθρώπινόν ἐστιν· καὶ εὐμενῶς ἀκου-
e σόμεθα. κερδανοῦμεν γάρ που ἐὰν μὴ μόνον ἡδεῖα φανῇ ἀλλὰ καὶ ὠφελίμη.

Πῶς δ' οὐ μέλλομεν, ἔφη, κερδαίνειν;

Εἰ δέ γε μή, ὦ φίλε ἑταῖρε, ὥσπερ οἱ ποτέ του ἐρα-

b 2 ὅτι A M : ὅτε F D b 6 ποιητικῇ A F D M : μιμητικῇ A² δεσπόταν A F M : δέσποτα D b 7 κραυγάζουσα A D M : κράζουσα F c 1 διασόφων] δία σοφῶν A : διὰ σοφῶν D : διασοφῶν F M : λίαν σοφῶν ci. Herwerden κρατῶν] κράτων Adam c 5 εἶναι ἐν πόλει A F D : ἐν πόλει εἶναι M c 6 καταδεχοίμεθα A F D : δεχοίμεθα A² M d 1 μάλιστα A D : μάλιστα δὲ F d 3 ἀπολογησαμένη A : ἀπολογισαμένη F D : ἀπολογησομένη A² M d 4 ἤ τινι A F M : ἔτι D μέτρῳ A F D M : γρ. τρόπῳ in marg. A d 6 ὅσοι A F M : om. D

们关于下面这点的一种自我辩护吧，也即是说，我们那时毕竟是合情合理地在把它从城邦中驱逐出去，既然它是如此这般的一种东西；因为理性向我们证明了这点[2965]。不过让我们另外再对它说说下面这点，免得它由于〈我们的〉某种生硬和粗俗而指责我们[2966]，那就是：其实在热 607b5
爱智慧和诗艺之间有着一种古老的分歧；例如，那条“狂吠的母狗冲着主人”“汪汪直叫”，以及“一个在蠢人们的那些空谈中的大师”，还 607c1
有“一群非常智慧的乌合之众在进行统治[2967]”，还有那些“精妙地冥思苦想者”，其实在〈冥思苦想〉“他们处于穷苦中”[2968]，并且其他成千上万的〈说法都是〉这两者之间的一种古老的不和的迹象。然而，即使是这样，还是让下面这些被说出来，那就是：我们无论如何都会——如果那旨在快乐的诗艺和〈普泛〉模仿[2969]能够说出某种道理，说它应 607c5
当是在一个被治理得好的城邦中——，乐于把它〈从放逐中〉重新接回家[2970]，既然我们已经意识到我们自己确实被它迷住了；当然，如果一种东西看起来是真的，那么，放弃它就〈定然〉不是虔敬的。是这样吗，朋友啊，甚至连你也被它迷住了，尤其是当你通过荷马来观看它时？ 607d1

当然。

那么，它岂不有权以这种方式〈从放逐中〉回家，当它进行自我辩护之后，无论是用抒情的调子，还是用某种其他的韵律？

完全如此。 607d5

而我们无论如何都肯定会允许它的所有那些捍卫者[2971]——他们虽然不是擅长诗艺的，却是热爱诗人的——，用一种没有韵律的言辞来替它说话[2972]，那就是，它不仅是令人快乐的，而且无论是对于各种城邦体制来说，还是对于属人的生活来说，它也都是有益的；并且我们也将心平气和地进行听。因为，我们无论如何都将获利，如果它显得不仅是 607e1
令人快乐的，而且是对人有益的。

我们为何不将，他说道，获利呢？

否则的话，亲爱的朋友啊，就恰如曾经爱恋上某个人的那些人一

σθέντες, ἐὰν ἡγήσωνται μὴ ὠφέλιμον εἶναι τὸν ἔρωτα, βίᾳ μέν, ὅμως δὲ ἀπέχονται, καὶ ἡμεῖς οὕτως, διὰ τὸν ἐγγεγονότα μὲν ἔρωτα τῆς τοιαύτης ποιήσεως ὑπὸ τῆς τῶν καλῶν πολιτειῶν τροφῆς, εὖνοι μὲν ἐσόμεθα φανῆναι αὐτὴν ὡς βελτίστην 608 καὶ ἀληθεστάτην, ἕως δ' ἂν μὴ οἵα τ' ᾖ ἀπολογήσασθαι, ἀκροασόμεθ' αὐτῆς ἐπᾴδοντες ἡμῖν αὐτοῖς τοῦτον τὸν λόγον, ὃν λέγομεν, καὶ ταύτην τὴν ἐπῳδήν, εὐλαβούμενοι πάλιν ἐμπεσεῖν εἰς τὸν παιδικόν τε καὶ τὸν τῶν πολλῶν ἔρωτα. ᾀσόμεθα δ' οὖν ὡς οὐ σπουδαστέον ἐπὶ τῇ τοιαύτῃ ποιήσει ὡς ἀληθείας τε ἁπτομένῃ καὶ σπουδαίᾳ, ἀλλ' εὐλαβητέον αὐτὴν ὂν τῷ ἀκροωμένῳ, περὶ τῆς ἐν αὑτῷ πολιτείας δεδιότι, b καὶ νομιστέα ἅπερ εἰρήκαμεν περὶ ποιήσεως.

Παντάπασιν, ἦ δ' ὅς, σύμφημι.

Μέγας γάρ, ἔφην, ὁ ἀγών, ὦ φίλε Γλαύκων, μέγας, οὐχ ὅσος δοκεῖ, τὸ χρηστὸν ἢ κακὸν γενέσθαι, ὥστε οὔτε τιμῇ ἐπαρθέντα οὔτε χρήμασιν οὔτε ἀρχῇ οὐδεμιᾷ οὐδέ γε ποιητικῇ ἄξιον ἀμελῆσαι δικαιοσύνης τε καὶ τῆς ἄλλης ἀρετῆς.

Σύμφημί σοι, ἔφη, ἐξ ὧν διεληλύθαμεν· οἶμαι δὲ καὶ ἄλλον ὁντινοῦν.

Καὶ μήν, ἦν δ' ἐγώ, τά γε μέγιστα ἐπίχειρα ἀρετῆς καὶ c προκείμενα ἆθλα οὐ διεληλύθαμεν.

Ἀμήχανόν τι, ἔφη, λέγεις μέγεθος, εἰ τῶν εἰρημένων μείζω ἐστὶν ἄλλα.

Τί δ' ἄν, ἦν δ' ἐγώ, ἔν γε ὀλίγῳ χρόνῳ μέγα γένοιτο; πᾶς γὰρ οὗτός γε ὁ ἐκ παιδὸς μέχρι πρεσβύτου χρόνος πρὸς πάντα ὀλίγος πού τις ἂν εἴη.

Οὐδὲν μὲν οὖν, ἔφη.

Τί οὖν; οἴει ἀθανάτῳ πράγματι ὑπὲρ τοσούτου δεῖν χρόνου ἐσπουδακέναι, ἀλλ' οὐχ ὑπὲρ τοῦ παντός; d

Οἶμαι ἔγωγ', ἔφη· ἀλλὰ τί τοῦτο λέγεις;

a 6 ᾀσόμεθα Madvig : αἰσθόμεθα A F D M : εἰσόμεθα scr. Mon. δ' οὖν A F M : δ' D **b 1** ὂν A D M : ὃν F : om. recc. **d 1** οὐχ A² F D M : om. A

样，如果他们认为那种爱恋〈对他们自己来说〉是无益的，那么，即使 607e5
是使用强力[2973]，那他们依然要抑制住自己，而我们也同样如此；因为，既然对诸如此类的诗歌的爱恋是由于那些美好的城邦体制之养育[2974]而
生发出来的，那么，一方面，我们将是友好的，〈如果〉它显得是尽可 608a1
能的好和尽可能的真[2975]的话，另一方面，只要它不能够进行自我辩护，那么，我们就将通过下面这样来听它，那就是，对我们自己念唱[2976]我们〈刚才〉所说的这种话，以及这种咒语，以便提防我们重新陷入那
种孩子气的，以及为大多数人所拥有的爱恋中。因此，我们能够觉察 608a5
到[2977]下面这点：一定不可以严肃对待诸如此类的诗歌，将之作为一种触及真的东西以及一种值得严肃对待的东西，相反，听到它的人必须警
惕，如果他为在他自己身上的那种城邦体制感到担心的话，并且我们关 608b1
于诗歌已经所说的那些，恰恰必须〈作为法律〉被颁布出来[2978]。

我完完全全，他说道，同意。

因为，这是一场巨大的，我说道，竞争，亲爱的格劳孔啊，巨大
的，而不是如它看起来的那样〈小〉，〈它事关一个人〉变得好，还是变 608b5
得坏，以至于他不会因被荣誉所鼓动，或者被钱财所鼓动，或者被任何的统治权所鼓动，或者甚至被一种诗艺所鼓动，就竟然值得去忽略正义以及其他的德性。

我同意你，他说道，基于我们已经详述过的那些；而我认为，任何 608b10
其他人也会同样如此。

事实上[2979]，我说道，关于设立给德性的那些最大的酬报和奖励[2980]， 608c1
我们肯定还没有详述过。

你在说某种无与伦比的，他说道，重大，如果真还有一些其他的东西比已经被说过的那些东西更重大的话。

但什么东西，我说道，竟然会在一个短暂的时间里变得重大呢？因 608c5
为，这全部的时间——从孩提直至老年——，相较于整个的〈时间〉来说，无论如何也只会是一短暂的〈时间〉而已[2981]。

其实什么都不是，他说道。

然后呢？你认为，一种不朽的事物只是应该认真对待如此〈短暂〉
的时间吗，而不是整个的时间[2982]？ 608d1

我肯定〈不那么〉认为，他回应道；但你为何这么说呢？

Οὐκ ᾔσθησαι, ἦν δ' ἐγώ, ὅτι ἀθάνατος ἡμῶν ἡ ψυχὴ καὶ οὐδέποτε ἀπόλλυται;

Καὶ ὃς ἐμβλέψας μοι καὶ θαυμάσας εἶπε· Μὰ Δί', οὐκ ἔγωγε· σὺ δὲ τοῦτ' ἔχεις λέγειν;

Εἰ μὴ ἀδικῶ γ', ἔφην. οἶμαι δὲ καὶ σύ· οὐδὲν γὰρ χαλεπόν.

Ἔμοιγ', ἔφη· σοῦ δ' ἂν ἡδέως ἀκούσαιμι τὸ οὐ χαλεπὸν τοῦτο.

Ἀκούοις ἄν, ἦν δ' ἐγώ.

Λέγε μόνον, ἔφη.

Ἀγαθόν τι, εἶπον, καὶ κακὸν καλεῖς;

Ἔγωγε.

e Ἆρ' οὖν ὥσπερ ἐγὼ περὶ αὐτῶν διανοῇ;

Τὸ ποῖον;

Τὸ μὲν ἀπολλύον καὶ διαφθεῖρον πᾶν τὸ κακὸν εἶναι, τὸ δὲ σῷζον καὶ ὠφελοῦν τὸ ἀγαθόν.

Ἔγωγ', ἔφη.

Τί δέ; κακὸν ἑκάστῳ τι καὶ ἀγαθὸν λέγεις; οἷον ὀφθαλ-
609 μοῖς ὀφθαλμίαν καὶ σύμπαντι τῷ σώματι νόσον, σίτῳ τε ἐρυσίβην, σηπεδόνα τε ξύλοις, χαλκῷ δὲ καὶ σιδήρῳ ἰόν, καί, ὅπερ λέγω, σχεδὸν πᾶσι σύμφυτον ἑκάστῳ κακόν τε καὶ νόσημα;

Ἔγωγ', ἔφη.

Οὐκοῦν ὅταν τῴ τι τούτων προσγένηται, πονηρόν τε ποιεῖ ᾧ προσεγένετο, καὶ τελευτῶν ὅλον διέλυσεν καὶ ἀπώλεσεν;

Πῶς γὰρ οὔ;

Τὸ σύμφυτον ἄρα κακὸν ἑκάστου καὶ ἡ πονηρία ἕκαστον ἀπόλλυσιν, ἢ εἰ μὴ τοῦτο ἀπολεῖ, οὐκ ἂν ἄλλο γε αὐτὸ ἔτι
b διαφθείρειεν. οὐ γὰρ τό γε ἀγαθὸν μή ποτέ τι ἀπολέσῃ, οὐδὲ αὖ τὸ μήτε κακὸν μήτε ἀγαθόν.

Πῶς γὰρ ἄν; ἔφη.

d 5 ἐμβλέψας A D M : ἐπιβλέψας F e 5 ἔγωγ' ἔφη] ἔγωγε τοῦτό γ' ἔφη A² e 6 τι καὶ F D : τί A : τί δὲ καὶ A² a 3 τε A F D : τι M

难道你未曾觉察到下面这件事，我说道，那就是，我们的灵魂是不朽的，并且永不毁灭？

于是他盯着我并且〈满脸〉惊异地说道：没有，宙斯在上！我肯定 608d5
没有〈觉察到〉；但你能够说说这件事吗？

当然，否则我就在行不义[2983]，我说道。而我认为你也能够，因为这不是什么困难的事。

至少对我来说〈是困难的〉，他说道。但我会乐于从你那里听听这 608d10
件不困难的事。

那就请你听吧[2984]！我说道。

你只管说！他说道。

你会把某种东西称作好的，我说道，以及把某种东西称作坏的吗？

我肯定会。

那么，你是不是恰如我那样来思考它们？ 608e1

哪样？

一方面，所有进行毁灭和败坏的，都是坏的东西；另一方面，那进行拯救和助益的，则是好的东西。

我肯定这么宣称[2985]。 608e5

然后呢？对于每一事物，你都会说既有某种坏的东西，也有某种好
的东西吗？例如，〈你会说〉对于眼睛而言是眼炎，对于整个身体而言 609a1
是疾病，对于粮食而言是发霉，对于木头而言是腐烂，而对于铜和铁而言则是生锈；并且，如我所说的那样，差不多对于所有的事物来说，各自都有着一种与生俱来的坏的东西和疾病？

我当然会〈这么说〉，他回应道。 609a5

那么，每当这些东西中的某种东西附着在某种东西身上时，它岂不使得它附着其上的那种东西变得恶劣，并最终把它整个地消解和毁灭？

那还用说？

因此，每一种东西那与生俱来的坏处和恶劣毁灭了每一种东西，或
者，如果这种东西将不能毁灭它，那么，也就肯定没有任何其他东西还 609a10
能够毁灭它。因为，好的东西肯定从不会毁灭任何东西，此外，那既不 609b1
坏也不好的东西也不会[2986]。

〈它们〉怎么会呢？他说道。

Ἐὰν ἄρα τι εὑρίσκωμεν τῶν ὄντων, ᾧ ἔστι μὲν κακὸν ὃ ποιεῖ αὐτὸ μοχθηρόν, τοῦτο μέντοι οὐχ οἷόν τε αὐτὸ λύειν ἀπολλύον, οὐκ ἤδη εἰσόμεθα ὅτι τοῦ πεφυκότος οὕτως ὄλεθρος οὐκ ἦν;

Οὕτως, ἔφη, εἰκός.

Τί οὖν; ἦν δ' ἐγώ· ψυχῇ ἆρ' οὐκ ἔστιν ὃ ποιεῖ αὐτὴν κακήν;

Καὶ μάλα, ἔφη· ἃ νυνδὴ διῇμεν πάντα, ἀδικία τε καὶ ἀκολασία καὶ δειλία καὶ ἀμαθία. c

Ἦ οὖν τι τούτων αὐτὴν διαλύει τε καὶ ἀπόλλυσι; καὶ ἐννόει μὴ ἐξαπατηθῶμεν οἰηθέντες τὸν ἄδικον ἄνθρωπον καὶ ἀνόητον, ὅταν ληφθῇ ἀδικῶν, τότε ἀπολωλέναι ὑπὸ τῆς ἀδικίας, πονηρίας οὔσης ψυχῆς. ἀλλ' ὧδε ποίει· ὥσπερ σῶμα ἡ σώματος πονηρία νόσος οὖσα τήκει καὶ διόλλυσι καὶ ἄγει εἰς τὸ μηδὲ σῶμα εἶναι, καὶ ἃ νυνδὴ ἐλέγομεν ἅπαντα ὑπὸ τῆς οἰκείας κακίας, τῷ προσκαθῆσθαι καὶ ἐνεῖναι d διαφθειρούσης, εἰς τὸ μὴ εἶναι ἀφικνεῖται—οὐχ οὕτω;

Ναί.

Ἴθι δή, καὶ ψυχὴν κατὰ τὸν αὐτὸν τρόπον σκόπει. ἆρα ἐνοῦσα ἐν αὐτῇ ἀδικία καὶ ἡ ἄλλη κακία τῷ ἐνεῖναι καὶ προσκαθῆσθαι φθείρει αὐτὴν καὶ μαραίνει, ἕως ἂν εἰς θάνατον ἀγαγοῦσα τοῦ σώματος χωρίσῃ;

Οὐδαμῶς, ἔφη, τοῦτό γε.

Ἀλλὰ μέντοι ἐκεῖνό γε ἄλογον, ἦν δ' ἐγώ, τὴν μὲν ἄλλου πονηρίαν ἀπολλύναι τι, τὴν δὲ αὑτοῦ μή.

Ἄλογον.

Ἐννόει γάρ, ἦν δ' ἐγώ, ὦ Γλαύκων, ὅτι οὐδ' ὑπὸ τῆς e τῶν σιτίων πονηρίας, ἣ ἂν ᾖ αὐτῶν ἐκείνων, εἴτε παλαιότης εἴτε σαπρότης εἴτε ἡτισοῦν οὖσα, οὐκ οἰόμεθα δεῖν σῶμα ἀπόλλυσθαι· ἀλλ' ἐὰν μὲν ἐμποιῇ ἡ αὐτῶν πονηρία τῶν σιτίων τῷ σώματι σώματος μοχθηρίαν, φήσομεν αὐτὸ δι'

b 9 ψυχῇ . . . b 11 ἃ νῦν A² F D M : om. A   b 11 νῦν δὴ A F D : νῦν M   c 2 ἦ D : ᾗ A : ἢ F   c 5 πονηρίας A F M : πονηρᾶς D   e 1 ὦ A F M : ὁ D

因此，如果我们能够在那些是着的东西中发现某种东西，而该东西虽然有使它变得糟糕的某种东西，然而，这种东西却不能够通过进行毁灭而消解掉它，那么，我们岂不从此就将知道，对于生来如此的那种东西来说，向来就没有毁灭[2987]？

有可能，他回应道，是这样。

然后呢？我说道。对灵魂来说，是不是也有某种使它变坏的某种东西呢？

当然，他回应道；我们刚才详述过的所有那些东西都是，〈如〉不正义、放纵、懦弱以及无知。

那么，这些东西中有任何一样会彻底消解和毁灭它吗？并且请你当心，以免我们由于这样认为而被欺骗，即不正义和无理智的人，当他在行不义时被逮住，那时他就已经被不义所毁灭了，因为〈不义〉是灵魂的一种邪恶。而是请你做如是想：正如身体的一种恶，它是一种疾病，它消损和彻底毁掉一副身体，并把它引向这点，即不〈再〉是一副身体，并且我们刚才所说的所有那些东西[2988]也由于属于它们自己的那种恶——它通过坐在前面和寓居在那里[2989]彻底地进行毁坏——而抵达了这点，即不〈再〉是〈它们所是的〉。难道不是这样？ 609c5 609d1

是这样。

那就来吧！也请你以同样的方式考察一下灵魂。不正义，或者某种其他的恶，当它寓居在它那里时，它是不是通过寓居在那里和坐在前面而毁掉和熄灭它呢，直至通过把它引向死亡而使之同身体相分离？

这无论如何都，他回应道，绝不可能。

但是，〈另外〉那种情形无论如何都是不合道理的，我说道，即毁灭某种东西的竟然是属于他者的恶，而不是属于它自己的恶。

不合道理。

其实你只需考虑一下下面这点，我说道，格劳孔啊，那就是：属于一些食物的那种恶——无论它是那些食物自身的〈何种恶〉，或者陈腐，或者霉烂，或者是任何别的什么——，我们不会认为一副身体必定被它所毁灭。然而，如果属于一些食物自身的恶，它把属于一副身体的某种毛病引发给了身体，那么，我们就将会说，身体已经通过那些食物而被 609e1 609e5

ἐκεῖνα ὑπὸ τῆς αὑτοῦ κακίας νόσου οὔσης ἀπολωλέναι· ὑπὸ
610 δὲ σιτίων πονηρίας ἄλλων ὄντων ἄλλο ὂν τὸ σῶμα, ὑπ' ἀλλοτρίου κακοῦ μὴ ἐμποιήσαντος τὸ ἔμφυτον κακόν, οὐδέποτε ἀξιώσομεν διαφθείρεσθαι.

Ὀρθότατ' αὖ, ἔφη, λέγεις.

Κατὰ τὸν αὐτὸν τοίνυν λόγον, ἦν δ' ἐγώ, ἐὰν μὴ σώματος πονηρία ψυχῇ ψυχῆς πονηρίαν ἐμποιῇ, μή ποτε ἀξιῶμεν ὑπὸ ἀλλοτρίου κακοῦ ἄνευ τῆς ἰδίας πονηρίας ψυχὴν ἀπόλλυσθαι, τῷ ἑτέρου κακῷ ἕτερον.

Ἔχει γάρ, ἔφη, λόγον.

Ἢ τοίνυν ταῦτα ἐξελέγξωμεν ὅτι οὐ καλῶς λέγομεν, ἢ
b ἕως ἂν ᾖ ἀνέλεγκτα, μή ποτε φῶμεν ὑπὸ πυρετοῦ μηδ' αὖ ὑπ' ἄλλης νόσου μηδ' αὖ ὑπὸ σφαγῆς, μηδ' εἴ τις ὅτι σμικρότατα ὅλον τὸ σῶμα κατατέμοι, ἕνεκα τούτων μηδὲν μᾶλλόν ποτε ψυχὴν ἀπόλλυσθαι, πρὶν ἄν τις ἀποδείξῃ ὡς διὰ ταῦτα τὰ παθήματα τοῦ σώματος αὐτὴ ἐκείνη ἀδικωτέρα καὶ ἀνοσιωτέρα γίγνεται· ἀλλοτρίου δὲ κακοῦ ἐν ἄλλῳ γιγνομένου, τοῦ δὲ ἰδίου ἑκάστῳ μὴ ἐγγιγνο-
c μένου, μήτε ψυχὴν μήτε ἄλλο μηδὲν ἐῶμεν φάναι τινὰ ἀπόλλυσθαι.

Ἀλλὰ μέντοι, ἔφη, τοῦτό γε οὐδείς ποτε δείξει, ὡς τῶν ἀποθνῃσκόντων ἀδικώτεραι αἱ ψυχαὶ διὰ τὸν θάνατον γίγνονται.

Ἐὰν δέ γέ τις, ἔφην ἐγώ, ὁμόσε τῷ λόγῳ τολμᾷ ἰέναι καὶ λέγειν ὡς πονηρότερος καὶ ἀδικώτερος γίγνεται ὁ ἀποθνῄσκων, ἵνα δὴ μὴ ἀναγκάζηται ἀθανάτους τὰς ψυχὰς ὁμολογεῖν, ἀξιώσομέν που, εἰ ἀληθῆ λέγει ὁ ταῦτα λέγων, τὴν ἀδικίαν εἶναι θανάσιμον τῷ ἔχοντι ὥσπερ νόσον, καὶ ὑπ'
d αὐτοῦ, τοῦ ἀποκτεινύντος τῇ ἑαυτοῦ φύσει, ἀποθνῄσκειν τοὺς λαμβάνοντας αὐτό, τοὺς μὲν μάλιστα θᾶττον, τοὺς δ'

a 4 ὀρθότατ' αὖ ci. Stephanus : ὀρθότατ' ἂν A F D M b 1 μή ποτε F D : μήτε A αὖ om. F b 3 ἕνεκεν F b 5 τοῦ A D M : τὰ τοῦ F c 1 φάναι (vel φᾶναι) A F D : πάνυ M d 1 τοῦ] τούτου scr. Mon.

它自己的恶——它是〈身体的〉一种疾病——所毁灭了；但是，属于一
些食物的一种恶，由于食物是一种东西，而身体是另一种东西，身体竟 610a1
然被属于另一种东西的一种恶，除非这种恶引发了〈身体〉那与生俱来
的恶，所彻底败坏，我们从不会认为〈应该是这样〉。

非常正确[2990]，他说道，你说得。

那好！根据同样的道理，我说道，如果属于一副身体的一种恶并没 610a5
有把属于一个灵魂的一种恶引发给灵魂，那么，让我们就从不要认为，
一个灵魂在没有属于它自己的恶的情况下竟然被一种异己的恶毁灭，也
即是说，一个东西被属于另一个东西的恶毁灭。

这肯定是，他说道，合理的[2991]。

那好！或者，就让我们来反驳〈我们所说的〉这些，〈说〉我们说 610a10
得其实并不正确；或者，只要它们是不可反驳的，那么，在下面那样之 610b1
前，让我们就不要声称[2992]，由于发烧，或者由于一种其他的疾病，或
者由于屠杀——即使有人会把整个身体剁成尽可能地小[2993]——，竟然
由于这些事情，一个灵魂更容易被毁灭，那就是：一个人能够〈对我
们〉指出，由于身体的这些遭受，灵魂自身变得更加的不正义了和更加 610b5
的不虔敬了。然而，如果一种属于另一种东西的恶出现在别的某种东西
身上，而属于〈每个东西〉自己的那种恶并没有出现在每个东西那里，
那么，让我们就不要允许任何人声称，无论是一个灵魂，还是其他任何 610c1
一种东西，会被毁灭。

但无论如何，他说道，肯定没有任何人居然能够显明下面这件事，
那就是：随着人们死去[2994]，〈他们的〉灵魂由于死亡而变得更加的不正 610c5
义了。

而如果竟然有人，我说道，敢于同这番讨论直接战斗[2995]，并且说，
一个人，随着他死去，他变得更加的邪恶和更加的不正义了——就为了
不会被迫同意灵魂都是不朽的——，那么，我们无论如何都将有权这样
认为，那就是：如果说这些话的人说的是真的，那么，不正义就会对那 610c10
拥有它的人来说是致命的，就像一种疾病那样，并且由于它[2996]——因
为它就它自身的本性来说就是要杀人的——，那些感染上它的人都会死 610d1
去，只不过那些感染得最厉害的，死得较快，而那些感染得较轻的，则

ἧττον σχολαίτερον, ἀλλὰ μὴ ὥσπερ νῦν διὰ τοῦτο ὑπ' ἄλλων δίκην ἐπιτιθέντων ἀποθνῄσκουσιν οἱ ἄδικοι.

Μὰ Δί', ἦ δ' ὅς, οὐκ ἄρα πάνδεινον φανεῖται ἡ ἀδικία, εἰ θανάσιμον ἔσται τῷ λαμβάνοντι—ἀπαλλαγὴ γὰρ ἂν εἴη κακῶν—ἀλλὰ μᾶλλον οἶμαι αὐτὴν φανήσεσθαι πᾶν τοὐναντίον τοὺς ἄλλους ἀποκτεινῦσαν, εἴπερ οἷόν τε, τὸν δ' ἔχοντα e καὶ μάλα ζωτικὸν παρέχουσαν, καὶ πρός γ' ἔτι τῷ ζωτικῷ ἄγρυπνον· οὕτω πόρρω που, ὡς ἔοικεν, ἐσκήνηται τοῦ θανάσιμος εἶναι.

Καλῶς, ἦν δ' ἐγώ, λέγεις. ὁπότε γὰρ δὴ μὴ ἱκανὴ ἥ γε οἰκεία πονηρία καὶ τὸ οἰκεῖον κακὸν ἀποκτεῖναι καὶ ἀπολέσαι ψυχήν, σχολῇ τό γε ἐπ' ἄλλου ὀλέθρῳ τεταγμένον κακὸν ψυχὴν ἤ τι ἄλλο ἀπολεῖ, πλὴν ἐφ' ᾧ τέτακται.

Σχολῇ γ', ἔφη, ὥς γε τὸ εἰκός.

Οὐκοῦν ὁπότε μηδ' ὑφ' ἑνὸς ἀπόλλυται κακοῦ, μήτε οἰκείου μήτε ἀλλοτρίου, δῆλον ὅτι ἀνάγκη αὐτὸ ἀεὶ ὂν εἶναι· 611 εἰ δ' ἀεὶ ὄν, ἀθάνατον.

'Ανάγκη, ἔφη.

Τοῦτο μὲν τοίνυν, ἦν δ' ἐγώ, οὕτως ἐχέτω· εἰ δ' ἔχει, ἐννοεῖς ὅτι ἀεὶ ἂν εἶεν αἱ αὐταί. οὔτε γὰρ ἄν που ἐλάττους γένοιντο μηδεμιᾶς ἀπολλυμένης, οὔτε αὖ πλείους· εἰ γὰρ ὁτιοῦν τῶν ἀθανάτων πλέον γίγνοιτο, οἶσθ' ὅτι ἐκ τοῦ θνητοῦ ἂν γίγνοιτο καὶ πάντα ἂν εἴη τελευτῶντα ἀθάνατα.

'Αληθῆ λέγεις.

'Αλλ', ἦν δ' ἐγώ, μήτε τοῦτο οἰώμεθα—ὁ γὰρ λόγος οὐκ ἐάσει—μήτε γε αὖ τῇ ἀληθεστάτῃ φύσει τοιοῦτον εἶναι b ψυχήν, ὥστε πολλῆς ποικιλίας καὶ ἀνομοιότητός τε καὶ διαφορᾶς γέμειν αὐτὸ πρὸς αὐτό.

Πῶς λέγεις; ἔφη.

d 3 τοῦτο scr. Mon. : τούτου A F D M   d 4 ἐπιτιθέντων A F M : ἐπιθέντων D   d 5 φανεῖται] φαίνεται A^2 e 2 γ' ἔτι A F M : γε D   ζωτικῷ A F D : ζῶντι κακῷ M   e 3 ἐσκήνηται A F M : ἐσκήνωται D   a 1 ἀεὶ A F M Stobaeus : εἶναι D   a 5 ἐλάττους A F M Stobaeus : ἐλάττονος D   b 3 πρὸς αὐτό A F M Stobaeus : om. D

死得较慢，而不是如现在那样，由于不正义[2997]，那些不正义的人经由其他那些进行惩罚的人[2998]而死去。

宙斯在上！他说道，那样一来不正义就显得不是非常的可怕了，如 610d5
果它对那感染上的人来说将是致命的话——既然它只不过会是从各种各样的恶中的一种解脱而已[2999]——，而我毋宁认为，它将显得完全相反，
一方面，它会杀死其他人，只要它能够，另一方面，它会使得那拥有 610e1
它的人非常的生气勃勃，并且除了〈是〉生气勃勃的这点之外，肯定还是警醒的[3000]。它无论如何都已经安营扎寨得离下面这点是何等的远啊，如看起来的那样，即是致命的。

正确，他说道，你说得。显然[3001]，当〈灵魂〉自己的恶劣以及它 610e5
自己的坏处都无论如何不足以杀死和毁灭一个灵魂时，那已经被安排给其他事物之毁灭的坏处，它也肯定几乎无法[3002]毁灭一个灵魂，或其他任何东西，除了它已经被安排〈去毁灭〉的那种东西之外。

肯定几乎无法，他说道，至少如看起来的那样。

因此，既然它根本不被任何一种恶毁灭，无论是属于它自己的，还 610e10
是属于另一种东西的，那么，下面这点就是显而易见的：它必然是一种 611a1
始终是着的东西；但如果它始终是着，那它就是不朽的。

必然，他说道。

那好，这点，我说道，就让它是这样吧！但是，如果它是这样，那
么，你就会意识到，同样一些灵魂会始终是〈在那里〉[3003]。因为，它们 611a5
肯定不会变得更少，由于没有任何灵魂被毁灭了；也不会变得更多，因为，如果那些不朽者中的任何一样变得更多了，那么，你知道，它只会从可朽的东西那里产生出来，并且每样东西最终都会是不朽的[3004]。

你说得正确。

但是，我说道，让我们不要这样认为——因为道理将不会允许——， 611a10
也肯定不要〈让我们认为〉灵魂就其最真的本性来说就是一种如此这般 611b1
的东西，以至于它充满了许许多多的差异，以及自身同自身的一种不相似和不同。

你为何这么说呢？他说道。

Οὐ ῥᾴδιον, ἦν δ' ἐγώ, ἀίδιον εἶναι σύνθετόν τε ἐκ πολλῶν καὶ μὴ τῇ καλλίστῃ κεχρημένον συνθέσει, ὡς νῦν ἡμῖν ἐφάνη ἡ ψυχή.

Οὔκουν εἰκός γε.

Ὅτι μὲν τοίνυν ἀθάνατον ψυχή, καὶ ὁ ἄρτι λόγος καὶ οἱ
ἄλλοι ἀναγκάσειαν ἄν· οἷον δ' ἐστὶν τῇ ἀληθείᾳ, οὐ λελω-
c βημένον δεῖ αὐτὸ θεάσασθαι ὑπό τε τῆς τοῦ σώματος κοινωνίας καὶ ἄλλων κακῶν, ὥσπερ νῦν ἡμεῖς θεώμεθα, ἀλλ' οἷόν ἐστιν καθαρὸν γιγνόμενον, τοιοῦτον ἱκανῶς λογισμῷ διαθεατέον, καὶ πολύ γε κάλλιον αὐτὸ εὑρήσει καὶ ἐναργέστερον δικαιοσύνας τε καὶ ἀδικίας διόψεται καὶ πάντα ἃ νῦν διήλθομεν. νῦν δὲ εἴπομεν μὲν ἀληθῆ περὶ αὐτοῦ, οἷον ἐν τῷ παρόντι φαίνεται· τεθεάμεθα μέντοι διακείμενον αὐτό, ὥσπερ οἱ τὸν
d θαλάττιον Γλαῦκον ὁρῶντες οὐκ ἂν ἔτι ῥᾳδίως αὐτοῦ ἴδοιεν τὴν ἀρχαίαν φύσιν, ὑπὸ τοῦ τά τε παλαιὰ τοῦ σώματος μέρη τὰ μὲν ἐκκεκλάσθαι, τὰ δὲ συντετρῖφθαι καὶ πάντως λελωβῆσθαι ὑπὸ τῶν κυμάτων, ἄλλα δὲ προσπεφυκέναι, ὄστρεά τε καὶ φυκία καὶ πέτρας, ὥστε παντὶ μᾶλλον θηρίῳ ἐοικέναι ἢ οἷος ἦν φύσει, οὕτω καὶ τὴν ψυχὴν ἡμεῖς θεώμεθα διακειμένην ὑπὸ μυρίων κακῶν. ἀλλὰ δεῖ, ὦ Γλαύκων, ἐκεῖσε βλέπειν.

Ποῖ; ἦ δ' ὅς.

e Εἰς τὴν φιλοσοφίαν αὐτῆς, καὶ ἐννοεῖν ὧν ἅπτεται καὶ οἵων ἐφίεται ὁμιλιῶν, ὡς συγγενὴς οὖσα τῷ τε θείῳ καὶ ἀθανάτῳ καὶ τῷ ἀεὶ ὄντι, καὶ οἵα ἂν γένοιτο τῷ τοιούτῳ πᾶσα ἐπισπομένη καὶ ὑπὸ ταύτης τῆς ὁρμῆς ἐκκομισθεῖσα ἐκ τοῦ πόντου ἐν ᾧ νῦν ἐστίν, καὶ περικρουσθεῖσα πέτρας
612 τε καὶ ὄστρεα ἃ νῦν αὐτῇ, ἅτε γῆν ἑστιωμένῃ, γεηρὰ καὶ πετρώδη πολλὰ καὶ ἄγρια περιπέφυκεν ὑπὸ τῶν εὐδαιμόνων λεγομένων ἑστιάσεων. καὶ τότ' ἄν τις ἴδοι αὐτῆς τὴν ἀληθῆ

c 1 θεάσασθαι A D M : θεᾶσθαι F c 3 διαθεατέον scr. recc. : διαθετέον A F D : θεατέον M c 4 πολύ γε F : πολλύ γε (sic) D : πολὺ A M d 3 ἐκκεκλάσθαι F D : κεκλάσθαι A M d 4 προσπεφυκέναι] συμπεφυκέναι Athenaeus e 2 τε om. F

〈一种东西〉不容易，我说道，是永恒的，如果它从许许多多的东 611b5
西那里合成而来，并且没有采用最美的合成的话，就像灵魂现在对我们
显得的那样。

那肯定是不可能的。

那好，灵魂无疑是不朽的，无论是刚才的讨论，还是一些其他的讨
论[3005]，它们都会迫使〈我们相信〉这点。但是，至于它真正地是怎样 611b10
的，还必须〈就此〉来观看它，即当它还没有被同身体以及一些其他的 611c1
恶的结合所损毁时[3006]——就像我们现在会看到的那样——；然而，当
它变得纯粹时，它是怎样的，这样一种情况，一个人必须通过计算来
充分地进行检查，由此一来他将发现它〈是〉一种远远更为美好的东
西[3007]，并且他也将更加清楚地看穿各种正义〈之观念〉和各种不正义
〈之观念〉[3008]，以及我们现在所详述的所有那些事情。而事实上[3009]，关 611c5
于它目前[3010]显得是怎样的，我们也肯定说得正确；然而，我们已经看
到的无非是它已然摆在那里的那种情况，就像一些人，当他们看到海里 611d1
的格劳科斯时[3011]，他们不再容易看清他原初的相貌[3012]，因为他的身体
的那些以前的部分，一些已经被折断了，一些则被打碎了，并且已经完
完全全被海浪所损毁，而另外一些东西却已经长在了〈他身上〉，如牡
蛎、海草和岩石，以至于他看起来更像是任何一种野兽，而不是他本来 611d5
所是的那个样子；我们也会以同样的方式观看灵魂——当它因成千上万
的恶而已经被摆在那里的时候——。然而，格劳孔啊，〈我们其实〉应
当向〈另外〉那个地方凝望。

向哪里？他说道。

向它身上那个热爱智慧〈的地方〉，并且留意它在致力于哪些东 611e1
西[3013]，以及渴望同哪样一些东西进行交往[3014]，既然灵魂是与神性的东
西、不朽的东西和始终是着的东西同家族的[3015]；此外〈还要留意〉它
会变成何种东西——如果它整个地追随诸如此类的东西，并且被这种冲 611e5
动从它现在所处的海里带出来，以及把现在〈附着在〉它身上的那些岩
石和牡蛎统统敲落[3016]，由于它以泥土为盛宴[3017]，因而许许多多泥土气 612a1
的东西、岩石一样的东西以及粗野的东西为了那些所谓幸福的盛宴而已
经生长在了〈它的〉周围——。并且到那时，一个人才会看到它的真实

φύσιν, εἴτε πολυειδὴς εἴτε μονοειδής, εἴτε ὅπῃ ἔχει καὶ ὅπως· νῦν δὲ τὰ ἐν τῷ ἀνθρωπίνῳ βίῳ πάθη τε καὶ εἴδη, ὡς ἐγᾦμαι, ἐπιεικῶς αὐτῆς διεληλύθαμεν.

Παντάπασι μὲν οὖν, ἔφη.

Οὐκοῦν, ἦν δ' ἐγώ, τά τε ἄλλα ἀπελυσάμεθα ἐν τῷ λόγῳ,
καὶ οὐ τοὺς μισθοὺς οὐδὲ τὰς δόξας δικαιοσύνης ἐπῃνέκαμεν, b
ὥσπερ Ἡσίοδόν τε καὶ Ὅμηρον ὑμεῖς ἔφατε, ἀλλ' αὐτὸ δικαιοσύνην αὐτῇ ψυχῇ ἄριστον ηὕρομεν, καὶ ποιητέον εἶναι αὐτῇ τὰ δίκαια, ἐάντ' ἔχῃ τὸν Γύγου δακτύλιον, ἐάντε μή, καὶ πρὸς τοιούτῳ δακτυλίῳ τὴν Ἄιδος κυνῆν;

Ἀληθέστατα, ἔφη, λέγεις.

Ἆρ' οὖν, ἦν δ' ἐγώ, ὦ Γλαύκων, νῦν ἤδη ἀνεπίφθονόν ἐστιν πρὸς ἐκείνοις καὶ τοὺς μισθοὺς τῇ δικαιοσύνῃ καὶ τῇ
ἄλλῃ ἀρετῇ ἀποδοῦναι, ὅσους τε καὶ οἵους τῇ ψυχῇ παρέχει c
παρ' ἀνθρώπων τε καὶ θεῶν, ζῶντός τε ἔτι τοῦ ἀνθρώπου καὶ ἐπειδὰν τελευτήσῃ;

Παντάπασι μὲν οὖν, ἦ δ' ὅς.

Ἆρ' οὖν ἀποδώσετέ μοι ἃ ἐδανείσασθε ἐν τῷ λόγῳ;

Τί μάλιστα;

Ἔδωκα ὑμῖν τὸν δίκαιον δοκεῖν ἄδικον εἶναι καὶ τὸν ἄδικον δίκαιον· ὑμεῖς γὰρ ᾐτεῖσθε, κἂν εἰ μὴ δυνατὸν εἴη ταῦτα λανθάνειν καὶ θεοὺς καὶ ἀνθρώπους, ὅμως δοτέον εἶναι τοῦ λόγου ἕνεκα, ἵνα αὐτὴ δικαιοσύνη πρὸς ἀδικίαν αὐτὴν
κριθείη. ἢ οὐ μνημονεύεις; d

Ἀδικοίην μεντἄν, ἔφη, εἰ μή.

Ἐπειδὴ τοίνυν, ἦν δ' ἐγώ, κεκριμέναι εἰσί, πάλιν ἀπαιτῶ ὑπὲρ δικαιοσύνης, ὥσπερ ἔχει δόξης καὶ παρὰ θεῶν καὶ παρ' ἀνθρώπων, καὶ ἡμᾶς ὁμολογεῖν περὶ αὐτῆς δοκεῖσθαι οὕτω,

a 8 ἀπελυσάμεθα A F D Stobaeus : ἀπεδυσάμεθα M b 1 ἐπῃνέκαμεν A²: ἐπηνέγκαμεν A F D M : ἀπηνέγκαμεν Stobaeus b 5 κυνέην Stobaeus b 7 ἦν A F M Stobaeus : om. D c 1 τε om. Stobaeus c 8 ᾐτεῖσθε A : ἠτεῖσθε M Stobaeus : ἡγεῖσθε F D d 3 ἐπειδὴ . . . πάλιν in marg. γρ. A : eadem re vera F Stobaeus (sed ἐγὼ πάλιν pro πάλιν) : ἐπειδὴ ἦν τοίνυν κεκριμέναι εἰσὶν ἐγώ, πάλιν A D M d 5 δοκεῖσθαι A F D Stobaeus : διακεῖσθαι M

相貌，它是单一形相的呢，还是多样形相的[3018]，或者在哪方面以及在
何种方式上是〈那个样子〉[3019]。而事实上，它的那些在属人的生活中的 612a5
情状和形式，如我所认为的那样，我们已经恰当地进行了详述。

完完全全就是这样，他说道。

那么，我说道，我们岂不在讨论中既消除了其他那些〈对正义的指
控〉[3020]，也没有称赞[3021]关于正义的各种各样的酬报或者各种各样的名 612b1
声，就像你们对我们声称赫西俄德以及荷马〈所做的〉那样[3022]；相反，
我们已经发现对灵魂本身来说正义自身[3023]就是一种最好的东西，并且
它必须做各种各样正义的事情，无论它有古革斯的那枚戒指，还是没
有，甚至除了这样一种戒指之外，还包括哈德斯的那顶头盔[3024]？ 612b5

非常正确，他回应道，你说得。

因此，我说道，格劳孔啊，是不是从今以后[3025]下面这点就是无可指
责的了呢，那就是：除了〈正义自身所提供的〉那些〈好处〉之外[3026]，
还要把那些如此大的以及如此这般的酬报都归还给正义和其他的德性， 612c1
〈因为它们都是正义和其他的德性〉从世人以及诸神那里提供给〈一个
人的〉灵魂的，无论那个人仍然活着，还是当他终了之后？

完全如此，他回应道。

那么，你们也将把在讨论中你们所借去的东西还给我吗？ 612c5

究竟怎么回事[3027]？

我曾经准许你们〈说〉，正义的人看起来是不正义的，以及不正义
的人看起来是正义的；因为你们那时要求〈这样〉[3028]，〈说〉即使这些
根本不可能会逃脱诸神以及世人的注意，但为了讨论的缘故，仍然必须
准许〈你们这么说〉，以便正义本身能够在同不正义本身的比较中得到 612c10
剖判。或者，你不记得了？ 612d1

那我肯定会在行不义，他回应道，如果我不〈记得的话〉。

那好，我说道，既然它们已经得到了剖判，那么，我就代表正义
重新索回它在诸神那里以及在世人那里实际上所具有的那种名声[3029]，
并且关于它〈我要求〉我们也同意它被认为就是那个样子[3030]，不仅以 612d5

ἵνα καὶ τὰ νικητήρια κομίσηται, ἀπὸ τοῦ δοκεῖν κτωμένη ἃ δίδωσι τοῖς ἔχουσιν αὐτήν, ἐπειδὴ καὶ τὰ ἀπὸ τοῦ εἶναι ἀγαθὰ διδοῦσα ἐφάνη καὶ οὐκ ἐξαπατῶσα τοὺς τῷ ὄντι λαμβάνοντας αὐτήν.

e Δίκαια, ἔφη, αἰτῇ.

Οὐκοῦν, ἦν δ' ἐγώ, πρῶτον μὲν τοῦτο ἀποδώσετε, ὅτι θεούς γε οὐ λανθάνει ἑκάτερος αὐτῶν οἷός ἐστιν;

᾿Αποδώσομεν, ἔφη.

Εἰ δὲ μὴ λανθάνετον, ὁ μὲν θεοφιλὴς ἂν εἴη, ὁ δὲ θεομισής, ὥσπερ καὶ κατ' ἀρχὰς ὡμολογοῦμεν.

῎Εστι ταῦτα.

Τῷ δὲ θεοφιλεῖ οὐχ ὁμολογήσομεν, ὅσα γε ἀπὸ θεῶν
613 γίγνεται, πάντα γίγνεσθαι ὡς οἷόν τε ἄριστα, εἰ μή τι
ἀναγκαῖον αὐτῷ κακὸν ἐκ προτέρας ἁμαρτίας ὑπῆρχεν;

Πάνυ μὲν οὖν.

Οὕτως ἄρα ὑποληπτέον περὶ τοῦ δικαίου ἀνδρός, ἐάντ' ἐν πενίᾳ γίγνηται ἐάντ' ἐν νόσοις ἤ τινι ἄλλῳ τῶν δοκούντων κακῶν, ὡς τούτῳ ταῦτα εἰς ἀγαθόν τι τελευτήσει ζῶντι ἢ καὶ ἀποθανόντι. οὐ γὰρ δὴ ὑπό γε θεῶν ποτε ἀμελεῖται ὃς ἂν προθυμεῖσθαι ἐθέλῃ δίκαιος γίγνεσθαι καὶ ἐπιτηδεύων
b ἀρετὴν εἰς ὅσον δυνατὸν ἀνθρώπῳ ὁμοιοῦσθαι θεῷ.

Εἰκός γ', ἔφη, τὸν τοιοῦτον μὴ ἀμελεῖσθαι ὑπὸ τοῦ ὁμοίου.

Οὐκοῦν περὶ τοῦ ἀδίκου τἀναντία τούτων δεῖ διανοεῖσθαι;

Σφόδρα γε.

Τὰ μὲν δὴ παρὰ θεῶν τοιαῦτ' ἄττ' ἂν εἴη νικητήρια τῷ δικαίῳ.

Κατὰ γοῦν ἐμὴν δόξαν, ἔφη.

Τί δέ, ἦν δ' ἐγώ, παρ' ἀνθρώπων; ἆρ' οὐχ ὧδε ἔχει, εἰ δεῖ τὸ ὂν τιθέναι; οὐχ οἱ μὲν δεινοί τε καὶ ἄδικοι δρῶσιν

d 6 ἃ A² M : om. A D : ante ἀπὸ add. ἃ Stobaeus, ὅ F   d 7 τὰ A² F D M Stobaeus : om. A   e 7 ταῦτα] in hac voce desinit D, in cuius locum succedunt apographa *D*   e 8 γε A² M Stobaeus : τε A F *D*   a 6 τι om. F   b 6 ἄττ' F *D* Stobaeus : om. A

便它能够赢得一些奖品[3031]，而这些奖品是它通过从看起来是〈正义的人〉那里所取得而赐给那些拥有它的人的[3032]，而且此后它也显然会赐予〈他们〉各种各样从是〈正义的人〉那里而来的好处，因为它根本不会欺骗那些在是的方式上拥有它的人。

你在要求，他说道，一些正义的事情。 612e1

那么，我说道，一方面，你们岂不将首先归还这点，那就是：无论如何，两者中[3033]没有一个能够不让诸神注意到他是一个怎样的人？

我们将归还，他回应道。

另一方面，如果两者都不能逃脱被注意到，那么一个就会是为神所 612e5
喜爱的，一个则是为神所憎恶的，就像最初我们所同意的那样[3034]。

是这样。

至于那为神所喜爱的人，我们岂不将同意，只要是从诸神那里而来
的事情，它们肯定全都是尽可能美好的，除非某种必然的恶由于以前的 613a1
犯错而属于他？

完全如此。

因此，关于正义的人必须这样来进行设想，那就是：无论他处在穷
困中，还是处在疾病中，还是处在那些看起来是坏事的任何其他的情形 613a5
中，对这种人来说，这些情况最终都将成为某种好事，无论他活着，甚
或已经死去。因为，一个人无论如何都从不会被诸神漠不关心[3035]，如
果他愿意汲汲致力于成为一个正义的人，并且追求德性到了下面这个份
上，即在一个人所能够达到的程度上与神相似[3036]。 613b1

这的确是有可能的，他说道，那就是，这样一种人不会被〈他与之〉相似的〈神〉所漠不关心。

那么，关于不正义的人，岂不必须考虑与这些相反的情况？

的确如此。 613b5

事实上，从诸神那里而来的对正义的人的奖品，无疑就会是这样一些东西。

至少就我的意见来说〈是这样〉，他说道。

而从世人那里而来〈奖品〉，我说道，又是什么？难道不是这样，
如果一个人必须摆出那是着的东西的话[3037]？那就是，那些很厉害并且 613b10

ὅπερ οἱ δρομῆς ὅσοι ἂν θέωσιν εὖ ἀπὸ τῶν κάτω, ἀπὸ δὲ τῶν ἄνω μή; τὸ μὲν πρῶτον ὀξέως ἀποπηδῶσιν, τελευτῶντες δὲ καταγέλαστοι γίγνονται, τὰ ὦτα ἐπὶ τῶν ὤμων ἔχοντες c καὶ ἀστεφάνωτοι ἀποτρέχοντες· οἱ δὲ τῇ ἀληθείᾳ δρομικοὶ εἰς τέλος ἐλθόντες τά τε ἆθλα λαμβάνουσιν καὶ στεφανοῦνται. οὐχ οὕτω καὶ περὶ τῶν δικαίων τὸ πολὺ συμβαίνει; πρὸς τὸ τέλος ἑκάστης πράξεως καὶ ὁμιλίας καὶ τοῦ βίου εὐδοκιμοῦσί τε καὶ τὰ ἆθλα παρὰ τῶν ἀνθρώπων φέρονται;

Καὶ μάλα.

Ἀνέξῃ ἄρα λέγοντος ἐμοῦ περὶ τούτων ἅπερ αὐτὸς ἔλεγες περὶ τῶν ἀδίκων; ἐρῶ γὰρ δὴ ὅτι οἱ μὲν δίκαιοι, ἐπειδὰν d πρεσβύτεροι γένωνται, ἐν τῇ αὑτῶν πόλει ἄρχουσί τε ἂν βούλωνται τὰς ἀρχάς, γαμοῦσί τε ὁπόθεν ἂν βούλωνται, ἐκδιδόασί τε εἰς οὓς ἂν ἐθέλωσι· καὶ πάντα ἃ σὺ περὶ ἐκείνων, ἐγὼ νῦν λέγω περὶ τῶνδε. καὶ αὖ καὶ περὶ τῶν ἀδίκων, ὅτι οἱ πολλοὶ αὐτῶν, καὶ ἐὰν νέοι ὄντες λάθωσιν, ἐπὶ τέλους τοῦ δρόμου αἱρεθέντες καταγέλαστοί εἰσιν καὶ γέροντες γιγνόμενοι ἄθλιοι προπηλακίζονται ὑπὸ ξένων τε καὶ ἀστῶν, μαστιγούμενοι καὶ ἃ ἄγροικα ἔφησθα σὺ εἶναι, e ἀληθῆ λέγων—εἶτα στρεβλώσονται καὶ ἐκκαυθήσονται—πάντα ἐκεῖνα οἴου καὶ ἐμοῦ ἀκηκοέναι ὡς πάσχουσιν. ἀλλ' ὃ λέγω, ὅρα εἰ ἀνέξῃ.

Καὶ πάνυ, ἔφη· δίκαια γὰρ λέγεις.

Ἃ μὲν τοίνυν, ἦν δ' ἐγώ, ζῶντι τῷ δικαίῳ παρὰ θεῶν τε καὶ ἀνθρώπων ἆθλά τε καὶ μισθοὶ καὶ δῶρα γίγνεται πρὸς 614 ἐκείνοις τοῖς ἀγαθοῖς οἷς αὐτὴ παρείχετο ἡ δικαιοσύνη, τοιαῦτ' ἂν εἴη.

Καὶ μάλ', ἔφη, καλά τε καὶ βέβαια.

Ταῦτα τοίνυν, ἦν δ' ἐγώ, οὐδέν ἐστι πλήθει οὐδὲ μεγέθει

c 1 δὲ] τε Stobaeus c 5 τὸ τέλος F D Stobaeus: τέλος A M d 2 ἃς ἂν βούλωνται ἀρχάς Stobaeus d 5 καὶ αὖ καὶ] καὶ αὖ Stobaeus e 1 καὶ ἃ A D M: ἃ καὶ F e 2 λέγων] γρ. λέγοντα in marg. A et sic Stobaeus εἶτα . . . ἐκκαυθήσονται om. Ast e 4 ὅρα εἰ A² F M Stobaeus: ὅρα A D e 5 γὰρ om. F

不正义的人，他们岂不恰恰在做所有那些像下面这样的奔跑者所做的那种事情：他们从起点出发的前半段跑得很好，但折回来跑的后半段则不？最初他们无疑迅速地一跃而起，但最终却成为了一些笑料，〈像 613c1
狗一样〉把耳朵耷拉在肩上和未戴花冠地跑开；而那些真正擅长奔跑的人，他们则通过〈一路〉跑到终点而赢得各种各样的奖励，并且被戴上了花冠。关于那些正义的人，结果岂不也多半[3038]同样如此？在每一行动和每一交往的终点那里，甚至在生命的终点那里，他们都不仅赢得了 613c5
好名声，而且从世人那里拿走了各种各样的奖励？

的确。

那么，你将容忍我关于这些〈正义的〉人恰恰说出你自己关于那些不正义的人曾说的那些事情吗[3039]？因为，我事实上将说：那些正义 613d1
的人，每当他们变老之后，他们无疑会在他们自己的城邦中进行统治，如果他们想〈取得〉那些统治权的话，他们既想从谁家娶妻就从谁家娶妻，也愿意把女儿嫁给谁就嫁给谁[3040]；你关于那些〈不正义的〉人所说的一切，我现在都将之说在这里的这些〈正义的〉人身上。反过 613d5
来，关于那些不正义的人〈我也将说〉：他们中的多数人，即使当他们是年轻人时能够逃脱被觉察到，但他们〈最终将〉由于在人生旅程的终点[3041]被逮住而是一些笑料，并且当他们变老之后他们是悲惨的，他们被异邦人以及同邦公民所侮辱，他们被鞭笞，以及〈遭受〉你曾说是粗 613e1
俗的那些事情，你〈其实〉说得正确——然后他们将被用绞盘扯拉四肢和将被烧灼〈双眼〉[3042]——，请你认为你也已经从我这里听说他们遭受了所有那些事情。但如所说的那样，请你看看你是否将容忍。

肯定会，他说道；因为你在说一些正义的事情。 613e5

那好，我说道，事实上对于正义的人来说——当他活着时——，来自诸神以及世人那里的各种各样的奖励，以及各种各样的酬报和各种各 614a1
样的礼物——除了正义本身所提供出来的那些好处之外——，就会是这样一些。

它们也都是非常，他说道，美好的和可靠的。

好吧，这些东西其实，我说道，什么都不是——无论是在数量上， 614a5

πρὸς ἐκεῖνα ἃ τελευτήσαντα ἑκάτερον περιμένει· χρὴ δ'
αὐτὰ ἀκοῦσαι, ἵνα τελέως ἑκάτερος αὐτῶν ἀπειλήφῃ τὰ ὑπὸ
τοῦ λόγου ὀφειλόμενα ἀκοῦσαι.
b Λέγοις ἄν, ἔφη, ὡς οὐ πολλὰ ἄλλ' ἥδιον ἀκούοντι.
'Αλλ' οὐ μέντοι σοι, ἦν δ' ἐγώ, 'Αλκίνου γε ἀπόλογον
ἐρῶ, ἀλλ' ἀλκίμου μὲν ἀνδρός, Ἠρὸς τοῦ 'Αρμενίου, τὸ
γένος Παμφύλου· ὅς ποτε ἐν πολέμῳ τελευτήσας, ἀναιρε-
θέντων δεκαταίων τῶν νεκρῶν ἤδη διεφθαρμένων, ὑγιὴς μὲν
ἀνῃρέθη, κομισθεὶς δ' οἴκαδε μέλλων θάπτεσθαι δωδεκαταῖος
ἐπὶ τῇ πυρᾷ κείμενος ἀνεβίω, ἀναβιοὺς δ' ἔλεγεν ἃ ἐκεῖ
ἴδοι. ἔφη δέ, ἐπειδὴ οὗ ἐκβῆναι, τὴν ψυχὴν πορεύεσθαι
c μετὰ πολλῶν, καὶ ἀφικνεῖσθαι σφᾶς εἰς τόπον τινὰ δαιμόνιον,
ἐν ᾧ τῆς τε γῆς δύ' εἶναι χάσματα ἐχομένω ἀλλήλοιν καὶ
τοῦ οὐρανοῦ αὖ ἐν τῷ ἄνω ἄλλα καταντικρύ. δικαστὰς δὲ
μεταξὺ τούτων καθῆσθαι, οὕς, ἐπειδὴ διαδικάσειαν, τοὺς μὲν
δικαίους κελεύειν πορεύεσθαι τὴν εἰς δεξιάν τε καὶ ἄνω διὰ
τοῦ οὐρανοῦ, σημεῖα περιάψαντας τῶν δεδικασμένων ἐν τῷ
πρόσθεν, τοὺς δὲ ἀδίκους τὴν εἰς ἀριστεράν τε καὶ κάτω,
ἔχοντας καὶ τούτους ἐν τῷ ὄπισθεν σημεῖα πάντων ὧν
d ἔπραξαν. ἑαυτοῦ δὲ προσελθόντος εἰπεῖν ὅτι δέοι αὐτὸν
ἄγγελον ἀνθρώποις γενέσθαι τῶν ἐκεῖ καὶ διακελεύοιντό οἱ
ἀκούειν τε καὶ θεᾶσθαι πάντα τὰ ἐν τῷ τόπῳ. ὁρᾶν δὴ
ταύτῃ μὲν καθ' ἑκάτερον τὸ χάσμα τοῦ οὐρανοῦ τε καὶ τῆς
γῆς ἀπιούσας τὰς ψυχάς, ἐπειδὴ αὐταῖς δικασθείη, κατὰ δὲ
τὼ ἑτέρω ἐκ μὲν τοῦ ἀνιέναι ἐκ τῆς γῆς μεστὰς αὐχμοῦ τε

a 7 ἑκάτερος Stobaeus Eusebius : ἑκάτερον A F M ἀπειλήφῃ A M Eusebius : ἀπειλήφει F : ἀπειληφὼς *D* a 8 ἀκοῦσαι secl. ci. Stephanus b 1 ὡς A^2 F M : om. A b 3 ἠρὸς A M Stobaeus : ἦρος F : ἥρωος *D* ἀρμενίου] Plutarchi lectionem ἁρμονίου novit Proclus et ε ex ο ut videtur Procli cod. b 8 οὗ A F : οὖν A^2 M Proclus Stobaeus : οἷ Eusebius Theodoretus c 3 ἄλλα F M : ἀλλὰ A *D* Proclus Stobaeus c 4 post καθῆσθαι add. τῶν χασμάτων Proclus διαδικάσειαν] δικάσειαν Stobaeus d 2 διακελεύοιντο] διακελεύεσθαι Eusebius οἱ ἀκούειν] διακούειν Eusebius d 3 θεᾶσθαι F *D* M Proclus : θε*ᾶ*σθαι A d 6 τὼ ἑτέρω A M : τὸ ἕτερον F *D*

还是在大小上——，相较于这两者中的每个在终了时所等待的那些东西而言；而我们必须听听它们，以便这两者中的每个都能够充分地获悉[3043]在讨论中还亏欠〈他们〉的那些东西，在听了〈它们〉之后。

你只管说[3044]！他说道，因为并无许多其他的东西听来更令我愉快。614b1

然而，我其实将不会对你讲，我说道，一个关于阿尔喀诺俄斯[3045]的故事，而无疑是关于一个勇敢的人[3046]，即阿耳墨尼俄斯的儿子厄耳的故事，他在种族上属于帕谟费利亚人[3047]。这个人那时在一次战斗中
死去，当一些尸体在第十天被拾捡起来时，它们都已经处于一种腐烂的 614b5
状态，而他〈的尸体〉却在一种完好的状态下被拾捡了起来；他被运回到了家里，将在第十二天被埋葬，当他躺在火葬堆上时，他竟然复活了；而当他复活后，他讲述了他在那边[3048]看到的各种事情。于是他说道，当他的〈灵魂〉离开之后[3049]，〈他的〉灵魂同许许多多的灵魂一道
往前走，并且它们〈最终〉抵达了某个奇怪的地方，在那里，于地上有 614c1
两条毗邻的裂隙，在天上复又有两条，它们在上面与另外那两条裂隙直接相对。而在这些裂隙的中间坐着一些法官，他们，一旦他们做出了判
决，一方面，就命令那些正义的人走在朝向右边的〈那条路〉上[3050]并 614c5
且向上穿过天宇〈一直走到其外面〉[3051]，在他们把同已经被判决的那些事情相关的各种记号挂在〈那些人的〉胸前之后；另一方面，命令那些不正义的人走在朝向左边的那条路上并且往下走，而这些人在背后也有
着他们〈一生〉整个的所作所为的各种记号[3052]。至于他本人，当他走 614d1
上前去时，〈那些法官〉说他应当成为一位信使，向人们〈报告〉在那边的那些事情，并且吩咐他[3053]要听和看在那个地方的所有事情。于是他在那里看到，一方面，那些灵魂通过天上以及地上各自〈那两个裂隙
中〉的一个裂隙离开，当判决已经对它们做出之后；另一方面，就〈天 614d5
上以及地上各自那两个裂隙中〉的另一个裂隙，一些灵魂从地上的那另

καὶ κόνεως, ἐκ δὲ τοῦ ἑτέρου καταβαίνειν ἑτέρας ἐκ τοῦ
οὐρανοῦ καθαράς. καὶ τὰς ἀεὶ ἀφικνουμένας ὥσπερ ἐκ e
πολλῆς πορείας φαίνεσθαι ἥκειν, καὶ ἀσμένας εἰς τὸν λει-
μῶνα ἀπιούσας οἷον ἐν πανηγύρει κατασκηνᾶσθαι, καὶ ἀσπά-
ζεσθαί τε ἀλλήλας ὅσαι γνώριμαι, καὶ πυνθάνεσθαι τάς τε
ἐκ τῆς γῆς ἡκούσας παρὰ τῶν ἑτέρων τὰ ἐκεῖ καὶ τὰς ἐκ
τοῦ οὐρανοῦ τὰ παρ' ἐκείναις. διηγεῖσθαι δὲ ἀλλήλαις τὰς
μὲν ὀδυρομένας τε καὶ κλαούσας, ἀναμιμνῃσκομένας ὅσα τε 615
καὶ οἷα πάθοιεν καὶ ἴδοιεν ἐν τῇ ὑπὸ γῆς πορείᾳ—εἶναι δὲ
τὴν πορείαν χιλιέτη—τὰς δ' αὖ ἐκ τοῦ οὐρανοῦ εὐπαθείας
διηγεῖσθαι καὶ θέας ἀμηχάνους τὸ κάλλος. τὰ μὲν οὖν
πολλά, ὦ Γλαύκων, πολλοῦ χρόνου διηγήσασθαι· τὸ δ' οὖν
κεφάλαιον ἔφη τόδε εἶναι, ὅσα πώποτέ τινα ἠδίκησαν καὶ
ὅσους ἕκαστοι, ὑπὲρ ἁπάντων δίκην δεδωκέναι ἐν μέρει,
ὑπὲρ ἑκάστου δεκάκις—τοῦτο δ' εἶναι κατὰ ἑκατονταετηρίδα
ἑκάστην, ὡς βίου ὄντος τοσούτου τοῦ ἀνθρωπίνου—ἵνα δεκα- b
πλάσιον τὸ ἔκτεισμα τοῦ ἀδικήματος ἐκτίνοιεν, καὶ οἷον εἴ
τινες πολλοῖς θανάτων ἦσαν αἴτιοι, ἢ πόλεις προδόντες ἢ
στρατόπεδα, καὶ εἰς δουλείας ἐμβεβληκότες ἤ τινος ἄλλης
κακουχίας μεταίτιοι, πάντων τούτων δεκαπλασίας ἀλγηδόνας
ὑπὲρ ἑκάστου κομίσαιντο, καὶ αὖ εἴ τινας εὐεργεσίας εὐερ-
γετηκότες καὶ δίκαιοι καὶ ὅσιοι γεγονότες εἶεν, κατὰ ταὐτὰ
τὴν ἀξίαν κομίζοιντο. τῶν δὲ εὐθὺς γενομένων καὶ ὀλίγον c
χρόνον βιούντων πέρι ἄλλα ἔλεγεν οὐκ ἄξια μνήμης. εἰς
δὲ θεοὺς ἀσεβείας τε καὶ εὐσεβείας καὶ γονέας καὶ αὐτόχειρος
φόνου μείζους ἔτι τοὺς μισθοὺς διηγεῖτο.

Ἔφη γὰρ δὴ παραγενέσθαι ἐρωτωμένῳ ἑτέρῳ ὑπὸ ἑτέρου

e 3 ἀπιούσας] ἐπιούσας A² κατασκηνοῦσθαι Stobaeus e 4 γνώριμαι A M Proclus : γνώριμοι F a 3 χιλιέτη A Proclus : χιλίετιν A² Stobaeus : χιλιετῆ F *D* M a 7 ὅσους F *D* Stobaeus : **ους A : οὓς A² M ἕκαστος Stobaeus b 3 πολλοῖς *D* Stobaeus : πολλοὶ A F M : πολλῶν scr. Ven. 184 b 6 ὑπὲρ ἑκάστου om. Stobaeus b 7 ταὐτὰ A F Stobaeus : ταύτην *D* c 1 γενομένων] ἀπογενομένων ci. Cobet c 3 αὐτόχειρος vel αὐτοχειρίας ci. Ast : αὐτόχειρας A F *D* Proclus Stobaeus c 4 φόνους Proclus

一个裂隙那里走了出来，满身污垢和灰尘，而另外一些纯洁的灵魂则从
天上的那另一个裂隙那里走了下来。并且那些不时到达的灵魂，它们显 614e1
得仿佛经过了一次漫长的旅程才到来似的，它们兴高采烈地回到这茵茵
草地，如同在一个泛希腊的节庆上扎营那样，所有那些彼此熟识的灵魂
互相问候；那些从地底下走出来的灵魂向另外那些〈从天上下来的〉灵
魂打听在那边的各种事情，而那些从天上〈下来的〉灵魂则询问发生 614e5
在那些〈从地底下走出来的〉灵魂身上的各种事情。于是它们互相描
述〈自己的经历〉，一方面，那些〈从地底下走出来的〉灵魂悲叹和哀 615a1
嚎，回忆它们在地下的旅行中[3054]所遭遇和看到的所有那些以及各种各
样的事情——而该旅行持续一千年之久[3055]——，另一方面，那些〈从
天上下来的〉灵魂则描述〈它们的〉种种享乐，以及在美丽方面各种难
以言表的景象[3056]。当然，描述这许许多多的事情，格劳孔啊，这无疑 615a5
会是一件〈需要〉很长时间的事情；但总的来讲[3057]，他说是下面这样：
它们曾经对任何人不正义地做过的所有事情，以及它们各自不正义地对
待过的所有人，为了所有这些它们都已经依次[3058]接受了惩罚[3059]，对于
每一样〈不义〉也都十次地〈受罚〉——而这种〈惩罚〉是每一百年一
次，因为人的生命就是这么长——，以便它们能够为〈它们的每一件〉 615b1
不义之事进行十倍的偿还。例如，如果一些人对许多人的死亡是负有责
任的——或者因为他们出卖了〈他们自己的〉城邦，或者〈因为他们出
卖了自己的〉军队——，并且把〈其他的一些人〉抛入到了奴役中，或 615b5
者是任何其他不幸的共谋者，那么，他们就要为所有这些中的每一样而
为他们自己取得十倍的痛苦；另一方面，如果他们已经做了任何一些好
事，并且已经成为了一些正义的和虔敬的人，那么，他们就会以同样的 615c1
方式[3060]为自己取得应得之份。至于那些一出生〈就死了〉以及活了很
短时间的人，他说了一些不值得记住的其他事情。但对诸神以及父母的
不虔敬或虔敬，以及亲手杀人[3061]，关于它们，他则描述了还要更大的
一些报应[3062]。

因为他说，他当时正好就在旁边，当一个人被另一个人询问，阿耳 615c5

ὅπου εἴη Ἀρδιαῖος ὁ μέγας. ὁ δὲ Ἀρδιαῖος οὗτος τῆς Παμφυλίας ἔν τινι πόλει τύραννος ἐγεγόνει, ἤδη χιλιοστὸν ἔτος εἰς ἐκεῖνον τὸν χρόνον, γέροντά τε πατέρα ἀποκτείνας
d καὶ πρεσβύτερον ἀδελφόν, καὶ ἄλλα δὴ πολλά τε καὶ ἀνόσια εἰργασμένος, ὡς ἐλέγετο. ἔφη οὖν τὸν ἐρωτώμενον εἰπεῖν, "Οὐχ ἥκει," φάναι, "οὐδ' ἂν ἥξει δεῦρο. ἐθεασάμεθα γὰρ οὖν δὴ καὶ τοῦτο τῶν δεινῶν θεαμάτων· ἐπειδὴ ἐγγὺς τοῦ στομίου ἦμεν μέλλοντες ἀνιέναι καὶ τἆλλα πάντα πεπονθότες, ἐκεῖνόν τε κατείδομεν ἐξαίφνης καὶ ἄλλους—σχεδόν τι αὐτῶν τοὺς πλείστους τυράννους· ἦσαν δὲ καὶ ἰδιῶταί τινες τῶν
e μεγάλα ἡμαρτηκότων—οὓς οἰομένους ἤδη ἀναβήσεσθαι οὐκ ἐδέχετο τὸ στόμιον, ἀλλ' ἐμυκᾶτο ὁπότε τις τῶν οὕτως ἀνιάτως ἐχόντων εἰς πονηρίαν ἢ μὴ ἱκανῶς δεδωκὼς δίκην ἐπιχειροῖ ἀνιέναι. ἐνταῦθα δὴ ἄνδρες, ἔφη, ἄγριοι, διάπυροι ἰδεῖν, παρεστῶτες καὶ καταμανθάνοντες τὸ φθέγμα, τοὺς μὲν διαλαβόντες ἦγον, τὸν δὲ Ἀρδιαῖον καὶ ἄλλους συμποδί-
616 σαντες χεῖράς τε καὶ πόδας καὶ κεφαλήν, καταβαλόντες καὶ ἐκδείραντες, εἷλκον παρὰ τὴν ὁδὸν ἐκτὸς ἐπ' ἀσπαλάθων κνάμπτοντες, καὶ τοῖς ἀεὶ παριοῦσι σημαίνοντες ὧν ἕνεκά τε καὶ ὅτι εἰς τὸν Τάρταρον ἐμπεσούμενοι ἄγοιντο." ἔνθα δὴ φόβων, ἔφη, πολλῶν καὶ παντοδαπῶν σφίσι γεγονότων, τοῦτον ὑπερβάλλειν, μὴ γένοιτο ἑκάστῳ τὸ φθέγμα ὅτε ἀναβαίνοι, καὶ ἀσμενέστατα ἕκαστον σιγήσαντος ἀναβῆναι.

c 6 ἀρδιαῖος A F *D* M Proclus (constanter) : ἀριδαῖος al. Plutarchus Iustinus d 1 καὶ ἄλλα δὴ] ἄλλα τε Stobaeus (om. mox τε) d 2 ἔλεγεν Stobaeus d 3 οὐδ' ἂν ἥξει A F *D* M Iustinus Stobaeus : οὐδ' ἂν ἥξοι scr. recc. : οὐδ' ἥξει Proclus d 6 τε] τότε Stobaeus e 5 καὶ om. Clemens φθέγμα] θέμα Stobaeus e 6 διαλαβόντες A F M Proclus : ἰδίᾳ λαβόντες A² Stobaeus : ἰδίᾳ παραλαβόντες Clemens Eusebius ἀριδαῖον Clemens Eusebius a 3 κνάμπτοντες A F Proclus Clemens Eusebius : γνάμπτοντες Iustinus : κάμπτοντες *D* post ὧν ἕνεκά τε add. ταῦτα ὑπομένοιεν recc. (non legit Proclus) a 4 τε] τι Stobaeus ὅτι εἰς F *D* Proclus Stobaeus : εἰς ὅτι A M τὸν Τάρταρον post εἰς ὅ τι secl. Hermann (sed legit Proclus) a 6 τοῦτον A F Stobaeus : τούτων A² M ὑπερβάλλειν A F Stobaeus : ὑπερβάλλειν τὸν φόβον M (e Proclo ut videtur) μὴ γένοιτο . . . a 7 ἀναβαίνοι A F Stobaeus : εἰ μυκήσαιτο τὸ στόμιον M (e Proclo ut videtur) a 7 ἕκαστον om. Stobaeus

狄埃俄斯[3063]大王会在哪里时。而这位阿耳狄埃俄斯，他曾经在帕谟费
利亚的某个城邦那里成为过僭主——到〈那个人见到他的〉那个时候为
止，已经是第一千个年头了——，他杀死了他年老的父亲以及长兄，而 615d1
且事实上还做了其他许许多多不虔敬的事情，正如所说的那样。他说，
于是那个被询问的人做了如下回答："他没有来，"那人回应道，"他也
根本就将不可能来到这儿。因为，事实上这无疑是我们所观望到的那些
可怕的景象之一。当我们在〈地上裂隙的〉洞口附近正打算向上走出去
时——在已经遭受了其他各种各样的〈磨难〉之后——，我们忽然看到 615d5
了那个人以及其他一些人——几乎可以说，他们中的绝大多数都是一些
僭主，不过在那些已经犯下了重罪的人中，也有一些普通人——，正当 615e1
他们以为此时就可以往上走出去时，那个洞口却不容许〈他们通过〉，
而是发出吼叫，每当那些在邪恶方面处在如此不可救药的状态中的人中
的任何一位，或者任何一个还没有充分地接受惩罚的人，试图向上走出
去时。而且在那个地方还有一些人，〈那个被询问的人继续〉说道，这
些人性情凶野，面色赤红[3064]；他们站在旁边，并且留意着那个吼声； 615e5
他们把其中的一些人拖到一边后带走，至于阿耳狄埃俄斯和另外一些
人，他们则把其双手、双脚和头捆绑在一起，然后扔在地上并进行剥 616a1
皮，再沿着道路把他们拖到〈那个洞口的〉外面，放在荆棘上面进行刮
蹭，并且还对那些不断路过的人指出，究竟为了哪些事情的缘故这些人
会被带走，〈并且最终〉被扔进塔尔塔洛斯[3065]中。"虽然在那里，〈那个
被询问的人〉说道，他们[3066]已经经历了许许多多并且形形色色的恐惧， 616a5
但下面这点尤甚，那就是每个人都〈恐惧〉那个吼声会对他发生出来，
当他要走上来时；并且最令人高兴的事情莫过于每个人走上来时〈那个

καὶ τὰς μὲν δὴ δίκας τε καὶ τιμωρίας τοιαύτας τινὰς
εἶναι, καὶ αὖ τὰς εὐεργεσίας ταύταις ἀντιστρόφους. ἐπειδὴ b
δὲ τοῖς ἐν τῷ λειμῶνι ἑκάστοις ἑπτὰ ἡμέραι γένοιντο, ἀνα-
στάντας ἐντεῦθεν δεῖν τῇ ὀγδόῃ πορεύεσθαι, καὶ ἀφικνεῖσθαι
τεταρταίους ὅθεν καθορᾶν ἄνωθεν διὰ παντὸς τοῦ οὐρανοῦ
καὶ γῆς τεταμένον φῶς εὐθύ, οἷον κίονα, μάλιστα τῇ ἴριδι
προσφερῆ, λαμπρότερον δὲ καὶ καθαρώτερον· εἰς ὃ ἀφι-
κέσθαι προελθόντες ἡμερησίαν ὁδόν, καὶ ἰδεῖν αὐτόθι κατὰ
μέσον τὸ φῶς ἐκ τοῦ οὐρανοῦ τὰ ἄκρα αὐτοῦ τῶν δεσμῶν c
τεταμένα—εἶναι γὰρ τοῦτο τὸ φῶς σύνδεσμον τοῦ οὐρανοῦ,
οἷον τὰ ὑποζώματα τῶν τριήρων, οὕτω πᾶσαν συνέχον τὴν
περιφοράν—ἐκ δὲ τῶν ἄκρων τεταμένον Ἀνάγκης ἄτρακτον,
δι' οὗ πάσας ἐπιστρέφεσθαι τὰς περιφοράς· οὗ τὴν μὲν
ἠλακάτην τε καὶ τὸ ἄγκιστρον εἶναι ἐξ ἀδάμαντος, τὸν δὲ
σφόνδυλον μεικτὸν ἔκ τε τούτου καὶ ἄλλων γενῶν. τὴν δὲ
τοῦ σφονδύλου φύσιν εἶναι τοιάνδε· τὸ μὲν σχῆμα οἵαπερ ἡ d
τοῦ ἐνθάδε, νοῆσαι δὲ δεῖ ἐξ ὧν ἔλεγεν τοιόνδε αὐτὸν εἶναι,
ὥσπερ ἂν εἰ ἐν ἑνὶ μεγάλῳ σφονδύλῳ κοίλῳ καὶ ἐξεγλυμ-
μένῳ διαμπερὲς ἄλλος τοιοῦτος ἐλάττων ἐγκέοιτο ἁρμόττων,
καθάπερ οἱ κάδοι οἱ εἰς ἀλλήλους ἁρμόττοντες, καὶ οὕτω δὴ
τρίτον ἄλλον καὶ τέταρτον καὶ ἄλλους τέτταρας. ὀκτὼ γὰρ
εἶναι τοὺς σύμπαντας σφονδύλους, ἐν ἀλλήλοις ἐγκειμένους,
κύκλους ἄνωθεν τὰ χείλη φαίνοντας, νῶτον συνεχὲς ἑνὸς e
σφονδύλου ἀπεργαζομένους περὶ τὴν ἠλακάτην· ἐκείνην δὲ
διὰ μέσου τοῦ ὀγδόου διαμπερὲς ἐληλάσθαι. τὸν μὲν οὖν
πρῶτόν τε καὶ ἐξωτάτω σφόνδυλον πλατύτατον τὸν τοῦ
χείλους κύκλον ἔχειν, τὸν δὲ τοῦ ἕκτου δεύτερον, τρίτον δὲ

b 3 δεῖν om. Proclus b 6 προσφερῆ A F Proclus Stobaeus: προσ-φερές A²: ἐμφερές Theo b 7 προελθόντας scr. Mon. c 2 εἶναι ... c 3 ὑποζώματα A F M: εἶτα *D* e 3 sqq. Proclus in Remp. ii. 218 Kroll: διττὴ δ' ἐστὶν ἡ γραφὴ τῆς ταῦτα τὰ βάθη διοριζούσης λέξεως. καὶ ἡ μὲν προτέρα καὶ ἀρχαιοτέρα . . . ἡ δὲ δευτέρα καὶ νεωτέρα, κρατοῦσα δὲ ἐν τοῖς κεκωλισμένοις (κεκολασμένοις ci. Pitra) ἀντιγράφοις κ.τ.λ. quarum scriptionum τὴν νεωτέραν exhibent nostri codices e 5 ἕκτου] ἑβδόμου antiqua lectio

洞口〉保持着安静。并且〈厄耳继续说道〉，一方面，各种各样的惩罚
和受罪其实约莫就是这样一些，另一方面，与这些正相反对的则是各种 616b1
各样的福报。而对在草地上的每个人来说，当七天过去之后，他们就必
须在第八天从那里起身继续往前走，并且在第四天到达一个地方，从那
里，他们会看到一束垂直的光，它从上往下延伸，贯穿整个的天宇和大
地[3067]，就像一根柱子似的，尤其〈在颜色方面〉类似于彩虹，只不过 616b5
〈比之〉还要更加的明亮和更加的纯净。当他们继续往前走一天的路程
之后，他们就来到了那〈束光〉那里，并且在那里，在那束光的中央，
他们看到了从天宇那里〈向外〉伸展出去的它的那些纽带的〈两个〉终 616c1
端[3068]——因为这束光是把天宇捆绑在一起的纽带，就像那些〈从外
面〉用来加固三列桨战船的船壳的缆绳一样，它也以这种方式把〈天
宇的〉整个的旋转维系在一起——；而从〈那两个〉终端〈的中间那
里他们看到〉伸展出来了阿娜昂克的纺锤[3069]，通过它，所有的旋转才 616c5
得以旋转起来。一方面，该纺锤的卷线杆和钩子是由金刚石做成的[3070]，
另一方面，它的纺轮则是由〈金刚石〉这种东西和其他几种材料混合而
成。而该纺轮的样貌[3071]是下面这样，那就是，一方面，〈它的〉形状恰 616d1
如在〈我们〉这里的那种纺轮的样貌[3072]；另一方面，根据〈厄耳〉所
说[3073]，〈我们〉必须设想它是下面这样，那就是：仿佛在一个巨大的纺
轮里面——它不仅是空心的，并且已经被彻底掏空了——，被〈完全〉
嵌入了另外一个这样的纺轮，只不过它比较小，但恰好合适，就像〈两 616d5
个〉彼此合适地〈套在一起的〉罐子那样；而且以同样的方式还有另外
第三个纺轮和第四个纺轮，以及其他四个纺轮。因为总共有八个纺轮，
一个被嵌入到另一个里面，〈一方面〉它们使得它们的边缘从上面看起 616e1
来就像是一些圆环[3074]，〈另一方面〉围绕着那根卷线杆，它们形成了一
个单一的纺轮的一个连续的宽阔表面[3075]；而那根卷线杆则完全穿透了
第八个纺轮的中心。因此，第一个并且也是最外面的那个纺轮，它在其
边缘上有着最宽的圆环，而第六个纺轮的圆环则是第二宽的，第三宽的 616e5
是第四个纺轮的圆环，第四宽的是第八个纺轮的圆环，第五宽的是第七

τὸν τοῦ τετάρτου, τέταρτον δὲ τὸν τοῦ ὀγδόου, πέμπτον δὲ
τὸν τοῦ ἑβδόμου, ἕκτον δὲ τὸν τοῦ πέμπτου, ἕβδομον δὲ τὸν
τοῦ τρίτου, ὄγδοον δὲ τὸν τοῦ δευτέρου. καὶ τὸν μὲν τοῦ
μεγίστου ποικίλον, τὸν δὲ τοῦ ἑβδόμου λαμπρότατον, τὸν δὲ
617 τοῦ ὀγδόου τὸ χρῶμα ἀπὸ τοῦ ἑβδόμου ἔχειν προσλάμποντος,
τὸν δὲ τοῦ δευτέρου καὶ πέμπτου παραπλήσια ἀλλήλοις,
ξανθότερα ἐκείνων, τρίτον δὲ λευκότατον χρῶμα ἔχειν, τέταρ-
τον δὲ ὑπέρυθρον, δεύτερον δὲ λευκότητι τὸν ἕκτον. κυκλεῖ-
σθαι δὲ δὴ στρεφόμενον τὸν ἄτρακτον ὅλον μὲν τὴν αὐτὴν
φοράν, ἐν δὲ τῷ ὅλῳ περιφερομένῳ τοὺς μὲν ἐντὸς ἑπτὰ
κύκλους τὴν ἐναντίαν τῷ ὅλῳ ἠρέμα περιφέρεσθαι, αὐτῶν δὲ
τούτων τάχιστα μὲν ἰέναι τὸν ὄγδοον, δευτέρους δὲ καὶ ἅμα
b ἀλλήλοις τόν τε ἕβδομον καὶ ἕκτον καὶ πέμπτον· [τὸν] τρίτον
δὲ φορᾷ ἰέναι, ὡς σφίσι φαίνεσθαι, ἐπανακυκλούμενον τὸν
τέταρτον, τέταρτον δὲ τὸν τρίτον καὶ πέμπτον τὸν δεύτερον.
στρέφεσθαι δὲ αὐτὸν ἐν τοῖς τῆς Ἀνάγκης γόνασιν. ἐπὶ δὲ
τῶν κύκλων αὐτοῦ ἄνωθεν ἐφ' ἑκάστου βεβηκέναι Σειρῆνα
συμπεριφερομένην, φωνὴν μίαν ἱεῖσαν, ἕνα τόνον· ἐκ πασῶν
δὲ ὀκτὼ οὐσῶν μίαν ἁρμονίαν συμφωνεῖν. ἄλλας δὲ καθη-
c μένας πέριξ δι' ἴσου τρεῖς, ἐν θρόνῳ ἑκάστην, θυγατέρας τῆς
Ἀνάγκης, Μοίρας, λευχειμονούσας, στέμματα ἐπὶ τῶν κεφα-
λῶν ἐχούσας, Λάχεσίν τε καὶ Κλωθὼ καὶ Ἄτροπον, ὑμνεῖν
πρὸς τὴν τῶν Σειρήνων ἁρμονίαν, Λάχεσιν μὲν τὰ γεγονότα,
Κλωθὼ δὲ τὰ ὄντα, Ἄτροπον δὲ τὰ μέλλοντα. καὶ τὴν μὲν
Κλωθὼ τῇ δεξιᾷ χειρὶ ἐφαπτομένην συνεπιστρέφειν τοῦ
ἀτράκτου τὴν ἔξω περιφοράν, διαλείπουσαν χρόνον, τὴν δὲ
Ἄτροπον τῇ ἀριστερᾷ τὰς ἐντὸς αὖ ὡσαύτως· τὴν δὲ Λάχεσιν
d ἐν μέρει ἑκατέρας ἑκατέρᾳ τῇ χειρὶ ἐφάπτεσθαι. σφᾶς οὖν,

e 6 τετάρτου] ὀγδόου ant. lect. ὀγδόου] ἕκτου ant. lect.
e 7 ἑβδόμου] τετάρτου ant. lect. πέμπτου] τρίτου ant. lect.
e 8 τρίτου] δευτέρου ant. lect. δευτέρου] πέμπτου ant. lect.
a 5 δὲ A M : om. F a 7 αὐτῶν A² F : αὐτὸν A M a 8 ἰέναι
om. Simplicius δευτέρους] δεύτερον Simplicius b 1 τὸν A M :
τὸ F : om. Mon. b 6 ἕνα τόνον A M Proclus : ἀνὰ τόνον *D* :
ἀνατόνον F : ἀνάτονον recc. c 7 χρόνον A F *D* : χρόνῳ M

个纺轮的圆环，第六宽的是第五个纺轮的圆环，第七宽的是第三个纺轮
的圆环，第八宽的则是第二个纺轮的圆环。此外，最大的那个纺轮的圆
环是色彩斑斓的[3076]，而第七个纺轮的圆环则是最明亮的，第八个纺轮
的圆环则从第七个纺轮那里取得其颜色[3077]——因为第七个纺轮照耀着
它——；至于第二个纺轮的圆环和第五个纺轮的圆环，它们彼此是几乎 617a1
相同的，而且比〈前面〉那两个纺轮的圆环更黄；第三个纺轮的圆环有
着最白的颜色，第四个纺轮的圆环则是微红色的，在白色上处于第二位
的则是第六个纺轮的圆环。于是乎，一方面，整个纺锤，当它旋转时， 617a5
它以同一种运动〈方向和速度〉进行转动；另一方面，在整个旋转着的
纺锤的内部，里面的那七个圆环则在同整个〈纺锤的旋转〉相反的方向
上缓慢地旋转，只不过在这些圆环中，走得最快的是第八个圆环，而走
得第二快并且彼此是同时的，则是第七个圆环、第六个圆环和第五个圆 617b1
环；至于在运动〈的速度〉上走得第三快的[3078]，如对他们[3079]所显得
的那样，则是那在进行逆向旋转[3080]的第四个圆环，而第四快的是第三
个圆环，第五快的是第二个圆环。而那个纺锤则在阿娜昂克的双膝上旋
转。但在纺锤的那些圆环那里，于每一个的上方都栖息了一位塞壬[3081]，
她被带着〈与圆环〉一同绕圈子，她发出一个单一的声音，一种单一的 617b5
音调；但既然塞壬是八位，于是从她们所有那里声音合在一起就形成了
一个单一的和声。并且在〈那个纺锤的〉周围等距离地[3082]坐着另外三
位〈女神〉，各自坐在一张椅子上，她们都是阿娜昂克的女儿，即〈三 617c1
位〉摩伊剌[3083]，她们穿着白色的衣服[3084]，头上戴着花冠，她们是拉刻
西斯、克罗托和阿特洛波斯；她们合着那些塞壬们的那个和声吟唱；拉
刻西斯吟唱那些*已经发生*的事情，克罗托吟唱那些*正是着*的事情，而阿 617c5
特洛波斯则吟唱那些*将要来临*的事情。并且一方面，克罗托通过用右手
进行触动来帮助纺锤外面的〈那个圆环〉的旋转，隔一段时间[3085]〈那
样做一次〉，另一方面，阿特洛波斯则用左手以同样的方式[3086]〈帮助〉
里面的那些〈圆环在相反的方向上旋转〉；至于拉刻西斯，她则用右手 617d1

ἐπειδὴ ἀφικέσθαι, εὐθὺς δεῖν ἰέναι πρὸς τὴν Λάχεσιν. προ-
φήτην οὖν τινα σφᾶς πρῶτον μὲν ἐν τάξει διαστῆσαι, ἔπειτα
λαβόντα ἐκ τῶν τῆς Λαχέσεως γονάτων κλήρους τε καὶ βίων
παραδείγματα, ἀναβάντα ἐπί τι βῆμα ὑψηλὸν εἰπεῖν—
"'Ανάγκης θυγατρὸς κόρης Λαχέσεως λόγος. Ψυχαὶ
ἐφήμεροι, ἀρχὴ ἄλλης περιόδου θνητοῦ γένους θανατηφόρου.
οὐχ ὑμᾶς δαίμων λήξεται, ἀλλ' ὑμεῖς δαίμονα αἱρήσεσθε. e
πρῶτος δ' ὁ λαχὼν πρῶτος αἱρείσθω βίον ᾧ συνέσται ἐξ
ἀνάγκης. ἀρετὴ δὲ ἀδέσποτον, ἣν τιμῶν καὶ ἀτιμάζων
πλέον καὶ ἔλαττον αὐτῆς ἕκαστος ἕξει. αἰτία ἑλομένου·
θεὸς ἀναίτιος."

Ταῦτα εἰπόντα ῥῖψαι ἐπὶ πάντας τοὺς κλήρους, τὸν
δὲ παρ' αὐτὸν πεσόντα ἕκαστον ἀναιρεῖσθαι πλὴν οὗ, ἓ
δὲ οὐκ ἐᾶν· τῷ δὲ ἀνελομένῳ δῆλον εἶναι ὁπόστος εἰλή-
χει. μετὰ δὲ τοῦτο αὖθις τὰ τῶν βίων παραδείγματα εἰς 618
τὸ πρόσθεν σφῶν θεῖναι ἐπὶ τὴν γῆν, πολὺ πλείω τῶν
παρόντων. εἶναι δὲ παντοδαπά· ζῴων τε γὰρ πάντων βίους
καὶ δὴ καὶ τοὺς ἀνθρωπίνους ἅπαντας. τυραννίδας τε
γὰρ ἐν αὐτοῖς εἶναι, τὰς μὲν διατελεῖς, τὰς δὲ καὶ μεταξὺ
διαφθειρομένας καὶ εἰς πενίας τε καὶ φυγὰς καὶ εἰς πτω-
χείας τελευτώσας· εἶναι δὲ καὶ δοκίμων ἀνδρῶν βίους,
τοὺς μὲν ἐπὶ εἴδεσιν καὶ κατὰ κάλλη καὶ τὴν ἄλλην ἰσχύν
τε καὶ ἀγωνίαν, τοὺς δ' ἐπὶ γένεσιν καὶ προγόνων ἀρεταῖς, b
καὶ ἀδοκίμων κατὰ ταῦτα, ὡσαύτως δὲ καὶ γυναικῶν. ψυχῆς
δὲ τάξιν οὐκ ἐνεῖναι διὰ τὸ ἀναγκαίως ἔχειν ἄλλον ἑλομένην
βίον ἀλλοίαν γίγνεσθαι· τὰ δ' ἄλλα ἀλλήλοις τε καὶ πλού-
τοις καὶ πενίαις, τὰ δὲ νόσοις, τὰ δ' ὑγιείαις μεμεῖχθαι,
τὰ δὲ καὶ μεσοῦν τούτων. ἔνθα δή, ὡς ἔοικεν, ὦ φίλε

d 6 λόγος] ὅδε λόγος Proclus e 1 δαίμων λήξεται] λήξεται δαίμων Proclus δαίμονα] δαίμονας Proclus e 2 συνέσται A² F *D* M Stobaeus : συνέστε A ut videtur) e 3 ἀδέσποτος Stobaeus e 7 ἓ δὲ F *D* M : εδε (sic) A : ἔδει A² e 8 εἰλήχει A : εἴληχε F M : ἤλεγχε *D* a 4 τοὺς om. Proclus a 5 διατελεῖς διὰ τέλους ci. Cobet b 3 οὐκ A F *D* : μὴ Proclus : om. M b 4 γίγνεσθαι] τε γίγνεσθαι Proclus (fort. γενέσθαι)

触动外面的那个圆环，用左手触动里面的那些圆环，轮流进行[3087]。因此〈那些灵魂〉，当它们到达那里之后[3088]，它们就必须立即前往拉刻西斯那里。于是，〈神的〉一位代言人[3089]首先把他们按照队形进行分开，然后他从拉刻西斯的双膝上拾起一把签[3090]，以及各种各样的生活之样本[3091]，在登上一个讲台之后，他高声说道—— 617d5

"〈下面是〉阿娜昂克的女儿，少女拉刻西斯的话。〈你们这些〉倏忽即逝的灵魂[3092]，对于一个有死的族类来说[3093]，这是另一个走向死亡的周期[3094]的开始。不是某一位精灵将拣选你们，而是你们将选择一位 617e1 精灵[3095]。而那第一个〈前来〉抽签的，也就让它第一个来选择它必然将〈与之〉共度一生的那种生活吧！而德性是一种没有主人的东西[3096]，通过尊崇它，或者轻视它，每个人都将或多或少地拥有它。责任属于那为自己做出选择的人；而神是免责的。" 617e5

在说了这些之后，那位代言人把那把签扔向所有人，而每个人则把落在他自己旁边的那根签拾起来，除了他〈自己〉[3097]，因为〈那位代言人〉不允许〈他那样做〉；但对于那拾起〈签〉的人来说，下面这点就是显而易见的，即他抽到了什么数字[3098]。而在此之后，〈那位代言 618a1 人〉复又把各种各样的生活方式之样本搁在他们前面的地上，它们要比那些在场的〈灵魂〉多得多。而且那些生活方式的样本是五花八门的；因为〈其中〉不仅有整个动物的各种各样的生活方式，而且还有所有属人的各种各样的生活方式。甚至各种各样的僭主政制也出现在了它们当中，其中一些是持续不断的，而另一些不仅半途而废，而且在〈那些实 618a5 施它们的人的〉贫困中，以及在〈他们的〉流放和乞讨中结束。此外，还有一些杰出人物的生活方式——其中一些人由于身材以及在俊美、其他力量和竞争方面〈而杰出〉，而另一些人则是由于其出身和祖先们的 618b1 德性——，以及在这些方面都默默无闻的人的生活方式；而同样的情形也适用于女人们。然而，并无一种灵魂之安排内在〈其中〉[3099]，因为下面这点是必然的[3100]，即灵魂会随着对不同生活方式的选择而变得不同；不过，在其他方面都是彼此混合的，一些混合着富有和贫穷，一些混合 618b5 着疾病，一些混合着健康，还有另外一些则处在这些的中间。正是在

Γλαύκων, ὁ πᾶς κίνδυνος ἀνθρώπῳ, καὶ διὰ ταῦτα μάλιστα
c ἐπιμελητέον ὅπως ἕκαστος ἡμῶν τῶν ἄλλων μαθημάτων
ἀμελήσας τούτου τοῦ μαθήματος καὶ ζητητὴς καὶ μαθητὴς
ἔσται, ἐάν ποθεν οἷός τ' ᾖ μαθεῖν καὶ ἐξευρεῖν τίς αὐτὸν
ποιήσει δυνατὸν καὶ ἐπιστήμονα, βίον καὶ χρηστὸν καὶ πονη-
ρὸν διαγιγνώσκοντα, τὸν βελτίω ἐκ τῶν δυνατῶν ἀεὶ παντ-
αχοῦ αἱρεῖσθαι· ἀναλογιζόμενον πάντα τὰ νυνδὴ ῥηθέντα
καὶ συντιθέμενα ἀλλήλοις καὶ διαιρούμενα πρὸς ἀρετὴν βίου
πῶς ἔχει, εἰδέναι τί κάλλος πενίᾳ ἢ πλούτῳ κραθὲν καὶ
d μετὰ ποίας τινὸς ψυχῆς ἕξεως κακὸν ἢ ἀγαθὸν ἐργάζεται,
καὶ τί εὐγένειαι καὶ δυσγένειαι καὶ ἰδιωτεῖαι καὶ ἀρχαὶ καὶ
ἰσχύες καὶ ἀσθένειαι καὶ εὐμαθίαι καὶ δυσμαθίαι καὶ πάντα
τὰ τοιαῦτα τῶν φύσει περὶ ψυχὴν ὄντων καὶ τῶν ἐπικτήτων
τί συγκεραννύμενα πρὸς ἄλληλα ἐργάζεται, ὥστε ἐξ ἁπάντων
αὐτῶν δυνατὸν εἶναι συλλογισάμενον αἱρεῖσθαι, πρὸς τὴν
τῆς ψυχῆς φύσιν ἀποβλέποντα, τόν τε χείρω καὶ τὸν ἀμείνω
e βίον, χείρω μὲν καλοῦντα ὃς αὐτὴν ἐκεῖσε ἄξει, εἰς τὸ ἀδικω-
τέραν γίγνεσθαι, ἀμείνω δὲ ὅστις εἰς τὸ δικαιοτέραν. τὰ δὲ
ἄλλα πάντα χαίρειν ἐάσει· ἑωράκαμεν γὰρ ὅτι ζῶντί τε
καὶ τελευτήσαντι αὕτη κρατίστη αἵρεσις. ἀδαμαντίνως δὴ
619 δεῖ ταύτην τὴν δόξαν ἔχοντα εἰς Ἅιδου ἰέναι, ὅπως ἂν ᾖ καὶ
ἐκεῖ ἀνέκπληκτος ὑπὸ πλούτων τε καὶ τῶν τοιούτων κακῶν,
καὶ μὴ ἐμπεσὼν εἰς τυραννίδας καὶ ἄλλας τοιαύτας πράξεις
πολλὰ μὲν ἐργάσηται καὶ ἀνήκεστα κακά, ἔτι δὲ αὐτὸς μείζω
πάθῃ, ἀλλὰ γνῷ τὸν μέσον ἀεὶ τῶν τοιούτων βίον αἱρεῖσθαι
καὶ φεύγειν τὰ ὑπερβάλλοντα ἑκατέρωσε καὶ ἐν τῷδε τῷ
βίῳ κατὰ τὸ δυνατὸν καὶ ἐν παντὶ τῷ ἔπειτα· οὕτω γὰρ
b εὐδαιμονέστατος γίγνεται ἄνθρωπος.

Καὶ δὴ οὖν καὶ τότε ὁ ἐκεῖθεν ἄγγελος ἤγγελλε τὸν
μὲν προφήτην οὕτως εἰπεῖν· "Καὶ τελευταίῳ ἐπιόντι, ξὺν
νῷ ἑλομένῳ, συντόνως ζῶντι κεῖται βίος ἀγαπητός, οὐ

c 8 εἰδέναι A F M : καὶ εἰδέναι D   e 2 ὅστις A F D : om. M
a 5 βίον A F : βίων M   b 2 οὖν om. Proclus   b 3 τελευταίῳ A F Proclus : τελευταῖον D   b 4 νῷ A² M : om. A F : τῷ D

这里，如看起来的那样，亲爱的格劳孔啊，对一个人来说有着整个的危险，并且也正由于此，一个人必须尤其要关心我们中的每个人如何—— 618c1
哪怕是忽略其他各种各样的学问——将是这种学问的一位探寻者和学习者，如果他能够从它那里学习和发现，谁将使得他对下面这点是有能力的和有知识的，那就是，通过在一种有益的生活方式和一种低劣的生活方式之间做出分辨[3101]，随时随地都〈有能力和知道〉从各种可能的情况 618c5
中选择出那更好的〈生活方式〉；也即是说，当一个人通过盘算刚才所说的所有那些彼此被放在一起以及被分开的东西之于生活的德性是怎么样的[3102]——从而知道，美，当它同贫穷或者富有相混合以及它同灵魂的这样那样的情状相伴随时，它导致了什么样的恶或者善；以及〈知道〉， 618d1
出身高贵和出身卑微、平民生活和执政当权、身体强壮和体质虚弱、敏于学习和学习吃力，以及所有诸如此类的情况，无论它们属于那些生来就是同灵魂相关的东西，还是属于它新获得的那些东西，当它们彼此混 618d5
合在一起时会导致什么结果——，由此基于所有这些他能够通过计算而做出一种选择，即着眼于灵魂的本性而在更坏的生活和更好的生活方式之间〈做出选择〉：他把一种生活方式称为更坏的，只要它将把灵魂引 618e1
向那个地方，即把它引向变得更加的不正义；而任何一种将把灵魂引向变得更加正义的生活方式，〈他都将之称为〉更好的。至于其他所有事情，他都将不予理会[3103]。因为，我们已经看到，对一个人来说，无论是在生前，还是死后，这都是一种最好的选择。因此，一个人必须如金刚石般地持有这种信念来前往哈德斯的家里，以便即使在那里，他也能够 619a1
不被各种各样的财富以及被诸如此类的一些恶事所动摇，并且不会因陷入各种各样的僭主政制以及其他诸如此类的行为中，由此一方面，做出许许多多的并且是不可救药的恶事来，另一方面，自己还要遭受更大的〈不幸〉；而是能够认识到下面这点，那就是：面对诸如此类的情况， 619a5
总是选择处在其中间的那种生活方式，并且躲开在两边的任何一边的极端[3104]，无论是在此生，还是在随后的生生世世都尽可能如此。因为只有 619b1
这样，一个人才能够成为一个最幸福的人。

于是，从那边来的那位信使[3105]在那时进而报告说，一方面，那位代言人这样说道："即使对于那最后走上前来的人，只要他理智地[3106]进行了选择，认真地活着[3107]，那么，摆在〈他面前〉的就是一种令人满

κακός. μήτε ὁ ἄρχων αἱρέσεως ἀμελείτω μήτε ὁ τελευτῶν
ἀθυμείτω."

Εἰπόντος δὲ ταῦτα τὸν πρῶτον λαχόντα ἔφη εὐθὺς ἐπιόντα
τὴν μεγίστην τυραννίδα ἑλέσθαι, καὶ ὑπὸ ἀφροσύνης τε καὶ
λαιμαργίας οὐ πάντα ἱκανῶς ἀνασκεψάμενον ἑλέσθαι, ἀλλ'
αὐτὸν λαθεῖν ἐνοῦσαν εἱμαρμένην παίδων αὑτοῦ βρώσεις καὶ c
ἄλλα κακά· ἐπειδὴ δὲ κατὰ σχολὴν σκέψασθαι, κόπτεσθαί
τε καὶ ὀδύρεσθαι τὴν αἵρεσιν, οὐκ ἐμμένοντα τοῖς προρρη-
θεῖσιν ὑπὸ τοῦ προφήτου· οὐ γὰρ ἑαυτὸν αἰτιᾶσθαι τῶν
κακῶν, ἀλλὰ τύχην τε καὶ δαίμονας καὶ πάντα μᾶλλον ἀνθ'
ἑαυτοῦ. εἶναι δὲ αὐτὸν τῶν ἐκ τοῦ οὐρανοῦ ἡκόντων, ἐν
τεταγμένῃ πολιτείᾳ ἐν τῷ προτέρῳ βίῳ βεβιωκότα, ἔθει
ἄνευ φιλοσοφίας ἀρετῆς μετειληφότα. ὡς δὲ καὶ εἰπεῖν, οὐκ d
ἐλάττους εἶναι ἐν τοῖς τοιούτοις ἁλισκομένους τοὺς ἐκ τοῦ
οὐρανοῦ ἥκοντας, ἅτε πόνων ἀγυμνάστους· τῶν δ' ἐκ τῆς
γῆς τοὺς πολλούς, ἅτε αὐτούς τε πεπονηκότας ἄλλους τε
ἑωρακότας, οὐκ ἐξ ἐπιδρομῆς τὰς αἱρέσεις ποιεῖσθαι. διὸ
δὴ καὶ μεταβολὴν τῶν κακῶν καὶ τῶν ἀγαθῶν ταῖς πολλαῖς
τῶν ψυχῶν γίγνεσθαι καὶ διὰ τὴν τοῦ κλήρου τύχην· ἐπεὶ
εἴ τις ἀεί, ὁπότε εἰς τὸν ἐνθάδε βίον ἀφικνοῖτο, ὑγιῶς φιλο-
σοφοῖ καὶ ὁ κλῆρος αὐτῷ τῆς αἱρέσεως μὴ ἐν τελευταίοις e
πίπτοι, κινδυνεύει ἐκ τῶν ἐκεῖθεν ἀπαγγελλομένων οὐ μόνον
ἐνθάδε εὐδαιμονεῖν ἄν, ἀλλὰ καὶ τὴν ἐνθένδε ἐκεῖσε καὶ δεῦρο
πάλιν πορείαν οὐκ ἂν χθονίαν καὶ τραχεῖαν πορεύεσθαι,
ἀλλὰ λείαν τε καὶ οὐρανίαν.

Ταύτην γὰρ δὴ ἔφη τὴν θέαν ἀξίαν εἶναι ἰδεῖν, ὡς ἕκασται
αἱ ψυχαὶ ᾑροῦντο τοὺς βίους· ἐλεινήν τε γὰρ ἰδεῖν εἶναι καὶ 620
γελοίαν καὶ θαυμασίαν. κατὰ συνήθειαν γὰρ τοῦ προτέρου
βίου τὰ πολλὰ αἱρεῖσθαι. ἰδεῖν μὲν γὰρ ψυχὴν ἔφη τήν
ποτε Ὀρφέως γενομένην κύκνου βίον αἱρουμένην, μίσει τοῦ
γυναικείου γένους διὰ τὸν ὑπ' ἐκείνων θάνατον οὐκ ἐθέλουσαν
ἐν γυναικὶ γεννηθεῖσαν γενέσθαι· ἰδεῖν δὲ τὴν Θαμύρου

b 5 αἱρέσεώς τινος Proclus e 3 ἀλλὰ καὶ A F D: ἀλλὰ M
e 4 χθονίαν A F D m: χρονίαν M

意的生活，而不是一种恶的生活。面对选择，〈走上前来抽签的〉第一 619b5
个人不应粗心大意，最后一个人也无需气馁！”

另一方面，当〈那个代言人〉说了这些之后，那第一个抽签的人，〈厄耳〉说道，他立即走上前去选择了最大的僭主政制，既由于没有头脑，也由于贪吃，他在没有足够地细看每件事的情况下就进行了选择，
而且他还没有注意到在其定命[3108]中包含着吞吃他自己的孩子们，以及其 619c1
他的一些恶。然而，当他从容地[3109]进行了一番检查之后，他就〈开始〉捶打胸膛和痛哭这一选择，由于他没有遵守被那位代言人预先说出来的那些话；但他根本就没有为〈他的〉那些恶责怪他自己，而是责怪运气，
责怪那些精灵，以及责怪〈其他〉所有的，就是不责怪他自己。而他是 619c5
从天上走下来的那些人中的一位，因为他在先前的一生中已经生活在
一种秩序井然的城邦体制里面，〈只不过是〉在缺乏热爱智慧的情况下， 619d1
〈仅仅〉凭借习惯而对德性已经有了份儿而已[3110]。甚至可以说[3111]，那些虽然从天上下来却落入到这样一些〈错误选择〉中的人，不在少数，因为他们对〈地下〉各种各样的苦难是缺乏经验的；而那些从地下走上来的，其中的大多数人，由于他们自己不仅已经遭受过苦难，而且还看到
了其他人〈所遭受的苦难〉，因而他们不会由于一时冲动[3112]就做出选择。 619d5
也正由于此，对大多数的灵魂来说，也就出现了在各种各样恶的〈生活方式〉和各种各样善的〈生活方式〉之间的一种交换，〈当然也包括〉由于抽签的运气。然而，如果一个人总是——每当他来到〈尘世〉这里的
这种生活那里——，以一种健康的方式去热爱智慧，并且不是在最后的 619e1
那些签当中的某根〈用来做〉选择的签落在了他旁边，那么，根据被〈厄耳〉从那边所报告的那些事情，他就有可能不仅仅在〈尘世〉这里会是幸福的，而且他从〈尘世〉这里到那边以及从那边返回〈到尘世这里〉所进
行的那种旅行，也不会是在地下的和崎岖的，而是平坦的和在天上的。 619e5

〈厄耳〉说，这肯定是值得一看的景象，即每个灵魂如何选择了〈它
自己〉的生活方式；因为〈该景象〉看起来既是可悲的，也是可笑的和 620a1
令人惊讶的。在大多数情况下[3113]它们都是根据〈自己在〉从前生活〈中所养成〉的习惯来进行选择[3114]。他说道，他甚至看到了一个灵魂——它曾经成为过俄耳甫斯的——选择了一只天鹅的生活方式[3115]，由于对女
性族类的一种仇恨，因为它死在那些女人手里[3116]，所以它不愿意再通过 620a5
在一个女人那里被生育而降生〈到这个世上〉；他还看到了塔密里斯[3117]

ἀηδόνος ἑλομένην· ἰδεῖν δὲ καὶ κύκνον μεταβάλλοντα εἰς ἀνθρωπίνου βίου αἵρεσιν, καὶ ἄλλα ζῷα μουσικὰ ὡσαύτως.
b εἰκοστὴν δὲ λαχοῦσαν ψυχὴν ἑλέσθαι λέοντος βίον· εἶναι δὲ τὴν Αἴαντος τοῦ Τελαμωνίου, φεύγουσαν ἄνθρωπον γενέσθαι, μεμνημένην τῆς τῶν ὅπλων κρίσεως. τὴν δ' ἐπὶ τούτῳ Ἀγαμέμνονος· ἔχθρᾳ δὲ καὶ ταύτην τοῦ ἀνθρωπίνου γένους διὰ τὰ πάθη ἀετοῦ διαλλάξαι βίον. ἐν μέσοις δὲ λαχοῦσαν τὴν Ἀταλάντης ψυχήν, κατιδοῦσαν μεγάλας τιμὰς ἀθλητοῦ ἀνδρός, οὐ δύνασθαι παρελθεῖν, ἀλλὰ λαβεῖν. μετὰ
c δὲ ταύτην ἰδεῖν τὴν Ἐπειοῦ τοῦ Πανοπέως εἰς τεχνικῆς γυναικὸς ἰοῦσαν φύσιν· πόρρω δ' ἐν ὑστάτοις ἰδεῖν τὴν τοῦ γελωτοποιοῦ Θερσίτου πίθηκον ἐνδυομένην. κατὰ τύχην δὲ τὴν Ὀδυσσέως λαχοῦσαν πασῶν ὑστάτην αἱρησομένην ἰέναι, μνήμῃ δὲ τῶν προτέρων πόνων φιλοτιμίας λελωφηκυῖαν ζητεῖν περιιοῦσαν χρόνον πολὺν βίον ἀνδρὸς ἰδιώτου ἀπράγμονος, καὶ μόγις εὑρεῖν κείμενόν που καὶ παρημελημένον
d ὑπὸ τῶν ἄλλων, καὶ εἰπεῖν ἰδοῦσαν ὅτι τὰ αὐτὰ ἂν ἔπραξεν καὶ πρώτη λαχοῦσα, καὶ ἀσμένην ἑλέσθαι. καὶ ἐκ τῶν ἄλλων δὴ θηρίων ὡσαύτως εἰς ἀνθρώπους ἰέναι καὶ εἰς ἄλληλα, τὰ μὲν ἄδικα εἰς τὰ ἄγρια, τὰ δὲ δίκαια εἰς τὰ ἥμερα μεταβάλλοντα, καὶ πάσας μείξεις μείγνυσθαι.

Ἐπειδὴ δ' οὖν πάσας τὰς ψυχὰς τοὺς βίους ᾑρῆσθαι, ὥσπερ ἔλαχον ἐν τάξει προσιέναι πρὸς τὴν Λάχεσιν· ἐκείνην δ' ἑκάστῳ ὃν εἵλετο δαίμονα, τοῦτον φύλακα συμ-
e πέμπειν τοῦ βίου καὶ ἀποπληρωτὴν τῶν αἱρεθέντων. ὃν πρῶτον μὲν ἄγειν αὐτὴν πρὸς τὴν Κλωθὼ ὑπὸ τὴν ἐκείνης χεῖρά τε καὶ ἐπιστροφὴν τῆς τοῦ ἀτράκτου δίνης, κυροῦντα ἣν λαχὼν εἵλετο μοῖραν· ταύτης δ' ἐφαψάμενον αὖθις ἐπὶ τὴν τῆς Ἀτρόπου ἄγειν νῆσιν, ἀμετάστροφα τὰ ἐπικλωσθέντα ποιοῦντα· ἐντεῦθεν δὲ δὴ ἀμεταστρεπτὶ ὑπὸ τὸν τῆς
621 Ἀνάγκης ἰέναι θρόνον, καὶ δι' ἐκείνου διεξελθόντα, ἐπειδὴ

a 8 ὡσαύτως. εἰκοστὴν F Plutarchus : ὡσαύτως εἰκός. τὴν A D M c 5 πόνων καὶ φιλοτιμίας Proclus d 7 προσιέναι] προιέναι Clemens Eusebius a 1 ἰέναι om. Proclus

的灵魂选择了一只夜莺的生活方式，甚至也看到了一只天鹅转向了对一种属人的生活方式的选择，以及其他一些有音乐才能的动物做了同样的事情。而一个抽到第二十号签的灵魂则选择了一头狮子的生活方式，不 620b1
过它是忒拉蒙的儿子埃阿斯的灵魂，因为它要躲避成为一个人，由于它〈始终还〉记得对那些武器的裁断[3118]。在这之后则是阿伽门农的灵魂；甚至也因为〈自己的〉种种遭受而出于对人类的憎恶[3119]，这灵魂转而〈选择了〉一只鹰的生活方式。而在中间位置进行抽签的是阿塔兰忒的灵 620b5
魂[3120]，当它俯身瞥见到在一位男性运动员身上的各种各样巨大的尊荣后，它不能够〈让自己从它们那里〉擦身而过，而是握住了它们。在这个灵魂的后面，他则看到了潘诺剖斯的儿子厄珀俄斯的灵魂[3121]进入到了一 620c1
位精通技艺的女人的体质中[3122]；而最后[3123]，他远远地看见了小丑忒耳西忒斯的灵魂[3124]进入到了一只猴子〈的身体〉里面[3125]。至于奥德修斯的灵魂，当它碰巧抽到了所有签中的最后一号后，它走上前去进行选择；但由于记得以前的种种磨难，它已经从热爱荣誉那里恢复了过来[3126]，于 620c5
是它花了很长的时间四出走动，以便找到属于一个远离公共事务的普通人的生活方式[3127]，而它费了很大的劲才发现〈那种生活方式静静地〉躺在某个地方，并且已经被其他人所忽视，当它看见后，它说它会做同样的事 620d1
情，即使它第一个〈前来〉抽签，并且它高高兴兴地选择了〈那种生活方式〉。甚至从一些其他的野兽那里也同样地出现了，有的野兽变成了人[3128]，有的野兽则互相变换；那些不正义的野兽变成了凶野的，而那些正义的野兽则转变成了温驯的，并且所有〈可能的〉混合〈方式〉都出现了[3129]。 620d5

于是，当所有的灵魂都已经选择了〈它们的〉生活方式之后，它们就像抽签时那样，依次前往拉刻西斯那里；而她则同时把各自所选择的那位精灵分派给每个人[3130]，而这精灵是〈其〉生活方式的一位护卫者，以及被选择的各种事情的一位执行者。而那个精灵首先把〈一个人的〉 620e1
灵魂引往克罗托那里，〈让它站〉在她的双手以及纺锤的旋转[3131]〈所形成的〉涡旋的下方[3132]，因为他要确认[3133]那个人在抽签之后[3134]所选择的命运。而当那个人握住了那个命运之后，他再次把〈那个人的〉灵魂引向阿特洛波斯在纺线〈的那个地方〉，以便使得其命运[3135]是不可 620e5
更改的[3136]。然后，那个人径直走到阿娜昂克的座位的下面；在他完全穿过那个座位之后，并且当其他人也穿过之后，他们所有人就前往勒 621a1

καὶ οἱ ἄλλοι διῆλθον, πορεύεσθαι ἅπαντας εἰς τὸ τῆς Λήθης
πεδίον διὰ καύματός τε καὶ πνίγους δεινοῦ· καὶ γὰρ εἶναι
αὐτὸ κενὸν δένδρων τε καὶ ὅσα γῆ φύει. σκηνᾶσθαι οὖν
σφᾶς ἤδη ἑσπέρας γιγνομένης παρὰ τὸν Ἀμέλητα ποταμόν,
οὗ τὸ ὕδωρ ἀγγεῖον οὐδὲν στέγειν. μέτρον μὲν οὖν τι τοῦ
ὕδατος πᾶσιν ἀναγκαῖον εἶναι πιεῖν, τοὺς δὲ φρονήσει μὴ
σῳζομένους πλέον πίνειν τοῦ μέτρου· τὸν δὲ ἀεὶ πιόντα
πάντων ἐπιλανθάνεσθαι. ἐπειδὴ δὲ κοιμηθῆναι καὶ μέσας b
νύκτας γενέσθαι, βροντήν τε καὶ σεισμὸν γενέσθαι, καὶ
ἐντεῦθεν ἐξαπίνης ἄλλον ἄλλῃ φέρεσθαι ἄνω εἰς τὴν γένεσιν,
ᾄττοντας ὥσπερ ἀστέρας. αὐτὸς δὲ τοῦ μὲν ὕδατος κωλυ-
θῆναι πιεῖν· ὅπῃ μέντοι καὶ ὅπως εἰς τὸ σῶμα ἀφίκοιτο,
οὐκ εἰδέναι, ἀλλ' ἐξαίφνης ἀναβλέψας ἰδεῖν ἕωθεν αὐτὸν
κείμενον ἐπὶ τῇ πυρᾷ.

Καὶ οὕτως, ὦ Γλαύκων, μῦθος ἐσώθη καὶ οὐκ ἀπώλετο,
καὶ ἡμᾶς ἂν σώσειεν, ἂν πειθώμεθα αὐτῷ, καὶ τὸν τῆς Λήθης c
ποταμὸν εὖ διαβησόμεθα καὶ τὴν ψυχὴν οὐ μιανθησόμεθα.
ἀλλ' ἂν ἐμοὶ πειθώμεθα, νομίζοντες ἀθάνατον ψυχὴν καὶ
δυνατὴν πάντα μὲν κακὰ ἀνέχεσθαι, πάντα δὲ ἀγαθά, τῆς
ἄνω ὁδοῦ ἀεὶ ἑξόμεθα καὶ δικαιοσύνην μετὰ φρονήσεως παντὶ
τρόπῳ ἐπιτηδεύσομεν, ἵνα καὶ ἡμῖν αὐτοῖς φίλοι ὦμεν καὶ
τοῖς θεοῖς, αὐτοῦ τε μένοντες ἐνθάδε, καὶ ἐπειδὰν τὰ ἆθλα
αὐτῆς κομιζώμεθα, ὥσπερ οἱ νικηφόροι περιαγειρόμενοι, καὶ d
ἐνθάδε καὶ ἐν τῇ χιλιέτει πορείᾳ, ἣν διεληλύθαμεν, εὖ
πράττωμεν.

b 6 ἰδεῖν in ras. A M : ἤδη F : ἴδοι *D* ἕωθεν] γρ. ἄνωθεν in marg. A b 7 κείμενον A F *D*: ἤδη κείμενον M : κείμενον ἤδη A² b 8 καὶ οὐκ A: ἀλλ' οὐκ F *D* M d 2 χιλιετει (sic) A: χιλιέτι A²: χιλιετεῖ F *D*

忒[3137]的平原，途经一种可怕的烧灼和令人窒息的闷热，因为该平原不仅没有任何的树木，而且大地也没有长出任何东西。于是，他们就〈在那里〉安营扎寨——因为黄昏已经来临——，紧邻阿墨勒斯河[3138]，它 621a5
的水没有任何容器可以盛接。现在，虽然每个人都必须恰如其分地喝〈那条河里〉的水，但那些没有被明智所保全的人却会喝得超过了限度；而不时〈前来〉的人[3139]，当他喝了水之后，就会忘掉一切。当他们入 621b1
睡之后，到了半夜时分，出现了雷鸣以及地震，并且他们忽然〈纷纷〉被从这里往上带去投生，有的往这里，有的往那里[3140]，宛如一些流星似的[3141]。至于〈厄耳〉本人，则被阻止喝〈那条河里〉的水；然而， 621b5
他究竟在哪里以及以何种方式回到了〈他自己的〉身体里，他一概不知道，而是当他忽然睁开眼睛时，看到正好是在清晨[3142]，而他自己躺在火葬堆上。

正是以这种方式，格劳孔啊，故事被保存了下来，而没有销声匿迹[3143]；并且它能够拯救我们，如果我们相信它的话，我们不仅将顺利 621c1
地渡过勒忒这条河，而且将不让〈我们的〉灵魂遭受污染。而如果我们听从我〈的劝告〉，相信灵魂是不朽的，它既能够承受住所有的恶，也能够接纳所有的善，那么，我们就将总是坚持〈走〉那条向上的路[3144]，并且我们将借助明智，用每一种方式去汲汲追求正义，由此一来，我 621c5
们就能够不仅同我们自己是友好的，而且同诸神也是友好的——无论是当我们还停留在〈尘世〉这里，还是每当〈死后〉为自己取得了由它[3145]而来的各种奖励[3146]，就像那些取得胜利的人为自己到处收集礼 621d1
物那样[3147]——；不仅在〈尘世〉这里，而且在持续一千年之久的旅行中，我们已经详述了它[3148]，我们都能够走运[3149]。

◆ 希汉对照 ◆

柏拉图全集

VIII. 2

理想国（政制）

下册

溥林 译

商务印书馆
创于1897 The Commercial Press

目　录

（下册）

注　释

1 阿里斯通（Ἀρίστων, Ariston）是柏拉图的父亲，因此，这里的这位格劳孔（Γλαύκων, Glaukon）和柏拉图是兄弟关系。柏拉图的母亲叫珀里克提俄涅（Περικτιόνη, Periktione），当阿里斯通去世后，珀里克提俄涅改嫁给了她的舅舅皮里兰珀斯（Πυριλάμπης, Pyrilampes）。阿里斯通和珀里克提俄涅生了三个儿子，由大到小分别是阿德曼托斯（Ἀδείμαντος, Adeimantos）、格劳孔和柏拉图；此外还生有一个女儿，即柏拉图的姐姐，叫波托涅（Πωτώνη, Potone），柏拉图后来把他所建立的学园传给了他姐姐的儿子斯剖西波斯（Σπεύσιππος, Speusippos）。参见：

《苏格拉底的申辩》（33e7–34a1）：ὅδε δὲ Ἀδείμαντος, ὁ Ἀρίστωνος, οὗ ἀδελφὸς οὑτοσὶ Πλάτων.［而这里的这位是阿里斯通的儿子阿德曼托斯，这位柏拉图是他的兄弟。］

第欧根尼·拉尔修《名哲言行录》（3.1.1–3）：Πλάτων, Ἀρίστωνος καὶ Περικτιόνης – ἢ Πωτώνης – Ἀθηναῖος, ἥτις τὸ γένος ἀνέφερεν εἰς Σόλωνα. τούτου γὰρ ἦν ἀδελφὸς Δρωπίδης, οὗ Κριτίας.［柏拉图，阿里斯通和珀里克提俄涅（或波托涅）的儿子，雅典人；珀里克提俄涅把家族回溯到梭伦。因为，梭伦的兄弟是德洛庇得斯，他是克里提阿斯的父亲。］

此外，根据《名哲言行录》中的记载（3.4.5–9），柏拉图本名叫“阿里斯托克勒斯”（Ἀριστοκλῆς），该名字由形容词“最好的”（ἄριστος）和名词“名声”（κλέος）合成，即“最好的名声”；而他之所以获得“柏拉图”（Πλάτων）这个绰号（希腊文中的 πλάτανος［梧桐 / 阔叶树］一词与之是同源词），一种说法是因为他“体格健壮”（διὰ τὴν εὐεξίαν），另一种说法是由于他“表达的丰富”（διὰ τὴν πλατύτητα τῆς ἑρμηνείας），第三种说法则是因为他“额头是宽阔的”（ὅτι πλατὺς ἦν τὸ μέτωπον）。

2 Κατέβην ... εἰς Πειραιᾶ［下到了珀赖欧斯］。珀赖欧斯（Πειραιεύς, Peiraieus），

现在也译为“比雷埃夫斯”，雅典西南部的一个重要港口，距离雅典大约 6 英里。κατέβην 是动词 καταβαίνω 的一次性过去时直陈式主动态第一人称单数，καταβαίνω 的本义是“走下去”“下到”“下去”“下来”，即从高处走到低处，从内陆走到海边等。参见《泰阿泰德》(142a6–7)：Εἰς λιμένα καταβαίνων Θεαιτήτῳ ἐνέτυχον φερομένῳ ἐκ Κορίνθου ἀπὸ τοῦ στρατοπέδου Ἀθήναζε.［当我下到港口去时，遇见了被从在科林托斯的军营抬出来的泰阿泰德，他们正赶回雅典。］

3 προσευξόμενός ... τῇ θεῷ［为了朝拜那位女神］，也可以译为“为了向那位女神祈祷”。根据后面 354a10–11：Ταῦτα δή σοι, ἔφη, ὦ Σώκρατες, εἱστιάσθω ἐν τοῖς Βενδιδίοις.［那么，就让这些对你，他说道，苏格拉底啊，成为在本狄丝节上的盛宴吧。］那位“女神”(ἡ θεός) 当指“本狄丝”(Βένδις, Bendis)，她是色雷斯人的狩猎女神和月光女神，相当于希腊人的阿耳忒弥斯(Ἄρτεμις, Artemis)。

4 καὶ ἅμα［同时也］。单就 καὶ ἅμα 来说，可以将之视为一个整体，意思是“此外”。参见《苏格拉底的申辩》(38a7–b1)：τὰ δὲ ἔχει μὲν οὕτως, ὡς ἐγώ φημι, ὦ ἄνδρες, πείθειν δὲ οὐ ῥᾴδιον. καὶ ἐγὼ ἅμα οὐκ εἴθισμαι ἐμαυτὸν ἀξιοῦν κακοῦ.［但正如我所说的，事情就是这样，诸位啊，只不过要说服你们是不容易的。此外，我也不曾习惯认为自己应受任何坏事。］

5 τίνα τρόπον 是短语，名词宾格作副词使用；意思是“以何种方式”“如何”。《牛津希–英词典》(*A Greek-Englisch Lexicon*, H. G. Liddell and R. Scott, With a Revised Supplement. Charendon Press · Oxford, 1996) 对它的解释是：how? 参见《吕西斯》(205b2–3)：ἵνα εἰδῶ τίνα τρόπον προσφέρῃ πρὸς τὰ παιδικά.［以便我知道你究竟在以何种方式同心上人打交道。］

6 οἱ Θρᾷκες［色雷斯人］，主要生活在希腊北部地区。这里提到的“那些色雷斯人”(οἱ Θρᾷκες) 与“当地人”(οἱ ἐπιχώριοι) 相对，即由于商贸往来、外交出使等原因而居住在珀赖欧斯的色雷斯人；对色雷斯女神本狄丝的崇拜，有可能就是由这些人引入到珀赖欧斯的。

7 οὐ ... ἧττον ... πρέπειν［一点也不逊色］，也可以译为“同样适宜”。

8 Πολέμαρχος ὁ Κεφάλου［克法洛斯的儿子波勒马尔科斯］。克法洛斯(Κέφαλος, Kephalos) 是定居在雅典的意大利西西里移民，一个富有的商人。他有三个儿子，一个是这里提到波勒马尔科斯(Πολέμαρχος, Polemarchos)，另外两个是后面提到的吕西阿斯(Λυσίας, Lysias) 和欧悌德谟斯(Εὐθύδημος, Euthydemos)。克法洛斯一家作为外来移民，按照当时的法律自己不能在雅典城里置产，因而他们一家住在港口珀赖欧斯。

其中的吕西阿斯，后来成为了一位著名的演说家和修辞学家，目前归在他名下的演说辞一共有 35 篇；参见《斐德若》(227a2-4)：Παρὰ Λυσίου, ὦ Σώκρατες, τοῦ Κεφάλου, πορεύομαι δὲ πρὸς περίπατον ἔξω τείχους· συχνὸν γὰρ ἐκεῖ διέτριψα χρόνον καθήμενος ἐξ ἑωθινοῦ. [从吕西阿斯那儿来，苏格拉底啊，他是克法洛斯的儿子，不过，我正为了散步而前往城墙的外面；因为从清晨起我就一直坐着，在吕西阿斯那儿消磨了很长的时间。]

9 περιμεῖναί ἑ [等等他]。ἑ 在这里是第三人称指示代词的阳性宾格单数，等于 αὐτόν。

10 μου ὄπισθεν ὁ παῖς λαβόμενος τοῦ ἱματίου [当这个童仆在我的后面抓住我的外衣后]，有意按字面意思翻译，并且把 μου 视为既限定 ὄπισθεν，也限定 τοῦ ἱματίου。当然也可以简单译为“当这个童仆在后面抓住我的外衣后”“当这个童仆从后面抓住我的外衣后”。μου ὄπισθεν [在我的后面] 是一个整体和介词短语，ὄπισθεν 表地点，除了作副词“在后面”使用外，也可以做介词使用，意思是“在……后面”，并要求属格，所以这里出现的是人称代词的单数属格 μου [我]；而 μου 也修饰和限定后面的名词属格 τοῦ ἱματίου [外衣]。

λαβόμενος 是动词 λαμβάνω 的一次性过去时分词中动态阳性主格单数；λαμβάνω 的本义是“得到”，但其中动态具有“握住”“抓住”“抓紧”等意思，并要求属格作宾语，所以这里出现的是单数属格 τοῦ ἱματίου [外衣 / 衣服]。参见：

《巴门尼德》(126a3)：μου λαβόμενος τῆς χειρὸς ὁ Ἀδείμαντος [阿德曼托斯抓着我的手]。

《卡尔米德斯》(153b2-4)：Χαιρεφῶν δέ, ἅτε καὶ μανικὸς ὤν, ἀναπηδήσας ἐκ μέσων ἔθει πρός με, καί μου λαβόμενος τῆς χειρός, Ὦ Σώκρατες, ἦ δ' ὅς, πῶς ἐσώθης ἐκ τῆς μάχης; [而凯瑞丰，甚至就像是一个疯子似的，他从他们中间一跃而起，他跑向我，并且紧紧抓住我的一只手，苏格拉底啊，他说道，你是如何从战斗中幸存下来的呢？]

11 ὄπισθεν προσέρχεται [在后面走得很近了]，也可以译为“正在后面赶过来”。异态动词 προσέρχομαι 的本义是“往前走”“接近”；参见《政治家》(289d3-4)：Ἴθι δὴ σκεψώμεθα τοὺς λοιποὺς προσελθόντες ἐγγύθεν, ἵνα αὐτοὺς εἰδῶμεν βεβαιότερον. [好吧！那就让我们通过往前走得更近些来考察那些剩下的人，以便我们能够更可靠地看清他们。]

12 ἀλλὰ περιμένετε. Ἀλλὰ περιμενοῦμεν [只不过请你们等一下他。那是当然，我们将等他]。之所以这么翻译，因为副词 ἀλλά 在两处所起的作用不一样。前一个同命令式连用，表一种要求和希望；后一个同将来时连用，表一种准备和乐意。

13 ἦ δ' ὅς 是固定表达，意思是“他说”；类似的还有 ἦν δ' ἐγώ［我说］。

14 ὀλίγῳ ὕστερον［过了不大一会儿］是一个整体和固定表达，等于 ὀλίγον ὕστερον；也可以译为“没多久”“不久”等。

15 Νικήρατος ὁ Νικίου［尼基阿斯的儿子尼刻剌托斯］。尼基阿斯（Νικίας, Nikias），公元前 5 世纪伯罗奔尼撒战争期间雅典著名的政治家和将军，在公元前 421 年成功地促成了雅典同斯巴达的和谈；尼刻剌托斯（Νικήρατος, Nikeratos），生平不详。参见《拉刻斯》（200c7-d2）：{NI.} Ταῦτα μὲν κἀγὼ συγχωρῶ· ἐάνπερ ἐθέλῃ Σωκράτης τῶν μειρακίων ἐπιμελεῖσθαι, μηδένα ἄλλον ζητεῖν. ἐπεὶ κἂν ἐγὼ τὸν Νικήρατον τούτῳ ἥδιστα ἐπιτρέποιμι, εἰ ἐθέλοι οὗτος.［尼基阿斯：我当然也同意这点；只要苏格拉底愿意关心年轻人，我就不会再去寻找其他人。因为我也会非常乐意地把尼刻剌托斯托付给这个人，如果这个人愿意的话。］

16 这是一句开玩笑的威胁性的话。对观：

《斐德若》（236c7-d3）：ἀλλὰ διανοήθητι ὅτι ἐντεῦθεν οὐκ ἄπιμεν πρὶν ἂν σὺ εἴπῃς ἃ ἔφησθα ἐν τῷ στήθει ἔχειν. ἐσμὲν δὲ μόνω ἐν ἐρημίᾳ, ἰσχυρότερος δ' ἐγὼ καὶ νεώτερος, ἐκ δὲ ἁπάντων τούτων “σύνες ὅ τοι λέγω,” καὶ μηδαμῶς πρὸς βίαν βουληθῇς μᾶλλον ἢ ἑκὼν λέγειν.［相反，你要怀有下面这种想法，那就是：我俩不会从这里离开，直到你说出了你曾宣称在你胸口那里堵得慌的东西为止。这里孤零零地就只有我两人，而我既比你更为强壮，也比你更加年轻，基于所有这些，“你要明白我究竟在说什么”，并且无论如何你都不要出于被迫才打算说，而是宁愿心甘情愿地说。］

《菲勒玻斯》（16a4-6）：Ἆρ', ὦ Σώκρατες, οὐχ ὁρᾷς ἡμῶν τὸ πλῆθος, ὅτι νέοι πάντες ἐσμέν, καὶ οὐ φοβῇ μή σοι μετὰ Φιλήβου συνεπιθώμεθα, ἐὰν ἡμᾶς λοιδορῇς;［难道，苏格拉底啊，你没有看到我们这一大群人全都是年轻人吗，并且你不害怕我们将同菲勒玻斯一起来攻击你吗，假如你指责我们的话？］

17 Πῶς γὰρ οὔ;［为何没有呢？］也可以译为“那还用说？”

18 ἢ μένετ' αὐτοῦ［要么就得留在这里］。αὐτοῦ 是由反身代词 αὐτός 的属格派生而来的副词，意思是“在这里”“在那里”“在当地”。参见：

《泰阿泰德》（142c1）：ἀτὰρ πῶς οὐκ αὐτοῦ Μεγαροῖ κατέλυεν;［但他为何不就在墨伽拉这里歇脚？］

《智者》（224d4-7）：Τρίτον δέ γ' οἶμαί σε, κἂν εἴ τις αὐτοῦ καθιδρυμένος ἐν πόλει, τὰ μὲν ὠνούμενος, τὰ δὲ καὶ τεκταινόμενος αὐτὸς μαθήματα περὶ τὰ αὐτὰ ταῦτα καὶ πωλῶν, ἐκ τούτου τὸ ζῆν προυτάξατο, καλεῖν οὐδὲν ἄλλο πλὴν ὅπερ νυνδή.［我认为，如果某人通过在一个城邦这里定居下来，一方面购买一些学问，一方面又自己制造关于同样这些东西的一些学问并出售它们，由此为自己安排生活，那么，你除了用刚才那个名字之外，肯定不会用任何其他名字来第三次称呼他。］

《弥诺斯》(315c8–d2)：οἱ δ' αὖ ἐκείνων ἔτι πρότεροι αὐτοῦ καὶ ἔθαπτον ἐν τῇ οἰκίᾳ τοὺς ἀποθανόντας· ἡμεῖς δὲ τούτων οὐδὲν ποιοῦμεν.［此外，比他们还要更早的那些人，他们甚至就把死人埋葬在这里，即埋葬在家里，而我们现在不会做这些事情中的任何一件。］

19 ἢν πείσωμεν ὑμᾶς［如果我们说服了你们］。ἤν 在这里即 ἐάν，是 εἰ 和 ἄν 的缩合。该词的本义是"如果""假如"，但用在具有"看""打听"等动词之后，意思是"是否""是不是"。参见《泰阿泰德》(156c6)：Ἀλλ' ἄθρει ἐάν πως ἀποτελεσθῇ.［那就请你仔细看看，它是否能以某种方式被完满。］(192e8)：Ἰδὲ δὴ ἐάν τι μᾶλλον νῦν ἐπίσπῃ.［那么请你看看，是否现在你更能跟得上些。］

20 Οὐκοῦν, ἦν δ' ἐγώ, ἔτι ἓν λείπεται, τὸ ἢν πείσωμεν ὑμᾶς ὡς χρὴ ἡμᾶς ἀφεῖναι;［那么，我说道，岂不还有下面这点被遗漏了，那就是，如果我们说服了你们，那你们就应当让我们走？］这句话在法国布德本希腊文中同样如此；但 S. R. Slings（西蒙·鲁洛夫·斯林斯）新校勘的牛津古典本希腊文（*Platonis Rempublicam*, Recognovit Brevique Adnotatione Critica Instrvxit, S. R. Slings. Oxford University Press, 2003）将之改为了 Οὐκοῦν, ἦν δ' ἐγώ, ἔτι ἐλλείπεται τὸ ἢν πείσωμεν ὑμᾶς ὡς χρὴ ἡμᾶς ἀφεῖναι; 即把其中的 ἔτι ἓν λείπεται, τὸ ... 改为了 ἔτι ἐλλείπεται τὸ ... 。这里的翻译从新校勘的牛津古典本希腊文；如果按伯内特本翻译，则当译为：岂不还剩下一种情形，我说道，那就是，如果我们说服了你们，那你们就应当让我们走？

21 ὡς ... μὴ ἀκουσομένων［我们肯定将不会听］，完整表达当为 ὡς ... ἡμῶν μὴ ἀκουσομένων。ἀκουσομένων 在这里是动词 ἀκούω［听］的将来时分词中动态阳性属格复数；ὡς 跟动词分词的属格，构成独立表达或短语，如 ὡς οὕτω ἐχόντων［由于事情是这个样子］。

22 οὕτω διανοεῖσθε.［你们要作如是想！］之所以这样翻译，因为 διανοεῖσθε 在这里是动词 διανοέομαι［想］的现在时命令式第二人称复数。

23 πρὸς ἑσπέραν［快到晚上的时候］是词组，也可以译为"傍晚时分"。《牛津希-英词典》对之的解释是：towards evening。

24 καὶ πρός γε［除此之外］是一个整体和短语，等于拉丁文的 ac praeterea。πρός 在这里不是介词，而是副词；《牛津希-英词典》举了柏拉图在这里的这一表达，对之的解释是：besides, over and above。参见：

《智者》（234a1–4）：{ΘΕΑΙ.} Τίνα δὴ λέγων τὴν ποίησιν; οὐ γὰρ δὴ γεωργόν γε ἐρεῖς τινα· καὶ γὰρ ζῴων αὐτὸν εἶπες ποιητήν. {ΞΕ.} Φημί, καὶ πρός γε θαλάττης καὶ γῆς καὶ οὐρανοῦ καὶ θεῶν καὶ τῶν ἄλλων συμπάντων. [泰阿泰德：你究竟在说何种创造？因为你肯定不在说某个农夫，既然你说他甚至还是动物的创造者。客人：我是在这么说，此外他还是海洋、陆地、天空、诸神以及其他一切的创造者。]

《斐德若》（260b6–c1）：Οὔπω γε· ἀλλ' ὅτε δὴ σπουδῇ σε πείθοιμι, συντιθεὶς λόγον ἔπαινον κατὰ τοῦ ὄνου, ἵππον ἐπονομάζων καὶ λέγων ὡς παντὸς ἄξιον τὸ θρέμμα οἴκοι τε κεκτῆσθαι καὶ ἐπὶ στρατιᾶς, ἀποπολεμεῖν τε χρήσιμον καὶ πρός γ' ἐνεγκεῖν δυνατὸν σκεύη καὶ ἄλλα πολλὰ ὠφέλιμον. [还根本没有说完呢；而当我热切地劝说你，通过构思一篇关于驴的颂词，将之命名为马并且说，拥有了该牲畜抵得上一切，无论是在家里还是在远征上，它都是有用的，即能够用来从它背上进行作战，此外还能够托运装备，以及在其他许多的方面也都是有益的。]

25 μὴ ἄλλως ποιεῖτε [请你们不要拒绝！]ποιεῖτε 在这里是动词 ποιέω 的现在时命令式主动态第二人称复数，这句话的字面意思是“请你们不要做别的！”但作为口语，意思是“请你们不要拒绝！”“请你们不要说不！”参见：

《克里同》（45a3）：ἀλλ' ἐμοὶ πείθου καὶ μὴ ἄλλως ποίει. [因此，请听我一句劝吧，并且不要拒绝！]

《斐洞》（117a3）：ἀλλ' ἴθι, ἔφη, πείθου καὶ μὴ ἄλλως ποίει. [那么去吧，他说，你要听从我并且不要拒绝！]

《拉刻斯》（181c2–6）：νῦν δ' οὖν ἀπὸ τῆσδε τῆς ἡμέρας, ἐπειδὴ ἀνεγνωρίσαμεν ἀλλήλους, μὴ ἄλλως ποίει, ἀλλὰ σύνισθί τε καὶ γνώριζε καὶ ἡμᾶς καὶ τούσδε τοὺς νεωτέρους, ὅπως ἂν διασῴζητε καὶ ὑμεῖς τὴν ἡμετέραν φιλίαν. [而现在，那么就从这天起，既然我们已经彼此重新结识了，那你就不要拒绝，而是既要结交和熟识我们，也要结交和熟识这儿的这两个年轻人，以便你们也能够继续保持我们的友谊。]

26 εἰ δοκεῖ [如果看起来合适]，也可以译为“如果这样决定了”或者“如果你这样认为”。

27 καὶ δὴ καί 是固定表达，可以译为“尤其”“当然”“而且”等。

28 卡尔刻东（Χαλκηδών, Chalkedon），位于小亚细亚西北海岸，与拜赞庭（Βυζάντιον, Byzantion）隔海相望。

29 特刺绪马科斯（Θρασύμαχος, Thrasymachos）是一位修辞学家和智者；关于特刺绪马科斯，还可参见：

《斐德若》(261c1–5):Καὶ ναὶ μὰ Δί' ἔγωγε τῶν Νέστορος, εἰ μὴ Γοργίαν Νέστορά τινα κατασκευάζεις, ἤ τινα Θρασύμαχόν τε καὶ Θεόδωρον Ὀδυσσέα. [是的,宙斯在上,我甚至连涅斯托耳所写的那些都没有听说过,除非你把高尔吉亚当成了某位涅斯托耳,或者,也许把特剌绪马科斯和忒俄多洛斯当成了奥德修斯。](267c7–d1):τῶν γε μὴν οἰκτρογόων ἐπὶ γῆρας καὶ πενίαν ἑλκομένων λόγων κεκρατηκέναι τέχνῃ μοι φαίνεται τὸ τοῦ Χαλκηδονίου σθένος, ὀργίσαι τε αὖ πολλοὺς ἅμα δεινὸς ἀνὴρ γέγονεν, καὶ πάλιν ὠργισμένοις ἐπᾴδων κηλεῖν, ὡς ἔφη. [此外,那些牵扯到年老和贫穷而催人泪下的讲辞,那位卡尔刻东人的力量对我显得已经凭借一种技艺而掌控了它们,这人已经变得同时擅长做下面这两件事,那就是,一方面,使大众愤怒起来,另一方面,当他们已经愤怒起来后,他又通过对他们唱歌来平复他们,就像他自己所宣称的那样。]

《克利托丰》(406a1–4):Κλειτοφῶντα τὸν Ἀριστωνύμου τις ἡμῖν διηγεῖτο ἔναγχος, ὅτι Λυσίᾳ διαλεγόμενος τὰς μὲν μετὰ Σωκράτους διατριβὰς ψέγοι, τὴν Θρασυμάχου δὲ συνουσίαν ὑπερεπαινοῖ. [阿里斯托倪摩斯的儿子克利托丰,有人不久前就他对我们描述了下面这点,那就是:当他在同吕西阿斯交谈时,一方面,他指责了同苏格拉底在一起的消磨时间,另一方面,则高度称赞了同特剌绪马科斯的交往。]

30 派阿尼阿(Παιανία, Paiania)是位于雅典东部的一个地方,属于十个部族中的潘狄俄尼斯部族(Πανδιονίς, Pandionis),本身又分为"上派阿尼阿"和"下派阿尼阿"。著名演说家德摩斯忒涅斯(Δημοσθένης, Demosthenes)就来自该地方。

31 卡尔曼提德斯(Χαρμαντίδης, Charmantides),生平不详。

32 阿里斯托倪摩斯的儿子克利托丰(Κλειτοφῶν ὁ Ἀριστωνύμος)。阿里斯托倪摩斯(Ἀριστωνύμος, Aristonymos),生平不详。克利托丰(Κλειτοφῶν, Kleitophon),也译为"克勒托丰",雅典政治家。在现存柏拉图的对话中,有一篇以"克利托丰"命名;阿里斯托芬在其喜剧《蛙》(967)和亚里士多德在《雅典政制》(29.3.4, 34.3.9)中也曾提到过此人。

33 καὶ μάλα πρεσβύτης[非常地老了],也可以译为"一个非常年老的人""一个很老的人"。καὶ μάλα 是固定表达。καί 在这里不是并列连词,而是加强语气;副词 μάλα 的意思就是"很""极其""非常"。参见:

《拉刻斯》(190d6):Καὶ μάλα δὴ οὕτω δοκεῖ. [看起来完完全全就是这样。]

《斐洞》(117c3–7):Καὶ ἅμ' εἰπὼν ταῦτα ἐπισχόμενος καὶ μάλα εὐχερῶς καὶ εὐκόλως ἐξέπιεν. καὶ ἡμῶν οἱ πολλοὶ τέως μὲν ἐπιεικῶς οἷοί τε ἦσαν κατέχειν τὸ μὴ δακρύειν, ὡς δὲ εἴδομεν πίνοντά τε καὶ πεπωκότα, οὐκέτι. [说这些的同时他把杯子放到嘴边，非常从容和平静地一饮而尽。我们中的许多人在这之前还能够相当好地控制住不哭，但当我们看见他喝并且已经喝完了之后，就再也不能了。]

《斐德若》(265c3)：Καὶ μάλα ἔμοιγε οὐκ ἀηδῶς ἀκοῦσαι. [至少我能够听得非常愉快。]

《泰阿泰德》(142a8-b3)：{ΤΕΡ.} Ζῶντι ἢ τετελευτηκότι; {ΕΥ.} Ζῶντι καὶ μάλα μόλις· χαλεπῶς μὲν γὰρ ἔχει καὶ ὑπὸ τραυμάτων τινῶν, μᾶλλον μὴν αὐτὸν αἱρεῖ τὸ γεγονὸς νόσημα ἐν τῷ στρατεύματι. [特尔普西翁：那他活着，还是已经死了？欧几里德：非常勉强地活着；因为，他由于一些伤而情况糟糕，更为恼火的是，已经在军队里发生的疾病又感染了他。]

《政治家》(277d6-7)：Καὶ μάλ' ἀτόπως ἔοικά γε ἐν τῷ παρόντι κινήσας τὸ περὶ τῆς ἐπιστήμης πάθος ἐν ἡμῖν. [看来，我此刻相当奇特地搅动出了在我们身上关于知识所发生的事情。]

34 καί 在这里表强调，不是并列连词，故译为"确确实实"。

35 διὰ χρόνου 是词组，本义是"一段时间后"，《牛津希-英词典》对它的解释是：after a time, after an interval。参见：

《卡尔米德斯》(151a1-3)：Ἥκομεν τῇ προτεραίᾳ ἑσπέρας ἐκ Ποτειδαίας ἀπὸ τοῦ στρατοπέδου, οἷον δὲ διὰ χρόνου ἀφιγμένος ἁσμένως ᾖα ἐπὶ τὰς συνήθεις διατριβάς. [我虽然在前一天于黄昏时才从在波底代亚的军营回来，但由于已经外出了很长一段时间，因此我很乐意前往习惯常去的那些地方。]

《大希庇阿斯》(281a1-2)：Ἱππίας ὁ καλός τε καὶ σοφός· ὡς διὰ χρόνου ἡμῖν κατῆρας εἰς τὰς Ἀθήνας. [希庇阿斯，你这位俊美且智慧的人；对我们来说，好长时间之后你才再次乘船莅临雅典。]

36 "头戴花冠"是当时进行祭祀时的一种装扮。这里对克法洛斯的形象和献祭的描述，可对观《吕西斯》中对年轻的吕西斯的描述(206e3-207a3)：Εἰσελθόντες δὲ κατελάβομεν αὐτόθι τεθυκότας τε τοὺς παῖδας καὶ τὰ περὶ τὰ ἱερεῖα σχεδόν τι ἤδη πεποιημένα, ἀστραγαλίζοντάς τε δὴ καὶ κεκοσμημένους ἅπαντας. οἱ μὲν οὖν πολλοὶ ἐν τῇ αὐλῇ ἔπαιζον ἔξω, οἱ δέ τινες τοῦ ἀποδυτηρίου ἐν γωνίᾳ ἠρτίαζον ἀστραγάλοις παμπόλλοις, ἐκ φορμίσκων τινῶν προαιρούμενοι· τούτους δὲ περιέστασαν ἄλλοι θεωροῦντες. ὧν δὴ καὶ ὁ Λύσις ἦν, καὶ εἱστήκει ἐν τοῖς παισί τε καὶ νεανίσκοις ἐστεφανωμένος καὶ τὴν ὄψιν διαφέρων, οὐ τὸ καλὸς εἶναι μόνον ἄξιος ἀκοῦσαι, ἀλλ' ὅτι καλός τε κἀγαθός. [而当我们进去后，我们在那里遇见了一些男孩子，由于他们已经举行了献祭，和献祭相关的事情差

不多也已经完成了，于是乎他们在玩骰子游戏，并且个个都仍然还穿着盛装。其实他们中的大多数人都在外面的庭院玩耍，而一些则在澡堂更衣室的一个角落用非常多的骰子玩猜单双的游戏，那些骰子被从一些小篮子里面挑选出来。另外一些人则围着这些人观看。当然，其中也就有吕西斯，并且他站在那些男孩子和年轻人中间，头戴花冠，在模样方面胜过了其他所有人，他是美的，不仅这点值得一说，而且还有他是既美又好的。]

37 τεθυκὼς ... ἐτύγχανεν［他刚好献过祭］。ἐτύγχανεν 是动词 τυγχάνω 的未完成过去时直陈式主动态第三人称单数。τυγχάνω 的意思非常丰富，除了具有“碰到”“遇见”的意思之外，还有“中的”“达到目的”“碰巧”等意思；此外，在阿提卡方言中它常用作助动词，与分词连用，所以这里出现了完成时分词主动态阳性主格单数 τεθυκώς［献祭］。

38 κύκλῳ 是由名词 κύκλος［圆 / 圈］的与格派生而来的副词，意思是“绕圈”“环绕”。

39 按照柏拉图在其他对话中的说法，苏格拉底一生几乎没有离开过雅典。参见：

《斐德若》(230c6-d2)：Σὺ δέ γε, ὦ θαυμάσιε, ἀτοπώτατός τις φαίνῃ. ἀτεχνῶς γάρ, ὃ λέγεις, ξεναγουμένῳ τινὶ καὶ οὐκ ἐπιχωρίῳ ἔοικας· οὕτως ἐκ τοῦ ἄστεος οὔτ᾽ εἰς τὴν ὑπερορίαν ἀποδημεῖς, οὔτ᾽ ἔξω τείχους ἔμοιγε δοκεῖς τὸ παράπαν ἐξιέναι.［而你，令人惊异的人啊，确实显得是一个最奇特的人。因为，恰如你自己说的那样，你完完全全就像某个被引路的异乡人，而不是一个本地人。因此，你既没有出过城，也没有离家外出到过边界以外的地方，甚至在我看来你压根就没有走出过这城墙。］

《克里同》(52b1-c1)：Ὦ Σώκρατες, μεγάλα ἡμῖν τούτων τεκμήριά ἐστιν, ὅτι σοι καὶ ἡμεῖς ἠρέσκομεν καὶ ἡ πόλις· οὐ γὰρ ἄν ποτε τῶν ἄλλων Ἀθηναίων ἁπάντων διαφερόντως ἐν αὐτῇ ἐπεδήμεις εἰ μή σοι διαφερόντως ἤρεσκεν, καὶ οὔτ᾽ ἐπὶ θεωρίαν πώποτ᾽ ἐκ τῆς πόλεως ἐξῆλθες, ὅτι μὴ ἅπαξ εἰς Ἰσθμόν, οὔτε ἄλλοσε οὐδαμόσε, εἰ μή ποι στρατευσόμενος, οὔτε ἄλλην ἀποδημίαν ἐποιήσω πώποτε ὥσπερ οἱ ἄλλοι ἄνθρωποι, οὐδ᾽ ἐπιθυμία σε ἄλλης πόλεως οὐδὲ ἄλλων νόμων ἔλαβεν εἰδέναι, ἀλλὰ ἡμεῖς σοι ἱκανοὶ ἦμεν καὶ ἡ ἡμετέρα πόλις［苏格拉底啊，我们对此有一些强有力的证明，那就是我们和城邦都曾让你满意，否则同其他所有雅典人相比你此前也不会异乎寻常地留在了本城邦，除非它曾异乎寻常地让你满意。并且你从未为了看赛会而离开过城邦，除了只去过伊斯特摩斯一次；除了去过当兵打仗的地方之外你也未曾去过其他任何地方；你也从未曾像其他人那样进行过任何其他的外出旅行，你未曾渴望过去看看其他的城邦和其他的法律，相反，对你来说我们和我们的城邦就已经是足够的了。］

40 χρῆν 是 χρῆ 和 ἦν 的缩合。

41 ἐν δυνάμει ἦ τοῦ ῥᾳδίως πορεύεσθαι πρὸς τὸ ἄστυ [我有能力轻易地前往城里]。ἐν δυνάμει εἶναι 是固定表达，意思是“有能力”“能够”，并要求属格，所以后面出现的是不定式属格 τοῦ ῥᾳδίως πορεύεσθαι πρὸς τὸ ἄστυ [轻易地前往城里]。

42 εὖ ἴσθι [你得清楚]，也可以转译为“确定的是”，字面意思是“请你好好地知道”“请你看清”。ἴσθι 是动词 οἶδα [知道 / 看见] 的完成时命令式主动态第二人称单数。参见：

《卡尔米德斯》(157d6-8)：Εὖ τοίνυν ἴσθι, ἔφη, ὅτι πάνυ πολὺ δοκεῖ σωφρονέστατος εἶναι τῶν νυνί, καὶ τἆλλα πάντα, εἰς ὅσον ἡλικίας ἥκει, οὐδενὸς χείρων ὤν. [那么你得弄清楚，他说，他似乎在当今的这些年轻人中是最最自制的，并且在其他所有方面，就其年龄已经抵达的那个点来说，他也不比其他任何人差。]

《拉刻斯》(181b7-c1)：εὖ οὖν ἴσθι ὅτι ἐγὼ ταῦτα ἀκούων χαίρω ὅτι εὐδοκιμεῖς, καὶ σὺ δὲ ἡγοῦ με ἐν τοῖς εὐνούστατόν σοι εἶναι. [因此，你得清楚，当我听到这些后，我很高兴，因为你有着好的名声；并且也请你一定要把我算在那些对你怀有最好的心意的人中。]

43 这里关于身体方面的快乐的说法，可对观《斐德若》(258e1-5)：Ἐρωτᾷς εἰ δεόμεθα; τίνος μὲν οὖν ἕνεκα κἄν τις ὡς εἰπεῖν ζῴη, ἀλλ' ἢ τῶν τοιούτων ἡδονῶν ἕνεκα; οὐ γάρ που ἐκείνων γε ὧν προλυπηθῆναι δεῖ ἢ μηδὲ ἡσθῆναι, ὃ δὴ ὀλίγου πᾶσαι αἱ περὶ τὸ σῶμα ἡδοναὶ ἔχουσι· διὸ καὶ δικαίως ἀνδραποδώδεις κέκληνται. [你问我们是否应该？那么，任何一种生活都究竟是为了什么——假如可以一言以蔽之的话——，除了为了诸如此类的快乐之外？当然肯定不是为了下面那些快乐，那就是：对于它们，一个人必须预先感到痛苦，否则他根本就不会感到快乐，所有围绕身体的那些快乐差不多都是这个样子；也正因为这样，它们已经正当地被称为了奴性的。]

44 τοῖσδέ ... τοῖς νεανίσκοις [这里的这些年轻人]，根据文义，当暗指克法洛斯的那三个儿子，即波勒马尔科斯、吕西阿斯和欧悌德谟斯；一些注家和翻译者认为指同苏格拉底一起前来的格劳孔，以及自行从雅典来的阿德曼托斯等年轻人，似乎不成立。νεανίσκοις，法国布德本希腊文作 νεανίαις，但新校勘的牛津古典本希腊文仍作 νεανίσκοις。τοῖσδέ 是 ὅδε 的阳性与格复数；ὅδε, ἥδε, τόδε 这三个词除了是指示代词之外，还常作表地点或时间的副词使用，但与所修饰的名词同样变格。参见：

《伊翁》(541c10-d4)：Ὃν Ἀθηναῖοι πολλάκις ἑαυτῶν στρατηγὸν ᾕρηνται ξένον ὄντα· καὶ Φανοσθένη τὸν Ἄνδριον καὶ Ἡρακλείδην τὸν Κλαζομένιον, οὓς ἥδε ἡ πόλις ξένους ὄντας, ἐνδειξαμένους ὅτι ἄξιοι λόγου εἰσί, καὶ εἰς στρατηγίας καὶ εἰς τὰς ἄλλας ἀρχὰς ἄγει.［雅典人曾多次选择他作他们自己的将军，尽管他是一个外邦人；还有安德洛斯人法诺斯忒涅斯和克拉佐门奈人赫拉克勒得斯，他们虽然都是外邦人，但由于展示出自己是卓越的，于是这里的这个城邦就提拔他们去领兵和担任一些其他的公职。］

《斐德若》(257b3–5)：ἵνα καὶ ὁ ἐραστὴς ὅδε αὐτοῦ μηκέτι ἐπαμφοτερίζῃ καθάπερ νῦν, ἀλλ᾽ ἁπλῶς πρὸς Ἔρωτα μετὰ φιλοσόφων λόγων τὸν βίον ποιῆται.［以便在这儿的他的这位爱慕者不再像现在这样踌躇于两种意见之间，而是单纯凭借热爱智慧的言语而向着爱塑造他自己的生活。］

《智者》(216a2)：τόνδε τινὰ ξένον ἄγομεν.［我们还带来了这儿的这位客人。］

《政治家》(257c4–5)：ἀλλὰ γὰρ περὶ Θεαιτήτου τοῦδε τί χρὴ δρᾶν με;［然而就这里的这位泰阿泰德，我该为他做点什么呢？］

《弥诺斯》(320e6–7)：. ὃ δὴ καὶ ἐξήμαρτεν ὁ Μίνως, πολεμήσας τῇδε τῇ πόλει.［而弥诺斯所犯下的错误也正在于此，他竟然同这里的这个城邦开战。］

《大希庇阿斯》(281b1–4)：πολλάκις μὲν οὖν καὶ εἰς ἄλλας πόλεις ἐπρέσβευσα, πλεῖστα δὲ καὶ περὶ πλείστων καὶ μεγίστων εἰς τὴν Λακεδαίμονα· διὸ δή, ὃ σὺ ἐρωτᾷς, οὐ θαμίζω εἰς τούσδε τοὺς τόπους.［因此，我虽然也经常出使其他一些城邦，但是，最频繁地，并且在最多和最重大的一些事情方面，则是出使拉栖岱蒙。所以，正由于此，就你所问的，我才没有经常来这里的这些地方。］

45 πάνυ οἰκείους［完完全全的自家人］，也可以简单译为“真正的亲戚”。这里的场景和表达，可对观《拉刻斯》(181c1–7)：χρῆν μὲν οὖν καὶ πρότερόν γε φοιτᾶν αὐτὸν παρ᾽ ἡμᾶς καὶ οἰκείους ἡγεῖσθαι, ὥσπερ τὸ δίκαιον· νῦν δ᾽ οὖν ἀπὸ τῆσδε τῆς ἡμέρας, ἐπειδὴ ἀνεγνωρίσαμεν ἀλλήλους, μὴ ἄλλως ποίει, ἀλλὰ σύνισθί τε καὶ γνώριζε καὶ ἡμᾶς καὶ τούσδε τοὺς νεωτέρους, ὅπως ἂν διασῴζητε καὶ ὑμεῖς τὴν ἡμετέραν φιλίαν. ταῦτα μὲν οὖν καὶ σὺ ποιήσεις καὶ ἡμεῖς σε καὶ αὖθις ὑπομνήσομεν.［其实你自己早前就应当经常来我们这儿，并且把我们视为自家人，像那样做才是正当的事情。而现在，那么就从这天起，既然我们已经彼此重新结识了，那你就不要拒绝，而是既要结交和熟识我们，也要结交和熟识这儿的这两个年轻人，以便你们也能够继续保持我们的友谊。因此，你自己要这样做，而我们也将不断地提醒你。］

46 καὶ μήν 是词组，意思是“事实上”“其实”“真的”“确实”“而且”等。

47 小词 γε［无论如何 / 至少 / 真的］，法国布德本希腊文删除了它，而新校勘的牛津古典本希腊文仍然保留了它。

48 副词 ἴσως 既有“同样地”“同等地”的意思，也有“很可能”“或许”的意思，这里为了兼顾两者，将之扩展性地译为“很可能同样”。

49 τοῦτο［这事］，指前面提到的 ποία τίς ἐστιν, τραχεῖα καὶ χαλεπή, ἢ ῥᾳδία καὶ εὔπορος.［它是一条什么样的路，是崎岖和艰难的，还是容易和顺畅的。］

50 ἐνταῦθα ... τῆς ἡλικίας［年龄的这个地方］，单就这一表达，也可以译为“年龄的这个点上”。

51 ἐπὶ γήραος οὐδῷ［在老年的门槛］。“门槛”（οὐδός）意味着老年和死亡之间的界限；该表达，可参见荷马《伊利亚特》（22.60, 24.487），《奥德修斯》（15.246, 348）；赫西俄德《工作与时日》（331）。

52 χαλεπὸν τοῦ βίου［生活的一个艰难时刻］，也可以译为“生活的艰难之处”，暗含“老年”一词。之所以使用属格 τοῦ βίου［生活］，是表示“部分”。

53 συνερχόμεθά ... εἰς ταὐτόν［我们聚在一起］是一个整体，字面意思是“我们向着同一个地方走到一起”。该表达还有“结合在一起”的意思；参见《卡尔米德斯》（157e2–4）：ποῖαι δύο οἰκίαι συνελθοῦσαι εἰς ταὐτὸν τῶν Ἀθήνησιν ἐκ τῶν εἰκότων καλλίω ἂν καὶ ἀμείνω γεννήσειαν ἢ ἐξ ὧν σὺ γέγονας.［同你所出自的那两个家庭相比，在雅典的那些家庭中，还有哪样两个家庭通过彼此结合在一起而有可能会生出一个更为俊美和更为优秀的后代来。］

54 该谚语参见《斐德若》（240c1–4）：ἥλικα γὰρ δὴ καὶ ὁ παλαιὸς λόγος τέρπειν τὸν ἥλικα – ἡ γὰρ οἶμαι χρόνου ἰσότης ἐπ' ἴσας ἡδονὰς ἄγουσα δι' ὁμοιότητα φιλίαν παρέχεται – ἀλλ' ὅμως κόρον γε καὶ ἡ τούτων συνουσία ἔχει.［因为诚如古话所说，同龄人使同龄人高兴——我确实认为，由于同样的时光把他们带往同样的快乐，所以通过这种相似性产生出友爱——，然而，甚至这些同龄人之间的交往依然终有餍足。］

55 περὶ τἀφροδίσια［关乎属于阿佛洛狄忒的那些事情］，也可以简单译为“关乎情欲方面的事情”。τἀφροδίσια 即 τὰ ἀφροδίσια；形容词 ἀφροδίσιος 的本义是“属于阿佛洛狄忒的”，而阿佛洛狄忒是司爱与美的女神，所以该形容词也专指“男女之乐的”“情欲的”。参见：

《斐洞》（64d6）：Τί δὲ τὰς τῶν ἀφροδισίων;［但关于情欲方面的那些快乐又如何？］

《斐德若》（254a3–7）：ὁ δὲ οὔτε κέντρων ἡνιοχικῶν οὔτε μάστιγος ἔτι ἐντρέπεται, σκιρτῶν δὲ βίᾳ φέρεται, καὶ πάντα πράγματα παρέχων τῷ σύζυγί τε καὶ ἡνιόχῳ ἀναγκάζει ἰέναι τε πρὸς τὰ παιδικὰ καὶ μνείαν ποιεῖσθαι τῆς τῶν ἀφροδισίων χάριτος.［而另外那匹马，无论是御者的马刺，还是鞭子，它都不再将之当

回事，而是一跃而起，猛地往前冲，由此既给它同轭的伙伴也给御者带来无尽的麻烦，强迫他俩走向那心爱的少年，并且对他提及那属于阿佛洛狄忒的快乐。]

《菲勒玻斯》(65c5-d3)：ἡδονὴ μὲν γὰρ ἁπάντων ἀλαζονίστατον, ὡς δὲ λόγος, καὶ ἐν ταῖς ἡδοναῖς ταῖς περὶ τἀφροδίσια, αἳ δὴ μέγισται δοκοῦσιν εἶναι, καὶ τὸ ἐπιορκεῖν συγγνώμην εἴληφε παρὰ θεῶν, ὡς καθάπερ παίδων τῶν ἡδονῶν νοῦν οὐδὲ τὸν ὀλίγιστον κεκτημένων· νοῦς δὲ ἤτοι ταὐτὸν καὶ ἀλήθειά ἐστιν ἢ πάντων ὁμοιότατόν τε καὶ ἀληθέστατον. [因为，一方面，快乐是一切中最厚颜无耻的，据说，甚至在关乎属于阿佛洛狄忒的那些事情的一些快乐那里——它们无疑看起来是一些最大的快乐——，就连发假誓也都已经从诸神那儿获得了体谅，因为诸快乐就像孩子们一样未曾取得理智，哪怕是最少的；而另一方面，理智确确实实要么与真是同一的，要么在所有东西中是最类似于它的和最真的。]

《大希庇阿斯》(298d6-e2)：Τί δή, ὦ Ἱππία τε καὶ Σώκρατες, ἀφωρίσατε τοῦ ἡδέος τὸ ταύτῃ ἡδὺ ᾗ λέγετε καλὸν εἶναι, τὸ δὲ κατὰ τὰς ἄλλας αἰσθήσεις σίτων τε καὶ ποτῶν καὶ τῶν περὶ τἀφροδίσια καὶ τἆλλα πάντα τὰ τοιαῦτα οὔ φατε καλὰ εἶναι; [究竟为什么，希庇阿斯和苏格拉底啊，你们从快乐中区分出了以这种方式所产生的，即你们由之把它称作是美的那种快乐，而根据其他那些感觉——如关于各种食物和各种饮料的感觉，以及同关乎属于阿佛洛狄忒的事情以及其他所有诸如此类的事情的那些东西相关的感觉——而来的快乐，你们则不说它是美的？]

56 περὶ πότους τε καὶ εὐωχίας [各种觥筹交错和各种饕餮盛宴]。πότους 和 εὐωχίας 分别是名词 πότος 和 εὐωχία 的宾格复数。πότος 本义是“酒会”“酒宴”，这里将之译为“觥筹交错”；εὐωχία 由动词 εὐωχέω [设宴招待 / 热情款待] 派生而来，本义是“大口吃喝”“饱享口福”“作乐”，这里将之译为“饕餮盛宴”。

57 ἄλλ᾽ ἄττα ἃ τῶν τοιούτων ἔχεται [其他那些属于诸如此类的东西的事情]，也可以译为“其他那些与诸如此类的东西相关的事情”。ἔχεται 在这里是动词 ἔχω 的现在时直陈式中动态第三人称单数。ἔχω [有] 的中动态具有“坚持”“属于”“关于”等意思，并要求属格作宾语，所以这里出现的是属格复数 τῶν τοιούτων [诸如此类的东西]；例如 ὅσα ἔχεται τῶν αἰσθήσεων [任何属于感觉的 / 任何与感觉相关的]。参见《泰阿泰德》(145a7-8)：Ἦ καὶ ἀστρονομικὸς καὶ λογιστικός τε καὶ μουσικὸς καὶ ὅσα παιδείας ἔχεται; [那他也精通天文学、算术学、音乐吗，以及其他任何属于教育的？]

58 ὡς μεγάλων τινῶν ἀπεστερημένοι［好像他们已经被夺走了某些重要的东西似的］。ἀπεστερημένοι 是动词 ἀποστερέω 的完成时分词被动态阳性主格复数，ἀποστερέω 作“剥夺”讲时，“物”要求属格；所以这里出现的是属格复数 μεγάλων τινῶν［某些重要的东西］。

59 副词 τότε 和 ποτέ 的意思有区别，前者指“那时候”“从前”，后者指“有时”“时而”。

60 τὰς τῶν οἰκείων προπηλακίσεις τοῦ γήρως［因〈他们的〉年老而来的家人们的各种侮慢］，这里出现了两个属格，即 τῶν οἰκείων［家人们］和 τοῦ γήρως［年老 / 老年］；之所以这么补充翻译，是把第二个属格 τοῦ γήρως［年老 / 老年］理解为在表“原因”。

61 ἐπὶ τούτῳ［为此］是固定表达和词组。参见《克里同》（50d5–e1）：Ἀλλὰ τοῖς περὶ τὴν τοῦ γενομένου τροφήν τε καὶ παιδείαν ἐν ᾗ καὶ σὺ ἐπαιδεύθης; ἢ οὐ καλῶς προσέταττον ἡμῶν οἱ ἐπὶ τούτῳ τεταγμένοι νόμοι, παραγγέλλοντες τῷ πατρὶ τῷ σῷ σε ἐν μουσικῇ καὶ γυμναστικῇ παιδεύειν;［而你会责怪关于出生者的抚养以及关于你也曾于其中被教育的那种教育的那些法律吗？或者我们中这些为此而被设立起来的法律，当它们要求你父亲在文艺和体育方面教育你时，它们未曾好好地下命令？］

62 ὑμνοῦσιν［喋喋不休地说］，也可以简单译为“唠叨”。动词 ὑμνέω 既有“歌颂”“赞美”的意思，也有“反反复复地讲”“重复地说”等意思；《牛津希-英词典》举了柏拉图在这里的这一表达，对它的这一含义的解释是：tell over and over again, harp upon, repeat。

63 τὸ γῆρας ... ὅσων κακῶν ... αἴτιον［老年是所有那些不幸的原因］，单就这句话，也可以译为“老年要为所有的那些不幸负责”。

64 οὐ τὸ αἴτιον αἰτιᾶσθαι［没有说出真正的原因］是固定表达，《牛津希-英词典》举了柏拉图在这里的这一表达，对这句话的解释是：not to allege the real cause。

65 εἰ ... ἦν τοῦτ᾽ αἴτιον［如果这向来就是原因］。ἦν 是 εἰμί 的未完成过去时第三人称单数；之所以补充“向来”一词，是基于哲学上所谓的“先天完成时”（apriorisches Perfekt）考虑，如后来亚里士多德著名的表达 τὸ τί ἦν εἶναι［是它向来所是的 / 是其所是］。

66 νῦν δέ 在这里当理解为词组，意思是“而事实上”，当然也可以照字面意思译为“而现在的情形是”。

67 οὐχ οὕτως ἔχουσιν［一些并不是这个样子的人］。ἔχουσιν 是动词 ἔχω 的现在时分词主动态阳性与格复数；ἔχω［有］加副词，表“处于某种状态”“是某种样子”，等于 εἰμί［是］加相应的形容词。这里之所以使用与格，是由前面的动词 ἐντετύχηκα［曾遇到过］要求的。

68 καὶ ἄλλοις, καὶ δὴ καὶ ...［除了其他一些人，尤其还有……］是一个整体和固定表达结构。

69 索福克勒斯（Σοφοκλέης, Sophokles），约公元前 496—前 406 年，古希腊三大悲剧家之一。

70 ἔτι οἷός τε εἶ γυναικὶ συγγίγνεσθαι;［你还能够同一个女人交欢吗？］οἷός τ᾽ εἶναι 是固定用法，意思是“能够”“有能力”“是可能的”，接不定式，所以这里出现的是现在时不定式 συγγίγνεσθαι［交欢］。动词 συγγίγνομαι 的本义是“同……一起诞生”“交往”，也具有“和……交媾”的意思。

71 εὐφήμει［请你说点吉利的话吧］，有意按词源和字面意思翻译，当然可以简单转译为“住嘴”“肃静”。εὐφήμει 在这里是动词 εὐφημέω 的现在时命令式主动态第二人称单数，εὐφημέω 派生自前缀 εὖ［好］和名词 φήμη［消息］，字面意思就是“说吉利话”，但其命令式的日常意思是“住嘴”“肃静”“安静”；《牛津希-英词典》对它的这一用法的解释是：hush! be still!

72 αὐτό［它］，也可以译为“这件事”，指代前面的 γυναικὶ συγγίγνεσθαι［同女人交欢］。对观《大希庇阿斯》（299a3-6）：τὰ δέ που περὶ τὰ ἀφροδίσια πάντες ἂν ἡμῖν μάχοιντο ὡς ἥδιστον ὄν, δεῖν δὲ αὐτό, ἐάν τις καὶ πράττῃ, οὕτω πράττειν ὥστε μηδένα ὁρᾶν, ὡς αἴσχιστον ὂν ὁρᾶσθαι.［至于属于阿佛洛狄忒的那些事情，所有人肯定都会就下面这点同我们进行争论，那就是：虽然它们是最令人快乐的，但是，如果一个人要做它们，他也必定这样来做，即无人看见，因为被看见，那是一件最丑陋的事情。］

73 παντάπασι［毫无疑问］，在这里也可以译为“在方方面面”。

74 τῶν γε τοιούτων ἐν τῷ γήρᾳ πολλὴ εἰρήνη γίγνεται καὶ ἐλευθερία.［〈由于摆脱了〉诸如此类的事情，在老年时无论如何都产生出一种巨大的平和与自由。］这是为了避免歧义进行的补充翻译，当然也可以完全按字面意思译为：在老年时，一种巨大的平和与自由无论如何都从诸如此类的事情中生起。

75 παύσωνται κατατείνουσαι καὶ χαλάσωσιν［停止绷得紧并且松弛下来］，有意按字面意思翻译，当然也可以译为“停止折磨并且松弛下来”“停止横冲直撞并且松弛下来”。κατατείνουσαι 是动词 κατατείνω 的现在时分词主动态阴性主格复数，κατατείνω 的本义就是“绷紧”“拉紧”，喻为“折磨”“奋力”“全力以赴”；《牛津希-英词典》举了柏拉图在这里的这一表达，对它的解释是：strive earnestly, be vehement。

对观《斐洞》（86c2-d1）：εἰ οὖν τυγχάνει ἡ ψυχὴ οὖσα ἁρμονία τις, δῆλον ὅτι, ὅταν χαλασθῇ τὸ σῶμα ἡμῶν ἀμέτρως ἢ ἐπιταθῇ ὑπὸ νόσων καὶ ἄλλων κακῶν, τὴν μὲν ψυχὴν ἀνάγκη εὐθὺς ὑπάρχει ἀπολωλέναι, καίπερ οὖσαν θειοτάτην, ὥσπερ καὶ αἱ ἄλλαι ἁρμονίαι αἵ τ' ἐν τοῖς φθόγγοις καὶ ἐν τοῖς τῶν δημιουργῶν ἔργοις πᾶσι, τὰ δὲ λείψανα τοῦ σώματος ἑκάστου πολὺν χρόνον παραμένειν, ἕως ἂν ἢ κατακαυθῇ ἢ κατασαπῇ.［因此，如果灵魂实际上就是一种和谐，那么下面这点就是显而易见的：当我们的身体由于一些疾病和其他的恶而不适中地变得松弛或变得紧张时，一方面灵魂必然立马开始消亡——即使它是最神性的——，就像在乐音和在匠人们的所有作品中的其他那些和谐一样；另一方面，每具身体的遗骸则会存留许多的时间，直至被焚烧尽或完全腐烂掉。］

76 ἐστι ... ἀπηλλάχθαι［有可能摆脱了］是一个整体。ἀπηλλάχθαι 是动词 ἀπαλλάσσω［摆脱］的完成时不定式中动态；εἰμί 作无人称动词使用，跟不定式表"能够……""可能……"。

77 ὁ τρόπος τῶν ἀνθρώπων［人的性格］，也可以译为"人的性情""人的品格"，甚或"人的生活方式"。名词 τρόπος 除了具有"方位""方式"等意思之外，也有"性情""性格""风格"的意思。

78 ἂν 在这里等于 ἐάν，即 εἰ 和 ἄν 的缩合。

79 εὔκολοι［容易满足的］，也可以译为"心态平和的"。

80 καὶ γῆρας ... καὶ νεότης［无论是老年……还是青年］，也可以译为"无论是年老……还是年轻"。

81 τῷ τοιούτῳ［对这样一种人来说］，即"对于那不守秩序和不容易满足的人来说"。

82 αὐτὸν ἐκίνουν［〈有意〉刺激他］。ἐκίνουν 在这里是动词 κινέω 的未完成过去时直陈式主动态第一人称单数；κινέω 的本义是"推动"，但也有"刺激""激励"等意思；《牛津希-英词典》举了柏拉图在这里的这一表达，对它的解释是：incite, stir up。参见《吕西斯》(223a1-2)：Ταῦτα δ' εἰπὼν ἐν νῷ εἶχον ἄλλον ἤδη τινὰ τῶν πρεσβυτέρων κινεῖν.［而当我说这些时，我其实就已经打算激励那些年龄比较大的人中的另外某个人来参与谈话。］

83 καὶ λέγουσι μέν τι［只不过他们虽然说出了一些东西］，单就这句话，也可以译为"只不过他们虽然说得在理"。τὶ λέγειν 是固定表达，意思是"说出一些东西""说得中肯""说得在理"，其反面是 οὐδὲν λέγειν［说空话 / 胡说］。

84 忒米斯托克勒斯（Θεμιστοκλῆς, Themistokles），约公元前 524—前 459 年，古希腊著名的政治家和统帅，曾任执政官。他指挥希腊海军在萨拉米斯岛（Σαλαμίς, Salamis）海域打败了波斯舰队，为希腊最终取得希波战争的胜利奠定了基础；后遭"陶片放逐法"（ὀστρακισμός, ostrakismos）放逐。

“陶片放逐法”也译为“贝壳放逐法”，对之的叙述和解释可参见亚里士多德在《政治学》第三卷第 13 章（1284a11–22）：ὅθεν δῆλον ὅτι καὶ τὴν νομοθεσίαν ἀναγκαῖον εἶναι περὶ τοὺς ἴσους καὶ τῷ γένει καὶ τῇ δυνάμει, κατὰ δὲ τῶν τοιούτων οὐκ ἔστι νόμος· αὐτοὶ γάρ εἰσι νόμος. καὶ γὰρ γελοῖος ἂν εἴη νομοθετεῖν τις πειρώμενος κατ᾽ αὐτῶν. λέγοιεν γὰρ ἂν ἴσως ἅπερ Ἀντισθένης ἔφη τοὺς λέοντας δημηγορούντων τῶν δασυπόδων καὶ τὸ ἴσον ἀξιούντων πάντας ἔχειν. διὸ καὶ τίθενται τὸν ὀστρακισμὸν αἱ δημοκρατούμεναι πόλεις, διὰ τὴν τοιαύτην αἰτίαν· αὗται γὰρ δὴ δοκοῦσι διώκειν τὴν ἰσότητα μάλιστα πάντων, ὥστε τοὺς δοκοῦντας ὑπερέχειν δυνάμει διὰ πλοῦτον ἢ πολυφιλίαν ἤ τινα ἄλλην πολιτικὴν ἰσχὺν ὠστράκιζον καὶ μεθίστασαν ἐκ τῆς πόλεως χρόνους ὡρισμένους.［因此，显然立法必然只针对那些在出生和能力上相似的人；而对于那些杰出者，是没有法律的，因为他们自身就是法律。那试图为他们立法的人将是可笑的。因为他们或许会说出安提司特涅斯曾讲过的：当兔子们在集会上发表演讲并要求大家都应享有平等时，狮子们回答说，你们有爪牙吗？因此，那些实行民主政制的城邦由于该原因而制定了陶片放逐法，因为它们在所有事情中最为追求平等，以至于面对那些看起来或者由于财富，或者由于广受爱戴，或者由于某种别的政治力量而在能力上高出一头的人，他们施以陶片放逐法，定期将他们逐出城邦。］

85 εὖ ἔχει［是正确的］是固定表达，也可以译为“是恰当的”“是很好的”；动词 ἔχω 同副词连用，表“处于某种状态”“是某种样子”。参见《大希庇阿斯》（389a1–4）：Ὦ ἄνθρωπε, ἀγνοεῖς ὅτι τὸ τοῦ Ἡρακλείτου εὖ ἔχει, ὡς ἄρα “Πιθήκων ὁ κάλλιστος αἰσχρὸς ἀνθρώπων γένει συμβάλλειν.”［人啊，你不知道赫拉克利特的话是正确的，那就是“最美的猴子同人这个族类相比，也是丑陋的”。］

86 τῷ Σεριφίῳ［那个塞里福斯人］，之所以这么翻译，因为前面的定冠词表明这个人是众所周知的。塞里福斯（Σέριφος, Seriphos），爱琴海上的一个多岩石的贫瘠岛屿，在当时，其居民由于名声不大好而常被人拿来开玩笑。

87 καὶ δή［事实上］是词组，也可以译为“进而”“尤其”“而且”等；《牛津希–英词典》对它的解释是：in fact, what is more。

88 πάνυ τι 是一个整体；πάνυ 的意思是“很”“非常”，中性不定代词 τι 在这里表程度，πάνυ τι 在这里的意思是“根本”“在任何程度上”等。

89 形容词 εὔκολος 由前缀 εὖ［好］和名词 κόλον［肠］构成，本义是“胃口好的”“吃什么都满意的”，转义为“随和的”“脾气好的”“心平气和的”。

90 μέσος τις γέγονα χρηματιστὴς τοῦ τε πάππου καὶ τοῦ πατρός.［作为一个商人，我

大略处在了我祖父和我父亲的中间。］如果把 μέσος τις［某一中间］视为一个整体，也可以译为：作为一个商人，我处在了我祖父和我父亲的某一中间。

91 ὁμώνυμος ἐμοί［与我同名］，有意按字面意思翻译，尽管译成“我与之同名”在中文中更得体。在当时，人们经常用祖父的名字来为孩子起名，以彰显其祖父的名声和对孩子的期盼。例如，苏格拉底有三个儿子，其二儿子名叫索佛洛尼斯科斯（Σωφρονίσκος, Sophroniskos），而这也就是其祖父、即苏格拉底父亲的名字。对观《拉刻斯》（179a1-4）：ἡμῖν εἰσὶν ὑεῖς οὑτοιί, ὅδε μὲν τοῦδε, πάππου ἔχων ὄνομα Θουκυδίδης, ἐμὸς δὲ αὖ ὅδε – παππῷον δὲ καὶ οὗτος ὄνομ’ ἔχει τοὐμοῦ πατρός· Ἀριστείδην γὰρ αὐτὸν καλοῦμεν.［这两个人是我俩的儿子，这位是墨勒西厄斯的，他有着其祖父的名字，即图库狄德斯；而这位是我的——他也有着其祖父的，即我父亲的名字，因为我们叫他阿里斯忒得斯。］

92 σχεδόν τι［差不多］是词组。不定代词 τις / τι 常同形容词或副词连用，表示不那么确定，一般表弱化，也可以表加强。

93 ἔτι ἐλάττω［少得多］是一个整体，也可以简单译为“更少”。副词 ἔτι［更］，以及形容词 πολύς［多］的中性单数 πολύ 作副词使用，常同比较级形容词和比较级副词连用，起加强作用。

94 βραχεῖ γέ τινι［稍微］是一个整体和固定表达。βραχεῖ 在这儿是形容词 βραχύς［短的 / 小的 / 少的］的中性与格单数，做副词使用。

95 τοι 是个小品词，源自人称代词 σύ［你］的单数与格，本义是“让我告诉你”，转义为“真的”“的确”。

96 ὡς τὸ πολύ［在大多数情况下］是一个整体，作为固定搭配，它也具有“最多”“至多”等意思;《牛津希-英词典》对它的解释是：for the most part, at most。

97 ἀσπάζονται αὐτά［爱恋它们］，也可以译为“执着于它们”。动词 ἀσπάζομαι 的本义是“欢迎”“致意”，但用在物身上，则指“爱恋”“执着”;《牛津希-英词典》对它的这层意思的解释是：cling fondly to, follow eagerly, cleave to。

98 ταύτῃ 是副词，意思是“以这种方式”“这样地”。

99 ὡς ἔργον ἑαυτῶν［仿佛〈它们是〉他们自己的作品似的］，也可以简单译为“将之视作他们自己的作品”。

100 ᾗπερ 如前面的 ταύτῃ［以这种方式］一样，是副词，意思是“以同样的方式”“以如……一样的方式”;《牛津希-英词典》对它的解释是：in the same way as。

101 καὶ κατὰ τὴν χρείαν ᾗπερ οἱ ἄλλοι.［而且就〈它们的〉用处来说，也恰如其他

人〈认真对待它们〉那样，以同样的方式〈认真对待它们〉。］也可以译为：而且就〈它们的〉用处来说，也以其他人〈认真对待它们所采用的〉那种同样的方式〈认真对待它们〉。

102 πάνυ μὲν οὖν 是词组，意思是“无疑”“完全如此”“当然这样”，常用于肯定性的回答。

103 ἐπειδάν τις ἐγγὺς ᾖ τοῦ οἴεσθαι τελευτήσειν［每当一个人临近想到他自己将终了时］，也可以译为“每当一个人就要想到他自己将终了时”。ἐγγὺς εἶναι 是固定表达，意思是“临近”“靠近”“就要”，并且要求属格，所以这里出现的是动词不定式属格 τοῦ οἴεσθαι τελευτήσειν［想到他自己将终了］。τελευτήσειν 是动词 τελευτάω 的将来时不定式主动态，τελευτάω 本义是“完成”“结束”“终了”，转义为“死亡”。

104 δέος καὶ φροντὶς περὶ ὧν ἔμπροσθεν οὐκ εἰσῄει［一种对以前并未涌上过心头的那些事情的恐惧和操心］。εἰσῄει 是动词 εἴσειμι 的未完成过去时直陈式主动态第三人称单数，εἴσειμι 的本义是“进入”“走入”，喻为“钻进心里”“涌上心头”；《牛津希-英词典》举了柏拉图在这里的这个表达，对它的这层意思的解释是：come into one’s mind。

参见《斐洞》(58e1-3)：Καὶ μὴν ἔγωγε θαυμάσια ἔπαθον παραγενόμενος. οὔτε γὰρ ὡς θανάτῳ παρόντα με ἀνδρὸς ἐπιτηδείου ἔλεος εἰσῄει.［当然，作为就在旁边的人我那天确实感受到了一些奇特的东西。因为并未像面对一位亲密的人的死那样，怜惜之情涌上了我的心头。］(59a1-7)：διὰ δὴ ταῦτα οὐδὲν πάνυ μοι ἐλεινὸν εἰσῄει, ὡς εἰκὸς ἂν δόξειεν εἶναι παρόντι πένθει, οὔτε αὖ ἡδονὴ ὡς ἐν φιλοσοφίᾳ ἡμῶν ὄντων ὥσπερ εἰώθεμεν – καὶ γὰρ οἱ λόγοι τοιοῦτοί τινες ἦσαν – ἀλλ’ ἀτεχνῶς ἄτοπόν τί μοι πάθος παρῆν καί τις ἀήθης κρᾶσις ἀπό τε τῆς ἡδονῆς συγκεκραμένη ὁμοῦ καὶ ἀπὸ τῆς λύπης, ἐνθυμουμένῳ ὅτι αὐτίκα ἐκεῖνος ἔμελλε τελευτᾶν.［正由于这些，没有任何悲悲戚戚的东西涌上我的心头，就像我面对悲恸当然会看起来是的那样；但另一方面也没有任何如我们惯常那样处在热爱智慧中时——事实上那天的各种讨论都是些这类东西——所感到的快乐涌上我的心头，而是某种非常奇怪的心情萦绕着我，即同时由快乐和痛苦交织而成的一种不寻常的混合，当我想到他马上就必须得死了时。］

105 εἰσέρχεται αὐτῷ［向他袭来］，这是意译，字面意思是“进入到他里面”。

106 ἐν Ἅιδου［冥府］。由于 ᾍδης［哈德斯］在这儿用的是属格，所以当省掉了 δόμος［家］一词，补全当为 ἐν Ἅιδου δόμῳ［在哈德斯的家里］，故译为“冥府”。冥王 ᾍδης［哈德斯］由褫夺性的前缀 ἀ 和动词 ἰδεῖν［看］构成，本义为“不可见”。参见：

《苏格拉底的申辩》（29b4-7）：καὶ εἰ δή τῳ σοφώτερός του φαίην εἶναι, τούτῳ ἄν, ὅτι οὐκ εἰδὼς ἱκανῶς περὶ τῶν ἐν Ἅιδου οὕτω καὶ οἴομαι οὐκ εἰδέναι· τὸ δὲ ἀδικεῖν καὶ ἀπειθεῖν τῷ βελτίονι καὶ θεῷ καὶ ἀνθρώπῳ, ὅτι κακὸν καὶ αἰσχρόν ἐστιν οἶδα.［并且如果我真要说在某方面比某人更为智慧，那就会在于下面这点：既然我不足以知道冥府里的那些事情，因此我就认为我不知道；但行不义以及不服从更好者——无论是神还是人——，我知道那是恶的和可耻的。］

《伊翁》（531c4-d2）：οὐ περὶ πολέμου τε τὰ πολλὰ διελήλυθεν καὶ περὶ ὁμιλιῶν πρὸς ἀλλήλους ἀνθρώπων ἀγαθῶν τε καὶ κακῶν καὶ ἰδιωτῶν καὶ δημιουργῶν, καὶ περὶ θεῶν πρὸς ἀλλήλους καὶ πρὸς ἀνθρώπους ὁμιλούντων, ὡς ὁμιλοῦσι, καὶ περὶ τῶν οὐρανίων παθημάτων καὶ περὶ τῶν ἐν Ἅιδου, καὶ γενέσεις καὶ θεῶν καὶ ἡρώων; οὐ ταῦτά ἐστι περὶ ὧν Ὅμηρος τὴν ποίησιν πεποίηκεν;［他已经详细叙述过的，岂不多半是关于战争，以及关于人们之间的各种交往，既有各种好人和各种坏人之间的，也有那些一无所长的人和各种匠人之间的；还有关于诸神，当他们互相之间进行交往以及同人进行交往时，他们是在如何进行交往；以及关于天上所发生的各种事情和关于冥府的各种事情，还有诸神和英雄的各式各样的诞生？这些岂不就是荷马关于它们已经创作出诗歌的那些东西？］

107 ἐνθάδε［在这里］，也可以直接译为“在这个世界上”。参见《克里同》（54b5-8）：οὔτε γὰρ ἐνθάδε σοι φαίνεται ταῦτα πράττοντι ἄμεινον εἶναι οὐδὲ δικαιότερον οὐδὲ ὁσιώτερον, οὐδὲ ἄλλῳ τῶν σῶν οὐδενί, οὔτε ἐκεῖσε ἀφικομένῳ ἄμεινον ἔσται.［因为，一旦你做了那些事，显然在这里对你来说既不是更好的，也不是更正当的和更虔敬的，对你的其他任何亲友来说亦然；即使当你到了那边，对你来说也不会是更好的。］

108 διδόναι δίκην［受惩罚］是词组。动词 διδόναι 的本义是“给”“交出”“赠与”；但 δίκην διδόναι 是固定搭配，意思是“受罚”“受惩罚”。参见：

《欧悌弗戎》（8b7-9）：Ἀλλ᾽ οἶμαι, ὦ Σώκρατες, περί γε τούτου τῶν θεῶν οὐδένα ἕτερον ἑτέρῳ διαφέρεσθαι, ὡς οὐ δεῖ δίκην διδόναι ἐκεῖνον ὃς ἂν ἀδίκως τινὰ ἀποκτείνῃ.［苏格拉底，但我认为对于下面这件事诸神中无论如何没有哪位会同另外的有分歧，那就是不正当地杀了某个人的那个人居然会不必受罚。］

《泰阿泰德》（180e4-181a3）：τούτοις οὖν, ὦ ἑταῖρε, πᾶσι τί χρησόμεθα; κατὰ σμικρὸν γὰρ προϊόντες λελήθαμεν ἀμφοτέρων εἰς τὸ μέσον πεπτωκότες, καὶ ἂν μή πῃ ἀμυνόμενοι διαφύγωμεν, δίκην δώσομεν ὥσπερ οἱ ἐν ταῖς παλαίστραις διὰ γραμμῆς παίζοντες, ὅταν ὑπ' ἀμφοτέρων ληφθέντες ἕλκωνται εἰς τἀναντία.[那么，朋友啊，我们该如何对待所有这些人呢？因为当我们一点一点地往前走时，我们已经不知不觉落入到了两方的中间，并且如果我们不通过某种方式保卫自己而逃脱，那么，我们将受罚，就像那些在摔跤学校玩拔河比赛的人一样，每当他们被两方抓住，就会被向相反的方向拉。]

109 στρέφουσιν αὐτοῦ τὴν ψυχήν[折磨着他的灵魂]。动词 στρέφω 的本义是“旋转”“翻滚”，在这里喻为“折磨”；《牛津希-英词典》举了柏拉图在这里的这个表达，对它的解释是：torture, torment。

110 这里的观点可对观《斐洞》(107c5-d5)：εἰ μὲν γὰρ ἦν ὁ θάνατος τοῦ παντὸς ἀπαλλαγή, ἕρμαιον ἂν ἦν τοῖς κακοῖς ἀποθανοῦσι τοῦ τε σώματος ἅμ' ἀπηλλάχθαι καὶ τῆς αὑτῶν κακίας μετὰ τῆς ψυχῆς· νῦν δ' ἐπειδὴ ἀθάνατος φαίνεται οὖσα, οὐδεμία ἂν εἴη αὐτῇ ἄλλη ἀποφυγὴ κακῶν οὐδὲ σωτηρία πλὴν τοῦ ὡς βελτίστην τε καὶ φρονιμωτάτην γενέσθαι. οὐδὲν γὰρ ἄλλο ἔχουσα εἰς Ἅιδου ἡ ψυχὴ ἔρχεται πλὴν τῆς παιδείας τε καὶ τροφῆς, ἃ δὴ καὶ μέγιστα λέγεται ὠφελεῖν ἢ βλάπτειν τὸν τελευτήσαντα εὐθὺς ἐν ἀρχῇ τῆς ἐκεῖσε πορείας.[因为，如果死亡真的就是从一切中的一种解脱，那么，对于那些邪恶的人来说它就是一笔意外之财，即当他们死后他们就同时摆脱了身体和他们自己那伴随其灵魂的邪恶。但现在既然灵魂显得是不死的，那么对它来说就不会有摆脱各种邪恶的任何其他的避难所，也不会有拯救，除非它成为尽可能好的和明智的。因为灵魂不会带着任何其他东西去哈德斯那里，除了教养和生活方式——据说它们对终了的人要么大有裨益，要么大有损害，一旦他开始去那边的旅行。]

111 ἤτοι ... ἤ ... 是固定搭配。意思是“其实无论……还是……”“真的或者……或者……”。

112 δ' οὖν 在这里是词组，意思是“至少”“但无论如何”“但话说回来”“但回过来”。参见：

《苏格拉底的申辩》(17a1-3)：Ὅτι μὲν ὑμεῖς, ὦ ἄνδρες Ἀθηναῖοι, πεπόνθατε ὑπὸ τῶν ἐμῶν κατηγόρων, οὐκ οἶδα· ἐγὼ δ' οὖν καὶ αὐτὸς ὑπ' αὐτῶν ὀλίγου ἐμαυτοῦ ἐπελαθόμην, οὕτω πιθανῶς ἔλεγον.[诸位雅典人啊，你们已经如何被我的控告者们所影响了，我不知道；至少我本人几乎已经被他们弄得忘记了自己是谁，因为他们说得是如此地有说服力。]

《拉刻斯》(184a7-b1)：ἴσως μὲν οὖν εἴη ἂν τὶ ταῦτα, ὥσπερ Νικίας λέγει· οἷς δ' οὖν ἐγὼ ἐντετύχηκα, τοιαῦτ' ἄττα ἐστίν.[因此，或许这还真有那么点价值，就像尼基阿斯所说的那样；但无论如何我自己已经遇见的，就是如此

这般的样子。]

《智者》（234e5–a4）：Τοιγαροῦν ἡμεῖς σε οἵδε πάντες πειρασόμεθα καὶ νῦν πειρώμεθα ὡς ἐγγύτατα ἄνευ τῶν παθημάτων προσάγειν. περὶ δ' οὖν τοῦ σοφιστοῦ τόδε μοι λέγε· πότερον ἤδη τοῦτο σαφές, ὅτι τῶν γοήτων ἐστί τις, μιμητὴς ὢν τῶν ὄντων, ἢ διστάζομεν ἔτι μὴ περὶ ὅσωνπερ ἀντιλέγειν δοκεῖ δυνατὸς εἶναι, περὶ τοσούτων καὶ τὰς ἐπιστήμας ἀληθῶς ἔχων τυγχάνει; [因此，在这儿的我们所有这些人都将试着并且现在正试着远离那些遭遇而尽可能近地引领你。但回过来关于智者请你告诉我这点：这已经是清楚的呢——即他是那些魔术师中的一位，因为他是诸是者的一位模仿者——，还是说我们仍然在怀疑下面这点，即他看起来能够对多少东西进行反驳，他恰恰也就对多少东西真正具有一些知识？]

113 εἴ τινά τι ἠδίκησεν [他是否已经对任何人行过了任何的不义]，也可以译为“他是否已经在某件事情上对某人行过了不义”。这句话的 ἠδίκησεν，法国布德本希腊文和新校勘的牛津古典本希腊文均做 ἠδίκηκεν，前者是动词 ἀδικέω [行不义] 的一次性过去时直陈式主动态第三人称单数，后者是完成时直陈式主动态第三人称单数；从布德本和新校勘的牛津古典本希腊文。

114 对观《斐洞》（77d5–e7）：ὅμως δέ μοι δοκεῖς σύ τε καὶ Σιμμίας ἡδέως ἂν καὶ τοῦτον διαπραγματεύσασθαι τὸν λόγον ἔτι μᾶλλον, καὶ δεδιέναι τὸ τῶν παίδων, μὴ ὡς ἀληθῶς ὁ ἄνεμος αὐτὴν ἐκβαίνουσαν ἐκ τοῦ σώματος διαφυσᾷ καὶ διασκεδάννυσιν, ἄλλως τε καὶ ὅταν τύχῃ τις μὴ ἐν νηνεμίᾳ ἀλλ' ἐν μεγάλῳ τινὶ πνεύματι ἀποθνῄσκων. Καὶ ὁ Κέβης ἐπιγελάσας, Ὡς δεδιότων, ἔφη, ὦ Σώκρατες, πειρῶ ἀναπείθειν· μᾶλλον δὲ μὴ ὡς ἡμῶν δεδιότων, ἀλλ' ἴσως ἔνι τις καὶ ἐν ἡμῖν παῖς ὅστις τὰ τοιαῦτα φοβεῖται. τοῦτον οὖν πειρῶ μεταπείθειν μὴ δεδιέναι τὸν θάνατον ὥσπερ τὰ μορμολύκεια. [但在我看来，你和西米阿斯似乎仍然乐意进一步仔细检查这个论证，并且像孩子们那样害怕：当它离开身体后风真的会吹散它，并将之粉碎；尤其是当某人正好不是在风平浪静中，而是在狂风大作中死去时。刻贝斯笑着说，苏格拉底，请你试着说服我们，就像我们真的害怕似的。毋宁说，并非我们好像在害怕，而是或许在我们里面有着某个恐惧这些的孩子。因此，请你试着说服他不要像害怕妖怪那样害怕死亡。]

115 ἑαυτῷ ... σύνοιδα [他意识到] 是一个整体和固定表达。动词 σύνοιδα 的本义是“一起知道”“同样知道”，但同 ἐμαυτῷ [我自己]，σαυτῷ [你自己] 或 ἑαυτῷ [他自己] 等连用，意思是“意识到”。参见：

《苏格拉底的申辩》（21b4–5）：ἐγὼ γὰρ δὴ οὔτε μέγα οὔτε σμικρὸν σύνοιδα

ἐμαυτῷ σοφὸς ὤν.［因为我意识到，无论是在大事上还是小事上，我都不是智慧的。］

《泰阿泰德》(206a1-3)：τοὐναντίον λέγοντος ἆρ' οὐ μᾶλλον ἂν ἀποδέξαιο ἐξ ὧν αὐτὸς σύνοισθα σαυτῷ ἐν τῇ τῶν γραμμάτων μαθήσει;［当一个人说相反的情形时，你岂不更为会接受，基于你在文字的学习中你自己所意识到的那些事情？］

《伊翁》(533c5-7)：ἀλλ' ἐκεῖνο ἐμαυτῷ σύνοιδα, ὅτι περὶ Ὁμήρου κάλλιστ' ἀνθρώπων λέγω καὶ εὐπορῶ καὶ οἱ ἄλλοι πάντες μέ φασιν εὖ λέγειν, περὶ δὲ τῶν ἄλλων οὔ.［不过我意识到了下面这件事，那就是：关于荷马，在世上我讲得最好，并且有很多话要说，甚至其他所有人也都宣称我讲得很好；但是，关于其他诗人，则不行。］

116 品达(Πίνδαρος, Pindaros)，约生活于公元前520—前440年，古代希腊著名的抒情诗人。

117 οἱ καρδίαν［他的内心］。这里的 οἱ 即 οἷ；οἷ 是第三人称代词的单数与格，成为前倾词时，拼作 οἱ，等于 αὐτῷ 和 αὐτῇ，意思是"对他／她／它"或"对他自己／她自己／它自己"。参见：

《斐洞》(117e4-5)：ὁ δὲ περιελθών, ἐπειδή οἱ βαρύνεσθαι ἔφη τὰ σκέλη, κατεκλίνη ὕπτιος.［而他来回走动着，当他说两腿对他发沉时，就仰面躺下。］

《斐德若》(228a6-b1)：εὖ οἶδα ὅτι Λυσίου λόγον ἀκούων ἐκεῖνος οὐ μόνον ἅπαξ ἤκουσεν, ἀλλὰ πολλάκις ἐπαναλαμβάνων ἐκέλευέν οἱ λέγειν, ὁ δὲ ἐπείθετο προθύμως.［我很清楚，斐德若那人，当他听吕西阿斯的讲辞时，他不只是听了一遍，而是多次反反复复地要求吕西阿斯对他朗读它，而吕西阿斯则热情地服从。］

《卡尔米德斯》(159b2-5)：ἔπειτα μέντοι εἶπεν ὅτι οἷ δοκοῖ σωφροσύνη εἶναι τὸ κοσμίως πάντα πράττειν καὶ ἡσυχῇ, ἔν τε ταῖς ὁδοῖς βαδίζειν καὶ διαλέγεσθαι, καὶ τὰ ἄλλα πάντα ὡσαύτως ποιεῖν.［然而，此后他还是说道，在他看来，自制就是规规矩矩地和沉着冷静地做一切事情，无论是在路上行走，还是进行交谈，以及以同样的方式做其他每件事情。］

118 θαυμαστῶς ὡς σφόδρα 是一个整体，这里整体地将之译为"何等令人惊异地"，也可以译为"极其令人称奇地"。副词 σφόδρα［非常／极其］也可以同另外的副词连用，参见《斐德若》(263d4)：Νὴ Δία ἀμηχάνως γε ὡς σφόδρα.［宙斯在上，你确实极其不同寻常地定义过。］

119 πλείστου ἀξίαν εἶναι［是所值最多的］，也可以译为"是最有价值的""是非常有价值的"。形容词 ἄξιος［有价值的／值得……的］要求属格，形成各种短语，诸如 τοῦ παντός ἄξιος［配得上一切 / 抵得上一切］，οὐδενὸς ἄξιος［一文不值］，πολλοῦ ἄξιος［所值甚多］等。

120 第欧根尼·拉尔修在《名哲言行录》记载了柏拉图的遗嘱，其中的一句话就是（3.43.2）：ὀφείλω δ' οὐδενὶ οὐθέν.［无论对于谁，我都不欠任何东西。］

121 ἐκεῖσε ἀπιέναι［动身去那边］，即前往冥府。

122 μέγα μέρος ... συμβάλλεται［有着很大的贡献］是一个整体和固定表达，字面意思是“贡献了一个大的部分”。συμβάλλεται 是动词 συμβάλλω 的现在时直陈式中动态第三人称单数；συμβάλλω 的本义是“抛到一起”，其中动态则具有“贡献”的意思，如 λόγον συμβαλέσθαι περὶ βίου［贡献关于生活的一种意见］。《牛津希-英词典》举了柏拉图在这里的这个表达，对它的这层意思的解释是：contribute。

123 ἓν ἀνθ' ἑνός［一个一个地进行比较］是词组，也可以简单译为“在比较之后”；字面意思是“一个对一个”“相比较”；《牛津希-英词典》对之的解释是：one set against the other, compared with it。参见《菲勒玻斯》（63c1–3）：πάντων γε μὴν ἡγούμεθα γενῶν ἄριστον ἓν ἀνθ' ἑνὸς συνοικεῖν ἡμῖν τὸ τοῦ γιγνώσκειν τἆλλά τε πάντα καὶ [αὖ τὴν] αὐτὴν ἡμῶν τελέως εἰς δύναμιν ἑκάστην.［在全部的种类中，通过一个一个地进行比较，我们〈快乐〉肯定把这视为同我们生活在一起的最好的种类，那就是，它既认识所有其他的，也尽可能完满地认识我们快乐中的每个自身。］

124 ἀνδρὶ νοῦν ἔχοντι［对于一个有理智的人来说］，也可以译为“对于一个有头脑的人来说”“对于一个清醒的人来说”。νοῦν ἔχειν 是固定表达，字面意思是“有理智”，喻为“有头脑”“清醒”。

125 τοῦτο αὐτό［恰恰这种东西］。αὐτό 在这里表强调，译出语气即可，无需译为“本身”。

126 ἁπλῶς οὕτως［径直这样］，也可以译为“如此简单地”“如此绝对地”“如此不加限制地”等。副词 ἁπλῶς 派生自形容词 ἁπλόος［单一的 / 简单的 / 单纯的］，意思是“绝对地”“简单地”“径直”；根据希腊化时期人们对 ἁπλῶς 的理解，它在希腊文中具有三重含义：（1）κυρίως［严格地］；（2）μοναχῶς［唯一地］；（3）καθόλου［普遍地］。

127 τὴν ἀλήθειαν［真实 / 真］，有意按字面意思翻译，当然，它在这里实际上等于下文 331c9 那里的 τἀληθῆ λέγειν［说真话］。

128 ἄν 在这里等于 εἰ ἄν，引导条件从句。

129 πάντα［完完全全］，在这里作副词使用，也可以译为“整个儿地”“在方方面面”等。

130 ὅρος ... δικαιοσύνης［关于正义的定义］。名词 ὅρος 除了具有“定义”“界线”的意思之外，也有“标准”“尺度”等意思。

131 ὑπολαβών［接过话题］，也可以简单译为“插话”。

132 西蒙尼德斯（Σιμωνίδης, Simonides），约生活于公元前 556—前 468 年，古代希腊著名的讽刺诗人和抒情诗人。

133 对观《菲勒玻斯》（12a9–11）：Παραδούς, ὦ Φίληβε, ἡμῖν τὸν λόγον οὐκ ἂν ἔτι κύριος εἴης τῆς πρὸς Σωκράτη ὁμολογίας ἢ καὶ τοὐναντίον.［一旦你把谈话交给了我们，菲勒玻斯啊，那你都不再是具有决定权的了，无论就我同苏格拉底达成的同意，还是反过来没有达成同意。］

134 Οὐκοῦν, ἔφη, ἐγώ, ὁ Πολέμαρχος, τῶν γε σῶν κληρονόμος;［那我岂不，波勒马尔科斯说道，就是你的那些东西的继承人？］这句话在法国布德本希腊文中作：Οὐκοῦν, ἔφην ἐγώ, ὁ Πολέμαρχος τῶν γε σῶν κληρονόμος;［那么，我说道，波勒马尔科斯岂不就是你的那些东西的继承人？］而新校勘的牛津古典本希腊文同伯内特本一致，从伯内特本和新校勘的牛津古典本希腊文。这显然是一句开玩笑的双关语，因为波勒马尔科斯是克法洛斯的长子。

135 克法洛斯不再参与谈话而离开，该场景可对观《泰阿泰德》（162b4–7）：Ἀλλὰ τί μὴν δοκεῖς, εἴπερ μέλλοιέν μοι ἐπιτρέψειν καὶ πείσεσθαι; ὥσπερ νῦν οἶμαι ὑμᾶς πείσειν ἐμὲ μὲν ἐᾶν θεᾶσθαι καὶ μὴ ἕλκειν πρὸς τὸ γυμνάσιον σκληρὸν ἤδη ὄντα, τῷ δὲ δὴ νεωτέρῳ τε καὶ ὑγροτέρῳ ὄντι προσπαλαίειν.［你为何就不可以这么认为，假如他们打算放过我和听从我？就像现在，我猜我会说服你们允许我旁观，不把已经是身体僵硬的我拖往体育场，而是去同那更年轻和更灵活的人角力。］

136 副词 καλῶς 虽然派生自形容词 καλός［美的 / 漂亮的］，但其本义却是“很好地”“正确地”；《牛津希–英词典》对之的解释是：well, rightly。

137 σοφὸς γὰρ καὶ θεῖος ἀνήρ［因为他是一个智慧的且从神那里得到灵感的人］，当然也可以译为“因为他是一个智慧的且具有神性的人”。对观：

《苏格拉底的申辩》（22a8–c3）：μετὰ γὰρ τοὺς πολιτικοὺς ᾖα ἐπὶ τοὺς ποιητὰς τούς τε τῶν τραγῳδιῶν καὶ τοὺς τῶν διθυράμβων καὶ τοὺς ἄλλους, ὡς ἐνταῦθα ἐπ' αὐτοφώρῳ καταληψόμενος ἐμαυτὸν ἀμαθέστερον ἐκείνων ὄντα. ἀναλαμβάνων οὖν αὐτῶν τὰ ποιήματα ἅ μοι ἐδόκει μάλιστα πεπραγματεῦσθαι αὐτοῖς, διηρώτων ἂν αὐτοὺς τί λέγοιεν, ἵν' ἅμα τι καὶ μανθάνοιμι παρ' αὐτῶν. αἰσχύνομαι οὖν ὑμῖν εἰπεῖν, ὦ ἄνδρες, τἀληθῆ· ὅμως δὲ ῥητέον. ὡς ἔπος γὰρ εἰπεῖν ὀλίγου αὐτῶν ἅπαντες οἱ παρόντες ἂν βέλτιον ἔλεγον περὶ ὧν αὐτοὶ ἐπεποιήκεσαν. ἔγνων οὖν αὖ καὶ περὶ τῶν ποιητῶν ἐν ὀλίγῳ τοῦτο, ὅτι οὐ σοφίᾳ ποιοῖεν ἃ ποιοῖεν, ἀλλὰ φύσει τινὶ καὶ ἐνθουσιάζοντες ὥσπερ οἱ θεομάντεις καὶ οἱ χρησμῳδοί· καὶ γὰρ οὗτοι λέγουσι μὲν πολλὰ καὶ καλά, ἴσασιν δὲ οὐδὲν ὧν λέγουσι.［因为在一些政治家之后，我前往了一些诗人那儿，既有悲剧诗人，也有酒神颂诗人，以及其他一些诗人，以便在那里让自己当场暴露为比他们是更为无知的。于是，我选取了他们的那些在我看来被他们特别精心加以创作的诗作盘问他们，他们在说什么，以便我同时能够从他们那儿学到点什么。诸位，我真的羞于对你们说出真相，但我还是必须得说。一言以蔽之，因为就他们自己所创作的那些东西而言，几乎在场的所有人都比他们本人说得更好。因此，关于诗人我不久就再次认识到了这点，那就是他们创作出他们所创作的那些东西，不是靠智慧，而是像那些被神所感召的人和预言者一样，靠某种自然以及通过从神那里得到灵感；因为这些人诚然说了许多美好的话，但对于他们所说的，其实一无所知。］

《伊翁》（530b5–c1）：Καὶ μὴν πολλάκις γε ἐζήλωσα ὑμᾶς τοὺς ῥαψῳδούς, ὦ Ἴων, τῆς τέχνης· τὸ γὰρ ἅμα μὲν τὸ σῶμα κεκοσμῆσθαι ἀεὶ πρέπον ὑμῶν εἶναι τῇ τέχνῃ καὶ ὡς καλλίστοις φαίνεσθαι, ἅμα δὲ ἀναγκαῖον εἶναι ἔν τε ἄλλοις ποιηταῖς διατρίβειν πολλοῖς καὶ ἀγαθοῖς καὶ δὴ καὶ μάλιστα ἐν Ὁμήρῳ, τῷ ἀρίστῳ καὶ θειοτάτῳ τῶν ποιητῶν, καὶ τὴν τούτου διάνοιαν ἐκμανθάνειν, μὴ μόνον τὰ ἔπη, ζηλωτόν ἐστιν.［确实，我经常羡慕你们这些史诗朗诵者，伊翁啊，由于你们的技艺；因为，一方面，这总是同你们的技艺是相适合的，即装饰打扮身体，并让自己显得尽可能的漂亮，另一方面，这是必然的，那就是你们在其他许多优秀的诗人那里消磨时间，当然，尤其是在荷马那里，这位诗人中最优秀的和最为从神那里得到灵感的，并且要彻底地明白这个人的思想，而不仅仅是他的那些诗句，而这些都是令人羡慕的。］（542a2–7）：εἰ μὲν οὖν τεχνικὸς ὤν, ὅπερ νυνδὴ ἔλεγον, περὶ Ὁμήρου ὑποσχόμενος ἐπιδείξειν ἐξαπατᾷς με, ἄδικος εἶ· εἰ δὲ μὴ τεχνικὸς εἶ, ἀλλὰ θείᾳ μοίρᾳ κατεχόμενος ἐξ Ὁμήρου μηδὲν εἰδὼς πολλὰ καὶ καλὰ λέγεις περὶ τοῦ ποιητοῦ, ὥσπερ ἐγὼ εἶπον περὶ σοῦ, οὐδὲν ἀδικεῖς. ἑλοῦ οὖν πότερα βούλει νομίζεσθαι ὑπὸ ἡμῶν ἄδικος ἀνὴρ εἶναι ἢ θεῖος.［因此，一方面，如果你，作为一个有技艺的人，就像我刚才所说的那样，关于荷马虽然许诺进行展示，但在欺骗我，那么你就是不义的；另一方面，如果你不是一个有技艺的人，但凭借一份神圣的定命从荷马那里被神附体，虽然一无所知，但关于这位诗人却说出了许多漂亮的东西，正如我关于你所说的那样，那么，你就没有在行不义。所以，请你选择，你是愿意被我们视为是一个不义的人呢，还是一个具有神性的人？］

138 τινος παρακαταθεμένου τι ὁτῳοῦν［当一个人托付了某种东西后］，之所以这

么翻译，因为这里是用独立属格来表达时间意义。

139 τοῖς ... φίλοις ... ὀφείλειν τοὺς φίλους［朋友亏欠朋友］是一个整体，宾格复数 τοὺς φίλους［朋友］是动词 ὀφείλω［亏欠］的主语，而与格复数 τοῖς φίλοις［朋友］是它的宾语。

140 ᾐνίξατο［他在说谜语］，单就该表达，也可以译为“他在暗示”。对观：

《泰阿泰德》(152c8–10)：Ἆρ᾽ οὖν πρὸς Χαρίτων πάσσοφός τις ἦν ὁ Πρωταγόρας, καὶ τοῦτο ἡμῖν μὲν ᾐνίξατο τῷ πολλῷ συρφετῷ, τοῖς δὲ μαθηταῖς ἐν ἀπορρήτῳ τὴν ἀλήθειαν ἔλεγεν;［那么，诸慈惠女神在上，普罗塔戈拉的确是一位最智慧的人；他一则对我们，即对普通大众，把这说得像谜语一样，一则对他的学生们暗地里说出真相，是这样吗？］(194c7–8)：τὸ τῆς ψυχῆς κέαρ, ὃ ἔφη Ὅμηρος αἰνιττόμενος τὴν τοῦ κηροῦ ὁμοιότητα.［荷马将之称为灵魂的“心”，以便暗示它同蜡的相似。］

《卡尔米德斯》(162a10–b1)：Ἠνίττετο ἄρα, ὡς ἔοικεν, ὅπερ ἄρτι ἐγὼ ἔλεγον, ὁ λέγων τὸ τὰ αὑτοῦ πράττειν σωφροσύνην εἶναι· οὐ γάρ που οὕτω γε ἦν εὐήθης.［所以，看起来，正如我刚才曾说过的那样，那位说自制就是做自己的事情的人，他其实在说一句谜语；因为他无论如何都不会是如此的头脑简单。］

141 διενοεῖτο μὲν ... δὲ ὠνόμασεν ...［虽然想的是……但称为……］，也可以译为“一方面想的是……另一方面说的是……”。μὲν ... δέ 是固定搭配，根据上下文，意思是“一方面……另一方面……”“虽然……但是……”“……尽管”等。

142 Ἀλλὰ τί οἴει;［你还能认为别的什么吗？］也可以译为“不过你究竟怎么认为？”

143 Ὦ πρὸς Διός，这句话在法国布德本希腊文中同样如此；而新校勘的牛津古典本希腊文作 Πρὸς Διός，即删除了语气词 Ὦ［啊］，从之。

144 εἶεν 作为感叹词，本义是“好的！”“就这样吧！”如果表示不耐烦，则译为“算了！”

145 δικαιοσύνη［正义］，在这儿似乎也可以径直译为“正义术”。关于“正义”作为一种技艺，可对观《克利托丰》(408a5–b5)：ὡς ὅστις ψυχῇ μὴ ἐπίσταται χρῆσθαι, τούτῳ τὸ ἄγειν ἡσυχίαν τῇ ψυχῇ καὶ μὴ ζῆν κρεῖττον ἢ ζῆν πράττοντι καθ᾽ αὑτόν· εἰ δέ τις ἀνάγκη ζῆν εἴη, δούλῳ ἄμεινον ἢ ἐλευθέρῳ διάγειν τῷ τοιούτῳ τὸν βίον ἐστὶν ἄρα, καθάπερ πλοίου παραδόντι τὰ πηδάλια τῆς διανοίας ἄλλῳ, τῷ μαθόντι τὴν τῶν ἀνθρώπων κυβερνητικήν, ἣν δὴ σὺ πολιτικήν, ὦ Σώκρατες, ἐπονομάζεις πολλάκις, τὴν αὐτὴν δὴ ταύτην δικαστικήν τε καὶ δικαιοσύνην ὡς ἔστιν λέγων.［任何一个人，如果他不知道如何使用灵魂，那么对这个人来说，让灵魂安息和不活着，要强过以自行其是的方式

活着。但是，如果他必须活着，那么，对于这样一个人来说，作为一个奴隶，当然要好于作为一个自由人来度过一生，因为他把思想的舵桨就像船的舵桨一样交给另一个人，这个人学习过关乎人的掌舵的技艺，而你，苏格拉底啊，的确经常将之称为治邦的技艺，因为你说其实这同一门技艺就是审判的技艺和正义。]（409a2-6）：καὶ νῦν δὴ τίνα φαμὲν εἶναι τὴν ἐπὶ τῇ τῆς ψυχῆς ἀρετῇ τέχνην; ... Ὁ δὴ δοκῶν αὐτῶν ἐρρωμενέστατος εἶναι πρὸς ταῦτα ἀποκρινόμενος εἶπέν μοι ταύτην τὴν τέχνην εἶναι ἥνπερ ἀκούεις σὺ λέγοντος, ἔφη, Σωκράτους, οὐκ ἄλλην ἢ δικαιοσύνην.［而现在我们主张，关于灵魂之德性的技艺究竟是何种技艺呢？……他们中当然看起来是最强有力的那位对这些问题进行了回答，他告诉我，这门技艺，他说，就是你听苏格拉底在谈论的那种技艺，它不是别的，除了正义之外。]

146 πρὸς τί ἔργον［为了何种事情］，也可以译为“为了何种结果”。

147 τὰ συμβόλαια［一些合约］，也可以译为“一些契约”。参见《政治家》（294e8-295a2）：Καὶ τὸν νομοθέτην τοίνυν ἡγώμεθα, τὸν ταῖσιν ἀγέλαις ἐπιστατήσοντα τοῦ δικαίου πέρι καὶ τῶν πρὸς ἀλλήλους συμβολαίων, μή ποθ' ἱκανὸν γενήσεσθαι πᾶσιν ἀθρόοις προστάττοντα ἀκριβῶς ἑνὶ ἑκάστῳ τὸ προσῆκον ἀποδιδόναι.［因此，让我们相信，那就公正和就其彼此间的各种契约主管这些牧群的立法者，他也从不变得有能力做下面这件事，那就是，当他为整个聚集在一起的人下命令时，他能准确地赋予每一个人适合于他的东西。]

148 εἰς πεττῶν θέσιν［就下跳棋来说］，也可以照字面意思译为“就棋子之布局来说”。

149 τοῦ οἰκοδομικοῦ τε καὶ κιθαριστικοῦ［比建筑师以及精通弹琴的人］。法国布德本希腊文和新校勘的牛津古典本希腊文均作 τοῦ κιθαριστικοῦ［比精通弹琴的人］，即没有 τοῦ οἰκοδομικοῦ［比建筑师］一词，从之。

150 τὸ χρῆσθαι ἀργυρίῳ［使用银钱］。χρῆσθαι 是动词 χράομαι［使用 / 利用］的现在时不定式，该动词要求与格作宾语，所以这里出现的是单数与格 ἀργυρίῳ［银钱 / 银子］。

151 ὁ ἱππικός［精通马的人］，也可以译为“马术师”“骑马者”“精通骑马的人”。

152 κεῖσθαι［搁置在一边］，基于文义，也可以译为“被保管”“被存放”。

153 动词 κινδυνεύω 的本义是“冒险”，作无人称动词使用时，作为回答语意思是“有可能”“也许是”“或许是”。

154 καὶ κοινῇ καὶ ἰδίᾳ［无论是对合作的双方来说，还是对个人来说］，这是意译，字面意思是“无论是共同地，还是私下地”。κοινῇ 是由形容词 κοινός［共同的］的阴性与格单数派生而来的副词，即“共同地”“一致地”。ἰδίᾳ 则是由

形容词 ἴδιος［个人的／自己的／私有的］的阴性与格单数派生而来的副词，意思是“私下地”。参见：

《智者》(218c1–5)：νῦν γὰρ δὴ σύ τε κἀγὼ τούτου πέρι τοὔνομα μόνον ἔχομεν κοινῇ, τὸ δὲ ἔργον ἐφ᾽ ᾧ καλοῦμεν ἑκάτερος τάχ᾽ ἂν ἰδίᾳ παρ᾽ ἡμῖν αὐτοῖς ἔχοιμεν· δεῖ δὲ ἀεὶ παντὸς πέρι τὸ πρᾶγμα αὐτὸ μᾶλλον διὰ λόγων ἢ τοὔνομα μόνον συνωμολογῆσθαι χωρὶς λόγου.［因为现在你和我仅仅共同地拥有关于他的名称，但我们用该名称对之命名的那个事情，我俩各自或许在我们自己那里有着个人自己的看法。但总是应当务必通过各种言说就事情本身取得一致，而不是在缺乏言说的情况下仅仅就名称取得一致。］

《大希庇阿斯》(300a9–b2)：Ἔχουσιν ἄρα τι τὸ αὐτὸ ὃ ποιεῖ αὐτὰς καλὰς εἶναι, τὸ κοινὸν τοῦτο, ὃ καὶ ἀμφοτέραις αὐταῖς ἔπεστι κοινῇ καὶ ἑκατέρᾳ ἰδίᾳ· οὐ γὰρ ἄν που ἄλλως ἀμφότεραί γε καλαὶ ἦσαν καὶ ἑκατέρα.［那么，它们就有着某种同样的东西，它使得它们是美的，这种共同的东西，它既共同地在场于它们两者那里，也私下地在场于每一个那里。因为，以其他的方式无论如何都不会它们两者是美的，而两者中的每一个也是美的。］

155 对观《斐洞》(97d1–5)：ἐκ δὲ δὴ τοῦ λόγου τούτου οὐδὲν ἄλλο σκοπεῖν προσήκειν ἀνθρώπῳ καὶ περὶ αὐτοῦ ἐκείνου καὶ περὶ τῶν ἄλλων ἀλλ᾽ ἢ τὸ ἄριστον καὶ τὸ βέλτιστον. ἀναγκαῖον δὲ εἶναι τὸν αὐτὸν τοῦτον καὶ τὸ χεῖρον εἰδέναι· τὴν αὐτὴν γὰρ εἶναι ἐπιστήμην περὶ αὐτῶν.［基于这种道理，一个人应当考察的——无论是关于他自己，还是关于其他东西——，无非是那最善的东西和最好的东西。而这同一个人也必然知道那较坏的东西，因为关于这两者的知识是同一种知识。］

156 ἀλλὰ μήν 是词组，相当于拉丁文的 verum enimvero［真的］。μήν 作为小品词，起加强语气的作用，意思是“真的”“无疑”，它可以同其他小词一起构成各种固定表达；例如，ἦ μήν［实实在在］，καὶ μήν［确实］，τὶ μήν［当然］。这里根据上下文把 ἀλλὰ μήν 译为“当然”。

157 κλέψαι 在这里是动词 κλέπτω［偷取］的一次性过去时不定式，之所以要用不定式，是被前面的形容词 ἀγαθός［优秀的］所要求。

158 ὁ λόγος［道理］，在这里也可以译为“讨论”“谈话”。

159 πρὸς μητρὸς πάππον［在母亲一方的祖父］，有意按字面翻译，当然可以简单译为“外祖父”。

160 奥托吕科斯（Αὐτόλυκος, Autolykos），希腊神话中神使赫尔墨斯（Ἑρμῆς, Hermes）的儿子，从其父亲那里学得了各种盗窃和行骗的技艺，以作恶多端著称。

161 参见荷马《奥德修斯》(19. 395-396)。

162 καὶ κατὰ σὲ καὶ καθ' Ὅμηρον καὶ κατὰ Σιμωνίδην［无论是根据你，还是根据荷马，还是根据西蒙尼德斯］，这一表达显然带有某种讽刺意味。类似的表达，参见《泰阿泰德》(160d5-e2)：Παγκάλως ἄρα σοι εἴρηται ὅτι ἐπιστήμη οὐκ ἄλλο τί ἐστιν ἢ αἴσθησις, καὶ εἰς ταὐτὸν συμπέπτωκεν, κατὰ μὲν Ὅμηρον καὶ Ἡράκλειτον καὶ πᾶν τὸ τοιοῦτον φῦλον οἷον ῥεύματα κινεῖσθαι τὰ πάντα, κατὰ δὲ Πρωταγόραν τὸν σοφώτατον πάντων χρημάτων ἄνθρωπον μέτρον εἶναι, κατὰ δὲ Θεαίτητον τούτων οὕτως ἐχόντων αἴσθησιν ἐπιστήμην γίγνεσθαι. ἦ γάρ, ὦ Θεαίτητε;［因此对你而言完全有权说，知识无非就是感觉，并且它们已经被归结为了一回事：根据荷马、赫拉克利特以及整个这一族，一切都如川流一样运动；而根据普罗塔戈拉这位最智慧的人，人是万物的尺度；而根据泰阿泰德，感觉就变成了知识。是这样吗，泰阿泰德？］

163 ἐπ' ὠφελίᾳ μέντοι τῶν φίλων καὶ ἐπὶ βλάβῃ τῶν ἐχθρῶν［为了有益于朋友，以及为了伤害敌人］，也可以照字面意思译为“为了朋友们的利益，以及为了〈对〉敌人们的伤害”。

164 这里的场景和波勒马尔科斯的困惑，可对观：

《欧悌弗戎》(11b5-7)：Ἀλλ', ὦ Σώκρατες, οὐκ ἔχω ἔγωγε ὅπως σοι εἴπω ὃ νοῶ· περιέρχεται γάρ πως ἡμῖν ἀεὶ ὃ ἂν προθώμεθα καὶ οὐκ ἐθέλει μένειν ὅπου ἂν ἱδρυσώμεθα αὐτό.［苏格拉底啊，但我的确不知道我该如何向你说我所想的；因为我们提出来的任何东西无论如何都总是绕着我们打转，不愿意在我们要为它安顿的任何地方停留。］

《吕西斯》(216c5-6)：ἀλλὰ τῷ ὄντι αὐτὸς εἰλιγγιῶ ὑπὸ τῆς τοῦ λόγου ἀπορίας.［而事实上我自己也被讨论的走投无路弄得晕头转向。］

《拉刻斯》(194a6-b4)：Ἐγὼ μὲν ἕτοιμος, ὦ Σώκρατες, μὴ προαφίστασθαι. καίτοι ἀήθης γ' εἰμὶ τῶν τοιούτων λόγων· ἀλλά τίς με καὶ φιλονικία εἴληφεν πρὸς τὰ εἰρημένα, καὶ ὡς ἀληθῶς ἀγανακτῶ εἰ οὑτωσὶ ἃ νοῶ μὴ οἷός τ' εἰμὶ εἰπεῖν. νοεῖν μὲν γὰρ ἔμοιγε δοκῶ περὶ ἀνδρείας ὅτι ἔστιν, οὐκ οἶδα δ' ὅπῃ με ἄρτι διέφυγεν, ὥστε μὴ συλλαβεῖν τῷ λόγῳ αὐτὴν καὶ εἰπεῖν ὅτι ἔστιν.［我当然做好了准备，苏格拉底啊，不提前离开；尽管我确实不习惯诸如此类的谈话。然而，一种好胜，即对已经被说的那些事情的好胜，抓住了我，并且我也真的对下面这点感到气恼，那就是我如此地没有能力说出我所怀有的想法的话。因为，一方面，我无论如何都看起来对勇敢，即它是什么，怀有一种想法；另一方面，我又不知道它刚才如何从我这里溜掉了，以至于我不能够用言辞来抓住它，并说出它是什么。］

165 τοῦτο μέντοι ἔμοιγε δοκεῖ ἔτι［然而，这至少对我显得仍然是合理的］，也可以译为“然而，至少我仍然持下面这种看法”。类似的表达，对观《泰阿泰德》（189e7–190a2）：τοῦτο γάρ μοι ἰνδάλλεται διανοουμένη οὐκ ἄλλο τι ἢ διαλέγεσθαι, αὐτὴ ἑαυτὴν ἐρωτῶσα καὶ ἀποκρινομένη, καὶ φάσκουσα καὶ οὐ φάσκουσα.［因为这在我看来，当灵魂进行思想时，它无非是在进行对话，它自己向自己提问并作答，而且进行肯定和否定。］

166 形容词 χρηστός 除了具有“有用的”“有益的”等意思之外，还有“善良的”“好的”“正直的”“值得信赖的”等意思。这里基于下面 334c5 那里与之对举的形容词 πονηρός［邪恶的 / 坏的］，将之译为“良善的”。当然，如果将之译为“值得信赖的”，那么，可以把 πονηρός 转译为“不值得信赖的”。

此外，χρηστός 作为反语，即“够好的”，则指“太天真的”“够愚蠢的”。参见《泰阿泰德》（161a7–b1）：Φιλόλογός γ' εἶ ἀτεχνῶς καὶ χρηστός, ὦ Θεόδωρε, ὅτι με οἴει λόγων τινὰ εἶναι θύλακον καὶ ῥᾳδίως ἐξελόντα ἐρεῖν ὡς οὐκ αὖ ἔχει οὕτω ταῦτα.［你完完全全就是一个热爱讨论的人，忒俄多洛斯啊，并且你够好了，认为我就是某一装满各种说法的口袋，很容易就取出一个说法而宣布，这些事情复又不是这样。］（166a2–6）：Οὗτος δὴ ὁ Σωκράτης ὁ χρηστός, ἐπειδὴ αὐτῷ παιδίον τι ἐρωτηθὲν ἔδεισεν εἰ οἷόν τε τὸν αὐτὸν τὸ αὐτὸ μεμνῆσθαι ἅμα καὶ μὴ εἰδέναι, καὶ δεῖσαν ἀπέφησεν διὰ τὸ μὴ δύνασθαι προορᾶν, γέλωτα δὴ τὸν ἐμὲ ἐν τοῖς λόγοις ἀπέδειξεν.［这位苏格拉底，够好的一个人了！因为他让某个小孩受到惊吓，通过问是否同一个人能够记得，同时又不知道同一个东西；当小孩受到惊吓，由于不能够预见后果而否认时，他于是就在讨论中把我这种人显明为是一个笑料。］

167 动词 ἁμαρτάνω 的本义是“未中的”“未射中”，喻为“犯错”“失误”。

168 τότε［在那种情况下］。τότε 作为时间副词，本义是“在那时”，但面对一种设想的情况，意思则是“在那种情况下”“假如那样的话”；《牛津希–英词典》举了柏拉图在这里的这个表达，对它的解释是：in that case。

169 ἀλλ' ὅμως 是一个整体，意思是“然而”“仍旧”。

170 διημαρτήκασιν［已经完全出错］，也可以译为“已经完全认错”。διημαρτήκασιν 是动词 διαμαρτάνω［完全出错 / 完全认错］的完成时直陈式主动态第三人称复数，而 διαμαρτάνω 是动词 ἁμαρτάνω 的增强体，ἁμαρτάνω 的本义是“未中的”“未射中”，喻为“犯错”“失误”。参见《斐德若》（257c8–d2）：Γελοῖόν γ', ὦ νεανία, τὸ δόγμα λέγεις, καὶ τοῦ ἑταίρου συχνὸν διαμαρτάνεις, εἰ αὐτὸν οὕτως ἡγῇ τινα ψοφοδεᾶ.［年轻人啊，你在说一个何等可笑的意见！并且你完全把你的那位伙伴认错得太多了，如果你认为他是一位如此轻易地就会被任何一点动静吓住的人的话。]

171 τοὺς μὲν φίλους βλάπτειν – πονηροὶ γὰρ αὐτοῖς εἰσιν – τοὺς δ' ἐχθροὺς ὠφελεῖν – ἀγαθοὶ γάρ.［一方面伤害一些朋友——因为在他们眼里那些人是邪恶的——，另一方面有益于一些敌人——因为〈在他们眼里〉那些人是良善的——。］关于这句话的理解和翻译有分歧，争论的焦点在于如何理解与格复数 αὐτοῖς。（1）把它理解和翻译为“在他们眼里”“根据他们的看法”“依照他们的判断”，而“他们”，即那些“完全出错的人”；我这里的翻译就持这种主张。（2）把它简单理解为物主与格，于是这句话则当译为“一方面伤害一些朋友——因为他们事实上有着一些邪恶的朋友——，另一方面有益于一些敌人——因为他们实际上有着一些良善的敌人——”或者“一方面伤害一些朋友——因为他们的一些朋友事实上是邪恶的——，另一方面有益于一些敌人——因为他们的一些敌人实际上是良善的——”。

172 αὐτὸ τοὐναντίον［正相反对］，之所以这样翻译，因为 αὐτὸ 在这里表强调。

173 ἢ ὡς 是一个整体，用于比较。

174 ὁντινοῦν ἀνθρώπων［世界上的任何一个人，无论他是谁］，这是参照 τὰ ἐξ ἀνθρώπων πράγματα［世界上的所有麻烦］这样的表达的一种意译。此外，名词 ἄνθρωπος［人］同形容词最高级连用，起加强语气的作用，例如两个固定表达 μάλιστα ἀνθρώπων［最重要的是］和 ἥκιστα ἀνθρώπων［最不］，《牛津希–英词典》对之的解释分别是：most of all 和 least of all。参见：

《吕西斯》（211e3–5）：καὶ βουλοίμην ἄν μοι φίλον ἀγαθὸν γενέσθαι μᾶλλον ἢ τὸν ἄριστον ἐν ἀνθρώποις ὄρτυγα ἢ ἀλεκτρυόνα.［并且我会希望我得到一个好朋友，而远不是世上最好的鹌鹑或最好的雄鸡。］

《伊翁》（530c8–d3）：καὶ οἶμαι κάλλιστα ἀνθρώπων λέγειν περὶ Ὁμήρου, ὡς οὔτε Μητρόδωρος ὁ Λαμψακηνὸς οὔτε Στησίμβροτος ὁ Θάσιος οὔτε Γλαύκων οὔτε ἄλλος οὐδεὶς τῶν πώποτε γενομένων ἔσχεν εἰπεῖν οὕτω πολλὰς καὶ καλὰς διανοίας περὶ Ὁμήρου ὅσας ἐγώ.［并且我也认为，关于荷马，在世上我谈得最漂亮，以至于无论是拉谟普萨科斯人墨特洛多洛斯，还是塔索斯人斯忒西谟布洛托斯，还是格劳孔，还是那些曾经出现过的人中的任何一位，关于荷马的各种思想，没有一个能够如我那样讲得如此的多和那么的漂亮。］

《泰阿泰德》（148b3）：Ἄριστά γ' ἀνθρώπων, ὦ παῖδες［世界上无人比你们更优秀了，孩子们！/你们是世界上最优秀的，孩子们！］

《大希庇阿斯》（284a2–3）：Σὺ δὲ ταύτην παραδιδόναι ἄλλῳ κάλλιστ' ἀνθρώπων ἐπίστασαι.［而在世上你最为优秀地知道如何把它传授给另外一个人。］

《克利托丰》（410b4–6）：νομίσας σε τὸ μὲν προτρέπειν εἰς ἀρετῆς ἐπιμέλειαν κάλλιστ' ἀνθρώπων δρᾶν, δυοῖν δὲ θάτερον.［因为我认为，虽然就规劝人要关心德性来说，你在世上做得最好，但下面两种情况你必居其一。］

175 εἰς τὴν τῶν κυνῶν ἀρετήν［就狗的德性而言］，也可以译为“在狗的德性方面”。ἀρετή［德性］，取其宽泛意义；在某种意义上，可以说万物皆有自己的“德性”。εἰς ἀρετήν 是固定表达，即“在德性方面”或“就德性而言”。

176 μουσική 在这里取其广义，故不译为“音乐”，而译为“文艺”。在古代希腊，广义的 μουσική［文艺］同 γυμναστική［体育］相对，前者锻炼灵魂，后者锻炼身体。参见：

《克里同》(50d5–e1)：Ἀλλὰ τοῖς περὶ τὴν τοῦ γενομένου τροφήν τε καὶ παιδείαν ἐν ᾗ καὶ σὺ ἐπαιδεύθης; ἢ οὐ καλῶς προσέταττον ἡμῶν οἱ ἐπὶ τούτῳ τεταγμένοι νόμοι, παραγγέλλοντες τῷ πατρὶ τῷ σῷ σε ἐν μουσικῇ καὶ γυμναστικῇ παιδεύειν;［而你会责怪关于出生者的抚养以及关于你也曾于其中被教育的那种教育的那些法律吗？或者我们中这些为此而被设立起来的法律，当它们要求你父亲在文艺和体育方面教育你时，它们未曾好好地下命令？］

《斐洞》(60e4–61a4)：ἦν γὰρ δὴ ἄττα τοιάδε· πολλάκις μοι φοιτῶν τὸ αὐτὸ ἐνύπνιον ἐν τῷ παρελθόντι βίῳ, ἄλλοτ' ἐν ἄλλῃ ὄψει φαινόμενον, τὰ αὐτὰ δὲ λέγον, “Ὦ Σώκρατες,” ἔφη, “μουσικὴν ποίει καὶ ἐργάζου.” καὶ ἐγὼ ἔν γε τῷ πρόσθεν χρόνῳ ὅπερ ἔπραττον τοῦτο ὑπελάμβανον αὐτό μοι παρακελεύεσθαί τε καὶ ἐπικελεύειν, ὥσπερ οἱ τοῖς θέουσι διακελευόμενοι, καὶ ἐμοὶ οὕτω τὸ ἐνύπνιον ὅπερ ἔπραττον τοῦτο ἐπικελεύειν, μουσικὴν ποιεῖν, ὡς φιλοσοφίας μὲν οὔσης μεγίστης μουσικῆς, ἐμοῦ δὲ τοῦτο πράττοντος.［事情其实是这样，在过去的一生中同一个梦经常造访我，虽然在不同的时候以不同的形象出现，但它总是说相同的事情；它说：“苏格拉底啊，你要创作和耕耘文艺！”而在以往的时间里，我认为它不过是在激励和鞭策我做我已经在做的事情而已；就像人们鼓励那些奔跑的人一样，梦也同样在勉励我做我已经在做的事情，即创作文艺，因为热爱智慧就是最高的文艺，而我就在从事这件事。］

《伊翁》(530a5–7)：{ΣΩ.} Μῶν καὶ ῥαψῳδῶν ἀγῶνα τιθέασιν τῷ θεῷ οἱ Ἐπιδαύριοι; {ΙΩΝ.} Πάνυ γε, καὶ τῆς ἄλλης γε μουσικῆς.［苏格拉底：难道甚至连厄庇道洛斯人也为了神而在那些史诗朗诵者之间举办一场比赛？伊翁：完全如此，当然也还有其他的文艺比赛。］

《政制》(429e8–430a1)：ὅτε ἐξελεγόμεθα τοὺς στρατιώτας καὶ ἐπαιδεύομεν μουσικῇ καὶ γυμναστικῇ.［我们选择士兵，并用文艺和体育来教育他们。］

177 ἔργον［作用］，也可以译为“功能”。

178 τοῦτο ... νοεῖ αὐτῷ［这对他来说意味着］在这里是一个整体和固定表达；《牛

津希-英词典》举了柏拉图在这里的这个表达，对它的解释是：this means for him that ... 。

179 这里所表达的看法，可对观《克里同》（49a4–c12）：{ΣΩ.} Οὐδενὶ τρόπῳ φαμὲν ἑκόντας ἀδικητέον εἶναι, ἢ τινὶ μὲν ἀδικητέον τρόπῳ τινὶ δὲ οὔ; ἢ οὐδαμῶς τό γε ἀδικεῖν οὔτε ἀγαθὸν οὔτε καλόν, ὡς πολλάκις ἡμῖν καὶ ἐν τῷ ἔμπροσθεν χρόνῳ ὡμολογήθη; [ὅπερ καὶ ἄρτι ἐλέγετο] ἢ πᾶσαι ἡμῖν ἐκεῖναι αἱ πρόσθεν ὁμολογίαι ἐν ταῖσδε ταῖς ὀλίγαις ἡμέραις ἐκκεχυμέναι εἰσίν, καὶ πάλαι, ὦ Κρίτων, ἄρα τηλικοίδε [γέροντες] ἄνδρες πρὸς ἀλλήλους σπουδῇ διαλεγόμενοι ἐλάθομεν ἡμᾶς αὐτοὺς παίδων οὐδὲν διαφέροντες; ἢ παντὸς μᾶλλον οὕτως ἔχει ὥσπερ τότε ἐλέγετο ἡμῖν· εἴτε φασὶν οἱ πολλοὶ εἴτε μή, καὶ εἴτε δεῖ ἡμᾶς ἔτι τῶνδε χαλεπώτερα πάσχειν εἴτε καὶ πρᾳότερα, ὅμως τό γε ἀδικεῖν τῷ ἀδικοῦντι καὶ κακὸν καὶ αἰσχρὸν τυγχάνει ὂν παντὶ τρόπῳ; φαμὲν ἢ οὔ; {ΚΡ.} Φαμέν. {ΣΩ.} Οὐδαμῶς ἄρα δεῖ ἀδικεῖν. {ΚΡ.} Οὐ δῆτα. {ΣΩ.} Οὐδὲ ἀδικούμενον ἄρα ἀνταδικεῖν, ὡς οἱ πολλοὶ οἴονται, ἐπειδή γε οὐδαμῶς δεῖ ἀδικεῖν. {ΚΡ.} Οὐ φαίνεται. {ΣΩ.} Τί δὲ δή; κακουργεῖν δεῖ, ὦ Κρίτων, ἢ οὔ; {ΚΡ.} Οὐ δεῖ δήπου, ὦ Σώκρατες. {ΣΩ.} Τί δέ; ἀντικακουργεῖν κακῶς πάσχοντα, ὡς οἱ πολλοί φασιν, δίκαιον ἢ οὐ δίκαιον; {ΚΡ.} Οὐδαμῶς. {ΣΩ.} Τὸ γάρ που κακῶς ποιεῖν ἀνθρώπους τοῦ ἀδικεῖν οὐδὲν διαφέρει. {ΚΡ.} Ἀληθῆ λέγεις. {ΣΩ.} Οὔτε ἄρα ἀνταδικεῖν δεῖ οὔτε κακῶς ποιεῖν οὐδένα ἀνθρώπων, οὐδ᾽ ἂν ὁτιοῦν πάσχῃ ὑπ᾽ αὐτῶν.［苏格拉底：我们说，在任何方面都不应故意行不义，还是说在有的方面应行不义，在有的方面则不应？还是说行不义绝对既不是良善的，也不是美好的，就像我们在过往的时间里经常赞同的那样？或者我们以前的所有那些同意，在这短短的几天内都已经给泼掉了，并且克里同啊，我们过去都没有注意到，我们这个年纪的人在彼此用尽心思地讨论时，自己其实同孩童无异？或者必定还是如我们曾说过的那样：不管大众承认还是不承认，也无论我们必须遭受比这些更严酷的事情还是更温和的事情，行不义在所有方面对于行不义者来说实际上都同样是邪恶的和可耻的？我们会，还是不会这样说？克里同：我们会这样说。苏格拉底：因此绝对不应行不义。克里同：当然不。苏格拉底：那么，就不要像大众所认为的那样，对行不义者反行不义，既然绝对不应当行不义。克里同：显然不。苏格拉底：那然后呢？克里同啊，应该干坏事，还是不应该？克里同：肯定不应该，苏格拉底。苏格拉底：然后呢？当被邪恶地对待了就要反过来施以邪恶，像众人说那样，这是正当的，还是不正当的？克里同：绝对不正当。苏格拉底：因为只要邪恶地对待人就无异于行不义。克里同：你说得对。苏格拉底：因此，既不应该反行不

义，也不应该邪恶地对待任何人，无论会受到他们怎样的对待。]

180 比阿斯（Βίας, Bias）和庇塔科斯（Πιττακός, Pittakos），两人均为早前希腊“七贤”之一。参见《大希庇阿斯》（281c3–8）：ἀτάρ, ὦ Ἱππία, τί ποτε τὸ αἴτιον ὅτι οἱ παλαιοὶ ἐκεῖνοι, ὧν ὀνόματα μεγάλα λέγεται ἐπὶ σοφίᾳ, Πιττακοῦ τε καὶ Βίαντος καὶ τῶν ἀμφὶ τὸν Μιλήσιον Θαλῆν καὶ ἔτι τῶν ὕστερον μέχρι Ἀναξαγόρου, ὡς ἢ πάντες ἢ οἱ πολλοὶ αὐτῶν φαίνονται ἀπεχόμενοι τῶν πολιτικῶν πράξεων; [然而，希庇阿斯啊，究竟什么是下面这点的原因呢，那就是：那些古代的人——由于智慧的缘故他们的名字广为流传，既有庇塔科斯和比阿斯，也有米利都人泰勒斯的圈子中的那些人，还有一些更晚的人，直至阿那克萨戈拉——，要么全部，要么其中的大多数人，他们都显得在远离各种城邦事务？]

181 κοινωνεῖν τῆς μάχης [参与战斗]。动词 κοινωνέω 作“参与”“分享”讲时，要求属格，所以这里出现的是单数属格 τῆς μάχης [战斗]。

182 珀里安德洛斯（Περίανδρος, Periandros），生活于公元前 7 世纪末前 6 世纪初，科林托斯的一位僭主，也是古代七贤之一。

183 珀耳狄卡斯（Περδίκκας, Perdikkas），即马其顿国王珀耳狄卡斯二世，大约死于公元前 413 年。

184 克塞尔克塞斯（Ξέρξης, Xerxes），也译为“薛西斯”，公元前 5 世纪的波斯国王。

185 伊斯墨尼阿斯（Ἰσμηνίας, Ismenias），公元前 4 世纪初忒拜的政治家，因与波斯结盟而被斯巴达人处死。

186 柏拉图在这里显然区分了 ἡ δικαιοσύνη [正义] 和 τὸ δίκαιον [正义的事情]。

187 ὥρμα ἀντιλαμβάνεσθαι τοῦ λόγου [急于打断谈话] 是一个整体。ὥρμα 是动词 ὁρμάω 的未完成过去时直陈式主动态第三人称单数，ὁρμάω 的本义是“推动”“激发”“促使”，但作为不及物动词则指“急于做……”“渴望做……”。ἀντιλαμβάνεσθαι 是动词 ἀντιλαμβάνω 的现在时不定式中动态；ἀντιλαμβάνω 大多使用中动态形式，并要求属格作宾语，所以这里后面出现的是单数属格 τοῦ λόγου [谈话]；该词除了具有“抓住”“参与”等本义之外，还有“抓住某人的弱点”“谴责”“攻击”的意思，这里基于上下文将之偏中性地译为“打断”。

188 ἡσυχίαν ἄγω 是词组，意思是“保持安静”“保持平静”；《牛津希–英词典》对之的解释是：keep quiet, be at peace or at rest。

189 συστρέψας ἑαυτόν [通过把自己蜷缩成一团] 是一个整体。συστρέψας 是动词 συστρέφω 的一次性过去时分词主动态阳性主格单数，συστρέφω 的本义是

“卷在一起”“聚集”。

190 ἧκεν ἐφ' ἡμᾶς［猛地扑向我们］，也可以照字面意思直接译为“射向我们”。ἧκεν 在这里是动词 ἵημι 的一次性过去时直陈式主动态第三人称单数，而 ἵημι 的本义就是“投掷”“射出”。

191 διεπτοήθημεν［我们感到极度惊慌］。διεπτοήθημεν 是动词 διαπτοέω 的一次性过去时直陈式被动态第一人称复数，διαπτοέω 的本义是“使惊慌”“吓跑”，但其被动态的意思则是“感到极度惊慌”；《牛津希-英词典》举了柏拉图在这里的这个表达，对它解释是：to be panicstricken。

192 Τίς ...ὑμᾶς πάλαι φλυαρία ἔχει［什么样的蠢话刚才控制住了你们］，有意按字面意思翻译，当然可以转译为“你们刚才在说什么样的蠢话”。

193 ὑποκατακλινόμενοι ὑμῖν αὐτοῖς［通过彼此讨好］，也可以译为“通过彼此献殷勤”“通过彼此让步”。ὑποκατακλινόμενοι 是动词 ὑποκατακλίνομαι 的现在时分词阳性主格复数，ὑποκατακλίνομαι 的本义是“躺在下面”，喻为“屈服”“让步”“讨好”“献殷勤”等；《牛津希-英词典》举了柏拉图在这里的这个表达，对它解释是：give way, submit, be complaisant。

194 εὐηθίζεσθε πρὸς ἀλλήλους［互相装疯卖傻］。动词 εὐηθίζομαι 的本义是“像一个心地单纯的人一样行动”“像一个头脑简单的人一样行动”，在这里喻为“装傻”“干蠢事”；《牛津希-英词典》举了柏拉图在这里的这个表达，对它解释是：play the fool。

195 ὡς ἀληθῶς 是固定表达，意思是“的的确确”“真正地”。

196 φιλοτιμοῦ ἐλέγχων［热衷于进行反驳］，也可以扩展性地译为“满心虚荣地渴望进行反驳”。φιλοτιμοῦ 是动词 φιλοτιμέομαι 的现在时命令式第二人称单数，φιλοτιμέομαι 的本义是“爱荣誉”，跟不定式或分词则指“渴望做……”“热衷于做……”；《牛津希-英词典》举了柏拉图在这里的这个表达，对它解释是：endeavour earnestly, aspire。

参见《斐德若》（232a1-6）：τοὺς μὲν ἐρῶντας, οὕτως ἂν οἰομένους καὶ ὑπὸ τῶν ἄλλων ζηλοῦσθαι ὥσπερ αὐτοὺς ὑφ' αὑτῶν, ἐπαρθῆναι τῷ λέγειν καὶ φιλοτιμουμένους ἐπιδείκνυσθαι πρὸς ἅπαντας ὅτι οὐκ ἄλλως αὐτοῖς πεπόνηται· τοὺς δὲ μὴ ἐρῶντας, κρείττους αὑτῶν ὄντας, τὸ βέλτιστον ἀντὶ τῆς δόξης τῆς παρὰ τῶν ἀνθρώπων αἱρεῖσθαι.［一方面，那些陷入爱中的人，由于他们相信他们同样会被其他人视为幸运，就像被他们自己视为幸运一样，于是他们就自吹自擂，并且满心虚荣地渴望向所有人显示他们并未徒劳地辛苦了一番；另一方面，那些没有陷入爱中的人，由于他们是能够控制住他们自己的，因而他们宁愿选择最好的，而不选择那种来自众人的名声。］

197 ῥᾶον ἐρωτᾶν ἢ ἀποκρίνεσθαι［提问要比回答更为容易些］。对观《泰阿泰德》（150c3–7）：ἐπεὶ τόδε γε καὶ ἐμοὶ ὑπάρχει ὅπερ ταῖς μαίαις· ἄγονός εἰμι σοφίας, καὶ ὅπερ ἤδη πολλοί μοι ὠνείδισαν, ὡς τοὺς μὲν ἄλλους ἐρωτῶ, αὐτὸς δὲ οὐδὲν ἀποφαίνομαι περὶ οὐδενὸς διὰ τὸ μηδὲν ἔχειν σοφόν, ἀληθὲς ὀνειδίζουσιν.［因为如产婆们所具有的一样，我其实也具有下面这点，即我是不能够生育智慧的；并且正如许多人已经责骂我的那样，我虽然盘问其他人，但自己由于没有任何智慧的东西而不能对任何事情进行揭示，他们责骂得对。不过这点的原因是这样，即神迫使我助产，但阻止我生育。］

198 μὴ μόνον ... ἀλλὰ καί 是一个整体，意思是“不仅……而且……”。

199 τὸ συμφέρον［利益］。动词 συμφέρω 的本义是“收集”“聚集”，作为不及物的无人称动词的意思则是“对……有利的”“对……恰当的”“对……有好处的”，其现在时中性分词 τὸ συμφέρον 的意思是“利益”“好处”；《牛津希-英词典》对它的解释是：use, profit, advantage。

200 这里的相关表达，可对观《克利托丰》（409b6–c3）：τῆς δὴ δικαιοσύνης ὡσαύτως τὸ μὲν δικαίους ἔστω ποιεῖν, καθάπερ ἐκεῖ τοὺς τεχνίτας ἑκάστους· τὸ δ᾽ ἕτερον, ὃ δύναται ποιεῖν ἡμῖν ἔργον ὁ δίκαιος, τί τοῦτό φαμεν; εἰπέ. Οὗτος μέν, ὡς οἶμαι, τὸ συμφέρον ἀπεκρίνατο, ἄλλος δὲ τὸ δέον, ἕτερος δὲ τὸ ὠφέλιμον, ὁ δὲ τὸ λυσιτελοῦν.［那么，就正义来说，以同样的方式姑且同意，一方面，它造就出一些正义的人，就像在其他每一门技艺那儿都造就出各自有技艺的人一样；另一方面，就另外那个东西，即正义的人能够为我们造就的业绩，我们说这种东西是什么呢？请告诉我！于是这个人，就像我认为的那样，回答说是利益，另一个人说是应当做的事情，也有人说是益处，还有人说是有利可图的东西。］

201 ἐὰν ὕθλους τοιούτους λέγῃς［如果你说出这样一些陈词滥调的话］，也可以简单译为“如果你这样闲扯的话”。参见《泰阿泰德》（176b7–8）：ταῦτα μὲν γάρ ἐστιν ὁ λεγόμενος γραῶν ὕθλος, ὡς ἐμοὶ φαίνεται.［这些其实只是所谓的老太婆们的闲扯，如对我显得的那样。］

202 μοι δοκῶ［我认为］是一个整体，字面意思是“我对我自己显得”。

203 根据古代的民间传说，当人和狼相遇时，如果是狼先看到人，那么人就会变哑，说不出话来。

204 μὴ χαλεπὸς ἡμῖν ἴσθι［请你不要对我们那么严苛］和 εὖ ἴσθι［你得清楚］，这两句话中出现的 ἴσθι，意思不一样。前一句话中的 ἴσθι，是动词 εἰμί［是］的现在时命令式主动态第二人称单数；后一句话中的 ἴσθι，是动词 οἶδα［知道 / 看］完成时命令式主动态第二人称单数。

205 γὰρ δή［显然］是词组，《牛津希–英词典》对之的解释是：for manifestly。参见：

《斐德若》（227c5–8）：γέγραφε γὰρ δὴ ὁ Λυσίας πειρώμενόν τινα τῶν καλῶν, οὐχ ὑπ' ἐραστοῦ δέ, ἀλλ' αὐτὸ δὴ τοῦτο καὶ κεκόμψευται· λέγει γὰρ ὡς χαριστέον μὴ ἐρῶντι μᾶλλον ἢ ἐρῶντι.［显然，吕西阿斯已经描绘了一位俊美的年轻人该如何被引诱，但又不是被他的一位爱慕者所引诱，而正是这点，恰恰已经被精心构思了；因为他说，一个人必须使之满意的，是那不爱他的人，而不是那爱他的人。］

《卡尔米德斯》（160b9）：δυοῖν γὰρ δὴ τὰ ἕτερα.［显然，下面两种情形必居其一。］

《弥诺斯》（313a4–5）：σκόπει γὰρ δὴ ὃ τυγχάνω ἐρωτῶν σε.［你显然得考虑一下我恰好要问你的。］

206 οὐκ ἄν ποτε 的本义是“从不会”，但鉴于前面的句子 μὴ ... οἴου［请你不要认为］已经表达了否定，故将之转译为“总是会”。

207 ἔπειθ' 即 ἔπειτα；副词 ἔπειτα 常用于表达顺序，本义是“然后”“于是”；但在这里基于上下文，当译为“然而”。

208 ὅτι μάλιστα［竭尽所能地 / 尽可能地］是一个整体和固定表达；ὅτι 加形容词或副词的最高级，用来加强语气，表“尽可能地……”，如 ὅτι τάχιστα［尽可能快地］。

209 οἴου γε σύ［请你一定要相信〈这点〉］，即相信我们会 σπουδάζειν ὅτι μάλιστα φανῆναι αὐτό［竭尽所能地去认认真真揭示它］。

210 πολὺ μᾶλλον 是词组，等于 ἔτι μᾶλλον，意思是“更加地”“更多地”“愈发”。

211 ἐλεεῖσθαι ... ἡμᾶς ... ὑπὸ ὑμῶν τῶν δεινῶν［我们被你们这些很厉害的人所同情］。形容词 δεινός 既具有“可怕的”“可怖的”意思，也有“聪明的”“高明的”“强有力的”等意思；这里偏中性地将之译为“很厉害的”。ἐλεεῖσθαι 是动词 ἐλεέω［怜悯 / 同情］的现在时不定式被动态；参见《苏格拉底的申辩》（34b7–c7）：τάχα δ' ἄν τις ὑμῶν ἀγανακτήσειεν ἀναμνησθεὶς ἑαυτοῦ, εἰ ὁ μὲν καὶ ἐλάττω τουτουῒ τοῦ ἀγῶνος ἀγῶνα ἀγωνιζόμενος ἐδεήθη τε καὶ ἱκέτευσε τοὺς δικαστὰς μετὰ πολλῶν δακρύων, παιδία τε αὑτοῦ ἀναβιβασάμενος ἵνα ὅτι μάλιστα ἐλεηθείη, καὶ ἄλλους τῶν οἰκείων καὶ φίλων πολλούς, ἐγὼ δὲ οὐδὲν ἄρα τούτων ποιήσω, καὶ ταῦτα κινδυνεύων, ὡς ἂν δόξαιμι, τὸν ἔσχατον κίνδυνον.［但也许你们中有人当忆及自己的事情时会感到恼怒，如果他在打一场比这官司要小的官司时曾请求并眼泪滂沱地哀恳陪审员们，并把自己的一些孩子带来，以便尽可能地博取同情，还带上其他的家庭成员和众多的朋友，而我却决不会做这类事情，即使我看起来正冒着最严重的危险。］

212 χαλεπαίνεσθαι［被严苛地对待］。χαλεπαίνεσθαι 在这里是动词 χαλεπαίνω 的现在时不定式被动态，χαλεπαίνω 的本义是“动怒”“生气”，但其被动态的意思则是“被严苛地对待”“被粗暴地对待”；《牛津希-英词典》举了柏拉图在这里的这个表达，对它解释是：to be judged or treated harshly。

213 赫拉克勒斯（Ἡρακλῆς, Heracles）是古希腊神话中最著名的英雄，他是宙斯同凡间女子阿尔克墨涅（Ἀλκμήνη, Alkmene）所生的孩子。

214 ἡ εἰωθυῖα εἰρωνεία［惯常的假装无知］。名词 εἰρωνεία［假装无知］和下文 337a6 那里的动词 εἰρωνεύομαι［假装无知］，均派生自名词 εἴρων［假装无知的人 / 假装糊涂的人 / 口是心非的人］，而 εἴρων 则派生自动词 εἴρω［说］。

215 对观《泰阿泰德》（150b6–d2）：Τῇ δέ γ' ἐμῇ τέχνῃ τῆς μαιεύσεως τὰ μὲν ἄλλα ὑπάρχει ὅσα ἐκείναις, διαφέρει δὲ τῷ τε ἄνδρας ἀλλὰ μὴ γυναῖκας μαιεύεσθαι καὶ τῷ τὰς ψυχὰς αὐτῶν τικτούσας ἐπισκοπεῖν ἀλλὰ μὴ τὰ σώματα. μέγιστον δὲ τοῦτ' ἔνι τῇ ἡμετέρᾳ τέχνῃ, βασανίζειν δυνατὸν εἶναι παντὶ τρόπῳ πότερον εἴδωλον καὶ ψεῦδος ἀποτίκτει τοῦ νέου ἡ διάνοια ἢ γόνιμόν τε καὶ ἀληθές. ἐπεὶ τόδε γε καὶ ἐμοὶ ὑπάρχει ὅπερ ταῖς μαίαις· ἄγονός εἰμι σοφίας, καὶ ὅπερ ἤδη πολλοί μοι ὠνείδισαν, ὡς τοὺς μὲν ἄλλους ἐρωτῶ, αὐτὸς δὲ οὐδὲν ἀποφαίνομαι περὶ οὐδενὸς διὰ τὸ μηδὲν ἔχειν σοφόν, ἀληθὲς ὀνειδίζουσιν. τὸ δὲ αἴτιον τούτου τόδε· μαιεύεσθαί με ὁ θεὸς ἀναγκάζει, γεννᾶν δὲ ἀπεκώλυσεν. εἰμὶ δὴ οὖν αὐτὸς μὲν οὐ πάνυ τι σοφός, οὐδέ τί μοι ἔστιν εὕρημα τοιοῦτον γεγονὸς τῆς ἐμῆς ψυχῆς ἔκγονον.［但我的助产技艺在其他方面同那些产婆们的都一样，不同之处仅在于，一则为男人们而不是为女人们助产，一则检查他们那进行生产的灵魂而不是身体。而在我们的技艺中最重要的是这点，即能够用一切办法来仔细检查年轻人的思想是在生产假象和错误呢，还是在生产硕果和真实。因为如产婆们所具有的一样，我其实也具有下面这点，即我是不能够生育智慧的；并且正如许多人已经责骂我的那样我虽然盘问其他人，但自己由于没有任何智慧的东西而不能对任何事情进行揭示，他们责骂得对。不过这点的原因是这样，即神迫使我助产，但阻止我生育。因此，我自己一点都不是智慧的，我也没有任何的发现已经生出来作为我灵魂的这种后裔。］

216 这显然是在进行讥讽。

217 ὦ ἄνθρωπε，直译当为“人啊”，这儿根据上下文将之译为“这位”。参见《苏格拉底的申辩》（28b3–9）：Ἴσως ἂν οὖν εἴποι τις· “ Εἶτ' οὐκ αἰσχύνῃ, ὦ Σώκρατες, τοιοῦτον ἐπιτήδευμα ἐπιτηδεύσας ἐξ οὗ κινδυνεύεις νυνὶ ἀποθανεῖν; ” ἐγὼ δὲ τούτῳ ἂν δίκαιον λόγον ἀντείποιμι, ὅτι “ Οὐ καλῶς λέγεις, ὦ ἄνθρωπε, εἰ οἴει δεῖν κίνδυνον ὑπολογίζεσθαι τοῦ ζῆν ἢ τεθνάναι ἄνδρα ὅτου τι καὶ σμικρὸν

ὄφελός ἐστιν, ἀλλ’ οὐκ ἐκεῖνο μόνον σκοπεῖν ὅταν πράττῃ, πότερον δίκαια ἢ ἄδικα πράττει, καὶ ἀνδρὸς ἀγαθοῦ ἔργα ἢ κακοῦ.”［于是，或许有人会说：“苏格拉底啊，你一心从事这种事业，由之现在面临死亡的危险，你居然不对此感到羞耻吗？”但我会义正词严地反驳这人说：“这位，你说得真不好，如果你认为任何哪怕有丁点用处的人都应计算生死的危险，而不是每当他做事的时候都应仅仅考虑下面这点，即他在做一些正当的事呢，还是在做一些不正当的事，以及是一个好人的作为呢，还是一个坏人的作为。”］

218 Ὅπως μοι ... μὴ ἐρεῖς ὅτι［无论怎样你都不要对我说下面这些］，这是对336c6那里特刺绪马科斯自己曾说过的话 ὅπως μοι μὴ ἐρεῖς ὅτι［无论怎样你都不要对我说下面这些］的有意模仿和重复，表达一种讽刺。

219 ὡς δὴ ὅμοιον τοῦτο ἐκείνῳ.［这件事与那件事竟然是何等地相似！］这是一种讽刺，暗含的意思是两者毫无相似之处。ὡς δή 在这里是一个整体和固定用法，表达讽刺，故将之译为“竟然何等地”。τοῦτο［这件事］指的是这里337b1以下苏格拉底所说的内容 Ὅπως μοι, ὦ ἄνθρωπε, μὴ ἐρεῖς ὅτι［无论怎样你都不要对我，这位，说下面这些］，而 ἐκείνῳ［那件事］指的是前面336c6以下特刺绪马科斯所说的内容 ὅπως μοι μὴ ἐρεῖς ὅτι［无论怎样你都不要对我说下面这些］。

220 τοιοῦτον［如此这般的东西］，即前面提到的 τούτων τι［其中的某个 / 这些中的某个］，也即十二是两倍的六，或者三倍的四，或者六倍的二，或者四倍的三，等等。

221 ἧττόν τι［较少地 / 不那么］是一个整体，做副词使用。参见《泰阿泰德》（148c1–4）：Τί δέ; εἴ σε πρὸς δρόμον ἐπαινῶν μηδενὶ οὕτω δρομικῷ ἔφη τῶν νέων ἐντετυχηκέναι, εἶτα διαθέων τοῦ ἀκμάζοντος καὶ ταχίστου ἡττήθης, ἧττόν τι ἂν οἴει ἀληθῆ τόνδ’ ἐπαινέσαι;［怎么回事？如果他就奔跑赞扬你而说，他在年轻人中未曾遇见任何如此擅于奔跑的，后来在赛跑时你却败给了那正处于巅峰时期且最快速的人，那么，你会认为这个人其实不那么赞扬你吗？］

222 ἄλλο τι 即 ἄλλο τι ἤ，引导疑问句，相当于拉丁文的 numquid alius quam 或 nonne［是不是 / 对不对］；如果在肯定句中则表“无疑”。参见《泰阿泰德》（159c4–6）：Ἕκαστον δὴ τῶν πεφυκότων τι ποιεῖν, ἄλλο τι, ὅταν μὲν λάβῃ ὑγιαίνοντα Σωκράτη, ὡς ἑτέρῳ μοι χρήσεται, ὅταν δὲ ἀσθενοῦντα, ὡς ἑτέρῳ;［那些生来就是施动者中的每个，是不是每当它遇见了健康的苏格拉底，它将把我当一种人对待，而每当它遇见了正在生病的苏格拉底，它将把我当另一种人对待？］

223 τί ἀξιοῖς παθεῖν;［你认为〈你〉适合遭受什么〈惩罚〉？］也可以简单译为

“你应遭受什么？”参见：

《苏格拉底的申辩》(36b3–5)：Τιμᾶται δ’ οὖν μοι ὁ ἀνὴρ θανάτου. εἶεν· ἐγὼ δὲ δὴ τίνος ὑμῖν ἀντιτιμήσομαι, ὦ ἄνδρες Ἀθηναῖοι; ἢ δῆλον ὅτι τῆς ἀξίας; τί οὖν; τί ἄξιός εἰμι παθεῖν ἢ ἀποτεῖσαι;［但这人却提出判我死刑。好吧，诸位雅典人啊，但我究竟应向你们提出什么相反的量刑呢？莫非显然是我的应得之份？那它是什么？我应遭受或付出什么？］

224 动词 προσήκω 的本义是“来到”“接近”，常作无人称动词使用，意思则是“关系到”“适合于”，并往往同表人的与格连用，所以这里出现了单数与格 τῷ μὴ εἰδότι［无知者］；其分词所形成的形容词 προσήκων, ουσα, ον，则指“适合的”“合适的”“相称的”。

225 形容词 ἡδύς 的本义是“美妙的”“愉快的”，但用于讽刺时，如形容词 εὐήθης［心地单纯的 / 善良的］一样，指“天真的”“头脑简单的”“愚蠢的”；《牛津希–英词典》对它的这一用法的解释是：innocent, simple。

226 ἐπειδάν μοι γένηται［当我有它的时候］，这是意译，字面意思是“当它对我产生出来的时候”。关于苏格拉底的贫穷，可参见《苏格拉底的申辩》(23b4–c1)：ταῦτ’ οὖν ἐγὼ μὲν ἔτι καὶ νῦν περιιὼν ζητῶ καὶ ἐρευνῶ κατὰ τὸν θεὸν καὶ τῶν ἀστῶν καὶ ξένων ἄν τινα οἴωμαι σοφὸν εἶναι· καὶ ἐπειδάν μοι μὴ δοκῇ, τῷ θεῷ βοηθῶν ἐνδείκνυμαι ὅτι οὐκ ἔστι σοφός. καὶ ὑπὸ ταύτης τῆς ἀσχολίας οὔτε τι τῶν τῆς πόλεως πρᾶξαί μοι σχολὴ γέγονεν ἄξιον λόγου οὔτε τῶν οἰκείων, ἀλλ’ ἐν πενίᾳ μυρίᾳ εἰμὶ διὰ τὴν τοῦ θεοῦ λατρείαν.［这就是为何我至今还在按照神的旨意通过四处溜达来在市民和外邦人中间寻求和追查，如果我认为其中某个人是智慧的话；并且每当那人在我看来不是智慧的时候，我就帮助神证明他不是智慧的。并且由于这种忙碌，无论是就城邦的那些事情，还是就家里的那些事情，我都无暇去从事其中任何一件值得一说的，而我却由于对神的侍奉处于极度的贫穷中。］

227 对观《苏格拉底的申辩》(38b1–9)：εἰ μὲν γὰρ ἦν μοι χρήματα, ἐτιμησάμην ἂν χρημάτων ὅσα ἔμελλον ἐκτείσειν, οὐδὲν γὰρ ἂν ἐβλάβην· νῦν δὲ οὐ γὰρ ἔστιν, εἰ μὴ ἄρα ὅσον ἂν ἐγὼ δυναίμην ἐκτεῖσαι, τοσούτου βούλεσθέ μοι τιμῆσαι. ἴσως δ’ ἂν δυναίμην ἐκτεῖσαι ὑμῖν που μνᾶν ἀργυρίου· τοσούτου οὖν τιμῶμαι. Πλάτων δὲ ὅδε, ὦ ἄνδρες Ἀθηναῖοι, καὶ Κρίτων καὶ Κριτόβουλος καὶ Ἀπολλόδωρος κελεύουσί με τριάκοντα μνῶν τιμήσασθαι, αὐτοὶ δ’ ἐγγυᾶσθαι· τιμῶμαι οὖν τοσούτου, ἐγγυηταὶ δὲ ὑμῖν ἔσονται τοῦ ἀργυρίου οὗτοι ἀξιόχρεῳ.［如果我确实有钱，那么我就会提出我有能力付清的那么多作为惩罚；因为我并不会为此而受到任何伤害；但现在我确实没有钱，除非我有能力付清多少，你们

就把多少提出来作为我应受的惩罚。或许我能够向你们付清大略一个银钱的米那：我提出应受惩罚的就这么多。诸位雅典人啊，这位柏拉图、克里同、克里托布洛斯和阿波罗多洛斯劝说我提出三十个米那作为应受的惩罚，而他们自己进行担保。那么我就提出这么多作为应受的惩罚，而这几位也将是这银子的值得你们信赖的担保人。]

《克里同》（45a6–b5）：Μήτε τοίνυν ταῦτα φοβοῦ – καὶ γὰρ οὐδὲ πολὺ τἀργύριόν ἐστιν ὃ θέλουσι λαβόντες τινὲς σῶσαί σε καὶ ἐξαγαγεῖν ἐνθένδε. ἔπειτα οὐχ ὁρᾷς τούτους τοὺς συκοφάντας ὡς εὐτελεῖς, καὶ οὐδὲν ἂν δέοι ἐπ' αὐτοὺς πολλοῦ ἀργυρίου; σοὶ δὲ ὑπάρχει μὲν τὰ ἐμὰ χρήματα, ὡς ἐγὼ οἶμαι, ἱκανά· ἔπειτα καὶ εἴ τι ἐμοῦ κηδόμενος οὐκ οἴει δεῖν ἀναλίσκειν τἀμά, ξένοι οὗτοι ἐνθάδε ἕτοιμοι ἀναλίσκειν· εἷς δὲ καὶ κεκόμικεν ἐπ' αὐτὸ τοῦτο ἀργύριον ἱκανόν, Σιμμίας ὁ Θηβαῖος, ἕτοιμος δὲ καὶ Κέβης καὶ ἄλλοι πολλοὶ πάνυ. [那么就请你不要担心这些；并且事实上一些愿意救你并把你从这儿弄出去的人为之要拿出的银子并不多。此外，难道你没有看到那些告密者是多么的廉价，并且为了打发他们根本就不会需要许多的银子？而我的钱都归你支配，我认为足够了；再说，如果你因对我有所关心而不认为我应耗费我的钱，那么这里的这些外邦人也准备好了花钱。并且其中一位就为此已经带来了足够的银子，他是忒拜人西米阿斯；而刻贝斯以及其他很多人也准备好了银子。]

228 ἀπειρημένον ... εἴη [已经被禁止] 是一个整体。法国布德本希腊文认为 εἴη 有可能是窜入，不从；新校勘的牛津古典本希腊文仍保留了该词。ἀπειρημένον 是动词 ἀπερῶ [禁止 / 拒绝] 的完成时分词被动态阳性主格单数；εἰμί 的各种形式与动词的完成时分词连用，构成一种委婉或迂回的表达。参见：

《卡尔米德斯》（153d3–5）：περί τε τῶν νέων, εἴ τινες ἐν αὐτοῖς διαφέροντες ἢ σοφίᾳ ἢ κάλλει ἢ ἀμφοτέροις ἐγγεγονότες εἶεν. [关于年轻人，是否在他们中间已经出现了一些人，他们或者凭借智慧，或者由于俊美，或者在这两方面都出类拔萃。]

《拉刻斯》（185b3–4）：ἆρ' οὐχ ὁ μαθὼν καὶ ἐπιτηδεύσας, ᾧ καὶ διδάσκαλοι ἀγαθοὶ γεγονότες ἦσαν αὐτοῦ τούτου; [难得不是已经学习并从事过它，并且恰恰在这方面的一些优秀者已经成为了其老师的那个人吗？]

《斐德若》（262d2–5）：καὶ ἔγωγε, ὦ Φαῖδρε, αἰτιῶμαι τοὺς ἐντοπίους θεούς· ἴσως δὲ καὶ οἱ τῶν Μουσῶν προφῆται οἱ ὑπὲρ κεφαλῆς ᾠδοὶ ἐπιπεπνευκότες ἂν ἡμῖν εἶεν τοῦτο τὸ γέρας. [至于我，斐德若啊，我肯定会将之归因于本地的一些神；但也许还有缪斯们的一些代言人——即头顶上的那些歌唱者——，它们或许已经把这奖品吹拂给了我们。]

《政治家》(257a6-8):οὕτω τοῦτο, ὦ φίλε Θεόδωρε, φήσομεν ἀκηκοότες εἶναι τοῦ περὶ λογισμοὺς καὶ τὰ γεωμετρικὰ κρατίστου;[那么，亲爱的忒俄多洛斯，我们会说我们已经如此这般地从在各种计算方面和在几何学的各种事情方面最卓越的人那儿听说了这点吗？]

《菲勒玻斯》(66c9-10):ἀτὰρ κινδυνεύει καὶ ὁ ἡμέτερος λόγος ἐν ἕκτῃ καταπεπαυμένος εἶναι κρίσει.[然而，这点也是有可能的，即我们的谈话已经结束在了第六个剖判那里。]

229 ὑπ' ἀνδρὸς οὐ φαύλου[被一位不平凡的人]，这句话同337a1那里的ὑπὸ ὑμῶν τῶν δεινῶν[被你们这些很厉害的人]和337a8那里的Σοφὸς γὰρ εἶ[那是因为你是一个智慧的人]一样，是在进行讽刺。

230 ἔχειν εἰπεῖν[有能力讲]是一个整体，也可以译为“能够讲”“能够说”。动词ἔχω跟不定式，表“能够……”“有能力……”。

231 μὴ ἄλλως ποίει[你不要拒绝]。ποίει在这里是动词ποιέω的现在时命令式主动态第二人称单数，这句话的字面意思是“请你不要做别的”，但作为口语，意思是“请不要拒绝”“请不要说不”。参见前面328b1那里的相关注释。

232 ἐμοί ... χαρίζου[使我感到满意]。χαρίζου在这里是动词χαρίζομαι[使……满意/讨……喜欢]的现在时命令式第二人称单数，该动态要求与格作宾语，所以这里出现的是与格单数ἐμοί[我]。

233 ἐδέοντο αὐτοῦ[恳求他]。异态动词δέομαι[恳求/恳请]要求属格，所以这里出现的是单数属格αὐτοῦ[他]。

234 φιλονικεῖν πρὸς τὸ ἐμὲ εἶναι τὸν ἀποκρινόμενον[渴望我是那进行回答的人]。φιλονικεῖν是动词φιλονικέω的现在时不定式主动态，φιλονικέω的字面意思是“热爱胜利”，喻为“喜欢竞争”“争胜”，但在这里的意思是“渴望……”;《牛津希-英词典》举了柏拉图在这里的这个表达，对这句话的解释是：to be eager that I should be the answerer。

参见《菲勒玻斯》(14b5-7):νῦν γὰρ οὐ δήπου πρός γε αὐτὸ τοῦτο φιλονικοῦμεν, ὅπως ἁγὼ τίθεμαι, ταῦτ' ἔσται τὰ νικῶντα, ἢ ταῦθ' ἃ σύ, τῷ δ' ἀληθεστάτῳ δεῖ που συμμαχεῖν ἡμᾶς ἄμφω.[因为，现在无疑不是为了这点我们要一争高下，即究竟是我所假设的这种东西，还是你所假设那种东西，将是得胜者，而是为了那最真的东西，我俩才无论如何都应该并肩作战。]

235 τελευτῶν是动词τελευτάω[完成/结束]的现在时分词，作副词使用，意思是“最后”“最终”。《牛津希-英词典》对它的解释是：at the end, at last。参见：

《苏格拉底的申辩》(22c9)：Τελευτῶν οὖν ἐπὶ τοὺς χειροτέχνας ᾖα.［于是，最后我前往了一些手艺人那儿。］

《伊翁》(541e6-542a1)：ἀλλὰ ἀτεχνῶς ὥσπερ ὁ Πρωτεὺς παντοδαπὸς γίγνῃ στρεφόμενος ἄνω καὶ κάτω, ἕως τελευτῶν διαφυγών με στρατηγὸς ἀνεφάνης, ἵνα μὴ ἐπιδείξῃς ὡς δεινὸς εἶ τὴν περὶ Ὁμήρου σοφίαν.［而你完全就像普洛透斯，通过来来回回地兜圈子而变成五花八门的样子，直到最终你通过表现成一位将军来逃避我，为了不展示在关于荷马的智慧方面你是多么的高明。］

236 对观前面 337a4 那里的表达：αὕτη 'κείνη ἡ εἰωθυῖα εἰρωνεία Σωκράτους［这就是苏格拉底的那种惯常的假装无知］。

237 τούτων μηδὲ χάριν ἀποδιδόναι［对此无任何感激之情］，字面意思是"对此不献上感激"。τούτων 在这里是中性属格复数，既可以理解为"他从其他人那里所学到的东西"，也可以理解为"从其他人那里进行学习这件事"。

238 αὐτίκα δὴ μάλα［例如现在］是一个整体和固定表达，《牛津希-英词典》对它的解释是：for example now。副词 αὐτίκα 在这里的意思是"例如""譬如说"，而不是"立即""立刻"。参见：

《拉刻斯》(195b2-5)：Πάνυ μὲν οὖν, ὦ Νικία, καὶ πειράσομαί γε ἀποφῆναι· οὐδὲν γὰρ λέγεις. ἐπεὶ αὐτίκα ἐν ταῖς νόσοις οὐχ οἱ ἰατροὶ τὰ δεινὰ ἐπίστανται; ἢ οἱ ἀνδρεῖοι δοκοῦσί σοι ἐπίστασθαι; ἢ τοὺς ἰατροὺς σὺ ἀνδρείους καλεῖς;［完全如此，尼基阿斯啊，并且我也肯定将尝试显明这点；因为你的确在胡说八道。因为——例如在各种疾病那里——，难道医生们不知道那些可怕的事情吗？或者，在你看来，那些勇敢的人知道这点？或者，你把医生们称作勇敢的？］

《斐德若》(235e5-236a2)：αὐτίκα περὶ οὗ ὁ λόγος, τίνα οἴει λέγοντα ὡς χρὴ μὴ ἐρῶντι μᾶλλον ἢ ἐρῶντι χαρίζεσθαι, παρέντα τοῦ μὲν τὸ φρόνιμον ἐγκωμιάζειν, τοῦ δὲ τὸ ἄφρον ψέγειν, ἀναγκαῖα γοῦν ὄντα, εἶτ' ἄλλ' ἄττα ἕξειν λέγειν;［例如，就这篇讲辞所涉及的而言，谁，你认为，如果他主张一个人必须使之满意的，是那没有爱上他的人，而不是那爱上他的人，那么，当他忽略一方面赞许前者的明智，一方面指责后者的愚蠢之后——因为这两者无论如何都是必不可少的——，他接下来还能够说一些别的什么？］

《弥诺斯》(315b6-c2)：Ἀλλὰ τοῦτό γε, ὦ Σώκρατες, οὐ χαλεπὸν γνῶναι, ὅτι οὔτε οἱ αὐτοὶ ἀεὶ τοῖς αὐτοῖς νόμοις χρῶνται ἄλλοι τε ἄλλοις. ἐπεὶ αὐτίκα ἡμῖν μὲν οὐ νόμος ἐστὶν ἀνθρώπους θύειν ἀλλ' ἀνόσιον, Καρχηδόνιοι δὲ θύουσιν ὡς ὅσιον ὂν καὶ νόμιμον αὐτοῖς, καὶ ταῦτα ἔνιοι αὐτῶν καὶ τοὺς αὑτῶν ὑεῖς τῷ Κρόνῳ, ὡς ἴσως καὶ σὺ ἀκήκοας.［而这无论如何都，苏格拉底啊，不难加以

认识，那就是：不仅同一些人不会总是使用同样的法，而且不同人的会使用不同的法。因为，例如，一方面，在我们这儿，不仅没有任何一条法允许用人来献祭，而且它还是不虔敬的；另一方面，迦太基人则用人来献祭，因为在他们那里，这既是虔敬的，也是合法的，何况他们中的一些人甚至还用他们自己的儿子向克洛诺斯献祭，就像或许你也已经听说过的那样。]

239 浦吕达马斯（Πουλυδάμας, Polydamas），著名运动员，在公元前 408 年的奥林匹亚运动会上夺得冠军。

240 ὁ παγκρατιαστός［这位格斗士］。παγκρατιάζω［格斗］是当时的一种摔跤和拳击相结合的比赛形式。

241 关于这三种城邦体制，可参见《政治家》（291d1–292a4）：{ΞΕ.} Ἆρ' οὐ μοναρχία τῶν πολιτικῶν ἡμῖν ἀρχῶν ἐστι μία; {ΝΕ. ΣΩ.} Ναί. {ΞΕ.} Καὶ μετὰ μοναρχίαν εἴποι τις ἂν οἶμαι τὴν ὑπὸ τῶν ὀλίγων δυναστείαν. {ΝΕ. ΣΩ.} Πῶς δ' οὔ; {ΞΕ.} Τρίτον δὲ σχῆμα πολιτείας οὐχ ἡ τοῦ πλήθους ἀρχή, δημοκρατία τοὔνομα κληθεῖσα; {ΝΕ. ΣΩ.} Καὶ πάνυ γε. {ΞΕ.} Τρεῖς δ' οὖσαι μῶν οὐ πέντε τρόπον τινὰ γίγνονται, δύ' ἐξ ἑαυτῶν ἄλλα πρὸς αὑταῖς ὀνόματα τίκτουσαι; {ΝΕ. ΣΩ.} Ποῖα δή; {ΞΕ.} Πρὸς τὸ βίαιόν που καὶ ἑκούσιον ἀποσκοποῦντες νῦν καὶ πενίαν καὶ πλοῦτον καὶ νόμον καὶ ἀνομίαν ἐν αὐταῖς γιγνόμενα διπλῆν ἑκατέραν τοῖν δυοῖν διαιροῦντες μοναρχίαν μὲν προσαγορεύουσιν ὡς δύο παρεχομένην εἴδη δυοῖν ὀνόμασι, τυραννίδι, τὸ δὲ βασιλικῇ. {ΝΕ. ΣΩ.} Τί μήν; {ΞΕ.} Τὴν δὲ ὑπ' ὀλίγων γε ἑκάστοτε κρατηθεῖσαν πόλιν ἀριστοκρατίᾳ καὶ ὀλιγαρχίᾳ. {ΝΕ. ΣΩ.} Καὶ πάνυ γε. {ΞΕ.} Δημοκρατίας γε μήν, ἐάντ' οὖν βιαίως ἐάντε ἑκουσίως τῶν τὰς οὐσίας ἐχόντων τὸ πλῆθος ἄρχῃ, καὶ ἐάντε τοὺς νόμους ἀκριβῶς φυλάττον ἐάντε μή, πάντως τοὔνομα οὐδεὶς αὐτῆς εἴωθε μεταλλάττειν. {ΝΕ. ΣΩ.} Ἀληθῆ.［客人：难道一人统治对我们来说不是诸城邦统治中的一种吗？年轻的苏格拉底：是一种。客人：并且在一人统治之后，我认为，有人会说到被少数人所执掌的权力。年轻的苏格拉底：为何不呢？客人：而政制的第三种形态岂不是大多数人的统治，它被用民主政制这个名字来称呼？年轻的苏格拉底：完全如此。客人：不过尽管它们是三个，岂不以某种方式成为了五个，当它们从它们自己那儿生出了在它们自己之外的两个其他的名字时？年轻的苏格拉底：究竟是哪些？客人：那些现在无论如何都盯住暴力和自愿、贫穷和富裕、守法和不守法不放的人——当这些在它们当中发生时——，他们通过把其中两个中的每一个都分成两种：一方面，把一人统治，由于它提供出了两种形式，用两个名字来进行称呼，一则为僭主政制，一则为王制。年轻的苏格拉底：为何不呢？客人：另一方面，那在任何时

候都肯定被少数人所控制的城邦，他们用贵族政制和寡头政制这两个名字来进行称呼。年轻的苏格拉底：全然如此。客人：至于民主政制，无论多数人是暴力地还是征得同意地统治那些拥有财产的人，也无论他们严格地捍卫法律还是不，在任何情况下都没有任何人曾习惯过改变它的名字。年轻的苏格拉底：说得对。]

（302d1-5）：Ἐκ μὲν τῆς μοναρχίας βασιλικὴν καὶ τυραννικήν, ἐκ δ' αὖ τῶν μὴ πολλῶν τήν τε εὐώνυμον ἔφαμεν [εἶναι] ἀριστοκρατίαν καὶ ὀλιγαρχίαν· ἐκ δ' αὖ τῶν πολλῶν τότε μὲν ἁπλῆν ἐπονομάζοντες ἐτίθεμεν δημοκρατίαν, νῦν δ' αὖ καὶ ταύτην ἡμῖν θετέον ἐστὶ διπλῆν.［从一人统治中分出王者的统治和僭主的统治，而复又从非多数人的统治中分出贵族政制——我们向来说它是一种好名字——，和寡头政制；再度从多数人的统治中，我们虽然曾通过将之称作单一的而把它确定为民主政制，但我们现在复又必须把它确定为也是双重的。］

242 τοῦτο κρατεῖ［这一方占上风］。动词 κρατέω 的本义是“变强大”，转义为“统治”“主宰”“征服”“占上风”等，这里为了同后面的动词 ἄρχω［统治］相区分，将之译为“占上风”。

243 τὸ σφίσι συμφέρον［他们的利益］，也可以译为“对他们来说有利的”。σφισιν 是 σφεῖς 的复数与格。该词是人称代名词，表“他们”。

244 καίτοι ἔμοιγε ἀπηγόρευες ὅπως μὴ τοῦτο ἀποκρινοίμην［尽管你禁止我可以这样进行回答］，当然也可以译为“尽管你至少阻止了我，免得我可以这样进行回答”。ὅπως μή 是一个整体，本义是“以免”“免得”，但同 ἀπαγορεύω［禁止 / 阻止］这类动词连用时，无需再译出其否定的意思。

245 ταῦτ' ἔσται，即 ἔσται ταῦτα；它在这里是固定用法，也写作 ἔστι ταῦτα 或 ταῦτα。指示代词 οὗτος 的中性复数 ταῦτα 在这里作副词使用；ἔσται ταῦτα / ἔστι ταῦτα / ταῦτα 作为答复语，意思是“好的”“是的”“遵命”“照办”，例如：ταῦτ', ὦ δέσποτα.［好的，主人！］

246 οἱ ἄρχοντες ἐν ταῖς πόλεσιν ἑκάσταις［那些统治者在〈他们〉各自的城邦中］，也可以译为“在每一城邦中的那些统治者”。

247 οἴου［你必须认为］，之所以这么翻译，因为 οἴου 在这里是动词 οἴομαι［认为 / 相信］的现在时命令式第二人称单数。

248 Ἀλλ' οὐχ οὕτως ... ἐλέγετο［但他不是这样说的］，字面意思是“但它并非这样被说”。

249 οὐδὲν ... διαφέρει［不要紧］是词组，字面意思“没有什么不同”“没多大差别”。《牛津希-英词典》对它的解释是：it makes no odds。

250 οὕτως αὐτοῦ ἀποδεχώμεθα［让我们这样理解他］。ἀποδεχώμεθα 是动词 ἀποδέχομαι 的现在时虚拟式第一人称复数，ἀποδέχομαι 的本义是“接受”“认可”，转义为“理解”“领会”；《牛津希-英词典》举了柏拉图在这里的这个表达，对 οὕτως αὐτοῦ ἀποδεχώμεθα 的解释是：let us understand him thus。

251 τοῦτο ἦν ὃ ἐβούλου λέγειν τὸ δίκαιον［这就是你想就正义的事情所说的吗］，也可以译为“这就是你想说正义的事情向来所是的那种东西吗”。

252 整个这段话，新校勘的牛津古典本希腊文也如此，而法国布德本希腊文从 Καί μοι εἰπέ［并且请告诉我］开始提行分段。

253 ἥκιστά γε 是短语，意思是“肯定不”“根本不”“一点也不”；《牛津希-英词典》对它的解释是：not at all。

254 对观前面（338d3-4）：你的确是令人讨厌的，他说道，苏格拉底啊，并且你以这种方式接过〈我的〉说法，由之你就能够最严重地糟践它。

名词 συκοφάντης 由名词 σῦκον［无花果］和动词 φαίνω［揭露］构成，本义是向雅典当局揭发某人从阿提卡私运无花果出口的人，后来泛指告密者、诬告者，或靠告密进行勒索敲诈的人；这里基于文义将之译为“歪曲事实的人”。参见《克里同》（44e2-6）：ἆρά γε μὴ ἐμοῦ προμηθῇ καὶ τῶν ἄλλων ἐπιτηδείων μή, ἐὰν σὺ ἐνθένδε ἐξέλθῃς, οἱ συκοφάνται ἡμῖν πράγματα παρέχωσιν ὡς σὲ ἐνθένδε ἐκκλέψασιν, καὶ ἀναγκασθῶμεν ἢ καὶ πᾶσαν τὴν οὐσίαν ἀποβαλεῖν ἢ συχνὰ χρήματα, ἢ καὶ ἄλλο τι πρὸς τούτοις παθεῖν;［莫非你在预先担心我和其他那些挚友们，如果你从这儿离开了，一些告密者会给我们带来各种麻烦，因为我们暗中把你从这儿弄走，并且我们要么被迫失去全部产业，要么失去许多钱财，甚或在这些之外还要遭受其他某种东西？］

255 τῷ ῥήματι［在言辞上］，也可以扩展性地意译为“在日常语言的表达上”。参见《泰阿泰德》（166d8-e1）：τὸν δὲ λόγον αὖ μὴ τῷ ῥήματί μου δίωκε, ἀλλ' ὧδε ἔτι σαφέστερον μάθε τί λέγω.［但再次请你不要仅仅基于言辞而攻击我的说法，相反，你要像下面这样更加清楚地理解我在说什么。］

256 καθ' ὅσον τοῦτ' ἔστιν ὃ προσαγορεύομεν αὐτόν［就他〈真正〉是我们称他所是的那种东西而言］，也可以译为“在下面这个范围内，即他〈真正〉是我们称他是的那种东西”。καθ' ὅσον 等于 ἐς ὅσον 和 ἐφ' ὅσον，是固定表达，字面是“就其所能达到的程度”“在多大程度上”“在……范围内”。

257 δημιουργός［匠人 / 工匠］，由 δῆμος［民众］和 ἔργον［劳作］构成，意思是“为众人做工的人”。

258 ἐπιλειπούσης ... ἐπιστήμης［只有当知识短缺的时候］，也可以拟人化的译为“只有当知识抛弃了〈他〉”。ἐπιλειπούσης 在法国布德本希腊文中也如此，但在新校勘的牛津古典本希腊文中作 ἐπιλιπούσης；虽然意思一样，但从文法上看，ἐπιλειπούσης 是动词 ἐπιλείπω［留下 / 忽略 / 短缺］的现在时分词主动态阴性属格单数，而 ἐπιλιπούσης 则是其一次性过去时分词主动态阴性属格单数。从新校勘的牛津古典本希腊文。

259 ἐν ᾧ 即 ἐν χρόνῳ，意思是“在……时候”“当”。参见《苏格拉底的申辩》（39c1-3）：Τὸ δὲ δὴ μετὰ τοῦτο ἐπιθυμῶ ὑμῖν χρησμῳδῆσαι, ὦ καταψηφισάμενοί μου· καὶ γάρ εἰμι ἤδη ἐνταῦθα ἐν ᾧ μάλιστα ἄνθρωποι χρησμῳδοῦσιν, ὅταν μέλλωσιν ἀποθανεῖσθαι.［而就在这之后的事情，投票判我有罪的诸位啊，我愿意对你们进行预言；因为我已经是处于人们最为要做出预言的这个时候，即当他们就将死去的时候。］

260 即前面 339c3 那里的：无疑，他说道，他们甚至也是一些可能犯下某种错误的人。

261 见前面 339a 以下。

262 ἐξ ἐπιβουλῆς［图谋］是短语，也可以译为“奸诈地”“以奸诈的方式”；《牛津希-英词典》对它的解释是：by treachery, treacherously。

263 οὐδέν γέ σοι πλέον ἔσται［它无论如何对你也将没有任何用处］，也可以译为“它无论如何对你也将没有任何好处”。形容词 πλείων 的本义是“更多的”，但其中性 πλέον 往往同一些动词形成固定搭配，如 πλέον ἔχειν［占上风 / 得势］，πλέον ποιεῖν［有益于］；οὐδέν ... σοι πλέον ἔσται 的字面意思是“对你来说将没有任何更多的东西”，转义为“对你将没有什么用处”“对你将没有任何好处”。参见：《会饮》（217c3-4）：καὶ τί δεῖ λέγειν; οὐδὲν γάρ μοι πλέον ἦν.［该怎么说呢？其实我未曾取得任何进展。］

264 ὡς ἔπος εἰπεῖν［在通常的意义上］，这是意译，也可以译为“在差不多的意义上”。ὡς ἔπος εἰπεῖν 是固定表达，本义是“几乎可以说”，此外它还具有“总之一句话”“一言以蔽之”等意思。该表达相当于德语的 sozusagen；在拉丁语中，相应的表达是 paene dixerim［我几乎会说］，ut ita dicam［以至于我会这样说］。ὥς 同不定式连用，表达一种限制，除了 ὡς ἔπος εἰπεῖν［几乎可以说］之外，还有 ὡς μὲν ἐμοὶ δοκέειν［据我看来］等。

参见《苏格拉底的申辩》（22c9-d2）：Τελευτῶν οὖν ἐπὶ τοὺς χειροτέχνας ᾖα· ἐμαυτῷ γὰρ συνῄδη οὐδὲν ἐπισταμένῳ ὡς ἔπος εἰπεῖν, τούτους δέ γ᾽ ᾔδη ὅτι εὑρήσοιμι πολλὰ καὶ καλὰ ἐπισταμένους.［于是，最后我前往了一些手艺人那儿；因为我意识到我自己几乎可以说一无所知，但对于这些人我却非常清楚我会发现他们知道许多美好的东西。］（17a3-4）：καίτοι ἀληθές γε ὡς ἔπος εἰπεῖν οὐδὲν εἰρήκασιν.［然而，几乎可以说他们其实没有说任何真话。］

265 οὗ τὸ συμφέρον κρείττονος ὄντος δίκαιον ἔσται τῷ ἥττονι ποιεῖν.[既然他是更强者，做对他有利的事情对较弱者来说就将是正义的。]也可以译为：既然他的利益就是更强者的利益，实现它对较弱者来说就将是正义的。

266 οὐδέν σου παρίεμαι[我绝不求你放我一马]，也可以简单译为“我不求被你放过”，或者“我不会从你那里乞求任何东西”“我绝不乞求怜悯”。παρίεμαι在这里是动词παρίημι的现在时直陈式中动态第一人称单数，παρίημι的本义是“放弃”“容许”，但其中动态的意思则是“乞求怜悯”“乞求宽恕”。《牛津希-英词典》举了柏拉图在这里的这个表达，对这句话的解释是：I ask no quarter。

267 συκοφαντεῖν Θρασύμαχον[在特剌绪马科斯面前歪曲事实]，单就这句话，当然可以简单译为“诬陷特剌绪马科斯”。

268 οὐδὲν ὢν καὶ ταῦτα[即使你什么也不是]，也可以转译为“即使你是毫无价值的”“即使你根本一无所成”。

καὶ ταῦτα[即使]在这里是固定表达，《牛津希-英词典》对之的解释是“增添一种情况来强化前面所说的内容”，等于英文中的“and that”，该表达翻译成中文的意思很丰富，具有“即使”“尤其”“犹有进者”“还有”“何况”等意思。参见：

《苏格拉底的申辩》(34c5-7)：ἐγὼ δὲ οὐδὲν ἄρα τούτων ποιήσω, καὶ ταῦτα κινδυνεύων, ὡς ἂν δόξαιμι, τὸν ἔσχατον κίνδυνον.[而我却决不会做这类事情，即使我看起来正冒着最严重的危险。]

《斐洞》(99a7-b2)：ὡς μέντοι διὰ ταῦτα ποιῶ ἃ ποιῶ, καὶ ταῦτα νῷ πράττων, ἀλλ' οὐ τῇ τοῦ βελτίστου αἱρέσει, πολλὴ ἂν καὶ μακρὰ ῥᾳθυμία εἴη τοῦ λόγου.[然而，说由于这些，而不是由于对最好的东西的选择——即使我凭借理智在行动——，我才做我所做的，那这也会是一种完完全全不负责任的说法。]

《斐德若》(241e1-2)：Οὐκ ᾔσθου, ὦ μακάριε, ὅτι ἤδη ἔπη φθέγγομαι ἀλλ' οὐκέτι διθυράμβους, καὶ ταῦτα ψέγων;[难道你竟然没有觉察到，有福的人啊，我刚才已经在吟唱史诗，而不再只是酒神颂了吗，即使我在进行谴责？]

《菲勒玻斯》(65e9-66a3)：Ἡδονὰς δέ γέ που, καὶ ταῦτα σχεδὸν τὰς μεγίστας, ὅταν ἴδωμεν ἡδόμενον ὁντινοῦν, ἢ τὸ γελοῖον ἐπ' αὐταῖς ἢ τὸ πάντων αἴσχιστον ἑπόμενον ὁρῶντες αὐτοί τε αἰσχυνόμεθα καὶ ἀφανίζοντες κρύπτομεν ὅτι μάλιστα, νυκτὶ πάντα τὰ τοιαῦτα διδόντες, ὡς φῶς οὐ δέον ὁρᾶν αὐτά.[而另一方面，无疑就各种快乐，尤其那些近乎最大的，每当我们看见无论哪个人在对之感到快乐时，由于我们看到在它们那里的可笑之物，或者伴随它们的一切中最丑陋的东西，我们自己就既感到丑陋，也通过抹去光来尽可能地隐藏它

们，把所有诸如此类的事情都交给黑夜，好像光不应当看见它们似的。]

《弥诺斯》(315b7-c2)：ὅτι οὔτε οἱ αὐτοὶ ἀεὶ τοῖς αὐτοῖς νόμοις χρῶνται ἄλλοι τε ἄλλοις. ἐπεὶ αὐτίκα ἡμῖν μὲν οὐ νόμος ἐστὶν ἀνθρώπους θύειν ἀλλ' ἀνόσιον, Καρχηδόνιοι δὲ θύουσιν ὡς ὅσιον ὂν καὶ νόμιμον αὐτοῖς, καὶ ταῦτα ἔνιοι αὐτῶν καὶ τοὺς αὑτῶν ὑεῖς τῷ Κρόνῳ, ὡς ἴσως καὶ σὺ ἀκήκοας. [不仅同一些人不会总是使用同样的法，而且不同人的会使用不同的法。因为，例如，一方面，在我们这儿，不仅没有任何一条法允许用人来献祭，而且它还是不虔敬的；另一方面，迦太基人则用人来献祭，因为在他们那里，这既是虔敬的，也是合法的，何况他们中的一些人甚至还用他们自己的儿子向克洛诺斯献祭，就像或许你也已经听说过的那样。]

269 ἅδην ... τῶν τοιούτων [说这些已经够了]，这是一个整体和固定表达，相当于拉丁文的 sed haec hactenus，也可以转译成："行了，到此为止，不用再说了。" 副词 ἅδην 的本义是"充足地""足够地"。参见：

《欧悌弗戎》(11e1-4)：καὶ τούτων μὲν ἅδην· ἐπειδὴ δέ μοι δοκεῖς σὺ τρυφᾶν, αὐτός σοι συμπροθυμήσομαι [δεῖξαι] ὅπως ἄν με διδάξῃς περὶ τοῦ ὁσίου. [说这些已经够了；由于你对我显得有些懈怠，那我本人会热心帮助你，以便关于虔敬的东西你能够教我。]

《卡尔米德斯》(153d2-5)：Ἐπειδὴ δὲ τῶν τοιούτων ἅδην εἴχομεν, αὖθις ἐγὼ αὐτοὺς ἀνηρώτων τὰ τῇδε, περὶ φιλοσοφίας ὅπως ἔχοι τὰ νῦν, περί τε τῶν νέων, εἴ τινες ἐν αὐτοῖς διαφέροντες ἢ σοφίᾳ ἢ κάλλει ἢ ἀμφοτέροις ἐγγεγονότες εἶεν. [而当我们已经充分地知道了诸如此类的事情之后，就轮到我来询问他们在这里的那些事情，诸如现今在热爱智慧方面情况是怎样的，关于年轻人，是否在他们中间已经出现了一些人，他们或者凭借智慧，或者由于俊美，或者在这两方面都出类拔萃。]

270 τὸν τῷ ὄντι ἰατρὸν ὄντα [他*在是的方式上是*一位医生]，有意按词源翻译，当然可以简单译为"他真正地是一位医生"。τῷ ὄντι [事实上 / 真正地 / 确实地] 是固定表达，等于 ὄντως 或 ὡς ἀληθῶς；该词是由 εἰμί / εἶναι 的分词变来的副词，字面意思是"*以是的方式是着*""*在是的方式上是着*"。

271 ἑκάστῳ τούτων [这些人中的每个]，τούτων [这些人] 即前面提到的"那些在患病的人"和"水手们"。

272 παντάπασι μὲν οὖν 是固定表达，等于 πάνυ μὲν οὖν，意思是"无疑""完全如此""当然这样"。

273 ἐστὶν ... ηὑρημένη [已经被发现出来了] 是一个整体和委婉表达，ηὑρημένη 是动词 εὑρίσκω [发明 / 发现] 的完成时分词被动态阴性主格单数。参见前面 337e6 那里关于“ἀπειρημένον ... εἴη[已经被禁止]”的注释 228。

274 形容词 πονηρός 往往用于伦理道德方面，意思是“邪恶的”“卑劣的”，这里基于上下文将之译为“有缺陷的”。

275 τοιούτῳ εἶναι[仅仅是身体]，这是意译，字面意思是“是如此这般”“是那个样子”。

276 ἐπὶ τούτῳ[正是为了这点]，法国布德本希腊文也如此，但新校勘的牛津古典本希腊文将之改作 ἐπὶ τούτο，从之。

277 ὅπως 是在这里是目的连接词，引导一个目的从句。

278 τινος ἀρετῆς[某种德性]，“德性”在这里仍当在广义上进行理解。

279 ἐπ' αὐτοῖς[在它们那里]，即在“眼睛和耳朵”这些器官那里。

280 εἰς αὐτὰ ταῦτα[对这些事情]。法国布德本希腊文和新校勘的牛津古典本希腊文均作 εἰς ταῦτα，即删掉了 αὐτὰ[自身]一词；从之。εἰς ταῦτα[对这些事情]，即对“视觉和听觉”。

281 ἐν αὐτῇ τῇ τέχνῃ ἔνι τις πονηρία[在技艺自身中就有着某种缺陷]，也可以译为“某种缺陷内在于技艺自身中”。ἔνι 在这里即 ἔνεστι。

282 τῇ σκοπουμένῃ[那进行考察的技艺]，之所以这么翻译，因为 σκοπουμένῃ 在这里当理解为动词 σκοπέω[考察]的现在时分词中动态阴性与格单数，而不是其被动态阴性与格单数；而其中动态与主动态的意思一样，只不过意味更强。

283 动词 πάρειμι[在场 / 在旁边]要求与格，故这里出现的是与格单数 τέχνῃ[技艺]。

284 ἀκέραιος[纯粹的]。形容词 ἀκέραιος 派生自褫夺性前缀 ἀ 和动词 κεράννυμι[混合]，本义是“不混杂的”“未混合的”，转义为“纯粹的”“未受伤害的”等。参见《政治家》(268b8–c3)：Πῶς οὖν ἡμῖν ὁ λόγος ὀρθὸς φανεῖται καὶ ἀκέραιος ὁ περὶ τοῦ βασιλέως, ὅταν αὐτὸν νομέα καὶ τροφὸν ἀγέλης ἀνθρωπίνης θῶμεν μόνον ἐκκρίνοντες μυρίων ἄλλων ἀμφισβητούντων;[那么，我们关于国王的说明怎么会显得是正确的和纯粹的呢，每当我们仅仅把他确定为人群的牧人和抚养者而将他从其他成千上万和他争论的人那里分离出来时？]

285 动词 ἄρχω[统治]和 κρατέω[掌控 / 做主宰]均要求属格，所以这里出现的是指示代词的中性属格单数 ἐκείνου[那种东西]。

286 τῷ ἀρχομένῳ[被统治的一方]，之所以这么翻译，而不能译为“被统治的人”，因为基于后面的中性指示代词 ἐκεῖνο，ἀρχομένῳ 在这里是动词 ἄρχω[统治]的现在时分词被动态中性与格单数，而不是阳性。

287 之所以这么翻译，参见前面 340e3 那里对“δημιουργός[匠人 / 工匠]”一词的注释 257。

288 εἰς τοὐναντίον περιειστήκει［绕着反面打转］，也可以简单译为“转向其反面”。περιειστήκει 是动词 περιίστημι 的过去完成时直陈式主动态第三人称单数，περιίστημι 的本义是“布置在周围”“环绕”。参见《欧悌弗戎》（11b6–8）：Ἀλλ', ὦ Σώκρατες, οὐκ ἔχω ἔγωγε ὅπως σοι εἴπω ὃ νοῶ· περιέρχεται γάρ πως ἡμῖν ἀεὶ ὃ ἂν προθώμεθα καὶ οὐκ ἐθέλει μένειν ὅπου ἂν ἱδρυσώμεθα αὐτό.［苏格拉底啊，但我的确不知道我该如何向你说我所想的；因为我们提出来的任何东西无论如何都总是绕着我们打转，不愿意在我们要为它安顿的任何地方停留。］（11c8–d2）：τὸ γὰρ περιιέναι αὐτοῖς τοῦτο καὶ μὴ μένειν ἐν τῷ αὐτῷ οὐκ ἐγώ εἰμι ὁ ἐντιθείς, ἀλλὰ σύ μοι δοκεῖς ὁ Δαίδαλος, ἐπεὶ ἐμοῦ γε ἕνεκα ἔμενεν ἂν ταῦτα οὕτως.［因为这种四处打转并且不停留在同一个地方，我不是那个让它们如此的人；相反，在我看来你才是代达罗斯，因为至少对我来说，那些东西已经如此地固定下来了。］

289 动词 κορυζάω 的本义就是“流鼻涕”，喻为“胡言乱语”“呆头呆脑”。

290 ὅς γε αὐτῇ οὐδὲ πρόβατα οὐδὲ ποιμένα γιγνώσκεις.［而肯定是由于她，你才既不认识羊，也不认识牧羊人。］也可以扩展性地译为：而肯定就她所关心的来说，〈她根本不可能让你〉识得羊或者牧羊人。αὐτῇ［由于她］。人称代词阴性与格 αὐτῇ［她］在这里的语法现象是 dativus ethicus［伦理与格］，而所谓“伦理与格”，说的是人称代词的与格通常用来表达被指称的人的某种要求、关切等。类似的情况参见：

《苏格拉底的申辩》（20e3–5）：καί μοι, ὦ ἄνδρες Ἀθηναῖοι, μὴ θορυβήσητε, μηδ' ἐὰν δόξω τι ὑμῖν μέγα λέγειν.［诸位雅典人啊，我请求你们不要喧哗，即使我看起来在对你们说某种大话。］（37e3–4）：Σιγῶν δὲ καὶ ἡσυχίαν ἄγων, ὦ Σώκρατες, οὐχ οἷός τ' ἔσῃ ἡμῖν ἐξελθὼν ζῆν;［苏格拉底，请告诉我们，如果你沉默并保持安静，在离开之后不就能够活了吗？］

《吕西斯》（208d2–5）：ἀλλ' ἆρα ἐπειδὰν οἴκαδε ἔλθῃς παρὰ τὴν μητέρα, ἐκείνη σε ἐᾷ ποιεῖν ὅτι ἂν βούλῃ, ἵν' αὐτῇ μακάριος ᾖς, ἢ περὶ τὰ ἔρια ἢ περὶ τὸν ἱστόν, ὅταν ὑφαίνῃ;［但是，每当你回家前往你母亲那儿，她会允许你做你所希望做的任何事情吗，为了如她所希望的那样你能是幸福的，无论是就羊毛，还是就织布机上的纬线，当她织布时？］

《斐德若》（241d2–3）：Τοῦτ' ἐκεῖνο, ὦ Φαῖδρε. οὐκέτ' ἂν τὸ πέρα ἀκούσαις ἐμοῦ λέγοντος, ἀλλ' ἤδη σοι τέλος ἐχέτω ὁ λόγος.［瞧，我竟然吟了一句诗！斐德若啊。你不会再听我继续往下说了，而现在如果你愿意，就让该讲辞就此结束吧！］

291 τί μάλιστα［究竟为什么呢？］是固定表达，也可以译为“究竟怎么回事呢？”《牛津希-英词典》对它的解释是：what precisely? 等于德语的 warum eigentlich? 或 wie so denn? 参见：

《拉刻斯》(187e5)：Τί μάλιστα, ὦ Νικία;［究竟为什么呢，尼基阿斯啊？］

《吕西斯》(218d1)：Τί μάλιστα; ἔφη ὁ Μενέξενος.［究竟为什么呢，墨涅克塞诺斯说道。］

《大希庇阿斯》(290b2)：Τί μάλιστα; φήσω.［而我将说，究竟怎么回事呢？］

292 ἄλλως πως 是短语，意思是“以某种其他的方式”。

293 οὕτω πόρρω εἶ［你〈离它们〉是如此地遥远］。该表达可参见：

《吕西斯》(211e8-212a6)：ὑμᾶς οὖν ὁρῶν, σέ τε καὶ Λύσιν, ἐκπέπληγμαι καὶ εὐδαιμονίζω ὅτι οὕτω νέοι ὄντες οἷοι τ᾽ ἐστὸν τοῦτο τὸ κτῆμα ταχὺ καὶ ῥᾳδίως κτᾶσθαι, καὶ σύ τε τοῦτον οὕτω φίλον ἐκτήσω ταχύ τε καὶ σφόδρα, καὶ αὖ οὗτος σέ· ἐγὼ δὲ οὕτω πόρρω εἰμὶ τοῦ κτήματος, ὥστε οὐδ᾽ ὅντινα τρόπον γίγνεται φίλος ἕτερος ἑτέρου οἶδα［因此，当我看到你们，你和吕西斯，我既大感惊异，又认为你们可称幸福，因为，你们虽然是如此的年轻，但你俩却能够迅速和轻易地就获得了这种财富；一方面，你已经如此迅速和彻底地赢得了这位朋友，另一方面，这个人也同样赢得了你。而我却离这种财富仍然是如此地遥远，以至于我不知道一个人究竟以何种方式能成为另一个人的朋友。］

《泰阿泰德》(151c7-d3)：καὶ οὐκ οἴονταί με εὐνοίᾳ τοῦτο ποιεῖν, πόρρω ὄντες τοῦ εἰδέναι ὅτι οὐδεὶς θεὸς δύσνους ἀνθρώποις, οὐδ᾽ ἐγὼ δυσνοίᾳ τοιοῦτον οὐδὲν δρῶ, ἀλλά μοι ψεῦδός τε συγχωρῆσαι καὶ ἀληθὲς ἀφανίσαι οὐδαμῶς θέμις.［他们也不认为我是出于好意才这么做，因为他们远不知道：没有哪位神对人是有恶意的，我也没有出于恶意做过这类事情，只不过应允错误和隐藏真实，这对我来说决不是合理的。］

294 τῷ ὄντι［在是的方式上］，在这里当然可以简单译为“实际上”“事实上”等。

295 οἰκεία ... βλάβη［自己的损害］，也可以译为“固有的损害”“本己的损害”等。

296 即是“自己的好处”和“他人的损害”。

297 τῶν ὡς ἀληθῶς εὐηθικῶν［那些真正有好习惯的人］，也可以译为“那些真正有好习性的人”“那些真正有好性情的人”。有意按词源翻译，当然也可以译为“那些心地单纯的人”。形容词 εὐηθικός 源自前缀 εὖ［好］和名词 ἦθος［习惯／习性／性情］。当然，如果这里将之理解为双关语，也可以译为“那些真正天真无邪的人”“那些真正简单的人”“那些最质朴的人”。

298 οἱ δ᾽ ἀρχόμενοι［而他们，作为被统治的人］，当然也可以直接译为“而那些被统治的人”“而那些被统治者”。

299 名词 εἰσφορά 除了具有“捐款”的意思，也有“纳税”“财产税”的意思；但这里基于下文与之相对的名词 λῆψις［进款］，以及前面的不定限定词 τινες［某些］，简单将之译为“捐款”。

300 ἀρχήν τινα ἄρχη［担任某种公职］。ἀρχὴν ἄρχειν 是固定表达，意思是“担任公职”；名词 ἀρχή 除了具有“本源”“开端”等意思之外，在政治上指“统治权”“长官职务”“公职”等。参见：

《苏格拉底的申辩》（36b5-9）：τί ἄξιός εἰμι παθεῖν ἢ ἀποτεῖσαι, ὅτι μαθὼν ἐν τῷ βίῳ οὐχ ἡσυχίαν ἦγον, ἀλλ' ἀμελήσας ὧνπερ οἱ πολλοί, χρηματισμοῦ τε καὶ οἰκονομίας καὶ στρατηγιῶν καὶ δημηγοριῶν καὶ τῶν ἄλλων ἀρχῶν καὶ συνωμοσιῶν καὶ στάσεων τῶν ἐν τῇ πόλει γιγνομένων.［我应遭受或付出什么，就因为我一生不曾保持安静，而不关心众人所关心的，即赚钱、理家、领兵、在公民大会上发表演说和其他一些公职，以及在城邦中出现的各种起誓结盟和拉帮结派。］

《伊翁》（541c10-d4）：Ὃν Ἀθηναῖοι πολλάκις ἑαυτῶν στρατηγὸν ᾕρηνται ξένον ὄντα· καὶ Φανοσθένη τὸν Ἄνδριον καὶ Ἡρακλείδην τὸν Κλαζομένιον, οὓς ἥδε ἡ πόλις ξένους ὄντας, ἐνδειξαμένους ὅτι ἄξιοι λόγου εἰσί, καὶ εἰς στρατηγίας καὶ εἰς τὰς ἄλλας ἀρχὰς ἄγει.［雅典人曾多次选择他作他们自己的将军，尽管他是一个外邦人；还有安德洛斯人法诺斯忒涅斯和克拉佐门奈人赫拉克勒得斯，他们虽然都是外邦人，但由于展示出自己是卓越的，于是这里的这个城邦就提拔他们去领兵和担任一些其他的公职。］

《泰阿泰德》（173c6-d6）：Λέγωμεν δή, ὡς ἔοικεν, ἐπεὶ σοί γε δοκεῖ, περὶ τῶν κορυφαίων· τί γὰρ ἄν τις τούς γε φαύλως διατρίβοντας ἐν φιλοσοφίᾳ λέγοι; οὗτοι δέ που ἐκ νέων πρῶτον μὲν εἰς ἀγορὰν οὐκ ἴσασι τὴν ὁδόν, οὐδὲ ὅπου δικαστήριον ἢ βουλευτήριον ἤ τι κοινὸν ἄλλο τῆς πόλεως συνέδριον· νόμους δὲ καὶ ψηφίσματα λεγόμενα ἢ γεγραμμένα οὔτε ὁρῶσιν οὔτε ἀκούουσι· σπουδαὶ δὲ ἑταιριῶν ἐπ' ἀρχὰς καὶ σύνοδοι καὶ δεῖπνα καὶ σὺν αὐλητρίσι κῶμοι, οὐδὲ ὄναρ πράττειν προσίσταται αὐτοῖς.［既然你觉得如此，那我们似乎就该谈谈那些顶尖人物；因为，对于那些在哲学上拙劣地消磨时间的人，一个人会说什么呢？而这些顶尖人物，首先从年轻时就肯定不知道通往市场的路，也不知道法院、议事厅或城邦的其他任何公共会堂在哪儿；各种法律、投票通过的议案，无论是口头的还是书面的，他们都既不会看，也不会听；而各种朋党对公职的热衷，他们的各种集会、宴饮以及同吹笛女的狂欢，甚至他们做梦都不会想到。］

301 καὶ εἰ μηδεμία ἄλλη ζημία［即使没有任何其他的损失］，也可以译为“即使没有任何其他的惩罚”。

302 τῷ ... δικαίῳ ὑπάρχει ... τά ... οἰκεῖα ... μοχθηροτέρως ἔχειν［对正义的人来说有可能他自家的各种事情处于糟糕的境地］是一个整体。ὑπάρχω 作无人称动词使用时，加与格和不定式，意思是“有可能……”；牛津希-英词典对它的这一用法的解释是：it is allowed, it is possible。参见：

《斐洞》(81a4-9)：Οὐκοῦν οὕτω μὲν ἔχουσα εἰς τὸ ὅμοιον αὐτῇ τὸ ἀιδὲς ἀπέρχεται, τὸ θεῖόν τε καὶ ἀθάνατον καὶ φρόνιμον, οἷ ἀφικομένῃ ὑπάρχει αὐτῇ εὐδαίμονι εἶναι, πλάνης καὶ ἀνοίας καὶ φόβων καὶ ἀγρίων ἐρώτων καὶ τῶν ἄλλων κακῶν τῶν ἀνθρωπείων ἀπηλλαγμένῃ, ὥσπερ δὲ λέγεται κατὰ τῶν μεμυημένων, ὡς ἀληθῶς τὸν λοιπὸν χρόνον μετὰ θεῶν διάγουσα;［如果它是这样的话，那它岂不就是在动身前往与它自己相似的、不可见的东西那儿，即神性的东西、不死的东西和明智的东西那儿，当它到达那里时，它岂不就有可能是幸福的，摆脱了漂泊、愚蠢、各种恐惧、各种粗野的爱欲，以及其他种种属人的恶，而如那些入了秘教的人所说，它其实在与诸神一起度过余下的时光？］

《斐德若》(240b3-5)：καί τις ἑταίραν ὡς βλαβερὸν ψέξειεν ἄν, καὶ ἄλλα πολλὰ τῶν τοιουτοτρόπων θρεμμάτων τε καὶ ἐπιτηδευμάτων, οἷς τό γε καθ’ ἡμέραν ἡδίστοισιν εἶναι ὑπάρχει.［并且有人可能会把一位妓女指责为是有害的，以及把这种样式的生物和它们所从事的事业中的其他许多都指责为是有害的，而它们其实每天都有可能是最令人感到快乐的东西。］

303 διὰ τὸ δίκαιον εἶναι［由于是正义的］，介词 διὰ 的宾语是不定式 τὸ ... εἶναι［是］。

304 πρὸς τούτοις［除此之外 / 除了这些之外］是固定表达。介词 πρός 跟与格，表“在……之外”“此外还有……”。

305 对观《拉刻斯》(180b1-7)：Ἀληθῆ γὰρ οἴει, ὦ Νικία. ὡς ὅ γε ἔλεγεν ὁ Λυσίμαχος ἄρτι περὶ τοῦ πατρὸς τοῦ αὑτοῦ τε καὶ τοῦ Μελησίου, πάνυ μοι δοκεῖ εὖ εἰρῆσθαι καὶ εἰς ἐκείνους καὶ εἰς ἡμᾶς καὶ εἰς ἅπαντας ὅσοι τὰ τῶν πόλεων πράττουσιν, ὅτι αὐτοῖς σχεδόν τι ταῦτα συμβαίνει ἃ οὗτος λέγει καὶ περὶ παῖδας καὶ περὶ τἆλλα, τὰ ἴδια ὀλιγωρεῖσθαί τε καὶ ἀμελῶς διατίθεσθαι.［你的确认为得对，尼基阿斯啊。因为吕西马科斯刚才关于他自己的父亲以及墨勒西阿斯的父亲所说的，在我看来说得非常非常地好，不仅针对那两位父亲，而且也针对我俩以及针对所有那些致力于城邦的各种事务的人；因为这些情况差不多发生在所有这些人身上，就像这个人所说的那样，无论是对于他们自己的孩子们，还是对于他们自己的其他各种私人事情，他们都既关注得少，也漫不经心

地加以对待。]

306 τὸ δίκαιον[〈当他〉是正义的]，完整的表达是 τὸ δίκαιον εἶναι。

307 ἱερὰ καὶ ὅσια[神圣的还是世俗的]。形容词 ὅσιος 除了具有“虔敬的”“虔诚的”意思之外，同 ἱερός[神圣的]相对，指“世俗的”。《牛津希-英词典》举了柏拉图在这里的这个表达，对它的这层意思的解释是：profane。

308 ὧν ἐφ' ἑκάστῳ μέρει[在这些事情中的任何方面]，字面意思是“在这些事情中的每一个部分”“在其中的每一个部分”。

309 ὅταν τις ἀδικήσας μὴ λάθῃ[每当有人因行不义而被察觉了]，也可以完全按字面意思译为“每当有人因行不义而没有不被注意到”。

310 ἀνδραποδισταί[奴隶贩子]，也可以译为“拐卖他人为奴的人”。

311 πρὸς τοῖς τῶν πολιτῶν χρήμασιν[除了同邦人的钱财之外]，有意按词源翻译，当然也可以译为“除了同胞的钱财之外”“除了公民的钱财之外”。名词 πολίτης 既有“公民”的意思，也有“同胞”“同邦人”的意思。

312 εὐδαίμονες καὶ μακάριοι κέκληνται[他们被称为了是快乐的和有福的]。前面 344b5 那里是单数 τις[某人]，这里变为了复数，可简单理解为是一种修辞手法。

313 δεσποτικώτερον[更适合进行统治的]。形容词 δεσποτικός 的本义是“主人的”，但在这里转义为“适合进行统治的”；《牛津希-英词典》举了柏拉图在这里的这个表达，对它的解释是：fitted to rule。

314 τὸ δ' ἄδικον ἑαυτῷ λυσιτελοῦν τε καὶ συμφέρον.[不正义的事情则〈恰好是〉对〈每〉一个人自己有好处的和有利的事情。]对这句话的另一种理解和翻译是：不正义的事情则〈恰好是〉对〈更强者〉自己有好处的以及有利的。也即是说，把 ἑαυτῷ[对自己]直接理解为在指代前面的 τοῦ κρείττονος[更强者]。

315 ἐν νῷ εἶχεν ἀπιέναι[打算离开]。ἐν νῷ ἔχω 是固定表达，相当于拉丁文的 in animo habere，意思是“打算”“意欲”“想要”，后面接不定式，所以这里出现的是现在时不定式 ἀπιέναι[离开]。

316 对观《吕西斯》(204d3-5)：καὶ ἃ μὲν καταλογάδην διηγεῖται, δεινὰ ὄντα, οὐ πάνυ τι δεινά ἐστιν, ἀλλ' ἐπειδὰν τὰ ποιήματα ἡμῶν ἐπιχειρήσῃ καταντλεῖν καὶ συγγράμματα.[在日常交谈中他所描述的那些，虽然是可怕的，但无论如何都还不是非常的可怕；而每当他着手对我们滔滔不绝地倾吐他的那些诗作和文章时，就非常可怕了。]

317 τῶν εἰρημένων λόγον[关于他所讲的那些话的一种论证]，字面意思是“关于那些已经被说出来的话的一种论证”。

318 δαιμόνιε 是 δαιμόνιος 的呼格，不过在这里乃是作为一般口语表达，而不是作为同苏格拉底那著名的 δαίμων［精灵］相联系的 δαιμόνιος［精灵的 / 属于精灵的］来理解。δαιμόνιος 在口语中作呼格使用时，既可表褒义，也可表贬义。在荷马史诗中褒义指“神保佑的人”，贬义则指“神谴责的人”；在阿提卡口语中，褒义指“我的好人！”贬义则指“倒霉蛋！”“可怜的人！”我这里有意偏中性地将之译为“非凡的”。

319 σμικρὸν οἴει ἐπιχειρεῖν πρᾶγμα διορίζεσθαι ὅλου βίου διαγωγήν.［你认为你在尝试规定一件小事吗，而不是一种生活方式。］这句话在法国布德本希腊文中以及在新校勘的牛津古典本希腊文中均作：σμικρὸν οἴει ἐπιχειρεῖν πρᾶγμα διορίζεσθαι, ἀλλ᾽ οὐ βίου διαγωγήν. 从之。如果按伯内特本进行翻译，那么这句话则当译为：你认为尝试规定整个生活的方式，这是一件小事吗？σμικρὸν ... ἀλλ᾽ οὐ 结构，可对观《拉刻斯》（185a3–5）：ἦ περὶ σμικροῦ οἴεσθε νυνὶ κινδυνεύειν καὶ σὺ καὶ Λυσίμαχος ἀλλ᾽ οὐ περὶ τούτου τοῦ κτήματος ὃ τῶν ὑμετέρων μέγιστον ὂν τυγχάνει;［或者，你们竟认为——无论是你，还是吕西马科斯——，现在拿来冒险的只是一件微不足道的事情，而非那件恰恰是你们的各种所有物中最重要的东西？］

320 διαγόμενος［度日］，完整的表达是 διαγόμενος τὸν βίον，也可以译为“过活”。

321 Ἐγὼ γὰρ οἶμαι ... τουτὶ ἄλλως ἔχειν;［难道我会认为它竟然不是这样？］也可译为“难道我会认为它竟然是别的情形吗？”或者转译为“难道我竟然会对此持有别的看法？”背后的意思是“我当然认为我在尝试规定一种生活方式”。

322 ἡμῶν ... κήδεσθαι［在意我们］。κήδεσθαι 是动词 κήδω 的现在时不定式被动态，之所以使用不定式，是由前面的动词 ἔοικας［你看起来 / 你似乎］要求的。κήδω 的本义是“使忧心”“使苦恼”，但其被动态则具有“关心”“在意”等意思，并要求属格作宾语，所以这里出现的是复数属格 ἡμῶν［我们］。参见《苏格拉底的申辩》（31a2–7）：τοιοῦτος οὖν ἄλλος οὐ ῥᾳδίως ὑμῖν γενήσεται, ὦ ἄνδρες, ἀλλ᾽ ἐὰν ἐμοὶ πείθησθε, φείσεσθέ μου· ὑμεῖς δ᾽ ἴσως τάχ᾽ ἂν ἀχθόμενοι, ὥσπερ οἱ νυστάζοντες ἐγειρόμενοι, κρούσαντες ἄν με, πειθόμενοι Ἀνύτῳ, ῥᾳδίως ἂν ἀποκτείναιτε, εἶτα τὸν λοιπὸν βίον καθεύδοντες διατελοῖτε ἄν, εἰ μή τινα ἄλλον ὁ θεὸς ὑμῖν ἐπιπέμψειεν κηδόμενος ὑμῶν.［因此，对你们来说将不容易再出现另外一个这样的人；诸位，但如果你们听从我，那你们就留下我；但是，由于你们或许已经感到烦扰，就像那些正在打盹的人被弄醒了，听从阿尼托斯，给我一巴掌，那你们也能轻易就杀死我，然后在沉睡中过完余生，除非关心你们的神再给你们派来另外某个人。］

323 κακῶς ... κείσεται［一笔坏的投资］，字面意思是“将糟糕地存放”“将糟糕地储存”。

324 τό γ' ἐμόν［至少就我这方来说］。τὸ ἐμόν［就我这方来说］，也可以译为“就我的情况来说”“就涉及我的事情来说”。τὸ ἐμόν 是固定表达，也使用复数 τὰ ἐμά；《牛津希-英词典》对之的解释是：my part, my affairs, as far as concerns me；也相当于德文的 meinesteils。参见：

《卡尔米德斯》（175d5-6）：τὸ μὲν οὖν ἐμὸν καὶ ἧττον ἀγανακτῶ.［因此，就我的情况来说，我其实并不感到多少懊恼。］（176b2-4）：καὶ τό γ' ἐμὸν οὐδὲν κωλύει ἐπᾴδεσθαι ὑπὸ σοῦ ὅσαι ἡμέραι, ἕως ἂν φῇς σὺ ἱκανῶς ἔχειν.［而就我这一方来说，也肯定没有任何东西会阻碍天天被你唱那个咒语，直到你会宣称我已经充分地拥有了它为止。］

《拉刻斯》（188c1-3）：ὅπερ οὖν λέγω, τὸ μὲν ἐμὸν οὐδὲν κωλύει Σωκράτει συνδιατρίβειν ὅπως οὗτος βούλεται· Λάχητα δὲ τόνδε ὅρα ὅπως ἔχει περὶ τοῦ τοιούτου.［所以，正如我所说的，一方面，就我这方来说，没有什么能妨碍我同苏格拉底一道消磨时光——以这个人所愿意的那种方式；另一方面，就这里的这位拉刻斯，请你看看，关于诸如此类的事情他是怎么个态度。］

《智者》（237b4-6）：Τὸ μὲν ἐμὸν ὅπῃ βούλει τίθεσο, τὸν δὲ λόγον ᾗ βέλτιστα διέξεισι σκοπῶν αὐτός τε ἴθι κἀμὲ κατὰ ταύτην τὴν ὁδὸν ἄγε.［就涉及我的事情来说，你愿意怎样，也就请就怎样对待；但就言说来说，它最好向着那儿行进，请你仔细看看后自己再上路，并且请你沿着该道路引领我。］

325 ἢ τῷ λανθάνειν ἢ τῷ διαμάχεσθαι［通过不被察觉，还是通过公开横行］。动词 διαμάχομαι 的本义是“坚持战斗”“坚决主张”，鉴于在这里它同动词 λανθάνειν［不被注意到／没觉察到］相对应，故将之意译为“公开横行”。

326 δικαιοσύνην ἀδικίας περὶ πλείονος ποιούμενοι［因为我们把正义凌驾于不正义之上］。περὶ πλείονος ποιεῖσθαι 是词组和固定表达，字面意思是“当作一件更重要的事”。参见：

《泰阿泰德》（150e6-7）：ψευδῆ καὶ εἴδωλα περὶ πλείονος ποιησάμενοι τοῦ ἀληθοῦς.［他们把各种错误和假象凌驾于真的东西之上。］

《斐德若》（252a1-4）：ὅθεν δὴ ἑκοῦσα εἶναι οὐκ ἀπολείπεται, οὐδέ τινα τοῦ καλοῦ περὶ πλείονος ποιεῖται, ἀλλὰ μητέρων τε καὶ ἀδελφῶν καὶ ἑταίρων πάντων λέλησται, καὶ οὐσίας δι' ἀμέλειαν ἀπολλυμένης παρ' οὐδὲν τίθεται.［由此它肯定不情愿让自己被独自丢下，它不会把任何东西凌驾于那俊美的少年之上，相反，母亲、兄弟以及朋友，它都已经统统忘记，即使产业因漠不关心而丧失，它也不当一回事。］

327 ἔμμενε τούτοις［你得坚持那些说法］。ἔμμενε 在这里是动词 ἐμμένω［坚持］的现在时命令式主动态第二人称单数，该动词要求与格，所以后面出现的是复数与格 τούτοις［那些说法 / 这些］。

328 πιαίνειν［养肥］，法国布德本希腊文作 ποιμαίνειν［牧养］，而新校勘的牛津古典本希腊文仍作 πιαίνειν［养肥］。

329 τῇ δὲ ποιμενικῇ οὐ δήπου ἄλλου του μέλει［然而，牧养术无疑不关心任何其他的事情］。动词 μέλω［关心］常作无人称动词使用，关心者要求与格，被关心的事情要求属格，所以这里出现的是单数与格 τῇ ποιμενικῇ［牧养术］，以及单数属格 ἄλλου του［任何其他的事情］。

330 见前面 342e 以下。

331 οὐδέν τι μᾶλλον 是固定搭配，意思是"一点也不""丝毫不""根本不"。参见：

《卡尔米德斯》（175c8–d5）：ἀλλ' ὅμως οὕτως ἡμῶν εὐηθικῶν τυχοῦσα ἡ ζήτησις καὶ οὐ σκληρῶν, οὐδέν τι μᾶλλον εὑρεῖν δύναται τὴν ἀλήθειαν, ἀλλὰ τοσοῦτον κατεγέλασεν αὐτῆς, ὥστε ὃ ἡμεῖς πάλαι συνομολογοῦντες καὶ συμπλάττοντες ἐτιθέμεθα σωφροσύνην εἶναι, τοῦτο ἡμῖν πάνυ ὑβριστικῶς ἀνωφελὲς ὂν ἀπέφαινε.［然而，这场探究虽然遇上了如此心地单纯且不顽固的我们，但它仍然丝毫不能够发现真，反而如此多地嘲笑它，以至于我们早前通过一致同意和一起虚构而将之确定为是自制的那种东西，它极其侮慢地向我们表明它是无益的。］

《拉刻斯》（195c1–2）：ἀλλ' οὐδέν τι μᾶλλον οὗτοι ἀνδρεῖοί εἰσιν.［但是，这些人丝毫不是勇敢的。］

《吕西斯》（217d4–6）：Ἀλλ' ὅμως οὐδέν τι μᾶλλον ἂν εἶεν λευκαί πω, ἀλλὰ παρούσης λευκότητος οὔτε τι λευκαὶ οὔτε μέλαιναί εἰσιν.［然而，它们到此时丝毫不会是白色的，而且，即使白色在场，它们也既不是白色的，也不是黑色的。］

《斐德若》（260d6–8）：τόδε δ' οὖν μέγα λέγω, ὡς ἄνευ ἐμοῦ τῷ τὰ ὄντα εἰδότι οὐδέν τι μᾶλλον ἔσται πείθειν τέχνῃ.［而我这样夸下海口，那就是，如果没有我修辞术，即使一个人知道诸是者，他依然将丝毫不能凭借技艺来进行劝说。］

332 τὸ συμφέρον αὐτῷ πλεῖν ἐν τῇ θαλάττῃ［在海上航行这件事有益于他］。这句话中的分词 συμφέρον 在法国布德本希腊文中作不定式 συμφέρειν，新校勘的牛津古典本希腊文也改为了 συμφέρειν，从之。

333 αὐτήν［他的那门技艺］，即 τὴν κυβερνητικήν［掌舵术］。

334 ἔστω 是动词 εἰμί 的现在时命令式第三人称单数，在问答或辩论中的意思是

“让……被认可”“姑且同意”;《牛津希-英词典》对 εἰμί 的这一使用的解释是：let it be granted。参见：

《菲勒玻斯》(28a3-4)：τούτω δή σοι τῶν ἀπεράντων γε γένους ἔστων.［那么，就让我们暂且同意你，快乐和痛苦这两者属于那些走不到尽头的东西吧！］

《政治家》(258e6-7)：Ἔστω σοι ταῦθ' ὡς μιᾶς ἐπιστήμης τῆς ὅλης εἴδη δύο.［那就姑且同意你把这两者作为单一整体的知识的两种形式。］

《克利托丰》(409b6-c1)：τῆς δὴ δικαιοσύνης ὡσαύτως τὸ μὲν δικαίους ἔστω ποιεῖν, καθάπερ ἐκεῖ τοὺς τεχνίτας ἑκάστους· τὸ δ' ἕτερον, ὃ δύναται ποιεῖν ἡμῖν ἔργον ὁ δίκαιος, τί τοῦτό φαμεν; εἰπέ.［那么，就正义来说，以同样的方式姑且同意，一方面，它造就出一些正义的人，就像在其他每一门技艺那儿都造就出各自有技艺的人一样；另一方面，就另外那个东西，即正义的人能够为我们造就的业绩，我们说这种东西是什么呢？请告诉我！］

《大希庇阿斯》(295c2-3)：τοῦτο γὰρ δὴ ἔστω ἡμῖν καλόν, ὃ ἂν χρήσιμον ᾖ.［让下面这种东西被姑且同意为对我们来说是美的，即那向来是有用的东西。］

335 τινι τῷ αὐτῷ προσχρώμενοι［由于另外使用了某种同样的东西］。προσχρώμενοι 是动词 προσχράομαι 的现在时分词中动态阳性主格复数；προσχράομαι 本义就是“进一步使用”“另外使用”，它要求与格作宾语，所以这里出现的是单数与格 τινι τῷ αὐτῷ［某种同样的东西］。

336 见前面 345e 以下。

337 αὐτῷ τὸ βέλτιστον πράττει［为他自己谋取最大的好处］，也可以照字面意思译为“做对他自己最好的事情”。

338 ὧν δὴ ἕνεκα, ὡς ἔοικε, μισθὸν δεῖν ὑπάρχειν τοῖς μέλλουσιν ἐθελήσειν ἄρχειν, ἢ ἀργύριον ἢ τιμήν, ἢ ζημίαν ἐὰν μὴ ἄρχῃ.［正是为了这些，如看起来的那样，对那些将愿意进行统治的人才必须有着一种报酬，要么是银钱，要么是荣誉，要么就是一种惩罚，如果他不进行统治的话。］这句话中，前面出现的是复数形式 τοῖς μέλλουσιν ἐθελήσειν ἄρχειν［那些将愿意进行统治的人］，而后面变成了单数 ἐὰν μὴ ἄρχῃ［如果他不进行统治的话］，这可视为一种修辞法。

339 ὡς ἐν μισθοῦ μέρει εἴρηκας［你为何说〈能够把它〉归入报酬一类］，也可以译为“你为何说〈能够把它〉视为一种报酬”。名词 μέρος 的本义是“部分”，但 ἐν μέρει τινὸς 和相应的动词一起构成固定表达，例如 ἐν μέρει τινὸς τιθέναι 的意思是“把……归入……的一类”“把……也视为……”。参见：

《泰阿泰德》(155e5-6)：πράξεις δὲ καὶ γενέσεις καὶ πᾶν τὸ ἀόρατον οὐκ ἀποδεχόμενοι ὡς ἐν οὐσίας μέρει.［但根本不同意把各种行为、各种生成以及所有不可见的东西归入所是的一类。］

《政制》（348e1-3）：ἀλλὰ τόδε ἐθαύμασα, εἰ ἐν ἀρετῆς καὶ σοφίας τιθεῖς μέρει τὴν ἀδικίαν, τὴν δὲ δικαιοσύνην ἐν τοῖς ἐναντίοις.［但我很吃惊这点，如果你把不正义归入德性和智慧的一类，而把正义归入其相反的一类。］

340 πραττόμενοι ... μισθόν［为自己索取酬金］是一个整体和固定表达。πραττόμενοι 在这里是动词 πράσσω 的现在时分词中动态阳性主格复数；πράσσω 的本义是“做”，但其中动态的意思则是“为自己索取”，《牛津希-英词典》对它的这一用法的解释是：exact for oneself。

341 δεῖ δὴ αὐτοῖς ἀνάγκην προσεῖναι καὶ ζημίαν.［因此，对他们来说必定有着一种逼迫和一种惩罚摆在了那里。］也可以译为：因此，一种逼迫和一种惩罚必定被增添给了他们。

342 τῆς δὲ ζημίας μεγίστη［而最大的一种惩罚］，也可以译为“而惩罚中最严重的”。

343 οὐκ ἔχοντες ἑαυτῶν βελτίοσιν ἐπιτρέψαι οὐδὲ ὁμοίοις.［因为他们没有任何比他们自己更优秀甚或与他们相似的人可托付。］这是意译，也可以补充译为：因为，由于没有一些比他们更优秀甚或同他们相似的人，所有他们不能够把〈统治〉托付给他们。

344 ἄλλον ὠφελῶν πράγματα ἔχειν［费力地去有益于他人］，也可以译为“努力有益于他人”。单就 πράγματα ἔχειν 来看，意思是“有麻烦”；名词 πρᾶγμα 的本义是“事情”，但其复数在负面的意义上也指“麻烦事”“困难”“烦扰”。参见：

《苏格拉底的申辩》（41d3-5）：ἀλλά μοι δῆλόν ἐστι τοῦτο, ὅτι ἤδη τεθνάναι καὶ ἀπηλλάχθαι πραγμάτων βέλτιον ἦν μοι.［相反，下面这点对我来说是显而易见的，那就是：现在就死并且从各种麻烦事中解脱出来，这对我来说是更好的。］

《斐洞》（115a7-8）：δοκεῖ γὰρ δὴ βέλτιον εἶναι λουσάμενον πιεῖν τὸ φάρμακον καὶ μὴ πράγματα ταῖς γυναιξὶ παρέχειν νεκρὸν λούειν.［因为我认为沐浴之后喝毒药肯定是更好的，免得给妇女们带来清洗尸体的麻烦。］

《泰阿泰德》（174a4-b6）：Ὥσπερ καὶ Θαλῆν ἀστρονομοῦντα, ὦ Θεόδωρε, καὶ ἄνω βλέποντα, πεσόντα εἰς φρέαρ, Θρᾷττά τις ἐμμελὴς καὶ χαρίεσσα θεραπαινὶς ἀποσκῶψαι λέγεται ὡς τὰ μὲν ἐν οὐρανῷ προθυμοῖτο εἰδέναι, τὰ δ' ἔμπροσθεν αὐτοῦ καὶ παρὰ πόδας λανθάνοι αὐτόν. ταὐτὸν δὲ ἀρκεῖ σκῶμμα ἐπὶ πάντας ὅσοι ἐν φιλοσοφίᾳ διάγουσι. τῷ γὰρ ὄντι τὸν τοιοῦτον ὁ μὲν πλησίον καὶ ὁ γείτων λέληθεν, οὐ μόνον ὅτι πράττει, ἀλλ’ ὀλίγου καὶ εἰ ἄνθρωπός ἐστιν ἤ τι ἄλλο θρέμμα· τί δέ ποτ’ ἐστὶν ἄνθρωπος καὶ τί τῇ τοιαύτῃ φύσει προσήκει διάφορον τῶν ἄλλων ποιεῖν ἢ πάσχειν, ζητεῖ τε καὶ πράγματ’ ἔχει διερευνώμενος.［正如当泰勒斯为了研究天文而向上仰望时，他掉进了一口井里，据说一位乖巧且机智的色雷斯女仆打趣他：热衷于知道天上的各种事情，却忽略了自己面前和脚边的那些东西。而这同一玩笑适用于所有那些在哲学中度日的人。因为这种人真的一向没有留意隔壁的邻居，不仅没有留意到他在做什么，而且几乎没有留意到他是人呢，还是别的什么动物；但是，人究竟是什么，以及对于这样一种本性来说，做或遭受不同于其他事情的什么事情是合适的，这些都是他寻觅和努力进行探究的。］

《大希庇阿斯》（285e5-6）：εἰ δὲ μή, πράγματ’ ἂν εἶχες ἐκμανθάνων.［否则，你就得努力彻彻底底地进行学习。］

345 εἰς αὖθις 即 εἰσαῦθις，做副词使用，意思是“以后”“后来又”。

346 见前面 344c 以下。

347 见前面 343d 以下。

348 ἐν ἑκατέρῳ［在〈是正义和是不正义〉这两者各自中］，似乎也可以简单译为“在两种各自的说法中”或者“在两种生活的每一种中”。

349 关于“演说家”（ῥήτωρ），对观《苏格拉底的申辩》（17b1-6）：τὸ γὰρ μὴ αἰσχυνθῆναι ὅτι αὐτίκα ὑπ’ ἐμοῦ ἐξελεγχθήσονται ἔργῳ, ἐπειδὰν μηδ’ ὁπωστιοῦν φαίνωμαι δεινὸς λέγειν, τοῦτό μοι ἔδοξεν αὐτῶν ἀναισχυντότατον εἶναι, εἰ μὴ ἄρα δεινὸν καλοῦσιν οὗτοι λέγειν τὸν τἀληθῆ λέγοντα· εἰ μὲν γὰρ τοῦτο λέγουσιν, ὁμολογοίην ἂν ἔγωγε οὐ κατὰ τούτους εἶναι ῥήτωρ.［他们并不羞于会立马被我用下面这一事实所驳斥，那就是一旦我表明我无论如何都不精于说话——在我看来这对他们来说是最为无耻的——，除非他们把那说真话的人称作是精于说话的。如果他们真这么说，那么我会同意我的确是一位和他们不一样的演说家。］（18a3-6）：αὐτὸ δὲ τοῦτο σκοπεῖν καὶ τούτῳ τὸν νοῦν προσέχειν, εἰ δίκαια λέγω ἢ μή· δικαστοῦ μὲν γὰρ αὕτη ἀρετή, ῥήτορος δὲ τἀληθῆ λέγειν.［而只考虑和专注于下面这点，即我是在说正当的东西呢，还是没有。因为这是审判员的德性，而演说家的德性则是说真话。］

350 法国布德本希腊文也作 Ὁποτέρως，而新校勘的牛津古典本希腊文将之改为 Ποτέρως，从之。

351 Ἴθι δή 是词组，意思是“好吧！”“来呀！”；而 ἴθι 是动词 εἶμι［来 / 去］的现在时命令式第二人称单数。

352 Φέρε δή 是词组。φέρω 本是动词，表“携带”“带到”等，用命令式时，作副词使用，意味“来吧”“来呀”“好吧”；φέρε δή 是一个整体，等于 ἄγε δή。

353 ὦ ἥδιστε［最甜言蜜语的家伙啊］，这显然是在讽刺，也可以译为“最搞笑的人啊”，或者径直译为“最天真幼稚的人啊”。参见前面 337d6 对“ἡδύς”的注释 225。

354 πάνυ γενναίαν εὐήθειαν［非常高贵的好习惯］，有意按词源翻译，名词 εὐήθεια 源自前缀 εὖ［好］和名词 ἦθος［习惯 / 习性 / 性情］；单就这一表达，也可以译为“非常高贵的单纯”。

355 κακοήθειαν［坏习惯］，有意按词源翻译，名词 κακοήθεια 源自形容词 κακός［坏的］和名词 ἦθος［习惯 / 习性 / 性情］；单就这一表达，也可以简单译为“恶意”。

356 εὐβουλία［深思熟虑］，也可以完全按词源译为“好的忠告”“好建议”。

357 ὑφ᾽ ἑαυτοὺς ποιεῖσθαι［置于他们自己的权力之下］是固定表达，也可以译为“臣服于他们自己”。类似的表达可对观《菲勒玻斯》（58a7-b3）：Ἤκουον μὲν ἔγωγε, ὦ Σώκρατες, ἑκάστοτε Γοργίου πολλάκις ὡς ἡ τοῦ πείθειν πολὺ διαφέροι πασῶν τεχνῶν – πάντα γὰρ ὑφ᾽ αὑτῇ δοῦλα δι᾽ ἑκόντων ἀλλ᾽ οὐ διὰ βίας ποιοῖτο, καὶ μακρῷ ἀρίστη πασῶν εἴη τῶν τεχνῶν – νῦν δ᾽ οὔτε σοὶ οὔτε δὴ ἐκείνῳ βουλοίμην ἂν ἐναντία τίθεσθαι.［一方面，苏格拉底啊，我确实曾经多次，甚至每次都从高尔吉亚那儿听说，劝说之技艺远胜于所有其他的技艺——因它会通过心甘情愿，而不是通过暴力使得一切都臣服于它，并且它是迄今为止所有技艺中最好的——；另一方面，我现在既不愿意对你，也肯定不愿意对那人，拿出一些相反的东西。］

358 参见前面 347a9 关于“ὡς ἐν μισθοῦ μέρει εἴρηκας［你为何说〈能够把它〉归入报酬一类］”的注释 339。

359 Τοῦτο ... ἤδη στερεώτερον［这已然是一种更加难以〈消化〉的说法］。形容词 στερεός 的本义是“坚固的”“硬的”“立体的”，喻为“固执的”“难对付的”“困难的”等。《牛津希-英词典》举了柏拉图在这里的这个表达，对 στερεώτερον 的解释是：harder, more difficult。

360 οὐκέτι ῥᾴδιον ἔχειν ὅτι τις εἴπῃ［并且不再容易知道一个人该说什么］。动词 ἔχω 的本义虽然是“有”“拥有”，但也转义为“理解”“意味着”“知道”。参见：

《克里同》（45b6-c1）：ὥστε, ὅπερ λέγω, μήτε ταῦτα φοβούμενος ἀποκάμῃς σαυτὸν σῶσαι, μήτε, ὃ ἔλεγες ἐν τῷ δικαστηρίῳ, δυσχερές σοι γενέσθω ὅτι οὐκ ἂν ἔχοις ἐξελθὼν ὅτι χρῷο σαυτῷ· πολλαχοῦ μὲν γὰρ καὶ ἄλλοσε ὅποι ἂν ἀφίκῃ ἀγαπήσουσί σε.［因此，正如我说的，既不要因担心这些而放弃救你自己，你在法庭上曾说的话也不应对你成为困扰，那就是：一旦流亡你就会不知道该如何对待你自己。因为事实上在许多其他地方，并且无论你可能会到别的哪儿，人们都会欢迎你。］

《卡尔米德斯》（157c5–6）：οὐκ ἂν ἔχοιμεν ὅτι ποιοῖμέν σοι, ὦ φίλε Χαρμίδη.［我们真不知道我们还能为你做点什么，亲爱的卡尔米德斯啊。］

《吕西斯》（214d8）：Ἔχομεν ἄρα ἤδη τίνες εἰσὶν οἱ φίλοι.［那么，我们从此就知道究竟哪些人是朋友。］

《大希庇阿斯》（293e6–7）：οὐ γὰρ ἔχω ὅτι λέγω.［因为我不知道我要说什么。］

361 κατὰ τὰ νομιζόμενα λέγοντες［通过按照习惯来说］。νομιζόμενα 是动词 νομίζω［保持习惯 / 信奉］的现在时分词被动态中性复数，τὰ νομιζόμενα 的日常意思就是"习惯""风俗""法律"，《牛津希–英词典》对之的解释是：customs, usages。

362 τῷ λόγῳ ἐπεξελθεῖν［继续进行一番讨论］。ἐπεξελθεῖν 是动词 ἐπεξέρχομαι 的一次性过去时不定式，ἐπεξέρχομαι 的本义是"出去"，但在这里的意思是"继续做某事""从事""发展"，并要求与格，所以这里出现的是与格单数 τῷ λόγῳ［讨论］；《牛津希–英词典》对它这一用法的解释是：follow up, pursue, develop。

363 ἀτεχνῶς［完完全全］。ἀτεχνῶς 是由形容词 ἀτεχνής［无技艺的］派生而来的副词，本义是"完完全全地""真正地"，如 ἀτεχνῶς ξένως ἔχω［我完完全全是个异邦人］。希腊语的 ἀτεχνῶς 和 ἀτέχνως 是两个不同的副词，仅仅重音不同。前者来自形容词 ἀτεχνής，后者来自形容词 ἄτεχνος。尽管 ἀτεχνής 和 ἄτεχνος 是同义词，都是由 τέχνη［技艺］加上褫夺性的前缀 ἀ- 构成，但由前者派生出来的副词 ἀτεχνῶς 的意思是"完全地""直截了当地"，由后者派生出来的副词 ἀτέχνως 的意思是"粗糙地""笨拙地""无技艺地"。

364 περὶ τῆς ἀληθείας［关于真］。当时许多的智者都写有讨论"真"（ἡ ἀλήθεια）的作品。参见《泰阿泰德》（161b9–c6）：{ΣΩ.} Οἶσθ' οὖν, ὦ Θεόδωρε, ὃ θαυμάζω τοῦ ἑταίρου σου Πρωταγόρου; {ΘΕΟ.} Τὸ ποῖον; {ΣΩ.} Τὰ μὲν ἄλλα μοι πάνυ ἡδέως εἴρηκεν, ὡς τὸ δοκοῦν ἑκάστῳ τοῦτο καὶ ἔστιν· τὴν δ' ἀρχὴν τοῦ λόγου τεθαύμακα, ὅτι οὐκ εἶπεν ἀρχόμενος τῆς Ἀληθείας ὅτι "Πάντων χρημάτων μέτρον ἐστὶν ὗς" ἢ "κυνοκέφαλος" ἤ τι ἄλλο ἀτοπώτερον τῶν ἐχόντων αἴσθησιν.［苏格拉底：那么，忒俄多洛斯啊，你知道我对你的朋友普罗塔戈拉感到惊异的是什么吗？忒俄多洛斯：何种东西？苏格拉底：他所说的其余那些都

非常令我满意，即对每个人看起来是什么，对他也就是什么；但我对该说法的起点却感到了惊异，那就是当他开始他的“论真”一文时，他没有说“猪是万物的尺度”，或者“狗头狒狒”，或者那些具有感觉的东西中的某个其他更奇特的。]

365 τί ... πλέον ἔχειν[占某种上风]，也可以照字面意思译为“拥有某种更多的东西”。形容词 πλείων 的本义是“更多的”，但其中性 πλέον 往往同一些动词形成固定搭配，如 πλέον ἔχειν[占上风/得势]，πλέον ποιεῖν[有益于]。

366 ἀστεῖος 的本义是“城里的”，转义为“文雅的”“优美的”，同 ἄγροικος[乡下的/土气的/粗俗的]相对。

367 Οὐδὲ τῆς δικαίας，法国布德本希腊文也如此，但新校勘的牛津古典本希腊文将之改作 Οὐδὲ <ταύ> της [δικαίας]，从之。如果按伯内特本和布德本翻译，则当译为“之于正义的〈行为〉他也不会”。

368 Τοῦ ... ἀδίκου ... πλεονεκτεῖν[胜过不正义的人]是一个整体。πλεονεκτεῖν 是动词 πλεονεκτέω[胜过/占便宜]的现在时不定式主动态；该动词跟人，要求属格，所以这里出现的是单数属格 τοῦ ἀδίκου[不正义的人]。参见《拉刻斯》(183a1–2)：ὅτι ἂν μαθόντες καὶ ἐπιτηδεύσαντες πλεονεκτοῖεν τῶν ἄλλων περὶ τὸν πόλεμον.[他们会通过学习和致力于它而在战斗中胜过其他人。]

369 ἀλλὰ τί μέλλει;[你还能期待别的什么吗?]是一个固定表达，也可以肯定性地转译为“那是当然”或“显而易见”;《牛津希–英词典》对它的解释是：what else would you expect? i. e. yes, of course.

370 Οὐκοῦν καὶ ἅπερ φρόνιμον, ἀγαθόν, ἃ δὲ ἄφρονα, κακόν;[那么，〈你岂不会说〉他于何处是有头脑的，也就于何处是优秀的，而于何处是无头脑的，也就于何处是拙劣的?]这是意译；希腊文很简洁，但翻译成中文则略显累赘。ἅπερ 和 ἃ 在这里均作副词使用，前者的意思是“恰恰在那些事情方面”“恰恰就那些事情来说”，后者的意思是“在那些事情方面”“就那些事情来说”；形容词 φρόνιμον[有头脑的]、ἀγαθόν[优秀的]、ἄφρονα[无头脑的]和 κακόν[拙劣的]在这里均为阳性单数宾格，前面省略了动词 λέγεις[你说]。因此，这句话完整的字面意思是：那么，〈你岂不会说〉恰恰在一个人对之是有头脑的那些东西方面，他是优秀的，而在他对之是无头脑的那些东西方面，则是拙劣的? 参见：

《拉刻斯》(194d1–2)：Πολλάκις ἀκήκοά σου λέγοντος ὅτι ταῦτα ἀγαθὸς ἕκαστος ἡμῶν ἅπερ σοφός, ἃ δὲ ἀμαθής, ταῦτα δὲ κακός.[我已经多次听你说，我们中的每个人，恰恰就那些对之是有智慧的事情，是优秀的；而就那些对之是无知的事情，是低劣的。]

《吕西斯》（210d4-5）：οἷόν τε οὖν ἐπὶ τούτοις, ὦ Λύσι, μέγα φρονεῖν, ἐν οἷς τις μήπω φρονεῖ;［那么，吕西斯啊，对于一个人于其中尚无所理解的那些事情，能够对之感到自豪吗？］

371 ἀνεπιστημοσύνης［每一种欠缺知识］，当然可以简单译为"无知识"。

372 ἴσως［有可能 / 或许］。该词表现出特剌绪马科斯对上面的说法有所犹豫。

373 οὐχὶ ὁμοίως μὲν ἐπιστήμονος πλεονεκτήσειεν ἄν, ὁμοίως δὲ ἀνεπιστήμονος;［他岂不会同等地既〈想要〉胜过一个有知识的人，也胜过另一个无知识的人？］ὁμοίως ... ὁμοίως［同等地……同等地］，第二个 ὁμοίως 无需翻出。

374 φημί 的一般意思是"说"，但也具有"承认""同意""相信"的意思。

375 见前面 349d8-11。

376 ἑλκόμενος καὶ μόγις［被生拉硬拽和非常勉强］。有意照字面意思翻译，当然可以简单意译为"很不情愿和非常勉强"；ἑλκόμενος 是动词 ἕλκω［拖 / 拉］的现在时分词被动态阳性主格单数。

377 见前面 344c 以下。

378 ἀλλ' ἔμοιγε οὐδὲ ἃ νῦν λέγεις ἀρέσκει［但我无论如何都对你现在所说的那些不感到满意］。动词 ἀρέσκω 作"使……满意""使……高兴"讲时，要求表人的名词用与格作宾语，所以这里出现的是表强调的单数与格 ἔμοιγε［我］。参见：

《泰阿泰德》（157d7-8）：Λέγε τοίνυν πάλιν εἴ σοι ἀρέσκει τὸ μή τι εἶναι ἀλλὰ γίγνεσθαι ἀεὶ ἀγαθὸν καὶ καλὸν καὶ πάντα ἃ ἄρτι διῇμεν.［那么，请你再次告诉我，下面这点是否让你满意，即无任何东西是着，而总是在生成，善、美以及我们刚才讨论过的所有那些。］

《大希庇阿斯》（297c7-8）：Ἀρέσκει οὖν ἡμῖν καὶ ἐθέλοιμεν ἂν λέγειν ὡς τὸ καλὸν οὐκ ἀγαθὸν οὐδὲ τὸ ἀγαθὸν καλόν;［那么，我们对此感到满意，并且愿意说，美不是一种善，善也不是一种美吗？］

379 καὶ ἔχω περὶ αὐτῶν λέγειν［并且关于它们我还能够说说］，当然也可以译为"并且关于它们我还有话要说"。

380 δημηγορεῖν［向民众发表演说］，有意按词源翻译，当然在这里也可以简单译为"在长篇大论""在高谈阔论"；该词派生自名词 δῆμος［民众］和动词 ἀγορεύω［发言］。参见《泰阿泰德》（162d4-e4）：πρὸς γὰρ ταῦτα ἐρεῖ Πρωταγόρας ἤ τις ἄλλος ὑπὲρ αὐτοῦ· "Ὦ γενναῖοι παῖδές τε καὶ γέροντες, δημηγορεῖτε συγκαθεζόμενοι, θεούς τε εἰς τὸ μέσον ἄγοντες, οὓς ἐγὼ ἔκ τε τοῦ λέγειν καὶ τοῦ γράφειν περὶ αὐτῶν ὡς εἰσὶν ἢ ὡς οὐκ εἰσίν, ἐξαιρῶ, καὶ ἃ οἱ πολλοὶ ἂν ἀποδέχοιντο ἀκούοντες, λέγετε ταῦτα, ὡς δεινὸν εἰ μηδὲν διοίσει εἰς

σοφίαν ἕκαστος τῶν ἀνθρώπων βοσκήματος ὁτουοῦν."[因为对此普罗塔戈拉或其他某个支持他的人会说："尊敬的老少诸位，你们一起坐下来向民众发表演说，并把诸神牵扯其中——关于他们，即他们是着或者不是着，无论是在说话中还是在书写中，我都将之放在一边——，你们也只说大众听了会接受的那些东西，即如果每个人在智慧方面同任何牲畜没有任何区别，那将是可怕的。]

381 ὥσπερ ταῖς γραυσὶν ταῖς τοὺς μύθους λεγούσαις[就像对那些讲故事的老太婆一样]。对观：

《泰阿泰德》(176b7-8)：ταῦτα μὲν γάρ ἐστιν ὁ λεγόμενος γραῶν ὕθλος, ὡς ἐμοὶ φαίνεται.[这些其实只是所谓的老太婆们的闲扯，如对我显得的那样。]

《政治家》(268e4-6)：Ἀλλὰ δὴ τῷ μύθῳ μου πάνυ πρόσεχε τὸν νοῦν, καθάπερ οἱ παῖδες· πάντως οὐ πολλὰ ἐκφεύγεις παιδιὰς ἔτη.[那么，就请你要非常留意我的故事，仿佛孩子们似的；毫无疑问，你不玩儿戏其实也没多少年。]

《吕西斯》(205c6-d4)：τὸν γὰρ τοῦ Ἡρακλέους ξενισμὸν πρῴην ἡμῖν ἐν ποιήματί τινι διῄει, ὡς διὰ τὴν τοῦ Ἡρακλέους συγγένειαν ὁ πρόγονος αὐτῶν ὑποδέξαιτο τὸν Ἡρακλέα, γεγονὼς αὐτὸς ἐκ Διός τε καὶ τῆς τοῦ δήμου ἀρχηγέτου θυγατρός, ἅπερ αἱ γραῖαι ᾄδουσι, καὶ ἄλλα πολλὰ τοιαῦτα, ὦ Σώκρατες· ταῦτ' ἐστὶν ἃ οὗτος λέγων τε καὶ ᾄδων ἀναγκάζει καὶ ἡμᾶς ἀκροᾶσθαι.[因为，就在不久前，他在一篇诗作中还向我们描述了对赫拉克勒斯的款待，说由于同赫拉克勒斯的亲戚关系，他们的一位祖先曾如何欢迎过赫拉克勒斯，因为那人自己就来自宙斯和他们的乡区的创建者的女儿，这简直就是老太婆们所歌唱的一些事情，并且还有其他许多诸如此类的，苏格拉底啊！这些就是这个人通过说和唱来迫使我们听的那些东西。]

382 ἀνανεύσομαι 在这里是动词 ἀνανεύω 的将来时直陈式中动态第一人称单数；ἀνανεύω 的本义是"把头往后一仰"，转义为"拒绝""否定"。

383 ὁποῖόν τι τυγχάνει ὂν δικαιοσύνη πρὸς ἀδικίαν[正义之于不正义恰好是一种什么样的东西]，也可以简单译为"正义之于不正义恰好具有何种性质"。

384 οὔ τι 往往同 ἀλλά 连用，表示对否定的强调，意思是"决不""绝非"。参见：

《斐洞》(81d6-9)：καὶ οὔ τί γε τὰς τῶν ἀγαθῶν αὐτὰς εἶναι, ἀλλὰ τὰς τῶν φαύλων, αἳ περὶ τὰ τοιαῦτα ἀναγκάζονται πλανᾶσθαι δίκην τίνουσαι τῆς προτέρας τροφῆς κακῆς οὔσης.[它们也绝非是好人的灵魂，而是卑劣之人的灵魂；它们被迫在这样一些东西中间飘荡，因为要接受对其从前那坏的生活方式的惩罚。]

《斐德若》(278c7-d1)：οὔ τι τῶνδε ἐπωνυμίαν ἔχοντα δεῖ λέγεσθαι τὸν τοιοῦτον, ἀλλ’ ἐφ’ οἷς ἐσπούδακεν ἐκείνων.［如此这般的一个人就决不应当从这些已经被他写下的东西那里取得其别号，而应当从那些他已经认真对待的东西那里取得。］

385 ὑφ’ ἑαυτῇ ἔχειν［臣服于它自己］，也可以译为“被它自己所掌控”。

386 τελεώτατα οὖσα ἄδικος［因为它最极端地是不正义的］，也可以译为“它是最极端不正义的”。τελεώτατα 在这里是形容词 τέλειος［完满的 / 彻底的］的最高级中性复数，作副词使用。参见前面 344a4 那里的表达 τὴν τελεωτάτην ἀδικίαν［最极端的不正义］。

387 ὡς σὺ ἄρτι ἔλεγες ἔχει［如你刚才所说的那样］，这句话在法国布德本希腊文中同样如此，而新校勘的牛津古典本希腊文则认为 ἔχει 有可能是窜入，从之。

388 见前面 348c–d。

389 εὖ γε σὺ ποιῶν.［你做得真好！］也可以转译为“真得谢谢你！”这显然是在进行讽刺。εὖ ποιῶν 的字面意思是“做得好”，但作为整体等于副词，类似的表达 καλῶς γε σύ ποιῶν［你真了不起！］参见《卡尔米德斯》（156a9–b1）：Καλῶς γε σύ, ἦν δ’ ἐγώ, ποιῶν· μᾶλλον γάρ σοι παρρησιάσομαι περὶ τῆς ἐπῳδῆς οἵα τυγχάνει οὖσα.［你真了不起！我说；因为那样一来，我也就将更为直言不讳地对你谈谈那个咒语碰巧是怎么样的。］

390 ἀλλὰ δή［或者干脆］是固定表达，也可以简单译为“那好吧”；转折连词 ἀλλά 常同一些小词连用，表强调，如 ἀλλὰ γάρ［的确 / 当然］，ἀλλ’ οὖν［无论如何］。参见《苏格拉底的申辩》（37c4–5）：ἀλλὰ δὴ φυγῆς τιμήσωμαι; ἴσως γὰρ ἄν μοι τούτου τιμήσαιτε.［或者我干脆提出放逐来作为惩罚？因为也许你们将为我提出这种惩罚。］

391 ὁμόνοιαν καὶ φιλίαν［一条心和友爱］，当然可以简单译为“和睦和友爱”。名词 ὁμόνοια 的字面意思就是“一条心”，转义为“和睦”“一致”。参见：

《政治家》（311b7–c6）：Τοῦτο δὴ τέλος ὑφάσματος εὐθυπλοκίᾳ συμπλακὲν γίγνεσθαι φῶμεν πολιτικῆς πράξεως τὸ τῶν ἀνδρείων καὶ σωφρόνων ἀνθρώπων ἦθος, ὁπόταν ὁμονοίᾳ καὶ φιλίᾳ κοινὸν συναγαγοῦσα αὐτῶν τὸν βίον ἡ βασιλικὴ τέχνη, πάντων μεγαλοπρεπέστατον ὑφασμάτων καὶ ἄριστον ἀποτελέσασα [ὥστ’ εἶναι κοινόν] τούς τ’ ἄλλους ἐν ταῖς πόλεσι πάντας δούλους καὶ ἐλευθέρους ἀμπίσχουσα, συνέχῃ τούτῳ τῷ πλέγματι, καὶ καθ’ ὅσον εὐδαίμονι προσήκει γίγνεσθαι πόλει τούτου μηδαμῇ μηδὲν ἐλλείπουσα ἄρχῃ τε καὶ ἐπιστατῇ.［那么，让我们说，这成为了政治家的行为所织成的东西之完成：通过均匀的编织，那些勇敢的人的品质和节制的人的品质被编织在了一起，每当凭借一条心和友爱，王者的技艺已经把他们两者的生活一起带入到一个共同体中，并

由此做成了所有织成的东西中那最华丽的和最美好的——至少是就一件共同的织物而言——，从而通过用这件织物包裹住城邦中的其他所有人——无论是奴隶，还是自由人——，来把他们连在一起，并且就与一个城邦要成为幸福的相适合所能达到的程度而言，它会在任何方面都不遗漏任何属于这点的东西的情况下来进行统治以及进行监管。]

《克利托丰》(409e3-10)：τὴν δὲ ὄντως καὶ ἀληθῶς φιλίαν εἶναι σαφέστατα ὁμόνοιαν. τὴν δὲ ὁμόνοιαν ἐρωτώμενος εἰ ὁμοδοξίαν εἶναι λέγοι ἢ ἐπιστήμην, τὴν μὲν ὁμοδοξίαν ἠτίμαζεν· ἠναγκάζοντο γὰρ πολλαὶ καὶ βλαβεραὶ γίγνεσθαι ὁμοδοξίαι ἀνθρώπων, τὴν δὲ φιλίαν ἀγαθὸν ὡμολογήκει πάντως εἶναι καὶ δικαιοσύνης ἔργον, ὥστε ταὐτὸν ἔφησεν εἶναι ὁμόνοιαν [καὶ] ἐπιστήμην οὖσαν, ἀλλ' οὐ δόξαν. [而那在是的方式是和真的方式上是友爱的那种友爱，最为清楚地是一条心。但当他被询问，他会把一条心说成是一种意见一致呢，还是一种知识时，他鄙视了意见一致；因为，许多有害的意见一致被迫出现在人们中间，而友爱，他已经赞同它完完全全是一种好的东西，并且是正义之业绩，因此他宣称一条心是同样的，因为它是知识，而不是意见。]

392 ἐν ἐλευθέροις τε καὶ δούλοις ἐγγιγνομένη [无论当它出现在那些自由人中间，还是出现在奴隶们中间时]，也可以简单译为“当它出现在自由人以及出现在奴隶们中间时”，这句话不能译为“当它出现在自由人和奴隶们中间时”。

393 διοίσονται [他们将争吵]，也可以译为“他们将不和”。διοίσονται 是动词 διαφέρω 的将来时直陈式中动态第三人称复数，διαφέρω 的本义是“把……带过去”，作为不及物动词使用时，除了具有“和……不同”的意思之外，其中动态的意思则是“争吵”“不和”；《牛津希-英词典》对之的解释是：be at variance, quarrel。参见：

《欧悌弗戎》(7b2-4)：Οὐκοῦν καὶ ὅτι στασιάζουσιν οἱ θεοί, ὦ Εὐθύφρων, καὶ διαφέρονται ἀλλήλοις καὶ ἔχθρα ἐστὶν ἐν αὐτοῖς πρὸς ἀλλήλους. [欧悌弗戎啊，但诸神相互争吵，彼此不和，并且在他们自己那儿互相敌视。]

《智者》(242e2-3)：διαφερόμενον γὰρ ἀεὶ συμφέρεται [因为在争吵时又总是和好]。

《政治家》(259c2-4)：ταύτην δὲ εἴτε βασιλικὴν εἴτε πολιτικὴν εἴτε οἰκονομικήν τις ὀνομάζει, μηδὲν αὐτῷ διαφερώμεθα. [而这门知识，无论一个人将之称作王者术，还是政治术，还是治家术，让我们都不要与他争吵。]

394 μῶν μὴ ἀπολεῖ τὴν αὑτῆς δύναμιν [它肯定不会丧失它自己的能力吧]，也可以译为“难道它就将丧失它自己的能力吗”。μῶν 是 μὴ οὖν 的缩合，μῶν μή 是一个整体和固定表达，意思是“肯定不”“难道”，一般要求否定性的回答；

《牛津希-英词典》对它的解释是：surely not?

395 ἢ οὐδὲν ἧττον ἕξει;［或者将丝毫不少地拥有〈该能力〉？］也可以译为“或者将依旧拥有〈该能力〉？”οὐδὲν ἧττον 是固定表达，字面意思是“丝毫不少地”“丝毫不差地”，转义为“依然”“依旧”。

396 αὐτό［它］，即前面列举的一系列东西或团体。

397 μεθ’ αὑτοῦ［自我协调一致地］，这是意译，字面意思是“同它自己一道”“靠它自己”。

398 Εὐωχοῦ τοῦ λόγου［请你纵情享受这种说法吧］。εὐωχοῦ 在这里是动词 εὐωχέω 的现在时命令式中动态第二人称单数，εὐωχέω 的本义是“款待”“设宴招待”，但其中动态的意思则是“尽情享受”“享受”，并要求属格作宾语，所以这里出现的是属格单数 τοῦ λόγου［这种说法］。《牛津希-英词典》举了柏拉图在这里的这个表达，对 εὐωχέω 的解释是 relish, enjoy。

399 καὶ τὰ λοιπά μοι τῆς ἑστιάσεως ἀποπλήρωσον ἀποκρινόμενος［也请你通过回答而为我上完宴会上剩下的〈美味佳肴〉］。ἀποπλήρωσον 在这里是动词 ἀποπληρόω 的一次性过去时命令式主动态第二人称单数，ἀποπληρόω 的本义是“装满”“填满”“盛满”，转义为“使满足”“使满意”。参见：

《卡尔米德斯》(169c1-2)：κἀμὲ τάχ’ ἂν ἀποπληρώσαις ὡς ὀρθῶς λέγεις περὶ σωφροσύνης ὃ ἔστιν.［而由此一来你或许会让我感到满意，即关于自制你正确地说出了它是什么。］

《政治家》(286a2-4)：οὗ δειχθέντος τὴν τοῦ πυνθανομένου ψυχὴν ὁ βουλόμενος ἀποπληρῶσαι, πρὸς τῶν αἰσθήσεών τινα προσαρμόττων, ἱκανῶς πληρώσει.［当它被展示出来后，那想使询问者的灵魂得到满足的人，通过使之与诸感官中的某个相适合而充分地满足它］

400 καὶ νῦν 是短语，意思是“甚至现在”“甚至这样”；καὶ 在这里不是连词，而是表强调。参见：

《拉刻斯》(190b3-5)：Οὐκοῦν, ὦ Λάχης, καὶ νῦν ἡμᾶς τώδε παρακαλεῖτον εἰς συμβουλήν, τίν’ ἂν τρόπον τοῖς ὑέσιν αὐτῶν ἀρετὴ παραγενομένη ταῖς ψυχαῖς ἀμείνους ποιήσειε;［那么，拉刻斯啊，甚至现在，这里的这两人岂不是邀请我们对下面这点给出建议，那就是：以何种方式，一种德性通过它的在场而会使得他们的儿子们的灵魂变得更好？］

《吕西斯》(221a5-7)：ἀλλ’ οὖν τόδε γ’ ἴσμεν, ὅτι καὶ νῦν ἔστιν πεινῶντα βλάπτεσθαι, ἔστιν δὲ καὶ ὠφελεῖσθαι.［但至少我们知道下面这点：甚至现在，一个饥饿者既有可能被饥饿所伤害，但也可能被它所助益。］

《政治家》(263a6-8)：ἡμεῖς μὲν καὶ νῦν μακροτέραν τοῦ δέοντος ἀπὸ τοῦ προτεθέντος λόγου πεπλανήμεθα, σὺ δὲ ἔτι πλέον ἡμᾶς κελεύεις πλανηθῆναι.［我们甚至现在都已经比应该做的那样远离了那被提交出来的讨论，而你要求我们还要更远地离题。］

《菲勒玻斯》（12c3–4）：καὶ νῦν τὴν μὲν Ἀφροδίτην, ὅπῃ ἐκείνῃ φίλον, ταύτῃ προσαγορεύω.［甚至现在，就阿佛洛狄忒，怎样是令她喜欢的，我就怎样称呼她。］

《大希庇阿斯》（301b7）：καὶ νῦν τοσοῦτόν σε λέληθεν.［甚至现在你也如此多地没有注意到这点。］

401 见前面 350c。

402 οἱ δὲ ἄδικοι οὐδὲ πράττειν μετ' ἀλλήλων οἷοί τε［而那些不正义的人则不能够互相一起做任何事。］这句话中的否定词 οὐδὲ，法国布德本希腊文和新校勘的牛津古典本希腊文均作 οὐδὲν，从之。如果按伯内特本翻译，则可以译为：而那些不正义的人则根本不能够互相一起做事。

403 ἐφ' οὓς ᾖσαν［他们前去〈攻击〉的那些人］，ᾖσαν 在这里是动词 εἶμι［去/来］的未完成过去时直陈式主动态第三人称复数。

404 见前面 347e。τὸ ὕστερον［以后］是一个整体和词组，作副词使用；《牛津希-英词典》对它的解释是：later, afterwards。

405 φαίνονται μὲν οὖν［他们无疑就显得〈是那样〉］，也可以完整地补充译为“他们无疑就显得〈生活得更好以及是更为幸福的〉”。

406 οὐ γὰρ περὶ τοῦ ἐπιτυχόντος ὁ λόγος［因为该说法所关乎的不是任何随随便便的事情］，也可以简单译为“因为该说法不关乎普通的事情”。ἐπιτυχόντος 在这里是动词 ἐπιτυγχάνω 的一次性过去时分词主动态中性属格单数，ἐπιτυγχάνω 的本义是“遇见”“碰到”，其分词加冠词构成名词，例如 ὁ ἐπιτυχών［随便碰到的哪个人/普通人］，τὸ ἐπιτυχόν［任何遇到的事/普通事］；《牛津希-英词典》举了柏拉图在这里的这个表达，对 τὸ ἐπιτυχόν 的解释是：common matter。

407 见前面 344e。

408 希腊文方括号中的语气词 ἂν，伯内特认为是窜入，新校勘的牛津古典本希腊文也如此，而法国布德本希腊文保留了该词；从伯内特本。

409 μόνον τι［唯有它］是一个整体，不定代词 τι 在这里是后面的动词 ἀπεργάζηται［做成/完成］的主语。

410 ἴωμεν δὲ ἐπὶ τὰ αὐτὰ πάλιν［但让我们再次回到那些同样的事情］，ἴωμεν 在这里是动词 εἶμι［去/来］的现在时虚拟式主动态第一人称复数。

411 ἔχε δή［现在请停一下！］是词组，也可以简单译为“请打住！”ἔχε 是动词

ἔχω［有］的现在时主动态命令式第二人称单数，《牛津希-英词典》对 ἔχε δή 的解释是 stay now。参见：

《拉刻斯》（198b2-4）：Ἔχε δή. ταῦτα μὲν γὰρ ὁμολογοῦμεν, περὶ δὲ τῶν δεινῶν καὶ θαρραλέων σκεψώμεθα, ὅπως μὴ σὺ μὲν ἄλλ' ἄττα ἡγῇ, ἡμεῖς δὲ ἄλλα.［现在请停一下！因为，一方面，我们都同意这些；另一方面，让我们对那些可怕的事情和可以去冒险的事情进行考察，免得你认为它们是一回事，而我们认为它们是另一回事。］

《伊翁》（535b1-2）：Ἔχε δή μοι τόδε εἰπέ, ὦ Ἴων, καὶ μὴ ἀποκρύψῃ ὅτι ἄν σε ἔρωμαι.［现在请停一下！请你告诉我下面这点，伊翁啊，并且请你不要隐瞒我会问你的任何事情。］

412 στερόμενα τῆς αὑτῶν ἀρετῆς［当它们丧失了它们自己的德性］。στερόμενα 在这里是动词 στέρομαι［缺乏／丧失］的现在时分词中性主格复数，该动词要求属格作宾语，所以这里出现的是单数属格 τῆς αὑτῶν ἀρετῆς［它们自己的德性］。

413 Τίθεμεν οὖν καὶ τἆλλα πάντα εἰς τὸν αὐτὸν λόγον;［那我们也把其他所有事物指派给这同样的说法吗？］当然可以转译为：那我们也把这同样的说法用在其他所有事物身上吗？

414 对观《斐德若》（246b6-7）：ψυχὴ πᾶσα παντὸς ἐπιμελεῖται τοῦ ἀψύχου, πάντα δὲ οὐρανὸν περιπολεῖ, ἄλλοτ' ἐν ἄλλοις εἴδεσι γιγνομένη.［宇宙灵魂关心着每个无灵魂的东西，而它在整个天宇中漫游，时而在这种形状中生起，时而在那种形状生起。］

415 对观《斐洞》（79e8-80a5）：Ὅρα δὴ καὶ τῇδε ὅτι ἐπειδὰν ἐν τῷ αὐτῷ ὦσι ψυχὴ καὶ σῶμα, τῷ μὲν δουλεύειν καὶ ἄρχεσθαι ἡ φύσις προστάττει, τῇ δὲ ἄρχειν καὶ δεσπόζειν· καὶ κατὰ ταῦτα αὖ πότερόν σοι δοκεῖ ὅμοιον τῷ θείῳ εἶναι καὶ πότερον τῷ θνητῷ; ἢ οὐ δοκεῖ σοι τὸ μὲν θεῖον οἷον ἄρχειν τε καὶ ἡγεμονεύειν πεφυκέναι, τὸ δὲ θνητὸν ἄρχεσθαί τε καὶ δουλεύειν;［你还得看看下面这点：一旦灵魂和身体是在一起了，自然就会命令身体做奴仆和被统治，而灵魂进行统治和做主人；并且再次根据这点，在你看来两者中哪个是相似于神性的东西的，以及哪个是相似于有死的东西的？难道你不认为神性的东西生来就是那种进行统治和进行领导的，而有死的东西则生来就是那种被统治和做奴仆的？］（94b4-5）：τῶν ἐν ἀνθρώπῳ πάντων ἔσθ' ὅτι ἄλλο λέγεις ἄρχειν ἢ ψυχὴν ἄλλως τε καὶ φρόνιμον;［在人身上的所有东西中，你会说除了灵魂——尤其明智的灵魂——，有别的什么将能够进行统治？］

416 ἴδια ἐκείνης εἶναι［是其固有的东西］，即“是灵魂固有的东西”；因为指示

代词单数属格 ἐκείνης 是阴性，故只能指代前面的 ψυχῇ［灵魂］，而不是 ὅτῳ ἄλλῳ［任何其他事物］。

417 见前面 350c–d，351a。

418 对观《克里同》(48b4–6)：καὶ τόνδε δὲ αὖ σκόπει εἰ ἔτι μένει ἡμῖν ἢ οὔ, ὅτι οὐ τὸ ζῆν περὶ πλείστου ποιητέον ἀλλὰ τὸ εὖ ζῆν.［并且请你再次思考下面这点：是否对我们来说这是成立的，即最为应该做的，不是活着，而是活得美好。］

419 ἐν τοῖς Βενδιδίοις［在本狄丝节上］。本狄丝（Βένδις, Bendis），色雷斯人的狩猎女神和月光女神，相当于希腊人的阿耳忒弥斯（Ἄρτεμις, Artemis）。

420 特剌绪马科斯之所以这么说，乃是回应前面 352b5–6 那里苏格拉底的话：Ἴθι δή, ἦν δ᾽ ἐγώ, καὶ τὰ λοιπά μοι τῆς ἑστιάσεως ἀποπλήρωσον ἀποκρινόμενος［那就来吧！我说道，也请你通过回答而为我上完宴会上剩下的〈美味佳肴〉。］

421 χαλεπαίνων ἐπαύσω［不再那么严苛］，也可以译为“停止动怒”。

422 τοῦ ἀεὶ παραφερομένου［任何时候什么被端上桌］。παραφερομένου 在这里是动词 παραφέρω 的现在时分词被动态中性属格单数，παραφέρω 的本义是“带给”“递给”，其被动态则具有“放在桌上”的意思；《牛津希–英词典》举了柏拉图在这里的这一表达，对它的解释是：to be set on table。

423 ἀπογεύονται ἁρπάζοντες［他们就急不可耐地进行品尝］，也可以译为“他们就贪婪地进行品尝”。ἁρπάζοντες 是动词 ἁρπάζω 的现在时分词主动态阳性主格复数，ἁρπάζω 的本义是“抓住”“抢走”“匆忙抓住”；《牛津希–英词典》举了柏拉图在这里的这一表达，对它的解释是：greedily。

ἀπογεύονται 是动词 ἀπογεύω 的现在时直陈式中动态第三人称复数，ἀπογεύω 的本义是“使尝到……滋味”，其中动态的意思则是“品尝”。参见《泰阿泰德》(157c7–d2)：Οὐ μνημονεύεις, ὦ φίλε, ὅτι ἐγὼ μὲν οὔτ᾽ οἶδα οὔτε ποιοῦμαι τῶν τοιούτων οὐδὲν ἐμόν, ἀλλ᾽ εἰμὶ αὐτῶν ἄγονος, σὲ δὲ μαιεύομαι καὶ τούτου ἕνεκα ἐπᾴδω τε καὶ παρατίθημι ἑκάστων τῶν σοφῶν ἀπογεύσασθαι, ἕως ἂν εἰς φῶς τὸ σὸν δόγμα συνεξαγάγω.［你不记得了，朋友，我既不知道，也不把这类东西中的任何当作我的，相反，我是不能够生育它们的，而是给你助产，并且为此我唱咒语，把每种智慧的东西摆在面前，供你品尝它们，直到我帮助把你的见解带到亮光中。］

424 μετρίως［充分地］。副词 μετρίως 除了具有“恰当地”“适度地”等意思之外，也表“足够地”“充分地”；这里基于文义，将之译为“充分地”。

425 ἀφέμενος ἐκείνου［放弃那种〈考察〉］。ἀφέμενος 是动词 ἀφίημι 的一次性过去时分词中动态阳性主格单数；ἀφίημι 的本义是“抛”“扔”，但其中动态表

“放过”“放开”“放弃”时，要求属格作宾语，所以这里出现的是中性属格单数 ἐκείνου［那种〈考察〉］；而指示代词 ἐκείνου 在这里指代前面对“正义的事情究竟是什么”的考察。参见《泰阿泰德》（146b5–6）：ἀλλ’, ὥσπερ ἤρξω, μὴ ἀφίεσο τοῦ Θεαιτήτου ἀλλ’ ἐρώτα.［但是，像你开始的那样，你不要放过泰阿泰德，而是询问他！］

426 οὐκ ἀπεσχόμην τὸ μὴ οὐκ ἐπὶ τοῦτο ἐλθεῖν ἀπ’ ἐκείνου［我没有克制住自己，〈于是又〉从那个〈话题〉离开而前往了这个〈话题〉］也可以译为：我没有放弃从那个〈话题〉离开而前往了这个〈话题〉。不定式中的否定词 μὴ οὐκ 不能译出。ἀπεσχόμην 是动词 ἀπέχω 的一次性过去时直陈式中动态第一人称单数；ἀπέχω 的本义是“阻挡”“防止”，其中动态则具有“放弃”“回避”“禁止”“戒除”等意思，跟不定式，后面的否定词不译出。如 ἀπέχεσθαι μὴ στρατεῦσαι［放弃出征］。

427 σχολῇ 是由名词 σχολή［闲暇］的单数与格派生而来的副词，除了具有“悠闲地”的意思之外，也表否定，即“决不”“根本不”“几乎不”“几乎无法”；《牛津希–英词典》对它的这层意思的解释是：scarcely, hardly, not at all。

428 εἴσομαι［我将知道］在这里是动词 οἶδα［知道］的将来时直陈式中动态第一人称单数。

429 对观《拉刻斯》（190a6–b1）：εἰ γὰρ μηδ’ αὐτὸ τοῦτο εἰδεῖμεν, ὅτι ποτ’ ἔστιν ὄψις ἢ ὅτι ἔστιν ἀκοή, σχολῇ ἂν σύμβουλοί γε ἄξιοι λόγου γενοίμεθα καὶ ἰατροὶ ἢ περὶ ὀφθαλμῶν ἢ περὶ ὤτων, ὅντινα τρόπον ἀκοὴν ἢ ὄψιν κάλλιστ’ ἂν κτήσαιτό τις.［因为，如果我们恰恰不知道这件事，即视力究竟是什么，或者听力究竟是什么，那么，我们将根本不可能成为值得一提的建议者和医生，无论是关于眼睛还是关于耳朵，告诉一个人究竟能够以何种方式最好地取得听觉或视力。］

430 τοῦ Θρασυμάχου τὴν ἀπόρρησιν［特剌绪马科斯的打退堂鼓］，也可以译为“特剌绪马科斯的放弃”。名词 ἀπόρρησις［禁止 / 拒绝 / 放弃］派生自动词 ἀπερῶ，它由褫夺性前缀 ἀπο 和动词 ἐρῶ［说］构成，等同于动词 ἀπεῖπον［放弃 / 拒绝］。参见：

《泰阿泰德》（200d5–6）：Τί οὖν τις ἐρεῖ πάλιν ἐξ ἀρχῆς ἐπιστήμην; οὐ γάρ που ἀπεροῦμέν γέ πω;［那么，一个人再次从头开始会说知识是什么呢？因为我们肯定还没有打算放弃它吧？］

《菲勒玻斯》（11c7–8）：Φίληβος γὰρ ἡμῖν ὁ καλὸς ἀπείρηκεν.［因为，菲勒玻斯，这位英俊的家伙，已经从我们这里打退堂鼓了。］

431 εἰ ἐπ’ ἐμοὶ εἴη［如果于我是可能的话］，也可以简单译为“如果我能够的话”。

432 τοιόνδε τι εἶναι ἀγαθόν［有着这样一种善的东西］，也可以泛泛地译为“有着这样一种好东西”。这里的“善”取其广义，而非狭义上的伦理或道德意义。

433 τῶν ἀποβαινόντων ἐφιέμενοι［我们以它所导致的各种结果为目的］，也可以译为“我们瞄准它所导致的各种结果”“我们渴望它所导致的各种结果”。ἐφιέμενοι 是动词 ἐφίημι 的现在时分词中动态阳性主格复数，动词 ἐφίημι 的本义是“送去”“派遣”，但其中动态则具有“瞄准”“以……为目的”“渴望”等意思，并要求属格；所以这里出现的是中性复数属格 τῶν ἀποβαινόντων［它所导致的各种结果］。参见：

《斐德若》(237d5-9)：τῷ δὴ τὸν ἐρῶντά τε καὶ μὴ κρινοῦμεν; δεῖ αὖ νοῆσαι ὅτι ἡμῶν ἐν ἑκάστῳ δύο τινέ ἐστον ἰδέα ἄρχοντε καὶ ἄγοντε, οἷν ἑπόμεθα ᾗ ἂν ἄγητον, ἡ μὲν ἔμφυτος οὖσα ἐπιθυμία ἡδονῶν, ἄλλη δὲ ἐπίκτητος δόξα, ἐφιεμένη τοῦ ἀρίστου.［那么，我们用什么来剖判那陷入爱中的人和那没有陷入爱中的人呢？复又必须洞察到，在我们每个人身上有着两种进行统治和进行领导的形式，它们把我们领到哪儿，我们就追随到哪儿；一个是天生的对各种快乐的欲望，另一个是后来获得的判断，它以至善为目的。］

《菲勒玻斯》(20d7-10)：Τόδε γε μήν, ὡς οἶμαι, περὶ αὐτοῦ ἀναγκαιότατον εἶναι λέγειν, ὡς πᾶν τὸ γιγνῶσκον αὐτὸ θηρεύει καὶ ἐφίεται βουλόμενον ἑλεῖν καὶ περὶ αὑτὸ κτήσασθαι, καὶ τῶν ἄλλων οὐδὲν φροντίζει πλὴν τῶν ἀποτελουμένων ἅμα ἀγαθοῖς.［而且如我所认为的那样，对之说出下面这点乃是最必然的，那就是：所有认识它的，都追求和渴望它，想把它弄到手，以及为了它自身而拥有它，并且不操心其他任何东西，除了那些伴随着诸善而被完成的东西之外。］

亚里士多德《尼各马可伦理学》(1094a1-2)：Πᾶσα τέχνη καὶ πᾶσα μέθοδος, ὁμοίως δὲ πρᾶξίς τε καὶ προαίρεσις, ἀγαθοῦ τινὸς ἐφίεσθαι δοκεῖ.［每一种技艺和每一种探究，同样地，任何的实践和选择，似乎都在瞄准某种善。］

434 αὑτοῦ χάριν［为了它自身的缘故］。χάριν 是名词 χάρις［感谢 / 愉悦］派生而来的副词，作介词使用，意思是“为了……的缘故”“由于……的缘故”，要求属格，所以这里出现的是单数属格 αὑτοῦ［它自身］。

435 τὸ φρονεῖν［具有明智］，也可以译为“有智慧”“有思想”。参见《菲勒玻斯》(11b4-c2)：Φίληβος μὲν τοίνυν ἀγαθὸν εἶναί φησι τὸ χαίρειν πᾶσι ζῴοις καὶ τὴν ἡδονὴν καὶ τέρψιν, καὶ ὅσα τοῦ γένους ἐστὶ τούτου σύμφωνα· τὸ δὲ παρ' ἡμῶν ἀμφισβήτημά ἐστι μὴ ταῦτα, ἀλλὰ τὸ φρονεῖν καὶ τὸ νοεῖν καὶ μεμνῆσθαι καὶ τὰ τούτων αὖ συγγενῆ, δόξαν τε ὀρθὴν καὶ ἀληθεῖς λογισμούς, τῆς γε ἡδονῆς

ἀμείνω καὶ λῴω γίγνεσθαι σύμπασιν ὅσαπερ αὐτῶν δυνατὰ μεταλαβεῖν· δυνατοῖς δὲ μετασχεῖν ὠφελιμώτατον ἁπάντων εἶναι πᾶσι τοῖς οὖσί τε καὶ ἐσομένοις.［那好，一方面，菲勒玻斯说，对于一切活物而言，善就是享受、快乐和愉悦，以及所有其他与此类事情相一致的东西。另一方面，从我们这儿而来的异议是，它不是这些，而是具有明智、进行理解、已经想起，以及复又与这些同家族的那些东西，如正确的判断和各种真实的计算，对于所有那些能够取得它们的活物来说都肯定会变得是比快乐更好的和更值得拥有的；而对于所有那些能够分有它们的活物来说——无论是对于那些正是着的，还是对于那些将是着的——，这都是所有一切中最为有益的。］

436 对观亚里士多德《形而上学》第一卷第1章（980a21-27）：Πάντες ἄνθρωποι τοῦ εἰδέναι ὀρέγονται φύσει. σημεῖον δ’ ἡ τῶν αἰσθήσεων ἀγάπησις· καὶ γὰρ χωρὶς τῆς χρείας ἀγαπῶνται δι’ αὐτάς, καὶ μάλιστα τῶν ἄλλων ἡ διὰ τῶν ὀμμάτων. οὐ γὰρ μόνον ἵνα πράττωμεν ἀλλὰ καὶ μηθὲνμέλλοντες πράττειν τὸ ὁρᾶν αἱρούμεθα ἀντὶ πάντων ὡς εἰπεῖν τῶν ἄλλων. αἴτιον δ’ ὅτι μάλιστα ποιεῖ γνωρίζειν ἡμᾶς αὕτη τῶν αἰσθήσεων καὶ πολλὰς δηλοῖ διαφοράς.［所有人在本性上都渴望看。对诸感觉的喜爱就是一种证据。因为即使抛开用处，它们也会因其自身而被喜爱；并且同其他感觉相比，由眼睛而来的感觉尤胜。因为不仅为了我们有所行动，而且当不打算行动时也几乎可以说同所有其他感觉相比我们宁愿选择看。原因在于，在诸感觉中它最能让我们进行认识，并揭示出许多的不同。］

437 τρίτον ... τι ... εἶδος ἀγαθοῦ［善的东西的某一第三种形式］，也可以简单译为“第三种善的东西”。

438 γὰρ οὖν［是的，无疑……］是一个整体和固定表达，也可以简单译为“的确”“确实”。

439 τοῖς πολλοῖς［许多人］，也可以径直译为“大众”。

440 ὃ μισθῶν θ’ ἕνεκα καὶ εὐδοκιμήσεων διὰ δόξαν ἐπιτηδευτέον［它是为了酬报以及好名声的缘故由于〈大众的〉意见才必须被汲汲从事］。ὃ［它］，指代前面的 τοῦ ἐπιπόνου εἴδους［那种辛苦的形式］。如果把 εὐδοκιμήσεων διὰ δόξαν 视为一个整体，那么，这句话也可以译为“为了酬报以及由〈大众的〉意见而来的好名声的缘故它才必须被汲汲从事”。

441 ἐγώ τις［我约莫］，之所以这么翻译，因为 τις 在这里有一种弱化作用。

442 δυσμαθής［不敏于学的］，有意基于词源进行翻译，当然可以转译为“迟钝的”。形容词 δυσμαθής 与 εὐμαθής 相对，它派生自褫夺性前缀 δυσ- 和动词 μαθεῖν［学习］。类似的表达，可参见《泰阿泰德》（195c1-4）：Τὴν

ἐμαυτοῦ δυσμαθίαν δυσχεράνας καὶ ὡς ἀληθῶς ἀδολεσχίαν. τί γὰρ ἄν τις ἄλλο θεῖτο ὄνομα, ὅταν ἄνω κάτω τοὺς λόγους ἕλκῃ τις ὑπὸ νωθείας οὐ δυνάμενος πεισθῆναι, καὶ ᾖ δυσαπάλλακτος ἀφ' ἑκάστου λόγου;［因为我厌恶我自己的不敏于学和真的闲谈。因为一个人还能对之给出别的什么名字吗，每当有人由于迟钝而上上下下地拖拽各种说法，以至于既不能够被人听从，自己又难以摆脱每个说法时？］

443 πρῳαίτερον τοῦ δέοντος［比应然更早地］是一个整体，也可以译为"早于应当的时候"。参见《泰阿泰德》（150e1-3）：πολλοὶ ἤδη τοῦτο ἀγνοήσαντες καὶ ἑαυτοὺς αἰτιασάμενοι, ἐμοῦ δὲ καταφρονήσαντες, ἢ αὐτοὶ ἢ ὑπ' ἄλλων πεισθέντες ἀπῆλθον πρῳαίτερον τοῦ δέοντος.［许多不知道这点和归功于自己的人，他们因轻视我——要么他们自己就轻视我，要么被其他人说服而轻视我——，而早于应当的时候就从我这儿离开了。］

444 ἐμοὶ ... κατὰ νοῦν［合我心意］是一个整体和固定表达，单就 κατὰ νοῦν 来说，意思是"如愿"。参见：

《智者》（217d5-7）：συμβούλῳ μὴν ἐμοὶ χρώμενος τῶν νέων τινὰ αἱρήσῃ, Θεαίτητον τόνδε, ἢ καὶ τῶν ἄλλων εἴ τίς σοι κατὰ νοῦν.［但是，如果你真把我当成建议者，那你可以找年轻人中的一位，即这位泰阿泰德，或者其他人中任何一位合你心意的。］

《菲勒玻斯》（11a1-b1）：Ὅρα δή, Πρώταρχε, τίνα λόγον μέλλεις παρὰ Φιλήβου δέχεσθαι νυνὶ καὶ πρὸς τίνα τὸν παρ' ἡμῖν ἀμφισβητεῖν, ἐὰν μή σοι κατὰ νοῦν ᾖ λεγόμενος.［那你就来看看，普洛塔尔科斯，你现在打算接受从菲勒玻斯那里来的何种说法，以及打算对从我们这里来的何种说法持有异议——假如它说得不合你心意的话。］

445 αὐτὸ καθ' αὑτό 是一个整体，第一个 αὐτό 表强调，καθ' αὑτό 的意思则是"在其自身"；这里整体地把 αὐτὸ καθ' αὑτό 译为"独自在其自身地"，也可以译为"自在自为地"。αὐτὸ καθ' αὑτό［自在自为 / 独自在其自身］在柏拉图那里是一常见表达，参见：

《斐洞》（64c5-8）：καὶ εἶναι τοῦτο τὸ τεθνάναι, χωρὶς μὲν ἀπὸ τῆς ψυχῆς ἀπαλλαγὲν αὐτὸ καθ' αὑτὸ τὸ σῶμα γεγονέναι, χωρὶς δὲ τὴν ψυχὴν ἀπὸ τοῦ σώματος ἀπαλλαγεῖσαν αὐτὴν καθ' αὑτὴν εἶναι;［并且死亡是这样吗，即当身体从灵魂分离而解脱后，它变得独自在其自身了，而当灵魂从身体分离而解脱后，它也是独自在其自身了？］

《泰阿泰德》（152d2-6）：ὡς ἄρα ἓν μὲν αὐτὸ καθ' αὑτὸ οὐδέν ἐστιν, οὐδ' ἄν τι προσείποις ὀρθῶς οὐδ' ὁποιονοῦν τι, ἀλλ' ἐὰν ὡς μέγα προσαγορεύῃς, καὶ σμικρὸν φανεῖται, καὶ ἐὰν βαρύ, κοῦφον, σύμπαντά τε οὕτως, ὡς μηδενὸς ὄντος ἑνὸς μήτε τινὸς μήτε ὁποιουοῦν.［肯定没有什么是自在自为的一，你既无法正确地把它称为某种东西，也无法把它称为某种性质；相反，如果你称它为大的，它也就会显得是小的，如果你称它为重的，它就会显得是轻的；一切都这样，因为没有什么是一，无论是作为某种东西，还是作为某种性质。］

《智者》（238c8-10）：Συννοεῖς οὖν ὡς οὔτε φθέγξασθαι δυνατὸν ὀρθῶς οὔτ' εἰπεῖν οὔτε διανοηθῆναι τὸ μὴ ὂν αὐτὸ καθ' αὑτό, ἀλλ' ἔστιν ἀδιανόητόν τε καὶ ἄρρητον καὶ ἄφθεγκτον καὶ ἄλογον;［因此，你岂不理解了：既不可能正确地表达，也不可能正确地说出，也不可能正确地思想那自在自为的不是者，它毋宁是不可思想的、不可说的、不可表达的和不合道理的？］

《菲勒玻斯》（53d3-4）：Ἐστὸν δή τινε δύο, τὸ μὲν αὐτὸ καθ' αὑτό, τὸ δ' ἀεὶ ἐφιέμενον ἄλλου.［无疑有两种东西，一个自在自为，而另一个则总是渴望某一其他东西。］

《吕西斯》（220c1-7）：εἰ τριῶν ὄντων ὧν νυνδὴ ἐλέγομεν, ἀγαθοῦ καὶ κακοῦ καὶ μήτε ἀγαθοῦ μήτε κακοῦ, τὰ δύο λειφθείη, τὸ δὲ κακὸν ἐκποδὼν ἀπέλθοι καὶ μηδενὸς ἐφάπτοιτο μήτε σώματος μήτε ψυχῆς μήτε τῶν ἄλλων, ἃ δή φαμεν αὐτὰ καθ' αὑτὰ οὔτε κακὰ εἶναι οὔτε ἀγαθά, ἆρα τότε οὐδὲν ἂν ἡμῖν χρήσιμον εἴη τὸ ἀγαθόν, ἀλλ' ἄχρηστον ἂν γεγονὸς εἴη;［如果我们刚才说过的那三种是着的东西，即好的东西、坏的东西以及既不好也不坏的东西，其中两个被保留了下来，而坏的东西却完全走到了一边去，并且不会触及任何东西，既不会触及身体，也不会触及灵魂，也不会触及其他那些我们确实宣称它们自在自为地既不是坏的也不是好的的东西，那么，那时对我们来说好的东西就不会是有任何用处的，而是会成为了无用的？］

446 ἐᾶσαι χαίρειν［不理会］是词组，ἐᾶσαι 在这里是动词 ἐάω 的一次性过去时不定式；χαίρειν ἐᾶν［不必管 / 不理会 / 放到一边］是一个整体和固定表达。动词 ἐάω 的本义是“允许”“让”“听任”，而动词 χαίρω 的本义是“喜悦”“满意”，其命令式则具有“欢迎”“再会”等意思；由这两个词所构成的词组 ἐᾶν χαίρειν 的意思是“由它去”，而固定搭配 ἐᾶν χαίρειν τινά / τι 的意思是“不把某人或某事放在心上”。参见《泰阿泰德》（147c3-6）：Ἔπειτά γέ που ἐξὸν φαύλως καὶ βραχέως ἀποκρίνασθαι περιέρχεται ἀπέραντον ὁδόν. οἷον καὶ ἐν τῇ τοῦ πηλοῦ ἐρωτήσει φαῦλόν που καὶ ἁπλοῦν εἰπεῖν ὅτι γῆ ὑγρῷ φυραθεῖσα πηλὸς ἂν εἴη, τὸ δ' ὅτου ἐᾶν χαίρειν.［然后也肯定是可笑的，当能够朴实无华且简明地进行回答时，一个人却在无尽的道路上兜圈子。例如，在关于泥

的问题上，肯定能够朴实无华且简单地说：土，当它同水混合在一起时，就会是泥；而能够不必管它是谁的泥。]

447 ἀπορῶ [感到走投无路]，有意基于词源翻译，当然可以译为“感到困惑”“感到不知所措”。动词 ἀπορέω 派生自形容词 ἄπορος，由褫夺性前缀 ἀ [无] 和 πόρος [通路 / 道路] 构成，本义就是“走投无路”。

448 διατεθρυλημένος τὰ ὦτα ἀκούων Θρασυμάχου καὶ μυρίων ἄλλων [由于听特刺绪马科斯以及成千上万的其他人〈所说的〉而使得双耳已经被说得变聋了]。διατεθρυλημένος τὰ ὦτα [使得双耳已经被说得变聋了] 是一个整体。διατεθρυλημένος 是动词 διαθρυλέω 的完成时分词被动态阳性主格单数，διαθρυλέω 的本义是“传播”，但其被动态的意思是“被说得变聋了”；《牛津希–英词典》举了柏拉图在这里的这个表达，对该词的解释是：to be talked deaf。参见：

《吕西斯》(205b5)：ὑπ' ἐμοῦ ἀεὶ ἀκούων διατεθρύληται [他因总是听我絮叨而被我说得变聋了]。

《克里同》(54d2–5)：Ταῦτα, ὦ φίλε ἑταῖρε Κρίτων, εὖ ἴσθι ὅτι ἐγὼ δοκῶ ἀκούειν, ὥσπερ οἱ κορυβαντιῶντες τῶν αὐλῶν δοκοῦσιν ἀκούειν, καὶ ἐν ἐμοὶ αὕτη ἡ ἠχὴ τούτων τῶν λόγων βομβεῖ καὶ ποιεῖ μὴ δύνασθαι τῶν ἄλλων ἀκούειν. [以上这些，亲爱的朋友克里同啊，你一定要清楚它们就是我似乎听到的，就像那些参加科儒巴斯祭仪的人似乎听到笛声一样；而这些话的声音就还在我耳边鸣响，并使得我不可能听到其他的。]

449 τὸν ὑπὲρ τῆς δικαιοσύνης λόγον [代表正义的那种说法]，也可以译为“替正义的发声”。

450 κατατείνας ἐρῶ [我将竭尽全力地来说一说] 是一个整体。κατατείνας 是动词 κατατείνω 的一次性过去时分词主动态阳性主格单数，在这里作副词使用；κατατείνω 的本义是“绷紧”“拉紧”，喻为“奋力”“全力以赴”等；《牛津希–英词典》举了柏拉图在这里的这一表达，对它的解释是：with all one's force or might。

451 ὃν τρόπον [为何 / 如何] 是词组，大致等于 τίνα τρόπον。参见《泰阿泰德》(162c7–d2)：Μὰ Δί' οὐκ ἔγωγε· καὶ ὅπερ γε ἐρωτᾷς, πάνυ θαυμάζω. ἡνίκα γὰρ διῇμεν ὃν τρόπον λέγοιεν τὸ δοκοῦν ἑκάστῳ τοῦτο καὶ εἶναι τῷ δοκοῦντι, πάνυ μοι εὖ ἐφαίνετο λέγεσθαι· νῦν δὲ τοὐναντίον τάχα μεταπέπτωκεν. [宙斯在上，我肯定不这么认为，并且就你所问的，我感到非常惊讶。因为，当我们讨论他们为何会说，对每个人显现为什么，也就对向之显现的人来说是什么，对我显得说得非常好；但现在却很快变成了反面。]

452 πάντων μάλιστα 是固定表达，在对话中表最高程度的肯定，字面意思是“在所有事情中最为”，有时基于文义也可以译为“毫无疑问”。参见：

《卡尔米德斯》(156c8-9)：Οὐκοῦν καλῶς σοι δοκεῖ λέγεσθαι καὶ ἀποδέχῃ τὸν λόγον; Πάντων μάλιστα, ἔφη.［那么，在你看来说得正确吗，并且你会接受该说法吗？毫无疑问，他说。］

《吕西斯》(205e1)：Πάντων μάλιστα, εἶπον, εἰς σὲ τείνουσιν αὗται αἱ ᾠδαί.［毫无疑问，我说道，这些歌曲应当针对你自己。］

《克利托丰》(408b7-c1)：πάντων ἑαυτοῦ δεῖ μάλιστα ἐπιμελεῖσθαι［在所有事情中一个人应当最为关心他自己。］

453 τί ὄν τε καὶ ὅθεν γέγονε δικαιοσύνη.［正义有可能是一种什么样的东西，以及它从何处产生出来了。］这句话中的 τί ὄν τε，在法国布德本希腊文中作 οἷόν τε，而新校勘的牛津古典本希腊文作 οἷόν τ᾽ ἐ<στὶ>；这里的翻译从新校勘的牛津古典本希腊文。如果按照伯内特本翻译，这句话则可以通过补充 τυγχάνει［恰好］一词而译为：正义〈恰好〉是什么，以及它从何处产生出来了。按照布德本翻译，则可以译为：正义是可能的吗，以及它从何处产生出来了。

454 ἀδικεῖσθαι［被行不义］，当然可以意译为“遭受不义”。

455 ἀμφοτέρων γεύωνται［品尝了两者的滋味］。动词 γεύω 的本义是“尝 / 品尝”，喻为“体验”“考验”；它要求属格，所以这里出现的是单数属格 ἀμφοτέρων［两者 / 两方面］。

456 副词 ἐντεῦθεν 既可以表地点，也可以表时间。如果表地点，意思是“从这儿”；如果表时间，则意味着“此后”“以后”，这里取后一种意思。

457 συνθήκας αὑτῶν［彼此之间的各种协约］。αὑτῶν 即 ἑαυτῶν，这里的 αὑτῶν 不作反身代词理解，而是交互代词，等于 ἀλλήλων，意思是“彼此”“互相”。《牛津希-英词典》在解释这一语法现象时，指出其意思是：one another。参见《吕西斯》(215b3-7)：Πῶς οὖν οἱ ἀγαθοὶ τοῖς ἀγαθοῖς ἡμῖν φίλοι ἔσονται τὴν ἀρχήν, οἳ μήτε ἀπόντες ποθεινοὶ ἀλλήλοις – ἱκανοὶ γὰρ ἑαυτοῖς καὶ χωρὶς ὄντες – μήτε παρόντες χρείαν αὑτῶν ἔχουσιν; τοὺς δὴ τοιούτους τίς μηχανὴ περὶ πολλοῦ ποιεῖσθαι ἀλλήλους;［那么，那些优秀的人之于那些优秀的人，对我们来说究竟如何将是朋友呢，如果他们即使离开也并不彼此渴望——因为他们彼此间都是自足的，哪怕他们是分离的——，即使在场互相也没有任何需要的话？究竟何种办法能够使得这样一些人彼此珍惜呢？］

458 ἀρρωστίᾳ τοῦ ἀδικεῖν［由于无力行不义］，字面意思是“由于行不义之无力”。

459 ὡς ὁ λόγος［就像该说法〈所说的〉那样］，基于上下文，也可以译为“就像讨论〈所说的〉那样”。这是一固定表达，《牛津希-英词典》对之的解释是，这里省略了动词 λέγει[说]。

460 指示代词 αὐτό[它]，虽然是中性，但仍指代前面提到的 δικαιοσύνη[正义]。

461 ἐπ' αὐτοφώρῳ[当场]是固定搭配，形容词 αὐτόφωρος 的词干是 φώρ[窃贼]，意思是在行窃时被逮住，从而 αὐτόφωρος 转义为“自我暴露的”“当场的”。参见《苏格拉底的申辩》(22a8-b2)：μετὰ γὰρ τοὺς πολιτικοὺς ᾖα ἐπὶ τοὺς ποιητὰς τούς τε τῶν τραγῳδιῶν καὶ τοὺς τῶν διθυράμβων καὶ τοὺς ἄλλους, ὡς ἐνταῦθα ἐπ' αὐτοφώρῳ καταληψόμενος ἐμαυτὸν ἀμαθέστερον ἐκείνων ὄντα.[因为在一些政治家之后，我前往了一些诗人那儿，既有悲剧诗人，也有酒神颂诗人，以及其他一些诗人，以便在那里让自己当场暴露为比他们是更为无知的。]

462 διὰ τὴν πλεονεξίαν[由于想占得更多]，有意按词源翻译，当然可以简单译为“由于贪心”“由于贪得无厌”。

463 ὃ πᾶσα φύσις διώκειν πέφυκεν ὡς ἀγαθόν[任何一种本性生来就把它作为一种好的东西进行追求]。关系代词 ὃ[它]虽然是中性，但根据古希腊语文法，仍指代前面的阴性名词 τὴν πλεονεξίαν[想占得更多 / 贪心]。

464 νόμῳ δὲ βίᾳ παράγεται ἐπὶ τὴν τοῦ ἴσου τιμήν[只不过它被法律用强力引向了一边而前往对平等的尊崇]，似乎也可以译为“只不过为了对平等的尊崇它被法律用强力引向了歧途”。

465 τῷ [Γύγου] τοῦ Λυδοῦ προγόνῳ[吕底亚人古革斯的祖先]，方括号中的人名 Γύγου[古革斯]，伯内特认为是窜入，而法国布德本希腊文和新校勘的牛津古典本希腊文均保留了它，从之。吕底亚人（Λυδός, Lydos），生活在小亚细亚西部，濒临黑海和爱琴海，该民族在当时曾被视为“野蛮民族”。古革斯（Γύγης. Gyges），公元前 7 世纪的一位吕底亚城邦的国王。在后面 612b4 也提到了这里的这个故事，只不过在那里说到的是古革斯本人，而不是其祖先。

466 θητεύοντα παρὰ τῷ τότε Λυδίας ἄρχοντι[在当时统治着吕底亚的那个人那里当雇工]。θητεύοντα 是动词 θητεύω 的现在时分词主动态阳性宾格单数，θητεύω 的本义是“当雇工”“做佣工”。参见《欧悌弗戎》(4c3-5)：ἐπεὶ ὅ γε ἀποθανὼν πελάτης τις ἦν ἐμός, καὶ ὡς ἐγεωργοῦμεν ἐν τῇ Νάξῳ, ἐθήτευεν ἐκεῖ παρ' ἡμῖν.[死去的那个人其实曾是我的一位帮工，当我们在纳克索斯种地时，他在我们那儿当雇工。]

467 ἰδεῖν ἄλλα τε δὴ ἃ μυθολογοῦσιν θαυμαστὰ καὶ ἵππον χαλκοῦν.[当然，〈除了〉看到人们讲神话故事时〈所提到〉的其他一些令人称奇的东西之外，他尤

其还看到了一匹青铜制的马。] ἄλλα τε δὴ ... καὶ ... 是一个整体，意思是“当然〈除了〉其他一些……，而且尤其……”。参见《泰阿泰德》(142c3-5)：καὶ δῆτα προπέμψας αὐτόν, ἀπιὼν πάλιν ἀνεμνήσθην καὶ ἐθαύμασα Σωκράτους ὡς μαντικῶς ἄλλα τε δὴ εἶπε καὶ περὶ τούτου. [在回来的路上我想起了苏格拉底，并钦佩他何等预言性地说过这个人，当然也包括其他一些事情。]

468 μείζω ἢ κατ' ἄνθρωπον [比人〈的身形〉更为高大]。ἢ κατά 是一个整体，用于比较；参见：

《斐洞》(108d5-9)：ὡς μέντοι ἀληθῆ, χαλεπώτερόν μοι φαίνεται ἢ κατὰ τὴν Γλαύκου τέχνην, καὶ ἅμα μὲν ἐγὼ ἴσως οὐδ' ἂν οἷός τε εἴην, ἅμα δέ, εἰ καὶ ἠπιστάμην, ὁ βίος μοι δοκεῖ ὁ ἐμός, ὦ Σιμμία, τῷ μήκει τοῦ λόγου οὐκ ἐξαρκεῖν. [但是，要证明它们是真的，在我看来这对于格劳科斯的技艺来说也太困难了。一方面我自己或许也不能做到，另一方面，即使我懂得如何证明，但在我看来，西米阿斯啊，我余下的生命也够不上讨论的长度了。]

469 τοῦτον δὲ ἄλλο μὲν οὐδέν [这具尸体没有穿戴任何其他东西]，这句话在法国布德本希腊文和新校勘的牛津古典本希腊文中均作 τοῦτον δὲ ἄλλο μὲν ἔχειν οὐδέν，即有动词不定式 ἔχειν [穿戴 / 有] 一词，从之。

470 περὶ δὲ τῇ χειρὶ χρυσοῦν δακτύλιον ὄν<τα> περιελόμενον ἐκβῆναι. [但在手指上有一只黄金做的戒指，于是他取下它，然后离开了。] ὄν<τα>，其中尖括号中的 τα 是伯内特根据文义补充的；这句话在法国布德本希腊文和新校勘的牛津古典本希腊文均作 περὶ δὲ τῇ χειρὶ χρυσοῦν δακτύλιον, ὃν περιελόμενον ἐκβῆναι.，从之。从文法上看，ὄν<τα> 是动词 εἰμί [是] 的现在时分词主动态阳性宾格单数，因而 περὶ δὲ τῇ χειρὶ χρυσοῦν δακτύλιον ὄν<τα> 是一个整体，字面意思是“但一只黄金做的戒指是在手指上”；而 ὃν 是阳性关系代词 ὅς 的宾格单数。

471 κατὰ μῆνα 是词组，意思是“每月”“每月一次”。

472 τὴν σφενδόνην τοῦ δακτυλίου [戒指的宝石座]。名词 σφενδόνη 的本义是指戒指上镶嵌宝石的宽阔部分或凹槽，这里简单译为“宝石座”。

473 καὶ διαλέγεσθαι ὡς περὶ οἰχομένου. [并且他们谈论他，就像在谈论一个离开了的人似的。] 也可以译为：于是他们〈开始〉谈论他，仿佛他离开了似的。

474 ἐπιψηλαφῶντα τὸν δακτύλιον [用手触摸戒指的表面]。ἐπιψηλαφῶντα 在这里是动词 ἐπιψηλαφάω 的现在时分词主动态阳性宾格单数，ἐπιψηλαφάω 的本义就是“触摸”“用手触摸表面”；《牛津希-英词典》举了柏拉图在这里的这个表达，对它的解释是：feel by passing the hand over the surface。

475 ἀποπειρᾶσθαι τοῦ δακτυλίου [测试戒指]。动词 ἀποπειράομαι [考验 / 测试]

要求属格作宾语，所以后面出现的是单数属格 τοῦ δακτυλίου［戒指］。参见《斐洞》（60e1-3）：ἀλλ' ἐνυπνίων τινῶν ἀποπειρώμενος τί λέγοι, καὶ ἀφοσιούμενος εἰ ἄρα πολλάκις ταύτην τὴν μουσικήν μοι ἐπιτάττοι ποιεῖν.［而是为了测试我的一些梦，看它们究竟在说什么，以及洁净自己，万一它们是在命令我创作这类文艺。］

476 εὐθὺς διαπράξασθαι［他立即为他自己达成了〈下面这一〉目的］，有意按字面意思翻译，当然可以简单译为"他立即设法"。διαπράξασθαι 是动词 διαπράσσω 的一次性过去时不定式中动态，διαπράσσω 的本义是"完成""做完"，但其中动态则具有"为自己达成目的""赢得""获得"等意思；《牛津希-英词典》举了柏拉图在这里的这个表达，对它的解释是：effect for oneself, gain one's point。

477 ἐπιθέμενον τῷ βασιλεῖ［通过攻击国王］。ἐπιθέμενον 在这里是动词 ἐπιτίθημι 的一次性过去时分词中动态阳性宾格单数，ἐπιτίθημι 的本义是"加上""添上"，但其中动态则具有"攻击"的意思，并要求与格作宾语，所以这里出现的是与格单数 τῷ βασιλεῖ［国王］。

478 ἀπέχεσθαι τῶν ἀλλοτρίων καὶ μὴ ἅπτεσθαι［远离和不触碰那些属于别人的东西］。动词不定式 ἀπέχεσθαι［远离 / 回避］和 ἅπτεσθαι［触碰］均要求属格作宾语，所以这里出现的是复数属格 τῶν ἀλλοτρίων［那些属于别人的东西］。

479 ἀδεῶς［毫无任何担心地］，也可以译为"无所顾忌地""无所畏惧地"。

480 ὅτι οὐδεὶς ἑκὼν δίκαιος ἀλλ' ἀναγκαζόμενος［无人心甘情愿地是正义的，而只是被迫］。与之相对的表达，参见《苏格拉底的申辩》（25d3）：ἔσθ' ὅστις βούλεται βλάπτεσθαι;［有愿意被伤害的人吗？］

481 ὡς οὐκ ἀγαθοῦ ἰδίᾳ ὄντος.［因为对每个人个人来说，〈是正义的〉这并不是一件好事。］之所以这样补充翻译，因为基于文义和文法，这里省略了不定式 τοῦ δίκαιον εἶναι［是正义的］这一表达。

482 τοιαύτης ἐξουσίας ἐπιλαβόμενος［他虽然获得了这样一种权力］。ἐπιλαβόμενος 是动词 ἐπιλαμβάνω 的一次性过去时分词中动态阳性主格单数，ἐπιλαμβάνω 的本义是"捉""抓"，但其中动态则具有"得到""获得"等意思，并要求属格作宾语，所以这里出现的是单数属格 τοιαύτης ἐξουσίας［这样一种权力］。

483 ἀλλήλων ἐναντίον［当着彼此的面］是一个整体和固定表达。ἐναντίον 是形容词 ἐναντίος［相反的 / 对面的］的中性作副词使用，要求属格，意思是"当着……的面""在……面前"，所以这里出现的是交互代词的复数属格 ἀλλήλων［彼此］。《牛津希-英词典》对 ἐναντίον 的这种用法的解释是：in the presence of。参见《大希庇阿斯》（295b2-3）：ἀλλὰ πρὸς θεῶν ἐμοῦ ἐναντίον

αὐτὸ ἔξευρε, εἰ δὲ βούλει, ὥσπερ νῦν ἐμοὶ συζήτει.［然而，诸神在上，请你还是当着我的面来发现它，而如果你愿意，就请你如现在这样同我一起进行寻找。］

484 ταῦτα μὲν οὖν δὴ οὕτω.［好吧，对此就说这么多。］ταῦτα μὲν ... δὴ οὕτω［对此就说这么多］是一个整体，也可以译为“这些就到此为止吧”；该表达大致等于 ταῦτα μὲν δὴ ταῦτα，而《牛津希-英词典》对 ταῦτα μὲν δὴ ταῦτα 的解释是：so much for that。如果将 ταῦτα ... οὕτω 理解为等于 ταῦτα οὕτως ἔχει，那么整句话也可以译为：因此，事情无疑就是这样。

485 ἐὰν διαστησώμεθα τόν τε δικαιότατον καὶ τὸν ἀδικώτατον［如果我们把最正义的人和最不正义的人进行对照］。διαστησώμεθα 是动词 διίστημι 的一次性过去式虚拟式中动态第一人称复数，διίστημι 的本义是“分开”，但其中动态则具有“对照”“对比”的意思；《牛津希-英词典》举了柏拉图在这里的这个表达，对它的解释是：contrast。同样，下文由之派生而来的名词 διάστασις，除了具有“分开”“分离”“间距”等意思之外，在这里的意思仍然是“对照”“对比”；《牛津希-英词典》对它的解释是：contrasting。

486 τοῖς μὲν ἐπιχειρεῖ［一方面尝试做那些可能的事情］。动词 ἐπιχειρέω［尝试做/动手做］一般要求与格作宾语，所以这里出现的是定冠词的与格复数 τοῖς，指代“那些可能的事情”。

487 ἐσχάτη γὰρ ἀδικία δοκεῖν δίκαιον εἶναι μὴ ὄντα.［因为极端的不正义在于：一个人看起来是正义的，尽管他不是。］基于文法当如此翻译；因为 δίκαιον 和 ὄντα 在这里都是阳性宾格单数。

488 埃斯库罗斯（Αἰσχύλος, Aischylos），公元前 525–前 456，雅典著名的悲剧作家。

489 οὐ δοκεῖν ἀλλ' εἶναι ἀγαθὸν ἐθέλοντα.［他希望并非看起来是良善的，而是〈良善的〉。］这句话当是对埃斯库罗斯《七将攻忒拜》（592）中那句话的改写，原话为：οὐ γὰρ δοκεῖν ἄριστος, ἀλλ' εἶναι θέλει.［他希望并非看起来是，而是最良善的。］

490 ᾖ βεβασανισμένος［他能够得到检验］是一个整体和委婉的表达，βεβασανισμένος 是动词 βασανίζω［检验］的完成时分词被动态阳性主格单数；参见前面 337e6 对“ἀπειρημένον ... εἴη［已经被禁止］”的注释 228。

491 ἀλλὰ ἴτω ἀμετάστατος［而且让他不可改变地往前走］，这句话在新校勘的牛津古典本希腊文中同样如此，而其中的 ἴτω 在法国布德本希腊文中作 ἔστω，不从。从文法上看，ἴτω 是动词 εἶμι［走］的现在时命令式主动态第三人称单数，而 ἔστω 是动词 εἰμί［是］的现在时命令式主动态第三人称单数；如果按布德本翻译，那么这句话就当译为“而且让他是不可改变的”。

492 βαβαί 是表示惊讶的感叹词；参见《菲勒玻斯》(23b5-6)：Βαβαῖ ἄρα, ὦ Πρώταρχε, συχνοῦ μὲν λόγου τοῦ λοιποῦ, σχεδὸν δὲ οὐδὲ ῥᾳδίου πάνυ τι νῦν.［我的天，普洛塔尔科斯啊，一方面，余下的讨论何其长！另一方面，差不多在现在它也根本就是一件不容易的事！］

493 ὡς μάλιστ' ... δύναμαι［我尽我所能］是一个整体。ὡς μάλιστα 是词组，等于 ὅτι μάλιστα，意思是“尽可能地”。

494 ἐπεξελθεῖν τῷ λόγῳ［继续进行一番讨论］是一个整体和固定表达。参见前面“τῷ λόγῳ ἐπεξελθεῖν［继续进行一番讨论］”的注释 362。

495 ἀγροικοτέρως λέγηται［说得有些粗俗］，也可以基于词源而译为“说得比较土里土气”。ἀγροικοτέρως 是形容词 ἄγροικος 的比较级副词，ἄγροικος［乡下的/土气的/粗俗的］派生自名词 ἀγρός［乡村/田地］和动词 οἰκέω［居住］。

496 πρᾶγμα ἀληθείας ἐχόμενον［一件与真相关的事情］是一个整体，也可以译为“一件属于真的事情”。这里的 ἀληθείας 是 ἀλήθεια 的属格单数，而不是宾格复数；而 ἐχόμενον 在这里则是动词 ἔχω 的现在时分词中动态中性宾格单数。动词 ἔχω［有］的中动态具有“属于”“关于”的意思，要求属格作宾语，例如 ὅσα ἔχεται τῶν αἰσθήσεων［任何属于感觉的］。参见《泰阿泰德》(145a7-8)：Ἦ καὶ ἀστρονομικὸς καὶ λογιστικός τε καὶ μουσικὸς καὶ ὅσα παιδείας ἔχεται;［那他也精通天文学、算术学、音乐吗，以及其他任何属于教育的？］

497 参见埃斯库罗斯《七将攻忒拜》(593-594)。

498 动词 ἐκδίδωμι 的本义是“交出去”“放弃”“投降”，转义为“嫁女”。

499 κοινωνεῖν［进行合作］，新校勘的牛津古典本希腊文认为它有可能是窜入，不从。

500 καὶ ἰδίᾳ καὶ δημοσίᾳ［无论是在私人方面，还是在公共方面］。ἰδίᾳ ... δημοσίᾳ［在私人方面……在公共方面］是固定表达。参见：

《苏格拉底的申辩》(30b2-4)：λέγων ὅτι ‘Οὐκ ἐκ χρημάτων ἀρετὴ γίγνεται, ἀλλ' ἐξ ἀρετῆς χρήματα καὶ τὰ ἄλλα ἀγαθὰ τοῖς ἀνθρώποις ἅπαντα καὶ ἰδίᾳ καὶ δημοσίᾳ.’［我说：“德性不来自钱财，相反，钱财和所有其他的东西都基于德性才对人成为好的——无论是在私人方面还是在公共方面。”］

《斐德若》(244a8-b2)：ἥ τε γὰρ δὴ ἐν Δελφοῖς προφῆτις αἵ τ' ἐν Δωδώνῃ ἱέρειαι μανεῖσαι μὲν πολλὰ δὴ καὶ καλὰ ἰδίᾳ τε καὶ δημοσίᾳ τὴν Ἑλλάδα ἠργάσαντο.［因为，无论是在德尔斐的那位女先知，还是在多多纳的那些女祭司们，当她们处在迷狂中时，无论是在私人方面还是在公共方面，她们都为希腊成就出了许多美好的事情。］

501 对观《欧悌弗戎》(12e5−8)：Τοῦτο τοίνυν ἔμοιγε δοκεῖ, ὦ Σώκρατες, τὸ μέρος τοῦ δικαίου εἶναι εὐσεβές τε καὶ ὅσιον, τὸ περὶ τὴν τῶν θεῶν θεραπείαν, τὸ δὲ περὶ τὴν τῶν ἀνθρώπων τὸ λοιπὸν εἶναι τοῦ δικαίου μέρος.［那么，苏格拉底啊，在我看来正当的东西中的这部分是敬神的和虔敬的，即它是对神的侍奉；而对人的侍奉那部分是正当的东西的其余部分。］

502 τὸ λεγόμενον［如常言所说］，是固定用法，本义是“俗话”，这里根据上下文将之译为“如常言所说”。

503 ἀδελφὸς ἀνδρὶ παρείη［兄弟应当在兄弟旁边］，也可以简单意译为“兄弟应当帮助兄弟”；这句话的字面意思是“兄弟应当在一个人的旁边”。

504 ὅδε［这里的这个人］，即格劳孔。

505 αὐτὸ δικαιοσύνην ἐπαινοῦντες［赞美事情本身，即赞美正义］，αὐτό 虽然是中性单数，但根据古希腊语文法，仍然可以径直译为“赞美正义本身”。类似的表达可参见《泰阿泰德》(146e7−10)：Τὸ δέ γ' ἐρωτηθέν, ὦ Θεαίτητε, οὐ τοῦτο ἦν, τίνων ἡ ἐπιστήμη, οὐδὲ ὁπόσαι τινές· οὐ γὰρ ἀριθμῆσαι αὐτὰς βουλόμενοι ἠρόμεθα ἀλλὰ γνῶναι ἐπιστήμην αὐτὸ ὅτι ποτ' ἐστίν.［被问的，泰阿泰德啊，既不是这，即知识是关于何者的，也非它是哪些，因为不是由于想数它们我们才问，而是想认识知识本身究竟是什么。］

506 ἵνα δοκοῦντι δικαίῳ εἶναι γίγνηται ἀπὸ τῆς δόξης ἀρχαί τε καὶ γάμοι καὶ ὅσαπερ Γλαύκων διῆλθεν ἄρτι.［以便那看起来是正义的人，他能够从该名声中得到各种各样的统治权和婚姻，以及格劳孔刚才细说的所有那些东西。］这是意译。这句话中，动词 γίγνηται［产生 / 出现］虽然是单数，但其主语是后面的 ἀρχαί τε καὶ γάμοι καὶ ὅσαπερ［各种各样的统治权、婚姻和所有那些东西］；因此，这句话的字面意思是：以便对那看起来是正义的人来说，能够从该名声中出现各种各样的统治权和婚姻，以及格劳孔刚才细说的所有那些东西。

507 ἐπὶ πλέον 是固定搭配，作副词使用，意思是“更多”“进一步”；《牛津希−英词典》对它的解释是：more, further。

508 τὰς γὰρ παρὰ θεῶν εὐδοκιμήσεις ἐμβάλλοντες［因为他们通过引进来自诸神的各种赞许］，这是意译，也可以照字面意思译为“因为他们通过引进来自诸神的各种好名声”。

509 ἄφθονα ἔχουσι λέγειν ἀγαθά［他们就能够说出大量的好处来］。形容词 ἄφθονος 由褫夺性前缀 ἀ- 和名词 φθόνος［嫉妒 / 怨恨］构成；就人而言，指“不嫉妒的”“心胸开阔的”，就事物而言，则指“充足的”“丰富的”，这里将之简单译为“大量的”。参见：

《苏格拉底的申辩》(23c6−7)：κἄπειτα οἶμαι εὑρίσκουσι πολλὴν ἀφθονίαν

οἰομένων μὲν εἰδέναι τι ἀνθρώπων, εἰδότων δὲ ὀλίγα ἢ οὐδέν.[于是，我认为他们发现一些人以为知道某种东西，但其实知之甚少，或者一无所知，而这些人不在少数。]

《政治家》(272a2–5)：ἀλλὰ τὰ μὲν τοιαῦτα ἀπῆν πάντα, καρποὺς δὲ ἀφθόνους εἶχον ἀπό τε δένδρων καὶ πολλῆς ὕλης ἄλλης, οὐχ ὑπὸ γεωργίας φυομένους, ἀλλ' αὐτομάτης ἀναδιδούσης τῆς γῆς.[然而，一方面所有诸如此类的事情那时都是不在场的，另一方面他们从各种树上和许多其他的灌木林里获取了充足的果实，它们都不是通过耕作生长出来，而是大地自动献上。]

《菲勒玻斯》(40a10–11)：τις ὁρᾷ πολλάκις ἑαυτῷ χρυσὸν γιγνόμενον ἄφθονον καὶ ἐπ' αὐτῷ πολλὰς ἡδονάς.[一个人经常看到对他自己出现了大量的金子以及随之而来的许多快乐。]

510 参见赫西俄德《工作与时日》(232–234)。

511 参见荷马《奥德修斯》(19. 109–113)。

512 穆塞俄斯(Μουσαῖος, Mousaios)，传说中的吟游诗人。参见：

《苏格拉底的申辩》(41a6–8)：ἢ αὖ Ὀρφεῖ συγγενέσθαι καὶ Μουσαίῳ καὶ Ἡσιόδῳ καὶ Ὁμήρῳ ἐπὶ πόσῳ ἄν τις δέξαιτ' ἂν ὑμῶν; ἐγὼ μὲν γὰρ πολλάκις ἐθέλω τεθνάναι εἰ ταῦτ' ἔστιν ἀληθῆ.[还有，你们中任何人都得付出多少代价才会获得机会同俄耳甫斯、穆塞俄斯、赫西俄德和荷马在一起？如果这些是真的，那我倒愿意经常去死。]

《伊翁》(536b1–4)：ἐκ δὲ τούτων τῶν πρώτων δακτυλίων, τῶν ποιητῶν, ἄλλοι ἐξ ἄλλου αὖ ἠρτημένοι εἰσὶ καὶ ἐνθουσιάζουσιν, οἱ μὲν ἐξ Ὀρφέως, οἱ δὲ ἐκ Μουσαίου· οἱ δὲ πολλοὶ ἐξ Ὁμήρου κατέχονταί τε καὶ ἔχονται.[但就依赖这些最初的环，即依赖诗人们来说，一些人复又依赖这个诗人，另一些人则依赖那个诗人，并且通过他从神那里得到灵感：一些人依赖俄耳甫斯，一些人则依赖穆塞俄斯；但多数人从荷马那里被神附体和占有。]

513 νεανικώτερα τἀγαθά[一些更加华丽的好处]。形容词 νεανικός 的本义是“年轻的”“朝气蓬勃的”，转义为“强有力的”，但在这儿的意思则是“华丽的”“壮观的”；《牛津希–英词典》举了柏拉图在这里的这个表达，对它的解释是：splendid。

514 τὸν ἅπαντα χρόνον ἤδη διάγειν[度过接下来的所有时光]，也可以译为“度过此后的所有时光”；ἤδη 在这里不作“已经”讲，意思是“从此”“此后”。

515 κατόπισθεν λείπεσθαι[从此以后世代相传]，这是意译，字面意思是“从此以后被保留下来”。

516 对观《斐洞》(69c3–7)：καὶ κινδυνεύουσι καὶ οἱ τὰς τελετὰς ἡμῖν οὗτοι καταστήσαντες

οὐ φαῦλοί τινες εἶναι, ἀλλὰ τῷ ὄντι πάλαι αἰνίττεσθαι ὅτι ὃς ἂν ἀμύητος καὶ ἀτέλεστος εἰς Ἅιδου ἀφίκηται ἐν βορβόρῳ κείσεται, ὁ δὲ κεκαθαρμένος τε καὶ τετελεσμένος ἐκεῖσε ἀφικόμενος μετὰ θεῶν οἰκήσει.［并且那些为我们创设各种入教仪式的人似乎都不是一些平庸之辈，相反，他们其实早就在用隐语说道：那未入教和未接受入教仪式就到达哈德斯那里的人将被弃置在烂泥中，而那已经被洁净和接受了入教仪式的人到了那里，则将和诸神生活在一起。］

517 κοσκίνῳ ὕδωρ ἀναγκάζουσι φέρειν［强迫他们用筛子打水］。这暗指神话传说中对阿耳戈斯（Ἄργος, Argos）城邦的建立者达那俄斯（Δανάος, Danaos）的女儿们死后在冥府的惩罚。达那俄斯有 50 个女儿，除了大女儿许珀耳谟涅斯特拉（Ὑπερμνήστρα, Hypermnestra）之外，其余 49 个在新婚之夜听从父亲的命令杀死了自己的丈夫；她们因自己的罪行死后遭到无尽的惩罚，即不断用无底的桶打水。

518 ἄλλα δὲ οὐκ ἔχουσιν.［至于其他的一些惩罚，他们就不知道了。］之所以这么翻译，参见前面 348e8 对“οὐκέτι ῥᾴδιον ἔχειν ὅτι τις εἴπῃ［并且不再容易知道一个人该说什么］”的注释 360。当然，也可以补充译为“而〈除此之外〉他们没有其他什么惩罚〈可说〉”或“而〈除此之外〉他们不能〈说出〉其他的惩罚”。

关于不正义的人和不虔敬的人要遭受的惩罚，可对观《泰阿泰德》（176d1–177a8）：{ΣΩ.} ... τῷ οὖν ἀδικοῦντι καὶ ἀνόσια λέγοντι ἢ πράττοντι μακρῷ ἄριστ’ ἔχει τὸ μὴ συγχωρεῖν δεινῷ ὑπὸ πανουργίας εἶναι· ἀγάλλονται γὰρ τῷ ὀνείδει καὶ οἴονται ἀκούειν ὅτι οὐ λῆροί εἰσι, γῆς ἄλλως ἄχθη, ἀλλ’ ἄνδρες οἵους δεῖ ἐν πόλει τοὺς σωθησομένους. λεκτέον οὖν τἀληθές, ὅτι τοσούτῳ μᾶλλόν εἰσιν οἷοι οὐκ οἴονται, ὅτι οὐχὶ οἴονται· ἀγνοοῦσι γὰρ ζημίαν ἀδικίας, ὃ δεῖ ἥκιστα ἀγνοεῖν. οὐ γάρ ἐστιν ἣν δοκοῦσιν, πληγαί τε καὶ θάνατοι, ὧν ἐνίοτε πάσχουσιν οὐδὲν ἀδικοῦντες, ἀλλὰ ἣν ἀδύνατον ἐκφυγεῖν. {ΘΕΟ.} Τίνα δὴ λέγεις; {ΣΩ.} Παραδειγμάτων, ὦ φίλε, ἐν τῷ ὄντι ἑστώτων, τοῦ μὲν θείου εὐδαιμονεστάτου, τοῦ δὲ ἀθέου ἀθλιωτάτου, οὐχ ὁρῶντες ὅτι οὕτως ἔχει, ὑπὸ ἠλιθιότητός τε καὶ τῆς ἐσχάτης ἀνοίας λανθάνουσι τῷ μὲν ὁμοιούμενοι διὰ τὰς ἀδίκους πράξεις, τῷ δὲ ἀνομοιούμενοι. οὗ δὴ τίνουσι δίκην ζῶντες τὸν εἰκότα βίον ᾧ ὁμοιοῦνται· ἐὰν δ’ εἴπωμεν ὅτι, ἂν μὴ ἀπαλλαγῶσι τῆς δεινότητος, καὶ τελευτήσαντας αὐτοὺς ἐκεῖνος μὲν ὁ τῶν κακῶν καθαρὸς τόπος οὐ δέξεται, ἐνθάδε δὲ τὴν αὑτοῖς ὁμοιότητα τῆς διαγωγῆς ἀεὶ ἕξουσι, κακοὶ κακοῖς συνόντες, ταῦτα δὴ καὶ παντάπασιν ὡς δεινοὶ καὶ πανοῦργοι ἀνοήτων τινῶν ἀκούσονται.［苏格拉底：……因此，对于那行不

义，以及说各种不虔敬的话或做各种不虔敬的事的人，最好是远不要因其恶行而承认他是聪明的；因为他们因这种责备而炫耀，认为他们听到，他们不是蠢货，不是大地的无用的负担，而是在城邦中必须要加以保全的这样一些人。所以，必须说出真实的情况，即他们愈发不认为，就愈发是他们不认为的这种人；因为他们不知道对不义的惩罚，而这是最不应该不知道的。其实惩罚不是他们所以为的那种，如鞭打和死刑——某些行不义者有时并没有遭受它们——，而是那不可能逃脱的。忒俄多洛斯：那你在说何种惩罚？苏格拉底：两种范型，朋友啊，被确立在了是者中，一种是神圣的、至福的，而另一种是无神的、最不幸的；那些由于愚蠢和极度的缺乏理解而没有看到情况是这样的人，没有注意到他们由于各种不正义的行为而变得同后一种范型相似，同前一种范型不相似。他们为此受到了惩罚，因为他们过着一种同他们变得与之相似的那种范型相适应的生活；但如果我们说，除非他们放弃他们的那种聪明，否则即使他们死了，那个摆脱了诸恶的纯洁的地方也不会接纳他们，并且他们在这儿也将始终有着与他们自己相似的一种生活方式，即坏人与坏人在一起，那么，他们听到这些完全就像一群聪明且机灵的人在听某些蠢人说话似的。]

519 ἰδίᾳ 是由形容词 ἴδιος［个人的 / 自己的 / 私有的］的阴性与格单数派生而来的副词，本义是“私下地”“在私人方面”，但同后面的 ὑπὸ ποιητῶν［被诗人们］相对，意思则是“在普通的谈话中”“以日常谈话的方式”；《牛津希-英词典》举了柏拉图在这里的这个表达，对它的解释是：in ordinary talk。

520 ἐξ ἑνὸς στόματος［异口同声地］是一个整体和词组，《牛津希-英词典》举了柏拉图在这里的这个表达，对它的解释是：with one voice。

521 δόξῃ δὲ μόνον καὶ νόμῳ［只不过仅仅由于意见和礼法］。鉴于 νόμος 既有“法律”的意思，也有“习俗”“惯例”的意思，故这里权且将之译为“礼法”。

522 ὡς ἐπὶ τὸ πλῆθος［在很大程度上］是短语，也可以译为“多半”“通常”；大致等于固定表达 ὡς ἐπὶ τὸ πολύ。《牛津希-英词典》对它的解释是：usually, mostly。参见《斐德若》(275a7-b2)：πολυήκοοι γάρ σοι γενόμενοι ἄνευ διδαχῆς πολυγνώμονες εἶναι δόξουσιν, ἀγνώμονες ὡς ἐπὶ τὸ πλῆθος ὄντες, καὶ χαλεποὶ συνεῖναι, δοξόσοφοι γεγονότες ἀντὶ σοφῶν.［因为，当他们由于你的发明而在没有教诲的情况下就成为了听到许多东西的人之后，他们就以为自己是知道许多东西的人，其实他们通常都是无知的，并且难以相处，因为他们都成为了一些自以为智慧的人，而非智慧的人。］

523 εὐχερῶς ἐθέλουσιν［轻轻松松地乐于］是一个整体。副词 εὐχερῶς［容易地 / 无所顾忌地］在这里带有贬义，基于上下文将之译为“轻轻松松地”。

在正面的意思上，则可以译为“从容地”；参见《斐洞》(117c3-7)：Καὶ ἅμ' εἰπὼν ταῦτα ἐπισχόμενος καὶ μάλα εὐχερῶς καὶ εὐκόλως ἐξέπιεν. καὶ ἡμῶν οἱ πολλοὶ τέως μὲν ἐπιεικῶς οἷοί τε ἦσαν κατέχειν τὸ μὴ δακρύειν, ὡς δὲ εἴδομεν πίνοντά τε καὶ πεπωκότα, οὐκέτι.［说这些的同时他把杯子放到嘴边，非常从容和平静地一饮而尽。我们中的许多人在这之前还能够相当好地控制住不哭，但当我们看见他喝并且已经喝完了之后，就再也不能了。］

524 ἐναντίαν μοῖραν［一种相反的定命］。名词 μοῖρα 本义指“应得的份额”“分得的一份”，转义为“定命”“命运”；μοῖρα 如果作专名 Μοῖρα［摩伊剌］，即指“命运女神”。参见：

《苏格拉底的申辩》(33c4-7)：ἐμοὶ δὲ τοῦτο, ὡς ἐγώ φημι, προστέτακται ὑπὸ τοῦ θεοῦ πράττειν καὶ ἐκ μαντείων καὶ ἐξ ἐνυπνίων καὶ παντὶ τρόπῳ ᾧπέρ τίς ποτε καὶ ἄλλη θεία μοῖρα ἀνθρώπῳ καὶ ὁτιοῦν προσέταξε πράττειν.［但如我所说，我是被神通过一些神谕和通过一些托梦，以及用所有其他的方式——通过它们任何其他神圣的定命曾命令一个人做某种事情——所命令而做这件事的。］

《伊翁》(534b7-c5)：ἅτε οὖν οὐ τέχνῃ ποιοῦντες καὶ πολλὰ λέγοντες καὶ καλὰ περὶ τῶν πραγμάτων, ὥσπερ σὺ περὶ Ὁμήρου, ἀλλὰ θείᾳ μοίρᾳ, τοῦτο μόνον οἷός τε ἕκαστος ποιεῖν καλῶς ἐφ' ὃ ἡ Μοῦσα αὐτὸν ὥρμησεν, ὁ μὲν διθυράμβους, ὁ δὲ ἐγκώμια, ὁ δὲ ὑπορχήματα, ὁ δ' ἔπη, ὁ δ' ἰάμβους· τὰ δ' ἄλλα φαῦλος αὐτῶν ἕκαστός ἐστιν.［因此，鉴于并不是凭借一种技艺他们关于各种重大的事情创作和说出了许多优美的东西，就像你关于荷马所做的那样，而是凭借一份神圣的定命，所以每个人都只能够优美地创作出对之缪斯已经激发了他的那种东西，有的擅长酒神颂，有的擅长赞歌，有的擅长伴有舞蹈和哑剧动作的唱诗，有的擅长史诗，有的则擅长抑扬格诗；但在超出他所擅长的领域的其他方面，他们中的每个人都是平庸的。］

525 ἀγύρται δὲ καὶ μάντεις［而一些化缘祭司和预言家］。名词 ἀγύρτης 派生自动词 ἀγείρω［收集］，本义是“收集人”，喻为“乞丐”“化缘祭司”，在贬义上指“江湖术士”“骗子”。

526 ἀκεῖσθαι［进行补救］。ἀκεῖσθαι 是动词 ἀκέομαι 的现在时不定式，ἀκέομαι 的本义是“治疗”“修复”，喻为“赔罪”“补救”；《牛津希-英词典》举了柏拉图在这里的这个表达，对它的解释是：make amends for, repair。

527 ἐπαγωγαῖς τισιν καὶ καταδέσμοις［通过一些符咒和施法术］。名词 ἐπαγωγή 的本义是“引向”“引领”，转义为“诱惑”“引诱”，在逻辑学上则指“归纳”；但在这里的意思是“咒语”“符咒”。《牛津希-英词典》举了柏拉图在这里的这个表达，对它的解释是：incantation, spell。名词 κατάδεσμος 除了具有“绳结”的意思之外，也专指施法术用的绳结，进而泛指“施法术”。

528 μετὰ σμικρῶν δαπανῶν ὁμοίως δίκαιον ἀδίκῳ βλάψει ἐπαγωγαῖς τισιν καὶ καταδέσμοις［他花少许的费用就将通过使用一些符咒和施法术同等地伤害一个正义的人和一个不正义的人］。这句话中的动词 βλάψει［将伤害］，在新校勘的牛津古典本希腊文同样如此，但在法国布德本希腊文中作 βλάψειν，不从。从文法上看，βλάψει 是将来时直陈式主动态第三人称单数，其主语是“他”，而 βλάψειν 是将来时不定式主动态，其主语是“他们”；如果按布德本翻译，那么这句话就当译为“他们花少许的费用就能够通过使用一些符咒和施法术同等地伤害一个正义的人和一个不正义的人”。

529 参见赫西俄德《工作与时日》(287–289)，原文完整的表达是（287–292）：

τὴν μέν τοι κακότητα καὶ ἰλαδὸν ἔστιν ἑλέσθαι［真的，恶很容易就能够成群结队地被弄到手；］

ῥηιδίως· λείη μὲν ὁδός, μάλα δ' ἐγγύθι ναίει·［一则通向它的道路是平坦的，一则它也住得非常近。］

τῆς δ' ἀρετῆς ἱδρῶτα θεοὶ προπάροιθεν ἔθηκαν［但是，不朽的诸神在德性前面放置了汗水，］

ἀθάνατοι· μακρὸς δὲ καὶ ὄρθιος οἶμος ἐς αὐτὴν［通往它的小路既漫长又陡峭，］

καὶ τρηχὺς τὸ πρῶτον· ἐπὴν δ' εἰς ἄκρον ἵκηται,［并且一开始就崎岖不平；然而，一旦到达其顶部，］

ῥηιδίη δὴ ἔπειτα πέλει, χαλεπή περ ἐοῦσα.［随后它就变得容易了，即使它仍然是困难的。］

530 τῆς τῶν θεῶν ὑπ' ἀνθρώπων παραγωγῆς［诸神也会被人劝服］，也可以译为“诸神也会被人改变”。名词 παραγωγή 的本义是“引领”“带过去”，转义为“带偏”“引入歧路”，但在这里的意思是“劝服”“劝说”“改变”；《牛津希–英词典》举了柏拉图在这里的这个表达，对它的解释是：persuading, turning。

531 λιστός 是由动词 λίσσομαι［恳求 / 乞求］派生而来的形容词，意思是“被恳求所打动的”；《牛津希–英词典》对它的解释是：to be moved by prayer。

532 参见荷马《伊利亚特》(9. 497–501)。除了其中的个别语词有变化之外，原文完整的表达是：

στρεπτοὶ δέ τε καὶ θεοὶ αὐτοί,［甚至诸神自己也会转变，］

τῶν περ καὶ μείζων ἀρετὴ τιμή τε βίη τε.［并且他们的德性、尊荣和力量肯定更大。］

καὶ μὲν τοὺς θυέεσσι καὶ εὐχωλῇς ἀγανῇσι［用各种燔祭和温柔的许愿］

λοιβῇ τε κνίση τε παρατρωπῶσ' ἄνθρωποι［奠酒和烧烤牺牲的香气，人们就能改变他们的心意］

λισσόμενοι, ὅτε κέν τις ὑπερβήῃ καὶ ἁμάρτῃ.［通过祈祷，当一个人逾越和犯错时。］

533 βίβλων ὅμαδον［乌七八糟的一大堆作品］。名词 ὅμαδος 的本义是“喧嚣声”“吵闹声”，喻为“嘈杂的一群”，这里基于文义将之译为“乌七八糟的一大堆”;《牛津希-英词典》举了柏拉图在这里的这个表达，对它的解释是: noisy throng。

534 俄耳甫斯（Ὀρφεύς, Orpheus），希腊神话中著名的竖琴演奏家和歌手，据说他的歌具有非凡的神力，他曾借此前往地狱救回他的妻子。

535 塞勒涅（Σελήνη, Selene），即月神；普通名词 σελήνη 的意思是月亮。

536 缪斯是宙斯和记忆女神谟涅摩绪涅（Μνημοσύνη, Mvemosyne）所生的女儿，一共有九位，分别是：历史女神克雷俄（Κλειώ, Kleio），抒情诗女神欧忒耳珀（Εὐτέρπη, Euterpe），喜剧女神塔利亚（Θάλεια, Thaleia），悲剧女神墨尔波墨涅（Μελπομένη, Melpomene），歌舞女神忒耳普西科拉（Τερψιχόρη, Terpsichore），爱情诗女神厄剌托（Ἐρατώ, Erato），颂神歌女神波吕谟尼亚（(Πολύμνια, Polymnia），天文女神乌剌尼亚（Οὐρανία, Ourania），以及史诗女神卡利俄珀（Καλλιόπη, Kalliope）。传说俄耳甫斯是卡利俄珀的儿子。

537 ἐκγόνων［后裔］，法国布德本希腊文作 ἐγγόνων，意思一样。

538 ἰδιώτης 是由形容词 ἴδιος［自己的 / 个人的］派生而来的名词，但意思比较丰富。除了泛指“普通人”和“平民”之外，如果同 στρατηγός［将军］相对则表“士兵”，同 πόλις［城邦］相对则指“个人”。

539 διὰ θυσιῶν καὶ παιδιᾶς ἡδονῶν［借助一些献祭和由娱乐消遣而来的各种欢庆］。之所以这么翻译，是把 διὰ θυσιῶν καὶ ... ἡδονῶν［借助一些献祭和各种欢庆］视为一个整体，而单数属格 παιδιᾶς［游戏 / 消遣 / 玩耍］修饰和限定 ἡδονῶν［各种欢庆］。反之，如果把 διὰ θυσιῶν καὶ παιδιᾶς 视为一个整体，复数属格 ἡδονῶν 修饰和限定 παιδιᾶς，那么，则可以译为“借助一些献祭和由各种欢庆而来的一种娱乐消遣”。

540 对观《斐洞》（69c3–7）：καὶ κινδυνεύουσι καὶ οἱ τὰς τελετὰς ἡμῖν οὗτοι καταστήσαντες οὐ φαῦλοί τινες εἶναι, ἀλλὰ τῷ ὄντι πάλαι αἰνίττεσθαι ὅτι ὃς ἂν ἀμύητος καὶ ἀτέλεστος εἰς Ἅιδου ἀφίκηται ἐν βορβόρῳ κείσεται, ὁ δὲ κεκαθαρμένος τε καὶ τετελεσμένος ἐκεῖσε ἀφικόμενος μετὰ θεῶν οἰκήσει.［并且那些为我们创设各种入教仪式的人似乎都不是一些平庸之辈，相反，他们其实早就在用隐语说道：那未入教和未接受入教仪式就到达哈德斯那里的

人将被弃置在烂泥中，而那已经被洁净和接受了入教仪式的人到了那里，则将和诸神生活在一起。]

《斐德若》(224d5-245a1)：ἀλλὰ μὴν νόσων γε καὶ πόνων τῶν μεγίστων, ἃ δὴ παλαιῶν ἐκ μηνιμάτων ποθὲν ἔν τισι τῶν γενῶν ἡ μανία ἐγγενομένη καὶ προφητεύσασα, οἷς ἔδει ἀπαλλαγὴν ηὕρετο, καταφυγοῦσα πρὸς θεῶν εὐχάς τε καὶ λατρείας, ὅθεν δὴ καθαρμῶν τε καὶ τελετῶν τυχοῦσα ἐξάντη ἐποίησε τὸν [ἑαυτῆς] ἔχοντα πρός τε τὸν παρόντα καὶ τὸν ἔπειτα χρόνον, λύσιν τῷ ὀρθῶς μανέντι τε καὶ κατασχομένῳ τῶν παρόντων κακῶν εὑρομένη. [其次，就那些最严重的疾病和最大的折磨来说——它们的确由于从祖辈传下来的罪孽而不知怎么地就出现在了某些家族中——，迷狂，当它生起并对那些有需要的人进行预言时，它就求助于对诸神的各种祈祷和各种侍奉来寻求摆脱它们，于是乎它通过取得各种洁净和接受入教仪式而使得取得它的人无论是在当下还是在以后的时日里都安泰健康，因为对于一个正确地陷入迷狂中和被神附体的人来说，它为之找到了摆脱现在的各种坏处的一种解脱之道。]

541 τῶν ἐκεῖ κακῶν [那边的那些坏事]，即冥府中的各种坏事。

542 ὡς ἄνθρωποι καὶ θεοὶ περὶ αὐτὰ ἔχουσι τιμῆς [世人和诸神对它们都进行了评价]。之所以这么翻译，因为该表达等于 ὡς τιμῶσιν αὐτὰ ἄνθρωποι καὶ θεοί。

543 形容词 εὐφυής 的本义是"长得好的""生得好的"，转义为"天生聪明的""天生机灵的"等。

544 ἐπὶ πάντα τὰ λεγόμενα ὥσπερ ἐπιπτόμενοι [像〈蜜蜂〉一样在所有这些被说的事情上飞来飞去]。对观《伊翁》(534a7-b3)：λέγουσι γὰρ δήπουθεν πρὸς ἡμᾶς οἱ ποιηταὶ ὅτι ἀπὸ κρηνῶν μελιρρύτων ἐκ Μουσῶν κήπων τινῶν καὶ ναπῶν δρεπόμενοι τὰ μέλη ἡμῖν φέρουσιν ὥσπερ αἱ μέλιτται, καὶ αὐτοὶ οὕτω πετόμενοι. [因为，诗人们无疑会对我们说，他们通过从那些流出蜜的泉水那里采摘，把他们的那些抒情诗从缪斯们的一些花园和幽谷中带给我们，就像蜜蜂采蜜那样，并且他们自己也像蜜蜂那样飞来飞去。]

545 συλλογίσασθαι ἐξ αὐτῶν [以便〈将之汇聚起来〉从它们中推断]，有意这么补充翻译。动词 συλλογίζομαι 的本义就是"总计""合计"，后来在逻辑学上专指"推论"，尤其是用三段论进行推论。

546 ὡς ἄριστα [尽可能好地]。ὡς 加形容词最高级，意思是"尽可能……"。

547 τὸν βίον ... διέλθοι [过完一生] 是一个整体和固定表达。διέλθοι 是动词 διέρχομαι [经过] 的一次性过去时祈愿式第三人称单数，《牛津希-英词典》举了柏拉图在这里的这个表达，对它的解释是：pass through, complete。

548 ἐκεῖνο τό [那〈众所周知的〉话]。之所以补充"众所周知的"，是因为这里

使用指示代词 ἐκεῖνο，暗含了这层意思。

549 参见品达《残篇》（213）。

550 ἐὰν μὴ καὶ δοκῶ［除非我也看起来是正义的］，也可以译为“除非我也被认为是正义的”。

551 παρεσκευασμένῳ［为自己准备了］，法国布德本希腊文和新校勘的牛津古典本希腊文均作 παρασκευασαμένῳ，从之；从文法上看，前者为动词 παρασκευάζω［准备／提供］的完成时分词中动态阳性与格单数，后者为一次性过去时分词中动态阳性与格单数。

552 θεσπέσιος βίος［一种神一样的生活］。形容词 θεσπέσιος 由 θεός［神］和 ἔπος［字句／讲话］构成，本义是“发出神一样声音的”，转义为“神圣的”；这里基于上下文将之译为“神一样的”。

553 τὸ δοκεῖν ... καὶ τὰν ἀλάθειαν βιᾶται［这种看起来……甚至操纵着真］，参见西蒙尼德斯的抒情诗残篇（93.1.1）。

554 κύριον εὐδαιμονίας［主宰着幸福］，这里省略了动词 ἐστί。形容词 κύριος［有权力的／决定性的］要求属格，所以这里出现的是单数属格 εὐδαιμονίας［幸福］。

555 κύκλῳ περὶ ἐμαυτόν［围绕我自己］是一个整体。κύκλῳ 是由名词 κύκλος［圆／圈］的与格派生而来的副词，意思是“绕圈”“环绕”，常同介词 περί 连用。

556 σκιαγραφίαν ἀρετῆς［德性的虚影画］。σκιαγραφία 的本义是“景物画”或“阴影图像”，这里将之译为“虚影画”，也可以简单译为“虚影”；对观《斐洞》（69b5–8）：χωριζόμενα δὲ φρονήσεως [καὶ] ἀλλαττόμενα ἀντὶ ἀλλήλων μὴ σκιαγραφία τις ᾖ ἡ τοιαύτη ἀρετὴ καὶ τῷ ὄντι ἀνδραποδώδης τε καὶ οὐδὲν ὑγιὲς οὐδ᾽ ἀληθὲς ἔχῃ.［但是，当它们与真正的知识相分离并只是互相交换时，这种德性就可能只是一种虚影，并且实际上是带有奴性的，既不包含任何健康的东西，也不包含任何真的东西。］

557 πρόθυρα ... καὶ σχῆμα［门廊和外表］，也可以译为“前厅和外表”。σχῆμα 的本义是“形状”“形态”，但在这里的意思是“外表”；《牛津希-英词典》举了柏拉图在这里的这个表达，对它的解释是：appearance。

558 阿耳喀罗科斯（Ἀρχίλοχος, Archilochos），公元前 7 世纪的抒情诗人，抑扬格的创始人。参见《伊翁》（531a1–2）：πότερον περὶ Ὁμήρου μόνον δεινὸς εἶ ἢ καὶ περὶ Ἡσιόδου καὶ Ἀρχιλόχου;［你仅仅对荷马擅长呢，还是对赫西俄德和阿耳喀罗科斯也擅长？］

559 τὴν ... ἀλώπεκα ... κερδαλέαν καὶ ποικίλην［那只灵巧的和诡计多端的狐狸］，

它是阿耳喀罗科斯诗歌中的一个主角。形容词 ποικίλος 的本义是“多花色的”“五彩斑斓的”，用在人身上，则指“狡猾的”“诡计多端的”；《牛津希-英词典》举了柏拉图在这里的这个表达，对它的解释是：subtle, artful, wily。

560 πειθοῦς διδάσκαλοι［〈教授〉各种劝说办法的教师］这句话在法国布德本希腊文中也如此，但新校勘的牛津古典本希腊文作 πειθοῦς διδάσκαλοι χρημάτων［为了钱财〈教授〉各种劝说办法的教师］，从之。

561 σοφίαν δημηγορικήν［对群众演说的智慧］，也可以直接译为“煽动群众的智慧”。

562 τὰ μὲν ... τὰ δέ 是固定表达，意思是“一些……一些”“在一些方面……在另一些方面”“要么……要么”。

563 普罗塔戈拉对神就持有一种存疑的态度。参见《泰阿泰德》（162d4-e4）：πρὸς γὰρ ταῦτα ἐρεῖ Πρωταγόρας ἤ τις ἄλλος ὑπὲρ αὐτοῦ· “Ὦ γενναῖοι παῖδές τε καὶ γέροντες, δημηγορεῖτε συγκαθεζόμενοι, θεούς τε εἰς τὸ μέσον ἄγοντες, οὓς ἐγὼ ἔκ τε τοῦ λέγειν καὶ τοῦ γράφειν περὶ αὐτῶν ὡς εἰσὶν ἢ ὡς οὐκ εἰσίν, ἐξαιρῶ, καὶ ἃ οἱ πολλοὶ ἂν ἀποδέχοιντο ἀκούοντες, λέγετε ταῦτα, ὡς δεινὸν εἰ μηδὲν διοίσει εἰς σοφίαν ἕκαστος τῶν ἀνθρώπων βοσκήματος ὁτουοῦν.”［因为对此普罗塔戈拉或其他某个支持他的人会说：“尊敬的老少诸位，你们一起坐下来向民众发表演说，并把诸神牵扯其中——关于他们，即他们是着或者不是着，无论是在说话中还是在书写中，我都将之放在一边——，你们也只说大众听了会接受的那些东西，即如果每个人在智慧方面同任何牲畜没有任何区别，那将是可怕的。］

此外，还可参见第欧根尼·拉尔修《名哲言行录》（9.51.7-52.4）：καὶ ἀλλαχοῦ δὲ τοῦτον ἤρξατο τὸν τρόπον· “περὶ μὲν θεῶν οὐκ ἔχω εἰδέναι οὔθ’ ὡς εἰσίν, οὔθ’ ὡς οὐκ εἰσίν· πολλὰ γὰρ τὰ κωλύοντα εἰδέναι, ἥ τ’ ἀδηλότης καὶ βραχὺς ὢν ὁ βίος τοῦ ἀνθρώπου.” διὰ ταύτην δὲ τὴν ἀρχὴν τοῦ συγγράμματος ἐξεβλήθη πρὸς Ἀθηναίων· καὶ τὰ βιβλία αὐτοῦ κατέκαυσαν ἐν τῇ ἀγορᾷ, ὑπὸ κήρυκι ἀναλεξάμενοι παρ’ ἑκάστου τῶν κεκτημένων.［在别处他则以这种方式开始：“关于诸神，我既不可能知道他们是着，也不可能知道他们不是着。因为阻碍知道的东西很多，尤其因为问题是隐秘的，而人生又是短促的。”正因为该书的这一开头，他被驱逐出了雅典。他的著作被传令官从每个拥有它的人那里收缴，然后在广场加以焚毁。］

564 τῶν νόμων［一些法律习俗］，也可以简单译为“一些礼法”。新校勘的牛津古典本希腊文也如此，而法国布德本希腊文作 τῶν λόγων［一些说法］，不从。

565 荷马《伊利亚特》(9. 499)；参见前面 364d7。

566 ἀμφότερα [在两方面]，也即是说，不仅有关心属人的事情的诸神，而且他们能够被说服而受到影响。

567 θυτέον ἀπὸ τῶν ἀδικημάτων. [必须从那些行不义所得的东西中〈拿出一些东西〉来献祭。] 之所以这么补充翻译，因为名词 ἀδίκημα 在这里的意思不是"不义之事"，而是"通过行不义而得到的东西"；《牛津希-英词典》举了柏拉图在这里的这个表达，对它的解释是：that which is got by wrong, ill gotten goods。

568 ἀπωσόμεθα [我们将拒绝]。ἀπωσόμεθα 在这里是动词 ἀπωθέω 将来时直陈式中动态第一人称复数，ἀπωθέω 的本义是"推开"，但其中动态则具有"拒绝"的意思；《牛津希-英词典》举了柏拉图在这里的这个表达，对它的解释是：reject。

569 ἀζήμιοι ἀπαλλάξομεν [我们将不受惩罚地安然逃脱]，也可以简单译为"我们将免于责罚"。ἀπαλλάξομεν 是动词 ἀπαλλάσσω 的将来时直陈式主动态第一人称复数；ἀπαλλάσσω 的本义是"使摆脱""释放"，作为不及物动词具有"逃脱""逃走"的意思。ἀζήμιοι 是形容词 ἀζήμιος 的阳性主格复数，在这里既可作副词理解，也可视为同 ἀπαλλάσσω 一起构成短语；类似的表达还有短语 ἀθῷος ἀπαλλάττειν [逍遥法外 / 免于责罚]。参见《智者》(254c8-d2)：ἐὰν ἄρα ἡμῖν πῃ παρεικάθῃ τὸ μὴ ὂν λέγουσιν ὡς ἔστιν ὄντως μὴ ὂν ἀθῴοις ἀπαλλάττειν. [看看是否在某种方式上允许我们免于责罚，当我们说不是着的东西是在是的方式上不是着时。]

570 αἱ τελεταὶ αὖ μέγα δύνανται [各种入教秘仪复又是非常有力的]。μέγα δύναται 是词组，等于拉丁文的 multum valet，意思是"是非常有力的""是非常有能力的"。

571 οἱ λύσιοι θεοί [赦免罪行的诸神]，也可以译为"把人从诅咒或罪恶中拯救出来的诸神"。形容词 λύσιος 派生自名词 λύσις [解脱 / 释放]，意思是"进行拯救的""进行赦免的"；《牛津希-英词典》举了柏拉图在这里的这个表达，对 οἱ λύσιοι θεοί 的解释是：the gods who deliver from curse or sin。

572 οἱ θεῶν παῖδες [诸神的一些孩子]，即前面 364e3 那里提到的穆塞俄斯和俄耳甫斯。

573 对观《伊翁》(534e1-535a1)：ἐν τούτῳ γὰρ δὴ μάλιστά μοι δοκεῖ ὁ θεὸς ἐνδείξασθαι ἡμῖν, ἵνα μὴ διστάζωμεν, ὅτι οὐκ ἀνθρώπινά ἐστιν τὰ καλὰ ταῦτα ποιήματα οὐδὲ ἀνθρώπων, ἀλλὰ θεῖα καὶ θεῶν, οἱ δὲ ποιηταὶ οὐδὲν ἀλλ' ἢ ἑρμηνῆς εἰσιν τῶν

θεῶν, κατεχόμενοι ἐξ ὅτου ἂν ἕκαστος κατέχηται. ταῦτα ἐνδεικνύμενος ὁ θεὸς ἐξεπίτηδες διὰ τοῦ φαυλοτάτου ποιητοῦ τὸ κάλλιστον μέλος ᾖσεν.［因为正是在这个人那儿，在我看来神尤其向我们显明，为了让我们不要怀疑，这些众所周知的优美的诗作，既不是属人的东西，也不是人所创作的东西，而是属神的东西和神所创作的东西；而诗人们除了是诸神的解释者之外，别无所是，当他们被神附体后，即每一个人都从任何一个恰好已经被神附体的人那里被神附体。为了显明这些，神故意通过那最平庸的诗人吟唱出最优美的诗句。］

574 ἂν πρὸ μεγίστης ἀδικίας［而不是最大的不正义］，法国布德本希腊文同样如此，而新校勘的牛津古典本希腊文认为其中的语气词 ἂν 有可能是窜入，从之。

575 ὡς ὁ τῶν πολλῶν τε καὶ ἄκρων λεγόμενος λόγος［就像大众的说法以及那些顶尖的人士的说法都那么说的那样］。ἄκρων［顶尖人物］，也可以简单译为“杰出的”。参见：

《泰阿泰德》(152e1–5)：καὶ περὶ τούτου πάντες ἑξῆς οἱ σοφοὶ πλὴν Παρμενίδου συμφερέσθων, Πρωταγόρας τε καὶ Ἡράκλειτος καὶ Ἐμπεδοκλῆς, καὶ τῶν ποιητῶν οἱ ἄκροι τῆς ποιήσεως ἑκατέρας, κωμῳδίας μὲν Ἐπίχαρμος, τραγῳδίας δὲ Ὅμηρος.［关于这点，除了巴门尼德，所有智慧的人聚成一列，普罗塔戈拉、赫拉克利特、恩培多克勒，以及诗人中间，两种诗歌各自那顶尖的，就喜剧来说是厄庇卡尔摩斯，就悲剧来说则是荷马。］

《政治家》(292e7–8)：ὅτι χιλίων ἀνδρῶν ἄκροι πεττευταὶ τοσοῦτοι ... οὐκ ἂν γένοιντό ποτε.［在一千个人中也从不曾产生过如此多顶尖的玩跳棋的人。］

576 疑问词组 τίς μηχανὴ［什么办法 / 何种办法］期待的是否定回答；参见《斐洞》(72d1–3)：εἰ γὰρ ἐκ μὲν τῶν ἄλλων τὰ ζῶντα γίγνοιτο, τὰ δὲ ζῶντα θνήσκοι, τίς μηχανὴ μὴ οὐχὶ πάντα καταναλωθῆναι εἰς τὸ τεθνάναι;［因为，如果活着的东西乃是从其他东西中产生，而活着的东西又都会死去，那么，会有什么办法能阻止一切都耗尽而走向死亡？］

577 ψυχῆς ἢ χρημάτων ἢ σώματος ἢ γένους 这句话在法国布德本希腊文中同样如此，但新校勘的牛津古典本希腊文改动了顺序，作 ψυχῆς ἢ σώματος ἢ χρημάτων ἢ γένους，从之。

578 ὡς δή τοι［因为事实上］是一个整体和固定表达。参见《斐德若》(242c6–7)：ὡς δή τοι, ὦ ἑταῖρε, μαντικόν γέ τι καὶ ἡ ψυχή.［因为事实上，朋友啊，灵魂无论如何也是某种具有预言能力的东西。］

579 πλὴν εἴ 是一个整体，意思是“如果不”或“除非”。参见《苏格拉底的申

辩 》（18c8-d）：ὃ δὲ πάντων ἀλογώτατον, ὅτι οὐδὲ τὰ ὀνόματα οἷόν τε αὐτῶν εἰδέναι καὶ εἰπεῖν, πλὴν εἴ τις κωμῳδοποιὸς τυγχάνει ὤν.［但一切中最没道理的，是不可能知道和说出他们的名字，如果不是其中一个刚好是位喜剧家的话。］

580 ἀπέχεται αὐτοῦ［摒弃它］。ἀπέχεται 在这里是动词 ἀπέχω 的现在时直陈式中动态第三人称单数；ἀπέχω 的本义是“阻挡”“防止”，其中动态则具有“回避”“禁止”“戒除”等意思，并要求属格，所以这里出现的是单数属格 αὐτοῦ［它］，即“行不义”。

581 τῶν τοιούτων［这样一些人］，即“那些谴责不义的人”。

582 τῷδε［这里的这个人］，即阿德曼托斯的弟弟格劳孔。

583 “英雄”（ἥρως）在希腊神话中往往等同于“半神”（ἡμίθεος）。参见《苏格拉底的申辩》（27e5-28a1）：ὅπως δὲ σύ τινα πείθοις ἂν καὶ σμικρὸν νοῦν ἔχοντα ἀνθρώπων, ὡς οὐ τοῦ αὐτοῦ ἔστιν καὶ δαιμόνια καὶ θεῖα ἡγεῖσθαι, καὶ αὖ τοῦ αὐτοῦ μήτε δαίμονας μήτε θεοὺς μήτε ἥρωας, οὐδεμία μηχανή ἐστιν.［但你会用何种办法去说服一个即使只有很少头脑的人呢，那就是同一个人既可能相信各种属于精灵的事情和各种属于神的事情，但这同一个人复又能够不相信精灵们、诸神和英雄们；根本没有这样的办法。］（28b9-c2）：φαῦλοι γὰρ ἂν τῷ γε σῷ λόγῳ εἶεν τῶν ἡμιθέων ὅσοι ἐν Τροίᾳ τετελευτήκασιν οἵ τε ἄλλοι καὶ ὁ τῆς Θέτιδος ὑός.［因为按照你的说法，在各种半神中那么多在特洛伊死去的都会是微不足道的了，尤其是忒提丝的儿子。］

584 ἄλλως ἤ 是固定搭配和词组，意思是“只不过”“无异于”“只有”。

585 参见前面 363a1-2：但他们不是通过赞美事情本身，即赞美正义，而是赞美那些从它而来的各种好名声。

586 ἐπεξῆλθεν ἱκανῶς τῷ λόγῳ［充分地继续进行过一番讨论］是一个整体；参见前面 349a5 那里对“τῷ λόγῳ ἐπεξελθεῖν［继续进行一番讨论］”的注释 362。

587 τό［一个］，即“不正义”。

588 οὐκ ἂν ἀλλήλους ἐφυλάττομεν μὴ ἀδικεῖν［我们就不会一向彼此防范〈互相〉行不义］。ἐφυλάττομεν 是动词 φυλάσσω［警惕 / 防范］的未完成过去式直陈式主动态第一人称复数；否定词 μή 位于“害怕”“担心”“犹豫”“警惕”这类具有否定意义的词后面时，起加强语气的作用，翻译时不能译出。

589 φορτικῶς［庸俗地］。该词是由形容词 φορτικός［适合载物的 / 庸俗的］派生而来的副词，而 φορτικός 则源自名词 φόρτος；φόρτος 的本义是“货物”，喻为“负担”“重压”，在阿提卡方言中指“胡言乱语”“垃圾”等。对观：

《苏格拉底的申辩》（32a8）：ἐρῶ δὲ ὑμῖν φορτικὰ μὲν καὶ δικανικά, ἀληθῆ

δέ.［而我要对你们说的虽都是一些俗气的事情，即为了打赢官司才说的事情，但都是真的。］

《斐德若》(256b7–c5)：ἐὰν δὲ δὴ διαίτῃ φορτικωτέρᾳ τε καὶ ἀφιλοσόφῳ, φιλοτίμῳ δὲ χρήσωνται, τάχ' ἄν που ἐν μέθαις ἤ τινι ἄλλῃ ἀμελείᾳ τὼ ἀκολάστω αὐτοῖν ὑποζυγίω λαβόντε τὰς ψυχὰς ἀφρούρους, συναγαγόντε εἰς ταὐτόν, τὴν ὑπὸ τῶν πολλῶν μακαριστὴν αἵρεσιν εἱλέσθην τε καὶ διεπραξάσθην.［另一方面，如果他们享受一种庸俗的、不热爱智慧而热爱名声的生活方式，那么，就有可能当他俩处在酩酊大醉或某种其他的漫不经心中时，他俩的那两匹恣意放纵的轭下驮畜打他俩的灵魂一个措手不及，它们把他俩一起引向同一种境况，以便他俩选择并实现被多数人以为是幸福的那种选择。］

590 ὡς δύναμαι μάλιστα［尽我所能］是短语;《牛津希-英词典》举了柏拉图在这里的这个表达，对它的解释是：as I possibly can。

591 κατατείνας λέγω［我竭尽全力地说出〈上面这些话〉］是一个整体；参见358d3 那里对“κατατείνας ἐρῶ［我将竭尽全力地来说一说］”的注释 450。

592 τί ποιοῦσα ἑκατέρα τὸν ἔχοντα αὐτὴ δι' αὑτὴν ἡ μὲν κακόν, ἡ δὲ ἀγαθόν ἐστιν.［它们两者中的每一个对那拥有它的人做了什么，〈以至于〉一个独自在其自身地是一种恶的东西，而另一个则〈独自在其自身地〉是一种善的东西。］之所以这么翻译，是把 αὐτὴ δι' αὑτὴν［独自在其自身 / 自在自为］理解为同 ἐστιν［是］相联系，而不是同 ποιοῦσα［做］相联系。

593 见前面 361b–c。

594 τὸ δοκεῖν［〈它〉看起来〈是正义的〉］，有意这样翻译，当然可以简单转译为“〈它的〉外表”。

595 τὸ ἄδικον εἶναι ψέγειν［谴责是不正义的〈这件事〉］，之所以这样补充翻译，因为动词 ψέγειν［谴责］的宾语是不定式 τὸ ἄδικον εἶναι［是不正义的］。

596 参见前面 343c。

597 参见前面 344c8。

598 δή 在这里表强调，故译为“尤其”。

599 参见前面 357c。

600 καὶ ὅσ' ἄλλα ἀγαθὰ γόνιμα τῇ αὑτῶν φύσει ἀλλ' οὐ δόξῃ ἐστίν .［以及其他所有下面这样的东西，它们凭借它们自己的本性而不是凭借其名声而是真正善的。］也可以译为“以及其他所有那些凭借它们自己的本性而不是凭借其名声而是多产的善”，或者比喻性地译为“以及其他所有下面这样的东西，它们凭借它们自己的本性而不是凭借其名声而是出生在合法婚姻中的善”“以及其他所有下面这样的东西，它们凭借它们自己的本性而不是凭借其名声而是婚生的善”。形容词 γόνιμος 的本义是“多产的”“有生产能力的”，这里喻为“真正的”“婚生的”“出生在合法婚姻中的”；《牛津希-英词典》举了柏拉图在这里的这个表达，对它的解释是：born in lawful wedlock。

此外，关于该形容词的使用还可参见《泰阿泰德》(150b9-c3)：μέγιστον δὲ τοῦτ' ἔνι τῇ ἡμετέρᾳ τέχνῃ, βασανίζειν δυνατὸν εἶναι παντὶ τρόπῳ πότερον εἴδωλον καὶ ψεῦδος ἀποτίκτει τοῦ νέου ἡ διάνοια ἢ γόνιμόν τε καὶ ἀληθές.［而在我们的技艺中最重要的是这点，即能够用一切办法来仔细检查年轻人的思想是在生产假象和错误呢，还是在生产硕果和真实。］(151e5-6)：αὐτὸ κοινῇ σκεψώμεθα, γόνιμον ἢ ἀνεμιαῖον τυγχάνει ὄν.［让我们共同来考察它，它究竟是一枚受精了的蛋呢，还是一枚没有受精的蛋？］

601 μισθοὺς δὲ καὶ δόξας πάρες ἄλλοις ἐπαινεῖν［至于〈它们的〉酬报和名声，则请你把它们让给其他人去赞美。］πάρες 是动词 παρίημι 的一次性过去时命令式主动态第二人称单数，παρίημι 的本义是“让落在旁边”，转义为“忽略”“容许”“让”等意思，如 παρίημι νίκην τινί［把胜利让给某人］。

602 καὶ τότε［尤其在那时］，καὶ 在这里不是连词，而是作副词表强调。

603 παῖδες ἐκείνου τοῦ ἀνδρός［那人的孩子们］。关于“那人”有两种基本理解：(1) 指特剌绪马科斯，即把格劳孔和阿德曼托斯理解为是特剌绪马科斯“思想”的继承者，从而将这视为一句玩笑话。(2) 阿里斯通，即下文提到的格劳孔和阿德曼托斯两人的父亲。我本人倾向于第一种理解。

604 ὁ Γλαύκωνος ἐραστής［格劳孔的那位爱慕者］。施莱尔马赫认为有可能指格劳孔本人的表舅克里提阿斯（Κριτίας, Kritias），此人后来成为了三十僭主的首领。

605 περὶ τὴν Μεγαροῖ μάχην［在墨伽拉的战役中］，该战役有可能发生在公元前409年。

606 παῖδες Ἀρίστωνος［阿里斯通的孩子们］。Ἀρίστων［阿里斯通］，在词源上同 ἄριστος［最优秀的 / 最好的］一词相关，因此在这里可理解为一句双关语。

607 κλεινοῦ θεῖον γένος ἀνδρός［源于一位著名人物的神圣家族］，也可以译为“来自一位著名人物的神一样的后代”。

608 εὖ ... ἔχειν［是正确的］。参见前面 329e8 那里对 τὸ τοῦ Θεμιστοκλέους εὖ ἔχει［忒米斯托克勒斯的话是正确的］的解释。

609 ὅσῳ ... τοσούτῳ［多么……多么…… / 越……越……］是固定表达，并常同形容词比较级连用；《牛津希-英词典》对它的解释是：the more ..., so much the more。参见：

《克里同》(46b1-3)：Ὦ φίλε Κρίτων, ἡ προθυμία σου πολλοῦ ἀξία εἰ μετά τινος ὀρθότητος εἴη· εἰ δὲ μή, ὅσῳ μείζων τοσούτῳ χαλεπωτέρα. [亲爱的克里同啊，你的热心所值甚多，如果它是带有某种正确性的话；但如果没有，那么，它有多大就有多让人为难。]

《拉刻斯》(188e2–4)：ὁ δὲ τἀναντία τούτου πράττων λυπεῖ με, ὅσῳ ἂν δοκῇ ἄμεινον λέγειν, τοσούτῳ μᾶλλον, καὶ ποιεῖ αὖ δοκεῖν εἶναι μισόλογον. [另一方面，那做与此相反的事情的人，则让我感到痛苦，他看起来越是说得天花乱坠，也就越是如此多地让我感到痛苦，并且复又使我看起来是一个憎恶讨论的人。]

《吕西斯》(205e4–a1)：ἐὰν δέ σε διαφύγῃ, ὅσῳ ἂν μείζω σοι εἰρημένα ᾖ ἐγκώμια περὶ τῶν παιδικῶν, τοσούτῳ μειζόνων δόξεις καλῶν τε καὶ ἀγαθῶν ἐστερημένος καταγέλαστος εἶναι. [另一方面，如果他从你那儿逃脱了，那么，你的那些赞歌已经在多大的程度上说了心上人，你看起来也就因在多大的程度上丧失了漂亮的东西和美好的东西而是可笑的。]

610 ὅτι χρήσωμαι [我该怎么办]，也可以译为“我该如何自处”“我该如何对待〈自己〉”。χρήσωμαι 是动词 χράω 的一次性过去时虚拟式中动态第一人称单数；χράω 的中动态具有“利用”“使用”“对待”等意思。参见：

《克里同》(45b6–8)：ὥστε, ὅπερ λέγω, μήτε ταῦτα φοβούμενος ἀποκάμῃς σαυτὸν σῶσαι, μήτε, ὃ ἔλεγες ἐν τῷ δικαστηρίῳ, δυσχερές σοι γενέσθω ὅτι οὐκ ἂν ἔχοις ἐξελθὼν ὅτι χρῷο σαυτῷ. [因此，正如我说的，既不要因担心这些而放弃救你自己，你在法庭上曾说的话也不应对你成为困扰，那就是：一旦流亡你就会不知道该如何对待你自己。]

《吕西斯》(213c5–7)：Τί οὖν δὴ χρησώμεθα, ἦν δ’ ἐγώ, εἰ μήτε οἱ φιλοῦντες φίλοι ἔσονται μήτε οἱ φιλούμενοι μήτε οἱ φιλοῦντές τε καὶ φιλούμενοι; [那么，我们究竟该怎么办呢，我说，如果那些爱者将不是朋友，那些被爱者也不是，甚至那些既在爱又在被爱的同样不是？]

611 τί τέ ἐστιν ἑκάτερον καὶ περὶ τῆς ὠφελίας αὐτοῖν τἀληθὲς ποτέρως ἔχει. [这两者各自是什么，以及关于两者的利益之真相在两者各自那里是如何。] 也可以译为：这两者各自是什么，以及关于两者的利益之真实情况究竟是在两者的哪一个那里。这句话可视为对第一卷结尾 354b–c 那里的内容的回顾。

612 对观《政治家》(263a5–6)：Ὦ βέλτιστε ἀνδρῶν, οὐ φαῦλον προστάττεις, Σώκρατες. [最优秀的人啊，你吩咐的可不是件小事，苏格拉底！]

613 ἡμεῖς οὐ δεινοί [我们都不是非常有能力的]。形容词 δεινός 既具有“聪明的”意思，也具有“强有力的”和“可怕的”意思，这里为了凸显这两者，将之译为“非常有能力的”或者“非常强大的”；当然，也可以直接译为“聪明的”。参见《泰阿泰德》（154d8–e5）：Οὐκοῦν εἰ μὲν δεινοὶ καὶ σοφοὶ ἐγώ τε καὶ σὺ ἦμεν, πάντα τὰ τῶν φρενῶν ἐξητακότες, ἤδη ἂν τὸ λοιπὸν ἐκ περιουσίας ἀλλήλων ἀποπειρώμενοι, συνελθόντες σοφιστικῶς εἰς μάχην τοιαύτην, ἀλλήλων τοὺς λόγους τοῖς λόγοις ἐκρούομεν· νῦν δὲ ἅτε ἰδιῶται πρῶτον βουλησόμεθα θεάσασθαι αὐτὰ πρὸς αὐτὰ τί ποτ’ ἐστὶν ἃ διανοούμεθα, πότερον ἡμῖν ἀλλήλοις συμφωνεῖ ἢ οὐδ’ ὁπωστιοῦν.［因此，我和你，如果我俩都是非常强大和智慧的，已经盘查了内心中的一切，那么，此后在剩下的时间里，我们就会出于各自储备的充裕来互相测试，以智者的方式在这样一种战斗中交锋，互相用自己的说法打击对方的说法。然而，鉴于现在我俩都是普通人，我们将首先宁愿就它们自己看看它们，即看看我们所思考的那些东西究竟是什么，对我们来说，它们彼此之间是一致的呢，还是根本不。］

614 δοκῶ μοι［在我看来］，法国布德本希腊文和新校勘的牛津古典本希腊文均作 δοκεῖ μοι，从之。

615 οἷανπερ ἂν［例如］，这是意译，字面意思是〈我们〉会〈做〉这样的〈探究〉，这里省略了动词 ἐποιησάμεθα［我们做］。

616 εἰ προσέταξέ τις γράμματα σμικρὰ πόρρωθεν ἀναγνῶναι μὴ πάνυ ὀξὺ βλέπουσιν［如果有人要求一些完全不能敏锐地进行观察的人从远处识别一些细小的字母］。προσέταξε 是动词 προστάσσω 的一次性过去时直陈式主动态第三人称单数，该动词作“要求”“命令”讲时，要求人用与格，跟不定式，即“要求某人做某事”；所以这里分别出现了一次性过去时不定式 ἀναγνῶναι［识别］和现在时分词主动态阳性与格复数 μὴ πάνυ ὀξὺ βλέπουσιν［一些完全不能敏锐地进行观察的人］。

617 ἕρμαιον［意外之财 / 意外之喜］，该词的词干是 Ἑρμῆς［赫尔墨斯］，他是宙斯的儿子，掌管道路、财喜等；ἕρμαιον 即赫尔墨斯的赏赐，喻为“意外之财”“意外之喜”。参见：

《斐洞》（107c5–8）：εἰ μὲν γὰρ ἦν ὁ θάνατος τοῦ παντὸς ἀπαλλαγή, ἕρμαιον ἂν ἦν τοῖς κακοῖς ἀποθανοῦσι τοῦ τε σώματος ἅμ’ ἀπηλλάχθαι καὶ τῆς αὑτῶν κακίας μετὰ τῆς ψυχῆς.［因为，如果死亡真的就是从一切中的一种解脱，那么，对于那些邪恶的人来说它就是一笔意外之财，即当他们死后他们就同时摆脱了身体和他们自己那伴随其灵魂的邪恶。］

《卡尔米德斯》（157c7–d1）：Ἀκούσας οὖν μου ὁ Κριτίας ταῦτ’ εἰπόντος, Ἕρμαιον, ἔφη, ὦ Σώκρατες, γεγονὸς ἂν εἴη ἡ τῆς κεφαλῆς ἀσθένεια τῷ νεανίσκῳ, εἰ ἀναγκασθήσεται καὶ τὴν διάνοιαν διὰ τὴν κεφαλὴν βελτίων γενέσθαι.［于是，当听到我说了这些，克里提阿斯就说道，苏格拉底啊，头的毛病对于年轻

人来说或许已经变成了一笔意外之财，如果他将被迫通过头而在思想方面变得更好的话。]

618 对观《智者》(218c5-d6)：τὸ δὲ φῦλον ὃ νῦν ἐπινοοῦμεν ζητεῖν οὐ πάντων ῥᾷστον συλλαβεῖν τί ποτ' ἔστιν, ὁ σοφιστής· ὅσα δ' αὖ τῶν μεγάλων δεῖ διαπονεῖσθαι καλῶς, περὶ τῶν τοιούτων δέδοκται πᾶσιν καὶ πάλαι τὸ πρότερον ἐν σμικροῖς καὶ ῥᾴοσιν αὐτὰ δεῖν μελετᾶν, πρὶν ἐν αὐτοῖς τοῖς μεγίστοις. νῦν οὖν, ὦ Θεαίτητε, ἔγωγε καὶ νῷν οὕτω συμβουλεύω, χαλεπὸν καὶ δυσθήρευτον ἡγησαμένοις εἶναι τὸ τοῦ σοφιστοῦ γένος πρότερον ἐν ἄλλῳ ῥᾷονι τὴν μέθοδον αὐτοῦ προμελετᾶν, εἰ μὴ σύ ποθεν εὐπετεστέραν ἔχεις εἰπεῖν ἄλλην ὁδόν.[而我们现在打算寻求的这个族类，即智者，在一切中最为不容易把握它究竟是什么。此外，应当好好地把所有那些重大的事情苦心经营出来，关于这些事情所有人甚至很久以前就认为，在处理各种最重大的事情本身之前，应先在一些细小且容易的事情中练习它们。因此，泰阿泰德啊，现在我至少对我俩这样加以建议：只要我们认为智者的家族是棘手的和难以捕捉的，那就提前在另外某种容易的东西中预先练习捕捉它的方法，除非你能够说出其他某种更为合适的道路。]

《政治家》(286a4-b2)：διὸ δεῖ μελετᾶν λόγον ἑκάστου δυνατὸν εἶναι δοῦναι καὶ δέξασθαι· τὰ γὰρ ἀσώματα, κάλλιστα ὄντα καὶ μέγιστα, λόγῳ μόνον ἄλλῳ δὲ οὐδενὶ σαφῶς δείκνυται, τούτων δὲ ἕνεκα πάντ' ἐστὶ τὰ νῦν λεγόμενα. ῥᾴων δ' ἐν τοῖς ἐλάττοσιν ἡ μελέτη παντὸς πέρι μᾶλλον ἢ περὶ τὰ μείζω.[因此，必须练习能够给出和接受关于每个东西的说明；因为那些无形的东西——它们是最美和最高的——，只能通过说明，而无法以任何其他的方式被清楚地展示出来；而正为了它们才有现在被说的这些。不过，在一些较为细小的东西上来进行对每一事情的练习，要比在那些比较重大的东西上容易得多。]

而与之相反的研究方法或道路，则可参见《菲勒玻斯》(48b4-6)：Λάβωμέν γε μὴν αὐτὸ τοσούτῳ μᾶλλον ὅσῳ σκοτεινότερόν ἐστιν, ἵνα καὶ ἐν ἄλλοις ῥᾷον καταμαθεῖν τις οἷός τ' ᾖ μεῖξιν λύπης τε καὶ ἡδονῆς.[然而，它越是晦暗的，我们越是要前去把握住它，以便在其他的一些情形中，一个人也能够比较容易地理解痛苦和快乐的混合。]

619 τί τοιοῦτον[诸如此类的什么东西]，也可以译为“什么像这样的东西”，即如前面提到的大字母和小字母那样的东西。

620 ἐν τῇ τοῦ ἐλάττονος ἰδέᾳ[在较小的东西之形相中]。这里基于文义，不把ἰδέα译为“理念”。

621 τάχ' ἄν[有可能]。τάχ' 即 τάχα；τάχα 是形容词 ταχύς[快的 / 迅速的]的副

词，但 τάχ' ἄν 是固定搭配，意思是“或许”“大概”“有可能”。

622 ἀλλὰ μὴ ἄλλως ποίει.［请你一定不要拒绝！］参见前面 328b1 那里对“μὴ ἄλλως ποιεῖτε［不要拒绝！］”的注释 25。

623 形容词 αὐτάρκης［自给自足的 / 不依赖他人的］，派生自反身代词 αὐτός［自己］和动词 ἀρκέω［足够］。对观《政治家》（271d6–e2）：καὶ δὴ καὶ τὰ ζῷα κατὰ γένη καὶ ἀγέλας οἷον νομῆς θεῖοι διειλήφεσαν δαίμονες, αὐτάρκης εἰς πάντα ἕκαστος ἑκάστοις ὢν οἷς αὐτὸς ἔνεμεν, ὥστε οὔτ' ἄγριον ἦν οὐδὲν οὔτε ἀλλήλων ἐδωδαί, πόλεμός τε οὐκ ἐνῆν οὐδὲ στάσις τὸ παράπαν.［而精灵们就像神圣的牧人似的按照族类和群分开了动物，他们中的每个对于他自己所牧养的那些动物中的每个来说，都完全是自给自足的，以至于既没有哪个动物是凶野的，它们也不是彼此的食物，在它们中既没有战争，也完全没有拉帮结派。］

624 ἀλλὰ πολλῶν <ὢν> ἐνδεής［而是需要许多的东西］。希腊文尖括号中的 ὢν 是伯内特补充的，而法国布德本希腊文和新校勘的牛津古典本希腊文均没有这样做，从之。

625 ἢ τίν' οἴει ἀρχὴν ἄλλην πόλιν οἰκίζειν;［或者你认为某种其他的开端引发了一个城邦的建立？］也可以译为“或者你认为一个城邦建立在某种其他的开端之上？”当然，ἀρχή［开端］在这里也可以译为“本源”“本原”“原则”等。ἀρχή［开端 / 本源］后来成为了一个重要的哲学概念，对它的详细解释和说明，可参见亚里士多德《形而上学》第五卷第 1 章（1012b34–1013a23）：

Ἀρχὴ λέγεται ἡ μὲν ὅθεν ἄν τις τοῦ πράγματος κινηθείη πρῶτον, οἷον τοῦ μήκους καὶ ὁδοῦ ἐντεῦθεν μὲν αὕτη ἀρχή, ἐξ ἐναντίας δὲ ἑτέρα· ἡ δὲ ὅθεν ἂν κάλλιστα ἕκαστον γένοιτο, οἷον καὶ μαθήσεως οὐκ ἀπὸ τοῦ πρώτου καὶ τῆς τοῦ πράγματος ἀρχῆς ἐνίοτε ἀρκτέον ἀλλ' ὅθεν ῥᾷστ' ἂν μάθοι· ἡ δὲ ὅθεν πρῶτον γίγνεται ἐνυπάρχοντος, οἷον ὡς πλοίου τρόπις καὶ οἰκίας θεμέλιος, καὶ τῶν ζῴων οἱ μὲν καρδίαν οἱ δὲ ἐγκέφαλον οἱ δ' ὅ τι ἂν τύχωσι τοιοῦτον ὑπολαμβάνουσιν· ἡ δὲ ὅθεν γίγνεται πρῶτον μὴ ἐνυπάρχοντος καὶ ὅθεν πρῶτον ἡ κίνησις πέφυκεν ἄρχεσθαι καὶ ἡ μεταβολή, οἷον τὸ τέκνον ἐκ τοῦ πατρὸς καὶ τῆς μητρὸς καὶ ἡ μάχη ἐκ τῆς λοιδορίας· ἡ δὲ οὗ κατὰ προαίρεσιν κινεῖται τὰ κινούμενα καὶ μεταβάλλει τὰ μεταβάλλοντα, ὥσπερ αἵ τε κατὰ πόλεις ἀρχαὶ καὶ αἱ δυναστεῖαι καὶ αἱ βασιλεῖαι καὶ τυραννίδες ἀρχαὶ λέγονται καὶ αἱ τέχναι, καὶ τούτων αἱ ἀρχιτεκτονικαὶ μάλιστα. ἔτι ὅθεν γνωστὸν τὸ πρᾶγμα πρῶτον, καὶ αὕτη ἀρχὴ λέγεται τοῦ πράγματος, οἷον τῶν ἀποδείξεων αἱ ὑποθέσεις. ἰσαχῶς δὲ καὶ τὰ αἴτια λέγεται· πάντα γὰρ τὰ αἴτια ἀρχαί. πασῶν μὲν οὖν κοινὸν τῶν ἀρχῶν τὸ πρῶτον εἶναι ὅθεν ἢ ἔστιν ἢ γίγνεται ἢ γιγνώσκεται· τούτων δὲ αἱ μὲν ἐνυπάρχουσαί εἰσιν αἱ δὲ ἐκτός. διὸ ἥ τε φύσις ἀρχὴ καὶ τὸ στοιχεῖον καὶ ἡ διάνοια καὶ ἡ προαίρεσις καὶ οὐσία καὶ τὸ οὗ ἕνεκα· πολλῶν γὰρ καὶ τοῦ γνῶναι καὶ τῆς κινήσεως ἀρχὴ τἀγαθὸν καὶ τὸ καλόν. [所谓本源指的是:（1）事物中一个人能够由之首先运动的那个地方；例如，在一段距离和一条路那儿，从这边出发有着这个本源，从反向出发则有另一个本源。（2）每个东西能够由之最好地生成出来的那个地方；例如，在学习时，有时并不必须从最初的东西，即从事物的本源那儿开始，而是从能够最容易进行学习的地方开始。（3）作为其内在部分某物首先由之生成出来的东西；例如，在船那儿是龙骨、在房子那儿是基础，而在动物那儿，一些人把心脏、另一些人把头，还有一些人则把可能出现的类似东西当作其本源。（4）不作为其内在部分某物首先由之生成出来，即运动和变化首先自然地由之开始的东西；例如，孩子从父母那儿产生，争斗从谩骂中产生。（5）根据其抉择，运动者得以运动、变化者得以变化的那种东西，就像那些城邦中的统治权、宰制权、王权和专制权。（6）并且各种技艺，尤其是其中那些起着领导作用的技艺也被称作本源。（7）此外，事物首先由之被认识的那种东西，它也被称作该事物的本源；例如，在证明中的那些前提。原因有着同样多的含义，因为所有的原因都是本源。所有本源的共同之处就在于：它是某物要么由之而是、要么由之而生成、要么由之而被认识的那种最初的东西，其中一些是内在的，一些则是外在的。因此，自然、元素、思想、抉择、所是都是本源，何所为也是本源，因为对于许多事物来说善和美是其认识和运动的本源。]

626 ταύτῃ τῇ συνοικίᾳ [这种一起生活的地方]，有意按词源翻译，当然也可以简单译为“这种团体”或“这种聚居点”。名词 συνοικία 派生自动词 συνοικέω [住在一起 / 一起生活]，既指“聚居在一起的人群”，转义为“团体”“社会”等，也指“聚居的地点”。

627 μεταδίδωσι ... ἄλλος ἄλλῳ [他们彼此之间进行交换]，这是意译，字面意思是“一个人〈把某种东西〉给与另一个人”。

628 参见前面 337c7 那里对“ἄλλο τι”的注释 222。

629 αὐτόσε [到那儿]，即到已经提到过的那些人那儿。

630 Εἴη δ' ἂν ἥ γε ἀναγκαιοτάτη πόλις ἐκ τεττάρων ἢ πέντε ἀνδρῶν. [因此，一个最低限度的城邦，它无论如何都得由四个人或五个人构成。] 也可以译为：因此，那能够被称为城邦的，它无论如何都至少得由四个人或五个人构成。ἀναγκαιοτάτη 是形容词 ἀναγκαῖος [必须的] 的最高级阴性主格单数，在这里的意思是“最低限度的”；《牛津希-英词典》对 ἀναγκαῖος 的这一用法的解释是 a bare minimum，并且举了柏拉图在本对话中这里的这个表达，把 ἡ ἀναγκαιοτάτη πόλις 解释为：the least that could be called a city。

631 καὶ μὴ ἄλλοις κοινωνοῦντα πράγματα ἔχειν［并且一定不费力地去与其他人合作］，参见前面 347d8 那里对“ἄλλον ὠφελῶν πράγματα ἔχειν［费力地去有益于他人］”的注释 344。

632 对观《卡尔米德斯》（161e10–162a2）：Τί οὖν; ἦν δ' ἐγώ, δοκεῖ ἄν σοι πόλις εὖ οἰκεῖσθαι ὑπὸ τούτου τοῦ νόμου τοῦ κελεύοντος τὸ ἑαυτοῦ ἱμάτιον ἕκαστον ὑφαίνειν καὶ πλύνειν, καὶ ὑποδήματα σκυτοτομεῖν, καὶ λήκυθον καὶ στλεγγίδα καὶ τἆλλα πάντα κατὰ τὸν αὐτὸν λόγον, τῶν μὲν ἀλλοτρίων μὴ ἅπτεσθαι, τὰ δὲ ἑαυτοῦ ἕκαστον ἐργάζεσθαί τε καὶ πράττειν;［然后呢？我说道，在你看来一个城邦会被这种法律治理得好吗，就因为它要求下面这些，那就是：每个人各自纺织和洗涤他自己的衣服，各自为自己的鞋切割皮革，各自为自己制作橄榄油瓶和刮刀，以及按照同样的理由从事其他所有的事情；一方面，不可以触碰那些属于其他人的事情，另一方面，每个人只可以劳作和做他自己的事情？］

633 οὕτω ῥᾷον ἢ 'κείνως［〈前面〉那种方式比〈后面〉这种方式要更容易些］，这是基于汉语表达习惯的意译，字面意思是“这样比那样要更容易些”“这种方式比那种方式要更容易些”。

634 διαφέρων τὴν φύσιν［彼此在天性上并不相同］。这里把 φύσις 译为“天性”，也可以译为“天资”，而不译为“本性”或“自然”。

635 ἄλλος ἐπ' ἄλλου ἔργου πράξει.［不同的人〈适合〉做不同的事。］也可以译为：一个人为了这件事而行动，另一个人为了那件事而行动。ἄλλος 经常同它自己以及由它派生而来的词连用，例如：ἄλλος ἄλλα λέγει［一个人说这件事，另一个人说那件事。］ἄλλος ἄλλῃ φέρεται［各奔东西 / 不同的人前往不同的地方］，ἄλλος ἄλλοθεν［有的人从这里，有的人从那里 / 不同的人从不同的地方］。

此外，这句话中的 πράξει，法国布德本希腊文和新校勘的牛津古典本希腊文均作 πρᾶξιν，译成中文意思一样。但从文法上看，πράξει 是动词 πράσσω［做］的将来时直陈式主动态第三人称单数；而 πρᾶξιν 是名词 πρᾶξις［做］的单数宾格。

636 ἢ ὅταν μίαν εἷς;［还是当他作为单个人仅仅从事一件技艺时？］单就这句话，当然可以简单译为：还是当一个人仅仅从事一件技艺时？

637 ἐάν τίς τινος παρῇ ἔργου καιρόν［如果一个人放过〈做〉一件事情的时机］，也可以译为“如果一个人错失〈做〉一件事情的时机”“如果一个人忽视

〈做〉一件事情的时机”。παρῇ 是动词 παρίημι 的一次性过去时虚拟式主动态第三人称单数，παρίημ 的本义是“让落在旁边”，转义为“忽略”“放过”等。

638 ἀνάγκη τὸν πράττοντα τῷ πραττομένῳ ἐπακολουθεῖν［做事情的人必须紧跟被做的事情的步伐］，有意按字面意思翻译，当然可以转译为“做事情的人必须注意被做的事情”。动词 ἐπακολουθέω 要求与格作宾语，所以前面出现的是单数与格 τῷ πραττομένῳ［被做的事情］。ἐπακολουθέω 的本义就是“紧跟”“听从”，转义为“注意”；《牛津希-英词典》举了柏拉图在这里的这个表达，对它的解释是：attend to。

639 ἐν καιρῷ 是固定表达，意思是“适逢其时”“合时宜”；与之对应的是 ἀπὸ καιροῦ，意思则是“不合时宜”。名词 καιρός 的本义是“适当”，就时间来说指“时机”，即“善”在“时间”中的表现。参见亚里士多德《尼各马可伦理学》(1096a23–27)：ἔτι δ’ ἐπεὶ τἀγαθὸν ἰσαχῶς λέγεται τῷ ὄντι (καὶ γὰρ ἐν τῷ τί λέγεται, οἷον ὁ θεὸς καὶ ὁ νοῦς, καὶ ἐν τῷ ποιῷ αἱ ἀρεταί, καὶ ἐν τῷ ποσῷ τὸ μέτριον, καὶ ἐν τῷ πρός τι τὸ χρήσιμον, καὶ ἐν χρόνῳ καιρός, καὶ ἐν τόπῳ δίαιτα καὶ ἕτερα τοιαῦτα).［此外，“是”以多少种方式被言说，“善”也就以多少种方式被言说(因为，它能够在“某个”的意义上被说，如神和努斯；能够在“质”的意义上被说，如诸德性；能够在“量”的意义上被说，如适度；能够在“相对物”的意义上被说，如用途；能够在“时间”的意义上被说，如时机；能够在“地点”的意义上被说，如居处；以及诸如此类的等等)。］

640 σχολὴν τῶν ἄλλων ἄγων［从其他事情中〈摆脱出来〉悠闲地］，也可以转译为“从其他事情中〈摆脱出来〉从容地”。σχολὴν ἄγειν 是词组，意思是“有闲暇”“享受闲暇”“悠闲”；《牛津希-英词典》对它的解释是：to be at leisure, enjoy ease。

641 法国布德本希腊文和新校勘的牛津古典本希腊文均删掉了后面的 ἢ οὔ;［或者不是这样？］从之。

642 κοινωνοὶ ἡμῖν τοῦ πολιχνίου γιγνόμενοι［当他们在我们的这个小小的城邦里成为我们的伙伴之后］。πολίχνιον 是名词 πολίχνη 的小词，而 πολίχνη 则是 πόλις［城邦 / 城市］的小词，所以这里将 πολίχνιον 译为“小小的城邦”。

643 συχνὸν αὐτὸ ποιοῦσιν［他们就使得它变得人口众多了］。形容词 συχνός 用于时间，表“长”；用于数目，表“多”；在这里的意思是“人口众多的”“人口稠密的”。《牛津希-英词典》举了柏拉图在这里的这个表达，对它的解释是：make the small town populous。

644 χρῆσθαι 是动词 χράω 现在时不定式中动态，意思是“利用”“使用”，要求与格作宾语；所以后面出现的是复数与格 ὑποζυγίοις［各种轭下的驮畜］，

δέρμασίν［牛皮］和 ἐρίοις［羊毛］。

645 ὁ διάκονος［从事这方面服务的人］。名词 διάκονος 的本义是"仆人""服侍人的人""信使"，这里基于上下文将之译为"从事这方面服务的人"。

646 τὰ οἴκοι［本地产品］。οἴκοι 是副词，意思是"在家里"，这里与定冠词连用，意思是"本地产品"；《牛津希-英词典》举了柏拉图在这里的这个表达，对它的解释是：home products。

647 ἐκείνοις ὧν ἂν δέωνται［对那些他们会对之有需要的人］。之所以这么翻译，因为从文法和文义看，关系代词复数属格 ὧν 在这里是阳性，而不是中性。

648 τῶν ἄλλων［尤其］在这里作副词使用。形容词 ἄλλος［别的 / 其他的］，用于列举时，意思是"尤其"。参见：

《高尔吉亚》(473c7–d1)：ζηλωτὸς ὢν καὶ εὐδαιμονιζόμενος ὑπὸ τῶν πολιτῶν καὶ τῶν ἄλλων ξένων.［被同胞，尤其被异邦人羡慕和称作幸福。］

《泰阿泰德》(157e1–4)：Μὴ τοίνυν ἀπολίπωμεν ὅσον ἐλλεῖπον αὐτοῦ. λείπεται δὲ ἐνυπνίων τε πέρι καὶ νόσων τῶν τε ἄλλων καὶ μανίας, ὅσα τε παρακούειν ἢ παρορᾶν ἤ τι ἄλλο παραισθάνεσθαι λέγεται.［那我们就不应遗留其中还漏下的任何东西。而剩下的是关于各种梦、各种疾病，尤其关于疯狂，以及所有那些被称作听错、看错或其他感觉错的。］

649 ἔμπορος［旅行者 / 商人］，该名词由介词 ἐν［在……上］和名词 πορός［道路］构成。对观《政治家》(289e4–290a2)：Τί δέ; τῶν ἐλευθέρων ὅσοι τοῖς νυνδὴ ῥηθεῖσιν εἰς ὑπηρετικὴν ἑκόντες αὑτοὺς τάττουσι, τά τε γεωργίας καὶ τὰ τῶν ἄλλων τεχνῶν ἔργα διακομίζοντες ἐπ' ἀλλήλους καὶ ἀνισοῦντες, οἱ μὲν κατ' ἀγοράς, οἱ δὲ πόλιν ἐκ πόλεως ἀλλάττοντες κατὰ θάλατταν καὶ πεζῇ, νόμισμά τε πρὸς τὰ ἄλλα καὶ αὐτὸ πρὸς αὑτὸ διαμείβοντες, οὓς ἀργυραμοιβούς τε καὶ ἐμπόρους καὶ ναυκλήρους καὶ καπήλους ἐπωνομάκαμεν, μῶν τῆς πολιτικῆς ἀμφισβητήσουσί τι;［然后呢？在自由人中，所有那些心甘情愿把自己指派给服务于刚才所说的那些东西的服务术的——他们把各种农作物以及其他一些技艺的产品在农民和其他生产者彼此之间进行运输，并且使它们于交易中在价钱上相等；一些人在市场上进行交易，一些人则由海陆以及由陆路从一个城邦到另一个城邦进行交易，他们既为了别的东西而交换钱币，也为了钱币自身而交换钱币，我们已经把这些人称作钱币兑换者、商人、船主和小贩——，难道他们居然将为政治术进行争论？］

650 πῶς ἀλλήλοις μεταδώσουσιν ὧν ἂν ἕκαστοι ἐργάζωνται［人们彼此之间将如何分享他们各自会生产出来的东西］。μεταδώσουσιν 是动词 μεταδίδωμι［分享］的将来时直陈式主动态第三人称复数，该动词要求属格作宾语，所以后面出现的是关系代词的复数属格 ὧν。

651 ἀγορά［市场］一词派生自动词 ἀγείρω［聚集 / 集合］；而 νόμισμα［钱币］一词派生自动词 νομίζω［承认］，本义指“习惯所承认的东西”，转义为“通货”“钱币”和“公认的度量衡”。

652 σύμβολον τῆς ἀλλαγῆς ἕνεκα［为了交易而来的一种符号］。名词 σύμβολον 派生自动词 συμβάλλω［扔到一起］，本义是将一物分成两半，双方各持一半，作为信物，泛指“记号”“标志”“凭信”等；《牛津希-英词典》举了柏拉图在这里的这个表达，对它的解释是：token。

653 ἀχρεῖοί τι ἄλλο ἔργον πράττειν［一些不适合做其他任何工作的人］。形容词 ἀχρεῖος 的本义是“无用的”“无益的”，跟不定式指“不适合做……”；《牛津希-英词典》举了柏拉图在这里的这个表达，对它的解释是：unfit to do。

654 αὐτοῦ γὰρ δεῖ μένοντας αὐτοὺς περὶ τὴν ἀγοράν.［因为，他们自己必须得留在那里，即留在市场的周围。］也可以简单译为：因为，他们自己必须得留在市场那里。αὐτοῦ 在这里是副词，意思是“在那里”；参见前面 327c9 对“ἢ μένετ’ αὐτοῦ［要么就得留在这里］”的注释 18。

655 τοὺς πρὸς ὠνήν τε καὶ πρᾶσιν διακονοῦντας ἱδρυμένους ἐν ἀγορᾷ［那些通过在市场上摆摊设点来从事买卖服务的人］，这是意译，字面意思是“那些通过坐在市场里来从事买卖服务的人”。

656 对观《智者》（223d5-11）：{ΞΕ.} Τί δέ; τῆς μεταβλητικῆς οὐχ ἡ μὲν κατὰ πόλιν ἀλλαγή, σχεδὸν αὐτῆς ἥμισυ μέρος ὄν, καπηλικὴ προσαγορεύεται; {ΘΕΑΙ.} Ναί. {ΞΕ.} Τὸ δέ γε ἐξ ἄλλης εἰς ἄλλην πόλιν διαλλάττον ὠνῇ καὶ πράσει ἐμπορική; {ΘΕΑΙ.} Τί δ’ οὔ;［客人：然后呢？在交易术中，一则岂不是在城里的交易吗，它几乎是其半个部分，它被称为零售术？泰阿泰德：是的。客人：一则岂不从一个城邦到另一个城邦通过买和卖进行交换，因而被称为贸易术？泰阿泰德：为何不？］

657 Πάνυ μὲν οὖν［完全如此］，法国布德本希腊文也如此，而新校勘的牛津古典本希腊文将之改作：Ναί. [Πάνυ μὲν οὖν]，认为 Πάνυ μὲν οὖν 有可能是窜入，从之。

658 Πλήρωμα δὴ πόλεώς εἰσιν, ὡς ἔοικε, καὶ μισθωτοί.［因此，城邦公民的总数，如看起来的那样，也包括那些雇工。］也可以简单译为：因此，如看起来的那样，那些雇工也是城邦公民。πλήρωμα 的本义是“充满于某物的东西”，因而 πλήρωμα πόλεως 字面意思是“充满于城邦的东西”，即“城邦公民”“城邦公民的总数”；类似的表达如：κρατήρων πληρώματα［杯中物 / 酒］，χθονὸς πληρώματα［大地上充满的生灵 / 人］，πληρώματα νέας［充

满船的东西 / 船员]。《牛津希-英词典》举了柏拉图在这里的这个表达，对 πλήρωμα πόλεως 的解释是：the full number of citizens。

659 ἐν αὐτῶν τούτων χρείᾳ τινὶ τῇ πρὸς ἀλλήλους[在这些成员自身彼此间的某种交道中]。名词 χρεία 的本义是“需要”，但用于人与人之间则指“交道”“交往”“熟识”“亲密”等；《牛津希-英词典》举了柏拉图在这里的这个表达，对它的解释是：familiarity, intimacy, any relation of business or intercourse。

660 ἄλλο τι ἤ 是一个整体和固定表达，引导疑问句，相当于拉丁文的 numquid alius quam 或 nonne[是不是 / 对不对]；如果在肯定句中则表“无疑”。

661 τὰ πολλά 是一个整体，作副词使用，意思是“通常”“多半”“在大多数情况下”。参见：

《拉刻斯》(180d4-6)：Οὗτοι, ὦ Σώκρατές τε καὶ Νικία καὶ Λάχης, οἱ ἡλίκοι ἐγὼ ἔτι γιγνώσκομεν τοὺς νεωτέρους, ἅτε κατ' οἰκίαν τὰ πολλὰ διατρίβοντες ὑπὸ τῆς ἡλικίας.[真的，苏格拉底、尼基阿斯和拉刻斯啊，我和我这个年纪的人都不再同年轻人相熟识了，因为，由于年纪的原因我们多半在家里打发时间。]

《吕西斯》(204a2-3)：Παλαίστρα, ἔφη, νεωστὶ ᾠκοδομημένη· ἡ δὲ διατριβὴ τὰ πολλὰ ἐν λόγοις, ὧν ἡδέως ἄν σοι μεταδιδοῖμεν.[一所摔跤学校，他说道，它刚刚被建成。而消遣多半是进行讨论，我们会乐意与你分享它们。]

《伊翁》(531c4-d2)：οὐ περὶ πολέμου τε τὰ πολλὰ διελήλυθεν καὶ περὶ ὁμιλιῶν πρὸς ἀλλήλους ἀνθρώπων ἀγαθῶν τε καὶ κακῶν καὶ ἰδιωτῶν καὶ δημιουργῶν, καὶ περὶ θεῶν πρὸς ἀλλήλους καὶ πρὸς ἀνθρώπους ὁμιλούντων, ὡς ὁμιλοῦσι, καὶ περὶ τῶν οὐρανίων παθημάτων καὶ περὶ τῶν ἐν Ἅιδου, καὶ γενέσεις καὶ θεῶν καὶ ἡρώων; οὐ ταῦτά ἐστι περὶ ὧν Ὅμηρος τὴν ποίησιν πεποίηκεν;[他已经详细叙述过的，岂不多半是关于战争，以及关于人们之间的各种交往，既有各种好人和各种坏人之间的，也有那些一无所长的人和各种匠人之间的；还有关于诸神，当他们互相之间进行交往以及同人进行交往时，他们是在如何进行交往；以及关于天上所发生的各种事情和关于冥府的各种事情，还有诸神和英雄的各式各样的诞生？这些岂不就是荷马关于它们已经创作出诗歌的那些东西？]

《斐洞》(59d6-7)：ἐπειδὴ δὲ ἀνοιχθείη, εἰσῇμεν παρὰ τὸν Σωκράτη καὶ τὰ πολλὰ διημερεύομεν μετ' αὐτοῦ.[但只要它一开门，我们就进去到苏格拉底那儿，并通常同他一起度过一整天。]

《泰阿泰德》(144a6-b1)：οἵ τε ὀξεῖς ὥσπερ οὗτος καὶ ἀγχίνοι καὶ μνήμονες ὡς τὰ πολλὰ καὶ πρὸς τὰς ὀργὰς ὀξύρροποί εἰσι, καὶ ᾄττοντες φέρονται ὥσπερ τὰ ἀνερμάτιστα πλοῖα, καὶ μανικώτεροι ἢ ἀνδρειότεροι φύονται. [像这个人那样敏锐、机灵且记性好的那些人，多半是非常容易冲动的，猛冲乱窜，就像没有压舱物的船那样，他们也生来就比较放肆，而不是比较勇敢。]

662 τὰ μὲν πέψαντες, τὰ δὲ μάξαντες. [他们要么对之进行烘烤，要么对之进行揉捏。] 如果按照《牛津希-英词典》的解释，用火进行烘烤的当是"小麦粉"(τὰ ἄλευρα) 做成的东西，而加水进行揉捏的则是"大麦片"(τὰ ἄλφιτα) 做成的东西。

663 κάλαμόν τινα [芦苇做的某种垫子]。名词 κάλαμος 的基本含义是"芦苇"，但在这里的意思是"芦苇做的垫子"；《牛津希-英词典》举了柏拉图在这里的这个表达，对它的解释是：mat of reeds。

664 ἡδέως συνόντες ἀλλήλοις [〈男人和女人〉彼此愉快地生活在一起]。συνόντες 是动词 σύνειμι 的现在时分词主动态阳性主格单数，σύνειμι 除了具有"在一起""共处"的意思之外，暗含"交欢""交媾"的意思。

665 ὑπὲρ τὴν οὐσίαν [超出自己所拥有的能力]，也可以译为"超出家庭情况""超出财力"等；名词 οὐσία 的日常意思是"财产""一个人自己所拥有的东西""状况""现实"等。介词 ὑπέρ 跟宾格，具有"超出""超过"等意思；《牛津希-英词典》举了柏拉图在这里的这个表达，对它的解释是：above, exceeding, beyond。

666 εὐλαβούμενοι πενίαν ἢ πόλεμον [因为他们要防范贫穷或者战争]。这意味着，人口增长超过了土地的承载，这是引发战争的原因之一。

667 基于上下文，前面 372c2 那里格劳孔提到的"菜肴"(ὄψον)，暗指肉食类的一些东西；而在这里，苏格拉底故意回答了一些佐料和素食类的菜肴，所以在后面 372d5 那里格劳孔反唇相讥，称苏格拉底其实在说一个"猪的城邦"(ὑῶν πόλις)。

668 μετρίως ὑποπίνοντες [适量地喝一点点酒]。动词 ὑποπίνω 的本义就是"喝一点点""喝得不多""喝得适度"；《牛津希-英词典》对它的解释是：drink a little, drink moderately。参见《吕西斯》(204c7–d3)：ἡμῶν γοῦν, ὦ Σώκρατες, ἐκκεκώφωκε τὰ ὦτα καὶ ἐμπέπληκε Λύσιδος· ἂν μὲν δὴ καὶ ὑποπίῃ, εὐμαρία ἡμῖν ἐστιν καὶ ἐξ ὕπνου ἐγρομένοις Λύσιδος οἴεσθαι τοὔνομα ἀκούειν. [至少我们的耳朵，苏格拉底啊，他已经把它们完全给搞聋了，并且让它们充满了吕西斯的名字；当然，如果他喝上那么一点，那么对我们来说就容易设想，甚至当我们从睡梦中一觉醒来，也就会听到吕西斯的名字。] (223b1–3)：ἀλλ' ἐδόκουν ἡμῖν ὑποπεπωκότες ἐν τοῖς Ἑρμαίοις ἄποροι εἶναι προσφέρεσθαι, ἡττηθέντες οὖν αὐτῶν διελύσαμεν τὴν συνουσίαν. [而在我们看

来，由于他们在赫尔墨斯节上也喝了一点酒，因而他们是难以对付的，于是我们只好向他们屈服而终止了聚会。]

669 ἅπερ νομίζεται[恰如习惯那样]是固定表达，类似的表达还有 ὡς νομίζεται；《牛津希-英词典》对它的解释是：as is the custom。

670 κακῶς ἔχει[是一件坏事]。ἔχω 加副词等于 εἰμί 加相应的形容词。

671 φλεγμαίνουσαν πόλιν[一个在因发炎而肿胀的城邦]。φλεγμαίνουσαν 是动词 φλεγμαίνω 的现在时分词主动态阴性宾格单数，φλεγμαίνω 的本义是"使膨胀"，在医学上指"发炎""化脓"；这里为了凸显两者，将之扩展性地译为"因发炎而肿胀的"。

672 ἑταῖραι[女伴]。阴性名词 ἑταίρα 也有"妓女""交际花"等意思。

673 名词 ποικιλία 的本义是"斑驳""五彩缤纷"，转义为"编织物""挂毯"等，大致等于名词 ποίκιλμα；这里为了兼顾两者，将之译为"五彩缤纷的编织物"。类似的表达可参见《欧悌弗戎》(6b7-c3)：Καὶ πόλεμον ἆρα ἡγῇ σὺ εἶναι τῷ ὄντι ἐν τοῖς θεοῖς πρὸς ἀλλήλους, καὶ ἔχθρας γε δεινὰς καὶ μάχας καὶ ἄλλα τοιαῦτα πολλά, οἷα λέγεταί τε ὑπὸ τῶν ποιητῶν, καὶ ὑπὸ τῶν ἀγαθῶν γραφέων τά τε ἄλλα ἱερὰ ἡμῖν καταπεποίκιλται, καὶ δὴ καὶ τοῖς μεγάλοις Παναθηναίοις ὁ πέπλος μεστὸς τῶν τοιούτων ποικιλμάτων ἀνάγεται εἰς τὴν ἀκρόπολιν; [那么你其实还是相信在诸神之间有着战争，有着各种可怕的仇恨和交战，以及许多其他诸如此类的事情，就像被诗人们所讲述的那样，以及就像其他那些圣物被优秀的画家们为我们所装饰的那样，尤其像在泛雅典娜大节时被迎送到卫城那儿的那件袍子绣满了这些花样繁多的故事那样，是这样吗？欧悌弗戎啊，我们会说这些事情都是真的吗？]

674 τήν τε ζωγραφίαν κινητέον καὶ τὴν ποικιλίαν[一个人必须得让绘画和五彩缤纷的编织物发挥作用]。κινητέον 是由动词 κινέω[推动 / 移动]派生而来的动词形容词，在这里的意思是"必须使……发挥作用"；《牛津希-英词典》举了柏拉图在这里的这个表达，对它的解释是：one must call into play。

675 οἵ τε θηρευταὶ πάντες οἵ τε μιμηταί[所有的猎人以及所有的模仿者]。这里的"猎人"和"模仿者"都当在广义的意义上理解。关于"猎人"或"狩猎术"，可对观：

《智者》(222b2-c2)：{ΞΕ.} Τῆς πεζῆς θήρας γίγνεσθον δύο μεγίστω τινὲ μέρει. {ΘΕΑΙ.} Ποῖον ἑκάτερον; {ΞΕ.} Τὸ μὲν τῶν ἡμέρων, τὸ δὲ τῶν ἀγρίων. {ΘΕΑΙ.} Εἶτ' ἔστι τις θήρα τῶν ἡμέρων; {ΞΕ.} Εἴπερ γέ ἐστιν ἄνθρωπος ἥμερον ζῷον. θὲς δὲ ὅπῃ χαίρεις, εἴτε μηδὲν τιθεὶς ἥμερον, εἴτε ἄλλο μὲν ἥμερόν τι, τὸν δὲ ἄνθρωπον ἄγριον, εἴτε ἥμερον μὲν λέγεις αὖ τὸν ἄνθρωπον, ἀνθρώπων δὲ μηδεμίαν ἡγῇ θήραν· τούτων ὁπότερ' ἂν ἡγῇ φίλον εἰρῆσθαί σοι, τοῦτο ἡμῖν διόρισον. {ΘΕΑΙ.} Ἀλλ' ἡμᾶς τε ἥμερον, ὦ ξένε, ἡγοῦμαι ζῷον, θήραν τε ἀνθρώπων εἶναι λέγω.［客人：在陆上的猎取中，产生出了两个最大的部分。泰阿泰德：各自是何种？客人：一个关乎那些温顺的，一个则关乎那些凶野的。泰阿泰德：还真有对温顺动物的一种猎取吗？客人：假如人就是一种温顺动物的话。不过，你喜欢怎样，就请你怎样设定：你要么设定没有任何动物是温顺的；要么设定虽然有其他某种温顺的动物，但人是凶野的；要么你说，尽管人是温顺的，但你认为根本没有对人的一种猎取。这些中无论哪个你认为说出来会让你满意，都请你为我们界定它。泰阿泰德：我肯定认为我们就是一种温顺的动物，客人啊！我也说有着对人的一种猎取。］（231c8-d3）：Πρῶτον δὴ στάντες οἷον ἐξαναπνεύσωμεν, καὶ πρὸς ἡμᾶς αὐτοὺς διαλογισώμεθα ἅμα ἀναπαυόμενοι, φέρε, ὁπόσα ἡμῖν ὁ σοφιστὴς πέφανται. δοκῶ μὲν γάρ, τὸ πρῶτον ηὑρέθη νέων καὶ πλουσίων ἔμμισθος θηρευτής.［但首先得歇一下，以便我们能够喘口气，并且在休息的同时让我们为自己盘点一下，来吧！智者究竟已经对我们显现为了多少种形象。因为至少在我看来，首先他被发现为了是那些年青且富有的人的猎人。］

676 "史诗朗诵者"（ῥαψῳδός），既指朗诵自己创作的史诗的人，也指朗诵别人创作的史诗的人，尤其指朗诵荷马史诗的人。

677 τοῦτο［这种〈动物〉］。指示代词中性单数 τοῦτο 在这里指代什么，并不明确，之所以这么补充翻译，是鉴于后面出现的 τῶν ἄλλων βοσκημάτων παμπόλλων［需要其他众多的牲畜］。

678 即不是仅仅用它们来耕地和搬运；参见前面 370d10-e2。

679 ἰατρῶν ἐν χρείαις ἐσόμεθα πολὺ μᾶλλον［我们将需要多得多的医生］，法国布德本希腊文同样如此，而新校勘的牛津古典本希腊文将其中的 χρείαις 改为了 χρείᾳ，即将复数与格改为了单数与格，从之。ἐν χρείᾳ εἶναι 是固定表达，意思是"需要""使用"，并要求属格作宾语，所以这里出现的是复数属格 ἰατρῶν［医生］。参见《斐洞》（87b8-c3）：καὶ εἴ τις ἀπιστοίη αὐτῷ, ἀνερωτῴη πότερον πολυχρονιώτερόν ἐστι τὸ γένος ἀνθρώπου ἢ ἱματίου ἐν χρείᾳ τε ὄντος καὶ φορουμένου.［如果有人不相信他，他就会问，是人这个族类更经久呢，还是在使用和经常穿的衣服这个族类。］

680 名词 χώρα 的本义是"地方""位置"，但也具有"土地""领土"等意思。

681 ἀφῶσιν αὑτοὺς ἐπὶ χρημάτων κτῆσιν ἄπειρον［让自己沉湎于对钱财无止境的获取］，也可以译为"让自己委身于对钱财无止境的获取"。ἀφῶσιν 是动词 ἀφίημι 的一次性过去时虚拟式第三人称复数，ἀφίημι 的本义是

“抛”“扔”“派遣”，固定表达 ἀφίημι ἑαυτὸν ἐπί τι 的意思是“让自己委身于某事”“让自己沉湎于某事”；《牛津希-英词典》举了柏拉图在这里的这个表达，对它的解释是：throw oneself upon, give oneself up to it。

682 ἐξ ὧν［由于它们］，即“由于同样那些事情”，也即由于前面提到的那些“欲望”和“对钱财无止境的获取”。

683 对观《斐洞》（66c5-d3）：καὶ γὰρ πολέμους καὶ στάσεις καὶ μάχας οὐδὲν ἄλλο παρέχει ἢ τὸ σῶμα καὶ αἱ τούτου ἐπιθυμίαι. διὰ γὰρ τὴν τῶν χρημάτων κτῆσιν πάντες οἱ πόλεμοι γίγνονται, τὰ δὲ χρήματα ἀναγκαζόμεθα κτᾶσθαι διὰ τὸ σῶμα, δουλεύοντες τῇ τούτου θεραπείᾳ· καὶ ἐκ τούτου ἀσχολίαν ἄγομεν φιλοσοφίας πέρι διὰ πάντα ταῦτα.［并且除了身体及其欲望，没有别的什么会引起战争、分裂和竞赛。因为所有的战争都源于对钱财的获取，而由于身体我们才被迫去获取钱财，成为侍奉身体的奴隶。也正是由于身体，我们因所有这些而无暇去热爱智慧。］

684 见前面 370a-b。

685 ἡ περὶ τὸν πόλεμον ἀγωνία［在战争方面的争夺］，也可以译为“在战争方面为了取胜而进行的搏斗”。

686 小词 ἄρα 在这里表强调，意思是“毕竟”“到底”。

687 τῶν ἄλλων σχολὴν ἄγων［从其他事情中〈摆脱出来〉从容地］，参见前面 370c4-5 那里对“σχολὴν τῶν ἄλλων ἄγων［从其他事情中〈摆脱出来〉悠闲地］”的注释 640。

688 οὐ παριεὶς τοὺς καιρούς［不会放过各种时机］，παριείς 是动词 παρίημι 的现在时分词主动态阳性主格单数。参见前面 370b7-8 那里对“ἐάν τίς τινος παρῇ ἔργου καιρόν［如果一个人放过〈做〉一件事情的时机］”的注释 637。

689 περὶ πλείστου 是一个整体，意思是“最重要的”“最有价值的”。

690 参见前面 331a11 那里对“πλείστου ἀξίαν εἶναι［是所值最多的］”的注释 119。

691 οὐκ ἄρα φαῦλον πρᾶγμα ἠράμεθα［我们所承担的肯定不是一件小事］，ἠράμεθα 在这里是动词 αἴρω 的一次性过去时直陈式中动态第一人称复数，αἴρω 的本义是“提起”“举起”，但其中动态则具有“承担”“忍受”“着手”等意思。

692 对观《拉刻斯》（197a6-c1）：Οὐ γάρ τι, ὦ Λάχης, ἔγωγε ἀνδρεῖα καλῶ οὔτε θηρία οὔτε ἄλλο οὐδὲν τὸ τὰ δεινὰ ὑπὸ ἀνοίας μὴ φοβούμενον, ἀλλ' ἄφοβον καὶ μῶρον· ἢ καὶ τὰ παιδία πάντα οἴει με ἀνδρεῖα καλεῖν, ἃ δι' ἄνοιαν οὐδὲν δέδοικεν; ἀλλ' οἶμαι τὸ ἄφοβον καὶ τὸ ἀνδρεῖον οὐ ταὐτόν ἐστιν. ἐγὼ δὲ ἀνδρείας μὲν καὶ

προμηθίας πάνυ τισὶν ὀλίγοις οἶμαι μετεῖναι, θρασύτητος δὲ καὶ τόλμης καὶ τοῦ ἀφόβου μετὰ ἀπρομηθίας πάνυ πολλοῖς καὶ ἀνδρῶν καὶ γυναικῶν καὶ παίδων καὶ θηρίων. ταῦτ' οὖν ἃ σὺ καλεῖς ἀνδρεῖα καὶ οἱ πολλοί, ἐγὼ θρασέα καλῶ, ἀνδρεῖα δὲ τὰ φρόνιμα περὶ ὧν λέγω.［无论如何，拉刻斯啊，我都肯定既不会把那些野兽称作是勇敢的，也不会把其他任何由于缺乏理解力而不畏惧那些可怕的事情的生类称作是勇敢的，而是将之称作是不知畏惧的和愚蠢的。或者，你竟然会认为我也把所有那些因缺乏理解力而无所害怕的孩子称作是勇敢的吗？相反，我认为不知畏惧和勇敢不是同一回事。而就勇敢和先见之明，我认为只有很少的人才分得它们；但伴随缺乏先见之明而来的鲁莽、大胆和不知畏惧，很多人都分得了它们，无论是男人，还是妇女和孩子，还是野兽。因此，你和许多人称之为是勇敢的那些行为，我称之为是鲁莽的，而勇敢的行为是我正在谈论的那些明智的行为。］

693 名词 θυμός 来自动词 θύω，θύω 的本义是“猛冲”，在不同的场合可指“河水奔腾”“风猛吹”“人大怒”等等；这里权且将 θυμός 译为“气魄”，而将前面 375a12 那里由之派生出来的形容词 θυμοειδής 译为“气宇轩昂的”。

694 ταῦτα δὲ ἀδυνάτοις ἔοικεν［但〈把两者结合在一起〉这似乎是不可能的］，这是意译，也可以译为“但〈把两者结合在一起〉这显得是一件不可能的事情”；其字面意思是“但这些与那些不可能的事情相似”。

695 ἀπελείφθημεν 是动词 ἀπολείπω［放弃 / 丢弃不管］的一次性过去时直陈式被动态第一人称复数，该动词要求属格，所以这里分别出现的是关系代词属格单数 ἧς［它］和名词属格单数 εἰκόνος［比喻］。

696 οὐ ... ἥκιστα［尤其］是一个整体和短语。οὐχ ἥκιστα 是词组，意思是“尤其是”“尤其”，而副词 ἥκιστα 的本义是“最少”“最小”。

697 ὡς οἷόν τε πρᾳοτάτους εἶναι［是尽可能温柔的］。ὡς οἷόν τε 跟形容词最高级，意思是“尽可能……”。

698 παρὰ φύσιν［违反自然］是短语，也可以译为“违反本性”；其反面 κατὰ φύσιν［合乎自然 / 合乎本性］。参见：

《菲勒玻斯》(32a1-4)：διάκρισις δέ γ' αὖ καὶ διάλυσις ἡ παρὰ φύσιν, τοῦ πνίγους πάθη, λύπη, κατὰ φύσιν δὲ πάλιν ἀπόδοσίς τε καὶ ψῦξις ἡδονή.［再次，那违反自然的分离和分解，比如对令人窒息的闷热的遭受，是一种痛苦，而合乎自然的一种重新恢复和变冷，则是一种快乐。］

《斐德若》(250e5-251a1)：καὶ ὕβρει προσομιλῶν οὐ δέδοικεν οὐδ' αἰσχύνεται παρὰ φύσιν ἡδονὴν διώκων［并且由于同放纵结伴，他既不恐惧也不羞于违反自然地追逐快乐。］

《法》（636c5–6）：ἀρρένων δὲ πρὸς ἄρρενας ἢ θηλειῶν πρὸς θηλείας παρὰ φύσιν.［男的同男的，或者女的同女的在一起，是违反自然的。］

699 动词 ζητέω 除了具有“寻找”“探究”这一本义之外，也有“要求”“需要”的意思。

700 φιλόσοφος［热爱智慧的人］，当然也可以译为“哲学家”。

701 ἀσπάζεται［它就摇尾欢迎］。异态动词 ἀσπάζομαι 的本义是“欢迎”“致意”“问好”，从不同致意的方式而转义为“拥抱”“接吻”等，这里的意思则是“摇尾欢迎”；《牛津希–英词典》举了柏拉图在这里的这个表达，对它的解释是：fawn。

702 μέχρι τούτου［到此刻为止 / 直到此时为止］是一个整体，μέχρι 要求属格，所以后面出现的是单数属格 τούτου。参见《智者》（239c3–7）：Ἀλλ' εἰ δοκεῖ, σὲ μὲν καὶ ἐμὲ χαίρειν ἐῶμεν· ἕως δ' ἄν τινι δυναμένῳ δρᾶν τοῦτο ἐντυγχάνωμεν, μέχρι τούτου λέγωμεν ὡς παντὸς μᾶλλον πανούργως εἰς ἄπορον ὁ σοφιστὴς τόπον καταδέδυκεν.［那么，假如你这么认为的话，那就让我们把你和我都放到一边去。然而，一直到我们遇见了某个能够做这件事的人，直到此时为止都让我们说，智者必定流氓成性地潜入到了一个无迹可寻的地方。］

703 动词 προσέχω 的本义是“带给”“献上”，同名词 νόος［思想 / 理智］构成词组，προσέχω τὸν νοῦν 的字面意思是“把思想转向……”“把注意力集中到……”，喻为“留意”“注意”“当心”；而另一固定搭配 ἔχειν νοῦν，意思则是“有头脑”“清醒”。

704 πάθος 的本义是“遭遇”“经历”，在贬义的意义上则指“不幸”“痛苦”；这里权且将之译为“情状”。

705 Πῇ δή; Ἧι ...［究竟为什么？因为……］，这可视为一固定表达；也可以译为“究竟以什么方式？以这种方式……”。参见《泰阿泰德》（172c8–d6）：{ΣΩ.} Κινδυνεύουσιν οἱ ἐν δικαστηρίοις καὶ τοῖς τοιούτοις ἐκ νέων κυλινδούμενοι πρὸς τοὺς ἐν φιλοσοφίᾳ καὶ τῇ τοιᾷδε διατριβῇ τεθραμμένους ὡς οἰκέται πρὸς ἐλευθέρους τεθράφθαι. {ΘΕΟ.} Πῇ δή; {ΣΩ.} Ἧι τοῖς μὲν τοῦτο ὃ σὺ εἶπες ἀεὶ πάρεστι, σχολή, καὶ τοὺς λόγους ἐν εἰρήνῃ ἐπὶ σχολῆς ποιοῦνται· ὥσπερ ἡμεῖς νυνὶ τρίτον ἤδη λόγον ἐκ λόγου μεταλαμβάνομεν.［苏格拉底：那些从年轻的时候开始就在法庭及诸如此类的地方摸爬滚打的人，之于那些在哲学和这类消遣中长大的人，看起来就像家奴的培养之于自由人的培养。忒俄多洛斯：究竟为什么？苏格拉底：因为你说的那种东西，即闲暇，对于后面那些人来说始终是可能的，并且他们平静地在闲暇中进行各种讨论，

就像我们现在所采取的那样，从一个讨论到另一个讨论，现在已经到了第三个讨论。]

706 名词 ὄψις 除了具有“视觉”“视力”这一意思之外，还有“样子”“外表”“景象”等意思。参见《吕西斯》(206e9–270a3)：ὧν δὴ καὶ ὁ Λύσις ἦν, καὶ εἱστήκει ἐν τοῖς παισί τε καὶ νεανίσκοις ἐστεφανωμένος καὶ τὴν ὄψιν διαφέρων, οὐ τὸ καλὸς εἶναι μόνον ἄξιος ἀκοῦσαι, ἀλλ᾽ ὅτι καλός τε κἀγαθός. [当然，其中也就有吕西斯，并且他站在那些男孩子和年轻人中间，头戴花冠，在模样方面胜过了其他所有人，他是美的，不仅这点值得一说，而且还有他是既美又好的。]

707 συνέσει τε καὶ ἀγνοίᾳ [依靠认识和不认识]。συνέσει 是名词 σύνεσις 的单数与格；σύνεσις 除了具有“联合”“会合”的意思之外，也具有“精明”“理解”“决断”等意思，这里基于上下文，尤其基于与之对举的 ἀγνοίᾳ [不认识/无知]，将之译为“认识”。单就这个词，也可以译为“睿智”。参见：

《政治家》(259c6–8)：Ἀλλὰ μὴν τόδε γε δῆλον, ὡς βασιλεὺς ἅπας χερσὶ καὶ σύμπαντι τῷ σώματι σμίκρ᾽ ἄττα εἰς τὸ κατέχειν τὴν ἀρχὴν δύναται πρὸς τὴν τῆς ψυχῆς σύνεσιν καὶ ῥώμην. [然而，这点也肯定是显而易见的，那就是：任何一位国王能够去维持统治，都比较少地依靠双手和整个身体，同其灵魂的睿智和力量相比。]

《菲勒玻斯》(19d3–6)：φῂς δ᾽, ὡς ἔοικε, σὺ τὸ προσρηθησόμενον ὀρθῶς ἄμεινον ἡδονῆς γε ἀγαθὸν εἶναι νοῦν, ἐπιστήμην, σύνεσιν, τέχνην καὶ πάντα αὖ τὰ τούτων συγγενῆ, <ἃ>κτᾶσθαι δεῖν ἀλλ᾽ οὐχὶ ἐκεῖνα. [而且你说，如看起来的那样，那将被正确地称作无论如何都比快乐更善的一种善，是理智、知识、睿智、记忆，以及所有其他与这些同家族的东西，应当拥有它们，而不是拥有前面那些东西。]

《斐德若》(232c4–8)：διόπερ καὶ τὰς πρὸς τοὺς ἄλλους τῶν ἐρωμένων συνουσίας ἀποτρέπουσιν, φοβούμενοι τοὺς μὲν οὐσίαν κεκτημένους μὴ χρήμασιν αὐτοὺς ὑπερβάλωνται, τοὺς δὲ πεπαιδευμένους μὴ συνέσει κρείττους γένωνται· [所以，他们阻止被他们所爱的人同其他人交往，因为，他们一则害怕那些已经取得了产业的人凭借钱财胜过他们，一则担心那些已经受过教育的人在睿智方面表现得比他们更强；]

708 συχνὸν διεξίωμεν [我们细说得过于冗长]。对观《泰阿泰德》(185e3–7)：Καλὸς γὰρ εἶ, ὦ Θεαίτητε, καὶ οὐχ, ὡς ἔλεγε Θεόδωρος, αἰσχρός· ὁ γὰρ καλῶς λέγων καλός τε καὶ ἀγαθός. πρὸς δὲ τῷ καλῷ εὖ ἐποίησάς με μάλα συχνοῦ λόγου ἀπαλλάξας, εἰ φαίνεταί σοι τὰ μὲν αὐτὴ δι᾽ αὑτῆς ἡ ψυχὴ ἐπισκοπεῖν, τὰ δὲ διὰ

τῶν τοῦ σώματος δυνάμεων.［你其实是俊美的，泰阿泰德啊，而不是如忒俄多洛斯曾说的那样，长相丑陋；因为那漂亮地说话的人，既漂亮又良善。而除了是俊美的之外，你还行了好事，因为你把我从极其冗长的说话中解放了出来，如果在你看来灵魂自身通过它自身考察一些东西，而通过身体的一些能力考察另外一些东西。］

709 对观《斐德若》（276e1-3）：Παγκάλην λέγεις παρὰ φαύλην παιδιάν, ὦ Σώκρατες, τοῦ ἐν λόγοις δυναμένου παίζειν, δικαιοσύνης τε καὶ ἄλλων ὧν λέγεις πέρι μυθολογοῦντα.［相较于平常的消遣，你在说一种极美的消遣，苏格拉底啊，它属于那能够在各种言辞中消遣的人，他通过讲关于正义以及你所说的其他那些事情的故事来进行消遣。］

710 关于 μῦθος［故事 / 神话］和 λόγος［言说 / 道理 / 说明 / 讨论］之间的区别，可参见：

《斐洞》（61b3-7）：μετὰ δὲ τὸν θεόν, ἐννοήσας ὅτι τὸν ποιητὴν δέοι, εἴπερ μέλλοι ποιητὴς εἶναι, ποιεῖν μύθους ἀλλ' οὐ λόγους, καὶ αὐτὸς οὐκ ἦ μυθολογικός, διὰ ταῦτα δὴ οὓς προχείρους εἶχον μύθους καὶ ἠπιστάμην τοὺς Αἰσώπου, τούτων ἐποίησα οἷς πρώτοις ἐνέτυχον.［而在颂扬这位神之后，我意识到诗人必须——如果他真的打算是一位诗人的话——创作故事，而不是论说，而我自己并不是一个善于编故事的人，由此我就把我手边有并且熟悉的那些故事，即伊索的故事，把它们中我遇到过的那些首要的，创作成了诗。］

《普罗塔戈拉》（324d6-7）：τούτου δὴ πέρι, ὦ Σώκρατες, οὐκέτι μῦθόν σοι ἐρῶ ἀλλὰ λόγον.［苏格拉底啊，关于这，我将不再对你讲故事，而是说道理。］

《高尔吉亚》（523a1-3）：Ἄκουε δή, φασί, μάλα καλοῦ λόγου, ὃν σὺ μὲν ἡγήσῃ μῦθον, ὡς ἐγὼ οἶμαι, ἐγὼ δὲ λόγον· ὡς ἀληθῆ γὰρ ὄντα σοι λέξω ἃ μέλλω λέγειν.［因此正如他们所说，你得听非常好的道理，你虽然把它视为故事，但正如我认为的那样，我却把它视为道理；因为我打算说的那些东西，我将把它们作为真的东西对你说出来。］

《蒂迈欧》（26e4-5）：τό τε μὴ πλασθέντα μῦθον ἀλλ' ἀληθινὸν λόγον εἶναι πάμμεγά που.［不是被编造出来的故事，而是真实的道理，这肯定是一件极大的事情。］

711 对观《克里同》（50d5-e1）：Ἀλλὰ τοῖς περὶ τὴν τοῦ γενομένου τροφήν τε καὶ παιδείαν ἐν ᾗ καὶ σὺ ἐπαιδεύθης; ἢ οὐ καλῶς προσέταττον ἡμῶν οἱ ἐπὶ τούτῳ τεταγμένοι νόμοι, παραγγέλλοντες τῷ πατρὶ τῷ σῷ σε ἐν μουσικῇ καὶ γυμναστικῇ παιδεύειν;［而你会责怪关于出生者的抚养以及关于你也曾于其中被教育的那种教育的那些法律吗？或者我们中这些为此而被设立起来的法律，当它们

要求你父亲在文艺和体育方面教育你时，它们未曾好好地下命令？]

712 对观亚里士多德《论天》第一卷第 5 章（271b8–13）：εἴπερ καὶ τὸ μικρὸν παραβῆναι τῆς ἀληθείας ἀφισταμένοις γίνεται πόρρω μυριοπλάσιον. οἷον εἴ τις ἐλάχιστον εἶναί τι φαίη μέγεθος· οὗτος γὰρ τοὐλάχιστον εἰσαγαγὼν τὰ μέγιστ᾽ ἂν κινήσειε τῶν μαθηματικῶν. τούτου δ᾽ αἴτιον ὅτι ἡ ἀρχὴ δυνάμει μείζων ἢ μεγέθει, διόπερ τὸ ἐν ἀρχῇ μικρὸν ἐν τῇ τελευτῇ γίνεται παμμέγεθες.［对于真理的违背，将会失之毫厘谬以千里。例如，如果一个人承认有某个最小的量，那么他将发现这个引入的最小量却可能使数学中最大的东西发生动摇。其原因在于，开端所起的作用，是在能力上来说的，而不是在大小上来说的。因此，在开端处细小的东西在终点上却会变得非常巨大。］

713 ἄλλως τε καί 是一个整体，意思是“尤其”“特别”；《牛津希–英词典》对之的解释是：especially, above all。

714 καὶ ἐνδύεται τύπος ὃν ἄν τις βούληται ἐνσημήνασθαι ἑκάστῳ.［并且〈最为容易〉接纳一个人想对它们每个印上的那种印迹。］字面意思是“并且一个人想对它们每个印上的那种印迹〈最为容易〉被〈它们〉接纳”或者“并且一个人想对它们每个印上的那种印迹〈最为容易〉渗透到〈它们里面〉”。

715 副词 κομιδῇ 的本义是“的确”“全然”，作回答语时，κομιδῇ μὲν οὖν 构成一个整体，意思是“完全如此”“正是”。《牛津希–英词典》对之的解释是：just so。

716 ὡς ἐπὶ τὸ πολύ 是一个整体和固定表达，也作 ἐπὶ τὸ πολύ，意思是“多半”“在很大程度上”“在多数情况下”；《牛津希–英词典》对它的解释是：for the most part。参见《政治家》（294d10–e2）：Ὅτι λεπτουργεῖν οὐκ ἐγχωρεῖν ἡγοῦνται καθ᾽ ἕνα ἕκαστον, τῷ σώματι τὸ προσῆκον ἑκάστῳ προστάττοντες, ἀλλὰ παχύτερον οἴονται δεῖν ὡς ἐπὶ τὸ πολὺ καὶ ἐπὶ πολλοὺς τὴν τοῦ λυσιτελοῦντος τοῖς σώμασι ποιεῖσθαι τάξιν.［他们相信，不可能逐一在每个人那里都进行详细的考虑，从而下出同每一个身体都相适合的命令；相反，他们认为，应该比较粗略地做出对各个身体有益的安排，在多数情况下以及对大多数人适合就行了。］

717 希腊文方括号中的 μῦθον［故事］，伯内特认为是窜入，而法国布德本希腊文和新校勘的牛津古典本希腊文均直接删除了该词，从之。

718 之所以这么翻译，因为后面的动词 ἐλεγέτην 是 λέγω 的未完成过去时直陈式主动态第三人称双数。

719 希腊文方括号中的 οὐσίαν［所是］一词，伯内特认为有可能是窜入，而法国布德本希腊文和新校勘的牛津古典本希腊文均直接删除了该词，从之。

720 ὀρθῶς ἔχει［是正确的］。ἔχω［有］加副词，等于 εἰμί［是］加相应的形容词。

721 参见赫西俄德《神谱》（154–181）。

722 宙斯的父亲是“克洛诺斯”（Κρόνος, Kronos），而克洛诺斯的父亲是“乌拉诺斯”（Οὐρανός, Ouranos）。由于乌拉诺斯虐待自己的孩子，克洛诺斯在他母亲的帮助下，阉割了他父亲乌拉诺斯而取得了统治权。克洛诺斯由于害怕被自己的孩子推翻，每当生下一个孩子，就将之吞食掉，只有当宙斯降生时，他的母亲设计骗过了克洛诺斯而得以幸存，宙斯长大后推翻了克洛诺斯，将之关在地狱中。此外，根据赫西俄德的《工作与时日》（110以下），克洛诺斯的统治时期被称为“黄金时期”，这一时期的人类被称为“黄金种族”（χρύσεον γένος），其后是过渡的“白银种族”（ἀργύρεον γένος），然后是宙斯所创造的“青铜种族”（χάλκειον γένος）。

723 δι’ ἀπορρήτων ἀκούειν［作为秘密悄悄地听］是一个整体，也可以简单译为“暗地里听”；形容词 ἀπόρρητος 的本义是“被禁止的”“不许说的”。参见《泰阿泰德》（152c8–10）：Ἆρ’ οὖν πρὸς Χαρίτων πάσσοφός τις ἦν ὁ Πρωταγόρας, καὶ τοῦτο ἡμῖν μὲν ᾐνίξατο τῷ πολλῷ συρφετῷ, τοῖς δὲ μαθηταῖς ἐν ἀπορρήτῳ τὴν ἀλήθειαν ἔλεγεν;［那么，诸慈惠女神在上，普罗塔戈拉的确是一位最智慧的人；他一则对我们，即对普通大众，把这说得像谜语一样，一则对他的学生们暗地里说出真相，是这样吗？］

724 τι μέγα καὶ ἄπορον θῦμα［某种既大又稀有的供品］。形容词 ἄπορος 除了具有“走不通的”“没办法的”这一本义之外，也有“难得的”“稀有的”等意思；《牛津希–英词典》举了柏拉图在这里的这个表达，对它的解释是：hard to get, scarce。

725 对观《欧悌弗戎》（5d8–a5）：Λέγω τοίνυν ὅτι τὸ μὲν ὅσιόν ἐστιν ὅπερ ἐγὼ νῦν ποιῶ, τῷ ἀδικοῦντι ἢ περὶ φόνους ἢ περὶ ἱερῶν κλοπὰς ἤ τι ἄλλο τῶν τοιούτων ἐξαμαρτάνοντι ἐπεξιέναι, ἐάντε πατὴρ ὢν τυγχάνῃ ἐάντε μήτηρ ἐάντε ἄλλος ὁστισοῦν, τὸ δὲ μὴ ἐπεξιέναι ἀνόσιον· ἐπεί, ὦ Σώκρατες, θέασαι ὡς μέγα σοι ἐρῶ τεκμήριον τοῦ νόμου ὅτι οὕτως ἔχει – ὃ καὶ ἄλλοις ἤδη εἶπον, ὅτι ταῦτα ὀρθῶς ἂν εἴη οὕτω γιγνόμενα – μὴ ἐπιτρέπειν τῷ ἀσεβοῦντι μηδ’ ἂν ὁστισοῦν τυγχάνῃ ὤν. αὐτοὶ γὰρ οἱ ἄνθρωποι τυγχάνουσι νομίζοντες τὸν Δία τῶν θεῶν ἄριστον καὶ δικαιότατον, καὶ τοῦτον ὁμολογοῦσι τὸν αὑτοῦ πατέρα δῆσαι ὅτι τοὺς ὑεῖς κατέπινεν οὐκ ἐν δίκῃ, κἀκεῖνόν γε αὖ τὸν αὑτοῦ πατέρα ἐκτεμεῖν δι’ ἕτερα τοιαῦτα· ἐμοὶ δὲ χαλεπαίνουσιν ὅτι τῷ πατρὶ ἐπεξέρχομαι ἀδικοῦντι, καὶ οὕτως αὐτοὶ αὑτοῖς τὰ ἐναντία λέγουσι περί τε τῶν θεῶν καὶ περὶ ἐμοῦ.［那么我说，虔敬的东西就是我现在所做的，即控告那在行不义的人，无论涉及的是杀人

还是偷窃圣物，或者那做错了诸如此类的其他某件事情的人，即使那人正好是父亲，或者母亲，或者别的任何这样的人；而不控告就是不虔敬的。苏格拉底啊，因为你得看看我将告诉你何等强有力的证明，法就是如此，这我也已经对其他人说过；如果这些事情变得是下面这样，那就会是正确的，那就是不放过那不敬神的人，不管他碰巧是谁。因为人们自己就恰恰承认宙斯是诸神中最善和最公正的，认可他捆绑他自己的父亲，因为他的父亲曾不正当地吞食了他自己的儿子们，而他的父亲由于其他类似的事情复又阉割了他自己的父亲。但是，当我因其行不义而控告父亲时，他们却对我动怒；由此一来，关于神和关于我，他们对他们自己说一些相反的话。]

726 πολλοῦ δεῖν 是一固定表达，意味着"远不……"，其字面意思是"缺少许多""需要许多"。参见：

《苏格拉底的申辩》(30d5-7)：νῦν οὖν, ὦ ἄνδρες Ἀθηναῖοι, πολλοῦ δέω ἐγὼ ὑπὲρ ἐμαυτοῦ ἀπολογεῖσθαι, ὥς τις ἂν οἴοιτο, ἀλλὰ ὑπὲρ ὑμῶν. [因此现在，诸位雅典人啊，我远不是为我自己而申辩，如有人会认为的那样，而是为了你们。] (32e2-33a1)：Ἆρ' οὖν ἄν με οἴεσθε τοσάδε ἔτη διαγενέσθαι εἰ ἔπραττον τὰ δημόσια, καὶ πράττων ἀξίως ἀνδρὸς ἀγαθοῦ ἐβοήθουν τοῖς δικαίοις καὶ ὥσπερ χρὴ τοῦτο περὶ πλείστου ἐποιούμην; πολλοῦ γε δεῖ, ὦ ἄνδρες Ἀθηναῖοι· οὐδὲ γὰρ ἂν ἄλλος ἀνθρώπων οὐδείς. [因此，如果我曾从事各种公共事务，并通过以配得上一个好人的方式在从事各种公共事务时扶助各种正义的事情，并且如应当的那样，我将这当作最重大的事情，那么，你们认为我还能活这么大岁数吗？远不可能，诸位雅典人啊，其他任何人也都根本不可能。]

《吕西斯》(204e5-6)：ἐπεὶ εὖ οἶδ' ὅτι πολλοῦ δεῖς τὸ εἶδος ἀγνοεῖν τοῦ παιδός· ἱκανὸς γὰρ καὶ ἀπὸ μόνου τούτου γιγνώσκεσθαι. [其实我很清楚，你远不应不知道这孩子的模样，因为，甚至单凭这点他就足以被认出来。]

《斐德若》(243c8-d1)：πολλοῦ δ' ἂν δεῖν ἡμῖν ὁμολογεῖν ἃ ψέγομεν τὸν Ἔρωτα. [他远不可能同意我们指责厄洛斯的那些事情。]

《伊翁》(541e3-6)：ὅστις ἐμοὶ ὑποσχόμενος ὡς πολλὰ καὶ καλὰ περὶ Ὁμήρου ἐπίστασαι καὶ φάσκων ἐπιδείξειν, ἐξαπατᾷς με καὶ πολλοῦ δεῖς ἐπιδεῖξαι, ὅς γε οὐδὲ ἅττα ἐστὶ ταῦτα περὶ ὧν δεινὸς εἶ ἐθέλεις εἰπεῖν, πάλαι ἐμοῦ λιπαροῦντος. [因为你虽然向我许诺关于荷马你知道许多漂亮的东西，还声称将进行展示，但你在欺骗我，并且你也远没有进行展示，因为你甚至不愿意说出，你对之所擅长的那些事情是一些什么事情，尽管我早已再三要求；]

727 γιγαντομαχία [诸神和巨人之间的战争] 是专门表达和习语，《牛津希-英词典》对之的解释是：battle of the gods and giants。关于该战争，参见赫西俄德《神谱》(675–715)。

此外，还可参见《智者》(246a4–b3)：{ΞΕ.} Καὶ μὴν ἔοικέ γε ἐν αὐτοῖς οἷον γιγαντομαχία τις εἶναι διὰ τὴν ἀμφισβήτησιν περὶ τῆς οὐσίας πρὸς ἀλλήλους. {ΘΕΑΙ.} Πῶς; {ΞΕ.} Οἱ μὲν εἰς γῆν ἐξ οὐρανοῦ καὶ τοῦ ἀοράτου πάντα ἕλκουσι, ταῖς χερσὶν ἀτεχνῶς πέτρας καὶ δρῦς περιλαμβάνοντες. τῶν γὰρ τοιούτων ἐφαπτόμενοι πάντων διισχυρίζονται τοῦτο εἶναι μόνον ὃ παρέχει προσβολὴν καὶ ἐπαφήν τινα, ταὐτὸν σῶμα καὶ οὐσίαν ὁριζόμενοι, τῶν δὲ ἄλλων εἴ τίς <τι> φήσει μὴ σῶμα ἔχον εἶναι, καταφρονοῦντες τὸ παράπαν καὶ οὐδὲν ἐθέλοντες ἄλλο ἀκούειν.［客人：而且的确似乎在他们那儿有着一场类似诸神和巨人之间的战争，由于他们彼此之间关于所是的争论。泰阿泰德：怎么回事？客人：一些人把全部东西都从天上和不可见的地方拉到地上，完完全全在用双手抱紧石头和树木。因为拥抱所有这些东西的他们坚决主张，唯有这种允许某种接近和触摸的东西才是〈着〉，他们把有形物和所是界定为同一个东西；一旦其他人中的某位宣称，某种东西虽然不具有形体，但也是〈着〉时，他们就会完全加以鄙视，并且不愿意听任何别的。］

728 在泛雅典娜大节期间，人们会纪念雅典的守护神雅典娜的诞辰；在游行时会把一件由出身高贵的少女们所绣的袍子举在队伍的前面，然后将之抬到卫城那儿，而袍子上绣满了诸神同巨人之间战争的故事。参见《欧悌弗戎》(6b7–c4)：Καὶ πόλεμον ἆρα ἡγῇ σὺ εἶναι τῷ ὄντι ἐν τοῖς θεοῖς πρὸς ἀλλήλους, καὶ ἔχθρας γε δεινὰς καὶ μάχας καὶ ἄλλα τοιαῦτα πολλά, οἷα λέγεταί τε ὑπὸ τῶν ποιητῶν, καὶ ὑπὸ τῶν ἀγαθῶν γραφέων τά τε ἄλλα ἱερὰ ἡμῖν καταπεποίκιλται, καὶ δὴ καὶ τοῖς μεγάλοις Παναθηναίοις ὁ πέπλος μεστὸς τῶν τοιούτων ποικιλμάτων ἀνάγεται εἰς τὴν ἀκρόπολιν; ταῦτα ἀληθῆ φῶμεν εἶναι, ὦ Εὐθύφρων;［那么你其实还是相信在诸神之间有着战争，有着各种可怕的仇恨和交战，以及许多其他诸如此类的事情，就像被诗人们所讲述的那样，以及就像其他那些圣物被优秀的画家们为我们所装饰的那样，尤其像在泛雅典娜大节时被迎送到卫城那儿的那件袍子绣满了这些花样繁多的故事那样，是这样吗？欧悌弗戎啊，我们会说这些事情都是真的吗？］

729 τοιαῦτα λεκτέα μᾶλλον πρὸς τὰ παιδία εὐθὺς καὶ γέρουσι καὶ γραυσί［诸如此类的事情毋宁必须〈从一开始就〉径直被老头子们和老妇人们说给孩子们听］，这句话中的 τοιαῦτα λεκτέα μᾶλλον，法国布德本希腊文和新校勘的牛津古典本希腊文在语序上略有不同，均作 τοιαῦτα μᾶλλον λεκτέα，从之。

730 Ἥρας δὲ δεσμοὺς ὑπὸ ὑέος καὶ Ἡφαίστου ῥίψεις ὑπὸ πατρός［至于由儿子而来的赫拉的捆绑，和由父亲而来的赫淮斯托斯的坠落］，有意按字面意思翻译，当然可以转译为“至于赫拉被儿子捆绑，以及赫淮斯托斯被父亲扔下”。“赫拉的捆绑”（Ἥρας δεσμοί）和“赫淮斯托斯的坠落”（Ἡφαίστου ῥίψεις）均是希腊神话中的典故。赫淮斯托斯是火神和工匠之神，赫拉的儿子，他因身体残疾被母亲赫拉所嫌弃，将他从奥林匹斯山上扔到了海里；他后来决意报复母亲赫拉，送了她一把一旦坐上去就会被绑住的金椅子，后来在酒神狄俄尼索斯的帮助下，母子达成和解。参见荷马《伊利亚特》（1. 586–594, 18. 395–405）。

731 参见荷马《伊利亚特》（20. 1–74, 21. 385–513）。

732 ἐν ὑπονοίαις［以寓意的方式］是一个整体，在这里作副词使用。名词 ὑπόνοια 的本义“猜想”“怀疑”，转义为“在事情下面所隐含的意思”“暗含的意思”等。例如，柏拉图曾在《泰阿泰德》（152e6–8）中就荷马举了一个例子：εἰπών ‘ Ὠκεανόν τε θεῶν γένεσιν καὶ μητέρα Τηθύν’, πάντα εἴρηκεν ἔκγονα ῥοῆς τε καὶ κινήσεως.［他曾说：“诸神的始祖俄刻阿诺斯和始母忒堤丝。”他在说一切都是流动和运动的后裔。］

733 δυσέκνιπτά τε καὶ ἀμετάστατα φιλεῖ γίγνεσθαι.［通常会变得既难以清除，又不可改变。］φιλεῖ γίγνεσθαι 是一个整体和固定表达，动词 φιλέω［爱］在这里作无人称动词，与不定式 γίγνεσθαι 构成短语，意思是“经常成为”“经常发生”；《牛津希–英词典》对 φιλεῖ γίγνεσθαι 的解释是：of what usually happens。参见《菲勒玻斯》（37b5–8）：Ὅτῳ ποτὲ οὖν δὴ τρόπῳ δόξα ψευδής τε καὶ ἀληθὴς ἡμῖν φιλεῖ γίγνεσθαι, τὸ δὲ τῆς ἡδονῆς μόνον ἀληθές, δοξάζειν δ’ ὄντως καὶ χαίρειν ἀμφότερα ὁμοίως εἴληχεν <σκεπτέον>.［那么，究竟在何种方式上，判断既对我们经常成为假的，也经常成为真的，而就快乐来说却只能成为真的，尽管事实上在进行判断和事实上在感到快乐这两者已经同等地分得了份额；必须得考察这点。］

734 ἔχει λόγον 在这里是固定表达，意思是“它是合理的”或“这是合理的”，《牛津希–英词典》对之的解释是：it is arguable, i.e. reasonable。其反面是 οὐκ ἔχει λόγον［它是不合理的 / 这是不合理的］。

735 ἐν τῷ παρόντι［目前 / 眼下 / 现在］是一个整体和词组，也写作 ἐν τῷ νῦν παρόντι；与 ἐν τῷ ἔπειτα［将来 / 以后］相对。参见：

《斐洞》（67c5–d2）：Κάθαρσις δὲ εἶναι ἆρα οὐ τοῦτο συμβαίνει, ὅπερ πάλαι ἐν τῷ λόγῳ λέγεται, τὸ χωρίζειν ὅτι μάλιστα ἀπὸ τοῦ σώματος τὴν ψυχὴν καὶ ἐθίσαι αὐτὴν καθ’ αὑτὴν πανταχόθεν ἐκ τοῦ σώματος συναγείρεσθαί τε καὶ ἁθροίζεσθαι, καὶ οἰκεῖν κατὰ τὸ δυνατὸν καὶ ἐν τῷ νῦν παρόντι καὶ ἐν τῷ ἔπειτα μόνην καθ’ αὑτήν, ἐκλυομένην ὥσπερ [ἐκ] δεσμῶν ἐκ τοῦ σώματος;［而纯化岂不恰恰就是

早已在谈话中曾说过的那种东西，那就是尽可能地使灵魂同身体相分离，并且让它习惯于独自在其自身地、全方位地从身体那儿聚合和集中起来，以及尽可能地让它仅仅在其自身地寓居于现在和将来而生活，就像从捆绑中解放出来那样从身体中解放出来。]

《斐德若》（230e2–4）：νῦν δ᾽ οὖν ἐν τῷ παρόντι δεῦρ᾽ ἀφικόμενος ἐγὼ μέν μοι δοκῶ κατακείσεσθαι, σὺ δ᾽ ἐν ὁποίῳ σχήματι οἴει ῥᾷστα ἀναγνώσεσθαι, τοῦθ᾽ ἑλόμενος ἀναγίγνωσκε.［但无论如何，既然我目前已经到了这儿，那我就决定要躺下来，至于你嘛，你认为以哪种姿势最适合进行读，那就请你那样选择来进行读。］

《泰阿泰德》（188a–4）：Οὐκοῦν τόδε γ᾽ ἔσθ᾽ ἡμῖν περὶ πάντα καὶ καθ᾽ ἕκαστον, ἤτοι εἰδέναι ἢ μὴ εἰδέναι; μανθάνειν γὰρ καὶ ἐπιλανθάνεσθαι μεταξὺ τούτων ὡς ὄντα χαίρειν λέγω ἐν τῷ παρόντι· νῦν γὰρ ἡμῖν πρὸς λόγον ἐστὶν οὐδέν.［无论是关于所有一切，还是就每个东西来说，下面这点对我们来说岂不都是可能的，即真的要么知道，要么不知道？至于学习和遗忘，由于它们是在这两者之间，我目前把它们放到一边；因为现在它们还同我们的讨论无关。］

736 θεολογία［关于神的言说］，有意没有简单译为“神学”或“神论”；该词在现存柏拉图的所有作品中，仅在此处出现过一次。

737 ἐν ἔπεσιν［用史诗］，也可以译为“用英雄叙事诗”。ἔπεσιν 是名词 ἔπος 的复数与格；ἔπος 的本义是“字”“言辞”，但其复数指“史诗”“英雄叙事诗”，一般用六步格写成，其地位高于包括“酒神颂”在内的抒情诗。《牛津希–英词典》对 τὰ ἔπη 的解释是：epic poetry。

738 ἐν μέλεσιν［用抒情诗］。μέλεσιν 是名词 μέλος 的复数与格，μέλος 除了具有“四肢”“肢”这一本义之外，在音乐中指“曲调”；复数则指“抒情诗”，《牛津希–英词典》对 τὰ μέλη 的解释是：lyric poetry。

739 τῷ ὄντι［在是的方式上］。参见前面 341c6 那里对“τὸν τῷ ὄντι ἰατρὸν ὄντα［他在是的方式上是一位医生］”的注释 270。

740 ἀνοήτως［无理智地］，有意按词源翻译，当然可以简单译为“愚蠢地”。

741 κήρ 的本义是“厄运”“祸害”，这里基于文义将之中性地译为“定命”；专名 Κήρ［刻耳］，即“死亡女神”“厄运女神”。

742 所引用的以上几句诗出自荷马《伊利亚特》（24. 525–532）。

743 这句话出处不详。

744 潘达洛斯（Πάνδαρος, Pandaros），特洛伊一方的著名弓箭手，因受雅典娜的挑唆，向希腊一方射出了第一箭，从而破坏了双方的约定。参见荷马《伊利亚特》（4. 73–126）。

745 θεῶν ἔριν τε καὶ κρίσιν［诸〈女〉神之间的争吵和裁断］，单就这一表达，也可以译为“诸神之间的争吵和分裂”；名词 κρίσις 除了具有“分开”“区分”“争论”“争吵”的意思之外，也有“裁决”“裁断”等意思，但在这里似乎当理解为后者，即特洛伊王子帕里斯（Πάρις, Paris）裁断赫拉、雅典娜和阿佛洛狄忒这三位女神谁最美，而该裁断引发了后来的特洛伊战争。《牛津希–英词典》举了柏拉图在这里的这一表达，对该词的解释是：trial。

746 忒弥斯（Θέμις, Themis），希腊神话中的正义女神。

747 这两句诗所从出的埃斯库罗斯的这部悲剧已经失传。

748 尼俄柏（Νιόβη, Niobe）是忒拜的一位王后，生育了 7 个儿子和 7 个女儿，由于对阿耳忒弥斯（Ἄρτεμις, Artemis）和阿波罗（Ἀπόλλων, Apollon）的母亲勒托（Λητώ, Leto）炫耀子女多而遭到报复，最后所有的孩子均被阿耳忒弥斯和阿波罗姐弟俩射杀，而尼俄柏本人最终化为石头。

749 珀罗普斯（Πέλοψ, Pelops），希腊神话传说中的一位著名人物，他是宙斯在尘世的儿子坦塔罗斯（Τάνταλος, Tantalos）的儿子，特洛伊战争希腊统帅阿伽门农（Ἀγαμέμνων, Agamemnon）的爷爷。

750 αὐτοῖς［他们］，即诗人们。从文法上看，柏拉图这段话中交替使用复数，可理解为是一种修辞法。

751 ἐν μέτρῳ［以韵律的方式 / 以韵文的方式］，也可以译为“用韵文”“用诗行”。μέτρον 的本义是“尺度”“标准”，但也有“韵律”的意思，从而指“韵文”“诗行”等。参见：

《斐德若》（267a2–5）：τὸν δὲ κάλλιστον Πάριον Εὐηνὸν ἐς μέσον οὐκ ἄγομεν, ὃς ὑποδήλωσίν τε πρῶτος ηὗρεν καὶ παρεπαίνους – οἱ δ᾽ αὐτὸν καὶ παραψόγους φασὶν ἐν μέτρῳ λέγειν μνήμης χάριν – σοφὸς γὰρ ἁνήρ.［而那位最帅气的帕洛斯人欧埃诺斯，我们岂不也应把他引到中间来，他第一个发明了含沙射影和附带表扬——一些人说，为了方便记忆，他甚至以韵文的方式表达那些拐弯抹角的指责——，他真是一个智慧的人！］

《智者》（237a4–7）：Παρμενίδης δὲ ὁ μέγας, ὦ παῖ, παισὶν ἡμῖν οὖσιν ἀρχόμενός τε καὶ διὰ τέλους τοῦτο ἀπεμαρτύρατο, πεζῇ τε ὧδε ἑκάστοτε λέγων καὶ μετὰ μέτρων ...［而伟大的巴门尼德，孩子啊，当我们还是孩童时，他自始至终都坚持这点，无论是用散文，还是用韵文，他在任何时候都这样说道……。］

752 οὔτε σύμφωνα αὐτὰ αὑτοῖς［彼此也不协调］，也可以简单译为“也自相矛盾”。

753 Σύμψηφός σοί εἰμι ... τούτου τοῦ νόμου［我同你一起投票……支持这条法律］。形容词 σύμψηφος 的本义是“同……一起投票”，转义为“支持”；σύμψηφος τινί τινος 是固定表达，意思是“同某人一起投票支持某事”，“人”要求与格，“事情”要求属格，所以这里分别出现了与格单数 σοί［你］和属格单数 τούτου τοῦ νόμου［这条法律］。《牛津希-英词典》举了柏拉图在这里的这一表达，对 σύμψηφος τινί τινος 的解释是：voting with one for a thing。

754 μὴ πάντων αἴτιον τὸν θεόν［神并不是所有事情的原因］，也可以译为“神并不为所有事情负责”。

755 ἀπόχρη 是动词 ἀποχράω［足够］的未完成过去时直陈式主动态第三人单数，在这里作无人称动词使用。

756 对观荷马《奥德修斯》（17.485–487）：καί τε θεοὶ ξείνοισιν ἐοικότες ἀλλοδαποῖσι, παντοῖοι τελέθοντες, ἐπιστρωφῶσι πόληας, ἀνθρώπων ὕβριν τε καὶ εὐνομίην ἐφορῶντες.［诸神有可能像一些异乡的客人，变成各种样子，出没于各个城邦，观察人的侮慢和守法。］

《智者》（216a5–b6）：Ἆρ᾽ οὖν, ὦ Θεόδωρε, οὐ ξένον ἀλλά τινα θεὸν ἄγων κατὰ τὸν Ὁμήρου λόγον λέληθας; ὅς φησιν ἄλλους τε θεοὺς τοῖς ἀνθρώποις ὁπόσοι μετέχουσιν αἰδοῦς δικαίας, καὶ δὴ καὶ τὸν ξένιον οὐχ ἥκιστα θεὸν συνοπαδὸν γιγνόμενον ὕβρεις τε καὶ εὐνομίας τῶν ἀνθρώπων καθορᾶν. Τάχ᾽ οὖν ἂν καὶ σοί τις οὗτος τῶν κρειττόνων συνέποιτο, φαύλους ἡμᾶς ὄντας ἐν τοῖς λόγοις ἐποψόμενός τε καὶ ἐλέγξων, θεὸς ὤν τις ἐλεγκτικός.［那么，忒俄多洛斯啊，你真的没有注意到，按照荷马的说法，你带来的不是一位客人，而是某位神吗？他说，不仅其他一些神——对于所有那些分得一种理应的羞耻心的人来说——，而且尤其是异乡人的那位保护神，通过成为他们的陪伴者而俯察人的各种侮慢和守法。因此，或许跟随你来的这位，也有可能是那些更强有力者中的一位，因为他观察和盘问在诸言说方面是贫弱的我们，并且是一位精通盘问的神。］

757 αὐτὸν γιγνόμενον［实际上是他自己在变化］，之所以这么翻译，因为 αὐτόν 在这里具有强调作用。

758 希腊文方括号中的连词 καί，伯内特和新校勘的牛津古典本希腊文均认为是窜入，而法国布德本希腊文保留了它；从伯内特本和新校勘的牛津古典本。

759 ἁπλοῦν ... εἶναι［是单纯的］，也可以译为“是单一的”“是绝对的”。

760 πάντων ἥκιστα［最不］是一个整体和固定表达，字面意思是“一切中最少”。

761 这段话同时出现了后来哲学中的三个重要的概念：ἰδέα，εἶδος，μορφή；这里简单将之分别译为“形相”“样子”和“形象”。

762 Οὐκ ἔχω ... νῦν γε οὕτως εἰπεῖν.［我现在肯定不能够……立马就说出来。］副词 οὕτως 在这里的意思是“立马”“即兴”“径直”，《牛津希-英词典》对它的这层意思的解释是：off-hand, at once。参见《斐德若》（235c2–4）：Νῦν

μὲν οὕτως οὐκ ἔχω εἰπεῖν· δῆλον δὲ ὅτι τινῶν ἀκήκοα, ἤ που Σαπφοῦς τῆς καλῆς ἢ Ἀνακρέοντος τοῦ σοφοῦ ἢ καὶ συγγραφέων τινῶν. [虽然我现在并不能够立马就说出来，但显然我已经从一些人那里听说过，或者从美丽的萨福那儿，或者从智慧的阿那克瑞翁那儿，甚或从一些散文家那里。]

763 对观《泰阿泰德》(181d5–6)：Δύο δὴ λέγω τούτω εἴδει κινήσεως, ἀλλοίωσιν, τὴν δὲ φοράν. [于是我把这两者称作运动的两种类型，一种是变化，而另一种是位移。]

关于 κίνησις [运动] 的分类，还可参见亚里士多德《范畴篇》(15a13–14)：Κινήσεως δέ ἐστιν εἴδη ἕξ· γένεσις, φθορά, αὔξησις, μείωσις, ἀλλοίωσις, κατὰ τόπον μεταβολή. [运动有六种：生成、毁灭、增加、减少、变化以及位移。]

764 对观《斐洞》(78c10–d7)：Ἴωμεν δή, ἔφη, ἐπὶ ταὐτὰ ἐφ' ἅπερ ἐν τῷ ἔμπροσθεν λόγῳ. αὐτὴ ἡ οὐσία ἧς λόγον δίδομεν τοῦ εἶναι καὶ ἐρωτῶντες καὶ ἀποκρινόμενοι, πότερον ὡσαύτως ἀεὶ ἔχει κατὰ ταὐτὰ ἢ ἄλλοτ' ἄλλως; αὐτὸ τὸ ἴσον, αὐτὸ τὸ καλόν, αὐτὸ ἕκαστον ὃ ἔστιν, τὸ ὄν, μή ποτε μεταβολὴν καὶ ἡντινοῦν ἐνδέχεται; ἢ ἀεὶ αὐτῶν ἕκαστον ὃ ἔστι, μονοειδὲς ὂν αὐτὸ καθ' αὑτό, ὡσαύτως κατὰ ταὐτὰ ἔχει καὶ οὐδέποτε οὐδαμῇ οὐδαμῶς ἀλλοίωσιν οὐδεμίαν ἐνδέχεται; [苏格拉底说，让我们回到在前面的论证中提到过的那些东西。我们在问和答中对其是给予说明的那种所是本身，总是以同样的方式保持同一呢，还是时而这样，时而那样？相等本身、美本身，每个是其所是的东西本身，即是者，难道曾经也接受过某种变化吗？或者，它们中的每一个都始终是其所是、独自在其自身地是同样的、以同样的方式保持同一，并且从不曾在任何方面、以任何方式接受过任何改变？]

765 τά σύνθετα πάντα [所有那些组合而成的东西]，也可以简单译为"所有那些合成的东西"。对观《智者》(219a10–b2)：Γεωργία μὲν καὶ ὅση περὶ τὸ θνητὸν πᾶν σῶμα θεραπεία, τό τε αὖ περὶ τὸ σύνθετον καὶ πλαστόν, ὃ δὴ σκεῦος ὠνομάκαμεν, ἥ τε μιμητική, σύμπαντα ταῦτα δικαιότατ' ἂν ἑνὶ προσαγορεύοιτ' ἂν ὀνόματι. [一方面是耕种以及任何对有死的每一有形者的照料，此外还有对我们称作器具的那种合成物和塑造物的照料，进而是模仿术；所有这些都可以最为正当地用一个名称加以称呼。]

766 κάλλιστος καὶ ἄριστος ὢν εἰς τὸ δυνατόν [尽可能地是美的和好的]。εἰς τὸ δυνατόν [尽可能地] 是一个整体，大致等于 κατὰ τὸ δυνατόν 和 ὡς δυνατόν，同形容词最高级连用，起加强作用。参见《泰阿泰德》(176a5–b3)：Ἀλλ' οὔτ' ἀπολέσθαι τὰ κακὰ δυνατόν, ὦ Θεόδωρε – ὑπεναντίον γάρ τι τῷ ἀγαθῷ ἀεὶ

εἶναι ἀνάγκη – οὔτ' ἐν θεοῖς αὐτὰ ἱδρῦσθαι, τὴν δὲ θνητὴν φύσιν καὶ τόνδε τὸν τόπον περιπολεῖ ἐξ ἀνάγκης. διὸ καὶ πειρᾶσθαι χρὴ ἐνθένδε ἐκεῖσε φεύγειν ὅτι τάχιστα. φυγὴ δὲ ὁμοίωσις θεῷ κατὰ τὸ δυνατόν· ὁμοίωσις δὲ δίκαιον καὶ ὅσιον μετὰ φρονήσεως γενέσθαι.［但是，邪恶的东西既不可能消亡，忒俄多洛斯啊——因为某种东西必然总是善的东西的反面——，它们也不可能被安顿在诸神中间，而是必然绕着有死的本性和这个地方漫游。因此，一个人必须尝试尽快地从这儿逃离到那儿。而逃离就是尽可能地与神相似，但与神相似也就是凭借明智而成为正义的和虔敬的。］

767 荷马《奥德修斯》（17.485-486）。

768 普洛透斯（Πρωτεύς, Proteus）是一位老海神，他有预测能力，但经常通过变化外形来让人捉不到他，而他只向捉到他的人进行预言。参见：

《欧悌弗戎》（15c11-d4）：Ἐξ ἀρχῆς ἄρα ἡμῖν πάλιν σκεπτέον τί ἐστι τὸ ὅσιον, ὡς ἐγὼ πρὶν ἂν μάθω ἑκὼν εἶναι οὐκ ἀποδειλιάσω. ἀλλὰ μή με ἀτιμάσῃς ἀλλὰ παντὶ τρόπῳ προσσχὼν τὸν νοῦν ὅτι μάλιστα νῦν εἰπὲ τὴν ἀλήθειαν· οἶσθα γὰρ εἴπερ τις ἄλλος ἀνθρώπων, καὶ οὐκ ἀφετέος εἶ ὥσπερ ὁ Πρωτεὺς πρὶν ἂν εἴπῃς.［那么我们还必须再次从头考察虔敬的东西是什么，因为在我弄明白之前，我是不会心甘情愿地当懦夫的。但你不要瞧不起我，而是要以一切方式集中注意力，现在请你尽可能地说出真相。因为如果其他某个人知道它，那你也知道它；并且就像普洛透斯那样，在你说出它之前你是不会被放走的。］

《伊翁》（541e6-542a1）：ἀλλὰ ἀτεχνῶς ὥσπερ ὁ Πρωτεὺς παντοδαπὸς γίγνῃ στρεφόμενος ἄνω καὶ κάτω, ἕως τελευτῶν διαφυγών με στρατηγὸς ἀνεφάνης, ἵνα μὴ ἐπιδείξῃς ὡς δεινὸς εἶ τὴν περὶ Ὁμήρου σοφίαν.［而你完全就像普洛透斯，通过来来回回地兜圈子而变成五花八门的样子，直到最终你通过表现成一位将军来逃避我，为了不展示在关于荷马的智慧方面你是多么的高明。］

769 忒提丝（Θέτις, Thetis）是一位海神，英雄阿喀琉斯（Ἀχιλλεύς, Achilles）的母亲。

770 ἀγείρουσαν［她在募捐］，也可以译为“她在化缘”“她在集资”“她在筹钱”。ἀγείρουσαν 是动词 ἀγείρω 的现在时分词主动态阴性宾格单数，ἀγείρω 的本义是“收集”“聚集”，但在这里的意思是“筹钱”“化缘”；《牛津希-英词典》举了柏拉图在这里的这个表达，对它的解释是：collect by begging, collect money。

771 阿耳戈斯（Ἄργος, Argos）是伯罗奔尼撒半岛上的一个古代名城。据说阿耳戈斯人根据习俗本来留长发，被拉刻代蒙人（即斯巴达人）打败后，便剃光了自己的头，并起誓在收复失地之前，男人不再留头发，女人不得戴金饰；而拉刻代蒙人则正好相反，他们以前不留长发，但从此以后就开始蓄长发。参见希罗多德《历史》(1. 82. 33-39)。

对观《斐洞》(89b9-c4)：Τήμερον, ἔφη, κἀγὼ τὰς ἐμὰς καὶ σὺ ταύτας, ἐάνπερ γε ἡμῖν ὁ λόγος τελευτήσῃ καὶ μὴ δυνώμεθα αὐτὸν ἀναβιώσασθαι. καὶ ἔγωγ' ἄν, εἰ σὺ εἴην καί με διαφεύγοι ὁ λόγος, ἔνορκον ἂν ποιησαίμην ὥσπερ Ἀργεῖοι, μὴ πρότερον κομήσειν, πρὶν ἂν νικήσω ἀναμαχόμενος τὸν Σιμμίου τε καὶ Κέβητος λόγον. [今天，他说，我就剪掉我的头发，你也剪掉这些头发，假如我们的讨论真的就此结束，并且我们也没有能力使之复活的话。而我也的确会——如果我是你，并且这场讨论从我这儿逃脱了——像那些阿耳戈斯人一样发誓：不再蓄长发，在我通过重新战斗而击败西米阿斯和刻贝斯的说法之前。]

772 伊那科斯(Ἴναχος, Inachos)，希腊神话传说中阿耳戈斯的一位英雄，为了逃脱神的惩罚而投入河中，后来这条河就以他的名字命名。

773 παισὶν βιοδώροις [为那些给予生命的孩子们]，也可以补充译为"为那些给予〈大地〉生命的孩子们"。这是拟人表达，即伊那科斯河的那些支流。整句话出自埃斯库罗斯的一部已经佚失的作品。

774 ὑπὸ τούτων ἀναπειθόμεναι αἱ μητέρες [即使母亲们被这些〈故事〉所影响]，这是意译，字面意思是"即使母亲们被这些〈故事〉说服"，也可以转译为"即使母亲们对这些〈故事〉深信不疑"。

775 τό ὡς ἀληθῶς ψεῦδος [真的假]。这是一种"矛盾修辞法"(ὀξύμωρον / oxymoron)。而所谓 ὀξύμωρον [矛盾修辞法]，由 ὀξύς [尖锐的] 和 μῶρος [愚蠢的] 构成，本义指尖锐而愚蠢的话，后来成为了一种修辞手法，即虽自相矛盾但却隐含深意、带有某种机锋的话，如"不和谐的和谐""甜蜜的忧愁""不诚实的诚实""无事忙"等等。类似的表达可参见：

《泰阿泰德》(189c11-d3)：Οὐκ ἂν οἶμαι σοὶ δοκῶ τοῦ ἀληθῶς ψευδοῦς ἀντιλαβέσθαι, ἐρόμενος εἰ οἷόν τε ταχὺ βραδέως ἢ κοῦφον βαρέως ἢ ἄλλο τι ἐναντίον μὴ κατὰ τὴν αὑτοῦ φύσιν ἀλλὰ κατὰ τὴν τοῦ ἐναντίου γίγνεσθαι ἑαυτῷ ἐναντίως. [因为我认为，在你看来我不会去攻击真的假这种说法，问下面这些是否可能，即慢的快、重的轻，或者任何其他某个有其反面的东西，不根据它自己的本性，而根据其相反者的本性，以同它自己相反的方式生成出来。]

《菲勒玻斯》(23b1)：Ἆρ' ὅτι τὸ ἀδύνατον εἶπον, λυπεῖν ἡδονήν; [因为我说了不可能的事情：使快乐感到痛苦？]

776 即“灵魂”。参见《斐洞》(94b4–5)：τῶν ἐν ἀνθρώπῳ πάντων ἔσθ’ ὅτι ἄλλο λέγεις ἄρχειν ἢ ψυχὴν ἄλλως τε καὶ φρόνιμον;［在人身上的所有东西中，你会说除了灵魂——尤其明智的灵魂——，有别的什么将能够进行统治？］

777 ἐκεῖ［在那儿］，即 τῷ κυριωτάτῳ ... ἑαυτῶν［自己身上那最具决定性的东西］。

778 αὐτό［它］，即 ψεῦδος［假 / 虚假］。

779 σεμνόν［某种浮夸的东西］。形容词 σεμνός 的本义是“庄严的”“威严的”，贬义指“浮夸的”“傲慢的”。

780 τῇ ψυχῇ［对于灵魂］和 περὶ τὰ ὄντα［关于诸是者］，分别对应和解释了前面的 τῷ κυριωτάτῳ ... ἑαυτῶν［对自己身上那最具决定性的东西］和 περὶ τὰ κυριώτατα［关于那些最具决定性的事情］。

781 这里的一系列不定式，均是后面的动词 δέξαιντο［接受］的宾语。

782 对观《智者》(228c7–d5)：{ΞΕ.} Ἀλλὰ μὴν ψυχήν γε ἴσμεν ἄκουσαν πᾶσαν πᾶν ἀγνοοῦσαν. {ΘΕΑΙ.} Σφόδρα γε. {ΞΕ.} Τό γε μὴν ἀγνοεῖν ἐστιν ἐπ’ ἀλήθειαν ὁρμωμένης ψυχῆς, παραφόρου συνέσεως γιγνομένης, οὐδὲν ἄλλο πλὴν παραφροσύνη. {ΘΕΑΙ.} Πάνυ μὲν οὖν. {ΞΕ.} Ψυχὴν ἄρα ἀνόητον αἰσχρὰν καὶ ἄμετρον θετέον. {ΘΕΑΙ.} Ἔοικεν.［客人：而且我们肯定还已经知道，每一灵魂都是不情愿不知道每一东西的。泰阿泰德：的确。客人：无知就肯定不是任何别的，除了是下面这点之外，那就是：当灵魂动身前往真时，发生了理解上的走偏，即灵魂的理解错乱。泰阿泰德：完全如此。客人：因此，无知的灵魂就必须被确定为是丑陋和不成比例的。泰阿泰德：似乎是这样。］

783 希腊文方括号中的 ψεῦδος［假 / 虚假］，伯内特认为是窜入，而法国布德本希腊文和新校勘的牛津古典本希腊文均保留了它，从之。

784 τινα ἄνοιαν［某种欠缺理智］，有意按词源翻译，也可以简单译为“某种愚蠢”。

785 对观《斐德若》(245a4–5)：μυρία τῶν παλαιῶν ἔργα κοσμοῦσα τοὺς ἐπιγιγνομένους παιδεύει.［通过装饰古人们的无数功业来教育子孙后代。］

786 关于 ἔνι，见前面 342a5 那里对“ἐν αὐτῇ τῇ τέχνῃ ἔνι τις πονηρία［在技艺自身中就有着某种缺陷］”的注释 281。

787 关于 μανία［发狂 / 迷狂］，可对观《斐德若》(265a9–11)：Μανίας δέ γε εἴδη δύο, τὴν μὲν ὑπὸ νοσημάτων ἀνθρωπίνων, τὴν δὲ ὑπὸ θείας ἐξαλλαγῆς τῶν εἰωθότων νομίμων γιγνομένην.［然而，迷狂肯定有两种形式：一种是被属人的各种疾病所引起的，另一种则是被一种神圣的彻底改变——即背离各种习以为常的规矩——所造成的。］

788 τὸ δαιμόνιόν τε καὶ τὸ θεῖον［精灵性的东西以及神性的东西］。在希腊化时期，柏拉图本人就获得了 ὁ θεῖος Πλάτων［像神一样的柏拉图 / 神圣的柏拉图］这一称号，而将亚里士多德称作 ὁ δαιμόνιος Ἀριστοτέλης［精灵般的亚里士多德］。

对观《苏格拉底的申辩》（27b9–d10）：ἀλλὰ τὸ ἐπὶ τούτῳ γε ἀπόκριναι· ἔσθ’ ὅστις δαιμόνια μὲν νομίζει πράγματ’ εἶναι, δαίμονας δὲ οὐ νομίζει; Οὐκ ἔστιν. Ὡς ὤνησας ὅτι μόγις ἀπεκρίνω ὑπὸ τουτωνὶ ἀναγκαζόμενος. οὐκοῦν δαιμόνια μὲν φῄς με καὶ νομίζειν καὶ διδάσκειν, εἴτ’ οὖν καινὰ εἴτε παλαιά, ἀλλ’ οὖν δαιμόνιά γε νομίζω κατὰ τὸν σὸν λόγον, καὶ ταῦτα καὶ διωμόσω ἐν τῇ ἀντιγραφῇ. εἰ δὲ δαιμόνια νομίζω, καὶ δαίμονας δήπου πολλὴ ἀνάγκη νομίζειν μέ ἐστιν· οὐχ οὕτως ἔχει; ἔχει δή· τίθημι γάρ σε ὁμολογοῦντα, ἐπειδὴ οὐκ ἀποκρίνῃ. τοὺς δὲ δαίμονας οὐχὶ ἤτοι θεούς γε ἡγούμεθα ἢ θεῶν παῖδας; φῄς ἢ οὔ; Πάνυ γε. Οὐκοῦν εἴπερ δαίμονας ἡγοῦμαι, ὡς σὺ φῄς, εἰ μὲν θεοί τινές εἰσιν οἱ δαίμονες, τοῦτ’ ἂν εἴη ὃ ἐγώ φημί σε αἰνίττεσθαι καὶ χαριεντίζεσθαι, θεοὺς οὐχ ἡγούμενον φάναι με θεοὺς αὖ ἡγεῖσθαι πάλιν, ἐπειδήπερ γε δαίμονας ἡγοῦμαι· εἰ δ’ αὖ οἱ δαίμονες θεῶν παῖδές εἰσιν νόθοι τινὲς ἢ ἐκ νυμφῶν ἢ ἔκ τινων ἄλλων ὧν δὴ καὶ λέγονται, τίς ἂν ἀνθρώπων θεῶν μὲν παῖδας ἡγοῖτο εἶναι, θεοὺς δὲ μή;［但是，你至少得回答下面这个问题，那就是：会有人虽然承认有一些属于精灵的事情，但却不承认精灵吗？没有。你是多么地帮助了我啊，通过这些人的敦促你终于勉勉强强地做出了回答。因此，你说我承认和教授一些属于精灵的事情，无论它们是新的还是旧的；但按照你的说法，我肯定承认一些属于精灵的事情，并且这在诉状中你已经发过誓了。但是，如果我承认属于精灵的一些事情，那么，我承认精灵这无疑就是极其必然的；难道不是这样吗？肯定是这样；因为，既然你不回答，那我就假定你是在同意。但我们岂不相信精灵们要么是神，要么是神的孩子？你同意还是不同意？肯定同意。因此，如果我相信一些精灵——如你所说——，并且如果精灵们就是某种神，那么，这就是我所说的，即你在说谜语和开玩笑：说我不相信神，但又再度相信神，既然我的确相信一些精灵。但另一方面，如果精灵们只是诸神的一些私生子女，要么来自一些仙女，要么来自一些其他女性——众所周知他们被说成是出于她们——，那么，有哪个人会相信一方面有神的孩子们，另一方面却不相信神？］

789 οὔθ’ ὕπαρ οὐδ’ ὄναρ.［不管那些人是醒着时，还是在睡梦中。］法国布德本希腊文同样如此，而新校勘的牛津古典本希腊文删掉了第一个否定词 οὔθ’，从之。此外，ὕπαρ 和 ὄναρ 均是中性名词，分别指“醒时看见的真实的景象”和“梦中的景象”；但在这里，从文法上看都当理解为是宾格作副词使用，意思是“在清醒的状态”和“在梦里”。参见：

《泰阿泰德》（208b11–12）：Ὄναρ δή, ὡς ἔοικεν, ἐπλουτήσαμεν οἰηθέντες ἔχειν τὸν ἀληθέστατον ἐπιστήμης λόγον.［那么，我们似乎只是在梦里变得富有了，当我们认为有了关于知识的最真的理据时。］

《政治家》（277d2–4）：κινδυνεύει γὰρ ἡμῶν ἕκαστος οἷον ὄναρ εἰδὼς ἅπαντα πάντ᾽ αὖ πάλιν ὥσπερ ὕπαρ ἀγνοεῖν.［有可能我们中的每个人就像在梦里一样知道每件事，然后如醒来时那样复又不知道每件事。］

《菲勒玻斯》（65e4–7）：Ἀλλ᾽ οὖν φρόνησιν μὲν καὶ νοῦν, ὦ Σώκρατες, οὐδεὶς πώποτε οὔθ᾽ ὕπαρ οὔτ᾽ ὄναρ αἰσχρὸν οὔτε εἶδεν οὔτε ἐπενόησεν οὐδαμῇ οὐδαμῶς οὔτε γιγνόμενον οὔτε ὄντα οὔτε ἐσόμενον.［无论如何，一方面就明智和理智，苏格拉底啊，从来就没有任何一个人——无论他是在醒着的时候，还是在睡梦中——，看到过它们或设想过它们在任何地方以任何方式变得、是或将是丑陋的。］

《斐德若》（277d10–e3）：τὸ γὰρ ἀγνοεῖν ὕπαρ τε καὶ ὄναρ δικαίων καὶ ἀδίκων πέρι καὶ κακῶν καὶ ἀγαθῶν οὐκ ἐκφεύγει τῇ ἀληθείᾳ μὴ οὐκ ἐπονείδιστον εἶναι, οὐδὲ ἂν ὁ πᾶς ὄχλος αὐτὸ ἐπαινέσῃ.［因为，无论是醒着时还是在睡梦中，一个人如果关于各种正义的东西和不正义的东西、邪恶的东西和良善的东西是无知的，那他就真的无法逃脱这点，即是应被谴责的，即使整个大众都在颂扬它。］

790 Πολλὰ ἄρα Ὁμήρου ἐπαινοῦντες, ἀλλὰ τοῦτο οὐκ ἐπαινεσόμεθα.［因此，虽然我们赞美从荷马那儿来的许多其他的事情，但我们不会赞美下面这件事。］这句话在法国布德本希腊文中作 Πολλὰ ἄρα Ὁμήρου ἐπαινοῦντες ἄλλα τοῦτο οὐκ ἐπαινεσόμεθα. 新校勘的牛津古典本希腊文同布德本，只是在 ἄλλα 后面加了标点符号，即作 Πολλὰ ἄρα Ὁμήρου ἐπαινοῦντες ἄλλα, τοῦτο οὐκ ἐπαινεσόμεθα. 这里的翻译从新校勘的牛津古典本希腊文。如果按伯内特本翻译，则当译为：因此，虽然我们赞美从荷马那儿来的许多事情，然而我们不会赞美下面这件事。

791 荷马《伊利亚特》（2.1–34）。

792 下面这段话出自埃斯库罗斯的一部已经佚失的悲剧。

793 παιᾶν᾽ 即 παιᾶνα，是名词 παιάν 的宾格单数。παιάν 作专名 Παιάν，指诸神的医生“派安”，后来成为阿波罗和医药之祖阿斯克勒庇俄斯（Ἀσκληπιός, Asklepios）的别号，以及赞美阿波罗的颂歌；进而指具有一种特殊的诗歌格律的颂歌。

794 福玻斯（Φοῖβος, Phoibos），太阳神阿波罗的别称，意思是“光明之神”。

795 即阿喀琉斯（Ἀχιλλεύς, Achilles）。特洛伊王子帕里斯（Πάρις, Paris）在阿波罗的引导下，射中了阿喀琉斯的致命处脚踝。

796 对观《泰阿泰德》（176a8–b3）：διὸ καὶ πειρᾶσθαι χρὴ ἐνθένδε ἐκεῖσε φεύγειν ὅτι τάχιστα. φυγὴ δὲ ὁμοίωσις θεῷ κατὰ τὸ δυνατόν· ὁμοίωσις δὲ δίκαιον καὶ ὅσιον μετὰ φρονήσεως γενέσθαι.［因此，一个人必须尝试尽快地从这儿逃离到那儿。而逃离就是尽可能地与神相似，但与神相似也就是凭借明智而成为正义的和虔敬的。］

797 ἐπὶ πλεῖστον 是一个整体和固定表达，意思是“在最大程度上”“在最大的范围内”；《牛津希-英词典》对它解释是：over the greatest distance, to the greatest extent。

798 苏格拉底关于死亡的看法，可参见《苏格拉底的申辩》（40c4–41c7）：Ἐννοήσωμεν δὲ καὶ τῇδε ὡς πολλὴ ἐλπίς ἐστιν ἀγαθὸν αὐτὸ εἶναι. δυοῖν γὰρ θάτερόν ἐστιν τὸ τεθνάναι· ἢ γὰρ οἷον μηδὲν εἶναι μηδὲ αἴσθησιν μηδεμίαν μηδενὸς ἔχειν τὸν τεθνεῶτα, ἢ κατὰ τὰ λεγόμενα μεταβολή τις τυγχάνει οὖσα καὶ μετοίκησις τῇ ψυχῇ τοῦ τόπου τοῦ ἐνθένδε εἰς ἄλλον τόπον. καὶ εἴτε δὴ μηδεμία αἴσθησίς ἐστιν ἀλλ᾽ οἷον ὕπνος ἐπειδάν τις καθεύδων μηδ᾽ ὄναρ μηδὲν ὁρᾷ, θαυμάσιον κέρδος ἂν εἴη ὁ θάνατος – ἐγὼ γὰρ ἂν οἶμαι, εἴ τινα ἐκλεξάμενον δέοι ταύτην τὴν νύκτα ἐν ᾗ οὕτω κατέδαρθεν ὥστε μηδὲ ὄναρ ἰδεῖν, καὶ τὰς ἄλλας νύκτας τε καὶ ἡμέρας τὰς τοῦ βίου τοῦ ἑαυτοῦ ἀντιπαραθέντα ταύτῃ τῇ νυκτὶ δέοι σκεψάμενον εἰπεῖν πόσας ἄμεινον καὶ ἥδιον ἡμέρας καὶ νύκτας ταύτης τῆς νυκτὸς βεβίωκεν ἐν τῷ ἑαυτοῦ βίῳ, οἶμαι ἂν μὴ ὅτι ἰδιώτην τινά, ἀλλὰ τὸν μέγαν βασιλέα εὐαριθμήτους ἂν εὑρεῖν αὐτὸν ταύτας πρὸς τὰς ἄλλας ἡμέρας καὶ νύκτας – εἰ οὖν τοιοῦτον ὁ θάνατός ἐστιν, κέρδος ἔγωγε λέγω· καὶ γὰρ οὐδὲν πλείων ὁ πᾶς χρόνος φαίνεται οὕτω δὴ εἶναι ἢ μία νύξ. εἰ δ᾽ αὖ οἷον ἀποδημῆσαί ἐστιν ὁ θάνατος ἐνθένδε εἰς ἄλλον τόπον, καὶ ἀληθῆ ἐστιν τὰ λεγόμενα, ὡς ἄρα ἐκεῖ εἰσι πάντες οἱ τεθνεῶτες, τί μεῖζον ἀγαθὸν τούτου εἴη ἄν, ὦ ἄνδρες δικασταί; εἰ γάρ τις ἀφικόμενος εἰς Ἅιδου, ἀπαλλαγεὶς τουτωνὶ τῶν φασκόντων δικαστῶν εἶναι, εὑρήσει τοὺς ὡς ἀληθῶς δικαστάς, οἵπερ καὶ λέγονται ἐκεῖ δικάζειν, Μίνως τε καὶ Ῥαδάμανθυς καὶ Αἰακὸς καὶ Τριπτόλεμος καὶ ἄλλοι ὅσοι τῶν ἡμιθέων δίκαιοι ἐγένοντο ἐν τῷ ἑαυτῶν βίῳ, ἆρα φαύλη ἂν εἴη ἡ ἀποδημία; ἢ αὖ Ὀρφεῖ συγγενέσθαι καὶ Μουσαίῳ καὶ Ἡσιόδῳ καὶ Ὁμήρῳ ἐπὶ πόσῳ ἄν τις δέξαιτ᾽ ἂν ὑμῶν; ἐγὼ μὲν γὰρ πολλάκις ἐθέλω τεθνάναι εἰ ταῦτ᾽ ἔστιν ἀληθῆ. ἐπεὶ ἔμοιγε καὶ αὐτῷ θαυμαστὴ ἂν εἴη ἡ διατριβὴ αὐτόθι, ὁπότε ἐντύχοιμι Παλαμήδει καὶ

Αἴαντι τῷ Τελαμῶνος καὶ εἴ τις ἄλλος τῶν παλαιῶν διὰ κρίσιν ἄδικον τέθνηκεν, ἀντιπαραβάλλοντι τὰ ἐμαυτοῦ πάθη πρὸς τὰ ἐκείνων – ὡς ἐγὼ οἶμαι, οὐκ ἂν ἀηδὲς εἴη – καὶ δὴ τὸ μέγιστον, τοὺς ἐκεῖ ἐξετάζοντα καὶ ἐρευνῶντα ὥσπερ τοὺς ἐνταῦθα διάγειν, τίς αὐτῶν σοφός ἐστιν καὶ τίς οἴεται μέν, ἔστιν δ' οὔ. ἐπὶ πόσῳ δ' ἄν τις, ὦ ἄνδρες δικασταί, δέξαιτο ἐξετάσαι τὸν ἐπὶ Τροίαν ἀγαγόντα τὴν πολλὴν στρατιὰν ἢ Ὀδυσσέα ἢ Σίσυφον ἢ ἄλλους μυρίους ἄν τις εἴποι καὶ ἄνδρας καὶ γυναῖκας, οἷς ἐκεῖ διαλέγεσθαι καὶ συνεῖναι καὶ ἐξετάζειν ἀμήχανον ἂν εἴη εὐδαιμονίας; πάντως οὐ δήπου τούτου γε ἕνεκα οἱ ἐκεῖ ἀποκτείνουσι· τά τε γὰρ ἄλλα εὐδαιμονέστεροί εἰσιν οἱ ἐκεῖ τῶν ἐνθάδε, καὶ ἤδη τὸν λοιπὸν χρόνον ἀθάνατοί εἰσιν, εἴπερ γε τὰ λεγόμενα ἀληθῆ. [但也让我们这样来思考：它就是一件好事，这是一个巨大的希望。因为死亡无非是下面两者中的一个：死者要么就像是无一样，并且对任何东西也都没有任何感觉；要么根据一些说法它实际上是某种变化，并且对于灵魂来说是一种迁居，即从这个地方迁居到另一个地方。并且如果真的是没有任何感觉，而是如一场每逢一个睡觉的人没有发现任何梦时的熟睡，那么，死亡就会是令人惊异的好处了。因为我会认为，如果一个人必须从中选出他于其中如此熟睡以至于没有发现任何梦的这种夜晚，并且必须把他自己一生中的其他日日夜夜同这种夜晚相比较，经过思考后说，在他一生中他曾有多少个日日夜夜比这种夜晚活得更好和更愉快，那么我会认为，不仅一个普通人，而且波斯大王本人也会发现同其他的日日夜夜相比，这种夜晚是屈指可数的。因此，如果死亡是这种东西，那么我的确就说它是好处；因为在这种情形下整个时间也显得并不比一个夜晚更长。此外，如果死亡是如从这里到另外的地方去的外出旅行，并且如果那些说法是真的，即所有的死者都是在那儿，那么，诸位陪审员啊，还有什么会比这是更好的呢？因为，如果一个人到达了冥府、摆脱了这些声称自己是陪审员的人，他将发现那些真正的陪审员，据说他们在那儿进行审判，有弥诺斯、剌达曼堤斯、埃阿科斯、特里普托勒摩斯以及其他那些在其活着时就已经变得公正的半神，那么，这趟外出旅行会是没有价值的吗？还有，你们中任何人都得付出多少代价才会获得机会同俄耳甫斯、穆塞俄斯、赫西俄德和荷马在一起？如果这些是真的，那我倒愿意经常去死。因为，当我遇见帕拉墨得斯和忒拉蒙的儿子埃阿斯，以及如果还有古人中任何其他由于某种不义的判决而死去的人的话，恰恰对于我本人来说在那里的消磨时间会是奇妙的；我把自己的遭遇同那些人的遭遇比较一番——我认为这不会是不愉快的——，尤其最重要的事情是，就像通过盘问和审查这儿的人一样我会通过盘问和追查那儿的人来度日，看他们中谁是智慧的，谁虽然认为自己是智慧的，但其实不是。诸位陪审员啊，但得付出多少代价一个人才会获得机会来盘问那带领大军征讨特洛伊的人，或者奥德修斯、西绪福斯，或者人们能说出的其他无数男男女女——在那里同他们交谈、共处和盘问会是极大的幸福——？无疑那里的人绝对不会由于这而杀人；因为那里的人的确比这里的人是更为幸福的，尤其在余下的时间里已经是不朽的，假如那些说法是真的话。]

799 对观《苏格拉底的申辩》(28d6–10)：Οὕτω γὰρ ἔχει, ὦ ἄνδρες Ἀθηναῖοι, τῇ ἀληθείᾳ· οὗ ἄν τις ἑαυτὸν τάξῃ ἡγησάμενος βέλτιστον εἶναι ἢ ὑπ' ἄρχοντος ταχθῇ, ἐνταῦθα δεῖ, ὡς ἐμοὶ δοκεῖ, μένοντα κινδυνεύειν, μηδὲν ὑπολογιζόμενον μήτε θάνατον μήτε ἄλλο μηδὲν πρὸ τοῦ αἰσχροῦ. [诸位雅典人啊，因为其实应是下面这样，那就是：一个人无论把自己置于哪儿——要么因为自己认为那是最好，要么被统帅所安排——，在我看来他都应坚持在那里直面危险，在羞耻面前既不考虑死亡，也不考虑任何别的什么。]

800 荷马《奥德修斯》(11. 489–491)。阿喀琉斯在冥府对奥德修斯说了这番话。

801 荷马《伊利亚特》(20. 64–65)。当宙斯鸣雷为特洛伊战争的双方助威时，冥王哈德斯心生恐惧，害怕大地裂开，让他所管辖的领地暴露于世。

802 荷马《伊利亚特》(23. 103–104)。当阿喀琉斯梦见其死去的好友帕特洛克罗斯时，说了这番话。

803 荷马《奥德修斯》(10. 495)。这是对忒拜的著名先知忒瑞西阿斯（Τειρεσίας, Teiresias）的描述。

804 ὃν πότμον γοόωσα[悲叹那落到头上的命运]。名词 πότμος 派生自动词 πίπτω[落/坠落]，本义指"落到头上的命运"，转义为"劫数""死亡"。参见《苏格拉底的申辩》(28b9–c8)：φαῦλοι γὰρ ἂν τῷ γε σῷ λόγῳ εἶεν τῶν ἡμιθέων ὅσοι ἐν Τροίᾳ τετελευτήκασιν οἵ τε ἄλλοι καὶ ὁ τῆς Θέτιδος ὑός, ὃς τοσοῦτον τοῦ κινδύνου κατεφρόνησεν παρὰ τὸ αἰσχρόν τι ὑπομεῖναι ὥστε, ἐπειδὴ εἶπεν ἡ μήτηρ αὐτῷ προθυμουμένῳ Ἕκτορα ἀποκτεῖναι, θεὸς οὖσα, οὑτωσί πως, ὡς ἐγὼ οἶμαι· 'Ὦ παῖ, εἰ τιμωρήσεις Πατρόκλῳ τῷ ἑταίρῳ τὸν φόνον καὶ Ἕκτορα ἀποκτενεῖς, αὐτὸς ἀποθανῇ – αὐτίκα γάρ τοι,' φησί, 'μεθ' Ἕκτορα πότμος ἑτοῖμος'. [因为按照你的说法，在各种半神中那么多在特洛伊死去的都会是微不足道的了，尤其是忒提丝的儿子；他宁愿忍受某种羞耻而如此地藐视危险，以至于当他的母亲——是一位女神——对一心要杀死赫克托尔的他说下面这番话时，我认为这番话大致是这样，她说："孩子啊，如果你要为朋友帕特洛克罗斯的被杀而报复并杀死赫克托尔的话，那你自己也将死去；因为在赫克托尔之后，你的劫数立马兑现。"]

805 λιποῦσ' ἀνδροτῆτα καὶ ἥβην［抛下了年华和青春］。名词 ἀνδρότης 的本义是“勇气”“成年”，这里基于文义将之转译为“年华”。

806 荷马《伊利亚特》（16. 856-857）。当阿喀琉斯梦见其死去的好友帕特洛克罗斯时，说了这番话。

807 荷马《伊利亚特》（23. 100-101）。这是对帕特洛克罗斯灵魂的描述。

808 μυχῷ ἄντρου θεσπεσίοιο［在神秘洞穴的最深处］，也可以译为“在阴森恐怖的洞穴的最深处”。形容词 θεσπέσιος 由 θεός［神］和 ἔπος［字句 / 讲话］构成，本义是“发出神一样声音的”，转义为“神圣的”，进而转义为“可怕的”。

809 荷马《奥德修斯》（24. 6-9）。这里描绘的是那些向奥德修斯的妻子珀涅罗珀（Πηνελόπη, Penelope）求婚的人，当他们被奥德修斯杀死后，赫尔墨斯带领他们的灵魂前往哈德斯的场景。

810 科库托斯（Κωκυτός），即冥界的“哀河”或“哀嚎河”；该词源自动词 κωκύω［哭喊 / 哀嚎］。斯堤克斯（Στύξ），即“恨河”，诸神常用这条河发誓；如果不作专名，该词的日常意思就是“可恨的东西”“怨恨”。

关于冥府中的这两条河以及另外两条河，参见《斐洞》（112e4-113d4）：Τὰ μὲν οὖν δὴ ἄλλα πολλά τε καὶ μεγάλα καὶ παντοδαπὰ ῥεύματά ἐστι· τυγχάνει δ' ἄρα ὄντα ἐν τούτοις τοῖς πολλοῖς τέτταρ' ἄττα ῥεύματα, ὧν τὸ μὲν μέγιστον καὶ ἐξωτάτω ῥέον περὶ κύκλῳ ὁ καλούμενος Ὠκεανός ἐστιν, τούτου δὲ καταντικρὺ καὶ ἐναντίως ῥέων Ἀχέρων, ὃς δι' ἐρήμων τε τόπων ῥεῖ ἄλλων καὶ δὴ καὶ ὑπὸ γῆν ῥέων εἰς τὴν λίμνην ἀφικνεῖται τὴν Ἀχερουσιάδα, οὗ αἱ τῶν τετελευτηκότων ψυχαὶ τῶν πολλῶν ἀφικνοῦνται καί τινας εἱμαρμένους χρόνους μείνασαι, αἱ μὲν μακροτέρους, αἱ δὲ βραχυτέρους, πάλιν ἐκπέμπονται εἰς τὰς τῶν ζῴων γενέσεις. τρίτος δὲ ποταμὸς τούτων κατὰ μέσον ἐκβάλλει, καὶ ἐγγὺς τῆς ἐκβολῆς ἐκπίπτει εἰς τόπον μέγαν πυρὶ πολλῷ καόμενον, καὶ λίμνην ποιεῖ μείζω τῆς παρ' ἡμῖν θαλάττης, ζέουσαν ὕδατος καὶ πηλοῦ· ἐντεῦθεν δὲ χωρεῖ κύκλῳ θολερὸς καὶ πηλώδης, περιελιττόμενος δὲ τῇ γῇ ἄλλοσέ τε ἀφικνεῖται καὶ παρ' ἔσχατα τῆς Ἀχερουσιάδος λίμνης, οὐ συμμειγνύμενος τῷ ὕδατι· περιελιχθεὶς δὲ πολλάκις ὑπὸ γῆς ἐμβάλλει κατωτέρω τοῦ Ταρτάρου· οὗτος δ' ἐστὶν ὃν ἐπονομάζουσιν Πυριφλεγέθοντα, οὗ καὶ οἱ ῥύακες ἀποσπάσματα ἀναφυσῶσιν ὅπῃ ἂν τύχωσι τῆς γῆς. τούτου δὲ αὖ καταντικρὺ ὁ τέταρτος ἐκπίπτει εἰς τόπον πρῶτον δεινόν τε καὶ ἄγριον, ὡς λέγεται, χρῶμα δ' ἔχοντα ὅλον οἷον ὁ κυανός, ὃν δὴ ἐπονομάζουσι Στύγιον, καὶ τὴν λίμνην ἣν ποιεῖ ὁ ποταμὸς ἐμβάλλων, Στύγα· ὁ δ' ἐμπεσὼν ἐνταῦθα καὶ δεινὰς δυνάμεις λαβὼν ἐν τῷ ὕδατι, δὺς κατὰ τῆς γῆς, περιελιττόμενος χωρεῖ ἐναντίος τῷ Πυριφλεγέθοντι καὶ ἀπαντᾷ ἐν τῇ Ἀχερουσιάδι λίμνῃ ἐξ ἐναντίας· καὶ οὐδὲ τὸ τούτου ὕδωρ οὐδενὶ μείγνυται, ἀλλὰ καὶ οὗτος κύκλῳ περιελθὼν ἐμβάλλει εἰς τὸν Τάρταρον ἐναντίος τῷ Πυριφλεγέθοντι· ὄνομα δὲ τούτῳ ἐστίν, ὡς οἱ ποιηταὶ λέγουσιν, Κωκυτός. Τούτων δὲ οὕτως πεφυκότων, ἐπειδὰν ἀφίκωνται οἱ τετελευτηκότες εἰς τὸν τόπον οἷ ὁ δαίμων ἕκαστον κομίζει, πρῶτον μὲν διεδικάσαντο οἵ τε καλῶς καὶ ὁσίως βιώσαντες καὶ οἱ μή. [因此，其他的那些水流肯定也是又多又大，且五花八门。但在这些许许多多的水流中恰好有四条水流，其中最大和在最外面绕着圈流动的，是所谓的俄刻阿诺斯；而在它的对面并反向流动的，是阿刻戎，它流经其他一些荒凉的地方，尤其通过在大地下流动而抵达阿刻儒西阿斯湖，许多终了者的灵魂到达那儿，并停留一段命定的时间——一些停留得较长，一些则较短——，然后再被派出去降生为各种生物。第三条河在这两者之间流出，并且在出口附近就沉入到了燃烧着熊熊大火的一大片地方，形成了一个比我们这里的海还要大、沸腾着水和烂泥的湖。从那里，满是污物和烂泥的它绕着圈前进，在大地下面兜着圈抵达其他地方以及阿刻儒西阿斯湖的岸边，但并不同阿刻儒西阿斯湖的水混合在一起；通过在大地下面多次兜圈之后它冲进了塔尔塔洛斯的较靠下的部位。而这就是人们将之称作皮里佛勒革同的那条河；它的熔岩流喷射出碎片，当它们刚好在大地的某个地方喷射的话。此外，在这条河对面的第四条河首先冲进可怕而蛮荒的地方，据说，该地方的整个颜色是深蓝色的，人们将该地方称作斯堤克斯地区，而这条河冲进去所形成的湖就是斯堤克斯湖；当它流进这里并在水中取得可怕的力量之后，它沉入大地的下面，与皮里佛勒革同河反方向地兜着圈子前进，并从反面在阿刻儒西阿斯湖同皮里佛勒革同河碰面。并且这条河的河水也不与其他任何河水相混合，相反，它也绕着圈转悠而在皮里佛勒革同河的对面冲进塔尔塔洛斯。这条河的名字，如诗人们所说，是科库托斯。这四条河生来就是这个样子；当那些终了者到达各自的精灵所带往的那个地方之后，他们首先被审判，无论是那些美好而虔敬地度过一生的，还是那些没有的。]

811 ὡς οἴεται [就像被认为的那样 / 如他认为的那样]，伯内特和新校勘的牛津古典本希腊文均认为这里可能有讹误，而法国布德本希腊文认为是窜入。

812 θερμότεροι καὶ μαλακώτεροι τοῦ δέοντος [比应然的要容易激动和缺乏男子气概]，这是意译，字面意思是"比应然的更热和更软"。

813 ἐπιεικής 本义是"合适的""正直的""能干的"，这里根据上下文将之译为"得体的"，也可以译为"优秀的"。参见：

《苏格拉底的申辩》(22a3–6)：οἱ μὲν μάλιστα εὐδοκιμοῦντες ἔδοξάν μοι

ὀλίγου δεῖν τοῦ πλείστου ἐνδεεῖς εἶναι ζητοῦντι κατὰ τὸν θεόν, ἄλλοι δὲ δοκοῦντες φαυλότεροι ἐπιεικέστεροι εἶναι ἄνδρες πρὸς τὸ φρονίμως ἔχειν.［通过按照神的旨意进行探寻，在我看来那些最有名声的人却几乎是欠缺最多的，而另外那些看起来比较一般的，就是明智的而言却是更为能干的人。］

《克里同》（44c6-9）：Ἀλλὰ τί ἡμῖν, ὦ μακάριε Κρίτων, οὕτω τῆς τῶν πολλῶν δόξης μέλει; οἱ γὰρ ἐπιεικέστατοι, ὧν μᾶλλον ἄξιον φροντίζειν, ἡγήσονται αὐτὰ οὕτω πεπρᾶχθαι ὥσπερ ἂν πραχθῇ.［有福的克里同啊，但我们为何要如此在乎大众的意见呢？因为那些最优秀的、更值得把他们放在心上的人，他们将认为诸事都已经如它们该被做的那样被做了。］

814 关于朋友，可参见《吕西斯》（214b8-e1）：{ – } ... δοκεῖ γὰρ ἡμῖν ὅ γε πονηρὸς τῷ πονηρῷ, ὅσῳ ἂν ἐγγυτέρω προσίῃ καὶ μᾶλλον ὁμιλῇ, τοσούτῳ ἐχθίων γίγνεσθαι. ἀδικεῖ γάρ· ἀδικοῦντας δὲ καὶ ἀδικουμένους ἀδύνατόν που φίλους εἶναι. οὐχ οὕτως; { – } Ναί, ἦ δ' ὅς. { – } Ταύτῃ μὲν ἂν τοίνυν τοῦ λεγομένου τὸ ἥμισυ οὐκ ἀληθὲς εἴη, εἴπερ οἱ πονηροὶ ἀλλήλοις ὅμοιοι. { – } Ἀληθῆ λέγεις. { – } Ἀλλά μοι δοκοῦσιν λέγειν τοὺς ἀγαθοὺς ὁμοίους εἶναι ἀλλήλοις καὶ φίλους, τοὺς δὲ κακούς, ὅπερ καὶ λέγεται περὶ αὐτῶν, μηδέποτε ὁμοίους μηδ' αὐτοὺς αὐτοῖς εἶναι, ἀλλ' ἐμπλήκτους τε καὶ ἀσταθμήτους· ὃ δὲ αὐτὸ αὑτῷ ἀνόμοιον εἴη καὶ διάφορον, σχολῇ γέ τῳ ἄλλῳ ὅμοιον ἢ φίλον γένοιτ' ἄν. ἢ οὐ καὶ σοὶ δοκεῖ οὕτως; { – } Ἔμοιγ', ἔφη. { – } Τοῦτο τοίνυν αἰνίττονται, ὡς ἐμοὶ δοκοῦσιν, ὦ ἑταῖρε, οἱ τὸ ὅμοιον τῷ ὁμοίῳ φίλον λέγοντες, ὡς ὁ ἀγαθὸς τῷ ἀγαθῷ μόνος μόνῳ φίλος, ὁ δὲ κακὸς οὔτε ἀγαθῷ οὔτε κακῷ οὐδέποτε εἰς ἀληθῆ φιλίαν ἔρχεται. συνδοκεῖ σοι; { – } Κατένευσεν. { – } Ἔχομεν ἄρα ἤδη τίνες εἰσὶν οἱ φίλοι· ὁ γὰρ λόγος ἡμῖν σημαίνει ὅτι οἳ ἂν ὦσιν ἀγαθοί. { – } Πάνυ γε, ἔφη, δοκεῖ.［因为无论如何在我们看来，邪恶的人之于邪恶的人，他同他走得有多么近，以及同他交往得有多么亲密，他也就有多么地成为被憎恨的。因为他在对他行不义；而那些行不义的人和那些被行不义的人，无论如何都不可能是朋友。难道不是这样吗？——是，他说。——那么，在这点上，所说的东西中的一半肯定就不会是真的，假如那些邪恶的人彼此相似的话。——你说得对。——他们其实对我们显得在说：那些优秀的人彼此是相似的，并且是朋友；至于那些糟糕的人，就像关于他们所说的那样，甚至连他们自己都从不与他们自己是相似的，而是反复无常和不稳定的。而任何自身同自身是不相似的和不一样的东西，无论如何都难以变得同其他某个东西是相似的或友好的。莫非在你看来其实不是这样？——在我看来肯定是这样，他说道。——因此，这的确就是，如对我显得的那样，朋友啊，那些人用隐语所说的东

西，当他们说相似者同相似者是朋友时，那就是：唯有优秀的人单单同优秀的人是朋友；而糟糕的人，无论是之于优秀的人，还是之于糟糕的人，他都从不会与之抵达真正的友谊。你也一道这么认为吗？——他点头同意。——那么，我们从此就知道究竟哪些人是朋友；因为道理向我们显明，他们应该是那些优秀的人。——完全如此，他说道，看起来。]

815 πρὸς τὸ εὖ ζῆν [就活得美好来说]，也可以译为“就美好地活着来说”“就活得好来说”等。对观《克里同》(48b5-6)：ὅτι οὐ τὸ ζῆν περὶ πλείστου ποιητέον ἀλλὰ τὸ εὖ ζῆν. [最为应该做的，不是活着，而是活得美好。]

816 对观《斐洞》(60a3-b1)：ὡς οὖν εἶδεν ἡμᾶς ἡ Ξανθίππη, ἀνηυφήμησέ τε καὶ τοιαῦτ' ἄττα εἶπεν, οἷα δὴ εἰώθασιν αἱ γυναῖκες, ὅτι "Ὦ Σώκρατες, ὕστατον δή σε προσεροῦσι νῦν οἱ ἐπιτήδειοι καὶ σὺ τούτους." καὶ ὁ Σωκράτης βλέψας εἰς τὸν Κρίτωνα, "Ὦ Κρίτων," ἔφη, "ἀπαγέτω τις αὐτὴν οἴκαδε." Καὶ ἐκείνην μὲν ἀπῆγόν τινες τῶν τοῦ Κρίτωνος βοῶσάν τε καὶ κοπτομένην. [当克珊提佩看见我们后，她就一边叫喊，一边说妇人们惯常说的那些话：“苏格拉底啊，现在可是最后一次你的挚友们同你讲话以及你同他们讲话啦。”苏格拉底看向克里同，说道：“克里同啊，请让人把她带回家吧。”于是克里同的随从中的几个人把边哭喊边捶胸的她带走了。](117c5-e2)：καὶ ἡμῶν οἱ πολλοὶ τέως μὲν ἐπιεικῶς οἷοί τε ἦσαν κατέχειν τὸ μὴ δακρύειν, ὡς δὲ εἴδομεν πίνοντά τε καὶ πεπωκότα, οὐκέτι, ἀλλ' ἐμοῦ γε βίᾳ καὶ αὐτοῦ ἀστακτὶ ἐχώρει τὰ δάκρυα, ὥστε ἐγκαλυψάμενος ἀπέκλαον ἐμαυτόν – οὐ γὰρ δὴ ἐκεῖνόν γε, ἀλλὰ τὴν ἐμαυτοῦ τύχην, οἵου ἀνδρὸς ἑταίρου ἐστερημένος εἴην. ὁ δὲ Κρίτων ἔτι πρότερος ἐμοῦ, ἐπειδὴ οὐχ οἷός τ' ἦν κατέχειν τὰ δάκρυα, ἐξανέστη. Ἀπολλόδωρος δὲ καὶ ἐν τῷ ἔμπροσθεν χρόνῳ οὐδὲν ἐπαύετο δακρύων, καὶ δὴ καὶ τότε ἀναβρυχησάμενος κλάων καὶ ἀγανακτῶν οὐδένα ὅντινα οὐ κατέκλασε τῶν παρόντων πλήν γε αὐτοῦ Σωκράτους. Ἐκεῖνος δέ, Οἷα, ἔφη, ποιεῖτε, ὦ θαυμάσιοι. ἐγὼ μέντοι οὐχ ἥκιστα τούτου ἕνεκα τὰς γυναῖκας ἀπέπεμψα, ἵνα μὴ τοιαῦτα πλημμελοῖεν· καὶ γὰρ ἀκήκοα ὅτι ἐν εὐφημίᾳ χρὴ τελευτᾶν. ἀλλ' ἡσυχίαν τε ἄγετε καὶ καρτερεῖτε. [我们中的许多人在这之前还能够相当好地控制住不哭，但当我们看见他喝并且已经喝完了之后，就再也不能了；甚至我自己也禁不住泪如泉涌，以至于掩面为自己痛哭——当然不是为那个人，而是为我自己的不幸，即我已经被夺走了作为朋友的这样一个人——。而克里同，由于他不能够抑制住眼泪，甚至比我更早就起身离开了。阿波罗多洛斯甚至在早些时候就不停地在哭，而且那时更是嚎啕大哭和悲愤不已，并使得在场的每个人都放声痛哭起来，除了苏格拉底本人。而那个人却说道，你们究竟在做些什么，

你们这些奇怪的人啊！我尤其为了这点才打发走妇人们，免得她们不着调地做这类事情。因为我已经听说一个人应当肃穆地终了。所以请你们保持安静并坚持住！］

817 καὶ οὐδὲ ταύταις σπουδαίαις.［诚然，那些杰出的女性除外。］这是意译，字面意思是：并且不会交给那些杰出的妇女。

818 荷马《伊利亚特》（24. 10–11）。描述的是阿喀琉斯对挚友帕特洛克罗斯（Πάτροκλος, Patroklos）的哀恸。

819 πλωΐζοντ' 即 πλωΐζοντα，它是动词 πλωΐζω［航行］的现在时分词主动态阳性宾格单数。伯内特认为这里可能有错漏，法国布德本希腊文同伯内特本，而新校勘的牛津古典本希腊文将之改为 πλῴζοντ'，意思一样。

820 ἁλός 在这里是名词 ἅλς 的阴性属格单数；ἅλς 有两个意思，作为阳性名词，指"盐"，作为阴性名词，则指"海"。

821 荷马《伊利亚特》（24. 12）。柏拉图这里的引文与荷马的原文略有出入。

822 荷马《伊利亚特》（18. 23–24）。

823 ἐκεῖνος［那人］，即荷马。

824 普里阿摩斯（Πρίαμος, Priamos）是特洛伊国王，赫克托尔（Ἕκτορ, Hektor）的父亲。赫克托尔的母亲是赫卡柏（Ἑκάβη, Hekabe），妻子是安德洛玛刻（Ἀνδρομάχη, Andromache）。参见《伊翁》（535b1–c3）：Ἔχε δή μοι τόδε εἰπέ, ὦ Ἴων, καὶ μὴ ἀποκρύψῃ ὅτι ἄν σε ἔρωμαι· ὅταν εὖ εἴπῃς ἔπη καὶ ἐκπλήξῃς μάλιστα τοὺς θεωμένους, ἢ τὸν Ὀδυσσέα ὅταν ἐπὶ τὸν οὐδὸν ἐφαλλόμενον ᾄδῃς, ἐκφανῆ γιγνόμενον τοῖς μνηστῆρσι καὶ ἐκχέοντα τοὺς ὀιστοὺς πρὸ τῶν ποδῶν, ἢ Ἀχιλλέα ἐπὶ τὸν Ἕκτορα ὁρμῶντα, ἢ καὶ τῶν περὶ Ἀνδρομάχην ἐλεινῶν τι ἢ περὶ Ἑκάβην ἢ περὶ Πρίαμον, τότε πότερον ἔμφρων εἶ ἢ ἔξω σαυτοῦ γίγνῃ καὶ παρὰ τοῖς πράγμασιν οἴεταί σου εἶναι ἡ ψυχὴ οἷς λέγεις ἐνθουσιάζουσα, ἢ ἐν Ἰθάκῃ οὖσιν ἢ ἐν Τροίᾳ ἢ ὅπως ἂν καὶ τὰ ἔπη ἔχῃ;［现在请停一下！请你告诉我下面这点，伊翁啊，并且请你不要隐瞒我会问你的任何事情，那就是：每当你很好地朗诵史诗，并且特别使那些观众动容时，或者就奥德修斯，每当你吟唱他如何跳到门槛上，向那些求婚者显露真容，并且把箭倾倒在脚前时，或者就阿喀琉斯，吟唱他如何冲向赫克托尔，甚或关于安德洛玛刻，或者关于赫卡柏，或者关于普里阿摩斯的那些悲惨的事情中的任何一件时，在那时，你是头脑清醒的呢，还是变得出离了你自己，并且你的灵魂，由于它被神附体，从而以为自己就是在你所讲述的那些事情那里，无论它们是发生在伊塔刻，还是发生在特洛伊，还是史诗有可能记载它们发生的其他任何地方？］

825 ἐγγὺς θεῶν γεγονότα［诸神的一位近亲］，这是意译，字面意思是“靠近诸神降生”。之所以这么讲，因为特洛伊人的祖先达耳达诺斯（Δάρδανος, Dardanos）是宙斯在尘世的儿子。

826 荷马《伊利亚特》（22. 414–415）。描述的是普里阿摩斯看到儿子赫克托尔的尸体被阿喀琉斯凌辱，请求众人让他出城向阿喀琉斯求情，赎回赫克托尔的尸体的场景。

827 πολὺ ἔτι μᾶλλον［更是愈发地］是一个整体。副词 ἔτι［更］，以及形容词 πολύς［多］的中性单数 πολύ 作副词使用，常同比较级形容词和比较级副词连用，起加强作用。参见《吕西斯》（204c3）：Καὶ ὃς ἀκούσας πολὺ ἔτι μᾶλλον ἠρυθρίασεν.［而当他听见这些之后，他的脸更是愈发地变得红了起来。］

828 荷马《伊利亚特》（18. 54）。δυσαριστοτόκεια［高贵的儿子那不幸的母亲］是固定表达，这是阿喀琉斯的母亲忒提丝的自称，该词派生自前缀 δυσ［不幸 / 坏］，ἄριστος［高贵的 / 最优秀的］以及 τοκάς［母亲］；《牛津希-英词典》对它的解释是：unhappy mother of the noblest son。

829 οὕτως ἀνομοίως［以如此〈与之〉不相像的方式］，也可以简单译为“以如此不恰当的方式”“以如此不得体的方式”。对观前面第二卷（379a7–9）：“神实际上是什么样的，那他无疑就总是必须被描绘成什么样的，无论一个人就他是用史诗进行创作，还是用抒情诗，还是用悲剧。”

830 περὶ ἄστυ［绕着城］，荷马的原文作 περὶ τεῖχος［绕着城墙］。

831 荷马《伊利亚特》（22. 168–169）。描述的是宙斯对赫克托尔命运的担心。

832 αἲ αἲ ἐγών［哎哟，我，哎哟！］荷马原文作 ὤ μοι ἐγών，意思一样。

833 萨尔珀冬（Σαρπηδών, Sarpedon），宙斯在人间的私生子，特洛伊一方的英雄。

834 墨诺提俄斯（Μενοίτιος, Menoitios），传说中与普罗米修斯的兄弟提坦神墨诺提俄斯同名的一个人物。

835 荷马《伊利亚特》（16. 433–434）。描述的是宙斯对萨尔珀冬命运的痛惜。

836 见前面 387d4–388a3。

837 ὅταν τις ἐφιῇ ἰσχυρῷ γέλωτι［每当一个人纵情大笑时］。ἐφιῇ 是动词 ἐφίημι 的现在时虚拟式主动态第三人称单数，ἐφίημι 本义是“送去”“派遣”，但在这里的意思是“放任”“沉湎”，并要求与格，所以后面出现的是单数与格 ἰσχυρῷ γέλωτι［大笑］；《牛津希-英词典》举了柏拉图在这里的这个表达，对该词的解释是：give oneself up to。

838 ἰσχυρὰν καὶ μεταβολὴν ζητεῖ τὸ τοιοῦτον［如此这般的行为也都在要求一种剧烈的变化］，有意按字面意思翻译，这显然是一种拟人表达；当然可以转译为“一种剧烈的变化就伴随着诸如此类的行为”。

839 ἀνθρώπους ἀξίους λόγου［那些著名的人物］是一个整体，也可以译为“一些值得一提的人”。短语 ἄξιος λόγου 等于形容词 ἀξιόλογος，而 ἀξιόλογος 的本义是“值得一提的”“值得注意的”，转义为“著名的”“卓越的”“重要的”等。

840 荷马《伊利亚特》（1. 599–600）。赫淮斯托斯（Ἥφαιστος）是火神和工匠之神，在这里被描绘成了一位为诸神斟酒的神。

841 阿德曼托斯之所以这样回应，是照应苏格拉底的上句话“按照你的说法”；因为这明明是苏格拉底自己的看法，而苏格拉底却有意无意地将之说成是阿德曼托斯的。

842 περὶ πολλοῦ ποιεῖσθαι 是固定表达，意思是“当作一件紧要的事情”或“当作一件大事”，转义为“珍惜”“重视”等；《牛津希–英词典》指出，这一表达等于拉丁文中的固定表达 magni facere［珍惜 / 重视 / 高度评价］。参见：

《欧悌弗戎》（5a3–8）：Ἆρ᾽ οὖν μοι, ὦ θαυμάσιε Εὐθύφρων, κράτιστόν ἐστι μαθητῇ σῷ γενέσθαι, καὶ πρὸ τῆς γραφῆς τῆς πρὸς Μέλητον αὐτὰ ταῦτα προκαλεῖσθαι αὐτόν, λέγοντα ὅτι ἔγωγε καὶ ἐν τῷ ἔμπροσθεν χρόνῳ τὰ θεῖα περὶ πολλοῦ ἐποιούμην εἰδέναι, καὶ νῦν ἐπειδή με ἐκεῖνος αὐτοσχεδιάζοντά φησι καὶ καινοτομοῦντα περὶ τῶν θείων ἐξαμαρτάνειν, μαθητὴς δὴ γέγονα σός.［令人钦佩的欧悌弗戎哟，那么对我来说最好的事情就是成为你的学生，并且在面对梅勒托斯的公诉之前，将恰恰就这些事情挑战他；说甚至在以前我就已经把理解各种神圣的东西当作一件紧要的事情，而现在既然他说我因就各种神圣的东西信口雌黄并进行革新而犯下错误，于是我就成为了你的学生。］

《苏格拉底的申辩》（21e4–5）：ὅμως δὲ ἀναγκαῖον ἐδόκει εἶναι τὸ τοῦ θεοῦ περὶ πλείστου ποιεῖσθαι.［然而，似乎必须最为重视神的事情。/ 然而，似乎必须把神的事情当作最大的事情。］

《克里同》（45c2–4）：ἐὰν δὲ βούλῃ εἰς Θετταλίαν ἰέναι, εἰσὶν ἐμοὶ ἐκεῖ ξένοι οἵ σε περὶ πολλοῦ ποιήσονται καὶ ἀσφάλειάν σοι παρέξονται, ὥστε σε μηδένα λυπεῖν τῶν κατὰ Θετταλίαν.［如果你愿意前往忒塔利亚，我在那儿有一些会非常看重你并为你提供安全的异乡朋友，因此在整个忒塔利亚人那儿，无人会使你感到痛苦。］

《吕西斯》（215b7）：τοὺς δὴ τοιούτους τίς μηχανὴ περὶ πολλοῦ ποιεῖσθαι ἀλλήλους;［究竟何种办法能够使得这样一些人彼此珍惜呢？］

843 见前面第二卷 382c6–e7。

844 ἰδιώταις δὲ οὐχ ἁπτέον［而普通人不可以触碰它］，也可以译为“而门外汉不可以触碰它”。对观《泰阿泰德》(178b8–c8):{ΣΩ.} Ἦ καὶ τῶν μελλόντων ἔσεσθαι, φήσομεν, ὦ Πρωταγόρα, ἔχει τὸ κριτήριον ἐν αὑτῷ, καὶ οἷα ἂν οἰηθῇ ἔσεσθαι, ταῦτα καὶ γίγνεται ἐκείνῳ τῷ οἰηθέντι; οἷον θερμή· ἆρ' ὅταν τις οἰηθῇ ἰδιώτης αὑτὸν πυρετὸν λήψεσθαι καὶ ἔσεσθαι ταύτην τὴν θερμότητα, καὶ ἕτερος, ἰατρὸς δέ, ἀντοιηθῇ, κατὰ τὴν ποτέρου δόξαν φῶμεν τὸ μέλλον ἀποβήσεσθαι, ἢ κατὰ τὴν ἀμφοτέρων, καὶ τῷ μὲν ἰατρῷ οὐ θερμὸς οὐδὲ πυρέττων γενήσεται, ἑαυτῷ δὲ ἀμφότερα; {ΘΕΟ.} Γελοῖον μεντἂν εἴη.[苏格拉底:关于那些在以后将是着的东西,我们也将说,普罗塔戈拉啊,他在他自己那里有着判断标准吗,并且谁认为某些东西将如何是,这些东西也就生成给那个认为的人?例如一种热。每当某位门外汉认为他自己将得一种热症,并且这种热对他来说将是着,但另一个人,一位医生,持相反的看法,那么,我们将根据这两人中哪个的意见说将来将如何走下去,或者根据两人的意见,对医生来说他既不会变得热,也不会变得发烧,但对他自己来说,两者都会发生?忒俄多洛斯:但那会是可笑的。]

845 τὰ ὄντα[各种实情],这是意译,字面意思是“各种是着的东西”。

846 荷马《奥德修斯》(17. 383–384)。

847 ἐπιτήδευμα[一种生活习惯],在这里也可以译为“一种生活方式”。名词 ἐπιτήδευμα 派生自动词 ἐπιτηδεύω[一心从事 / 苦心经营 / 致力于],它除了具有“追求”“事业”“实践”等意思之外,也有“生活习惯”“生活方式”等意思;《牛津希-英词典》对它的这层意思的解释是:habit of life, ways of living。

848 σωφροσύνη[自制],也可以译为“节制”“清醒”;从词源上看,σωφροσύνη 由动词 σώζω[保全]和名词 φρόνησις[明智]派生而来,所谓“自制”或“清醒”,即“保持明智”或“对明智的保全”。关于“自制”,可对观:

《斐洞》(68c8–12):Οὐκοῦν καὶ ἡ σωφροσύνη, ἣν καὶ οἱ πολλοὶ ὀνομάζουσι σωφροσύνην, τὸ περὶ τὰς ἐπιθυμίας μὴ ἐπτοῆσθαι ἀλλ' ὀλιγώρως ἔχειν καὶ κοσμίως, ἆρ' οὐ τούτοις μόνοις προσήκει, τοῖς μάλιστα τοῦ σώματος ὀλιγωροῦσίν τε καὶ ἐν φιλοσοφίᾳ ζῶσιν;[那么,自制,甚至众人也将之称为自制,即对于各种欲望不感到慌乱,而是轻视地并举止得当地对待它们,岂不也仅仅属于这样一些人,即那些最为轻视身体并在热爱智慧中生活的人?]

《卡尔米德斯》(159b2–5):ἔπειτα μέντοι εἶπεν ὅτι οἱ δοκοῖ σωφροσύνη εἶναι τὸ κοσμίως πάντα πράττειν καὶ ἡσυχῇ, ἔν τε ταῖς ὁδοῖς βαδίζειν καὶ διαλέγεσθαι, καὶ τὰ ἄλλα πάντα ὡσαύτως ποιεῖν.[然而,此后他还是说道,在他看来,自制就是规规矩矩地和沉着冷静地做一切事情,无论是在路上行走,还是进

行交谈，以及以同样的方式做其他每件事情。]

《高尔吉亚》(504d9–e3)：πρὸς τοῦτο ἀεὶ τὸν νοῦν ἔχων, ὅπως ἂν αὐτοῦ τοῖς πολίταις δικαιοσύνη μὲν ἐν ταῖς ψυχαῖς γίγνηται, ἀδικία δὲ ἀπαλλάττηται, καὶ σωφροσύνη μὲν ἐγγίγνηται, ἀκολασία δὲ ἀπαλλάττηται, καὶ ἡ ἄλλη ἀρετὴ ἐγγίγνηται, κακία δὲ ἀπίῃ. [他总是把注意力放在下面这点上：在他的同胞身上，即在他们的灵魂中，正义如何产生出来，而不正义如何被去除；自制如何生起，而放纵如何被去除；以及其他的德性如何生起，而邪恶如何远离。]

849 ὡς πλήθει [对于大众来说] 是固定表达;《牛津希–英词典》举了柏拉图在这里的这个表达，对它的解释是：for the mass of men。

850 αὐτοὺς ... ἄρχοντας [是自己的主人]，这是意译，字面意思是“统治自己”。

851 狄俄墨得斯（Διομήδης, Diomedes），特洛伊战争中希腊一方的英雄，阿耳戈斯国王。

852 荷马《伊利亚特》(4. 412)。

853 阿开亚人（Ἀχαιός），即希腊人。这句话出自荷马《伊利亚特》(3. 8)，但少了副词 σιγῇ [默默地 / 安静地]。

854 这句话出自荷马《伊利亚特》(4. 431)。

855 荷马《伊利亚特》(1. 225)。描述的是阿喀琉斯痛骂阿伽门农。

856 这里直接把 ἰδιώτης 译为“平民”，与后面的 ἄρχων [统治者] 相对。参见《政治家》(259b3–5)：Ταύτην δὲ ὁ κεκτημένος οὐκ, ἄντε ἄρχων ἄντε ἰδιώτης ὢν τυγχάνῃ, πάντως κατά γε τὴν τέχνην αὐτὴν βασιλικὸς ὀρθῶς προσρηθήσεται; [而那取得了这种知识的人，无论他碰巧是一个统治者，还是一个平民，无论如何他都将根据这技艺本身而被正确地称为一个王者？]

857 名词 νεανίευμα 的本义是“年轻人的言行”，鉴于这里的负面意义，径直将之译为“侮慢的话”；其动词 νεανιεύομαι 的本义是“像年轻人那样行事”，喻为“鲁莽行事”“狂妄自大”“虚张声势”。参见《斐德若》(235a6–8)：καὶ ἐφαίνετο δή μοι νεανιεύεσθαι ἐπιδεικνύμενος ὡς οἷός τε ὢν ταὐτὰ ἑτέρως τε καὶ ἑτέρως λέγων ἀμφοτέρως εἰπεῖν ἄριστα. [其实他对我显得像年轻人那样在虚张声势地吓人，通过炫耀：就同样的事情，无论他以这种方式说，还是以那种方式说，他都能够在两种方式上最好地说它。]

858 εἰ δέ τινα ἄλλην ἡδονὴν παρέχεται [但如果它们在其他方面提供出了某种快乐]，这么翻译是把 ἄλλην 当作副词理解，如果将之视为形容词，那么这句话也可以译为“但如果它们提供出了某种其他的快乐”。

859 参见前面 387c3 那里的表达：也许它们对于其他的某种〈目的〉来说是恰

当的。

860 即奥德修斯。

861 荷马《奥德修斯》(9. 8–10)。

862 荷马《奥德修斯》(12. 342)。

863 ἢ Δία, καθευδόντων τῶν ἄλλων θεῶν τε καὶ ἀνθρώπων ὡς, μόνος ἐγρηγορὼς ἃ ἐβουλεύσατο, τούτων πάντων ῥᾳδίως ἐπιλανθανόμενον διὰ τὴν τῶν ἀφροδισίων ἐπιθυμίαν. [或者把宙斯〈塑造成下面这样让年轻人听〉，那就是：当其他诸神和世人都睡着，而唯有他醒着时，他曾计划的所有那些事情，他轻易地将它们统统忘掉，因为〈他内心充满了〉关于那些属于阿佛洛狄忒的事情的欲望。] 这句话在法国布德本希腊文中同样如此，而新校勘的牛津古典本希腊略有改动：ἢ Δία, καθευδόντων τῶν ἄλλων θεῶν τε καὶ ἀνθρώπων [ὡς], μόνος ἐγρηγορὼς <ὅσ>α ἐβουλεύσατο, τούτων πάντων ῥᾳδίως ἐπιλαθόμενον διὰ τὴν τῶν ἀφροδισίων ἐπιθυμίαν. 除了一些小词的改变之外，其中把 ἐπιλανθανόμενον 改为了 ἐπιλαθόμενον，前者为动词 ἐπιλανθάνομαι [忘记] 的现在时分词阳性宾格单数，后者为它的一次性过去时分词阳性宾格单数。这里的翻译从新校勘的牛津古典本希腊文。

864 荷马《伊利亚特》(14. 296)。

865 δι' ἕτερα τοιαῦτα [由于其他诸如此类的〈原因〉]，即与宙斯类似的那类欲望。

866 阿瑞斯 (Ἄρης, Ares) 是希腊神话中的战神；工匠神赫淮斯托斯同爱神阿佛洛狄忒是夫妻，当他发现阿佛洛狄忒同阿瑞斯私通后，就制造了一张无形的网铺在自己的床上，当阿佛洛狄忒和阿瑞斯再次偷情时，他用网捆绑住了他们，让他们遭到众神的嘲笑。参见荷马《奥德修斯》(8. 266–332)。

867 形容词 κύντερος 的本义是“更像狗的”，喻为“更无耻的”。见荷马《奥德修斯》，20. 17–18；在《斐洞》中也曾引用过这两句诗 (94d8–e1)。

868 形容词 δωροδόκος 的本义就是“收礼物的”，转义为“受贿赂的”。

869 这句话出处不详。

870 福尼克斯 (Φοῖνιξ, Phoinix)，阿喀琉斯的导师，并随阿喀琉斯征战特洛伊。

871 参见荷马《伊利亚特》(9. 515–518)。

872 即归还赫克托尔的尸体。参见荷马《伊利亚特》(24. 501–595)。

873 ἑκάεργος [远射的神]，是阿波罗的别号。该词由副词 ἑκάς [离得遥远地] 和动词 ἔργω [做] 合成。

874 荷马《伊利亚特》(22. 15)。

875 荷马《伊利亚特》(22. 20)。

876 即斯卡曼德洛斯河（Σκάμανδρος, Skamandros）。它是特洛伊的一条大河，由于阿喀琉斯在那里大开杀戒，使得尸体堵塞了河道，于是斯卡曼德洛斯化作凡人劝告阿喀琉斯停止杀戮；但阿喀琉斯拒不听从，而是跳进河里与之较量。参见荷马《伊利亚特》（21. 130–283）。

877 斯珀耳刻俄斯河（Σπερχειός, Spercheios）是阿喀琉斯家乡的一条河。阿喀琉斯的父亲珀琉斯（Πηλεύς, Peleus）曾祈求斯珀耳刻俄斯，希望他保佑儿子安全返乡，允诺把阿喀琉斯的一绺头发献给他。参见荷马《伊利亚特》（23. 140–151）。

878 荷马《伊利亚特》（24. 14–18）。

879 荷马《伊利亚特》（23. 175–182）。阿喀琉斯在那里屠杀了被俘虏的十二个特洛伊人的贵族子弟。

880 τρίτου ἀπὸ Διός［由宙斯而来的第三代］，当然可以转译为“宙斯的孙子”或者“其祖父还是宙斯”。珀琉斯的父亲是宙斯在尘世的儿子埃阿科斯（Αἰακός, Aiakos），他以公正著称，死后成为冥府的法官之一。

881 刻戎（Χείρων, Cheiron），著名的马人，曾传授阿喀琉斯医术。参见荷马《伊利亚特》（11. 831–832）。

882 ἀνελευθερίαν［不自由］，有意按词源翻译，当然也可以译为“奴性”“小气”。对观《斐德若》（256e3–257a2）：Ταῦτα τοσαῦτα, ὦ παῖ, καὶ θεῖα οὕτω σοι δωρήσεται ἡ παρ' ἐραστοῦ φιλία· ἡ δὲ ἀπὸ τοῦ μὴ ἐρῶντος οἰκειότης, σωφροσύνῃ θνητῇ κεκραμένη, θνητά τε καὶ φειδωλὰ οἰκονομοῦσα, ἀνελευθερίαν ὑπὸ πλήθους ἐπαινουμένην ὡς ἀρετὴν τῇ φίλῃ ψυχῇ ἐντεκοῦσα, ἐννέα χιλιάδας ἐτῶν περὶ γῆν κυλινδουμένην αὐτὴν καὶ ὑπὸ γῆς ἄνουν παρέξει.［这些如此巨大的，孩子啊，并且也如此神圣的东西，出自你的爱慕者的友谊将把它们赠与你；而那种由对你没有怀有爱欲的人而来的亲密关系——由于它已经混杂了有死者的节制，汲汲追求那些尘世中的东西和小家子气的东西，只会对朋友的灵魂产生出一种不自由，而这种不自由还竟然被大众赞美为德性——，将使得灵魂无理智地绕着大地以及在大地的下面打滚九千年。］

883 忒修斯（Θησεύς, Theseus）和珀里托俄斯（Πειρίθους, Peirithous）因彼此较量而成为好友。珀里托俄斯帮助忒修斯劫持了美女海伦；而忒修斯则帮助珀里托俄斯前往冥府诱拐冥王哈德斯的妻子珀塞福涅（Περσεφόνη, Persephone），只不过归于失败。

884 οὕτως ἐπὶ δεινὰς ἁρπαγάς［那〈两件〉如此可怕的淫掠之事］是一个整体。类似的表达参见《苏格拉底的申辩》（36a3–5）：ἀλλὰ πολὺ μᾶλλον θαυμάζω ἑκατέρων τῶν ψήφων τὸν γεγονότα ἀριθμόν. οὐ γὰρ ᾤόμην ἔγωγε οὕτω παρ'

ὀλίγον ἔσεσθαι ἀλλὰ παρὰ πολύ.［然而，我非常惊讶在双方的投票中所产生的数目。因为我确实没有料想到双方票数的差距会是如此的小，而以为是会很大。］

885 参见前面第二卷 380c。

886 ἑαυτῷ συγγνώμην ἕξει［将原谅他自己］。ἕξει 在这里是动词 ἔχω 的将来时直陈式主动态第三人称单数，συγγνώμην ἔχειν 是词组，意思是"原谅""宽恕"；《牛津希-英词典》对它的解释是：excuse, pardon。参见《斐德若》(233c4-5)：τῶν μὲν ἀκουσίων συγγνώμην ἔχων, τὰ δὲ ἑκούσια πειρώμενος ἀποτρέπειν.［各种无心的差错，我都加以原谅，而那些有意的过失，我则尝试进行阻止。］

887 这几句话出自埃斯库罗斯的一部已经佚失的悲剧《尼俄柏》(*Niope*)。

888 μὴ ἡμῖν πολλὴν εὐχέρειαν ἐντίκτωσι τοῖς νέοις πονηρίας［免得它们使得我们的年轻人对邪恶根本不在乎］，这是意译，字面意思是"免得它们使得我们的年轻人对邪恶有着许多的容忍""免得它们使得我们的年轻人对邪恶有着许多的不在乎""免得它们使得我们的年轻人极大地倾向于邪恶"。εὐχέρειαν ... πονηρίας［容忍邪恶 / 对邪恶漠不关心 / 对邪恶不在意 / 倾向于邪恶］是一个整体，《牛津希-英词典》举了柏拉图在这里的这个表达，对 εὐχέρειαν ... πονηρίας 的解释是：tolerance of or indifference to evil, proclivity to evil。

889 对观前面第二卷(376e11)：而言说岂不有两种形式，一种是真的，而另一种则是假的?

890 对观前面第一卷(343c3-5)：一方面，正义和正义的事情，它们虽然在是的方式上是他人的一种好处，即是那更强的人和进行统治的人的利益，但却是那进行服从的人和从事侍奉的人自己的损害。第二卷(367c2-5)：一方面，正义的事情乃他人的一种好处，即那更强的人的利益；另一方面，不正义的事情虽然对一个人自己来说是有利的和有好处的，但对更弱的人来说则是不利的。

891 ἃ πάλαι ζητοῦμεν［我们刚才一直所寻找的］，即对"正义"的探寻。法国布德本希腊文同样如此，而新校勘的牛津古典本希腊文将其中的 ζητοῦμεν 改为了 ἐζητοῦμεν，从之。从文法上看，前者为动词 ζητέω［寻找］的现在时直陈式主动态第一人称复数，后者为其未完成过去式直陈式主动态第一人称复数。

892 ἐχέτω τέλος［就让它们就此结束吧］。ἐχέτω 是动词 ἔχω 的现在时命令式主动态第三人称单数；类似的表达参见《斐德若》(241d2-3)：Τοῦτ' ἐκεῖνο, ὦ Φαῖδρε. οὐκέτ' ἂν τὸ πέρα ἀκούσαις ἐμοῦ λέγοντος, ἀλλ' ἤδη σοι τέλος ἐχέτω ὁ

λόγος.［瞧，我竟然吟了一句诗！斐德若啊。你不会再听我继续往下说了，而现在如果你愿意，就让该讲辞就此结束吧！］

893 λέξις［说话方式］，也可以译为“说话风格”。参见《苏格拉底的申辩》（17d1–3）：ἔχει γὰρ οὑτωσί. νῦν ἐγὼ πρῶτον ἐπὶ δικαστήριον ἀναβέβηκα, ἔτη γεγονὼς ἑβδομήκοντα· ἀτεχνῶς οὖν ξένως ἔχω τῆς ἐνθάδε λέξεως.［因为事情是这样：我已经七十岁了，现在第一次上法庭，所以我对这里的说话方式完全是陌生的。］

894 διήγησις οὖσα τυγχάνει ἢ γεγονότων ἢ ὄντων ἢ μελλόντων;［岂不都恰好是一种要么关于过去、要么关于现在、要么关于将来的叙述？］这是意译，字面意思是：岂不都恰好是一种叙述，或者是关于那些曾经发生过的事情，或者是关于那些正是着的事情，或者是关于那些将要发生的事情？

895 κατὰ ὅλον［整体地］是词组，《牛津希–英词典》举了柏拉图在这里的这个表达，对它的解释是：on the whole, generally。

896 ἐν τούτῳ［在这个部分那里］，也可以简单译为“用它”。如果把 ἐν τούτῳ 视为词组，则可以译为“在那种情况下”；《牛津希–英词典》对 ἐν τούτῳ 的解释是：in that case。

897 克律塞斯（Χρύσης, Chryses），在《伊利亚特》中他是太阳神阿波罗在人间的祭司。克律塞斯带着赎金恳求阿伽门农归还其被俘的女儿克律塞伊斯（Χρυσηΐς, Chryseis），不仅被拒绝，还遭到了羞辱，他便要求阿波罗实施报复；于是阿波罗在阿开亚人的军中降下瘟疫，导致士兵大量死亡。

898 即阿波罗。

899 κατεύχεσθαι τῶν Ἀχαιῶν［诅咒那些阿开亚人］。κατεύχεσθαι 是动词 κατεύχομαι 的现在时不定式，κατεύχομαι 的本义是“认真地祈祷”“诚挚地祈祷”，但用于贬义时的意思则是“诅咒”，并且要求属格，所以这里出现的是属格复数 τῶν Ἀχαιῶν［那些阿开亚人］；《牛津希–英词典》举了柏拉图在这里的这个表达，对该词的解释是：pray against one, imprecate curses on one。

900 即阿伽门农和墨涅拉俄斯兄弟俩。荷马《伊利亚特》（1. 15–16）。

901 伊利翁城（Ἴλιον, Ilion），即“特洛伊”（Τροία, Troia）。

902 伊塔刻（Ἰθάκη, Ithake），希腊伊奥尼亚海的群岛之一，传说是奥德修斯的故乡。

903 φράζω 尽管后来也具有“说”的意思，但它不同于单纯的“说”（λέγω），而是进行“说明”“解释”。

904 τὰ τοῦ θεοῦ στέμματα［〈那位〉神的花冠］，即用月桂树枝叶做成的花冠，而月桂是阿波罗的神树。

905 μετὰ οὗ［和他一起］，即同阿伽门农一起。

906 τὰ ἃ δάκρυα［他的眼泪］。ἃ 在这里是物主代名词 ὅς［他的］的替代表达，ὅς 也拼作 ἑός。

907 ταύτης ... ἐναντία［一种与这相反的〈叙述〉］，即“由模仿而来的叙述”（ἡ διὰ μιμήσεως διήγησις）。之所以这样补充翻译，因为 ἐναντία 在这里当被理解为阴性主格单数，从而后面省略了 διήγησις［叙述］一词。

908 τὰ ἀμοιβαῖα［对话］。形容词 ἀμοιβαῖος 的本义是“交换的”“轮流的”，而它的中性复数则指“对话”；《牛津希-英词典》举了柏拉图在这里的这个表达，对 τὰ ἀμοιβαῖα 的解释是：dialogue。

909 见前面 392d。

910 διθύραμβος［酒神颂］是一种抒情诗；此外，διθύραμβος 如果作为专名，则是酒神狄俄尼索斯（Διόνυσος）的别名。参见：

《苏格拉底的申辩》（22a8–b2）：μετὰ γὰρ τοὺς πολιτικοὺς ᾖα ἐπὶ τοὺς ποιητὰς τούς τε τῶν τραγῳδιῶν καὶ τοὺς τῶν διθυράμβων καὶ τοὺς ἄλλους, ὡς ἐνταῦθα ἐπ' αὐτοφώρῳ καταληψόμενος ἐμαυτὸν ἀμαθέστερον ἐκείνων ὄντα.［因为在一些政治家之后，我前往了一些诗人那儿，既有悲剧诗人，也有酒神颂诗人，以及其他一些诗人，以便在那里让自己当场暴露为比他们是更为无知的。］

《斐德若》（238c9–d3）：Σιγῇ τοίνυν μου ἄκουε. τῷ ὄντι γὰρ θεῖος ἔοικεν ὁ τόπος εἶναι, ὥστε ἐὰν ἄρα πολλάκις νυμφόληπτος προϊόντος τοῦ λόγου γένωμαι, μὴ θαυμάσῃς· τὰ νῦν γὰρ οὐκέτι πόρρω διθυράμβων φθέγγομαι.［那么现在请你安安静静地听我讲。因为这个地方确确实实显得是神圣的，以至于如果讲话继续往前走，我或许会变得迷狂，对此你不应感到惊异。因为现在我所进行的表达，已经离那些酒神颂不再远了。］

《伊翁》（534b7–c5）：ἅτε οὖν οὐ τέχνῃ ποιοῦντες καὶ πολλὰ λέγοντες καὶ καλὰ περὶ τῶν πραγμάτων, ὥσπερ σὺ περὶ Ὁμήρου, ἀλλὰ θείᾳ μοίρᾳ, τοῦτο μόνον οἷός τε ἕκαστος ποιεῖν καλῶς ἐφ' ὃ ἡ Μοῦσα αὐτὸν ὥρμησεν, ὁ μὲν διθυράμβους, ὁ δὲ ἐγκώμια, ὁ δὲ ὑπορχήματα, ὁ δ' ἔπη, ὁ δ' ἰάμβους· τὰ δ' ἄλλα φαῦλος αὐτῶν ἕκαστός ἐστιν.［因此，鉴于并不是凭借一种技艺他们关于各种重大的事情创作和说出了许多优美的东西，就像你关于荷马所做的那样，而是凭借一份神圣的定命，所以每个人都只能够优美地创作出对之缪斯已经激发了他的那种东西，有的擅长酒神颂，有的擅长赞歌，有的擅长伴有舞蹈和哑剧动作的唱诗，有的擅长史诗，有的则擅长抑扬格诗；但在超出他所擅长的领域的其他方面，他们中的每个人都是平庸的。］

911 见前面 392c。

912 这里的表达可对观《泰阿泰德》（172d4–9）：Ἧι τοῖς μὲν τοῦτο ὃ σὺ εἶπες ἀεὶ πάρεστι, σχολή, καὶ τοὺς λόγους ἐν εἰρήνῃ ἐπὶ σχολῆς ποιοῦνται· ὥσπερ ἡμεῖς νυνὶ τρίτον ἤδη λόγον ἐκ λόγου μεταλαμβάνομεν, οὕτω κἀκεῖνοι, ἐὰν αὐτοὺς ὁ ἐπελθὼν τοῦ προκειμένου μᾶλλον καθάπερ ἡμᾶς ἀρέσῃ· καὶ διὰ μακρῶν ἢ βραχέων μέλει οὐδὲν λέγειν, ἂν μόνον τύχωσι τοῦ ὄντος.［因为你说的那种东西，即闲暇，对于后面那些人来说始终是可能的，并且他们平静地在闲暇中进行各种讨论，就像我们现在所采取的那样，从一个讨论到另一个讨论，现在已经到了第三个讨论；那些人也同样如此，如果突然来临的讨论比面前的讨论更为让他们高兴的话——就像我们现在这样——。他们也不关心冗长地，还是三言两语地说话，而只关心他们是否会切中是者。］

913 πολλῶν ἐφαπτόμενος πάντων ἀποτυγχάνοι ἄν, ὥστ' εἶναί που ἐλλόγιμος;［他由于涉及诸多的领域而在每件事情上都没有切中目标，从而在任何方面都未能做到是杰出的？］ἀποτυγχάνοι 是动词 ἀποτυγχάνω［未中的 / 失败］的现在时祈愿式主动态第三人称单数，它在这里起双重作用；既与 πάντων［每件事情 / 一切］构成一个整体，又引出后面的从句 ὥστ' εἶναί που ἐλλόγιμος［从而在任何事情上都是杰出的］。

914 Τί δ' οὐ μέλλει;［他怎么不将〈在任何事情上都未能做到是杰出的〉呢？］也可以简单译为"怎么将不是这样呢？"

915 τῶν ἀξίων λόγου ἐπιτηδευμάτων［那些重要的事业］，也可以照字面意思译为"那些值得一提的事业"。参见前面 388e9 那里对"ἀνθρώπους ἀξίους λόγου［那些著名的人物］"的注释 839。

916 τὰ δοκοῦντα ἐγγὺς ἀλλήλων εἶναι δύο μιμήματα［即使当两种模仿看起来彼此是很接近的］。这句话在法国布德本希腊文中同样如此，而新校勘的牛津古典本希腊文建议删除定冠词 τὰ，从之。

917 对观《伊翁》（534b7–c5）：ἅτε οὖν οὐ τέχνῃ ποιοῦντες καὶ πολλὰ λέγοντες καὶ καλὰ περὶ τῶν πραγμάτων, ὥσπερ σὺ περὶ Ὁμήρου, ἀλλὰ θείᾳ μοίρᾳ, τοῦτο μόνον οἷός τε ἕκαστος ποιεῖν καλῶς ἐφ' ὃ ἡ Μοῦσα αὐτὸν ὥρμησεν, ὁ μὲν διθυράμβους, ὁ δὲ ἐγκώμια, ὁ δὲ ὑπορχήματα, ὁ δ' ἔπη, ὁ δ' ἰάμβους· τὰ δ' ἄλλα φαῦλος αὐτῶν ἕκαστός ἐστιν.［因此，鉴于并不是凭借一种技艺他们关于各种重大的事情创作和说出了许多优美的东西，就像你关于荷马所做的那样，而是凭借一份神圣的定命，所以每个人都只能够优美地创作出对之缪斯已经激发了他的那种东西，有的擅长酒神颂，有的擅长赞歌，有的擅长伴有舞蹈和哑剧动作的唱诗，有的擅长史诗，有的则擅长抑扬格诗；但在超出他所擅长的领

域的其他方面，他们中的每个人都是平庸的。］

918 甚至单就“史诗朗诵者”来说，那擅长朗诵荷马史诗的，也并不就擅长朗诵其他人的。参见《伊翁》(533c5-7)：ἀλλ᾽ ἐκεῖνο ἐμαυτῷ σύνοιδα, ὅτι περὶ Ὁμήρου κάλλιστ᾽ ἀνθρώπων λέγω καὶ εὐπορῶ καὶ οἱ ἄλλοι πάντες μέ φασιν εὖ λέγειν, περὶ δὲ τῶν ἄλλων οὔ.［不过我意识到了下面这件事，那就是：关于荷马，在世上我讲得最好，并且有很多话要说，甚至其他所有人也都宣称我讲得很好；但是，关于其他诗人，则不行。］

919 Ἀλλ᾽ οὐδέ τοι ὑποκριταὶ κωμῳδοῖς τε καὶ τραγῳδοῖς οἱ αὐτοί.［其实就演员来说，同一些人也不可能既是喜剧演员，又是悲剧演员。］这是意译，也可以译为：其实同一些人不可能既在喜剧表演上也在悲剧表演上是演员。这句话的字面意思是：其实在喜剧演员和悲剧演员方面，同一些人不可能是〈两种〉演员。

920 σμικρότερα κατακεκερματίσθαι［已经被剁碎得还要更加细小一些］。κατακεκερματίσθαι 是动词 κατακερματίζω 的完成时不定式被动态；κατακερματίζω 的本义是“切细”“剁碎”，喻为“把一个面值大的钱币兑换成一些面值小的钱币”。参见：

《巴门尼德》(144b4-c1)：Κατα κεκερμάτισται ἄρα ὡς οἷόν τε σμικρότατα καὶ μέγιστα καὶ πανταχῶς ὄντα, καὶ μεμέρισται πάντων μάλιστα, καὶ ἔστι μέρη ἀπέραντα τῆς οὐσίας.［因此，*所是*尽可能地被切碎为了最小的、最大的以及各式各样的*是者*，是一切中最为分成了若干份的，并且它的部分是无限的。］

《智者》(257c7-8)：Ἡ θατέρου μοι φύσις φαίνεται κατακεκερματίσθαι καθάπερ ἐπιστήμη.［异之本性对我显得已经被切碎了，就像知识一样。］

921 见前面第二卷 374a-d。

922 δεῖν εἶναι δημιουργοὺς ἐλευθερίας τῆς πόλεως πάνυ ἀκριβεῖς［必须是为了城邦的自由〈而产生出来的〉极其严格的为众人做工的人］，有意基于词源翻译，这句话的字面意思是“必须是关乎城邦之自由的极其严格的手艺人”“必须是关乎城邦之自由的最严格的匠人”。

923 τὰ τούτοις προσήκοντα［与这些人相称的那些东西］，也可以译为“适合于这些人的那些东西”；τούτοις［这些人］，即前面提到的 δημιουργοὺς ἐλευθερίας τῆς πόλεως［为了城邦的自由〈而产生出来的〉为众人做工的人］。

924 τὰ ἀνελεύθερα［各种不自由的事情］，有意按词源翻译，当然可以简单译为“各种奴性的事情”“各种卑劣的事情”。

925 ἵνα μὴ ἐκ τῆς μιμήσεως τοῦ εἶναι ἀπολαύσωσιν［免得他们由于模仿而竟然享受*是*〈那个样子〉］，这是一种讽刺。ἀπολαύσωσιν 是动词 ἀπολαύω 的一次性

过去时虚拟式主动态第三人称复数，ἀπολαύω 有“得到好处”“得到坏处”两方面的意思，这里基于文义将之讽刺性地译为“享受”；此外，该动词要求属格作宾语，所以这里出现的是不定式属格 τοῦ εἶναι［是〈那个样子〉］。类似的表达参见《斐德若》（255d3–6）：καὶ οὔθ' ὅτι πέπονθεν οἶδεν οὐδ' ἔχει φράσαι, ἀλλ' οἷον ἀπ' ἄλλου ὀφθαλμίας ἀπολελαυκὼς πρόφασιν εἰπεῖν οὐκ ἔχει, ὥσπερ δὲ ἐν κατόπτρῳ ἐν τῷ ἐρῶντι ἑαυτὸν ὁρῶν λέληθεν.［他既不知道他已经遭受了什么，也不能将之说清道明，而是像某个人，当他已经从他人那里感染上眼炎后，却不能够说出真实的原因。］

926 ἀνδρὶ λοιδορουμένην［一个数落丈夫的女人］，也可以译为“一个责骂男人的女人”。

927 这可能在暗指神话传说中忒拜王后尼俄柏的故事；参见前面第二卷 380a6 关于“尼俄柏（Νιόβη, Niobe）”的注释 748。

928 πολλοῦ καὶ δεήσομεν.［我们更是将远不〈允许他们去模仿她〉。］καὶ 在这里不是连词，表强调；参见前面 378c3 那里对“πολλοῦ δεῖν［远不……］”的注释 726。

929 οὗ ἂν ἔχοιτο ἀεί［会总是坚持它］。ἔχοιτο 在这里是动词 ἔχω 的现在时祈愿式中动态第三人称单数；ἔχω 的中动态具有“坚持”的意思，并且要求属格作宾语，所以前面出现的是中性关系代词的单数属格 οὗ［它］。

930 ἀγύμναστος ὢν τοῦ μιμεῖσθαι τοὺς τοιούτους［对模仿诸如此类的人是缺乏经验的］。形容词 ἀγύμναστος［对……缺乏经验的 / 缺乏训练的］要求属格，所以这里出现的是不定式属格 τοῦ μιμεῖσθαι τοὺς τοιούτους［模仿诸如此类的人］。

931 τῆς ἄλλης διηγήσεως［另外那种叙述］，即“不带有模仿的单纯叙述”（ἄνευ μιμήσεως ἁπλῆ διήγησις）。这句话在新校勘的牛津古典本希腊文中同样如此，而法国布德本希腊文作 τῆς ἁπλῆς διηγήσεως［单纯叙述］，不从。

932 διηγήσεται［他将叙述］。新校勘的牛津古典本希腊文同样如此，而法国布德本希腊文作 μιμήσεται［他将模仿］，不从。

933 ἐναντίον πολλῶν［当着许多人的面］，也可以译为“在许多人面前”。ἐναντίον 是形容词 ἐναντίος［相反的 / 对面的］的中性作副词使用，要求属格，意思是“当着……的面”“在……面前”，所以这里出现的是复数属格 πολλῶν［许多人］。《牛津希-英词典》对 ἐναντίον 的这种用法的解释是：in the presence of。

934 对观《智者》（267a6–8）：Ὅταν οἶμαι τὸ σὸν σχῆμά τις τῷ ἑαυτοῦ χρώμενος σώματι προσόμοιον ἢ φωνὴν φωνῇ φαίνεσθαι ποιῇ, μίμησις τοῦτο τῆς

φανταστικῆς μάλιστα κέκληταί που.［我认为，每当有人通过运用他自己的身体或声音来使得你的形态或声音显得同他自己的非常相似，显像术的这个部分肯定尤其被称为了模仿。］

935 πρέπουσαν ἁρμονίαν καὶ ῥυθμὸν τῇ λέξει［一种与该说话方式相适合的调式和节奏］。名词 ἁρμονία 在这里不能译为“和谐”，而当译为“调式”；《牛津希–英词典》对它的这一意思的解释是：mode。ἁρμονία［和谐 / 协调 / 调式］派生自动词 ἁρμόζω，而 ἁρμόζω 的本义是“联结”“绷紧”。

936 形容词 ὀλίγος 本义是“少的”“小的”，其属格 ὀλίγου 单独使用，表“几乎”“差不多”“差一点”；但之所以使用属格，是省掉了无人称动词 δεῖν，其完整表达是 ὀλίγου δεῖ［差一点点 / 差得不多 / 几乎］。参见：

《苏格拉底的申辩》(17a1–3)：Ὅτι μὲν ὑμεῖς, ὦ ἄνδρες Ἀθηναῖοι, πεπόνθατε ὑπὸ τῶν ἐμῶν κατηγόρων, οὐκ οἶδα· ἐγὼ δ' οὖν καὶ αὐτὸς ὑπ' αὐτῶν ὀλίγου ἐμαυτοῦ ἐπελαθόμην, οὕτω πιθανῶς ἔλεγον.［诸位雅典人啊，你们已经如何被我的控告者们所影响了，我不知道；至少我本人几乎已经被他们弄得忘记了自己是谁，因为他们说得是如此地有说服力。］(22b6–8)：ὡς ἔπος γὰρ εἰπεῖν ὀλίγου αὐτῶν ἅπαντες οἱ παρόντες ἂν βέλτιον ἔλεγον περὶ ὧν αὐτοὶ ἐπεποιήκεσαν.［一言以蔽之，因为就他们自己所创作的那些东西而言，几乎在场的所有人都比他们本人说得更好。］

《拉刻斯》(187c6–d1)：ὅτι μεμεληκέναι ὑμῖν ἡγούμεθα, ὡς εἰκός, περὶ τῶν τοιούτων, καὶ ἄλλως καὶ ἐπειδὴ οἱ παῖδες ὑμῖν ὀλίγου ὥσπερ οἱ ἡμέτεροι ἡλικίαν ἔχουσι παιδεύεσθαι.［我们认为你们已经在关心——像那样做也才是合情合理的——诸如此类的事情，尤其是既然你们的孩子们，就像我们的孩子们一样，差不多都到了被教育的年纪。］

《吕西斯》(208e4–7)：Ἀλλ' ἀντὶ τίνος μὴν οὕτω σε δεινῶς διακωλύουσιν εὐδαίμονα εἶναι καὶ ποιεῖν ὅτι ἂν βούλῃ, καὶ δι' ἡμέρας ὅλης τρέφουσί σε ἀεί τῳ δουλεύοντα καὶ ἑνὶ λόγῳ ὀλίγου ὧν ἐπιθυμεῖς οὐδὲν ποιοῦντα;［那么，究竟为了什么他们如此可怕地禁止你是幸福的，以及禁止你做你希望做的事情，并且一整天都如下面这样来养育你：你始终受制于某人，甚至可以一言以蔽之，你差不多不能做你所渴望的任何事情？］

937 ἡ ἐμή［我的〈提议〉］，之所以这么补充翻译，因为后面省略了阴性名词 γνώμη［提议 / 意见 / 观点］或 δόξα［意见 / 观点 / 看法］。

938 ὁ κεκραμένος［那种〈采用〉混合〈模式〉的人］，这是为了避免歧义进行的补充翻译，字面意思是“被混合的人”。

939 εἰ ἡμῖν ἀφίκοιτο εἰς τὴν πόλιν αὐτός τε καὶ τὰ ποιήματα βουλόμενος ἐπιδείξασθαι.

［如果他自己带着〈他的〉那些诗作来到我们的城邦——因为他想〈向我们〉展示它们。］之所以这么翻译，因为 αὐτός τε καὶ τὰ ποιήματα［他自己以及〈他的〉那些诗作］首先是动词 ἀφίκοιτο［来到 / 到达］的主语，而 τὰ ποιήματα［〈他的〉那些诗作］同时又是动词 ἐπιδείξασθαι.［展示］的宾语。

940 这显示是一种讽刺。对观《伊翁》(534b3-4)：κοῦφον γὰρ χρῆμα ποιητής ἐστιν καὶ πτηνὸν καὶ ἱερόν.［因为，多么轻盈的一种东西啊，诗人是，他既是长有羽翼的，也是属于神的。］

941 οὔτε θέμις ἐγγενέσθαι［不应该出现］是一个整体，也可以译为“不可以出现”“不允许出现”。名词 θέμις 来自动词 τίθημι，本义是“确定下来的东西”“建立起来的东西”，转义为“习惯”“法律”，对于神来说，则指“神法”“天理”。

942 见前面第二卷 379a 以下。

943 参见前面第二卷 376e9：而就文艺来说，我说道，你会提出它包含言说吗，抑或不？

944 τὸ περὶ ᾠδῆς τρόπου καὶ μελῶν［关乎歌唱的风格和歌曲的风格〈的那个部分〉］。复数 τὰ μέλη 在这里要么译为“歌曲”，要么直接译为总是伴随着吟唱的“抒情诗”;《牛津希-英词典》举了柏拉图在这里的这个表达，对它的解释是: lyric poetry, choral songs。

945 πάντως δήπου［肯定］是词组,《牛津希-英词典》对它的解释是: assuredly；这里基于上下文，将之译为“可以确定的是”。

946 συγκείμενον 在这里是动词 σύγκειμαι 的现在时分词中性主格单数; σύγκειμαι 的本义是“躺在一起”，转义为“构成”“被组合起来”。

947 λόγου τε καὶ ἁρμονίας καὶ ῥυθμοῦ［言说、调式和节奏］，单就这一表达，当然可以译为“歌词、调式和节奏”。

948 见前面 396d 和 397e。

949 动词 ἀκολουθέω 的本义是“追随”“跟从”，喻为“符合”“适合”“相一致”;《牛津希-英词典》举了柏拉图在这里的这个表达，对它的解释是: follow upon, consistent with。

950 见前面 387d-388e。

951 σὺ γὰρ μουσικός［因为你是文艺家］，鉴于下面的讨论，这里也可以狭义地译为“因为你是音乐家”。

952 副词 μιξολυδιστί［混合吕底亚调式 / 以混合吕底亚调的方式］，也可以译为“半吕底亚调式”，该词的前缀 μιξο-，意思是“混合”。

953 副词 συντονολυδιστί［高吕底亚调式 / 以高吕底亚调的方式］的前缀 συντονο-,

意思是“高亢”“尖锐”。

954 对观前面 387e9–388a3：所以，我们会正确地清除掉那些著名人物的各种哀叹，相反，我们会把它们交给妇人们——诚然，那些杰出的女性除外——，以及男人中所有那些低劣的人，以便那些我们宣称为了疆土之守卫而进行培养的人，他们会厌恶做出一些与这些人〈所做的〉相似的事情来。

955 μὴ ὅτι 是词组，意思是“别提……”。

956 形容词 συμποτικός 的本义是“会饮的”“宴会的”“酒会的”，但在这里的意思是“适合于饮酒歌的”；《牛津希–英词典》举了柏拉图在这里的这个表达，对它的解释是：suited for drinking-songs。

957 伊奥尼亚人（Ἰωνικός, Ionikos）是古代希腊的一个主要部族，主要生活在东部希腊，含小亚细亚西部的一些地方。

958 多立斯人（Δωρίς, Doris）是古代希腊的一个主要部族，大部分生活在伯罗奔尼撒半岛、克里特岛等处，定居在伯罗奔尼撒半岛的多里斯人创建了著名的斯巴达城邦。

959 弗里基亚人（Φρύξ, Phryx）生活在小亚细亚中西部。

960 对这几种“调式”的看法，可对观《拉刻斯》（188c6–d8）：ὅταν μὲν γὰρ ἀκούω ἀνδρὸς περὶ ἀρετῆς διαλεγομένου ἢ περί τινος σοφίας ὡς ἀληθῶς ὄντος ἀνδρὸς καὶ ἀξίου τῶν λόγων ὧν λέγει, χαίρω ὑπερφυῶς, θεώμενος ἅμα τόν τε λέγοντα καὶ τὰ λεγόμενα ὅτι πρέποντα ἀλλήλοις καὶ ἁρμόττοντά ἐστι. καὶ κομιδῇ μοι δοκεῖ μουσικὸς ὁ τοιοῦτος εἶναι, ἁρμονίαν καλλίστην ἡρμοσμένος οὐ λύραν οὐδὲ παιδιᾶς ὄργανα, ἀλλὰ τῷ ὄντι [ζῆν ἡρμοσμένος οὗ] αὐτὸς αὑτοῦ τὸν βίον σύμφωνον τοῖς λόγοις πρὸς τὰ ἔργα, ἀτεχνῶς δωριστὶ ἀλλ᾽ οὐκ ἰαστί, οἴομαι δὲ οὐδὲ φρυγιστὶ οὐδὲ λυδιστί, ἀλλ᾽ ἥπερ μόνη Ἑλληνική ἐστιν ἁρμονία.［因为，每当我听到一个人在讨论德性，或者讨论某种智慧时，如果他真的是一个男子汉并且配得上他所说的那些言辞，那时我就特别地感到高兴，因为我在下面这点上同时看到了说话者和被说出来的话，那就是两者彼此之间是相适的以及和谐的。并且在我看来，这样一个人全然就是一位音乐家，因为他调配出了最美的和音，但不是在七弦琴上或者其他某种消遣之乐器上，相反，事实上他本人通过言行一致而把他自己的生命调配得和谐，它完完全全就是多立斯调的，而非伊奥尼亚调的，而我也认为既不是弗里基亚调，也不是吕底亚调的；而唯有那多立斯调的才是希腊人的曲调。］

961 即“多立斯调式”。

962 παρατεταγμένως καὶ καρτερούντως［沉着冷静地和不屈不挠地］。这两个副词分别由动词 παρατάσσω 和 καρτερέω 的分词派生而来；παρατάσσω 的本义

是“把……摆在旁边”，尤其指“排成战斗队形”，而 καρτερέω 的意思则是“坚持”“忍耐”。

963 即“弗里基亚调式”。

964 μὴ βιαίῳ ἀλλ᾽ ἐν ἑκουσίᾳ πράξει［不是暴力性的，而是一种心甘情愿的行动］，其中的 ἑκουσίᾳ，法国布德本希腊文作 ἑκουσίῳ，新校勘的牛津古典本希腊文也改为了 ἑκουσίῳ，从之；但无论是作 ἑκουσίᾳ，还是作 ἑκουσίῳ，意思都一样，并且都是阴性与格单数。从文法上，ἑκούσιος 既可以是三尾型：ἑκούσι-ος, α, ον，也可以是两尾型：ἑκούσι-ος, ον；如果作 ἑκουσίᾳ，则是三尾型，作 ἑκουσίῳ，则是两尾型。

965 希腊文方括号中的 ἁρμονίας［调式］，伯内特认为可能是窜入，新校勘的牛津古典本希腊文同样如此；而法国布德本希腊文直接删除了它。

966 之所以这么补充翻译，因为这里省略了中性名词 ὄργανον［乐器］一词。形容词 παναρμόνιος 的本义就是“包含所有调式的”；《牛津希-英词典》举了柏拉图在这里的这个表达，对它的解释是：embracing all modes or scales。

967 τρίγωνον［三角琴］。按照《牛津希-英词典》的解释，这是一种乐器，它有同样粗细的琴弦，但琴弦的长度不一样。

968 πηκτίς［吕底亚竖琴］。这是一种古竖琴，是吕底亚人最喜欢的一种乐器；它有二十根弦。

969 τοῦτο［这］，即 αὐλός［笛子］。

970 πολυχορδότατον［最多音的］，也可以译为“最多音调的”。形容词 πολύχορδος 的本义是“多弦的”，用在笛子上则指“多音的”；《牛津希-英词典》举了柏拉图在这里的这个表达，对它的解释是：many-toned。

971 里拉琴（λύρα）和西塔拉琴（κιθάρα）都是一种拨弦乐器；前者较为简单，后者主要供专业音乐人士使用。

972 希腊文方括号中的连词 καί，伯内特认为可能是窜入，而法国布德本希腊文以及新校勘的牛津古典本希腊文均保留了它，从之。

973 即“琴类”乐器。

974 即“笛类”乐器。马耳绪阿斯（Μαρσύας, Marsyas），希腊神话中著名的吹笛手，因傲慢向阿波罗挑战而遭到严厉的惩罚。参见《弥诺斯》(318b1-c1)：{ΣΩ.} Καλῶς τοίνυν λέγεις. ἔχοις ἂν οὖν εἰπεῖν τίς τῶν παλαιῶν ἀγαθὸς γέγονεν ἐν τοῖς αὐλητικοῖς νόμοις νομοθέτης; ἴσως οὐκ ἐννοεῖς, ἀλλ᾽ ἐγὼ βούλει σε ὑπομνήσω; { – ΕΤ.} Πάνυ μὲν οὖν. { – ΣΩ.} Ἆρ᾽ οὖν ὁ Μαρσύας λέγεται καὶ τὰ παιδικὰ αὐτοῦ Ὄλυμπος ὁ Φρύξ; { – ΕΤ.} Ἀληθῆ λέγεις. { – ΣΩ.} Τούτων δὴ καὶ τὰ αὐλήματα θειότατά ἐστι, καὶ μόνα κινεῖ καὶ ἐκφαίνει τοὺς τῶν θεῶν ἐν

χρείᾳ ὄντας· καὶ ἔτι καὶ νῦν μόνα λοιπά, ὡς θεῖα ὄντα. { – ΕΤ.} Ἔστι ταῦτα.［苏格拉底：那你就的确说得正确。那么，你能够说说在古代的那些人中间，就吹笛的各种法来说，谁成为了最优秀的立法者？或许你想不起来，那你愿意我提醒你吗？——同伴：当然。——苏格拉底：那么，岂不据说是马耳绪阿斯，以及他心爱的少年弗里基亚人俄吕谟波斯吗？——同伴：你说得对。——苏格拉底：这两人的那些笛乐曲的确是最为神圣的，并且它们仅仅打动和显明那些需要诸神的人。此外，现在也唯有它们还保留了下来，因为它们是神圣的。——同伴：是这样。］

975 这是当时的一种起誓方式；苏格拉底不止一次用埃及的"神狗"起誓。此外，按照喜剧家阿里斯托芬的说法，在古代人们还经常用鸟来起誓，参见阿里斯托芬《鸟》(520)：Ὤμνυ τ' οὐδεὶς τότ' <ἂν> ἀνθρώπων θεόν, ἀλλ' ὄρνιθας ἅπαντες.［从前无人用某个神起誓，相反，所有人用各种鸟来起誓。］还可对观：

《苏格拉底的申辩》(22a1)：καὶ νὴ τὸν κύνα, ὦ ἄνδρες Ἀθηναῖοι.［以狗起誓，诸位雅典人啊。］

《斐洞》(98e5-99a4)：ἐπεὶ νὴ τὸν κύνα, ὡς ἐγᾦμαι, πάλαι ἂν ταῦτα τὰ νεῦρα καὶ τὰ ὀστᾶ ἢ περὶ Μέγαρα ἢ Βοιωτοὺς ἦν, ὑπὸ δόξης φερόμενα τοῦ βελτίστου, εἰ μὴ δικαιότερον ᾤμην καὶ κάλλιον εἶναι πρὸ τοῦ φεύγειν τε καὶ ἀποδιδράσκειν ὑπέχειν τῇ πόλει δίκην ἥντιν' ἂν τάττῃ.［因为，以狗起誓，如我所认为的那样，这些筋腱和骨头或许早就到了墨伽拉或者是在玻俄提阿人那儿了——被他那关于最好的东西的意见搬运过去——，假如我不认为下面这样才是更正当的和更美好的话，那就是：绝不躲避和出逃，而是承受城邦所给出的任何惩罚。］

《高尔吉亚》(482b5)：μὰ τὸν κύνα τὸν Αἰγυπτίων θεόν.［以狗，埃及人的神发誓。］

《斐德若》(228b2-5)：καὶ τοῦτο δρῶν ἐξ ἑωθινοῦ καθήμενος ἀπειπὼν εἰς περίπατον ᾔει, ὡς μὲν ἐγὼ οἶμαι, νὴ τὸν κύνα, ἐξεπιστάμενος τὸν λόγον, εἰ μὴ πάνυ τι ἦν μακρός.［并且在这样做时，他由于从清晨就坐在那里而感到疲倦，于是出去散散步，而且如我相信的那样——以狗起誓——，他也已经把该讲辞烂熟于心，除非它确实是有点太长了。］

《卡尔米德斯》(172e4)：Νὴ τὸν κύνα, ἔφην, καὶ ἐμοί τοι δοκεῖ οὕτω.［以狗起誓，我说道，在我看来也的确如此。］

《吕西斯》(211e6-8)：οἶμαι δέ, νὴ τὸν κύνα, μᾶλλον ἢ τὸ Δαρείου χρυσίον κτήσασθαι δεξαίμην πολὺ πρότερον ἑταῖρον, μᾶλλον <δὲ> ἢ αὐτὸν Δαρεῖον.［而

我认为，就以狗起誓，同大流士的黄金相比，我也远远地更宁愿首先选择得到一个伙伴，甚或同大流士本人相比。]

《大希庇阿斯》(287e5–6)：Καλῶς γε, ὦ Ἱππία, νὴ τὸν κύνα καὶ εὐδόξως ἀπεκρίνω. [的确很好，希庇阿斯啊，以狗起誓，你甚至已经引人注目地进行了回答。]

976 参见前面第二卷 372e2–4：正如看起来的那样，我们不仅仅在考察一个城邦是如何产生的，而且还在考察一个过着奢侈生活的城邦〈是如何产生的〉。

977 Σωφρονοῦντές γε ἡμεῖς [无疑因为我们是自制的〈我们才这样做〉]，也可以简单因为“那肯定是因为我们头脑清醒”。

978 之所以这么补充翻译，因为后面的分词 ἰδόντα [看] 是单数，所以这里动词不定式 διώκειν [追求] 的主语不是“我们”，而是不定人称代词“一个人”。

979 名词 βάσις 的本义是“步子”“步伐”，用于诗歌和音乐中，则指“有节奏的移动”“有韵律的移动”；《牛津希-英词典》举了柏拉图在这里的这个表达，对它的解释是：rhythmical or metrical movement。为了表现其词源“步子”这一含义，这里将之译为“有韵律的步调”。

980 名词 πούς 的本义是“脚”；同韵律相关，则指“音步”。

981 οὐκ ἔχω λέγειν [我没有能力说]，也可以译为“我不知道该说什么”。

982 ὅτι μὲν γὰρ τρί' ἄττα ἐστὶν εἴδη ἐξ ὧν αἱ βάσεις πλέκονται. [无疑有三种形式〈的节奏〉，〈其他〉有韵律的步调由之交织而成。] 这三种基本节奏，即所谓的“均等型”(τὸ ἴσον)，如长长，长短短，短短长等；“一倍半型”(τὸ ἡμιόλιον)，如长短长等；“两倍型”(τὸ διπλάσιον)，如长短，短长等。

983 τέτταρα, ὅθεν αἱ πᾶσαι ἁρμονίαι [从中〈产生出〉所有调式的四种〈形式〉]，这有可能指古希腊音乐中四音阶的音符。对观《泰阿泰德》(206a10–b3)：Ἐν δὲ κιθαριστοῦ τελέως μεμαθηκέναι μῶν ἄλλο τι ἦν ἢ τὸ τῷ φθόγγῳ ἑκάστῳ δύνασθαι ἐπακολουθεῖν, ποίας χορδῆς εἴη· ἃ δὴ στοιχεῖα πᾶς ἂν ὁμολογήσειε μουσικῆς λέγεσθαι; [而在竖琴师那里，已经完满地学习了，难道不是除了下面这点，别无其他吗，那就是：能够跟上每一个乐音，知道它是属于哪根弦，而所有人都会承认的这些乐音被说成是音乐的元素？]

984 达蒙(Δάμων, Damon)，公元前 5 世纪雅典最著名的音乐家，也是伯利克里的老师。参见《拉刻斯》：

(180c8–d3)：Τοῦτο μέν σοι κἂν ἐγὼ ἔχοιμι εἰπεῖν οὐ χεῖρον Λάχητος· καὶ γὰρ αὐτῷ μοι ἔναγχος ἄνδρα προυξένησε τῷ ὑεῖ διδάσκαλον μουσικῆς, Ἀγαθοκλέους μαθητὴν Δάμωνα, ἀνδρῶν χαριέστατον οὐ μόνον τὴν μουσικήν, ἀλλὰ καὶ τἆλλα ὁπόσου βούλει ἄξιον συνδιατρίβειν τηλικούτοις νεανίσκοις. [我

当然也能够和拉刻斯一样对你说出这点。因为他前不久还把一个人介绍给我本人，作为我儿子的音乐老师；那个人是阿伽托克勒厄斯的一位学生，叫达蒙，他是众人中最为杰出的，不仅在音乐方面，而且在所有其他那些你希望在那里他配得上同这个年纪的年轻人一同消磨时光的方面。]

（197d1-5）：Μηδέ γε εἴπῃς, ὦ Λάχης· καὶ γάρ μοι δοκεῖς οὐδὲ ᾐσθῆσθαι ὅτι ταύτην τὴν σοφίαν παρὰ Δάμωνος τοῦ ἡμετέρου ἑταίρου παρείληφεν, ὁ δὲ Δάμων τῷ Προδίκῳ πολλὰ πλησιάζει, ὃς δὴ δοκεῖ τῶν σοφιστῶν κάλλιστα τὰ τοιαῦτα ὀνόματα διαιρεῖν.[你什么都别说了，拉刻斯啊。因为，其实在我看来你没有注意到下面这点，那就是：他是从我们的一位朋友达蒙那里取得了这种智慧；而达蒙同普洛狄科斯有着许多的交往，普洛狄科斯这人确实看起来在那些智者中最擅长做这种事，即区分诸如此类的语词。]

（200a8-b6）：σὺ μὲν οὖν μοι δοκεῖς ὡς ἀληθῶς ἀνθρώπειον πρᾶγμα ἐργάζεσθαι οὐδὲ πρὸς σαυτὸν βλέπειν ἀλλὰ πρὸς τοὺς ἄλλους· ἐγὼ δ' οἶμαι ἐμοὶ περὶ ὧν ἐλέγομεν νῦν τε ἐπιεικῶς εἰρῆσθαι, καὶ εἴ τι αὐτῶν μὴ ἱκανῶς εἴρηται, ὕστερον ἐπανορθώσεσθαι καὶ μετὰ Δάμωνος – οὗ σύ που οἴει καταγελᾶν, καὶ ταῦτα οὐδ' ἰδὼν πώποτε τὸν Δάμωνα – καὶ μετ' ἄλλων.[因此，在我看来，你的确真正在从事一件属人的事情，那就是从不看自己，而是盯住别人不放。而我认为，关于我们所谈论的那些东西，现在已经被我恰当地说了，并且如果其中还有什么说得不充分的，以后我再纠正我自己，既在达蒙的帮助下——你认为或许可以嘲笑此人，即使你从未见过达蒙——也在其他的人的帮助下。]

985 οἶμαι ... με ἀκηκοέναι[我记得我已经听到过]。οἶμαι 在这里不可理解和翻译为“认为”，而是应等同于动词 μιμνήσκω[提醒/时记起]的中动态 μεμνήμαι[记得]。参见《斐洞》（59b10）：Πλάτων δὲ οἶμαι ἠσθένει.[至于柏拉图，我记得那时他生病了。]（102a10-b6）：Ὡς μὲν ἐγὼ οἶμαι, ἐπεὶ αὐτῷ ταῦτα συνεχωρήθη, καὶ ὡμολογεῖτο εἶναί τι ἕκαστον τῶν εἰδῶν καὶ τούτων τἆλλα μεταλαμβάνοντα αὐτῶν τούτων τὴν ἐπωνυμίαν ἴσχειν, τὸ δὴ μετὰ ταῦτα ἠρώτα, Εἰ δή, ἦ δ' ὅς, ταῦτα οὕτως λέγεις, ἆρ' οὐχ, ὅταν Σιμμίαν Σωκράτους φῇς μείζω εἶναι, Φαίδωνος δὲ ἐλάττω, λέγεις τότ' εἶναι ἐν τῷ Σιμμίᾳ ἀμφότερα, καὶ μέγεθος καὶ σμικρότητα;[我记得，在他说的这些被认可了，并且下面这点也得到了同意之后——即每个形式都是某种东西，并且其他的东西通过分有它们而从它们那儿取得自己的名称——，他接下来这样问道：如果你说事情就是如此，他说，那么，每当你说西米阿斯同苏格拉底相比是较高大的，而同斐洞相比是较矮小的，那你岂不是在说，那时两者——即大和小——，都

是在西米阿斯身上？］

986 ἐνόπλιόν ... τινα ... σύνθετον［一种行军节奏，即某种组合在一起的音步］，也可以整体地简单译为“某种合成的行军节奏”；ἐνόπλιόν 后面省略了 ῥυθμόν［节奏］一词。形容词 ἐνόπλιος 也拼作 ἔνοπλος，其词干是 ὅπλον［武器］，意思是“武装起来的”“有关武器的”；《牛津希-英词典》举了柏拉图在这里的这个表达，对它的解释是：martial rhythm, a war-tune。

987 δάκτυλος［一种长短短的音步］，也可以译为“一种长短短格”“一种扬抑抑格”“一种强弱弱格”等。

988 ἡρῷος［一种英雄式的音步］，也可以译为“一种英雄格”“一种六步格”等。

989 οὐκ οἶδα ὅπως διακοσμοῦντος καὶ ἴσον ἄνω καὶ κάτω τιθέντος, εἰς βραχύ τε καὶ μακρὸν γιγνόμενον.［但我不知道他如何进行安排，以及如何向上和向下相等地进行设置，以便它既成为一种短的，也成为一种长的。］这里的意思是说，可以通过长短音的互换（一个长音等于两个短音）而使得节奏在音步的升和降上都一样。

990 ἴαμβος［一种短长的音步］，即“一短一长的音步”，也可以译为“一种短长格”“一种抑扬格”等。

991 τροχαῖος［一种长短的音步］，即“一长一短的音步”，也可以译为“一种长短格”“一种扬抑格”等。

992 τὰς ἀγωγὰς τοῦ ποδός［音步的速度］。名词 ἀγωγή 的本义是“带领”，但用于音乐上则指“速度”；《牛津希-英词典》举了柏拉图在这里的这个表达，对它的解释是：tempo。

993 对观《泰阿泰德》（189e4-190a7）：{ΣΩ.} Κάλλιστα. τὸ δὲ διανοεῖσθαι ἆρ' ὅπερ ἐγὼ καλεῖς; {ΘΕΑΙ.} Τί καλῶν; {ΣΩ.} Λόγον ὃν αὐτὴ πρὸς αὑτὴν ἡ ψυχὴ διεξέρχεται περὶ ὧν ἂν σκοπῇ. ὥς γε μὴ εἰδώς σοι ἀποφαίνομαι. τοῦτο γάρ μοι ἰνδάλλεται διανοουμένη οὐκ ἄλλο τι ἢ διαλέγεσθαι, αὐτὴ ἑαυτὴν ἐρωτῶσα καὶ ἀποκρινομένη, καὶ φάσκουσα καὶ οὐ φάσκουσα. ὅταν δὲ ὁρίσασα, εἴτε βραδύτερον εἴτε καὶ ὀξύτερον ἐπᾴξασα, τὸ αὐτὸ ἤδη φῇ καὶ μὴ διστάζῃ, δόξαν ταύτην τίθεμεν αὐτῆς. ὥστ' ἔγωγε τὸ δοξάζειν λέγειν καλῶ καὶ τὴν δόξαν λόγον εἰρημένον, οὐ μέντοι πρὸς ἄλλον οὐδὲ φωνῇ, ἀλλὰ σιγῇ πρὸς αὑτόν· σὺ δὲ τί; {ΘΕΑΙ.} Κἀγώ.［苏格拉底：好极了。但你会恰恰如我那样称呼思想吗？泰阿泰德：你怎么称呼？苏格拉底：就它所考察的那些东西，灵魂自身对它自身进行详细叙述的那种谈话。我肯定并非作为知道者而向你展示这点。因为这在我看来，当灵魂进行思想时，它无非是在进行对话，它自己向自己提问并作答，而且进行肯定和否定。而每当它作出剖判后——无论是慢

慢地作出，还是猛地一跃——，从此它就说出同一种看法并且不再怀疑，我们就将这确定为它的判断。因此，我就把进行判断称作进行言说，而把判断称作一个已经说出来了的言说，但既不是对他人说，也不是有声地说，而是默默地对自己说。而你会怎么想？泰阿泰德：我也这么想。］

《智者》（263e3-9）：{ΞΕ.} Οὐκοῦν διάνοια μὲν καὶ λόγος ταὐτόν· πλὴν ὁ μὲν ἐντὸς τῆς ψυχῆς πρὸς αὑτὴν διάλογος ἄνευ φωνῆς γιγνόμενος τοῦτ' αὐτὸ ἡμῖν ἐπωνομάσθη, διάνοια; {ΘΕΑΙ.} Πάνυ μὲν οὖν. {ΞΕ.} Τὸ δέ γ' ἀπ' ἐκείνης ῥεῦμα διὰ τοῦ στόματος ἰὸν μετὰ φθόγγου κέκληται λόγος; {ΘΕΑΙ.} Ἀληθῆ.［客人：思想和言说岂不是同一个东西，除了下面这点之外，那就是，灵魂在内里同它自己进行的无声的对话，这种东西恰恰被我们叫作：思想？泰阿泰德：的确如此。客人：但从灵魂出发通过嘴而带有声音的那种气流，则被称为了一种言说？泰阿泰德：正确。］

994 οὐχ ἣν ἄνοιαν οὖσαν ὑποκοριζόμενοι καλοῦμεν [ὡς εὐήθειαν]［而〈这种好习惯〉不是无理解力——只不过我们通过掩饰将之称作一种好习惯而已］，单就这句话，可以译为“而〈这种好习惯〉不是一种愚蠢——只不过我们通过掩饰将之称作一种单纯”。希腊文方括号中的 ὡς εὐήθειαν［作为好习惯］，伯内特认为可能是窜入，法国布德本希腊文保留了它们；新校勘的牛津古典本希腊文保留了 εὐήθειαν，删除了 ὡς，从之。

995 ἀλλὰ τὴν ὡς ἀληθῶς εὖ τε καὶ καλῶς τὸ ἦθος κατεσκευασμένην διάνοιαν.［相反，它是真正在习惯上被高贵和美好地建立了起来的有理解力。］也可以译为“相反，它是真正被高贵和美好地养成为了习惯的有理解力”。

996 参见前面第二卷 370a7-c2。

997 ἡ τῶν σωμάτων φύσις καὶ ἡ τῶν ἄλλων φυτῶν［各种身体的本性以及其他那些生长出来的东西的本性］。名词 φυτόν 派生自动词 φύω［生成 / 生长］，本义是“植物”，同 ζῷον［动物］相对，但也泛指“生物”；《牛津希-英词典》举了柏拉图在这里的这个表达，对它的解释是：creature。这里有意基于词源而将之译为“生长出来的东西”。参见《智者》（233e8-9）：Εἴ τις ἐμὲ καὶ σὲ καὶ τἆλλα φυτὰ πάντα ποιήσειν φαίη –［如果有人说，他将创造我、你以及其他一切生长出来的东西的话……。］

998 κατὰ σμικρόν 即 κατὰ μικρόν，是词组，意思是“逐渐地”，这里基于上下文将之译为“一点一点地”；《牛津希-英词典》对它的解释是：little by little。

999 εὐφυῶς 是由形容词 εὐφυής 派生而来的副词，εὐφυής 的本义是“生得好的”“很有天赋的”，而 εὐφυῶς 在这里的意思是“聪明地”“巧妙地”“熟练地”；《牛津希-英词典》举了柏拉图在这里的这个表达，对它的解释是：

cleverly, skilfully。

1000 λανθάνῃ εἰς ὁμοιότητά τε καὶ φιλίαν καὶ συμφωνίαν τῷ καλῷ λόγῳ ἄγουσα［它不知不觉地就把他们引向了同那种美好的言说的相似、友谊和协调中］，之所以这么翻译，是把与格 τῷ καλῷ λόγῳ［美好的言说］理解为是前面的一系列名词 ὁμοιότητά τε καὶ φιλίαν καὶ συμφωνίαν［相似、友谊和协调一致］所要求的。当然，如果将之理解为工具格，那么单就这句话，也可以补充译为"它不知不觉地就用那美好的言说把他们引向了〈彼此间〉的相似、友谊和协调中"。

1001 τῶν παραλειπομένων［各种缺陷］。παραλειπομένων 在这里是动词 παραλείπω 的现在时分词被动态中性属格复数；παραλείπω 的本义是"留下"，但其现在时分词被动态中性复数构成的名词 τὰ παραλειπόμενα 的意思则是"缺陷""忽略"。《牛津希-英词典》举了柏拉图在这里的这个表达，对它的解释是：omissions, deficiencies。

1002 τὰ μὲν καλὰ ἐπαινοῖ καὶ χαίρων καὶ καταδεχόμενος εἰς τὴν ψυχὴν τρέφοιτ' ἂν ἀπ' αὐτῶν καὶ γίγνοιτο καλός τε κἀγαθός.［一方面，他会赞美和欢迎那些美好的东西，并且通过把它们接纳进灵魂中，他能够从它们那里吸取营养并变得美好和良善。］这句话在法国布德本希腊文中同样如此，但新校勘的牛津古典本希腊文将其中的 χαίρων 改为了 χαίροι，从之；从文法上看，前者为动词 χαίρω［欢迎］的现在时分词主动态阳性主格单数，后者为现在时祈愿式主动态第三人称单数。如果按伯内特本和布德本翻译，那么这句话就当译为：一方面，他会赞美那些美好的东西，并且通过欢迎和把它们接纳进灵魂中，他能够从它们那里吸取营养并变得美好和良善。

1003 πρὶν λόγον δυνατὸς εἶναι λαβεῖν［尚没有能力把握道理］，这是意译，字面意思是"在有能力把握道理之前""在能够把握道理之前"。

1004 αὐτὸν γνωρίζων δι' οἰκειότητα μάλιστα［因为他凭借〈同它的〉亲属关系而最为〈清楚地〉认出了它］。οἰκειότης 由形容词 οἰκεῖος［家中的 / 自己的］派生而来，意思是"亲戚""亲属关系"。对观《政治家》（257d2-258a3）：τὸν μέν γε οὖν ὑμεῖς κατὰ τὴν τοῦ προσώπου φύσιν ὅμοιον ἐμοὶ φαίνεσθαί φατε, τοῦ δ' ἡμῖν ἡ κλῆσις ὁμώνυμος οὖσα καὶ ἡ πρόσρησις παρέχεταί τινα οἰκειότητα. δεῖ δὴ τούς γε συγγενεῖς ἡμᾶς ἀεὶ προθύμως διὰ λόγων ἀναγνωρίζειν.［所以，无论如何你们都说，一个在相貌上显得同我相像，而另一个的称呼是与我们同名的，并且命名就提交出了某种亲属关系。其实我们必定总是渴望通过言说而认出那些同家族的人。］

1005 古希腊语一共 24 个字母。

1006 ἐν ἅπασιν οἷς ἔστιν περιφερόμενα［在它们于之转来转去的所有地方］，之所以这么翻译，因为这句话的完整表达是 ἐν ἅπασιν ἐν οἷς ἔστιν περιφερόμενα；当然也可以简单转译为“在它们出现的所有地方”。περιφερόμενα 在这里是动词 περιφέρω 的现在时分词被动态中性主格复数；περιφέρω 的本义是“带往各处”，其被动态的意思则是“转来转去”“到处徘徊”。

1007 名词 στοιχεῖον 的本义是“最基本的东西”“最简单的东西”，后引申为“元素”“要素”，在语言上则指“语言的基本要素”，即“简单音”或“字母”。关于文字和字母的相关论述，可对观：

《泰阿泰德》(206a1-9)：{ΣΩ.} Τί δ᾽ αὖ; τοὐναντίον λέγοντος ἆρ᾽ οὐ μᾶλλον ἂν ἀποδέξαιο ἐξ ὧν αὐτὸς σύνοισθα σαυτῷ ἐν τῇ τῶν γραμμάτων μαθήσει; {ΘΕΑΙ.} Τὸ ποῖον; {ΣΩ.} Ὡς οὐδὲν ἄλλο μανθάνων διετέλεσας ἢ τὰ στοιχεῖα ἔν τε τῇ ὄψει διαγιγνώσκειν πειρώμενος καὶ ἐν τῇ ἀκοῇ αὐτὸ καθ᾽ αὑτὸ ἕκαστον, ἵνα μὴ ἡ θέσις σε ταράττοι λεγομένων τε καὶ γραφομένων. {ΘΕΑΙ.} Ἀληθέστατα λέγεις.［苏格拉底：但然后呢？当一个人说相反的情形时，你岂不更为会接受，基于你在文字的学习中你自己所意识到的那些事情？泰阿泰德：何种事情？苏格拉底：这种事情，即在学习的时候，除了下面这点，你不会完成别的什么，那就是：你尝试在看和听时分辨出各个字母，并且是分辨出自在自为的每个，以免当它们被说和写时，它们的位置会扰乱你。泰阿泰德：你说得极其正确。］

《智者》(252e9-253a12)：{ΞΕ.} Ὅτε δὴ τὰ μὲν ἐθέλει τοῦτο δρᾶν, τὰ δ᾽ οὔ, σχεδὸν οἷον τὰ γράμματα πεπονθότ᾽ ἂν εἴη. καὶ γὰρ ἐκείνων τὰ μὲν ἀναρμοστεῖ που πρὸς ἄλληλα, τὰ δὲ συναρμόττει. {ΘΕΑΙ.} Πῶς δ᾽ οὔ; {ΞΕ.} Τὰ δέ γε φωνήεντα διαφερόντως τῶν ἄλλων οἷον δεσμὸς διὰ πάντων κεχώρηκεν, ὥστε ἄνευ τινὸς αὐτῶν ἀδύνατον ἁρμόττειν καὶ τῶν ἄλλων ἕτερον ἑτέρῳ. {ΘΕΑΙ.} Καὶ μάλα γε. {ΞΕ.} Πᾶς οὖν οἶδεν ὁποῖα ὁποίοις δυνατὰ κοινωνεῖν, ἢ τέχνης δεῖ τῷ μέλλοντι δρᾶν ἱκανῶς αὐτό; {ΘΕΑΙ.} Τέχνης. {ΞΕ.} Ποίας; {ΘΕΑΙ.} Τῆς γραμματικῆς.［客人：那么，当一些愿意做这件事，而一些不愿意时，它们所遭遇的就会差不多像那些字母所遭遇的一样。因为在字母中一些肯定彼此不适配，而一些则拼合在一起。泰阿泰德：那还用说？客人：而远超其他字母的那些元音字母，它们就像纽带似的贯穿了全部的其他字母，以至于没有它们中的某个，对于其他字母来说下面这点也是不可能的，即一个同另一个相适配。泰阿泰德：完全如此。客人：那么，所有人都知道哪类字母能够同哪类字母结合呢，还是那打算充分地做它的人需要一种技艺？泰阿泰德：需要一种技艺。客人：何种技艺？泰阿泰德：文

法学。］

《政治家》（277e6–278a4）：{ΞΕ.} Ὅτι τῶν στοιχείων ἕκαστον ἐν ταῖς βραχυτάταις καὶ ῥᾴσταις τῶν συλλαβῶν ἱκανῶς διαισθάνονται, καὶ τἀληθῆ φράζειν περὶ ἐκεῖνα δυνατοὶ γίγνονται. {ΝΕ. ΣΩ.} Πῶς γὰρ οὔ;{ΞΕ.} Ταὐτὰ δέ γε ταῦτα ἐν ἄλλαις ἀμφιγνοοῦντες πάλιν δόξῃ τε ψεύδονται καὶ λόγῳ. {ΝΕ. ΣΩ.} Πάνυ μὲν οὖν.［客人：那就是，在那些最短的和最容易的音节中的每个字母，他们能够充分地进行辨别，并且关于那些字母的各种真实，他们也变得有能力进行说明。年轻的苏格拉底：为何不是呢？客人：但在其他一些音节中的同样这些字母，他们由于拿不定主意而复又在判断和言说中犯错。］（278c7–d7）：{ΞΕ.} Θαυμάζοιμεν ἂν οὖν εἰ ταὐτὸν τοῦτο ἡμῶν ἡ ψυχὴ φύσει περὶ τὰ τῶν πάντων στοιχεῖα πεπονθυῖα τοτὲ μὲν ὑπ' ἀληθείας περὶ ἓν ἕκαστον ἔν τισι συνίσταται, τοτὲ δὲ περὶ ἅπαντα ἐν ἑτέροις αὖ φέρεται, καὶ τὰ μὲν αὐτῶν ἁμῇ γέ πῃ τῶν συγκράσεων ὀρθῶς δοξάζει, μετατιθέμενα δ' εἰς τὰς τῶν πραγμάτων μακρὰς καὶ μὴ ῥᾳδίους συλλαβὰς ταὐτὰ ταῦτα πάλιν ἀγνοεῖ; {ΝΕ. ΣΩ.} Καὶ θαυμαστόν γε οὐδέν.［客人：那我们还会对下面这点感到奇怪吗，那就是：如果我们的灵魂在本性上由于在万物的诸字母那儿遭受了这同样的事情，于是有时凭借真在一些事物那儿对每一个字母都能把握得定，有时在另一些事物那儿则复又对所有字母犹豫不决；并且面对由它们而来的各种混合，对其中的一些字母它无论怎样都判断得正确，而一旦它们被置入诸事物的那些较长的和不容易的音节中时，它又会再次不识得同样这些字母？年轻的苏格拉底：这根本就不奇怪。］

《菲勒玻斯》（17a8–b1）：Σαφὲς μήν, ὦ Πρώταρχε, ἐστὶν ἐν τοῖς γράμμασιν ὃ λέγω, καὶ λάμβαν' αὐτὸ ἐν τούτοις οἷσπερ καὶ πεπαίδευσαι.［普洛塔尔科斯啊，于各种字母那儿，我所说的肯定是清楚的，并且请你就在这些东西中——甚至正是借助它们你才已经被教育了——，来把握它。］（18b6–d2）：Ἐπειδὴ φωνὴν ἄπειρον κατενόησεν εἴτε τις θεὸς εἴτε καὶ θεῖος ἄνθρωπος – ὡς λόγος ἐν Αἰγύπτῳ Θεῦθ τινα τοῦτον γενέσθαι λέγων, ὃς πρῶτος τὰ φωνήεντα ἐν τῷ ἀπείρῳ κατενόησεν οὐχ ἓν ὄντα ἀλλὰ πλείω, καὶ πάλιν ἕτερα φωνῆς μὲν οὔ, φθόγγου δὲ μετέχοντά τινος, ἀριθμὸν δέ τινα καὶ τούτων εἶναι, τρίτον δὲ εἶδος γραμμάτων διεστήσατο τὰ νῦν λεγόμενα ἄφωνα ἡμῖν· τὸ μετὰ τοῦτο διῄρει τά τε ἄφθογγα καὶ ἄφωνα μέχρι ἑνὸς ἑκάστου, καὶ τὰ φωνήεντα καὶ τὰ μέσα κατὰ τὸν αὐτὸν τρόπον, ἕως ἀριθμὸν αὐτῶν λαβὼν ἑνί τε ἑκάστῳ καὶ σύμπασι <στοιχεῖον> ἐπωνόμασε· καθορῶν δὲ ὡς οὐδεὶς ἡμῶν οὐδ' ἂν ἓν αὐτὸ καθ' αὑτὸ ἄνευ πάντων αὐτῶν μάθοι, τοῦτον τὸν δεσμὸν αὖ λογισάμενος ὡς ὄντα ἕνα καὶ πάντα ταῦτα ἕν πως ποιοῦντα μίαν ἐπ' αὐτοῖς ὡς οὖσαν γραμματικὴν τέχνην ἐπεφθέγξατο προσειπών.［自从某位神，甚或某位神一样的人，注意到语音是无限的以后——就像在埃及那儿，有一个传说就把某位透特说成是这样一位——，他首先注意到在无限的语音中的元音字母不是一，而是几个；进而注意到另外一些字母，它们虽然不分有清晰的声音，但仍分有某种声响，而其中也有着一定的数目；而且他还区分出了字母的第三种形式，它们现在被我们称为辅音。在此之后，他既区分开哑音和辅音，直至每一个为止，也以同样的方式分开那些元音和中间音，直到在把握到了它们的数目之后，再把每一个各自和它们全部一起命名为简单音。然而，由于一方面他看清了下面这点，即我们中无人能够把它们中的每一个自身就其自身地弄明白——在没有弄明白它们全部的情况下——，另一方面，就这种纽带而言，他推断它是一，并且它在某种方式上使得所有这些成为一，于是，他就说一门技艺是在它们那里，通过将之称作文法的技艺而四处嚷嚷。］

1008 εἴ που ... ἐμφαίνοιντο［如果它们被反映在某个地方］，也可以译为"如果它们在某个地方被看见"。ἐμφαίνοιντο 在这里是动词 ἐμφαίνω 的现在时祈愿式中动态第三人称复数，ἐμφαίνω 的本义是"显现""展示"，但其中动态或被动态的意思则是"被看见""被反映"；《牛津希-英词典》举了柏拉图在这里的这个表达，对它的解释是：to be seen, reflected。

1009 ἐλευθεριότης［慷慨］同 ἐλευθερία［自由］是同源词，其中暗含"自由人的性格""自由人的品质"这层意思。对观《泰阿泰德》（144d1-4）：Θεαίτητος, ὦ Σώκρατες, τό γε ὄνομα· τὴν μέντοι οὐσίαν δοκοῦσί μοι ἐπίτροποί τινες διεφθαρκέναι. ἀλλ' ὅμως καὶ πρὸς τὴν τῶν χρημάτων ἐλευθεριότητα θαυμαστός, ὦ Σώκρατες.［他的名字叫泰阿泰德，苏格拉底啊；至于财产，在我看来也许已经被他的一些监护人给挥霍光了。然而，苏格拉底啊，就钱财方面的慷慨来说，他仍旧是令人惊讶的。］

1010 Τῶν δὴ ὅτι μάλιστα τοιούτων ἀνθρώπων ὅ γε μουσικὸς ἐρῴη ἄν.［那么，那些尽可能地是这个样子的人，真正精通文艺的人肯定会爱恋他们。］ὅτι μάλιστα［竭尽所能地 / 尽可能地］是词组。ἐράω［爱恋 / 渴望］要求属格作宾语，所以这里出现的是复数属格 τῶν ... ὅτι μάλιστα τοιούτων ἀνθρώπων［那些尽可能地是这个样子的人］。参见：

《卡尔米德斯》（154c2）：οἱ δὲ δὴ ἄλλοι πάντες ἐρᾶν ἔμοιγε ἐδόκουν αὐτοῦ.［而且其他所有人，至少在我看来，都在爱恋他。］

《吕西斯》（204b5-8）：Καὶ ὃς ἐρωτηθεὶς ἠρυθρίασεν. καὶ ἐγὼ εἶπον· Ὦ παῖ Ἱερωνύμου Ἱππόθαλες, τοῦτο μὲν μηκέτι εἴπῃς, εἴτε ἐρᾷς του εἴτε μή· οἶδα γὰρ ὅτι οὐ μόνον ἐρᾷς, ἀλλὰ καὶ πόρρω ἤδη εἶ πορευόμενος τοῦ ἔρωτος.［而被我这样一问，他顿时脸就红了。于是，我说道：赫洛倪摩斯的孩子啊，希珀塔勒斯，你不用再告诉我这点了，即你在爱慕那些人中的某位呢，还是没有；因为我已经知道，你不仅在爱慕，而且还深深地陷入到了爱慕中。］

1011 动词 ὑπομένω 的本义是"留在下面""待在某处"，转义为"坚持""忍受""容忍"。

1012 ὥστε ἐθέλειν ἀσπάζεσθαι［从而愿意拥抱〈他〉］，也可以意译为"从而愿意对他表示出爱意"；参见前面 376a6 那里对"ἀσπάζεται"的注释 701。

1013 τὰ παιδικά τοιαῦτα［一个如此这般的心爱的少年］。形容词 παιδικός 的本义是"儿童的""给儿童的""给心爱少年的"，但其中性复数 παιδικά 则具有"宠儿""宝贝""心上人"等意思，《牛津希-英词典》对它的解释是：darling, favourite, minion。参见：

《斐德若》（236b5-6）：Ἐσπούδακας, ὦ Φαῖδρε, ὅτι σου τῶν παιδικῶν ἐπελαβόμην ἐρεσχηλῶν σε.［你是不是已经过于认真了些，斐德若啊，就因为我为了取笑你而攻击了你那心爱的少年。］

《吕西斯》（204d5-7）：καὶ ὅ ἐστιν τούτων δεινότερον, ὅτι καὶ ᾄδει εἰς τὰ παιδικὰ φωνῇ θαυμασίᾳ, ἣν ἡμᾶς δεῖ ἀκούοντας ἀνέχεσθαι.［并且比这些更为可怕的是，他甚至用一种令人惊异的声音为他的心上人唱歌，而我们却必须忍受听那种声音。］（205b2-3）：ἵνα εἰδῶ τίνα τρόπον προσφέρῃ πρὸς τὰ παιδικά.［以便我知道你究竟在以何种方式同心上人打交道。］

在其他地方，苏格拉底曾称 φιλοσοφία［热爱智慧 / 哲学］为他的 τὰ παιδικά［心上人］，参见《高尔吉亚》（482a3-4）：καὶ μὴ θαύμαζε ὅτι ἐγὼ ταῦτα λέγω, ἀλλὰ τὴν φιλοσοφίαν, τὰ ἐμὰ παιδικά, παῦσον ταῦτα λέγουσαν.［请你不要吃惊我这样说，而是要让哲学，即我的心上人，停止这样说。］

1014 Καὶ πῶς;［怎么会呢？］也可以译为肯定句：不可能！ καὶ πῶς 是词组，《牛津希-英词典》对它的解释是：but how? impossible! 参见：

《泰阿泰德》（163d6）：Καὶ πῶς, ὦ Σώκρατες; τέρας γὰρ ἂν εἴη ὃ λέγεις.［怎么会呢，苏格拉底？因为你所说的，会是一件怪事。］

《智者》（249a4-7）：{ΞΕ.} Ἀλλὰ νοῦν μὲν ἔχειν, ζωὴν δὲ μὴ φῶμεν; {ΘΕΑΙ.} Καὶ πῶς; {ΞΕ.} Ἀλλὰ ταῦτα μὲν ἀμφότερα ἐνόντ' αὐτῷ λέγομεν, οὐ μὴν ἐν ψυχῇ γε φήσομεν αὐτὸ ἔχειν αὐτά;［客人：但一方面拥有理智，另一方面却不拥有生命，我们会这么说吗？泰阿泰德：那怎么会呢？客人：然而，既然我们说这两者都内在于它身上，那我们会说它不是在其灵魂中拥有它

们吗？]

1015 ἥ γε ἔκφρονα ποιεῖ οὐχ ἧττον ἢ λύπη［这种快乐肯定比痛苦丝毫不少地使人丧失心智］，也可以译为“这种快乐肯定和痛苦同样地使人丧失心智”。形容词 ἔκφρων 由褫夺性前缀 ἔκ 和名词 φρήν［心］派生而来，本义是“失去心智的”“头脑不清醒的”，转义为“迷狂的”“疯狂的”。

1016 Οὐδὲν ἄρα προσοιστέον μανικὸν οὐδὲ συγγενὲς ἀκολασίας τῷ ὀρθῷ ἔρωτι;［那么，一定不可以把任何疯狂的东西或任何与放纵同类的东西加给正确的爱吗？］也可以转译为“那么，正确的爱一定不可以牵扯任何疯狂的东西或任何与放纵同类的东西吗？”προσοιστέον 是由动词 προσφέρω 派生而的动词形容词 προσοιστέος 的中性，προσφέρω 的本义是“带去”“放到……上面”“送上”“加上”，而 προσοιστέον 的意思是“必须加上”“必须用上”“必须利用”；《牛津希-英词典》对它的解释是：to be added to, one must apply, use。参见《斐德若》(271e2-272a3)：ὅταν δὲ εἰπεῖν τε ἱκανῶς ἔχῃ οἷος ὑφ’ οἵων πείθεται, παραγιγνόμενόν τε δυνατὸς ᾖ διαισθανόμενος ἑαυτῷ ἐνδείκνυσθαι ὅτι οὗτός ἐστι καὶ αὕτη ἡ φύσις περὶ ἧς τότε ἦσαν οἱ λόγοι, νῦν ἔργῳ παροῦσά οἱ, ᾗ προσοιστέον τούσδε ὧδε τοὺς λόγους ἐπὶ τὴν τῶνδε πειθώ.［而一旦他足够有能力说哪种人会被哪种言辞说服，并且当这样一个人在附近时，他也能够清楚地觉察到此人而对自己指出，这就是那个人，并且这就是曾经讨论过的那种天性，而它现在实际地就在他自己面前，对于该天性他必须以这种方式利用这样一些言辞来达成对这些事情的劝说。］

1017 αὕτη ἡ ἡδονή［这种快乐］，即“关乎属于阿佛洛狄忒的那些事情的快乐”(ἡ περὶ τὰ ἀφροδίσια)，也即“同性爱相关的快乐”。

1018 φιλεῖν 在这里的意思不是“爱”，而是“亲吻”。参见《斐德若》(255e1-4)：καλεῖ δὲ αὐτὸν καὶ οἴεται οὐκ ἔρωτα ἀλλὰ φιλίαν εἶναι. ἐπιθυμεῖ δὲ ἐκείνῳ παραπλησίως μέν, ἀσθενεστέρως δέ, ὁρᾶν, ἅπτεσθαι, φιλεῖν, συγκατακεῖσθαι· καὶ δή, οἷον εἰκός, ποιεῖ τὸ μετὰ τοῦτο ταχὺ ταῦτα.［只不过他将它称作，并且也认为它就是友谊，而非爱欲。所以，同他的那位爱慕者非常相似——只不过没那么强烈——，他渴望见到他、摸到他、亲吻他、和他躺在一起；当然，很可能跟着不久他也就会做这些事情。］

1019 对观《斐洞》(89a9-b5)：ἔτυχον γὰρ ἐν δεξιᾷ αὐτοῦ καθήμενος παρὰ τὴν κλίνην ἐπὶ χαμαιζήλου τινός, ὁ δὲ ἐπὶ πολὺ ὑψηλοτέρου ἢ ἐγώ. καταψήσας οὖν μου τὴν κεφαλὴν καὶ συμπιέσας τὰς ἐπὶ τῷ αὐχένι τρίχας – εἰώθει γάρ, ὁπότε τύχοι, παίζειν μου εἰς τὰς τρίχας – Αὔριον δή, ἔφη, ἴσως, ὦ Φαίδων, τὰς καλὰς ταύτας κόμας ἀποκερῇ.［我当时碰巧就坐在他的右手边靠近床的某个矮座上，而他

坐在一个比我坐的高出许多的地方。于是，他一边摸着我的头，一边握紧我颈上的头发——因为他已经习惯，一逮到机会，就取笑我的头发——，说道，斐洞啊，明天或许你就得剪掉这些漂亮的头发了。]

1020 ἐὰν πείθῃ [如果他能够征得他的同意的话]，这是意译，这句话的字面意思是"如果他能够说服他的话"。

1021 εἰ δὲ μή, ψόγον ἀμουσίας καὶ ἀπειροκαλίας ὑφέξοντα. [否则，他就将遭受一种指责，即粗鲁和庸俗。] 也可以译为：否则，他就将遭受缺少教育和缺乏审美力的指责。名词 ἀπειροκαλία 由 ἄπειρος [无经验的 / 不懂的] 和 καλός [美的] 派生而来，本义是"对美不敏感""没有鉴赏力"，转义为"庸俗"。

1022 τέλος ἔχειν 是词组，意思是"已经到达终点""已经完结""已经实现"。

1023 οἷ γοῦν δεῖ τελευτᾶν, τετελεύτηκεν [至少它已经结束在了它应当于之结束的地方]。这里的 οἷ 是关系副词，来自关系代词 ὅς 的与格，意思是"向那里""到那里""在那里"。

1024 对观《斐洞》(60e4–61a4)：ἦν γὰρ δὴ ἄττα τοιάδε· πολλάκις μοι φοιτῶν τὸ αὐτὸ ἐνύπνιον ἐν τῷ παρελθόντι βίῳ, ἄλλοτ᾽ ἐν ἄλλῃ ὄψει φαινόμενον, τὰ αὐτὰ δὲ λέγον, "Ὦ Σώκρατες," ἔφη, "μουσικὴν ποίει καὶ ἐργάζου." καὶ ἐγὼ ἔν γε τῷ πρόσθεν χρόνῳ ὅπερ ἔπραττον τοῦτο ὑπελάμβανον αὐτό μοι παρακελεύεσθαί τε καὶ ἐπικελεύειν, ὥσπερ οἱ τοῖς θέουσι διακελευόμενοι, καὶ ἐμοὶ οὕτω τὸ ἐνύπνιον ὅπερ ἔπραττον τοῦτο ἐπικελεύειν, μουσικὴν ποιεῖν, ὡς φιλοσοφίας μὲν οὔσης μεγίστης μουσικῆς, ἐμοῦ δὲ τοῦτο πράττοντος. [事情其实是这样，在过去的一生中同一个梦经常造访我，虽然在不同的时候以不同的形象出现，但它总是说相同的事情；它说："苏格拉底啊，你要创作和耕耘文艺！"而在以往的时间里，我认为它不过是在激励和鞭策我做我已经在做的事情而已；就像人们鼓励那些奔跑的人一样，梦也同样在勉励我做我已经在做的事情，即创作文艺，因为热爱智慧就是最高的文艺，而我就在从事这件事。]

1025 对观前面第二卷 376e2–4：那好，是一种什么样的教育呢？抑或，难以发现一种比长久以来已经被发现的那种教育更好的教育？而那肯定是这样一种教育：一则是针对身体的体育，一则是针对灵魂的文艺。

1026 ὡς οἷόν τε βέλτιστον [尽可能地好] 是一个整体。ὡς οἷόν τε 跟形容词最高级，意思就是"尽可能……"。这里的相关论述，可对观《卡尔米德斯》(156d1–157c6)：Κἀγὼ ἀκούσας αὐτοῦ ἐπαινέσαντος ἀνεθάρρησά τε, καί μοι κατὰ σμικρὸν πάλιν ἡ θρασύτης συνηγείρετο, καὶ ἀνεζωπυρούμην. καὶ εἶπον· Τοιοῦτον τοίνυν ἐστίν, ὦ Χαρμίδη, καὶ τὸ ταύτης τῆς ἐπῳδῆς. ἔμαθον δ᾽

αὐτὴν ἐγὼ ἐκεῖ ἐπὶ στρατιᾶς παρά τινος τῶν Θρᾳκῶν τῶν Ζαλμόξιδος ἰατρῶν, οἳ λέγονται καὶ ἀπαθανατίζειν. ἔλεγεν δὲ ὁ Θρᾲξ οὗτος ὅτι ταῦτα μὲν [ἰατροὶ] οἱ Ἕλληνες, ἃ νυνδὴ ἐγὼ ἔλεγον, καλῶς λέγοιεν· ἀλλὰ Ζάλμοξις, ἔφη, λέγει ὁ ἡμέτερος βασιλεύς, θεὸς ὤν, ὅτι ὥσπερ ὀφθαλμοὺς ἄνευ κεφαλῆς οὐ δεῖ ἐπιχειρεῖν ἰᾶσθαι οὐδὲ κεφαλὴν ἄνευ σώματος, οὕτως οὐδὲ σῶμα ἄνευ ψυχῆς, ἀλλὰ τοῦτο καὶ αἴτιον εἴη τοῦ διαφεύγειν τοὺς παρὰ τοῖς Ἕλλησιν ἰατροὺς τὰ πολλὰ νοσήματα, ὅτι τοῦ ὅλου ἀμελοῖεν οὗ δέοι τὴν ἐπιμέλειαν ποιεῖσθαι, οὗ μὴ καλῶς ἔχοντος ἀδύνατον εἴη τὸ μέρος εὖ ἔχειν. πάντα γὰρ ἔφη ἐκ τῆς ψυχῆς ὡρμῆσθαι καὶ τὰ κακὰ καὶ τὰ ἀγαθὰ τῷ σώματι καὶ παντὶ τῷ ἀνθρώπῳ, καὶ ἐκεῖθεν ἐπιρρεῖν ὥσπερ ἐκ τῆς κεφαλῆς ἐπὶ τὰ ὄμματα· δεῖν οὖν ἐκεῖνο καὶ πρῶτον καὶ μάλιστα θεραπεύειν, εἰ μέλλει καὶ τὰ τῆς κεφαλῆς καὶ τὰ τοῦ ἄλλου σώματος καλῶς ἔχειν. θεραπεύεσθαι δὲ τὴν ψυχὴν ἔφη, ὦ μακάριε, ἐπῳδαῖς τισιν, τὰς δ᾽ ἐπῳδὰς ταύτας τοὺς λόγους εἶναι τοὺς καλούς· ἐκ δὲ τῶν τοιούτων λόγων ἐν ταῖς ψυχαῖς σωφροσύνην ἐγγίγνεσθαι, ἧς ἐγγενομένης καὶ παρούσης ῥᾴδιον ἤδη εἶναι τὴν ὑγίειαν καὶ τῇ κεφαλῇ καὶ τῷ ἄλλῳ σώματι πορίζειν. διδάσκων οὖν με τό τε φάρμακον καὶ τὰς ἐπῳδάς, "Ὅπως," ἔφη, "τῷ φαρμάκῳ τούτῳ μηδείς σε πείσει τὴν αὑτοῦ κεφαλὴν θεραπεύειν, ὃς ἂν μὴ τὴν ψυχὴν πρῶτον παράσχῃ τῇ ἐπῳδῇ ὑπὸ σοῦ θεραπευθῆναι. καὶ γὰρ νῦν," ἔφη, "τοῦτ᾽ ἔστιν τὸ ἁμάρτημα περὶ τοὺς ἀνθρώπους, ὅτι χωρὶς ἑκατέρου, σωφροσύνης τε καὶ ὑγιείας, ἰατροί τινες ἐπιχειροῦσιν εἶναι·" καί μοι πάνυ σφόδρα ἐνετέλλετο μήτε πλούσιον οὕτω μηδένα εἶναι μήτε γενναῖον μήτε καλόν, ὃς ἐμὲ πείσει ἄλλως ποιεῖν. ἐγὼ οὖν – ὀμώμοκα γὰρ αὐτῷ, καί μοι ἀνάγκη πείθεσθαι – πείσομαι οὖν, καὶ σοί, ἐὰν μὲν βούλῃ κατὰ τὰς τοῦ ξένου ἐντολὰς τὴν ψυχὴν πρῶτον παρασχεῖν ἐπᾷσαι ταῖς τοῦ Θρᾳκὸς ἐπῳδαῖς, προσοίσω τὸ φάρμακον τῇ κεφαλῇ· εἰ δὲ μή, οὐκ ἂν ἔχοιμεν ὅτι ποιοῖμέν σοι, ὦ φίλε Χαρμίδη. [而在听到他表达了赞许之后，我恢复了勇气，并且信心对我一点一点地再次汇聚起来，我又被重新点燃了。于是我说：那好，卡尔米德斯啊，这个咒语的情况是这个样子的。我其实是在我服役的那个地方，从匝耳摩克西斯的那些色雷斯医生——据说他们甚至也在追求永生——中的一个人那里学到它。而那个色雷斯人曾说，就我刚才所说的那些事情，希腊人说得很好；但他宣称，匝耳摩克西斯，我们的国王——他也是一位神——，则说，正如既不应尝试离开头来医治眼睛，也不应离开身体来医治头，同样地，不应尝试离开灵魂来医治身体；而这也恰恰就是下面这件事的原因，即许多的疾病从在希腊那里的那些医生那里逃脱了，因为他们没有关心应当对之进行

关心的那个整体，而如果整体没有处于美的状态，那么部分也就不可能处于好的状态。他宣称，一切都源于灵魂——无论是各种恶，还是各种善，也无论是在身体那里的，还是在整个人那里的——，并且从那里向外流淌，就像从头部流向眼睛那里一样。因此，应当首先和最为照护那种东西，如果头的情况以及其他的身体部位的情况想要处于好的状态的话。但照护灵魂，他说，有福的人啊，得靠一些咒语，而这些咒语都是一些优美的言辞；正是通过诸如此类的言辞才在灵魂中生起了自制，一旦它生起并且在场，下面这件事从此以后就会是容易的了，那就是，无论是为头，还是为其他的身体部位带来健康。所以，当他教我药方以及咒语时，“无论怎样，”他说，“任何一个人，如果他没有首先把灵魂交付出来，以便它被你用咒语来进行照护，那么，你都不要让他说服你用这种药方来照护他的头。其实现在，”他说，“下面这点恰恰是在人们那里的错误，那就是一些人企图分离地是两者各自的，即是灵魂方面的自制的和身体上的健康的医生。”并且他还非常认真地叮嘱我，任何一个人，无论他是多么的富裕，或者是何等的出身高贵，甚或是何等的俊美，我都不应让他说服我以任何其他的方式来行事。因此我——因为我已经向他发过誓了，并且我也必然会听从他——，因此我将听从；至于你，如果你确实愿意按照外邦人的吩咐首先把灵魂交付出来，以便用色雷斯人的那些咒语对之唱歌，那么，我就将给你的头用药。否则，我们真不知道我们还能为你做点什么，亲爱的卡尔米德斯啊。]

1027 ἡμεῖς δὲ ὅσον τοὺς τύπους ὑφηγησαίμεθα［而我们〈自己只做〉下面这么多，即把一些概要显示出来。］τύπος 除了具有“印记”“模式”这一本义之外，还有“概要”“轮廓”“草图”等意思；《牛津希-英词典》举了柏拉图在该对话中的这个表达，对它的解释是：outline, sketch, general idea。

1028 参见前面 398e6：而且醉酒肯定对于卫士们来说是最不得体的。

1029 对观《拉刻斯》（182a2–b4）：οὗ γὰρ ἀγῶνος ἀθληταί ἐσμεν καὶ ἐν οἷς ἡμῖν ὁ ἀγὼν πρόκειται, μόνοι οὗτοι γυμνάζονται οἱ ἐν τούτοις τοῖς [τὸν] περὶ τὸν πόλεμον ὀργάνοις γυμναζόμενοι. ἔπειτα ὀνήσει μέν τι τοῦτο τὸ μάθημα καὶ ἐν τῇ μάχῃ αὐτῇ, ὅταν ἐν τάξει δέῃ μάχεσθαι μετὰ πολλῶν ἄλλων· μέγιστον μέντοι αὐτοῦ ὄφελος, ὅταν λυθῶσιν αἱ τάξεις καὶ ἤδη τι δέῃ μόνον πρὸς μόνον ἢ διώκοντα ἀμυνομένῳ τινὶ ἐπιθέσθαι ἢ καὶ ἐν φυγῇ ἐπιτιθεμένου ἄλλου ἀμύνασθαι αὐτόν· οὔτ' ἂν ὑπό γε ἑνὸς εἷς ὁ τοῦτ' ἐπιστάμενος οὐδὲν ἂν πάθοι, ἴσως δ' οὐδὲ ὑπὸ πλειόνων, ἀλλὰ πανταχῇ ἂν ταύτῃ πλεονεκτοῖ.［因为，无论是就我们是其参赛者的那种竞赛来说，还是在该竞赛摆在了我们面前的各

种场合那里，都唯有下面这些人被训练，那就是，他们在这些同战斗相关的装备中被训练。进而，这门学问在实战中也能给人带来某种帮助，每当必须以战斗队形的方式同许多其他人一起战斗时。然而，它的最大用处在于，当队形溃散并且已经必须单个人对单个人时——或者通过追逐来攻击某个负隅顽抗的人，或者在逃跑中，当另外某个人进行攻击时保卫自己——；那知道这门学问的人，当他一个人面对某一单个的人时，他肯定不会遭受任何伤害，甚或面对许多人时，也不会，而是会在各方面都由此而占尽便宜。]

1030 καθεύδουσί ... τὸν βίον [他们用睡觉消磨了一生] 是一个整体，也可以简单译为“他们睡了一辈子”；《牛津希-英词典》举了柏拉图在本对话中的这个表达，对它的解释是：to be asleep all one's life, sleep away one's life。

1031 参见第二卷 375a2-7：那么，你认为，我说道，就护卫来说，一只年轻的良种狗之天性同一位出生好的年轻人之天性有什么不同吗？你在说何种东西？例如，两者中的每一个无论如何都必须在感觉上是敏锐的，并且能够迅捷地追捕那被觉察到的东西，此外，还必须是强壮有力的，如果需要同被抓住的东西进行战斗的话。

1032 ὀλίγον πρότερον [一小会儿前] 是一个整体和词组。参见：

《克里同》(44a5-8)：Οὐ τοίνυν τῆς ἐπιούσης ἡμέρας οἶμαι αὐτὸ ἥξειν ἀλλὰ τῆς ἑτέρας. τεκμαίρομαι δὲ ἔκ τινος ἐνυπνίου ὃ ἑώρακα ὀλίγον πρότερον ταύτης τῆς νυκτός· καὶ κινδυνεύεις ἐν καιρῷ τινι οὐκ ἐγεῖραί με. [因此，我不认为它在正来临的这天会到，而是要下一天才到。而我是一小会儿前从这个晚上我所看到的一个梦那儿推测出这点的；并且你可能适逢其时地没有叫醒我。]

《大希庇阿斯》(300e7-8)：Τέρατα αὖ ἀποκρινομένῳ ἔοικας, ὦ Σώκρατες, ἔτι μείζω ἢ ὀλίγον πρότερον ἀπεκρίνω. [你复又看起来回答了一些奇奇怪怪的东西，苏格拉底啊，甚至比一小会儿前你所回答的更甚。]

1033 ἐπὶ στρατιᾶς [在远征期间]。名词 στρατία 的本义是“军队”，但在这里等于名词 στρατεία [远征]。参见《斐德若》(260b5-c1)：Οὔπω γε· ἀλλ' ὅτε δὴ σπουδῇ σε πείθοιμι, συντιθεὶς λόγον ἔπαινον κατὰ τοῦ ὄνου, ἵππον ἐπονομάζων καὶ λέγων ὡς παντὸς ἄξιον τὸ θρέμμα οἴκοι τε κεκτῆσθαι καὶ ἐπὶ στρατιᾶς, ἀποπολεμεῖν τε χρήσιμον καὶ πρός γ' ἐνεγκεῖν δυνατὸν σκεύη καὶ ἄλλα πολλὰ ὠφέλιμον. [还根本没有说完呢；而当我热切地劝说你，通过构思一篇关于驴的颂词，将之命名为马并且说，拥有了该牲畜抵得上一切，无论是在家里还是在远征上，它都是有用的，即能够用来从它背上进行作战，此外还能够托运装备，以及在其他许多的方面也都是有益的。]

1034 ἐπὶ θαλάττῃ ἐν Ἑλλησπόντῳ［在赫勒海的海边］。Ἑλλήσποντος［赫勒海］，即今天的“达达尼尔海峡”。该词由 Ἕλλη［赫勒］和 πόντος［大海］构成；赫勒是传说中希腊中部地区波伊俄提亚（Βοιωτία, Boiotia）国王阿塔马斯（Ἀθάμας, Athamas）的女儿，她因不慎坠海淹死，坠海之处就以她的名字命名。

1035 αὐτῷ τῷ πυρὶ χρῆσθαι［直接使用火］，这是意译，字面意思是“使用火本身”。

1036 Συρήκουσαι［叙拉古］是西西里岛东岸的一个城邦。Συρακοσία τράπεζα［叙拉古的筵席］和 Σικελικὴ ποικιλία ὄψου［西西里人那花样繁多的菜肴］均是当时的谚语，比喻奢华的生活。

1037 科林托斯（Κόρινθος, Korinthos），也译为“科林斯”或“哥林多”，位于伯罗奔尼撒半岛东北部，离雅典约 80 公里，附近的科林托斯地峡把伯罗奔尼撒半岛和希腊半岛相连。科林托斯在当时作为重要的商贸城市，色情行业非常发达。

1038 μέλλουσιν εὖ σώματος ἕξειν［如果他们想在身体方面保持好的状态的话］，也可以译为“如果他们想在身体方式是健康的话”。σώματος［身体］之所以使用属格，因为 εὖ ἕξειν τινός 是固定表达，意思是“在某方面是好的”“在某方面处于好的状态”；《牛津希–英词典》举了柏拉图在本对话中的这个表达，对 εὖ ἕξειν τινός 的解释是：to be well off for a thing, abound in it。

1039 ἐκεῖ［在那里］，即在“乐曲和歌唱”那里。

1040 δικανική［精通法庭演说的〈技艺〉/ 法庭演说术］。形容词 δικανικός 和 δικαστικός 都具有“精通法律的”“属于审判的”等意思，但前者更多用于贬义，有时专指在法庭上为了打赢官司而自我吹嘘，表明自己曾经的功绩和成就，转义为“自以为是的”“狂妄的”等；《牛津希–英词典》举了柏拉图在本对话中的这个表达，对 δικανική 的解释是：forensic oratory。参见：

《苏格拉底的申辩》（32a8）：ἐρῶ δὲ ὑμῖν φορτικὰ μὲν καὶ δικανικά, ἀληθῆ δέ.［而我要对你们说的虽都是一些俗气的事情，即为了打赢官司才说的事情，但都是真的。］

《泰阿泰德》（175c8–d2）：περὶ τούτων ἁπάντων ὅταν αὖ δέῃ λόγον διδόναι τὸν σμικρὸν ἐκεῖνον τὴν ψυχὴν καὶ δριμὺν καὶ δικανικόν, πάλιν αὖ τὰ ἀντίστροφα ἀποδίδωσιν.［对于所有这些，每当轮到那个在灵魂方面渺小、狡黠和善于申辩的人需要给出说明时，他就再度给出了相反的情形。］

1041 δικανική τε καὶ ἰατρικὴ σεμνύνονται［并且精通法庭演说的〈技艺〉和精通医术的〈技艺〉装出一副庄重严肃的样子］，也可以简单译为“法庭演说术和医术开始自鸣得意”。σεμνύνονται 在这里是动词 σεμνύνω 的现在时直陈式中动态第三人称复数；σεμνύνω 的本义是“使庄严宏伟”“加以夸大”，但其中动态的意思则是“显得庄严”“显得傲慢”“装出严肃庄重的样子”。《牛津希-英词典》举了柏拉图在本对话中的这个表达，对它的解释是：to be grave, solemn, to affect a grave and solemn air。

1042 καὶ ἀπορίᾳ οἰκείων［就因为缺乏自己〈本该有〉的那些东西］。类似的表达可参见《斐德若》（239c5-d2）：ὀφθήσεται δὴ μαλθακόν τινα καὶ οὐ στερεὸν διώκων, οὐδ' ἐν ἡλίῳ καθαρῷ τεθραμμένον ἀλλὰ ὑπὸ συμμιγεῖ σκιᾷ, πόνων μὲν ἀνδρείων καὶ ἱδρώτων ξηρῶν ἄπειρον, ἔμπειρον δὲ ἁπαλῆς καὶ ἀνάνδρου διαίτης, ἀλλοτρίοις χρώμασι καὶ κόσμοις χήτει οἰκείων κοσμούμενον.［他肯定将被看到：他所追求的那个人，是软绵绵的而非结实的，不是在大太阳下而是在浓密的荫凉中长大的，没有经历男人的各种艰辛和汗流浃背，而是在经历一种娇滴滴的和缺乏男子气的生活方式，由于缺乏自己本该有的肤色而只好用外来的颜色和饰物来装扮自己。］

1043 φεύγων τε καὶ διώκων［或者作为被告，或者作为原告］，也可以译为“有时被人告发，有时告发他人”。φεύγων 和 διώκων 分别是动词 φεύγω 和 διώκω 的现在时分词主动态阳性主格单数。φεύγω 的本义是“逃跑”，而 διώκω 的意思是“追逐”；在法律上前者指“被告发”，后者指“进行告发”。在希腊人看来，“官司”（δίκη）就是原告和被告之间的“竞技”，就是原告“追逐”（διώκω）被告，力争“逮住”他而取胜；而被告竭力“逃跑”（φεύγω），避免“被逮住”。

1044 对观《泰阿泰德》中的相关论述（172d9-173b3）：οἱ δὲ ἐν ἀσχολίᾳ τε ἀεὶ λέγουσι – κατεπείγει γὰρ ὕδωρ ῥέον – καὶ οὐκ ἐγχωρεῖ περὶ οὗ ἂν ἐπιθυμήσωσι τοὺς λόγους ποιεῖσθαι, ἀλλ' ἀνάγκην ἔχων ὁ ἀντίδικος ἐφέστηκεν καὶ ὑπογραφὴν παραναγιγνωσκομένην ὧν ἐκτὸς οὐ ῥητέον [ἣν ἀντωμοσίαν καλοῦσιν]· οἱ δὲ λόγοι ἀεὶ περὶ ὁμοδούλου πρὸς δεσπότην καθήμενον, ἐν χειρί τινα δίκην ἔχοντα, καὶ οἱ ἀγῶνες οὐδέποτε τὴν ἄλλως ἀλλ' ἀεὶ τὴν περὶ αὐτοῦ, πολλάκις δὲ καὶ περὶ ψυχῆς ὁ δρόμος· ὥστ' ἐξ ἁπάντων τούτων ἔντονοι καὶ δριμεῖς γίγνονται, ἐπιστάμενοι τὸν δεσπότην λόγῳ τε θωπεῦσαι καὶ ἔργῳ ὑπελθεῖν, σμικροὶ δὲ καὶ οὐκ ὀρθοὶ τὰς ψυχάς. τὴν γὰρ αὔξην καὶ τὸ εὐθύ τε καὶ τὸ ἐλευθέριον ἡ ἐκ νέων δουλεία ἀφῄρηται, ἀναγκάζουσα πράττειν σκολιά, μεγάλους κινδύνους καὶ φόβους ἔτι ἁπαλαῖς ψυχαῖς ἐπιβάλλουσα, οὓς οὐ δυνάμενοι μετὰ τοῦ δικαίου καὶ ἀληθοῦς ὑποφέρειν, εὐθὺς ἐπὶ τὸ ψεῦδός τε καὶ τὸ ἀλλήλους ἀνταδικεῖν τρεπόμενοι πολλὰ κάμπτονται καὶ συγκλῶνται, ὥσθ' ὑγιὲς οὐδὲν ἔχοντες τῆς διανοίας εἰς ἄνδρας ἐκ μειρακίων τελευτῶσι, δεινοί τε καὶ σοφοὶ γεγονότες, ὡς οἴονται. [另一些人则总是没有闲暇地说话——因为滴漏计时器的水在一滴一滴地催逼——，不容许他们讨论他们所渴望的东西，而对手就站在旁边，并强迫他们只能读被核对了的起诉书，除此之外不可以说其他的。而他们的说话总是在就座的、掌控着某种判决的主人面前针对那同做奴隶的人，并且他们之间的竞争也从不会毫无目的，相反，总是关乎自己的事情，而过程甚至经常关乎性命；以至于由于所有这些，他们虽然变得精悍和狡黠，知道如何用言辞奉承以及用行动讨好主人，但他们在灵魂方面却是渺小的和不正直的。因为自年轻时而来的奴役已经夺走了他们在灵魂方面的生长、正直和自由，迫使他们做各种歪斜的事情，把巨大的、他们还不能够借助正当的东西和真的东西去承受的一些危险和恐惧强加到他们那仍然柔软的灵魂上，他们通过立马转向虚假的东西以及互相反行不义而不断地卑躬屈膝和从事一些奴性的事情，因而从年青时开始，一直到成年，他们终其一生虽然在思想方面都没有任何健康的东西，却变得非常聪明和智慧——只不过是他们以为的——。]

1045 ὑπὸ ἀπειροκαλίας ... πεισθῇ [被庸俗所说服]，当然也可以照词源译为“由于对美不敏感而被说服”。

1046 ἐπ' αὐτῷ δὴ τούτῳ πεισθῇ καλλωπίζεσθαι [被说服而恰恰为这种事情感到自豪]。καλλωπίζεσθαι 是动词 καλλωπίζω 的现在时不定式中动态，καλλωπίζω 的本义是“美化”“装饰”，但其中动态则具有“炫耀自己”“自夸”“为某事而自豪”等意思;《牛津希-英词典》举了柏拉图在这里的这个表达，对它的解释是：pride oneself in or on a thing。

1047 πάσας ... στροφὰς στρέφεσθαι [像那些摔跤手那样闪避其对手] 是一个整体。有意按词源翻译，当然可以简单转译为“行每一种诡计”。στροφάς 是名词 στροφή 的宾格复数，στρέφεσθαι 是动词 στρέφω 的现在时不定式中动态，而 στροφή 派生自 στρέφω，两者的意思都是“转动”“转弯”。πάσας στροφὰς στρέφεσθαι 的字面意思就是“像摔跤手那样闪避其对手”“用每一种方式转弯”。《牛津希-英词典》举了柏拉图在这里的这个表达，对 πάσας στροφὰς στρέφεσθαι 的解释是：such as wrestlers make to elude their adversary, twist every way。

1048 πάσας ... διεξόδους διεξελθών [通过动用所有的逃避手段] 是一个整体。名词 διέξοδος 的本义是“出口”“出路”，转义为“逃避手段”“逃脱的方法”;《牛津希-英词典》举了柏拉图在这里的这个表达，对它的解释是：means of escape。

1049 ἀποστραφῆναι λυγιζόμενος [像柔软易弯的枝条一样扭来扭去而转身逃走]

是一个整体。有意按词源翻译，当然可以简单译为“进行躲闪而转身逃走”。λυγιζόμενος 在这里是动词 λυγίζω［扭来扭去 / 躲闪］的现在时分词被动态阳性主格单数，而 λυγίζω 派生自名词 λύγος［柔软易弯的枝条 / 柳条］。《牛津希–英词典》举了柏拉图在这里的这个表达，对它的解释是：bend or twist oneself like a withe, bend aside。

1050 τοὺς κομψοὺς Ἀσκληπιάδας［阿斯克勒庇俄斯的那些聪明的后裔］。Ἀσκληπιάδας 是 Ἀσκληπιάδης 的阳性复数宾格，而 Ἀσκληπιάδης 是固定表达，意思是“阿斯克勒庇俄斯的儿子”“阿斯克勒庇俄斯的后代”。阿斯克勒庇俄斯（Ἀσκληπιός, Asklepios）是医药之祖，死后被尊为医神。参见：

《斐洞》（118a7–8）：Ὦ Κρίτων, ἔφη, τῷ Ἀσκληπιῷ ὀφείλομεν ἀλεκτρυόνα· ἀλλὰ ἀπόδοτε καὶ μὴ ἀμελήσητε.［克里同啊，他说，我们欠阿斯克勒庇俄斯一只公鸡，那你们得还上，可别忘记了！］

《斐德若》（270c3–5）：Εἰ μὲν Ἱπποκράτει γε τῷ τῶν Ἀσκληπιαδῶν δεῖ τι πιθέσθαι, οὐδὲ περὶ σώματος ἄνευ τῆς μεθόδου ταύτης.［如果必须得在某种程度上听从希波克拉底，他是阿斯克勒庇俄斯的那些后裔中的一位，那么，离开了这条路径，关于身体也无法理解。］

1051 φύσας τε καὶ κατάρρους［胃胀气和黏膜炎］分别同前面的 πνευμάτων［空气 / 气息］和 ῥευμάτων［体液］相呼应。名词 φῦσα 的本义是“一阵风”，在医学上指“肠胃里的气体”，即所谓的“胃胀气”；而 κατάρροος 本为形容词，意思是“向下流的”，作为名词在医学上指“流鼻涕”，即所谓的“黏膜炎”。

1052 即马卡翁（Μαχάων, Machaon）和波达勒里俄斯（Ποδαλείριος, Podaleirios）；他俩都是阿斯克勒庇俄斯的儿子，特洛伊战争中希腊军队的医生。

1053 欧律皮罗斯（Εὐρύπυλος, Eurypylos），希腊联军的战士，被特洛伊王子帕里斯所伤。

1054 普剌谟涅酒（Πράμνειος οἶνος）。普剌谟涅（Πράμνη, Pramne）是小亚细亚西海岸伊卡洛斯（Ἴκαρος, Ikaros）岛上的一座山，所生产的葡萄酒非常有名。

1055 οὐκ ἐμέμψαντο τῇ δούσῃ πιεῖν［没有对那位给〈他〉喝的妇女感到不满］。ἐμέμψαντο 是动词 μέμφομαι 的一次性过去时第三人称复数，μέμφομαι 的本义是“指责”，跟与格则具有“不满意”“挑剔”等意思。

1056 οὐδὲ Πατρόκλῳ τῷ ἰωμένῳ ἐπετίμησαν［没有责备那在医治〈他〉的帕特洛克罗斯］。ἐπετίμησαν 是动词 ἐπιτιμάω 的一次性过去时主动态第三人称复数，ἐπιτιμάω 既有“尊重”的意思，也有“指责”“谴责”的意思；作后者解时，既可以要求宾格，也可以要求与格，这里出现的是与格单数 Πατρόκλῳ τῷ ἰωμένῳ［在医治〈他〉的帕特洛克罗斯］。

此外，柏拉图在这里的叙述同荷马《伊利亚特》中的场景有出入。那位妇女叫赫卡墨得（Ἑκαμήδη, Hekamede），当军医马卡翁被特洛伊王子帕里斯所伤后，她让他喝了普剌谟涅酒。参见《伊翁》（538b7–c3）：Τί δὲ δὴ ὅταν Ὅμηρος λέγῃ ὡς τετρωμένῳ τῷ Μαχάονι Ἑκαμήδη ἡ Νέστορος παλλακὴ κυκεῶνα πίνειν δίδωσι; καὶ λέγει πως οὕτως – οἴνῳ πραμνείῳ, φησίν, ἐπὶ δ' αἴγειον κνῆ τυρὸν κνήστι χαλκείῃ· παρὰ δὲ κρόμυον ποτῷ ὄψον.［而这又是怎么回事呢，当荷马说涅斯托耳的情妇赫卡墨得把乳酒递给受伤的马卡翁喝时？并且他约莫是这样说的——在普剌谟涅酒中，他说，她用铜制的刮刀往里面刮了一点山羊乳酪；在旁边，洋葱作为下酒的菜肴。］

1057 τῇ παιδαγωγικῇ τῶν νοσημάτων ταύτῃ τῇ νῦν ἰατρικῇ［伺候各种疾病的看护术，即现在的这种医术］，也可以整体地简单译为"现在这种伺候各种疾病的医术"。形容词 παιδαγωγικός 与名词 παιδαγωγός［接送学童的人］是同源词，派生自名词 παῖς［孩童］和动词 ἄγω［引领 / 带］，其本义是"适合于接送学童的人的"，其阴性单数 παιδαγωγική 在这里的意思是"伺候疾病的一种看护技艺"。《牛津希–英词典》举了柏拉图在这里的这个表达，把 παιδαγωγική τῶν νοσημάτων ἰατρική 解释为：system of medicine which waits upon diseases（伺候各种疾病的医学体系）。

1058 赫洛狄科斯（Ἡρόδικος, Herodikos），既是一位医生，也是一位体育教练和智者。参见《斐德若》（227d2–5）：ἔγωγ' οὖν οὕτως ἐπιτεθύμηκα ἀκοῦσαι, ὥστ' ἐὰν βαδίζων ποιῇ τὸν περίπατον Μέγαράδε καὶ κατὰ Ἡρόδικον προσβὰς τῷ τείχει πάλιν ἀπίῃς, οὐ μή σου ἀπολειφθῶ.［因此，我的确如此地渴望听听，以至于即使你散步一路逛到墨伽拉，并按照赫洛狄科斯的吩咐走到城墙边后再返回来，我都决不会离开你。］

1059 ἀπέκναισε 是动词 ἀποκναίω 的一次性过去时直陈式主动态第三人称单数；ἀποκναίω 的本义是"刮掉""擦掉"，喻为"使疲乏"，这里简单译为"折磨"。对观《菲勒玻斯》（26b7–c1）：ὕβριν γάρ που καὶ σύμπασαν πάντων πονηρίαν αὕτη κατιδοῦσα ἡ θεός, ὦ καλὲ Φίληβε, πέρας οὔτε ἡδονῶν οὐδὲν οὔτε πλησμονῶν ἐνὸν ἐν αὐτοῖς, νόμον καὶ τάξιν πέρας ἔχοντ' ἔθετο· καὶ σὺ μὲν ἀποκναῖσαι φῂς αὐτήν, ἐγὼ δὲ τοὐναντίον ἀποσῶσαι λέγω.［因为，诚然所有事情中的放纵和全部邪恶，俊美的菲勒玻斯啊，当这位女神洞察到，无论是各种快乐之限度，还是各种满足之限度，都没有在它们中时，她就确立了法则和秩序——因为这两者都具有某种限度——。虽然你声称她在进行折

磨，但相反，我却说她在实施拯救。]

1060 παρακολουθῶν [每时每刻都关注着]。παρακολουθῶν 是动词 παρακολουθέω 的现在时分词主动态阳性主格单数，παρακολουθέω 的本义是“紧跟”，喻为“每时每刻都关注”“密切关注”;《牛津希-英词典》举了柏拉图在这里的这个表达，把它解释是：follow closely, attend minutely to。

1061 δυσθανατῶν [通过同死亡作斗争]。δυσθανατῶν 是动词 δυσθανατέω 的现在时分词主动态阳性主格单数，δυσθανατέω 的本义就是“不情愿死”“难死”“同死亡作斗争”;《牛津希-英词典》举了柏拉图在这里的这个表达，把它解释是：struggle against death, die hard。

1062 γέρας [奖品] 在这里显然是一个双关语，因为它同前面的 γῆρας [老年] 发音几乎一样，只不过第一个元音在前者那里是短音，在后者那里是长音。

1063 οἷον εἰκός 是词组，意思是“可能”“很可能”;《牛津希-英词典》举了柏拉图在这里的这个表达，把它解释是：likely, probable。参见《斐德若》(255e3)：καὶ δή, οἷον εἰκός, ποιεῖ τὸ μετὰ τοῦτο ταχὺ ταῦτα. [然，很可能跟着不久他也就会做这些事情。]

1064 κατέδειξεν 是动词 καταδείκνυμι 的一次性过去时直陈式主动态第三人称单数，καταδείκνυμι 的本义是“清楚地展示”，转义为“发明并且教”“介绍”等;《牛津希-英词典》举了柏拉图在这里的这个表达，把它解释是：invent and teach, introduce。

1065 πᾶσι τοῖς εὐνομουμένοις [对于所有那些〈生活在〉好法律下的人来说]，也可以简单译为“对于所有那些遵守法律的人来说”。

1066 οὐδενὶ σχολή [无人有闲暇]，当然可以转译为“无人有时间”。

1067 τὰ τούτοις ἑπόμενα [一些诸如此类的事情] 是一个整体，字面意思是“一些跟随这些东西的”;《牛津希-英词典》举了柏拉图在这里的这个表达，对它解释是：the like to these。

1068 τελευτήσας πραγμάτων ἀπηλλάγη [通过终了而从各种麻烦事中解脱出来]。τελευτήσας 是动词 τελευτάω 的一次性过去时分词主动态阳性主格单数，τελευτάω 本义是“完成”“结束”“终了”，转义为“死亡”。ἀπηλλάγη 是动词 ἀπαλλάσσω 一次性过去时直陈式被动态第三人称单数；而 πραγμάτων ἀπαλλάσσω 是固定表达，意思是“摆脱麻烦”“从各种麻烦事中解脱出来”。参见《苏格拉底的申辩》(41d3-5)：ἀλλά μοι δῆλόν ἐστι τοῦτο, ὅτι ἤδη τεθνάναι καὶ ἀπηλλάχθαι πραγμάτων βέλτιον ἦν μοι. [相反，下面这点对我来说是显而易见的，那就是：现在就死并且从各种麻烦事中解脱出来，这对我来说是更好的。]

1069 福库利得斯（Φωκυλίδης, Phokylides），公元前6世纪中期一位擅长写挽歌和六步格诗的诗人。

1070 ὅταν τῳ ἤδη βίος ᾖ［当一个人已经有了一种生活之后］，也可以简单转译为“当一个人足以生活之后”。

1071 ἀρετὴν ἀσκεῖν［操练德性］，也可以译为“践行德性”“锻炼德性”等。

1072 περὶ τούτου［关于这点］，即关于“应当何时开始操练德性”。

1073 ἐμπόδιον［一种绊脚石］，有意按词源翻译，当然也可以译为“障碍”。形容词 ἐμπόδιος［妨碍的 / 阻碍的］的词干是名词 πούς［脚］。

1074 νοσοτροφία τεκτονικῇ μὲν καὶ ταῖς ἄλλαις τέχναις ἐμπόδιον τῇ προσέξει τοῦ νοῦ［疾病护理，它虽然对木匠技艺以及对其他技艺来说是一种绊脚石，〈从而影响〉把注意力集中〈到它们身上〉］，之所以这么补充翻译，作如下解释：这里出现了三个与格，即 τεκτονικῇ［木工技艺］，ταῖς ἄλλαις τέχναις［其他技艺］和 τῇ προσέξει τοῦ νοῦ［注意力的集中］，其中前两个与格 τεκτονικῇ［木工技艺］和 ταῖς ἄλλαις τέχναις［其他技艺］是 ἐμπόδιον［绊脚石 / 障碍］要求的，而与格 τῇ προσέξει τοῦ νοῦ［注意力的集中］可视为补足语和进一步的解释。

1075 τὸ ... Φωκυλίδου παρακέλευμα［福库利得斯的箴言］，也可以译为“福库利得斯的劝诫”。名词 παρακέλευμα 派生自动词 παρακελεύομαι［劝诫 / 鼓励］，本义就是“劝勉”等意思，但在这里也转义为“箴言”“格言”;《牛津希-英词典》举了柏拉图在这里的这个表达，对它解释是: precept, maxim。

1076 πρὸς στρατείας καὶ πρὸς ἑδραίους ἐν πόλει ἀρχάς［还是对各种远征和对在城邦中〈需要〉坐下来〈履行〉的各种公职来说］。形容词 ἑδραῖος 派生自名词 ἕδρα［座位 / 住处］，有两层意思，一层意思是“需要久坐的”“定居的”“不迁徙的”，一层意思是“稳定的”“固定的”，这里的意思是前者，与 στρατεία［远征］相对;《牛津希-英词典》举了柏拉图在这里的这个表达，对它解释是: sitting, sedentary。

1077 这里省略了 ἦν δ' ἐγώ［我说道］。

1078 αἰτιωμένη ἐκ φιλοσοφίας ἐγγίγνεσθαι［以责备的方式断言那是由于热爱智慧而出现的］，也可以简单译为“把那归咎为源于热爱智慧”。αἰτιωμένη 是动词 αἰτιάομαι 的现在时分词阴性主格单数，αἰτιάομαι 的本义就是“责怪”“归咎”，在这里的意思则是“以责备的方式断言……”;《牛津希-英词典》举了柏拉图在这里的这个表达，对它解释是: allege by way of accusation that ... 。

1079 ταύτῃ［以这种方式］，即“以热爱智慧的方式”“以哲学的方式”。对观

《斐洞》(66b1–d3): Οὐκοῦν ἀνάγκη, ἔφη, ἐκ πάντων τούτων παρίστασθαι δόξαν τοιάνδε τινὰ τοῖς γνησίως φιλοσόφοις, ὥστε καὶ πρὸς ἀλλήλους τοιαῦτα ἄττα λέγειν, ὅτι "Κινδυνεύει τοι ὥσπερ ἀτραπός τις ἐκφέρειν ἡμᾶς [μετὰ τοῦ λόγου ἐν τῇ σκέψει], ὅτι, ἕως ἂν τὸ σῶμα ἔχωμεν καὶ συμπεφυρμένη ᾖ ἡμῶν ἡ ψυχὴ μετὰ τοιούτου κακοῦ, οὐ μή ποτε κτησώμεθα ἱκανῶς οὗ ἐπιθυμοῦμεν· φαμὲν δὲ τοῦτο εἶναι τὸ ἀληθές. μυρίας μὲν γὰρ ἡμῖν ἀσχολίας παρέχει τὸ σῶμα διὰ τὴν ἀναγκαίαν τροφήν· ἔτι δέ, ἄν τινες νόσοι προσπέσωσιν, ἐμποδίζουσιν ἡμῶν τὴν τοῦ ὄντος θήραν. ἐρώτων δὲ καὶ ἐπιθυμιῶν καὶ φόβων καὶ εἰδώλων παντοδαπῶν καὶ φλυαρίας ἐμπίμπλησιν ἡμᾶς πολλῆς, ὥστε τὸ λεγόμενον ὡς ἀληθῶς τῷ ὄντι ὑπ' αὐτοῦ οὐδὲ φρονῆσαι ἡμῖν ἐγγίγνεται οὐδέποτε οὐδέν. καὶ γὰρ πολέμους καὶ στάσεις καὶ μάχας οὐδὲν ἄλλο παρέχει ἢ τὸ σῶμα καὶ αἱ τούτου ἐπιθυμίαι. διὰ γὰρ τὴν τῶν χρημάτων κτῆσιν πάντες οἱ πόλεμοι γίγνονται, τὰ δὲ χρήματα ἀναγκαζόμεθα κτᾶσθαι διὰ τὸ σῶμα, δουλεύοντες τῇ τούτου θεραπείᾳ· καὶ ἐκ τούτου ἀσχολίαν ἄγομεν φιλοσοφίας πέρι διὰ πάντα ταῦτα. [苏格拉底说，因此，由于所有这些，这样一种看法出现在那些真正的热爱智慧者那儿岂不就是必然的，以至于他们会互相像这样来谈论这些事情："的确有可能在探究中仿佛有某条小路把我们连同我们的逻各斯引入歧途；也即是说，只要我们还拥有身体，我们的灵魂还与这样的祸害混杂在一起，那我们将永远无法充分地获得我们所渴望的东西，而我们说，这种东西就是真实的东西。因为，身体由于必需的生计而带给我们数不清的忙碌；此外，一旦某些疾病袭来，它们就会妨碍我们对是者的追求。它使我们充满了各种爱欲、各种渴望、各种恐惧，以及各种各样的幻想和许多的胡扯，以至于如常言所说，的的确确由于它我们从不曾能够真正理解任何东西。并且除了身体及其欲望，没有别的什么会引起战争、分裂和竞赛。因为所有的战争都源于对钱财的获取，而由于身体我们才被迫去获取钱财，成为侍奉身体的奴隶。也正是由于身体，我们因所有这些而无暇去热爱智慧。]

1080 δοκιμάζεται［被认可］。δοκιμάζεται 是动词 δοκιμάζω 的现在时直陈式被动态第三人称单数，它既具有"检验"的意思，也有"认可""承认""赞同"等意思，这里的意思是后者；《牛津希–英词典》举了柏拉图在这里的这个表达，对它解释是：approve, sanction。

1081 ὅπη ταύτῃ ἀρετὴ ἀσκεῖται καὶ δοκιμάζεται, πάντῃ ἐμπόδιος.［无论在哪里只要德性以这种方式被从事和认可，它都在那里是起绊脚石作用的。］这句话在新校勘的牛津古典本希腊文中同样如此，而法国布德本希腊文作：ὅπῃ αὕτη, ἀρετῇ ἀσκεῖσθαι καὶ δοκιμάζεσθαι πάντῃ ἐμπόδιος.［这种〈疾病护理〉

出现在哪里，它也就在那里完完全全成为了在德性方面进行操练和检验的绊脚石。］从伯内特本和新校勘的牛津古典本。

1082 ὠδίνοντα μήποτε λήγειν περὶ τοῦ σώματος［使得〈他〉从不停止对身体感到紧张不安］，也可以译为“使得〈他〉从不停止担心〈他自己的〉身体”。ὠδίνοντα 在这里是动词 ὠδίνω 的现在时分词主动态阳性宾格单数，ὠδίνω 除了具有“受分娩的阵痛”这一意思之外，还有“担心”“焦虑”“感到苦恼”“紧张不安”等意思，这里的意思是后者；《牛津希–英词典》举了柏拉图在这里的这个表达，对它解释是：worry, fuss。

1083 νόσημα ... τι ἀποκεκριμένον［某种特殊的疾病］是一个整体。ἀποκεκριμένον 在这里是动词 ἀποκρίνω［分开 / 区分］的完成时分词被动态中性宾格单数；《牛津希–英词典》举了柏拉图在这里的这个表达，对它解释是：specific。

1084 καταδεῖξαι ἰατρικήν［发明并传授了医术］，在这里也可以简单译为“揭示了医术”。

1085 διαίταις［用一些养生之道］，基于文义，这里没有将之译为“用一些生活方式”。名词 δίαιτα 既泛指“生活方式”，在医学上也专指“养生法”“养生之道”；《牛津希–英词典》对它的这层意思的解释是：regimen。

1086 ὡς τὸ εἰκός［这是有可能的］是一个整体和固定表达。参见：

《克里同》（45c9–d4）：πρὸς δὲ τούτοις καὶ τοὺς ὑεῖς τοὺς σαυτοῦ ἔμοιγε δοκεῖς προδιδόναι, οὕς σοι ἐξὸν καὶ ἐκθρέψαι καὶ ἐκπαιδεῦσαι οἰχήσῃ καταλιπών, καὶ τὸ σὸν μέρος ὅτι ἂν τύχωσι τοῦτο πράξουσιν· τεύξονται δέ, ὡς τὸ εἰκός, τοιούτων οἷάπερ εἴωθεν γίγνεσθαι ἐν ταῖς ὀρφανίαις περὶ τοὺς ὀρφανούς.［而除了这些之外，我也的确认为你背弃了你自己的儿子们，在你能够抚养和教育他们时却抛下他们一走了之，至于你，就任由他们碰巧遇到啥，就做啥；而他们将——这是有可能的——遇见在各种孤苦无依中对于孤儿们来说惯常所发生的那些事情。］

《斐洞》（67a6–b1）：καὶ οὕτω μὲν καθαροὶ ἀπαλλαττόμενοι τῆς τοῦ σώματος ἀφροσύνης, ὡς τὸ εἰκὸς μετὰ τοιούτων τε ἐσόμεθα καὶ γνωσόμεθα δι' ἡμῶν αὐτῶν πᾶν τὸ εἰλικρινές, τοῦτο δ' ἐστὶν ἴσως τὸ ἀληθές.［并且当我们以这种方式通过摆脱身体的愚蠢而是纯粹的时候，我们就有可能同这类东西在一起，并且将通过我们自己认识所有纯粹的东西，而这或许就是真实的东西。］

1087 ἐν τῇ καθεστηκυίᾳ περιόδῳ ζῆν［按常规进行生活］，也可以译为“按已经确立起来的生活道路进行生活”；《牛津希–英词典》举了柏拉图在这里的这个表达，对它解释是：to live in the regular course

1088 ὡς οὔτε αὑτῷ οὔτε πόλει λυσιτελῆ.［因为无论是对他本人来说，还是对一个

城邦来说，他都是无益的。］这句话的意思是“那没有能力按常规进行生活的人”，他无论是对他自己，还是对城邦，都是无益的。从文法上看，λυσιτελῆ 在这里只有两种可能，要么是形容词 λυσιτελής 的中性宾格复数，要么是其阳性宾格单数；之所以这么翻译，是把 λυσιτελῆ 理解为后者，同前面的 τὸν μὴ δυνάμενον ἐν τῇ καθεστηκυίᾳ περιόδῳ ζῆν［那没有能力按常规进行生活的人］相应。

对观《拉刻斯》中的相关表达（195c11-d2）：ἢ οὐ πολλοῖς οἴει ἐκ τῆς νόσου ἄμεινον εἶναι μὴ ἀναστῆναι ἢ ἀναστῆναι; τοῦτο γὰρ εἰπέ· σὺ πᾶσι φῂς ἄμεινον εἶναι ζῆν καὶ οὐ πολλοῖς κρεῖττον τεθνάναι;［或者，你并不认为对许多人来说，不从疾病中恢复比从疾病中恢复是更好的吗？因为请你告诉我这点：你会主张，对所有人来说活着都是更好的，以及对多数人来说死亡并不是更好的？］

1089 Δῆλον, ἦν δ᾽ ἐγώ· καὶ οἱ παῖδες αὐτοῦ, ὅτι τοιοῦτος ἦν［显然，我说道。并且他的〈那两个〉孩子也如此——由于他就是像那个样子的人——］，ὅτι τοιοῦτος ἦν［由于他就是像那个样子的人］，即阿斯克勒庇俄斯就是一个精通城邦事务的人。这句话在新校勘的牛津古典本希腊文中同样如此，而法国布德本希腊文在语序和断句上有些不一样：Δῆλον, ἦν δ᾽ ἐγώ, ὅτι τοιοῦτος ἦν· καὶ οἱ παῖδες αὐτοῦ［显然，我说道，他就是像那个样子的人；他的〈那两个〉孩子也如此……］。

1090 墨涅拉俄斯（Μενέλαος, Menelaos），阿伽门农的弟弟，海伦的前夫。

1091 参见荷马《伊利亚特》（4. 218-219）。但在那里，医治墨涅拉俄斯的，并非马卡翁（Μαχάων, Machaon）和波达勒里俄斯（Ποδαλείριος, Podaleirios）兄弟俩，而只是马卡翁；荷马的原文作：αἷμ᾽ ἐκμυζήσας ἐπ᾽ ἄρ᾽ ἤπια φάρμακα εἰδὼς πάσσε.［当他把血吮吸出来后，由于他有知识，他撒上缓和疼痛的药粉。］

1092 ἐν τῷ παραχρῆμα 是固定表达，意思是“直接的”“立即的”，这里将之译为“眼下的”。参见《政治家》（310c4-7）：Πράττουσι μὲν δὴ οὐδ᾽ ἐξ ἑνὸς ὀρθοῦ λόγου, τὴν ἐν τῷ παραχρῆμα διώκοντες ῥᾳστώνην καὶ τῷ τοὺς μὲν προσομοίους αὐτοῖς ἀσπάζεσθαι, τοὺς δ᾽ ἀνομοίους μὴ στέργειν, πλεῖστον τῇ δυσχερείᾳ μέρος ἀπονέμοντες.［他们其实根本没有基于一种正确的理由来行事，如果他们是下面这样的话，那就是：一味追求眼下的轻松容易，以及只欢迎那些与他们自己非常相似的人，而不满意那些与之不相似的人，因为他们过于看重他们个人的厌恶之情。］

1093 νοσώδη δὲ φύσει τε καὶ ἀκόλαστον οὔτε αὐτοῖς οὔτε τοῖς ἄλλοις ᾤοντο λυσιτελεῖν ζῆν.［至于那生来就多病以及〈在生活方式上〉放纵的人，无论是对于那些人自己来说，还是对于其他人来说，他们认为活着都是无益的。］这句话中，前面出现的是单数 νοσώδη δὲ φύσει τε καὶ ἀκόλαστον［至于那生来就多病以及〈在生活方式上〉放纵的人］，后面变成了复数 τοῖς ἄλλοις［对于那些人自己来说 / 对于他们自己来说］，这可理解为一种修辞法。参见第一卷 347a3−6：ὧν δὴ ἕνεκα, ὡς ἔοικε, μισθὸν δεῖν ὑπάρχειν τοῖς μέλλουσιν ἐθελήσειν ἄρχειν, ἢ ἀργύριον ἢ τιμήν, ἢ ζημίαν ἐὰν μὴ ἄρχῃ.［正是为了这些，如看起来的那样，对那些将愿意进行统治的人才必须有着一种报酬，要么是银钱，要么是荣誉，要么就是一种惩罚，如果他不进行统治的话。］

1094 弥达斯（Μίδας, Midas）是弗里基亚（Φρυγία, Phrygia）的国王，据说他曾获得过点石成金的本事，但该本事却带给了他无数的麻烦和灾难。

1095 θανάσιμον ἤδη ὄντα［尽管那人已经是一个垂死的人］。形容词 θανάσιμος 除了具有"致命的"这一本义之外，还有"垂死的""濒临死亡的"等意思；《牛津希-英词典》举了柏拉图在这里的这个表达，对它解释是：near death。

1096 见前面 377d 以下，以及 391d 以下。

1097 πρὸς τῷ μανθάνειν τὴν τέχνην［在学习这门技艺之外］是一个整体。介词 πρός 跟与格，表"在……之外"，所以这里出现的是不定式与格 τῷ μανθάνειν［学习］。

1098 αὐτά［他们的身体］。之所以这样翻译，因为 αὐτά 在这里是 αὐτός 的中性宾格复数，等于 τὰ σώματα αὐτῶν。

1099 παραδείγματα ὁμοιοπαθῆ τοῖς πονηροῖς［同那些邪恶之人同感的范例］。παράδειγμα［范例 / 范型 / 例子］来自动词 παραδείκνυμι［并排展示 / 相比较 / 相对照］，本义是拿来做比较的东西；现代西方哲学中，库恩提出的 paradigm（范式）一词就来自这个词。对观《泰阿泰德》（176e3−177a8）：Παραδειγμάτων, ὦ φίλε, ἐν τῷ ὄντι ἑστώτων, τοῦ μὲν θείου εὐδαιμονεστάτου, τοῦ δὲ ἀθέου ἀθλιωτάτου, οὐχ ὁρῶντες ὅτι οὕτως ἔχει, ὑπὸ ἠλιθιότητός τε καὶ τῆς ἐσχάτης ἀνοίας λανθάνουσι τῷ μὲν ὁμοιούμενοι διὰ τὰς ἀδίκους πράξεις, τῷ δὲ ἀνομοιούμενοι. οὗ δὴ τίνουσι δίκην ζῶντες τὸν εἰκότα βίον ᾧ ὁμοιοῦνται· ἐὰν δ᾽ εἴπωμεν ὅτι, ἂν μὴ ἀπαλλαγῶσι τῆς δεινότητος, καὶ τελευτήσαντας αὐτοὺς ἐκεῖνος μὲν ὁ τῶν κακῶν καθαρὸς τόπος οὐ δέξεται, ἐνθάδε δὲ τὴν αὑτοῖς ὁμοιότητα τῆς διαγωγῆς ἀεὶ ἕξουσι, κακοὶ κακοῖς συνόντες, ταῦτα δὴ καὶ παντάπασιν ὡς δεινοὶ καὶ πανοῦργοι ἀνοήτων τινῶν ἀκούσονται.［两种范型，朋友啊，被确立在了是者中，一种是神圣的、至福的，而另一种是无神的、最不幸的；那些由于愚蠢和极度的缺乏理解而没有看到情况是这样的

人，没有注意到他们由于各种不正义的行为而变得同后一种范型相似，同前一种范型不相似。他们为此受到了惩罚，因为他们过着一种同他们变得与之相似的那种范型相适应的生活；但如果我们说，除非他们放弃他们的那种聪明，否则即使他们死了，那个摆脱了诸恶的纯洁的地方也不会接纳他们，并且他们在这儿也将始终有着与他们自己相似的一种生活方式，即坏人与坏人在一起，那么，他们听到这些完全就像一群聪明且机灵的人在听某些蠢人说话似的。]

1100 Tῷ τοι[因此，真的]。τῷ 在这里是中性定冠词 τό 的与格单数派生而来的副词，意思是“因此”。Tῷ τοι 在新校勘的牛津古典本希腊文中同样如此，而法国布德本希腊文作 Τοιγάρτοι[正因为如此 / 由于那个缘故]；从伯内特本和新校勘的牛津古典本希腊文。

1101 ὀψιμαθῆ γεγονότα[他成为了一个晚学的人]。对观《智者》(251b5-8)：Ὅθεν γε οἶμαι τοῖς τε νέοις καὶ τῶν γερόντων τοῖς ὀψιμαθέσι θοίνην παρεσκευάκαμεν· εὐθὺς γὰρ ἀντιλαβέσθαι παντὶ πρόχειρον ὡς ἀδύνατον τά τε πολλὰ ἓν καὶ τὸ ἓν πολλὰ εἶναι.[正由于这个缘故，我认为，我们为一些年轻人以及为老年人中那些晚学的人准备了一场筵席；因为对他们所有人来说，都立马准备好反驳下面这点，即多不可能是一，并且一也不可能是多。]

1102 即“不正义”。

1103 ἐν πολλῷ χρόνῳ[很长时间 / 很久]是词组，《牛津希-英词典》举了柏拉图在这里的这个表达，对之的解释是：for a long time。参见《斐德若》(227d6-228a3)：οἴει με, ἃ Λυσίας ἐν πολλῷ χρόνῳ κατὰ σχολὴν συνέθηκε, δεινότατος ὢν τῶν νῦν γράφειν, ταῦτα ἰδιώτην ὄντα ἀπομνημονεύσειν ἀξίως ἐκείνου;[难道你认为，对于吕西阿斯花了很长时间从容地构思出来的那些——他是现今这些人中最擅长写的——，像我这种普通人，竟然将以配得上他的方式而靠记忆把它们复述出来？]

1104 这是对前面 408c6-7 那里“在城邦中岂不需要得到一些优秀的医生？”的一种呼应。

1105 παρὰ καιρόν[不合时宜地]是词组，等于 ἀπὸ καιροῦ 或 ἄνευ καιροῦ，其反面是 κατὰ καιρόν[在恰当的时候 / 合时宜地]。

1106 χρόνῳ 在这里是与格作副词使用，意思是“随着时间的推移”“在时间的进程中”“逐渐”；《牛津希-英词典》对它解释是：in process of time。

1107 αἳ[它们]。由于是阴性主格复数，当指 ἰατρικὴ καὶ δικαστική[医术和审判术]。

1108 αὐτοί[他们 / 他们自己]。由于是阳性主格复数，从文法上看，当指 ἰατροί

［医生］和 δικασταί［陪审员］；但从义理上看，这里当仅仅指 δικασταί［陪审员］，而前面作为动词第三人称复数 ἐάσουσιν［听任 / 让］的主语，“他们”在那里当仅仅指 ἰατροί［医生］。

1109 参见前面 404e3-5。

1110 οἱ ... γυμναστικῇ ἀκράτῳ χρησάμενοι［那些单纯从事体育的人］，这是意译，字面意思是“那些使用一种不混杂的体育的人”“那些使用一种纯粹的体育的人”。

1111 ἢ ὡς 是一个整体，用于比较。参见前面第一卷 335a6-7 那里的表达：Κελεύεις δὴ ἡμᾶς προσθεῖναι τῷ δικαίῳ ἢ ὡς τὸ πρῶτον ἐλέγομεν ...［因此，你要求我们对于正义的事情还要有所补充吗，除了我们最初所说的之外……］。

1112 μᾶλλον μὲν ἀνεθέντος αὐτοῦ［如果它变得太过松弛］，单就这一表达，也可以译为“如果它过于无拘无束”。αὐτοῦ 在这里可理解为中性属格单数，基于古希腊语文法，中性代词仍可指代前面的 ἡ φιλόσοφος φύσις［热爱智慧的天性 / 哲学家的天性］；当然，将之理解为 τοῦ φιλόσοφου［热爱智慧的人 / 哲学家］也成立。

ἀνεθέντος 是动词 ἀνίημι 的一次性过去时分词被动态中性或阳性属格单数，ἀνίημι 的本义是“放任”“松开”，但其被动态分词则具有“松松垮垮的”“无拘无束的”的意思。

1113 即“气宇轩昂”和“热爱智慧”。参见第二卷 375e9-11：那么，在你看来，那将适合是卫士的人，他还进一步需要下面这种品质吗，那就是：除了是一个气宇轩昂的人之外，在天性上还得进一步成为一位热爱智慧的人？

1114 基于文义，这里把连词 καί 译为“或”，而不译为“和”。

1115 οὐκοῦν 在这里不是疑问副词，而是表肯定意义，意思是“那么可以肯定的是”“那么毫无疑问”；《牛津希-英词典》对它的这一意思的解释是：surely then。

1116 καταυλεῖν［用笛声迷惑］。καταυλεῖν 是动词 καταυλέω 的现在时不定式主动态，其词干是 αὐλός［笛 / 箫］，意思是“用笛声迷惑某人”；《牛津希-英词典》举了柏拉图在这里的这个表达，对之的解释是：charm by flute-playing。

1117 见前面 398d-399a。

1118 ὅταν δ᾽ ἐπέχων μὴ ἀνιῇ［每当他不停止〈在文艺方面的〉泛滥］。这句话在布德本希腊文中同样如此，而新校勘的牛津古典本希腊文将其中的 ἐπέχων 改为了 ἐπιχέων，从之。ἐπέχων 是动词 ἐπέχω［拿着 / 握着］的现在时分词主动态阳性主格单数，而 ἐπιχέων 是动词 ἐπιχέω［倒上 / 洒上 / 泛滥］的现在时分词主动态阳性主格单数；如果按伯内特本和布德本翻译，则可以译为“每当他继续下去而不放弃”。

1119 μαλθακὸν αἰχμητήν［一个虚弱的战士］，也可以译为“一个软绵绵的掷矛手”“一个软绵绵的矛兵”。这是阿波罗对墨涅拉俄斯的称呼，见荷马《伊利亚特》（17.588）。

1120 ἀσθενῆ ποιήσας τὸν θυμὸν ὀξύρροπον ἀπηργάσατο［他因使〈他的〉气魄变得虚弱而导致它变得不稳定］。形容词 ξύρροπος 的本义是“摇动得灵敏的”，喻为“不稳定的”；《牛津希-英词典》举了柏拉图在这里的这个表达，对它的解释是：unstable。

1121 δυσκολίας ἔμπλεῳ［由于充满了不满］。ἔμπλεῳ 在这里是中性与格单数，表“手段”“方式”等。

1122 εὐωχῆται εὖ μάλα［确确实实在膳食方面很讲究］。εὖ μάλα 是词组，本义是“很好地”，这里根据上下文将之译为“确确实实”；参见第一卷 338c7 以下那里针对著名运动员浦吕达马斯的说法。

1123 μουσικῆς δὲ καὶ φιλοσοφίας μὴ ἅπτηται［但从不致力于文艺和热爱智慧］。ἅπτηται 是动词 ἅπτω 的现在时虚拟式中动态第三人称单数；ἅπτω 本义是“接触”“依附”“着手”，转义为“致力于”“从事”；它要求属格作宾语，所以这里出现的是单数属格 μουσικῆς καὶ φιλοσοφίας［文艺和热爱智慧］。参见：

《斐洞》（64a4-6）：Κινδυνεύουσι γὰρ ὅσοι τυγχάνουσιν ὀρθῶς ἁπτόμενοι φιλοσοφίας λεληθέναι τοὺς ἄλλους ὅτι οὐδὲν ἄλλο αὐτοὶ ἐπιτηδεύουσιν ἢ ἀποθνῄσκειν τε καὶ τεθνάναι.［因为有可能其他人未曾注意到，所有那些恰好正确地致力于热爱智慧的人，他们自己无非在一心从事赴死和死亡。］

《政治家》（266a6-7）：Ὧιπερ καὶ δίκαιόν γε Θεαίτητόν τε καὶ σὲ διανέμειν, ἐπειδὴ καὶ γεωμετρίας ἅπτεσθον.［也就是用泰阿泰德和你曾用来恰当地进行分开过的那种方式，既然你俩也都在致力于几何学。］

1124 εὖ ἴσχων τὸ σῶμα［他在身体方面处于好的状态］。ἴσχων 是动词 ἴσχω 的现在时分词主动态阳性主格单数；ἴσχω 是 ἔχω［有］的另一字形，加副词，表“处于某种状态”“是某种样子”，等于 εἰμί［是］加相应的形容词。

1125 ἅτε οὔτε μαθήματος γευόμενον οὐδενὸς οὔτε ζητήματος, οὔτε λόγου μετίσχον οὔτε τῆς ἄλλης μουσικῆς.［鉴于这种东西既不品尝任何一种学问，也不品尝任何一种探究，既不参与任何的讨论，也不参与其他任何一种文艺。］γευόμενον 在这里是动词 γεύω［尝 / 品尝］的现在时分词中动态中性主格单数，μετίσχον 在这里是动词 μετίσχω［参与 / 分得 / 有份儿］的现在时分词主动态中性主格单数，它们都修饰和限定前面的 τι ... φιλομαθές［某种热爱学问的东西］；此外，这两个动词都要求属格作宾语，所以这里出现了四个单数属格：μαθήματος［学问］，ζητήματος［探究］，λόγου［讨论］和 μουσικῆς［文艺］。

1126 μισόλογος［一个憎恶讨论的人］，也可以译为“一个憎恶言辞的人”。参见：

《斐洞》（89d1–e3）：Μὴ γενώμεθα, ἦ δ' ὅς, μισόλογοι, ὥσπερ οἱ μισάνθρωποι γιγνόμενοι· ὡς οὐκ ἔστιν, ἔφη, ὅτι ἄν τις μεῖζον τούτου κακὸν πάθοι ἢ λόγους μισήσας. γίγνεται δὲ ἐκ τοῦ αὐτοῦ τρόπου μισολογία τε καὶ μισανθρωπία. ἥ τε γὰρ μισανθρωπία ἐνδύεται ἐκ τοῦ σφόδρα τινὶ πιστεῦσαι ἄνευ τέχνης, καὶ ἡγήσασθαι παντάπασί γε ἀληθῆ εἶναι καὶ ὑγιῆ καὶ πιστὸν τὸν ἄνθρωπον, ἔπειτα ὀλίγον ὕστερον εὑρεῖν τοῦτον πονηρόν τε καὶ ἄπιστον, καὶ αὖθις ἕτερον· καὶ ὅταν τοῦτο πολλάκις πάθῃ τις καὶ ὑπὸ τούτων μάλιστα οὓς ἂν ἡγήσαιτο οἰκειοτάτους τε καὶ ἑταιροτάτους, τελευτῶν δὴ θαμὰ προσκρούων μισεῖ τε πάντας καὶ ἡγεῖται οὐδενὸς οὐδὲν ὑγιὲς εἶναι τὸ παράπαν.［我们不应成为憎恶讨论的人，他说，就像一些人成为憎恶人类的人一样。因为一个人不可能比这，他说，即比憎恶讨论，遭受更大的恶了。而憎恶讨论和憎恶人类以相同的方式产生。因为憎恶人类，乃是基于下面这样而发生：没有技艺地极其相信某个人，完完全全认为他是个真诚的、有益的、可信的人，不久以后却发现这人是既卑劣的，又不可信的，而这种情形又再次发生在另一个人身上；并且一旦有人多次经历这点，尤其从那些他曾视为最亲近的人和最要好的朋友那儿经历这点，那么，他肯定最终就会因经常受到打击而憎恶所有的人，并认为完全没有一个人是有益的。］以及（90b6–c6）：ἐπειδάν τις πιστεύσῃ λόγῳ τινὶ ἀληθεῖ εἶναι ἄνευ τῆς περὶ τοὺς λόγους τέχνης, κἄπειτα ὀλίγον ὕστερον αὐτῷ δόξῃ ψευδὴς εἶναι, ἐνίοτε μὲν ὤν, ἐνίοτε δ' οὐκ ὤν, καὶ αὖθις ἕτερος καὶ ἕτερος· – καὶ μάλιστα δὴ οἱ περὶ τοὺς ἀντιλογικοὺς λόγους διατρίψαντες οἶσθ' ὅτι τελευτῶντες οἴονται σοφώτατοι γεγονέναι καὶ κατανενοηκέναι μόνοι ὅτι οὔτε τῶν πραγμάτων οὐδενὸς οὐδὲν ὑγιὲς οὐδὲ βέβαιον οὔτε τῶν λόγων, ἀλλὰ πάντα τὰ ὄντα ἀτεχνῶς ὥσπερ ἐν Εὐρίπῳ ἄνω κάτω στρέφεται καὶ χρόνον οὐδένα ἐν οὐδενὶ μένει.［当有人在缺乏关于各种讨论的技艺的情形下却相信某种讨论是真的，而不久之后他又认为它是假的，有时候是，有时候又不是，并且一个又一个讨论一再如此。尤其那些在可争辩的论题上消磨时间的人，你知道他们最终都认为他们自己成为了最智慧的人，唯独他们理解到了无论是就事情来说，还是就道理来说，都没有什么是健全的和稳固的，相反，所有的是者都完完全全像在欧里珀斯

那里一样上下翻滚，不会在任何东西上停留任何时间。]

《拉刻斯》(188c5-e4)：καὶ γὰρ ἂν δόξαιμί τῳ φιλόλογος εἶναι καὶ αὖ μισόλογος. ὅταν μὲν γὰρ ἀκούω ἀνδρὸς περὶ ἀρετῆς διαλεγομένου ἤ περί τινος σοφίας ὡς ἀληθῶς ὄντος ἀνδρὸς καὶ ἀξίου τῶν λόγων ὧν λέγει, χαίρω ὑπερφυῶς, θεώμενος ἅμα τόν τε λέγοντα καὶ τὰ λεγόμενα ὅτι πρέποντα ἀλλήλοις καὶ ἁρμόττοντά ἐστι. καὶ κομιδῇ μοι δοκεῖ μουσικὸς ὁ τοιοῦτος εἶναι, ἁρμονίαν καλλίστην ἡρμοσμένος οὐ λύραν οὐδὲ παιδιᾶς ὄργανα, ἀλλὰ τῷ ὄντι [ζῆν ἡρμοσμένος οὗ] αὐτὸς αὑτοῦ τὸν βίον σύμφωνον τοῖς λόγοις πρὸς τὰ ἔργα, ἀτεχνῶς δωριστὶ ἀλλ᾽ οὐκ ἰαστί, οἴομαι δὲ οὐδὲ φρυγιστὶ οὐδὲ λυδιστί, ἀλλ᾽ ἥπερ μόνη Ἑλληνική ἐστιν ἁρμονία. ὁ μὲν οὖν τοιοῦτος χαίρειν με ποιεῖ φθεγγόμενος καὶ δοκεῖν ὁτῳοῦν φιλόλογον εἶναι – οὕτω σφόδρα ἀποδέχομαι παρ᾽ αὐτοῦ τὰ λεγόμενα – ὁ δὲ τἀναντία τούτου πράττων λυπεῖ με, ὅσῳ ἂν δοκῇ ἄμεινον λέγειν, τοσούτῳ μᾶλλον, καὶ ποιεῖ αὖ δοκεῖν εἶναι μισόλογον. [因为对有的人来说，我看起来既是一个热爱讨论的人，也复又是一个憎恶讨论的人。因为，每当我听到一个人在讨论德性，或者讨论某种智慧时，如果他真的是一个男子汉并且配得上他所说的那些言辞，那时我就特别地感到高兴，因为我在下面这点上同时看到了说话者和被说出来的话，那就是两者彼此之间是相适的以及和谐的。并且在我看来，这样一个人全然就是一位音乐家，因为他调配出了最美的和音，但不是在七弦琴上或者其他某种消遣之乐器上，相反，事实上他本人通过言行一致而把他自己的生命调配得和谐，它完完全全就是多立斯调的，而非伊奥尼亚调的，而我也认为既不是弗里基亚调，也不是吕底亚调的；而唯有那多立斯调的才是希腊人的曲调。因此，一方面，这样一个人，只要他一说话，他就会使我感到愉悦，并且使我对任何人都显得是一个热爱讨论的人——我如此急切地接受被他说出的事情——；另一方面，那做与此相反的事情的人，则让我感到痛苦，他看起来越是说得天花乱坠，也就越是如此多地让我感到痛苦，并且复又使我看起来是一个憎恶讨论的人。]

1127 名词 σκαιότης[粗鲁/笨拙]派生自形容词 σκαιός；σκαιός 的本义是“左边的”“在左方的”，用在人身上，喻为“左撇子的”“笨拙的”“粗鲁的”。

1128 δύ᾽ ὄντε τούτω[这两种是着的东西]，也可以译为“这两种是者”，或简单译为“这两者”。

1129 εἰ μὴ εἰ πάρεργον[除非或许是附带的]。εἰ μὴ εἰ 是固定表达，意思是“除非或许”，当然也可以简单译为“除非”。参见《拉刻斯》(196a5-7)：οὔτε γὰρ μάντιν οὔτε ἰατρὸν οὔτε ἄλλον οὐδένα δηλοῖ ὅντινα λέγει τὸν ἀνδρεῖον, εἰ μὴ εἰ θεόν τινα λέγει αὐτὸν εἶναι.［因为，无论是就一个预言者，还是就一位医生，还是就其他某个人，他都没有将之揭示为他称之为勇敢者的那个人，除非他或许在说某位神是勇敢者。］

1130 这里的意思是说，“气宇轩昂的东西”和“热爱智慧的东西”，两者各自都既需要“文艺”，也需要“体育”。简单说，气宇轩昂的东西被“体育”绷紧，被“文艺”放松；热爱智慧的东西则被“文艺”绷紧，被“体育”放松。

1131 ὡς οἷόν τέ γε μάλιστα［尽可能地］，在这里也可以意译为“在最高的意义上”或“以最高的方式”。ὡς οἷόν τε μάλιστα 是固定搭配，意思是“尽可能地”“最为可能地”。参见：

《斐洞》（77a3-5）：τὸ πάντα τὰ τοιαῦτ' εἶναι ὡς οἷόν τε μάλιστα, καλόν τε καὶ ἀγαθὸν καὶ τἆλλα πάντα ἃ σὺ νυνδὴ ἔλεγες·［所有这些东西，美本身、善本身以及你刚才说的其他所有的，都最为可能地是着。］

《拉刻斯》（179a4-8）：ἡμῖν οὖν τούτων δέδοκται ἐπιμεληθῆναι ὡς οἷόν τε μάλιστα, καὶ μὴ ποιῆσαι ὅπερ οἱ πολλοί, ἐπειδὴ μειράκια γέγονεν, ἀνεῖναι αὐτοὺς ὅτι βούλονται ποιεῖν, ἀλλὰ νῦν δὴ καὶ ἄρχεσθαι αὐτῶν ἐπιμελεῖσθαι καθ' ὅσον οἷοί τ' ἐσμέν.［因此，我们已经决心要尽可能地关心他们，并且不要像许多人所做的那样来行事，那就是，当他们已经长成小伙子时，听任他们做他们想做的任何事情，而是尤其在现在就一定要开始尽我们所能地去关心他们。］

《吕西斯》（212b5-c2）：Τί δέ; ἆρα ἔστιν καὶ μισεῖσθαι φιλοῦντα; οἷόν που ἐνίοτε δοκοῦσι καὶ οἱ ἐρασταὶ πάσχειν πρὸς τὰ παιδικά· φιλοῦντες γὰρ ὡς οἷόν τε μάλιστα οἱ μὲν οἴονται οὐκ ἀντιφιλεῖσθαι, οἱ δὲ καὶ μισεῖσθαι.［然后呢？那么这有可能吗，那就是一个爱者甚至被他所爱的那个人恨？像这种情况，不知怎的，有时候甚至一些爱慕者认为在心上人面前遭受了它；因为，虽然他们尽可能地在爱，但其中一些人认为他们并未被回报以爱，一些人则认为甚至在被恨。］

1132 φυλακικωτάτους πόλεως［最擅长保卫城邦的人］，也可以译为“城邦中最警惕的人”。

1133 καὶ ἔτι［此外］是词组，表示转折语气。

1134 Κήδοιτο δέ γ' ἄν τις μάλιστα τούτου ὃ τυγχάνοι φιλῶν.［而一个人肯定会最为关心他恰好在爱的那种东西。］也可以转译为：而一个人，他碰巧爱什么，他也就肯定会最为关心什么。

1135 ᾧ συμφέρειν ἡγοῖτο ἀ αὐτὰ καὶ ἑαυτῷ［他会相信一些同样的事情对它和对

他自己都有好处]。συμφέρειν 是动词 συμφέρω 的现在时不定式主动态，συμφέρω 的本义是“收集”“聚集”，作为不及物的无人称动词的意思则是“对……有利的”“对……恰当的”“对……有好处的”，并要求与格。

1136 καὶ [ὅταν μάλιστα] ἐκείνου μὲν εὖ πράττοντος ...[并且，一方面，如果那种东西走运……]，希腊文方括号中的 ὅταν μάλιστα[每当特别]，伯内特认为有可能是窜入，新校勘的牛津古典本希腊文同样如此；而法国布德本希腊文直接保留了它们，不从。此外，εὖ πράττοντος[走运]是一个整体，也可以译为“顺利”。πράττοντος 在这里是动词 πράσσω 的现在时分词主动态中性属格单数，πράσσω 的本义是“做”，但作为不及物动词加上相应的副词则意指“处于某种情况”“处于某种状态”；εὖ πράσσειν 的意思是“走运”，而 κακῶς πράσσειν 的意思则是“倒霉”。参见《斐洞》(58e3-59a1)：εὐδαίμων γάρ μοι ἀνὴρ ἐφαίνετο, ὦ Ἐχέκρατες, καὶ τοῦ τρόπου καὶ τῶν λόγων, ὡς ἀδεῶς καὶ γενναίως ἐτελεύτα, ὥστε μοι ἐκεῖνον παρίστασθαι μηδ' εἰς Ἅιδου ἰόντα ἄνευ θείας μοίρας ἰέναι, ἀλλὰ καὶ ἐκεῖσε ἀφικόμενον εὖ πράξειν εἴπερ τις πώποτε καὶ ἄλλος.[因为这个人对我显得是幸福的，厄刻克拉忒斯啊，并且就他的举止和各种言辞来说，他是多么无畏和高贵地死去，以至于我意识到，即使他前往哈德斯那儿，也不会不带着神圣的定命前往，而且当他到了那边，他也会走运，如果真的曾有任何别的哪个人这样去过那边的话。]

1137 δόξαν[意见]，单就该表达，在这里也可以译为“信念”“看法”。δόγμα[信念 / 见解]和 δόξα[意见 / 看法 / 判断]是同源词，均派生自动词 δοκέω[看来 / 认为]；但作为术语，δόγμα 在法律上指“公共决议”“法令”。

1138 τοῦ μεταμανθάνοντος[当一个人改变了看法]。μεταμανθάνοντος 在这里是动词 μεταμανθάνω 的现在时分词主动态阳性主格单数，μεταμανθάνω 的本义是“改学别的”，转义为“抛掉以前的想法”“去掉过往的弊病”。

1139 τὸ μέν ... τὸ δέ[一方面……另一方面]是固定表达。

1140 τὰ ὄντα[各种是着的东西]，也可以译为“诸是者”。

1141 κλαπέντες 是动词 κλέπτω 的一次性过去时分词被动态阳性主格复数；κλέπτω 除了具有“偷”“盗取”的意思之外，还有“欺骗”“哄骗”等意思。

1142 即以一种隐喻的和晦涩的风格。

1143 τοῦτο ὡς ποιητέον ὃ ἂν τῇ πόλει ἀεὶ δοκῶσι βέλτιστον εἶναι [αὐτοῖς ποιεῖν].[那就是必须做在任何时候他们认为对他们的城邦来说会是最好的而要做的那种事情。]希腊文方括号中的 αὐτοῖς ποιεῖν，伯内特认为有可能是窜入，而法国布德本希腊文和新校勘的牛津古典本希腊文均直接保留了它们，从之。

1144 形动词 ἀποκριτέον 派生自动词 ἀποκρίνω［分开 / 选出 / 回答］，有两方面的含义，一是“必须拒绝”，一是“必须回答”，这里的意思是前者;《牛津希-英词典》举了柏拉图在这里的这个表达，对它的解释是：one must reject。

1145 καὶ τρίτου εἴδους τούτοις γοητείας ἅμιλλαν ποιητέον, καὶ θεατέον.［就第三种形式，即蛊惑这种形式，也必须〈为他们〉安排一场比赛。］也可以简单译为：就蛊惑这第三种形式，也必须〈为他们〉安排一场比赛。这里的属格 γοητείας［蛊惑 / 蛊惑术］是同位语属格。这句话中的 τούτοις γοητείας，法国布德本希腊文和新校勘的牛津古典本希腊均作 τοῦ τῆς γοητείας，从之。

1146 καὶ ζῶντι καὶ τελευτήσαντι［无论是他活着时，还是已经终了］，当然可以简单译为“无论生前还是死后”。

1147 ἐν τύπῳ［以概括性的方式 / 一般性地］是词组，《牛津希-英词典》对它的解释是：in outline, in general。

1148 τοῖς τῶν ἀρχόντων δόγμασιν［为了统治者们的各种决议］，基于文义，这里不把 δόγμα 译为“信念”，而译为“决议”。参见前面 412e7 那里对“δόγμα”一词的注释 1137。

1149 μηχανή 除了具有“办法”“方法”的意思之外，还指“机械”“巧计”等；拉丁文的 machina 就源自该词，而它又构成了现代各种西方语言中“机械”一词的源头。

1150 见前面 382c–d，以及 389b。

1151 γενναῖόν τι ἓν ψευδομένους［我们通过虚构某一高贵的事情］，也可以转译为“我们通过说出某一高贵的谎言”。

1152 腓尼基人（Φοινικικός, Phoinikikos），主要生活在地中海东岸，今天叙利亚和黎巴嫩沿海一带。

1153 πεῖσαι δὲ συχνῆς πειθοῦς［而且使人相信需要很多的说服方法］，也可以译为“而且使人相信需要很高的说服技艺”。这里省略了动词分词 ὄν，这句话的字面意思是“而且使人相信，这属于很高的说服技艺”。类似的表达可参见《泰阿泰德》（201a4）：Οὐκοῦν τοῦτό γε βραχείας σκέψεως.［其实这属于一个简短的考察。］

1154 τῇ ἀληθείᾳ 是固定表达，作副词使用，意思是“事实上”“其实”，当然也可以译为“真的”。

1155 ὑπὸ γῆς［在地底下 / 在地下］是一个整体和固定表达。

1156 ἐντός［在里面］，这里作副词使用。

1157 καὶ ἡ γῆ [实际上是大地]。καί 在这里不是连词，而是表强调。

1158 καὶ νῦν δεῖ [甚至现在也的的确确]，法国布德本希腊文同样如此，而新校勘的牛津古典本希腊文作 καὶ νῦν δὴ，这里的翻译从新校勘的牛津古典本希腊文。καὶ νῦν 是短语，意思是“甚至现在”。参见前面 352b6 那里对“καὶ νῦν”的注释 400。

1159 τὴν τῇ φύσει προσήκουσαν τιμήν [同其天性相适合的职位]，也可以译为“同其天性相适合的尊荣”。名词 τιμή 除了具有“尊荣”“尊敬”“荣誉”这一本义之外，还有“职位”“职权”等意思；这里的翻译取后者。参见《菲勒玻斯》(61b11–c2)：Τοῖς δὴ θεοῖς, ὦ Πρώταρχε, εὐχόμενοι κεραννύωμεν, εἴτε Διόνυσος εἴτε Ἥφαιστος εἴθ' ὅστις θεῶν ταύτην τὴν τιμὴν εἴληχε τῆς συγκράσεως. [那就让我们在向诸神进行祈祷后，普洛塔尔科斯啊，来进行混合，无论他是狄俄尼索斯，还是赫淮斯托斯，还是诸神中其他任何一位通过抽签取得了负责混合这种职权的。]

1160 法国布德本希腊文也从这里分段，而新校勘的牛津古典本希腊文则没有分段。

1161 Καὶ τοῦτο μὲν δὴ ἕξει ὅπῃ ἂν αὐτὸ ἡ φήμη ἀγάγῃ [当然，这件事其实将停留在〈民众的〉声音会将之带往的那里]，有意按字面意思翻译，也可以译为：当然，〈民众的〉声音会将之带往何处，这件事其实也就将停留在何处。这句话的意思是，这个故事被相信与否，取决于民众的声音或民众的意见；因此可以简单意译为：当然，这件事肯定将由民众的声音来决定。ἕξει 在这里是动词 ἔχω 的将来时直陈式主动态第三人称单数，ἔχω ὅπῃ 可视为短语，意思是“停在何处”；参见荷马《奥德修斯》(9.279)：ἀλλά μοι εἴφ', ὅπῃ ἔσχες ἰὼν εὐεργέα νῆα. [但请告诉我，当你来时，你那制造得很好的船停泊在哪里。]

1162 对观前面 (397e7–8)：一位士兵就是一位士兵，而不是在作战之外还是一个商人。

1163 πρῶτον μὲν οὐσίαν κεκτημένον μηδεμίαν μηδένα ἰδίαν, ἂν μὴ πᾶσα ἀνάγκη. [首先，他们中的任何一个人都肯定不会已经拥有了任何一种不是绝对必需的私人产业。] 这句话中的语气词 ἂν，法国布德本希腊文同样如此，而新校勘的牛津古典本希腊文将之改为了阳性复数属格 ὧν [他们中的]，从之。

1164 ἄνδρες ἀθληταὶ πολέμου [一些男子汉，即那些为了战争〈而被训练出来〉的参赛者。] 参见前面 403e8–9：ἀθληταὶ μὲν γὰρ οἱ ἄνδρες τοῦ μεγίστου ἀγῶνος. [这些男子肯定是最大竞赛的参赛者。]

1165 ταξαμένους [他们按照达成的约定]。ταξαμένους 在这里是动词 τάσσω 的一

次性过去时分词中动态阳性宾格复数，τάσσω 的本义是“安排”“布置”，但其中动态则具有“安排好”“约定”等意思；《牛津希-英词典》举了柏拉图在这里的这个表达，对它的解释是：agree upon, settle。

1166 μισθὸν τῆς φυλακῆς［卫士职位的答谢］，也可以译为“卫士职位的补偿”。名词 μισθός 的本义是“报酬”“酬金”“薪金”“工资”，但也泛指一般的“答谢”“补偿”；基于这里的文义，将之译为“答谢”，而不译为“酬金”或“薪金”；因为下面第四卷开篇就讲（420a2-3）：καὶ ταῦτά γε ἐπισίτιοι καὶ οὐδὲ μισθὸν πρὸς τοῖς σιτίοις λαμβάνοντες ὥσπερ οἱ ἄλλοι.［何况他们还无论如何都是一些〈没有薪金〉仅仅为食物而工作的人，并且除了食物之外，他们不像其他人那样还收取薪金。］

1167 ὥσπερ ἐστρατοπεδευμένους κοινῇ ζῆν［就像处在军营中那样共同生活］。ἐστρατοπεδευμένους 是动词 στρατοπεδεύω 的完成时分词中动态阳性宾格复数，στρατοπεδεύω 的本义是“安营扎寨”，基于文义，这里将之译为“处在军营中”。

1168 τοῦ θνητοῦ χρυσοῦ［终有一死的金子］，也可以转译为“尘世间的金子”。

1169 ὅσια［虔敬的］虽然是中性复数，但仍修饰和限定后面的动词不定式 μιαίνειν［玷污］。

1170 ὑπὸ τὸν αὐτὸν ὄροφον ἰέναι［在同一屋顶下行走］，也可以转译为“住在同一屋顶下”。名词 ὄροφος 派生自动词 ἐρέφω［盖屋顶 / 戴上花冠］，既指“盖屋顶用的茅草”，也指“屋顶”。

1171 περιάψασθαι［穿戴］。περιάψασθαι 是动词 περιάπτω 的一次性过去时不定式中动态，περιάπτω 的本义是“系”“挂”，其中动态的意思则是“穿戴”；《牛津希-英词典》举了柏拉图在这里的这个表达，对之的解释是：wear。

1172 οἰκονόμοι［一家之主］，也可以译为“掌管家庭的人”。名词 οἰκονόμος 在这里等于 οἰκοδεσπότης［一家之主 / 家长］。牛津希-英词典举了柏拉图在这里的这个表达，对它的解释是：one who manages a household；并指出它等于 οἰκοδεσπότης。

1173 μὴ πάνυ τι［根本就没有］是固定搭配，也可以译为“无论如何都没有”。中性不定代词 τι 在这里表程度，意思是“根本”“在任何程度上”等。参见《斐德若》（264e4-7）：Τοῦτον μὲν τοίνυν, ἵνα μὴ σὺ ἄχθῃ, ἐάσωμεν – καίτοι συχνά γε ἔχειν μοι δοκεῖ παραδείγματα πρὸς ἅ τις βλέπων ὀνίναιτ᾽ ἄν, μιμεῖσθαι αὐτὰ ἐπιχειρῶν μὴ πάνυ τι – εἰς δὲ τοὺς ἑτέρους λόγους ἴωμεν.［好吧，一方面，那就让我们将这放到一边，免得你感到不快——尽管在我看来，它肯定还包含着许多的范例，一个人看看它们兴许会从中收益，只不过无论如何都

绝不要尝试去模仿它们——；另一方面，让我们前往另外两篇讲辞。]

1174 οἰκίας οἰκοδομούμενοι καλὰς καὶ μεγάλας［建造富丽堂皇的住宅］，字面意思是“建造漂亮且巨大的住宅”，或者“建造一些住宅，它们漂亮且巨大”。

1175 τοῖς μέλλουσιν μακαρίοις εἶναι［对于那些应当是有福的人来说］，也可以译为“对于那些注定要是有福的人来说”，或者“对于那些将要是有福的人来说”。

1176 ἐπισίτιοι［一些仅仅为食物而工作的人］。形容词 ἐπισίτιος 派生自名词 σῖτος［食物］，意思是“〈没有薪金〉仅仅为食物而进行工作的”；《牛津希–英词典》举了柏拉图在这里的这个表达，对之的解释是：working for his victuals alone (without wages)。

1177 τῆς κατηγορίας ἀπολείπεις［你都将之从指责中漏掉了］，也可以译为“面对指责，你都放弃不管”，或者“你都不管它们会被指责”。

1178 φῄς;［你在说这点吗？］也可以转译为“你在问这点吗？”

1179 ἕν τι ἡμῖν ἔθνος［我们中间任何单一的一群人］，也可以简单译为“我们中间任何单一的团体”。名词 ἔθνος 的本义是“生活在一起的一群人”，转义为“民族”“部落”等；对观第一卷 351c8–10：你认为，或者一个城邦，或者一支军队，或者一帮海盗，或者一伙窃贼，或者其他任何一群共同不正义地追逐某事的人，他们能够做成某事吗，如果彼此行不义的话？

1180 见第二卷 369a5 以下。

1181 τοιούτους τινὰς τιθέντες［使某些人成为这样一些人］，即“使某些人成为一些幸福的人”。

1182 ἀνδριάντα γράφοντας［当我们为一尊人像上色之后］，基于文义，没有将之译为“当我们画了一幅人像之后”。

1183 希腊语 ζῷον 一词，有两个意思。一个泛指动物或生物；一个指绘画、雕塑等中的形象，并且还不仅限于动物在绘画、雕塑等中的形象，其他无生命的东西的肖像也被称作 ζῷον。参见《政治家》（277b6–c3）：διὸ μακροτέραν τὴν ἀπόδειξιν πεποιήκαμεν καὶ πάντως τῷ μύθῳ τέλος οὐκ ἐπέθεμεν, ἀλλ᾽ ἀτεχνῶς ὁ λόγος ἡμῖν ὥσπερ ζῷον τὴν ἔξωθεν μὲν περιγραφὴν ἔοικεν ἱκανῶς ἔχειν, τὴν δὲ οἷον τοῖς φαρμάκοις καὶ τῇ συγκράσει τῶν χρωμάτων ἐνάργειαν οὐκ ἀπειληφέναι πω.［由此我们已经让我们的揭示变得过长，并且全然未曾为故事加上一个结尾，而我们的说明完完全全就像一幅写生画那样，虽然外面的轮廓看起来是充分的，却尚未取得如由各种颜料的填充和颜色的混合而来的那种生动。］

1184 对观《大希庇阿斯》（290b2–7）：Ὅτι τῆς Ἀθηνᾶς τοὺς ὀφθαλμοὺς οὐ χρυσοῦς ἐποίησεν, οὐδὲ τὸ ἄλλο πρόσωπον οὐδὲ τοὺς πόδας οὐδὲ τὰς χεῖρας, εἴπερ χρυσοῦν γε δὴ ὂν κάλλιστον ἔμελλε φαίνεσθαι, ἀλλ' ἐλεφάντινον· δῆλον ὅτι τοῦτο ὑπὸ ἀμαθίας ἐξήμαρτεν, ἀγνοῶν ὅτι χρυσὸς ἄρ' ἐστὶν ὁ πάντα καλὰ ποιῶν, ὅπου ἂν προσγένηται. [他既没有使雅典娜的双眸成为黄金制的，也没有使她的脸部的其他任何部位成为黄金制的，也没有使她的双脚或者双手成为黄金制的——既然一种黄金制的东西肯定将显得是最美的，而他却把它们弄成了象牙制的——；下面这点就是显而易见的，那就是：他由于无知才犯下这种错误，因为他不知道黄金确实是使得一切东西成为美的那种东西，无论它于何处在场。]

1185 对观《斐德若》(264c2-5)：Ἀλλὰ τόδε γε οἶμαί σε φάναι ἄν, δεῖν πάντα λόγον ὥσπερ ζῷον συνεστάναι σῶμά τι ἔχοντα αὐτὸν αὑτοῦ, ὥστε μήτε ἀκέφαλον εἶναι μήτε ἄπουν, ἀλλὰ μέσα τε ἔχειν καὶ ἄκρα, πρέποντα ἀλλήλοις καὶ τῷ ὅλῳ γεγραμμένα. [但我认为你至少会这样说，那就是：每一篇讲辞都应当像一个活物那样构成，由于它有着它自己的某种身体，从而既不是无头的，也不是无脚的，而是既有中间，又有两头，在彼此之间以及在整体上都写得恰如其分。]

1186 ἐπιστάμεθα ... κελεύειν [我们知道如何……吩咐] 是一个整体，也可以简单译为“我们能够……吩咐”。ἐπίσταμαι 除了具有“知道”的意思之外，如果它跟不定式，则指“知道如何〈做〉……”“懂得如何〈做〉……”“能够〈做〉……”；《牛津希-英词典》举了柏拉图在这里的这个表达，对它的解释是：know how to do, be able to do, capable of doing。参见：

《斐洞》(108d5-9)：ὡς μέντοι ἀληθῆ, χαλεπώτερόν μοι φαίνεται ἢ κατὰ τὴν Γλαύκου τέχνην, καὶ ἅμα μὲν ἐγὼ ἴσως οὐδ' ἂν οἷός τε εἴην, ἅμα δέ, εἰ καὶ ἠπιστάμην, ὁ βίος μοι δοκεῖ ὁ ἐμός, ὦ Σιμμία, τῷ μήκει τοῦ λόγου οὐκ ἐξαρκεῖν. [但是，要证明它们是真的，在我看来这对于格劳科斯的技艺来说也太困难了。一方面我自己或许也不能做到，另一方面，即使我懂得如何证明，但在我看来，西米阿斯啊，我余下的生命也够不上讨论的长度了。]

《伊翁》(531b7-9)：Εἰ δὲ σὺ ἦσθα μάντις, οὐκ, εἴπερ περὶ τῶν ὁμοίως λεγομένων οἷός τ' ἦσθα ἐξηγήσασθαι, καὶ περὶ τῶν διαφόρως λεγομένων ἠπίστω ἂν ἐξηγεῖσθαι; [但如果你是一位预言家，假如对那些被他们说得一样的事情你真的能够进行解释，那么，关于那些被他们说得不一样的事情，你岂不也会知道如何进行解释？]

《克利托丰》(407b4)：ἐπιστήσονται χρῆσθαι δικαίως τούτοις . [他们将知道如何以正义的方式使用这些东西。]

《大希庇阿斯》(284a2–3)：Σὺ δὲ ταύτην παραδιδόναι ἄλλῳ κάλλιστ' ἀνθρώπων ἐπίστασαι.［而在世上你最为优秀地知道如何把它传授给另外一个人。］

《弥诺斯》(316e7)：Τῶν ἐπισταμένων κήπων ἄρχειν;［出自那些知道如何管理花园的人吗？］

1187 διαπίνοντας［比赛饮酒］。διαπίνοντας 是动词 διαπίνω 的现在时分词主动态阳性宾格复数，διαπίνω 的意思是"比赛饮酒"；《牛津希-英词典》举了柏拉图在这里的这个表达，对它的解释是：drink one against another, challenge at drinking。

1188 ὅλη ἡ πόλις εὐδαιμονῇ［整个城邦就会是幸福的］。εὐδαιμονῇ 在这里是动词 εὐδαιμονέω 的现在时虚拟式主动态第三人称单数，如果不考虑词源，可以将之译为"整个城邦就会繁荣昌盛"。

1189 ἡμᾶς μὴ οὕτω νουθέτει［请你不要用这种方式来建议我们］，也可以译为"请你不要这样劝告我们"。νουθέτει 在这里是动词 νουθετέω 的现在时命令式主动态第二人称单数；νουθετέω 除了具有"警告""劝告""斥责"的意思之外，也有"建议"的意思。

1190 ἐξ ὧν πόλις γίγνεται［在那些由之构成了一个城邦的人中］，之所以这么翻译，是把关系代词属格复数 ὧν 理解为阳性，而不是理解为中性；如果将之理解为中性，则当译为"在那些由之一个城邦才产生出来的职能中"。

1191 ἔχων σχῆμα［拥有一种〈他自己独特的〉职能］，也可以转译为"扮演一种〈他自己独特的〉角色"。名词 σχῆμα 的本义是"形状""形态"，转义为"特质""作用""角色""职能"等；《牛津希-英词典》对它的这层意思的解释是：character, role。

1192 ἐν πανηγύρει［在一个泛希腊的节庆上］，也可以简单译为"在一个节庆上"。

1193 ὁ δ' ἐκεῖνο λέγων γεωργούς τινας καὶ ὥσπερ ἐν πανηγύρει ἀλλ' οὐκ ἐν πόλει ἑστιάτορας εὐδαίμονας ...［他们是幸福的，并且仿佛在一个泛希腊的节庆上〈过节〉似的，而不是一些在城邦中宴客的主人……］这句话在法国布德本希腊文中同样如此，而新校勘的牛津古典本希腊文则作：ὁ δ' ἐκεῖνο λέγων γεωργούς τινας <εὐδαίμονας> καὶ ὥσπερ ἐν πανηγύρει ἀλλ' οὐκ ἐν πόλει ἑστιάτορας [εὐδαίμονας] ...，即把形容词 εὐδαίμονας 提到了前面，从之。

1194 τοῦτο［这］，即 πλείστη εὐδαιμονία［一种最大的幸福］。

1195 ὅτι ἄριστοι δημιουργοί［尽可能优秀的为众人做工的人］，有意按词源翻译，而不把 δημιουργός 简单译为"匠人"。参见第三卷 395b8–c3：因此，如果我们将捍卫〈我们〉最初的说法，即我们的那些卫士，他们放弃其他所有的手艺，必须是为了城邦的自由〈而产生出来的〉极其严格的为众人做工的人，并且不致力于其他任何并不导致这点的事情，那么，他们就的确既不应当做其他任何事情，也不应当模仿其他任何事情。

1196 ἐατέον ὅπως ἑκάστοις τοῖς ἔθνεσιν ἡ φύσις ἀποδίδωσι τοῦ μεταλαμβάνειν εὐδαιμονίας.［必须让每一群人按照〈其〉天性所允许的那种方式去分享幸福。］也可以译为：必须让每一群人分享〈其〉天性赋予他们的那种幸福。

1197 ἐπιμελεῖσθαι τῆς τέχνης［关心〈他的〉那门技艺］。ἐπιμελεῖσθαι 是动词 ἐπιμελέομαι［照料 / 关心］的现在时不定式，该动词要求属格作宾语，所以后面出现的是单数属格 τῆς τέχνης［〈他的〉那门技艺］。

1198 名词 νεωτερισμός 既有"革新""变革"的意思，在贬义上也指"革命""革命运动"。《牛津希-英词典》举了柏拉图在这里的这个表达，对它的解释是：revolutionary movement。

1199 κακοεργία［恶劣的工艺］，也可以译为"做工拙劣"。κακοεργία 的本义是"邪恶""恶劣"，但在这里专指"恶劣的工艺"；《牛津希-英词典》举了柏拉图在这里的这个表达，对它的解释是：bad workmanship。

1200 αὐτοί［他们］，即"卫士们"。

1201 参见前面（403e8-9）：ἀθληταὶ μὲν γὰρ οἱ ἄνδρες τοῦ μεγίστου ἀγῶνος.［这些男子肯定是最大竞赛的参赛者。］以及 416d8：ἄνδρες ἀθληταὶ πολέμου.［一些男子汉，即那些为了战争〈而被训练出来〉的参赛者。］

1202 ὡς οἷόν τε κάλλιστα ἐπὶ τοῦτο παρεσκευασμένος［他尽可能充分地为此让自己做好了准备］，也可以转译为"他为此尽可能好地被训练"。ἐπὶ τοῦτο［为此］，即 ἐπὶ τὸ πυκτεύειν［为拳击］。

1203 τὸν πρότερον ἀεὶ προσφερόμενον［那个每次都首先攻击〈他〉的人］。προσφερόμενον 在这里是动词 προσφέρω 的现在时分词被动态阳性宾格单数，προσφέρω 的本义是"带去""送上"，但其被动态则具有"攻击""进攻"等意思；《牛津希-英词典》举了柏拉图在这里的这个表达，对它的解释是：attack, assault。

1204 Ἀλλ' οὐκ οἴει πυκτικῆς πλέον μετέχειν τοὺς πλουσίους ἐπιστήμῃ τε καὶ ἐμπειρίᾳ ἢ πολεμικῆς;［难道你不认为，富人们凭借知识以及经验在拳击术方面有份儿，多于在战争术方面？］有意按字面意思翻译。动词 μετέχω［分得 / 有份儿］要求属格作宾语，所以这里出现的是单数属格 πυκτικῆς［拳击术］和 πολεμικῆς［战争术］；而与格 ἐπιστήμῃ τε καὶ ἐμπειρίᾳ［凭借知识以及经验 / 通过知识以及经验］在这里是工具格。

1205 ἐκ τῶν εἰκότων［有可能］是一个整体和固定表达，其单数表达是 ἐκ τοῦ

εἰκότος。参见《卡尔米德斯》(157e2-4)：ποῖαι δύο οἰκίαι συνελθοῦσαι εἰς ταὐτὸν τῶν Ἀθήνησιν ἐκ τῶν εἰκότων καλλίω ἂν καὶ ἀμείνω γεννήσειαν ἢ ἐξ ὧν σὺ γέγονας.[同你所出自的那两个家庭相比，在雅典的那些家庭中，还有哪样两个家庭通过彼此结合在一起而有可能会生出一个更为俊美和更为优秀的后代来。]

1206 Εὐδαίμων εἶ[你真是一个幸福的人啊！]这是一句讽刺性的话，当然也可以转译为"你是何等天真啊！"

1207 τὸ τῶν παιζόντων[就像那些玩〈城邦〉游戏的人所说的那样]，也可以译为"就像那些开玩笑的人所说的那样"。

1208 κἂν ὁτιοῦν ᾖ[在任何情形下]，即 καὶ ἐὰν ὁτιοῦν ᾖ，也可以转译为"无论是多小"。

1209 προσφέρῃ 在这里是动词 προσφέρω 的现在时虚拟式被动态第二人称单数，προσφέρω 的本义是"带去""放到……上面""送上"，但其被动态则具有"对待""和……打交道"等意思。参见：

《斐德若》(252d4-5)：τούτῳ τῷ τρόπῳ πρός τε τοὺς ἐρωμένους καὶ τοὺς ἄλλους ὁμιλεῖ τε καὶ προσφέρεται.[以这种方式来结交和对待那些被他所爱慕的人以及其他所有人。]

《卡尔米德斯》(165b5-7)：Ἀλλ', ἦν δ' ἐγώ, ὦ Κριτία, σὺ μὲν ὡς φάσκοντος ἐμοῦ εἰδέναι περὶ ὧν ἐρωτῶ προσφέρῃ πρός με, καὶ ἐὰν δὴ βούλωμαι, ὁμολογήσοντός σοι.[但是，我说道，克里提阿斯啊，一方面，你对待我，就好像我在声称就我所询问的那些事情我自己知道似的；并且好像如果我愿意，那么我也就会同意你似的。]

《吕西斯》(205b2-3)：ἵνα εἰδῶ τίνα τρόπον προσφέρῃ πρὸς τὰ παιδικά.[以便我知道你究竟在以何种方式同心上人打交道。]

《克利托丰》(407c8-d2)：καὶ ἀδελφὸς ἀδελφῷ καὶ πόλεις πόλεσιν ἀμέτρως καὶ ἀναρμόστως προσφερόμεναι στασιάζουσι[导致兄弟之于兄弟，以及一些城邦之于一些城邦——如果它们以一种无节奏的方式以及不和谐的方式打交道的话——反目成仇，并且因进行战争而做出和遭受各种极端的事情。]

1210 παντὸς ἂν ἁμάρτοις[那你就在各方面都没有中的]，也可以译为"那你就没有切中任何东西""那你就全然错了"。动词 ἁμαρτάνω 的本义是"未中的""未射中"，喻为"犯错""失误"；参见《斐德若》(235e2-4)：Φίλτατος εἶ καὶ ὡς ἀληθῶς χρυσοῦς, ὦ Φαῖδρε, εἴ με οἴει λέγειν ὡς Λυσίας τοῦ παντὸς ἡμάρτηκεν, καὶ οἷόν τε δὴ παρὰ πάντα ταῦτα ἄλλα εἰπεῖν.[你真是我最最亲爱的和真正金铸的，斐德若啊，如果你认为我在说下面这点的话，那

就是：吕西阿斯在各方面都未曾中的，而我则能够超出他说的所有那些之外而说出一些别的东西来。]

1211 χιλίων τῶν προπολεμούντων[一千位城邦的保卫者]。προπολεμούντων 在这里是动词 προπολεμέω 的现在时分词主动态阳性属格复数，προπολεμέω 的本义是“为保卫……而战斗”，由其分词派生而来的名词则指“城邦的保卫者”；《牛津希-英词典》举了柏拉图在这里的这个表达，对 οἱ προπολεμοῦντες 的解释是：the guards or defenders of a country。

1212 ἐν βαρβάροις[在非希腊人那里]，有意没有译为“在野蛮人那里”。

1213 δοκούσας δὲ πολλὰς καὶ πολλαπλασίας τῆς τηλικαύτης[虽然许多〈的城邦〉甚至看起来是许多倍于这样大的〈城邦〉]。καί 在这里不是连词，而是表强调，意思是“甚至”；而 πολλὰς[许多〈的城邦〉]是动词分词 δοκούσας[看起来是]的主语，而形容词 πολλαπλασίας[许多倍的]是它的表语。

1214 Καὶ φαῦλόν γ'[无疑一件容易的事情]，这当是一句反话，即该事情是困难的。形容词 φαῦλος 除了具有“微不足道的”“琐屑的”“低劣的”等意思之外，也指“容易的”“轻微的”，这里的意思是后者；《牛津希-英词典》举了柏拉图在这里的这个表达，对它的解释是：easy, slight。

1215 见前面第三卷 415b-c。

1216 ἕνα ... ἕκαστον[每一单个的人]是一个整体。

1217 ἓν ... ἔργον[一件单独的工作]是一个整体。

1218 这也是一句反话。

1219 ὦ ἀγαθὲ Ἀδείμαντε[我的好朋友啊，阿德曼托斯]，也可以译为“好人啊，阿德曼托斯”“亲爱的阿德曼托斯啊”等。《牛津希-英词典》对 ὦ ἀγαθέ 的解释是：my good friend。

1220 ἐὰν ... ἓν μέγα φυλάττωσι[只要他们盯住一件大事不放]，也可以译为“只要他们守护好一件大事”。对观《政治家》(297a5-b3)：καὶ πάντα ποιοῦσι τοῖς ἔμφροσιν ἄρχουσιν οὐκ ἔστιν ἁμάρτημα, μέχριπερ ἂν ἓν μέγα φυλάττωσι, τὸ μετὰ νοῦ καὶ τέχνης δικαιότατον ἀεὶ διανέμοντες τοῖς ἐν τῇ πόλει σῴζειν τε αὐτοὺς οἷοί τε ὦσιν καὶ ἀμείνους ἐκ χειρόνων ἀποτελεῖν κατὰ τὸ δυνατόν;[并且对于那些头脑清醒的统治者来说，他们所做的每一件事岂不都不是错误，只要他们盯住一件大事不放，那就是：通过凭借理智和技艺总是把最公正的东西分配给在城邦中的人们，既能够保全他们，也能够尽可能地使他们从各种较坏的境地中摆脱出来而变得更好？]

1221 παιδείαν... καὶ τροφήν[教育以及培养]，也可以译为“教育以及抚养”。对观《克里同》(50d5-e1)：Ἀλλὰ τοῖς περὶ τὴν τοῦ γενομένου τροφήν τε καὶ παιδείαν ἐν ᾗ καὶ σὺ ἐπαιδεύθης; ἢ οὐ καλῶς προσέταττον ἡμῶν οἱ ἐπὶ τούτῳ τεταγμένοι νόμοι, παραγγέλλοντες τῷ πατρὶ τῷ σῷ σε ἐν μουσικῇ καὶ γυμναστικῇ παιδεύειν; [而你会责怪关于出生者的抚养以及关于你也曾于其中被教育的那种教育的那些法律吗？或者我们中这些为此而被设立起来的法律，当它们要求你父亲在文艺和体育方面教育你时，它们未曾好好地下命令？]

1222 κοινὰ τὰ φίλων [朋友间的事情是共同的]。据说该谚语出自毕达哥拉斯，参见第欧根尼·拉尔修在《名哲言行录》(8. 10. 5–6)：εἶπέ τε πρῶτος, ὥς φησι Τίμαιος, κοινὰ τὰ φίλων εἶναι καὶ φιλίαν ἰσότητα. [据提迈俄斯讲，他第一位说朋友间的东西是共同的，并且友谊就是平等。] 此外，还可对观柏拉图：

《吕西斯》(207c10–11)：Οὐκοῦν κοινὰ τά γε φίλων λέγεται, ὥστε τούτῳ γε οὐδὲν διοίσετον, εἴπερ ἀληθῆ περὶ τῆς φιλίας λέγετον. [那好，据说朋友间的事情无论如何都是共同的，因此你们俩肯定不会对这点起争执，如果你俩关于你们的友谊在说真话的话。]

《斐德若》(279b7–c6)：{ΣΩ.} Ὦ φίλε Πάν τε καὶ ἄλλοι ὅσοι τῇδε θεοί, δοίητέ μοι καλῷ γενέσθαι τἄνδοθεν· ἔξωθεν δὲ ὅσα ἔχω, τοῖς ἐντὸς εἶναί μοι φίλια. πλούσιον δὲ νομίζοιμι τὸν σοφόν· τὸ δὲ χρυσοῦ πλῆθος εἴη μοι ὅσον μήτε φέρειν μήτε ἄγειν δύναιτο ἄλλος ἢ ὁ σώφρων. Ἔτ' ἄλλου του δεόμεθα, ὦ Φαῖδρε; ἐμοὶ μὲν γὰρ μετρίως ηὖκται. {ΦΑΙ.} Καὶ ἐμοὶ ταῦτα συνεύχου· κοινὰ γὰρ τὰ τῶν φίλων. [苏格拉底：哦，亲爱的潘神，以及这儿的其他所有的诸神！请你们允许我能够在内里变得漂亮；至于我在外面所拥有的一切，请你们允许它们同我内里的那些东西是友好的。但愿我会把智慧的人视作富足的；至于金钱的数量，对我来说只需一个有节制的人所能忍受和携带的那么多。我们还需要别的什么吗，斐德若啊？因为对于我来说，已经恰当地进行了祈祷。斐德若：也为我一起祈祷这些事情吧；因为朋友间的那些事情都是共同的。]

此外，亚里士多德也提到了该谚语，参见：

《尼各马可伦理学》(1159b31–32)：καὶ ἡ παροιμία "κοινὰ τὰ φίλων," ὀρθῶς· ἐν κοινωνίᾳ γὰρ ἡ φιλία. [并且谚语"朋友间的事情是共同的"，也说得正确；因为，友谊其实就在于共享。]

《政治学》(1263a29–33)：δι' ἀρετὴν δ' ἔσται πρὸς τὸ χρῆσθαι, κατὰ τὴν παροιμίαν, κοινὰ τὰ φίλων. ἔστι δὲ καὶ νῦν τὸν τρόπον τοῦτον ἐν ἐνίαις πόλεσιν οὕτως ὑπογεγραμμένον, ὡς οὐκ ὂν ἀδύνατον, καὶ μάλιστα ἐν ταῖς καλῶς οἰκουμέναις τὰ μὲν ἔστι τὰ δὲ γένοιτ' ἄν.［而基于德性来着眼于使用，将出现，如谚语所说的那样，朋友间的事情是共同的。甚至现在，这种方式就隐隐约约地出现在一些城邦那里，它表明这不是不可能的，并且尤其在那些被治理得正确的城邦那里，一些事情已经是那样，一些事情则可能变成那样。］

1223 ἅπαξ ὁρμήσῃ εὖ［一旦它有了一个正确的开端］，这是意译，也可以照字面意思译为"一旦它正确地开始""一旦它正确地动身"。对观《政治家》（305d1–4）：τὴν γὰρ ὄντως οὖσαν βασιλικὴν οὐκ αὐτὴν δεῖ πράττειν ἀλλ' ἄρχειν τῶν δυναμένων πράττειν, γιγνώσκουσαν τὴν ἀρχήν τε καὶ ὁρμὴν τῶν μεγίστων ἐν ταῖς πόλεσιν ἐγκαιρίας τε πέρι καὶ ἀκαιρίας, τὰς δ' ἄλλας τὰ προσταχθέντα δρᾶν.［因为那以是的方式是着的王者的知识自身不应当采取行动，而是应当统治那些有能力采取行动的知识，因为它认识城邦中的那些最重大的事情的开始和推进——在合时宜和不合时宜方面——，而其他那些知识必须做被命令的事情。］

1224 διὰ βραχέων εἰπεῖν［简要地说］。διὰ βραχέων［简要地 / 简短地 / 三言两语］是词组，《牛津希-英词典》对之的解释是：in few words。其反面是 διὰ μακρῶν［冗长地］。参见：

《泰阿泰德》（172d8–9）：καὶ διὰ μακρῶν ἢ βραχέων μέλει οὐδὲν λέγειν, ἂν μόνον τύχωσι τοῦ ὄντος.［他们也不关心冗长地，还是三言两语地说话，而只关心他们是否会切中是者。］

《弥诺斯》（319c1–2）：ἔστιν οὖν τοῦτο Ὁμήρου ἐγκώμιον εἰς Μίνων διὰ βραχέων εἰρημένον, οἷον οὐδ' εἰς ἕνα τῶν ἡρώων ἐποίησεν Ὅμηρος.［因此，这就是荷马用三言两语就说出来的对弥诺斯的一番颂扬，而荷马从未曾为他的那些英雄中的其他任何一位如此这般地进行过创作。］

1225 τοῖς ἐπιμεληταῖς τῆς πόλεως［那些照料城邦的人］，也可以照字面意思译为"城邦的照料者们""城邦的关心者们""城邦的监管者们"等。

1226 παρὰ πάντα［彻彻底底地］，也可以译为"在方方面面"。

1227 παρὰ τὴν τάξιν［背离〈立法者的〉安排］。对观《政治家》（305b4–c3）：Ἆρ' οὖν ἐπὶ πλέον τι δύναται τοῦ περὶ τὰ συμβόλαια πάνθ' ὁπόσα κεῖται νόμιμα παρὰ νομοθέτου βασιλέως παραλαβοῦσα, κρίνειν εἰς ἐκεῖνα σκοποῦσα τά τε δίκαια ταχθέντ' εἶναι καὶ ἄδικα, τὴν αὑτῆς ἰδίαν ἀρετὴν παρεχομένη τοῦ μήθ' ὑπό τινων δώρων μήθ' ὑπὸ φόβων μήτε οἴκτων μήθ' ὑπό τινος ἄλλης ἔχθρας μηδὲ φιλίας ἡττηθεῖσα παρὰ τὴν τοῦ νομοθέτου τάξιν ἐθέλειν ἂν τἀλλήλων ἐγκλήματα διαιρεῖν;［那么，它还能够比下面这样更多地做某件事吗，那就

是：就各种契约，当它从一位进行立法的国王那里接受所有那些被制定为法定的东西之后，就通过着眼于那些法定的东西来判决各种被规定为是正当的和不正当的事情；它通过提交出它自己的德性——既不屈服于各种各样的贿赂或恐惧，也不被一些怜悯之情所打动，或被任何其他的，无论是仇恨还是喜爱所左右——，不愿意违背立法者的安排来对双方的控诉做出决定？]

1228 荷马《奥德修斯》(1. 351–352)。其中的 ἐπιφρονέουσ' [注意到]，原文作 ἐπικλείουσ' [夸奖 / 称赞]；ἀειδόντεσσι [在那些歌唱者〈嘴边〉]，原文作 ἀϊόντεσσι 或 ἀκουόντεσσι [在那些听者〈耳边〉]。

1229 μὴ πολλάκις [免得或许] 是固定表达。πολλάκις 的本义是"经常""多次"，但在 μὴ πολλάκις 这一固定表达中的意思是"或许"；《牛津希–英词典》对它的解释是：lest perchance。此外，它同 εἰ ἄρα 或 ἐὰν ἄρα 连用时的意思也是"或许""万一"；参见：

《斐洞》(60d8–e3)：Λέγε τοίνυν, ἔφη, αὐτῷ, ὦ Κέβης, τἀληθῆ, ὅτι οὐκ ἐκείνῳ βουλόμενος οὐδὲ τοῖς ποιήμασιν αὐτοῦ ἀντίτεχνος εἶναι ἐποίησα ταῦτα – ᾔδη γὰρ ὡς οὐ ῥᾴδιον εἴη – ἀλλ' ἐνυπνίων τινῶν ἀποπειρώμενος τί λέγοι, καὶ ἀφοσιούμενος εἰ ἄρα πολλάκις ταύτην τὴν μουσικήν μοι ἐπιτάττοι ποιεῖν. [苏格拉底说：刻贝斯啊，那就请你对他如实相告，即我创作这些不是想同他或他的那些诗作比技艺——因为我知道那会是不容易的——，而是为了测试我的一些梦，看它们究竟在说什么，以及洁净自己，万一它们是在命令我创作这类文艺。]

《斐德若》(238c9–d3)：Σιγῇ τοίνυν μου ἄκουε. τῷ ὄντι γὰρ θεῖος ἔοικεν ὁ τόπος εἶναι, ὥστε ἐὰν ἄρα πολλάκις νυμφόληπτος προϊόντος τοῦ λόγου γένωμαι, μὴ θαυμάσῃς· τὰ νῦν γὰρ οὐκέτι πόρρω διθυράμβων φθέγγομαι. [那么现在请你安安静静地听我讲。因为这个地方确确实实显得是神圣的，以至于如果讲话继续往前走，我或许会变得迷狂，对此你不应感到惊异。因为现在我所进行的表达，已经离那些酒神颂不再远了。]

1230 ἐν ὅλῳ κινδυνεύοντα [在整体上有危险的事情]，也可以译为"在整体上带来危险的事情""完完全全危险的事情""在整体上带来风险的事情"等。

1231 ἐν παιδιᾶς ... μέρει [它被归入消遣一类]，也可以译为"它被视为一种消遣"。该固定表达，参见前面 347a9 那里对"ὡς ἐν μισθοῦ μέρει εἴρηκας [你为何说〈能够把它〉归入报酬一类]"的注释 339。

1232 ἠρέμα ὑπορρεῖ πρὸς τὰ ἤθη τε καὶ τὰ ἐπιτηδεύματα [它慢慢地悄悄溜进〈人们的〉各种习惯和生活方式中]。动词 ὑπορρέω 的字面意思是"在下面流"，

喻为“悄悄溜进”；《牛津希-英词典》举了柏拉图在这里的这个表达，对它的解释是：slip or glide into unperceived。

1233 σὺν πολλῇ ... ἀσελγείᾳ［肆无忌惮地］，字面意思是“带着许多的放肆”。

1234 τοιούτων［如此这般的］，即 παρανόμων［背离礼法的］。

1235 即 ἡ μουσική［文艺］。

1236 τοὐναντίον ἢ ’κείνοις［与前面那些孩子相反］。’κείνοις 即 ἐκείνοις［那些孩子］，即“那些由于违背礼法的消遣而成为违背礼法的孩子”。

1237 εἰς πάντα［在方方面面］在这里等于副词 πάντα，意思是“完全”“在方方面面”。参见《政治家》（271d6–e2）：καὶ δὴ καὶ τὰ ζῷα κατὰ γένη καὶ ἀγέλας οἷον νομῆς θεῖοι διειλήφεσαν δαίμονες, αὐτάρκης εἰς πάντα ἕκαστος ἑκάστοις ὢν οἷς αὐτὸς ἔνεμεν, ὥστε οὔτ’ ἄγριον ἦν οὐδὲν οὔτε ἀλλήλων ἐδωδαί, πόλεμός τε οὐκ ἐνῆν οὐδὲ στάσις τὸ παράπαν.［而精灵们就像神圣的牧人似的按照族类和群分开了动物，他们中的每个对于他自己所牧养的那些动物中的每个来说，都完全是自给自足的，以至于既没有哪个动物是凶野的，它们也不是彼此的食物，在它们中既没有战争，也完全没有拉帮结派。］

1238 <Τὰ> ποῖα;［哪些事情？］希腊文尖括号中的定冠词 τὰ，是编辑校勘者根据文义补充的，而法国布德本希腊文和新校勘的牛津古典本希腊文均没有这样做，从之。

1239 κατάκλισις［斜躺进餐 / 进席就餐］和 ὑπανάστασις［从座位上起身］相对；《牛津希-英词典》举了柏拉图在这里的这个表达，对它们的解释分别是：making one to lie down, seating him at table 和 rising up from one’s seat。

1240 对观《政治家》（294a10–b6）：Ὅτι νόμος οὐκ ἄν ποτε δύναιτο τό τε ἄριστον καὶ τὸ δικαιότατον ἀκριβῶς πᾶσιν ἅμα περιλαβὼν τὸ βέλτιστον ἐπιτάττειν· αἱ γὰρ ἀνομοιότητες τῶν τε ἀνθρώπων καὶ τῶν πράξεων καὶ τὸ μηδέποτε μηδὲν ὡς ἔπος εἰπεῖν ἡσυχίαν ἄγειν τῶν ἀνθρωπίνων οὐδὲν ἐῶσιν ἁπλοῦν ἐν οὐδενὶ περὶ ἁπάντων καὶ ἐπὶ πάντα τὸν χρόνον ἀποφαίνεσθαι τέχνην οὐδ’ ἡντινοῦν.［一条法律从不能够通过下面这样而同时对所用人命令最好的事情，即准确地把握住了同时对所用人来说都最好和最公正的东西。因为，人与人之间的不相似和他们的行为与行为之间的不相似，以及下面这点，即几乎可以说属人的各种事情中从来就没有一个静止不动，它们都不允许任何一种技艺——无论它是什么——，在任何情形下、关于任何东西和在整个时间内宣布出某种不受限制的东西。］

1241 τὸ ὅμοιον ὄν［相似的东西］是一个整体，也可以译为“是相似的那种东西”“相似的是者”。

1242 αὐτό［它］，即前面提到的“一个人基于〈他的〉教育动身前往哪里”，也即“教育所达成的东西”。

1243 ἕν τι τέλεον καὶ νεανικόν［某一完整并且壮观的东西］，这里之所以把形容词 νεανικός 译为“壮观的”，参见前面 363c3 那里对“νεανικώτερα τἀγαθά［一些更加华丽的好处］”的注释 513。

1244 δικῶν λήξεως［起诉书的提交］是一个整体和固定表达。名词 λῆξις 派生自动词 λαγχάνειν，本义是“抽签得到的一份”，它同名词 δίκη 一起构成专门的法律术语，λῆξις δίκης 的意思是“起诉书的提交”“提交状子”；而另一相应的表达 δίκην λαγχάνειν，指“获得由法院分配的控告许可证”。此外，δίκη 泛指官司；狭义上指“私人诉讼”，同“公诉”（γραφή）相对；而“私诉”和“公诉”在希腊文中也分别叫 ἴδια δίκη 和 δημόσια δίκη。

参见《欧悌弗戎》（2a1–6）：{ΕΥΘ.} Τί νεώτερον, ὦ Σώκρατες, γέγονεν, ὅτι σὺ τὰς ἐν Λυκείῳ καταλιπὼν διατριβὰς ἐνθάδε νῦν διατρίβεις περὶ τὴν τοῦ βασιλέως στοάν; οὐ γάρ που καὶ σοί γε δίκη τις οὖσα τυγχάνει πρὸς τὸν βασιλέα ὥσπερ ἐμοί. {ΣΩ.} Οὔτοι δὴ Ἀθηναῖοί γε, ὦ Εὐθύφρων, δίκην αὐτὴν καλοῦσιν ἀλλὰ γραφήν.［欧悌弗戎：嘿，苏格拉底，什么特别新奇的事情发生了，你放弃在吕克昂的溜达，此刻在这儿于国王执政官的门廊前徘徊？因为你肯定不至于像我一样，恰好到国王执政官这儿来面对一场官司吧。苏格拉底：欧悌弗戎啊，雅典人其实不把它叫作官司，而是叫作公诉。］（5a9–b）：καὶ εἰ μέν, ὦ Μέλητε, Εὐθύφρονα ὁμολογεῖς σοφὸν εἶναι τὰ τοιαῦτα, [καὶ] ὀρθῶς νομίζειν καὶ ἐμὲ ἡγοῦ καὶ μὴ δικάζου· εἰ δὲ μή, ἐκείνῳ τῷ διδασκάλῳ λάχε δίκην πρότερον ἢ ἐμοί, ὡς τοὺς πρεσβυτέρους διαφθείροντι ἐμέ τε καὶ τὸν αὑτοῦ πατέρα, ἐμὲ μὲν διδάσκοντι, ἐκεῖνον δὲ νουθετοῦντί τε καὶ κολάζοντι［梅勒托斯啊，如果你同意欧悌弗戎在这些事情上是智慧的，并且在正确地信奉，那么你就该认为我同样如此，也就不要告了。但如果你不同意，那你就凭抽签获得了控告那位老师而不是我的许可证，因为他败坏了两位老人，我和他自己的父亲；他通过教诲而败坏了我，通过斥责和惩罚而败坏了那个人。］

1245 名词 τέλος 除了具有“结局”“完成”“实现”“终点”的意思之外，作为专门术语，指“城邦征收的税捐”；《牛津希–英词典》举了柏拉图在这里的这个表达，对它的解释是：dues exacted by the state。

1246 ἢ πράξεις ἢ θέσεις［或者是各种征收，或者是各种缴纳］。名词 πρᾶξις 和 θέσις 作为商业术语，分别指“征收”“强索”和“缴纳”“支付”；《牛津希–英词典》举了柏拉图在这里的这个表达，对它们的解释分别是：

exaction of money 和 payment。

1247 τὸ παράπαν 是一个整体，本义是“完全”“总共”，这里基于文义将之译为“一般地”。

1248 χαριέντως διατελοῦσιν［活得雅致］，这显然是一种讽刺。

1249 ἀφροδισιάζων［做属于阿佛洛狄忒的事情］，也可以译为“行男女之乐”。

1250 κακῶς πολιτευόμεναι［它们采用了一种坏的城邦体制］，也可以简单译为“它们被很坏地管理”。πολιτευόμεναι 在这里是动词 πολιτεύω［采取某种城邦体制 / 治理城邦］的现在时分词被动态阴性主格复数，因而其主语是前面的 τῶν πόλεων［城邦］。

1251 τὴν μὲν κατάστασιν τῆς πόλεως ὅλην μὴ κινεῖν［不要〈试图〉改变城邦的整个状况］，也可以译为“不要〈试图〉动摇城邦的整个制度”。

1252 οὕτω πολιτευομένους［当他们被置于了这样一种城邦体制之下之后］，也可以简单译为“当他们被以这种方式管理之后”。πολιτευομένους 在这里是动词 πολιτεύω 的现在时分词被动态阳性宾格复数，因而其主语是前面的 τοῖς πολίταις［城邦公民］。

1253 οὐκ ἄγασαιτῆς ἀνδρείας τε καὶ εὐχερείας;［难道你不因〈他们的〉勇敢以及不屈不挠而钦佩他们？］这显然是一句讽刺性的话。名词 εὐχέρεια［不屈不挠］在这里也可以译为“不顾一切”；《牛津希-英词典》举了柏拉图在这里的这个表达，对它的解释是：coolness, fortitude。

1254 ὑπ' αὐτῶν［被他们］，即 τῶν πολιτῶν［被城邦公民］。

1255 τετράπηχύς［四肘尺高］，约等于六英尺高，即“高个子”“长人”。

1256 对观《斐德若》（269b3-6）：Ὦ Φαῖδρέ τε καὶ Σώκρατες, οὐ χρὴ χαλεπαίνειν ἀλλὰ συγγιγνώσκειν, εἴ τινες μὴ ἐπιστάμενοι διαλέγεσθαι ἀδύνατοι ἐγένοντο ὁρίσασθαι τί ποτ' ἔστιν ῥητορική.［斐德若啊，还有你苏格拉底，一个人不应当变得愤怒，而是应当进行体谅，如果一些人，他们由于不知道如何进行对话而变得没有能力定义修辞术究竟是什么的话。］

1257 ὥσπερ Ὕδραν τέμνουσιν［像在斩许德刺那样］。许德刺（Ὕδρα, Hydra）是多头的海蛇怪，每砍掉一个，就会长出两个；因此，谚语 Ὕδραν τέμνειν［斩许德刺］，喻为“越做越麻烦”。

1258 οὐκ ἄλλο γέ τι ποιοῦσιν［他们的确没有做其他任何事情］。这句话中的 γέ τι，法国布德本希腊文和新校勘的牛津古典本希腊文均作 τί γε，从之。

1259 ᾤμην ἂν［我真该认为］，基于文法上的语气和文义，这是一句讽刺的反话。

1260 τὰ δὲ ὅτι αὐτόματα ἔπεισιν ἐκ τῶν ἔμπροσθεν ἐπιτηδευμάτων.［而另一些则自动继前面所致力于的那些事情而来。］动词 ἔπειμι 基于词干有两种意思，一

是 εἰμί［是］，意思是“在上面”，一是 εἶμι［来 / 去］，意思是“来临”“来到”；这里的意思是后者，《牛津希-英词典》举了柏拉图在这里的这个表达，对它的解释是：come after, succeed。

1261 τελευτησάντων <τε> αὖ θῆκαι［此外，还有终了者们的各种安葬方式］，也可以简单译为“死者们的各种安葬方式”。名词 θήκη 既有“坟墓”的意思，也有“安葬方式”的意思；《牛津希-英词典》举了柏拉图在这里的这个表达，对它的解释是：modes of burial。希腊文尖括号中的小词 τε，是编辑校勘者根据文法补充的，法国布德本希腊文和新校勘的牛津古典本希腊文均如此。

1262 ὅσα τοῖς ἐκεῖ δεῖ ὑπηρετοῦντας ἵλεως αὐτοὺς ἔχειν［所有那些为了那边的那些人平安顺利而必须侍候他们的事情］。ἐκεῖ［在那边］，即在“在冥府”；ὑπηρετοῦντας 是动词 ὑπηρετέω［服务 / 侍候］的现在时分词主动态阳性复数宾格，ὑπηρετέω 要求被服务的对象用与格，所以这里出现的是复数与格 τοῖς ἐκεῖ［在那边的那些人］。

1263 ἐξηγητής［解释者］，也可以译为“导引师”。该词本义指对神谕或梦进行的解释人，后来尤其指宗教法律的解释者，泛指“导引师”。参见《欧悌弗戎》（4c6–d1）：ὁ οὖν πατὴρ συνδήσας τοὺς πόδας καὶ τὰς χεῖρας αὐτοῦ, καταβαλὼν εἰς τάφρον τινά, πέμπει δεῦρο ἄνδρα πευσόμενον τοῦ ἐξηγητοῦ ὅτι χρείη ποιεῖν.［于是我的父亲就绑了他的手足，并将他扔到一条沟里，然后在那儿派了一个人去询问导引师事情该如何做。］

1264 ἀλλ᾽ ἢ τῷ πατρίῳ［除了那位自父辈以来的〈解释者〉之外］，也可以简单意译为“除了那位〈解释者〉的祖宗之外”。

1265 [ἐν μέσῳ] τῆς γῆς ἐπὶ τοῦ ὀμφαλοῦ καθήμενος ἐξηγεῖται.［他坐在大地的中央于〈其〉肚脐眼上进行着解释］。希腊文方括号中的 ἐν μέσῳ［在中央］，伯内特认为有可能是窜入，而法国布德本希腊文和新校勘的牛津古典本希腊文均保留了它们，从之。德尔斐被视为尘世的中间，其神庙里有一块大理石，它被称作 ὀμφαλός［肚脐］，即大地的中心。。

1266 即格劳孔。

1267 ἐάντε λανθάνῃ ἐάντε μὴ πάντας θεούς τε καὶ ἀνθρώπους.［无论是不被，还是被所有的神以及世人注意到。］该表达可对观前面 367e4：ἐάντε λανθάνῃ ἐάντε μὴ θεούς τε καὶ ἀνθρώπους.［无论是不被，还是被诸神和世人注意到。］

1268 εἰς δύναμιν［力所能及地］是词组，在这里差不多等于 κατὰ δύναμιν，也可以译为“尽全力”。

1269 见前面第二卷 368b–c。

1270 这里的说法，有点类似于传统逻辑学中的所谓“剩余法”。对之的例子，可对观《吕西斯》(216d3–217a2)：{ – } Λέγω τοίνυν ἀπομαντευόμενος, τοῦ καλοῦ τε καὶ ἀγαθοῦ φίλον εἶναι τὸ μήτε ἀγαθὸν μήτε κακόν· πρὸς ἃ δὲ λέγων μαντεύομαι, ἄκουσον. δοκεῖ μοι ὡσπερεὶ τρία ἄττα εἶναι γένη, τὸ μὲν ἀγαθόν, τὸ δὲ κακόν, τὸ δ' οὔτ' ἀγαθὸν οὔτε κακόν· τί δὲ σοί; { – } Καὶ ἐμοί, ἔφη. { – } Καὶ οὔτε τἀγαθὸν τἀγαθῷ οὔτε τὸ κακὸν τῷ κακῷ οὔτε τἀγαθὸν τῷ κακῷ φίλον εἶναι, ὥσπερ οὐδ' ὁ ἔμπροσθεν λόγος ἐᾷ· λείπεται δή, εἴπερ τῴ τί ἐστιν φίλον, τὸ μήτε ἀγαθὸν μήτε κακὸν φίλον εἶναι ἢ τοῦ ἀγαθοῦ ἢ τοῦ τοιούτου οἷον αὐτό ἐστιν. οὐ γὰρ ἄν που τῷ κακῷ φίλον ἄν τι γένοιτο. { – } Ἀληθῆ. { – } Οὐδὲ μὴν τὸ ὅμοιον τῷ ὁμοίῳ ἔφαμεν ἄρτι· ἦ γάρ; { – } Ναί. { – } Οὐκ ἄρα ἔσται τῷ μήτε ἀγαθῷ μήτε κακῷ τὸ τοιοῦτον φίλον οἷον αὐτό. { – } Οὐ φαίνεται. { – } Τῷ ἀγαθῷ ἄρα τὸ μήτε ἀγαθὸν μήτε κακὸν μόνῳ μόνον συμβαίνει γίγνεσθαι φίλον. { – } Ἀνάγκη, ὡς ἔοικεν. [——因此，我说，仿佛在进行预言，那既不好也不坏的东西是那既美又好的东西的朋友；至于我进行预言而说的这些，请你听听。在我看来它们仿佛是三个种类，好的东西，坏的东西，以及既不好也不坏的东西。而在你看来是怎样？——在我看来也是这样，他说。——并且无论是好的东西之于好的东西，还是坏的东西之于坏的东西，还是好的东西之于坏的东西，都不是朋友，正如前面的讨论不允许的那样；而剩下的，如果某个东西对某个东西真的是朋友的话，那么，那既不好也不坏的东西，它或者是好的东西的朋友，或者是如它自身所是那样的诸如此类的东西的朋友。因为无论如何对于坏的东西来说任何东西都不会成为朋友。——正确。——甚至相似的东西之于相似的东西，我们刚才声称也不会成为朋友；难道不是吗？——是。——那么，对于那既不好也不坏的东西来说，那如它自身所是那样的诸如此类的东西也将不是朋友。——显然不。——于是就会得出，唯有对于好的东西，单单那既不好也不坏的东西会成为朋友。——必然，如看起来的那样。]

1271 ἐν αὐτῷ [在〈我们所寻找的〉那种东西那里]，之所以这么补充翻译，因为从文法上看，αὐτῷ 是中性，所以并不直接等于前面 427e13 那里的 ἐν αὐτῇ [在它那里 / 在城邦那里]。

1272 εὔβουλος [有能力给出好的建议的]，也可以译为“能够做出正确决定的”。有意按照词源翻译；因为形容词 εὔβουλος 派生自前缀 εὖ [好 / 正确] 和名词 βουλή [决定 / 建议]，字面意思就是“有能力给出好的建议的”“能够做出正确决定的”，转义为“深思熟虑的”“审慎的”等。

1273 τοῦτό ... αὐτό [这种东西自身]，也可以译为“恰恰这种东西”。

1274 ὡς ἂν ἔχοι βέλτιστα［〈木制器皿〉如何能够是最好的］，之所以这么补充翻译，因为动词 ἔχοι 的主语是省略了的 τὰ ξυλίνα σκεύη［木制器皿］。

1275 ᾗ［在那里］，新校勘的牛津古典本希腊文同样如此，而法国布德本希腊文作 ἡ̃［它］，不从。

1276 ὅντινα τρόπον αὐτή τε πρὸς αὑτὴν καὶ πρὸς τὰς ἄλλας πόλεις ἄριστα ὁμιλοῖ;［以什么样的方式才能够最好地同它自己打交道，以及同其他的城邦打交道？］新校勘的牛津古典本希腊文同样如此，而其中的 ὅντινα，法国布德本希腊文作 ὅντιν' <ἂν>，即补充了语气词 ἄν，也成立。

1277 见前面第三卷 414b，不过 τελέους φύλακας［十足的卫士］在那里作 φύλακας παντελεῖς。

1278 关于这一看法的相关表达，可对观：

《政治家》（292e1–293a5）：{ΞΕ.} Μῶν οὖν δοκεῖ πλῆθός γε ἐν πόλει ταύτην τὴν ἐπιστήμην δυνατὸν εἶναι κτήσασθαι; {ΝΕ. ΣΩ.} Καὶ πῶς; {ΞΕ.} Ἀλλ' ἆρα ἐν χιλιάνδρῳ πόλει δυνατὸν ἑκατόν τινας ἢ καὶ πεντήκοντα αὐτὴν ἱκανῶς κτήσασθαι; {ΝΕ. ΣΩ.} Ῥᾴστη μεντἂν οὕτω γ' εἴη πασῶν τῶν τεχνῶν· ἴσμεν γὰρ ὅτι χιλίων ἀνδρῶν ἄκροι πεττευταὶ τοσοῦτοι πρὸς τοὺς ἐν τοῖς ἄλλοις Ἕλλησιν οὐκ ἂν γένοιντό ποτε, μή τι δὴ βασιλῆς γε. δεῖ γὰρ δὴ τόν γε τὴν βασιλικὴν ἔχοντα ἐπιστήμην, ἄν τ' ἄρχῃ καὶ ἐὰν μή, κατὰ τὸν ἔμπροσθε λόγον ὅμως βασιλικὸν προσαγορεύεσθαι. {ΞΕ.} Καλῶς ἀπεμνημόνευσας. ἑπόμενον δὲ οἶμαι τούτῳ τὴν μὲν ὀρθὴν ἀρχὴν περὶ ἕνα τινὰ καὶ δύο καὶ παντάπασιν ὀλίγους δεῖ ζητεῖν, ὅταν ὀρθὴ γίγνηται. {ΝΕ. ΣΩ.} Τί μήν;［客人：那么，莫非看起来一个城邦中的多数人肯定都是有能力获取这种知识的？年轻的苏格拉底：那怎么会？客人：但这总是可能的吧，即在一个一千人的城邦中，大约一百人，或者哪怕五十个人会充分地获取它？年轻的苏格拉底：如果那样的话，它一定会是所有技艺中最容易的；因为我们知道，在一千个人中也从不曾产生过如此多顶尖的玩跳棋的人——相较于在其他希腊人那里的那些玩跳棋的人——，就更别提国王们了。因为，那确实拥有王者的知识的人，无论他在进行统治，还是没有，根据前面的那个说法，他都必须同样地被称作一位王者。客人：你很好地记住了那点。而与这相伴随的是，我认为，应当在某一个人那里，或者两个人那里，或者极少的人那里探寻正确的统治，如果统治要成为正确的话。年轻的苏格拉底：那还用说？］（297b7–c4）：Ὡς οὐκ ἄν ποτε πλῆθος οὐδ' ὡντινωνοῦν τὴν τοιαύτην λαβὸν ἐπιστήμην οἷόν τ' ἂν γένοιτο μετὰ νοῦ διοικεῖν πόλιν, ἀλλὰ περὶ σμικρόν τι καὶ ὀλίγον καὶ τὸ ἕν ἐστι ζητητέον τὴν μίαν ἐκείνην πολιτείαν τὴν ὀρθήν, τὰς δ᾽ ἄλλας μιμήματα θετέον, ὥσπερ καὶ ὀλίγον πρότερον ἐρρήθη, τὰς μὲν ἐπὶ τὰ καλλίονα, τὰς δ᾽ ἐπὶ τὰ αἰσχίω μιμουμένας ταύτην. [那就是，一大群人——无论是些什么人——，都从不会可能通过掌握这门知识而凭借理智来管理城邦，相反，必须在一个小范围内、在少数人那里甚或在一个人那里去寻找那唯一正确的政制，而其他的各种政制都必须被确定为是它的一些模仿品，也正如不久前说过的那样，一些向着较美好的东西进行模仿，一些则向着较丑陋的东西进行模仿。]

《泰阿泰德》(186b11-c5)：Οὐκοῦν τὰ μὲν εὐθὺς γενομένοις πάρεστι φύσει αἰσθάνεσθαι ἀνθρώποις τε καὶ θηρίοις, ὅσα διὰ τοῦ σώματος παθήματα ἐπὶ τὴν ψυχὴν τείνει· τὰ δὲ περὶ τούτων ἀναλογίσματα πρός τε οὐσίαν καὶ ὠφέλειαν μόγις καὶ ἐν χρόνῳ διὰ πολλῶν πραγμάτων καὶ παιδείας παραγίγνεται οἷς ἂν καὶ παραγίγνηται; [因此，岂不有一些东西，当人和野兽一出生，他们在本性上就能够感觉到它们，即所有通过身体而延伸到灵魂那里的那些遭受；而另一些东西，即关于这些东西对其所是和益处的各种计算，则是通过许多的事务和教育，艰难地和在时间中抵达的——如果它们毕竟会被抵达的话——？]

1279 τοιαύτη[如此这般的]，即 ἀνδρεία[勇敢的]。

1280 διὰ παντός[在任何情形下]，单就这一表达，也可以译为"在任何时候"。διὰ παντός 这一表达暗含 χρόνου[时间]一词，补全当为 διὰ παντὸς τοῦ χρόνου。参见：

《政治家》(269e1-3)：ὅθεν αὐτῷ μεταβολῆς ἀμοίρῳ γίγνεσθαι διὰ παντὸς ἀδύνατον, κατὰ δύναμίν γε μὴν ὅτι μάλιστα ἐν τῷ αὐτῷ κατὰ ταὐτὰ μίαν φορὰν κινεῖται. [由此对它来说永远地摆脱变化是不可能的，而是尽可能地至多到下面这个份上，即在同一个地方、以同样的方式运动，而且是单一的位移。](294c7-8)：Οὐκοῦν ἀδύνατον εὖ ἔχειν πρὸς τὰ μηδέποτε ἁπλᾶ τὸ διὰ παντὸς γιγνόμενον ἁπλοῦν; [那么下面这点岂不就是不可能的，即那永恒产生出来的简单物会善待那些从来就不简单的东西？]

《斐德若》(240e2-3)：φυλακάς τε δὴ καχυποτόπους φυλαττομένῳ διὰ παντὸς καὶ πρὸς ἅπαντας. [因为他在任何时候以及在同任何人的交往中都被那人用各种各样多疑的警觉提防着。]

1281 διὰ παντὸς δὲ ἔλεγον αὐτῆς σωτηρίαν[而我〈之所以〉把它称作在任何情形下的保持]，即"而我〈之所以〉把勇敢称作在任何情形下的保持"或"而我〈之所以〉把保持称作在任何情形下的保持"。这句话在法国布德本希腊文中同样如此，而新校勘的牛津古典本希腊文将其中的 αὐτῆς[它]改

为了 αὐτὴν，从而 αὐτὴν［它］和 σωτηρίαν［保持］成为了动词 ἔλεγον［说］的双宾语；这里的翻译从新校勘的牛津古典本希腊文。从文法上看，只是把属格改为了宾格；但从义理上看，αὐτῆς［它］只能指代 δόξα［信念］，而 αὐτὴν［它］要么指代 ἀνδρεία［勇敢］，要么指代 σωτηρία［保持］，我本人倾向于前者。如果按伯内特本和法国布德本翻译，那么这句话则可以译为：而所谓在任何情形下对它的保持，我说的是彻底保持它。

1282 τὸ ... διασῴζεσθαι αὐτήν［彻底保持这种信念］是一个整体，字面意思是“彻底保持它”。

1283 对观《拉刻斯》(191c7–e2)：Τοῦτο τοίνυν ὃ ἄρτι ἔλεγον, ὅτι ἐγὼ αἴτιος μὴ καλῶς σε ἀποκρίνασθαι, ὅτι οὐ καλῶς ἠρόμην – βουλόμενος γάρ σου πυθέσθαι μὴ μόνον τοὺς ἐν τῷ ὁπλιτικῷ ἀνδρείους, ἀλλὰ καὶ τοὺς ἐν τῷ ἱππικῷ καὶ ἐν σύμπαντι τῷ πολεμικῷ εἴδει, καὶ μὴ μόνον τοὺς ἐν τῷ πολέμῳ, ἀλλὰ καὶ τοὺς ἐν τοῖς πρὸς τὴν θάλατταν κινδύνοις ἀνδρείους ὄντας, καὶ ὅσοι γε πρὸς νόσους καὶ ὅσοι πρὸς πενίας ἢ καὶ πρὸς τὰ πολιτικὰ ἀνδρεῖοί εἰσιν, καὶ ἔτι αὖ μὴ μόνον ὅσοι πρὸς λύπας ἀνδρεῖοί εἰσιν ἢ φόβους, ἀλλὰ καὶ πρὸς ἐπιθυμίας ἢ ἡδονὰς δεινοὶ μάχεσθαι, καὶ μένοντες καὶ ἀναστρέφοντες – εἰσὶ γάρ πού τινες, ὦ Λάχης, καὶ ἐν τοῖς τοιούτοις ἀνδρεῖοι –［因此，这就是我刚才所说的，那就是我要对你没有正确地进行回答负责任，因为我未曾正确地进行询问——其实我希望向你了解的，不仅仅是那些在重装步兵作战中勇敢的人，而且还有那些在骑兵作战以及在其他每一种战争形式中勇敢的人；不仅仅是那些在战争中是勇敢的人，而且还有那些在面对大海的各种危险中是勇敢的人；以及所有那些面对各种疾病和所有那些面对各种贫困，甚或面对各种城邦事务是勇敢的人；进而还有，不仅仅是所有那些面对各种痛苦或各种恐惧是勇敢的人，而且还有那些强有力地同各种欲望或各种快乐进行斗争的人，无论他们是通过坚守在那里还是转身逃跑——因为，无论如何都有着这样一些，拉刻斯啊，甚至在诸如此类的事情中也是勇敢的人——。］

1284 ἐκ τοσούτων χρωμάτων［从如此多颜色〈的羊毛〉］，之所以这么说，因为羊毛可能事先已经被染成了许多种颜色。

1285 μίαν φύσιν τὴν τῶν λευκῶν［唯一的一种白色］是一个整体，字面意思是“诸白色中的唯一品种”“各种各样的白色中的唯一类型”；名词 φύσις 在这里的意思不是“自然”“本性”，而是“种类”“品种”；《牛津希–英词典》举了柏拉图在这里的这个表达，对它的解释是：kind, sort, species。

1286 ὅπως δέξεται ὅτι μάλιστα τὸ ἄνθος［以便它将尽可能地取得光泽］。名词 ἄνθος 的本义是“花”“鲜花”，喻为“青春”“极好的时期”；但在这里的意思是“色泽”“光泽”，《牛津希-英词典》举了柏拉图在这里的这个表达，对它的解释是：lustre。

1287 δευσοποιὸν γίγνεται τὸ βαφέν［它变得不褪色］。这句话在法国布德本希腊文中同样如此，而新校勘的牛津古典本希腊文认为其中的分词 τὸ βαφέν［当它被染色］是窜入，从之。

1288 ἄλλα χρώματα［其他颜色〈的羊毛〉］，同前面的 ἐκ τοσούτων χρωμάτων［从如此多颜色〈的羊毛〉中］相呼应，因而不是指用来染色的“其他的颜色”。

1289 κατὰ δύναμιν［力所能及地 / 尽可能地］是词组，也可以译为“尽全力”“凭自己的力量”；其反面是 ὑπὲρ δύναμιν［力所不及地 / 超出自己能力地］。

1290 χαλεστραῖον［来自卡拉斯忒剌的碱面］。卡拉斯忒剌（χαλάστρα, Kalastra）是位于马其顿的一个城市，以盛产白色像盐一样的用来去污的碱面著称。

1291 τήν τε θηριώδη καὶ ἀνδραποδώδη［动物性的信念和带有奴性的信念］，也可以译为“动物性的信念和奴隶般的信念”。对观《斐洞》（69b1–c3）：καὶ τούτου μὲν πάντα καὶ μετὰ τούτου ὠνούμενά τε καὶ πιπρασκόμενα τῷ ὄντι ᾖ καὶ ἀνδρεία καὶ σωφροσύνη καὶ δικαιοσύνη καὶ συλλήβδην ἀληθὴς ἀρετή, μετὰ φρονήσεως, καὶ προσγιγνομένων καὶ ἀπογιγνομένων καὶ ἡδονῶν καὶ φόβων καὶ τῶν ἄλλων πάντων τῶν τοιούτων· χωριζόμενα δὲ φρονήσεως καὶ ἀλλαττόμενα ἀντὶ ἀλλήλων μὴ σκιαγραφία τις ᾖ ἡ τοιαύτη ἀρετὴ καὶ τῷ ὄντι ἀνδραποδώδης τε καὶ οὐδὲν ὑγιὲς οὐδ᾽ ἀληθὲς ἔχῃ, τὸ δ᾽ ἀληθὲς τῷ ὄντι ᾖ κάθαρσίς τις τῶν τοιούτων πάντων καὶ ἡ σωφροσύνη καὶ ἡ δικαιοσύνη καὶ ἀνδρεία, καὶ αὐτὴ ἡ φρόνησις μὴ καθαρμός τις ᾖ.［并且当所有东西都为了这种东西以及伴随着这种东西而被买和卖时，才可能真正地有着勇敢、节制和正义，简而言之，真的德性伴随着真正的知识，无论加上还是拿走各种快乐、各种恐惧以及所有其他诸如此类的东西。但是，当它们与真正的知识相分离并只是互相交换时，这种德性就可能只是一种虚影，并且实际上是带有奴性的，既不包含任何健康的东西，也不包含任何真的东西。而真的东西实际上可能是对所有这类东西的某种纯化，节制、公正、勇敢以及真正的知识本身都可能是一种洁净。］

1292 νόμιμον［合法的］。新校勘的牛津古典本希腊文同样如此，而法国布德本希腊文作 μόνιμον［坚定的 / 稳定的］，不从。

1293 对观《拉刻斯》（196e1–9）：Δῆλον δή, ὦ Νικία, ὅτι οὐδὲ τὴν Κρομμυωνίαν ὗν πιστεύεις σύ γε ἀνδρείαν γεγονέναι. τοῦτο δὲ λέγω οὐ παίζων, ἀλλ᾽ ἀναγκαῖον οἶμαι τῷ ταῦτα λέγοντι μηδενὸς θηρίου ἀποδέχεσθαι ἀνδρείαν, ἢ συγχωρεῖν θηρίον τι οὕτω σοφὸν εἶναι, ὥστε ἃ ὀλίγοι ἀνθρώπων ἴσασι διὰ τὸ χαλεπὰ εἶναι γνῶναι, ταῦτα λέοντα ἢ πάρδαλιν ἤ τινα κάπρον φάναι εἰδέναι· ἀλλ' ἀνάγκη ὁμοίως λέοντα καὶ ἔλαφον καὶ ταῦρον καὶ πίθηκον πρὸς ἀνδρείαν φάναι πεφυκέναι τὸν τιθέμενον ἀνδρείαν τοῦθ' ὅπερ σὺ τίθεσαι. [那么下面这点就是显而易见的，尼基阿斯啊，那就是，你肯定不相信克洛密翁的母猪已经变得勇敢了。而我并不是因为开玩笑才这样说；相反，我认为，如你那样主张这点的人，对他来说下面这点就是必然的，那就是：他或者不承认任何野兽的勇敢，或者同意任何一头野兽都是如此的智慧，以至于只有少数人才知道的那种东西——由于它是难以认识的——，他宣称一头狮子或一只豹子，甚或一头野猪知道它。而且，那如你所规定的那样来规定勇敢的人，他必然宣称一头狮子、一只鹿、一头公牛以及一只猴子，它们生来就同等地同勇敢相关。]（197a6–c1）Οὐ γάρ τι, ὦ Λάχης, ἔγωγε ἀνδρεῖα καλῶ οὔτε θηρία οὔτε ἄλλο οὐδὲν τὸ τὰ δεινὰ ὑπὸ ἀνοίας μὴ φοβούμενον, ἀλλ' ἄφοβον καὶ μῶρον· ἢ καὶ τὰ παιδία πάντα οἴει με ἀνδρεῖα καλεῖν, ἃ δι' ἄνοιαν οὐδὲν δέδοικεν; ἀλλ' οἶμαι τὸ ἄφοβον καὶ τὸ ἀνδρεῖον οὐ ταὐτόν ἐστιν. ἐγὼ δὲ ἀνδρείας μὲν καὶ προμηθίας πάνυ τισὶν ὀλίγοις οἶμαι μετεῖναι, θρασύτητος δὲ καὶ τόλμης καὶ τοῦ ἀφόβου μετὰ ἀπρομηθίας πάνυ πολλοῖς καὶ ἀνδρῶν καὶ γυναικῶν καὶ παίδων καὶ θηρίων. ταῦτ' οὖν ἃ σὺ καλεῖς ἀνδρεῖα καὶ οἱ πολλοί, ἐγὼ θρασέα καλῶ, ἀνδρεῖα δὲ τὰ φρόνιμα περὶ ὧν λέγω. [无论如何，拉刻斯啊，我都肯定既不会把那些野兽称作是勇敢的，也不会把其他任何由于缺乏理解力而不畏惧那些可怕的事情的生类称作是勇敢的，而是将之称作是不知畏惧的和愚蠢的。或者，你竟然会认为我也把所有那些因缺乏理解力而无所害怕的孩子称作是勇敢的吗？相反，我认为不知畏惧和勇敢不是同一回事。而就勇敢和先见之明，我认为只有很少的人才分得它们；但伴随缺乏先见之明而来的鲁莽、大胆和不知畏惧，很多人都分得了它们，无论是男人，还是妇女和孩子，还是野兽。因此，你和许多人称之为是勇敢的那些行为，我称之为是鲁莽的，而勇敢的行为是我正在谈论的那些明智的行为。]

1294 πολιτικήν [城邦公民的〈勇敢〉]，也可以译为“属于城邦的〈勇敢〉”。对观《斐洞》（82a10–b3）：Οὐκοῦν εὐδαιμονέστατοι, ἔφη, καὶ τούτων εἰσὶ καὶ εἰς βέλτιστον τόπον ἰόντες οἱ τὴν δημοτικὴν καὶ πολιτικὴν ἀρετὴν ἐπιτετηδευκότες, ἣν δὴ καλοῦσι σωφροσύνην τε καὶ δικαιοσύνην, ἐξ ἔθους τε καὶ μελέτης γεγονυῖαν ἄνευ φιλοσοφίας τε καὶ νοῦ; [因此，甚至这些人中那些最幸福的，苏格拉底说，以及那些前往最好地方的，即那些致力于普通德性和公民德性的——他们实际上将之称为节制和正义——，岂不也只是基于习惯和训

练而成为那个样子，缺乏热爱智慧和理智？]

1295 πάντα ζητοῦμεν［探寻〈其他〉所有东西］，如果把中性复 πάντα 理解为副词，也可以译为“进行整个的探寻”。

1296 ὥς γε ἐντεῦθεν ἰδεῖν［至少从〈现在〉这里〈的立场〉来看］，字面意思是“至少从这里来看”；该表达可参见《政治家》(289d6–8)：Τοὺς μὲν δὴ μεγίστους ὑπηρέτας, ὡς ἐνθένδε ἰδεῖν, τοὐναντίον ἔχοντας εὑρίσκομεν οἷς ὑπωπτεύσαμεν ἐπιτήδευμα καὶ πάθος.［那么，那些最主要的仆人，从现在这里的立场来看，我们将发现他们有着同我们刚才怀疑过的那些相反的事业和经历。］

1297 συμφωνίᾳ τινὶ καὶ ἁρμονίᾳ［某种一致以及和谐］。名词 συμφωνία 派生自前缀 συν-［一起 / 一同］和 φωνή［声音］，本义是“声音一致”；名词 ἁρμονία 则来自动词 ἁρμόζω，而 ἁρμόζω 的本义是“联结”“绷紧”。

1298 κρείττω δὴ αὑτοῦ ἀποφαίνοντες［因为他们确实宣称一个人要比他自己更强］，之所以这么翻译，因为 κρείττω 在这里是阳性宾格比较级单数。其中的动词分词 ἀποφαίνοντε［他们显得］，法国布德本希腊文和新校勘的牛津古典本希腊文均作 λέγοντες［他们宣称 / 他们说］，从之。

1299 ἔνι 在这里即 ἔνεστι。

1300 τινος ὁμιλίας［由于某种〈坏的〉交往］。对观《斐德若》(249e4–250a4)：καθάπερ γὰρ εἴρηται, πᾶσα μὲν ἀνθρώπου ψυχὴ φύσει τεθέαται τὰ ὄντα, ἢ οὐκ ἂν ἦλθεν εἰς τόδε τὸ ζῷον· ἀναμιμνήσκεσθαι δὲ ἐκ τῶνδε ἐκεῖνα οὐ ῥᾴδιον ἁπάσῃ, οὔτε ὅσαι βραχέως εἶδον τότε τἀκεῖ, οὔθ’ αἳ δεῦρο πεσοῦσαι ἐδυστύχησαν, ὥστε ὑπό τινων ὁμιλιῶν ἐπὶ τὸ ἄδικον τραπόμεναι λήθην ὧν τότε εἶδον ἱερῶν ἔχειν.［因为，一方面，正如已经说过的，人的灵魂，每个都在本性上已经看到过那些是着的东西，否则它就不会进入到人这种活物中；另一方面，从尘世这里的这些东西回忆起那边那些是着的东西，这对于每个灵魂来说都是不容易的，无论是对于所有那些那时仅仅短暂地看到过那边的那些是着的东西的灵魂来说，还是对于下面这些灵魂来说：当坠落到尘世这里后，它们遭遇了不幸，以至于由于一些坏的交往而转向不义，从而遗忘了曾经看到过的那些神圣的东西。］

1301 ὡς ἐν ὀνείδει［在责备的意义］是一个整体，也可以译为“在责备的方式上”。《牛津希-英词典》举了柏拉图在这里的这个表达，对它的解释是：by way of reproach。

1302 οὗ［其中］，也可以将之理解为副词而译为“在那里”。

1303 λογισμῷ［计算］，有意按字面意思翻译，当然译为“考虑”“权衡”也可以。

1304 Ἐν ποτέροις οὖν φήσεις τῶν πολιτῶν τὸ σωφρονεῖν ἐνεῖναι［那么，你将宣称自制内在于城邦公民的哪些人中呢］，也可以补充译为“那么，在城邦公民〈的这两个部分〉中，你将宣称自制内在于哪个部分中呢”。

1305 ὅταν οὕτως ἔχωσιν［当他们是这个样子的话］，即他们对哪些人应当进行统治持有同一种信念。

1306 διὰ πασῶν［完完全全］，这是意译，也可以“遍及所有的阶层”；如果考虑到这里是基于音乐在打比方，也可以译为“遍及所有的音阶”。

1307 ἰσχύι［根据力量来说］，也可以译为“根据力气来说”“根据强健来说”。

1308 φρονήσει［根据明智来说］，最强者、居间者和最弱者所对应的阶层分别是“统治者”“战士”和“大众”；ἰσχύι［根据力量来说］，依次对应的是“战士”“大众”和“统治者”；πλήθει ἢ χρήμασιν ἢ ἄλλῳ ότῳοῦν τῶν τοιούτων［根据人数多少，或者根据钱财，或者根据诸如此类的东西中的其他任何一种来说］，依次对应的则是“大众”“战士”和“统治者”。

1309 ὥς γε οὑτωσὶ δόξαι［至少看起来是这样］是短语和固定表达，δόξαι 在这里是动词 δοκέω［看起来 / 显得］的一次性过去时不定式主动态；类似的表达还有 ὡς οὕτω γ᾽ ἀκοῦσαι［至少听起来是这样］。参见《欧悌弗戎》（3b1）：Ἄτοπα, ὦ θαυμάσιε, ὡς οὕτω γ᾽ ἀκοῦσαι.［卓越的人啊，乍一听起来都是些荒诞不经的事情。］

1310 关于“猎人”的比喻，可对观：

《拉刻斯》（194b5-6）：Οὐκοῦν, ὦ φίλε, τὸν ἀγαθὸν κυνηγέτην μεταθεῖν χρὴ καὶ μὴ ἀνιέναι.［因此，朋友啊，优秀的猎人必定继续追踪，而不放弃。］

《吕西斯》（218c4-5）：Καὶ δὴ καὶ αὐτὸς ἐγὼ πάνυ ἔχαιρον, ὥσπερ θηρευτής τις, ἔχων ἀγαπητῶς ὃ ἐθηρευόμην.［而我自己感到非常高兴，就像一个猎人似的，因为我心满意足地捉住了我所追捕的东西。］

1311 ἀφανισθεῖσα［消失］。ἀφανισθεῖσα 是动词 ἀφανίζω 的一次性过去时分词被动态阴性主格单数；ἀφανίζω 的本义是“使不可见”“隐藏”，但其被动态则具有“消失”“不知所终”等意思。

1312 连词 ἐάν 作“是否”讲，参见前面第一卷 327c10 那里对“ἢν πείσωμεν ὑμᾶς［如果我们说服了你们］”的注释 19。

1313 Εἰ γὰρ ὤφελον［但愿我能够］。ὤφελον 在这里是动词 ὀφείλω 的一次性过去时直陈式主动态第一人称单数，ὀφείλω 本义是“应该”，但 εἰ γὰρ ὤφελον 是一个整体和固定表达，相当于拉丁文的 utinam［但愿 / 如能……才好］；该表达常用来表示希望某事发生而迄今尚未发生。参见《克里同》（44d6-10）：Εἰ γὰρ ὤφελον, ὦ Κρίτων, οἷοί τ᾽ εἶναι οἱ πολλοὶ τὰ μέγιστα κακὰ ἐργάζεσθαι, ἵνα οἷοί τ᾽ ἦσαν καὶ ἀγαθὰ τὰ μέγιστα, καὶ καλῶς ἂν εἶχεν. νῦν δὲ οὐδέτερα οἷοί τε· οὔτε γὰρ φρόνιμον οὔτε ἄφρονα δυνατοὶ ποιῆσαι, ποιοῦσι δὲ τοῦτο ὅτι ἂν τύχωσι.［克里同啊，但愿大众有能力做出各种最大的恶事，由此一来他们也就已经有能力做出各种最大的善事，那样一切就会太好了！但现在他们没有能力做出这两者。因为他们既不能够造就明智者，也不能够造就不明智者；相反，他们即使造成这些，也只不过是他们碰巧造成的而已。］

1314 εἴ τι ... λέγω［我是否说得在理］，也可以译为“我是否说得中肯”；字面意思是“我是否说出了某种东西”。τι λέγειν［说得在理 / 说得中肯］同 οὐδὲν λέγειν［说空话 / 胡说］相对应。

1315 τούτου τι εἶδος［这件事的某种形式］，之所以这么说，因为除了城邦的正义或城邦公民的正义之外，还有体现在个体灵魂中的正义等。

1316 τὸ τὰ αὑτοῦ πράττειν［做自己的事情］。然而，柏拉图在别处提到有人把“做自己的事情”视为“自制”。参见《卡尔米德斯》(161b5-7)：ἄρτι γὰρ ἀνεμνήσθην – ὃ ἤδη του ἤκουσα λέγοντος – ὅτι σωφροσύνη ἂν εἴη τὸ τὰ ἑαυτοῦ πράττειν. σκόπει οὖν τοῦτο εἰ ὀρθῶς σοι δοκεῖ λέγειν ὁ λέγων.［因为我刚刚想起来了——我已经听某个人说过的——，那就是：自制就是做自己的事情。因此，请你来考察一下，在你看来，那个说这话的人是否说得正确。］

1317 πολυπραγμονεῖν［爱管闲事］。动词 πολυπραγμονέω 的本义是“忙于许多的事情”“忙碌”，但在贬义上则指“爱管闲事”“多事”“瞎忙”；《牛津希-英词典》举了柏拉图在这里的这个表达，对它的解释是：to be a meddlesome, inquisitive busybody。

1318 ὧν ἐσκέμμεθα［我们已经考察过的那些东西］，法国布德本希腊文同样如此，而新校勘的牛津古典本希腊文暂且将之改作 τῶν <** ὧν> ἐσκέμμεθα，从之。

1319 这里用 φρόνησις［明智］一词替换了前面讨论的 σοφία［智慧］。

1320 ἡ ὁμοδοξία［信念一致］，单就这一表达，也可以译为“意见一致”。

1321 ἐνάμιλλον［进行势均力敌的竞争的］，也可以译为“进行平等竞争的”。

1322 Ἦ ἄλλου οὑτινοσοῦν μᾶλλον ἐφιέμενοι［那么，难道他们竟然以其他某种东西为目的］，也可以译为“那么，难道他们竟然瞄准其他任何东西”。ἐφιέμενοι 是动词 ἐφίημι 的现在时分词中动态阳性主格复数；参见前面第二卷 357b6 那里对“τῶν ἀποβαινόντων ἐφιέμενοι［我们以它所导致的各种结果为目的］”的注释 433。另外，这句话在法国布德本希腊文中同样如此，而新校勘的牛津古典本希腊文将其中的 οὑτινοσοῦν 改为 τινὸς οὖν，从之。

1323 ἐπαιρόμενος［自以为是］，这是意译，也可以译为“感到得意”“被激起”等。ἐπαιρόμενος 在这里是动词 ἐπαίρω 的现在时分词被动阳性主格单数，ἐπαίρω 的本义是“抬高”“鼓动”，其被动态则具有“被激起”“感到得意”等意思；《牛津希-英词典》举了柏拉图在这里的这个表达，对它的解释是：to be roused, led on, excited。参见《斐德若》（232a1-4）：τοὺς μὲν ἐρῶντας, οὕτως ἂν οἰομένους καὶ ὑπὸ τῶν ἄλλων ζηλοῦσθαι ὥσπερ αὐτοὺς ὑφ' αὑτῶν, ἐπαρθῆναι τῷ λέγειν καὶ φιλοτιμουμένους ἐπιδείκνυσθαι πρὸς ἅπαντας ὅτι οὐκ ἄλλως αὐτοῖς πεπόνηται.［那些陷入爱中的人，由于他们相信他们同样会被其他人视为幸运，就像被他们自己视为幸运一样，于是他们就自吹自擂，并且满心虚荣地渴望向所有人显示他们并未徒劳地辛苦了一番。］

1324 τὸ τοῦ βουλευτικοῦ καὶ φύλακος［能提建议的人的阶层和卫士的阶层］。形容词 βουλευτικός 既指“属于议事会的”，作名词讲时，等同于 βουλευτής［议事会成员 / 议员］，也指“能提建议的”；这里的意思是后者。《牛津希-英词典》举了柏拉图在这里的这个表达，对它的解释是：able to advise or deliberate。

1325 τριῶν ... ὄντων γενῶν［既然阶层是三个］，也可以简单译为“有三个阶层”。这里的 γένος 和前面 434b2 那里的 εἶδος 不作区分，均意译为“阶层”。

1326 副词 πάλιν 在这里的意思不是“再次”“重新”，而是“反过来”“以相反的方式”；《牛津希-英词典》对它的这层意思的解释是：contrariwise。

1327 οἰκειοπραγία［尽忠职守］，这是意译，该词的字面意思是“对自己的事情的照看”“对自己的事情的关心”。

1328 παγίως［肯定地］。παγίως 是有形容词 πάγιος［坚固的 / 稳定的］派生而来的副词，在这里的意思“肯定地”“绝对地”“毫无保留地”；《牛津希-英词典》举了柏拉图在这里的这个表达，对它的解释是：positively, without reservations。

1329 τὸ εἶδος τοῦτο［这种形式］，即前面提到的 οἰκειοπραγία［尽忠职守 / 对自己的事情的照看 / 对自己的事情的关心］。

1330 εἰς ἕνα ἕκαστον τῶν ἀνθρώπων ἰόν［前往人们中的每一位个人那里］，也可以意译为“体现在人们中的每一位个体身上”。

1331 ἐκεῖ［在那里］，即“在每一位个体那里”。

1332 εἰ ἐν μείζονί τινι τῶν ἐχόντων δικαιοσύνην πρότερον <ἢ> ἐκεῖ ἐπιχειρήσαιμεν θεάσασθαι［在那些具有正义的东西中，如果我们事先尝试在某个较大的东西那里观看它］，这句话尖括号中的比较小词 ἢ，是伯内特增补的，而法国布德本希腊文和新校勘的牛津古典本希腊文均没有这样做，从之。

1333 见前面第二卷 368d–369a。

1334 这里谈到的这种方法，可对观《政治家》（278a5–c7）：{ΞΕ.} Ἆρ' οὖν οὐχ ὧδε ῥᾷστον καὶ κάλλιστον ἐπάγειν αὐτοὺς ἐπὶ τὰ μήπω γιγνωσκόμενα; {ΝΕ. ΣΩ.} Πῶς; {ΞΕ.} Ἀνάγειν πρῶτον ἐπ' ἐκεῖνα ἐν οἷς ταὐτὰ ταῦτα ὀρθῶς ἐδόξαζον, ἀναγαγόντας δὲ τιθέναι παρὰ τὰ μήπω γιγνωσκόμενα, καὶ παραβάλλοντας ἐνδεικνύναι τὴν αὐτὴν ὁμοιότητα καὶ φύσιν ἐν ἀμφοτέραις οὖσαν ταῖς συμπλοκαῖς, μέχριπερ ἂν πᾶσι τοῖς ἀγνοουμένοις τὰ δοξαζόμενα ἀληθῶς παρατιθέμενα δειχθῇ, δειχθέντα δέ, παραδείγματα οὕτω γιγνόμενα, ποιήσῃ τῶν στοιχείων ἕκαστον πάντων ἐν πάσαις ταῖς συλλαβαῖς τὸ μὲν ἕτερον ὡς τῶν ἄλλων ἕτερον ὄν, τὸ δὲ ταὐτὸν ὡς ταὐτὸν ἀεὶ κατὰ ταὐτὰ ἑαυτῷ προσαγορεύεσθαι. {ΝΕ. ΣΩ.} Παντάπασι μὲν οὖν. {ΞΕ.} Οὐκοῦν τοῦτο μὲν ἱκανῶς συνειλήφαμεν, ὅτι παραδείγματός γ' ἐστὶ τότε γένεσις, ὁπόταν ὂν ταὐτὸν ἐν ἑτέρῳ διεσπασμένῳ δοξαζόμενον ὀρθῶς καὶ συναχθὲν περὶ ἑκάτερον ὡς συνάμφω μίαν ἀληθῆ δόξαν ἀποτελῇ; {ΝΕ. ΣΩ.} Φαίνεται.［客人：那么，以下面这种方式岂不最容易和最美地把他们引向那些尚未被他们所认识的东西？年轻的苏格拉底：何种方式？客人：首先把他们带回到于其中他们已经正确地判断同样这些字母的那些音节那儿，而当把他们带回去后，就把这些音节置于那些尚未被他们认识的音节旁边，并且通过把它们进行互相比较来揭示同样的相似性和本性是位于两方各自的结合中的，直到那些被正确判断了的字母通过被摆在所有那些未被认识的字母面前而得到了展示；而一旦它们被展示了出来，并由此成为了一些范例后，它们就会使得在所有音节中的所有字母中的每个，一方面被称为异，因为它是异于其他的，另一方面被称为同，因为它总是以同样的方式与自身同一。年轻的苏格拉底：完全如此。客人：因此，我们岂不充分地把握到了这点，那就是一个例子的产生是在下面那个时候：每当某个东西，通过在另外某个截然不同的东西中被正确地判断为是同一个东西，并且通过两相比较而关于两者中的每一个以及关于两者合在一起都完成了单一的真判断？年轻的苏格拉底：显然。］

1335 καλῶς ἕξει［将一切顺利］，字面意思是“将是美的”。ἕξει 在这里是动词 ἔχω 的将来时直陈式主动态第三人称单数；动词 ἔχω［有］加副词表“处于某种状态”或“是某种样子”，等于 εἰμί 加相应的形容词，因此 καλῶς ἔχειν 等于 καλός εἶναι。

1336 καθ' ὁδόν τε λέγεις［你说得有条不紊］。καθ' ὁδόν 的字面意思是“沿着道路”，大致等于副词 ὁδῷ；《牛津希–英词典》举了柏拉图在这里的这个表达，对它的解释是：methodically, systematically。此外，名词 μέθοδος［方法］就由 μετά［依赖 / 凭借 / 跟随］和 ὁδός［道路］构成；参见《智者》（218d2-6）：νῦν οὖν, ὦ Θεαίτητε, ἔγωγε καὶ νῷν οὕτω συμβουλεύω, χαλεπὸν καὶ δυσθήρευτον ἡγησαμένοις εἶναι τὸ τοῦ σοφιστοῦ γένος πρότερον ἐν ἄλλῳ ῥᾴονι τὴν μέθοδον αὐτοῦ προμελετᾶν, εἰ μὴ σύ ποθεν εὐπετεστέραν ἔχεις εἰπεῖν ἄλλην ὁδόν.［因此，泰阿泰德啊，现在我至少对我俩这样加以建议：只要我们认为智者的家族是棘手的和难以捕捉的，那就提前在另外某种容易的东西中预先练习捕捉它的方法，除非你能够说出其他某种更为合适的道路。］

1337 ἀνόμοιον ... ἢ ὅμοιον［不相同的……还是相同的］，也可以译为“不一样的……还是一样的”，基于文义，不将之译为“不相似的……还是相似的”。

1338 πάθη τε καὶ ἕξεις［情况和习性］。名词 ἕξις［习性 / 情状］，来自动词 ἔχω［有 / 具有］的将来时 ἕξω，既指身体或精神上的一种状态、习性，也指训练而成的各种技能、习惯。参见《菲勒玻斯》（11d4-6）：Ὡς νῦν ἡμῶν ἑκάτερος ἕξιν ψυχῆς καὶ διάθεσιν ἀποφαίνειν τινὰ ἐπιχειρήσει τὴν δυναμένην ἀνθρώποις πᾶσι τὸν βίον εὐδαίμονα παρέχειν.［现在我俩各自都要试着去显明灵魂的某种习性或状态，它能够为所有人提供一种幸福的生活。］

关于 ἕξις［习性 / 习惯］和 διάθεσις［状态］的区别，可参见亚里士多德《范畴篇》（8b26-9a13）：ἓν μὲν οὖν εἶδος ποιότητος ἕξις καὶ διάθεσις λεγέσθωσαν. διαφέρει δὲ ἕξις διαθέσεως τῷ μονιμώτερον καὶ πολυχρονιώτερον εἶναι· τοιαῦται δὲ αἵ τε ἐπιστῆμαι καὶ αἱ ἀρεταί· ἥ τε γὰρ ἐπιστήμη δοκεῖ τῶν παραμονίμων εἶναι καὶ δυσκινήτων, ἐὰν καὶ μετρίως τις ἐπιστήμην λάβῃ, ἐάνπερ μὴ μεγάλη μεταβολὴ γένηται ὑπὸ νόσου ἢ ἄλλου τινὸς τοιούτου· ὡσαύτως δὲ καὶ ἡ ἀρετή· οἷον ἡ δικαιοσύνη καὶ ἡ σωφροσύνη καὶ ἕκαστον τῶν τοιούτων οὐκ εὐκίνητον δοκεῖ εἶναι οὐδ᾽ εὐμετάβολον. διαθέσεις δὲ λέγονται ἅ ἐστιν εὐκίνητα καὶ ταχὺ μεταβάλλοντα, οἷον θερμότης καὶ κατάψυξις καὶ νόσος καὶ ὑγίεια καὶ ὅσα ἄλλα τοιαῦτα· διάκειται μὲν γάρ πως κατὰ ταύτας ὁ ἄνθρωπος, ταχὺ δὲ μεταβάλλει ἐκ θερμοῦ ψυχρὸς γιγνόμενος καὶ ἐκ τοῦ ὑγιαίνειν εἰς τὸ νοσεῖν· ὡσαύτως δὲ καὶ ἐπὶ τῶν ἄλλων, εἰ μή τις καὶ αὐτῶν τούτων τυγχάνοι διὰ χρόνου πλῆθος ἤδη πεφυσιωμένη καὶ ἀνίατος ἢ πάνυ δυσκίνητος οὖσα, ἣν ἄν τις ἴσως ἕξιν ἤδη προσαγορεύοι. φανερὸν δὲ ὅτι ταῦτα βούλονται ἕξεις λέγειν ἅ ἐστι πολυχρονιώτερα καὶ δυσκινητότερα· τοὺς γὰρ τῶν ἐπιστημῶν μὴ πάνυ κατέχοντας ἀλλ᾽ εὐκινήτους ὄντας οὔ φασιν ἕξιν ἔχειν, καίτοι διάκεινταί γέ πως κατὰ τὴν ἐπιστήμην ἢ χεῖρον ἢ βέλτιον. ὥστε διαφέρει ἕξις διαθέσεως τῷ τὸ μὲν εὐκίνητον εἶναι τὸ δὲ πολυχρονιώτερόν τε καὶ δυσκινητότερον. —εἰσὶ δὲ αἱ μὲν ἕξεις καὶ διαθέσεις, αἱ δὲ διαθέσεις οὐκ ἐξ ἀνάγκης ἕξεις· οἱ μὲν γὰρ ἕξεις ἔχοντες καὶ διάκεινταί πως κατὰ ταύτας, οἱ δὲ διακείμενοι οὐ πάντως καὶ ἕξιν ἔχουσιν.［因此，有一种质被称作习性和状态。而习性之不同于状态，就在于它是更稳定和更持久的。各种知识和德性就是习性；知识似乎属于持久的东西和难以移除的东西——即使人们只是有限地获取了知识，除非因疾病或其他类似的东西而发生了某种重大的变故——。德性也同样如此，例如，公正、审慎以及其他类似的东西都似乎既是难以移除的也是难以改变的。而所谓状态，指那易于变动和能够很快改变的性质，如热和冷、疾病和健康以及其他类似的东西。因为一个人会因它们而无论如何总是处于某种状态中，但又很快发生变化，如由热变冷、由健康变生病。其他类似的情形也同样如此，除非它们中的某种经过时间的累积而已经变成自然的和不可更改的，或非常难以改变——那时该东西或许就已经可以叫作习性了。显然人们愿意称那些较为持久和难以更改的东西为习性；因为对于那些不能很好地持有知识而易于变化者，人们不会说他们有习性——尽管他们无论怎样都因知识而或差或好地处于某种状态中。因此，习性和状态的区别在于后者是易于更改的，而前者则较为持久和难以更改。然而习性是状态，但状态并不必然是习性。因为有习性的人无论怎样由此都处在某种状态中，但处在某种状态中的人并不必然具有某种习性。］

1339 διὰ τὰ αὐτὰ πάθη ἐκείνοις［由于它们与〈城邦中的〉那些阶层有着相同的情况］。ἐκείνοις［与那些］，即 τοῖς ἐν τῇ πόλει εἴδεσιν［与〈城邦中的〉那些阶层］。

1340 τῶν αὐτῶν ὀνομάτων ὀρθῶς ἀξιοῦσθαι［被正确地指望同城邦有着同样那些名字］。ἀξιοῦσθαι 是动词 ἀξιόω 的现在时不定式被动态，ἀξιόω 的意思是“指望有”“认为值得”“认为适于”，要求属格，所以这里出现的是 τῶν αὐτῶν ὀνομάτων［同样那些名字］。

1341 φαῦλόν ... σκέμμα［一个容易思考的问题］。名词 σκέμμα［思考的问题 / 考察的主题］派生自动词 σκέπτομαι［看 / 考察 / 思考］；这显然是一句反话，参见前面第三卷 423c5 以及那里对“Καὶ φαῦλόν γ’［无疑一件容易的事情］”的注释 1214。

1342 χαλεπὰ τὰ καλά.［美的事物都是艰难的］，也可以译为“美的东西都是难的”；一般将这句谚语归于梭伦，柏拉图在别处也曾多次引用过它。参见：

《政制》（497d9-10）：τὰ γὰρ δὴ μεγάλα πάντα ἐπισφαλῆ, καὶ τὸ λεγόμενον τὰ καλὰ τῷ ὄντι χαλεπά.［因为，所有伟大的事物都肯定是危险的，并且确

实如常言所说，一切美的事物都是艰难的。]

《克拉底鲁》(384a8-b1)：παλαιὰ παροιμία ὅτι χαλεπὰ τὰ καλά ἐστιν ὅπῃ ἔχει μαθεῖν.[有一句古老的谚语，那就是，美的东西都是难以弄明白它是怎样的。]

《大希庇阿斯》(304e6-9)：ἐγὼ οὖν μοι δοκῶ, ὦ Ἱππία, ὠφελῆσθαι ἀπὸ τῆς ἀμφοτέρων ὑμῶν ὁμιλίας· τὴν γὰρ παροιμίαν ὅτι ποτὲ λέγει, τὸ "Χαλεπὰ τὰ καλά," δοκῶ μοι εἰδέναι.[因此，在我看来，希庇阿斯啊，我已经从同你们两人的交往中获益了；因为那句谚语，即"一切美的事物都是艰难的"，它究竟在说什么，我认为我知道了。]

1343 关于 μέθοδος[方法]和 ὁδός[道路]之间的词源联系，见前面 435a4 那里对"καθ' ὁδόν τε λέγεις[你说得有条不紊]"的注释 1336。ἄλλη γὰρ μακροτέρα καὶ πλείων ὁδὸς ἡ ἐπὶ τοῦτο ἄγουσα[因为通往这件事的是另外一条更长的和更大的路]，苏格拉底在后面第六卷 504b2 那里再次提到了这条路：ἄλλη μακροτέρα ... περίοδος[另外一条更长的绕行的路]。

1344 ἐκ τῶν ἰδιωτῶν ... οἳ δὴ καὶ ἔχουσι ταύτην τὴν αἰτίαν[由于那些恰好也有这种名声的个人]。名词 αἰτία 除了具有"原因""责任"这些本义之外，也有"名声""荣誉"等意思；《牛津希-英词典》举了柏拉图在这里的这个表达，对 οἳ ... ἔχουσι ταύτην τὴν αἰτίαν 的解释是：who have this reputation。单就固定表达 αἰτίαν ἔχειν 而言，意思则是"招致责备""对……负有责任"。

1345 οἱ κατὰ τὴν Θρᾴκην τε καὶ Σκυθικὴν[在色雷斯和西徐亚那里的那些人]，字面意思补全当为"在色雷斯和西徐亚的〈土地〉那里的那些人"。阴性形容词 Σκυθικὴν[西徐亚的 / 西徐亚人的]后面当省略了 γῆν[土地]一词。西徐亚人(Σκύθης, Skythes)，也译为"塞西亚人"，居住在黑海以北的地区，雅典的警察由西徐亚人充当。参见《拉刻斯》(191a8-9)：Ὥσπερ που καὶ Σκύθαι λέγονται οὐχ ἧττον φεύγοντες ἢ διώκοντες μάχεσθαι.[肯定就像说西徐亚人那样，他们在逃跑时，比在追击时丝毫不差地进行战斗。]

1346 κατὰ τὸν ἄνω τόπον[在北方地区]，字面意思是"在上面的地方"。副词 ἄνω 的本义是"向上"，在地理上则指"在北边""北方"；《牛津希-英词典》举了柏拉图在这里的这个表达，对它的解释是：on the upper side, i.e. on the nort。

1347 τὸ φιλοχρήματον τὸ[热爱钱财〈这种品质〉]，法国布德本希腊文作 τὸ φιλοχρήματον, ὃ，而新校勘的牛津古典本希腊文作 τὸ φιλοχρήματον [τὸ]，即认为 τὸ 是窜入，从新校勘的牛津古典本希腊文。

1348 οὐχ ἥκιστα[尤其]。参见前面第二卷 375d10 那里对"οὐ ... ἥκιστα[尤其]"

的注释 696。

1349 ἐπιθυμοῦμεν δ' αὖ τρίτῳ τινὶ τῶν περὶ τὴν τροφήν τε καὶ γέννησιν ἡδονῶν καὶ ὅσα τούτων ἀδελφά.［复又凭借某一第三种能力欲求各种快乐——它们同食物、生殖以及所有与这些东西有着亲缘关系的东西相关——。］之所以这么翻译，解释如下：(1) ἐπιθυμοῦμεν ... τῶν ... ἡδονῶν［欲求各种快乐］是一个整体，动词 ἐπιθυμέω［欲求］要求属格作宾语，所以这里出现的是复数属格 τῶν ... ἡδονῶν［各种快乐］。(2) περὶ τὴν τροφήν τε καὶ γέννησιν ... καὶ ὅσα τούτων ἀδελφά［同食物、生殖以及所有与这些东西有着亲缘关系的东西相关］是一个整体，修饰和限定 τῶν ... ἡδονῶν［各种快乐］。

1350 ἀξίως λόγου［靠得住的方式］，这是意译，也可以意译为“恰当的方式”。关于该短语，参见前面第三卷 388e9 那里对“ἀνθρώπους ἀξίους λόγου［那些著名的人物］”的注释 839。

1351 一般认为这是对“矛盾律”的一种最早的刻画。类似的思想，可对观：

《泰阿泰德》(188a1–b2)：{ΣΩ.} Οὐκοῦν τόδε γ' ἔσθ' ἡμῖν περὶ πάντα καὶ καθ' ἕκαστον, ἤτοι εἰδέναι ἢ μὴ εἰδέναι; μανθάνειν γὰρ καὶ ἐπιλανθάνεσθαι μεταξὺ τούτων ὡς ὄντα χαίρειν λέγω ἐν τῷ παρόντι· νῦν γὰρ ἡμῖν πρὸς λόγον ἐστὶν οὐδέν. {ΘΕΑΙ.} Ἀλλὰ μήν, ὦ Σώκρατες, ἄλλο γ' οὐδὲν λείπεται περὶ ἕκαστον πλὴν εἰδέναι ἢ μὴ εἰδέναι. {ΣΩ.} Οὐκοῦν ἤδη ἀνάγκη τὸν δοξάζοντα δοξάζειν ἢ ὧν τι οἶδεν ἢ μὴ οἶδεν; {ΘΕΑΙ.} Ἀνάγκη. {ΣΩ.} Καὶ μὴν εἰδότα γε μὴ εἰδέναι τὸ αὐτὸ ἢ μὴ εἰδότα εἰδέναι ἀδύνατον. {ΘΕΑΙ.} Πῶς δ' οὔ;［苏格拉底：无论是关于所有一切，还是就每个东西来说，下面这点对我们来说岂不都是可能的，即真的要么知道，要么不知道？至于学习和遗忘，由于它们是在这两者之间，我目前把它们放到一边；因为现在它们还同我们的讨论无关。泰阿泰德：的确，苏格拉底啊，就每个东西而言，没有其他任何剩下，除了知道或者不知道。苏格拉底：那么这岂不就已经是必然的：那下判断的人，要么在对他所知道的，要么在对他所不知道的那些东西中的某个下判断？泰阿泰德：必然。苏格拉底：而且知道某个东西的人却不知道这同一个东西，或者不知道某个东西的却知道这同一个东西，这肯定是不可能的。泰阿泰德：当然。］

《智者》(230b4–8)：Διερωτῶσιν ὧν ἂν οἴηταί τίς τι πέρι λέγειν λέγων μηδέν· εἶθ' ἅτε πλανωμένων τὰς δόξας ῥᾳδίως ἐξετάζουσι, καὶ συνάγοντες δὴ τοῖς λόγοις εἰς ταὐτὸν τιθέασι παρ' ἀλλήλας, τιθέντες δὲ ἐπιδεικνύουσιν αὐτὰς αὑταῖς ἅμα περὶ τῶν αὐτῶν πρὸς τὰ αὐτὰ κατὰ ταὐτὰ ἐναντίας.［对于有人以为对之说了某种东西其实什么也没说的那些事情，他们进行盘问。然后，由于那些

被盘问者感到不知所措，他们就容易检查他们的各种意见，并且当通过诸言说把它们一起领向同一个东西之后，他们将之彼此并排摆置出来，而在摆置中他们展示它们同时关于同一些东西、与同一些东西相关联、在同一些方面都彼此相反。]

1352 ἔτι μᾶλλον 是词组，等于 πολὺ μᾶλλον，意思是“愈发”“更加地”。

1353 κομψευόμενος [通过精心构思]。κομψευόμενος 在这里是动词 κομψεύω [使变精巧 / 精心构思] 的现在时分词中动态阳性主格单数。对观《拉刻斯》(197d6–8)：Καὶ γὰρ πρέπει, ὦ Σώκρατες, σοφιστῇ τὰ τοιαῦτα μᾶλλον κομψεύεσθαι ἢ ἀνδρὶ ὃν ἡ πόλις ἀξιοῖ αὑτῆς προεστάναι. [的确，苏格拉底啊，对诸如此类的东西精心构思，这更适合于一位智者，而不适合这样一个人，即城邦认为适合指派他来管理它。]

1354 τὸ κέντρον [尖端]。名词 κέντρον 派生自动词 κεντέω [刺 / 叮 / 螫]，泛指“刺”“尖刺”，但这里的意思是“陀螺的尖端”；《牛津希-英词典》举了柏拉图在这里的这个表达，对它的解释是：peg of a top。

1355 ἔχειν αὐτὰ εὐθύ τε καὶ περιφερὲς ἐν αὐτοῖς [它们在它们自己那里既有垂直的中轴也有外围]。形容词 εὐθύς 和 περιφερής 的意思分别是“直的”和“圆形的”，在这里指陀螺的“中轴线”和“外围”；《牛津希-英词典》举了柏拉图在这里的这个表达，对它的解释分别是：the vertical 和 circumference。

1356 希腊文方括号中的 ἔστιν [是]，伯内特认为有可能是窜入，法国布德本希腊文保留了它，而新校勘的牛津古典本希腊文直接将之删除，从之。

1357 ἵνα μὴ ἀναγκαζώμεθα ... μηκύνειν [为了我们不至于被迫是拖沓乏味的] 是一个整体。动词 μηκύνειν [延长] 与 λόγον 或 λόγους 连用，意思是“拖长发言”，单独使用则指“是冗长的”“是乏味的”；《牛津希-英词典》举了柏拉图在这里的这个表达，对它的解释是：to be lengthy or tedious。

1358 εἰς τὸ πρόσθεν προΐωμεν [让我们继续往前走] 是一个整体。

1359 λελυμένα [一些已经被毁掉的东西]。λελυμένα 在这里是动词 λύω 的完成时分词被动态中性复数；λύω 除了具有“解开”“释放”的意思之外，也有“毁掉”“废除”“取消”等意思。

1360 <ἂν> οὖν [那么]。尖括号中的语气词 ἄν 是伯内特根据文义补充的，法国布德本希腊文同样如此，而新校勘的牛津古典本希腊文没有这样做，从之。

1361 προσάγεσθαι 在这里是动词 προσάγω 的现在时不定式中动态，προσάγω 的本义是“带来”“带领”，但其中动态则具有“拥抱”“搂过来”的意思；《牛津希-英词典》对它的这层意思的解释是：draw to oneself, embrace。

1362 πάντα τὰ τοιαῦτα τῶν ἐναντίων ἀλλήλοις θείης [所有诸如此类的这些事情，

你会把它们算在那些彼此相反的东西之内吗］，也可以译为“所有诸如此类的这些事情，你会把它们当作那些彼此相反的东西吗”。θείης 是动词 τίθημι 的一次性过去时祈愿式主动态第二人称单数；τίθημι 同表部分的属格连用，意思是“把……当作……”“把……算在……之内”。

1363 οὐδὲν γὰρ ταύτῃ διοίσει.［因为在这方面并不将导致任何不同。］ταύτῃ［在这方面 / 以这种方式］，即“无论是〈主动的〉行为，还是〈被动的〉遭遇”。

1364 διψῆν καὶ πεινῆν καὶ ὅλως τὰς ἐπιθυμίας［口渴和饥饿，以及普泛各种各样的欲望］。对观《菲勒玻斯》(34d10-35a5)：{ΣΩ.} Οὐκοῦν νυνδὴ πείνην τε καὶ δίψος καὶ πολλὰ ἕτερα τοιαῦτα ἔφαμεν εἶναί τινας ἐπιθυμίας; {ΠΡΩ.} Σφόδρα γε. {ΣΩ.} Πρὸς τί ποτε ἄρα ταὐτὸν βλέψαντες οὕτω πολὺ διαφέροντα ταῦθ' ἑνὶ προσαγορεύομεν ὀνόματι; {ΠΡΩ.} Μὰ Δί' οὐ ῥᾴδιον ἴσως εἰπεῖν, ὦ Σώκρατες, ἀλλ' ὅμως λεκτέον. {ΣΩ.} Ἐκεῖθεν δὴ ἐκ τῶν αὐτῶν πάλιν ἀναλάβωμεν. {ΠΡΩ.} Πόθεν δή; {ΣΩ.} Διψῇ γέ που λέγομεν ἑκάστοτέ τι; {ΠΡΩ.} Πῶς δ' οὔ; {ΣΩ.} Τοῦτο δέ γ' ἐστὶ κενοῦται; {ΠΡΩ.} Τί μήν; {ΣΩ.} Ἆρ' οὖν τὸ δίψος ἐστὶν ἐπιθυμία; {ΠΡΩ.} Ναί, πώματός γε. {ΣΩ.} Πώματος, ἢ πληρώσεως πώματος; {ΠΡΩ.} Οἶμαι μὲν πληρώσεως. {ΣΩ.} Ὁ κενούμενος ἡμῶν ἄρα, ὡς ἔοικεν, ἐπιθυμεῖ τῶν ἐναντίων ἢ πάσχει· κενούμενος γὰρ ἐρᾷ πληροῦσθαι. {ΠΡΩ.} Σαφέστατά γε.［苏格拉底：我们刚才岂不说过，饥饿、干渴以及许多其他诸如此类的，都是一些欲望？普洛塔尔科斯：确实。苏格拉底：那我们究竟看到了什么样的同一者，由此用单一的名称来称呼这些有着如此多的不同的东西？普洛塔尔科斯：宙斯在上，也许不容易说出来，苏格拉底啊；但是，仍然必须得说。苏格拉底：那就让我们从那里，即从那些相同的东西那里再次拾起讨论。普洛塔尔科斯：究竟从哪里？苏格拉底：他正感到口渴，我们肯定经常会说某种这样的事情吗？普洛塔尔科斯：为何不呢。苏格拉底：而这其实是在说，他正变得空乏吗？普洛塔尔科斯：那还用说？苏格拉底：因此，口渴岂不就是一种欲望？普洛塔尔科斯：是的，而且是对饮料的欲望。苏格拉底：是对饮料的欲望呢，还是对饮料之充满的欲望？普洛塔尔科斯：我认为是对充满的欲望。苏格拉底：那么，当我们中有人变得空乏时，如看起来的那样，他就欲求那些同他所遭受的东西相反的东西；因为当他变得空乏时，他就渴望被充满。普洛塔尔科斯：确实非常明显。］

1365 ὃ ἂν βούληταί οἱ γενέσθαι［它希望它自己成为一种属于灵魂的东西］，字面意思是“它希望成为〈灵魂〉自己的”。这里的 οἱ 即 οἷ，参见前面第一卷

331a7 那里对 "οἱ καρδίαν［他的内心］" 的注释 117。

1366 ἐθέλει τί οἱ πορισθῆναι［愿意某种东西被提供给它］，同上句话中的 οἱ 一样，这里的 οἱ 即 οἷ。

1367 ἐπορεγομένην αὐτοῦ τῆς γενέσεως［它渴求它的出现］，为了避免歧义，也可以译为 "它渴求这种东西的出现"。ἐπορεγομένην 是动词 ἐπορέγω 的现在时分词中动态阴性宾格单数，ἐπορέγω 的本义是 "赐予" "给予"，但其中动态则具有 "渴求" "渴望" 等意思，并要求属格作宾语，所以这里出现的是属格单数 αὐτοῦ τῆς γενέσεως［它的出现］；《牛津希-英词典》举了柏拉图在这里的这个表达，对它的解释是：yearn for。

1368 ἐπιθυμιῶν τι ... εἶναι εἶδος［在诸欲望中有着某种形式］，也可以简单译为 "有着某种形式的欲望"。

1369 ἑνὶ λόγῳ［一句话］是词组，也可以译为 "一言以蔽之" "简而言之"。

1370 这里的说法可对观《吕西斯》(215e4–216a1)：ἐπιθυμεῖν γὰρ τοῦ τοιούτου ἕκαστον, ἀλλ᾽ οὐ τοῦ ὁμοίου· τὸ μὲν γὰρ ξηρὸν ὑγροῦ, τὸ δὲ ψυχρὸν θερμοῦ, τὸ δὲ πικρὸν γλυκέος, τὸ δὲ ὀξὺ ἀμβλέος, τὸ δὲ κενὸν πληρώσεως, καὶ τὸ πλῆρες δὲ κενώσεως, καὶ τἆλλα οὕτω κατὰ τὸν αὐτὸν λόγον. τροφὴν γὰρ εἶναι τὸ ἐναντίον τῷ ἐναντίῳ· τὸ γὰρ ὅμοιον τοῦ ὁμοίου οὐδὲν ἂν ἀπολαῦσαι.［因为每个东西都渴望诸如此类的东西，而不是渴望相似的东西；也即是说，干燥的东西渴望湿润的东西，冷的东西渴望热的东西，苦的东西渴望甜的东西，锋利的东西渴望钝的东西，空的东西渴望充满，而充满的东西则渴望空，并且其他东西依照相同的道理也同样如此。因为相反的东西对于相反的东西来说会是一种营养品；而相似的东西从相似的东西那儿不会得到任何益处。］

1371 ἐὰν δὲ διὰ πλήθους παρουσίαν πολλὴ ἡ δίψα ᾖ, τὴν τοῦ πολλοῦ παρέξεται.［如果由于多的在场而口渴是多的，那么它就将提供出对多的渴望。］有意这么翻译，尽管不符合中文的表达习惯。

1372 柏拉图的意思是说，一组关系概念或相对概念，如果其中一个概念被限制，另一个概念也必然被限制；如果其中一个不被限制，另一个也必然不被限制。例如，"大那么多" 相对于 "小那么多"，而 "较大" 自身相对于 "较小" 自身。

1373 对观《卡尔米德斯》(168b5–9)：Καὶ γὰρ τὸ μεῖζόν φαμεν τοιαύτην τινὰ ἔχειν δύναμιν, ὥστε τινὸς εἶναι μεῖζον; Ἔχει γάρ. Οὐκοῦν ἐλάττονός τινος, εἴπερ ἔσται μεῖζον. Ἀνάγκη.［因而我们也宣称，更大具有一种如此这般的能力，以至于它是比某种东西更大的？它确实有。那么，是相较于某种更小的东西，假如它是更大的话。必然。］

1374 οἰκίας ἐργασίας ἐπιστήμη［关乎房子的做工的知识］，也可以简单意译为“造房子的知识”。对观《泰阿泰德》（146d6-8）：ὅταν λέγῃς σκυτικήν, μή τι ἄλλο φράζεις ἢ ἐπιστήμην ὑποδημάτων ἐργασίας;［每当你说制鞋的技艺时，你没有宣称别的什么，而只是在宣称一种关乎鞋的做工的知识？］

1375 φάθι［请你同意］，也可以译为“你必须承认”。φάθι 在这里是动词 φημί 的现在时命令式第二人称单数；φημί 的一般意思是“说”，但也具有“承认”“同意”“相信”等意思。

1376 见前面 438a7-b2。

1377 τούτου ὀρέγεται［它渴望这件事］。ὀρέγεται 在这里是动词 ὀρέγω 的现在时直陈式中动态第三人称单数，ὀρέγω 的本义是“伸出”“伸开”，其中动态转义为“追求”“渴望”；它要求属格作宾语，所以前面出现的是单数属格 τούτου［它渴望这件事］。参见：

《斐洞》（65c5-9）：Λογίζεται δέ γέ που τότε κάλλιστα, ὅταν αὐτὴν τούτων μηδὲν παραλυπῇ, μήτε ἀκοὴ μήτε ὄψις μήτε ἀλγηδὼν μηδέ τις ἡδονή, ἀλλ’ ὅτι μάλιστα αὐτὴ καθ’ αὑτὴν γίγνηται ἐῶσα χαίρειν τὸ σῶμα, καὶ καθ’ ὅσον δύναται μὴ κοινωνοῦσα αὐτῷ μηδ’ ἁπτομένη ὀρέγηται τοῦ ὄντος.［而事实上灵魂最完美地进行思考的时候，就是当它不被这些东西所干扰的时候，不听、不看，也没有痛苦或某种快乐，而是通过同身体道别而尽可能地变得独自在其自身，并尽可能地既不同它相结合也不与之进行接触地去追求是者。］

亚里士多德《形而上学》（980a21）：Πάντες ἄνθρωποι τοῦ εἰδέναι ὀρέγονται φύσει.［所有人在本性上都渴望知道。］

1378 αὐτὴν ἀνθέλκει［拽住它］，字面意思是“把它往回拉”。

1379 ἕτερον ἄν τι ἐν αὐτῇ εἴη αὐτοῦ τοῦ διψῶντος καὶ ἄγοντος ὥσπερ θηρίον ἐπὶ τὸ πιεῖν;［它岂不会是在灵魂中异于那个在感到口渴的东西自身，并且那个东西就像一头野兽似的，引灵魂前去喝？］这句话在法国布德本希腊文中同样如此，而新校勘的牛津古典本希腊文把其中的 θηρίον 改为了 θηρίου，即把单数宾格改为了单数属格，从之。从文法上看，如果是宾格 θηρίον［野兽］，则是动词 ἄγοντος［引 / 引领］的宾语；如果作属格 θηρίου［野兽］，则是其主语。如果按伯内特本和布德本翻译，那么这句话就当译为：它岂不会是在灵魂中异于那个在感到口渴的东西自身，并且那个东西引灵魂就像引一头野兽似的前去喝？

1380 τό γε αὐτὸ τῷ αὐτῷ ἑαυτοῦ περὶ τὸ αὐτὸ ἅμ’ ἄ<ν> τἀναντία πράττοι.［同一个东西无论如何都不可能在它自己的同一个方面对同一个东西同时实施相反的事情。］参见前面 436b-c。这句话尖括号中的 ν，是编辑校勘者补充的，法国布德本希腊文同样如此，而新校勘的牛津古典本希腊文把 ἅμ' ἂ<ν> 改为了 ἅμα，即删掉了语气词 ἂν，从之。

1381 προσέλκονται［往内拉］。προσέλκονται 在这里是动词 προσέλκω 的现在时直陈式中动态第三人称复数，προσέλκω 的本义是“拉往……”“拖向……”，但其中动态的意思则是“朝自己拉”“往内拉”；《牛津希-英词典》举了柏拉图在这里的这个表达，对它的解释是：draw towards oneself。

1382 τὸ μὲν κωλῦον τὰ τοιαῦτα ἐγγίγνεται, ὅταν ἐγγένηται.［那阻止诸如此类的事情的，每当它出现时，它岂不基于计算而出现。］ἐκ λογισμοῦ［基于计算］，有意按词源翻译，而不译为“基于理性”或“基于推论”。此外，之所以这样翻译，因为动词 ἐγγίγνεται［出现 / 发生］的主语是 τὸ κωλῦον［那进行阻止的］，而不是 τὰ τοιαῦτα［诸如此类的事情］。

1383 对观《泰阿泰德》(186b1-c5)：Οὐκοῦν τὰ μὲν εὐθὺς γενομένοις πάρεστι φύσει αἰσθάνεσθαι ἀνθρώποις τε καὶ θηρίοις, ὅσα διὰ τοῦ σώματος παθήματα ἐπὶ τὴν ψυχὴν τείνει· τὰ δὲ περὶ τούτων ἀναλογίσματα πρός τε οὐσίαν καὶ ὠφέλειαν μόγις καὶ ἐν χρόνῳ διὰ πολλῶν πραγμάτων καὶ παιδείας παραγίγνεται οἷς ἂν καὶ παραγίγνηται;［因此，岂不有一些东西，当人和野兽一出生，他们在本性上就能够感觉到它们，即所有通过身体而延伸到灵魂那里的那些遭受；而另一些东西，即关于这些东西对其所是和益处的各种计算，则是通过许多的事务和教育，艰难地和在时间中抵达的——如果它们毕竟会被抵达的话——？］

1384 περὶ τὰς ἄλλας ἐπιθυμίας ἐπτόηται［对于一些其他的欲望感到慌乱］，也可以译为“对于一些其他的欲望感到激动”。参见《斐洞》(68c8-12)：Οὐκοῦν καὶ ἡ σωφροσύνη, ἣν καὶ οἱ πολλοὶ ὀνομάζουσι σωφροσύνην, τὸ περὶ τὰς ἐπιθυμίας μὴ ἐπτοῆσθαι ἀλλ' ὀλιγώρως ἔχειν καὶ κοσμίως, ἆρ' οὐ τούτοις μόνοις προσήκει, τοῖς μάλιστα τοῦ σώματος ὀλιγωροῦσίν τε καὶ ἐν φιλοσοφίᾳ ζῶσιν;［那么，节制，甚至众人也将之称为节制，即对于各种欲望不感到慌乱，而是轻视地并举止得当地对待它们，岂不也仅仅属于这样一些人，即那些最为轻视身体并在热爱智慧中生活的人？］

1385 πληρώσεών τινων καὶ ἡδονῶν ἑταῖρον［而这种东西伴随着某些满足和快乐］，也可以译为“而这种东西是某些满足和快乐的伙伴”。对观《斐德若》(253e1-5)：ὁ δ' αὖ σκολιός, πολύς, εἰκῇ συμπεφορημένος, κρατεραύχην, βραχυτράχηλος, σιμοπρόσωπος, μελάγχρως, γλαυκόμματος, ὕφαιμος, ὕβρεως καὶ ἀλαζονείας ἑταῖρος, περὶ ὦτα λάσιος, κωφός, μάστιγι μετὰ κέντρων μόγις ὑπείκων.［而另外那匹马，它长得歪歪斜斜，身形臃肿，身体的各部分随意

地拼凑在一起，脖颈粗短而有力，鼻子扁平，皮色黝黑，灰色的眼睛布满了血丝，它是侮慢和吹牛的一位伙伴，在双耳的周围杂毛丛生，听不进去任何话，勉勉强强屈服于鞭子加马刺。]

1386 τὸ δὲ δὴ τοῦ θυμοῦ καὶ ᾧ θυμούμεθα［那同气魄相关并且由之我们才气宇轩昂的那种东西］，单就这句话，当然也可以译为“那同愤怒相关并且由之我们才感到愤怒的那种东西”。

1387 形容词 ὁμοφυής 的本义是“一同生长的”，转义为“长得一样大的”“具有相同本性的”。参见《斐洞》（86a3-b5）：ἐπειδὰν οὖν ἤ κατάξῃ τις τὴν λύραν ἢ διατέμῃ καὶ διαρρήξῃ τὰς χορδάς, εἴ τις διισχυρίζοιτο τῷ αὐτῷ λόγῳ ὥσπερ σύ, ὡς ἀνάγκη ἔτι εἶναι τὴν ἁρμονίαν ἐκείνην καὶ μὴ ἀπολωλέναι – οὐδεμία γὰρ μηχανὴ ἂν εἴη τὴν μὲν λύραν ἔτι εἶναι διερρωγυιῶν τῶν χορδῶν καὶ τὰς χορδὰς θνητοειδεῖς οὔσας, τὴν δὲ ἁρμονίαν ἀπολωλέναι τὴν τοῦ θείου τε καὶ ἀθανάτου ὁμοφυῆ τε καὶ συγγενῆ, προτέραν τοῦ θνητοῦ ἀπολομένην – ἀλλὰ φαίη ἀνάγκη ἔτι που εἶναι αὐτὴν τὴν ἁρμονίαν, καὶ πρότερον τὰ ξύλα καὶ τὰς χορδὰς κατασαπήσεσθαι πρίν τι ἐκείνην παθεῖν.［因此，当有人打碎七弦琴，或者割断和扯断它的琴弦时，一个人仍会像你一样极力坚持同样的说法，即那个和谐必定仍然是在那儿，并且没有消亡——因为下面这点对他来说会是难以想象的，那就是，当琴弦被扯断了以后，七弦琴和它那具有有死者形相的琴弦，仍然是在那儿，而那同神性的东西和不死的东西有着同样本性并与之同类的和谐却已经消亡了，而且是在有死者之前就消亡了——；而且他还会说，和谐自身必定仍然是在某处，并且木头和琴弦将在和谐遭受某种东西之前先行腐烂。]

1388 ποτὲ ἀκούσας τι† πιστεύω τούτῳ·［我曾听说过某件事，并且相信，这件事就是……］这句话在法国布德本希腊文中同样如此。不过伯内特认为这里可能存在脱漏，建议在 τι 后面补充 οὐ 一词；而新校勘的牛津古典本希腊文直接将这句话改为：ποτὲ ἀκούσας τι πιστεύω τούτο. 从之。从文法上看，即把单数与格 τούτῳ 改为了单数宾格 τούτο。

1389 阿格拉伊翁（Ἀγλαΐων, Aglaion）和勒翁提俄斯（Λεόντιος, Leontios），生平均不详。

1390 ὑπὸ τὸ βόρειον τεῖχος ἐκτός［沿着北墙外侧下面的那条路］，字面意思是“在北墙外侧的下面”。τὸ βόρειον τεῖχος［北墙］，在雅典城同港口珀赖欧斯之间南北走向用来防御的一道长墙。当时修有两个长墙，北墙通往港口珀赖欧斯，南墙则通往珀赖欧斯西边的港口法勒戎（Φάληρον, Phaleron）。类似的表达可参见《吕西斯》（203a1-2）：Ἐπορευόμην μὲν ἐξ Ἀκαδημείας εὐθὺ

Λυκείου τὴν ἔξω τείχους ὑπ' αὐτὸ τὸ τεῖχος.［我那时从阿卡得弥亚出来，就径直前往吕克昂，沿着城墙外的那条路走，它就在城墙的下面。］

1391 παρὰ τῷ δημίῳ［在刽子手的附近］。形容词 δήμιος 的本义是“公共的”“属于公民的”，同 ἴδιος［个人的 / 自己的］相对；在这里作名词讲时，暗含 δοῦλος［奴隶］一词，即所谓的“公共奴隶”，即“刑吏”“刽子手”；《牛津希-英词典》举了柏拉图在这里的这个表达，对它的解释是：public executioner。

1392 ἅμα μέν ... ἅμα δέ［一方面……另一方面］是固定搭配和词组，《牛津希-英词典》对它的解释是：partly ... partly ... 。参见《斐洞》（115d2-6）：ὅτι δὲ ἐγὼ πάλαι πολὺν λόγον πεποίημαι, ὡς, ἐπειδὰν πίω τὸ φάρμακον, οὐκέτι ὑμῖν παραμενῶ, ἀλλ' οἰχήσομαι ἀπιὼν εἰς μακάρων δή τινας εὐδαιμονίας, ταῦτά μοι δοκῶ αὐτῷ ἄλλως λέγειν, παραμυθούμενος ἅμα μὲν ὑμᾶς, ἅμα δ' ἐμαυτόν.［而我前面苦口婆心所说的，即一旦我喝下毒药，我就不再留在你们身边，而是离开你们，为了有福之人才配享的某些幸福而上路，这些在我看来都对他白说了，只是为了一方面劝慰你们，另一方面劝慰我自己而已。］

1393 παρακαλύπτοιτο［把脸蒙了起来］在这里是动词 παρακαλύπτω 的现在时祈愿式中动态第三人称单数，παρακαλύπτω 的本义是“覆盖”“遮住”，但其中动态的意思则是“蒙住脸”；《牛津希-英词典》举了柏拉图在这里的这个表达，对它的解释是：cover one's face。

1394 ὦ κακοδαίμονες［你们这些被恶灵附体的人啊］，有意按词源翻译，当然也可以简单转译为“你们这些可怜的人啊”“你们这些可怜虫啊”。

1395 注意 λογισμός［计算］和 λόγος［理性］之间的词源联系。

1396 αὐτόν［它］即 τὸν θυμόν［气魄］。

1397 αἱροῦντος λόγου μὴ δεῖν［当理性〈已然〉证明不应当〈做某事〉时］。αἱροῦντος 在这里是动词 αἱρέω 的现在时分词主动态阳性属格单数。动词 αἱρέω 的本义是“拿”“取走”“捕获”“得到”，但同 ὁ λόγος 连用，则指“证明”。《牛津希-英词典》对 ὁ λόγος αἱρεῖ 的解释是：reason or the reason of the thing proves。参见：

《菲勒玻斯》（35d5-6）：Διψῆν ἄρα ἡμῶν τὸ σῶμα ἢ πεινῆν ἤ τι τῶν τοιούτων πάσχειν οὐδαμῇ ὁ λόγος αἱρεῖ.［那么，事物的道理也就证明了，我们的身体在任何地方都不会遭受干渴、饥饿，或者诸如此类的任何事情。］

《克利托丰》（407d7-8）：ὥστε ἐκ παντὸς τρόπου τό γε ἀδικεῖν ἀκούσιον ὁ λόγος αἱρεῖ.［因此，基于每一种方式，事情的道理都证明了下面这点，那就是，行不义无论如何都是心不甘情不愿的。］

1398 动词 ἀντιπράττειν［寻求抵制 / 对抗］要求与格作宾语，所以这里省略了名词 τῷ λόγῳ［理性］。

1399 ἐν τούτῳ［在那种情形下］，如果把 τούτῳ 理解为阳性与格，那么也可以译为“在这个人那里”。《牛津希-英词典》举了柏拉图在这里的这个表达，对它的解释是：in that case。

1400 οὐ λήγει τῶν γενναίων［不停止各种高贵的〈努力〉］。动词 λήγω 作“停止”“终止”讲时，要求属格作宾语，所以这里出现的是复数属格 τῶν γενναίων［各种高贵的〈努力〉］。参见《斐德若》（254c3–d1）：ἀπελθόντε δὲ ἀπωτέρω, ὁ μὲν ὑπ’ αἰσχύνης τε καὶ θάμβους ἱδρῶτι πᾶσαν ἔβρεξε τὴν ψυχήν, ὁ δὲ λήξας τῆς ὀδύνης, ἣν ὑπὸ τοῦ χαλινοῦ τε ἔσχεν καὶ τοῦ πτώματος, μόγις ἐξαναπνεύσας ἐλοιδόρησεν ὀργῇ, πολλὰ κακίζων τόν τε ἡνίοχον καὶ τὸν ὁμόζυγα ὡς δειλίᾳ τε καὶ ἀνανδρίᾳ λιπόντε τὴν τάξιν καὶ ὁμολογίαν·［而当两匹马朝后退得远些后，一匹马由于羞愧和惊愕而用汗水浸透了整个灵魂，而另一匹马，一旦它停止那由辔头和跌倒所带来的疼痛，它几乎等不及喘口气就因愤怒而破口大骂，从各方面斥责它的御者和那位轭伴，说由于怯弱和缺乏男子气概，他俩不仅擅离职守，而且把约定扔到一边。］

1401 这段话的翻译，是把主语整个视为是 ὁ θυμός［气魄］。

1402 参见前面 416a 以下。

1403 ἀλλ’ ἦ πρὸς τούτῳ καὶ τόδε ἐνθυμῇ;［你是否也留意到了下面这点呢？］这句话在法国布德布德本希腊文中也同样如此，而新校勘的牛津古典本希腊文把其中的 ἦ 改为了 εἰ［是否］，从之。而 ἀλλ’ ἦ 是固定用法，用于疑问句，表达一种吃惊或抗议；如果按伯内特本和布德本翻译，则可以译为“除此之外，你也应当留意到了下面这点吧？”关于 ἀλλ’ ἦ 的用法，可参见《斐德若》（261b6–8）：Ἀλλ’ ἦ τὰς Νέστορος καὶ Ὀδυσσέως τέχνας μόνον περὶ λόγων ἀκήκοας, ἃς ἐν Ἰλίῳ σχολάζοντες συνεγραψάτην, τῶν δὲ Παλαμήδους ἀνήκοος γέγονας;［你竟然只听说过涅斯托耳和奥德修斯关于言说的那些技艺——当他俩在伊利翁城得空闲时写下了它们——，而未曾听说过帕拉墨得斯所写下的那些？］

1404 见前面 439e5。

1405 ἐν τῇ τῆς ψυχῆς στάσει［在灵魂〈里面的那些东西〉的拉帮结派中］，也可以译为“在灵魂〈里面的那些东西〉的内讧中”。名词 στάσις 在城邦生活中一般指“帮派”“内讧”“纷争”；动词 στασιάζω 意思就是“内讧”“反目”“争吵”。参见：

《苏格拉底的申辩》（36b3–9）：Τιμᾶται δ’ οὖν μοι ὁ ἀνὴρ θανάτου. εἶεν·

ἐγὼ δὲ δὴ τίνος ὑμῖν ἀντιτιμήσομαι, ὦ ἄνδρες Ἀθηναῖοι; ἢ δῆλον ὅτι τῆς ἀξίας; τί οὖν; τί ἄξιός εἰμι παθεῖν ἢ ἀποτεῖσαι, ὅτι μαθὼν ἐν τῷ βίῳ οὐχ ἡσυχίαν ἦγον, ἀλλ' ἀμελήσας ὧνπερ οἱ πολλοί, χρηματισμοῦ τε καὶ οἰκονομίας καὶ στρατηγιῶν καὶ δημηγοριῶν καὶ τῶν ἄλλων ἀρχῶν καὶ συνωμοσιῶν καὶ στάσεων τῶν ἐν τῇ πόλει γιγνομένων...［但这人却提出判我死刑。好吧，诸位雅典人啊，但我究竟应向你们提出什么相反的量刑呢？莫非显然是我的应得之份？那它是什么？我应遭受或付出什么，就因为我一生不曾保持安静，而不关心众人所关心的，即赚钱、理家、领兵、在公民大会上发表演说和其他一些公职，以及在城邦中出现的各种起誓结盟和拉帮结派……］。

《政治家》(271d6–e2)：καὶ δὴ καὶ τὰ ζῷα κατὰ γένη καὶ ἀγέλας οἷον νομῆς θεῖοι διειλήφεσαν δαίμονες, αὐτάρκης εἰς πάντα ἕκαστος ἑκάστοις ὢν οἷς αὐτὸς ἔνεμεν, ὥστε οὔτ' ἄγριον ἦν οὐδὲν οὔτε ἀλλήλων ἐδωδαί, πόλεμός τε οὐκ ἐνῆν οὐδὲ στάσις τὸ παράπαν.［而精灵们就像神圣的牧人似的按照族类和群分开了动物，他们中的每个对于他自己所牧养的那些动物中的每个来说，都完全是自给自足的，以至于既没有哪个动物是凶野的，它们也不是彼此的食物，在它们中既没有战争，也完全没有拉帮结派。］

《斐德若》(237d6–238a2)：δεῖ αὖ νοῆσαι ὅτι ἡμῶν ἐν ἑκάστῳ δύο τινέ ἐστον ἰδέα ἄρχοντε καὶ ἄγοντε, οἷν ἑπόμεθα ᾗ ἂν ἄγητον, ἡ μὲν ἔμφυτος οὖσα ἐπιθυμία ἡδονῶν, ἄλλη δὲ ἐπίκτητος δόξα, ἐφιεμένη τοῦ ἀρίστου. τούτω δὲ ἐν ἡμῖν τοτὲ μὲν ὁμονοεῖτον, ἔστι δὲ ὅτε στασιάζετον· καὶ τοτὲ μὲν ἡ ἑτέρα, ἄλλοτε δὲ ἡ ἑτέρα κρατεῖ. δόξης μὲν οὖν ἐπὶ τὸ ἄριστον λόγῳ ἀγούσης καὶ κρατούσης τῷ κράτει σωφροσύνη ὄνομα· ἐπιθυμίας δὲ ἀλόγως ἑλκούσης ἐπὶ ἡδονὰς καὶ ἀρξάσης ἐν ἡμῖν τῇ ἀρχῇ ὕβρις ἐπωνομάσθη.［复又必须洞察到，在我们每个人身上有着两种进行统治和进行领导的形式，它们把我们领到哪儿，我们就追随到哪儿；一个是天生的对各种快乐的欲望，另一个是后来获得的判断，它以至善为目的。而这两种形式在我们身上有时是一条心的，有时则会起内讧；并且有时这个在掌权，有时则那个在掌权。于是，如果判断凭借理性引领我们朝向至善并进行掌权，那么它的权能之名字就叫作节制；而如果欲望无理性地拖拽我们朝向各种快乐，并在我们身上实施统治，那么它的统治则被称作放纵。］

1406 τίθεσθαι τὰ ὅπλα πρὸς τὸ λογιστικόν.［携带着各种武器去支持那计算性的能力］，也可以简单译为“为了那计算性的能力而战斗”。τίθεσθαι 在这里是动词 τίθημι［放置］的现在时不定式中动态；τίθεσθαι τὰ ὅπλα 是词组，作为军事术语，《牛津希–英词典》举出它有四层意思：(1) 把武器堆起来，即

"宿营"；（2）携带武器，即"战斗"；（3）放下武器，即"投降"；（4）安排好武器，即"列阵"；并且举了柏拉图在这里的这个表达，指出它属于第二层意思，对之的解释是：bear arms, fight。

1407 λογισμοῦ δ' ἔνιοι μὲν ἔμοιγε δοκοῦσιν οὐδέποτε μεταλαμβάνειν.［但〈其中〉某些孩子至少在我看来从来都对计算没有份儿。］动词 μεταλαμβάνω［分享／分有／有份儿］要求属格作宾语，所以这里出现的是单数属格 λογισμοῦ［计算］。

1408 ἄνω που [ἐκεῖ]［在前面某个地方那里］，即前面第三卷 390d4 那里。希腊文方括号中的副词 ἐκεῖ［那儿］，伯内特认为可能是窜入，而法国布德本希腊文和新校勘的牛津古典本希腊文均保留了它，从之。

1409 见荷马《奥德修斯》，20. 17。参见前面 390d4。

1410 τῷ ἀλογίστως θυμουμένῳ［非计算性地进行发怒的东西］，单就这一表达，当然可以简单译为"无理性的愤怒者"等。

1411 Ταῦτα ... μόγις διανενεύκαμεν［我们已经艰难地游过了这些东西］，这是比喻，也可以转译为"我们已经艰难地安全通过了这些东西"。διανενεύκαμεν 是动词 διανέω［游过去］的完成时直陈式主动态第一人称复数；《牛津希-英词典》举了柏拉图在这里的这个表达，对它的解释是：swim through, i.e. get safe through。对观《斐德若》（264a4-7）：Ἦ πολλοῦ δεῖν ἔοικε ποιεῖν ὅδε γε ὃ ζητοῦμεν, ὃς οὐδὲ ἀπ' ἀρχῆς ἀλλ' ἀπὸ τελευτῆς ἐξ ὑπτίας ἀνάπαλιν διανεῖν ἐπιχειρεῖ τὸν λόγον, καὶ ἄρχεται ἀφ' ὧν πεπαυμένος ἂν ἤδη ὁ ἐραστὴς λέγοι πρὸς τὰ παιδικά.［毫无疑问，这人似乎远远没有做成我们正寻找的那种事情，他根本不是从开始处，而是从结尾处出发，尝试反过来逆向地游过讲辞，并且他从一个爱慕者已经在结束其讲话时才会对其心爱的少年说的那样一些事情来开始他的讲辞。］

1412 καὶ ἡμῖν ἐπιεικῶς ὡμολόγηται［并且我们也恰当地同意］，字面意思是"并且〈下面这点〉也被我们恰当地同意"。其中的动词 ὡμολόγηται，在法国布德本希腊文和新校勘的牛津古典本希腊文中均作 ὁμολόγηται，从之。从文法上看，前者为动词 ὁμολογέω［同意］的完成时直陈式被动态第三人称单数，后者为现在时直陈式被动态第三人称单数。

1413 ὡσαύτως ἀμφότερα ἔχειν［两者都处于同样的情形中］，也可以译为"两者都同样如此"。ἀμφότερα［两者］，即"个人"和"城邦"。ὡσαύτως ... ἔχειν 是一个整体，意思是"处于同样的情形中""同样如此"。

1414 προμήθεια［先见］。προμήθεια 派生自前缀 προ［在前面］和名词 μῆτις［机智／计划］，意思就是"先见""预思"。

1415 见前面第三卷 411e–412a。

1416 προστήσεσθον τοῦ ἐπιθυμητικοῦ［它俩就将站在欲望性的〈能力〉的前面］，也可以转译为“它俩将领导欲望性的〈能力〉”。这句话在法国布德本希腊文中同样如此，而新校勘的牛津古典本希腊文将其中的 προστήσεσθον 改为了 προστ<ατ>ήσεσθον，从之。προστήσεσθον 是动词 προΐστημι［放在前面］的将来时直陈式中动态第三人称双数，而 προστατήσεσθον 则是动词 προστατέω［站在前面 / 当领导］的将来时直陈式中动态第三人称双数。

1417 τῶν περὶ τὸ σῶμα καλουμένων ἡδονῶν［关于身体的那些所谓的快乐］，之所以说“所谓的”，即这些快乐未必是真实的。对观：

《斐德若》(258e1–5)：τίνος μὲν οὖν ἕνεκα κἂν τις ὡς εἰπεῖν ζῴη, ἀλλ' ἢ τῶν τοιούτων ἡδονῶν ἕνεκα; οὐ γάρ που ἐκείνων γε ὧν προλυπηθῆναι δεῖ ἢ μηδὲ ἡσθῆναι, ὃ δὴ ὀλίγου πᾶσαι αἱ περὶ τὸ σῶμα ἡδοναὶ ἔχουσι· διὸ καὶ δικαίως ἀνδραποδώδεις κέκληνται.［那么，任何一种生活都究竟是为了什么——假如可以一言以蔽之的话——，除了为了诸如此类的快乐之外？当然肯定不是为了下面那些快乐，那就是：对于它们，一个人必须预先感到痛苦，否则他根本就不会感到快乐，所有围绕身体的那些快乐差不多都是这个样子；也正因为这样，它们已经正当地被称为了奴性的。］

《菲勒玻斯》(36c6–7)：Πότερον ἀληθεῖς ταύτας τὰς λύπας τε καὶ ἡδονὰς ἢ ψευδεῖς εἶναι λέξομεν; ἢ τὰς μέν τινας ἀληθεῖς, τὰς δ' οὔ;［我们将说，这些痛苦和快乐都是真的或假的呢，还是将说，某些是真的，某些则不？］(42c5–7)：Τούτων τοίνυν ἑξῆς ὀψόμεθα ἐὰν τῇδε ἀπαντῶμεν ἡδονὰς καὶ λύπας ψευδεῖς ἔτι μᾶλλον ἢ ταύτας φαινομένας τε καὶ οὔσας ἐν τοῖς ζῴοις.［因此，在这些之后让我们看看，是否我们会以这种方式遇见一些快乐和痛苦，而它们在各种活物那里显得并且是比这些还要更为虚假的。］

1418 希腊文方括号中的小词 δὲ，伯内特认为有可能是窜入，而法国布德本希腊文和新校勘的牛津古典本希腊文均保留了它。

1419 ὑπὸ τῶν λόγων［被各种言辞］。法国布德本希腊文和新校勘的牛津古典本希腊文均如此；而詹姆斯·亚当（James Adam）所校勘的版本作单数 ὑπὸ τοῦ λόγου［被理性］，不从。

1420 参见前面 429c–d。

1421 ταῦτα［这些东西］，即上文提到的 τὸ ... δεινόν τε καὶ μή［可怕的东西和不可怕的东西］。

1422 参见前面 428e–429a。

1423 参见前面 432a。

1424 即“做自己的事情”。

1425 ἡμῖν ἀπαμβλύνεται ... δικαιοσύνη［正义被我们模糊地看到了］是一个整体。ἀπαμβλύνεται 在这里是动词 ἀπαμβλύνω 的现在时直陈式被动态第三人称单数，ἀπαμβλύνω 的本义是“使变钝”，其被动态在这里的意思则是“被隐隐约约地看到”“被模糊地看到”；《牛津希-英词典》举了柏拉图在这里的这个表达，对它的解释是：is indistinctly seen。

1426 αὐτῷ［对它］，虽然是中性与格，但仍指代前面的阴性名词 δικαιοσύνη［正义］。

1427 τὰ φορτικά［一些俗气的例子］。参见前面 367a8 那里对副词“φορτικῶς［庸俗地］”的注释 589。

1428 τοῦτον αὐτὸ δρᾶσαι［他做了这件事］，法国布德本希腊文同样如此，而新校勘的牛津古典本希腊文将之改为 τοῦτο αὐτὸν δρᾶσαι，从之；如果按伯内特本和布德本翻译，则当译为“这个人做了它”。

1429 ὁπωστιοῦν γ' ἂν［无论如何］。法国布德本希腊文和新校勘的牛津古典本希腊文均无语气词 γ' ἂν，从之。

1430 τούτων πάντων αἴτιον［所有这些的原因］，也可以译为“对所有这些负责的”。

1431 παρέχεται［造就］。παρέχεται 在这里是动词 παρέχω 的现在时直陈式中动态第三人称单数；παρέχω 的本义是“提供”“递给”，但其中动态则具有“造就”“造成”“带来”等意思。

1432 τέλεον ... ἀποτετέλεσται［已经完满地实现了］。τέλεον 在这里是形容词 τέλειος［完满的］的中性单数作副词使用。ἀποτετέλεσται 是动词 ἀποτελέω 的完成时直陈式中动态第三人称单数，ἀποτελέω 的本义是“结束”“完成”，但其中动态在这里的意思则是“实现”。

1433 见前面 432d–433a。

1434 κατὰ θεόν τινα［凭借某种神意］。κατὰ θεόν［凭借神意］在这里等于 σὺν θεῷ，其反面是 ὑπὲρ θεόν［违反神意］。参见《智者》（265d1–4）：Ἐγὼ μὲν ἴσως διὰ τὴν ἡλικίαν πολλάκις ἀμφότερα μεταδοξάζω· νῦν μὴν βλέπων εἰς σὲ καὶ ὑπολαμβάνων οἴεσθαί σε κατά γε θεὸν αὐτὰ γίγνεσθαι, ταύτῃ καὶ αὐτὸς νενόμικα.［然而我，或许由于年纪的原因而经常在这两种意见中来回摇摆；但现在，当我看着你并且料想你会认为它们肯定凭借神意才生成出来时，我本人也承认了这种看法。］

1435 εἰς ἀρχήν τε καὶ τύπον τινὰ τῆς δικαιοσύνης κινδυνεύομεν ἐμβεβηκέναι.［我们有可能会已经撞见了正义的开端和模式。］ἐμβεβηκέναι 是动词 ἐμβαίνω 的完成时不定式主动态，ἐμβαίνω 的本义是“走进”“踏上”，在这里喻为“撞

见”;《牛津希-英词典》举了柏拉图在这里的这个表达，对它的解释是：light upon。ἀρχήν［开端］，见前面 369b7 那里对“ἢ τίν’ οἴει ἀρχὴν ἄλλην πόλιν οἰκίζειν;［或者你认为某种其他的开端引发了一个城邦的建立？］”的注释 625。

1436 关于 εἴδωλον［图像］，可对观《智者》(234c2–7)：Τί δὲ δή; περὶ τοὺς λόγους ἆρ’ οὐ προσδοκῶμεν εἶναί τινα ἄλλην τέχνην, ᾗ αὖ δυνατὸν <ὂν> [αὖ] τυγχάνει τοὺς νέους καὶ ἔτι πόρρω τῶν πραγμάτων τῆς ἀληθείας ἀφεστῶτας διὰ τῶν ὤτων τοῖς λόγοις γοητεύειν, δεικνύντας εἴδωλα λεγόμενα περὶ πάντων, ὥστε ποιεῖν ἀληθῆ δοκεῖν λέγεσθαι καὶ τὸν λέγοντα δὴ σοφώτατον πάντων ἅπαντ' εἶναι;［那么然后呢？在诸言说方面，我们岂不也能期待有着某种另外的技艺，凭借它，肯定恰恰复又能够用各种言说通过其耳朵来蛊惑那些年轻且仍然还远远站在各种事情之真的外面的人，通过向他们显示关于一切所说出来的图像，从而使得各种真的东西看起来在被说似的，并且使得那说话的人看起来在所有事情上是所有人中最智慧的似的？］

1437 τοιοῦτόν τι［某种这样的东西］，即“做属于自己的事情”。

1438 τοιοῦτόν τι ἦν, ὡς ἔοικεν, ἡ δικαιοσύνη ἀλλ’ οὐ περὶ τὴν ἔξω πρᾶξιν τῶν αὑτοῦ.［如看起来的那样，正义虽然是某种这样的东西，但它肯定不是某种关乎一个人自己的各种事业中那外在的事业的东西。］法国布德本希腊文在 τοιοῦτόν 后面有小词 μέν；而新校勘的牛津古典本希腊文整个这句话作：τοιοῦτον μέν τι ἦν, ὡς ἔοικεν, ἡ δικαιοσύνη, ἀλλ’ οὔ τι περὶ τὴν ἔξω πρᾶξιν τῶν αὑτοῦ. 这里的翻译从新校勘的牛津古典本希腊文。

1439 ἑαυτὸν καὶ τὰ ἑαυτοῦ［他自己以及那些属于他自己的东西］。苏格拉底在别处还进而区分了“自己”和“自己的”；参见《苏格拉底的申辩》(36c5–8)：ἐπιχειρῶν ἕκαστον ὑμῶν πείθειν μὴ πρότερον μήτε τῶν ἑαυτοῦ μηδενὸς ἐπιμελεῖσθαι πρὶν ἑαυτοῦ ἐπιμεληθείη ὅπως ὡς βέλτιστος καὶ φρονιμώτατος ἔσοιτο, μήτε τῶν τῆς πόλεως, πρὶν αὐτῆς τῆς πόλεως.［我尝试劝说你们中的每个人，不要在关心自己应是尽可能的好和尽可能的明智之前，先关心那些属于自己的东西中的任何东西，也不要在关心城邦本身之前先关心那些属于城邦的东西。］

1440 μὴ ἐάσαντα［一个人不允许］，之所以这么翻译，因为 ἐάσαντα 在这里是动词 ἐάω［允许／听任／让］的一次性过去时分词主动态阳性宾格单数。

1441 ὅρους τρεῖς ἁρμονίας［一个和声中那三个在音阶中限制音程的音符］。名词 ὅρος 除了具有“界线”“定义”“标准”“尺度”等意思之外，在音乐中指“在音阶中限制音程的音符”。

1442 νεάτης τε καὶ ὑπάτης καὶ μέσης［最下面那根弦、最上面那根弦和中间那根弦〈所发出的音符〉］，之所以这么补充翻译，因为这三个名词均为属格，省略了名词 ὅρον［音符］。这当是对七弦琴的一种描述；名词 νεάτη［最下面那根弦］和 ὑπάτη［最上面那根弦］分别由形容词 νέατος［最下面的］和 ὕπατος［最上面的］派生而来，省略了名词 χορδή［弦］。“最下面那根弦”（νεάτη）在音高上最高，而“最上面那根弦”（ὑπάτη）在音高上最低。

1443 καὶ εἰ ἄλλα ἄττα μεταξὺ τυγχάνει ὄντα［甚至如果在它们中间实际上还有一些其他〈阶层〉的话］。这句话暗含的意思是，正如七弦琴除了那三根主弦之外，还有其他的弦，同样，灵魂除了那三种主要的能力之外，可能还有一些其他的能力。

1444 οὕτω δή［只有在这种情况下］是固定表达，表强调，也可以译为“只有这样”。

1445 ὃ τυγχάνει ἐν αὐτοῖς ὄν［它在它们身上恰好是什么］，也可以译为“这种东西在它们身上究竟是什么”。

1446 Ἔστω δή［那就姑且同意］。见前面 346c4 那里对“ἔστω”的注释 334。

1447 τριῶν ὄντων τούτων［这三种是着的东西］，也可以简单译为“这三种是者”，即“三个阶层”或“三个部分”。

1448 关于“内讧”（στάσις），可参见《智者》（228a7–b10）：{ΞΕ.} Πότερον ἄλλο τι στάσιν ἡγούμενος ἢ τὴν τοῦ φύσει συγγενοῦς ἔκ τινος διαφθορᾶς διαφοράν; {ΘΕΑΙ.} Οὐδέν. {ΞΕ.} Ἀλλ᾽ αἶσχος ἄλλο τι πλὴν τὸ τῆς ἀμετρίας πανταχοῦ δυσειδὲς ἐνὸν γένος; {ΘΕΑΙ.} Οὐδαμῶς ἄλλο. {ΞΕ.} Τί δέ; ἐν ψυχῇ δόξας ἐπιθυμίαις καὶ θυμὸν ἡδοναῖς καὶ λόγον λύπαις καὶ πάντα ἀλλήλοις ταῦτα τῶν φλαύρως ἐχόντων οὐκ ᾐσθήμεθα διαφερόμενα; {ΘΕΑΙ.} Καὶ σφόδρα γε. {ΞΕ.} Συγγενῆ γε μὴν ἐξ ἀνάγκης σύμπαντα γέγονεν. {ΘΕΑΙ.} Πῶς γὰρ οὔ; {ΞΕ.} Στάσιν ἄρα καὶ νόσον τῆς ψυχῆς πονηρίαν λέγοντες ὀρθῶς ἐροῦμεν. {ΘΕΑΙ.} Ὀρθότατα μὲν οὖν.［客人：你会把内讧视为是其他某种东西吗，除了视为是由于某种腐坏本性上同家族的东西之间的不和之外？泰阿泰德：不会。客人：而丑陋会是其他某种东西吗，除了是处处不好看的不成比例这种家族之外？泰阿泰德：绝对不是别的。客人：然后呢？在其灵魂中各种意见同各种欲望、愤怒同各种快乐，以及言说同各种痛苦，我们岂不觉察到，当一些人处于低劣的状态中时，所有这些都变得彼此不和吗？泰阿泰德：完全如此。客人：然而所有这些都必然已经成为同家族的。泰阿泰德：为何不？客人：那么，如果我们把灵魂的内讧和疾病称为邪恶，我们肯定说得正确。泰阿泰德：的确非常正确。］

1449 πρέπειν αὐτῷ δουλεύειν, τῷ δ᾽ οὐ δουλεύειν ἀρχικοῦ γένους ὄντι.［与之相适合的是进行臣服，而适合于另一个部分的则不是进行臣服，相反，它属于那适合进行统治的阶层。］对这句话的编辑和校勘分歧比较大。这句话在法国布德本希腊文中作：πρέπειν αὐτῷ δουλεύειν τῷ τοῦ ἀρχικοῦ γένους ὄντι.［与之相适合的是臣服于那个属于适合进行统治的阶层的部分。］而新校勘的牛津古典本希腊文则作：πρέπειν αὐτῷ δουλεύειν, τοῦ δ᾽ αὖ δουλεύειν ἀρχικοῦ γένους ὄντι.［与之相适合的是进行臣服，而它复又臣服于那个属于适合进行统治的阶层的部分。］不过，新校勘的牛津古典本希腊文认为后半句话 τοῦ δ᾽ αὖ δουλεύειν ἀρχικοῦ γένους ὄντι 可能存在错漏。这里的翻译仍从伯内特本。

1450 πλάνην［误入歧途］，当然也可以偏中性地译为"漂泊"。参见《斐洞》（81a4-9）：Οὐκοῦν οὕτω μὲν ἔχουσα εἰς τὸ ὅμοιον αὐτῇ τὸ ἀιδὲς ἀπέρχεται, τὸ θεῖόν τε καὶ ἀθάνατον καὶ φρόνιμον, οἷ ἀφικομένῃ ὑπάρχει αὐτῇ εὐδαίμονι εἶναι, πλάνης καὶ ἀνοίας καὶ φόβων καὶ ἀγρίων ἐρώτων καὶ τῶν ἄλλων κακῶν τῶν ἀνθρωπείων ἀπηλλαγμένῃ, ὥσπερ δὲ λέγεται κατὰ τῶν μεμυημένων, ὡς ἀληθῶς τὸν λοιπὸν χρόνον μετὰ θεῶν διάγουσα;［如果它是这样的话，那它岂不就是在动身前往与它自己相似的、不可见的东西那儿，即神性的东西、不死的东西和明智的东西那儿，当它到达那里时，它岂不就有可能是幸福的，摆脱了漂泊、愚蠢、各种恐惧、各种粗野的爱欲，以及其他种种属人的恶，而如那些入了秘教的人所说，它其实在与诸神一起度过余下的时光？］

1451 Αὐτὰ μὲν οὖν ταῦτα［它们肯定就是这个样子］。新校勘的牛津古典本希腊文同样如此，而法国布德本希腊文作：Ταὐτὰ μὲν οὖν ταῦτα［这些东西的确是同样的］。

1452 对观《智者》（228e1-5）：Κομιδῇ συγχωρητέον, ὃ νυνδὴ λέξαντος ἠμφεγνόησά σου, τὸ δύο εἶναι γένη κακίας ἐν ψυχῇ, καὶ δειλίαν μὲν καὶ ἀκολασίαν καὶ ἀδικίαν σύμπαντα ἡγητέον νόσον ἐν ἡμῖν, τὸ δὲ τῆς πολλῆς καὶ παντοδαπῆς ἀγνοίας πάθος αἶσχος θετέον.［的确必须同意——尽管当你刚才说时我还怀疑过——，恶的两个家族是在灵魂中；并且，一方面，懦弱、放纵以及不义，它们全都必须被视为在我们中的疾病，另一方面，许许多多且形形色色的无知之情状，则必须被确定为丑陋。］

1453 αὖ［接下来 / 此外］，之所以出现该副词，参见前面 354b-c。

1454 参见前面 380b1-2："而那些人由于被惩罚而得到了帮助。"

1455 αὐτοῦ τούτου［恰恰这种东西］，即灵魂。αὐτοῦ 在这里表强调，译出语气即可，无需译为"本身"或"自身"。参见前面 353d9-10："此外，活着又如何呢？我们岂不将说它也是灵魂的一种功能？尤其如此，他说道。”

1456 关于这里的相关表达，可对观：

《苏格拉底的申辩》（38a5−6）：ὁ δὲ ἀνεξέταστος βίος οὐ βιωτὸς ἀνθρώπῳ. [未经省察的生活对于人来说是不值得活的。]

《克里同》（47d7−48a4）：{ΣΩ.} Φέρε δή, ἐὰν τὸ ὑπὸ τοῦ ὑγιεινοῦ μὲν βέλτιον γιγνόμενον, ὑπὸ τοῦ νοσώδους δὲ διαφθειρόμενον διολέσωμεν πειθόμενοι μὴ τῇ τῶν ἐπαϊόντων δόξῃ, ἆρα βιωτὸν ἡμῖν ἐστιν διεφθαρμένου αὐτοῦ; ἔστι δέ που τοῦτο σῶμα· ἢ οὐχί; {ΚΡ.} Ναί. {ΣΩ.} Ἆρ᾽ οὖν βιωτὸν ἡμῖν ἐστιν μετὰ μοχθηροῦ καὶ διεφθαρμένου σώματος; {ΚΡ.} Οὐδαμῶς. {ΣΩ.} Ἀλλὰ μετ᾽ ἐκείνου ἄρ᾽ ἡμῖν βιωτὸν διεφθαρμένου, ᾧ τὸ ἄδικον μὲν λωβᾶται, τὸ δὲ δίκαιον ὀνίνησιν; ἢ φαυλότερον ἡγούμεθα εἶναι τοῦ σώματος ἐκεῖνο, ὅτι ποτ᾽ ἐστὶ τῶν ἡμετέρων, περὶ ὃ ἥ τε ἀδικία καὶ ἡ δικαιοσύνη ἐστίν; {ΚΡ.} Οὐδαμῶς. {ΣΩ.} Ἀλλὰ τιμιώτερον; {ΚΡ.} Πολύ γε. [苏格拉底：好吧！如果我们因不听从内行们的意见而完全毁掉了因健康而变得更好、因不健康而被败坏的那种东西，那么，当它被败坏后，对我们来说还值得活吗？而这种东西就是身体，难道不是吗？克里同：是。苏格拉底：那么，对我们来说，带着一副糟糕的、败坏了的身体，还值得活吗？克里同：肯定不。苏格拉底：然而，随着那种东西——对于它，不公正的东西在进行伤害，而公正的东西在进行助益——败坏了，对我们来说还值得活吗？或者，我们会认为毕竟属于我们的、同不义和正义相关的那种东西，是比身体更低劣的吗？克里同：绝不会。苏格拉底：但会是更尊贵的吗？克里同：肯定尊贵得多。]

1457 ὅσον οἷόν τε σαφέστατα[尽可能清楚地]，这里将之视为一个整体，等于 ὡς οἷόν τε σαφέστατα。参见前面 375e3 那里对“ὡς οἷόν τε πρᾳοτάτους εἶναι[是尽可能温柔的]”的注释 697。

1458 Ἥκιστα ... πάντων[最不]是一个整体。见前面 380d5 那里对“πάντων ἥκιστα[最不]”的注释 760。

1459 暗含的意思是，虽然不能穷尽恶的形式，但那些最典型的恶，则应当看清楚。

1460 ἓν μὲν εἶναι εἶδος τῆς ἀρετῆς, ἄπειρα δὲ τῆς κακίας.[虽然德性的形式是一，但邪恶的形式则是无限的。]这句话有可能是对毕达哥拉斯学派观点的某种改写；亚里士多德也曾引用过类似的话，参见《尼各马可伦理学》（1106b35）：ἐσθλοὶ μὲν γὰρ ἁπλῶς, παντοδαπῶς δὲ κακοί.[虽然善是简单的，但恶则是各种各样的。/ 虽然善以简单的方式表现出来，但恶却以各种各样的方式表现出来。]

1461 βασιλεία［王制］，也可以译为“国王政制”。希腊语 βασιλεύς［国王］一词，在词源上派生自名词 βάσις［基础 / 基座］，即处于受人尊敬的地位并支撑着人民的人。

1462 ἀριστοκρατία［贵族政制］，也可以译为“贤人政制”“精英政制”等；该名词派生自形容词 ἀγαθός［好的 / 优秀的］的最高级 ἄριστος 和动词 κρατέω［统治］。参见《政治家》（297b7–c4）：Ὡς οὐκ ἄν ποτε πλῆθος οὐδ' ὡντινωνοῦν τὴν τοιαύτην λαβὸν ἐπιστήμην οἷόν τ' ἂν γένοιτο μετὰ νοῦ διοικεῖν πόλιν, ἀλλὰ περὶ σμικρόν τι καὶ ὀλίγον καὶ τὸ ἕν ἐστι ζητητέον τὴν μίαν ἐκείνην πολιτείαν τὴν ὀρθήν, τὰς δ' ἄλλας μιμήματα θετέον, ὥσπερ καὶ ὀλίγον πρότερον ἐρρήθη, τὰς μὲν ἐπὶ τὰ καλλίονα, τὰς δ' ἐπὶ τὰ αἰσχίω μιμουμένας ταύτην.［那就是，一大群人——无论是些什么人——，都从不会可能通过掌握这门知识而凭借理智来管理城邦，相反，必须在一个小范围内、在少数人那里甚或在一个人那里去寻找那唯一正确的政制，而其他的各种政制都必须被确定为是它的一些模仿品，也正如不久前说过的那样，一些向着较美好的东西进行模仿，一些则向着较丑陋的东西进行模仿。］

1463 τῶν ἀξίων λόγου νόμων［那些重要的礼法］。参见前面 388e9 那里对“ἀνθρώπους ἀξίους λόγου［那些著名的人物］”的注释 839。

1464 τοιοῦτον［如此这般的］，即 ἀγαθὴν καὶ ὀρθήν［优秀的和正确的］。

1465 ἐν τέτταρσι πονηρίας εἴδεσιν οὔσας［它们位于与恶相关的四种形式中］，为了避免歧义而没有译为“它们位于恶的四种形式中”；πονηρίας 在这里是名词 πονηρία［恶 / 邪恶］的属格单数。

1466 ταύτας［这些〈城邦以及城邦体制〉］，之所以这么补充翻译，因为 ταύτας 在这里是指示代词 οὗτος 的阴性宾格复数，只能指代前面的阴性名词 πόλις［城邦］或 πολιτεία［城邦体制］。

1467 ᾖα ... ἐρῶν［我正要去说］是一个整体。ᾖα 是动词 εἶμι［去 / 来］的未完成过去时直陈式主动态第一人称单数，而 ἐρῶν 是动词 ἐρῶ［说］的将来时分词主动态阳性主格单数；εἶμι 跟将来时分词，起助动词作用；因此，ᾖα ἐρῶν 等于英语的：I was going to say…。参见《泰阿泰德》（180c3–5）：παρὰ μὲν οὖν τούτων, ὅπερ ᾖα ἐρῶν, οὐκ ἄν ποτε λάβοις λόγον οὔτε ἑκόντων οὔτε ἀκόντων.［因此，从这些人那里，正如我已经说过的，你从不会得到任何说明，无论他们愿意还是不愿意。］

1468 ἐξ ἀλλήλων μεταβαίνειν［一个从另一个演变而来］，也可以译为“在互相转换”。

1469 λαβόμενος τοῦ ἱματίου ἄνωθεν αὐτοῦ［从上面抓住那个人肩膀上的外衣］，

αὐτοῦ［他 / 那个人］，即“阿德曼托斯”。参见前面第一卷 327b4：在我的后面抓住我的外衣。

1470 ἐκεῖνόν τε προσηγάγετο［他一边把那个人拉向他自己］，之所以这么翻译，因为 προσηγάγετο 是动词 προσάγω 的一次性过去时直陈式中动态第三人称单数；προσάγω 的本义是“带来”，但其中动态的意思则是“拉向自己”“拉过来”“拉到身边”，转义为“拥抱”“抱住”等。

1471 προτείνας ἑαυτόν［探身过去］是一个整体。προτείνας 是动词 προτείνω［伸展出来 / 拿给］的一次性过去时分词主动态阳性主格单数；《牛津希-英词典》举了柏拉图在这里的这个表达，对 προτείνας ἑαυτόν 的解释是：leaning forward。

1472 ἀπορρᾳθυμεῖν［在忽略某事］。ἀπορρᾳθυμεῖν 是动词 ἀπορρᾳθυμέω 的现在时不定式主动态，ἀπορρᾳθυμέω 的词干是 ῥᾳθυμέω［漫不经心 / 懒懒散散］；《牛津希-英词典》举了柏拉图在这里的这个表达，对 ἀπορρᾳθυμέω 的解释是：to neglect a thing from faintheartedness or laziness, leave off in faintheartedness or laziness。

1473 εἶδος ὅλον［一整块］。基于文义，这里不把 εἶδος 译为“形式”“种类”等。

1474 φαύλως［临时］，也可以译为“随随便便地”“粗浅地”“漫不经心地”；《牛津希-英词典》举了柏拉图在这里的这个表达，对它的解释是：casually。

1475 见前面第四卷 423e6-424a2。

1476 παρῇς ὅντινα σὺ λέγεις［你不可以忽略你所说的那种方式］，也可以译为“你不可以放过你所说的那种方式”。παρῇς 在这里是动词 παρίημι 的一次性过去时虚拟式主动态第二人称单数；参见前面 370b7-8 那里对“ἐάν τίς τινος παρῇ ἔργου καιρόν［如果一个人放过〈做〉一件事情的时机］”的注释 637。

1477 动词 παιδοποιήσονται［他们将生孩子］和 θρέψουσιν［他们将抚养］的主语当为阳性复数“他们”，即广义上的“城邦的卫士们”。

1478 ἄλλης ἐπιλαμβάνῃ πολιτείας［你就〈开始〉涉及一种其他的城邦体制］。ἐπιλαμβάνῃ 在这里是动词 ἐπιλαμβάνω 的现在时直陈式中动态第二人称单数，ἐπιλαμβάνω 的本义是“捉”“抓”，但其中动态在这里的意思则是“涉及”“提及”“谈及”等意思，并要求属格，所以这里出现的是单数属格 ἄλλης ... πολιτείας［一种其他的城邦体制］；《牛津希-英词典》举了柏拉图在这里的这个表达，对它的解释是：touch on。

1479 δέδοκται ἡμῖν［我们才决定了］。δέδοκται 在这里是动词 δοκέω 的完成时直陈式中动态第三人称单数；δοκέω 的本义是“看起来”“似乎是”，但其中动态则具有“决定了”的意思。

1480 τῆς ψήφου ταύτης［就这一票来说］。名词 ψῆφος 的本义是“小石子”，古希腊人常用它来计数或投票；τίθημι τὴν ψῆφον 作为词组，意思就是“投票”。参见：

《苏格拉底的申辩》（34c7–d1）：τάχ᾽ ἂν οὖν τις ταῦτα ἐννοήσας αὐθαδέστερον ἂν πρός με σχοίη καὶ ὀργισθεὶς αὐτοῖς τούτοις θεῖτο ἂν μετ᾽ ὀργῆς τὴν ψῆφον.［因此，或许某个注意到这些的人会更加冷酷地对待我，并正由于这些感到愤怒而带着怒气投下一票。］

《拉刻斯》（184d1–4）：εἰ μὲν γὰρ συνεφερέσθην τώδε, ἧττον ἂν τοῦ τοιούτου ἔδει· νῦν δὲ τὴν ἐναντίαν γάρ, ὡς ὁρᾷς, Λάχης Νικίᾳ ἔθετο, εὖ δὴ ἔχει ἀκοῦσαι καὶ σοῦ ποτέρῳ τοῖν ἀνδροῖν σύμψηφος εἶ.［因为，如果这里的这两人已经达成了一致，那就不那么需要这样一种人；而现在，正如你所看到的，事实上拉刻斯投出了同尼基阿斯相反的票，因此这样做才是好的，那就是也听听你会投票支持这两人中的哪位。］

《菲勒玻斯》（57a3–4）：Τῇ πρόσθεν ἑπόμενος ἔγωγ᾽ ἂν δύο κατὰ τὴν ἐμὴν ψῆφον τιθείην ἑκατέραν τούτων.［如果追随前面所说的，那么，按照我的投票，我肯定会把这两者确定为二。］

1481 καὶ ἐμὲ ... κοινωνὸν ... τίθετε［请你们〈俩〉把我也确定为一位同伴］。“你们〈俩〉”，即波勒马尔科斯和阿德曼托斯。τίθετε 在这里是动词 τίθημι［确定/设置］的现在时命令式主动态第二人称复数。

1482 ἐπιλαβόμενοί μου［伏击我］，也可以简单译为“攻击我”。ἐπιλαβόμενοι 是动词 ἐπιλαμβάνω 的一次性过去时分词中动态阳性主格复数；ἐπιλαμβάνω 的本义是“捉”“抓”，但其中动态则具有“攻击”等意思，并要求属格，所以这里出现的是单数属格 μου［我］。参见《斐德若》（236b5–8）：Ἐσπούδακας, ὦ Φαῖδρε, ὅτι σου τῶν παιδικῶν ἐπελαβόμην ἐρεσχηλῶν σε, καὶ οἴει δή με ὡς ἀληθῶς ἐπιχειρήσειν εἰπεῖν παρὰ τὴν ἐκείνου σοφίαν ἕτερόν τι ποικιλώτερον;［你是不是已经过于认真了些，斐德若啊，就因为我为了取笑你而攻击了你那心爱的少年，并且你也竟然认为，我真的将尝试超出那人的智慧而说出其他某种更加五彩缤纷的东西来？］

1483 χρυσοχοήσοντας［将从矿石中提炼出黄金］。χρυσοχοήσοντας 是动词 χρυσοχοέω 的将来时分词主动态阳性宾格复数，χρυσοχοέω 派生自名词 χρυσός［金子］和动词 χέω［熔化］，本义就是“从矿石提炼黄金”，如当时雅典人试图从他们的银矿中提取黄金，喻为“投机失败”。

1484 ἀλλὰ τὸ μὲν ἡμέτερον ἔα［至于我们的情况，请你听之任之］，也可以译为

"而你就不要操心我们的事情"。τὸ ἡμέτερον 的意思是"我们的情况""同我们相关的"，《牛津希-英词典》对之的解释是：our case。ἔα 是动词 ἐάω［让 / 不理会］的现在时命令式主动态第二人称单数。

1485 τῆς ἐν τῷ μεταξὺ χρόνῳ γιγνομένης γενέσεώς τε καὶ παιδείας［在出生和〈接受真正的〉教育之间的这段时间所发生的抚养］。μεταξὺ ... γενέσεώς τε καὶ παιδείας［在出生和〈接受真正的〉教育之间］是一个整体，而 τῆς ... γιγνομένης［发生的〈抚养〉］是一个整体。

1486 ὦ εὔδαιμον［幸福的人啊］，这是一句讽刺话，也可以直接译为"天真的人啊"；参见前面 422e3 那里对"Εὐδαίμων εἶ［你真是一个幸福的人啊］"的注释 1206。

1487 μὴ εὐχὴ δοκῇ εἶναι ὁ λόγος［免得讨论看起来只是在建空中楼阁而已］，也可以译为"免得讨论看起来只是一种热望而已"。名词 εὐχή 的本义是"祈祷"，同"真实"相对，则指"热望""愿望"；《牛津希-英词典》举了柏拉图在这里的这个表达，并指出短语 εὐχαῖς ὅμοια λέγειν 的意思是：to build castles in the air。

1488 ἦ που 在这里是一个整体，意思是"真的""毫无疑问""确实"。参见：

《政治家》（285d8–9）：Ἦ που τὸν τῆς ὑφαντικῆς γε λόγον αὐτῆς ταύτης ἕνεκα θηρεύειν οὐδεὶς ἂν ἐθελήσειεν νοῦν ἔχων.［毫无疑问，对纺织术的说明，任何有理智的人也都肯定不会愿意为了它本身而追踪它。］

《吕西斯》（207d4–6）：ἐκεῖνος μὲν οὖν ᾤχετο· ἐγὼ δὲ τὸν Λύσιν ἠρόμην, Ἦ που, ἦν δ' ἐγώ, ὦ Λύσι, σφόδρα φιλεῖ σε ὁ πατὴρ καὶ ἡ μήτηρ;［于是乎那人就离开了，而我就继续询问吕西斯：真的，我说道，吕西斯啊，你的父亲和母亲非常爱你吗？］

1489 με παραθαρρύνειν［鼓励我］，单就该表达，也可以译为"给我壮胆"。

1490 φίλων［各种切己的事情］。φίλων 在这里是形容词 φίλος 的中性属格复数；φίλος 有时并不含"喜爱的""可爱的"等意思，而只是表"自己的"，《牛津希-英词典》对它的这层意思的解释是：one's own，例如，φίλα εἵματα［自己的衣服］，μητρὶ φίλῃ ... χωόμενος κῆρ［对他自己的母亲感到愤怒 / 生他自己母亲的气］。

1491 ζητοῦντα ἅμα τοὺς λόγους ποιεῖσθαι［同时在寻求进行一番讨论］。τοὺς λόγους ποιεῖσθαι［进行一番讨论］是固定表达，《牛津希-英词典》对之的解释是：hold a conference；如果用单数，即 λόγον ποιεῖσθαι，意思则是"进行说明"。

1492 οὔ τι γέλωτα ὀφλεῖν［这倒不是由于会招致某种嘲笑］。ὀφλεῖν 是动词

ὀφλισκάνω［招致］的一次性过去时不定式主动态；γέλωτα ὀφλισκάνω 是固定表达，意思是“招致嘲笑”“被嘲笑”，《牛津希-英词典》对它的解释是：to be laughed at。

1493 σφαλεὶς τῆς ἀληθείας［在真面前栽跟斗］，也可以转译为“对真犯错误”。σφαλείς 是动词 σφάλλω 的一次性过去时分词被动态阳性主格单数，σφάλλω 的本义是“使绊倒”“使滑倒”，其被动态“被绊倒”喻为“犯错误”“有失误”。

1494 κείσομαι［将被打翻在地］，这是意译，字面意思是“将躺下”。κείσομαι 是动词 κεῖμαι［躺下］的将来时直陈式中动态第一人称单数。

1495 阿德剌斯忒亚（Ἀδράστεια, Adrasteia）是命运女神或报应女神涅墨西斯（Νέμεσις, Nemesis）的称号，派生自褫夺性前缀 ἀ- 和动词 διδράσκω［逃走 / 溜掉］，本义是“无人能够从她那儿逃走”。

1496 ἀπατεῶνα καλῶν τε καὶ ἀγαθῶν καὶ δικαίων νομίμων πέρι.［在各种正义的事情和各种礼法方面成为了〈欺骗〉那些既美又好的人的一位骗子。］这句话在法国布德本希腊文中同样如此，而新校勘的牛津古典本希腊文将之改为：ἀπατεῶνα καλῶν τε καὶ ἀγαθῶν [καὶ] δικαίων <καὶ> νομίμων πέρι. 即认为方括号中的连词 καὶ 是窜入，而根据文义又补充了尖括号中的 καὶ，从之。这样一来，ἀπατεῶνα καλῶν τε καὶ ἀγαθῶν［〈欺骗〉那些既美又好的人的一位骗子］成为一个整体，而 καλῶν τε καὶ ἀγαθῶν 当理解为阳性属格复数，表人；而 δικαίων <καὶ> νομίμων 则当理解为中性属格复数，表物。如果按照伯内特本和布德本翻译，那么这句话就只能译为：关于那些美好的事情、良善的事情以及各种正义的礼法成为了一位骗子。

1497 τοῦτο ... τὸ κινδύνευμα κινδυνεύειν［冒这种风险］是一个整体。κινδύνευμα κινδυνεύειν 是词组，即“冒险”；《牛津希-英词典》举了柏拉图在这里的这个表达，对它的解释是：venture, hazard。

1498 ὥστε εὖ με παραμυθῇ.［因而你真是在好好地鼓励我啊！］这是一句讽刺性的反话。这句话在新校勘的牛津古典本希腊文中同样如此，而法国布德本希腊作：ὥστε οὐκ εὖ με παραμυθῇ.［因而你并未好好地鼓励我。］不从。

1499 πλημμελές［某种不着调的东西］。形容词 πλημμελής 由前缀 πλήν［除 / 除……之外］和名词 μέλος［曲调］构成，本义就是“弹错曲调的”，喻为“有失误的”“犯错误的”“不得体的”等。参见：

《克里同》（43b10–11）：Καὶ γὰρ ἄν, ὦ Κρίτων, πλημμελὲς εἴη ἀγανακτεῖν τηλικοῦτον ὄντα εἰ δεῖ ἤδη τελευτᾶν.［克里同啊，我已经是这把年纪了，如果现在必须得死，却对之感到懊恼，这肯定会是不得体的。］

《吕西斯》(222b8–c1)：τὸ δὲ ἄχρηστον φίλον ὁμολογεῖν πλημμελές.［而把无用的东西承认为友好的东西，这是不着调的。］

1500 ἐκεῖ［在那里］，即“在非有意地杀人这件事上”。

1501 ἐνθάδε［在这里］，即“在非有意地欺骗这件事上”。

1502 μετὰ ἀνδρεῖον δρᾶμα παντελῶς διαπερανθὲν τὸ γυναικεῖον αὖ περαίνειν.［在详细叙述完了男人的任务之后，再来从头至尾详述女人的任务］，也可以简单译为：在彻底结束了男人的任务之后，再来结束女人的任务。名词 δρᾶμα 派生自动词 δράω［做］，意思是“行为”“任务”，在戏剧上指“表演”“动作”。参见《泰阿泰德》(150a8–9)：Τὸ μὲν τοίνυν τῶν μαιῶν τοσοῦτον, ἔλαττον δὲ οὗ ἐμοῦ δράματος.［即使产婆们的任务是如此重大，但还是比我的小。］

1503 见前面 375d–e。

1504 εἰ ἡμῖν πρέπει ἢ οὔ.［这适合于我们，还是不。］“这”即“赋予〈女人们〉几乎同样的出生和培养”，隐含的不定式 τὸ τὴν γένεσιν καὶ τροφὴν παραπλησίαν ἀποδιδόναι［赋予〈女人们〉几乎同样的出生和培养］是动词 πρέπει［适合］的主语。

1505 πλὴν ὡς ἀσθενεστέραις χρώμεθα［除了我们把〈那些雌性警犬〉作为较弱的来使用］，之所以这么补充翻译，因为在 πλὴν［除了］后面省略了定冠词阴性与格复数 ταῖς。

1506 参见前面（389d6）：假如真的，他说道，在言辞之后行动肯定要被履行的话。

1507 名词 γυμνάσιον 既有“体育锻炼”的意思，也有“体育学校”的意思。

1508 μὴ ἡδεῖς τὴν ὄψιν［在外表上也是不让人愉快的］。τὴν ὄψιν［在外表上］，参见前面 376b3 那里对“ὄψις”的注释 706。

1509 对观《泰阿泰德》(162b1–3)：Ἆρα κἂν εἰς Λακεδαίμονα ἐλθών, ὦ Θεόδωρε, πρὸς τὰς παλαίστρας ἀξιοῖς ἂν ἄλλους θεώμενος γυμνούς, ἐνίους φαύλους, αὐτὸς μὴ ἀντεπιδεικνύναι τὸ εἶδος παραποδυόμενος;［如果你前往拉栖岱蒙，忒俄多洛斯啊，到一些摔跤学校，你会认为下面这样是合适的吗，即旁观另外一些裸体的人，其中一些还身形丑陋，自己却不在旁边脱去衣服展示一下身材？］

1510 ἐν τῷ παρεστῶτι［在目前这种情况下］是固定表达。παρεστῶτι 在这里是动词 παρίστημι 的完成时分词主动态中性与格单数，παρίστημι 的本义是“使站在旁边”“放在旁边”；由其完成时分词派生而来的中性名词 τὰ παρεστῶτα 的意思是“目前的情况”，《牛津希–英词典》它的解释是：

present circumstances。

1511 τὰ τῶν χαριέντων σκώμματα［那些说风趣话的人的各种各样的嘲讽］。形容词 χαρίεις 的本义是"令人喜欢的""文雅的"，在这里的意思则是"风趣的""说风趣话的"；《牛津希-英词典》举了柏拉图在这里的这个表达，对 τῶν χαριέντων 的解释是：the wits。

1512 τὰ αὑτῶν πράττειν［做他们自己的那些事情］，即"说风趣话""开玩笑""讽刺"等。

1513 拉栖岱蒙人（Λακεδαιμόνιος, Lakedaimonios），也即斯巴达人（Σπαρτιάτης, Spartiates）。

1514 ἀστεῖος 的本义是"城里的"，转义为"文雅的""优美的"，这里的意思如前面的 χαρίεις 一样，也是"风趣的""说风趣话的"；《牛津希-英词典》举了柏拉图在这里的这个表达，对 οἱ ἀστεῖοι 的解释是：the wits。

1515 πάντα τὰ τοιαῦτα［在〈与体育锻炼相关的〉所有诸如此类的事情上］，这是基于文义补充翻译的；从文法上看，πάντα τὰ τοιαῦτα［所有诸如此类的事情 / 所有诸如此类的东西］在这里的所指，并不清楚，但显然不应当是动词不定式 ἀποδύεσθαι［裸露］和 συγκαλύπτειν［遮盖］的宾语。

1516 καὶ τὸ ἐν τοῖς ὀφθαλμοῖς δὴ γελοῖον ἐξερρύη ὑπὸ τοῦ ἐν τοῖς λόγοις μηνυθέντος ἀρίστου.［那在眼睛那里显得可笑的事情也就消失不见了，因为它在讨论中被揭示为了最好的。］这是意译；也可以照字面译为：那在眼睛那里显得可笑的事情也就被在讨论中被揭示为了最好的事情冲刷掉了。ἐξερρύη 是动词 ἐκρέω 的一次性过去时直陈式被动态第三人称单数，ἐκρέω 的本义是"流出"，在这里喻为"消失""熔化掉"；《牛津希-英词典》举了柏拉图在这里的这个表达，对它的解释是：melt or fall away, disappear。

1517 μάταιος［愚蠢的］，也可以译为"无聊的"。

1518 καὶ καλοῦ αὖ σπουδάζει πρὸς ἄλλον τινὰ σκοπὸν στησάμενος ἢ τὸν τοῦ ἀγαθοῦ.［但当他复又严肃认真起来时，关于美，他还是为他自己确定起其他任何一种目标，除了善这种目标之外。］这句话在文本校勘中存在着分歧。法国布德本希腊文认为其中的 καὶ καλοῦ αὖ［复又关于美］是窜入，而新校勘的牛津古典本希腊仍然保留了它们，但认为其中的介词 πρὸς 有可能是窜入；这里的翻译从新校勘的牛津古典本希腊文。名词 σκοπός 有两方面的意思，一是指"瞭望者""观察者"；一是指"眼睛瞄准的东西"，即"目标""鹄的"，如词组 ἀπὸ σκοποῦ 的意思就是"偏离目标""不中肯"。τὸν τοῦ ἀγαθοῦ［善的东西这种目标］，之所以这么翻译，是把这里的属格理解为同位语属格，故不将之译为"善的目标"或"善的东西的目标"。

1519 ἵνα μὴ ἔρημα τὰ τοῦ ἑτέρου λόγου πολιορκῆται.［免得那些属于不同论点的东西在无人为之辩护的情况下被围攻。］这是意译，也可以完全照字面意思译为：免得那些属于不同论点的东西孤零零地被围攻。形容词 ἐρῆμος 的本义是“孤零零的”，该词用于司法上，指在控告双方一方缺席的情况下进行审判。参见：

《苏格拉底的申辩》（18c1–8）：οὗτοι, ὦ ἄνδρες Ἀθηναῖοι, <οἱ> ταύτην τὴν φήμην κατασκεδάσαντες, οἱ δεινοί εἰσίν μου κατήγοροι· οἱ γὰρ ἀκούοντες ἡγοῦνται τοὺς ταῦτα ζητοῦντας οὐδὲ θεοὺς νομίζειν. ἔπειτά εἰσιν οὗτοι οἱ κατήγοροι πολλοὶ καὶ πολὺν χρόνον ἤδη κατηγορηκότες, ἔτι δὲ καὶ ἐν ταύτῃ τῇ ἡλικίᾳ λέγοντες πρὸς ὑμᾶς ἐν ᾗ ἂν μάλιστα ἐπιστεύσατε, παῖδες ὄντες ἔνιοι ὑμῶν καὶ μειράκια, ἀτεχνῶς ἐρήμην κατηγοροῦντες ἀπολογουμένου οὐδενός.［诸位雅典人啊，这些人散布了这种谣言，是我的可怕的指控者。因为首先听者们会认为那些寻求这些东西的人不承认神；其次，这些指控者人数众多，并且已经指控我很长时间了；再次，他们在你们最可能相信的那个年纪——你们中的一些那时还是孩子，一些则是少年——，对你们说那些话，他们完全在无人进行申辩的情况下进行缺席指控。］

1520 参见前面第二卷（370c3–5）：因此，基于这些，每样东西就会更多、更好和更容易地产生出来，每当一个人根据其天性并且适逢其时地，从其他事情中〈摆脱出来〉悠闲地，只做一件事时。

1521 也可以简单译为肯定句：她当然不同。

1522 ἐξαίφνης［突然 / 忽然］，由前缀 ἐκ［出离 / 摆脱］和形容词 ἀφανής［隐匿的 / 看不见的 / 秘而不宣的］构成，意味“从隐匿的状态中出来”。

1523 形容词 εὔκολος 的本义是“满意的”“满足的”“轻松愉快的”，用在事情上表“容易的”；《牛津希–英词典》举了柏拉图在这里的这个表达，对它的解释是：easy。

1524 νεῖ οὐδὲν ἧττον［同样地游泳］，也可以照字面意思译为“丝毫不少地游泳”。类似的比喻可参见《拉刻斯》（194c2–6）：Ἴθι δή, ὦ Νικία, ἀνδράσι φίλοις χειμαζομένοις ἐν λόγῳ καὶ ἀποροῦσιν βοήθησον, εἴ τινα ἔχεις δύναμιν. τὰ μὲν γὰρ δὴ ἡμέτερα ὁρᾷς ὡς ἄπορα· σὺ δ’ εἰπὼν ὅτι ἡγῇ ἀνδρείαν εἶναι, ἡμᾶς τε τῆς ἀπορίας ἔκλυσαι καὶ αὐτὸς ἃ νοεῖς τῷ λόγῳ βεβαίωσαι.［来吧！尼基阿斯啊，由于你的这些友人们在讨论中遭遇到了暴风雪，并且走投无路，请你帮助他们，如果你有某种能力的话。因为，一方面，你肯定看到了我们的情况是何等的无路可走；另一方面，请你通过告诉我们你认为勇敢是什么来把我们从走投无路中解救出来，并且用言辞来稳固你自己对之所怀有的想法。]

1525 ταῦτα ἡμῶν κατηγορεῖται;[我们被指控这些?]这句话在新校勘的牛津古典本希腊文中同样如此,而法国布德本希腊文作:ταῦτα ἡμῶν κατηγορεῖτε;[你们指控我们这些?]不从。从文法上看,κατηγορεῖται 是动词 κατηγορέω[指控/指责]的现在时直陈式中动态第三人称单数,而 κατηγορεῖτε 是其现在时直陈式主动态第二人称复数;该词要求属格作宾语,所以这里出现的是属格复数 ἡμῶν[我们]。

1526 ἡ δύναμις τῆς ἀντιλογικῆς τέχνης[辩驳的技艺之能力],也可以译为"辩论的技艺之能力"。关于 ἡ ἀντιλογικὴ τέχνη[辩驳的技艺/辩驳术]以及与之相关的一些技艺或能力,可对观:

《斐德若》(261d10–e4):Οὐκ ἄρα μόνον περὶ δικαστήριά τέ ἐστιν ἡ ἀντιλογικὴ καὶ περὶ δημηγορίαν, ἀλλ', ὡς ἔοικε, περὶ πάντα τὰ λεγόμενα μία τις τέχνη, εἴπερ ἔστιν, αὕτη ἂν εἴη, ᾗ τις οἷός τ' ἔσται πᾶν παντὶ ὁμοιοῦν τῶν δυνατῶν καὶ οἷς δυνατόν, καὶ ἄλλου ὁμοιοῦντος καὶ ἀποκρυπτομένου εἰς φῶς ἄγειν.[因此,辩驳术不仅关乎法庭以及关乎在公民大会上所发表的演说,而且,如看起来的那样,有着一门单一的技艺,假如确实有的话,它会关乎所有被说出来的东西,凭借它,一个人将可以使得那些能够变得相似于某种东西以及某个东西也能够变得相似于它们的东西中的每个与每个相似,并且当其他某个人如此弄出相似并试图掩盖这种做法时,他也能够将之暴露在光天化日之下。]

《菲勒玻斯》(16e3–17a5):οἱ μὲν οὖν θεοί, ὅπερ εἶπον, οὕτως ἡμῖν παρέδοσαν σκοπεῖν καὶ μανθάνειν καὶ διδάσκειν ἀλλήλους· οἱ δὲ νῦν τῶν ἀνθρώπων σοφοὶ ἓν μέν, ὅπως ἂν τύχωσι, καὶ πολλὰ θᾶττον καὶ βραδύτερον ποιοῦσι τοῦ δέοντος, μετὰ δὲ τὸ ἓν ἄπειρα εὐθύς, τὰ δὲ μέσα αὐτοὺς ἐκφεύγει – οἷς διακεχώρισται τό τε διαλεκτικῶς πάλιν καὶ τὸ ἐριστικῶς ἡμᾶς ποιεῖσθαι πρὸς ἀλλήλους τοὺς λόγους.[因此,一方面,诸神,正如我所说的,就以这种方式把考察、学习和相互教导这些方法传给了我们。另一方面,现今人们当中的一些智慧者,一则他们随随便便地设立一,以及多,并且同应然的相比,不是做得过快,就是做得过慢;一则在一之后,他们径直设立无限,而各种中间的东西逃离了他们——但正是通过这些中间的东西,才区分出了我们彼此之间究竟是以对话的方式在进行讨论呢,还是复又以争吵的方式在进行讨论——。]

《泰阿泰德》(164c7–d2):Ἀντιλογικῶς ἐοίκαμεν πρὸς τὰς τῶν ὀνομάτων ὁμολογίας ἀνομολογησάμενοι καὶ τοιούτῳ τινὶ περιγενόμενοι τοῦ λόγου ἀγαπᾶν, καὶ οὐ φάσκοντες ἀγωνισταὶ ἀλλὰ φιλόσοφοι εἶναι λανθάνομεν ταὐτὰ ἐκείνοις τοῖς δεινοῖς ἀνδράσιν ποιοῦντες. [我们似乎仅仅好争辩地在语词的认可上达成了一致，并且满足于通过某种这样的方式在讨论中占优势；尽管我们声称我们不是争论者，而是哲学家，却没有察觉到我们恰恰如那些强大的人一样在做同样的事情。]

《智者》(225a12–c9)：{ΞΕ.} Τῷ δὲ λόγοις πρὸς λόγους τί τις, ὦ Θεαίτητε, ἄλλο εἴπῃ πλὴν ἀμφισβητητικόν; {ΘΕΑΙ.} Οὐδέν. {ΞΕ.} Τὸ δέ γε περὶ τὰς ἀμφισβητήσεις θετέον διττόν. {ΘΕΑΙ.} Πῇ; {ΞΕ.} Καθ' ὅσον μὲν γὰρ γίγνεται μήκεσί τε πρὸς ἐναντία μήκη λόγων καὶ περὶ [τὰ] δίκαια καὶ ἄδικα δημοσίᾳ, δικανικόν. {ΘΕΑΙ.} Ναί. {ΞΕ.} Τὸ δ' ἐν ἰδίοις αὖ καὶ κατακεκερματισμένον ἐρωτήσεσι πρὸς ἀποκρίσεις μῶν εἰθίσμεθα καλεῖν ἄλλο πλὴν ἀντιλογικόν; {ΘΕΑΙ.} Οὐδέν. {ΞΕ.} Τοῦ δὲ ἀντιλογικοῦ τὸ μὲν ὅσον περὶ τὰ συμβόλαια ἀμφισβητεῖται μέν, εἰκῇ δὲ καὶ ἀτέχνως περὶ αὐτὸ πράττεται, ταῦτα θετέον μὲν εἶδος, ἐπείπερ αὐτὸ διέγνωκεν ὡς ἕτερον ὂν ὁ λόγος, ἀτὰρ ἐπωνυμίας οὔθ' ὑπὸ τῶν ἔμπροσθεν ἔτυχεν οὔτε νῦν ὑφ' ἡμῶν τυχεῖν ἄξιον. {ΘΕΑΙ.} Ἀληθῆ· κατὰ σμικρὰ γὰρ λίαν καὶ παντοδαπὰ διῄρηται. {ΞΕ.} Τὸ δέ γε ἔντεχνον, καὶ περὶ δικαίων αὐτῶν καὶ ἀδίκων καὶ περὶ τῶν ἄλλων ὅλως ἀμφισβητοῦν, ἆρ' οὐκ ἐριστικὸν αὖ λέγειν εἰθίσμεθα; [客人：而对于用言说对抗言说的那个部分，泰阿泰德啊，除了将之称作争论性的，一个人还能将之称作别的什么吗？泰阿泰德：没有别的。客人：而关于各种争论的那个部分，肯定也必须被二分。泰阿泰德：以何种方式？客人：就按照这样：出现用长篇大论来反驳长篇大论，并且公开地关乎各种正当的事情和不正当的事情的，是法庭辩论性的。泰阿泰德：是的。客人：而另一方面，那在私下发生并且面对回答通过提问而被分成一小段一小段的，难道我们会习惯将之称为别的什么吗，除了辩论性的之外？泰阿泰德：没有别的。客人：而在辩论性的部分中，任何围绕各种合同而展开争论的部分，在那里都是偶然和无技艺地在行事，这些必须被确定为一种形式——既然言说已经把它区分为是另一种形式——，然而，它既未从前人那里取得名字，现在也不值得从我们这里取得。泰阿泰德：正确；因为它已经被分得非常细小和五花八门了。客人：而其中有技艺的部分，由于它整体地围绕各种公正的东西本身和不公正的东西，以及围绕其他事情而进行争论，我们岂不复又习惯于将之称作争吵性的？]

1527 αὐτήν[它]，即前面提到的 ἡ ἀντιλογικὴ τέχνη[辩驳的技艺/辩驳术]。

1528 κατ' εἴδη διαιρούμενοι τὸ λεγόμενον ἐπισκοπεῖν[通过根据各种形式做出划分

来考察那正被所说的东西]。κατ' εἴδη[根据各种形式]，也可以译为“根据族类”“根据种”。参见：

《政治家》(285a4-b6)：διὰ δὲ τὸ μὴ κατ' εἴδη συνειθίσθαι σκοπεῖν διαιρουμένους ταῦτά τε τοσοῦτον διαφέροντα συμβάλλουσιν εὐθὺς εἰς ταὐτὸν ὅμοια νομίσαντες, καὶ τοὐναντίον αὖ τούτου δρῶσιν ἕτερα οὐ κατὰ μέρη διαιροῦντες, δέον, ὅταν μὲν τὴν τῶν πολλῶν τις πρότερον αἴσθηται κοινωνίαν, μὴ προαφίστασθαι πρὶν ἂν ἐν αὐτῇ τὰς διαφορὰς ἴδῃ πάσας ὁπόσαιπερ ἐν εἴδεσι κεῖνται, τὰς δὲ αὖ παντοδαπὰς ἀνομοιότητας, ὅταν ἐν πλήθεσιν ὀφθῶσιν, μὴ δυνατὸν εἶναι δυσωπούμενον παύεσθαι πρὶν ἂν σύμπαντα τὰ οἰκεῖα ἐντὸς μιᾶς ὁμοιότητος ἕρξας γένους τινὸς οὐσίᾳ περιβάληται.[然而，由于他们向来就不习惯通过根据各种形式作出划分来进行考察，于是他们径直把这些如此不同的东西合成同一种东西——因为他们认为它们是相似的——，并且他们复又因不根据诸部分来划分其他的东西而做出与这相反的事情来；而下面这样才是应当的：一方面，每当一个人首先觉察到多中的共同性时，不可在做到下面这点之前就先行离开，即在该共同性中看清如其位于诸形式中那么多的所有差异；另一方面，每当复又在大量的东西中看到各种各样的不相似时，在做到下面这点之前也不能够因感到羞愧而停止下来，那就是，通过把所有的家中成员都关进单一的相似性中而用某一族类的所是来把握住它们。]

《智者》(253d1-3)：Τὸ κατὰ γένη διαιρεῖσθαι καὶ μήτε ταὐτὸν εἶδος ἕτερον ἡγήσασθαι μήτε ἕτερον ὂν ταὐτὸν μῶν οὐ τῆς διαλεκτικῆς φήσομεν ἐπιστήμης εἶναι;[根据家族进行分开，并且既不要把相同的形式当作不同的，也不要把不同的形式当作是相同的，我们岂不会肯定说这是属于谈话的知识？]

1529 κατ' αὐτὸ τὸ ὄνομα[根据单纯的字面意思]，这是意译，也可以译为“单纯在字面上”；αὐτό 在这里表强调，当然也可以简单译为“根据文字自身”“根据名称自身”。参见《智者》(218b5-c5)：Εὖ λέγεις, καὶ ταῦτα μὲν ἰδίᾳ βουλεύσῃ προϊόντος τοῦ λόγου· κοινῇ δὲ μετ' ἐμοῦ σοι συσκεπτέον ἀρχομένῳ πρῶτον, ὡς ἐμοὶ φαίνεται, νῦν ἀπὸ τοῦ σοφιστοῦ, ζητοῦντι καὶ ἐμφανίζοντι λόγῳ τί ποτ' ἔστι. νῦν γὰρ δὴ σύ τε κἀγὼ τούτου πέρι τοὔνομα μόνον ἔχομεν κοινῇ, τὸ δὲ ἔργον ἐφ' ᾧ καλοῦμεν ἑκάτερος τάχ' ἂν ἰδίᾳ παρ' ἡμῖν αὐτοῖς ἔχοιμεν· δεῖ δὲ ἀεὶ παντὸς πέρι τὸ πρᾶγμα αὐτὸ μᾶλλον διὰ λόγων ἢ τοὔνομα μόνον συνωμολογῆσθαι χωρὶς λόγου.[你说得好，并且在话题往前走时你可以私下考虑这些，但在公开场合，你现在必须同我一道通过下面这样来共同进行考察，正如对我显得的那样，首先从智者开始，寻求并且

通过言说来显示他究竟是什么。因为现在你和我仅仅共同地拥有关于他的名称，但我们用该名称对之命名的那个事情，我俩各自或许在我们自己那里有着个人自己的看法。但总是应当务必通过各种言说就事情本身取得一致，而不是在缺乏言说的情况下仅仅就名称取得一致。]

1530 τοῦτο τὸ πάθος［这种遭遇］，也可以译为“这种经历”。

1531 κινδυνεύομεν γοῦν ἄκοντες ἀντιλογίας ἅπτεσθαι.［我们至少正在冒不情愿地执着于一种辩驳的风险。］也可以译为：我们至少有可能正在不情愿地执着于一种辩驳。

1532 Τὸ <μὴ> τὴν αὐτὴν φύσιν ὅτι οὐ τῶν αὐτῶν δεῖ ἐπιτηδευμάτων τυγχάνειν πάνυ ἀνδρείως τε καὶ ἐριστικῶς κατὰ τὸ ὄνομα διώκομεν.［因为，〈说〉相同的天性不应当得到相同的职业，我们只是在字面上非常勇敢地并且好争吵地追求这点。］动词 τυγχάνω 跟属格，意思是“取得某物”“得到某物”，所以这里出现的是复数属格 τῶν αὐτῶν ... ἐπιτηδευμάτων［相同的职业］。

这句话在法国布德本希腊中同样如此，并且尖括号中的否定词 μὴ 是编辑校勘者根据文义补充的，诸抄本中均无该词；而新校勘的牛津古典本希腊同诸抄本保持一致，没有增添该词。这里的翻译从新校勘的牛津古典本希腊文；也即是说，Τὸ τὴν αὐτὴν φύσιν ὅτι οὐ τῶν αὐτῶν δεῖ ἐπιτηδευμάτων τυγχάνειν［相同的天性不应当得到相同的职业］这种观点并不是苏格拉底和格劳孔本人的，而是设想的那些试图抓住他俩观点中的漏洞而“指控”他俩的人的观点。如果按伯内特本和布德本翻译，那么这句话就当译为：因为，〈说〉不同的天性不应当得到相同的职业，我们只是在字面上非常勇敢地并且好争吵地追求这点。而这样一来，Τὸ <μὴ> τὴν αὐτὴν φύσιν ὅτι οὐ τῶν αὐτῶν δεῖ ἐπιτηδευμάτων τυγχάνειν［不同的天性不应当得到相同的职业］这种观点是苏格拉底和格劳孔自己的观点。

1533 πρὸς αὐτὰ τεῖνον τὰ ἐπιτηδεύματα［它涉及各种各样的职业本身］。τεῖνον 在这里是动词 τείνω 的现在时分词主动态中性宾格单数；τείνω 的本义是“伸展”“铺展开”，喻为“涉及”“针对”“关系到”。参见《拉刻斯》(190d3-5)：Τί οὖν ἂν προελοίμεθα τῶν τῆς ἀρετῆς μερῶν; ἢ δῆλον δὴ ὅτι τοῦτο εἰς ὃ τείνειν δοκεῖ ἡ ἐν τοῖς ὅπλοις μάθησις; δοκεῖ δέ που τοῖς πολλοῖς εἰς ἀνδρείαν.［那么，我们应当首先选择德性的诸部分中的哪个呢？抑或显然它就是关于武装格斗的教导看起来所涉及的那个部分？而在大多数人看来，它肯定涉及勇敢。］

1534 οἷον ἰατρικὸν μὲν καὶ ἰατρικὴν τὴν ψυχὴν [ὄντα] τὴν αὐτὴν φύσιν ἔχειν ἐλέγομεν.［例如，就一位男医生和一个具有一种擅长医术的灵魂的男人，

我们说他们拥有同样的天性。］关于这句话在校勘上存在着分歧。伯内特认为方括号中的现在时分词主动态阳性宾格单数 ὄντα［是］是窜入，而法国布德本希腊文作现在时分词主动态阳性宾格单数 ἔχοντα［拥有］，而新校勘的牛津古典本希腊文虽然直接保留了 ὄντα，但认为这里存在着错讹或脱落。我们这里的翻译权且按照布德本希腊文翻译。

1535 διαφέρον φαίνηται［显得胜出］。διαφέρον 在这里是动词 διαφέρω 的现在时分词主动态中性主格单数；διαφέρω 除了具有"和……不同"的意思之外，也喻为"超过""优于""胜出"等。参见：

《卡尔米德斯》(153d2-5)：Ἐπειδὴ δὲ τῶν τοιούτων ἅδην εἴχομεν, αὖθις ἐγὼ αὐτοὺς ἀνηρώτων τὰ τῇδε, περὶ φιλοσοφίας ὅπως ἔχοι τὰ νῦν, περί τε τῶν νέων, εἴ τινες ἐν αὐτοῖς διαφέροντες ἢ σοφίᾳ ἢ κάλλει ἢ ἀμφοτέροις ἐγγεγονότες εἶεν.［而当我们已经充分地知道了诸如此类的事情之后，就轮到我来询问他们在这里的那些事情，诸如现今在热爱智慧方面情况是怎样的，关于年轻人，是否在他们中间已经出现了一些人，他们或者凭借智慧，或者由于俊美，或者在这两方面都出类拔萃。］

《吕西斯》(206e9-207a3)：ὧν δὴ καὶ ὁ Λύσις ἦν, καὶ εἱστήκει ἐν τοῖς παισί τε καὶ νεανίσκοις ἐστεφανωμένος καὶ τὴν ὄψιν διαφέρων, οὐ τὸ καλὸς εἶναι μόνον ἄξιος ἀκοῦσαι, ἀλλ' ὅτι καλός τε κἀγαθός.［当然，其中也就有吕西斯，并且他站在那些男孩子和年轻人中间，头戴花冠，在模样方面胜过了其他所有人，他是美的，不仅这点值得一说，而且还有他是既美又好的。］

1536 动词 ὀχεύω 的本义是"骑""骑上去"，泛指"交配"。

1537 ὡς πρὸς ὃ ἡμεῖς λέγομεν［在我们所说的那件事上］，即女人必须受到同男人一样的教育和培养。

1538 见 453c7-9。关于词组 ὀλίγον πρότερον，参见前面 404b5 那里对"ὀλίγον πρότερον［一小会儿前］"的注释 1032。

1539 ἐπὶ πολύ 是词组，具有"在很大程度上"和"长久地"这两层意思；而 ἐπὶ τὸ πολύ 或 ὡς ἐπὶ τὸ πολύ 则单表程度，即"在很大程度上""多半"。参见《泰阿泰德》(153b5-7)：Τί δέ; ἡ τῶν σωμάτων ἕξις οὐχ ὑπὸ ἡσυχίας μὲν καὶ ἀργίας διόλλυται, ὑπὸ γυμνασίων δὲ καὶ κινήσεως ἐπὶ πολὺ σῴζεται;［然后呢？身体的情状岂不由于静止和懒散而毁坏，由于体育锻炼和运动而在很大程度上得到保全？］

1540 εὑρετικὸς εἴη οὗ ἔμαθεν.［能够从他已经学习的东西那里做出各种发现。］也可以译为：能够在他已经学习的东西那里是善于发现的。形容词 εὑρετικός

派生自动词 εὑρίσκω［发现］，意思是“善于发现的”“机灵的”；《牛津希-英词典》举了柏拉图在这里的这个表达，对它的解释是：able to make discoveries from ... 。

对观《政治家》（286d6-e3）：τό τε αὖ πρὸς τὴν τοῦ προβληθέντος ζήτησιν, ὡς ἂν ῥᾷστα καὶ τάχιστα εὕροιμεν, δεύτερον ἀλλ' οὐ πρῶτον ὁ λόγος ἀγαπᾶν παραγγέλλει, πολὺ δὲ μάλιστα καὶ πρῶτον τὴν μέθοδον αὐτὴν τιμᾶν τοῦ κατ' εἴδη δυνατὸν εἶναι διαιρεῖν, καὶ δὴ καὶ λόγον, ἄντε παμμήκης λεχθεὶς τὸν ἀκούσαντα εὑρετικώτερον ἀπεργάζηται, τοῦτον σπουδάζειν καὶ τῷ μήκει μηδὲν ἀγανακτεῖν, ἄντ' αὖ βραχύτερος, ὡσαύτως.［此外，那同抛出来的问题之探寻相适合的长度——为了我们能尽可能容易和快速地找到答案——，言说要求将之作为次要的而不是首要的东西来加以珍爱，而要求务必最高地和首要地敬重方法本身，即能够根据诸形式来进行划分，而一个言说，即使它被说得非常长，但使得听者成为了更善于发现的人，那也要汲汲追求这种言说，并且不能因为长度而心生恼怒，即使它被说得复又比较短，也同样如此。］

1541 ἐναντιοῖτο［进行阻碍］，字面意思是“进行反对”，也可以转译为“是绊脚石”。

1542 名词 πόπανον 派生自动词 πέσσω［烘烤］，既泛指“被烘烤出来的东西”，也专指献祭用的“圆饼”。

1543 τι δοκεῖ τὸ γυναικεῖον γένος εἶναι［女性的族类倒是名声在外］，也可以译为“女性的族类被认为有很高的名声”。τι εἶναι 是固定表达，本义为“是件大事”，常与动词 δοκέω 构成一个整体，如 οἱ δοκοῦντες εἶναί τι［那些像个人物的人 / 那些还算重要的人物］。参见《苏格拉底的申辩》（35a4-7）：οἵουσπερ ἐγὼ πολλάκις ἑώρακά τινας ὅταν κρίνωνται, δοκοῦντας μέν τι εἶναι, θαυμάσια δὲ ἐργαζομένους, ὡς δεινόν τι οἰομένους πείσεσθαι εἰ ἀποθανοῦνται, ὥσπερ ἀθανάτων ἐσομένων ἂν ὑμεῖς αὐτοὺς μὴ ἀποκτείνητε.［我已经多次看到了像这样的一些人：他们虽然看起来是个人物，然而一旦受审就会做出一些奇怪的事情来，似乎认为如果死去他们就将遭受某件可怕的事情，好像如果你们不杀他们，他们就将是不死的似的。］

1544 τὸ ὅλον［作为一个整体］是固定表达，在这里作为副词使用，也可以译为“整体地讲”“总体说来”。

1545 ἐν ἀμφοῖν τοῖν ζῴοιν［在两个活物身上］，有意不译为“在两个动物身上”。类似的表达参见《泰阿泰德》（157b8-c2）：δεῖ δὲ καὶ κατὰ μέρος οὕτω λέγειν καὶ περὶ πολλῶν ἀθροισθέντων, ᾧ δὴ ἀθροίσματι ἄνθρωπόν τε τίθενται καὶ λίθον καὶ ἕκαστον ζῷόν τε καὶ εἶδος.［而是应当既一个一个地这样说，也这样谈论那些由多所聚集起来的东西，人们也的确为这种聚集设定了名称，如人、石头，甚至每一活物以及它们的种。］

1546 καὶ γυνὴ ἰατρική, ἡ δ' οὔ.［甚至女人，一位是擅长医术的，一位则不。］之所以这么翻译，因为根据文法这句话的完整表达是：καὶ γυνὴ ἡ μὲν ἰατρική, ἡ δ' οὔ.

1547 [Καὶ] γυμναστικὴ δ' ἄρα οὔ, οὐδὲ πολεμική［岂不一位是喜欢体育锻炼的和好战的］。希腊文方括号中的连词 Καὶ，伯内特认为是窜入，法国布德本希腊文直接删除了它。而这句话在新校勘的牛津古典本希腊文中作：γυμναστικὴ δ' ἄρα οὔ καὶ πολεμική. 从之。如果按照伯内特本和布德本翻译，这句话就只能译为：岂不一位是喜欢体育锻炼的，或者好战的。但这样一来，与后半句话就不一致。

1548 ἢ οὐ τοιαύτην καὶ τῶν ἀνδρῶν τῶν φυλακικῶν φύσιν ἐξελεξάμεθα;［或者，我们不正是着眼于这样一种天性才挑选出那些适合做卫士的男人？］这是意译，字面意思是：或者，甚至就那些适合做卫士的男人，我们没有在选择这种天性？

1549 πλὴν ὅσα ἀσθενεστέρα, ἡ δὲ ἰσχυροτέρα ἐστίν.［除了在程度上之外，即它〈或者〉是较弱的，或者是较强的。］这句话在法国布德本希腊文和新校勘的牛津古典本希腊文中均作：πλὴν ὅσα ἀσθενεστέρα ἢ ἰσχυροτέρα ἐστίν. 从之。如果按照伯内特本翻译，则当译为：除了在程度上之外，即它〈在一个那儿〉是较弱的，而〈在另一个那儿〉是较强的。

1550 εὐχαῖς ὅμοια［一些单纯的热望］是固定表达，参见前面 450d1 那里对"μὴ εὐχὴ δοκῇ εἶναι ὁ λόγος［免得讨论看起来只是在建空中楼阁而已］"的注释 1487。

1551 τὰ νῦν 是一个整体和固定表达，意思是"现在""如今"；副词 νῦν 经常同冠词连用，如 τὸ νῦν，τὰ νῦν，比单独使用 νῦν，意思更强。

1552 见前面 452e。

1553 τὴν αὐτὴν φύσιν παραλαβοῦσα［当它和同样的天性打交道］，这是意译，字面意思是"当它接纳同样的天性"；"它"即"教育"。

1554 πῶς ἔχεις δόξης［你持有何种看法 / 你持有何种意见 / 你是怎么看的］是固定表达，动词 ἔχω［有］跟属格，表一种状态，如词组 εὖ ἔχειν τινός［富有某种东西］。

1555 παραγιγνόμεναι［当它们出场］，有意按字面意思翻译，当然可以意译为"当它们被运用〈在他们身上〉"。

1556 ἀτελῆ τοῦ γελοίου σοφίας δρέπων καρπόν［采摘那未成熟的智慧之果］，这句话出自诗人品达。这句话在新校勘的牛津古典本希腊文中同样如此，而法国布德本希腊文认为其中的 σοφίας［智慧］有可能是窜入，不从。

1557 名词 κῦμα 派生自动词 κύω［怀孕 / 孕育］，本义是“隆起物”，从而有“波浪”和“胎儿”这双重意思；因此，该词有可能在这里是一个双关语。而关于和“胎儿”相关的“助产术”，可对观《泰阿泰德》(210b4-d1)：{ΣΩ.} Ἦ οὖν ἔτι κυοῦμέν τι καὶ ὠδίνομεν, ὦ φίλε, περὶ ἐπιστήμης, ἢ πάντα ἐκτετόκαμεν; {ΘΕΑΙ.} Καὶ ναὶ μὰ Δί' ἔγωγε πλείω ἢ ὅσα εἶχον ἐν ἐμαυτῷ διὰ σὲ εἴρηκα. {ΣΩ.} Οὐκοῦν ταῦτα μὲν πάντα ἡ μαιευτικὴ ἡμῖν τέχνη ἀνεμιαῖά φησι γεγενῆσθαι καὶ οὐκ ἄξια τροφῆς; {ΘΕΑΙ.} Παντάπασι μὲν οὖν. {ΣΩ.} Ἐὰν τοίνυν ἄλλων μετὰ ταῦτα ἐγκύμων ἐπιχειρῇς γίγνεσθαι, ὦ Θεαίτητε, ἐάντε γίγνῃ, βελτιόνων ἔσῃ πλήρης διὰ τὴν νῦν ἐξέτασιν, ἐάντε κενὸς ᾖς, ἧττον ἔσῃ βαρὺς τοῖς συνοῦσι καὶ ἡμερώτερος σωφρόνως οὐκ οἰόμενος εἰδέναι ἃ μὴ οἶσθα. τοσοῦτον γὰρ μόνον ἡ ἐμὴ τέχνη δύναται, πλέον δὲ οὐδέν, οὐδέ τι οἶδα ὧν οἱ ἄλλοι, ὅσοι μεγάλοι καὶ θαυμάσιοι ἄνδρες εἰσί τε καὶ γεγόνασιν· τὴν δὲ μαιείαν ταύτην ἐγώ τε καὶ ἡ μήτηρ ἐκ θεοῦ ἐλάχομεν, ἡ μὲν τῶν γυναικῶν, ἐγὼ δὲ τῶν νέων τε καὶ γενναίων καὶ ὅσοι καλοί.［苏格拉底：那么，朋友，关于知识我们仍然孕育着某种东西并处于分娩的阵痛中吗，还是已经生出了一切？泰阿泰德：是的，宙斯在上，由于你，我已经说出了甚至比我曾在我自己这里所拥有的所有那些东西还要更多的东西。苏格拉底：因此，我们的助产术岂不宣布，所有这些都仅仅作为没有受精的蛋生出来了，并且不值得抚养？泰阿泰德：完全如此。苏格拉底：那么，如果在这之后你还尝试怀上一些别的什么，泰阿泰德啊，如果你真变得那样了，那你也肯定将因现在的检查而满是一些更好的；如果你仍是腹中空空，那么，对那些同你结交的人你也会少一些严苛和更温和些，因为你清醒地不认为知道你所不知道的。我的技艺其实只能够做这么多，而不会更多；其他所有那些是和已经成为了一些伟大的和令人钦佩的人所知道的那些东西，我对之一无所知。我和我母亲通过抽签从一位神那里得到了这门接生技艺，只不过她是为了妇女们，而我是为了那些年轻的和高贵的男子，甚至所有优秀的人。］

1558 参见前面 453c10-d7。

1559 Λέγε δή, ἴδω, ἔφη.［那就请你说吧！让我看看，他说道。］这句话在法国布德本希腊文中同样如此，而新校勘的牛津古典本希腊文在标点符号上将之改为：Λέγε δή· ἴδω, ἔφη. 从之。

1560 πλείστην ἂν ἀμφισβήτησιν γενέσθαι［这会成为一种最大的争论］，这句话在

法国布德本希腊文中同样如此，而新校勘的牛津古典本希腊文删去了其中的语气词 ἄν，从之。

1561 εὖ μάλ' 即 εὖ μάλα；参见前面 411c4 那里对"εὐωχῆται εὖ μάλα [确确实实在膳食方面很讲究]"的注释 1122。

1562 λόγων σύστα. σιν [〈这两个〉讨论之间的一种息息相通]，也可以译为"〈这两个〉讨论之间的一种结合"。名词 σύστασις 既有"组织""布局"的意思，也有"结合""息息相通"的意思;《牛津希-英词典》举了柏拉图在这里的这个表达，对之的解释是: combination。参见《斐德若》(268d3-5): Καὶ οὗτοι ἄν, ὦ Σώκρατες, οἶμαι καταγελῷεν εἴ τις οἴεται τραγῳδίαν ἄλλο τι εἶναι ἢ τὴν τούτων σύστασιν πρέπουσαν ἀλλήλοις τε καὶ τῷ ὅλῳ συνισταμένην. [苏格拉底啊，我认为这两人也会进行嘲笑，假如一个人以为悲剧是其他任何东西，除了下面这点，那就是：它是对这些事情的组织，它们在彼此之间以及在整体上都恰如其分地被组织在了一起。]

1563 ὑφεκτέον ... δίκην [〈我〉必须〈为此〉受到惩罚]。ὑφεκτέον 是由动词 ὑπέχω [经受 / 忍受] 派生而来的动词形容词，ὑπέχω δίκην 是词组，意思是"受到惩罚"。参见《斐洞》(99a2-4): εἰ μὴ δικαιότερον ᾤμην καὶ κάλλιον εἶναι πρὸ τοῦ φεύγειν τε καὶ ἀποδιδράσκειν ὑπέχειν τῇ πόλει δίκην ἥντιν' ἂν τάττῃ. [假如我不认为下面这样才是更正当的和更美好的话，那就是：绝不躲避和出逃，而是承受城邦所给出的任何惩罚。]

1564 ἔασόν με ἑορτάσαι [请你允许我过一个节]，也可以译为"请你让我度一个假"。

1565 ὥσπερ οἱ ἀργοὶ τὴν διάνοιαν εἰώθασιν ἑστιᾶσθαι ὑφ' ἑαυτῶν, ὅταν μόνοι πορεύωνται. [就像那些在思想上懒惰的人习惯于被他们自己所宴请的那样，每当他们独自前行时。] 有意完全按字面意思翻译；这是一句讽刺话，或者一个比喻，即那些在思想上懒惰的人，当他们独处时，爱做白日梦，而不是认真思考。

1566 τίνα τρόπον ἔσται [将以何种方式是着]，也可以补充转译为"将能够以何种方式〈成为现实〉"。

1567 θέντες ὡς ὑπάρχον εἶναι [确定为理所当然地是〈在那儿〉] 是一个整体。ὑπάρχον 在这里是动词 ὑπάρχω [开始] 的现在时分词主动态中性宾格单数，在这里的意思是"理所当然""被视为理所当然";《牛津希-英词典》举了柏拉图在这里的这个表达，对它的这层意思的解释是: to be taken for granted, this being granted。

1568 γενομένου [当它出现了的话]，即"当那被他们所希望的东西出现了的话"。

1569 καὶ ἄλλως 是词组，意思是“无论如何”，在这里也可以译为“以另外的方式”“特别地”。参见《斐洞》（116c4–6）：σὲ δὲ ἐγὼ καὶ ἄλλως ἔγνωκα ἐν τούτῳ τῷ χρόνῳ γενναιότατον καὶ πρᾳότατον καὶ ἄριστον ἄνδρα ὄντα τῶν πώποτε δεῦρο ἀφικομένων.［而在这段时间里我无论如何都已经认识到，在曾到过这里的那些人中，你是最高贵、最随和和最优秀的人。］

1570 参见前面第一卷 329b6 那里对“νῦν δέ”的注释 66。

1571 对观《政治家》（300b1–c4）：{ΞΕ.} Παρὰ γὰρ οἶμαι τοὺς νόμους τοὺς ἐκ πείρας πολλῆς κειμένους καί τινων συμβούλων ἕκαστα χαριέντως συμβουλευσάντων καὶ πεισάντων θέσθαι τὸ πλῆθος, ὁ παρὰ ταῦτα τολμῶν δρᾶν, ἁμαρτήματος ἁμάρτημα πολλαπλάσιον ἀπεργαζόμενος, ἀνατρέποι πᾶσαν ἂν πρᾶξιν ἔτι μειζόνως τῶν συγγραμμάτων. {ΝΕ. ΣΩ.} Πῶς δ' οὐ μέλλει; {ΞΕ.} Διὰ ταῦτα δὴ τοῖς περὶ ὁτουοῦν νόμους καὶ συγγράμματα τιθεμένοις δεύτερος πλοῦς τὸ παρὰ ταῦτα μήτε ἕνα μήτε πλῆθος μηδὲν μηδέποτε ἐᾶν δρᾶν μηδ' ὁτιοῦν. {ΝΕ. ΣΩ.} Ὀρθῶς.［因为我认为，违背法律——它们被制定出来，既基于许多的尝试，也来自一些建议者，他们以令人喜欢的方式建议了每一件事情并说服大多数人把它们确定了下来——，那敢于违背这些法律而行事的人，由于他在做比一个错误大许多倍的错误，他会比那些成文的条款所做的还要大得多地打翻所有的行为。年轻的苏格拉底：而他怎么可能将不是这个样子呢？客人：因此，正由于这些，对于那些就任何东西确定法律和成文的规则的人来说，第二次航行就是既不允许个人也不允许群体在任何时候做任何违背这些东西的事情——无论它是什么。年轻的苏格拉底：正确。］

1572 对观《政治家》（300c5–e3）：{ΞΕ.} Οὐκοῦν μιμήματα μὲν ἂν ἑκάστων ταῦτα εἴη τῆς ἀληθείας, τὰ παρὰ τῶν εἰδότων εἰς δύναμιν εἶναι γεγραμμένα; {ΝΕ. ΣΩ.} Πῶς δ' οὔ; {ΞΕ.} Καὶ μὴν τόν γε εἰδότα ἔφαμεν, τὸν ὄντως πολιτικόν, εἰ μεμνήμεθα, ποιήσειν τῇ τέχνῃ πολλὰ εἰς τὴν αὑτοῦ πρᾶξιν τῶν γραμμάτων οὐδὲν φροντίζοντα, ὁπόταν ἄλλ' αὐτῷ βελτίω δόξῃ παρὰ τὰ γεγραμμένα ὑφ' αὑτοῦ καὶ ἐπεσταλμένα ἀποῦσίν τισιν. {ΝΕ. ΣΩ.} Ἔφαμεν γάρ. {ΞΕ.} Οὐκοῦν ἀνὴρ ὁστισοῦν εἷς ἢ πλῆθος ὁτιοῦν, οἷς ἂν νόμοι κείμενοι τυγχάνωσι, παρὰ ταῦτα ὅτι ἂν ἐπιχειρήσωσι ποιεῖν ὡς βέλτιον ἕτερον ὄν, ταὐτὸν δρῶσι κατὰ δύναμιν ὅπερ ὁ ἀληθινὸς ἐκεῖνος; {ΝΕ. ΣΩ.} Πάνυ μὲν οὖν. {ΞΕ.} Ἆρ' οὖν εἰ μὲν ἀνεπιστήμονες ὄντες τὸ τοιοῦτον δρῷεν, μιμεῖσθαι μὲν ἂν ἐπιχειροῖεν τὸ ἀληθές, μιμοῖντ' ἂν μέντοι παγκάκως· εἰ δ' ἔντεχνοι, τοῦτο οὐκ ἔστιν ἔτι μίμημα ἀλλ' αὐτὸ τὸ ἀληθέστατον ἐκεῖνο; {ΝΕ. ΣΩ.} Πάντως που.［客人：那么，关于各个东西之真的模仿品岂不就是这些，它们被那些知道者力所能及地写

了下来？年轻的苏格拉底：为何不呢？客人：而且我们曾说，一个知道者，即以是的方式是着的政治家——如果我们还记得的话——，他将在他自己的实践中凭借技艺做许多的事情，而根本不关心任何成文的东西，每当另外某些东西在他看来更好时——好于那些被他写下来的东西以及被他嘱托给一些不在场的人的东西。年轻的苏格拉底：我们确实说过。客人：那么，任何一位个人，无论他是谁，或者任何一个群体，也无论它是什么，一些法律恰好已经被制定给了他们，如果他们违背这些而尝试做任何别的事情——因为它是更好的——，那么，他们岂不都在尽可能地做那位真正的知道者所做的同样的事情？年轻的苏格拉底：完全如此。客人：那好，如果他们尽管是欠缺知识的，却做这种事情，那么，他们虽然在尝试模仿真的东西，然而会模仿得极坏；但如果他们是有技艺的，那么，这就不再是一种模仿，而就是那最真的东西本身？年轻的苏格拉底：完全是这样。]

1573 ὁ νομοθέτης αὐτοῖς [作为他们的立法者]，αὐτοῖς [他们]，即前面提到的"那些进行统治的人及其助手"。

1574 πρὸς τὸ πείθειν τε καὶ ἕλκειν τὸν πολὺν λεών. [无论是在劝说，还是在吸引大众方面。] ἕλκειν 是动词 ἕλκω 的现在时不定式主动态，ἕλκω 的本义是"拖""拉"，在这里的意思是"拉向自己""吸引"；《牛津希-英词典》举了柏拉图在这里的这个表达，对它的解释是：draw to oneself, attract。τὸν πολὺν λεών [大众] 是一个整体和固定表达，字面意思是"许多的人民"；《牛津希-英词典》也举了柏拉图在这里的这个表达，对它的解释是：the multitude。

1575《政治家》(279b7–c3)：Τί δῆτα οὐ, καθάπερ ἐν τοῖς ἔμπροσθε τέμνοντες μέρη μερῶν ἕκαστον διῃρούμεθα, καὶ νῦν περὶ ὑφαντικὴν ταὐτὸν τοῦτ᾽ ἐδράσαμεν, καὶ κατὰ δύναμιν ὅτι μάλιστα διὰ βραχέων ταχὺ πάντ᾽ ἐπελθόντες πάλιν ἤλθομεν ἐπὶ τὸ νῦν χρήσιμον; [那么，我们为何不——就像我们在前面通过把一些部分从一些部分那里切分出来而分开每个东西那样——，现在关于纺织术也来做这同样的事情，并通过力所能及地既短又快地走完所有的步骤来返回到现在对我们有用的事情那里？]

《斐德若》(257a2–5)：Αὕτη σοι, ὦ φίλε Ἔρως, εἰς ἡμετέραν δύναμιν ὅτι καλλίστη καὶ ἀρίστη δέδοταί τε καὶ ἐκτέτεισται παλινῳδία, τά τε ἄλλα καὶ τοῖς ὀνόμασιν ἠναγκασμένη ποιητικοῖς τισιν διὰ Φαῖδρον εἰρῆσθαι. [这篇翻案诗，亲爱的厄洛斯啊，作为就我们的能力而言最美的和最好的，它既被呈献给了你，也作为对我们曾经犯下的罪过的弥补而偿还给了你，尤其在表达方

面，它由于斐德若的缘故而被迫说得有些诗意。]

1576 γάμοις τε καὶ παιδοποιίᾳ［婚配以及生孩子］，当然可以简单译为“配对和繁殖”。

1577 之所以这么补充翻译，是把 ὡς ... σφόδρα［何等迫切地］视为既修饰限定动词 δεῖ［需要］，也修饰限定动词 εἶναι［是］。

1578 διαίτῃ ἐθελόντων ὑπακούειν［愿意顺应一种生活方式］。ἐθελόντων［愿意］是独立属格，其主语仍然是前面的 σώμασι［身体］。διαίτῃ ... ὑπακούειν［顺应一种生活方式］，ὑπακούειν 是动词 ὑπακούω 的现在时不定式主动态，该词除了具有“倾听”的意思之外，也有“遵照”“顺从”“顺应”等意思，并要求与格作宾语，所以这里出现的是单数与格 διαίτῃ［一种生活方式］；《牛津希-英词典》举了柏拉图在这里的这个表达，对 διαίτῃ ὑπακούειν 的解释是：submit to a regimen。

1579 ἐν φαρμάκου εἴδει［在药物的形式上］，也可以转译为“在药物的意义上”。

1580 见第二卷 382c–d，第三卷 389b–d，414b–c。

1581 τὸ ὀρθὸν τοῦτο［〈你说的〉这种正确］，即前面提到的“使用许多的谎言和欺骗”。

1582 οὐκ ἐλάχιστον［丝毫不少地］，也可以转译为“完全同样地”。

1583 γιγνόμενα λανθάνειν［秘密地发生］。动词 λανθάνω［不被注意到］跟分词，可当副词理解，即“秘密地”“偷偷地”“不被注意地”。

1584 这里把统治者和卫士的关系，与牧人同牧群的关系进行了类比。对观《政治家》（267a8–c3）：Τῆς γνωστικῆς τοίνυν ἐπιστήμης ἡμῖν ἦν κατ' ἀρχὰς μέρος ἐπιτακτικόν· τούτου δὲ ἀπεικασθὲν τὸ μόριον αὐτεπιτακτικὸν ἐρρήθη. ζῳοτροφικὴ δὲ πάλιν αὐτεπιτακτικῆς οὐ τὸ σμικρότατον τῶν γενῶν ἀπεσχίζετο· καὶ ζῳοτροφικῆς εἶδος ἀγελαιοτροφικόν, ἀγελαιοτροφικοῦ δ' αὖ πεζονομικόν· τοῦ δὲ πεζονομικοῦ μάλιστα ἀπετέμνετο τέχνη τῆς ἀκεράτου φύσεως θρεπτική. ταύτης δ' αὖ τὸ μέρος οὐκ ἔλαττον τριπλοῦν συμπλέκειν ἀναγκαῖον, ἂν εἰς ἕν τις αὐτὸ ὄνομα συναγαγεῖν βουληθῇ, γενέσεως ἀμείκτου νομευτικὴν ἐπιστήμην προσαγορεύων. τὸ δ' ἀπὸ τούτου τμῆμα, ἐπὶ ποίμνῃ δίποδι μέρος ἀνθρωπονομικὸν ἔτι λειφθὲν μόνον, τοῦτ' αὐτό ἐστιν ἤδη τὸ ζητηθέν, ἅμα βασιλικὸν ταὐτὸν κληθὲν καὶ πολιτικόν.［那么，在认识性的知识中，我们起初有一个发号施令的部分；而在这个部分中，通过进行比拟而把一个小部分说成是自身就有发号施令的能力的。而一种关乎动物抚养的技艺再次从自身就有发号施令的能力的技艺中被切分出来，但并非作为其族类中最小的。并且在关乎动物抚养的技艺中有着一种群养的形式，而在群养的形式

中复又有着一种牧养用足走的动物的形式；而在牧养用足走的动物的形式中尤其被切分出了一种对无犄角的产物进行抚养的技艺。而在它那里又有一个部分，一个人必然至少以三重方式把它编织在一起，假如他想把它聚集成单一的名字的话，把它称作关于非杂交的生成物的放牧的知识。而从这里所切下的一块，当它在两足的畜群那里作为牧养人的部分而还单独剩下来时，这恰恰就是现在正被寻找的，这同一个东西同时被称作王者的和政治家的。]（268a6-b6）：ὅτι βουκόλῳ γε οὐδεὶς ἀμφισβητήσει περὶ τούτων οὐδενός, ἀλλ' αὐτὸς τῆς ἀγέλης τροφὸς ὁ βουφορβός, αὐτὸς ἰατρός, αὐτὸς οἷον νυμφευτὴς καὶ περὶ τοὺς τῶν γιγνομένων τόκους καὶ λοχείας μόνος ἐπιστήμων τῆς μαιευτικῆς. ἔτι τοίνυν παιδιᾶς καὶ μουσικῆς ἐφ' ὅσον αὐτοῦ τὰ θρέμματα φύσει μετείληφεν, οὐκ ἄλλος κρείττων παραμυθεῖσθαι καὶ κηλῶν πραΰνειν, μετά τε ὀργάνων καὶ ψιλῷ τῷ στόματι τὴν τῆς αὐτοῦ ποίμνης ἄριστα μεταχειριζόμενος μουσικήν. καὶ δὴ καὶ τῶν ἄλλων πέρι νομέων ὁ αὐτὸς τρόπος. [无论如何都无人将同一位饲养牛的人争论这些事情中的任何一件，相反，牧牛人自己就是牧群的抚养者，他自己就是医生，他自己仿佛就是媒人，并且在涉及后代的生产和分娩方面他是唯一精通助产术的人。此外，就他的牲畜在本性上就已经参与到了游戏和音乐中所达到的程度而言，没有其他人比他更强于劝慰它们和通过诱惑来使它们平静，无论是借助一些乐器还是单纯靠嘴，他都最好地演奏出属于他的畜群的音乐来。而且这同一种方式也适用于其他的牧人。]

1585 ἐφ' ἑκάστης συνέρξεως [在每次的婚配面前]。ἐφ' 即 ἐπί；介词 ἐπί 跟属格，有“在……面前”的意思。名词 σύνερξις 派生自动词 συνέργω [绑到一起]，这里的意思是“婚配”“婚姻”；《牛津希-英词典》举了柏拉图在这里的这个表达，对它的解释是：wedlock。

1586 γέ που [无论如何] 是词组；《牛津希-英词典》对它的解释是：at all events, any how。

1587 ἡ ἐξουσία τῆς τῶν γυναικῶν συγκοιμήσεως [同女人一起睡觉的许可]，有意按字面意思翻译。名词 ἐξουσία 派生自动词 ἔξεστι [能够 / 许可]，既有“权力”的意思，也有“许可”的意思。而名词 συγκοίμησις 派生自动词 συγκοίμαομαι，συγκοίμαομαι 则由前缀 συγ- [一起] 和动词 κοιμάομαι [睡觉] 构成。

1588 ἐκ τῶν τοιούτων σπείρωνται [从这样一些男人那里被播种生出来]，有意照字面意思翻译，当然也可以简单译为“从这样一些男人那里生出来”。σπείρωνται 是动词 σπείρω 的现在时虚拟式被动态第三人称复数，σπείρω

的本义就是“播种”，转义为“产生”“生”；而派生自该动词的名词 σπέρμα，指植物的种子，动物的精液。

1589 εἴτε ἀνδρῶν εἴτε γυναικῶν εἴτε ἀμφότερα.［既〈可能〉出自男人，也〈可能〉出自女人，也〈可能〉两者都有。］ἀμφότερα［两者都有］在这里是形容词中性宾格作副词使用；类似的表达参见《拉刻斯》（187a3–6）：ἐπ' ἐκείνους ἴωμεν καὶ πείθωμεν ἢ δώροις ἢ χάρισιν ἢ ἀμφότερα ἐπιμεληθῆναι καὶ τῶν ἡμετέρων καὶ τῶν ὑμετέρων παίδων, ὅπως μὴ καταισχύνωσι τοὺς αὑτῶν προγόνους φαῦλοι γενόμενοι.［我们能够前往那些人那里，并且劝说——或者通过一些礼物，或者通过各种感谢，或者通过双管齐下——他们也要关心我们的以及你们的孩子们，免得他们由于变得平庸而辱没了他们的祖先。］

1590 名词 σηκός 本义是“羊圈”“牛栏”，泛指围起来饲养小家畜的地方，这里权且将之译为“育儿所”。

1591 τὸ γένος τῶν φυλάκων［卫士这个阶层］，也可以译为“卫士的族类”。

1592 μέλλει［打算］，法国布德本希腊文同样如此，而新校勘的牛津古典本希腊文将之改为了 μέλλοι，从之。从文法上看，前者为动词 μέλλω［打算］的现在时直陈式主动态第三人称单数，后者为现在时祈愿式主动态第三人称单数。

1593 见前面 459b1–3。

1594 μέτριος χρόνος ἀκμῆς［一个相当平均的成熟期］，也可以完全照字面意思译为“盛年的平均时间”“盛年的中等时间”。形容词 μέτριος 除了具有“合适的”“适度的”等意思之外，也指“中等的”“平均的”；《牛津希–英词典》举了柏拉图在这里的这个表达，对 μέτριος χρόνος ἀκμῆς 的解释是：a fair average time of maturity。

1595 τῶν εἰς τὸ κοινὸν γεννήσεων ἅψηται［他从事为这个共同体〈而进行〉的那些生育活动］。ἅψηται 是动词 ἅπτω 的一次性过去时虚拟式中动态第三人称单数；参见前面第三卷 411c5 那里对“μουσικῆς δὲ καὶ φιλοσοφίας μὴ ἅπτηται［但从不从事文艺和热爱智慧］”的注释 1123。

1596 λάθῃ ... φύς［偷偷地降生］是一个整体，φύς 在这里是动词 φύω［生 / 产生］的一次性过去时分词主动态阳性主格单数；参见前面 459e2 那里对“γιγνόμενα λανθάνειν［秘密地发生］”的注释 1583。

1597 γεννήσεται οὐχ ὑπὸ θυσιῶν οὐδ' ὑπὸ εὐχῶν［他将在既无献祭也无祈祷的情况下来到这个世上］，这是意译，字面意思是“他将在既无献祭也无祈祷的情况下生出来”。

1598 καὶ ἐξ ὠφελίμων ὠφελιμωτέρους ... τοὺς ἐκγόνους γίγνεσθαι［以及从有用的父母中生出更有用的后代来］，也可以补充译为“以及从〈对城邦〉有助益的父母中生出更有助益的后代来”。

1599 ἀνέγγυον［不合法的］，也可以按词源译为“未被担保的”。形容词 ἀνέγγυος 派生自褫夺性前缀 ἀ- 和名词 ἐγγύη［担保品 / 抵押品］，本义就是“没有担保的”“未被认可的”，转义为“不合法的”。

1600 ταῖς τῶν θυγατέρων παισί［女儿们的女儿们］，之所以这么翻译，因为名词 παῖς［孩子 / 子女］是双性名词，既可以是阳性名词，也可以是阴性名词，而这里的 ταῖς 是定冠词阴性与格复数，故当直接译为“女儿们”。

1601 ταῖς ἄνω μητρός［母亲向上的那些女性直系亲属］，之所以这么翻译，解释如下：（1）ταῖς 是定冠词阴性与格复数，故补充“女性”二字；（2）当时希腊允许叔伯同侄女结婚，故补充“直系”二字。

1602 τοῖς τούτων εἰς τὸ κάτω καὶ ἐπὶ τὸ ἄνω［这些人向上和向下的那些男性直系亲属］，之所以这么翻译，也解释如下：（1）τοῖς 是定冠词阳性与格复数，故补充“男性”二字；（2）当时希腊允许姨妈同外甥结婚，故补充“直系”二字。

1603 εἰς φῶς ἐκφέρειν κύημα μηδέ γ' ἕν.［即使只是一个胎儿，也不要让它见光。］这句话中的 μηδέ γ' ἕν，在法国布德本希腊文中作：μηδέν，在新校勘的牛津古典本希腊文中作：μηδέ ἕν；从新校勘的牛津古典本希腊文。εἰς φῶς ἐκφέρειν［让它见光］，也可以照字面意思译为“把它带到光亮处”；这显然是一个比喻，喻为“使出生”。这里可能暗含着对胎儿的流产；对观《泰阿泰德》（149c5–d8）：{ΣΩ.} Οὐκοῦν καὶ τόδε εἰκός τε καὶ ἀναγκαῖον, τὰς κυούσας καὶ μὴ γιγνώσκεσθαι μᾶλλον ὑπὸ τῶν μαιῶν ἢ τῶν ἄλλων; {ΘΕΑΙ.} Πάνυ γε. {ΣΩ.} Καὶ μὴν καὶ διδοῦσαί γε αἱ μαῖαι φαρμάκια καὶ ἐπᾴδουσαι δύνανται ἐγείρειν τε τὰς ὠδῖνας καὶ μαλθακωτέρας ἂν βούλωνται ποιεῖν, καὶ τίκτειν τε δὴ τὰς δυστοκούσας, καὶ ἐὰν †νέον ὂν† δόξῃ ἀμβλίσκειν, ἀμβλίσκουσιν; {ΘΕΑΙ.} Ἔστι ταῦτα. {ΣΩ.} Ἆρ' οὖν ἔτι καὶ τόδε αὐτῶν ᾔσθησαι, ὅτι καὶ προμνήστριαί εἰσι δεινόταται, ὡς πάσσοφοι οὖσαι περὶ τοῦ γνῶναι ποίαν χρὴ ποίῳ ἀνδρὶ συνοῦσαν ὡς ἀρίστους παῖδας τίκτειν;［苏格拉底：因此，下面这点岂不也是理所当然和必然的，那就是：产婆们比其他任何人都更为知道妇女们怀孕与否？泰阿泰德：肯定。苏格拉底：而且产婆们也的确通过给药和唱咒语，能够激发分娩的阵痛，如果她们愿意，也能够使之缓和；她们当然也帮助那些难产的妇女生产，如果看起来需要流产，她们也进行流产。是这样吗？泰阿泰德：是这样。苏格拉底：此外，关于

她们你还觉察到过这点吗，即她们都是一些最聪明的媒人，因为她们对于下面这点是极为智慧的，那就是了解何种女人应该同何种男人在一起，以便生出最好的孩子？］

1604 δεκάτῳ μηνὶ καὶ ἑβδόμῳ δή［在第十个月，甚至在第七个月里］，也可以转译为"大约从第七个月至第十个月"。

1605 τὰ τούτων ἔκγονα παίδων παῖδας［称这些〈后代〉的后代为子女的子女］，有意照字面意思翻译，当然可以简单译为"称这些〈后代〉的后代为孙子女"。

1606 ἡ Πυθία προσαναιρῇ［皮提亚女祭司又还给出了神谕］，也可以译为"皮提亚女祭司此外还做出了预言"。ἡ Πυθία［皮提亚女祭司］，即德尔斐阿波罗神庙中的女祭司，代阿波罗发出神谕。προσαναιρῇ 是动词 προσαναιρέω 的现在时虚拟式第三人称单数，προσαναιρέω 的本义是"又还举起"，在这里的意思是"又还给出神谕""又还给出答案"；《牛津希-英词典》举了柏拉图在这里的这个表达，对它的解释是：of an oracle, give an answer besides。

参见《苏格拉底的申辩》（20e8-21a8）：Χαιρεφῶντα γὰρ ἴστε που. οὗτος ἐμός τε ἑταῖρος ἦν ἐκ νέου καὶ ὑμῶν τῷ πλήθει ἑταῖρός τε καὶ συνέφυγε τὴν φυγὴν ταύτην καὶ μεθ᾽ ὑμῶν κατῆλθε. καὶ ἴστε δὴ οἷος ἦν Χαιρεφῶν, ὡς σφοδρὸς ἐφ᾽ ὅτι ὁρμήσειεν. καὶ δή ποτε καὶ εἰς Δελφοὺς ἐλθὼν ἐτόλμησε τοῦτο μαντεύσασθαι – καί, ὅπερ λέγω, μὴ θορυβεῖτε, ὦ ἄνδρες – ἤρετο γὰρ δὴ εἴ τις ἐμοῦ εἴη σοφώτερος. ἀνεῖλεν οὖν ἡ Πυθία μηδένα σοφώτερον εἶναι. καὶ τούτων πέρι ὁ ἀδελφὸς ὑμῖν αὐτοῦ οὑτοσὶ μαρτυρήσει, ἐπειδὴ ἐκεῖνος τετελεύτηκεν.［凯瑞丰，肯定你们都知道；从年轻时起这人就是我的朋友，并且对于你们中的大多数人来说也是朋友，在这次逃亡中他曾同你们一起出逃，又和你们一道回来。你们也都知道凯瑞丰是个怎样的人，在他急于要做的事情上是多么的急躁。有一次，他前往德尔斐大胆求了这样一个神谕——我刚说过了，诸位，请你们不要喧哗——，因为他竟然问是否有人是比我更为智慧的。于是皮提亚女祭司拾起签说，无人是更为智慧的。并且由于他已经死了，所以他的这位弟弟将为此向你们做证。］

1607 μακρῷ βελτίστη［迄今为止最好的］。副词 μακρῷ 派生自形容词 μακρός［长的］的与格，同形容词比较级和最高级连用，起加强语气的作用；《牛津希-英词典》对之的解释是：by far。参见《菲勒玻斯》（58a1-5）：Δῆλον ὁτιὴ πᾶς ἂν τήν γε νῦν λεγομένην γνοίη· τὴν γὰρ περὶ τὸ ὂν καὶ τὸ ὄντως καὶ τὸ κατὰ ταὐτὸν ἀεὶ πεφυκὸς πάντως ἔγωγε οἶμαι ἡγεῖσθαι σύμπαντας ὅσοις νοῦ καὶ σμικρὸν προσήρτηται μακρῷ ἀληθεστάτην εἶναι γνῶσιν.［显然每个人都肯定能

够认出现在所说的这种知识。因为它关乎是者和以是的方式是着的东西，以及那生来就总是绝对同一的东西，至少我认为，每个人——哪怕他只是粘有丁点的理智——，都会相信它是迄今为止最真的认识。]

1608 κατὰ τὸ σῶμα πρὸς τὴν ψυχὴν τεταμένη［通过身体延伸到了灵魂那里］，该表达可对观《泰阿泰德》（186c1–2）：ὅσα διὰ τοῦ σώματος παθήματα ἐπὶ τὴν ψυχὴν τείνει［所有通过身体而延伸到灵魂那里的那些遭受］。

1609 名词 ὥρα［时候 / 时刻］跟不定式，表示“正是做……时候”，所以后面跟的是不定式 ἐπανιέναι［回到］。参见：

《泰阿泰德》（145b6–7）：Ὥρα τοίνυν, ὦ φίλε Θεαίτητε, σοὶ μὲν ἐπιδεικνύναι, ἐμοὶ δὲ σκοπεῖσθαι.［因此，亲爱的泰阿泰德啊，于你，现在正是进行展示的时候；于我，则是进行考察的时候。

《菲勒玻斯》（62e3）：Ὥρα δὴ βουλεύεσθαι νῷν καὶ περὶ τῶν ἡδονῶν.［那么，对我俩来说，也是时候对诸快乐做出决定了。]

《吕西斯》（211b3–5）：Ἀλλὰ ποιήσω, ἔφη, ταῦτα, ὦ Σώκρατες, πάνυ σφόδρα, εὖ ἴσθι. ἀλλά τι ἄλλο αὐτῷ λέγε, ἵνα καὶ ἐγὼ ἀκούω, ἕως ἂν οἴκαδε ὥρα ᾖ ἀπιέναι.［那好，我将这么做，他说道，苏格拉底啊，而且是满怀热情地，请你放心！不过请你对他说点别的什么，以便我也可以听听，直至是时候回家了为止。]

1610 δῆμος［人民］，单就这个词也可以译为“民众”。δῆμος 除了与 πόλις［城市］相对，指“乡区”之外，还有“民众”“平民”“公民”等意思。

1611 πρὸς τῷ πολίτας［除了〈称他们为〉同邦公民之外］，之所以这么补充翻译，因为基于文法这里省略了动词不定式 προσαγορεύειν［称呼］。“他们”即“那些进行统治的人”。

1612 αὐτὸ τοὔνομα τοῦτο［恰恰将之称作这］，该表达在法国布德本希腊文中同样如此，而新校勘的牛津古典本希腊文认为其中的 τοὔνομα［名字］有可能是窜入，从之。如果按伯内特本和布德本翻译，则当译为“恰恰将之称作这个名字”。

1613 ἄρχοντας［执政官］，这里基于文义，不将之译为“统治者”。当时雅典一共设有九位执政官，除了六位级别较低负责法律事务的“立法执政官”（θεσμοθέται）之外，还有“名年执政官”（ὁ ἐπώνυμος ἄρχων）、“国王执政官”（ὁ ἄρχων βασιλεύς / ὁ ἄρχων ὁ βασιλεύς）和“战争执政官”（ὁ πολέμαρχος ἄρχων）。所谓名年执政官或年号执政官，即以其姓名确定年号的执政官，也称为首席执政官；国王执政官负责宗教方面的事务，在九位执政官中居第二位。

1614 πρὸς τῷ πολίτας［除了〈是〉同邦公民之外］，之所以这么补充翻译，因为基于文法这里省略了动词不定式 εἶναι［是］。

1615 μισθοδότας［付酬者］，也可以直接译为“雇主”。

1616 συνάρχοντας［统治者同僚］，单就这个词，可以简单译为“同僚”“同事”。συνάρχοντας 是动词 συνάρχω 的现在时分词主动态阳性宾格复数；συνάρχω 的本义是“共同统治”“一起掌权”，由其分词派生而来的名词 ὁ συνάρχων 的意思是“同僚”“同事”。《牛津希-英词典》举了柏拉图在这里的这个表达，对 ὁ συνάρχων 的解释是：colleague in office。

1617 συμφύλακας［一同守卫的伙伴］，如果照应前面的 συνάρχοντας［统治者同僚］，也可以译为“守卫者同僚”。συμφύλακας 是名词 συμφύλαξ 的宾格复数，《牛津希-英词典》举了柏拉图在这里的这个表达，对它的解释是：fellow-watchman or guard。

1618 ὑμνήσουσιν εὐθὺς περὶ τὰ τῶν παίδων ὦτα［直接在孩子们的耳边回响］，也可以转译为“直接从孩童时起就将在他们的耳边回响”。ὑμνήσουσιν 是动词 ὑμνέω 的将来时直陈式主动态第三人称复数，ὑμνέω 的本义是“歌唱”“赞美”，在这里做不及物动词，意思是“回响”；《牛津希-英词典》举了柏拉图在这里的这个表达，对 φῆμαι ... ὑμνήσουσι περὶ τὰ ὦτα 的解释是：will ring in their ears。

1619 Ἀληθέστατα αὖ［非常正确］，法国布德本希腊和新校勘的牛津古典本希腊文均没有小词 αὖ，从之。

1620 τοῦ δόγματός τε καὶ ῥήματος［见解和说法］，也可以译为“信念和说法”。关于该表达，可参见《智者》（265c1-5）：Ζῷα δὴ πάντα θνητά, καὶ δὴ καὶ φυτὰ ὅσα τ᾽ ἐπὶ γῆς ἐκ σπερμάτων καὶ ῥιζῶν φύεται, καὶ ὅσα ἄψυχα ἐν γῇ συνίσταται σώματα τηκτὰ καὶ ἄτηκτα, μῶν ἄλλου τινὸς ἢ θεοῦ δημιουργοῦντος φήσομεν ὕστερον γίγνεσθαι πρότερον οὐκ ὄντα; ἢ τῷ τῶν πολλῶν δόγματι καὶ ῥήματι χρώμενοι—［一切有死的动物，以及在大地上从各种种子和根系生长出来的植物，还有在大地上组成的所有无生命的形体——无论是可溶解还是和不可溶解——，难道我们将说，当不同于神的某种其他的东西进行做工后，所有这些先前并不是着的东西后来才生成出来？或者我们采用多数人的见解和说法……］。

1621 见前面 462b4-9。

1622 见前面 462c10-d5。

1623 καὶ μὲν δή 是一个整体，意思是“而事实上”“其实”。参见：

《卡尔米德斯》（159c8-9）：Καὶ μὲν δὴ καὶ τὸ κιθαρίζειν ταχέως καὶ τὸ

παλαίειν ὀξέως πολὺ κάλλιον τοῦ ἡσυχῇ τε καὶ βραδέως;［而事实上，轻快地弹琴和敏捷地摔跤，同缓慢地弹琴和迟钝地摔跤相比，也是美得多的吗？］

《吕西斯》(206b2-3)：Καὶ μὲν δὴ λόγοις τε καὶ ᾠδαῖς μὴ κηλεῖν ἀλλ' ἐξαγριαίνειν πολλὴ ἀμουσία.［而事实上，用言辞和歌声，并没有诱惑到猎物，反倒使之变野了，这是非常地欠缺文艺修养。］

《斐德若》(231d6-8)：καὶ μὲν δὴ εἰ μὲν ἐκ τῶν ἐρώντων τὸν βέλτιστον αἱροῖο, ἐξ ὀλίγων ἄν σοι ἡ ἔκλεξις εἴη· εἰ δ' ἐκ τῶν ἄλλων τὸν σαυτῷ ἐπιτηδειότατον, ἐκ πολλῶν.［而事实上，如果你从那些爱你的人中选择那最优秀的，那么，对你而言，选择就会是基于少数几个人而做出；而如果你从其他那些不爱你的人中选择那最为适合于你本人的，那么，你的选择就会是基于许多人而做出。］

《大希庇阿斯》(290a2-5)：Καὶ μὲν δὴ ταύτην γε τὴν ἀπόκρισιν, ὦ ἄριστε, οὐ μόνον οὐκ ἀποδέξεται, ἀλλὰ πάνυ με καὶ τωθάσεται, καὶ ἐρεῖ· "Ὦ τετυφωμένε σύ, Φειδίαν οἴει κακὸν εἶναι δημιουργόν;"［而事实上，这个回答，最优秀的人啊，他不仅不会接受，而且还肯定会嘲讽我，他将说："哎，你已经精神错乱了吗，你认为斐狄阿斯是一个拙劣的匠人？"］

1624 见前面第三卷 416d-417b。

1625 παρὰ τῶν ἄλλων τροφὴν λαμβάνοντας［从其他人那里获得维持生活的手段］，也可以简单译为"从其他人那里获得食物""从其他人那里得到供给"。

1626 ἄλλον ἄλλο［把这件事情称作是这个人的，那件事情是那个人的］，这是为了避免歧义进行的扩展性的翻译，字面意思是"把不同的事情称作不同人的"。

1627 εἰς τὸ δυνατόν［尽可能地］是短语，参见前面第二卷 381c8 那里对"κάλλιστος καὶ ἄριστος ὢν εἰς τὸ δυνατόν［尽可能地是美的和好的］"的注释 766。

1628 ἐπὶ τὸ αὐτὸ τείνοντας［向着相同的事情全力以赴］，也可以译为"瞄准相同的事情"。τείνοντας 是动词 τείνω 的现在时分词主动态阳性宾格复数；τείνω 的本义是"拉紧""延伸"，喻为"全力以赴""奋力""瞄准"。

1629 ὁμοπαθεῖς λύπης τε καὶ ἡδονῆς εἶναι［在痛苦和快乐上是有着共同感受的］。之所以使用动词不定式 εἶναι［是］，这是由 464c7 那里的动词 ποιεῖ［使得］要求的。

1630 ὑπάρχει τούτοις ἀστασιάστοις εἶναι［对这些人来说就有可能是不起内讧的］，也可以译为"对这些人来说就有可能是无党派之争的"。关于 ὑπάρχει 的用法，参见前面第一卷 343e2-3 那里对"τῷ ... δικαίῳ ὑπάρχει ... τά ... οἰκεῖα ... μοχθηροτέρως ἔχειν［对正义的人来说有可能他自家的各种事情处于糟糕的境地］”的注释 302。

1631 ἥλιξι ... ἥλικας ἀμύνεσθαι［同龄人面对同龄人进行自卫］，也可以译为“同龄人之间采取自卫行动”。

1632 ἀνάγκην σωμάτων ἐπιμελείᾳ τιθέντες［由此我们才迫使他们要关心身体］，这是意译，字面意思是“由此我们把一种必要性施加给对身体的关心”。

1633 τῷ τοιούτῳ［以这样一种方式］，即“采取自卫行动”；也可以直接补充译为“在这样一种〈自卫行动〉中”。

1634 ὡς τὸ εἰκός［这是有可能的］。参见前面 407d7 那里对“ὡς τὸ εἰκός”的注释 1086。

1635 δέος τε καὶ αἰδώς［恐惧和敬意］，也可以译为“恐惧和羞愧”。

1636 εἰρήνην ... ἄξουσι［保持和睦］，也可以译为“保持和平”。ἄξουσι 在这里是动词 ἄγω 的将来时直陈式主动态第三人称复数，ἄγω 除了具有“引领”等意思之外，也有“保持”“遵守”的意思；εἰρήνην ἄγω 是词组，意思是“保持和睦”“保持和平”，类似的表达还有 ἡσυχίαν ἄγω［保持安静 / 保持平静］。《牛津希–英词典》举了柏拉图在这里的这个表达，对它解释是：keep, observe。

1637 οὐδὲν δεινὸν μή［无需担心］是一个整体。参见：

《苏格拉底的申辩》(28a6–b2)：καὶ τοῦτ᾽ ἔστιν ὃ ἐμὲ αἱρεῖ, ἐάνπερ αἱρῇ, οὐ Μέλητος οὐδὲ Ἄνυτος ἀλλ᾽ ἡ τῶν πολλῶν διαβολή τε καὶ φθόνος. ἃ δὴ πολλοὺς καὶ ἄλλους καὶ ἀγαθοὺς ἄνδρας ᾕρηκεν, οἶμαι δὲ καὶ αἱρήσει· οὐδὲν δὲ δεινὸν μὴ ἐν ἐμοὶ στῇ.［并且这也就是那要判我罪的东西；如果有什么会判我罪，既不是梅勒托斯，也不是阿尼托斯，而是众人的诽谤和嫉妒。它们事实上也已经判了许多其他好人有罪，并且我认为它们还会这样，而无需担心它们会在我这儿就此打住。］

《斐洞》(84b4–8)：ἐκ δὴ τῆς τοιαύτης τροφῆς οὐδὲν δεινὸν μὴ φοβηθῇ, [ταῦτα δ᾽ ἐπιτηδεύσασα,] ὦ Σιμμία τε καὶ Κέβης, ὅπως μὴ διασπασθεῖσα ἐν τῇ ἀπαλλαγῇ τοῦ σώματος ὑπὸ τῶν ἀνέμων διαφυσηθεῖσα καὶ διαπτομένη οἴχηται καὶ οὐδὲν ἔτι οὐδαμοῦ ᾖ.［它基于这样一种养育而致力于这些之后，西米阿斯和刻贝斯啊，就无需担心它会恐惧下面这点：在它离开身体时会被风撕碎和吹走，四散而去，不再是在任何地方。］

1638 διὰ τροφὴν οἰκετῶν ἀναγκαίαν［由于对家庭的必要维持］。οἰκετῶν 是名词 οἰκέτης 的属格复数，οἰκέτης 的本义是“家奴”，但其复数也具有“家庭”“家人”“家中老小”的意思；《牛津希–英词典》对它的这层意思的解释是：household。

1639 ἀπορίας τε καὶ ἀλγηδόνας ὅσας ἐν παιδοτροφίᾳ καὶ χρηματισμοῖς ... ἴσχουσι［他们在养育孩子和赚钱方面所具有的所有那些走投无路和痛苦］是一个整体，也可以意译为"他们在养育孩子和赚钱方面不得不面对的所有那些走投无路和痛苦"。

1640 ἐξαρνούμενοι［完全否认〈借过钱〉］，有意按字面意思补充翻译，当然可以简单译为"赖账"。

1641 πάντως πορισάμενοι［想尽办法为自己弄到钱］，也可以简单译为"用一切方式搞钱"。πορισάμενοι 是动词 πορίζω 的一次性过去时分词中动态阳性主格复数，πορίζω 的本义是"提供""带来"，其中动态的意思是"为自己提供""得到"，在贬义的意思上就是"搞钱""找钱"；《牛津希-英词典》对它的这层意思的解释是：find money。

1642 θέμενοι παρὰ γυναῖκάς τε καὶ οἰκέτας［将之存放在女人和〈其他的〉家庭成员那儿］。θέμενοι 是动词 τίθημι 的一次性过去时分词中动态阳性主格复数；τίθημι 的本义是"放""安置"，但其中动态则具有"储存""存放"的意思。《牛津希-英词典》对它的这层意思的解释是：deposit。

1643 ταμιεύειν παραδόντες［交给他们去分派］。ταμιεύειν 是动词 ταμιεύω 的现在时不定式主动态，ταμιεύω 的本义是"做管理人""做管事"，但作为及物动词，则具有"分配""分发"的意思；《牛津希-英词典》举了柏拉图在这里的这个表达，对它的解释是：deal out, dispense。

1644 这当是一句谚语；参见《智者》(241d9-e1)：Πῶς γὰρ οὐ φαίνεται καὶ τὸ λεγόμενον δὴ τοῦτο τυφλῷ;［这又如何不显而易见呢，甚至如常言所说，对于一个瞎子来说也如此？］

1645 Πάντων τε δὴ τούτων ἀπαλλάξονται.［因此，他们既将已经摆脱了所有这些。］这句话在法国布德本希腊文中同样如此，而新校勘的牛津古典本希腊文将其中的 ἀπαλλάξονται 改为了 ἀπηλλάξονται，从之。从文法上看，前者为动词 ἀπαλλάσσω［摆脱 / 避免］的将来时直陈式中动态第三人称复数，后者为将来完成时直陈式中动态第三人称复数。

1646 τοῦ μακαριστοῦ βίου［那种被认为有福的生活］。形容词 μακαριστός 派生自动词 μακαρίζω［认为……是幸福的 / 祝福］，意思是"被认为有福的"，转义为"令人羡慕的""引起妒忌的"。

1647 ἐκεῖνοι［那些人］，即"奥林匹亚运动会上的获胜者"。

1648 ἡ ἐκ τοῦ δημοσίου τροφή［从公共开支那里而来的〈对他们的〉供养］，基于现代观念，也可以简单译为"从国家那里而来的〈对他们的〉供养"。由形容词 δημόσιος［公共的］所形成的中性名词 τὸ δημόσιον，意思就是"国家”“政府”等；《牛津希-英词典》对它的解释是：the state。

1649 τροφῇ τε καὶ τοῖς ἄλλοις πᾶσιν ὅσων βίος δεῖται αὐτοί τε καὶ παῖδες ἀναδοῦνται.［而他们自己以及〈他们的〉孩子们〈都被城邦提供的〉食物以及生活必需的其他所有东西很好地供养。］也可以转译为：而〈城邦〉用供养以及用生活必需的其他所有东西为他们自己以及〈他们的〉孩子们戴上冠冕。ἀναδοῦνται 在这里是动词 ἀναδέω 的现在时直陈式被动态第三人称复数，ἀναδέω 的本义是“捆上”“束上”，用在人身上则指“戴上冠冕”“戴上花冠”，这里的意思则是“被用……很好地供养”；《牛津希-英词典》举了柏拉图在这里的这个表达，对它的解释是：are well furnished with ... 。

1650 关于这里的观点，可对观《苏格拉底的申辩》（36d2–37a1）：ἀγαθόν τι, ὦ ἄνδρες Ἀθηναῖοι, εἰ δεῖ γε κατὰ τὴν ἀξίαν τῇ ἀληθείᾳ τιμᾶσθαι· καὶ ταῦτά γε ἀγαθὸν τοιοῦτον ὅτι ἂν πρέποι ἐμοί. τί οὖν πρέπει ἀνδρὶ πένητι εὐεργέτῃ δεομένῳ ἄγειν σχολὴν ἐπὶ τῇ ὑμετέρᾳ παρακελεύσει; οὐκ ἔσθ' ὅτι μᾶλλον, ὦ ἄνδρες Ἀθηναῖοι, πρέπει οὕτως ὡς τὸν τοιοῦτον ἄνδρα ἐν πρυτανείῳ σιτεῖσθαι, πολύ γε μᾶλλον ἢ εἴ τις ὑμῶν ἵππῳ ἢ συνωρίδι ἢ ζεύγει νενίκηκεν Ὀλυμπίασιν· ὁ μὲν γὰρ ὑμᾶς ποιεῖ εὐδαίμονας δοκεῖν εἶναι, ἐγὼ δὲ εἶναι, καὶ ὁ μὲν τροφῆς οὐδὲν δεῖται, ἐγὼ δὲ δέομαι. εἰ οὖν δεῖ με κατὰ τὸ δίκαιον τῆς ἀξίας τιμᾶσθαι, τούτου τιμῶμαι, ἐν πρυτανείῳ σιτήσεως.［诸位雅典人啊，如果真的必须按照应得之份来提出惩罚的话，那肯定是某种好的东西，而且是适合于我的那样一种好东西。那么，什么是适合于一位穷人、一位需要有闲暇来劝告你们的恩人呢？诸位雅典人啊，对于这样一个人没有什么会比下面这点是更适合的了，那就是在主席厅进餐；他无论如何都远比你们中的某位于奥林匹亚在一匹马或两匹马或四匹马拉的战车比赛中取胜的人更合适在那儿进餐。因为那人使得你们看起来是幸福的，而我使得你们是幸福的；并且他不需要食物，而我却需要。因此，如果我必须正当地提出应得的惩罚，那我就提出这个：主席厅的公膳。］

1651 见前面第四卷 419a 以下，这话实际上是阿德曼托斯说的。

1652 εἰς αὖθις［以后］是词组，见前面第一卷 347e2 那里对“εἰς αὖθις”的注释 345。

1653 εἴ που παραπίπτοι［如果它在某个地方被遇到的话］。παραπίπτοι 是动词 παραπίπτω 的现在时祈愿式主动态第三人称单数；παραπίπτω 本义就是“落到旁边”“偶然遇到”，进而转义为“犯错误”“走入歧路”。参见：

《菲勒玻斯》（14c7–8）：Τὸν νυνδὴ παραπεσόντα λέγω, φύσει πως πεφυκότα θαυμαστόν.［我在说刚才所遇到的那个说法，它在本性上无论如何都生来

是令人惊异的。]

《斐洞》(66d3-7): τὸ δ' ἔσχατον πάντων ὅτι, ἐάν τις ἡμῖν καὶ σχολὴ γένηται ἀπ' αὐτοῦ καὶ τραπώμεθα πρὸς τὸ σκοπεῖν τι, ἐν ταῖς ζητήσεσιν αὖ πανταχοῦ παραπῖπτον θόρυβον παρέχει καὶ ταραχὴν καὶ ἐκπλήττει, ὥστε μὴ δύνασθαι ὑπ' αὐτοῦ καθορᾶν τἀληθές. [但一切中最糟糕的是，一旦我们从它那儿得到一点闲暇，并转身去考察某种东西时，它就再度通过在各种探究中到处乱窜来制造喧嚣和混乱，让我们不知所措，以至于由于它我们根本不能够看清真实的东西。]

1654 μή πῃ κατὰ τὸν τῶν σκυτοτόμων φαίνεται βίον [在任何方式上都显得同那些鞋匠的生活不一样]。介词 κατά 用于比较，表“与……一致”“同……一样”。参见《苏格拉底的申辩》(17b5-6): εἰ μὲν γὰρ τοῦτο λέγουσιν, ὁμολογοίην ἂν ἔγωγε οὐ κατὰ τούτους εἶναι ῥήτωρ. [如果他们真这么说，那么我会同意我的确是一位和他们不一样的演说家。]

1655 见前面 420d 以下。

1656 διὰ δύναμιν [凭借能力]，也可以偏贬义地译为“使用强力”。

1657 见赫西俄德《工作与时日》(40)；原文为: νήπιοι, οὐδὲ ἴσασιν ὅσῳ πλέον ἥμισυ παντός. [这些幼稚的家伙，他们并不知道一半比全部多多少。] 这句话背后的意思是：诚实而合理地取得的东西，即使比较少，那也好过通过不正当的手段所取得的大量的东西。

1658 鉴于相关的分词均为阴性复数，所以这里的相关动词的主语是“她们”，即“女卫士们”。

1659 见前面 451d 以下。

1660 Ἔφθης ... εἰπών [你抢先说了] 是一个整体。ἔφθης 是动词 φθάνω 的一次性过去时直陈式主动态第二人称单数，φθάνω 本义是“走在前面”“先到达”，往往与另一个动词的分词连用，所以这里后面出现的是动词分词 εἰπών [说]。参见《斐德若》(243e4-6): Ποῦ δή μοι ὁ παῖς πρὸς ὃν ἔλεγον; ἵνα καὶ τοῦτο ἀκούσῃ, καὶ μὴ ἀνήκοος ὢν φθάσῃ χαρισάμενος τῷ μὴ ἐρῶντι. [我刚才对之讲话的那个孩子究竟去哪儿了？我这么问是为了他也能听听这篇讲辞，免得他由于没有听到而提前使得那并不爱他的人满意。]

1661 καὶ πρός γε [除此之外]，参见前面第一卷 328a6 那里对“καὶ πρός γε [除此之外]”的注释 24。

1662 οἷα δὴ ἐν πολέμῳ φιλεῖ [诸如事实上在战斗中惯常〈发生〉的那类事情]，之所以这么补充翻译，因为 φιλεῖ 后面省略了动词不定式 γίγνεσθαι。关于动词 φιλεῖ 的这种用法，参见前面第二卷 378e1 那里对“δυσέκνιπτά τε καὶ ἀμετάστατα φιλεῖ γίγνεσθαι.［通常会变得既难以清除，又不可改变。］”的注释 733。

1663 ἀδύνατον ἀναλαβεῖν［不可能恢复］，ἀναλαβεῖν 是动词 ἀναλαμβάνω 的一次性过去时不定式主动态，ἀναλαμβάνω 的本义是“拿起”，但也具有“重获”“恢复”的意思；《牛津希-英词典》举了柏拉图在这里的这个表达，对它的解释是：recover, restore, repair。

1664 κατορθοῦντες［当他们取得成功的话］，κατορθοῦντες 是动词 κατορθόω 的现在时分词主动态阳性主格复数，κατορθόω 本义是“使立直”，转义为“使成功”“成功”。参见：

《泰阿泰德》（203b8-9）：Τουτὶ μὲν ἄρα, ὦ ἑταῖρε, κατωρθώκαμεν περὶ ἐπιστήμης.［因此，朋友啊，关于知识我们肯定在这点上已经取得了成功。］

《菲勒玻斯》（28a6-7）：οὐ γάρ μοι δοκεῖ σμικρὸς ἡμῖν εἶναι ὁ κίνδυνος κατορθώσασι καὶ μὴ περὶ τὸ νῦν ἐρωτώμενον.［因为在我看来，危险对我们来说可不小，即我们是否也成功对现在被问的事情进行了回答。］

1665 Τοῦτο μὲν ἄρα ὑπαρκτέον［因此，一方面，必须这样开始］，也可以译为“因此，一方面，必须以此为起点”“因此，一方面，这必须是起点”。ὑπαρκτέον 是动词 ὑπάρχω［开始］的形动词，《牛津希-英词典》举了柏拉图在这里的这个表达，对它的解释是：one must begin with。

1666 ὅσα ἄνθρωποι［在人的能力范围内］是固定表达，也可以补充译为“在人〈所能够知道〉的范围内”。类似表达可参见《克里同》（46e3-47a2）：σὺ γάρ, ὅσα γε τἀνθρώπεια, ἐκτὸς εἶ τοῦ μέλλειν ἀποθνῄσκειν αὔριον, καὶ οὐκ ἂν σὲ παρακρούοι ἡ παροῦσα συμφορά.［因为，至少就属人的所有东西而言，你免于了明天就注定要死，而正在来临的厄运也就不会误导你。］

1667 ἀλλὰ γάρ 是词组，意思是“当然”“的确”。

1668 παρὰ δόξαν 是词组，本义是“与意见相左”“违背想法”，这里根据上下文将之译为“违背预期地”。

1669 πτεροῦν［加上羽毛］，也可以译为“装上双翼”。πτεροῦν 在这里是动词 πτερόω 的现在时不定式主动态；《牛津希-英词典》举了柏拉图在这里的这个表达，对它的解释是：furnish with feathers or wings。

1670 ὡς νεωτάτους［尽可能年幼］是一个整体和固定表达；参见前面第二卷 365b1 那里对“ὡς ἄριστα［尽可能好地］”的注释 546。

1671 διδαξαμένους ἱππεύειν［当他们学会了骑马后］。διδαξαμένους 是动词 διδάσκω 的一次性过去时分词中动态阳性宾格复数；διδάσκω 的本义是“教”，但其中动态的意思则是“教自己”“学”。

1672 πρὸς αὑτούς［他们彼此之间］。αὑτούς 在这里不作反身代词理解，而是交互代词；参见前面第二卷 359a3 那里对“συνθήκας αὑτῶν［彼此之间的各种协约］”的注释 457。

1673 πῶς ἑκτέον［必须如何表现］是固定表达。ἑκτέον 是动词 ἔχω 的形动词，《牛津希-英词典》对它的解释是：one must behave, comport oneself。

1674 ποῖ' αὖ［哪样一些〈表现〉］，这句话在法国布德本希腊文中同样如此，而新校勘的牛津古典本希腊文作 ποῖα，删去了小词 αὖ［复又］，从之。

1675 λιπόντα τάξιν［擅离职守］，也可以译为“离弃自己的岗位”。对观《苏格拉底的申辩》(28d10-29a1)：ἐγὼ οὖν δεινὰ ἂν εἴην εἰργασμένος, ὦ ἄνδρες Ἀθηναῖοι, εἰ ὅτε μέν με οἱ ἄρχοντες ἔταττον, οὓς ὑμεῖς εἵλεσθε ἄρχειν μου, καὶ ἐν Ποτειδαίᾳ καὶ ἐν Ἀμφιπόλει καὶ ἐπὶ Δηλίῳ, τότε μὲν οὗ ἐκεῖνοι ἔταττον ἔμενον ὥσπερ καὶ ἄλλος τις καὶ ἐκινδύνευον ἀποθανεῖν, τοῦ δὲ θεοῦ τάττοντος, ὡς ἐγὼ ᾠήθην τε καὶ ὑπέλαβον, φιλοσοφοῦντά με δεῖν ζῆν καὶ ἐξετάζοντα ἐμαυτὸν καὶ τοὺς ἄλλους, ἐνταῦθα δὲ φοβηθεὶς ἢ θάνατον ἢ ἄλλ' ὁτιοῦν πρᾶγμα λίποιμι τὴν τάξιν.［因此，诸位雅典人啊，如果是下面这样，那么我倒是做了一些令人生气的事情，那就是：当你们选举出来统帅我的那些统帅们给我布置任务时，无论是在波底达亚和安菲珀里斯，还是在德里翁附近，我都曾如其他任何人一样冒死坚守在了那些人所安排的位置上；但当神给我布置了任务——就像我所认为和接受的那样——，命令我应在热爱智慧以及盘问自己和他人中过活，而我此时却因怕死或其他的事情而要擅离职守。］

1676 διὰ κάκην［由于怯懦］。名词 κάκη 除了有“恶”“邪恶”的意思之外，也指“怯懦”“懒惰”等；《牛津希-英词典》举了柏拉图在这里的这个表达，对它的解释是：baseness of spirit, cowardice, sloth。

1677 εἰς τοὺς πολεμίους ἁλόντα［落到了敌人的手里］。ἁλόντα 是异态动词 ἁλίσκομαι［被捉住 / 被俘虏］的一次性过去时分词主动态阳性宾格单数，而 ἁλίσκεσθαι εἰς πολεμίους 是短语，意思是“落到敌人的手里”；《牛津希-英词典》举了柏拉图在这里的这个表达，对 ἁλίσκεσθαι εἰς πολεμίους 的解释是：to fall into the hands of the enemy。

1678 μειράκιον［年青人］，一般指 14-21 岁的青年。

1679 ἐν μέρει［轮流 / 依次 / 按次序］是词组；《牛津希-英词典》对它的解释是：in turn。

1680 οὐκέτι σοι δοκεῖ［你不再会同意了］，也可以补充译为“你不再会〈那么肯定地〉认为了”。

1681 ἕως ἂν ἐπὶ ταύτης ὦσι τῆς στρατιᾶς［只要他们还处在这次的出征中］，这句话在新校勘的牛津古典本希腊文中同样如此，而其中的 στρατιᾶς 在法国布德本希腊文中作 στρατείας，不从。

1682 καὶ μηδενὶ ἐξεῖναι ἀπαρνηθῆναι ὃν ἂν βούληται φιλεῖν［〈那表现得最优秀以及赢得了一种好名声的人〉希望亲吻的任何人都不被允许拒绝］，法国布德本希腊文和新校勘的牛津古典本希腊文均删掉了其中的连词 καὶ，从之。

1683 τἀριστεῖα φέρειν［赢得那因英勇作战而得到的奖赏］是固定表达，也可以简单译为“赢得英雄奖”。

1684 αἱρέσεις τῶν τοιούτων［对这样一些人的选择］，即对“优秀的人的选择”；这样翻译，是把 τῶν τοιούτων 理解为阳性属格复数。

1685 παρὰ τοὺς ἄλλους［超过其他〈所有〉人］。介词 παρά 跟宾格，有“超出”“超过”的意思，如词组 παρὰ δύναμιν［超出能力之外］。

1686 见前面 459d4–460b5。

1687 埃阿斯（Αἴας, Aias），特洛伊战争中的英雄，因遭到奥德修斯的陷害而自杀；柏拉图在其他对话中也曾提到过此人。参见《苏格拉底的申辩》（41b1–7）：ἐπεὶ ἔμοιγε καὶ αὐτῷ θαυμαστὴ ἂν εἴη ἡ διατριβὴ αὐτόθι, ὁπότε ἐντύχοιμι Παλαμήδει καὶ Αἴαντι τῷ Τελαμῶνος καὶ εἴ τις ἄλλος τῶν παλαιῶν διὰ κρίσιν ἄδικον τέθνηκεν, ἀντιπαραβάλλοντι τὰ ἐμαυτοῦ πάθη πρὸς τὰ ἐκείνων – ὡς ἐγὼ οἶμαι, οὐκ ἂν ἀηδὲς εἴη – καὶ δὴ τὸ μέγιστον, τοὺς ἐκεῖ ἐξετάζοντα καὶ ἐρευνῶντα ὥσπερ τοὺς ἐνταῦθα διάγειν, τίς αὐτῶν σοφός ἐστιν καὶ τίς οἴεται μέν, ἔστιν δ' οὔ.［因为，当我遇见帕拉墨得斯和忒拉蒙的儿子埃阿斯，以及如果还有古人中任何其他由于某种不义的判决而死去的人的话，恰恰对于我本人来说在那里的消磨时间会是奇妙的；我把自己的遭遇同那些人的遭遇比较一番——我认为这不会是不愉快的——，尤其最重要的事情是，就像通过盘问和审查这儿的人一样我会通过盘问和追查那儿的人来度日，看他们中谁是智慧的，谁虽然认为自己是智慧的，但其实不是。］

1688 见荷马《伊利亚特》（7. 321）。原文为：νώτοισιν δ' Αἴαντα διηνεκέεσσι γέραιρεν ... Ἀγαμέμνων.［阿伽门农用一整条里脊肉奖赏了埃阿斯。］

1689 ὡς ταύτην οἰκείαν οὖσαν τιμὴν τῷ ἡβῶντί τε καὶ ἀνδρείῳ.［仿佛这对一个正值青春盛年并且勇敢的年轻人来说是一种恰当的奖励似的。］也可以译为“仿佛这种奖励是属于一个正值青春盛年并且勇敢的年轻人似的”。形容词 οἰκεῖος 的本义是“家中的”“家庭的”，转义为“适合的”“合乎事情本来性质的”“属于……的”；《牛津希–英词典》举了柏拉图在这里的这个表达，对它的解释是：fitting, suitable, belonging to。参见：

《政治家》(259c10–d1)：Τῆς δὴ γνωστικῆς μᾶλλον ἢ τῆς χειροτεχνικῆς καὶ ὅλως πρακτικῆς βούλει τὸν βασιλέα φῶμεν οἰκειότερον εἶναι;［那你愿意我们说，国王是更为适合于认识性的〈知识〉，而非手艺性的和一般实践性的〈知识〉？］

1690 ἅμα τῷ τιμᾶσθαι［他不仅受到了尊敬］，这是意译，也可以译为"除了被尊敬之外"；字面意思是"和被尊敬一起"。ἅμα 作为副词，意思是"同时""一起"；作为介词则要求与格，意思是"和……一起""和……一同"。参见：

《克里同》(46a3–4)：ταῦτα οὖν, ὦ Σώκρατες, ὅρα μὴ ἅμα τῷ κακῷ καὶ αἰσχρὰ ᾖ σοί τε καὶ ἡμῖν.［因此，苏格拉底啊，你看看，这些东西不仅是恶的，而且是可耻的，无论是对于你还是对于我们来说。］

《泰阿泰德》(182a3–8)：Σκόπει δή μοι τόδε αὐτῶν· τῆς θερμότητος ἢ λευκότητος ἢ ὁτουοῦν γένεσιν οὐχ οὕτω πως ἐλέγομεν φάναι αὐτούς, φέρεσθαι ἕκαστον τούτων ἅμα αἰσθήσει μεταξὺ τοῦ ποιοῦντός τε καὶ πάσχοντος, καὶ τὸ μὲν πάσχον αἰσθητικὸν ἀλλ᾽ οὐκ αἴσθησιν [ἔτι] γίγνεσθαι, τὸ δὲ ποιοῦν ποιόν τι ἀλλ᾽ οὐ ποιότητα;［那我请你考虑一下他们的那些说法中的这点；我们岂不曾说，他们无论如何都这样来说热、白或诸如此类的东西之生成，那就是，这些东西中的每个都和一种感觉一起在施动者和受动者之间移动，并且受动者成为能感觉的，而非成为一种感觉，施动者则成为带有某种性质的东西，而非成为一种性质？］

1691 名词 ἕδρα 即泛指"座位"，也专指"上座""首席"；《牛津希–英词典》对它的解释是：seat of honour。

1692 见荷马《伊利亚特》(8. 162, 12. 311)。

1693 ἐπὶ στρατιᾶς［在出征中］，新校勘的牛津古典本希腊文同样如此，而法国布德本希腊文作 ἐπὶ στρατείας，不从。

1694 τοῦ χρυσοῦ γένους［出于黄金家族的］，参见前面第三卷 415a–c。

1695 见赫西俄德《工作与时日》(122–123)，但引文有改动，原文作：

τοὶ μὲν δαίμονες ἁγνοὶ ἐπιχθόνιοι τελέθουσιν［他们成为了一些在地上的圣洁的精灵］

ἐσθλοί, ἀλεξίκακοι, φύλακες θνητῶν ἀνθρώπων［一些高贵的、避免了邪恶的人，有死的人的卫士］。

1696 τοῦ θεοῦ［那位神］，根据前面第四卷 427b–c，当指"阿波罗"。

1697 τὸν λοιπὸν χρόνον［在余下的时光里］是固定表达，也可以译为"从今以后""将来"；《牛津希–英词典》对它的解释是：for the futur。参见《斐洞》

（81a4–9）：Οὐκοῦν οὕτω μὲν ἔχουσα εἰς τὸ ὅμοιον αὐτῇ τὸ ἀιδὲς ἀπέρχεται, τὸ θεῖόν τε καὶ ἀθάνατον καὶ φρόνιμον, οἷ ἀφικομένῃ ὑπάρχει αὐτῇ εὐδαίμονι εἶναι, πλάνης καὶ ἀνοίας καὶ φόβων καὶ ἀγρίων ἐρώτων καὶ τῶν ἄλλων κακῶν τῶν ἀνθρωπείων ἀπηλλαγμένῃ, ὥσπερ δὲ λέγεται κατὰ τῶν μεμυημένων, ὡς ἀληθῶς τὸν λοιπὸν χρόνον μετὰ θεῶν διάγουσα;［如果它是这样的话，那它岂不就是在动身前往与它自己相似的、不可见的东西那儿，即神性的东西、不死的东西和明智的东西那儿，当它到达那里时，它岂不就有可能是幸福的，摆脱了漂泊、愚蠢、各种恐惧、各种粗野的爱欲，以及其他种种属人的恶，而如那些入了秘教的人所说，它其实在与诸神一起度过余下的时光？］

1698 μηδ' ἄλλῃ ἐπιτρέπειν［不允许其他任何的〈城邦这样做〉］。ἐπιτρέπειν 是动词 ἐπιτρέπω 的现在时不定式主动态，ἐπιτρέπω 作“允许”讲时，一般跟不定式，同时要求允许的对象用与格，故前面出现的是阴性与格单数 ἄλλῃ［其他任何的〈城邦〉］。

1699 τοῦ Ἑλληνικοῦ γένους φείδεσθαι［宽宥希腊人的部族］。φείδεσθαι 是动词 φείδομαι［宽宥 / 饶恕］的现在时不定式中动态，该动词要求属格，所以这里出现的是中性属格单数 τοῦ Ἑλληνικοῦ γένους［希腊人的部族］。

1700 ὅλῳ καὶ παντί［在方方面面］，也可以译为“完完全全”，直译当为“整体地和完全地”。参见《斐洞》（79e2–5）：Πᾶς ἄν μοι δοκεῖ, ἦ δ' ὅς, συγχωρῆσαι, ὦ Σώκρατες, ἐκ ταύτης τῆς μεθόδου, καὶ ὁ δυσμαθέστατος, ὅτι ὅλῳ καὶ παντὶ ὁμοιότερόν ἐστι ψυχὴ τῷ ἀεὶ ὡσαύτως ἔχοντι μᾶλλον ἢ τῷ μή.［我认为，他说，苏格拉底啊，每个人，即使是最愚钝的，从这种方法出发都会同意，灵魂在方方面面都更相似于那总是保持同样状态的东西，同那不是如此的东西相比。］

1701 διαφέρει τὸ φείδεσθαι［进行宽宥都是更好的］，这是意译，也可以照字面意思译为“进行宽宥都胜出”。

1702 γ' ἂν οὖν οὕτω［至少这样一来］，这句话在法国布德本希腊文中同样如此，而新校勘的牛津古典本希腊文将之改为 γοῦν ἂν οὕτω，从之。

1703 μὴ πρὸς τὸν μαχόμενον ἰέναι［不前去面对那正在战斗的〈敌〉人］，有意按字面意思翻译，当然可以简单转译为“不上前线”“不去战斗”等。

1704 ὥς τι τῶν δεόντων δρῶντας［仿佛他们在做某件应当〈做〉的事情似的］，也可以照字面译为“仿佛他们在〈做〉那些应当做的事情中的某件事情似的”。

1705 ὅταν περὶ τὸν τεθνεῶτα κυπτάζωσι［当他们围着死尸磨磨蹭蹭时］。κυπτάζωσι 是动词 κυπτάζω 的现在时虚拟式主动态第三人称复数；κυπτάζω 的本义是“经常弯腰”“不断俯身”，喻为“磨磨蹭蹭”。

1706 ἀνελεύθερον［非自由人的］，有意按词源翻译，当然可以简单译为“卑鄙的”。

1707 τοῦ ἐχθροῦ［〈真正的〉仇敌］，这显然是比喻，即与身体相对应的“灵魂”。

1708 τοῦ βάλλοντος οὐχ ἁπτόμεναι［不会去碰那〈向它们〉扔〈石头的〉人］，这句话在新校勘的牛津古典本希腊文中同样如此，而其中的 βάλλοντος 在法国布德本希腊文中作 βάλοντος，不从。从文法上看，前者为动词 βάλλω［扔］的现在时分词主动态阳性属格单数，后者为一次性过去时分词主动态阳性属格单数。

1709 μέλῃ 在这里是动词 μέλω［关心］的现在时虚拟式主动态第三人称单数；关于 μέλω［关心］的用法，参见前面 345d2 那里对“τῇ δὲ ποιμενικῇ οὐ δήπου ἄλλου του μέλει［然而，牧养术无疑不关心任何其他的事情。］”的注释 329。

1710 γῆς ... τμήσεως τῆς Ἑλληνικῆς［毁坏希腊人的土地］。名词 τμῆσις 本义是“切割”，在这里转义为“毁坏”“摧毁”“蹂躏”；《牛津希-英词典》举了柏拉图在这里的这个表达，对它的解释是：ravaging。

1711 ὄντα ἐπὶ δυοῖν τινοιν διαφοραῖν［因为它们是在两种〈不同的〉事情上针对两种不和］。之所以这么翻译，是把 δυοῖν τινοιν 视为中性与格双数，表事情；如果将之视为阴性与格双数，则可以简单译为“因为它们是在针对两种〈不同的〉不和”。

1712 ἀπὸ τρόπου［不合理的 / 不恰当的 / 荒谬的］是固定表达；《牛津希-英词典》对它的解释是：unreasonable, absurd。

1713 πρὸς τρόπου［合理的 / 恰当的］是固定表达，其反面即 ἀπὸ τρόπου［不合理的 / 不恰当的 / 荒谬的］；《牛津希-英词典》对它的解释是：fitting, suitable。

1714 Ἕλληνας μὲν ἄρα βαρβάροις καὶ βαρβάρους Ἕλλησι πολεμεῖν μαχομένους τε φήσομεν καὶ πολεμίους φύσει εἶναι.［因此，一方面，当希腊人同非希腊人，以及非希腊人同希腊人打仗，我们将宣称他们在进行战争，以及他们生来就是敌人，并且这种敌意必须被称作战争。］这句话在布德本希腊文中同样如此，而新校勘的牛津古典本希腊文将其中的 πολεμεῖν μαχομένους 改为 μαχομένους πολεμεῖν，从之。

1715 ὅπου ἄν［无论在哪里］是一个整体，后面跟虚拟式。《牛津希-英词典》对它的解释是：wherever。

1716 τὴν τροφόν τε καὶ μητέρα［抚养者和母亲］，参见前面第三卷 414e。

1717 Πολὺ γάρ ... ἡμερωτέρων αὕτη ἡ διάνοια ἐκείνης.［这种想法比那种〈想法〉更为属于那些比较文明的人。］也可以转译为：肯定是那些更加文明得多的人，才怀有这种想法，而不是那种想法。αὕτη ἡ διάνοια［这种想法］，即刚说到的“他们终将和解，而不将总是进行交战”；ἐκείνης［那种〈想法〉］，可理解为“他们将永不和解，而将总是进行交战”。

1718 εὐμενῶς ... σωφρονιοῦσιν［他们将善意地惩戒〈对方〉］，单就这句话，也可以译为“他们将善意地使〈对方〉清醒”。σωφρονιοῦσιν 是动词 σωφρονίζω 的将来时直陈式主动态第三人称复数；σωφρονίζω 的本义是“使清醒”，转义为“惩戒”。

1719 这显然是一句讽刺话，暗指在当时，希腊城邦之间发生冲突时，恰好彼此都在蹂躏对方的土地，焚毁对方的房屋，等等。

1720 新校勘的牛津古典本希腊文没有在这里提行。

1721 ὃ ἐν τῷ πρόσθεν παρωσάμενος［在前面推迟〈说〉的那件事情］。παρωσάμενος 是动词 παρωθέω 的一次性过去时分词中动态阳性主格单数，παρωθέω 的本义是“推到一边”，其中动态则具有“拒绝”的意思，用于时间则指“推迟”“拖延”；《牛津希-英词典》举了柏拉图在这里的这个表达，对它的解释是：put off。

1722 ἀλλὰ τοῦτο αὐτὸ ἤδη πειρώμεθα ἡμᾶς αὐτοὺς πείθειν［而是让我们从现在起试着恰恰就下面这点来说服我们自己］，这句话在法国布德本希腊文中同样如此，而新校勘的牛津古典本希腊文将其中的 αὐτὸ ἤδη 改为 ἤδη αὐτὸ，从之。

1723 χαίρειν ἐῶμεν［让我们将之放到一边］。ἐῶμεν 是动词 ἐάω 的现在时虚拟式主动态第一人称复数；参见前面第二卷 358b7 那里对“ἐᾶσαι χαίρειν［不理会］”的注释 446。

1724 见前面 457b–c。简单说，第一波浪潮是，女性必须参与战争和参与对城邦的守卫，男女卫士应当接受同样的教育和训练，共同从事所有的事情；第二波浪潮是，城邦卫士对女人和孩子的共有。

1725 νῦν τὸ μέγιστον καὶ χαλεπώτατον τῆς τρικυμίας ἐπάγεις.［你现在却引来了那个最大的和最危险的〈浪潮〉，即第三波浪潮。］这样翻译，是把这里的属格理解为同位语属格，因为 τρικυμία［第三波浪潮］作为当时的谚语，本义就是“最大的浪潮”“巨浪”。当然，也可以将之译为：你现在却引来了第三波浪潮中的那个最大的和最危险的〈浪潮〉。

1726 ἀλλὰ τί τοῦτο;［但这有什么关系呢？］是固定表达，类似的表达还有：ἀλλὰ δὴ τί τοῦτ᾽ ἐμοί;［但这究竟和我有什么关系？］τί ἐμοὶ καὶ σοί;［我与你何干？］

参见《卡尔米德斯》（164a5–8）：Οὐκ ὀλίγον πρότερον, ἔφην ἐγώ, ἐλέγετο ὑπὸ σοῦ ὅτι τοὺς δημιουργοὺς οὐδὲν κωλύει καὶ αὖ τὰ τῶν ἄλλων ποιοῦντας σωφρονεῖν; Ἐλέγετο γάρ, ἔφη· ἀλλὰ τί τοῦτο;［就在一小会儿前，我说道，下面这点岂不被你说过，那就是：没有什么会妨碍工匠们是自制的，即使此外他们还在从事他人的事情？确实被我说过，他说；但这有什么关系呢？］

1727 ἐζητοῦμεν αὐτό τε δικαιοσύνην οἷόν ἐστι.［我们才寻找事情本身，即正义是何种东西。］也可以译为"我们才寻找正义本身是何种东西"或者"我们才寻找正义自身是何种东西"。参见前面第二卷 363a1 那里对"αὐτὸ δικαιοσύνην ἐπαινοῦντες［赞美事情本身，即赞美正义］"的注释 505。

1728 εἰς ἐκείνους ἀποβλέποντες［着眼于那些人］，即"着眼于完全正义的人和最不正义的人"。

1729 τὴν ἐκείνης μοῖραν ὁμοιοτάτην［同〈他们的〉那种〈命运〉最相似的命运］，之所以这么补充翻译，因为指示代词 ἐκείνης 是阴性属格单数；这句话在法国布德本希腊文和新校勘的牛津古典本希腊文中均如此，但有不少校勘者主张将 ἐκείνης 改为 ἐκείνοις，那样一来，这句话就可以简单译为"同那些人最相似的命运""同他们最相似的命运"。

1730 Οἴει ἂν οὖν［那么，你认为］，法国布德本希腊文同样如此，而新校勘的牛津古典本希腊文认为其中的语气词 ἂν 有可能是窜入，从之。

1731 μὴ ἔχῃ ἀποδεῖξαι［他不能够显示］，这句话在法国布德本希腊文同样如此，而新校勘的牛津古典本希腊文将其中的 ἀποδεῖξαι 改为了 ἐπιδεῖξαι，从之。前者为动词 ἀποδείκνυμι［证明］的一次性过去时不定式主动态，后者为动词 ἐπιδείκνυμι［显示 / 指出］的一次性过去时不定式主动态。

1732 见前面第二卷 369a5–c10。

1733 σὴν χάριν［为了你的缘故］是词组，还有 ἐμὴν χάριν［为了我的缘故］。参见《智者》(242b1–2)：σὴν γὰρ δὴ χάριν ἐλέγχειν τὸν λόγον ἐπιθησόμεθα, ἐάνπερ ἐλέγχωμεν.［正是为了你的缘故，我们才致力于反驳该说法，假如我们确实要进行反驳的话。］

1734 κατὰ τί［为了什么目的 / 为了什么］是词组，《牛津希–英词典》对它的解释是：for what purpose? why?

1735 φύσιν ἔχει［是自然而然的］是固定表达和词组，后面接不定式，所以后面出现的是现在时不定式中动态 ἐφάπτεσθαι［把握住 / 抓住］。《牛津希–英词典》举了柏拉图在这里的这个表达，对 φύσιν ἔχει 的解释是：it is natural。

1736 τῷ ἔργῳ［在行动中］，单就这一表达，也可以译为"在现实中""现实地""实际地"等。

1737 希腊文尖括号中的语气小词 ἂν，是编辑校勘者根据文义补充的，新校勘的牛津古典本希腊文同样如此，而法国布德本希腊文没有这样做。

1738 φάναι［请你宣称］，也可以译为“你必须得说”；φάναι 是动词 φημί 的现在时不定式主动态，在这里作命令式理解。

1739 τούτων τυγχάνων［即使你取得了这些］。τυγχάνων 是动词 τυγχάνω 的现在时分词主动态阳性主格单数，τυγχάνω 跟属格，意思是“取得某物”“得到某物”，所以这里出现的是属格复数 τούτων［这些］。

1740 Ἐπ' αὐτῷ δή ... εἰμί［我实际上是正在面临它］，这句话在新校勘的牛津古典本希腊文中同样如此，而法国布德本希腊文作：Ἐπ' αὐτο δή ... εἶμι［而我实际上正来到了它这里］，不从。

1741 见前面 472a。

1742 ὥσπερ κῦμα ἐκγελῶν［就像浪潮在哄笑那样］，这是拟人表达；ἐκγελῶν 在这里是动词 ἐκγελάω［哄笑 / 大笑］的现在时分词主动态中性主格单数。

1743 οἱ φιλόσοφοι［那些热爱智慧的人］，当然也可以直接译为“哲学家们”。

1744 ἐξ ἀνάγκης 是词组，意思是“必须”“必然”。

1745 οὐκ ἔστι κακῶν παῦλα［〈否则〉就将没有诸恶的终止］，也可以转译为“〈否则〉诸恶就将是无休无止的”。

1746 φῶς ἡλίου ἴδῃ［看到太阳的光芒］，也可以简单译为“见到日光”。

1747 χαλεπὸν γὰρ ἰδεῖν ὅτι［因为看到下面这点是一件不容易的事］，也可以译为“因为难以看清下面这点”。

1748 νῦν οὕτως［现在就这样］，如果将之理解为固定表达，也可以译为“立即”“马上”“径直”等。

1749 διατεταμένους［全速］。διατεταμένους 是动词 διατείνω 完成时分词中动态阳性宾格复数，διατείνω 的本义是“伸出”，其中动态则具有“努力”等意思，其中动态分词往往与其他动词连用，意思是“全速”“全力以赴”“竭尽全力”，如 διατεινάμενος φεύγειν［全速逃跑］;《牛津希–英词典》也举了柏拉图在这里的这个表达，对它的解释是：at full speed。

1750 ἐμμελέστερον［更着调地］。形容词 ἐμμελής 由前缀 ἐν［在……上］和名词 μέλος［曲调］构成，本义就是“在调子上的”，喻为“合节拍的”“和谐的”。

1751 ἁμῇ γέ πῃ［想方设法］是词组，也可以译为“以这样那样的方式”;《牛津希–英词典》举了柏拉图在这里的这个表达，对它的解释是：somehow or other。

1752 参见前面 437d8–e8。

1753 πάντες οἱ ἐν ὥρᾳ［所有那些正当年的少年］，这是意译，也可以译为“所有那些正当青春的少年”。短语 ἐν ὥρᾳ 本义是“正当时候”，《牛津希–英词典》对它的解释是：in due time, in good time。

1754 对观《卡尔米德斯》(154b8-c5)：Ἐμοὶ μὲν οὖν, ὦ ἑταῖρε, οὐδὲν σταθμητόν· ἀτεχνῶς γὰρ λευκὴ στάθμη εἰμὶ πρὸς τοὺς καλούς – σχεδὸν γάρ τί μοι πάντες οἱ ἐν τῇ ἡλικίᾳ καλοὶ φαίνονται – ἀτὰρ οὖν δὴ καὶ τότε ἐκεῖνος ἐμοὶ θαυμαστὸς ἐφάνη τό τε μέγεθος καὶ τὸ κάλλος, οἱ δὲ δὴ ἄλλοι πάντες ἐρᾶν ἔμοιγε ἐδόκουν αὐτοῦ – οὕτως ἐκπεπληγμένοι τε καὶ τεθορυβημένοι ἦσαν, ἡνίκ' εἰσῄει – πολλοὶ δὲ δὴ ἄλλοι ἐρασταὶ καὶ ἐν τοῖς ὄπισθεν εἵποντο. [只不过，朋友啊，一定不能靠我来进行判断；因为对于那些俊美的年轻人我完完全全就是一根白色的测量线——既然在这个年龄的所有人差不多都对我显得是俊美的——。然而，在那时，那人仍然对我显得是令人惊讶的，无论是在身材上，还是在俊美方面；而且其他所有人，至少在我看来，都在爱恋他——因为他们已经变得如此地惊慌失措和骚动不安，当他走进来时——，而在那些跟在他后面的人中也还有着许多其他的爱慕者。]

1755 苏格拉底本人就具有"扁平的鼻子"。参见《泰阿泰德》(143e4-9)：Καὶ μήν, ὦ Σώκρατες, ἐμοί τε εἰπεῖν καὶ σοὶ ἀκοῦσαι πάνυ ἄξιον οἵῳ ὑμῖν τῶν πολιτῶν μειρακίῳ ἐντετύχηκα. καὶ εἰ μὲν ἦν καλός, ἐφοβούμην ἂν σφόδρα λέγειν, μὴ καί τῳ δόξω ἐν ἐπιθυμίᾳ αὐτοῦ εἶναι. νῦν δέ – καὶ μή μοι ἄχθου – οὐκ ἔστι καλός, προσέοικε δὲ σοὶ τήν τε σιμότητα καὶ τὸ ἔξω τῶν ὀμμάτων· ἧττον δὲ ἢ σὺ ταῦτ' ἔχει. [真的，苏格拉底啊，我确实遇见过你们同胞中的这样一位年青人，他非常值得我一说和值得你一听。如果他长相俊美，那我会担心说过头了，免得有人认为我对他有欲望。但其实——我这样说你可不要生我的气——他并不俊美，而是像你一样，扁平的鼻子和外凸的眼睛，但他还不如你有这些特征。]

1756 τὸ γρυπὸν [鹰钩鼻]，参与控告苏格拉底的梅勒托斯就具有这种鼻子。参见《欧悌弗戎》(2b7-11)：Οὐδ' αὐτὸς πάνυ τι γιγνώσκω, ὦ Εὐθύφρων, τὸν ἄνδρα, νέος γάρ τίς μοι φαίνεται καὶ ἀγνώς· ὀνομάζουσι μέντοι αὐτόν, ὡς ἐγᾦμαι, Μέλητον. ἔστι δὲ τῶν δήμων Πιτθεύς, εἴ τινα νῷ ἔχεις Πιτθέα Μέλητον οἷον τετανότριχα καὶ οὐ πάνυ εὐγένειον, ἐπίγρυπον δέ. [欧悌弗戎啊，我本人其实不大认识这个人，因为他对我显得有点年轻且没啥名气。当然，如我所料想的，人们叫他梅勒托斯。他来自庇特透斯区，如果你还记得某位来自庇特透斯的梅勒托斯这样一个人的话，他有着直发、寡须、鹰钩鼻。]

1757 διὰ μέσου [在……中间] 是词组，《牛津希-英词典》对它的解释是：between。

1758 ὑποκοριζομένου [他要用好听的名字称呼不好的东西]，单就这一表达，也可以译为“他要进行掩饰”。

1759 εὐχερῶς φέροντος τὴν ὠχρότητα［掩饰苍白这种肤色］。φέροντος 是动词 φέρω 现在时分词主动态阳性属格单数，εὐχερῶς φέρω 是词组，意思是“掩饰”；《牛津希-英词典》举了柏拉图在这里的这个表达，对它的解释是：gloss over。

1760 φιλοτίμους［热爱荣誉的人］，也可以译为“爱面子的人”。

1761 τριττυαρχοῦσιν［当部落分遣队的小头目］，也可以译成“当三级军官”。动词 τριττυαρχέω 的词干是 τριττύς；按照当时的规定，打仗时每个部落（φυλή）出一个分遣队，一个分遣队的三分之一被称作 τριττύς。

1762 对观《拉刻斯》（182d6-8）：Ἀλλ' ἔστι μέν, ὦ Νικία, χαλεπὸν λέγειν περὶ ὁτουοῦν μαθήματος ὡς οὐ χρὴ μανθάνειν· πάντα γὰρ ἐπίστασθαι ἀγαθὸν δοκεῖ εἶναι.［其实，尼基阿斯啊，就任何一门学问来说，都难以宣称一个人不必学习它；因为，无所不知看起来是件好事。］

1763 εὐχερῶς［不顾一切地］，在这里也可以译为“从容地”“毫不犹豫地”“心平气和地”“沉着地”等。对观《斐洞》（117c3-5）：Καὶ ἅμ' εἰπὼν ταῦτα ἐπισχόμενος καὶ μάλα εὐχερῶς καὶ εὐκόλως ἐξέπιεν.［说这些的同时他把杯子放到嘴边，非常从容和平静地一饮而尽。］

1764 ἐν δίκῃ 是固定表达，等于 ἐνδίκως，意思是“正当地”“公正地”。

1765 σωμάτων［各种各样的形体］，基于文义，这里不将之译为“各种各样的身体”。参见：

《智者》（246a7-b3）：Οἱ μὲν εἰς γῆν ἐξ οὐρανοῦ καὶ τοῦ ἀοράτου πάντα ἕλκουσι, ταῖς χερσὶν ἀτεχνῶς πέτρας καὶ δρῦς περιλαμβάνοντες. τῶν γὰρ τοιούτων ἐφαπτόμενοι πάντων διισχυρίζονται τοῦτο εἶναι μόνον ὃ παρέχει προσβολὴν καὶ ἐπαφήν τινα, ταὐτὸν σῶμα καὶ οὐσίαν ὁριζόμενοι, τῶν δὲ ἄλλων εἴ τίς <τι> φήσει μὴ σῶμα ἔχον εἶναι, καταφρονοῦντες τὸ παράπαν καὶ οὐδὲν ἐθέλοντες ἄλλο ἀκούειν.［一些人把全部东西都从天上和不可见的地方拉到地上，完完全全在用双手抱紧石头和树木。因为拥抱所有这些东西的他们坚决主张，唯有这种允许某种接近和触摸的东西才是〈着〉，他们把有形物和所是界定为同一个东西；一旦其他人中的某位宣称，某种东西虽然不具有形体，但也是〈着〉时，他们就会完全加以鄙视，并且不愿意听任何别的。］

《政治家》（269d5-7）：Τὸ κατὰ ταὐτὰ καὶ ὡσαύτως ἔχειν ἀεὶ καὶ ταὐτὸν εἶναι τοῖς πάντων θειοτάτοις προσήκει μόνοις, σώματος δὲ φύσις οὐ ταύτης τῆς τάξεως.［总是保持着同一和同样并且是同一的，这仅仅适合于一切中那些

最神圣的，而形体的本性不属于这种等级。]

1766 ὄναρ ἢ ὕπαρ ... ζῆν［睡着还是醒着度过一生］。《牛津希-英词典》举了柏拉图在这里的这个表达，对这句话的解释是：to pass life asleep or awake。

1767 对观《斐洞》（100c9–e3）：Οὐ τοίνυν, ἦ δ᾽ ὅς, ἔτι μανθάνω οὐδὲ δύναμαι τὰς ἄλλας αἰτίας τὰς σοφὰς ταύτας γιγνώσκειν· ἀλλ᾽ ἐάν τίς μοι λέγῃ δι᾽ ὅτι καλόν ἐστιν ὁτιοῦν, ἢ χρῶμα εὐανθὲς ἔχον ἢ σχῆμα ἢ ἄλλο ὁτιοῦν τῶν τοιούτων, τὰ μὲν ἄλλα χαίρειν ἐῶ, – ταράττομαι γὰρ ἐν τοῖς ἄλλοις πᾶσι – τοῦτο δὲ ἁπλῶς καὶ ἀτέχνως καὶ ἴσως εὐήθως ἔχω παρ᾽ ἐμαυτῷ, ὅτι οὐκ ἄλλο τι ποιεῖ αὐτὸ καλὸν ἢ ἡ ἐκείνου τοῦ καλοῦ εἴτε παρουσία εἴτε κοινωνία εἴτε ὅπῃ δὴ καὶ ὅπως †προσγενομένη· οὐ γὰρ ἔτι τοῦτο διισχυρίζομαι, ἀλλ᾽ ὅτι τῷ καλῷ πάντα τὰ καλὰ [γίγνεται] καλά. τοῦτο γάρ μοι δοκεῖ ἀσφαλέστατον εἶναι καὶ ἐμαυτῷ ἀποκρίνασθαι καὶ ἄλλῳ, καὶ τούτου ἐχόμενος ἡγοῦμαι οὐκ ἄν ποτε πεσεῖν, ἀλλ᾽ ἀσφαλὲς εἶναι καὶ ἐμοὶ καὶ ὁτῳοῦν ἄλλῳ ἀποκρίνασθαι ὅτι τῷ καλῷ τὰ καλὰ [γίγνεται] καλά.［那么，苏格拉底说道，我就既不再懂得，也不再能够认识其他那些智慧的原因了；但假如有人对我说，任何东西为何是美的，那是因为它或者具有像花一样的颜色，或者形状，或者任何其他诸如此类的，那么，我一方面不理会其他那些东西——因为在所有其他那些东西中我只是感到心神迷乱——，一方面单纯地、质朴地，甚或头脑简单地在自己那里坚持下面这点，那就是：除了那个美本身的在场，或者与它结合——无论它怎样被称呼——之外，没有任何其他什么会使之美；因为我尚不能坚决主张这点，而只是坚决主张所有美的东西都根据美而是美的。因为在我看来这是对我自己和他人做出的最稳妥的回答；并且如果我守住这点，我认为我就永不会失败，而下面这一回答对我和任何其他人来说都是稳妥的，那就是：根据美，各种美的东西成为美的。]

1768 整个这句话也可以译为：那么，我们岂不可以正确地说，这种人的思想是认识，因为他在进行认识，而另一种人的思想是意见，因为他在持有意见？

1769 οὐκ ἀληθῆ λέγομεν［我们说得不正确］，也可以译为“我们没有说真话”。

1770 τοῦ εἰλικρινῶς ὄντος［绝对是着的东西］，也可以译为“纯粹是着的东西”。副词 εἰλικρινῶς 派生自形容词 εἰλικρινής，εἰλικρινής 则派生自名词 εἵλη［阳光 / 太阳的热力］和动词 κρίνω［判决 / 断定］，本义是“纯粹的”“纯洁的”“单纯的”，其副词 εἰλικρινῶς 除了具有“纯粹地”等意思之外，也转义为“绝对地”；《牛津希-英词典》举了柏拉图在这里的这个表达，对它的解释是：absolutely。参见《斐洞》（81b8–c2）：οὕτω δὴ ἔχουσαν οἴει ψυχὴν αὐτὴν καθ᾽ αὐτὴν εἰλικρινῆ ἀπαλλάξεσθαι;［你认为处在这种情形下的灵魂能独自在其自身地、绝对地摆脱身体吗？]

1771 Οὐκοῦν ἐπὶ μὲν τῷ ὄντι γνῶσις ἦν, ἀγνωσία δ᾽ ἐξ ἀνάγκης ἐπὶ μὴ ὄντι, ἐπὶ δὲ τῷ μεταξὺ τούτῳ μεταξύ τι καὶ ζητητέον ἀγνοίας τε καὶ ἐπιστήμης.[那么，既然认识向来关乎是着的东西，而不认识必然关乎不是着的东西，那为了这种居间的东西，岂不也必须寻找居于不认识和知识之间的某种东西。]这句话中的 Οὐκοῦν ἐπὶ，法国布德本希腊文作 Οὐκοῦν εἰ ἐπὶ，不从；而新校勘的牛津古典本希腊文作 Οὐκοῦν <ἐπεὶ> ἐπὶ，即补充了 ἐπεὶ[既然]一词，从之。其中的 ἐπὶ δὲ τῷ μεταξὺ τούτῳ，法国布德本希腊文和新校勘的牛津古典本希腊文均删去了小词 δὲ，从之。

1772 这里不区分 γένος 和 εἶδος，均简单译为“种类”。

1773 δόξαν εἰς δύναμιν ἢ εἰς ἄλλο εἶδος οἴσομεν;[我们将把意见指向能力，还是指向其他种类？]也可以补充译为：我们将把意见带往〈是者的〉能力〈这个种类〉那里，还是带往〈是者的〉其他种类那里？ οἴσομεν 是动词 φέρω[携带/引向/指向]的将来时直陈式主动态第一人称复数。

1774 δοξάζειν[形成意见]，这里也可以译为“形成意见”。

1775 Ἦ ταὐτὸν ὅπερ ἐπιστήμη γιγνώσκει;[难道它恰好与知识所认识的东西是同一种东西？]也可以补充译为：难道〈意见所形成意见的那种东西〉恰好与知识所认识的东西是同一种东西？

1776 对观《智者》(254a4–b1)：{ΞΕ.} Ὁ μὲν ἀποδιδράσκων εἰς τὴν τοῦ μὴ ὄντος σκοτεινότητα, τριβῇ προσαπτόμενος αὐτῆς, διὰ τὸ σκοτεινὸν τοῦ τόπου κατανοῆσαι χαλεπός· ἦ γάρ; {ΘΕΑΙ.} Ἔοικεν. {ΞΕ.} Ὁ δέ γε φιλόσοφος, τῇ τοῦ ὄντος ἀεὶ διὰ λογισμῶν προσκείμενος ἰδέᾳ, διὰ τὸ λαμπρὸν αὖ τῆς χώρας οὐδαμῶς εὐπετὴς ὀφθῆναι· τὰ γὰρ τῆς τῶν πολλῶν ψυχῆς ὄμματα καρτερεῖν πρὸς τὸ θεῖον ἀφορῶντα ἀδύνατα.[客人：一方面，智者逃入到不是者的黑暗中，通过历练来把自己安放在那儿，由于该地的黑暗而难以被看清；是这样吗？泰阿泰德：好像是这样。客人：另一方面，哲学家——他始终通过计算而献身于是者之理念——，由于所处地方的光明灿烂，他也肯定绝不容易被看清；因为大众的灵魂的双眼，没有能力持续把目光专注于神圣的东西。]

1777 见前面 477a–b。

1778 δοξαστόν[可形成意见的东西]，在这里也可以直接译为“意见的对象”。《牛津希–英词典》对这个词的一种解释就是：matter of opinion。

1779 τούτων ὑποκειμένων[当这些作为假设被假定后]。动词 ὑπόκειμαι 的本义是“躺在下面”，转义为“假设”“假定”；《牛津希–英词典》举了柏拉图在这里的这个表达，对它解释是：to be assumed as a hypothesis。

1780 ὁ χρηστός［这位有本事的人］，这显然是在讽刺；类似的表达可参见《斐德若》(266e6)：Τὸν χρηστὸν λέγεις Θεόδωρον;［你在说那位有本事的忒俄多洛斯？］古代注释者认为，这人有可能指柏拉图的同门，后来犬儒主义的开创者安提司忒涅斯（Ἀντισθένης, Antisthenes），也有可能指同时期的著名演说家伊索克拉底（Ἰσοκράτης, Isokrates）。

1781 ἀεὶ μὲν κατὰ ταὐτὰ ὡσαύτως ἔχουσαν［无疑总是以同样的方式保持着同一］，也可以译为"总是恒常地保持着同一""总是同样地保持着同一"等。这一表达可参见：

《斐洞》(78c6-8)：Οὐκοῦν ἅπερ ἀεὶ κατὰ ταὐτὰ καὶ ὡσαύτως ἔχει, ταῦτα μάλιστα εἰκὸς εἶναι τὰ ἀσύνθετα, τὰ δὲ ἄλλοτ' ἄλλως καὶ μηδέποτε κατὰ ταὐτά, ταῦτα δὲ σύνθετα;［因此，那些总是保持同一和同样状态的东西，它们岂不最可能是非组合在一起的东西；而那些时而这样，时而那样，从不曾保持同一的东西，它们就是组合在一起的东西？］(78d1-3)：αὐτὴ ἡ οὐσία ἧς λόγον δίδομεν τοῦ εἶναι καὶ ἐρωτῶντες καὶ ἀποκρινόμενοι, πότερον ὡσαύτως ἀεὶ ἔχει κατὰ ταὐτὰ ἢ ἄλλοτ' ἄλλως;［我们在问和答中对其是给予说明的那种所是本身，总是以同样的方式保持同一呢，还是时而这样，时而那样？］以及（80b1-5）：τῷ μὲν θείῳ καὶ ἀθανάτῳ καὶ νοητῷ καὶ μονοειδεῖ καὶ ἀδιαλύτῳ καὶ ἀεὶ ὡσαύτως κατὰ ταὐτὰ ἔχοντι ἑαυτῷ ὁμοιότατον εἶναι ψυχή, τῷ δὲ ἀνθρωπίνῳ καὶ θνητῷ καὶ πολυειδεῖ καὶ ἀνοήτῳ καὶ διαλυτῷ καὶ μηδέποτε κατὰ ταὐτὰ ἔχοντι ἑαυτῷ ὁμοιότατον αὖ εἶναι σῶμα.［灵魂最相似于神性的东西、不死的东西、可思想的东西、单一形相的东西、不可分解的东西、总是同样地与自身保持同一的东西；而身体则最相似于那属人的东西、有死的东西、多样形相的东西、非可思想的东西、可分解的东西、从不与自身保持同一的东西。］

《智者》(248a10-13)：Καὶ σώματι μὲν ἡμᾶς γενέσει δι' αἰσθήσεως κοινωνεῖν, διὰ λογισμοῦ δὲ ψυχῇ πρὸς τὴν ὄντως οὐσίαν, ἣν ἀεὶ κατὰ ταὐτὰ ὡσαύτως ἔχειν φατέ, γένεσιν δὲ ἄλλοτε ἄλλως.［并且我们借助身体通过各种感觉同生成相结合，而借助灵魂通过计算同以是的方式是着的所是相结合；你们宣称，所是总是恒常地保持着同一，而生成则因时而异。］

《政治家》(269d5-7)：Τὸ κατὰ ταὐτὰ καὶ ὡσαύτως ἔχειν ἀεὶ καὶ ταὐτὸν εἶναι τοῖς πάντων θειοτάτοις προσήκει μόνοις, σώματος δὲ φύσις οὐ ταύτης τῆς τάξεως.［总是保持着同一和同样并且是同一的，这仅仅适合于一切中那些最神圣的，而形体的本性不属于这种等级。］

1782 对观《大希庇阿斯》(289a8–c8): {ΣΩ.} Ἄκουε δή. μετὰ τοῦτο γὰρ εὖ οἶδ' ὅτι φήσει· "Τί δέ, ὦ Σώκρατες; τὸ τῶν παρθένων γένος θεῶν γένει ἄν τις συμβάλλῃ, οὐ ταὐτὸν πείσεται ὅπερ τὸ τῶν χυτρῶν τῷ τῶν παρθένων συμβαλλόμενον; οὐχ ἡ καλλίστη παρθένος αἰσχρὰ φανεῖται; ἢ οὐ καὶ Ἡράκλειτος αὐτὸ τοῦτο λέγει, ὃν σὺ ἐπάγῃ, ὅτι "Ἀνθρώπων ὁ σοφώτατος πρὸς θεὸν πίθηκος φανεῖται καὶ σοφίᾳ καὶ κάλλει καὶ τοῖς ἄλλοις πᾶσιν;" ὁμολογήσωμεν, Ἱππία, τὴν καλλίστην παρθένον πρὸς θεῶν γένος αἰσχρὰν εἶναι; {ΙΠ.} Τίς γὰρ ἂν ἀντείποι τούτῳ γε, ὦ Σώκρατες; {ΣΩ.} Ἂν τοίνυν ταῦτα ὁμολογήσωμεν, γελάσεταί τε καὶ ἐρεῖ· "Ὦ Σώκρατες, μέμνησαι οὖν ὅτι ἠρωτήθης;" Ἔγωγε, φήσω, ὅτι αὐτὸ τὸ καλὸν ὅτι ποτέ ἐστιν. "Ἔπειτα," φήσει, "ἐρωτηθεὶς τὸ καλὸν ἀποκρίνῃ ὃ τυγχάνει ὄν, ὡς αὐτὸς φῄς, οὐδὲν μᾶλλον καλὸν ἢ αἰσχρόν;" Ἔοικε, φήσω· ἢ τί μοι συμβουλεύεις, ὦ φίλε, φάναι; {ΙΠ.} Τοῦτο ἔγωγε· καὶ γὰρ δὴ πρός γε θεοὺς ὅτι οὐ καλὸν τὸ ἀνθρώπειον γένος, ἀληθῆ ἐρεῖ. [苏格拉底：那你就得听听。因为此后我很清楚他将说："怎么回事，苏格拉底啊？如果一个人把少女这个族类同神这个族类相比，那岂不将发生同样的事情，就像他把器具这个族类同少女这个族类相比一样？最美的少女岂不也将显得是丑陋的？或者你所引入的那位赫拉克利特其实没有说过这同样的事情，那就是：最智慧的人之于一位神，也显得像一只猴子，无论是在智慧方面，还是在美丽方面，以及在其他所有方面？"我们将同意，希庇阿斯啊，最美的少女之于神这个族类是丑陋的吗？希庇阿斯：难道有谁竟然能够反驳这点，苏格拉底啊？苏格拉底：那么，如果我们同意这些，那么他就将进行嘲笑，并且将说："苏格拉底啊，那你还记得你曾被问的事情吗？""我肯定记得，我将说，那就是，美本身究竟是什么。""然后，"他将说，"虽然关于美你被问，但你岂不在回答何种东西，就像你自己所说的那样，它实际上并不更多地是美的，同是丑的相比？""似乎是这样，我将说；或者，你建议我说什么，朋友啊？"希庇阿斯：这其实也就是我所建议的；因为同诸神相比，人的族类无论如何都不是美的，这点他确实说得对。]

1783 ἧττόν τι ἡμίσεα ἢ διπλάσια φαίνεται; [它们较少地显得是一半吗，同显得是双倍相比？] 单就这句话，也可以转译为：它们岂不同等地显得既是一半又是双倍？

1784 Καὶ μεγάλα δὴ καὶ σμικρὰ καὶ κοῦφα καὶ βαρέα μή τι μᾶλλον ἃ ἂν φήσωμεν, ταῦτα προσρηθήσεται ἢ τἀναντία; [还有，我们会把一些东西称作是大的和小的、轻的和重的，难道它们仅仅将被这些〈名称〉所称呼，而不被其相反的〈名称所称呼吗〉？] 也可以译为：还有，我们会把一些东西称作是大的和小的、轻的和重的，难道它们将被这些〈名称〉所称呼，甚于被其相反的〈名称所称呼吗〉？

1785 ἕκαστον ἀμφοτέρων ἕξεται［每个都将与两方面相联系］，也可以译为“每个都将属于两方面”等。ἕξεται 是动词 ἔχω 的将来时直陈式中动态第三人称单数；关于 ἔχω 跟属格的用法，参见前面第一卷 329a7 那里对“ἄλλ' ἄττα ἃ τῶν τοιούτων ἔχεται［其他那些属于诸如此类的东西的事情］”的注释 57。关于对这里所列举的各种“相对物”或“关系”的讨论，可参见：

《菲勒玻斯》（14c11–d3）：Ἆρ' οὖν λέγεις ὅταν τις ἐμὲ φῇ Πρώταρχον ἕνα γεγονότα φύσει πολλοὺς εἶναι πάλιν τοὺς ἐμὲ καὶ ἐναντίους ἀλλήλοις, μέγαν καὶ σμικρὸν τιθέμενος καὶ βαρὺν καὶ κοῦφον τὸν αὐτὸν καὶ ἄλλα μυρία;［那么，你是在这样说吗，那就是：每当有人说，我，普洛塔尔科斯，虽然在本性上已经成为了一，但那个我复又是多，甚至是彼此相反的，只要他把这同一个我确定为既是大的又是小的，既是重的又是轻的，以及其他成千上万这样的情形？］

《泰阿泰德》（152d2–6）：Ἐγὼ ἐρῶ καὶ μάλ' οὐ φαῦλον λόγον, ὡς ἄρα ἓν μὲν αὐτὸ καθ' αὑτὸ οὐδέν ἐστιν, οὐδ' ἄν τι προσείποις ὀρθῶς οὐδ' ὁποιονοῦν τι, ἀλλ' ἐὰν ὡς μέγα προσαγορεύῃς, καὶ σμικρὸν φανεῖται, καὶ ἐὰν βαρύ, κοῦφον, σύμπαντά τε οὕτως, ὡς μηδενὸς ὄντος ἑνὸς μήτε τινὸς μήτε ὁποιουοῦν·［我会讲的，而且不是无关紧要的说法，那就是：肯定没有什么是自在自为的一，你既无法正确地把它称为某种东西，也无法把它称为某种性质；相反，如果你称它为大的，它也就会显得是小的，如果你称它为重的它就会显得轻的；一切都这样，因为没有什么是一，无论是作为某种东西，还是作为某种性质。］

1786 关于该谜语，古代注释者给出了两种说法，一个是：

αἶνός τίς ἐστιν ὡς ἀνήρ τε κ' οὐκ ἀνὴρ［有个谜语是：一个男人，其实不是男人］

ὄρνιθά τε κ' οὐκ ὄρνιθα ἰδών τε κ' οὐκ ἰδὼν［一只鸟儿，其实不是鸟儿，他看到，其实没有看到它］

ἐπὶ ξύλου τε κ' οὐ ξύλου καθημένην τε κ' οὐ καθημένην［一棵树，其实不是树，它坐在上面，其实没有坐在上面］

λίθῳ τε κ' οὐ λίθῳ βάλοι τε κ' οὐ βάλοι.［他用一颗石头，其实不是石头，扔它，其实没有扔。］

另一个是：

ἄνθρωπος οὐκ ἄνθρωπος, ἄνθρωπος δ' ὅμως［一个不是人的人，但仍然

是人，]

ὄρνιθα κ’ οὐκ ὄρνιθα, ὄρνιθα δ’ ὅμως [一只不是鸟的鸟，但仍然是鸟，]

ἐπὶ ξύλου τε κ’ οὐ ξύλου καθημένην [坐在一棵不是树的树上]

λίθῳ βαλών με κ’ οὐ λίθῳ διώλεσεν. [他通过扔一颗不是石头的石头而毁灭了它。]

并且指出这个谜语是：νυκτερίδα ὁ εὐνοῦχος νάρθηκος κισήρει. [阉人用浮石〈打〉大茴香秆上的蝙蝠。]

1787 ἔχεις [你知道]。参见前面第一卷（348e6）那里对“οὐκέτι ῥᾴδιον ἔχειν ὅτι τις εἴπῃ [并且不再容易知道一个人该说什么]”的注释 360。

1788 γάρ που 是短语，意思是“我想”“我猜”；《牛津希–英词典》对之的解释是：for I suppose。

1789 参见前面 478e1–5。

1790 见前面 476b。

1791 动词 πλημμελέω 的本义就是“弹错调子”，喻为“做错事”“犯错”。

1792 διὰ μακροῦ τινος διεξελθόντες λόγου [当我们通过一场有点漫长的讨论进行详述之后]，这句话在新校勘的牛津古典本希腊文中同样如此，而其中的 διεξελθόντες 在法国布德本希腊文中作 διεξελθόντος，不从。从文法上看，前者为动词 διεξέρχομαι [详述] 的一次性过去时分词主动态阳性主格复数，后者为一次性过去时分词主动态阳性属格单数，如果按布德本翻译，则当译为“当通过一场有点漫长进行的讨论之后”。

1793 μόγις πως [勉强在某种方式上] 是一个整体，也可以译为“在某种方式上勉强”。参见《卡尔米德斯》（155e2–3）：ὅμως δὲ αὐτοῦ ἐρωτήσαντος εἰ ἐπισταίμην τὸ τῆς κεφαλῆς φάρμακον, μόγις πως ἀπεκρινάμην ὅτι ἐπισταίμην. [尽管如此，但当他询问我是否知道医治头的药方时，我仍然在某种方式上勉强回答说我知道。]

1794 οἱ τοῦ ἀεὶ κατὰ ταὐτὰ ὡσαύτως ἔχοντος δυνάμενοι ἐφάπτεσθαι [他们有能力把握那总是以同样的方式保持着同一的东西]。ἐφάπτεσθαι 是动词 ἐφάπτω 现在时中动态不定式，ἐφάπτω 的本义是“拴在……上”“钉牢在……上”，但其中动态转义为“把握住”“抓住”“获得”，并要求属格作宾语，所以这里出现的是中性属格单数 τοῦ ἀεὶ κατὰ ταὐτὰ ὡσαύτως ἔχοντος [总是以同样的方式保持着同一的东西]。

1795 οἱ τῷ ὄντι τοῦ ὄντος ἑκάστου ἐστερημένοι τῆς γνώσεως [已经丧失了关于每一在是的方式上是着的东西的认识]，也可以译为“在每一事物那里都丧失了关于在是的方式上是着的东西的认识”。

1796 κἀκεῖσε ἀεὶ ἀναφέροντές［既总是以〈最真实的东西〉那边为参照］，也可以简单照字面译为“既总是参照那边”。κἀκεῖσε 即 καὶ ἐκεῖσε，而副词 ἐκεῖσε［往那边］，即 εἰς τὸ ἀληθέστατον［往最真实的东西］。ἀναφέροντές 是动词 ἀναφέρω 的现在时分词主动态阳性主格复数，ἀναφέρω 的本义是“带上来”“携往”，转义为“参照”“参考”；《牛津希–英词典》举了柏拉图在这里的这个表达，对之的解释是：refer to。参见：

《斐洞》（75b4–8）：Πρὸ τοῦ ἄρα ἄρξασθαι ἡμᾶς ὁρᾶν καὶ ἀκούειν καὶ τἆλλα αἰσθάνεσθαι τυχεῖν ἔδει που εἰληφότας ἐπιστήμην αὐτοῦ τοῦ ἴσου ὅτι ἔστιν, εἰ ἐμέλλομεν τὰ ἐκ τῶν αἰσθήσεων ἴσα ἐκεῖσε ἀνοίσειν, ὅτι προθυμεῖται μὲν πάντα τοιαῦτ᾽ εἶναι οἷον ἐκεῖνο, ἔστιν δὲ αὐτοῦ φαυλότερα.［所以，在我们开始看、听或进行其他感知之前，必定其实在某处已经取得关于相等本身是什么的知识，如果我们曾打算把那些从感觉而来的相等的东西带回到相等本身那儿的话——所有这类东西都一心想如它那样是，但又都比它差得多——。］

《斐德若》（237c6–d3）：ἀλλ᾽ ἐπειδὴ σοὶ καὶ ἐμοὶ ὁ λόγος πρόκειται πότερα ἐρῶντι ἢ μὴ μᾶλλον εἰς φιλίαν ἰτέον, περὶ ἔρωτος οἷόν τ᾽ ἔστι καὶ ἣν ἔχει δύναμιν, ὁμολογίᾳ θέμενοι ὅρον, εἰς τοῦτο ἀποβλέποντες καὶ ἀναφέροντες τὴν σκέψιν ποιώμεθα εἴτε ὠφελίαν εἴτε βλάβην παρέχει.［然而，既然下面这一讨论摆在了你和我的面前，即一个人应当同爱他的人还是同不爱他的人进入到友爱中，那么，关于爱，它是什么以及它具有何种能力，当我们通过达成一致而确立起它的定义之后，让我们通过把目光转而专注于该定义并参照它来进行考察，看看它是在提供益处呢，还是在带来伤害。］

1797 στησόμεθα 在这里是动词 ἵστημι 的将来时直陈式中动态第一人称复数，ἵστημι 的本义是“使站立”“安放”，转义为“任命”等意思；《牛津希–英词典》举了柏拉图在这里的这个表达，对之的解释是：appoint, set up。

1798 即“认识每一是着的东西”。

1799 κἀκεῖνα καὶ ταῦτα ἔχειν［拥有那些和这些〈品质〉］。ἐκεῖνα［那些］，即前面提到的与“经验和德性的其他方面”相关的；ταῦτα［这些］，即与“热爱智慧”相关的。

1800 见前面第五卷 473d–474b。

1801 πρῶτον δεῖ καταμαθεῖν［首先必须仔细地检查］，法国布德本希腊文同样如此，而新校勘的牛津古典本希腊文将其中的 δεῖ 改为了 δεῖν，即把现在时直陈式第三人称单数改为了现在时不定式，从之。

1802 Πῶς; 新校勘的牛津古典本希腊文作 <Καὶ> πῶς; 即补充了 Καὶ，从之。καὶ

πῶς 是词组，在这里的意思是：but how?

1803 ὑπὸ γενέσεως καὶ φθορᾶς［通过生成和毁灭］。对观《斐洞》（95e7-a1）：Ὁ οὖν Σωκράτης συχνὸν χρόνον ἐπισχὼν καὶ πρὸς ἑαυτόν τι σκεψάμενος, Οὐ φαῦλον πρᾶγμα, ἔφη, ὦ Κέβης, ζητεῖς· ὅλως γὰρ δεῖ περὶ γενέσεως καὶ φθορᾶς τὴν αἰτίαν διαπραγματεύσασθαι.［于是，苏格拉底停了很长一段时间，并自个儿思考着某种东西，然后说道，刻贝斯啊，你在追寻的，可不是一件微不足道的事情；因为，必须整体地仔细检查生成和毁灭的原因。］

1804 见前面第五卷 474d3-475b2。

1805 τὸ ἑκόντας εἶναι μηδαμῇ προσδέχεσθαι τὸ ψεῦδος［绝不故意承认虚假］。ἑκόντας 是形容词 ἑκών 的阳性宾格复数，ἑκὼν εἶναι［是故意的 / 故意地］是一个整体，作副词使用，往往同否定词连用；《牛津希-英词典》对之的解释是：as far as depends on one's will, as far as concerns one。参见《苏格拉底的申辩》（37a5-7）：πέπεισμαι ἐγὼ ἑκὼν εἶναι μηδένα ἀδικεῖν ἀνθρώπων, ἀλλὰ ὑμᾶς τοῦτο οὐ πείθω· ὀλίγον γὰρ χρόνον ἀλλήλοις διειλέγμεθα.［我一直相信我从未故意对任何人行过不义，但对此我却无法说服你们，因为我们相互交谈的时间很短。］

1806 πᾶν τὸ συγγενές τε καὶ οἰκεῖον τῶν παιδικῶν［他爱同他那心爱的宝贝相亲近和属于它的所有东西］。παιδικά［心爱的宝贝］，参见前面第三卷 402e2 那里对"τὰ παιδικά τοιαῦτα［一个如此这般的心爱的少年］"的注释 1013。

1807 Ἦ οὖν δυνατὸν εἶναι τὴν αὐτὴν φύσιν φιλόσοφόν τε καὶ φιλοψευδῆ;［那么，同一种天性，难道它能够既是一位智慧的热爱者，又是一位虚假的热爱者？］基于希腊语文法，有意没有译为：那么，同一种天性，难道它能够既是热爱智慧的，又是热爱虚假的？

1808 μετὰ πολλῆς δαπάνης［因许多的花费］，也可以译为"由于许多的花费""随着许多的花费"。

1809 Μή σε λάθῃ μετέχουσα ἀνελευθερίας.［你不能不注意到它〈是否〉同不自由有份儿。］也可以译为"这不能逃脱你的注意，当它同不自由有份儿时"。ἀνελευθερία［不自由］在这里当然也可以译为"奴性""小气"。

1810 σμικρολογία［斤斤计较］，也可以译为"思想狭隘"。

1811 τοῦ ὅλου καὶ παντὸς ἀεὶ ἐπορέξεσθαι［它总是想努力朝向整体和每一事物］，也可以译为"它总是渴望整体和每一事物"。见前面第四卷 437c6 那里对"ἐπορεγομένην αὐτοῦ τῆς γενέσεως［它渴求它的出现］"的注释 1367。关于 τοῦ ὅλου καὶ παντὸς［整体和每一］，可对观《泰阿泰德》（173e1-174a2）：καὶ ταῦτα πάντ' οὐδ' ὅτι οὐκ οἶδεν, οἶδεν· οὐδὲ γὰρ αὐτῶν ἀπέχεται τοῦ εὐδοκιμεῖν χάριν, ἀλλὰ τῷ ὄντι τὸ σῶμα μόνον ἐν τῇ πόλει κεῖται αὐτοῦ καὶ ἐπιδημεῖ, ἡ δὲ διάνοια, ταῦτα πάντα ἡγησαμένη σμικρὰ καὶ οὐδέν, ἀτιμάσασα πανταχῇ πέτεται κατὰ Πίνδαρον "τᾶς τε γᾶς ὑπένερθε" καὶ τὰ ἐπίπεδα γεωμετροῦσα, "οὐρανοῦ θ' ὕπερ" ἀστρονομοῦσα, καὶ πᾶσαν πάντῃ φύσιν ἐρευνωμένη τῶν ὄντων ἑκάστου ὅλου, εἰς τῶν ἐγγὺς οὐδὲν αὑτὴν συγκαθιεῖσα. [就所有这些，他甚至不知道他不知道；因为他根本不是为了有名声才远离它们，相反，实际上仅仅他的身体留在和寓居于城邦里，而他的思想认为所有这些都微不足道和一文不值，它轻视它们而四处翱翔，就像品达所说"下至黄泉"测量地理，"上至穹宇"研究天文，并且从整体上研究每一是着的东西在每一方面的每一本性，从不让自己屈尊去面对那些近处的事情。]

1812 动词 ὑπάρχω 除了具有"开始"的意思之外，跟与格表"属于某人""在某人的支配下"，所以这里出现的是单数与格 διανοίᾳ [思想]。参见《克里同》(45b1)：σοὶ δὲ ὑπάρχει μὲν τὰ ἐμὰ χρήματα [而我的钱都属于你。]

1813 对观《泰阿泰德》(174e2–5)：γῆς δὲ ὅταν μυρία πλέθρα ἢ ἔτι πλείω ἀκούσῃ ὥς τις ἄρα κεκτημένος θαυμαστὰ πλήθει κέκτηται, πάνσμικρα δοκεῖ ἀκούειν εἰς ἅπασαν εἰωθὼς τὴν γῆν βλέπειν. [每当他听说有人因拥有土地万亩甚至更多而具有惊人的财富时，他都认为他听到的东西是非常小的——由于他习惯于看整个大地——。]

1814 Δειλῇ δὴ καὶ ἀνελευθέρῳ φύσει φιλοσοφίας ἀληθινῆς, ... οὐκ ἂν μετείη. [一种懦弱和不自由的天性也，……会在真正的热爱智慧上没有份儿。] μετείη 是动词 μέτειμι 的现在时祈愿式主动态第三人称单数，在这里作无人称动词使用。μέτειμι 的本义是"在……当中""参加"，但它也做无人称动词使用，和相关的与格和属格构成一个整体，如 μέτεστί μοί τινος [我在某物上有份儿]；所以这里出现了阴性与格单数 δειλῇ ... καὶ ἀνελευθέρῳ φύσει [一种懦弱和不自由的天性]，以及属格单数 φιλοσοφίας ἀληθινῆς [真正的热爱智慧]。

1815 ἔσθ' ὅπῃ [在某种方式上] 是固定表达，《牛津希-英词典》举了柏拉图在这里的这个表达，对它的解释是：in a way。

1816 形容词 δυσσύμβολος 也拼作 δυσξύμβολος，派生自褫夺性前缀 δυσ- 和 σύμβολον [契约 / 条约]，泛指"难以打交道的"，但尤其指在商业买卖方面过于讨价还价，难以达成协议；《牛津希-英词典》举了柏拉图在这里的这个表达，对它的解释是：hard to deal with, driving a hard bargain。

1817 Εὐμαθὴς ἢ δυσμαθής. [它是敏于学习的还是不敏于学习的。] 这么翻译，是把主语视为"灵魂"，而不是"人"。柏拉图在行文中从"灵魂"到"人"

之间的一种转换或过度，可视为一种修辞手法。

1818 关于这里的整个表达，可对观《泰阿泰德》(144a1–144b7)：εὖ γὰρ ἴσθι ὅτι ὧν δὴ πώποτε ἐνέτυχον – καὶ πάνυ πολλοῖς πεπλησίακα – οὐδένα πω ᾐσθόμην οὕτω θαυμαστῶς εὖ πεφυκότα. τὸ γὰρ εὐμαθῆ ὄντα ὡς ἄλλῳ χαλεπὸν πρᾷον αὖ εἶναι διαφερόντως, καὶ ἐπὶ τούτοις ἀνδρεῖον παρ' ὁντινοῦν, ἐγὼ μὲν οὔτ' ἂν ᾠόμην γενέσθαι οὔτε ὁρῶ γιγνόμενον· ἀλλ' οἵ τε ὀξεῖς ὥσπερ οὗτος καὶ ἀγχίνοι καὶ μνήμονες ὡς τὰ πολλὰ καὶ πρὸς τὰς ὀργὰς ὀξύρροποί εἰσι, καὶ ᾄττοντες φέρονται ὥσπερ τὰ ἀνερμάτιστα πλοῖα, καὶ μανικώτεροι ἢ ἀνδρειότεροι φύονται, οἵ τε αὖ ἐμβριθέστεροι νωθροί πως ἀπαντῶσι πρὸς τὰς μαθήσεις καὶ λήθης γέμοντες. ὁ δὲ οὕτω λείως τε καὶ ἀπταίστως καὶ ἀνυσίμως ἔρχεται ἐπὶ τὰς μαθήσεις τε καὶ ζητήσεις μετὰ πολλῆς πρᾳότητος, οἷον ἐλαίου ῥεῦμα ἀψοφητὶ ῥέοντος, ὥστε θαυμάσαι τὸ τηλικοῦτον ὄντα οὕτως ταῦτα διαπράττεσθαι.［因为你得明白，在我迄今所遇见过的人中——我结交过非常多的人——，我还没有觉察到任何生来就是如此令人惊讶地优秀的人。因为，敏于学习——这对于其他人来说已然难得——，同时又异常地温文尔雅，除了这些还比其他任何人都勇敢，我既未曾想到过这种事情会发生，也没有见到它发生。相反，一方面像这个人那样敏锐、机灵且记性好的那些人，多半是非常容易冲动的，猛冲乱窜，就像没有压舱物的船那样，他们也生来就比较放肆，而不是比较勇敢；另一方面，那些比较老成持重的人在面对学习的时候则有点迟钝，并满载着遗忘。而这个人如此轻松地、不跌跌撞撞且卓有成效地前去学习和探究，带着许多的心平气和，就像油所构成的河一样无声地流淌，以至于人们会惊讶，在这样的年纪却如此地做成了这类事情。］

1819 ἀνόνητα 是形容词 ἀνόνητος 的中性复数，在这里作副词使用；ἀνόνητος 的本义是“无用的”“无益的”，其中性复数 ἀνόνητα 常作副词，意思是“徒劳地”“无效地”；《牛津希–英词典》以柏拉图在这里的这个表达为例，对它的解释是：in vain。

1820 τό ... τῆς ἀμούσου τε καὶ ἀσχήμονος φύσεως ... ἕλκειν［那由一种无文艺修养的和丑陋的天性而来的牵引］是一个整体，不定式 τὸ ἕλκειν［牵引 / 拖］是这句话动词的宾语。

1821 τὸ αὐτοφυές［那固有的天性］，也可以译为“它那与生俱来的东西”“它的内在倾向”等。形容词 αὐτοφυής 的本义是“自生的”，τὸ αὐτοφυές 在这里的意思是“固有的天性”“自己的天性”；《牛津希–英词典》举了柏拉图在这里的这个表达，对它的解释是：one's own nature。

1822 ἐπιτήδευμα［生活方式］，在这里也可以译为“事业”“追求”。

1823 摩摩斯（Μῶμος, Momos），一位喜欢挑剔抬杠的神；作为普通名词，μῶμος 的本义就是“挑剔”“指责”。

1824 τελειωθεῖσι ... παιδείᾳ τε καὶ ἡλικίᾳ［当他们在教育上臻于完满并且在年龄上达到成熟后］，也可以简单译为“当他们在教育和年龄上都成熟后”。

1825 对观亚里士多德《论天》（271b8–13）：εἴπερ καὶ τὸ μικρὸν παραβῆναι τῆς ἀληθείας ἀφισταμένοις γίνεται πόρρω μυριοπλάσιον. οἷον εἴ τις ἐλάχιστον εἶναί τι φαίη μέγεθος· οὗτος γὰρ τοὐλάχιστον εἰσαγαγὼν τὰ μέγιστ' ἂν κινήσειε τῶν μαθηματικῶν. τούτου δ' αἴτιον ὅτι ἡ ἀρχὴ δυνάμει μείζων ἢ μεγέθει, διόπερ τὸ ἐν ἀρχῇ μικρὸν ἐν τῇ τελευτῇ γίνεται παμμέγεθες.［对于真理的违背，将会失之毫厘谬以千里。例如，如果一个人承认有某个最小的量，那么他将发现这个引入的最小量却可能使数学中最大的东西发生动摇。其原因在于，本源所起的作用，是在能力上来说的，而不是在大小上来说的。因此，在开端处细小的东西在终点上却会变得非常巨大。］

1826 ἀποκλείονται［被堵住］，这是意译，字面意思是“被关在外头”“被阻止”。

1827 εἰς τὸ παρὸν ἀποβλέψας［针对目前的情况］，也可以译为“着眼于目前的情况”。παρόν 是动词 πάρειμι［在场］的现在时分词主动态中性单数，τὸ παρόν 是固定表达，既可作副词，也可作名词。作名词，其复数是 τὰ παρόντα，意思是“目前的情况”“目前的事态”，《牛津希–英词典》对之的解释是：the present state of affairs；作副词，意思则是“刚才”“眼下”。

1828 对观《智者》（216c2–d2）：Καὶ καλῶς γε, ὦ φίλε. τοῦτο μέντοι κινδυνεύει τὸ γένος οὐ πολύ τι ῥᾷον ὡς ἔπος εἰπεῖν εἶναι διακρίνειν ἢ τὸ τοῦ θεοῦ· πάνυ γὰρ ἄνδρες οὗτοι παντοῖοι φανταζόμενοι διὰ τὴν τῶν ἄλλων ἄγνοιαν “ἐπιστρωφῶσι πόληας,” οἱ μὴ πλαστῶς ἀλλ' ὄντως φιλόσοφοι, καθορῶντες ὑψόθεν τὸν τῶν κάτω βίον, καὶ τοῖς μὲν δοκοῦσιν εἶναι τοῦ μηδενὸς [τίμιοι], τοῖς δ' ἄξιοι τοῦ παντός· καὶ τοτὲ μὲν πολιτικοὶ φαντάζονται, τοτὲ δὲ σοφισταί, τοτὲ δ' ἔστιν οἷς δόξαν παράσχοιντ' ἂν ὡς παντάπασιν ἔχοντες μανικῶς.［的确说得好，朋友！只不过区分开这个家族，几乎可以说，有可能并不比区分开神这个家族是更为容易的。因为，由于其他人的无知，这些人肯定通过显现为多种多样的形象而“出没于各个城邦”；他们不是假冒的而是真正的哲学家，从高处俯察下面那些人的生活，并且在一些人看来他们一文不值，在另一些人看来则配得上一切。他们有时显现为政治家，有时则显现为智者，有时甚至会给一些人这样一种印象，那就是，他们完完全全是一群疯子。］

1829 对观《泰阿泰德》（173c6–e1）：Λέγωμεν δή, ὡς ἔοικεν, ἐπεὶ σοί γε δοκεῖ, περὶ τῶν κορυφαίων· τί γὰρ ἄν τις τούς γε φαύλως διατρίβοντας ἐν φιλοσοφίᾳ λέγοι; οὗτοι δέ που ἐκ νέων πρῶτον μὲν εἰς ἀγορὰν οὐκ ἴσασι τὴν ὁδόν, οὐδὲ ὅπου δικαστήριον ἢ βουλευτήριον ἤ τι κοινὸν ἄλλο τῆς πόλεως συνέδριον· νόμους δὲ καὶ ψηφίσματα λεγόμενα ἢ γεγραμμένα οὔτε ὁρῶσιν οὔτε ἀκούουσι· σπουδαὶ δὲ ἑταιριῶν ἐπ' ἀρχὰς καὶ σύνοδοι καὶ δεῖπνα καὶ σὺν αὐλητρίσι κῶμοι, οὐδὲ ὄναρ πράττειν προσίσταται αὐτοῖς. εὖ δὲ ἢ κακῶς τις γέγονεν ἐν πόλει, ἤ τί τῳ κακόν ἐστιν ἐκ προγόνων γεγονὸς ἢ πρὸς ἀνδρῶν ἢ γυναικῶν, μᾶλλον αὐτὸν λέληθεν ἢ οἱ τῆς θαλάττης λεγόμενοι χόες.［既然你觉得如此，那我们似乎就该谈谈那些顶尖人物；因为，对于那些在哲学上拙劣地消磨时间的人，一个人会说什么呢？而这些顶尖人物，首先从年轻时就肯定不知道通往市场的路，也不知道法院、议事厅或城邦的其他任何公共会堂在哪儿；各种法律、投票通过的议案，无论是口头的还是书面的，他们都既不会看，也不会听；而各种朋党对公职的热衷，他们的各种集会、宴饮以及同吹笛女的狂欢，甚至他们做梦都不会想到。一个人在城邦中出身好还是坏，或者是否某人从其祖先那里承负了某种恶——无论是在父系一方，还是在母系一方——，他也一向知之甚少，就像谚语所云，不知道海水有多少斗一样。］

《斐洞》（64a10–b6）：Καὶ ὁ Σιμμίας γελάσας, Νὴ τὸν Δία, ἔφη, ὦ Σώκρατες, οὐ πάνυ γέ με νυνδὴ γελασείοντα ἐποίησας γελάσαι. οἶμαι γὰρ ἂν τοὺς πολλοὺς αὐτὸ τοῦτο ἀκούσαντας δοκεῖν εὖ πάνυ εἰρῆσθαι εἰς τοὺς φιλοσοφοῦντας – καὶ συμφάναι ἂν τοὺς μὲν παρ' ἡμῖν ἀνθρώπους καὶ πάνυ – ὅτι τῷ ὄντι οἱ φιλοσοφοῦντες θανατῶσι, καὶ σφᾶς γε οὐ λελήθασιν ὅτι ἄξιοί εἰσιν τοῦτο πάσχειν.［西米阿斯笑着说道，宙斯在上，苏格拉底啊，尽管我现在根本不想笑，但你却使我发笑。因为我猜当许多人听到这点之后，都会认为针对那些热爱智慧的人下面这点说得非常好——并且在我们那儿的人也都会完全赞同——，那就是，其实那些热爱智慧的人就是渴望死，并且他们其实也注意到了那些热爱智慧的人也配得上遭受这种东西。］

1830 ὡς γλίσχρως εἰκάζω［我在多么贴切地做一个比喻］。副词 γλίσχρως 是由形容词 γλίσχρος 派生而来的副词，γλίσχρος 的本义是"黏糊糊的"，喻为"纠缠不休的""贪婪的""执着的"；《牛津希–英词典》举了柏拉图在这里的这个表达，对 γλίσχρως εἰκάζειν 的解释是：make a close comparison。

1831 羊鹿（τραγέλαφος），一种想象出来的由山羊和鹿组合而成的动物；该词由 τράγος［山羊］和 ἔλαφος［鹿］合成。

1832 τοιουτονὶ γενόμενον［出现了像下面这样的〈一位船主〉］，之所以这么补充翻译，因为指示代词 τοιουτονί 是阳性宾格单数。

1833 对观《拉刻斯》(185e4-186a2):{ΣΩ.} Εἴ τις ἄρα ἡμῶν τεχνικὸς περὶ ψυχῆς θεραπείαν καὶ οἷός τε καλῶς τοῦτο θεραπεῦσαι, καὶ ὅτῳ διδάσκαλοι ἀγαθοὶ γεγόνασιν, τοῦτο σκεπτέον. {ΛΑ.} Τί δέ, ὦ Σώκρατες; οὔπω ἑώρακας ἄνευ διδασκάλων τεχνικωτέρους γεγονότας εἰς ἔνια ἢ μετὰ διδασκάλων; {ΣΩ.} Ἔγωγε, ὦ Λάχης· οἷς γε σὺ οὐκ ἂν ἐθέλοις πιστεῦσαι, εἰ φαῖεν ἀγαθοὶ εἶναι δημιουργοί, εἰ μή τί σοι τῆς αὐτῶν τέχνης ἔργον ἔχοιεν ἐπιδεῖξαι εὖ εἰργασμένον, καὶ ἓν καὶ πλείω. {ΛΑ.} Τοῦτο μὲν ἀληθῆ λέγεις.[苏格拉底：于是，我们中是否有人关于灵魂的照护是一个有技艺的人，并且也能够正确地照护它，以及一些优秀者已经对我们中的谁成为过老师，这才是必须被考察的。拉刻斯：那又怎么样，苏格拉底啊？难道你从未曾看见过，那些没有老师的人在一些事情上已经变得比那些有老师的人是更有技艺的？苏格拉底：我当然看见过，拉刻斯啊。但你肯定不会愿意相信他们，如果他们宣称他们是优秀的匠人的话，除非他们能够向你展示通过他们的技艺而已经很好地被做出来了的作品，一件，甚至是多件。拉刻斯：这点，你确实说得对。]

1834 αὐτοὺς δὲ αὐτῷ ἀεὶ τῷ ναυκλήρῳ περικεχύσθαι[他们总是团团围住了那位船主本人]。περικεχύσθαι 在这里是动词 περιχέω 的完成时不定式被动态，περιχέω 的本义就是“包围”“围住”，经常用被动态来表示“团团围住”；《牛津希-英词典》举了柏拉图在这里的这个表达，对它的解释是：crowd round。对观《政治家》(268c5-c10)：Οὐκοῦν ὀρθῶς ὀλίγον ἔμπροσθεν ἐφοβήθημεν ὑποπτεύσαντες μὴ λέγοντες μέν τι τυγχάνοιμεν σχῆμα βασιλικόν, οὐ μὴν ἀπειργασμένοι γε εἶμέν πω δι’ ἀκριβείας τὸν πολιτικόν, ἕως ἂν τοὺς περικεχυμένους αὐτῷ καὶ τῆς συννομῆς αὐτῷ ἀντιποιουμένους περιελόντες καὶ χωρίσαντες ἀπ’ ἐκείνων καθαρὸν μόνον αὐτὸν ἀποφήνωμεν;[那么，不久前我们的担心岂不就是正确的，当我们怀疑，我们虽然成功地说明了王者的某种形象，但我们其实根本就还没有精确地实现对政治家的说明，直到完成下面这点为止：把那些团团围住他并为了共同牧养而与之竞争的人剥离出来，而一旦我们把他同那些人分离开来后，我们就会纯然单单地把他自己揭示出来？]

1835 τὸν δὲ γενναῖον ναύκληρον[至于那位高贵的船主]，这当是一句讽刺话。

1836 μανδραγόρας[曼德拉草]，一种用于麻醉的草药。

1837 συμποδίσαντας[纠缠]是动词 συμποδίζω 的一次性过去时分词主动态阳性宾格复数，συμποδίζω 的本义是“捆住脚”，喻为“纠缠”“束缚”等；《牛津希-英词典》举了柏拉图在这里的这个表达，对它的解释是：entangle, enchain。

1838 对观《政治家》（302a3–b3）：πάσχουσαι γὰρ δὴ τοιαῦτα αἱ πόλεις νῦν χρόνον ἀπέραντον, ὅμως ἔνιαί τινες αὐτῶν μόνιμοί τέ εἰσι καὶ οὐκ ἀνατρέπονται· πολλαὶ μὴν ἐνίοτε καὶ καθάπερ πλοῖα καταδυόμεναι διόλλυνται καὶ διολώλασι καὶ ἔτι διολοῦνται διὰ τὴν τῶν κυβερνητῶν καὶ ναυτῶν μοχθηρίαν τῶν περὶ τὰ μέγιστα μεγίστην ἄγνοιαν εἰληφότων, οἳ περὶ τὰ πολιτικὰ κατ᾽ οὐδὲν γιγνώσκοντες ἡγοῦνται κατὰ πάντα σαφέστατα πασῶν ἐπιστημῶν ταύτην εἰληφέναι.［因为，尽管各个城邦无尽的时间以来到现在都已经遭受了这些，然而它们中的一些仍然是稳固的，并且现在也没有被推翻，虽然许多城邦有时就像一些船正在沉没那样在毁灭，以及已经毁灭了和还将会毁灭——由于舵手们和船员们的无能，他们关于那些最重大的事情已经取得了一种最大的无知——；这些人，尽管他们关于城邦事务完全一无所知，但他们却认为，在所有的知识中他们在每个方面都已经最为清楚地拥有的，就是这门知识。］

1839 对观《政治家》（293a6–d2）：{ΞΕ.} Τούτους δέ γε, ἐάντε ἑκόντων ἄντ᾽ ἀκόντων ἄρχωσιν, ἐάντε κατὰ γράμματα ἐάντε ἄνευ γραμμάτων, καὶ ἐὰν πλουτοῦντες ἢ πενόμενοι, νομιστέον, ὥσπερ νῦν ἡγούμεθα, κατὰ τέχνην ἡντινοῦν ἀρχὴν ἄρχοντας. τοὺς ἰατροὺς δὲ οὐχ ἥκιστα νενομίκαμεν, ἐάντε ἑκόντας ἐάντε ἄκοντας ἡμᾶς ἰῶνται, τέμνοντες ἢ κάοντες ἤ τινα ἄλλην ἀλγηδόνα προσάπτοντες, καὶ ἐὰν κατὰ γράμματα ἢ χωρὶς γραμμάτων, καὶ ἐὰν πένητες ὄντες ἢ πλούσιοι, πάντως οὐδὲν ἧττον ἰατρούς φαμεν, ἕωσπερ ἂν ἐπιστατοῦντες τέχνῃ, καθαίροντες εἴτε ἄλλως ἰσχναίνοντες εἴτε καὶ αὐξάνοντες, ἂν μόνον ἐπ᾽ ἀγαθῷ τῷ τῶν σωμάτων, βελτίω ποιοῦντες ἐκ χειρόνων, σῴζωσιν οἱ θεραπεύοντες ἕκαστοι τὰ θεραπευόμενα· ταύτῃ θήσομεν, ὡς οἶμαι, καὶ οὐκ ἄλλῃ, τοῦτον ὅρον ὀρθὸν εἶναι μόνον ἰατρικῆς καὶ ἄλλης ἡστινοσοῦν ἀρχῆς. {ΝΕ. ΣΩ.} Κομιδῇ μὲν οὖν. {ΞΕ.} Ἀναγκαῖον δὴ καὶ πολιτειῶν, ὡς ἔοικε, ταύτην ὀρθὴν διαφερόντως εἶναι καὶ μόνην πολιτείαν, ἐν ᾗ τις ἂν εὑρίσκοι τοὺς ἄρχοντας ἀληθῶς ἐπιστήμονας καὶ οὐ δοκοῦντας μόνον, ἐάντε κατὰ νόμους ἐάντε ἄνευ νόμων ἄρχωσι, καὶ ἑκόντων ἢ ἀκόντων, καὶ πενόμενοι ἢ πλουτοῦντες, τούτων ὑπολογιστέον οὐδὲν οὐδαμῶς εἶναι κατ᾽ οὐδεμίαν ὀρθότητα.［客人：好吧，不过这些人，无论他们是在统治那些心甘情愿的人还是不情愿的人，无论是在根据各种成文法还是没有成文法，也无论他们自己富有还是贫穷，都必须得承认，正如刚才我们所认为的那样，他们是在按照某种技艺来实施一种统治——不管是哪种。而我们尤其已经承认医生们也是这样，无论他们医治心甘情愿的我们还是不情愿的我们，无论他们是进行切、进行烧还是把某种其他的痛苦加到我们

身上，无论他们根据成文的规则还是没有成文的规则，也无论他们自己是贫穷的还是富裕的，我们都完完全全同样地称他们为医生，只要他们凭借某种技艺在帮助我们，要么洁净我们，要么以其他方式减轻或增加我们的体重，只要是为了身体的好，通过使它们从较差变得较好，每位进行照料的人都挽救了那些被他们所照料的。就是以这种方式，我认为，而不是以其他任何方式，我们将把这确定为是医术的以及其他任何一种统治的唯一标准。年轻的苏格拉底：的确是这样。客人：那么，下面这点也就是必然的，如看起来的那样，那就是：在诸政制中，这是一种格外正确的政制，以及唯一于其中一个人会发现那些真正具有知识而不是仅仅看起来具有知识的统治者的政制，无论他们根据法律还是没有法律地进行统治，无论是统治那些心甘情愿的人还是不情愿的人，也无论他们自己贫穷还是富有，这些中根本没有一样应该被考虑为是根据某种正确性而来的。]

1840 μετεωροσκόπος［观察天上事情的人］，也可以译为"观察空中事情的人"，这里不将之译为"观星者"，尽管《牛津希-英词典》举了柏拉图在这里的这个表达，对它的解释是：stargazer；与之相似的表达还有 μετεωρολόγος［谈论天上事情的人 / 谈论空中事情的］。而 ἀδολέσχης［闲谈的人］也可以译为"空谈的人""瞎扯的人""玄谈的人"。对观：

《苏格拉底的申辩》（18b6–c1）：κατηγόρουν ἐμοῦ μᾶλλον οὐδὲν ἀληθές, ὡς ἔστιν τις Σωκράτης σοφὸς ἀνήρ, τά τε μετέωρα φροντιστὴς καὶ τὰ ὑπὸ γῆς πάντα ἀνεζητηκὼς καὶ τὸν ἥττω λόγον κρείττω ποιῶν.［他们指控我，但更没有说真话，说有一个苏格拉底，是个智慧的人，他是一位冥思苦想各种空中的东西的思想者，并探究了地下的所有东西，还把较弱的说法变得较强。］（23d2–7）：καὶ ἐπειδάν τις αὐτοὺς ἐρωτᾷ ὅτι ποιῶν καὶ ὅτι διδάσκων, ἔχουσι μὲν οὐδὲν εἰπεῖν ἀλλ᾽ ἀγνοοῦσιν, ἵνα δὲ μὴ δοκῶσιν ἀπορεῖν, τὰ κατὰ πάντων τῶν φιλοσοφούντων πρόχειρα ταῦτα λέγουσιν, ὅτι "τὰ μετέωρα καὶ τὰ ὑπὸ γῆς" καὶ "θεοὺς μὴ νομίζειν" καὶ "τὸν ἥττω λόγον κρείττω ποιεῖν."［然而一旦有人问他们苏格拉底通过做什么和教什么而败坏年青人，他们就不能置一词，而是一无所知；但为了不显得窘迫，他们就说出那些准备给所有热爱智慧的人的话："追求天上和地下的事情"，以及"不承认神"和"使较弱的说法变成较强的"。］

《斐德若》（269e4–270a8）：Πᾶσαι ὅσαι μεγάλαι τῶν τεχνῶν προσδέονται ἀδολεσχίας καὶ μετεωρολογίας φύσεως πέρι· τὸ γὰρ ὑψηλόνουν τοῦτο καὶ πάντῃ τελεσιουργὸν ἔοικεν ἐντεῦθέν ποθεν εἰσιέναι. ὃ καὶ Περικλῆς πρὸς τῷ εὐφυὴς εἶναι ἐκτήσατο· προσπεσὼν γὰρ οἶμαι τοιούτῳ ὄντι Ἀναξαγόρᾳ, μετεωρολογίας ἐμπλησθεὶς καὶ ἐπὶ φύσιν νοῦ τε καὶ διανοίας ἀφικόμενος, ὧν δὴ πέρι τὸν πολὺν λόγον ἐποιεῖτο Ἀναξαγόρας, ἐντεῦθεν εἵλκυσεν ἐπὶ τὴν τῶν λόγων τέχνην τὸ πρόσφορον αὐτῇ.［诸技艺中所有那些最伟大的，都进一步需要对自然的闲谈和玄谈；因为，似乎这高傲的理智和无处不在的效用由此才从那儿的某个地方出场。其实伯里克利，他除了是很有天赋的这点之外，也已经取得了这点；因为，我认为，当他遇上了阿那克萨戈拉——而此人恰恰就是这样一种人——，并且在玄谈方面得到满足以及抵达理智的本性和无理智的本性之后——恰恰关于这些，阿那克萨戈拉曾做过长篇大论——，他从那儿把那对它有用的东西拖往言说之技艺那里。］

《政治家》（299b3–8）：ἄν τις κυβερνητικὴν καὶ τὸ ναυτικὸν ἢ τὸ ὑγιεινὸν καὶ ἰατρικῆς ἀλήθειαν περὶ πνεύματά τε καὶ θερμὰ καὶ ψυχρὰ ζητῶν φαίνηται παρὰ τὰ γράμματα καὶ σοφιζόμενος ὁτιοῦν περὶ τὰ τοιαῦτα, πρῶτον μὲν μήτε ἰατρικὸν αὐτὸν μήτε κυβερνητικὸν ὀνομάζειν ἀλλὰ μετεωρολόγον, ἀδολέσχην τινὰ σοφιστήν.［如果一个人，当他在探究驾船的技艺和航海的事情，或者有益健康的事情和医术中同各种风、各种热和各种冷相关的真时他明显在违背那些成文的东西，并且在学习同诸如此类的事情相关的某种东西——无论它是什么——，那么，首先他既不会被称作一位精通医术的人，也不会被称作一位精通驾船技艺的人，而是会被称作一位谈论天上事情的人、一位空谈者，即某位智者。］

《泰阿泰德》（174a4–b6）：Ὥσπερ καὶ Θαλῆν ἀστρονομοῦντα, ὦ Θεόδωρε, καὶ ἄνω βλέποντα, πεσόντα εἰς φρέαρ, Θρᾷττά τις ἐμμελὴς καὶ χαρίεσσα θεραπαινὶς ἀποσκῶψαι λέγεται ὡς τὰ μὲν ἐν οὐρανῷ προθυμοῖτο εἰδέναι, τὰ δ’ ἔμπροσθεν αὐτοῦ καὶ παρὰ πόδας λανθάνοι αὐτόν. ταὐτὸν δὲ ἀρκεῖ σκῶμμα ἐπὶ πάντας ὅσοι ἐν φιλοσοφίᾳ διάγουσι. τῷ γὰρ ὄντι τὸν τοιοῦτον ὁ μὲν πλησίον καὶ ὁ γείτων λέληθεν, οὐ μόνον ὅτι πράττει, ἀλλ’ ὀλίγου καὶ εἰ ἄνθρωπός ἐστιν ἤ τι ἄλλο θρέμμα· τί δέ ποτ’ ἐστὶν ἄνθρωπος καὶ τί τῇ τοιαύτῃ φύσει προσήκει διάφορον τῶν ἄλλων ποιεῖν ἢ πάσχειν, ζητεῖ τε καὶ πράγματ’ ἔχει διερευνώμενος.［正如当泰勒斯为了研究天文而向上仰望时，他掉进了一口井里，据说一位乖巧且机智的色雷斯女仆打趣他：热衷于知道天上的各种事情，却忽略了自己面前和脚边的那些东西。而这同一玩笑适用于所有那些在哲学中度日的人。因为这种人真的一向没有留意隔壁的邻居，不仅没有留意到他在做什么，而且几乎没有留意到他是人呢，还是别的什么动物；但是，人究竟是什么，以及对于这样一种本性来说，做或遭受不同于其他事情的什么事情是合适的，这些都是他寻觅和努力进行探究的。］（195b9–10）：Δεινόν τε, ὦ Θεαίτητε, ὡς ἀληθῶς κινδυνεύει καὶ ἀηδὲς εἶναι ἀνὴρ ἀδολέσχης.［泰阿泰德啊，一个人，当他变成一个闲谈的人时，有可能真的是一件可怕而令人生厌的事情。］

《智者》(225d7–10)：Δοκῶ μὴν τό γε δι' ἡδονὴν τῆς περὶ ταῦτα διατριβῆς ἀμελὲς τῶν οἰκείων γιγνόμενον, περὶ δὲ τὴν λέξιν τοῖς πολλοῖς τῶν ἀκουόντων οὐ μεθ' ἡδονῆς ἀκουόμενον καλεῖσθαι κατὰ γνώμην τὴν ἐμὴν οὐχ ἕτερον ἀδολεσχικοῦ.［不过在我看来，这个部分，即由于对在这类东西上的消磨时间感到快乐而变得不关心自己的各种事情，但就说话方式而言，当被听时对于听众中的许多人来说却并不伴随着快乐，根据我的看法，它不被叫作别的，除了叫作闲谈性的。］

1841 ὅτι ταῖς πόλεσι πρὸς τοὺς ἀληθινοὺς φιλοσόφους τὴν διάθεσιν ἔοικεν［它所比喻的乃是诸城邦对待那些真正热爱智慧的人的态度］，这是意译，也可以照字面意思译为“它对诸城邦之于那些真正热爱智慧的人的状况进行了比拟”。

1842 τἀληθῆ λέγεις［你在说真话］，新校勘的牛津古典本希腊文同样如此，而法国布德本希腊文作 τἀληθῆ λέγει［他在说真话］，不从。

1843 οὐ γὰρ ἔχει φύσιν［因为那是不自然的］，参见前面第五卷 473a1 那里对“φύσιν ἔχει［是自然而然的］”的注释 1735。

1844 ὁ τοῦτο κομψευσάμενος［那精心构思了这句话的人］，一般认为这里是在指诗人西蒙尼德斯说过的话；参见亚里士多德《修辞学》第二卷第 16 章（1391a10–12）：τοὺς σοφοὺς γὰρ ἔφη ὁρᾶν ἐπὶ ταῖς τῶν πλουσίων θύραις διατρίβοντας.［他说，因为我们总是看到那些智慧的人在富人们的门前消磨时间。］

1845 οὗ ἂν τῇ ἀληθείᾳ τι ὄφελος ᾖ［如果他真的具有某种用处的话］，也可以照字面意思译为“如果某种用处真的是属于他的话”。类似的表达可参见：

《欧悌弗戎》(4e9–5a2)：Οὐδὲν γὰρ ἄν μου ὄφελος εἴη, ὦ Σώκρατες, οὐδέ τῳ ἂν διαφέροι Εὐθύφρων τῶν πολλῶν ἀνθρώπων, εἰ μὴ τὰ τοιαῦτα πάντα ἀκριβῶς εἰδείην.［苏格拉底啊，如果我未曾准确地知晓了所有这类事情，那我岂不一点用处都没有，欧悌弗戎岂不也不会胜过众人中的任何一位？］

《克里同》(45e5–46a2)：καὶ τὸ τελευταῖον δὴ τουτί, ὥσπερ κατάγελως τῆς πράξεως, κακίᾳ τινὶ καὶ ἀνανδρίᾳ τῇ ἡμετέρᾳ διαπεφευγέναι ἡμᾶς δοκεῖν, οἵτινές σε οὐχὶ ἐσώσαμεν οὐδὲ σὺ σαυτόν, οἷόν τε ὂν καὶ δυνατὸν εἴ τι καὶ μικρὸν ἡμῶν ὄφελος ἦν.［甚至最后这一幕，也像一场可笑的结局，似乎是由于我们的卑劣和怯懦让我们错失了机会，因为我们这些人没有救你，你

也没有救你自己，事实上这既是可能的也是可行的，如果我们还有丁点用处的话。]

1846 这里所说的内容，可对观《泰阿泰德》（170a6–b5）：Οὐκοῦν, ὦ Πρωταγόρα, καὶ ἡμεῖς ἀνθρώπου, μᾶλλον δὲ πάντων ἀνθρώπων δόξας λέγομεν, καὶ φαμὲν οὐδένα ὅντινα οὐ τὰ μὲν αὑτὸν ἡγεῖσθαι τῶν ἄλλων σοφώτερον, τὰ δὲ ἄλλους ἑαυτοῦ, καὶ ἔν γε τοῖς μεγίστοις κινδύνοις, ὅταν ἐν στρατείαις ἢ νόσοις ἢ ἐν θαλάττῃ χειμάζωνται, ὥσπερ πρὸς θεοὺς ἔχειν τοὺς ἐν ἑκάστοις ἄρχοντας, σωτῆρας σφῶν προσδοκῶντας, οὐκ ἄλλῳ τῳ διαφέροντας ἢ τῷ εἰδέναι· καὶ πάντα που μεστὰ τἀνθρώπινα ζητούντων διδασκάλους τε καὶ ἄρχοντας ἑαυτῶν τε καὶ τῶν ἄλλων ζῴων τῶν τε ἐργασιῶν, οἰομένων τε αὖ ἱκανῶν μὲν διδάσκειν, ἱκανῶν δὲ ἄρχειν εἶναι.［那么，普罗塔戈拉啊，我们岂不也在谈某个人，甚或所有人的意见，并且说：无人不认为他自己在一些事情上比其他人更智慧，而在另一些事情上其他人比他自己更智慧；以及在一些巨大的危险中，当他们在出征、疾病或大海上遭大难时，在每种情形中他们就像对待诸神一样对待那些统帅，指望这些人是他们的救星，而这些人与众不同，不是由于别的，而是由于知道。此外，所有属人的事情，肯定充满了一些为他们自己、为其他动物以及为各种做工寻求教师和领袖的人，也充满了一些相信自己就能够进行教授和进行领导的人。]

1847 τῶν ἰόντων ἐπ' αὐτήν［追求它的那些人］，“它”即“热爱智慧”，也可以照字面意思译为“前往它那里的那些人”。

1848 见前面 487d10。

1849 οὐδὲ τούτου φιλοσοφία αἰτία［热爱智慧也不当为此负责］，也可以译为“热爱智慧不是这点的原因”。

1850 νῷ ἔχω 是固定表达，相当于拉丁文的 meminisse，意思是“记得”；而固定表达 ἐν νῷ ἔχω 的意思则是“打算”“意欲”“想要”。参见《欧悌弗戎》（2b8–11）：ὀνομάζουσι μέντοι αὐτόν, ὡς ἐγῷμαι, Μέλητον. ἔστι δὲ τῶν δήμων Πιτθεύς, εἴ τινα νῷ ἔχεις Πιτθέα Μέλητον οἷον τετανότριχα καὶ οὐ πάνυ εὐγένειον, ἐπίγρυπον δέ.［当然，如我所料想的，人们叫他梅勒托斯。他来自庇特透斯区，如果你还记得某位来自庇特透斯的梅勒托斯这样一个人的话，他有着直发、寡须、鹰钩鼻。]

1851 πάντως καὶ πάντῃ［彻头彻尾地以及在每一种方式上］。这一表达可参见：

《菲勒玻斯》（60c2–4）：παρείη τοῦτ' ἀεὶ τῶν ζῴων διὰ τέλους πάντως καὶ πάντῃ, μηδενὸς ἑτέρου ποτὲ ἔτι προσδεῖσθαι, τὸ δὲ ἱκανὸν τελεώτατον ἔχειν.［就各种活物而言，如果这总是彻头彻尾地、在每一种方式上以及在方方

面面都在场于它们那里，那它们就不再需要任何其他的了，而是充足地有着最完满的东西。]

《斐德若》(246a3-6)：Περὶ μὲν οὖν ἀθανασίας αὐτῆς ἱκανῶς· περὶ δὲ τῆς ἰδέας αὐτῆς ὧδε λεκτέον. οἷον μέν ἐστι, πάντῃ πάντως θείας εἶναι καὶ μακρᾶς διηγήσεως, ᾧ δὲ ἔοικεν, ἀνθρωπίνης τε καὶ ἐλάττονος· ταύτῃ οὖν λέγωμεν.[因此，关于灵魂的不朽，已经说得够充分了；而关于它的形相，则必须得如下面这样来说一说。一方面，说它是何种样子，这在每一种方式上都彻头彻尾地属于一种属神的叙述，并且该叙述还很长；另一方面，说它看起来像什么，这则属于一种属人的叙述，并且该叙述较短。]

1852 περὶ αὐτοῦ[对他]，即对 τὸν καλόν τε κἀγαθόν[那既美又好的人]，也即对 τὸν φιλόσοφον[热爱智慧的人 / 哲学家]。

1853 συγγενεῖ[用那〈与之〉同类的〈部分〉]，συγγενεῖ 在这里是 συγγενής[同类的 / 同家族的 / 同宗的]的中性与格单数，这里可简单理解为在指"理智"(νοῦς)或者"思想"(διάνοια)。参见《斐洞》(79d1-7)：Ὅταν δέ γε αὐτὴ καθ' αὑτὴν σκοπῇ, ἐκεῖσε οἴχεται εἰς τὸ καθαρόν τε καὶ ἀεὶ ὂν καὶ ἀθάνατον καὶ ὡσαύτως ἔχον, καὶ ὡς συγγενὴς οὖσα αὐτοῦ ἀεὶ μετ' ἐκείνου τε γίγνεται, ὅτανπερ αὐτὴ καθ' αὑτὴν γένηται καὶ ἐξῇ αὐτῇ, καὶ πέπαυταί τε τοῦ πλάνου καὶ περὶ ἐκεῖνα ἀεὶ κατὰ ταὐτὰ ὡσαύτως ἔχει, ἅτε τοιούτων ἐφαπτομένη· καὶ τοῦτο αὐτῆς τὸ πάθημα φρόνησις κέκληται;[但是，一旦它独自在其自身地进行考察，前往纯粹的东西、始终是着的东西、不死的东西和保持同样状态的东西那边——由于它是与之同类的，故它总是会与之一道产生——，一旦它变得独自在其自身了，这对它来说是可能的，那么，它就停止了不知所措，并且总是以同样的方式保持同一地同那些东西相关，因为它把自己拴在了这些东西上；而它的这种遭遇也就被称作真正的知识。是这样吗？]

1854 对观《斐德若》(248b4-c2)：πᾶσαι δὲ πολὺν ἔχουσαι πόνον ἀτελεῖς τῆς τοῦ ὄντος θέας ἀπέρχονται, καὶ ἀπελθοῦσαι τροφῇ δοξαστῇ χρῶνται. οὗ δ' ἕνεχ' ἡ πολλὴ σπουδὴ τὸ ἀληθείας ἰδεῖν πεδίον οὗ ἐστιν, ἥ τε δὴ προσήκουσα ψυχῆς τῷ ἀρίστῳ νομὴ ἐκ τοῦ ἐκεῖ λειμῶνος τυγχάνει οὖσα, ἥ τε τοῦ πτεροῦ φύσις, ᾧ ψυχὴ κουφίζεται, τούτῳ τρέφεται.[然而，尽管有着许多的艰辛，但它们全都在对是者之景象毫不知情的情况下离去，并且当它们离开后，它们只好利用意见这种食物来养活自己。但究竟为何有着如此巨大的热忱来看清真之原野是在哪儿，那是因为：同灵魂的最好部分相适合的牧草恰好就是来自于那儿的草场，并且灵魂由之得以翱翔的羽翼之本性，就是靠这草场来

养育。]

1855 λήγοι ὠδῖνος［停止分娩的阵痛］。ὠδῖνος 是名词 ὠδίς［分娩的阵痛］的属格单数；关于动词 λήγω 的使用，参见前面第四卷 440d1 那里“οὐ λήγει τῶν γενναίων［不停止各种高贵的〈努力〉］”的注释 1400。对观：

《泰阿泰德》(148e6-7)：Ὠδίνεις γάρ, ὦ φίλε Θεαίτητε, διὰ τὸ μὴ κενὸς ἀλλ' ἐγκύμων εἶναι.［你其实正在遭受分娩的阵痛，亲爱的泰阿泰德，因为你不是腹中空空，而是怀孕了。］

《斐德若》(251e3-252a1)：ἰδοῦσα δὲ καὶ ἐποχετευσαμένη ἵμερον ἔλυσε μὲν τὰ τότε συμπεφραγμένα, ἀναπνοὴν δὲ λαβοῦσα κέντρων τε καὶ ὠδίνων ἔληξεν, ἡδονὴν δ' αὖ ταύτην γλυκυτάτην ἐν τῷ παρόντι καρποῦται.［当它看到〈他〉并且把欲流引来浇灌它自己之后，一方面，它打开了那些那时已经阻塞的毛孔，另一方面，由于取得了重新呼吸，它就摆脱了那些刺戳和分娩的阵痛，而再次享受现在这最甜蜜的快乐。］

1856 见前面 487a 以下。

1857 καὶ σοῦ ἐπιλαβομένου［而你却表示反对］，也可以译为“而你却插话进来说”；见前面 487b 以下。ἐπιλαβομένου 是动词 ἐπιλαμβάνω 的一次性过去时分词中动态阳性属格单数，ἐπιλαμβάνω 的本义是“捉”“抓”，但其中动态则具有“打断说话”的意思，进而转义为“反对”；《牛津希-英词典》举了柏拉图在这里的这个表达，对之的解释是：object。

1858 σμικρὸν τι［少数人］作为集合名词是一个整体，也可以译为“少部分人”。

1859 ἔτι τοίνυν 是词组，意思是“再者”“此外”“而且”；《牛津希-英词典》对之的解释是：further, moreover, again。参见：

《斐洞》(109a9-b4)：Ἔτι τοίνυν, ἔφη, πάμμεγά τι εἶναι αὐτό, καὶ ἡμᾶς οἰκεῖν τοὺς μέχρι Ἡρακλείων στηλῶν ἀπὸ Φάσιδος ἐν σμικρῷ τινι μορίῳ, ὥσπερ περὶ τέλμα μύρμηκας ἢ βατράχους περὶ τὴν θάλατταν οἰκοῦντας, καὶ ἄλλους ἄλλοθι πολλοὺς ἐν πολλοῖσι τοιούτοις τόποις οἰκεῖν.［此外，他说，它是非常非常大的，并且从法希斯河到赫拉克勒斯之柱之间的我们，居住在一小片地方，就像蚂蚁或青蛙绕着一个池塘居住那样绕着海洋居住；在他处的许多别的，也住在许多诸如此类的地方。］

《克里同》(52c3-6)：ἔτι τοίνυν ἐν αὐτῇ τῇ δίκῃ ἐξῆν σοι φυγῆς τιμήσασθαι εἰ ἐβούλου, καὶ ὅπερ νῦν ἀκούσης τῆς πόλεως ἐπιχειρεῖς, τότε ἑκούσης ποιῆσαι.［此外，在那场审判中你仍然可以被判放逐，如果你愿意的话；并且你现在违背城邦的意愿所尝试的事情，那时是可以合它的意而做的。］

《政治家》(268b1-5)：ἔτι τοίνυν παιδιᾶς καὶ μουσικῆς ἐφ' ὅσον αὐτοῦ τὰ θρέμματα φύσει μετείληφεν, οὐκ ἄλλος κρείττων παραμυθεῖσθαι καὶ κηλῶν πραΰνειν, μετά τε ὀργάνων καὶ ψιλῷ τῷ στόματι τὴν τῆς αὑτοῦ ποίμνης ἄριστα μεταχειριζόμενος μουσικήν.［此外，就他的牲畜在本性上就已经参与到了游戏和音乐中所达到的程度而言，没有其他人比他更强于劝慰它们和通过诱惑来使它们平静，无论是借助一些乐器还是单纯靠嘴，他都最好地演奏出属于他的畜群的音乐来。］

《大希庇阿斯》(301a3-7)：ἔτι τοίνυν εἰ χρυσοῖ ἢ ἀργυροῖ ἢ ἐλεφάντινοι, εἰ δὲ βούλει, γενναῖοι ἢ σοφοὶ ἢ τίμιοι ἢ γέροντές γε ἢ νέοι ἢ ἄλλο ὅτι βούλει τῶν ἐν ἀνθρώποις ἀμφότεροι τύχοιμεν ὄντες, ἆρ᾽ οὐ μεγάλη ἀνάγκη καὶ ἑκάτερον ἡμῶν τοῦτο εἶναι;［此外，如果我俩一起恰好是金做的，或者银做的，或者象牙做的，而如果你愿意，是高贵的，或者智慧的，或者受尊敬的，或者老的，甚或年轻的，或者是你愿意出现在世人身上的那些东西中的其他任何一样，难道不是有着一种巨大的必然性，那就是，我俩中的每个也是这样？］

1860 ἔχεις γὰρ τὸν τύπον ὧν λέγω.［由此你已经有了我所说的这些事情之轮廓。］关于 τύπος 的用法，参见前面第三卷 403e1 那里对“ἡμεῖς δὲ ὅσον τοὺς τύπους ὑφηγησαίμεθα［而我们〈自己只做〉下面这么多，即把一些概要显示出来。］”的注释 1027。

1861 λαβοῦ ... ὅλου αὐτοῦ ὀρθῶς［请你正确地把它作为一个整体］，即把握所提到的那些事情的 τύπος［轮廓 / 纲要］。

1862 περὶ αὐτῶν［关于它们］，即各种优秀的品质和美好的东西在败坏灵魂和把它从热爱智慧那里拖走，等等。

1863 形容词 ἔγγαιος 的本义是“地里的”，其中性复数构成的名词 ἔγγεια，则指“植物”；《牛津希-英词典》举了柏拉图在这里的这个表达，对它的解释是：plants。

1864 κάκιον ἀπαλλάττειν τῆς φαύλης［表现得比平庸的天性更坏］，也可以译为“结果比平庸的天性更坏”。ἀπαλλάττειν 是动词 ἀπαλλάσσω 的现在时不定式主动态，ἀπαλλάσσω 的本义是“释放”“摆脱”，作不及物动词也有“表现”“结束”等意思；《牛津希-英词典》举了柏拉图在这里的这个表达，对它的解释是：came off, ended。

1865 即“来自一种充满活力却被培养所败坏了的天性”。

1866 μεγίστους σοφιστάς［最大的智者］。对观《政治家》(303b8-c5)：Οὐκοῦν δὴ καὶ τοὺς κοινωνοὺς τούτων τῶν πολιτειῶν πασῶν πλὴν τῆς ἐπιστήμονος ἀφαιρετέον ὡς οὐκ ὄντας πολιτικοὺς ἀλλὰ στασιαστικούς, καὶ εἰδώλων μεγίστων προστάτας ὄντας καὶ αὐτοὺς εἶναι τοιούτους, μεγίστους δὲ ὄντας μιμητὰς καὶ γόητας μεγίστους γίγνεσθαι τῶν σοφιστῶν σοφιστάς.［因此，也就必须把参与所有这些政制的那些人取走——除了那由知识而来的政制之外——，因为他们不是政治家，而是一些闹内讧的人，也必须得说他们是那些最大的图像的领袖，并且他们自己也是这类图像，而他们既然是最大的模仿者和魔术师，那他们也就成为了智者中的一些最大的智者。］

1867 ἁθρόοι πολλοί［聚集在一起的许多人］，当然也可以简单译为“一大群人”。

1868 ἐκκλησία［公民大会］，派生自动词 ἐκκαλέω［召唤 / 呼唤］；该词后来在基督教中指“教会”（ecclesia）。参见《欧悌弗戎》（3b9–c5）：καὶ ἐμοῦ γάρ τοι, ὅταν τι λέγω ἐν τῇ ἐκκλησίᾳ περὶ τῶν θείων, προλέγων αὐτοῖς τὰ μέλλοντα, καταγελῶσιν ὡς μαινομένου· καίτοι οὐδὲν ὅτι οὐκ ἀληθὲς εἴρηκα ὧν προεῖπον, ἀλλ' ὅμως φθονοῦσιν ἡμῖν πᾶσι τοῖς τοιούτοις. ἀλλ' οὐδὲν αὐτῶν χρὴ φροντίζειν, ἀλλ' ὁμόσε ἰέναι.［并且让我告诉你，当我在公民大会上就一些神圣的事情说点什么，向他们预言一些将来的事情的时候，他们就嘲笑我，好像我发疯了似的；尽管在我所预言过的事情中，我说的无不是真的，但他们还是嫉妒我们所有这类人。但不必在意他们，而是必须同他们直接战斗。］

1869 τὸ λεγόμενον［如常言所说］，见前面第二卷 362d6 那里对它的注释 502。

1870 希腊文方括号中的语气小词 ἂν，编辑校勘者认为是窜入，法国布德本希腊文和新校勘的牛津古典本希腊文均如此。

1871 ἐναντία τούτοις τείνοντας［奋力反对这些人］，也可以简单译为“反过来与这些人作斗争”。ἐναντία 在这里是形容词 ἐναντίος［相反的］的中性复数作副词使用，而 τείνοντας 是动词 τείνω 的现在时分词主动态阳性宾格复数，τείνω 的本义是“伸展”“铺展开”，而 ἐναντία τισὶ τείνω 作为固定表达，意思是“奋力反对某人”；《牛津希-英词典》举了柏拉图在这里的这个表达，对 τείνω 的解释是：exert oneself, struggle。

1872 παρὰ τὴν τούτων παιδείαν［不同于这些人〈所提供〉的那种教育］。τούτων［这些人］，即前面提到的 ἁθρόοι πολλοί［聚集在一起的许多人］，也即所谓的“大众”。

1873 ἐξαιρῶμεν λόγου［让我们将之排除在外］。ἐξαιρῶ λόγου 是词组，意思是“排除”“不计”；《牛津希-英词典》对之的解释是：take out of a number, except。参见《斐德若》（242a7–b5）：Θεῖός γ' εἶ περὶ τοὺς λόγους, ὦ Φαῖδρε, καὶ ἀτεχνῶς θαυμάσιος. οἶμαι γὰρ ἐγὼ τῶν ἐπὶ τοῦ σοῦ βίου γεγονότων λόγων μηδένα πλείους ἢ σὲ πεποιηκέναι γεγενῆσθαι ἤτοι αὐτὸν λέγοντα ἢ ἄλλους ἑνί γέ τῳ τρόπῳ προσαναγκάζοντα – Σιμμίαν Θηβαῖον ἐξαιρῶ λόγου· τῶν δὲ ἄλλων πάμπολυ κρατεῖς – καὶ νῦν αὖ δοκεῖς αἴτιός μοι γεγενῆσθαι λόγῳ τινὶ ῥηθῆναι. [在讲辞方面你的确就是如神一般的，斐德若啊，并且也完完全全是让人感到惊异的。因为我认为，就你所生活的时代已经出现的那些讲辞而言，无人比你让它们更多地产生出来了，要么通过你本人把它们说出来，要么通过你以这样那样的方式强迫其他人把它们说出来——我把忒拜人西米阿斯排除在外，而你比其他人都强得太多了——；并且现在对我来说你似乎复又已经在为下面这件事负责了，那就是一篇讲辞要被说出来。]

1874 ἀντιτέχνους[比技艺的人]。对观《斐洞》(60d8–e3)：Λέγε τοίνυν, ἔφη, αὐτῷ, ὦ Κέβης, τἀληθῆ, ὅτι οὐκ ἐκείνῳ βουλόμενος οὐδὲ τοῖς ποιήμασιν αὐτοῦ ἀντίτεχνος εἶναι ἐποίησα ταῦτα – ᾔδη γὰρ ὡς οὐ ῥᾴδιον εἴη – ἀλλ' ἐνυπνίων τινῶν ἀποπειρώμενος τί λέγοι, καὶ ἀφοσιούμενος εἰ ἄρα πολλάκις ταύτην τὴν μουσικήν μοι ἐπιτάττοι ποιεῖν. [苏格拉底说：刻贝斯啊，那就请你对他如实相告，即我创作这些不是想同他或他的那些诗作比技艺——因为我知道那会是不容易的——，而是为了测试我的一些梦，看它们究竟在说什么，以及洁净自己，万一它们是在命令我创作这类文艺。]

1875 σοφίαν ταύτην καλεῖν[他把〈他所教的〉这种〈所谓的知识〉称作智慧]，之所以这么补充翻译，因为指示代词 ταύτην 是阴性宾格单数。

1876 χρόνου τριβῇ[一段时间的厮磨]。名词 τριβή 派生自动词 τρίβω[磨/搓]，除了具有“磨损”“消磨”等本义之外，同 τέχνη[技艺]和 μέθοδος[方法/研究]相对照，指“单纯的练习”“磨练”“磨砺”，接近于 ἐμπειρία[经验]。参见：

《高尔吉亚》(463b3–4)：οὐκ ἔστιν τέχνη ἀλλ' ἐμπειρία καὶ τριβή. [不是一种技艺，而是一种经验和历练。]

《斐德若》(260e4–5)：οὐκ ἔστι τέχνη ἀλλ' ἄτεχνος τριβή. [不是一种技艺，而是一种缺乏技艺的历练。]

《菲勒玻斯》(55e5–56a1)：Τὸ γοῦν μετὰ ταῦτ' εἰκάζειν λείποιτ' ἂν καὶ τὰς αἰσθήσεις καταμελετᾶν ἐμπειρίᾳ καί τινι τριβῇ, ταῖς τῆς στοχαστικῆς προσχρωμένους δυνάμεσιν ἃς πολλοὶ τέχνας ἐπονομάζουσι, μελέτῃ καὶ πόνῳ τὴν ῥώμην ἀπειργασμένας. [在这之后，无论如何都只会剩下猜想以及通过经验和某种磨砺而来的对诸感觉的训练，当一些人进一步使用那善于猜中的技艺之各种能力时——许多人将这些能力称作技艺，但它们其实是通过练习和苦工才实现其力量的。]

1877 κυρίους αὑτοῦ ποιῶν τοὺς πολλούς[使大众成为他自己的主人]，也可以补充译为“使大众成为他自己〈工作〉的裁断者”。

1878 ἡ Διομηδεία λεγομένη ἀνάγκη［所谓狄俄墨得斯的必须］，也可以译为“所谓狄俄墨得斯的强迫”，该谚语的具体出处不详。而专名 Διομήδης［狄俄墨得斯］，由 Ζεύς［宙斯］和 μῆδος［劝告 / 计划］派生而来。

1879 见前面第五卷 475e 以下。

1880 ἔσθ’ ὅπως［这在何种方式上是可能的］是固定表达，往往引导疑问句，也可以简单译为“这是可能的吗”；ἔστιν 作无人称动词使用时，表“可能……”“能够……”。参见：

《斐德若》(262b5-8)：Ἔστιν οὖν ὅπως τεχνικὸς ἔσται μεταβιβάζειν κατὰ σμικρὸν διὰ τῶν ὁμοιοτήτων ἀπὸ τοῦ ὄντος ἑκάστοτε ἐπὶ τοὐναντίον ἀπάγων, ἢ αὐτὸς τοῦτο διαφεύγειν, ὁ μὴ ἐγνωρικὼς ὃ ἔστιν ἕκαστον τῶν ὄντων;［因此，下面这点在何种方式上可能的，那就是，一个有技艺的人，他每次都将能够借助一些相似性小步地把另外一个人引向他处，以至于最终将之从是者那里引向其反面，或者他自己能够逃脱这点，假如他本人却不识得诸是者中的每个是什么的话？］

《泰阿泰德》(154c7-9)：Τί οὖν; ἄν σε Πρωταγόρας ἔρηται ἤ τις ἄλλος· “Ὦ Θεαίτητε, ἔσθ’ ὅπως τι μεῖζον ἢ πλέον γίγνεται ἄλλως ἢ αὐξηθέν;” τί ἀποκρινῇ;［然后呢？如果普罗塔戈拉或其他某个人问你：“泰阿泰德，这将是可能的吗，即除了通过被增加，一个东西还以其他某种方式变得更大或更多？”你将如何作答？］

1881 φιλεῖ ... οὕτω γίγνεσθαι［经常这样发生］。关于 φιλεῖ 的用法，参见前面第二卷 378e1 那里对“δυσέκνιπτά τε καὶ ἀμετάστατα φιλεῖ γίγνεσθαι.［通常会变得既难以清除，又不可改变。］”的注释 733。

1882 εὐειδὴς καὶ μέγας［模样好的和身材高大的］，也可以简单译为“英俊高大的”。对观：

《卡尔米德斯》(154b10-c5)：ἀτὰρ οὖν δὴ καὶ τότε ἐκεῖνος ἐμοὶ θαυμαστὸς ἐφάνη τό τε μέγεθος καὶ τὸ κάλλος, οἱ δὲ δὴ ἄλλοι πάντες ἐρᾶν ἔμοιγε ἐδόκουν αὐτοῦ – οὕτως ἐκπεπληγμένοι τε καὶ τεθορυβημένοι ἦσαν, ἡνίκ’ εἰσῄει – πολλοὶ δὲ δὴ ἄλλοι ἐρασταὶ καὶ ἐν τοῖς ὄπισθεν εἵποντο.［然而，在那时，那人仍然对我显得是令人惊讶的，无论是在身材上，还是在俊美方面；而且其他所有人，至少在我看来，都在爱恋他——因为他们已经变得如此地惊慌失措和骚动不安，当他走进来时——，而在那些跟在他后面的人中也还有着许多其他的爱慕者。］

《菲勒玻斯》(48e4-6)：Πλείους δέ γε οἶ μείζους καὶ καλλίους αὑτοὺς δοξάζουσι, καὶ πάντα ὅσα κατὰ τὸ σῶμα εἶναι διαφερόντως τῆς οὔσης αὐτοῖς ἀληθείας.［而更多的肯定是这样一些人，他们认为他们自己是更高大的和更漂亮的，以及在身体的所有方面都是出类拔萃的，同他们实际上所是的相比。］

1883 δουλεύσαντι τῇ κτήσει αὐτοῦ［为了获得它一个人成为进行侍奉的奴隶］，有意按字面意思翻译；类似的表达参见《斐洞》（66c5–d3）：καὶ γὰρ πολέμους καὶ στάσεις καὶ μάχας οὐδὲν ἄλλο παρέχει ἢ τὸ σῶμα καὶ αἱ τούτου ἐπιθυμίαι. διὰ γὰρ τὴν τῶν χρημάτων κτῆσιν πάντες οἱ πόλεμοι γίγνονται, τὰ δὲ χρήματα ἀναγκαζόμεθα κτᾶσθαι διὰ τὸ σῶμα, δουλεύοντες τῇ τούτου θεραπείᾳ· καὶ ἐκ τούτου ἀσχολίαν ἄγομεν φιλοσοφίας πέρι διὰ πάντα ταῦτα.［并且除了身体及其欲望，没有别的什么会引起战争、分裂和竞赛。因为所有的战争都源于对钱财的获取，而由于身体我们才被迫去获取钱财，成为侍奉身体的奴隶。也正是由于身体，我们因所有这些而无暇去热爱智慧。］

1884 διὰ τοσούτων κακῶν［穿过如此多的障碍］，这是意译，字面意思是"穿过如此多的恶"。

1885 δ' οὖν［但话说回来］，参见前面第一卷 330e4 那里对"δ' οὖν"的注释 112。

1886 τὸ εὖ πεφυκέναι［生得好］，也可以转译为"优秀的天性""好的天性"。

1887 εἰσαισθάνηταί τέ πη［他在某种方式上有所领悟］。这句话在法国布德本希腊文中作 εἶς αἰσθάνηταί τέ πη［一个人在某种方式上有所领悟］，而新校勘的牛津古典本希腊文作 [εἰσ]αἰσθάνηταί τέ πῃ，即认为 εἰσ 是窜入，从之。

1888 δημοσίᾳ εἰς ἀγῶνας καθιστάντας［公开地〈把他〉置于各种各样的官司中］。ἀγών 本义指"集会""运动会""竞赛"，转义为"战斗""打官司""诉讼"；参见《苏格拉底的申辩》（24c4–8）：Φησὶ γὰρ δὴ τοὺς νέους ἀδικεῖν με διαφθείροντα. ἐγὼ δέ γε, ὦ ἄνδρες Ἀθηναῖοι, ἀδικεῖν φημι Μέλητον, ὅτι σπουδῇ χαριεντίζεται, ῥᾳδίως εἰς ἀγῶνα καθιστὰς ἀνθρώπους, περὶ πραγμάτων προσποιούμενος σπουδάζειν καὶ κήδεσθαι ὧν οὐδὲν τούτῳ πώποτε ἐμέλησεν.［他竟然说我通过败坏年轻人而在行不义。但诸位雅典人啊，我却要说梅勒托斯在行不义，因为他拿严肃的事情开玩笑，轻易地把人置于官司中，对于他从未曾关心过的那些事情，却假装认真和忧心。］

1889 见前面 491b 以下。

1890 τὰ τῆς φιλοσόφου φύσεως μέρη［属于热爱智慧的天性的那些〈构成〉部分］，也可以简单转译为"属于热爱智慧的天性的那些品质"，即"勇敢""自制"等。

1891 见前面（491a–b）。

1892 关于"河水""水流"的比喻，见前面（485d6–e1）。

1893 对观《克里同》（44d6–10）：Εἰ γὰρ ὤφελον, ὦ Κρίτων, οἷοί τ᾽ εἶναι οἱ πολλοὶ τὰ μέγιστα κακὰ ἐργάζεσθαι, ἵνα οἷοί τ᾽ ἦσαν καὶ ἀγαθὰ τὰ μέγιστα, καὶ καλῶς ἂν εἶχεν. νῦν δὲ οὐδέτερα οἷοί τε· οὔτε γὰρ φρόνιμον οὔτε ἄφρονα δυνατοὶ ποιῆσαι, ποιοῦσι δὲ τοῦτο ὅτι ἂν τύχωσι.［克里同啊，但愿大众有能力做出各种最大的恶事，由此一来他们也就已经有能力做出各种最大的善事，那样一切就会太好了！但现在他们没有能力做出这两者。因为他们既不能够造就明智者，也不能够造就不明智者；相反，他们即使造成这些，也只不过是他们碰巧造成的而已。］

1894 οὗτοι ... οἷς μάλιστα προσήκει［最适合她的这些人］，这是意译，字面意思是"她与之最相适合的这些人"。

1895 ἔρημον καὶ ἀτελῆ φιλοσοφίαν λείποντες［当他们把孤苦伶仃和孑然一身的对智慧的热爱抛下后］，也可以译为"当他们把孤零零的和未婚的对智慧的热爱抛下后"；这是一种比喻，即把 φιλοσοφία［对智慧的热爱 / 哲学］比作一位女子。ἀτελῆ 在这里是形容词 ἀτελής 的阴性宾格单数，ἀτελής 的本义是"未完成的"，在这里喻为"孑然一身的""未婚的""没有结婚的"；《牛津希–英词典》举了柏拉图在这里的这个表达，对之的解释是：unmarried。

1896 ὀρφανὴν συγγενῶν［一位失去了各位亲人的孤儿］。形容词 ὀρφανός 跟属格，指"丧失……的""失去……的"；单独作为名词，意思则是"孤儿"。

1897 ἀνθρωπίσκοι［一些微不足道的小人物］，也可以简单译为"一些小人物"。ἀνθρωπίσκος 是名词 ἄνθρωπος［人］的小词，表轻蔑；《牛津希–英词典》举了柏拉图在这里的这个表达，对之的解释是：manikin。参见《斐德若》（242e5–243a2）：ἔτι τε ἡ εὐήθεια αὐτοῖν πάνυ ἀστεία, τὸ μηδὲν ὑγιὲς λέγοντε μηδὲ ἀληθὲς σεμνύνεσθαι ὡς τὶ ὄντε, εἰ ἄρα ἀνθρωπίσκους τινὰς ἐξαπατήσαντε εὐδοκιμήσετον ἐν αὐτοῖς.［此外，这两篇讲辞的幼稚是非常矫揉造作的，因为它俩虽然既没有说出任何健康的东西，也没有说出任何真的东西，却装腔作势，仿佛自己是某种有价值的东西似的，如果它俩对一些小人物进行蒙骗，或许就将在他们中博得声誉。］

1898 οὕτω πραττούσης［处在现在这个样子］。πραττούσης 是动词 πράσσω 的现在时分词主动态阴性属格单数，关于 πράσσω 在这里的这种用法，参见前面第三卷412d5那里对"καὶ [ὅταν μάλιστα] ἐκείνου μὲν εὖ πράττοντος ...［并且，一方面，当那种东西走运……］"的注释 1136。

1899 διὰ τὰς βαναυσίας［由于〈他们自己的〉那些低贱的工作］。名词 βαναυσία［手艺］派生自形容词 βάναυσος［手艺人的］，而 βάναυσος 由名词 βαῦνος［锻炉］和动词 αὔω［点燃］构成，本义指用炉火进行锻造的，引申为手艺人的、匠人阶层的，进而转喻为庸俗的、低贱的。对观《泰阿泰德》(176c4-d1)：ἡ μὲν γὰρ τούτου γνῶσις σοφία καὶ ἀρετὴ ἀληθινή, ἡ δὲ ἄγνοια ἀμαθία καὶ κακία ἐναργής· αἱ δ' ἄλλαι δεινότητές τε δοκοῦσαι καὶ σοφίαι ἐν μὲν πολιτικαῖς δυναστείαις γιγνόμεναι φορτικαί, ἐν δὲ τέχναις βάναυσοι.[因为对这点的认识是智慧和真实的德性，而对之的无知则是愚蠢和明显的邪恶。而其他那些看起来的聪明和智慧，当它们出现在诸公共的权力上，只是一些庸俗的聪明和智慧；而当它们出现在各种技艺上，则是一些手艺人的聪明和智慧。]

1900 συγκεκλασμένοι τε καὶ ἀποτεθρυμμένοι[已经发育不良并且丧失了活力]。συγκεκλασμένοι是动词συγκλάω的完成时分词被动态阳性主格复数，συγκλάω的本义是“打碎”“折断”，但其被动态针对人来说，则指“从事或参加一些奴性的事情”，喻为“受到约束”“发育不良”；而ἀποτεθρυμμένοι是动词ἀποθρύπτω的完成时分词被动态阳性主格复数，ἀποθρύπτω的本义是“粉碎”，喻为“失去活力”“变虚弱”。《牛津希-英词典》举了柏拉图在这里的这个表达，对前者的解释是：to be cramped or stunted；对后者的解释是：break in spirit, enervate。参见：

《泰阿泰德》(173a3-b3)：τὴν γὰρ αὔξην καὶ τὸ εὐθύ τε καὶ τὸ ἐλευθέριον ἡ ἐκ νέων δουλεία ἀφῄρηται, ἀναγκάζουσα πράττειν σκολιά, μεγάλους κινδύνους καὶ φόβους ἔτι ἁπαλαῖς ψυχαῖς ἐπιβάλλουσα, οὓς οὐ δυνάμενοι μετὰ τοῦ δικαίου καὶ ἀληθοῦς ὑποφέρειν, εὐθὺς ἐπὶ τὸ ψεῦδός τε καὶ τὸ ἀλλήλους ἀνταδικεῖν τρεπόμενοι πολλὰ κάμπτονται καὶ συγκλῶνται, ὥσθ' ὑγιὲς οὐδὲν ἔχοντες τῆς διανοίας εἰς ἄνδρας ἐκ μειρακίων τελευτῶσι, δεινοί τε καὶ σοφοὶ γεγονότες, ὡς οἴονται.[因为自年轻时而来的奴役已经夺走了他们在灵魂方面的生长、正直和自由，迫使他们做各种歪斜的事情，把巨大的、他们还不能够借助正当的东西和真的东西去承受的一些危险和恐惧强加到他们那仍然柔软的灵魂上，他们通过立马转向虚假的东西以及互相反行不义而不断地卑躬屈膝和从事一些奴性的事情，因而从年青时开始，一直到成年，他们终其一生虽然在思想方面都没有任何健康的东西，却变得非常聪明和智慧——只不过是他们以为的——。]

1901 νόθα καὶ φαῦλα[私生的和平庸的]，单就这一表达，也可以译为“出身微贱的和平庸的”。形容词νόθος除了有“私生的”意思之外，也指“出身微贱的”；就“私生的”而言，在当时的雅典，指雅典公民和外邦女子所生的子女，同γνήσιος[亲身的]相对。参见《苏格拉底的申辩》(27d4-10)：Οὐκοῦν εἴπερ δαίμονας ἡγοῦμαι, ὡς σὺ φῄς, εἰ μὲν θεοί τινές εἰσιν οἱ δαίμονες, τοῦτ' ἂν εἴη ὃ ἐγώ φημί σε αἰνίττεσθαι καὶ χαριεντίζεσθαι, θεοὺς οὐχ ἡγούμενον φάναι με θεοὺς αὖ ἡγεῖσθαι πάλιν, ἐπειδήπερ γε δαίμονας ἡγοῦμαι· εἰ δ' αὖ οἱ δαίμονες θεῶν παῖδές εἰσιν νόθοι τινὲς ἢ ἐκ νυμφῶν ἢ ἔκ τινων ἄλλων ὧν δὴ καὶ λέγονται, τίς ἂν ἀνθρώπων θεῶν μὲν παῖδας ἡγοῖτο εἶναι, θεοὺς δὲ μή; [因此，如果我相信一些精灵——如你所说——，并且如果精灵们就是某种神，那么，这就是我所说的，即你在说谜语和开玩笑：说我不相信神，但又再度相信神，既然我的确相信一些精灵。但另一方面，如果精灵们只是诸神的一些私生子女，要么来自一些仙女，要么来自一些其他女性——众所周知他们被说成是出于她们——，那么，有哪个人会相信一方面有神的孩子们，另一方面却不相信神？]

1902 κατ' ἀξίαν 是词组，意思是“配得上”“值得”“恰当地”；《牛津希-英词典》对它的解释是：according to desert or merit, duly。

1903 ὡς ἀληθῶς προσήκοντα ἀκοῦσαι σοφίσματα [真正适合被称作各种各样的诡辩]。ἀκοῦσαι 是动词 ἀκούω 的一次性过去时不定式主动态，ἀκούω 的本义是“听”，但在被动的意义上等同于动词 λέγειν [说]，如 κακῶς ἀκούω ὑπό τινος [被人说坏话]；《牛津希-英词典》对这种用法的解释是：hear oneself called, be called。参见《吕西斯》(206e9–270a3)：ὧν δὴ καὶ ὁ Λύσις ἦν, καὶ εἱστήκει ἐν τοῖς παισί τε καὶ νεανίσκοις ἐστεφανωμένος καὶ τὴν ὄψιν διαφέρων, οὐ τὸ καλὸς εἶναι μόνον ἄξιος ἀκοῦσαι, ἀλλ' ὅτι καλός τε κἀγαθός. [当然，其中也就有吕西斯，并且他站在那些男孩子和年轻人中间，头戴花冠，在模样方面胜过了其他所有人，他是美的，不仅这点值得一说，而且还有他是既美又好的。]

1904 希腊文方括号中的 ἄξιον [配得上 / 值得]，编辑校勘者认为是窜入，法国布德本希腊文和新校勘的牛津古典本希腊文均如此。

1905 ἀπορίᾳ τῶν διαφθερούντων [远离那些将败坏〈它的人〉]，这是意译，字面意思是“缺乏那些将败坏〈它的人〉”。

1906 ἐπ' αὐτῇ [在她那里]，即“在对智慧的热爱那里”。哲学家阿那克萨戈拉可视为这种情形的代表。

1907 哲学家赫拉克利特可视为这种情形的代表。

1908 忒阿格斯（Θεάγης, Theages）是苏格拉底的一位朋友，并且早于苏格拉底死去；柏拉图在《苏格拉底的申辩》(33e7）中曾提及过此人：Παράλιος ὅδε, ὁ Δημοδόκου, οὗ ἦν Θεάγης ἀδελφός. [这位帕拉里俄斯，他是德谟多科斯的儿子，忒阿格斯曾是他的兄弟。]

1909 τὸ δ' ἡμέτερον [至于我们自己的情况]。虽然第一人称复数 ἡμέτερος [我们的］有时径直等于第一人称单数 ἐμός［我的］，但这里用第一人称复 ἡμέτερον，在语法上可被视为 pluralis modestiae［谦虚复数］，即背后意思虽然是单数“我”，但表达时用复数形式“我们”，以示“谦虚”或“礼貌”。参见：

《欧悌弗戎》（12e1–4）：Πειρῶ δὴ καὶ σὺ ἐμὲ οὕτω διδάξαι τὸ ποῖον μέρος τοῦ δικαίου ὅσιόν ἐστιν, ἵνα καὶ Μελήτῳ λέγωμεν μηκέθ' ἡμᾶς ἀδικεῖν μηδὲ ἀσεβείας γράφεσθαι, ὡς ἱκανῶς ἤδη παρὰ σοῦ μεμαθηκότας τά τε εὐσεβῆ καὶ ὅσια καὶ τὰ μή.［那么就请你试着这样教我，虔敬的东西是正当的东西的哪个部分，以便我们能对梅勒托斯说，别再对我们行不义，也不要起诉我们不敬神，因为我们已经从你那儿充分地学习了那些敬神的和虔敬的东西，以及那些不敬神的和不虔敬的东西。］

《斐洞》（118a7–8）：Ὦ Κρίτων, ἔφη, τῷ Ἀσκληπιῷ ὀφείλομεν ἀλεκτρυόνα· ἀλλὰ ἀπόδοτε καὶ μὴ ἀμελήσητε.［克里同啊，他说，我们欠阿斯克勒庇俄斯一只公鸡，那你们得还上，可别忘记了！］

《泰阿泰德》（150b6–c3）：{ΣΩ.} Τῇ δέ γ' ἐμῇ τέχνῃ τῆς μαιεύσεως τὰ μὲν ἄλλα ὑπάρχει ὅσα ἐκείναις, διαφέρει δὲ τῷ τε ἄνδρας ἀλλὰ μὴ γυναῖκας μαιεύεσθαι καὶ τῷ τὰς ψυχὰς αὐτῶν τικτούσας ἐπισκοπεῖν ἀλλὰ μὴ τὰ σώματα. μέγιστον δὲ τοῦτ' ἔνι τῇ ἡμετέρᾳ τέχνῃ, βασανίζειν δυνατὸν εἶναι παντὶ τρόπῳ πότερον εἴδωλον καὶ ψεῦδος ἀποτίκτει τοῦ νέου ἡ διάνοια ἢ γόνιμόν τε καὶ ἀληθές.［苏格拉底：但我的助产技艺在其他方面同那些产婆们的都一样，不同之处仅在于，一则为男人们而不是为女人们助产，一则检查他们那进行生产的灵魂而不是身体。而在我们的技艺中最重要的是这点，即能够用一切办法来仔细检查年轻人的思想是在生产假象和错误呢，还是在生产硕果和真实。］

《政治家》（257d1–258a2）：Καὶ μὴν κινδυνεύετον, ὦ ξένε, ἄμφω ποθὲν ἐμοὶ συγγένειαν ἔχειν τινά. τὸν μέν γε οὖν ὑμεῖς κατὰ τὴν τοῦ προσώπου φύσιν ὅμοιον ἐμοὶ φαίνεσθαί φατε, τοῦ δ' ἡμῖν ἡ κλῆσις ὁμώνυμος οὖσα καὶ ἡ πρόσρησις παρέχεταί τινα οἰκειότητα.［而且似乎，客人啊，他俩都在某个方面同我有着某种家族关系。所以，无论如何你们都说，一个在相貌上显得同我相像，而另一个的称呼是与我们同名的，并且命名就提交出了某种亲属关系。］

1910 τὸ δαιμόνιον σημεῖον［精灵的指示］，也可以简单译为“神迹”；类似的表达还有 τὸ τοῦ θεοῦ σημεῖον［神的旨意 / 神的预示］等。参见：

《欧悌弗戎》（3b5–6）：Μανθάνω, ὦ Σώκρατες· ὅτι δὴ σὺ τὸ δαιμόνιον

φῂς σαυτῷ ἑκάστοτε γίγνεσθαι. [哦，苏格拉底，我明白了；就是因为你每回都说神迹出现在了你身上。]

《苏格拉底的申辩》(31c4–e1)：Ἴσως ἂν οὖν δόξειεν ἄτοπον εἶναι, ὅτι δὴ ἐγὼ ἰδίᾳ μὲν ταῦτα συμβουλεύω περιιὼν καὶ πολυπραγμονῶ, δημοσίᾳ δὲ οὐ τολμῶ ἀναβαίνων εἰς τὸ πλῆθος τὸ ὑμέτερον συμβουλεύειν τῇ πόλει. τούτου δὲ αἴτιόν ἐστιν ὃ ὑμεῖς ἐμοῦ πολλάκις ἀκηκόατε πολλαχοῦ λέγοντος, ὅτι μοι θεῖόν τι καὶ δαιμόνιον γίγνεται [φωνή], ὃ δὴ καὶ ἐν τῇ γραφῇ ἐπικωμῳδῶν Μέλητος ἐγράψατο. ἐμοὶ δὲ τοῦτ᾽ ἔστιν ἐκ παιδὸς ἀρξάμενον, φωνή τις γιγνομένη, ἣ ὅταν γένηται, ἀεὶ ἀποτρέπει με τοῦτο ὃ ἂν μέλλω πράττειν, προτρέπει δὲ οὔποτε. τοῦτ᾽ ἔστιν ὅ μοι ἐναντιοῦται τὰ πολιτικὰ πράττειν, καὶ παγκάλως γέ μοι δοκεῖ ἐναντιοῦσθαι· εὖ γὰρ ἴστε, ὦ ἄνδρες Ἀθηναῖοι, εἰ ἐγὼ πάλαι ἐπεχείρησα πράττειν τὰ πολιτικὰ πράγματα, πάλαι ἂν ἀπολώλη καὶ οὔτ᾽ ἂν ὑμᾶς ὠφελήκη οὐδὲν οὔτ᾽ ἂν ἐμαυτόν. [或许下面这点看起来是奇怪的：我私下通过四处转悠来建议这些和爱管闲事，但在公共方面却不敢走到你们众人那儿为城邦出谋划策。但这点的原因是你们已经多次听我在许多地方说过的，那就是：某种神圣的东西，即神迹对我发生了，这实际上也是梅勒托斯在诉状中通过嘲笑而起诉的事情。但这从我还是个孩童时就开始了，即某个声音对我出现了；每当它出现，它都总是阻止我而从不曾鼓励我做我想要做的那种事情。它就是那反对我从事各种政治事务的东西，并且在我看来它反对得极好。因为你们很清楚，诸位雅典人啊，如果我很久以前就尝试从事政治事务，那么我很早就丧命了，并且我无论是对于你们还是对于我自己都会毫无助益。]

《斐德若》(242b8–c3)：Ἡνίκ᾽ ἔμελλον, ὠγαθέ, τὸν ποταμὸν διαβαίνειν, τὸ δαιμόνιόν τε καὶ τὸ εἰωθὸς σημεῖόν μοι γίγνεσθαι ἐγένετο – ἀεὶ δέ με ἐπίσχει ὃ ἂν μέλλω πράττειν – καί τινα φωνὴν ἔδοξα αὐτόθεν ἀκοῦσαι, ἥ με οὐκ ἐᾷ ἀπιέναι πρὶν ἂν ἀφοσιώσωμαι, ὡς δή τι ἡμαρτηκότα εἰς τὸ θεῖον. [当我正打算蹚过这条河时，好人啊，那个神迹，即那个惯常出现在我身上的信号又出现了——而它总是阻止我做我想要做的事情——，并且我似乎立刻听见了就从那儿而来的某种声音，它不容许我离开，在我向神赎罪之前，因为我的的确确已经对那个神圣的信号做错了某件事。]

《泰阿泰德》(151a3–5)：ἐνίοις μὲν τὸ γιγνόμενόν μοι δαιμόνιον ἀποκωλύει συνεῖναι, ἐνίοις δὲ ἐᾷ, καὶ πάλιν οὗτοι ἐπιδιδόασι. [出现在我身上的神迹，一方面阻止我同一些人交往，一方面又允许我同另一些人交往，并且这些人也重新取得了进步。]

1911 ἐν χειμῶνι［在一场暴风雨中］，也可以译为“在冬天”。

1912 καὶ τὴν ἀπαλλαγὴν αὐτοῦ μετὰ καλῆς ἐλπίδος ἵλεώς τε καὶ εὐμενὴς ἀπαλλάξεται.［然后在死亡时，将带着一种美好的希望，愉快地和心平气和地从它那里离开。］也可以简单译为“然后将带着一种美好的希望，愉快地和心平气和地死去”。名词 ἀπαλλαγή 的本义是“解脱”“离开”，单独使用也指“死亡”。αὐτοῦ ἀπαλλάξεται［将从它那里离开］，αὐτοῦ［它］，即前面提到的 τοῦ βίου［一生 / 生命］。

1913 在新校勘的牛津古典本希腊文中，整个这段话和上一段话在一起，没有另起一段。

1914 κατάστασιν πόλεως［城邦制度］是一个整体，也可以译为“城邦之建立”“城邦之状况”等。

1915 αὐτήν［它］，即 φιλοσόφου φύσις［一种热爱智慧的天性］。

1916 形容词 ἐξίτηλος 的本义是“消逝的”“褪色”的，喻为“失效的”；《牛津希-英词典》举了柏拉图在这里的这个表达，对它的解释是：that has lost its property, that has lost its power。

1917 εἰς τὸ ἐπιχώριον φιλεῖ ... ἰέναι［常常退变为当地的品种］，这是意译，字面意思是“常常走向当地的品种”。

1918 τοῦτο［它］，基于上下文，不译为“这种东西”。

1919 οὐκ ἔγνως［你错了］在这里是固定表达。ἔγνως 是动词 γιγνώσκω［认识］的一次性过去时直陈式主动态第二人称单数，在对话中，ἔγνως 单独使用的意思是“你是正确的”“你是对的”；《牛津希-英词典》对它的这种用法的解释是：you are right。

1920 αὐτὴ［它］，在法国布德本希腊文中同样如此，而新校勘的牛津古典本希腊文将之改为 αὕτη［这］，从之。

1921 见前面第三卷 412a-b。

1922 λόγον τῆς πολιτείας［对城邦体制的一种理解］，也可以译为“城邦体制的道理”“城邦体制的理据”等。

1923 ὧν ὑμεῖς ἀντιλαμβανόμενοι［你们通过攻击那些事情］。ἀντιλαμβανόμενοι 在这里是动词 ἀντιλαμβάνω 的现在时分词中动态阳性主格复数；ἀντιλαμβάνω 的中动态形式作“抓住某人的弱点”“谴责”“攻击”讲时，要求属格作宾语，所以这里出现的是复数属格 ὧν［那些事情 / 它们］。《牛津希-英词典》举了柏拉图在这里的这个表达，对之的解释是：take hold of for the purpose of finding fault, reprehend, attack。

参见《智者》（239c9-d2）：Τοιγαροῦν εἴ τινα φήσομεν αὐτὸν ἔχειν φανταστικὴν τέχνην, ῥᾳδίως ἐκ ταύτης τῆς χρείας τῶν λόγων ἀντιλαμβανόμενος ἡμῶν εἰς τοὐναντίον ἀποστρέψει τοὺς λόγους.［因此，如果我们说他拥有某种显像性的技艺，那么，他就很容易从对诸语词的这种使用出发通过抓住我们的弱点而把诸语词转向反面。］

1924 ἐπεὶ καὶ τὸ λοιπὸν οὐ πάντων ῥᾷστον διελθεῖν［既然甚至连剩下的那点也不是一切中最容易说明］，新校勘的牛津古典本希腊文同样如此，而其中的 πάντων［一切中］，在法国布德本希腊文中作 πάντως［完全 / 在方方面面］，不从。

1925 τὰ γὰρ δὴ μεγάλα πάντα ἐπισφαλῆ.［因为，所有伟大的事物都肯定是危险的。］有意这么翻译，保留一种歧义和解释张力；如果为了避免歧义，也可以译为“因为，所有伟大的事物都肯定是危殆的”。形容词 ἐπισφαλής 派生自动词 σφάλλω，而 σφάλλω 的本义是“使绊倒”“使滑倒”，其被动态“被绊倒”喻为“犯错误”“有失误”；因而 ἐπισφαλής 也有两方面的意思，一是“危殆的”“有危险的”“岌岌可危的”“不稳固的”“易于跌倒的”，一是“危险的”“有威胁的”“使跌倒的”，这里的意思是前者。《牛津希–英词典》举了柏拉图在这里的这个表达，对之的解释是：prone to fall, unstable, precarious。

此外，海德格尔 1933 年的校长就职演说以这句话作为结语，他将之译为：Alles Große steht im Sturm.［所有伟大的事物都矗立在暴风雨中。］

1926 καὶ τὸ λεγόμενον τὰ καλὰ τῷ ὄντι χαλεπά.［并且确实如常言所说，〈一切〉美的事物都是艰难的。］之所以这样翻译，是把 τὸ λεγόμενον ... τῷ ὄντι［确实如常言所说］视为一个整体，因为根据柏拉图在其他地方对该谚语的引用，谚语中并无该词组。

1927 λαβέτω τέλος ἡ ἀπόδειξις［使得对它的展示得以完成］。λαβέτω 是动词 λαμβάνω 的一次性过去时命令式主动态第三人称单数，τέλος λαμβάνειν 是词组，意思是“使完成”“引向终点”。

1928 τήν γ' ἐμὴν προθυμίαν εἴσῃ［你无论如何都将看到我的热忱］。εἴσῃ 在这里是动词 οἶδα［看见 / 知道］的将来时直陈式中动态第二人称单数。

1929 τοῦ ἐπιτηδεύματος τούτου ἅπτεσθαι［致力于这种事业］，单就这一表达，也可以译为“追求这种生活方式”。

1930 οἱ φιλοσοφώτατοι ποιούμενοι［他们自诩已经在热爱智慧上登峰造极］，也可以译为“他们伪称自己是最热爱智慧的”。ποιούμενοι 在这里是动词 ποιέω［做］的现在时分词中动态阳性主格复数，ποιέω 的中动态等于动词 προσποιέομαι，而 προσποιέομαι 的意思是“把不是自己的东西说成是自己的东西”，即“强求”“佯装”“伪称”“自诩”等；《牛津希-英词典》对它的这一用法的解释是：pretend。

1931 τὸ περὶ τοὺς λόγους［关于那些〈以问答的方式进行〉讨论的那个部分］，也可以简单译为“关于对话的那个部分”“关于谈话的那个部分”，即 διαλεκτική / dialectice［谈话的技艺 / 对话术］，也即后世所谓的“辩证法”。对观：

《智者》(253d1-3)：Τὸ κατὰ γένη διαιρεῖσθαι καὶ μήτε ταὐτὸν εἶδος ἕτερον ἡγήσασθαι μήτε ἕτερον ὂν ταὐτὸν μῶν οὐ τῆς διαλεκτικῆς φήσομεν ἐπιστήμης εἶναι;［根据家族进行分开，并且既不要把相同的形式当作不同的，也不要把不同的形式当作是相同的，我们岂不会肯定说这是属于谈话的知识？］

《斐德若》(266b3-c1)：Τούτων δὴ ἔγωγε αὐτός τε ἐραστής, ὦ Φαῖδρε, τῶν διαιρέσεων καὶ συναγωγῶν, ἵνα οἷός τε ὦ λέγειν τε καὶ φρονεῖν· ἐάν τέ τιν' ἄλλον ἡγήσωμαι δυνατὸν εἰς ἓν καὶ ἐπὶ πολλὰ πεφυκόθ' ὁρᾶν, τοῦτον διώκω "κατόπισθε μετ' ἴχνιον ὥστε θεοῖο." καὶ μέντοι καὶ τοὺς δυναμένους αὐτὸ δρᾶν εἰ μὲν ὀρθῶς ἢ μὴ προσαγορεύω, θεὸς οἶδε, καλῶ δὲ οὖν μέχρι τοῦδε διαλεκτικούς.［无论如何我自己都肯定是这些事情一位热爱者，斐德若啊，即各种划分和结合的一位热爱者，为了我能够进行言说和思考；而如果我认为某一其他的人也有能力既着眼于一又看向那自然而然的多，那么我就会追随这人，“在后面跟随他的足迹，就像跟随一位神的足迹似的”。当然，至于那些确实有能力做这件事的人，我是在正确地还是不正确地称呼他们，唯有神知道，但至少到目前为止我都称这些人为善于对话的人。］

1932 “赫拉克利特的太阳”晚上熄灭，第二天的早上又重新点燃，因而每天都是新的；参见亚里士多德《天象学》(355a14)：Ἡράκλειτός φησιν, νέος ἐφ' ἡμέρῃ ἐστίν.［赫拉克利特说，太阳每天都是新的。］

1933 αὖθις οὐκ ἐξάπτονται［他们不会被重新点燃］。ἐξάπτονται 在这里是动词 ἐξάπτω 的现在时直陈式被动态第三人称复数，ἐξάπτω 除了具有“固定”“附着”的意思之外，还有“点燃”的意思；《牛津希-英词典》举了柏拉图在这里的这个表达，对 αὖθις οὐκ ἐξάπτονται 的解释是：they are not rekindled。

1934 πολιτικῶν δὲ καὶ στρατειῶν ἐκτὸς γίγνηται［被免除各种城邦事务和出征之后］。ἐκτὸς γίγνομαι 是词组，意思是“免除……”“免于……”；《牛津希-英词典》举了柏拉图在这里的这个表达，对它的解释是：exempt from ... 。

1935 ἀφέτους νέμεσθαι［〈像一些准备供献祭用而不做工的牲畜那样〉自由地在牧场上吃草］。之所以这么冗长地补充翻译，解释如下：形容词 ἄφετος 派

生自动词 ἀφίημι［放弃 / 赦免］，在宽泛的意义上指“放任的”，但尤其针对一些献祭用的牺牲，指“供献祭用而不做工的”，喻为“奉献给神的”“不务俗事的”；《牛津希-英词典》举了柏拉图在这里的这个表达，对它的解释是：of sacred flocks that were free from work。

1936 τῷ βίῳ τῷ βεβιωμένῳ τὴν ἐκεῖ μοῖραν ἐπιστήσειν πρέπουσαν τὴν ἐκεῖ μοῖραν ἐπιστήσειν［将把〈另外〉那个地方的一份合适的份额加在已经被度过的这一生上］。ἐπιστήσειν 是动词 ἐφίστημι 的将来时不定式主动态，τι τινι ἐφίστημι 是固定表达，意思是“把……放在……上”“把……加在某人身上”；《牛津希-英词典》举了柏拉图在这里的这个表达，对它的解释是：set, place upon。

1937 διάβαλλε 在这里是动词 διαβάλλω 的现在时命令式主动态第二人称单数，διαβάλλω 的本义是“投过去”“带过去”，转义为“诽谤”“指控”，但在这里的意思是“挑拨离间”“引起不和”；《牛津希-英词典》举了柏拉图在这里的这个表达，对它的解释是：set at variance。

1938 εἰς μικρόν γ' ... χρόνον εἴρηκας.［你只不过〈为他们〉操心了很短的时间而已。］这是意译，字面意思是“你只不过就一小段时间说了而已”。显然是一句调侃的话。

1939 ἀπὸ τοῦ αὐτομάτου［自然而然地］。ἀπὸ τοῦ αὐτομάτου 是词组，既有“自然而然地”“自动地”的意思，也有“偶然地”的意思。参见《苏格拉底的申辩》（38c5–6）：εἰ γοῦν περιεμείνατε ὀλίγον χρόνον, ἀπὸ τοῦ αὐτομάτου ἂν ὑμῖν τοῦτο ἐγένετο.［其实如果你们等那么一小段时间，这就会自动发生给你们。］（41d3–5）：οὐδὲ τὰ ἐμὰ νῦν ἀπὸ τοῦ αὐτομάτου γέγονεν, ἀλλά μοι δῆλόν ἐστι τοῦτο, ὅτι ἤδη τεθνάναι καὶ ἀπηλλάχθαι πραγμάτων βέλτιον ἦν μοι.［我的现在这些事情不是偶然而来的；相反，下面这点对我来说是显而易见的，那就是：现在就死并且从各种麻烦事中解脱出来这对我来说是更好的。］

1940 ἐν πόλει ἑτέρᾳ τοιαύτῃ［在一个〈与他是同样〉这个样子的城邦中］，这是为了避免歧义进行的补充翻译，字面意思是“在另一个如此这般的城邦中”。

1941 对观《斐洞》（90d9–91b1）：Πρῶτον μὲν τοίνυν, ἔφη, τοῦτο εὐλαβηθῶμεν, καὶ μὴ παρίωμεν εἰς τὴν ψυχὴν ὡς τῶν λόγων κινδυνεύει οὐδὲν ὑγιὲς εἶναι, ἀλλὰ πολὺ μᾶλλον ὅτι ἡμεῖς οὔπω ὑγιῶς ἔχομεν, ἀλλὰ ἀνδριστέον καὶ προθυμητέον ὑγιῶς ἔχειν, σοὶ μὲν οὖν καὶ τοῖς ἄλλοις καὶ τοῦ ἔπειτα βίου παντὸς ἕνεκα, ἐμοὶ δὲ αὐτοῦ ἕνεκα τοῦ θανάτου, ὡς κινδυνεύω ἔγωγε ἐν τῷ παρόντι περὶ αὐτοῦ τούτου οὐ φιλοσόφως ἔχειν ἀλλ' ὥσπερ οἱ πάνυ ἀπαίδευτοι φιλονίκως. καὶ γὰρ ἐκεῖνοι ὅταν περί του ἀμφισβητῶσιν, ὅπῃ μὲν ἔχει περὶ ὧν ἂν ὁ λόγος ᾖ οὐ φροντίζουσιν, ὅπως δὲ ἃ αὐτοὶ ἔθεντο ταῦτα δόξει τοῖς παροῦσιν, τοῦτο προθυμοῦνται. καὶ ἐγώ μοι δοκῶ ἐν τῷ παρόντι τοσοῦτον μόνον ἐκείνων διοίσειν· οὐ γὰρ ὅπως τοῖς παροῦσιν ἃ ἐγὼ λέγω δόξει ἀληθῆ εἶναι προθυμήσομαι, εἰ μὴ εἴη πάρεργον, ἀλλ' ὅπως αὐτῷ ἐμοὶ ὅτι μάλιστα δόξει οὕτως ἔχειν.［因此，他说，我们得首先提防这点，并且不可以容许下面这种想法进入我们的灵魂，即在讨论中没有任何东西可能是健全的，而是宁可认为：我们自己还尚不健全，但必须有勇气和必须渴望去是健全的——对你和其他人来说是为了整个往后的生活；对我来说则是为了死亡本身，因为就这件事本身来说，我的确可能在眼下并不是在热爱智慧，而是像那些完全未受教育的人那样在热爱胜利——。因为那些人，每当他们对某事持有异议，他们也根本不在意讨论所及的事情究竟是怎样，而是热衷于下面这点，即他们自己所提出的那种东西在那些在场的人看来如何。在我看来，我目前仅仅同那些人将不同到这个份上：我根本不热衷于要让那些在场的人认为我所提出的是真的——充其量是附带的——，而是要让它对我本人尽可能地看起来是那样。］

1942 见前面第五卷 473c–d。

1943 ἐκ τύχης［碰巧］，也可以译为"出于某种运气""偶然地"等。参见《斐德若》(265c8–10)：Ἐμοὶ μὲν φαίνεται τὰ μὲν ἄλλα τῷ ὄντι παιδιᾷ πεπαῖσθαι· τούτων δέ τινων ἐκ τύχης ῥηθέντων δυοῖν εἰδοῖν, εἰ αὐτοῖν τὴν δύναμιν τέχνῃ λαβεῖν δύναιτό τις, οὐκ ἄχαρι.［在我看来，一方面，其他的东西事实上都只是在以儿戏的方式开玩笑而已；另一方面，就这些出于某种运气而被说出来的东西中的两种形式，如果一个人能够凭借技艺把握到它俩的力量，那不会是不美妙的。］

1944 περιβάλῃ 在这里是动词 περιβάλλω 的一次性过去时虚拟式第三人称单数；περιβάλλω 的本义是"围上""披上"，喻为"给某人披上""给某人加上""把……归给某人"。

1945 τῇ πόλει κατηκόῳ γενέσθαι［倾听城邦〈的声音〉］，也可以简单译为"听从城邦""服从城邦"，或者完全照字面意思译为"成为一些倾听城邦〈呼声〉的人"，或者转译为"成为愿意为城邦服务的人"。形容词 κατήκοοι［听从的 / 倾听的］派生自动词 κατακούω［听 / 听从］，被听从者用与格。这句话在法国布德本希腊文中同样如此，而新校勘的牛津古典本希腊文把其中的 κατηκόῳ 改为了 κατήκοοι，从之；从文法上看，是把双性形容词 κατήκοος 的阴性与格单数变为了阳性主格复数，但这一改动直接让这句话的意思相反，如果按伯内特本和布德本翻译，这句话就当译为"使城邦听从〈他们〉”“使城邦服从〈他们〉”。

1946 ἔκ τινος θείας ἐπιπνοίας［基于某种神圣的灵感］。名词 ἐπίπνοια［灵感 / 启示］派生自动词 ἐπιπνέω［吹拂 / 吹气］，关于“灵感”的分类，可参见《斐德若》(265b2–5)：Τῆς δὲ θείας τεττάρων θεῶν τέτταρα μέρη διελόμενοι, μαντικὴν μὲν ἐπίπνοιαν Ἀπόλλωνος θέντες, Διονύσου δὲ τελεστικήν, Μουσῶν δ’ αὖ ποιητικήν, τετάρτην δὲ Ἀφροδίτης καὶ Ἔρωτος, ἐρωτικὴν μανίαν ἐφήσαμέν τε ἀρίστην εἶναι.［而神圣的迷狂，当我们根据四位神通过下面这样来将之分成四个部分之后——即把预言的迷狂确定为来自阿波罗的灵感，把秘仪中的迷狂确定为来自狄俄尼索斯的灵感，此外把诗艺的迷狂确定为来自缪斯们的灵感，而把第四种迷狂确定为来自阿佛洛狄忒和厄洛斯的灵感——，我们宣称由爱欲所引起的迷狂是最好的。］

1947 ἀληθινῆς φιλοσοφίας ἀληθινὸς ἔρως［关于真正的对智慧的热爱的真正的爱欲］，当然可以简单译为“对真正哲学的真正爱欲”。

1948 ἔχειν λόγον 是固定表达，意思是“某件事有某种理由”。参见《苏格拉底的申辩》(31b5–7)：καὶ εἰ μέν τι ἀπὸ τούτων ἀπέλαυον καὶ μισθὸν λαμβάνων ταῦτα παρεκελευόμην, εἶχον ἄν τινα λόγον.［并且如果我从这些中曾得到了什么好处以及为了获取酬金才劝告了这些，那么我还有某种理由。］

1949 ὡς ἄλλως εὐχαῖς ὅμοια λέγοντες［因为我们徒劳地在建空中楼阁而已］。εὐχαῖς ὅμοια λέγειν 是固定表达和词组，《牛津希–英词典》举了柏拉图在这里的这个表达，对它的解释是：to build castles in the air。关于名词 εὐχή 的用法，参见前面第五卷 450d2 那里对“μὴ εὐχὴ δοκῇ εἶναι ὁ λόγος［免得讨论看起来只是在建空中楼阁而已］”的注释 1487。

1950 ἄκροις εἰς φιλοσοφίαν πόλεώς［那些在热爱智慧方面的顶尖人物］，当然可以简单译为“那些在哲学上的顶尖人物”。关于 ἄκρων［顶尖人物］，参见前面第二卷 366b7 那里对“ὡς ὁ τῶν πολλῶν τε καὶ ἄκρων λεγόμενος λόγος［就像大众的说法以及那些顶尖的人士的说法都那么说的那样］”的注释 575。

1951 ἐκτὸς ... τῆς ἡμετέρας ἐπόψεως［在我们视线所及的范围之外］，也可以译为“超出了我们视线所及的范围”。《牛津希–英词典》举了柏拉图在这里的这个表达，对它的解释是：beyond our range of vision。

1952 τῷ λόγῳ διαμάχεσθαι［通过讨论坚决主张］，也可以译为“用言辞战斗到底”。

1953 αὕτη ἡ Μοῦσα［这位缪斯］，即 φιλοσοφία［对智慧的热爱 / 哲学］。

1954 之所以这么补充翻译，因为根据文义，双性形容词 ἀδύνατος 在这里是阴性，而不是阳性。

1955 διορίζῃ ὥσπερ ἄρτι［你如刚才那样〈向他们〉宣布］。διορίζῃ 在这里是动词 διορίζω 的现在时虚拟式中动态第二人称单数，διορίζω 的本义是"分开""界定"，但其中动态则具有"宣布""确定"等意思。

1956 希腊文方括号中的这句话，伯内特认为可能是窜入，而法国布德本希腊文和新校勘的牛津古典本希腊文均保留了它；不过，布德本希腊文认为其中的 ἢ［或者］可能是窜入，而新校勘的牛津古典本希腊文直接将之删除。

1957 χαλεπῶς πρὸς φιλοσοφίαν διακεῖσθαι［对热爱智慧感到愤怒］。副词 χαλεπῶς 常同一些动词连用，构成一个整体，如 χαλεπῶς ἔχειν［生气］，χαλεπῶς διακεῖσθαι［感到愤怒］等；《牛津希-英词典》举了柏拉图在这里的这个表达，对它的解释是：to be angry。

1958 ἐπεισκεκωμακότας［他们就像无法无天的饮酒作乐者］。关于该比喻，可参见《泰阿泰德》（184a1–5）：φοβοῦμαι οὖν μὴ οὔτε τὰ λεγόμενα συνιῶμεν, τί τε διανοούμενος εἶπε πολὺ πλέον λειπώμεθα, καὶ τὸ μέγιστον, οὗ ἕνεκα ὁ λόγος ὥρμηται, ἐπιστήμης πέρι τί ποτ᾽ ἐστίν, ἄσκεπτον γένηται ὑπὸ τῶν ἐπεισκωμαζόντων λόγων, εἴ τις αὐτοῖς πείσεται.［因此我担心，一方面我们不能理解他所说的那些，另一方面当他说那些话时究竟在思考什么，我们远远跟不上；并且最重要的是，为之讨论才开始的那件事情，即关于知识它究竟是什么，会由于那些像无法无天的饮酒作乐者那样乱冲的讨论而成为未考察到的，如果有人听从它们的话。］

1959 φιλαπεχθημόνως ἔχοντας［他们是一些爱争吵的人］。φιλαπεχθημόνως ἔχειν 是词组，意思是"是爱争吵的""是好争吵的""是喜欢吵架的"；《牛津希-英词典》举了柏拉图在这里的这个表达，对它的解释是：to be quarrelsome。

1960 与之相反的情形，可参见《泰阿泰德》（173c6–174a2）：Λέγωμεν δή, ὡς ἔοικεν, ἐπεὶ σοί γε δοκεῖ, περὶ τῶν κορυφαίων· τί γὰρ ἄν τις τούς γε φαύλως διατρίβοντας ἐν φιλοσοφίᾳ λέγοι; οὗτοι δέ που ἐκ νέων πρῶτον μὲν εἰς ἀγορὰν οὐκ ἴσασι τὴν ὁδόν, οὐδὲ ὅπου δικαστήριον ἢ βουλευτήριον ἤ τι κοινὸν ἄλλο τῆς πόλεως συνέδριον· νόμους δὲ καὶ ψηφίσματα λεγόμενα ἢ γεγραμμένα οὔτε ὁρῶσιν οὔτε ἀκούουσι· σπουδαὶ δὲ ἑταιριῶν ἐπ᾽ ἀρχὰς καὶ σύνοδοι καὶ δεῖπνα καὶ σὺν αὐλητρίσι κῶμοι, οὐδὲ ὄναρ πράττειν προσίσταται αὐτοῖς. εὖ δὲ ἢ κακῶς τις γέγονεν ἐν πόλει, ἤ τί τῳ κακόν ἐστιν ἐκ προγόνων γεγονὸς ἢ πρὸς ἀνδρῶν ἢ γυναικῶν, μᾶλλον αὐτὸν λέληθεν ἢ οἱ τῆς θαλάττης λεγόμενοι χόες. καὶ ταῦτα πάντ᾽ οὐδ᾽ ὅτι οὐκ οἶδεν, οἶδεν· οὐδὲ γὰρ αὐτῶν ἀπέχεται τοῦ εὐδοκιμεῖν χάριν, ἀλλὰ τῷ ὄντι τὸ σῶμα μόνον ἐν τῇ πόλει κεῖται αὐτοῦ καὶ ἐπιδημεῖ, ἡ δὲ διάνοια, ταῦτα πάντα ἡγησαμένη σμικρὰ καὶ οὐδέν, ἀτιμάσασα πανταχῇ πέτεται κατὰ

Πίνδαρον “τᾶς τε γᾶς ὑπένερθε” καὶ τὰ ἐπίπεδα γεωμετροῦσα, “οὐρανοῦ θ’ ὕπερ” ἀστρονομοῦσα, καὶ πᾶσαν πάντῃ φύσιν ἐρευνωμένη τῶν ὄντων ἑκάστου ὅλου, εἰς τῶν ἐγγὺς οὐδὲν αὑτὴν συγκαθιεῖσα.［既然你觉得如此，那我们似乎就该谈谈那些顶尖人物；因为，对于那些在哲学上拙劣地消磨时间的人，一个人会说什么呢？而这些顶尖人物，首先从年轻时就肯定不知道通往市场的路，也不知道法院、议事厅或城邦的其他任何公共会堂在哪儿；各种法律、投票通过的议案，无论是口头的还是书面的，他们都既不会看，也不会听；而各种朋党对公职的热衷，他们的各种集会、宴饮以及同吹笛女的狂欢，甚至他们做梦都不会想到。一个人在城邦中出身好还是坏，或者是否某人从其祖先那里承负了某种恶——无论是在父系一方，还是在母系一方——，他也一向知之甚少，就像谚语所云，不知道海水有多少斗一样。就所有这些，他甚至不知道他不知道；因为他根本不是为了有名声才远离它们，相反，实际上仅仅他的身体留在和寓居于城邦里，而他的思想认为所有这些都微不足道和一文不值，它轻视它们而四处翱翔，就像品达所说“下至黄泉”测量地理，“上至穹宇”研究天文，并且从整体上研究每一是着的东西在每一方面的每一本性，从不让自己屈尊去面对那些近处的事情。］

（174b8-d3）：Τοιγάρτοι, ὦ φίλε, ἰδίᾳ τε συγγιγνόμενος ὁ τοιοῦτος ἑκάστῳ καὶ δημοσίᾳ, ὅπερ ἀρχόμενος ἔλεγον, ὅταν ἐν δικαστηρίῳ ἤ που ἄλλοθι ἀναγκασθῇ περὶ τῶν παρὰ πόδας καὶ τῶν ἐν ὀφθαλμοῖς διαλέγεσθαι, γέλωτα παρέχει οὐ μόνον Θρᾴτταις ἀλλὰ καὶ τῷ ἄλλῳ ὄχλῳ, εἰς φρέατά τε καὶ πᾶσαν ἀπορίαν ἐμπίπτων ὑπὸ ἀπειρίας, καὶ ἡ ἀσχημοσύνη δεινή, δόξαν ἀβελτερίας παρεχομένη· ἔν τε γὰρ ταῖς λοιδορίαις ἴδιον ἔχει οὐδὲν οὐδένα λοιδορεῖν, ἅτ’ οὐκ εἰδὼς κακὸν οὐδὲν οὐδενὸς ἐκ τοῦ μὴ μεμελετηκέναι· ἀπορῶν οὖν γελοῖος φαίνεται. ἔν τε τοῖς ἐπαίνοις καὶ ταῖς τῶν ἄλλων μεγαλαυχίαις οὐ προσποιήτως ἀλλὰ τῷ ὄντι γελῶν ἔνδηλος γιγνόμενος ληρώδης δοκεῖ εἶναι.［因此，朋友啊，这种人无论是私下地还是公开地与每个人交往，就像我开始时说的那样，每当他被迫在法庭上或者其他某个地方谈论那些脚边的事情和眼前的事情时，他不仅让自己成为了色雷斯妇女们的笑料，而且也成为了其他人群的笑料，因为他由于无经验而落入井里和各种各样的困境中；并且这种丢脸是可怕的，给人以愚蠢的印象。因为，在各种辱骂的场合，他没有任何自己的东西来辱骂任何人，因为他由于一向置身事外而不知道任何人的任何坏事；因而他由于不知所措而显得可笑。在各式各样地赞美和夸奖他人的场合，由于他明显不是装模作样地，而是真正地发出笑声来，所以他也看

起来是天真幼稚的。]

1961 ὁρῶντας καὶ θεωμένους[他们看向和观望],这里从前面的单数变成复数表达,可视为一种修辞手法。

1962 κατὰ λόγον[合乎道理地]是固定表达,也可以译为"按照道理""合理地";另一种选择就是直接音译为"按照逻各斯"。参见《政治家》(283c3-6):Πρῶτον τοίνυν ἴδωμεν πᾶσαν τήν τε ὑπερβολὴν καὶ τὴν ἔλλειψιν, ἵνα κατὰ λόγον ἐπαινῶμεν καὶ ψέγωμεν τὰ μακρότερα τοῦ δέοντος ἑκάστοτε λεγόμενα καὶ τἀναντία περὶ τὰς τοιάσδε διατριβάς.[那么,首先让我们看看一般说来的过度和不足,以便我们能够按照道理来赞扬和谴责下面这些事情,即关于这类讨论它们每次都比应有的说得更长及其反面。]

1963 ὅτι μάλιστα ἀφομοιοῦσθαι[尽可能地使自己与它们相似]。对观《泰阿泰德》(176a8-b3):διὸ καὶ πειρᾶσθαι χρὴ ἐνθένδε ἐκεῖσε φεύγειν ὅτι τάχιστα. φυγὴ δὲ ὁμοίωσις θεῷ κατὰ τὸ δυνατόν· ὁμοίωσις δὲ δίκαιον καὶ ὅσιον μετὰ φρονήσεως γενέσθαι.[因此,一个人必须尝试尽快地从这儿逃离到那儿。而逃离就是尽可能地与神相似,但与神相似也就是凭借明智而成为正义的和虔敬的。]

1964 ἐν πᾶσι[到处],这么翻译,是把 πᾶσι 视为中性与格复数。

1965 ἐκεῖ[〈另外〉那个地方],也可以简单译为"在那边"。

1966 ἡ δημοτικὴ ἀρετή[平民德性],也可以译为"普通德性",甚或"个人德性"。参见《斐洞》(82a10-b3):Οὐκοῦν εὐδαιμονέστατοι, ἔφη, καὶ τούτων εἰσὶ καὶ εἰς βέλτιστον τόπον ἰόντες οἱ τὴν δημοτικὴν καὶ πολιτικὴν ἀρετὴν ἐπιτετηδευκότες, ἣν δὴ καλοῦσι σωφροσύνην τε καὶ δικαιοσύνην, ἐξ ἔθους τε καὶ μελέτης γεγονυῖαν ἄνευ φιλοσοφίας τε καὶ νοῦ;[因此,甚至这些人中那些最幸福的,苏格拉底说,以及那些前往最好地方的,即那些致力于普通德性和公民德性的——他们实际上将之称为节制和正义——,岂不也只是基于习惯和训练而成为那个样子,缺乏热爱智慧和理智?]

1967 ἀληθῆ περὶ αὐτοῦ λέγομεν[我们关于这个人所说的那些都是真的],这是意译,也可以照字面意思译为"关于他我们在说真话""关于他我们在说一些真相"。

1968 καὶ πρὸς ἐκεῖν' αὖ τὸ ἐν τοῖς ἀνθρώποις ἐμποιοῖεν[〈时而〉复又看向他们会在人们身上将之塑造出来的那种东西],新校勘的牛津古典本希腊文将其中的 ἐκεῖν' 改为了 ἐκεῖνο;这句话在法国布德本希腊文中作:καὶ πρὸς ἐκεῖνο αὖ ὃ ἐν τοῖς ἀνθρώποις ἐμποιοῖεν。从新校勘的牛津古典本希腊文。

1969 τὸ ἀνδρείκελον[肉色的颜料]。形容词 ἀνδρείκελος 的本义是"像人一样

的”，由其中性而来的名词 τὸ ἀνδρείκελον 的意思则是“人像”“人的形象”，但在这里的意思则是“肉色的颜料”；《牛津希-英词典》举了柏拉图在这里的这个表达，对它的解释是：flesh-coloured pigment。

1970 参见荷马《伊利亚特》（1. 131）。对观：

《泰阿泰德》（176a5–b3）：Ἀλλ᾽ οὔτ᾽ ἀπολέσθαι τὰ κακὰ δυνατόν, ὦ Θεόδωρε – ὑπεναντίον γάρ τι τῷ ἀγαθῷ ἀεὶ εἶναι ἀνάγκη —οὔτ᾽ ἐν θεοῖς αὐτὰ ἱδρῦσθαι, τὴν δὲ θνητὴν φύσιν καὶ τόνδε τὸν τόπον περιπολεῖ ἐξ ἀνάγκης. διὸ καὶ πειρᾶσθαι χρὴ ἐνθένδε ἐκεῖσε φεύγειν ὅτι τάχιστα. φυγὴ δὲ ὁμοίωσις θεῷ κατὰ τὸ δυνατόν· ὁμοίωσις δὲ δίκαιον καὶ ὅσιον μετὰ φρονήσεως γενέσθαι.［但是，邪恶的东西既不可能消亡，忒俄多洛斯啊——因为某种东西必然总是善的东西的反面——，它们也不可能被安顿在诸神中间，而是必然绕着有死的本性和这个地方漫游。因此，一个人必须尝试尽快地从这儿逃离到那儿。而逃离就是尽可能地与神相似，但与神相似也就是凭借明智而成为正义的和虔敬的。］

《斐德若》（249b5–d3）：οὐ γὰρ ἥ γε μήποτε ἰδοῦσα τὴν ἀλήθειαν εἰς τόδε ἥξει τὸ σχῆμα. δεῖ γὰρ ἄνθρωπον συνιέναι κατ᾽ εἶδος λεγόμενον, ἐκ πολλῶν ἰὸν αἰσθήσεων εἰς ἓν λογισμῷ συναιρούμενον· τοῦτο δ᾽ ἐστὶν ἀνάμνησις ἐκείνων ἅ ποτ᾽ εἶδεν ἡμῶν ἡ ψυχὴ συμπορευθεῖσα θεῷ καὶ ὑπεριδοῦσα ἃ νῦν εἶναί φαμεν, καὶ ἀνακύψασα εἰς τὸ ὂν ὄντως. διὸ δὴ δικαίως μόνη πτεροῦται ἡ τοῦ φιλοσόφου διάνοια· πρὸς γὰρ ἐκείνοις ἀεί ἐστιν μνήμῃ κατὰ δύναμιν, πρὸς οἷσπερ θεὸς ὢν θεῖός ἐστιν. τοῖς δὲ δὴ τοιούτοις ἀνὴρ ὑπομνήμασιν ὀρθῶς χρώμενος, τελέους ἀεὶ τελετὰς τελούμενος, τέλεος ὄντως μόνος γίγνεται· ἐξιστάμενος δὲ τῶν ἀνθρωπίνων σπουδασμάτων καὶ πρὸς τῷ θείῳ γιγνόμενος, νουθετεῖται μὲν ὑπὸ τῶν πολλῶν ὡς παρακινῶν, ἐνθουσιάζων δὲ λέληθεν τοὺς πολλούς.［事实上，一个灵魂，如果它从未看到过真，那它无论如何都无法进入到人的这种形状中。因为，一个人必须把握那根据族类而被说出的东西，因为那根据族类而被说出的东西虽然来自许多的感觉，但通过思考而被聚合成了某种一；而这种根据族类而被说出的东西就是对我们的灵魂曾经看到过的那些东西的一种回忆，那时我们的灵魂同神一道游历，藐视我们现在称之为是着的那些东西，并昂首看那以是的方式是着的东西。因此，正当的就是，唯有热爱智慧的人的思想才在第三个千年重新长出翅膀；因为它总是凭借记忆尽可能地靠近那些东西，即靠近一个神由于靠近它们他才是神圣的那些东西。而一个正确地使用了这样一些回忆手段的男子，由于他持续不断地进入到各种完满的入迷中，故唯有他才真正地成为了一个完满的入迷者。但当他从人所热衷于的各种事情中摆脱出来并转而靠近神性的东西

时，他就会被众人斥责为一个在发疯的人，而众人没有注意到他其实是为神所凭附。]

1971 εἰς ὅσον ἐνδέχεται θεοφιλῆ［尽可能地是为神所喜爱的］。ἐνδέχεται 在这里作无人称动词使用；ἐνδέχομαι 的本义是"接受""认可"，作无人称动词使用则表"是可能……的"，《牛津希-英词典》举了柏拉图在这里的这个表达，对 ἐνδέχεται 的解释是：it is possible that ... 。类似的表达参见《斐德若》(271c6-8)：Αὐτὰ μὲν τὰ ῥήματα εἰπεῖν οὐκ εὐπετές· ὡς δὲ δεῖ γράφειν, εἰ μέλλει τεχνικῶς ἔχειν καθ' ὅσον ἐνδέχεται, λέγειν ἐθέλω.［一方面，恰恰那些关于它的言辞，将之说出来，这不是轻松容易的；另一方面，一个人应当如何写关于言说的技艺，假如注定要尽可能地是有技艺的话，我还是愿意说说。］

1972 见前面 474a。διατεταμένους ἐφ' ἡμᾶς ... ἰέναι［全速冲向我们］，参见前面第五卷 474a2 那里对"διατεταμένους［全速］"的注释 1749。

1973 αὐτὸ ... ἀκούοντες［当他们听了它之后］。αὐτό［它］，指代前面的"这样一种人就是各种城邦体制的绘制者"。

1974 见前面 485 以下。

1975 φήσει，法国布德本希腊文作 φήσειν，新校勘的牛津古典本希腊文同布德本，从之。φήσει 是动词 φημί［宣称 / 说］的将来时直陈式主动态第三人称单数，而 φήσειν 是将来时不定式主动态。

1976 见前面 484b-c。

1977 ἔργῳ［在行动上］，也可以译为"在事实上"。

1978 ἀμφισβητήσει［将进行争辩］，在这里也可以简单译为"将坚持""将主张"等。

1979 即"国王或掌权者的后代"。

1980 ἅπερ ἡμῖν δοκεῖ［在我们看来〈是正确的〉所有事情］，这是意译，也可以译为"我们所持有的所有这些看法"。

1981 τὸ σοφόν［我的那点小聪明］，在这里是固定表达，也可以译为"我的那点小把戏""我的那点花招"；《牛津希-英词典》举了柏拉图在这里的这个表达，对 τὸ σοφόν 的解释是：my little trick。

1982 τήν τε τῶν γυναικῶν τῆς κτήσεως δυσχέρειαν［对女人的拥有这一棘手的问题］。名词 δυσχέρεια 的本义是"厌恶""困扰"，在这里的意思则是"棘手的问题""麻烦的问题""困难"；《牛津希-英词典》举了柏拉图在这里的这个表达，对它的解释是：difficulty, troublesome question。

1983 见前面第四卷 423e 以下。

1984 见前面第五卷 451c–469a。

1985 见前面第三卷 412b–414a。

1986 παρεξιόντος καὶ παρακαλυπτομένου τοῦ λόγου［虽然讨论转过身去并且把自己的脸遮住］，这是意译，也可以译为"虽然讨论羞羞答答地把脸转到一边"；这显然是一种拟人表达。对观《斐德若》（237a4–5）：Ἐγκαλυψάμενος ἐρῶ, ἵν' ὅτι τάχιστα διαδράμω τὸν λόγον καὶ μὴ βλέπων πρὸς σὲ ὑπ' αἰσχύνης διαπορῶμαι.［我会通过蒙住脸来说，以便我尽可能快地过完我的讲辞，并且免得因瞧见你由于羞愧而不知所措。］

1987 ὡς εἰκότως［多么的合情合理］。该表达，可对观《泰阿泰德》（172c3–6）：καὶ πολλάκις μέν γε δή, ὦ δαιμόνιε, καὶ ἄλλοτε κατενόησα, ἀτὰρ καὶ νῦν, ὡς εἰκότως οἱ ἐν ταῖς φιλοσοφίαις πολὺν χρόνον διατρίψαντες εἰς τὰ δικαστήρια ἰόντες γελοῖοι φαίνονται ῥήτορες.［在其他时候我其实经常在想，非凡的人啊，而且现在也在想，下面这点是多么地合情合理啊，那就是，那些在各种哲学中消磨许多时间的人，当他们到了法庭上作为演说家时，就显得可笑！］

1988 εἰς ταὐτὸν συμφύεσθαι αὐτῆς τὰ μέρη ὀλιγάκις ἐθέλει［它的诸部分很少愿意一起出现在同一个人身上］，也可以译为"它的诸部分很少愿意在同一个人身上一起生长出来"。

1989 τὰ πολλὰ δὲ διεσπασμένη φύεται.［它通常在被打碎的情况下出现］，也可以译为"相反，在大多数情况下，它都以被撕碎的方式出现"。τὰ πολλά 在这里作副词使用，意思是"通常""多半""在大多数情况下"；参见前面 372a8 那里对"τὰ πολλά"的注释 661。διεσπασμένη 是动词 διασπάω［撕裂 / 打碎］的完成时分词被动态阴性主格单数，因而其主语是 φύσις［天性］。

1990 对观《泰阿泰德》（144a3–b7）：τὸ γὰρ εὐμαθῆ ὄντα ὡς ἄλλῳ χαλεπὸν πρᾶον αὖ εἶναι διαφερόντως, καὶ ἐπὶ τούτοις ἀνδρεῖον παρ' ὁντινοῦν, ἐγὼ μὲν οὔτ' ἂν ᾤμην γενέσθαι οὔτε ὁρῶ γιγνόμενον· ἀλλ' οἵ τε ὀξεῖς ὥσπερ οὗτος καὶ ἀγχίνοι καὶ μνήμονες ὡς τὰ πολλὰ καὶ πρὸς τὰς ὀργὰς ὀξύρροποί εἰσι, καὶ ᾄττοντες φέρονται ὥσπερ τὰ ἀνερμάτιστα πλοῖα, καὶ μανικώτεροι ἢ ἀνδρειότεροι φύονται, οἵ τε αὖ ἐμβριθέστεροι νωθροί πως ἀπαντῶσι πρὸς τὰς μαθήσεις καὶ λήθης γέμοντες. ὁ δὲ οὕτω λείως τε καὶ ἀπταίστως καὶ ἀνυσίμως ἔρχεται ἐπὶ τὰς μαθήσεις τε καὶ ζητήσεις μετὰ πολλῆς πρᾳότητος, οἷον ἐλαίου ῥεῦμα ἀψοφητὶ ῥέοντος, ὥστε θαυμάσαι τὸ τηλικοῦτον ὄντα οὕτως ταῦτα διαπράττεσθαι.［因为，敏于学习——这对于其他人来说已然难得——，同时又异常地温文尔雅，除了这些还比其他任何人都勇敢，我既未曾想到过这种事情会发生，也没

有见到它发生。相反，一方面像这个人那样敏锐、机灵且记性好的那些人，多半是非常容易冲动的，猛冲乱窜，就像没有压舱物的船那样，他们也生来就比较放肆，而不是比较勇敢；另一方面，那些比较老成持重的人在面对学习的时候则有点迟钝，并满载着遗忘。而这个人如此轻松地、不跌跌撞撞且卓有成效地前去学习和探究，带着许多的心平气和，就像油所构成的河一样无声地流淌，以至于人们会惊讶，在这样的年纪却如此地做成了这类事情。]

1991 见前面 487d-487a。

1992 αὐτό[它]，即前面 503b7 那里提到的“我们已经详述过的那种天性”。

1993 见前面第三卷 413c-414a。

1994 ἐν τοῖς ἄλλοις[在其他的事情上]，新校勘的牛津古典本希腊文同样如此，而其中的 ἄλλοις[其他的事情]在法国布德本希腊文中作 ἄθλοις[一些奋斗 / 一些竞赛]，不从。

1995 τριττὰ εἴδη ψυχῆς[灵魂中的三个阶层]，在这里也可以译为“灵魂中的三种形式”或“灵魂的三个部分”。

1996 συνεβιβάζομεν[我们检查了]。συνεβιβάζομεν 是动词 συμβιβάζω 未完成过去时直陈式主动态第一人称复数，συμβιβάζω 的本义是“放在一起”，转义为“比较”“检查”“考察”;《牛津希-英词典》举了柏拉图在这里的这个表达，对它的解释是: put together, compare, examine。

1997 见前面第四卷 435d。

1998 τῶν ... ἔμπροσθεν προειρημένων ἑπομένας ἀποδείξεις[一些与前面被预先说过的那些东西相适合的证明]，这是意译，也可以译为“一些起因于前面被预先说过的那些东西的证明”，字面意思是“跟随着前面被预先说过的那些东西的证明”。

1999 ἥκιστα προσδεῖ ἥκιστα φύλακι πόλεώς τε καὶ νόμων[最不允许出现在一个城邦及其各种法律的卫士那里]。其中的动词 προσδεῖ[允许]，法国布德本希腊文同样如此，而新校勘的牛津古典本希腊文将之改为 προσδεῖται，在这里作无人称动词使用，从之。

2000 名词 ὑπογραφή 作为法律术语，指“起诉书”“控诉书”，在这里喻为“轮廓”“画样”;《牛津希-英词典》举了柏拉图在这里的这个表达，对它的解释是: outline, sketch, general description。对观《泰阿泰德》(172d9-e4): οἱ δὲ ἐν ἀσχολίᾳ τε ἀεὶ λέγουσι – κατεπείγει γὰρ ὕδωρ ῥέον – καὶ οὐκ ἐγχωρεῖ περὶ οὗ ἂν ἐπιθυμήσωσι τοὺς λόγους ποιεῖσθαι, ἀλλ' ἀνάγκην ἔχων ὁ ἀντίδικος ἐφέστηκεν καὶ ὑπογραφὴν παραναγιγνωσκομένην ὧν ἐκτὸς οὐ ῥητέον.[另

一些人则总是没有闲暇地说话——因为滴漏计时器的水在一滴一滴地催逼——，不容许他们讨论他们所渴望的东西，而对手就站在旁边，并强迫他们只能读被核对了的起诉书，除此之外不可以说其他的。]

2001 Καὶ μάλα ... [ἄξιον τὸ διανόημα]. [并且是一个非常有价值的想法。] 希腊文方括号中的 ἄξιον τὸ διανόημα [一个有价值的想法]，伯内特认为可能是窜入，法国布德本和新校勘的牛津古典本希腊文同样如此；这里权且保留。如果删除它，那么这句话也可以简单补充译为“的确〈是可笑的〉”。

2002 ἀντιλαμβανόμενος [阻拦]，如果考虑到前面 504e6 那里的动词 ἀφεῖναι [放过]，也可以转译为“不放过我”“不让我走”“拒绝让我走”；单就这个词，甚至也可以补充译为“打断〈谈话〉”。

2003 ἐμοὶ πράγματα παρέχειν [给我制造麻烦]。πράγματα παρέχειν τινί 是固定用法，意思是“给某人造成困难”“给某人造成麻烦”。参见：

《克里同》(44e2-6)：ἆρά γε μὴ ἐμοῦ προμηθῇ καὶ τῶν ἄλλων ἐπιτηδείων μή, ἐὰν σὺ ἐνθένδε ἐξέλθῃς, οἱ συκοφάνται ἡμῖν πράγματα παρέχωσιν ὡς σὲ ἐνθένδε ἐκκλέψασιν, καὶ ἀναγκασθῶμεν ἢ καὶ πᾶσαν τὴν οὐσίαν ἀποβαλεῖν ἢ συχνὰ χρήματα, ἢ καὶ ἄλλο τι πρὸς τούτοις παθεῖν; [莫非你在预先担心我和其他那些挚友们，如果你从这儿离开了，一些告密者会给我们带来各种麻烦，因为我们暗中把你从这儿弄走，并且我们要么被迫失去全部产业，要么失去许多钱财，甚或在这些之外还要遭受其他某种东西？]

《斐德若》(254a3-7)：ὁ δὲ οὔτε κέντρων ἡνιοχικῶν οὔτε μάστιγος ἔτι ἐντρέπεται, σκιρτῶν δὲ βίᾳ φέρεται, καὶ πάντα πράγματα παρέχων τῷ σύζυγί τε καὶ ἡνιόχῳ ἀναγκάζει ἰέναι τε πρὸς τὰ παιδικὰ καὶ μνείαν ποιεῖσθαι τῆς τῶν ἀφροδισίων χάριτος. [而另外那匹马，无论是御者的马刺，还是鞭子，它都不再将之当回事，而是一跃而起，猛地往前冲，由此既给它同轭的伙伴也给御者带来无尽的麻烦，强迫他俩走向那心爱的少年，并且对他提及那属于阿佛洛狄忒的快乐。]

2004 ᾗ ... προσχρησάμενα [通过另外使用了它]，ᾗ [它]，即 ἡ τοῦ ἀγαθοῦ ἰδέα [善之理念]。προσχρησάμενα 在这里是动词 προσχράομαι 的一次性过去时分词中动态中性主格复数；关于 προσχράομαι 的用法，参见前面第一卷 346c6 那里对“τινι τῷ αὐτῷ προσχρώμενοι [由于另外使用了某种同样的东西]”的注释 335。

2005 对观《泰阿泰德》(156a2-3)：Εἰσὶν γάρ, ὦ παῖ, μάλ' εὖ ἄμουσοι· ἄλλοι δὲ πολὺ κομψότεροι, ὧν μέλλω σοι τὰ μυστήρια λέγειν. [孩子啊，因为他们都刚好是一群没文化的人；但另外一些人则优雅得多，我打算对你说说他们的

那些秘密。]

2006 对观《菲勒玻斯》(11b4–c2):Φίληβος μὲν τοίνυν ἀγαθὸν εἶναί φησι τὸ χαίρειν πᾶσι ζῴοις καὶ τὴν ἡδονὴν καὶ τέρψιν, καὶ ὅσα τοῦ γένους ἐστὶ τούτου σύμφωνα· τὸ δὲ παρ' ἡμῶν ἀμφισβήτημά ἐστι μὴ ταῦτα, ἀλλὰ τὸ φρονεῖν καὶ τὸ νοεῖν καὶ μεμνῆσθαι καὶ τὰ τούτων αὖ συγγενῆ, δόξαν τε ὀρθὴν καὶ ἀληθεῖς λογισμούς, τῆς γε ἡδονῆς ἀμείνω καὶ λῴω γίγνεσθαι σύμπασιν ὅσαπερ αὐτῶν δυνατὰ μεταλαβεῖν· δυνατοῖς δὲ μετασχεῖν ὠφελιμώτατον ἁπάντων εἶναι πᾶσι τοῖς οὖσί τε καὶ ἐσομένοις.[那好,一方面,菲勒玻斯说,对于一切活物而言,善就是享受、快乐和愉悦,以及所有其他与此类事情相一致的东西。另一方面,从我们这儿而来的异议是,它不是这些,而是具有明智、进行理解、已经想起,以及复又与这些同家族的那些东西,如正确的判断和各种真实的计算,它们对于所有那些能够取得它们的活物来说都肯定会变得比快乐是更好的和更值得拥有的;而对于所有那些能够分有它们的活物来说——无论是对于那些正是着的,还是对于那些将是着的——,它们都是所有一切中最为有益的。]

2007 αὐτό[它],即"善";基于上下文,将之理解和翻译为"明智"也是可以的。

2008 ἐλάττονος πλάνης ἔμπλεῳ[充满了较少的误入歧途],也可以译为"充满了较小的错乱"。名词 πλάνη 的本义是"漫游""飘荡",喻为"误入歧途";《牛津希–英词典》举了柏拉图在这里的这个表达,对它的解释是 going astray。

2009 κἂν <εἰ> μὴ εἴη[即使它们可能并不是〈如此〉]。希腊文尖括号中的小词 εἰ,是编辑校勘者根据文义加的,新校勘的牛津古典本希腊文同样如此;这句话在法国布德本希腊文作 κἂν μὴ ᾖ,不从。

2010 对观《泰阿泰德》(172a1–b6):Οὐκοῦν καὶ περὶ πολιτικῶν, καλὰ μὲν καὶ αἰσχρὰ καὶ δίκαια καὶ ἄδικα καὶ ὅσια καὶ μή, οἷα ἂν ἑκάστη πόλις οἰηθεῖσα θῆται νόμιμα αὑτῇ, ταῦτα καὶ εἶναι τῇ ἀληθείᾳ ἑκάστῃ, καὶ ἐν τούτοις μὲν οὐδὲν σοφώτερον οὔτε ἰδιώτην ἰδιώτου οὔτε πόλιν πόλεως εἶναι· ἐν δὲ τῷ συμφέροντα ἑαυτῇ ἢ μὴ συμφέροντα τίθεσθαι, ἐνταῦθ', εἴπερ που, αὖ ὁμολογήσει σύμβουλόν τε συμβούλου διαφέρειν καὶ πόλεως δόξαν ἑτέραν ἑτέρας πρὸς ἀλήθειαν, καὶ οὐκ ἂν πάνυ τολμήσειε φῆσαι, ἃ ἂν θῆται πόλις συμφέροντα οἰηθεῖσα αὑτῇ, παντὸς μᾶλλον ταῦτα καὶ συνοίσειν· ἀλλ' ἐκεῖ οὗ λέγω, ἐν τοῖς δικαίοις καὶ ἀδίκοις καὶ ὁσίοις καὶ ἀνοσίοις, ἐθέλουσιν ἰσχυρίζεσθαι ὡς οὐκ ἔστι φύσει αὐτῶν οὐδὲν οὐσίαν ἑαυτοῦ ἔχον, ἀλλὰ τὸ κοινῇ δόξαν τοῦτο γίγνεται ἀληθὲς τότε, ὅταν δόξῃ καὶ ὅσον ἂν δοκῇ χρόνον.[那么,关于城邦的各种事情也肯定如此,各种美

好和丑陋的事情、正义和不正义的事情以及虔敬和不虔敬的事情，每个城邦因认为是这类东西而会将之设立为对自己合法的，这些东西也就真的对它是合法的；并且在这些事情上，既没有一个普通人比另一个普通人，也没有一个城邦比另一个城邦，是更为智慧的。但在确立对城邦自己有利的事情或不利的事情上，在这儿——如果有什么地方的话——，那种说法还是会再次承认，一个顾问胜过另一个顾问，一个城邦的意见胜过另一城邦的意见，就真来说；并且绝不敢说，一个城邦因认为对自己有利而为自己设立的，这些东西甚至就必定对它有利。然而在我说的那儿，即在那些正义和不正义的事情、虔敬和不虔敬的事情那儿，一些人想极力坚持它们中没有一个是在本性上带有它自己的所是的东西，相反，共同的意见，当它将被认为，并且还将会被认为好一段时间，那时这种东西就变成了真的。]

2011 “它”，即“善”。对观《菲勒玻斯》（20d1–10）：{ΣΩ.} Τὴν τἀγαθοῦ μοῖραν πότερον ἀνάγκη τέλεον ἢ μὴ τέλεον εἶναι; {ΠΡΩ.} Πάντων δήπου τελεώτατον, ὦ Σώκρατες. {ΣΩ.} Τί δέ; ἱκανὸν τἀγαθόν; {ΠΡΩ.} Πῶς γὰρ οὔ; καὶ πάντων γε εἰς τοῦτο διαφέρειν τῶν ὄντων. {ΣΩ.} Τόδε γε μήν, ὡς οἶμαι, περὶ αὐτοῦ ἀναγκαιότατον εἶναι λέγειν, ὡς πᾶν τὸ γιγνῶσκον αὐτὸ θηρεύει καὶ ἐφίεται βουλόμενον ἑλεῖν καὶ περὶ αὑτὸ κτήσασθαι, καὶ τῶν ἄλλων οὐδὲν φροντίζει πλὴν τῶν ἀποτελουμένων ἅμα ἀγαθοῖς.［苏格拉底：善，就其应得的份额来说，必然是完满的呢，还是不完满的？普洛塔尔科斯：无疑是一切中最完满的，苏格拉底啊。苏格拉底：然后呢？善是充足的吗？普洛塔尔科斯：为何不？而且恰恰在这点上它无论如何都胜过所有其他是着的东西。苏格拉底：而且如我所认为的那样，对之说出下面这点乃是最必然的，那就是：所有认识它的，都追求和渴望它，想把它弄到手，以及为了它自身而拥有它，并且不操心其他任何东西，除了那些伴随着诸善而被完成的东西之外。]

2012 τι εἶναι［是件大事］是固定表达，参见前面 455c8 那里对“τι δοκεῖ τὸ γυναικεῖον γένος εἶναι［女性的族类倒是名声在外］”的注释 1543。

2013 πολλοῦ ἄξιος 是固定搭配，字面意思是“非常值得”“所值甚多”。参见《克里同》（46b1–3）：Ὦ φίλε Κρίτων, ἡ προθυμία σου πολλοῦ ἀξία εἰ μετά τινος ὀρθότητος εἴη· εἰ δὲ μή, ὅσῳ μείζων τοσούτῳ χαλεπωτέρα.［亲爱的克里同啊，你的热心所值甚多，如果它是带有某种正确性的话；但如果没有，那么，它有多大就有多让人为难。]

2014 Οὗτος ...ἀνήρ［你啊……你这家伙］。指示代词 οὗτος 与名词 ἀνήρ 连用，是用第三人称代替第二人称，表一种轻蔑的口气。

2015 καλῶς ἦσθα καὶ πάλαι καταφανὴς ὅτι［其实很久以前你就已经对下面这点是完完全全清楚的］，副词 καλῶς 在这里等于 πάνυ，《牛津希–英词典》对它的这一用法的解释是：thoroughly, altogether。当然，如果把 καλῶς ἦσθα 同前面的 ἀνήρ 视为一个整体，这句话也可以译为“你真了不起！并且下面这点早已是一清二楚的”。

2016 对观《泰阿泰德》（201b7–c2）：Οὐκοῦν ὅταν δικαίως πεισθῶσιν δικασταὶ περὶ ὧν ἰδόντι μόνον ἔστιν εἰδέναι, ἄλλως δὲ μή, ταῦτα τότε ἐξ ἀκοῆς κρίνοντες, ἀληθῆ δόξαν λαβόντες, ἄνευ ἐπιστήμης ἔκριναν, ὀρθὰ πεισθέντες, εἴπερ εὖ ἐδίκασαν;［因此，每当陪审员们关于那些只能通过看而不能以其他方式才知道的事情被正当地说服了，那么，那时他们虽然只是基于听就对这些事情做出剖判、获得一个真的判断，但他们岂不是在没有知识的情况下就进行了剖判，即使他们被正确地说服了——假如他们判决得好的话——？］

《斐德若》（270d9–e5）：Ἡ γοῦν ἄνευ τούτων μέθοδος ἐοίκοι ἂν ὥσπερ τυφλοῦ πορείᾳ. ἀλλ' οὐ μὴν ἀπεικαστέον τόν γε τέχνῃ μετιόντα ὁτιοῦν τυφλῷ οὐδὲ κωφῷ, ἀλλὰ δῆλον ὡς, ἄν τῴ τις τέχνῃ λόγους διδῷ, τὴν οὐσίαν δείξει ἀκριβῶς τῆς φύσεως τούτου πρὸς ὃ τοὺς λόγους προσοίσει· ἔσται δέ που ψυχὴ τοῦτο.［无论如何，缺乏这些的那种行事方法，它看起来就恰是一位瞎子的旅行。但是，那通过技艺来追寻任何事情的人，他一定既不应像一个瞎子，也不应像一个聋子；相反，下面这点是显而易见的，那就是：如果一个人要通过技艺来把诸言辞传授给某个其他的人，那么，他就要准确地揭示出他把诸言辞向之呈报的那种东西的本性之所是。而这种东西肯定就将是灵魂。］

2017 ὅπως μή 是固定表达，本义是“免得”“以免”，这里根据上下文将之意译为“担心”。

2018 τὸ νῦν εἶναι［现在］是一个整体，等于 τὸ νῦν，τὰ νῦν。参见《拉刻斯》（201b6–c3）：Ἐμοὶ μὲν ἀρέσκει, ὦ Σώκρατες, ἃ λέγεις· καὶ ἐθέλω, ὅσῳπερ γεραίτατός εἰμι, τοσούτῳ προθυμότατα μανθάνειν μετὰ τῶν νεανίσκων. ἀλλά μοι οὑτωσὶ ποίησον· αὔριον ἕωθεν ἀφίκου οἴκαδε καὶ μὴ ἄλλως ποιήσῃς, ἵνα βουλευσώμεθα περὶ αὐτῶν τούτων, τὸ δὲ νῦν εἶναι τὴν συνουσίαν διαλύσωμεν.［我确实感到满意，苏格拉底啊，对你所说的。并且我也愿意，在这儿我年龄是最大的，有多大，也就有多最热忱地同年轻人们一道进行学习。但请你为我这样做：明天清晨就请你到我家里来，并且你不要拒绝，以便我们就这些事情进行商量。而现在，让我们今天的聚会就此结束吧。］

2019 这里的相关表达，可对观：《斐洞》（99d4–e6）：Ἔδοξε τοίνυν μοι, ἦ δ' ὅς,

μετὰ ταῦτα, ἐπειδὴ ἀπειρήκη τὰ ὄντα σκοπῶν, δεῖν εὐλαβηθῆναι μὴ πάθοιμι ὅπερ οἱ τὸν ἥλιον ἐκλείποντα θεωροῦντες καὶ σκοπούμενοι πάσχουσιν· διαφθείρονται γάρ που ἔνιοι τὰ ὄμματα, ἐὰν μὴ ἐν ὕδατι ἤ τινι τοιούτῳ σκοπῶνται τὴν εἰκόνα αὐτοῦ. τοιοῦτόν τι καὶ ἐγὼ διενοήθην, καὶ ἔδεισα μὴ παντάπασι τὴν ψυχὴν τυφλωθείην βλέπων πρὸς τὰ πράγματα τοῖς ὄμμασι καὶ ἑκάστῃ τῶν αἰσθήσεων ἐπιχειρῶν ἅπτεσθαι αὐτῶν. ἔδοξε δή μοι χρῆναι εἰς τοὺς λόγους καταφυγόντα ἐν ἐκείνοις σκοπεῖν τῶν ὄντων τὴν ἀλήθειαν.［于是，在我看来，苏格拉底说，此后，既然我已经放弃了观看诸是者，就应留心不要遭受那些在日食时凝望和观看太阳的人所遭受的那些事情。因为他们中的一些人肯定会毁掉眼睛，除非他们观看它在水中或其他诸如此类的东西中的影像。我也考虑到了某种这样的事情，即害怕当我用眼睛去看诸事物以及尝试用诸感官中的每个去把握它们时，我的灵魂会完全瞎掉。因此，我认为必须逃到诸道理那儿求庇护，并靠它们去观看诸是者之真。］

《斐德若》（246a3-6）：Περὶ μὲν οὖν ἀθανασίας αὐτῆς ἱκανῶς· περὶ δὲ τῆς ἰδέας αὐτῆς ὧδε λεκτέον. οἷον μέν ἐστι, πάντῃ πάντως θείας εἶναι καὶ μακρᾶς διηγήσεως, ᾧ δὲ ἔοικεν, ἀνθρωπίνης τε καὶ ἐλάττονος· ταύτῃ οὖν λέγωμεν.［因此，关于灵魂的不朽，已经说得够充分了；而关于它的形相，则必须得如下面这样来说一说。一方面，说它是何种样子，这在每一种方式上都彻头彻尾地属于一种属神的叙述，并且该叙述还很长；另一方面，说它看起来像什么，这则属于一种属人的叙述，并且该叙述较短。因此，就让我们以后面这种方式来说一说吧。］

2020 τοὺς τόκους μόνον［只是一些利息而已］，这是一句双关语。名词 τόκος 的本义是“生产”“分娩”，因而除了具有“后代”的意思之外，还转义为放债所生的利息，如词组 τόκοι τόκων 的意思就是“复利”，即利息所生的利。参见《政治家》（267a1-3）：Καλῶς καὶ καθαπερεὶ χρέος ἀπέδωκάς μοι τὸν λόγον, προσθεὶς τὴν ἐκτροπὴν οἷον τόκον καὶ ἀναπληρώσας αὐτόν.［说得好，并且就像债务一样你把说明还给了我，你还加上了离题——好像一份利息似的——，并由此使它变得完整。］

2021 见前面第五卷 475e-476a。

2022 ἕκαστα οὕτως εἶναι［任何〈别的〉东西也都是如此］，οὕτως εἶναι［是如此］，即 πολλὰ εἶναι［是许多的］。

2023 对观《斐洞》（75c6-d4）：Οὐκοῦν εἰ μὲν λαβόντες αὐτὴν πρὸ τοῦ γενέσθαι ἔχοντες ἐγενόμεθα, ἠπιστάμεθα καὶ πρὶν γενέσθαι καὶ εὐθὺς γενόμενοι οὐ μόνον τὸ ἴσον καὶ τὸ μεῖζον καὶ τὸ ἔλαττον ἀλλὰ καὶ σύμπαντα τὰ τοιαῦτα; οὐ γὰρ περὶ τοῦ ἴσου νῦν ὁ λόγος ἡμῖν μᾶλλόν τι ἢ καὶ περὶ αὐτοῦ τοῦ καλοῦ καὶ αὐτοῦ τοῦ ἀγαθοῦ καὶ δικαίου καὶ ὁσίου καί, ὅπερ λέγω, περὶ ἁπάντων οἷς ἐπισφραγιζόμεθα τὸ "αὐτὸ ὃ ἔστι" καὶ ἐν ταῖς ἐρωτήσεσιν ἐρωτῶντες καὶ ἐν ταῖς ἀποκρίσεσιν ἀποκρινόμενοι. ὥστε ἀναγκαῖον ἡμῖν τούτων πάντων τὰς ἐπιστήμας πρὸ τοῦ γενέσθαι εἰληφέναι. [因此，如果由于我们在出生之前就拥有它而带着它出生，那么，我们岂不在出生之前以及一出生立马就不仅知道相等、更大、更小，而且也知道所有诸如此类的东西？因为我们现在的讨论不仅涉及相等本身，而且更是涉及美本身、善本身、正义本身和虔敬本身；如我所说的，涉及在进行问答时在各种追问和各种回答中我们把"它是什么"这个标记印到其身上的所有东西。因此，我们必然在出生前就已经获得了关于所有这些的各种知识。]

《菲勒玻斯》(16a5–17a5)：Θεῶν μὲν εἰς ἀνθρώπους δόσις, ὥς γε καταφαίνεται ἐμοί, ποθὲν ἐκ θεῶν ἐρρίφη διά τινος Προμηθέως ἅμα φανοτάτῳ τινὶ πυρί· καὶ οἱ μὲν παλαιοί, κρείττονες ἡμῶν καὶ ἐγγυτέρω θεῶν οἰκοῦντες, ταύτην φήμην παρέδοσαν, ὡς ἐξ ἑνὸς μὲν καὶ πολλῶν ὄντων τῶν ἀεὶ λεγομένων εἶναι, πέρας δὲ καὶ ἀπειρίαν ἐν αὐτοῖς σύμφυτον ἐχόντων. δεῖν οὖν ἡμᾶς τούτων οὕτω διακεκοσμημένων ἀεὶ μίαν ἰδέαν περὶ παντὸς ἑκάστοτε θεμένους ζητεῖν — εὑρήσειν γὰρ ἐνοῦσαν — ἐὰν οὖν μεταλάβωμεν, μετὰ μίαν δύο, εἴ πως εἰσί, σκοπεῖν, εἰ δὲ μή, τρεῖς ἤ τινα ἄλλον ἀριθμόν, καὶ τῶν ἓν ἐκείνων ἕκαστον πάλιν ὡσαύτως, μέχριπερ ἂν τὸ κατ' ἀρχὰς ἓν μὴ ὅτι ἓν καὶ πολλὰ καὶ ἄπειρά ἐστι μόνον ἴδῃ τις, ἀλλὰ καὶ ὁπόσα· τὴν δὲ τοῦ ἀπείρου ἰδέαν πρὸς τὸ πλῆθος μὴ προσφέρειν πρὶν ἄν τις τὸν ἀριθμὸν αὐτοῦ πάντα κατίδῃ τὸν μεταξὺ τοῦ ἀπείρου τε καὶ τοῦ ἑνός, τότε δ' ἤδη τὸ ἓν ἕκαστον τῶν πάντων εἰς τὸ ἄπειρον μεθέντα χαίρειν ἐᾶν. οἱ μὲν οὖν θεοί, ὅπερ εἶπον, οὕτως ἡμῖν παρέδοσαν σκοπεῖν καὶ μανθάνειν καὶ διδάσκειν ἀλλήλους· οἱ δὲ νῦν τῶν ἀνθρώπων σοφοὶ ἓν μέν, ὅπως ἂν τύχωσι, καὶ πολλὰ θᾶττον καὶ βραδύτερον ποιοῦσι τοῦ δέοντος, μετὰ δὲ τὸ ἓν ἄπειρα εὐθύς, τὰ δὲ μέσα αὐτοὺς ἐκφεύγει — οἷς διακεχώρισται τό τε διαλεκτικῶς πάλιν καὶ τὸ ἐριστικῶς ἡμᾶς ποιεῖσθαι πρὸς ἀλλήλους τοὺς λόγους. [作为诸神对人的一种馈赠，至少对我显得如此，它同一种极其光芒四射的火一道，由一位普罗米修斯从诸神的某个地方扔给我们；并且一些古人——他们比我们更强有力，并且住得也离诸神更近——，曾传下来了这种传闻，那就是：那些总是被称作是着的东西，一方面，它们都是出于一和多，另一方面，它们在它们自身那儿就与生俱来地具有限度和无限。因此，既然这些已经如此这般地被安排了，那关于它们每个我们在任何时候都必须总是设

定一种形式，并探寻它——因为我们将发现它是内在于其中的——；于是，如果我们把握到了它，那么，就必须在一种形式之后探知二种形式，假如它们无论如何都是着的话，不然的话，就考察三种形式或其他某个数，并且进而以同样的方式探知那些一中的每一个，直到一个人看到原初的一不仅仅是一、多和无限，而且究竟是多少为止。然而，不要把无限这种形式应用到众多身上，在一个人看清楚它的所有数，即无限和一之间的所有数之前，而只有到那时，他才允许一切中的每个一进入到无限中，听之任之。因此，一方面，诸神，正如我所说的，就以这种方式把考察、学习和相互教导这些方法传给了我们。另一方面，现今人们当中的一些智慧者，一则他们随随便便地设立一，以及多，并且同应然的相比，不是做得过快，就是做得过慢；一则在一之后，他们径直设立无限，而各种中间的东西逃离了他们——但正是通过这些中间的东西，才区分出了我们彼此之间究竟是以对话的方式在进行讨论呢，还是复又以争吵的方式在进行讨论——。]

2024 关于"看"和"听"，尤其是"看"在诸感觉中的重要性，可对观：《斐洞》（65a9–b6）：Τί δὲ δὴ περὶ αὐτὴν τὴν τῆς φρονήσεως κτῆσιν; πότερον ἐμπόδιον τὸ σῶμα ἢ οὔ, ἐάν τις αὐτὸ ἐν τῇ ζητήσει κοινωνὸν συμπαραλαμβάνῃ; οἷον τὸ τοιόνδε λέγω· ἆρα ἔχει ἀλήθειάν τινα ὄψις τε καὶ ἀκοὴ τοῖς ἀνθρώποις, ἢ τά γε τοιαῦτα καὶ οἱ ποιηταὶ ἡμῖν ἀεὶ θρυλοῦσιν, ὅτι οὔτ᾽ ἀκούομεν ἀκριβὲς οὐδὲν οὔτε ὁρῶμεν; καίτοι εἰ αὗται τῶν περὶ τὸ σῶμα αἰσθήσεων μὴ ἀκριβεῖς εἰσιν μηδὲ σαφεῖς, σχολῇ αἵ γε ἄλλαι· πᾶσαι γάρ που τούτων φαυλότεραί εἰσιν.［而就真正的知识之获取本身而言，又是怎样的呢？身体是一种障碍呢，抑或不是，当一个人在探究中将它接纳为伙伴时？我的意思是这样，例如：对于人而言，视觉和听觉具有某种真吗，还是如诗人们就这些总是对我们喋喋不休说的那样，我们既无法准确地听，也无法准确地看？在同身体相关的诸感觉中，如果真的连它俩都不是准确的和清楚的，那就更甭提别的了；因为所有其他的感觉肯定都比这两者差。］

《大希庇阿斯》（297e5–298a8）：εἰ ὃ ἂν χαίρειν ἡμᾶς ποιῇ, μήτι πάσας τὰς ἡδονάς, ἀλλ᾽ ὃ ἂν διὰ τῆς ἀκοῆς καὶ τῆς ὄψεως, τοῦτο φαῖμεν εἶναι καλόν, πῶς τι ἄρ᾽ ἂν ἀγωνιζοίμεθα; οἵ τέ γέ που καλοὶ ἄνθρωποι, ὦ Ἱππία, καὶ τὰ ποικίλματα πάντα καὶ τὰ ζωγραφήματα καὶ τὰ πλάσματα τέρπει ἡμᾶς ὁρῶντας, ἃ ἂν καλὰ ᾖ· καὶ οἱ φθόγγοι οἱ καλοὶ καὶ ἡ μουσικὴ σύμπασα καὶ οἱ λόγοι καὶ αἱ μυθολογίαι ταὐτὸν τοῦτο ἐργάζονται, ὥστ᾽ εἰ ἀποκριναίμεθα τῷ θρασεῖ ἐκείνῳ ἀνθρώπῳ ὅτι Ὦ γενναῖε, τὸ καλόν ἐστι τὸ δι᾽ ἀκοῆς τε καὶ δι᾽ ὄψεως ἡδύ, οὐκ ἂν οἴει αὐτὸν τοῦ θράσους ἐπίσχοιμεν; [如果，那能够使我们感到快乐的东西——当然不是指所有的快乐，而只是那能够通过听觉和视觉而使我们感到快乐的快乐——，我们说这种东西是美的，那么，我们在竞赛中能够如何以及取得何种奖励呢？无论如何，那些美的人，希庇阿斯啊，以及所有的装饰品、各种各样的绘画和雕塑，当我们观看它们时它们都让我们感到喜悦——如果它们是美的——，而那些美的声音、所有的音乐、各种各样的谈话以及讲故事，也达成了同样的这种结果；因此，如果我们这样回答那个粗野的人，那就是，高贵的人啊，美是通过听觉以及通过视觉而来的快乐，那么，难道你不认为我们会抑制住他的那种粗野吗？]

《斐德若》(250c7-e1)：Ταῦτα μὲν οὖν μνήμῃ κεχαρίσθω, δι᾽ ἣν πόθῳ τῶν τότε νῦν μακρότερα εἴρηται· περὶ δὲ κάλλους, ὥσπερ εἴπομεν, μετ᾽ ἐκείνων τε ἔλαμπεν ὄν, δεῦρό τ᾽ ἐλθόντες κατειλήφαμεν αὐτὸ διὰ τῆς ἐναργεστάτης αἰσθήσεως τῶν ἡμετέρων στίλβον ἐναργέστατα. ὄψις γὰρ ἡμῖν ὀξυτάτη τῶν διὰ τοῦ σώματος ἔρχεται αἰσθήσεων, ᾗ φρόνησις οὐχ ὁρᾶται – δεινοὺς γὰρ ἂν παρεῖχεν ἔρωτας, εἴ τι τοιοῦτον ἑαυτῆς ἐναργὲς εἴδωλον παρείχετο εἰς ὄψιν ἰόν – καὶ τἆλλα ὅσα ἐραστά· νῦν δὲ κάλλος μόνον ταύτην ἔσχε μοῖραν, ὥστ᾽ ἐκφανέστατον εἶναι καὶ ἐρασμιώτατον. [好吧，一方面，就让这些成为对记忆的一种致敬吧，由于它的缘故，出于对那时的那些事情的渴望，它们现在被说得过于长了些；另一方面，关于美，就像我们说过的那样，它在那些显象中间熠熠生辉，当我们来到尘世这儿之后，通过我们的各种感官中那最为杰出的感官，我们依然把握到了它在最明亮地闪耀。的确，对于我们来说，由身体而来的诸感觉中视觉是最敏锐的，尽管用它明智无法被看到——因为，明智会产生出各种可怕的爱欲来，假如它也能如美那样提供出某种如此这般清楚的它自己的图像而进入到视觉中的话——，其他所有那些值得爱的东西也同样如此。而事实上唯有美具有这种命份，以至于它是最能彰显自己的东西和最能唤起爱欲的东西。]

以及亚里士多德《形而上学》(980a21-b25)：Πάντες ἄνθρωποι τοῦ εἰδέναι ὀρέγονται φύσει. σημεῖον δ᾽ ἡ τῶν αἰσθήσεων ἀγάπησις· καὶ γὰρ χωρὶς τῆς χρείας ἀγαπῶνται δι᾽ αὑτάς, καὶ μάλιστα τῶν ἄλλων ἡ διὰ τῶν ὀμμάτων. οὐ γὰρ μόνον ἵνα πράττωμεν ἀλλὰ καὶ μηθὲνμέλλοντες πράττειν τὸ ὁρᾶν αἱρούμεθα ἀντὶ πάντων ὡς εἰπεῖν τῶν ἄλλων. αἴτιον δ᾽ ὅτι μάλιστα ποιεῖ γνωρίζειν ἡμᾶς αὕτη τῶν αἰσθήσεων καὶ πολλὰς δηλοῖ διαφοράς. φύσει μὲν οὖν αἴσθησιν ἔχοντα γίγνεται τὰ ζῷα, ἐκ δὲ τῆς αἰσθήσεως τοῖς μὲν αὐτῶν οὐκ ἐγγίγνεται μνήμη, τοῖς δ᾽ ἐγγίγνεται.καὶ διὰ τοῦτο τὰ μὲν φρονιμ<ώτερ>α τὰ δὲ μαθητικώτερα τῶν μὴ δυναμένων μνημονεύειν ἐστί, φρόνιμα μὲν ἄνευ τοῦ μανθάνειν ὅσα μὴ δύναται τῶν ψόφων ἀκούειν (οἷον μέλιττα κἂν εἴ τι τοιοῦτον ἄλλο γένος ζῴων ἔστι), μανθάνειδ' ὅσα πρὸς τῇ μνήμῃ καὶ ταύτην ἔχει τὴν αἴσθησιν.［所有人在本性上都渴望知道。对诸感觉的喜爱就是一种证据。因为即使抛开用处，它们也会因其自身而被喜爱；并且同其他感觉相比，由眼睛而来的感觉尤胜。因为不仅为了我们有所行动，而且当不打算行动时也几乎可以说同所有其他感觉相比我们宁愿选择看。原因在于，在诸感觉中它最能让我们进行认识，并揭示出许多的不同。在本性上动物的确生来就具有感觉，但在它们中的一些那儿，没有从感觉中生成出记忆来，在另一些那儿则生成了出来。因此，同那些不能够进行记忆的相比，后者中一些更为明智，一些则更能进行学习。那些不能听见声响的，虽然明智，但不能进行学习（如蜜蜂，以及生物中其他某个可能这样的属类）；而那些除了记忆之外还具有这种感觉的，则可以进行学习。］

2025 ταῖς ἄλλαις αἰσθήσεσι［用其他的感官］。名词 αἴσθησις 一般指“感觉”，但其复数则指“感官”。参见：

《泰阿泰德》（184d1-5）：Δεινὸν γάρ που, ὦ παῖ, εἰ πολλαί τινες ἐν ἡμῖν ὥσπερ ἐν δουρείοις ἵπποις αἰσθήσεις ἐγκάθηνται, ἀλλὰ μὴ εἰς μίαν τινὰ ἰδέαν, εἴτε ψυχὴν εἴτε ὅτι δεῖ καλεῖν, πάντα ταῦτα συντείνει, ᾗ διὰ τούτων οἷον ὀργάνων αἰσθανόμεθα ὅσα αἰσθητά.［这也太令人吃惊了，孩子啊，如果许多的感官埋伏在我们身上就像埋伏在一些木马中那样，但所有这些感官并不趋向某个单一的理念——既可以将之称为灵魂，也可以将之称为别的什么——，我们用它通过这些如工具一样的感官来感觉所有可感的东西。］

《政治家》（285d9-286a4）：ἀλλ' οἶμαι τοὺς πλείστους λέληθεν ὅτι τοῖς μὲν τῶν ὄντων ῥᾳδίως καταμαθεῖν αἰσθηταί τινες ὁμοιότητες πεφύκασιν, ἃς οὐδὲν χαλεπὸν δηλοῦν, ὅταν αὐτῶν τις βουληθῇ τῷ λόγον αἰτοῦντι περί του μὴ μετὰ πραγμάτων ἀλλὰ χωρὶς λόγου ῥᾳδίως ἐνδείξασθαι· τοῖς δ' αὖ μεγίστοις οὖσι καὶ τιμιωτάτοις οὐκ ἔστιν εἴδωλον οὐδὲν πρὸς τοὺς ἀνθρώπους εἰργασμένον ἐναργῶς, οὗ δειχθέντος τὴν τοῦ πυνθανομένου ψυχὴν ὁ βουλόμενος ἀποπληρῶσαι, πρὸς τῶν αἰσθήσεών τινα προσαρμόττων, ἱκανῶς πληρώσει.［但我认为大多数人都没有注意到下面这点，那就是：一方面，对于诸是者中的一些来说，它们的某些可感的相似性生来就容易被理解，也不难被显明，每当一个人想不带任何困难而无需说明地轻松进行展示时——将之展示给那索取关于它们的中的某个的一种说明的人；而另一方面，对于一些最重大的和最受敬重的是者来说，则根本没有任何图像被可见地准备给了人——当它被展示出

来后，那想使询问者的灵魂得到满足的人，通过使之与诸感官中的某个相适合而充分地满足它——。]

2026 τὴν τοῦ ὁρᾶν τε καὶ ὁρᾶσθαι δύναμιν [看和被看之能力]。对观《泰阿泰德》(156a5-7)：τῆς δὲ κινήσεως δύο εἴδη, πλήθει μὲν ἄπειρον ἑκάτερον, δύναμιν δὲ τὸ μὲν ποιεῖν ἔχον, τὸ δὲ πάσχειν. [但运动有两种，一方面两者各自在数量上都是无限的，一方面其中一种具有施动能力，一种则具有受动能力。]

2027 对观《泰阿泰德》(156d3-e7)：ἐπειδὰν οὖν ὄμμα καὶ ἄλλο τι τῶν τούτῳ συμμέτρων πλησιάσαν γεννήσῃ τὴν λευκότητά τε καὶ αἴσθησιν αὐτῇ σύμφυτον, ἃ οὐκ ἄν ποτε ἐγένετο ἑκατέρου ἐκείνων πρὸς ἄλλο ἐλθόντος, τότε δὴ μεταξὺ φερομένων τῆς μὲν ὄψεως πρὸς τῶν ὀφθαλμῶν, τῆς δὲ λευκότητος πρὸς τοῦ συναποτίκτοντος τὸ χρῶμα, ὁ μὲν ὀφθαλμὸς ἄρα ὄψεως ἔμπλεως ἐγένετο καὶ ὁρᾷ δὴ τότε καὶ ἐγένετο οὔ τι ὄψις ἀλλ᾽ ὀφθαλμὸς ὁρῶν, τὸ δὲ συγγεννῆσαν τὸ χρῶμα λευκότητος περιεπλήσθη καὶ ἐγένετο οὐ λευκότης αὖ ἀλλὰ λευκόν, εἴτε ξύλον εἴτε λίθος εἴτε ὁτῳοῦν συνέβη χρῆμα χρωσθῆναι τῷ τοιούτῳ χρώματι. [因此，每当一只眼睛和与之相称的那些东西中的某一另外的东西通过靠近而产生出白色和与之共生的感觉时——它们从不会产生，如果那两者中的每个都前往其他的——，那时：由于下面这两者——即从眼睛一方而来的视觉，和从那帮助生出颜色的东西一方而来的白色——的居间移动，一方面眼睛充满了视觉，并且就在那时进行看，而且它其实并未变成某种视觉，而是变成了一只正在看的眼睛；一方面那帮助产生颜色的那种东西则充满了白色，并且也并未变成白色，而是变成了白色的东西——或者木头，或者石头，或者任何恰好被染上了这种颜色的事物。]

2028 σμικρᾷ ἰδέᾳ [一种微不足道的形式]，基于文义，这里不把 ἰδέα 译为“理念”，而译为“形式”。参见《菲勒玻斯》(65a1-2)：Οὐκοῦν εἰ μὴ μιᾷ δυνάμεθα ἰδέᾳ τὸ ἀγαθὸν θηρεῦσαι, σὺν τρισὶ λαβόντες, κάλλει καὶ συμμετρίᾳ καὶ ἀληθείᾳ. [因此，如果我们没有能力用单一的形式来捕获善，那我们就借助三种东西一起来把握它，即借助美、匀称和真。]

2029 ὥσπερ ἐπίρρυτον [就像〈从太阳那里〉流溢出来似的]。形容词 ἐπίρρυτον 派生自动词 ἐπιρρέω [流 / 流向]；《牛津希-英词典》举了柏拉图在这里的这个表达，对之的解释是：infused from the sun。

2030 αἴτιος δ᾽ ὢν αὐτῆς [但由于它是为视力负责任的东西]，当然也可以简单译为“但由于它是视力的原因”。

2031 τοῦτον [太阳]，字面意思是“这种东西”。

2032 φάναι [你只管宣称]，也可以译为“请你宣称”“你必须得说”等；参见前面第五卷 472a8 那里对“φάναι［请你宣称］”的注释 1738。

2033 αὐτό［善］，字面意思是“它”。

2034 ἐν τῷ νοητῷ τόπῳ［在可思的领域］，也可以译为“在可理解的领域”或“在可理智的领域”。

2035 νυκτερινὰ φέγγη［夜晚的〈月〉光］，也可以简单译为“月光”。《牛津希-英词典》举了柏拉图在这里的这个表达，对 νυκτερινὰ φέγγη 的解释是：moonlight。

2036 τὸ τῆς ψυχῆς［灵魂的这种官能］，之所以这样翻译，是把中性定冠词 τὸ 简单理解为在指代中性名词 ὄργανον［官能 / 器官］；当然，单就这一表达，也可以译为“在灵魂那里的情况”。

2037 εἰς τοῦτο ἀπερείσηται［它被牢牢地固定在它上面］。ἀπερείσηται 是动词 ἀπερείδω［固定 / 依靠］的一次性过去时虚拟式中动态第三人称单数；《牛津希-英词典》举了柏拉图在这里的这个表达，对它的解释是：to be fixed steadily on ... 。

2038 ἄνω καὶ κάτω τὰς δόξας μεταβάλλον［来来回回地改变意见］。ἄνω καὶ κάτω 字面意思是“上上下下”。参见：

《拉刻斯》（196a7-b2）：ἐμοὶ μὲν οὖν φαίνεται Νικίας οὐκ ἐθέλειν γενναίως ὁμολογεῖν ὅτι οὐδὲν λέγει, ἀλλὰ στρέφεται ἄνω καὶ κάτω ἐπικρυπτόμενος τὴν αὑτοῦ ἀπορίαν.［所以，尼基阿斯的确对我显得不愿意高贵地承认，他在胡说，而是在来来回回地兜圈子，以便掩饰他自己的走投无路。］

《高尔吉亚》（481d7-e1）：ἄνω καὶ κάτω μεταβαλλομένου［来来回回地改变主意 / 反复改变意见］。

《斐洞》（196a10-b1）：καὶ πολλάκις ἐμαυτὸν ἄνω κάτω μετέβαλλον σκοπῶν πρῶτον τὰ τοιάδε.［当我首先考虑下面这类事情时，我也曾经常来来回回地改变主意。］

《伊翁》（541e6-542a1）：ἀλλὰ ἀτεχνῶς ὥσπερ ὁ Πρωτεὺς παντοδαπὸς γίγνῃ στρεφόμενος ἄνω καὶ κάτω, ἕως τελευτῶν διαφυγών με στρατηγὸς ἀνεφάνης, ἵνα μὴ ἐπιδείξῃς ὡς δεινὸς εἶ τὴν περὶ Ὁμήρου σοφίαν.［而你完全就像普洛透斯，通过来来回回地兜圈子而变成五花八门的样子，直到最终你通过表现成一位将军来逃避我，为了不展示在关于荷马的智慧方面你是多么的高明。］

2039 ἐπέκεινα τῆς οὐσίας［超越了*所是*］。副词 ἐπέκεινα 的本义是“在那一边”，喻为“超出”“超越”“先于”等，这当是西方哲学中“超越”一词和观念的源头；从词源上看，该词由 ἐπ’ ἐκεῖνα［向着那边］这一表达派生而来，

其反面是 ἐπὶ τάδε [向着这边]; 参见《斐洞》(112a7–c1): ἡ δὲ αἰτία ἐστὶν τοῦ ἐκρεῖν τε ἐντεῦθεν καὶ εἰσρεῖν πάντα τὰ ῥεύματα, ὅτι πυθμένα οὐκ ἔχει οὐδὲ βάσιν τὸ ὑγρὸν τοῦτο. αἰωρεῖται δὴ καὶ κυμαίνει ἄνω καὶ κάτω, καὶ ὁ ἀὴρ καὶ τὸ πνεῦμα τὸ περὶ αὐτὸ ταὐτὸν ποιεῖ· συνέπεται γὰρ αὐτῷ καὶ ὅταν εἰς τὸ ἐπ' ἐκεῖνα τῆς γῆς ὁρμήσῃ καὶ ὅταν εἰς τὸ ἐπὶ τάδε, καὶ ὥσπερ τῶν ἀναπνεόντων ἀεὶ ἐκπνεῖ τε καὶ ἀναπνεῖ ῥέον τὸ πνεῦμα, οὕτω καὶ ἐκεῖ συναιωρούμενον τῷ ὑγρῷ τὸ πνεῦμα δεινούς τινας ἀνέμους καὶ ἀμηχάνους παρέχεται καὶ εἰσιὸν καὶ ἐξιόν. [所有的水流从那儿流出又流进的原因是，这种流体既没有底部，也没有基础。它摇摆不定并且上下起伏，而气和气息也绕着它做同样的事情；因为它们始终伴随着它，当它冲向大地的那边以及当它冲向大地的这边时，并且就像呼吸者的气息总是呼出吸进那样，气息也通过以这种方式在那里同流体一起摇摆而引起某些可怕的和不同寻常的风暴，当它一进一出时。]

2040 πρεσβείᾳ καὶ δυνάμει [无论是就等级来说，还是就能力来说]。名词 πρέσβεια 的本义是"年长""年高"，进而指"使节团"，但在这里的意思则是"等级""尊严";《牛津希-英词典》举了柏拉图在这里的这个表达，对它的解释是: rank, dignity。

2041 Ἄπολλον [阿波罗]，是 Ἀπόλλων 的呼格。

2042 δαιμονίας ὑπερβολῆς [它是多么令人惊异的超越啊]，"它"即"善"；单就这一表达，也可以译为：它是多么令人惊异的卓越啊。名词 ὑπερβολή 派生自动词 ὑπερβάλλω [超过]，除了具有"过度""过分"的意思之外，也有"卓越""完美"等意思。

2043 τὸ δ' αὖ ὁρατοῦ, ἵνα μὴ οὐρανοῦ εἰπὼν δόξω σοι σοφίζεσθαι περὶ τὸ ὄνομα. [而另一个复又在可见的〈家族和领域为王〉——我不说在天上〈为王〉，免得你认为我在玩文字游戏。] 这句话在法国布德本希腊文中同样如此，而新校勘的牛津古典本希腊文将其中的 ὁρατοῦ 和 οὐρανοῦ，分别改为大写的 OPATO 和 OPANO。

2044 ἀνὰ τὸν αὐτὸν λόγον [按照同样的比例] 是固定表达，也可以译为"成比例地";《牛津希-英词典》对它的解释是: proportionately。

2045 ᾧ τοῦτο ἔοικεν [这类东西是其图像的那种东西]，这是意译，也可以照字面意思译为"这类图像与之相像的那种东西"。

2046 πᾶν τὸ φυτευτόν [所有的植物]，也可以照字面意思译为"所有被种植的东西"。

2047 αὐτό [它]，指代 τὸ ὁρωμένον γένος [能够被看见的家族]。

2048 ἐξ ὑποθέσεων [从一些前提出发]，也可以译为"从一些假设出发"。ὑπόθεσις

［前提 / 假设］派生自动词 ὑποτίθημι，本义是“放在下面的东西”。

2049 οὐκ ἐπ' ἀρχὴν πορευομένη［不是前往某一本源那里］，也可以译为“不是前往某一开端那里”。

2050 τὸ ἐπ' ἀρχὴν ἀνυπόθετον［前往某一无前提的本源那里］，法国布德本希腊文同样如此，而新校勘的牛津古典本希腊文认为其中的冠词 τὸ 有可能是窜入，从之。

2051 τὴν μέθοδον ποιεῖσθαι［探究 / 追踪 / 追求］是短语，《牛津希–英词典》对之的解释是：following after, pursuit。参见《智者》（243d6–8）：Κατὰ πόδα γε, ὦ Θεαίτητε, ὑπέλαβες. λέγω γὰρ δὴ ταύτῃ δεῖν ποιεῖσθαι τὴν μέθοδον ἡμᾶς, οἷον αὐτῶν παρόντων.［泰阿泰德啊，你的确立马就把握住了要点。因为我就在说我们必须这样来追踪他们，仿佛他们本人就在场似的。］

2052 Ἀλλ' αὖθις, ἦν δ' ἐγώ.［那就〈让我们〉重新来过吧，我说道。］法国布德本希腊文同样如此，而新校勘的牛津古典本希腊文认为这里的文本有脱漏，并且认为这句话不是苏格拉底的话，而是格劳孔的话，建议修改为：Ἀλλ' αὖθις <εἰπέ. — ἀλλ' ἐρῶ>, ἦν δ' ἐγώ.［不过请你重新〈说一说。——我当然会说〉，我说道。］

2053 τὰς γεωμετρίας［各种几何学研究］。鉴于这里用的是复数，而不是单数，故将之译为“各种几何学研究”，而不译为“几何学”。

2054 γωνιῶν τριττὰ εἴδη［三种形式的角］，即锐角、直角和钝角。

2055 τοῖς ὁρωμένοις εἴδεσι［一些可见的形相］，基于文义，有意没有将之译为“一些可见的形式”；当然，直接译为“一些可见的形式”也可以。

2056 见前面 510b。

2057 ὡς ἐναργέσι δεδοξασμένοις［被颂扬为是清晰的］。δεδοξασμένοις 是动词 δοξάζω 的完成时分词被动态中性与格复数；δοξάζω 除了具有“认为”“猜测”等意思之外，还有“颂扬”“称赞”的意思，这里的意思当是后者；《牛津希–英词典》对它的这层意思的解释是：magnify, extol。

2058 αὐτὸς ὁ λόγος［言说本身］，也可以音译为“逻各斯本身”；当然译为“理性本身”似乎也可以。

2059 τῇ τοῦ διαλέγεσθαι δυνάμει［凭借对话的力量］，即后世所谓“辩证法的力量”。参见《菲勒玻斯》（57e6–7）：Ἀλλ' ἡμᾶς, ὦ Πρώταρχε, ἀναίνοιτ' ἂν ἡ τοῦ διαλέγεσθαι δύναμις, εἴ τινα πρὸ αὐτῆς ἄλλην κρίναιμεν.［然而，普罗塔尔科啊，对话的力量将拒绝我们，如果我们判定其他某种知识优先于它的话。］

2060 τῷ ὄντι［在是的方式上］，在这里也可以简单译为“真正地”。

2061 对观《斐洞》（101c9–e3）：σὺ δὲ δεδιὼς ἄν, τὸ λεγόμενον, τὴν σαυτοῦ σκιὰν καὶ τὴν ἀπειρίαν, ἐχόμενος ἐκείνου τοῦ ἀσφαλοῦς τῆς ὑποθέσεως, οὕτως ἀποκρίναιο ἄν. εἰ δέ τις αὐτῆς τῆς ὑποθέσεως ἔχοιτο, χαίρειν ἐῴης ἂν καὶ οὐκ ἀποκρίναιο ἕως ἂν τὰ ἀπ' ἐκείνης ὁρμηθέντα σκέψαιο εἴ σοι ἀλλήλοις συμφωνεῖ ἢ διαφωνεῖ· ἐπειδὴ δὲ ἐκείνης αὐτῆς δέοι σε διδόναι λόγον, ὡσαύτως ἂν διδοίης, ἄλλην αὖ ὑπόθεσιν ὑποθέμενος ἥτις τῶν ἄνωθεν βελτίστη φαίνοιτο, ἕως ἐπί τι ἱκανὸν ἔλθοις, ἅμα δὲ οὐκ ἂν φύροιο ὥσπερ οἱ ἀντιλογικοὶ περί τε τῆς ἀρχῆς διαλεγόμενος καὶ τῶν ἐξ ἐκείνης ὡρμημένων, εἴπερ βούλοιό τι τῶν ὄντων εὑρεῖν; [而你自己，如常言所说，或许会因害怕你自己的影子和无经验而将坚持那稳妥的假设，并相应地做出回答。但如果有人针对假设本身，你将不予理睬，也不会进行回答，直到你考察了从那假设出发的那些东西在你看来彼此是和谐的还是不和谐的为止。而当你必须对那个假设本身给出说明时，或许你会以同样的方式进行给出，即再假设另一个从高处显得最好的假设来，直至你抵达某个充分的东西为止；但你不会如那些好争辩的人那样把本源和由之出发的各种东西同时搅和在一起来谈，如果你真的想发现某种是者的话，是这样吗？]

2062 对观《菲勒玻斯》(57c6–d2)：{ΠΡΩ.} Ὦ Σώκρατες, εἰς θαυμαστὸν διαφορᾶς μέγεθος εἰς σαφήνειαν προεληλύθαμεν ἐπιστημῶν. {ΣΩ.} Οὐκοῦν ἀποκρινούμεθα ῥᾷον; {ΠΡΩ.} Τί μήν; καὶ εἰρήσθω γε ὅτι πολὺ μὲν αὗται τῶν ἄλλων τεχνῶν διαφέρουσι, τούτων δ' αὐτῶν αἱ περὶ τὴν τῶν ὄντως φιλοσοφούντων ὁρμὴν ἀμήχανον ἀκριβείᾳ καὶ ἀληθείᾳ περὶ μέτρα τε καὶ ἀριθμοὺς διαφέρουσιν. [普洛塔尔科斯：苏格拉底啊，就诸知识的明晰来说，我们已经抵达了一个令人惊异的重大区别那里。苏格拉底：那我们将更容易回答吗？普洛塔尔科斯：为何不呢？至少让它这样被说，那就是：一方面，这些首要的技艺远远胜过其他的那些技艺；另一方面，在这些首要的技艺自身中，一些围绕那些真正从事哲学的人的冲动而生起的技艺，在关于各种尺度和数目的精确和真方面，又不同寻常地胜出。]

2063 αὐτὰ θεᾶσθαι [观望那些技艺所观望到的东西]，字面意思是"观望它们"，代词 αὐτά [它们] 指代前面提到的"那些技艺所观望到的"，即各种技艺所关涉的对象。

2064 καίτοι νοητῶν ὄντων μετὰ ἀρχῆς. [即使它们是可思的，只要它们带有一种本源。] 这句话在法国布德本希腊文中同样如此，而新校勘的牛津古典本希腊文认为它有可能是窜入，这里的翻译仍然保留这句话。

2065 ἱκανώτατα ἀπεδέξω [你理解得非常地充分]，也可以译为"你领会得非常充分""你把握得非常充分"。ἀπεδέξω 在这里是动词 ἀποδέχομαι 的一次性过去时直陈式第二人称单数，ἀποδέχομαι 的本义是“接受”“认可”，转义为“理解”“领会”“把握”；《牛津希–英词典》举了柏拉图在这里的这个表达，对它的解释是：take or understand a thing。

2066 对观亚里士多德《后分析篇》第二卷第 19 章（100b8–100b15）：καὶ οὐδὲν ἐπιστήμης ἀκριβέστερον ἄλλο γένος ἢ νοῦς, αἱ δ᾽ ἀρχαὶ τῶν ἀποδείξεων γνωριμώτεραι, ἐπιστήμη δ᾽ ἅπασα μετὰ λόγου ἐστί, τῶν ἀρχῶν ἐπιστήμη μὲν οὐκ ἂν εἴη, ἐπεὶ δ᾽ οὐδὲν ἀληθέστερον ἐνδέχεται εἶναι ἐπιστήμης ἢ νοῦν, νοῦς ἂν εἴη τῶν ἀρχῶν, ἔκ τε τούτων σκοποῦσι καὶ ὅτι ἀποδείξεως ἀρχὴ οὐκ ἀπόδειξις, ὥστ᾽ οὐδ᾽ ἐπιστήμης ἐπιστήμη. εἰ οὖν μηδὲν ἄλλο παρ᾽ ἐπιστήμην γένος ἔχομεν ἀληθές, νοῦς ἂν εἴη ἐπιστήμης ἀρχή.［除了理智直观，没有别的任何品质会比知识更为精确；证明中的诸本源是更为可认识的，而所有的知识则都依赖理性。基于以上理由，就没有关于诸本源的知识。除了理智直观，没有任何东西能够比知识更真，故理智直观就是关乎诸本源的品质；有鉴于此，以及由于证明之本源不是证明，故知识之本源也不是知识。如果除了知识之外，我们不拥有其他真的品质，那么，理智直观就是知识之本源。］

2067 τοιούτῳ πάθει［这样一种遭遇］，也可以简单译为“这种情况”“这种状况”等。

2068 ἀναπεπταμένην πρὸς τὸ φῶς［朝向〈外面的太阳〉光敞开的出口］，也可以译为“朝向〈外面的太阳〉光摊开”。对观《斐洞》（111c4–d2）：Καὶ ὅλην μὲν δὴ τὴν γῆν οὕτω πεφυκέναι καὶ τὰ περὶ τὴν γῆν· τόπους δ᾽ ἐν αὐτῇ εἶναι κατὰ τὰ ἔγκοιλα αὐτῆς κύκλῳ περὶ ὅλην πολλούς, τοὺς μὲν βαθυτέρους καὶ ἀναπεπταμένους μᾶλλον ἢ ἐν ᾧ ἡμεῖς οἰκοῦμεν, τοὺς δὲ βαθυτέρους ὄντας τὸ χάσμα αὐτοὺς ἔλαττον ἔχειν τοῦ παρ᾽ ἡμῖν τόπου, ἔστι δ᾽ οὓς καὶ βραχυτέρους τῷ βάθει τοῦ ἐνθάδε εἶναι καὶ πλατυτέρους.［因此，整个大地以及围绕着大地的那些东西生来就是这样。但在它的里面，即沿着它的那些围绕着整个它的那些空洞那儿，有着许多的地方：一些远比我们居住其中的地方更深和摊得更开；一些虽然是更深的，但它们却有着比围绕我们的这个地方更小的开口；一些则在深度上比我们这里是更浅的，并且也是更宽的。］

2069 παρὰ πᾶν τὸ σπήλαιον［这个出口同整个洞穴一样的宽］，字面意思是“沿着整个洞穴”；但基于文义，这里表达的是这条长长的出口的宽度，故转译为“它同整个洞穴一样的宽”。

2070 μένειν τε αὐτοὺς［待在同一个位置上 / 待在同一个地方］。其中的 αὐτοὺς［他们］，法国布德本希腊文和新校勘的牛津古典本希腊文均作 αὐτοῦ［同一个位置上 / 同一个地方］，从之。

2071 ἐπάνω ὁδόν［一条〈横亘在囚徒〉上方的路］，之所以这么补充翻译，因为副词 ἐπάνω 意思不是“向上”，而是“在……上方”“在……上面”。

2072 πρὸ τῶν ἀνθρώπων πρόκειται τὰ παραφράγματα［在这些人的前面摆着一道屏障］，之所以这么翻译，因为 τῶν ἀνθρώπων 在这里并不指“观众”“看戏的人”，而是指前面的 τοῖς θαυματοποιοῖς［那些玩木偶戏的人］自己。

2073 τὰ θαύματα δεικνύασιν［他们展示木偶戏］。名词 θαῦμα 的本义是“可惊奇的事情”“奇事”“惊异”；用复数，则具有“木偶戏”的意思。《牛津希-英词典》举了柏拉图在这里的这个表达，对它的解释是：puppetshow。对观亚里士多德《形而上学》第一卷第 2 章（983a11-17）：ἄρχονται μὲν γάρ, ὥσπερ εἴπομεν, ἀπὸ τοῦ θαυμάζειν πάντες εἰ οὕτως ἔχει, καθάπερ περὶ τῶν θαυμάτων ταὐτόματα τοῖς μήπω τεθεωρηκόσι τὴν αἰτίαν ἢ περὶ τὰς τοῦ ἡλίου τροπὰς ἢ τὴν τῆς διαμέτρου ἀσυμμετρίαν.［因为正如我们说过的，所有人都从惊异事情是否如它所是的那样开始，例如那些尚未看出原因的人会惊异木偶中的那些自动现象，以及太阳的回归或对角线的不可通约（因为如果某种东西无法被最小的单位所测量，这对于所有人来说似乎都是令人惊异的）。］

2074 ἄλλα ζῷα［一些其他的肖像］。参见前面 420c6 那里对“ζῷον”的注释 1183；《牛津希-英词典》举了柏拉图在这里的这个表达，对它的解释是：figure, image。

2075 见前面第三卷 406c1 那里对“οἷον εἰκός”的注释 1063。

2076 οὐ ταῦτα ἡγῇ ἂν τὰ ὄντα αὐτοὺς νομίζειν ἅπερ ὁρῷεν;［你岂不会认为，他们恰恰把他们所看到的那些东西称为是着的东西？］其中的 νομίζειν［视为 / 相信］，新校勘的牛津古典本希腊文将之改为 ὀνομάζειν［称作 / 命名］，从之。如果按伯内特本翻译，则当译为：你岂不会认为，他们恰恰把他们所看到的那些东西视为是着的东西？整个这句话在法国布德本希腊文中作：οὐ αὐτα ἡγῇ ἂν τὰ ὄντα αὐτοὺς νομίζειν ὀνομάζειν, <ὀνομάζοντας> ἅπερ ὁρῷεν;［你岂不会认为，他们相信他们恰恰在命名一些是着的东西，当他们命名他们所看到的那些东西时？］

2077 τὰς τῶν σκευαστῶν σκιάς［那些人造物的影子］，基于上下文，也可以译为“那些人造的木偶的影子”“那些人造的器具的影子”。

2078 τῆς ἀφροσύνης［无头脑］，当然可以简单译为“愚蠢”“无知”。

2079 φύσει［实际地］，在这里也可以译为“真的”“事实上”“确实”；基于文义，这里不将之译为“在本性上”“生来”等。

2080 参见前面第五卷 453c7 那里对“ἐξαίφνης［突然］”的注释 1522。

2081 εἴ τις αὐτῷ λέγοι［如果有谁告诉他］，单就这一表达，也可以更为不定地译为"如果有谁告诉他"。

2082 φλυαρίας［一些虚妄的东西］，这是转译，字面意思是"一些胡扯的东西"；名词 φλυαρία［胡说 / 蠢话］派生自动词 φλυαρέω［胡说 / 闲扯］。参见《斐洞》（66c2–5）：ἐρώτων δὲ καὶ ἐπιθυμιῶν καὶ φόβων καὶ εἰδώλων παντοδαπῶν καὶ φλυαρίας ἐμπίμπλησιν ἡμᾶς πολλῆς, ὥστε τὸ λεγόμενον ὡς ἀληθῶς τῷ ὄντι ὑπ' αὐτοῦ οὐδὲ φρονῆσαι ἡμῖν ἐγγίγνεται οὐδέποτε οὐδέν.［它使我们充满了各种爱欲、各种渴望、各种恐惧，以及各种各样的幻想和许多的胡扯，以至于如常言所说，的的确确由于它我们从不曾能够真正理解任何东西。］

2083 对观《智者》（230b1–d4）：{ΞΕ.} Τῷ τοι ταύτης τῆς δόξης ἐπὶ ἐκβολὴν ἄλλῳ τρόπῳ στέλλονται. {ΘΕΑΙ.} Τίνι δή; {ΞΕ.} Διερωτῶσιν ὧν ἂν οἴηταί τίς τι πέρι λέγειν λέγων μηδέν· εἶθ' ἅτε πλανωμένων τὰς δόξας ῥᾳδίως ἐξετάζουσι, καὶ συνάγοντες δὴ τοῖς λόγοις εἰς ταὐτὸν τιθέασι παρ' ἀλλήλας, τιθέντες δὲ ἐπιδεικνύουσιν αὐτὰς αὑταῖς ἅμα περὶ τῶν αὐτῶν πρὸς τὰ αὐτὰ κατὰ ταὐτὰ ἐναντίας. οἱ δ' ὁρῶντες ἑαυτοῖς μὲν χαλεπαίνουσι, πρὸς δὲ τοὺς ἄλλους ἡμεροῦνται, καὶ τούτῳ δὴ τῷ τρόπῳ τῶν περὶ αὑτοὺς μεγάλων καὶ σκληρῶν δοξῶν ἀπαλλάττονται πασῶν [τε] ἀπαλλαγῶν ἀκούειν τε ἡδίστην καὶ τῷ πάσχοντι βεβαιότατα γιγνομένην. νομίζοντες γάρ, ὦ παῖ φίλε, οἱ καθαίροντες αὐτούς, ὥσπερ οἱ περὶ τὰ σώματα ἰατροὶ νενομίκασι μὴ πρότερον ἂν τῆς προσφερομένης τροφῆς ἀπολαύειν δύνασθαι σῶμα, πρὶν ἂν τὰ ἐμποδίζοντα ἐντός τις ἐκβάλῃ, ταὐτὸν καὶ περὶ ψυχῆς διενοήθησαν ἐκεῖνοι, μὴ πρότερον αὐτὴν ἕξειν τῶν προσφερομένων μαθημάτων ὄνησιν, πρὶν ἂν ἐλέγχων τις τὸν ἐλεγχόμενον εἰς αἰσχύνην καταστήσας, τὰς τοῖς μαθήμασιν ἐμποδίους δόξας ἐξελών, καθαρὸν ἀποφήνῃ καὶ ταῦτα ἡγούμενον ἅπερ οἶδεν εἰδέναι μόνα, πλείω δὲ μή.［客人：真的，为了抛弃这种意见，他们着手用别的方式来完成这一任务。泰阿泰德：究竟用何种方式？客人：对于有人以为对之说了某种东西其实什么也没说的那些事情，他们进行盘问。然后，由于那些被盘问者感到不知所措，他们就容易检查他们的各种意见，并且当通过诸言说把它们一起领向同一个东西之后，他们将之彼此并排摆置出来，而在摆置中他们展示它们同时关于同一些东西、与同一些东西相关联、在同一些方面都彼此相反。而那些人看到这些之后，一则对他们自己严厉，一则对他人温和，并且正是凭借这种方式他们摆脱了包围着他们自己的那些过分的和固执的意见；在所有的解脱中，对于听者来说这种解脱成为了最愉快的，而对于那经历了它的人来说则成为了最可靠的。因为，亲爱的孩子啊，洁净

他们的人认为，就像关乎身体的医生们已经认为的那样——即身体不可能从送上的食物那里获益，直到有人扔掉了在里面妨碍它的各种东西为止——，那些人关于灵魂也同样想到，在下面这点之前它将不可能从各种送上的学问那里得到好处，那就是：有人通过反驳把那被反驳的人带到羞愧中，通过取走那些妨碍诸学问的意见，使他成为洁净的并且相信他只知道他所知道的那些，而别无更多。]

2084 διὰ τραχείας τῆς ἀναβάσεως καὶ ἀνάντους [沿着一条崎岖且陡峭的向上的路]，也可以译为“通过崎岖且陡峭的向上攀登”。

2085 对观《泰阿泰德》(175b9–d7)：Ὅταν δέ γέ τινα αὐτός, ὦ φίλε, ἑλκύσῃ ἄνω, καὶ ἐθελήσῃ τις αὐτῷ ἐκβῆναι ἐκ τοῦ “Τί ἐγὼ σὲ ἀδικῶ ἢ σὺ ἐμέ”; εἰς σκέψιν αὐτῆς δικαιοσύνης τε καὶ ἀδικίας, τί τε ἑκάτερον αὐτοῖν καὶ τί τῶν πάντων ἢ ἀλλήλων διαφέρετον, ἢ ἐκ τοῦ “εἰ βασιλεὺς εὐδαίμων,” “κεκτημένος τ᾽ αὖ χρυσίον,” βασιλείας πέρι καὶ ἀνθρωπίνης ὅλως εὐδαιμονίας καὶ ἀθλιότητος ἐπὶ σκέψιν, ποίω τέ τινε ἐστὸν καὶ τίνα τρόπον ἀνθρώπου φύσει προσήκει τὸ μὲν κτήσασθαι αὐτοῖν, τὸ δὲ ἀποφυγεῖν – περὶ τούτων ἁπάντων ὅταν αὖ δέῃ λόγον διδόναι τὸν σμικρὸν ἐκεῖνον τὴν ψυχὴν καὶ δριμὺν καὶ δικανικόν, πάλιν αὖ τὰ ἀντίστροφα ἀποδίδωσιν· εἰλιγγιῶν τε ἀπὸ ὑψηλοῦ κρεμασθεὶς καὶ βλέπων μετέωρος ἄνωθεν ὑπὸ ἀηθείας ἀδημονῶν τε καὶ ἀπορῶν καὶ βατταρίζων γέλωτα Θρᾴτταις μὲν οὐ παρέχει οὐδ᾽ ἄλλῳ ἀπαιδεύτῳ οὐδενί, οὐ γὰρ αἰσθάνονται, τοῖς δ᾽ ἐναντίως ἢ ὡς ἀνδραπόδοις τραφεῖσι πᾶσιν. [但是，每当他自己拉着一个人向上，朋友啊，并且一个人也愿意随他离开“我对你行了什么不义，或者你对我行了什么不义？”这种问题，前往对正义和不义本身的考察，它们两者各自是什么，以及它们两者为何不同于所有其他的或者彼此有别，或者离开“一位国王是否幸福”，“此外一个拥有一块黄金的人是否幸福”这种问题，转而考察王权，以及一般属人的幸福和不幸，两者是何种东西，在何种方式上下面这点属于人的本性，即拥有两者中的一个，而逃避另一个——对于所有这些，每当轮到那个在灵魂方面渺小、狡黠和善于申辩的人需要给出说明时，他就再度给出了相反的情形——：他被悬在高处而感到头晕，并且他在空中从上往下看因不习惯而感到苦恼，他感到不知所措并且说话结结巴巴，他虽然没有由此而让自己成为色雷斯妇女们的笑料，或成为其他任何未受过教育的人的笑料——因为他们没有察觉到这些——，却让自己成为了所有那些以相反的方式——即同奴隶被抚养长大的方式相反——被抚养长大的人的笑料。]

《斐洞》(99d4–e4)：Ἔδοξε τοίνυν μοι, ἦ δ᾽ ὅς, μετὰ ταῦτα, ἐπειδὴ ἀπειρήκη τὰ ὄντα σκοπῶν, δεῖν εὐλαβηθῆναι μὴ πάθοιμι ὅπερ οἱ τὸν ἥλιον ἐκλείποντα θεωροῦντες καὶ σκοπούμενοι πάσχουσιν· διαφθείρονται γάρ που ἔνιοι τὰ ὄμματα, ἐὰν μὴ ἐν ὕδατι ἤ τινι τοιούτῳ σκοπῶνται τὴν εἰκόνα αὐτοῦ. τοιοῦτόν τι καὶ ἐγὼ διενοήθην, καὶ ἔδεισα μὴ παντάπασι τὴν ψυχὴν τυφλωθείην βλέπων πρὸς τὰ πράγματα τοῖς ὄμμασι καὶ ἑκάστῃ τῶν αἰσθήσεων ἐπιχειρῶν ἅπτεσθαι αὐτῶν. [于是，在我看来，苏格拉底说，此后，既然我已经放弃了观看诸是者，就应留心不要遭受那些在日食时凝望和观看太阳的人所遭受的那些事情。因为他们中的一些人肯定会毁掉眼睛，除非他们观看它在水中或其他诸如此类的东西中的影像。我也考虑到了某种这样的事情，即害怕当我用眼睛去看诸事物以及尝试用诸感官中的每个去把握它们时，我的灵魂会完全瞎掉。]

2086 μεθ' ἡμέραν [在白天] 是词组。参见《斐德若》(251d7–e3)：ἐκ δὲ ἀμφοτέρων μεμειγμένων ἀδημονεῖ τε τῇ ἀτοπίᾳ τοῦ πάθους καὶ ἀποροῦσα λυττᾷ, καὶ ἐμμανὴς οὖσα οὔτε νυκτὸς δύναται καθεύδειν οὔτε μεθ' ἡμέραν οὗ ἂν ᾖ μένειν, θεῖ δὲ ποθοῦσα ὅπου ἂν οἴηται ὄψεσθαι τὸν ἔχοντα τὸ κάλλος. [由于痛苦和欣喜这两者混合在一起，它因感受的荒诞而苦恼不已，并且因不知所措而发狂；由于处在疯狂中，它夜不能寐，在白天它也不能于任何地方停留，而是在渴望中奔波，它以为在哪儿将见到那拥有美的少年，就奔向哪儿。]

2087 αὐτὸν καθ' αὑτὸν [独自在其自身地]。参见前面第二卷 358b5 那里对"αὐτὸ καθ' αὑτό"的注释 445。

2088 πάντα ἐπιτροπεύων τὰ ἐν τῷ ὁρωμένῳ τόπῳ [监管着在被看见的领域中的所有一切]，也可以译为"监管着可见领域中的所有一切"。对观：

《菲勒玻斯》(28d5–9)：Πότερον, ὦ Πρώταρχε, τὰ σύμπαντα καὶ τόδε τὸ καλούμενον ὅλον ἐπιτροπεύειν φῶμεν τὴν τοῦ ἀλόγου καὶ εἰκῇ δύναμιν καὶ τὸ ὅπῃ ἔτυχεν, ἢ τἀναντία, καθάπερ οἱ πρόσθεν ἡμῶν ἔλεγον, νοῦν καὶ φρόνησίν τινα θαυμαστὴν συντάττουσαν διακυβερνᾶν; [普洛塔尔科斯啊，监管万有和这个所谓的整全的，我们说，是一种无理性的和随意的力量，并且无论怎样都仅仅是碰巧呢，还是反过来，就像我们的前人们曾说过的那样，理智和某种令人惊异的明智通过进行安排而自始至终地掌着舵？]

2089 σφεῖς [他们]，根据下文，指"他及其狱友们"。

2090 荷马《奥德修斯》(11. 489–490)，此话是阿喀琉斯在冥府对奥德修斯说的；在前面第三卷 386c5 那里引用过它。

2091 ὁτιοῦν ἂν πεπονθέναι [已经遭受了任何的事情]，法国布德本希腊文同样如此，而新校勘的牛津的本希腊文认为其中的小词 ἂν 有可能是窜入，从之。

2092 ἆρ' οὐ σκότους <ἂν> ἀνάπλεως σχοίη τοὺς ὀφθαλμούς [他岂不会有着一双充满了黑暗的眼睛]，这句话在法国布德本希腊文中也同样如此，而其中的 <ἂν> ἀνάπλεως 在新校勘的牛津古典本希腊文改为了 ἂν[α] πλέως，从之。

2093 ἐξαίφνης ἥκων ἐκ τοῦ ἡλίου [由于他突然从日光中走了出来]，也可以译为"由于他突然离开了日光"。ἥλιος 除了具有"太阳"的意思之外，也指"日光"；参见《斐洞》(116e1-2)：Καὶ ὁ Κρίτων, Ἀλλ' οἶμαι, ἔφη, ἔγωγε, ὦ Σώκρατες, ἔτι ἥλιον εἶναι ἐπὶ τοῖς ὄρεσιν καὶ οὔπω δεδυκέναι. [于是克里同说道：苏格拉底啊，但我认为日光还在山头上，尚未沉下去呢。]

2094 τοῖς ἀεὶ δεσμώταις ἐκείνοις [那些始终被捆绑着的人]，也可以完全照字面意思译为"那些永远的囚徒"。

2095 ἐν ᾧ [在那个时候]，也可以简单译为"那时"。见前面第一卷 340e4 那里对"ἐν ᾧ"的注释 259。

2096 προσαπτέον ... τοῖς ἔμπροσθεν λεγομένοις [一个人必须把它同前面所说的那些事情联系起来]，也可以译为"一个人必须把它用在前面所说的那些事情身上"。

2097 τῆς γ' ἐμῆς ἐλπίδος [我无论如何都怀有的那种希望]，也可以简单译为"我的期待""我的设想"。

2098 参见前面第六卷 506e3 那里的表达 ἔκγονός τοῦ ἀγαθοῦ [善的一位后代]。

2099 ἀεὶ ἐπείγονται [总是渴望]。动词 ἐπείγω 的本义是"催促""赶紧"，其被动态转义为"渴望"；《牛津希-英词典》对它的这一意思的解释是：to be eager for。

2100 ἄλλοθί που [在其他某个地方] 是一个整体，等于 ἄλλοθί πῃ，也可以译为"在别处"；《牛津希-英词典》对它的解释是：where else。参见：

《泰阿泰德》(188e3)：Ἦ οὖν καὶ ἄλλοθί που τὸ τοιοῦτόν ἐστιν; [那么下面这种情形也有可能出现在其他任何地方吗？]

《智者》(243b3-7)：Ὅταν τις αὐτῶν φθέγξηται λέγων ὡς ἔστιν ἢ γέγονεν ἢ γίγνεται πολλὰ ἢ ἓν ἢ δύο, καὶ θερμὸν αὖ ψυχρῷ συγκεραννύμενον, ἄλλοθί πῃ διακρίσεις καὶ συγκρίσεις ὑποτιθείς, τούτων, ὦ Θεαίτητε, ἑκάστοτε σύ τι πρὸς θεῶν συνίῃς ὅτι λέγουσιν; [每当他们中某个人通过下面这样而表达其说法时，即通过说多、或者一、或者二，是着、或者已经生成、或者正在生成，并且说热复又同冷混合在一起，以及通过在别处假定分离和结合，从这些事情中，泰阿泰德啊，诸神在上，你每回都对他们所说的有所理解吗？]

2101 对观《泰阿泰德》(174a4-d3)：{ΣΩ.} Ὥσπερ καὶ Θαλῆν ἀστρονομοῦντα, ὦ Θεόδωρε, καὶ ἄνω βλέποντα, πεσόντα εἰς φρέαρ, Θρᾷττά τις ἐμμελὴς καὶ χαρίεσσα θεραπαινὶς ἀποσκῶψαι λέγεται ὡς τὰ μὲν ἐν οὐρανῷ προθυμοῖτο εἰδέναι, τὰ δ' ἔμπροσθεν αὐτοῦ καὶ παρὰ πόδας λανθάνοι αὐτόν. ταὐτὸν δὲ ἀρκεῖ σκῶμμα ἐπὶ πάντας ὅσοι ἐν φιλοσοφίᾳ διάγουσι. τῷ γὰρ ὄντι τὸν τοιοῦτον ὁ μὲν πλησίον καὶ ὁ γείτων λέληθεν, οὐ μόνον ὅτι πράττει, ἀλλ' ὀλίγου καὶ εἰ ἄνθρωπός ἐστιν ἤ τι ἄλλο θρέμμα· τί δέ ποτ' ἐστὶν ἄνθρωπος καὶ τί τῇ τοιαύτῃ φύσει προσήκει διάφορον τῶν ἄλλων ποιεῖν ἢ πάσχειν, ζητεῖ τε καὶ πράγματ' ἔχει διερευνώμενος. μανθάνεις γάρ που, ὦ Θεόδωρε· ἢ οὔ; {ΘΕΟ.} Ἔγωγε· καὶ ἀληθῆ λέγεις. {ΣΩ.} Τοιγάρτοι, ὦ φίλε, ἰδίᾳ τε συγγιγνόμενος ὁ τοιοῦτος ἑκάστῳ καὶ δημοσίᾳ, ὅπερ ἀρχόμενος ἔλεγον, ὅταν ἐν δικαστηρίῳ ἤ που ἄλλοθι ἀναγκασθῇ περὶ τῶν παρὰ πόδας καὶ τῶν ἐν ὀφθαλμοῖς διαλέγεσθαι, γέλωτα παρέχει οὐ μόνον Θρᾴτταις ἀλλὰ καὶ τῷ ἄλλῳ ὄχλῳ, εἰς φρέατά τε καὶ πᾶσαν ἀπορίαν ἐμπίπτων ὑπὸ ἀπειρίας, καὶ ἡ ἀσχημοσύνη δεινή, δόξαν ἀβελτερίας παρεχομένη· ἔν τε γὰρ ταῖς λοιδορίαις ἴδιον ἔχει οὐδὲν οὐδένα λοιδορεῖν, ἅτ' οὐκ εἰδὼς κακὸν οὐδὲν οὐδενὸς ἐκ τοῦ μὴ μεμελετηκέναι· ἀπορῶν οὖν γελοῖος φαίνεται. ἔν τε τοῖς ἐπαίνοις καὶ ταῖς τῶν ἄλλων μεγαλαυχίαις οὐ προσποιήτως ἀλλὰ τῷ ὄντι γελῶν ἔνδηλος γιγνόμενος ληρώδης δοκεῖ εἶναι. [苏格拉底：正如当泰勒斯为了研究天文而向上仰望时，他掉进了一口井里，据说一位乖巧且机智的色雷斯女仆打趣他：热衷于知道天上的各种事情，却忽略了自己面前和脚边的那些东西。而这同一玩笑适用于所有那些在哲学中度日的人。因为这种人真的一向没有留意隔壁的邻居，不仅没有留意到他在做什么，而且几乎没有留意到他是人呢，还是别的什么动物；但是，人究竟是什么，以及对于这样一种本性来说，做或遭受不同于其他事情的什么事情是合适的，这些都是他寻觅和努力进行探究的。你肯定理解我所说的，忒俄多洛斯；抑或不？忒俄多洛斯：我肯定理解，你也说得正确。苏格拉底：因此，朋友啊，这种人无论是私下地还是公开地与每个人交往，就像我开始时说的那样，每当他被迫在法庭上或者其他某个地方谈论那些脚边的事情和眼前的事情时，他不仅让自己成为了色雷斯妇女们的笑料，而且也成为了其他人群的笑料，因为他由于无经验而落入井里和各种各样的困境中；并且这种丢脸是可怕的，给人以愚蠢的印象。因为，在各种辱骂的场合，他没有任何自己的东西来辱骂任何人，因为他由于一向置身事外而不知道任何人的任何坏事；因而他由于不知所措而显得可笑。在各式各样地赞美和夸奖他人的场合，由于他明显不是装模作样地，而是真正地发出笑声来，所以他也看起来是天真幼稚的。]

2102 对观《泰阿泰德》（175d2-176a2）：εἰλιγγιῶν τε ἀπὸ ὑψηλοῦ κρεμασθεὶς καὶ βλέπων μετέωρος ἄνωθεν ὑπὸ ἀηθείας ἀδημονῶν τε καὶ ἀπορῶν καὶ βατταρίζων γέλωτα Θρᾴτταις μὲν οὐ παρέχει οὐδ' ἄλλῳ ἀπαιδεύτῳ οὐδενί, οὐ γὰρ αἰσθάνονται, τοῖς δ' ἐναντίως ἢ ὡς ἀνδραπόδοις τραφεῖσι πᾶσιν. οὗτος δὴ ἑκατέρου τρόπος, ὦ Θεόδωρε, ὁ μὲν τῷ ὄντι ἐν ἐλευθερίᾳ τε καὶ σχολῇ τεθραμμένου, ὃν δὴ φιλόσοφον καλεῖς, ᾧ ἀνεμέσητον εὐήθει δοκεῖν καὶ οὐδενὶ εἶναι ὅταν εἰς δουλικὰ ἐμπέσῃ διακονήματα, οἷον στρωματόδεσμον μὴ ἐπισταμένου συσκευάσασθαι μηδὲ ὄψον ἡδῦναι ἢ θῶπας λόγους· ὁ δ' αὖ τὰ μὲν τοιαῦτα πάντα δυναμένου τορῶς τε καὶ ὀξέως διακονεῖν, ἀναβάλλεσθαι δὲ οὐκ ἐπισταμένου ἐπιδέξια ἐλευθερίως οὐδέ γ' ἁρμονίαν λόγων λαβόντος ὀρθῶς ὑμνῆσαι θεῶν τε καὶ ἀνδρῶν εὐδαιμόνων βίον [ἀληθῆ].［他被悬在高处而感到头晕，并且他在空中从上往下看因不习惯而感到苦恼，他感到不知所措并且说话结结巴巴，他虽然没有由此而让自己成为色雷斯妇女们的笑料，或成为其他任何未受过教育的人的笑料——因为他们没有察觉到这些——，却让自己成为了所有那些以相反的方式——即同奴隶被抚养长大的方式相反——被抚养长大的人的笑料。这就是两种人各自的生活方式，忒俄多洛斯啊！一种生活方式是那真正在自由和闲暇中被抚养长大、你将之称为哲学家的那种人的，这种人不应因他看起是头脑简单的和一无是处的——每当他落入到奴隶的那些事务中时——而招来指责，例如，他既不知道如何帮助收拾行李袋，也不知道如何让饭菜可口，或者让奉承话悦耳；而另一种生活方式则是下面这种人的，那就是：他能够伶俐和敏捷地为所有这些事情提供服务，却不知道如何像自由人那样优雅地披上外衣，或者如何通过把握住语词的和谐来正确地歌颂诸神的和那些幸福的人的生活。］

2103 ὑπὸ λαμπροτέρου μαρμαρυγῆς ἐμπέπλησται［由于一种很明亮的东西的闪烁而已经被弄得眼花缭乱了］，这是意译，字面意思是"已经被一种很明亮的东西的闪烁所充满"。对观《智者》(253e8-254b2)：{ΞΕ.} Τὸν μὲν δὴ φιλόσοφον ἐν τοιούτῳ τινὶ τόπῳ καὶ νῦν καὶ ἔπειτα ἀνευρήσομεν ἐὰν ζητῶμεν, ἰδεῖν μὲν χαλεπὸν ἐναργῶς καὶ τοῦτον, ἕτερον μὴν τρόπον ἥ τε τοῦ σοφιστοῦ χαλεπότης ἥ τε τούτου. {ΘΕΑΙ.} Πῶς; {ΞΕ.} Ὁ μὲν ἀποδιδράσκων εἰς τὴν τοῦ μὴ ὄντος σκοτεινότητα, τριβῇ προσαπτόμενος αὐτῆς, διὰ τὸ σκοτεινὸν τοῦ τόπου κατανοῆσαι χαλεπός· ἦ γάρ; {ΘΕΑΙ.} Ἔοικεν. {ΞΕ.} Ὁ δέ γε φιλόσοφος, τῇ τοῦ ὄντος ἀεὶ διὰ λογισμῶν προσκείμενος ἰδέᾳ, διὰ τὸ λαμπρὸν αὖ τῆς χώρας οὐδαμῶς εὐπετὴς ὀφθῆναι· τὰ γὰρ τῆς τῶν πολλῶν ψυχῆς ὄμματα καρτερεῖν πρὸς τὸ θεῖον ἀφορῶντα ἀδύνατα. {ΘΕΑΙ.} Καὶ ταῦτα εἰκὸς οὐχ ἧττον ἐκείνων οὕτως ἔχειν.［客人：那么，我们现在和以后都肯定将在这种地方发现哲学

家，如果我们要寻找他的话；清楚地看到这种人无疑也是困难的，只不过在智者那儿的困难，和在这种人那儿的困难，方式无论如何都是不一样的。泰阿泰德：为何？客人：一方面，智者逃入到不是者的黑暗中，通过历练来把自己安放在那儿，由于该地的黑暗而难以被看清；是这样吗？泰阿泰德：好像是这样。客人：另一方面，哲学家——他始终通过计算而献身于是者之理念——，由于所处地方的光明灿烂，他也肯定绝不容易被看清；因为大众的灵魂的双眼，没有能力持续把目光专注于神圣的东西。泰阿泰德：这种情形似乎不亚于那种情形所处于的那个样子。]

2104 τινὲς ἐπαγγελλόμενοι［某些宣称〈自己精通它的〉人］，之所以这样补充翻译，因为这里指的是一些智者。对观《拉刻斯》（186b8-c5）：ἐγὼ μὲν οὖν, ὦ Λυσίμαχέ τε καὶ Μελησία, πρῶτος περὶ ἐμαυτοῦ λέγω ὅτι διδάσκαλός μοι οὐ γέγονε τούτου πέρι. καίτοι ἐπιθυμῶ γε τοῦ πράγματος ἐκ νέου ἀρξάμενος. ἀλλὰ τοῖς μὲν σοφισταῖς οὐκ ἔχω τελεῖν μισθούς, οἵπερ μόνοι ἐπηγγέλλοντό με οἷοί τ' εἶναι ποιῆσαι καλόν τε κἀγαθόν· αὐτὸς δ' αὖ εὑρεῖν τὴν τέχνην ἀδυνατῶ ἔτι νυνί.［当然，我，吕西马科斯和墨勒西阿斯啊，关于我自己，我首先得说，在这方面我未曾有过任何老师；尽管我从年轻时开始就的确在渴望这件事。然而，一方面，我不可能付酬金给那些智者们，虽然唯有他们宣称他们能够使我成为一个高贵且优秀的人；另一方面，甚至到现在我自己也依然没有能力发现这门技艺。］

2105 τοῦτο［这点］，即“正确地转向，并且看向它应当看向的地方”。

2106 ἐγγύς τι εἶναι τῶν τοῦ σώματος［在某种程度上近乎身体的各种德性］，这句话在法国布德本希腊文中同样如此，而新校勘的牛津古典本希腊文将其中的动词 εἶναι 改为 τείνειν，从之。τείνειν 是动词 τείνω 的现在时不定式主动态，τείνω 本义是“伸展”“铺展开”，但在这里的意思是“接近”“靠近”；《牛津希-英词典》对它的这种用法的解释是：come near to, to be like。参见《斐洞》（65a4-7）：Καὶ δοκεῖ γέ που, ὦ Σιμμία, τοῖς πολλοῖς ἀνθρώποις ᾧ μηδὲν ἡδὺ τῶν τοιούτων μηδὲ μετέχει αὐτῶν οὐκ ἄξιον εἶναι ζῆν, ἀλλ' ἐγγύς τι τείνειν τοῦ τεθνάναι ὁ μηδὲν φροντίζων τῶν ἡδονῶν αἳ διὰ τοῦ σώματός εἰσιν.［西米阿斯啊，肯定在许多人看来，一个人，如果这类东西中没有一样对他来说是快乐的，而他也不分享它们，那他就是不值得活的；相反，那不在意由身体而来的各种快乐的人差不多就近乎死了。］

2107 ἡ τοῦ φρονῆσαι［〈灵魂的〉这种德性，即进行思想］，也可以简单译为“进行思想这种德性”“进行理解这种德性”。

2108 παντὸς μᾶλλον θειοτέρου τινὸς τυγχάνει ... οὖσα［它实际上比一切都更同某种

比较神圣的东西相关]，也可以译为“它实际上比一切都更属于某种比较神圣的东西”“它实际上必定属于某种比较神圣的东西”。παντὸς μᾶλλον 是固定表达，字面意思是“比一切都更”，转义为“必定”“务必”；《牛津希-英词典》对之的解释是：most assuredly。参见：

《欧悌弗戎》(9a8–b2)：ἴθι, περὶ τούτων πειρῶ τί μοι σαφὲς ἐνδείξασθαι ὡς παντὸς μᾶλλον πάντες θεοὶ ἡγοῦνται ὀρθῶς ἔχειν ταύτην τὴν πρᾶξιν. [来吧，关于这些请你试着向我清楚地证明所有神都会必定认为这一行为是正确的。]

《克里同》(49b2–6)：ἢ παντὸς μᾶλλον οὕτως ἔχει ὥσπερ τότε ἐλέγετο ἡμῖν· εἴτε φασὶν οἱ πολλοὶ εἴτε μή, καὶ εἴτε δεῖ ἡμᾶς ἔτι τῶνδε χαλεπώτερα πάσχειν εἴτε καὶ πρᾳότερα, ὅμως τό γε ἀδικεῖν τῷ ἀδικοῦντι καὶ κακὸν καὶ αἰσχρὸν τυγχάνει ὂν παντὶ τρόπῳ; [或者必定还是如我们曾说过的那样：不管大众承认还是不承认，也无论我们必须遭受比这些更严酷的事情还是更温和的事情，行不义在所有方面对于行不义者来说实际上都同样是邪恶的和可耻的？]

《斐洞》(67b6)：Παντός γε μᾶλλον, ὦ Σώκρατες. [必定是这样，苏格拉底啊。]

《斐德若》(228d1–2)：τῷ ὄντι γάρ, ὦ Σώκρατες, παντὸς μᾶλλον τά γε ῥήματα οὐκ ἐξέμαθον. [其实，苏格拉底啊，我无论如何都必定没有把那些字眼都了然于胸。]

《吕西斯》(218b6–8)：Νῦν ἄρα, ἦν δ' ἐγώ, ὦ Λύσι τε καὶ Μενέξενε, παντὸς μᾶλλον ἐξηυρήκαμεν ὃ ἔστιν τὸ φίλον καὶ οὔ. [那么现在，我说，吕西斯和墨涅克塞诺斯啊，我们必定已经发现了友好的东西是什么和不是什么。]

《大希庇阿斯》(295e5–6)：Ὀρθῶς ἄρα νῦν λέγομεν ὅτι τυγχάνει παντὸς ὂν μᾶλλον καλὸν τὸ χρήσιμον; [那么，我们现在说得正确吗，那就是有用的东西恰好必定是美的？]

2109 ὡς δριμὺ μὲν βλέπει [在何等狡黠地进行观望]。形容词 δριμύς 的本义是“尖锐的”“辛辣的”，这里将之意译为“狡黠的”。对观《泰阿泰德》：(172e5–173b3)：οἱ δὲ λόγοι ἀεὶ περὶ ὁμοδούλου πρὸς δεσπότην καθήμενον, ἐν χειρί τινα δίκην ἔχοντα, καὶ οἱ ἀγῶνες οὐδέποτε τὴν ἄλλως ἀλλ' ἀεὶ τὴν περὶ αὐτοῦ, πολλάκις δὲ καὶ περὶ ψυχῆς ὁ δρόμος· ὥστ' ἐξ ἁπάντων τούτων ἔντονοι καὶ δριμεῖς γίγνονται, ἐπιστάμενοι τὸν δεσπότην λόγῳ τε θωπεῦσαι καὶ ἔργῳ ὑπελθεῖν, σμικροὶ δὲ καὶ οὐκ ὀρθοὶ τὰς ψυχάς. τὴν γὰρ αὔξην καὶ τὸ εὐθύ τε καὶ τὸ ἐλευθέριον ἡ ἐκ νέων δουλεία ἀφῄρηται, ἀναγκάζουσα πράττειν σκολιά, μεγάλους κινδύνους καὶ φόβους ἔτι ἁπαλαῖς ψυχαῖς ἐπιβάλλουσα, οὓς οὐ δυνάμενοι μετὰ τοῦ δικαίου καὶ ἀληθοῦς ὑποφέρειν, εὐθὺς ἐπὶ τὸ ψεῦδός τε καὶ τὸ ἀλλήλους ἀνταδικεῖν τρεπόμενοι πολλὰ κάμπτονται καὶ συγκλῶνται, ὥσθ' ὑγιὲς οὐδὲν ἔχοντες τῆς διανοίας εἰς ἄνδρας ἐκ μειρακίων τελευτῶσι, δεινοί τε καὶ σοφοὶ γεγονότες, ὡς οἴονται.［而他们的说话总是在就座的、掌控着某种判决的主人面前针对那同做奴隶的人，并且他们之间的竞争也从不会毫无目的，相反，总是关乎自己的事情，而过程甚至经常关乎性命；以至于由于所有这些，他们虽然变得精悍和狡黠，知道如何用言辞奉承以及用行动讨好主人，但他们在灵魂方面却是渺小的和不正直的。因为自年轻时而来的奴役已经夺走了他们在灵魂方面的生长、正直和自由，迫使他们做各种歪斜的事情，把巨大的、他们还不能够借助正当的东西和真的东西去承受的一些危险和恐惧强加到他们那仍然柔软的灵魂上，他们通过立马转向虚假的东西以及互相反行不义而不断地卑躬屈膝和从事一些奴性的事情，因而从年青时开始，一直到成年，他们终其一生虽然在思想方面都没有任何健康的东西，却变得非常聪明和智慧——只不过是他们以为的——。］

2110 τοῦτο ... τὸ τῆς τοιαύτης φύσεως［这样一种天性的这种器官］，也可以译为“这样一种天性的这个部分”。

2111 形容词 προσφυής 的本义是“牢牢地长在……上的”“紧紧依附于……的”，转义为“热衷于……的”；《牛津希-英词典》举了柏拉图在这里的这个表达，对之的解释是：attached or devoted to。

2112 [περὶ] κάτω στρέφουσι τὴν τῆς ψυχῆς ὄψιν［把灵魂的视力颠倒地转到一边］。[περὶ] κάτω，伯内特认为方括号中的 περὶ 有可能是窜入，而法国布德本希腊文和新校勘的牛津古典本希腊文均作 περικάτω［倒转 / 颠倒］，从之。如果按伯内特本翻译，则译为“把灵魂的视力转向下面”。

2113 对观《斐洞》（81b1-c2）：Ἐὰν δέ γε οἶμαι μεμιασμένη καὶ ἀκάθαρτος τοῦ σώματος ἀπαλλάττηται, ἅτε τῷ σώματι ἀεὶ συνοῦσα καὶ τοῦτο θεραπεύουσα καὶ ἐρῶσα καὶ γοητευομένη ὑπ' αὐτοῦ ὑπό τε τῶν ἐπιθυμιῶν καὶ ἡδονῶν, ὥστε μηδὲν ἄλλο δοκεῖν εἶναι ἀληθὲς ἀλλ' ἢ τὸ σωματοειδές, οὗ τις ἂν ἅψαιτο καὶ ἴδοι καὶ πίοι καὶ φάγοι καὶ πρὸς τὰ ἀφροδίσια χρήσαιτο, τὸ δὲ τοῖς ὄμμασι σκοτῶδες καὶ ἀιδές, νοητὸν δὲ καὶ φιλοσοφίᾳ αἱρετόν, τοῦτο δὲ εἰθισμένη μισεῖν τε καὶ τρέμειν καὶ φεύγειν, οὕτω δὴ ἔχουσαν οἴει ψυχὴν αὐτὴν καθ' αὑτὴν εἰλικρινῆ ἀπαλλάξεσθαι;［但我认为，如果它污秽且不纯粹地同身体相分离，由于它总是同身体结合在一起，侍奉、爱恋着身体，被它及其种种欲望和快乐所蛊惑，以至于它认为除了一个人能摸到、看到、喝到、吃到以及用来寻欢作乐的那种有形的东西之外没有什么是真的，而就那些虽然对于眼睛来说

是隐蔽的和不可见的，但却是可思想的和能够通过热爱智慧而得到领会的东西，如果他已经习惯于憎恨、畏惧、逃避这种东西，那么，你认为处在这种情形下的灵魂能独自在其自身地、绝对地摆脱身体吗？]

2114 ἀληθείας ἀπείρους［那些对真没有经验的人］，也可以转译为“那些不懂得真的人”。

2115 διὰ τέλους 是词组，意思是“彻头彻尾地”“从头到尾地”“完全地”；《牛津希-英词典》对之的解释是：through to the end, completely。

2116 πράξουσιν［采取行动］，也可以径直译为“实践”。

2117 见前面第六卷 505a–b。

2118 διαφερόντως εὖ πράξει［将格外地走运］。参见前面第三卷 412d5 那里对“καὶ [ὅταν μάλιστα] ἐκείνου μὲν εὖ πράττοντος ...［并且，一方面，如果那种东西走运……］”的注释 1136。

2119 τοῦτο［这样的事情 / 这种事情］，即 τὸ εὖ πράσσειν［走运］。

2120 τὸ κοινόν［〈城邦〉共同体］，之所以这样补充翻译，可对观《克里同》（50a6–b5）：Ἀλλ᾽ ὧδε σκόπει. εἰ μέλλουσιν ἡμῖν ἐνθένδε εἴτε ἀποδιδράσκειν, εἴθ᾽ ὅπως δεῖ ὀνομάσαι τοῦτο, ἐλθόντες οἱ νόμοι καὶ τὸ κοινὸν τῆς πόλεως ἐπιστάντες ἔροιντο· “Εἰπέ μοι, ὦ Σώκρατες, τί ἐν νῷ ἔχεις ποιεῖν; ἄλλο τι ἢ τούτῳ τῷ ἔργῳ ᾧ ἐπιχειρεῖς διανοῇ τούς τε νόμους ἡμᾶς ἀπολέσαι καὶ σύμπασαν τὴν πόλιν τὸ σὸν μέρος; ἢ δοκεῖ σοι οἷόν τε ἔτι ἐκείνην τὴν πόλιν εἶναι καὶ μὴ ἀνατετράφθαι, ἐν ᾗ ἂν αἱ γενόμεναι δίκαι μηδὲν ἰσχύωσιν ἀλλὰ ὑπὸ ἰδιωτῶν ἄκυροί τε γίγνωνται καὶ διαφθείρωνται;”［那请你这样来考虑。如果我们打算从这里逃走，或者无论应把这种行为称作什么，那么法律和城邦共同体就会走过来并站在面前，问道：“请告诉我，苏格拉底，你想要干什么？你是不是打算通过你在尝试的这件事而从你那方面既毁灭我们法律，也毁灭整个城邦？难道在你看来，那个城邦——于其中已经产生的各种判决没有丝毫力量，而因某些普通人变得无效了和被毁掉了——，居然还是可能的和没有被推翻吗？”］

2121 ἐπὶ τὸν σύνδεσμον τῆς πόλεως［来达成城邦的捆绑在一起］，也可以译为“来取得维系城邦的纽带”。对观《政治家》（310a1–5）：Τοῖς δ᾽ εὐγενέσι γενομένοις τε ἐξ ἀρχῆς ἤθεσι θρεφθεῖσί τε κατὰ φύσιν μόνοις διὰ νόμων ἐμφύεσθαι, καὶ ἐπὶ τούτοις δὴ τοῦτ᾽ εἶναι τέχνῃ φάρμακον, καὶ καθάπερ εἴπομεν τοῦτον θειότερον εἶναι τὸν σύνδεσμον ἀρετῆς μερῶν φύσεως ἀνομοίων καὶ ἐπὶ τὰ ἐναντία φερομένων.［而就那些出身高贵并且一开始就依照本性而被抚养长大的品质，我们应当说这种捆绑通过法唯独在它们里面长出来，并且也

就对这些品质来说这种捆绑才是凭借技艺而来的一种救治；也正如我们所说，这是一种比较神圣的捆绑在一起，即把德性中那些在本性上就不相似并且向着相反的方向用力的部分捆绑在一起。]

2122 δίκαια πρὸς αὐτοὺς ἐροῦμεν.［我们将对他们说的，都是一些正义的事情。］这是意译，字面意思是“我们将对他们说出一些正义的事情”。

2123 对观《政治家》（301c6–e4）：{ΞΕ.} Οὕτω δὴ τύραννός τε γέγονε, φαμέν, καὶ βασιλεὺς καὶ ὀλιγαρχία καὶ ἀριστοκρατία καὶ δημοκρατία, δυσχερανάντων τῶν ἀνθρώπων τὸν ἕνα ἐκεῖνον μόναρχον, καὶ ἀπιστησάντων μηδένα τῆς τοιαύτης ἀρχῆς ἄξιον ἂν γενέσθαι ποτέ, ὥστε ἐθέλειν καὶ δυνατὸν εἶναι μετ᾽ ἀρετῆς καὶ ἐπιστήμης ἄρχοντα τὰ δίκαια καὶ ὅσια διανέμειν ὀρθῶς πᾶσιν, λωβᾶσθαι δὲ καὶ ἀποκτεινύναι καὶ κακοῦν ὃν ἂν βουληθῇ ἑκάστοτε ἡμῶν· ἐπεὶ γενόμενόν γ᾽ ἂν οἷον λέγομεν ἀγαπᾶσθαί τε ἂν καὶ οἰκεῖν διακυβερνῶντα εὐδαιμόνως ὀρθὴν ἀκριβῶς μόνον πολιτείαν. {ΝΕ. ΣΩ.} Πῶς δ᾽ οὔ; {ΞΕ.} Νῦν δέ γε ὁπότε οὐκ ἔστι γιγνόμενος, ὡς δή φαμεν, ἐν ταῖς πόλεσι βασιλεὺς οἷος ἐν σμήνεσιν ἐμφύεται, τό τε σῶμα εὐθὺς καὶ τὴν ψυχὴν διαφέρων εἷς, δεῖ δὴ συνελθόντας συγγράμματα γράφειν, ὡς ἔοικεν, μεταθέοντας τὰ τῆς ἀληθεστάτης πολιτείας ἴχνη.［客人：那么，正是以这种方式产生出了一位僭主，我们说，以及一位国王，一个寡头政制、贵族政制和民主政制，当人们不满意那种单个的一人进行统治的人时，以及当他们不相信任何人曾经变得配得上这样一种统治，以至于他愿意并且能够通过凭借德性和知识来进行统治而把各种公正的东西和虔敬的事情正确地分配给每个人时，相反，他们认为在任何时候只要他愿意，他都会伤害、杀死和虐待我们中的任何一个人；既然我们说，如果真的出现了我们所说的那样一种人，那他既会被热爱，也会通过单独一个人幸福地完全掌控那在严格意义上正确的政制而生活。年轻的苏格拉底：为何不呢？客人：但现在，既然在诸城邦中，至少如我们所说的那样，没有产生出一位如在蜂群里面生长出来的蜂王那样的国王，而无论在身体上还是灵魂上他径直都是唯一出类拔萃的，于是，就必须通过走到一起来写出各种成文的东西，如看起来的那样，以便追踪那最真的政制之足迹。］

2124 μυρίῳ βέλτιον ὄψεσθε［无限地更善于观看］。形容词 μυρίος 的中性单数与格作副词使用，在这里的意思是“无限地”；《牛津希–英词典》举了柏拉图在这里的这个表达，对之的解释是：infinitely。

2125 σκιαμαχούντων πρὸς ἀλλήλους［彼此为影子而战斗］。动词 σκιαμαχέω［和影子战斗］由 σκιά［影子］和 μάχη［战斗］构成，意指“同想象中的敌

人战斗”。参见《苏格拉底的申辩》（18d2−7）：ὅσοι δὲ φθόνῳ καὶ διαβολῇ χρώμενοι ὑμᾶς ἀνέπειθον – οἱ δὲ καὶ αὐτοὶ πεπεισμένοι ἄλλους πείθοντες – οὗτοι πάντες ἀπορώτατοί εἰσιν· οὐδὲ γὰρ ἀναβιβάσασθαι οἷόν τ' ἐστὶν αὐτῶν ἐνταυθοῖ οὐδ' ἐλέγξαι οὐδένα, ἀλλ' ἀνάγκη ἀτεχνῶς ὥσπερ σκιαμαχεῖν ἀπολογούμενόν τε καὶ ἐλέγχειν μηδενὸς ἀποκρινομένου.［如此多的人用嫉妒和诽谤来诱劝你们，而一些自己已经被说服了的人则又去说服其他人；所有这些人都是最难对付的。因为既不可能把他们中的任何人带到这儿，也不可能质问他，而是必须完全如和影子战斗一样进行申辩，在无人回答的情况下进行质问。］

2126 οἰκεῖν ἐν τῷ καθαρῷ［居住在那个纯洁的地方］。对观《泰阿泰德》（176e3−177a8）：Παραδειγμάτων, ὦ φίλε, ἐν τῷ ὄντι ἑστώτων, τοῦ μὲν θείου εὐδαιμονεστάτου, τοῦ δὲ ἀθέου ἀθλιωτάτου, οὐχ ὁρῶντες ὅτι οὕτως ἔχει, ὑπὸ ἠλιθιότητός τε καὶ τῆς ἐσχάτης ἀνοίας λανθάνουσι τῷ μὲν ὁμοιούμενοι διὰ τὰς ἀδίκους πράξεις, τῷ δὲ ἀνομοιούμενοι. οὗ δὴ τίνουσι δίκην ζῶντες τὸν εἰκότα βίον ᾧ ὁμοιοῦνται· ἐὰν δ' εἴπωμεν ὅτι, ἂν μὴ ἀπαλλαγῶσι τῆς δεινότητος, καὶ τελευτήσαντας αὐτοὺς ἐκεῖνος μὲν ὁ τῶν κακῶν καθαρὸς τόπος οὐ δέξεται, ἐνθάδε δὲ τὴν αὑτοῖς ὁμοιότητα τῆς διαγωγῆς ἀεὶ ἕξουσι, κακοὶ κακοῖς συνόντες, ταῦτα δὴ καὶ παντάπασιν ὡς δεινοὶ καὶ πανοῦργοι ἀνοήτων τινῶν ἀκούσονται.［两种范型，朋友啊，被确立在了是者中，一种是神圣的、至福的，而另一种是无神的、最不幸的；那些由于愚蠢和极度的缺乏理解而没有看到情况是这样的人，没有注意到他们由于各种不正义的行为而变得同后一种范型相似，同前一种范型不相似。他们为此受到了惩罚，因为他们过着一种同他们变得与之相似的那种范型相适应的生活；但如果我们说，除非他们放弃他们的那种聪明，否则即使他们死了，那个摆脱了诸恶的纯洁的地方也不会接纳他们，并且他们在这儿也将始终有着与他们自己相似的一种生活方式，即坏人与坏人在一起，那么，他们听到这些完全就像一群聪明且机灵的人在听某些蠢人说话似的。］

2127 οἱ τῷ ὄντι πλούσιοι［那些*在是的方式上*富有的人］，当然可以简单译为“那些真正的富人”。

2128 ἔχεις［你知道］，参见前面第一卷 348e6 那里对“οὐκέτι ῥᾴδιον ἔχειν ὅτι τις εἴπῃ［并且不再容易知道一个人该说什么］”的注释 360。

2129 ἰέναι ἐπ' αὐτό［前往它那里］，也可以译为“追求它”。

2130 οἵ γε ἀντερασταὶ μαχοῦνται［那些竞争者肯定会开战］。名词 ἀντεραστής 的本义是“情敌”，泛指“竞争对手”“敌手”；《牛津希-英词典》举了柏拉图在这里的这个表达，对它的解释是：rival。

2131 对观《斐洞》(82b10–c8)：Εἰς δέ γε θεῶν γένος μὴ φιλοσοφήσαντι καὶ παντελῶς καθαρῷ ἀπιόντι οὐ θέμις ἀφικνεῖσθαι ἀλλ' ἢ τῷ φιλομαθεῖ. ἀλλὰ τούτων ἕνεκα, ὦ ἑταῖρε Σιμμία τε καὶ Κέβης, οἱ ὀρθῶς φιλόσοφοι ἀπέχονται τῶν κατὰ τὸ σῶμα ἐπιθυμιῶν ἁπασῶν καὶ καρτεροῦσι καὶ οὐ παραδιδόασιν αὐταῖς ἑαυτούς, οὔ τι οἰκοφθορίαν τε καὶ πενίαν φοβούμενοι, ὥσπερ οἱ πολλοὶ καὶ φιλοχρήματοι· οὐδὲ αὖ ἀτιμίαν τε καὶ ἀδοξίαν μοχθηρίας δεδιότες, ὥσπερ οἱ φίλαρχοί τε καὶ φιλότιμοι, ἔπειτα ἀπέχονται αὐτῶν. [对于那不热爱智慧和没有完全纯粹地离开的人来说，到达神的族类那里是不合神法的，只有那热爱学问的人可以。而正是由于这些，朋友，西米阿斯和刻贝斯啊，那些在真正的意义上热爱智慧的人才放弃所有由身体而来的欲望，他们坚定不移，不把自己交给它们，不是由于担心倾家荡产和贫穷，就像许多热爱钱财的人那样；他们也不是因害怕不光彩和由邪恶而来的坏名声，就像那些爱权力和好名声的人那样，然后才放弃它们。]

2132 ὀστράκου περιστροφή[陶片的翻转]。这是当时儿童们玩的一种掷陶片的游戏：把陶片的一面涂黑，一面涂白，看落下后哪面朝上来决定谁跑，谁追；《牛津希-英词典》举了柏拉图在这里的这个表达，对它的解释是：on the fall of the sherd with the other side uppermost。参见《斐德若》(241b3–c1)：φυγὰς δὴ γίγνεται ἐκ τούτων, καὶ ἀπεστερηκὼς ὑπ' ἀνάγκης ὁ πρὶν ἐραστής, ὀστράκου μεταπεσόντος, ἵεται φυγῇ μεταβαλών· ὁ δὲ ἀναγκάζεται διώκειν ἀγανακτῶν καὶ ἐπιθεάζων, ἠγνοηκὼς τὸ ἅπαν ἐξ ἀρχῆς, ὅτι οὐκ ἄρα ἔδει ποτὲ ἐρῶντι καὶ ὑπ' ἀνάγκης ἀνοήτῳ χαρίζεσθαι, ἀλλὰ πολὺ μᾶλλον μὴ ἐρῶντι καὶ νοῦν ἔχοντι· [于是，他由此成为了一个逃跑者，并且先前的爱慕者被迫成为了一个不履行承诺的人，当陶片落下来另一面朝上后，他就改变方向赶紧逃跑；而他的那位心爱的少年则被迫进行追逐，因为他感到非常恼怒，并且一边向神灵呼吁一边大声咒骂，他从一开始就完全未曾认识到下面这点，那就是：其实他从来就不应该让一个虽然爱他而必然无理智的人满意，而是更宁愿让一个虽不爱他但有理智的人满意。]

2133 οὗ ὄντος οὖσαν ἐπάνοδον[它是一条关于是着的东西的向上的路]，也可以简单译为“它是向着是者的攀升”。

2134 见前面第三卷 403e8–9, 416d 以下。

2135 Καὶ γυμναστικὴ μέν που περὶ γιγνόμενον καὶ ἀπολλύμενον τετεύτακεν. [而体育，它事实上无论如何都在同生成的东西以及毁灭的东西打交道。] 法国布德本希腊文和新校勘的牛津古典本希腊文均无 Καὶ，从之。动词 τευτάζω 的本义是“忙碌于……”“致力于……”，这里将之意译为“打交道”；对观《菲勒玻斯》(56e4-6)：Καὶ μάλα εὖ λέγεις οὐ σμικρὰν διαφορὰν τῶν περὶ ἀριθμὸν τευταζόντων, ὥστε λόγον ἔχειν δύ' αὐτὰς εἶναι.[你确实非常好地说出了这点，即在那些整天都同数打交道的人之间有着不小的区别，因此，有着两种算术，这是有道理的。]

2136 ἀντίστροφος τῆς γυμναστικῆς[体育的一种配对物]，也可以译为"同体育相应的一种东西"。形容词 ἀντίστροφος 的本义是"反转去对着的"，引申为"有相互关系的"。《牛津希-英词典》对它这层意思的解释是：counterpart(配对物 / 副本)，correlative(相关物)。参见：

《泰阿泰德》(158c2-4)：Καὶ μήν, ὦ Σώκρατες, ἄπορόν γε ὅτῳ χρὴ ἐπιδεῖξαι τεκμηρίῳ· πάντα γὰρ ὥσπερ ἀντίστροφα τὰ αὐτὰ παρακολουθεῖ.[真的，苏格拉底啊，必须通过何种证据来显示这点，这的确是走不通的，既然一切都像配对物一样彼此同样地紧跟对方。]

《菲勒玻斯》(40d4-5)：οὐκ ἀνταποδοτέον ταῖς λύπαις τε καὶ ἡδοναῖς τὴν τούτων ἀντίστροφον ἕξιν ἐν ἐκείνοις;[岂不必须把这些东西中的相应的状况归还给在那些情形中的各种痛苦和快乐？]

2137 αἵ τε γὰρ τέχναι βάναυσοί που ἅπασαι ἔδοξαν εἶναι.[因为，所有的技艺，它们其实无论如何都〈对我们〉显得是匠人气的。]关于形容词 βάναυσος，参见前面第六卷 495e2 那里对"διὰ τὰς βαναυσίας[由于〈他们自己的〉那些低贱的工作]"的注释 1899。

2138 对观《泰阿泰德》(185d7-e2)：Ἀλλὰ μὰ Δία, ὦ Σώκρατες, ἔγωγε οὐκ ἂν ἔχοιμι εἰπεῖν, πλήν γ' ὅτι μοι δοκεῖ τὴν ἀρχὴν οὐδ' εἶναι τοιοῦτον οὐδὲν τούτοις ὄργανον ἴδιον ὥσπερ ἐκείνοις, ἀλλ' αὐτὴ δι' αὑτῆς ἡ ψυχὴ τὰ κοινά μοι φαίνεται περὶ πάντων ἐπισκοπεῖν.[然而，宙斯在上，苏格拉底啊，除了下面这点我根本不可能会说其他什么，那就是：我认为对于这些东西根本不像对于另外那些东西那样，有一种诸如此类的特殊器官；相反，在我看来，灵魂自身通过它自身去考察对一切东西来说是共同的那些东西。]

2139 ἐν κεφαλαίῳ[总而言之]是词组，等于 ὡς ἐν κεφαλαίῳ εἰπεῖν，也可以译为"概括性地讲"。

2140 ὡς πᾶσα τέχνη τε καὶ ἐπιστήμη ἀναγκάζεται αὐτῶν μέτοχος γίγνεσθαι[每一门技艺和每一种知识都被迫变得要分享它们]。形容词 μέτοχος[分享的 / 分担的]要求属格，所以这里出现的是复数属格 αὐτῶν[它们]。参见《斐德若》(262d5-6)：οὐ γάρ που ἔγωγε τέχνης τινὸς τοῦ λέγειν μέτοχος.[因为，无论如何我都肯定不分享关于言说的任何技艺。]

2141 帕拉墨得斯(Παλαμήδης, Palamedes)，是特洛伊战争中的英雄，因遭到奥德修斯的陷害而被用石头砸死；柏拉图在其他一些对话中也曾提到过此人。参见：

《苏格拉底的申辩》（41b1-7）：ἐπεὶ ἔμοιγε καὶ αὐτῷ θαυμαστὴ ἂν εἴη ἡ διατριβὴ αὐτόθι, ὁπότε ἐντύχοιμι Παλαμήδει καὶ Αἴαντι τῷ Τελαμῶνος καὶ εἴ τις ἄλλος τῶν παλαιῶν διὰ κρίσιν ἄδικον τέθνηκεν, ἀντιπαραβάλλοντι τὰ ἐμαυτοῦ πάθη πρὸς τὰ ἐκείνων – ὡς ἐγὼ οἶμαι, οὐκ ἂν ἀηδὲς εἴη – καὶ δὴ τὸ μέγιστον, τοὺς ἐκεῖ ἐξετάζοντα καὶ ἐρευνῶντα ὥσπερ τοὺς ἐνταῦθα διάγειν, τίς αὐτῶν σοφός ἐστιν καὶ τίς οἴεται μέν, ἔστιν δ᾽ οὔ. [因为，当我遇见帕拉墨得斯和忒拉蒙的儿子埃阿斯，以及如果还有古人中任何其他由于某种不义的判决而死去的人的话，恰恰对于我本人来说在那里的消磨时间会是奇妙的；我把自己的遭遇同那些人的遭遇比较一番——我认为这不会是不愉快的——，尤其最重要的事情是，就像通过盘问和审查这儿的人一样我会通过盘问和追查那儿的人来度日，看他们中谁是智慧的，谁虽然认为自己是智慧的，但其实不是。]

《斐德若》（261b6-8）：Ἀλλ᾽ ἢ τὰς Νέστορος καὶ Ὀδυσσέως τέχνας μόνον περὶ λόγων ἀκήκοας, ἃς ἐν Ἰλίῳ σχολάζοντες συνεγραψάτην, τῶν δὲ Παλαμήδους ἀνήκοος γέγονας; [你竟然只听说过涅斯托耳和奥德修斯关于言说的那些技艺——当他俩在伊利翁城得空闲时写下了它们——，而未曾听说过帕拉墨得斯所写下的那些？]

2142 见前面第一卷 337c7 那里对“ἄλλο τι”的注释 222。

2143 λογίζεσθαί τε καὶ ἀριθμεῖν δύνασθα [能够进行计算和数数]，新校勘的牛津古典本希腊文同样如此；而法国布德本希腊文作：καὶ λογίζεσθαί τε καὶ ἀριθμεῖν δύνασθα，不从。

2144 见前面第二卷 358d7 那里对“πάντων μάλιστα”的注释 452。

2145 ἐκείνην [那种东西]，即 τὴν νόησιν [理智直观]。

2146 ὑγιές [稳当的东西]，也可以译为“健全的东西”。形容词 ὑγιής 的本义是“健康的”“强健的”，但也转义为“稳当的”“有益的”等。对观：

《智者》（232a1-3）：Ἆρ᾽ οὖν ἐννοεῖς, ὅταν ἐπιστήμων τις πολλῶν φαίνηται, μιᾶς δὲ τέχνης ὀνόματι προσαγορεύηται, τὸ φάντασμα τοῦτο ὡς οὐκ ἔσθ᾽ ὑγιές. [那么，你注意到了下面这点吗，那就是：每当某个人显得对许多东西是有知识的，却被用单一技艺的名字来称呼时，这个显象就有可能不是稳当的。]

《斐洞》（90d9-91a3）：Πρῶτον μὲν τοίνυν, ἔφη, τοῦτο εὐλαβηθῶμεν, καὶ μὴ παρίωμεν εἰς τὴν ψυχὴν ὡς τῶν λόγων κινδυνεύει οὐδὲν ὑγιὲς εἶναι, ἀλλὰ πολὺ μᾶλλον ὅτι ἡμεῖς οὔπω ὑγιῶς ἔχομεν, ἀλλὰ ἀνδριστέον καὶ προθυμητέον ὑγιῶς ἔχειν, σοὶ μὲν οὖν καὶ τοῖς ἄλλοις καὶ τοῦ ἔπειτα βίου παντὸς ἕνεκα, ἐμοὶ δὲ αὐτοῦ ἕνεκα τοῦ θανάτου, ὡς κινδυνεύω ἔγωγε ἐν τῷ παρόντι περὶ αὐτοῦ τούτου οὐ φιλοσόφως ἔχειν ἀλλ' ὥσπερ οἱ πάνυ ἀπαίδευτοι φιλονίκως.［因此，他说，我们得首先提防这点，并且不可以容许下面这种想法进入我们的灵魂，即在讨论中没有任何东西可能是健全的，而是宁可认为：我们自己还尚不健全，但必须有勇气和必须渴望去是健全的——对你和其他人来说是为了整个往后的生活；对我来说则是为了死亡本身，因为就这件事本身来说，我的确可能在眼下并不是在热爱智慧，而是像那些完全未受教育的人那样在热爱胜利——。］

2147 ὁ δεύτερος［无名指］，字面意思是"第二根手指"；有人将之译为"食指"，似乎不妥。

2148 αὐτῇ［它］，即 τὴν νόησιν［理智直观］。

2149 τὸ μέγεθος αὐτῶν καὶ τὴν σμικρότητα［那三根手指的大和小］，字面意思是"它们的大和小"。

2150 这里暗含的意思是：无名指相较于小指，显得较大；相较于中指，则显得较小。

2151 ἡ ἐπὶ τῷ σκληρῷ τεταγμένη αἴσθησις［已经被指派给硬度的那种感觉］，即前面提到的 ἡ ἁφή［触觉］。

2152 对观《泰阿泰德》(186b1-c6)：{ΣΩ.} Ἔχε δή· ἄλλο τι τοῦ μὲν σκληροῦ τὴν σκληρότητα διὰ τῆς ἐπαφῆς αἰσθήσεται, καὶ τοῦ μαλακοῦ τὴν μαλακότητα ὡσαύτως; {ΘΕΑΙ.} Ναί. {ΣΩ.} Τὴν δέ γε οὐσίαν καὶ ὅτι ἐστὸν καὶ τὴν ἐναντιότητα πρὸς ἀλλήλω καὶ τὴν οὐσίαν αὖ τῆς ἐναντιότητος αὐτὴ ἡ ψυχὴ ἐπανιοῦσα καὶ συμβάλλουσα πρὸς ἄλληλα κρίνειν πειρᾶται ἡμῖν. {ΘΕΑΙ.} Πάνυ μὲν οὖν. {ΣΩ.} Οὐκοῦν τὰ μὲν εὐθὺς γενομένοις πάρεστι φύσει αἰσθάνεσθαι ἀνθρώποις τε καὶ θηρίοις, ὅσα διὰ τοῦ σώματος παθήματα ἐπὶ τὴν ψυχὴν τείνει· τὰ δὲ περὶ τούτων ἀναλογίσματα πρός τε οὐσίαν καὶ ὠφέλειαν μόγις καὶ ἐν χρόνῳ διὰ πολλῶν πραγμάτων καὶ παιδείας παραγίγνεται οἷς ἂν καὶ παραγίγνηται; {ΘΕΑΙ.} Παντάπασι μὲν οὖν.［苏格拉底：请停一停！是不是坚硬的东西的坚硬通过触摸而被感觉到，柔软的东西的柔软也同样如此？泰阿泰德：是的。苏格拉底：而它俩的*所是*，即它俩*是什么*，以及它俩彼此间的相反性，还有相反性之*所是*，灵魂自身通过对它们进行反思和相互比较来尝试为我们做出判断。泰阿泰德：当然。苏格拉底：因此，岂不有一些东西，当人和野兽一出生，他们在本性上就能够感觉到它们，即所有

通过身体而延伸到灵魂那里的那些遭受；而另一些东西，即关于这些东西对其所是和益处的各种计算，则是通过许多的事务和教育，艰难地和在时间中抵达的——如果它们毕竟会被抵达的话——？泰阿泰德：完全如此。]

2153 对观《泰阿泰德》（152d2–e5）：Ἐγὼ ἐρῶ καὶ μάλ’ οὐ φαῦλον λόγον, ὡς ἄρα ἓν μὲν αὐτὸ καθ’ αὑτὸ οὐδέν ἐστιν, οὐδ’ ἄν τι προσείποις ὀρθῶς οὐδ’ ὁποιονοῦν τι, ἀλλ’ ἐὰν ὡς μέγα προσαγορεύῃς, καὶ σμικρὸν φανεῖται, καὶ ἐὰν βαρύ, κοῦφον, σύμπαντά τε οὕτως, ὡς μηδενὸς ὄντος ἑνὸς μήτε τινὸς μήτε ὁποιουοῦν· ἐκ δὲ δὴ φορᾶς τε καὶ κινήσεως καὶ κράσεως πρὸς ἄλληλα γίγνεται πάντα ἃ δή φαμεν εἶναι, οὐκ ὀρθῶς προσαγορεύοντες· ἔστι μὲν γὰρ οὐδέποτ’ οὐδέν, ἀεὶ δὲ γίγνεται. καὶ περὶ τούτου πάντες ἑξῆς οἱ σοφοὶ πλὴν Παρμενίδου συμφερέσθων, Πρωταγόρας τε καὶ Ἡράκλειτος καὶ Ἐμπεδοκλῆς, καὶ τῶν ποιητῶν οἱ ἄκροι τῆς ποιήσεως ἑκατέρας, κωμῳδίας μὲν Ἐπίχαρμος, τραγῳδίας δὲ Ὅμηρος.［我会讲的，而且不是无关紧要的说法，那就是：肯定没有什么是自在自为的一，你既无法正确地把它称为某种东西，也无法把它称为某种性质；相反，如果你称它为大的，它也就会显得是小的，如果你称它为重的，它就会显得是轻的；一切都这样，因为没有什么是一，无论是作为某种东西，还是作为某种性质。所有那些我们现在说它们是着的——我们并未正确地进行称呼——，其实都从移动和运动，以及从彼此的混合中生成出来；因为从未有什么是着，而始终在生成。关于这点，除了巴门尼德，所有智慧的人聚成一列，普罗塔戈拉、赫拉克利特、恩培多克勒，以及诗人中间，两种诗歌各自那顶尖的，就喜剧来说是厄庇卡尔摩斯，就悲剧来说则是荷马。］

《菲勒玻斯》（14c7–d3）：{ΣΩ.} Τὸν νυνδὴ παραπεσόντα λέγω, φύσει πως πεφυκότα θαυμαστόν. ἓν γὰρ δὴ τὰ πολλὰ εἶναι καὶ τὸ ἓν πολλὰ θαυμαστὸν λεχθέν, καὶ ῥᾴδιον ἀμφισβητῆσαι τῷ τούτων ὁποτερονοῦν τιθεμένῳ. {ΠΡΩ.} Ἆρ’ οὖν λέγεις ὅταν τις ἐμὲ φῇ Πρώταρχον ἕνα γεγονότα φύσει πολλοὺς εἶναι πάλιν τοὺς ἐμὲ καὶ ἐναντίους ἀλλήλοις, μέγαν καὶ σμικρὸν τιθέμενος καὶ βαρὺν καὶ κοῦφον τὸν αὐτὸν καὶ ἄλλα μυρία;［苏格拉底：我在说刚才所遇到的那个说法，它在本性上无论如何都生来是令人惊异的。因为，多是一，以及一是多，说出来都确实是令人惊异的；并且，无论一个人提出这两者中的哪一个，都容易对他加以反驳。普洛塔尔科斯：那么，你是在这样说吗，那就是：每当有人说，我，普洛塔尔科斯，虽然在本性上已经成为了一，但那个我复又是多，甚至是彼此相反的，只要他把这同一个我确定为既是大的又是小的，既是重的又是轻的，以及其他成千上万这样的情形？］

2154 ἄτοποι ... αἱ ἑρμηνεῖαι［一些奇怪的报告］，也可以译为“一些奇怪的消息”；

基于文义，这里不把 ἑρμηνεία 译为“解释”或者“说明”。

2155 参见前面第五卷 476a 以下。

2156 由于前面把 νόησις 译成了“理智直观”，这里也有意把动词 νοέω 译为“看”，而不译为“思考”“想”等。

2157 εἰ ἀεί τι αὐτῷ ἅμα ὁρᾶται ἐναντίωμα［如果某种东西总是同时被看到与它不相容］，也可以译为“如果某种与它相反的东西总是同时被看到”。名词 ἐναντίωμα 除了具有“相反的东西”“障碍”等意思之外，也有“不相容”“不一致”的意思；《牛津希-英词典》举了柏拉图在这里的这个表达，对它的解释是：incompatibility。

2158 ἐν αὐτῷ［在这种情况下］，在这里可以理解为一种固定表达。

2159 对观《菲勒玻斯》（14c11–e4）：{ΠΡΩ.} Ἆρ' οὖν λέγεις ὅταν τις ἐμὲ φῇ Πρώταρχον ἕνα γεγονότα φύσει πολλοὺς εἶναι πάλιν τοὺς ἐμὲ καὶ ἐναντίους ἀλλήλοις, μέγαν καὶ σμικρὸν τιθέμενος καὶ βαρὺν καὶ κοῦφον τὸν αὐτὸν καὶ ἄλλα μυρία; {ΣΩ.} Σὺ μέν, ὦ Πρώταρχε, εἴρηκας τὰ δεδημευμένα τῶν θαυμαστῶν περὶ τὸ ἓν καὶ πολλά, συγκεχωρημένα δὲ ὡς ἔπος εἰπεῖν ὑπὸ πάντων ἤδη μὴ δεῖν τῶν τοιούτων ἅπτεσθαι, παιδαριώδη καὶ ῥᾴδια καὶ σφόδρα τοῖς λόγοις ἐμπόδια ὑπολαμβανόντων γίγνεσθαι, ἐπεὶ μηδὲ τὰ τοιάδε, ὅταν τις ἑκάστου τὰ μέλη τε καὶ ἅμα μέρη διελὼν τῷ λόγῳ, πάντα ταῦτα τὸ ἓν ἐκεῖνο εἶναι διομολογησάμενος, ἐλέγχῃ καταγελῶν ὅτι τέρατα διηνάγκασται φάναι, τό τε ἓν ὡς πολλά ἐστι καὶ ἄπειρα, καὶ τὰ πολλὰ ὡς ἓν μόνον.［普洛塔尔科斯：那么，你是在这样说吗，那就是：每当有人说，我，普洛塔尔科斯，虽然在本性上已经成为了一，但那个我复又是多，甚至是彼此相反的，只要他把这同一个我确定为既是大的又是小的，既是重的又是轻的，以及其他成千上万这样的情形？苏格拉底：你，普罗塔尔科啊，一方面，关于一和多的那些令人惊异的事情，你说出了其中一些已经变得众所周知的东西；另一方面，几乎可以说，它们都已经被所有人同意，不需要触碰这类事情，因为他们认为它们是孩子气的和容易解决的，甚至对于各种讨论来说变成了严重的绊脚石，既然连下面这类事情也不要去触碰，那就是：每当有人在言说中分开每个人的四肢，此外还有其各个部分时，一旦他使得另一个人承认所有这些就是那个一，那么，他就通过嘲笑进行质问，因为那人已经被迫说了一些怪异的事情，即一是多，甚至是无限的，而多仅仅是一。］

2160 ἡ περὶ αὐτὸ ὄψις［关于一的视觉 / 关于它的视觉］，法国布德本希腊文同样如此；而新校勘的牛津古典本希腊文，将其中的 αὐτὸ 改为 τὸ αὐτὸ［同一个东西 / 同一事物］，从之。

2161 οὐχ ἥκιστα［尤其是 / 尤其］是固定表达和词组，《牛津希-英词典》对它的解释是：above all, more than all。参见：

《智者》（216a6–b3）：ὅς φησιν ἄλλους τε θεοὺς τοῖς ἀνθρώποις ὁπόσοι μετέχουσιν αἰδοῦς δικαίας, καὶ δὴ καὶ τὸν ξένιον οὐχ ἥκιστα θεὸν συνοπαδὸν γιγνόμενον ὕβρεις τε καὶ εὐνομίας τῶν ἀνθρώπων καθορᾶν.［他说，不仅其他一些神——对于所有那些分得一种理应的羞耻心的人来说——，而且尤其是异乡人的那位保护神，通过成为他们的陪伴者而俯察人的各种侮慢和守法。］

《斐洞》（117d7–e2）：ἐγὼ μέντοι οὐχ ἥκιστα τούτου ἕνεκα τὰς γυναῖκας ἀπέπεμψα, ἵνα μὴ τοιαῦτα πλημμελοῖεν· καὶ γὰρ ἀκήκοα ὅτι ἐν εὐφημίᾳ χρὴ τελευτᾶν. ἀλλ᾽ ἡσυχίαν τε ἄγετε καὶ καρτερεῖτε.［我尤其为了这点才打发走妇人们，免得她们不着调地做这类事情。因为我已经听说一个人应当肃穆地终了。所以请你们保持安静并坚持住！］

2162 λογιστική τε καὶ ἀριθμητική［无论是关于计算的技艺，还是关于数的知识］，也可以译为“无论是关于计算的技艺，还是关于数的技艺”。在古代希腊，这是两门不同的技艺或知识；《牛津希-英词典》举了柏拉图在这里的这个表达，对 λογιστική 和 ἀριθμητική 的解释分别是：the art of arithmetic 和 the science of number。

关于 ἀριθμητική［关于数的技艺 / 关于数的知识］，可参见《泰阿泰德》（198a1–b3）：{ΣΩ.} Τὸ τοίνυν πάλιν ἣν ἂν βούληται τῶν ἐπιστημῶν θηρεύειν καὶ λαβόντα ἴσχειν καὶ αὖθις ἀφιέναι σκόπει τίνων δεῖται ὀνομάτων, εἴτε τῶν αὐτῶν ὧν τὸ πρῶτον ὅτε ἐκτᾶτο εἴτε ἑτέρων. μαθήσῃ δ᾽ ἐνθένδε σαφέστερον τί λέγω. ἀριθμητικὴν μὲν γὰρ λέγεις τέχνην; {ΘΕΑΙ.} Ναί. {ΣΩ.} Ταύτην δὴ ὑπόλαβε θήραν ἐπιστημῶν ἀρτίου τε καὶ περιττοῦ παντός. {ΘΕΑΙ.} Ὑπολαμβάνω. {ΣΩ.} Ταύτῃ δὴ οἶμαι τῇ τέχνῃ αὐτός τε ὑποχειρίους τὰς ἐπιστήμας τῶν ἀριθμῶν ἔχει καὶ ἄλλῳ παραδίδωσιν ὁ παραδιδούς. {ΘΕΑΙ.} Ναί.［苏格拉底：那么，一个人重新捕捉诸知识中他想捕捉的某种知识，通过获得而拥有它，复又放弃它，请你考虑一下，这些事需要哪些名字，与最初他占有它们时的那些名字相同呢，还是不同。从下面这点出发你将更清楚地明白我在说什么。你说，当真有一种数的技艺吗？泰阿泰德：有。苏格拉底：那么请你把这假定为对关于所有偶数和奇数的各种知识的一种猎取。泰阿泰德：我就这样假定。苏格拉底：那么我认为，一个人自己正是凭借这种技艺，既通过掌握关于数的各种知识而拥有它们，又通过把它们传授给其他人而是传授者。泰阿泰德：是的。］

2163 副词 ὑπερφυῶς 派生自形容词 ὑπερφυής，而该形容词的前缀 ὑπερ 的意思是“在……之上”“超过”，词干 φυή［天赋 / 天才］则与名词 φύσις［自然 / 本性］同源。

2164 对观《斐德若》(247c3−e6)：Τὸν δὲ ὑπερουράνιον τόπον οὔτε τις ὕμνησέ πω τῶν τῇδε ποιητὴς οὔτε ποτὲ ὑμνήσει κατ᾽ ἀξίαν. ἔχει δὲ ὧδε – τολμητέον γὰρ οὖν τό γε ἀληθὲς εἰπεῖν, ἄλλως τε καὶ περὶ ἀληθείας λέγοντα – ἡ γὰρ ἀχρώματός τε καὶ ἀσχημάτιστος καὶ ἀναφὴς οὐσία ὄντως οὖσα, ψυχῆς κυβερνήτῃ μόνῳ θεατὴ νῷ, περὶ ἣν τὸ τῆς ἀληθοῦς ἐπιστήμης γένος, τοῦτον ἔχει τὸν τόπον. ἅτ᾽ οὖν θεοῦ διάνοια νῷ τε καὶ ἐπιστήμῃ ἀκηράτῳ τρεφομένη, καὶ ἁπάσης ψυχῆς ὅσῃ ἂν μέλῃ τὸ προσῆκον δέξασθαι, ἰδοῦσα διὰ χρόνου τὸ ὂν ἀγαπᾷ τε καὶ θεωροῦσα τἀληθῆ τρέφεται καὶ εὐπαθεῖ, ἕως ἂν κύκλῳ ἡ περιφορὰ εἰς ταὐτὸν περιενέγκῃ. ἐν δὲ τῇ περιόδῳ καθορᾷ μὲν αὐτὴν δικαιοσύνην, καθορᾷ δὲ σωφροσύνην, καθορᾷ δὲ ἐπιστήμην, οὐχ ᾗ γένεσις πρόσεστιν, οὐδ᾽ ἥ ἐστίν που ἑτέρα ἐν ἑτέρῳ οὖσα ὧν ἡμεῖς νῦν ὄντων καλοῦμεν, ἀλλὰ τὴν ἐν τῷ ὅ ἐστιν ὂν ὄντως ἐπιστήμην οὖσαν· καὶ τἆλλα ὡσαύτως τὰ ὄντα ὄντως θεασαμένη καὶ ἑστιαθεῖσα, δῦσα πάλιν εἰς τὸ εἴσω τοῦ οὐρανοῦ, οἴκαδε ἦλθεν. ἐλθούσης δὲ αὐτῆς ὁ ἡνίοχος πρὸς τὴν φάτνην τοὺς ἵππους στήσας παρέβαλεν ἀμβροσίαν τε καὶ ἐπ᾽ αὐτῇ νέκταρ ἐπότισεν.［但那超越诸天的地方，在我们这儿的那些诗人中，既没有哪位曾经歌颂过它，也将永不会有哪位配得上歌颂它。它其实是这样——因为，一个人无论如何都必须敢于说出*真相*，尤其是当他在谈论*真*的时候——：在那儿无疑无色的、无形的、不可触摸的*所是以是的方式是着*，它仅仅对于灵魂的舵手，即理智来说是可见的，真正的知识之家族就是关于它的，这种*所是*占据着这个地方。因此，正如任何一位神的思想都被理智和未混杂的纯粹知识所养育，每个灵魂的思想也同样如此：每个灵魂的思想都会关注下面这件事，即接纳那与之相适合的养料，当它最终看见那*是着的东西*之后，它感到欢喜，并且通过观望各种真实的东西而得到养育和逍遥快活，直到天宇的旋转绕完一圈而把它带回到同一个地方为止。在它的这种周行中，灵魂的思想瞥见到了正义本身，瞥见到了节制，瞥见到了知识，只不过这种知识既不是某种*生成*附着在其上的那种知识，也肯定不是在不同的东西——我们现在称之为*是者*——中总是不同的那种知识，而是*以是的方式是在以是的方式是其所是的是者*中的知识。并且当它以同样的方式凝望到了和尽情享用了其他那些*以是的方式是着的东西*之后，它就通过再次沉潜到天宇的里面，动身回到家里。而当灵魂的思想回家后，御者就让马儿们站在秣槽面前，把长生不老的食物扔给它们，

除此之外还让它们饮神喝的酒。]

2165 对观《菲勒玻斯》(56d4–e6)：{ΣΩ.} Ἀριθμητικὴν πρῶτον ἆρ’ οὐκ ἄλλην μέν τινα τὴν τῶν πολλῶν φατέον, ἄλλην δ’ αὖ τὴν τῶν φιλοσοφούντων; {ΠΡΩ.} Πῇ ποτε διορισάμενος οὖν ἄλλην, τὴν δὲ ἄλλην θείη τις ἂν ἀριθμητικήν; {ΣΩ.} Οὐ σμικρὸς ὅρος, ὦ Πρώταρχε. οἱ μὲν γάρ που μονάδας ἀνίσους καταριθμοῦνται τῶν περὶ ἀριθμόν, οἷον στρατόπεδα δύο καὶ βοῦς δύο καὶ δύο τὰ σμικρότατα ἢ καὶ τὰ πάντων μέγιστα· οἱ δ’ οὐκ ἄν ποτε αὐτοῖς συνακολουθήσειαν, εἰ μὴ μονάδα μονάδος ἑκάστης τῶν μυρίων μηδεμίαν ἄλλην ἄλλης διαφέρουσάν τις θήσει. {ΠΡΩ.} Καὶ μάλα εὖ λέγεις οὐ σμικρὰν διαφορὰν τῶν περὶ ἀριθμὸν τευταζόντων, ὥστε λόγον ἔχειν δύ’ αὐτὰς εἶναι.[苏格拉底：首先关于算术，岂不必须得宣称：一方面，那属于大众的任何算术是一回事，另一方面，那些从事哲学的人的算术则复又是另一回事？普洛塔尔科斯：那么，一个人究竟通过以何种方式来进行区分，从而能把算术确定为一种，以及另一种？苏格拉底：界限可不小哦，普洛塔尔科斯啊。因为在那些同数打交道的人中，一方面，一些人无疑在计算那些在事情上不等同的单位，如两座军营和两头牛，以及所有事物中两个最小的，甚或两个最大的；另一方面，一些人则从不会跟随他们，除非一个人这样来设定单位，那就是：在成千上万的单位中，每个单位同另外一个单位彼此之间没有任何不的同。普洛塔尔科斯：你确实非常好地说出了这点，即在那些整天都同数打交道的人之间有着不小的区别，因此，有着两种算术，这是有道理的。]

2166 τοὺς περὶ ταῦτα δεινοὺς αὖ ὡς[那些在这方面聪明的人会是怎么个样子]。法国布德本希腊文和新校勘的牛津古典本希腊文均无小词 αὖ[复又 / 再次]，从之。

2167 αὐτὸ τὸ ἕν[一自身]，为了便于理解，也可以转译为“单位自身”。

2168 参见前面第一卷 341b5 那里对“ὡς ἔπος εἰπεῖν[在通常的意义上]”的注释 264。

2169 αὐτοὶ αὑτῶν[他们比他们自己〈惯常所表现出来的〉]可视为一种习惯表达。对观《拉刻斯》(182c1–7)：καὶ ἤδη δῆλον ὅτι τὰ τούτων ἐχόμενα καὶ μαθήματα πάντα καὶ ἐπιτηδεύματα καὶ καλὰ καὶ πολλοῦ ἄξια ἀνδρὶ μαθεῖν τε καὶ ἐπιτηδεῦσαι, ὧν καθηγήσαιτ’ ἂν τοῦτο τὸ μάθημα. προσθήσομεν δ’ αὐτῷ οὐ σμικρὰν προσθήκην, ὅτι πάντα ἄνδρα ἐν πολέμῳ καὶ θαρραλεώτερον καὶ ἀνδρειότερον ἂν ποιήσειεν αὐτὸν αὑτοῦ οὐκ ὀλίγῳ αὕτη ἡ ἐπιστήμη.[而下面这点已经是显而易见的，那就是：所有与这些相联系的学问和事业——它们不仅是美好的，而且对人来说也是非常值得学习和追求的——，这门学问

都会是它们的起点。但对此我们还将加上一个不小的补充，即就在战斗中的每个人来说，正是这门知识会使得他在不小的程度上比他自己惯常所表现出来的更加自信和更为勇敢。]

2170 οὐκ ἂν ῥᾳδίως οὐδὲ πολλὰ ἂν εὕροις. [你既不会容易发现，即使你发现了，它们也并不多。] 这是意译，字面意思是：你既不会容易发现，也不会发现很多。

2171 δεύτερον δὲ τὸ ἐχόμενον τούτου [至于与这门学问相关的第二门学问]。ἐχόμενον τούτου [与这门学问相关的] 是固定表达，参见前面第二卷 362a5 那里对“πρᾶγμα ἀληθείας ἐχόμενον [一件与真相关的事情]”的注释 496。

2172 βραχύ τι ἂν ἐξαρκοῖ γεωμετρίας τε καὶ λογισμῶν μόριον [几何学以及计算的一小部分就会足够了]。这句话在法国布德本希腊文中同样如此；其中的复数属格 λογισμῶν，新校勘的牛津古典本希腊文将之改为单数 λογισμοῦ，从之。

2173 αὕτη ἡ ἐπιστήμη πᾶν τοὐναντίον ἔχει [这门知识处在完全相反的状态中]，也可以译为“这门知识是完全相反的”；πᾶν τοὐναντίον 是一个整体，在这里作副词使用，意思是“完全相反”“完全相反地”。关于动词 ἔχω 同副词连用，参见前面第第一卷 329b7 那里对“οὐχ οὕτως ἔχουσιν [一些并不是这个样子的人]”的注释 67。

2174 λέγουσι μέν που μάλα γελοίως τε καὶ ἀναγκαίως. [因为他们无疑在以一种非常可笑的方式以及在一种狭义的意义上说]，也可以译为“因为他们无疑既说得非常可笑，也说得狭隘”。副词 ἀναγκαίως 在这里的意思不是“必然地”，而是“在一种狭义的意义上”“狭隘地”，或者扩展性地补充译为“以一种被迫〈使用感觉〉的方式”；《牛津希-英词典》举了柏拉图在这里的这一表达，对它的解释是：in a narrow sense。

2175 τι γιγνομένου [生成为某种东西]，也可以译为“生成为这或那”。

2176 φιλοσόφου διανοίας [一种热爱智慧的思想]，在这里也可以译成“一种哲学性的思想”。

2177 οὐ δέον [以一种不应当的方式]，也可以简单译为“不恰当地”。

2178 参见前面第三卷 412b1 那里对“ὡς οἷόν τέ γε μάλιστα [尽可能地]”的注释 1131。

2179 参见前面第一卷 328b6 那里对“καὶ δὴ καί”的注释 27。

2180 τῷ ὅλῳ καὶ παντί 等于 ὅλῳ καὶ παντί；参见前面第五卷 469c3 那里对 ὅλῳ καὶ παντί [在方方面面] 的注释。

2181 οὐχ ἧττον [同样如此]，也可以照字面意思译为“丝毫不差地〈是合适的〉”。

2182 κρεῖττον ὂν σωθῆναι μυρίων ὀμμάτων［因为它比千万双眼睛都是更值得被拯救的］，也可以简单转译为“因为拯救它比拯救千万双眼睛都更重要”。

2183 ἀμηχάνως ὡς εὖ δόξεις λέγειν［你将看起来说得无与伦比地好］。ἀμηχάνως ὡς［无与伦比地 / 以一种如此难以言表的方式］是一个整体。ἀμηχάνως 是由形容词 ἀμήχανος［不同寻常的 / 不可思议的 / 难以言表的］派生而来的副词，ἀμήχανος 经常同 οἷος, ὅσος, ὡς 等连用，如 ἀμήχανον ὅσον χρόνον［不同寻常长的时间］。参见：

《斐洞》（95c7–9）：πάντα ταῦτα μηνύειν ἀθανασίαν μὲν μή, ὅτι δὲ πολυχρόνιόν τέ ἐστιν ψυχὴ καὶ ἦν που πρότερον ἀμήχανον ὅσον χρόνον καὶ ᾔδει τε καὶ ἔπραττεν πολλὰ ἄττα.［所有这些都没有揭示灵魂的不死，而仅仅揭示了灵魂是经久的，并且在不同寻常长的时间之前就曾在某处是着，以及曾知道和曾做过许多的事情。］

《斐德若》（263d4）：Νὴ Δία ἀμηχάνως γε ὡς σφόδρα.［宙斯在上，你确实极其不同寻常地定义过。］

《卡尔米德斯》（155c8–d1）：ἐνέβλεψέν τέ μοι τοῖς ὀφθαλμοῖς ἀμήχανόν τι οἷον καὶ ἀνήγετο ὡς ἐρωτήσων.［他用双眸以一种如此难以言表的方式直视我并且准备开始要进行询问。］

2184 οὐδὲ πρὸς ἑτέρους［不会同两种人中的任何一种人］，新校勘的牛津古典本希腊文同样如此；法国布德本希腊文作：πρὸς οὐδετέρους［同两种人都不］，不从。

2185 σαυτοῦ ἕνεκα τὸ μέγιστον ποιῇ τοὺς λόγους［最主要地是为了你自己才进行讨论］。对观《卡尔米德斯》（166d2–4）：καὶ νῦν δὴ οὖν ἔγωγέ φημι τοῦτο ποιεῖν, τὸν λόγον σκοπεῖν μάλιστα μὲν ἐμαυτοῦ ἕνεκα, ἴσως δὲ δὴ καὶ τῶν ἄλλων ἐπιτηδείων.［而现在我无论如何都要宣称，我这样做，主要是为了我自己，但或许也为了一些其他合适的人而考察讨论。］

2186 ἄναγε ... εἰς τοὐπίσω［请你往后退一步］是固定表达，要么是当时的一句军事术语，要么是一句同航海相关的话。《牛津希–英词典》举了柏拉图在这里的这个表达，对 ἄναγε εἰς τοὐπίσω 的解释是：put back again。

2187 νυνδὴ［刚才］，法国布德本希腊文作 νῦν δὴ，而新校勘的牛津古典本希腊文作 νῦν [δὴ]，即认为小词 δὴ 有可能是窜入，从之。

2188 τὸ ἑξῆς ... τῇ γεωμετρίᾳ［紧接着几何学而来的〈学问〉］是一个整体。副词 ἑξῆς 的本义是“依次”，但也可以同属格或与格一起构成短语；《牛津希–英词典》举了柏拉图在这里的这个表达，对 τὸ ἑξῆς 的解释是：what comes next to ... 。对观《拉刻斯》（182b5–c1）：πᾶς γὰρ ἂν μαθὼν ἐν ὅπλοις μάχεσθαι ἐπιθυμήσειε καὶ τοῦ ἑξῆς μαθήματος τοῦ περὶ τὰς τάξεις, καὶ ταῦτα λαβὼν καὶ φιλοτιμηθεὶς ἐν αὐτοῖς ἐπὶ πᾶν ἂν τὸ περὶ τὰς στρατηγίας ὁρμήσειε.［因为，每个学习了全副武装地进行格斗的人，也都会渴望那紧接着的关乎各种排兵布阵的学问；而当他把握了这些并且在其中感到自豪之后，他就会汲汲追求同各种统兵相关的每样事情。］

2189 名词 αὔξη 等于 αὔξησις，本义是"增加"，但在这里的意思是"维度""维"；《牛津希-英词典》举了柏拉图在这里的这个表达，对它的解释是：dimension。

2190 τὴν τῶν κύβων αὔξην［属于立方数的那一维］。名词 κύβος 既指"立方体"，也指"立方数"，这里的意思是后者；《牛津希-英词典》举了柏拉图在这里的这个表达，对它的解释是：cubic number。

2191 οὐδεμία πόλις ἐντίμως αὐτὰ ἔχει［没有任何一个城邦重视它们］。ἐντίμως ἔχειν 和下面 528c2 那里的 ἐντίμως ἄγειν 均为词组，意思是"重视""尊重"。

2192 μεγαλοφρονούμενοι［因为他们自视甚高］，也可以译为"因为他们是傲慢的"。μεγαλοφρονούμενοι 在这里是动词 μεγαλοφρονέω 的现在时分词中动态阳性主格复数，μεγαλοφρονέω 的本义是"有高尚情操"，贬义指"傲慢""自负"；《牛津希-英词典》举了柏拉图在这里的这个表达，对它的解释是：to be arrogant。

2193 καθ' ὅτι χρήσιμα［它们在哪方面是有用的］，也可以译为"它们在什么范围内是有用的""它们凭什么是有用的"等。

2194 τὴν ... τοῦ ἐπιπέδου πραγματείαν［对平面的处理］。名词 πραγματεία 来自动词 πραγματεύομαι［从事］，其本义是"勤奋""努力经营""事业"，但在这里的意思是"处理""对待""讨论"；《牛津希-英词典》举了柏拉图在这里的这个表达，对它的解释是：treatment。

2195 σπεύδων ... ταχὺ πάντα διεξελθεῖν μᾶλλον βραδύνω.［由于我急于迅速地穿过所有一切，结果我反倒是变得更慢。］也可以译为：由于我急于迅速地穿过所有一切，结果是欲速则不达。σπεύδων ... βραδύνω 可视为一句谚语，相当于拉丁文谚语：Festina lente［欲速则不达］。

对观《政治家》(264a8–b4)：{ΞΕ.} Μὴ τοίνυν διαιρώμεθα ὥσπερ τότε πρὸς ἅπαντα ἀποβλέψαντες, μηδὲ σπεύσαντες, ἵνα δὴ ταχὺ γενώμεθα πρὸς τῇ πολιτικῇ. πεποίηκε γὰρ ἡμᾶς καὶ νῦν παθεῖν τὸ κατὰ τὴν παροιμίαν πάθος. {ΝΕ. ΣΩ.} Ποῖον; {ΞΕ.} Οὐχ ἡσύχους εὖ διαιροῦντας ἠνυκέναι βραδύτερον.［客人：因此，让我们既不要像刚才那样进行划分，即一上来就盯住全部的动物，也不要匆匆忙忙进行划分，仅仅为了我们能够快速地靠近政治术。因为它

甚至现在就已经使得我们遭受了谚语所说的那种经历。年轻的苏格拉底：哪种？客人：由于没有好好地进行划分，结果是欲速则不达。］（277a3-b6）：Καλῶς ἄν, ὦ Σώκρατες, ἡμῖν ἔχοι. δεῖ δὲ μὴ σοὶ μόνῳ ταῦτα, ἀλλὰ κἀμοὶ μετὰ σοῦ κοινῇ συνδοκεῖν. νῦν δὲ κατά γε τὴν ἐμὴν οὔπω φαίνεται τέλεον ὁ βασιλεὺς ἡμῖν σχῆμα ἔχειν, ἀλλὰ καθάπερ ἀνδριαντοποιοὶ παρὰ καιρὸν ἐνίοτε σπεύδοντες πλείω καὶ μείζω τοῦ δέοντος ἕκαστα τῶν ἔργων ἐπεμβαλλόμενοι βραδύνουσι, καὶ νῦν ἡμεῖς, ἵνα δὴ πρὸς τῷ ταχὺ καὶ μεγαλοπρεπῶς δηλώσαιμεν τὸ τῆς ἔμπροσθεν ἁμάρτημα διεξόδου, τῷ βασιλεῖ νομίσαντες πρέπειν μεγάλα παραδείγματα ποιεῖσθαι, θαυμαστὸν ὄγκον ἀράμενοι τοῦ μύθου, μείζονι τοῦ δέοντος ἠναγκάσθημεν αὐτοῦ μέρει προσχρήσασθαι.［对我们来说，苏格拉底啊，这会是件好事。但这不应仅仅是你的看法，而且我也同你一起共同持有该看法。但现在，至少在我看来，国王尚未对我们显得就已经取得了完满的形象，而是恰如一些雕塑家，他们有时因不合时宜地急于赶工，把比应然更多和更大的一些东西加上去，而反倒使得工作中的每样东西都慢了下来；我们现在也同样如此，只是为了快速并且出色地显明先前道路上的错误，由于相信使用一些宏大的例子这对国王来说是合适的，于是我们就为自己拾起令人称奇的一大堆故事，从而被迫借助于它的一个比应当借助的部分更大的部分。］

2196 τὴν βάθους αὔξης μέθοδον［对高度这一维的研究］。名词 μέθοδος 除了具有“方法”这一本义之外，也有“研究”“探究”的意思。

2197 φορὰν οὖσαν βάθους［它是关乎那具有〈长宽〉高的东西的移动］，当然可以简单转译为“它是关乎立体东西的移动”。φορά［移动 / 位移］是一种特殊的运动，后来亚里士多德在《物理学》和《论生成与毁灭》中直接将 φορά 规定为 κίνησις κατὰ τόπον［在位置上的运动］；此外，他在《范畴篇》（15a13-14）中对运动进行了分类：Κινήσεως δέ ἐστιν εἴδη ἕξ· γένεσις, φθορά, αὔξησις, μείωσις, ἀλλοίωσις, κατὰ τόπον μεταβολή.［运动有六种：生成、毁灭、增加、减少、变化以及位移。］

对观柏拉图《泰阿泰德》（181d5-6）：Δύο δὴ λέγω τούτω εἴδει κινήσεως, ἀλλοίωσιν, τὴν δὲ φοράν.［于是我把这两者称作运动的两种类型，一种是变化，而另一种是位移。］

2198 根据前面的论述，可理解为“立体几何”。

2199 ᾗ σὺ μετέρχῃ［以你所采取的那种方式］，也可以译为“以你所从事的那种方式”“以你所寻找的那种方式”。动词 μετέρχομαι 的本义是“来到……当中”“前往……当中”，转义为“追”“寻找”“从事”等。

2200 εἰς τὸ ἄνω ὁρᾶν[向上看]，也可以译为“看向上面的东西”。

2201 这显然是在讽刺。

2202 ἀνακύπτων[把头往后仰]。ἀνακύπτων 在这里是动词 ἀνακύπτω 的现在时分词主动态阳性主格单数，ἀνακύπτω 的本义是“探头”“把头伸出水面”，但在这里的意思是“把头往后仰”；《牛津希-英词典》举了柏拉图在这里的这个表达，对 ἀνακύπτων 的解释是：throwing his head back。

2203 ἄνω κεχηνὼς ἢ κάτω συμμεμυκὼς[张开嘴唇向上〈看〉，还是闭上嘴唇向下〈看〉]。《牛津希-英词典》举了柏拉图在这里的这个表达，对这句话的解释是：looking up with open lips or down with closed lips。

2204 这有可能是对当时一些喜剧诗人嘲笑苏格拉底的一种模仿。对观《苏格拉底的申辩》(19c2-4)：ταῦτα γὰρ ἑωρᾶτε καὶ αὐτοὶ ἐν τῇ Ἀριστοφάνους κωμῳδίᾳ, Σωκράτη τινὰ ἐκεῖ περιφερόμενον, φάσκοντά τε ἀεροβατεῖν καὶ ἄλλην πολλὴν φλυαρίαν φλυαροῦντα.[因为你们自己也已经在阿里斯托芬的喜剧中看到了这些，在那儿有位苏格拉底在转来转去，声称在空气中漫步，并且胡说许多其他的蠢话。]

2205 κάλλιστα μὲν ἡγεῖσθαι καὶ ἀκριβέστατα τῶν τοιούτων ἔχειν[虽然可以把它们视为是诸如此类的东西中最美丽的和最精确的]。τῶν τοιούτων[诸如此类的东西]，即“那些可见的东西”“那些被看见的东西”。动词 ἔχειν[有]在这里当被理解为不及物动词，意思等于 εἶναι[是]。

2206 τὸ ὂν τάχος καὶ ἡ οὖσα βραδυτής[是着的快和是着的慢]，单就这一表达，当然可以简单译为“真正的快和真正的慢”。

2207 τῆς πρὸς ἐκεῖνα μαθήσεως ἕνεκα[为了学习〈另外〉那些东西]。ἐκεῖνα[〈另外〉那些东西]，即“那些不可见的东西”。

2208 代达罗斯(Δαίδαλος, Daidalos)，古希腊传说中著名的雕塑家和建筑师，技艺精湛，传说他的作品会走路；由于苏格拉底的父亲是位雕刻匠，而苏格拉底本人年轻时也曾当过雕刻匠，因此他曾说代达罗斯是他祖先。参见《欧悌弗戎》(11b9-c1)：Τοῦ ἡμετέρου προγόνου, ὦ Εὐθύφρων, ἔοικεν εἶναι Δαιδάλου τὰ ὑπὸ σοῦ λεγόμενα.[欧悌弗戎，你所说的东西似乎是我祖先代达罗斯的作品。]

2209 τῷ τοῦ οὐρανοῦ δημιουργῷ[天宇的创造者]，也可以译为“天宇的匠人”“天宇的大匠”。

2210 对观《政治家》(269d5-e3)：Τὸ κατὰ ταὐτὰ καὶ ὡσαύτως ἔχειν ἀεὶ καὶ ταὐτὸν εἶναι τοῖς πάντων θειοτάτοις προσήκει μόνοις, σώματος δὲ φύσις οὐ ταύτης τῆς τάξεως. ὃν δὲ οὐρανὸν καὶ κόσμον ἐπωνομάκαμεν, πολλῶν μὲν καὶ μακαρίων παρὰ τοῦ γεννήσαντος μετείληφεν, ἀτὰρ οὖν δὴ κεκοινώνηκέ γε καὶ σώματος· ὅθεν αὐτῷ μεταβολῆς ἀμοίρῳ γίγνεσθαι διὰ παντὸς ἀδύνατον, κατὰ δύναμίν γε μὴν ὅτι μάλιστα ἐν τῷ αὐτῷ κατὰ ταὐτὰ μίαν φορὰν κινεῖται.［总是保持着同一和同样并且是同一的，这仅仅适合于一切中那些最神圣的，而形体的本性不属于这种等级。我们已经称之为天和宇宙的那种东西，虽然也从它的创生者那里分得了许多的福祉，但无论如何它也都仍然和形体结合在一起。由此对它来说永远地摆脱变化是不可能的，而是尽可能地至多到下面这个份上，即在同一个地方、以同样的方式运动，而且是单一的位移。］

2211 προβλήμασιν ... χρώμενοι［通过运用诸疑难］。无论是拉丁文的 problema，还是德语的 Problem 和英语的 problem，均源自希腊文 πρόβλημα［难题 / 疑难］一词。名词 πρόβλημα 派生自动词 προβάλλω，本义是“抛在……面前”“提出……”；因此，所谓“疑难”或“难题”，就是拿出来“抛给”研究者的那种东西。

2212 对观《菲勒玻斯》（58e4–59a3）：{ΣΩ.} Ἆρ' οὖν ἐννοήσας τὸ τοιόνδε εἴρηκας ὃ λέγεις νῦν, ὡς αἱ πολλαὶ τέχναι, καὶ ὅσοι περὶ ταῦτα πεπόνηνται, πρῶτον μὲν δόξαις χρῶνται καὶ τὰ περὶ δόξαν ζητοῦσι συντεταμένως; εἴ τε καὶ περὶ φύσεως ἡγεῖταί τις ζητεῖν, οἶσθ' ὅτι τὰ περὶ τὸν κόσμον τόνδε, ὅπῃ τε γέγονεν καὶ ὅπῃ πάσχει τι καὶ ὅπῃ ποιεῖ, ταῦτα ζητεῖ διὰ βίου; φαῖμεν ἂν ταῦτα, ἢ πῶς; {ΠΡΩ.} Οὕτως. {ΣΩ.} Οὐκοῦν οὐ περὶ τὰ ὄντα ἀεί, περὶ δὲ τὰ γιγνόμενα καὶ γενησόμενα καὶ γεγονότα ἡμῶν ὁ τοιοῦτος ἀνῄρηται τὸν πόνον; {ΠΡΩ.} Ἀληθέστατα. {ΣΩ.} Τούτων οὖν τι σαφὲς ἂν φαῖμεν τῇ ἀκριβεστάτῃ ἀληθείᾳ γίγνεσθαι, ὧν μήτε ἔσχε μηδὲν πώποτε κατὰ ταὐτὰ μήθ' ἕξει μήτε εἰς τὸ νῦν παρὸν ἔχει; {ΠΡΩ.} Καὶ πῶς;［苏格拉底：那么，在你说出你现在所说的这话时，难道你就没考虑过下面这点吗，那就是：许多的技艺以及所有那些已经在这些领域辛勤耕耘的人，首先都只是在使用各种意见，并汲汲探究那些与意见相关的东西？即使一个人认为他自己在探究自然，那你也会知道，关乎这个宇宙的那些事情，即它如何产生、它如何遭受某种东西以及如何做出某种东西，他终身都无非在探究这些？我们能这样说吗，或者怎样？普洛塔尔科斯：就这样说。苏格拉底：因此，不是关乎那些永恒是着的东西，而是关乎那些正在生成的东西、将要生成的东西和已经生成出来了的东西，我们中的这样一种人岂不在这样辛勤耕耘？普洛塔尔科斯：非常正确。苏格拉底：那么，我们会说它们中的某个能在最严格的真上变得清楚吗，假如这些东西中没有任何一个曾经保持过同一，或者将要保持同一，或者现在正保持着同一的话？普洛塔尔科斯：那怎么会呢？］

2213 ἐάν τι ἡμῶν ὡς νομοθετῶν ὄφελος ᾖ[如果某种用处毕竟来自作为立法者的我们的话]，当然可以转译为“如果我们作为立法者毕竟还有某种用处的话”。

2214 ἀλλὰ γάρ τι ἔχεις ὑπομνῆσαι τῶν προσηκόντων μαθημάτων;[然而，在那些合适的学问中，你还能想起〈其他〉某种学问吗？]这句话在法国布德本希腊文中被提段，而新校勘的牛津古典本希腊文同伯内特本一致。此外，ὑπομνῆσαι 是动词 ὑπομιμνήσκω 的一次性过去时不定式主动态，该词除了具有“想起”“提醒”这一本义之外，也有“建议”的意思；因此，这句话也可以简单译为：然而，你还有其他任何合适的学问要建议吗？

2215 参见前面 504c 以下。

2216 名词 πύκνωμα 的本义是“密实”“稠密”，这里权且将之译为“密实音”；《牛津希-英词典》举了柏拉图在这里的这个表达，指出用于音乐上时，它的复数形式等于名词 πυκνόν，而 πυκνόν 在音乐方面的意思是：四度音程中的极小的音程。

2217 τοῦ προοιμίου[序曲〈这种工作〉]，之所以这样补充翻译，因为该属格后面当省略了名词 τὸ ἔργον[工作 / 任务]。

2218 αὐτοῦ τοῦ νόμου[那首曲子本身]，也可以译为“那首曲调本身”。名词 νόμος 除了具有“法”“法律”“礼法”“习俗”这一本义之外，也有“曲子”“旋律”“曲调”的意思；《牛津希-英词典》对它的这层意思的解释是：melody, strain。

2219 διαλεκτικοί[一些擅长对话的人]，有意按字面意思翻译，即后世所谓的“辩证法家”。

2220 Ἀλλὰ δή，新校勘的牛津古典本希腊文同样如此，而法国布德本希腊文作 Ἀλλὰ ἤδη，不从。

2221 λόγον[谈话]，基于前面的 διαλεκτικοί[一些擅长对话的人]，这里不把 λόγος 译为“理据”“说明”“论证”等，而简单译为“谈话”。

2222 ὁ νόμος ὃν τὸ διαλέγεσθαι περαίνει[对话要表演的那首曲子]。动词 περαίνω 的本义是“完成”“结束”，这里基于文义将之译为“表演”。

2223 见前面 516a 以下。

2224 αὐτὰ <τὰ> ἄστρα[各种各样的星辰本身]。尖括号中的冠词 τὰ，是编辑校勘者根据文义和文法补充的，法国布德本希腊文和新校勘的牛津古典本希腊文均如此。

2225 ὁρμᾶν[动身]，法国布德本希腊文同样如此，而新校勘的牛津古典本希腊文将之改为 ὁρμᾷ，从之。从文法上看，前者为动词 ὁρμάω 的现在时不定式主动态，后者为现在时虚拟式主动态第三人称单数。如果作 ὁρμᾶν，则

ἐπιχειρῇ ... ὁρμᾶν 成为一个整体，意思是“尝试动身”；如果作 ὁρμᾷ，那么，ἐπιχειρῇ［尝试 / 试着］和 ὁρμᾷ［动身］，以及后面的动词 ἀποστῇ［放弃］，三者成为一种并列关系。

2226 τότε［当时］，之所以出现该副词，见前面 516b。

2227 τὰ ... φαντάσματα θεῖα［神圣的显影］。之所以这么说，因为各种自然物都是神的产物，而不是人的产物。参见《智者》（266c5−6）：Δύο γὰρ οὖν ἐστι ταῦτα θείας ἔργα ποιήσεως, αὐτό τε καὶ τὸ παρακολουθοῦν εἴδωλον ἑκάστῳ.［那么，在属神的创制中两种这样的产物的确是着，即事物本身以及紧跟着每个事物的图像。］

2228 ἑτέρου τοιούτου φωτός［其他诸如此类的光］，如洞穴中那堆火所发出的光。

2229 πᾶσα αὕτη ἡ πραγματεία［整个的这种努力］，即前面提到的 ἡ λύσις［解脱 / 解放］，ἡ μεταστροφή［转向］，ἡ ἐπάνοδος［向上的路 / 攀升］，以及 βλέπειν［观望］等。

2230 ἐν τῷ νῦν παρόντι［目前 / 眼下 / 现在］是一个整体和词组，等于 ἐν τῷ παρόντι；参见前面第二卷 379a1 那里对“ἐν τῷ παρόντι［目前 / 眼下 / 现在］”的注释 735。

2231 ὁ τρόπος τῆς τοῦ διαλέγεσθαι δυνάμεως［对话的能力之方式］，也可以拟人化地译为“对话的能力之性格”。

2232 πρὸς αὐτὸ ἄγουσαι［〈把灵魂〉引向那个地方］。根据前面 532b1，即引向“善自身是什么”那里。

2233 参见前面第六卷 506d8−e5。

2234 εἰ δ’ ὄντως ἢ μή［至于它是否在是的方式上是〈那样〉］，当然也可以简单译为“至于它是否真的如此”。

2235 ἄλλη τις ... μέθοδος［另外某种研究］，单就这一表达，也可以译为“另外某种方法”。

2236 ὁδῷ［在方法上］，也可以译为“系统地”。ὁδῷ 是名词 ὁδός［道路］的单数与格作副词，意思是“有方法地”“系统地”；《牛津希-英词典》对它的解释是：methodically, systematically。参见《斐德若》（263b6−9）：Οὐκοῦν τὸν μέλλοντα τέχνην ῥητορικὴν μετιέναι πρῶτον μὲν δεῖ ταῦτα ὁδῷ διῃρῆσθαι, καὶ εἰληφέναι τινὰ χαρακτῆρα ἑκατέρου τοῦ εἴδους, ἐν ᾧ τε ἀνάγκη τὸ πλῆθος πλανᾶσθαι καὶ ἐν ᾧ μή.［因此，一个人，如果他打算探寻一种修辞的技艺，那么，他就首先必须已经在方法上区分开了这些事情，并且已经把握住了大众于其中必然对之感到困惑或者于其中对之不感到困惑的这两个种类各自的某种特征。］

2237 τὰς ὑποθέσεις ἀναιροῦσα［它扬弃各种前提］，在这里也可以译为“它扬弃各种假设”。ἀναιροῦσα 是动词 ἀναιρέω 的现在时分词主动态阴性主格单数，ἀναιρέω 的本义是“举起”“拿走”“夺取”，这里参照黑格尔哲学中的 aufheben，将之意译为“扬弃”。

2238 对观《菲勒玻斯》（57e3−58a5）：{ΣΩ.} Ταύτας οὖν λέγομεν ἐπιστήμας ἀκριβεῖς μάλιστ’ εἶναι; {ΠΡΩ.} Πάνυ μὲν οὖν. {ΣΩ.} Ἀλλ’ ἡμᾶς, ὦ Πρώταρχε, ἀναίνοιτ’ ἂν ἡ τοῦ διαλέγεσθαι δύναμις, εἴ τινα πρὸ αὐτῆς ἄλλην κρίναιμεν. {ΠΡΩ.} Τίνα δὲ ταύτην αὖ δεῖ λέγειν; {ΣΩ.} Δῆλον ὁτιὴ πᾶς ἂν τήν γε νῦν λεγομένην γνοίη· τὴν γὰρ περὶ τὸ ὂν καὶ τὸ ὄντως καὶ τὸ κατὰ ταὐτὸν ἀεὶ πεφυκὸς πάντως ἔγωγε οἶμαι ἡγεῖσθαι σύμπαντας ὅσοις νοῦ καὶ σμικρὸν προσήρτηται μακρῷ ἀληθεστάτην εἶναι γνῶσιν.［苏格拉底：那么，我们会说这些就是特别精确的知识吗？普洛塔尔科斯：完全如此。苏格拉底：然而，普罗塔尔科啊，对话的力量将拒绝我们，如果我们判定其他某种知识优先于它的话。普洛塔尔科斯：但复又必须把这种知识说成什么呢？ 苏格拉底：显然每个人都肯定能够认出现在所说的这种知识。因为它关乎是者和以是的方式是着的东西，以及那生来就总是绝对同一的东西，至少我认为，每个人——哪怕他只是粘有丁点的理智——，都会相信它是迄今为止最真的认识。］

2239 τῷ ὄντι ἐν βορβόρῳ βαρβαρικῷ τινι τὸ τῆς ψυχῆς ὄμμα κατορωρυγμένον［当灵魂之眼已经在是的方式上被埋葬在某种非希腊的烂泥中时］，也可以简单译为“当灵魂之眼事实上已经被埋葬在某种野蛮的烂泥中时”。参见第一卷 363d5−7：至于那些不虔敬的人和不正义的人，他们复又把他们埋进在哈德斯家里的某种烂泥中。

2240 见前面第六卷 511d−e。

2241 Οὐ γὰρ οὖν, ἔφη. Ἀλλ’ ὃ ἂν μόνον δηλοῖ πως τὴν ἕξιν σαφηνείᾳ λέγειν ἐν ψυχῇ <ἀρκέσει; Ναί.>［的确不应该有，他说道。然而，只要〈名称〉能够揭示如何清楚地说出在灵魂中的情状，它就将令人满意了吗？是的。］尖括号中的单词是伯内特根据文义补充的。这句话一般认为有脱漏，法国布德本希腊文和新校勘的牛津古典本希腊文均作：Οὐ γὰρ οὖν, ἔφη. Ἀλλ’ ὃ ἂν μόνον δηλοῖ πρὸς τὴν ἕξιν σαφηνείᾳ λέγει ἐν ψυχῇ.［的确不应该有，他说道；不过，只要〈名称〉能够对下面这点加以揭示，即它清楚地说出了在灵魂中的情状。］这里的翻译仍从伯内特本。

2242 ἵνα μὴ ἡμᾶς πολλαπλασίων λόγων ἐμπλήσῃ ἢ ὅσων οἱ παρεληλυθότες［免得让我们充满了比已经进行过的那些讨论多许多倍的讨论］，也可以转译为“免得让我们陷入比已经进行过的那些讨论多许多倍的讨论中”。

2243 这里的“盘问”，无论是名词 ἔλεγχος，还是动词 ἐλέγχειν，似乎都应理解为主要是他自己所进行的“盘问”，即他在进行“思想”。关于这一观点，可对观：

《泰阿泰德》（189d7–190a7）：{ΣΩ.} Ἔστιν ἄρα κατὰ τὴν σὴν δόξαν ἕτερόν τι ὡς ἕτερον καὶ μὴ ὡς ἐκεῖνο τῇ διανοίᾳ τίθεσθαι. {ΘΕΑΙ.} Ἔστι μέντοι. {ΣΩ.} Ὅταν οὖν τοῦθ᾽ ἡ διάνοιά του δρᾷ, οὐ καὶ ἀνάγκη αὐτὴν ἤτοι ἀμφότερα ἢ τὸ ἕτερον διανοεῖσθαι; {ΘΕΑΙ.} Ἀνάγκη μὲν οὖν· ἤτοι ἅμα γε ἢ ἐν μέρει. {ΣΩ.} Κάλλιστα. τὸ δὲ διανοεῖσθαι ἆρ᾽ ὅπερ ἐγὼ καλεῖς; {ΘΕΑΙ.} Τί καλῶν; {ΣΩ.} Λόγον ὃν αὐτὴ πρὸς αὑτὴν ἡ ψυχὴ διεξέρχεται περὶ ὧν ἂν σκοπῇ. ὥς γε μὴ εἰδώς σοι ἀποφαίνομαι. τοῦτο γάρ μοι ἰνδάλλεται διανοουμένη οὐκ ἄλλο τι ἢ διαλέγεσθαι, αὐτὴ ἑαυτὴν ἐρωτῶσα καὶ ἀποκρινομένη, καὶ φάσκουσα καὶ οὐ φάσκουσα. ὅταν δὲ ὁρίσασα, εἴτε βραδύτερον εἴτε καὶ ὀξύτερον ἐπᾴξασα, τὸ αὐτὸ ἤδη φῇ καὶ μὴ διστάζῃ, δόξαν ταύτην τίθεμεν αὐτῆς. ὥστ᾽ ἔγωγε τὸ δοξάζειν λέγειν καλῶ καὶ τὴν δόξαν λόγον εἰρημένον, οὐ μέντοι πρὸς ἄλλον οὐδὲ φωνῇ, ἀλλὰ σιγῇ πρὸς αὑτόν· σὺ δὲ τί; {ΘΕΑΙ.} Κἀγώ.［苏格拉底：所以根据你的意见这是可能的，即在思想中把某一东西设立为另外的东西，而不设立为那个东西。泰阿泰德：当然可能。苏格拉底：那么，每当某人的思想这样做时，它岂不必然真的要么思想两者，要么思想其中一个？泰阿泰德：肯定必然，而且真的要么同时，要么依次。苏格拉底：好极了。但你会恰恰如我那样称呼思想吗？泰阿泰德：你怎么称呼？苏格拉底：就它所考察的那些东西，灵魂自身对它自身进行详细叙述的那种谈话。我肯定并非作为知道者而向你展示这点。因为这在我看来，当灵魂进行思想时，它无非是在进行对话，它自己向自己提问并作答，而且进行肯定和否定。而每当它作出剖判后——无论是慢慢地作出，还是猛地一跃——，从此它就说出同一种看法并且不再怀疑，我们就将这确定为它的判断。因此，我就把进行判断称作进行言说，而把判断称作一个已经说出来了的言说，但既不是对他人说，也不是有声地说，而是默默地对自己说。而你会怎么想？泰阿泰德：我也这么想。］

《智者》（263e3–264a3）：{ΞΕ.} Οὐκοῦν διάνοια μὲν καὶ λόγος ταὐτόν· πλὴν ὁ μὲν ἐντὸς τῆς ψυχῆς πρὸς αὑτὴν διάλογος ἄνευ φωνῆς γιγνόμενος τοῦτ᾽ αὐτὸ ἡμῖν ἐπωνομάσθη, διάνοια; {ΘΕΑΙ.} Πάνυ μὲν οὖν. {ΞΕ.} Τὸ δέ γ᾽ ἀπ᾽ ἐκείνης ῥεῦμα διὰ τοῦ στόματος ἰὸν μετὰ φθόγγου κέκληται λόγος; {ΘΕΑΙ.} Ἀληθῆ. {ΞΕ.} Καὶ μὴν ἐν λόγοις γε αὖ ἴσμεν ἐνὸν – {ΘΕΑΙ.} Τὸ ποῖον; {ΞΕ.} Φάσιν τε καὶ ἀπόφασιν. {ΘΕΑΙ.} Ἴσμεν. {ΞΕ.} Ὅταν οὖν τοῦτο ἐν ψυχῇ κατὰ διάνοιαν ἐγγίγνηται μετὰ σιγῆς, πλὴν δόξης ἔχεις ὅτι προσείπης αὐτό; {ΘΕΑΙ.} Καὶ πῶς; [客人：思想和言说岂不是同一个东西，除了下面这点之外，那就是，灵魂在内里同它自己进行的无声的对话，这种东西恰恰被我们叫作：思想？泰阿泰德：的确如此。客人：但从灵魂出发通过嘴而带有声音的那种气流，则被称为了一种言说？泰阿泰德：正确。客人：而且我们肯定还看到了这种东西是在诸言说中。泰阿泰德：哪种东西？客人：肯定和否定。泰阿泰德：我们看到了。客人：因此，每当这根据思想而缄默地发生在灵魂中时，除了判断之外，你还能把它称为别的什么吗？泰阿泰德：那怎么可能？]

《菲勒玻斯》(38e1-8)：{ΣΩ.} Κἂν μέν τίς γ' αὐτῷ παρῇ, τά τε πρὸς αὑτὸν ῥηθέντα ἐντείνας εἰς φωνὴν πρὸς τὸν παρόντα αὐτὰ ταῦτ' ἂν πάλιν φθέγξαιτο, καὶ λόγος δὴ γέγονεν οὕτως ὃ τότε δόξαν ἐκαλοῦμεν; {ΠΡΩ.} Τί μήν; {ΣΩ.} Ἂν δ' ἄρα μόνος ᾖ τοῦτο ταὐτὸν πρὸς αὑτὸν διανοούμενος, ἐνίοτε καὶ πλείω χρόνον ἔχων ἐν αὑτῷ πορεύεται. {ΠΡΩ.} Πάνυ μὲν οὖν. [苏格拉底：如果有人在他的旁边，那么，就那些被他自己说给他自己的东西，他就会通过将之达乎声音而再次把同样那些东西传达给那个在旁边的人；并且那时我们曾称之为一种判断的那种东西，就以这种方式成为了一种言说。普洛塔尔科斯：为何不呢？苏格拉底：但如果他是独自一个人——当他对他自己思考这同样的东西时——，有时他就有更多的时间来在他自己那里前行。普洛塔尔科斯：完全如此。]

2244 ἀπτῶτι τῷ λόγῳ [凭借不可动摇的讨论]。ἀπτώς 的本义是"未跌下的""不会跌下的"，喻为"不可动摇的""稳固的""未失败的"。

2245 τὸν οὕτως ἔχοντα [当他处在这样一种情形中时] 是一个整体，也可以译为"当他处于这样一种状态时""当他是这个样子时""是这个样子的人"。关于动词 ἔχω 的这种用法，参见前面第一卷 329b7 那里对"οὐχ οὕτως ἔχουσιν [一些并不是这个样子的人]"的注释 67。

2246 ὥσπερ γραμμάς [像一些〈无理的〉线]，即诸如正方形的对角线那样的线。对观《泰阿泰德》(147e5-148b2)：{ΘΕΑΙ.} Τὸν ἀριθμὸν πάντα δίχα διελάβομεν· τὸν μὲν δυνάμενον ἴσον ἰσάκις γίγνεσθαι τῷ τετραγώνῳ τὸ σχῆμα ἀπεικάσαντες τετράγωνόν τε καὶ ἰσόπλευρον προσείπομεν. {ΣΩ.} Καὶ εὖ γε. {ΘΕΑΙ.} Τὸν τοίνυν μεταξὺ τούτου, ὧν καὶ τὰ τρία καὶ τὰ πέντε καὶ πᾶς ὃς ἀδύνατος ἴσος ἰσάκις γενέσθαι, ἀλλ' ἢ πλείων ἐλαττονάκις ἢ ἐλάττων πλεονάκις γίγνεται, μείζων δὲ καὶ ἐλάττων ἀεὶ πλευρὰ αὐτὸν περιλαμβάνει, τῷ προμήκει αὖ σχήματι ἀπεικάσαντες προμήκη ἀριθμὸν ἐκαλέσαμεν. {ΣΩ.} Κάλλιστα. ἀλλὰ τί τὸ μετὰ τοῦτο; {ΘΕΑΙ.} Ὅσαι μὲν γραμμαὶ τὸν ἰσόπλευρον καὶ ἐπίπεδον ἀριθμὸν τετραγωνίζουσι, μῆκος ὡρισάμεθα, ὅσαι δὲ τὸν ἑτερομήκη, δυνάμεις, ὡς μήκει μὲν οὐ συμμέτρους ἐκείναις, τοῖς δ' ἐπιπέδοις ἃ δύνανται. καὶ περὶ τὰ στερεὰ ἄλλο τοιοῦτον.［泰阿泰德：我们把所有的数分成两类：那能够通过同数相乘而产生的数，我们把它比作正方形的形状，将之称为正方形数和等边形数。苏格拉底：很好。泰阿泰德：而在这类数中间的那种数——其中有三、五以及所有下面这种数，即不能够通过同数相乘产生，而只能要么通过一个较大的数乘一个较小的数，要么通过一个较小的数乘一个较大的数产生，一条较长的边和一条较短的边总是包围着它——，我们复又把它比作长方形，将之称作长方形数。苏格拉底：好极了。但此后呢？泰阿泰德：所有使得正方形数成为正方形的那些线，我们将之规定为长度，而所有使得长方形数成为正方形的那些线，我们将之规定为平方；因为它们在长度上不可能用前面那些线来测量，而只能在它们能够形成的面积上是可测量的。这类区别也出现在立体那里。］

2247 ταύτης μάλιστα τῆς παιδείας ἀντιλαμβάνεσθαι［尤其要参与〈下面〉这种教育］。ἀντιλαμβάνεσθαι 是动词 ἀντιλαμβάνω 的现在时不定式中动态，ἀντιλαμβάνω 在这里的意思是“参与”；《牛津希-英词典》举了柏拉图在这里的这个表达，对它的解释是：take part or share in a thing。

2248 ὥσπερ θριγκός［就像一块拱顶石一样］。名词 θριγκός 的本义是“墙顶上最高的石头”“飞檐”，喻为“拱顶石”“压顶石”“最后一项工作”；《牛津希-英词典》举了柏拉图在这里的这个表达，对它的解释是：coping-stone, last finish。

2249 见前面第三卷 412b 以下。

2250 τὰ ἄλλα 是一个整体和固定表达，在这里做副词使用，意思是“在其他方面”。

2251 ἐκείνας τὰς φύσεις οἴου δεῖν ἐκλεκτέας εἶναι.［〈下面〉那些天性，请你认为它们是必须被选择的。］法国布德本希腊文同样如此，而新校勘的牛津古典本希腊文认为其中的动词 δεῖν［必须 / 应当］是多余的，有可能是窜入，从之；因为后面的动词形容词 ἐκλεκτέος［必须被选择的］已经包含了“必须”“应当”的意思。

2252 γενναίους τε καὶ βλοσυροὺς τὰ ἤθη［在各种习性上是高贵的和刚健的］，形容词 βλοσυρός 的本义是“毛发浓密的”“多毛的”，转义为“强壮的”“刚健的”“结实的”；《牛津希-英词典》举了柏拉图在这里的这个表达，对它的解释是：virile, burly。对观《泰阿泰德》（149a1-2）：Εἶτα, ὦ καταγέλαστε, οὐκ ἀκήκοας ὡς ἐγώ εἰμι ὑὸς μαίας μάλα γενναίας τε καὶ βλοσυρᾶς, Φαιναρέτης;

［那么，可笑的人儿啊，难道你未曾听说我是一位非常尊贵且健壮的产婆的儿子，即斐那瑞忒的儿子？］

2253 ποῖα δὴ διαστέλλῃ;［那么你究竟在确切地规定哪样一些品质呢？］διαστέλλῃ在这里是动词 διαστέλλω 的现在时直陈式中动态第二人称单数，διαστέλλω的本义是"分开"，转义为"确切地规定""准确地界定"；《牛津希-英词典》举了柏拉图在这里的这个表达，对它的解释是：define precisely。

2254 δριμύτητα ... δεῖ αὐτοῖς πρὸς τὰ μαθήματα ὑπάρχειν.［对于各种学问，他们必须具有雄心壮志。］名词 δριμύτης 的本义是"尖锐""辛辣"，喻为"热心""渴望""雄心壮志"；《牛津希-英词典》举了柏拉图在这里的这个表达，对它的解释是：keenness, eagerness。对观《政治家》(311a6-9)：τὰ μὲν γὰρ σωφρόνων ἀρχόντων ἤθη σφόδρα μὲν εὐλαβῆ καὶ δίκαια καὶ σωτήρια, δριμύτητος δὲ καί τινος ἰταμότητος ὀξείας καὶ πρακτικῆς ἐνδεῖται.［因为，节制的统治者之品质虽然是极其谨慎的、公正的和值得信赖的，但缺乏一种雄心壮志，以及某种敏锐的和积极的活力。］

2255 πολὺ γάρ τοι μᾶλλον ἀποδειλιῶσι ψυχαὶ ἐν ἰσχυροῖς μαθήμασιν ἢ ἐν γυμνασίοις.［因为，真的，诸灵魂在各种艰巨的学问那里要比在各种体育锻炼那里更加地容易当懦夫。］也可以译为：因为，真的，诸灵魂在各种艰巨的学问那里要比在各种体育锻炼那里更加地畏缩。πολὺ ... μᾶλλον［更加 / 愈发］是一个整体，参见前面第一卷 336e11 那里对"πολὺ μᾶλλον"的注释 210。对观《欧悌弗戎》(15c11-12)：Ἐξ ἀρχῆς ἄρα ἡμῖν πάλιν σκεπτέον τί ἐστι τὸ ὅσιον, ὡς ἐγὼ πρὶν ἂν μάθω ἑκὼν εἶναι οὐκ ἀποδειλιάσω.［那么我们还必须再次从头考察虔敬的东西是什么，因为在我弄明白之前，我是不会心甘情愿地当懦夫的。］

2256 τίνι τρόπῳ［如何 / 在何种方式上］是固定搭配和词组，《牛津希-英词典》对它的解释是：how？

2257 见第六卷 495c 以下。

2258 οὐ κατ' ἀξίαν αὐτῆς ἅπτονται［一些人不恰当地触碰她］，也可以译为"一些配不上她的人在接触她"；这是拟人表达，即把 φιλοσοφία［热爱智慧 / 哲学］比作一位女子。

2259 γελοῖον δ' ἔγωγε καὶ ἐν τῷ παρόντι <τι> ἔοικα παθεῖν.［不过，我其实目前就已经显得在遭受一种可笑的事情。］尖括号中的小词 τι，是伯内特补充的，而法国布德本希腊文和新校勘的牛津古典本希腊文均没有这样做，从之。

2260 ἅμα ἔβλεψα πρὸς φιλοσοφίαν［我同时看向对智慧的热爱那里］，也可以简单译为"我同时瞥向哲学"。

2261 προπεπηλακισμένην ἀναξίως［她已经被侮辱得一文不值］，也可以译为“她已经被不当地侮辱”“她已经被不当地抹黑”等。

2262 见前面第三卷 412c2-3。

2263 参见《拉刻斯》（188b1-4）：ἀλλ’ εἰς τὸν ἔπειτα βίον προμηθέστερον ἀνάγκη εἶναι τὸν ταῦτα μὴ φεύγοντα ἀλλ’ ἐθέλοντα κατὰ τὸ τοῦ Σόλωνος καὶ ἀξιοῦντα μανθάνειν ἕωσπερ ἂν ζῇ, καὶ μὴ οἰόμενον αὐτῷ τὸ γῆρας νοῦν ἔχον προσιέναι.［而且一个人要对将来的生活更有先见之明，下面这些对他来说就是必然的，那就是，他不逃避这些，而是愿意——按照梭伦所说的那样——以及认为值得继续进行学习，只要他还活着，并且不会以为单纯年龄就将给他带来有头脑。］（189a3-6）：ἀλλὰ καὶ ἐγὼ τῷ Σόλωνι, ἓν μόνον προσλαβών, συγχωρῶ· γηράσκων γὰρ πολλὰ διδάσκεσθαι ἐθέλω ὑπὸ χρηστῶν μόνον.［而我虽然也赞同梭伦所说的，只不过还要加上一点，那就是：随着我慢慢变老，我希望学习许多的东西，但只从那些有益的人那里。］

2264 对观《泰阿泰德》（146b1-6）：Ἥκιστα μέν, ὦ Σώκρατες, τὸ τοιοῦτον ἂν εἴη ἄγροικον, ἀλλὰ τῶν μειρακίων τι κέλευέ σοι ἀποκρίνεσθαι· ἐγὼ μὲν γὰρ ἀήθης τῆς τοιαύτης διαλέκτου, καὶ οὐδ’ αὖ συνεθίζεσθαι ἡλικίαν ἔχω. τοῖσδε δὲ πρέποι τε ἂν τοῦτο καὶ πολὺ πλέον ἐπιδιδοῖεν· τῷ γὰρ ὄντι ἡ νεότης εἰς πᾶν ἐπίδοσιν ἔχει.［苏格拉底，如此这般倒一点也不会是粗俗的，然而，请你还是叫年青人中的某位来回答你吧；因为一则我不习惯这种讨论，一则我也过了养成习惯的年纪。不过这会适合于他们，并且他们也会取得长足的进展；因为实际上青年整个说来都有进步。］

2265 ἐπάναγκες μαθεῖν［在以强迫的方式进行学习］。ἐπάναγκες 在这里是形容词 ἐπανάγκης［必须的 / 强制的］的中性单数作副词使用。

2266 μετὰ δουλείας［以奴性的方式］，也可以译为“通过奴役”。

2267 ἔχει ... λόγον［是合理的］是一个整体和固定表达，参见前面第二卷 378e4 那里对“ἔχει λόγον”的注释 734。

2268 见前面第五卷 466e-467e。

2269 ὃς ἂν ἐντρεχέστατος ἀεὶ φαίνηται［那总是会显得最为做好了准备的人］，也可以译为“那总是会显得最灵巧的人”。形容词 ἐντρεχής 派生自动词 ἐντρέχω，ἐντρέχω 的本义是“活动”“转动自如”，因而 ἐντρεχής 的意思是“灵巧的”“熟练的”“准备好的”；《牛津希-英词典》举了柏拉图在这里的这个表达，对 ἐντρεχής 的解释是：skilful, ready。

2270 εἰς ἀριθμόν τινα ἐγκριτέον［他必须在某种地位上被承认］，也可以译为“他必须被接纳入某种等级中”。名词 ἀριθμός 的本义是“数”“数字”，喻为

"地位""身份"，如 μετ' ἀνδρῶν ἵζει ἀριθμῷ [与有地位的那些人同坐 / 同那些有地位的人坐在一起]。

2271 τούτοις [这些人]，即前面提到的 ἐκ τῶν εἰκοσιετῶν οἱ προκριθέντες [从二十岁的那些人中被拣选出来的人]。

2272 οἰκειότητός τε ἀλλήλων τῶν μαθημάτων [诸学问彼此之间的内在联系]，也可以译为"诸学问彼此之间的亲缘性"。

2273 ἐν οἷς ἂν ἐγγένηται [如果它能够出现在一些人身上的话]。类似的表达可参见《泰阿泰德》(186b11–c5)：Οὐκοῦν τὰ μὲν εὐθὺς γενομένοις πάρεστι φύσει αἰσθάνεσθαι ἀνθρώποις τε καὶ θηρίοις, ὅσα διὰ τοῦ σώματος παθήματα ἐπὶ τὴν ψυχὴν τείνει· τὰ δὲ περὶ τούτων ἀναλογίσματα πρός τε οὐσίαν καὶ ὠφέλειαν μόγις καὶ ἐν χρόνῳ διὰ πολλῶν πραγμάτων καὶ παιδείας παραγίγνεται οἷς ἂν καὶ παραγίγνηται; [因此，岂不有一些东西，当人和野兽一出生，他们在本性上就能够感觉到它们，即所有通过身体而延伸到灵魂那里的那些遭受；而另一些东西，即关于这些东西对其所是和益处的各种计算，则是通过许多的事务和教育，艰难地和在时间中抵达的——如果它们毕竟会被抵达的话——？]

2274 对观《斐德若》(265c8–e3)：{ΣΩ.} Ἐμοὶ μὲν φαίνεται τὰ μὲν ἄλλα τῷ ὄντι παιδιᾷ πεπαῖσθαι· τούτων δέ τινων ἐκ τύχης ῥηθέντων δυοῖν εἰδοῖν, εἰ αὐτοῖν τὴν δύναμιν τέχνῃ λαβεῖν δύναιτό τις, οὐκ ἄχαρι. {ΦΑΙ.} Τίνων δή; {ΣΩ.} Εἰς μίαν τε ἰδέαν συνορῶντα ἄγειν τὰ πολλαχῇ διεσπαρμένα, ἵνα ἕκαστον ὁριζόμενος δῆλον ποιῇ περὶ οὗ ἂν ἀεὶ διδάσκειν ἐθέλῃ. ὥσπερ τὰ νυνδὴ περὶ Ἔρωτος – ὃ ἔστιν ὁρισθέν – εἴτ' εὖ εἴτε κακῶς ἐλέχθη, τὸ γοῦν σαφὲς καὶ τὸ αὐτὸ αὑτῷ ὁμολογούμενον διὰ ταῦτα ἔσχεν εἰπεῖν ὁ λόγος. {ΦΑΙ.} Τὸ δ' ἕτερον δὴ εἶδος τί λέγεις, ὦ Σώκρατες; {ΣΩ.} Τὸ πάλιν κατ' εἴδη δύνασθαι διατέμνειν κατ' ἄρθρα ᾗ πέφυκεν, καὶ μὴ ἐπιχειρεῖν καταγνύναι μέρος μηδέν, κακοῦ μαγείρου τρόπῳ χρώμενον. [苏格拉底：在我看来，一方面，其他的东西事实上都只是在以儿戏的方式开玩笑而已；另一方面，就这些出于某种运气而被说出来的东西中的两种形式，如果一个人能够凭借技艺把握到它俩的力量，那不会是不美妙的。斐德若：究竟哪两种形式？苏格拉底：首先一个人凭借把那些分散在许多地方的东西放在一起看而把它们带往单一的理念，以便通过定义每一个东西而显明他每次想教授的那种东西。就像刚才关于爱欲所说的——只有当其所是被定义之后——，不管说得好，还是说得坏，我们的讲辞由此才能够说出那无论如何都一清二楚的东西以及那自身与自身相一致的东西。斐德若：那么，你说另外一种形式是什么，苏格拉底啊？苏

格拉底：其次，他又能够依照诸形式根据自然而来的诸关节来进行切开，并且不会尝试如一位拙劣屠夫的那种方式行事而把任何一个部分打碎。]（273d6-e4）：ὥστ' εἰ μὲν ἄλλο τι περὶ τέχνης λόγων λέγεις, ἀκούοιμεν ἄν· εἰ δὲ μή, οἷς νυνδὴ διήλθομεν πεισόμεθα, ὡς ἐὰν μή τις τῶν τε ἀκουσομένων τὰς φύσεις διαριθμήσηται, καὶ κατ' εἴδη τε διαιρεῖσθαι τὰ ὄντα καὶ μιᾷ ἰδέᾳ δυνατὸς ᾖ καθ' ἓν ἕκαστον περιλαμβάνειν, οὔ ποτ' ἔσται τεχνικὸς λόγων πέρι καθ' ὅσον δυνατὸν ἀνθρώπῳ.[因此，如果关于言说的技艺你有另外的某种东西要说，那我们就会听；但如果没有，那我们就会被我们刚才细说过的那些事情说服，那就是：除非一个人不仅把听众们的本性计算清楚并进行分类，而且既能够依照诸形式来区分各种是者，也能够用单一的理念来包围住每一个别的东西，否则他将从不会是对言说有技艺的人——就一个人所能够达到的程度来说——。]

《智者》（253d1-e6）：{ΞΕ.} Τὸ κατὰ γένη διαιρεῖσθαι καὶ μήτε ταὐτὸν εἶδος ἕτερον ἡγήσασθαι μήτε ἕτερον ὂν ταὐτὸν μῶν οὐ τῆς διαλεκτικῆς φήσομεν ἐπιστήμης εἶναι; ΘΕΑΙ.} Ναί, φήσομεν. {ΞΕ.} Οὐκοῦν ὅ γε τοῦτο δυνατὸς δρᾶν μίαν ἰδέαν διὰ πολλῶν, ἑνὸς ἑκάστου κειμένου χωρίς, πάντῃ διατεταμένην ἱκανῶς διαισθάνεται, καὶ πολλὰς ἑτέρας ἀλλήλων ὑπὸ μιᾶς ἔξωθεν περιεχομένας, καὶ μίαν αὖ δι' ὅλων πολλῶν ἐν ἑνὶ συνημμένην, καὶ πολλὰς χωρὶς πάντῃ διωρισμένας· τοῦτο δ' ἔστιν, ᾗ τε κοινωνεῖν ἕκαστα δύναται καὶ ὅπῃ μή, διακρίνειν κατὰ γένος ἐπίστασθαι. {ΘΕΑΙ.} Παντάπασι μὲν οὖν. {ΞΕ.} Ἀλλὰ μὴν τό γε διαλεκτικὸν οὐκ ἄλλῳ δώσεις, ὡς ἐγᾦμαι, πλὴν τῷ καθαρῶς τε καὶ δικαίως φιλοσοφοῦντι.[客人：根据家族进行分开，并且既不要把相同的形式当作不同的，也不要把不同的形式当作是相同的，我们岂不会肯定说这是属于谈话的知识？泰阿泰德：是的，我们将这么说。客人：因此，那能够做这些事的人，他肯定充分地辨识出了下面这些：一个理念贯穿了多——多中每一个都同另一个相分离地摆在那儿——，它在方方面面都进行伸展；并且多个彼此相异的理念，它们被一个理念从外面包围；而贯穿多个整体的一个理念复又因一个整体而被联合为一；以及多个理念在方方面面都彼此分离开来。而这就是知道根据家族来决定，每个东西如何能够结合，以及在何种方式上不能够结合。泰阿泰德：完全如此。客人：无疑这种对话的能力，你肯定不会赋予其他人，如我所认为的那样，除了归给那纯粹和恰当地从事哲学的人。]

2275 ἐπ' αὐτὸ τὸ ὂν μετ' ἀληθείας ἰέναι[走向那与真相伴随的是着的东西本身]，也可以简单译为“走向那与真相伴随的是者本身”；另外，之所以这样翻译，是把 αὐτὸ τὸ ὂν μετ' ἀληθείας 是为一个整体。

2276 πολλῆς φυλακῆς ἔργον［需要许多的警惕］，这里省掉了动词 ἐστί，ἔργον 的本义是“工作”，但 ἔργον ἐστί 跟属格是固定表达，意思是“需要……”；《牛津希-英词典》举了柏拉图在这里的这个表达，对这一表达的解释是：there is need of ... 。

关于这一说法，可对观《斐洞》(89d1-e3)：Μὴ γενώμεθα, ἦ δ' ὅς, μισόλογοι, ὥσπερ οἱ μισάνθρωποι γιγνόμενοι· ὡς οὐκ ἔστιν, ἔφη, ὅτι ἄν τις μεῖζον τούτου κακὸν πάθοι ἢ λόγους μισήσας. γίγνεται δὲ ἐκ τοῦ αὐτοῦ τρόπου μισολογία τε καὶ μισανθρωπία. ἥ τε γὰρ μισανθρωπία ἐνδύεται ἐκ τοῦ σφόδρα τινὶ πιστεῦσαι ἄνευ τέχνης, καὶ ἡγήσασθαι παντάπασί γε ἀληθῆ εἶναι καὶ ὑγιῆ καὶ πιστὸν τὸν ἄνθρωπον, ἔπειτα ὀλίγον ὕστερον εὑρεῖν τοῦτον πονηρόν τε καὶ ἄπιστον, καὶ αὖθις ἕτερον· καὶ ὅταν τοῦτο πολλάκις πάθῃ τις καὶ ὑπὸ τούτων μάλιστα οὓς ἂν ἡγήσαιτο οἰκειοτάτους τε καὶ ἑταιροτάτους, τελευτῶν δὴ θαμὰ προσκρούων μισεῖ τε πάντας καὶ ἡγεῖται οὐδενὸς οὐδὲν ὑγιὲς εἶναι τὸ παράπαν.［我们不应成为憎恶讨论的人，他说，就像一些人成为憎恶人类的人一样。因为一个人不可能比这，他说，即比憎恶讨论，遭受更大的恶了。而憎恶讨论和憎恶人类以相同的方式产生。因为憎恶人类，乃是基于下面这样而发生：没有技艺地极其相信某个人，完完全全认为他是个真诚的、有益的、可信的人，不久以后却发现这人是既卑劣的，又不可信的，而这种情形又再次发生在另一个人身上；并且一旦有人多次经历这点，尤其从那些他曾视为最亲近的人和最要好的朋友那儿经历这点，那么，他肯定最终就会因经常受到打击而憎恶所有的人，并认为完全没有一个人是有益的。］

2277 παρανομίας που ... ἐμπίμπλανται.［〈现今那些从事对话的人〉无疑充满了无法无天］。这句话在新校勘的牛津古典本希腊文中同样如此，而其中的东西 ἐμπίμπλανται，在法国布德本希腊文中作 ἐμπίμπλαται，从文法上看，前者为复数，后者为单数；如果按布德本翻译，这当直接译为“〈对话〉无疑充满了无法无天”。

2278 τις ὑποβολιμαῖος［一位被偷换来的孩子］，有意照字面意思翻译，而没有译成“一位被收养的孩子”；这里省略了 τέκνον［孩子］一词。形容词 ὑποβολιμαῖος 的本义是“被偷换来的”，转译为“假的”“不真的”；《牛津希-英词典》举了柏拉图在这里的这个例子，对它的解释是：brought in by stealth, supposititious。

2279 τοὺς ὑποβαλομένους［那〈两位〉进行偷换的人］，法国布德本希腊文同样如此，而新校勘的牛津古典本希腊文将 ὑποβαλομένους 改为 ὑποβαλλομένους，

即将字母单 λ，改为了双 λλ，不过意思一样，从之。

2280 ἐνδεεῖς τινος［如果他们对任何东西有所需要的话］，也可以简单译为“如果他们缺少某种东西的话”。ἐνδεεῖς 在这里是形容词 ἐνδεής［不足的 / 缺乏的］的阳性宾格复数，该形容词要求属格，所以这里出现的是单数属格 τινος［任何东西 / 某种东西］。

2281 αἰσθόμενον［当他觉察到］，新校勘的牛津古典本希腊文同样如此，而法国布德本希腊文作 αἰσθόμενος，不从。从文法上看，前者为动词 αἰσθάνομαι 的现在时分词阳性宾格单数，后者为主格单数。

2282 καὶ πείθεσθαί τε αὐτοῖς διαφερόντως ἢ πρότερον［而且会比以前格外地听从他们］，也可以译为“而且会远超以前听从他们”。这一表达可对观《斐洞》(85a8–b4)：ἀλλ᾽ οὔτε ταῦτά μοι φαίνεται λυπούμενα ᾄδειν οὔτε οἱ κύκνοι, ἀλλ᾽ ἅτε οἶμαι τοῦ Ἀπόλλωνος ὄντες, μαντικοί τέ εἰσι καὶ προειδότες τὰ ἐν Ἅιδου ἀγαθὰ ᾄδουσι καὶ τέρπονται ἐκείνην τὴν ἡμέραν διαφερόντως ἢ ἐν τῷ ἔμπροσθεν χρόνῳ.［这些鸟在我看来不会因感到痛苦而歌唱，天鹅们也不会；相反，我相信，既然它们是属于阿波罗的，那么它们就是有预言能力的，并且是因为预见到了在哈德斯那儿的各种好东西才歌唱，以及对远超先前时光中的日子的那天感到高兴。］

2283 τῶν ἄλλων ποιουμένων οἰκείων［其他那些伪称自己是家里人的人］。ποιουμένων 在这里是动词 ποιέω［做］的现在时分词中动态阳性属格复数，关于 ποιέω 的这一用法，参见前面第六卷 498a3 那里对“οἱ φιλοσοφώτατοι ποιούμενοι［他们自诩已经在热爱智慧上登峰造极］”的注释 1930。

2284 ὅταν τὸν οὕτως ἔχοντα ἐλθὸν ἐρώτημα ἔρηται［每当一个问题通过走向是这个样子的一个人而被问到］，有意完全按字面意思翻译，这可理解为一种拟人表达；类似的表达可参见前面第五卷（434d3–4）：ἐὰν μὲν ἡμῖν καὶ εἰς ἕνα ἕκαστον τῶν ἀνθρώπων ἰὸν τὸ εἶδος τοῦτο ὁμολογῆται καὶ ἐκεῖ δικαιοσύνη εἶναι［如果这种形式甚至因前往人们中的每一位个体那里而被我们承认在那里也是正义］。

2285 ἃ μάλιστα ἦγεν ἐν τιμῇ［〈所有其他〉那些他向来最为敬重的东西］。ἐν τιμῇ ἄγειν 是固定表达，意思是“敬重”“尊重”，类似的表达还有 ἐν τιμῇ τίθεσθαι，ἐν τιμῇ ἔχειν 等。

2286 对观《斐洞》(90b6–d8)：ἐπειδάν τις πιστεύσῃ λόγῳ τινὶ ἀληθεῖ εἶναι ἄνευ τῆς περὶ τοὺς λόγους τέχνης, κἄπειτα ὀλίγον ὕστερον αὐτῷ δόξῃ ψευδὴς εἶναι, ἐνίοτε μὲν ὤν, ἐνίοτε δ᾽ οὐκ ὤν, καὶ αὖθις ἕτερος καὶ ἕτερος· – καὶ μάλιστα δὴ οἱ περὶ τοὺς ἀντιλογικοὺς λόγους διατρίψαντες οἶσθ᾽ ὅτι τελευτῶντες οἴονται σοφώτατοι γεγονέναι καὶ κατανενοηκέναι μόνοι ὅτι οὔτε τῶν πραγμάτων οὐδενὸς οὐδὲν ὑγιὲς οὐδὲ βέβαιον οὔτε τῶν λόγων, ἀλλὰ πάντα τὰ ὄντα ἀτεχνῶς ὥσπερ ἐν Εὐρίπῳ ἄνω κάτω στρέφεται καὶ χρόνον οὐδένα ἐν οὐδενὶ μένει. Πάνυ μὲν οὖν, ἔφην ἐγώ, ἀληθῆ λέγεις. Οὐκοῦν, ὦ Φαίδων, ἔφη, οἰκτρὸν ἂν εἴη τὸ πάθος, εἰ ὄντος δή τινος ἀληθοῦς καὶ βεβαίου λόγου καὶ δυνατοῦ κατανοῆσαι, ἔπειτα διὰ τὸ παραγίγνεσθαι τοιούτοις τισὶ λόγοις, τοῖς αὐτοῖς τοτὲ μὲν δοκοῦσιν ἀληθέσιν εἶναι, τοτὲ δὲ μή, μὴ ἑαυτόν τις αἰτιῷτο μηδὲ τὴν ἑαυτοῦ ἀτεχνίαν, ἀλλὰ τελευτῶν διὰ τὸ ἀλγεῖν ἄσμενος ἐπὶ τοὺς λόγους ἀφ' ἑαυτοῦ τὴν αἰτίαν ἀπώσαιτο καὶ ἤδη τὸν λοιπὸν βίον μισῶν τε καὶ λοιδορῶν τοὺς λόγους διατελοῖ, τῶν δὲ ὄντων τῆς ἀληθείας τε καὶ ἐπιστήμης στερηθείη. Νὴ τὸν Δία, ἦν δ' ἐγώ, οἰκτρὸν δῆτα. [当有人在缺乏关于各种讨论的技艺的情形下却相信某种讨论是真的，而不久之后他又认为它是假的，有时候是，有时候又不是，并且一个又一个讨论一再如此。尤其那些在可争辩的论题上消磨时间的人，你知道他们最终都认为他们自己成为了最智慧的人，唯独他们理解到了无论是就事情来说，还是就道理来说，都没有什么是健全的和稳固的，相反，所有的是者都完完全全像在欧里珀斯那里一样上下翻滚，不会在任何东西上停留任何时间。当然，我说道，你说得对。那么，斐洞啊，他说，如果是下面这样，那么遭遇岂不是可悲的，那就是：明明有着某种真的、可靠的并且能够加以理解的讨论，但有人遇上了那样一些看起来时而是真的，时而又不是真的的讨论之后，他既不责怪他自己，也不责怪他自己的缺乏技艺，相反，由于感到痛苦而最终乐于把罪责从他自己那儿推给讨论，然后在厌恶和指责讨论中度过余生，让自己丧失了关于诸是者的真和知识。宙斯在上，我说，的确是可悲的。]

2287 πρὸ τοῦ 是词组，也直接拼成 προτοῦ，意思是"在此之前""早先""以前"。参见《斐德若》(252a4-7)：νομίμων δὲ καὶ εὐσχημόνων, οἷς πρὸ τοῦ ἐκαλλωπίζετο, πάντων καταφρονήσασα δουλεύειν ἑτοίμη καὶ κοιμᾶσθαι ὅπου ἂν ἐᾷ τις ἐγγυτάτω τοῦ πόθου。[而在此之前它曾为之而自豪的那些习惯规矩和优雅的行为举止，它全都加以藐视，它准备好了做它心爱的少年的奴隶，并且在人们允许的任何地方安静地躺下，只要那儿离它渴望的那个少年尽可能地近。]

2288 ἔστι πρὸς ὁποῖονβίον ἄλλον ἢ τὸν κολακεύοντα εἰκότως προσχωρήσεται; [还能指望他会走向某种其他的生活吗，除了走向阿谀奉承者的那种生活之外？] ἔστι ... εἰκότω 在这里是一个整体，意思是"还能指望""这是合理的"。προσχωρήσεται 在这里是动词 προσχωρέω 的将来时直陈式中动态第三人称单数，而 πρὸς ... . προσχωρέω 是一个整体，意思是“走向”“朝……走去”；《牛津希-英词典》举了柏拉图在这里的这个表达，对它的解释是：come or go over to。

2289 τὸ πάθος τῶν οὕτω λόγων ἁπτομένων［以这种方式接触各种对话的那些人的遭遇］。这里基于文义，把 λόγος 的复数 λόγοι 直接译为“对话”，将之等同于 τὸ διαλέγεσθαι，故不译为“谈话”“讨论”“论证”等。

2290 见前面 537d6-7。

2291 εὐλάβεια ... συχνή［重要的防范措施］，也可以译为“恒常的警惕”。形容词 συχνός 的本义是“长”，在这里的意思是“重要的”“重大的”“恒常的”；《牛津希-英词典》举了柏拉图在这里的这个表达，对它的解释是：great, constant。

2292 参见《苏格拉底的申辩》（23c2-d2）：Πρὸς δὲ τούτοις οἱ νέοι μοι ἐπακολουθοῦντες — οἷς μάλιστα σχολή ἐστιν, οἱ τῶν πλουσιωτάτων — αὐτόματοι, χαίρουσιν ἀκούοντες ἐξεταζομένων τῶν ἀνθρώπων, καὶ αὐτοὶ πολλάκις ἐμὲ μιμοῦνται, εἶτα ἐπιχειροῦσιν ἄλλους ἐξετάζειν· κἄπειτα οἶμαι εὑρίσκουσι πολλὴν ἀφθονίαν οἰομένων μὲν εἰδέναι τι ἀνθρώπων, εἰδότων δὲ ὀλίγα ἢ οὐδέν. ἐντεῦθεν οὖν οἱ ὑπ' αὐτῶν ἐξεταζόμενοι ἐμοὶ ὀργίζονται, οὐχ αὑτοῖς, καὶ λέγουσιν ὡς Σωκράτης τίς ἐστι μιαρώτατος καὶ διαφθείρει τοὺς νέους.［但除了这些之外，一些自愿追随我的年轻人——他们是最有闲暇的，都是一些来自最富裕人家的子弟——，乐于听到有人被盘问，并且他们自己还经常效仿我，然后尝试盘问其他人。于是，我认为他们发现一些人以为知道某种东西，但其实知之甚少，或者一无所知，而这些人不在少数。因而那些被他们盘问的人由此对我生气，却不对他们自己生气，还说，苏格拉底是个最邪恶的人，并且在败坏年轻人。］

《菲勒玻斯》（15d1-16a6）：{ΣΩ.} Εἶεν· πόθεν οὖν τις ταύτης ἄρξηται πολλῆς οὔσης καὶ παντοίας περὶ τὰ ἀμφισβητούμενα μάχης; ἆρ' ἐνθένδε; {ΠΡΩ.} Πόθεν; {ΣΩ.} Φαμέν που ταὐτὸν ἓν καὶ πολλὰ ὑπὸ λόγων γιγνόμενα περιτρέχειν πάντῃ καθ' ἕκαστον τῶν λεγομένων ἀεί, καὶ πάλαι καὶ νῦν. καὶ τοῦτο οὔτε μὴ παύσηταί ποτε οὔτε ἤρξατο νῦν, ἀλλ' ἔστι τὸ τοιοῦτον, ὡς ἐμοὶ φαίνεται, τῶν λόγων αὐτῶν ἀθάνατόν τι καὶ ἀγήρων πάθος ἐν ἡμῖν· ὁ δὲ πρῶτον αὐτοῦ γευσάμενος ἑκάστοτε τῶν νέων, ἡσθεὶς ὥς τινα σοφίας ηὑρηκὼς θησαυρόν, ὑφ' ἡδονῆς ἐνθουσιᾷ τε καὶ πάντα κινεῖ λόγον ἄσμενος, τοτὲ μὲν ἐπὶ θάτερα κυκλῶν καὶ συμφύρων εἰς ἕν, τοτὲ δὲ πάλιν ἀνειλίττων καὶ διαμερίζων, εἰς ἀπορίαν αὑτὸν μὲν πρῶτον καὶ μάλιστα καταβάλλων, δεύτερον δ' ἀεὶ τὸν ἐχόμενον, ἄντε νεώτερος ἄντε πρεσβύτερος ἄντε ἧλιξ ὢν τυγχάνῃ, φειδόμενος οὔτε πατρὸς οὔτε μητρὸς οὔτε ἄλλου τῶν ἀκουόντων οὐδενός, ὀλίγου δὲ καὶ τῶν ἄλλων ζῴων, οὐ μόνον τῶν ἀνθρώπων, ἐπεὶ βαρβάρων γε οὐδενὸς ἂν φείσαιτο, εἴπερ μόνον ἑρμηνέα ποθὲν ἔχοι. {ΠΡΩ.} Ἆρ', ὦ Σώκρατες, οὐχ ὁρᾷς ἡμῶν τὸ πλῆθος, ὅτι νέοι πάντες ἐσμέν, καὶ οὐ φοβῇ μή σοι μετὰ Φιλήβου συνεπιθώμεθα, ἐὰν ἡμᾶς λοιδορῇς; [苏格拉底：好吧！围绕这些有争议的东西的斗争是重大且多种多样的，一个人应从何处开始这场斗争呢？莫非从这里？普洛塔尔科斯：从哪里？苏格拉底：我们无论如何都会说，一和多，虽然由于各种言说而成为了同一个东西，但它们总是在各方面于那些被说出的东西中的每一个那儿打转，无论是过去，还是现在。并且这既从不会停止，也不是现在才开始；相反，它是这样一种东西，正如对我显得的那样，即在我们身上各种言说本身的一种不朽的和不老的情状。而年轻人中那每回首次体验到它的，他如此地感到快乐，仿佛已经发现了智慧的某个宝库似的，他既被快乐弄得心醉神迷，也满心欢喜地使每一种言说运动起来；他时而使之从一边滚向另一边，并将之糅合成一，时而则再次铺展和分开它，由此一方面，他首先并且尤其把自己抛入困惑中，另一方面，随后又把那时常在身边的人抛入困境，无论他恰好是更为年轻的，还是更为年长的，还是同龄的；他既不放过父亲，也不放过母亲，也不放过听者中的其他任何人，差不多甚至连其他动物也不会放过，而不仅仅是人，既然野蛮人中的任何一位他都不会放过，只要他能从某个地方得到一位翻译者的话。普洛塔尔科斯：难道，苏格拉底啊，你没有看到我们这一大群人全都是年轻人吗，并且你不害怕我们将同菲勒玻斯一起来攻击你吗，假如你指责我们的话？]

2293 τὸ ὅλον φιλοσοφίας πέρι [同热爱智慧相关的整个〈事业〉]，法国布德本希腊文同样如此，而新校勘的牛津古典本希腊文认为其中的介词 πέρι 有可能是窜入。

2294 对观《泰阿泰德》(167d7–168b2)：ποίει μέντοι οὑτωσί· μὴ ἀδίκει ἐν τῷ ἐρωτᾶν. καὶ γὰρ πολλὴ ἀλογία ἀρετῆς φάσκοντα ἐπιμελεῖσθαι μηδὲν ἀλλ' ἢ ἀδικοῦντα ἐν λόγοις διατελεῖν. ἀδικεῖν δ' ἐστὶν ἐν τῷ τοιούτῳ, ὅταν τις μὴ χωρὶς μὲν ὡς ἀγωνιζόμενος τὰς διατριβὰς ποιῆται, χωρὶς δὲ διαλεγόμενος, καὶ ἐν μὲν τῷ παίζῃ τε καὶ σφάλλῃ καθ' ὅσον ἂν δύνηται, ἐν δὲ τῷ διαλέγεσθαι σπουδάζῃ τε καὶ ἐπανορθοῖ τὸν προσδιαλεγόμενον, ἐκεῖνα μόνα αὐτῷ ἐνδεικνύμενος τὰ σφάλματα, ἃ αὐτὸς ὑφ' ἑαυτοῦ καὶ τῶν προτέρων συνουσιῶν παρεκέκρουστο. ἂν μὲν γὰρ οὕτω ποιῇς, ἑαυτοὺς αἰτιάσονται οἱ προσδιατρίβοντές σοι τῆς αὑτῶν ταραχῆς καὶ ἀπορίας ἀλλ' οὐ σέ, καὶ σὲ μὲν διώξονται καὶ φιλήσουσιν, αὑτοὺς δὲ μισήσουσι καὶ φεύξονται ἀφ' ἑαυτῶν εἰς φιλοσοφίαν, ἵν' ἄλλοι γενόμενοι ἀπαλλαγῶσι τῶν οἳ πρότερον ἦσαν· ἐὰν δὲ τἀναντία τούτων δρᾷς ὥσπερ οἱ πολλοί, τἀναντία συμβήσεταί σοι καὶ τοὺς συνόντας ἀντὶ φιλοσόφων μισοῦντας τοῦτο τὸ πρᾶγμα ἀποφανεῖς ἐπειδὰν πρεσβύτεροι γένωνται.［然而，请你就这样做吧，不过在提问中请不要行不义。因为，一个人宣称关心德性，却只在讨论中通过行不义来度日，这是非常缺乏理性的。当一个人耽误区分开下面这两者时，行不义就会体现在这上面：一种人是要进行论争，而另一种人则是要进行讨论；在前者那儿他会开玩笑并尽其所能地使绊，但在讨论那儿他则会严肃认真，并且要纠正交谈者，仅仅向他指出被他本人以及被从前的一些交往引入歧途的那些失足。如果你真的这样做，那么那些和你一起消磨时间的人将把他们的混乱和困惑归咎于他们自己，而不归咎于你；并且他们一方面将追随和热爱你，一方面将恨自己，并从他们自己那儿逃开而前往这些，以便通过变得不一样而摆脱以前所是的。但如果你做与这相反的事情，像多数人一样，那么一些相反的事情将发生在你身上，并且你将使〈与你相处的人不是成为哲学家，而是成为仇恨这件事情的人，一旦他们变得较老时。］

2295 ὁ τυχών［随便哪个人］是固定表达。τυχών 是动词 τυγχάνω 的一次性过去时分词主动态阳性主格单数，ὁ τυχών 的本义是“第一个碰到的人”，转义为“普通人”“任何人”“随便哪个人”；《牛津希-英词典》举了柏拉图在这里的这个表达，对它的解释是：the first one meets, any chance person。

2296 ἀντιστρόφως ... τοῖς περὶ τὸ σῶμα γυμνασίοις［以一种同在身体方面的各种体育锻炼相应的方式］是一个整体。副词 ἀντιστρόφως 的本义是“反转去对着地”，在这里的意思是“以一种相应的方式”；《牛津希-英词典》举了柏拉图在这里的这个表达，对它的解释是：in a manner corresponding。

2297 见前面 537b3：不管它持续两年，还是三年。

2298 ἤ τι καὶ παρακινήσουσι.［还是说，在某方面改变了立场。］动词 παρακινέω 除了具有“扰乱”“狂乱”“发疯”的意思之外，在这里作为不及物动词的意思是“改变”“改变立场”；《牛津希-英词典》举了柏拉图在这里的这个表达，对它的解释是：shift one's ground, change。

2299 τοὺς διασωθέντας［安全通过了〈检验〉］，也可以简单译为“被保全”。διασωθέντας 是动词 διασῴζω 的一次性过去时分词被动态阳性宾格复数，《牛津希-英词典》举了柏拉图在这里的这个表达，对它的解释是：come safe through。

2300 ἀνακλίναντας τὴν τῆς ψυχῆς αὐγήν［抬起灵魂的眼睛］。ἀνακλίναντας 是动

词 ἀνακλίνω 的一次性过去时分词主动态阳性宾格复数，ἀνακλίνω 的本义“倚靠”，在这里的意思则是“抬起”“举起”；名词 αὐγή 的本义是“光亮”“光芒”，在这里喻为“眼睛”。《牛津希-英词典》举了柏拉图在这里的这个表达，对这两个词的解释分别是：lift up 和 eye。

2301 παραδείγματι χρωμένους ἐκείνῳ［将那种东西用作一种范型］。对观《欧悌弗戎》（6e3-6）：Ταύτην τοίνυν με αὐτὴν δίδαξον τὴν ἰδέαν τίς ποτέ ἐστιν, ἵνα εἰς ἐκείνην ἀποβλέπων καὶ χρώμενος αὐτῇ παραδείγματι, ὃ μὲν ἂν τοιοῦτον ᾖ ὧν ἂν ἢ σὺ ἢ ἄλλος τις πράττῃ φῶ ὅσιον εἶναι, ὃ δ' ἂν μὴ τοιοῦτον, μὴ φῶ.［那么，就请你教我这个理念本身究竟是什么，以便我盯住它，并用它做范型；如果你或其他某个人所做的事情中有是像它这样的，我就说是它虔敬的，但如果不是像它这样的，我就不说它是虔敬的。］

2302 δημοσίᾳ［以公共开支］。δημοσίᾳ 在这里作副词使用，《牛津希-英词典》对它的这层意思的解释是：at the public expense。

2303 ἐὰν καὶ ἡ Πυθία συναναιρῇ［如果连皮提亚女祭司也给出了同样的答案］。动词 συναναιρέω 的本义是“一起取走”，在这里的意思是“给出同样的回答”；《牛津希-英词典》举了柏拉图在这里的这个表达，对它的解释分别是：give the same answer。

2304 这里暗含某种文字游戏，因为形容词 εὐδαίμων 由前缀 εὐ［好的］和名词 δαίμων［精灵］构成。

2305 参见前面 529e1 那里对“代达罗斯（Δαίδαλος, Daidalos）”的注释 2208。

2306 ἢ περὶ γυναικῶν［而没有也在针对女人们］，这句话在法国布德本希腊文中同样如此，而新校勘的牛津古典本希腊文作：ἢ καὶ περὶ γυναικῶν，从之。

2307 见前面第五卷 451c 以下。

2308 μὴ παντάπασιν ἡμᾶς εὐχὰς εἰρηκέναι［我们并没有完全只是在建空中楼阁］，当然，也可以译为“我们并没有完全只是说了一些热望而已”。参见前面第五卷 450d2 那里对“μὴ εὐχὴ δοκῇ εἶναι ὁ λόγος［免得讨论看起来只是在建空中楼阁而已］”的注释 1487。

2309 καὶ οὐκ ἄλλῃ ἢ εἴρηται.［并且别无其他任何方式，除了被说过的那种方式之外。］也可以简单译为：而且只在被说过的那种方式上。

2310 参见前面第四卷（445d3-6）：我们已经详述过的这种类型会是一种城邦体制的类型，而它也能够以两种方式被命名。因为，如果在那些进行统治的人中出现了一位出类拔萃的人，它就会被称作王制；如果产生的是多个人，则会被称作贵族政制。

2311 形容词 ἀνελεύθερος 的本义就是“不自由的”，转义为“卑贱的”“卑劣的”“卑鄙的”。

2312 περὶ πλείστου ποιησάμενοι［他们最为看重］，参见前面第三卷 389b2 那里对“περὶ πολλοῦ ποιεῖσθαι”的注释 842。

2313 παῖδας αὐτῶν［〈当这些人长大后〉他们的孩子们］，之所以这么补充翻译是为了避免歧义，当然也可以简单转译为“这些人的孩子们”。

2314 对观《政治家》(308d1–e2)：Οὐδ᾽ ἄρα ἡ κατὰ φύσιν ἀληθῶς οὖσα ἡμῖν πολιτικὴ μή ποτε ἐκ χρηστῶν καὶ κακῶν ἀνθρώπων ἑκοῦσα εἶναι συστήσηται πόλιν τινά, ἀλλ᾽ εὔδηλον ὅτι παιδιᾷ πρῶτον βασανιεῖ, μετὰ δὲ τὴν βάσανον αὖ τοῖς δυναμένοις παιδεύειν καὶ ὑπηρετεῖν πρὸς τοῦτ᾽ αὐτὸ παραδώσει, προστάττουσα καὶ ἐπιστατοῦσα αὐτή, καθάπερ ὑφαντικὴ τοῖς τε ξαίνουσι καὶ τοῖς τἆλλα προπαρασκευάζουσιν ὅσα πρὸς τὴν πλέξιν αὐτῆς συμπαρακολουθοῦσα προστάττει καὶ ἐπιστατεῖ, τοιαῦτα ἑκάστοις ἐνδεικνῦσα τὰ ἔργα ἀποτελεῖν οἷα ἂν ἐπιτήδεια ἡγῆται πρὸς τὴν αὑτῆς εἶναι συμπλοκήν.［那么，那对我们来说在本性上真正是着的政治术，它也从不情愿从一些有益的人和一些邪恶的人那里来组建某个城邦；相反，下面这点是非常清楚的，那就是：它首先通过儿戏来进行检测，而在检测之后，它复又将把他们交给那些有能力教育他们并且就为了这件事而进行服务的人，它自己进行发号施令和进行监管——正如纺织术对那些梳毛工以及对那些预先准备其他所有那些对它的编织来说必不可少的东西的人下达命令和进行监管一样——，它向他们每个人指出诸如此类的事情，以便他们完成如它认为同它自己的编织相合适那样的工作。］

2315 τῇ μελλούσῃ ἄκρως οἰκεῖν πόλει［对于那将被完美地管理的城邦来说］，当然也可以译为“对于那将处在最高水平的城邦来说”。οἰκεῖν 是动词 οἰκέω 的现在时不定式主动态，οἰκέω 除了具有“居住”的意思，也有“管理”“治理”等意思，在这里作为不及物动词，等于被动态“被管理”“被治理”；《牛津希-英词典》举了柏拉图在这里的这个表达，对它的解释是：to be governed or administered。副词 ἄκρως 的本义是“处在最高处”，转义为“完美地”“完全地”；《牛津希-英词典》也举了柏拉图在这里的这个表达，对它的解释是：utterly, perfectly。

2316 βασιλέας δὲ αὐτῶν εἶναι τοὺς ἐν φιλοσοφίᾳ τε καὶ πρὸς τὸν πόλεμον γεγονότας ἀρίστους.［而国王们，则是他们中在热爱智慧上以及在战争方面都已经变得是最优秀的那些人。］基于文法和文义，这里不能把 βασιλέας αὐτῶν 视为一个整体，而译为“他们的国王们”。

2317 见前面第三卷 415d–417b。

2318 参见前面第三卷 416e2 那里对“μισθὸν τῆς φυλακῆς [卫士职位的酬谢]”的注释 1166。

2319 τὴν εἰς ταῦτα τροφήν [维持〈同卫士职位相关的〉各种事情的生活必需品]，之所以这么补充翻译，因为 εἰς ταῦτα 即 εἰς τὰ τῆς φυλακῆς。

2320 ἵνα πάλιν τὴν αὐτὴν ἴωμεν. [以便我们能够重新走那同一条路]。这里省略了阴性名词宾格单数 ὁδόν [路 / 道路]。

2321 见第七卷 541b。

2322 见第五卷 449a 以下。

2323 καὶ ταῦτα [即使] 在这里是固定表达。参见前面第一卷 341c3 那里对“οὐδὲν ὢν καὶ ταῦτα [即使你什么也不是]”的注释 268。

2324 ἀλλ' οὖν 是固定表达，意思是“无论如何”。

2325 πάντας αὐτούς [他们全部]，即“与五种城邦体制相似的所有人”。

2326 ὁμολογησάμενοι τὸν ἄριστον καὶ τὸν κάκιστον ἄνδρα [就那最优秀的人和最低劣的人取得了一致意见之后]，这句话在法国布德本希腊文中同样如此，而新校勘的牛津古典本希腊文将其中的动词分词 ὁμολογησάμενοι 改为了 ἀνομολογησάμενοι，从之，不过意思一样。

2327 见前面第五卷 449a7 以下。

2328 τὴν αὐτὴν λαβὴν πάρεχε [请你再次摆出同样的姿势]。名词 λαβή 的本义是“抓住”“拿到”“提手”“把柄”，喻为“场合”“机会”“境地”等。类似的表达参见《斐德若》(236b9–c1)：Περὶ μὲν τούτου, ὦ φίλε, εἰς τὰς ὁμοίας λαβὰς ἐλήλυθας. [然而关于这点，朋友啊，你已经陷入了同样的境地]。

2329 参见前面第一卷 328d7 那里对“καὶ μήν”的注释 46。

2330 ἡ Κρητική τε καὶ Λακωνικὴ αὕτη [克里特人以及拉孔人那众所周知的城邦体制]。之所以这么翻译，因为指示代词 αὕτη 在这里暗含了“众所周知”这层意思。拉孔人 (Λάκων, Lakon)，即拉栖岱蒙人 (Λακεδαιμόνιος, Lakedaimonios)，也即斯巴达人 (Σπαρτιάτης)。参见《大希庇阿斯》(283e9)：Ἀλλὰ μὴν εὔνομός γ' ἡ Λακεδαίμων. [真的，拉栖岱蒙肯定是有好法律的。]

2331 ἡ γενναία δὴ τυραννίς καὶ πασῶν τούτων διαφέρουσα [〈所谓〉高贵的僭主政制，它凌驾于所有这些城邦体制之上]，之所以这么补充翻译，因为这显然是一句讽刺话。διαφέρουσα 是动词 διαφέρω 的现在时分词主动态阴性主格单数，διαφέρω 除了具有“不同”“不一致”这一本义之外，也有“凌驾于”“胜出”等意思。

2332 ἤ τινα ἄλλην ἔχεις ἰδέαν πολιτείας, ἥτις καὶ ἐν εἴδει διαφανεῖ τινι κεῖται; [或者，

你还有一种城邦体制的某种其他理念，而它竟然处在某种明显不一样的形式中？］关于动词 ἔχω 作“知道”讲的用法，参见前面第一卷 348e6 那里对“οὐκέτι ῥᾴδιον ἔχειν ὅτι τις εἴπῃ［并且不再容易知道一个人该说什么］”的注释 360。此外，如果不区分 ἰδέα 和 εἶδος，那么，这句话也可以简单意译为：或者，你还知道某种其他形式的城邦体制，即任何一种在形式上明显不同的城邦体制？

2333 δυναστεῖαι［权阀政制］，也可以译为“权门政制”“世袭寡头政制”等。名词 δυναστεία 的本义就是“权力”，在政治体制上可理解为寡头政制的一种类型，由于实行世袭，也是其最坏的一种形式。

2334 ἀνθρώπων εἴδη τοσαῦταἀνάγκη τρόπων εἶναι［人的类型的形式就必然是多少］，单就这句话，也可以译为“人的生活方式的形式就必然是多少”“人的性格的形式就必然是多少”等。参见前面第四卷（445c9-10）：城邦体制的类型——如果这些类型都具有〈自己独特的〉形式的话——是多少，我说道，灵魂的类型也就有可能是多少。

2335 ἐκ δρυός ποθεν ἢ ἐκ πέτρας τὰς πολιτείας γίγνεσθαι［各种各样的城邦体制竟然是从树木或者从石头那里产生出来的］。名词 δρῦς 本义就是“树”“树木”，但尤其指橡树；参见荷马《奥德修斯》（19. 163）。对观《苏格拉底的申辩》（34d3-8）：Ἐμοί, ὦ ἄριστε, εἰσὶν μέν πού τινες καὶ οἰκεῖοι· καὶ γὰρ τοῦτο αὐτὸ τὸ τοῦ Ὁμήρου, οὐδ' ἐγὼ 'ἀπὸ δρυὸς οὐδ' ἀπὸ πέτρης' πέφυκα ἀλλ' ἐξ ἀνθρώπων, ὥστε καὶ οἰκεῖοί μοί εἰσι καὶ ὑεῖς γε, ὦ ἄνδρες Ἀθηναῖοι, τρεῖς, εἷς μὲν μειράκιον ἤδη, δύο δὲ παιδία· ἀλλ' ὅμως οὐδένα αὐτῶν δεῦρο ἀναβιβασάμενος δεήσομαι ὑμῶν ἀποψηφίσασθαι.［最好的人啊，我肯定也有一些亲属；而这就是荷马所说的，我不是“由树木和岩石”所生，而是由人所生，因此我也有一些亲属和儿子，诸位雅典人啊，而且还是三个，一个已经是年青人，而另外两个还是孩童。然而，我不会通过把他们中任何一个带到这儿来恳求你们投票赦免我。］

2336 ἃ ἂν ὥσπερ ῥέψαντα［仿佛一旦它们占了上风］。ῥέψαντα 在这里是动词 ῥέπω 的一次性过去时分词主动态中性主格复数，ῥέπω 的本义是“天平的一端往下沉”，泛指“沉下去”，喻为“占上风”“占优势”；《牛津希-英词典》举了柏拉图在这里的这个表达，对它的解释是：preponderate, prevail。

2337 αἱ τῶν ἰδιωτῶν κατασκευαὶ τῆς ψυχῆς［个人灵魂的情况其实也会是五种］。名词 κατασκευή 除了具有“预备”“准备”这一本义之外，也指“基本情状”“情况”“状态”等；《牛津希-英词典》举了柏拉图在这里的这个表达，对它的解释是：state, condition, constitution。

2338 关于 ἀριστοκρατία［贵族政制 / 贤人政制 / 精英政制］，参见第四卷（445d3-6）：我说，我回应道，我们已经详述过的这种类型会是一种城邦体制的类型，而它也能够以两种方式被命名。因为，如果在那些进行统治的人中出现了一位出类拔萃的人，它就会被称作王制；如果产生的是多个人，则会被称作贵族政制。

2339 φιλότιμον［热爱荣誉］，也可以译为"热爱名声"。对观《斐德若》（256b76-c5）：ἐὰν δὲ δὴ διαίτῃ φορτικωτέρᾳ τε καὶ ἀφιλοσόφῳ, φιλοτίμῳ δὲ χρήσωνται, τάχ᾽ ἄν που ἐν μέθαις ἤ τινι ἄλλῃ ἀμελείᾳ τὼ ἀκολάστω αὐτοῖν ὑποζυγίω λαβόντε τὰς ψυχὰς ἀφρούρους, συναγαγόντε εἰς ταὐτόν, τὴν ὑπὸ τῶν πολλῶν μακαριστὴν αἵρεσιν εἱλέσθην τε καὶ διεπραξάσθην.［另一方面，如果他们享受一种庸俗的、不热爱智慧而热爱名声的生活方式，那么，就有可能当他俩处在酩酊大醉或某种其他的漫不经心中时，他俩的那两匹恣意放纵的轭下驮畜打他俩的灵魂一个措手不及，它们把他俩一起引向同一种境况，以便他俩选择并实现被多数人以为是幸福的那种选择。］

2340 κατὰ τὴν Λακωνικὴν ἑστῶτα πολιτείαν［这种人已经置身于拉孔人的城邦体制那儿］，有意按字面意思翻译，当然也可以转译为"这种人同拉孔人的城邦体制相应"；ἑστῶτα 在这里是动词 ἵστημι［置身于 / 立于 / 站立］的完成时分词主动态阳性宾格单数。

2341 τὸν ἀδικώτατον ἰδόντες ἀντιθῶμεν τῷ δικαιοτάτῳ.［当我们看到那最不正义的人之后，我们就能够把他同那最正义的人相比较。］ἀντιθῶμεν 是动词 ἀντιτίθημι 的一次性过去时虚拟式主动态第一人称复数，ἀντιτίθημι 的本义是"把……置于对面"，转义为"对照""比较"。

2342 ἡ ἄκρατος δικαιοσύνη πρὸς ἀδικίαν τὴν ἄκρατον［纯粹的正义同纯粹的不正义］。形容词 ἄκρατος 的本义是"未混合的""不混杂的"，转义为"纯粹的"。

2343 τῷ νῦν προφαινομένῳ λόγῳ δικαιοσύνην［通过听从现在所显明的道理去追求正义］，也可以译为"通过听从目前正在展现的讨论去追求正义"。

2344 参见荷马《伊利亚特》（16. 112-113）。

2345 ὡς δὴ σπουδῇ λεγούσας［竟然何等严肃地在说话啊］，也可以译为"仿佛她们竟然在严肃地说话似的"。这是一句讽刺话，暗含的意思是没有严肃地在说话。ὡς δή 在这里是一个整体和固定用法，表达讽刺；参见前面第一卷 337c2 那里对"ὡς δὴ ὅμοιον τοῦτο ἐκείνῳ［这件事与那件事竟然是何等地相似］"的注释 219。

2346 ὑψηλολογουμένας［通过高傲地讲话］，也可以转译为"以一种傲慢的语言"。ὑψηλολογουμένας 是动词 ὑψηλολογέομαι 的现在时分词中动态阴性宾格复数;《牛津希-英词典》举了柏拉图在这里的这个表达，对它的解释是：speak proudly。

2347 对观《斐德若》(245c5–246a2)：Ψυχὴ πᾶσα ἀθάνατος. τὸ γὰρ ἀεικίνητον ἀθάνατον· τὸ δ' ἄλλο κινοῦν καὶ ὑπ' ἄλλου κινούμενον, παῦλαν ἔχον κινήσεως, παῦλαν ἔχει ζωῆς. μόνον δὴ τὸ αὑτὸ κινοῦν, ἅτε οὐκ ἀπολεῖπον ἑαυτό, οὔποτε λήγει κινούμενον, ἀλλὰ καὶ τοῖς ἄλλοις ὅσα κινεῖται τοῦτο πηγὴ καὶ ἀρχὴ κινήσεως. ἀρχὴ δὲ ἀγένητον. ἐξ ἀρχῆς γὰρ ἀνάγκη πᾶν τὸ γιγνόμενον γίγνεσθαι, αὐτὴν δὲ μηδ' ἐξ ἑνός· εἰ γὰρ ἔκ του ἀρχὴ γίγνοιτο, οὐκ ἂν ἔτι ἀρχὴ γίγνοιτο. ἐπειδὴ δὲ ἀγένητόν ἐστιν, καὶ ἀδιάφθορον αὐτὸ ἀνάγκη εἶναι. ἀρχῆς γὰρ δὴ ἀπολομένης οὔτε αὐτή ποτε ἔκ του οὔτε ἄλλο ἐξ ἐκείνης γενήσεται, εἴπερ ἐξ ἀρχῆς δεῖ τὰ πάντα γίγνεσθαι. οὕτω δὴ κινήσεως μὲν ἀρχὴ τὸ αὐτὸ αὑτὸ κινοῦν. τοῦτο δὲ οὔτ' ἀπόλλυσθαι οὔτε γίγνεσθαι δυνατόν, ἢ πάντα τε οὐρανὸν πᾶσάν τε γῆν εἰς ἓν συμπεσοῦσαν στῆναι καὶ μήποτε αὖθις ἔχειν ὅθεν κινηθέντα γενήσεται. ἀθανάτου δὲ πεφασμένου τοῦ ὑφ' ἑαυτοῦ κινουμένου, ψυχῆς οὐσίαν τε καὶ λόγον τοῦτον αὐτόν τις λέγων οὐκ αἰσχυνεῖται. πᾶν γὰρ σῶμα, ᾧ μὲν ἔξωθεν τὸ κινεῖσθαι, ἄψυχον, ᾧ δὲ ἔνδοθεν αὐτῷ ἐξ αὑτοῦ, ἔμψυχον, ὡς ταύτης οὔσης φύσεως ψυχῆς· εἰ δ' ἔστιν τοῦτο οὕτως ἔχον, μὴ ἄλλο τι εἶναι τὸ αὐτὸ ἑαυτὸ κινοῦν ἢ ψυχήν, ἐξ ἀνάγκης ἀγένητόν τε καὶ ἀθάνατον ψυχὴ ἂν εἴη. [宇宙灵魂是不朽的。因为，永远在运动的东西是不朽的；而那推动某种另外的东西并且也被某种另外的东西所推动的，既然它有着运动的终止，那它也就具有生命的终止。因此，唯有那自身推动自身的东西，由于它不抛弃它自身，所以它从不会停止运动；而对于其他所有被推动的东西来说，这才是其运动的源头和开端。而开端是非生成的。因为，所有生成出来的东西都必然从某一开端生成出来，而该开端自身却绝不会从任何东西生成出来；因为，如果开端从某一东西生成出来，那它就不再成为一种开端。而既然开端是非生成的，那它自身也就必然是不毁朽的。因为，如果一个开端竟然毁灭了，那么，它自身就将永不会从任何东西那儿生成出来，而其他任何东西也将永不会从它那儿生成出来了，既然所有的事物都应当从某一开端那儿生成出来。于是乎这样一来，一方面，运动的开端是那自身推动自身的东西；另一方面，这种东西既不可能毁灭，也不可能生成，否则整个的天和整个的生成都将一起坍塌而归于静止，并且永远也将不会再有那些运动的东西由于其缘故而得以生成出来的那种东西。然而，如果那被其自身所推动的东西已经被揭示为了是不朽的，那么，一个人也就不会因说了下面这点而将感到羞愧，那就是，恰恰这种东西就是灵魂的所是以及

对它的说明。因为，任何从外面取得其运动的形体，都是无灵魂的；而那在其自身里面从其自身那里取得运动的，则是有灵魂的，因为这就是灵魂的本性。但如果这就是它所是的样子，即那自身让自身运动起来的东西不是任何别的，而就是灵魂，那么，灵魂就必然会是非生成而来的以及不朽的。］

2348 φορὰ καὶ ἀφορία ψυχῆς τε καὶ σωμάτων［灵魂以及身体的多产和枯竭］。名词 φορά 除了具有"移动""位移"的意思之外，也有"生产""多产"的意思；《牛津希-英词典》举了柏拉图在这里的这个表达，对它的解释是：bringing forth, productiveness。

2349 ὅταν περιτροπαὶ ἑκάστοις κύκλων περιφορὰς συνάπτωσι.［每当它们各自循环的〈生命〉周期进行循环时。］这是意译，也可以译为：每当它们各自循环的〈生命〉周期开始和结束循环时。这句话的字面意思是：每当它们各自的循环周期同循环捆绑在一起时。

2350 ἐναντίοις δὲ ἐναντίας.［而那些与之相反的有相反的运行轨道。］有意按字面意思翻译，当然可以转译为：而那些生命长的则有长的运行轨道。

2351 γένους δὲ ὑμετέρου εὐγονίας τε καὶ ἀφορίας［至于你们〈作为人〉这个族类的丰硕以及枯竭］。εὐγονία［丰硕］不等于前面的 φορά［多产］；该词派生自前缀 εὐ［好］和名词 γονή［出生 / 后代］，意味着不仅要生得多，而且要生得好、养得好。

2352 λογισμῷ μετ' αἰσθήσεως［使用一种与感觉结合在一起的计算］，也可以译为"使用一种借助感觉的计算"。对观《斐洞》(65e6-66a6)：Ἆρ' οὖν ἐκεῖνος ἂν τοῦτο ποιήσειεν καθαρώτατα ὅστις ὅτι μάλιστα αὐτῇ τῇ διανοίᾳ ἴοι ἐφ' ἕκαστον, μήτε τιν' ὄψιν παρατιθέμενος ἐν τῷ διανοεῖσθαι μήτε [τινὰ] ἄλλην αἴσθησιν ἐφέλκων μηδεμίαν μετὰ τοῦ λογισμοῦ, ἀλλ' αὐτῇ καθ' αὑτὴν εἰλικρινεῖ τῇ διανοίᾳ χρώμενος αὐτὸ καθ' αὑτὸ εἰλικρινὲς ἕκαστον ἐπιχειροῖ θηρεύειν τῶν ὄντων, ἀπαλλαγεὶς ὅτι μάλιστα ὀφθαλμῶν τε καὶ ὤτων καὶ ὡς ἔπος εἰπεῖν σύμπαντος τοῦ σώματος, ὡς ταράττοντος καὶ οὐκ ἐῶντος τὴν ψυχὴν κτήσασθαι ἀλήθειάν τε καὶ φρόνησιν ὅταν κοινωνῇ;［那么，那要最纯粹地做这件事的人，就得尽可能地凭借思想本身来走向每个是者，在思想活动中既不诉诸视觉，也不把某种其他的感觉同他的计算拉到一起，而是尝试通过运用独自在其自身纯粹的思想去探求独自在其自身纯粹的每一是者，尽可能地摆脱眼睛和耳朵，一言以蔽之，摆脱整个身体，因为，一旦身体与灵魂相结合，它就会扰乱并且不允许灵魂获得真和真正的知识，是这样吗？］

2353 οὐδὲν μᾶλλον［仍然］是固定表达和词组，字面意思是"没有更多地"；《牛津希-英词典》对它的解释是：none the more。

2354 “它们”，即前面提到的“你们〈作为人〉这个族类的丰硕和枯竭”。τεύξονται 是动词 τυγχάνω［切中 / 取得］的将来时直陈式中动态第三人称复数，该动词要求属格，所以前面出现的是属格单数 εὐγονίας τε καὶ ἀφορίας［丰产和枯竭］。

2355 θείῳ γεννητῷ［对于一种神圣的被生出来的东西来说］，有意按字面意思翻译，当然可以简单转译为“对于一种神圣的受造物来说”；在这里当指“宇宙”。对观《政治家》（272d6-273a1）：ἐπειδὴ γὰρ πάντων τούτων χρόνος ἐτελεώθη καὶ μεταβολὴν ἔδει γίγνεσθαι καὶ δὴ καὶ τὸ γήινον ἤδη πᾶν ἀνήλωτο γένος, πάσας ἑκάστης τῆς ψυχῆς τὰς γενέσεις ἀποδεδωκυίας, ὅσα ἦν ἑκάστη προσταχθὲν τοσαῦτα εἰς γῆν σπέρματα πεσούσης, τότε δὴ τοῦ παντὸς ὁ μὲν κυβερνήτης, οἷον πηδαλίων οἴακος ἀφέμενος, εἰς τὴν αὑτοῦ περιωπὴν ἀπέστη, τὸν δὲ δὴ κόσμον πάλιν ἀνέστρεφεν εἱμαρμένη τε καὶ σύμφυτος ἐπιθυμία. πάντες οὖν οἱ κατὰ τοὺς τόπους συνάρχοντες τῷ μεγίστῳ δαίμονι θεοί, γνόντες ἤδη τὸ γιγνόμενον, ἀφίεσαν αὖ τὰ μέρη τοῦ κόσμου τῆς αὑτῶν ἐπιμελείας.［当所有这些事物的时间已经结束以及一种改变不得不发生之后，进而整个由土而生的族类已经完全耗尽之后——因为每个灵魂都已经归还了其全部的生成，每个被指定了多少次，每个也就多少次地如种子一样落入地里——，那时，一方面宇宙的舵手，就像放弃船舵的舵柄一样，站到一边，回到了他自己的瞭望台，另一方面就宇宙而言，一种命定的和与生俱来的欲望再次使它反方向旋转。于是，所有那些同那位最大的精灵一起按照区域来进行统治的神，由于立即认识到了所发生的，他们也放弃了属于他们的关心的宇宙的各个部分。］

2356 περίοδος ἣν ἀριθμὸς περιλαμβάνει τέλειος［一种被一个完满的数所包围的周期］，也可以完全照字面意思译为“一种周期，一个完满的数包围着它”。不过，柏拉图在这里并没有解释这个完满的数究竟是多少。

2357 αὐξήσεις δυνάμεναί τε καὶ δυναστευόμεναι.［在它那里，首先有在根上以及在幂上的增长。］αὐξήσεις 在这里是名词 αὔξησις 的阴性主格复数，而 δυνάμεναι 和 δυναστευόμεναι 分别是动词 δύναμαι 和 δυναστεύω 的现在时分词被动态阴性主格复数；αὐξήσεις δυνάμεναί τε καὶ δυναστευόμεναι 在这里一起作为数学术语，指“在根上以及在幂上的增长”，而 αὐξήσεις［增长］，包含着“加法”和“乘法”两方面。《牛津希-英词典》举了柏拉图在这里的这个表达，对它的解释是：increments both in the roots and powers of numbers。

2358 τρεῖς ἀποστάσεις［三个间距］，这是照字面意思翻译，似乎也可以直接转译为“三维”；可简单将之理解为一个立方体的长、宽、高，它们作为“根”。

2359 τέτταρας ὅρους［四个极点］，也可以译为“四个界限”“四个边界”，在这里可简单理解为一个立方体上长、宽、高相交的那四个点，它们作为“幂”。

2360 πάντα προσήγορα καὶ ῥητὰ πρὸς ἄλληλα ἀπέφηναν［它们让所有一切都显得彼此是达成一致的和有理的］，字面意思是“它们让所有一切都显得彼此是谈得来的和可说的”。形容词 προσήγορος 的本义是“谈得来的”，用于事物指“达成一致的”“一致的”；形容词 ῥητός 的本义“可说的”，用在数上，则指“有理的”“有理数”。《牛津希-英词典》举了柏拉图在这里的这个表达，对两者的解释分别是：agreeing 和 rational。

关于 προσήγορος，可对观《泰阿泰德》(146a5-8)：οὔ τί που, ὦ Θεόδωρε, ἐγὼ ὑπὸ φιλολογίας ἀγροικίζομαι, προθυμούμενος ἡμᾶς ποιῆσαι διαλέγεσθαι καὶ φίλους τε καὶ προσηγόρους ἀλλήλοις γίγνεσθαι;［忒俄多洛斯啊，我肯定不至于由于热爱讨论，因一心要让我们交谈，彼此成为朋友且互相谈得来，而显得举止粗俗吧？］

关于 ῥητός 的用法，可对观《大希庇阿斯》(303b6-c1)：ὥσπερ ἀρτίων ὄντων τινῶν ἀμφοτέρων τάχα μὲν ἑκάτερα περιττὰ εἶναι, τάχα δ᾽ ἄρτια, καὶ αὖ ἀρρήτων ἑκατέρων ὄντων τάχα μὲν ῥητὰ τὰ συναμφότερα εἶναι, τάχα δ᾽ ἄρρητα.［就像在一些数目那儿一样，虽然两者合在一起是偶数的，但其中每一个则既可能是奇数的，也可能是偶数的；此外，虽然两者中的每个是无理数，但两者合在一起则既可能是有理数，也可能是无理数。］

2361 ἐπίτριτος πυθμὴν πεμπάδι συζυγείς［数字三同四结合，再同五相结合］，即 3×4×5。ἐπίτριτος 的本义是一又三分之一，在这里的意思是比例为 4∶3；《牛津希-英词典》举了柏拉图在这里的这个表达，对它的解释是：in the ratio of 4∶3。名词 πυθμήν 的本义是底部，在数学中则指级数中的基数；《牛津希-英词典》对它的解释是：base of a series, i.e. lowest number possessing a given property。ἐπίτριτος πυθμήν 在这里是一个整体，意思是比例为 4∶3 最基本的那对数，即数字 4 和 3。συζυγείς 是动词 συζεύγνυμι 的一次性过去时分词被动态阳性主格单数，συζεύγνυμι 的本义是“用轭连接在一起”，喻为“结合”，但在当时的毕达哥拉斯学派中，常用来表达数之间的“相乘”。

2362 τρὶς αὐξηθείς［进行三次增长］，即 3×4×5=60 作为根，然后再自乘三次，即进行四次幂的乘方：60×60×60×60 = 12960000。

2363 δύο ἁρμονίας παρέχεται［给出了两种和谐］。根据后面的叙述，即以 12960000 为面积单位，给出了边长为 3600 的正方形，以及边长分别为 4800 和 2700

的长方形。

2364 τὴν μὲν ἴσην ἰσάκις, ἑκατὸν τοσαυτάκις.［一种和谐是同数相乘，而且是一百的如此多倍。］“同数相乘”，即 6×6=36；“如此多倍”，即 36 倍。ἴσον ἰσάκις［同数相乘］，是固定表达，即平方，几何学上指正方形；《牛津希-英词典》举了柏拉图在这里的这个表达，对它的解释是：of a number, equal multiplied by equal, i.e. square。这一表达可参见《泰阿泰德》（147e5–7）：Τὸν ἀριθμὸν πάντα δίχα διελάβομεν· τὸν μὲν δυνάμενον ἴσον ἰσάκις γίγνεσθαι τῷ τετραγώνῳ τὸ σχῆμα ἀπεικάσαντες τετράγωνόν τε καὶ ἰσόπλευρον προσείπομεν.［我们把所有的数分成两类：那能够通过同数相乘而产生的数，我们把它比作正方形的形状，将之称为正方形数和等边形数。］

ἑκατὸν τοσαυτάκις［一百的如此多倍］，根据整个上下文，即 100 的 36 倍，因而该正方形的边长为 3600。

2365 τὴν δὲ ἰσομήκη μὲν τῇ, προμήκη δέ.［另一种和谐，它虽然同前者有共同的因素，却是长方形。］形容词 ἰσομήκης 的本义是“等长的”“有同等长度的”，但在这里指“共同的因素”，可简单理解为在面积上都是 12960000；《牛津希-英词典》举了柏拉图在这里的这个表达，对它的解释是：having a common factor。

形容词 προμήκης 的本义是“长的”，在几何学上指“长方形”；参见《泰阿泰德》（147e9–148a4）：Τὸν τοίνυν μεταξὺ τούτου, ὧν καὶ τὰ τρία καὶ τὰ πέντε καὶ πᾶς ὃς ἀδύνατος ἴσος ἰσάκις γενέσθαι, ἀλλ' ἢ πλείων ἐλαττονάκις ἢ ἐλάττων πλεονάκις γίγνεται, μείζων δὲ καὶ ἐλάττων ἀεὶ πλευρὰ αὐτὸν περιλαμβάνει, τῷ προμήκει αὖ σχήματι ἀπεικάσαντες προμήκη ἀριθμὸν ἐκαλέσαμεν.［而在这类数中间的那种数——其中有三、五以及所有下面这种数，即不能够通过同数相乘产生，而只能要么通过一个较大的数乘一个较小的数，要么通过一个较小的数乘一个较大的数产生，一条较长的边和一条较短的边总是包围着它——，我们复又把它比作长方形，将之称作长方形数。］

2366 形容词 ἄρρητος 同 ῥητός 相对，本义是“可说的”；用在数上，则指“无理数”。

2367 ἑκατὸν μὲν ἀριθμῶν ἀπὸ διαμέτρων ῥητῶν πεμπάδος, δεομένων ἑνὸς ἑκάστων, ἀρρήτων δὲ δυοῖν.［它的一个边长是一百个边长为五的正方形的对角线所形成的正方形的数，如果对角线〈最接近〉有理数，则各自减一，是无理数，则各自减二。］这完全是意译，似乎也只能意译。这里的意思是说，该长方形的一个边长可以用两种方式取得：（1）之所以补充“最接近”，因为边长为 5 的正方形，其对角线的长度是$\sqrt{50}$，而最接近$\sqrt{50}$的有理数是$\sqrt{49} = 7$；因此，$100 \times 49 - (1 \times 100) = 4800$。（2）$\sqrt{50}$ 自身就是一个无理数，因此，$100 \times 50 - (2 \times 100) = 4800$。

2368 ἑκατὸν δὲ κύβων τριάδος［而另一个边长则是一百个三的立方］，即 $100 \times 3^3 = 2700$。

2369 即 12960000。根据前面的叙述，$(3 \times 4 \times 5)^4 = 12960000$；之所以是这个数，一种猜测是：人的生命周期是 100 岁，一年有 360 天，一天太阳绕地球 360 度；因此，$100 \times 360 \times 360= 12960000$。

2370 ἃς ... ἀγνοήσαντες［对它们无知］，ἅς［它们］，即“更好的生育以及更劣的生育”。

2371 παρὰ καιρόν［违反时机 / 不合时宜］是固定表达和词组；介词 παρά / πάρ 跟宾格，具有“和……相反”的意思，如 πὰρ μέλος［走调］。

2372 παρ᾽ ἔλαττον τοῦ δέοντος ἡγησάμενοι［因为他们对下面这些事情考虑得比应然的要少］。παρ᾽ ἔλαττον ἡγέομαι 是固定表达，等于 παρ᾽ ἔλαττον ποιέω，意思是“考虑得很少”；《牛津希-英词典》举了柏拉图在这里的这一表达，对它的解释是：consider of less account。

2373 ὑμῖν οἱ νέοι［你们的那些年轻人］。之所以这么表达，因为这里是缪斯们在讲话。

2374 参见赫西俄德《工作与时日》（109-202），以及前面第三卷 415a 以下。不过，在赫西俄德那里，除了金银铜铁这四个种族之外，在铜族和铁族之间，宙斯还创造了一个 ἀνδρῶν ἡρώων θεῖον γένος, οἳ καλέονται ἡμίθεοι［来自被称为半神的那些英雄们的神圣种族］。

2375 ταύτης τοι γενεῆς［确实这个家系］。参见荷马《伊利亚特》（6. 211）；其中的 γενεῆς，法国布德本希腊文和新校勘的牛津古典本希腊文均作：γενεᾶς，从之。荷马这句话的原文是：ταύτης τοι γενεῆς τε καὶ αἵματος εὔχομαι εἶναι.［我骄傲地宣称，我真的是属于这个家系和血统的。］

对荷马这句话的相关引用，还可参见《智者》（268c8-d4）：Τὸ δὴ τῆς ἐναντιοποιολογικῆς εἰρωνικοῦ μέρους τῆς δοξαστικῆς μιμητικόν, τοῦ φανταστικοῦ γένους ἀπὸ τῆς εἰδωλοποιικῆς οὐ θεῖον ἀλλ᾽ ἀνθρωπικὸν τῆς ποιήσεως ἀφωρισμένον ἐν λόγοις τὸ θαυματοποιικὸν μόριον, “ταύτης τῆς γενεᾶς τε καὶ αἵματος” ὃς ἂν φῇ τὸν ὄντως σοφιστὴν εἶναι, τἀληθέστατα, ὡς ἔοικεν, ἐρεῖ.［那么，对于那个能够进行模仿的——他具有意见术的那个假装的部分中的制造矛盾的技艺，他属于从图像制造术而来的那个能够制造显象的家族，他被限定在了创制术中那个不属神的，而属人的部分中——而这个部分在各种言说中是从事变戏法的——，那会说智者在是的方式上是属于“这个家

系和血统”的人，如看起来的那样，他将说出了最真实的东西。]

2376 这里说的黑铁种族和青铜种族并不指那些被统治者，如农民或各种手艺人，而是指那些已经变成了铜质或铁质的统治者；因而这里所说的内讧，也不是统治者和被统治者之间的内讧，而是统治者内部的内讧。

2377 参见前面第三卷 416e4–417a1。对观《斐德若》(279b8–c3)：Ὦ φίλε Πάν τε καὶ ἄλλοι ὅσοι τῇδε θεοί, δοίητέ μοι καλῷ γενέσθαι τἄνδοθεν· ἔξωθεν δὲ ὅσα ἔχω, τοῖς ἐντὸς εἶναί μοι φίλια. πλούσιον δὲ νομίζοιμι τὸν σοφόν· τὸ δὲ χρυσοῦ πλῆθος εἴη μοι ὅσον μήτε φέρειν μήτε ἄγειν δύναιτο ἄλλος ἢ ὁ σώφρων. [哦，亲爱的潘神，以及这儿的其他所有的诸神！请你们允许我能够在内里变得漂亮；至于我在外面所拥有的一切，请你们允许它们同我内里的那些东西是友好的。但愿我会把智慧的人视作富足的；至于金钱的数量，对我来说只需一个有节制的人所能忍受和携带的那么多。]

2378 τὸ χρυσοῦν τε καὶ ἀργυροῦν, ἅτε οὐ πενομένω ἀλλὰ φύσει ὄντε πλουσίω, τὰς ψυχὰς ἐπὶ τὴν ἀρετὴν καὶ τὴν ἀρχαίαν κατάστασιν ἠγέτην. [黄金种族以及白银种族——鉴于它俩并不是贫穷的，相反，它俩生来就在灵魂方面是富有的——，每个都把〈城邦体制〉向着德性和古代的状态进行引领。] 关于这句话的断句有分歧，从而意思也不一样。其中的 τὰς ψυχὰς，法国布德本希腊文和新校勘的牛津古典本希腊文均将之同 πλουσίω 放在一起，而不是将之与 ἐπὶ 放在一起，从之。如果按伯内特本翻译，那么，这句话就当译为：黄金种族以及白银种族——鉴于它俩并不贫穷，相反，它俩在本性上就是富有的——，它俩则把灵魂向着德性和古代的状态进行引领。

2379 περιοίκους τε καὶ οἰκέτας [依附者以及家奴]。形容词 περίοικος 的本义是“居住在周围的”“邻近的”，作为名词，除了泛指“邻居”之外，在斯巴达、克里特以及其他一些城邦中，也指依附于城邦公民的城镇居民，他们有自由身份，但没有公民权利，因而既不同于城邦公民，也不同于奴隶。《牛津希–英词典》举了柏拉图在这里的这一表达，对它的解释是：dependent, subject。

2380 τὴν προτέραν πολιτείαν [以前那种城邦体制]，即“贵族政制”。

2381 ἁπλοῦς τε καὶ ἀτενεῖς τοὺς τοιούτους ἄνδρας [单纯的以及诚挚的这样一些人]。形容词 ἀτενής 的本义是“拉紧的”“紧张的”，用在人身上则指“专注的”“诚挚的”“认真的”；《牛津希–英词典》举了柏拉图在这里的这一表达，对它的解释是：intent, earnest。

2382 ἐντίμως ἔχειν [重视]。参见前面第七卷 528b7 那里对“οὐδεμία πόλις ἐντίμως αὐτὰ ἔχει [没有任何一个城邦重视它们]”的注释 2191。

2383 περὶ ταῦτα［在战争方面］，字面意思是“在这方面”“在这些方面”。

2384 ἀτεχνῶς νεοττιὰς ἰδίας［真正是一些私人的巢穴］。名词 νεοσσιά 的本义是“幼鸟的巢”。

2385 λάθρᾳ τὰς ἡδονὰς καρπούμενοι［他们偷偷地享受各种各样的快乐］。καρπούμενοι 在这里是动词 καρπόω 的现在时分词中动态阳性主格复数；καρπόω 的本义是“结果实”，但其中动态则具有“享受”“享受……的果实”的意思。参见《斐德若》（251e3-252a1）：ἰδοῦσα δὲ καὶ ἐποχετευσαμένη ἵμερον ἔλυσε μὲν τὰ τότε συμπεφραγμένα, ἀναπνοὴν δὲ λαβοῦσα κέντρων τε καὶ ὠδίνων ἔληξεν, ἡδονὴν δ᾽ αὖ ταύτην γλυκυτάτην ἐν τῷ παρόντι καρποῦται.［当它看到他并且把欲流引来浇灌它自己之后，一方面，它打开了那些那时已经阻塞的毛孔，另一方面，由于取得了重新呼吸，它就摆脱了那些刺戳和分娩的阵痛，而再次享受现在这最甜蜜的快乐。］

2386 对观《斐洞》（61a3-4）：ὡς φιλοσοφίας μὲν οὔσης μεγίστης μουσικῆς, ἐμοῦ δὲ τοῦτο πράττοντος.［热爱智慧就是最高的文艺，而我就在从事这件事。］

2387 πρεσβυτέρως［远远高于］。πρεσβυτέρως 是由形容词比较级 πρεσβύτερος 派生而来的副词，πρεσβύτερος 除了具有“比较年老的”“更年老的”意思之外，用于事情，指“比较重要的”“更重要的”，这里将之译为“远远高于”。

2388 ὑπὸ τοῦ θυμοειδοῦς κρατοῦντος［由于气宇轩昂的东西在〈它那里〉做主宰］，也可以译为“由于气宇轩昂的东西在〈它那里〉占上风”“由于气宇轩昂的东西在〈它那里〉进行统治”等。

2389 μὴ ἀκριβῶς ἀπεργάσασθαι［不〈想〉在一幅完成的图画中精确地表现它］。ἀπεργάσασθαι 是动词 ἀπεργάζομαι 的一次性过去时不定式，ἀπεργάζομαι 的本义是“完成”“做完”，用在绘画上，指“填满颜色”“在一幅完成的图画中表现”；《牛津希-英词典》举了柏拉图在这里的这一表达，对它的解释是：fill up with colour, represent in a finished picture。

2390 ἐγγύς τι αὐτὸν Γλαύκωνος τουτουὶ τείνειν［他在某种程度上接近格劳孔这个人］，也可以译为“他有点像格劳孔这个人”。关于 τείνω 的这种用法，参见前面第七卷 518d10 那里对“ἐγγύς τι εἶναι τῶν τοῦ σώματος［在某种程度上近乎身体的各种德性］”的注释 2106。

2391 ὑποαμουσότερον［同文艺有点更为疏远的］。ὑποαμουσότερον 在这里是形容词 ὑποάμουσος 的比较级阳性宾格单数，ὑποάμουσος 的意思是“同文艺有点疏远的”“同缪斯有些疏远的”；《牛津希-英词典》举了柏拉图在这里的这一表达，对它的解释是：somewhat estranged from the Muses。

2392 φιλήκοον［喜欢听人谈话的］，也可以简单译为“喜欢倾听的”。关于对斯巴达人这一品质的详细描述，可参见《大希庇阿斯》（285b5-286a2）：{ΣΩ.} Παρανόμους μὲν δή, ὦ ἑταῖρε, τοὺς Λάκωνας εὑρίσκομεν, καὶ ταῦτ᾽ εἰς τὰ μέγιστα, τοὺς νομιμωτάτους δοκοῦντας εἶναι. ἐπαινοῦσι δὲ δή σε πρὸς θεῶν, ὦ Ἱππία, καὶ χαίρουσιν ἀκούοντες ποῖα; ἢ δῆλον δὴ ὅτι ἐκεῖνα ἃ σὺ κάλλιστα ἐπίστασαι, τὰ περὶ τὰ ἄστρα τε καὶ τὰ οὐράνια πάθη; { – ΙΠ.} Οὐδ᾽ ὁπωστιοῦν· ταῦτά γε οὐδ᾽ ἀνέχονται. { – ΣΩ.} Ἀλλὰ περὶ γεωμετρίας τι χαίρουσιν ἀκούοντες; { – ΙΠ.} Οὐδαμῶς, ἐπεὶ οὐδ᾽ ἀριθμεῖν ἐκείνων γε, ὡς ἔπος εἰπεῖν, πολλοὶ ἐπίστανται. { – ΣΩ.} Πολλοῦ ἄρα δέουσιν περί γε λογισμῶν ἀνέχεσθαί σου ἐπιδεικνυμένου. { – ΙΠ.} Πολλοῦ μέντοι νὴ Δία. { – ΣΩ.} Ἀλλὰ δῆτα ἐκεῖνα ἃ σὺ ἀκριβέστατα ἐπίστασαι ἀνθρώπων διαιρεῖν, περί τε γραμμάτων δυνάμεως καὶ συλλαβῶν καὶ ῥυθμῶν καὶ ἁρμονιῶν; { – ΙΠ.} Ποίων, ὠγαθέ, ἁρμονιῶν καὶ γραμμάτων; { – ΣΩ.} Ἀλλὰ τί μήν ἐστιν ἃ ἡδέως σου ἀκροῶνται καὶ ἐπαινοῦσιν; αὐτός μοι εἰπέ, ἐπειδὴ ἐγὼ οὐχ εὑρίσκω. {ΙΠ.} Περὶ τῶν γενῶν, ὦ Σώκρατες, τῶν τε ἡρώων καὶ τῶν ἀνθρώπων, καὶ τῶν κατοικίσεων, ὡς τὸ ἀρχαῖον ἐκτίσθησαν αἱ πόλεις, καὶ συλλήβδην πάσης τῆς ἀρχαιολογίας ἥδιστα ἀκροῶνται, ὥστ᾽ ἔγωγε δι᾽ αὐτοὺς ἠνάγκασμαι ἐκμεμαθηκέναι τε καὶ ἐκμεμελετηκέναι πάντα τὰ τοιαῦτα. {ΣΩ.} Ναὶ μὰ Δί᾽, ὦ Ἱππία, ηὐτύχηκάς γε ὅτι Λακεδαιμόνιοι οὐ χαίρουσιν ἄν τις αὐτοῖς ἀπὸ Σόλωνος τοὺς ἄρχοντας τοὺς ἡμετέρους καταλέγῃ· εἰ δὲ μή, πράγματ᾽ ἂν εἶχες ἐκμανθάνων. {ΙΠ.} Πόθεν, ὦ Σώκρατες; ἅπαξ ἀκούσας πεντήκοντα ὀνόματα ἀπομνημονεύσω. {ΣΩ.} Ἀληθῆ λέγεις, ἀλλ᾽ ἐγὼ οὐκ ἐνενόησα ὅτι τὸ μνημονικὸν ἔχεις· ὥστ᾽ ἐννοῶ ὅτι εἰκότως σοι χαίρουσιν οἱ Λακεδαιμόνιοι ἅτε πολλὰ εἰδότι, καὶ χρῶνται ὥσπερ ταῖς πρεσβύτισιν οἱ παῖδες πρὸς τὸ ἡδέως μυθολογῆσαι.［苏格拉底：因此，朋友啊，我们发现拉孔人是违背法律的，而且是在这些最重大的事情上，虽然他们看起来是一些最为守法的人。然而，诸神在上，希庇阿斯啊，他们称赞你并且究竟喜欢听你说哪样一些事情呢？抑或，显然就是你最为漂亮地知道的那些事情吗，即那些关于诸星辰和天上的各种情状的事情？——希庇阿斯：无论如何都不是；他们肯定不容忍这些。——苏格拉底：那么，关于几何学的某种东西，他们喜欢听吗？——希庇阿斯：绝对不；因为那些人中的许多人，几乎可以说，甚至不知道如何进行计算。——苏格拉底：那么，他们肯定远不会容忍你，如果你在计算方面进行展示的话。——希庇阿斯：当然远不会，以宙斯的名义。——苏格拉底：那么，肯定就是在世上你最准确地知道如何将之进行区分的那些东西了，也就是关于文字的意思，以及关于各种音

节、各种节奏和各种和谐的含义？——希庇阿斯：优秀的人啊，关于哪样一些和谐与文字呢？——苏格拉底：然而，他们乐于聆听你说并且对之进行称赞的那些东西，它们究竟是什么呢？请你自己告诉我吧，因为我没能发现它们。希庇阿斯：关于英雄的家族，苏格拉底啊，和世人的家族，还有关于城邦的建立——即在古代各个城邦如何被建立——，简而言之，关于对古代历史的所有讲述，这些都是他们最乐于聆听的，以至于因为他们的缘故，我已经被迫去彻彻底底地学习了和认认真真地练习了所有诸如此类的事情。苏格拉底：是的，宙斯在上，希庇阿斯啊，其实就下面这点来说你已经走运了，那就是：拉栖岱蒙人并不会喜欢听一个人向他们逐一列举我们的那些自梭伦以来的执政官。否则，你就得努力彻彻底底地进行学习。希庇阿斯：怎么可能呢，苏格拉底啊？五十个名字，我听一次，就能靠记忆把它们复述出来。苏格拉底：你说得对，只不过我完全忘了下面这点，那就是你拥有记忆的技巧，以至于我只是想到，拉栖岱蒙人合情合理地喜欢你，是因为你知道许多东西，并且他们利用你，就像孩子们利用那些老妇人来愉快地讲故事一样。]

2393 καὶ δούλοις μέν τις ἂν ἄγριος εἴη ὁ τοιοῦτος.［并且一方面，对于奴隶，任何像这样一种人的人都会是粗野的。］这句话在法国布德本希腊文中同样如此，而新校勘的牛津古典本希腊文将其中的 μέν τις ἂν 改为 μὲν ἄν τις，从之。

2394 对观《苏格拉底的申辩》（30a2–b4）：ταῦτα καὶ νεωτέρῳ καὶ πρεσβυτέρῳ ὅτῳ ἂν ἐντυγχάνω ποιήσω, καὶ ξένῳ καὶ ἀστῷ, μᾶλλον δὲ τοῖς ἀστοῖς, ὅσῳ μου ἐγγυτέρω ἐστὲ γένει. ταῦτα γὰρ κελεύει ὁ θεός, εὖ ἴστε, καὶ ἐγὼ οἴομαι οὐδέν πω ὑμῖν μεῖζον ἀγαθὸν γενέσθαι ἐν τῇ πόλει ἢ τὴν ἐμὴν τῷ θεῷ ὑπηρεσίαν. οὐδὲν γὰρ ἄλλο πράττων ἐγὼ περιέρχομαι ἢ πείθων ὑμῶν καὶ νεωτέρους καὶ πρεσβυτέρους μήτε σωμάτων ἐπιμελεῖσθαι μήτε χρημάτων πρότερον μηδὲ οὕτω σφόδρα ὡς τῆς ψυχῆς ὅπως ὡς ἀρίστη ἔσται, λέγων ὅτι 'Οὐκ ἐκ χρημάτων ἀρετὴ γίγνεται, ἀλλ' ἐξ ἀρετῆς χρήματα καὶ τὰ ἄλλα ἀγαθὰ τοῖς ἀνθρώποις ἅπαντα καὶ ἰδίᾳ καὶ δημοσίᾳ.'［因此，对于我所遇见的任何人，无论是较年轻的人还是比较年老的人，也无论是外邦人还是本邦公民，我都将做这些；但尤其是对本邦公民们，因为就种族而言你们是离我近得多。因为你们应清楚地知道，是神在命令这些；并且我认为在城邦中迄今都还没有任何比我对神的侍奉更好的东西对你们产生出来了。因为我四处转悠所做的无非是劝说你们中那些较年轻的人和比较年老的人，不要优先关心身体和钱财，也不要如汲汲关心灵魂将如何是尽可能的好那样去关心它们，我说："德性不来自钱财，相反，钱财和所有其他的东西都基于德性才对人成为好的——无论

是在私人方面还是在公共方面。”］

2395 λόγου ... μουσικῇ κεκραμένου［同文艺结合在一起的谈话］，当然在这里也可以译为“同文艺结合在一起的理性”。

2396 参见前面第一卷 343e2 那里对“ἀρχήν τινα ἄρχῃ［担任某种公职］”的注释 300。

2397 τὴν τοιαύτην πᾶσαν φιλοπραγμοσύνην［以及诸如此类的所有繁忙］。名词 φιλοπραγμοσύνη 的字面意思是“热爱事务”，喻为“喜欢管闲事”“繁忙”“忙碌”。

2398 ἐθέλοντος ἐλαττοῦσθαι［情愿少取应得的］，也可以译为“情愿放低身位”“情愿放弃自己的权利”等。ἐλαττοῦσθαι 是动词 ἐλασσόω 的现在时被动态不定式，ἐλασσόω 的本义是“使减少”“使变小”，但其被动态用在人身上则具有“少取应得的”“放弃权利”等意思；《牛津希-英词典》对它的这层意思的解释是：take less than one’s due, waive one’s rights or privileges。

2399 对观《泰阿泰德》（173c6–e1）：Λέγωμεν δή, ὡς ἔοικεν, ἐπεὶ σοί γε δοκεῖ, περὶ τῶν κορυφαίων· τί γὰρ ἄν τις τούς γε φαύλως διατρίβοντας ἐν φιλοσοφίᾳ λέγοι; οὗτοι δέ που ἐκ νέων πρῶτον μὲν εἰς ἀγορὰν οὐκ ἴσασι τὴν ὁδόν, οὐδὲ ὅπου δικαστήριον ἢ βουλευτήριον ἤ τι κοινὸν ἄλλο τῆς πόλεως συνέδριον· νόμους δὲ καὶ ψηφίσματα λεγόμενα ἢ γεγραμμένα οὔτε ὁρῶσιν οὔτε ἀκούουσι· σπουδαὶ δὲ ἑταιριῶν ἐπ’ ἀρχὰς καὶ σύνοδοι καὶ δεῖπνα καὶ σὺν αὐλητρίσι κῶμοι, οὐδὲ ὄναρ πράττειν προσίσταται αὐτοῖς. εὖ δὲ ἢ κακῶς τις γέγονεν ἐν πόλει, ἤ τί τῳ κακόν ἐστιν ἐκ προγόνων γεγονὸς ἢ πρὸς ἀνδρῶν ἢ γυναικῶν, μᾶλλον αὐτὸν λέληθεν ἢ οἱ τῆς θαλάττης λεγόμενοι χόες.［既然你觉得如此，那我们似乎就该谈谈那些顶尖人物；因为，对于那些在哲学上拙劣地消磨时间的人，一个人会说什么呢？而这些顶尖人物，首先从年轻时就肯定不知道通往市场的路，也不知道法院、议事厅或城邦的其他任何公共会堂在哪儿；各种法律、投票通过的议案，无论是口头的还是书面的，他们都既不会看，也不会听；而各种朋党对公职的热衷，他们的各种集会、宴饮以及同吹笛女的狂欢，甚至他们做梦都不会想到。一个人在城邦中出身好还是坏，或者是否某人从其祖先那里承负了某种恶——无论是在父系一方，还是在母系一方——，他也一向知之甚少，就像谚语所云，不知道海水有多少斗一样。］

2400 λοιδορούμενον［辱骂〈他人〉］，之所以这么补充翻译，因为 λοιδορούμενον 在这里是动词 λοιδορέω［斥责／辱骂］的中动态分词，而不是被动态分词；而 λοιδορέω 的中动态具有主动态的意义。

2401 ἑαυτῷ ... τὸν νοῦν προσέχοντα［专注于他自己］是一个整体和固定表达；参

见前面第二卷 376a9 那里对动词“προσέχω”的注释 703。

2402 λίαν ἀνειμένος［过于无拘无束］。ἀνειμένος 是由动词 ἀνίημι 的完成时分词被动态派生而来的形容词；ἀνίημι 的本义是“放任”“放松”，而 ἀνειμένος 的意思是“松松垮垮的”“无拘无束的”。

2403 περὶ τῶν τοιούτων［就诸如此类的情况］，这样翻译，是把 τῶν τοιούτων 理解为中性属格复数；如果将之理解为阳性属格复数，也可以译为“就这样一些人”。

2404 φιλοῦσιν ... ὑμνεῖν［喜欢喋喋不休地说］，也可以简单译为“喜欢唠叨”；关于动词 ὑμνέω，参见前面第一卷 329b2 那里对“ὑμνοῦσιν［喋喋不休地说］”的注释 62。类似的表达对观《斐洞》(59e8-60a8)：εἰσιόντες οὖν κατελαμβάνομεν τὸν μὲν Σωκράτη ἄρτι λελυμένον, τὴν δὲ Ξανθίππην – γιγνώσκεις γάρ – ἔχουσάν τε τὸ παιδίον αὐτοῦ καὶ παρακαθημένην. ὡς οὖν εἶδεν ἡμᾶς ἡ Ξανθίππη, ἀνηυφήμησέ τε καὶ τοιαῦτ' ἄττα εἶπεν, οἷα δὴ εἰώθασιν αἱ γυναῖκες, ὅτι "Ὦ Σώκρατες, ὕστατον δή σε προσεροῦσι νῦν οἱ ἐπιτήδειοι καὶ σὺ τούτους." καὶ ὁ Σωκράτης βλέψας εἰς τὸν Κρίτωνα, "Ὦ Κρίτων," ἔφη, "ἀπαγέτω τις αὐτὴν οἴκαδε."［于是，进去后我们就见到了刚被解缚的苏格拉底，而克珊提佩——你肯定认识——抱着他的一个小孩坐在他旁边。当克珊提佩看见我们后，她就一边叫喊，一边说妇人们惯常说的那些话：“苏格拉底啊，现在可是最后一次你的挚友们同你讲话以及你同他们讲话啦。”苏格拉底看向克里同，说道：“克里同啊，请让人把她带回家吧。”］

2405 πολλά τε καὶ ὅμοια ἑαυταῖς［许多与她们相符合的事情］。形容词 ὁμοῖος 的本义是“相似的”“同样的”，但在这里的意思是“适合的”“符合的”；《牛津希-英词典》举了柏拉图在这里的这个表达，对它的解释是：suiting, according with。

2406 καὶ ἐξιὼν ἕτερα τοιαῦτα ἀκούει καὶ ὁρᾷ.［并且如果他走到外面去，那他会听到和看见一些其他诸如此类的情况。］这句话在法国布德本希腊文中同样如此，而新校勘的牛津古典本希腊文将其中的 καὶ 改为了 κἂν，ἀκούει 改为了 ἀκούῃ，从而让这句话变成了条件句，从之。

2407 ἐν σμικρῷ λόγῳ ὄντας［不那么受重视］，也可以译为“受到很小的重视”。ἐν σμικρῷ λόγῳ εἶναι 是固定表达；《牛津希-英词典》举了柏拉图在这里的这个表达，对 λόγος 的这层意思的解释是：esteem, consideration, value。

2408 ὁρῶν τὰ ἐπιτηδεύματα αὐτοῦ ἐγγύθεν παρὰ τὰ τῶν ἄλλων.［在近旁看见他的各种各样的所作所为时——它们与其他人的那些所作所为是相反的。］也可以译为：以及同其他人的那些所作所为相比较而在近旁看见他的各种各样的所作所为时。

2409 这句话可能是埃斯库罗斯《七将攻忒拜》(451, 570) 中的两句话的改写，那两句话的原文分别作：ἄλλον ἄλλαις ἐν πύλαις εἰληχότα.［在各个不同的城门那里，已经分派了不同的人。］Ὁμολωίσιν δὲ πρὸς πύλαις τεταγμένος.［他被安排在了荷摩罗伊俄斯门那里。］

2410 见前面 545b3 以下。

2411 ἡ ἀπὸ τιμημάτων πολιτεία［依照财产来选择官吏的城邦体制］。名词 τίμημα 的本义是"价值""估价""罚款"，也专指"为了征税而对城邦公民财产的估价"，属于一种特殊的"荣誉政制"；《牛津希-英词典》举了柏拉图在这里的这个表达，对它的解释是：a government where the magistrates were chosen according to property, a timocracy。

2412 对观《智者》(241d9–e1)：Πῶς γὰρ οὐ φαίνεται καὶ τὸ λεγόμενον δὴ τοῦτο τυφλῷ;［这又如何不显而易见呢，甚至如常言所说，对于一个瞎子来说也如此？］

2413 τοὺς νόμους ἐπὶ τοῦτο παράγουσιν［为此而歪曲各种礼法］。动词 παράγω 的本义是"引向一边"，在这里喻为"歪曲"；《牛津希-英词典》举了柏拉图在这里的这个表达，对它的解释是：wrest, pervert。

2414 προϊόντες εἰς τὸ πρόσθεν［继续往前走］是一个整体和固定表达。参见前面第四卷 437a7 那里对"εἰς τὸ πρόσθεν προΐωμεν［让我们继续往前走］"的注释 1358。该表达可对观《智者》(258c9–10)：Πλεῖον ἢ 'κεῖνος ἀπεῖπε σκοπεῖν, ἡμεῖς εἰς τὸ πρόσθεν ἔτι ζητήσαντες ἀπεδείξαμεν αὐτῷ.［因为同他禁止我们去考察的相比，我们还继续往前走，通过研究向他证明了更多的东西。］(261b5–6)：Θαρρεῖν, ὦ Θεαίτητε, χρὴ τὸν καὶ σμικρόν τι δυνάμενον εἰς τὸ πρόσθεν ἀεὶ προϊέναι.［泰阿泰德啊，那能够持续不断地往前走的人——哪怕是一小步——，应当有信心。］

2415 ἐν πλάστιγγι ζυγοῦ［一架天平的秤盘上］。名词 ζυγόν 除了具有"轭"这一本义之外，也有"天平""天平的横杆"的意思，

2416 ἀεὶ τοὐναντίον ῥέποντε.［总是当一头沉下去时，另一头就会向上抬起来。］这是意译，字面意思是：两者总是在相反的方向上倾斜。

2417 ὅρον πολιτείας ὀλιγαρχικῆς［一种寡头的城邦体制的准绳］。ὅρος 除了具有"界线""定义"的意思之外，也有"标准""尺度"等意思；《牛津希-英词典》举了柏拉图在这里的这个表达，对它的解释是：standard, measure, rule, canon。对观：

《政治家》(293e1–2)：ταύτην τότε καὶ κατὰ τοὺς τοιούτους ὅρους ἡμῖν μόνην ὀρθὴν πολιτείαν εἶναι ῥητέον.［那我们就必须得说，这在那时以及依照

这些标准是唯一正确的政制。]

《吕西斯》(209c6–7)：τῷ γείτονι ἆρ' οὐχ ὁ αὐτὸς ὅρος ὅσπερ τῷ πατρὶ περὶ σοῦ;[对你的邻人来说，他岂不恰如你的父亲一样用同样的标准来待你？]

2418 参见前面第一卷341b5那里对"ὡς ἔπος εἰπεῖν[在通常的意义上]"的注释264。

2419 ὁ τρόπος τῆς πολιτείας[这种城邦体制的性格]，也可以译为"这种城邦体制的生活方式"，有意拟人化的翻译；当然也可以简单译为"这种城邦体制的特点"。

2420 见前面544c4–5：它被称作寡头政制，一种充满了许许多多的恶的城邦体制。

2421 希腊文方括号中的 ἤ τινος，伯内特认为是窜入，法国布德本希腊文和新校勘的牛津古典本希腊文同样如此。

2422 对观《政治家》(292d2–4)：Ἐξ ἀνάγκης δὴ νῦν τοῦτο οὕτω σκεπτέον, ἐν τίνι ποτὲ τούτων ἐπιστήμη συμβαίνει γίγνεσθαι περὶ ἀνθρώπων ἀρχῆς, σχεδὸν τῆς χαλεπωτάτης καὶ μεγίστης κτήσασθαι.[那么现在必然应该以下面这种方式来考察这件事，那就是：究竟在这些中的哪个那里恰巧出现了一种关乎人的统治的知识，它差不多是要加以获取的最困难和最重要的知识。]

2423 τὸ ἀδυνάτους εἶναι ἴσως πόλεμόν τινα πολεμεῖν[他们是没有能力进行任何一场战争的]，这句话在法国布德本希腊文中同样如此，而新校勘的牛津古典本希腊文删去了其中的语气词 ἴσως[或许]，从之。

2424 ἐν αὐτῷ τῷ μάχεσθαι[甚至在战斗中]，也可以直接译为"在战斗自身中"。

2425 这是一句双关语，因为"寡头"，即"少数人"。

2426 参见前面第一句327a2那里对"καὶ ἅμα[同时也]"的注释4。

2427 τὸ πολυπραγμονεῖν[忙于许多事]，这里基于上下文，没有将之译为"爱管闲事"。

2428 τούτων πάντων τῶν κακῶν εἰ τόδε μέγιστον αὕτη πρώτη παραδέχεται.[在所有这些坏处中，是否这种城邦体制首先通过下面这样而为一种最大的坏处大开方便之门。]这是意译，当然也可以译为"在所有这些坏处中，是否这种城邦体制首先准许了下面这种最大的坏处"或者"在所有这些坏处中，是否这种城邦体制首先把下面这点接受为了一种最大的坏处"。

2429 ἐν ταῖς ὀλιγαρχουμέναις[在那些被寡头所统治的城邦中]，也可以译为"在那些处于一种寡头政制之下的城邦中"。ὀλιγαρχουμέναις 在这里是动词 ὀλιγαρχέω[实行寡头政制]的现在时分词被动态阴性与格复数；《牛津希-英词典》举了柏拉图在这里的这个表达，对它的解释是：to be governed by the few, be under an oligarchy。

2430 εἰς ἃ νυνδὴ ἐλέγομεν［在我们刚才说过的那些方面］，即前面说到的“商人”“匠人”“骑兵”“重甲步兵”等。

2431 τοὺς πτηνοὺς κηφῆνας［能飞的雄蜂］，也可以译为“那些有翅膀的雄蜂”。雄蜂没有螯针，不能采集花蜜，只从事交配，交配完就成为了蜂群的负担，往往被工蜂咬死或赶出蜂巢；因而“雄蜂”往往比喻那些“占有他人成果的人”“不劳而获的人”“寄食于人的人”等。

2432 τοὺς πεζοὺς τούτους［这些陆行的雄蜂］，这是在比喻人。

2433 βαλλαντιατόμοι［割别人钱袋的人］，有意按词源翻译，当然可以简单译为“扒手”。名词 βαλλαντιατόμος，也拼作 βαλλαντιοτόμος；该词由 βαλλάντιον［钱袋 / 小包］和 τέμνω［切割］派生而来。

2434 ὀλίγου［几乎 / 差不多］，参见前面第三卷 397b8 那里对“ὀλίγος”的注释 936。

2435 αἱ ἀρχαί［各个主管机关］，也可以简单译为“当局”。

2436 动词 ζηλόω 除了具有“争胜”“嫉妒”“羡慕”“赞美”等意思之外，也有“效仿”的意思；《牛津希-英词典》举了柏拉图在这里的这个表达，对它的解释是：emulate。

2437 ἐκχέαντα τά τε αὑτοῦ καὶ ἑαυτόν.［并且不仅把属于他自己的各种东西，而且把他自己，都如流水般倾泻掉。］有意这么翻译，以便同前面的比喻“像触礁一样”相呼应；当然可以简单译为“耗费掉属于他的各种东西以及他本人”。ἐκχέαντα 在这里是动词 ἐκχέω 的一次性过去时分词主动态阳性宾格单数，ἐκχέω 的本义就是“倾泻”“泼掉”；《牛津希-英词典》举了柏拉图在这里的这个表达，对它的解释是：pour out like water, squander, waste。

2438 εἶτα εἰς δικαστήριον ἐμπεσόντα [βλαπτόμενον] ὑπὸ συκοφαντῶν.［但随后由于被一些歪曲事实的人所诬害而陷入法庭〈诉讼〉中。］希腊文方括号中的分词 βλαπτόμενον［被诬害 / 被陷害］，伯内特认为可能是窜入，而法国布德本希腊文和新校勘的牛津古典本希腊文均保留了它，从之。

ὑπὸ συκοφαντῶν［被一些歪曲事实的人］，关于 συκοφάντης，可参见前面第一卷 340d1 那里对“συκοφάντης ... γὰρ εἶ, ἔφη, ὦ Σώκρατες, ἐν τοῖς λόγοις.［你确确实实就是一个在各种讨论中歪曲事实的人。］”的注释 254。

2439 ἀτιμωθέντα καὶ τὴν οὐσίαν ἅπασαν ἀποβαλόντα［被剥夺公民权并丧失所有的财产］。ἀτιμωθέντα 在这里是动词 ἀτιμόω 的一次性过去时分词被动态阳性宾格单数，ἀτιμόω 除了泛指“羞辱”之外，在法律上特指“予以剥夺公民权的惩罚”。参见《苏格拉底的申辩》（30c6-d5）：εὖ γὰρ ἴστε, ἐάν με ἀποκτείνητε τοιοῦτον ὄντα οἷον ἐγὼ λέγω, οὐκ ἐμὲ μείζω βλάψετε ἢ ὑμᾶς αὐτούς· ἐμὲ μὲν γὰρ οὐδὲν ἂν βλάψειεν οὔτε Μέλητος οὔτε Ἄνυτος – οὐδὲ γὰρ ἂν δύναιτο – οὐ γὰρ οἴομαι θεμιτὸν εἶναι ἀμείνονι ἀνδρὶ ὑπὸ χείρονος βλάπτεσθαι. ἀποκτείνειε μεντἂν ἴσως ἢ ἐξελάσειεν ἢ ἀτιμώσειεν· ἀλλὰ ταῦτα οὗτος μὲν ἴσως οἴεται καὶ ἄλλος τίς που μεγάλα κακά, ἐγὼ δ' οὐκ οἴομαι, ἀλλὰ πολὺ μᾶλλον ποιεῖν ἃ οὑτοσὶ νῦν ποιεῖ, ἄνδρα ἀδίκως ἐπιχειρεῖν ἀποκτεινύναι. [因为你们要清楚地知道，假如你们杀了我，而我就是我所说的这种人，那么你们对我的伤害并不比对你们自己的伤害更大；因为无论是梅勒托斯还是阿尼托斯都无法伤害我——因为他们根本就没有这个能力——，因为我认为，一个较好的人被一个较坏的人所伤害，这是不符合天理的。诚然，阿尼托斯或许能够杀死我，或者放逐我或剥夺我的公民权，而这人以及其他人也或许认为这些都是很大的坏事，但我不这么认为，而认为坏得多的乃是做这人现在所做的事情，即试图不义地杀人。]

2440 τὰ ὄντα［财产］，等于前面的 τὴν οὐσίαν，字面意思是“是着的东西”。

2441 ἐπὶ κεφαλὴν ὠθεῖ［头朝下地扔下去］是一个整体；ὠθέω τινα ἐπὶ κεφαλήν 是固定表达，意思是“把某人头朝下扔下去”；《牛津希-英词典》举了柏拉图在这里的这个表达，对这一表达的解释是：throw him headlong down。

2442 καὶ ταπεινωθεὶς ὑπὸ πενίας［并且如果由于贫穷而被人轻视］，也可以译为“并且如果被贫穷弄得卑微”；这句话在法国布德本希腊文中同样如此，而新校勘的牛津古典本希腊文将其中的 καὶ 改为了 κἂν，把下面 553c4 那里的动词直陈式 συλλέγεται 改为了虚拟式 συλλέγηται，从而让这句话变成了条件句，从之。

2443 γλίσχρως καὶ κατὰ σμικρὸν φειδόμενος［吝啬地以及一点一点地勤俭节约］是一个整体；γλίσχρως 是由形容词 γλίσχρος 派生而来的副词，γλίσχρος 的本义是“黏糊糊的”，喻为“纠缠不休的”“贪婪的”“吝啬的”，《牛津希-英词典》举了柏拉图在这里的这个表达，对 γλίσχρως 的解释是：niggardly。

2444 μέγας βασιλεύς［大王］，在当时专指“波斯王”。参见：

《苏格拉底的申辩》(40d7-e2)：οἶμαι ἂν μὴ ὅτι ἰδιώτην τινά, ἀλλὰ τὸν μέγαν βασιλέα εὐαριθμήτους ἂν εὑρεῖν αὐτὸν ταύτας πρὸς τὰς ἄλλας ἡμέρας καὶ νύκτας. [我会认为，不仅一个普通人，而且波斯大王本人也会发现同其他的日日夜夜相比，这种夜晚是屈指可数的。]

《卡尔米德斯》(158a2-5)：Πυριλάμπους γὰρ τοῦ σοῦ θείου οὐδεὶς τῶν ἐν τῇ ἠπείρῳ λέγεται καλλίων καὶ μείζων ἀνὴρ δόξαι εἶναι, ὁσάκις ἐκεῖνος ἢ παρὰ μέγαν βασιλέα ἢ παρὰ ἄλλον τινὰ τῶν ἐν τῇ ἠπείρῳ πρεσβεύων ἀφίκετο.

［因为同你的舅舅皮里兰珀斯相比，据说在亚洲大陆无人显得是更为英俊和高大挺拔的，他曾多次作为一位使节前往波斯大王那儿，或者前往在亚洲大陆的那些国王中的其他任何一位那儿。］

《智者》（230d6–e3）：Διὰ ταῦτα δὴ πάντα ἡμῖν, ὦ Θεαίτητε, καὶ τὸν ἔλεγχον λεκτέον ὡς ἄρα μεγίστη καὶ κυριωτάτη τῶν καθάρσεών ἐστι, καὶ τὸν ἀνέλεγκτον αὖ νομιστέον, ἂν καὶ τυγχάνῃ βασιλεὺς ὁ μέγας ὤν, τὰ μέγιστα ἀκάθαρτον ὄντα, ἀπαίδευτόν τε καὶ αἰσχρὸν γεγονέναι ταῦτα ἃ καθαρώτατον καὶ κάλλιστον ἔπρεπε τὸν ὄντως ἐσόμενον εὐδαίμονα εἶναι.［正是由于所有这些，泰阿泰德啊，也必须得说反驳是各种净化中最重要的和最具决定性的，甚至复又必须得认为，那不可反驳的人，即使他恰好是波斯大王，假如他在最重要的一些事情上是不洁净的，那他也会在下面这些事情上变成是未受过教育的和丑陋的：在那里，那将真正是幸福的人适合于是最洁净的和最美的。］

2445 ἔνθεν καὶ ἔνθεν 是固定表达和词组，字面意思是“在这边和在那边”；《牛津希–英词典》对它的解释是：on this side and on that。

2446 ἐξ ἧς ἡ ὀλιγαρχία μετέστη［从它那里寡头政制因一种转变而生起］。μετέστη 在这里是动词 μεθίστημι 的一次性过去时直陈式主动态第三人称单数，μεθίστημι 做“改变”“转变”讲时，用在事情上，既可指“变好”，也可指“变坏”，这里的意思是后者；《牛津希–英词典》举了柏拉图在这里的这个表达，对这句话的解释是：from which oligarchy arose by a change。

2447 περὶ πλείστου ποιεῖσθαι［当作头等大事 / 最为看重］是固定表达，参见前面第三卷 389b2 那里对“περὶ πολλοῦ ποιεῖσθαι”的注释 842。

2448 ἐργάτης 作名词，意思是“工人”，但在这里是形容词，意思是“吃苦耐劳的”“艰苦的”；《牛津希–英词典》举了柏拉图在这里的这个表达，对它的解释是：hard-working, strenuous。

2449 形容词 αὐχμηρός 的本义是“干的”“无水的”，用在人身上则指“龌龊的”“肮脏的”。

2450 ἀπὸ παντὸς περιουσίαν ποιούμενος［从每件事情那里谋取利润］。名词 περιουσία 除了具有“充裕”“丰富”“多余”这些本义之外，也指“利润”“净收入”；《牛津希–英词典》举了柏拉图在这里的这个表达，对它的解释是：net gain, profit。

2451 对观《斐德若》（256e3–257a2）：Ταῦτα τοσαῦτα, ὦ παῖ, καὶ θεῖα οὕτω σοι δωρήσεται ἡ παρ᾽ ἐραστοῦ φιλία· ἡ δὲ ἀπὸ τοῦ μὴ ἐρῶντος οἰκειότης, σωφροσύνῃ θνητῇ κεκραμένη, θνητά τε καὶ φειδωλὰ οἰκονομοῦσα, ἀνελευθερίαν ὑπὸ πλήθους ἐπαινουμένην ὡς ἀρετὴν τῇ φίλῃ ψυχῇ ἐντεκοῦσα, ἐννέα χιλιάδας ἐτῶν περὶ γῆν κυλινδουμένην αὐτὴν καὶ ὑπὸ γῆς ἄνουν παρέξει. [这些如此巨大的，孩子啊，并且也如此神圣的东西，出自你的爱慕者的友谊将把它们赠与你；而那种由对你没有怀有爱欲的人而来的亲密关系——由于它已经混杂了有死者的节制，汲汲追求那些尘世中的东西和小家子气的东西，只会对朋友的灵魂产生出一种不自由，而这种不自由还竟然被大众赞美为德性——，将使得灵魂无理智地绕着大地以及在大地的下面打滚九千年。]

2452 παιδείᾳ ὁ τοιοῦτος προσέσχηκεν [这样一个人已经致力于过教育]。προσέσχηκεν 在这里是动词 προσέχω 的完成时直陈式主动态第三人称单数；προσέχω 除了具有“带给”“献上”这一本义之外，也有“致力于”“献身于”的意思，并且要求与格作宾语，所以这里出现的是与格单数 παιδείᾳ [教育]。《牛津希-英词典》对它的这一用法的解释是：devote oneself to a thing。

2453 οὐ γὰρ ἂν τυφλὸν ἡγεμόνα τοῦ χοροῦ ἐστήσατο καὶ ἐτί<μα> μάλιστα. [否则他就不会把一个瞎子立为〈他的〉歌舞队的领队，并且特别尊崇他。] 希腊文方括号中的字母 μα 是编辑校勘者根据文义补充的，法国布德本希腊文和新校勘的牛津古典本希腊文同样如此。另外，之所以这么说，因为财神普路托斯（Πλοῦτος, Ploutos）是一位瞎子。

2454 ὑπὸ τῆς ἄλλης ἐπιμελείας [被〈他〉在其他方面的小心谨慎]，也可以译为“被〈他〉对其他事情的小心谨慎”。ἄλλης 在这里作副词使用，等于 περὶ τὰ ἄλλα；类似的表达可参见前面第二卷（368b1-2）：τεκμαίρομαι δὲ ἐκ τοῦ ἄλλου τοῦ ὑμετέρου τρόπου. [而我是基于你们在其他方面的性情而推断出这点的。]

2455 ὥστε πολλῆς ἐξουσίας λαβέσθαι τοῦ ἀδικεῖν [那么他们就得到很大的自由去行不义]，也可以译为“于是乎他们就得到很大的权限去行不义”。ἐξουσία τινός 是固定表达，意思是“在某件事上有自由”“在某件事上有许可证”“对某件事有权力”；《牛津希-英词典》举了柏拉图在这里的这个表达，对该短语的解释是：power over, licence in a thing。

2456 ἐπιεικεῖ τινὶ ἑαυτοῦ βίᾳ [用某种得体的自我约束]。ἑαυτοῦ βίᾳ 是一个整体，字面意思是“违背他自己的意愿”，这里将之译为“自我约束”；βίᾳ τινός 是固定表达，意思是“违背某人的意愿”，《牛津希-英词典》对该短语的解释是：against one's will。

2457 对观《斐洞》（69a6-c3）：Ὦ μακάριε Σιμμία, μὴ γὰρ οὐχ αὕτη ᾖ ἡ ὀρθὴ πρὸς ἀρετὴν ἀλλαγή, ἡδονὰς πρὸς ἡδονὰς καὶ λύπας πρὸς λύπας καὶ φόβον πρὸς φόβον καταλλάττεσθαι, [καὶ] μείζω πρὸς ἐλάττω ὥσπερ νομίσματα, ἀλλ᾽ ᾖ ἐκεῖνο μόνον τὸ νόμισμα ὀρθόν, ἀντὶ οὗ δεῖ πάντα ταῦτα καταλλάττεσθαι, φρόνησις, [καὶ τούτου μὲν πάντα] καὶ μετὰ τούτου [ὠνούμενά τε καὶ πιπρασκόμενα] τῷ ὄντι ᾖ καὶ ἀνδρεία καὶ σωφροσύνη καὶ δικαιοσύνη καὶ συλλήβδην ἀληθὴς ἀρετή, μετὰ φρονήσεως, καὶ προσγιγνομένων καὶ ἀπογιγνομένων καὶ ἡδονῶν καὶ φόβων καὶ τῶν ἄλλων πάντων τῶν τοιούτων· χωριζόμενα δὲ φρονήσεως [καὶ] ἀλλαττόμενα ἀντὶ ἀλλήλων μὴ σκιαγραφία τις ᾖ ἡ τοιαύτη ἀρετὴ καὶ τῷ ὄντι ἀνδραποδώδης τε καὶ οὐδὲν ὑγιὲς οὐδ᾽ ἀληθὲς ἔχῃ, τὸ δ᾽ ἀληθὲς τῷ ὄντι ᾖ κάθαρσίς τις τῶν τοιούτων πάντων καὶ ἡ σωφροσύνη καὶ ἡ δικαιοσύνη καὶ ἀνδρεία, καὶ αὐτὴ ἡ φρόνησις μὴ καθαρμός τις ᾖ.［有福的西米阿斯啊，从德性来看这恐怕不是正确的换取，即用一些快乐交换一些快乐，用一些痛苦交换一些痛苦，用恐惧交换恐惧，用较大的交换较小的，就像钱币一样，而唯有下面那种东西才有可能是正确的钱币，为了它所有这些才应当被交换，即真正的知识；并且当所有东西都为了这种东西以及伴随着这种东西而被买和卖时，才可能真正地有着勇敢、节制和正义，简而言之，真的德性伴随着真正的知识，无论加上还是拿走各种快乐、各种恐惧以及所有其他诸如此类的东西。但是，当它们与真正的知识相分离并只是互相交换时，这种德性就可能只是一种虚影，并且实际上是带有奴性的，既不包含任何健康的东西，也不包含任何真的东西。而真的东西实际上可能是对所有这类东西的某种纯化，节制、公正、勇敢以及真正的知识本身都可能是一种洁净。］

2458 ἐνευρήσεις［你将发现］，法国布德本希腊文和新校勘的牛津古典本希腊文均作 εὑρήσεις，即去掉了表强调的前缀 ἐν，从之。

2459 参见前面第一卷 330c1 那里对“ὡς τὸ πολύ［在大多数情况下］”的注释 96。

2460 εὐσχημονέστερος 是形容词 εὐσχήμων 的阳性主格比较级单数，εὐσχήμων 的本义是“有好姿态的”“高雅的”“优雅的”，在这里的意思是“受人尊敬的”；《牛津希-英词典》举了柏拉图在这里的这个表达，对 εὐσχημονέστερος 的解释是：more respectable。

2461 这仍然是基于 ὀλίγος［少量的］和 ὀλιγαρχία［寡头政制］之间的词源联系而来的一句双关语。

2462 参见前面 372a8 那里对“τὰ πολλά”的注释 661。

2463 ἔτι ... ἀπιστοῦμεν μὴ ...［我们还怀疑……］。当 μή 位于具有否定意义的词后面时，起加强语气的作用，不表否定，翻译时不译出。参见《卡尔米德斯》（168e3-5）：Ὁρᾷς οὖν, ὦ Κριτία, ὅτι ὅσα διεληλύθαμεν, τὰ μὲν αὐτῶν ἀδύνατα παντάπασι φαίνεται ἡμῖν, τὰ δ᾽ ἀπιστεῖται σφόδρα μή ποτ᾽ ἂν τὴν ἑαυτῶν δύναμιν πρὸς ἑαυτὰ σχεῖν; [因此，你看到了下面这点吗，克里提阿斯啊，那就是：我们已经细说的所有那些，其中一些对我们显得完全不可能，一些则极其令人难以相信，它们竟然会具有其能力同它们自身相关？]

2464 παραστησώμεθ' αὐτὸν εἰς κρίσιν [我们就能够对他做出一种判决]，也可以译为"我们就能够对他提请一种判决"；之所以这么翻译，因为这里有意借用了一种法律表达。παραστησώμεθα 是动词 παρίστημι 的一次性过去时虚拟式中动态第一人称复数，παρίστημι 的中动态作为法律术语，指"使站到某人的旁边""提请""带来"，如 παραστήσασθαί τινα [提请某人作为证人]；《牛津希-英词典》举了柏拉图在这里的这个表达，对它的解释是：set by one's side, bring forward, produce。

2465 即如前面所做的那样，先讨论城邦体制，再讨论与之相似的个人。

2466 参见前面 552a7-8：允许一个人出让他自己的一切，而另一个人则占有这个人的一切。

2467 παντὸς μᾶλλον 是词组，意思是"必定""务必"，直译当为"比一切都更甚"；《牛津希-英词典》对它的解释是：most assuredly。参见：

《斐洞》(67b3-6)：τοιαῦτα οἶμαι, ὦ Σιμμία, ἀναγκαῖον εἶναι πρὸς ἀλλήλους λέγειν τε καὶ δοξάζειν πάντας τοὺς ὀρθῶς φιλομαθεῖς. ἢ οὐ δοκεῖ σοι οὕτως; Παντός γε μᾶλλον, ὦ Σώκρατες. [西米阿斯啊，我认为这些必然就是所有那些在真正的意义上热爱学问的人互相说和相信的。难道在你看来不是这样？必定是这样，苏格拉底。]

《卡尔米德斯》(162b4-6)：Παντὸς τοίνυν μᾶλλον, ὡς ἐμοὶ δοκεῖ, αἴνιγμα αὐτὸ προύβαλεν, ὡς ὂν χαλεπὸν τὸ τὰ αὑτοῦ πράττειν γνῶναι ὅτι ποτε ἔστιν. [那么，下面这点就是必定的，如我所认为的那样，那就是他仅仅把它作为一个谜语抛了出来，因为难以认识究竟什么才是做自己的事情。]

2468 κάθηνται ... οὗτοι ἐν τῇ πόλει [这些人无所事事地坐在城邦中]。动词 κάθημαι 的本义是"就座""坐下"，但在贬义上则指"闲坐""坐着无所事事"；《牛津希-英词典》对它的这层意思的解释是：sit doing nothing, lie idle。

2469 形容词 ἄτιμος 除了具有"不光彩的""不受尊重的"这一本义之外，在法律上指"被剥夺了公民权的"；《牛津希-英词典》对它的这层意思的解释是：deprived of civic rights。

2470 ἐγκύψαντες [〈只知道〉俯身看地]。ἐγκύψαντες 是动词 ἐγκύπτω 的一次性过去时分词主动态阳性主格复数，ἐγκύπτω 的本义就是"俯身""弯腰"；之所以这么翻译，因为这里暗含一个比喻：这些人把眼睛朝下看，只知道地上的东西，即一心赚钱，而没有能力举目往上看天上的东西。相关内容，见前面第七卷 518c4 以下。

2471 ἐνιέντες ἀργύριον［注射〈毒液般的〉银钱］。之所以这么补充翻译，是为了同“螫针”的比喻相呼应；此外，ἐνιέντες 是动词 ἐνίημι 的现在时分词主动态阳性主格复数，ἐνίημι 的本义是“送到……里去”，转义为“注射”“注入”等；《牛津希-英词典》对它的这层意思的解释是：inject。

2472 τοῦ πατρὸς ἐκγόνους τόκους πολλαπλασίους κομιζόμενοι［从本金那里收回孳生出来的许许多多倍的利息］。关于 τόκος，参见前面第六卷 507a2 那里对“τοὺς τόκους μόνον［只是一些利息而已］”的注释 2020。κομιζόμενοι 是动词 κομίζω 的现在时分词中动态阳性主格复数，κομίζω 的本义是“照料”“供应”“带给”等，但其中动态则具有“收回”“领回”“恢复”的意思；《牛津希-英词典》举了柏拉图在这里的这个表达，对它的这层意思的解释是：get back, recover。

2473 Καὶ οὔτε γ' ἐκείνῃ, ἦν δ' ἐγώ, τὸ τοιοῦτον κακὸν ἐκκαόμενον ἐθέλουσιν ἀποσβεννύναι.［甚至在那个地方，我说道，当这样一种恶被点燃之后他们不愿意扑灭它。］这句话在法国布德本希腊文中同样如此，而新校勘的牛津古典本希腊文删去了其中的语气小词 γ'［无论如何］，从之。ἐκείνῃ 在这里是指示代词 ἐκεῖνος 的阴性与格单数作副词使用，意思是“在那个地方”；《牛津希-英词典》对它的这一用法的解释是：at that place。

2474 εἴργοντες τὰ αὑτοῦ ὅπῃ τις βούλεται τρέπειν［约束任何一个人完全随他所愿地使他自己的财产变样］，也可以简单转译为“约束任何一个人完全随他所愿地处置他自己的财产”“约束任何一个人完全随他所愿地转让他自己的财产”等。

2475 ᾗ［在那里］，在这里也可以译“通过该方式”。

2476 δεύτερος［次好的］，也可以译为“居第二位的”。

2477 对观《苏格拉底的申辩》（29d2-30a2）：Ἐγὼ ὑμᾶς, ὦ ἄνδρες Ἀθηναῖοι, ἀσπάζομαι μὲν καὶ φιλῶ, πείσομαι δὲ μᾶλλον τῷ θεῷ ἢ ὑμῖν, καὶ ἕωσπερ ἂν ἐμπνέω καὶ οἷός τε ὦ, οὐ μὴ παύσωμαι φιλοσοφῶν καὶ ὑμῖν παρακελευόμενός τε καὶ ἐνδεικνύμενος ὅτῳ ἂν ἀεὶ ἐντυγχάνω ὑμῶν, λέγων οἷάπερ εἴωθα, ὅτι 'Ὦ ἄριστε ἀνδρῶν, Ἀθηναῖος ὤν, πόλεως τῆς μεγίστης καὶ εὐδοκιμωτάτης εἰς σοφίαν καὶ ἰσχύν, χρημάτων μὲν οὐκ αἰσχύνῃ ἐπιμελούμενος ὅπως σοι ἔσται ὡς πλεῖστα, καὶ δόξης καὶ τιμῆς, φρονήσεως δὲ καὶ ἀληθείας καὶ τῆς ψυχῆς ὅπως ὡς βελτίστη ἔσται οὐκ ἐπιμελῇ οὐδὲ φροντίζεις;' καὶ ἐάν τις ὑμῶν ἀμφισβητήσῃ καὶ φῇ ἐπιμελεῖσθαι, οὐκ εὐθὺς ἀφήσω αὐτὸν οὐδ' ἄπειμι, ἀλλ' ἐρήσομαι αὐτὸν καὶ ἐξετάσω καὶ ἐλέγξω, καὶ ἐάν μοι μὴ δοκῇ κεκτῆσθαι ἀρετήν, φάναι δέ, ὀνειδιῶ ὅτι τὰ πλείστου ἄξια περὶ ἐλαχίστου ποιεῖται, τὰ δὲ φαυλότερα περὶ πλείονος.［诸位雅典人啊，我虽然尊敬和热爱你们，但我得更听从神而不是你们；并且只要我还一息尚存和还可能的话，我就不会停止热爱智慧；我还要劝告你们，并且通过说我习惯说的那类话来向你们中我每次所遇到的任何人指出："最优秀的人啊，你是雅典人，来自最伟大的、因智慧和力量而最为著名的城邦；如果你只是关心钱财对你来说将如何是尽可能的多，以及名声和尊荣，而既不关心也不在意明智和真，以及灵魂将如何是尽可能地好，那么对此你不感到羞愧吗？"并且如果你们中有人持有异议，说他在关心，那么我也既不会立即就放过他，也不会走开，而是询问、盘问和质问他；并且如果在我看来他并未曾获取德性，却说他已经获取了德性，那么我将责骂他，因为他把那些最高价值的东西当作最低的，而把那些较小价值的东西当作更大的。］

2478 τρυφῶντας［由于骄奢放荡］，τρυφῶντας 是动词 τρυφάω［过奢侈的生活 / 寻欢作乐］的现在时分词主动态阳性宾格复数。对观《拉刻斯》（179c6-d2）：ταῦτα δὴ ὑπαισχυνόμεθά τε τούσδε καὶ αἰτιώμεθα τοὺς πατέρας ἡμῶν ὅτι ἡμᾶς μὲν εἴων τρυφᾶν, ἐπειδὴ μειράκια ἐγενόμεθα, τὰ δὲ τῶν ἄλλων πράγματα ἔπραττον·［于是，我们在这儿的这两个年轻人面前对此感到有些羞愧，并且我们也将之归咎于我们的父亲，因为，一方面，他们听任我们骄奢放荡，当我们已经长成小伙子时，另一方面，他们忙于其他人的事情。］

2479 καρτερεῖν πρὸς ἡδονάς τε καὶ λύπας［顶住各种快乐以及痛苦］，也可以译为"抵抗各种快乐以及痛苦"。καρτερέω 的本义是"坚持""忍耐"，但 καρτερέω πρός τι 是固定搭配，意思是"顶住某件事情""抵抗某件事情"；《牛津希-英词典》举了柏拉图在这里的这一表达，对该固定搭配的解释是：to hold up against a thing。

对观《拉刻斯》（191c7-e3）：{ΣΩ.}Τοῦτο τοίνυν ὃ ἄρτι ἔλεγον, ὅτι ἐγὼ αἴτιος μὴ καλῶς σε ἀποκρίνασθαι, ὅτι οὐ καλῶς ἠρόμην – βουλόμενος γάρ σου πυθέσθαι μὴ μόνον τοὺς ἐν τῷ ὁπλιτικῷ ἀνδρείους, ἀλλὰ καὶ τοὺς ἐν τῷ ἱππικῷ καὶ ἐν σύμπαντι τῷ πολεμικῷ εἴδει, καὶ μὴ μόνον τοὺς ἐν τῷ πολέμῳ, ἀλλὰ καὶ τοὺς ἐν τοῖς πρὸς τὴν θάλατταν κινδύνοις ἀνδρείους ὄντας, καὶ ὅσοι γε πρὸς νόσους καὶ ὅσοι πρὸς πενίας ἢ καὶ πρὸς τὰ πολιτικὰ ἀνδρεῖοί εἰσιν, καὶ ἔτι αὖ μὴ μόνον ὅσοι πρὸς λύπας ἀνδρεῖοί εἰσιν ἢ φόβους, ἀλλὰ καὶ πρὸς ἐπιθυμίας ἢ ἡδονὰς δεινοὶ μάχεσθαι, καὶ μένοντες καὶ ἀναστρέφοντες – εἰσὶ γάρ πού τινες, ὦ Λάχης, καὶ ἐν τοῖς τοιούτοις ἀνδρεῖοι – {ΛΑ.} Καὶ σφόδρα, ὦ Σώκρατες.［苏格拉底：因此，这就是我刚才所说的，那就是我要对你没有正确地进行回

答负责任，因为我未曾正确地进行询问——其实我希望向你了解的，不仅仅是那些在重装步兵作战中勇敢的人，而且还有那些在骑兵作战以及在其他每一种战争形式中勇敢的人；不仅仅是那些在战争中是勇敢的人，而且还有那些在面对大海的各种危险中是勇敢的人；以及所有那些面对各种疾病和所有那些面对各种贫困，甚或面对各种城邦事务是勇敢的人；进而还有，不仅仅是所有那些面对各种痛苦或各种恐惧是勇敢的人，而且还有那些强有力地同各种欲望或各种快乐进行斗争的人，无论他们是通过坚守在那里还是转身逃跑——因为，无论如何都有着这样一些，拉刻斯啊，甚至在诸如此类的事情中也是勇敢的人——。拉刻斯：完完全全就是这样，苏格拉底啊。]

2480 παραβάλλωσιν ἀλλήλοις［彼此见面］，也可以译为“相互走近”。动词 παραβάλλω 的本义是“扔在旁边”“撂在面前”，但作为不及物动词使用时，表“走近”“接近”；《牛津希-英词典》举了柏拉图在这里的这个表达，对它的解释是：meet one another。参见《吕西斯》（203b3-4）：Δεῦρο δή, ἦ δ' ὅς, εὐθὺ ἡμῶν. οὐ παραβάλλεις; ἄξιον μέντοι.［那么，他说，直接到我们这儿来吧。你就不能走近一点吗？那肯定是值得的。］

2481 ἐν ὁδῶν πορείαις［在路上的旅行中］，当然可以简单译为“在旅途中”。

2482 θεωρία［觐神］来自动词 θεωρέω［观看］，它除了具有“观赏”、“景象”，并进而转义为“理论”等一般意思之外，也专指派遣去求神谕、看竞赛的使团；这里将之译为“觐神”。对观《斐洞》（58b4-7）：ἐπειδὰν οὖν ἄρξωνται τῆς θεωρίας, νόμος ἐστὶν αὐτοῖς ἐν τῷ χρόνῳ τούτῳ καθαρεύειν τὴν πόλιν καὶ δημοσίᾳ μηδένα ἀποκτεινύναι, πρὶν ἂν εἰς Δῆλόν τε ἀφίκηται τὸ πλοῖον καὶ πάλιν δεῦρο.［因此在他们那里有一条法律，那就是：一旦他们开始觐神，那么在这期间城邦得保持洁净，即不得公开处死任何人，直到船抵达德罗斯并重新返回到雅典这儿。］

2483 ταύτῃ［此时］，也可以译为“在这种情形下”。

2484 ἡλιωμένος 是动词 ἡλιόω 的完成时分词被动态阳性主格单数，ἡλιόω 的本义是“生活在太阳下”“暴露在阳光下”“被太阳晒黑”，为了表现这些意思，这里累赘地将之译为“生活在太阳下而已经被晒得黝黑”。

2485 σάρκας ἀλλοτρίας［多余的肥肉］，也可以译为“多余的脂肪”。形容词 ἀλλότριος 的本义是“属于别人的”，作为医学术语，则指“不正常的”，这里的意思是“多余的”；《牛津希-英词典》举了柏拉图在这里的这个表达，对 σάρκας ἀλλοτρίας 的解释是：superfluous fat。

此外，这里的一系列表达，可对观《斐德若》（239c3-d7）：Τὴν δὲ τοῦ

σώματος ἕξιν τε καὶ θεραπείαν οἵαν τε καὶ ὡς θεραπεύσει οὗ ἂν γένηται κύριος, ὃς ἡδὺ πρὸ ἀγαθοῦ ἠνάγκασται διώκειν, δεῖ μετὰ ταῦτα ἰδεῖν. ὀφθήσεται δὴ μαλθακόν τινα καὶ οὐ στερεὸν διώκων, οὐδ᾽ ἐν ἡλίῳ καθαρῷ τεθραμμένον ἀλλὰ ὑπὸ συμμιγεῖ σκιᾷ, πόνων μὲν ἀνδρείων καὶ ἱδρώτων ξηρῶν ἄπειρον, ἔμπειρον δὲ ἁπαλῆς καὶ ἀνάνδρου διαίτης, ἀλλοτρίοις χρώμασι καὶ κόσμοις χήτει οἰκείων κοσμούμενον, ὅσα τε ἄλλα τούτοις ἕπεται πάντα ἐπιτηδεύοντα, ἃ δῆλα καὶ οὐκ ἄξιον περαιτέρω προβαίνειν, ἀλλὰ ἓν κεφάλαιον ὁρισαμένους ἐπ᾽ ἄλλο ἰέναι· τὸ γὰρ τοιοῦτον σῶμα ἐν πολέμῳ τε καὶ ἄλλαις χρείαις ὅσαι μεγάλαι οἱ μὲν ἐχθροὶ θαρροῦσιν, οἱ δὲ φίλοι καὶ αὐτοὶ οἱ ἐρασταὶ φοβοῦνται.[而至于身体的情状和对它的侍奉，即身体的情状将是什么样的，以及那个已经被迫宁愿追逐快乐而舍弃善的爱慕者将如何侍奉他或许会成为其主人的那个被爱慕者的身体，接下来必须看看。他肯定将被看到：他所追求的那个人，是软绵绵的而非结实的，不是在大太阳下而是在浓密的荫凉中长大的，没有经历男人的各种艰辛和汗流浃背，而是在经历一种娇滴滴的和缺乏男子气的生活方式，由于缺乏自己本该有的肤色而只好用外来的颜色和饰物来装扮自己；他一心追求的所有其他那些伴随着以上这些的东西，它们是显而易见的，并且不值得进一步往下说，相反，我们通过标画出下面这一要点后就可前往其他的东西那儿了，那就是：如此这般的身体，无论是在战争中，还是在其他所有最为需要帮助的时候，每当看到它时，一方面，敌人感到信心满满，另一方面，朋友们，甚至爱慕者本人都感到忧心忡忡。]

2486 ἄνδρες ἡμέτεροι[这些人受我们摆布]，也可以译为“这些人在我们的力量范围内”，该短语可视为一句习语；《牛津希-英词典》举了柏拉图在这里的这个表达，对它的解释是：they are in our power。

2487 στασιάζει αὐτὸ αὑτῷ[它也会自己起内讧]，也可以译为“它也会自己同自己不和谐。”

2488 ἀπὸ σμικρᾶς προφάσεως[由于一点点〈外〉因]。名词 πρόφασις 除了具有“借口”“托词”这一本义之外，也泛指“原因”；《牛津希-英词典》举了柏拉图在这里的这个表达，对它的解释是：cause。

2489 αὐτὴ αὑτῇ μάχεται[进行内战]，也可以照字面意思译为“自己同自己进行战斗”。

2490 关于“内讧”，可对观《智者》(227d13–228b10)：{ΞΕ.} Δύο μὲν εἴδη κακίας περὶ ψυχὴν ῥητέον. {ΘΕΑΙ.} Ποῖα; {ΞΕ.} Τὸ μὲν οἷον νόσον ἐν σώματι, τὸ δ᾽ οἷον αἶσχος ἐγγιγνόμενον. {ΘΕΑΙ.} Οὐκ ἔμαθον. {ΞΕ.} Νόσον ἴσως καὶ στάσιν οὐ ταὐτὸν νενόμικας; {ΘΕΑΙ.} Οὐδ᾽ αὖ πρὸς τοῦτο ἔχω τί χρή με ἀποκρίνασθαι. {ΞΕ.} Πότερον ἄλλο τι στάσιν ἡγούμενος ἢ τὴν τοῦ φύσει συγγενοῦς ἔκ τινος διαφθορᾶς διαφοράν; {ΘΕΑΙ.} Οὐδέν. {ΞΕ.} Ἀλλ' αἶσχος ἄλλο τι πλὴν τὸ τῆς ἀμετρίας πανταχοῦ δυσειδὲς ἐνὸν γένος; {ΘΕΑΙ.} Οὐδαμῶς ἄλλο. {ΞΕ.} Τί δέ; ἐν ψυχῇ δόξας ἐπιθυμίαις καὶ θυμὸν ἡδοναῖς καὶ λόγον λύπαις καὶ πάντα ἀλλήλοις ταῦτα τῶν φλαύρως ἐχόντων οὐκ ᾐσθήμεθα διαφερόμενα; {ΘΕΑΙ.} Καὶ σφόδρα γε. {ΞΕ.} Συγγενῆ γε μὴν ἐξ ἀνάγκης σύμπαντα γέγονεν. {ΘΕΑΙ.} Πῶς γὰρ οὔ; {ΞΕ.} Στάσιν ἄρα καὶ νόσον τῆς ψυχῆς πονηρίαν λέγοντες ὀρθῶς ἐροῦμεν. {ΘΕΑΙ.} Ὀρθότατα μὲν οὖν.［客人：而关于灵魂的邪恶之形式必须被说成有两种。泰阿泰德：哪两种？客人：一种像发生在身体上的疾病，一种则像发生在身体上的丑陋。泰阿泰德：我不明白。客人：或许你还没有把疾病与内讧视为一回事。泰阿泰德：对于这点我也不知我应回答什么。客人：你会把内讧视为是其他某种东西吗，除了视为是由于某种腐坏本性上同家族的东西之间的不和之外？泰阿泰德：不会。客人：而丑陋会是其他某种东西吗，除了是处处不好看的不成比例这种家族之外？泰阿泰德：绝对不是别的。客人：然后呢？在其灵魂中各种意见同各种欲望、愤怒同各种快乐，以及言说同各种痛苦，我们岂不觉察到，当一些人处于低劣的状态中时，所有这些都变得彼此不和吗？泰阿泰德：完全如此。客人：然而所有这些都必然已经成为同家族的。泰阿泰德：为何不？客人：那么，如果我们把灵魂的内讧和疾病称为邪恶，我们肯定说得正确。泰阿泰德：的确非常正确。］

2491 ἐξ ἴσου 是固定表达，意思是"平等地""同等地"；《牛津希-英词典》对它的解释是：equally。参见《克里同》（50e2-7）：Εἶεν. ἐπειδὴ δὲ ἐγένου τε καὶ ἐξετράφης καὶ ἐπαιδεύθης, ἔχοις ἂν εἰπεῖν πρῶτον μὲν ὡς οὐχὶ ἡμέτερος ἦσθα καὶ ἔκγονος καὶ δοῦλος, αὐτός τε καὶ οἱ σοὶ πρόγονοι; καὶ εἰ τοῦθ' οὕτως ἔχει, ἆρ' ἐξ ἴσου οἴει εἶναι σοὶ τὸ δίκαιον καὶ ἡμῖν, καὶ ἅττ' ἂν ἡμεῖς σε ἐπιχειρῶμεν ποιεῖν, καὶ σοὶ ταῦτα ἀντιποιεῖν οἴει δίκαιον εἶναι;［好的！但既然你被生下来了，被抚养和被教育了，那你还能够首先说你不是我们的后裔和奴仆吗，无论是你本人还是你的祖先们？并且如果这就是如此，那你还会认为你和我们有平等的权利吗，以及我们尝试对你做什么，你就认为你有权反过来对我们做什么？］

2492 διὰ φόβον ὑπεξελθόντων τῶν ἑτέρων.［另一方的那些人由于害怕而偷偷地离开了］，对观前面 551b3-5。ὑπεξελθόντων［偷偷离开］，也可以译为"溜走""退却"等；ὑπεξελθόντων 在这里是动词 ὑπεξέρχομ 的一次性过去时分词主动态阳性属格复数，而 ὑπεξέρχομ 的本义就是"偷偷离开""溜走”“退却”，转义为“移民”“迁居”；《牛津希-英词典》对它的解释是：go out secretly, withdraw, retire, emigrate。

2493 καὶ ἐλευθερίας ἡ πόλις μεστὴ καὶ παρρησίας γίγνεται.［并且城邦也变得充满了自由，尤其是言论自由。］有意这么翻译，当然也可以译为“并且城邦也变得充满了自由和言论自由”。名词 παρρησία 的本义是“言论自由”“直言不讳”“开诚布公”；但有时也作贬义理解，指“言语的放肆”。参见：

《拉刻斯》（188e5-189a1）：Σωκράτους δ᾽ ἐγὼ τῶν μὲν λόγων οὐκ ἔμπειρός εἰμι, ἀλλὰ πρότερον, ὡς ἔοικε, τῶν ἔργων ἐπειράθην, καὶ ἐκεῖ αὐτὸν ηὗρον ἄξιον ὄντα λόγων καλῶν καὶ πάσης παρρησίας.［而对于苏格拉底的各种言论，我诚然是没有经验的，但以前，如看起来的那样，对他的各种行为则有所检验，并且在那里我发现他既是一个配得上他所说出的那些漂亮言辞的人，也是一个配得上完全开诚布公地进行讨论的人。］

《斐德若》（240e5-7）：εἰς δὲ μέθην ἰόντος πρὸς τῷ μὴ ἀνεκτῷ ἐπαισχεῖς, παρρησίᾳ κατακορεῖ καὶ ἀναπεπταμένῃ χρωμένου.［而当他变得酩酊大醉后，除了不可忍受之外还会感到羞耻，由于那人放纵他的舌头，肆无忌惮和厚颜无耻地胡言乱语。］

《克利托丰》（406a11-13）：νῦν γὰρ ἴσως οὐκ ὀρθῶς ἀκήκοας, ὥστε φαίνῃ πρὸς ἐμὲ ἔχειν τραχυτέρως τοῦ δέοντος· εἰ δέ μοι δίδως παρρησίαν, ἥδιστα ἂν δεξαίμην καὶ ἐθέλω λέγειν.［因为现在有可能你已经听到的那些是不正确的，以至于对待我，你显得比应有的要更为严厉一些；然而，如果你允许我直言不讳，那么，我既会非常乐意地接受它，也愿意说一说。］

2494 对观亚里士多德《政治学》第六卷第二章（1317a40-b13）：Ὑπόθεσις μὲν οὖν τῆς δημοκρατικῆς πολιτείας ἐλευθερία. ...ἐλευθερίας δὲ ἓν μὲν τὸ ἐν μέρει ἄρχεσθαι καὶ ἄρχειν. ... ἓν δὲ τὸ ζῆν ὡς βούλεταί τις.［因此，民主统治的城邦体制的前提无疑是自由。……而自由的一个标志是轮流被统治和进行统治。……另一个标志则是一个人能够如他所愿意的那样进行生活。］

2495 διὰ τὴν ἐξουσίαν［由于〈它的〉那种许可］，单就这一表达，在这里也可以直接译为“由于〈它的〉那种自由”。

2496 οὐκ ἂν ἀποροῖ παραδειγμάτων［他不会缺少各种范例］，当然也可以译为“他不会对各种范例不知所措”。动词 ἀπορέω 除了具有“困惑”“不知所措”“走投无路”这些本义之外，也有“缺少”“欠缺”的意思，并且要求属格作宾语，所以这里出现的是属格复数 παραδειγμάτων［各种范例］。

2497 εἰρήνην ἄγειν［保持和平］是词组，参见前面第五卷 465b5 那里对“εἰρήνην ... ἄξουσι［保持和睦］”的注释 1636。

2498 μηδὲν ἧττον［依然］，参见前面第一卷351e7那里对“ἢ οὐδὲν ἧττον ἕξει;［或者将丝毫不少地拥有〈该能力〉？］”的注释395。

2499 ἐὰν αὐτῷ σοι ἐπίῃ［只要该事降临到你自己头上］，也可以译为“只要那种事情发生在你身上”。ἐπίῃ 在这里是动词 ἔπειμι［降临 / 来临 / 发生］的现在时虚拟式主动态第三人称单数，《牛津希-英词典》举了柏拉图在这里的这个表达，对它的解释是：come into one's head, occur to one。

2500 ἡ τοιαύτη διαγωγή［这样一种生活方式］。名词 διαγωγή 除了具有“度日”“过活”这一本义之外，也指“生活方式”。对观：

《政治家》（274d2–e1）：καὶ πάνθ' ὁπόσα τὸν ἀνθρώπινον βίον συγκατεσκεύακεν ἐκ τούτων γέγονεν, ἐπειδὴ τὸ μὲν ἐκ θεῶν, ὅπερ ἐρρήθη νυνδή, τῆς ἐπιμελείας ἐπέλιπεν ἀνθρώπους, δι' ἑαυτῶν τε ἔδει τήν τε διαγωγὴν καὶ τὴν ἐπιμέλειαν αὐτοὺς αὑτῶν ἔχειν καθάπερ ὅλος ὁ κόσμος, ᾧ συμμιμούμενοι καὶ συνεπόμενοι τὸν ἀεὶ χρόνον νῦν μὲν οὕτως, τοτὲ δὲ ἐκείνως ζῶμέν τε καὶ φυόμεθα.［并且已经帮助建立属人的生活的所有东西都从这些中产生了出来，既然，正如刚才已经说过的，从诸神那儿来的关心对人已经告一段落，他们必须通过他们自己来过活，并取得对他们自己的关心，就像整个宇宙那样，我们总是通过共同模仿它和一起跟随它——在现在这个时候以这样的方式，有时则以另外的方式——，来生活和成长。］

《泰阿泰德》（177a4–8）：καὶ τελευτήσαντας αὐτοὺς ἐκεῖνος μὲν ὁ τῶν κακῶν καθαρὸς τόπος οὐ δέξεται, ἐνθάδε δὲ τὴν αὑτοῖς ὁμοιότητα τῆς διαγωγῆς ἀεὶ ἕξουσι, κακοὶ κακοῖς συνόντες, ταῦτα δὴ καὶ παντάπασιν ὡς δεινοὶ καὶ πανοῦργοι ἀνοήτων τινῶν ἀκούσονται.［但如果我们说，除非他们放弃他们的那种聪明，否则即使他们死了，那个摆脱了诸恶的纯洁的地方也不会接纳他们，并且他们在这儿也将始终有着与他们自己相似的一种生活方式，即坏人与坏人在一起，那么，他们听到这些完全就像一群聪明且机灵的人在听某些蠢人说话似的。］

2501 ἐν τῷ παραυτίκα 是词组，意思是“立刻”“立即”“顷刻”。参见《斐德若》（240a9–b1）：δαίμων ἔμειξε τοῖς πλείστοις ἐν τῷ παραυτίκα ἡδονήν［某位精灵在绝大多数的这些坏事那儿混入了一种转瞬即逝的快乐 / 某位精灵在绝大多数的这些坏事那儿立刻混入了一种快乐］。

2502 ἔν γε τούτῳ［至少在那种情形下］。该表达可参见前面第四卷 440c7 那里对“ἐν τούτῳ［在那种情形下］”的注释 1399。

2503 ἡ πρᾳότης ἐνίων τῶν δικασθέντων οὐ κομψή;［当一些人被定罪之后，他们的那种心平气和难道不是令人愉快的？］其中的 ἡ πρᾳότης［心平气和］也可以译为“无所谓”。关于这句话的另一种理解和翻译是：当一些人被定罪之后，对他们的那种温和宽宥难道不是令人愉快的？不过从整个上下文来看，似乎前一种理解和翻译更恰当。关于名词 πραότης 和形容词 πρᾶος 的用法，可参见前面第三卷 387e6-7：Ἥκιστ' ἄρα καὶ ὀδύρεσθαι, φέρειν δὲ ὡς πρᾳότατα, ὅταν τις αὐτὸν τοιαύτη συμφορὰ καταλάβῃ.［因此，我们说他甚至一点也不悲叹，而是尽可能心平气和地进行忍受，每当某一诸如此类的不幸攫住了他时。］此外，还可参见：

《吕西斯》(211d8-e3)：ὁ μὲν γάρ τις ἵππους ἐπιθυμεῖ κτᾶσθαι, ὁ δὲ κύνας, ὁ δὲ χρυσίον, ὁ δὲ τιμάς· ἐγὼ δὲ πρὸς μὲν ταῦτα πρᾴως ἔχω, πρὸς δὲ τὴν τῶν φίλων κτῆσιν πάνυ ἐρωτικῶς.［因为，有的人渴望得到一些马，有的人渴望得到一些狗，有的人渴望得到黄金，有的人则渴望得到各种尊荣。至于我，虽然对这些都是无所谓的，但对于得到一些朋友却满怀爱欲。］

《泰阿泰德》(144b1-7)：οἵ τε αὖ ἐμβριθέστεροι νωθροί πως ἀπαντῶσι πρὸς τὰς μαθήσεις καὶ λήθης γέμοντες. ὁ δὲ οὕτω λείως τε καὶ ἀπταίστως καὶ ἀνυσίμως ἔρχεται ἐπὶ τὰς μαθήσεις τε καὶ ζητήσεις μετὰ πολλῆς πρᾳότητος, οἷον ἐλαίου ῥεῦμα ἀψοφητὶ ῥέοντος, ὥστε θαυμάσαι τὸ τηλικοῦτον ὄντα οὕτως ταῦτα διαπράττεσθαι.［另一方面，那些比较老成持重的人在面对学习的时候则有点迟钝，并满载着遗忘。而这个人如此轻松地、不跌跌撞撞且卓有成效地前去学习和探究，带着许多的心平气和，就像油所构成的河一样无声地流淌，以至于人们会惊讶，在这样的年纪却如此地做成了这类事情。］

2504 [ἀνθρώπων] καταψηφισθέντων θανάτου ἢ φυγῆς［一些人虽然被投票判了死刑或者放逐］。希腊文方括号中的 ἀνθρώπων［一些人］，伯内特认为可能是窜入，而法国布德本希腊文和新校勘的牛津古典本希腊文均保留了它，从之。

2505 ἀναστρεφομένων ἐν μέσῳ［公开地四处走动］是一个整体和固定表达，也可以译为“在公众场合四处走动”。ἀναστρεφομένων 在这里是动词 ἀναστρέφω 的现在时分词被动态阳性属格复数，ἀναστρέφω 的本义是“使翻转”“使返回”，但其被动态则具有“定居”“四处走动”的意思；ἐν μέσῳ 的本义是“在中间”，这里的意思是“公开地”。《牛津希-英词典》举了柏拉图在这里的这个表达，对之的解释是：go about in public。

2506 [καὶ] ὡς οὔτε φροντίζοντος οὔτε ὁρῶντος οὐδενός［仿佛既无人关心，也无人看见似的］，方括号中的小词 καὶ，编辑校勘者认为是窜入，法国布德本希腊文和新校勘的牛津古典本希腊文均如此。

2507 Ἡ δὲ συγγνώμη καὶ οὐδ' ὁπωστιοῦν σμικρολογία αὐτῆς［而这种城邦体制所怀

有的那种体谅和在任何事情上的不斤斤计较]，也可以完全按字面意思译为“而它的体谅和在任何事情上的不斤斤计较”。

2508 ὡς μεγαλοπρεπῶς καταπατήσασ' ἅπαντ' αὐτά[它何等目空一切地把所有这些都踩在脚下]。这句话中的 καταπατήσασ' ἅπαντ' αὐτά[把它们全都踩在脚下]在法国布德本希腊文中作 καταπατήσασ' ἅπαντα ταῦτα，而新校勘的牛津古典本希腊文将之改为 καταπατήσασα πάντα ταῦτα，从之。副词 μεγαλοπρεπῶς 的本义是“宏大地”“宏伟地”“壮丽地”，用于贬义则表“傲慢地”“目空一切地”。参见《泰阿泰德》(161c6–d2)：ἵνα μεγαλοπρεπῶς καὶ πάνυ καταφρονητικῶς ἤρξατο ἡμῖν λέγειν, ἐνδεικνύμενος ὅτι ἡμεῖς μὲν αὐτὸν ὥσπερ θεὸν ἐθαυμάζομεν ἐπὶ σοφίᾳ, ὁ δ' ἄρα ἐτύγχανεν ὢν εἰς φρόνησιν οὐδὲν βελτίων βατράχου γυρίνου, μὴ ὅτι ἄλλου του ἀνθρώπων.[以至他能目空一切且非常轻蔑地开始对我们讲话，指出尽管我们在智慧方面像神一样钦佩他，但他其实在明智上并不比一只青蛙生出的一只蝌蚪更优秀，更别提在众人中比其他任何一个人更优秀了。]

2509 这显然是一句讽刺性的话。

2510 ἄναρχος[无统治者的]，当然也可以按照近现代观念而直接将之译为“无政府主义的”。该词由褫夺性的前缀 ἀ 同名词 ἀρχή[统治]派生而来，而现代所谓的“无政府”(Anarchie, anarchy)均源自其名词 ἀναρχία (anarchia)。

2511 τούτων ἀμφοτέρων ἐφίεσθαι[渴望这两者]。ἐφίεσθαι 在这里是动词 ἐφίημι 的现在时不定式中动态；关于 ἐφίημι 的用法，参见前面第二卷 357b6 那里对“τῶν ἀποβαινόντων ἐφιέμενοι[我们以它所导致的各种结果为目的]”的注释 433。

2512 καὶ πρός[除此之外]是固定表达，参见前面第一卷 328a6 那里对“καὶ πρός γε[除此之外]”的注释 24。

2513 τύπῳ[一般性地]，在这里作副词使用，等于 ἐν τύπῳ；参见前面第三卷 414a6 那里对“ἐν τύπῳ[以概括性的方式 / 一般性地]”的注释 1147。

2514 αὐτοῦ σίτου τε καὶ ὄψου[对于食物自身以及菜肴的欲望]，也可以转译为“仅仅对于食物以及菜肴的欲望”。

2515 ᾗ τε <μὴ> παῦσαι ζῶντα δυνατή.[另一方面〈如果它没有得满足〉它能够让〈一个人〉停止活着。]也可以转译为：另一方面〈如果它没有得满足〉它能够结束〈一个人〉的生命。希腊文尖括号中的否定词 μὴ，是伯内特补充的，而法国布德本希腊文和新校勘的牛津古典本希腊文均没有这样做，从之。

2516 ἐδεσμάτων ... ἐπιθυμία［对各种各样可吃的东西的欲望］。名词 ἔδεσμα 派生自动词 ἔδω［吃］，这里基于上下文有意将之译为“可吃的东西”。

2517 χρηματιστικὰς διὰ τὸ χρησίμους πρὸς τὰ ἔργα εἶναι［由于对各种工作有利而是盈利性的］，这显然是基于形容词 χρηματιστικός［盈利的 / 赚钱的］和 χρήσιμος［有利的 / 有用的］之间的词源联系而来的一句双关语。

2518 γεύσηται κηφήνων μέλιτος 这句话在法国布德本希腊文中同样如此，而新校勘的牛津古典本希腊文将之改为：γεύσηται κηφὴν ὢν μέλιτος，从之。如果按照伯内特本和布德本翻译，这句话就只能译为：品尝到了雄蜂们的甜头。

2519 αἴθωσι θηρσὶ καὶ δεινοῖς［凶猛且精明的小怪物］，即“雄蜂”。对这一翻译解释如下：

（1）形容词 αἴθων 派生自动词 αἴθω［点燃 / 燃烧］，本义是“燃烧的”，用在颜色上指“火红的”，用来形容动物或鸟类，意思是“凶猛的”；《牛津希-英词典》举了柏拉图在这里的这个表达，对它的解释是：fierce。

（2）名词 θήρ 的本义是“野兽”，鉴于这里是在形容“蜜蜂”，只好权且将之译为“小怪物”；《牛津希-英词典》也举了柏拉图在这里的这个表达，对它的解释是：monster。此外，柏拉图在别处也把“智者”比喻为 θήρ；参见《智者》（235a10-b1）：Ἄγε δή, νῦν ἡμέτερον ἔργον ἤδη τὸν θῆρα μηκέτ᾽ ἀνεῖναι.［来吧！现在我们的任务就是绝不要再次放走这野兽。］

（3）基于文义，这里不把形容词 δεινός 译为“可怕的”，而译为“精明的”，当然也可以译为“狡猾的”“诡诈的”等。

2520 παντοίως ἐχούσας［体现在方方面面］是一个整体，这是意译，字面意思是“是各种各样方式的”“是多方面的”；《牛津希-英词典》举了柏拉图在这里的这个表达，对副词 παντοίως 的解释是：in all kinds of ways, variously。ἐχούσας 在这里是动词 ἔχω 的现在时分词主动态阴性宾格复数，关于 ἔχω 的这一用法，参见前面第一卷 329b7 那里对“οὐχ οὕτως ἔχουσιν［一些并不是这个样子的人］”的注释 67。

2521 副词 ἐνταῦθα 既可以表空间，也可以表时间。表空间意味“那儿”“在那里”，表时间则意味“在那时”“当时”；这里为了兼顾两者，故译为“那时在那里”。

2522 εἶναι ἀρχὴν αὐτῷ μεταβολῆς ... ὀλιγαρχικῆς τῆς ἑαυτῷ εἰς δημοκρατικήν.［他开始了从在他自己那里的寡头统治的城邦体制向民主统治的城邦体制的一种转变。］εἶναι ἀρχὴν αὐτῷ［他开始了］是一个整体，当然也可以补充译为：对他来说〈这就〉是在他自己那里从寡头统治的城邦体制向民主统治的城邦体制转变的起因。

这句话在不同的校勘本中约有差异；伯内特本中的省略号表明那里可能有某种缺漏。法国布德本希腊文作：εἶναι ἀρχὴν αὐτῷ μεταβολῆς ὀλιγαρχίας τῆς ἑαυτῷ εἰς δημοκρατικήν.［他开始了从在他自己那里的寡头政制向民主政制的一种转变。］而新校勘的牛津古典本希腊文则作：εἶναι ἀρχὴν αὐτῷ μεταβολῆς <πολιτείας> ὀλιγαρχικῆς τῆς ἑαυτῷ εἰς δημοκρατικήν. 即补充了 πολιτείας［城邦体制］一词，这里的翻译从新校勘的牛津古典本希腊文。

2523 ποτὲ μὲν［而有的时候］，法国布德本希腊文同样如此，而新校勘的牛津古典本希腊文将之改为 τοτὲ μὲν，不过意思一样。

2524 τὸ δημοκρατικὸν ὑπεχώρησε τῷ ὀλιγαρχικῷ［喜欢民主政制的部分会给倾向于寡头政制的部分让路］，也可以译为"喜欢民主政制的部分会对倾向于寡头政制的部分让步""喜欢民主政制的部分会向倾向于寡头政制的部分屈服"。ὑπεχώρησε 是动词 ὑποχωρέω 的一次性过去时直陈式主动态第三人称单数，ὑποχωρέω 的本义是"后退""退回"，跟与格的意思则是"给……让路"；《牛津希-英词典》举了柏拉图在这里的这个表达，对它的解释是：gave way to。

2525 ὑποτρεφόμεναι［相继长大］，也可以译为"暗中长大""逐渐长大"。ὑποτρεφόμεναι 在这里是动词 ὑποτρέφω 的现在时分词被动态阴性主格复数，ὑποτρέφω 的本义是"抚养""暗中抚养"，但其被动态的意思则是"相继长大""暗中长大""逐渐长大"；《牛津希-英词典》举了柏拉图在这里的这个表达，对它的解释是：grow up in succession。

2526 φιλεῖ ... οὕτω γίγνεσθαι［经常出现这样的情况］。关于 φιλεῖ 的这一用法，参见前面第二卷 378e1 那里对"δυσέκνιπτά τε καὶ ἀμετάστατα φιλεῖ γίγνεσθαι.［通常会变得既难以清除，又不可改变。］"的注释 733。

2527 参见前面 559d7–e2。

2528 ψευδεῖς ... καὶ ἀλαζόνες［虚假的和浮夸的］，形容词 ἀλαζών 的本义是"到处流浪的"，后来喻为"自夸的""吹牛的"；这里将之译为"浮夸的"。参见《斐洞》(92d2–5)：ἐγὼ δὲ τοῖς διὰ τῶν εἰκότων τὰς ἀποδείξεις ποιουμένοις λόγοις σύνοιδα οὖσιν ἀλαζόσιν, καὶ ἄν τις αὐτοὺς μὴ φυλάττηται, εὖ μάλα ἐξαπατῶσι, καὶ ἐν γεωμετρίᾳ καὶ ἐν τοῖς ἄλλοις ἅπασιν.［而我同样知道，那些通过各种可能性来建立自己的证明的说法都是一些浮夸之词；并且如果谁不警惕它们，它们就会轻易地欺骗谁，无论是在几何学中，还是在任何别的地方。］

2529 ἀναδραμόντες［跳起来往上跑］，有意按字面意思翻译，也可以简单译为“迅速上升”，而之所以这么翻译，也是为了同前面的 ἀκρόπολιν［卫城 / 高处之城］相呼应；此外，还可以比喻性地译为“发芽吐蕊”。ἀναδραμόντες 是动词 ἀνατρέχω 的一次性过去时分词主动态阳性主格复数，ἀνατρέχω 的本义就是“跳起来往上跑”，用在不同的对象身上，指“冒出来”“发芽”“迅速成长”等;《牛津希-英词典》对它这层的解释是：jump up and run, shoot up, rise quickly。

2530 τὸν αὐτὸν τόπον［那个同样的位置］，即前面提到的 τὴν τῆς ψυχῆς ἀκρόπολιν［灵魂中的那座卫城］。

2531 ἐκείνους τοὺς Λωτοφάγους［那些吃洛托斯果子的人］。在荷马的《奥德修斯》（9.82-104）中提到过 Λωτοφάγος［吃洛托斯果子的人］，说吃了该果子的人就会丧失记忆；根据上下文，这里当指那些“雄蜂”。

2532 φανερῶς［公开地 / 公然］，与前面 560b4 那里的 λάθρᾳ［偷偷地］相呼应。

2533 τοῦ βασιλικοῦ τείχους［王家的城墙］，即围绕“卫城”的城墙。

2534 οὔτε πρέσβεις πρεσβυτέρων λόγους ἰδιωτῶν εἰσδέχονται［也不把那些以私人身份〈前来〉的比较年老的长者的各种建议作为使节进行接待］，这是一种拟人表达，即把 λόγους［建议 / 言辞］视为 πρέσβεις［使节］；而 ἰδιωτῶν［以私人身份〈前来〉的］同前面的 αὐτὴν τὴν συμμαχίαν［援助自身 / 战斗联盟自身］相对应。此外，形容词 πρέσβυς 的本义是“老的”“年老的”，但作为名词也等同于 πρεσβύτης，即“使节”“使者”。

2535 προπηλακίζοντες［抹黑］。προπηλακίζοντες 是动词 προπηλακίζω 的现在时分词主动态阳性主格复数，προπηλακίζω 的词干是 πηλός［泥 / 稀泥］，本义是“给……溅上泥浆”，喻为“抹黑”“侮辱”。

2536 τούτων ... κενώσαντες［清空这些品质］。κενώσαντες 是动词 κενόω［清空 / 空掉］的一次性过去时分词主动态阳性主格复数；该动词要求属格作宾语，所以这里出现的是复数属格 τούτων ... κενώσαντες［这些品质］。

2537 这显然是在讽刺。

2538 κατεχομένου τε ὑπ' αὐτῶν［被它们附体］，当然可以简单译为“被它们控制”；而之所以译成“被它们附体”，是为了同后面的“参加一些重大的秘仪”相照应。κατεχομένου 是动词 κατέχω 的现在时分词被动态阳性属格单数，κατέχω 的本义是“抓住”“占据”“掌控”，但也具有“被神附体的”意思。参见：

《伊翁》（533e5-8）：πάντες γὰρ οἵ τε τῶν ἐπῶν ποιηταὶ οἱ ἀγαθοὶ οὐκ ἐκ τέχνης ἀλλ' ἔνθεοι ὄντες καὶ κατεχόμενοι πάντα ταῦτα τὰ καλὰ λέγουσι ποιήματα.［因为所有那些优秀的史诗诗人，不是基于一门技艺，而是由于从神那里得到灵感并且被神附体，才说出了所有这些优美的诗句。］

《斐德若》(244e4–245a1)：λύσιν τῷ ὀρθῶς μανέντι τε καὶ κατασχομένῳ τῶν παρόντων κακῶν εὑρομένη.［因为对于一个正确地陷入迷狂中和被神附体的人来说，它为之找到了摆脱现在的各种坏处的一种解脱之道。］

2539 τελουμένου ... μεγάλοισι τέλεσι［参加一些重大的秘仪］是一个整体。τελούμενος 在这里是动词 τελέω 的现在时分词中动态阳性属格单数，τελέω 除了具有"实现""完成""使结束"等意思之外，也专指"参加秘密仪式""入教"；而名词 τέλος 既具有"完成""实现""终点"的意思，也具有"入教""秘密的宗教仪式""对神的敬奉"等意思。对观：

《斐洞》(69c5–d1)：ὅτι ὃς ἂν ἀμύητος καὶ ἀτέλεστος εἰς Ἅιδου ἀφίκηται ἐν βορβόρῳ κείσεται, ὁ δὲ κεκαθαρμένος τε καὶ τετελεσμένος ἐκεῖσε ἀφικόμενος μετὰ θεῶν οἰκήσει. εἰσὶν γὰρ δή, [ὥς] φασιν οἱ περὶ τὰς τελετάς, "ναρθηκοφόροι μὲν πολλοί, βάκχοι δέ τε παῦροι·"［那未入教和未接受入教仪式就到达哈德斯那里的人将被弃置在烂泥中，而那已经被洁净和接受了入教仪式的人到了那里，则将和诸神生活在一起。因为，的确如一些人就那些入教仪式所说的那样，"带一根大茴香秆做的棍子的人许多，而巴克科斯的信徒很少"。］

《斐德若》(249c6–8)：τοῖς δὲ δὴ τοιούτοις ἀνὴρ ὑπομνήμασιν ὀρθῶς χρώμενος, τελέους ἀεὶ τελετὰς τελούμενος, τέλεος ὄντως μόνος γίγνεται.［而一个正确地使用了这样一些回忆手段的男子，由于他持续不断地进入到各种完满的入迷中，故唯有他才真正地成为了一个完满的入迷者。］

2540 τρεφομένου τὴν τῶν μὴ ἀναγκαίων καὶ ἀνωφελῶν ἡδονῶν ἐλευθέρωσίν τε καὶ ἄνεσιν.［转变成了对各种各样非必要的并且是无益的快乐的恣意放纵和沉湎迷恋。］这句话在法国布德本希腊文中同样如此，而新校勘的牛津古典本希腊文在动词分词 τρεφομένου 后面补充了介词 εἰς，从之。

2541 οὐδὲν μᾶλλον εἰς ἀναγκαίους ἢ μὴ ἀναγκαίους ἡδονὰς ἀναλίσκων.［他在各种各样必要的和非必要的快乐上所耗费的一样多。］也可以完全照字面意思译为：他在各种必要的快乐上所耗费的并不比在各种非必要的快乐上所耗费的更多。

2542 μὴ πέρα ἐκβακχευθῇ［没有超出发酒神信徒的癫狂］。有意照字面意思翻译。ἐκβακχευθῇ 是动词 ἐκβακχεύω 的一次性过去时虚拟式被动态第三人称单数；ἐκβακχεύω 的意思是"发酒神信徒的癫狂"，但其被动态的意思则是"充满了酒神信徒的癫狂"。对观《斐德若》(245a1–8)：τρίτη δὲ ἀπὸ Μουσῶν κατοκωχή τε καὶ μανία, λαβοῦσα ἁπαλὴν καὶ ἄβατον ψυχήν, ἐγείρουσα καὶ ἐκβακχεύουσα κατά τε ᾠδὰς καὶ κατὰ τὴν ἄλλην ποίησιν, μυρία τῶν παλαιῶν ἔργα κοσμοῦσα τοὺς ἐπιγιγνομένους παιδεύει· ὃς δ' ἂν ἄνευ μανίας Μουσῶν ἐπὶ ποιητικὰς θύρας ἀφίκηται, πεισθεὶς ὡς ἄρα ἐκ τέχνης ἱκανὸς ποιητὴς ἐσόμενος, ἀτελὴς αὐτός τε καὶ ἡ ποίησις ὑπὸ τῆς τῶν μαινομένων ἡ τοῦ σωφρονοῦντος ἠφανίσθη. [而第三种，则是由缪斯们而来的灵感和迷狂，一旦它抓住一个柔软且贞洁的灵魂，它就会激发它，并凭借各种歌声以及用其他的诗作使之发酒神信徒的癫狂，它通过装饰古人们的无数功业来教育子孙后代；但是，任何一个缺乏由缪斯们而来的迷狂就来到诗艺的大门前的人，如果他竟然相信仅仅基于一种技艺他就将是一位出色的诗人，那么，无论是他本人还是他的诗，都将是不成功的，并且作为一个清醒者，他的诗被那些迷狂者们的诗掩盖了光芒。]

2543 τοῦ πολλοῦ θορύβου παρελθόντος[巨大的骚动〈逐渐〉平复]，这是意译，字面意思是“巨大的骚动〈渐渐〉逝去”。

2544 τοῖς ἐπεισελθοῦσι[那些〈从外面前来援助而〉进来的欲望]，见前面559e4-7。

2545 φρούριον[堡垒]，即前面提到的“卫城”。

2546 τό καθ' ἡμέραν[每天]是词组，等于拉丁文的 quotidianus；《牛津希-英词典》对它的解释是：every day。参见《斐德若》(240b3-5)：καί τις ἑταίραν ὡς βλαβερὸν ψέξειεν ἄν, καὶ ἄλλα πολλὰ τῶν τοιουτοτρόπων θρεμμάτων τε καὶ ἐπιτηδευμάτων, οἷς τό γε καθ' ἡμέραν ἡδίστοισιν εἶναι ὑπάρχει. [并且有人可能会把一位妓女指责为是有害的，以及把这种样式的生物和它们所从事的事业中的其他许多都指责为是有害的，而它们其实每天都有可能是最令人感到快乐的东西。]

2547 μεθύων καὶ καταυλούμενος[他伴随着笛子的旋律而喝得酩酊大醉]，字面意思是“他何等酩酊大醉并且被笛声所迷惑”；《牛津希-英词典》举了柏拉图在这里的这个表达，对之的解释是：drinking wine to the strains of the flute。

2548 πολιτεύεται[干预城邦事务]，当然也可以中性地译为“参与城邦事务”；《牛津希-英词典》举了柏拉图在这里的这个表达，对它的解释是：meddle with politics。

2549 βίον ἰσονομικοῦ τινος ἀνδρός[某个追求法律上的平等的人的生活]，也可以译为“某个追求平等权利的人的生活”。形容词 ἰσονομικός 派生自形容词 ἴσος[平等的]和名词 νόμος[法 / 法律]，意思是“法律上平等的”。

2550 参见前面 557c 以下。

2551 ὃν πολλοὶ ἂν καὶ πολλαὶ ζηλώσειαν τοῦ βίου.［许许多多的男人和许许多多的女人也都会为了这种生活而羡慕他。］ζηλόω τινά τινος 是固定搭配，意思是“为了……而羡慕某人”“由于……而羡慕某人”，被羡慕的人用宾格，而表原因或理由的事情用属格；所以这里分别出现的是单数宾格 ὃν［他］和单数属格 τοῦ βίου［这种生活］。

参见《伊翁》（530b5-6）：Καὶ μὴν πολλάκις γε ἐζήλωσα ὑμᾶς τοὺς ῥαψῳδούς, ὦ Ἴων, τῆς τέχνης.［确实，我经常羡慕你们这些史诗朗诵者，伊翁啊，由于你们的技艺。］

2552 这显示是在讽刺。

2553 δι' ὃ［由之］，法国布德本希腊文作 δι' οὗ，而新校勘的牛津古典本希腊文作 ὃ[υ]，即认为字母 υ 是窜入；从伯内特本。

2554 [ὑπερ]πλοῦτος［财富］，方括号中的 ὑπερ，伯内特认为是窜入，而法国布德本希腊文保留了它；新校勘的牛津古典本希腊文直接将之删去，从之。

2555 ἔχει ... κάλλιστον［〈实行民主政制的城邦〉是最美的］。形容词最高级中性单数 κάλλιστον［最美的］与动词 ἔχει 连用，在这里作副词使用；并且根据上下文和文法，ἔχει 的主语并不是 ἡ ἐλευθερία［自由］，而是一个 δημοκρατουμένη πόλις［实行民主政制的城邦］。

2556 ὅστις φύσει ἐλεύθερος［任何生而自由的人］，也可以译为“任何在本性上是自由的人”。

2557 形容词中性单数 πολύ 在这里作副词使用，意思不是“多”，而是“经常”“多次”；《牛津希-英词典》对它的这一用法的解释是：often。

2558 ὅπερ ᾖα νυνδὴ ἐρῶν［正如我刚才正要去说的那样］。参见前面第五卷 449a7 那里对“ᾖα ... ἐρῶν［我正要去说］”的注释 1467。

2559 ἀκράτου［面对绝对的〈自由这缸酒〉］，也可以译为“面对〈自由〉这坛纯酒”；之所以这么补充翻译，因为这里省略了“自由”一词。从文法上看，ἀκράτου 在这里是双性形容词 ἄκρατος 的阴性属格单数，修饰和限定前面出现的阴性名词属格单数 ἐλευθερίας［自由］；这显然是一种比喻。ἄκρατος 的本义是“未混合的”，用在状态或性质方面，指“纯粹的”“绝对的”“无节制的”，如 ἄκρατος ἐλευθερία［绝对的自由］，ἄκρατος ἡδονή［无节制的快乐］；《牛津希-英词典》举了柏拉图在这里的这个表达，对它的这一用法的解释是：pure, untempered, absolute。

2560 μήτε αἰσχύνεσθαι μήτε δεδιέναι τοὺς γονέας.［在父母面前既不感到羞耻，也不敬畏。］αἰσχύνεσθαι 在这里是动词 αἰσχύνω 的现在时不定式被动态，αἰσχύνω 的本义是“羞辱”，但被动态跟人，意思是“在一个人面前感到羞耻”;《牛津希-英词典》对它的这一用法的解释是: to feel shame before one。

2561 ἐν τῷ τοιούτῳ[在这样一种情形下]是固定表达和词组,《牛津希-英词典》对它的解释是: in such a case。

2562 名词 φοιτητής 派生自动词 φοιτάω,φοιτάω 的本义是“常去某处”,因而 φοιτητής 的本义是“常来的人”“常去的人”,进而转义为“学生”“门徒”。

2563 συγκαθιέντες τοῖς νέοις[让自己与那些年轻人相适应],也可以译为“向那些年轻人屈尊弯腰”。συγκαθιέντες 是动词 συγκαθίημι 的现在时分词主动态阳性主格复数,συγκαθίημι 的本义是“蹲下”“俯伏”,喻为“弯腰”“屈尊”“适应”;《牛津希-英词典》举了柏拉图在这里的这个表达,对它的解释是: stoop, condescend, accommodate oneself。

2564 τῆς ἐλευθερίας τοῦ πλήθους[大量的自由],基于整个上下文,在这里似乎不能译为“民众的自由”“大众的自由”。

2565 μηδὲν ἧττον ἐλεύθεροι ὦσι τῶν πριαμένων.[相较于那些买他们的人,他们竟然会丝毫不少地是自由的。]当然可以简单译为:他们竟然会同那些买他们的人是同样自由的。

2566 ἡ ἰσονομία[权利上的平等]。参见前面 561e1 那里对“βίον ἰσονομικοῦ τινος ἀνδρός[某个追求法律上的平等的人的生活]”的注释 2549。

2567 新校勘的牛津古典本希腊文没有双引号,并且仅仅把后面的 νῦν ἦλθ’ ἐπὶ στόμα[话现在已经到了嘴边]作为引语,从之。该引语出处不详。

2568 关于该谚语,古代注释者给出的完整表达是: οἵα περ ἡ δέσποινα, τοία χ’ ἡ κύων.[有什么样的女主人,也就有什么样的狗儿。]

2569 τῷ ἀεὶ ἀπαντῶντι[碰巧遇见的任何人]是一个整体,《牛津希-英词典》举了柏拉图在这里的这个表达,对 ὁ ἀεὶ ἀπαντῶν 的解释是: any one that meets you, any chance person。

2570 τὸ κεφάλαιον 是一个整体,在这里作副词使用;意思是“总而言之”“总的”“首要地”,大致等于 ἐν κεφαλαίῳ。

参见《菲勒玻斯》(48c6-9): Ἔστιν δὴ πονηρία μέν τις τὸ κεφάλαιον, ἕξεώς τινος ἐπίκλην λεγομένη· τῆς δ’ αὖ πάσης πονηρίας ἐστὶ τοὐναντίον πάθος ἔχον ἢ τὸ λεγόμενον ὑπὸ τῶν ἐν Δελφοῖς γραμμάτων.[那好!一方面,总的来讲,它肯定是某种邪恶,出于某种特定的状态而获得其名字;另一方面,在所有的邪恶中,它又是这样一种情况,该情况具有同在德尔斐神庙那儿的碑文所说的东西相反的东西。]

2571 κἂν ὁτιοῦν δουλείας τις προσφέρηται[如果一个人带给〈他们〉任何一点

点的约束］。关于这句话的理解和翻译有分歧，另一种理解和翻译是：如果一个人给他自己引来任何一点点的约束。分歧的焦点是如何理解动词 προσφέρηται。προσφέρηται 在这里是动词 προσφέρω［带来 / 送上 / 献上］的现在时虚拟式中动态第三人称单数，一种看法是当按中动态翻译，于是就应翻译成“如果一个人给他自己引来任何一点点的约束”；另一种看法是中动态在这里做主动态使用，于是就当补充译成“如果一个人带给〈他们〉任何一点点的约束”，《牛津希-英词典》举了柏拉图在这里的这个表达，就持该看法，从之。

2572 参见前面第一卷 328b6 那里对“καὶ δὴ καί”的注释 27。

2573 οὐχ ἥκιστα［尤其］。参见前面第二卷 375d10 那里对“οὐ ... ἥκιστα［尤其］”的注释 697。

2574 参见前面第二卷 378e4 那里对“ἔχει λόγον”的注释 734。

2575 也即是说，从 563e9 那里的 καὶ τῷ ὄντι τὸ ἄγαν τι ποιεῖν［而事实上，任何事情做得过头］到 564a8 那里的 δουλεία πλείστη τε καὶ ἀγριωτάτη［最大和最野蛮的奴役］为止，是对前面 563e5 那里的问题 ἀλλὰ τί τὸ μετὰ τοῦτο;［不过此后又如何呢？］的离题。

2576 见前面 552c2–e3。

2577 根据希腊当时的医学，“黏液”在身体中引起“冷或湿”，而“胆汁”则引起“热或干”；前者在这里同“无螫针的”相应，后者则同“带有螫针的”相应。

2578 形容词 εὐκρινής 的本义是“分类很好的”“安排得很好的”，转义为“清楚的”“清清楚楚的”。

2579 该表达可对观《菲勒玻斯》(23c4–5)：Πάντα τὰ νῦν ὄντα ἐν τῷ παντὶ διχῇ διαλάβωμεν, μᾶλλον δ', εἰ βούλει, τριχῇ.［让我们把现在于世界中是着的所有东西一分为二，甚至是，如果你愿意，一分为三。］

2580 τὸ προεστὸς αὐτῆς［在它那里起主导作用的族类］。προεστός 是动词 προίστημι 的完成时分词主动态中性主格单数，προίστημι 的本义是“放在前面”，转义为“领导”“主导”“管理”等。参见《拉刻斯》(197d6–8)：Καὶ γὰρ πρέπει, ὦ Σώκρατες, σοφιστῇ τὰ τοιαῦτα μᾶλλον κομψεύεσθαι ἢ ἀνδρὶ ὃν ἡ πόλις ἀξιοῖ αὐτῆς προεστάναι.［的确，苏格拉底啊，对诸如此类的东西精心构思，这更适合于一位智者，而不适合这样一个人，即城邦认为适合指派他来管理它。］

2581 ἄλλο［另一个族类］，基于上下文，也可以直接译为“第二个族类”。

2582 动词现在时直陈式主动态第三人称单数 βλίττει［采蜜］在法国布德本希腊

文中作不定式 βλίττειν，而新校勘的牛津古典本希腊文将之改为现在时直陈式被动态第三人称单数 βλίττε<τα>ι，从之。

2583 κηφήνων βοτάνη［雄蜂们的觅食场］。名词 βοτάνη 派生自动词 βόσκω［放牧］，本义是“牧场”；这里基于文义将之译为“觅食场”。

2584 这里当注意 δῆμος［人民 / 平民］同 δημοκρατία［民主政制］之间的词源联系；δημοκρατία 派生自名词 δῆμος 和动词 κρατέω［统治］。此外，由于没有把 δημοκρατία 译为“平民政制”，故这里也不把 δῆμος 译为“平民”，而译为“人民”。

2585 αὐτουργοί τε καὶ ἀπράγμονες［一些用自己的双手工作的人以及远离公共事务的人］，也可以译为“一些为自己工作的人和不干涉城邦事务的人”。

2586 αἰτίαν ἔχειν 是词组，意思是“招致责备”“对……负有责任”；《牛津希-英词典》对它的解释是：bear responsibility for。

2587 即人民。

2588 τότ' ἤδη［只有到了那时］是词组，也可以译为“从那时起”；《牛津希-英词典》对它的解释是：only then, then and not before。参见：

《斐德若》(254e7-9)：ὥστε συμβαίνει τότ' ἤδη τὴν τοῦ ἐραστοῦ ψυχὴν τοῖς παιδικοῖς αἰδουμένην τε καὶ δεδιυῖαν ἕπεσθαι.［因此，只有到了那时才会发生下面这件事，那就是：爱慕者的灵魂满怀着敬畏和恐惧而跟在其心爱的少年的后面。］

《拉刻斯》(181d5-7)：ἐὰν δ' ἔχω τι ἄλλο παρὰ τὰ ὑπὸ τούτων λεγόμενα, τότ' ἤδη διδάσκειν καὶ πείθειν καὶ σὲ καὶ τούτους.［但如果除了这两人所说的那些之外我还有其他什么要说，只有到了那时，我才来教导和说服你和这些人。］

2589 Οὐκοῦν ἕνα τινὰ ἀεὶ δῆμος εἴωθεν διαφερόντως προΐστασθαι ἑαυτοῦ［人民岂不总是已经习惯了把某一个人格外地选择为他自己的领袖］，也可以译为“人民岂不总是已经习惯了把某一个人格外地选择为他自己的监护人”。προΐστασθαι 在这里是动词的 προίστημι 的现在时不定式中动态，προίστημι 的本义是“放在前面”，其中动态则具有“选择某人做领袖”的意思；《牛津希-英词典》举了柏拉图在这里的这个表达，对它的解释是：take as one's guardian。

2590 阿耳卡狄亚（Ἀρκαδία, Arkadia），伯罗奔尼撒半岛中部的山区。

2591 吕开亚（Λύκαια, Lykaia）是位于伯罗奔尼撒半岛中部阿卡狄亚山区的一个城市，由于靠近宙斯的出生地，故建有祭祀宙斯的场所。其国王吕卡翁（Λυκάων, Lykaon）用自己的儿子献祭而遭到宙斯的惩罚，被变为一头狼。

参见《弥诺斯》(315b7-d2)：ὅτι οὔτε οἱ αὐτοὶ ἀεὶ τοῖς αὐτοῖς νόμοις χρῶνται ἄλλοι τε ἄλλοις. ἐπεὶ αὐτίκα ἡμῖν μὲν οὐ νόμος ἐστὶν ἀνθρώπους θύειν ἀλλ' ἀνόσιον, Καρχηδόνιοι δὲ θύουσιν ὡς ὅσιον ὂν καὶ νόμιμον αὐτοῖς, καὶ ταῦτα ἔνιοι αὐτῶν καὶ τοὺς αὐτῶν υἱεῖς τῷ Κρόνῳ, ὡς ἴσως καὶ σὺ ἀκήκοας. καὶ μὴ ὅτι βάρβαροι ἄνθρωποι ἡμῶν ἄλλοις νόμοις χρῶνται, ἀλλὰ καὶ οἱ ἐν τῇ Λυκαίᾳ οὗτοι καὶ οἱ τοῦ Ἀθάμαντος ἔκγονοι οἵας θυσίας θύουσιν Ἕλληνες ὄντες. ὥσπερ καὶ ἡμᾶς αὐτοὺς οἶσθά που καὶ αὐτὸς ἀκούων οἵοις νόμοις ἐχρώμεθα πρὸ τοῦ περὶ τοὺς ἀποθανόντας, ἱερεῖά τε προσφάττοντες πρὸ τῆς ἐκφορᾶς τοῦ νεκροῦ καὶ ἐγχυτιστρίας μεταπεμπόμενοι· οἱ δ' αὖ ἐκείνων ἔτι πρότεροι αὐτοῦ καὶ ἔθαπτον ἐν τῇ οἰκίᾳ τοὺς ἀποθανόντας· ἡμεῖς δὲ τούτων οὐδὲν ποιοῦμεν. [不仅同一些人不会总是使用同样的法，而且不同人的会使用不同的法。因为，例如，一方面，在我们这儿，不仅没有任何一条法允许用人来献祭，而且它还是不虔敬的；另一方面，迦太基人则用人来献祭，因为在他们那里，这既是虔敬的，也是合法的，何况他们中的一些人甚至还用他们自己的儿子向克洛诺斯献祭，就像或许你也已经听说过的那样。并且不仅一些非希腊人使用同我们不一样的法，而且在吕开亚的这些人以及阿塔马斯的后裔们又在祭献一些什么样的祭品呢，尽管他们都是一些希腊人！至于我们自己，正如你本人也通过听闻而约莫知道的那样，我们以前关于那些死去的人曾使用过哪样一些法，因为我们既会在尸体被抬出去埋葬前预先杀献一些牺牲，也会派人去叫那些从焚尸的柴堆里把骨头收集起来放入陶罐里的妇女；此外，比他们还要更早的那些人，他们甚至直接就把那些死去的人埋葬在家里，而我们现在不会做这些事情中的任何一件。]

2592 γευόμενος φόνου συγγενοῦς[品尝从被杀害的同族人那里流出的血]。名词 φόνος 的本义是“杀人”“屠杀”，也指“杀人流出的血”。

2593 εἵμαρται[已经命中注定]。εἵμαρται 是动词 μείρομαι 的完成时直陈式被动态第三人称单数，在这里作无人称动词使用，μείρομαι 的本义是“得到应得的份额”，喻为“注定”“命中注定”；《牛津希-英词典》举了柏拉图在这里的这个表达，对它的解释是：it is allotted, decreed by fate。

参见《斐德若》(255b1-2)：οὐ γὰρ δήποτε εἵμαρται κακὸν κακῷ φίλον οὐδ' ἀγαθὸν μὴ φίλον ἀγαθῷ εἶναι. [因为下面这点天生就已经注定了，那就是，坏人对坏人而言从不会是朋友，好人对好人来说则从不会不是朋友。]

2594 βίᾳ τῶν ἐχθρῶν[违背〈他的〉那些仇敌的意愿]。参见前面 554d1 那里对“ἐπιεικεῖ τινὶ ἑαυτοῦ βίᾳ[用某种得体的自我约束]”的注释 2456。

2595 διαβάλλοντες τῇ πόλει［在城邦那里挑拨离间］。《牛津希-英词典》举了柏拉图在这里的这个表达，而之所以这么翻译，参见前面第六卷 498c9 那里对“Μὴ διάβαλλε［请你不要挑拨离间］”的注释 1937。

2596 τὸ πολυθρύλητον［臭名昭著的］，也可以偏中性地译为“众所周知的”；πολυθρύλητος 由形容词 πολύς［许多的］和动词 θρυλέω［不停地说 / 众口一词］派生而来。

2597 αὐτοῖς［为了他们］，即“为了人民”，这显然是在讽刺。

2598 χρήματα ἔχων καὶ μετὰ τῶν χρημάτων αἰτίαν［既有钱财，也因钱财而招致责备］。χρήματα 和 αἰτίαν 在这里都是动词分词 ἔχων 的宾语，而 αἰτίαν ἔχειν 是词组，参见前面 565b5 那里对“αἰτίαν ἔχειν”的注释 1344。

2599 克洛伊索斯（Κροῖσος, Kroisos）是小亚细亚的一位富有的国王；关于该神谕，可参见希罗多德《历史》（1. 55. 57-58）

2600 见荷马《伊利亚特》（16. 776）。

2601 参见前面第三卷 394e7 那里对“Τί δ' οὐ μέλλει”的注释 914。

2602 参见前面第二卷 373d1 那里对“ἰατρῶν ἐν χρείαις ἐσόμεθα πολὺ μᾶλλον［我们将需要多得多的医生］”的注释 679。

2603 χρήματα εἰσφέροντες［缴纳财产税］。χρήματα εἰσφέρω 是固定表达，意思是“缴纳财产税”“交财产税”，由动词 εἰσφέρω 派生而来的名词 εἰσφορά 的意思就是“财产税”“捐款”；《牛津希-英词典》对 χρήματα εἰσφέρω 的解释是：pay the property tax。

2604 πρὸς τῷ καθ' ἡμέραν ... εἶναι［忙于日常的生计］是一个整体，也可以译为“为了每日的生计而忙碌”。τὸ καθ' ἡμέρα 是固定表达，等于 ἐπιτήδευμα［营生 / 生意 / 买卖］。而 εἶναι πρός τινι 也是固定表达，意思是“忙于……”“从事……”“沉浸于……”；《牛津希-英词典》对它的解释是：engaged in。

参见《斐洞》（84c1-3）：Σιγὴ οὖν ἐγένετο ταῦτα εἰπόντος τοῦ Σωκράτους ἐπὶ πολὺν χρόνον, καὶ αὐτός τε πρὸς τῷ εἰρημένῳ λόγῳ ἦν ὁ Σωκράτης, ὡς ἰδεῖν ἐφαίνετο, καὶ ἡμῶν οἱ πλεῖστοι· Κέβης δὲ καὶ Σιμμίας σμικρὸν πρὸς ἀλλήλω διελεγέσθην.［于是，在苏格拉底说了这些之后就出现了长时间的安静，并且苏格拉底本人，就他的表情来看，似乎同我们中的大多数人一道沉浸在了他已经讲过的说法中；但刻贝斯和西米阿斯两人互相在低声交谈。］

2605 这显然是在讽刺；根据这里的整个描述，僭主其实就是一个孤家寡人。

2606 这显然也是一句讽刺性的话。

2607 Τίς δὲ αὐτόθεν; ἆρ' οὐκ ἂν ἐθελήσειεν — Πῶς; Τοὺς δούλους ἀφελόμενος τοὺς πολίτας, ἐλευθερώσας, τῶν περὶ ἑαυτὸν δορυφόρων ποιήσασθαι.［而从当

地〈招募的人〉又如何？难道他竟然会不愿意……究竟怎样？他通过夺走同邦公民们的那些奴隶，给他们以自由，使得他们成为围绕着他自己的那些持矛的禁卫军中一员。］这句话在法国布德本希腊文中作：Tí δὲ ; αὐτόθεν ἆρ᾽ οὐκ ἂν ἐθελήσειεν... Πῶς; Τοὺς δούλους ἀφελόμενος τοὺς πολίτας, ἐλευθερώσας, τῶν περὶ ἑαυτὸν δορυφόρων ποιήσασθαι.［然后呢？难道他不会愿意从本地……究竟怎样？他通过夺走同邦公民们的那些奴隶，给他们以自由，使得他们成为围绕着他自己的那些持矛的禁卫军中一员。］而新校勘的牛津古典本希腊文作：Τίς δὲ αὐτόθεν; ἆρ᾽ οὐκ ἂν ἐθελήσειεν πως τοὺς δούλους ἀφελόμενος τοὺς πολίτας, ἐλευθερώσας τῶν περὶ ἑαυτὸν δορυφόρων ποιήσασθαι; 这里的翻译从新校勘的牛津古典本希腊文。

2608 Ἦ μακάριον ... λέγεις τυράννου χρῆμα［你真的把一位僭主说成了一个有福的生物］，也可以译为“你真的在把一位僭主说成一个有福的东西”。名词 χρῆμα 除了具有“钱财”“使用之物”这一本义之外，作为一种迂回性的表达，指一种奇怪的、异乎寻常的东西；《牛津希-英词典》举了柏拉图在这里的这个表达，对 τυράννου χρῆμαω 的解释是：tyrant-creature。

2609 新校勘的牛津古典本希腊文将这里的问句改成了陈述句，从之。

2610 οὐκ ἐτός［难怪］是固定表达和词组，《牛津希-英词典》对之的解释是：no wonder。副词 ἐτός 的本义是“无缘无故地”“毫无理由地”“徒然地”。

2611 πυκνῆς διανοίας ἐχόμενον［进行一番深思熟虑］，这是意译，字面意思是“他有周密的心思”“他有精明的想法”。形容词 πυκνός 的本义是“紧密的”“结实的”，用在思想方面，喻为“精明的”“周密的”“智慧的”等；《牛津希-英词典》举了柏拉图在这里的这个表达，对它的解释是：shrewd, wise。

2612 这句话也被一些人归在索福克勒斯的名下，但具体出处不详。

2613 参见欧里庇得斯《特洛伊妇女》（1169）：τῆς ἰσοθέου τυραννίδος［神一样的僭主政制］。

2614 ἡμῶν ἐγγὺς πολιτεύονται［采取同我们的〈城邦体制〉相近的城邦体制］。πολιτεύονται 在这里是动词 πολιτεύω 的现在时直陈式中动态第三人称复数，πολιτεύω 本义是“成为公民”“生活在城邦中”，但其中动态则具有“采取某种城邦体制”的意思；《牛津希-英词典》举了柏拉图在这里的这个表达，对它的解释是：have a certain form of government。

2615 这显然是一句讽刺话。

2616 καλὰς φωνὰς καὶ μεγάλας καὶ πιθανὰς μισθωσάμενοι［雇佣〈演员们〉那优美的、洪亮的并且打动人心的声音］。之所以这么补充翻译，因为这里省略

了 τῶν ὑποκριτῶν［演员们］一词。

2617 ὥσπερ τὸ εἰκός［如可以想到的那样］，这是转译，字面意思是“如合情合理的那样”“如可能的那样”。

2618 即 568a8 以下的内容。

2619 ἱερὰ χρήματα［一些献给神的财物］，也可以简单译为“庙产”。

2620 ταῦτα ἀναλώσει, ὅποι ποτὲ ἂν ἀεὶ ἐξαρκῇ τὰ τῶν ἀποδομένων.［他就将把这些财物消耗到下面这个地步，那就是当它们被变卖后，其收益总是还足够〈他用〉。］也可以简单译为：他就将消耗这些财物，只要它们被变卖后，其收益总是还足够〈他用〉。这句话在新校勘的牛津古典本希腊文中同样如此，而其中 τὰ τῶν ἀποδομένων 在法国布德本希腊文作 τὰ <ἐκ> τῶν ἀποδομένων，即补充了介词 ἐκ，不过意思一样。

2621 希腊文方括号中的小词 δὲ，伯内特认为是窜入，而法国布德本希腊文和新校勘的牛津古典本希腊文均直接删掉了它。

2622 μετὰ συγκλύδων ἄλλων［连同一些其他的社会垃圾］。形容词 σύγκλυς 派生自前缀 σύν［一起］和动词 κλύζω［冲 / 冲击］，本义是“被海浪冲到一起的”，喻为“渣滓”“垃圾”“乌合之众”等；《牛津希-英词典》举了柏拉图在这里的这个表达，对它的解释是：promiscuous crowd, mob, rabble。

2623 πατραλοίαν［弑父者］，也可以译为“殴打父亲的人”。名词 πατραλοίας 派生自 πατήρ［父亲］和动词 ἀλοάω［打 / 毁灭］。参见：

《斐洞》(113e6–114a7)：οἳ δ' ἂν ἰάσιμα μὲν μεγάλα δὲ δόξωσιν ἡμαρτηκέναι ἁμαρτήματα, οἷον πρὸς πατέρα ἢ μητέρα ὑπ' ὀργῆς βίαιόν τι πράξαντες, καὶ μεταμέλον αὐτοῖς τὸν ἄλλον βίον βιῶσιν, ἢ ἀνδροφόνοι τοιούτῳ τινὶ ἄλλῳ τρόπῳ γένωνται, τούτους δὲ ἐμπεσεῖν μὲν εἰς τὸν Τάρταρον ἀνάγκη, ἐμπεσόντας δὲ αὐτοὺς καὶ ἐνιαυτὸν ἐκεῖ γενομένους ἐκβάλλει τὸ κῦμα, τοὺς μὲν ἀνδροφόνους κατὰ τὸν Κωκυτόν, τοὺς δὲ πατραλοίας καὶ μητραλοίας κατὰ τὸν Πυριφλεγέθοντα.［而那些可救药的，虽然也被认为已经犯下过一些重罪——如由于冲动而对父亲或母亲做过某种暴力的事，却在悔恨中度过余生，或者以其他诸如此类的方式成为了杀人犯——，这些人也必然首先得掉进塔尔塔洛斯，但当他们掉进去并在那儿度过一年之后，巨浪会将他们抛出来；那些杀人犯沿着科库托斯河走，而那些殴打父亲的人和殴打母亲的人则沿着皮里佛勒革同河走。］

《智者》(241d3–d7)：{ΞΕ.} Μή με οἷον πατραλοίαν ὑπολάβῃς γίγνεσθαί τινα. {ΘΕΑΙ.} Τί δή; {ΞΕ.} Τὸν τοῦ πατρὸς Παρμενίδου λόγον ἀναγκαῖον ἡμῖν ἀμυνομένοις ἔσται βασανίζειν, καὶ βιάζεσθαι τό τε μὴ ὂν ὡς ἔστι κατά τι καὶ τὸ ὃν αὖ πάλιν ὡς οὐκ ἔστι πῃ.［客人：你可不要认为我好像在变成某个弑父者似的。泰阿泰德：究竟怎么回事？客人：如果我们要保卫我们自己，那我们就必须检查我们的父亲巴门尼德的说法，并强行让不是者就某个角度来说是着，而是者复又在某种方式上不是着。］

2624 暗指“民主政制”。

2625 δούλων δουλείαν［在奴隶们中间受奴役］，也可以译为“奴隶们的奴役”。

2626 之所以这么翻译，因为动词 μεταμπίσχω 的本义就是“改穿另一件服装”，喻为“改穿……的新装”。

2627 οὐκ ἐμμελῶς ἡμῖν εἰρήσεται［我们岂不将说得在调子上］，也可以简单译为“我们岂不将说得合适”。ἐμμελῶς 是由形容词 ἐμμελής 派生来的副词；关于 ἐμμελής，参见前面第五卷 474a8 那里对“ἐμμελέστερον［更着调地］”的注释 1750。

2628 ἱκανῶς διῃρῆσθαι［进行充分的剖判］，也可以译为“充分地进行区分”。在第八卷 558d4-559d2 那里曾简短地讨论过。

2629 τούτου ... ἐνδεῶς ἔχοντος［这点还有所阙如］。ἐνδεῶς ἔχειν τινός 是固定表达，意思是“缺少某种东西”；《牛津希-英词典》对它的解释是：to be in want of。

2630 ἐν καλῷ 在这里是一个整体和固定表达，大致等于拉丁文的 in loco，字面意思是“在适当的地方”“在适当的时候”。

2631 ἐγγίγνεσθαι παντί［生来就出现在每个人身上］，也可以简单译为“内在于每个人那里”。

2632 μετὰ λόγου［在理性的帮助下］，也可以译为“借助理性”。

2633 Λέγεις δὲ καὶ τίνας, ἔφη, ταύτας;［不过你所说的这些，他说道，究竟是哪些呢？］这句话在法国布德本希腊文中同样如此，而新校勘的牛津古典本希腊文删去了其中的小词 καὶ，从之。

2634 λογιστικὸν［进行计算的］，在这里也可以直接译为“理性的”。

2635 ἄρχον ἐκείνου［统治着那个〈欲望性的部分〉］，之所以这样补充翻译，因为根据前面 571a7 那里的 τὸ τῶν ἐπιθυμιῶν［同各种欲望相关的事情］，以及后面 571e1 那里的 τὸ ἐπιθυμητικόν［欲望性的部分］，指示代词中性属格单数 ἐκείνου 在这里所指代的，即 τοῦ ἐπιθυμητικοῦ［欲望性的部分］。

2636 动词 σκιρτάω 的本义就是“跳”“跳跃”，喻为“活泼”“撒野”“不守规矩”；《牛津希-英词典》举了柏拉图在这里的这个表达，对它的解释是：to be skittish, unruly。

2637 ἀπωσάμενον τὸν ὕπνον［当它摆脱睡眠之后］。ἀπωσάμενον 在这里是动词

ἀπωθέω 的一次性过去时分词中动态中性主格单数，ἀπωθέω 的本义是“推开”“赶走”，但其中动态则具有“摆脱”“拒绝”等意思；《牛津希-英词典》举了柏拉图在这里的这个表达，对它的解释是：shake off sleep。

2638 ἀποπιμπλάναι τὰ αὑτοῦ ἤθη［满足它自己的各种习性］，当然也可以转译为“满足它自己的各种本能”。

2639 μείγνυσθαι 在这里是动词 μίγνυμι 的现在时不定式被动态，μίγνυμι 的本义是“混合”，转义为“一起生活”“交媾”。

2640 ὑγιεινῶς τις ἔχῃ αὐτὸς αὑτοῦ καὶ σωφρόνως［一个人自身处于健康和自制的状态中］，也可以译为“一个人自身是健康的，并且对待自己也是富有自制精神的”。关于动词 ἔχω［有］跟属格的用法，参见前面第五卷 456d3 那里对“πῶς ἔχεις δόξης［你持有何种看法 / 你持有何种意见 / 你是怎么看的］”的注释 1554。

2641 μήτε ἐνδείᾳ δοὺς μήτε πλησμονῇ.［他既不把它交给匮乏，也不把它交给餍足。］有意按字面意思翻译，也可以转译为：他既不让它匮乏，也不让它餍足。类似的表达可参见《斐德若》(254e4-5)：καὶ τὰ σκέλη τε καὶ τὰ ἰσχία πρὸς τὴν γῆν ἐρείσας ὀδύναις ἔδωκεν.［并且通过把它的腿和屁股往地上压而让它痛苦不已。］

2642 τισιν εἰς ὀργὰς ἐλθών［陷入对一些人的愤怒中］，也可以转译为“对一些人感到愤怒”。

2643 τὼ δύο εἴδη［这两种形式］，即 τὸ ἐπιθυμητικόν［欲望性的部分］和 τὸ θυμοειδές［气宇轩昂的部分］。

2644 ἐπὶ πλέον 是固定搭配，在这里作副词使用，这里基于上下文将之译为“相当地”；参见前面第二卷 363a5 那里对“ἐπὶ πλέον”的注释 505。

2645 见前面第四卷 433a1 那里对“εἴ τι ... λέγω［我是否说得在理］”的注释 1314。

2646 参见第八卷 558c 以下。

2647 παιδιᾶς τε καὶ καλλωπισμοῦ ἕνεκα［为了玩耍和打扮自己］。名词 καλλωπισμός 的本义就是“打扮自己”“展示”“装饰”“饰品”；《牛津希-英词典》举了柏拉图在这里的这个表达，对它的解释是：adorning oneself, making a display。

对观《斐洞》(64d8-e1)：Τί δὲ τὰς ἄλλας τὰς περὶ τὸ σῶμα θεραπείας; δοκεῖ σοι ἐντίμους ἡγεῖσθαι ὁ τοιοῦτος; οἷον ἱματίων διαφερόντων κτήσεις καὶ ὑποδημάτων καὶ τοὺς ἄλλους καλλωπισμοὺς τοὺς περὶ τὸ σῶμα πότερον τιμᾶν δοκεῖ σοι ἢ ἀτιμάζειν, καθ᾽ ὅσον μὴ πολλὴ ἀνάγκη μετέχειν αὐτῶν;［对身体的

其他那些侍奉又如何呢？你认为这种人会重视它们吗？诸如对各种别致的衣服和鞋子的拥有，以及关乎身体的其他各种饰品，在你看来他会看重它们呢，还是不看重，最多分得它们到必须的那个份上？]

2648 βοηθοῦντά τε ταῖς ἐν μέσῳ ταύταις ἐπιθυμίαις［搭救处在中间状态的这些欲望］。βοηθοῦντα 在这里是动词 βοηθέω［帮助／搭救］的现在时分词主动态阳性宾格单数，该动词要求与格做宾语，所以后面出现的是复数阴性与格 ταῖς ἐν μέσῳ ταύταις ἐπιθυμίαις［处在中间状态的这些欲望］。

2649 τοὺς δ' αὖ παραβοηθοῦντας［而他的那些腐蚀者则反过来在另外一边帮助〈其他的欲望〉］。之所以这样翻译，因为定冠词阳性复数宾格 τούς 后面省略了 διαφθείροντας［腐蚀者］一词。

2650 τὰ ἕτοιμα διανεμομένων［挥霍手边财物］这是意译，也可以照字面意思译为"瓜分手边财物""分配手边财物"；参见前面第八卷 552b9 那里的表达：τῶν ἑτοίμων ἀναλωτής［手边财物的挥霍者］。

2651 ὑπόπτερον［长有翅膀的］，也可以转译为"能够到处乱飞的"。

2652 περὶ αὐτὸν βομβοῦσαι［围绕着它嗡嗡作响］，也可以译为"围绕着它闹哄哄地到处乱跑"。"它"即那只"雄蜂"。

2653 ἡδονῶν ἀνειμένων［放荡的快乐］，也可以偏中性地译为"无拘无束的快乐"；关于形容词 ἀνειμένος，可参见前面第八卷 549d7 那里对"λίαν ἀνειμένος［过于无拘无束］"的注释 2402。《牛津希-英词典》也举了柏拉图在这里的这个表达，对它的解释是：dissolute。

2654 πόθου κέντρον ἐμποιήσωσι τῷ κηφῆνι［它们就把欲求之螯针植入到这只雄蜂身上］，单就 πόθου κέντρον 这一表达，也可以译为"渴望的刺痛""渴望之刺痛"。对观《斐德若》(253e5-254a6)：ὅταν δ' οὖν ὁ ἡνίοχος ἰδὼν τὸ ἐρωτικὸν ὄμμα, πᾶσαν αἰσθήσει διαθερμήνας τὴν ψυχήν, γαργαλισμοῦ τε καὶ πόθου κέντρων ὑποπλησθῇ, ὁ μὲν εὐπειθὴς τῷ ἡνιόχῳ τῶν ἵππων, ἀεί τε καὶ τότε αἰδοῖ βιαζόμενος, ἑαυτὸν κατέχει μὴ ἐπιπηδᾶν τῷ ἐρωμένῳ· ὁ δὲ οὔτε κέντρων ἡνιοχικῶν οὔτε μάστιγος ἔτι ἐντρέπεται, σκιρτῶν δὲ βίᾳ φέρεται, καὶ πάντα πράγματα παρέχων τῷ σύζυγί τε καὶ ἡνιόχῳ ἀναγκάζει ἰέναι τε πρὸς τὰ παιδικὰ καὶ μνείαν ποιεῖσθαι τῆς τῶν ἀφροδισίων χάριτος.［因此，每当那位御者——由于他看见那激发他爱欲的面容，他因他的这样一种感觉而使得整个灵魂完全暖和起来——，渐渐充满了痒痒和渴望的刺痛时，两匹马中顺从御者的那匹，如向来一样，由于它在那时也被一种羞耻感所约束，所以它抑制它自己不冲向那个被它所爱慕的少年；而另外那匹马，无论是御者的马刺，还是鞭子，它都不再将之当回事，而是一跃而起，猛地往前冲，由

此既给它同轭的伙伴也给御者带来无尽的麻烦，强迫他俩走向那心爱的少年，并且对他提及那属于阿佛洛狄忒的快乐。]

2655 δορυφορεῖταί τε ὑπὸ μανίας[把疯狂当作自己的卫队]，这是意译，字面意思是“被疯狂所保卫”。

2656 动词 οἰστράω 作不及物动词使用时，指“发狂”“发怒”，但其词干是 οἶστρος[牛虻]，本义指“牛虻叮咬”“叮得人发狂”；这里基于上下文，将之译为“被刺得发狂”。对观《斐德若》(251d1-7)：ὅταν δὲ χωρὶς γένηται καὶ αὐχμήσῃ, τὰ τῶν διεξόδων στόματα ᾗ τὸ πτερὸν ὁρμᾷ, συναυαινόμενα μύσαντα ἀποκλῄει τὴν βλάστην τοῦ πτεροῦ, ἡ δ' ἐντὸς μετὰ τοῦ ἱμέρου ἀποκεκλῃμένη, πηδῶσα οἷον τὰ σφύζοντα, τῇ διεξόδῳ ἐγχρίει ἑκάστη τῇ καθ' αὑτήν, ὥστε πᾶσα κεντουμένη κύκλῳ ἡ ψυχὴ οἰστρᾷ καὶ ὀδυνᾶται, μνήμην δ' αὖ ἔχουσα τοῦ καλοῦ γέγηθεν.[但是，一旦它与它心爱的少年的美相分离并且变得干燥，那时，那些通道的管口——羽毛在那里冲破出来——，也就会随之变得干枯而关闭，从而阻止羽毛的萌发；而这种萌发，尽管它同欲流一道被锁闭在里面，但仍然像血管一样在跳动，每个都在刺戳它自己所在的那个通道，以至于整个灵魂，它由于浑身都在被戳而被刺得发狂，并且痛苦不已；然而，当它重新想起它心爱的少年的美时，它又感到欣喜。]

2657 名词 ἔρως[爱/爱欲]作专名，即爱神 Ἔρως[厄洛斯]。

2658 ὑποκεκινηκώς[已经精神错乱]。ὑποκεκινηκώς 是动词 ὑποκινέω 的完成时分词主动态阳性主格单数，ὑποκινέω 本义是“轻轻移动”“温柔地敦促”，在这里喻为“精神错乱”；《牛津希-英词典》举了柏拉图在这里的这个表达，对它的解释是：to be deranged in mind。

2659 对观《斐德若》(238a2-b3)：ὕβρις δὲ δὴ πολυώνυμον – πολυμελὲς γὰρ καὶ πολυμερές – καὶ τούτων τῶν ἰδεῶν ἐκπρεπὴς ἣ ἂν τύχῃ γενομένη, τὴν αὑτῆς ἐπωνυμίαν ὀνομαζόμενον τὸν ἔχοντα παρέχεται, οὔτε τινὰ καλὴν οὔτ' ἐπαξίαν κεκτῆσθαι. περὶ μὲν γὰρ ἐδωδὴν κρατοῦσα τοῦ λόγου τε τοῦ ἀρίστου καὶ τῶν ἄλλων ἐπιθυμιῶν ἐπιθυμία γαστριμαργία τε καὶ τὸν ἔχοντα ταὐτὸν τοῦτο κεκλημένον παρέξεται· περὶ δ' αὖ μέθας τυραννεύσασα, τὸν κεκτημένον ταύτῃ ἄγουσα, δῆλον οὗ τεύξεται προσρήματος.[而放纵当然有着许多的名字——因为它是有着许多手足的和多样形相的——，并且在放纵的这些形式中，那恰好变得特别显眼的，使得那拥有它的人被用它自己的绰号来进行称呼，而该绰号既不是一种美的绰号，也不是一种值得拥有的绰号。例如，当同食物相关的一种欲望既战胜了对至善的计算，也战胜了其他的各种欲望时，它就被称作贪吃，并且它使得那拥有它的人被用这同一个名称来加以

称呼；此外，在醉酒方面，当一种欲望以僭越的方式行事时，如果它以这种方式引领着那已经获得了它的人，那么，那人会得到何种称号，这是显而易见的。]

2660 形容词 μελαγχολικός 的本义是“具有黑色胆汁的”，根据当时的医学，在人的性情上指“忧郁的”“易怒的”“冲动的”；《牛津希-英词典》举了柏拉图在这里的这个表达，对它的解释是：atrabilious, impulsive。

2661 Γίγνεται μέν, ὡς ἔοικεν, οὕτω καὶ τοιοῦτος ἀνήρ.［无疑，如看起来的那样，这样一种人也就这样产生出来了。］这句话在新校勘的牛津古典本希腊文中同样如此，而其中的 ἀνήρ，在法国布德本希腊文中作：ἀνήρ，如果按布德本翻译，则当译为：无疑，如看起来的那样，一个人就这样产生出来了，并且变成了这样一种人。

2662 Τὸ τῶν παιζόντων, ἔφη, τοῦτο σὺ καὶ ἐμοὶ ἐρεῖς.［如那些打趣的人所说的那样，我说道，你也会告诉我的。］这句话在法国布德本希腊文中同样如此，而新校勘的牛津古典本希腊文的断句略有不同，作：Τὸ τῶν παιζόντων, ἔφη τοῦτο, σὺ καὶ ἐμοὶ ἐρεῖς. 由此一来，τὸ τῶν παιζόντων ... τοῦτο［如那些打趣的人所说的那样］成为一个整体；从之。这是在开玩笑，暗含的意思是：既然是你在问，那也就由你来回答。

对观《菲勒玻斯》(25b5-9)：{ΣΩ.} Εἶεν·τὸ δὲ τρίτον τὸ μεικτὸν ἐκ τούτοιν ἀμφοῖν τίνα ἰδέαν φήσομεν ἔχειν;{ΠΡΩ.} Σὺ καὶ ἐμοὶ φράσεις, ὡς οἶμαι. {ΣΩ.} Θεὸς μὲν οὖν, ἄνπερ γε ἐμαῖς εὐχαῖς ἐπήκοος γίγνηταί τις θεῶν.［苏格拉底：好吧！至于从这两个种类混合而成的第三个种类，我们会说它拥有何种形相呢？普洛塔尔科斯：你也会向我说明的，我认为。苏格拉底：不是我而是一位神会向你说明，假如在诸神中真的出现了一位听取我的祈祷的神的话。］

2663 θάλειαι［宴饮］，法国布德本希腊文和新校勘的牛津古典本希腊文均作宴饮 θαλίαι，从之；不过译成中文，意思一样。

2664 ἐάν τινες ὦσι πρόσοδοι［即使有一些收入］。名词 πρόσοδος 的本义是“前往”“前进”，转义为“收入”“利润”等；《牛津希-英词典》对它的这层意思的解释是：income, profits。

2665 πυκνάς τε καὶ σφοδράς［数量众多且极其强烈］。形容词 πυκνός 的本义是“紧密的”“结实的”，但在这里的意思是“众多的”“持续不断的”；《牛津希-英词典》举了柏拉图在这里的这个表达，对它的解释是：numerous, continuous, constant。

2666 根据前面 573d3 那里的 παρ' αὐτοῖς［在他们那里］，这里的“这些人”，即倾向僭主政制的人及其伙伴。

2667 πλέον ἔχειν［占上风 / 得势］是固定表达，参见前面第一卷 349b3 那里对“τί ... πλέον ἔχειν［占某种上风］”的注释 365。

2668 ἀπονειμάμενος τῶν πατρῴων［任意取用那些属于父辈的东西］。ἀπονειμάμενος 在这里是动词 ἀπονέμω 的一次性过去时分词中动态阳性主格单数。ἀπονέμω 的本义是“分配”“分给”，但其中动态的意思则是“归给自己”，而在这里的意思是“任意取用”“任意占得”;《牛津希-英词典》举了柏拉图在这里的这个表达，对之的解释是：help oneself to a share of ... 。

2669 ἀντεχόμενων 在这里是动词 ἀντέχω 的现在时分词中动态阳性属格复数；ἀντέχω 的本义是“抓住”“紧握着”，但其中动态则具有“抵制”“抵抗”等意思;《牛津希-英词典》举了柏拉图在这里的这个表达，对它的解释是：resist。

2670 θαρρῶ περί ... 是词组，意思是“对……有信心”“关于……有信心”;《牛津希-英词典》举了柏拉图在这里的这个表达，对它的解释是：to be confident about ... 。

2671 οὐκ ἀναγκαίας ἑταίρας［没有被一种必然的纽带所联系的女伴］，有意这么翻译，当然可以简单译为“非必要的女伴”“没有血亲关系的女伴”。形容词 ἀναγκαῖος 的本义是“必要的”“必然的”，但用在人身上，指“被必然的或自然的纽带所联系的”，即“有血亲关系的”；因而这里显然是一句双关语。《牛津希-英词典》举了柏拉图在这里的这个表达，对 ἀναγκαῖος 的解释是：connected by necessary or natural ties, i. e. related by blood。

2672 πληγαῖς δοῦναι［殴打 / 拳脚相加］，字面意思是“交给殴打”。

2673 οἰκίας τινὸς ἐφάψεται τοίχου［挖某个屋子的墙］，之所以这么翻译，参见前面第一卷 344b3 那里的 τοιχωρύχοι［挖墙的窃贼］。

2674 δόξας［意见］，在这里也可以译为“信念”。

2675 ὄναρ［于梦里］。之所以这么翻译，见前面第二卷 382e11 那里对“οὔθ’ ὕπαρ οὐδ’ ὄναρ.［不管那些人是醒着时，还是在睡梦中。］”的注释 789。

2676 τυραννευθεὶς δὲ ὑπὸ Ἔρωτος［但现在由于他处在厄洛斯这位僭主的掌控下］。τυραννευθείς 是动词 τυραννεύω 的一次性过去时分词被动态阳性主格单数，τυραννεύω 的本义是“做僭主”，但其被动态的意思则是“在僭主的掌控下”“在僭主的统治下”，如前面第八卷 545c3：εἰς τυραννουμένην πόλιν［前往那处于僭主统治下的城邦］。

2677 ἐν πάσῃ ἀναρχίᾳ καὶ ἀνομίᾳ［以一种完全无法无天的方式］，这是意译，字面意思是“以一种完全无首领和无法的方式”“以一种完全无政府和无法的方式”。

2678 μόναρχος［唯一的统治者］。形容词 μόναρχος 的本义就是“一人统治的”，转义为“独裁的”“专制的”；该词由 μόνος［一 / 一人］和 ἄρχω［统治］派生而来。

2679 τὸν ἔχοντά ... αὐτόν［怀有他的人］，有意照字面意思翻译，当然也可以转译为“他所掌控的人”“他寓居其中的人”。αὐτόν［他］，即“厄洛斯”或“爱欲”。这一表达可对观《斐德若》(239b8-c2)：τὰ μὲν οὖν κατὰ διάνοιαν ἐπίτροπός τε καὶ κοινωνὸς οὐδαμῇ λυσιτελὴς ἀνὴρ ἔχων ἔρωτα.［因此，就在思想方面的事情来说，无论是作为监护人，还是作为伙伴，一个人都绝对不是有裨益的，如果他怀有爱欲的话。］

2680 μισθοῦ ἐπικουροῦσιν［当雇佣兵］是固定表达，字面意思是“为了酬金而援助”。

2681 αὐτοῦ ... ἐν τῇ πόλει［在城邦那里］是一个整体。关于 αὐτοῦ 的用法，参见前面第一卷 327c9 那里对“ἢ μένετ’ αὐτοῦ［要么就得留在这里］”的注释 18。

2682 ἔστιν ὅτε 是固定表达，意思是“有些时候……”“有时……”；《牛津希-英词典》对它的解释是：there are times when, sometimes, now and then。

2683 οὐδ’ ἴκταρ βάλλει［根本就不能望其项背］，也可以译为“差十万八千里”。这句话在新校勘的牛津古典本希腊文同样如此，而其中的副词 ἴκταρ 在法国布德本希腊文中作 ἴκταρ，不过意思一样。副词 ἴκταρ 的本义是“紧挨着”“在近处”；《牛津希-英词典》举了柏拉图在这里的这个表达，对谚语 οὐδ’ ἴκταρ βάλλει 的解释是：do not strike even near him, are quite wide of the mark。

2684 即 ὁ Ἔρως［厄洛斯 / 爱欲］。

2685 ἐὰν δὲ μὴ ἐπιτρέπῃ ἡ πόλις［如果城邦并不〈把自己〉交给〈他〉］，如果不补充翻译，也可以简单译为“如果城邦并不同意”。

2686 τὴν πατρίδα［祖国］，如果为了同后面的 τὴν μητρίδα［母邦］相照应，也可以译为“父邦”，或者把 τὴν μητρίδα 译为“母国”。

2687 ὑπὸ τούτοις δὴ δουλεύουσαν τὴν πάλαι φίλην μητρίδα［当他从前那个亲爱的母邦处在这些人的奴役之下后］，之所以这么翻译，因为 δουλεύουσαν 是动词 δουλεύω［做奴隶 / 受奴役］的现在时分词主动态阴性宾格单数，其主语只能是后面的 μητρίδα［母邦］。

2688 ὡς οἷόν τε μάλιστα［在最高的方式上］。参见前面第三卷 412b1 那里“ὡς οἷόν τέ γε μάλιστα［尽可能地］”的注释 1131。

2689 见前面 571c–d。

2690 这句话暗含着对大众意见的一种蔑视。类似的表达可对观：

《斐德若》(277d10–e3)：τὸ γὰρ ἀγνοεῖν ὕπαρ τε καὶ ὄναρ δικαίων καὶ ἀδίκων πέρι καὶ κακῶν καὶ ἀγαθῶν οὐκ ἐκφεύγει τῇ ἀληθείᾳ μὴ οὐκ ἐπονείδιστον εἶναι, οὐδὲ ἂν ὁ πᾶς ὄχλος αὐτὸ ἐπαινέσῃ.[因为，无论是醒着时还是在睡梦中，一个人如果关于各种正义的东西和不正义的东西、邪恶的东西和良善的东西是无知的，那他就真的无法逃脱这点，即是应被谴责的，即使整个大众都在颂扬它。]

《菲勒玻斯》(67b1–2)：Πρῶτον δέ γε οὐδ' ἂν οἱ πάντες βόες τε καὶ ἵπποι καὶ τἆλλα σύμπαντα θηρία φῶσι τῷ τὸ χαίρειν διώκειν.[但无论如何它都不是第一位的，即使所有的牛和马，以及其他所有的畜生都会因这件事情，即因追逐享受而宣称它是第一位的。]

2691 ταῦτα γοῦν οὕτως ἔχειν[无论如何〈你所说的〉这些都是这样]，当然可以简单译为"无论如何事情都是这样"。而之所以这么补充翻译，因为 ταῦτα[这些]在这里包含了苏格拉底在上面说的两方面的情况：一是最邪恶人和僭主是最可怜的人，二是众人对此持有不同的看法。

2692 参见前面第一卷 337c7 那里对"ἄλλο τι"的注释 222。

2693 对观《政治家》(276d5–277a2)：{ΞΕ.} Ἦι τε τὸν θεῖον ἄν που διειλόμεθα νομέα χωρὶς καὶ τὸν ἀνθρώπινον ἐπιμελητήν. {ΝΕ. ΣΩ.} Ὀρθῶς. {ΞΕ.} Αὖθις δέ γε τὴν ἀπονεμηθεῖσαν ἐπιμελητικὴν δίχα τέμνειν ἀναγκαῖον ἦν. {ΝΕ. ΣΩ.} Τίνι; {ΞΕ.} Τῷ βιαίῳ τε καὶ ἑκουσίῳ. {ΝΕ. ΣΩ.} Τί δή; {ΞΕ.} Καὶ ταύτῃ που τὸ πρότερον ἁμαρτάνοντες εὐηθέστερα τοῦ δέοντος εἰς ταὐτὸν βασιλέα καὶ τύραννον συνέθεμεν, ἀνομοιοτάτους ὄντας αὐτούς τε καὶ τὸν τῆς ἀρχῆς ἑκατέρου τρόπον. {ΝΕ. ΣΩ.} Ἀληθῆ. {ΞΕ.} Νῦν δέ γε πάλιν ἐπανορθούμενοι, καθάπερ εἶπον, τὴν ἀνθρωπίνην ἐπιμελητικὴν δίχα διαιρώμεθα, τῷ βιαίῳ τε καὶ ἑκουσίῳ; {ΝΕ. ΣΩ.} Πάνυ μὲν οὖν. {ΞΕ.} Καὶ τὴν μέν γέ που τῶν βιαίων τυραννικήν, τὴν δὲ ἑκούσιον καὶ ἑκουσίων διπόδων ἀγελαιοκομικὴν ζῴων προσειπόντες πολιτικήν, τὸν ἔχοντα αὖ τέχνην ταύτην καὶ ἐπιμέλειαν ὄντως ὄντα βασιλέα καὶ πολιτικὸν ἀποφαινώμεθα; {ΝΕ. ΣΩ.} Καὶ κινδυνεύει γε, ὦ ξένε, τελέως ἂν ἡμῖν οὕτως ἔχειν ἡ περὶ τὸν πολιτικὸν ἀπόδειξις.[客人：在某个地方，我们至少曾可以把神圣的牧人同人的关心者区分开来。年轻的苏格拉底：正确。客人：然后，这个被分割出来的对人进行关心的技艺，无论如何都必然被一分为二。年轻的苏格拉底：通过什么？客人：通过暴力的和心甘情愿的。年轻的苏格拉底：究竟为什么呢？客人：也正是在这点上，

由于我们在前面极其头脑简单地犯了一个错误，从而把国王和僭主等量齐观，其实他们自己以及他们两者各自的统治方式都是最为不相同的。年轻的苏格拉底：说得正确。客人：而现在我们也应当通过再次进行纠正，就像我说的那样，而把属人的关心术一分为二吗，通过暴力的和心甘情愿的？年轻的苏格拉底：当然。客人：并且如果我们当真把那些暴力的人的技艺称为僭主术，而把关于那些心甘情愿的两足动物的心甘情愿的畜牧术称为政治术，那么，我们复又能够把那拥有这种技艺和关心的人展露为是在是的方式上是着的国王和政治家吗？年轻的苏格拉底：也的确有可能，客人啊，对我们来说如此对政治家的揭示是完满的。]

2694 καὶ περὶ τῶν ἀνδρῶν τὰ αὐτὰ ταῦτα προκαλούμενος［如果关于〈与这两种城邦相应的〉那些人我也提议同样这些事情］，单就这句话也可以简单译为“如果关于〈与这两种城邦相应的〉那些人我也给出同样的提议”。

2695 τῆς τῶν τυραννικῶν προστάσεως［那些僭主式的人物的外在威仪］，也可以译为“那些僭主式的人物的浮夸外表”；《牛津希-英词典》举了柏拉图在这里的这个表达，对 πρόστασις 的解释是：outward dignity。

2696 γυμνὸς ... τῆς τραγικῆς σκευῆς［被剥去用来演悲剧的行头］是一个整体。形容词 γυμνός 的本义是“裸体的”，跟属格，意思是“被剥去……的”；《牛津希-英词典》举了柏拉图在这里的这个表达，对它的解释是：stripped of ... 。

2697 ὑπὸ δὲ οἴστρου ἀεὶ ἑλκομένη βίᾳ［总是被强烈的欲望用强力所拖拽］。名词 οἶστρος 的本义是“牛虻”“刺棍”，喻为“强烈的欲望”“疯狂的激情”；《牛津希-英词典》举了柏拉图在这里的这个表达，对它的解释是：any vehement desire, insane passion 。

2698 与之相反的情形，对观《斐德若》（279b8-c3）：Ὦ φίλε Πάν τε καὶ ἄλλοι ὅσοι τῇδε θεοί, δοίητέ μοι καλῷ γενέσθαι τἄνδοθεν· ἔξωθεν δὲ ὅσα ἔχω, τοῖς ἐντὸς εἶναί μοι φίλια. πλούσιον δὲ νομίζοιμι τὸν σοφόν· τὸ δὲ χρυσοῦ πλῆθος εἴη μοι ὅσον μήτε φέρειν μήτε ἄγειν δύναιτο ἄλλος ἢ ὁ σώφρων.［哦，亲爱的潘神，以及这儿的其他所有的诸神！请你们允许我能够在内里变得漂亮；至于我在外面所拥有的一切，请你们允许它们同我内里的那些东西是友好的。但愿我会把智慧的人视作富足的；至于金钱的数量，对我来说只需一个有节制的人所能忍受和携带的那么多。］

2699 τήν τε πόλιν τῶν πόλεων ἀθλιωτάτην ἔκρινας［判断这种城邦肯定是诸城邦中最不幸的］，其中的小词 τε，在法国布德本希腊文和新校勘的牛津古典本希腊文中均作 γε，从之。

2700 μακρῷ ... ἀθλιώτατον εἶναι［是迄今为止最不幸的］。关于副词 μακρῷ 的用

法，参见前面第五卷 461e7 那里对“μακρῷ βελτίστη［迄今为止最好的］”的注释 1607。

2701 ἰδιώτην βίον［以一种普通人的身份］，也可以译为“以私人身份”。名词 ἰδιώτης 有时也可以做形容词使用，修饰名词，如 ἰδιώτης λόγος［日常语言］;《牛津希-英词典》举了柏拉图在这里的这个表达，对 ἰδιώτης βίος 的解释是：private station。

2702 καί 在这里不作并列连词使用，而是对前面的解释，故译为“即”，而不译为“并且”。

2703 参见前面 411c4 那里对“εὐωχῆται εὖ μάλα［确确实实在膳食方面很讲究］”的注释 1122；这里基于文义，将 εὖ μάλα 译为“实实在在地”。对观《大希庇阿斯》(292a6-7)：Ὅτι, ἂν τύχῃ βακτηρίαν ἔχων, ἂν μὴ ἐκφύγω φεύγων αὐτόν, εὖ μάλα μου ἐφικέσθαι πειράσεται.［因为，如果他碰巧有一根棍子，除非我通过逃跑避开他，他将试着实实在在地揍我一顿。］

2704 ἀνδράποδον［奴隶］，尤其指战争中被俘后被卖为奴的人。

2705 关于动词 διαφέρω 的用法，参见前面第五卷 454d9 那里对“διαφέρον φαίνηται［显得胜出］”的注释 1535。

2706 οὗτοι ἀδεῶς ἔχουσιν［这些人都是没有恐惧的］，也可以译为“这些人都是自信满满的”。

2707 κύκλῳ φρουρούμενος ὑπὸ πάντων πολεμίων.［因为他四周都被人看守着，而他们全都是敌人。］也可以简单转译为：因为他四周都纯粹被敌人看守着。

2708 参见前面第二卷 372a8 那里对“τὰ πολλά”的注释 661。

2709 καταδεδυκὼς ... ἐν τῇ οἰκίᾳ［溜到家里躲藏起来］。καταδεδυκώς 是动词 καταδύω 的完成时分词主动态阳性主格单数，καταδύω 的本义是“沉没”“沉入”，进而指“溜到……藏起来”;《牛津希-英词典》举了柏拉图在这里的这个表达，对它的解释是：slink away and lie hid。

2710 κακῶς ἐν ἑαυτῷ πολιτευόμενος［在他自己内里糟糕地采用一种城邦体制］，这显然是一种比喻。

2711 见前面 578b6。

2712 ὑπό τινος τύχης［由于某种命运］，有意这么偏中性的翻译，而没有直接译为“由于某种不幸”。

2713 ὁμοιότατά τε καὶ ἀληθέστατα λέγεις.［你说得既极其惟妙惟肖，又极其真实无疑。］类似的表达对观《智者》(252d1)：Κομιδῇ λέγεις ὅμοιόν τε καὶ ἀληθές.［你的确说得既惟妙惟肖，又真实无疑。］

2714 ὁ τυραννῶν［那成为了一个僭主的人］，也可以译为“那实施僭主统治的人”。

2715 ὁ τῷ ὄντι τύραννος τῷ ὄντι δοῦλος［那在是的方式上是着的僭主，他在是的方式上是一个奴隶］，当然可以简单译为“真正的僭主真正地是一个奴隶”。

2716 ἐπίστηται θεάσασθαι［知道如何观看］，参见前面第四卷 420e1 那里对“ἐπιστάμεθα ... κελεύειν［我们知道如何……吩咐］”的注释 1186。

2717 νῦν ἤδη 是词组，《牛津希-英词典》对之的解释是 henceforth，即“从今以后”；这里基于文义，将之译为“此时此地”。参见：

《斐德若》（228c1-5）：δεομένου δὲ λέγειν τοῦ τῶν λόγων ἐραστοῦ, ἐθρύπτετο ὡς δὴ οὐκ ἐπιθυμῶν λέγειν· τελευτῶν δὲ ἔμελλε καὶ εἰ μή τις ἑκὼν ἀκούοι βίᾳ ἐρεῖν. σὺ οὖν, ὦ Φαῖδρε, αὐτοῦ δεήθητι ὅπερ τάχα πάντως ποιήσει νῦν ἤδη ποιεῖν.［但是，当那位言辞的热爱者要求他说时，他却忸怩作态假装正经起来，装着好像其实没有欲望说似的。但最终他注定要说，并且假如某个人不情愿听，那他甚至会强迫他听。因此，你，斐德若啊，请你要求他此时此地就做他无论如何都很快将做的那件事吧！］

《智者》（231c3-6）：Εἰκότως γε σὺ ἀπορῶν. ἀλλά τοι κἀκεῖνον ἡγεῖσθαι χρὴ νῦν ἤδη σφόδρα ἀπορεῖν ὅπῃ ποτὲ ἔτι διαδύσεται τὸν λόγον· ὀρθὴ γὰρ ἡ παροιμία, τὸ τὰς ἁπάσας μὴ ῥᾴδιον εἶναι διαφεύγειν. νῦν οὖν καὶ μάλιστα ἐπιθετέον αὐτῷ.［你当然有可能会困惑。但毫无疑问必须得认识到，那种人从今以后也非常困惑于还能究竟以何种方式规避该言说；因为谚语是对的，即逃脱所有的围追堵截是不容易的。因此，现在甚至尤其必须攻击他。］

2718 ὥσπερ ὁ διὰ πάντων κριτὴς ἀποφαίνεται［就像最终的裁判做出决定那样］。ὁ διὰ πάντων κριτής［最终的裁判］，也可以译为“对一切做出仲裁的人”；κριτής 除了泛指“裁判”之外，在当时尤其指“戏剧比赛的评判员”。ἀποφαίνεται 在这里是动词 ἀποφαίνω 的现在时直陈式中动态第三人称单数，ἀποφαίνω 的本义是“展示”“宣布”，但其中动态的意思是“给出意见”“做出决定”；《牛津希-英词典》举了柏拉图在这里的这个表达，对它的解释是：give a decision or award。

2719 εἰσῆλθον［他们在上场］。εἰσῆλθον 在这里是动词 εἰσέρχομαι 的一次性过去时直陈式中动态第三人称复数，εἰσέρχομαι 的本义是“进入”“进去”，但也指“出庭”“演员上场”；《牛津希-英词典》举了柏拉图在这里的这个表达，对它的解释是：of the Chorus, actors, etc., come upon the stage。

2720 ὁ Ἀρίστωνος ὑός［阿里斯通的儿子］，这是一句双关语；参见前面第二卷 368a4 那里对“παῖδες Ἀρίστωνος［阿里斯通的孩子们］”的注释 606。

2721 ἐάν τι δόξῃ εἶναι［如果它毕竟看起来是的话］，之所以这么翻译，因为 τι 在这里作副词使用，基于上下文将之译为“毕竟”；《牛津希-英词典》对它的这一用法的解释是：somewhat, in any degree, at all。

2722 [λογιστικὸν] δέξεται［将容许］。希腊文方括号中的 λογιστικὸν，伯内特认为是窜入，新校勘的牛津古典本希腊文同样如此；而法国布德本希腊文直接删除了它。

2723 ᾧ θυμοῦται［一个人借以变得气宇轩昂］，当然也可以译为“一个人借以变得愤怒”。

2724 εἰδέναι τὴν ἀλήθειαν ὅπῃ ἔχει［在其所是的那个样子上知道真］，也可以译为“如其本然地那样知道真”。相关表达和内容可对观：

《卡尔米德斯》（166d4−6）：ἢ οὐ κοινὸν οἴει ἀγαθὸν εἶναι σχεδόν τι πᾶσιν ἀνθρώποις, γίγνεσθαι καταφανὲς ἕκαστον τῶν ὄντων ὅπῃ ἔχει;［或者，难道你不认为，下面这点差不多对于所有的人来说是一种共同的好，那就是：诸是着的东西中的每一个都在其所是的那个样子上变得一清二楚？］

《菲勒玻斯》（58b9−e3）：{ΣΩ.} Οὐκ, ὦ φίλε Πρώταρχε, τοῦτο ἔγωγε ἐζήτουν πω, τίς τέχνη ἢ τίς ἐπιστήμη πασῶν διαφέρει τῷ μεγίστη καὶ ἀρίστη καὶ πλεῖστα ὠφελοῦσα ἡμᾶς, ἀλλὰ τίς ποτε τὸ σαφὲς καὶ τἀκριβὲς καὶ τὸ ἀληθέστατον ἐπισκοπεῖ, κἂν εἰ σμικρὰ καὶ σμικρὰ ὀνινᾶσα, τοῦτ’ ἔστιν ὃ νῦν δὴ ζητοῦμεν. ἀλλ’ ὅρα – οὐδὲ γὰρ ἀπεχθήσῃ Γοργίᾳ, τῇ μὲν ἐκείνου ὑπάρχειν τέχνῃ διδοὺς πρὸς χρείαν τοῖς ἀνθρώποις κρατεῖν, ᾗ δ’ εἶπον ἐγὼ νῦν πραγματείᾳ, καθάπερ τοῦ λευκοῦ πέρι τότε ἔλεγον, κἂν εἰ σμικρόν, καθαρὸν δ’ εἴη, τοῦ πολλοῦ καὶ μὴ τοιούτου διαφέρειν, τούτῳ γ’ αὐτῷ τῷ ἀληθεστάτῳ, καὶ νῦν δὴ σφόδρα διανοηθέντες καὶ ἱκανῶς διαλογισάμενοι, μήτ’ εἴς τινας ὠφελίας ἐπιστημῶν βλέψαντες μήτε τινὰς εὐδοκιμίας, ἀλλ’ εἴ τις πέφυκε τῆς ψυχῆς ἡμῶν δύναμις ἐρᾶν τε τοῦ ἀληθοῦς καὶ πάντα ἕνεκα τούτου πράττειν, ταύτην εἴπωμεν διεξερευνησάμενοι – τὸ καθαρὸν νοῦ τε καὶ φρονήσεως εἰ ταύτην μάλιστα ἐκ τῶν εἰκότων ἐκτῆσθαι φαῖμεν ἂν ἤ τινα ἑτέραν ταύτης κυριωτέραν ἡμῖν ζητητέον. {ΠΡΩ.} Ἀλλὰ σκοπῶ, καὶ χαλεπὸν οἶμαι συγχωρῆσαί τινα ἄλλην ἐπιστήμην ἢ τέχνην τῆς ἀληθείας ἀντέχεσθαι μᾶλλον ἢ ταύτην.［苏格拉底：亲爱的普罗塔尔科啊，我根本还不曾寻求过这点，即何种技艺，或者何种知识，因是最大的和最好的以及因对我们最为有用而优于所有其他的；相反，究竟什么样的技艺或知识在考察明晰的东西、精确的东西和最真的东西——即使该技艺或知识是微不足道的，并且使我们也得不到多少好处——，这才是我们现在所寻求的。但请你看看：一方面，你其实根本不会招致高尔吉亚的敌意，只要你认可就需要来说在人们中做主宰是属于那人的技艺的；另一方面，就我刚才所说的那个事业而言，就像关于白色那

时我曾说过的那样，即使它在量上虽少，却是纯粹的，那它也胜过了那在量上虽多却不是如此这般的白色，就因为这点，即它是最真的。而现在通过彻底地思考和充分地考虑，我们既不着眼于诸知识的某些用处，也不着眼于其某些好名声，而是看我们灵魂中是否有某种能力生来就热爱真的东西，并只为了它而做一切；在彻底检查了这种能力之后，让我们说：我们会宣称这种能力最为可能拥有理智之纯粹以及明智之纯粹呢，还是我们必须得寻找比这种能力更具决定性的某种其他的能力。普洛塔尔科斯：我的确在考虑这点，并且我也认为，难以同意某种其他的知识或技艺会比这种能力更执着于真。]

2725 对观《斐洞》(82b10-c8)：Εἰς δέ γε θεῶν γένος μὴ φιλοσοφήσαντι καὶ παντελῶς καθαρῷ ἀπιόντι οὐ θέμις ἀφικνεῖσθαι ἀλλ᾽ ἢ τῷ φιλομαθεῖ. ἀλλὰ τούτων ἕνεκα, ὦ ἑταῖρε Σιμμία τε καὶ Κέβης, οἱ ὀρθῶς φιλόσοφοι ἀπέχονται τῶν κατὰ τὸ σῶμα ἐπιθυμιῶν ἁπασῶν καὶ καρτεροῦσι καὶ οὐ παραδιδόασιν αὐταῖς ἑαυτούς, οὔ τι οἰκοφθορίαν τε καὶ πενίαν φοβούμενοι, ὥσπερ οἱ πολλοὶ καὶ φιλοχρήματοι· οὐδὲ αὖ ἀτιμίαν τε καὶ ἀδοξίαν μοχθηρίας δεδιότες, ὥσπερ οἱ φίλαρχοί τε καὶ φιλότιμοι, ἔπειτα ἀπέχονται αὐτῶν. [对于那不热爱智慧和没有完全纯粹地离开的人来说，到达神的族类那里是不合神法的，只有那热爱学问的人可以。而正是由于这些，朋友，西米阿斯和刻贝斯啊，那些在真正的意义上热爱智慧的人才放弃所有由身体而来的欲望，他们坚定不移，不把自己交给它们，不是由于担心倾家荡产和贫穷，就像许多热爱钱财的人那样；他们也不是因害怕不光彩和由邪恶而来的坏名声，就像那些爱权力和好名声的人那样，然后才放弃它们。]

2726 κατὰ τρόπον[恰当地]是固定表达，意思和 πρὸς τρόπου[合理的 / 恰当的]差不多，其反面是 ἀπὸ τρόπου[不合理地 / 不恰当地]。参见：

《政治家》(310b10-c2)：Μᾶλλον δέ γε δίκαιον τῶν περὶ τὰ γένη ποιουμένων ἐπιμέλειαν τούτων πέρι λέγειν, εἴ τι μὴ κατὰ τρόπον πράττουσιν. [另一方面，其实更为正当地是说一说那些对后代进行关心的人，如果他们不恰当地做了某种事的话。]

《菲勒玻斯》(33c8-11)：Μνήμην, ὡς ἔοικεν, ὅτι ποτ᾽ ἔστιν πρότερον ἀναληπτέον, καὶ κινδυνεύει πάλιν ἔτι πρότερον αἴσθησιν μνήμης, εἰ μέλλει τὰ περὶ ταῦθ᾽ ἡμῖν κατὰ τρόπον φανερά πῃ γενήσεσθαι. [记忆，如看起来的那样，它究竟是什么，必须先把这点重新拾起来；并且有可能还得再次必须在记忆的前面把感觉重新拾起来，如果我们打算恰当地让关于这些东西的事情在某种方式上将对我们变得清楚的话。]

《大希庇阿斯》(286d2-3): καὶ ἐγὼ διὰ τὴν ἐμὴν φαυλότητα ἠπορούμην τε καὶ οὐκ εἶχον αὐτῷ κατὰ τρόπον ἀποκρίνασθαι. [而我则由于我的低劣变得走投无路，并且我也不能够恰当地回答他。]

2727 [τῆς ἡδονῆς] οὐ πάνυ πόρρω; [他岂不会认为它们远远在后？] 希腊文方括号中的 τῆς ἡδονῆς [快乐]，伯内特认为可能是窜入，新校勘的牛津古典本希腊文直接删除了它；而法国布德本希腊文则保留了它，如果按布德本翻译，则当译为：他岂不会认为它们离〈真正的〉快乐很远？

2728 见前面第八卷 559a1-b7。

2729 ἀμφισβητοῦνται ἑκάστου τοῦ εἴδους αἱ ἡδοναὶ καὶ αὐτὸς ὁ βίος. [在每一种形式的人那里，那些快乐以及生活本身成为了争论的主题。] 之所以这么翻译，因为从文法上看，ἀμφισβητοῦνται 在这里是动词 ἀμφισβητέω [争论 / 持异议] 的现在时直陈式被动态第三人称复数，而非中动态第三人称复数;《牛津希-英词典》举了柏拉图在这里的这个表达，对它的解释是：to be the subject of dispute, to be in question。

2730 λόγῳ [讨论]，单就这个词在这里也可以译为“理性”。

2731 ὅπῃ πέφυκε τὰ ὄντα [诸是者在本性上是怎样的]，也可以译为“诸是者生来是怎样的”。

2732 参见前面第一卷 357c2 那里对“τὸ φρονεῖν [具有明智]”的注释 435。

2733 οἷόν ἐστιν [它是什么样子]，鉴于 οἷόν 是中性单数，因而其主语“它”，当为 τιμᾶσθαι [受人尊敬]。

2734 ἐμπειρίας ... ἕνεκα [由于经验的缘故] 是一个整体。

2735 μετά ... φρονήσεως [同明智结合在一起]，也可以译为“伴随着明智”。柏拉图在许多地方都指出，缺乏“明智”或“思想”的经验，只是一种 ἄτεχνος τριβή [缺乏技艺的历练]。参见：

《高尔吉亚》(463b3-4): οὐκ ἔστιν τέχνη ἀλλ' ἐμπειρία καὶ τριβή. [不是一种技艺，而是一种经验和历练。]

《斐德若》(260e4-5): οὐκ ἔστι τέχνη ἀλλ' ἄτεχνος τριβή. [不是一种技艺，而是一种缺乏技艺的历练。]

2736 ὁ κριτός [这位裁判]，根据下文，当指上面提到的 ὁ φρόνιμος [明智的人]。

2737 根据当时的习俗，在奠酒时，把第三杯献给“拯救者宙斯”(Ζεὺς Σωτήρ)，而谚语 τὸ τρίτον τῷ σωτῆρι 的意思就是“把第三杯酒献给拯救者宙斯”；τὸ τρίτον [第三] 在这里喻为“幸运的时刻”,《牛津希-英词典》举了柏拉图在这里的这个表达，对它的解释是：the lucky time。参见：

《菲勒玻斯》(66d4-5): Ἴθι δή, τὸ τρίτον τῷ σωτῆρι τὸν αὐτὸν διαμαρτυράμενοι λόγον ἐπεξέλθωμεν.［那就来吧！让我们把第三杯酒献给拯救者宙斯，通过请他作见证来彻底走完这同一种说法。］

《卡尔米德斯》（167a9–b1）：Πάλιν τοίνυν, ἦν δ' ἐγώ, τὸ τρίτον τῷ σωτῆρι, ὥσπερ ἐξ ἀρχῆς.［那就再来一次，我说道，把第三杯酒献给拯救者宙斯，就像从头开始似的。］

2738 ἐσκιαγραφημένη τις［某种被用阴影手法画出来的快乐］，当然可以简单译为"某些虚幻的快乐"。

对观《斐洞》（69a6–c3）：Ὦ μακάριε Σιμμία, μὴ γὰρ οὐχ αὕτη ᾖ ἡ ὀρθὴ πρὸς ἀρετὴν ἀλλαγή, ἡδονὰς πρὸς ἡδονὰς καὶ λύπας πρὸς λύπας καὶ φόβον πρὸς φόβον καταλλάττεσθαι, [καὶ] μείζω πρὸς ἐλάττω ὥσπερ νομίσματα, ἀλλ' ᾖ ἐκεῖνο μόνον τὸ νόμισμα ὀρθόν, ἀντὶ οὗ δεῖ πάντα ταῦτα καταλλάττεσθαι, φρόνησις, [καὶ τούτου μὲν πάντα] καὶ μετὰ τούτου [ὠνούμενά τε καὶ πιπρασκόμενα] τῷ ὄντι ᾖ καὶ ἀνδρεία καὶ σωφροσύνη καὶ δικαιοσύνη καὶ συλλήβδην ἀληθὴς ἀρετή, μετὰ φρονήσεως, καὶ προσγιγνομένων καὶ ἀπογιγνομένων καὶ ἡδονῶν καὶ φόβων καὶ τῶν ἄλλων πάντων τῶν τοιούτων· χωριζόμενα δὲ φρονήσεως [καὶ] ἀλλαττόμενα ἀντὶ ἀλλήλων μὴ σκιαγραφία τις ᾖ ἡ τοιαύτη ἀρετὴ καὶ τῷ ὄντι ἀνδραποδώδης τε καὶ οὐδὲν ὑγιὲς οὐδ' ἀληθὲς ἔχῃ, τὸ δ' ἀληθὲς τῷ ὄντι ᾖ κάθαρσίς τις τῶν τοιούτων πάντων καὶ ἡ σωφροσύνη καὶ ἡ δικαιοσύνη καὶ ἀνδρεία, καὶ αὐτὴ ἡ φρόνησις μὴ καθαρμός τις ᾖ.［有福的西米阿斯啊，从德性来看这恐怕不是正确的换取，即用一些快乐交换一些快乐，用一些痛苦交换一些痛苦，用恐惧交换恐惧，用较大的交换较小的，就像钱币一样，而唯有下面那种东西才有可能是正确的钱币，为了它所有这些才应当被交换，即真正的知识；并且当所有东西都为了这种东西以及伴随着这种东西而被买和卖时，才可能真正地有着勇敢、节制和正义，简而言之，真的德性伴随着真正的知识，无论加上还是拿走各种快乐、各种恐惧以及所有其他诸如此类的东西。但是，当它们与真正的知识相分离并只是互相交换时，这种德性就可能只是一种虚影，并且实际上是带有奴性的，既不包含任何健康的东西，也不包含任何真的东西。而真的东西实际上可能是对所有这类东西的某种纯化，节制、公正、勇敢以及真正的知识本身都可能是一种洁净。］

2739 对观《菲勒玻斯》（32d9–33a6）：{ΣΩ.} Πρῶτον μὲν τοίνυν τόδε συνίδωμεν· [ὡς] εἴπερ ὄντως ἔστι τὸ λεγόμενον, διαφθειρομένων μὲν αὐτῶν ἀλγηδών, ἀνασῳζομένων δὲ ἡδονή, τῶν μήτε διαφθειρομένων μήτε ἀνασῳζομένων ἐννοήσωμεν πέρι, τίνα ποτὲ ἕξιν δεῖ τότε ἐν ἑκάστοις εἶναι τοῖς ζῴοις, ὅταν οὕτως ἴσχῃ. σφόδρα δὲ προσέχων τὸν νοῦν εἰπέ· ἆρα οὐ πᾶσα ἀνάγκη πᾶν ἐν τῷ τότε χρόνῳ ζῷον μήτε τι λυπεῖσθαι μήτε ἥδεσθαι μήτε μέγα μήτε σμικρόν; {ΠΡΩ.} Ἀνάγκη μὲν οὖν. {ΣΩ.} Οὐκοῦν ἔστι τις τρίτη ἡμῶν ἡ τοιαύτη διάθεσις παρά τε τὴν τοῦ χαίροντος καὶ παρὰ τὴν τοῦ λυπουμένου; {ΠΡΩ.} Τί μήν; {ΣΩ.} Ἄγε δὴ τοίνυν, ταύτης προθυμοῦ μεμνῆσθαι. πρὸς γὰρ τὴν τῆς ἡδονῆς κρίσιν οὐ σμικρὸν μεμνῆσθαι ταύτην ἔσθ' ἡμῖν ἢ μή. βραχὺ δέ τι περὶ αὐτῆς, εἰ βούλει, διαπεράνωμεν. [苏格拉底：那么，首先让我们一起来看看下面这点，那就是：假如所说的确实是如此，即一方面，当活物被败坏时就生起痛苦，另一方面，当它们被恢复时就生起快乐，那么，让我们就既未被败坏也未被恢复的它们来做一下思考，它们每一个在那时究竟应该处于何种状态，每当它是这个样子的时候。不过，请你把注意力完全集中到下面这点上来说说：这岂不是一种完全的必然，即每一个活物在那个时候都既不感到任何痛苦，也不感到任何快乐，无论大还是小？普洛塔尔科斯：确实是一种必然。苏格拉底：那么，这样一种状况岂不是我们的某一第三种状况，在感到高兴这种状况之外和在感到痛苦这种状态之外。普洛塔尔科斯：为何不呢？苏格拉底：那就来吧！请你一定要尽力记住这第三种状况。因为，就对快乐进行剖判来说，记得住它，还是记不住它，这对我们可不是件小事。不过关于它还有不多的几句话要说，如果你愿意的话，让我们说完。]

2740 参见《菲勒玻斯》(35d8–e8)：{ΣΩ.} Ἔτι δὴ καὶ τόδε περὶ ταὐτὰ ταῦτα κατανοήσωμεν. βίου γὰρ εἶδός τί μοι φαίνεται βούλεσθαι δηλοῦν ὁ λόγος ἡμῖν ἐν τούτοις αὐτοῖς. {ΠΡΩ.} Ἐν τίσι καὶ ποίου πέρι βίου φράζεις; {ΣΩ.} Ἐν τῷ πληροῦσθαι καὶ κενοῦσθαι καὶ πᾶσιν ὅσα περὶ σωτηρίαν τέ ἐστι τῶν ζῴων καὶ τὴν φθοράν, καὶ εἴ τις τούτων ἐν ἑκατέρῳ γιγνόμενος ἡμῶν ἀλγεῖ, τοτὲ δὲ χαίρει κατὰ τὰς μεταβολάς. {ΠΡΩ.} Ἔστι ταῦτα. {ΣΩ.} Τί δ' ὅταν ἐν μέσῳ τούτων γίγνηται; {ΠΡΩ.} Πῶς ἐν μέσῳ; [苏格拉底：那就进而让我们就同样这些事情来看清楚下面这点。因为，该说法对我显得想向我们揭示，即恰恰在这些事情中有着生活的某种类型。普洛塔尔科斯：在哪些事情中，以及你在说哪种生活？苏格拉底：在被充满和变得空乏，以及在其他所有那些关乎各种活物的保存和败坏的事情中；并且，如果我们中的某个人，当他出现在这两者的每一个中时，他就有时感到痛苦，有时则感到快乐——根据相应的变化。普洛塔尔科斯：是这样。苏格拉底：然后呢，每当他出现在这两者的中间时？普洛塔尔科斯：如何在中间？]

2741 Ἆρ' οὖν μνημονεύεις［那么，你还记得］，这句话在新校勘的牛津古典本希腊文中同样如此，而其中的 οὖν 在法国布德本希腊文中作 οὐ，如果按布德本翻译，这当译为“难道你不记得”。

2742 对观《菲勒玻斯》（43e8–10）：Οὐδ’ ἄρα ὁ μέσος βίος ἡδὺς ἢ λυπηρὸς λεγόμενος ὀρθῶς ἄν ποτε οὔτ’ εἰ δοξάζοι τις, δοξάζοιτο, οὔτ’ εἰ λέγοι, λεχθείη, κατά γε τὸν ὀρθὸν λόγον.［因此，那种中间的生活，当它被说成是快乐的或痛苦的时，它就从不会被正确地判断了，如果有人要这样判断的话；如果有人要这样说，那它也从不会被正确地说了，至少根据正确的说法来看。］

2743 对观《菲勒玻斯》（42b2–6）：Νῦν δέ γε αὐταὶ διὰ τὸ πόρρωθέν τε καὶ ἐγγύθεν ἑκάστοτε μεταβαλλόμεναι θεωρεῖσθαι, καὶ ἅμα τιθέμεναι παρ’ ἀλλήλας, αἱ μὲν ἡδοναὶ παρὰ τὸ λυπηρὸν μείζους φαίνονται καὶ σφοδρότεραι, λῦπαι δ’ αὖ διὰ τὸ παρ’ ἡδονὰς τοὐναντίον ἐκείναις.［而现在，快乐和痛苦这两者自身，由于每次都变换着时而从远处被看，时而从近处被看，以及同时被并排摆在一起，于是，一方面，各种快乐，当被摆在令人痛苦的东西旁边时，就会显得更大和更强烈，而另一方面，各种痛苦，由于被摆在一些快乐旁边，作为与那些快乐相反的显得同样如此。］

2744 见前面第四卷 424c1 那里对“μὴ πολλάκις［免得或许］”的注释 1229。

2745 见前面第二卷 379a1 那里对“ἐν τῷ παρόντι［目前 / 眼下 / 现在］”的注释 735。

2746 对观《菲勒玻斯》（51b1–7）：{ΠΡΩ.} Ἀληθεῖς δ’ αὖ τίνας, ὦ Σώκρατες, ὑπολαμβάνων ὀρθῶς τις διανοοῖτ’ ἄν; {ΣΩ.} Τὰς περί τε τὰ καλὰ λεγόμενα χρώματα καὶ περὶ τὰ σχήματα καὶ τῶν ὀσμῶν τὰς πλείστας καὶ τὰς τῶν φθόγγων καὶ ὅσα τὰς ἐνδείας ἀναισθήτους ἔχοντα καὶ ἀλύπους τὰς πληρώσεις αἰσθητὰς καὶ ἡδείας [καθαρὰς λυπῶν] παραδίδωσιν.［普洛塔尔科斯：但复又哪些快乐，苏格拉底啊，当一个人认为它们是真的时，他会正确地进行了理解？ 苏格拉底：这些：它们关乎一些所谓美丽的颜色，关乎一些形状、绝大多数的气味和绝大多数的声音，以及所有这样一些东西，那就是，它们一方面带有一些感觉不到的，并由此是无痛苦的欠缺，另一方面又允许它们的各种满足是可感觉的和快乐的，并且是摆脱了各种痛苦的。］

《菲勒玻斯》（51e1–4）：Τὸ δὲ περὶ τὰς ὀσμὰς ἧττον μὲν τούτων θεῖον γένος ἡδονῶν· τὸ δὲ μὴ συμμεμεῖχθαι ἐν αὐταῖς ἀναγκαίους λύπας, καὶ ὅπῃ τοῦτο καὶ ἐν ὅτῳ τυγχάνει γεγονὸς ἡμῖν, τοῦτ’ ἐκείνοις τίθημι ἀντίστροφον ἅπαν.［而就同各种气味相关的快乐来说，尽管同前面这些快乐相比它是一种较少神圣的类型，但一些必然的痛苦依然没有被混合在它们里面；并且无论这个类型的快乐以何种方式以及在何处碰巧产生给我们，我都完全把它确定为前面那些快乐的副本。］

2747 也即是说，在柏拉图看来，并非所有的快乐都是通过身体而传给灵魂的，有些是灵魂自身产生的快乐。相关表达和内容可参见：

《泰阿泰德》(186b11–c5)：Οὐκοῦν τὰ μὲν εὐθὺς γενομένοις πάρεστι φύσει αἰσθάνεσθαι ἀνθρώποις τε καὶ θηρίοις, ὅσα διὰ τοῦ σώματος παθήματα ἐπὶ τὴν ψυχὴν τείνει· τὰ δὲ περὶ τούτων ἀναλογίσματα πρός τε οὐσίαν καὶ ὠφέλειαν μόγις καὶ ἐν χρόνῳ διὰ πολλῶν πραγμάτων καὶ παιδείας παραγίγνεται οἷς ἂν καὶ παραγίγνηται; [因此，岂不有一些东西，当人和野兽一出生，他们在本性上就能够感觉到它们，即所有通过身体而延伸到灵魂那里的那些遭受；而另一些东西，即关于这些东西对其所是和益处的各种计算，则是通过许多的事务和教育，艰难地和在时间中抵达的——如果它们毕竟会被抵达的话——？]

《菲勒玻斯》(47c1–e4)：{ΣΩ.} Περί γε τῶν ἡδονῶν, ὦ Πρώταρχε, τῶν ἐν τοῖς κοινοῖς παθήμασιν αὐτοῦ τοῦ σώματος τῶν ἐπιπολῆς τε καὶ ἐντὸς κερασθέντων· περὶ δέ γ' ὧν ψυχὴ σώματι τἀναντία συμβάλλεται, λύπην τε ἅμα πρὸς ἡδονὴν καὶ ἡδονὴν πρὸς λύπην, ὥστ' εἰς μίαν ἀμφότερα κρᾶσιν ἰέναι, ταῦτα ἔμπροσθε μὲν διήλθομεν, ὡς, ὁπόταν [αὖ] κενῶται, πληρώσεως ἐπιθυμεῖ, καὶ ἐλπίζων μὲν χαίρει, κενούμενος δὲ ἀλγεῖ, ταῦτα δὲ τότε μὲν οὐκ ἐμαρτυράμεθα, νῦν δὲ λέγομεν ὡς ψυχῆς πρὸς σῶμα διαφερομένης ἐν πᾶσι τούτοις πλήθει ἀμηχάνοις οὖσι μεῖξις μία λύπης τε καὶ ἡδονῆς συμπίπτει γενομένη. {ΠΡΩ.} Κινδυνεύεις ὀρθότατα λέγειν. {ΣΩ.} Ἔτι τοίνυν ἡμῖν τῶν μείξεων λύπης τε καὶ ἡδονῆς λοιπὴ μία. {ΠΡΩ.} Ποία, φῄς; {ΣΩ.} Ἣν αὐτὴν τὴν ψυχὴν αὑτῇ πολλάκις λαμβάνειν σύγκρασιν ἔφαμεν. {ΠΡΩ.} Πῶς οὖν δὴ τοῦτ' αὐτὸ λέγομεν; {ΣΩ.} Ὀργὴν καὶ φόβον καὶ πόθον καὶ θρῆνον καὶ ἔρωτα καὶ ζῆλον καὶ φθόνον καὶ ὅσα τοιαῦτα, ἆρ' οὐκ αὐτῆς τῆς ψυχῆς τίθεσαι ταύτας λύπας τινάς; {ΠΡΩ.} Ἔγωγε. [苏格拉底：至少就诸快乐，普洛塔尔科斯啊，即就单独位于身体的一些共同遭受——它们在身体的表面和里面混合在了一起——中的那些快乐来说是这样。但就灵魂所贡献的那些同身体相反的遭受，即灵魂的痛苦同时面对身体的快乐，以及灵魂的快乐同时面对身体的痛苦，以至于两者进入到单一的混合中，则不是这样；尽管我们在前面曾详细述说过这些——那就是，每当一个人变得空乏时，他就渴望充满，一方面他由于满怀希望而感到快乐，另一方面他由于变得空乏而感到痛苦——，但那时我们并未见证这些，而现在我们说，虽然灵魂在所有这些情形中——在数量上它们是数不胜数的——，都不同于身体，但仍然恰好产生出痛苦和快乐的单一的混合。普洛塔尔科斯：你有可能说得非常

正确。苏格拉底：好吧，那么在痛苦和快乐的各种混合中，还有一个留给了我们。普洛塔尔科斯：哪个，你在说？苏格拉底：我们曾说过的那种混合，即灵魂自身经常为它自身所取得的混合。普洛塔尔科斯：那我们究竟如何说这点呢？苏格拉底：愤怒、恐惧、渴望、哀号、爱欲、羡慕和嫉妒，以及所有诸如此类的，难道你不把所有这些都确定为灵魂自身的某些痛苦吗？普洛塔尔科斯：我肯定会。]

2748 对观《菲勒玻斯》(32b9–c5)：{ΣΩ.} Τίθει τοίνυν αὐτῆς τῆς ψυχῆς κατὰ τὸ τούτων τῶν παθημάτων προσδόκημα τὸ μὲν πρὸ τῶν ἡδέων ἐλπιζόμενον ἡδὺ καὶ θαρραλέον, τὸ δὲ πρὸ τῶν λυπηρῶν φοβερὸν καὶ ἀλγεινόν. {ΠΡΩ.} Ἔστι γὰρ οὖν τοῦθ' ἡδονῆς καὶ λύπης ἕτερον εἶδος, τὸ χωρὶς τοῦ σώματος αὐτῆς τῆς ψυχῆς διὰ προσδοκίας γιγνόμενον. [苏格拉底：那么，就请你根据灵魂自身对这些遭受的预期来这样进行设定：一方面，那在各种令人快乐的东西之前的预期，被希望为令人快乐的和有信心的；另一方面，那在各种令人痛苦的东西之前的预期则是令人害怕的和痛苦的。普洛塔尔科斯：因此，这肯定是快乐和痛苦的另一个种类，它同身体相分离，在灵魂自身那里由于一种期待而产生出来。]

2749 即不是“纯粹的”。

2750 ἐκ τοῦ κάτω φερόμενον πρὸς μέσον[从下面运动到中间]。ποῖ φέρεσθε[你们要往哪儿去]。φερόμενον 在这里是动词 φέρω 的现在时分词被动态阳性宾格单数；φέρω 的本义是“携带”“带到”等，但其被动态则具有“走”“行进”“运动”等意思，如 οἱ φερόμενοι θεοί[在运动的诸神 / 运动着的诸神]；《牛津希-英词典》对它这一用法的解释是：move, go。参见：

《克利托丰》(407b1)：Ποῖ φέρεσθε, ὤνθρωποι;[你们要往哪儿去，人们啊？]

《泰阿泰德》(177c6–8)：Οὐκοῦν ἐνταῦθά που ἦμεν τοῦ λόγου, ἐν ᾧ ἔφαμεν τοὺς τὴν φερομένην οὐσίαν λέγοντας, καὶ τὸ ἀεὶ δοκοῦν ἑκάστῳ τοῦτο καὶ εἶναι τούτῳ ᾧ δοκεῖ.[就讨论而言，我们岂不约莫曾是在这个地方，在那里我们曾说到了这样一些人：他们谈论在运动的所是，并且说任何时候对每个人显现为怎样，它也就对它向之显现的那个人来说是怎样。]

2751 ὥσπερ πρὸς μέλαν φαιὸν ἀποσκοποῦντες ἀπειρίᾳ λευκοῦ[然而，就像他们由于对白色没有经验而在黑色的旁边只看到灰色那样]，这句话在法国布德本希腊文中同样如此，而新校勘的牛津古典本希腊文在 ὥσπερ 后面补充了小词 δὲ，从之。

2752 καὶ πρὸς τὸ ἄλυπον οὕτω λύπην ἀφορῶντες ἀπειρίᾳ ἡδονῆς[他们也同样由于

对快乐没有经验而在痛苦的旁边只看到无痛苦的东西］，这句话在新校勘的牛津古典本希腊文中同样如此，而法国布德本希腊文作：καὶ τὸ ἄλυπον οὕτω πρὸς λύπην ἀφορῶντες ἀπειρίᾳ ἡδονῆς，这里的翻译从布德本。如果按伯内特本和新校勘的牛津古典本希腊文翻译，则当译为：他们也同样由于对快乐没有经验而在无痛苦的东西旁边只看到痛苦。

2753 Ὧδέ γ' οὖν, εἶπον, ἐννόει.［无论如何，我说道，请你这样来思考。］这句话在法国布德本希腊文中同样如此，而新校勘的牛津古典本希腊文作：<***> Ὧδέ γοῦν, εἶπον, ἐννόει. 从之。如果按伯内特本和布德本翻译，则当译为：那么，至少请你这样，我说道，来思考。

2754 对观《菲勒玻斯》(31e1–32a5)：{ΠΡΩ.} Οἶμαι μέν σε ὀρθῶς λέγειν, ὦ Σώκρατες, ἐμφανέστερον δὲ ἔτι ταὐτὰ ταῦτα πειρώμεθα λέγειν. {ΣΩ.} Οὐκοῦν τὰ δημόσιά που καὶ περιφανῆ ῥᾷστον συννοεῖν; {ΠΡΩ.} Ποῖα; {ΣΩ.} Πείνη μέν που λύσις καὶ λύπη; {ΠΡΩ.} Ναί. {ΣΩ.} Ἐδωδὴ δέ, πλήρωσις γιγνομένη πάλιν, ἡδονή; {ΠΡΩ.} Ναί. {ΣΩ.} Δίψος δ' αὖ φθορὰ καὶ λύπη [καὶ λύσις], ἡ δὲ τοῦ ὑγροῦ πάλιν τὸ ξηρανθὲν πληροῦσα δύναμις ἡδονή· διάκρισις δέ γ' αὖ καὶ διάλυσις ἡ παρὰ φύσιν, τοῦ πνίγους πάθη, λύπη, κατὰ φύσιν δὲ πάλιν ἀπόδοσίς τε καὶ ψῦξις ἡδονή. {ΠΡΩ.} Πάνυ μὲν οὖν.［普洛塔尔科斯：我虽然认为你说得正确，苏格拉底啊，但让我们试着把同样这些事情说得还要更加清楚些。苏格拉底：那么，那些稀松平常的东西以及显而易见的东西，岂不最容易进行理解？普洛塔尔科斯：哪些？苏格拉底：饥饿，无论如何都是一种解散和痛苦吗？普洛塔尔科斯：是的。苏格拉底：而进餐，作为重新变得饱足，岂不就是一种快乐？普洛塔尔科斯：是的。苏格拉底：此外，干渴是一种败坏和痛苦，但湿润的东西之能力——因为它能够重新充满那已经被干透了的东西——，则是一种快乐；再次，那违反自然的分离和分解，比如对令人窒息的闷热的遭受，是一种痛苦，而合乎自然的一种重新恢复和变冷，则是一种快乐。普洛塔尔科斯：完全如此。］

(35a6–c2)：{ΣΩ.} Τί οὖν; ὁ τὸ πρῶτον κενούμενος ἔστιν ὁπόθεν εἴτ' αἰσθήσει πληρώσεως ἐφάπτοιτ' ἂν εἴτε μνήμῃ, τούτου ὃ μήτ' ἐν τῷ νῦν χρόνῳ πάσχει μήτ' ἐν τῷ πρόσθεν πώποτε ἔπαθεν; {ΠΡΩ.} Καὶ πῶς; {ΣΩ.} Ἀλλὰ μὴν ὅ γε ἐπιθυμῶν τινὸς ἐπιθυμεῖ, φαμέν. {ΠΡΩ.} Πῶς γὰρ οὔ; {ΣΩ.} Οὐκ ἄρα ὅ γε πάσχει, τούτου ἐπιθυμεῖ. διψῇ γάρ, τοῦτο δὲ κένωσις· ὁ δ' ἐπιθυμεῖ πληρώσεως. {ΠΡΩ.} Ναί. {ΣΩ.} Πληρώσεώς γ' ἄρα πή τι τῶν τοῦ διψῶντος ἂν ἐφάπτοιτο. {ΠΡΩ.} Ἀναγκαῖον. {ΣΩ.} Τὸ μὲν δὴ σῶμα ἀδύνατον· κενοῦται γάρ που. {ΠΡΩ.} Ναί. {ΣΩ.} Τὴν ψυχὴν ἄρα τῆς πληρώσεως ἐφάπτεσθαι λοιπόν, τῇ μνήμῃ δῆλον ὅτι· τῷ γὰρ ἂν ἔτ' ἄλλῳ ἐφάψαιτο; {ΠΡΩ.} Σχεδὸν οὐδενί. [苏格拉底：然后呢？当一个人初次变得空乏时，他能够从何处——无论是从感觉那儿，还是从记忆那儿——获得对某种东西的充满呢，而这种东西，他既未在现在这个时候遭受到，也从未在先前的某个时候遭受过？普洛塔尔科斯：那怎么会？苏格拉底：而我们无疑会说，欲求者肯定在欲求某种东西。普洛塔尔科斯：为何不呢？苏格拉底：因此，他肯定不会欲求他正在遭受的那种东西。因为，他正感到口渴，这是一种空乏；而他欲求一种充满。普洛塔尔科斯：是的。苏格拉底：因此，属于口渴者的那些东西中的某个，肯定在某种方式上会获得一种充满。普洛塔尔科斯：必然。苏格拉底：而这肯定不可能是身体，因为它无论如何都正感到空乏。普洛塔尔科斯：是的。苏格拉底：于是，剩下的就只能是灵魂正在获得充满，并且显然是借助于记忆；因为，难道它还会通过其他什么而获得充满吗？ 普洛塔尔科斯：几乎不可能通过任何别的。]

2755 τὸ ... εἶδος [这个族类]，也可以译为“这种形式”。

2756 δόξης ἀληθοῦς [真判断]，也可以译为“真意见”。

2757 对观《斐洞》(84a2-b8)：ἀλλ' οὕτω λογίσαιτ' ἂν ψυχὴ ἀνδρὸς φιλοσόφου, καὶ οὐκ ἂν οἰηθείη τὴν μὲν φιλοσοφίαν χρῆναι αὐτὴν λύειν, λυούσης δὲ ἐκείνης, αὐτὴν παραδιδόναι ταῖς ἡδοναῖς καὶ λύπαις ἑαυτὴν πάλιν αὖ ἐγκαταδεῖν καὶ ἀνήνυτον ἔργον πράττειν Πηνελόπης τινὰ ἐναντίως ἱστὸν μεταχειριζομένης, ἀλλὰ γαλήνην τούτων παρασκευάζουσα, ἑπομένη τῷ λογισμῷ καὶ ἀεὶ ἐν τούτῳ οὖσα, τὸ ἀληθὲς καὶ τὸ θεῖον καὶ τὸ ἀδόξαστον θεωμένη καὶ ὑπ' ἐκείνου τρεφομένη, ζῆν τε οἴεται οὕτω δεῖν ἕως ἂν ζῇ, καὶ ἐπειδὰν τελευτήσῃ, εἰς τὸ συγγενὲς καὶ εἰς τὸ τοιοῦτον ἀφικομένη ἀπηλλάχθαι τῶν ἀνθρωπίνων κακῶν. ἐκ δὴ τῆς τοιαύτης τροφῆς οὐδὲν δεινὸν μὴ φοβηθῇ, [ταῦτα δ' ἐπιτηδεύσασα,] ὦ Σιμμία τε καὶ Κέβης, ὅπως μὴ διασπασθεῖσα ἐν τῇ ἀπαλλαγῇ τοῦ σώματος ὑπὸ τῶν ἀνέμων διαφυσηθεῖσα καὶ διαπτομένη οἴχηται καὶ οὐδὲν ἔτι οὐδαμοῦ ᾖ. [一个热爱智慧的人的灵魂毋宁会这样进行计算，即它不会认为，一方面对智慧的热爱应该解放它，一方面当对智慧的热爱解放它之后，它自己又应该把自己交给各种快乐和痛苦，再次同身体紧绑在一起，做珀涅罗珀那永无止境的工作，只不过以相反的方向操控着某种纺线；相反，当对智慧的热爱从这些中为它提供出平静之后，当它听从理性的计算并总是处在其中之后，当它静观到真实的东西、神性的东西和非意见性的东西，并被这类东西养育之后，它就会认为，只要还活着就必须这样活着，一旦终了，就通过前往同类的东西和同样的东西那里来摆脱属人的种种恶。它基于这样一

种养育而致力于这些之后，西米阿斯和刻贝斯啊，就无需担心它会恐惧下面这点：在它离开身体时会被风撕碎和吹走，四散而去，不再是在任何地方。]

《菲勒玻斯》(19d3-5)：φῂς δ', ὡς ἔοικε, σὺ τὸ προσρηθησόμενον ὀρθῶς ἄμεινον ἡδονῆς γε ἀγαθὸν εἶναι νοῦν, ἐπιστήμην, σύνεσιν, τέχνην καὶ πάντα αὖ τὰ τούτων συγγενῆ, <ἃ>κτᾶσθαι δεῖν ἀλλ' οὐχὶ ἐκεῖνα.[而且你说，如看起来的那样，那将被正确地称作无论如何都比快乐更善的一种善，是理智、知识、睿智、记忆，以及所有其他与这些同家族的东西，应当拥有它们，而不是拥有前面那些东西。](60d3-e5)：Εἰ δέ γε παρηνέχθημέν τι τότε, νῦν ὁστισοῦν ἐπαναλαβὼν ὀρθότερον εἰπάτω, μνήμην καὶ φρόνησιν καὶ ἐπιστήμην καὶ ἀληθῆ δόξαν τῆς αὐτῆς ἰδέας τιθέμενος καὶ σκοπῶν εἴ τις ἄνευ τούτων δέξαιτ' ἄν οἱ καὶ ὁτιοῦν εἶναι ἢ καὶ γίγνεσθαι, μὴ ὅτι δή γε ἡδονὴν εἴθ' ὡς πλείστην εἴθ' ὡς σφοδροτάτην, ἣν μήτε ἀληθῶς δοξάζοι χαίρειν μήτε τὸ παράπαν γιγνώσκοι τί ποτε πέπονθε πάθος μήτ' αὖ μνήμην τοῦ πάθους μηδ' ὁντινοῦν χρόνον ἔχοι. ταὐτὰ δὲ λεγέτω καὶ περὶ φρονήσεως, εἴ τις ἄνευ πάσης ἡδονῆς καὶ τῆς βραχυτάτης δέξαιτ' ἂν φρόνησιν ἔχειν μᾶλλον ἢ μετά τινων ἡδονῶν ἢ πάσας ἡδονὰς χωρὶς φρονήσεως μᾶλλον ἢ μετὰ φρονήσεως αὖ τινος.[但是，如果在那时我们的确有点走错了路，那么，现在就让这里的其他任何一个人通过重新拾起事情来更为正确地说一说，即通过把记忆、明智、知识以及真判断归入同一种形式，并看看是否一个人在没有这些东西的情况下也会为他自己选择任何东西——无论它是着，还是将生成出来——，就更不用说快乐了，因为无论它是最大的，还是最强烈的，他都既不能真的对之做出判断他在感到快乐，也完全不能认识到他究竟经历了何种遭受，此外，他在任何的时间段里也不拥有对遭受的记忆。但也请他以同样的方式来说说明智，即是否一个人在没有任何快乐的情况下——甚至是最短暂的快乐——，也更会选择拥有明智，而非选择带有某些快乐的明智；或者，更会选择同明智相分离的每一种快乐，而非复又选择带有某种明智的每一种快乐。]

2758 τοῦ ἀεὶ ὁμοίου[始终同一的东西]。形容词 ὅμοιος 除了具有“相似的”意思之外，也有“同样的”“同一的”等意思。参见《斐德若》(271a4-8)：Δῆλον ἄρα ὅτι ὁ Θρασύμαχός τε καὶ ὃς ἂν ἄλλος σπουδῇ τέχνην ῥητορικὴν διδῷ, πρῶτον πάσῃ ἀκριβείᾳ γράψει τε καὶ ποιήσει ψυχὴν ἰδεῖν, πότερον ἓν καὶ ὅμοιον πέφυκεν ἢ κατὰ σώματος μορφὴν πολυειδές· τοῦτο γάρ φαμεν φύσιν εἶναι δεικνύναι.[那么下面这些就是显而易见的，那就是：特刺绪马科斯，

连同其他任何热心传授一种修辞技艺的人，首先，他要非常精准地进行写，并且要使得我们看到灵魂生来就是某种单一且同一的东西呢，还是如身体的形象那样是具有多种形式的；因为我们把这说成是在揭示其自然。]

2759 Ἡ ... ἀεὶ ὁμοίου αὐσία［始终〈保持〉同一的东西之所是］，这句话在新校勘的牛津古典本希腊文中同样如此，而法国布德本希腊文作：Ἡ ... ἀεὶ ἀνομοίου αὐσία［始终不〈保持〉同一的东西之所是］，不从。

2760 对观《斐洞》（80a10-b5）：Σκόπει δή, ἔφη, ὦ Κέβης, εἰ ἐκ πάντων τῶν εἰρημένων τάδε ἡμῖν συμβαίνει, τῷ μὲν θείῳ καὶ ἀθανάτῳ καὶ νοητῷ καὶ μονοειδεῖ καὶ ἀδιαλύτῳ καὶ ἀεὶ ὡσαύτως κατὰ ταὐτὰ ἔχοντι ἑαυτῷ ὁμοιότατον εἶναι ψυχή, τῷ δὲ ἀνθρωπίνῳ καὶ θνητῷ καὶ πολυειδεῖ καὶ ἀνοήτῳ καὶ διαλυτῷ καὶ μηδέποτε κατὰ ταὐτὰ ἔχοντι ἑαυτῷ ὁμοιότατον αὖ εἶναι σῶμα.［刻贝斯啊，苏格拉底说，那么你要考虑，是否从所有已经说过的东西那儿我们会得出下面这点：灵魂最相似于神性的东西、不死的东西、可思想的东西、单一形相的东西、不可分解的东西、总是同样地与自身保持同一的东西；而身体则最相似于那属人的东西、有死的东西、多样形相的东西、非可思想的东西、可分解的东西、从不与自身保持同一的东西。］

2761 τῷ ὄντι καὶ τῶν ὄντων πληρούμενον μᾶλλον［更多地在是的方式上充满了那些更多地是着的东西］，之所以这么翻译，是把副词 μᾶλλον［更多地］视为同时修饰和限定 τῷ ὄντι［在是的方式上］和 τῶν ὄντων［是着的东西］。

2762 ἀπιστοτέρας ἂν ἡδονῆς καὶ ἧττον ἀληθοῦς［一种较少值得信赖的和较少真的快乐］，单就这句话，当然可以译为“一种不那么值得信赖和不那么真的快乐”。

2763 βεβαίου τε καὶ καθαρᾶς ἡδονῆς［一种可靠的和纯粹的快乐］，也可以译为“一种持久的和纯粹的快乐”。

2764 βοσκημάτων δίκην［像那些牲畜一样］。δίκην 在这里是名词 δίκη［风尚/正义/惩罚］的宾格作副词使用，意思是“像……一样”，且要求属格，所以前面出现的是复数属格 βοσκημάτων δίκην［牲畜］；例如，δίκην ὕδατος［像洪水］。参见：

《泰阿泰德》（164c4-5）：Φαινόμεθά μοι ἀλεκτρυόνος ἀγεννοῦς δίκην πρὶν νενικηκέναι ἀποπηδήσαντες ἀπὸ τοῦ λόγου ᾄδειν.［我们对我显得就像劣等的公鸡，在取胜之前就唱着歌从讨论那儿跳开。］

《斐德若》（235c8-d3）：λείπεται δὴ οἶμαι ἐξ ἀλλοτρίων ποθὲν ναμάτων διὰ τῆς ἀκοῆς πεπληρῶσθαί με δίκην ἀγγείου. ὑπὸ δὲ νωθείας αὖ καὶ αὐτὸ τοῦτο ἐπιλέλησμαι, ὅπως τε καὶ ὧντινων ἤκουσα.［因此剩下的，我认为只能是这样，

那就是：我从某处，就像一具容器那样，从其他某些源泉那里，已经通过听而被灌满了。然而，由于迟钝，我恰好复又忘记了下面这件事，即我究竟如何以及从哪些人那里听到的。]（249d7–8）：ὄρνιθος δίκην βλέπων ἄνω, τῶν κάτω δὲ ἀμελῶν.［他就像一只鸟儿一样举目上望，而不关心下界的那些东西。］

2765 ὑπὸ τῆς παρ' ἀλλήλας θέσεως［通过彼此间的位置摆放］，也可以简单译为“通过并置”。

2766 斯忒西科洛斯（Στησίχορος, Stesichoros）是一位生活于公元前 7 世纪末前 6 世纪初的抒情诗人。参见《斐德若》（243a2–b3）：ἐμοὶ μὲν οὖν, ὦ φίλε, καθήρασθαι ἀνάγκη· ἔστιν δὲ τοῖς ἁμαρτάνουσι περὶ μυθολογίαν καθαρμὸς ἀρχαῖος, ὃν Ὅμηρος μὲν οὐκ ᾔσθετο, Στησίχορος δέ. τῶν γὰρ ὀμμάτων στερηθεὶς διὰ τὴν Ἑλένης κακηγορίαν οὐκ ἠγνόησεν ὥσπερ Ὅμηρος, ἀλλ' ἅτε μουσικὸς ὢν ἔγνω τὴν αἰτίαν, καὶ ποιεῖ εὐθὺς – Οὐκ ἔστ' ἔτυμος λόγος οὗτος, οὐδ' ἔβας ἐν νηυσὶν εὐσέλμοις, οὐδ' ἵκεο Πέργαμα Τροίας· καὶ ποιήσας δὴ πᾶσαν τὴν καλουμένην Παλινῳδίαν παραχρῆμα ἀνέβλεψεν.［因此，一方面，朋友啊，我必须洁净我自己；另一方面，对于那些在讲故事方面犯下罪过的人来说，自古以来就有着一种洁净办法，虽然荷马没有觉察到它，但斯忒西科洛斯觉察到了。因为，当由于诬蔑海伦而被夺去双眼之后，他没有像荷马那样不知道原因，相反，由于他是一位真正精通文艺的人他认识到了原因，于是立即作诗：这个说法不是真的，你没有乘坐有好甲板的船离去，你也未曾到达过特洛伊的城堡。并且当他作完这整个所谓的翻案诗之后，他立刻就恢复了视力。］

2767 对观《菲勒玻斯》（47d5–e5）：{ΣΩ.} Ἔτι τοίνυν ἡμῖν τῶν μείξεων λύπης τε καὶ ἡδονῆς λοιπὴ μία. {ΠΡΩ.} Ποία, φῄς; {ΣΩ.} Ἣν αὐτὴν τὴν ψυχὴν αὑτῇ πολλάκις λαμβάνειν σύγκρασιν ἔφαμεν. {ΠΡΩ.} Πῶς οὖν δὴ τοῦτ' αὐτὸ λέγομεν; {ΣΩ.} Ὀργὴν καὶ φόβον καὶ πόθον καὶ θρῆνον καὶ ἔρωτα καὶ ζῆλον καὶ φθόνον καὶ ὅσα τοιαῦτα, ἆρ' οὐκ αὐτῆς τῆς ψυχῆς τίθεσαι ταύτας λύπας τινάς; {ΠΡΩ.} Ἔγωγε. {ΣΩ.} Οὐκοῦν αὐτὰς ἡδονῶν μεστὰς εὑρήσομεν ἀμηχάνων;［苏格拉底：好吧，那么在痛苦和快乐的各种混合中，还有一个留给了我们。普洛塔尔科斯：哪个，你在说？苏格拉底：我们曾说过的那种混合，即灵魂自身经常为它自身所取得的混合。普洛塔尔科斯：那我们究竟如何说这点呢？苏格拉底：愤怒、恐惧、渴望、哀号、爱欲、羡慕和嫉妒，以及所有诸如此类的，难道你不把所有这些都确定为灵魂自身的某些痛苦吗？普洛塔尔科斯：我肯定会。苏格拉底：那么，我们岂不将发现它们都充满了

各种难以言表的快乐？]

2768 关于ὑπάρχει的用法，参见前面第一卷343e2那里对“τῷ ... δικαίῳ ὑπάρχει ... τά ... οἰκεῖα ... μοχθηροτέρως ἔχειν[对正义的人来说有可能他自家的各种事情处于糟糕的境地]”的注释302。

2769 参见前面第四卷（433a8-9）：做自己的事情并且不爱管闲事，这就是正义。

2770 καὶ δὴ καὶ τὰς ἡδονάς[而且就快乐来说]。见前面第一卷328b6那里对“καὶ δὴ καί”的注释27。

2771 εἰς τὸ δυνατὸν τὰς ἀληθεστάτας[尽可能地是最真的]。短语εἰς τὸ δυνατόν[尽可能地]，参见前面第二卷381c8那里对“κάλλιστος καὶ ἄριστος ὢν εἰς τὸ δυνατόν[尽可能地是美的和好的]”的注释766。

2772 ἀλλοτρίαν[属于他者的]，也可以译为“异己的”。

2773 φιλοσοφίας τε καὶ λόγου[热爱智慧以及〈理性的〉讨论]，当然可以简单译为“热爱智慧以及理性”或“热爱智慧以及讨论”。

2774 ὁ δέ[而另一种人]，即ὁ βασιλεύς[国王]。

2775 关于形容词γνήσιος和νόθος，参见前面496a3那里对“νόθα καὶ φαῦλα[私生的和平庸的]”的注释1901。

2776 δούλαις τισὶ δορυφόροις ἡδοναῖς[一些奴性十足、喽啰一样的快乐]。形容词δορύφορος的本义是“持矛的”，在这里喻为“仆从般的”“喽啰一样的”；《牛津希-英词典》举了柏拉图在这里的这个表达，对它的解释是：satellit。

2777 ἀπ' ἐκείνου[从那个人〈往下数〉]，即“从倾向于寡头政制的人〈往下数〉”。

2778 ἐὰν εἰς ταὐτὸν ἀριστοκρατικὸν καὶ βασιλικὸν τιθῶμεν[如果我们把追求贵族政制和致力于王制的人当作同一回事的话]，也可以译为“如果我们把追求贵族政制和致力于王制的人当作同一个人的话”；即在他们和倾向于寡头政制的人中间还有“热衷于荣誉政制的人”。关于“王制”和“贵族政制”之间的关系，参见前面第四卷（445d5-6）：如果在那些进行统治的人中出现了一位出类拔萃的人，它就会被称作王制；如果产生的是多个人，则会被称作贵族政制。

2779 ἐπίπεδον[正方形数]，也可以译为“平方数”，字面意思是“平面数”；根据这里的表达，也就是3×3=9。

参见《泰阿泰德》(147e5-b2)：{ΘΕΑΙ.} Τὸν ἀριθμὸν πάντα δίχα διελάβομεν· τὸν μὲν δυνάμενον ἴσον ἰσάκις γίγνεσθαι τῷ τετραγώνῳ τὸ σχῆμα ἀπεικάσαντες τετράγωνόν τε καὶ ἰσόπλευρον προσείπομεν. {ΣΩ.} Καὶ εὖ γε. {ΘΕΑΙ.} Τὸν τοίνυν μεταξὺ τούτου, ὧν καὶ τὰ τρία καὶ τὰ πέντε καὶ πᾶς ὃς ἀδύνατος ἴσος ἰσάκις γενέσθαι, ἀλλ' ἢ πλείων ἐλαττονάκις ἢ ἐλάττων πλεονάκις γίγνεται, μείζων δὲ καὶ ἐλάττων ἀεὶ πλευρὰ αὐτὸν περιλαμβάνει, τῷ προμήκει αὖ σχήματι ἀπεικάσαντες προμήκη ἀριθμὸν ἐκαλέσαμεν. {ΣΩ.} Κάλλιστα. ἀλλὰ τί τὸ μετὰ τοῦτο; {ΘΕΑΙ.} Ὅσαι μὲν γραμμαὶ τὸν ἰσόπλευρον καὶ ἐπίπεδον ἀριθμὸν τετραγωνίζουσι, μῆκος ὡρισάμεθα, ὅσαι δὲ τὸν ἑτερομήκη, δυνάμεις, ὡς μήκει μὲν οὐ συμμέτρους ἐκείναις, τοῖς δ' ἐπιπέδοις ἃ δύνανται. καὶ περὶ τὰ στερεὰ ἄλλο τοιοῦτον. [泰阿泰德：我们把所有的数分成两类：那能够通过同数相乘而产生的数，我们把它比作正方形的形状，将之称为正方形数和等边形数。苏格拉底：很好。泰阿泰德：而在这类数中间的那种数——其中有三、五以及所有下面这种数，即不能够通过同数相乘产生，而只能要么通过一个较大的数乘一个较小的数，要么通过一个较小的数乘一个较大的数产生，一条较长的边和一条较短的边总是包围着它——，我们复又把它比作长方形，将之称作长方形数。苏格拉底：好极了。但此后呢？泰阿泰德：所有使得正方形数成为正方形的那些线，我们将之规定为长度，而所有使得长方形数成为正方形的那些线，我们将之规定为平方；因为它们在长度上不可能用前面那些线来测量，而只能在它们能够形成的面积上是可测量的。这类区别也出现在立体那里。]

2780 κατὰ δὲ δύναμιν καὶ τρίτην αὔξην [而根据平方上的和立方上的增加]，即 $9 \times 9 \times 9 = 729$。名词 δύναμις 的本义指“能力”，用于数学上则指“乘方”，相当于拉丁文的 potestas，德文的 Potenz 和英文的 power；这里基于文义，将之译为“平方”。

2781 μεταστρέψας [以相反的方式]。μεταστρέψας 是动词 μεταστρέφω [转身 / 转变] 的一次性过去时分词主动态阳性主格单数，在这里作副词使用，意思是“以相反的方式”“反过来”“反之”；《牛津希-英词典》举了柏拉图在这里的这个表达，对它的解释是：contrariwise。

2782 ἀμήχανον ... λογισμὸν καταπεφόρηκας [一种不同寻常的计算……，你已经将之如流水般倾泻而下]。καταπεφόρηκας 是动词 καταφορέω 的完成时直陈式主动态第二人称单数，καταφορέω 的本义是“带下”，这里喻为“如流水般倾泻而下”；《牛津希-英词典》举了柏拉图在这里的这个表达，对它的解释是：to pour like a stream over。

2783 关于“白天与黑夜”同数字 729 的关系，按照当时毕达哥拉斯学派的看法，一年有 $364\frac{1}{2}$ 个白天和夜晚，两者相加等于 729。但“月份和年头”同数字 729 的关系，并不十分清楚。

2784 见前面第二卷 361a 以下。

2785 δοξαζομένῳ δὲ δικαίῳ［却被认为是正义的］，也可以意译为“却拥有了正义的名字”。

2786 αὐτῷ διαλεγώμεθα［让我们与〈说那些话的〉那个人进行讨论］，字面意思是“让我们与他进行讨论”。

2787 对观《斐德若》（246a3-7）：Περὶ μὲν οὖν ἀθανασίας αὐτῆς ἱκανῶς· περὶ δὲ τῆς ἰδέας αὐτῆς ὧδε λεκτέον. οἷον μέν ἐστι, πάντῃ πάντως θείας εἶναι καὶ μακρᾶς διηγήσεως, ᾧ δὲ ἔοικεν, ἀνθρωπίνης τε καὶ ἐλάττονος· ταύτῃ οὖν λέγωμεν. ἐοικέτω δὴ συμφύτῳ δυνάμει ὑποπτέρου ζεύγους τε καὶ ἡνιόχου.［因此，关于灵魂的不朽，已经说得够充分了；而关于它的形相，则必须得如下面这样来说一说。一方面，说它是何种样子，这在每一种方式上都彻头彻尾地属于一种属神的叙述，并且该叙述还很长；另一方面，说它看起来像什么，这则属于一种属人的叙述，并且该叙述较短。因此，就让我们以后面这种方式来说一说吧。那么，就让它看起来像一对有羽翼的马及其有羽翼的御者那与生俱来就长在一起的能力。］（253c6-8）：Καθάπερ ἐν ἀρχῇ τοῦδε τοῦ μύθου τριχῇ διείλομεν ψυχὴν ἑκάστην, ἱππομόρφω μὲν δύο τινὲ εἴδη, ἡνιοχικὸν δὲ εἶδος τρίτον, καὶ νῦν ἔτι ἡμῖν ταῦτα μενέτω.［正如在这个故事的开始，我们把每个灵魂分成了三个部分，其中两个部分是某种像马一样的形相，而第三个部分则是一个御者的形相；现在，也让这些对我们继续保持着那个样子。］

2788 μυθολογοῦνται παλαιαὶ γενέσθαι φύσεις［一些生物据传在古代曾出现过］。名词 φύσις 的本义是“自然”“本性”，但作为具体名词和集合名词，意思则是“生物”，如 θνητὴ φύσις［有死的生物 / 人类］；《牛津希-英词典》举了柏拉图在这里的这个表达，对它的解释是：creature。

2789 喀迈拉（Χίμαιρα, Ximaira），吐火的女妖，她上半身像狮子，身子像山羊，下半身像蛇。

2790 斯库拉（Σκύλλα, Skylla），西西里岛附近的女海妖，有六个头，十二只脚。

2791 刻耳柏诺斯（Κέρβερος, Kerberos），地狱的看门犬，一说有五十个头，一说有三个头。

2792 如《斐德若》中提到的马人希波肯陶洛斯（Ἱπποκένταυρος, Hippokentauros），蛇发女妖戈耳戈（Γοργώ, Gorgo），飞马珀伽索斯（Πήγασος, Pegasos）等。

2793 这里把 ἰδέα 译为“形相”，同前面 588b10 那里的 εἰκών［形象］相区分。

2794 关于形容词 δεινός，参见前面第一卷 337a1 那里对“ἐλεεῖσθαι ... ἡμᾶς ... ὑπὸ ὑμῶν τῶν δεινῶν［我们被你们这些很厉害的人所同情］”的注释 211。

2795 τὸ πρῶτον［第一个］，即前面说到的“一只五彩斑斓并且多头的野兽的单一形相”，它象征着灵魂中的“欲望性的部分”，因为欲望是灵魂中最大的部分；参见前面第四卷 442a5-7。τὸ δεύτερον［第二个］即“一头狮子的单一形相”，象征着灵魂中那“气宇轩昂的部分”；至于第三个形相，即“人的形相”，则象征着灵魂中那“进行计算的部分”。

2796 ὅπῃ ἂν ἐκείνων ὁπότερον ἄγῃ［那两者中的任何一个往哪里引领］，这句话在法国布德本希腊文中同样如此，而新校勘的牛津古典本希腊文将其中的 ὁπότερον 改为了 πότερον，从之。

2797 ἐν αὑτοῖς［彼此］，等于后面的 ἄλληλα。αὑτοῖς 在这里不作反身代词理解，而是交互代词；参见前面第二卷 359a3 那里对“συνθήκας αὑτῶν［彼此之间的各种协约］”的注释 457。

2798 参见前面第四卷 440a5-6：然而，这个故事，我说道，无疑表明愤怒有时候在同一些欲望作斗争。

2799 τοῦ ἀνθρώπου ὁ ἐντὸς ἄνθρωπος ἔσται ἐγκρατέστατος［在人那里其里面的那个人将是最掌权的］，也可以译为“里面的那个人将最为掌管着〈整个〉人”。

2800 对观《欧悌弗戎》（2d1-4）：ὀρθῶς γάρ ἐστι τῶν νέων πρῶτον ἐπιμεληθῆναι ὅπως ἔσονται ὅτι ἄριστοι, ὥσπερ γεωργὸν ἀγαθὸν τῶν νέων φυτῶν εἰκὸς πρῶτον ἐπιμεληθῆναι, μετὰ δὲ τοῦτο καὶ τῶν ἄλλων.［因为正确地开始是首先关心年轻人，让他们是尽可能地好；就像一位好的农夫那样，合理的是首先关心那些新的嫩枝，此后再关心其他的。］

2801 参见前面第四卷（440b1-4）：每当一些欲望强迫某个人背离计算时，他不仅责备他自己，而且对在他身上的那种强迫〈他〉的东西感到愤怒，甚至就像处在进行内讧的两派中间似的，这个人身上的气魄成为了同理性进行共同战斗的东西？

2802 οὐδὲν ὑγιὲς ... ψέγει［没有给出任何健康的指责］是一个整体，也可以译为“没有恰当地指责”。

2803 对观前面第二卷（382a7-9）：对自己身上那最具决定性的东西，以及关于那些最具决定性的事情，肯定无人心甘情愿地希望进行欺哄，相反，在所有事情中他最为害怕在那儿遇到它。

2804 τὰ καλὰ καὶ αἰσχρὰ νόμιμα［各种各样美好的习惯和丑陋的习惯］，形容词 νόμιμος 的本义是“合法的”，但其中性复数 τὰ νόμιμα 的意思则是“习惯”“惯例”；《牛津希-英词典》对 τὰ νόμιμα 的解释是：usages, customs。

2805 καὶ ταῦτ'［尤其是］。καὶ ταῦτ' 即 καὶ ταῦτα，参见前面第一卷 341c3 那里对“οὐδὲν ὢν καὶ ταῦτα［即使你什么也不是］”的注释 268。

2806 厄里费勒（Ἐριφύλη, Eriphyle），希腊神话中预言家安菲阿剌俄斯（Ἀμφίαραος,

Amphiaraos）的妻子。安菲阿刺俄斯不愿意参与攻打忒拜而躲藏了起来，但其妻子厄里费勒接受贿赂收下项链，说出了他的藏身之所，而她本人最终也被其儿子杀死。

2807 ἐπὶ τῇ τοῦ ἀνδρὸς ψυχῇ τὸν ὅρμον δεξαμένη［她以丈夫的灵魂为代价接受了项链］。介词 ἐπί 在这里的意思是"以……为代价"，《牛津希-英词典》对它的这层意思的解释是：of the price for which…。参见《苏格拉底的申辩》（41a6-7）：ἢ αὖ Ὀρφεῖ συγγενέσθαι καὶ Μουσαίῳ καὶ Ἡσιόδῳ καὶ Ὁμήρῳ ἐπὶ πόσῳ ἄν τις δέξαιτ' ἂν ὑμῶν;［还有，你们中任何人都得付出多少代价才会获得机会同俄耳甫斯、穆塞俄斯、赫西俄德和荷马在一起？］

2808 τὸ λεοντῶδές τε καὶ ὀφεῶδες［像狮子一样以及像蛇一样的部分］。ὀφεῶδες［像蛇一样的］在前面并没有被提及过，但可以简单理解为属于前面 588e6 那里的提到的 τὰ περὶ τὸν λέοντα［与该狮子相关的］。

2809 参见前面第六卷 495e2 那里对"διὰ τὰς βαναυσίας［由于〈他们自己的〉那些低贱的工作］"的注释 1899。

2810 ὅταν τις ἀσθενὲς φύσει ἔχῃ τὸ τοῦ βελτίστου εἶδος［每当一个人生来就〈如此〉虚弱地有着〈灵魂中〉那最优秀的部分之形式］，也可以转译为：每当〈灵魂中〉那最优秀的部分之形式在一个人身上生来就〈如此的〉虚弱。

2811 ὁ τοιοῦτος［这样一种人］，即"从事低贱工作和手艺的人"。

2812 δεῖν εἶναι ἐκείνου τοῦ βελτίστου καὶ ἔχοντος ἐν αὑτῷ τὸ θεῖον ἄρχον.［必须是优秀的人的奴隶，鉴于那种人在他自己身上有着神圣的东西在进行统治。］法国布德本希腊文和新校勘的牛津古典本希腊文均无连词 καὶ，从之。如果按照伯内特本翻译，则当译为：必须是最优秀的以及在他自己身上有着神圣的东西在进行统治的那种人的奴隶。

2813 见前面第一卷 343b-c。

2814 εἰ δὲ μή 是一个整体，意思是"不然的话""否则"。

2815 τὸ βέλτιστον θεραπεύσαντες τῷ παρ' ἡμῖν τοιούτῳ ἀντικαταστήσωμεν φύλακα ὅμοιον καὶ ἄρχοντα ἐν αὐτῷ.［通过照料其最优秀的部分，我们能够在他身上建立起一位相似的卫士和统治者来作为我们身上诸如此类的部分的对应物。］也可以译为：通过照料其最优秀的部分，我们能够在他身上建立起一位相似的卫士和统治者来接替我们身上诸如此类的部分。ἐν αὐτῷ［在他身上］，即"在孩子身上"；这里从 590e3 那里的复数形式 ἐν αὐτοῖς［在他们身上］变成单数形式，可视为一种修辞法。τῷ παρ' ἡμῖν τοιούτῳ［在我们身上诸如此类的部分］，即"我们身上的那个最优秀的部分"。ἀντικαταστήσωμεν 是动词 ἀντικαθίστημι 的一次性过去时虚拟式第一人称复数，该动词的本义是“接替”“取代”，而 τινά τινι ἀντικαθίστημι 是固定表达，意思是“把某种东西作为某种东西的一个副本或对应物建立起来”；《牛津希-英词典》举了柏拉图在这里的这个表达，对它的这层意思的解释是：establish as a counterpart。

2816 ἀδικοῦντα λανθάνειν［行不义却不被察觉］，单就这一表达，当然可以译为“偷偷地行不义”“不被察觉地行不义”。

2817 见前面第一卷 330e1 那里对“διδόναι δίκην［受惩罚］”的注释 108。

2818 对观《克里同》（47c8–48a4）：{ΣΩ.} Καλῶς λέγεις. οὐκοῦν καὶ τἆλλα, ὦ Κρίτων, οὕτως, ἵνα μὴ πάντα διΐωμεν, καὶ δὴ καὶ περὶ τῶν δικαίων καὶ ἀδίκων καὶ αἰσχρῶν καὶ καλῶν καὶ ἀγαθῶν καὶ κακῶν, περὶ ὧν νῦν ἡ βουλὴ ἡμῖν ἐστιν, πότερον τῇ τῶν πολλῶν δόξῃ δεῖ ἡμᾶς ἕπεσθαι καὶ φοβεῖσθαι αὐτὴν ἢ τῇ τοῦ ἑνός, εἴ τίς ἐστιν ἐπαΐων, ὃν δεῖ καὶ αἰσχύνεσθαι καὶ φοβεῖσθαι μᾶλλον ἢ σύμπαντας τοὺς ἄλλους; ᾧ εἰ μὴ ἀκολουθήσομεν, διαφθεροῦμεν ἐκεῖνο καὶ λωβησόμεθα, ὃ τῷ μὲν δικαίῳ βέλτιον ἐγίγνετο τῷ δὲ ἀδίκῳ ἀπώλλυτο. ἢ οὐδέν ἐστι τοῦτο; {ΚΡ.} Οἶμαι ἔγωγε, ὦ Σώκρατες. {ΣΩ.} Φέρε δή, ἐὰν τὸ ὑπὸ τοῦ ὑγιεινοῦ μὲν βέλτιον γιγνόμενον, ὑπὸ τοῦ νοσώδους δὲ διαφθειρόμενον διολέσωμεν πειθόμενοι μὴ τῇ τῶν ἐπαϊόντων δόξῃ, ἆρα βιωτὸν ἡμῖν ἐστιν διεφθαρμένου αὐτοῦ; ἔστι δέ που τοῦτο σῶμα· ἢ οὐχί; {ΚΡ.} Ναί. {ΣΩ.} Ἆρ' οὖν βιωτὸν ἡμῖν ἐστιν μετὰ μοχθηροῦ καὶ διεφθαρμένου σώματος; {ΚΡ.} Οὐδαμῶς. {ΣΩ.} Ἀλλὰ μετ' ἐκείνου ἄρ' ἡμῖν βιωτὸν διεφθαρμένου, ᾧ τὸ ἄδικον μὲν λωβᾶται, τὸ δὲ δίκαιον ὀνίνησιν; ἢ φαυλότερον ἡγούμεθα εἶναι τοῦ σώματος ἐκεῖνο, ὅτι ποτ' ἐστὶ τῶν ἡμετέρων, περὶ ὃ ἥ τε ἀδικία καὶ ἡ δικαιοσύνη ἐστίν; {ΚΡ.} Οὐδαμῶς. {ΣΩ.} Ἀλλὰ τιμιώτερον; {ΚΡ.} Πολύ γε.［苏格拉底：你说得好。克里同啊，那么其他事情岂不也是如此，以至我们无需讨论它们全部；但尤其就各种公正的东西和不公正的东西、丑陋的东西和美好的东西、善的东西和恶的东西，关于它们我们现在正在进行决定，我们是应跟随众人的意见并害怕它呢，还是应听从一个人的意见——如果某人是内行的话——，我们更应在他面前感到羞耻并害怕他，而非所有其他人？如果我们不追随他，那么我们就会毁坏和伤害下面这种东西：它曾因公正的东西而变得更好，但因不公正的东西而毁灭。或者不是这样？克里同：苏格拉底，我确实认为是这样。苏格拉底：好吧！如果我们因不听从内行们的意见而完全毁掉了因健康而变得更好、因不健康而被败坏的那种东西，那么，当它被败坏后，对我们来说还值得活吗？而这种东西就是身体，难道不是吗？克里同：是。苏格拉底：那么，对我们来说，带着一副糟糕的、

败坏了的身体，还值得活吗？克里同：肯定不。苏格拉底：然而，随着那种东西——对于它，不公正的东西在进行伤害，而公正的东西在进行助益——败坏了，对我们来说还值得活吗？或者，我们会认为毕竟属于我们的、同不义和正义相关的那种东西，是比身体更低劣的吗？ 克里同：绝不会。苏格拉底：但会是更尊贵的吗？ 克里同：肯定尊贵得多。]

2819 τὴν τοῦ σώματος ἕξιν καὶ τροφήν［身体的状态和〈对它的〉维持］，也可以拟人化地译为：身体的状态和〈对它的〉喂养。

2820 οὐδὲ τοῦτο πρεσβεύων［不会把这件事排在第一位］。πρεσβεύων 是动词 πρεσβεύω 的现在时分词主动态阳性主格单数，πρεσβεύω 作为及物动词，具有"使排在第一位""使居首位"等意思；《牛津希–英词典》对它的这层意思的解释是：put first in rank。

2821 对观《拉刻斯》（188c6–d6）：ὅταν μὲν γὰρ ἀκούω ἀνδρὸς περὶ ἀρετῆς διαλεγομένου ἢ περί τινος σοφίας ὡς ἀληθῶς ὄντος ἀνδρὸς καὶ ἀξίου τῶν λόγων ὧν λέγει, χαίρω ὑπερφυῶς, θεώμενος ἅμα τόν τε λέγοντα καὶ τὰ λεγόμενα ὅτι πρέποντα ἀλλήλοις καὶ ἁρμόττοντά ἐστι. καὶ κομιδῇ μοι δοκεῖ μουσικὸς ὁ τοιοῦτος εἶναι, ἁρμονίαν καλλίστην ἡρμοσμένος οὐ λύραν οὐδὲ παιδιᾶς ὄργανα, ἀλλὰ τῷ ὄντι [ζῆν ἡρμοσμένος οὗ] αὐτὸς αὑτοῦ τὸν βίον σύμφωνον τοῖς λόγοις πρὸς τὰ ἔργα.［因为，每当我听到一个人在讨论德性，或者讨论某种智慧时，如果他真的是一个男子汉并且配得上他所说的那些言辞，那时我就特别地感到高兴，因为我在下面这点上同时看到了说话者和被说出来的话，那就是两者彼此之间是相适的以及和谐的。并且在我看来，这样一个人全然就是一位音乐家，因为他调配出了最美的和音，但不是在七弦琴上或者其他某种消遣之乐器上，相反，事实上他本人通过言行一致而把他自己的生命调配得和谐。]

2822 对观《斐洞》（61a1–4）：ὥσπερ οἱ τοῖς θέουσι διακελευόμενοι, καὶ ἐμοὶ οὕτω τὸ ἐνύπνιον ὅπερ ἔπραττον τοῦτο ἐπικελεύειν, μουσικὴν ποιεῖν, ὡς φιλοσοφίας μὲν οὔσης μεγίστης μουσικῆς, ἐμοῦ δὲ τοῦτο πράττοντος.［就像人们鼓励那些奔跑的人一样，梦也同样在勉励我做我已经在做的事情，即创作文艺，因为热爱智慧就是最高的文艺，而我就在从事这件事。]

2823 ἐκεῖ［在那里］，即"在那种城邦体制中"。

2824 对观前面第六卷（492e6–493a2）：因为你必须得知道，在诸城邦体制的这样一种状况那里，如果任何东西被拯救并且成为了它应该是的那个样子，你说是神的安排拯救了它，那么你说得不坏。

2825 τὰ γὰρ ταύτης μόνης ἂν πράξειεν, ἄλλης δὲ οὐδεμιᾶς.［因为，他所做的那些事

情，仅仅属于这个城邦，而不属于其他任何的城邦。］这是意译，也可以完全照字面意思译为：他仅仅做属于这个城邦的那些事情，而不做属于其他任何城邦的那些事情。

2826 οὐχ ἥκιστα［尤其是］。参见前面第二卷 375d10 那里对“οὐ ... ἥκιστα［尤其］”的注释 697。

2827 ἐνθυμηθεὶς περὶ ποιήσεως［关于诗我想到得更多］是一个整体，也可以译为“关于诗我想得更深”。ἐνθυμηθείς 是异态动词 ἐνθυμέομαι 的一次性过去时分词阳性主格单数，ἐνθυμέομαι 的本义是“思考”“盘算”，但直接跟属格，或者加介词 περί 跟属格，意思则是“想得比较多”“想得深入”；《牛津希-英词典》举了柏拉图在这里的这个表达，对它的这层意思的解释是：think much or deeply of。

2828 τὰ τῆς ψυχῆς εἴδη［灵魂中的那〈三个〉部分］，也可以译为“灵魂中的那〈三个〉族类”“灵魂中的那〈三种〉形式”；即 τὸ λογιστικόν［计算性的部分］，τὸ θυμοειδές［气宇轩昂的部分］，以及 τὸ ἐπιθυμητικόν［欲望性的部分］。

2829 οὐ γάρ μου κατερεῖτε πρὸς τοὺς τῆς τραγῳδίας ποιητὰς καὶ τοὺς ἄλλους ἅπαντας τοὺς μιμητικούς.［因为你们肯定不会在那些悲剧诗人面前，以及在其他所有那些擅长模仿的人面前告发我。］τινὸς πρός τινα κατερέω 是固定表达，意思是“在某人面前告发某人”“在某人面前检举某人”；被告发者要求属格，所有这里出现的是单数属格 μου［我］。

2830 μὴ ἔχουσι φάρμακον τὸ εἰδέναι αὐτὰ οἷα τυγχάνει ὄντα.［〈如果〉他们没有一剂药的话，而这剂药知道诸如此类的东西自身恰好是什么样的。］之所以这么翻译，因为名词 φάρμακον［一剂药］既是动词 ἔχουσι［有］的直接宾语，也是不定式 τὸ εἰδέναι αὐτὰ οἷα τυγχάνει ὄντα［知道诸如此类的东西自身恰好是什么样的］的同位语；这可理解为一种拟人表达。

2831 με ... ἐκ παιδὸς ἔχουσα［从孩童时起就抓住了我］是一个整体，有意照字面意思翻译。

2832 τῶν καλῶν ἁπάντων τούτων τῶν τραγικῶν πρῶτος διδάσκαλός τε καὶ ἡγεμὼν［所有这些杰出的悲剧家的第一位教师以及引路人］。这么翻译，是把 τῶν καλῶν ἁπάντων τούτων τῶν τραγικῶν 视为阳性属格复数；如果将之视为中性属格复数，这句话则当译为：所有这些优秀的悲剧作品的第一位教师以及引路人。不过《牛津希-英词典》举了柏拉图在这里的这个表达，认为当作中性理解。

对观《泰阿泰德》（152e2-5）：καὶ περὶ τούτου πάντες ἑξῆς οἱ σοφοὶ πλὴν

Παρμενίδου συμφερέσθων, Πρωταγόρας τε καὶ Ἡράκλειτος καὶ Ἐμπεδοκλῆς, καὶ τῶν ποιητῶν οἱ ἄκροι τῆς ποιήσεως ἑκατέρας, κωμῳδίας μὲν Ἐπίχαρμος, τραγῳδίας δὲ Ὅμηρος.［关于这点，除了巴门尼德，所有智慧的人聚成一列，普罗塔戈拉、赫拉克利特、恩培多克勒，以及诗人中间，两种诗歌各自那顶尖的，就喜剧来说是厄庇卡尔摩斯，就悲剧来说则是荷马。］

2833 ἀλλ᾽ οὐ γὰρ πρό γε τῆς ἀληθείας τιμητέος ἀνήρ .［然而，任何一个人无论如何都不可以比真还要更值得尊敬。］也可以译为：然而，无论如何在真面前，无人可以是更值得尊敬的。

对观《斐洞》（91b7–c5）：παρεσκευασμένος δή, ἔφη, ὦ Σιμμία τε καὶ Κέβης, οὑτωσὶ ἔρχομαι ἐπὶ τὸν λόγον· ὑμεῖς μέντοι, ἂν ἐμοὶ πείθησθε, σμικρὸν φροντίσαντες Σωκράτους, τῆς δὲ ἀληθείας πολὺ μᾶλλον, ἐὰν μέν τι ὑμῖν δοκῶ ἀληθὲς λέγειν, συνομολογήσατε, εἰ δὲ μή, παντὶ λόγῳ ἀντιτείνετε, εὐλαβούμενοι ὅπως μὴ ἐγὼ ὑπὸ προθυμίας ἅμα ἐμαυτόν τε καὶ ὑμᾶς ἐξαπατήσας, ὥσπερ μέλιττα τὸ κέντρον ἐγκαταλιπὼν οἰχήσομαι.［我已经做好准备，他说道，西米阿斯和刻贝斯啊，这样来进行讨论：你们，如果听从我，那就一定要少操心苏格拉底，而要更多地操心真；如果在你们看来我在说某种真的东西，那就要和我一起表示同意；但如果没有，那你们就要用所有的说法来进行抵制，谨防我在热心下同时欺骗了我自己和你们，就像一只蜜蜂那样，留下刺后就一走了之。］

亚里士多德《尼各马可伦理学》第一卷第4章（1096a11–17）：Τὸ δὲ καθόλου βέλτιον ἴσως ἐπισκέψασθαι καὶ διαπορῆσαι πῶς λέγεται, καίπερ προσάντους τῆς τοιαύτης ζητήσεως γινομένης διὰ τὸ φίλους ἄνδρας εἰσαγαγεῖν τὰ εἴδη. δόξειε δ᾽ ἂν ἴσως βέλτιον εἶναι καὶ δεῖν ἐπὶ σωτηρίᾳ γε τῆς ἀληθείας καὶ τὰ οἰκεῖα ἀναιρεῖν, ἄλλως τε καὶ φιλοσόφους ὄντας· ἀμφοῖν γὰρ ὄντοιν φίλοιν ὅσιον προτιμᾶν τὴν ἀλήθειαν.［或许应当更好地考察一下普遍，并讨论它究竟在说什么，尽管这样一种探究会变得让人感到痛苦，因为诸形式乃是由那些敬爱的人所提出来的。然而，也许坚持下面这一点似乎是更好的，也是应当的，那就是为了捍卫真而放弃那些自己所亲近的东西，尤其因为我们都是一些热爱智慧的人；因为，尽管这两者都是值得珍爱的，但尊崇真则是虔敬的。］

2834 对观《伊翁》（531c2–d2）：ἢ Ὅμηρος περὶ ἄλλων τινῶν λέγει ἢ ὧνπερ σύμπαντες οἱ ἄλλοι ποιηταί; οὐ περὶ πολέμου τε τὰ πολλὰ διελήλυθεν καὶ περὶ ὁμιλιῶν πρὸς ἀλλήλους ἀνθρώπων ἀγαθῶν τε καὶ κακῶν καὶ ἰδιωτῶν καὶ δημιουργῶν, καὶ περὶ θεῶν πρὸς ἀλλήλους καὶ πρὸς ἀνθρώπους ὁμιλούντων, ὡς ὁμιλοῦσι, καὶ περὶ τῶν οὐρανίων παθημάτων καὶ περὶ τῶν ἐν Ἅιδου, καὶ γενέσεις καὶ θεῶν καὶ ἡρώων; οὐ ταῦτά ἐστι περὶ ὧν Ὅμηρος τὴν ποίησιν πεποίηκεν;［难道荷马在说另外一些事情，它们不同于所有其他那些诗人所说的？他已经详细叙述过的，岂不多半是关于战争，以及关于人们之间的各种交往，既有各种好人和各种坏人之间的，也有那些一无所长的人和各种匠人之间的；还有关于诸神，当他们互相之间进行交往以及同人进行交往时，他们是在如何进行交往；以及关于天上所发生的各种事情和关于冥府的各种事情，还有诸神和英雄的各式各样的诞生？这些岂不就是荷马关于它们已经创作出诗歌的那些东西？］

2835 见前面第一卷 330a5 那里对“πάνυ τι”的注释 88。

2836 ἦ που ἄρ’［那倒毫无疑问］。参见前面第五卷 450d5 那里对“ἦ που”的注释 1488。该表达在这里具有讽刺意味，背后的意思是：如果连你都不能理解，莫非我反倒能理解？

2837 对观《智者》(232e6-8)：τάχα γὰρ ἂν ὑμεῖς μὲν ὀξύτερον οἱ νέοι πρὸς αὐτὸ βλέποιτε, ἡμεῖς δὲ ἀμβλύτερον.［或许你们年轻人的确对它看得更为敏锐，而我们则比较迟钝。］

2838 ἕκαστον［在每一种情形下］，也可以译为“每次”。

2839 参见前面第六卷（507b2-11）：我们不仅宣称许多东西是美的，我说道，和许多东西是善的，以及任何〈别的〉东西也都是如此，而且我们也在讨论中进行了区分。我们的确说过。并且〈宣称〉美本身和善本身〈是着〉，以及对于我们曾将之设立为多的所有东西来说也如此；我们再度反过来根据每个东西的单一理念，仿佛它是一，来设立每个东西，即根据“它是什么”来称呼它们。是这样。无疑前者，我们宣称它们〈能够〉被看见，但不〈能够〉被思想；而反过来，那些理念虽然〈能够〉被思想，却不〈能够〉被看见。完全如此。

对观《菲勒玻斯》(16c5-d7)：Θεῶν μὲν εἰς ἀνθρώπους δόσις, ὥς γε καταφαίνεται ἐμοί, ποθὲν ἐκ θεῶν ἐρρίφη διά τινος Προμηθέως ἅμα φανοτάτῳ τινὶ πυρί· καὶ οἱ μὲν παλαιοί, κρείττονες ἡμῶν καὶ ἐγγυτέρω θεῶν οἰκοῦντες, ταύτην φήμην παρέδοσαν, ὡς ἐξ ἑνὸς μὲν καὶ πολλῶν ὄντων τῶν ἀεὶ λεγομένων εἶναι, πέρας δὲ καὶ ἀπειρίαν ἐν αὑτοῖς σύμφυτον ἐχόντων. δεῖν οὖν ἡμᾶς τούτων οὕτω διακεκοσμημένων ἀεὶ μίαν ἰδέαν περὶ παντὸς ἑκάστοτε θεμένους ζητεῖν – εὑρήσειν γὰρ ἐνοῦσαν – ἐὰν οὖν μεταλάβωμεν, μετὰ μίαν δύο, εἴ πως εἰσί, σκοπεῖν, εἰ δὲ μή, τρεῖς ἤ τινα ἄλλον ἀριθμόν, καὶ τῶν ἓν ἐκείνων ἕκαστον πάλιν ὡσαύτως, μέχριπερ ἂν τὸ κατ’ ἀρχὰς ἓν μὴ ὅτι ἓν καὶ πολλὰ καὶ ἄπειρά ἐστι μόνον ἴδῃ τις, ἀλλὰ καὶ ὁπόσα.［作为诸神对人的一种馈赠，至少对我显得如此，它同一种极其光芒四射的火一道，由一位普罗米修斯从诸神的某个地方扔给我们；并且一些古人——他们比我们更强有力，并且住得也离诸神更近——，曾传下来了这种传闻，那就是：那些总是被称作是着的东西，一方面，它们都是出于一和多，另一方面，它们在它们自身那儿就与生俱来地具有限度和无限。因此，既然这些已经如此这般地被安排了，那关于它们每个我们在任何时候都必须总是设定一种形式，并探寻它——因为我们将发现它是内在于其中的——；于是，如果我们把握到了它，那么，就必须在一种形式之后探知二种形式，假如它们无论如何都是着的话，不然的话，就考察三种形式或其他某个数，并且进而以同样的方式探知那些一中的每一个，直到一个人看到原初的一不仅仅是一、多和无限，而且究竟是多少为止。］

2840 πολλαί πού εἰσι κλῖναι καὶ τράπεζαι.［无疑有许多的床和许多的桌子。］亦可以译为：无疑床和桌子都是许多的。

2841 τήν γε ἰδέαν αὐτὴν δημιουργεῖ［为众人把理念本身做工出来］，有意按词源这么翻译，当然可以简单译为“制造出理念本身”。参见前面第一卷 340e3 那里对“δημιουργός［匠人 / 工匠］”一词的注释 257。

2842 πῶς γάρ;［这怎么可能呢？］是固定表达，一般要求否定性的回答；《牛津希-英词典》对之的解释是：for how is it possible? how can or could it be? 此外，这句话在法国布德本希腊文中同样如此，而新校勘的牛津古典本希腊文将之提行，由此一来，这成了格劳孔的发问。这里仍按伯内特本翻译。

2843 Οὐδαμῶς.［绝不可能。］法国布德本希腊文同样如此，而新校勘的牛津古典本希腊文将它同下面那句话连在一起，由此一来，这成了苏格拉底的回答。这里仍按伯内特本翻译。

2844 关于形容词 δεινός，参见前面第一卷 337a1 那里对“ἐλεεῖσθαι ... ἡμᾶς ... ὑπὸ ὑμῶν τῶν δεινῶν［我们被你们这些很厉害的人所同情］”的注释 211。

2845 οὔπω γε［还根本就没有〈说〉完呢］。之所以这么补充翻译，因为这里省略了动词 λέγω［说］。

2846 ἐν Ἅιδου［在哈德斯家里］，参见前面第一卷 330d8 那里对“ἐν Ἅιδου［冥府］”的注释 105。

2847 对观《智者》（233e8–234b10）：{ΞΕ.} Εἴ τις ἐμὲ καὶ σὲ καὶ τἆλλα φυτὰ πάντα ποιήσειν φαίη – {ΘΕΑΙ.} Τίνα δὴ λέγων τὴν ποίησιν; οὐ γὰρ δὴ γεωργόν γε ἐρεῖς τινα· καὶ γὰρ ζῴων αὐτὸν εἶπες ποιητήν. {ΞΕ.} Φημί, καὶ πρός γε θαλάττης καὶ γῆς καὶ οὐρανοῦ καὶ θεῶν καὶ τῶν ἄλλων συμπάντων· καὶ τοίνυν καὶ ταχὺ ποιήσας αὐτῶν ἕκαστα πάνυ σμικροῦ νομίσματος ἀποδίδοται. {ΘΕΑΙ.} Παιδιὰν λέγεις τινά. {ΞΕ.} Τί δέ; τὴν τοῦ λέγοντος ὅτι πάντα οἶδε καὶ ταῦτα ἕτερον ἂν διδάξειεν ὀλίγου καὶ ἐν ὀλίγῳ χρόνῳ, μῶν οὐ παιδιὰν νομιστέον; {ΘΕΑΙ.} Πάντως που. {ΞΕ.} Παιδιᾶς δὲ ἔχεις ἤ τι τεχνικώτερον ἢ καὶ χαριέστερον εἶδος ἢ τὸ μιμητικόν; {ΘΕΑΙ.} Οὐδαμῶς· πάμπολυ γὰρ εἴρηκας εἶδος εἰς ἓν πάντα συλλαβὼν καὶ σχεδὸν ποικιλώτατον. {ΞΕ.} Οὐκοῦν τόν γ' ὑπισχνούμενον δυνατὸν εἶναι μιᾷ τέχνῃ πάντα ποιεῖν γιγνώσκομέν που τοῦτο, ὅτι μιμήματα καὶ ὁμώνυμα τῶν ὄντων ἀπεργαζόμενος τῇ γραφικῇ τέχνῃ δυνατὸς ἔσται τοὺς ἀνοήτους τῶν νέων παίδων, πόρρωθεν τὰ γεγραμμένα ἐπιδεικνύς, λανθάνειν ὡς ὅτιπερ ἂν βουληθῇ δρᾶν, τοῦτο ἱκανώτατος ὢν ἀποτελεῖν ἔργῳ.［客人：如果有人说，他将创造我、你以及其他一切生长出来的东西的话……泰阿泰德：你究竟在说何种创造？因为你肯定不在说某个农夫，既然你说他甚至还是动物的创造者。客人：我是在这么说，此外他还是海洋、陆地、天空、诸神以及其他一切的创造者；而且一旦他迅速创造出其中的每一个之后，为了很少的钱他就会将之出售。泰阿泰德：你在说某种儿戏。客人：怎么回事？如果有人说到一门技艺，说他凭借它而知道一切，并且为了一点点钱和在短时间内就会把这些传授给他人，那么，岂不肯定必然会把它称作儿戏？泰阿泰德：当然。客人：但在儿戏中，你把何种形式视作比模仿性的形式是更为有技艺的和更受欢迎的？泰阿泰德：绝对没有；因为你已经通过把一切集合为一而说出了一种极其广泛和几乎最丰富多彩的形式。客人：那么，当有人许诺能够凭借单一的技艺而创造一切时，我们肯定认识到了下面这点：凭借绘画的技艺通过使得模仿品成为同是者同名的东西，他将能够愚弄年轻的孩子们中那些无甚理智的——通过从远处显示那些画——，仿佛他想做的任何事情，他事实上都完全能够做成它似的。］

2848 见前面第四卷 425d4 那里对“τὸ παράπαν”的注释 1247。

2849 之所以这么翻译，因为根据文法，形容词 χαλεπός［困难的］和分词 δημιουργούμενος［制造的］都只能修饰和限定前面出现的名词 ὁ τρόπος［方式］。

2850 καὶ εἰς δέον ἔρχῃ τῷ λόγῳ.［并且对于讨论来说，你来到了它所需要的地方。］有意按字面意思翻译；如果把 εἰς δέον 视为词组，在这里作副词使用，即“恰好”“及时”，当然也可以简单译为：并且对于讨论来说，你来得及时。

2851 οὐ τὸ εἶδος ποιεῖ, ὃ δή φαμεν εἶναι ὃ ἔστι κλίνη［他并不创造我们恰恰说它是一张床是其所是的那种形式］，也可以译为“他并不创造那种形式，即我们恰恰说它是一张床是其所是的”。

2852 对观《斐洞》（75a11-b2）：Ἀλλὰ μὲν δὴ ἔκ γε τῶν αἰσθήσεων δεῖ ἐννοῆσαι ὅτι πάντα τὰ ἐν ταῖς αἰσθήσεσιν ἐκείνου τε ὀρέγεται τοῦ ὃ ἔστιν ἴσον, καὶ αὐτοῦ ἐνδεέστερά ἐστιν.［但正是从各种感觉那儿必须思考：在诸感觉那儿的所有东西，一方面都渴望相等本身所是的那个东西，另一方面又是远不及它的。］（75c10-d3）：οὐ γὰρ περὶ τοῦ ἴσου νῦν ὁ λόγος ἡμῖν μᾶλλόν τι ἢ καὶ περὶ αὐτοῦ τοῦ καλοῦ καὶ αὐτοῦ τοῦ ἀγαθοῦ καὶ δικαίου καὶ ὁσίου καί, ὅπερ λέγω, περὶ ἁπάντων οἷς ἐπισφραγιζόμεθα τὸ "αὐτὸ ὃ ἔστι" καὶ ἐν ταῖς ἐρωτήσεσιν ἐρωτῶντες καὶ ἐν ταῖς ἀποκρίσεσιν ἀποκρινόμενοι.［因为我们现在的讨论不仅涉及相等本身，而且更是涉及美本身、善本身、正义本身和虔敬本身；如我所说的，涉及在进行问答时在各种追问和各种回答中我们把"它是什么"这个标记印到其身上的所有东西。］

2853 τοῖς περὶ τοὺς τοιούσδε λόγους διατρίβουσιν［那些致力于这样一些讨论的人］，也可以译为"那些在这样一些讨论上消磨时间的人"。动词 διατρίβω 的词干是 τρίβω，其意思是"磨""揉"；因此，διατρίβω 的原初意思就是"消磨时间"，转义为"娱乐""消遣""讨论""研究""致力于"。

关于"这样一些讨论"的相关内容，可对观《智者》（248a4-b1）：{ΞΕ.} Πρὸς δὴ τοὺς ἑτέρους ἴωμεν, τοὺς τῶν εἰδῶν φίλους· σὺ δ' ἡμῖν καὶ τὰ παρὰ τούτων ἀφερμήνευε. {ΘΕΑΙ.} Ταῦτ' ἔσται. {ΞΕ.} Γένεσιν, τὴν δὲ οὐσίαν χωρίς που διελόμενοι λέγετε; ἦ γάρ; {ΘΕΑΙ.} Ναί. {ΞΕ.} Καὶ σώματι μὲν ἡμᾶς γενέσει δι' αἰσθήσεως κοινωνεῖν, διὰ λογισμοῦ δὲ ψυχῇ πρὸς τὴν ὄντως οὐσίαν, ἣν ἀεὶ κατὰ ταὐτὰ ὡσαύτως ἔχειν φατέ, γένεσιν δὲ ἄλλοτε ἄλλως. {ΘΕΑΙ.} Φαμὲν γὰρ οὖν.［客人：那就让我们前往另外一些人那里，即诸形式的朋友们那里；但也得请你向我们传达那些来自这些人的看法。泰阿泰德：好的！客人：一则为生成，一则为所是，你们肯定通过把它们分开而分离地说它们吗？是这样吗？泰阿泰德：是的。客人：并且我们借助身体通过各种感觉同生成相结合，而借助灵魂通过计算同以是的方式是着的所是相结合；你们宣称，所是总是恒常地保持着同一，而生成则因时而异。泰阿泰德：我们的确这么说。］

2854 ἡ ἐν τῇ φύσει οὖσα［在本性上是着的］，也可以译为"在自然中是着的"。对观：

《斐洞》（103a11-b5）：Καὶ ὁ Σωκράτης παραβαλὼν τὴν κεφαλὴν καὶ ἀκούσας, Ἀνδρικῶς, ἔφη, ἀπεμνημόνευκας, οὐ μέντοι ἐννοεῖς τὸ διαφέρον τοῦ τε νῦν λεγομένου καὶ τοῦ τότε. τότε μὲν γὰρ ἐλέγετο ἐκ τοῦ ἐναντίου πράγματος τὸ ἐναντίον πρᾶγμα γίγνεσθαι, νῦν δέ, ὅτι αὐτὸ τὸ ἐναντίον ἑαυτῷ ἐναντίον οὐκ ἄν ποτε γένοιτο, οὔτε τὸ ἐν ἡμῖν οὔτε τὸ ἐν τῇ φύσει.［苏格拉底侧头听着，他说道，真有男子气概，你已经记起来了；然而你没有注意到现在所说的和那时所说的之间的不同。因为那时说的是，相反的事物从相反的事物产生；而现在说的是，相反者本身在任何时候都不会成为它自身的相反者，无论是在我们身上的，还是在自然中的。］

《菲勒玻斯》（15b1–c3）：Πρῶτον μὲν εἴ τινας δεῖ τοιαύτας εἶναι μονάδας ὑπολαμβάνειν ἀληθῶς οὔσας· εἶτα πῶς αὖ ταύτας, μίαν ἑκάστην οὖσαν ἀεὶ τὴν αὐτὴν καὶ μήτε γένεσιν μήτε ὄλεθρον προσδεχομένην, ὅμως εἶναι βεβαιότατα μίαν ταύτην; μετὰ δὲ τοῦτ᾽ ἐν τοῖς γιγνομένοις αὖ καὶ ἀπείροις εἴτε διεσπασμένην καὶ πολλὰ γεγονυῖαν θετέον, εἴθ᾽ ὅλην αὐτὴν αὑτῆς χωρίς, ὃ δὴ πάντων ἀδυνατώτατον φαίνοιτ᾽ ἄν, ταὐτὸν καὶ ἓν ἅμα ἐν ἑνί τε καὶ πολλοῖς γίγνεσθαι. ταῦτ᾽ ἔστι τὰ περὶ τὰ τοιαῦτα ἓν καὶ πολλά, ἀλλ᾽ οὐκ ἐκεῖνα, ὦ Πρώταρχε, ἁπάσης ἀπορίας αἴτια μὴ καλῶς ὁμολογηθέντα καὶ εὐπορίας [ἂν] αὖ καλῶς.［首先，是否应当接受这样一些一性是真正是着的。其次，这些一性复又是怎样的：虽然它们中的每个始终是同一的，并且既不容许生成，也不容许毁灭，全都最为牢固地是这个一，但在这之后，在那些生成出来的并且复又无穷无尽的东西那里，或者必须得假设它已经碎裂于其中并且成为了多，或者就得假设它作为整体同其自身分离——这肯定会看起来是一切中最不可能的——，从而它作为同一且单一的东西同时出现在一和多中。就这类一和多来说，是这些，而不是前面那些，普洛塔尔科斯啊，才要为所有的困境负责，假如它们没有被很好地达成一致的话，而如果很好地达成了一致，它们复又会导致疑难的解决。］

2855 对观《智者》（265e3–6）：ἀλλὰ θήσω τὰ μὲν φύσει λεγόμενα ποιεῖσθαι θείᾳ τέχνῃ, τὰ δ᾽ ἐκ τούτων ὑπ᾽ ἀνθρώπων συνιστάμενα ἀνθρωπίνῃ, καὶ κατὰ τοῦτον δὴ τὸν λόγον δύο ποιητικῆς γένη, τὸ μὲν ἀνθρώπινον εἶναι, τὸ δὲ θεῖον.［然而，我将把那些被说成因自然而是着的东西设定为被属神的技艺所造成，而把那些被人从这些东西中组成的东西设定为被属人的技艺所造成；并且依照这种说法，两个家族属于创制术，一个是属人的，一个则是属神的。］

2856 形容词 φυτουργός 的本义是"培植植物的"，作为名词指"园丁"，喻为"生子的人""父亲"，在这里的意思是"创造者"；《牛津希–英词典》举了柏拉图在这里的这个表达，对它的解释是：creator, author。

2857 即神和木匠；只不过前者创造的是床的形式，后者创造的则是一张具体的床。

2858 对观《斐德若》（248e1–2）：ἕκτη ποιητικὸς ἢ τῶν περὶ μίμησίν τις ἄλλος ἁρμόσει.

[与居于第六位的灵魂相适合的，是一种创作诗歌的生活，或者其他某种同模仿相关的生活。]

2859 ἀπὸ βασιλέως καὶ τῆς ἀληθείας[从一位国王，即从真〈往下排〉]，也可以译为“从一位国王或从真〈往下排〉”。这显然是一种比喻。“国王”指创造形式或理念，或在本性上进行创造的神。对观《菲勒玻斯》(28c6–8)：πάντες γὰρ συμφωνοῦσιν οἱ σοφοί, ἑαυτοὺς ὄντως σεμνύνοντες, ὡς νοῦς ἐστι βασιλεὺς ἡμῖν οὐρανοῦ τε καὶ γῆς.[因为所有智慧的人都异口同声地说——其实他们是在抬高他们自己——，对于我们而言，理智是天地之王。]

2860 πότερα ἐκεῖνο αὐτὸ τὸ ἐν τῇ φύσει ἕκαστον δοκεῖ σοι ἐπιχειρεῖν μιμεῖσθαι[他每次都试图模仿在本性上〈是着〉的那种东西本身呢]。之所以这么翻译，是把 ἕκαστον 是为副词，而不是形容词；如果将之视为形容词，那么这句话也可以译为“他试图模仿那种在本性上〈是着〉的每一东西本身呢”。

2861 πρὸς πότερον ἡ γραφικὴ πεποίηται περὶ ἕκαστον;[绘画在每一种情形那里通常针对的是两者中的哪一个？]πεποίηται 在这里是动词 ποιέω 的完成时直陈式被动态第三人称单数，ποιέω 与介词 πρός 构成一个整体，意思是“针对……”；而使用完成时，则具有“通常”“习惯”的意思。

2862 τὸ ὄν[是者]。这里的“是者”，并非“在本性上作为一是着的东西”，而指各种具体、特殊地是着的东西，如木匠制作出来的一张床。

2863 περὶ οὐδενὸς τούτων ἐπαΐων τῶν τεχνῶν[关于这些人中的任何一位的技艺他都一窍不通]。这么翻译，是把 οὐδενὸς τούτων 视为阳性；如果将之视为阴性，那么，这句话也可以译为：关于这些技艺中的任何一样他都一窍不通。

2864 对观《智者》(234b5–10)：Οὐκοῦν τόν γ' ὑπισχνούμενον δυνατὸν εἶναι μιᾷ τέχνῃ πάντα ποιεῖν γιγνώσκομέν που τοῦτο, ὅτι μιμήματα καὶ ὁμώνυμα τῶν ὄντων ἀπεργαζόμενος τῇ γραφικῇ τέχνῃ δυνατὸς ἔσται τοὺς ἀνοήτους τῶν νέων παίδων, πόρρωθεν τὰ γεγραμμένα ἐπιδεικνύς, λανθάνειν ὡς ὅτιπερ ἂν βουληθῇ δρᾶν, τοῦτο ἱκανώτατος ὢν ἀποτελεῖν ἔργῳ.[那么，当有人许诺能够凭借单一的技艺而创造一切时，我们肯定认识到了下面这点：凭借绘画的技艺通过使得模仿品成为同是者同名的东西，他将能够愚弄年轻的孩子们中那些无甚理智的——通过从远处显示那些画——，仿佛他想做的任何事情，他事实上都完全能够做成它似的。]

2865 γόητί τινι[某个骗子]。名词 γόης 的本义是“魔术师”“术士”“巫师”，喻为“骗子”；其动词 γοητεύω 的意思就是“蛊惑”“欺骗”。对观《智者》(234c2–7)：περὶ τοὺς λόγους ἆρ' οὐ προσδοκῶμεν εἶναί τινα ἄλλην τέχνην, ᾗ αὖ δυνατὸν <ὂν> [αὖ] τυγχάνει τοὺς νέους καὶ ἔτι πόρρω τῶν πραγμάτων τῆς ἀληθείας ἀφεστῶτας διὰ τῶν ὤτων τοῖς λόγοις γοητεύειν, δεικνύντας εἴδωλα λεγόμενα περὶ πάντων, ὥστε ποιεῖν ἀληθῆ δοκεῖν λέγεσθαι καὶ τὸν λέγοντα δὴ σοφώτατον πάντων ἅπαντ' εἶναι;［在诸言说方面，我们岂不也能期待有着某种另外的技艺，凭借它，肯定恰恰复又能够用各种言说通过其耳朵来蛊惑那些年轻且仍然还远远站在各种事情之真的外面的人，通过向他们显示关于一切所说出来的图像，从而使得各种真的东西看起来在被说似的，并且使得那说话的人看起来在所有事情上是所有人中最智慧的似的？］

2866 οὗτοι［这些人］，即荷马和其他悲剧诗人。

2867 μιμηταῖς τούτοις［这样一些模仿者］，法国布德本希腊文同样如此，而新校勘的牛津古典本希腊文将其中的 τούτοις 改为 τ<οι>ούτοις，从之；如果按伯内特本和布德本翻译，则当译为“这些模仿者”。

2868 τριττὰ ἀπέχοντα τοῦ ὄντος［远离〈在本性上〉是着的东西而排在第三位］。ἀπέχοντα 在这里是动词 ἀπέχω 的现在时分词主动态中性宾格复数，ἀπέχω 的本义是“阻挡”“防止”，但作为不及物动词，跟属格则具“远离……”的意思。

2869 见前面第八卷 557a4 那里对“ἐξ ἴσου”的注释 2491。

2870 吕寇耳戈斯（Λυκοῦργος, Lykourgos），传说中斯巴达的立法者。参见：

《斐德若》（258b10-c5）：ὅταν ἱκανὸς γένηται ῥήτωρ ἢ βασιλεύς, ὥστε λαβὼν τὴν Λυκούργου ἢ Σόλωνος ἢ Δαρείου δύναμιν ἀθάνατος γενέσθαι λογογράφος ἐν πόλει, ἆρ' οὐκ ἰσόθεον ἡγεῖται αὐτός τε αὑτὸν ἔτι ζῶν, καὶ οἱ ἔπειτα γιγνόμενοι ταὐτὰ ταῦτα περὶ αὐτοῦ νομίζουσι, θεώμενοι αὐτοῦ τὰ συγγράμματα;［一旦某个人成为了一位能干的演说家或国王，以至于他因取得了吕寇耳戈斯、梭伦或大流士的能力而成为了城邦中的一位不朽的职业演讲稿撰写人，那么，他自己岂不会就把他自己视为神一样的——即使还活着——，并且后来的人们对于他岂不也持同样的这些看法，当他们观看他的那些文章时？］

《弥诺斯》（318c3-7）：{ΣΩ.} Οὐκ οἶσθα τίνες παλαιοτάτοις νόμοις χρῶνται τῶν Ἑλλήνων; {ΕΤ.} Ἆρα Λακεδαιμονίους λέγεις καὶ Λυκοῦργον τὸν νομοθέτην;［苏格拉底：难道你不知道，在希腊人中间，哪些人在使用一些最古老的法？同伴：难道你在说那些拉栖岱蒙人，以及他们的立法者吕寇耳戈斯？］

2871 拉栖岱蒙（Λακεδαίμων, Lakedaimon），即斯巴达（Σπάρτη, Sparte）。

2872 动词 αἰτιάομαι 的本义是“责怪”“归咎”，但作为褒义在这里的意思则是“归功”“给予荣誉”；《牛津希-英词典》举了柏拉图在这里的这个表达，对它解释是：give one the credit of being。

2873 卡戎达斯（Χαρώνδας, Charondas），公元前 6 世纪西西里的立法者。

2874 ὑπ' αὐτῶν Ὁμηριδῶν［被那些荷马的模仿者或崇拜者本人］，当然可以简单译为"被那些荷马的崇拜者本人"或"那些荷马的模仿者本人"；《牛津希-英词典》举了柏拉图在这里的这个表达，对 Ὁμηρίδης 的解释是：imitators or admirers of Homer。对观：

《伊翁》（530d6-8）：Καὶ μὴν ἄξιόν γε ἀκοῦσαι, ὦ Σώκρατες, ὡς εὖ κεκόσμηκα τὸν Ὅμηρον· ὥστε οἶμαι ὑπὸ Ὁμηριδῶν ἄξιος εἶναι χρυσῷ στεφάνῳ στεφανωθῆναι.［确实值得听听，苏格拉底啊，我已经把荷马装饰打扮得有多好，以至于我认为，我是配得上被那些荷马的模仿者或崇拜者用一顶金冠加冕的。］

《斐德若》（252b4-6）：λέγουσι δὲ οἶμαί τινες Ὁμηριδῶν ἐκ τῶν ἀποθέτων ἐπῶν δύο ἔπη εἰς τὸν Ἔρωτα, ὧν τὸ ἕτερον ὑβριστικὸν πάνυ καὶ οὐ σφόδρα τι ἔμμετρον.［不过我认为，一些荷马的模仿者从那些秘而不宣的诗句中背诵出关于厄洛斯的两行诗，其中第二句是非常侮慢的，并且一丁点都不合韵律。］

2875 ἐπὶ Ὁμήρου［在荷马的时代］。介词 ἐπί 跟属格表时间，意思是"在……时候"；《牛津希-英词典》对它的这种用法的解释是：in the time of。

2876 名词 ἐπίνοια 除了具有"思想""观念"的意思之外，也有"发明""设计"的意思。

2877 阿那卡尔西斯（Ἀνάχαρσις, Anacharsis），古代"七贤"之一，据说他发明了锚和制陶用的转轮。

2878 ἐπὶ συνουσίᾳ［为了〈与之〉交往］，也可以译为：为了〈向他〉求教。名词 συνουσία 的本义是"交往"，但也专指"学生向老师的就教"。参见：

《斐洞》（83e1-3）：καὶ ἐκ τούτων ἄμοιρος εἶναι τῆς τοῦ θείου τε καὶ καθαροῦ καὶ μονοειδοῦς συνουσίας.［由于这些，它就无份同神性的东西、纯粹的东西和单一形相的东西交往。］

《泰阿泰德》（151a2-5）：οὕς, ὅταν πάλιν ἔλθωσι δεόμενοι τῆς ἐμῆς συνουσίας καὶ θαυμαστὰ δρῶντες, ἐνίοις μὲν τὸ γιγνόμενόν μοι δαιμόνιον ἀποκωλύει συνεῖναι, ἐνίοις δὲ ἐᾷ, καὶ πάλιν οὗτοι ἐπιδιδόασι.［这些人，每当他们返回后就恳求重新和我交往，并做出一些奇怪的事情来；出现在我身上的神迹，一方面阻止我同一些人交往，一方面又允许我同另一些人交往，并且这些人也重新取得了进步。］

《智者》（232c7-10）：Ἀλλὰ μὴν ἔν γε ταῖς ἰδίαις συνουσίαις, ὁπόταν γενέσεώς τε καὶ οὐσίας πέρι κατὰ πάντων λέγηταί τι, σύνισμεν ὡς αὐτοί τε ἀντειπεῖν δεινοὶ τούς τε ἄλλους ὅτι ποιοῦσιν ἅπερ αὐτοὶ δυνατούς;［而且在各种私下的交往中，

每当就上述一切关于生成和所是要说点什么，我们岂不同样知道，一方面他们自己是非常擅长进行反驳的，另一方面他们也使得其他人如他们自己一样对这件事是有能力的？]

《政治家》(258c8-9)：Εἴ τις ἀνέροιτο ἡμᾶς τὴν περὶ γράμματα συνουσίαν τῶν μανθανόντων.［如果有人询问我们一些正在学习的人就字母向老师的就教。]

《克利托丰》(406a2-3)：ὅτι Λυσίᾳ διαλεγόμενος τὰς μὲν μετὰ Σωκράτους διατριβὰς ψέγοι, τὴν Θρασυμάχου δὲ συνουσίαν ὑπερεπαινοῖ.［当他在同吕西阿斯交谈时，一方面，他指责了同苏格拉底在一起的消磨时间，另一方面，则高度称赞了同特刺绪马科斯的交往。]

2879 这是一句戏谑性的话，因为 Κρεώφυλος［克瑞俄孚罗斯］在词源上派生自名词 κρέας［肉］和 φυλή［部族］。

2880 λέγεται γὰρ ὡς πολλή τις ἀμέλεια περὶ αὐτὸν ἦν ἐπ' αὐτοῦ ἐκείνου.［因为，据说对他的某种巨大的忽视甚至就出现在他自己的那个时代。］这句话在新校勘的牛津古典本希腊文中同样如此，而其中的介词 ἐπ'，在法国布德本希腊文中作 ὑπ'，不从；如果按布德本翻译，那么这句话就当译为“因为，据说对他的某种巨大的忽视就恰恰来自那个人”或者“因为，据说他恰恰就被那个人给予了某种巨大的忽视”。

2881 阿布得剌（Ἄβδηρα, Abdera），色雷斯境内的一个城邦。

2882 刻俄斯（Κέως）是位于爱琴海南部的一个岛屿，岛民以诚实著称；而发音与之相近的一个岛叫开俄斯（Χῖος），该岛的居民则以狡猾著称。参见阿里斯托芬《蛙》(970)：οὐ χεῖος, ἀλλὰ Κεῖος.［不是〈狡猾的〉开俄斯人，而是〈诚实的〉刻俄斯人］。普洛狄科斯（Πρόδικος, Prodikos），约公元前465—前415，第一代智者。关于普洛狄科斯及其擅长的事情，可参见：

《拉刻斯》(197d1-5)：Μηδέ γε εἴπῃς, ὦ Λάχης· καὶ γάρ μοι δοκεῖς οὐδὲ ᾐσθῆσθαι ὅτι ταύτην τὴν σοφίαν παρὰ Δάμωνος τοῦ ἡμετέρου ἑταίρου παρείληφεν, ὁ δὲ Δάμων τῷ Προδίκῳ πολλὰ πλησιάζει, ὃς δὴ δοκεῖ τῶν σοφιστῶν κάλλιστα τὰ τοιαῦτα ὀνόματα διαιρεῖν.［你什么都别说了，拉刻斯啊。因为，其实在我看来你没有注意到下面这点，那就是：他是从我们的一位朋友达蒙那里取得了这种智慧；而达蒙同普洛狄科斯有着许多的交往，普洛狄科斯这人确实看起来在那些智者中最擅长做这种事，即区分诸如此类的语词。]

《卡尔米德斯》(163d3-4)：καὶ γὰρ Προδίκου μυρία τινὰ ἀκήκοα περὶ ὀνομάτων διαιροῦντος.［因为我也已经差不多无数次地从普洛狄科斯那儿听

说过类似的东西，当他对各种语词做出区分时。]

《斐德若》(267b2–5)：ταῦτα δὲ ἀκούων ποτέ μου Πρόδικος ἐγέλασεν, καὶ μόνος αὐτὸς ηὑρηκέναι ἔφη ὧν δεῖ λόγων τέχνην· δεῖν δὲ οὔτε μακρῶν οὔτε βραχέων ἀλλὰ μετρίων.［但是，有一次当普洛狄科斯从我这儿听到这些之后，他笑了，并且说，唯有他才发现了技艺需要哪样一些言辞：它所需要的，既不是那些长的，也不是那些短的，而是那些适中的。］

《泰阿泰德》(151b2–6)：ἐνίοις δέ, ὦ Θεαίτητε, οἳ ἄν μοι μὴ δόξωσί πως ἐγκύμονες εἶναι, γνοὺς ὅτι οὐδὲν ἐμοῦ δέονται, πάνυ εὐμενῶς προμνῶμαι καί, σὺν θεῷ εἰπεῖν, πάνυ ἱκανῶς τοπάζω οἷς ἂν συγγενόμενοι ὄναιντο· ὧν πολλοὺς μὲν δὴ ἐξέδωκα Προδίκῳ, πολλοὺς δὲ ἄλλοις σοφοῖς τε καὶ θεσπεσίοις ἀνδράσι.［泰阿泰德啊，但对于一些无论如何在我看来都是没有怀孕的人——因为我认识到他们并不需要我——，我也非常友好地给他们做媒，并且在神的帮助下，我完全能够猜到他们同谁交往会得到好处；我把其中的许多人嫁给了普洛狄科斯，也把许多人嫁给了其他一些智慧且天赋极高的人。］

2883 τοῖς ἐφ' ἑαυτῶν παριστάναι［放进在他们自己的那个时代的那些人的脑袋里］，也可以简单译为：向在他们自己的那个时代的那些人建议。παριστάναι 是动词 παρίστημι 的现在时不定式主动态，παρίστημι 的本义是"放在旁边"，而固定表达 παρίστημι τί τινι 的意思是"把某种东西放入某人心中""把某种东西放进某人脑袋里"；《牛津希-英词典》举了柏拉图在这里的这个表达，对它的解释是：set before the mind, put it into his head to…。

2884 ἐὰν μὴ σφεῖς αὐτῶν ἐπιστατήσωσιν τῆς παιδείας［除非他们能够监管那些人的教育］。σφεῖς［他们］，即普罗塔戈拉和刻俄斯人普洛狄科斯等人。ἐπιστατήσωσιν 是动词 ἐπιστατέω［看护 / 监管 / 主管］的一次性过去时虚拟式主动态第三人称复数，该动词要求属格，所以这里出现的是单数属格 αὐτῶν ... τῆς παιδείας［那些人的教育 / 他们的教育］。

2885 μόνον οὐ 是词组，意思是"几乎""差不多"；《牛津希-英词典》举了柏拉图在这里的这个表达，对它的解释是：all but, well nigh。

2886 ἐπὶ ταῖς κεφαλαῖς［在肩上］，字面意思是"在头上"。

2887 αὐτοὶ ἂν ἐπαιδαγώγουν ὅπῃ ᾖσαν.［这些人前往哪里，他们自己就会跟随他们到哪里。］也可以译为：这些人前往哪里，他们自己就会伺候他们到哪里。ἐπαιδαγώγουν 是动词 παιδαγωγέω 的未完成过去时直陈式主动态第三人复数，παιδαγωγέω 的本义是"教导"，但在这里的意思是"伺候""跟随"；《牛津希-英词典》举了柏拉图在这里的这个表达，对它的解释是：wait upon, follow。

2888 τοῖς ὀνόμασι καὶ ῥήμασιν［用各种各样的语词和各种各样的辞令］。ὄνομα 和 ῥῆμα 在语法上作为 λόγος［言说］的部分，分别指“名词”和“动词”；但这里不应当从语法上来看，故将它们各自译为“语词”和“辞令”。

参见《苏格拉底的申辩》(17b6–c4)：οὗτοι μὲν οὖν, ὥσπερ ἐγὼ λέγω, ἤ τι ἢ οὐδὲν ἀληθὲς εἰρήκασιν, ὑμεῖς δέ μου ἀκούσεσθε πᾶσαν τὴν ἀλήθειαν — οὐ μέντοι μὰ Δία, ὦ ἄνδρες Ἀθηναῖοι, κεκαλλιεπημένους γε λόγους, ὥσπερ οἱ τούτων, ῥήμασί τε καὶ ὀνόμασιν οὐδὲ κεκοσμημένους, ἀλλ᾽ ἀκούσεσθε εἰκῇ λεγόμενα τοῖς ἐπιτυχοῦσιν ὀνόμασιν – πιστεύω γὰρ δίκαια εἶναι ἃ λέγω – καὶ μηδεὶς ὑμῶν προσδοκησάτω ἄλλως·［因此，如我所说的那样，这些人几乎可以说未曾说真话，而你们将从我这儿听到整个真相，但宙斯在上，诸位雅典人啊，既不是用各种辞令和语词精雕细琢而成的话，也不是修饰而成的话，就像他们的那些话那样；相反，你们将听到用随意的语词而即兴说出的话——因为我相信我所说的东西都是正当的——，并且请你们中的任何人都不要指望我用别的方式讲话。］

2889 ἀλλ᾽ ἤ 是固定表达，意思是“除了……”。参见：

《苏格拉底的申辩》(20d6–7)：ἐγὼ γάρ, ὦ ἄνδρες Ἀθηναῖοι, δι᾽ οὐδὲν ἀλλ᾽ ἢ διὰ σοφίαν τινὰ τοῦτο τὸ ὄνομα ἔσχηκα.［诸位雅典人啊，除了由于某种智慧之外，我并不由于别的什么而具有了这种名声。］

《斐德若》(258e1–2)：τίνος μὲν οὖν ἕνεκα κἄν τις ὡς εἰπεῖν ζῴη, ἀλλ᾽ ἢ τῶν τοιούτων ἡδονῶν ἕνεκα;［那么，任何一种生活都究竟是为了什么——假如可以一言以蔽之的话——，除了为了诸如此类的快乐之外？］

《拉刻斯》(187d6–e4)：Ὦ Λυσίμαχε, δοκεῖς μοι ὡς ἀληθῶς Σωκράτη πατρόθεν γιγνώσκειν μόνον, αὐτῷ δ᾽ οὐ συγγεγονέναι ἀλλ᾽ ἢ παιδὶ ὄντι, εἴ που ἐν τοῖς δημόταις μετὰ τοῦ πατρὸς ἀκολουθῶν ἐπλησίασέν σοι ἢ ἐν ἱερῷ ἢ ἐν ἄλλῳ τῳ συλλόγῳ τῶν δημοτῶν· ἐπειδὴ δὲ πρεσβύτερος γέγονεν, οὐκ ἐντετυχηκὼς τῷ ἀνδρὶ δῆλος ἔτι εἶ.［吕西马科斯啊，在我看来你确确实实只是从其父亲那里认识苏格拉底，而并没有同他本人打过交道，除了他还是一个孩子时，假如他曾在某个地方因跟随他的父亲而在他的一些同乡人中间靠近过你的话——或者在某个神庙那里，或者在他的同乡人的某一其他集会那里——。但当他变老后，你显然就再也没有遇到过这个人。］

2890 参见前面第二卷 380c1 那里对“ἐν μέτρῳ［以韵律的方式 / 以韵文的方式］”的注释 751。

2891 关于 ῥυθμός［节奏］和 ἁρμονία［调式］，参见前面第三卷（397b7）那里对“πρέπουσαν ἁρμονίαν καὶ ῥυθμὸν τῇ λέξει［一种与该说话方式相适合的调式

和节奏］”的注释935，以及（398d1-2）：歌曲由三种东西构成，即由言说、调式和节奏构成。

2892 αὐτὰ ταῦτα［这些〈表达方式〉自身］，之所以这么补充翻译，因为根据文义，指示代词 ταῦτα［这些］在这里当指代前面出现的 μέτρῳ［韵律］，ῥυθμῷ［节奏］，以及 ἁρμονίᾳ［调式］。

2893 这里的相关内容，可对观《斐洞》（61b3-7）：μετὰ δὲ τὸν θεόν, ἐννοήσας ὅτι τὸν ποιητὴν δέοι, εἴπερ μέλλοι ποιητὴς εἶναι, ποιεῖν μύθους ἀλλ' οὐ λόγους, καὶ αὐτὸς οὐκ ἦ μυθολογικός, διὰ ταῦτα δὴ οὓς προχείρους εἶχον μύθους καὶ ἠπιστάμην τοὺς Αἰσώπου, τούτων ἐποίησα οἷς πρώτοις ἐνέτυχον.［而在颂扬这位神之后，我意识到诗人必须——如果他真的打算是一位诗人的话——创作故事，而不是论说，而我自己并不是一个善于编故事的人，由此我就把我手边有并且熟悉的那些故事，即伊索的故事，把它们中我遇到过的那些首要的，创作成了诗。］

《伊翁》（530b5-c1）：Καὶ μὴν πολλάκις γε ἐζήλωσα ὑμᾶς τοὺς ῥαψῳδούς, ὦ Ἴων, τῆς τέχνης· τὸ γὰρ ἅμα μὲν τὸ σῶμα κεκοσμῆσθαι ἀεὶ πρέπον ὑμῶν εἶναι τῇ τέχνῃ καὶ ὡς καλλίστοις φαίνεσθαι, ἅμα δὲ ἀναγκαῖον εἶναι ἔν τε ἄλλοις ποιηταῖς διατρίβειν πολλοῖς καὶ ἀγαθοῖς καὶ δὴ καὶ μάλιστα ἐν Ὁμήρῳ, τῷ ἀρίστῳ καὶ θειοτάτῳ τῶν ποιητῶν, καὶ τὴν τούτου διάνοιαν ἐκμανθάνειν, μὴ μόνον τὰ ἔπη, ζηλωτόν ἐστιν.［确实，我经常羡慕你们这些史诗朗诵者，伊翁啊，由于你们的技艺；因为，一方面，这总是同你们的技艺是相适合的，即装饰打扮身体，并让自己显得尽可能的漂亮，另一方面，这是必然的，那就是你们在其他许多优秀的诗人那里消磨时间，当然，尤其是在荷马那里，这位诗人中最优秀的和最具有神性的，并且要彻底地明白这个人的思想，而不仅仅是他的那些诗句，而这些都是令人羡慕的。］

2894 对观《卡尔米德斯》（154b8-10）：Ἐμοὶ μὲν οὖν, ὦ ἑταῖρε, οὐδὲν σταθμητόν· ἀτεχνῶς γὰρ λευκὴ στάθμη εἰμὶ πρὸς τοὺς καλούς — σχεδὸν γάρ τί μοι πάντες οἱ ἐν τῇ ἡλικίᾳ καλοὶ φαίνονται —.［只不过，朋友啊，一定不能靠我来进行判断；因为对于那些俊美的年轻人我完完全全就是一根白色的测量线——既然在这个年龄的所有人差不多都对我显得是俊美的——。］

2895 ἡμίσεως ... ῥηθέν［被说了一半］是一个整体。ἡμίσεως 是由形容词 ἥμισυς［一半的］派生而来的副词，《牛津希-英词典》举了柏拉图在这里的这个表达，对它的解释是：half-done。

2896 见前面第一卷333c1那里对“ὁ ἱππικός［精通马的人］”的注释151。

2897 对观《大希庇阿斯》（295b7-c6）：νῦν δὲ θέασαι αὐτὸ ὅ σοι δοκεῖ εἶναι τὸ καλόν. λέγω δὴ αὐτὸ εἶναι — ἀλλὰ γὰρ ἐπισκόπει μοι πάνυ προσέχων τὸν νοῦν μὴ παραληρήσω — τοῦτο γὰρ δὴ ἔστω ἡμῖν καλόν, ὃ ἂν χρήσιμον ᾖ. εἶπον δὲ ἐκ τῶνδε ἐννοούμενος· καλοί, φαμέν, οἱ ὀφθαλμοί εἰσιν, οὐχ οἳ ἂν δοκῶσι τοιοῦτοι εἶναι οἷοι μὴ δυνατοὶ ὁρᾶν, ἀλλ' οἳ ἂν δυνατοί τε καὶ χρήσιμοι πρὸς τὸ ἰδεῖν. [但现在还是请你看看，下面这种东西是否在你看来就是美。我说它是——当然，请你通过把注意力完全集中到我身上来进行考察，免得我胡说八道——，也即是说，让下面这种东西被姑且同意为对我们来说是美的，即那向来是有用的东西。而我这么说是基于想到下面这些，那就是：我们说，眼睛是美的，因为它们不是那看起来是如此这般的东西，即它们没有能力进行看，而是那既有能力进行看又对看来说是有用的东西。]

2898 这显然是在讽刺。

2899 ἐπιεικῶς ἡμῖν διωμολόγηται [我们已经相当地达成了一致]，也可以译为“我们已经几乎达成了一致”“我们已经差不多达成了一致”。

2900 ἄξιον λόγου [值得一提] 是固定表达，形容词 ἄξιος [有价值的 / 值得……的] 要求属格。短语 λόγου ἄξιος 等于形容词 ἀξιόλογος，而 ἀξιόλογος 的本义是“值得一提的”“值得注意的”，转义为“卓越的”“重要的”等。

2901 参见前面第二卷 379a8 那里对“ἐν ἔπεσιν [用史诗]”的注释 737。

2902 ὡς οἷόν τε μάλιστα [在最高的方式上]。参见前面第三卷 412b1 那里对“ὡς οἷόν τέ γε μάλιστα [尽可能地]”的注释 1131。

2903 τὸ δὲ δὴ μιμεῖσθαι τοῦτο οὐ περὶ τρίτον μέν τί ἐστιν ἀπὸ τῆς ἀληθείας; [那么，这种模仿活动，一方面，它是关乎从真往下排在第三位的东西。] 这句话在法国布德本希腊文中同样如此，而新校勘的牛津古典本希腊文认为其中的否定词 οὐ 是窜入，并且将问句改为了陈述句，从之。如果按伯内特本和布德本翻译，则当译为：那么，这种模仿活动，一方面，它岂不是关乎从真往下排在第三位的东西？

2904 ᾧ δὴ ἡμῶν τῷ παθήματι τῆς φύσεως ἡ σκιαγραφία ἐπιθεμένη [而事实上，虚影画就是通过致力于我们本性中的这种情状]。ἐπιθεμένη 是动词 ἐπιτίθημι 的一次性过去时分词中动态阴性主格单数，ἐπιτίθημι 的本义是“加上”“添上”，但其中动态则具有“致力于”“从事”的意思，并要求与格作宾语，所以这里出现的是单数与格 ᾧ ... ἡμῶν τῷ παθήματι τῆς φύσεως [我们本性中的这种情状]。

2905 καὶ ἡ θαυματοποιία καὶ αἱ ἄλλαι πολλαὶ τοιαῦται μηχαναί. [而且无论是变戏法，还是其他许许多多诸如此类的把戏]。这句话在法国布德本希腊文中同样如此，而新校勘的牛津古典本希腊文删除了其中的阴性定冠词复数 αἱ，从之。

2906 ἱστάναι是动词ἵστημι的现在时不定式主动态，ἵστημι的本义是“使站立”“安放”，进而指“放在天平上”“称重”；《牛津希-英词典》对它的这层意思的解释是：place in the balance, weigh。

2907 对观《欧悌弗戎》(7b6–c9)：{ΣΩ.} Ἔχθραν δὲ καὶ ὀργάς, ὦ ἄριστε, ἡ περὶ τίνων διαφορὰ ποιεῖ; ὧδε δὲ σκοπῶμεν. ἆρ' ἂν εἰ διαφεροίμεθα ἐγώ τε καὶ σὺ περὶ ἀριθμοῦ ὁπότερα πλείω, ἡ περὶ τούτων διαφορὰ ἐχθροὺς ἂν ἡμᾶς ποιοῖ καὶ ὀργίζεσθαι ἀλλήλοις, ἢ ἐπὶ λογισμὸν ἐλθόντες περί γε τῶν τοιούτων ταχὺ ἂν ἀπαλλαγεῖμεν; {ΕΥΘ.} Πάνυ γε. {ΣΩ.} Οὐκοῦν καὶ περὶ τοῦ μείζονος καὶ ἐλάττονος εἰ διαφεροίμεθα, ἐπὶ τὸ μετρεῖν ἐλθόντες ταχὺ παυσαίμεθ' ἂν τῆς διαφορᾶς; {ΕΥΘ.} Ἔστι ταῦτα. {ΣΩ.} Καὶ ἐπί γε τὸ ἱστάναι ἐλθόντες, ὡς ἐγᾦμαι, περὶ τοῦ βαρυτέρου τε καὶ κουφοτέρου διακριθεῖμεν ἄν; {ΕΥΘ.} Πῶς γὰρ οὔ;［苏格拉底：最优秀的人啊，对哪些东西的分歧导致了敌意和各种愤怒？让我们像这样来看吧：如果我和你关于数有分歧，即两组中哪组是更大的，那么，关于这些的分歧会让我们彼此充满敌意和感到愤怒呢，还是面对诸如此类的事情我们通过前去计算就会迅速和解？欧悌弗戎：当然通过前去计算而迅速和解。苏格拉底：因此，如果我们关于更大和更小有分歧，我们则会通过前去测量而很快终止分歧，是这样吗？欧悌弗戎：是这样。苏格拉底：并且正如我所认为的，关于更重和更轻，我们会通过前去称重来解决争端，是这样吗？欧悌弗戎：为何不？］

《克里同》(46b3–6)：σκοπεῖσθαι οὖν χρὴ ἡμᾶς εἴτε ταῦτα πρακτέον εἴτε μή· ὡς ἐγὼ οὐ νῦν πρῶτον ἀλλὰ καὶ ἀεὶ τοιοῦτος οἷος τῶν ἐμῶν μηδενὶ ἄλλῳ πείθεσθαι ἢ τῷ λόγῳ ὃς ἄν μοι λογιζομένῳ βέλτιστος φαίνηται.［因此，我们必须考虑这些事情是应当被做呢，还是不应当被做；因为我不是现在才第一次，而始终都是这样一种人，即在我所具有的东西中，我不会听从任何别的，而只听从通过认真掂量而对我显得是最好的那种道理。］

《菲勒玻斯》(55e1–3)：πασῶν που τεχνῶν ἄν τις ἀριθμητικὴν χωρίζῃ καὶ μετρητικὴν καὶ στατικήν, ὡς ἔπος εἰπεῖν φαῦλον τὸ καταλειπόμενον ἑκάστης ἂν γίγνοιτο.［如果一个人把算术、测量术以及称重术从所有的技艺中分离出去，那么，几乎就可以说，在每门技艺中所剩下的就肯定会变得微不足道了。］

2908 见前面第四卷436b8–c1。

2909 τῷ κατὰ τὰ μέτρα［依照各种尺度〈而形成意见〉的部分］，即τὸ λογιστικόν［计算性的部分］。

2910 βιαίους ἢ ἑκουσίας πράξεις［那些被迫的或者自愿的行为］。βιαίους在这里是形容词βίαιος的阴性宾格复数，而βίαιος的本义是“暴力的”“强制的”，但在被动的意义上指“被迫的”;《牛津希-英词典》举了柏拉图在这里的这一表达，对它的这层意思的解释是：forced, constrained。

2911 ὁμονοητικῶς ... διάκειται［处于一条心的状态中］，也可以简单译为“处于和谐中”“是一条心”等。

2912 见前面第四卷 439c2–441c2。

2913 περὶ πλείστου ποιεῖται［他最为看重］，参见前面第三卷（389b2）那里对“περὶ πολλοῦ ποιεῖσθαι”的注释 842。

2914 见前面第三卷（387d–e）。

2915 ὑπὸ τῶν ὁμοίων［被那些〈与他处于〉同等地位的人］。形容词 ὅμοιος 的本义是“相似的”“相同的”，但作名词使用时，也专指“同等地位的人”“有同样权利的人”;《牛津希-英词典》对 οἱ ὅμοιοι 的解释是：peers, all citizens who had equal right to hold state-offices。

2916 διοίσει［将表现得不同］。διοίσει 在这里是动词 διαφέρω 的将来时直陈式主动态第三人称单数。

2917 οὐκ ἂν δέξαιτο［他不会容许］。δέξαιτο 在这里是异态动词 δέχομαι 的一次性过去时祈愿式第三人称单数，δέχομαι 的本义是“接受”，这里基于文义将之译为“容许”。

2918 对观《斐洞》（117c1–d6）：Μανθάνω, ἦ δ’ ὅς· ἀλλ’ εὔχεσθαί γέ που τοῖς θεοῖς ἔξεστί τε καὶ χρή, τὴν μετοίκησιν τὴν ἐνθένδε ἐκεῖσε εὐτυχῆ γενέσθαι· ἃ δὴ καὶ ἐγὼ εὔχομαί τε καὶ γένοιτο ταύτῃ. Καὶ ἅμ’ εἰπὼν ταῦτα ἐπισχόμενος καὶ μάλα εὐχερῶς καὶ εὐκόλως ἐξέπιεν. καὶ ἡμῶν οἱ πολλοὶ τέως μὲν ἐπιεικῶς οἷοί τε ἦσαν κατέχειν τὸ μὴ δακρύειν, ὡς δὲ εἴδομεν πίνοντά τε καὶ πεπωκότα, οὐκέτι, ἀλλ’ ἐμοῦ γε βίᾳ καὶ αὐτοῦ ἀστακτὶ ἐχώρει τὰ δάκρυα, ὥστε ἐγκαλυψάμενος ἀπέκλαον ἐμαυτόν — οὐ γὰρ δὴ ἐκεῖνόν γε, ἀλλὰ τὴν ἐμαυτοῦ τύχην, οἵου ἀνδρὸς ἑταίρου ἐστερημένος εἴην. ὁ δὲ Κρίτων ἔτι πρότερος ἐμοῦ, ἐπειδὴ οὐχ οἷός τ’ ἦν κατέχειν τὰ δάκρυα, ἐξανέστη. Ἀπολλόδωρος δὲ καὶ ἐν τῷ ἔμπροσθεν χρόνῳ οὐδὲν ἐπαύετο δακρύων, καὶ δὴ καὶ τότε ἀναβρυχησάμενος κλάων καὶ ἀγανακτῶν οὐδένα ὅντινα οὐ κατέκλασε τῶν παρόντων πλήν γε αὐτοῦ Σωκράτους.［我懂了，苏格拉底说道，但无论如何都可以并且应当向诸神祈祷，从这里到那边的移居能够顺利地发生；而这就是我所祈祷的，并且但愿如此发生。说这些的同时他把杯子放到嘴边，非常从容和平静地一饮而尽。我们中的许多人在这之前还能够相当好地控制住不哭，但当我们看见他喝并且已经喝完了之后，就再也不能了；甚至我自己也禁不住泪如泉涌，以至于掩面为自己痛哭——当然不是为那个人，而是为我自己的不

幸，即我已经被夺走了作为朋友的这样一个人——。而克里同，由于他不能够抑制住眼泪，甚至比我更早就起身离开了。阿波罗多洛斯甚至在早些时候就不停地在哭，而且那时更是嚎啕大哭和悲愤不已，并使得在场的每个人都放声痛哭起来，除了苏格拉底本人。］

2919 αὐτὸ τὸ πάθος［遭遇本身］，在这里也可以译为“情感本身”。

2920 δύο φαμὲν αὐτὼ ἀναγκαῖον εἶναι.［我们宣称，对他来说必然是两种〈不同的牵引〉。］也可以译为：我们宣称，对他来说必然有着两种〈不同的牵引〉。这句话中的 αὐτὼ，在新校勘的牛津古典本希腊文中作 αὐτῷ，从之；而在法国布德本希腊文中作 ἐν αὐτῷ。如果按伯内特本翻译，这句话当译为：我们宣称，它们必然是两种〈不同的牵引〉。如果按布德本翻译，则当译为：我们宣称，在他身上必然有着两种〈不同的牵引〉。

2921 参见第一卷（336b5）那里对“ἡσυχίαν ἄγω”的注释 188。

2922 对观《苏格拉底的申辩》（42a2-5）：ἀλλὰ γὰρ ἤδη ὥρα ἀπιέναι, ἐμοὶ μὲν ἀποθανουμένῳ, ὑμῖν δὲ βιωσομένοις· ὁπότεροι δὲ ἡμῶν ἔρχονται ἐπὶ ἄμεινον πρᾶγμα, ἄδηλον παντὶ πλὴν ἢ τῷ θεῷ.［的确是时候离开了，无论是对于将死去的我，还是对于将继续活着的你们；但我们双方究竟谁在前往更好的事，这对所有人来说都是不清楚的，除了神。］

2923 ἐν αὐτοῖς［在各种各样的不幸那里］，字面意思是“在它们那里”。

2924 ὅτι τάχιστα παραγίγνεσθαι ἡμῖν［尽可能快地〈前来〉支持我们］，也可以照字面意思译为“尽可能快地站到我们一边”。动词 παραγίγνομαι 的本义是“在附近”“在旁”“在场”，跟与格表示“站到某人一边”“支持”；《牛津希-英词典》对它的这层意思的解释是：come to one’s side, stand by, second。

2925 名词 κύβος 的本义是“立方体”，但用复数时，指“骰子”。

2926 ὁ λόγος αἱρεῖ［理性证明］。参见前面第四卷 440b5 那里对“αἱροῦντος λόγου μὴ δεῖν［当理性〈已然〉证明不应当〈做某事〉时］”的注释 1397。

2927 γίγνεσθαι πρὸς［致力于］是一个整体和固定表达；《牛津希-英词典》举了柏拉图在这里的这个表达，对它的解释是：to be engaged in。

2928 πεσόν［受伤］，字面意思是“下落”。πεσόν 在这里是动词 πίπτω 的一次性过去时分词主动态中性宾格单数。

2929 πρὸς τὰς τύχας οὕτω προσφέροιτο［以这种方式来对待各种不幸］。προσφέροιτο 在这里是动词 προσφέρω 的现在时祈愿式被动态第三人称单数，προσφέρω 的本义是“带去”“放到……上面”“送上”，但其被动态则具有“对待”“和……打交道”等意思；《牛津希-英词典》举了柏拉图在这里的这个表达，对它的这层意思的解释是：deal with, behave oneself towards ... 。

2930 τὸ ἀγανακτητικόν［那个易恼怒的部分］，也可以译为“那个爱抱怨的部分”。

2931 参见前面第二卷 377b1 那里对“ἄλλως τε καί”的注释 713。

2932 πανηγύρει［在一个泛希腊的节庆上］，这是地点与格。参见前面第四卷 421b2 那里对“ἐν πανηγύρει［在一个泛希腊的节庆上］”的注释 1192。

2933 τούτῳ ἀρέσκειν πέπηγεν［一心要取悦这个部分］。πέπηγεν 是动词 πήγνυμι 的完成时直陈式主动态第三人单数，πήγνυμι 的本义是“凝固”“装配”“建造”，跟不定式喻为“下决心做……”“一心要……”；《牛津希-英词典》举了柏拉图在这里的这个表达，对 ἀρέσκειν πέπηγεν 的解释是：is bent upon pleasing。

2934 δικαίως ἂν αὐτοῦ ἤδη ἐπιλαμβανοίμεθα［我们现在就可以正当地攻击他］。关于动词 ἐπιλαμβάνω 的用法，参见前面第五卷 450a7 那里对“ἐπιλαβόμενοί μου［伏击我］”的注释 1482。

2935 参见前面第七卷 522a3 那里对“ἀντίστροφος τῆς γυμναστικῆς［体育的一种配对物］”的注释 2136。

2936 ἕτερον τοιοῦτον［另外的这样一个部分］，即“另一低劣的部分”。

2937 参见前面第五卷 475c8 那里对“ἐν δίκῃ”的注释 1764。

2938 μέλλουσαν εὐνομεῖσθαι πόλιν［一个想被治理得好的城邦］，也可以译为“一个想有好的礼法的城邦”。

2939 κατηγορήκαμεν αὐτῆς［指控诗歌］，字面意思是“指控它”。κατηγορήκαμεν 是动词 κατηγορέω［指控 / 指责］的完成时直陈式主动态第一人称复数，该动词要求属格作宾语，所以这里出现的是阴性单数属格 αὐτῆς［它］。

2940 参见前面第六卷 479c8 那里对“γάρ που”的注释 1788。

2941 ᾄδοντας［〈一些英雄如何〉哀号］，基于文义，这里不将之译为“吟唱”“唱”。此外，之所以这样补充翻译，因为这里的分词从前面的单数变成了复数。

2942 κοπτομένους［捶打胸膛］。κοπτομένους 在这里是动词 κόπτω 的现在时分词中动态阳性宾格复数，κόπτω 的本义是“打”“敲”，但其中动态的意思则是“捶打胸膛”或“敲脑袋”，意指“极度悲哀”；《牛津希-英词典》对它的这层意思的解释是：beat or strike oneself, beat one's breast or head through grief。参见《斐洞》（60a9-b1）：Καὶ ἐκείνην μὲν ἀπῆγόν τινες τῶν τοῦ Κρίτωνος βοῶσάν τε καὶ κοπτομένην.［于是克里同的随从中的几个人把边哭喊边捶胸的她带走了。］

2943 对观《伊翁》（535d8-e6）：{ΣΩ.} Οἶσθα οὖν ὅτι καὶ τῶν θεατῶν τοὺς πολλοὺς ταὐτὰ ταῦτα ὑμεῖς ἐργάζεσθε; {ΙΩΝ.} Καὶ μάλα καλῶς οἶδα· καθορῶ γὰρ ἑκάστοτε αὐτοὺς ἄνωθεν ἀπὸ τοῦ βήματος κλάοντάς τε καὶ δεινὸν ἐμβλέποντας καὶ συνθαμβοῦντας τοῖς λεγομένοις. δεῖ γάρ με καὶ σφόδρ' αὐτοῖς τὸν νοῦν προσέχειν· ὡς ἐὰν μὲν κλάοντας αὐτοὺς καθίσω, αὐτὸς γελάσομαι ἀργύριον λαμβάνων, ἐὰν δὲ γελῶντας, αὐτὸς κλαύσομαι ἀργύριον ἀπολλύς.［苏格拉底：那你已经知道了下面这点吗，那就是：其实对观众中的大多数人，你们这些史诗朗诵者也产生了同样这些效果？伊翁：我知道得相当清楚。因为，每次我都会从上面，即从讲坛上俯视他们，看他们哭泣，以及惊恐地注视着我，并且和那些被说出的事情一同惊愕。因为我的确必须得把注意力完全放在他们身上：一方面，如果我能够使得他们哭，那么我自己就会笑，由于能得到银子；另一方面，如果他们笑，那么我自己就只有哭了，因为我会丧失银子。］

《菲勒玻斯》（48a5–6）：Καὶ μὴν καὶ τάς γε τραγικὰς θεωρήσεις, ὅταν ἅμα χαίροντες κλάωσι, μέμνησαι;［而且就那些悲剧中的场景，每当观众们感到高兴时，他们同时就会哭泣，你也记得吗？］

2944 ἐπὶ τῷ ἐναντίῳ καλλωπιζόμεθα［我们恰恰为相反的情形感到自豪］，也可以译为"我们恰恰为相反的情形而自我炫耀"。关于动词 καλλωπίζω 的用法，参见前面第三卷 405b9 那里对"ἐπ' αὐτῷ δὴ τούτῳ πεισθῇ καλλωπίζεσθαι［被说服而恰恰为这种事情感到自豪］"的注释 1046。

对观《克里同》（52c6–8）：σὺ δὲ τότε μὲν ἐκαλλωπίζου ὡς οὐκ ἀγανακτῶν εἰ δέοι τεθνάναι σε, ἀλλὰ ᾑροῦ, ὡς ἔφησθα, πρὸ τῆς φυγῆς θάνατον.［但那时你却自我炫耀，说即便你必须得死也不会恼怒，而是宁可选择——如你所说——死亡，也不选择放逐。］

2945 τούτων ἐπιθυμεῖν［欲求这些东西］。动词 ἐπιθυμέω［欲求］要求属格作宾语，所以这里出现的是复数属格 τούτων［这些东西 / 这些事情］。

2946 λόγῳ［被讨论］，在这里当然可以译为"被理性"。

2947 ἑαυτῷ οὐδὲν αἰσχρὸν ὄν［对〈一个人〉自己来说没有什么是可羞愧的］。之所以这么补充翻译，因为反身代词 ἑαυτῷ 在这里当理解为阳性，而不是中性，同后面 606b5 那里的一次性过去时分词主动态阳性主格单数 καταφρονήσας［鄙视］相一致。

2948 κερδαίνειν［在享受］，字面意思是"获利"。

2949 ὀλίγοις τισὶν μέτεστιν［少量的一些人才有份儿］。动词 μέτειμι 由于词源的区别，有两方面的意思：（1）"在……当中""参与""分有"（词干为 εἰμί［是］）。（2）"从……中间走过""跟随""追求""寻找"（词干为 εἶμι［来 / 去］）。但在第一种意义上作无人称动词使用时，表"……在……上有份儿”；例如，μέτεστί μοί τινος［我在某事上有份 / 我参与了某事］。

参见修昔底德《伯罗奔尼撒战争史》（2.37.4–5）：μέτεστι δὲ κατὰ μὲν τοὺς νόμους πρὸς τὰ ἴδια διάφορα πᾶσι τὸ ἴσον.［按照法律，对于各种私人分歧，平等是人人有份的。］

2950 ἀπολαύειν ... ἀπὸ τῶν ἀλλοτρίων［从他人的那些遭受中感到享受］。关于动词 ἀπολαύω 的用法，参见前面第三卷 395d1 那里对“ἵνα μὴ ἐκ τῆς μιμήσεως τοῦ εἶναι ἀπολαύσωσιν［免得他们由于模仿而竟然享受是〈那个样子〉］”的注释 395。

2951 τὸ ἐλεινόν［生起怜悯之情的那个部分］，也可以译为“感到怜悯的那个部分”。该表达在新校勘的牛津古典本希腊文中同样如此，而法国布德本希腊文作 τὸ ἐλεεινόν，不过意思一样。

2952 ὁ αὐτὸς λόγος［同样的讨论］，也可以译为“同样的道理”。

2953 ἂν αὐτὸς αἰσχύνοιο γελωτοποιῶν.［会不会这样，那就是，你自己会羞于开玩笑的那些事情。］这句话在法国布德本希腊文中同样如此，而新校勘的牛津古典本希腊文将之校订为：<ἂν ἃ> ἂν αὐτὸς αἰσχύνοιο γελωτοποιῶν，从之。

2954 ἐν μιμήσει κωμῳδικῇ［在一种喜剧性的模仿那里］，单就这一表达，当然可以译为“在一种喜剧表演那里”。

2955 ἐκεῖ［在那里］，即“在喜剧性的模仿中”或“在喜剧表演中”。

2956 ἐν τοῖς οἰκείοις ἐξενεχθείς［在属于自己的那些事情上被带偏］，有意按字面意思翻译。ἐξενεχθείς 是动词 ἐκφέρω 的一次性过去时分词被动态阳性主格单数，ἐκφέρω 的本义是“带走”，但其被动态则具有“被带离界限”的意思，喻为“冲昏头脑”等。

2957 对观《伊翁》（536c6–d3）：οὕτω καὶ σύ, ὦ Ἴων, περὶ μὲν Ὁμήρου ὅταν τις μνησθῇ, εὐπορεῖς, περὶ δὲ τῶν ἄλλων ἀπορεῖς· τούτου δ' ἐστὶ τὸ αἴτιον, ὅ μ' ἐρωτᾷς, δι' ὅτι σὺ περὶ μὲν Ὁμήρου εὐπορεῖς, περὶ δὲ τῶν ἄλλων οὔ, ὅτι οὐ τέχνῃ ἀλλὰ θείᾳ μοίρᾳ Ὁμήρου δεινὸς εἶ ἐπαινέτης.［你也同样如此，伊翁啊，关于荷马，每当有人有所提及，你就有很多话要说，但关于其他人，你则无话可说；而这就是对之你问我的那种原因，即为何关于荷马你有很多话要说，但关于其他诗人则没有；因为，不是凭借一门技艺，而是凭借一份神圣的定命，你是荷马的一位高明的赞美者。］

2958 这一表达，可对观《苏格拉底的申辩》（22b2–5）：ἀναλαμβάνων οὖν αὐτῶν τὰ ποιήματα ἅ μοι ἐδόκει μάλιστα πεπραγματεῦσθαι αὐτοῖς, διηρώτων ἂν αὐτοὺς τί λέγοιεν, ἵν' ἅμα τι καὶ μανθάνοιμι παρ' αὐτῶν.［于是，我选取了他们的那些在我看来被他们特别精心加以创作的诗作盘问他们，他们在说什么，以便

我同时能够从他们那儿学到点什么。]

2959 πάντα τὸν αὑτοῦ βίον ... ζῆν［过完一个人自己的整个一生］是一个整体。对观《斐洞》（95d3–4）：καὶ ταλαιπωρουμένη τε δὴ τοῦτον τὸν βίον ζῴη καὶ τελευτῶσά γε ἐν τῷ καλουμένῳ θανάτῳ ἀπολλύοιτο.［它定然会在吃苦中过完此生，并且最终也肯定会在所谓的死亡中毁灭。］

2960 ὅσον μόνον［恰恰只有］，字面意思是"只有那么多"，ὅσον 在这里是副词，ὅσον μόνον 作为固定表达，本义是"只不过""只有那么多""只有那样大"；《牛津希–英词典》举了柏拉图在这里的这个表达，对它的解释是：only so far as, only just。

2961 对观《伊翁》（534b6–c5）：ἕως δ' ἂν τουτὶ ἔχῃ τὸ κτῆμα, ἀδύνατος πᾶς ποιεῖν ἄνθρωπός ἐστιν καὶ χρησμῳδεῖν. ἅτε οὖν οὐ τέχνῃ ποιοῦντες καὶ πολλὰ λέγοντες καὶ καλὰ περὶ τῶν πραγμάτων, ὥσπερ σὺ περὶ Ὁμήρου, ἀλλὰ θείᾳ μοίρᾳ, τοῦτο μόνον οἷός τε ἕκαστος ποιεῖν καλῶς ἐφ' ὃ ἡ Μοῦσα αὐτὸν ὥρμησεν, ὁ μὲν διθυράμβους, ὁ δὲ ἐγκώμια, ὁ δὲ ὑπορχήματα, ὁ δ' ἔπη, ὁ δ' ἰάμβους· τὰ δ' ἄλλα φαῦλος αὐτῶν ἕκαστός ἐστιν.［而任何一个人只要还具有理智这种所有物，他就既不可能作诗，也不可能进行预言。因此，鉴于并不是凭借一种技艺他们关于各种重大的事情创作和说出了许多优美的东西，就像你关于荷马所做的那样，而是凭借一份神圣的定命，所以每个人都只能够优美地创作出对之缪斯已经激发了他的那种东西，有的擅长酒神颂，有的擅长赞歌，有的擅长伴有舞蹈和哑剧动作的唱诗，有的擅长史诗，有的则擅长抑扬格诗；但在超出他所擅长的领域的其他方面，他们中的每个人都是平庸的。］

2962 参见前面 379a9 那里对"ἐν μέλεσιν［用抒情诗］"的注释 738。

2963 之所以这么补充翻译，因为 βασιλεύσετον 在这里是动词 βασιλεύω［做国王］的将来时直陈式主动态第三人称双数。

2964 κοινῇ 是由形容词 κοινός［共同的］的阴性与格单数派生而来的副词，本义是"共同地""一致地"，这里基于文义将之转译为"在任何情形下"。

2965 ὁ γὰρ λόγος ἡμᾶς ᾕρει.［因为理性向我们证明了这点］。ᾕρει 是动词 αἱρέω 的未完成过去式直陈式主动态第三人称单数；参见前面 604c7 那里对"ὁ λόγος αἱρεῖ［理性证明］"的注释 1397。

2966 τινα σκληρότητα ἡμῶν καὶ ἀγροικίαν καταγνῷ.［它由于〈我们的〉某种生硬和粗俗而指责我们。］καταγνῷ 是动词 καταγιγνώσκω 的一次性过去式虚拟式主动态第三人单数，καταγιγνώσκω 除了具有"发现""注意到"的意思之外，还有"指责"的意思，并且被指责的对象用属格，而指责的理由用宾格。

2967 τῶν διασόφων ὄχλος κρατῶν［一群非常智慧的乌合之众在进行统治］。基于整个这里的引言，这句话不可以译为“一群乌合之众在统治那些非常智慧的人”，虽然单从文法上看可以这么翻译。这句话在法国布德本希腊文中作：τῶν Δία σόφων ὄχλος κρατῶν［一群智慧的乌合之众在统治宙斯］；新校勘的牛津古典本希腊文将之改为：τῶν δία σόφων ὄχλος κρατῶν［由智慧的人而来的一群乌合之众在进行统治］，但认为这里的文本依然是不确定。这里的翻译，仍从伯内特本。

2968 以上这些引言都是诗人对哲学家的攻击，不过出处均不详。

2969 ἡ πρὸς ἡδονὴν ποιητικὴ καὶ ἡ μίμησις［那旨在快乐的诗艺和〈普泛〉模仿］，也可以译为“那旨在快乐的诗艺，即一种模仿”。

2970 ἄσμενοι ἂν καταδεχοίμεθα［乐于把它〈从放逐中〉重新接回家］，之所以这么补充翻译，因为动词 καταδέχομαι 除了具有“接受”这一本义之外，还有从流放中“接回来”“领回来”的意思；《牛津希-英词典》对它的这层意思的解释是：receive back, take home again, esp. from banishment。

2971 τοῖς προστάταις［捍卫者］。名词 προστάτης 的本义是“站在前头的人”，喻为“领袖”“头目”，但在这里的意思是“捍卫者”“拥护者”；《牛津希-英词典》举了柏拉图在这里的这个表达，对它的解释是：one who stands before and protects, guardian, champion。

2972 对观《斐德若》（258d7-11）：Τίς οὖν ὁ τρόπος τοῦ καλῶς τε καὶ μὴ γράφειν; δεόμεθά τι, ὦ Φαῖδρε, Λυσίαν τε περὶ τούτων ἐξετάσαι καὶ ἄλλον ὅστις πώποτέ τι γέγραφεν ἢ γράψει, εἴτε πολιτικὸν σύγγραμμα εἴτε ἰδιωτικόν, ἐν μέτρῳ ὡς ποιητὴς ἢ ἄνευ μέτρου ὡς ἰδιώτης;［那么，漂亮和不漂亮地写之方式是什么呢？我们应该，斐德若啊，就这些事情检查一下吕西阿斯和其他任何人吗——只要他曾经写过或将要写点什么，无论它是一篇关乎城邦的文章，还是关乎个人的文章，也无论它是如一位诗人那样用韵律写成的，还是如一个普通人那样无韵律地写成的——？］

2973 βίᾳ μέν［即使是使用强力］，也可以简单译为“虽然不情愿”。

2974 ὑπὸ τῆς τῶν καλῶν πολιτειῶν τροφῆς［由于那些美好的城邦体制之养育］，这显然是在讽刺。

2975 ὡς βελτίστην καὶ ἀληθεστάτην［尽可能的好和尽可能的真］，也可以译为“尽可能地是好的和真的”。ὡς 加形容词最高级，意思是“尽可能……”。

2976 ἐπᾴδοντες ἡμῖν αὐτοῖς［对我们自己念唱］。动词 ἐπαείδω 有“唱歌”和“念咒语”两方面的意思。参见：

《斐洞》（77e8-9）：Ἀλλὰ χρή, ἔφη ὁ Σωκράτης, ἐπᾴδειν αὐτῷ ἑκάστης

ἡμέρας ἕως ἂν ἐξεπᾴσητε.［苏格拉底说，那你们就必须得每天给他唱歌，直到你们迷惑住〈他〉为止。］

《斐德若》（267c9）：καὶ πάλιν ὠργισμένοις ἐπᾴδων κηλεῖν［当他们已经愤怒起来后，他又通过对他们唱歌来平复他们。］

《泰阿泰德》（149c9–d2）：Καὶ μὴν καὶ διδοῦσαί γε αἱ μαῖαι φαρμάκια καὶ ἐπᾴδουσαι δύνανται ἐγείρειν τε τὰς ὠδῖνας καὶ μαλθακωτέρας ἂν βούλωνται ποιεῖν.［而且产婆们也的确通过给药和唱咒语，能够激发分娩的阵痛，如果她们愿意，也能够使之缓和。］（158c7–d2）：Οὐ μνημονεύεις, ὦ φίλε, ὅτι ἐγὼ μὲν οὔτ᾽ οἶδα οὔτε ποιοῦμαι τῶν τοιούτων οὐδὲν ἐμόν, ἀλλ᾽ εἰμὶ αὐτῶν ἄγονος, σὲ δὲ μαιεύομαι καὶ τούτου ἕνεκα ἐπᾴδω τε καὶ παρατίθημι ἑκάστων τῶν σοφῶν ἀπογεύσασθαι, ἕως ἂν εἰς φῶς τὸ σὸν δόγμα συνεξαγάγω·［你不记得了，朋友，我既不知道，也不把这类东西中的任何当作我的，相反，我是不能够生育它们的，而是给你助产，并且为此我唱咒语，把每种智慧的东西摆在面前，供你品尝它们，直到我帮助把你的见解带到亮光中。］

《卡尔米德斯》（157c2–6）：καὶ σοί, ἐὰν μὲν βούλῃ κατὰ τὰς τοῦ ξένου ἐντολὰς τὴν ψυχὴν πρῶτον παρασχεῖν ἐπᾶσαι ταῖς τοῦ Θρᾳκὸς ἐπῳδαῖς, προσοίσω τὸ φάρμακον τῇ κεφαλῇ· εἰ δὲ μή, οὐκ ἂν ἔχοιμεν ὅτι ποιοῖμέν σοι, ὦ φίλε Χαρμίδη.［至于你，如果你确实愿意按照外邦人的吩咐首先把灵魂交付出来，以便用色雷斯人的那些咒语对之唱歌，那么，我就将给你的头用药。否则，我们真不知道我们还能为你做点什么，亲爱的卡尔米德斯啊。］

2977 ᾀσόμεθα［我们能够吟唱］在法国布德本希腊文和新校勘的牛津古典本希腊中均作 αἰσθόμεθα［我们能够觉察到］，从之。

2978 νομιστέα［必须〈作为法律〉被颁布出来］。νομιστέα 是由动词 νομίζω 派生而来的动词形容词 νομιστέος 的中性复数；《牛津希–英词典》举了柏拉图在这里的这个表达，对它的解释是：to be enacted。

2979 参见前面第一卷 328d7 那里对“καὶ μήν”的注释 46。

2980 对观《斐洞》（114c6–8）：ἀλλὰ τούτων δὴ ἕνεκα χρὴ ὧν διεληλύθαμεν, ὦ Σιμμία, πᾶν ποιεῖν ὥστε ἀρετῆς καὶ φρονήσεως ἐν τῷ βίῳ μετασχεῖν· καλὸν γὰρ τὸ ἆθλον καὶ ἡ ἐλπὶς μεγάλη.［然而，西米阿斯啊，正是为了我们已经细说的这些，必须尽一切努力以便在生命中分有德性和真正的知识；因为奖励是美好的，希望也是巨大的。］

2981 对观《斐洞》（107c1–8）：Ἀλλὰ τόδε γ᾽, ἔφη, ὦ ἄνδρες, δίκαιον διανοηθῆναι, ὅτι, εἴπερ ἡ ψυχὴ ἀθάνατος, ἐπιμελείας δὴ δεῖται οὐχ ὑπὲρ τοῦ χρόνου τούτου μόνον ἐν ᾧ καλοῦμεν τὸ ζῆν, ἀλλ᾽ ὑπὲρ τοῦ παντός, καὶ ὁ κίνδυνος νῦν δὴ καὶ δόξειεν ἂν δεινὸς εἶναι, εἴ τις αὐτῆς ἀμελήσει. εἰ μὲν γὰρ ἦν ὁ θάνατος τοῦ παντὸς ἀπαλλαγή, ἕρμαιον ἂν ἦν τοῖς κακοῖς ἀποθανοῦσι τοῦ τε σώματος ἅμ' ἀπηλλάχθαι καὶ τῆς αὑτῶν κακίας μετὰ τῆς ψυχῆς.［但是，苏格拉底说，诸位，无论如何都理应洞察到下面这点，那就是：假如灵魂真的是不死的，那么，它需要关心，就不仅仅是为了我们称活着于其中发生的这段时间，而且是为了整个的时间；并且如果有人不关心它，那么危险尤其在现在就会看起来是可怕的。因为，如果死亡真的就是从一切中的一种解脱，那么，对于那些邪恶的人来说它就是一笔意外之财，即当他们死后他们就同时摆脱了身体和他们自己那伴随其灵魂的邪恶。］

2982 οἴει ἀθανάτῳ πράγματι ὑπὲρ τοσούτου δεῖν χρόνου ἐσπουδακέναι , ἀλλ' οὐχ ὑπὲρ τοῦ παντός;［你认为，一种不朽的事物只是应该认真对待如此〈短暂〉的时间吗，而不是整个的时间？］这可视为一种拟人表达。σπουδάζω ὑπέρ τινος 是固定表达，大致等于 σπουδάζω περί τινος，意思是“认真对待某事”“致力于某事”“渴望做某事”。δεῖ 做无人称动词时，可以要求与格加不定式，而与格成为不定式的主语。

参见《菲勒玻斯》（33b2-4）：Ἐρρήθη γάρ που τότε ἐν τῇ παραβολῇ τῶν βίων μηδὲν δεῖν μήτε μέγα μήτε σμικρὸν χαίρειν τῷ τὸν τοῦ νοεῖν καὶ φρονεῖν βίον ἑλομένῳ.［因为，我们肯定曾在各种生活的对比中说过，那个已经选择了过进行思考和具有明智这种生活的人，他不应感受到快乐，无论大还是小。］

2983 εἰ μὴ ἀδικῶ γ'［当然，否则我就在行不义］，单就这句话，也可以译为“当然，只要我没有犯错”。这一表达可对观前面第四卷 430e1：我肯定愿意，否则我就在行不义。以及《卡尔米德斯》（156a5-8）：Εἶεν, ἦν δ' ἐγώ· καὶ τοὔνομά μου σὺ ἀκριβοῖς; Εἰ μὴ ἀδικῶ γε, ἔφη· οὐ γάρ τι σοῦ ὀλίγος λόγος ἐστὶν ἐν τοῖς ἡμετέροις ἡλικιώταις, μέμνημαι δὲ ἔγωγε καὶ παῖς ὢν Κριτίᾳ τῷδε συνόντα σε.［好吧，我说道；我的名字，你拿得准吗？当然，只要我没有犯错，他说；因为在我们这些同龄人中有着对你的不少谈论，而甚至当我还是一个孩童时，我就的确已经记得你在同这儿的这位克里提阿斯交往。］

2984 ἀκούοις ἄν.［那就请你听吧！］也可以译为“你只管听吧！”“请你听！”祈愿式和 ἄν 连用，有时等于命令式，如 λέγοις ἂν τὴν δέησιν［你只管说出〈你的〉要求 / 请你把〈你的〉要求说出来］。

参见《政治家》（269c3-d2）：{ΝΕ. ΣΩ.} Κάλλιστ' εἶπες, καὶ λέγε μηδὲν ἐλλείπων. {ΞΕ.} Ἀκούοις ἄν. τὸ γὰρ πᾶν τόδε τοτὲ μὲν αὐτὸς ὁ θεὸς συμποδηγεῖ πορευόμενον καὶ συγκυκλεῖ, τοτὲ δὲ ἀνῆκεν, ὅταν αἱ περίοδοι τοῦ προσήκοντος αὐτῷ μέτρον εἰλήφωσιν ἤδη χρόνου, τὸ δὲ πάλιν αὐτόματον εἰς τἀναντία περιάγεται, ζῷον ὂν καὶ φρόνησιν εἰληχὸς ἐκ τοῦ συναρμόσαντος αὐτὸ κατ' ἀρχάς. [年轻的苏格拉底：你说得非常好，请继续说，而不要遗漏任何东西。客人：你只管听吧！神自己有时帮助引导这个宇宙行进，以及帮助它旋转，有时则让它自行其是——每当它的循环周期已经取得了属于它的时间尺度之后——；然后它又重新自动地朝反方向环行，因为它是一个活物，并已经通过抽签从最初把它拼合在一起的神那儿分得了明智。]

2985 Ἔγωγ', ἔφη. 这句话在法国布德本希腊文中同样如此，而新校勘的牛津古典本希腊文将之改为：Ἔγωγε τοῦτο γ' ἔφη. 从之。如果按伯内特本和布德本翻译，则当补充译为：我肯定〈这么思考〉，他说道。

2986 对观《吕西斯》(216d3-e4): { — } Λέγω τοίνυν ἀπομαντευόμενος, τοῦ καλοῦ τε καὶ ἀγαθοῦ φίλον εἶναι τὸ μήτε ἀγαθὸν μήτε κακόν· πρὸς ἃ δὲ λέγων μαντεύομαι, ἄκουσον. δοκεῖ μοι ὡσπερεὶ τρία ἄττα εἶναι γένη, τὸ μὲν ἀγαθόν, τὸ δὲ κακόν, τὸ δ' οὔτ' ἀγαθὸν οὔτε κακόν· τί δὲ σοί; { — } Καὶ ἐμοί, ἔφη. { — } Καὶ οὔτε τἀγαθὸν τἀγαθῷ οὔτε τὸ κακὸν τῷ κακῷ οὔτε τἀγαθὸν τῷ κακῷ φίλον εἶναι, ὥσπερ οὐδ' ὁ ἔμπροσθεν λόγος ἐᾷ· λείπεται δή, εἴπερ τῴ τί ἐστιν φίλον, τὸ μήτε ἀγαθὸν μήτε κακὸν φίλον εἶναι ἢ τοῦ ἀγαθοῦ ἢ τοῦ τοιούτου οἷον αὐτό ἐστιν. οὐ γὰρ ἄν που τῷ κακῷ φίλον ἄν τι γένοιτο. [因而我说好的东西是美的，而你不这么认为吗？——我肯定这么认为。——因此，我说，仿佛在进行预言，那既不好也不坏的东西是那既美又好的东西的朋友；至于我进行预言而说的这些，请你听听。在我看来它们仿佛是三个种类，好的东西，坏的东西，以及既不好也不坏的东西。而在你看来是怎样？——在我看来也是这样，他说。——并且无论是好的东西之于好的东西，还是坏的东西之于坏的东西，还是好的东西之于坏的东西，都不是朋友，正如前面的讨论不允许的那样；而剩下的，如果某个东西对某个东西真的是朋友的话，那么，那既不好也不坏的东西，它或者是好的东西的朋友，或者是如它自身所是那样的诸如此类的东西的朋友。因为无论如何对于坏的东西来说任何东西都不会成为朋友。]

2987 参见前面第一卷 329b4 那里对“εἰ ... ἦν τοῦτ' αἴτιον [如果这向来就是原因]”的注释 65。

2988 见前面 608e6-609a4。

2989 τῷ προσκαθῆσθαι καὶ ἐνεῖναι [通过坐在前面和寓居在那里]，有意按字面意思翻译，这里的不定式与格乃是工具格。προσκαθῆσθαι 是动词 προσκάθημαι [坐在近旁 / 坐在前面] 的完成时不定式，而 ἐνεῖναι 是动词 ἔνειμι [在里

面 / 在其中］的现在时不定式。

2990 Ὀρθότατ᾽ αὖ［非常正确］。法国布德本希腊文作 Ὀρθότατα；而新校勘的牛津古典本希腊文作 Ὀρθότατ᾽ [ἂν]，不过认为小词 ἂν 是窜入。从布德本和新校勘的牛津古典本希腊文。

2991 参见前面第二卷 378e4 那里对“ἔχει λόγον”的注释 734。

2992 μή ποτε φῶμεν［让我们就不要声称］，法国布德本希腊文同样如此，而新校勘的牛津古典本希腊文将之改为：μήτε φῶμεν，从之。如果按伯内特本和布德本翻译，则当译为“让我们从不要声称”。

2993 ὅτι σμικρότατα［尽可能地小］。参见前面第一卷 336e9 那里对“ὅτι μάλιστα［竭尽所能地 / 尽可能地］”的注释 208。

2994 ἀποθνῃσκόντων［随着人们死去］，也可以译为“当人们死后”“当一些人死后”。

2995 ὁμόσε τῷ λόγῳ τολμᾷ ἰέναι［敢于同这番讨论直接战斗］，也可以译为“敢于同这种道理直接战斗”。ὁμόσε ἰέναι 是从荷马开始流传下来的一个固定表达，在拉丁文中表达为 comminus ire；本义是“向着同一个地方去”或“前往同一个地方”，在战斗中表“白刃战”或“短兵相接”。例如，修昔底德的《伯罗奔尼撒战争史》（2.62.3.11）：ἰέναι δὲ τοῖς ἐχθροῖς ὁμόσε μὴ φρονήματι μόνον, ἀλλὰ καὶ καταφρονήματι.［面对敌人，不仅要有信心，而且还要有藐视之心。］

参见：《欧悌弗戎》（3b9–c5）：καὶ ἐμοῦ γάρ τοι, ὅταν τι λέγω ἐν τῇ ἐκκλησίᾳ περὶ τῶν θείων, προλέγων αὐτοῖς τὰ μέλλοντα, καταγελῶσιν ὡς μαινομένου· καίτοι οὐδὲν ὅτι οὐκ ἀληθὲς εἴρηκα ὧν προεῖπον, ἀλλ᾽ ὅμως φθονοῦσιν ἡμῖν πᾶσι τοῖς τοιούτοις. ἀλλ᾽οὐδὲν αὐτῶν χρὴ φροντίζειν, ἀλλ᾽ ὁμόσε ἰέναι.［并且让我告诉你，当我在公民大会上就一些神圣的事情说点什么，向他们预言一些将来的事情的时候，他们就嘲笑我，好像我发疯了似的；尽管在我所预言过的事情中，我说的无不是真的，但他们还是嫉妒我们所有这类人。但不必在意他们，而是必须同他们直接战斗。］

《泰阿泰德》（165e7–166a1）：Ταῦτά τε δὴ πάντα ὅσα ἡμεῖς ἐπαμύνοντες αὐτῷ λέγομεν, καὶ ὁμόσε οἶμαι.［他将说出我们为了帮助他而说的所有这些，并且我猜他还将与我们短兵相接。］

2996 ὑπ᾽ αὐτοῦ［由于它］，法国布德本希腊文同样如此，而新校勘的牛津古典本希腊文作：ὑφ᾽ αὐτοῦ，不从。

2997 διὰ τοῦτο［由于不正义］，字面意思是“由于这”。

2998 ὑπ᾽ ἄλλων δίκην ἐπιτιθέντων［由于其他那些进行惩罚的人］。ἐπιτιθέντων 是

动词 ἐπιτίθημι［加上 / 添上］的现在时分词主动态阳性属格复数，δίκην ἐπιτίθημι 是词组，意思是“惩罚”。

参见《苏格拉底的申辩》（28d2–5）：‘Αὐτίκα,’ φησί, ‘τεθναίην, δίκην ἐπιθεὶς τῷ ἀδικοῦντι, ἵνα μὴ ἐνθάδε μένω καταγέλαστος παρὰ νηυσὶ κορωνίσιν ἄχθος ἀρούρης.’［他回答道：“在我惩罚那行不义者后，我愿意立马死去，免得我留在这里，可笑地于弯船边成为大地的负担。”］

2999 对观《斐洞》（107c5–8）：εἰ μὲν γὰρ ἦν ὁ θάνατος τοῦ παντὸς ἀπαλλαγή, ἕρμαιον ἂν ἦν τοῖς κακοῖς ἀποθανοῦσι τοῦ τε σώματος ἅμ' ἀπηλλάχθαι καὶ τῆς αὑτῶν κακίας μετὰ τῆς ψυχῆς.［如果死亡真的就是从一切中的一种解脱，那么，对于那些邪恶的人来说它就是一笔意外之财，即当他们死后他们就同时摆脱了身体和他们自己那伴随其灵魂的邪恶。］

3000 参见前面第三卷（404a9–b2）：事实上，一种更加精妙的锻炼〈方法〉，我说道，要被那些从事战争的竞技者所需要，因为他们无论如何都既必须像狗一样是警醒的，也要尽可能敏锐地看和听，并且当他们在远征中遭受许多的变化时——无论是来自水方面的，还是来自其他食物方面的，也无论是来自日晒方面的，还是来自严寒方面的——，他们在健康方面都一定不会是岌岌可危的。以及第七卷（519a1–6）：一些人，他们虽然被称作是邪恶的，但又是智慧的，他们的小灵魂其实在何等狡黠地进行观望，并且在多么敏锐地分辨它所转向的那些事情，〈这表明〉它并不拥有一种微弱的视力，只不过被迫去伺候恶而已，以至于，它越是能够敏锐地进行观望，它也就越是做出更多的坏事来？

3001 参见前面第一卷 336e4 那里对 γ “ἀρ δή［显然］” 的注释 205。

3002 参见前面第一卷 354c1 那里对 “σχολῇ” 的注释 427。

3003 ἀεὶ ἂν εἶεν αἱ αὐταί［同样一些灵魂会始终是〈在那里〉］，也可以译为“就会总是有着同样一些灵魂”。

3004 对观《斐洞》（72b7–d3）：Οὐδὲν χαλεπόν, ἦ δ' ὅς, ἐννοῆσαι ὃ λέγω· ἀλλ' οἷον εἰ τὸ καταδαρθάνειν μὲν εἴη, τὸ δ' ἀνεγείρεσθαι μὴ ἀνταποδιδοίη γιγνόμενον ἐκ τοῦ καθεύδοντος, οἶσθ' ὅτι τελευτῶντα πάντ' <ἂν> λῆρον τὸν Ἐνδυμίωνα ἀποδείξειεν καὶ οὐδαμοῦ ἂν φαίνοιτο διὰ τὸ καὶ τἆλλα πάντα ταὐτὸν ἐκείνῳ πεπονθέναι, καθεύδειν. κἂν εἰ συγκρίνοιτο μὲν πάντα, διακρίνοιτο δὲ μή, ταχὺ ἂν τὸ τοῦ Ἀναξαγόρου γεγονὸς εἴη, “Ὁμοῦ πάντα χρήματα.” ὡσαύτως δέ, ὦ φίλε Κέβης, καὶ εἰ ἀποθνῄσκοι μὲν πάντα ὅσα τοῦ ζῆν μεταλάβοι, ἐπειδὴ δὲ ἀποθάνοι, μένοι ἐν τούτῳ τῷ σχήματι τὰ τεθνεῶτα καὶ μὴ πάλιν ἀναβιώσκοιτο, ἆρ' οὐ πολλὴ ἀνάγκη τελευτῶντα πάντα τεθνάναι καὶ μηδὲν ζῆν; εἰ γὰρ ἐκ μὲν τῶν ἄλλων τὰ ζῶντα γίγνοιτο, τὰ δὲ ζῶντα θνῄσκοι, τίς μηχανὴ μὴ οὐχὶ πάντα καταναλωθῆναι εἰς τὸ τεθνάναι; [理解我所说的并不困难，苏格拉底说。例如，如果一方面有入睡，另一方面醒来却没有通过从熟睡中生成出来而与之相对应，那么你就会知道，最终所有东西都会使得关于恩堤米翁的故事成为胡扯，并且他也会显得一无是处，因为其他所有东西也都如他那样遭受了同样的情形，即熟睡。并且如果一切都只聚合而不分开，那么阿那克萨戈拉的话——即"所有事物都合在一起"——很快就会实现了。同样地，亲爱的刻贝斯啊，如果所有取得生命的东西都会死去，而当它们死后，死了的东西都停留在那种形态上并不再复活，那么，最终一切都会死掉而没有任何东西会活着，岂不是非常必然的？因为，如果活着的东西乃是从其他东西中产生，而活着的东西又都会死去，那么，会有什么办法能阻止一切都耗尽而走向死亡？]

3005 可参见《斐洞》中关于灵魂不朽的各种讨论，例如（70c4–d4）：Σκεψώμεθα δὲ αὐτὸ τῇδέ πῃ, εἴτ' ἄρα ἐν Ἅιδου εἰσὶν αἱ ψυχαὶ τελευτησάντων τῶν ἀνθρώπων εἴτε καὶ οὔ. παλαιὸς μὲν οὖν ἔστι τις λόγος οὗ μεμνήμεθα, ὡς εἰσὶν ἐνθένδε ἀφικόμεναι ἐκεῖ, καὶ πάλιν γε δεῦρο ἀφικνοῦνται καὶ γίγνονται ἐκ τῶν τεθνεώτων· καὶ εἰ τοῦθ' οὕτως ἔχει, πάλιν γίγνεσθαι ἐκ τῶν ἀποθανόντων τοὺς ζῶντας, ἄλλο τι ἢ εἶεν ἂν αἱ ψυχαὶ ἡμῶν ἐκεῖ; οὐ γὰρ ἄν που πάλιν ἐγίγνοντο μὴ οὖσαι, καὶ τοῦτο ἱκανὸν τεκμήριον τοῦ ταῦτ' εἶναι, εἰ τῷ ὄντι φανερὸν γίγνοιτο ὅτι οὐδαμόθεν ἄλλοθεν γίγνονται οἱ ζῶντες ἢ ἐκ τῶν τεθνεώτων. [让我们以这种方式来考虑一下，即当人们死后，他们的魂是在哈德斯那里呢，还是不在。有一个我们记得的古老说法，那就是：当它们从这边到那边后，它们是在那边；并且的确还会重新回到这边来并从死亡中再生。如果是这样的话，即活着的东西乃是从死去的东西中再生，那么，我们的灵魂岂不就一定只会是在那边？因为如果它们不是在某个地方的话，那它们就肯定无法再生；并且这是是这样的一个充分的证明，如果下面这点的确变得明显的话，那就是：那些活着的东西除了从死了的东西中产生，不可能从其他任何地方产生。]

以及《斐德若》（245c5–246a2）：Ψυχὴ πᾶσα ἀθάνατος. τὸ γὰρ ἀεικίνητον ἀθάνατον· τὸ δ' ἄλλο κινοῦν καὶ ὑπ' ἄλλου κινούμενον, παῦλαν ἔχον κινήσεως, παῦλαν ἔχει ζωῆς. μόνον δὴ τὸ αὑτὸ κινοῦν, ἅτε οὐκ ἀπολεῖπον ἑαυτό, οὔποτε λήγει κινούμενον, ἀλλὰ καὶ τοῖς ἄλλοις ὅσα κινεῖται τοῦτο πηγὴ καὶ ἀρχὴ κινήσεως. ἀρχὴ δὲ ἀγένητον. ἐξ ἀρχῆς γὰρ ἀνάγκη πᾶν τὸ γιγνόμενον γίγνεσθαι, αὐτὴν δὲ μηδ' ἐξ ἑνός· εἰ γὰρ ἔκ του ἀρχὴ γίγνοιτο, οὐκ ἂν ἔτι ἀρχὴ γίγνοιτο.

ἐπειδὴ δὲ ἀγένητόν ἐστιν, καὶ ἀδιάφθορον αὐτὸ ἀνάγκη εἶναι. ἀρχῆς γὰρ δὴ ἀπολομένης οὔτε αὐτή ποτε ἔκ του οὔτε ἄλλο ἐξ ἐκείνης γενήσεται, εἴπερ ἐξ ἀρχῆς δεῖ τὰ πάντα γίγνεσθαι. οὕτω δὴ κινήσεως μὲν ἀρχὴ τὸ αὐτὸ αὑτὸ κινοῦν. τοῦτο δὲ οὔτ' ἀπόλλυσθαι οὔτε γίγνεσθαι δυνατόν, ἢ πάντα τε οὐρανὸν πᾶσάν τε γῆν εἰς ἓν συμπεσοῦσαν στῆναι καὶ μήποτε αὖθις ἔχειν ὅθεν κινηθέντα γενήσεται. ἀθανάτου δὲ πεφασμένου τοῦ ὑφ' ἑαυτοῦ κινουμένου, ψυχῆς οὐσίαν τε καὶ λόγον τοῦτον αὐτόν τις λέγων οὐκ αἰσχυνεῖται. πᾶν γὰρ σῶμα, ᾧ μὲν ἔξωθεν τὸ κινεῖσθαι, ἄψυχον, ᾧ δὲ ἔνδοθεν αὐτῷ ἐξ αὑτοῦ, ἔμψυχον, ὡς ταύτης οὔσης φύσεως ψυχῆς· εἰ δ' ἔστιν τοῦτο οὕτως ἔχον, μὴ ἄλλο τι εἶναι τὸ αὐτὸ ἑαυτὸ κινοῦν ἢ ψυχήν, ἐξ ἀνάγκης ἀγένητόν τε καὶ ἀθάνατον ψυχὴ ἂν εἴη.［宇宙灵魂是不朽的。因为，永远在运动的东西是不朽的；而那推动某种另外的东西并且也被某种另外的东西所推动的，既然它有着运动的终止，那它也就具有生命的终止。因此，唯有那自身推动自身的东西，由于它不抛弃它自身，所以它从不会停止运动；而对于其他所有被推动的东西来说，这才是其运动的源头和开端。而开端是非生成的。因为，所有生成出来的东西都必然从某一开端生成出来，而该开端自身却绝不会从任何东西生成出来；因为，如果开端从某一东西生成出来，那它就不再成为一种开端。而既然开端是非生成的，那它自身也就必然是不毁朽的。因为，如果一个开端竟然毁灭了，那么，它自身就将永不会从任何东西那儿生成出来，而其他任何东西也将永不会从它那儿生成出来了，既然所有的事物都应当从某一开端那儿生成出来。于是乎这样一来，一方面，运动的开端是那自身推动自身的东西；另一方面，这种东西既不可能毁灭，也不可能生成，否则整个的天和整个的生成都将一起坍塌而归于静止，并且永远也将不会再有那些运动的东西由于其缘故而得以生成出来的那种东西。然而，如果那被其自身所推动的东西已经被揭示为了是不朽的，那么，一个人也就不会因说了下面这点而将感到羞愧，那就是，恰恰这种东西就是灵魂的所是以及对它的说明。因为，任何从外面取得其运动的形体，都是无灵魂的；而那在其自身里面从其自身那里取得运动的，则是有灵魂的，因为这就是灵魂的本性。但如果这就是它所是的样子，即那自身让自身运动起来的东西不是任何别的，而就是灵魂，那么，灵魂就必然会是非生成而来的以及不朽的。］

3006 参见《斐洞》（66b5−67b2）：ἕως ἂν τὸ σῶμα ἔχωμεν καὶ συμπεφυρμένη ᾖ ἡμῶν ἡ ψυχὴ μετὰ τοιούτου κακοῦ, οὐ μή ποτε κτησώμεθα ἱκανῶς οὗ ἐπιθυμοῦμεν· φαμὲν δὲ τοῦτο εἶναι τὸ ἀληθές. μυρίας μὲν γὰρ ἡμῖν ἀσχολίας παρέχει τὸ σῶμα διὰ τὴν ἀναγκαίαν τροφήν· ἔτι δέ, ἄν τινες νόσοι προσπέσωσιν, ἐμποδίζουσιν ἡμῶν τὴν τοῦ ὄντος θήραν. ἐρώτων δὲ καὶ ἐπιθυμιῶν καὶ φόβων καὶ εἰδώλων παντοδαπῶν καὶ φλυαρίας ἐμπίμπλησιν ἡμᾶς πολλῆς, ὥστε τὸ λεγόμενον ὡς ἀληθῶς τῷ ὄντι ὑπ' αὐτοῦ οὐδὲ φρονῆσαι ἡμῖν ἐγγίγνεται οὐδέποτε οὐδέν. καὶ γὰρ πολέμους καὶ στάσεις καὶ μάχας οὐδὲν ἄλλο παρέχει ἢ τὸ σῶμα καὶ αἱ τούτου ἐπιθυμίαι. διὰ γὰρ τὴν τῶν χρημάτων κτῆσιν πάντες οἱ πόλεμοι γίγνονται, τὰ δὲ χρήματα ἀναγκαζόμεθα κτᾶσθαι διὰ τὸ σῶμα, δουλεύοντες τῇ τούτου θεραπείᾳ· καὶ ἐκ τούτου ἀσχολίαν ἄγομεν φιλοσοφίας πέρι διὰ πάντα ταῦτα. τὸ δ' ἔσχατον πάντων ὅτι, ἐάν τις ἡμῖν καὶ σχολὴ γένηται ἀπ' αὐτοῦ καὶ τραπώμεθα πρὸς τὸ σκοπεῖν τι, ἐν ταῖς ζητήσεσιν αὖ πανταχοῦ παραπῖπτον θόρυβον παρέχει καὶ ταραχὴν καὶ ἐκπλήττει, ὥστε μὴ δύνασθαι ὑπ' αὐτοῦ καθορᾶν τἀληθές. ἀλλὰ τῷ ὄντι ἡμῖν δέδεικται ὅτι, εἰ μέλλομέν ποτε καθαρῶς τι εἴσεσθαι, ἀπαλλακτέον αὐτοῦ καὶ αὐτῇ τῇ ψυχῇ θεατέον αὐτὰ τὰ πράγματα· καὶ τότε, ὡς ἔοικεν, ἡμῖν ἔσται οὗ ἐπιθυμοῦμέν τε καί φαμεν ἐρασταὶ εἶναι, φρονήσεως, ἐπειδὰν τελευτήσωμεν, ὡς ὁ λόγος σημαίνει, ζῶσιν δὲ οὔ. εἰ γὰρ μὴ οἷόν τε μετὰ τοῦ σώματος μηδὲν καθαρῶς γνῶναι, δυοῖν θάτερον, ἢ οὐδαμοῦ ἔστιν κτήσασθαι τὸ εἰδέναι ἢ τελευτήσασιν· τότε γὰρ αὐτὴ καθ' αὑτὴν ἡ ψυχὴ ἔσται χωρὶς τοῦ σώματος, πρότερον δ' οὔ. καὶ ἐν ᾧ ἂν ζῶμεν, οὕτως, ὡς ἔοικεν, ἐγγυτάτω ἐσόμεθα τοῦ εἰδέναι, ἐὰν ὅτι μάλιστα μηδὲν ὁμιλῶμεν τῷ σώματι μηδὲ κοινωνῶμεν, ὅτι μὴ πᾶσα ἀνάγκη, μηδὲ ἀναπιμπλώμεθα τῆς τούτου φύσεως, ἀλλὰ καθαρεύωμεν ἀπ' αὐτοῦ, ἕως ἂν ὁ θεὸς αὐτὸς ἀπολύσῃ ἡμᾶς· καὶ οὕτω μὲν καθαροὶ ἀπαλλαττόμενοι τῆς τοῦ σώματος ἀφροσύνης, ὡς τὸ εἰκὸς μετὰ τοιούτων τε ἐσόμεθα καὶ γνωσόμεθα δι' ἡμῶν αὐτῶν πᾶν τὸ εἰλικρινές, τοῦτο δ' ἐστὶν ἴσως τὸ ἀληθές· μὴ καθαρῷ γὰρ καθαροῦ ἐφάπτεσθαι μὴ οὐ θεμιτὸν ᾖ. [只要我们还拥有身体，我们的灵魂还与这样的祸害混杂在一起，那我们将永远无法充分地获得我们所渴望的东西，而我们说，这种东西就是真实的东西。因为，身体由于必需的生计而带给我们数不清的忙碌；此外，一旦某些疾病袭来，它们就会妨碍我们对是者的追求。它使我们充满了各种爱欲、各种渴望、各种恐惧，以及各种各样的幻想和许多的胡扯，以至于如常言所说，的的确确由于它我们从不曾能够真正理解任何东西。并且除了身体及其欲望，没有别的什么会引起战争、分裂和竞赛。因为所有的战争都源于对钱财的获取，而由于身体我们才被迫去获取钱财，成为侍奉身体的奴隶。也正是由于身体，我们因所有这些而无暇去热爱智慧。但一切中最糟糕的是，一旦我们从它那儿得到一点闲暇，并转身去考察某种东西

时，它就再度通过在各种探究中到处乱窜来制造喧嚣和混乱，让我们不知所措，以至于由于它我们根本不能够看清真实的东西。然而，实际上已经向我们显明，如果我们毕竟想要纯粹地知道某种东西，那就必须摆脱身体，并且必须用灵魂本身去观看诸事物本身。并且似乎我们要拥有我们所渴望的东西，并宣称我们是它的，即真正知识的爱慕者，只有当我们死了以后才行，如道理所显明的那样，而非我们活着的时候。因为，如果带着身体根本不可能纯粹地认识任何东西，那么就只能是二选一，即要么决不可能获得知识，要么对于那些死了的人来说可以。因为那时灵魂才将是独自在其自身的，同身体相分离，而不是在这之前。并且在我们还活着的时候，似乎我们只能如下面这样去尽量接近知识，那就是尽可能地既不与身体交往，也不与之共事，除非万不得已；我们也不可以感染上身体的本性，而是让我们自己从它那里保持纯粹，直到神自己解放我们为止。并且当我们以这种方式通过摆脱身体的愚蠢而是纯粹的时候，我们就有可能同这类东西在一起，并且将通过我们自己认识所有纯粹的东西，而这或许就是真实的东西；因为，触碰纯粹的东西这对于不纯粹的人来说恐怕不是合神法的。]

3007 πολύ γε κάλλιον［一种远远更为美好的东西］。法国布德本希腊文和新校勘的牛津古典本希腊文均无其中的语气小词 γε，从之。

3008 δικαιοσύνας τε καὶ ἀδικίας［各种正义〈之观念〉和各种不正义〈之观念〉］。抽象名词 δικαιοσύνη［正义］，在现存柏拉图的全部作品中，仅在这里出现了复数形式；至于为何出现这种情况，以及复数在这里意指什么，有各种各样的讨论，这里不做解释和评判。

3009 参见前面第一卷 329b6 那里对“νῦν δέ”的注释 66。

3010 参见前面第二卷 379a1 那里对“ἐν τῷ παρόντι［目前 / 眼下 / 现在］”的注释 735。

3011 格劳科斯（Γλαύκος, Glaukos），一位海神。

3012 名词 φύσις 除了具有“自然”“本性”的意思之外，本身也有“相貌”“体质”等意思；《牛津希-英词典》对它的这层意思的解释是：outward form, appearance。参见：

《泰阿泰德》（143e4-9）：{ΘΕΟ.} Καὶ μήν, ὦ Σώκρατες, ἐμοί τε εἰπεῖν καὶ σοὶ ἀκοῦσαι πάνυ ἄξιον οἵῳ ὑμῖν τῶν πολιτῶν μειρακίῳ ἐντετύχηκα. καὶ εἰ μὲν ἦν καλός, ἐφοβούμην ἂν σφόδρα λέγειν, μὴ καί τῳ δόξω ἐν ἐπιθυμίᾳ αὐτοῦ εἶναι. νῦν δέ – καὶ μή μοι ἄχθου – οὐκ ἔστι καλός, προσέοικε δὲ σοὶ τήν τε σιμότητα καὶ τὸ ἔξω τῶν ὀμμάτων.［忒俄多洛斯：真的，苏格拉底啊，我确

实遇见过你们同胞中的这样一位年青人，他非常值得我一说和值得你一听。如果他长相俊美，那我会担心说过头了，免得有人认为我对他有欲望。但其实——我这样说你可不要生我的气——他并不俊美，而是像你一样，扁平的鼻子和外凸的眼睛。］

《政治家》（257d1–258a2）：Καὶ μὴν κινδυνεύετον, ὦ ξένε, ἄμφω ποθὲν ἐμοὶ συγγένειαν ἔχειν τινά. τὸν μέν γε οὖν ὑμεῖς κατὰ τὴν τοῦ προσώπου φύσιν ὅμοιον ἐμοὶ φαίνεσθαί φατε, τοῦ δ' ἡμῖν ἡ κλῆσις ὁμώνυμος οὖσα καὶ ἡ πρόσρησις παρέχεταί τινα οἰκειότητα.［而且似乎，客人啊，他俩都在某个方面同我有着某种家族关系。所以，无论如何你们都说，一个在相貌上显得同我相像，而另一个的称呼是与我们同名的，并且命名就提交出了某种亲属关系。］

3013 ὧν ἅπτεται［它在致力于哪些东西］。关于动词 ἅπτω 的用法，参见前面第三卷 411c5 那里对“μουσικῆς δὲ καὶ φιλοσοφίας μὴ ἅπτηται［但从不致力于文艺和热爱智慧］”的注释 1123。

3014 οἵων ἐφίεται ὁμιλιῶν［渴望同哪样一些东西交往］。关于动词 ἐφίημι 的用法，参见前面第二卷 357b6 那里对“τῶν ἀποβαινόντων ἐφιέμενοι［我们以它所导致的各种结果为目的］”的注释 433。

3015 对观《斐洞》（79d1–8）：Ὅταν δέ γε αὐτὴ καθ' αὑτὴν σκοπῇ, ἐκεῖσε οἴχεται εἰς τὸ καθαρόν τε καὶ ἀεὶ ὂν καὶ ἀθάνατον καὶ ὡσαύτως ἔχον, καὶ ὡς συγγενὴς οὖσα αὐτοῦ ἀεὶ μετ' ἐκείνου τε γίγνεται, ὅτανπερ αὐτὴ καθ' αὑτὴν γένηται καὶ ἐξῇ αὐτῇ, καὶ πέπαυταί τε τοῦ πλάνου καὶ περὶ ἐκεῖνα ἀεὶ κατὰ ταὐτὰ ὡσαύτως ἔχει, ἅτε τοιούτων ἐφαπτομένη· καὶ τοῦτο αὐτῆς τὸ πάθημα φρόνησις κέκληται; Παντάπασιν, ἔφη, καλῶς καὶ ἀληθῆ λέγεις, ὦ Σώκρατες.［但是，一旦它独自在其自身地进行考察，前往纯粹的东西、始终是着的东西、不死的东西和保持同样状态的东西那边——由于它是与之同类的，故它总是会与之一道产生——，一旦它变得独自在其自身了，这对它来说是可能的，那么，它就停止了不知所措，并且总是以同样的方式保持同一地同那些东西相关，因为它把自己拴在了这些东西上；而它的这种遭遇也就被称作真正的知识。是这样吗？你说得非常好和正确，刻贝斯说，苏格拉底。］

3016 对观《斐洞》（81b1–d4）：Ἐὰν δέ γε οἶμαι μεμιασμένη καὶ ἀκάθαρτος τοῦ σώματος ἀπαλλάττηται, ἅτε τῷ σώματι ἀεὶ συνοῦσα καὶ τοῦτο θεραπεύουσα καὶ ἐρῶσα καὶ γοητευομένη ὑπ' αὐτοῦ ὑπό τε τῶν ἐπιθυμιῶν καὶ ἡδονῶν, ὥστε μηδὲν ἄλλο δοκεῖν εἶναι ἀληθὲς ἀλλ' ἢ τὸ σωματοειδές, οὗ τις ἂν ἅψαιτο καὶ ἴδοι καὶ πίοι καὶ φάγοι καὶ πρὸς τὰ ἀφροδίσια χρήσαιτο, τὸ δὲ τοῖς ὄμμασι σκοτῶδες καὶ ἀιδές, νοητὸν δὲ καὶ φιλοσοφίᾳ αἱρετόν, τοῦτο δὲ εἰθισμένη μισεῖν τε καὶ τρέμειν καὶ φεύγειν, οὕτω δὴ ἔχουσαν οἴει ψυχὴν αὐτὴν καθ' αὑτὴν εἰλικρινῆ ἀπαλλάξεσθαι; Οὐδ' ὁπωστιοῦν, ἔφη. Ἀλλὰ [καὶ] διειλημμένην γε οἶμαι ὑπὸ τοῦ σωματοειδοῦς, ὃ αὐτῇ ἡ ὁμιλία τε καὶ συνουσία τοῦ σώματος διὰ τὸ ἀεὶ συνεῖναι καὶ διὰ τὴν πολλὴν μελέτην ἐνεποίησε σύμφυτον; Πάνυ γε. Ἐμβριθὲς δέ γε, ὦ φίλε, τοῦτο οἴεσθαι χρὴ εἶναι καὶ βαρὺ καὶ γεῶδες καὶ ὁρατόν· ὃ δὴ καὶ ἔχουσα ἡ τοιαύτη ψυχὴ βαρύνεταί τε καὶ ἕλκεται πάλιν εἰς τὸν ὁρατὸν τόπον φόβῳ τοῦ ἀιδοῦς τε καὶ Ἅιδου, ὥσπερ λέγεται, περὶ τὰ μνήματά τε καὶ τοὺς τάφους κυλινδουμένη, περὶ ἃ δὴ καὶ ὤφθη ἄττα ψυχῶν σκιοειδῆ φαντάσματα, οἷα παρέχονται αἱ τοιαῦται ψυχαὶ εἴδωλα, αἱ μὴ καθαρῶς ἀπολυθεῖσαι ἀλλὰ τοῦ ὁρατοῦ μετέχουσαι, διὸ καὶ ὁρῶνται.［但我认为，如果它污秽且不纯粹地同身体相分离，由于它总是同身体结合在一起，侍奉、爱恋着身体，被它及其种种欲望和快乐所蛊惑，以至于它认为除了一个人能摸到、看到、喝到、吃到以及用来寻欢作乐的那种有形的东西之外没有什么是真的，而就那些虽对于眼睛来说是隐蔽的和不可见的，但却是可思想的和能够通过热爱智慧而得到领会的东西，如果他已经习惯于憎恨、畏惧、逃避这种东西，那么，你认为处在这种情形下的灵魂能独自在其自身地、绝对地摆脱身体吗？无论如何都不可能，刻贝斯说。相反，我倒认为它已经被有形的东西渗透了，同身体的结交和往来——由于总是与之共处以及由于对之许多的关心——，岂不已经导致了有形的东西同它长在了一起？肯定。朋友，还得认为有形的东西必然是沉重的，即它是有重量的、属于尘世的和可见的。带有这种东西的这样一种灵魂受到压迫，并且因对不可见的东西和哈德斯的恐惧而再次被拽回到可见的地方；据说，它在各种纪念物和坟墓间游荡，围绕着它们，灵魂的一些阴暗的显影的确被看到过。这样一些灵魂会提供出影像，它们没有纯粹地解脱，而是分有着可见的东西，因此它们会被看见。］

3017 γῆν ἑστιωμένη［它以泥土为盛宴］，也可以译为"它用泥土款待自己"。

3018 对观《斐德若》(271a4–7)：Δῆλον ἄρα ὅτι ὁ Θρασύμαχός τε καὶ ὃς ἂν ἄλλος σπουδῇ τέχνην ῥητορικὴν διδῷ, πρῶτον πάσῃ ἀκριβείᾳ γράψει τε καὶ ποιήσει ψυχὴν ἰδεῖν, πότερον ἓν καὶ ὅμοιον πέφυκεν ἢ κατὰ σώματος μορφὴν πολυειδές.［那么下面这些就是显而易见的，那就是：特剌绪马科斯，连同其他任何热心传授一种修辞技艺的人，首先，他要非常精准地进行写，并且要使得我们看到灵魂生来就是某种单一且同一的东西呢，还是如身体的形象那样是具有多种形式的。］

3019 ὅπῃ ἔχει καὶ ὅπως［在哪方面以及在何种方式上是〈那个样子〉］。ὅπῃ καὶ ὅπως［在哪方面以及在何种方式上］，其对应的表达是 πάντῃ καὶ πάντως［在方方面面以及在每一种方式上］；参见《菲勒玻斯》（60c2–4）：παρείη τοῦτ' ἀεὶ τῶν ζῴων διὰ τέλους πάντως καὶ πάντῃ, μηδενὸς ἑτέρου ποτὲ ἔτι προσδεῖσθαι, τὸ δὲ ἱκανὸν τελεώτατον ἔχειν.［就各种活物而言，如果这总是彻头彻尾地、在每一种方式上以及在方方面面都在场于它们那里，那它们就不再需要任何其他的了，而是充足地有着最完满的东西。］

3020 τά ... ἄλλα ἀπελυσάμεθα［消除了其他那些〈对正义的指控〉］。ἀπελυσάμεθα 是动词 ἀπολύω 的一次性过去时直陈式中动态第一人称复数，ἀπολύω 的本义是"解开""解放"，但其中动态则具有"撤销指控""消除诽谤""洗清罪名"等意思。

参见《苏格拉底的申辩》（37a7–b3）：ἐπεί, ὡς ἐγῷμαι, εἰ ἦν ὑμῖν νόμος, ὥσπερ καὶ ἄλλοις ἀνθρώποις, περὶ θανάτου μὴ μίαν ἡμέραν μόνον κρίνειν ἀλλὰ πολλάς, ἐπείσθητε ἄν· νῦν δ' οὐ ῥᾴδιον ἐν χρόνῳ ὀλίγῳ μεγάλας διαβολὰς ἀπολύεσθαι.［也即是说，正如我所认为的，如果你们也像其他人一样有一项法律，关于死刑不是只用一天而是用几天来判决，那么你们就会被说服的；而现在要在很短的时间内消除各种巨大的诽谤，这是不容易的。］

3021 ἐπῃνέκαμεν［称赞］，新校勘的牛津古典本希腊文同样如此；而法国布德本希腊文作 ἐπηνέγκαμεν［带来］，不从。前者是动词 ἐπαινέω［称赞 / 颂扬］的完成时直陈式主动态第一人称复数，后者是动词 ἐπιφέρω［称赞 / 颂扬］的一次性过去时直陈式主动态第一人称复数。

3022 见前面第二卷 363a–c。

3023 αὐτὸ δικαιοσύνην［正义自身］，也可以译为"事情本身，即正义"；参见前面第二卷 363a1 那里对"αὐτὸ δικαιοσύνην ἐπαινοῦντες［赞美事情本身，即赞美正义］"的注释 505。后来在一些新柏拉图主义者，如普罗提诺斯，以及一些基督教思想家那里，出现了由这两个单词合成出来的一个阴性名词，即 ἡ αὐτοδικαιοσύνη。

3024 冥王哈德斯的头盔具有隐形的功能。此外，ᾍδης 从词源上看，是由褫夺性的前缀 ἀ 和动词 ἰδεῖν［看］构成，本义就是"不可见"。参见《斐洞》（80d5–e1）：Ἡ δὲ ψυχὴ ἄρα, τὸ ἀιδές, τὸ εἰς τοιοῦτον τόπον ἕτερον οἰχόμενον γενναῖον καὶ καθαρὸν καὶ ἀιδῆ, εἰς Ἅιδου ὡς ἀληθῶς, παρὰ τὸν ἀγαθὸν καὶ φρόνιμον θεόν, οἷ, ἂν θεὸς θέλῃ, αὐτίκα καὶ τῇ ἐμῇ ψυχῇ ἰτέον, αὕτη δὲ δὴ ἡμῖν ἡ τοιαύτη καὶ οὕτω πεφυκυῖα ἀπαλλαττομένη τοῦ σώματος εὐθὺς διαπεφύσηται καὶ ἀπόλωλεν, ὥς φασιν οἱ πολλοὶ ἄνθρωποι; πολλοῦ γε δεῖ, ὦ φίλε Κέβης τε καὶ

Σιμμία.［而灵魂——作为不可见的部分，前往如它一样的另外那个地方，即那个高贵、纯粹和不可见的地方，前往真正意义上的哈德斯那儿，走向这位良善且明智的神，如果这位神愿意，我的灵魂也马上就必须得去那里——，我们的这种生来就是如此的灵魂，当它离开身体后，会如许多人说的那样，立即就随风消散和毁灭吗？远非如此！亲爱的刻贝斯和西米阿斯啊。］

3025 参见前面第九卷 580a9 那里对“νῦν ἤδη”的注释 2717。

3026 之所以这么补充翻译，见后面 614a1-2。

3027 参见前面第一卷 343a10 那里对“τί μάλιστα”的注释 291。

3028 ὑμεῖς γὰρ ᾐτεῖσθε［因为你们那时要求〈这样〉］，新校勘的牛津古典本希腊文同样如此，而法国布德本希腊文作 ὑμεῖς γὰρ ἡγεῖσθε［因为你们那时认为］，不从。前者为动词 αἰτέω［要求 / 索取］的未完成过去时直陈式中动态第二人称复数，而后者为动词 ἡγέομαι［认为 / 相信］的未完成过去时直陈式中动态第二人称复数。

3029 ὥσπερ ἔχει δόξης［实际上所具有的那种名声］。这里之所以使用属格 δόξης，是由前面的固定表达 ὥσπερ ἔχει［恰恰如它是……］要求的，类似的语法现象参见前面第五卷 456d3 那里对“πῶς ἔχεις δόξης［你持有何种看法 / 你持有何种意见 / 你是怎么看的］”的注释 1554。

3030 δοκεῖσθαι οὕτω［被认为就是那个样子］，也可以译为“就那样被认为”。δοκεῖσθαι 在这里是动词 δοκέω 的现在时不定式被动态；《牛津希-英词典》举了柏拉图在这里的这个表达，对它的解释是：to be considered。

3031 ἵνα καὶ τὰ νικητήρια κομίσηται［不仅以便它能够赢得一些奖品］。κομίσηται 是动词 κομίζω［照料 / 供应］的一次性过去时中动态第三人称单数，τὰ νικητήρια［奖品］与动词 οἴσεσθαι, φέρεσθαι, κομίζεσθαι 等连用，意思是“赢得奖品”“夺走奖品”；《牛津希-英词典》举了柏拉图在这里的这个表达，对之的解释是：to win the prize。

3032 ἀπὸ τοῦ δοκεῖν κτωμένη ἃ δίδωσι τοῖς ἔχουσιν αὐτήν［这些奖品是它通过从看起来是〈正义的人〉那里所取得而赐给那些拥有它的人的］，新校勘的牛津古典本希腊文同样如此，而法国布德本希腊文作：ἃ ἀπὸ τοῦ δοκεῖν κτωμένηδίδωσι τοῖς ἔχουσιν αὐτήν，意思一样。

3033 即正义的人和不正义的人。

3034 见第一卷 352b1-2。

3035 对观《苏格拉底的申辩》（41c8-d2）：Ἀλλὰ καὶ ὑμᾶς χρή, ὦ ἄνδρες δικασταί, εὐέλπιδας εἶναι πρὸς τὸν θάνατον, καὶ ἕν τι τοῦτο διανοεῖσθαι ἀληθές, ὅτι οὐκ ἔστιν ἀνδρὶ ἀγαθῷ κακὸν οὐδὲν οὔτε ζῶντι οὔτε τελευτήσαντι, οὐδὲ ἀμελεῖται ὑπὸ θεῶν τὰ τούτου πράγματα. [然而，诸位陪审员啊，面对死亡你们也应当是乐观的，并且应当考虑下面这唯一真的事情，那就是：对于一个好人来说，无论是生前还是死后，都没有什么是坏的，他的各种事情也不会被诸神漠不关心。]

3036 参见《泰阿泰德》(176a5-b3)：Ἀλλ᾽ οὔτ᾽ ἀπολέσθαι τὰ κακὰ δυνατόν, ὦ Θεόδωρε – ὑπεναντίον γάρ τι τῷ ἀγαθῷ ἀεὶ εἶναι ἀνάγκη – οὔτ᾽ ἐν θεοῖς αὐτὰ ἱδρῦσθαι, τὴν δὲ θνητὴν φύσιν καὶ τόνδε τὸν τόπον περιπολεῖ ἐξ ἀνάγκης. διὸ καὶ πειρᾶσθαι χρὴ ἐνθένδε ἐκεῖσε φεύγειν ὅτι τάχιστα. φυγὴ δὲ ὁμοίωσις θεῷ κατὰ τὸ δυνατόν· ὁμοίωσις δὲ δίκαιον καὶ ὅσιον μετὰ φρονήσεως γενέσθαι. [但是，邪恶的东西既不可能消亡，忒俄多洛斯啊——因为某种东西必然总是善的东西的反面——，它们也不可能被安顿在诸神中间，而是必然绕着有死的本性和这个地方漫游。因此，一个人必须尝试尽快地从这儿逃离到那儿。而逃离就是尽可能地与神相似，但与神相似也就是凭借明智而成为正义的和虔敬的。]

《斐德若》(248a1-5)：Καὶ οὗτος μὲν θεῶν βίος· αἱ δὲ ἄλλαι ψυχαί, ἡ μὲν ἄριστα θεῷ ἑπομένη καὶ εἰκασμένη ὑπερῆρεν εἰς τὸν ἔξω τόπον τὴν τοῦ ἡνιόχου κεφαλήν, καὶ συμπεριηνέχθη τὴν περιφοράν, θορυβουμένη ὑπὸ τῶν ἵππων καὶ μόγις καθορῶσα τὰ ὄντα. [而这就是诸神的生活。另一方面，就其他的那些灵魂而言，其中一种灵魂——即那最出色地追随神并且最出色地仿效神的——，它把御者的头举起来，使之昂首进入到外面的地方，并且同天宇的旋转一起被带着绕圈子，但由于受到马儿们的滋扰，它勉勉强强地瞥见了那些是着的东西。]

《斐洞》(81a4-9)：Οὐκοῦν οὕτω μὲν ἔχουσα εἰς τὸ ὅμοιον αὐτῇ τὸ ἀιδὲς ἀπέρχεται, τὸ θεῖόν τε καὶ ἀθάνατον καὶ φρόνιμον, οἷ ἀφικομένῃ ὑπάρχει αὐτῇ εὐδαίμονι εἶναι, πλάνης καὶ ἀνοίας καὶ φόβων καὶ ἀγρίων ἐρώτων καὶ τῶν ἄλλων κακῶν τῶν ἀνθρωπείων ἀπηλλαγμένῃ, ὥσπερ δὲ λέγεται κατὰ τῶν μεμυημένων, ὡς ἀληθῶς τὸν λοιπὸν χρόνον μετὰ θεῶν διάγουσα; [如果它是这样的话，那它岂不就是在动身前往与它自己相似的、不可见的东西那儿，即神性的东西、不死的东西和明智的东西那儿，当它到达那里时，它岂不就有可能是幸福的，摆脱了漂泊、愚蠢、各种恐惧、各种粗野的爱欲，以及其他种种属人的恶，而如那些入了秘教的人所说，它其实在与诸神一起度过余下的时光？]

3037 εἰ δεῖ τὸ ὂν τιθέναι [如果一个人必须摆出那是着的东西的话]，当然可以简单转译为“如果一个人必须摆出那真实的情况的话”。

3038 τὸ πολύ［多半］是词组，也可以译为“在很大程度上”；《牛津希–英词典》对它解释是：for the most part。

3039 ἀνέξῃ ... λέγοντος ἐμοῦ［你将容忍我说］是一个整体。ἀνέξῃ 是动词 ἀνέχω 的将来时直陈式中动态第二人称单数；ἀνέχω 的本义是“举起”“支持”，但其中动态则表“坚持”“容忍”，并要求属格，所以后面跟的是单数属格 λέγοντος ἐμοῦ［我说］。

3040 ἐκδιδόασί τε εἰς οὓς ἂν ἐθέλωσι［也愿意把女儿嫁给谁就嫁给谁］。参见前面第二卷 362b3 那里对动词“ἐκδίδωμι”的注释 498。

3041 ἐπὶ τέλους τοῦ δρόμου［在人生旅程的终点］，这是意译，字面意思是“在奔跑的终点”。

3042 参见前面第二卷 361e 以下。

3043 τελέως ... ἀπειλήφῃ［充分地获悉］是一个整体。ἀπειλήφῃ 是动词 ἀπολαμβάνω 的完成时虚拟式主动态第三人称单数，ἀπολαμβάνω 的本义是“拿到”“接受”，转义为“听到”“获悉”“得知”；《牛津希–英词典》举了柏拉图在这里的这个表达，对它解释是：hear, learn。

3044 参见前面 608d11 那里对“ἀκούοις ἄν.［那就请你听吧！］”的注释 2984。

3045 阿尔喀诺俄斯（Ἀλκίνοος, Alkinoos）。奥德修斯对国王阿尔喀诺斯讲述他本人的遭遇以及在冥界的经历，见荷马《奥德修斯》（9–12 卷）。

3046 ἀλκίμου ἀνδρός［一个勇敢的人］，这可能是一句双关语或打趣的话，因为形容词 ἄλκιμος［勇敢的 / 强壮的］同 Ἀλκίνοος［阿尔喀诺俄斯］的发音和拼写几乎相同。

3047 τὸ γένος Παμφύλου［他在种族上属于帕谟费利亚人］，也可以译为“他是帕谟费利亚人的后裔”。帕谟费利亚人（Πάμφυλος, Pamphylos）居住在小亚细亚，当时受波斯人统治。如果不作专名，形容词 πάμφυλος 的意思是“包括各部族的”；参见《政治家》（291a8–9）：Πάμφυλόν τι γένος αὐτῶν, ὥς γε ἄρτι σκοπουμένῳ φαίνεται.［他们的家族是某种包括了各个部族的家族，至少对那刚刚注意到它的人来说显得是这样。］

3048 ἐκεῖ［在那边］，也可以译为“在另外那个世界”。

3049 ἐπειδὴ οὗ ἐκβῆναι［当他的〈灵魂〉离开之后］，之所以这么补充翻译，因为属格 οὗ［他的］后面省略了名词 τὴν ψυχήν［灵魂］。

3050 πορεύεσθαι τὴν εἰς δεξιάν［走在朝向右边的〈那条路〉上］，之所以这么补充翻译，因为这句话补全当为：πορεύεσθαι τὴν εἰς δεξιὰν ὁδόν；《牛津希–英词典》举了柏拉图在这里的这个表达，指出这里省略了 ὁδόν 一词。

3051 ἄνω διὰ τοῦ οὐρανοῦ［向上穿过天宇〈一直走到其外面〉］。这一表达，可对观《斐德若》（247a8-c2）：ὅταν δὲ δὴ πρὸς δαῖτα καὶ ἐπὶ θοίνην ἴωσιν, ἄκραν ἐπὶ τὴν ὑπουράνιον ἁψῖδα πορεύονται πρὸς ἄναντες, ᾗ δὴ τὰ μὲν θεῶν ὀχήματα ἰσορρόπως εὐήνια ὄντα ῥᾳδίως πορεύεται, τὰ δὲ ἄλλα μόγις· βρίθει γὰρ ὁ τῆς κάκης ἵππος μετέχων, ἐπὶ τὴν γῆν ῥέπων τε καὶ βαρύνων ᾧ μὴ καλῶς ἦν τεθραμμένος τῶν ἡνιόχων. ἔνθα δὴ πόνος τε καὶ ἀγὼν ἔσχατος ψυχῇ πρόκειται. αἱ μὲν γὰρ ἀθάνατοι καλούμεναι, ἡνίκ' ἂν πρὸς ἄκρῳ γένωνται, ἔξω πορευθεῖσαι ἔστησαν ἐπὶ τῷ τοῦ οὐρανοῦ νώτῳ, στάσας δὲ αὐτὰς περιάγει ἡ περιφορά, αἱ δὲ θεωροῦσι τὰ ἔξω τοῦ οὐρανοῦ.［而每当他们前去参加酒会和赴宴，他们肯定就要一路向上行进到天穹里面的最高处：诚然，一方面，诸神的车乘由于配合得很好而是容易驾驭的，所以轻易就行进到了那儿；而另一方面，其他的车乘则走得吃力。因为，那分有了顽劣之本性的马是沉重的，它往地上坠落，并且如果它没有被御马者中的某位好好地加以调教，那它就会给他添加负担。在那里，一种极端的艰辛和最终的竞争肯定摆在了灵魂的面前。因为，一方面，一些灵魂——它们被称作属于不朽者的——，每当它们来到了天穹里面的最高处，它们就还要走到天穹的外面去，站在天宇的外表面，当它们站住后，天宇的旋转就引领它们周行，而它们则观看到天外的各种东西。］

3052 对观《斐洞》（107d2-108c8）：οὐδὲν γὰρ ἄλλο ἔχουσα εἰς Ἅιδου ἡ ψυχὴ ἔρχεται πλὴν τῆς παιδείας τε καὶ τροφῆς, ἃ δὴ καὶ μέγιστα λέγεται ὠφελεῖν ἢ βλάπτειν τὸν τελευτήσαντα εὐθὺς ἐν ἀρχῇ τῆς ἐκεῖσε πορείας. λέγεται δὲ οὕτως, ὡς ἄρα τελευτήσαντα ἕκαστον ὁ ἑκάστου δαίμων, ὅσπερ ζῶντα εἰλήχει, οὗτος ἄγειν ἐπιχειρεῖ εἰς δή τινα τόπον, οἷ δεῖ τοὺς συλλεγέντας διαδικασαμένους εἰς Ἅιδου πορεύεσθαι μετὰ ἡγεμόνος ἐκείνου ᾧ δὴ προστέτακται τοὺς ἐνθένδε ἐκεῖσε πορεῦσαι· τυχόντας δὲ ἐκεῖ ὧν δὴ τυχεῖν καὶ μείναντας ὃν χρὴ χρόνον ἄλλος δεῦρο πάλιν ἡγεμὼν κομίζει ἐν πολλαῖς χρόνου καὶ μακραῖς περιόδοις. ἔστι δὲ ἄρα ἡ πορεία οὐχ ὡς ὁ Αἰσχύλου Τήλεφος λέγει· ἐκεῖνος μὲν γὰρ ἁπλῆν οἶμόν φησιν εἰς Ἅιδου φέρειν, ἡ δ' οὔτε ἁπλῆ οὔτε μία φαίνεταί μοι εἶναι. οὐδὲ γὰρ ἂν ἡγεμόνων ἔδει· οὐ γάρ πού τις ἂν διαμάρτοι οὐδαμόσε μιᾶς ὁδοῦ οὔσης. νῦν δὲ ἔοικε σχίσεις τε καὶ τριόδους πολλὰς ἔχειν· ἀπὸ τῶν θυσιῶν τε καὶ νομίμων τῶν ἐνθάδε τεκμαιρόμενος λέγω. ἡ μὲν οὖν κοσμία τε καὶ φρόνιμος ψυχὴ ἕπεταί τε καὶ οὐκ ἀγνοεῖ τὰ παρόντα· ἡ δ' ἐπιθυμητικῶς τοῦ σώματος ἔχουσα, ὅπερ ἐν τῷ ἔμπροσθεν εἶπον, περὶ ἐκεῖνο πολὺν χρόνον ἐπτοημένη καὶ περὶ τὸν ὁρατὸν τόπον, πολλὰ ἀντιτείνασα καὶ πολλὰ παθοῦσα, βίᾳ καὶ μόγις ὑπὸ τοῦ προστεταγμένου δαίμονος οἴχεται ἀγομένη. ἀφικομένην δὲ ὅθιπερ αἱ ἄλλαι, τὴν μὲν ἀκάθαρτον καί τι πεποιηκυῖαν τοιοῦτον, ἢ φόνων ἀδίκων ἡμμένην ἢ ἄλλ' ἄττα τοιαῦτα εἰργασμένην, ἃ τούτων ἀδελφά τε καὶ ἀδελφῶν ψυχῶν ἔργα τυγχάνει ὄντα, ταύτην μὲν ἅπας φεύγει τε καὶ ὑπεκτρέπεται καὶ οὔτε συνέμπορος οὔτε ἡγεμὼν ἐθέλει γίγνεσθαι, αὐτὴ δὲ πλανᾶται ἐν πάσῃ ἐχομένη ἀπορίᾳ ἕως ἂν δή τινες χρόνοι γένωνται, ὧν ἐλθόντων ὑπ' ἀνάγκης φέρεται εἰς τὴν αὐτῇ πρέπουσαν οἴκησιν· ἡ δὲ καθαρῶς τε καὶ μετρίως τὸν βίον διεξελθοῦσα, καὶ συνεμπόρων καὶ ἡγεμόνων θεῶν τυχοῦσα, ᾤκησεν τὸν αὐτῇ ἑκάστη τόπον προσήκοντα. εἰσὶν δὲ πολλοὶ καὶ θαυμαστοὶ τῆς γῆς τόποι, καὶ αὐτὴ οὔτε οἵα οὔτε ὅση δοξάζεται ὑπὸ τῶν περὶ γῆς εἰωθότων λέγειν, ὡς ἐγὼ ὑπό τινος πέπεισμαι.［因为灵魂不会带着任何其他东西去哈德斯那里，除了教养和生活方式——据说它们对终了的人要么大有裨益，要么大有损害，一旦他开始去那边的旅行。据说是这样的：当每个人已经终了后，各自的精灵——每个人在活着时已经通过抽签获得——，就尝试把他领向某个地方，在那里他们被集合起来接受判决之后，就必须同那位向导——它已经被指派带领他们从这边前往那边——，一道前往哈德斯那里；而当他们在那边经受了他们必须经受的那些事情并且待了应该待的时间，另外一位向导经过许多的时间和漫长的周期再次把他们带回到这儿。但是，旅程根本不是如埃斯库罗斯的忒勒福斯所说的那样；因为那个人说一条直路通往哈德斯，但在我看来它既不是直的，也不是一条。因为那样的话就根本无需任何向导，既然路只是一条，那就肯定无人会走错。但现在似乎有许多的分岔和三岔口，通过从我们这里的各种仪式和各种习惯进行推测我才这么说。因此，那既守秩序又明智的灵魂跟随它的向导，并且不会不知道要降临在它身上的那些东西；而那渴望身体的灵魂，如在前面我说过的那样，由于围绕身体和可见的地方长时间地慌乱不安，既抵制过许多东西，又遭受过许多东西，于是被那指派给它的精灵用暴力艰难地拖着上路。当它到达其他的灵魂所在的地方之后，由于它是不纯洁的，以及曾做过某件诸如此类的事情，或者实施过不义的杀人，或者干过其他这样的事情——它们恰好是这些恶行的姊妹和作为姊妹的灵魂的行为——，所有那些灵魂就躲开它并慢慢地掉过头去，既不愿意成为它的旅伴，也不愿意成为它的向导；而它由于处在整个的走投无路中而独自飘荡，直至一定的时间逝去，当它们过去之后，它被必然性领往与之相配的住处。而那纯洁和适中地度过一生，并且得到诸神作为旅伴和向导的灵魂，每个都居住在适合于自己的地方。在大地上有许多奇怪的地方，并且大地自身，无论是就性质还是就大小来说都不同于那些曾习惯于谈论它的人所猜想的，正如我已经被某个人所说服的那样。]

3053 διακελεύοιντό οἱ [吩咐他]。关于 οἱ 的用法，参见前面第一卷 331a6 那里对 “οἱ καρδίαν [他的内心]” 的注释 117。

3054 对观《斐德若》(256d6–e2)：εἰς γὰρ σκότον καὶ τὴν ὑπὸ γῆς πορείαν οὐ νόμος ἐστὶν ἔτι ἐλθεῖν τοῖς κατηργμένοις ἤδη τῆς ὑπουρανίου πορείας, ἀλλὰ φανὸν βίον διάγοντας εὐδαιμονεῖν μετ' ἀλλήλων πορευομένους, καὶ ὁμοπτέρους ἔρωτος χάριν, ὅταν γένωνται, γενέσθαι. [因为，对于那些从此已经开始在天的下面进行旅行的人，有着这样一条法规，那就是：他们不再进入到黑暗中，以及在地下旅行；相反，他们由于过着一种光明灿烂的生活而是幸福的，互相携手前行，并且由于爱欲的缘故而成为有同样翅膀的——他们迟早会变得那样。]

3055 对观《斐德若》(248e3–249b3)：ἐν δὴ τούτοις ἅπασιν ὃς μὲν ἂν δικαίως διαγάγῃ ἀμείνονος μοίρας μεταλαμβάνει, ὃς δ' ἂν ἀδίκως, χείρονος· εἰς μὲν γὰρ τὸ αὐτὸ ὅθεν ἥκει ἡ ψυχὴ ἑκάστη οὐκ ἀφικνεῖται ἐτῶν μυρίων — οὐ γὰρ πτεροῦται πρὸ τοσούτου χρόνου — πλὴν ἡ τοῦ φιλοσοφήσαντος ἀδόλως ἢ παιδεραστήσαντος μετὰ φιλοσοφίας, αὗται δὲ τρίτῃ περιόδῳ τῇ χιλιετεῖ, ἐὰν ἕλωνται τρὶς ἐφεξῆς τὸν βίον τοῦτον, οὕτω πτερωθεῖσαι τρισχιλιοστῷ ἔτει ἀπέρχονται. αἱ δὲ ἄλλαι, ὅταν τὸν πρῶτον βίον τελευτήσωσιν, κρίσεως ἔτυχον, κριθεῖσαι δὲ αἱ μὲν εἰς τὰ ὑπὸ γῆς δικαιωτήρια ἐλθοῦσαι δίκην ἐκτίνουσιν, αἱ δ' εἰς τοὐρανοῦ τινα τόπον ὑπὸ τῆς Δίκης κουφισθεῖσαι διάγουσιν ἀξίως οὗ ἐν ἀνθρώπου εἴδει ἐβίωσαν βίου. τῷ δὲ χιλιοστῷ ἀμφότεραι ἀφικνούμεναι ἐπὶ κλήρωσίν τε καὶ αἵρεσιν τοῦ δευτέρου βίου αἱροῦνται ὃν ἂν θέλῃ ἑκάστη. [于是，在所有诸如此类的情形中，那正当地度日的，会分得一种更好的定命；而那不正当地度日的，则将分得一种更坏的定命。事实上每个灵魂在一万年间都不会返回到它由之前来的那同一个地方——因为在如此漫长的时间之前它不会重新长出翅膀——，除了下面这种人的灵魂之外，他真诚地热爱智慧，或者凭借对智慧的热爱来爱恋少年；而这些灵魂，在进行第三个一千年的周行时，如果它们曾连续三次选择这同一种生活，那么，它们由此就会重新长出翅膀，在第三个千年离去。至于其他的灵魂，当它们过完它们的第一生，它们就会遭受审判；而在被审判之后，一些前往地下的各种惩罚场所接受惩罚，一些则被正义女神提升到天上的某个地方，它们在那里以一种配得上它们已经以人的形相进行生活的那种生活的方式过活。但是，在第一个千年的时候，两组灵魂都前去进行一种抽签，即进行第二次生活的选择，各自选

择自己所愿意的那种生活。]

3056 θέας ἀμηχάνους τὸ κάλλος［在美丽方面各种难以言表的景象］。中性名词 τὸ κάλλος［美丽］在这里是宾格，做副词使用，意思是“在美丽方面”。

3057 见前面第八卷 563d4 那里对“τὸ κεφάλαιον”的注释 2570。

3058 见前面第五卷 468b4 那里对“ἐν μέρει［轮流 / 依次 / 按次序］”的注释 1679。

3059 δίκην δεδωκέναι［接受了惩罚］，参见前面第一卷 330e1 那里对“διδόναι δίκην［受惩罚］”的注释 108。δεδωκέναι 是动词 δίδωμι 的完成时不定式主动态，这里使用完成时，表明那些灵魂已经结束了其一千年的旅行。

3060 κατὰ ταὐτά［以同样的方式］是词组，在这里也可以译为“在相应的程度上”；《牛津希-英词典》对它的解释是：in the same way。

3061 ἀσεβείας τε καὶ εὐσεβείας ... καὶ αὐτόχειρος φόνου［不虔敬或虔敬，以及亲手杀人］。这里的 ἀσεβείας、εὐσεβείας 和 αὐτόχειρος 均为属格单数，之所以用属格，是由后面的名词 τοὺς μισθούς［报应］要求的。

3062 关于这里的描述，可对观《斐洞》(113d1-114c8)：Τούτων δὲ οὕτως πεφυκότων, ἐπειδὰν ἀφίκωνται οἱ τετελευτηκότες εἰς τὸν τόπον οἷ ὁ δαίμων ἕκαστον κομίζει, πρῶτον μὲν διεδικάσαντο οἵ τε καλῶς καὶ ὁσίως βιώσαντες καὶ οἱ μή. καὶ οἳ μὲν ἂν δόξωσι μέσως βεβιωκέναι, πορευθέντες ἐπὶ τὸν Ἀχέροντα, ἀναβάντες ἃ δὴ αὐτοῖς ὀχήματά ἐστιν, ἐπὶ τούτων ἀφικνοῦνται εἰς τὴν λίμνην, καὶ ἐκεῖ οἰκοῦσί τε καὶ καθαιρόμενοι τῶν τε ἀδικημάτων διδόντες δίκας ἀπολύονται, εἴ τίς τι ἠδίκηκεν, τῶν τε εὐεργεσιῶν τιμὰς φέρονται κατὰ τὴν ἀξίαν ἕκαστος· οἳ δ᾽ ἂν δόξωσιν ἀνιάτως ἔχειν διὰ τὰ μεγέθη τῶν ἁμαρτημάτων, ἢ ἱεροσυλίας πολλὰς καὶ μεγάλας ἢ φόνους ἀδίκους καὶ παρανόμους πολλοὺς ἐξειργασμένοι ἢ ἄλλα ὅσα τοιαῦτα τυγχάνει ὄντα, τούτους δὲ ἡ προσήκουσα μοῖρα ῥίπτει εἰς τὸν Τάρταρον, ὅθεν οὔποτε ἐκβαίνουσιν. οἳ δ᾽ ἂν ἰάσιμα μὲν μεγάλα δὲ δόξωσιν ἡμαρτηκέναι ἁμαρτήματα, οἷον πρὸς πατέρα ἢ μητέρα ὑπ᾽ ὀργῆς βίαιόν τι πράξαντες, καὶ μεταμέλον αὐτοῖς τὸν ἄλλον βίον βιῶσιν, ἢ ἀνδροφόνοι τοιούτῳ τινὶ ἄλλῳ τρόπῳ γένωνται, τούτους δὲ ἐμπεσεῖν μὲν εἰς τὸν Τάρταρον ἀνάγκη, ἐμπεσόντας δὲ αὐτοὺς καὶ ἐνιαυτὸν ἐκεῖ γενομένους ἐκβάλλει τὸ κῦμα, τοὺς μὲν ἀνδροφόνους κατὰ τὸν Κωκυτόν, τοὺς δὲ πατραλοίας καὶ μητραλοίας κατὰ τὸν Πυριφλεγέθοντα· ἐπειδὰν δὲ φερόμενοι γένωνται κατὰ τὴν λίμνην τὴν Ἀχερουσιάδα, ἐνταῦθα βοῶσί τε καὶ καλοῦσιν, οἱ μὲν οὓς ἀπέκτειναν, οἱ δὲ οὓς ὕβρισαν, καλέσαντες δ᾽ ἱκετεύουσι καὶ δέονται ἐᾶσαι σφᾶς ἐκβῆναι εἰς τὴν λίμνην καὶ δέξασθαι, καὶ ἐὰν μὲν πείσωσιν, ἐκβαίνουσί τε καὶ λήγουσι τῶν κακῶν, εἰ δὲ μή, φέρονται αὖθις εἰς τὸν Τάρταρον καὶ ἐκεῖθεν πάλιν εἰς τοὺς ποταμούς, καὶ ταῦτα πάσχοντες οὐ πρότερον παύονται πρὶν ἂν πείσωσιν οὓς ἠδίκησαν· αὕτη γὰρ ἡ δίκη ὑπὸ τῶν δικαστῶν αὐτοῖς ἐτάχθη. οἳ δὲ δὴ ἂν δόξωσι διαφερόντως πρὸς τὸ ὁσίως βιῶναι, οὗτοί εἰσιν οἱ τῶνδε μὲν τῶν τόπων τῶν ἐν τῇ γῇ ἐλευθερούμενοί τε καὶ ἀπαλλαττόμενοι ὥσπερ δεσμωτηρίων, ἄνω δὲ εἰς τὴν καθαρὰν οἴκησιν ἀφικνούμενοι καὶ ἐπὶ γῆς οἰκιζόμενοι. τούτων δὲ αὐτῶν οἱ φιλοσοφίᾳ ἱκανῶς καθηράμενοι ἄνευ τε σωμάτων ζῶσι τὸ παράπαν εἰς τὸν ἔπειτα χρόνον, καὶ εἰς οἰκήσεις ἔτι τούτων καλλίους ἀφικνοῦνται, ἃς οὔτε ῥᾴδιον δηλῶσαι οὔτε ὁ χρόνος ἱκανὸς ἐν τῷ παρόντι. ἀλλὰ τούτων δὴ ἕνεκα χρὴ ὧν διεληλύθαμεν, ὦ Σιμμία, πᾶν ποιεῖν ὥστε ἀρετῆς καὶ φρονήσεως ἐν τῷ βίῳ μετασχεῖν· καλὸν γὰρ τὸ ἆθλον καὶ ἡ ἐλπὶς μεγάλη. [这四条生来就是这个样子；当那些终了者到达各自的精灵所带往的那个地方之后，他们首先被审判，无论是那些美好而虔敬地度过一生的，还是那些没有的。那些被认为平庸地度过一生的，前往阿刻戎河；他们登上对他们来说是船的某些东西，凭借它们到达阿刻儒西阿斯湖，并在那里居住下来，他们既通过为各种不义之事接受惩罚而得到洁净和解放——如果某人曾行过某种不义的话——，也为各种善行而得到尊荣，各自根据应得之份。而那些由于过错巨大而被认为是不可救药的——要么盗窃过许多且重要的圣物，要么犯下过杀人这类不正当和违法的事情，要么做过刚好是这类事情的其他事情——，恰如其分的定命就会把这些人扔进塔尔塔洛斯，而他们永不会离开那里。而那些可救药的，虽然也被认为已经犯下过一些重罪——如由于冲动而对父亲或母亲做过某种暴力的事，却在悔恨中度过余生，或者以其他诸如此类的方式成为了杀人犯——，这些人也必然首先得掉进塔尔塔洛斯，但当他们掉进去并在那儿度过一年之后，巨浪会将他们抛出来；那些杀人犯沿着科库托斯河走，而那些殴打父亲的人和殴打母亲的人则沿着皮里佛勒革同河走；当他们被带着走到阿刻儒西阿斯湖畔时，他们就在那里叫喊和呼唤，一些呼喊他们曾杀死的那些人，一些呼喊他们曾虐待过的那些人；他们呼喊着乞求和恳请他们容许他们离开自己所在的河进入到阿刻儒西阿斯湖里，并接纳他们；如果他们说服了那些人，他们就离开自己所在的河并终止其邪恶，但如果没有，他们就重新被带进塔尔塔洛斯，并从那里再次进入到这两条河流中；他们会不停地遭受这些，直到他们说服他们曾对之行不义的那些人为止，因为这种惩罚被法官们施加给了他们。而那些被认为异常虔敬地度过一生的人，他们是那些从大地里面的这些地方得到了解放和获释的人，仿佛从监狱中得到了解放和获释似的，他们向上到达洁净的住处，并定居在大地的上面。而这些人中那些通过热爱智慧而被充分洁净的人，在往后的时间里将完全不具身体地活着，并且到达甚至比这些地方还更美好的住处，揭示出它们是不容易的，眼下时间也不够了。然而，西米阿斯啊，正是为了我们已经细说的这些，必须尽一切努力以便在生命中分有德性和真正的知识；因为奖励是美好的，希望也是巨大的。]

3063 阿耳狄埃俄斯（Ἀρδιαῖος, Ardiaios），生平不详。

3064 διάπυροι ἰδεῖν [面色赤红]，有意按字面意思翻译，当然也可以转译为“面容狰狞”。

3065 塔尔塔洛斯（Τάρταρος, Tartaros），即冥土下面的深坑，它与冥土的距离等于地与天的距离，巨神族曾被囚禁在这坑里；后来也泛指冥界。

3066 σφίσι [他们]，即“那个被询问的人及其同伴”。

3067 διὰ παντὸς τοῦ οὐρανοῦκαὶ γῆς [贯穿整个的天宇和大地]。根据柏拉图在其他地方的表达，地球位于宇宙的中央；因此，这道光也穿过了地球的中心。

参见《斐洞》(108e4-109a7)：Πέπεισμαι τοίνυν, ἦ δ' ὅς, ἐγὼ ὡς πρῶτον μέν, εἰ ἔστιν ἐν μέσῳ τῷ οὐρανῷ περιφερὴς οὖσα, μηδὲν αὐτῇ δεῖν μήτε ἀέρος πρὸς τὸ μὴ πεσεῖν μήτε ἄλλης ἀνάγκης μηδεμιᾶς τοιαύτης, ἀλλὰ ἱκανὴν εἶναι αὐτὴν ἴσχειν τὴν ὁμοιότητα τοῦ οὐρανοῦ αὐτοῦ ἑαυτῷ πάντη καὶ τῆς γῆς αὐτῆς τὴν ἰσορροπίαν· ἰσόρροπον γὰρ πρᾶγμα ὁμοίου τινὸς ἐν μέσῳ τεθὲν οὐχ ἕξει μᾶλλον οὐδ' ἧττον οὐδαμόσε κλιθῆναι, ὁμοίως δ' ἔχον ἀκλινὲς μενεῖ. πρῶτον μὲν τοίνυν, ἦ δ' ὅς, τοῦτο πέπεισμαι. [因而我首先已经信服，苏格拉底说，如果大地是圆球形的且位于天的中央，那么，它就既不需要空气也不需要任何其他这样的必然性来避免坠落，相反，天自身同其自身在各方面的齐一和大地本身的均衡就足以让它保持住它自己。因为，当一个均衡的东西被置于某一同样均衡的东西的中央时，它根本不可能向任何方向发生任何的倾斜，而是通过保持着同一而不偏向任何一方地停留在一个地方。所以，他说，这就是我首先相信的。]

3068 τὰ ἄκρα αὐτοῦ τῶν δεσμῶν [它的那些纽带的〈两个〉终端]。αὐτοῦ [它的]，既可指“天宇”，也可指“那束光”，这里有意模糊地进行翻译。τὰ ἄκρα [〈两个〉终端] 可简单理解为天的“北极”和“南极”。

3069 Ἀνάγκης ἄτρακτος [阿娜昂克的纺锤]。名词 ἀνάγκη 的本义是“必然性”，喻为“命运”；但作专名 Ἀνάγκη，则指“必然性女神”或“命运女神”。

3070 ἀδάμας [金刚石]。名词 ἀδάμας 由褫夺性前缀 -ἀ 和动词 δαμάω [制服 / 驯服] 派生而来，本义是“不可征服的”“不屈服的”；作为名词指“最坚硬的金属”，如钢、金刚石等。

参见《政治家》(303d9–e5)：Γῆν που καὶ λίθους καὶ πόλλ’ ἄττα ἕτερα ἀποκρίνουσι καὶ ἐκεῖνοι πρῶτον οἱ δημιουργοί· μετὰ δὲ ταῦτα λείπεται συμμεμειγμένα τὰ συγγενῆ τοῦ χρυσοῦ τίμια καὶ πυρὶ μόνον ἀφαιρετά, χαλκὸς καὶ ἄργυρος, ἔστι δ’ ὅτε καὶ ἀδάμας, <ἃ> μετὰ βασάνων ταῖς ἑψήσεσι μόγις ἀφαιρεθέντα τὸν λεγόμενον ἀκήρατον χρυσὸν εἴασεν ἡμᾶς ἰδεῖν αὐτὸν μόνον ἐφ’ ἑαυτοῦ.［泥土和石头以及许多其他的东西，肯定是那些工匠们首先进行分离的；而在这些之后剩下的，则是一些与之混合在一起的与金子同类的东西，它们既是贵重的，也只能用火来取走，如铜和银，有时也有金刚石，当这些东西通过各种提炼借助试金石艰难地被提取出来后，它们就允许我们看到所谓的纯金，即独自在其自身的金子本身。］

3071 τὴν τοῦ σφονδύλου φύσιν［该纺轮的样貌］，参见前面 611d2 那里对“φύσις”的注释 3012。

3072 ἡ τοῦ ἐνθάδε［〈我们〉这里的那种纺轮的样貌］。之所以这么翻译，因为根据阴性定冠词 ἡ，这里省略了 φύσις 一词。

3073 这里重新插入了苏格拉底的叙述。

3074 κύκλους ἄνωθεν τὰ χείλη φαίνοντας［它们使得它们边缘从上面看起来是一些圆环］。φαίνοντας 是动词 φαίνω［显示］的现在时分词主动态阳性宾格复数，因而其主语不可能是中性宾格复数 τὰ χείλη［边缘 / 边唇］，而只能是前面的阳性宾格复数 τοὺς σφονδύλους［纺轮］。

3075 ἀπεργαζομένους νῶτον συνεχὲς ἑνὸς σφονδύλου［它们形成了一个单一的纺轮的一个连续的宽阔表面］，也可以转译为“它们形成了具有一个连续的表面的单一纺轮”。名词 νῶτον 的本义是“背”“背部”，喻为“任何宽阔的表面”，如 εὐρέα νῶτα θαλάσσης［宽阔的大海］；《牛津希–英词典》对它的这层意思的解释是：any wide surface。

参见《斐德若》(247b6–c2)：αἱ μὲν γὰρ ἀθάνατοι καλούμεναι, ἡνίκ’ ἂν πρὸς ἄκρῳ γένωνται, ἔξω πορευθεῖσαι ἔστησαν ἐπὶ τῷ τοῦ οὐρανοῦ νώτῳ, στάσας δὲ αὐτὰς περιάγει ἡ περιφορά, αἱ δὲ θεωροῦσι τὰ ἔξω τοῦ οὐρανοῦ.［因为，一方面，一些灵魂——它们被称作属于不朽者的——，每当它们来到了天穹里面的最高处，它们就还要走到天穹的外面去，站在天宇的外表面，当它们站住后，天宇的旋转就引领它们周行，而它们则观看到天外的各种东西。］

3076 ποικίλον［色彩斑斓的］，在这里也可以译为“闪闪发光的”。

3077 这可能暗含着位于第八个圆环上的月亮借助位于第七个圆环上的太阳而

发光。

3078 [τὸν] τρίτον δὲ φορᾷ ἰέναι［至于在运动〈的速度〉上走得第三快的］。希腊文方括号中的定冠词 τόν，伯内特认为是窜入，而法国布德本希腊文和新校勘的牛津古典本希腊文均直接删除了它，从之。

3079 σφίσι［对他们］，即对“厄耳及其同伴”。

3080 ἐπανακυκλούμενον［进行逆向旋转］。ἐπανακυκλούμενον 在这里是动词 ἐπανακυκλέω 的现在时分词被动态阳性宾格单数，ἐπανακυκλέω 的本义是“再发生”“再出现”，但其被动态则具有“逆向旋转”“反向旋转”的意思；《牛津希-英词典》举了柏拉图在这里的这个表达，对它的这层意思的解释是：make a counter revolution。

3081 塞壬（Σειρήν, Seiren），以歌声诱惑水手的女妖，河神阿刻罗俄斯（Ἀχελῷος, Acheloos）的女儿。

3082 δι' ἴσου［等距离地］是词组，《牛津希-英词典》举了柏拉图在这里的这个表达，对它的解释是：at equal distance。

3083 Μοῖρα［摩伊剌］。名词 μοῖρα 本义指“应得的份额”“分得的一份”，转义为“定命”“命运”；如果作专名 Μοῖρα，即指“命运女神”。

3084 λευχειμονούσας［她们穿着白色的衣服］，这显然象征着纯洁。对观《克里同》（44a10-b2）：Ἐδόκει τίς μοι γυνὴ προσελθοῦσα καλὴ καὶ εὐειδής, λευκὰ ἱμάτια ἔχουσα, καλέσαι με καὶ εἰπεῖν· “Ὦ Σώκρατες, ἤματί κεν τριτάτῳ Φθίην ἐρίβωλον ἵκοιο.”［一位美丽且端庄的女子好像朝我走来，她身穿白衣，叫着我的名字并说道：“苏格拉底啊，第三天你就会到达非常肥沃的佛提亚。”］

3085 διαλείπουσαν χρόνον［隔一段时间］，单就这一表达，也可以简单译为“时不时地”。

3086 ὡσαύτως［以同样的方式］，即 διαλείπουσαν χρόνον［隔一段时间］。

3087 ἐν μέρει ἑκατέρας ἑκατέρᾳ τῇ χειρὶ ἐφάπτεσθαι.［用右手触动外面的那个圆环，用左手触动里面的那些圆环，轮流进行。］这是为了避免歧义进行的意译，字面意思是：用每只手轮流去触动〈内外两种圆环中〉的每一个。

3088 这里再次变成了厄耳的描述。

3089 名词 προφήτης 的本义是“解释神意的人”“宣讲神谕的人”，泛指“解释者”“代言人”。参见《菲勒玻斯》（28b7-10）：νῦν μέντοι σχεδὸν ἀπορῶ, καὶ δέομαί γε, ὦ Σώκρατες, αὐτόν σε ἡμῖν γενέσθαι προφήτην, ἵνα μηδὲν ἡμεῖς σοι περὶ τὸν ἀγωνιστὴν ἐξαμαρτάνοντες παρὰ μέλος φθεγξώμεθά τι.［然而，我现在差不多有些走投无路了，并且我也请求，苏格拉底啊，你本人成为我们的代言人，以免我们由于对你所提出的竞争者犯下错误，从而不着调地

说出某种东西来。］

3090 Λάχεσις［拉刻西斯］在词源上与动词 λαγχάνω 同源。Λαγχάνω 的本义指“凭抽签得到”“中签”“摇签分配”，其同源名词 λάχος 即“抽签得到的一份”，转义为“命运”；而专名 Λάχεσις［拉刻西斯］就是命运三女神中的“分配命运的女神”。

3091 βίων παραδείγματα［各种各样的生活之样本］，也可以译为“各种各样的生活之模式”。

3092 ψυχαὶ ἐφήμεροι［〈你们这些〉倏忽即逝的灵魂］。形容词 ἐφήμερος 的本义是“仅活一天的”，喻为“短促的”“短暂的”。

3093 θνητοῦ γένους［一个有死的族类］是一个整体。

3094 περιόδου ... θανατηφόρου［走向死亡的周期］是一个整体，也可以转译为“以死亡结束的周期”。

3095 与之相反的另一种说法参见《斐洞》(107d6–e2)：ὡς ἄρα τελευτήσαντα ἕκαστον ὁ ἑκάστου δαίμων, ὅσπερ ζῶντα εἰλήχει, οὗτος ἄγειν ἐπιχειρεῖ εἰς δή τινα τόπον, οἷ δεῖ τοὺς συλλεγέντας διαδικασαμένους εἰς Ἅιδου πορεύεσθαι μετὰ ἡγεμόνος ἐκείνου ᾧ δὴ προστέτακται τοὺς ἐνθένδε ἐκεῖσε πορεῦσαι.［当每个人已经终了后，各自的精灵——每个人在活着时已经通过抽签获得——，就尝试把他领向某个地方，在那里他们被集合起来接受判决之后，就必须同那位向导——它已经被指派带领他们从这边前往那边——，一道前往哈德斯那里。］

3096 ἀρετὴ δὲ ἀδέσποτον［而德性是一种没有主人的东西］，也可以简单转译为“而德性不专属于任何人”。

3097 即厄耳本人。

3098 ὁπόστος εἰλήχει［他抽到了什么数字］，法国布德本希腊同样如此，而新校勘的牛津古典本希腊文将 εἰλήχει 改为 εἰλήχεν，从之；前者为动词 λαγχάνω 的过去完成时直陈式主动态第三人称单数，后者为完成时不定式主动态。

3099 ἐνεῖναι［内在〈其中〉］，即“内在于那些生活方式之样本中”。

3100 ἀναγκαίως ἔχειν［是必然的］，可视为一句习语或固定表达。参见《斐洞》(91e5–92a1)：Τί οὖν, ἦ δ' ὅς, περὶ ἐκείνου τοῦ λόγου λέγετε ἐν ᾧ ἔφαμεν τὴν μάθησιν ἀνάμνησιν εἶναι, καὶ τούτου οὕτως ἔχοντος ἀναγκαίως ἔχειν ἄλλοθι πρότερον ἡμῶν εἶναι τὴν ψυχήν, πρὶν ἐν τῷ σώματι ἐνδεθῆναι;［那么，苏格拉底说道，关于那个说法——于其中我们说学习是一种回忆，并且如果这就是如此，那么下面这点就是必然的，即我们的灵魂先前就是在其他某个地方，在它被囚禁在身体中之前——，你们说什么？］

3101 βίον καὶ χρηστὸν καὶ πονηρὸν διαγιγνώσκοντα［通过在一种有益的生活方式和一种低劣的生活方式之间做出分辨］，这句话在法国布德本希腊文中同样如此，而新校勘的牛津古典本希腊文删除了 βίον 后面的连词 καί，从之。

3102 ἀναλογιζόμενον πάντα τὰ νυνδὴ ῥηθέντα καὶ συντιθέμενα ἀλλήλοις καὶ διαιρούμενα πρὸς ἀρετὴν βίου πῶς ἔχει.［通过盘算刚才所说的所有那些彼此被放在一起以及被分开的东西之于生活的德性是怎么样的］，这句话在法国布德本希腊文中同样如此，而新校勘牛津古典本希腊文认为 συντιθέμενα 前面的连词 καὶ 可能是窜入，从之。如果按伯内特本和布德本翻译，则当译为：通过盘算刚才所说的所有那些——当它们彼此被放在一起以及被分开时——，之于生活的德性是怎么样的。

3103 χαίρειν ἐάσει［他都将不予理会］，也可以译为“他都将之放到一边”。参见前面第二卷 358b7 那里对“ἐᾶσαι χαίρειν［不理会］”的注释 446。

3104 τὰ ὑπερβάλλοντα ἑκατέρωσε［在两边的任何一边的极端］是一个整体。ὑπερβάλλοντα 在这里是动词 ὑπερβάλλω 的现在时分词主动态中性宾格复数，ὑπερβάλλω 的本义是“超过”，由其分词而来的形容词 ὑπερβάλλων, ουσα, ον 则具有“过度的”“超过的”等意思；《牛津希-英词典》举了柏拉图在这里的这个表达，对 τὰ ὑπερβάλλοντα 的解释是：extremes。

3105 即“厄耳”。

3106 ξὺν νῷ［理智地］是一个整体，等于 σὺν νόῳ，在这里作副词使用；《牛津希-英词典》举了柏拉图在这里的这个表达，对它的解释是：prudently, senselessly, wisely。

3107 συντόνως ζῶντι［认真地活着］。συντόνως 是由形容词 σύντονος 派生而来的副词，σύντονος 的本义是“拉紧的”“绷紧的”，喻为“紧张的”“热烈的”“认真地”“严格地”；《牛津希-英词典》举了柏拉图在这里的这个表达，对它这层意思的解释是：intensely, earnestly, strictly。

3108 名词 ἡ εἱμαρμένη 是由动词 μείρομαι［得到应得的份额］的完成时分词派生而来的名词，暗含“应分得的东西”，喻为“定命”“命运”；其完整表达是 ἡ εἱμαρμένη μοῖρα。对观《斐洞》（115a1-3）：οὕτω περιμένει τὴν εἰς Ἅιδου πορείαν ὡς πορευσόμενος ὅταν ἡ εἱμαρμένη καλῇ.［因此他等待着前往哈德斯的旅行，一旦定命召唤就启程。］

3109 κατὰ σχολήν 是词组，本义是“有闲暇”“得闲”，转义为“从容地”。参见《斐德若》（227d6-228a3）：Πῶς λέγεις, ὦ βέλτιστε Σώκρατες; οἴει με, ἃ Λυσίας ἐν πολλῷ χρόνῳ κατὰ σχολὴν συνέθηκε, δεινότατος ὢν τῶν νῦν γράφειν, ταῦτα ἰδιώτην ὄντα ἀπομνημονεύσειν ἀξίως ἐκείνου;［你为何这么说呢，最好

的苏格拉底啊？难道你认为，对于吕西阿斯花了很长时间从容地构思出来的那些——他是现今这些人中最擅长写的——，像我这种普通人，竟然将以配得上他的方式而靠记忆把它们复述出来？］

3110 对观《斐洞》（82a10–c9）：Οὐκοῦν εὐδαιμονέστατοι, ἔφη, καὶ τούτων εἰσὶ καὶ εἰς βέλτιστον τόπον ἰόντες οἱ τὴν δημοτικὴν καὶ πολιτικὴν ἀρετὴν ἐπιτετηδευκότες, ἣν δὴ καλοῦσι σωφροσύνην τε καὶ δικαιοσύνην, ἐξ ἔθους τε καὶ μελέτης γεγονυῖαν ἄνευ φιλοσοφίας τε καὶ νοῦ; Πῇ δὴ οὗτοι εὐδαιμονέστατοι; Ὅτι τούτους εἰκός ἐστιν εἰς τοιοῦτον πάλιν ἀφικνεῖσθαι πολιτικὸν καὶ ἥμερον γένος, ἤ που μελιττῶν ἢ σφηκῶν ἢ μυρμήκων, καὶ εἰς ταὐτόν γε πάλιν τὸ ἀνθρώπινον γένος, καὶ γίγνεσθαι ἐξ αὐτῶν ἄνδρας μετρίους. Εἰκός. Εἰς δέ γε θεῶν γένος μὴ φιλοσοφήσαντι καὶ παντελῶς καθαρῷ ἀπιόντι οὐ θέμις ἀφικνεῖσθαι ἀλλ' ἢ τῷ φιλομαθεῖ. ἀλλὰ τούτων ἕνεκα, ὦ ἑταῖρε Σιμμία τε καὶ Κέβης, οἱ ὀρθῶς φιλόσοφοι ἀπέχονται τῶν κατὰ τὸ σῶμα ἐπιθυμιῶν ἁπασῶν καὶ καρτεροῦσι καὶ οὐ παραδιδόασιν αὐταῖς ἑαυτούς, οὔ τι οἰκοφθορίαν τε καὶ πενίαν φοβούμενοι, ὥσπερ οἱ πολλοὶ καὶ φιλοχρήματοι· οὐδὲ αὖ ἀτιμίαν τε καὶ ἀδοξίαν μοχθηρίας δεδιότες, ὥσπερ οἱ φίλαρχοί τε καὶ φιλότιμοι, ἔπειτα ἀπέχονται αὐτῶν. Οὐ γὰρ ἂν πρέποι, ἔφη, ὦ Σώκρατες, ὁ Κέβης.［那么，苏格拉底说，下面这点岂不是显而易见的，即其他的每种灵魂会前往哪儿，乃是依照同它们各自的关心之相似性来定？显然，刻贝斯说，为何不呢？因此，甚至这些人中那些最幸福的，苏格拉底说，以及那些前往最好地方的，即那些致力于普通德性和公民德性的——他们实际上将之称为节制和正义——，岂不也只是基于习惯和训练而成为那个样子，缺乏热爱智慧和理智？那这些人究竟在哪方面是最幸福的呢？因为他们有可能再次返回到这种公民的和驯服了的族类中，或者蜜蜂的族类，或者马蜂的族类，或者蚂蚁的族类，甚至重新返回到和以前同样的，即人的族类中，并再次从他们那里成为不好不坏的人。有可能。对于那不热爱智慧和没有完全纯粹地离开的人来说，到达神的族类那里是不合神法的，只有那热爱学问的人可以。而正是由于这些，朋友，西米阿斯和刻贝斯啊，那些在真正的意义上热爱智慧的人才放弃所有由身体而来的欲望，他们坚定不移，不把自己交给它们，不是由于担心倾家荡产和贫穷，就像许多热爱钱财的人那样；他们也不是因害怕不光彩和由邪恶而来的坏名声，就像那些爱权力和好名声的人那样，然后才放弃它们。这的确和他们不相配，苏格拉底，刻贝斯说道。］

3111 ὡς δὲ καὶ εἰπεῖν［甚至可以说］，也可以译为“几乎可以说”；这一表达大体等于 ὡς ἔπος εἰπεῖν［几乎可以说 / 总之一句话 / 一言以蔽之］。

3112 ἐξ ἐπιδρομῆς［由于一时冲动］是词组，也可以简单译为“立刻”“仓促”。名词 ἐπιδρομή 的本义是“突袭”“袭击”；《牛津希-英词典》举了柏拉图在这里的这个表达，对 ἐξ ἐπιδρομῆς 的解释是：on the spur of the moment。

3113 参见前面第二卷 372a8 那里对“τὰ πολλά”的注释 661。

3114 对观《斐洞》（81e2-82a9）：ἐνδοῦνται δέ, ὥσπερ εἰκός, εἰς τοιαῦτα ἤθη ὁποῖ' ἄττ' ἂν καὶ μεμελετηκυῖαι τύχωσιν ἐν τῷ βίῳ. Τὰ ποῖα δὴ ταῦτα λέγεις, ὦ Σώκρατες; Οἷον τοὺς μὲν γαστριμαργίας τε καὶ ὕβρεις καὶ φιλοποσίας μεμελετηκότας καὶ μὴ διηυλαβημένους εἰς τὰ τῶν ὄνων γένη καὶ τῶν τοιούτων θηρίων εἰκὸς ἐνδύεσθαι. ἢ οὐκ οἴει; Πάνυ μὲν οὖν εἰκὸς λέγεις. Τοὺς δέ γε ἀδικίας τε καὶ τυραννίδας καὶ ἁρπαγὰς προτετιμηκότας εἰς τὰ τῶν λύκων τε καὶ ἱεράκων καὶ ἰκτίνων γένη· ἢ ποῖ ἂν ἄλλοσέ φαμεν τὰς τοιαύτας ἰέναι; Ἀμέλει, ἔφη ὁ Κέβης, εἰς τὰ τοιαῦτα. Οὐκοῦν, ἦ δ' ὅς, δῆλα δὴ καὶ τἆλλα ᾗ ἂν ἕκαστα ἴοι κατὰ τὰς αὐτῶν ὁμοιότητας τῆς μελέτης; Δῆλον δή, ἔφη· πῶς δ' οὔ;［而它们似乎有可能被捆绑到诸如它们在生活中恰好已经养成的那样一些习性上。你在说哪样一些习性呢，苏格拉底？例如，那些养成贪吃、侮慢、嗜酒且不曾警惕过的人，就有可能进入到驴的族类和如此这般的畜生的族类中；难道你不这样认为吗？你说得太有可能了。而那些选择过不义、僭主统治和抢劫的人，则可能进入到狼的族类、鹰的族类、鹞的族类中；或者我们会说这些灵魂前往其他哪儿？无疑，刻贝斯说，进入到如此这般的族类中。那么，苏格拉底说，下面这点岂不是显而易见的，即其他的每种灵魂会前往哪儿，乃是依照同它们各自的关心之相似性来定？显然，刻贝斯说，为何不呢？］

3115 关于天鹅的一种生活方式，可参见《斐洞》（84e3-85b7）：καί, ὡς ἔοικε, τῶν κύκνων δοκῶ φαυλότερος ὑμῖν εἶναι τὴν μαντικήν, οἳ ἐπειδὰν αἴσθωνται ὅτι δεῖ αὐτοὺς ἀποθανεῖν, ᾄδοντες καὶ ἐν τῷ πρόσθεν χρόνῳ, τότε δὴ πλεῖστα καὶ κάλλιστα ᾄδουσι, γεγηθότες ὅτι μέλλουσι παρὰ τὸν θεὸν ἀπιέναι οὗπέρ εἰσι θεράποντες. οἱ δ' ἄνθρωποι διὰ τὸ αὑτῶν δέος τοῦ θανάτου καὶ τῶν κύκνων καταψεύδονται, καί φασιν αὐτοὺς θρηνοῦντας τὸν θάνατον ὑπὸ λύπης ἐξᾴδειν, καὶ οὐ λογίζονται ὅτι οὐδὲν ὄρνεον ᾄδει ὅταν πεινῇ ἢ ῥιγῷ ἤ τινα ἄλλην λύπην λυπῆται, οὐδὲ αὐτὴ ἥ τε ἀηδὼν καὶ χελιδὼν καὶ ὁ ἔποψ, ἃ δή φασι διὰ λύπην θρηνοῦντα ᾄδειν. ἀλλ' οὔτε ταῦτά μοι φαίνεται λυπούμενα ᾄδειν οὔτε οἱ κύκνοι, ἀλλ' ἅτε οἶμαι τοῦ Ἀπόλλωνος ὄντες, μαντικοί τέ εἰσι καὶ προειδότες τὰ ἐν Ἅιδου ἀγαθὰ ᾄδουσι καὶ τέρπονται ἐκείνην τὴν ἡμέραν διαφερόντως ἢ ἐν τῷ ἔμπροσθεν χρόνῳ. ἐγὼ δὲ καὶ αὐτὸς ἡγοῦμαι ὁμόδουλός τε εἶναι τῶν κύκνων καὶ ἱερὸς τοῦ αὐτοῦ θεοῦ, καὶ οὐ χεῖρον ἐκείνων τὴν μαντικὴν ἔχειν παρὰ τοῦ δεσπότου, οὐδὲ δυσθυμότερον αὐτῶν τοῦ βίου ἀπαλλάττεσθαι.［并且似乎我在你们看来就预言术来说比天鹅还差，每当它们感觉到自己必须得死去时，它们——尽管在过往的时间里也歌唱——那时就最频繁和最优美地歌唱，因为它们欢喜它们就要前往它们是其仆从的那位神那儿。然而，人们由于他们自己对死亡的恐惧就污蔑天鹅，说它们因哀恸死亡才出于痛苦而唱离别的挽歌；他们没有思量，没有哪只鸟，当它饿了、瑟瑟发抖或受到其他某种痛苦所困扰时会歌唱，甚至连夜莺、燕子或戴胜——人们说它们就是由于哀恸痛苦才歌唱——也不会。这些鸟在我看来不会因感到痛苦而歌唱，天鹅们也不会；相反，我相信，既然它们是属于阿波罗的，那么它们就是有预言能力的，并且是因为预见到了在哈德斯那儿的各种好东西才歌唱，以及对远超先前时光中的日子的那天感到高兴。而我认为自己是同天鹅们一样的仆从和献身给了同一位神的，并且从主人那里获得了预言术，跟它们相比毫不逊色；当我离开此生时，也并不比它们心情更为沉重。］

3116 传说俄耳甫斯死于一些色雷斯妇女之手。

3117 塔密里斯（Θάμυρις, Thamyris），传说中的一位色雷斯歌手，因挑战缪斯女神而遭受惩罚。

3118 即阿喀琉斯死后，关于其武器归属问题的裁断；由于该裁断不公正，直接导致了埃阿斯的自杀。

3119 特洛伊战争后，阿伽门农回到家里被他的妻子谋害。

3120 阿塔兰忒（Ἀταλάντη, Atalante），传说中著名的女猎手和女运动员。

3121 厄珀俄斯（Ἐπειός, Epeios），根据荷马的《奥德修斯》（8.493），他在雅典娜的帮助下，建造了著名的特洛伊木马。柏拉图在别处也提到过此人，参见《伊翁》（533a6-b4）：Τί δέ; ἐν ἀνδριαντοποιίᾳ ἤδη τιν᾽ εἶδες ὅστις περὶ μὲν Δαιδάλου τοῦ Μητίονος ἢ Ἐπειοῦ τοῦ Πανοπέως ἢ Θεοδώρου τοῦ Σαμίου ἢ ἄλλου τινὸς ἀνδριαντοποιοῦ ἑνὸς πέρι δεινός ἐστιν ἐξηγεῖσθαι ἃ εὖ πεποίηκεν, ἐν δὲ τοῖς τῶν ἄλλων ἀνδριαντοποιῶν ἔργοις ἀπορεῖ τε καὶ νυστάζει, οὐκ ἔχων ὅτι εἴπῃ;［然后呢？在雕塑技艺那里你曾经看到过任何一个这样的人吗，那就是，他虽然关于墨提翁的儿子代达罗斯，或者关于潘诺剖斯的儿子厄珀俄斯，或者关于萨摩斯人忒俄多洛斯，或者关于其他任何一位雕塑家，哪怕仅仅关于一位，擅长解释他已经创作得很好的那些东西，但面对其他那些雕塑家的各种作品，却感到不知所措和昏昏欲睡，以至于没有任何话要说？］

3122 εἰς τεχνικῆς γυναικὸς ἰοῦσαν φύσιν［进入到了一位精通技艺的女人的体质

中]，参见前面 611d2 那里对“φύσις”的注释 3012。

3123 ἐν ὑστάτοις[最后]是固定表达，在这里作副词使用;《牛津希-英词典》举了柏拉图在这里的这个表达，对它的解释是：at last。

3124 τὴν τοῦ γελωτοποιοῦ Θερσίτου[小丑忒耳西忒斯的灵魂]。形容词 γελωτοποιός 的本义是“搞笑的”“可笑的”，作名词用则指“小丑”;《牛津希-英词典》举了柏拉图在这里的这个表达，对它的解释是：jester, buffoon。忒耳西忒斯（Θερσίτης, Thersites）是特洛伊战争中希腊一方的一位士兵，不仅身形丑陋，而且爱哗众取宠。

3125 πίθηκον ἐνδυομένην[进入到了一只猴子〈的身体〉里面]，ἐνδυομένην 在这里是动词 ἐνδύω 的现在时分词中动态阴性宾格单数，ἐνδύω 的本义是“给人穿上”，但其中动态则具有“进入”“参加”的意思;《牛津希-英词典》举了柏拉图在这里的这个表达，对它的解释是：enter, press into。

3126 φιλοτιμίας λελωφηκυῖαν[它已经从热爱荣誉那里恢复了过来]。λελωφηκυῖαν 是动词 λωφάω 的完成时分词主动态阴性宾格单数，λωφάω 本义是“停止”“减轻”，跟属格，意思则是“从……恢复过来”，所以这里出现的是单数属格 φιλοτιμίας[热爱荣誉];《牛津希-英词典》举了柏拉图这里的这个例子，对它的解释是：take rest or abate from, recover from。

对观《斐德若》(251c5-d1)：ὅταν ... βλέπουσα πρὸς τὸ τοῦ παιδὸς κάλλος, ἐκεῖθεν μέρη ἐπιόντα καὶ ῥέοντ' — ἃ δὴ διὰ ταῦτα ἵμερος καλεῖται — δεχομένη [τὸν ἵμερον] ἄρδηταί τε καὶ θερμαίνηται, λωφᾷ τε τῆς ὀδύνης καὶ γέγηθεν[每当灵魂凝望着它心爱的少年的美时，从那里流出来并侵袭它的那些微粒——它们正由于这些而被称作欲流——，由于它接受了它们，它既得到滋润，也变得温暖起来，它从苦楚中恢复过来，并感到喜悦。]

3127 参见前面第八卷 565a1-2：而人民则会是第三个族类，他们全都是一些用自己的双手工作的人以及远离公共事务的人，也不拥有很多的钱财。

3128 对观《斐德若》(249b1-6)：τῷ δὲ χιλιοστῷ ἀμφότεραι ἀφικνούμεναι ἐπὶ κλήρωσίν τε καὶ αἵρεσιν τοῦ δευτέρου βίου αἱροῦνται ὃν ἂν θέλῃ ἑκάστη· ἔνθα καὶ εἰς θηρίου βίον ἀνθρωπίνη ψυχὴ ἀφικνεῖται, καὶ ἐκ θηρίου ὅς ποτε ἄνθρωπος ἦν πάλιν εἰς ἄνθρωπον. οὐ γὰρ ἥ γε μήποτε ἰδοῦσα τὴν ἀλήθειαν εἰς τόδε ἥξει τὸ σχῆμα.[但是，在第一个千年的时候，两组灵魂都前去进行一种抽签，即进行第二次生活的选择，各自选择自己所愿意的那种生活。在那时，既有一个属人的灵魂进入到了某一野兽的生活中，也有那曾经是一个人后来成为了某一野兽的重新从一头野兽返回成了一个人。事实上，一个灵魂，如果它从未看到过真，那它无论如何都无法进入到人的这种形状中。]

3129 πάσας μείξεις μείγνυσθαι［所有〈可能的〉的混合〈方式〉都出现了］，这是意译，也可以译为“它们以所有〈可能〉的混合方式混合在了一起”。

3130 ἑκάστῳ［给每个人］，之所以这么翻译，因为 ἑκάστῳ 是阳性与格，不指代灵魂，而指代有灵魂的人。

3131 τῆς τοῦ ἀτράκτου δίνης［纺锤的旋转］。名词 δίνη 的本义是“旋涡”，但也泛指“旋转”；《牛津希-英词典》举了柏拉图在这里的这个表达，对它的解释是：circular motion, rotation。

3132 专名命运女神 Κλωθώ［克罗托］本身就派生自动词 κλώθω［纺线］。

3133 κυροῦντα［它要确认］，即“该精灵要确认”。κυροῦντα 在这里是动词 κυρόω［确认 / 批准］的现在时分词主动态阳性宾格单数，因而其主语只能是前面出现的阳性宾格单数名词 δαίμονα［精灵］；后面的 620e2 那里的动词不定式 ἄγειν［引领］和 620e6 那里的分词 ποιοῦντα［使得］的主语也是它。

3134 λαχών［那个人在抽签之后］，之所以这么翻译，因为 λαχών 是动词 λαγχάνω 的现在时分词主动态阳性主格单数，其主语不是“灵魂”，而是拥有该灵魂的“人”；后面 620e4 那里的动词分词 ἐφαψάμενον［握住 / 接受］和 621a1 那里的 διεξελθόντα［完全穿过］的主语仍然是“人”，而不是“灵魂”。

3135 τὰ ἐπικλωσθέντα［命运］。ἐπικλωσθέντα 在这里是动词 ἐπικλώθω［纺线］的一次性过去时分词被动态中性宾格复数，本义是“被纺出来的东西”，喻为“命运”；《牛津希-英词典》举了柏拉图在这里的这个表达，对它的解释是：destiny。

3136 这当是一句双关语，因为命运女神 Ἄτροπος［阿特洛波斯］所派生而来的形容词 ἄτροπος 的本义就是“不改变的”“不更改的”。

3137 勒忒（Λήθη, Lethe），即“遗忘女神”，普通名词 λήθη 的本义就是“遗忘”“忘记”。

3138 παρὰ τὸν Ἀμέλητα ποταμόν［紧邻阿墨勒斯河］。如果不作专名，形容词 ἀμελής 的意思是“不关心的”“无忧无虑的”。

3139 τὸν δὲ ἀεὶ πιόντα［而不时〈前来〉的人，当他喝了水之后］，也可以简单译为“而每个人，当他喝了水了后”。

3140 ἄλλον ἄλλῃ［有的往这里，有的往那里］。参见前面第二卷 370b2 那里对“ἄλλος ἐπ’ ἄλλου ἔργου πράξει.［不同的人〈适合〉做不同的事。］”的注释 635。

3141 ᾄττοντας ὥσπερ ἀστέρας［宛如一些流星似的］。ᾄττοντας ... ἀστέρας［流星］

是一个整体；ᾄττοντας 是动词 ἀίσσω［急射 / 猛冲］的现在时分词主动态阳性宾格复数，《牛津希-英词典》举了柏拉图在这里的这个表达，对它的解释是：shooting star or meteor。

3142 ἀλλ' ἐξαίφνης ἀναβλέψας ἰδεῖν ἕωθεν αὑτὸν κείμενον ἐπὶ τῇ πυρᾷ.［而是当他忽然睁开眼睛时，看到正好是在清晨，而他自己躺在火葬堆上。］这句话在法国布德本希腊文中同样如此，而新校勘的牛津古典本希腊文在 ἕωθεν 前面补充了副词 ἤδη［已经 / 正好］，从之。

3143 μῦθος ἐσώθη καὶ οὐκ ἀπώλετο.［故事被保存了下来，而没有销声匿迹。］这句话在法国布德本希腊文中同样如此，而新校勘的牛津古典本希腊文将其中的连词 καὶ 改为了 ἀλλ'，从之。

3144 τῆς ἄνω ὁδοῦ ἀεὶ ἑξόμεθα［我们将总是坚持〈走〉那条向上的路］。ἑξόμεθα 是动词 ἔχω 的将来时直陈式中动态第一人称复数，参见前面第二卷 396c2 那里对"οὖ ἂν ἔχοιτο ἀεί［会总是坚持它］"的注释 929。

3145 αὐτῆς［它］，即 δικαιοσύνης［正义］。

3146 对观《斐洞》(114c4)：καλὸν γὰρ τὸ ἆθλον καὶ ἡ ἐλπὶς μεγάλη.［因为奖励是美好的，希望也是巨大的。］

3147 ὥσπερ οἱ νικηφόροι περιαγειρόμενοι［就像那些取得胜利的人为自己到处收集礼物那样］。περιαγειρόμενοι 是动词 περιαγείρω 的现在时分词中动态阳性主格复数，περιαγείρω 的本义就是"到处跑并收集钱财"；《牛津希-英词典》对它的解释是：to go round and collect money。

3148 καὶ ἐν τῇ χιλιέτει πορείᾳ, ἣν διεληλύθαμεν［而且在持续一千年之久的旅行中，我们已经详述了它］，当然可以简单译为"而且在我们已经详述过的那持续一千年之久的旅行中"。

3149 参见前面第三卷 412d5 那里对"καὶ [ὅταν μάλιστα] ἐκείνου μὲν εὖ πράττοντος ...［并且，一方面，如果那种东西走运……］"的注释 1136。

术语索引

缩略语

［拉］拉丁文 ［德］德文 ［英］英文

adv.—副词 comp.—比较级 sup.—最高级

ἀβέλτερος 愚蠢的

［拉］stupidus, fatuus

［德］dumm

［英］silly, stupid

409c7

ἀβίωτος 无法生活的，难以忍受的

［拉］non vitalis, intolerabilis

［德］nicht lebenswert, unerträglich

［英］not to be lived, insupportable

407a5, 407b1

ἀβλαβής 无害的，未受伤害的

［拉］innocens

［德］unverletzt, unverletzlich

［英］harmless, unharmed

342b5, 357b7

ἀβουλέω 不愿意，不情愿

［拉］nolo

［德］nicht wollen

［英］to be unwilling

437c8

ἀγαθοειδής 像善一样的，像是善的

［拉］boni similis, boni speciem habens

［德］dem Guten ähnlich, scheinbar gut

［英］like good, seeming good

509a3

ἀγαθός (comp. βελτίων, ἀμείνων; sup. βέλτιστος, ἄριστος) 善的，好的，优秀的

［拉］bonus

［德］gut

［英］good

330d2, 331a2, 332a10, 333b1, 333b5, 333b7, 334a1, 334c10, 334d1, 334d3, 334e3, 335a3, 335a9, 335b6, 335d1, 335d7, 335d9, 337d2, 337e4, 338d5, 338e6, 339d5, 339d7, 341a2, 343b2, 343b4, 343c3, 344e6, 344e7, 345a5, 345c5, 345d4, 345d7, 347a2, 347a10,

609b2, 612b3, 612d8, 613a1, 613a6, 614a2, 618c5, 618d1, 618d7, 618e2, 619d6, 621c4

ἄγαλμα 雕像，画像

［拉］imago, simulacrum

［德］Bildsäule

［英］statue, image

517d9

ἄγαμαι 惊奇，钦佩

［拉］admiror

［德］bewundern

［英］wonder, admire

329d7, 351c4, 367e7, 426d2, 500c6

ἄγαν 非常，十分，太

［拉］nimis

［德］sehr, zu sehr

［英］very much, too much

563e9, 564a3

ἀγανακτέω 气愤，恼怒

［拉］doloris sensu afficior

［德］verdrießen, ärgerlich sein

［英］feel a violent irritation, to be angry at

329a7, 516a1, 535e4, 536c3, 563d6, 568e7, 604b10

ἀγανακτητικός 恼怒的

［拉］aegre ferens, querulus

［德］zum Unmut geneigt, reizbar

［英］apt to be vexed, irritable, peevish

604e2, 605a5

ἀγανός 温和的，柔和的

［拉］mitis, blandus

［德］sanft, mild

［英］mild, gentle

364d7, 365e4

ἀγαπάω 欢迎，爱

［拉］amice et hilariter excipio, amo

［德］willkommen heißen, lieben

［英］greet with affection, love

330b6, 330c1, 330c4, 334b1, 357c1, 359a8, 399c1, 450a9, 472c1, 472c3, 473b2, 475b2, 485c8, 490b9, 496d9, 600a10, 600b3, 600c6

ἀγαπητός (adv. ἀγαπητῶς) 可爱的，满意的，令人向往的

［拉］aestimatione vel amore dignus, carus, dilectus

［德］erwünscht, willkommen, lieb, geliebt

［英］one must be content, desirable

358a2, 435d6, 583d10, 619b4

ἀγγεῖον 盛器，容器，桶，盆

［拉］vas

［德］Behältnis

［英］vessel

404c4, 621a6

ἀγγέλλω 送信，传递消息，宣告

［拉］nuncio

［德］Botschaft sagen, berichten

［英］bear a message, announce

432d4, 619b2

ἄγγελος 信使，使者

［拉］nuntius

［德］Bote

［英］messenger

360a8, 601d9, 614d2, 619b2

ἀγείρω 聚集，收集

［拉］colligo, congrego
［德］zusammenbringen, versammeln
［英］collect, gather together
369c3, 381d7

ἀγέλη 一群
［拉］grex
［德］Herde
［英］herd
451c8, 459e3

ἀγεννής (adv. ἀγεννῶς) 微不足道的，卑微的
［拉］ignobilis
［德］gemein, unedel
［英］ignoble
465c7, 529a9, 555d4

ἄγευστος 未尝过的，无经验的
［拉］qui non gustavit, expers
［德］unerfahren, ungekostet
［英］not tasting or having tasted
576a6

ἄγκιστρον 钓钩，钩子
［拉］hamus
［德］Haken
［英］hook
616c6

ἀγνοέω 不知道
［拉］ignoro
［德］nicht wissen, verkennen
［英］to be ignorant of, fail to understand
331e8, 339b5, 343c3, 344e6, 348e1, 351a6, 376b4, 405c4, 409d1, 426e8, 506a4, 506a6, 546d1, 565b10

ἄγνοια 无知
［拉］ignorantia
［德］Unwissenheit
［英］ignorance
376b5, 382b8, 477b1, 478c3, 478c8, 478c11, 478c14, 478d8, 585b3, 586c5

ἁγνός 圣洁的，纯净的，神圣的
［拉］sanctus, augustus
［德］heilig, rein
［英］pure, chaste, holy
469a1

ἀγνώμων 无知的，愚昧的
［拉］ignarus, imperitus
［德］unverständig
［英］ill-judging, senseless, unknowing, in ignorance
450d3

ἀγνώς 不为人知道的，默默无闻的
［拉］ignotus
［德］unbekannt
［英］unknown
375e4, 376a5

ἀγνωσία 不认识，无知
［拉］ignorantia
［德］Unkenntnis
［英］ignorance
477a9

ἄγνωστος 不可知的，不可认识的
［拉］ignotus, incognitus
［德］unerkennbar
［英］unknowable
477a4

ἀγορά 市场

［拉］forum
［德］Markt
［英］market
360b7, 371b8, 371c1, 371c4, 371d1, 371d6, 425c11, 425d4

ἀγοραῖος 属于市场的
［拉］ad forum pertinens
［德］zum Markt gehörend
［英］belonging to the market
425c10

ἀγορανομικός 市场管理人的
［拉］ad forum rerum venalium spectans
［德］zum Marktaufseher gehörend
［英］of or for the clerk of the market
425d5

ἄγρα 捕捉，猎取，猎物
［拉］venatio, captura, piscatio
［德］Jagd, Fang
［英］hunting, the chase, quarry, prey
468a10

ἀγράμματος (ἄγραφος) 未成文的，没有写出来的
［拉］non scrpitus
［德］ungeschrieben
［英］illiterate
563d8

ἀγριαίνω 使生气，使恼怒
［拉］irrito
［德］zornig werden
［英］make angry
393e5, 493b5, 501e2

ἄγριος (adv. ἀγρίως) 野蛮的，残忍的
［拉］rigidus, agrestis
［德］wild, grausam
［英］wild, savage
329c4, 375b9, 410d4, 410d6, 416b3, 486b12, 496d3, 548a6, 549a1, 564a8, 571c5, 572b4, 588c9, 589b3, 589d2, 589e2, 612a2, 615e4, 620d4

ἀγριότης 粗野，凶残
［拉］feritas
［德］Wildheit, Roheit
［英］savageness, wildness
410d1, 411e1

ἀγροικία 乡土气，粗野
［拉］rusticitas, inhumanitas
［德］bäurisches Wesen, Plumpheit
［英］rusticity, boorishness
560d5, 607b4

ἄγροικος 粗野的，土气的，乡下的
［拉］imperitus, illepidus, inurbanus
［德］bäurisch, ländlich, geschmacklos
［英］boorish, rude, rustic
361e1, 411a3, 613e1

ἀγρός 乡村，田地
［拉］rus, ager
［德］Feld, Landgut
［英］country, field
372c6, 399d8, 419a5, 470d5, 541a1, 563d2

ἀγρυπνία 失眠
［拉］insomnia, vigilia
［德］Schlaflosigkeit
［英］sleeplessness, wakefulness
460d4

ἄγρυπνος 失眠的，警醒的
［拉］insomnis

［德］schlaflos
［英］wakeful
404a10, 610e3

ἀγύμναστος 缺乏经验的，缺乏训练的
［拉］inexercitatus, imperitus
［德］ungeübt, unerfahren
［英］unexercised, untrained
396d6, 564d7, 619d3

ἀγύρτης 化缘祭司
［拉］qui stipem deo deaeve alicui colligit
［德］Bettelpriester
［英］begging priest
364b5

ἀγχίνοος 思想敏锐的，机灵的
［拉］sagax
［德］scharfsinnig
［英］ready of wit, shrewd
503c2

ἀγχίσπορος 近亲的，亲戚的
［拉］affinis, consanguineus
［德］verwandt
［英］near of kin
391e7

ἄγω (ἀκτέον) 引领，带走
［拉］duco
［德］führen, bringen
［英］lead, carry, bring
327a3, 336b5, 359c3, 363c4, 363e1, 370e12, 376d10, 401d3, 413d9, 415d6, 431c6, 435d3, 439b4, 439d1, 458d3, 460c9, 465b6, 466e4, 467d3, 467e3, 474c7, 479e2, 522b1, 523a1, 525d5, 528c2, 529a2, 532e2, 536b4, 537a5, 538e2, 540a6, 543b2, 543c4, 547b7, 547e1, 551a10, 557e4, 557e5, 565e5, 572c9, 572d9, 572e1, 574c5, 575a3, 589a2, 604b10, 604d9, 605b8, 609c7, 609d7, 615e6, 616a4, 618e1, 620e2, 620e5

ἀγωγή 带领，引领；（音乐的）速度
［拉］ductus
［德］Führung, Tempo
［英］leading, guidance, tempo
370e2, 400c1, 604b3

ἀγωγός 引领的，引导的
［拉］adducens
［德］leitend
［英］leading, guiding
523a6, 525a1, 525b1

ἀγών (ἀγωνία) 官司，诉讼，竞赛
［拉］certamen
［德］Prozeß, Wettkampf
［英］trial, contest
362b6, 373b1, 374c1, 403e9, 412b4, 413d4, 494e7, 547d7, 555a2, 565c6, 608b4, 618b1

ἀγωνίζομαι 竞赛，夺奖
［拉］certo, certamen ineo
［德］kämpfen
［英］contend for a prize
517d8, 579c9

ἀγωνιστής 竞赛者，争论者，斗争者
［拉］certator
［德］Wettkämpfer
［英］combatant
373d3

ἀδαμάντινος 钢铁般的，坚强的

［拉］adamantinus vel ferreus, firmus
［德］fest, hart, stählern
［英］adamantine, of steel
360b5, 618e4
ἀδάμας 最坚硬的金属，钢，金刚石
［拉］ferrum durissimum, chalybs
［德］Adamas
［英］adamant
616c6
ἀδεής (adv. ἀδεῶς) 不怕的
［拉］intrepidus
［德］furchtlos
［英］fearless
360b7, 386b5, 578d8
ἀδελφή 姐妹
［拉］soror
［德］Schwester
［英］sister
401a7, 401a8, 402c4, 404b4, 436b1, 461e1, 461e2, 463c6, 510c5, 511b2, 522a7, 530d8, 558c3
ἀδελφός 兄弟
［拉］frater
［德］Bruder
［英］brother
328b6, 362d2, 362d6, 376d4, 387e3, 414e5, 415a3, 417c8, 427d2, 461e1, 461e2, 463c5, 465b2, 471d3, 615d1
ἀδέσποτος 无主人的，无主的
［拉］dominum non habens, liber
［德］herrenlos
［英］without master or owner
617e3
ἄδηλος 不清楚的，不可测知的，看不见的
［拉］incertus, obscurus
［德］unklar, unbekannt
［英］unseen, invisible, unknown
360a6, 361c2, 432b9, 460c4
ἅδην 足够地，充足地
［拉］satis
［德］genug, reichlich
［英］enough
341c4, 541b2
ἀδικέω (ἀδικητέον) 行不义，犯错误
［拉］injuste seu inique ago
［德］Unrecht tun, verletzen
［英］do wrong, harm, injure
330d8, 330e5, 334d3, 334d5, 338e6, 344a5, 344a6, 344b1, 344b4, 342c2, 345a6, 348d5, 351c10, 351d2, 352c6, 358e3, 358e4, 358e5, 358e6, 359a2, 359a6, 359a7, 359b1, 359b3, 359b6, 360c8, 360d3, 360d7, 361a7, 361c5, 362b5, 365e6, 366a5, 366c7, 366d3, 366d4, 367a3, 367a4, 378b2, 378b3, 392b3, 405c1, 409a3, 409c5, 430e1, 444c1, 445a3, 500c3, 500c4, 519d8, 520a6, 549e6, 554c9, 565c1, 588b3, 588b7, 588e3, 589a5, 591a6, 591a10, 608d7, 609c4, 612d2, 615a6
ἀδίκημα 不义之事，伤害
［拉］injusta actio, injuria
［德］Unrecht, Vergehen
［英］wrong done
330e6, 361a3, 361b3, 364c1, 365e6, 366a1, 409a3, 409a5, 491e3, 615b2
ἀδικία 不义，不正义

［拉］injustitia
［德］Ungerechtigkeit, Rechtlosigkeit
［英］injustice
343c2, 343c5, 344a4, 344c2, 344c4, 344c5, 345a3, 345b3, 348b9, 348c5, 348c7, 348d1, 348e2, 348e7, 350d5, 350d7, 351a2, 351a3, 351a5, 351c3, 351d4, 351d9, 351e6, 352c7, 353e8, 354a9, 354b7, 358a8, 358d1, 358d5, 360d1, 360e4, 361a5, 361a6, 361c5, 361d3, 361e3, 362e3, 363e6, 364a3, 366a2, 366b4, 366e3, 367a7, 367b3, 367d4, 367d6, 367e2, 368a6, 368b6, 369a7, 371e12, 372e5, 376d1, 409b5, 420c1, 427d4, 434c4, 434c7, 440c1, 440c7, 444a11, 444b7, 444c3, 444d1, 444d10, 445b2, 472b4, 472c6, 496d9, 545a7, 545b1, 609b11, 609c5, 609d5, 610c10, 610d5, 611c5, 612c10

ἄδικος (adv. ἀδίκως) 不正当的，不公正的，非正义的
［拉］injustus, iniquus
［德］ungerecht
［英］unjust, unrighteous
331a1, 331c4, 334d9, 335c7, 335c14, 335d12, 343c2, 343d2, 343d6, 343e7, 347e3, 348a2, 349b8, 349c2, 349c4, 349c7, 349c12, 349d3, 349d7, 350b13, 350c5, 350c11, 351b1, 351b2, 351b5, 351c9, 352b8, 352c2, 352c4, 352c7, 352c8, 352d2, 353e11, 354a4, 357b2, 358c5, 358d3, 359c2, 359c4, 360b4, 360e2, 360e4, 360e6, 361a2, 361a3, 361d1, 362a4, 362a5, 362a6, 362c7, 363d6, 363e2, 363e3, 364a5, 364c3, 365b6, 366a2, 366c6, 367b8, 367c1, 367c3, 392b1, 409b1, 443e7, 444c1, 444d1, 445a3, 472c7, 476a4, 479a7, 484b1, 486b7, 493c1, 545a5, 548d2, 565e5, 576a10, 580a4, 580c2, 583b2, 588a1, 588a8, 588b3, 589c1, 589d6, 610b6, 610c4, 610c7, 610d4, 612c7, 612c8, 613b4, 613b10, 613d1, 613d6, 614c7, 618e1, 620d4

ἀδόκιμος 不名誉的，低劣的，应受谴责的
［拉］ignobilis
［德］verwerflich
［英］discredited, reprobate
618b2

ἀδολέσχης 闲谈者，空谈者
［拉］nugator, garrulus
［德］Schwätzer
［英］prater, idle talker
489a1

ἀδοξία 坏名声
［拉］infamia, ignominia
［德］Schmach, Ruhmlosigkeit
［英］ill repute
473c8

ἁδρός 成熟的，强壮的
［拉］adultus, validus
［德］herangewachsen, stark
［英］fine, well-grown, strong
466e5

ἀδυναμία 无能，无力，不可能

[拉] impotentia, imbecillitas

[德] Unmöglichkeit, Unvermögen

[英] inability, incapacity

359b6, 532b9

ἀδυνατέω 没能力

[拉] impotens sum

[德] kraftlos oder unvermögend sein

[英] to be unable, to be impossible

366d3, 503a4, 515c9, 518a5, 568d2

ἀδύνατος 不可能的，无能力的

[拉] impotens, inops

[德] unmöglich, unvermögend

[英] impossible, unable

335c11, 335d2, 351d11, 352a1, 352a6, 352c8, 353e2, 353e3, 359a7, 360e8, 362d8, 368b5, 370e7, 370e8, 374a6, 375c11, 375d1, 381c6, 381c7, 391e2, 392a10, 392d9, 395b5, 425a1, 451d7, 456b12, 467b4, 476b7, 478a11, 478a12, 478b6, 478b9, 486a11, 494a4, 494a5, 499c3, 499d4, 499d5, 500c8, 502b8, 502b12, 502c7, 514b2, 520e1, 533c1, 537b4, 545d3, 551d9, 555d1, 566b1, 582c8, 602e9, 603e8

ἀείδω (ᾀστέον) 歌唱

[拉] cano

[德] singen

[英] sing

383b1, 388d7, 390e2, 392b5, 398d5, 424b10, 605d2, 608a6

ἀεκούσιος (ἀκούσιος, adv. ἀκουσίως) 不情愿的，勉强的

[拉] involuntarius

[德] ungern, unfreiwillig

[英] against the will, involuntary

412e11, 413a1, 413a2, 413a5, 451a6, 535e3

ἀετός 鹰

[拉] aquila

[德] Adler

[英] eagle

620b5

ἀζήμιος 不受惩罚的

[拉] impunitus

[德] ungestraft

[英] unpunished

366a1

ἀηδής (adv. ἀηδῶς) 令人生厌的，不愉快的

[拉] molestus

[德] unangenehm, widrig

[英] unpleasant, disagreeable

398a8, 563b2, 587b8, 587b11

ἀηδών 夜莺

[拉] philomela

[德] Nachtigall

[英] nightingale

620a7

ἀήθεια 不习惯，无经验

[拉] insolentia

[德] Ungewohntheit

[英] unaccustomedness, inexperience

518a7

ἀησσητος (ἀήττητος) 不可征服的

[拉] invictus, insuperabilis

[德] unbesiegbar

［英］unconquered, unconquerable
375b2

ἀθάνατος 不朽的，不死的
［拉］immortalis
［德］unsterblich
［英］undying, immortal
386d1, 585c2, 608c9, 608d3, 610c8, 611a2, 611a7, 611a8, 611b9, 611e3, 621c3

ἄθεος 无神的，不信神的
［拉］atheus
［德］gottlos
［英］without God, denying the gods
589e4

ἀθεραπευσία 忽视，怠慢，不关心
［拉］neglectio, incuria
［德］Vernachlässigung
［英］want of attendance, neglect
443a9

ἀθλητής 运动员，竞赛者
［拉］certator
［德］Wettkämpfer
［英］combatant, champion
374d4, 403e8, 404a10, 410b7, 416d8, 422b4, 422c8, 521d5, 543b8, 620b7

ἄθλιος 可怜的，不幸的
［拉］miser
［德］unselig, elend
［英］wretched, miserable
344a6, 354a4, 354a6, 360d4, 380b2, 380b5, 392b2, 544a8, 571a3, 576c1, 576e4, 577c10, 578b2, 578b6, 578b11, 579c5, 579d6, 580c3, 589e5, 606d7, 613d8

ἀθλιότης 不幸，悲惨
［拉］miseria
［德］Elend
［英］wretchedness
545a8, 575c3, 576d7, 577b3

ἆθλον 奖品，奖励
［拉］praemium
［德］Preis
［英］prize
460b2, 503a7, 608c2, 613c3, 613c6, 621c7

ἀθρέω 细看，考虑，思量
［拉］video, considero
［德］sehen, hinschauen, beobachten
［英］gaze at, observe, consider
394e1, 420d4, 551c3, 552b6, 558c8, 572b8, 577c3, 583b3, 601b9

ἀθροίζω 集合，聚集
［拉］congrego, colligo
［德］sammeln, vereinigen
［英］gather together, collect
487b5, 493a9, 565a3

ἀθρόος 整个的，聚集的，作为整体的
［拉］universus, simul totus
［德］versammelt, sämtlich
［英］together, as a whole
344d2, 492b5

ἀθυμέω 气馁，懊丧
［拉］animum despondeo
［德］mutlos sein
［英］to be disheartened, despond
619b6

ἄθυμος 无精气神的，懦弱的，无气魄的

[拉] non animosus, mitis
[德] mutlos, unmutig, ohne Leidenschaft
[英] fainthearted, spiritless, without passion
411b6, 456a5

αἰδέομαι 敬畏
[拉] revereor, veneror
[德] sich scheuen
[英] stand in awe of
393e3, 566c6, 566c7

ἀίδιος 永久的，永恒的
[拉] sempiternus
[德] immerwährend, ewig
[英] everlasting, eternal
611b5

αἰδοῖος 可敬的，可畏的
[拉] venerabilis
[德] ehrwürdig
[英] avesome, reverent
390e3

αἰδώς 敬畏，敬意，羞耻
[拉] reverentia, pudor
[德] Ehrfurcht, Achtung, Scham
[英] reverence, awe, shame
465a11, 560a6, 560d2, 595b9

αἰθαλόεις 黑烟似的，黑色的，燃烧过的
[拉] fuligineus
[德] russig, feurig
[英] smoky, sooty, burnt-coloured
388b2

αἰθήρ 以太，苍天
[拉] aether
[德] Äther
[英] ether
391e9

αἶθων 燃烧的，火红的
[拉] fervens, ferox
[德] brennend, rotbraun
[英] fiery, burning
559d9

αικία 攻击，侮辱，伤害
[拉] contumelia
[德] Beleidigung
[英] assault
425d2, 464e4

αἷμα 血，血液
[拉] sanguis
[德] Blut
[英] blood
391e11, 408a5, 537a6, 565e4

αἰνέω 赞许，表扬
[拉] laudo, probo
[德] loben
[英] praise, approve
404d2

αἴνιγμα 谜语，隐语
[拉] aenigma
[德] Rätsel
[英] dark saying, riddle
479c1

αἰνίσσομαι 暗示，说谜语，说隐语
[拉] obscure significo
[德] andeuten, dunkel reden
[英] hint, intimate, to speak riddling
332b9, 479c2

αἵρεσις 选择
[拉] optio

［德］Wahl

［英］choice

468c6, 618e4, 619b5, 619d5, 619e1, 620a8

αἱρέω 拿，抓，捕获，判罪，选举

［拉］capio, convinco, eligo

［德］nehmen, fangen, zu Fall bringen, wählen

［英］grasp, seize, convict, elect

347d7, 347e5, 350a8, 357b3, 359a1, 364c7, 366b4, 375a7, 386b5, 388b2, 393e1, 397d8, 410b2, 422d5, 440b5, 468a10, 484d8, 505d6, 528a4, 604c7, 607b3, 613d7, 617e1, 617e2, 617e4, 618b3, 618c6, 618d6, 619a5, 619b4, 619b8, 619b9, 620a1, 620a3, 620a4, 620a7, 620c4, 620d2, 620d6, 620d8, 620e1, 620e4

αἴρω 举起，提起

［拉］tollo, attollo

［德］heben, erheben

［英］lift, raise up

374e10, 578e2

αἰσθάνομαι 感觉到，注意到

［拉］sentio

［德］mit den Sinnen wahrnehmen, merken

［英］perceive, apprehend by the senses

359b7, 360a7, 360d5, 375a6, 395d1, 401e3, 402b1, 402c5, 406c6, 406c8, 409b6, 439e8, 440a8, 440b6, 460d1, 462d1, 467a3, 494e1, 500d10, 500e5, 506c6, 524a4, 527e5, 538a2, 538b7, 549d5, 560b8, 572a2, 575c6, 583d6, 596d5, 599a1, 608d3

αἴσθησις 感觉，感知

［拉］sensus

［德］Empfindung

［英］sensation

375a5, 411d5, 507c4, 507c6, 507e6, 508b3, 511c8, 523a10, 523b2, 523b3, 523c1, 523c2, 523e7, 524a2, 524a7, 524d4, 524d10, 532a6, 537d6, 546b2

αἰσθητός 可感觉的

［拉］sensibilis

［德］wahrnehmbar

［英］sensible, perceptible

507c4, 511c1, 529b6

ἀίσσω 急射，猛冲

［拉］irruo, erumpo

［德］anstürmen, schwingen

［英］shoot, dart

386d7, 621b4

αἶσχος 可耻，丑陋

［拉］turpitudo, deformitas

［德］Schande, Häßlichkeit

［英］shame, ugliness

444e1

αἰσχροκερδής 贪婪无耻的

［拉］turpis lucri cupidus

［德］von hässlicher Gewinnsucht

［英］sordidly greedy of gain

408c3, 408c4

αἰσχρολογέω 说脏话

［拉］turipa loquor

［德］hässliche oder unflätige Reden

[英] perpetual, eternal
363d2

ἄκαιρος 不适时的，不合时宜的
[拉] inopportunus
[德] unzeitig, ungelegen
[英] ill-timed, unseasonable
569c2, 606b2

ἄκεντρος 无刺的
[拉] stimulo carens
[德] ohne Stachel
[英] without sting, stingless
552c7, 552c8, 552c9, 564b7

ἀκέομαι 治疗，医治
[拉] sano, medeor
[德] heilen, ausbessern
[英] heal, cure
364c1

ἀκέραιος (ἀκήρατος) 纯粹的，不混杂的，未受伤害的
[拉] purus, sincerus, integer
[德] lauter, unvermischt, unversehrt
[英] pure, unmixed, unharmed
342b5, 409a6, 414a1, 417a1, 503a5

ἀκινάκης 短剑
[拉] acinaces
[德] persische Schwert
[英] short straight sword
553c7

ἀκίνητος (adv. ἀκινήτως) 不动的，固定的
[拉] immobilis, immotus, firmus
[德] unbewegt, unbeweglich, fest
[英] unmoved, motionless, steadfast
515a9, 533c2

ἄκληρος 无份的，贫穷的
[拉] sortis expers
[德] ohne Landlos, arm
[英] without lot or portion, poor, needy
386c6, 516d6

ἀκμάζω 兴盛，繁荣
[拉] floreo
[德] blühen, reif sein
[英] to be in full bloom, flourish
459b2, 459b3, 460d9

ἀκμή 顶点
[拉] summum
[德] Spitze
[英] highest or culminating point, zenith
460e1, 460e6, 461a1

ἀκοή 聆听，传闻，听觉
[拉] auditus
[德] das Hören, Gerücht
[英] hearing, hearsay
342a3, 401c8, 477c3, 507c3, 507c10, 603b7

ἀκολασία 放纵，无节制
[拉] petulantia, intemperantia
[德] Ausgelassenheit, Hemmungslosigkeit
[英] licentiousness, intemperance
364a3, 403a2, 403a10, 404e3, 405a1, 416a4, 425e9, 444b7, 609c1

ἀκολασταίνω 放纵，无节制
[拉] intemperans sum
[德] ausschweifend leben
[英] to be licentious
555d3, 590a5, 591a6

ἀκόλαστος 放纵的，无节制的
[拉] petulans, intemperans
[德] hemmungslos, ausgelassen
[英] undisciplined, unbridled
401b5, 408b2, 431b2, 555c3
ἀκολουθέω (ἀκολουθητέον) 追随，跟着走，听某人引导，服从
[拉] sequor
[德] folgen
[英] follow, go after
332d4, 398d8, 400c8, 400d5, 451d1, 455a9, 474c3, 474c5, 490c3, 533a1
ἀκόλουθος 跟随的，一致的
[拉] pedissequus, conveniens
[德] begleitend, entsprechend
[英] following, conforming
580e4
ἀκούω (ἀκουστέον) 听
[拉] audio
[德] hören
[英] hear
327c12, 327c14, 336d5, 337a3, 338c1, 348a1, 348a3, 352e7, 358b1, 358b4, 358c7, 358d1, 358d5, 358d8, 358e2, 362e1, 365a5, 365e2, 366c3, 367b1, 367d1, 367e6, 377b6, 378a5, 378a6, 378b2, 378e2, 378e3, 380a2, 380b8, 386a2, 387b3, 387b4, 387c3, 388d3, 390a4, 390b3, 390d3, 391e4, 394a1, 400b4, 404a11, 407a7, 415a1, 422d5, 432e6, 432e8, 433b1, 439e6, 440a4, 450a1, 450b4, 450b7, 450d4, 470a8, 472a5, 477c6, 487b3, 487d6, 487d9, 487d10, 488a1, 489e3, 491b7, 491b11, 493d8, 493e1, 496a7, 498c6, 501c8, 504a8, 504e8, 505a3, 506d1, 507c3, 507c11, 507d1, 507d2, 517b6, 520d6, 530b5, 531a1, 531c2, 532d5, 538a7, 538d8, 544b9, 544c1, 549c8, 550a2, 550a5, 550a6, 562c1, 565e1, 577a6, 583b6, 583d3, 583d5, 595b6, 595c5, 598e1, 602a1, 604a7, 605c10, 606c4, 607d9, 608d9, 608d11, 613e3, 614a7, 614a8, 614d3
ἀκράτεια 不能自制，无节制
[拉] incontinentia, intemperantia
[德] Unenthaltsamkeit
[英] incontinence, want of self-control
461b2
ἀκρατής (ἀκράτωρ) 无权力的，无力量的
[拉] impotens, invalidus
[德] ohne Kraft, nicht mächtig
[英] powerless, impotent
579c8, 579c9
ἄκρατος 未混合的，纯的
[拉] non mistus, purus
[德] ungemischt, rein
[英] unmixed, pure
379d7, 382c1, 397d2, 397d5, 410d3, 491e4, 545a6, 545a7, 562d2
ἀκράχολος 易怒的，易动感情的
[拉] qui repente ad iram concitatur
[德] jähzornig
[英] quick to anger irascible
411c1
ἀκρίβεια 准确，精确，严格

［拉］accuratio
［德］Genauigkeit
［英］exactness, precision
414a7, 504b5, 504e3

ἀκριβής (adv. ἀκριβῶς) 准确的，严格的
［拉］accuratus, certus
［德］genau, streng
［英］exact, accurate, precise
336d3, 340e2, 340e8, 341b6, 341b8, 341c5, 342b6, 342b7, 342d6, 342d9, 345c3, 346b3, 346d2, 395c1, 403c11, 435d1, 436c8, 484d1, 491c5, 503b5, 503d8, 504e1, 522b2, 529d1, 548d1, 573c7, 598d1

ἀκριβολογέομαι 使准确，量准确
［拉］exacte excutio
［德］genau machen, genau erwägen
［英］to be exact or precise, weigh accurately
340e2, 403d8

ἀκροάομαι 听，听从
［拉］audio
［德］zuhören
［英］listen, obey
605c10, 608a3, 608b1

ἀκροατής 听众
［拉］auditor
［德］Zuhörer
［英］hearer
498a5, 536c6

ἀκρόπολις 卫城
［拉］summa urbs
［德］Oberstadt
［英］upper or higher city
560b8

ἄκρος 在最高处的，极端的
［拉］summus
［德］oberster, äußerster
［英］highest or farthest point
360e7, 363b1, 366b7, 405a8, 459b11, 459e1, 478e4, 499c7, 543a2, 564a7, 616c1, 616c4

ἀκροσφαλής 易跌倒的，不稳固的，岌岌可危的
［拉］proclivis ad lapsum, morbum
［德］leicht umschlagen, leicht wankend
［英］apt to trip, unsteady, precarious
404b2

ἄκων (ἀέκων) 不情愿的，勉强的，无意的
［拉］invitus
［德］unfreiwillig, widerwillig
［英］involuntary, constrained
331b2, 336e4, 339e3, 358c3, 359b6, 413a9, 454a4, 454b1, 507a5, 520b2

ἀλαζονεία 自夸，吹牛
［拉］iactantia, insolentia
［德］Prahlerei, Aufschneiderei
［英］false pretension, boastfulness
531b6

ἀλαζών 吹牛者，自夸的人，骗子
［拉］ostentator, arrogans
［德］Prahler, Aufschneider, Lügner
［英］braggart, boaster
486b7, 490a2, 560c2, 560c7

ἀλγεινός 引起痛苦的
［拉］molestus, dolorem adferens

[德] Schmerz verursachend, schmerzlich
[英] painful, grievous
584a8
ἀλγέω 感到痛苦，感到悲伤
[拉] doleo
[德] Schmerz empfinden, leiden
[英] feel pain, grieve
462d3, 471b4, 486c4, 515c8, 515e2, 584a4
ἀλγηδών 痛苦
[拉] dolor
[德] Schmerz
[英] pain, grief
413b9, 413d4, 464d2, 465c2, 578a7, 615b5
ἀλεξίκακος 避开邪恶的，防止灾难的
[拉] arcens, seu depellens malum
[德] Unglück abwehrend
[英] keeping off ill or mischief
469a2
ἄλευρον 小麦粉
[拉] simila
[德] Weizenmehl
[英] wheat-meal
372b3
ἀλήθεια 真，真相，真理
[拉] veritas
[德] Wahrheit
[英] truth
331c2, 349a7, 362a5, 365c2, 389b2, 413a6, 414d6, 419a4, 426d5, 451a2, 473a2, 475e4, 485c4, 485c10, 485d3, 486d7, 487a5, 489c3, 490b6, 490c2, 493b7, 493d7, 501d2, 508d5, 508e1, 508e4, 508e5, 509a1, 509a7, 510a9, 511e3, 517c4, 519b8, 525b1, 525c6, 526b3, 527b9, 527e3, 529e5, 530b4, 535d9, 537d7, 552b8, 572a7, 576c3, 579d9, 579e3, 581b6, 582a10, 584a10, 584e7, 585c2, 585c10, 585c12, 585d3, 586e1, 587c9, 587d12, 591d4, 595c3, 596e4, 597a11, 597e7, 598b3, 599a2, 599b3, 599d2, 600e6, 602c2, 603a11, 605a10, 608a7, 611b10, 613c2
ἀληθεύω 说真话
[拉] vera loquor
[德] die Wahrheit sagen
[英] speak truth
413a6, 413a7, 589c3
ἀληθής (adv. ἀληθῶς) 真的
[拉] verus, rectus
[德] wahr, wirklich, echt
[英] true, real
329e6, 330c9, 330e2, 331c9, 331d2, 332a6, 332e8, 334d4, 335d13, 335e4, 336a8, 336c2, 338b4, 339a5, 339b3, 341d4, 343b5, 343c6, 345c1, 345c2, 345e2, 347e5, 349a3, 352c3, 353a6, 353c8, 357b1, 357b3, 359b2, 360d1, 367b7, 368b1, 368c6, 370d4, 372c4, 374a7, 375c5, 376b1, 376e11, 377b6, 378a2, 378c1, 379c8, 382a4, 382b8, 382d1, 382d2, 382e8, 386b10, 387e2, 388e1, 389c4, 389c7, 391b7, 391e1,

392c5, 395a7, 395a9, 395b7, 396a7, 397e9, 398d7, 400e2, 402b4, 404e6, 405d5, 409d5, 413a1, 413a10, 414b1, 416d2, 421a8, 422d2, 423a7, 425a7, 426a7, 427e3, 429a4, 430c1, 431b8, 431c8, 435b8, 435c8, 437a6, 440c6, 442a4, 443c9, 443d1, 444a3, 445d7, 450e1, 455d2, 459c7, 460d11, 463e6, 467b5, 472d3, 472e6, 475b10, 476d9, 479d2, 480a9, 484c9, 485e1, 486a7, 487c3, 487d10, 488e4, 489b3, 489b8, 489c6, 489d5, 490b6, 490d6, 494d4, 495b7, 495c2, 496a7, 498c5, 499a5, 499b1, 500b8, 500d10, 502d8, 503b2, 503c8, 505c5, 506c8, 507e5, 511a2, 515c2, 515d6, 516a3, 517b7, 519b4, 519c7, 520a5, 520c5, 520d2, 521a9, 521c8, 522d9, 524c9, 525e5, 529d3, 533a3, 535b10, 535d8, 536e5, 538b5, 538e6, 539c4, 539c7, 540d4, 548b3, 551e2, 552d2, 554c10, 554e5, 560b9, 561b7, 562b8, 564b3, 565c2, 567e2, 571d5, 576a6, 578c4, 579d3, 581d4, 581e1, 582a1, 582e2, 582e9, 584b9, 584d9, 584e2, 585a1, 585b9, 585b14, 585e1, 585e2, 585e4, 586a4, 586b8, 586c5, 586d8, 587a1, 587a5, 587b5, 587c10, 587d3, 588a3, 589b8, 596e9, 597a7, 598b6, 598c4, 598d6, 600b9, 600e3, 601c14, 602d5, 603b2, 603e9, 604b2, 605c3, 606c1, 607a9, 607c7, 608a2, 610c9, 611a9, 611b1, 611c6, 612a3, 612b6, 613e2

ἀληθινός 真实的，真正的

［拉］verus, verax

［德］wahrhaft, wirklich

［英］true, genuine

347d5, 372e6, 427a4, 428e1, 464c6, 475e3, 486b3, 488d4, 489a5, 490a3, 496a9, 499c1, 521b2, 521c7, 522a8, 529d1, 529d2, 548b8, 584e5

ἀλίβας 死尸

［拉］mortuus

［德］Toter

［英］dead body, corpse

387c1

ἁλίσκομαι 被捉住，被查获，被判罪

［拉］prehendor, occupor

［德］gefangen werden, ertappt werden

［英］to be caught, seized

361a4, 468a9, 479d9, 535e4, 619d2

ἀλιτηριώδης 讨厌的，受诅咒的

［拉］exitiabilis

［德］verderblich, verwünscht

［英］abominable, accursed

470d6

ἄλκιμος 强壮的，勇敢的

［拉］fortis, strenuus

［德］tapfer, stark

［英］stout, brave

614b3

ἀλλαγή 交换，交易

［拉］commutatio

［德］Wechsel, Tausch

［英］change, exchange

371b8
ἀλλάσσω 交换，交易，变换
[拉] commuto
[德] wechseln
[英] change
371c3, 371d1, 380d3
ἀλλοδαπός 异地的，外国的，外国人的
[拉] peregrinus
[德] fremd
[英] belonging to another people or land, foreign
381d3
ἄλλοθεν 从别处，从其他地方
[拉] aliunde
[德] anderswoher
[英] from another plac
365e2, 435e3, 544e3, 565d2
ἄλλοθι 在别处
[拉] alibi, alio loco
[德] anderswo
[英] elsewhere, in another place
368d5, 394c5, 440a8, 460b1, 517d8, 584d8
ἀλλοῖος (adv. ἀλλοῖως) 不同的，别的
[拉] alius, varius
[德] andersartig, verschieden
[英] different
492e3, 499e1, 500a3, 559b8, 598a9, 618b4
ἀλλοιόω 变化，改变
[拉] muto
[德] verändern
[英] change, alter
380e3, 381a1, 381a4, 381a9, 381b8, 381b9, 381c1, 381c7, 381d7, 497b3
ἀλλοίωσις 不同，改变，变化
[拉] mutatio
[德] Veränderung
[英] difference, alteration
454c9
ἀλλόκοτος 奇异的，异乎寻常的
[拉] alienus, monstrosus
[德] fremdartig, ungewöhnlich
[英] strange, portentous
487d2
ἄλλοσε 到别处，到其他地方
[拉] alio, aliorsum
[德] anderswohin
[英] to another place
393a7, 420a5, 486d5, 499a7
ἄλλοτε 别的时候，其他时候
[拉] alio tempore
[德] zu andrer Zeit
[英] at another time
379d6, 380d2, 388a7, 388a8, 507a8
ἀλλοτριοπραγμοσύνη 爱管闲事
[拉] rerum alienarum tractatio vel curatio
[德] unberufene Geschäftigkeit
[英] meddlesomeness
444b2
ἀλλότριος 属于别人的，别人的，外方人的
[拉] extraneus
[德] fremd, ausländisch
[英] foreign, strange
343c3, 344a7, 346e9, 360b6, 360d4, 367c3, 376b6, 392b3, 409b7, 433e7,

443d2, 462c5, 463b12, 463c1, 463c4, 470b7, 470b8, 470c3, 491d7, 497b6, 516b5, 548b5, 554d6, 556d4, 576a2, 587a5, 604e5, 606b1, 606b6, 610a2, 610a7, 610b6, 611a1

ἀλόγιστος (adv. ἀλογίστως) 缺乏推理的，考虑不周的

[拉] inconsideratus

[德] unbesonnen, unüberlegt

[英] inconsiderate, thought-less

439d7, 441c2, 518a6, 604d9

ἄλογος 没有道理的，荒谬的

[拉] a ratione alienus, absurdus

[德] unvernünftig, grundlos

[英] not according to reason, irrational

439d4, 534d5, 591c6, 609d9, 609d11

ἀλουργής 紫色的

[拉] purpureus

[德] purpurn

[英] purple

429d5

ἅλς 盐，海

[拉] sal, mare

[德] Salz, Meer

[英] salt, sea

372c5, 388b1

ἄλυπος (adv. ἀλύπως) 不受痛苦的，不引起痛苦的

[拉] doloris et tristitiae expers

[德] ohne Leid, kummerlos

[英] without pain, free from pain

582a1, 585a4

ἀλύω 彷徨，不知所措

[拉] erro, vagor

[德] sich langweilen, außer sich sein

[英] to be at a loss, perplexed, wander

388a9

ἄλφιτον 大麦片

[拉] farina

[德] Gerstengraupen, Gerstenmehl

[英] barley-groats

372b2, 405e2

ἀλώπηξ 狐狸

[拉] vulpex

[德] Fuchs

[英] fox

365c5

ἀμαθαίνω 无知，愚昧

[拉] ignore, insipiens sum

[德] unwissend sein

[英] to be untaught, ignorant

535e3

ἀμαθής 无知的

[拉] inscitius

[德] unwissend

[英] ignorant, stupid

350b10, 350c5, 350c11, 382b3, 409d3, 467c10

ἀμαθία 无知，愚蠢

[拉] inscitia

[德] Unwissenheit, Torheit

[英] ignorance, stupidity

350d5, 351a5, 354b6, 411e2, 428b7, 444a1, 444b8, 518a7, 535e5, 609c1

ἁμαρτάνω 犯错，犯罪

[拉] pecco

［德］verfehlen, sündigen
［英］do wrong, err, sin
334c6, 334c9, 336e4, 339c2, 339c3, 340d4, 340e1, 340e3, 340e4, 340e5, 340e6, 341a1, 364e2, 379d2, 396a2, 423a3, 449a3, 453c3, 489c5, 517b5, 544a2, 589c6, 615e1

ἁμάρτημα (ἁμαρτία) 过错，错误
［拉］peccatum, erratum
［德］Fehler, Vergehen
［英］failure, fault
340d5, 342b3, 379d1, 389c2, 451a6, 461a5, 535c5, 544a4, 551c1, 551d1, 613a2

ἄμαχος 无人敢打的，不可征服的，难以匹敌的
［拉］inexpungnabilis
［德］ohne Anteil am Kampf, unwiderstehlich
［英］unconquerable, with whom no one fights
375b1, 471d6

ἀμβλύς 钝的，模糊的
［拉］obtusus, hebes
［德］stumpf, matt
［英］blunt, dim, faint
596a1

ἀμβλύνω 使变钝
［拉］hebesco, deficio
［德］abstumpfen, matt werden
［英］blunt, dull
490b2

ἀμβλυώσσω 视力模糊，视力衰弱
［拉］caecutio
［德］kurzsichtig sein
［英］to be short-sighted, have weak sight
508c6, 508d8, 516e9, 517d6

ἀμέλει 无疑，一定，当然
［拉］utique, profecto
［德］ganz gewiss, sicherlich
［英］doubtless, by all means, of course
422c4, 450a5, 500a8, 539e2

ἀμέλεια 漠不关心，疏忽
［拉］incuria
［德］Gleichgültigkeit, Vernachlässigung
［英］indifference, negligence
343e3, 443a9, 562b6, 562c5, 600b9

ἀμελέω 不关心，轻视
［拉］non curo, neglego
［德］vernachlässigen
［英］have no care for, be neglectful of
369e6, 406d7, 546d5, 548c1, 551a4, 555d1, 556c4, 608b7, 613a7, 613b2, 618c2, 619b5

ἀμελής 不关心的，粗心大意的
［拉］negligens
［德］sorglos, nachlässig
［英］careless, negligent
421d9

ἀμετάστατος 不改变的，不可改变的
［拉］firmus, constans
［德］nicht zu versetzen, unaustilgbar
［英］unchangeable, unchanging

361c7, 378e1

ἀμεταστρεπτί 不转身，径直

［拉］statim, propere

［德］ohne sich zurückzuwenden, unverwandt

［英］without turning round, straight forward

620e6

ἀμετάστροφος 不容改动的，不可改变的

［拉］inflexibilis, immutabilis

［德］unabänderlich

［英］not to be turned round, unalterable

620e5

ἀμετρία 不成比例，不协调

［拉］excessus mensurae, immoderatio

［德］Maßlosigkeit, Mißverhältnis

［英］excess, disproportion

486d5, 486d7

ἀμήχανος (adv. ἀμηχάνως) 不同寻常的，极大的；没办法的，无依靠的，无能为力的

［拉］immensus, artificio carens ad rem aliquam efficiendam

［德］unbeschreiblich, unwiderstehlich, ratlos, unfähig

［英］extraordinary, enormous, without means, helpless

494c6, 509a6, 527e4, 548d3, 584b7, 587e5, 588a8, 588a11, 608c3, 615a4

ἅμιλλα 比赛，竞赛

［拉］certamen, contentio

［德］Wettkampf, Wettstreit

［英］contest for superiority, conflict

413d8

ἁμιλλάομαι 比赛，竞赛

［拉］certo, contendo

［德］wettkampfen, wettstreiten

［英］compete, vie, contend

328a4, 349c8, 490a9

ἀμνημονέω 不注意，不记得，忘记

［拉］immemor sum, obliviscor

［德］vergessen

［英］to be unmindful, forget

474d4

ἀμοιβαῖος 交换的，轮换的

［拉］alternus

［德］abwechselnd, wechselseitig

［英］interchanging, reciprocal

394b5

ἀμουσία 无教养，粗俗

［拉］imperitia, inscitia

［德］Mangel an Bildung

［英］want of education, taste or refinement, rudeness

403c1

ἄμουσος 非文艺的，无音乐修养的

［拉］immusicus

［德］unmusikalisch

［英］unmusical

335c9, 349e1, 349e4, 349e15, 411d7, 455e7, 486d4, 546d7

ἄμπελος 葡萄

［拉］vitis

［德］Wein

［英］grape

353a1

ἀμπελουργικός 关乎葡萄种植的
[拉] ad vites colendas pertinens
[德] zum Weinbau gehörig od. geschickt
[英] of or for culture of vines, vine-dressing
333d4
ἀμπεχόνη 衣服
[拉] vestitus, pallium
[德] Kleidung
[英] clothing
425b3
ἀμυδρός 模糊不清的，朦胧的
[拉] obscurus
[德] dunkel, undeutlich
[英] dim, faint, obscure
533d6, 597a10
ἀμύμων 无可指责，完美的，杰出的
[拉] integer, bonus
[德] tadellos, trefflich
[英] blameless, noble, excellent
363b6
ἀμύνω 防守，保卫自己，复仇
[拉] defendo, propugno
[德] abwehren, sich wehren, vergelten
[英] ward off, defend oneself against, revenge
378d4, 399b2, 414e4, 464e5, 474a3, 474a7, 474b7, 565b2
ἀμφιάζω 穿衣服
[拉] induco, amicio
[德] anziehen, bekleiden
[英] to clothe
420e2
ἀμφιέννυμι 穿衣服
[拉] induo, amicio
[德] anziehen, bekleiden
[英] put on oneself, dress oneself in
372b1, 457a7
ἀμφίεσμα 衣服
[拉] indumentum
[德] Anzug
[英] garment
381a7
ἀμφιπέλομαι〈歌声〉缭绕
[拉] obversor, adsum
[德] umgeben, umtönen
[英] hover, float around
424b10
ἀμφισβητέω 持异议，争论
[拉] controversor, discepto
[德] nicht übereinstimmen, widersprechen
[英] disagree with, stand apart
436c9, 442e1, 452e6, 453a8, 453b3, 457d6, 457e1, 476d9, 501d1, 502a5, 502b2, 527a1, 531a8, 533b1, 581e6
ἀμφισβήτησις 争论
[拉] disceptatio, contention
[德] Streit
[英] dispute, controversy
437a5, 452e5, 457d9, 505d2, 533e1
ἀμφότερος (adv. ἀμφοτέρως) 双方的，两边的
[拉] ambo, uterque
[德] beidseitig, beide
[英] both together, both of two
340b1, 357c3, 358e6, 359a8, 360c5,

361d2, 365e5, 377a1, 379d5, 381b1, 388b1, 391d5, 392d6, 394c4, 396e6, 397c10, 408c2, 410c5, 410e5, 421e4, 431e6, 434a6, 441d3, 457e1, 457e5, 460b9, 461a1, 478a13, 478e1, 479b8, 479c5, 499c2, 503d7, 508e5, 509a3, 520c1, 524b10, 531a8, 550a7, 550b5, 555d9, 558e2, 559b3, 573c8, 582b8, 583e4, 583e5, 583e7, 583e10, 597c8, 599a6

ἀμφοτέρωσε 向两边，向两个方向

[拉] utroque, in utramque partem

[德] nach beiden Seite

[英] to both sides

572c9

ἀναβαίνω 向上走，登上

[拉] adscendo

[德] hinaufgehen, auftreten

[英] go up, mount

365b4, 445c5, 517a3, 519d1, 615e1, 616a7, 617d5

ἀναβάλλω 推迟，拖延

[拉] differ

[德] aufschieben, hinhalten

[英] put off, delay

400c4, 458b2

ἀνάβασις 上行，攀登

[拉] ascensus

[德] das Aufsteigen

[英] way up, ascent

515e7, 517b4, 519d1

ἀναβιβάζω (ἀναβιβαστέον) 带往，押至

[拉] produco

[德] hinaufführen, auftreten lassen

[英] bring up, bring forward

467e2

ἀναβιόω (ἀναβιώσκομαι) 复活，回生，使复活，使回生

[拉] in vitam revoco

[德] wieder oder neu beleben

[英] bring back to life

614b7

ἀναβλέπω 仰视，张开眼睛

[拉] oculos attollo, intueor

[德] hinaufschauen, die Augen öffnen

[英] look up at, open one's eyes

515c8, 586a4, 621b6

ἀναγιγνώσκω 确知，阅读，重识，识别

[拉] accurate cognosco, lego, recognosco

[德] genau erkennen, verlesen, wieder erkennen

[英] know well, read, know again, recognize

368d3, 368d6

ἀναγκάζω (διά-ἀναγκάζω, ἀναγκαστέος) 逼迫，迫使

[拉] cogo, compello

[德] nötigen, zwingen

[英] force, compel

344d4, 360c6, 363d7, 378d2, 400a1, 405b3, 405d3, 407a5, 420d5, 421c1, 422a7, 437a4, 471b4, 472c8, 473a5, 486c10, 490c9, 490c11, 499b1, 505b9, 505c8, 509c3, 510b5, 511a4, 511c7, 515a9, 515c6, 515d5, 515e1, 517d7, 519a4, 519c9, 521b7, 522c8,

523d3, 524a2, 524c7, 524e4, 525d6, 526e2, 526e6, 529a1, 539e3, 540a7, 551d10, 555d4, 556a9, 565b2, 567a2, 568d9, 579a1, 587a4, 600e1, 601e8, 610c8, 611b10

ἀναγκαῖος (adv. ἀναγκαίως) 必然的，必需的

[拉]necessarius

[德]notwendig

[英]necessary

339e5, 345d6, 347d1, 358c3, 369d11, 373a5, 373b4, 373d10, 406c4, 425d4, 441c9, 458d3, 465c3, 474b4, 477b11, 486e1, 487a1, 489b9, 493c4, 493c5, 493d5, 516b8, 520e2, 521d5, 522e1, 524a6, 525b4, 526a8, 527a6, 537b2, 540b5, 540e2, 554a5, 557d6, 558d5, 558d9, 558e1, 559a1, 559a5, 559b1, 559b3, 559c1, 559d1, 561a2, 561a3, 561a7, 571b4, 572c3, 574a3, 574a5, 574b13, 574c2, 581e3, 581e4, 585e5, 603e1, 604b4, 613a2, 618b3, 621a7

ἀνάγκη 必然（性），强迫

[拉]necessitas

[德]Notwendigkeit

[英]necessity

333d9, 335b12, 335c5, 335c7, 347c1, 347c3, 349e16, 350a10, 351b8, 353e4, 353e6, 370b11, 370c2, 373e1, 378a4, 380d8, 380e2, 381c1, 381c10, 396e9, 397b3, 397c11, 402c9, 404a11, 404d10, 410b3, 412d3, 416d6, 427e9, 433c3, 435c3, 435e1, 441a4, 441d4, 441d7, 442d6, 444d2, 444e6, 458d2, 458d5, 459c2, 462e3, 464e3, 464e6, 471d5, 473d5, 477a9, 478a5, 478c3, 479b1, 479e6, 479e9, 485b10, 485c6, 485e2, 488d5, 489d10, 489e4, 490d7, 492a2, 492d1, 492d2, 493d6, 494a6, 494a7, 495a1, 495e2, 496a4, 499b5, 499c7, 500d4, 502a8, 506b2, 515b6, 515c3, 519b7, 519e4, 520d3, 522c2, 522c11, 536d4, 538e4, 539a4, 544d7, 547a7, 551d5, 554d2, 555d1, 557e2, 558e3, 559e3, 561d5, 562d9, 565d10, 566a2, 566a5, 566c9, 566e5, 567a8, 567a9, 567c2, 567c8, 567d1, 568e6, 573d6, 573e3, 576b10, 576c5, 577d2, 577d6, 577e5, 578a2, 578a4, 579a4, 579c7, 579d1, 580a2, 582b2, 582b5, 582e1, 582e8, 585c13, 586b7, 586c6, 586c7, 586d3, 587b7, 587b10, 597c1, 598e3, 601d8, 602a5, 606b6, 611a1, 611a3, 616c4, 617e3

ἀνάγω 抬，领

[拉]tollo, educo

[德]hinauftragen, hinaufbringen, hochheben

[英]lead up, conduct

415c4, 517a5, 521c2, 528a6, 529a7, 533d2

ἀναδασμός 分配，重新分配，再分配

[拉]partitio, divisio

[德]neue Teilung

[英]redistribution, partition

566a2

ἀναδέω 捆上，戴上

[拉] redimio, corono

[德] anbinden, umwinden, bekränzen

[英] bind, wreath, crown

465d9

ἀναζωπυρέω 重新点燃

[拉] ignis instar suscito

[德] wieder auffrischen, neu beleben

[英] rekindle, light up again

527e1

ἀνάθημα 奉献物，供品

[拉] donarium, . dedicata

[德] das Aufgestellte, Weihgechenk

[英] that which is set up, votive offering set up

362c2, 365e5

ἀναίδεια 无耻

[拉] impudentia

[德] Unverschämtheit

[英] shamelessness

560e3, 561a1

ἀναιδής (adv. ἀναιδῶς) 无耻的

[拉] impudens

[德] unverschämt

[英] shameless

556b2

ἀναίρεσις 运走，拿走

[拉] ablatio, sublatio

[德] das Aufheben, das Aufnehmen

[英] taking up or away

469e4

ἀναιρέω 举起，拾起

[拉] aufero, tollo

[德] aufheben

[英] take up, raise

533c8, 614b4, 614b6, 617e7, 617e8

ἀναισχυντία 无耻

[拉] impudentia

[德] Schamlosigkeit

[英] shamelessness, impudence

571d4

ἀναίτιος 无罪的，无辜的

[拉] qui non est auctor, extra culpam positus

[德] unschuldig, schuldlos

[英] not being the fault or cause of a thing, guiltless

379b16, 379c4, 471b4, 617e5

ἀνακαγχάζω 哈哈大笑

[拉] risum edo

[德] laut auflachen

[英] burst out laughing

337a3

ἀνακαλέω 召回，召唤

[拉] revoco

[德] aufrufen

[英] summon, call up

394a3, 440d3, 471d2

ἀνάκειμαι 献上，树立

[拉] suspensus, consecratus sum

[德] aufgestellt, gewidmet sein

[英] to be set up, to be dedicated

592b2

ἀνακλίνω 把头向后仰，举起

[拉] extollo, erigo

[德] hinauf biegen od. richten

[英] throw the head back, lift up
540a7
ἀνακύπτω 探头，把头伸出水面
[拉] caput erigo, emergo
[德] aufducken, emportauchen
[英] lift up the head, come up out of the water
529b1
ἀναλαμβάνω (ἀναληπτέον) 拿起，采取，从事
[拉] adsumo, recipio
[德] aufnehmen, sich unterziehen
[英] take up, adopt, undertake
467b4, 490d6, 544b2, 588b1, 606e4
ἀναλίσκω 耗费，用掉
[拉] impendo
[德] aufwenden
[英] use up, spend
369e5, 420a5, 420a6, 464c2, 522b6, 554d6, 555a3, 555c3, 561a7, 568d8, 573d10, 574a9, 591e4
ἀναλογία 比例，对比，类比
[拉] proportio
[德] Verhältnis
[英] proportion, analogy
534a6
ἀναλογίζομαι 计算，思考
[拉] ratiocinor, cogito mecum
[德] bei sich überlegen, berechnen
[英] reckon up, calculate, consider
330e5, 441c1, 524d9, 618c6
ἀνάλογος 成比例的，类比的
[拉] consentaneus, respondens
[德] verhältnismäßig, angemessen, in gleichem Verhältnis
[英] proportionate, conformable, in proportion
508b13
ἀνάλωσις (ἀνάλωμα) 开销，费用
[拉] sumptus, comsumptio
[德] das Aufwenden, Ausgabe
[英] outlay, expenditure
554a7
ἀναλωτής 挥霍者，浪费者
[拉] consumtor
[德] Verschwender
[英] spender, waster
522b9, 552c1
ἀναλωτικός 挥霍的，浪费的
[拉] prodigus
[德] verschwenderisch
[英] expensive, spend-thrift
555a3, 558d5, 559c3
ἀναμάρτητος 未失误的，未犯错的
[拉] peccati expers, sine peccato
[德] fehlerlos, schuldlos
[英] making no mistake, unerring
339c1, 340c9, 477e6
ἀναμετρέω 仔细测量
[拉] metior
[德] sorgfältig messen
[英] measure carefully
531a2
ἀναμίγνυμι 混合在一起
[拉] commisceo
[德] sich mischen
[英] mix up, mix together
458d1

ἀναμιμνήσκω 记起，忆及，提醒
[拉] recordor
[德] erinnern, denken an
[英] remember, recall to mind
329a5, 394c7, 472b3, 474c8, 474d1, 489e3, 493e2, 507a7, 516c4, 522b2, 543c5, 572b10, 577c1, 603d3, 607b1, 615a1

ἀνάμνησις 回忆
[拉] reminiscentia
[德] Wiedererinnerung
[英] recollection, reminiscence
604d8

ἀνανδρία 怯懦
[拉] ignavia
[德] Feigheit
[英] cowardice
366d2, 560d3

ἄνανδρος 怯懦的，没有男子气概的
[拉] ignavus
[德] feig, unmännlich
[英] wanting in manhood, cowardly
549d6, 564b6

ἀνανεύω 拒绝，否定
[拉] abnuo
[德] versagen, verneinen
[英] deny, refuse
350e4, 351e5, 437b1, 561c3, 561c3

ἀνάντης 陡峭的，上坡的
[拉] acclivis
[德] steil
[英] steep
364d3, 515e7, 568d1

ἀνάξιος (adv. ἀναξίως) 无价值的，不值一文的
[拉] indignus
[德] unwürdig
[英] unworthy, worthless, despicable
388d3, 388d4, 396d4, 397a2, 434b4, 491a2, 495c3, 496a2, 536c3, 546d4

ἀνάπαλιν 回去，再一次
[拉] e contrario, in vicem
[德] wieder zurück, von neuem
[英] back again
451b9

ἀνάπαυλα 休息，解除
[拉] requies, remissio
[德] Ruhe, Rast, Pause, Erholung
[英] repose, rest
532e3

ἀναπαύω 停止，休息
[拉] cesso, quiesco
[德] hindern, sich erholen, Ruhe haben
[英] stop, hinder, rest
572a7

ἀναπείθω 诱劝，误导，说服
[拉] persuadeo
[德] umstimmen, verleiten
[英] seduce, mislead, persuade
365e5, 381e2

ἀναπετάννυμι 张开，摊开
[拉] expando, aperio
[德] ausbreiten, spannen
[英] spread out, unfold
514a3

ἀναπηδάω 跃起，跳起
[拉] exsilio, prorumpo

[德] emporspringen
[英] leap up, start up
561d3
ἀνάπηρος 残废的
[拉] mutilus
[德] verstümmelt
[英] maimed, mutilated
460c4, 535d9
ἀνάπλεος 充满某物的，沾满某物的
[拉] plenus
[德] voll
[英] quite full of
516e5
ἀναρίθμητος 无数的，数不清的
[拉] innumerus
[德] unzählig, ungezählt
[英] not to be counted, countless
522d5
ἀναρμοστέω 不和谐，走调
[拉] non congruo, non quadro
[德] nicht stimmen zu, verstimmt sein
[英] not to fit or suit
462a7
ἀναρμοστία 不和谐
[拉] incongruentia
[德] Disharmonie
[英] discord
400a6
ἀνάρμοστος (adv. ἀναρμόστως) 不和谐的，不合适的
[拉] haud congruens, absonus
[德] nicht passend, unharmonisch
[英] out of tune, not fitting
400d3, 411a3, 547a3, 590b1
ἀναρχία 无首领
[拉] imperii dissolutio
[德] Mangel eines Herrn
[英] lack of a leader
560e2, 560e5, 562e4, 575a1
ἄναρχος 无首领的，群龙无首的
[拉] nulli imperio subiectus
[德] führerlos
[英] without head or chief
558c4
ἀνασκέπτομαι 细看，仔细检查
[拉] considero
[德] aufmerksam betrachten, beschauen
[英] look about carefully
619b9
ἀνάσσω 统治，管辖
[拉] rego
[德] Herr sein
[英] to be lord, master
386c7
ἀναστρέφω 使翻转，使返回
[拉] converto
[德] umwerfen, umstürzen, zurückwenden
[英] turn upside down, invert, turn back
422c1, 558a7
ἀνασχινδυλεύω (ἀνασκολοπίζω) 处以尖桩刑
[拉] palo vel cruci affigo
[德] Pfählung, kreuzigen
[英] fix on a pole or stake, impale

362a2

ἀνατίθημι 加在……身上，归咎于；收回，改变；奉献

［拉］sursumpono, retraho, consecro

［德］aufstellen, zurücknehmen, weihen

［英］lay upon, impart, retract, dedicate

362c3, 469e7

ἀνατρεπτικός 颠覆性的

［拉］evertens

［德］umkehrend

［英］turning upside down, upsetting

389d5

ἀνατρέπω 推翻

［拉］perverto

［德］umstürzen

［英］overturn, upset

424e2, 442b3, 471b2

ἀνατρέχω 长出来，冒出来，

［拉］prosilio, exsurgo

［德］emporlaufen

［英］jump up and run, shoot up

560c3

ἀναφαίνω 显示，展示

［拉］manifesto, ostendo

［德］zeigen, erscheinen

［英］show forth, make known, display

334a10, 350c10, 484a2, 487b7, 557b2, 579a3, 597c8

ἀναφέρω 携往，带回

［拉］refero

［德］zurückführen

［英］carry up, carry back

484c9

ἀναχωρέω (σύν-ἀναχωρέω) 撤退，退避

［拉］decedo, fugio

［德］zurückweichen, weggehen

［英］withdraw, retreat

528d6

ἀνδραποδίζω 使成为奴隶

［拉］liberum hominem pro servo rapio

［德］als Sklaven verkaufen, zum Sklaven machen

［英］enslave, to be sold into slavery

344b6, 469b9, 575b7

ἀνδραποδισμός 奴隶贩卖

［拉］servorum raptus

［德］Sklavenhandel

［英］selling into slavery, enslaving

469b8

ἀνδραποδιστής 奴隶贩子，拐卖别人为奴的人

［拉］servorum raptor

［德］Sklavenmacher, Seelenverkäufer

［英］slave-dealer or kidnapper

344b3

ἀνδράποδον 奴隶（尤其指战争中被俘后被卖为奴的人）

［拉］mancipium, qui bello captus et in servitutem redactus est

［德］Sklave, bes. kriesgefangener Sklave

［英］one taken in war and sold as a slave

578d4, 578e2

ἀνδραποδώδης 奴隶般的，像奴隶一样的，有奴性的
［拉］servilis
［德］knechtisch
［英］slavish, servile
430b8

ἀνδρεία (ἀνδρότης) 勇敢
［拉］fortitudo
［德］Tapferkeit
［英］courage
361b4, 386d10, 402c3, 426d2, 429a8, 429c3, 429c5, 430b4, 430b9, 430c2, 431e10, 433b8, 433d8, 442b8, 487a5, 490c10, 491b9, 494b2, 504a6, 536a2, 561a1, 582e4

ἀνδρείκελον 像人一样的
［拉］hominis similis
［德］menschenähnlich
［英］like a man
501b5

ἀνδρεῖος (adv. ἀνδρείως) 勇敢的
［拉］fortis
［德］tapfer
［英］manly, courageous
357a3, 375a9, 375a11, 381a3, 386a6, 386b1, 395c4, 399a6, 399c3, 399e11, 410d7, 410e10, 411c7, 416e1, 427e10, 429b2, 429b6, 429b8, 432a1, 435b6, 441d1, 441d2, 442b11, 451c2, 454b5, 459c6, 468d4, 535a11, 564b5, 567b12, 582c6

ἀνδρηλατέω 驱逐，赶走
［拉］in exsilium pello
［德］austreiben, verjagen
［英］banish from house and home
565e7

ἀνδριάς 人像，雕像
［拉］imago ficta, statua
［德］Menschenbild, Bildsäule
［英］image of a man, statue
361d5, 420c5, 514c1

ἀνδρικός (adv. ἀνδρικῶς) 勇敢的，有男子气概的
［拉］virilis
［德］mannhaft
［英］masculine, manly
474e1, 567b5

ἀνδρόομαι 长大成人
［拉］aetatem virilem ingredior
［德］ein Mann warden, heranwachsen
［英］become a man, reach manhood
498b5

ἄνειμι 上行，上山，返回
［拉］ascend, redeo
［德］hinaufgehen, zurückkehren
［英］go up, go back, return
439e7, 531c3, 540b7, 614d6, 615d5, 615e4

ἀνεῖπον (ἀνείρηκα) 大声说，宣布
［拉］renuntio
［德］laut ausrufen
［英］announce, proclaim
580b8, 580c5

ἀνέκπληκτος 不惊慌的，无畏的
［拉］intrepidus
［德］unerschrocken, furchtlos
［英］undaunted, intrepid

619a2

ἀνέλεγκτος 不可反驳的

［拉］irreprehensibilis

［德］unwiderlegbar

［英］not refuted, irrefutable

610b1

ἀνελευθερία 不自由，吝啬，奴性

［拉］illiberalitas

［德］niedrige Gesinnung, unfreie Beschäftigung, Knauserei

［英］illiberality of mind, servility

391c5, 400b2, 422a2, 486a4, 560d5, 577d3, 590b6

ἀνελεύθερος 不自由的，卑鄙的

［拉］non liber, illiberalis

［德］unfrei, niedrig, gemein

［英］not free, servile, mean

395c6, 401b5, 469d6, 486b3, 486b6, 540d6, 572d2

ἄνεμος 风

［拉］ventus

［德］Wind

［英］wind

380e5, 397a5

ἀνεπιστημοσύνη 欠缺知识，无知

［拉］inscitia

［德］Unkenntnis

［英］want of knowledge, ignorance

350a6, 560b1, 598d5

ἀνεπιστήμων 无知的，欠缺知识的

［拉］inscius, ignarus

［德］unwissend, unkundig

［英］ignorant, without knowledge

350a11, 350b1

ἀνεπίφθονος 不惹人厌恶的，无可指责的

［拉］non invidendus, non reprehensus

［德］ohne Tadel, vorwurfsfrei

［英］without reproach, least invidious

612b7

ἀνέρχομαι 向上走，攀升

［拉］ascendo

［德］hinaufgehen

［英］go up

511d1, 521c3

ἀνερωτάω (ἀνερωτητέον) 问，询问

［拉］interrogo, saepe rogo

［德］befragen, fragen

［英］question, inquire into

454c1, 524e6, 581c9

ἄνεσις 放松

［拉］remissio, solutio

［德］das Nachlassen

［英］loosening, relaxing

349e12, 561a4, 590b4

ἀνέχω 举起，忍受，容许

［拉］attollo, persevero, tolero

［德］emporhalten, ertragen, aushalten

［英］hold up, put up with, tolerate

363b7, 479a4, 480a4, 494a1, 518c10, 563d7, 564d10, 579a6, 613c8, 613e4, 621c4

ἀνήκεστος 不可救药的

［拉］insanabilis

［德］unheilbar, heillos

［英］incurable, desperate, fatal

619a4

ἀνήνυτος 无休止的，无止境的
[拉] infectus, irritus
[德] endlos
[英] endless, never-ending
531a3
ἀνήρ 男人
[拉] vir
[德] Mann
[英] man
331b1, 331b6, 331e6, 335b2, 335e3, 335e9, 336a7, 337e7, 343d2, 347d2, 349e10, 349e11, 350a2, 353e10, 359b2, 360c8, 361b6, 361d6, 362d6, 368a2, 368a4, 368e2, 368e5, 369d12, 372c3, 376d10, 386c1, 387b4, 387d2, 387d5, 387e10, 388a1, 388b7, 388c4, 388c7, 390a8, 390d2, 390d7, 395d6, 395d7, 395e7, 396a5, 396c5, 396c6, 398a1, 398a5, 398e4, 399a1, 403e8, 404d5, 408a8, 408b9, 412d9, 413e6, 416d8, 419a3, 422b4, 423e5, 425a1, 425d7, 426b6, 426c6, 426d7, 426d8, 435b1, 441d5, 442e6, 443b5, 444a4, 445d5, 449a2, 451c8, 452b1, 452c8, 453b7, 453c4, 453e4, 454d7, 454e2, 455a3, 455c5, 455d4, 455d7, 455e1, 455e2, 455e4, 456a8, 456a10, 456b1, 456d5, 456d9, 456e6, 457a10, 457b1, 457c10, 458c7, 460a4, 460b8, 460b10, 460e2, 460e5, 461b9, 465b6, 466c7, 467c2, 468e2, 471a11, 472b8, 472c5, 472d7, 474d4, 492b2, 495b3, 498e3, 499b2, 506b5, 516d6, 520a2, 521d11, 522e2, 538a2, 540c6, 540c8, 541b3, 543d1, 544a1, 544a6, 545c1, 545c2, 547e3, 548d6, 549c9, 549e7, 550a1, 550b3, 550b7, 550c2, 511a7, 553e2, 554a11, 555b5, 556d2, 556d7, 557b1, 558b4, 560b10, 561e2, 561e4, 562a1, 562a5, 563b7, 564b5, 565e6, 566c2, 566d5, 568a1, 571a1, 572c6, 573b5, 573b9, 573c7, 575d9, 576c11, 576e6, 577a2, 577c2, 577d1, 578a10, 578b4, 578e1, 579c4, 580a1, 582a8, 582d1, 588a1, 589e2, 590a2, 595c3, 596c3, 600a4, 603e3, 605e1, 605e5, 606b2, 613a4, 614b3, 615e4, 618a7, 620b7, 620c6
ἀνθάπτομαι 攻击，指责，插手
[拉] attingo, tracto
[德] angreifen, befassen
[英] lay hold of, seize, attack
525c1
ἀνθέλκω 向反向拉
[拉] retraho
[德] abziehen, entgegenziehen
[英] draw or pull against
439b3
ἀνθέω 开花，繁荣，兴旺
[拉] floreo
[德] blühen
[英] blossom, bloom
475a2
ἄνθος (ἄνθη) 花，花朵
[拉] flos
[德] Blume

［英］blossom, flower
429d8, 429e3, 557c5, 601b7
ἀνθρώπειος 人的，适合于人的，属于人的
［拉］humanus, ad homines pertinens
［德］menschlich
［英］suited to man, human
335c2, 335c4, 416e6, 492e5, 501c1, 517d5, 546b4, 598e2
ἀνθρώπινος (ἀνθρωπικός) 属于人的，人的
［拉］humanus, ad homines pertinens
［德］den Menschen betreffend, menschlich
［英］belonging to man, human
365d8, 453a1, 486a6, 486a10, 497c2, 565d9, 604c1, 606e3, 607d9, 612a5, 615b1, 618a4, 620a8, 620b4
ἀνθρωπίσκος 小人，矮人
［拉］homunculus
［德］Wicht, Menschlein
［英］manikin
495c9
ἄνθρωπος 人
［拉］homo
［德］Mensch
［英］man, mankind
329c3, 329d4, 331b3, 334b2, 334c6, 334e1, 335b3, 335c1, 335c6, 337b1, 348d6, 349c7, 359d8, 360c3, 362c4, 362c7, 364d4, 364e1, 365a5, 366b5, 366e3, 366e7, 367e4, 376b11, 377d5, 379c4, 381c5, 382a5, 382c4, 383c4, 388d4, 388e9, 389b4, 390b6, 391c6, 391d7, 392a8, 392b1, 392c1, 395b4, 399b5, 402d8, 407d7, 411e5, 413a5, 415d2, 424b9, 427c3, 427d7, 431a4, 434d3, 434d8, 436c9, 451c4, 455c4, 459b12, 462c10, 462d2, 462d3, 463d4, 464e2, 466d7, 467c10, 469a2, 472d5, 473d6, 491b1, 496d2, 500b4, 500b9, 500d1, 500d5, 501a3, 501b3, 501b6, 514a3, 514b5, 514b8, 516a7, 517c8, 519b5, 522e4, 533b4, 544d6, 555d4, 557c2, 563c4, 566a4, 571b7, 571d2, 573c4, 580c7, 580d10, 581c3, 581c9, 583d7, 588d3, 588d11, 588e1, 588e4, 589a1, 589a7, 589b1, 589d1, 598c2, 598c8, 599d1, 599d5, 600c3, 600d6, 602c4, 603b4, 603c10, 604b3, 604e5, 609c3, 612c2, 612c9, 612d5, 613b1, 613b9, 613c6, 614a1, 614d2, 618b7, 619b1, 620b2, 620d3
ἀνιαρός 悲伤的，令人不快的
［拉］tristis, molestus, acerbus
［德］betrübend, unangenehm
［英］grievous, troublesome, annoying
584a5, 587e3
ἀνίατος 不可救药的
［拉］insanabilis
［德］unheilbar
［英］incurable
410a3, 615e3
ἀνίημι (ἀνετέον) 放松，让，任由
［拉］remitto
［德］nachlassen
［英］relax, let go
368c5, 410e2, 411b2, 412a1, 414e3,

442a1, 498d2, 515e7, 538b8, 549d7, 573a6, 575a6, 590a6, 606a8, 606c7

ἀνίκητος 不可战胜的
[拉] insuperabilis
[德] unbesiegbar, unbesiegt
[英] unconquered, unconquerable
375b1

ἄνισος 不相等的
[拉] inaequalis
[德] ungleich
[英] unequal, uneven
509d6, 558c5

ἀνίστημι 站起来，起身
[拉] exsurgo
[德] aufstehen
[英] stand up
388a9, 515c7, 616b2

ἄνοδος 上行，上升
[拉] ascensus
[德] Aufstieg
[英] way up
517b5

ἀνόητος (adv. ἀνοήτως) 无理智的，愚蠢的
[拉] mente carens, stultus
[德] unvernünftig
[英] unintelligent, senseless, silly
336e8, 360d5, 379d1, 382e3, 466b7, 605b8, 609c4

ἄνοια 愚蠢，缺乏理解力
[拉] ignorantia, stultitia
[德] Unverstand, Wahnsinn
[英] want of understanding, folly
382c9, 382e2, 400e1, 492e2, 571d3, 575c7

ἀνοίγνυμι 打开
[拉] aperio
[德] öffnen
[英] open
405a2

ἀνομία 不守法，无法无天
[拉] legum dissolutio, legum contemtus
[德] Gesetzlosigkeit
[英] lawlessness
496d9, 575a2

ἀνόμοιος (adv. ἀνομοίως) 不相像的，不相似的，不相同的
[拉] dissimilis
[德] unähnlich
[英] unlike, dissimilar
349c12, 349d1, 350b8, 350b14, 350c2, 388c3, 396c1, 435a6

ἀνομοιότης 不相似（性）
[拉] dissimilitudo
[德] Unähnlichkeit
[英] unlikeness, dissimilarity
547a2, 611b2

ἀνομοιόω 使不相似，使不同
[拉] dissimilem facio
[德] unähnlich machen
[英] make unlike or dissimilar
546b7

ἀνομολογέομαι (ἀνομολογητέον) 同意
[拉] assentior
[德] übereinkommen
[英] agree upon
348b3, 442e4, 452e4

ἄνομος 不法的，无视法律的

［拉］legibus carens

［德］gesetzlos

［英］lawless, illegal

572b5

ἀνόνητος 无用的，无益的

［拉］inutilis

［德］unnütz

［英］unprofitable

486c10, 531d4

ἀνορθόω 重建，恢复，纠正

［拉］erigo, restituo, corrigo, emendo

［德］wieder aufrichten, verbessern, wieder gutmachen

［英］set straight again, set right, correct

346e9

ἀνόσιος 不虔敬的

［拉］impius

［德］unheilig

［英］unholy, profane

363d6, 417e8, 479a8, 496d9, 565e7, 580a4, 610b6, 615d1

ἀνταγωνιστής 竞争者，对手

［拉］adversarius, aemulus

［德］Gegner, Nebenbuhler

［英］opponent, competitor, rival

554e7

ἀνταποδίδωμι (ἀνταποδοτέον) 反过来给出，还给，使相均衡，相对应

［拉］vicissim reddo, retribuo

［德］wieder zurückgeben, gegenseitig entsprechen

［英］give back, repay, assign as a balance

563e10

ἀντεῖπον (ἀντιλέγω, ἀντερῶ) 反驳，驳斥，回应

［拉］contradico

［德］widersprechen

［英］speak against, gainsay

487b2, 580a8

ἀντεραστής 情敌，对手，敌手

［拉］rivalis, aemulus

［德］Gegenliebhaber, Nebenbuhler

［英］rival in love, rival

521b5

ἀντέχω (ἀνθεκτέον) 抵抗，忍耐

［拉］teneo, sustineo

［德］aushalten

［英］hold against, endure

424b3, 492c4, 496d3, 574b7, 600d7

ἀντιβοηθέω 互助，互相帮助

［拉］contra auxilium fero, contrario auxilio iuvo

［德］zum Dank seinerseits Hilfe leisten

［英］help in turn

559e9

ἀντικαθίστημι 接替，取代，对照

［拉］pono aliquid quod ex altera parte respondet

［德］entgegenstellen

［英］replace, substitute, establish as a counterpart

591a1

ἀντικαταλείπω 留在他人的位置上

［拉］in alterius locum vel pro me

relinquo
[德] dafür zurücklassen
[英] leave in ones'stead
540b6
ἀντικατατείνω 使对抗，反向扩展
[拉] adversus alterum contendo
[德] dagegen ausdehnen
[英] make counter-extension
348a7
ἀντιλαμβάνω 抓住，捕获
[拉] recipio, prehendo
[德] ergreifen, fest angreifen
[英] seize, hold on
336b2, 424a7, 497d4, 505a1, 534d9
ἀντιλέγω 反驳，反对
[拉] redarguo
[德] widerlegen
[英] speak against, contradict
455a9, 539c8
ἀντιλογία 争论，争吵，反对
[拉] contradictio
[德] Gegenrede, Widerspruch
[英] contradiction, controversy
454b2, 539b4
ἀντιλογικός (adv. ἀντιλογικῶς) 可争辩的，善于争辩的，好争辩的
[拉] disputandi et refutandi peritus
[德] zum Widersprechen, Bestreiten geschickt
[英] given to contradiction, disputatious
454a1
ἀντιπράσσω 作对，对抗
[拉] adversor
[德] entgegenhandeln
[英] act against
440b5
ἀντίστασις 反对方，对方
[拉] opposition, repugnantio
[德] Gegenpartei
[英] counter-faction
560a2
ἀντίστροφος (adv. ἀντιστρόφως) 反转去对着的，相对的
[拉] reciprocus, oppositus
[德] entgegengekehrt
[英] turned so as to face one another, correlative
522a3, 530d4, 539d9, 605a9, 616b1
ἀντιτείνω 抵抗，抵制
[拉] repugno, refragor
[德] widerstreben, sich widersetzen
[英] strive against, resist
498c7, 547b7, 604a2, 604a10
ἀντίτεχνος 比技艺的
[拉] adversarius alicui in arte, aemulus
[德] Nebenbuhler in einer Kunst
[英] rival in an art
493a7
ἀντιτίθημι 摆在一起对照，比较，反驳，反对
[拉] adverso pono, comparo
[德] gegenüberstellen, zur Vergleichung, zur Erwiderung
[英] set against, compare, to be contrasted
545a5

ἄντρον 洞，洞穴
[拉] antrum
[德] Höhle
[英] cave
387a5

ἀνυπόδητος 未穿鞋的，赤脚的
[拉] non calceatus, nudis pedibus incedens
[德] unbeschuhnt, barfuß
[英] unshod, barefoot
372a8

ἀνυπόθετος 无假设的，无条件的，绝对的
[拉] nulla sumtione indigens, absolutus
[德] ohne Voraussetzung, absolut
[英] not hypothetical, unconditioned, absolute
510b7, 511b6

ἀνύσιμος (adv. ἀνυσίμως) 有实效的，卓有成效的
[拉] efficax, expeditus
[德] mit Erfolg, erfolgreich
[英] efficacious, effectual
518d4

ἀνύω 完成，做成，有成就
[拉] perficio, ad finem perduco
[德] vollenden, vollbringen
[英] effect, accomplish
486c5

ἄνωθεν 从上面
[拉] desuper, a summo
[德] von oben her
[英] from above, from on high
449b3, 514b2, 518b4, 616b4, 616e1, 617b5

ἀνωμαλία 不相等，不规则
[拉] inaequalitas, discrepantia
[德] Unebenheit, Ungleichheit
[英] unevenness, irregularity
547a3

ἀνωφελής 无益的，无用的
[拉] inutilis
[德] unnütz
[英] unprofitable, useless
427a5, 496d5, 560d6, 561a3

ἀξία 应得之份，价值
[拉] meritum, dignitas
[德] Wert, Preis, Verdienst
[英] worth, value, due, merit
496a6, 496b1, 540d6, 615c1

ἀξιοκοινώνητος 配得上社会的，值得分享的
[拉] dignus qui in societatem admitatur
[德] der Gemeinschaft wert
[英] worthy of our society, worthy to share in
371e2

ἄξιος (adv. ἀξίως) 有价值的，值……的，配得上的
[拉] dignus, aestimabilis
[德] wertvoll, würdig
[英] worthy, estimables, worthy of
328a7, 331a11, 348d9, 367c7, 374d7, 376a2, 382c7, 388e9, 405c4, 406d1, 416b8, 416b9, 422e3, 425d7, 435d5, 436b2, 445c2, 445c7, 445e1,

458b9, 465c7, 465e2, 467c1, 474d6, 492a8, 495c6, 496c3, 497b2, 504d8, 504e4, 506a5, 517a4, 527e6, 533a4, 533a11, 535c7, 539a6, 544a4, 562c2, 581d2, 602b7, 604c1, 606e4, 608b7, 615c2, 619e6

ἀξιόω 认为适合，指望，要求
［拉］existimo, opto
［德］wert erachten, fordern
［英］think fit, deem worthy, expect, require that
337d2, 337d5, 349b10, 349c1, 349c4, 349c6, 349e12, 390e7, 435b9, 435c2, 436c11, 439d4, 472b8, 504e2, 510c7, 526a3, 549a4, 574a8, 577a1, 579a7, 605e5, 610a3, 610a6, 610c9

ἀξίωμα 名誉，身价
［拉］dignitas, nobilitas
［德］Würde, Ehre
［英］honour, reputation
495d6

ἄξων 车轴，轴
［拉］axis
［德］Achsen
［英］axle
397a5

ἀοιδή (ᾠδή) 歌，歌曲
［拉］cantus
［德］Gesang
［英］song
398c1, 399c8, 404d12, 411a9, 424b9, 424c2

ἀόρατος 不可见的
［拉］invisibilis
［德］unsichtbar
［英］unseen, invisible
507e2, 529b5

ἀπαγγελία 报告，叙述，描述
［拉］declaratio
［德］Bericht, Erzählung
［英］report, narrative, recital, description
394c2

ἀπαγγέλλω 报告，宣告
［拉］nuncio
［德］verkündigen, berichten
［英］bring tidings, report
396c7, 598c7, 619e2

ἀπαγορεύω 禁止，劝阻，放弃
［拉］prohibeo, renuo
［德］verbieten, versagen
［英］forbid, dissuade, give up
337c6, 339a7, 368c1, 568d1

ἀπαιδευσία 缺乏教育，愚蠢
［拉］inscitia, imperitia
［德］Mangel an Erziehung
［英］want of education, stupidity
405b1, 514a2, 552e5, 554b8

ἀπαίδευτος 未受过教育的，愚蠢的
［拉］ineruditus
［德］ungebildet
［英］uneducated
519b8, 559d7

ἀπαιτέω 要求，索回
［拉］ineruditus
［德］fordern, einfordernreposco, repeto

［英］demand, inquire
331c6, 331e9, 332a5, 394a4, 599b9, 612d3

ἀπαλλαγή 解脱，逃避
［拉］liberatio
［德］Befreiung, Flucht
［英］release, escape
496e1, 584c2, 584c6, 610d6

ἀπαλλάσσω (ἀπαλλακτέον) 和解，复原，摆脱，避免，离开
［拉］reconcilio, libero, abeo
［德］sich wegbegeben, sich losmachen, weichen
［英］to be reconciled, settle a dispute, escape
329d1, 357a1, 390e6, 406d3, 406e3, 445b3, 464e3, 464e3, 465c1, 465d1, 487d1, 491d8, 496e2, 497a2, 498a2, 519b3, 559a3, 559b10, 571b8, 571c9

ἁπαλός 柔软的，温和的
［拉］mollis
［德］zart
［英］soft, tender
377b1, 422d7, 563d5

ἀπαμβλύνω 使变钝
［拉］retundo
［德］schwach machen
［英］blunt
442d7

ἀπαμύνω 保卫，击退
［拉］propulso
［德］abwehren, sich wehren
［英］keep off, ward off
415e2

ἀπαντάω 遇见，碰到
［拉］pervenio, invernio
［德］begegnen
［英］meet, encounter
563c9

ἀπαντλέω 汲出，舀出
［拉］exhaurio
［德］ausschöpfen
［英］draw off from
407d6

ἅπαξ 一次，只一次
［拉］semel
［德］einmal
［英］once, once only
424a4

ἀπαρακάλυπτος (adv. ἀπαρακαλύπτως) 不加掩饰的，公开的
［拉］non tectus
［德］unverhüllt
［英］undisguised
538c1

ἀπαρνέομαι 坚决拒绝，否认
［拉］nego
［德］verneinen
［英］deny utterly, refuse
437b2, 468c2

ἅπας 全部，全体，每个
［拉］unusquisque, omnes ad unum
［德］ganz, jeder
［英］quite all, the whole, every one
342e11, 349c8, 357a3, 363c6, 366d5, 369e3, 381c10, 390d1, 397b1, 402a9, 404c8, 412e5, 421c3, 431a1, 437c9, 441e5, 442b6, 453a2, 455d2,

459a10, 462e2, 463d6, 466c1, 479e4, 494b6, 498d6, 505d11, 517b1, 519c3, 522b4, 528c6, 533b6, 546a3, 549d6, 553b5, 558b6, 561c4, 567c2, 572e2, 573d5, 576e1, 578b6, 580a5, 586e4, 595b4, 595c1, 596c6, 596c9, 596d4, 603c10, 609d1, 615a7, 618a4, 618d5, 621e2

ἀπατάω 欺骗

［拉］decipio

［德］verleiten, betrügen

［英］cheat, deceive

380d4, 413c4, 573e8, 574b2, 585a5

ἀπατεών 骗子

［拉］fraudator

［德］Betrüger

［英］cheat, rogue

451a7, 451b4

ἀπάτη 欺骗

［拉］deceptio, fraus

［德］Betrug, Täuschung

［英］trick, fraud, deceit

365b3, 459c8

ἀπειθέω 不服从，不听从

［拉］non obedio, non credo

［德］ungehorsam oder unfolgsam sein

［英］disobey

408b7, 520d6, 538b4, 550d12

ἀπειθής 不服从的，不顺从的

［拉］non obediens

［德］ungehorsam, unfolgsam

［英］disobedient

391b1

ἀπεικάζω (ἀπεικαστέον) 比较，比照

［拉］adsimulo

［德］vergleichen

［英］compare with

396d4, 404e1, 429d2, 464b2, 489c4, 511a7, 514a1, 563a7

ἄπειμι 离开，离去；不在场，缺席

［拉］abeo, ibo, absum

［德］weggehen, fortgehen, abwesend sein

［英］go away, depart, to be away or absent

327b1, 327c5, 331b3, 344d1, 344d7, 371a2, 393e5, 393e8, 394a2, 569a5, 614d5, 614e3

ἀπεῖπον (ἀπερῶ, ἀπερέω) 拒绝，禁止，放弃

［拉］nego, abnuo

［德］entsagen, aufgeben

［英］refuse, renounce, give up

337c8, 337e6, 392b4, 396b8, 523a7

ἀπείργω 阻止，禁止，妨碍

［拉］prohibeo, impedio

［德］absperren, abhalten

［英］keep from doing, prevent

496c2

ἀπειρία 无经验；无限

［拉］imperitia, infinitas, infinitio

［德］Unerfahrenheit, Unendlichkeit

［英］inexperience, unlimitedness

406c2, 487b4, 585a4, 585a5

ἀπειροκαλία 庸俗，没有鉴赏力

［拉］ignorantia honesti vel decori

［德］Geschmacklosigkeit

［英］ignorance of the beautiful, want of taste
403c2, 405b8

ἄπειρος 无经验的，不懂的；无限的
［拉］ignarus, imperitus, infinitus
［德］unerfahren, unkundig, unendlich
［英］inexperienced, ignorant, boundless, infinite
373d10, 383b2, 409a5, 445c6, 499c8, 519b8, 525a4, 563c5, 582c2, 584e7, 586a1, 591d8

ἀπελαύνω 驱赶，赶走
［拉］repello
［德］vertreiben
［英］drive away, expel from
437c9, 564d6

ἀπέραντος 无穷的，无限的
［拉］infinitus
［德］unbegrenzt, endlos
［英］boundless, infinite
342a7, 591d9

ἀπεργάζομαι 完成，实现，使成为
［拉］facio, efficio
［德］machen, bilden
［英］complete, cause, produce
353a11, 353c1, 353c10, 353e2, 374c2, 374c3, 381e6, 411b8, 420e1, 433c5, 457a1, 464c6, 477d1, 477d3, 477d5, 492b1, 501b1, 536e3, 540c4, 548d1, 550e2, 553a1, 566a10, 580a6, 591c3, 597c2, 598b7, 600c3, 603a12, 616e2

ἀπεργασία 完成，实现，产生，成就
［拉］effectio
［德］Durchführung, Vollendung
［英］finishing off, completing
504d7, 529e4

ἀπεργαστικός 适于完成的，产生的，引起的
［拉］efficiens
［德］zum Hervorbringen geschickt
［英］fit for finishing, effecting, causing
527b10

ἀπερείδω 依靠，紧靠，固定
［拉］nitor in aliqua re
［德］befestigen, stützen
［英］fix, settle
508d5, 581a4

ἀπεχθάνομαι 被仇恨
［拉］invisus sum, odio sum
［德］feind werden, verhaßt werden
［英］to be hated, incur hatred
343e5, 352b4, 378c3, 378c8, 567a10, 567d5

ἀπέχω (ἀπέχομαι, ἀφεκτέον) 挡住，离开，放手，放开
［拉］abstineo, impedio
［德］fernhalten, weghaben, ausschließen
［英］keep off or away from, abstain
352c3, 354b8, 360b6, 366d1, 403e4, 404c8, 404c9, 407a5, 469c7, 527c2, 547d5, 565e4, 571d3, 574e3, 599a1, 607e6

ἀπιστέω 不相信，不听从
［拉］diffido, non pareo, non obtempero

［拉］ostendo, demonstro
［德］zeigen, beweisen
［英］point out, show by argument, prove, demonstrate
454e1, 472d2, 472d6, 472e4, 472e7, 473b5, 488b5, 610b4

ἀποδειλιάω (ἀποδειλιατέον) 畏缩，胆怯
［拉］reformido, prae timore defugio
［德］mutlos, feig sein
［英］to be very fearful, play the coward
374e11, 504a1, 535b7

ἀπόδειξις 证明，证据，揭示
［拉］demonstratio, expositio
［德］Beweis, darlegung
［英］proof, exhibiting
358b3, 472e9, 497d6, 497e1, 504b4, 580c9, 580d5

ἀποδεκτέος 必须接受的，应当接受的
［拉］admittendus
［德］man muß annehmen
［英］one must accept, allow, admit
378c9, 389a1, 389a7, 389b1

ἀποδέχομαι 接受，认可，赞同
［拉］recipio, admitto, probo
［德］aufnehmen, anerkennen
［英］accept, admit
329e2, 329e6, 336d3, 337b3, 340c2, 357a4, 367d5, 389a3, 430c2, 430c3, 430c4, 436d8, 450a10, 511d6, 525d7, 527c6, 531e4, 532d2, 532d3, 532d4

ἀποδημέω 离家远行，到外地去
［拉］absum domo, peregrinor
［德］sich in die Fremde begeben, verreisen
［英］go abroad
420a4, 579b6, 579c1

ἀποδιδράσκω 跑开，逃走
［拉］effugio, refugio
［德］fortlaufen, entfliehen
［英］run away, escape or flee from
329c4, 457e3, 457e5, 495d2, 548b7

ἀποδίδωμι (ἀποδοτέος) 归还，偿还，送出，出卖
［拉］reddo
［德］zurückgeben, ausliefern
［英］give back, return, render
331c3, 331c7, 331c8, 331d3, 331e3, 332a1, 332a4, 332a8, 332a11, 332a12, 332b2, 332b5, 332c2, 332c6, 332c11, 332d2, 332d6, 333b12, 335e1, 338b3, 345d1, 353d6, 371d2, 374b9, 379a8, 387e10, 397b7, 415c2, 420d4, 421c5, 451d2, 451e4, 452a5, 454b9, 454d9, 456b5, 456b10, 472d6, 478c3, 478e5, 507a1, 507a5, 508e2, 511e1, 552a7, 552a8, 568d8, 580a1, 612c1, 612c5, 612e2, 612e4

ἀπόδοσις 归还，偿还
［拉］retribuendi actio, solutio
［德］Zurückgabe
［英］giving back, restitution, return
332a12

ἀποδύνω (ἀποδύω, ἀποδυτέον) 剥夺，脱光
［拉］exuo

[德] auskleiden

[英] strip off

452d3, 457a6

ἀποδύρομαι 痛哭，痛惜

[拉] lamentor

[德] bejammern

[英] lament bitterly

606a4

ἀποθνήσκω 死，死去

[拉] pereo

[德] sterben

[英] die

410a2, 426c2, 468e4, 553b4, 610c4, 610c7, 610d1, 610d4, 613a7

ἀποθρύπτω 粉碎，变软弱

[拉] penitus confringo, molle et imbecillum aliquid reddo

[德] abbrechen, abknicken

[英] crush, enervate

495e1

ἀποικίζω 远迁，搬走，放逐

[拉] transfero

[德] verpflanzen, auswandern

[英] send away from home, banish

519c6

ἄποινον 赎金

[拉] pretium redemtionis

[德] Lösegeld

[英] ransom

393e3

ἀποκάμνω (ἀποκμητέον) 疲倦，气馁

[拉] defatigor

[德] ermatten

[英] grow quite weary

435d9, 445b7, 445b8, 450b8

ἀποκλείω 关闭，阻止

[拉] excludo, occludo

[德] abschließen, versperren

[英] shut out or exclude from

473d5, 487b7, 487c1

ἀποκλίνω 使倾斜，使弯曲

[拉] inclino

[德] ablenken, abbiegen

[英] decline, turn off or aside

436e3, 547e4

ἀποκναίω 刮掉，擦掉

[拉] affigo, eneco

[德] abschaben, aufreiben

[英] scrape, rub off

406b1, 406b7

ἀποκνέω (ἀποκνητέον) 畏缩，迟疑，犹豫

[拉] deterreo, ignavus sum

[德] zaghaft sein, zaudern

[英] shrink from, hesitate

349a4, 372a4

ἀποκοπή 取消，撤销，免除

[拉] remisssio

[德] Aufhebung

[英] cancelling

566a1

ἀποκρίνω (ἀποκριτέον) 分开，选出，回答

[拉] separo, secerno, respondeo

[德] sondern, wählen, beantworten

[英] set apart, choose, give answer to, reply to

330a1, 332c8, 336c4, 336c5, 336e1, 337a6, 337a7, 337b4, 337b6, 337c5, 337c8, 337e2, 337e4, 338a2, 338a8,

338b9, 339a7, 339a8, 340e7, 343a3, 343a5, 346a3, 348b8, 349b2, 351e5, 352b6, 377c2, 407d1, 413d1, 414a4, 455b4, 474b1, 476e8, 476e9, 478e7, 487b4, 500a4, 503a4, 515d5, 526a5, 528a5, 534d9, 538d7, 547a6, 564e4, 577b8, 583c1, 590a4, 595c5

ἀπόκρισις 回答

［拉］responsum

［德］Antwort

［英］answer

337d1, 338a7, 487e4

ἀποκρύπτω 隐瞒，藏起来，使模糊不清，使黯然失色

［拉］celo, abscondo

［德］verbergen, verdecken

［英］hide from, conceal, overshadow

367b1, 393c11, 552d4

ἀποκτείνω 杀，杀死

［拉］interficio

［德］erschlagen, umbringen

［英］kill, slay

360b2, 360c2, 410a4, 488c3, 517a6, 557a3, 566a1, 566b1, 566b3, 573b3, 586b2, 610d1, 610e1, 610e6, 615c8

ἀποκωλύω 阻止，拦住

［拉］prohibeo, veto, impedio

［德］hindern, aufhalten

［英］hinder or prevent from

372e8, 589b3, 595b10

ἀπολαμβάνω 拿到，接受，截住，拦住

［拉］accipio, intercludo

［德］behalten, abschneiden

［英］take, receive, intercept

332b2, 392d9, 420c2, 614a7

ἀπολαύω 得到利益，得到好处

［拉］capio commodum

［德］genießen, sich zunutze machen

［英］profit, have a benefit

330d2, 354b3, 395d1, 419a4, 572d2, 606b6

ἀπολείπω 放弃，离开

［拉］relinquo

［德］aufgeben

［英］desert, abandon

375d5, 420a7, 475d8, 504c1, 509c6, 509c7, 509c10, 533a2, 549b3, 602d2, 603d9

ἀπόλεμος (adv. ἀπολέμως) 不好战的，不会打仗的

［拉］imbellis

［德］unkriegerisch

［英］unwarlike

456a1

ἀπολήγω 停止，退出

［拉］desino, desisto ab aliqua re

［德］ablassen

［英］leave off, desist from

490b2

ἀπόλλυμι 毁灭，丧命，丧失

［拉］perdo, amitto

［德］zerstören, ruinieren, verlieren

［英］destroy utterly, ruin, lose

351e7, 421a6, 425a9, 462b6, 467b3, 469d4, 491b8, 494e3, 508d7, 518e4, 521a8, 521e3, 527b6, 527e1, 550d10, 553b7, 555c4, 562b7, 563e7, 566a3, 567a7, 568a2, 578e7, 579a4,

603e4, 605b4, 608d4, 608e3, 609a7, 609a10, 609b1, 609b6, 609c2, 609c4, 609d10, 609e4, 609e6, 610a7, 610b4, 610c2, 610e6, 610e8, 610e10, 611a6, 621b8

ἀπολογέομαι 申辩，辩护
[拉] defendo me verbis
[德] sich verteidigen
[英] speak in defence, defend oneself
419a2, 420b1, 420d1, 453c6, 488a5, 490a8, 607b1, 607d3, 608a2

ἀπόλογος 故事，传说
[拉] fabula, narratio
[德] Fabel, Erzählung
[英] story, tale
614b2

ἀπολύω 解开，解放
[拉] solvo, exsolvo
[德] ablösen, befreien
[英] set free from, release or relieve from
365a2, 391a1, 392e4, 499e2, 612a8

ἀπομαντεύομαι 预言
[拉] divino, futura praedico
[德] wie ein Prophet vorher verkündigen
[英] divine by instinct, presage
505e1, 516d2

ἀπομαραίνω 使枯萎，凋谢，消逝
[拉] deficio, marcesco
[德] verdorren, hinschwinden
[英] cause to waste away, wither away, die away
328d3

ἀπομισθόω 出租
[拉] mercede conduco, loco
[德] vermieten
[英] let out for hire,
475d6

ἀπομύσσω 擦鼻子
[拉] emungo
[德] ausschneuzen
[英] wipe
343a7

ἀποναρκόομαι 变呆，变迟钝
[拉] obtorpesco
[德] ganz erstarren
[英] become torpid, stupefied
503d3

ἀπονέμω 分配，分给
[拉] distribuo, adsigno
[德] zuteilen
[英] portion out, impart, assign
574a10

ἄπονος 不劳苦的，不费力的，懒惰的
[拉] labore carens, a labore abhorrens
[德] mühelos, leicht, die Mühe scheuend
[英] without toil or trouble, workshy, lazy
535d3, 556b9

ἀποπειράομαι 考验，测试
[拉] tento, periclitor
[德] versuchen, erproben
[英] make trial, make an attempt, test
360a4

ἀποπέμπω 送走，打发走
[拉] dimitto, ablego
[德] abschicken, entlassen
[英] send off, dispatch, dismiss
398a6, 423d1

ἀποπέτομαι 飞走
[拉] avolo
[德] wegfliegen, entfliegen
[英] fly off or away
469d8

ἀποπηδάω 跳开
[拉] desilio
[德] herabspringen
[英] leap off
613b12

ἀποπίμπλημι 充满，满足
[拉] impleo, expleo, satio
[德] erfüllen, befriedigen
[英] satisfy, fulfil, fill up
554a6, 571c7, 579e2, 606a5

ἀποπίπτω 落下，从……落下
[拉] decido
[德] herabfallen
[英] fall off from
387a6

ἀποπληρόω 填满，使满足
[拉] expleo, satis facio
[德] ausfüllen, befriedigen
[英] fill up, satisfy
352b5, 426c5

ἀποπληρωτής 完成者，执行者，成功者
[拉] is qui aliquid perficit vel exsequitur
[德] Erfüller, Vollstrecker
[英] one who completes or fulfils
620e1

ἀπορέω 困惑，不知所措
[拉] dubito, aestuo, consilii inops sum
[德] ratlos sein, ohne Mittel und Wege
[英] to be at a loss, be in doubt, be puzzled
358c7, 368b3, 375d3, 375d4, 505e1, 515d6, 524a7, 524e5, 557e1

ἀπορία 难题，缺乏，贫穷，困惑
[拉] difficultas, inopia
[德] Verlegenheit, Mangel
[英] difficulty, lack of, perplexity
405b3, 465c2, 496b2, 556d5

ἄπορος 难对付的，没办法的，走不通的
[拉] inexplicabilis, invius
[德] ratlos, unwegsam
[英] hard to deal with, unmanageable, impassable
378a6, 453d11, 552a10

ἀπορρᾳθυμέω 懒得管，随它去
[拉] per segnitiem negligo vel omitto aliquid
[德] aus Mangel an Energie unterlassen
[英] leave off in faintheartedness or laziness
449c2

ἀπόρρησις (ἀπόρρημα) 禁令，禁止，放弃
[拉] interdictum, recusatio

[德] Verbot, das Untersagen, das Aufgeben
[英] forbidding, prohibition, giving up
357a4
ἀπόρρητος 秘密的，不许说的
[拉] arcanus
[德] geheim zu halten, untersagt
[英] not to be spoken, secret
378a4, 460c4
ἀποσβέννυμι 熄灭
[拉] exstinguo
[德] verlöschen
[英] extinguish
498a7, 556a5
ἀποσκιάζω 投下阴影，投影
[拉] adumbro
[德] Schatten werfen
[英] to cast a shadow
532c3
ἀποσκοπέω 眺望，注视
[拉] specto, respicio
[德] hinsehen, beobachten
[英] look steadily, look to
409c7, 432e2, 460a5, 585a4
ἀποσπάω 拉走，拖走，撕下
[拉] abstraho, avello
[德] abziehen, abreißen
[英] tear or drag away from
491b9, 491c2
ἀπόστασις 距离，间距
[拉] distantia, intervallum
[德] Abstand
[英] distance
546b6, 587d9, 587e4
ἀποστέλλω 驱逐，解雇
[拉] ablego, relego, mitto
[德] ausschicken, entlassen
[英] send away, banish
607b2
ἀποστερέω 抢劫，剥夺，骗取
[拉] privo, fraudo
[德] berauben, vorenthalten
[英] rob, despoil, defraud
329a8, 442e7
ἀποστρέφω 使转身，转弯
[拉] averto
[德] zurückdrehen, sich umkehren
[英] turn back
405c2, 515e2
ἀποστερητής 抢劫犯，骗子
[拉] raptor
[德] Betrüger, Räuber
[英] defrauder, cheat, robber
344b3
ἀποτείνω 伸开，延长
[拉] extend, produco
[德] ausdehnen, ausstrecken
[英] stretch out, extend
363d2, 605d1
ἀποτελέω 结束，完成
[拉] perficio, efficio
[德] vollenden, vollbringen
[英] bring to an end, complete
443b7, 543c4, 558e1, 566d3, 580e5
ἀποτέμνω (ἀποτμητέον) 切下，割开
[拉] abscido, deseco
[德] abschneiden, abgrenzen

［英］cut off, divide, sever
348d7, 353a1, 373d7

ἀποτίνω 偿还，付代价，赔偿
［拉］rependo, debitum redo
［德］abzahlen, büßen
［英］repay, pay for
337d6, 506e6

ἀποτολμάω 大胆冒险
［拉］audeo
［德］kühn wagen
［英］make a bold venture upon
503b3

ἀποτρέπω 避开，回避，转身而去，阻止
［拉］averto, deflecto, prohibeo
［德］abwenden, umwenden, abweichen, vereiteln
［英］turn away, avert, deter
439e10, 558d11

ἀποτρέχω 跑开，潜逃
［拉］recurro, exire
［德］weglaufen
［英］run off or away, abscond
613c2

ἀποτροπή 改刀，阻止，劝阻，叛离
［拉］depulsio, derivatio, prohibitio
［德］Ableitung, Abwendung, Verhütung
［英］averting, prevention
382c9

ἀποτυγχάνω 失误，未中的，丧失
［拉］aberro, amitto
［德］nicht treffen, verfehlen, verlieren
［英］miss one's object, fail, lose
394e5, 399a8, 505e3

ἀποφαίνω (πρός-ἀποφαίνω) 显示，展示，宣称
［拉］ostendo
［德］aufzeigen, darlegen
［英］show forth, display, declare
338e3, 366c4, 368b6, 430e8, 463d8, 470a8, 473a7, 473a7, 522d2, 546c1, 576e2, 580b1

ἀποφεύγω 逃脱，逃走
［拉］effugio, evado
［德］freikommen, entkommen, entfliehen
［英］flee from, escape
329c3, 467d13

ἀποχετεύω 引水，用水道分流
［拉］deduco per canalem, derivo
［德］durch einen Kanal ableiten, entfernen
［英］draw off water by a canal
485d8

ἀποχραίνω 使眼色具有明暗的变化，涂色
［拉］colorem vel lumen umbra tempero
［德］die Farben abstufen, schattieren
［英］colour, tint evenly
586c1

ἀποχράω 足够
［拉］sufficio
［德］hinreichen, genügen
［英］suffice, be sufficient, be enough
380c10, 506b6

ἀποχρώντως 足够地，充分地

[拉] satis
[德] hinreichend, zur Genüge
[英] enough, sufficiently
429a7

ἀποχωρέω 离开，退却
[拉] discedo, secedo
[德] weggehen, zurückweichen
[英] go from or away from, withdraw
394a2

ἀπράγμων 不做事的，无所事事的，闲适的
[拉] otiosus
[德] geschäftslos, untätig
[英] free from business, easy-going
565a2, 620c6

ἀπρέπεια 不恰当，不得体
[拉] discrepantia
[德] Unziemlichkeit
[英] impropriety
465b12

ἀπρεπής 不恰当的，不得体的
[拉] indecorus, discrepans
[德] unziemlich
[英] unseemly, unbecoming
398e6

ἁπτός 可触摸的
[拉] tractabilis
[德] zu fassen, fühlbar
[英] tangible
525d7

ἅπτω (ἁπτέον) 拴，固定，接触
[拉] necto
[德] heften
[英] fasten
360b6, 377a9, 389b5, 389b9, 401d7, 403b5, 410c10, 411c5, 417a3, 450d1, 453d2, 454b2, 461a4, 461b5, 461e2, 465b1, 467a4, 469e2, 474c1, 474c2, 487c7, 490b3, 497e7, 497e9, 501a6, 502d2, 511b4, 511b7, 525b5, 527c7, 535c7, 535d2, 538c5, 539a5, 539a9, 572a8, 600e6, 602b9, 608a7, 611e1

ἀπτώς 不会跌下的
[拉] non cadens
[德] nicht fallend
[英] not falling or liable to fall
534c3

ἀπωθέω 推开，赶走
[拉] repello, abjicio
[德] wegstoßen, von sich abwehren
[英] thrust away, drive away
366a2, 437b3, 437c9, 439b9, 439b10, 571c6

ἀπωτέρω 更远
[拉] remotius, longius
[德] entfernter
[英] farther off
449b2

ἀργέω 不做事，懒散
[拉] vaco, cesso
[德] arbeitslos sein, rasten
[英] to be unemployed, do nothing
371c3

ἀργία 懒散，闲暇
[拉] otium, socordia
[德] Untätigkeit, Ruhe

［英］idleness, laziness, leisure
398e7, 405d1, 422a2

ἀργός 懒散的，空闲的
［拉］otiosus, deses
［德］müßig, untätig
［英］idle, lazy
421d9, 426a8, 458a1, 458a7, 458b1, 556c2, 561d1, 564b4, 572e6, 604d10

ἀργύρεος 银的，银制的
［拉］argenteus
［德］silbern
［英］of silver
415b1, 547a1, 547a2, 547b5

ἀργύριον 银，银钱
［拉］argentum
［德］Silber
［英］silver
333b10, 333b11, 333b12, 333c5, 333c11, 334a7, 337d7, 337d9, 347a5, 371d1, 371d2, 416e5, 422d3, 442e6, 495e4, 555e4, 581d3

ἄργυρος 白银
［拉］argentum
［德］Silber
［英］silver
415a6, 415b2, 417a3, 417a4, 419a8, 547b4, 548a7

ἄρδην 完全地，整个地，从根上
［拉］funditus, prorsus
［德］von Grund aus, gänzlich
［英］utterly, wholly
421a6

ἄρδω 浇水，灌溉
［拉］irrigo
［德］begießen, benetzen
［英］water, irrigate
550b2, 606d4

ἀρεσκόντως 满意地
［拉］satis
［德］wohlgefällig
［英］agreeably
504b6

ἀρέσκω 满意，高兴
［拉］placeo
［德］befriedigen, gefallen
［英］please, satisfy
348b6, 350d9, 350e6, 380c5, 494a9, 557b10, 557d7, 605a3

ἀρετή 德性
［拉］virtus
［德］Tugend, Tüchtigkeit
［英］virtue, goodness, excellence
335b8, 335b11, 335c2, 335c4, 335d1, 342a2, 348c3, 348c5, 348e2, 349a1, 350d4, 351a4, 353b2, 353b6, 353b7, 35310, 353b11, 353c1, 353c2, 353c5, 353c6, 353c9, 353d11, 353e2, 353e7, 354b6, 354c2, 363d1, 364b3, 364d2, 365a5, 365c4, 378e3, 381c2, 402e6, 403d3, 403d4, 407a8, 407c3, 409d8, 432b4, 433d7, 433d11, 441d2, 444d13, 444e4, 445b3, 445c6, 457a6, 484d7, 492a2, 492e4, 498e3, 500d8, 518d9, 536a3, 547b6, 549b3, 549b7, 550e6, 551a2, 554e5, 556a9, 556c5, 576c10, 576d2, 580b6, 585c1, 586a1, 588a10, 598e2, 599d3,

600d5, 600e5, 601d4, 608b8, 608c1, 612c1, 613b1, 617e3, 618b1, 618c7, 619d1

ἀριθμέω 数，算

[拉] numero

[德] zählen, aufzählen

[英] number, count

348a9, 522d7, 522e2, 602d6

ἀριθμητικός 算术的

[拉] arithmeticus

[德] arithmetisch

[英] arithmetical

525a9

ἀριθμός 数

[拉] numerus

[德] Zahl

[英] number

441c7, 460a3, 473b9, 522c6, 522d3, 524d7, 525a6, 525a9, 525c2, 525d6, 525d8, 526a2, 529d3, 531c2, 531c3, 537a11, 546b4, 546c4, 546c6, 587d3, 587d7, 588a4

ἀριστεῖον 因英勇作战而得到的奖赏，英雄奖

[拉] prraemium virtutis, palma

[德] Preis für die beste Leistung, Siegespreis

[英] the prize of the best and bravest, the meed of valour

468c4

ἀριστερός 左边的

[拉] sinister

[德] link

[英] left

436e5, 614c7, 617c8

ἀριστεύω 做最优秀的人，做最勇敢的人

[拉] excello, praesto

[德] der Beste , Vorzüglichste sein

[英] to be best or bravest

468b2, 540a5

ἀριστοκρατέομαι 实行贵族统治

[拉] ab optimatibus gubernor

[德] von den Edelsten regiert werden

[英] to be governed by the best-born, live under an aristocracy

338d8

ἀριστοκρατία 贵族统治，出身最高贵的人的统治

[拉] optimatium gubernatio

[德] Herrschaft der Edelsten, Aristokratie

[英] rule of the best-born, aristocracy

445d6, 544e7, 547c6

ἀριστοκρατικός 贵族统治的，贵族的

[拉] optimatium imperii studiosus

[德] aristokratisch

[英] aristocratical

587d1

ἀρκέω 够了，足够

[拉] sufficio

[德] hinreichen, genügen

[英] to be strong enough, suffice

369d6, 466b6, 505d7, 506d3, 506d6, 533e7, 539d8

ἁρμόζω 联结，安排，绷紧，使适合

[拉] vincio, moderor, adapto

[德] zusammenfügen, ordnen, stim-

men

［英］join, accommodate, bind fast

349e10, 397d10, 397e3, 410e8, 410e10, 443e2, 462a6, 554e4, 591d2, 616d4, 616d5

ἁρμονία 和谐，协调

［拉］harmonia

［德］harmonie

［英］harmony

397b7, 397b9, 397c4, 398d2, 398d8, 398e1, 398e9, 399a5, 399a6, 399c2, 399e9, 400a3, 400a6, 400d4, 401d7, 411a8, 430e4, 431e8, 442a2, 443d6, 522a4, 531a1, 531b8, 546c2, 591d2, 601a8, 617b7, 617c4

ἄρνυμαι 获得，取得

［拉］accipio

［德］erwerben, gewinnen

［英］win, gain

346c9

ἄροτρον 犁

［拉］aratrum

［德］Pflug

［英］plough

370c9

ἀρόω 耕作，犁地，播种

［拉］aro, insero

［德］pflügen, säen

［英］plough, till, sow

370e1, 373d8

ἁρπαγή 抢劫

［拉］rapina

［德］Raub, Beute

［英］robbery

391d1, 469d3

ἁρπάζω 抢劫，掠夺

［拉］rapio, arripio

［德］rauben, raffen

［英］seize hastily, snatch up

354b2, 521a6, 574b4

ἄρρατος 打不碎的，牢固的，坚硬的

［拉］qui frangi vel defatigari nequit

［德］unzerbrechlich, fest, unermüdlich

［英］firm, hard, solid

535c1

ἄρρητος 不可说的

［拉］non dicendus, ineffabilis

［德］ungesprochen, unsagbar, unbeschreiblich

［英］unspoken, unspeakable

546c5

ἀρρυθμία 缺乏节奏

［拉］numeri defectus

［德］Mangel anTakt

［英］want of rhythm

401a6, 411e2

ἄρρυθμος 不成节奏的

［拉］non numerosus

［德］ohne Takt

［英］unrhythmical

400c8, 400d1

ἀρρωστία 无力，虚弱

［拉］imbecillitas, facultatis defectus

［德］Kraftlosigkeit

［英］weakness, sickness

359b1

ἄρσην 男的，雄性的

340b3, 340c8, 340e5, 340e6, 340e8, 341a1, 341a2, 341b5, 341b8, 341c9, 341c11, 342c8, 342c12, 342d6, 342d9, 342e2, 342e4, 342e7, 342e8, 343b5, 343b6, 343c4, 343c6, 343c7, 343e2, 345e1, 345e2, 345e3, 345e6, 345e7, 346a1, 346e5, 346e9, 347a3, 347a5, 347a6, 347b1, 347b6, 347c2, 347c4, 347c5, 347c6, 347d3, 347d4, 347d5, 347d6, 353d5, 353e4, 359a3, 359d3, 362b2, 366e2, 376e6, 386c4, 389b7, 389c1, 389d9, 389e1, 390a2, 408d11, 409a1, 412b9, 412c2, 412c3, 414a1, 414a6, 414b5, 414c2, 414d3, 415a4, 415b3, 415d8, 423b5, 425a3, 428d6, 428e8, 431b7, 431e1, 431e5, 432a8, 433c6, 433c7, 433d1, 433d3, 433d4, 433e3, 440d6, 441e4, 442b1, 442b8, 442c5, 442c11, 442d1, 443b2, 443b8, 443d4, 444b3, 444d5, 444d10, 445d5, 452c4, 452c8, 453a4, 458b4, 458b9, 458e1, 459b11, 459c9, 459d1, 459e2, 460a2, 460a10, 460e4, 461b5, 462c12, 463a2, 463a7, 463a9, 463a11, 463b4, 463b6, 463b10, 465a5, 465a8, 467d5, 474b6, 485a4, 487e3, 488c5, 488d3, 489b6, 489c1, 489c2, 489c3, 489c4, 498b7, 498c8, 502b7, 502d6, 502e2, 503a6, 510d1, 520c8, 520d2, 520d3, 520d4, 520e3, 521a1, 521a2, 521a7, 521b4, 534d5, 535a6, 536a7, 539e4, 540b3, 540c3, 540c5, 543b2, 545b3, 545d6, 547d4, 549a3, 549a4, 549c9, 550d1, 552b8, 552d10, 553a2, 553b4, 555c1, 556b7, 556c9, 557e2, 557e3, 557e6, 558a1, 558d4, 559d1, 562d2, 562d6, 562d7, 562d8, 565d5, 567a6, 567b9, 567c8, 571c4, 573c5, 575e3, 578d5, 579c8, 579e6, 581b12, 582b3, 583a3, 590c4, 590c8, 590d1, 590d2, 590d3, 590d4, 591a2, 596a5, 600a1, 600e4, 602d7, 606d5, 613d2, 619b5

ἀσάφεια 不清楚，模糊

[拉] obscuritas

[德] Undeutlichkeit

[英] want of clearness, uncertainty, obscurity

478c11, 509d9

ἀσαφής 不清楚的，模糊的

[拉] obscurus

[德] unklar, undeutlich

[英] dim, faint

392d8, 571a8

ἄσβεστος 难以扑灭的，抑制不住的，无止境的

[拉] effusus

[德] unauslöschlich, unausgelöscht

[英] unquenchable, inextinguishable

389a5

ἀσέβεια 不敬神，不虔诚

[拉] impietas

[德] Gottlosigkeit

[英] ungodliness, impiety

615c3

ἀσεβής 不敬神的，不虔诚的

[拉] impius
[德] gottlos, ruchlos
[英] ungodly, unholy, profane
391d2

ἀσέλγεια 放肆，蛮横
[拉] lascivia, protervitas
[德] Zügellosigkeit, Übermut
[英] licentiousness, wanton violence
424e1

ἀσθένεια 无力，虚弱
[拉] imbecillitas, debilitas
[德] Schwäche, Kraftlosigkeit
[英] weakness, feebleness
330e3, 366d2, 444e2, 457a10, 618d3

ἀσθενής (adv. ἀσθενῶς) 弱小的，虚弱的，生病的
[拉] debilis, aeger
[德] schwach, krank
[英] weak, feeble, sickly
364a8, 371c7, 411b7, 411d3, 432a3, 451e1, 455e1, 456a11, 485d7, 491e5, 528b7, 569b1, 571b8, 589a1, 590c3

ἆσθμα 喘气，喘息，气喘吁吁
[拉] halitus, anhelitus
[德] schweres, kurzes Atmen, Keuchen
[英] short-drawn breath, panting
556d4, 568d2

ἄσκεπτος (adv. ἀσκέπτως) 未考虑到的，未考察到的
[拉] inconsideratus
[德] unüberlegt, nicht untersucht
[英] inconsiderate, unconsidered, unobserved
438a1

ἀσκέω 从事，练习
[拉] exerceo, factito
[德] üben, ausüben
[英] practise, exercise
389c3, 407a8, 407c3, 468e1, 551a4

ἄσκησις 练习，锻炼
[拉] exercitatio
[德] Übung
[英] exercise, practice, training
404a9, 518e1, 536b2

ἀσκητής 有专业的人，竞技者
[拉] qui exercetur vel exercitatus est
[德] Fachmann, Wettkämpfer
[英] one who practises any art or trade
404a1, 404a7, 404c7

ᾆσμα 歌，歌曲
[拉] carmen
[德] Gesang
[英] song
424c1

ἄσμενος (adv. ἀσμένως) 高兴的，喜欢的
[拉] gaudens
[德] froh, gern
[英] well-pleased, glad
329c3, 475c7, 476e6, 495d2, 607c6, 614e2, 616a7, 620d2

ἀσπάζομαι 致意，尊敬
[拉] diligo
[德] liebhaben, bewillkommen
[英] greet, salute

328c5, 330c3, 357b6, 357c3, 376a6, 402a3, 402e1, 474d7, 475a6, 476b5, 476b8, 479e10, 480a11, 499a9, 549b2, 566d9, 569b1, 607a1, 614e3

ἀσπάλαθος 荆棘

［拉］aspalathus

［德］dorniger Strauch

［英］spinous shrub

616a2

ἀσπίς 盾牌

［拉］clypeus

［德］Schilde

［英］shield

333d6, 374d1

ἀστασίαστος 不起内讧的，无党派之争的

［拉］a seditione alienus

［德］frei von Parteikämpfen, nicht aufrührerisch

［英］not torn by faction, not liable to disturbance, free from faction or party-spirit

459e3, 464e1, 520d3, 554d9

ἀστεῖος 城里的，文雅的，优美的

［拉］urbanus, elegans

［德］städtisch, fein, elegant

［英］of the town, refined, elegant

349b4, 452d1

ἀστεφάνωτος 未戴花冠的

［拉］non coronatus

［德］unbekränzt

［英］uncrowned, forbidden to be crowned

613c2

ἀστός 市民，公民

［拉］civis

［德］Bürger

［英］townsman, citizen

563a1, 613e1

ἄστρον (ἀστήρ) 星辰

［拉］stella

［德］Gestirn

［英］star

488d6, 516b1, 530a4, 530a8, 532a4, 621b4

ἀστρονομέω 研究天文

［拉］astronomiam tracto

［德］die Sterne beobachten

［英］study astronomy

530c2

ἀστρονομία 天文学

［拉］astronomia

［德］Astronomie

［英］astronomy

527d1, 528d5, 528e1, 528e3, 528e7, 529c5, 530b7, 530b8, 530d6, 530e7, 531c1

ἀστρονομικός 天文学的，精通天文学的

［拉］ad astronomiam pertinens, astronomicus

［德］Astronomie kundig, astronomisch

［英］skilled in astronomy, pertaining to astronomy

530a3

ἀστρονόμος 天文学家

［拉］astrologus

［德］Astronom

［英］astronomer
531a3
ἄστυ 城，城市
［拉］urbs
［德］Stadt
［英］town
327b1, 327c5, 328c8, 388c4
ἀστυνομικός 管理城市事务的
［拉］ad rerum urbanarum procuratonem pertinens vel spectans
［德］zum Stadtordnenden gehörig
［英］of or for an protecting the city
425d5
ἀσύμφορος 无利的，无益的
［拉］incommodus, inutilis
［德］unzuträglich, unnütz
［英］inconvenient, prejudicial
339c8, 339e1, 339e7, 340b2, 367c4
ἀσύμφωνος (ἀξύμφωνος) 不和谐的，不说同一种语言的
［拉］inconcinnus, discrepans, non eadem lingua utens
［德］nicht harmonisch, nicht dieselbe Sprache redend
［英］not harmonious, discordant, not speaking the same language
402d9
ἀσφάλεια 安全，稳定
［拉］securitas, stabilitas
［德］Sicherheit
［英］security, stability
467c6
ἀσφαλής 稳定的，可靠的，安全的
［拉］stabilis, firmus
［德］sicher, fest, zuverlässig
［英］immovable, steadfast, safe
396d1, 450e1, 467e6, 537a6
ἀσχημονέω 行事不体面，丢脸
［拉］indecore ago
［德］sich unschicklich benehmen
［英］behave unseemly, disgrace oneself
506d7, 517d5
ἀσχημοσύνη 不体面，丢脸，尴尬
［拉］turpitudo, deformitas
［德］Ungeschicktheit, Unschicklichkeit
［英］ungracefulness, awkwardness
400c7, 401a5, 401a6
ἀσχήμων 丑陋的
［拉］figura carens, turpis
［德］ungestaltet, häßlich
［英］misshapen, ugly
401b5, 486d4
ἀσχολία 忙碌，没有闲暇，事务
［拉］occupatio, negotium
［德］Beschäftigung, Geschäft, Tätigkeit
［英］business, want of time or leisure
406b6
ἀσωτία 挥霍，放荡，讲究吃喝
［拉］helluatiuo
［德］Schwelgerei
［英］prodigality, wastefulness
560e2, 560e5
ἄτακτος 无秩序的，混乱的
［拉］inordinatus, perturbatus
［德］ungeordnet, regellos

［英］disorderly, inordinate, irregular
458d9

ἀτάλλω 抚养，养大
［拉］recreo
［德］wie ein Kind behandeln, aufziehen, pflegen
［英］bring up a child, rear, foster
331a7

ἀτελής 无尽头的，未完成的
［拉］imperfectus
［德］unvolllendet, endlos
［英］without end, unaccomplished
457b2, 495c1, 495d7, 504c2, 530e5

ἀτενής 直率的，不屈的，倔强的
［拉］tenax, constans
［德］starr, beharrlich
［英］intent, earnest
547e2

ἀτεχνῶς 完完全全，真正地
［拉］prorsus
［德］geradezu, ganz
［英］absolutely, simply, completely
349a6, 419a10, 432a2, 443d6, 473c7, 548a9, 563c5

ἀτιμάζω (ἀτιμάω) 轻视，瞧不起，不敬重
［拉］contemno
［德］verachten, geringschätzen
［英］dishonour, disdain, scorn
367a8, 396e1, 402b1, 402c7, 465a10, 496b4, 496b6, 505d9, 528c5, 549d5, 551a4, 551a10, 561b5, 572c4, 591c3, 617e3

ἀτιμία 不光彩，耻辱
［拉］dehonestatio, ignominia
［德］Ehrlosigkeit
［英］dishonour, disgrace
492d7, 535c5

ἄτιμος (adv. ἀτίμως) 不光彩的，不受尊重的，无价值的
［拉］ignominiosus, turpis
［德］wertlos, ehrlos
［英］unhonoured, dishonoured
485b6, 508a2, 508a3, 539d1, 550e6, 551a2, 555d8, 560d3, 577c10

ἀτιμόω 羞辱，予以剥夺公民权的惩罚
［拉］ignominia adficio
［德］entehren, ächten
［英］dishonour
553b5

ἄτοπος 荒诞不经的，荒谬的，奇特的
［拉］absurdus
［德］ungewöhnlich, widersinnig
［英］strange, paradoxical
370a7, 405d5, 406a4, 428b1, 459b9, 475d1, 475d3, 484d8, 491d11, 491c8, 493c7, 501d3, 515a4, 522d9, 524b1, 530b1, 544d5, 595c10

ἄτρακτος 纺锤
［拉］fusus
［德］Spindel
［英］spindle
616c4, 617a5, 617c7, 620e3

ἀτρύγετος 不结果实的，荒芜的
［拉］sterilis, infructuosus
［德］unfruchtbar
［英］unharvested, barren
388b1

αὐγή 光线，光芒

［拉］lumen, radius
［德］Licht, Strahl
［英］light, ray
516a2, 540a7

αὐθάδεια 自以为是，顽固，冷酷无情
［拉］contumacia
［德］Selbstgefälligkeit, Rücksichtslosigkeit
［英］self-will, wilfulness, stubbornness, contumacy, presumption
590a9

αὐθάδης 自以为是的，顽固的，冷酷无情的
［拉］pertinax, sibi placens
［德］selbstgefällig, rücksichtslos
［英］self-willed, stubborn, remorseless
548e4

αὐθημερόν 立即，当天
［拉］illico
［德］desselbigen Tages, sofort
［英］on the very day, on the same day, immediately
374d2

αὖλαξ 犁沟，沟壑
［拉］sulcus
［德］Furche
［英］furrow, gash
362a8

αὐλέω 吹笛
［拉］tibiam inflo
［德］Flöte blasen
［英］play on the flute
601e1

αὐλή 庭院
［拉］vestibulum
［德］Hofraum
［英］open court
328c2

αὐλητής 吹笛手
［拉］tibicen
［德］Flötenspieler
［英］flute-player
399d3, 601d10

αὐλοποιός 制笛人
［拉］tibiarum opifex
［德］Flötenmacher
［英］flute-maker
399d3, 601d10

αὐλός 笛，箫
［拉］tibia
［德］Flöte
［英］flute
397a6, 399d4, 601e1, 601e5

αὐξάνω 增加，增长
［拉］incresco
［德］wachsen
［英］increase
328d3, 371e9, 421c4, 423b9, 423b10, 424a5, 425a1, 425a5, 468d5, 492a3, 497a4, 528c7, 540e3, 546b7, 546c2, 550b2, 565c10, 569b1, 573a7, 590b1, 591d9

αὔξησις (αὔξη) 增加，增长
［拉］incrementum
［德］Wachstum
［英］growth, increase
521e4, 528b2, 528b3, 528d8, 546b5,

587d9

αὖρα 微风

［拉］aura

［德］Wind

［英］breeze

401c8

αὐστηρός 苦的，涩的，严厉的

［拉］austerus, severus

［德］herb, sauer, streng

［英］harsh, rough, bitter

398a8

αὐτάρκης 自给自足的

［拉］sibi sufficiens

［德］sich selbst genügend

［英］sufficient in oneself

369b6, 387d12

αὐτίκα 立即，马上，此刻，例如

［拉］statim, continuo, mox, exempli caussa

［德］sogleich, augenblicklich, zum Beispiel

［英］forthwith, at once, in a moment, for example

338b8, 340d2, 420c4

αὐτόθεν 从当地，就地，立即，立刻

［拉］hinc, inde, ex eo loco

［德］von selbiger Stelle, gleich von da an

［英］from the very spot, at once, immediately

528a1, 567e3

αὐτόθι 在那里

［拉］ibi

［德］dort

［英］there

328a9, 328b5, 328c3, 339a8, 431c10, 552e6, 616b7

αὐτόματος 自愿的，自动的

［拉］sponte et ultro

［德］spontan

［英］of one's own will, spontaneous

427a6, 498e2, 520b2, 567d10

αὐτόσε 到那儿，就到那个地方

［拉］illuc, huc

［德］dorthin

［英］thither, to the very place

369d8, 526e2

αὐτουργός 自己做出来的

［拉］qui per se facit et operator

［德］selbstarbeitend

［英］self-working

565a1

αὐτοφυής 自生的

［拉］spontaneus

［德］von selbst gewachsen

［英］self-grown, spontaneous

486d11, 520b3

αὐτόφωρος 自己暴露的，被当场抓获的

［拉］deprehensusinipsofurto

［德］auf frischer Tat

［英］self-detected

359c3

αὐτόχειρ 凶手，杀人犯

［拉］qui suapte manu aliquid facit

［德］Mörder

［英］murderer

615c3

αὐχήν 颈子

[拉] cervix
[德] Nacken
[英] neck
514a6, 515c7
αὐχμέω 变干燥
[拉] aresco
[德] trocken sein
[英] to be parched
606d5
αὐχμηρός 干的，无水的，肮脏的
[拉] squalidus
[德] trocken, wasserlos, schmutzig
[英] dry, without rain, squalid
554a10
αὐχμός 干旱，干枯，肮脏
[拉] siccitas, squalor
[德] Schmutz, Trockenheit
[英] effects of drought, squalor
614d6
ἀφαιρέω (ἀφαιρετέον) 取走，减去，削减
[拉] eximo, detraho
[德] wegnehmen
[英] take away from
344a8, 360e4, 361a6, 361b8, 367b5, 367b6, 387c7, 398e3, 429e3, 470b1, 470d8, 534b9, 565a7, 565b3, 567c6, 567e5, 569b5, 573e8, 574a7, 574a9
ἀφανίζω (ἐκ-ἀφανίζω) 使不见，隐藏，夷平，抹去
[拉] ab adspectu removeo, celo
[德] unsichtbar machen, verstecken, verschwinden
[英] make unseen, hide, remove
432b9, 565e6, 604d2
ἀφανής 不被看见的，隐晦的
[拉] obscurus, occultus
[德] ungesehen, dunkel
[英] unseen, unnoticed, secret
360a1
ἀφετέος 应放弃的，必须放弃的，必须允许的
[拉] dimittendus
[德] zu entlassen
[英] one must dismiss, to be let go
376d6, 498c1, 526c5
ἀφή 触，触觉
[拉] tactus
[德] Berührung
[英] sense of touch
523e6
ἀφήκω 到达
[拉] pervenio
[德] hingelangen
[英] arrive at or have arrived
530e6
ἄφθονος 不嫉妒的，丰富的，充足的
[拉] sine invidia, fertilis, largus
[德] neidlos, reichlich
[英] without envy, plentiful
363a6, 460b1, 500a5
ἀφίημι 放弃，赦免，宣告无罪，派遣
[拉] dimitto, absolve
[德] loslassen, freisprechen, entsenden
[英] give up, acquit, send forth
327c11, 354b5, 373d9, 395b9, 449b6, 449b8, 451b3, 451b6, 461b10, 472a8, 475a1, 485b7, 504e6, 520a3, 591a3, 599a8

ἀφικνέομαι 到达，返回

［拉］advenio, redeo

［德］ankommen, zurückkehren

［英］arrive at, return

359e3, 396c6, 398a2, 406b8, 435e3, 450b4, 491a3, 492a3, 519c9, 525c3, 531d1, 532e2, 534d1, 544b3, 557d8, 560c7, 571e1, 609d2, 614c1, 614e1, 616b3, 616b6, 617d2, 619d8, 621b5

ἄφιλος 不友好的

［拉］inimicus

［德］unfreundlich

［英］unfriendly

580a4

ἄφιππος 不适合当骑兵的，骑术欠佳的

［拉］equitandi imperitus

［德］ungeschickt zum Reiten

［英］unsuited for cavalry, ignorant of horsemanship

335c12

ἀφίστημι 放到一边，站到一边，移开

［拉］amoveo, absto

［德］wegstellen, wegtreten

［英］put away, stand away, remove

496d8, 506d3, 532a7, 587a7, 587a10, 587a13, 587b6, 587c6, 587d4, 587d10, 587e1, 605c4

ἄφοβος 无畏的，不惧怕的

［拉］intrepidus

［德］furchtlos

［英］fearless, intrepid

375b2

ἀφομοιόω 使相似

［拉］similem redo

［德］ähnlich machen

［英］make like

382d2, 382d6, 396a3, 396b9, 416b3, 500c5, 517b3, 564b6

ἀφομοίωμα 摹本

［拉］imago alicuius rei expressa, simulacrum

［德］Abbildung

［英］resemblance, copy

395b6

ἀφοράω 凝望，注视

［拉］prospicio

［德］erblicken, anschauen, hinschauen

［英］have in view, look at

584d8, 585a5

ἀφορία 不育，枯竭

［拉］sterilitas

［德］Unfruchtbarkeit

［英］barrenness, sterilit

546a5, 546a8

ἀφορίζω 分离，分开，规定

［拉］separo, segrego, distinguo

［德］abgrenzen, trennen, bestimmen

［英］separate, distinguish, determine

423b7, 501d10

ἀφροδισιάζω 行男女之乐，做属于阿佛洛狄忒的事情

［拉］rebus venereis deditus sum

［德］der Liebe pflegen

［英］have sexual intercourse

426a8

ἀφροδίσιος 属于阿佛洛狄忒的，属于男女之乐的，情欲的

［拉］venereus

［德］die sinnliche Liebe btreffend
［英］belonging to the goddess of love
329a6, 329c1, 389e2, 390c1, 403a5, 559c6, 580e4, 606d1

ἀφροσύνη 愚蠢，没头脑
［拉］imprudentia
［德］Unvernunft, Unbesonnenheit
［英］folly, thoughtlessness
515c5, 585b3, 619b8

ἄφρων 愚蠢的，没头脑的
［拉］imprudens
［德］unvernuenftig
［英］silly, foolish, senseless
349e3, 349e5, 349e6, 378a3, 452d8, 586c3, 598c2, 607b7

ἀφυής 没天分的，愚笨的
［拉］natura minime aptus ad aliquid, indocilis
［德］ohne Naturanlage, unbegabt
［英］without natural talent, not clever, dull
455b5

ἀφύσσω 舀，汲取
［拉］haurio
［德］schöpfen
［英］draw
390b1

ἄφωνος 无声的，哑的
［拉］mutus, voce destitutus
［德］sprachlos, stumm
［英］voiceless, dumb
336d7

ἀχαριστία 不知感谢，忘恩负义，欠优雅
［拉］venustatis defectus
［德］Undankbarkeit, Mangel an Anmut
［英］thanklessness, ingratitude, ungraciousness
411e2

ἄχθομαι 不快，烦恼，憎恶
［拉］aegre et moleste fero
［德］betrüben, sich gedrücktfühlen
［英］to be vexed, grieved
493c3, 549c8, 549d6, 603e7

ἀχρεῖος 无用的
［拉］inutilis
［德］nutzlos, unbrauchbar
［英］useless, unprofitable
371c8

ἀχρηστία 无用
［拉］inutilitas
［德］Unbrauchbarkeit
［英］uselessness, unfitness
333d11, 489b4, 489d7

ἄχρηστος 无用的，无益的
［拉］inutilis
［德］nutzlos
［英］useless, unprofitable
332e7, 332e11, 333c11, 333d11, 333e2, 389b3, 398e3, 411b1, 487d5, 487e3, 488d4, 489a1, 489b3, 489c6, 489d4, 490d3, 490e4, 499b4, 519a1, 521d11, 527d6, 530c1, 531c7

ἀχώριστος 不可分的，不可分开的
［拉］non separatus
［德］ungetrennt, untrennbar

[英] not parted, undivided, inseparable
524c1
ἀψεύδεια 真实无欺，爱说实话
[拉] veri amor
[德] Wahrheitsliebe, Untrüglichkeit
[英] truthfulness
485c3
ἀψευδής 无欺的，真正的
[拉] mentiri nescius, verax
[德] nicht lügend, wahr
[英] without deceit, truthful
382e6, 383b5
ἄωρος 不到时候的；丑陋的
[拉] deformis
[德] unzeitig, ungestalt
[英] untimely, unseasonable, ugly
574c2
βαδίζω 漫游，踱步，前进
[拉] vagor
[德] wandeln, marschieren
[英] go about, walk, march
515c7
βάθος 深度，高度
[拉] profunditas, altitude
[德] Tiefe, Höhe
[英] depth, height
528b3, 528d8, 528e1
βαθύς 深的，厚的
[拉] profundus, altus, densus
[德] tief, hoch, dicht
[英] deep, high, thick
362a8
βαίνω 走
[拉] vado, incedo
[德] gehen
[英] walk
386d9, 617b5
βαλανεῖον 澡堂
[拉] balneum
[德] Bad
[英] bath, bathing-room
495e6
βαλανεύς 澡堂的堂倌，澡堂服务员
[拉] balneator
[德] Bader
[英] bath-man
344d2
βάλανος 橡子，橡树果
[拉] glans
[德] Eichel
[英] acorn
363b2
βαλλαντιοτομέω 当扒手
[拉] zonam deseco
[德] Geldbeutel abschneiden, ein Beutelschneider sein
[英] cut purses
575b6
βαλλαντιατόμος (βαλλαντιοτόμος) 扒手
[拉] sector zonarius
[德] Beutelschneider
[英] cutpurse
552d5
βαλλάντιον (βαλάντιον) 钱袋，小包，袋子
[拉] crumena, zona
[德] Beutel

［英］bag, pouch, purse
348d7
βάλλω 扔
［拉］iacio
［德］werfen
［英］throw
408a4, 469e1, 469e2, 479c3, 575c4
βαναυσία 手艺，低贱的工作
［拉］artificium sordidum et illiberale
［德］Handwerk, niedrige Beschäftigung
［英］handicraft, vulgarity
495e2, 590c2
βάναυσος 手艺人的，庸俗的
［拉］illiberalis, vilis
［德］Handwerk betreibend, gemein
［英］mechanical, vulgar
522b4
βάπτω 浸泡，染色
［拉］immergo, tingo
［德］färben, tränken
［英］dye, dip
429d5, 429d8, 429e1, 429e2, 429e4
βαρβαρικός 野蛮的，非希腊的
［拉］barbaricus
［德］barbarisch, unhellenisch
［英］barbaric, non-Greek
470c3, 499c9, 533d1
βάρβαρος 外国的，非希腊的，野蛮的
［拉］barbarous
［德］barbarisch, unhellenisch
［英］barbarous, non-Greek, foreign
423a9, 452c8, 469c1, 469c7, 470c5, 471b7, 494c8, 544d3
βαρύς 重的
［拉］gravis
［德］schwer
［英］heavy in weight, weighty
438c2, 479b6, 524a9, 524a10, 602d8
βασανίζω (βασανιστέος) 试验真假，试验，证明，考问
［拉］exploro, probo, examino
［德］prüfen, untersuchen, foltern
［英］put to the test, prove, examine closely, cross-question
361c5, 413e1, 413e6, 434e5, 503a2, 503a6, 503e1, 531b3, 537d5, 540a1
βάσανος 试金石
［拉］coticula
［德］Prüfstein
［英］touchstone
537b5
βασιλεία 王权，王国
［拉］regnum
［德］Königreich, Königtum
［英］kingdom, kingship
445d6, 499b7, 544d1
βασιλεύς 国王，国王执政官
［拉］rex
［德］König
［英］king
359e3, 360a8, 360b2, 363b6, 390e3, 393d5, 473d1, 502a6, 520b6, 543a4, 553c6, 587b9, 587b12, 587d12, 597e7
βασιλεύω 做国王
［拉］rex sum
［德］König sein
［英］to be king

473c11, 509d2, 576d2, 576e4, 580c2, 607a6

βασιλικός 王家的，王者的，高贵的

［拉］regius, regalis

［德］königlich

［英］royal, kingly

474d9, 560c8, 580b3, 580c1, 587b3, 587c12, 587d1

βάσις 基础，基座；步子

［拉］fundamentum, gressus

［德］Grundlage, Schritt

［英］base, foundation, step

399e10, 400a5, 400b3

βαφεύς 染布工

［拉］tinctor

［德］Färber

［英］dyer

429d4

βαφή 染色，染料

［拉］tinctura, color

［德］das Färben

［英］dye

430a3, 430a6

βδελυρός 可憎的，令人讨厌的

［拉］detestabilis

［德］ekelhaft, abscheulich

［英］disgusting, loathsome, blackguardly

338d3

βδελύσσομαι 厌恶，嫌恶

［拉］detestor

［德］ verabscheuen

［英］feel a loathing at

605e6

βέβαιος (adv. βεβαίως) 牢固的，可靠的

［拉］firmus, stabilis

［德］fest, sicher

［英］firm, steady

466b7, 503c6, 503c9, 535a10, 537c4, 585e3, 586a6, 614a4

βεβαιότης 稳固，可靠

［拉］stabilitas, firmitas

［德］Festigkeit, Sicherheit

［英］steadfastness, stability, assurance, certainty

503c5

βεβαιόω 巩固，证实

［拉］confirmo

［德］befestigen

［英］confirm, establish

435a3, 437a5, 442d10, 461e8, 533d1

βέλος 箭，标枪，投掷物，武器

［拉］telum, iaculum

［德］Spitze, spitzige Waffe

［英］missile, arrow, dart, weapon

394a7

βῆμα 讲台，站立的地方

［拉］suggestus, pulpitum

［德］Bühne

［英］raised place or tribune

564d10, 617d5

βία 暴力

［拉］vis

［德］Gewalt

［英］force, act of violence

344a8, 359c6, 361b4, 411d8, 515e6, 528c7, 536e2, 536e6, 548b7, 551b3, 552e2, 554c1, 554d1, 558d4, 566a9,

577e3, 586c9, 606a3, 607e5

βιάζω (βιάω) 强迫，迫使，使用暴力

［拉］urgeo, opprimo

［德］bedrängen, erzwingen

［英］constrain, act with violence, use force

341b1, 361b3, 365c2, 365d5, 365d7, 412e7, 413b1, 413b9, 440b1, 440b2, 461c6, 465a9, 488d3, 547b7, 569b3, 574a1, 574b4

βίαιος (βιαστικός) 暴力的，强有力的

［拉］violentus

［德］gewalttätig

［英］forcible, violent

399a7, 399b3, 399c2, 464e4, 536e4, 566b2, 603c5

βιβλίον (βίβλος) 书，著作

［拉］liber

［德］Buch

［英］book

364e3

βιόδωρος 给人以生活的

［拉］almus

［德］Leben schenkend

［英］life-giving

381d8

βίος (βίοτος) 生命，一生，生活

［拉］vita

［德］Leben, Lebenszeit

［英］life, lifetime

328e7, 330e6, 331a4, 344e2, 347e4, 347e7, 358c5, 358d3, 360e1, 361d1, 361e1, 362c7, 364b4, 365b1, 365b7, 367d8, 372d2, 372d3, 374c1, 383b2, 386c6, 399e10, 400a7, 403d1, 404a5, 405b7, 405c5, 406b7, 406c5, 407a8, 407d7, 410c9, 411a9, 412b1, 417b3, 425e6, 442b3, 450b7, 465d3, 465d9, 466a8, 466b1, 466b6, 466c5, 469b3, 484a7, 486a10, 495c1, 496e1, 498c3, 498d3, 515b1, 518a7, 518b2, 519c3, 520e4, 521b1, 521b9, 534c6, 539a1, 540b1, 549b7, 557b9, 561d6, 561d7, 561e1, 561e6, 565e6, 572d3, 575a6, 576a4, 578c1, 578c7, 579d2, 579e4, 581c9, 581e7, 583a3, 583a5, 586a3, 586b6, 588a4, 588a9, 599b1, 600b1, 600b4, 606e5, 607d9, 612a5, 613c5, 615b1, 617d4, 617e2, 618a1, 618a3, 618a7, 618b4, 618c4, 618c7, 618e1, 619a5, 619a7, 619c7, 619d8, 620a1, 620a3, 620a4, 620a8, 620b1, 620b5, 620c6, 620d6, 620e1

βιόω (βιωτέον) 生活，过活

［拉］vivo, vitam ago

［德］leben

［英］live, pass one's life

344e6, 353e10, 425e8, 496e1, 498c3, 576b8, 591c2, 615c2, 619c7

βιωτός 值得活的

［拉］vitalis

［德］lebenswert

［英］to be lived, worth living

445a7, 445b1

βλάβη 伤害，害处，破坏

［拉］damnum, noxa

［德］Schaden, Nachteil

［英］harm, damage

332d6, 334b5, 335e2, 343c5, 434c1, 590d1

βλαβερός (adv. βλαβερῶς) 有害的

［拉］noxius, perniciosus

［德］schädlich

［英］harmful

332b1, 379b3, 379b5, 391e4, 457b5, 519a1, 559b10, 559b11

βλακικός 愚蠢的，笨的，懒惰的，松弛的

［拉］stolidus, socors

［德］stumpfsinnig, dumm, schlaff

［英］stupid, lazy, sluggish

432d5

βλάπτω 伤害，损害

［拉］laedo, noceo

［德］schaden, schädigen

［英］damage, hurt

332e4, 334b9, 334d1, 334d9, 334e1, 335a10, 335b2, 335b6, 335b10, 335c1, 335c6, 335d7, 335d11, 335e5, 336a3, 362c1, 364c3, 367d4, 379b5, 379b7, 391a6, 407d4, 434a7, 553b4

βλαστάνω 发芽，生长

［拉］pullulo, cresco

［德］keimen, aufwachsen

［英］bud, sprout, grow

362b1, 498b5

βλασφημέω 亵渎，诽谤

［拉］maledico

［德］verleumden, schmähen

［英］slander, blaspheme

381e5

βλέπω 看，瞧

［拉］intuor

［德］blicken, ansehen

［英］see, look

342e9, 343b3, 345c5, 368c8, 368d4, 410b6, 420b6, 421b4, 421b6, 500b9, 515d4, 515e1, 518d7, 519a2, 519a5, 529a7, 529b4, 529c2, 532c1, 536c2, 545c4, 576d8, 586a7, 591c7, 596a1, 596b7, 611d8

βλίττω 取蜂蜜，割取蜂巢

［拉］mel exprimo, favum eximo

［德］des Honigs berauben

［英］cut out the comb of bees, take the honey

564e10, 564e12

βλοσυρός 严肃，庄重的，可怕的，强壮的

［拉］venerandus, severus

［德］furchtbar, ernst

［英］virile, fearful, dignified

535b2

βοάω 叫喊

［拉］clamo

［德］laut rufen, schreien

［英］cry aloud, shout

573e4, 604c9

βόειος 牛的

［拉］bubulus

［德］vom Rind

［英］of an ox or oxen

338c8

βοήθεια 帮助

［拉］auxilium

［德］Hilfe, Hilfeleistung

[英] help, aid
471d5, 496d1, 560c6, 602d6
βοηθέω 帮助，搭救
[拉] succurro
[德] helfen, zu Helfe kommen
[英] assist, aid
362d9, 368b4, 368b7, 368c1, 368c5, 427e1, 465b2, 492a5, 559e4, 559e6, 572e2, 578d12, 578e5
βοηθός 助手，帮手
[拉] auxiliator
[德] Helfer
[英] helper
369c3, 414b5, 474b1, 566b8
βολβός 洋葱头
[拉] bulbus
[德] Zwiebelkopf
[英] onion
372c5
βολή 扔，抛
[拉] iactus, ictus
[德] das Werfen
[英] throw
479c2
βομβέω 发出隆隆声，轰鸣，嗡嗡作响
[拉] bombum edo seu facio, tinnio
[德] sausen, tönen
[英] rumble, roar
564d10, 573a4
βόρβορος 烂泥，稀泥
[拉] lutum, limus
[德] Schlamm, Morast
[英] mire, filth
533d1
βόρειος 北方的，北边的
[拉] aquilonius
[德] nördlich
[英] northern
437e8
βούβρωστις 饥饿，贫困
[拉] dira fames
[德] großer Hunger, große Not
[英] famine, grinding poverty or misery
379d8
βόσκω 放牧，养育
[拉] pascor
[德] weiden, ernähren
[英] feed, nourish
586a8
βόσκημα 饲养的动物，牲畜
[拉] pecus
[德] Geweidetes
[英] that which is fed or fatted
373c7, 586a7
βοτάνη 牧草，牧场
[拉] herba
[德] Weide
[英] pasture
401c1, 564e13
βουκόλος 牧牛人
[拉] bubulcus
[德] Kuhhirt
[英] cowherd
343b1, 370d9
βούλευμα 决定，决议，计划
[拉] consilium
[德] Entschließung

［英］resolution, purpose
334a2, 362b1

βουλευτικός 能提建议的，能提意见的
［拉］consultans
［德］beratend
［英］able to advise or deliberate
434b3, 441a1

βουλεύω (βουλευτέον) 任议事员，提意见，建议，决定
［拉］consulto
［德］beraten, Mitglied des Rats sein
［英］give counsel, act as member of council
345b2, 353d5, 390b7, 400b1, 414e4, 428b7, 428c3, 428d1, 442b7, 442b9, 458a4

βούλημα (βούλησις) 意愿，意图
［拉］voluntas, consilium
［德］Absicht, Plan
［英］purpose, intent, intention
426c4

βούλομαι 愿意，想，希望
［拉］volo
［德］wollen, wünschen
［英］will
327a2, 329d7, 336b3, 336c2, 340c3, 344a2, 345a5, 346b3, 347b7, 348a4, 348a6, 348e1, 349c1, 350e1, 350e2, 350e7, 357a5, 357b4, 358d1, 358d4, 358d6, 359c2, 360b7, 360c1, 360c2, 362b3, 362c4, 362e4, 368e8, 372e7, 377b2, 377e3, 386c5, 389a7, 390c3, 392e1, 394c6, 398a3, 414b3, 416d7, 420a4, 420a5, 423d2, 425d1, 429d2, 429d3, 429d4, 430c4, 430d6, 430d8, 430e1, 431a3, 432a5, 437b8, 437c3, 438d11, 439b1, 440d7, 445b2, 450d5, 453a7, 455a9, 458a5, 468a10, 468c2, 470b1, 475a3, 476e4, 477c4, 488e1, 489d10, 492b2, 494b8, 497e3, 499b5, 501e8, 507a1, 511c4, 516d5, 518b3, 520a3, 521c1, 521c4, 525d2, 531d3, 538a7, 538a8, 545d7, 552c2, 556a6, 557b6, 557d5, 557e4, 558d8, 558d10, 564c7, 565c2, 567c2, 571b3, 572b4, 577b6, 577d11, 577e2, 590e1, 592b3, 595c8, 596a5, 596a10, 597b2, 597b4, 597c1, 597d1, 597d5, 603a10, 604c5, 606c6, 613d3

βοῦς 牛
［拉］boum
［德］Rinder
［英］ox, cow, cattle
343b2, 370e1

βραδύνω 使缓慢，拖延
［拉］moror
［德］langsam machen, verzögern
［英］make slow, delay
528d8

βραδύς 慢的，迟钝的
［拉］tardus
［德］langsam
［英］slow, sluggish
438c3, 526b7

βραδυτής 迟钝，缓慢
［拉］tarditas
［德］Trägheit, Schwerfälligkeit

［英］slowness, sluggishness
529d2
βραχύβιος 短命的，生命短促的
［拉］cuius vita brevis est
［德］kurzlebig
［英］short-lived
546a7
βραχύπορος 有短轨道的
［拉］brevem habens cursum
［德］mit kurzem Wege
［英］with a short orbit, of a cycle of births
546a7
βραχύς (adv. βραχέως) 短的，简短的
［拉］brevis, paucus
［德］kurz, klein
［英］short, brief
330b7, 396d5, 400b7, 424b3, 455b7, 484a4, 496b5, 526d7
βραχύτης 短
［拉］brevitas
［德］Kürze
［英］shortness
400c1
βρίθω 变沉重，压得很重，载满
［拉］incline, deprimo
［德］schwer sein, niederdrücken, beladen
［英］to be heavy or weighed down with, laden
363c1
βροντή 雷，雷声
［拉］tonitrus
［德］Donner
［英］thunder
396b6, 397a4, 621b2
βροτός 有死者
［拉］mortalis
［德］Sterblicher
［英］mortal man
379a3, 566d6
βρύω 充满
［拉］affluo, abundo
［德］übervoll sein
［英］to be full of
383b6
βρῶμα 食物，吃的东西
［拉］cibus
［德］Speise, das Essen
［英］that which is eaten, food, meat
437e6, 571d2, 574e4
βρῶσις 吃
［拉］esca
［德］das Essen
［英］eating
619c1
βωμολοχία 粗俗的笑话，下流的笑话
［拉］dicacitas scurrilis
［德］niedrige Schmeichelei, Possenreißerei
［英］coarse jesting, buffoonery, ribaldry
606c7
βωμός 祭坛
［拉］ara
［德］Altar
［英］altar
391e9

γάλα 奶

［拉］lac

［德］Milch

［英］milk

460d2

γαμέω 结婚，娶妻

［拉］uxorem duco

［德］verheiraten

［英］marry

362b3, 495e8, 613d3

γάμος 婚姻，结婚

［拉］nuptial

［德］Ehe, Heirat

［英］wedding, marriage

363a3, 383b1, 423e7, 458e3, 459a4, 459d4, 460a2, 461a7, 468c5

γανόω 使发光，使闪亮

［拉］exhilaro

［德］glänzend machen, erhellen

［英］make bright, polish

411a8

γεηρός 泥土的，泥土气的

［拉］terrenus

［德］erdig

［英］of earth, earthy

612a1

γείτων 邻居

［拉］vicinus

［德］Nachbar

［英］neighbour

531a5, 579a6

γελάω 嘲笑，笑

［拉］rideo

［德］lachen

［英］laugh at

331d9, 366c3, 451b2, 457b1, 457b3, 518a6, 518b2

γέλοιος 可笑的，荒诞的

［拉］ridiculus

［德］lächerlich, witzig

［英］amusing, absurd

382d8, 392d8, 403e7, 406c6, 429e6, 430e11, 435e3, 445a5, 445b5, 452a10, 452b4, 452c7, 452d5, 452d6, 452d8, 454c6, 454c7, 456d11, 457b2, 463e1, 504d8, 505b11, 509c1, 517d6, 527a6, 528d9, 529e4, 530a2, 531a4, 536b8, 600b8, 606c2, 620a2

γέλως 笑，笑料，笑柄

［拉］ridiculus

［德］Gelächter

［英］laughter

388e6, 389a1, 389a5, 451a1, 473c7, 506d8, 517a2, 518b3, 536b5

γελωτοποιέω 使成为笑料，取笑

［拉］risum facio, irrideo

［德］Spaß machen

［英］to create, make laughter

452d7, 606c3, 606c6

γελωτοποιός 搞笑的，可笑的

［拉］risum movens, scurriliter agens

［德］Lachen verursachend

［英］exciting laughter, ridiculous

620c3

γέμω 充满

［拉］plenus sum

［德］voll sein

［英］to be full of

544c5, 559c9, 573a5, 577d3, 578a4, 579e4, 603d7, 611b3

γενεαλογέω 追溯家世，追溯家谱

[拉] genus recenseo

[德] die Abkunft, den Stammbaum ermitteln

[英] trace a pedigree

365e3

γένεσις 生成，产生，起源

[拉] generatio, creatio, ortus

[德] Entstehung, Zeugung, Ursprung

[英] generation, coming into being, origin

359a5, 371d4, 373e6, 415a5, 428c8, 437c6, 450c3, 451d1, 485b2, 509b3, 509b4, 519a1, 525b5, 525c5, 526e7, 533b5, 534a3, 534a4, 546c7, 550b8, 573b5, 618b1, 621b3

γενναῖος (adv. γενναίως) 高贵的，优良的

[拉] generosus, nobilis

[德] von vornehmer Abstammung, edel

[英] high-born, noble

348c12, 361b7, 363a8, 372b4, 375a2, 375e2, 409c2, 414b9, 440c2, 440d1, 454a1, 459a3, 459a7, 488c4, 494c6, 496b2, 527b9, 535b1, 544c6, 558c2

γεννάω 生，产生

[拉] gigno

[德] zeugen

[英] beget, bring forth

391d6, 415a8, 415b1, 424b1, 459a10, 459b4, 460e6, 461a6, 461b4, 461b9, 461d8, 490b5, 496a2, 496a6, 508b13, 520b6, 538a3, 546b2, 568e4, 569a1, 569b1, 575c7, 603b4, 620a6

γέννημα 产物，后代

[拉] quod natum seu procreatum est, progenies

[德] das Erzeugte, Sprößling

[英] that which is produced or born, child

597e3

γέννησις 生育，生产，代，世代

[拉] procreation, generatio

[德] Erzeugung, Geburt, Generation

[英] engendering, producing, generation

436a11, 461a4

γεννητός 被生下的

[拉] procreatus, natus

[德] erzeugt, geboren

[英] begotten

546b3

γένος (γέννα) 种族，种类，属，民族，家族

[拉] genus

[德] Geschlecht, Abstammung

[英] race, family

351e10, 363d3, 366c3, 368a4, 429a1, 434b9, 434c8, 435b5, 435b7, 441a1, 441c6, 441d9, 442b2, 443d3, 444b5, 453a1, 454d8, 455c5, 455c8, 455d3, 457a10, 459b5, 459b12, 460c6, 468e6, 468e9, 469c1, 470c2, 473d6, 477c1, 477d8, 497b5, 501e3, 507c11, 507e1, 509d2, 509d8,

510a6, 519e2, 538a1, 546a7, 547a1, 547a3, 547a5, 547b3, 557d4, 564b5, 564d1, 565a1, 581c4, 585b12, 585d1, 585d2, 614b4, 616c7, 617d7, 620a5, 620b5

γεραιός (γηραιός, γραῖος) 年老的，古老的

［拉］senex, senilis

［德］alt

［英］old, ancient

373d2, 459b1

γεραίρω 尊敬，敬重

［拉］honoris causa muneror, honoro vel honore orno

［德］ehren, auszeichnen

［英］honour, reward

468d3

γέρας 礼赞，礼遇，礼物

［拉］munus

［德］Ehrengabe, Ehrengeschenk

［英］gift of honour, gift, present

406b9, 414a4, 460b2, 465d9, 503a6, 516c9

γέρων 老年人

［拉］ senex

［德］Alter, Greis

［英］old man

378d1, 409b4, 452b2, 563a7, 574b7, 613d8, 615c8

γεύω (γευστέον) 品尝

［拉］gusto

［德］kosten

［英］taste

358e6, 411d2, 475c6, 496c6, 537a6, 539b2, 539b3, 559d8, 565d9, 565e7, 582b2, 582b5, 582c8, 586a6, 592a2

γεωμετρία 几何学

［拉］geometria

［德］Geometrie

［英］geometry

510c2, 511b1, 526c10, 526d8, 527a2, 527c2, 527c7, 528a7, 528d3, 528d9, 529e3, 530b6, 533b7, 536d5

γεωμετρικός 几何学的，精通几何学的

［拉］geometricus, geometriae peritus

［德］geometrisch, der Geometrie kundig

［英］geometrical, skilled in geometry

458d5, 511d3, 526d5, 527b7, 546c6

γεωργέω 种地，当农民

［拉］terram colo, aro

［德］Ackerbau treiben

［英］cultivate, plough

412c7, 551e6

γεωργία 耕作，耕种

［拉］agricultura

［德］Ackerbau

［英］tillage, agriculture, farming

333a2, 370d1, 397e7, 527d2, 547d4

γεωργικός 有关耕作的，善于耕作的，精通农业的

［拉］ad agriculturam pertinens, agriculturae peritus

［德］zum Landbau gehörig

［英］agricultural, occupied or skilled in farming

412c7, 428c9

γεωργός 农夫，农民

［拉］agricola

［德］Landwirt, Landbauer
［英］farmer
369d7, 369e3, 370c8, 370e1, 370e2, 371a7, 371c1, 374b6, 374c4, 397e6, 415a7, 415c2, 417a7, 420e1, 420e8, 421b2, 466b2, 468a7, 589b2

γῆ (γαῖα) 地，土地，泥土
［拉］terra, tellus
［德］Erde, Boden
［英］land, earth
359d4, 363b7, 403e6, 414d7, 414e2, 417a6, 420e3, 427c4, 428c8, 464b9, 470a5, 471b1, 471b9, 529c2, 547b4, 547b8, 566a1, 566e2, 586a8, 592a11, 596c6, 596c7, 596c9, 596e2, 612a1, 614c2, 614d5, 614d6, 614e5, 615a2, 616b5, 618a2, 621a4

γηγενής 地生的，土生土长的
［拉］terra natus
［德］erdgeboren
［英］earthborn, indigenous
414e6, 415d6

γῆρας 老年
［拉］senectus
［德］Alter
［英］old age
328e6, 329b1, 329b2, 329b5, 329c6, 329d3, 329d5, 329e3, 330a4, 330a5, 330e2, 366d2, 406b8, 469b2, 498a6, 552c9

γηράσκω (γηράσκω) 变老
［拉］senesco
［德］altern
［英］grow old
393e8, 536d2

γηροτρόφος (γηροβοσκός) 照料老人的
［拉］senectutem nutriens
［德］die alten Eltern pflegend
［英］nourishing or taking care of in old age
331a2, 331a7, 569b7

γιγαντομαχία 诸神与巨人之间的战争
［拉］pugna gigantum
［德］Gigantenkampf
［英］battle of the gods and giants
378c4

γίγνομαι 发生，产生，生成，成为，变得，出现
［拉］accido, evenio
［德］werden, geschehen, sich ereignen
［英］happen, come to be
327c9, 329c6, 329c8, 330a2, 330a6, 330b1, 330e4, 332b1, 335b6, 335b10, 335c2, 335c7, 336d7, 336e1, 337d8, 344c6, 346b4, 346c11, 347d3, 347d4, 351b7, 354a13, 354b9, 357b8, 357c2, 357d1, 358a2, 358b4, 358b6, 358c2, 358e2, 359c7, 359d1, 359d3, 359d4, 359e2, 359e6, 360a1, 360a4, 360a7, 360a8, 360b3, 360b4, 361c7, 363a3, 364c1, 366b2, 366e5, 369a5, 369a6, 369a9, 369b5, 370d6, 371a16, 371b9, 372e3, 373e7, 374b9, 374c6, 375c11, 375d1, 376d2, 378d2, 378e1, 379e5, 380b6, 380d3, 382b10, 382c10, 383c4, 386b1, 387c5, 388b4, 391d2, 392d3, 392d5, 393d1, 393d3, 393d6,

611a7, 611a8, 611c3, 611e3, 613a1, 613a5, 613a8, 613c1, 613d8, 614a1, 614d2, 615b7, 615c1, 615c7, 616a5, 616a6, 616b2, 617c4, 618b4, 618e2, 619b1, 620a4, 620a6, 620b2, 621a5, 621b2

γιγνώσκω (γνωστέον) 认识

[拉] nosco, percipio

[德] erkennen, kennen

[英] know, recognize

331e7, 336c4, 343a9, 347a8, 347d6, 362a2, 366c5, 396a4, 402b6, 402b7, 407c7, 409d8, 409e2, 428a3, 436a6, 466c2, 471d1, 476d5, 476d9, 476e7, 476e9, 477a1, 477b10, 478a6, 478a10, 479e4, 479e8, 484d5, 488b2, 490b6, 497c5, 499a6, 506a7, 508d6, 508e1, 508e2, 508e4, 509b6, 520c4, 555b5, 569a8, 572b4, 599d4, 600c5, 619a5

γλίσχρος (adv. γλίσχρως) 黏糊糊的，贪婪的，吝啬的

[拉] lentus, parcus, avarus

[德] leimig, kleinlich, gierig

[英] greedy, sticky, importunate

488a2, 553c3

γλυκύς 甜的

[拉] dulcis

[德] süß

[英] sweet

331a6, 411a7, 582b4

γλῶσσα (γλῶττα) 舌头

[拉] lingua

[德] Zunge

[英] tongue

565e6

γνήσιος (adv. γνησίως) 真正的，亲生的，合法的

[拉] ingenuus

[德] ehrlich, rechtmäßig

[英] genuine, legitimate

473d2, 496a8, 535c8, 536a4, 587b14

γνωματεύω 辨别，判定

[拉] discerno, diiudico

[德] beurteilen

[英] discriminate, discern

516e8

γνώμη 意见，观点，判断

[拉] sententia, judicium, opinio

[德] Ansicht, Meinung

[英] thought, judgement, opinion

331a9, 476d5

γνωμονικός 有判断力的，有见识的，精通某事的

[拉] intelligens, peritus

[德] zum Urteilen geschickt, urteilsfähig

[英] fit to judge of, skilled in a thing

467c10

γνωρίζω 使人知道，认识，了解，熟悉

[拉] nosco, cognosco

[德] bekannt machen, erkennen

[英] make known, become acquainted with

402a3, 402c5, 428a4, 428a5, 525d2

γνώριμος 熟知的，熟悉的

[拉] notus, familiaris

[德] bekannt, kenntlich

[英] well-known, familiar

343e5, 375e3, 376a6, 376c1, 558c7, 614e4

γνῶσις 认识，认清

［拉］cognitio

［德］Erkenntnis

［英］cognition

476c3, 477a9, 478c4, 478c8, 478c10, 478c13, 480a1, 484c7, 508e5, 527b1, 527b5, 527b8

γνωστός 可知的，可认识的

［拉］notus, cognitus

［德］erkennbar

［英］knowable

477a3, 478a10, 478b2, 478b3, 479d8, 510a9, 517b8

γοάω 悲叹，哀叹

［拉］gemo

［德］wehklagen, jammern

［英］groan, weep

386d10

γόης 魔术师，术士，巫师

［拉］praestigiator

［德］Zauberer

［英］sorcerer, wizard

380d1, 383a3, 598d3

γοητεία 骗术，巫术

［拉］ars magica, fallacia

［德］Zauberei

［英］witchcraft, jugglery

413d7, 584a10, 602d2

γοητεύω 蛊惑，欺骗

［拉］elinio

［德］bezaubern, behexen

［英］bewitch, beguile

381e10, 412e7, 413b1, 413c1, 413c4

γονεύς 生产者，父母

［拉］parens

［德］Erzeuger, Eltern

［英］begetter, parents

386a3, 425b2, 443a9, 457d2, 457d3, 463d3, 465b1, 538a3, 538c7, 541a3, 562e9, 574b2, 574b10, 615c3

γόνιμος 有生产能力的，多产的

［拉］ad generandum aptus, fecundus

［德］zeugungsfähig, fruchtbar

［英］productive, fertile, fruitful

367d2

γόνυ 膝盖，膝

［拉］genu

［德］Knie

［英］knee

617b4, 617d4

γράμμα 文字，学问

［拉］littera

［德］Schrift, Wissenschaft

［英］letters, learning

368d3, 368d5, 402a7, 402b5, 425b8, 472d6

γραμματικός 精通文法的

［拉］grammaticus

［德］des Lesens und Schreibens kundig, grammatisch

［英］knowing one's letters, grammatical

402b3

γραμματιστής 文书，书记，语法教师

［拉］grammatista

［德］Schreiber, Elementarlehrer

［拉］nudus
［德］nackt
［英］naked
372a8, 452a11, 452c8, 457b1, 474a1, 577b1

γυμνόω (γυμνωτέος) 剥去，除去
［拉］nudo, privo
［德］entkleiden, entblößen
［英］strip
361c3, 601b2

γύναιος (γυναικεῖος) 属于女人的，关于女人的，女人的
［拉］quae mulieri dantur
［德］auf Frauen bezüglich
［英］made to a woman
373c1, 451c2, 455c8, 457b8, 469d7, 620a5

γυνή 妇女
［拉］mulier
［德］Frau
［英］woman
329c2, 360b1, 387e10, 395d6, 396a5, 398e4, 423e7, 431c2, 433d3, 449c4, 449d4, 450c2, 451c6, 451e6, 452a4, 452a11, 453b7, 453c4, 453d2, 453e3, 454d7, 454e2, 454e4, 455a3, 455b2, 455c6, 455d3, 455d7, 455d9, 455e1, 455e4, 455e6, 456a7, 456a10, 456b1, 456b9, 456e3, 456e6, 457a6, 457a9, 457b1, 457c10, 457d7, 458c7, 460b3, 460b8, 460b9, 460d7, 460e2, 460e4, 461b5, 461b9, 461c2, 461b9, 461c2, 461e6, 464a9, 464b6, 464d1, 465c5, 466c6, 468e2, 471a11, 492b3, 502d5, 502e1, 540c7, 543a2, 548b1, 549d1, 549e1, 550d12, 557c8, 563b7, 563b8, 578e3, 578e7, 579b8, 605e1, 618b2, 620a6, 620c2

γωνία 角，直角尺
［拉］angulus, norma
［德］Winkel, Ecke, Winkelmaß
［英］corner, joiner’s square
510c4

δαιμόνιος (adv. δαιμονίως) 精灵的，属于精灵的
［拉］daemonicus
［德］dämonisch
［英］of or belonging to a daemon
344d6, 382e6, 469a4, 496c4, 509c1, 522b3, 531c5, 573c7, 614c1

δαίμων 精灵，神灵
［拉］daemon
［德］Dämon
［英］demon, spirit
391e11, 392a5, 427b7, 469a1, 469a8, 540c2, 617e1, 619c5, 620d8

δαιτυμών 应邀赴宴的宾客
［拉］conviva
［德］Schmauser, Gast
［英］one that is entertained, guest
345c5

δάκνω 咬
［拉］mordeo
［德］beißen
［英］bite
474d5, 589a4

δάκρυον 眼泪

［拉］lacrima
［德］räne
［英］tear
394a6

δακρύω 哭
［拉］lacrimo
［德］weinen
［英］weep
606a4

δακτύλιος 指环，印章戒指
［拉］annulus
［德］Ring
［英］ring, signet
359e1, 359e4, 359e5, 360a3, 360a5, 360b3, 612b4, 612b5

δάκτυλος 手指；长短短格，扬抑抑格
［拉］digitus, dactylius numerus
［德］Finger, daktylus
［英］finger, dactyl
400b5, 462c11, 462d3, 523c5, 523c11, 523d5, 523d6, 524e2

δαμάζω (δαμάω) 使驯服，制服
［拉］domo, vinco
［德］zähmen
［英］tame, subdue, conquer
388d1

δανείζω 借给，放款
［拉］mutuum do
［德］ausleihen
［英］lend
465c4, 612c5

δανεισμός 贷款，借
［拉］mutuatio
［德］das Ausleihen
［英］money-lending, borrowing
573e1

δαπανάω 花费
［拉］sumtum facio, impendo
［德］aufwenden, Aufwand machen
［英］spend, consume
548b2

δαπάνη 开销，费用，花费
［拉］sumtus, impensa
［德］Aufwand, Kosten
［英］cost, expenditure
364c3, 485e4, 550d11, 560d5

δαπανηρός 挥霍的，浪费的
［拉］sumtuosus
［德］verschwenderisch, kostspielig
［英］lavish, extravagant
564b4

δείδω 恐惧，害怕
［拉］timeo, vereor
［德］fürchten, scheuen
［英］fear, dread
331b4, 336b7, 347c5, 367a3, 368b7, 382d11, 386a7, 389e9, 394a1, 413c3, 417b4, 472a6, 499b1, 527d5, 551e1, 553b8, 555a3, 562e9, 566b10, 608b1

δείκνυμι 指出，显示
［拉］ostendo
［德］zeigen, nachweisen
［英］show, point out
337d1, 432c4, 473c3, 489e1, 493c6, 505b8, 514b6, 515d4, 515d7, 515e4, 523a9, 523a10, 610c3

δειλία 懦弱，胆小
［拉］timiditas

［德］Furchtsamkeit, Feigheit

［英］timidity, cowardice

444b7, 590b4, 604d10, 609c1

δειλός 懦弱的，胆小的，悲惨的，可怜的

［拉］timidus, miser, infelix

［德］feig, elend

［英］cowardly, miserable, wretched

379d4, 381e6, 395e7, 411a3, 429b1, 429b5, 469d1, 486b3, 486b7

δεῖμα 害怕，恐惧

［拉］timor, terror

［德］Furcht, Schrecken

［英］object, terror

330e4, 386b2, 413d10

δειμαίνω 害怕

［拉］metuo

［德］in Furcht sein, erschrecken

［英］to be afraid

330e7

δεινός (adv. δεινῶς) 聪明的，强有力的，可怕的

［拉］fortis, potens, peritus, terribilis, dirus

［德］tüchtig, geschickt, gewaltig, furchtbar

［英］clever, powerful, terrible

333e3, 333e7, 333e8, 334a5, 334a7, 334a8, 337a1, 360e7, 365a3, 368d1, 386b4, 387b8, 387d6, 387d8, 387e3, 391d1, 391d2, 395c6, 405b9, 408d10, 409c4, 409c6, 416a2, 416a8, 421a5, 426c5, 429c1, 429c8, 430a4, 430a6, 430a7, 430b3, 433c7, 442c2, 461b2, 465b8, 486b1, 487b8, 488d2, 525d9, 531d9, 552c8, 559d9, 572b4, 572e4, 573d7, 574e4, 588d1, 590a1, 590a6, 596c3, 613b10, 615d4, 621a3

δειπνέω 进餐

［拉］coeno

［德］speisen

［英］make a meal

372e1

δεῖπνον 餐，膳

［拉］coena, convivium

［德］das Essen, Mahlzeit

［英］meal

328a8

δελφίς 海豚

［拉］delphinus

［德］Delphin

［英］dolphin

453d10

δένδρον 树

［拉］arbor

［德］Baum

［英］tree

363c1, 621a4

δεξιά 右边

［拉］dextra

［德］rechte Hand

［英］right hand

436e5, 614c5

δεξιόομαι 伸出右手表示欢迎

［拉］dextra prehensum amplector

［德］mit Handschlag begrüßen, die Rechte geben

［英］greet with the right hand
468b7
δεξιός 右的，右边的
［拉］dexter
［德］recht
［英］right, on the right hand
420e4, 617c6
δέος 恐惧
［拉］metus
［德］Furcht, Angst
［英］fear, alarm, reverence
330d6, 465a11, 465b1
δέπας 酒杯，杯子
［拉］poculum
［德］Becher, Pokal
［英］beaker, goblet
390b2, 468e1
δέρμα 皮
［拉］cutis
［德］Haut
［英］skin
370e3
δεσμός 锁链，纽带，桎梏，囚禁
［拉］vinculum
［德］Band
［英］band
360c2, 378d3, 390c7, 495e6, 514a5, 514b1, 515c5, 532b6, 616c1
δεσμωτήριον 监狱
［拉］carcer
［德］Kerker
［英］prison
515b7, 517b2, 579b3
δεσμώτης 囚徒，囚犯
［拉］vinctus
［德］Gefangener
［英］prisoner, captive
514b4, 515a4, 516e9, 519d5
δεσπόζω 做主人
［拉］dominor
［德］herrschen
［英］to be lord, dominate
576a5, 577d5, 579a7
δεσποτεία 统治权，控制权
［拉］dominatio
［德］Herrschaft
［英］the power of a master, ownership
569c1
δεσπότης (δέσποινα) 主人
［拉］dominus
［德］Herr, Besitzer
［英］master, lord
329c4, 329d1, 343b3, 405b2, 416b3, 417b1, 463a8, 495e8, 563c6, 563e1, 577c8, 607b6
δεσποτικός 主人的，适合进行统治的
［拉］imperiosus
［德］herrisch, den Herrn betreffend
［英］of or for a master, fitted to rule
344c5, 563b2
δευσοποιός 不褪色的
［拉］qui deleri non potest
［德］unauslöschlich
［英］deeply dyed, fast
429e1, 430a3
δεύτερος (adv. δευτέρως) 第二位的，次要的

［拉］secundus
［德］zweiter
［英］second
380d1, 383a2, 511e1, 523c5, 526c8, 527c10, 528b2, 533e8, 544c3, 544c4, 546d7, 550c1, 550c2, 556a9, 566c7, 568c8, 580b2, 580d1, 583a6, 588d4, 588d5, 599d4, 616e5, 616e8, 617a2, 617a4, 617a8, 617b3

δέχομαι 接受，赞同，选择
［拉］accipio, eligo
［德］annehmen, gutheißen
［英］accept, choose, prefer
357b5, 357c8, 382b4, 393e2, 416e1, 429d8, 430a3, 442e7, 465d9, 516e2, 543c1, 580d4, 590a2, 604a8, 606b4, 615e2

δέω (δεῖ, δέομαι) 捆绑；缺乏，需要，恳求，必须，应当
［拉］vincio, indigeo
［德］binden, fesseln, bedürfen, brauchen
［英］bind, lack, want
328c8, 328e3, 330d8, 331d7, 332d4, 333b12, 333c5, 333c8, 333d3, 333d6, 335b4, 336d1, 338a5, 340a4, 342a3, 342a5, 343a8, 344d5, 345c3, 346d2, 347a4, 347b9, 348a9, 348b2, 358b2, 361b4, 361e4, 362a3, 362e2, 367b1, 368c4, 369c2, 369e2, 370c7, 370d2, 370e6, 370e10, 370e11, 371a1, 371a4, 371a5, 371a6, 371a7, 371a14, 371c3, 371c8, 371d2, 371d3, 373b2, 373c2, 373c5, 373c6, 373e9, 374b4, 374e2, 375a5, 375a7, 375a8, 375b4, 375c1, 376c2, 377b8, 377c8, 378a2, 378c2, 378c3, 379a2, 379a10, 379c6, 380b4, 380c7, 383a3, 386b8, 386b9, 386c2, 387b5, 387c5, 388a5, 388e2, 388e4, 388e5, 389d7, 392a4, 392c1, 392d1, 392d7, 392e3, 394e2, 395b9, 395c2, 395d6, 395e3, 396d1, 397c3, 398c5, 398c9, 398d5, 398d8, 398e4, 399b4, 399b6, 399c8, 401e3, 402b1, 403c6, 403c11, 403e7, 404a9, 405a7, 405c5, 405c8, 407a7, 407e1, 408b4, 408c6, 409a6, 409b4, 410b2, 410d4, 410d8, 410e2, 410e5, 410e7, 410e8, 412a9, 412b1, 412b5, 412c2, 412c9, 412c12, 412e8, 413a3, 414b9, 414e3, 416b9, 416c5, 416d3, 416d8, 417b7, 420d2, 422b3, 423b5, 423c7, 423d4, 424a1, 424c2, 425e1, 427a4, 427b8, 427d5, 429a2, 430c8, 431d4, 431e1, 432a8, 432b7, 433c4, 436d1, 438c8, 440e4, 442d1, 442e4, 444b1, 449c8, 450c5, 451a4, 451c1, 451d5, 452c5, 453b3, 453b5, 453c4, 453c7, 453c8, 453e3, 453e5, 454b4, 454d9, 454e3, 455a9, 456c9, 457b9, 459b11, 459c3, 459c5, 459c6, 459c9, 459d7, 460d9, 461e7, 463d3, 464b9, 465d9, 466c9, 466e6, 467d13, 467e6, 468a7, 469d2, 470e6, 471b6, 472b8, 473a6, 474b6, 474c8, 474c9, 474d1, 476e3, 479d8, 484a6, 484b6, 484d3, 485a5, 485a7, 485d3, 486a1, 486d2, 487e4, 488a4, 488b4, 488c1, 489a4, 489b6, 489c1,

489c2, 490a2, 490c8, 490e2, 493a1, 494c1, 494d5, 494d8, 497c8, 497e6, 498a6, 498b2, 502d8, 502e2, 503a1, 503b5, 503b8, 503d4, 503d7, 503d8, 503e3, 504c4, 504d7, 506a1, 508a3, 516a5, 516e8, 517c4, 518b6, 518d7, 521a3, 521a6, 521b4, 521c10, 521d8, 521d12, 524b2, 524e4, 526d9, 526e4, 527b11, 528b8, 530e6, 531d8, 531e5, 533d5, 535a10, 535b5, 535c7, 535d1, 536a4, 537c9, 541b4, 543b7, 543c2, 546b3, 546c5, 546d6, 554d6, 555b10, 556e3, 562c6, 562d2, 567b8, 567b12, 567d1, 567d7, 573d8, 577a5, 578c9, 579a3, 579b3, 581e4, 581e5, 582d7, 583d11, 589a6, 590a7, 591c9, 591d2, 596e5, 598c6, 598d1, 601c10, 601e2, 603d4, 604c1, 606d4, 606d5, 608c9, 609e3, 611c1, 611d7, 613b4, 613b10, 614d1, 616b3, 616b3, 616d2, 617d2, 619a1

δῆλος 清楚的，显而易见的

[拉] manifestus

[德] klar, offenbar

[英] clear

331e8, 332c9, 337b4, 339b2, 339b3, 346c6, 346e3, 348e9, 352c4, 360a7, 370b7, 370b9, 371b7, 372c5, 375b5, 376a10, 381b9, 387c10, 389b4, 389b6, 392a9, 398c3, 399d6, 407a3, 407e4, 410a7, 412b5, 412c3, 412c4, 422a8, 427e10, 427e12, 428a5, 428a10, 428b6, 428b9, 432b4, 432b6, 436b8, 439b2, 444a12, 449c5, 452a10, 456c10, 458e3, 465a7, 465c7, 465d1, 466e1, 467b10, 477e8, 484c3, 484c5, 494a10, 497c3, 508a7, 516c3, 523b5, 526d1, 529a1, 529a3, 535a5, 541b3, 541b5, 551a3, 550d6, 552d3, 552d7, 554c11, 555c7, 555d2, 555c7, 555d2, 557b1, 557b3, 557b8, 557b11, 558d7, 562a8, 562a9, 565d1, 565d3, 565d5, 566a10, 566c10, 567a4, 567b11, 568b2, 568d7, 568e2, 576d6, 576e3, 582e6, 583a8, 584e6, 585b11, 587a12, 587d9, 587d11, 590a8, 591c4, 602c12, 604b10, 604d7, 605a2, 605a7, 611a1, 617e8

δηλόω 指出，显示，表明，阐明

[拉] manifesto, declaro, ostendo

[德] zeigen, offenbaren

[英] show, exhibit, reveal

365c1, 392e1, 394b8, 423d2, 485b1, 497c1, 497d4, 497d5, 523a5, 523c3, 523e7, 533e4, 581a5, 590e1, 591a4

δημηγορέω 向民众发表演说

[拉] concionor

[德] vor dem Volk sprechen

[英] practise speaking in the assembly

350e1

δημηγορικός 煽动群众的，向群众言说的

[拉] concionalis

[德] im Reden vor dem Volke gewandt

[英] suited to public speaking

365d4

δήμιος 刽子手，刑吏

［拉］carnifex

［德］Scharfrichter

［英］public executioner

439e8

δημιουργέω 当手艺人，做手工

［拉］opificium exerceo

［德］ein Gewerbe betreiben

［英］practise a handicraft

342e9, 396a8, 401b6, 401b8, 401e2, 414e1, 466e6, 476b6, 507c8, 596b9, 596d8

δημιουργία 手工，手艺

［拉］opus

［德］Handwerk, Gewerbe

［英］workmanship, handicraft

371c4, 395b9, 401a2, 493d4, 495d8, 598c8, 599a7

δημιουργός 匠人，工匠

［拉］qui opera populo utilia facit, auctor operis

［德］Handwerker

［英］one who works for the people, skilled workman, handicraftsman

340e3, 340e4, 346c5, 346c10, 346d7, 360e7, 370d6, 371a7, 371c2, 373b8, 374d4, 389d2, 395c1, 399d1, 401b4, 401c4, 406c6, 415a7, 415c2, 421c2, 421d1, 421e2, 433d3, 434a9, 466b2, 466e6, 468a6, 500d6, 507c7, 529e1, 530a6, 552a9, 552d6, 596b6, 596b10, 596b12, 596d3, 596e6, 597d9, 597d11, 597e2, 598a2, 598a4, 598b9, 599d3

δημοκρατέομαι 实行民主政体，实行民主政制

［拉］populi imperio servio

［德］Demokratie haben

［英］have a democratic constitution

338d8, 463a8, 556e8, 562c8, 564c9, 574e2, 576c8

δημοκρατία 民主政制

［拉］popularis civitas vel gubernatio

［德］Demokratie

［英］democracy

338e2, 544c6, 545c2, 555b3, 555b9, 557a2, 557a6, 558c4, 562a1, 562a8, 562a10, 562b1, 562b9, 562b12, 563e9, 564a7, 564b1, 564d7, 565a3, 568c4, 568c9, 569c7

δημοκρατικός 民主政制的

［拉］popularis gubernationis studiosus, popularis

［德］zur Demokratie gehörig, demokratisch

［英］of or for a democracy

338e2, 545a4, 545c3, 557b2, 559d4, 559e2, 560a4, 562a2, 571a2, 580b4

δῆμος 区，乡，公民，平民

［拉］region, populus

［德］Gebiet, Land, Volk, Gemeinde

［英］district, country, land, common people

463a2, 463a6, 463a10, 463b2, 565a1, 565a8, 565b2, 565b6, 565b9, 565c9, 566b7, 566b8, 566e2, 566e9, 568d9, 568e4, 568e8, 569a8, 569b8, 575c7

δημόσιος 公共的，非私人的

[拉] publicus
[德] gemeinschaftlich, öffentlich
[英] public
343e4, 344a8, 362b6, 373e7, 424e2, 443a4, 465d6, 473e5, 494e6, 500d5, 517c5, 519c4, 521a5, 540c1, 549d3, 562d9, 566e2, 577b2, 592a4, 599d6, 600a9

δημοτικός 平民的，普通的，公共的
[拉] publicus, popularis
[德] populär, allgemein
[英] popular, common
500d8, 572b10, 572d3, 576c7, 587c7

διαβαίνω 迈步，跨过
[拉] transeo
[德] ausschreiten, überschreiten
[英] stride, step across, pass over
621c2

διαβάλλω 诽谤，指控
[拉] calumnior
[德] entzweien, verleumden, verklagen
[英] misrepresent, accuse
498c9, 539c3, 565c1, 566b2

διαβιόω 度过，度过一生
[拉] vitam transigo
[德] durchleben
[英] live through, spend one's whole life
365b4

διαβολή 诽谤，不实的指控，偏见
[拉] calumnia, obtrectatio
[德] Verleumdung
[英] false accusation, slander
489d1, 490d4, 497a6, 499e3, 500d1

διαγιγνώσκω 分辨，区别
[拉] discerno
[德] unterscheiden
[英] know one from the other, distinguish
402b2, 461d1, 522c6, 605c1, 618c5

διάγραμμα 几何图形
[拉] figura geometrica
[德] geometrische Figur
[英] geometrical figure
529e2

διαγραφή 描述，画轮廓
[拉] designatio
[德] das Entwerfen einer Zeichnung
[英] delineation
501a1

διαγράφω 画图，画轮廓，删去，抹掉
[拉] describo, delineo
[德] ausmalen, streichen, ausstreichen
[英] delineation, cross out, erase
387b2

διάγω 度日，管理，引导
[拉] versor, traduco
[德] hinbringen, durchführen
[英] pass, spend, manage
331a5, 344e2, 363d1, 372d1, 417b3, 548a2, 561b3, 579d1

διαγωγή 度日，过活，生活方式
[拉] traductio, vitae institutum
[德] Zeitvertreib, Lebensweise
[英] passing of life, way of passing time

344e2, 558a2

διαδέχομαι 接过，接受

［拉］excipio

［德］übernehmen

［英］receive one from another

576b10

διάδηλος 特别明显的，很显眼的

［拉］manifestus, perspicuus

［德］ganz deutlich, augenscheinlich

［英］distinguishable among others, distinguished

474b7

διαδίδωμι 分发，传递

［拉］trado

［德］mitteilen, austeilen

［英］pass on, hand over

328a4

διαδικάζω 判决

［拉］judicium fero

［德］einen Rechtshandel schlichten

［英］give judgement

614c4

διαζάω 度过，过活

［拉］vitam traduce, vivo

［德］durchleben, sein Leben hinbringen

［英］live through, pass

561c6

διαθεάομαι (διαθεατέον) 细看，观察，检查

［拉］specto, considero

［德］genau betrachten

［英］examine, look through

611c3

διάθεσις 安排，布局，状况

［拉］dispositio, constitutio

［德］Ordnung, Verhältnis, Zustand

［英］disposition, composition, arrangement

489a6, 579e5

διαθρυλέω 传播

［拉］semper in ore habeo

［德］aussprechen

［英］spread abroad

358c7

διαίρεσις 可分性，分开

［拉］divisio

［德］Trennung, Sonderung

［英］divisibility, division, separation

534a6

διαιρέω (διαιρετέον) 分开，分解

［拉］divido

［德］teilen, auseinandernehmen

［英］take apart, divide

400c5, 400c9, 412b8, 449d7, 454a6, 466d6, 476a9, 477b12, 510a8, 523a6, 571a8, 580d3, 595a7, 618c7

διαισθάνομαι 辨别，清楚地觉察到

［拉］persentisco, perspicue percipio

［德］deutlich merken, unterscheiden

［英］perceive distinctly, distinguish

360e8, 409b8

δίαιτα 生活方式，生活习惯，生活

［拉］vitae ratio, vitae institutum

［德］Lebensweise

［英］way of living, mode of life

373a2, 404a6, 404d11, 405d1, 406b7, 406d4, 406e1, 407c8, 407d4, 407d5,

408b1, 425e10, 459c4
διαιτάω 生活，过活
[拉] vitam sustineo, versor
[德] leben, ein Leben führen
[英] lead one's life, live
372a5, 373d2
διακαθαίρω 充分净化，彻底清洁
[拉] perpurgo
[德] ganz reinigen
[英] purge thoroughly
399e5, 411d5
διάκειμαι 被置于某种境况
[拉] dispositus sum
[德] in eine Lage versetzt sein
[英] to be in a certain state
361c4, 361e4, 431b2, 500b2, 556e6, 561c5, 584e9, 603c10, 611c7, 611d7
διακελεύομαι 要求，吩咐，鼓励
[拉] hortor, jubeo
[德] zureden, ermuntern, auffordern
[英] exhort, give orders, direct
367b6, 461c4, 523b2, 549e6, 604a10, 614d2
διακονέω 服务，服侍
[拉] ministro, inservio
[德] dienen, bedienen
[英] minister, do service
371d6, 467a1, 467a4
διακονία 服务
[拉] ministerium
[德] Dienst
[英] service
371c6, 493d4
διάκονος 仆人的，服侍人的
[拉] ad ministrandum pertinens, ad serviendum pertinens
[德] dienend
[英] servile, menial
370e12, 371a10, 371e1, 373c1
διακοσμέω 安排，调整
[拉] ordino
[德] ordnen
[英] order, regulate
400b6
διακούω 听到底，听得
[拉] exaudio, ad finem usque audio
[德] durchhören, bis zu Ende hören, genau anhören
[英] hear outor to the end, hear
336b3
διακρίνω 区分，做出决定，解决争端
[拉] discerno, dijudico
[德] entscheiden
[英] distinguish, decide
348b2, 376b4
διακυβερνάω 掌舵，引领
[拉] guberno, rego
[德] hindurchsteuern, regieren, leiten
[英] steer through, pilot
573d4
διακώλυσις 障碍，妨碍
[拉] impeditio
[德] Behinderung
[英] hindering, preventing
469e5
διακωλύω (διακωλυτέον) 阻止，阻拦
[拉] impedio, prohibeo, veto
[德] verhindern

［英］hinder, prevent
336b3, 345a4, 374b6, 401b4, 497e4, 552b2, 557e6

διαλαμβάνω (διαληπτέον) 渗透，拥抱，领会，理解，分开，分布
［拉］comprehendo, intelligo, divido
［德］empfangen, erfassen, verteilen
［英］grasp, divide, intersperse
615e6

διαλέγω (διαλεκτέον) 谈论，交谈
［拉］colloquor
［德］reden, diskutieren
［英］hold converse with, discuss
328a9, 328d7, 336b1, 360a1, 454a5, 511b4, 511c5, 515b4, 525d6, 525d8, 526a2, 528a1, 532a2, 532a6, 532d8, 533a8, 537d5, 537e1, 539c6, 558d8, 588b6

διαλείπω 空下一段时间，隔一段距离，停顿
［拉］spatium intermedium relinquo, intermitto
［德］dazwischen lassen, unterlassen
［英］leave an interval between, intermit
617c7

διαλεκτικός (adv. διαλεκτικῶς) 谈话的，善于论辩的
［拉］dialecticus
［德］dialektisch, zum Disputieren geschickt
［英］dialectical, conversational
531d9, 532b4, 533c7, 534b3, 534e3, 536d6, 537c6, 537c7

διάλεκτος 对话，讨论
［拉］dialectus
［德］Diskussion
［英］discourse, conversation
454a8

διαλλάσσω 改变，换，变和解，变友好
［拉］muto, permuto, reconcilior
［德］verändern , eintauschen, sich versöhnen
［英］change, interchange, reconcile
371d2, 470e2, 471a4, 620b5

διάλογος 对话
［拉］sermocinatio, dialogus
［德］Gespräch, Dialog
［英］conversation, dialogue
354b9

διάλυσις 分离，分开
［拉］dissolutio
［德］Trennung, Auflösung
［英］separating, parting
343d5

διαλύω 分解，分开
［拉］solvo
［德］auflösen, lösen
［英］dissolve, loose
462b8, 609a7, 609c2

διαμαρτάνω 走错，失败，完全弄错
［拉］aberro
［德］ganz verfehlen, begehen
［英］miss entirely, go quite astray from, fail
334d12, 339d7

διαμάχομαι (σύν-διαμάχομαι, διαμαχετέον) 坚持战斗，坚决主张

［拉］dimico, repugno, contendo
［德］durchkämpfen, behaupten
［英］fight, contend, maintain
345a6, 374a2, 375a7, 380b7, 499d2

διάμετρος 直径，对角线
［拉］diametros
［德］Durchmesser, Diagonale
［英］diameter, diagonal
510d8, 546c4

διαμηχανάομαι 想方设法
［拉］machinor, molior, excogito
［德］veranstalten, betreiben
［英］bring about, contrive
518d7

διαμιλλάομαι 猛烈斗争，激烈竞争
［拉］contendo, certo
［德］wetteifern
［英］contend hotly, strive earnestly
516e9, 517d9, 563a7

διαμπερές 深入地穿过，一直，始终
［拉］prosus, penitus, perpetuo
［德］ganz hindurcch, ununterbrochen
［英］through and through, right throught, throughout, for ever
616d4, 616e3

διανέμω 分配，分开
［拉］distribuo, divido
［德］zuteilen, einteilen
［英］distribute, divide into
558c6, 565a8, 566e2, 573a1

διανέω 游过去
［拉］enato
［德］durchschwimmen
［英］swim across, swim through
441c4

διανοέομαι (διανοέω, διανοητέον) 思考，打算
［拉］cogito
［德］denken
［英］think
327c14, 332c1, 343b5, 349a6, 414e6, 470e1, 504e8, 508e4, 510d6, 523c8, 526a6, 595b8, 598c7, 608e1, 613b4

διανόημα (διανόησις) 思想，观念
［拉］cogitatum
［德］Gedanke
［英］thought, notion
496a6, 504e4

διάνοια 意图，打算，思想
［拉］consilium, mentis agitatio
［德］Gesinnung, Absicht, Gedanke
［英］thought, intention, purpose
359c1, 371e2, 393a6, 395d3, 396e1, 400e3, 403d7, 410c8, 412e11, 455b9, 458a1, 469d7, 470e3, 476b7, 476d5, 486a8, 486d10, 500b9, 503c4, 511a1, 511c7, 511d2, 511d5, 511d8, 522c2, 524d3, 527b10, 529d5, 533d6, 533e8, 534a5, 560b10, 568a11, 577a2, 595b6, 603b10

διανομή 分配
［拉］distributio
［德］Verteilung
［英］distribution
535a3

διαπαύομαι 结束，暂停
［拉］desino, finem facio
［德］gänzlich aufhören, eine Pause

machen

［英］rest between times, pause

336b4

διαπεραίνω 结束，详细叙述

［拉］perficio, expono

［德］vollenden, zu Ende bringen

［英］bring to a conclusion, describe thoroughly

398b7, 451c2

διαπίνω 比赛饮酒

［拉］bibo

［德］um die Wette trinken

［英］drink one against another

420e4

διαπονέω 苦心经营

［拉］elaboro

［德］mit Mühe arbeiten

［英］work out with labour, elaborate

503d5, 535c3

διαπορεύω 穿过，越过

［拉］transeo

［德］hindurchgehen, durchziehen

［英］go through, pass across

534c3

διαπράσσω 完成，做完，导致，引起

［拉］perficio, conficio

［德］vollführen, erlangen, bewirken

［英］bring about, accomplish

337e1, 360a7, 411b7, 411e1, 440d2, 497a1, 551b4, 576a2, 586c8

διαπτοέω 使惊慌，吓跑

［拉］percello

［德］einschüchtern

［英］scare away, startle and scatter

336b7

διάπυρος 炽热的，激烈的

［拉］ardens, fervidus

［德］feurig, hitzig

［英］ardent, fiery

615e4

διαρπάζω 撕碎，掠夺

［拉］dilacero

［德］zerreißen, rauben

［英］spoil, plunder

336b6

διαπυνθάνομαι 盘问，细查

［拉］percontor, sciscitor

［德］durchforschen, sich erkundigen

［英］search out by questioning, find out

469a4

διασκευωρέω 整理，处理，安排

［拉］dispono, concinno

［德］einrichten

［英］revise, rehandle

540e3

διασκοπέω (διασκέπτομαι) 仔细考察，观察，环顾

［拉］diligenter contemplor, examino

［德］genau betrachten, sich umsehen

［英］examine or consider well, look round

350e11, 472a7

διασπάω 撕碎，撕开

［拉］distraho

［德］zerreissen

［英］tear asunder

462b1, 464c7, 503b9

διασπείρω 分散，散布，分配
[拉] dispergo, dissipo
[德] ausstreuen, verbreiten, sich zerstreuen
[英] scatter or spread about, dispersed
455d8

διάστασις 分开，分离，间隔，区别，对照
[拉] distantia, intervallum, oppositio, dissidium
[德] das Auseinanderstehen, Sonderung, Entzweiung
[英] parting, separation, contrasting
360e3

διαστέλλω 分开
[拉] divido, distinguo
[德] auseinandertrennen, unterscheiden
[英] put asunder, divide, separate
535b4

διάστημα 间隔，间距
[拉] intervallum
[德] Intervall
[英] interval
531a7

διασῴζω 保全，保持
[拉] servo, conservo
[德] erhalten, retten
[英] preserve through, preserve, maintain
329a3, 395b8, 429c9, 442c1, 460a3, 540a5

διάτασις 膨胀，伸展，紧张
[拉] tensio
[德] Anspannung, Anstrengung
[英] tension, dilatation
407c2

διατάσσω 安排
[拉] dispono
[德] ordnen
[英] dispose, make arrangements
458a6, 458b4

διατείνω 伸长，努力，坚决主张
[拉] extendo, protendo, affirmo
[德] ausspannen, behaupten
[英] extend, maintainstoutly
474a2, 501c4

διατελέω 完成，过活，度日
[拉] ad finem perduco, permaneo
[德] vollenden, verbringen
[英] accomplish, continue, live
395d2, 411a9, 425e6, 426a1

διατελής 永久的，持续不断的
[拉] perpetuus
[德] fortwährend
[英] permanent
618a5

διατίθημι 安排，处置
[拉] dispono, ordino
[德] anordnen, versetzen
[英] arrange, manage
343b6, 410c8, 410c10, 494d4, 538a4, 556b7, 605d5

διατριβή 消磨时间，消遣，研讨
[拉] contritio, conversatio
[德] Zeitverlust, Aufenthalt, Unterhaltung
[英] wearing away, haunt

475d5, 561a8
διατρίβω 消磨时间，揉碎
［拉］contero, versor
［德］zerreiben, aufhalten, weilen
［英］spend, waste time, delay
370a2, 472b2, 517c9, 519c2, 540b2, 561d2, 597a9, 604c9
διαφανής 透明的，清澈的
［拉］pellucidus
［德］durchscheinend
［英］translucent, transparent
544c8, 548c5, 600b4
διαφερόντως 异常地，出众地
［拉］excellenter, maxime
［德］verschieden, außerordentlich
［英］differently, especially
420b7, 455c5, 467a10, 469b3, 491e3, 519e2, 528d1, 529e2, 538b9, 565c9, 574e6, 600b2
διαφέρω 不同，不一致，有分歧，胜过
［拉］differo, vinco, supero
［德］verschieden sein, sich auszeichnen
［英］differ, excel
340c1, 349a9, 351d7, 351e3, 352a2, 370b1, 375a2, 398d4, 416a1, 427d5, 435b2, 437b5, 438d2, 444c5, 445d5, 453b7, 453b9, 454d8, 454d10, 454e2, 467c1, 467c4, 469c3, 471a4, 472b9, 484a7, 484c6, 484d4, 493c5, 493c10, 495e4, 496a1, 501a5, 506c8, 523d1, 523e4, 526a4, 526d5, 527c7, 544c7, 568a9, 578d5, 578d7, 582b2, 582b7, 585c6, 592b3, 598a8, 598a10, 604a5
διαφεύγω 逃走，逃脱
［拉］effugio, evito
［德］entfliehen, vermeiden
［英］get away from, escape
432b9, 457b7, 457c3
διαφθείρω 败坏，毁灭
［拉］corrumpo
［德］verderben, vernichten
［英］corrupt, ruin
336e6, 415c5, 421a4, 421d1, 424b4, 441a3, 445a7, 445b1, 492a6, 492a7, 496b3, 502a8, 517a3, 560a5, 566e7, 572c9, 608e3, 609b1, 609d2, 610a3, 614b5, 618a6
διαφθορά 破坏，毁坏
［拉］corruptela
［德］Vernichtung, Zerstörung
［英］destruction, ruin
491a6, 495a10
διαφορά 不同，区别，分歧，不和
［拉］dissensio, differentia
［德］Verschiedenheit, Uneinigkeit
［英］difference, disagreement
470b6, 471a1, 471a12, 471b3, 607b5, 611b3
διάφορος (adv. διαφόρως) 不同的，不一样的
［拉］differens, diversus
［德］verschiedenartig
［英］different, unlike
360c4, 387d12, 469a5, 469d9, 544c5
διαφορότης 差别，不同
［拉］differentia

[德] erschiedenheit, Unterschied
[英] difference
587e5
διδακτός 可教的，可学的
[拉] qui doceri potest
[德] lehrbar
[英] that can be taught or learnt
488b7, 488b8
διδασκαλία (διδαχή) 教导，教诲，训练
[拉] doctrina, institutio
[德] Lehre, Einübung
[英] teaching, instruction
493b7
διδάσκαλος 老师，教师
[拉] magister
[德] Lehrer
[英] teacher, master
365d4, 383c2, 392d8, 488b5, 563a4, 563a5, 595c1
διδάσκω (διδακτέον) 教，传授
[拉] doceo
[德] lehren
[英] teach, instruct
338a3, 338b2, 344d7, 399b6, 407a11, 421e1, 421e2, 451e7, 455a1, 467e3, 489a9, 489b2
διδαχή 教导，学说
[拉] doctrina, disciplina
[德] Lehre, Unterricht
[英] teaching, discipline
399b5, 536d8
δίδωμι (δοτέον) 给，交出，赠送，赠与，认可
[拉] do, dono, concedo, permitto
[德] geben, schenken, zugeben, gestatten
[英] give, offer, grant
330d8, 359a6, 359c1, 361a5, 363a7, 363c4, 364c6, 365d5, 365d6, 366a5, 379d5, 380b2, 380b5, 383c2, 389b5, 393e1, 406a2, 411e5, 414a2, 420a5, 423a3, 425e3, 445a3, 452a2, 452e5, 457a10, 457e6, 460b2, 461e2, 468a10, 471b4, 474a4, 493d8, 503a7, 510c7, 531e4, 533c2, 534b5, 535a4, 566b10, 566c8, 567d11, 571e1, 574c4, 591a10, 607d6, 612c7, 612c9, 612d7, 612d8, 615a7, 615e3
διεῖδον 看清楚，辨明
[拉] pernovi, perspexi
[德] durchschauen, deutlich erkennen
[英] see thoroughly, discern
577a3
δίειμι (διέρχομαι, διιτέον) 经过，讨论，述说
[拉] percurro, narro
[德] hindurchgehen, erzählen
[英] go through, enumerate, discuss
404b5, 430c5, 489e4, 545a2, 609b11
διέλκω 扯开，撕掉，分开，打开
[拉] diduco, dilato
[德] auseinanderziehen, öffnen
[英] tear asunder, open wide
440a1
διέξειμι 出去，详细叙述，仔细检查
[拉] exeo, narro
[德] hinausgehen, vollständig vor-

tragen

［英］go through, go through in detail, relate circumstantially

376d3, 412b3, 450c1, 458a6, 509c6, 510d2, 534c2

διεξέρχομαι 详细叙述，度过，穿过

［拉］pertranseo, explico

［德］in der Rede durchgehen, hindurchgehen

［英］go through, relate

405c2, 409a3, 484a2, 528d7, 603e1, 621a1

διέξοδος 孔道，出口，详细叙述，详细描述

［拉］foramen, explicatio verbosa et enarratio rei

［德］Ausgang, Durchgang, ausführlich Darstellung

［英］outlet, passage, detailed narrative or description

405c2

διερευνάω 仔细探查，仔细调查

［拉］perscrutor, indago

［德］durchsuchen, durchforschen

［英］track down, search, examine

368c5

διέρχομαι 经过，细说，叙述

［拉］transeo, narro

［德］durchgehen, erzählen

［英］pass through, recount

348a1, 362e2, 363a4, 363e2, 365b1, 367e1, 372e7, 396e5, 405d1, 425e4, 426e5, 428b3, 445b4, 445d3, 445e3, 449c3, 450a2, 450a9, 450c6, 450c7, 451c4, 456d9, 457a1, 460d8, 462a6, 466c7, 473a5, 473e2, 484a7, 485b8, 486e1, 489d8, 489d11, 491a7, 491d10, 497c6, 497d6, 501d5, 502b8, 502c3, 502d8, 503b8, 504d5, 506d4, 506d5, 508c3, 522a2, 531c9, 532c4, 532d7, 533a9, 533d3, 540c9, 541a4, 543c7, 543c9, 544e7, 545a1, 548d4, 550b8, 561e1, 562a5, 566d5, 566d7, 569c7, 572c7, 576b5, 576d3, 579b4, 592a10, 608b9, 608c2, 611c5, 612a6, 621a2, 621d2

διευλαβέομαι (διευλαβητέον) 当心，警惕

［拉］valde cavere sibi

［德］sich sehr in acht nehmen

［英］take good heed to, beware of

536a9

διηγέομαι 详细叙述，描述

［拉］narro

［德］erzählen, beschreiben

［英］set out in detail, describe

396b11, 396c2, 397a2, 614e6, 615a4, 615a5, 615c4

διήγησις 叙述，陈述

［拉］narratio

［德］Erzählung

［英］narration

392d3, 392d5, 393b3, 393b7, 393c9, 393d1, 393d7, 394b1, 394d3, 396b11, 396c6, 396e4, 396e6, 397b2, 506e7

διηνεκής 连续不断的，长久的

［拉］perpetuus, integer

［德］ununterbrochen

［英］continuous, unbroken

490c5, 493c1, 493c4, 496b5, 496d1, 497a7, 499c4, 501b2, 504a7, 505a3, 505d5, 506a4, 506b8, 506c2, 517d9, 520a7, 520c5, 520e1, 538c6, 538e1, 540e2, 544e8, 545a5, 548d2, 554c12, 558d11, 559a1, 559a2, 568e8, 574d6, 580b9, 583b2, 586e6, 588a1, 588a8, 588b4, 588b7, 588e4, 589a6, 589b7, 589b8, 597d7, 599d1, 605a8, 607d3, 612b4, 612c7, 612c8, 612e1, 613a4, 613a8, 613b7, 613c4, 613d1, 613e5, 613e6, 614c5, 615b7, 618e2, 620d4

δικαιοσύνη 正义，公正

［拉］justitia

［德］Gerechtigkeit

［英］righteousness, justice

331c2, 331d2, 331e2, 332d3, 332d8, 332e13, 333a10, 333d1, 333d3, 333d7, 333d10, 333e2, 334b3, 334b9, 335c4, 335c14, 336a9, 336e7, 337d2, 343c2, 343c3, 344c6, 345a3, 345a7, 345b3, 348b9, 348c5, 348c8, 348c11, 348e3, 350d4, 351a1, 351a3, 351a4, 351b8, 351b9, 351c1, 351c2, 351d5, 352c4, 353e7, 354a9, 354b8, 357d4, 358c1, 358c8, 358d5, 358e2, 359a5, 359b4, 360b5, 360d1, 360e5, 361b1, 361c3, 361c6, 361d2, 361e3, 362d9, 362e3, 363a1, 363d5, 363e6, 364a2, 365b7, 366b3, 366c1, 366c5, 366e1, 366e4, 366e9, 367a6, 367b3, 367c6, 367d3, 367d6, 367e2, 368a6, 368b6, 368b8, 369e2, 369e7, 369a6, 371e12, 372e5, 376d1, 392b3, 392c3, 420b9, 427d4, 427e1, 430c5, 430d2, 430d4, 432b5, 432b9, 433a3, 433a9, 433b4, 433c1, 433d11, 434a1, 434c10, 434d4, 434d7, 435a2, 435b2, 442d8, 443b4, 443c1, 443c5, 443c9, 444a5, 444c3, 444c10, 444d8, 445b3, 472b4, 472b7, 472b9, 472c5, 487a5, 500d7, 504a5, 504d4, 506d4, 517e2, 545a6, 545b1, 576b1, 591b5, 608b7, 611c5, 612b1, 612b3, 612b8, 612c10, 612d4, 614a2, 621c5

δικανικός 属于审判的，精通法律的

［拉］judicialis, juris peritus

［德］rechtskundig

［英］belonging to trials, judicial

365d5, 405a2

δικαστήριον 法庭

［拉］judicium

［德］Gerichtshof

［英］court

405a2, 405b7, 492b6, 517d8, 549d3, 553b3, 565e5

δικαστής 陪审员，法官

［拉］judex

［德］Richter

［英］juror

348b2, 348b4, 397e6, 405a8, 405c6, 408d2, 409a1, 409b5, 409c2, 409d6, 425d2, 614c3

δικαστικός 有关审判的

［拉］iudicialis

［德］die Gerichte betreffend, richterlich

［英］of or for law or trials

409e5, 410a8

δίκη 官司，惩罚，审判，判决，正义

[拉] judicium, causa, poena

[德] Rechtsstreit, Prozess, Strafe, Urteil

[英] lawsuit, penalty, judgement, right

330e1, 359a6, 365b3, 365d6, 366a5, 380b2, 380b5, 405c3, 425d2, 433e4, 445a3, 457e7, 464d7, 464e4, 471b5, 474a4, 475c8, 478e4, 499a8, 520b3, 529c4, 536b3, 549c4, 586a7, 591a10, 605b2, 610d4, 615a7, 615e3, 616a8

δίνη 旋涡

[拉] vortex

[德] Wirbel

[英] whirlpool, eddy

620e3

διοικέω 管理，治理

[拉] rego

[德] verwalten

[英] control, administer

455d6, 462c8, 564e1, 600d1

διοίκησις 管理，治理

[拉] administratio, gubernatio

[德] Verwaltung

[英] administration

449a3, 455b2, 599c8, 606e3

διόλλυμι 完全毁坏，完全毁灭

[拉] funditus perdo

[德] ganz vernichten

[英] destroy utterly, perish utterly

370b8, 375c3, 490e3, 491e5, 497d9, 609c6

διομολογέω (διομολογητέον) 商定，达成协议，承认

[拉] convenio

[德] ugestehen, sich verständigen

[英] make an agreement, agree, concede

350d4, 392c2, 394d1, 456c7, 456c9, 472e9, 507a7, 527b3, 543b5, 588b6, 602b6, 603a10, 603d4, 603d5

διοράω 看透，看清楚

[拉] perspicio

[德] hindurchsehen, durchschauen

[英] see through, see clearly

423e6, 519a3, 577a5, 611c5

διορίζω 界定，下定义，规定

[拉] distermino, definio

[德] bestimmen, definieren

[英] determine, define

341b4, 344e1, 346b3, 436b2, 474b5, 477c8, 499e3, 507b3, 511c4, 534b9, 598a5

δῖος 天上的，神圣的

[拉] divinus

[德] himmlisch, göttlich

[英] heavenly, divine

379d8

διπλάσιος 两倍的，加倍的

[拉] duplus

[德] doppelt

[英] twofold, double

422c8, 438c1, 479b3, 492c2, 530a1, 539d10

διπλόος (δισσός, διττός, adv. διπλῆ) 双

重的

［拉］duplex, duplus

［德］zweifach, doppelt

［英］twofold, double

330c2, 376e11, 397e1, 439d4, 509d4, 518a2, 528b6, 554d10

δίφρος 车板，车厢，座位

［拉］sedes, currus

［德］Wagenkasten, Sessel

［英］chariot-board, seat

328c2, 328c3, 566d2

δίχα (διχῇ) 分离，分开，成两半

［拉］bifariam, divisim

［德］entzwei, getrennt

［英］in two, asunder

445d4, 509d6, 534a6

διχοστατέω 不和，叛离

［拉］dissideo

［德］sich entzweien

［英］stand apart, disagree

465b10

διψάω 口渴

［拉］sitio

［德］dürsten

［英］thirst, parched

437b5, 437e4, 439a9, 439b3, 439b4, 439c2, 439d7, 562c8

δίψος (δίψα) 口渴

［拉］sitis

［德］Durst

［英］thirst

437d3, 437d8, 437d9, 437e1, 437e3, 438a4, 439a1, 439a2, 439a4, 439a5, 439a7, 585a8

διώκω (διωκτέος) 控告，追

［拉］persequor

［德］jagen, anklagen

［英］prosecute, pursue

359c5, 375a6, 388c4, 399e10, 400e5, 400e7, 405b8, 410b2, 454a7, 454b6, 490a2, 505d11, 545b1, 553a10, 586d1, 586d7, 587a5

δόγμα 见解，信念，意见

［拉］dogma, sententia

［德］Meinung

［英］opinion, belief

412e6, 413c6, 414b6, 464a1, 464d3, 493a8, 493b8, 503a2, 506b9, 538c6

δοκέω 设想，看来，认为

［拉］puto, opinor, videor

［德］glauben, scheinen

［英］imagine, seem

327a4, 327c4, 328b3, 328b9, 328e1, 329b3, 329c5, 330b8, 331e4, 332d9, 332e5, 332e12, 333e8, 334b8, 334c1, 334c2, 334c7, 334e8, 334e10, 335a1, 335b1, 335d13, 336a1, 336d6, 337c10, 338b8, 339d5, 340c4, 341a5, 341e7, 347e3, 347e6, 348d3, 349a6, 349a7, 349a9, 349b2, 349e10, 350a7, 351c8, 352d4, 352d8, 353a12, 353b2, 353d2, 354b3, 357a5, 357b5, 357b9, 358a4, 358a7, 358b1, 358b7, 358c6, 359a1, 360b4, 360d4, 361a5, 361b7, 361b8, 361c1, 361d1, 362a3, 362a6, 362b2, 362e4, 363a2, 365b5, 365c1, 367a8, 367b8, 367c1, 368a5, 368a7, 368b4, 368c7, 368d1, 369a4, 369b2,

370b2, 371a3, 371e8, 372e6, 373a1, 373c2, 374b2, 375e9, 378b6, 379c8, 380d5, 381c3, 381c10, 381e9, 382c5, 382d10, 388e8, 389e3, 390a8, 390b3, 392c3, 393b1, 395a3, 396c5, 398b9, 403b7, 404d2, 404d4, 404d8, 405b1, 405b6, 405d4, 406a1, 406c7, 406e4, 409d3, 409e1, 410b4, 410d10, 412e5, 413a7, 413a9, 413c7, 414a5, 414b7, 414c9, 414d5, 415e8, 420a6, 420c8, 421a6, 421c7, 421c8, 421d6, 422b8, 422c10, 422d8, 423b1, 423c4, 423d8, 424e4, 425a8, 426c7, 428a11, 428b3, 428c10, 429a7, 429d2, 430b6, 430c6, 431e2, 432b3, 432d3, 432e5, 433a3, 433b7, 433e4, 434a7, 434b6, 434d1, 434e1, 435b4, 435c7, 436b4, 438a6, 438b1, 438e9, 440c8, 441a9, 441d11, 442d8, 442d9, 442e6, 444a6, 445a7, 445c2, 449c2, 449d7, 450a5, 450c1, 450c4, 450d1, 452c7, 454a4, 455c8, 457e3, 458d4, 460c1, 466b3, 467e8, 468b4, 468b9, 469b8, 469d6, 470a9, 470d6, 471c4, 473a3, 473c2, 473d6, 474b4, 474d6, 475d2, 476c4, 476d3, 477b11, 484a5, 484c6, 486a10, 486b5, 486e1, 487d3, 487d8, 490a6, 491c8, 493a3, 493a4, 493c7, 493c10, 495e4, 497a7, 498c5, 499d7, 499d8, 502b11, 504c3, 505b6, 505d6, 505d7, 505d8, 506b6, 506c2, 506c7, 506e2, 509c3, 509d3, 511c3, 511d2, 511d3, 516d2, 522b5, 523a5, 524d6, 524d7, 527d1, 527d6, 527e4, 528b4, 529a1, 529a4, 529a9, 530b5, 531d9, 532d3, 533d7, 534e2, 536c4, 538b1, 539a3, 541b1, 541b5, 547c5, 548e1, 549e4, 550b8, 552a2, 552b8, 552c1, 554b2, 554b5, 554c12, 554e6, 555e3, 563b1, 563e4, 567d12, 567e2, 568a8, 571a7, 571b5, 572b5, 572b7, 574c3, 576c4, 578b11, 578c9, 579d9, 580d1, 580d5, 581a8, 582a10, 583b5, 583e8, 585c3, 589c5, 595a7, 596d3, 597a8, 597e1, 598a2, 598c4, 598d3, 599a4, 600b4, 600e3, 600e7, 601a7, 601a9, 603e1, 607a7, 607c7, 608b5, 612c7, 612c7, 612d5, 612d6, 613a5

δοκιμάζω 检验，通过经验认可

[拉] probo, approbo

[德] prüfen, als erprobt annehmen

[英] test, sanction, admit

407c4, 546e1

δόκιμος 可观的，杰出的

[拉] spectatus, illustris

[德] angesehen, ansehnlich

[英] excellent, notable, considerable

618a7

δόλος 诡计，花招，策略

[拉] dolus, fraus

[德] Trug, Kniffe

[英] trick, craft, cunning, treachery

548a1

δόμος 房子

[拉] domus

[德] Haus

[英] house

386d4

δόξα 名声，意见，期望，荣誉，判断

[拉] opinio, exspectatio, fama, gloria

[德] Meinung, Erwartung, Ruhm, Vorstellung

[英] opinion, expectation, repute, judgement

346a3, 350e5, 358a5, 361a7, 361c5, 362a6, 363a3, 363a5, 363e1, 364a4, 365b7, 366e4, 367b5, 367d2, 367d4, 367d6, 377b8, 378d8, 412e8, 412e10, 413a10, 429c1, 429c7, 430a3, 430b3, 430b7, 431c6, 431d9, 433c7, 435d1, 444a2, 451c5, 456d3, 466b8, 467d9, 470a8, 473e3, 476d6, 477b3, 477b7, 477e1, 477e3, 477e5, 477e8, 478a8, 478a13, 478b7, 478c8, 478c13, 478d3, 478d11, 480a1, 490a5, 491a4, 493c2, 496a7, 499a7, 499e1, 500a3, 505d8, 506c6, 508d8, 511d4, 533b4, 533d5, 534a2, 534a4, 534c2, 534c6, 538d9, 560c2, 572d4, 573b2, 574d5, 576e2, 580b2, 581b7, 584e8, 585b14, 602a4, 603d2, 606c7, 612b1, 612d4, 613b8, 619a1

δοξάζω 认为，相信，猜想，判断

[拉] opinor, suspicor

[德] meinen, glauben, vermuten

[英] think, imagine, suppose

327c6, 363e2, 413a7, 476d6, 476d8, 477e2, 478a8, 478b6, 478b7, 478b8, 478b10, 478c6, 479e4, 479e8, 490b1, 493a8, 506c9, 508d8, 511a8, 516d7, 588b3, 602a8, 602e8, 603a1

δοξαστός 可判断的，可形成意见的

[拉] opinabilis

[德] vorstellbar

[英] judgeable, conjectural, opinable

478a11, 478b2, 478b3, 478e3, 479d7, 510a9, 534a6

δόρυ 木板，木料，矛

[拉] lignum, hasta

[德] Holz, Balken, Speer

[英] timber, plank, spear

389d3

δορυφορέω 保卫，充当护卫

[拉] staellitis instar tueor vel comitor

[德] Beschützen

[英] keep guard over

573a8, 574d7, 575b2

δορύφορος 持矛的卫兵

[拉] satelles

[德] Trabant

[英] spearman

567d6, 567e6, 574e7, 587c2

δουλεία 奴役

[拉] servitus

[德] Knechtschaft

[英] slavery, bondage

386b6, 387b6, 469c2, 471a6, 536e1, 563d6, 564a4, 564a8, 569c1, 569c3, 574d7, 577d2, 579d10, 615b4

δουλεύω 做奴隶

[拉] servio

[德] Sklave werden

[英] to be a slave

444b5, 494d6, 569a2, 575d6, 576a5, 577d4

δρῦς 橡树，树木
［拉］quercus, robur
［德］Eiche, Baum
［英］oak, wood
363a8, 544d8

δύναμαι 能够，有能力
［拉］possum, valeo
［德］können, imstande sein
［英］to be able
327c12, 335c9, 336a6, 336e10, 338b6, 341b2, 341b9, 344a1, 345a5, 348a4, 348d6, 349b10, 351c10, 358e6, 359b2, 361d7, 366a7, 367b2, 368a7, 368c1, 368c2, 377d1, 395a4, 395a7, 398a1, 400c8, 401c4, 402d4, 407d8, 414b3, 429e3, 432c4, 434e2, 440c2, 454a6, 464c9, 474a7, 474b7, 476c4, 476d1, 477c2, 477e2, 478a3, 479e2, 484b4, 484c8, 486c7, 489c2, 489e1, 497e4, 507a1, 511a5, 515e3, 516a2, 516b6, 517a6, 517c6, 522e2, 528a3, 529b4, 533c2, 534b1, 544b8, 546b5, 559d10, 565a6, 565b3, 574b4, 577a2, 588d11, 590c4, 590c6, 599a6, 600c5, 600c8, 605d8, 607a2, 620b7

δύναμις 能力，力量
［拉］potentia
［德］Macht, Vermögen
［英］power, might
328c7, 346a3, 346b1, 351b8, 351e7, 351e9, 358b5, 359d1, 360a5, 364a6, 364b7, 366c2, 366d4, 366e5, 367a7, 374e11, 391a7, 423a4, 427e1, 429b9, 429e7, 429b2, 429e7, 430b2, 433b9, 433d9, 443b5, 454a1, 458e4, 466c1, 473b9, 473d3, 477b5, 477b8, 477c1, 477c3, 477c6, 477c9, 477d2, 477d8, 477d9, 478a13, 479d8, 494c2, 497b6, 507a6, 507c8, 508a1, 508b6, 508e2, 509b3, 509b9, 511b4, 517b4, 518c5, 518e3, 521d1, 532a3, 532c4, 532d8, 533a8, 535a11, 537d5, 546d5, 567b3, 587d9, 588b8, 590d5, 591a8, 602c5

δυναστεία 权力，统治权
［拉］potentia, imperium
［德］Macht, Herrschaft
［英］power, lordship, domination
499b7, 544d1

δυναστεύω 掌权，当权
［拉］dominor, potens sum
［德］Machthaber sein, herrschen
［英］hold power or lordship, be powerful or influential, prevail
498e4, 546b5

δυνάστης 主人，统治者，有权柄的人
［拉］dominator
［德］Machthaber, Herrscher
［英］lord, master, ruler
473d1, 502a6, 540d4

δυνατός 有可能的，能办到的，有能力的
［拉］potens, possibilis
［德］imstande, fähig
［英］possible, powerful
332d10, 332e4, 351a2, 352b7, 360e8, 361b2, 365d7, 375e6, 381c8, 394e9,

402a2, 412c12, 436c6, 450c8, 452e5, 453a1, 456c4, 456c7, 457a3, 457c2, 457d5, 457d9, 457e4, 458a5, 458b3, 460a6, 464d4, 466d1, 466d7, 466d8, 469b10, 471c6, 471c7, 471e4, 472b1, 472d2, 472d7, 472e4, 472e8, 473b1, 473c4, 473e2, 476b10, 479c4, 484b9, 485c12, 488e2, 493c6, 498e4, 500d1, 502c2, 503e4, 504b1, 509c10, 516d1, 518c6, 518c10, 519d9, 520a1, 520b7, 521a1, 526a7, 531e4, 533a10, 536d2, 537d6, 540d3, 559b4, 559b9, 573c4, 573e8, 575b8, 577a6, 577b7, 583e7, 586e7, 588c9, 612c8, 613b1, 618c4, 618c5, 618d6, 619a7, 621c4

δυσαπόδεικτος 难以证明的

[拉] difficilis probatu

[德] schwer zu beweisen

[英] hard to demonstrate

488a1

δύσβατος 难通过的

[拉] difficilis aditu vel transitu

[德] unzugänglich

[英] hard to traverse, impassable

432c7

δυσγένεια 低贱，卑微

[拉] generis humilitas

[德] unedle Geburt

[英] low birth

618d2

δυσγοήτευτος 难以蛊惑的

[拉] qui non facile illecebris capitur

[德] schwer zu bezaubern

[英] hard to seduce by enchantments

413e2

δυσδιερεύνητος 难以搜寻的，难以探寻的

[拉] dfficilis perscrutatu

[德] schwer zu erforschen

[英] hard to search thoroughly

432c8

δυσέκνιπτος 难以洗掉

[拉] qui non facile eluitur vel deletur

[德] schwer zu auszuwaschen

[英] hard to wash out

378d8

δυσεξαπάτητος 难以欺骗的

[拉] qui non facile decipitur

[德] schwer zu täuschen

[英] hard to deceive

413d1

δυσθανατέω 同死亡挣扎，难死

[拉] cum morte luctor vel mortem propulso

[德] schwer sterben

[英] struggle against death, die hard

406b8

δυσκίνητος (adv. δυσκινήτως) 难以移动的

[拉] qui difficile movetur

[德] schwer zu bewegen

[英] hard to move

503d2, 503d3

δυσκοινώνητος 不合群的，孤僻的

[拉] a vitae communitate aversus

[德] ungesellig

[英] unsocial

486b11

δυσκολία 不满

［拉］morositas
［德］Unzufriedenheit
［英］discontent
411c2, 586c9, 590a9

δύσκολος 不满意的，烦恼的
［拉］morosus
［德］unfreundlich, mürrisch
［英］hardtoplease, discontented, troublesome
407b7

δύσκριτος 难以辨认的，难以解释的
［拉］difficilis diiudicatu
［德］schwer zu unterscheiden od. zu entscheiden
［英］hard to discern or interpret
433c6, 433d6

δυσμαθής 学习吃力的，迟钝的
［拉］tardus ad discendum, indocilis
［德］ungelehrig, schwer lernend
［英］slow at learning, dull
358a9, 486c3, 503d3

δυσμαθία 学习迟钝，不敏于学
［拉］tarditas in discendo
［德］ungelehrigkeit
［英］slowness at learning
618d3

δυσμένεια 敌意，憎恨，敌视
［拉］inimicus
［德］feindselig
［英］ill-will, enmity
500c2

δύσνοος (δύσνους) 仇视的，不友好的，怀敌意的
［拉］malevolus
［德］feindlich, widerwillig
［英］ill-affected, disaffected
450d4

δυσσύμβολος (δυσξύμβολος) 难以打交道的，难以谈判的
［拉］difficilis in commercio, negotiis gerendis
［德］schwer umgänglich
［英］hard to deal with, driving a hard bargain
486b

δυστυχέω 不幸，倒霉
［拉］adversa fortuna utor
［德］unglücklich sein
［英］to be unlucky, unfortunate
399c2

δυστυχής 不幸的，倒霉的
［拉］infelix
［德］unglücklich
［英］unlucky, unfortunate
578c2, 580a5

δυστυχία 不幸，倒霉
［拉］infelicitas
［德］Unseligkeit, Unglück
［英］ill luck, ill fortune
364b4

δυσχεραίνω 不满意，讨厌
［拉］pertaesus sum, odiosus sum
［德］unwillig sein, verabscheuen
［英］feel dislike, to be displeased
362b5, 366c7, 388a1, 396d7, 401e4, 439e9, 475b11

δυσχέρεια 厌恶，困扰
［拉］molestia, taedium

[德] Missmut, Ekel
[英] annoyance, disgust
502d5
δυσχερής 困难的，不乐意的，反感的
[拉] difficilis, odiosus
[德] schwierig, widrig
[英] difficult, unpleasant
475c3
δῶμα (δωμάτιον) 房屋，家，家庭
[拉] domus
[德] Haus, Familie
[英] house, household, family
380a4, 389a6, 390c3
δωρέω 给予，赠送
[拉] dono, offero
[德] schenken
[英] give, present
394a5
Δωριστί 以多立斯调的方式
[拉] Dorica
[德] in Dorischer Weise
[英] in Dorian fashion
399a3
δωροδοκέω 收礼物，受贿
[拉] munera s. largitiones accipio
[德] Geschenke annehmen, sich bestechen lassen
[英] accept as a present, take bribes
575b9, 590a1
δωροδόκος 收礼物的，受贿赂的
[拉] qui muneribus se corrumpi patitur
[德] Geschenke annehmend, bestechlich
[英] taking presents or bribes, corrupt
390d7
δῶρον (δωρεά) 礼物，礼品
[拉] donum
[德] Geschenk
[英] gift, present
361c1, 361c2, 366e4, 390e3, 390e5, 390e6, 390e9, 468a9, 614a1
ἐάω (ἐατέος) 允许，同意，不理会，放弃
[拉] dimitto, omitto
[德] zulassen, unterlassen
[英] concede, permit, let alone, let be
344d3, 345a4, 350e1, 350e6, 358b6, 361a1, 361a7, 376d2, 380a2, 380a7, 380b3, 380b6, 383c2, 390d7, 391b7, 391c8, 394d2, 401b7, 410a3, 421c4, 423b7, 443d1, 450a9, 450b8, 454c4, 458a1, 458e1, 469e4, 469e6, 471e5, 490d1, 506e1, 519c2, 530b7, 533c2, 534a7, 534d4, 553d3, 572a1, 589a3, 590e3, 599c6, 600d6, 610c1, 611b1, 617e8, 618e3
ἔγγαιος (ἔγγειος) 地里的，地上的
[拉] terrenus
[德] auf der Erde, im Lande befindlich
[英] in or of the land
491d1, 546a4
ἐγγίγνομαι 出生在……，发生在……，产生于
[拉] insum, innascor
[德] darin geboren werden, darin

entstehen
［英］to be born in, take place
341b4, 351d10, 351e3, 351e6, 351e10, 371e13, 398a6, 407c3, 421b5, 421b7, 433b9, 433b10, 433c5, 433c8, 435e5, 439c9, 439d1, 445d5, 445e1, 456e7, 466d8, 501b6, 508a11, 519e3, 521c2, 537c5, 540c7, 541a7, 545c2, 547a3, 547a4, 549b6, 552c3, 552c4, 552e7, 554b8, 557c2, 560a6, 563e6, 563e8, 564b10, 564c3, 566d6, 571b5, 572a6, 607e6, 610b7

ἐγγράφω 画上，写上
［拉］inscribo
［德］einschreiben, aufzeichnen
［英］mark in or on, paint on
501b9

ἐγγύθεν 在身边，在近旁
［拉］prope, e propinquo
［德］aus der Nähe, nahe
［英］from nigh at hand
523c3, 523c8, 550a7, 602c7

ἐγγύς (comp. ἐγγύτερος; sup. ἐγγύτατος) 近，附近
［拉］prope
［德］nahe
［英］near, nigh, at hand
330d5, 330e3, 364d1, 378d2, 388b3, 395a3, 462c10, 462d7, 472c1, 473a8, 508c6, 515d3, 518d10, 537a6, 548d8, 568b6, 583a8, 615d4

ἐγείρω 唤醒，激起
［拉］excito
［德］erwecken, anregen
［英］awaken, rouse
330e7, 390b7, 410b6, 411d4, 440c5, 476c6, 555a3, 571c3, 571d7, 605b3

ἐγερτικός 警醒的，激动的
［拉］excitativus, excitandi vim habens
［德］geeignet zu erwecken
［英］waking, stirring
523e1, 524d5

ἐγκαθίζω 坐在……里，坐在……上
［拉］colloco
［德］daraufsetzen, daraufsitzen
［英］seat in or upon
553c6

ἐγκαλέω 控告，非难
［拉］crimino
［德］anklagen, verklagen
［英］accuse, charge
489d3

ἐγκατατέμνω 切开，在中间切开
［拉］in aliquo concido
［德］dazwischen einschneiden
［英］cut up among
565d10

ἔγκειμαι 被插入，被嵌入
［拉］insertus vel interpositus sum
［德］sich darin befinden
［英］to be inserted
616d4, 616d7

ἔγκλημα 控告
［拉］accusatio, crimen
［德］Anklage
［英］accusation, charge
464d7

ἐγκλίνω 弯曲，倾斜

[拉] inclino
[德] wenden, neigen
[英] bend
436e6
ἐγκράτεια 自制，克制
[拉] continentia, moderatio
[德] Selbsbeherrschung
[英] self-control
390b3, 430e7
ἐγκρατής 控制的，当权的
[拉] qui in potestate habet aliquid
[德] in seiner Gewalt haltend
[英] master of oneself, self-controlled
431a6, 499d4, 501e3, 589b1, 605b5
ἐγκρίνω (ἐγκριτέον) 认为，看作，认可
[拉] admitto, recipio
[德] zulassen, rechnen
[英] reckon as, admit, accept
377c1, 377c2, 413d1, 486d2, 537a11
ἐγκύπτω 俯身偷看
[拉] caput inclino vel demitto
[德] hineinducken, hineinsehen
[英] stoop down and peep in
359d7, 555e3
ἐγκωμιάζω 颂扬，称赞
[拉] laudo
[德] preisen, loben
[英] praise, laud, extol
358d2, 363d5, 367d7, 560e4, 568b3, 581c10, 583d8, 589b8, 599b7
ἐγκώμιον 赞歌，颂词
[拉] laudatio
[德] Preisgesang
[英] laudatory ode
607a4
ἐγχειρίζω 托付，交在手上
[拉] trado, committo
[德] einhändigen, überliefern
[英] put into one's hands, entrust
506a2
ἐγχύνω (ἐγχέω) 注入，灌入
[拉] infundo
[德] eingießen
[英] pour in
390b2
ἐγχωρέω 让路，让位，容许
[拉] concedo, do locum
[德] Raum geben, gestatten
[英] give room, allow
403e5, 408e3, 408e4, 409a2, 478b2, 526a7, 536d1
ἕδρα 座位，住处
[拉] sedes, locus
[德] Sitz, Wohnsitz
[英] seat, abode
436d7, 468d10, 516b5, 517b2
ἑδραῖος 定居的，稳定的，固定的
[拉] sedentarius, stabilis, firmus
[德] sitzend, fest
[英] sitting, sedentary, steady, steadfast
407b7
ἐδωδή (ἔδεσμα) 食物
[拉] cibus
[德] Speise
[英] food
350a1, 389e2, 437d6, 519b1, 559b8, 580e3

ἐθελόδουλος 自愿当奴隶的，自愿受奴役的
[拉] servus voluntarius
[德] sich freiwillig unterwerfend
[英] serving voluntarily
562d7

ἐθέλω 愿意，乐于
[拉] volo
[德] wollen, wünschen
[英] to be willing, wish
330c7, 331c8, 337a6, 338b2, 338c3, 343e6, 344a6, 345e6, 346e8, 347a5, 347b1, 347b5, 347c1, 347c5, 349b3, 349e11, 350a1, 350a7, 350b7, 360d3, 361b8, 362a3, 362a7, 362b4, 364a7, 364c2, 366c1, 370b10, 375a11, 380a4, 381c7, 382a1, 382a8, 390c3, 391a1, 396c7, 396d4, 402d11, 410b2, 412e3, 415e1, 421d6, 423b9, 425e9, 426d1, 429d2, 436b9, 437b8, 437c4, 437c8, 439c2, 440c5, 452e6, 458c2, 459c4, 461c1, 471b1, 475c6, 475d5, 496d3, 498a5, 501a5, 502b8, 503b9, 503c3, 503c5, 506c5, 506e4, 510a8, 517c8, 519d4, 520d7, 535c2, 539c6, 548b1, 549c5, 551e3, 555a2, 555c2, 556a5, 565a4, 567e3, 581c8, 584b5, 592a5, 596b1, 596d9, 604d6, 613a8, 613d4, 620a5

ἐθίζω 使习惯于
[拉] assuefacio
[德] gewöhnen
[英] accustom
469b10, 562e7, 563c8, 590b8, 604c9

ἔθνος 种族，民族，部落
[拉] gens, natio
[德] Volk, Geschlecht
[英] tribe, nation
348d5, 351c9, 420b7, 421c5, 428e7, 466a5, 541a6

ἔθος 习惯，习俗
[拉] mos, consuetudo
[德] Gewohnheit, Sitte
[英] custom, habit
395d2, 416a5, 452a7, 518e1, 522a4, 522a6, 533d5, 606a8, 619c7

ἔθω (ἐθιστέον) 习惯于
[拉] soleo
[德] gewohnt sein, pflegen
[英] to be accustomed
337a4, 337e1, 359e2, 396a3, 406b7, 406e1, 407d3, 458a1, 487e6, 493b3, 516d1, 565c9, 565c11, 596a6, 596b6

εἶδος 形式，样式，形状，外貌，形相
[拉] forma, species, modus
[德] Form, Aussehen, Gestalt
[英] form, appearance, shape
357c5, 358a5, 363e5, 376e11, 380d3, 389b4, 392a3, 396b10, 396c2, 397b4, 397c3, 400a5, 402c1, 402d2, 406c2, 413d7, 424c3, 427a2, 432b3, 433a3, 434b2, 434d3, 435b2, 435c1, 435c5, 435e2, 437c1, 437d3, 439e2, 440e8, 440e9, 445c1, 445c5, 445c9, 445d8, 449a5, 449c2, 454a6, 454b6, 454c9, 459d1, 475b5, 476a5, 477c4, 477e1, 504a4, 509d4, 510b8, 510c5, 510d5, 511a3, 511c1, 511c2, 530c8, 532e1,

544a3, 544c8, 544d6, 559e6, 572a6, 572b5, 572c8, 580d3, 581c6, 581e6, 584c6, 585b14, 590c4, 595b1, 596a6, 597a2, 597b14, 597c8, 612a5, 618a8

εἴδω (οἶδα, ἀπό-εἶδον) 看，知道，熟悉

［拉］video, scio, peritus sum

［德］sehen, wissen, verstehen

［英］see, know, be acquainted with

328a1, 328c5, 328d2, 330d5, 334b7, 336a1, 336c3, 336e4, 337a5, 337a8, 337d4, 337e5, 338a1, 338b8, 338c5, 338d7, 341a9, 344e7, 345e4, 347b2, 350d3, 350d10, 352e5, 354c1, 358a7, 359d5, 359d7, 365e2, 366c6, 369a6, 369a9, 375d10, 375e1, 375e5, 376a5, 377a12, 379a2, 382a3, 382a4, 382d1, 382d6, 389a6, 390c2, 392b7, 392d2, 393d6, 394d8, 399a5, 399e11, 400b6, 403e5, 404b11, 404c7, 404c9, 406c1, 406c3, 408d4, 414c6, 414d1, 427d3, 429a5, 429a10, 429d4, 429e4, 429e6, 430d6, 430e3, 430e8, 432c2, 433b4, 434a3, 434e2, 435c9, 436b10, 439e9, 440a2, 441a8, 441b3, 445c1, 450b1, 450d9, 450e1, 455c4, 457b3, 457c5, 457c6, 457d3, 459c5, 465e4, 472a3, 472a5, 473e2, 473e4, 474e2, 476b7, 476e5, 476e6, 485d7, 487d8, 488a2, 489a5, 491d2, 492d6, 492e6, 493b7, 495e4, 496c7, 497e4, 498d8, 501a4, 502d7, 501c3, 505a4, 505a6, 505a7, 505b5, 505c1, 505c2, 506c3, 506c4, 507e1, 508c4, 510c2, 510c6, 510d4, 511a1, 514a2, 517b7, 517c5, 517e2, 518a5, 519c10, 519d2, 522d6, 523a8, 523c4, 524c7, 525d8, 526e4, 527c6, 529e4, 530e7, 531d7, 531e5, 533a3, 533a5, 533c1, 533c3, 533c4, 534c4, 536c3, 538a6, 538b5, 540a8, 544a4, 544a5, 544d6, 545a5, 545c4, 548d1, 549e3, 549e5, 552d3, 553a10, 553b7, 554c4, 556d4, 556e2, 558a5, 563d7, 563e2, 564c7, 566c2, 571a5, 571b3, 571c7, 572a3, 572a7, 576e2, 577b3, 578d8, 580d1, 581b6, 581c8, 581e1, 581e5, 582a1, 582b1, 584b1, 584d1, 587b11, 588b10, 589c3, 595b6, 596a1, 597d1, 598c9, 598e4, 599a2, 599a4, 601b3, 601b7, 601c4, 601e4, 601e8, 602a1, 602a5, 602a8, 602b1, 602b3, 602b7, 603c1, 604a8, 605d3, 605d6, 607a3, 609b6, 611a7, 611d1, 612a3, 614b8, 615a2, 615e5, 616b7, 618c8, 619e6, 620a1, 620a3, 620a6, 620a7, 620c1, 620c2, 620d1, 621b6

εἴδωλον 幻象，幻想，图像

［拉］imago, figura

［德］Phantasie, Abbild

［英］phantom, fantasy, image

382b10, 386d5, 443c4, 516a7, 520c4, 532b7, 532c2, 534c5, 586b8, 586c4, 587c9, 587d6, 598b8, 599a7, 599d3, 600e5, 601b9, 605c3

εἰδωλοποιέω 制造图像

［拉］simulacra fingo

［德］ein Bild machen

［英］form an image

605c3

εἰκάζω 使相像，比做，写照，猜想
[拉] similem facio, confero, comparo, conjicio
[德] ähnlich machen, nachbilden, mutmaßen, vermuten
[英] represent by an image, liken, compare, conjecture
377e1, 488a2, 488a5

εἰκασία 猜测，猜度
[拉] conjectura
[德] Abbildung, Vermutung
[英] likeness, representation, conjecture
511e2, 534a1, 534a5

εἰκός (adv. εἰκότως) 很可能的，合理的，当然的
[拉] probabilis, decens
[德] wahrscheinlich, folgerichtig, natürlich
[英] probable, reasonable
334c4, 337a1, 338a1, 348c7, 358c4, 362c5, 365b2, 372d2, 396e3, 406c1, 407c6, 407d7, 410d9, 412a8, 414c9, 422c8, 424b2, 425c9, 439e1, 445e4, 451b7, 452a6, 453a5, 458c5, 465a10, 467d2, 472a6, 485c5, 485c6, 488c7, 495c8, 496a2, 503b7, 504c8, 515a2, 517d1, 517d3, 519b6, 519b7, 520b1, 523d8, 524b3, 528e6, 531c8, 538b6, 539a1, 539a5, 550d13, 550e3, 553b6, 564a2, 564a5, 564a6, 564e8, 566e10, 567b7, 568c8, 575d2, 592b6, 603b7, 603b9, 607b2, 609b8, 610e9, 611b8, 613b2

εἰκών 图像，影像，形象，比喻
[拉] imago
[德] Bild
[英] likeness, image, simile
375d5, 401b2, 401b5, 401b8, 402b5, 402c6, 487e5, 487e6, 488a1, 489a5, 489a10, 509a9, 509e1, 510b4, 510b8, 510e3, 511a6, 515a4, 517a8, 517d1, 531b4, 531b6, 533a3, 538c5, 588b10, 588d10

εἵλησις 太阳的热力，日晒
[拉] calor, aestus
[德] Sonnenbrand
[英] sun-heat
380e5, 404b1

εἰλικρινής (adv. εἰλικρινῶς) 纯粹的，纯洁的，单纯的
[拉] purus, sincerus
[德] rein, lauter, echt
[英] pure, simple
477a7, 478d6, 478e2, 479d5, 549b3

εἶμι (ἰτέον) 去，来
[拉] ibo
[德] gehen, kommen
[英] go, come
328d1, 328d2, 331d9, 347c2, 347c7, 348b8, 352b5, 352c5, 353b3, 353d3, 358b1, 359c4, 360c5, 361c7, 362b6, 364b6, 365d2, 369c9, 370e12, 376d9, 387a8, 394d9, 399b1, 399e8, 410a8, 414e5, 415e3, 417a4, 432c9, 432d1, 434b2, 434d3, 449a7, 451c7, 455b4, 465a3, 466c9, 469d1, 474c5, 475c7, 476b10, 489b8, 489c1,

489d4, 490b2, 497b5, 501c5, 510b6, 511a5, 511b7, 517a4, 517c7, 518a8, 520e2, 521a5, 521b4, 521b7, 525c1, 532d7, 537d7, 543c6, 550e1, 558b7, 562e1, 568c9, 571c6, 571d7, 574d4, 577c1, 580a9, 601b9, 609d4, 610c6, 617a8, 617b2, 617d2, 619a1, 620c2, 620c4, 620d3, 621a1

εἶπον 说

[拉] dico

[德] sagen

[英] say, speak

328c5, 329c5, 329d7, 329e1, 330d1, 331a4, 331c5, 331e1, 335e4, 336b4, 336c6, 336e1, 337a3, 337b5, 337b7, 337c1, 337d8, 338a1, 338a4, 338a6, 338b5, 338d5, 339b7, 340c3, 340c8, 340e6, 341b5, 341c1, 341c4, 341e3, 341e8, 343a3, 344d1, 344d5, 345b8, 346a1, 348e6, 350e1, 357a1, 357b3, 357c4, 358d4, 362d1, 362d4, 362e3, 364d5, 368a1, 368a3, 368a7, 368c7, 370a8, 376b8, 376e9, 377a5, 377d4, 377e7, 378e7, 380d7, 382a5, 383b3, 383b8, 391a5, 392e2, 393d2, 393d3, 393e3, 395e8, 398a5, 398b6, 400a7, 400c4, 402e3, 403a4, 403e4, 404c3, 406a5, 406d5, 406e1, 407a10, 408d4, 408d6, 408d10, 409e4, 410c8, 414c10, 416a2, 416b8, 416d3, 416e5, 422b2, 422b3, 422d2, 424a4, 424b3, 425a8, 425c7, 425e3, 429b5, 429c4, 429c5, 432c7, 432d2, 432e5, 435d8, 436c5, 441b2, 441b4, 442d7, 449c1, 449c4, 450b5, 450c4, 450d5, 451b6, 452a7, 452b7, 453d5, 454a4, 454c1, 454c7, 455a5, 455a6, 455a8, 455d3, 458d8, 459d7, 461b4, 462a3, 463b10, 463c8, 464d8, 466a2, 466b5, 468a1, 468a5, 468c9, 470d3, 472b1, 473e7, 474d3, 475e2, 476e7, 484a5, 487d3, 487d6, 487e7, 491a7, 492b5, 495a10, 496c8, 497a3, 497b1, 497d4, 500d4, 503b3, 503b4, 504b7, 506a4, 506b9, 506c6, 507a1, 507d4, 507d6, 509d3, 514a1, 515d1, 518b6, 520a6, 522e5, 523a10, 526b6, 526c8, 526d7, 527c5, 528d2, 529d7, 530c4, 530d1, 531e4, 535c6, 535d1, 536b8, 536c2, 536c5, 536e6, 537c4, 537e6, 538a9, 538b3, 541b2, 544a1, 544b4, 544b6, 545d5, 545d8, 549c2, 550e4, 551b7, 554c4, 556b4, 557e2, 562b12, 562d6, 563b9, 563c3, 564a6, 566d8, 567d1, 568a4, 568d4, 568e7, 569c6, 572b3, 573b9, 576d6, 577c5, 577c9, 577d1, 577e2, 578d11, 580a2, 580c6, 580c9, 581e6, 582a3, 582a9, 582d1, 583c1, 583e1, 583b5, 584c4, 584d3, 585a8, 587b8, 587b13, 587c3, 588b1, 591c5, 591d6, 591e1, 595c7, 596a3, 596d2, 597e10, 599e4, 604a1, 606e1, 607c4, 607d8, 608d13, 611c6, 614d1, 615d2, 617d5, 617e6, 619b3, 619b7, 619d1, 620d1

εἰρέω (εἴρω, ἐρῶ) 说

[拉] dico
[德] sagen
[英] say
329a1, 332d5, 334e3, 335e8, 336c6, 337b1, 337e7, 338b9, 344d4, 347a9, 348c1, 349d2, 350e3, 352d5, 358c1, 358e1, 361e3, 362d3, 362d5, 362d8, 366b7, 366c4, 390a2, 391b7, 392a5, 392a13, 393c3, 394c8, 398b8, 412e10, 414a7, 414d2, 420b4, 433b1, 433b2, 434d5, 449a7, 450a10, 464c5, 468c8, 471c6, 473a8, 473c7, 473e4, 476e4, 484a6, 492d2, 493a2, 497a7, 497c7, 497d3, 498d5, 499d3, 499d8, 503b6, 504b5, 507a8, 507a9, 520a8, 520a9, 525c8, 540c6, 540d2, 540d3, 541b1, 559a1, 562c4, 563c1, 569c6, 573d1, 577c6, 595b3, 601c3, 607c4, 608b2, 613d1, 618c6

εἱργμός 监狱，牢房
[拉] carcer
[德] Gefängnis
[英] cage, prison
495d2

εἰρήνη 和平
[拉] pax
[德] Friede
[英] peace
329c6, 332e13, 333a11, 372d2, 465b5, 543a4, 548a1, 557e4, 557e5, 575b3

εἰρηνικός 和平的
[拉] pacatus
[德] friedlich
[英] of or in peace, peaceful
399b3

εἰροπόκος 多羊毛的，毛茸茸的
[拉] laniger
[德] wollig
[英] wool-fleeced, woolly
363b2

εἰρωνεία 假装的无知，讥讽
[拉] dissimulatio, irrisio
[德] Verstellung, Anschein von Unwissenheit
[英] dissimulation, i. e. assumed ignorance, irony
337a4

εἰρωνεύομαι 假装无知，装傻，讥讽
[拉] utor dissimulatione in oratione, derideo
[德] sich verstellen, spotten
[英] feign ignorance, banter
337a6

εἰσαγγελία 弹劾，检举
[拉] accusatio
[德] Rechtsstreitigkeit
[英] state prosecution, impeachment
565c6

εἰσαγγέλλω 报告，传达
[拉] nuntio, renuntio, indico
[德] melden, anmelden
[英] announce, report
524b5

εἰσάγω 领进，带往
[拉] introduco
[德] herführen, hineinführen
[英] lead in or into, introduce
371a10, 381d6, 389d4

εἰσακούω 听，倾听
[拉] audio
[德] hören
[英] hear
494d7
εἰσδανείζω 借出，借给，放有息贷款
[拉] mutuum do in aliquid
[德] aut etw. leihen
[英] lend at interest as well
555c5
εἰσδέχομαι 接待，收留
[拉] accipio, admitto
[德] hineinnehmen, aufnehmen
[英] take into, admit
425a4, 560d1
εἴσειμι 走入，进入，出场
[拉] intro, ingredior
[德] hineingehen, auftreten
[英] enter, go into
330d7, 360c1, 416d7
εἰσέρχομαι 进来，进入，进场
[拉] ingredior, accedo ad, pervenio in
[德] hineingehen, auftreten
[英] enter, go into
330d6, 575a4, 576e1, 580b5
εἴσοδος 进入，进口
[拉] ingressus
[德] Eingang, Zugang
[英] entry, entrance
514a4
εἰσοικίζω 迁居，移居
[拉] in domum recipio
[德] ansiedeln
[英] bring in as a dweller or settler
424d8
εἰσφέρω 引入，出钱
[拉] induco, confero
[德] hineintragen, bezahlen
[英] bring in, contribute
337d10, 343d8, 551e3, 567a1, 568d9
εἰσφορά 财产税，捐款
[拉] pecuniae collation, tributum
[德] Beitrag
[英] property-tax, contribution
343d7, 568d9
εἴσω 进，入，在里面
[拉] intro, introrsum, intus
[德] hinein, nach innen, drinnen
[英] to within, into, inside
359e6, 360a6, 407d5
ἑκάεργος 远射的神
[拉] arcitenens
[德] Ferntreffer
[英] the far-shooting, far-darting
391a6
ἕκαστος 每，每一个，各自
[拉] singulus, quisque
[德] jeder
[英] each, every one
331e3, 332c2, 333d10, 334c1, 335e1, 338d10, 338e1, 339c2, 340d7, 341d5, 341d8, 341d10, 342a5, 342b6, 344b1, 344e2, 346a1, 346a6, 346c2, 346d1, 346d5, 353a10, 353a12, 353b3, 360c7, 367a3, 369a2, 369b6, 369e2, 370a8, 370b1, 370c3, 371a11, 371b5, 373a4, 374b9, 374b10, 374d6,

377b3, 381c9, 388b7, 393c3, 394e3, 397e2, 401c1, 406c4, 420d4, 421c4, 422e8, 423d4, 423d5, 425c11, 432a9, 433a5, 433d4, 433d9, 433e7, 434c8, 434d3, 435b5, 435e2, 436a8, 436b1, 437e7, 437e8, 438b2, 441c6, 441d9, 441d12, 441e1, 442a6, 442c1, 442c7, 443d2, 449b1, 453b5, 455c2, 460a9, 461a7, 468b4, 468b11, 471a10, 474a2, 476a6, 476a7, 477d2, 479b8, 479b9, 479e7, 480a11, 484c7, 484d6, 486d10, 486e1, 487b5, 487c5, 488b4, 490b1, 490b3, 491b7, 491d3, 493a6, 493b3, 493e3, 494a1, 502d2, 504a6, 507b2, 510c5, 515d4, 518c5, 518c6, 520a1, 520a3, 520b3, 520c2, 520c4, 520d7, 520e2, 520e3, 523c11, 524a1, 524b5, 526a3, 527d8, 532a7, 533b2, 534b3, 537a2, 537b6, 540b1, 540b4, 546a6, 546c5, 550d9, 557b8, 557b9, 572b5, 572d2, 574d8, 577a8, 577c2, 578d3, 578d12, 580d4, 580d8, 581c6, 581c10, 581e6, 582c4, 586e2, 586e5, 586e7, 595a7, 596a6, 596a7, 596c2, 598a2, 598b2, 598b7, 598c9, 601a5, 601d1, 601d4, 601d6, 601d8, 602b1, 605b8, 608e6, 609a3, 609a9, 610b7, 613c5, 615a7, 615a8, 615b1, 615b6, 616a6, 616a7, 616b2, 617b5, 617c1, 617e4, 617e7, 618c1, 619e6, 620d8

ἑκάστοτε 每回，每次，任何时候

[拉] semper

[德] jedesmal, jemals

[英] each time, on each occasion

346a2, 393b7, 487b3, 522d2

ἑκάτερος 两者中的每一个

[拉] alteruter

[德] jeder von beiden

[英] each of two

343e2, 348b1, 349d10, 350c7, 350c8, 358b4, 358b5, 359c1, 359c3, 360e5, 361d5, 361d8, 363e4, 366e5, 367b4, 367e3, 368c6, 375a5, 394d4, 423a1, 432a1, 445b4, 453b10, 454d9, 470d4, 470d5, 473d4, 476a2, 477b8, 478a3, 478b1, 484a3, 492b9, 509d7, 524b7, 524b10, 531c4, 534a6, 547b2, 550e7, 559a8, 577c3, 586c2, 588b7, 596b6, 612e3, 614a6, 614a7, 614d4, 617d1

ἑκατέρωθεν 在每一边，在两边中的任何一边

[拉] utrinque

[德] zu beiden Seiten

[英] on each side, on either hand

367b6

ἑκατέρωσε（两方面中）任何方面，在……两边的

[拉] in alterutram partem

[德] nach beiden Seiten hin, beiderseits

[英] to either side, either way

501b1, 619a6

ἑκατόν 一百

[拉] centum

[德] Hundert

[英] a hundred

546c3, 546c4, 546c6

ἐκβαίνω 离开，外出

[拉] egredior
[德] ausgehen, verlassen
[英] leave, go out of
338e5, 359e1, 380d6, 404a6, 406b8, 414a1, 424d10, 425e9, 461b10, 503a5, 511a6, 523b9, 523c1, 537d3, 568d4, 614b8

ἐκβακχεύω 发酒神信徒的癫狂，发狂
[拉] divino afflatu concito
[德] in bakchische Begeisterung versetzen
[英] excite to Bacchic frenzy
561a9

ἐκβάλλω (ἐκβλητέον) 抛弃，扔掉
[拉] expurgo
[德] verwerfen
[英] throw or cast out of, discard
377c5, 407d3, 412e7, 429d1, 473e6, 488c4, 503a4, 557a3, 560d4, 566b1

ἐκβοάω 叫喊
[拉] vociferor
[德] laut aufschreien
[英] call out, cry aloud
492b9

ἐκβολή 出口，抛出去，放逐，驱逐
[拉] effluvium, ejectio
[德] Ausfluß, das Hinauswerfen
[英] outlet, throwing out, expulsion, banishment
412e9

ἐκγελάω 发笑，大笑
[拉] effuse rideo, in risum effundor
[德] in Lachen ausbrechen
[英] laugh out, laugh loud
473c8

ἐκγλύφω 挖出，舀出
[拉] exsculpo
[德] ausgraben
[英] scoop out
616d3

ἔκγονος 后裔，子孙
[拉] proles
[德] Abkömmling
[英] offspring
364e4, 372d3, 408c3, 407d7, 415b2, 415b5, 415b7, 423c8, 457d2, 459d9, 460b7, 460d9, 461b1, 461d4, 461d6, 463c7, 502a6, 506e3, 507a3, 508b13, 555e5, 599c5

ἐκδειματόω 吓唬，使惊吓
[拉] perterreo
[德] erschrecken
[英] frighten
381e2

ἐκδέρω 剥皮
[拉] cutem detraho, excarnifico
[德] abhäuten, schinden
[英] strip off the skin from one
616a2

ἐκδίδωμι 交出去，放弃
[拉] edo, prodo
[德] herausgeben, weggeben
[英] surrender, give up
362b3, 613d4

ἐκεῖθεν 从那里，从那时起，因此
[拉] illinc, inde
[德] von dort, von damals, daraus
[英] from that place, thenceforward,

thence

489e3, 619b2, 619e2

ἐκεῖσε 到那里

[拉] illuc

[德] dorthin, dahin

[英] thither, to that place

331b3, 435e3, 484c9, 485d8, 529a2, 530e6, 611d7, 618e1, 619e3

ἐκκαθαίρω 清除，清洁

[拉] expurgo

[德] säubern

[英] clear out

361d5, 527d8

ἐκκαίω 烧灼，点燃

[拉] exuro

[德] ausbrennen, anbrennen

[英] burn out, kindle

362a1, 556a4, 613e2

ἐκκλάω 折断

[拉] frango

[德] abbrechen

[英] break off

611d3

ἐκκλέπτω 偷走，暗中弄走

[拉] furtim subduco

[德] heimlich wegbringen

[英] steal and carry off

449c3

ἐκκλησία 公民大会

[拉] concio

[德] Volksversammlung

[英] assembly

492b5

ἐκκλύζω 洗掉

[拉] eluo

[德] herauswaschen

[英] wash out

430a6

ἐκκομίζω 运出去，带出来

[拉] eveho

[德] herausschaffen

[英] carry or bring out

611e4

ἐκλάμπω 照耀，发光，点燃

[拉] exsplendesco, eluceo

[德] herausblitzen, hervorleuchten

[英] shine or beam forth

435a2

ἐκλέγω (ἐκλεκτέος) 选择，选取，从中选出

[拉] eligo, detraho

[德] auswählen

[英] select, pick out

374e7, 412d9, 429d5, 429e8, 456a8, 456b2, 458c7, 535a7, 535a10, 536c8, 557d7, 557d8

ἐκλείπω 留下，丢下，放弃；欠缺，不足，（日，月）食

[拉] derelinquo, desero, omitto, deficio

[德] auslassen, verlassen, ausreichen, sich verfinstern

[英] forsake, desert, abandon, be wanting, suffer eclipse

485d12

ἔκλεξις (ἐκλογή) 选择

[拉] optio

[德] Auswahl

[英] selection, choice
414a5, 535a6, 536c8
ἐκμάσσω 拭去，擦去，留下印迹
[拉] extergo, efformo
[德] abwischen, sich einprägen
[英] wipe off, mould
396d7
ἑκούσιος (adv. ἑκουσίως) 自愿的，心甘情愿的
[拉] voluntarius
[德] freiwillig
[英] voluntary, willing
399b4, 399c2, 412e11, 413a2, 413a5, 535e1, 556b1, 603c5
ἐκπέμπω 派遣，派出去
[拉] emitto
[德] aussenden, wegschicken
[英] send out
541a1
ἐκπηδάω 跳出去，冲出去，突围
[拉] exsilio
[德] herausspringen, einen Ausfall machen
[英] leap out, make a sally
495d3
ἐκπίπτω (ἐκπίτνω) 落下
[拉] excido
[德] herabfallen
[英] fall off
495a6, 495b8, 496c1, 497b7, 553b4, 560a6, 561b1, 566a9
ἐκπλήσσω 使惊慌失措，吓呆
[拉] stupefacio, obstupesco
[德] erstaunen, erschrecken
[英] amaze, astound
336d5, 390c2, 436e8, 576d8, 577a3, 591d8
ἐκπλύνω 洗掉
[拉] eluo
[德] herauswaschen
[英] wash out
430a5
ἔκπλυτος 洗净的
[拉] qui elui potest
[德] ausgewaschen
[英] to be washed out
429e6
ἐκπονέω 完成，努力完成
[拉] elaboro
[德] ausarbeiten, durcharbeiten
[英] work out, finish off
529e2
ἐκπορίζω 提供，供应，设法获得
[拉] comparo, suppedito, paro
[德] aufbringen, herbeischaffen, sich verschaffen
[英] invent, provide, furnish
341d8, 341e5, 342a4, 345d3, 345d4, 460d2
ἐκρέω 流出
[拉] effluo
[德] ausströmen
[英] flow out
452d5
ἔκτασις 伸展，延长
[拉] porrectio, productio
[德] Ausdehnung
[英] stretching out, extension

526d3

ἐκτείνω 延长，展开

［拉］extendo, protendo

［德］ausdehnen, sich ausbreiten

［英］stretch out, extend, prolong

449b2

ἐκτελέω 结束，完成，实现

［拉］perficio, absolve, expleo

［德］vollenden, volziehen

［英］bring to an end, accomplish, achieve

434d6

ἐκτέμνω 阉割，切

［拉］castro, exseco

［德］entmannen, herausschneiden

［英］castrate, cut out

564c4

ἐκτήκω 使熔化

［拉］emacero

［德］herausschmelzen, zerschmelzen

［英］melt out, let melt

411b3

ἐκτίνω 付清，偿付

［拉］exsolvo

［德］abzahlen

［英］pay off

338b5, 338b6, 520b4, 615b2

ἔκτισμα (ἔκτεισμα) 惩罚，罚金

［拉］poena, mulcta

［德］Strafe

［英］payment, penalty

615b2

ἐκτός 远离，除去

［拉］extra

［德］fern von, ohne

［英］out of, far from

398c8, 439e8, 443a4, 443a5, 478c10, 498a7, 498c1, 499d1, 522b8, 541a2, 552d10, 564d8, 605c7, 616a2

ἐκτρέπω 使转向旁边，使转弯

［拉］deflecto, averto

［德］wegwenden

［英］turn out of the course, turn aside

543c5

ἐκτρέφω 抚养，养育

［拉］educo

［德］grossziehen, aufziehen

［英］bring up, rear up

538c7

ἐκφανής 显而易见的，显露出来的

［拉］manifestus, apertus

［德］sichtbar, deutlich

［英］showing itself, plain, manifest

528c4

ἐκφέρω 带走，完成，实现

［拉］effero, profero

［德］heraustragen, hervorbringen

［英］carry out of, bring forth

461c5, 606c8

ἐκφεύγω 逃脱，避免

［拉］vito

［德］entgehen

［英］escape

359a1, 432d3, 472a3, 474a4, 474b5, 490e3, 554e5

ἔκφρων 神经失常的，疯狂的

［拉］amens

［德］von Sinnen, toll, in Verzückung
［英］out of one's mind, senseless, frenzied, enthusiastic
402e5
ἐκχέω 泼掉，倒出
［拉］effundo
［德］ausschütten, verschütten
［英］pour out
553b1
ἑκών 自愿的，心甘情愿的，故意的
［拉］voluntarius
［德］freiwillig, gern
［英］willing
336e5, 345e3, 345e6, 346e8, 347c2, 360c6, 366d1, 381c4, 382a8, 475d5, 485b7, 485c3, 509c10, 519c5, 565b10, 565c3, 575d3, 589c6, 592a2
ἐλαία (ἐλάα) 橄榄树，橄榄
［拉］oliva
［德］Olive
［英］olive-tree, olive
372c5
ἐλασσόω 使减少，使变小
［拉］inferior sum , superor, cedo
［德］kleiner machen, verringen
［英］make less or smaller, diminish
549c5, 549c9, 587c3
ἐλαύνω 驱赶，挺进，前行
［拉］pello, agito, proveho
［德］treiben, vorschreiten, fortschreiten
［英］drive, march, go on
379d8, 396b1, 573e5, 616e3
ἔλαφος 鹿
［拉］cervus
［德］Hirsch
［英］deer
389e13
ἐλαφρός 轻的
［拉］levis
［德］leicht
［英］light
375a6, 457a9
ἐλαχύς (comp. ἐλάσσων; sup. ἐλάχιστος) 少的，小的
［拉］parvus
［德］klein, gering
［英］small, little
330b5, 330b6, 331b6, 343d3, 343d6, 343d8, 368d7, 369a3, 377c8, 377d1, 378a6, 379c4, 381b2, 396d1, 421a3, 431d2, 435a6, 438b7, 438b9, 438b11, 438b12, 438c1, 449c3, 451a6, 452c1, 459d5, 497a1, 505c7, 537b5, 544d3, 546d6, 551b2, 551d3, 551d8, 553d4, 556b3, 564d2, 568d9, 587b3, 602d8, 602e5, 605c1, 611a5, 616d4, 617e4, 619d2
ἐλεγεῖον 挽歌
［拉］carmen elegiacum
［德］Elegie
［英］elegy
368a2
ἔλεγχος 盘问，检查，反驳
［拉］argumentum, indicium, refutatio
［德］Rechenschaft, Prüfung, Widerlegung
［英］cross-examining, testing, refu-

tation
534c1

ἐλέγχω 质问，反驳，谴责
［拉］redarguo
［德］ausfragen, beschimpfen
［英］cross-examine, question, accuse
336c4, 337e3, 349a10, 534c3, 538d9, 539b9

ἐλεεινός 可怜的，可悲的，表示同情的
［拉］miserabilis
［德］mitleidig, mitleidswert, mitleidsvoll
［英］finding pity, piteous
606b8, 620a1

ἐλεέω (ἐλεάω) 怜悯，同情
［拉］misereor
［德］bemitleiden, sich erbarmen
［英］to have pity on, show mercy to
336e10, 516c6, 518b2, 589e5, 606b3

ἔλεος 怜悯，同情
［拉］misericordia
［德］Mitleid, Bedauern, Erbarmen
［英］pity, mercy
539a7, 539a8, 606c5

ἐλευθερία 自由
［拉］libertas
［德］Freiheit
［英］freedom, liberty
329c7, 395c1, 557b4, 560e5, 562b12, 562c8, 562d3, 562e1, 563b4, 563b8, 563d1, 564a3, 564a8, 569c2, 572e1, 576a5, 577d7

ἐλευθέριος (adv. ἐλευθερίως) 像自由人那样的，自由的
［拉］liberalis
［德］nach Art eines Freien, freigebig
［英］fit for a freeman, liberal
344c5

ἐλευθεριότης 慷慨
［拉］liberalitas
［德］Freigebigkeit
［英］liberality
402c3

ἐλεύθερος (adv. ἐλευθέρως) 自由的
［拉］liber
［德］frei
［英］free
351d10, 387b5, 395c5, 405a3, 405a9, 431c2, 433d3, 461b10, 499a4, 536e1, 547c2, 549a3, 557b4, 561d6, 562c2, 562e9, 563b6, 563c4, 563c7, 567a5, 569c1, 577c5, 577c8, 578e5, 579b7, 590e3, 591a2

ἐλευθερόω 解放，解除，获释
［拉］libero
［德］befreien, erlassen
［英］setfree, acquit
566e2, 567e5, 569a5, 575a6, 579a2, 591b3

ἐλευθέρωσις 释放，解放
［拉］liberatio
［德］Befreiung, Zügellosigkeit
［英］liberation, licence
561a4

ἐλέφας 大象，象牙
［拉］elephantus, ebur
［德］Elefant, Elfenbei
［英］elephant, ivory

373a7
ἑλκτικός 适合拖的，进行拉的
[拉] trahendi vim habens
[德] hinziehend
[英] fit for drawing, attractive
523a2
ἕλκω (ἑλκτέον) 拖，拉，扯
[拉] traho
[德] ziehen
[英] draw, drag
350d1, 365c5, 439d1, 458d7, 464c9, 486d5, 494e1, 515e6, 516a1, 533d2, 538d2, 539b6, 540a1, 547b2, 550a7, 550b5, 560b4, 568c4, 577e3, 589a1, 604b1, 616a2
ἐλλείπω 短少，不足，比不上，留下，剩下
[拉] deficio, inferior sum, relinquo
[德] zurückbleiben, zurücklassen, mangeln
[英] fall short, fail, leave behind
362d7, 402d10, 484d6, 484d9, 571d4
ἐλλιμενικός 关乎港口的
[拉] ad portum spectans
[德] den Hafen betreffend
[英] harbour-dues
425d5
ἐλλιπής 有短缺的，有欠缺的，有缺点的
[拉] inops
[德] mangelhaft, unvollkommen
[英] wanting, defective
504b6
ἐλλόγιμος 著名的
[拉] praestans
[德] berühmt
[英] in high repute
387d2, 390d2, 394e6
ἕλξις 拖，拉
[拉] tractus
[德] das Schleppen
[英] dragging, trailing
391b5
ἐλπίζω 希望
[拉] spero
[德] hoffen
[英] hope, expect
383b6, 426a3, 427e6, 451a5, 453d11, 572e4, 573c4
ἐλπίς 希望，指望，预感
[拉] spes
[德] Hoffnung
[英] hope, expectation
331a1, 331a2, 331a8, 369a9, 494c7, 496e2, 517b6
ἔλυτρον 壳
[拉] involucrum
[德] Hülle
[英] shell
588e1
ἐμβαίνω 走进，踏上
[拉] ingredior, ineo
[德] hineinsteigen, einschreiten
[英] enter upon, embark
406e1, 443c2
ἐμβάλλω (ἐμβλητέον) 投进，放进，冲进
[拉] insero, ingredior
[德] hineinwerfen, einstürmen

［英］throw in, dash
344d6, 363a6, 487e7, 563c8, 615b4

ἐμβλέπω 注视，凝视
［拉］intueor, adspicio
［德］hinsehen, anblicken
［英］look at
608d5

ἐμμελής (adv. ἐμμελῶς) 和谐的，适宜的
［拉］canorus, aptus
［德］harmonisch, angemessen
［英］harmonious, suitable, fit, proper
474a8, 569c6, 581b3, 581b4

ἐμμένω 继续下去，保持，遵守
［拉］permaneo, persevero
［德］anhalten, fortbestehen
［英］abide by, stand by, remain fixed
345b8, 540a1, 619c3

ἐμμετρία 合尺度，成比例
［拉］moderatio
［德］Ebenmaß
［英］fit measure
486d7, 486d8

ἔμμετρος (adv. ἐμμέτρως) 合尺度的，合比例的，适中的
［拉］metro compositus
［德］angemessen
［英］proportioned, fitting, suitable
474e1, 486d9

ἔμμονος 持久的，牢固的
［拉］stabilis, firmus
［德］ausdauernd, beständig
［英］abiding, lasting
536e4

ἔμπεδος 坚定的，稳固的，不断的
［拉］continuus
［德］beharrlich, standhaft, dauernd
［英］steadfast, constantly, firmly
363c2

ἐμπειρία 经验
［拉］experientia
［德］Erfahrung
［英］experience
409c1, 422c6, 467a8, 467d6, 484d6, 539e5, 582a5, 582b8, 582d1, 582e7, 584e4

ἔμπειρος 有经验的，有见识的，老练的，熟悉的
［拉］peritus
［德］erfahren, kundig
［英］experienced, acquainted
527a2, 529e3, 533a9, 582a8, 582a10, 582b5, 582c7, 582d4, 601d8

ἐμπίμπρημι 点燃，点火
［拉］incendo
［德］anzünden
［英］kindle, set on fire
470d5, 471a10, 471c1

ἐμπίπλημι (ἐμπληστέος) 充满，满足
［拉］impleo
［德］anfüllen, vollfüllen
［英］fill
373b3, 405d2, 411c6, 426a8, 440a3, 494d2, 500c2, 503d4, 518b1, 534a8, 537e4, 563b1

ἐμπίτνω (ἐμπίπτω) 落到，落进，撞上
［拉］incido
［德］hineinfallen
［英］fall upon

354b7, 435c5, 453d6, 454a5, 466b8, 496d2, 499c2, 524d4, 539c1, 545e1, 553b3, 569c1, 608a5, 616a4, 619a3

ἔμπλεος 充满着……的

[拉] repletus

[德] voll

[英] quite full of

379d4, 411c2, 505c7

ἐμπνέω 有呼吸，吹

[拉] spiro

[德] atmen, einhauchen

[英] breathe, live, be alive, blow

368c1

ἐμποδίζω 妨碍，阻碍

[拉] impedio

[德] verhindern

[英] hinder

407b3

ἐμπόδιος 成为障碍的

[拉] qui est impendimento, obvius

[德] im Wege stehend, hinderlich

[英] presenting an obstacle, impeding

407b2, 407c4

ἐμποδών 挡道，碍事

[拉] ante pedes

[德] im Wege

[英] in one's way

604c2

ἐμποιέω 引起，产生

[拉] indo, efficio

[德] verursachen, beibringen

[英] make in, produce, cause

333e7, 351d9, 371d5, 401b2, 401b7, 422a2, 424a6, 444c8, 444c10, 444d8, 464d2, 501b4, 518d5, 518e1, 520a2, 556a1, 572e6, 573a7, 590b4, 605b8, 609e4, 610a2, 610a6

ἐμπορία 交易，贸易，经商

[拉] mercatura

[德] Handel

[英] commerce, trade

371a16

ἐμπορικός (ἐμπορευτικός, ἔμπορος) 交易的，买卖的，贸易的

[拉] mercatorius

[德] zum Handel gehörig

[英] of or for commerce, mercantile

371a11, 371a14, 371d7, 525c4

ἔμπρησις 点燃，焚烧

[拉] incensio

[德] Anzündung

[英] burning

470a5

ἔμπροσθεν (ἔμπροσθε) 从前，以前，在前面

[拉] olim, antehac

[德] zuvor, vorher, früher, vorn

[英] before, of old, in front

330d7, 332d4, 345c1, 375d3, 394b9, 394e2, 425e4, 427a7, 450c7, 457c7, 494b1, 496c5, 502c3, 504b3, 507a8, 517b1

ἐμφαίνω 显现

[拉] ostendo

[德] zeigen

[英] exhibit, display

402b6, 434e4

ἔμφρων 头脑清醒的，有理性的

［拉］sobrius, prudens, intelligens

［德］besonnen, vernünftig

［英］rational, intelligent

398d1, 517c5, 521a4

ἐμφύλιος 同族的，同部落的

［拉］gentilis

［德］einheimisch, stammverwandt

［英］of the same tribe or race

565e4

ἔμφυτος 天生的

［拉］naturalis, insitus

［德］angeboren

［英］inborn, natural

458d3, 610a2

ἐμφύω 在……里面长出

［拉］ingenero

［德］einwurzeln, einpflanzen

［英］implant, grow in

372e5, 520b2, 562e4, 564d2

ἐναλείφω 涂抹

［拉］illino

［德］einsalben, daraufschmieren

［英］anoint with

420c8

ἐνάμιλλος 渴望竞争的，参加势均力敌的竞争的

［拉］certans, contendens

［德］wetteifernd

［英］engaged in equal contest with, a match for

433d7, 433d11

ἐναντιόομαι 反对，拒绝

［拉］repugno

［德］sich widersetzen, entgegentreten

［英］set oneself against, oppose

352b4, 455c1, 487c6, 603a7

ἐναντίος (adv. ἐναντίως) 相反的，对立的

［拉］contra

［德］gegenüberstehend, widrig

［英］opposite

334c8, 334e3, 335d3, 355d5, 355d7, 335d12, 339d2, 339e6, 343a2, 343c6, 343e7, 348c10, 348e3, 350b8, 350b11, 352a3, 354a2, 360d6, 361c4, 362e2, 364b5, 367b1, 375c7, 375d8, 375e4, 377b7, 387c9, 391c4, 392b5, 394b3, 395e8, 396c2, 397a4, 397c3, 397d7, 399b5, 400b3, 400d2, 401a7, 401e1, 402c4, 403d3, 410c10, 412d7, 420c4, 425a4, 425c5, 434c9, 436b8, 437a1, 437b3, 437b6, 437c10, 439b6, 440e2, 450d8, 453c3, 454c3, 454e6, 459d9, 471b6, 472c8, 475e9, 476c9, 479b7, 486a4, 487b6, 489c10, 490b9, 491d5, 492a4, 492d10, 497e6, 498b3, 520d4, 520e3, 523c1, 523c3, 523d6, 524c8, 524d4, 524e3, 527a3, 535d6, 536b4, 538d1, 546a7, 550e7, 559a4, 563e10, 567c5, 567c7, 568e9, 576d4, 580b7, 583c3, 602e5, 602e8, 603d1, 604b3, 605d8, 610d7, 613b4, 617a7

ἐναντίωμα 反对，不相容，障碍，阻碍

［拉］repugnantia, impedimentum

［德］Widerspruch, Hindernis

［英］incompatibility, obstacle, hindrance

524e3, 603d6

ἐναντίωσις 反对，争执

［拉］contrarium
［德］Gegensatz
［英］opposition
454a8, 607c3
ἐναργής (adv. ἐναργῶς) 可见的，清楚明白的
［拉］manifestus
［德］deutlich, sichtbar
［英］visible, palpable, clear
437d3, 484c7, 511a7, 533d5, 545b4, 561a5, 595a6, 611c4
ἐναρμόνιος 和谐的，有旋律的
［拉］concinnus, consentaneus
［德］übereinstimmend, melodisch
［英］of musical sound, musical, harmonious
530d7
ἐνδατέομαι 夸奖，夸赞
［拉］per partes celebro
［德］herzählen
［英］celebrate
383b1
ἐνδεής (adv. ἐνδεῶς) 不足的，缺乏的
［拉］indigus, defectus
［德］Mangel leidend, bedürftig, ermangelnd
［英］lacking, deficient, in need of
369b7, 381c2, 523e7, 538b2, 571a8
ἔνδεια 缺乏，不足
［拉］indigentia, defectus
［德］Mangel, Armut
［英］want, lack
571e1
ἐνδείκνυμι 证明，指出，检举
［拉］demonstro, ostendo
［德］beweisen, erweisen, aufzeigen
［英］prove, demonstrate, exhibit, point out
344e7, 358d4, 367b3, 367e2, 452d6, 455b1, 474b2, 474b7, 499e3
ἐνδελεχής (adv. ἐνδελεχῶς) 持续不断的
［拉］perpetuus
［德］fortdauernd
［英］continuous, perpetual
539d8
ἐνδέχομαι 接受，认可
［拉］accipio, admitto
［德］annehmen, zulassen
［英］accept, admit, approve
381b2, 501c1
ἐνδέω 缺乏，欠缺；捆绑
［拉］deficio, illigo
［德］mangeln, binden
［英］fall short, bind
345d5, 416e3, 491d4, 529d2
ἔνδηλος 显而易见的，清楚的
［拉］manifestus, evidens
［德］offenbar, deutlich
［英］visible, manifest, clear
572b7
ἐνδιατρίβω 度过，度日
［拉］versor in aliqua re
［德］darin zubringen
［英］spend
487d1
ἐνδίδωμι 交给，交到某人手里，提供，允许
［拉］trado, dedo

［德］an die Hand geben, zugeben
［英］give into one's hands, give up to, allow, permit
561b2, 567a7, 605d3

ἔνδοθεν 从里面，在里面
［拉］ex interiore loco, intus, intrinsecus
［德］von innen her, innerhalb, drinnen
［英］from within, within
575a5

ἔνδον 在里头，在家里
［拉］intus, domi
［德］innen, zu Hause
［英］within, at home
415e1, 417b4, 451d7, 521a7, 573d4

ἐνδυναστεύω 在……中有权势
［拉］dominor inter aliquos
［德］herrschen unter
［英］to have power or exercise dominion in or among
516d4

ἐνδύω 进入，参加，穿
［拉］ingredior, induo
［德］hineingehen, anziehen
［英］enter, put on
377b2, 577a2, 620c3

ἔνειμι 在里面，在其中
［拉］intus sum
［德］darin sein, innewohnen
［英］to be inside
352a5, 352c4, 358b5, 359d7, 366e6, 368e7, 373c5, 380a5, 401a5, 402c5, 402d2, 409b6, 411d1, 428e1, 431b5, 431c9, 431d9, 431e2, 432a1, 433c1, 433d1, 433d2, 435b5, 435e2, 439c5, 439c6, 439e3, 441c6, 488c6, 494d5, 497c8, 502d1, 507d11, 508c7, 508d2, 518b8, 518c5, 518e1, 529d4, 552d9, 554d1, 554d7, 559a4, 572b5, 577d2, 602d1, 609d1, 609d5, 618b3, 619c1

ἕνεκα 为了，由于
［拉］gratia, propter
［德］um ... willen, angesichts
［英］on account of, for the sake of, as far as regards
329b5, 330b8, 337d9, 346b5, 347a4, 347b5, 347b7, 347b9, 357b6, 357c8, 358a5, 361c3, 367c6, 369d2, 371b5, 371b8, 373b4, 376c9, 378e2, 382c10, 382e4, 389b8, 391e12, 398b1, 401d5, 402a5, 405c4, 405c9, 410b8, 410c1, 410c5, 417b6, 430d1, 451b8, 457b1, 470b1, 471d5, 472c4, 472d2, 472e3, 485e4, 487c7, 490d5, 497a6, 505d11, 510d8, 525c4, 525d2, 526c5, 527a7, 527b1, 528a2, 528a4, 529d8, 540b4, 548d9, 555a2, 567a8, 568e9, 572c3, 574b12, 574c1, 582d1, 586b1, 590b7, 591d2, 610b3, 612c10, 616a3

ἔνεροι 地下的人，幽魂
［拉］inferi
［德］die Unteren, Unterirdischen
［英］those below, those beneath the earth
387c1

ἐνθάδε 这儿，在这儿，那儿
［拉］hic, huc, illuc

［德］hier, hierher, dort, dorthin
［英］here, hither, there
330d8, 366a5, 450b4, 451b7, 484d1, 496e1, 534c7, 619d8, 619e3, 621c7, 621d2
ἐνθένδε (ἔνθεν) 从这里
［拉］hinc
［德］von hier aus
［英］from here
529a2, 553d1, 553d2, 596a5, 619e3
ἐνθυμέομαι 考虑，推断，寻思
［拉］cogito, considero
［德］überlegen, erwägen
［英］ponder, consider
440d8, 595a3, 606a3
ἐνιαυτός 一年
［拉］annus
［德］Jahr
［英］a year
416e3, 488d6, 516b10, 527d3, 530a8, 543c1, 588a5
ἐνίημι 送到……里去，移植
［拉］immitto, infigo
［德］hineinsenden, hineintun
［英］send in or into, implant
351d9, 555e4
ἔνιοι 一些，有些
［拉］quidam, nonnulli
［德］einige
［英］some
329b1, 441a9, 477c8, 552c7, 552c8, 558a4, 571b7, 572b6
ἐνίοτε 有时
［拉］interdum, aliquando
［德］manchmal
［英］at times, sometimes
331c4, 339d7, 340a5, 340b2, 432e1, 440a6, 488c2, 504c3, 549c2, 549e4, 555d4, 556e4, 556e9, 560a8
ἐνίπτω 斥责
［拉］reprehendo, accuso
［德］schelten
［英］reprove, upbraid
390d4, 441b6
ἐνίστημι 设立，设置，抵抗，反对
［拉］statuo, obsisto, repugno
［德］aufstellen, sich entgegenstellen, hindern
［英］put, institute, stand in the way, resist
396e1
ἐννεοσσεύω (ἐννεοττεύω) 造窝孵雏，孵化
［拉］nidifico, tanquam in nido nutrio
［德］darin nisten, ausbrüten, wie in Nest pflegen
［英］make a nest in a place, hatch as in a nest
573e4
ἐννοέω 想起，思考，注意到，理解，明白
［拉］recordor, animadverto, intelligo
［德］entsinnen, besinnen, merken, verstehen
［英］think of, reflect upon, notice, understand
345e6, 360a4, 368d4, 370a7, 372a1, 375a12, 375b3, 375d7, 376a1,

377d2, 406a5, 410c8, 474d2, 478b7, 493e2, 494a12, 504e8, 507c6, 507d8, 516e3, 519a1, 521d4, 522d3, 522e5, 525c8, 537e1, 563d5, 578c9, 578d11, 585a8, 595a2, 605d7, 605e3, 609c3, 609e1, 611a5, 611e1

ἐννόησις 考虑

［拉］cogitatio

［德］das Nachdenken, Erwägung

［英］consideration

407c1

ἔννοια 思想

［拉］cogitation, consideratio

［德］Gedanke

［英］thought

524e5

ἔννομος 合法的，依法的

［拉］legitmus vel legibus conveniens

［德］unter einem Gesetze, gesetzlich, gesetzmäßig

［英］ordained by law, lawful, legal

424e6, 424e7, 433c8

ἐνοικέω 居住，住在

［拉］incolo, habito

［德］darin wohnen

［英］dwell in

549b7

ἐνόπλιος 与武器相关的，战争的，军事的

［拉］armatorum proprius

［德］unter den Waffen

［英］martial

400b4

ἐνόρνυμι 在……中激起，在……中引起，发出

［拉］excito

［德］darin erregen

［英］arouse, stir up in

389a5

ἐνσημαίνω 表明，标明，做标记

［拉］significo, exprimo

［德］bezichnen, einprägen

［英］signal, impress or stamp upon

377b2

ἐνταῦθα (ἐνθαῦτα) 在这儿

［拉］huc

［德］hierin

［英］here

328e5, 329b6, 342c10, 343a1, 347d4, 382b3, 404e3, 424d1, 441b7, 445b5, 445c5, 466b4, 505d9, 509a3, 517c8, 537d7, 559d10, 563c5, 568d4, 588b1, 591c6, 615e4, 616d2

ἐντείνω 拉紧，绷紧

［拉］huc

［德］hierher

［英］stretch or strain tight

536c2

ἐντέλλω 命令，吩咐

［拉］iubeo, moneo

［德］befehlen, auftragen

［英］enjoin, command

393e5

ἐντεῦθεν 从这里，从那里，从此以后

［拉］hinc

［德］von hier aus, von da

［英］hence, thence, henceforth

359a2, 430e3, 515e6, 521a5, 524c10, 544e3, 547c5, 550e4, 564e10, 616b3, 620e6, 621b3

ἐντίθημι 放进，置入
[拉] impono, infero, indo
[德] hineinlegen, hineinstellen, hineinsetzen
[英] put in or into
345b5, 473e3, 518c1, 518c2

ἐντίκτω 产生，引起，造成
[拉] ingenero, infero
[德] hervorbringen, erzeugen
[英] bear or produce in, cause in
392a1, 404e3, 410a9, 560b5, 565c3, 586c3

ἔντιμος (adv. ἐντίμως) 重视的，尊重的
[拉] honorabilis, honestus
[德] geehrt, angesehen
[英] in honour, honoured
528b7, 528c2, 548a1, 554b2, 555c5, 564d6

ἔντονος 绷紧的，激烈的，猛烈的
[拉] intentus, vehemens
[德] angespannt, heftig
[英] intense, eager, vehement
528c3

ἐντρεχής 精通的，熟练的
[拉] versutus
[德] bewandert, gewandt
[英] skilful, ready
537a10

ἐντυγχάνω 路遇，碰见
[拉] incido in aliquem
[德] treffen
[英] light upon, fall in with, meet with
329b6, 409d3, 463c5, 463c7, 498d4, 529e1, 531e3, 577b7, 598c8, 598d2, 598e6, 606e2

ἐνύπνιον 梦
[拉] somnium
[德] Traumbild, Traum
[英] thing seen in sleep, dream
383a8, 443b7, 572b1

ἐξαγγέλλω 宣告，通报
[拉] renuntio, indico
[德] verkündigen, melden
[英] tell out, proclaim, make known
328e7, 359e2, 577b3, 601e1, 601e4

ἐξαγριαίνω 使变野
[拉] exacerbo
[德] wild machen
[英] make savage
336d8

ἐξάγω 带走，取走
[拉] educo
[德] wegführen, fortbringen
[英] lead out, lead away
371a11, 572b3

ἐξαιρέω 取出，取走，消灭
[拉] eximo
[德] herausnehmen, befreien
[英] take out, remove, get rid of
387d1, 387d4, 387e9, 394b5, 413b4, 492e6, 494d1

ἐξαίφνης (ἐξαπίνης) 忽然，突然
[拉] subito
[德] plötzlich

［英］on a sudden
453c7, 472a1, 515c6, 516a4, 516e5, 553a10, 584b7, 615d6, 621b4, 621b6

ἐξαλείφω 抹去，擦掉
［拉］deleo
［德］auslöschen
［英］wipe out, obliterate
386c3, 501b9

ἐξαμαρτάνω 犯错
［拉］pecco, aberro
［德］verfehlen, abirren
［英］fail, do wrong
336e3, 340c6, 340c7, 340c9, 340d2, 340d3, 340d6

ἐξαναδύομαι 生起，浮现
［拉］emergo
［德］hervorkommen, emportauchen
［英］arise from, emerge from
525b6

ἐξανίστημι 起身，起身离去
［拉］surgo
［德］aufstehen
［英］raise up, arise and depart from
328a7

ἐξαπατάω 欺骗，引诱
［拉］decipio
［德］täuschen, gänzlich betrügen
［英］deceive thoroughly, beguile
331b2, 345b9, 360d6, 381e10, 382e9, 413c9, 426d4, 507a4, 565b10, 598c3, 598d3, 598e6, 609c3, 612d8

ἐξάπτω 附着，固定，点燃
［拉］alligo, annecto, accendo
［德］anbinden, befestigen, anzünden
［英］fasten to, cling to, kindle, inflame
498b1

ἐξαριθμέω 清点，点数，计算
［拉］numero
［德］auszählen, zählen
［英］enumerate, count
522d4

ἐξαρκέω 足够，足以
［拉］sufficio
［德］hinreichen, genügen
［英］to be quite enough for, suffice for
341e2, 341e5, 373a1, 435d8, 459c4, 504b4, 526d8, 548d1, 568d8

ἐξαρνέομαι 完全否认，不承认
［拉］nego, infitior
［德］ableugnen
［英］deny utterly
465c4

ἐξάρνησις 否认，拒绝
［拉］recusatio
［德］das Versagen, Abschlagen
［英］denial
531b6

ἐξεγείρω 醒来
［拉］excito
［德］aufwecken
［英］awaken
534c7

ἔξειμι 从……走出去，从……走出来，离开
［拉］exeo

［德］herausgehen
［英］leave
412e10, 550a1
ἐξελαύνω 放逐，驱赶
［拉］expello
［德］vertreiben, verbannen
［英］drive out, expel
569a7, 569b2
ἐξελέγχω 驳斥，反驳，揭发
［拉］redarguo, convinco
［德］widerlegen, als falsch darstellen
［英］confute, refute
538d9, 538b5, 610a10
ἐξέλκω 拉，拖，拉出
［拉］protraho
［德］herausziehen
［英］draw, drag out
515e8
ἐξεμέω 呕吐，吐出
［拉］evomo
［德］herausbrechen, ausspeien
［英］vomit forth, disgorge
406d2
ἐξεπίτηδες 故意地
［拉］ex industria
［德］absichtlich
［英］on purpose
498e1
ἐξεργάζομαι 完成，成就，运用
［拉］perficio, efficio
［德］ausführen, bearbeiten
［英］work out, accomplish, achieve
414e2, 456d9, 582c4, 587a8
ἐξέρχομαι 离开，出来
［拉］egredior
［德］herauskommen
［英］go or come out of, leave
374a1, 575b1
ἔξεστι 可以，能够，容许
［拉］licet
［德］es steht frei, es ist erlaubt
［英］it is allowed, is possible
360b6, 396b3, 420a4, 422b10, 452d1, 454c1, 466a1, 468c1, 506c11, 552a7, 555c3, 579b6
ἐξετάζω (ἐξεταστέον) 盘问，调查
［拉］examino, inquiro
［德］nachforschen, prüfen
［英］examine well or closely
489a4, 598d5, 599a5
ἐξευλαβέομαι 非常小心，慎重
［拉］caveo
［德］sich wohl in acht nehmen
［英］guard carefully against
409c7
ἐξευρίσκω (ἐξευρετέος) 找出，发现
［拉］invenio
［德］ausfinden, herausfinden
［英］find out, discover
348a4, 380a8, 425a9, 458a3, 473b1, 520e4, 550d11, 566b6, 583c1, 587a4, 618c3
ἐξέχω 伸出，突出
［拉］emineo
［德］hervorragen
［英］stand out
602c11
ἐξηγέομαι 解释

［拉］explico, interpretor
［德］erklären
［英］expound, interpret
427c4, 469a6, 474c6, 586d7, 604b7

ἐξηγητής 导引师，解释者
［拉］interpres
［德］Deuter, Ratgeber
［英］expounder, interpreter
427c2, 427c3

ἐξήκω 已经到达
［拉］exeo
［德］herausgekommen sein
［英］to have reached
530e6

ἑξῆς 前后相继，依次，此后
［拉］deinceps, ordine
［德］der Reihe nach, nacheinander, nebeneinander, nebendanach
［英］one after another, in order
350e11, 390a1, 484b3, 528a7, 528b1, 528d8, 580b2

ἕξις 习性，情状，状况，拥有
［拉］habitus
［德］Beschaffenheit, Zustand, Haltung
［英］state , habit, possession, having
404a1, 407d2, 433e12, 435b7, 443e6, 509a5, 511d4, 533e4, 585b1, 585b4, 591b4, 591c5, 592a3, 618d1

ἐξισόω 使平等，使相同
［拉］exaequor, aequalis sum
［德］gleichmachen
［英］make equal
563a1

ἐξίστημι 摆脱，失去
［拉］de statu dimoveo, excedo, decedo
［德］sich entfernen, abtreten
［英］cease from, abandon
380d8, 563c9

ἐξίτηλος 消失的，灭绝的，化为乌有的，褪色的
［拉］evanidus
［德］vergehend, ausgehend
［英］fading, evanescent, extinct
391e11, 497b4

ἔξοδος 外出，退场，结束
［拉］exitus
［德］Ausgang, Ablauf
［英］going out, departure, end
453e2

ἐξοίχομαι 已经出去了，已经走了
［拉］exeo, abeo
［德］herausgegangen sein
［英］to have gone out, to be quite gone
503c7

ἐξονομακλήδην 按名字
［拉］nominatim
［德］mit Namen
［英］by name
388b7

ἐξόπισθεν 在后面
［拉］a tergo
［德］von hinten
［英］behind
365c5

ἐξοπλίζω 全副武装
［拉］armo

［德］vollständig bewaffnen
［英］arm completely
555d8
ἐξουσία 权限，权力
［拉］facultas, auctoritas
［德］Vermögen, Recht
［英］power, authority
359c1, 359c7, 360d3, 460b3, 554c8, 557b5, 557b8, 557d4, 563e8, 564d2
ἔξωθεν 从外面
［拉］ab externo
［德］von außen her
［英］from without or abroad
381a4, 414b2, 415e2, 417b4, 442b5, 500b3, 556e3, 556e6, 559e5, 559e6, 575a4, 577a3, 588d10, 590d5
ἐξωτάτω 最外面
［拉］extimus
［德］ganz außerhalb
［英］outermost
616e4
ἔοικα 看来，似乎
［拉］ut videtur
［德］es scheint
［英］seem, look like
328b2, 332a7, 332b9, 333c4, 334a6, 334a10, 334b3, 334d7, 335a3, 335c8, 344e5, 346c8, 347a4, 349d6, 349d7, 349d8, 349d9, 349d11, 350b9, 350c4, 357a2, 358a9, 369c10, 370c8, 371e7, 372c2, 372e2, 374e6, 375c11, 375e8, 377b11, 377e2, 381b3, 381c8, 381d3, 386a1, 386b8, 392d8, 393c8, 395e7, 398a1, 403b4, 404d2, 409c2, 411e4, 412a3, 413c4, 414c8, 421e7, 424d1, 426b5, 428e9, 431b3, 433d7, 440d4, 443c9, 444d13, 444e7, 453d4, 453e1, 454c1, 456c2, 456c3, 457b3, 459d4, 473b4, 474d1, 476c7, 478c9, 478e1, 479b11, 479d3, 486b4, 489a6, 502c5, 508d9, 508d10, 510a5, 510d7, 518d8, 518e3, 521c5, 522d6, 525b3, 527d5, 532e2, 536b9, 543d1, 549b10, 555a3, 558c4, 564a3, 567c8, 569b7, 573c11, 574c7, 579e6, 583a10, 583e6, 584d1, 586a2, 587b14, 587d6, 590c7, 595b5, 595b10, 597d4, 598b7, 598d2, 602a10, 602b2, 603b5, 605a10, 605e7, 610e3, 611d6, 618b6
ἑορτάζω 过节，庆祝节日
［拉］diem festum ago
［德］ein Fest feiern
［英］keep festival or holiday
458a1
ἑορτή 节日，节庆
［拉］festum
［德］Fest
［英］feast, festival, holiday
327a2, 364c2, 459e5, 574d2
ἐπαγγέλλω 宣布，声称
［拉］profiteor
［德］ankündigen, melden
［英］proclaim, announce
518b7
ἐπάγω 引向，加于……
［拉］admoveo
［德］hinzuführen, heranbringen
［英］bring on, lay on

364c6, 472a4, 556e6

ἐπαγωγή 咒语，引诱

［拉］illicium magicum

［德］Zauberspruch, das Herbeirufen

［英］incantation, spell

364c3

ἐπαείδω (ἐπᾳστέον) 唱歌，念咒语

［拉］accino, incanto

［德］vorsingen, bezaubern

［英］sing, use charms or incantations

608a3

ἐπαινέτης 赞美者，表扬者

［拉］laudator, probator

［德］Lobredner, Lobpreiser

［英］praiser

366e1, 426b5, 583a4, 589c2, 606e1

ἐπαινέω (ἐπαινετέον) 赞许，赞美

［拉］laudo

［德］loben

［英］approval, praise

330c7, 338b6, 338c3, 358a8, 358d4, 358d5, 360d5, 361e2, 362e3, 363a2, 366c3, 366e3, 367b8, 367d3, 367d5, 367d6, 379e5, 383a7, 386b10, 390e4, 391a2, 400c2, 401e4, 424c2, 424c3, 426b9, 426c8, 426d5, 431a7, 434e5, 474d8, 487d4, 488c7, 491b8, 492b8, 493d7, 501c6, 528e7, 529a1, 544c2, 544c4, 550a4, 551a9, 554a11, 562d9, 582e1, 582e8, 583a5, 589a5, 589b7, 605c4, 605d4, 605e2, 605e6, 606b3, 612b1

ἔπαινος 赞许，赞美

［拉］laus

［德］Lob

［英］approval, praise

363e3, 492c2, 492c5, 516c8, 605e4

ἐπαίρω 抬高，鼓动，激励

［拉］effero, incito, impello

［德］emporheben, aufregen, ermuntern

［英］lift, raise, exalt, magnify

416d1, 434b1, 608b6

ἐπαισχύνομαι 感到羞愧，感到耻辱

［拉］pudeo

［德］sich schämen

［英］to be ashamed, feel shame

573b2

ἐπαιτιάομαι 归因于，指控，责怪

［拉］caussam adsigno, accuso

［德］Ursache herbeiziehen, beschuldigen

［英］ascribe any causes, accuse

497b1, 565e5

ἐπαΐω 精通，懂得

［拉］intelligo, percipio

［德］verstehen

［英］understand, to be an expert in

488d5, 522e4, 598c1, 601a1, 601a2, 601a6, 601b10, 601c10

ἐπακολουθέω 追随，听从

［拉］sequor, obedio

［德］folgen

［英］follow after, obey

359c2, 370c1

ἐπακούω 听，倾听

［拉］audio

[德] zuhören, anhören
[英] hear
475d6
ἐπακτός 进口的，外来的
[拉] adscitus
[德] eingeführt, fremd
[英] brought in from abroad, imported, foreign
405b2, 573b4
ἐπαμύνω 来帮助，来救援
[拉] auxilior, succurro
[德] beistehen
[英] come to aid, succour
362d7, 390e6
ἐπαμφοτερίζω 模棱两可，踌躇于两种意见之间
[拉] ambiguous sum, fluctuo
[德] sich auf beide Seiten neigen, schwanken, zweideutig sein
[英] halt between two opinions, to be ambiguous
479b11, 479c3
ἐπάναγκες 必然地，不可避免地
[拉] necesse
[德] notwendigerweise
[英] necessarily
536d7
ἐπαναγωγή 向上引，上升
[拉] elatio
[德] Hinaufführen
[英] leading up, exalting
532c5
ἐπανακυκλέομαι 逆向旋转，反向旋转
[拉] me converto
[德] sich im Kreise herumdrehen
[英] make a counter revolution
617b2
ἐπανανεόομαι 重演，重提
[拉] instauro, repeto
[德] wieder erneuern
[英] revive
358b7
ἐπανάστασις 暴动，叛乱，起义
[拉] seditio
[德] Umsturz, Aufstand
[英] rising up against, insurrection
444b3
ἐπαναφέρω 归于
[拉] refero
[德] zurückführen auf
[英] throw back upon, ascribe, refer
434e3
ἐπάνειμι (ἐπανιτέον) 上升，回去
[拉] adscendo, redeo
[德] hinaufgehen, zurückgehen
[英] ascend, go back, return
434e5, 462e4, 532d5
ἐπάνοδος 概括，重述要点；上升，攀升
[拉] reditus, repetitio, ascensus
[德] Übersicht, Zusammenfassung, Hinaufzug
[英] recapitulation, rising up
521c7, 532b8
ἐπανορθόω 修改，纠正，重建
[拉] corrigo, emendo
[德] wieder aufrichten, richtigstellen
[英] correct, amend, set up again
361a2, 361b2, 425a5, 425e6, 426e6,

604d1

ἐπάνω 在上面

[拉] supra

[德] oben

[英] above

514b4, 534e3

ἐπαρκέω 阻挡，支援，保护

[拉] suppedito, praebeo

[德] schützen, verhüten

[英] ward off, prevent

393e7

ἐπάρουρος 依附土地的，生活在土地上的

[拉] rusticus

[德] auf dem Lande lebend

[英] attached to the soil

386c5, 516d5

ἐπεγείρω 叫醒，唤醒

[拉] excito

[德] wecken

[英] awaken

450b1

ἐπείγω 催促，赶紧

[拉] urgeo, festino

[德] treiben, drängen

[英] urge on, hasten

517c9

ἔπειμι 来到，来临；在上面

[拉] insto, succedo, insum, adsum

[德] hinzukommen, anbrechen, darauf sein

[英] come upon, approach, to be upon, be set upon

374a2, 388d5, 427a6, 558a1, 561d6, 597c1, 619b3, 619b7

ἐπεισάγω 引进，引入

[拉] adscisco, induco

[德] einführen, heranziehen

[英] introduce, import

575d5

ἐπεισαγώγιμος 进口的

[拉] importandus

[德] auswärts eingeführt

[英] imported, brought in from abroad

370e6

ἐπεισέρχομαι 进来，跟着进来

[拉] ingredi, invado

[德] noch dazu hereingehen

[英] come in besides, come into

495c3, 561b2

ἐπεισκωμάζω 像无法无天的饮酒作乐者那样乱冲，到处东游西荡

[拉] comissatum ad aliquem venio

[德] hineinschwärmen

[英] rush in like disorderly revellers

500b3

ἐπέκεινα 在那一边，在远处，超出

[拉] ultra

[德] jenseits, darüber hinaus

[英] on yonder side, beyond

509b9, 587c1

ἐπέξειμι 追究，控告；遍及，详述

[拉] accuso, persequor, expono

[德] verklagen, belangen, durchgehen, aufzählen

[英] prosecute, traverse, go through in detail

437a5

ἐπεξέρχομαι 追究，控告
[拉] accuso
[德] verklagen, anklagen
[英] proceed against, prosecute
349a5, 361d8, 366e8, 549e6
ἐπέρομαι (ἐπείρομαι) 询问，问
[拉] interrogo
[德] fragen, befragen
[英] ask, inquire
523d4
ἐπέρχομαι 突然来临，走向
[拉] accedo, advenio
[德] herankommen
[英] approach, come suddenly upon
524c10
ἐπέτειος 每年的，一年一度的
[拉] annuus
[德] jährlich
[英] annual
405c9, 470b1
ἐπευφημέω 歌颂，赞颂
[拉] accanto
[德] rühmen
[英] sing, glorify
383b4
ἐπέχω (ἐπίσχω, ἐπισχετέον) 阻止，堵住，放到
[拉] impedio, retineo, inhibeo, admoveo
[德] abhalten, zurückhalten, ansetzen
[英] hinder, restrain, present, offer
399b6, 411b1, 508c5
ἐπήκοος 注意听的，听从的
[拉] qui audit, exaudiens
[德] hörend
[英] listening, giving ear to
499a5
ἐπηχέω 回响，回荡
[拉] assono
[德] entgegentönen
[英] resound, reecho
492c1
ἐπίβασις 上升，阶梯
[拉] ascensus
[德] Zugang
[英] rung, step
511b6
ἐπιβουλεύω 密谋，要阴谋
[拉] insidior, insidiose molior vel studeo
[德] heimlich im Sinn haben, vorhaben
[英] plot, contrive against
378c1, 417b2, 417b3, 494e6, 551d7, 555d9, 565b6, 566b2, 567a3, 567c3
ἐπιβουλή 阴谋诡计，密谋
[拉] insidiae, dolus
[德] Verschwörung
[英] plot, treachery
341a7, 380d2
ἐπίγειος 地上的
[拉] terrestris
[德] auf der Erde befindlich, irdisch
[英] on or of the earth, terrestrial
546a4
ἐπιγελάω 笑
[拉] subrideo

［德］lachen
［英］laugh, smile
398c7
ἐπιγίγνομαι 随后发生，后来产生
［拉］post nascor, subsequor
［德］nach geboren werden
［英］to be born after, come into being after
574a6
ἐπιδεής 缺乏的，不足的
［拉］indigens, inops, carens
［德］bedürftig, ermangelnd, geringer
［英］in need of, inferior to
579e2
ἐπιδείκνυμι 指出，显示
［拉］ostendo, declare
［德］aufzeigen, vorstellen
［英］exhibit as a specimen, display, exhibit
391e1, 398a3, 493d3, 598c3
ἐπιδίδωμι 捐赠，给予，取得进步
［拉］addo, proficio
［德］mitgeben, Fortschritte machen
［英］give besides, advance, improve
526b9
ἐπιδρομή 袭击，突袭
［拉］incursio, impetus
［德］Überfall, Angriff
［英］inroad, raid, attack
619d5
ἐπιεικής (adv. ἐπιεικῶς) 能干的，合适的，正直的
［拉］praestans, decens, aequus
［德］tüchtig, angemessen, rechtlich
［英］capable, fitting, fair
330a5, 330a6, 331b1, 347b1, 347c6, 387d5, 397d4, 398b2, 398e4, 404b7, 409a8, 431d2, 431e7, 441c5, 487d3, 488a3, 489b4, 489b5, 489d4, 489d7, 538c3, 554c12, 555d2, 568a5, 577c10, 577d4. 602b6, 603e3, 605c7, 612a6
ἐπιθυμέω 渴望，愿意
［拉］cupio
［德］begehren, wünschen
［英］long for, desire
338a6, 351a7, 358b4, 367b1, 420e5, 432e8, 436a10, 437c2, 437c3, 437c8, 438a2, 438a3, 439e9, 440a1, 440a6, 440b1, 440b4, 458a4, 458b2, 475b5, 475c3, 494a9, 517b6, 544b9, 557e5, 565b5, 606a5
ἐπιθυμητής 爱慕者，渴望者
［拉］avidus, cupidus
［德］Liebhaber, Anhänger
［英］lover, follower
475b2, 475b8, 548a5, 579b7
ἐπιθυμητικός 渴望的
［拉］concupiscendum propensus
［德］begehrend
［英］desiring, coveting, lusting after
439d8, 439e5, 440e3, 440e10, 441a6, 442a5, 475b4, 516d2, 550b2, 553c5, 571e1, 572b5, 572c2, 580e2, 606d2
ἐπιθυμία 渴望，意愿，欲望
［拉］cupiditas
［德］Begehren, Wünsch
［英］desire, yearning

328d4, 329c7, 359c3, 390c1, 390c4, 429d1, 430b1, 430e7, 431b9, 431c10, 431d1, 431d5, 437b7, 437d2, 437d9, 437e1, 437e5, 437e7, 438a4, 438a5, 439d7, 485d6, 493b1, 493b8, 493b1, 533b4, 548b5, 554a6, 554a8, 554b7, 554d1, 554d7, 554d10, 555a3, 558d9, 559c9, 559e6, 560a5, 560a9, 560d6, 561a3, 561c1, 561c7, 571a7, 571b4, 571b7, 572c7, 572e2, 573a1, 573a4, 573b2, 573d7, 573e4, 573e6, 575d8, 578a11, 579e1, 580d8, 580e3, 581a1, 586d5, 587b1

ἐπικαταδαρθάνω 然后入睡，入睡

［拉］indormio

［德］darüber einschlafen

［英］fall asleep afterwards

534d1

ἐπικίνδυνος 危险的

［拉］periculosus

［德］gefährlich

［英］dangerous

467d1

ἐπικλώθω 给人纺命线，分配命运

［拉］neo, fato attribuo

［德］zuspinnen, zuteilen

［英］spin to, assign

620e5

ἐπικουρέω 援助，支援

［拉］auxilior, partrocinor

［德］helfen, zu Hilfe kommen

［英］assist, aid

368c3, 575b2

ἐπικουρία 帮助，救助

［拉］auxilium

［德］Hilfe

［英］aid, succour

415c4

ἐπικουρικός (ἐπικουρητικός) 支援的，辅助的

［拉］auxiliarius

［德］helfend

［英］auxiliary

434c8, 441a1, 441a2

ἐπίκουρος 帮助的，支援的

［拉］auxiliaris

［德］helfend

［英］assisting, aiding

414b5, 415a6, 416b1, 419a10, 421b7, 440d5, 458c1, 463b1, 464b6, 466a8, 545d6

ἐπικρίνω 判决，决定

［拉］iudico, decerno

［德］urteilen, entscheiden

［英］decide, determine

524e4

ἐπικρύπτω 隐藏，隐瞒，掩饰

［拉］abscondo, celo

［德］verbergen, sich verstecken

［英］conceal, disguise

476e1

ἐπικτάομαι 进一步获得

［拉］insuper adquiro

［德］sich dazu erwerben

［英］gain or win besides, acquire additional

330a8, 330b1

ἐπίκτητος 进一步获得的，新获得的

[拉] praeterea acquisitus
[德] noch dazu, neu erworben
[英] gained besides or in addition, newly acquired
618d4

ἐπιλαμβάνω 获得，把握
[拉] occupo, prehendo
[德] umfassen, ergreifen
[英] lay hold of, take
360d3, 425e6, 449d6, 450a7, 490c11, 533b7, 605a8

ἐπιλανθάνομαι 忘记
[拉] obliviscor
[德] vergessen
[英] forget, lose thought of
372c4, 390c1, 412e7, 413b5, 413c9, 441d8, 441d11, 519e1, 520a5, 536c1, 536c7, 563b9, 621b1

ἐπιλείπω 丢下，留下
[拉] reliquum facio
[德] fehlen, verlassen
[英] leave behind
340e3, 568e1, 573e3, 574d1

ἐπιλήσμων 健忘的
[拉] obliviosus
[德] vergeßlich
[英] apt to forget, forgetful
486d1

ἐπίλοιπος 剩下的，其余的
[拉] reliquus
[德] übrig
[英] still left, remaining
502c9, 540b1

ἐπιμέλεια 关心
[拉] cura
[德] Sorge
[英] care, attention
374e2, 407b5, 451d8, 464e6, 474d6, 488d5, 552e2, 554c2, 556c5

ἐπιμελέομαι (ἐπιμελητέον) 关心，照料
[拉] curo
[德] sorgen
[英] take care of
331d7, 353d5, 353e4, 365e1, 421d6, 460c8, 460d3, 498b5, 499b6, 499c8, 520a8, 543c3, 547c4, 547d7, 556a10, 589b2, 618c1

ἐπιμελής 关心的，担心的，注意的
[拉] curans, providus
[德] sorgfältig, sorgsam
[英] careful, attentive
467a7

ἐπιμελητής 关心者，照料者
[拉] curator, administrator
[德] Besorger, Aufseher
[英] manager, curator
424b4

ἐπιμένω 保留，保持
[拉] supersum, permaneo, persevero
[德] behalten, bleiben
[英] stay on, remain
361e1, 490b1

ἐπιμιμνήσκομαι 记起，提到
[拉] commemoro, mentionem facio
[德] sich erinnern, gedenken
[英] bethink oneself of, remember, make mention of
423c7, 445c6

ἐπινεύω 点头，点头同意
[拉] annuo
[德] zunicken
[英] nod to, nod assent
351c4, 437b1, 437c4

ἐπίνοια 想法，思想，观念，发明
[拉] excogitatio, inventum
[德] Gedanke, Absicht, Erfindung
[英] thought, notion, invention
600a4

ἐπιπάσσω 撒，洒，洒上
[拉] inspergo
[德] darauf streuen
[英] sprinkle upon or over
405e2

ἐπίπεδος 平面的
[拉] planus
[德] flach
[英] plane
528a9, 528d3, 587d6

ἐπιπείθομαι 被说服，听从，服从
[拉] persuadeo
[德] sich bereden, gehorchen
[英] to be persuaded, obey
389e6

ἐπιπέτομαι (ἐφίπταμαι) 飞向，飞过
[拉] advolare
[德] herbeifliegen
[英] fly to or towards
365a8

ἐπιπίνω 餐后饮酒
[拉] bibo
[德] darauf trinken
[英] drink afterwards or besides
372b7

ἐπιπίπτω 落到头上，袭击
[拉] incido, ingruo
[德] überfallen, herfallen
[英] fall upon or over
405c9

ἐπιπλήσσω 斥责，责骂
[拉] castigo, objurgo
[德] schelten
[英] chastise, rebuke. Reprove
388d5, 441b7, 465e5, 528e6, 529c4, 567b5

ἐπίπνοια 吹气，灵感
[拉] afflatus, mentis incitatio
[德] das Anwehen, Begeisterung
[英] breathing upon, inspiration
499c1

ἐπίπονος 艰苦的，辛勤的
[拉] laboriosus
[德] mühsam
[英] laborious
329d5, 357c7, 358a4, 364a3, 450c4

ἐπίρρυτος 流的，溢出的
[拉] infusus, influens
[德] überströmend
[英] running, infused
508b7

ἐπισίτιος 为事物而工作的
[拉] famulus qui victum pro mercede accipit
[德] für die Kost arbeitend
[英] working for his victuals alone (without wages)
420a2

ἐπίσκεψις 探究，寻求

[拉] inspection, exploration, quaestio

[德] Untersuchung

[英] investigation, inquiry

456c4, 523b1, 524b2

ἐπίσκιος 遮住的，遮阴的

[拉] obscurus

[德] schattig, beschattet

[英] shaded, dark

432c8

ἐπισκοπέω (ἐπισκέπτομαι, ἐπισκεπτέον) 检查，考虑

[拉] considero, inspicio, observo

[德] prüfen, betrachten

[英] inspect, observe, examine, consider

345c1, 368d7, 369a1, 369a3, 375d3, 430d7, 454a6, 454b6, 454b10, 455a7, 458b2, 462a5, 486b11, 490d4, 506b1, 509a10, 518a6, 523b4, 526b5, 529e5, 531c3, 537c9, 544a7, 596a5, 598d7, 598e5, 603e7

ἐπίσταμαι 知道

[拉] scio

[德] wissen

[英] know

392e2, 420e1, 426d8, 427b9, 488d1, 505a7, 522d7, 536a5, 579e3, 598c8, 598d1, 598e1, 601c12

ἐπιστατέω (ἐπιστατητέον) 主管，监管，主持，帮助

[拉] impero, ducis munere fungor

[德] Vorsteher sein, vorstehen

[英] to be in charge of, stand by, aid

377b11, 386b8, 401b1, 401b4, 443e7, 444a2, 521e5, 600d2

ἐπιστάτης 监管者，负责人

[拉] magister, curator

[德] Aufseher, Wärter

[英] overseer, administrator

412a10, 528b7, 597b13

ἐπιστήμη 知识

[拉] scientia

[德] Wissen, Wissenschaft

[英] knowledge

340e3, 342c11, 350a6, 366c7, 374d5, 409b8, 409d9, 422c6, 428b6, 428b7, 428b10, 428b12, 428c2, 428c11, 428d8, 428e3, 428e8, 429a1, 429a2, 438c6, 438c7, 438c8, 438d2, 438d3, 438d9, 438e2, 438e4, 438e7, 442c6, 443e7, 477b1, 477b5, 477b7, 477b10, 477d7, 477e5, 477e8, 478a6, 478a10, 478b1, 478d7, 478d9, 486c8, 506b2, 506c6, 508e3, 508e6, 509a6, 511c5, 518c1, 522a5, 522c2, 522c8, 527a2, 529b7, 530d8, 533c5, 533d4, 533d6, 533e8, 534a4, 534c6, 540a6, 585b14, 585c7, 586d6, 598d4, 602a1, 602a3

ἐπιστήμων (adv. ἐπιστημόνως) 精通……的，对……有学识的，对……有知识的

[拉] scientia praeditus, sciens, peritus

[德] sich auf etw. verstehend, kundig, geschickt

[英] knowing, wise, prudent

350a7, 350a8, 350a11, 350b3, 371b1, 506b1, 534d9, 599b3, 618c4

ἐπιστρέφω 转身，旋转，走来走去
[拉] vertor, obeo
[德] hinwenden, umwenden
[英] turn about, turn round, go back-and forwards
616c5
ἐπιστροφή 转身，旋转
[拉] conversio
[德] das Herumdrehen
[英] turning about
620e3
ἐπιστρωφάω 常到，时常光顾，出没
[拉] versor in, oberro
[德] sich oft zuwenden, oft besuchen
[英] visit frequent, haunt
381d4
ἐπισφαλής 不稳当的，危险的
[拉] intutus
[德] zum Fallen bringen, gefährlich, unsicher
[英] prone to fall, unstable, precarious
497d9
ἐπίταγμα 命令，指示，规定
[拉] mandatum, praescriptum
[德] Anordnung, Auftrag
[英] injunction, command
359a4
ἐπιταλαιπωρέω 下大力气，吃大苦
[拉] laborem insumo in aliquid
[德] dazu sich abmühen
[英] suffer or labour at
540b3
ἐπιτάραξις 混乱，困惑，迷惑
[拉] perturbatio
[德] Verwirrung
[英] bewilderment, confusion
518a2
ἐπίτασις 拉紧，绷紧
[拉] intentio
[德] Spannung
[英] stretching
349e11
ἐπιτάσσω (ἐπιτάττω) 命令
[拉] mando
[德] anordnen
[英] order, command
342c12, 342d5, 342e8, 346e6, 347a2, 347a3, 425d7, 458c2, 458c3, 471d4, 473b1, 520e1, 601e2, 602a5
ἐπιτείνω 拉紧，变得紧张
[拉] intendo
[德] anspannen
[英] stretch upon
410d8, 412a1, 441e9, 498b7, 538b9
ἐπιτελέω 完成，实现，履行
[拉] perficio, absolvo
[德] vollführen, vollenden
[英] complete, finish, accomplish
442b8, 502b5, 535c3
ἐπιτήδειος 合适的，有用的，忠实的，怀好意的
[拉] idoneus, commodus, amicus
[德] passend, erforderlich, befreundet
[英] suitable, useful, friendly
374e4, 374e7, 378b6, 390a4, 390b3, 390c8, 412e4, 416d7, 430a5, 433a6, 557d1
ἐπιτήδευμα 一生从事的事情，事业

[拉] studium
[德] Beschäftigung, Bestrebung
[英] pursuit, business
360e6, 374e4, 389d4, 394d3, 395a2, 424d8, 427a7, 444e4, 454b4, 454b8, 454d1, 454d8, 455a1, 455b2, 455d6, 455d9, 456b5, 484b10, 487a2, 487d4, 489c10, 491a1, 491a3, 494a12, 495a6, 495b2, 497c3, 497e6, 501b5, 501d7, 502b8, 502d1, 527e2, 538d1, 539d1, 543a3, 550a6, 558b7, 560b8, 573c8, 599d5

ἐπιτήδευσις 事业心，苦心经营，习惯的养成
[拉] studium, institutum
[德] Beschäftigung, Bestrebung
[英] devotion or attention to a pursuit or business, cultivation of a habit or character
500a1

ἐπιτηδεύω (ἐπιτηδευτέος) 一心从事，致力于
[拉] studeo, curo
[德] beschäftigen, betreiben
[英] pursue, practice
358a6, 358c3, 359b6, 359b7, 362a5, 374c7, 394d4, 395a1, 395c2, 423d4, 433a5, 445a1, 453e3, 453e5, 454e3, 457b9, 487a3, 489c10, 489d2, 492c8, 525d3, 527b1, 558b5, 561c2, 613a8, 621c6

ἐπιτίθημι 攻击，诋毁，致力于，加上，添上
[拉] aggredior, adjicio, addo
[德] angreifen, dazusetzen, darauflegen
[英] attack, make an attempt upon, add to
360b1, 534e4, 602d2, 610d4

ἐπιτιμάω 指责，责备
[拉] reprehendo, exprobro
[德] tadeln
[英] censure
406a3

ἐπιτρέπω (ἐπιτρεπτέον) 放过，容许，交付，交托
[拉] permitto, concedo, trado
[德] gestatten, überlassen
[英] give up, yield, permit, turn over to
347d1, 379a3, 395d5, 458c4, 469b9, 471c5, 487a8, 488c2, 519d2, 551c5, 567a6, 574b1, 575d3, 591c6

ἐπίτριτος 一又三分之一，三分之四
[拉] sesquitertius
[德] Ein und ein Drittel
[英] one and a third
546c1

ἐπιτροπεία (ἐπιτρόπευσις) 监护
[拉] tutela
[德] Vormundschaft
[英] charge, guardianship
554c7

ἐπιτροπεύω 监护，管理
[拉] administro, tutor sum
[德] verwalten
[英] govern, manage
516b10, 519c1

ἐπιτυγχάνω 碰到，遇见
［拉］incido in aliquem
［德］treffen, begegnen
［英］meet with
352d6, 377b5, 377b6, 397c9, 431c6
ἐπιφέρω 带来，给予
［拉］infero, induco
［德］herbeibringen, hinzufügen
［英］bring, put or lay upon
596a7
ἐπίφθονος 嫉妒的，怀恨的
［拉］invidiosus
［德］beneidet, verhaßt
［英］liable to envy or jealousy
502d7
ἐπιφρονέω 注意到
［拉］attendo vel aestimo
［德］auf etwas achten
［英］pay attention to
424b9
ἐπίχαρις 令人愉快的，可爱的
［拉］venustus, iucundus, gratus
［德］niedlich, gefällig
［英］pleasing, charming
474d8, 528d1
ἐπιχειρέω (ἐνχειρέω, ἐπιχειρητέον) 尝试，企图，着手
［拉］manum admoveo, conor
［德］versuchen, unternehmen
［英］put one's hand to, attempt
339c4, 341b3, 341c1, 341c3, 342d2, 344e1, 351b1, 361a1, 361a2, 368c8, 369b2, 374b7, 382c9, 386b9, 391d5, 393a6, 394d4, 397a3, 398b4, 407d5, 414d2, 416a6, 425c8, 434a4, 434a6, 434b2, 434b5, 434d7, 436b5, 442b2, 451c7, 452d7, 465a9, 466b5, 472a7, 492e2, 507d11, 517a5, 524d2, 525e1, 529b7, 530e5, 532a4, 532a6, 533b2, 565c1, 571c9, 573c4, 574b2, 579c8, 598a2, 599c7, 615e4
ἐπίχειρον 酬报，酬劳
［拉］merces
［德］Handgeld
［英］wages, pay, reward
608c1
ἐπιχέω 倒上，洒上，堆上，泛滥
［拉］infundo, affluo, accedo, supervenio
［德］daraufgießen, sich aufhäufen
［英］pour over, heap up, pour or throw over oneself
407d6
ἐπιχθόνιος 在地上的，在世上的
［拉］in terra versans vel degens
［德］auf Erden befindlich
［英］upon the earth, earthly
469a1
ἐπιχρωματίζω 上色，着色
［拉］colorem induco
［德］eine Färbung geben
［英］render colour
601a5
ἐπιχώριος 本地的，属于当地的
［拉］indigenus
［德］einheimisch
［英］local
327a4, 497b4

ἐπιψηλαφάω 用手触摸表面进行感觉，触碰
[拉] prehendo
[德] nach etwas tasten
[英] feel by passing the hand over the surface
360a2

ἕπομαι 跟随，听从
[拉] sequor, assequor
[德] folgen, mitgehen
[英] follow
346d4, 394e3, 399e8, 400a1, 400d2, 400d7, 406d5, 412b5, 425c1, 432c3, 432c5, 442b8, 445c3, 457c7, 461e7, 467e7, 476c4, 479e2, 486e2, 490c6, 503c3, 504b3, 533b8, 534b2, 564b6, 586d6, 586e1, 586e4, 604d6, 605d3, 606d3

ἐπονομάζω 叫……名字，取名称，起绰号
[拉] cognomino
[德] benennen, nennen
[英] name, call
445d4, 580e2, 600b4

ἐπορέγω 给予，赐予
[拉] dono
[德] darreichen, verleihen
[英] hold out to, give
437c5, 486a6

ἔπος 言辞，字句
[拉] verbum, sermo, narratio
[德] Wort
[英] word, speech
341b5, 379a8, 386c3, 393a3, 394c4, 396e5, 404c3, 464d8, 494e4, 496c8, 526b6, 551b7, 577c9, 602b10, 607a6

ἔποψις 视线所及的范围
[拉] adspectus
[德] Anblick
[英] view over, range of vision
499d1

ἐπῳδή 唱出的歌词，咒语
[拉] cantio, carmen
[德] Zauberspruch
[英] song sung to or over, enchantment, spell
364b7, 426b1, 608a4

ἐράσμιος 可爱的
[拉] amabilis
[德] geliebt, liebenswert
[英] lovely, pleasant
402d6

ἐραστής 热爱者，爱慕者
[拉] amator, amans
[德] Liebhaber, Verehrer
[英] lover, admirer
368a3, 403b2, 403b6, 474e3, 501d2, 521b4

ἐράω (ἔραμαι) 爱恋，渴望
[拉] amo, cupio
[德] lieben, begehren
[英] love, desire
395e2, 402d9, 403a8, 403b2, 439d6, 468c3, 485b1, 555e1, 607e4

ἐργάζομαι 工作，做，制造
[拉] laboro, infero
[德] arbeiten, tun
[英] work at, labour, make

346d6, 346e1, 352a6, 353a5, 353c7, 370b5, 371b5, 372a8, 373e5, 374a6, 374c1, 374c5, 377e8, 380b1, 381a8, 391d2, 406c5, 420e3, 421e1, 424d6, 424d7, 426b9, 429e7, 434a4, 450a7, 474a3, 495b4, 515a1, 519a5, 553c3, 596c7, 596c9, 597b6, 615d2, 618d1, 618d5, 619a4

ἐργασία 做工，工作

[拉] opus, labor, opera

[德] Werke, Tätigkeit

[英] work, labour

371b2, 399a7, 401a3, 406d7, 438d2

ἐργάτης 匠人，工人，手艺人

[拉] operarius

[德] Arbeiter

[英] workman

554a5

ἐργολάβος 承包人，立约人

[拉] redemptor

[德] Unternehmer

[英] contractor

373b8

ἔργον 事情，行动，行为，结果，任务

[拉] res, opus

[德] Sache, Ding, Tat, Werk

[英] thing, matter, deed, action

330c5, 332e3, 335d3, 355d11, 346d5, 351d9, 352d9, 352e3, 352e9, 353a7, 353a10, 353b1, 353b3, 353b4, 353b8, 353b14, 353c6, 353c10, 353d3, 353d9, 353e1, 369b3, 369e2, 370b2, 370b8, 371c8, 374b8, 374d8, 374e6, 377a12, 378a1, 380a7, 382a2, 382e8, 383a5, 389d6, 391d4, 396a2, 396a4, 401c7, 406c4, 407a1, 407a4, 413d8, 421c2, 421d14, 421e5, 423d4, 434a4, 453a2, 453b10, 463e1, 467e6, 473a6, 487c6, 494e4, 496e1, 498e4, 501e5, 511c4, 519c8, 530a5, 530c2, 530e1, 531d5, 534d4, 537d7, 540a6, 548d3, 549a5, 559c4, 563a7, 574e4, 588d1, 597a6, 598a3, 598e6, 599b4, 599b6, 600a4, 602e2, 603a12

ἔργω 关进去，围起来，排除在外面

[拉] arceo, prohibeo

[德] einsperren, einschließen, ausschließen

[英] shut in, enclose, keep away from

465b1, 555c2, 556a5

ἐρέβινθος 鹰嘴豆

[拉] cicer

[德] kicherbse

[英] chick-pea

372c8

ἐρεθίζω 激怒，使恼怒

[拉] irrito, lacesso

[德] aufregen, aufbringen

[英] rouse to anger, provoke

393e8, 411b8

ἐρεσχηλέω 取笑，戏弄

[拉] ludo

[德] necken

[英] quiz, banter

545e2

ἐρημία 孤寂，孤单

[拉] solitude, inopia

[德] Einsamkeit, das Alleinsein

［英］solitude, loneliness

495e8, 578e3, 604a3

ἐρῆμος 孤零零的

［拉］desertus, desolatus

［德］einsam

［英］desolate, lonely, solitary

453a8, 495c1

ἐρίζω 争吵，争论

［拉］litigo, rixor

［德］streiten, hadern

［英］strive, wrangle, quarrel

395d8, 454a5

ἔριον 羊毛

［拉］lana

［德］Wolle

［英］wool

370e3, 398a7, 429d5

ἔρις 争吵，争论

［拉］lis, contentio

［德］Streit, Zank

［英］strife, quarrel, contention

379e5, 454a8, 499a8

ἐριστικός (adv. ἐριστικῶς) 好争吵的，热衷于争论的

［拉］contentiosus, disputando deditus

［德］zum Streit geneigt, streitsüchtig

［英］eager for strife

454b5, 499a7

ἕρμα 礁石，暗礁

［拉］columen, scopulus

［德］Klippe

［英］rock, reef

553b1

ἕρμαιον 意外之财，意外之喜，神赐之物

［拉］lucrum insperatum

［德］Glücksfund

［英］unexpected piece of luck, god-send

368d6

ἑρμηνεία 解释，说明

［拉］interpretatio

［德］Auslegung, Erklärung

［英］interpretation, explanation

524b1

ἑρμηνεύω 解释

［拉］interpretor

［德］auslegen

［英］interpret

453c9

ἔρομαι 问，询问，请教

［拉］interrogo, inquiro, quaero

［德］fragen, befragen

［英］ask, question, inquire

327b6, 330b8, 332c5, 337a9, 341a8, 341e2, 408d8, 462a2, 497c3, 524c10, 526a1, 531b8, 538d7, 544a8, 544b6, 576d6

ἐρρωμένος (adv. ἐρρωμένως) 强壮的，有力的

［拉］robustus, fortis, validus

［德］stark, kräftig

［英］powerful, strong

352c1, 361d4, 401d7, 477d9, 491c3, 491d3, 564d7

ἐρυθριάω 脸红

［拉］erubesco

［德］erröten

[英] blush

350d3

ἐρυσίβη 生锈，发霉

[拉] rubigo

[德] Meltau

[英] rust

609a2

ἔρχομαι 动身，去

[拉] venio, progredior

[德] schreiten, gehen

[英] go, start

329b6, 344a4, 347c6, 351c9, 354b8, 360a8, 361d2, 390c3, 393d3, 393d8, 393e5, 394a1, 402a3, 415d8, 424a5, 424d10, 445b5, 473b7, 475d5, 494a12, 496b6, 502d8, 516a1, 516c3, 517c8, 517d5, 538d6, 539d6, 545c4, 550b5, 557d6, 563c1, 572a5, 596e5, 603b10, 613c3

ἔρως 爱，爱欲

[拉] amor

[德] Liebe

[英] love

396d2, 403a7, 403a11, 490b2, 499c2, 572e5, 573a2, 573b7, 578a11, 579b5, 586c2, 607e5, 607e7, 608a5

ἐρωτάω 问，询问

[拉] interrogo, rogo

[德] fragen, erfragen, befragen

[英] ask, question

329b8, 336c3, 336c5, 337a7, 337c4, 341e1, 343a6, 349b11, 350e2, 350e9, 350e10, 350e11, 353a9, 353c6, 378e4, 409c3, 437c5, 450b8, 456d11, 462d6, 479b2, 487b4, 487c5, 487e4, 504e6, 504e7, 508a8, 515d5, 528a5, 534d9, 541b5, 564a10, 577b8, 583c2, 589c7, 595c6, 599c1, 599c6, 599d1, 615c5, 615d2

ἐρώτημα 提问，问题

[拉] quaestio

[德] das Fragen, Frage

[英] that which is asked, question

487b5, 487e4, 538d6

ἐρωτικός (adv. ἐρωτικῶς) 有关爱情的，有关爱欲的

[拉] amatorius

[德] zur Liebe gehörig

[英] of or caused by love

403c7, 458d5, 474d4, 474d5, 475a3, 485b8, 485c7, 573c9, 587a13

ἐσθής 衣服，服装

[拉] vestis

[德] Kleidung

[英] clothing

360d4

ἐσθίω (φαγεῖν) 吃

[拉] edo

[德] essen

[英] eat

408a6, 559a11, 589a4

ἐσθλός 好的，幸运的

[拉] bonus, probus

[德] gut, glücklich

[英] good, fortunate, lucky

379d4, 379d6, 469a2

ἑσμός 一群，一大堆

[拉] turba

[德] Schwarm
[英] swarm or flock
450b1

ἑσπέρα 黄昏，傍晚
[拉] vesper
[德] Abend
[英] evening
328a2, 621a5

ἑστίασις 设宴，宴会
[拉] epulae
[德] Bewirtung, Gastmahl
[英] feasting, banqueting, entertainment
352b5, 404b12, 479b11, 612a3

ἑστιάτωρ 宴客的人，主人
[拉] convivator
[德] Gastgeber
[英] one who gives a banquet, host
421b3

ἑστιάω 设宴
[拉] convivio excipio, convivia agito
[德] bewirten, ein Mahl bereiten
[英] entertain, feast
345c6, 354a10, 354b1, 372c3, 404b12, 458a2, 571d8, 612a1

ἔσχατος 最严重的，极度的
[拉] ultimus, summus
[德] äußerst, letzt
[英] ultimate, utmost
361a4, 361d2, 378b2, 523d2, 523e5, 544c7, 563b4, 573a7, 579a8

ἑταιρεία 结伙，朋党，政党，社团
[拉] sodalitas, collegium
[德] Kameradschaft, politischer Klub
[英] association, brotherhood, political club or union for party purposes
365d3, 494e3

ἑταῖρος (ἑταίρα) 朋友，同伴
[拉] amicus, socius
[德] Kamerad, Freund
[英] comrade, companion
335c1, 348e5, 363b4, 373a3, 394a7, 420a4, 439d8, 443e4, 450d2, 459b10, 492e5, 496b7, 504c9, 506a6, 520e4, 537d8, 562a7, 566c3, 568a4, 568e3, 568e5, 569a6, 573d3, 574b13, 575d6, 600b7, 600c5, 600d4, 603b1, 607e4

ἕτερος (ἅτερος, adv. ἑτέρως) 另一个，两者中的一个，不相同的
[拉] alter, alius
[德] ein andrer, der eine von zweien, verschieden
[英] one or the other of two, another, different
337b7, 337d1, 342a7, 346a2, 346a5, 349d13, 360c4, 363b4, 376e11, 378c7, 379d7, 387d6, 387e1, 390c7, 391b2, 396c1, 397c3, 397c8, 397c9, 397d2, 407d7, 421e7, 422d1, 422d4, 423a3, 423a4, 426d8, 431b5, 436a9, 436b6, 438d5, 439b3, 439b10, 439d5, 439e5, 440e8, 441a6, 441b7, 443b4, 453a8, 454b7, 454c5, 454c8, 455a2, 457e3, 460c3, 464d1, 464d2, 477d4, 477e8, 478a2, 478a3, 487c2, 488b2, 499a1, 505c7, 509e1, 510a5, 510b6, 511b3, 522a6, 524b7, 528a1,

531a1, 532c2, 535e2, 550a1, 555d1, 556a6, 556e7, 556e8, 557a3, 557a8, 559e5, 559e7, 565b5, 568b4, 580d5, 581c1, 582b3, 586c7, 587a3, 589a2, 601a6, 602e5, 604b6, 605a10, 610a8, 614d6, 614d7, 614e5, 615c5

ἑτοῖμος (adv. ἑτοίμως) 预备好的，已经在手边的，现实的
[拉] paratus, certus
[德] wirklich, bereit, vorhanden
[英] at hand, prepared, realized
335e10, 391b2, 468c6, 488b8, 499d2, 522b9, 567a10, 573a1, 575e4, 604b6

ἐτός 无理由，无缘无故
[拉] sine causa
[德] ohne Grund
[英] without reason, in vain
414e7, 568a8

ἔτος 年
[拉] annus
[德] Jahr
[英] year
460e2, 537b3, 537d3, 540a4, 615c8

εὐάγωγος 容易引导的，易控制的
[拉] facilis ductu, docilis
[德] leicht lenkbar, bequem
[英] easily led, ductile
486d11

εὐαίσθητος (adv. εὐαισθήτως) 感觉敏锐的
[拉] acri sensu praeditus
[德] leicht wahrnehmend
[英] with quick senses or keen perceptions
527d2

εὐαρμοστία 和谐的音调
[拉] concinnitas
[德] Wohlklang
[英] easiness of temper
400d11, 522a5

εὐάρμοστος 和谐的，声音调得很好的
[拉] apte compositus, concinnus
[德] gut zusammengefügt, harmonisch
[英] well-joined, harmonious
400d3, 412a6, 413e4

εὐβουλία 深思熟虑，审慎
[拉] bene consulendi facultas, prudentia
[德] das Wohlberatensein, Einsicht, Klugheit
[英] good counsel, soundness of judgement, prudence
348d2, 428b6

εὔβουλος 深思熟虑的，审慎的
[拉] qui bene consulit, prudens
[德] wohlberaten, einsichtsvoll, besonnen
[英] well-advised, prudent
428b4, 428b13, 428d10

εὐγένεια 出身高贵
[拉] generis nobilitas
[德] edle Abkunft
[英] nobility of birth
618d2

εὐγενής 出身好的，高贵的
[拉] qui generosa est indole, generosus
[德] edelgeboren, hochsinnig

［英］well-born, noble
375a3
εὐγονία 多产，丰饶
［拉］fecunditas
［德］Fruchtbarkeit
［英］fruitfulness
546a8
εὐδαιμονέω 走运，昌盛
［拉］felix vel beatus sum
［德］glücklich sein, Glück haben
［英］to be prosperous, well off
365d1, 420e7, 421a7, 473e5, 500e2, 541a6, 619e3
εὐδαιμονία 幸运，幸福
［拉］felicitas
［德］Glück, Glückseligkeit
［英］prosperity, good fortune
365c2, 420d6, 421b5, 421c5, 466b8, 472c8, 545a7, 566d5, 576c10, 576d7, 576d7, 577b3, 580b2, 580b6
εὐδαιμονίζω 可称幸福，可算幸运
［拉］beatum judico
［德］glücklich preisen
［英］call or account happy
364a7, 466d5, 516c6, 518b1
εὐδαίμων 幸福的，好运的
［拉］felix
［德］glücklich
［英］happy, fortunate
343c8, 344a5, 344b7, 352d3, 354a1, 354a4, 354a6, 354c3, 361d3, 392b2, 395e1, 406c7, 419a2, 420a6, 420b5, 420c2, 421b3, 422e3, 427d6, 450c6, 458e1, 465e5, 466a4, 466a6, 466b5, 498c3, 521a3, 526e3, 540c2, 544a7, 567c1, 576e5, 576e5, 580b9, 606d6, 612a2, 619b1
εὔδηλος 非常清楚的，显而易见的
［拉］evidens
［德］sehr deutlich, sehr klar
［英］quite clear, abundantly manifest
491c8
εὐδικία 正义，公道，公正
［拉］iustitia
［德］Gerechtigkeit
［英］righteous dealing, righteousness
363b7
εὐδοκιμέω 有名声，受到重视
［拉］opinione hominum probor
［德］in gutem Rufe stehen, geachtet sein
［英］be of good repute, highly esteemed
330a1, 338a6, 363a4, 368a3, 423a7, 468b2, 468d1, 468e4, 489c9, 554c12, 581a10, 605a4, 613c6
εὐδοκίμησις 好名声
［拉］honor
［德］Ehre, Ruhm
［英］good repute
358a5, 363a2, 363a6
εὐδοξία 好名声，好声誉
［拉］bona fama, existimatio
［德］gute Ruf, Ruhm
［英］good repute, honour
555a2, 589c2
εὕδω 睡觉，休息
［拉］dormio

[德] schlafen, ruhen
[英] sleep, rest
571c4
εὐειδής 标致的，模样好的
[拉] formosus
[德] wohlgestaltet
[英] well-shaped, comely
494c6, 535a11
εὐεξαπάτητος 易受骗的，容易被欺骗的
[拉] facilis deceptu
[德] leicht zu täuschen
[英] easily deceived
409a8
εὐεξία 情况良好
[拉] bonus habitus
[德] die gute Beschaffenheit
[英] vigour, good conditio
444e1, 559a11, 559b6
εὐεργεσία 好事，善行，恩情
[拉] beneficentia, beneficium
[德] gute, edle Handlungsweise, Wohltat
[英] a good deed, kindness
615b6, 616b1
εὐεργετέω 做好事，行善事，施恩惠
[拉] benefacio, bene mereor
[德] gut handeln, Gutes tun, Wohltaten erweisen
[英] do good services , show kindness to
345a2, 615b6
εὐήθεια 单纯，朴实，头脑简单，愚蠢
[拉] simplicitas, fatuitas
[德] Gutmütigkeit, Einfalt, Torheit, Naivität
[英] goodness of heart, guilelessness, simplicity, silliness
348c12, 400e1, 400e2
εὐήθης (εὐηθικός) 心地单纯的，头脑简单的，愚蠢的
[拉] simplex, stultus
[德] einfältig, albern
[英] simple-minded, simple, silly
343c6, 343d2, 349b5, 409a8, 425b7, 529b3, 598d2
εὐηθίζομαι 干蠢事，装疯卖傻
[拉] ineptio
[德] sich einfältig benehmen
[英] play the fool
336c1
εὐήνιος (adv. εὐηνίως) 驯服的，容易约束的
[拉] tractabilis, obsequens
[德] leicht zu zügeln, folgsam
[英] obedient to the rein, tractable, docile
467e5
εὐθυμέω 高兴，欢欣鼓舞
[拉] laetifico
[德] erfreuen
[英] cheer, delight
383b4
εὐθύς (adv. εὐθέως) 直的，立即
[拉] rectus, statim
[德] gerade, gleich
[英] straight, right away
328c5, 360a7, 378d1, 386a2, 395c4, 401d1, 413c8, 424e6, 436e2, 436e3,

441a8, 443b8, 463d7, 467d13, 485d3, 486b10, 494b5, 501a4, 519a9, 553b8, 558b4, 602c10, 615c1, 616b5, 617d2, 619b7

εὐθυωρία 直线，笔直的放心

［拉］directio

［德］gerade Richtung

［英］straight course or direction

436e4

εὔκολος (adv. εὐκόλως) 满意的，满足的，轻松愉快的

［拉］facilis

［德］genügsam, vergnügt

［英］satisfied, contented

329d4, 330a6, 453d4, 535e3

εὐκρινής (adv. εὐκρινῶς) 分类很好的，安排得很好的，清清楚楚的

［拉］ordine collocatus, distinctus, purus

［德］gut eingeteilt, wohlgeordnet, deutlich

［英］well-separated, distinct, clear

564c6

εὐλάβεια 警惕，谨慎

［拉］cautio

［德］Vorsicht

［英］discretion, caution

416b5, 539b1, 539d3

εὐλαβέομαι (εὐλαβητέον) 提防，当心，注意，谨防

［拉］caveo, vereor, metuo

［德］sich hüten

［英］to be discreet, cautious, beware

372c1, 410a7, 424c4, 467d3, 469c1, 507a4, 507a6, 525e3, 539a9, 564c2, 574b8, 608a4, 608a7

εὐλογία 优美的语言，言辞优美

［拉］orationis decentia

［德］wohlredenheit, Schönrednerei

［英］good or fine language

400d11

εὔλογος (adv. εὐλόγως) 有理由的，合乎情理的

［拉］rationalis, probabilis

［德］vernünftig, wahrscheinlich

［英］reasonable, fair

605e7

εὐμάθεια (εὐμαθία) 学得快，悟性高

［拉］docilitas

［德］Leichtigkeit im Lernen

［英］readiness in learning

490c10, 494b1, 618d3

εὐμαθής 学习灵敏的，领会快的

［拉］docilis

［德］leicht lernend, gelehrig

［英］ready or quick at learning

486c3, 487a4, 503c2

εὐμενής (adv. εὐμενῶς) 友好的，仁慈的

［拉］benignus

［德］gutgesinnt, freundlich

［英］well-disposed, kindly

416b3, 471a6, 496e2, 607d9

εὐμετάβολος 容易改变的

［拉］mutabilis

［德］veränderlich

［英］changeable

503c9

εὐμήχανος 有办法的，巧妙的，精明的

［拉］sollers, prudens
［德］sinnreich, gewandt
［英］skilfully contrived, ingenious
600a5

εὐμίμητος 容易模仿的
［拉］facilis ad imitandum
［德］leicht nachzuahmen
［英］easily imitated
605a5

εὐνή 床，寝具
［拉］cubile
［德］Bett, Lager
［英］bed, bedding
415e4

εὔνοια 好意
［拉］benevolentia
［德］Wohlwollen
［英］goodwill
470a1, 474a7

εὐνομέομαι 有好的法律，有好的秩序
［拉］bonis legibus utor
［德］gute Gesetze haben
［英］have good laws
380b8, 406c3, 605b3, 607c6

εὐνομία 好秩序，守法
［拉］bonae leges, aequitas
［德］gute Beobachtung der Gesetze, Rechtlichkeit
［英］good order
425a3

εὔνομος 有好法律的，有好秩序的
［拉］bene institutus
［德］mit guten Gesetzen versehen
［英］under good laws, well-ordered
462e3

εὔνοος (εὔνους) 好心的，好意的
［拉］benevolus
［德］von guter Gesinnung, wohlgesinnt
［英］well-disposed, kindly, friendly
549e5, 558c1, 608a1

εὐνοῦχος 阉人
［拉］eunuchus
［德］Eunuch
［英］castrated person, eunuch
479c1

εὐομολόγητος 容易取得一致的，不爱争吵的
［拉］facilis concessu
［德］leicht zuzugeben, einleuchtend
［英］easy to concede, indisputable
527b7

εὔορκος 信守誓言的
［拉］iusiurandum conservans
［德］seinem Eids getreu
［英］keeping one's oath, faithful to one's oath
363d4

εὐπάθεια 享乐，舒适
［拉］laetitia, deliciae
［德］Wohlleben, Behaglichkeit
［英］comfort, ease
404d9, 615a3

εὐπαθέω 享乐，逍遥快活
［拉］voluptate fruor
［德］es sich wohl sein lassen, sich gütlich tun
［英］enjoy oneself, indulge oneself,

live comfortably
347c7
εὐπαιδευσία 有教养
[拉] recta institutio liberorum, liberales mores
[德] Wohlgezogenheit
[英] goodness of education
560e5
εὐπαιδία 子女多，多子女
[拉] proles praeclara
[德] Besitz gutter Kinder
[英] a goodly race of children
383b1
εὐπέτεια 容易
[拉] facilitas
[德] Leichtigkeit
[英] ease
364c6
εὐπετής 幸运的，容易的，毫无困难的
[拉] facilis, commodus
[德] wohl fallend, leicht, bequem
[英] favourable, fortunate, easy
364a4, 365c7, 369a9, 494d6, 604e4
εὔπλαστος 容易塑形的，可塑的
[拉] facilis ad fingendum, flexibilis
[德] leicht zu formen, bildsam
[英] easy to mould, ductile
588d1
εὔπορος 有办法的，容易通过的
[拉] expeditus, aptus
[德] gut zu gehen, gangbar
[英] easy to pass, easily done
328e4, 404c2, 404c4, 564e9
εὐπραγία 顺利，幸运，成功
[拉] prosperitas, successus
[德] Wohlergehen, glückliche Unternehmung
[英] welfare, success
379b13
εὕρεσις 发现，找到
[拉] inventio
[德] das Auffinden
[英] a finding, discovery
336e7
εὑρετικός 善于发现的，机灵的
[拉] ad inveniendum idoneus, inveniens
[德] erfinderisch
[英] inventive, ingenious
455b7
εὑρίσκω (ἐνευρίσκω) 发现，找到
[拉] invenio, exquiro
[德] finden, entdecken
[英] find, discovery
330e6, 341e5, 343d5, 354b4, 373e6, 375c7, 376e2, 376e3, 392c2, 394c3, 397e5, 398c4, 412b6, 420b3, 420b9, 421e7, 423b1, 425e2, 426e6, 427a6, 427e6, 427e13, 427e14, 429a6, 429a7, 430d4, 431b5, 431c1, 433c2, 436b9, 444a6, 453e2, 472b7, 473a7, 478e1, 479d3, 479d6, 485c10, 522d3, 526c2, 528b5, 528b8, 538a3, 538e6, 544d3, 554d6, 578a8, 587e2, 609b4, 611c4, 612b3, 620c7
εὐρυθμία 好节奏，和谐
[拉] numeri concinnitas, convenientia

[德] Wohlgemessenheit
[英] rhythmical order or movement, harmony
400d11, 522a6

εὔρυθμος 有优美节奏的，匀称的
[拉] numerous, concinnus, temperatus
[德] harmonisch, taktvoll, passend
[英] rhythmical, orderly, graceful
400c8, 400d1, 413e4

εὐρώεις 发霉的，潮湿的
[拉] squalidus
[德] moderig, dumpfig
[英] mouldy, dank
386d2

εὐσέβεια 敬神，虔诚
[拉] pietas
[德] Frömmigkeit, Gottesfurcht
[英] reverence towards the gods, piety
615c3

εὐσχημοσύνη 优雅，得体
[拉] decentia, decorum
[德] wohlanständigkeit, Anstand
[英] gracefulness, elegance
366b4, 400c7, 400d11, 401a5, 401d8, 588d9

εὐσχήμων 有好姿态的，优雅的，高雅的
[拉] decorus, speciosus
[德] wohlgestaltet, wohlanständig, vornehm
[英] elegant in figure, mien and bearing, graceful
401c5, 401d8, 413e2, 554e3

εὐτραπελία 诙谐，活泼
[拉] comitas, urbanitas
[德] Witz, Gewandtheit
[英] ready wit, liveliness
563a8

εὐτυχέω 运气好，顺利
[拉] prospera fortuna utor
[德] glücklich sein
[英] to be prosperous, fortunate
399c2

εὐτυχής 幸运的，顺利的，成功的
[拉] felix, secunda fortuna utens
[德] glücklich
[英] successful, fortunate
546d2, 561a8

εὐφημέω 说吉利的话，肃静
[拉] bona verba dico, verbis infaustis me abstineo
[德] Worte von guter Vorbedeutung sprechen, andächtiges schweigen
[英] use of words of good omen, keep a religious silence
329c2, 509a9

εὐφυής 生得好的，很有天赋的
[拉] bona indole praeditus
[德] wohlbegabt, talentvoll
[英] well-grown, of good natural disposition
365a7, 401c4, 410a1, 455b5, 455c1, 491e2, 496b6, 535c4, 546d2

εὔχαρις 使人欢喜的，可爱的
[拉] venustus
[德] anmutig, scherzhaft, liebenswürdig

[英] charming, gracious
486d9, 487a4
εὐχέρεια 漫不经心
[拉] facilitas, humanitas, proclivitas
[德] Bereitwilligkeit, Leichtigkeit
[英] licentiousness, tolerance, indifference
392a1, 426d2
εὐχερής (adv. εὐχερῶς) 毫不在意的，无忧无虑的
[拉] levis
[德] leicht
[英] unconcerned, unflinching
364a7, 474e4, 475c6, 535e4
εὐχή 祈祷，起誓，愿望
[拉] oratio, votum
[德] Gebet, Bitte, Wunsch
[英] prayer or vow, wish or aspiration
399b5, 450d1, 456b12, 461a6, 499c4, 540d2
εὔχομαι 祈祷，起誓
[拉] oro, precor
[德] beten
[英] pray, vow
393e1, 394a3, 432c5, 461a7, 545d8
εὐχωλή 祈祷
[拉] precatio
[德] Gebet
[英] prayer, vow
364d7, 365e4
εὐωχέω 热情款待，饱食
[拉] saturo, satio, convivio accipio
[德] gut bewirten, sich sättigen
[英] feast, enjoy
352b3, 372b6, 411c4, 420e5, 488c6, 588e5
εὐωχία 欢宴，盛宴
[拉] epula
[德] Bewirtung, Schmaus
[英] good cheer, feasting
329a6, 345c6, 586a1
ἐφάπτω 拴在……上，把握住，抓住，获得，接触
[拉] alligo, attingo
[德] binden, heften, erfassen, berühren
[英] bind on, grasp, possess, touch
394e5, 473a2, 484b5, 490b4, 534c5, 534c6, 574d3, 598b8, 617c6, 617d1, 620e4
ἐφέλκω 拉，拖
[拉] attraho, adduco
[德] heranziehen, beiziehen
[英] drag, draw
544e2
ἐφεξῆς 相继，依次
[拉] deinceps
[德] nach der Reihe
[英] one after another, successively, in a row
449a7, 451c1, 460d8, 544c5, 583b1
ἐφέπω 紧跟在后面，跟随
[拉] persequor, sector
[德] nachfolgen, verfolgen
[英] follow, pursue
390b5, 611e4
ἐφήμερος 只持续一天的，短暂的
[拉] is cuius vita brevissima est,

fragilis
［德］nur einen Tag lang dauernd, vergänglich
［英］living but a day, short-lived
617d7

ἑφθός 煮过的
［拉］elixus
［德］gekocht
［英］boiled
404c1

ἐφίημι 允许，放任
［拉］permitto
［德］zulassen, loslassen
［英］permit, allow
357b6, 388e6, 433e6, 437b2, 437c2, 495d7, 555d3, 558e2, 611e2

ἐφικνέομαι 到达，对准
［拉］attingo, pervenio
［德］bis wohin gelangen, reichen
［英］reach at, aim at
506e2

ἐφίστημι 安排，相对而立，立在一旁
［拉］insto, sto juxta
［德］anordnen, dabeistehen, entgegentreten
［英］set up, establish, stand against, stand by
460b8, 467d6, 498c4, 590d5

ἔχθρα 仇恨，敌意，敌视
［拉］simultas, inimicitia
［德］Haß, Feindschaft
［英］hatred, enmity
378c5, 470b8, 470c7, 470d1, 547a4, 620b4

ἐχθρός (comp. ἐχθίων, sup. ἔχθιστος) 仇恨的，敌对的
［拉］inimicus
［德］verhaßt, feindselig
［英］hated, hateful, hostile
332b5, 332b7, 332d5, 332d7, 332d11, 332e4, 334b5, 334b9, 334c2, 334c10, 334e2, 334e6, 335a2, 335a4, 335a8, 335a9, 335b4, 335e2, 336a3, 351e4, 352a2, 352a8, 352b1, 362b7, 362c1, 364c2, 376b3, 382d11, 417b1, 426a7, 451a8, 469d8, 471a11, 471a12, 471d5, 498d1, 566a3, 566a9, 566e6, 567b9

ἔχω (ἴσχω, ἀμφί-ἴσχω, ἑκτέον, adv. ἐχόντως) 有，拥有
［拉］habeo
［德］haben, besitzen
［英］have, possess
328a4, 329a3, 329a7, 329b7, 329c1, 329e8, 330a4, 331b5, 331b7, 331c8, 336c1, 338a1, 338a6, 338b7, 342b7, 343d3, 343d6, 343e3, 344b2, 344d1, 344d6, 344e1, 344e4, 346a3, 347d1, 347d8, 348a8, 348e6, 348e8, 349b3, 349c1, 349c3, 349c6, 349e13, 350a10, 350d10, 351b3, 351b8, 351c1, 351e7, 351e8, 351e9, 352d1, 353c1, 354c2, 357b5, 357b8, 357c8, 358b5, 358d8, 359d7, 359e4, 360a5, 361c5, 362a5, 362d1, 363a6, 363b4, 363e3, 364a6, 365a6, 366b2, 366c4, 366c6, 366e6, 366e9, 367b4, 367d3, 367e3, 368a5, 368b4, 368b7, 368c7, 370a4, 370e1,

571a8, 571d6, 572c9, 573c1, 573c2, 573e8, 574a7, 574a9, 574d5, 575a2, 575d7, 576c5, 577a8, 577b3, 577b7, 578d5, 578d8, 580a8, 580d11, 580e1, 581b3, 581b6, 581d9, 581e1, 581a3, 581a6, 582c8, 583d3, 584c11, 584e8, 585a7, 585b7, 585c2, 588b7, 588c8, 590c3, 590d1, 590d4, 591c1, 591d9, 595b6, 595b10, 595c7, 597c8, 598b2, 599b1, 599e4, 601b2, 601c15, 601e7, 602a3, 602c4, 602c5, 603d1, 604a9, 604c7, 604c8, 604d9, 604e1, 605e4, 606d8, 607c4, 608d6, 610a9, 610c10, 610e1, 611a4, 612a4, 612b4, 612d4, 612d7, 613b9, 613c1, 614c2, 614c8, 615e3, 616e5, 617a1, 617a3, 617c3, 617e4, 618b3, 618c8, 619a1, 621c5

ἕψημα 能够被煮熟的东西

［拉］quicquid ad coquendum idoneum est

［德］das, was gekocht werden kann

［英］anything boiled, vegetables fit for kitchen use

372c6, 455c7

ἕψω 煮，烹调

［拉］coquo, elixo

［德］kochen, sieden

［英］boil, seethe

372c6

ἕωθεν 从清晨起，在清晨

［拉］mane

［德］vom Morgen an, bei Tagesanbruch

［英］from morn, at earliest dawn

621b6

ζάλη 风暴，暴风雨

［拉］turbo, procella

［德］Sturm, Wogenschwall

［英］squall, storm, driving rain

496d7

ζάω 活，活着

［拉］vivo

［德］leben

［英］live

329a8, 331a1, 344e3, 352d2, 352d6, 353d9, 354a1, 362a6, 363d7, 365a1, 366b6, 369d2, 387d12, 406b7, 406d6, 406e2, 407a2, 407e1, 408b3, 411e2, 414a2, 416d4, 416e4, 445a9, 465d2, 465d3, 465e1, 468a9, 476c4, 476d3, 490b6, 495c2, 503a7, 503c5, 516d7, 516e2, 519c6, 519d9, 538c1, 559b4, 561a6, 567d3, 571a3, 572d3, 573c11, 575a2, 576a4, 579b8, 579d6, 579d7, 581e8, 587b11, 587e2, 591c7, 600a10, 600c1, 606e5, 612c2, 613a6, 613e6, 618e3, 619b4

ζεύγνυμι 上轭，系牢，绑在一起

［拉］iungo, copulo

［德］zusammenjochen, fesseln

［英］yoke, bind fast

508a1

ζέω 沸腾

［拉］fervo

［德］kochen, sieden

［英］boil, seethe

440c7

ζῆλος 嫉妒，羡慕

［拉］aemulatio
［德］Eifersucht, Neid
［英］jealousy
550e1

ζηλόω 竞争，嫉妒
［拉］aemulor, invideo
［德］nacheifern, beneiden
［英］vie with, emulate, to be jealous of, envy
516d3, 553a9, 561d4, 561e6

ζημία 惩罚，损失
［拉］mulcta, poena, castigatio
［德］Strafe, Verlust, Schaden
［英］penalty, loss, damage
343e3, 347a5, 347a8, 347c1, 347c4, 365b6, 392b4

ζημιόω 使受损害，惩罚
［拉］multo, punio
［德］schaden bringen, benachteiligen, strafen
［英］cause loss or do damage to, penalize
344b2

ζητέω (ζητητέος) 想要，追寻
［拉］requiro, studeo, volo
［德］forschen, wünschen
［英］require, demand
336e5, 336e7, 341d8, 341b4, 369a1, 369a10, 375e7, 379c6, 380a8, 388e6, 392b9, 401c4, 409d6, 413c5, 420c1, 427d8, 428a2, 428a5, 428a9, 430c5, 430d1, 432d9, 443b4, 450e2, 472b4, 472c4, 473b4, 477a10, 486d2, 486d9, 499a5, 504c4, 505d8, 510b5, 510e3, 521d8, 521e7, 522b1, 523a2, 524e5, 525b3, 528b7, 528b8, 528c3, 528c5, 530b3, 531c2, 535b1, 535c1, 557d1, 571b1, 571c6, 583c1, 597b2, 620c6

ζήτησις (ζήτημα) 探寻，探究
［拉］investigatio
［德］Untersuchung
［英］inquiry, investigation
336e6, 368c7, 368d2, 368e1, 411d2, 430c6, 511a4, 528d9, 531c7, 571b1

ζητητής 探究者，研究者
［拉］investigator
［德］Forscher
［英］seeker, inquirer
618c2

ζητητικός 探寻的，有能力探究的
［拉］quaerens, investigans
［德］geneigt od. befähigt zum Untersuchen
［英］disposed to search or inquire
528c1, 535d5

ζυγόν 轭
［拉］jugum
［德］Joch
［英］yoke
508a1, 550e7

ζωγραφέω (ἐν-ζωγραφέω) 绘画
［拉］pingo
［德］malen
［英］paint
598b9

ζωγραφία 绘画，写生
［拉］pictura
［德］Malerei

[英] art of painting
373a6
ζωγράφος 画家
[拉] pictor
[德] Maler
[英] painter
472d4, 500e4, 501c6, 596e6, 596e10, 597b11, 597b13, 598a1, 598b8, 598c2, 600e7, 601c6, 605a9
ζωγρέω 活捉，生俘
[拉] vivum capio
[德] lebendig fangen
[英] take, save alive, take captive
391b6
ζωή 活着，生命
[拉] vita
[德] Leben
[英] living, life
344e3, 521a4
ζῷον 动物，生物，活物
[拉] animal, animans
[德] Tier
[英] living being, animal
375a12, 375d10, 401b6, 420c6, 424b1, 451e3, 455d9, 459b7, 466d7, 467a10, 491d2, 493c2, 510a5, 515a1, 532a3, 532b9, 546a5, 588e1, 596c6, 596e2, 601d5, 618a3, 620a8
ζωτικός 有生命力的，生气勃勃的
[拉] vitalis, vegetus
[德] lebenskräftig
[英] full of life, alive
610e2
ἡβάω 成年，成为青年
[拉] adolesco
[德] erwachsen, altersreif sein, mannbar sein
[英] grow up, attain or have attained puberty
468d3, 568e8
ἥβη 青春，年轻
[拉] pubertas, iuventus
[德] Jugend, Mannbarkeit
[英] manhood, youthful prime, youth
386d10
ἡγεμονεύω 指挥，统帅
[拉] duco
[德] anführen
[英] lead, rule, command
474c2
ἡγεμών 向导，带路人，统帅
[拉] dux
[德] Führer
[英] guide, leader
467d7, 467e7, 484b6, 485a7, 520b6, 546b1, 554b5, 566e8, 595c2, 598d8, 600a9
ἡγέομαι (ἡγητέον) 带领，引领，认为，相信
[拉] duco, puto, existimo, opinor
[德] anführen, meinen, glauben
[英] go before, lead the way, believe, hold
329e2, 334c4, 337e7, 338a6, 340b7, 343b5, 349b8, 349b9, 349b10, 361a4, 363d1, 386b1, 386b4, 387d6, 388d4, 408d4, 412d4, 412e1, 413a4, 415d8, 426a7, 426e2, 430b8, 432c6,

439e1, 440c7, 443e5, 452d7, 456d6, 459b4, 459c5, 467b5, 470e9, 471a2, 473e7, 474c3, 476c3, 476c6, 476c9, 476d3, 479a2, 486b1, 486d7, 487b3, 488e4, 490a1, 490c2, 492a5, 493a7, 493d2, 494a1, 494c7, 494e2, 498a5, 500a2, 500a6, 505b8, 508e6, 509a2, 509a4, 511e3, 515b5, 515b9, 515d6, 519c5, 529b2, 529b3, 529c8, 529e3, 530b1, 538e5, 539c2, 540d5, 546d6, 550e5, 556d5, 564b5, 573e7, 578a10, 581d6, 584a4, 584d8, 585b12, 592a2, 605c2, 606b4, 607e5

ἥδομαι 感到高兴，感到满意

［拉］delector

［德］sich freuen, erfreuen

［英］enjoy oneself, to delight in

368a1

ἡδονή 快乐，愉悦

［拉］laetitia

［德］Lust, Vergnügen

［英］enjoyment, pleasure

328d3, 328d4, 329a5, 357b7, 364c2, 365a1, 389e2, 390a5, 402e4, 403a4, 403b1, 413c2, 413d10, 420e2, 429d1, 430a7, 430e6, 431c1, 431d4, 436a11, 439d8, 442a8, 442c2, 462b4, 462d5, 464a2, 464a6, 464b3, 464d2, 464d5, 485d11, 493d1, 503a2, 503e2, 505b5, 505c6, 505c8, 506b3, 509a8, 519b2, 538d1, 548b6, 556c1, 558d4, 559c9, 559d9, 561a4, 561a7, 561b3, 561c1, 571b4, 573a6, 574a6, 574d2, 580d7, 581a3, 581c6, 581d1, 581d6, 581e1, 581e7, 582a9, 582b1, 582b4, 582b8, 582c3, 582c7, 582c8, 583a1, 583a6, 583b4, 583c3, 583e1, 583e5, 584a9, 584b1, 584b3, 584b6, 584c1, 584c2, 584c5, 585e8, 585a3, 585a5, 585e1, 585e3, 586a6, 586b7, 586b8, 586d7, 586e6, 587a4, 587a5, 587b5, 587b14, 587c2, 587c9, 587d4, 587d7, 587d12, 588a2, 588a7, 589c1, 591c6, 606b4, 607a6, 607c5

ἡδύνω 使有味道，调味

［拉］suave reddo

［德］schmackhaft bereiten

［英］season

607a5

ἡδύς (adv. ἡδέως) 满意的，喜悦的

［拉］dulcis, laetus

［德］angenehm, lieb

［英］pleasant, well-pleased, glad

328e4, 331a2, 337d6, 348c7, 364a3, 372b8, 387b3, 397d6, 398a5, 397d7, 397d9, 398a5, 426c3, 452b3, 470a8, 487d8, 491c5, 496c6, 527d5, 558a2, 558c4, 561d6, 581c10, 582a1, 583a2, 583a3, 583c13, 583d1, 583d4, 583d9, 583d10, 583e9, 584a1, 584a4, 584a8, 585d11, 587b9, 587e2, 607d8, 607e1, 608d9, 614b1

ἥδυσμα 调味品，佐料

［拉］condimentum

［德］Würze, Gewürz

［英］relish, seasoning, sauce

322d1, 404c6

ἦθος 习惯，习气，品质
[拉] mos
[德] Gewohnheit, Sinnesart
[英] custom, disposition, character
375c7, 375e2, 400d7, 400e3, 401a8, 401b2, 402d2, 409a6, 409d1, 424d8, 435e2, 490c5, 492e4, 496b2, 497b6, 500d5, 501a2, 501c1, 503c9, 535b2, 541a2, 544e1, 545b4, 548d4, 549a8, 557c6, 558d2, 561e4, 571c7, 572d6, 577a2, 605a5

ἥκω 已来到
[拉] veni
[德] ich bin gekommen, angelangt
[英] to have come
327c1, 371c2, 456b8, 472b5, 504d3, 516d2, 516e5, 517a3, 518a7, 518b4, 567d10, 588b2, 614e2, 614e5, 615d3, 619c6, 619d3

ἠλακάτη 卷线杆
[拉] scapus
[德] Spindel, Spindelstange
[英] distaff, stalk
616c6, 616e2

ἠλίθιος 傻的，蠢的，愚笨的
[拉] stultus
[德] töricht
[英] foolish, silly
550a3

ἠλιθιότης 愚蠢
[拉] stultitia
[德] Torheit
[英] folly, silliness
560d2

ἡλικία 年纪，年龄
[拉] aetas
[德] Lebensalter
[英] time of life, age
328e5, 329a3, 329b6, 412e6, 461b5, 461b10, 467d6, 487a8, 498b6, 502d2, 537b1

ἡλίκος 多大，多大年纪
[拉] quantus
[德] wie alt, wie groß
[英] how old, how big
423b6

ἧλιξ 同龄的，同岁的
[拉] qui vel quae eiusdem est aetatis
[德] gleichaltrig
[英] of the same age
464e5

ἡλιοειδής 像太阳一样的
[拉] soli similis
[德] sonnenähnlich, sonnenartig
[英] like the sun
508b3, 509a1

ἡλιόω (ἡλιόομαι) 在太阳下生活，被太阳晒黑
[拉] insolo
[德] von der Sonne beschienen werden
[英] live in the sun, be exposed to the sun
556d3

ἥλιος 太阳
[拉] sol
[德] Sonne
[英] sun
422c2, 473e2, 498b1, 508a7, 508a11,

508b9, 508d1, 509a2, 509b2, 509c6, 515e8, 516b1, 516b2, 516b4, 516e6, 517b3, 532a5, 532b8, 532c3, 596e1

ἧμαι 坐

［拉］sedeo

［德］sitzen

［英］to be seated, sit

389e6

ἡμέρα 一天，一日

［拉］dies

［德］Tag

［英］day

343b7, 400c1, 461d2, 516b1, 521c6, 530a7, 561c6, 566d8, 567a2, 573d8, 588a4, 616b2

ἡμερήσιος 一天的，为期一天的

［拉］qui unius diei est

［德］einen Tag dauernd, eintägig

［英］a day long

616b7

ἡμερινός 白天的，白昼的

［拉］diurnus

［德］zum Tage gehörig

［英］of day

508c5

ἥμερος 驯服了的，驯化了的

［拉］mitis, cicur

［德］zahm

［英］tame

410e1, 410e3, 416c2, 470e3, 470e7, 486b11, 549a3, 571c4, 588c8, 589d2, 591b3, 620d5

ἡμερότης 温顺，温柔

［拉］mansuetudo

［德］Milde, Sanftmut

［英］gentleness

410d2

ἡμερόω 使驯服，驯化

［拉］mansuefacio, cicuro

［德］zähmen, bezwingen

［英］tame, make tame

442a2, 493b4, 554d2, 591b3

ἡμιμόχθηρος 一半邪恶的，半恶的

［拉］ad dimidiam partem malus

［德］Halbschlimm

［英］half-evil, half a villain

352c7

ἥμισυς 一半的

［拉］dimidius

［德］halb

［英］half

438c2, 466c3, 479b3, 535d2, 601c3

ἡνία 缰绳

［拉］habena

［德］Zügel

［英］bridle, reins

601c6, 601c10

ἡνίκα 在……时，当

［拉］quum, quando

［德］als, wenn

［英］at the time when, when

336d7, 537b2

ἤπιος 温和的，和善的，轻柔的

［拉］lenis, mitis

［德］mild, günstig

［英］gentle, kind, mild

408a5

ἠρέμα 轻轻地，温和地，微微地

ἦτορ 心
[拉] cor, animus
[德] Herz
[英] heart
388c5

ἠχή 鸣声，噪音
[拉] sonitus
[德] Schall, Getöse
[英] sound, noise
531a7

ἠχώ 回声
[拉] echo
[德] Echo
[英] echo
515b7

θᾶκος 座位
[拉] sedes
[德] Sitz
[英] seat
516e4

θάλασσα (θάλαττα) 海洋
[拉] mare
[德] Meer
[英] sea
332e1, 346b5, 363c2, 371a16, 371b2, 396b6, 404c1, 529c3

θαλάσσιος 海的，海上的
[拉] marinus
[德] zum Meere gehörig, das Meer betreffend
[英] of, in, on, or from the sea
611d1

θάλεια (θαλία) 宴会，宴饮
[拉] convivium
[德] Fest
[英] festivity
574d3

θαμά 经常地，时常地
[拉] frequenter
[德] oft, häufig
[英] often
330e7, 563d3, 565a4

θαμίζω 常来，常到
[拉] frequento
[德] häufig kommen
[英] come often
328c6

θάμνος 密林，灌木丛
[拉] fruticetum vel frutices densi
[德] Busch
[英] bush, shrub
432b8

θανάσιμος 致命的
[拉] letalis, mortem afferens
[德] tödlich
[英] deadly, fatal
406b5, 408b9, 610c10, 610d6, 610e4

θανατήφορος 招致死亡的，死亡的
[拉] mortifer
[德] todbringend, tötlich
[英] death-bringing
617d7

θάνατος 死，死亡
[拉] mors
[德] Tod
[英] death
361d1, 386a7, 386b5, 386b6, 387b5, 399b1, 406b4, 486b1, 492d7, 558a6,

566b2, 566c8, 609d6, 610c4, 615b3, 620a5

θάπτω 安葬，埋葬

［拉］sepelio

［德］bestatten

［英］bury

614b6

θαρσαλέος (θαρραλέος) 勇敢的，大胆的，自信的

［拉］audax, fidens

［德］dreist, mutig

［英］daring, confident

450e1

θαρσέω 有勇气，有信心

［拉］confido, bonum animum habeo

［德］mutig sein, getrost sein

［英］to be of good courage, have confidence in

352b3, 376b11, 451b5, 566b10, 574b10, 586d4

θαῦμα 奇事，惊奇

［拉］res mira, miraculum

［德］Wunder, Verwunderung

［英］wonder, marvel

498d7, 514b6

θαυμάζω (θαυμαστέος) 惊异，钦佩

［拉］miror, admiror

［德］wundern, hochschätzen

［英］wonder, admire

337c9, 348e2, 359d5, 360a2, 376a3, 376a7, 489a8, 517c7, 551a9, 553d4, 568a4, 584e7, 585a6, 597a10, 608d5

θαυμάσιος (adv. θαυμασίως) 令人惊异的，令人钦佩的

［拉］mirificus

［德］wunderbar, bewundernswert

［英］wonderful, admirable

337b7, 351e6, 364b3, 366d7, 420d1, 435c4, 453c6, 474a3, 495a10, 526a1, 574b7, 620a2

θαυμαστός (adv. θαυμαστῶς) 奇怪的，离奇的，好奇的

［拉］mirus

［德］wunderbar, erstaunlich

［英］wonderful, marvellous

331a10, 350d2, 359d6, 378b3, 390a5, 398a4, 420b4, 422c4, 489a10, 491b7, 502b11, 517d4, 528c7, 537e6, 596c3, 596d1

θαυματοποιία 变戏法，幻术

［拉］praestigiatorum ars

［德］Gaukelei

［英］conjuring, juggling

602d3

θαυματοποιός 魔术师，变戏法的人

［拉］praestigiator

［德］Kaukelspieler

［英］conjurer, juggler

514b5

θέα 观看，景象

［拉］spectaculum

［德］das Anschauen, Anblick

［英］seeing, looking at, spectacle

445c2, 467a1, 467a8, 467e3, 517b4, 525a1, 525c2, 532c6, 545c6, 582c8, 615a4, 619e6

θέαμα 景象，场景

［拉］spectaculum

［德］Anblick, Schauspiel
［英］sight, spectacle
402d4, 440a3, 615d4

θεάομαι (θεατέον) 看，注视
［拉］specto, contemplor
［德］schauen, sehen
［英］see clearly, contemplate
327a3, 328a7, 328a8, 359c3, 369a5, 390d2, 400a6, 402d4, 413d8, 415d8, 421b6, 434d8, 466e6, 467e5, 479e1, 479e7, 480a3, 484d1, 490e2, 500c3, 504d7, 506c11, 511c8, 516a9, 516b6, 518c10, 520c3, 526e6, 529b1, 545c2, 557c8, 576e1, 579e3, 598a7, 601b4, 602c10, 611c1, 611c2, 611c7, 611d6, 614d3, 615d3

θέατρον 剧场，舞台
［拉］theatrum
［德］Bühne, Schaubühne
［英］theatre
492b6, 604e5

θεῖος 神圣的，属于神的
［拉］divinus
［德］göttlich, heilig
［英］of or from the gods, divine
331e6, 366c7, 368a4, 368a5, 382e6, 383b5, 383c4, 416e5, 469a5, 486a6, 492e5, 497c2, 499c1, 500c9, 500d1, 500e3, 517d4, 518e2, 532c1, 540c2, 546b3, 589d1, 589e4, 590d1, 590d4, 592a8, 598e2, 611e2

θέμις 神法，天理，习惯，法
［拉］fas, jus
［德］Sitte, Recht, Gesetz
［英］right, custom
398a6, 417a3, 422d3, 480a10

θεοειδής 仪表似神的，容貌像神的，有神的形相的
［拉］deo similis, dei formam habens
［德］gottähnlich, göttergleich
［英］godlike
501b7

θεοείκελος 像神一样的
［拉］deo similis
［德］gottähnlich
［英］godlike
501b7

θεολογία 关于神或神圣事物的学说
［拉］theologia
［德］Theologie
［英］science of things divine
379a5

θεομαχία 诸神之间的战争
［拉］deorum pugna
［德］Kampf der Götter einander
［英］battle of the gods
378d5

θεομισής 为神所憎恶的，为神所仇恨的
［拉］diis inimicus
［德］von Gott verhaßt
［英］hated by the gods
612e6

θεός (θεά) 神
［拉］Deus
［德］Gott
［英］God
327a2, 328a2, 331b3, 352a10, 352b1, 362c2, 362c4, 362c6, 363a6, 363a7,

363b1, 363c4, 363d3, 364b2, 364b3, 364b7, 364c4, 364d4, 364d6, 365a5, 365d6, 366a2, 366a7, 366b1, 366b2, 366b5, 366e6, 367e4, 372b8, 377e1, 378b4, 378b8, 378c5, 379a7, 379b1, 379c2, 379c7, 379d2, 379e5, 380a3, 380a7, 380b1, 380b3, 380b5, 380b6, 380c6, 380c8, 380d1, 381b4, 381b6, 381c2, 381c5, 381c7, 381d3, 381e3, 381e5, 381e8, 382a1, 382a5, 382c3, 382d5, 382d9, 382e4, 382e8, 383a3, 383c1, 386a1, 386a2, 386d2, 388a6, 388b4, 388b8, 388c2, 389a1, 389a3, 389a5, 389b3, 390b6, 390e3, 391a6, 391b1, 391c1, 391c5, 391d1, 391d5, 391d6, 391e2, 391e7, 392a4, 393a1, 393e1, 393e3, 393e6, 394a3, 395d8, 399b5, 402b9, 408c3, 408c4, 411e4, 415a4, 415b4, 416e5, 419a7, 425c10, 425e3, 427b6, 427c2, 427d6, 443a9, 443c1, 463d4, 469a4, 470a3, 474e2, 492a5, 493a1, 508a4, 508a9, 517b6, 521c3, 531a4, 552c7, 571d2, 573c4, 578e1, 579a5, 580c7, 596c8, 597b6, 597b13, 597c1, 597c4, 597d1, 607a4, 612c2, 612c9, 612d4, 612e3, 612e8, 613a7, 613b1, 613b6, 613e6, 615c3, 617e5, 621c7

θεοσεβής 敬神的，虔诚的

[拉] religiosus, pius

[德] fromm, gottesfürchtig

[英] fearing God, religious

383c4

θεουδής 畏惧神的，敬神的，虔敬的

[拉] pius

[德] gottesfürchtig, fromm

[英] fearing God

363b6

θεοφιλής 为神所喜爱的，受神爱护的

[拉] diis dilectus

[德] von Gott geliebt

[英] dear to the gods

362c5, 382e3, 383b3, 501c1, 560b10, 612e5, 612e8

θεραπεία 侍奉，照料

[拉] famulatus, ministerium, cultus

[德] Dienst, Bedienung

[英] service, care

425b3, 427b7, 443e3, 455c7, 533b5, 585d1, 585d2

θεραπευτής 伺候者，崇拜者

[拉] curator, cultor

[德] Diener

[英] one who serves the gods, worshipper

341c6, 341c8, 369d9

θεραπεύω (θεραπευτέος) 侍奉，照料

[拉] famulor, servio, colo

[德] bedienen

[英] do service, take care of

343b3, 345e1, 362c3, 403d7, 407e1, 408b4, 408e2, 408e5, 410a1, 410c2, 426c3, 426d1, 429d7, 467a2, 469a8, 590c5, 591a1

θεράπων 仆从，仆人

[拉] servus

[德] Diener

[英] servant

579a3

θερμός 热的

［拉］calidus

［德］warm

［英］hot

3874, 437d10, 437e2, 438c3

θερμότης 热（性）

［拉］calor

［德］Wärme

［英］heat

335d3, 437d11

θέρος 夏季，夏天

［拉］aestas

［德］Sommer

［英］summer

350d2, 372a7, 415e6

θέσις 安排，位置

［拉］positio

［德］das Setzen, Stellung

［英］setting, placing, position

333b2, 333b4, 335a2, 425d3, 479c7, 586c1

θεσπέσιος 发出神一样声音的，神圣的

［拉］a deo dictus, divinitus

［德］göttlichtönend, göttlich

［英］divinely sounding, divinely sweet

365b7, 387a5, 558a1

θέω 跑

［拉］curro

［德］laufen

［英］run

417b5, 474a2

θεωρέω 看，观看

［拉］specto, contemplor

［德］ausschauen, betrachten

［英］look at, behold

327b1, 372e8, 467a4, 467c2, 511c6, 529b3, 579b7, 601a2, 601a7, 606b1, 607d1, 613b11

θεωρία 景象，理论，觐神（团）

［拉］theoria, legatio ad ludos, sacra etc.

［德］Schau, wissenschaftliche Betrachtung, Wallfahrt

［英］sight, theory, pilgrimage

486a8, 517d5, 556c10

θεωρός 观看者，目睹者

［拉］spectator, speculator

［德］Zuschauer

［英］spectator

467c5, 537a5

θήκη 坟墓，安葬

［拉］sepulcrum

［德］Grab, Begräbnis

［英］grave, tomb

427b7, 469b1

θηλάζω 喂奶，使吮奶

［拉］lacto, lacteo

［德］saugen, säugen

［英］suckle

460d3

θῆλυς 女的，雌性的

［拉］muliebris

［德］weiblich

［英］female

451d4, 453a1, 454d10, 461d5, 466d3, 468c3, 471d3

θήρ 野兽
[拉] bellua
[德] wildes Tier
[英] beast
559d9
θήρα 追求，猎取，捕捉
[拉] venatio, captatio
[德] Jagd, Streben
[英] pursuit
412b3
θηρευτής 猎人
[拉] venator
[德] Jäger
[英] hunter
373b5
θηρευτικός 关于狩猎的，进行猎取的
[拉] venaticus
[德] Jagd betreffend
[英] of or for hunting
459a2
θηρεύω 捕捉，追求
[拉] sector, quaero
[德] jagen, suchen
[英] hunt, seek after
531a6
θηρίον 野兽，畜牲
[拉] brutum
[德] Tier
[英] wild animal, beast
336b5, 376a3, 411e1, 439b4, 441b3, 496d2, 535e4, 562e4, 563c4, 571d2, 588c7, 588c8, 588e5, 590b7, 611d5, 620d3
θηριώδης 兽性的，野性的，动物性的
[拉] ferinus, ferus, immanis
[德] tierreich, tierisch
[英] full of wild beasts, brutal
430b8, 571c5, 589d1, 591b2, 591c6
θησαυροποιός 积聚财宝的
[拉] thesauros colligens
[德] Schätze sammelnd
[英] laying up in store
554a11
θησαυρός 宝藏，宝库
[拉] thesaurus
[德] Ort zum Aufbewahren, Schatzkammer
[英] store, treasure
548a8
θητεύω 当雇工，当佣工
[拉] mercede operas praesto
[德] für Lohn arbeiten, dienen
[英] to be a serf or labourer
359d2, 386c5, 516d5
θίς 沙滩
[拉] littus
[德] Düne, Gestade, Sandbank
[英] sand, shore
388b1
θνήσκω 死，死亡
[拉] perimo
[德] sterben
[英] die, perish
387d6, 390b5, 469d2, 469d8
θνητός 有死的，必死的
[拉] mortalis
[德] sterblich
[英] liable to death, mortal

331a8, 386d1, 416e7, 585c4, 611a7, 617d7

θοίνη 筵席，宴会

[拉] epulum, convivium

[德] Gestmahl, Bewirtung

[英] meal, feast

383b7

θορυβέω 喧哗，起哄

[拉] tumultuor, turbo

[德] lärmen

[英] make a noise, uproar or disturbance

438a1, 518a5

θόρυβος 喧嚣，骚动

[拉] tumultus

[德] Lärm, Tumult

[英] noise, tumult, confusion

413d9, 492b7, 492c2, 561b1, 571e2, 575a4

θρέμμα 动物，生物，牲畜

[拉] animal

[德] Tier, Kreatur

[英] animals, creature, nursling

493a9, 569b1, 589b1, 590a7, 590c5

θρῆνος 哀号，挽歌

[拉] luctus, lamentatio

[德] das Wehklagen, Klagelied

[英] dirge, lament

387e9, 388d7, 395e1, 398d11, 578a7

θρηνώδης 适合于哀歌的，哭泣的

[拉] lugubris, querulus

[德] weinerlich

[英] like a dirge, fit for a dirge

398e1, 411a8, 606b1

θρηνῳδία 悲痛，悲叹，悲歌

[拉] lamentatio

[德] Klagelied, Klagegesang

[英] lamentation

604d2

θριγκός 拱顶石，压顶石，最后一项工作

[拉] apex, culmen

[德] Gipfel, Abschluss, Schlussstein

[英] coping-stone, last finish

534e2

θρίξ 头发

[拉] crinis

[德] Haar

[英] hair

391b3

θρόνος 座位，宝座

[拉] solium

[德] Thron

[英] throne, chair of state

553b8, 553c5, 553d1, 617c1

θυγάτηρ 女儿

[拉] filia

[德] Tochter

[英] daughter

392e4, 393d4, 393e2, 393e7, 461c1, 461c2, 461d1, 461d5, 463c6, 495e8, 589e1, 617c1, 617d6

θυηπολέω 献祭

[拉] sacra facio

[德] opfern

[英] perform sacrifices, sacrifice

364d7

θῦμα 祭品，献祭，牺牲

［拉］sacrificium
［德］Opfer
［英］victim, sacrifice
378a6
θυμίαμα 香料，用来熏香的东西
［拉］odores, suffimentum
［德］Räucherwerk
［英］incense, fragrant stuffs
373a3, 573a5
θυμοειδής 热情的，精力充沛的，气宇轩昂的
［拉］iracundus, animosus
［德］hitzig, feurig, eifrig
［英］high-spirited, passionate, hot-tempered
375a11, 375b7, 375c7, 375e10, 376c4, 410b6, 411d6, 411a10, 411b7, 411c2, 411e6, 435e4, 440e3, 441a2, 441e6, 442c1, 456a4, 467e4, 547e3, 548c6, 550b3, 550b6, 553c1, 572a4, 581a9, 586c7, 590b7
θυμός 愤怒，气魄
［拉］ira, animus
［德］Zorn, Glut
［英］anger, passion
375b1, 411b3, 411b8, 411c6, 439e3, 440b4, 440c5, 441a8, 465a2, 572a5, 586c9, 586d1, 606d1
θυμόω 愤怒
［拉］indignor
［德］zürnen
［英］make angry, provoke
436a10, 439e3, 441c2, 465a2, 536c4, 580d10
θύρα 门
［拉］ianua
［德］Tür
［英］door
364b6, 489b7, 489c1
θυρίς 窗
［拉］fores
［德］Fenster
［英］window
359d6
θυσία 献祭，祭奠，牺牲
［拉］sacrum
［德］Opfer
［英］sacrifice, offering
331b3, 362c2, 364b7, 364d7, 364e6, 365e4, 394a5, 419a7, 427b6, 459e6, 461a6, 468d8, 540b7
θύω (θυτέον) 献祭
［拉］sacrifico
［德］opfern
［英］sacrifice
328c2, 362c2, 365a3, 365e6, 378a5, 415e3, 419a7
θωπεία (θώπευμα) 奉承，讨好
［拉］adulatio
［德］Schmeichelei
［英］flattery
579d10, 590c5
θωπεύω 奉承，讨好
［拉］adulor, blandior
［德］schmeicheln, besänftigen
［英］flatter, wheedle
563a4, 579a1
ἰαμβεῖος 抑扬格的，短长格的

［拉］iambus

［德］jambisch

［英］iambic

380a5, 602b9

ἴαμβος 抑扬格，短长格

［拉］iambus

［德］Iambus

［英］iambus

400b8

ἰάομαι 救治，医好

［拉］medeor, curo

［德］heilen

［英］heal, cure

346b10, 406a2, 406b5, 408a8, 408c1, 604d1

ἴασις 治疗

［拉］sanatio, remedium

［德］Heilung

［英］healing, mode of healing, remedy

515c4

ἰαστί 以伊奥尼亚调的方式

［拉］Ionica

［德］in Ionischer Weise

［英］in the Ionic mode

398e10

ἰατρεῖον 医院，诊所

［拉］medici officina

［德］Krankenhaus

［英］surgery

405a2

ἰάτρευσις (ἰατρεία) 治疗，医治

［拉］medicina

［德］Heilung, ärztliche Behandlung

［英］healing, medical treatment

357c6

ἰατρεύω 行医，医治

［拉］sano, medor

［德］Arzt sein, die Heilkunst ausüben

［英］treat medically, cure

357c6, 406b6, 406c5, 426a1

ἰατρικός 有关医疗的

［拉］medicinus

［德］den Arzt betreffend, ärztlich

［英］medical

332c7, 341e4, 342a1, 342c1, 346a7, 346b2, 346b6, 346b10, 346d3, 349e8, 350a1, 350a2, 350a4, 405a3, 405c8, 406a6, 406b1, 406c2, 406e4, 407d2, 408a2, 409e4, 410b2, 438e8, 454d2, 454d5, 455e6, 599c1, 599c2, 599c4, 604d2

ἰατρός (ἰατήρ) 医生

［拉］medicus

［德］Arzt

［英］physician

332d12, 332e6, 340d2, 340d6, 340e6, 341c5, 341c7, 342d4, 342d6, 345c1, 360e8, 373d1, 389b5, 389c2, 389d3, 405a7, 406d1, 406e1, 408c7, 408d10, 459c3, 459c6, 489c1, 564c1, 567c5

ἰδέα 理念，形状，形相，形式

［拉］idea, forma

［德］Idee, Form, Urbild

［英］idea, form

369a3, 380d2, 380d6, 380e1, 479a1, 486d10, 505a2, 507b10, 507e6, 508e3, 517c1, 526e1, 534c1, 544c8,

588c4, 588c7, 588d3, 596b3, 596b7, 596b9

ἰδιόομαι 据为己有

［拉］ad me vindico

［德］sich etw. zueignen

［英］make one's own, appropriate

547c1

ἴδιος 自己的，个人的

［拉］privatus

［德］eigen, privat

［英］one's own, private, personal

333d4, 344a3, 344a8, 346a6, 346c2, 353d7, 360c7, 360d1, 362b6, 363e6, 364a8, 366e7, 373e7, 416d5, 417a6, 417a6, 420a4, 424e2, 443a4, 443e4, 455b2, 457d1, 458c9, 464b9, 464d2, 464d3, 464d8, 473e5, 494e6, 497a5, 499a8, 500d5, 507e1, 517c5, 519c4, 521a5, 535b8, 543b3, 547d2, 548a3, 548a9, 549d3, 554e7, 556d7, 557b8, 558c8, 562d8, 562e3, 566e1, 575e2, 580d8, 580e1, 592a4, 599d5, 600a9, 600c8, 605b8, 606c4, 610a7, 610b7

ἰδίωσις 分离，隔离

［拉］separatio vel disiunctio in aliqua re

［德］Sonderung, Vereinzelung

［英］isolation

462b8

ἰδιωτεία 私人生活，平民生活

［拉］vita privata

［德］Privatleben

［英］private station

618d2

ἰδιωτεύω 过私人生活，私下行动

［拉］privatam vitam ago

［德］als Privatmann leben

［英］occupy a private station, practise privately

579c9

ἰδιώτης 平民，普通人，一无所长的人

［拉］plebeius

［德］ein gewöhnlicher Mann

［英］common man, plebeian

365e5, 389b5, 389c1, 390a2, 435e4, 441c10, 441d1, 442d3, 449a4, 493a6, 494a8, 495b4, 495b6, 501a5, 536a5, 540a9, 544e4, 545b4, 560d1, 564a4, 578c1, 578d3, 578d12, 579c6, 615d7, 620c6

ἰδιωτικός 个人的，私人的，普通的，外行的

［拉］ad privatos pertinens, privatus

［德］einem Privatmann zugehörig, gemein, ungebildet

［英］private, unprofessional, amateurish

345e1, 492a7, 492c4, 492d9, 525c2

ἵδρυσις 建立，建造

［拉］exstructio

［德］Einrichtung, das Gründen

［英］founding, foundation

427b6

ἱδρύω 安顿，安置

［拉］consituo, condo

［德］stellen, gründen

［英］settle, establish

371d6, 429a6

ἱδρώς 汗水

［拉］sudor

［德］Schweiß

［英］sweat

350d2, 364d2

ἱερεῖον 牺牲，祭品

［拉］victima

［德］Opfer, Opfertier

［英］victim, animal for sacrifice

565d10

ἱερεύς (ἱέρεια) 祭司

［拉］sacerdos

［德］Priester

［英］priest

381d7, 393b2, 393e1, 461a7

ἱερόν 庙宇，神殿

［拉］templum

［德］Tempel

［英］temple

427b6, 469e7, 470a2, 495d2, 565d7, 574d4

ἱερός 属于神的，献给神的

［拉］sacer, sacrosanctus

［德］heilig, göttlich

［英］holy, under divine protection, dedicated

331d7, 331d9, 344a8, 391b3, 394a5, 398a4, 458e3, 458e4, 470e10, 568d7

ἱεροσυλέω 盗窃圣物，抢劫神庙

［拉］sacra aufero, sacrilegium committo

［德］Tempelraub begehen

［英］rob a temple, commit sacrilege

575b7

ἱεροσυλία 盗窃圣物

［拉］sacrilegium

［德］Tempelraub

［英］temple-robbery, sacrilege

443a3

ἱερόσυλος 盗窃圣物的人

［拉］sacrilegus

［德］Tempelräuber

［英］sacrilegious person

344b3, 552d5

ἵημι 射出，放射，投掷

［拉］jacio

［德］werfen, schleudern

［英］throw, shoot

336b5, 617b6

ἱκανός (adv. ἱκανῶς) 充分的，足够的

［拉］sufficiens, satis

［德］zureichend, genügend, hinlänglich

［英］sufficient, adequate

344c6, 344d7, 345b2, 345d4, 361a2, 361b2, 362c2, 362d3, 362d8, 365a7, 366c4, 366e8, 371a4, 371e3, 372b1, 373b3, 373d4, 373d5, 373d8, 374a3, 374c6, 374d3, 374d7, 376d2, 398c8, 398c11, 402a7, 403d7, 405c1, 406e2, 408a7, 415a4, 415e7, 423c4, 423e2, 427d2, 428a3, 430c6, 435d7, 449d7, 455a6, 455b9, 456b2, 460d2, 465a10, 467d7, 472d6, 473d2, 474c6, 477a2, 477a5, 485a6, 486c3, 486d1, 486e2, 487a3, 494c8, 496c7, 496d3, 497d4, 499a5, 502b4, 502b6, 502c2, 504c3, 505a5, 505e2,

506a7, 510b10, 511c3, 511d6, 517d7, 519c1, 519d2, 523b1, 523e4, 524d10, 540c7, 545c5, 549a2, 556c8, 557e3, 569c7, 569c9, 571a8, 577a5, 600e2, 601c3, 603d5, 605c7, 606a5, 606a7, 610e5, 611c3, 615e3, 619b9

ἱκέτης 乞援人，恳求者

[拉] supplex

[德] der flehende

[英] suppliant

393d4

ἴκταρ 紧挨着，在近处

[拉] prope

[德] nahe

[英] close to, hard by

575c4

ἰλαδόν 成群结队地

[拉] turmatim

[德] scharenweise

[英] in troops

364c7

ἵλαος (ἵλεως) 和蔼的，慈祥的，愉快的

[拉] pacatus, propitius, benignus

[德] gnädig, freundlich

[英] propitious, gracious

427b8, 496e2, 566e3

ἴλιγγος 晕眩，眩晕

[拉] vertigo

[德] Schwindel

[英] spinning round, swimming

407c2

ἱμάτιον 外衣，衣服

[拉] vestis

[德] Kleider

[英] an outer garment, cloth

327b4, 370a2, 372a7, 373a6, 449b3, 457a7, 474a1, 495e7, 557c5, 574d4

ἰνδάλλομαι 看来，显得

[拉] videor

[德] erscheinen, sich zeigen

[英] appear, seem

381e4

ἰός 铁锈，铜锈

[拉] aerugo

[德] Rost

[英] Rust

609a2

ἱππεύς 骑兵

[拉] eques

[德] Reiter

[英] horseman, rider

552a10

ἱππεύω 当骑兵，骑马

[拉] equito

[德] Reiter sein, reiten

[英] to be a horseman or rider, ride

467e3

ἱππικός 关于马的，关于骑者的

[拉] equester, equestris artis peritus

[德] zum Pferde gehörig, zum Reiter gehörig

[英] of a horse, of horsemen or chariots

333c1, 335c12, 335c12, 342c4, 412b4, 601c13

ἵππος 马

[拉] equus

［德］Pferd
［英］horse
328a2, 328a3, 333b12, 335b6, 335b8, 335b9, 335b11, 342c4, 352d9, 352e2, 359d6, 375a12, 396b5, 452c2, 459b7, 467e2, 467e3, 537a5, 563c7

ἶρις 彩虹
［拉］arcus
［德］Regenbogen
［英］rainbow
616b5

ἰσάκις 同数相乘
［拉］aequaliter
［德］gleichvielmal
［英］equal multiplied by equal
546c3

ἰσόθεος 神一样的
［拉］deo aequalis
［德］göttergleich
［英］equal to the gods, godlike
360c3, 568b3

ἰσομήκης 等长的，有同等长度的
［拉］aequalem habens longitudinem
［德］gleich lang
［英］equal in length
546c3

ἰσονομία 平等，权利平等
［拉］iuris vel legum aequabilitas
［德］Gleichberechtigung
［英］equality of political rights
563b8

ἰσονομικός 追求平等的
［拉］iuris aequabilitatis studiosus
［德］nach Gleichberechtigung strebend
［英］devoted to equality
561e1

ἴσος 同等的，相等的
［拉］aequus
［德］gleich
［英］equal
343d8, 359c6, 441c6, 526a3, 530a1, 540c8, 546c3, 557a4, 558c5, 561b2, 561b5, 561c4, 599b8, 602c8, 602e5, 617c1

ἰσότης 相等（性）
［拉］aequalitas
［德］Gleichheit
［英］equality
558c5

ἵστημι (στατέον) 称，在天平上衡量；停下来不动，站住
［拉］pondero, libro，desino
［德］wiegen, abwägen, stehen machen
［英］place in the balance, weigh, bring to a standstill
361b6, 436c5, 436c9, 436c11, 436d1, 436d5, 436e3, 436e6, 452e2, 484d5, 503a6, 545a3, 554b6, 566d2, 584d7, 602d6, 602d9

ἰσχνός 瘦的
［拉］macer
［德］mager, dünn
［英］thin, lean
422d6, 556d2

ἰσχυρίζομαι (ἰσχυριστέον) 变强有力，极力坚持

[拉] contendo viribus, affirmo
[德] sich stark machen, fest behaupten
[英] make oneself strong, insist
533a5

ἰσχυρός (adv. ἰσχυρῶς) 强有力的，严厉的
[拉] potens, robustus, severus
[德] kräftig, gewaltig, gewalttätig
[英] strong, powerful, severe
344c5, 348e10, 350d7, 351a2, 351a5, 375a6, 376c4, 380e6, 388e6, 432a4, 442a8, 451e2, 456a11, 489d1, 493a10, 535b7, 553d8, 560b2, 563e8, 569b2, 571c1, 580e1, 588e6, 591c8, 605b4, 606b7

ἰσχύς 力量，强健
[拉] potentia
[德] Macht, Stärke
[英] strength, might, power
371e3, 371e4, 410b7, 432a5, 434b1, 468d4, 491c2, 591b6, 618a8, 618d3

ἰχθύς 鱼
[拉] piscis
[德] Fisch
[英] fish
363c2, 404b12

ἰχνεύω 追踪（足迹）
[拉] investigo, indago
[德] nachspüren, aufspüren
[英] track out, hunt after
401c5

ἴχνος (ἴχνιον) 足迹，脚印
[拉] vestigium
[德] Fußspur
[英] track, footstep
365d2, 410b1, 430e9, 432d3, 462a6, 553a10

κάδος 罐子
[拉] cadus
[德] Krug
[英] jar
616d5

καθαίρω 洁净，弄干净
[拉] purgo
[德] reinigen
[英] cleanse, purify
399e8, 406d2, 560d8, 567c3, 573b4

καθαρμός 洁净，净化
[拉] purgatio, purification
[德] Reinigung
[英] cleansing, purification
365e6, 567c4

καθαρός (adv. καθαρῶς) 纯粹的，洁净的
[拉] purus
[德] rein, sauber
[英] clear, pure
372b5, 451b4, 451b6, 460c6, 496d9, 501a3, 501a6, 504e1, 508c7, 520d8, 572a2, 583b4, 584c1, 585b12, 586a6, 611c3, 614e1, 616b6

καθέζομαι (κατά-καθέζομαι) 坐下
[拉] sedeo
[德] sitzen, sich niedersetzen
[英] sit down, take one's seat
328c3

καθεύδω (καθευδητέον) 睡
[拉] dormio
[德] schlafen

［英］lie down to sleep, sleep
390b6, 404a5, 572a5

κάθημαι 坐下，就座
［拉］sedeo, desideo
［德］sitzen, dasitzen
［英］sit, sit down
328c1, 359e4, 371c4, 420a1, 427c4, 449b2, 555d7, 614c4, 617b7

καθίζω (καθιζάνω) 设立，设置；就座，坐下
［拉］constituo, sedeo
［德］ansetzen, veranstalten, sich setzen
［英］set, place, sit down
516e4

καθίστημι (καταστατέον) 带往，置于，制定
［拉］traho, depono
［德］bringen, stellen, einsetzen
［英］bring down, place
339a1, 395d2, 407d8, 410b10, 410c2, 410c6, 414a1, 421b4, 444d4, 444d9, 451c8, 461b7, 468a7, 484b10, 491a2, 494e7, 503b5, 517a1, 522d4, 537d4, 541a5, 543b1, 546d3, 546e1, 551b5, 561b3, 562b4, 564a7, 569a1, 572d1, 591b4, 606d5

καθοράω (κατεῖδον, κατοπτέον) 观看，俯视
［拉］perspicio
［德］einsehen, betrachten
［英］look down, observe
330e4, 368e1, 376a2, 432b2, 432c4, 475a9, 476d1, 484a7, 495c8, 515c9, 515e3, 516a6, 516c9, 518a5, 523a10, 537a2, 554c4, 616b4

καινός (adv. καινῶς) 新的
［拉］novus
［德］neu
［英］new, fresh
328a3, 399e1, 405d5, 414c4, 424c3

καίνυμαι 超过，胜过
［拉］vinco, supero
［德］sich auszeichnen, hervorragen
［英］surpass, excel
334b2

καιρός 适时，时机
［拉］opportunus
［德］der rechte Zeitpunkt
［英］exact or critical time, opportunity
370b8, 370c4, 374c2, 409d1, 421a7, 546d2

καίω 燃烧
［拉］flagro
［德］brennen
［英］burn
514b3

κάκη 恶，坏
［拉］pravitas
［德］Schlechtheit, Schlechtigkeit
［英］wickedness, vice
468a6

κακηγορέω 说坏话，指责，中伤，诬蔑
［拉］maledico
［德］tadeln, verleumden
［英］speak ill of, abuse, slander
368b8, 395e8

κακία 恶

［拉］malitia, vitium

［德］Schlechtigkeit, Böse

［英］badness, vice

348c3, 348c6, 348c11, 348e7, 350d5, 353c2, 353c7, 353e8, 354b6, 364c6, 365a5, 400b3, 401b8, 444b8, 444e1, 444e5, 445b2, 445c2, 445c6, 490d3, 519a4, 556d5, 580a4, 580b6, 598e2, 609d1, 609d5, 609e6

κακίζω 责备，斥责

［拉］convicium facio

［德］tadeln, schlecht machen

［英］abuse, reproach

560a1

κακοδαίμων 被恶灵附体的，不幸的，倒霉的

［拉］infelix

［德］mit einem bösen Dämon, elend, unglücklich

［英］possessed by an evil genius, ill-fated, ill-starred, miserable

440a3

κακοδοξία 恶名，坏名声

［拉］mala existimatio

［德］schlechter Ruf

［英］bad repute

361c6

κακοήθεια 坏习惯，恶意

［拉］improbitas

［德］bösartige Gesinnung, Bosheit

［英］bad disposition, malignity

348d1, 401a7

κακοήθης 坏习惯的，恶意的

［拉］malignus

［德］boshaft, bösartig

［英］ill-disposed, malicious

401b4

κακολογία 坏话，恶言

［拉］maledictio

［德］Verleumdung

［英］coarse expression

401a6

κακός (adv. κακῶς) 坏的，有害的

［拉］malus, vitiosus

［德］schlecht, böse

［英］bad, evil

327c6, 329b2, 331a1, 332a10, 332b8, 332d7, 332d11, 334c10, 334d6, 335a8, 335a10, 335d1, 339e3, 340a5, 345a1, 346e9, 349e6, 350b10, 350c5, 350c11, 353c7, 353c9, 353e4, 353e11, 358e4, 359a7, 362a1, 363e1, 364b4, 365c7, 366e8, 367a4, 367b5, 367e5, 368a1, 372e4, 373e4, 373e7, 376a5, 377e1, 379b7, 379b9, 379b16, 379c5, 379c6, 379d6, 379d8, 379e2, 380b5, 380b6, 381e3, 382c9, 388a1, 389d3, 391d2, 391e5, 392b1, 395e7, 396e1, 401c1, 401c3, 405a6, 407d6, 408e3, 408e4, 409a6, 409b8, 409e1, 413a5, 413a6, 416a5, 420b9, 421d2, 421d11, 424d5, 426b10, 427a3, 431a7, 438e3, 439a6, 441a3, 449a2, 452d7, 452e1, 462a5, 462a7, 462a9, 462e1, 463e4, 463e5, 465b12, 473b5, 473d5, 487e1, 490c3, 490d3, 490d5, 491d5, 491d8, 491e2, 491e3, 491e6, 493a2, 493c1, 493c3, 494d7, 495a4, 495a5, 495b3,

495c5, 496e2, 500d6, 501e4, 505c8, 505c11, 517d5, 537e2, 544a6, 544a7, 544c5, 548c3, 550b3, 550b4, 552a4, 552d5, 552e5, 552e10, 554d1, 556a4, 562d1, 565c3, 566c6, 575a5, 575b4, 575c1, 576b4, 576d4, 578c7, 579b1, 579c4, 579c5, 580c2, 588a8, 589e2, 591d9, 601d9, 603c6, 604b11, 605b7, 608b5, 608d13, 608e3, 608e6, 609a3, 609a9, 609b2, 609b4, 609b10, 610a2, 610a7, 610a8, 610b6, 610d7, 610e6, 610e7, 610e10, 611c2, 611d6, 613a2, 613a6, 618d1, 619a2, 619a4, 619b5, 619c2, 619c5, 619d6, 621c4

κακόσιτος 无食欲的，挑剔的

［拉］cibos fastidiens

［德］ohne Eßlust

［英］eating badly, i. e. having a poor appetite, fastidious

475c4

κακότης 邪恶，恶劣

［拉］vitium

［德］Schlechtigkeit

［英］badness

364c6

κακουργέω 伤害，做坏事，为非作歹

［拉］noceo

［德］mißhandeln

［英］injure, do evil

338d4, 341a7, 341b1, 341b9, 414b4, 416a6, 416d1

κακούργημα (κακουργία) 恶劣行径，丑恶行为

［拉］maleficium, fraus

［德］schlechte Handlung, Bosheit

［英］knavish trick, fraud

344b4, 422a3, 426e7, 434c2, 434c4, 554c5

κακοῦργος 有害的，狡诈的

［拉］maleficus, fraudulentus

［德］schädlich, verderblich

［英］mischievous, knavish

421b1, 552d1, 552e1, 554c1

κακοφυής 长得不好的，有坏天性的

［拉］qui mala est indole

［德］von schlechter natürlich Beschaffenheit

［英］of bad natural qualities, growing ill

410a3

κακουχία 虐待，悲惨，苦难

［拉］miseria, calamitas

［德］schlechter Zustand, traurige Lage, Elend

［英］maltreatment

615b5

κακόω 虐待，伤害

［拉］affigo, violo, laedo

［德］schlecht behandeln, beschädigen

［英］maltreat, distress

380a4

κάλαμος 芦苇

［拉］calamus

［德］Schilf

［英］reed

372b4

καλέω (κλητέος) 呼唤，叫名字，称作

［拉］voco, nomino

465e3, 466a9, 467c6, 467e5, 468c5, 468e3, 469c9, 470c4, 471c2, 472d5, 474a6, 474d7, 475e9, 476b5, 476b7, 476b10, 476c2, 476c9, 477e8, 479a1, 479a3, 479a4, 479a6, 479b1, 479c7, 479d4, 479e1, 480a2, 480a4, 484d2, 489e4, 492c7, 493b8, 493c5, 493d7, 493e3, 495c9, 497d10, 499a4, 501b2, 501c3, 503d7, 504b1, 505b3, 505d5, 506a4, 506a8, 506b5, 506d1, 507b2, 508a5, 508e4, 508e6, 517c2, 520c5, 525c7, 527c6, 529b3, 529c8, 529e4, 530a5, 531c6, 538c7, 538d7, 538e1, 540b4, 543d1, 549b8, 551d9, 551e5, 555a1, 557c4, 557c6, 557c8, 558b5, 559a5, 559a7, 560b9, 561c1, 561e4, 562a4, 562c1, 563e3, 567c4, 568c3, 568d5, 569a4, 571b2, 571d8, 574d6, 578e1, 582a4, 581e7, 582d1, 589c7, 589c8, 591c8, 595c1, 596e5, 598e4, 599b6, 599c7, 601b7, 602a4, 602b3, 604b9, 605e4, 607e7, 610a10, 610e5, 611b6, 611c4, 614a4

κάμνω 患病

［拉］aegroto

［德］erkranken

［英］to be sick

332d10, 332e6, 340d3, 341c6, 341c8, 342d5, 354a13, 357c6, 389c2, 395e2, 406c5, 406d1, 406d5, 407c4, 408e1, 425e9, 426a5, 458a4, 489b9, 556e4, 579c8, 583c10, 583c11, 583d1

κάμπτω 弯曲

［拉］flecto

［德］biegen

［英］bend

494e1

καμπύλος 弯的，弯曲的

［拉］curvus

［德］krumm

［英］bent, curved

602c10

καπηλεύω 做小商贩，零售

［拉］rebus vendendi quaestum facio

［德］Kleinhändler sein

［英］to be a retail-dealer, drive a petty trade

525d3

καπηλικός (κάπηλος) 小商贩的

［拉］cauponarius

［德］zum Hökergehörig

［英］of or for aretail-dealer, huckster

371d4, 371d5, 525c4

καπνός 烟，烟雾

［拉］fumus

［德］Rauch

［英］smoke

387a2, 569b8, 581d7

καρδία 心，心脏

［拉］cor

［德］Herz

［英］heart

331a6, 389e13, 390d4, 390d5, 441b6, 492c3

καρπός 果实

［拉］fructus

［德］Frucht

［英］fruit

333a4, 428c8, 457b2, 470b1, 470d8

καρπόω 结果实，享受果实
[拉] fruges colligo, fructum percipio. fruor
[德] Frucht tragen, Frucht ziehen
[英] bear fruit or bear as fruit, reap
362a8, 363c1, 548b6, 579c4, 587a1

καρτερέω (adv. καρτερούντως) 坚持，忍耐
[拉] forti animo sum, persevero, tolero
[德] stark, standhaft sein, ausharren
[英] to be steadfast, patient
388d6, 399b2, 556c1, 605e1

καρτερία (καρτέρησις) 坚持，忍耐，坚韧
[拉] tolerantia, perseverantia, continentia
[德] Enthaltsamkeit, Beharrlichkeit
[英] patient endurance, perseverance
390d1

καταβαίνω (καταβατέον) 下去，下到
[拉] descendo
[德] hinuntergehen
[英] go down
327a1, 328c6, 359d5, 511b8, 516e4, 519d5, 520c1, 614d7

καταβάλλω 扔，投
[拉] conjicio
[德] hinabwerfen
[英] throw down, overthrow
538d9, 566d1, 616a1

καταβιβάζω (καταβιβαστέος) 使走下去，使下降
[拉] deduco
[德] herabzukommen, herabführen
[英] make to go down, bring down
539e2

καταβιόω 度过一生
[拉] vivo, dego
[德] durchleben, verleben
[英] pass one's life
578c1, 579c6

καταβρίθω 负荷很重，压垮
[拉] onero
[德] schwer mit etw. belastet sein
[英] to be heavily laden, weighed down
363b3

κατάγειος 地下的，在地下的
[拉] subterraneus
[德] unter der Erde, unterirdisch
[英] under the earth, subterranean
514a3, 532b8

καταγέλαστος 可笑的，令人发笑的
[拉] ridiculus
[德] verlacht, verspottet
[英] ridiculous, absurd
432d8, 455c8, 467a9, 493d8, 518b3, 613c1, 613d7

καταγελάω 嘲笑，讥讽
[拉] rideo
[德] verlachen
[英] laugh scornfully, deride
330e1, 388d3, 499c4, 525e1

καταγιγνώσκω 发现，注意到，指责
[拉] cognosco, intelligo, existimo,

accuso
[德] merken, erkennen, beschuldigen
[英] remark, observe, condemn
607b5

κατάγω 纺
[拉] deduco
[德] spinnen
[英] spin
560e3

καταδείκνυμι 传授，教，介绍
[拉] doceo
[德] anzeigen, lehren
[英] invent and teach, introduce
406c3, 407d2

κατάδεσμος 绳结，（施法术时用的）绳结，施法术
[拉] vinculum magicum
[德] Zauberknoten
[英] a tie, band, a magic knot
364c4

καταδέχομαι 接受，承认
[拉] recipio
[德] aufnehmen
[英] receive, admit
401d6, 401e5, 561b1, 607c6

κατάδηλος 很清楚的，很明显的
[拉] manifestus, perspicuus, evidens
[德] sehr deutlich, offenkundig
[英] manifest, visible
428a11, 444c2

καταδουλόω 奴役
[拉] servitute opprimo
[德] zu seinem Sklaven machen
[英] enslavue
351b2, 442b1, 553d2, 563e8, 574c4, 589d7

καταδρομή 入侵，袭击
[拉] incursio
[德] Streifzug, Einfall
[英] inroad, raid
472a1

καταδύω 沉没，钻进
[拉] subeo, submergo
[德] untergehen, untersinken
[英] go down, sink
401d6, 562e3, 576e1, 579b8

κατάκειμαι 躺下
[拉] decumbo
[德] sich hinlegen, sich niederlegen
[英] lie down
372d7, 379d3, 388a7

κατακερματίζω 切细，切碎，兑换零钱
[拉] in minutos numulos redigo, confringo
[德] in Scheidemünze auszahlen, verzetteln
[英] chop up, cut into pieces, change into smaller coin
395b4

κατακλίνω 使躺下
[拉] depono
[德] niederlegen
[英] lay down
363c5, 372b5, 420e4

κατάκλισις 斜躺进餐，就席进餐
[拉] accubitio
[德] das Niederlegen
[英] making one to lie down, seat-

ing him at table
425b2
κατακλύζω 泛滥，淹没
[拉] inundo, obruo
[德] überspülen, überfluten
[英] deluge, inundate
457b8, 473c8, 492c5
κατακοσμέω 安排，布置好
[拉] dispono, in ordinem adduco
[德] in Ordnung bringen, ordnen
[英] set in order, arrange
560a7
κατακούω 聆听，听从
[拉] exaudio, obedio
[德] hören, gehorchen
[英] hear and obey, overhear
449b5, 531a6
κατακρύπτω 隐藏，隐瞒
[拉] occulto
[德] verbergen, verhehlen
[英] hide, conceal
460c4
καταλαμβάνω 抓住，控制，发现
[拉] deprehendo
[德] ergreifen, einnehmen
[英] seize, lay hold of
328b5, 387e7, 496b1, 560b7, 566c8
καταλάμπω 照耀，照射
[拉] collustro
[德] bescheinen, erleuchten
[英] shine upon or over
508d1, 508d5
κατάληψις 获得，赢取
[拉] expugnatio
[德] das Ergreifen, Einnahme
[英] taking possession, occupation
526d2
καταλιμπάνω (καταλείπω) 放弃，抛下，留下
[拉] relinquo
[德] entsagen, aufgeben, verlassen
[英] abandon, bequeath
330b6, 394b5, 399a5, 584b8, 599b6, 599c4, 601c3
καταλλάσσω (καταλλάττω) 交换，兑换
[拉] cummuto
[德] vertauschen
[英] change, exchange
566e6
καταλύω 推翻，废除，结束
[拉] dissolvo, everto
[德] auflösen, beenden, stürzen
[英] break up, put down, depose
562b10
καταμανθάνω 学习，学会，理解
[拉] disco, congnosco
[德] erlernen, verstehen
[英] learn, understand
368e8, 376b4, 475d3, 485a5, 493b1, 493b5, 518c6, 529b1, 604e4, 615e5
καταμένω 停留在，待在
[拉] maneo
[德] bleiben
[英] stay
519d4
κατανέμω 分，分配
[拉] distribuo, divido
[德] verteilen, zerteilen

［英］distribute, allot

547b8

κατανεύω 点头同意

［拉］adnuo

［德］zunicken

［英］nod assent

350e3

κατανοέω (κατανοητέον) 理解，注意

［拉］specto, contemplor, intelligo

［德］verstehen, bemerken

［英］understand, observe well, apprehend

493d1, 510a3, 510a4

καταντικρύ 在对面，面对着

［拉］ex adverso, ex opposito

［德］gerade gegenüber

［英］right opposite, over against

515a7, 515b7, 598a7, 614c3

καταντλέω 灌下去

［拉］effundo, obruo

［德］daraufgießen

［英］pour

344d2, 536b5

καταπαλαίω 摔倒，推翻，战胜

［拉］deiicio, vinco

［德］niederrigen, besiegen

［英］overthrow

362d8

καταπατέω 踩在脚下，践踏

［拉］conculco, contemno

［德］niedertreten

［英］trample under foot

558b6

καταπίμπλημι 充满

［拉］impleo

［德］ganz auffüllen

［英］fill full of

496d8

κατάρροος 流鼻涕，黏膜炎

［拉］destillatio

［德］Katarrh

［英］catarrh

405d3

κατασβέννυμι 熄灭，平息

［拉］exstinguo

［德］auslöschen

［英］put out, quench

411c1

κατασκευάζω 修建，建筑，准备

［拉］instruo, exstruo, praeparo

［德］zubereiten, anschaffen, ausstatten

［英］construct, build, prepare, arrange

363c5, 372d4, 400e3, 417b7, 422e4, 489a2, 547d6, 557b9, 557d5, 606e5

κατασκευή 准备，预备，装备

［拉］apparatus

［德］Ausstattung, Einrichtung

［英］preparation

419a6, 449a4, 455a2, 462a4, 544e5, 557b8

κατασκηνάω 安营

［拉］tendo

［德］sich lagern

［英］encamp

614e3

κατάστασις 建立，成立，情况，状况

［拉］constitution, institutum

[德] das Hinstellen, Anstellung, Anordnung
[英] settlement, establishment, institution
414a6, 425d3, 426c1, 464a8, 493a1, 497b2. 502d6, 547b7, 550c10, 551b7, 552e6, 557a6

κατατείνω 拉紧，绷紧，伸展开
[拉] intendo, contendo
[德] anspannen, anziehen, sich anstrengen
[英] stretch, draw tight, stretch out
329c7, 358d3, 367b2

κατατέμνω 割开，切碎
[拉] seco, concido
[德] zerschneiden
[英] cut in pieces, cut up
488b8, 610b3

κατατίθημι 放下，搁下
[拉] depono
[德] niederlegen, hinstellen
[英] place, put, lay down
369e3

κατατρίβω 磨损，消耗
[拉] contero, consumo
[德] zerreiben, verbrauchen
[英] rub down, wear out
405b8

καταυλέω 用笛声迷惑
[拉] tibiae cantu obtundo vel demulceo
[德] durch Flötespiel bezaubern
[英] charm by flute-playing
411a5, 561c8

καταφαίνω 使清楚，使明显，显得
[拉] ostendo, appareo
[德] vorzeigen, sich zeigen, erscheinen
[英] declare, make known, appear
468a3, 596a3

καταφανής 清楚的，明显的
[拉] perspicuus
[德] deutlich
[英] manifest, evident
343a1, 347d4, 504b2, 506b5

καταφθίνω 耗损，使变衰弱
[拉] perdo, corrumpo
[德] vernichten, vergehen
[英] waste away, decay
386c7

καταφορέω 带下
[拉] defero aliquid in aliquam rem
[德] herunterbringen
[英] carry down
587e5

καταφρονέω 藐视，轻视，小看
[拉] contemno
[德] verachten, gering achten
[英] despise, think slightly of
521b2, 540d5, 549a2, 549b1, 556d1, 606b5

καταφρόνησις 轻视，藐视
[拉] contemtio
[德] Verachtung
[英] contempt, disdain
558b2

καταχέω 浇下，泼下
[拉] defundo, effundo
[德] herabschütten, ausschütten

［英］pour down upon, pour over
398a7, 411a6

καταχράομαι 利用，应用，滥用
［拉］utor, abutor
［德］gebrauchen, verbrauchen, mißbrauchen
［英］to make full use of, apply, misuse, abuse
520a4, 539b4

καταψεύδομαι 捏造，假称
［拉］mentior, mendaciter confingo
［德］erlügen, erdichten
［英］tell lies against, speak falsely of
381d5, 391d3

καταψηφίζομαι 投票判决，投票判罪
［拉］sententiam fero adversam, censeo
［德］gegen etw. stimmen
［英］vote against
558a5

κατεῖδω (κάτοιδα) 注意到，发现，俯瞰，确知
［拉］conspicor, bene scio
［德］einsehen, bemerken, wissen, verstehen
［英］see, behold, know well, understand
327b2, 372e5, 376c9, 420c1, 430c8, 432c2, 432d2, 434d8, 445b6, 504b2, 516b6, 526e1, 615d6, 620b6

κάτειμι 走下来，走下去
［拉］descendo
［德］herabgehen, herunterkommen
［英］go, come down
607d3

κατεῖπον (κατερέω, κατερῶ) 谴责，告发，告诉
［拉］accusavi, denunciavi
［德］anklagen, gerade heraussagen
［英］speak against, accuse, denounce, tell
595b3

κατελεέω 怜悯
［拉］misereor
［德］Mitleid haben
［英］have compassion upon
415c1

κατέρχομαι 返回，归来
［拉］revertor
［德］zurückkommen
［英］come back, return
566a9, 566a10

κατεύχομαι 祈求，恳求；诅咒
［拉］precor, imprecor
［德］bitten, verwünschen
［英］pray earnestly, imprecat
393a1, 394a6

κατέχω 拦住，阻止，占据，掌控
［拉］detineo, compesco, possideo, habeo
［德］zurückhalten, hemmen, innehaben
［英］hold back, withhold, detain, possess, occupy
360b2, 415e1, 496b7, 496c3, 552e2, 554c1, 554d1, 560c3, 560e1, 572e5, 606a3, 606b8, 606c6

κατηγορέω 控告，表明
[拉] accuso, praedico
[德] anklagen, zeigen
[英] accuse, display
420a8, 453e5, 499d10, 605c6

κατηγορία 控告，指责
[拉] accusatio
[德] Anklage
[英] accusation, charge
420a7, 531b5

κατήκοος 听从的，服从的
[拉] audiens, obediens
[德] gehorsam, gehorchend
[英] hearkening to, obedient
499b6, 562d6

κατισχναίνω 使消瘦，使憔悴
[拉] macero
[德] sehr mager machen, abmagern
[英] cause to pine or waste away
561c8

κατοικέω 定居，住下
[拉] habito, incolo
[德] bewohnen, wohnen
[英] settle, dwell
560c6

κατοικίζω 迁居，定居
[拉] colloco, constituo, habito
[德] ansiedeln
[英] settle
370e5, 433a2, 543b2, 557d9, 579a5, 592b3

κατοίκισις 移民，殖民，城邦的建立
[拉] ponitur in colonis deducendis et in urbe condenda, civitate constituenda
[德] Gründung einer Kolonie, Wiederherstellung einer Stadt
[英] foundation of a state, colonization
453b4

κατόπισθεν 在后面，在后头
[拉] post
[德] hinten
[英] behind, after
363d4

κάτοπτρον 镜子
[拉] speculum
[德] Spiegel
[英] mirror
402b6, 596d9

κατορθόω 使立直，使成功
[拉] constituo, felici successu ren gero
[德] gerade machen, aufrichten, gelingen
[英] set upright, erect, accomplish successfully
467b9

κατορύσσω (κατορύττω) 埋葬
[拉] sepelio
[德] begraben
[英] bury
363d6, 533d2

καῦμα 热，灼热
[拉] aestus
[德] Hitze
[英] burningheat, feverheat
621a3

καῦσις 燃烧，火热
[拉] crematio
[德] Verbrennung
[英] burning
406d2, 426b1

καχυπότοπος (καχύποπτος) 多疑的，猜疑的
[拉] suspiciosus
[德] misstrauisch
[英] suspicious
409c4

κεδνός 珍贵的，心爱的
[拉] prudens
[德] wert, achtbar
[英] cared for, cherished, dear
362b1

κεῖμαι (κείω, κέω) 躺，躺下，弃置，制定
[拉] jaceo, positus sum
[德] liegen, gelegen sein
[英] lie, to be laid down
328c3, 333c9, 345a1, 350d6, 425a6, 429a8, 439e9, 451a3, 477a7, 478d1, 478d6, 484d3, 523e5, 526c8, 534e3, 544d1, 550e7, 566d1, 592a11, 614b7, 619b4, 620c7, 621b7

κείρω 切，割，蹂躏，毁坏
[拉] tondeo, populor, vasto
[德] abschneiden, vernichten
[英] cut, ravage
470d8, 471a9, 471b1

κελεύω 命令，敦促，要求
[拉] jubeo
[德] befehlen
[英] order, request
327b3, 327b4, 327b5, 335a6, 340a7, 340b2, 367d8, 393e8, 396b1, 420e3, 439c6, 439c7, 454e6, 489b5, 491c10, 569a5, 577b2, 614c5

κενεᾱγορία 空谈，吹嘘
[拉] vaniloquentia
[德] Windbeutelei
[英] empty talk
607b7

κενός 空的
[拉] vacuus
[德] leer
[英] empty
371e12, 371a1, 486c8, 494d2, 495c9, 560b8, 621a4

κενότης 空，空虚，空乏
[拉] vacuitas
[德] Leerheit
[英] emptiness
585b3

κενόω 使变空，弄空，耗尽
[拉] vacuo, exhaurio
[德] entleeren, ausleeren
[英] empty, make empty
560d8

κεντέω 刺，扎，螫
[拉] pungo, stimulo
[德] stechen
[英] prick, stab, sting
565c4

κέντρον 刺，螫针
[拉] aculeus
[德] Stachel

［英］sting
436d6, 552c8, 552e2, 564b7, 573a7, 573e5
κεντρόω 使拥有刺
［拉］aculeo instruo
［德］mit Stacheln versehen
［英］furnish with a sting
552d1, 555d7
κένωσις 排空，耗尽
［拉］vacuitas
［德］ausleerung
［英］emptying, depletion
585b1
κεραμεύς 陶匠，陶工
［拉］figulus
［德］Töpfer
［英］potter
420e3, 421a1, 467a3
κεραμεύω 做陶匠，制作陶器
［拉］figlinam exerceo
［德］Töpfer sein
［英］to be a potter
421e6, 467a5
κεράννυμι 混合
［拉］misceo
［德］mischen
［英］mix
397d3, 397d6, 412a4, 501b4, 508d7, 549b6, 618c8
κέρας 犄角，角
［拉］cornu
［德］Horn
［英］horn
586b2
κεραυνόω 雷击，用雷电劈
［拉］fulmine percutio
［德］mit dem Blitze treffen
［英］strike with thunderbolts
408c1
κερδαίνω 获利，得益
［拉］lucror
［德］gewinnen
［英］gain, derive profit
343e1, 362b5, 581d1, 582b1, 606b3, 607e1, 607e3
κερδαλέος 狡猾的，有利益的，有利可图的
［拉］qui lucro est, astutus
［德］nützlich, klug, listig
［英］crafty, cunning, profitable
336d2, 345a3, 345a7, 365c5
κέρδος 好处，益处
［拉］lucrum
［德］Gewinn
［英］gain, profit
366a2, 581a4, 582d15
κερματίζω 切碎，剁碎
［拉］concido, divido
［德］in Stücke schneiden
［英］cut into pieces, chop up
525e2
κεφάλαιον (adj. κεφάλαιος) 要点，要旨，主要方面，主要的东西
［拉］caput, quod summum et praecipuum est
［德］Hauptsache, Hauptpunkt
［英］chief or main point
522c6, 563d6, 581a4, 615a6

κεφαλαιόω 综述，总结
［拉］summatim definio vel describo
［德］zusammenfassend berichten, summieren
［英］bring under heads, sum up
576b4
κεφαλή 头
［拉］caput
［德］Kopf
［英］head
388b2, 398a7, 406d4, 407c1, 436c10, 514b1, 515a9, 553b8, 588c8, 600d4, 616a1, 617c2
κηδεμονία 关心，关怀
［拉］cura
［德］Fürsorge
［英］care, solicitude
463d3
κηδεμών 保护人，监护人
［拉］curator
［德］Besorger, Beschützer
［英］one who cares for others, protector, guardian
412c13
κῆδος 痛苦，苦难，忧愁
［拉］aegritudo
［德］Kummer, Elend
［英］anxiety, grief
605d7
κήδω 忧心，关心，烦恼
［拉］curam injicio, ango
［德］besorgt machen, betrüben
［英］distress, to be concerned, care for
344e5, 362e5, 374b4, 395d5, 412d2, 415d4, 589b5, 592a6
κηλέω 迷惑，诱惑
［拉］mulceo, decipio
［德］bezaubern
［英］charm, bewitch, beguile
358b3, 411b2, 413c2, 607c7, 607c8
κήλησις 迷人，魅力，着迷
［拉］oblectatio, mitigatio
［德］Bezauberung
［英］bewitching, charming
601b1
κήρ 命运，厄运
［拉］fatum
［德］Los, Schicksal
［英］doom, fate
379d4
κηρός (κηρίον) 蜡，蜂蜡，蜂窝
［拉］cera, favus
［德］Wachs, Honigwabe
［英］wax, bees-wax, honeycomb
552c2, 564c4, 588d2
κῆρυξ 传令官
［拉］praeco
［德］Herold
［英］herald
580b8
κηφήν 雄蜂
［拉］fucus
［德］Drohne
［英］drone
552c2, 552c4, 552c6, 554d6, 556a1, 559c8, 559d8, 564b6, 564e9, 564e13, 565c3, 567d12, 573a1, 573a8

κηφηνώδης 像雄蜂一样的，像一只雄蜂似的
[拉] fuci similis
[德] drohnenartig
[英] like a drone
554b7
κίβδηλος 掺假的，虚伪的
[拉] adulterinus, falsus
[德] unverfälscht, falsch, unecht
[英] adulterated, fraudulent
366b4, 507a5
κιθάρα 西塔拉琴
[拉] cithara
[德] Kithara
[英] lyre, cithara
399d7
κιθαριστικός 精通弹琴的
[拉] cithara canendi peritus
[德] den Zitherspieler betreffend
[英] skilled in citharaplaying
333b8
κινδύνευμα 危险，风险
[拉] periculum
[德] Gefahr
[英] hazard, venture
451a8
κινδυνεύω (κινδυνευτέον) 有可能，似乎是，也许是，冒险
[拉] videor, periclitor
[德] scheinen, wagen
[英] seems likely to be, it may be, possibly, venture
333d2, 333d12, 334a11, 334e6, 347c2, 347d2, 350c6, 375d2, 398b6, 398c8, 399a3, 410c5, 413b4, 424c4, 425b10, 432d2, 433b3, 443c2, 445c10, 451a8, 454b1, 458d6, 459c9, 467b6, 467b8, 518d9, 523a1, 526b1, 529a10, 530d6, 557c4, 557d5, 571b5, 573b8, 597a7, 597e9, 619e2
κίνδυνος 危险，风险
[拉] periculum
[德] Gefahr
[英] danger, hazard, venture
332e1, 422e1, 467b2, 467c1, 556a10, 556d1, 577b2, 618b7
κινέω (κινητέον) 移动，推动
[拉] moveo
[德] bewegen
[英] move, remove
329e1, 373a6, 380e4, 424c5, 462c2, 436c5, 436c10, 436c11, 436d1, 436d6, 436e4, 445e1, 450a8, 474d6, 503b1, 524e5, 545d3, 545d5, 546a1, 566e8, 572a5, 572a6
κίνησις 运动
[拉] motus
[德] Bewegung
[英] motion
583e10
κίων 柱子，圆柱
[拉] columna
[德] Säule
[英] pillar
616b5
κλαίω 哭泣
[拉] lacrimor
[德] weinen

［英］cry
388b3, 615a1
κλεινός 著名的，有名望的
［拉］inclytus
［德］berühmt
［英］famous, renowned
368a4
κλείω 关，关上，关闭
［拉］claudo
［德］schließen
［英］shut, close, bar
560c7
κλέπτης 窃贼，盗贼
［拉］fur
［德］Dieb
［英］thief
334a10, 344b4, 347b9, 351c8, 552d4
κλεπτικός 贼似的，像盗贼一样的
［拉］furax
［德］diebisch
［英］thievish
334b4
κλεπτοσύνη 欺诈，盗窃，行骗
［拉］calliditas
［德］Verschlagenheit
［英］thievishness, knavery
334b2
κλέπτω 盗取，隐瞒，欺诈
［拉］furor, occulto
［德］stehlen, entwenden, betrügen
［英］cozen, cheat, keep secret
334a2, 334a7, 413b1, 413b4, 574b2, 575b6
κλῆμα 嫩枝，枝条
［拉］palmes
［德］Zweige, Rebe
［英］twig or branch
353a1
κληρονόμος 继承人
［拉］heres
［德］Erbe
［英］heir
331d8, 331e1
κλῆρος 签
［拉］sors
［德］Los
［英］lot
460a8, 461e3, 557a5, 617d4, 617e6, 619d7, 619e1
κλητέος 叫……的，被称作……的
［拉］vocandus
［德］ zu rufen, zu nennen
［英］to be called, named
341d2
κλίνη 床，卧榻
［拉］lectus
［德］Bett, Lager
［英］couch, bed
372d7, 373a2, 596b1, 596b4, 596b8, 596e10, 597a2, 597b5, 597b14, 597c2, 597c3, 597c9, 597d2, 597d9, 597d13, 598a7
κλινοποιός (κλινουργός) 造床的人，造床匠
［拉］lectorum fabircator
［德］Bettmacher, Verfertiger des Bettes
［英］maker of beds or bedsteads

[德] Partner, Gesellschafter
[英] companion, partner
333b1, 333b5, 333b7, 369c3, 370d6, 450a3

κολάζω 惩罚
[拉] punio
[德] strafen
[英] chastise, punish
338e5, 378b3, 380b2, 389d4, 445a4, 465a5, 471a6, 492d7, 559b9, 561c2, 562d3, 571b6, 575d4, 575d5, 591b2

κολακεία 阿谀奉承，谄媚
[拉] adulatio
[德] Schmeichelei
[英] flattery, fawning
465c1, 590b6

κολακεύω 谄媚，奉承
[拉] adulor
[德] schmeicheln
[英] flatter
518b2, 538d2, 539a1

κόλαξ 奉承者，谄媚者
[拉] adulator
[德] Schmeichler
[英] flatterer, fawner
538a1, 538a5, 538b4, 538b8, 575e3, 579a3, 579e1

κόλασις 惩罚
[拉] poenas infligens, punitorius
[德] Strafe, Züchtigung
[英] chastisement
380b4

κόλλοψ 弦柱
[拉] verticillus
[德] Rindsschwarte, Wirbel
[英] peg or screw
531b3

κολούω 限制，压制，压缩
[拉] decurto, imminuo, intercipio
[德] wehren, beeinträchtigen, verstümmeln
[英] restrain, hinder, curtail
528c5

κολυμβήθρα 游泳池，水池
[拉] aquarium
[德] Badeplatz, Schwimmbassin
[英] place for diving, swimming-bath
453d5

κόμη 头发
[拉] coma
[德] Haar
[英] hair
391b3

κομήτης 蓄长发的，有头发的
[拉] comatus
[德] Haarwuchs, behaart
[英] wearing long hair, with hair on the head
454c2, 454c4

κομιδῇ 的确，全然
[拉] accurate, valde, nimis
[德] gar sehr, gewiß, allerdings
[英] entirely, altogether, quite
352c3, 377b4, 382e8, 392a2, 397c2, 411c3, 434c3, 441c3, 442a3, 444d12, 453e6, 462c6, 464d6, 468b1, 475b3, 478d4, 550b8, 562a6, 565c5, 579d8,

581c5, 587a2, 587d8, 589b7, 591e5
κομίζω (κομιστέος) 照料，供给，带
［拉］curo, porto, affero
［德］pflegen, bewirten, bringen
［英］take care of, provide for, bring
370e10, 371a1, 371c1, 413d10, 423d4, 507a2, 507a4, 536b2, 556a1, 612d6, 614b6, 615b6, 615c1, 621d1
κομμώτρια 侍女
［拉］ornatrix
［德］Zofe
［英］dresser, tirewoman
373c
κομψεύω 使变精巧，精心构思
［拉］argute fingo
［德］herausputzen
［英］refine upon
436d5, 489b8
κομψός 精巧的，巧妙的，优美的
［拉］venustus, elegans, bellus
［德］raffiniert, fein, schlau
［英］smart, clever, ingenious
376a11, 404a9, 405d4, 408b6, 460a8, 495d4, 499a6, 505b6, 525d1, 558a4, 568c1, 572c6
κονία 碱液
［拉］lixivia
［德］Lauge
［英］lye, soap-powder
430b1
κονιορτός 扬起的灰尘，尘雾
［拉］turbo pulvereus
［德］Staubwolke, Staubwirbel
［英］dust raised or stirred up, cloud of dust
496d7
κόνις 灰，灰尘
［拉］cinis
［德］Staub
［英］dust, ash
614d7
κόπος 疲倦，疲劳
［拉］lassitudo
［德］Mühe
［英］fatigue
537b4
κόπρος 垃圾，大粪
［拉］stercus, lutum
［德］Mist, Kot
［英］excrement, ordure
388b6
κόπτω 打，敲
［拉］plango
［德］schlagen, anklopfen
［英］knock, beat
519a9, 605d2, 619c2
κόρη 女孩，姑娘
［拉］peulla
［德］Mädchen
［英］girl
404d5, 617d6
κορυζάω 流鼻涕
［拉］mucosus sum
［德］Schnupfen haben
［英］have a catarrh, run at the nose
343a7
κόσκινον 筛，筛子
［拉］cribrum

[德] Sieb
[英] sieve
363d7

κοσμέω 安排，整理，装扮，修饰
[拉] ordino, adorno
[德] ordnen, schmücken
[英] order, arrange, adorn
443d4, 506a9, 540b1

κοσμήτωρ 指挥官，将领，统帅
[拉] moderator
[德] Lenker, der Ordnende, Meist von Feldherrn
[英] one who marshals an army, commander, leader
393a5

κόσμιος (adv. κοσμίως) 守秩序的，规规矩矩的
[拉] moderatus
[德] ordentlich, gehorsam
[英] orderly, well-behaved
329d4, 331b1, 399e11, 403a7, 408b1, 410e3, 486b6, 500c9, 503c4, 539d4, 560d4, 564e6, 587b3

κόσμος 秩序，规矩，装饰，宇宙
[拉] ordo, ornatus, mundus
[德] Ordnung, Schmuck, Welt
[英] order, ornament, decoration, universe
373c1, 430e6, 500c4

κουρά 修剪，裁剪
[拉] tonsura, caesura
[德] das Abscheren
[英] cropping, lopping
425b3

κουρεύς 理发师
[拉] tonsor
[德] Barbier
[英] barber, hair-cutter
373c3

κοῦφος 轻的
[拉] levis
[德] leicht
[英] light
438c2, 479b6, 524a8, 524a9, 524a10

κρᾶσις 混合，结合，气候
[拉] permixtio, temperamentum
[德] Mischung, Temperatur
[英] mixture, union, temperature, climate
441e9

κρατέω 统治，主宰，控制
[拉] impero, prehendo
[德] herrschen, ergreifen
[英] rule, conquer
338d10, 339a2, 342c9, 388e9, 431a8, 431c10, 439c7, 440a1, 444d4, 444d9, 455d2, 470e1, 492d10, 497b5, 548c6, 554e1, 560d1, 574d8, 581a9, 587a3, 607c1

κρατήρ 调酒缸
[拉] crater
[德] Mischkrug
[英] mixing vessel
390b1

κράτιστος 最好的
[拉] optimus
[德] best, vornehmst
[英] best, most excellent

368c2, 618e4

κραυγάζω 吠，喊叫

［拉］clamo, latro

［德］schreien, krächzen

［英］bay, cry aloud, shout

607b7

κρέας 肉，肉食

［拉］caro

［德］Fleisch

［英］flesh, meat

338c8, 390b1, 404c1, 468d10

κρείσσων (κρείττων) 较强的

［拉］melior

［德］stärker

［英］stronger, superior

327c9, 338c2, 338c5, 338c7, 339a3, 339a9, 339b5, 339d2, 339e2, 339e7, 340a9, 340b2, 340b4, 340b6, 340b7, 340c4, 340c6, 341a3, 341b5, 341b6, 342c11, 343c4, 343c8, 344c7, 346e7, 347e1, 347e4, 351b7, 367b3, 367c3, 367e2, 416b2, 430e7, 430e11, 430e12, 431a6, 431b5, 431b7, 431d4, 451a8, 527e2

κριθή 大麦

［拉］hordeum

［德］Gerste

［英］barleycorns, barley

363c1, 372b2

κρίνω 判决，审判，判断，选择

［拉］judico, discerno, praefero

［德］aburteilen, verurteilen, auswählen

［英］adjudge, give judgement, choose

344a2, 360e3, 361d3, 378d7, 399e1, 409a7, 420c1, 433c4, 469b3, 486a1, 523b2, 532c3, 557c9, 576d7, 577a1, 577a6, 577b7, 578b2, 579c6, 579d6, 580b6, 580c1, 582a4, 582a5, 582d2, 582d7, 582d11, 582d15, 582e1, 585c1, 612d1, 612d3

κρίσις 决定，判决，判断，纷争，争吵

［拉］judicium, disceptatio

［德］Entscheidung, Urteil, Streit

［英］decision, judgement, separating

360e1, 361d5, 379e5, 545c7, 555b6, 565c6, 580b5, 620b3

κριτήριον 判断的标准

［拉］criterium

［德］entscheidendes Kennzeichen, Merkmal

［英］means for judging, standard

582a6

κριτής 裁判，仲裁者

［拉］judex, arbiter

［德］Beurteiler, Richter

［英］judge, umpire

405b3, 545c5, 580b1, 580b3, 583a7

κροτέω 敲击，鼓掌

［拉］crepo, plaudo

［德］klatschen, klopfen

［英］knock, strike, applaud

492b9

κροῦμα 击，打，弹奏，音调

［拉］pulsus

［德］Schlag, Tonstück

［英］beat, stroke, note, melody

333b9

κρούω 打，击
[拉] pulso
[德] schlagen, klopfen
[英] strike, smite
422c1

κρύπτω 隐藏
[拉] abscondo
[德] verbergen
[英] hide
548a8

κτάομαι (κτέομαι, κτητέον) 取得，占有，拥有
[拉] possideo
[德] erwerben，haben, besitzen
[英] get, acquire, possess
329e4, 330a7, 330b4, 330c2, 330d3, 364a4, 366b5, 367c7, 382a9, 382b3, 408c7, 416d5, 417a7, 419a5, 419a7, 419a8, 422a6, 427d5, 445b3, 458c9, 464c9, 464d9, 469c4, 495e5, 498b6, 505b1, 505b2, 505d7, 505d8, 506a5, 508b7, 543b8, 547e2, 548a7, 548b5, 552a7, 553d6, 555c2, 555c8, 555d10, 565a2, 578d4, 591a8, 591b6, 612d6

κτείνω 杀
[拉] occido
[德] töten
[英] kill, put to death
383b8

κτῆμα 所有物
[拉] possessio
[德] Erwerbung, Habe, Besitz
[英] property, possession
464c1, 496c6

κτῆσις 拥有，获得，占有
[拉] possessio
[德] Eigentum, Habe, Besitz
[英] acquisition, possession
331a11, 331b4, 333a4, 333a8, 333a10, 373d10, 416e7, 423e7, 443e3, 444e5, 451c6, 453d3, 464e2, 494d6, 502d5, 505b2, 543b5, 547b4, 553d6, 591d6

κτητός 得到的
[拉] quaesitus
[德] erworben
[英] acquired, gained
494d5

κτυπέω 回响，轰轰响
[拉] strepo
[德] brausen
[英] ring, resound
396b6

κύαμος 豆子，菜豆
[拉] faba
[德] Bohne
[英] bean
372c8

κυβερνάω 掌舵，驾船，领导，统治
[拉] guberno, rego
[德] steuern, leiten
[英] steer, drive, guide, govern
331a9, 346b4, 488b4, 590d6, 591e4

κυβέρνησις 掌舵，驾船
[拉] gubernatio
[德] das Steuern
[英] steering, pilotage
488b4, 488d8

κυβερνήτης 舵手
[拉] gubernator
[德] Steuermann
[英] steersman
332e2, 332e9, 333c3, 341c9, 341d2, 342d9, 342e2, 342e3, 360e7, 389c4, 397e5, 488d4, 489b6, 489c7, 551c3
κυβερνητικός 善于掌舵的
[拉] artis gubernandi peritus
[德] zum Steuern gehörig od. geschickt
[英] good at steering
346a7, 346b2, 488d1, 488e2, 488e4, 551c4
κυβευτικός 同掷骰子相关的，精通掷骰子游戏的
[拉] alea ludendi peritus
[德] zum Würfelspielen gehörig od. geschickt
[英] of or for dice-playing, skilled in dice-playing
374c6
κύβος 立方体
[拉] cubus
[德] Würfel
[英] cube
528b3, 546c6, 604c6
κύημα 胎儿
[拉] fetus
[德] Embryo
[英] embryo, foetus
461c5
κυκεών 牛乳酒
[拉] cinnus
[德] Mischtrank
[英] potion, posset
408b1
κυκλέω 旋转，滚动，循环
[拉] volvo
[德] im Kreise drehen
[英] move round or in a circle, revolve
617a4
κύκλος 圆圈
[拉] circulus
[德] Kreis
[英] circle
328c4, 365c3, 424a5, 432b8, 436d7, 436e4, 514b1, 546a6, 579a5, 579b1, 588c8, 616e1, 616e5, 617a7, 617b5
κύκνος 天鹅
[拉] cygnus
[德] Schwan
[英] swan
620a4, 620a7
κυλινδέω (κυλίνδω) 打滚，打转
[拉] verso
[德] rollen, wälzen
[英] wander to and fro, roll
388b6, 432d8, 479d4
κῦμα 波涛，浪
[拉] fluctus
[德] Woge, Welle
[英] wave, billow
457b7, 457c3, 472a3, 473c7, 473c8, 611d4
κυνέη 头盔
[拉] galea

［德］Helm
［英］helmet
612b5

κυνηγέσιον 狩猎
［拉］venatio
［德］Jagd
［英］hunt, chase
412b4

κυνηγέτης 猎人
［拉］venator
［德］Jäger
［英］huntsman
432b7

κόνις 灰，灰土
［拉］cinis
［德］Staub, Asche
［英］ashes, dust
388b2

κύντερος 更像狗的，更无耻的
［拉］magis caninus, impudentior
［德］hündisch, frecher
［英］more dog-like, more shameless
390d5

κυπτάζω 俯身，弯腰
［拉］incumbo
［德］sich bücken
［英］keep stooping
469d2

κύπτω 俯身，弯腰
［拉］pronus sum
［德］sich bücken
［英］bend forward, stoop
586a7

κυρέω 遇见，得到
［拉］adipiscor
［德］treffen, zuteil werden, erreichen, erlangen
［英］meet with, attain to, obtain
379d6

κύριος 有权力的，决定性的
［拉］auctoritatem habens
［德］gebietend, gewaltig
［英］having power or authority over, decisive
365c2, 382a7, 382a8, 401d5, 429b6, 493d5, 508a5, 517c3, 517c4, 534d6, 546c7, 565a3, 583a4, 583b6

κυρίσσω 用犄角顶撞
［拉］cornibus peto, ferio
［德］mit den Hörnern stoßen
［英］butt with the horns
586b1

κυρόω 确认，批准
［拉］ratum efficio
［德］bestätigen
［英］confirm, ratify
620e3

κύων 狗
［拉］canis
［德］Hund
［英］dog
335b8, 335b10, 335b11, 375a12, 375e2, 376a2, 389e13, 397a7, 404a10, 416a6, 416a7, 422d5, 422d6, 440d2, 440d5, 451d4, 459a2, 459b5, 466d1, 469e1, 563c6, 567d12, 592a7, 607b6

κωλύω 阻止，妨碍
［拉］prohibeo, impedio

[德] hindern, abhalten, zurückhalten
[英] hinder, prevent
337c3, 439c6, 439c9, 453b1, 465a11, 621b4

κώμη 乡村，乡下
[拉] vicus
[德] Dorf, Flecken
[英] unwalled village
475d7

κῶμος 狂欢
[拉] comissatio
[德] Fest
[英] revel
574d3

κωμῳδέω 讽刺，挖苦，讥讽
[拉] facetiis perstringo
[德] verspotten
[英] satirize, lampoon, ridicule
395e9, 452d1

κωμῳδία 喜剧
[拉] comoedia
[德] Komödie
[英] comedy
394c2, 394d6, 395a4

κωμῳδικός 喜剧的
[拉] comicus
[德] zur Komödie gehörig
[英] of comedy, comic
606c3

κωμῳδοποιός 喜剧作家，喜剧诗人
[拉] comicus
[德] Komödienschreiber
[英] comic poet
606c8

κωμῳδός 喜剧诗人，喜剧演员
[拉] comicus
[德] Komödiendichter, Schauspieler in der Komödie
[英] comic poet, comic actor
395a10

κωφός 聋的
[拉] surdus
[德] taub
[英] deaf
411d4

λαβή 抓住，拿到，提手，把柄
[拉] ansa ad prehendendum
[德] das Nehmen, Ergreifen, Griff, Henkel
[英] handle, haft, grip, hold
544b5

λαγχάνω (διαλαγχάνω) 凭抽签获得，分到
[拉] sorte accipo
[德] durchs Los erlangen
[英] obtain by lot
414a4, 561b4, 617e2, 617e8, 619b7, 620b1, 620b6, 620c4, 620d2, 620d6, 620e4

λάθρῃ (λάθρᾳ) 偷偷地，隐秘地
[拉] clam
[德] heimlich, unbemerkt
[英] secretly, by stealth
344a7, 347b8, 548b6, 549e4, 560b4, 566b3

λαιμαργία 贪吃
[拉] gula insatiabilis
[德] Gefrässigkeit

［英］gluttony
619b9
λακέρυζα 尖叫的，狗吠的
［拉］latrans
［德］kläffend, krächzend
［英］yelping
607b6
λακτίζω 用脚踢，踩，践踏
［拉］calcitro
［德］mit der Ferse do. Dem Fuße schlagen, treten
［英］kick with the heel or foot, trample on
586b1
λαμβάνω (ληπτός, ληπτέον) 获得，拥有，抓住
［拉］accipio
［德］bekommen, empfangen, fassen
［英］take, possess, seize
327b4, 331c3, 331c5, 331d3, 337e3, 347b8, 349c9, 359c4, 360b7, 366c7, 374d1, 374d4, 374d6, 377b7, 378d8, 389d1, 390e5, 390e9, 402a2, 405a7, 409e1, 411b6, 420a3, 435d2, 437b2, 449b3, 460c1, 464c1, 474a2, 488e2, 491c7, 496d6, 497a6, 497b7, 497e1, 500a3, 501a2, 501e5, 505e2, 509d6, 511d8, 517a6, 522b9, 524e1, 528a7, 528a8, 528b1, 528b2, 529a10, 530b4, 529d5, 529e5, 530b4, 532b1, 533b3, 534b3, 536a6, 546b6, 554c8, 559a9, 564c6, 565e3, 568c7, 573b2, 579a7, 586d7, 586d8, 586e1, 589d6, 589e1, 589e3, 591b5, 591b6, 596d9, 609c4, 610d2, 610d6, 612d9, 613c3, 617d4, 620b7
λαμπάδιον 小火炬
［拉］lampas
［德］kleine Fackel
［英］small torch
328a3
λαμπάς 火炬，火炬接力赛
［拉］lampas, certamen cum lampadibus currentium
［德］Fackel, Fackelwettlauf
［英］torch, torch-race
328a2
λαμπρός 光辉的，明亮的
［拉］splendidus, luculentus, nitidus
［德］leuchtend, glänzend
［英］bright, radiant
518a8, 560e3, 616b6, 616e9
λανθάνω 不被注意到，没觉察到
［拉］lateo, delitesco
［德］verborgen, unbekannt sein
［英］escape notice, unawares, without being observed
333e6, 341b1, 344b2, 345a6, 348d8, 361a3, 365c7, 365d3, 365d7, 365e1, 366e6, 367c2, 367e4, 390c6, 392b3, 399e5, 401c3, 401d1, 402a8, 413b6, 421e8, 424b4, 424d3, 427d6, 432e2, 445a2, 449c3, 457e5, 459e2, 461a6, 486a4, 539b2, 580c6, 583d1, 591a10, 591b1, 591b2, 606c8, 612c9, 612e3, 612e5, 613d6, 619c1
λαός 人民
［拉］populus

［德］Volk
［英］people
393a5, 458d7
λάχανον 蔬菜
［拉］olus
［德］Gemüse
［英］vegetables
372c6
λέγω (λεκτέος) 说
［拉］dico
［德］sagen
［英］say, speak
328a5, 329e1, 329e2, 329e6, 329e8, 330c9, 330d4, 330d7, 331a3, 331a10, 331c1, 331c5, 331c9, 331d1, 331d2, 331e1, 331e2, 331e4, 331e7, 331e8, 332a7, 332b2, 332d8, 333c8, 334b6, 334b7, 334c1, 334e4, 335a7, 335a8, 335b1, 335d13, 335e4, 336a8, 336d3, 336d4, 337b6, 337c1, 337d10, 338a1, 338b8, 338c4, 338c6, 338d6, 338e6, 339a5, 339b3, 339c8, 339d4, 339d5, 339e7, 340b7, 340b9, 340c2, 340c3, 340c5, 340c8, 340d5, 341a3, 341b5, 341b6, 341c5, 341c6, 341e8, 342e10, 343e7, 344a1, 344c7, 345a2, 345b4, 346e5, 346e8, 347a7, 347a8, 347b3, 347e3, 347e6, 348a5, 348a7, 348b1, 348c2, 348c7, 348d7, 348d9, 348e1, 348e8, 348e9, 349a5, 349a8, 349c11, 349d13, 350a8, 350b14, 350d1, 350d9, 350d10, 350e3, 350e6, 351a2, 351c1, 351c2, 351c7, 351d8, 352c3, 352d8, 353c3, 353c8, 357b4, 358c6, 358d6, 358d8, 358e1, 359c7, 360d2, 360e1, 361b2, 361e1, 361e2, 362a4, 362d2, 362d6, 362e1, 362e4, 363a5, 363a7, 363e3, 363e6, 364a6, 364b3, 365a5, 365a7, 365b1, 365b5, 365b7, 365e4, 366b1, 366b7, 367a1, 367a7, 367b2, 368b6, 369a4, 370c8, 372a3, 372c4, 373a5, 373d5, 373e4, 374a2, 374a7, 375a4, 375d6, 377a3, 377a5, 377a9, 377c3, 377c5, 377d3, 377d4, 377d6, 377d7, 377e5, 378a3, 378a4, 378b1, 378b2, 378b7, 378c8, 379b1, 379c3, 379c8, 379d2, 380a1, 380a7, 380b1, 380b3, 380b4, 380b7, 380c2, 380c7, 381c3, 381d1, 381e3, 382a6, 382b1, 382b7, 382d1, 383a1, 383a3, 383c1, 386a7, 386b9, 386c1, 387c9, 387d11, 388d3, 388d5, 388e1, 389b3, 389c4, 389c5, 389e4, 389e5, 390a8, 390c4, 390d2, 390e5, 391a3, 391a4, 391c7, 391c9, 391d5, 391d7, 392a4, 392a5, 392b1, 392b5, 392b8, 392c2, 392c7, 392c8, 392c10, 392d2, 392d9, 393a6, 393a7, 393a8, 393b2, 393b8, 393c1, 393d6, 394c1, 394c6, 394c8, 394d1, 394d10, 395a7, 396b10, 396c1, 396e8, 397a4, 397b4, 397b8, 397c5, 397c8, 398b2, 398b8, 398c4, 398c10, 398d1, 398d6, 399c6, 400a4, 400a7, 400c3, 400d4, 402b9, 404b6, 407a6, 407e3, 408a2, 408b6, 408c6, 408d4, 410c11, 411a7, 412e9, 413a9, 413b4, 413b5, 413b9, 413b11, 413c5, 414b9, 414c8, 414c11, 414d1,

544b10, 544d5, 545b6, 545c8, 545e3, 547b1, 548c3, 549a4, 549b8, 549d6, 549e4, 550c4, 550c10, 552b7, 557b7, 558b2, 558c7, 559a6, 559c8, 559d4, 559d7, 561b8, 561d3, 562b11, 562c3, 562e6, 563c3, 563d2, 564b3, 564b4, 564d9, 564e1, 565b2, 565d8, 567e8, 568b2, 568d4, 568e7, 569a4, 569b3, 569b6, 569b8, 571c2, 571d5, 572b7, 573b5, 573b7, 573d2, 575b5, 575b8, 575c1, 575c4, 576d6, 577c3, 578b5, 578b7, 578c4, 578c9, 578e1, 579d3, 580d9, 581a6, 581c3, 583b8, 583c3, 583c8, 583c11, 583d3, 584b4, 584c5, 586d4, 587e1, 588b2, 588b3, 588b4, 588b11, 588c4, 588c6, 588e3, 589a5, 589a6, 589a7, 589b7, 589c1, 592a11, 595a3, 595b2, 595b8, 595b10, 595c3, 596b6, 596c3, 596d1, 596e3, 597a1, 597a3, 597a7, 598a6, 599a3, 599a4, 599c3, 599c7, 599d6, 599e5, 600a5, 600a10, 600b6, 600b8, 600b9, 600c2, 600e3, 600e7, 601a8, 601a9, 601b3, 601c5, 602c6, 603a10, 603e4, 604b9, 604c4, 606e2, 608a4, 608c3, 608d2, 608d6, 608d12, 608e6, 609a3, 609c7, 610a4, 610a10, 610c7, 610c9, 610e5, 611a9, 611b4, 612a3, 612b6, 613c8, 613d5, 613e2, 613e4, 613e5, 614b1, 614b7, 615c2, 615d2, 616d2

λείβω 流淌，融化，消融

[拉] fluidum reddo

[德] fließen, erweichen

[英] pour, liquefy

411b2

λειμών 草地，草场

[拉] pratus

[德] Wiese

[英] meadow

614e2, 616b2

λεῖος (adv. λείως) 光滑的，平坦的

[拉] laevis

[德] glatt

[英] smooth

364d1, 510a2, 619e5

λείπω (λειπτέον) 留下，放弃，背离

[拉] relinquo, desero

[德] verlassen

[英] leave, quit

327c10, 363d4, 366e2, 386d10, 399a3, 399c4, 399c5, 399d7, 400b4, 468a5, 469d8, 478e1, 495c1, 495d6, 496a11, 522b6, 567b9, 567c6, 571b8

λέξις 说话方式，说话风格

[拉] dictio, stilus

[德] Redeweise, Stil

[英] diction, style

392c6, 393c2, 396b11, 396c6, 396e5, 397b1, 397b4, 397b7, 397c9, 398b2, 400d2, 400d6, 400d9, 473a2

λεπτός (adv. λεπτῶς) 细的，瘦的

[拉] tenuis, macer

[德] dünn, klein, fein

[英] thin, lean

523d2, 607c2

λεπτότης 薄，细

[拉] tenuitas

[德] Dünnheit

［英］thinness
523e6
λευκός 白的，白色的
［拉］candidus
［德］weiß
［英］white
429d6, 474e2, 523d2, 585a4, 617a3
λευκότης 白色
［拉］albedo, albor
［德］die weiße Farbe
［英］whiteness
617a4
λευχειμονέω 穿着白色的衣服
［拉］alba indutus sum veste
［德］weißgekleidet sein
［英］to be clad in white
617c2
λέων 狮子
［拉］leo
［德］Löwe
［英］lion
341c2, 588d3, 588e6, 589b4, 590b9, 620b1
λήγω 终止，停止
［拉］cesso, finem facio
［德］aufhören, ablassen
［英］comes to an end, cease
407c5, 440d1, 490b7, 498b8
λήθη 遗忘，忘记
［拉］oblivio
［德］das Vergessen, Vergessenheit
［英］forgetting, forgetfulness
486c7
λῆξις 抽签得到的一份
［拉］id quod sorte obtingit
［德］durch das Los Zugeteiltes
［英］determination or appointment by lot
425d2
ληιστής 强盗，海盗
［拉］latro, pirata
［德］Räuber, Seeräuber
［英］robber, pirate
351c8
λῆψις 俘获，捉住，接受
［拉］acceptio
［德］das Nehmen, Ergreifen, Fangen
［英］taking hold, seizing, accepting, receiving
332b1, 343d8, 346d2
λίαν 非常，十分
［拉］nimis
［德］gar sehr
［英］very much, overmuch
549d7
λίθινος 石头的，石头制造的
［拉］lapideus
［德］steinig, von Stein
［英］stony, made of stone
515a1
λίθος 石头
［拉］lapis
［德］Stein
［英］stone
333b4, 469e1
λιμήν 港口，码头
［拉］portus
［德］Hafen

[英] harbour

425d4

λίμνη 湖泊

[拉] lacus

[德] See

[英] lake

405d2

λιμοκτονέω 挨饿，饿死

[拉] inedia debilito

[德] durch Hunger töten

[英] treat by hunger, diet severely, starve

589a1

λιμός 饿，饥饿

[拉] fames

[德] Hunger

[英] hunger, famine

390b5, 416a5

λίσσομαι (λιστός) 恳求，祈求

[拉] precor, oro

[德] bitten, erflehen

[英] beg, pray

364d6, 364e2, 393a4

λιτανεύω 请求，恳求，乞求

[拉] supplico

[德] flehen

[英] pray, entreat

388b3

λιχνεία 贪吃

[拉] aviditas cibi et potionis

[德] Näscherei, Leckerei

[英] gluttony, luxuriousness in eating

519b2

λίχνος 贪吃的，讲究吃的

[拉] gulosus

[德] lecker, lüstern

[英] gluttonous

354b2, 579b5

λογίζομαι 计算，考虑

[拉] computo, reputo

[德] rechnen, berechnen, erwägen

[英] count, reckon, consider

339a3, 366a6, 439d5, 522e2, 553d3, 602d9, 606b5

λογισμός 计算，算数

[拉] computatio

[德] Rechnung

[英] counting, calculation

340d4, 431c6, 439d1, 440b1, 441a9, 496d6, 510c3, 522c7, 524b4, 525d1, 526d8, 536d5, 546b1, 586d2, 587e5, 603a4, 604d5, 611c3

λογιστής 计算者，算术老师

[拉] calculator, ratiocinator

[德] Rechner, der Rechnende

[英] calculator

340d6

λογιστικός 精通计算的

[拉] artis numeros tractandi peritus

[德] im Rechnen erfahren

[英] skilled in calculating

340d3, 439d5, 440e6, 440e8, 440e9, 441a3, 441a5, 441e4, 442c11, 525a9, 525b6, 525c1, 526b5, 550b1, 553d1, 571c4, 571d7, 587d11, 602e1, 605b5

λογοποιέω 作文，编故事

[拉] fabulas fingo seu scribo

[德] ein Gerede machen, erdichten

[英] write, compose
378d3
λογοποιός 散文家，编故事的人，代写演说辞的人
[拉] orationum scriptor
[德] der wrote od. Reden macht
[英] prose-writer, professional speechmaker
392a13
λόγος 话，说法，言辞，理由，道理，讨论
[拉] verbum, dictum, oratio
[德] Wort, Rede
[英] words, arguments
328d4, 330a4, 331d7, 331e1, 334a9, 334d5, 334d8, 335a3, 336b2, 336b4, 336d8, 336e3, 337e3, 338d4, 339d1, 340d1, 340e2, 341a7, 341b2, 341b6, 341b8, 341c5, 342b7, 343a1, 343a2, 344d3, 344d5, 344d6, 345b6, 348a8, 348d9, 349a4, 349a10, 351a1, 351b6, 352d6, 353d1, 353e12, 354b7, 357a1, 358c1, 358c8, 359b5, 360d2, 361b6, 361d8, 362d3, 363e2, 363c5, 363e6, 364b2, 364c5, 365d2, 366b3, 366b7, 366d6, 366e2, 366e8, 367b3, 367e2, 368b2, 368c5, 369a6, 369c9, 376d2, 376d10, 376e9, 376e11, 377e1, 378a7, 378e4, 380a8, 381a7, 382a1, 382b9, 382c6, 382e9, 382e10, 383a5, 388e2, 388e9, 389a7, 389d6, 390a1, 392a3, 392c1, 392c6, 394d8, 394e8, 395a1, 395b8, 396a1, 396a3, 396e7, 398b7, 398d1, 398d4, 398d5, 398d9, 398d11, 399d10, 400a2, 400c5, 400d4, 400d5, 400d6, 401d2, 402a2, 402a3, 403c5, 408d8, 411d3, 411d8, 413b6, 414d1, 421a3, 425b8, 431a4, 435d2, 436b3, 437d1, 439a6, 440a5, 440b3, 440b5, 440d3, 442a1, 442c2, 445c5, 445e1, 449c3, 449c7, 450a8, 450b1, 450b4, 450b7, 450d2, 450e2, 451b3, 451c8, 452d5, 453a8, 453c8, 453d10, 457c1, 457e2, 457e6, 461e8, 462d4, 462e5, 465e5, 472a2, 472a6, 472e1, 473a5, 473e2, 473e7, 474a3, 474e5, 475a4, 475c1, 475d4, 476a6, 476b1, 484a2, 485a4, 487b4, 487b6, 487c3, 487c5, 487e7, 490d1, 490d2, 491d7, 492a8, 492d5, 492d9, 492e6, 493c4, 493d8, 494e1, 497c8, 498a3, 498d4, 498e4, 499a4, 499c3, 499d2, 500b5, 500c4, 501e4, 503b1, 507a5, 507b3, 509d7, 510c7, 510d6, 510d8, 511b4, 511e2, 518c4, 522a6, 522a7, 525e1, 527a3, 527a7, 527e6, 528a2, 528c5, 529d4, 531e5, 532a7, 533c2, 534a8, 534b3, 534b4, 534b9, 534c3, 534d3, 537a3, 538c5, 538d8, 539a5, 539a9, 539b3, 539b6, 539d5, 539d8, 541b2, 543c8, 544a4, 544b2, 545b1, 545c6, 548b8, 548c10, 549b6, 550a3, 550a6, 554d2, 560b9, 560c2, 560c8, 560d1, 561b7, 563a7, 564a9, 564c9, 565e1, 571b7, 571d3, 571d8, 576b10, 578c6, 581a5, 582a5, 582d11, 582d13, 582e7, 583c11, 584a11, 586d6, 587a7, 587a10, 587c2, 588b1, 588b10,

588d2, 589d5, 591a5, 592a11, 596e5, 597a9, 599b9, 599c2, 601a7, 602b7, 603d5, 604a10, 604c7, 606a8, 606c2, 606c5, 607a8, 607b3, 607c4, 607d7, 608a3, 610a5, 610a9, 610c6, 611a10, 611b9, 612a8, 612c5, 612c10, 614a8, 617d6

λοιβή 奠酒

[拉] libatio

[德] Trankopfer

[英] libation

364e1

λοιδορέω 指责，辱骂，亵渎

[拉] vitupero

[德] schelten, beschimpfen

[英] abuse, revile

329e8, 367d7, 386b9, 395d7, 440b1, 500b3, 549d2, 551e6

λοιδορία 辱骂，诽谤

[拉] maledictio, maledictum

[德] Schmähung

[英] abuse, reproach

425d2

λοιπός 剩下的，其余的

[拉] reliquus

[德] übrig

[英] rest

352b5, 392a3, 392a8, 398c2, 399e8, 415a6, 427b1, 430c8, 432b3, 444e7, 457e4, 458a6, 466d6, 469a8, 484a7, 497d6, 504a7, 510d1, 533b7, 535a3, 544a2, 555e4, 557a4, 562a5, 571a1, 571a4

λούω 洗澡，沐浴

[拉] lavo

[德] baden

[英] bathe

495e6

λυγίζω 扭动，转动

[拉] inflecto

[德] drehen, biegen

[英] bend

405c2

λυδιστί 以吕底亚调的方式

[拉] Lydia harmonia

[德] in Lydischer Weise

[英] in the Lydian mode

398e10

λύκος 狼

[拉] lupus

[德] Wolf

[英] wolf

415e3, 416a7, 565e1, 566a4

λυπέω 使人痛苦，使人苦恼

[拉] dolore adficio, contristo

[德] betrüben

[英] grieve, vex

462b6, 572a1, 583c5, 583d7, 583d8, 585a1, 603c7, 604b3

λύπη 痛苦

[拉] dolor

[德] Betrübnis, Schmerz

[英] pain, grief

402e5, 429c9, 430b1, 431c1, 442c1, 462b4, 462d4, 464a2, 464a6, 464b3, 464d4, 503a2, 556c2, 583c3, 583e5, 584b1, 584b3, 584b8, 584c1, 584c2, 584c6, 584e8, 585a2, 585a5, 586b8,

588a2, 603e8, 604a2, 604b1, 607a6
λυπηρός 痛苦的
[拉] molestus, tristis
[德] betrübend, lästig
[英] painful, distressing
583e2, 583e9, 584a1, 585a1, 606d2
λύρα 七弦琴
[拉] lyra
[德] Leier
[英] lyre
333d6, 349e11, 399d7
λύσις 解脱，释放
[拉] solutio
[德] Lösung, Befreiung
[英] loosing, releasing
365e6, 515c4, 532b6, 546a3
λύσιος 释放的，赦免的
[拉] expians
[德] lösend, befreiend
[英] releasing, delivering
366a7
λυσιτελέω 有益，有好处
[拉] utilis sum, prosum
[德] nützen, vorteilhaft sein
[英] profit, avail
336d1, 344c8, 348c8, 348d7, 348e6, 354a6, 359a1, 360c8, 367c4, 392b2, 392c3, 406d6, 407a2, 408b3, 445a1, 588b3, 588e3, 588e5, 589a6, 589d5, 589e3, 591a6, 591a10
λυσιτελής 有益的，有好处的
[拉] utilis
[德] nützlich
[英] useful, profitable, advantageous
344e2, 347e7, 348b10, 354a8, 354b7, 364a5, 407e2
λυσσάω 发狂，发疯，暴怒
[拉] furo
[德] wüten, rasen
[英] rave, be mad
329c3, 586c2
λύτρον 赎金
[拉] pretium redemtionis
[德] Lösegeld
[英] ransom
393d4
λύω 解开，松开，解放
[拉] solvo
[德] lösen
[英] loosen, unbind, unfasten
360c2, 393e2, 393e7, 437a9, 444a1, 495e6, 515c6, 517a5, 546a3, 556a7, 571c8, 574d7, 574e1, 592a3, 609b5
λωβάομαι 伤害，损毁
[拉] corrumpo, depravo
[德] beschädigen, verletzen
[英] harm, damage
495d8, 605c7, 611b10, 611d4
λώβη 虐待，侮辱，耻辱
[拉] contumelia
[德] Beschimpfung, Schmach
[英] outrage, dishonour
595b5
λωποδυτέω 偷衣服
[拉] spolio vel vestes furor
[德] Kleider stehlen
[英] steal clothes
575b6

λωφάω 停止，减少，减轻，恢复
[拉] liber sum, requiesco, respiro
[德] sich erholen, nachlassen, rasten
[英] rest, recover from, lighten, relieve
620c5
μαγειρικός 厨师的，烹调的
[拉] ad coquum pertinens, culinarius
[德] zum Kochgehörig
[英] fit for a cook or cookery, skilled in cookery
322c12
μάγειρος 屠户，厨子
[拉] coquus
[德] Koch, Schlächter
[英] butcher, cook
373c4
μάγος 巫师，魔术师，江湖术士
[拉] magus
[德] Magier, Zauberer, Gaukler
[英] enchanter, wizard, impostor, charlatan
572e4
μᾶζα 大麦饼，大麦面包
[拉] panis hordeaceus
[德] Gerstenbrot
[英] barley-cake
372b3
μάθημα 学问，课业
[拉] doctrina, disciplina
[德] Lehre, Unterricht
[英] that which is learnt, lesson
411d2, 438c7, 442a1, 475b11, 475c6, 485b1, 485d10, 502c10, 503e3, 503e4, 504a3, 504d3, 504e5, 505a2, 519c9, 521c10, 521d3, 521d8, 521e7, 522a8, 522b6, 522e1, 522e5, 525b3, 525b11, 525d1, 526b1, 526b6, 526c5, 527b1, 527c10, 527d6, 527d8, 528e3, 529b5, 530c6, 534e2, 534e4, 535a1, 535a4, 535b5, 535b7, 536e1, 536e4, 537a1, 537a9, 537b4, 537c1, 537c2, 560b8, 581d7, 591c2, 618c1, 618c2
μάθησις 学习，教育，教导
[拉] ipsa discendi actio, perceptio
[德] Erlernen, Belehrung
[英] learning, education, instruction
407b8, 455b7, 455b8, 492a2, 503d2, 525a2, 527c6, 529a10, 529d8, 535c3, 536b2, 537c4, 537d1
μαθητής 学生
[拉] discipulus
[德] Schüler
[英] learner, pupil, student
599c4, 618c2
μαθητικός 爱学习的
[拉] discendi cupidus
[德] lernbegierig
[英] disposed to learn
475e1
μαίνομαι 发疯
[拉] insanio
[德] wahnsinnig werden
[英] madden
329d1, 331c6, 341c1, 359b3, 382e3, 396a3, 396a4, 396b8, 573c3, 578a11
μακαρία (μάκαρ) 幸福，福祉
[拉] beatitudo

[德] Seligkeit
[英] happiness, bliss
389a5, 519c5, 540b6

μακάριος 有福的，幸福的，幸运的
[拉] beatus, felix
[德] glückselig, glücklich
[英] blessed, happy
335e9, 341b3, 344b7, 345b2, 346a3, 354a1, 354a8, 358a3, 419a9, 420e6, 432d7, 465d3, 496c6, 499a4, 499d10, 506d8, 535b5, 557d1, 561d7, 567d1, 567e8, 571a3, 574c7, 589c7

μακαρισμός 祝福，祝贺
[拉] praedicatio
[德] Seligpreisung
[英] pronouncing happy, blessing
591d8

μακαριστός 被认为是幸福的
[拉] qui felix praedicatur
[德] glücklich gepriesen
[英] deemed or to be deemed happy
465d3

μακραίων 长久的
[拉] longaevus, diuturnus
[德] langdauernd
[英] lasting long
383b2

μακρολογέω 长篇大论，说得很长，啰唆
[拉] longa oratione utor
[德] weitschweifig erzählen
[英] speak at length, use many words
403e1, 455c6

μακρός 长的，高的，深的
[拉] longus, altus
[德] lang, tief
[英] long, tall
363d2, 364d3, 376d7, 400b7, 403b7, 406b4, 406d3, 407d6, 432e8, 435d3, 461e7, 484a2, 487d1, 497d5, 504b2, 504c9, 514a4, 531b4, 578b6, 605d1

μάλα (comp. μᾶλλον, sup. μάλιστα) 很，非常
[拉] valde, vehementer
[德] sehr, recht, ganz
[英] very, exceedingly
328b9, 330e3, 331a8, 334e5, 336e9, 337a1, 337a3, 337a7, 337e7, 338b8, 340b4, 341d11, 342c10, 343a5, 343a10, 344a2, 346b4, 346b5, 347d7, 351b4, 351d2, 353d10, 358d2, 358d7, 359b7, 359c7, 360d1, 361d7, 362c5, 364d1, 367b2, 367c7, 368b3, 373d1, 373e6, 374b3, 374b4, 377b1, 377c4, 377d8, 378a3, 378c8, 380c10, 382a9, 382b4, 382d3, 382d4, 386b10, 387b5, 387d11, 392d1, 393a5, 393b1, 393c2, 393d5, 394c3, 395d4, 396c8, 396e9, 397a2, 398b5, 401d6, 402a4, 402d8, 403a3, 403a9, 403e5, 404a11, 404b7, 404c2, 404c5, 405d5, 406b1, 407b4, 408a6, 408c7, 408d4, 410b7, 410d8, 410e2, 411a4, 411c5, 411c8, 412a6, 412b1, 412d2, 412d4, 412d10, 413c9, 413e1, 414c1, 414c9, 415b3, 415d3, 415e1, 420b8, 420d6, 421c10, 421d9, 422d6, 423e2, 424a1, 424b7, 424b9, 429d8, 430e4, 430e10, 431c1,

[德] weichlich sein, zaghaft sein
[英] to be softened, to be a coward
458b1
μαλθακός 温和的，柔软的
[拉] mollis
[德] sanftmütig
[英] soft
411b4
μαλλός 羊毛
[拉] lana
[德] Vlies
[英] wool
363b3
μανδραγόρας 曼德拉草
[拉] Mandragoras, Alraun
[德] Alraun
[英] mandrake
488c4
μανθάνω 学习，理解，弄明白，懂
[拉] disco, intelligo
[德] lernen, verstehen
[英] learn, understand
332a11, 334a11, 337d4, 337d6, 338b2, 338b4, 338c4, 339a5, 339a6, 344a4, 344d7, 351b6, 352d1, 352e4, 353a9, 353a12, 372e2, 377a3, 377a4, 382a10, 392c9, 392d7, 393d2, 394b2, 394b3, 394b6, 394c5, 396b10, 402e2, 404b10, 408d11, 413a2, 413a3, 413b3, 413b7, 413b11, 413e3, 415d5, 429c4, 432e6, 436a9, 438b3, 438b4, 438d12, 438e9, 442a5, 455b6, 455b7, 455b8, 456d12, 475c7, 477c4, 477c5, 486c7, 488b5, 488b6, 489a6, 504d1, 510b10, 510c2, 511b1, 511b3, 511c3, 511e5, 522c3, 524d6, 525b4, 526c1, 529b7, 529c3, 529c5, 529c6, 530e5, 531d8, 535b6, 536d2, 536d7, 536e2, 550d2, 568e4, 580d10, 581b5, 581d2, 581d7, 581e2, 582a9, 582b4, 583a2, 590c6, 592a10, 596a8, 596a9, 606e4, 618c3
μανία 疯狂，迷狂
[拉] insania
[德] Wahnsinn
[英] madness
382c8, 382e2, 400b2, 496c7, 539c6, 573a8, 573b4
μανικός (adv. μανικῶς) 疯狂的，狂热的
[拉] insanus, furiosus
[德] wahnsinnig
[英] mad
403a6, 403a10, 577d5
μαντεύομαι (μαντεύω, μαντευτέον) 求神谕，预示
[拉] oraculum peto, vaticinor
[德] das Orakel befragen, weissagen
[英] seek divinations, presage, forebode
349a3, 394d5, 431e7, 506a6, 506a8, 523a8, 531d5, 538a4, 538a7, 538a9, 538b7
μαντικός (μαντικῶς) 预言的，神示的
[拉] vatem efficiens
[德] prophetisch, weissagerisch
[英] prophetic, oracular
383b6

μάντις 预言家

[拉] vates

[德] Seher, Wahrsager

[英] seer, prophet

364b5, 389d3

μαραίνω 熄灭，耗尽，消逝

[拉] conficio, consumo, marcesco

[德] welken, auslöschen, verschwinden

[英] quench, waste, wither, disappear

609d6

μαρμαρυγή 闪光，闪烁

[拉] fulgor

[德] Geflimmer

[英] flashing, sparkling, gleaming

515c9, 518a8

μαρτυρέω (μαρτύρομαι) 做证

[拉] testor

[德] bezeugen

[英] bear witness, give evidence

340a3, 364d5, 441b5

μάρτυς 证人，见证

[拉] testis

[德] Zeuge

[英] witness

340a4, 364c5

μάσσω 揉面，揉捏

[拉] subigo, ut farinam

[德] kneten

[英] knead

372b3

μαστιγόω 鞭打，鞭笞

[拉] flagello

[德] peitschen, geisseln

[英] whip, flog

361e4, 613e1

μάταιος 狂妄的，自负的，徒劳的，愚蠢的

[拉] vanus, inanis

[德] eitel, vergeblich

[英] vain, empty, idle

452d6, 554a8

μάχαιρα 大刀，短剑

[拉] culter, ensis

[德] Schlachtmesser, Schwert

[英] large knife, dirk

353a1

μάχη 战斗，交战，斗争，争吵，竞争

[拉] pugna, conflictus, dimicatio

[德] Kampf, Schlacht, Streit, Zank

[英] battle, combat, strife

333e3, 335e10, 351d5, 368a3, 374d2, 386b5, 526d4, 534c1, 556d3, 560a2

μαχητικός (adv. μαχητικῶς) 好斗的，战斗的

[拉] contentiosus

[德] streitsüchtig

[英] pugnacious

467e4

μάχιμος 能战斗的，好战的

[拉] militaris, bellicosus

[德] kampffähig

[英] fit for battle, warlike

386c1

μάχομαι 战斗

[拉] pugno

[德] kämpfen

[英] fight
335e7, 342d3, 375a9, 378c1, 391b2, 407a10, 422b3, 422b4, 422b8, 422c9, 439e10, 467a10, 469d1, 470c6, 471d1, 500c1, 520b5, 549d2, 551e3, 556e9, 560d1, 574b7, 579d1, 589a4, 603d3, 604a2

μεγαλαυχέω 吹牛，炫耀
[拉] jacto
[德] stolz reden, Prahlen
[英] boast
395d8

μεγαλόθυμος (μεγάθυμος) 豪迈的，宽宏大量的，高尚的
[拉] animosus, vehemens
[德] großmütig, hochsinnig
[英] great-hearted
375c7

μεγαλοπρέπεια 宏大，崇高
[拉] magnificentia
[德] Pracht
[英] magnificence
402c3, 486a8, 490c10, 494b2, 536a3, 561a1

μεγαλοπρεπής (adv. μεγαλοπρεπῶς) 宏大的，显赫的，崇高的
[拉] magnificus
[德] großartig, erhaben
[英] magnificent
362c2, 487a4, 495d6, 503c4, 558b5

μεγαλοφρονέω 有高尚情操
[拉] superbio
[德] hohen Sinn haben
[英] to be high-minded
528c1

μεγαλόφρων 高尚的，高傲的
[拉] magnanimus
[德] mutig, stolz
[英] high-minded, generous, arrogant
567b12

μέγας (comp. μείζων; sup. μέγιστος; adv. μεγαλωστί) 强有力的，大的
[拉] validus, magnus
[德] gewaltig, groß
[英] mighty, great, big
329a7, 330d2, 331b4, 336a6, 339b2, 344a1, 344b2, 347b4, 347e3, 359d8, 360c5, 361a7, 361c5, 365d1, 366a7, 366b1, 366b3, 366e8, 366e9, 367a4, 367c5, 368d5, 368e5, 368e6, 368e7, 369a2, 369d1, 370d9, 373b2, 373e9, 374d8, 374e2, 377a12, 377c7, 377d1, 377d2, 377e6, 377e7, 378a5, 378b5, 388c2, 389c2, 389d9, 392b1, 401c3, 402b1, 402c7, 403a4, 404a6, 405a7, 405b1, 407b8, 410c6, 414a3, 416b5, 416c2, 419a6, 422a6, 422e7, 423a6, 423a7, 423a8, 423c4, 423d9, 423e1, 423e2, 424c6, 424d10, 426a2, 426c6, 427b3, 434a, 434c1, 434c4, 434d6, 435a5, 438b4, 438b5, 438b9, 438b11, 438b12, 449b7, 449d4, 450d10, 453d6, 457c4, 457d4, 457d7, 460a5, 462a3, 462a5, 462a9, 462b1, 464b1, 464b5, 465a3, 472a4, 473c6, 474b3, 475a10, 479b6, 484d9, 485b6, 485e2, 486a9, 487b6, 489d1, 491a3, 491b5,

491e3, 491e6, 492a8, 492d2, 493a10, 493c2, 494c5, 494c7, 495b3, 495b6, 496b4, 497a3, 497d9, 498a5, 503e4, 504a3, 504d2, 504d4, 504d6, 504e2, 504e4, 505a2, 505d2, 509a4, 519c10, 520d1, 523e3, 524c3, 524c6, 524c11, 525b12, 526c1, 528a2, 534d6, 536d3, 537b9, 537c6, 537d4, 538a1, 538b4, 540e1, 551c10, 552a4, 553b3, 553c6, 560e1, 563e9, 565c10, 566c10, 566d1, 568c3, 569a1, 573a1, 574a3, 575c2, 575c8, 578c7, 579d10, 580e1, 583b6, 584c6, 588d4, 590a6, 599c7, 599e1, 601b1, 602d8, 602e4, 604c1, 605c1, 605c2, 605c6, 607b7, 608b4, 608c1, 608c4, 608c5, 615c4, 615c6, 615e1, 616d3, 616e9, 619a4, 619b8, 620b6

μέγεθος 大，巨大，高大

[拉] magnitudo

[德] Größe

[英] greatness, magnitude

423b5, 488a8, 584b7, 602c7, 608c3, 614a5

μέθη 大醉，醉酒

[拉] potatio, potus immoderatus

[德] das Zechen, Trunkenheit

[英] strong drink, drunkenness

363d2, 396d3, 398e6, 403e4, 488c5, 571c5

μεθίημι (μεθετέον) 放开，放弃，允许，让

[拉] aufgeben, verlassen

[德] dimitto, libero, relinquo

[英] set loose, let go, give up

450a1, 537b2, 537d6

μεθίστημι 改变，改换

[拉] converto, muto

[德] umgestalten, verändern

[英] change, alter

380e1, 382e9, 518a3, 553e3, 562c6, 571a2

μέθοδος 方法

[拉] via

[德] Methode

[英] method

435d1, 510b7, 510c5, 528d8, 531d1, 533b3, 533c7, 596a6

μέθυ 葡萄酒，酒

[拉] vinum

[德] Wein

[英] wine

390b1

μεθυστικός 喝醉的，酗酒的

[拉] ebriosus

[德] trunken, trunksüchtig

[英] drunken

573c9

μεθύω (μεθύσκω) 喝醉

[拉] ebrius sum

[德] trunken sein

[英] to be drunken

363d1, 395e9, 403e5, 426a7, 561c7, 562d2, 573b9

μεῖξις (μίξις) 混合，交往

[拉] mixtio, mixtura

[德] Vermischung

[英] mixing, mingling

458d3, 620d5

μειράκιον (μειρακίσκος) 年青人，青年，青少年
[拉] adolescens, juvenculus
[德] Knabe, Jüngling
[英] lad, stripling
468b3, 497e9, 498b3, 539b3

μειρακιώδης 年青人的，孩子气的，幼稚可笑的
[拉] puerilis
[德] jugendlich, kindisch
[英] youthful, characteristic of youth
466b8, 498b3

μείρομαι 得到应得的份额
[拉] sortior
[德] als Anteil erhalten
[英] receive as one's portion
566a3, 619c1

μείς (μήν) 一个月，月
[拉] mensis
[德] Monat
[英] month
359e3, 461d3, 527d3, 530a8, 588a5

μελαγχολικός 忧郁的，易怒的
[拉] melancholicus
[德] zum Tiefsinn od. zur Raserei geneigt
[英] melancholic, atrabilious, impulsive
573c9

μέλας 黑的，黑色的
[拉] niger
[德] schwarz
[英] black, dark
363b7, 420c8, 474e1, 523d2, 585a3

μελετάω (μελετητέος) 练习，从事，钻研，关心
[拉] exerceo, meditor, curo
[德] üben, Sorge tragen
[英] practise, exercise, care for
407a11, 407b1, 409b7, 455c4, 500d5, 525c4, 526c2, 559a3

μελέτη 练习，从事，关心
[拉] meditatio, cura
[德] Übung, Studium, Sorge
[英] practice, exercise, care
374d6, 402b7, 402c8, 407c1, 455b8, 488e2, 535c3

μέλι 蜂蜜
[拉] mel
[德] Honig
[英] honey
559d8, 564e9

μέλισσα (μέλιττα) 蜜蜂
[拉] apis
[德] Biene
[英] bee
363b2

μελιττουργός 养蜂人
[拉] apiarius
[德] Bienenvater
[英] a bee-keeper
564c2

μελίχλωρος 蜜黄色的
[拉] instar mellis flavus
[德] honiggelb
[英] honey-yellow
474e2

μέλλω 打算，注定要，必定，应当

［拉］futurus sum, debeo, fatali necessiate cogor
［德］wollen, gedenken, sollen, bestimmt sein
［英］to be about to, to be destined
345c6, 347a1, 347a4, 347c1, 349d8, 349d12, 358a2, 361a3, 365d1, 370c9, 372d8, 373d8, 374b10, 376b11, 378c2, 378c6, 378d4, 380b8, 383c3, 386a6, 386c1, 392d3, 394e7, 397c4, 398c5, 400e5, 404c8, 404d6, 405a5, 409a6, 412a10, 416c1, 416d4, 419a9, 427d5, 451a5, 459e1, 460c6, 464c2, 466d9, 469a7, 473c7, 473c9, 474b4, 484a7, 485c1, 486a1, 486a5, 486e2, 488d8, 491b1, 494b7, 494c2, 495e8, 497c5, 497e5, 498c2, 505a5, 516a5, 516d2, 517c5, 520d2, 521a1, 522e3, 525b12, 529c6, 530a2, 530b8, 543a1, 544b6, 566d4, 567b8, 568a7, 572a3, 578e5, 582a4, 583a4, 584c9, 591d1, 591d4, 598e3, 605a4, 605b3, 605c9, 607e3, 614b6, 615d5, 617c5

μελοποιία 作曲，音乐编排
［拉］cantus compositio
［德］das Komponieren von Liedern
［英］musical composition
404d12

μέλος 肢，四肢，曲调
［拉］membrum, melodia
［德］Glied, Lied
［英］limb, tune
379a9, 398c2, 398d1, 399c8, 400a1, 400a2, 607a5, 607d4

μέλω (μελητέον) 关心，操心
［拉］curo
［德］besorgen
［英］care for, take an interest in
345d2, 365d8, 365e1, 469e8, 519e2, 538c3, 581b7

μέμφομαι 谴责，责怪
［拉］reprehendo
［德］tadeln, vorwerfen
［英］blame, censure
377d7, 377d8, 377e4, 406a2, 487a2, 487a6, 536b3

μένος 力量
［拉］vis
［德］Kraft
［英］might, force
389e8

μένω (μενετέον) 停留，固定，坚持
［拉］maneo, consisto
［德］bleiben, verweilen, feststehen
［英］stay, remain, wait
327c9, 328a9, 328b2, 360b5, 371c8, 381c9, 425b8, 436e1, 466c4, 466c9, 494a12, 496b3, 514a6, 539d8, 546a3, 558a6, 566c6, 621c7

μεριμνάω 操心，惦记，挂念
［拉］meditor
［德］besorgen, nachdenken
［英］care for, be anxious about, meditate upon
607c2

μέρος (μερίς) 部分
［拉］pars
［德］Teil

［英］portion, part
331b4, 344b1, 344b4, 347a9, 348e2, 369e6, 370a1, 370c1, 392e1, 396e7, 420d3, 424d5, 428e7, 429b2, 429b8, 431e10, 442b11, 442c5, 444b3, 460c2, 462d1, 462d4, 464b2, 465d5, 464b4, 484d7, 485b6, 495a5, 503b9, 520c1, 520d7, 536a3, 540b1, 552a9, 559e5, 561b1, 574a9, 577c3, 577d4, 581a6, 581c9, 583a1, 586e5, 611d3, 615a7, 617d1

μέροψ 发音清晰的，被赋予说话能力的
［拉］loquentes, vocis participes
［德］die sprechenden, mit Sprache begabten
［英］dividing the voice, i. e. articulate
469a2

μέσος (adv. μέσως) 中间的
［拉］medius
［德］in der Mitte
［英］middle
330b1, 336b8, 359a8, 363b2, 432a4, 443d7, 453d6, 474e1, 523c6, 523d1, 523e4, 531a6, 540b3, 547b8, 547c6, 547d2, 550b4, 550b6, 558a7, 572d1, 572e2, 583c7, 584a2, 584d4, 584d6, 584d7, 584e5, 587c9, 616c1, 616e3, 619a5, 620b5, 621b1

μεσόω 在……中间，居中
［拉］in medio sum, ad medium perveni
［德］in der Mitte sein
［英］to be in or at the middle
618b6

μεστός 满的，充满……的
［拉］plenus, refertus
［德］voll, angefüllt
［英］full, full of
330e4, 441a8, 495d1, 516a2, 556d5, 557b5, 561e4, 563d1, 572c6, 577e3, 579b5, 614d6

μεταβαίνω 转移，改变
［拉］transeo, convertor
［德］übergehen
［英］pass over, change
449b1, 547c9, 550d3, 550d6, 569c7

μεταβάλλω (μεταβλητέον) 使翻转，使改变方向，转变，交换
［拉］inverto, muto
［德］umwerfen, umwenden, verändern
［英］throw into a different position, change, alter
381b8, 381b10, 381e9, 383a4, 404a12, 413e1, 424c4, 473b6, 473c2, 508d8, 535d6, 545d1, 553a6, 555b8, 559e4, 559e6, 561a2, 562a8, 564a4, 620a7, 620d5

μετάβασις 改变，变化，转移
［拉］conversion, mutatio
［德］Übergang, Veränderung
［英］moving over, change
547c5

μεταβολή 变化，改变
［拉］mutatio, translatio
［德］Veränderung, Wandel
［英］change, transition

381b2, 388e6, 397b6, 397b9, 397c5, 404a12, 434b7, 434b9, 452b8, 503a4, 516c6, 553d8, 553e2, 559e1, 563e10, 565d4, 619d6

μεταδίδωμι (μεταδοτέον) 给予，分给一份

［拉］impertior, tribuo

［德］mitteilen, einen Teil von etwas geben

［英］give part of, distribute

369c6, 371b4, 503d9, 519e4, 539d5, 557a4

μεταδιώκω 追，追踪，追查

［拉］persequor, insequor

［德］verfolgen, einholen

［英］follow closely after, pursue, investigate

531c7

μεταδοξάζω 改变意见

［拉］opinionem muto

［德］seine Ansicht oder Meinung ändern

［英］change one's opinion

413b10, 413c2

μεταίτιος 共谋者，参与者

［拉］auctor

［德］mitschuldig, verhelfend, Anstifter, Urheber

［英］being the joint cause of, accessory to

615b5

μεταλαγχάνω 通过抽签分得，得到一份儿，有份儿

［拉］in partem alicuius rei venio, particeps fio

［德］Anteil bekommen

［英］have a share allotted one

429a2

μεταλαμβάνω 取得，占有，分有

［拉］participo, percipio

［德］erlangen, erhalten, Anteil nehmen

［英］receive, gain, partake of

369c6, 421c5, 434a5, 434b4, 441a9, 486e3, 530b8, 565a5, 565a6, 565b1, 585b6, 585e2, 585e4, 588c9, 600e2, 619d1

μετάληψις 分享，共有，交替，改变

［拉］participatio, commutatio

［德］Teilnahme, Veränderung

［英］participation, alternation

539d8

μεταλλάσσω 改变

［拉］muto

［德］verändern

［英］change, alter

434a6

μεταμανθάνω 改学别的，荒废

［拉］omisso, sententiam muto

［德］umlernen, verlernen

［英］learn differently, unlearn

413a1

μεταμέλεια 后悔，改变想法，改变主意

［拉］poenitentia

［德］Reue, Sinnesänderung

［英］change of purpose, regret, repentance

577e3

μεταμπέχω (μεταμπίσχω) 改穿另一件服装
[拉] induo
[德] die Kleider wechseln
[英] clothe in a new dress
569c3

μεταξύ 中间，之间
[拉] inter, in medio
[德] in der Mitte, dazwischen
[英] in the midst, in the middle of, between
336b2, 359a5, 393b8, 394b4, 443d7, 450c3, 477a7, 477a8, 477a10, 478d3, 478d6, 478d8, 478d11, 478e5, 479c7, 479d4, 479d8, 479d9, 498a1, 511d4, 514b3, 533c4, 544d2, 583c7, 583e4, 584e9, 585a2, 586a3, 614c4, 618a5

μεταπείθω 说服，劝服，劝……改变看法
[拉] persuadeo
[德] umstimmen
[英] persuade, to be persuaded to change
399b6, 413b5

μεταπέμπω 召唤，召请
[拉] arcesso
[德] einladen
[英] summon
567d9

μεταπίπτω 以另一种方式落下，改变，改投另一方的票
[拉] recido, devolvor, degenero ab una specie ad aliam
[德] umfallen, umschlagen, sich verändern
[英] fall differently, undergo a change
473c3

μεταστρεπτικός 转变的，转向的，适于转变的
[拉] convertens
[德] zum Umkehren geschickt
[英] fit for turning another way, fit for directing
525a1

μεταστρέφω 转身，转变
[拉] converto, muto
[德] umkehren, umwenden, ändern
[英] turn about, turn round, alter
327b6, 367a7, 518d5, 526e3, 587d12

μεταστροφή 转身，转向
[拉] conversio
[德] Umkehr
[英] turning
525c5, 532b7

μετατίθημι 修改，改换
[拉] muto
[德] verändern
[英] change, alter
334e5, 334e9, 345b8

μεταχειρίζω 从事，处理
[拉] contrecto, administro
[德] behandeln
[英] take in hand, handle
346e9, 408d1, 410b8, 417a2, 497d8, 498b4, 526a7, 527a4, 529a6

μέτειμι 在……当中；走近，靠近，寻求
[拉] intersum, persequor, quaero

461c8, 466b6, 470d8, 484b8, 490a8, 490b8, 497a7, 504b8, 504c2, 518b5, 538d3, 539c8, 572b6, 572d1, 597e1

μετριότης 适度

［拉］moderatio

［德］Mäßigkeit

［英］moderation

560d4

μέτρον 尺度，标准

［拉］mensura

［德］Maßstab

［英］measure, rule

380c1, 380c2, 393d8, 450b6, 504c1, 504c3, 601a8, 603a1, 603a2, 603a4, 607d4, 607d7, 621a6, 621a8

μέχρι 直到，直到……为止

［拉］usque

［德］bis, so lang als

［英］as far as, until

361c7, 366e2, 376a9, 412a2, 423b9, 423b10, 460e4, 460e7, 471b3, 498e4, 511b6, 559a11, 562e4, 586a2, 608c6

μηδαμόσε 不到任何地方

［拉］nusquam vel non alio

［德］nirgendshin

［英］nowhither

499a7

μηδαμοῦ 在任何地方都没有

［拉］nusquam

［德］nirgendswo

［英］nowhere

393c11

μῆκος 长度，长

［拉］longitudo

［德］Länge

［英］length

400b8, 548d3, 587d7

μηκύνω 加长，延长，拖延

［拉］longum facio, moror

［德］verlängern, ausdehnen

［英］lengthen, prolong, delay

437a6

μῆλον 羊，家畜

［拉］pecudes

［德］Schaf, Ziege

［英］sheep or goat

363c2

μῆνις 愤怒

［拉］ira

［德］Zorn

［英］wrath

390e7

μηνύω 告诉，揭露

［拉］indico, nuncio

［德］anzeigen, verraten

［英］inform, reveal

361b3, 366b2, 452d5

μήτηρ 母亲

［拉］mater

［德］Mutter

［英］mother

334b1, 377c3, 378d4, 381e2, 414e2, 414e3, 460c8, 461c2, 461d8, 463c6, 467a2, 470d8, 538b1, 549c8, 571c9, 574a8, 574c1, 574d1, 575d4

μητρίς 祖国，母邦

［拉］civitas, terra materna

［德］Mutterland

[英] one's mother country
575d7
μηχανάομαι 搞诡计，设法对付
[拉] machinor, artificiose facio
[德] ausdenken, vorhaben
[英] contrive, devise
430a1, 460d1, 519e3, 572e6
μηχανή 办法，方法，技巧
[拉] machina, ars, consilium
[德] Art, Weise, Mittel
[英] way, mean, contrivance
366c1, 414b8, 415c7, 460c9, 500c6, 533c4, 548a1, 602d4
μιαίνω 污染，玷污
[拉] polluo
[德] beflecken
[英] stain, sully
416e8, 621c2
μιαιφονέω 杀害，谋杀
[拉] trucido
[德] ermorden
[英] murder
565e6, 571d2
μιαρός 邪恶的，可恶的
[拉] scelestus, dirus
[德] ruchlos, verrucht
[英] abominable, foul
562d4, 589e4
μίασμα 血污，污染
[拉] inquinamentum
[德] Befleckung
[英] stain, pollution
470a2
μίγνυμι 混合
[拉] misceo
[德] mischen
[英] mix
379d5, 406a8, 458d9, 488a7, 490b5, 547a2, 548c3, 548c5, 571d1, 586b7, 618b5, 620d5
μικρολογία 烦琐，斤斤计较，小气
[拉] cura, quae impenditur rebus parvis
[德] Kleinlichkeit, Knauserei
[英] meanness, pettiness
486a5, 558b1
μικρός (σμικρός) 小的
[拉] parvus
[德] klein
[英] small, little
339b1, 344a7, 344e1, 364c3, 368d3, 370e4, 373d5, 373e9, 386a4, 388d7, 395b4, 396e7, 397b2, 397b6, 397b9, 400c5, 401c2, 402a9, 402c6, 404a6, 405c3, 407d6, 411b8, 423c3, 423d7, 424d7, 425a8, 428e7, 431a8, 442c5, 449b2, 453d6, 457c3, 460a6, 465b12, 465d5, 467b2, 467c1, 469d7, 469e3, 473b6, 473b9, 473c3, 475b1, 479b6, 485b6, 486c5, 487b5, 487b6, 490e3, 495b5, 495e5, 496b3, 498d5, 504d8, 507e6, 509c8, 523c5, 524c3, 524c6, 524c11, 526a4, 527a2, 527c3, 531a7, 550a3, 553c3, 556e3, 556e6, 563a3, 564e11, 565a5, 575b4, 575c1, 575c2, 577c9, 577d4, 598b7, 599e1, 605c3, 610b3
μικρότης 小

[拉] parvitas
[德] Kleinheit
[英] smallness
523e3

μικτός (μειτός) 混合的
[拉] mixtus
[德] gemischt
[英] mixed, blended
547e3, 616c7

μῖλαξ (σμῖλαξ) 紫杉
[拉] taxus
[德] Eibenbaum
[英] yew
372b6

μιμέομαι (μιμητέος) 模仿，仿效
[拉] imitor
[德] nachtun, nachahmen
[英] imitate
388c3, 393c6, 394d2, 394d3, 394d4, 394e9, 395a2, 395a4, 395b5, 395c3, 395c4, 395c6, 395d6, 396a6, 396b2, 396a6, 396b2, 396b7, 396c8, 396d6, 397a3, 398a2, 398b2, 399a7, 399c3, 458c4, 491a1, 500c5, 500c7, 510b4, 532a2, 539b4, 539c7, 547d1, 547d8, 563b1, 598a2, 598b2, 599a6, 599b4, 600c4, 601a6, 601d2, 602a9, 602b4, 602b7, 602c1, 603c5, 604e3, 604e4, 605c11

μίμημα 模仿品，模仿
[拉] imitamentum, imago
[德] Abbild, Nachahmung
[英] anything imitated, counterfeit, copy
382b9, 395a3, 395a5, 395b1, 395b2, 395b6, 399d5, 400a7, 401a8, 599b5

μίμησις 模仿
[拉] imitatio
[德] Nachbildung
[英] imitation
392d5, 393c9, 393d1, 393d7, 394b1, 394c1, 394e8, 395c7, 395d1, 396c8, 396e6, 396e7, 397b1, 595c7, 598b4, 598d5, 602b8, 604e1, 604e6, 606c3, 606d4, 607c5

μιμητής 模仿者
[拉] imitator
[德] Nachahmer
[英] imitator
373b5, 397d4, 597b3, 597e2, 597e4, 597e6, 597e8, 597e10, 598d3, 598e5, 599c2, 599d3, 600e5, 601b9, 602a3, 602a8

μιμητικός 模仿的，能够模仿的
[拉] peritus imitator, imitandi peritus
[德] nachbildend
[英] able to imitate, imitative
394e1, 395a2, 595a5, 595b5, 598b6, 602a11, 602b7, 602b10, 603a11, 603b4, 603c1, 603c5, 605a2, 605b7

μιμνήσκω (μιμνήσκομαι) 想起，记起
[拉] recordor, memini
[德] erinnern
[英] remember, remind oneself of
350d7, 350d9, 374a6, 394c9, 404c7, 408a2, 433a4, 449d2, 465e4, 466a7, 471c5, 474c8, 480a5, 490c9, 503b2,

566c3

μισόλογος 憎恶讨论的（人），厌恶讨论的（人）

［拉］qui colloquia odit

［德］Redefeind

［英］hating argument or discussion

411d7

μισοπονέω 憎恶劳动，逃避工作

［拉］laborem fugio

［德］die Arbeit hassen

［英］hate work

535d6

μῖσος 仇恨

［拉］odium

［德］Haß

［英］hate

351d4, 351d9, 382c7, 572c8, 620a4

μισόσοφος 仇恨智慧的

［拉］philosophiae odium habens

［德］Weisheit hassend

［英］hating wisdom

456a4

μνῆμα (μνημεῖον) 纪念（物），记忆，记录，坟墓

［拉］monumentum, sepulcrum

［德］Erinnerung, Andenken, Grabmal

［英］memorial, remembrance, tomb

414a3, 540b7, 599b6

μνήμη (μνεία) 记忆，提醒

［拉］memoria

［德］Gedächtnis, Erinnerung

［英］remembrance, memory, reminder

490c11, 494b2, 615c2, 620c5

μνημονεύω (μνημονευτέον) 记得，回忆起，想起

［拉］memoro, memini

［德］sich erinnern

［英］remember, call to mind

441d12, 441e3, 480a2, 503a1, 504a4, 504a7, 516c10, 537a4, 543b5, 543b7, 544a3, 544b4, 583c10, 600a2, 612d1

μνημονικός (adv. μνημονικῶς) 有关记忆力的，记忆力好的，记性好的

［拉］memoria valens, memor

［德］ein gutes Gedächtnis besitzend

［英］of or for remembrance or memory, having a good memory

486d2

μνήμων 记得的，有好记忆力的

［拉］memoriosus

［德］eingedenk

［英］having a good memory

413c9, 487a4, 503c2, 535c1

μόγις 艰难地，吃力地

［拉］vix, aegre

［德］mit Mühe, schwer

［英］with toil and pain

342c10, 342e5, 346c12, 350d1, 441c4, 472a3, 484a2, 486c4, 502c9, 517c1, 620c7

μοῖρα 应得的份额，定命，命运

［拉］sors

［德］Los, Schicksal

［英］portion in life, lot, destiny

364b5, 388d1, 472d1, 493a2, 498c4, 533e8, 620e4

μοιχεία 通奸

[拉] adulterium
[德] mit Mühe, kaum
[英] adultery
443a9

μοιχεύω 通奸
[拉] stuprum infero
[德] Ehebruch
[英] commit adultery
360b1

μολύβδαινα (μολυβδίς) 铅锤
[拉] pila plumbea
[德] Bleikugel
[英] piece of lead
519b1

μολύνομαι 打滚
[拉] volutor
[德] herumwälzen
[英] wallow
535e5

μοναρχέω 一人进行统治
[拉] solus impero
[德] Alleinherrscher sein
[英] to be sovereign
576b8

μόναρχος 一人统治的
[拉] qui solus imperat
[德] alleinherrschend
[英] monarch, sole ruler
575a2

μόνιμος 稳定的，坚定的
[拉] manens, stabilis
[德] bleibend, standhaltend, fest
[英] stable, steady, steadfast
505e3, 537d1, 537d2

μονοειδής 同样的，同一类的，单一形相的
[拉] unam formam habens, uniformis
[德] eingestaltig, einfach
[英] one in kind, uniform
612a4

μόνος 唯一的，仅仅的
[拉] solus, singularis, unus
[德] allein, alleinig, bloß
[英] alone, solitary, only
336c3, 338b7, 339d1, 344c1, 345b1, 351c5, 352e3, 353a10, 364a4, 365e5, 366a1, 367b2, 369e6, 371a4, 372e3, 373e5, 382c3, 390b7, 397e4, 401b1, 404c2, 405a8, 405b7, 417a2, 421a7, 423a8, 429a2, 432c6, 437e7, 438b2, 438d13, 439a7, 445c3, 451a3, 452b1, 454c9, 457a3, 458a2, 463c9, 463e2, 476b1, 477d1, 484a6, 485c6, 487a8, 500d6, 507a2, 507a6, 509b2, 509b6, 521a2, 526a7, 527d3, 527e2, 532d5, 533a8, 533c7, 533e4, 535b1, 537c4, 546a4, 548c6, 549b6, 558c1, 562c2, 572a2, 572c2, 573c3, 579b6, 582d4, 588e1, 590c6, 592b4, 596c5, 597c3, 597c7, 599c2, 600d3, 601c12, 603b6, 603b9, 604a3, 607a3, 607d8, 607e1, 608d12, 619e2

μονόω 使只有一个，使成为孤儿
[拉] solum relinquo, defero, destituo
[德] allein lassen, vereinzeln
[英] make single or solitary
604a6

μόριον 一小部分，部分
[拉] particula, pars
[德] Teilchen, Teil
[英] portion, piece
525e4, 526a4, 526d8
μορφή 形象，形状
[拉] forma, figura
[德] Form, Gestalt
[英] form, shape
380d4, 381b6, 381c9, 397c5
μουσικός 文艺的，音乐的
[拉] musicus
[德] musisch
[英] musical
333d8, 335c9, 349d13, 349e4, 349e10, 349e11, 373b6, 376e4, 376e6, 376e9, 398b6, 398e1, 401d6, 402a5, 402b9, 402d8, 403a8, 403c5, 403c6, 403c9, 404b5, 404e4, 410a8, 410b1, 410c1, 410c9, 410d4, 411a5, 411d3, 411e5, 412a4, 412a6, 413e3, 424b6, 424c4, 424c5, 424d2, 425a4, 430a1, 441e8, 452a2, 452c1, 455e7, 456b10, 456e9, 493d2, 521d13, 522a2, 522b6, 546d6, 548c2, 549b6, 591d5, 601b2, 620a8
μοχθηρία 邪恶，苦境
[拉] pravitas
[德] Minderwertigkeit, Niedertracht
[英] wickedness, depravity
610e5
μοχθηρός 邪恶的，糟糕的
[拉] malus, improbus
[德] schlecht, mühevoll
[英] wicked, wretched
343e3, 577d5, 589e1, 605b5, 609b5
μυθολογέω (μυθολογητέον) 讲故事，讲神话
[拉] fabulor, fabulam narro
[德] fabulieren, erdichten
[英] tell stories, tell mythic tales
376d9, 378c4, 378e3, 379a2, 380c2, 392b6, 415a3, 415c7, 501e4, 588c2
μυθολογία 讲故事
[拉] fabularum narratio
[德] Sagengeschichte
[英] story-telling
382d1, 394b9
μυθόλογος 讲故事的人，编神话的人
[拉] fabularum narrator
[德] Fabeln erzählend
[英] teller of legends, romancer
392d2, 398b1
μυθοποιός 编故事的人
[拉] fabularum fictor
[德] Fabeldichter
[英] composer of fiction
377b11
μῦθος 故事
[拉] fabula
[德] Fabel
[英] tale, story
330d7, 350e4, 376d9, 377a4, 377a6, 377b6, 377c4, 377c7, 377d5, 378e5, 379a4, 381e3, 386b8, 389e6, 390d4, 391e12, 398b7, 415a6, 441b6, 565d6, 621b8
μυθώδης 传说中的，虚构的
[拉] fictus

［德］sagenhaft
［英］legendary, fabulous
522a7

μυκάομαι 吼叫
［拉］mugio
［德］brüllen
［英］bellow
396b5, 615e2

μυρίος (adv. μυριάκις) 巨大的，无限的，成千上万的
［拉］infinitus, extremus, maximus
［德］unendlich, unzählig
［英］infinite, immense
471e2, 520c3, 527e2, 603d6, 607c3, 611d7

μύρον 香膏，香脂
［拉］unguentum
［德］ Salbe
［英］unguent, perfume
373a3, 398a7, 573a5

μυρσίνη (μυρρίνη) 香桃木叶
［拉］frons myrtea
［德］Myrtenzweig
［英］myrtle
372b6

μύρτον 香桃木，爱神木
［拉］myrtum
［德］Myrte
［英］myrtle-berry
372c8

μυχός 最深处，最里面的地方
［拉］imum
［德］Innerstes, Hinterraum
［英］innermost part, nook, corner
387a5

ναίω 居住，位于
［拉］incolo, situs sum
［德］wohnen
［英］dwell, abide
364d1

ναός 庙宇
［拉］templum
［德］Tempel
［英］temple
394a4

ναύκληρος 船主
［拉］navicularius
［德］Schiffsherr
［英］shipowner
488a8, 488c1, 488c4, 488d3

ναυπηγός 造船师
［拉］navium fabricator, faber navalis
［德］Schiffsbauer
［英］shipbuilder
333c3

ναῦς 船
［拉］navis
［德］Schiff
［英］ship
341d1, 389c5, 389d4, 488a8, 488b1, 488c4, 488c5, 488d2, 488e3, 489a2, 522d4, 551c3

ναύτης 船员，水手
［拉］nauta
［德］Schiffer, Seemann
［英］seaman, sailor
341c9, 341c10, 341c11, 341d2, 341d3, 342d9, 342d10, 342e4, 389c5, 488b3,

489b6, 489c5

ναυτικός 航海的，善于航海的

［拉］nauticus

［德］zum Schiff, seekundig

［英］of or for a ship, seafaring, naval

488b2, 488d1

ναυτιλία 航行，航海

［拉］navigatio

［德］Schiffahrt

［英］sailing, seamanship

527d3, 551c6

ναυτίλλομαι 航行，航海

［拉］navigo

［德］auf der See fahren

［英］sail, go by sea

551c6

νεανίας (νεανίης) 年轻人，青年

［拉］adolescens, juvenis

［德］Jüngling, junger Mann

［英］a young man, youth

389d7, 403c9, 549b10, 559e6

νεανίευμα 年轻人的言行，年轻人的任性

［拉］dictum aut factum protervum

［德］jugendliche Tat, jugendlicher Mutwillen

［英］youthful wanton, act or word

390a2

νεανικός (adv. νεανικῶς) 年轻的，强大的，有力的

［拉］juvenilis, strenuus, fortis

［德］jugendlich, mutig, frech

［英］youthful, active, vigorous, fine

328d5, 363c3, 375a3, 425c5, 491e4, 503c4, 563e5, 606c7

νεάνισκος 年轻人

［拉］adolescens, juvenis

［德］Jüngling, junger mann

［英］youth, young man

413e6

νεάτη 三根弦中最下面的那根弦

［拉］superma chorda

［德］unterste Saite

［英］the lowest of the three strings

443d6

νεκρός 尸体

［拉］cadaver

［德］Leichnam, Leiche

［英］corpse

359d7, 390e9, 391b4, 439e8, 440a2, 469d6, 614b5

νεκροσυλία 抢劫死者，对死人的抢劫

［拉］mortuorum spoliatio

［德］Totenberaubung

［英］robbery of the dead

469e4

νέκυς 死尸，遗体，私人

［拉］mortuusr

［德］Toter, Leichnam

［英］corpse, dead person

386c7

νέμω 分配，分发，占有，放牧

［拉］attribuo, tribuo, distribuo, pasco

［德］Leichnam, Leiche, weiden

［英］deal out, dispense, distribute, allot, pasture, graze

359d4, 364b4, 373d8, 401c2, 498c1

νέος (comp. νεώτερος) 新奇的，年轻的

[拉] novus, juvenis
[德] neu, jung
[英] new, young
328a9, 365a6, 367a2, 377b1, 378a3, 378b2, 378d7, 380a2, 380c1, 383c3, 388d2, 390a4, 390b4, 391d6, 392a1, 395d1, 395d7, 400e5, 401c6, 402a2, 409a2, 409a6, 409a8, 409b4, 410a7, 412c3, 413d10, 414b4, 424b10, 424c1, 424c2, 425b1, 431b4, 450c2, 452b1, 459b1, 460b1, 461a3, 465a5, 465a8, 467e2, 468d1, 475c1, 485d4, 486b11, 487c7, 492a7, 492b2, 492c3, 521d6, 527c10, 536d3, 539b1, 539e4, 546d8, 549a9, 549c3, 550a5, 555c2, 556b9, 559a3, 559b9, 560a7, 560b7, 561a2, 563a6, 563a8, 563b1, 568a5, 572c1, 572d6, 572e5, 574a8, 575d6, 590b9, 599c3, 613d6

νεοσσιά (νεοττιά) 小鸟的窝，巢
[拉] nidus
[德] Nest mit Jungen, Brut
[英] nest of young birds
548a9

νεότης 年轻，青年，年轻人的精神
[拉] juventus, adolescentia
[德] Jugend
[英] youth
329a5, 329d6

νεουογός 新制造的，新的
[拉] recens factus
[德] neu gemacht
[英] newmade
495e6

νεῦρον 筋腱
[拉] nervus
[德] Sehne
[英] sinew
411b3

νευρορράφος 补鞋匠
[拉] sutor
[德] Flickschuster
[英] mender of shoes, cobbler
421a3

νέω (νήθω, νευστέον) 纺，织；游泳，游
[拉] neo, no vel nato
[德] spinnen, schwimmen
[英] spin, swim
453d7, 453d9, 529c2

νεωκορέω 清扫，洗劫
[拉] verro, spolio
[德] fegen, ausplündern
[英] sweep clean, clean out, plunder
574d5

νεωστί 最近，刚刚
[拉] nuper
[德] neulich
[英] lately, just now
495e5, 574b12, 574c1, 574d7

νεωτερίζω 革新，变革
[拉] novo
[德] Neuerungen machen
[英] make innovations
424b5, 565b6

νεωτερισμός 革新，变革，革命
[拉] rerum novarum studium
[德] Neuerung, Umwälzung
[英] innovation, revolutionary movement

422a2, 422a3, 555d10

νῆσις 纺，纺线

[拉] nendi actio

[德] das Spinnen

[英] spinning

620e5

νῆσος 岛屿

[拉] insula

[德] Insel

[英] island

519c5, 540b7

νήφω 不喝酒的，未醉的，清醒的

[拉] sobrius sum

[德] nüchtern sein

[英] to be sober, drink no wine

396a1

νικάω 得胜，战胜，征服

[拉] vinco

[德] siegen

[英] win, conquer

397d4, 440d1, 465d7, 469c9, 557a2, 581a10, 583b1, 588a7, 588a9

νίκη 胜利

[拉] victoria

[德] Sieg

[英] victory

465d6, 465d7, 555a1, 582e4, 586d1

νικητήριος 胜利的，胜利者的

[拉] victrix

[德] den Sieg betreffend

[英] belonging to a conqueror or to victory

612d6, 613b6

νικηφόρος 带来胜利的，胜利的

[拉] victoriam afferens

[德] den Sieg bringend, siegreich

[英] bearing off the prize, victorious

621d1

νοέω 想，理解

[拉] intelligo, cogito

[德] denken, einsehen

[英] perceive by the mind, think, consider

335e2, 440d7, 479c4, 488a7, 503b7, 507b9, 507b10, 508c1, 508d4, 508d6, 509d1, 509d8, 524c1, 616d2

νόησις 智力，理解力

[拉] intelligentia, ratio

[德] Verstand, Gesinnung

[英] intelligence, understanding

511d8, 523a1, 523b1, 523d4, 523d8, 524b4, 524c7, 524d5, 525c3, 526b2, 529b2, 532b1, 534a2, 534a3, 534a4

νοητός 可思想的，可理解的

[拉] intelligibilis

[德] denkbar

[英] intelligible

508c1, 509d2, 509d4, 510b2, 511a3, 511b3, 511c6, 511d2, 517b5, 517c3, 524c13, 532a2, 532b2

νόθος 私生的，庶出的

[拉] spurius

[德] unehelich

[英] bastard, baseborn

461b6, 496a2, 535c7, 536a4, 536a6, 587c1

νομεύς 牧人，分配者

[拉] pastor, qui distribuit
[德] Hirt, Verteiler
[英] herdsman, distributor
370d10, 399d8, 440d2

νομίζω (νομιστέος) 承认，信奉
[拉] existimo, reor
[德] anerkennen, glauben
[英] acknowledge, believe in
347c3, 348e9, 372d7, 378c3, 419a9, 450a6, 463b14, 463c4, 463c7, 469b2, 469d7, 470d2, 476c2, 476c3, 479a3, 509a2, 509a3, 515b5, 515c2, 515e3, 518a4, 518b6, 529b4, 530a4, 530b2, 581e1, 584d3, 608b2, 621c3

νόμιμος 法定的，按照惯例的
[拉] legitimus, idoneus
[德] gebräuchlich, gesetzmäßig
[英] conformable to custom, usage, or law
359a4, 425a8, 430b3, 430b8, 451a7, 457a3, 479d4, 484d2, 537d2, 539a3, 589c7

νόμισμα 钱币
[拉] nummus
[德] Münze
[英] current coin
371b8, 417a1, 417a6

νομοθεσία 立法
[拉] legislatio
[德] Gesetzgebung
[英] legislation
427b1, 502c5

νομοθετέω (νομοθετητέος) 立法，制定法律
[拉] legem vel leges fero
[德] Gesetze geben
[英] frame laws
398b3, 403b4, 409e5, 417b8, 425b7, 425b8, 425c8, 425d6, 425e1, 426e5, 456b12, 459e5, 463c9, 525b11, 534d8, 534e1

νομοθέτημα 法律，法令
[拉] praescriptio, constitutio
[德] Gesetzgebung
[英] law, ordinance
427b4

νομοθέτης 立法者
[拉] legis lator
[德] Gesetzgeber
[英] lawgiver
427a4, 429c2, 458c6, 462a4, 497d1, 530c5, 538d8, 564c1, 599e2

νόμος 法，法律，习俗
[拉] jus, lex, mos
[德] Gesetz, Gewohnheit, Sitte
[英] law, custom
338e1, 339c4, 344d1, 344d6, 359a3, 359a4, 359c5, 364a4, 365e3, 380c4, 380c7, 383c7, 415e1, 421a5, 424c6, 424e1, 425e4, 427a2, 429c7, 430a2, 445e2, 451b7, 452c5, 453d2, 456c1, 457b8, 457c7, 458c3, 461b4, 461e2, 462a5, 463d2, 465a1, 465b5, 468b12, 471b9, 484b10, 497d2, 501a6, 502b7, 504c7, 519e1, 531d8, 532a1, 532d6, 541a4, 548b7, 550d11, 551a12, 555c2, 556a6, 557e6, 563d8, 571b6, 574e1, 587a10, 587c2, 590e1, 604a10,

604b6, 604b7, 604b9, 607a7

νόος (νοῦς) 理智，努斯

[拉] mens, intellectus

[德] Verstand, Vernunft

[英] mind, intellect

331b7, 358b3, 358d8, 362d1, 366b6, 376a9, 396b3, 399b7, 406d6, 407b2, 416c5, 427c1, 431c5, 432b8, 450b7, 477e7, 490a1, 490b5, 494d5, 508c1, 508d6, 508d9, 511d1, 511d4, 517c4, 518a1, 531b1, 534b5, 549d4, 580a8, 585b7, 585b14, 586d2, 591c1, 619b4

νοσέω 生病

[拉] aeger sum

[德] krank sein

[英] to be sick

404a7, 407d5, 470c9, 556e8, 604d2

νόσημα 病，疾病

[拉] morbus

[德] Krankheit

[英] disease

391c4, 405c9, 405d3, 405d5, 406a5, 406b5, 406d2, 406d6, 407d1, 407d3, 426a3, 439d2, 544c7, 552c3, 552c4, 563e6, 564b1, 609a4

νόσος 疾病

[拉] morbus

[德] Krankheit

[英] sickness, disease

332d11, 333e6, 383b2, 396d2, 404e4, 405a1, 408e1, 409a5, 444c8, 444d5, 444e1, 460a4, 609a1, 609c6, 609e6, 610b2, 610c10, 613a5, 618b5

νοσοτροφία 疾病护理

[拉] corporis aegrotantis cura

[德] Krankenpflege

[英] nursing of disease

407b1, 496c2

νοσώδης 病态的，有病容的，不健康的，有害身体的

[拉] insalubris

[德] ungesund, krank

[英] sickly, unwholesome

406a8, 408b2, 408d1, 438e2, 438e3, 438e5, 444c6, 444c8, 556e3

νουθετέω 斥责，警告

[拉] corrigor, castigo, admoneo

[德] zurechtweisen, ermahnen

[英] rebuke, warn

420e8, 560a1

νουθέτησις 斥责，警告，告诫

[拉] corrigor, castigo, admoneo

[德] Zurechtweisung, Ermahnung

[英] admonition, warning

399b5

νυκτερινός 夜间的

[拉] nocturnus

[德] nächtlich

[英] by night, nightly

508c6, 521c6

νυκτερίς 蝙蝠

[拉] vespertilio

[德] Fledermaus

[英] bat

387a5, 479c2

νύκτωρ 晚上，夜里

[拉] noctu

[德] nachts, bei Nacht

[英] by night
381e4, 516a9, 574d4
νύμφη 仙女，新娘
[拉] nympha, sponsa vel nova nupta
[德] Nymph, Braut
[英] nymph, bride
459e6, 546d2
νυμφίος 新郎
[拉] sponsus
[德] Bräutigam
[英] bridegroom
459e6, 461d3, 461d3, 495e7, 546d2
νύξ 夜晚
[拉] nox
[德] Nacht
[英] night
343b7, 530a7, 573d8, 588a4, 621b2
νυστάζω 打盹儿，昏昏欲睡
[拉] dormito
[德] schlummern
[英] to be half asleep, doze
405c5
νῶτον 背，背脊，背部
[拉] dorsum
[德] Rücken
[英] back
468d2, 616e1
ξανθός 黄的，金黄的
[拉] flavus
[德] blond
[英] yellow, golden
617a3
ξενοδοκέω 接待客人
[拉] hospites accipio
[德] Fremde oder Gastfreunde aufnehmen
[英] entertain guests or strangers
419a7
ξένος (ξενικός, adv. ξένως) 陌生的，不熟悉的，异乡的
[拉] alienus, peregrinus
[德] fremd
[英] unacquainted with, ignorant of, strange
381d3, 381e4, 497b3, 563a1, 567e1, 613d8
ξηρότης 干（性）
[拉] siccitas
[德] Trockenheit
[英] dryness
335d5
ξύλινος 木头的，木制的
[拉] ligneus
[德] von Holz, hölzern
[英] of wood, wooden
428c2, 515a1
ξύλον 木头
[拉] lignum
[德] Holz
[英] wood, log
609a2
ξυρέω 剃，剪
[拉] tondeo
[德] scheren
[英] shave
341c1
ξυστίς 拖到脚面的细软长袍
[拉] trabea

［德］langes Schleppkleid
［英］robe of rich and soft material reaching to the feet
420e2

ξύω (ἐπιξύω) 刮，擦
［拉］irrado
［德］darauf schaben
［英］scratch, scrape
406a1

ὄγκος 块
［拉］moles, massa
［德］Masse
［英］bulk, mass
373b3, 591d7

ὁδός 道路，路
［拉］via
［德］Weg, Pfad
［英］way, road
328e2, 364d1, 364d3, 435a4, 514b4, 532e1, 532e3, 533b3, 556c9, 600b1, 616a2, 616b7

ὀδυνάω 引起痛苦，感到痛苦
［拉］dolorem capio, dolore afficior
［德］Schmerz verursachen, Schmerz empfinden
［英］cause one pain or suffering, feel pain, suffer pain
515e8, 583d4

ὀδύνη 痛苦，苦恼
［拉］dolor, cruciatus, moeror
［德］Schmerz, Qual
［英］pain, grief, distress
413b9, 574a4, 579e5

ὀδυρμός 悲叹，诉苦
［拉］lamentatio
［德］Wehklage
［英］lamentation
387d1, 388d7, 398d11, 578a7, 604d9, 605d2

ὀδύρομαι 悲叹，痛哭
［拉］lamentor
［德］wehklagen
［英］lament, bewail
329b2, 387d8, 387e6, 388b3, 615a1, 619d3

ὀθνεῖος 外族的，外邦的
［拉］alienus
［德］fremd, ausländisch
［英］strange, foreign
470b7, 470c3

οἴκαδε 向家中去
［拉］domum
［德］nach Hause
［英］to one's house, home, homewards
327b2, 328b4, 394a1, 614b6

οἰκειοπραγία 从事自己的事
［拉］suarum rerum curatio vel administratio
［德］das Betreiben eigener Geschäft
［英］minding one's own affairs
434c8

οἰκεῖος (adv. οἰκείως) 家中的，有亲戚关系的，自己的
［拉］domesticus, privatus
［德］häuslich, verwandt, eigen
［英］of the same household, kin, one's own

328d6, 329b1, 329d2, 343c4, 343e3, 343e5, 353c1, 353c6, 353e2, 375c1, 376b6, 376c1, 378c6, 382e1, 392b4, 397c5, 405b4, 409b6, 409c1, 433e12, 443d3, 463b12, 463b14, 463c9, 463e1, 464d3, 468d3, 470a3, 470b6, 470b8, 470c2, 470e9, 471a1, 485c7, 485c10, 491c4, 494b9, 501d4, 521a7, 531d3, 535b8, 538b1, 518c2, 538e5, 548a8, 560a1, 560c6, 572e3, 576a2, 577a8, 586e1, 586e2, 586e3, 587b5, 590d4, 605d7, 606a3, 606b7, 606c8, 609d1, 610e6, 611a1

οἰκειόω 使成为自己的朋友，占为己有

[拉] familiarem aliquem reddo, vindico

[德] zum Freund machen, sich etwas zueignen

[英] make a person one's friend, appropriate

466c1

οἰκειότης 亲戚关系，近亲

[拉] familiaritas, cognatio

[德] Verwandtschaft, Angehörigkeit

[英] kindred, relationship

402a4, 537c2

οἰκέτης 家奴

[拉] famulus

[德] Haussklave

[英] household slave

431c2, 465c3, 465c5, 547c3, 549e3, 578e6, 578e7

οἰκέω 居住，生活，管理，治理

[拉] habito, vivo, guberno, administro

[德] wohnen, leben, verwalten

[英] inhabit, dwell, live, manage, direct

371c6, 401c6, 416d4, 420b9, 421a7, 423a6, 460c2, 462d7, 464b2, 472e4, 473a8, 473b6, 520c7, 520d1, 520d4, 520d8, 521a2, 521b9, 540b7, 543a2, 547c9, 549c3, 551d6, 552a8, 557a9, 562c2, 567d2, 573d4, 599d6

οἴκησις 住处，房屋

[拉] habitatio, domus

[德] Behausung, Wohnung

[英] house, dwelling

369c3, 369d4, 415e8, 416c6, 417b7, 471a10, 514a3, 516c4, 517b2, 543b3, 543b4, 548a9

οἰκία 房子，家

[拉] domus

[德] Haus

[英] building, house, dwelling

346d4, 360c1, 370a2, 372a7, 373a5, 386d1, 417a6, 417a6, 419a5, 438d2, 458c8, 459a2, 464b9, 464c9, 470a5, 470d5, 471b2, 471c1, 547b4, 547b8, 552c3, 562e4, 569a7, 574c5, 574d3, 577a7, 579b8, 600d1

οἰκίζω 移民，定居

[拉] habito

[德] einen Ort bewohnt machen, ansiedeln

[英] found as a colony, remove

369b7, 371b6, 403b4, 420b6, 421c4, 427b9, 427c6, 427e7, 428c12, 428e9, 434e1, 443b8, 453b4, 456d8, 470e4,

497c6, 558b3, 592a10, 595a2

οἰκιστής 创立者，奠基者

［拉］conditor

［德］Gründer

［英］colonizer, founder of a city

379a1, 519c8

οἰκοδομέω (οἰκοδομητέον) 建房

［拉］aedifico

［德］Häuser bauen

［英］build a house

372a7, 419a5, 424d2

οἰκοδομία (οἰκοδόμησις, οἰκοδόμημα) 建筑，建筑物

［拉］aedificatio, exstructio, aedificium

［德］der Bau, das Bauen, die Bauart

［英］building, edifice

381a7, 394a5, 401a3, 401b6

οἰκοδομικός 精通建筑的

［拉］ad aedificatorem pertinens

［德］zum Bauen gehörig

［英］skilled in building

333b5, 333b8, 346d4, 438d3

οἰκόδομος 建筑师

［拉］aedificator

［德］Baumeister

［英］builder, architect

360d7, 370d2, 370e1, 374b7

οἴκοι 在家里

［拉］domi

［德］zu Hause

［英］at home

371a4, 471d7, 600e1

οἰκονομία 理家

［拉］rei domesticae administratio

［德］Verwaltung des Hauses, Haushaltung

［英］management of a household or family

407b6, 498a1

οἰκονόμος 管家

［拉］rei familiaris curator vel administrator

［德］Haushalter

［英］one who manages a household

417a7

οἰκουρέω 看家

［拉］domi me contineo

［德］das Haus hüten

［英］watch or keep the house

451d6

οἶκτος 哭泣，怜悯

［拉］commiseratio, misericordia

［德］das Jammern, Mitleid

［英］lamentation, pity

387d1

οἰκτρός 可怜的，可悲的

［拉］miserabilis

［德］kläglich, bejammernswert

［英］pitiable, lamentable

390b5

οἶμος 道路，路径

［拉］via

［德］Weg, Pfad

［英］way, road

420b3

οἰνοβαρής 大醉的

［拉］vino gravis

[德] von Wein schwer, trunken
[英] heavy with wine
389313

οἶνος 酒
[拉] vinum
[德] Wein
[英] wine
372a6, 372b7, 475a6, 573a5

οἰνόχοος 斟酒人，上酒人
[拉] pincerna vel qui pocula ministrat
[德] Weinschenk, Mundschenk
[英] cupbearer
390b2, 562d1

οἴομαι 料想，猜，认为，相信
[拉] puto
[德] vermuten, denken
[英] guess, think, believe
329e1, 329e7, 330d2, 330d6, 332a9, 332b7, 332c4, 332c7, 333a8, 333c1, 335d3, 336a5, 336a6, 336e4, 336e9, 336e10, 337b4, 337c5, 337e1, 337e6, 338b9, 339c6, 339d10, 339e1, 340c6, 340c8, 340d5, 340d7, 341a7, 341c1, 341d1, 343b1, 344e1, 344e4, 345a3, 345c2, 345c3, 345d5, 345e3, 346b8, 346e2, 348d6, 352a5, 353a4, 353a9, 357a1, 358a1, 358d3, 360c7, 360c8, 360d1, 361d8, 362d3, 365a6, 368b6, 368d6, 369b2, 369b5, 369b7, 369c7, 370b7, 370b10, 371e1, 371e5, 372d7, 374e3, 375a2, 375d8, 377b8, 377d1, 378a2, 380d1, 382b1, 386a5, 386b4, 387c2, 389e4, 390a4, 392a13, 392b6, 392c7, 394b8, 395d8, 396a2, 397a3, 400b4, 400b8, 400c1, 400c5, 402c7, 403d1, 404c6, 404d11, 405d7, 406b6, 407a9, 407c4, 407e1, 408b3, 408e2, 409c6, 410c1, 411d7, 412d6, 413c1, 420b4, 420b8, 420c2, 420d2, 422c5, 422d4, 422e3, 423b2, 423b9, 424c1, 425b5, 425b7, 425c4, 425e6, 426d5, 426d8, 426e6, 427a4, 427e6, 428d11, 429b5, 430a1, 430c6, 434a9, 434b6, 434d6, 435e4, 436c11, 439b8, 440b5, 440b7, 440c1, 440c4, 440e3, 441d5, 442b11, 442e7, 444a6, 444a10, 444b6, 449c4, 449d2, 449d5, 450b3, 451d5, 452d1, 452d3, 453b6, 454a5, 454d3, 454e3, 455e6, 457c8, 457d6, 457d8, 457e2, 458b9, 458d2, 460a9, 461b9, 462d8, 465a10, 466e1, 467c1, 468b9, 469d9, 472d4, 472e3, 474e3, 475a9, 475e6, 485a5, 485d11, 486a9, 486c1, 486c10, 487d6, 487e6, 488b4, 488e2, 489a4, 490c2, 491a8, 491b2, 491d7, 491e3, 492a1, 492c3, 492e1, 493e1, 494b8, 494d6, 494e2, 498a6, 498c6, 499a2, 500a2, 500a4, 500c6, 501a9, 501b1, 501b9, 502c1, 502c3, 503d11, 505a1, 505c10, 506a4, 506c4, 506c5, 507d4, 508b3, 508d1, 509b2, 509c9, 510c2, 515a6, 515b8, 515d1, 515d5, 516a5, 516b4, 516c5, 516e1, 520d6, 521a6, 522d7, 526a1, 526a5, 526c1, 529d5, 530a3, 530b1, 530c4, 530d1, 531c9, 534d5, 535a9, 535c2, 537e6, 538e2, 539a3, 539b2, 540c6, 543b7, 544d7, 548d8, 550c8, 550e1,

551c8, 552e1, 552e4, 553b8, 553c4, 553d1, 554b4, 554e3, 555c1, 555d7, 556d5, 557a2, 557c1, 558d1, 559b2, 559e1, 559e9, 560a4, 560a9, 560b7, 560c2, 561a6, 561e3, 562c8, 564a7, 564a10, 564e9, 564e13, 565b2, 566b10, 566c8, 566e6, 567a5, 568b9, 568c2, 571d1, 571d6, 572b2, 572d2, 573a2, 573d2, 574b6, 577a5, 578a8, 578b1, 578b9, 578c5, 578e6, 579b1, 581d10, 583d6, 584b2, 584d6, 584d7, 584d10, 584e1, 584e2, 585a1, 585d5, 590a5, 590c2, 590d2, 590d3, 591d10, 592a11, 596e6, 596e9, 597b6, 597b8, 597d1, 598c6, 599a6, 599b3, 599b8, 599e5, 600c2, 601a4, 601b3, 603c6, 604a2, 604a6, 606b5, 608b9, 608c9, 608d2, 608d7, 609c3, 609e3, 610d7, 611a10, 612a6, 613e3, 615e1

οἶος 单独的，独自的

[拉] solus

[德] allein

[英] alone, lonely

386d7

ὄϊς 羊，绵羊

[拉] ovis

[德] Schaf

[英] sheep

363b2

οἰστράω（牛虻）叮，叮得人发狂，发狂

[拉] oestro seu asilo agitor

[德] anstacheln, zerstechen, toben

[英] sting, sting to madness, go mad

573b1, 573e7

οἶστρος 牛虻，刺棍，强烈的欲望

[拉] stimulus, vehemens cupiditas

[德] Bremse, heftige Leidenschaft

[英] gadfly, sting, vehement desire

577e2

οἴχομαι 走，上路

[拉] abeo, proficiscor

[德] gehen, kommen

[英] go or come

360a2, 387a3, 464d8, 492c6

ὀκνέω 迟疑，怕

[拉] vereor, dubito, timeo

[德] zögern, fürchten

[英] hesitate, fear

391a3, 414c8, 414c9, 450d3, 453d1, 465b12, 472a6, 571d1

ὄκνος 畏缩，犹豫，胆怯

[拉] pigritia, ignavia, timor

[德] das Zögern, Trägheit

[英] shrinking, hesitation

450d1, 473e3, 503b3

ὀλέθριος 毁灭性的，致命的

[拉] perniciosus

[德] verderblich, tödlich

[英] destructive, deadly

389d5

ὄλεθρος 毁灭

[拉] interitus

[德] Untergang

[英] ruin, destruction

417b5, 434b7, 471a7, 491b4, 495a10, 590a1, 609b6, 610e7

ὀλιγάκις 很少几次，不常

[拉] raro

［德］selten
［英］but few times, seldom
491b1, 503b9, 504e8, 574e3
ὀλιγαρχία 寡头政体，寡头政制
［拉］oligarchia
［德］Oligarchie
［英］oligarchy
544c4, 545c1, 547c7, 547d2, 548a6, 550c8, 550c10, 550d4, 551b1, 551d1, 553a2, 553e3, 555b9, 555d3, 562a10, 562b3, 563e6, 564b1
ὀλιγαρχικός 寡头政制的，倾向于寡头政制的
［拉］paucorum dominatus studiosus vel appetens
［德］oligarchisch
［英］oligarchical, inclined or devoted to oligarchy
545a4, 545c1, 551a12, 551e2, 553a6, 553e1, 555a5, 558c11, 559d2, 559d4, 559e1, 559e10, 560a5, 562d4, 565b7, 565c2, 572d3, 580b3, 587c6, 587c12
ὀλιγαρχοῦμαι 被少数人统治，被寡头政制统治
［拉］paucorum imperio subiectus sum
［德］eine oligarchische Verfassung haben
［英］to be governed by the few, be under an oligarchy
552b2, 552d8, 552e9, 555a8, 556e7, 564d2
ὀλίγος (sup. ὀλίγιστος) 小的，少的
［拉］paucus, parvus
［德］gering, klein
［英］little, small
327c1, 369b3, 378a5, 379c3, 396e4, 397b8. 402a8, 404b5, 420c3, 423a5, 428e5, 429a1, 429d7, 431c6, 437e4, 439a5, 471a12, 473b8, 477e4, 491b2, 491b4, 495b2, 496c5, 498a7, 499b4, 500a6, 503b7, 517a2, 531e2, 545d3, 552d10, 555a4, 563b8, 564d8, 564e2, 571b8, 575a9, 575c1, 576d9, 587b6, 605c8, 606b6, 608c5, 608c7, 615c1
ὀλιγότης 少，小
［拉］paucitas
［德］geringe Anzahl
［英］smallness
591e4
ὀλιγωρέω 忽视，轻视
［拉］neglego
［德］vernachlässigen
［英］neglect
563a5
ὁλκός 拖的，有吸引力的
［拉］trahens
［德］ziehend
［英］drawing to oneself, attractive
521d3, 524e1, 527b9
ὀλοός 毁灭的，致命的
［拉］perniciosus, malus
［德］verderblich, schädlich
［英］destructive, deadly
391a6
ὅλος (adv.ὅλως) 整个的，全部的
［拉］totus
［德］ganz, völlig

[英] whole, entire

342b6, 344c2, 344e1, 365c3, 368e3, 374a1, 377a5, 392d9, 394c1, 404d11, 411a9, 420b8, 420c4, 420d4, 420e7, 421b6, 424c4, 425b4, 426c1, 428d1, 428e8, 432a2, 436b1, 436d5, 437b7, 442c7, 444b3, 449c2, 449d3, 449d5, 450b7, 455d4, 462d2, 469c3, 475b2, 486a5, 510a6, 518c7, 518c8, 519e3, 527c7, 528c2, 539c3, 561b2, 563a6, 568a8, 576d9, 577c9, 577e2, 579e3, 581a10, 585d1, 591b3, 603a11, 606b5, 609a7, 617a5, 617a6, 617a7

ὀλοφύρομαι 悲叹，抱怨

[拉] lamentor

[德] jammern, wehklagen

[英] lament, wail, moan

329a4, 388c5

ὅμαδος 喧嚣声，吵闹声

[拉] turba, copia

[德] Getümmel

[英] noise, din

364e3

ὄμβρος 暴雨

[拉] imber

[德] Ungewitter

[英] storm

359d3

ὁμιλέω 交往，结交

[拉] in coetu aliquorum versor

[德] zusammen sein, Umgang haben

[英] to be in company with

403b7, 408d3, 408d12, 409a3, 409c6, 410c9, 428d3, 493d3, 496a6, 496b1, 500c6, 500c9, 605b1

ὁμιλία 来往，交往

[拉] consuetudo, colloquium

[德] das Zusammensein, Verkehr, Umgang

[英] intercourse, company

431a7, 550b4, 560b4, 575a5, 611e2, 613c5

ὄμμα 眼睛

[拉] oculus

[德] Auge

[英] eye

353b14, 389e13, 507d11, 508b1, 508d2, 515e2, 516a2, 517a1, 517a4, 518a2, 518c6, 527e2, 529b2, 530d6, 533d2, 537d5

ὁμοδοξέω 有同样的见解，持有一致的意见

[拉] idem censeo, sentio

[德] gleicher Meinung sein, übereinstimmen

[英] to be of the same opinion, agree perfectly

442d1

ὁμοδοξία 意见一致，同意

[拉] consensio

[德] Gleichheit der Meinungen

[英] agreement in opinion, unanimity

433c6

ὁμοιοπαθής 具有同感的

[拉] similiter affectus

[德] Gleiches leidend

[英] having like feelings or passions

409b2

ὅμοιος (adv.ὁμοίως) 一致的，相似的，相像的

[拉] par, aequalis, similis

[德] einig, gleich

[英] same, like, resembling

337c2, 337c4, 347d2, 349c11, 349c12, 350a9, 350a11, 350b7, 350b10, 350b14, 350c1, 364c3, 370b1, 377e3, 388a2, 408d7, 409c6, 415a8, 425c2, 429d2, 435a7, 435a8, 435b2, 435b3, 438c4, 442e5, 455d8, 456b12, 456d6, 459a10, 472d1, 475e2, 476c6, 499b2, 499c5, 506e3, 515a5, 523c11, 529d8, 531a8, 538e4, 541b3, 543d1, 544a5, 544e7, 549e2, 553a3, 553e2, 553e4, 554a3, 554b1, 555b7, 558c5, 559e5, 559e7, 561c4, 562d8, 562e7, 577d1, 579d3, 585c2, 585c4, 585c6, 585c7, 590c8, 590d6, 591a2, 604a3, 613b3

ὁμοιότης 相似（性）

[拉] similitudo

[德] Ähnlichkeit

[英] likeness, similarity

369a2, 401d2, 509c6, 555a9, 576c7, 577c1

ὁμοιόω 使相似，使相同

[拉] adsimilo

[德] gleichmachen

[英] make like

393c2, 393c5, 393c6, 400d2, 416a7, 431e8, 498e2, 498e3, 510a10, 546b6, 605b2, 613b1

ὁμοίωσις 相似，相像，相同

[拉] similitudo, simulacrum

[德] Ähnlichkeit, Gleichnis

[英] likeness, resemblance

454c9

ὁμολογέω (ὁμολογητέον) 同意，赞同，认可，达成一致

[拉] consentio, assentior

[德] zugestehen, bestimmen

[英] agree with, concede

339b4, 339d6, 339d9, 339e2, 340a5, 340b1, 340c9, 342d3, 342d6, 342d7, 342e1, 345d6, 346c2, 348e7, 350c7, 350c9, 350c12, 364b1, 367c2, 367c5, 374a4, 374a5, 390e8, 392b8, 402d2, 434a1, 434d4, 434e4, 435e1, 436c8, 437a7, 441c5, 453b4, 453b6, 453e2, 454c3, 456b8, 457c2, 459d7, 464b1, 464b4, 464b8, 470d3, 471a10, 471b6, 471e1, 472c9, 473a3, 473a4, 475e7, 477e4, 478a1, 478a12, 479d10, 485a6, 485a10, 485b4, 487e3, 490d1, 491a8, 494b1, 499d6, 502a2, 505c8, 505c10, 543a1, 543a7, 544a6, 547b8, 569b7, 576b1, 597e10, 610c8, 612d5, 612e6, 612e8

ὁμολόγημα 同意，协定

[拉] consensio, consensus

[德] Übereinstimmung, Zugeständnis

[英] agreement, compact

462e5

ὁμολογία 同意，承认，条约

[拉] consensio, consensus

[德] Übereinstimmung, Zugeständnis

[英] agreement, admission, concession

340b4, 443a7, 462a2, 533c5

ὁμολογουμένως 一致地，公认地

［拉］sine controversia, uno omnium consensus

［德］eingestandenermaßen, anerkanntermaßen

［英］conformably with, admittedly

510d2

ὁμονοέω 一条心，同意

［拉］consen tio, concors sum

［德］einig sein, übereinstimmen

［英］to be of one mind, agree

352a7, 545d2

ὁμονοητικός 和谐的，导致一致的

［拉］concors

［德］einträchtig

［英］conducing to agreement, in harmony

554e4, 603c10

ὁμόνοια 一条心，同意，和睦

［拉］consensus, concordia

［德］gleiche Gesinnung, Einigkeit, Eintracht

［英］oneness of mind, unanimity, concord

351d5, 432a7

ὁμοπαθής 有同样感受的

［拉］aequaliter vel una affectus

［德］gleich empfindend, gleich empfänglich

［英］of the same feelings or affections

464d4

ὁμός (adv. ὁμοῦ, ὁμόσε) 共同的，共有的，一起的

［拉］communis

［德］gemeinsam, gemeinschaftlich

［英］common, joint

458d1, 547a2, 610c6

ὁμοφυής 一同生长的，同样年岁的，同样本性的

［拉］eiusdem naturae, cognatus

［德］von gleichem Wunchs, von gleicher Natur

［英］of the same growth, age

439e4, 458c8

ὀμφαλός 肚脐，中央

［拉］umbilicus

［德］Nabel

［英］navel

427c4

ὁμώνυμος 同名的

［拉］idem nomen habens

［德］gleichnamig

［英］having the same name

330b3

ὄναρ 梦，梦中的景象

［拉］somnium

［德］Traum, Traumbild

［英］dream, vision in sleep

382e11, 476c4, 476d3, 520c7, 563d2, 574d8, 574e3, 576b5

ὀνειδίζω 训斥，责骂

［拉］objurgo

［德］vorwerfen, verweisen

［英］reproach, upbraid

344c4, 495c4, 505c1

ὄνειδος 责骂，辱骂

[拉] opprobrium
[德] Vorwurf
[英] reproach, rebuke
344b2, 347b2, 431b1, 495c3, 590c2

ὀνειροπολέω 做梦，梦见
[拉] somnio
[德] träumen
[英] dream
534c6

ὄνειρος 梦，梦境
[拉] somnium
[德] Traum
[英] dream
414d5

ὀνειρώσσω 做梦
[拉] somnio
[德] träumen
[英] dream
476c5, 476c8, 533b8

ὀνίνημι 帮助，使满意
[拉] juvo
[德] nützen, helfen
[英] profit, benefit, help, gratify
367d3, 380b2, 426b2, 496d4, 528a3, 541a7, 600d6

ὄνομα 语词，名字，名声
[拉] nomen
[德] Name, Nomen
[英] name, word, fame
344b7, 369c4, 387b8, 405d3, 405d6, 435c2, 454a7, 454b6, 458c1, 463a9, 463c9, 463d1, 463e2, 470b4, 471d2, 474e3, 495d1, 505c4, 509d4, 533d5, 533e1, 544c2, 545b6, 580d11, 596a7, 600b7, 601a5

ὀνομάζω 命名，称呼
[拉] nomino, appello
[德] nennen
[英] name, call or address by name
332c3, 359a3, 387c2, 388b7, 400b5, 400b8, 428d7, 428e4, 443e5, 464a5, 464c7, 470b4, 471a2, 493c1, 531a5, 559c8, 560d2, 572e1, 603b7

ὀνομαστός 著名的，有名的
[拉] celeber
[德] berühmt
[英] famous
330a2, 387e9

ὄνος 驴
[拉] asinus
[德] Esel
[英] ass
563c7

ὀξύρροπος 摇动得灵敏的
[拉] celeriter currens
[德] schnell bewegt, reizbar
[英] turning quickly, sudden and quick
411b8

ὀξύς (adv. ὀξέως) 敏锐的，尖锐的，迅速的
[拉] acutus, acer
[德] scharf, spitz, schnell
[英] sharp, keen, quick
368c8, 368d4, 375a5, 401e3, 403a4, 404a11, 409a4, 460e6, 484c3, 503c2, 516c9, 519a3, 519a5, 519b5, 526b6, 526b8, 567b12, 595c10, 613b12

ὀξύτης 尖锐，高音，快速，敏捷
[拉] acumen, acerbitas
[德] Schärfe，Schnelligkeit
[英] sharpness, quickness
503c6

ὀπάζω 赋予，加给
[拉] do
[德] verleihen, zugesellen
[英] give, grant
391b3

ὄπισθεν 后面，以后
[拉] pone, post
[德] hinter, nachher
[英] behind, after
327b4, 327b7, 436e5, 471d4, 514b3, 614c8

ὀπίσω 向后，朝后
[拉] retro
[德] rückwärts
[英] backwards
528a6

ὁπλή 蹄
[拉] ungula
[德] Klaue, Huf
[英] hoof
586b2

ὁπλίζω 装备，武装
[拉] armo
[德] ausrüsten, bewaffnen
[英] equip, arm
415d7, 551e1

ὁπλίτης 重甲步兵
[拉] gravis armaturae miles (pedes)
[德] Hoplit, schwerbewaffneter Fusssoldat
[英] heavy-armed foot-soldier, man-at-arms
552a10

ὁπλιτικός 重甲兵的
[拉] militis gravis armaturae proprius
[德] den Hopliten betreffend
[英] of or for a man-at-arms
333d8, 374d2

ὅπλον 武器，工具
[拉] armum
[德] Waffe
[英] tool, weapon
331c6, 374d1, 414e1, 440e5, 452c1, 468a5, 469c9, 469e7, 474a2, 551b4, 557a7, 569b5, 620b3

ὀπτός 烤过的
[拉] assus
[德] geröstet
[英] roasted, broiled
404c2

ὁρατός 可见的
[拉] visibilis
[德] gesehen, sichtbar
[英] to be seen, visible
507d8, 508c2, 509d3, 509d4, 517c3, 524c13, 525d7, 529c8, 532b2, 532d1

ὁράω 看，注意
[拉] video, animadverto, intelligo
[德] schauen, einsehen, merken
[英] see, look, pay heed to
327c7, 328c1, 336d6, 345b9, 350a6, 357c2, 357c5, 358d6, 367c7, 371c5, 377c7, 388c5, 404a5, 404a8, 404a11,

408a1, 416d3, 421a6, 422e1, 431c9, 432d8, 450b1, 452a10, 452c8, 459a2, 470c1, 471d7, 473e4, 475a6, 476b10, 477c7, 479e2, 484c4, 487c6, 488b1, 490d2, 493c6, 494a11, 495a4, 499a1, 500c3, 500d4, 507b9, 507b10, 507c1, 507c7, 507c8, 507e2, 507e6, 508a5, 508a6, 508b10, 508c2, 508d1, 509b2, 509d8, 509d9, 510d5, 514b7, 514b8, 515a6, 515b5, 515d1, 515d2, 515d6, 516a2, 516a5, 516c1, 517c1, 518d5, 519b5, 520c4, 520c5, 523c8, 523d1, 524c3, 524d10, 524e2, 525a4, 526a8, 527e3, 527e6, 529a2, 530b3, 533b8, 549d1, 550a2, 550a5, 550e1, 552a4, 552d9, 555e4, 558a8, 565b9, 567b12, 577a3, 577b1, 577c8, 577c9, 584d9, 588d11, 588e1, 592b3, 596a1, 596a4, 596b12, 598e6, 604a2, 604a5, 605e4, 611d1, 613e4, 614d3, 618e3, 619d5

ὄργανον 工具，装备，器官

［拉］instrumentum

［德］Werkzeug, Organ

［英］instrument, tool, organ

370d1, 374d2, 374d4, 374d7, 397a6, 399c10, 399e3, 421d13, 434a5, 434b4, 508b4, 518c5, 527d8, 582d7, 582d8, 582d13

ὀργή 冲动，愤怒

［拉］ingenium, ira

［德］Trieb, Erzürnung, Zorn

［英］natural impulse, anger, wrath

440a5, 493a10, 493d1, 572a4

ὀργίζω 发怒，生气

［拉］irascor

［德］zornig machen, erzürnen

［英］make angry, irritate

366c6, 440c2, 440c2

ὀργίλος 易怒的

［拉］iracundus

［德］jähzornig

［英］inclined to anger, irascible

411c1

ὀρέγω 伸出，追求，渴望

［拉］extendo, appeto, cupio

［德］ausstrecken, verlangen, begehren

［英］stretch out, reach after, yearn for

439b1, 485d4, 572a2

ὀρθός (adv. ὀρθῶς) 正确的，直的

［拉］rectus

［德］recht, gerade

［英］right, straight

331d1, 331e2, 334e6, 339a2, 339c4, 339c5, 339c7, 339c8, 341c9, 341e7, 341e9, 342b6, 345b2, 360e3, 361a3, 362a4, 371c6, 377a11, 377e4, 379a5, 381c3, 382b7, 386a5, 387c6, 387d4, 387e9, 388a4, 388a9, 389b3, 391c7, 392b8, 392b10, 394b8, 397b8, 401e1, 401e4, 402a1, 403a7, 403a11, 403b2, 403e1, 404c9, 404d3, 404e1, 408c5, 408e6, 410b9, 410d7, 412a5, 413a9, 413b11, 413d6, 414b1, 416c1, 416c4, 422c10, 424a3, 427e7, 428a7, 430b3, 430b6, 430c3, 431c6, 432a6, 434c1, 435c2, 436e7, 441c3, 442c4, 443c5, 449a2, 449a3, 449c6, 449c7, 449d5,

449d6, 451c1, 451c5, 452c3, 454e5, 459d3, 459d4, 459e4, 460a7, 460b6, 461b3, 461b8, 461e4, 464a3, 464b4, 464c4, 464e7, 465a1, 467d4, 467e8, 468a3, 468d6, 470a4, 474c9, 475c5, 475e5, 476a8, 476b1, 476d6, 478b12, 478c5, 478d10, 478e3, 484c2, 485b9, 485c9, 489c8, 490c7, 491c7, 495a9, 501a8, 501b8, 503d10, 506c8, 508e6, 509a2, 509a3, 509a4, 515d4, 517c2, 518d6, 523a2, 524c2, 524d1, 526e5, 528a7, 528b1, 528e2, 529c4, 534e4, 539d2, 540c8, 540d6, 543c4, 544a2, 544b4, 544e8, 547a6, 548d5, 552a2, 552b5, 559c1, 559c2, 562a2, 564b8, 576a8, 576a10, 576b3, 576e3, 577a1, 577b5, 578b3, 578b7, 578c8, 581a2, 581a7, 584a4, 590d7, 595a2, 597c10, 601e7, 602a4, 602a5, 602a8, 602e10, 603d8, 603d9, 604d3, 610a4

ὀρθότης 正确，笔直

［拉］rectitudo

［德］die gerade Stellung, Richtigkeit

［英］straightness, rightness, correctness

601d4

ὁρίζω (διά-ὁρίζω) 定义，规定，分开

［拉］termino, finio

［德］definieren, bestimmen, trennen

［英］define, determine, divide

345c2, 376b5, 392a4, 436b5, 439e2, 454b8, 455c2, 474c4, 490d7, 505c6, 524c7, 524d5, 533d7, 558d9, 562b9, 562b11, 599d3

ὅρκος 誓言

［拉］iusiurandum

［德］Schwur

［英］swear, oath

334b3, 379e3, 443a6

ὁρμαθός 一串，一挂

［拉］series, catena

［德］Reihe, Kette

［英］string, chain

387a7

ὁρμάω 急于要做，打算做，开始，动身

［拉］incito, prorumpo, initium facio

［德］erregen, sich anschicken, beginnen

［英］hasten, be eager, start

327b2, 327c5, 336b2, 352c6, 354b5, 366d6, 391d1, 424a4, 425c1, 436b2, 439b1, 451c7, 452b6, 466b8, 487c7, 510d3, 532a7, 572c7, 581a10, 582c5

ὁρμή 进攻，冲力，冲动，劲头，出发，动身，渴望

［拉］impetus, aggressio, appetitio

［德］Anlauf, Andrang, Trieb, Eifer

［英］onrush, onset, assault, impulse, effort, desire

451c6, 506e2, 511b6, 611e4

ὄρνεον (ὄρνις) 鸟

［拉］avis

［德］Vogel

［英］bird

397a7, 459a3, 459b5

ὅρος 界线，边界，限度，标准

［拉］terminus, finis, norma

［德］Grenze, Kriterium

372b8, 374a1, 416c6, 416d5, 479c7, 485b2, 486a9, 509b8, 509b9, 523a3, 524e1, 525b5, 525c6, 526e6, 534a3, 534b4, 534c2, 551b3, 553b5, 554d3, 566a7, 573e1, 578e4, 585b12, 585c7, 585c12, 585d3, 591e3, 591e4

ὀφείλω 欠，应该

［拉］debeo, oportet me

［德］schuldig sein, sollen

［英］owe, ought to

331b2, 331e3, 332a1, 332a8, 332a10, 332a11, 332b5, 332b6, 332c3, 332c6, 332c11, 335e1, 335e3, 432c3, 520b4, 549e5, 555d8, 614a8

ὄφελος 用处，益处，帮助

［拉］utilitas, usus

［德］Nutzen, Vorteil

［英］advantage, help

365b5, 489c3, 505a7, 505e4, 530c5, 552b7, 567b10

ὀφεώδης 像蛇一样的

［拉］anguinus

［德］schlangenartig

［英］snake-like

590b1

ὀφθαλμία 眼炎

［拉］ophthalmia

［德］Augenentzündung

［英］ophthalmia

609a1

ὀφθαλμός 眼睛

［拉］oculus

［德］Auge

［英］eye

342a2, 352e5, 353b4, 353b6, 362a1, 388c5, 420c7, 420d2, 420d3, 440a2, 452d4, 508c4, 516e5, 518c1, 608e6

ὄφις 蛇

［拉］anguis

［德］Schlange

［英］serpent

358b3

ὀφλισκάνω 欠下罚款，处以罚金，招致惩罚

［拉］debeo, mulctor, damnor

［德］Geldstrafe schulden, verurteilt werden

［英］become liable to pay, fine, incur

451a1, 506d8

ὀχεύω 交配

［拉］ineo, salio

［德］bespringen, befruchten

［英］mount, cover

454e1, 586a8

ὄχησις 骑

［拉］equitatio

［德］Reiten

［英］riding

452c2

ὀχληρός 使人讨厌的，麻烦的

［拉］turbulentus, molestus

［德］lästig, widerwärtig

［英］troublesome, irksome, importunate

569a7

ὄχλος 人群，群氓；混乱，骚乱

［拉］turba, molestia, perturbatio

［德］bewegte Menge, Belästigung

[英] crowd, throng, annoyance, trouble
397d8, 450b2, 494a9, 565e4, 568c3, 607c1
ὀχλώδης 骚动不安的
[拉] turbas excitans
[德] unruhig, belästigend
[英] turbulent, unruly
590b7
ὀψέ 很晚，很迟
[拉] sero
[德] spät
[英] late
441b1, 574d4
ὀψιμαθής 晚学的
[拉] qui sero didicit
[德] spät lernend
[英] late in learning, late to learn
409b5
ὄψις 形象，外貌，视力，视觉
[拉] visus, facies, oculus
[德] das Aussehen, Sehkraft
[英] aspect, appearance, sight
342a2, 353c4, 376b3, 401c8, 452b3, 452d8, 477c3, 507c2, 507d8, 507d11, 507e2, 508a5, 508a9, 508a11, 508b9, 508c2, 508c7, 509a1, 517b2, 518c2, 519a4, 519b3, 523d5, 523e3, 524c3, 525a4, 529d5, 532a3, 572a8, 602c8, 602c12, 603b6, 603d1
ὄψον 菜肴
[拉] obsonium
[德] Speise
[英] relish
322d1, 372c2, 372c4, 327e1, 373a3, 404d2, 559b1, 559b6, 585b13
ὀψοποιός 厨师，厨子
[拉] coquus
[德] Koch
[英] cook
373c3
παγγέλοιος 非常可笑的，极其可笑的
[拉] perridiculus
[德] ganz lächerlich
[英] thoroughly ridiculous
522d1
πάγιος (παγίως) 坚固的，稳定的
[拉] firmus, stabilis
[德] fest
[英] firm, steadfast
434d2, 479c4
πάγκαλος (adv. παγκάλως) 极美的，极好的
[拉] rectissimus, pulcerrimus
[德] wunderschön
[英] very beautiful, good, or right
331c1, 338a7, 540c3
παγκρατιαστής 格斗士
[拉] pancratiastes
[德] Pankratiast
[英] one who practises the Pancratium
338c7
πάγος 山，山岗
[拉] collis
[德] Hügel
[英] rocky hill
391e8

πάθος (πάθη, πάθημα) 属性，情状，遭遇，情感，经验
[拉] passio, affectum
[德] Eigenschaft, Attribut, Leiden
[英] state, condition, property, quality, experience
376a11, 378a2, 380a6, 380e6, 381a4, 381a9, 382b10, 388d7, 389c4, 393b4, 426a5, 432d5, 435b7, 435c1, 437b4, 439d2, 454a10, 462c1, 488a2, 504c6, 511d7, 514a1, 518b2, 539a5, 577c3, 579d5, 602d1, 604b1, 604d8, 604e6, 606b1, 606b8, 610b5, 612a5, 620b5

παιάν 颂歌
[拉] Paean
[德] Heilgesang
[英] paean, choral song
383b4

παιδαγωγέω 管教，教导
[拉] erudio
[德] leiten, erziehen
[英] guide, educate
600e2

παιδαγωγία 教育，训练
[拉] institutio
[德] Erziehung
[英] training
491e2

παιδαγωγικός 适合于老师的，适合于教练的
[拉] fovens
[德] erziehlich, erzieherisch
[英] suitable to a teacher or trainer
406a5

παιδαγωγός 接送学童的奴隶，导师
[拉] praedagogus
[德] Knabenführer
[英] slave who went with a boy from home to school and back again
373c2, 390e4, 397d7, 467d7, 563a5

παιδεία 教育
[拉] eruditio
[德] Erziehung
[英] education
376e2, 383c3, 405a6, 412b4, 416c1, 416c5, 423e4, 424a7, 425b10, 429c2, 429c7, 430b7, 445e2, 450c3, 451e4, 456c12, 456d10, 466c7, 487a7, 492c4, 492e4, 498b4, 503d8, 514a2, 518b7, 519c1, 534d8, 535b2, 537c1, 543a3, 554b4, 599d1, 600a9, 600b8, 600d2, 600e2, 606e3

παίδευσις 教育，教化
[拉] institutio, disciplina, doctorina
[德] Erziehung, Unterricht
[英] process education, education
424a5, 496a5

παιδευτής 教师
[拉] praeceptor
[德] Erzieher
[英] teacher
492d5, 493c8

παιδεύω (παιδευτέος) 教育
[拉] doceo
[德] erziehen
[英] educate
376c8, 376d10, 376e6, 377a1, 398b4, 402c1, 409d9, 410c1, 414d5, 416b6,

423e4, 430a1, 431c7, 442a5, 451c4, 456d10, 467a7, 487c7, 492b1, 492e4, 520b7, 521d13, 522a4, 526b7, 526c6, 534d4, 536b2, 540b5, 546b1, 548b8, 549a2, 559b9, 600c3, 606a8, 606e2

παιδιά 儿戏，玩笑，消遣

［拉］jocus

［德］Spiel, Scherz

［英］childishplay, pastime

365a1, 396e2, 424d5, 424e6, 539b3, 539c7, 572c3, 602b8

παιδικός (adv. παιδικῶς) 儿童的，给儿童的，给心爱的少年的

［拉］puerilis, ad amorem masculum pertinens

［德］kindlich, die Knaben liebe betreffend

［英］of a child, of or for a beloved youth

402e2, 403b2, 403b5, 451a2, 485c8, 608a5

παιδογονία 生孩子

［拉］liberorum procreatio

［德］Kindererzeugung

［英］begetting of children

502d6

παιδοποιέω 生孩子

［拉］liberos procreo

［德］Kinder erzeugen

［英］beget children

449d3

παιδοποιία 生子女，生育孩子

［拉］liberorum procreatio

［德］Kindererzeugung

［英］procreation of children

423e7, 449d2, 459a4, 459d4, 460d6

παιδοτρίβης 体育教练

［拉］ludimagister

［德］Turnlehrer, Trainer

［英］gymnastic trainer

389c3, 406a8

παιδοτροφία 孩子的养育

［拉］liberorum educatio

［德］Kindererziehung, Kinderpflege

［英］rearing of children

465c2

παίζω 戏谑，开玩笑

［拉］jocor

［德］scherzen

［英］make fun of

422e9, 536c1, 537a1, 539c8, 545e2, 558b4, 573d1

παῖς (παιδίον) 孩童，孩子，小孩

［拉］pueritia

［德］Kind

［英］child, childhood

327b3, 327b4, 330e7, 363d3, 366a6, 366b1, 368a1, 368a4, 372b6, 372c1, 374c7, 377a4, 377a6, 377b6, 377c3, 378d1, 381d8, 381e2, 381e5, 383b9, 386a2, 387b4, 388a6, 391c1, 391d2, 391d5, 395c4, 397d7, 401d1, 403c11, 407e4, 408b6, 408d10, 413c8, 413e6, 424e5, 427c6, 431c1, 433d2, 441a7, 449c5, 449d4, 450c1, 451c5, 457d2, 457d3, 457d8, 460b4, 461a5, 461b6, 461c2, 461d6, 461e6, 463d7, 464a9, 464b6, 464d2, 464e1, 465d9, 466c8,

466e5, 467a3, 467b3, 467c2, 467c5, 467d12, 468b4, 471a12, 474e2, 479c1, 494b5, 498a1, 498b3, 502e1, 514a5, 519a9, 534d3, 536d7, 536e6, 537a5, 537c1, 538c6, 541a2, 543a3, 545e2, 546b3, 456d3, 548b6, 553a9, 557c8, 558b4, 562e7, 574d6, 577a3, 578e3, 578e7, 582b3, 590e3, 595b10, 598c2, 604c8, 608c6, 619c1

πάλαι 很久以前，过去，刚才

［拉］olim, pridem

［德］vor alters, ehedem, schon lange

［英］long ago, just now

336b8, 346e5, 358a7, 392b9, 414e7, 420c1, 432d7, 432e6, 449d1, 453d1, 473e3, 506b5, 551e6, 573b6, 574b13, 574d5, 575d6, 590a5

παλαιός 古老的，古旧的

［拉］vetus

［德］alt

［英］ancient, old

329a3, 382d2, 382d6, 588c2, 599c3, 607b5, 607c3, 611d2

παλαιότης 古代，废弃

［拉］vetustas

［德］Alter, Altertümlichkeit

［英］antiquity, obsoleteness

609e2

παλαιστής 摔跤手

［拉］luctator

［德］Ringkämpfer

［英］wrestler

544b5

παλαίστρα 摔跤学校

［拉］palaestra

［德］Ringschule

［英］wrestling-school

452a11

παμπήδην (πάμπαν) 完全地，彻底地

［拉］prorsus

［德］ganz und gar, vollständig

［英］wholly, altogether, entirely

380a4, 386d5

πάμπολυς (παμπληθής) 极多的，极大的

［拉］permultus, varius

［德］sehr viel, sehr groß

［英］very great, large, or numerous

373c7, 422e8, 453b7, 531d5, 589e3, 600c7

παμπόνηρος 完全邪恶的，极恶的

［拉］prorsus pravus

［德］ganz schlecht

［英］thoroughly depraved

352c7, 487d2, 489d3

παναληθής 绝对真的，完全真的

［拉］prorsus verus

［德］ganz wahr

［英］absolutely true or real

583b3

παναρμόνιος 复杂的，极其和谐的，包含所有调式的

［拉］omnibus harmoniis constans, ad omnes harmonias concinnus

［德］ganz passend, ganz harmonisch

［英］complex, elaborate, harmonious, embracing all modes

399c7, 399d4, 404d12

πάνδεινος 骇人听闻的，极可怕的，非

[英] from all quarters, from every side
574a3

πανταχοῦ 一切地方，全然
[拉] ubique
[德] überall
[英] everywhere, altogether, absolutely
339a3, 343d3, 400e5, 402b2, 402c4, 404c3, 476a7, 503a5, 618c5

παντελής (adv. παντελῶς) 完全的，绝对的
[拉] absolutus, perfectus
[德] vollständig, vollkommen
[英] all-complete, absolute
379c1, 392c8, 398b7, 401a9, 414b2, 414e2, 451c2, 477a3, 485d5, 496a10, 502d7, 572b2, 573b5, 573c10, 579d5, 586b5

παντοδαπός 各种各样的，五花八门的
[拉] varius, multiplex
[德] mannigfach, mancherlei
[英] of every kind, of all sorts, manifold
373a4, 373b8, 378c5, 381e4, 381e9, 397c5, 398a1, 399e10, 408d2, 428b10, 431b9, 493d1, 514c1, 557c1, 559d9, 561e3, 567e1, 579b4, 588e5, 604e5, 616a5, 618a3

παντοῖος (adv. παντοίως) 一切种类的，各种各样的
[拉] omnigenus, varius
[德] allerlei, mancherlei
[英] of all sorts or kinds, manifold
381d4, 484b5, 515a1, 559d10

παντοπώλιον 集市，市场，跳蚤市场
[拉] nundinae
[德] Trödelbude, Trödelmarkt
[英] place where all sorts of things are for sale, general market, bazaar
557d8

πάντως 完全，当然，无疑
[拉] omnino
[德] auf alle Weise, ganz und gar, allerdings
[英] in all ways, at any rate, no doubt
339c3, 398c11, 454c8, 454d6, 574b3

πάππος 祖父，祖先
[拉] avos
[德] Großvater, Ahnherr
[英] grandfather, ancestors
330b2, 330b3, 334b1, 461d7

παραβάλλω 弯曲，转动，扔在旁边，互相比较
[拉] flecto, compono, comparo
[德] hinneigen, hindrehen, nebeneinander aufschichten, vergleichen
[英] throw, turn, bend sideways, throw beside, compare one with another
372b4, 375e1, 531a5, 556c8

παραβλαστάνω 在旁边发芽，在旁边长出来
[拉] adnascor
[德] daneben hervorwachsen
[英] sprout or shoot up beside
573d7

παραβοηθέω 援助

［拉］iuxta vel ex altera parte adiuvo
［德］Gegenhilfe leisten
［英］aid on the other hand
572e3
παραγγέλλω 下命令，要求，规劝，宣告
［拉］jubeo, dehortor
［德］auffordern, befehlen
［英］order, exhort
415b3, 429c2, 442c2, 442c6, 524a3, 556d6
παραγίγνομαι 在旁，在附近，在场
［拉］advenio, intersum
［德］zum jem. stehen, dabeisein
［英］to be beside, stand by
329b8, 368b8, 439d2, 456e9, 507d1, 507e1, 577a7, 604c2, 615c5
παράγω 领着经过，引向一边
［拉］adduco, induco, profero
［德］daneben führen, herbeiführen
［英］lead by, lead aside
359c6, 365e5, 383a4, 487b5, 550d12
παραγωγή 引入歧路，误导
［拉］in eo ponitur qui delectitur vel perducitur
［德］Ableitung, Abweichung
［英］leading astray, misleading
364d6
παράδειγμα 范型，范式，例子
［拉］exemplar, exemplum
［德］Urbild, Vorbild, Muster, Beispiel
［英］pattern, model, paradigm, example
409b1, 409c7, 409d2, 472c4, 472d5, 472d9, 484c8, 500e3, 529d7, 540a9, 557e1, 559a8, 561e6, 592b2, 617d5, 618a1
παραδέχομαι (παραδεκτέον) 同意，接受
［拉］admitto
［德］annehmen, billigen
［英］receive, accept, admit
378d5, 394d5, 397d2, 399d3, 552a5, 568b7, 595a5, 595a6, 605b2, 607a4, 607a5
παραδίδωμι 交出去，交给，出卖，背叛
［拉］trado, dedo
［德］hingeben, verraten
［英］give, hand over to another, betray
331d6, 372d3, 403d7, 458c7, 460d5, 465c6, 501c7, 522a5, 550b6, 561b4, 600b1
παράδοξος 出乎意料的，难以置信的，离奇的
［拉］insolens, admirabilis
［德］wider Erwarten, seltsam, unsinnig
［英］contrary to expectation, incredible, paradoxical
472a6
παραδύομαι 爬进，偷偷进入
［拉］irrepere, influere
［德］sich einschleichen, vorbeischlüpfen
［英］creep or steal in
421e8, 424d3
παραζώννυμι 挂在腰带上
［拉］accingo
［德］an der Seite angurten, umbinden

［英］hang at the girdle

553c7

παραθαρσύνω (παραθαρρύνω) 鼓舞，壮胆

［拉］animum facio, excito

［德］ermutigen, Mut zusprechen

［英］embolden, encourage

450d5

παραίρεσις 取走，剥夺

［拉］deminutio

［德］Wegnahme, Verringerung

［英］taking away from, stripping one of

573e1

παραιτέομαι 恳请，恳求

［拉］oro

［德］bieten

［英］beg, entreat

387b1

παρακάθημαι 坐在……旁边，挨近……坐下

［拉］adsideo, juxta adsideo

［德］dabeisitzen

［英］to be seated beside or near

336b3, 360a1

παρακαθίζω (παρακαθέζομαι, συμπαρακαθίζω) 坐在旁边

［拉］adsideo

［德］dabeisitzen

［英］sit down beside

553d2

παρακαλέω 呼唤，召唤

［拉］advoco

［德］herbeirufen

［英］call in, summon

425c2, 427d3, 450a10, 498a4, 523b1, 523b9, 523c1, 524b4

παρακαλύπτω 遮盖，遮住，伪装

［拉］velo, obvolvo

［德］verhüllen, verbergen

［英］cloak, cover, disguise

439e10, 503a8

παρακαταθήκη 寄放在某人处的东西，委托被人代管的钱财

［拉］fidei commissum, depositum

［德］das bei jmdm. Niedergelegte, Depositum

［英］a deposit entrusted to one's care

442e6

παρακατατίθεμαι 委托，托付

［拉］depono, depositum trado

［德］anvertrauen

［英］entrust

331e9, 332a2, 332a12, 333c7

παρακελεύομαι 鼓励，劝告

［拉］exhorto

［德］ermahnen, ermuntern

［英］recommend, exhort, encourage

362e5, 367c1, 474a8

παρακέλευσις (παρακέλευμα) 鼓励，劝告

［拉］adhortatio

［德］Ermahnung, Ermunterung

［英］encouraging, exhorting

407b3

παρακινδυνευτικός 危险的，冒险的

［拉］in pericula praeceps

［德］waghalsig, gefährlich

［英］venturesome, audacious

497e5

παρακινέω 扰乱，狂乱，发疯

[拉] permoveo, turbo

[德] daneben bewegen, verrücken

[英] disturb, excite violently, madden

540a2, 591e2

παρακλητικός 激励的，鼓舞的

[拉] cohortans, excitans

[德] auffordernd, ermunternd

[英] stimulating

523e1, 524d3, 524d4

παρακολουθέω 紧跟

[拉] pone sequor

[德] begleiten, sich anschließen

[英] follow closely

406b4

παραλαμβάνω 控制，占有，邀请

[拉] occupo, accipio, adhibeo

[德] erobern, besetzen, einladen

[英] take over, seize, invite

330a8, 330b4, 330b7, 369c1, 456d1, 460b7, 501a6, 541a2

παραλείπω 留下，留给，放过

[拉] praetermitto, omitto

[德] vorbeilassen, auslassen

[英] leave remaining, leave to, pass over

401e2, 423e6, 471c9, 471d7, 486c1, 502d5, 509c8, 528e4, 548d4

παραλλάσσω 起变化，改变

[拉] alterno

[德] ändern

[英] cause to alternate

530b3

παραμείγνυμι (παραμίγνυμι) 混合，混杂

[拉] admisceo

[德] beimischen

[英] intermingle, mix with

415b6

παραμελέω 不关心，忽视

[拉] non curo, negligo

[德] unbekümmert sein

[英] disregard, pay no heed to

555d3, 620c7

παραμυθέομαι 鼓励，劝告

[拉] hortor, consolor

[德] überreden, ermutigen

[英] encourage, exhort

442a2, 451b1, 476e1, 499e2

παραμυθία 劝告，鼓励，安慰

[拉] exhortatio, persuasio, consolatio

[德] Überredung, Zureden, Trost

[英] persuasion, exhortation, consolation

329e5

παρανομέω 违法

[拉] contra legem facio, leges perrumpo

[德] gesetzwidrig handeln

[英] transgress the law

338e5

παρανομία 违法

[拉] legum violatio

[德] Gesetzwidrigkeit

[英] transgression of law

424d3, 537e4, 572e1

παράνομος (adv. παρανόμως) 违法的，不法的

[拉] iniquus, improbus, illicitus
[德] gesetzwidrig, ungesetzlich
[英] lawless, violent
424e6, 538b3, 539a3, 571b5, 572a8, 572d2

παράπαν 完全，绝对
[拉] omnino
[德] ganz, völlig
[英] altogether, absolutely
378b8, 425d4, 596d2

παραπίπτω 落到旁边，遇到，发生
[拉] incido, irruo
[德] aufstoßen, danebenfallen
[英] fall beside, befall, go astray
466a2, 561b3

παραπλήσιος (adv. παραπλησίως) 接近的，近似于，几乎相等的
[拉] similis, adfinis
[德] ähnlich, beinahe gleich
[英] coming near, nearly equal
329a2, 363b4, 397c1, 451d1, 462b6, 604e2, 617a2

παρασκευάζω (παρασκευαστέον) 准备，提供
[拉] praeparo
[德] vorbereiten
[英] prepare
341e7, 346e4, 346e5, 361b1, 362c7, 365b7, 369e3, 372a6, 405c5, 416b5, 416c6, 422b7, 467b6, 495e7, 496c1, 556c8, 562c6

παρασκευή 准备，安排，筹划
[拉] apparatio, praeparatio
[德] Anordnung, Instandsetzung
[英] preparation, arrangement
361b5, 369d2, 369d7, 369e5, 370a2, 370c8, 429d7, 495a8

παρατάσσω (adv. παρατεταγμένως) 把……摆在旁边，排成战斗队形
[拉] iuxta colloco
[德] danebenstellen, in Schlachtordnung stellen
[英] place or post side by side, stand side by side in battle
399b2, 556d3

παρατείνω 拉长，在旁边伸长
[拉] iuxta tendo
[德] ausdehnen, danebenstrecken
[英] stretch out along, beside, or near
527a8

παρατίθημι 放在旁边，委托，使用
[拉] addo, appono, confero
[德] dabeistellen, anvertrauen, zu Hilfe nehmen
[英] place beside, employ
372c7, 420e5

παρατρωπάω (παρατρέπω) 改变，撤销
[拉] averto, flecto, perduco
[德] abbringen, umstimmen
[英] turn away, change
364e1

παρατυγχάνω 偶然出现，发生，到来
[拉] forte adsum, offeror
[德] zufällig dazukommen
[英] happen to be present, offer, present itself
474a2

παραυτίκα (πάραυτα) 片刻，立时，即刻

[拉] illico
[德] momentan, augenblicklich
[英] momentary, immediately, present
558a2

παραφέρω 带给，递给，引向歧路，领上错路；走错路
[拉] affero, abripior, aberro
[德] herbeibringen, vorbeigehen, verfehlen, abirren
[英] bring to, hand over, mislead, lead astray, err, go wrong
354b2, 515a3, 515b2

παράφραγμα 胸墙，矮墙
[拉] tabulatum
[德] Bollwerk, Umfriedung
[英] breastwork on the top of a wall or mound
514b6

παραχρῆμα 当场，立即
[拉] statim, confestim, e vestigio
[德] augenblicklich, auf der Stelle
[英] on the spot, forthwith, immediate
408b1, 455a6

παρείκω 允许，准许
[拉] cedo, permitto
[德] nachgeben, gestatten
[英] permit, allow
374e11

πάρειμι 在场，在旁边；走上前来
[拉] adsum, procedo
[德] dabei od. anwesend sein, gegenwärtig sein, herbeikommen
[英] to be present in or at, to be by or near, go by, come forward
331a2, 342b4, 344d3, 362d6, 375b1, 379a1, 383b7, 391a7, 392a10, 398c9, 435d6, 454a11, 460e6, 467b1, 487c4, 497e4, 503b1, 506e2, 507d12, 509b7, 509c10, 515b8, 515b9, 515d4, 516c9, 517d7, 532d5, 536b8, 546b2, 584b2, 596a2, 611c6, 616a3, 618a3

παρεξέρχομαι (παρέξειμι) 从旁边溜过，离开
[拉] discedo
[德] vorbeigehen
[英] slip past, go aside from
503a8

πάρεργος 附带的
[拉] extra propositum
[德] beiläufig
[英] subordinate
370c1, 374c7, 411e7, 498a6, 498c2, 527c3

παρέρχομαι 经过，过去，流逝
[拉] praetereo, transeo
[德] vorübergehen, vergehen
[英] go by, pass by
499c8, 534a8, 561b1, 620b7

παρέχω 提请，提供，让
[拉] adduco, praebeo
[德] darbieten, aufbieten, veranlassen
[英] hand over, yield, allow, grant
344d4, 346a6, 351d5, 363c2, 364e3, 374d6, 390a5, 403d4, 405c3, 410d7, 411a5, 413e4, 421d13, 432a2, 432a3,

433b9, 433b10, 435c10, 437e3, 443b5, 450b2, 474b4, 486d11, 492c2, 505a1, 508e1, 509a7, 509b3, 516b10, 517a2, 517c4, 526c1, 530c8, 531b3, 540a8, 544b5, 546c2, 554a7, 559b6, 562d3, 571e2, 610e2, 612c1, 614a2

παρίημι 请求，容许，让
［拉］deprecor, admitto
［德］sich ausbitten, einlassen
［英］ask, admit. yield, give up
341b10, 367d4, 370b7, 374c1, 377b6, 377b10, 449d1, 450b2, 458a4, 458b4, 458b7, 458b8, 503e2, 504d8, 560c9, 561b8

παρισόω 使相等，使相似
［拉］aequo
［德］gleichmachen, vergleichen
［英］make equal
498e3

παρίστημι 来临，临头，发生，站到某人旁边
［拉］accedo, adsto
［德］überfallen, beistehen
［英］come into one's head, happen, stand by
452b4, 555b5, 600c8, 615e5

παροικοδομέω 在旁边修筑
［拉］iuxta exstruo
［德］daneben bauen
［英］to build beside or across
514b4

παροιμία 谚语
［拉］proverbium
［德］Sprichwört
［英］proverb
329a3, 424a1, 492e5, 563c6

παρουσία 在场
［拉］praesentia
［德］Anwesenheit
［英］presence
437e3

παρρησία 直言不讳，言论自由
［拉］licentia, libertas
［德］Redefreiheit, Freimütigkeit
［英］outspokenness, frankness, freedom of speech
557b5

παρρησιάζομαι 直言不讳地说，开诚布公地说
［拉］libere loquor
［德］freimütig sagen, sich frei aussprechen
［英］speak freely, openly
567b4

παρωθέω 推到一边，拒绝，推迟，拖延
［拉］reiicio
［德］zur Seite schieben, aufschieben
［英］push aside or away, reject, put off
471c6

πάσσω 撒，洒
［拉］spargo
［德］streuen
［英］sprinkle
408a5

πάσχω 遭遇，发生，经历
［拉］accido

[德] empfangen, erfahren, erleiden
[英] suffer, happen to one
329b5, 337d2, 337d3, 337d5, 344c3, 345b1, 362a1, 368a5, 376a7, 387d8, 409b3, 410a5, 413b2, 414d5, 436b8, 437a1, 440c3, 440c9, 451b3, 462d8, 462e2, 465b1, 465c6, 487b3, 487d4, 488a4, 488a4, 504c5, 516d4, 516d6, 516e1, 525a7, 530a4, 536b9, 537e6, 553b7, 563d3, 584e4, 613e3, 615a2, 615d5, 619a5

πατάσσω 打，击
[拉] ferio, verbero
[德] schlagen, klopfen
[英] beat, strike, smite
333e3

πατήρ 父亲
[拉] pater
[德] Vater
[英] father
328b8, 330b2, 330b5, 330c4, 362e5, 378b3, 378d4, 461c3, 461c8, 461d5, 461d8, 463c6, 463d2, 463d7, 465b3, 467a2, 467c9, 471d3, 506e6, 538b1, 538c2, 546d4, 548b6, 549c2, 549d7, 550a1, 550a6, 550b1, 553a10, 555e5, 558d1, 559e10, 560b1, 562e7, 562e8, 568e8, 568e9, 569a6, 569b3, 572c1, 572c8, 572d9, 572e3, 574a8, 574c2, 574d1, 574e1, 575d4, 615c8

πατραλοίας 杀父者，打父亲的人
[拉] patris percussor
[德] den Vater schlagend, Vatermörder
[英] one who slays or strikes his father
569b6

πάτριος (πατρικός) 父辈传下来的，父亲的
[拉] pateruus, patrius
[德] väterlich, angestammt
[英] of or belonging to one's father, derived from one's fathers, hereditary
427c2, 427c3, 538d4, 575d5, 575d7

πατρίς 祖国，家乡
[拉] patria
[德] Vaterland, Vaterstadt
[英] fatherland, country
592a8

πατρῷος 从父亲一方来的，父系的
[拉] a patre acceptus vel relictus, patrius
[德] vom Vater ererbt, väterlich
[英] of or from one's father
391e9, 568e2, 574a10

παῦλα 停止，结束
[拉] requies, finis
[德] Ruhe, Ende, Rast
[英] rest, pause, cessation
473d5, 501e4, 584b3

παύω 终止，停止
[拉] desinere facio, finio
[德] beenden, aufhören machen
[英] cease, end
329c7, 354a13, 391e12, 416c7, 426a8, 487e2, 509c5, 531b6, 559b4, 583d4, 583e1, 584b7

πάχος 厚，稠
[拉]crassitudo
[德]Dicke
[英]thickness
523e5

παχύνω 养肥
[拉]sagino
[德]mästen
[英]fatten
343b2

παχύς 厚的，粗的
[拉]crassus, pinguis
[德]dick, dicht
[英]thick, coarse
523d2

πεδίον 平地，平原
[拉]campus
[德]Ebene
[英]plain
621a3

πεζός 陆行的，步行的
[拉]pedes, pedester, terrestris
[德]zu Fuß gehend, zu Lande gehend
[英]walking on foot, going by land
522c7

πειθαρχέω 服从，听从当权者
[拉]obtempero
[德]gehorchen, dem Herrscher gehorsam sein
[英]obey one in authority
538c7, 538d4

πειθαρχία 服从，服从命令
[拉]obediential vel obtemperatio
[德]Gehorsam
[英]obedience to command
538e3

πείθω (πειστέον) 劝，听从
[拉]persuadeo, obedio
[德]überreden, gehorchen
[英]persuade, obey
327c10, 327c12, 330d4, 331d5, 339b7, 343c5, 345a3, 345a7, 345b1, 345b4, 345b5, 348a3, 348a4, 357a5, 357b1, 361b3, 364b6, 364c4, 365d5, 365e6, 367a2, 368a6, 368b1, 377c2, 378c7, 388e3, 390e3, 391a5, 391b5, 391c1, 391c8, 391d6, 391e5, 399b4, 403b6, 405b9, 408b9, 408c2, 414c1, 414c5, 414c7, 414d3, 415c7, 415e2, 420e8, 421c1, 424c6, 424c7, 427c1, 430a2, 436e9, 458c3, 458d6, 468d7, 468e8, 469a3, 471e4, 476e1, 480a9, 488c2, 488d3, 489a10, 492d5, 492d6, 494e5, 498c7, 498d2, 498d7, 501c4, 502a1, 502a4, 502b5, 525b12, 528c1, 528c3, 536d1, 538b9, 538d3, 538e4, 545a8, 554d2, 560d5, 563c5, 565e4, 569b4, 584c1, 589c6, 589d4, 600e1, 604b6, 621c1, 621c3

πειθώ 说服，说服力
[拉]persuasio, persuadendi vis
[德]Überredung
[英]persuasion, persuasiveness
365d4, 411d8, 414c7, 519e4, 548b7

πεῖνα (πείνη) 饥饿
[拉]fames
[德]Hunger
[英]hunger

437d4, 585a8

πεινάω 饥饿

[拉] esurio

[德] hungrig sein

[英] to be hungry

437b7, 437e6, 439d6, 440c3, 440c9, 475c3, 521a5, 606a4

πεῖρα 尝试，经验

[拉] conatus, periculum, exploratio

[德] Versuch, Erfahrung

[英] trial, attempt, experience

498d1, 537c6

πειράω (πειρατέον) 弄清楚，考察，试验，尝试

[拉] experior, conor, nitor

[德] erproben, versuchen, unternehmen

[英] attempt, endeavour, try, make proof

339a6, 349b1, 392e1, 393a8, 408d7, 416a2, 450c4, 453d9, 458b6, 471e3, 473b4, 474b1, 474b3, 489a10, 489e1, 491a7, 517a4, 523a5, 524b4, 544b6, 545c5, 545c8, 599b5

πέλαγος 大海

[拉] pelagus

[德] Meer

[英] sea

453d6

πέμμα 糕点，甜食

[拉] bellaria

[德] Backwerk

[英] pastry, cakes, sweetmeats

373a4, 404d8

πέμπω 派遣

[拉] mitto

[德] schicken

[英] send

327a5, 442d1

πένης 贫穷的

[拉] pauper

[德] arm

[英] poor

364b1, 423a1, 465c2, 489b9, 550d1, 551a10, 551c4, 551d6, 552a10, 552b4, 555d4, 556c6, 556d2, 556d3, 557a2, 567a1, 579e2

πενθέω 悲恸，哀悼

[拉] maereo, lugeo

[德] trauern

[英] bewail, lament, mourn

606b3

πένθος 悲恸，哀悼，不幸

[拉] luctus, moeror

[德] Trauer, Unglück

[英] grief, sorrow, misfortune

395e1, 605d1

πενία 贫穷

[拉] paupertas

[德] Armut

[英] poverty

330a5, 372c1, 421d4, 421d13, 421e4, 422a1, 495e7, 553c2, 613a5, 618a6, 618b5, 618c8

πενιχρός 贫穷的

[拉] pauper

[德] arm

[英] poor, needy

578a1

πένομαι 穷苦

［拉］pauper sum

［德］in Not, arm, dürftig sein

［英］to be poor or needy

547b5, 577e5, 577e7, 607c2

πεπλασμένως 人为地，伪装，假装

［拉］ficte, specie

［德］erheuchelt, verstellt

［英］artificially, by pretence

485d12

πέρα 超出，更远

［拉］ultro, ulterius

［德］weiter, darüber

［英］beyond, further

423b10, 493d5, 559b8, 561a8, 590a7

περαίνω 使结束，使完成，抵达终点

［拉］finio, termino

［德］vollenden, vollbringen

［英］bring to an end, finish, accomplish

346a4, 369b2, 392d6, 426a2, 451c3, 502e1, 532a2

περαίτερος (adv. περαιτέρω) 更往前的

［拉］ulterior, ulterius

［德］weiter, weiter hinreichend

［英］leading farther, further

407b5, 504c4

πέρας 结局，极限，终点

［拉］finis, terminus

［德］Ende, Grenze

［英］end, limit, boundary

426e6

περιαγείρομαι 为自己到处收集

［拉］circumeo munuscula colligens

［德］für sich ringsum einsammeln

［英］collect for oneself

621d1

περιάγω (περιακτέον) 引领……环绕，环行

［拉］circumduco

［德］herumführen

［英］lead or draw round

359e5, 514b2, 515c7, 518c8

περιαγωγή 旋转

［拉］conversio

［德］das Umwenden, Umdrehen

［英］turning round, rotalion, revolution

518d4, 518e4, 521c6

περιαιρέω 拿走，剥去

［拉］aufero, abrogo

［德］wegnehmen, abschaffen

［英］take away, strip off, remove

359e1

περιαλγής 感到极度痛苦的，极度悲伤的

［拉］magno dolore affectus

［德］sehr betrübt

［英］feeling extreme pain

462b9

περίαπτον 护身符

［拉］amuletum

［德］Amulett

［英］amulet

426b2

περιάπτω 挂上，披上，加在某人身上

［拉］annecto, impono

[德] umhängen, zufügen
[英] tie, fasten, hang upon
417a4, 495c4, 614c6
περιβάλλω 围上，围绕
[拉] annecto, impono
[德] umwerfen, umlegen
[英] encompass, surround
499b5
περίβολος 圈起来的地方，围着的地方
[拉] ambitus, septum
[德] dasUmfassen, Umkreis
[英] area enclosed, enclosure
548a9
περιγίγνομαι 胜过……，占优势
[拉] supero
[德] übertreffen, überwinden
[英] to be superior to, prevail over
362b6
περιγράφω (περιγραπτέον) 画出轮廓
[拉] circumscribo, adumbro
[德] umzeichnen, ausstreichen
[英] draw in outline
365c4
περίειμι (περιιτέον) 四处打转，环绕，循环；超过，剩余
[拉] circumeo, circumvenio, oberro, supersum, supero
[德] herumgehen, umlaufen, über sein, übrig sein
[英] go round, come round, to be over and above, remain
338b2, 416e2, 436d7, 504c9, 568c2, 600d6, 620c6
περιέρχομαι (περιέχω) 环绕，循环，转悠
[拉] circumeo, circumvenio, oberro
[德] herumgehen, umlaufen
[英] go round, come round
381e3, 504b2
περιθέω 绕着跑
[拉] circumcurro, ambio
[德] herumlaufen
[英] run or gad about
475d6
περιιδεῖν 忽略，忽视
[拉] non videre, negligere
[德] übersehen
[英] overlook, neglect
538b2
περιίστημι 布置在周围，包围，环绕
[拉] circumdo, circumsto
[德] herumstellen, um sich herumstellen
[英] place round, stand round about
343a2, 432b8
περικόπτω 周四砍去，切除
[拉] circumcido
[德] ringsum abhauen
[英] cut all round, mutilate
519a9
περικρούω 敲打四周
[拉] percutiendo exploro
[德] ringsum ab od. herunterschlagen
[英] strike all round, ring
611e5
περιλαμβάνω 包围，围住
[拉] complector, contineo
[德] umfassen, einfassen

[英] encompass, surround

546b4

περιμάχητος 为之战斗的，努力争取的

[拉] in eo ponitur quod certatim expetitur

[德] umstritten, sehr gesucht

[英] fought about, fought for

347d3, 521a6, 586c3, 586c5

περιμένω 等待，期待

[拉] exspecto, maneo

[德] warten, erwarten

[英] waitfor, await

327b3, 327b5, 327b7, 347c3, 365a3, 370b11, 375c3, 449d1, 614a6

περινοστέω 走一转，巡视

[拉] obambulo

[德] herumgehen, umlaufen

[英] go about, stalk about

558a8

πέριξ 在周围，四面

[拉] circumcirca

[德] ringsherum

[英] round about, all round

617c1

περίοδος 循环，周期

[拉] circuitus

[德] Umkreis, Kreislauf

[英] cycle

407e1, 504b2, 546b4, 617d7

περίοικος 邻居，街坊

[拉] accola

[德] Umwohner

[英] neighbour

547c3

περιοράω 忽略，漏看

[拉] negligo

[德] übersehen, wegsehen

[英] look over, overlook

343a7

περιουσία 多余，充裕

[拉] abundans

[德] Überfluß, Fülle

[英] surplus, abundance

554a10

περιπλάσσω 覆盖，把一个东西盖在另一个东西上

[拉] affingo

[德] daüberschmieren, kleben

[英] plaster one thing over another

588d10, 588e2

περισσός 超过一般的，不寻常的，奇数的

[拉] eximius, excellens, impar

[德] ungewöhnlich, außergewöhnlich, ungerade

[英] out of the common, extraordinary, strange, odd

407b5, 510c4

περιστρέφω 转圈

[拉] converto

[德] herumdrehen

[英] whirl round

519b3

περιστροφή 转圈

[拉] conversio

[德] Umdrehung, das Sichumdrehen

[英] turning or spinning round

521c5
περιτίθημι 放在周围，穿上
[拉] circumpono, sumo
[德] herumstellen, umtun
[英] place or put round, put on
360b4, 406d4, 420e2
περιτροπή 旋转，绕圈
[拉] circuitus, circuitio
[德] Umschwung
[英] a turning round, revolution, circuit
546a6
περιτυγχάνω 遇上，碰上
[拉] incido, occurro
[德] zufällig begegnen, dazukommen
[英] happen to be about
566d9
περιφερής 圆形的，球形的
[拉] rotundus
[德] rund
[英] round, spherical
436e2, 436e4
περιφέρω 转来转去
[拉] circumago, revolvo
[德] sich herumtreiben
[英] carry round, move round, go round
402a9, 402c4, 436d6, 436e6, 456b8, 596e1, 600d4, 617a6, 617a7
περιφορά 旋转，转圈
[拉] circuitus
[德] das Herumtragen, Umlauf, Umkreis
[英] carrying round, circular or rotatory motion
528a9, 546a6, 616c4, 616c5, 617c7
περιφράσσω (περιφράττω) 四周围起来
[拉] munio
[德] umzäunen
[英] fence, fortify all round
365b4
περιφύω 使生长在周围
[拉] circumiicio
[德] darum wachsen lassen
[英] make to grow round
612a2
περιχαρής 极高兴的，极欢喜的
[拉] laetitia exsultans
[德] übermäßige fröhlich, hocherfreut
[英] exceeding glad
462b9
περιχέω 浇在周围，铺在上面，团团围住，拥抱
[拉] circumfundo, circumfundor
[德] herumgießen, herumlegen, umdrängen
[英] pour, spread, crowding round, embrace
488c1
περιωδυνία 过多的痛苦，极度痛苦，非常痛苦
[拉] dolor vehemens
[德] übermäßig Schmerz
[英] excessive pain
583d4
πεσσεία (πεττεία) 跳棋，棋盘游戏

［拉］calculorum lusus

［德］Brettspiel

［英］game resembling draughts

487c2

πεσσευτικός 精通下跳棋的

［拉］calculis ludendi peritus

［德］zum Brettspiel gehörig, darin geschickt

［英］skilled in draught-playing

333b2, 333b3, 374c5

πεσσεύω 下跳棋

［拉］calculis ludo

［德］mit den Steine im Brett spielen

［英］play at draughts

487b7

πεσσός (πεττός) 棋子

［拉］calculus

［德］Stein im Brettspiel

［英］oval-shaped stone for playing draughts

333b2

πέσσω 烹饪，烘烤

［拉］coquo

［德］kochen, backen

［英］cook, bake

372b3

πέτομαι (ποτάομαι) 飞

［拉］volo

［德］fliegen

［英］fly

386d9, 387a6, 467d13, 567d10

πέτρα 岩石，石头

［拉］petra

［德］Fels, Stein

［英］rock, stone

387a7, 492c1, 544d8, 611d5, 611e5

πετρώδης 岩石的，多岩石的

［拉］saxosus

［德］felsig

［英］like rock or stone, rocky, stony

612a2

πήγνυμι 凝固，变硬，装配，建造

［拉］rigeo, pango, figo

［德］festmachen, erstarren, zusammenfügen

［英］become solid, stiffen, establish

436d6, 530d6, 530d7, 605a4

πηδάλιον 舵

［拉］gubernaculum

［德］Steuerruder

［英］rudder

488c2

πηκτίς 竖琴

［拉］instrumentum musicum

［德］lydische Harfe

［英］stringed instrument

399c10

πηλός 泥，稀泥，泥沼

［拉］limus

［德］Kot, Schlamm

［英］mud, mire

363d6

πημαίνω 伤害，使受苦

［拉］damno afficio

［德］beschädigen, verderben

［英］plunge into ruin, undo

364c2

πιαίνω 养肥，喂肥

[拉] sagino
[德] fett machen, mästen
[英] fatten,
345c3
πιθανός (adv. πιθανῶς) 有说服力的，使人信服的，可信的
[拉] persuasorius, probabilis, accommodatus
[德] überzeugend, überredend
[英] persuasive, plausible
568c3
πίθηκος 猴子
[拉] simia
[德] Affe
[英] ape, monkey
590b9, 620c3
πίθος 大酒瓮
[拉] dolium
[德] großer Krug
[英] large wine-jar
379d3
πικρός 苦的
[拉] amarus
[德] bitter
[英] bitter
569c3
πῖλος (πιλίδιον) 毛毡，毡帽
[拉] pilus
[德] Filz
[英] felt
406d4
πίμπλημι 装满，填满
[拉] impleo
[德] füllen
[英] fill
442a7, 571c6, 586b4, 606a6
πίναξ 木板，画板
[拉] tabula
[德] Tafel
[英] board, plank
501a2
πίνω 喝，饮
[拉] bibo
[德] trinken
[英] drink
406a2, 406d2, 408a6, 408b2, 417a4, 439b1, 439c3, 439c7, 488c6, 621a7, 621a8, 621b5
πίπτω 落，坠落
[拉] cado
[德] fallen
[英] fall, fall down
399b1, 604c6, 604d2, 617e7, 619e2
πιστεύω 相信
[拉] credo, confido
[德] glauben
[英] trust, believe
368b3, 439e6, 450d8, 527d7, 601e5, 603a4, 603b9
πίστις 相信，信任，论证，论据
[拉] fidus, argumentum
[德] Glaube, Treue, Beweis
[英] trust, faith, argument, proof
505e2, 511e1, 534a1, 534a5, 601e7
πιστός 可信的，值得信赖的
[拉] fidus
[德] glaubwürdig
[英] to be trusted or believed, trustworthy

503d1, 567d6, 567d9, 567e7, 568a1

πίων 肥的，肥沃的，丰饶的

［拉］pinguis

［德］fett, reich, fruchtbar

［英］fat, wealthy, abounding

422b8, 422d6

πλάγιος 斜着的，歪的

［拉］obliquus

［德］schief

［英］oblique

598a7

πλανάω 飘荡，漫游

［拉］erro

［德］umherirren, verirren

［英］wander

484b6, 485b2, 586a3

πλάνη (πλάνος) 漫游，漂泊，奔波

［拉］error

［德］das Umherirren, Verirrung

［英］wandering, roaming

444b7, 505c7, 602c12

πλανήτης (πλάνης) 漂泊者，流浪者

［拉］peregrinator

［德］der Herumschweifende

［英］wanderer, vagabond

371d7

πλανητός 漫游的，漂泊的

［拉］errans, vagans

［德］umherirrend

［英］wandering

479d9

πλάσσω (πλάττω) 塑造

［拉］fingo, formo

［德］formen, bilden

［英］form, mould

374a5, 377b2, 377b6, 377c3, 414d7, 415a4, 420c2, 466a6, 500d6, 510e2, 588b10, 588c7, 588d2

πλάστης 塑造者，雕塑者

［拉］fictor

［德］Bildner

［英］moulder, modeller

588d1

πλάστιγξ 秤盘

［拉］lanx

［德］Waagschale

［英］scale of a balance

550e7

πλατύς 平的，宽的

［拉］planus

［德］flach

［英］flat, wide

616e4

πλέκω 编织，缠绕

［拉］necto, connecto, plecto

［德］flechten, knüpfen

［英］plait, twine

400a5

πλεονάκις 多次，时常

［拉］saepius, saepenumero

［德］mehrmals, öfter

［英］several times, frequently

409d2

πλεοναχῇ 从很多方面来看

［拉］plures vel varias in partes

［德］nach mehreren Seiten hin

［英］from many points of view

477a2

πλεονεκτέω 占便宜，获得利益

［拉］plus habeo, praesto

［德］Vorteil haben, mehr haben

［英］gain or have some advantage

344a1, 349b8, 349c4, 349c8, 349c12, 349e12, 350a2, 350b1, 350b8, 350b14, 350c1, 362b7, 365d6

πλεονεξία 贪心，贪得无厌，想占得更多

［拉］plus habendi vel lucri cupiditas, incontinentia

［德］das Mehrhaben

［英］greediness

359c5, 586b1

πλευρά 边

［拉］latus

［德］Seite

［英］side

388a7

πλέω 航行，航海

［拉］navigo

［德］schiffen

［英］sail

332e1, 332e9, 341d1, 341d2, 346a8, 346b5, 488c7

πλέως 充满的

［拉］plenus

［德］voll

［英］full, filled

390a10, 391c4, 468e1, 486c7

πληγή 鞭打，打击

［拉］plaga

［德］Schlag

［英］blow, stroke

531b5, 574c3

πλῆθος 大众，大群，数量

［拉］multitudo, copia

［德］Menge, Masse

［英］great number, multitude, the majority

364a5, 373b4, 389d9, 431a8, 432a5, 434b1, 437e2, 460a2, 492b7, 494a1, 494a4, 500a7, 525a5, 550e2, 551b1, 551e1, 554a11, 558c1, 560b5, 563b5, 564e4, 575b1, 575c6, 578d6, 591d7, 591e2, 614a5

πληθύω 充满，增加

［拉］incresco, increbresco

［德］voll sein

［英］to be or become full, increase

405a1

πλῆκτρον 打击用的东西，琴拨

［拉］plectrum

［德］Werkzeug zum Schlagen

［英］instrument for striking the lyre, plectrum

531b5

πλημμελέω 弹错调子，做错事

［拉］extra legem cano, pecco

［德］einen Fehler machen, sich vergehen

［英］make a false note in music, err

480a6, 491a4

πλημμελής 犯错误的，弹错调子的

［拉］vitiosus, absonus

［德］frevelhaft, fehlerhaft, wider die Melodie

［英］faulty, out of tune

451b3

πλήρης 充满……的，满是……的

［拉］plenus

［德］voll

［英］full of

401a1, 401a2, 579e5

πληρόω 装满，充满

［拉］impleo

［德］vollmachen, voll sein

［英］make full, fill full of

465a2, 494c7, 550d9, 561b4, 573b4, 585b6, 585d7, 585d8, 585d11, 585d12, 585e3, 586a5

πλήρωσις (πλήρωμα) 充满，充足

［拉］expletio

［德］Ausfüllung, Fülle

［英］filling up, filling

371e7, 439d8, 585a3, 585b9

πλησιάζω 靠近，结交

［拉］accedo, appropinquo

［德］sich nähern

［英］come near, approach, consort

409c7, 490b5, 496a5, 498a1

πλησίος 近的，邻近的

［拉］propinquus

［德］nahe

［英］near

373d7, 539b7, 580a6

πλησμονή 满足，饱足，充足

［拉］expletio, satietas

［德］Fülle, Sättigung

［英］a being filled, satiety

571e2, 586d1

πλήσσω (πλήττω) 捶打

［拉］pulso, verbero

［德］schlagen

［英］strike

390d4, 441b6, 462c11, 604c8

πλίνθον 砖

［拉］later

［德］Ziegel

［英］brick

333b4

πλινθουργός 制砖师

［拉］laterarius

［德］Ziegelstreicher

［英］brickmaker

πλοῖον 船

［拉］navis

［德］Schiff

［英］ship

333c3

πλούσιος 富足的，丰富的

［拉］dives, opulentus

［德］reich

［英］wealthy, rich

329e4, 330a3, 336a7, 364a6, 364b6, 406c7, 407a4, 407a11, 408b5, 408b9, 422a7, 422b4, 422b8, 422c5, 423a1, 465c1, 489b7, 489b9, 494c6, 495a7, 521a3, 547b6, 550d1, 551a1, 551a9, 551d6, 522b6, 553d5, 555b10, 555c5, 556d2, 556d3, 564e7, 564e13, 567c1, 569a4, 577e5, 578d3, 582c5

πλουτέω 富有，变得富有

［拉］dives sum

［德］reich sein

[英] to be rich, wealthy, becomes rich
330a6, 362b7, 421d6, 422e2, 521a4, 555a6, 556d6

πλοῦτος 财富，富裕
[拉] copia, divitiae
[德] Fülle, Reichtum
[英] wealth, riches, treasure
330c8, 331b7, 421d4, 421e4, 422a1, 434b1, 445a8, 491c2, 550e6, 551a1, 553d5, 555c7, 562b4, 562b6, 582d15, 618b4, 618c8, 619a2

πλύσις 洗，洗涤
[拉] lavatio
[德] das Waschen
[英] washing
429e2

πλωΐζω 航行
[拉] navigo
[德] schiffen
[英] sail
388a9

πλωτήρ 航行者，海员
[拉] vector
[德] Schiffer
[英] a sailor, seaman
489a2

πνεῦμα 风，气息
[拉] ventus, spiritus
[德] Wind, Hauch
[英] blast, wind, breath
394d8, 405d2, 488d7, 496d7

πνέω 吹
[拉] spiro
[德] wehen
[英] blow
386d7, 389e8

πνῖγος 闷热，闷人，窒息
[拉] aestus, calor
[德] die erstickende Hitze
[英] choking, stifling, stifling heat
422c2, 621a3

ποδώκης 腿脚轻快的，跑得快的
[拉] velox
[德] schnellfüßig
[英] swiftfooted, swift, quick
467e4

ποθέω 渴望
[拉] desidero
[德] begehren
[英] long for, yearn after
329a5, 571a5

πόθος 渴望，想望
[拉] desiderium
[德] Verlangen, Sehnsucht
[英] longing, yearning
573a7

ποιέω 做，当作
[拉] facio, efficio
[德] machen, tun, annehmen
[英] make, do
327a3, 328a7, 328b1, 328b3, 328d5, 330b4, 330b5, 330c1, 331c5, 332d7, 332d10, 334d6, 335a7, 335a9, 335c10, 337a7, 337c7, 338a2, 338a5, 339d2, 339d7, 339d9, 339e1, 339e4, 339e6, 339e8, 340a6, 340a7, 340b3, 341a4, 341b7, 342e10, 343c7, 343c8,

344a5, 344c3, 345b3, 345b5, 346d3, 348d6, 350e8, 350e9, 351b5, 351c7, 351d8, 351d10, 352a1, 352a5, 352a7, 352c5, 352e3, 357b4, 358b7, 359b2, 359b7, 359c1, 360c4, 360e7, 362c1, 362d9, 363b1, 363c6, 365a7, 367b4, 367e3, 368a2, 368d2, 369b4, 369c9, 369c10, 369e6, 370c9, 370d7, 371a4, 371b6, 371c1, 372a6, 372b8, 372c3, 373b2, 374d5, 375c6, 377c1, 378b3, 378d5, 378d6, 379a3, 379a8, 379b7, 379b9, 380a5, 380c8, 380d4, 381c4, 381e9, 382d3, 383a3, 386a4, 386a7, 387c2, 388a2, 388a6, 388b4, 388b8, 388d6, 389a1, 390a8, 393b1, 393b3, 393c9, 394d3, 395a5, 395c6, 396d5, 397d1, 398b5, 399e1, 401b3, 401d8, 402e5, 403d3, 403e2, 404e1, 406b4, 407c4, 411b1, 411b4, 411b7, 412e2, 412e8, 413b10, 413c7, 415e4, 416b2, 419a2, 420d5, 420e7, 421b1, 421c1, 422c1, 423b6, 424a2, 426a3, 426b9, 427a1, 427e5, 432a2, 432c6, 433a2, 433d2, 435a2, 435a4, 436b8, 437a2, 437a10, 438e7, 441b7, 441e9, 444c2, 444d3, 445b1, 450d8, 450e2, 456c12, 458b1, 458c2, 458d9, 458e3, 460a2, 461e9, 462b1, 462b2, 464c7, 466a1, 466a4, 467b4, 467c6, 468a6, 469b5, 469e1, 470a9, 471b3, 472a1, 472d9, 474a6, 474d7, 475a4, 475a6, 477d5, 488c1, 488d6, 493d5, 493d6, 494c5, 498a3, 498d3, 500b5, 500b6, 501a3, 501a7, 501c2, 502b9, 503d2, 504e1, 508a5, 510b7, 510c6, 510d6, 510d8, 511b5, 515c8, 519d8, 519e4, 523b4, 524a1, 526b4, 526e1, 527a8, 528a2, 529a7, 529b4, 530c1, 530d9, 531a1, 531b8, 536d8, 538c2, 538e2, 539d1, 540c1, 540e1, 543c8, 551c3, 552c7, 553c6, 554a2, 554a11, 556c5, 556e2, 557b5, 557d6, 563d5, 563e9, 565a4, 567a10, 567e6, 571c8, 573b2, 574d6, 576a1, 577d11, 577e1, 585e1, 588e6, 589a1, 589a3, 589b4, 589b5, 589d2, 591a6, 592a3, 596b7, 596c2, 596c5, 596c6, 596d5, 596e1, 596e9, 596e10, 597a2, 597a4, 597c3, 597c7, 597d8, 598b1, 598e3, 598e4, 598e5, 599a1, 599a3, 599a6, 599c3, 599d5, 600c5, 600e6, 600e7, 601c8, 601c11, 601d2, 601d6, 601d10, 601e2, 601e5, 602a12, 603e4, 604a7, 605a10, 605b4, 605b6, 606c5, 606c7, 609a6, 609b5, 609b9, 609c5, 618c4, 619d5, 620e6

ποίημα 做成的东西，诗作，作品，行动

［拉］quod aliquis fecit, poema, opus

［德］das Gemachte, Gedicht, Arbeit

［英］anything made or done, poem, work

330c3, 381d6, 398a3, 401b3, 437b4, 474e3, 606b5

ποίησις 诗，作品，制作，创作

［拉］poesis, poema

［德］das Machen, Schöpfung, Dichtung

［英］creation, production, poem

366e7, 390a2, 393d1, 394b9, 394c4, 493d4, 595a3, 602a11, 602b9, 603b7, 603c1, 607a4, 607b2, 607e7, 608a6, 608b2

ποιητέος 应当做的，必须做的
[拉] faciendus
[德] zu tun
[英] to be made, one must do
339c10, 340b7, 341a2, 361c4, 378e2, 379a4, 387c9, 389b2, 396a5, 413c6, 413d8, 427c5, 427e3, 460a1, 460a8, 545b2, 605b7, 605d5, 612b3

ποιητής 创造者，制造者，诗人
[拉] confictor, factor, auctor
[德] Schöpfer, Verfertiger, Dichter
[英] maker, poet
328e6, 329b8, 330c3, 364a1, 364c6, 365e3, 366b1, 373b7, 377d5, 378d2, 378e7, 379a3, 379d1, 380b3, 381d2, 382d9, 387b2, 388a5, 391d4, 392a13, 392d2, 392e3, 393a6, 393c9, 393c11, 394b4, 394c3, 394d2, 397c8, 398a8, 401b1, 414c5, 424c1, 460a1, 568b4, 568b5, 595b4, 597d2, 597d11, 598e3, 599a3, 599c1, 599c3, 601b3, 601b9, 601d9, 601e7, 605a2, 605d5, 606a6, 606e3, 606e5

ποιητικός (adv. ποιητικῶς) 能创造的，有创造力的，诗的
[拉] faciendi vim habens, poeticus
[德] schaffend, dichterisch
[英] capable of making, creative, productive, poetical
332b9, 387b3, 387b4, 393d8, 600e5, 501a4, 606d4, 607a2, 607b6, 607c5, 607d7, 608b7

ποικιλία 斑驳，斑斓
[拉] varietas
[德] Buntheit
[英] marking with various colours, variety, intricacy
373a7, 401a2, 404d1, 404e3, 529d7, 611b2

ποίκιλμα 刺绣品，花样繁多，花花绿绿
[拉] ornatus versicolor
[德] buntweberei, bunter Zierrat
[英] brocade, embroidery
529b1, 529c7

ποικίλος 多花色的，五彩斑斓的
[拉] varius
[德] bunt
[英] many-coloured
365c6, 399e9, 426a2, 557c5, 557c8, 558c5, 559d9, 561e4, 568d6, 588c7, 604e1, 605a5, 616e9

ποικιλόω (ποικίλλω, ποικιλτέον) 绣花，刺绣
[拉] vario
[德] bunt machen, mannigfach verzieren
[英] embroider
378c4, 557c5, 557c6

ποιμενικός 属于牧羊人的，关乎放牧的
[拉] pastoralis
[德] zum Hirten gehörig
[英] of or for a shepherd
345d2, 345d5

ποιμήν 牧羊人

[拉] pastor
[德] Schäfer
[英] shepherd
343a8, 343b1, 345c2, 345c4, 345d1, 359d2, 359e2, 370d10, 416a3

ποίμνη (ποίμνιον) 畜群
[拉] grex
[德] Herde
[英] flock
359e3, 416a4, 440d6, 451d9, 459e1

ποιπνύω 忙忙碌碌，拼命干
[拉] sedulo ministro
[德] eilen, hasten, eifrig sein
[英] bustle about
389a6

πολεμέω (πολεμητέον) 战斗，斗争
[拉] pugno
[德] bekriegen, kämpfen
[英] fight, do battle
332e11, 373e2, 378b8, 422a5, 422a7, 422d5, 440a5, 466e2, 469d9, 470c6, 470e2, 548a2, 551d10, 552a1, 555a5, 557e4, 600a2

πολέμιος (πολεμικός) 有关战争的，敌对的
[拉] militaris, hostilis, inimicus
[德] den Krieg betreffend, feindlich
[英] of or belonging to war, hostile
334a2, 374b4, 374c4, 374d1, 375c2, 382c8, 389b8, 397e7, 397e8, 399a1, 399a6, 404a10, 415e2, 417b4, 422c6, 422e9, 423a5, 434b2, 434b3, 442b5, 456a1, 467c3, 468a2, 468a9, 469b5, 469d7, 470a7, 470c6, 471a7, 471c9, 521d11, 522c10, 522e1, 525b3, 525b8, 526d1, 527c5, 537b5, 549a5, 549a6, 551e1, 561d4, 567a7, 567c2, 579b2, 583a8

πόλεμος 战争，战斗
[拉] bellum, pugna
[德] Krieg, Kampf
[英] battle, fight, war
372c1, 373e5, 373e6, 374b1, 374c2, 374d3, 404b8, 408a1, 416d8, 422b4, 452a5, 453a3, 457a7, 460a4, 460b1, 466c9, 466e1, 466e5, 467a2, 467b3, 467c2, 467c5, 468a1, 468d2, 470b5, 470b9, 470c7, 471a2, 503d1, 521a8, 521d5, 525c4, 537a4, 537d2, 539e4, 543a4, 543a5, 543b8, 547a4, 547c3, 547d7, 547e4, 551d10, 566e8, 567a8, 575b3, 599c7, 600a1, 614b4

πολιορκέω 包围，围困
[拉] oppugno
[德] einschließen
[英] besiege
453a9

πόλις 城邦，城市
[拉] civitas
[德] Staat
[英] city
330a1, 338d7, 338d10, 339a1, 339c1, 343b4, 343d7, 345e2, 347d2, 348d5, 351b1, 351b7, 351b8, 351c8, 351e10, 362b2, 365e5, 366b1, 368e3, 368e5, 369a1, 369a5, 369b5, 369b7, 369c4, 369c9, 369d6, 369d11, 370e4, 370e5, 370e9, 371a8, 371b4, 371b6, 371c7,

576c7, 576c10, 576d2, 576e1, 577c2, 577c5, 577d1, 577d10, 577e6, 578a5, 578b2, 578d3, 578d12, 578e3, 579b6, 579e5, 580c4, 580d3, 590e2, 590e4, 592a7, 592a10, 595a2, 599c8, 599d6, 599e1, 600d1, 605b3, 605b5, 605b6, 607a5, 607a6, 607b2, 607c5, 613d2, 615b3, 615c7

πολιτεία 政制，城邦体制

［拉］civitatis regimen, jus civitatis

［德］Staatsverfassung

［英］constitution of a state

397e1, 412a10, 424a4, 424e1, 427a3, 445c9, 445d1, 445d4, 449a1, 449d5, 449d7, 450a8, 461e7, 471c7, 471e2, 472b2, 473b7, 473e1, 493a1, 497a3, 497b7, 497c4, 497d1, 499b2, 499d3, 501a10, 501c6, 501e4, 502d1, 506a9, 520b3, 536b3, 540d2, 541a5, 544a3, 544b1, 544b10, 544c5, 544c8, 544d2, 544d7, 544d8, 545a3, 545b3, 545b5, 545d1, 547c7, 547d1, 548c3, 548c9, 548c10, 548d3, 548d6, 549a8, 550c1, 550c9, 550c11, 550d10, 551a12, 551b5, 551b8, 552a2, 522e6, 553a1, 553e2, 554b1, 557a4, 557b1, 557c1, 557c4, 557d2, 557d4, 557d8, 558a5, 558c4, 558c9, 561e6, 562a4, 562c5, 564a1, 564a6, 564b9, 564e2, 568b7, 568c5, 568d1, 590e4, 591e1, 605b7, 607d8, 607e7, 608b1, 619c7

πολιτεύω 成为公民，生活在城邦中

［拉］in civitate vivo

［德］Bürger sein

［英］to be a citizen

426b10, 426c3, 427a3, 462d7, 549c3, 561d3, 568b7, 579c5

πολίτης 公民，同邦人，同胞

［拉］civis

［德］Bürger

［英］citizen

344b5, 344c1, 370c7, 375b10, 378c7, 389b8, 409e5, 414e5, 416b2, 416d1, 416e1, 417b1, 423d3, 426c1, 428c12, 431e4, 456d12, 456e6, 457a3, 462b5, 462c1, 462c4, 462c7, 462d8, 463a4, 463a6, 463a10, 463d6, 463e3, 464a4, 466a1, 466c8, 471b7, 494b10, 501e3, 502b9, 519e4, 520a3, 520a4, 555c8, 556a10, 563d5, 567b1, 567d5, 567e5, 568a5, 579c1

πολιτικός 城邦的，公共的，属于公民的

［拉］politicus

［德］politisch, öffentlich

［英］civil, public

345e1, 407d4, 407e3, 424c5, 426d5, 430c3, 443e4, 473d3, 489c4, 493d3, 496c3, 498b8, 521b1, 521b10, 540b3, 558b7, 592a5

πολίχνιον 小镇，小城市

［拉］oppidulum

［德］Städtchen

［英］small town

370d6

πολλάκις 经常，多次

［拉］saepe

［德］oft

［英］many times, often

329a2, 330b4, 336b1, 358d8, 424c1, 433a4, 433b1, 439c4, 442d4, 468c7, 505a3, 507a8, 532d5, 533d4, 538d8, 556d2, 561d2, 584b2, 602e4, 606c8

πολλαπλάσιος 许多倍的
[拉] multo maior, multiplicatus
[德] vielmal
[英] manytimes as many, multiple
423b1, 530c2, 534a7, 555e5

πολλαπλασιόω 倍增
[拉] multiplico
[德] multiplizieren
[英] multiply
525e2

πολλαπλόος 多种多样的，形形色色的
[拉] multiplex
[德] vielfach, mannigfaltig
[英] manifold
397e2

πολλαχοῦ (πολλαχῇ) 在许多地方
[拉] in multis locis
[德] an vielen Orten
[英] in many places
394c4, 414c5, 440a8, 491a3, 525d1, 538d8, 596d8

πολυαρμόνιος 能奏出许多曲调的
[拉] multas harmonias habens
[德] mit vielen Melodien
[英] capable of being played upon in many modes
399d1

πολυειδής 多样的，各种各样的，多样形相的
[拉] multiformis
[德] vielgestaltig
[英] of many kinds, multiform
590a7, 612a4

πολυειδία 多样，多样性
[拉] varietas
[德] Verschiedenartigkeit
[英] diversity of kind
580d11

πολυθρύλητος 大家都谈论的，非常著名的
[拉] omnibus notus, vulgi sermonibus celebratus
[德] viel besprochen
[英] much-spoken-of, well-known, notorious
566b5

πολυκέφαλος 多头的
[拉] multa habens capita
[德] vielköpfig
[英] many-headed
588c7, 589b1

πολυπραγμονέω 非常忙碌，爱管闲事
[拉] ardelionem ago
[德] vielerlei Ding treiben, vorwitzig sein
[英] to be busy about many things, meddle
433a8, 433d5, 443d2, 551e6

πολυπραγμοσύνη 爱管闲事
[拉] rerum alienarum curatio vel tractatio
[德] Vielgeschäftigkeit, Vorwitz
[英] meddlesomeness
434b7, 434b9, 444b2

πολύς (comp. πλείων, sup. πλεῖστος, adv. πλειστάκις) 多，许多
［拉］multus
［德］viel
［英］many, much
328a9, 329a4, 329c6, 329d1, 329e2, 329e4, 330a7, 330b7, 330c1, 330d2, 330d4, 330e6, 331a11, 331b5, 334c7, 334d12, 336e7, 336e10, 341a9, 343d5, 343d8, 343e1, 344d3, 345b3, 347e2, 349b3, 349c1, 349c6, 349c8, 349e12, 350a7, 351b2, 353a2, 358a4, 358e4, 359d3, 360c8, 362a3, 362c3, 363a5, 363b3, 364b3, 366b6, 366c5, 367a5, 367c7, 368e7, 369b6, 369c2, 370b4, 370c3, 370c7, 370d2, 370d5, 371a7, 371a9, 372a8, 373b5, 373b6, 373c2, 373d1, 373d3, 373e1, 374a6, 374c3, 374d7, 374e1, 376e3, 377b7, 377c4, 377c5, 378c3, 378c5, 379c3, 379c4, 380d4, 381b6, 381e1, 381e4, 382e1, 383a7, 383c5, 386c6, 387b3, 387e8, 388d6, 389a1, 389a2, 389b2, 391e12, 392b2, 394a2, 394d7, 394e4, 394e8, 395a2, 395b5, 395e2, 396e7, 397a4, 397d7, 397d8, 401c1, 401c2, 401d4, 402c9, 402d5, 405a2, 405a3, 405b7, 405e2, 406b2, 408d1, 408d11, 409b7, 409c5, 411c4, 412a6, 415a8, 416e8, 417a1, 417b3, 417b4, 421b5, 421d10, 421d12, 422c2, 422c5, 423a2, 423a3, 423a5, 423b1, 423d5, 423d6, 423d9, 424e1, 425e1, 425e5, 426d6, 426e1, 427a5, 428b10, 428e1, 428e2, 428e6, 431b9, 431c3, 431c10, 433a9, 435d3, 435e1, 436c1, 437d8, 437d10, 437e3, 438b9, 438c1, 439a5, 439c4, 440e4, 441b1, 442a6, 442a8, 442d6, 443e1, 445d6, 445e1, 449c8, 450b2, 450c6, 452a7, 452c6, 452c7, 453c5, 453c10, 454a4, 454a10, 455b7, 455b8, 455d3, 455d4, 456e2, 456e5, 457d4, 457d9, 458d7, 459b4, 459c2, 459d8, 460b4, 460d6, 462b1, 462c7, 462c9, 463a8, 463b13, 464a7, 464a10, 464e3, 465b7, 466a9, 466c2, 467a4, 467d9, 468c6, 468c7, 469d3, 470e3, 471b2, 471e2, 472a8, 472c2, 473d4, 473e4, 473e7, 475d1, 476a7, 477c8, 478c15, 479a3, 479a6, 479b3, 479b10, 479d3, 479e1, 479e3, 484a6, 484b5, 484d4, 485e4, 487d2, 488a5, 489a10, 489b3, 489d1, 489d4, 489d10, 490b1, 490d3, 490d5, 490e3, 491b4, 492a6, 492b5, 492b7, 492d1, 492e2, 493a8, 493c10, 493d5, 493e3, 494a1, 494d8, 495a1, 495c5, 495d7, 496a4, 496c7, 498a7, 498c6, 498d7, 498e1, 499a2, 499d8, 499d10, 500b2, 500b7, 500d2, 500d10, 501c9, 502a8, 503b9, 503e3, 505b1, 505b5, 505d2, 505d5, 506a5, 506e1, 507b2, 507d4, 508a3, 508b5, 509c9, 515c3, 515d8, 518a8, 519a5, 520c7, 520d8, 522c11, 523d4, 525e4, 526c2, 526d8, 527d5, 528a4, 528c4, 529d1, 530c8, 530e1, 535b6, 536b5, 536d2, 536d3, 537d7, 537e9, 538a1, 539a6, 539b9,

πολύστροφος 缠绕得很紧的，变化不
定的

[拉] versatilis

[德] viel zu drehen, biegsam

[英] much-twisted, versatile

331a8

πολυτελής 昂贵的，很破费的，珍贵的

[拉] sumtuosus, pretiosus

[德] kostspielig, kostbar, prächtig

[英] very expensive, costly, precious

507c7

πολυχορδία 多弦

[拉] chordarum multitudo

[德] Menge von Saiten

[英] the use of many strings

399c7

πολύχορδος 多弦的，多音的

[拉] multas chordas habens, multos
sonos edens

[德] vielsaitig, vieltönig

[英] many-stringed, many-toned

399d4

πολυψήφις 多石子的

[拉] lapidosus

[德] kiesreich

[英] with many pebbles, pebbly

566c5

πομπή 派遣，游行

[拉] missio, pompa

[德] Sendung, Festzug, Prozession

[英] mission, procession

327a4, 327c3, 382e10, 383a8

πονέω (πονητέον) 苦干，劳苦，辛苦

［拉］laboribus succumbo, lassesco
［德］sich abmühen, arbeiten
［英］work hard at, toil
410b6, 411c4, 451d8, 462d2, 486c10, 504d1, 531a3, 531d4, 536e3, 619d4

πονηρία 邪恶
［拉］improbitas
［德］Schlechtigkeit, Bosheit
［英］wickedness, vice
342a5, 342b2, 342b3, 392a1, 409d7, 409d9, 449a5, 489d10, 491e4, 575c3, 601e8, 602a9, 609a9, 609c5, 609c6, 609d10, 609e2, 609e4, 610a1, 610a6, 610a7, 610e6, 615e3

πονηρός 邪恶的，坏的
［拉］malus, improbus
［德］schlecht, böse
［英］evil, wicked, malicious
334c5, 334c12, 334d7, 334e2, 335a4, 335b4, 341e5, 342a1, 347c4, 364a6, 396a5, 408d12, 409a2, 409b2, 409d2, 421d14, 425e10, 490e4, 499b4, 519a2, 551c6, 561c1, 576b11, 579e1, 591a7, 591b1, 601e4, 602b2, 606c4, 609a6, 610c7, 618c4

πόνος 苦工，艰辛
［拉］labor, difficultas
［德］Arbeit, Mühe
［英］hard work, toil
365b6, 369e5, 371e3, 380e5, 410b5, 410b8, 413d4, 460d4, 503a3, 503e1, 519d6, 520b2, 526c1, 535b8, 536d3, 536e2, 537a9, 561a8, 619d3, 620c5

πόντος 海，大海
［拉］mare
［德］Meer
［英］sea
611e5

πόπανον 烤出来的东西，圆饼
［拉］libum
［德］Gebäck
［英］round cake
455c7

πορεία 旅行，旅程
［拉］profectio, migratio
［德］Reise
［英］journey
526d5, 532b4, 532e3, 556c9, 614e2, 615a2, 615a3, 619e4, 621d2

πορεύω (πορευτέον) 前进，旅行
［拉］eo, proficiscor
［德］gehen, reisen
［英］go, walk, march
328c8, 328e3, 365b1, 420b3, 452c4, 458a2, 473d4, 506c8, 510b6, 516d1, 533c8, 555b7, 563c8, 563d3, 568d2, 614b8, 614c5, 616b3, 619e4, 621a2

πορίζω 带来，提供，弄到
［拉］suppedito, praebeo, procreo
［德］bringen, darbieten, sich verschaffen
［英］bring about, furnish, provide, procure
364b7, 427d2, 437c4, 465c5

πόρρω (πρόσω) 远远地，往前，向前
［拉］porro, procul
［德］ferner, vorwärts
［英］forwards, far off

343c1, 395d2, 432e2, 499c9, 526d9, 554e5, 581e3, 598b6, 603a11, 603a12, 605c3, 610e3, 620c2

πόσις 饮，饮酒

[拉] potio

[德] das Trinken

[英] drink

350a1, 580e4

ποταμός 河，溪

[拉] flumen

[德] Fluß, Strom

[英] river, stream

381d8, 391b1, 391b2, 396b6, 621a5, 621c2

ποτέρως 以两种方式的哪一种

[拉] utro modo

[德] auf welche von bieden Arten

[英] in which of two ways

341b4, 347e5, 368c7

πότμος 死亡，劫数，落到头上的命运

[拉] sors, fatum, mors

[德] Los, Todeslos, Verhängnis

[英] death, lot, destiny

386d10, 390b5

ποτόν (ποτός) 饮料，喝酒

[拉] potus

[德] Getränk

[英] drink

329a6, 332c10, 380e4, 389e1, 437d6, 437d10, 438a2, 445a8, 585b13

πούς 脚

[拉] pes

[德] Fuß

[英] foot

400a1, 400a2, 400c2, 432d7, 522d6, 616a1

πρᾶγμα 事情，重大的事情，麻烦事

[拉] res

[德] Sache

[英] thing

336e7, 344e1, 347d8, 350a2, 353b1, 362a5, 370a3, 374e10, 406e3, 408d8, 476c2, 494b9, 505a1, 531b3, 531c5, 549c6, 604c7, 606e4, 608c9

πραγματεία 勤奋，努力，事业

[拉] studium, officium

[德] Eifer, Geschäft

[英] diligence, business

500c1, 528d3, 531d3, 532c3

πραγματεύομαι 从事

[拉] facio, laboror

[德] beschäftigen

[英] busy oneself, work at

427a4, 430d4, 506c1, 510c3

πρακτικός 关乎行动的，实践性的

[拉] aptus ad agendum, rebus gerendis aptus

[德] das Handeln betreffend, praktisch

[英] fit for or concerned with action, practical

476a10

πρᾶξις 行事，行为，实践，情况，事情的结局

[拉] actio, successus rerum

[德] Handlung, Lage, Ende der Geschichte

[英] doing, action, practice, result

332e3, 334a3, 349b6, 349c5, 349c7, 350a9, 389c6, 396c6, 399a6, 399b4, 425d3, 434a1, 443c10, 443e5, 443e7, 444a1, 463d1, 473a2, 476a6, 486c11, 527a7, 577a8, 600a5, 601d5, 603c5, 603d3, 606d3, 613c5, 619a3

πρᾶος (adv.πρᾴως) 温和的，心平气和的
［拉］mansuetus, placidus
［德］zahm, sanft
［英］mild, soft, gentle
354a12, 375c1, 375c6, 375c8, 375e3, 376c1, 387e6, 493b2, 500a5, 502a1, 562d3, 566e3, 589c6

πραότης 温和，柔和
［拉］mansuetudo
［德］Milde, Sanftmut
［英］mildness, gentleness
558a4

πρᾶσις 卖
［拉］venditio, venundatio
［德］Verkauf
［英］sale
371d6, 525c3

πράσσω (πράττω, πρακτέον) 做
［拉］ago
［德］tun, handeln, machen
［英］do, act
345a4, 347a1, 347a2, 347b7, 350a8, 351c9, 351e1, 352a1, 352a6, 352b7, 352b8, 352c2, 352c6, 352c8, 353d4, 353e5, 360c3, 366b5, 370a4, 370b2, 370b4, 370b10, 370b11, 370c5, 371c8, 382c9, 390d2, 391e5, 391e6, 395b5, 395c3, 395e5, 395e8, 396d1, 397e2, 399b7, 399c1, 400e6, 406e2, 407a1, 411c9, 412d5, 412d6, 412e2, 433a8, 433b4, 433d4, 433d9, 434a6, 434b6, 434c9, 435b5, 4368, 436b1, 439b6, 441d9, 441e1, 441e2, 442b1, 443b2, 443c6, 443d2, 443e2, 443e3, 444c1, 444c10, 445a1, 451d6, 452a8, 452c5, 453b5, 453c5, 457a9, 457b3, 458b5, 463d1, 463d5, 463e4, 463e5, 466d2, 473a1, 473b5, 486c4, 492b8, 494d1, 494e4, 495d5, 496c8, 496d6, 498a4, 498a6, 498c2, 505d6, 505e1, 517c5, 517c9, 519c4, 519c5, 519e2, 527a7, 536b5, 537b4, 539d9, 540b5, 550a2, 558b7, 561d3, 564d9, 565b3, 586e6, 588b7, 588e4, 589a7, 592a5, 592b5, 603c4, 603c6, 614d1, 620d1, 621d3

πραΰνω 使变温和，使变平静
［拉］mitigo
［德］besänftigen
［英］make soft, soothe, calm
440d3, 501c8, 572a4

πρέπω (adv. πρεπόντως) 相适合，相配，合适
［拉］decet, convenio
［德］passen, ziemen
［英］fit, suit
327a5, 342e10, 397b7, 399a7, 400b3, 406e4, 408b7, 419a6, 425b2, 444b4, 451d2, 460a1, 460c5, 460d8, 467d8, 474d3, 474d4, 491d4, 498c4, 500b5, 504a2

πρεσβεία 使节，使节团

[拉] legatio
[德] Gesandtschaft
[英] embassy
422d1, 509b9

πρεσβεύω 敬重，做使节
[拉] veneror, legatus sum
[德] schätzen, achten, Gesandter sein
[英] respect, to be an ambassador or serve as one
591c8

πρέσβυς (πρεσβύτης) 老人
[拉] senex
[德] Alter
[英] old man
328b9, 328e1, 378d1, 380c1, 393b2, 394a1, 395d7, 409c8, 412c2, 425b1, 452b1, 461a3, 465a5, 465a8, 467e7, 492b2, 494b8, 536c8, 539c5, 540e5, 548c1, 549b1, 560c9, 561a9, 563a6, 572d5, 574c2, 608c6, 613d2, 615d1

πρηνής 脸朝下的，面朝前的
[拉] pronus
[德] vorwärtsgeneigt, aufs Gesicht
[英] with the face downwards, lying on the front
388a8

πρίαμαι 买
[拉] emo
[德] kaufen
[英] buy
333b12, 371d3, 563b7

προαγορεύω 预先告知
[拉] praedico
[德] verkünden
[英] tell beforehand
426b10

προάγω 引出，带路，在前面引导
[拉] perduco, profero
[德] vorbringen, vorwärtsgehen
[英] lead forward, bring forward
415d7

προαιρέω (προαιρετέον) 有意选择，首先选择
[拉] praefero
[德] vorziehen, sich auswählen
[英] prefer, choose
535a11, 559a8

προαπόλλυμαι 先毁灭
[拉] ante perdo, prius pereo
[德] vorher vernichten, vorher untergehen
[英] destroy first, perish before or first
496d4

προβαίνω 向前走，前进
[拉] progredior, procedo
[德] vorschreiten, vorrücken
[英] step forward, advance
566b6, 604b12

προβάλλω 扔向前面，抛给
[拉] projicio, propono
[德] vorwerfen, vorschieben
[英] throw or lay before, put forward
536d7

πρόβατον 羊
[拉] ovis
[德] Schafe

［英］sheep
343a8, 343b1, 343b6, 345c4, 397a7, 416a6, 422d6

πρόβλημα 难题，防护物
［拉］problema, munimentum
［德］Problem, Verteidigungsmittel
［英］problem, anything put before one as a defence
530b6, 531c2

προγιγνώσκω 预先认识，预先知道
［拉］ante cognosco, praenosco
［德］vorher erkennen, vorher wissen
［英］know, or understand beforehand
426c4

πρόγονος 祖先
［拉］progenitor
［德］Vorfahr
［英］forefather, ancestor
359d1, 364c1, 463c7, 618b1

προδίδωμι 放弃
［拉］prodo
［德］preisgeben
［英］give up
474a6, 607c8, 615b3

προδοσία 背叛，背弃
［拉］proditio
［德］Verrat
［英］betrayal, treason
443a3

πρόειμι 向前走，前进，开始
［拉］anteeo, procedo
［德］vorgehen, fortschreiten
［英］go forward, advance, begin
436c8, 437a7, 498b6, 498b6, 526d9, 550e4

προερέω (προεῖπον) 预先说出，预先告知
［拉］praedico
［德］vorhersagen
［英］say beforehand
337a9, 337b6, 393c3, 398c5, 398d6, 408c2, 435d4, 491c8, 504a9, 504b3, 510c1, 517d1, 519b8, 524d9, 539d3, 539d4, 543b3, 551b2, 578c4, 619c3

προέρχομαι 前进，走在前面
［拉］progredior, procedo
［德］vorgehen, vorrücken
［英］go forward, advance
616b7

προέχω 举在前面，超过，胜过
［拉］praecedo
［德］vorhalten, voraus sein
［英］hold before, surpass, excel
484d10

προήσθησις 事前的快乐，期待中的喜悦
［拉］laetitia praecepta
［德］Vorfreude
［英］joy beforehand
584c10

προθεραπεύω 预先准备，提前准备
［拉］ante praeparo
［德］vorher zu Diensten sein, zubereiten
［英］prepare beforehand
429e5

προθυμέομαι (προθυμητέον) 一心要做，非常想做，热衷于

[拉] studeo
[德] bereit, geneigt sein, erstreben
[英] to be ready, willing, eager to do
344e7, 402b2, 426d2, 432c1, 459a10, 461c4, 472e7, 506d7, 520b4, 534c2, 582b6, 596a2, 599b6, 613a8

προθυμία 渴望，热心，好意，善意
[拉] studium
[德] Eifer, Bereitwilligkeit
[英] eagerness, goodwill
412e2, 497e4, 533a2

πρόθυμος (adv. προθύμως) 热心的
[拉] promptus, studiosus
[德] eifrig, willig, bereitwillig
[英] zealous, eager
338b7, 468c3, 497e5, 498c5, 498c6, 520d2

πρόθυρον 前门，门廊
[拉] vestibulum
[德] Torweg, Vorhalle
[英] front-door, door-way, porch, portico
365c3

προΐστημι 放在前面
[拉] praepono, praeficio
[德] voranstellen
[英] put before one, put in front
428e8, 442a5, 531b1, 564d8, 565a7, 565c9, 565e3, 569a5, 599a8

προῖκα 免费地，无偿地
[拉] gratis, sine mercede
[德] unentgeltlich, umsonst
[英] as a free gift, freely
346e1

προκαλέω 挑战，提交
[拉] provoco
[德] herausfordern
[英] challenge, offer
451c3, 576e3, 577a1, 577b5

προκαταλαμβάνω 先拿下，先占领
[拉] praeoccupo, praevenio
[德] vorher ergreifen, gewinnen
[英] win over before, preoccupy
494c1

πρόκειμαι 置于……前面，躺在……前面，被摆出来
[拉] positus sum ante, praejaceo
[德] vorliegen, ausgesetzt sein
[英] to be set before, lie before, to beproposed
406d7, 407a5, 514b6, 533e2, 555b9, 608c2

προκολακεύω 预先奉承，预先恭维
[拉] ante adulor
[德] vorher schmeicheln
[英] flatter beforehand
494c2

προκρίνω 优先选择，宁愿选择
[拉] ante dijudico, praepono, praefero
[德] vorher wählen, vorziehen
[英] choose before others, prefer
537b9, 537d4

πρόκριτος 选择的，选取的
[拉] electus
[德] ausgewählt
[英] chosen before others, select
537d3

προλέγω (προεῖπον) 预言
[拉] praenuncio
[德] vorhersagen
[英] foretell
337a5

προλείπω 放弃，抛弃
[拉] desero
[德] verlassen
[英] forsake, abandon
601b7

προλυπέομαι 预先感到痛苦
[拉] ante dolore afficior
[德] sich vorher betrüben
[英] to feel pain before
584b6

προλύπησις 事先的痛苦，可预期的痛苦
[拉] dolor praeceptus
[德] vorhergegangene Kränkung
[英] previous distress
584c10

προμήθεια 预思，先虑，先见
[拉] providentia, prudentia
[德] Vorsicht, Fürsorge
[英] foresight, forethought
441e5

προμήκης 长的，长方形的
[拉] praelongus, oblongus
[德] länglich
[英] prolonged, oblong
546c4

προοίμιον 序曲，导言，颂诗
[拉] exordium, praefatio
[德] Vorspiel, Einleitung, Lobgesang
[英] introduction, prelude, hymn
357a2, 432e8, 531d7, 531d8, 532d7

προομολογέω 预先同意
[拉] prius seu ante confiteor
[德] vorher zugestehen
[英] grant or concede beforehand
479d7

προοράω 预见
[拉] prospicio
[德] vor sich sehen, vorausblicken
[英] foresee
453d1, 499a11

προπαιδεία 预备教育
[拉] institutio antecedens
[德] vorbereitender Unterricht, Vorbildung
[英] preparatory teaching
536d6

προπαιδεύω 预备教育
[拉] ante instituo vel doceo
[德] vorher unterrichten
[英] teach beforehand
536d6

προπαρασκευάζω 预先准备
[拉] praeparo
[德] vorher zubereiten
[英] prepare beforehand
429d7

προπάροιθε 在……前面
[拉] ante
[德] vorn, vorher
[英] before, in front of
364d2

προπάσχω 预先遭受

προσγίγνομαι 加上，增加，产生，发生，
[拉] adsum, adnascor
[德] dazukommen, sich anschließen
[英] to be added, accrue, come to, happen to
346d7, 375e10, 437e8, 438e8, 609a6, 609a7

προσδέομαι (προσδέω) 还缺少……，还需要……
[拉] indigeo, requiro
[德] noch dazu bedürfen, noch dazu begehren
[英] to be in want of, stand in need of besides
341e3, 341e4, 342a2, 342b2, 342c5, 370e9, 371b1, 373c4, 373c6, 375e9, 387e1, 398d12, 416e6, 504c6, 507c10, 507d5, 507d8

προσδέχομαι 接受，容许，期待
[拉] admitto, expecto
[德] annehmen, zulassen, erwarten
[英] accept, admit, await, expect
485c3, 535e3, 561b7

προσδοκάω (προσδοκέω) 指望，期待
[拉] expecto
[德] erwarten
[英] expect, wait for
376d5, 486c3

προσδοκία (προσδόκημα) 期待，指望
[拉] exspectatio
[德] Erwartung, Vermutung
[英] looking for, expectation
584c9

προσεικάζω 使相似，相比拟，比较
[拉] simile aliquid efficio, comparo
[德] vergleichen, nachbilden
[英] liken, compare
473c6

πρόσειμι 走向，走近；加上……，属于
[拉] adeo, adsum
[德] hinzugehen, dabei sein
[英] come or go to, approach, to be added to
339a8, 347c1, 373a2, 437e1, 509b8, 620d7

προσεῖπον 对……说，打招呼，称为
[拉] alloquor, appello
[德] ansprechen, nennen
[英] speak to, address
422e4, 435a5, 463b11, 463c4, 476b2, 533d4, 580d11, 607b3

προσέλκω 拉往……，拖向……
[拉] attraho, assumo
[德] ziehen, an sich ziehen
[英] draw towards, draw on
439b9

πρόσεξις 注意，关注
[拉] attentio
[德] Aufmerksamkeit
[英] attention
407b2

προσέοικα 相似，相像
[拉] similis sum
[德] ähnlich sein, gleichen
[英] tobelike, resemble
430e4

προσερέω (προσερῶ, προσρητέος) 说话，攀谈

［拉］alloquar

［德］anreden, ansprechen

［英］speak to, address

428b13, 431d5, 461d4, 463a4, 479b7

προσέρχομαι 来，去，结交，拜访

［拉］adeo, incido

［德］hinzugehen, sich anschließen

［英］come or go to, visit

327b7, 328e2, 420c5, 493b1, 494d4, 614d1

προσέτι 此外，而且还

［拉］praeterea

［德］noch dazu, überdies

［英］over and above, besides

568c7

προσεύχομαι 祈祷，发愿，朝拜

［拉］precor, preces adhibeo

［德］beten, erflehen

［英］offer prayers or vows

327a2, 327b1

προσέχω 带给，献上

［拉］applico

［德］herführen

［英］apply, bring

376a9, 396b3, 406d6, 432b8, 459a4, 521d8, 549d4, 554b4

προσήγορος 谈得来的，熟识的

［拉］ut familiaris

［德］angeredet

［英］conversable

546b7

προσήκω 来到，抵达，关系到，适合于，属于

［拉］pertineo aliquo, attineo

［德］herzugekommen sein, in Verbindung stehen

［英］to have come, reach, belong to, be related to

332b8, 332c2, 332c7, 332c11, 337d3, 337d4, 342b4, 362c5, 379a2, 389b7, 395c4, 404a1, 412a2, 415c1, 420d4, 429a1, 441e4, 442b2, 443a10, 444b4, 453b10, 467a8, 474c1, 485e5, 488d7, 490b3, 490b4, 490c10, 491d2, 492a2, 492a3, 495b8, 495c2, 496a7, 497a3, 497a4, 500b3, 501d7, 504d2, 525b11, 526c9, 526d2, 526e6, 526e7, 527d4, 530c6, 539d6, 585d11, 588a3, 588a4, 588a6

πρόσθεν 在……前，以前，从前

［拉］ante, olim, prius

［德］vorn, früher

［英］before, in front of

391d7, 423c7, 436e5, 437a7, 464b8, 464c5, 465e4, 471c3, 471c6, 478d5, 485b7, 502d5, 514b1, 519c10, 521d13, 533d7, 550e4, 576b1, 587c10, 604b12, 614c7, 618a2

προσθήκη 补充，附加，附加物

［拉］additio

［德］Zugabe

［英］addition, appendage, supplement

339b1

προσίζω 坐在……旁边，靠近……坐着

［拉］assideo, sedeo

［德］sich daransetzen, nachsetzen

［英］come and sit near

564d10

προσκάθημαι 坐在近旁，坐在前面

[拉] obsideo

[德] dabeisitzen

[英] to be seated by

609d1, 609d6

προσκέπτομαι 预先思考，预先考察

[拉] ante quaero

[德] vorhersehen, vorherüberlegen

[英] view, examine, consider beforehand

435d4

προσκεφάλαιον 枕头，枕垫，垫子

[拉] pulvinar

[德] Kopfkissen

[英] cushion for the head, pillow

328c1

προσκυνέω 拜倒在……面前，敬拜

[拉] adoro, veneror

[德] fussfällig verehren

[英] make obeisance, fall down and worship

398a4, 451a4, 469b1

προσκύπτω 俯身向某人

[拉] caput inclino vel admoveo

[德] sich heranbeugen

[英] stoop to or over

449b5

προσλαμβάνω 此外还取得

[拉] accipio praeterea

[德] mitanfassen, dazunehmen

[英] take or receive besides or in addition

556e4

προσλάμπω 照耀，照亮

[拉] affulgeo

[德] hinleuchten

[英] shine upon

617a1

προσμηχανάομαι 设计，设法得到

[拉] comparo

[德] künstlich daranfügen, noch dazu ersinnen

[英] contrive or procure for oneself

467c6

πρόσοδος 前往，前进

[拉] aditus

[德] Zugang

[英] going or coming to, approach

573d10

προσομιλέω 交往，交谈

[拉] versor cum aliquo, colloquor

[德] verkehren, sich unterhalten

[英] hold intercourse with, associate with

494a8, 603b1, 603c1

προσόμοιος 很相近的，非常相似的

[拉] adsimilis, valde similis

[德] ziemlich gleich

[英] nearly like, much like

578d4

προσπαρέχω 此外还提供，此外还供应

[拉] affero, adiungo

[德] noch dazu geben, gewähren

[英] to furnish or supply besides

437e1

προσπίτνω (προσπίπτω) 扑向，进攻

[拉] accido

[德] angreifen, überfallen
[英] fall upon, attack
515a8, 523c3, 535c6, 561c7

προσποιέω 假装，佯装
[拉] affecto, simulo
[德] vorgeben
[英] pretend
338a7, 405a9, 421a4, 566e4, 577b6

προσπολεμέω 和……打仗，同……开战
[拉] pugno adversus aliquem
[德] bekriegen, bekämpfen
[英] carry on war against
332e5

προσπταίω 碰上，磕碰
[拉] offendo
[德] anstoßen
[英] bump oneself
604c8

πρόσταγμα 命令，指令
[拉] mandatum
[德] Anordnung, Befehl
[英] ordinance, command
423c2

πρόστασις 外在威仪，浮夸的外表，夸耀
[拉] apparatus, pompa
[德] Gepränge, Prunk
[英] outward dignit, pompous appearance, pomp
577a4

προστάσσω (προστακτέον) 命令，下令
[拉] jubeo
[德] befehlen
[英] command, order
339d6, 339d8, 339e3, 339e7, 340a5, 342e3, 353b3, 368d3, 392b5, 406c4, 406d4, 407d4, 408a7, 423c3, 423c5, 423d9, 453b10, 455e4, 465a6, 465a9, 491a9, 527c1, 527d6, 530c3, 530c5, 556b1, 567d1

προστατέω 站在前头，当领导
[拉] praesum, rego
[德] Vorsteher sein
[英] stand before, ruleover
562d1

προστάτης (adv. προστατικός) 站在前头的人，领袖，头目
[拉] praefectus, curator
[德] Vordermann, Vorsteher
[英] one who stands before, leader, chief
565d2, 565d4, 565d5, 566c10, 566d2, 572e6, 573b1, 607d6

προστίθημι 补充，加
[拉] addo, adaugeo
[德] dazugeben, hinzufügen
[英] add, make additions
335a6, 339b4, 348e10, 349a1, 367b7, 369d8, 370d10, 420c7, 468b12, 492d5, 527a9, 591e3

προστρέχω 跑向，接近
[拉] accurro
[德] hinzulaufen, herankommen
[英] run to or towards, come to
440a2

προσφέρω (προσοιστέος) 送上，献上，走向，接近
[拉] affero, offero, admoveo

［德］hintragen, vorbringen, herankommen
［英］bring to, present, approach
403a10, 403a12, 403b1, 403b3, 412a5, 422c1, 423a2, 442e2, 471b7, 563d6, 604d4

προσφερής 相似的，类似的
［拉］similis
［德］ähnlich
［英］similar, like
494b6, 616b6

πρόσφορος 有用的，适宜的，合适的
［拉］utilis, accommodatus
［德］nützlich, angemessen
［英］useful, suitable, fitting
535b3

προσφυής 牢牢地长在……上的，紧紧依附于……的，适合于……的
［拉］natura adhaerens vel conjunctus
［德］angewachsen, befestigt, angemessen
［英］firmly attached by growth, fixed or attached to, suitable
519b2

προσφύω 生长在……上，依附在……上
［拉］assresco, inolesco
［德］anwachsen
［英］grow to or upon
611d4

πρόσχημα 托词，借口，装饰物，外表
［拉］praetextus, decus, ornamentum
［德］Vorwand, Einkleidung
［英］pretence, pretext, ornament, aspect
495d1

προσχράομαι 进一步使用，另外使用
［拉］insuper utor, utor
［德］zu Hilfe nehmen, sich dazu bedienen
［英］use or avail oneself of a thing besides, use in addition
346c6, 346c10, 505a3, 510d5, 511c1, 522c1

προσχωρέω 走向，走近，同意，赞成
［拉］me dedo
［德］nahekommen, nachgeben
［英］go to, approach, agree with
539a1

πρόσωθεν (πόρρωθεν) 从远处，遥远地，从很久以前
［拉］e longinquo
［德］von fern her, fern
［英］from afar, distantly, from long ago
327b2, 368d3, 499a8, 514b2, 523b5, 523c3, 564c2, 598c3, 602c9

προσῳδία 声调，强调
［拉］accentus
［德］Betonung
［英］voice-modulation
399a8

πρόσωπον 脸，面容
［拉］vultus
［德］Angesicht, Gesichtszüge
［英］face, countenance
601b6

προτάσσω 安排在……之前，预先安排
［拉］antepono, praepono

[德] voranstellen, vorher festsetzen
[英] place or post in front, appoint or determine beforehand
433e4
προτείνω 提出，拿给，递给，建议
[拉] protendo, propono
[德] vorhalten, darbieten
[英] hold out, offer, propose
382a2, 449b4, 525d8
πρότερος (προτεραῖος) 更早的，在先的
[拉] prior
[德] früher, vorhergehend
[英] before, former, earlier
336d6, 336d8, 350d3, 354b3, 361c4, 373c5, 373d2, 376e6, 377a1, 377a6, 377a9, 387d3, 396e4, 402b2, 402b6, 402b9, 404b5, 407a9, 409d7, 414c4, 422b10, 424a8, 425a6, 425a9, 428a4, 430d7, 430d8, 430e4, 432c2, 434d7, 455a5, 456b8, 458b6, 473e1, 477b11, 477e4, 487e1, 506a7, 516c10, 518e1, 522a2, 533e7, 534d1, 535a6, 535c6, 536c8, 538b9, 539c2, 545b3, 546d4, 547d1, 547d8, 550c6, 568a1, 574d8, 580a2, 580a3, 596a1, 599b4, 613a2, 619c7, 620a2, 620c5
προτίθημι 提出，提供，设置
[拉] propono, objicio
[德] vorsetzen, voranstellen
[英] set before, set out, propose
352d3, 375d4, 413c8, 460d9, 545c5, 562b3, 603c4
προὔργου 有益的，有用的
[拉] utilis
[德] dienlich
[英] useful, serviceable
376c8, 376d5, 498d3
προφαίνω 使显现，使出现
[拉] appareo, prodeo
[德] vorzeigen, zum Vorschein bringen
[英] bring to light, show forth, manifest
545b1
προφανής 清楚的，明显的
[拉] conspicuus
[德] sehr deutlich, einleuchtend
[英] plain, clear
530d2
προφασίζομαι 提出借口，诡称……
[拉] praetendo
[德] vorgeben, sich entschuldigen
[英] allege by way of excuse, make excuses
474e5
πρόφασις 借口，托词
[拉] praetextus
[德] Vorwand
[英] pretext, pretence, excuse
460b4, 469c9, 474e5, 475a6, 556e6, 567a7
προφήτης (προφῆτις) 代言人，解释者，预言者
[拉] interpres, vates
[德] Wortführer, Wahrsager
[英] spokesman, interpreter, expounder, prophet
366b1, 617d2, 619b3, 619c4
προφθάνω 抢先，抢在……前头，超过

[拉] anteverto

[德] zuvorkommen

[英] outrun, anticipate

500a6

πρωί 在早上，早

[拉] mane

[德] frühmorgens, früh

[英] early in the day, early

358b2

πταίω 绊脚，跌倒，失误，犯错误

[拉] titubo, pecco

[德] verfehlen, anprallen

[英] stumble, make a false step or mistake

553b1

πτερόω 加上羽毛，长出羽毛

[拉] pennis induo, alatum reddo

[德] mit Flügeln versehen, flügge werden

[英] furnish with feathers or wings, to be or become feathered

467d12

πτηνός 能够飞的

[拉] volucer

[德] geflügelt

[英] able to fly

522c6

πτοέω 使激动，使慌乱

[拉] perterrefacio, cupiditate aliqua vehementi incendo

[德] scheuchen, in Unruhe sein, in Aufregung sein

[英] flutter, excite

439d7

πτῶμα 跌倒，绊倒

[拉] casus, lapsus

[德] Fall, Sturz

[英] fall

583b7

πτῶσις 坠落，跌倒，遭殃

[拉] iactus

[德] der Fall, das Fallen

[英] falling, fall

604c6

πτωχεία 乞讨，赤贫

[拉] mendicitas

[德] Bettelei, Armut

[英] beggary, mendicity

618a6

πτωχικός 像乞丐的，赤贫的

[拉] mendicus

[德] bettelhaft

[英] of or fit for a beggar, beggarly

554c1

πτωχός 乞丐，穷人

[拉] inops, mendicus, pauper

[德] Arme, Bettler

[英] beggar

521a4, 522c9, 522d3, 522d8, 556a1

πυθμήν 底部

[拉] fundus

[德] Boden

[英] bottom

546c1

πυκνός 经常的，频繁的，稠密的

[拉] frequens, densus

[德] häufig, dicht

[英] frequent, close, compact

328d1, 501b1, 510a2, 568a11, 573e4

πύκνωμα 组合音符，重复出现的音符；稠密，密实

[拉] sonorum quaedam, condenstaio

[德] Wiederholung desselben Tonen, Dichtigkeit

[英] combined notes, recurrent notes, dense mass, concentration

531a4

πύκτης 拳击手

[拉] pugil

[德] Faustkämpfer

[英] boxer

422b6, 422b7

πυκτικός 精通拳击的

[拉] luctandi peritus

[德] im Faustkampfe geschickt

[英] skilled in boxing

333e4, 422c5

πυλίς (πύλη) 小门

[拉] portula

[德] kleines Tor, Pförtchen

[英] little gate, postern

560c8

πυνθάνομαι 询问，打听，听到，了解到

[拉] interrogo, quaero, audio

[德] fragen, sich erkundigen

[英] inquire about, hear, learn

328e2, 328e4, 337b5, 344c2, 353a9, 358d3, 476e5, 491c6, 530e1, 599d1, 614e4

πῦρ 火

[拉] ignis

[德] Feuer

[英] fire

372d1, 404c3, 413e2, 421e4, 503a6, 514b2, 514b3, 515a7, 517b3, 569c1

πυρά (πυρή) 火葬堆，焚献牺牲的祭坛

[拉] rogus

[德] Opferherd

[英] funeral-pyre

391b6, 614b7, 621b7

πυρεῖον 钻木取火用的木材

[拉] ligna e quibus inter se contritis iguis elicitur

[德] Feuerholz

[英] firesticks

435a2

πυρετός 发烧

[拉] febris

[德] Fieber

[英] fever

610b1

πυρός 小麦

[拉] triticum

[德] Weizen

[英] wheat

363c1, 372b3

πωλέω 卖

[拉] vendo

[德] verkaufen

[英] sell

371b7, 371e4

πῶλος 马驹

[拉] pullus equinus

[德] Füllen

[英] foal

413d8

πῶμα 一剂药，一口饮料
［拉］potus, poculum
［德］Trank, Getränk
［英］drink, draught
406a4, 437d11, 437e5, 439a3, 439a4, 439a6

ῥᾴδιος (adv. ῥᾳδίως) 容易的，漫不经心的
［拉］facilis, expeditus
［德］leicht, mühelos
［英］easy, ready
328c8, 328e4, 329e3, 330a5, 331e5, 336c5, 344a4, 348e6, 350d1, 351a4, 364d1, 365c6, 368e8, 370a6, 374c4, 375b11, 377b5, 378a2, 378c3, 390b7, 422b1, 422b8, 422c8, 423a9, 423e5, 424d3, 425e1, 434d8, 450c6, 453c7, 455a7, 455b6, 473c4, 475e6, 484a4, 489c9, 497d6, 501a4, 510c1, 516a6, 516a9, 518d4, 526c2, 526e1, 541a5, 580b5, 582b6, 587c3, 599a1, 603e5, 604e3, 606b8, 611b5, 611d1

ῥᾳθυμία 漫不经心，随便，懒散
［拉］desidia, segnities
［德］Leichtsinn, Sorglosigkeit
［英］heedlessness, taking things easily
504c5

ῥᾴθυμος 漫不经心的，漠不关心的
［拉］desidiosus, segnis
［德］bequem, sorglos
［英］light-hearted, careless
549d3

ῥαΐζω 康复
［拉］melius me habeo, revalesco
［德］sich von schwerer Krankheit erholen
［英］find relief from pain, recover from illness
462d5

ῥᾳστώνη 轻松，容易，温和，闲适
［拉］facilitas, commoditas, levatio
［德］Leichtigkeit, Erleichterung, Bequemlichkeit
［英］mildness, rest, leisure, ease
460d6, 525c5

ῥαψῳδέω 朗诵诗歌
［拉］carmina continua pronuntio vel recito
［德］Rhapsode sein, Gedichte hersagen
［英］recite poems
600d6

ῥαψῳδός 史诗朗诵者，朗诵诗的人
［拉］qui memoriter pronuntiat
［德］Rhapsode
［英］reciter of Epic poems
373b7, 395a8

ῥέθος 肢体
［拉］membrum
［德］Glied
［英］limb
386d9

ῥέπω 沉下去，倾向于
［拉］vergo, inclino
［德］herabsinken, sich neigen
［英］sink, incline
485d6, 544e1, 550e7

ῥεῦμα 河流，水流
[拉] fluentum, fluvius
[德] Strom
[英] river, stream
405d1, 485d8

ῥέω 流逝，崩溃
[拉] fluo, decido
[德] fließen, sich stürzen
[英] flow, fall
485d10, 495b5

ῥήγνυμι 打碎，撕破
[拉] rumpo
[德] zerbrechen
[英] break asunder
359d3

ῥῆμα 言辞，说出的话语，动词
[拉] verbum, dictum
[德] Wort, Ausspruch
[英] that which is said or spoken, word, saying, phrase
336a1, 340d5, 462c4, 463e5, 464a1, 473e6, 498e1, 562c3, 601a5

ῥῆσις 言辞，谈话
[拉] oratio, verba
[德] das Redeb, Wort
[英] saying, speech
393b7, 393b8, 393c1, 394b4, 605d1

ῥητέον 必须说
[拉] dicendus
[德] zu sagen, muß sagen
[英] one must say, mention
550d4, 595b9, 595c3

ῥητορικός 修辞学的，演说的
[拉] rhetoricus
[德] die Redekunst betreffend, rednerisch
[英] oratorical, rhetoric
548e5

ῥητός 可说的
[拉] dictus
[德] erklärbar, sagbar
[英] speakable
546c1, 546c5

ῥήτωρ 演说家，修辞学家
[拉] orator
[德] Redner
[英] public speaker, orator
348b4, 396e10, 536c7

ῥιγόω 发冷，受冻
[拉] rigeo, frigeo
[德] frieren, Frost empfinden
[英] to be cold, shiver
440c3, 440c9

ῥίζα 根
[拉] radix
[德] Wurzel
[英] root
565d2

ῥίπτω 扔，抛
[拉] jacio
[德] werfen, schleudern
[英] throw, cast
474a1, 617e6

ῥῖψις 扔，抛
[拉] jaculatio, deiectus
[德] das Werfen, Schmeissen
[英] throwing, hurling
378d4

ῥοή (ῥόος) 流动，流水
[拉] fluentum, fluxus
[德] Strömung, Fluß
[英] flux, river
492c6

ῥοπή 天平的倾斜，转折点，紧要关头
[拉] nutus, momentum, impulsusu
[德] Senkung der Waagschale, Ausschlag
[英] turn of the scale, fall of the scale-pan, weight, decisive influence
556e3

ῥυθμός 节奏
[拉] rhythmus
[德] Rhythmus
[英] rhythm
397b7, 397c1, 397c4, 398d2, 398d8, 399e9, 399e10, 400a3, 400b4, 400c3, 400d3, 401d7, 404e1, 442a2, 522a6, 601a8

ῥύμμα 洗涤用的去污品，碱液
[拉] remedium purgans
[德] Reinigungsmitel, Seife, Lauge
[英] anything used for washing, soap, lye
429e2, 430a6, 430b2

ῥυσός 干瘪的，有皱纹的
[拉] rugosus
[德] runzlig
[英] shrivelled, wrinkled
452b2

ῥώμη 力量，体力
[拉] robur, vis
[德] Stärke, Macht
[英] bodily strength, might
361b4, 410b7, 488b1, 498b8

σάλπιγξ 号角，喇叭，军号
[拉] tuba
[德] Trompete
[英] a war-trumpet, trump
397a6

σαπρότης 腐烂，霉烂
[拉] putredo
[德] Fäulnis
[英] rottenness, putridity
609e3

σαρδάνιος 挖苦的，轻蔑的，讽刺的
[拉] ridere dicitur qui in dammno alterius cavillatur
[德] bitter, hämisch, höhnisch
[英] bitter or scornful
337a3

σάρξ 肌肉，肉
[拉] carnis
[德] Fleisch
[英] flesh
556d4

σαφήνεια 清楚，明白，真实
[拉] perspicuitas
[德] Deutlichkeit, Bestimmtheit
[英] clearness, distinctness
478c11, 509d9, 511e3, 524c6, 533e4

σαφής (adv. σαφῶς) 清楚的，明白的
[拉] manifestus, clarus, planus
[德] deutlich, klar, sichtbar
[英] clear, plain, distinct
336d2, 338d5, 340a1, 362e4, 392d7, 400b4, 441b7, 444c3, 445b6, 508d1,

511c4, 515e4, 523a8, 523c4, 528d2, 532c6

σέβομαι 敬畏
[拉] veneror, colo
[德] sich scheuen, ehren
[英] revere, awe
393e4

σεισμός 震动，激动
[拉] concussio, motus
[德] Erschütterung, Sturm
[英] shock, agitation, commotion
359d3, 621b2

σελήνη 月亮
[拉] luna
[德] Mond
[英] moon
516b1

σεμνός (adv. σεμνῶς) 庄严的，神圣的
[拉] vererandus, sacer
[德] erhaben, heilig
[英] august, holy
382b1, 475b1, 563c8

σεμνύνω 使宏伟庄严，夸大，美化
[拉] venerandum et augustum reddo, orno, honore et dignitate adficio
[德] ehrwürdig od. feierlich machen, verherrlichen
[英] exalt, magnify
405a3, 558b2

σηκός 围栏
[拉] stabulum
[德] Hürde
[英] pen, fold
460c1, 460c9

σῆμα 信号，标记，坟墓
[拉] signum, sepulcrum
[德] Zeichen, Grab, Grabmal
[英] sign, mark, grave, tomb
391b5

σημαίνω 表明，宣告，发信号
[拉] significo, impero
[德] bezeichnen, befehlen
[英] show by a sign, give a sign, point out
334a9, 388e2, 399d10, 440a5, 440a7, 518c4, 523d5, 524a7, 524a10, 584a11, 602e4, 616a3

σημάντωρ 指挥官
[拉] dux
[德] Lenker, Gebieter
[英] leader, commander
389e9

σημεῖον 迹象，信号，标记
[拉] signum
[德] Zeichen
[英] mark, sign
368b5, 382e10, 496c4, 607c3, 614c6, 614c8

σηπεδών 腐烂，腐败
[拉] putrefactio
[德] Fäulnis
[英] decay, putrefaction, mortification
609a2

σιγάω 保持沉默
[拉] taceo
[德] schweigen
[英] keep silence

378a4, 515a2, 616a7

σιγή 安静，沉默

[拉] silentium, taciturnitas

[德] Stille

[英] silence

398e8, 394a2, 425b1

σιδήρεος 铁的，铁制的

[拉] ferreus

[德] eisern

[英] made of iron or steel

415c6, 547a1, 547a2, 547b3, 586b2

σίδηρος 铁

[拉] ferrum

[德] Eisen

[英] iron

411a10, 415a6, 609a2

σιμός 扁鼻子的，塌鼻梁的，平的

[拉] simus

[德] stumpfnasig

[英] snub-nosed, flat-nosed

474d8

σίτησις 吃饭

[拉] alimonium, victus

[德] das Essen

[英] eating, feeding

404d11

σιτίον (σῖτος) 食物，粮食

[拉] cibus

[德] Essen, Getreide

[英] food, grain

332c9, 338d1, 369e4, 369e5, 372a6, 380e4, 390b1, 403e8, 404b1, 410b8, 420a3, 438a2, 438a3, 445a8, 475c3, 475c4, 559b1, 559b3, 571c5, 585c13, 609a1, 609e2, 609e5, 610a1

σιωπή 安静

[拉] tacitus

[德] Stille

[英] silence

389e6

σκαιότης 笨拙，愚蠢

[拉] perversitas, inepta ratio

[德] Stumpfsinn, Unverstand

[英] awkwardness

411e2

σκέλος 腿，脚

[拉] crus

[德] Bein

[英] leg

514a6

σκέμμα 思考的问题，思考的事情

[拉] consideratio, speculatio

[德] Betrachtung, Überlegung

[英] subject for speculation or reflection, problem, scheme

435c4, 445a6

σκεπτέον 必须考虑，必须考察

[拉] considerandum est

[德] man muss betachten, überlegen

[英] one must reflect or consider

339b2, 339b5, 352d4, 352d5, 372a3, 392c7, 394c8, 421b3, 430e3, 444a10, 545b5, 555b3, 558c8

σκέπτομαι 考虑，思考

[拉] considero

[德] nachdenken

[英] consider

333e3, 337c9, 342a4, 342a6, 342b1,

342e3, 347e2, 351a7, 352d3, 353d3, 354b5, 363e5, 369b4, 371e13, 372a5, 392c8, 420c4, 433b8, 434d5, 444e7, 458b3, 466a3, 520a6, 526c9, 545c1, 558c9, 571a1, 619c2

σκευάζω 准备，安排

[拉] instruo, apparo

[德] bereiten, ausrüsten

[英] prepare, make ready

372b2, 559d10

σκευαστός 制造出来的，人工的

[拉] paratus, factus

[德] verfertigt, künstlich

[英] prepared by art, artificial

510a6, 515c2

σκευή 行头，服装

[拉] apparatus, vestitus

[德] Zeug, Bekleidung

[英] attire, apparel

414e1, 577b1

σκεῦος 器具，器皿

[拉] apparatus, instrumentum

[德] Zeug, Gerät

[英] vessel, implement

373a3, 373b8, 381a6, 401a3, 428c2, 514c1, 596b3, 596b7, 596c5, 596e3, 601d4, 601e7

σκέψις 考虑，思索，观察

[拉] consideatio, speculatio

[德] Überlegung, Prüfung

[英] consideration, speculation

336e3, 376d5, 434d6, 510d3, 533e1, 545a6, 571d8, 578c7

σκηνάω 扎营

[拉] tendo, commoror

[德] sich lagern

[英] encamp

610e3, 621a4

σκῆπτρον 棍，杖

[拉] sceptrum

[德] Stab, Stock

[英] staff or stick

393e6

σκιά 影子

[拉] umbra

[德] Schatten

[英] shadow

386d7, 510a1, 510e2, 515a7, 515b9, 515c2, 515d1, 516a6, 516e8, 517d9, 532b7, 532c1, 532c2

σκιαγραφία 阴影图像

[拉] adumbratio, umbra

[德] Schattenbild, Blendwerk

[英] painting with the shadows

365c4, 602d2

σκιαγραφέω 画出阴影，画出明暗

[拉] adumbro

[德] einen bloßen Schatten umriß machen

[英] paint with the shadows

523b6, 583b5, 586b8

σκιαμαχέω 和影子战斗，同想象中的敌人战斗

[拉] cum umbra pugno

[德] mit Schatten kämpfen

[英] fight against a shadow

520c7

σκιατροφέω 在阴凉处抚养大，娇生

惯养
［拉］vitam dego umbratilem, molliter vivo
［德］im Schatten erziehen, weichlich erziehen, weichlich leben
［英］keep in the shade, bring up tenderly
556d4
σκιρτάω 跳，跃
［拉］salio, exsulto
［德］springen, hüpfen
［英］spring, leap
571c6
σκληρός 顽固的，硬的
［拉］durus
［德］hart, verstockt
［英］hard, stiff, unyielding
410d8, 411b1, 524a1, 524a3, 524a8
σκληρότης 坚硬，硬（性）
［拉］durities
［德］Härte
［英］hardness
410d1, 523e6, 607b4
σκολιός 弯的，歪斜的
［拉］obliquus, tortus
［德］krumm, gebogen
［英］curved, crooked
365b3, 506c11
σκοπέω 考虑，注视，查明
［拉］speculor, considero
［德］überlegen, prüfen, sich umshen
［英］behold, contemplate
330e5, 339b6, 339d5, 342a7, 342b2, 342b7, 342c1, 342c12, 342d5, 342e8, 343b2, 343b7, 343d1, 344a2, 345d7, 346d2, 346e6, 347d5, 348b4, 349a5, 351b7, 352d7, 352d8, 354b4, 367e1, 369b3, 372e2, 372e4, 376c9, 376d1, 387d4, 394d5, 403d1, 412d10, 413d9, 421d1, 422a4, 427d1, 430d8, 430e2, 433e3, 435a1, 435d9, 436c3, 451d2, 458b8, 462e5, 470d3, 473c8, 476c4, 476e4, 477a2, 485b10, 486a1, 486b10, 491b4, 497e5, 503e3, 504a2, 507c10, 510b2, 511d1, 515c4, 521c1, 521c10, 523c9, 526d9, 527e6, 536a5, 537d4, 539c7, 545b4, 553a3, 553d3, 553e4, 554a1, 554b7, 571b3, 572a2, 573e8, 577c1, 578c6, 578c9, 578d1, 582a4, 582a8, 589c2, 598b1, 606a1, 609d4
σκοπιά 望楼，瞭望塔
［拉］specula
［德］Warte, Ort zum Spähen
［英］lookout-place, watch-tower
445c4
σκοπός 瞭望者，观察者，目标
［拉］speculator, meta
［德］Wächter, Aufseher, Ziel
［英］one who watches, watcher, mark
452e2, 519c2
σκοτεινός 黑暗的
［拉］obscurus, tenebrosus
［德］dunkel, finster
［英］dark, obscure
432c8, 520c3, 558d8
σκότος 黑暗

[拉] tenebra, caligo
[德] Dunkelheit
[英] darkness, gloom
461b2, 508d7, 516e4, 517d7, 518a3, 548a7

σκοτόω 使变黑暗，使变瞎
[拉] obscuro, tenebras obduco
[德] verdunkeln, verfinstern
[英] darken, blind
506a1, 518a7

σκοτώδης 黑暗的，昏暗的
[拉] obscurus
[德] dunkel
[英] obscure, dark
478c14, 479c8, 518c8

σκύλαξ (σκυλάκιον) 小狗
[拉] canis
[德] junger Hund
[英] young dog, puppy
375a2, 451d7, 537a7, 539b6

σκυλεύω 剥夺，夺去
[拉] spolio
[德] berauben
[英] strip
469c8

σκυτικός 制鞋的，制革的
[拉] corio factus, coriarius
[德] zur Schustereigehörig
[英] skilled in shoemaking
374b4, 374b8, 456d10

σκυτοτομέω 做鞋，做鞋匠
[拉] sutrinam facio
[德] Schuhmacher sein
[英] cut leather for shoes, to be a shoemaker
374c5, 443c6, 454c4

σκυτοτομία 做鞋，制鞋
[拉] sutrina
[德] Schusterei
[英] shoemaking
397e6, 601a1, 601a7

σκυτοτομικός 鞋匠的，皮匠的
[拉] ad artem sutoriam pertinens
[德] zum Schuhmacher oder Riemer gehörig
[英] of or for a shoemaker
333a6, 443c5

σκυτοτόμος (σκυτεύς) 鞋匠，皮匠
[拉] sutor
[德] Schuhmacher
[英] shoemaker, cobbler
369d8, 370d3, 370e3, 374b6, 374b8, 397e5, 434a3, 434a4, 456d10, 466b1, 598b9, 600e7, 601c8, 601c11

σκῶμμα 玩笑，嘲讽
[拉] jocus, cavillum
[德] Scherz, Spott, Witz
[英] jest, gibe, joke
452b7

σκώπτω 讥讽，嘲讽
[拉] cavillor, irrideo, ludo
[德] scherzen, spotten
[英] jest, joke, mock
349a7, 487e7

σμερδαλέος 可怕的
[拉] terribilis
[德] furchtbar
[英] fearful, aweful, direful

386d2

σμῆνος 一群蜂，一群，一大批

［拉］examen, turba

［德］Bienenschwarm

［英］swarm of bees, swarm, crowd

520b6, 552c3, 574d3

σμίλη 刀，凿刀，刻刀

［拉］scalprum

［德］Schnitzmesser

［英］knife for cutting

353a1

σμινύη 锄头，双头镐

［拉］ligo

［德］Kleinheit

［英］hoe, mattock

370d1

σοφία 智慧

［拉］sapientia

［德］Karst, Hacke

［英］wisdom

338b1, 348e2, 349a2, 350d5, 351a3, 351c2, 354b6, 365d4, 398a1, 406b8, 428b1, 429a2, 431e10, 433d8, 443e6, 457b2, 475b8, 485c10, 493a9, 493b6, 493d2, 504a6, 516c5, 600d3, 602a11, 605a3

σοφίζω 使有智慧，教诲

［拉］sapientiae studeo

［德］weise machen, belehren

［英］make wise, instruct

509d3

σόφισμα 巧计，妙法

［拉］argutiae, machina

［德］das klug Ersonnene

［英］clever device, ingenious contrivance

496a8

σοφιστής 智者

［拉］sophistes, sophista

［德］Sophist

［英］sophist

492a6, 492a7, 492b1, 492d6, 492d9, 493a7, 596d1

σοφός 智慧的

［拉］sapiens

［德］weise, klug

［英］wise

331e6, 335e4, 335e9, 337a8, 339e5, 340e5, 350b3, 350b5, 350b7, 350c4, 350c11, 352b7, 365c1, 365c5, 390a8, 391c3, 409c5, 409d3, 409d7, 409e1, 426c6, 427e10, 428b3, 428b12, 428c3, 428d10, 428e8, 432a1, 435b6, 441c9, 441c10, 441e4, 442c5, 466c2, 489b7, 502d4, 519a2, 530d1, 546a8, 547e1, 564c2, 568a8, 568b1, 568b2, 568b5, 582c6, 583b5, 600a4, 607c1

σπάνιος 稀少的，少有的

［拉］rarus, paucus

［德］selten, wenig

［英］rare, scarce

476b11, 503d11

σπαράσσω 攻击，辱骂

［拉］vellico

［德］schmähen, angreifen

［英］pull to pieces, attack

539b6

σπαργάω 肿胀

［拉］tumeo
［德］schwellen
［英］swell
460c9
σπείρω 播种
［拉］sero
［德］einsäen
［英］sow
460b5, 492a3, 497b4
σπέρμα 种子
［拉］semen
［德］Same
［英］seed
491d1, 497b4
σπεύδω 急于，加紧
［拉］propero, festino
［德］eilen, eifrig sein
［英］hasten
528d7
σπήλαιον 洞穴
［拉］spelunca
［德］Höhle, Grotte
［英］grotto, cavern
514a5, 515a8, 539e3
σπηλαιώδης 像洞穴一样的
［拉］speluncae similis
［德］Höhlenartig
［英］cavern-like
514a3
σπλάγχνον 内脏
［拉］viscus
［德］die inneren
［英］the inward parts, esp. the viscera
565d9
σποδίζω 烤
［拉］torreo
［德］rösten
［英］roast
372c8
σπονδή 奠酒，合约
［拉］libatio, induciae
［德］Trankopfer, Vertrag
［英］drink-offering, a solemn treaty or truce
379e3
σπουδάζω (σπουδαστέον) 认真做，热衷于
［拉］serio contendo
［德］ernsthaft sein
［英］to be serious
330c5, 336e9, 403b7, 405a4, 452c6, 452e1, 485e4, 485e5, 538b8, 549d2, 599a8, 599b5, 605d4, 608a6, 608d1
σπουδαῖος 急切的，认真的，杰出的
［拉］serius, gravis, praestans
［德］eilig, ernsthaft, trefflich
［英］in haste, quick, earnest, serious, good, excellent
333e1, 387e10, 423d1, 424e7, 519d7, 536c4, 603c2, 608a7
σπουδαστικός 严肃的，认真的，热心的
［拉］seria agens
［德］emsig, eifrig, ernsthaft
［英］zealous, earnest
452e6
σπουδή 急忙，热切，认真
［拉］festinatio, studium
［德］Eile, Eifer, Ernst
［英］haste, zeal, earnestness

388d2, 396d4, 397a3, 529e5, 545e3, 602b8, 604c1

στασιάζω 争吵，反目，内讧

［拉］dissideo

［德］sich streiten, sich empören, entzweien

［英］quarrel, to be in a state of discord, disagree

351d11, 352a2, 352a7, 440b3, 442d1, 464e2, 465b8, 470c9, 488b3, 520c8, 545d6, 556e5, 556e9, 566a6, 586e5, 603d1, 603d3

στάσιμος 停住的，静止的，稳定的

［拉］sedans, stabilis, firmus, quietus

［德］stehend, ruhig, fest

［英］stopping, stable, steadfast

539d4

στάσις 帮派，纷争；静止；位置

［拉］factio, discordia, status

［德］Parteikampf, Streit, Ruhe, Stelle

［英］party, discord, rest, position

351d4, 440e5, 444b1, 465a3, 470b5, 470b8, 470d1, 470d3, 470d6, 471a2, 545d2, 545e1, 547a5, 547b2, 560a1

στέγω 遮住，阻止

［拉］tego, retineo

［德］decken, Schützen

［英］cover closely, keep out

415e6, 586b2, 621a6

στέμμα 花环，花冠

［拉］corona, infula

［德］Kranz

［英］wreath, garland, chaplet

393e6, 617c2

στεναγμός 叹气，呻吟

［拉］gemitus

［德］das Seufzen

［英］sighing, groaning

578a7

στέργω 喜欢，满意

［拉］diligo, amo

［德］zufrieden sein, lieben

［英］love, to be content or satisfied

474c11, 485c4, 486c4

στερεός 坚固的，硬的，固定的，立体的

［拉］solidus, durus, cubicus

［德］hart, fest, körperlich

［英］firm, solid, cubic

348e5, 422d5, 528a9

στερέω (στερίσκω, στέρομαι) 剥夺，夺走，丧失，缺少

［拉］orbo, privo

［德］berauben, entbehren

［英］deprive, bereave, rob, lack, lose

353c9, 353e2, 375c10, 387e3, 413a5, 413a10, 433e8, 484c7, 606b4

στέφανος 花环，花冠

［拉］corona

［德］Kranz

［英］crown

573a5

στεφανόω 戴花冠

［拉］corono, redimio

［德］bekränzen

［英］crown, wreathe

328c1, 363c6, 372b7, 468b4, 560e3, 613c3

στέφω 戴上花冠，围绕

[拉] corono, circumdo

[德] bekränzen, umhüllen

[英] encircle, crown

398a7

στῆθος 胸膛

[拉] pectus

[德] Brust

[英] breast

390d4, 441b6

στιβάς 草垫

[拉] stramen

[德] Strohlager

[英] bed of straw, rushes, or leaves, mattress

372b5

στοιχεῖον 元素，要素，字母

[拉] elementum

[德] Element

[英] element

402a8

στόμα (στόμιον) 嘴

[拉] os

[德] Mund

[英] mouth

364a1, 383b5, 463e2, 563c2, 565e6, 615d5, 615e2

στόρεννυμι 铺，铺平

[拉] sterno

[德] hinbreiten, hinlegen, bahnen

[英] strew

372b5

στοχάζομαι 瞄准，以……为目标，猜测，揣度

[拉] collimo ad scopum, propositum mihi specto, conjicio

[德] ziehen, schießen, vermuten

[英] aim, aim at, guess

462a4, 519c3

στραγγεύομαι 拖延，踌躇

[拉] moror, cunctor

[德] zaudern

[英] loiter, delay

472a2

στρατεία 出征，远征

[拉] expeditio militaris

[德] Feldzug

[英] expedition

404a12, 407b6, 467d1, 498c1, 556c10

στρατεύω 从军，当兵打仗

[拉] milito

[德] zu Feld ziehen, Kriegsdienste tun

[英] serve in the army

429b3, 466e4

στρατηγέω 当将军，统兵

[拉] exercitum duco

[德] Heerführer sein

[英] to be general

475a10, 553b2

στρατηγία 将军的职权，领兵

[拉] imperatorium munus

[德] Feldherrnamt, Kriegswesen

[英] office of general, generalship

527d4, 599c8, 601a9

στρατηγός 将军，统帅

［拉］dux
［德］Heerführer, Feldherr
［英］leader or commander of an army, general
522d1, 522d8

στρατία 军队
［拉］exercitus
［德］Heer
［英］army
404b11, 468b3, 468c1, 468e4, 526d3

στρατιώτης 士兵
［拉］miles
［德］Soldat
［英］soldier
398b4, 404c2, 414d3, 429e8, 433c8, 468a2, 469b6, 470a6, 543b2

στρατιωτικός 有关士兵的
［拉］militaris
［德］zum Soldaten
［英］of or for soldiers
415e9

στρατοπέδευσις 营地，营盘
［拉］castrorum locatio
［德］das Lagern, Lagerplatz
［英］encamping, encampment
526d2

στρατοπεδεύω 扎营，驻扎
［拉］castra pono
［德］sich lagern
［英］encamp
415d9, 415e2, 416e4

στρατόπεδον 营地，军营
［拉］castra
［德］Lager
［英］camp, encampment
334a1, 351c8, 351e10, 374a1, 394a2, 469d3, 492b6, 522d4, 526d4, 568d5, 615b4

στρεβλόω 绞紧，拉紧
［拉］torqueo
［德］drehen, verdrehen
［英］twist or strain tight
361e4, 531b4, 613e2

στρεπτός 易使弯曲的，柔软的
［拉］torquis vel torques
［德］geflochten, lenkbar
［英］easily twisted, pliant
553c7

στρέφω 旋转，翻滚
［拉］verto, volvo
［德］drehen, wenden
［英］turn about, turn round
330e1, 360a3, 360a4, 360a6, 405c1, 497b3, 518c7, 519b3, 617a5, 617b4

στρόβιλος 陀螺
［拉］turbo
［德］Kreisel
［英］spinning-top
436d5

στροφή 打滚，转弯
［拉］flexio
［德］Wendung
［英］turning, twist
405c1

στυγέω 憎恨，厌恶
［拉］odi
［德］hassen, verabscheuen
［英］hate, abhor

386d2
συβώτης 养猪的人，猪倌
[拉] subulcus
[德] Schweinehirt
[英] swineherd
373c4
συγγένεια 亲戚关系，家族关系
[拉] cognatio
[德] Verwandtschaft
[英] kinship, relationship
491c3, 531d2
συγγενής 同类的，同家族的，同属的
[拉] cognatus
[德] verwandt, mitgeboren
[英] akin to, of like kind
378c6, 403a10, 415a7, 456b3, 463d8, 464e2, 470b7, 470c3, 485c7, 486d7, 487a5, 490b4, 494d9, 495c2, 519b1, 554d7, 559e7, 560b1, 565e7, 611e2
συγγίγνομαι 和某人在一起，和某人交往，和某人交谈，帮助某人
[拉] simul sum, auxilior
[德] zusammenkommen, mit jemandem zusammensein, helfen
[英] keep company with, hold converse with, come to assist
329c2, 330c7, 360c1, 390c4, 403c1, 459d8, 461b10, 556d7, 559d8, 560b5, 572c6, 600c8, 603b4
συγγιγνώσκω (συγγνωστέος) 原谅，同意
[拉] consentio, ignosco
[德] eingestehen, verzeihen
[英] consent, agree, excuse, pardon
426d7, 472a2, 537e7, 568b6, 568b9
συγγνώμη 同情，体谅
[拉] venia
[德] Verzeihung
[英] fellow-feeling
366c5, 472a5, 539a6, 558b1
συγκαθέζομαι 一起坐下来
[拉] una sedeo
[德] zusammensitzen
[英] sit down together
492b5
συγκαθίημι 蹲下，俯伏
[拉] submitto me
[德] sich herablassen
[英] settle down, condescend
563a8
συγκαθίστημι 帮助建立，帮助拥立
[拉] adiuvo aliquem ut imperium obtineat
[德] miteinsetzen
[英] join in setting up or establishing
567b3
συγκαλύπτω 完全遮盖，完全包裹
[拉] obvolvo
[德] ganz verhüllen
[英] cover or veil completely
452d4
σύγκειμαι 躺在一起，被组合起来
[拉] simul positus sum, consto, compositus sum
[德] zusammen liegen, zusammengesetzt sein
[英] lie together, to compounded
398d1
συγκεράννυμι (συγκρατέον) 混合在一起

[拉] commisceo
[德] zusammenmischen
[英] mix, blend with
397c10, 618d5

συγκλάω 打碎，折断
[拉] confringo
[德] zusammenbrechen, zerknicken
[英] break, break off
495e1

σύγκλυς 被冲到一起的；乌合之众
[拉] casu et temere congregates, colluvies, turba
[德] zusammengespült, Gesindel
[英] washed together, promiscuous crowd, mob, rabble
569a3

συγκοίμησις 同床，同睡
[拉] condubitus
[德] Beischlaf
[英] a sleeping together, lying with
460b3

συγχέω 倾倒在一起，使混乱，使模糊
[拉] confundo, permisceo
[德] zusammengießen, vermischen
[英] pour together, confuse, blur
379e4, 524c4, 524c7

σύγχυσις 破坏，违反
[拉] violatio
[德] Zerstörung
[英] violation
379e3

συγχωρέω (συγχωρητέον) 让步，同意
[拉] concedo, indulgeo
[德] nachgeben, zulassen
[英] concede, give up
335e6, 338a8, 342c10, 347d8, 353e7, 353e9, 383a2, 383a6, 383c6, 402e3, 422c10, 434d4, 466c6, 466d5, 470d2, 475a4, 489d5, 502b1, 511e5, 530d9, 540d1, 543b1, 572b7, 572b9, 607a2

συζεύγνυμι 用轭连接起来，连结，结合
[拉] copulo
[德] zusammenjochen, verbinden
[英] yoke together, couple
546c2

σύζευξις 结合，连接
[拉] copulation, coniugium
[德] Verbindung, Kombination
[英] close union, combination
508a1

σῦκον 无花果
[拉] ficus
[德] Feige
[英] fig
372c7

συκοφαντέω 告密，诬告，挑剔
[拉] calumnior
[德] falsch anklagen, schikanieren
[英] prosecute vexatiously, blackmail, quibble
341a5, 341b9, 341c2, 575b7

συκοφάντης 告密者
[拉] sycophanta
[德] Angeber
[英] informer
340d1, 553b4

συλάω 抢劫，掠夺
[拉] spolio, privo

[德] rauben, plündern
[英] strip, pillage, plunder
469d6

συλλαμβάνω 使闭上，使合上，集合，把握，领会
[拉] compono, comprehendo
[德] zusammendrücken, erfassen
[英] put together, close, comprehend
427e4, 488d2

συλλέγω 聚集，集合
[拉] convoco, colligo
[德] versammeln, zusammenlesen
[英] bring together, gather
553c4, 568c2, 574d2, 604e5

συλλήβδην 简而言之，总之
[拉] summatim
[德] zusammenfassend, mit einem Wort
[英] in sum, in short
335d1, 344b1, 444b8, 585c1

συλλογίζομαι (συλλογιστέος) 计算，推论
[拉] computo, rationem subduco
[德] berechnen, schließen
[英] compute, conclude, infer
365a8, 516b9, 517c1, 531d2, 618d6

σύλλογος 集会，会议
[拉] conventus, coetus, concilium
[德] Versammlung
[英] assembly, concourse, meeting
359e2, 492b7

συλλυπέομαι 一同悲伤，分担痛苦
[拉] una doleo
[德] sich mitbetrüben
[英] share in grief
462e2

συμβαίνω 有结果，发生
[拉] succedo
[德] sich ereignen, geschehen
[英] result, follow, happen
329d6, 334d12, 334e5, 339a2, 339e5, 360a6, 375d1, 378a6, 412d6, 437a9, 438e6, 465b4, 490c10, 502c5, 502c8, 505c10, 515c6, 554c8, 592a8, 613c4

συμβάλλω 造成，促成，扔到一起
[拉] suadeo, conjicio
[德] beitragen, zusammenwerfen
[英] contribute, throw together
331b4, 362b4, 398c9, 425c11, 556b1

συμβιβάζω 放在一起
[拉] compono
[德] zusammenbringen
[英] bring together
504a5

συμβόλαιον 合同，契约
[拉] pactum, conventum
[德] Kontrakt
[英] contract, covenant, bond
333a12, 333a13, 343d4, 424d9, 424d10, 425c10, 425d1, 426e7, 443e4, 554c11, 556b1

σύμβολον 标志，象征，信物
[拉] signum
[德] Zeichen
[英] token
371b8

συμβουλεύω 劝说，劝告，建议
[拉] consilium do, consulo

［德］raten, sich beraten

［英］advise, counsel

390e5, 426a4, 469c5, 600a2

σύμβουλος 顾问，参谋

［拉］consultor

［德］Ratgeber

［英］adviser, counsellor

466c4

συμμαχέω 作战友，作盟友

［拉］pugnando adiuvo

［德］Mitstreiter, Bundesgenosse sein

［英］to be an ally, to be in alliance

332e5, 40c8

συμμαχία 战斗联盟，援助

［拉］auxilium et copiae auxilio missae

［德］Kampfgenossenschaft, Kriegsbündnis

［英］alliance, allied or auxiliary force

474b3, 555a4, 556e7, 559e5, 559e10, 560c9

σύμμαχος 共同战斗的，结盟的

［拉］socius, auxiliaris

［德］mitkämpfend, verbündet

［英］fighting along with, leagued or allied with

416b3, 417b1, 423a4, 440b3, 441e6, 496d1, 589b3, 590e2

συμμετρία 对称，匀称，比例恰当

［拉］apta proportio, apta compositio

［德］richtiges Verhältnis, Ebenmaß

［英］commensurability, symmetry, due proportion

530a1, 530a7

συμμίγνυμι (συμμεικτέον) 混合

［拉］misceo

［德］vermischen

［英］mix together, commingle

415a5, 416e7, 501b4

συμμύω 合上，关闭

［拉］claudo

［德］verschließen, sich schließen

［英］shut up, close

529b6

συμπαρακαλέω 一起呼唤，一起鼓励，同时邀请

［拉］simul exhortor vel excito

［德］mitherbeirufen, zugleich einladen

［英］call upon or exhort together, invite at the same time

555a4

σύμπας (συνάπας) 全部，总共，整个

［拉］omnis, totus, cunctus

［德］all, insgesamt

［英］all together, the whole, sum

383b3, 391b7, 421c3, 423d6, 442b2, 461a8, 465d7, 500d7, 525a6, 546c6, 585b13, 609a1, 616d7

συμπάσχω 有同样的感受

［拉］eodem nodo afficior

［德］mitleiden, Gleiches leiden

［英］have the same thing happen to one

605d4

συμπέμπω 一同派去，同时派去

［拉］una mitto

[德] mitsenden, mitgeben
[英] send or dispatch along with or at the same time
620d8
συμπεριαγωγός 帮助他人转变的，一起转向的
[拉] una convertens
[德] mitherumführend
[英] assistant in converting others
533d3
συμπεριφέρω 带着一同绕圈子，被带着一同绕圈子
[拉] mecum circumfero, una circumferor
[德] mitherumtragen, sich mitherumbewegen
[英] carry round along with or together, to be carried round together
404c4, 617b6
συμπίτνω (συμπίπτω) 塌陷，收缩，一起落下，同时发生
[拉] collabor, incido, incurro
[德] verfallen, zusammenfallen
[英] fall in, fall together, concur
402d1, 461e3, 473d3, 498e2
συμπλέκω 缠在一起，交织在一起
[拉] connecto, copuluo
[德] zusammenflechten, verbinden
[英] twine or plait together
533c4
σύμπλους 同船的人
[拉] navigationis socius vel comes
[德] Schiffsgefährte
[英] sailing with one in a ship, a shipmate
556c11
συμποδίζω 捆住手脚
[拉] vincio, ligo
[德] die Füße zusammenbinden
[英] tie the feet together, bind hand and foot
488c5, 615e6
συμπολεμέω 参战，一同作战
[拉] belli socius sum
[德] am Kriege teilnehmen
[英] join in war
422d3
συμπονέω 一起吃苦，一起受累
[拉] una labores subeo
[德] Arbeit, Mühsal mit jem. teilen
[英] toil or suffer with or together
520d7
συμπόσιον 酒会，会饮
[拉] convivium
[德] Gastmahl, Trinkgelage
[英] drinking-party, symposium
363c5
συμπότης 酒友
[拉] compotor
[德] Mittrinker
[英] fellow-drinker, boon-companion
568e3, 569a7
συμποτικός 会饮的，饮酒的
[拉] convivalis
[德] zum Trinkgelage gehörig
[英] convivial
398e9

συμφέρω (συμφορέω) 收集，聚集

[拉] confero, congero

[德] zusammentragen, sammeln

[英] bring together, gather, collect

336d2, 338c2, 338c5, 338c8, 338d1, 338e2, 338e4, 339a2, 339a4, 339a6, 339b3, 339c7, 339d2, 339d3, 340a9, 340b4, 340b5, 340b6. 340b7, 340c4, 340c5, 341a4, 341b6, 341d5, 341d8, 341d10, 341e6, 342a4, 342a6, 342b1, 342b2, 342b4, 342c1, 342c11, 342c1, 342c11, 342d5, 342e3, 342e7, 342e10, 343c4, 343c7, 344a3, 344c7, 344c8, 346b4, 346e6, 347d5, 347e1, 367c3, 367c4, 412d4, 412e1, 442c7, 588e4

σύμφημι 同意，赞成

[拉] concedo, approbo

[德] beistimmen, bejahen

[英] assent, approve

341d8, 342e5, 346c12, 403c8, 523a7, 526c7, 589d3, 608b3, 608b9

συμφορά 厄运，不幸

[拉] calamitas, infortunium

[德] Unglück, Unfall

[英] mishap, misfortune

387e7, 395e1, 396d3, 399b1, 578c2, 604b10, 606a4

σύμφορος 陪伴着的，伴随着的，有益的，合适的

[拉] conveniens, utilis

[德] zusammenhängend, vereint, angemessen, zuträglich

[英] accompanying, suitable, useful, profitable

380c3, 458b5

συμφύλαξ 一同守卫的人

[拉] custodiae socius

[德] mitwächter

[英] fellow-watchman or guard

463b9, 463c4

συμφυλάσσω 一起守卫

[拉] una custudio

[德] mitbewachen

[英] keep guard along with others

451d4, 456b2, 466c9

σύμφυτος 一同生长的，与生俱来的，长在一起的

[拉] congenitus, innatus

[德] zusammengewachsen, angeboren

[英] grown together, congenital, innate

609a3, 609a9

συμφύω 长在一起，一同生长

[拉] concresco

[德] zusammenwachsen

[英] grow together, unite

503b8, 588c4, 588d7

συμφωνέω 发出同样的声音，相一致

[拉] consono, convenio

[德] zusammenklingen, übereinstimmen

[英] sound together, harmonize with, make an agreement

398c5, 402d3, 463e3, 617b7

συμφωνία 声音和谐，协调

[拉] concentus, consensus

[德] Konzert, Einklang

[英] concord or unison of sound
401d2, 430e3, 432a8, 442c10, 531a2, 531c1, 591d2, 591d7

σύμφωνος 发出同样声音的，相一致的，和谐的
[拉] concinens, consentiens
[德] zusammenklingend, übereinstimmend, harmonisch
[英] agreeing in sound, harmonious
380c3, 441e9, 531c3

σύμψηφος 一致的，和某人一起投票支持某人的
[拉] assentiens, adstipulator
[德] übereinstimmend
[英] voting together, of the same opinion
380c4

συνάγω (συνακτέον) 领到一起
[拉] confero
[德] zusammenführen
[英] bring together
365d3, 459e5, 488a5, 537c2

συναγωγή 集合，结合
[拉] conjunctio
[德] Zusammenführung
[英] a bringing together, collecting
526d3

συνᾴδω 一起唱，唱一个调子
[拉] consono
[德] mitsingen
[英] sing with or together, accompany in a song
432a3

συναδικέω 一起行不义，一起伤害
[拉] una iniuste facio
[德] unrecht mittun
[英] join in wrong or injury
496d3

συναθροίζω 把……集合起来，使聚集到一起
[拉] colligo, congero
[德] versammeln, zusammenbringen
[英] gather together, assemble
422d8, 563d4

συναινέω 同意，赞同
[拉] approbo
[德] zustimmen
[英] consent
393e4

συνακολουθέω 伴随，服从，听从
[拉] una sequor, comitor
[德] mit folgen, begleiten
[英] accompany, follow
464a2

συναλγέω 一同悲痛，分担忧愁
[拉] una doleo
[德] Schmerz mitempfinden, mitleiden
[英] share in suffering
462d1

συναμφότερος (συνάμφω) 两者合在一起的
[拉] uterque simul
[德] beides zugleich
[英] both together
400c3, 534a1, 534a2

συναναιρέω 给同样的回答，赞同
[拉] idem responsum do vel respon-

so confirmo

［德］durch einen Orakelspruch beistimmen

［英］give the same answer

540c1

συναορέω 陪伴

［拉］comitari

［德］begleiten

［英］accompany

331a7

συναπεργάζομαι 帮助完成，一起完成

［拉］una efficio vel conficio

［德］mitwirken, mitdarstellen

［英］help in finishing or completing

443e6

συνάπτω 捆在一起，使联合

［拉］conjungo, copulo

［德］zusammenknüpfen, vereinigen

［英］join together, bind

546a6, 588d7, 588d9

συναρμόζω 使结合，使连上，拼合

［拉］coagmento, concinno

［德］zusammenfügen

［英］fit together, put together

412a1, 443d5, 519e3

συνάρχω 共同统治，一起掌权

［拉］una rego

［德］mitherrschen

［英］rule jointly with

463b7, 463b11

σύνδεσμος 联系，连接，结合

［拉］colligatio, vinculum

［德］Verbindung, Band

［英］that which binds together, bond of union, fastening

520a4, 616c2

συνδεσμώτης 狱友

［拉］una vinctus

［德］Mitgefangener

［英］fellow-prisoner

516c5

συνδέω (συνδετέος) 捆绑

［拉］obligo

［德］verbinden, fesseln

［英］bind, tie together

443e1, 462b2, 462b4

συνδιασκοπέω 一起观察，一起考察

［拉］una perscrutor

［德］mituntersuchen

［英］look through or examine along with

458b6

συνδοκέω 也同意，一同认为好

［拉］consentio

［德］es scheint mir auch, beipflichten

［英］seem good also, also agree

409e3, 432b1, 434a3, 460e1, 527e3, 534b2

συνεθίζω (συνεθιστέον) 使习惯于……

［拉］assuesco

［德］gewohnen

［英］accustom

520c2, 520c3, 589a3

σύνειμι 在一起，共处，结交

［拉］una sum, consuetudinem habeo

［德］mit leben

［英］to be with, live with

328a8, 328d5, 329a4, 372b8, 403b5,

493d1, 495c5, 538c1, 568a5, 568b2, 575e3, 575e4, 586a2, 586b7, 601e8, 602a5, 617e2

συνεπισπάω 一起拉向
[拉] una attraho
[德] mit wohin ziehen
[英] draw on together
451a3

συνεπιστατέω 一起监管，共同监管
[拉] una praecipio
[德] die Aufsicht mithaben
[英] act as a joint supervisor
528c2

συνεπιστρέφω 同时转，同时转向
[拉] una circumago
[德] mitherumdrehen
[英] turn at the same time
617c6

συνέπομαι 跟着，伴随
[拉] sequor, comito
[德] begleiten, anschließen
[英] follow along with, accompany
425a5, 575c5

συνέρδω 合作，协助
[拉] simul facio
[德] mitwirken, mittun
[英] co-operate, help
461b5

συνέριθος 一同做活的人，帮手
[拉] laboris socius et socia, administer et administra
[德] Mitarbeiter(in), Gehilfe(in)
[英] fellow-worker, helpmate
533d3

σύνερξις 婚配
[拉] copulatio, coniugium
[德] eheliche Verbindung
[英] close union, wedlock
460a9

συνέρχομαι 来到一起，相会
[拉] convernio, concurro
[德] zusammengehen, zusammenkommen
[英] come together, go together
329a2

σύνεσις 联合，理解，知识
[拉] coitio, intellectus, conscientia
[德] Vereinigung, Einsicht, Verstand
[英] uniting, union, perceive, apprehend, knowledge
376b5

συνεχής 连续的
[拉] continuus
[德] zusammenhängend, ununterbrochen
[英] continuous
528c3, 616e1

συνήδομαι 一同快乐，一同欢乐
[拉] una laetor
[德] sich mitfreuen
[英] rejoice together
462e2

συνήθεια 习惯，习俗，经常往来，熟悉
[拉] consuetudo, familiaritas
[德] Gewohnheit, Umgang
[英] habit, custom, acquaintance
516a5, 517a2, 620a2

συνήθης 熟识的，同住的

［拉］familiaris

［德］gut bekannt, zusammengewöhnt

［英］well-acquainted, dwelling or living together

375e3, 517d7

συνθεατής 一同观看的人，一同观赏的人

［拉］spectationis consors

［德］Mitbeschauer

［英］fellow-spectator

523a7

σύνθεσις 组合，合成

［拉］compositio, continuatio

［德］Zusammensetzung, Komposition

［英］composition, combination

533b5, 611b6

σύνθετος 组合在一起的，合成的

［拉］compositus

［德］zusammengesetzt

［英］put together, compounded, composite

381a6, 400b5, 611b5

συνθήκη 协议，条约

［拉］pactum

［德］Vertrag

［英］convention, compact

359a3

συνθηρεύω (συνθηράω) 一起狩猎

［拉］una venor

［德］mitjagen

［英］hunt together, join in the chase

451d6, 466d1

συνίημι 理解，明白

［拉］intelligo, sentio

［德］verstehen, einshen

［英］understand, perceive

347a9, 347a10, 394c6, 505c3

συνίστημι 组成，联合；介绍

［拉］constituo, commendo

［德］bestehen, zusammensetzen, vorstellen

［英］put together, constitute, introduce

401c3, 412a7, 493b6, 510a2, 530a5, 530a6, 546a1

συνναύτης 同船的伙伴，同船人

［拉］navigationis socius

［德］Schiffsgenosse

［英］shipmate

389c6

συννοέω 理解，明白

［拉］intelligo

［德］verstehen

［英］comprehend, understand

524d8, 595c8, 595c9

σύννοια 思考，考虑，沉思

［拉］cogitation, reputatio

［德］das Nachdenken, Überlegung

［英］meditation

571d8

σύνοιδα (σύν-εἶδον) 一起看清楚，了解，意识到

［拉］conscius

［德］zugleich wissen

［英］know well

331a2, 607c6

συνοικέω 住在一起
[拉] una habito vel vivo
[德] zusammen wohnen
[英] dwell or live together
456b2, 457d1, 461e2, 577a6, 587c3, 587c10

συνοίκησις 同住，一起生活
[拉] coniugium, contubernium
[德] das Zusammenwohnen
[英] cohabitation
520c2

συνοικία 同住，聚居的人群，团体，社会
[拉] domiciliorum communio
[德] das Zusammenwohnen, Zusammenleben
[英] a body of people living together, settlement, community
369c4

συνοικίζω 使一起生活，使结合，使联合
[拉] una habitare jubeo, una jungo
[德] zum Zusammenwohnen bringen, verbinden, vereinigen
[英] make to live with, unite, associate
546d1

σύνοικος 住在一起的
[拉] una habitans
[德] zusammen wohnend
[英] dwelling in the same house with
367a4

συνοίομαι 有相同的意见，同意
[拉] idem puto, adsentior
[德] derselben Meinung sein
[英] hold the same opinion, assent
500a8, 500b1, 517c6, 517c7, 537c8

συνομολογέω 和某人一同表示同意，承认
[拉] fateor, confiteor
[德] übereinstimmen
[英] say the same thing with, agree with
341d2

συνοπτικός 看得全面的，综观的
[拉] qui uno in conspectus res contemplatur
[德] übersehend
[英] seeing the whole together, taking a comprehensive view
537c7

συνουσία 就教，交往
[拉] conversatio, colloquium
[德] das Zusammensein, Umgang, Verkehr zwischen Lehrer und Schüler
[英] being with or together, intercourse with a teacher
493b5, 499a8, 568b1, 573a6, 600b1

συνόχωκα 连在一起了
[拉] coarctatus sum
[德] zusammengehalten sein
[英] held together
440e10, 574a4, 616c3

σύνοψις 综观，概览
[拉] conspectus, contemplatio
[德] Übersicht
[英] a seeing all together, general

view
537c2
σύνταξις 安排，机构，组织
［拉］compositio, constitutio
［德］Zusammenstellung, Organisation
［英］arrangement, organization
462c12, 591d6
συντείνω 奋起，努力，激励，绷紧
［拉］contendo, intendo, concito, studiose laboro
［德］anspannen, anstrengen, zusammennehmen
［英］exert oneself, strive, strain
504e1, 590b1, 591c1
συντεταμένως 努力地，热心地，紧张地
［拉］intente, contente
［德］angestrengt, intensiv, eifrig
［英］earnestly, eagerly, vigorously
499a5
συντίθημι 编造，同意，合并
［拉］compono, convenio, conjungo
［德］aussinnen, entwerfen, verfassen, beistimmen, verbinden
［英］compose, frame, agree, put together
359a1, 359b3, 377d6, 533b6, 618c7
συντονολυδιστί 以高吕底亚调的方式
［拉］lydia harmonia syntona
［德］in hochlydischer Weise
［英］in the syntonolydian mode
398e2
σύντονος (adv. συντόνως) 拉紧的，强烈的，严厉的
［拉］contentus, acer
［德］angespannt, angestrengt, streng
［英］strained tight, intense, severe
539d9, 619b4
συντρίβω 打破，打碎
［拉］contero
［德］zerschlagen
［英］shatter
611d3
συνωμοσία 起誓结盟，共谋
［拉］conjuratio
［德］Verschwörung, Komplott
［英］being leagued by oath, conspiracy
365d3
σῦριγξ 排箫，单管箫
［拉］fistula
［德］Pfeife
［英］pipe
397a6, 399d8
συσσίτιον 同吃，共餐
［拉］coena communis
［德］gemeinschaftliche Mahlzeit
［英］common meal, public mess
416e3, 458c8, 547d6
σύστασις 组织，结果，布局
［拉］composition, const itutio, structura
［德］Komposition, Beschaffenheit, Zustand
［英］composition, structure, constitution
457e2, 546a3
συστρατεύω 一同出征
［拉］una milito
［德］mit zu Felde ziehen, mitmarschieren

[英] join or share in an expedition
468b4, 471d3
συστρατιώτης 战友
[拉] commilito
[德] Kriegskamerad
[英] fellow-soldier
556c11
συστρέφω 卷在一起，聚集，集合
[拉] colligo, contorqueo
[德] zusammendrehen, sich vereinigen
[英] twist up, roll up
336b5
συχνός 多，许多，长的
[拉] multus, longus
[德] viel, lang
[英] many, long
370d6, 371a16, 371b3, 376d2, 414c7, 420a7, 459a3, 459c8, 504c5, 509c7, 511c3, 539b1, 544c4, 588c4
σφαγή 屠杀
[拉] caedes
[德] das Schlachten
[英] slaughter
391b6, 610b2
σφαδασμός 痉挛，抽搐
[拉] palpitatio
[德] krampfhafte Bewegung
[英] spasm, convulsion
579e4
σφαλερός 易使人滑倒的，不稳定的，有危险的，不可靠的
[拉] fallax, infirmus, caducus, periculosus
[德] was leicht zum Fallen bringt, unsicher, gefährlich
[英] likely to make one stumble or trip, slippery, uncertain
404a4, 451a1
σφάλλω 绊倒，使受挫折，犯错误
[拉] cadere facio, erro, pecco
[德] Fallen bringen, sich irren, fehlen
[英] make to fall, overthrow, err
361a2, 361b1, 396d2, 451a2, 451a4, 467b3
σφάλμα 绊倒，失足，失败，失误，过失
[拉] lapsus, peccatum, error
[德] Unfall, Fehltritt, Irrtum
[英] trip, stumble, fall, failure
487b6
σφενδόνη 戒指上镶嵌宝石的宽阔部分
[拉] funda, pala annuli
[德] Ringkasten
[英] collet
359e5, 360a3, 360a6
σφέτερος 他们的，他们自己的
[拉] suus, ipsius
[德] ihrig, ihr eigen
[英] their own, their
556d6
σφοδρός (adv. σφοδρῶς, σφόδρα) 激烈的，急躁的，热烈的，猛烈地
[拉] vehemens
[德] heftig, ungestüm
[英] violent, impetuous
328e1, 330b8, 331a10, 361a3, 397c7, 404a6, 405a4, 409b3, 415b5, 431e3, 459b10, 470e8, 470e11, 480a7,

485d6, 490a5, 491b3, 492d8, 505c9, 516d5, 517a7, 517d6, 525d5, 526b4, 534d2, 539c1, 548c8, 549a3, 549d1, 554d8, 557a1, 560c4, 560d7, 561c5, 565e3, 567e7, 573e4, 574a2, 574c7, 576a3, 585a2, 586c1, 600d3, 606c4, 613b5

σφοδρότης 激烈，猛烈

[拉] vehementia

[德] Ungestüm, Heftigkeit

[英] vehemence, violence

580e3

σφόνδυλος 颈椎，旋盘

[拉] vertebra, verticillus

[德] Wirtel an der Spindel, Halswirbel

[英] vertebra, circular whorl

616c7, 616d1, 616d3, 616d7, 616e2, 616e4

σχεδόν 几乎，将近，大致

[拉] paene, prope

[德] nahe, fast, ungefähr

[英] near, approximately, more or less

330b3, 370e6, 371c7, 380a8, 388e5, 393b3, 407b4, 412b4, 415d4, 435e6, 484d9, 505a4, 543c7, 552e11, 562a8, 564e14, 584c5, 609a3, 615d6

σχέσις 情形，习惯，姿态，保持

[拉] habitus, retentio

[德] Beschaffenheit, Zustand, das Anhalten

[英] state, condition, retention

452c2

σχῆμα 形状，形态

[拉] figura, forma

[德] Gestalt, Form

[英] form, shape, figure

365c3, 373b6, 393c6, 397b2, 405a9, 421a2, 476b5, 477c7, 501a9, 510c4, 529d3, 536d8, 548c10, 576a1, 601a2, 616d1

σχηματίζω 使具有某种形式，赋予某种形态，使成为某种样子

[拉] effingo, figuro, formo

[德] eine Haltung oder Gestalt geben, gestalten

[英] assume a certain form, figure, posture

526d4, 577a4

σχηματισμός 举止，仪态

[拉] habitus, ornatus

[德] Haltung, Gestalt

[英] configuration, bearing, attitude

σχολαῖος 悠闲的，从容不迫的，慢腾腾的

[拉] otiosus, tardus

[德] müßig, langsam

[英] leisurely, tardy

610d3

σχολή (adv. σχολῇ) 闲暇

[拉] otium

[德] Muße, freie Zeit

[英] leisure

354c1, 370b11, 370c4, 374c1, 374e1, 376d9, 388d3, 395a1, 406c5, 406d5, 500b8, 610e7, 610e9, 619c2

σώζω 保全，拯救

[拉] conservo

［德］Besonnenheit, Selbstbeherrschung
［英］selfcontrol, temperance
364a2, 389d7, 389d9, 390a4, 402c2, 402e3, 404e5, 410a9, 430d1, 430d4, 430d7, 430e6, 431e8, 432a7, 433b8, 433d8, 442d2, 487a5, 490c5, 491b9, 500d7, 504a5, 506d4, 536a2, 555c8, 560d3, 573b4, 591b5

σωφρονίζω 使节制，使清醒
［拉］tempero, moderor
［德］zur Besonnenheit bringen
［英］to be chastened, learn self-control
471a6

σώφρων (σωφρονικός, adv. σωφρόνως) 自制的，节制的，清醒的
［拉］temperans, moderatus
［德］besonnent
［英］temperate, self-controlled
331e9, 332a5, 391c2, 395c5, 399b8, 399c3, 401a7, 403a7, 410e10, 416d8, 423a6, 427e10, 431b7, 431d7, 435b6, 442c10, 443e2, 485e3, 501b2, 571d7

ταλαιπωρέω 吃苦
［拉］laboro, affligo
［德］Leid ertragen, sich abmühen
［英］do hard work, endure hardship or distress
372d8

τάμιας 管理人，管事，总管
［拉］dispensator, procurator
［德］Verwalter
［英］dispenser, controller
379e1

ταμιεῖον 储藏室，仓库
［拉］cella penaria, arca
［德］Vorratskammer
［英］treasury, storehouse
416d6, 548a7, 550d9

ταμιεύω 分配，管理
［拉］repono, depromo, haurio
［德］verwalten, hüten
［英］deal out, dispense
465c5, 508b6

τάξις 位置，岗位，布置，安排
［拉］ordo, officium
［德］Ordnung, Platz
［英］arrangement, post
424b6, 468a5, 471d4, 522d3, 522e3, 525b4, 561d5, 577d2, 587a11, 617d3, 618b3, 620d7

ταπεινόω 看低，轻视
［拉］humilem reddo, deprimo
［德］herabsetzen, erniedrigen
［英］make lowly, humble
553c2

ταράσσω 扰乱，心神迷乱
［拉］perturbo
［德］aufrühren, verwirren
［英］stir, upset
381a4, 445a9, 564b9, 567a8

ταραχή 混乱，动乱
［拉］turba, confusio
［德］Verwirrung, Störung
［英］disorder, confusion
391c3, 444b6, 577e3, 602c12

τάσσω (τάττω) 安排，布置

[拉] ordino, statuo
[德] ordnen, stellen
[英] array, post, station
345d2, 346d6, 371c6, 392a11, 404a6, 416e1, 423a6, 477b7, 477d3, 490c9, 500c2, 511e2, 511e5, 524a2, 550c5, 551b1, 551b3, 555b1, 562a1, 562a3, 610e7, 610e8, 619c7

ταῦρος 公牛
[拉] taurus
[德] Stier
[英] bull
396b5

ταὐτός 同一的，同样的
[拉] idem
[德] identisch, gleich
[英] identical
329a2, 339a1, 350a9, 352a5, 358b5, 359c4, 360c4, 376b9, 376b10, 377c8, 389c2, 410b1, 426b9, 426c7, 432a4, 435a5, 435a6, 436b8, 436b9, 436b10, 436d8, 451e6, 451e7, 452a5, 458c1, 462c5, 462c7, 469b1, 473d2, 477e7, 478a10, 478b2, 479a2, 479e7, 484b4, 500c3, 503b8, 503d3, 505c11, 515b2, 518a4, 524a3, 525a4, 525a7, 530a3, 531b8, 535d9, 556e5, 563e6, 564b1, 565d5, 568d6, 578b5, 584c10, 584c12, 587d1, 592a1, 596a7, 596b9, 602c7, 602c10, 602e6, 602e8, 603a2, 605b7, 606c5, 615b7

ταφή 埋葬，葬礼
[拉] funus
[德] Bestattung
[英] burial
465e1

τάφος 坟墓
[拉] sepulcrum
[德] Grab
[英] tomb
414a3

τάχος 快速，迅速，速度
[拉] celeritas, velocitas
[德] Schnelligkeit, Eile
[英] swiftness, speed, quickness
529d2

ταχύς (adv. τάχα, ταχέως, comp. θάσσων) 快的，迅速的
[拉] citus, celer, velox
[德] schnell, bald
[英] quick, hasty
369a8, 372e4, 376c4, 406d5, 411b7, 411b8, 438c3, 451c1, 455a5, 539c1, 541a4, 553d8, 564c3, 573d10, 596c4, 596d8, 596d9, 596e1, 596e2, 604c2, 604d1, 610d2, 617a8

τέγγω 弄湿，使变软，染污
[拉] emollio, flecto, tingo
[德] benetzen, beflecken, färben, erweichen
[英] to wet, moisten, to soften, to dye, stain
361c6

τείνω 对准，针对，涉及，关系到
[拉] tendo, referor
[德] zielen, richten
[英] tend, refer, concern
432a3, 454a11, 454b7, 454d1, 462c12,

464d4, 492d10, 499a7, 522b9, 526d1, 526e1, 526e2, 548d9, 581b6, 584c5, 616b5, 616c2, 616c4

τεῖχος (τειχίον) 墙，城墙
［拉］murus
［德］Mauer
［英］wall
365b3, 439e8, 496d8, 514b4, 514b8, 514c1, 560c8

τεκμαίρομαι 推断，推测，断定
［拉］argumentor, conjecto
［德］festsetzen, vermuten
［英］judge, conjecture
368b1, 405e1, 409a4, 433b5, 501b5

τεκμήριον 证明，证据
［拉］argumentum
［德］Beweis
［英］proof
360c5, 405a7, 405b2

τεκταίνομαι 制造，建造
［拉］fabricor, struo
［德］verfertigen, bauen
［英］frame, devise, contrive
443c7

τεκτονικός 木匠的
［拉］ad fabrum pertinens
［德］zur Tischlerei
［英］of or for a carpenter
407b1, 428c1, 443c6, 454d5

τέκτων 木匠，木工
［拉］faber
［德］Zimmermann
［英］carpenter
370d5, 389d3, 406d1, 428b12, 434a3, 434a4, 597b9, 597d9, 598b9, 598c3, 598c4

τελέθω 出现，成为，是
［拉］fio, sum
［德］hervorkommen, werden, sein
［英］come into being, to be
381d4, 469a1

τέλειος (τέλεος, adv. τελέως) 完美的，完满的
［拉］perfectus
［德］vollkommen
［英］perfect
341d11, 344a4, 348b9, 348d5, 351b5, 352c8, 360e5, 361a5, 361a6, 371e10, 412a6, 425c4, 427e7, 428d7, 443b7, 465d7, 472c5, 486e3, 491a9, 492b1, 498e4, 499b3, 501d8, 504d7, 506a9, 520b7, 534d1, 545a6, 546b4, 587e3, 588b3, 597a5, 614a7

τελειόω 使实现，使完满，完成
［拉］perficio, exigo
［德］vollenden, vollkommen machen
［英］make perfect, complete
377b8, 466e6, 487a7, 498b7

τελετή 入教仪式，秘密仪式
［拉］initiatio, mysteria
［德］Einweihung in die Mysterien
［英］rite, mystic rites practised at initiation
365a2, 366a7

τελευταῖος 最后的
［拉］finalis, extremus
［德］schließlich
［英］last

511e2, 516b4, 517b8, 532a5, 619b3, 619e1

τελευτάω 死亡，完成，结束
[拉] morior, occumbo, finio
[德] sterben, vollenden, zu Ende bringen
[英] die, finish, accomplish
330d6, 338a8, 342d2, 362a1, 365a1, 366b6, 372d2, 403c5, 403c6, 406e3, 414a3, 424e2, 425c4, 427b7, 440d2, 453a5, 465e1, 468e5, 468e9, 469b2, 469c8, 486c10, 487b8, 487c1, 498c3, 503a7, 505b9, 510d2, 511c2, 511a8, 552c9, 560b7, 562e4, 563d7, 565b9, 609a7, 611a8, 612c3, 613a6, 613b12, 614a6, 614b4, 618a7, 619b5

τελευτή 完成，实现，终了，死亡
[拉] finis, exitus
[德] Ende, Vollendung
[英] completion, accomplishment, end, death
487b6, 510b6, 511b8, 533c3

τελέω 花费，用钱，完成，实现，入教
[拉] expendo, finio, initio
[德] zahlen, verwirklichen, einweihen
[英] lay out, spend, pay, fulfil, accomplish, initiate
389d6, 560e1

τέλος 完成，实现，终点
[拉] finis, terminus
[德] Vollendung, Ende
[英] achievement, end
392c6, 403c4, 425d3, 494a12, 497e1, 501e5, 502c9, 504d3, 506d3, 519c2, 532b2, 532e3, 535a1, 540a6, 541b5, 560e2, 575d8, 613c3, 613c5

τέμνω (τμητέον) 切开，分开
[拉] partior
[德] aufteilen
[英] cut
426e8, 470d5, 471c1, 509d6, 510b2, 525e1

τετραγωνίζω 使成为正方形
[拉] quadro
[德] aufs Quadrat bringen
[英] make square
527a8

τετράγωνος 有四角的，方形的，正方形的
[拉] tetragonus
[德] viereckig
[英] with four angles, square
510d7

τετράπηχυς 四肘尺长的
[拉] quatuor cubita longus
[德] vierellig
[英] four cubits long
426e1

τετραπλάσιος 四倍的，四重的
[拉] quadruplex
[德] vierfach
[英] fourfold, four times as much
369e4

τευτάζω 从事，致力于，忙于
[拉] omne studium ad aliquid confero
[德] emsig beschäftigt sein
[英] engaged in, to be busy

521e4
τεύχω 准备，预备，制造
［拉］paro, struo, fabricor
［德］bereiten, verfertigen
［英］make ready, make
379e2
τέχνη (τεχνίον) 技艺
［拉］ars
［德］Kunst, Kunstfertigkeit
［英］art, skill
332c7, 322c12, 322d2, 341d3, 341d7, 341e4, 341e7, 342a1, 342a3, 342a5, 342a6, 342b3, 342b4, 342b5, 342c4, 342c5, 342c8, 342c9, 346a2, 346c2, 346c10, 346d1, 346d8, 346e4, 347a1, 347a3, 360e8, 370b5, 374a6, 374c5, 374e2, 381b1, 383b6, 402b7, 402c7, 406b9, 407b2, 408b4, 408d11, 411e4, 421d7, 421d14, 421e5, 438d9, 452a4, 454a2, 454d8, 455a1, 467a3, 488b5, 488d7, 488e1, 493b6, 495d3, 495d4, 495d5, 495d7, 496b5, 511b2, 511c6, 518d3, 522b4, 522b7, 522c1, 522c8, 532c4, 533b4, 533d4, 598c1, 598e1, 599c6, 600a5, 601a5, 601d1
τεχνικός 有技艺的，合适的
［拉］artificialis
［德］kunstvoll, vernünftig
［英］skilful, artful, cunning
374b2, 620c1
τεχνύδριον 小技艺，不重要的技艺
［拉］ars vel artificium pusillum
［德］kleine od. kleinliche Kunst
［英］petty art
475e1
τέως 当其时，其间，迄今
［拉］adhuc, aliquamdiu
［德］bisher, bis dahin
［英］so long, in the meantime, hitherto
330e1, 439e10
τηθή 祖母，外祖母
［拉］avia
［德］Großmutter
［英］grandmother
461d7
τήκω 融化，熔化
［拉］liquefacio, liquesco
［德］schmelzen, auflösen
［英］melt, dissolve
411b2, 609c6
τηλικοῦτος (τηλικόσδε) 如此年纪的，如此重大的
［拉］tantus, tantae aetatis
［德］in solchem Alter, so groß
［英］of such an age, so great, so large
378d8, 423b2
τηρέω (τηρητέον) 注意，看护，警惕
［拉］observo, tueor, custodio
［德］bewachen, beobachten
［英］watchover, takecareof, guard
412e5, 413c7, 413d5, 442a7, 484c4
τιάρα 波斯人的头巾
［拉］tiara
［德］Tiara
［英］tiara
553c6
τιθασεύω 驯养，教化

[拉] mansuefacio
[德] zahm machen, kirren
[英] tame, domesticate
589b3

τίθημι (θετέος) 提出，设定
[拉] pono, duco
[德] setzen, stellen
[英] give, put, set up
331a11, 331b6, 334e6, 334e7, 338e1, 338e3, 339c4, 339c5, 339c7, 339c10, 340a8, 340b1, 340b8, 341a2, 348e2, 348e4, 348e7, 349a2, 352d2, 352e2, 353a7, 353a8, 353d1, 357d4, 359a3, 360e6, 361b5, 364d2, 369c4, 373a5, 376b11, 376c3, 376e9, 389a7, 400b7, 405d3, 413d5, 420c3, 424c7, 425e5, 430b4, 433a2, 433e1, 437b4, 437c1, 437c10, 438c8, 439a1, 440d5, 440e5, 443d4, 450a4, 454c8, 456c1, 457a4, 457b9, 458a5, 458b3, 461c6, 462a4, 464e6, 465c5, 469a5, 469a6, 471b9, 471c2, 475d4, 477e7, 479c6, 484d2, 484d3, 492a1, 497d2, 500d5, 502b7, 510a5, 510a7, 517b5, 522e2, 523c2, 527c10, 527c11, 527d1, 528d3, 528e3, 532d6, 535e1, 539e2, 540a3, 543c9, 548a8, 551a12, 572d5, 572d7, 572d8, 578e3, 587d1, 596a7, 596a10, 600e4, 604c6, 605a9, 613b10, 618a2

τίκτω 生育
[拉] pario
[德] gebären
[英] bring forth
363c2, 454d10, 460e5, 467b1, 517c3, 547a4, 575c8

τιμαρχία (τιμοκρατία) 荣誉政制
[拉] ea rei publicae constitutio in qua ambitio dominatur
[德] Stattsverfassung, deren Prinzip die Ehre ist
[英] state in which the love of honour is the ruling principle
545b6, 545b7, 550d3

τιμάω (τιμητέος) 尊重，敬重，看重；提出应受的惩罚
[拉] honoro, decoro, dignum judico
[德] ehren, achten, schätzen, auf eine Strafe antragen
[英] worship, esteem, honour, estimate the amount of punishment
359b1, 364a7, 366c1, 386a3, 415c3, 426c6, 468c10, 468d4, 468d10, 468e1, 475b1, 475b2, 489a9, 489b1, 494c1, 509a5, 511a8, 516d3, 538a9, 538b8, 538c8, 538d4, 538e4, 547d4, 548a6, 548b4, 548c2, 549d5, 550a4, 551a1, 551a4, 553d5, 554b6, 555c7, 558b7, 561c2, 561c4, 562d9, 568c8, 572c2, 581d1, 582c3, 582c6, 582c7, 591c2, 595c3, 600c6, 617e3

τιμή 尊荣，崇敬
[拉] honor
[德] Ehrung
[英] worship, esteem, honour
347a5, 347b6, 347b9, 359c6, 361c1, 361c2, 365a6, 371e4, 390e9, 414a2, 415c2, 434a5, 434b5, 468d3, 503d9, 516c8, 519d6, 521b9, 537b9, 537d4,

538e2, 538e3, 540d5, 540e1, 549c4, 568d1, 581d7, 582c4, 586d1, 592a1, 599b8, 620b6

τίμημα 估价，惩罚，罚款

［拉］aestimatio, poena

［德］Schätzung, Strafe

［英］valuation, penalty, punishment

550c11, 551b3, 551c4, 553a2

τίμιος 贵重的，受尊敬的

［拉］pretiosus

［德］geehrt, kostbar

［英］valuable, held in honour, worthy

336e8, 415a5, 485b6, 508a1, 538e5, 539d1, 550e5, 591b4, 591b7

τιμοκρατικός 荣誉政制的

［拉］rei publicae addictus in qua ambitio regnat

［德］timokratisch

［英］timocratical

549b9, 553a6, 580b3

τιμωρέω 报复，复仇

［拉］ulciscor

［德］rächen

［英］avenge

359a7, 378a1, 549e7, 579a8

τιμωρία (τιμώρημα) 报复，报应，惩罚

［拉］vindicta, poena

［德］Rache, Strafe

［英］retribution, vengeance

363e2, 579a8, 616a8

τίνω 赔偿，还债

［拉］pendo

［德］büßen

［英］pay

391a7, 394a6

τίτθη 保姆，奶妈

［拉］nutrix

［德］Amme

［英］nurse

343a4, 373c2, 460d4

τιτρώσκω 受伤，伤害

［拉］vulnero, laedo

［德］verwunden

［英］wound, damage, injure

405e2, 555e5

τλάω 忍受，坚持

［拉］tolero, sustineo

［德］dulden

［英］suffer, undergo

390d5

τμῆμα (τμῆσις) 砍下的部分，一段，一片

［拉］incisio, segmentum, sectio, portio

［德］Schnitt, Stück

［英］incision, part cut off, section, piece

470a5, 509d7, 509e1, 511b3, 511d7

τοῖχος 墙

［拉］paries

［德］Mauer, Wand

［英］wall

574d3

τοιχωρυχέω 挖墙行窃

［拉］parietem perfodio

［德］die Wand durchbrechen

［英］dig through a wall like a thief, to be a housebreaker

575b6

τοιχωρύχος 挖墙的窃贼，强盗

[拉] parietum perfossor

[德] der die Wand durchbricht, Dieb

[英] one who digs through the wall, i.e. housebreaker

344b3

τοκεύς 父母

[拉] Parens

[德] Erzeuger, Vater

[英] one who begets, father, parents

390c6

τόκος 生产，分娩，利息

[拉] partus

[德] Geburt, Zins

[英] childbirth, parturition, interest

451d7, 507a2, 507a3, 507a5, 555e5

τόλμα 勇敢，鲁莽

[拉] audacia

[德] wagnis, Verwegenheit, Dreistigkeit, Frechheit

[英] courage, hardihood, recklessness

414d1, 575a3

τολμάω (τολμητέον) 敢，敢于，大胆

[拉] audeo

[德] wagen

[英] dare

349a2, 360b6, 388c2, 391d2, 425d6, 470d7, 474b6, 503b4, 569b3, 571c8, 576a1, 604a6, 610c6

τομή 切，砍

[拉] sectio

[德] Einschnitt, Schnitt

[英] cutting, cleaving

406d3, 407d3, 426b1, 510b2

τόνος 音调，尖音

[拉] tonus

[德] Ton

[英] pitch

617b6

τόξον 弓

[拉] arcus

[德] Bogen

[英] bow

439b9

τοξότης 弓箭手，射手

[拉] sagittarius

[德] Schütze

[英] bowman, archer

τόπος 地方，地区

[拉] locus

[德] Ort, Platz

[英] place, region

359d4, 370e6, 401c6, 432c7, 435e7, 436a1, 491d3, 492c1, 499c9, 508c1, 509d2, 516c1, 517b5, 526e3, 532d1, 552d4, 560c3, 614c1, 614d3

τοσαυτάκις (τοσάκις) 如此多倍，如此多次

[拉] toties

[德] so viel mal

[英] so many times

546c3

τοσοῦτος 这样大的，这样多的

[拉] tantus

[德] so groß

[英] so great, so large

328d3, 330b4, 36a4, 369d6, 373e5, 374e1, 387b4, 391c3, 416e2, 429d6, 440c2, 445c10, 494d7, 495b1, 505e4, 506b9, 519a5, 533e1, 535c3, 536b1, 536b2, 544d6, 550e5, 551d1, 552e10, 567d6, 576b9, 588a7, 591b7, 608c9, 615b1

τραγέλαφος 羊鹿
[拉] animal ec hirco et cervo compositum
[德] Bockshirsch
[英] goat-stag
488a6

τράγημα 干果，甜点
[拉] bellaria
[德] Nachtisch, Nuß
[英] dried fruits or sweetmeats, dessert
372c7, 372e1

τραγικός (adv. τραγικῶς) 悲剧的
[拉] tragicus
[德] tragisch
[英] tragic
413b4, 545e1, 577b1, 595c1, 602b9

τραγῳδία 悲剧
[拉] tragoedia
[德] Tragödie
[英] tragedy
379a9, 381d6, 394b6, 394c2, 394d6, 395a5, 522d2, 568a8, 568b5, 595b4, 598d8

τραγῳδοποιός 悲剧诗人
[拉] tragicus
[德] Tragödiendichter
[英] tragic poet
408b7, 597e6, 605c11, 607a3

τραγῳδός 悲剧演员
[拉] tragicus (actor)
[德] tragischer Schauspieler
[英] performer (actor and singer) of tragedy
395a10

τράπεζα 钱庄柜台，钱庄；桌子
[拉] mensa argentaria, mensa
[德] Wechslertisch, Bank, Tisch
[英] money-changer's counter, bank, table
372d8, 373a2, 390a10, 404d1, 586a8, 596b1, 596b4, 596b8

τραῦμα 伤，创伤
[拉] vulnus
[德] Wunde
[英] wound, hurt
399a8, 405c8, 408a3, 408a8

τραχύς 粗糙的，崎岖的
[拉] asper
[德] rauh
[英] rough
328e3, 364d3, 452c4, 515e7, 619e4

τρέμω 害怕，畏惧
[拉] formido
[德] scheuen
[英] tremble
554d3

τρέπω (τρεπτέον) 转向，走向
[拉] converto, verso
[德] sich wenden, sich drehen
[英] turn one's steps, turn in a certain

direction
365c3, 393a7, 469c7, 493b7, 508c5, 515d3, 518d6, 519a3, 519b5, 520a3, 553c2, 556a6, 591c6
τρέφω (θρεπτέος) 长大，抚养
[拉] nutrio, educo
[德] erziehen, nähren
[英] bring up, rear
372b1, 373d4, 376c7, 388a3, 391c3, 396c3, 399d1, 401b8, 401d4, 401e1, 401e3, 401e5, 402a4, 403c9, 403c11, 405a9, 409a2, 410d7, 410e3, 411d5, 414d4, 414d7, 416a4, 442a1, 442a4, 442e5, 449d3, 459d9, 490b6, 492a4, 493a10, 496b2, 530e6, 533b6, 534d3, 534d4, 537a1, 537e9, 541a3, 558d1, 559d7, 561a3, 561b5, 565c10, 568d6, 568e2, 568e5, 568e8, 569a2, 572c1, 572d6, 573a7, 575a4, 575d8, 589b2, 589b6, 605b4, 606b7, 606d4
τρέχω 跑
[拉] curro
[德] laufen
[英] run
327b3, 536d3
τριβή 摩擦，磨损，消磨，历练，实践
[拉] tritus, exercitatio
[德] Reiben, Übung
[英] rubbing down, wearing away, wasting, practice
493b6
τρίβω 揉搓，摩擦
[拉] frico
[德] reiben
[英] rub
435a1
τρίγωνος 三角形的
[拉] triangulus
[德] dreieckig
[英] three-cornered, triangular
399c10
τρίζω 尖叫，吱吱叫
[拉] strido
[德] zirpen, knirschen
[英] utter a shrill cry
387a3, 387a6, 387a8
τριήρης 三列桨战船
[拉] triremis
[德] Dreiruderer
[英] trireme
396b1, 616c3
τρικυμία 第三重浪，最大的波浪，巨浪
[拉] fluctus decumanus s. maximus
[德] dritte, d. h. große Woge
[英] group of three waves, a mighty wave
472a4
τριπλάσιος (τριπλόος) 三倍的，三倍大的
[拉] triplus
[德] dreifach
[英] thrice as many, thrice as much, thrice as great as
τρισσός (τριττός) 三重的
[拉] triplex, trinus
[德] dreifach
[英] threefold
580d7, 581c3, 597b5
τριττυαρχέω 当部落分遣队的小头目

［拉］tertiae parti tribus impero
［德］Vorsteher einer Unterabteilung der Phylen sein
［英］to be head of a third of the tribe
475a10

τριχῇ (τρίχα) 成三部分
［拉］trifariam
［德］in drei Teile
［英］in three parts
580d4

τρόπος 方式，生活方式，性情，风格
［拉］modus
［德］Weise
［英］way, manner
327a3, 329d3, 329e3, 352d6, 357b1, 358d4, 368b2, 368c4, 372a5, 376c8, 376d2, 378b4, 380b7, 398c1, 400d7, 412e2, 415c1, 416b1, 416d3, 420e6, 421e7, 423c3, 424c2, 424c5, 427e2, 428d2, 429a5, 429e1, 430e8, 432e7, 433b3, 438c6, 441d6, 445c9, 445c10, 445d4, 449a4, 449c8, 450c5, 458a3, 466e2, 469b2, 470b10, 470c1, 471c7, 473b7, 485a1, 495a6, 497d8, 499a6, 501a1, 502c10, 516c2, 517c6, 518d4, 521c1, 526e4, 527c2, 530b4, 530c4, 532d8, 535a4, 535c2, 539a9, 541a3, 544d7, 545c8, 551b8, 555b4, 555b5, 555b8, 557a9, 557d7, 558c9, 561e6, 562a7, 562a10, 571a3, 572d1, 575a5, 581b9, 589b8, 596d3, 596d6, 596d7, 596e10, 600b4, 609d4, 621c6

τροφεῖα 哺育费，养育费
［拉］educationis merces
［德］Erzieherlohn, Ammenlohn
［英］pay for rearing and bringing up, wages of a nurse
520b4

τροφεύς 抚养者，养育者
［拉］nutrix
［德］Ernährer, Erzieher
［英］rearer, breeder
463b3, 547c2, 580a5

τροφή 食物，抚养，生活方式
［拉］esca, alimentum
［德］Nahrung, Erziehung
［英］nourishment, food, nurture, rearing
369d1, 401d6, 402a6, 412b2, 423e4, 424a5, 430a5, 431a7, 436a11, 441a3, 445e2, 450c2, 451d1, 451d8, 451e4, 453d3, 459d2, 460c8, 461c7, 464c1, 465c3, 465d7, 465d8, 491d2, 491d8, 491e5, 495a6, 509b4, 520b4, 543c2, 552e5, 560b1, 585b6, 585b13, 591c5, 608a1

τρόφιμος 进行养育的
［拉］nutriens
［德］nährend
［英］nourishing, nutritious
520d6

τροφός 抚养者，养育者
［拉］altor, nutrix
［德］Ernährer, Pfleger, Erzieher
［英］feeder, rearer
373c3, 377c2, 414e3, 460c2, 460d4, 470d7

τροχαῖος 一长一短的，扬抑格的

ὕβρις 侮慢，放纵
［拉］contumelia
［德］Übermut, Hochmut
［英］insolence, wanton violence
400b2, 403a2, 560e2, 560e4, 572c7
ὑγιαίνω 健康
［拉］valeo
［德］gesund sein
［英］to be sound, healthy
346b8, 357c3, 367d1, 476e2, 583c13
ὑγίεια 健康
［拉］sanitas
［德］Gesundheit
［英］health, soundness
332d11, 346a7, 346d3, 372d2, 401d1, 404a5, 404b2, 404e5, 444c8, 444d3, 444d13, 559a11, 591b6, 591c7, 618b5
ὑγιεινός 健康的
［拉］saluber
［德］gesund
［英］healthy, sound
373b3, 401c6, 407c8, 408a8, 408d1, 408e1, 438e2, 438e5, 444c5, 444c8, 571d6
ὑγιής (adv. ὑγιῶς) 健康的，强健的
［拉］saluber, sanus
［德］gesund
［英］healthy, sound
346b4, 372e7, 380e6, 406e2, 409a7, 409d1, 426a4, 490c5, 496c8, 523b3, 584a9, 584e8, 589c3, 591c8, 599c3, 614b5, 619d8
ὑγραίνω 打湿，滋润
［拉］madefacio, liquidus sum
［德］benetzen, feuchten
［英］wet, mositen
335d5
ὑδροποτέω 喝水，饮水
［拉］aquam bibo
［德］Wasser trinken
［英］drink water
561c8
ὕδωρ (ὑδάτιον) 水
［拉］aqua
［德］Wasser
［英］water
363d7, 402b5, 404a12, 510a1, 510e2, 516a7, 516b4, 532c1, 602c10, 621a6, 621a7, 621b4
ὕειος 猪的，猪一样的
［拉］suillus
［德］schweinisch
［英］of or belonging to swine
535e5
ὕθλος 废话，胡话，闲扯
［拉］nuga
［德］Geschwätz
［英］idle talk, nonsense
336d4
υἱός 儿子
［拉］filius
［德］Sohn
［英］son
362e5, 363c3, 378a2, 378d3, 387e3, 391c9, 403b5, 405e1, 415d2, 421e1, 461d5, 463c6, 465b2, 471d3, 499b7, 549c3, 549e4, 558d1, 562e8, 568e8, 568e9, 569a6, 572d6, 575c8, 589e1,

603e3

ὑμνέω 歌颂，赞美

[拉] laudo

[德] besingen

[英] sing, chant

329b2, 364a1, 372b7, 383b7, 463d7, 549e1, 617c3

ὑμνητής 唱颂歌的人，赞颂者

[拉] laudator

[德] Lobpreiser, Hymnensänger

[英] one who sings of or praises

568b8

ὕμνος 颂歌

[拉] hymnus

[德] Gesang, Lobgesang

[英] hymn, ode

459e6, 468d9, 607a4

ὑπακούω 听，倾听，应声，听从

[拉] ausculto, admitto, obedio

[德] anhören, aufmachen

[英] hearken, answer, obey

459c4

ὑπανάστασις 从座位上站起来，让座

[拉] assurgere

[德] das Platzmachen

[英] rising up from one's seat

425b2

ὕπαρ 醒时看见的真实的景象

[拉] visio vera

[德] wirkliche Erscheinung

[英] real appearance seen in a state of waking, waking vision

382e11, 476c4, 476d3, 476d4, 520c6, 533c1, 574e3, 576b5

ὑπάργυρος 含银的

[拉] argenti quid in se habens

[德] silberhaltig

[英] containing a proportion of silver

415c3

ὑπάρχω (ὑπαρκτέον) 开始，属于，存在

[拉] initium do, adsum

[德] anfangen, beginnen, zuteil werden, vorhanden sein

[英] begin, belong to, exist

343e2, 343e7, 347a4, 366c2, 376c7, 412c12, 458a5, 464d9, 465d6, 467c5, 486a8, 503b8, 528e4, 535b6, 586e5, 587a3, 592a3, 613a2

ὕπατος 最上面的，最高的

[拉] supremus

[德] oberster

[英] highest, uppermost

443d6

ὑπείκω 屈服，退却

[拉] cedo, concedo

[德] nachgeben

[英] retire, yield

336e8, 555e4, 575d3

ὑπεξαιρέω 偷偷地移走

[拉] clam aufero

[德] heimlich wegnehmen

[英] take away secretly

567b8

ὑπέξειμι (ὑπεξέρχομαι) 偷偷地走开，退却

[拉] decedo, subterfugio

[德] allmählich vergehen

[英] withdraw gradually, disappear

557a7

ὑπεραγανακτέω 非常愤怒

［拉］admodum indignor

［德］übermäßig zürnen

［英］to be exceedingly angry or vexed at

535e2

ὑπερβαίνω 逾越，违反

［拉］transgredior, omitto

［德］übertreten, fehlen, sündigen

［英］transgress, trespass, sin

364e2, 373d10, 478c10, 528d9, 586a4, 587c1

ὑπερβαλλόντως 非常，过分

［拉］supra modum

［德］übermäßig

［英］exceedingly

492b8

ὑπερβάλλω 超过

［拉］supero, excello

［德］übertreffen

［英］excel, surpass

358e4, 402e4, 558b3, 616a6, 619a6

ὑπερβολή 过度，过分

［拉］excessus

［德］Übermaß

［英］excess

509c2

ὑπερέχω 在……之上，超出，胜过

［拉］supero, excello

［德］überragen, herausragen

［英］to be above, excel

509b10, 514c1

ὑπερηφανία 高傲，傲慢

［拉］superbia

［德］Stolz, Übermut

［英］arrogance, contempt towards or for

391c5

ὑπερήφανος (adv. ὑπερηφάνως) 辉煌的，高傲的，傲慢的

［拉］superbus

［德］hochmütig, übermütig

［英］overweening, arrogant, magnificent, splendid

399b7

ὑπεροράω (ὑπεριδέω) 藐视，轻视

［拉］contemno, despicio

［德］von oben herabsehen, verachten

［英］despise

364a8, 496b5

ὑπερορίζω 驱逐出境，放逐

［拉］extermino

［德］über die Grenze schaffen, verweisen

［英］drive beyond the frontier, banish

560d6

ὑπέρπλουτος (ὑπερπλούσιος) 过于富有的，极度富有的

［拉］praedives

［德］übermäßig reich

［英］over-wealthy

552b3

ὑπέρυθρος 微红的，略带红色的

［拉］subruber

［德］rötlich

［英］reddish

617a4

ὑπερφυής (adv.ὑπερφυῶς) 非常的，奇异的
[拉] vehemens, admirandus
[德] übermäßig, außerordentlich
[英] monstrous, extraordinary
525b2, 539b8

ὑπέχω (ὑφεκτέον) 放在下面，忍受，遭受
[拉] suppono, sustineo, subeo
[德] unterlegen, erleiden, ertragen
[英] hold under, undergo, suffer
403c2, 457e7

ὑπήκοος 服从的，顺从的
[拉] subiectus, dicto audiens
[德] gehorsam, hörig
[英] obeying, subject
389e1, 440d6, 441e6, 463d3, 549a3

ὑπηρεσία 服务，侍奉
[拉] ministratio
[德] Dienst
[英] service
498b6

ὑπηρετέω 服务，侍候
[拉] ministro, servio
[德] dienen
[英] minister to, serve
343c5, 343c8, 343e6, 364c5, 427b8, 455b9, 467a1, 519a4, 540e2, 575e4, 601e1, 601e2

ὑπηρέτης (ὑπηρέτις) 仆人，助手
[拉] minister, famulus
[德] Diener
[英] servant
373b7, 552b9

ὑπισχνέομαι 许诺
[拉] polliceor
[德] versprechen
[英] promise
427d8, 566e1, 579a2

ὕπνος 睡眠
[拉] somnus
[德] Schlaf
[英] sleep, slumber
330e7, 476c5, 503d4, 537b4, 571c3, 571c6, 571d7, 572b6, 574e1

ὑπνώδης 昏昏欲睡的
[拉] somniculosus
[德] schläfrig
[英] drowsy
404a4

ὑπνώσσω 昏昏欲睡，睡
[拉] dormito
[德] schläfrig sein
[英] to be sleepy or drowsy, sleep
534c7

ὑποάμουσος 同文艺有些疏远的，与缪斯有点疏远的
[拉] a literis aliquantulum alienus
[德] den Musenkünsten ein wenig entfremdet
[英] somewhat estranged from the Muses
548e4

ὑποβάλλω 仍在……下面，放在……下面
[拉] subiicio, interpono
[德] unterlegen, darunterwerfen
[英] throw, put, or lay under

538a5
ὑποβολή 放在下面
[拉] suppositio
[德] das Unterlegen, das Unterschieben
[英] a throwing or laying under
538a6
ὑποβολιμαῖος 偷换来的，假的
[拉] subditicius
[德] untergeschoben, unecht
[英] brought in by stealth, supposititious
537e9
ὑπογραφή 控诉状，起诉书
[拉] descriptio
[德] Klageschrift
[英] written accusation
504d6, 548d2
ὑπογράφω 写在下面，记录，叙述，描写，勾勒
[拉] subscribo, describo
[德] darunter hinschreiben, vorzeichnen, skizzieren
[英] write under, trace in outline, sketch out
501a9, 548c10
ὑποδέω 穿鞋
[拉] calceo
[德] beschuhen
[英] put on shoes
372b1
ὑπόδημα (ὑπόδεσις) 鞋
[拉] calceus
[德] Schuh
[英] shoe
333a8, 370a3, 372a7, 373a6, 425b3
ὑποζύγιον 轭下的驮畜
[拉] iumentum
[德] Jochtier, Zugtier
[英] beast for the yoke
370e2
ὑπόζωμα 从下面捆住船身的缆绳
[拉] id quod cingit, velut navis latera
[德] Schiffstau
[英] ropes or braces used to strengthen the hull of a trireme
616c3
ὑπόθεσις 建议，假设，假定
[拉] hypothesis
[德] Voraussetzung, Annahme, Hypothese
[英] proposal, suggestion, presupposition
510b5, 510b7, 510c6, 511a3, 511a5, 511b5, 511c7, 511d1, 533c1, 533c8, 550c6
ὑποκατακλίνομαι 认输，屈服
[拉] cedo
[德] nachgeben
[英] give way, submit, be complaisant
336c1, 336e5
ὑπόκειμαι 躺在下面
[拉] subjectus sum
[德] darunterliegen
[英] lie under
478e7, 494c1, 581c6

ὑποκινέω 轻轻移动，温和地催促

[拉] moveo, excito

[德] sanft, leise bewegen, anregen, reizen

[英] move softly or lightly

573c3

ὑποκορίζομαι 用好听的名字称呼坏东西，掩饰

[拉] rem verbo lenio

[德] beschönigen

[英] call by a soft name, esp. call something bad by a fair name, gloss over

400e1, 474e3, 560e4

ὑποκριτής 解释者，演员

[拉] actor, histrio

[德] Schauspieler, Ausleger

[英] interpreter or expounder, actor

373b7, 395a8, 395a10

ὑπόκωφος 有点聋的

[拉] surdaster

[德] etwas taub

[英] somewhat deaf

488b1

ὑπολαμβάνω (ὑποληπτέον) 反驳，打断；接受，认为

[拉] respondeo, puto

[德] erwidern, einwerfen, annehmen

[英] retort, interrupt, accept

331d4, 338d3, 340a3, 340e7, 349a5, 372c2, 392b10, 394b8, 419a1, 424c3, 429e7, 453d10, 456d5, 466d9, 517e1, 544b1, 598d1, 613a4

ὑπολείπω 遗留，留下，缺少

[拉] relinquo, deficio

[德] zurücklassen, übriglassen

[英] leave remaining, fall short

428a6, 433c1

ὑπολογίζομαι (ὑπολογιστέον) 计算，考虑

[拉] reputo

[德] in Rechnung bringen, berücksichtigen

[英] take into account, take account of

341d1

ὑπόλοιπος 剩下的，其余的

[拉] reliquus, restans

[德] übriggeblieben, übrig

[英] left over

429e13, 433b7

ὑπομένω 忍受，忍耐，等候

[拉] tolero, maneo

[德] ertragen, hinnehmen, erwarten

[英] submit, bear, await

344d4, 402d11, 440d1

ὑπομιμνήσκω 提醒，启发

[拉] in memoriam revoco

[德] erinnern

[英] remind

394a4, 427e3, 452c6, 530c6

ὑπόνοια 猜想，暗含的意思，喻义

[拉] significatio

[德] Vermutung, Allegorie

[英] suspicion, conjecture, guess, covert meaning

378d6, 378d7

ὑποπίνω 喝得不多，喝得适当，喝得有

点多
[拉] aliquanto largius bibo
[德] ziemlich viel trinken
[英] drink a little, drink moderately
372d1
ὑποπίπτω 落到下面，屈服，崩溃
[拉] me submitto, dilabor
[德] niederfallen, unterliegen, daruntergeraten
[英] fall under or down, collapse underneath
576a1
ὑπόπτερος 有翅膀的，有翼的，能飞的
[拉] pennatus vel alatus
[德] geflügelt, beschwingt
[英] winged
573a1
ὑποπτεύω 怀疑，猜想，觉得
[拉] suspicor, suspectum habeo
[德] vermuten, mit Argwohn betrachten
[英] suspect, guess, suppose
398c10, 407c2, 443b8, 567a5
ὑπορρέω 在下面流，渗透
[拉] sensim influo
[德] darunter fließen
[英] flow under or beneath
424d8
ὑποσημαίνω 暗示
[拉] tecte indico et promitto, significo
[德] andeuten
[英] throw out hints of, intimate
566a1
ὑποσίδηρος 带有铁的，掺杂有铁的
[拉] ferrum in se habens
[德] unten von Eisen
[英] having a mixture or proportion of iron in it
415b7
ὑποτίθημι 假定，假设，置于……之下
[拉] suppono, propono
[德] voraussetzen, annehmen
[英] assume, suppose
346b3, 437a6, 510c3
ὑποτρέμω 有点发抖
[拉] paululum tremo
[德] ein wenig zittern
[英] tremble a little
336e1
ὑποτρέφω 抚养，慢慢抚养
[拉] subnascor
[德] allmählich ernähren
[英] rear, nourish
560a9
ὑποτρέχω 巴结，献媚，奉承
[拉] subrepo, me insinuo vel blandior
[德] einschmeicheln
[英] insinuate oneself into any one's good graces, flatter, fawn upon
426c4
ὑποφέρω 承受，忍耐
[拉] perfero
[德] erdulden, ertragen
[英] bear, endure
406e3
ὑποφεύγω 从下面逃跑，躲避
[拉] subterfugio

[德] entfliehen
[英] flee from under, shun
422b10

ὑπόχαλκος 带有铜的，掺杂有铜的
[拉] aes in se habens
[德] mit Kupfer untermengt
[英] containing a mixture of copper
415b7

ὑπόχρυσος 含金的，掺杂有金的
[拉] aurum se habens
[德] goldhaltig
[英] containing a mixture or proportion of gold
415c3

ὑποχωρέω 退回，后退
[拉] recedo, decedo
[德] zurückgehen
[英] go back, retreat
560a4

ὑποψία 怀疑
[拉] dubitatio
[德] Verdacht
[英] suspicion
330e4

ὕπτιος 向后仰的，仰卧的，朝上的
[拉] supinus, resupinus
[德] zurückgebogen, rückwärts
[英] laid on one's back
388a8, 529c2

ὗς 猪
[拉] sus
[德] Schwein
[英] swine
372d4

ὕστατος 最后的
[拉] posterus
[德] letzt
[英] last
583a10, 620c2, 620c4

ὑστερέω 晚来，逊色，落后于
[拉] sero venio
[德] später kommen, nachstehen
[英] come late, lag behind, be inferior to
484d7, 539e5

ὕστερος 较晚的，后来的
[拉] posterior, sequens
[德] später, nächst
[英] latter, next
327c1, 345c3, 352d3, 382b10, 406b2, 415d2, 458b2, 458b7, 516a8, 516c10, 518e1, 528d6, 600b1, 600b3

ὑφάντης 织布工，纺织工
[拉] textor
[德] Weber
[英] weaver
369d8, 370d3, 370e2, 374b7

ὑφαντικός 善于织布的，精通织布的
[拉] texendi peritus
[德] zum Weben geschickt
[英] skilled in weaving
401a2, 455c6

ὑφηγέομαι 引导，指引
[拉] duco
[德] leiten
[英] guide, lead
403e1

ὑψηλολογέομαι 自豪地说，骄傲地说

[拉] excelsius loquor
[德] in hochen Wroten reden
[英] speak proudly
545e3

ὑψηλός 高的
[拉] altus
[德] hoch
[英] high
494d1, 617d5

ὑψηλόφρων 高尚的，高傲的
[拉] qui excelso est animo, superbus
[德] hochsinnig, hochherzig
[英] high-minded, high-spirited
550b7

ὑψίων 更高的，崇高的
[拉] altior
[德] höher
[英] loftier
365b3

φαίνω 显示，显得，表明，看起来
[拉] in lucem protraho, ostendo, appareo
[德] ans Licht bringen, scheinen
[英] bring to light, appear
327a5, 328e5, 329a2, 332c1, 333c2, 333d5, 334d2, 334d11, 335d8, 335e5, 336a9, 336e9, 337c4, 337c5, 342b8, 342c7, 346d9, 347c5, 350b12, 351a4, 351e9, 352b8, 352d4, 353e12, 358b2, 359d7, 368d1, 368a6, 369e1, 375c9, 381e10, 383a1, 386a5, 386d1, 390a6, 390c8, 395b3, 398c9, 398d2, 399e4, 403c4, 403d2, 403d5, 404b3, 408a1, 409a8, 409c6, 409d1, 410a6, 412d10, 412e10, 413e2, 414a8, 420a1, 420d3, 421e6, 426b9, 428b1, 430d7, 431a3, 432c7, 432d7, 434e3, 435c9, 437a8, 439d3, 440e2, 441a5, 441a6, 441a7, 442d8, 443c8, 445a5, 445b4, 445c4, 449a7, 452a7, 452b5, 452d4, 454d9, 456a12, 464b5, 466a9, 466b1, 468d9, 470b4, 472c8, 474c9, 476a7, 477c6, 478c13, 478d5, 478d8, 478d11, 478d12, 478e3, 479a7, 479b2, 479b4, 479d1, 479d7, 484a5, 484a6, 484b9, 487d10, 491c8, 503a1, 503a4, 504b6, 504b8, 506b8, 506e1, 506e3, 508c6, 508d2, 508d6, 517b2, 517b8, 517d6, 521e6, 523b5, 523c11, 524b7, 524b8, 524e3, 525b1, 525e3, 526b1, 528c8, 533a4, 533a9, 537a10, 537b6, 551d2, 551e2, 557c7, 559d5, 576b11, 576c1, 579e3, 580d7, 584a2, 584a3, 584a7, 586c2, 587a13, 587d5, 588e1, 591d3, 595a7, 596e4, 596e11, 598a5, 598a9, 598a10, 598b3, 600b8, 601b4, 601b10, 602b2, 602b6, 602c8, 602d7, 602d8, 602e5, 607e1, 608a1, 610d5, 610d7, 611b7, 611c7, 612d8, 614e2, 616e1, 617b2

φαιός 灰色的
[拉] fuscus
[德] grau
[英] grey
585a4

φαλακρός 秃头的，秃顶的
[拉] calvus
[德] kahl, kahlköpfig

[英] baldheaded
454c2, 454c4, 495e5
φανερός (adv. φανερῶς) 明显的，看得见的
[拉] manifestus, evidens
[德] offenbar
[英] visible, manifest
338a5, 345b8, 347b6, 360a4, 365b6, 432c1, 435a2, 497e1, 505d3, 505d5, 510d1, 547d1, 548b5, 560c6
φανός 光明的，光芒四射的
[拉] lucidus, illustris
[德] leuchtend, glänzend
[英] shining, radiant
478c14, 479d1, 506d1, 510a2, 518a6, 518a8, 518c7, 518c9, 532c7
φαντάζω (φαντάζομαι) 使显得，显出
[拉] ostendo, appareo
[德] erscheinen
[英] make visible, appear
380d2, 476a7, 572b1
φαντασία 想象，显象，表象
[拉] imago, species animo concepta
[德] Erscheinung, Phantasie
[英] image, appearing, appearance
382e10
φάντασμα 显影，显象，假象
[拉] phantasma
[德] Erscheinung, Einbildung
[英] apparition, phantom
382a2, 510a1, 516b5, 532c1, 584a9, 598b3, 598b5, 599a2
φάος (φῶς) 光，光线
[拉] lux
[德] Licht
[英] light
427d2, 461c5, 473e2, 507e4, 508a2, 508a5, 508c5, 509a1, 514a4, 514b2, 515c8, 515e1, 515e8, 516a1, 516b1, 517b3, 517c3, 518a3, 518b4, 521c2, 532b7, 532b9, 532c2, 540a8, 616b5, 616c1, 616c2
φαρμακεύω 用药物
[拉] medicamenta adhibeo
[德] Heilmittel anwenden
[英] administer a drug or medicine
459c5
φάρμακον (φαρμάκιον) 药，药物，毒药；颜料，染料
[拉] venenum, color vel pigmentum
[德] Gift, Färbemittel
[英] poison, drug, dye, paint, colour
332c9, 382c10, 389b4, 406d2, 407d2, 408a5, 408a7, 420c6, 426a3, 426b1, 459c2, 459c3, 459d1, 595b6
φάσκω 说，声称
[拉] ajo, affirmo
[德] sagen, behaupten
[英] say, assert
337e5, 347e4, 453c4, 488b7, 489d2, 538a3, 606b2
φαῦλος (φλαῦρος; adv. φαύλως, φλαύρως) 容易的，微小的，低劣的，坏的
[拉] pravus, levis, malus
[德] gering, leicht, schlimm
[英] easy, slight, mean, bad
337e7, 361a4, 368c8, 374e10, 397a1, 405a8, 421a3, 423c5, 423c6, 423c8,

423e1, 431c3, 431d1, 435c4, 435c7, 449c4, 459c4, 459d8, 459d9, 460a8, 467d5, 474a1, 475b1, 491d8, 491e4, 496a3, 519a4, 519d6, 522c5, 527d7, 555a1, 567d2, 603a7, 603b4, 603c2, 605a9

φέγγος 光，光泽，光辉
[拉] splendor, lumen
[德] Glanz, Leuchtkraft
[英] light, splendour, lustre
508c6

φείδομαι 留下，饶恕，节俭，吝惜
[拉] parco
[德] schonen, sparen
[英] spare
469c1, 469c3, 553c3, 574b8

φειδωλία 节俭，吝啬
[拉] parsimonia
[德] Sparsamkeit
[英] thrift, sparing
572c8

φειδωλός (adv. φειδωλῶς) 节俭的，吝啬的
[拉] parcus
[德] sparsam, karg
[英] sparing, thrifty, niggard, miser
548b4, 554a5, 554e7, 555a9, 558c11, 559d2, 559d8, 560c7, 572c1

φέρω 携带，带到，引向，搬运，忍受
[拉] fero, traho, perfero
[德] tragen, bringen, dulden, ertragen
[英] carry, lead, endure, bear
329e3, 330a4, 330a5, 345b5, 348c2, 363b1, 363b7, 363d7, 365d2, 369d6, 387e6, 391b4, 394d4, 394d9, 395c2, 401c8, 401d8, 406b9, 422e1, 436e1, 444e5, 449d5, 453e2, 460c2, 468c4, 470a3, 469e7, 474e4, 477e1, 478b7, 487c1, 492c6, 496d7, 503c6, 503e4, 514b8, 522b8, 529d4, 531d3, 535e2, 537b9, 538c5, 545c8, 549d4, 553d7, 561d4, 562a7, 574a3, 581d7, 584d6, 584d7, 584d8, 584e1, 584e2, 585a1, 586a3, 586a5, 590c2, 603e5, 604b12, 613c6, 621b3

φεύγω (φευκτέος) 逃，避开
[拉] fugio, evado
[德] fliehen, vermeiden
[英] flee, avoid, escape
358a6, 405b8, 515e2, 549c4, 566c6, 568a6, 569b8, 587c2, 592a3, 619a6, 620b2

φηγός 橡子
[拉] glans
[德] Eichel
[英] acorn
372c8

φήμη 谣言，传闻，消息，名声
[拉] rumor, fama
[德] Gerücht, Ruf
[英] rumour, repute
415d6, 463d6

φημί (φατέον) 说
[拉] dico
[德] sagen
[英] say, speak
327b5, 327b6, 327c4, 327c7, 327c9, 327c13, 328b2, 328e6, 329a1, 329b8,

607a9, 607b1, 607e3, 608b4, 608b9, 608c3, 608c8, 608d2, 608d7, 608d9, 608d12, 608e5, 609a5, 609b3, 609b8, 609b11, 609d8, 609e5, 610a4, 610a9, 610b1, 610c1, 610c3, 610c6, 610e9, 611a3, 611b4, 612a7, 612b2, 612b6, 612d2, 612e1, 612e4, 613b2, 613b8, 613e1, 613e5, 614a4, 614b1, 614b8, 615a6, 615c5, 615d2, 615d3, 615e4, 616a5, 619b7, 619e6, 620a3

φθάνω 提前，抢先，走在前面

[拉] praevenio, prior aliquid facio

[德] zuvorkommen

[英] to be beforehand with, overtake

375c3, 466d9

φθέγγομαι 发出声音

[拉] sono

[德] ertönen

[英] utter a sound

336b8, 368c2, 462c3, 463e2, 493b4, 505c4, 515a2, 515b8, 515b9, 527a9, 568a11, 604a6

φθέγμα 声音，叫声

[拉] vox, sonus

[德] Stimme, Laut

[英] sound of the voice, voice

615e5, 616a6

φθείρω 毁坏，损毁

[拉] perdo, corrumpo

[德] verderben, verschlechtern

[英] destroy, corrupt, ruin, spoil

491c2, 605b6, 609d8

φθίσις 衰减，耗损

[拉] decrementum, corruptio

[德] Abnahme, Schrumpfung

[英] wasting away, perishing, decay

521e4

φθίω 衰减，耗损

[拉] decresco

[德] abnehmen, schrumpfen

[英] decay, waste away

546b7

φθόγγος 声音，乐音

[拉] sonus

[德] Ton

[英] sound

397a7, 399a7, 399c3, 400a6, 531a2

φθονερός (adv. φθονερῶς) 嫉妒的

[拉] invidus

[德] neidisch

[英] envious, jealous

500a5, 580a3

φθονέω 嫉妒，吝惜

[拉] invideo

[德] beneiden, neidisch sein

[英] grudge, be envious or jealous

338a3, 500a5, 528a2, 579c1

φθόνος 嫉妒

[拉] invidia

[德] Neid

[英] envy, jealousy

476e6, 500c1, 586c8

φθορά 毁灭，败坏

[拉] corruptio

[德] Vergehen, Verderben

[英] destruction, ruin

485b3, 490e3, 546a2

535d3, 549a6

φιλογυμναστικός 喜欢体育锻炼的，喜欢锻炼身体的

[拉] ad palaestrae studium propensus vel idoneus

[德] dem Freund der Leibesübungen eigen, turnerisch

[英] of or for a fond of gymnastic exercises

456a2

φιλόδοξος 热爱荣誉的，热爱名声的

[拉] gloriae cupidus

[德] ruhmbegierig

[英] loving fame or glory

480a6, 480a12

φιλοθεάμων 喜欢观看的

[拉] spectandi cupidus

[德] schaulustig

[英] fond of seeing

475d2, 475e4, 476a10, 476b4, 479a3

φιλόθηρος 喜欢狩猎的，热衷于打猎的

[拉] venationis studiosus

[德] die Jagd liebend

[英] fond of hunting

535d4, 549a7

φίλοινος 爱酒的

[拉] vinosus

[德] Wein liebend

[英] fond of wine

475a5

φιλοκερδής 好利的，爱财的，贪婪的

[拉] lucre cupidus

[德] gewinnsüchtig

[英] loving gain, greedy of gain

581a7, 581c4, 582a9, 582b3, 582b7, 582d8, 582e1, 583a10, 586d5

φιλόλογος 热爱讨论的，热爱言辞的

[拉] qui disserere amat

[德] Freund von Reden

[英] fond of words, fond of philosophical argument

582e8

φιλομάθεια 爱学问，好学

[拉] discendi amor

[德] Lern begier

[英] love of learning or knowledge, curiosity

499e2

φιλομαθής 好学的，爱知识的，爱学问的

[拉] cupidus seu studiosus discendi

[德] lernbegierig

[英] fond of learning, eager after knowledge

376b5, 376b8, 376c2, 411d1, 435e7, 475c2, 485d3, 490a9, 535d4, 581b9

φιλόμουσος 热爱缪斯的，热爱文艺的

[拉] Musarum (h. e. artium liberalium s. humanitatis) studiosus

[德] Musenfreund

[英] loving the Muses, loving music and the arts

548e5

φιλονεικία (φιλονικία) 热爱胜利，好胜

[拉] certandi vel contentionis studium

[德] das Sterben nach dem Sieg, Ehrgeiz

[英] love of victory

548c6, 548d9, 555a4, 586c9

φιλόνεικος (φιλόνικος) 热爱胜利的

[拉] studiosus sue cupidus victoriae

[德] den sieg liebend

[英] fond of victory

545a2, 550b6, 551a7, 581b2, 581c4, 582e5, 586d5

φιλονικέω 热爱胜利，喜欢竞争

[拉] vincere, praestare cupio, contendo

[德] den sieg lieben

[英] to be fond of victory, engage in rivalry

338a7, 499e1

φιλόπαις 爱少年的

[拉] puerorum amator

[德] Knaben liebend

[英] loving boys

474d5

φιλοπαίσμων 喜欢开玩笑的，喜欢玩耍的

[拉] ioci amans

[德] den Scherz oder das Spiel libend

[英] fond of play, sportive

452e5

φιλοποιητής 热爱诗歌的人

[拉] poetarum amicus

[德] Dichterfreund

[英] a friend of poets

607d7

φιλόπολις 爱城邦者

[拉] civitatis amans

[德] vaterlandsliebend

[英] loving the city

470d7, 503a1

φιλοπονέω 热爱工作，勤劳

[拉] libenter laboro

[德] die Arbeit lieben, fleißig sein

[英] love labour, be laborious or industrious

535d4

φιλοπονία 热爱工作，用功，勤劳

[拉] laborum toleratio

[德] Arbeitsamkeit, Fleiß

[英] love of labour, industry

535d1, 535d7

φιλόπονος 热爱工作的，勤劳的

[拉] laborum amans

[德] arbeitsliebend, fleißig

[英] laborious, industrious

535c1, 535d2

φιλοπραγμοσύνη 喜欢管闲事，繁忙，忙碌

[拉] negotiorum cupiditas

[德] Geschäftigkeit, Händelsucht

[英] busy disposition, meddlesomeness, restless habit of life

549c5

φίλος (sup. φίλτατος) 亲爱的，令人喜爱的

[拉] carus, amicus

[德] lieb, geliebt

[英] beloved, dear

328d6, 331c6, 332a9, 332a10, 332b1, 332d5, 332d7, 332d10, 332e4, 332e6, 333e1, 334b5, 334b8, 334c1, 334c10, 334e1, 334e6, 334e8, 334e10, 335a2, 335a3, 335a7, 335a9, 335c6, 335d12,

335e3, 336a2, 336e10, 346e8, 352a10, 352b2, 361b5, 361d4, 362c1, 365a4, 366a6, 368a5, 373e9, 375d4, 376b3, 376d6, 382c8, 388c4, 388c7, 388d2, 390c5, 392a10, 398b6, 399a1, 399e1, 404d1, 404d5, 409a1, 418b9, 424a2, 425e3, 433b3, 435b9, 443d5, 449c5, 450d2, 450d10, 450e1, 451a3, 451b1, 459b10, 465c6, 467d12, 470c8, 471b2, 473d5, 485c6, 487a4, 487c6, 496d4, 498d1, 503b3, 504c1, 505b8, 506e4, 517a8, 519e1, 526a8, 533a1, 536a7, 547c2, 553b7, 554d5, 562a7, 562e3, 563b4, 563e3, 567b9, 568a1, 573b9, 574b12, 574b13, 574c1, 574c3, 575d7, 576a4, 579d5, 589a3, 589b5, 590d6, 598c6, 599d2, 603b1, 604d10, 607c8, 607e4, 608b4, 618b6, 621c6

φιλόσιτος 热爱食物的，爱吃的

[拉] cibi appetens

[德] eßlustig

[英] fond of food, fond of eating

475c4

φιλοσοφέω 热爱智慧，从事哲学

[拉] sapientiam amo

[德] philosophieren

[英] philosophize

473d2, 494a6, 495a2, 619d8

φιλοσοφία 热爱智慧，哲学

[拉] philosophia

[德] Philosophie

[英] philosophy

407c3, 411c5, 473d3, 486b3, 489b4, 489d1, 489d3, 489d11, 490a3, 491a5, 491b9, 494e2, 495c1, 495d3, 495d6, 496b1, 496c2, 497a6, 497d8, 498b4, 498b6, 499c1, 499c7, 500b1, 500b5, 521b2, 521c7, 529a6, 535c5, 536b5, 536c2, 539c3, 540b2, 543a5, 548c1, 561d2, 587a7, 607b5, 611e1, 619d1

φιλόσοφος 热爱智慧者，哲学家

[拉] philosophus

[德] Philosoph

[英] philosopher

375e10, 376b1, 376b8, 376c2, 376c4, 410e1, 411e6, 456a4, 473c11, 474b6, 474c1, 475b8, 475c2, 475c8, 475d4, 475e1, 475e2, 476b2, 480a7, 480a11, 484a1, 484b3, 484b6, 485a10, 485c12, 485e1, 486a2, 486b10, 486d1, 487e2, 489a5, 489a9, 490c8, 490d6, 491b1, 492a1, 494a4, 494a11, 495a5, 497b2, 498a2, 499b3, 499e3, 500c9, 500e1, 501d2, 501d8, 501e3, 502a6, 503b5, 520a7, 525b5, 525b8, 527b10, 540d4, 581b9, 581c4, 581d10, 582b1, 582b8, 582c9, 582d9, 582e8, 586e4

φιλότεχνος 热爱技艺的

[拉] artium studiosus

[德] kunstliebend

[英] fond of art or an art

476a10

φιλοτιμέομαι 爱荣誉，热衷于

[拉] ambitiose appeto

[德] Ehrliebe haben, sich ehrgeizig

bestreben
[英] love or seek after honour, endeavour earnestly, aspire
336c3, 553d6

φιλοτιμία 爱荣誉，爱面子
[拉] ambitio
[德] Ehrliebe, Ehrsucht
[英] love of honour, ambition
548c7, 553c1, 555a1, 586c9, 620c5

φιλότιμος 爱荣誉的，爱面子的
[拉] ambitiosus
[德] ehrgeizig, strebsam
[英] loving honour, ambitious
347b2, 347b9, 475a9, 485b8, 545a3, 545b5, 549a4, 550b7, 551a7, 553d9, 581b2, 581d5, 582c2, 582d8, 582e4, 583a8

φιλοχρηματία 热爱钱财，贪财
[拉] pecuniae cupiditas
[德] Geldgier
[英] love of money
391c5

φιλοχρηματιστής 热爱赚钱的
[拉] pecuniae faciendae studiosus
[德] erwerbliebend
[英] fond of moneymaking
551a7

φιλοχρήματος 热爱钱财的
[拉] cupidus pecuniae, avarus
[德] Geld liebend, geldgierig
[英] loving money
390d8, 390e8, 436a1, 469d6, 485e3, 486b6, 549b2, 511a8, 551e4, 553c5, 553d9, 580e5, 581a6

φιλοψευδής 喜欢撒谎的，爱撒谎的
[拉] mendacii amans
[德] Lügenfreund
[英] fond of lies or lying
485d1

φιτύω 播种，生
[拉] procreo
[德] erzeugen
[英] sow, plant, beget
461a5

φλέγμα 黏液，黏液质
[拉] pituita
[德] Schleim
[英] phlegm
564b10

φλεγμαίνω 使肿胀，发炎，化脓
[拉] inflammatus sum
[德] flammen, erhitzt sein
[英] cause to swell up, to be heated, inflamed, fester
372e8

φλεγματώδης 发炎的，化脓的，肿胀的
[拉] inflammans
[德] schleimig, erhitzend
[英] inflammatory
406a1

φλυαρέω 胡说，闲扯
[拉] nugor, garrio, blatero
[德] schwatzen, fabeln
[英] nonsense, foolery
337b4

φλυαρία 蠢话，胡说
[拉] nuga, garrulitas
[德] Geschwätz, Torheit

［英］talk nonsense, play the fool
336b8, 515d2, 581d8
φοβερός 可怕的，令人畏惧的
［拉］terribilis, formidolosus
［德］furchtbar, schrecklich
［英］fearful, terrible
387b9, 413d9, 451a1
φοβέω (φοβέομαι, φέβομαι, φοβητέον) 担心，害怕
［拉］vereor
［德］fürchten, sich scheuen
［英］fear, be afraid of
336d6, 344c3, 382a9, 387b5, 387c4, 387c6, 414c11, 424b7, 452b6, 453d1, 470a2, 503b1, 547e1, 511b4, 562e8, 563a4, 578d8, 578d10, 606c6
φόβος 恐惧，害怕
［拉］timor
［德］Furcht, Angst
［英］fear, terror
360d7, 413c2, 429d1, 430b1, 471d5, 497d4, 503a3, 503d2, 503e2, 537a10, 554d3, 557a7, 578a4, 578e6, 579b5, 579e4, 616a5
φοιτάω 常去某处，走来走去
［拉］ito, frequento
［德］wiederholt gehen
［英］go to and fro
328d6, 390c5, 416e3
φοιτητής 学生
［拉］discipulus
［德］Schüler
［英］disciple, pupil
563a4, 563a5
φονεύς 凶手，杀人犯
［拉］interfector
［德］Mörder
［英］slayer, murderer
451a6
φόνος 杀人
［拉］homicidium
［德］Mord, Gemetzel
［英］murder, homicide
451b4, 565e7, 574e4, 615c4
φορά 快速运动，移动，位移
［拉］motus vehementior, motus localis
［德］Bewegung, Lauf, Ortsbewegung
［英］rapid motion, rush, locomotion
528e1, 529d3, 530a4, 530c8, 530d7, 546a5, 617a6, 617b2
φορέω 常常带，经常穿
［拉］fero, gesto
［德］ständig tragen
［英］bear constantly, wear
390b2
φορτικός (adv. φορτικῶς) 平凡的，庸俗的，俗气的
［拉］molestus
［德］vulgär, lästig
［英］vulgar, common
367a8, 442e1, 528e7, 581d6
φράζω 说明，解释，揭示
［拉］expono, explano, interpretor
［德］anzeigen, erklären
［英］point out, show, explain
393d3, 393d8, 400a3, 432c2

φρήν 内心
[拉] mens
[德] Gemüt
[英] mind
362a8, 386d5
φρίκη 惊惧，战栗
[拉] horror
[德] Schauder, Entsetzen
[英] shuddering, shivering
387c4
φρίσσω (φρίττω, φρίζω) 发抖，战栗
[拉] horrore perfundor
[德] starren, schaudern, sich entsetzen
[英] chill, shiver, shudder
387c2
φρονέω 有思想，是智慧的，是明智的，理解，明白
[拉] intelligo, sapio
[德] bei Sinnen sein, Einsicht haben, vernünftig sein
[英] have understanding, be wise, prudent, comprehend
357c2, 367d1, 505b2, 505b3, 518e2, 572a6, 582c3
φρόνημα 思想，精神，骄傲，自负，傲慢
[拉] animus, superbia
[德] Denkart, Hochsinn, hochmut, Stolz
[英] mind, spirit, pride, arrogance
411c6, 494d2, 567a5, 573c1
φρόνησις 明智，审慎，真正的知识
[拉] prudentia
[德] Einsicht, Gesinnung
[英] prudence, practical wisdom
431d1, 432a5, 433b8, 433d1, 461a2, 496a8, 505b6, 505b9, 505c2, 559b11, 571c9, 582a5, 582d4, 582e7, 586a1, 591b5, 603a12, 621a7, 621c5
φρόνιμος (adv. φρονίμως) 明智的，审慎的
[拉] prudens
[德] besonnen
[英] prudent
348d3, 349d3, 349d6, 349e3, 349e4, 349e6, 38013, 412c12, 450d10, 521b8, 530c1, 567c1, 583a5, 583b4, 586d7, 590d4, 604e2
φροντίζω 考虑，操心，在意，放在心上
[拉] curo, cogito
[德] nachdenken, sorgen für
[英] consider, ponder
344e6, 558a7, 558b6, 563d8
φροντίς 考虑，关心
[拉] cura, sollicitudo
[德] Überlegung, Nachdenken, Sorge
[英] thought, care
330d6
φρουρέω 守卫，看守
[拉] custodio, excubo
[德] wachen, beschützen
[英] watch, guard
420a1, 579b2
φρούριον 城堡，要塞
[拉] castellum
[德] fester Platz, Festung
[英] fort, citadel

561b8

φρουρός 守卫者，看守人

［拉］custos

［德］Wächter

［英］watcher, guard

560b9

φρυγιστί 以弗里基亚调的方式

［拉］Phrygia

［德］in Phrygischer Weise

［英］in the Phrygian mode

399a4

φυγάς 逃跑者，逃亡者

［拉］profugus

［德］Ausreißer

［英］runaway, fugitive

560d3

φυγή 出逃，放逐

［拉］fuga, exsilium

［德］Flucht, Verbannung

［英］flight, exile

496b1, 558a6, 618a6

φυκίον 海草

［拉］alga

［德］Seetang

［英］seaweed

611d5

φυλακή 看守，守卫，防备

［拉］custodia, tutela

［德］Bewachung, das Wachen

［英］watch, guard

374e8, 375a3, 388a2, 415c4, 416e2, 433d1, 456a10, 457a8, 464c2, 466c8, 521b7, 537d7, 543c1, 547c4, 606a8

φυλακικός 警觉的

［拉］custodiendum aptus, custodiens

［德］zum Bewachen gehörig

［英］watchful, careful

375e9, 412c10, 412e6, 428d6, 434c8, 456a7, 456a8, 456c11, 546d8

φυλακτήριον 要塞，保护物

［拉］praesidium, vigiliae, custodia

［德］Wachthaus, Schutzmittel

［英］fort, safeguard, security

424d1

φύλαξ (φυλακίς) 看守者，哨兵

［拉］custos

［德］Schließer

［英］watcher, guard

334a1, 334a5, 367a3, 374d8, 375b4, 375c10, 375d1, 375e1, 375e7, 376c5, 383c3, 387c4, 394e2, 395b8, 398e6, 401c1, 402c2, 403e5, 403e7, 410e5, 412c9, 412d9, 413c5, 413e3, 414a2, 414a6, 414b2, 414b4, 415b4, 415c6, 416c7, 417a7, 420d6, 420e1, 421a5, 421a8, 421e7, 423c2, 423c8, 423d2, 424d2, 428d7, 428e1, 434b3, 450c1, 451c8, 451d4, 454e3, 456b9, 456d9, 457a6, 457c1, 458b6, 459e3, 460c6, 460d7, 461e6, 463c3, 464a9, 464c3, 464c7, 465a11, 465e5, 466a3, 466a4, 466b5, 466b6, 467a7, 469a2, 471b9, 484c1, 484c4, 484d3, 484d5, 503b5, 504c7, 506a5, 506b1, 522a4, 525b8, 540b6, 543c1, 546d1, 546d5, 549b4, 560b10, 566b7, 591a2, 620d8

φυλάσσω (φυλάττω, φυλακτέος) 警惕，遵守，坚持，注意，保管

407d8, 492a4, 597c4

φυτόν 植物，枝条，嫩枝

［拉］planta

［德］Pflanze

［英］plant

380e5, 401a4, 491d1, 532b9, 546a4, 564a1, 596e3

φυτουργός 创生者

［拉］opifex

［德］Erzeuger

［英］creator, author

597d5

φύω 生，生长，产生

［拉］nascor

［德］erzeugen, wachsen, schaffen

［英］beget, bring forth, produce

341d7, 347d5, 352a6, 358e3, 359b5, 359c5, 370a8, 374b10, 380a3, 396c3, 401e3, 403a7, 409b8, 415c3, 423d3, 423d6, 424a8, 431c7, 433a6, 437e5, 437e8, 439a7, 442e5, 451c4, 461a6, 466d3, 473e1, 477b10, 478a4, 478a13, 489b9, 489e4, 490a9, 491b1, 494b6, 494d9, 496b4, 503b10, 503c3, 507e1, 508a9, 526b6, 533b6, 537a2, 547e4, 548e2, 556b3, 563e4, 564b1, 565d1, 584b2, 588c9, 589b3, 596c6, 597c5, 597d3, 597e7, 601d6, 605a3, 609b6, 621a4

φωνή 方言，声音

［拉］vox, dictum

［德］Mundart, Laut

［英］dialect, sound

393c5, 395d3, 397a7, 397b1, 475a1, 476b5, 480a2, 493b3, 507c10, 531a6, 568c3, 617b6

φώρ 窃贼，小偷

［拉］fur

［德］Dieb

［英］thief

334a5

χαίρω 高兴，满意，喜欢

［拉］gaudeo, laetor, delector

［德］sich freuen

［英］rejoice, be glad

328d7, 357b7, 357b8, 358b7, 358d8, 401e4, 406d7, 423b7, 450a9, 458a6, 462b6, 471e5, 475d3, 493c2, 539b5, 572a1, 583c5, 583d9, 583e1, 584a5, 585e1, 603c7, 605d3, 605e6, 606a7, 606c4, 618e3

χάλαζα 冰雹

［拉］grando

［德］Hagel

［英］hail, hailstone

397a5

χαλαρός 软绵绵的，松弛的

［拉］remissus

［德］weichlich

［英］slack, loose

398e10

χάλασις 松弛

［拉］remissio

［德］das Nachlassen

［英］slackening, loosening

590b3

χαλάω 变松弛

［拉］laxo, remitto

[德] nachlassen, erschlaffen
[英] slacken, loosen
329c8

χαλεπαίνω 动怒
[拉] irrito, irascor
[德] wüten, zürnen
[英] to be angry with
337a1, 354a13, 376a5, 383c1, 387b2, 392e4, 426b3, 426e4, 440c8, 469e2, 476d8, 480a7, 480a9, 500a4, 500e1, 500e5, 501c7

χαλεπός (adv. χαλεπῶς) 困难的，艰难的，难对付的，痛苦的
[拉] difficilis, molestus
[德] schwer, schlimm
[英] difficult, painful, grievous
328e3, 328e7, 329d6, 330a3, 330c6, 336e2, 358a6, 361d8, 364a2, 375c2, 376e2, 378a7, 407c1, 411d8, 412b6, 412b7, 422a8, 429a9, 435c8, 436a5, 436a8, 436b2, 441a7, 455a7, 455b6, 472a4, 473e4, 488a2, 493b2, 497d5, 497d10, 498a2, 498a3, 499d5, 500a4, 500a7, 500b1, 502a9, 502c6, 502d7, 527d7, 528b7, 528b9, 532d3, 532d4, 535b6, 535e2, 540d2, 543c7, 544c1, 546a1, 551c10, 569b6, 569c3, 579d6, 596d8, 604b12, 608d8, 608d9

χαλεστραῖον 石盐，苏打，碱水
[拉] nitri genus
[德] ein Erdsalz, Soda
[英] a fine kind of soda
430a7

χαλινός 辔，嚼铁
[拉] frenum
[德] Zaum, Gebiß
[英] bit, bridle
496b7, 601c6, 601c10

χαλκεύς 铜匠，锻工
[拉] faber aerarius vel ferrarius
[德] Schmied
[英] coppersmith
370d5, 495e5, 601c8, 601c11

χαλκεύω 制造铜器，锻造
[拉] artem ferrariam factito, malleo cudo
[德] in Erz arbeiten, schmieden
[英] make of copper or bronze, forge
396a8

χαλκοῦς (χάλκεος) 铜的，铜制的
[拉] aeneus
[德] bronzen
[英] of copper or bronze, brazen
359d6, 415c6, 428d11, 428e2, 547a1, 547a2, 547b3

χαλκός 铜
[拉] aes
[德] Kupfer
[英] copper
415a6, 428c5, 609a2

χαμαί 在地上
[拉] humi
[德] auf der Erde, am Boden
[英] on the ground
390c3, 553d1

χαρίεις (adv. χαριέντως) 受欢迎的，优美的，令人喜欢的

[拉] venustus, elegans, venustus
[德] angenehm, anmutig, anmutig, lieblich, angenehm
[英] graceful, beautiful, acceptable
331a3, 426a1, 426a6, 426b3, 426e4, 452b7, 602a11, 602d7, 605b6

χαριεντίζομαι 开玩笑
[拉] cavillor
[德] scherzen
[英] jest
436d4

χαριεντισμός 开玩笑，寻开心
[拉] cavillatio
[德] das Scherzen
[英] wit
563a8

χαρίζομαι (χαρίζω, χαριστέον, κεχαρισμένως) 使满意，讨……喜欢
[拉] gratificor
[德] sich freundlich zeigen
[英] gratify
338a2, 351c6, 351c7, 394a5, 426c3, 430d8, 457e7, 561c6, 605c1

χάρις 满意，感激
[拉] gratia
[德] Dank, Wohlwollen
[英] thankfulness, gratitude, gratification, delight
338b3, 338b5, 357c1, 357d1, 394a6, 396e2, 403b6, 426b4, 451a5, 472e7, 475a4, 499a6, 499a11, 525c3, 528c7, 539c7

χάσκω 裂开，张开，张开嘴
[拉] hio, ore aperto
[德] klaffen, sich öffnen
[英] gape, open the mouth
529b6

χάσμα 开口，裂隙，深渊
[拉] hiatus
[德] Splat, Kluft
[英] open, gulf
359d4, 614c2, 614d4

χάσμη 打哈欠
[拉] oscitatio
[德] das Gähnen
[英] yawning, gaping
503d4

χεῖλος 嘴唇，边缘
[拉] labrum, margo
[德] Lippe, Rand
[英] lip, edge
616e1, 616e5

χειμών 严冬，冬季
[拉] hiems
[德] Winter
[英] winter
372b1, 404b1, 415e6, 496d7

χείρ 手
[拉] manus
[德] Hand
[英] hand
359e1, 359e6, 377c4, 388b1, 432d9, 436c10, 439b9, 439b10, 449b3, 517a5, 616a1, 617c6, 617d1, 620e3

χειροτέχνης 手艺人，匠人
[拉] faber, opifex
[德] Handwerker, Handarbeiter
[英] handicraftsman, artisan

405a8, 596c2, 596c5, 597a6
χειροτεχνία 手艺
[拉] ars quae manu exercetur
[德] Handwerk
[英] handicraft
547d5, 590c2
χειροτεχνικός 手艺人的，工匠的
[拉] ad opifices pertinens vel spectans
[德] zum Handwerk gehörig
[英] skilful, manual
425d1
χειρόω 弄到手，制服，俘虏
[拉] vi supero, subigo, domo
[德] überwältigen
[英] to bring into hand, master, subdue
422c3
χείρων 更坏的，更差的
[拉] deterior
[德] schlechter
[英] worse, inferior
335b6, 335b7, 335b10, 335c2, 344e6, 381b11, 381c1, 381c4, 396d5, 421e1, 421e4, 421e5, 431a5, 431a6, 431a8, 431b7, 432a7, 441c2, 456d6, 459b4, 460c3, 519d8, 536e3, 545a2, 546c7, 554e1, 567c6, 581e8, 599d5, 606d6, 618d7, 618e1
χέω 倾倒，撒
[拉] fundo
[德] gießen
[英] pour out, pour
388b2
χθές 昨天，昨日
[拉] heri
[德] gestern
[英] yesterday
327a1
χθόνιος 地下的
[拉] subterraneus, infernus
[德] unterirdisch
[英] under, or beneath the earth
619e4
χθών 大地，地
[拉] tellus
[德] Erde
[英] earth
379d8, 387a2
χιλιέτης 一千年的，一千年之久的
[拉] mille annos complens
[德] tausendjährig
[英] lasting a thousand years
615a3, 621d2
χίλιοι 一千
[拉] mille
[德] Tausend
[英] a thousand
423a8
χιλιοστός 第一千的
[拉] millesimus
[德] tausendster
[英] thousandth
615c7
χοῖρος 小猪
[拉] porcus
[德] Ferkel, Schwein
[英] young pig, porker

378a5

χολή 胆汁，胆汁质

［拉］bilis

［德］Galle

［英］gall

564b10

χορδή 琴弦，弦

［拉］chorda

［德］Saite

［英］string

349e12, 412a7, 531b2, 531b6

χορεία 舞蹈

［拉］saltatio

［德］Tanz

［英］dance

412b3

χορευτής 歌舞队的舞蹈者

［拉］qui in choro est vel chorum sequitur

［德］Chortänzer

［英］choral dancer

373b7

χορός 舞蹈，歌舞队

［拉］chorus

［德］Tanz, Chor

［英］dance, chorus

383c2, 475d6, 490c3, 490c8, 554b5, 560e3, 580b6

χορτάζω 使吃饱，喂肥

［拉］sagino

［德］füttern, sättigen

［英］feed, fatten

372d5, 586a8

χράω (χράομαι, χρηστέον) 利用，使用，运用

［拉］utor

［德］benutzen, gebrauchen

［英］use, make use of

333b11, 333c5, 333c8, 333d4, 333d7, 333d8, 370e2, 374c7, 377a7, 383c3, 383c7, 396e4, 398b1, 399a2, 404c3, 405b3, 406a7, 406d3, 406e5, 408a2, 409c1, 410a8, 410d3, 411d8, 414d2, 422d3, 423a5, 427c1, 432c3, 432c4, 435d2, 445e2, 451e1, 451e3, 451e6, 452a5, 452d3, 454a8, 459c2, 459c9, 466c4, 468a10, 479c6, 488c6, 489b6, 494b8, 500e3, 503d1, 505e2, 507d12, 510b4, 510e3, 511a4, 511a6, 523a2, 526b2, 529d8, 530b6, 533c2, 533d3, 536a6, 539b4, 540a9, 550b4, 551d10, 551e2, 561d7, 568a1, 568a3, 596b8, 601c12, 601d1, 601d8, 601d10, 602a1, 602a3, 611b6

χρεία 需要，运用，使用

［拉］usus, indigentia

［德］Bedürfnis, Gebrauch, Nutzen

［英］need, use

330c6, 331b5, 333a10, 369c2, 369c10, 369d1, 371a1, 371d4, 371e4, 372a2, 373d1, 410a8, 451c6, 494e3, 555d8, 566e8, 601d5, 601d10

χρεμετίζω 嘶叫，嘶鸣

［拉］hinnio

［德］wiehern

［英］neigh, whinny

396b5

χρέος 债，责任

[拉] usus
[德] Gebrauch
[英] use
333d11

χρησμός 神的答复，神示，神谕
[拉] vaticinium, oraculum
[德] Orakelspruch, Prophezeiung
[英] oracular response, oracle
415c5, 566c4

χρησμῳδέω 预言
[拉] auguro
[德] weissagen, wahrsagen
[英] deliver oracles, prophesy
586b6

χρηστός 有益的，有利的，好的
[拉] utilis, bonus
[德] nützlich, gut
[英] useful, good
334c2, 334c4, 334c7, 396d5, 401d1, 403d2, 409d3, 424a6, 424a7, 438a2, 438a3, 438a4, 475c1, 479a1, 531b2, 573b2, 601e4, 602b2, 608b5, 618c4

χρόα (χροιά) 颜色
[拉] color
[德] Farbe
[英] colour
476b5, 477c7, 480a2, 507d12, 508c5

χρόνος 时间
[拉] tempus
[德] Zeit
[英] time
328b9, 357b8, 363c6, 369e4, 370a1, 371c2, 376e3, 381a8, 409b8, 409d9, 413b6, 450c3, 452c6, 460d3, 460e1, 461d7, 467a4, 469a8, 486a9, 488b6, 493b6, 498d5, 499c9, 502b1, 506c1, 517a1, 520d8, 537b3, 537b8, 538a6, 538b5, 540a3, 546a3, 548a2, 566d8, 576b8, 576c1, 576c2, 608c5, 608c6, 608d1, 615a5, 615c2, 615c8, 617c7, 620c6

χρύσεος 黄金的，金的
[拉] aureus
[德] golden
[英] golden
359e1, 415b1, 415b2, 468e5, 547a1, 547a2, 547b5

χρυσός (χρυσίον) 黄金
[拉] aurum
[德] Gold
[英] gold
332a12, 333c5, 336e5, 336e8, 373a7, 408b9, 413e1, 415a4, 416e4, 416e7, 417a3, 417a5, 419a8, 420e2, 422d2, 442e6, 503a6, 521a3, 547b4, 548a7, 550d9, 589d6, 589d7, 589e1, 590a1

χρυσοχοέω 从矿石提炼黄金
[拉] aurum fundo
[德] Gold schmelzen
[英] smelt ore in order to extract gold from it
450b3

χρῶμα 颜色，肤色
[拉] color
[德] Farbe, Teint
[英] colour
373b6, 429d6, 429e4, 507e2, 601a2, 601a4, 601b2, 602c12, 617a1, 617a3

χύδην 混乱地，杂乱地
[拉] sine ordine vel delectu
[德] ordnungslos, haufenweise
[英] without order or system, promiscuously, indiscriminately
537c1

χυτρεύς 陶工
[拉] ollarum figulus
[德] Töpfer
[英] potter
421d6, 421d11

χωλός 跛足的
[拉] claudus
[德] lahm
[英] lame
535d1, 535d6, 536a6

χώνη 漏斗
[拉] infundibulum
[德] Trichter
[英] funnel
411a6

χώρα (χωρίον) 地点，位置
[拉] locus
[德] Ort
[英] place, position
373d4, 373d7, 388a2, 414e3, 423b6, 495c9, 516b6, 526d3

χωρίζω (χωριστέον) 使分离，使分开
[拉] separo, secerno
[德] sondern, trennen
[英] separate, divide
453c5, 522b7, 524b10, 524c4, 609d7

χωρίς 除了……，离开，分离
[拉] praeter, separatim
[德] abgesehen, abgesondert
[英] apart from, separately
460c2, 464c9, 473d4, 476a9, 476b1, 564e2, 595a7

ψέγω 指责，非难
[拉] vitupero
[德] tadeln
[英] blame, censure
358a8, 358d5, 362e3, 366d2, 366e3, 367c1, 367d6, 400c2, 402a1, 404d5, 420c5, 431b1, 488d4, 492b7, 494a6, 582e1, 589c4, 590a6, 590a9, 590b4

ψέκτης 指责者，非难者，挑剔者
[拉] vituperator
[德] Tadler
[英] censurer, faultfinder
589c3

ψευδής 虚假的，说谎的
[拉] falsus, mendax
[德] falsch, lügenhaft
[英] false, untrue
366c4, 367b7, 377a1, 377d6, 382d9, 412e11, 560c2

ψευδομαρτυρέω 做伪证
[拉] falsum do testimonium
[德] falsches Zeugnis ablegen
[英] to be a false witness, bear false witness
575b8

ψεῦδος 虚假，错误
[拉] mendacium
[德] Täuschung
[英] falsehood
376e11, 377a5, 377e7, 382a4, 382b3,

382b8, 382c1, 382c3, 382c6, 382d2, 382d5, 383a4, 389b4, 414b8, 414e7, 459c8, 485c4, 490b9, 535e1

ψεύδω 诳骗，欺哄，说假话
[拉] fallo, decipio
[德] lügen, betrügen, die Unwahrheit reden
[英] cheat by lies, falsify, speak false
331b2, 338b6, 377d9, 377e7, 381e1, 382a1, 382a7, 382b2, 382d7, 382d11, 382e4, 389b8, 389c1, 389d1, 413a6, 414c1, 444a6, 487d7, 489b8, 535e2, 589c1

ψῆφος 票，小石子
[拉] suffragium, lapillus
[德] Abstimmung, Steinchen
[英] vote, pebble
450a3, 487c3

ψόγος 指责，责备
[拉] vituperatio
[德] Tadel
[英] blame, censure
363e4, 403c1, 492c2, 492c5

ψοφέω 发出响声
[拉] strepo
[德] rauschen
[英] sound, make a noise
396b6

ψόφος 响声，噪音
[拉] strepitus
[德] Geräusch
[英] mere sound, noise
397a5, 413d9

ψυχή (ψυχάριον) 灵魂，性命
[拉] anima, animus
[德] Seele
[英] soul
330e2, 345b5, 353d3, 353d6, 353d9, 353d11, 353e1, 353e4, 353e7, 353e10, 358b6, 365a6, 366c2, 366e6, 366e9, 375b1, 375b7, 376e4, 377b7, 377c3, 381a3, 382b2, 382b8, 382b10, 386d5, 386d9, 387a2, 400d7, 401c3, 401d7, 401e5, 402d1, 402d10, 403d3, 404e4, 408e3, 409a1, 409a2, 409b6, 409c4, 410a1, 410a3, 410c3, 410c5, 411a1, 411a6, 411b3, 411d1, 411e7, 412a5, 415b6, 416e5, 431a4, 435c1, 435c5, 436b1, 437c2, 437d9, 439a9, 439c6, 439d6, 439e3, 440e5, 440e9, 441a2, 441e5, 442a6, 442b6, 442e1, 443d3, 444b3, 444c6, 444d8, 444e1, 445c10, 445d1, 449a4, 454d2, 458a7, 462c12, 484c8, 485d11, 486a5, 486b10, 486d1, 486e3, 490c4, 491a2, 491b8, 491e1, 494b6, 495e1, 496b4, 498b7, 504a4, 505d11, 508d4, 510b5, 511a4, 511d7, 517b5, 517c9, 518a4, 518c1, 518c5, 518c8, 518d9, 519a3, 519b3, 521c6, 521d3, 523d4, 524a3, 524a7, 524b1, 524b4, 524e5, 525c5, 525d6, 526b2, 526e2, 527b9, 527d8, 529a2, 529b4, 529c2, 530c1, 532c5, 533d2, 533e5, 535b7, 535e1, 536e3, 538d2, 540a7, 544e5, 545c4, 546a5, 547b6, 550b1, 553c1, 554e4, 556c1, 559b11, 560a7, 560b7, 560c7, 560e1, 563d5,

571c4, 573b1, 573d5, 575d1, 577d3, 577d8, 577e1, 577e2, 578a1, 579b5, 579e3, 580d4, 581a5, 581b12, 583a2, 583c7, 583e9, 584c5, 585b4, 585d2, 585d5, 586e4, 588b10, 590a2, 591b4, 591b7, 591c3, 591d2, 595a7, 602d1, 602e1, 603a1, 603a5, 603d7, 604c9, 605a3, 605b1, 605b4, 605b8, 606d2, 608d3, 609b9, 609c5, 609d4, 610a6, 610a7, 610b4, 610c1, 610c4, 610c8, 610e7, 610e8, 611b2, 611b7, 611b9, 611d6, 612b3, 612c1, 614b8, 614d5, 617d6, 618b2, 618d1, 618d4, 618d7, 619d7, 620a1, 620a3, 620b1, 620b6, 620d6, 621c2, 621c3

ψυχρός 冷的

［拉］frigidus

［德］kalt

［英］cold

437d10, 437e1, 438c4

ψυχρότης 冷（性）

［拉］frigiditas

［德］Kälte

［英］coldness, cold

437e2

ψύχω 使变冷，使变凉

［拉］frigesco

［德］abkühlen

［英］make cool or cold

335d3

ὠδίνω 受分娩的阵痛

［拉］a partu doleo

［德］Geburtsschmerzen haben, kreißen

［英］to have the pains of childbirth

395e2, 407c5

ὠδίς 分娩的阵痛

［拉］dolor parturientis

［德］Geburtsschmerzen

［英］pangs or throes of childbirth

490b7, 574a3

ὠθέω 推，推开

［拉］pello, trudo

［德］drängen, zurückstoßen

［英］thrust, push

415c2, 553b8, 560d2, 573b3

ὦμος 肩膀，肩

［拉］humerus

［德］Schulter

［英］shoulder

449b4, 613c1

ὠνέομαι 买，购买

［拉］emo, mercor

［德］kaufen, einkaufen

［英］buy, purchase

371b7, 555c4, 563b6

ὠνητός 买来的

［拉］emtus

［德］gekauft

［英］bought

544d1

ὠνή 买

［拉］emtio, mercatio

［德］Kauf

［英］buying, purchasing

371d5, 525c3

ὥρα 时候，季节

［拉］hora

［德］Zeit, Jahreszeit

［英］any time or period
462e4, 474c4, 474d5, 474e5, 475a2, 488d6, 491d3, 516b10, 527d2, 563e10

ὡραῖος 合时节的，合时宜的
［拉］tempestivus
［德］zeitig
［英］seasonable, timely
574c1, 601b6

ὡσαύτως 同样地
［拉］similiter, eodem modo
［德］ebenso, auf dieselbe Art
［英］in like manner, just so
334c3, 370d2, 374b9, 397c1, 398d6, 400d3, 408d2, 421c3, 428a9, 441d2, 459b12, 479a2, 479e8, 484b4, 488b2, 523e5, 530b2, 534b8, 538e1, 543a3, 563a1, 572a3, 576d7, 580d8, 598a9, 617c8, 618b2, 620a8, 620d3

ὠφέλεια 益处，好处，帮助
［拉］utilitas
［德］Hilfe, Nutzen
［英］help, profit, advantage, utility
332d5, 334b5, 335e3, 345e7, 346a6, 346c2, 346c5, 346d1, 368c6, 389b8, 398b1, 459c9, 520a1, 527e6, 559b6, 589c2, 599b8

ὠφελέω 帮助，有益
［拉］juvo, utilitatem capio
［德］helfen, nützen
［英］help, benefit
332e4, 334b8, 334d1, 334d10, 334e2, 336a2, 343c1, 343e4, 346c5, 346c7, 346c9, 346d6, 346d7, 346e1, 347d7, 357c7, 362b5, 380b5, 401c7, 443c4, 520a2, 526b8, 558e1, 599e2, 608e4

ὠφέλιμος (adv. ὠφελίμως) 有好处的，有益的，有帮助的
［拉］utilis
［德］nützlich
［英］useful, beneficial
336d1, 346e4, 379b11, 386c1, 457b5, 457c2, 457d5, 457d6, 457e3, 458e4, 459a1, 461a8, 461b1, 505a4, 518e4, 529c6, 559b4, 607d8, 607e2, 607e5

ὠχρότης 苍白，黄白
［拉］pallor
［德］Blässe, Bleichheit
［英］pallor
474e4

专名索引

神话与传说

人名

地名

其他

参考文献

（仅限于文本、翻译与评注）

1. H. Spens, *The Republic of Plato in Ten Books*. London (1763).
2. *Platon: Platonis Philosophi Quae Extant, Graece ad Editionem Henrici Stephani Accurate Expressa, cum Marsilii Ficini Interpretatione*, 12Voll. Biponti (1781–1787).
3. G. Fähse, *Platons Republik*, 2 Bde. Leipzig (1800).
4. Th. Taylor, *The Republic of Plato*, London (1804).
5. J. F. Kleuker, *Die Republik des Platons*, 2 Theile. Wien und Prag (1805).
6. Fr. Ast, *Platonis Politia sive De Re Publica, Libri Decem*. Lipsiae (1814).
7. Fr. Ast, *Platonis quae exstant opera, Graece et Laine*, 11 Bände. Lipsiae (1819–1832).
8. I. Bekker, *Platonis Scripta Graece Opera*, 11Voll. Londini (1826).
9. G. Stallbaum, *Platonis dialogos selectos*, Vol. Ⅲ, 1–2. Gothae et Erfordiae (1829–1830).
10. K. Schneider, *Plato's Staat*. Breslau (1839).
11. C. E. C. Schneider, *Platonis Civitas*. Vratislava (1841).
12. H. Cary, G. Burges, *The Works of Plato, a new and literal version, chiefly from the text of Stallbaum*, 6 vols. London (1848–1854).
13. F. Schleiermacher, *Platons Werke*, Dritten Theiles Erster Band, Zweite Auflage. Berlin (1862).
14. H. Müller, *Platons Sämmtliche Werke*, 8 Bände. Leipzig (1850–1866).
15. J. L. Davis and D. J. Vaughan, *The Republic of Plato*. Cambridge (1852).
16. K. Prantl, *Plato's ausgewählte Werke, Viertes Bändchen, Der Staat*. Stuttgart (1857).
17. G. Stallbaum, *Platonis Politia sive De Republica Libri Decem*. Gothae et

Erfordiae, Sumptibus Hennings (1858–1859).

18. W. William, *Platonic Dialogues for English Readers*, 3 Vols. Cambridge (1859–1861).
19. R. B. Hirschigius, *Platonis Opera, ex recensione R. B. Hirschigii, Graece et Laine*, Volumen Primum. Parisiis, Editore Ambrosio Firmin Didot (1865).
20. *Platons Staat, Griechisch und Deutsch mit kritischen und erklärenden Anmerkungen*. Leipzig (1881).
21. G. H. Wells, *Plato: Bools* Ⅰ. *and* Ⅱ. *With an Introduction, Notes, and The Argument of The Dialogue*. London (1882).
22. C. Schmelzer, *Platos Ausgewählte Dialoge, Siebenter Band, Der Staat*. Berlin (1884).
23. B. Jowett, *The Republic of Plato, with Introduction, Analysis, Marginal Analysis, and Index*, The Third Edition. Oxford (1888).
24. T. H. Warren, *The Republic of Plato, Books* Ⅰ-Ⅴ, *with Introduction and Notes*. London (1892).
25. B. Jowett, *The Dialogues of Plato*, in Five Volumes, Third Edition. Oxford (1892).
26. M. Wohlrab, *Platons Ausgewählte Schriften, Für Den Schulgebrauch, Siebenter Teil, Platons Staat, Erstes Buch*. Leipzig (1893).
27. B. Jowett, L. Campbell, *The Republic of Plato*, Oxford (1894).
28. T. G. Tucker, *Plato's Republic, Book* Ⅰ. *and Book* Ⅱ. *The Proem to The Ideal Commonwealth of Plato*. London (1900).
29. J. Burnet, *Platonis Opera*, Tomus Ⅰ–Ⅴ. Oxford (1901–1905).
30. B. Bosanquet, *The Education of the Young in The Republic of Plato. Translated into English with Notes and Introduction*, Cambridge: University Press (1901).
31. J. Adam, T*he Republic of Plato*, Cambridge (1902).
32. A. Horneffer, *Platon: Der Staat*. Leipzig (1908).
33. A. D. Lindsay, *The Republic of Plato*, London (1908).
34. K. Preisendanz, *Platons Staat*. Jena (1909).
35. A. Kerr, *The Republic of Plato*, Chicago (1918).
36. O. Apelt, *Platon: Sämtliche Dialoge*, 7 Bände. Leipzig (1922–1923).
37. A. D. Lindsay, *The Republic of Plato*. London (1923).
38. W. Andreae, *Platons Staatsschriften, Teil* Ⅱ: *Staat*. Jena (1925).
39. P. Shorey, *Plato: The Republic*, in Two Volumes. Loeb Classical Library. Harvard University Press (1930–1935).

40. *Platon: Œuvres complètes*, Tome Ⅵ, Ⅶ. Texte établi et traduit par E. Chambry. Paris (1932–1934).
41. *Platon: Sämtliche Werke*, in 3 Bänden. Verlag Lambert Schneider, Berlin (1940).
42. F. M. Cornford, *The Republic of Plato*, Oxford University Press (1941).
43. E. Hamilton and H. Cairns, *The Collected Dialogues of Plato*. Princeton (1961).
44. R. C. Cross, A. D. Woozley, *Plato's Republic, A Philosophical Commentary*. Macmillan (1964).
45. I. A. Richards, *Plato's Republic*. Cambridge (1966).
46. E. I. J. Rosenthal, *Averroes's Commentary on Plato's Republic*. Cambridge (1969).
47. R. Rufener, *Platon: Jubiläumsausgabe Sämtlicher Werke zum 2400. Geburtsage, in Achte Bänden*. Artemis Verlage Zürich und München (1974).
48. R. Lerner, *Averroes on Plato's Republic*. Cornell University Press (1974).
49. R. Larson, *Plato: The Republic*. Harlan Davidson, Inc. (1979).
50. N. P. White, *A Companion to Plato's Republic*. Hackett Publishing Company (1979).
51. G. P. Rose, *Plato's Republic, Book 1*. Bryn Mawr Commentaries (1983).
52. D. Lee, *Plato: The Republic*. Penguin Classics (1987).
53. R. W. Sterling, W. C. Scott, *Plato: Republic*. London (1985).
54. G. Boter, *The Textual Tradition of Plato's Republic*. Leiden (1988).
55. A. Bloom, *The Republic of Plato*. BasicBooks (1991).
56. S. Halliwell, *Plato: Republic*, Book V. Aris & Phillips (1993).
57. P. Murray, *Plato on Poetry, Ion, Republic 376e–398b, 595–608b*. Cambridge Greek and Latin Classics. Cambridge (1996).
58. J. M. Cooper, *Plato Complete Works, Edited, with Introduction and Notes, by John M. Cooper*. Indianapolis / Cambridge (1997).
59. G. A. Blair, *Plato's Republic for Readers: A Constitution*. University Press of America (1998).
60. R. Waterfield, *Plato: Republic*. Oxford University Press (1998).
61. D. J. Allan, *Plato: Republic Ⅰ*. Bristol Classical Press (1998).
62. W. Kersting, Platons Staat. WBG, Darmstadt (1999).
63. R. Rufener, *Platon: Der Staat*. Artemis & Winkler (2000).
64. T. Griffith, *Plato: The Republic*. Cambridge University Press (2000).
65. S. R. Slings, *Platonis Rempublicam, Oxford Classical Texts Oxford*. University Press (2003).

66. K. Vretska, *Platon: Der Staat*. Reclam, Stuttgart (2004).
67. C. D. C. Reeve, *Plato: Republic*. Hackett Publishing Company, Inc (2004).
68. S. Halliwell, *Plato: Republic 10, with translation and commentary*. Aris & Phillips Classical Texts (2005).
69. S. R. Slings, *Critical Notes on Plato's Politeia*. Brill (2005).
70. G. Santas, *The Blackwell Guide to Plato's Republic*. Blackwell Publishing (2006).
71. R. E. Allen, *Plato: The Republic*. Yale University Press (2006).
72. J. Sachs, *Plato: Republic*. Focus Publishing (2007).
73. G. R. F. Ferrari, *The Cambridge Companion to Plato's Republic*. Cambridge University Press (2007).
74. A. Frandell, *When Philosophers Rule: Ficino on Plato's Republic, Laws, and Epinomis*. Shepheard-Walwyn (2009).
75. O. Höffe, *Platon: Politeia*. Akademie Verlag, Berlin (2011).
76. Ch. Rowe, *Plato: Republic*. London: Penguin (2012).
77. Ch. Emlyn-Jones, W. Preddy, *Plato: Republic*, Ⅰ, Ⅱ. Loeb Classical Library. Harvard University Press (2013).
78. D. A. Mannetter, *Book 1 of Plato's Republic: a Word by Word Guide to Translation (Vol. 1: chapters 1–12)*. Brown Walker Press (2015).
79. G. Eigler, *Platon: Werke in acht Bänden, Griechisch und deutsch, Der griechische Text stammt aus der Sammlung Budé, Übersetzungen von Friedrich Schleiermacher und Hieronymus Müller*. Darmstadt: Wissenschaftliche Buchgesellschaft (7. Auflage 2016).
80. G. Krapinger, *Platon: Der Staat*. Reclam, Stuttgart (2017).
81. A. Becker, *Platons Politeia: Ein systematischer Kommentar*. Reclam, Stuttgart (2017).
82. D. Baltzly, J. F. Finamore, G. Miles, *Proclus: Commentary on Plato's Republic*, Volume I, Essays 1–6. Cambridge University Press (2018).
83. D. A. Mannetter, *Book 1 of Plato's Republic: a Word by Word Guide to Translation (Vol. 2: chapters 13–24)*. Brown Walker Press (2018).
84. 柏拉图，《理想国》，吴献书译，北京：商务印书馆，1957 年。
85. 柏拉图，《柏拉图文艺对话集》，朱光潜译，北京：商务印书馆，2017 年。
86. 柏拉图，《理想国》，侯建译，台北：联经出版事业公司，1980 年。
87. 柏拉图，《理想国》，郭斌和、张竹明译，北京：商务印书馆，1986 年。
88. 柏拉图，《柏拉图对话集》，王太庆译，北京：商务印书馆，2004 年。

89. 柏拉图，《理想国》，顾寿观译，吴天岳校注，长沙：岳麓书社，2010 年。
90. 柏拉图，《理想国》，王杨译注，北京：华夏出版社，2012 年。
91. 柏拉图，《理想国篇：译注与诠释》，徐学庸译注，合肥：安徽人民出版社，2013 年。
92. 柏拉图，《理想国》，谢善元译，上海：上海译文出版社，2015 年。